BB
HANDBUCH

Küstner / Thume

Handbuch des gesamten Außendienstrechts

3 Bände

Band 1
Das Recht des Handelsvertreters
(ohne Ausgleichsrecht)

Band 2
Der Ausgleichsanspruch des Handelsvertreters
Warenvertreter, Versicherungs- und
Bausparkassenvertreter

Band 3
Vertriebsrecht
Reisende, Vertragshändler, Kommissionsagenten,
Versicherungsmakler, Franchising und Direktvertrieb

Verlag Recht und Wirtschaft GmbH
Heidelberg

Handbuch des gesamten Außendienstrechts

Band 2

Der Ausgleichsanspruch des Handelsvertreters
Warenvertreter, Versicherungs- und Bausparkassenvertreter

von

Dr. jur. Wolfram Küstner
Rechtsanwalt in Göttingen

und

Dr. jur. Karl-Heinz Thume
Rechtsanwalt in Nürnberg

unter Mitwirkung von

Dr. jur. Klaus Otto
Rechtsanwalt – Fachanwalt für Steuerrecht – vereidigter Buchprüfer in Nürnberg

7., neu bearbeitete und erweiterte Auflage 2003

Verlag Recht und Wirtschaft GmbH
Heidelberg

1. Auflage 1961
2. Auflage 1967
3. Auflage 1971 · ISBN 3-8005-6121-2
4. Auflage 1979 · ISBN 3-8005-6906-X
5. Auflage 1988 · ISBN 3-8005-6773-3
6. Auflage 1995 · ISBN 3-8005-1128-2
7. Auflage 2003 · ISBN 3-8005-1301-3

Anschrift der Verfasser:

Dr. Wolfram Küstner	Dr. Karl-Heinz Thume	Dr. Klaus Otto
Am Kreuze 51	Leyherstrasse 156–158	Leyherstrasse 156–158
37075 Göttingen	90431 Nürnberg	90431 Nürnberg
Telefon 05 51-2 52 88	Telefon 09 11-94 62-161	Telefon 09 11-5 86 02 51
Fax 05 51-20 51 06	Fax 09 11-5 86 02 80	Fax 09 11-5 86 02 80
	E-mail thume@friesrae.de	E-mail otto@friesrae.de

Bibliografische Information Der Deutschen Bibliothek

Die Deutsche Bibliothek verzeichnet diese Publikation in der Deutschen Nationalbibliografie; detaillierte bibliografische Daten sind im Internet über http://dnb.ddb.de abrufbar.

ISBN 3-8005-6996-5 Gesamtwerk
ISBN 3-8005-1301-3 Band 2

© 2003 Verlag Recht und Wirtschaft GmbH, Heidelberg

Das Werk einschließlich aller seiner Teile ist urheberrechtlich geschützt. Jede Verwertung außerhalb der engen Grenzen des Urheberrechtsgesetzes ist ohne Zustimmung des Verlages unzulässig und strafbar. Das gilt insbesondere für Vervielfältigungen, Bearbeitungen, Übersetzungen, Mikroverfilmungen und die Einspeicherung und Verarbeitung in elektronischen Systemen.

Satzkonvertierung: ProSatz Unger, 69469 Weinheim

Druck und Verarbeitung: Wilhelm & Adam, Werbe- und Verlagsdruck GmbH, 63150 Heusenstamm

♾ Gedruckt auf säurefreiem, alterungsbeständigem Papier, hergestellt aus chlorfrei gebleichtem Zellstoff

Printed in Germany

Vorwort zur 7. Auflage

Das seit 40 Jahren bei allen interessierten Kreisen – Handelsvertretern, Unternehmen, Gerichten, Anwälten, Beratern und Verbänden – als Standardwerk anerkannte „Kompendium" des Ausgleichsrechts wird hier nach dem Ausscheiden der formell noch in den Vorauflagen genannten Mitautoren in erheblich erweitertem Umfang in 7. Auflage vorgelegt. Herr Thume, mit dem zusammen schon die neuen Auflagen der Bände I und III erfolgreich abgeschlossen werden konnten, und ich wünschen uns, dass auch dieser Band ebenso positiv aufgenommen werden wird, wie dies bei den Vorauflagen der Fall war.

Diese erhebliche Ausdehnung des Umfangs beruht zunächst darauf, dass drei Kammervorsitzende beim LG München mit Recht (in BB 1999, 434, 436) festgestellt haben:

> „Das HGB bietet wohl keine unpräzisere und regelmäßig bezüglich Grund und Höhe streitigere Bestimmung als § 89b HGB mit oft sehr hohen Klageanträgen und jahrelangen Prozessen",

so dass immer wieder neuer Klärungsbedarf entsteht. Hinzu kommt eine in erster Linie nicht nur auf einer seit Mitte der 90er Jahre in Erscheinung getretene Tendenz, in vielfacher Hinsicht seit langem praktizierte Grundsätze in Zweifel zu ziehen, was insbesondere für die Minderung des Ausgleichsanspruchs unter Billigkeitsgesichtspunkten aufgrund einer vom Unternehmen finanzierten Altersversorgung zu Gunsten des Handelsvertreters gilt. Dies gilt aber auch im Hinblick auf die seit Jahrzehnten bewährten „Grundsätze", die in zehntausenden von Fällen im Versicherungsvertreter- und Bausparkassenvertreter-Bereich zu zufriedenstellenden und keineswegs benachteiligenden Regelungen führten, deren Rechtsnatur aber immer wieder erneut in Zweifel gezogen wird.

Diese Tendenzen vermitteln den Eindruck, dass sie einerseits auf einer erstaunlichen Verkennung der dem Ausgleichsrecht im Versicherungs- und Bausparkassenvertreter-Bereich zugrunde liegenden Vorstellungen beruhen – insbesondere auch von Rechtsanwälten, die für ausgleichsberechtigte Versicherungsvertreter Prozesse führen, in denen nicht selten außerordentlich hohe Klagforderungen – beispielsweise durch überdimensional verlängerte Prognosezeiträume – geltend gemacht werden, andererseits aber auch gewissermaßen auf purer Lust an einem unerklärlichen Änderungsbedürfnis.

Wie lässt es sich angesichts der Rechtsprechung und des in § 89b enthaltenen Billigkeitsgrundsatzes anderenfalls erklären, dass nun – soweit ersichtlich – die Auffassung vertreten wird, der Unternehmer schulde dem Handelsvertreter neben der von ihm finanzierten Altersversorgung den „vollen", also ungeminderten Ausgleich? Darüber hinaus wurde von interessierter Seite auch im Hinblick auf die Rechtsnatur und die angebliche Benachteiligung durch die seit Jahrzehnten bewährten „Grundsätze" Kritik geübt, um auf diese Weise zu belegen,

Vorwort zur 7. Auflage

dass eine auf der Grundlage der gesetzlichen Regelung erfolgende Ausgleichsberechnung zwangsläufig zu höheren Ansprüchen führe.

Außerdem aber musste in der Neuauflage auch zahlreichen neuen Entscheidungen Rechnung getragen werden, die mannigfache und schon seit langer Zeit anstehende Probleme betreffen, wenn auch die insoweit ergangene Rechtsprechung nicht immer zu befriedigenden Lösungen führte. Dies gilt etwa für den Bereich des Rotationsvertriebs, in dem eine wenn auch recht theoretische ausgleichsrechtliche Klärung herbeigeführt wurde, für die Einbeziehung von Überhangprovisionen in die Ausgleichshöchstgrenze, was wiederum zu neuen Problemen führte, und schließlich in vermehrtem Umfang zum Einfluss allgemeiner Geschäftsbedingungen auf das Rechtsverhältnis zwischen Unternehmer und Handelsvertretern.

Schließlich hatte sich die Rechtsprechung nach langer Zeit erneut mit der Ausnahmerechtsprechung des BGH zu befassen, die aus den 60er und 70er Jahren stammte, was zur Bestätigung dieser Rechtsprechung führte. Im Bereich des Tankstellen-Handelsvertreters gelangte die Rechtsprechung zur Ausweitung ausgleichsfähiger Vergütungen, die ihrerseits bisher einhellig als Verwaltungsvergütungen angesehen wurden. Überdies hatte sich die Rechtsprechung im Bereich der Berücksichtigung nachvertraglicher Umstände bei der Ausgleichsberechnung zu äußern und gelangte dabei zu einem Ergebnis, das für die Beteiligten zu nicht unerheblichen Berechnungsrisiken führte.

Zu besonderer Bedeutung hat sich in den letzten Jahren die Rechtsprechung zur Problematik Ausgleichsanspruch/Altersversorgung entwickelt. Sie hat demgemäß in der Folge zu einer Flut neuer und in der Literatur vertretener Auffassungen geführt. Auch zu dieser Problematik, die höchstrichterlich zwar weitgehend, aber noch nicht abschließend geklärt ist, musste ausführlich Stellung genommen werden, zumal auch in diesem Zusammenhang utopische Forderungen geltend gemacht werden und andererseits die Gesamtproblematik mit dem Risiko belastet sein dürfte, dass bestehende Versorgungseinrichtungen schlimmstenfalls zu Lasten der begünstigten Vertreter geschlossen werden müssen.

Zu all den Tendenzen und Einwendungen, die heute viel intensiver als früher auftreten, weil offensichtlich die Lust am Streiten gestiegen ist, sei festgestellt, dass insbesondere die Versicherungsunternehmen in erheblich vermehrtem Umfang mit überhöhten Ausgleichsforderungen – außerhalb der „Grundsätze" – überzogen wurden – allerdings meist erfolglos –, was in den beteiligten Kreisen zwar mit Befriedigung zur Kenntnis genommen wurde, andererseits aber auch zu einer gewissen Unsicherheit führte. Gerade deshalb erschien es notwendig, die in den früheren Auflagen vertretenen Thesen zu vertiefen, um die im Wesentlichen feststehende Ausgewogenheit der bislang ergangenen Rechtsprechung abzusichern.

Nicht zuletzt aber beruht die Ausdehnung des Umfangs der Neuauflage auch auf der Einarbeitung des XVIII. Kapitels, in dem das umfangreiche Gebiet der zwischen den Unternehmens- und Vertreterverbänden vereinbarten „Grund-

Vorwort zur 7. Auflage

sätze" dargestellt wurde, das bisher in einem besonderen Band enthalten war, das aber mit dem allgemeinen Ausgleichsrecht so eng verwoben ist, dass es zweckmäßig erschien, es in diesem Band zu erläutern.

Der besseren Übersicht dient die neue Einteilung in 20 einzelne Kapitel sowie die Einbeziehung der bisher in den Rz. 1404 ff. erläuterten formellen Anspruchsvoraussetzung der Vertragsbeendigung und der Geltendmachung des Ausgleichsanspruchs in das Kapitel IV.

Bereichert wurde der Band durch die aus der Feder von Rechtsanwalt Otto stammenden Kapitel XIX und XX, worin sich Herr Otto mit großer Sachkenntnis der bilanz- und steuerrechtlichen Fragen angenommen hat, die sowohl bei Handelsvertretern als auch bei vertretenen Unternehmen immer wieder auftreten und zu Zweifelsfragen führten.

Mein besonderer Dank gilt dem leider allzu früh verstorbenen Reinhold Trinkner, der das Buch von seiner ersten Auflage an, die 1961 (im Umfang von damals 140 Seiten) erschien, in freundschaftlicher Weise betreute und unser gemeinsamer Dank gilt auch dem früheren Geschäftsführer des Verlages, Herrn Michael Giesecke und seinem Nachfolger, Herrn Norbert Konda. Den Herren Trinkner und Giesecke danke ich insbesondere dafür, dass sie vor 10 Jahren, als ich in unliebsamster Weise meine Sozietät verließ, zu mir gehalten haben.

Göttingen, im Frühsommer 2003

Wolfram Küstner

Inhaltsverzeichnis

Abkürzungsverzeichnis XXVII

                              Rz.

Einleitung 1

I. Kapitel
Grundgedanke und Rechtsnatur des Ausgleichsanspruches

A. Grundgedanke 13
  I. Warenvertreter 13
  II. Versicherungsvertreter 24
  III. Ergebnis 41

B. Rechtsnatur 47
  I. Warenvertreter 47
  II. Versicherungsvertreter 51
  III. Ergebnis 54

II. Kapitel
Anspruchsberechtigte

A. Selbstständige Waren- und Versicherungsvertreter 58
  I. Warenvertreter 58
    1. Nur Handelsvertreter sind ausgleichsberechtigt 58
    2. Kein Ausgleichsrecht des Reisenden 62
    3. Abgrenzung zwischen Handelsvertretern und Reisenden . 64
  II. Versicherungsvertreter 75

B. Untervertreter 77

C. Arbeitnehmerähnliche Handelsvertreter 89

D. Erben des Handelsvertreters 91

E. Vertragshändler 93
  I. Voraussetzung für eine entsprechende Anwendung
    des § 89b 93
    1. Vorbemerkung 93
    2. Entwicklung der Rechtsprechung 96

	Rz.
3. Einzelprobleme	107
a) Eingliederung in die Absatzorganisation des Herstellers	107
b) Pflicht zur Überlassung des Kundenstammes	111
c) Die Anwendbarkeit anderer Vorschriften	126
d) „Münchener Formel"	130
II. Handelsvertreter mit Eigengeschäft	140
III. Auslegungsprobleme	143
F. Ausgleichsberechtigung des Franchise-Nehmers	147
G. Kommissionsagenten	151
H. Handels- und Versicherungsmakler	157
I. Handelsvertreter im Nebenberuf	167
J. Anspruchsberechtigung bei grenzüberschreitenden Vertreterverträgen	176

III. Kapitel
Schuldner des Ausgleichsanspruches – Abwälzungsvereinbarungen

	Rz.
A. Unternehmer als Schuldner	190
I. Allgemeines	190
II. Abwälzung durch Provisionseinbehalt	192
III. Probleme bei vorzeitiger Vertragsbeendigung	211
IV. Vereinbarung von Einstandszahlungen	220
B. Vertreternachfolger als Schuldner	228
I. Schuldbeitritt	229
II. Befreiende Schuldübernahme	232
III. Unmittelbare Zahlungsvereinbarungen zwischen dem Handelsvertreter und seinem Nachfolger	236

IV. Kapitel
Die Anspruchsvoraussetzungen

	Rz.
A. Überblick	244
I. Die formellen Anspruchsvoraussetzungen	246
II. Die materiellen Anspruchsvoraussetzungen	249
B. Bedeutung der materiellen Anspruchsvoraussetzungen als Bemessungsgrundlage	255
C. Pauschalregelungen	263

	Rz.
D. Beendigung des Vertretervertrages	266
I. Tod des Vertreters	270
II. Tod des Unternehmers	284
III. Änderungskündigung	285
IV. Sohn als Vertreternachfolger des Vaters	287
V. Probleme bei Vertretergesellschaften	294
1. Inhaber der Einzelagentur bleibt Vertragspartner	294
2. Vertragspartner des Unternehmens ist die Gesellschaft	295
3. Probleme der Handelsvertreter-GmbH	309
VI. Teilbeendigung des Vertretervertrages	323
1. Allgemeines	323
2. Bezirksänderung	326
3. Einschränkung des Kundenkreises	333
4. Übergang vom Bezirksschutz zum Kundenschutz	336
5. Sitzverlegung des Kunden	337
6. Verkleinerung des Warensortiments	339
7. Provisionsherabsetzung	341
8. Ausgleichsverzicht	346
VII. Zeitlich befristete Verträge, Kettenverträge	347
VIII. Automatische Vertragsbeendigung	358
IX. Insolvenz als Beendigungsgrund	360
1. Insolvenz des Unternehmers	360
2. Insolvenz des Handelsvertreters	368
X. Betriebseinstellung	369
XI. Betriebsumstellung	373
XII. Betriebsveräußerung	378
XIII. Vertragsbeendigung im gegenseitigen Einvernehmen	384
XIV. Umwandlung des Vertretervertrages	391
XV. Krankheits- und altersbedingte Vertragsbeendigung	398
XVI. Bestandsübertragung	404
1. Warenvertreter	404
2. Versicherungsvertreter	406
XVII. Fusion	415
XVIII. Nichtigkeit des Vertretervertrages	418
XIX. Einberufung zum Wehrdienst	420
E. Geltendmachung des Ausgleichsanspruches	421
I. Bedeutung der Ausschlussfrist	421
II. Form der Geltendmachung	442

Rz.

V. Kapitel
Erste materielle Anspruchsvoraussetzung – Unternehmervorteile

A. Warenvertreter	450
I. Neue Kunden	451
1. Reaktivierung einer Geschäftsverbindung	457
2. Insolvenz des vertretenen Unternehmers	460
3. Insolvenz eines Altkunden	463
4. Gleichzeitige Alt- und Neukundeneigenschaft	464
5. Abspringen von Altkunden	466
6. Direktgeschäfte	467
7. Werbung von Dritten	468
II. Intensivierte Altkunden	471
III. Geschäftsverbindungen – Langlebige Wirtschaftsgüter	485
IV. Ausnutzung der Geschäftsverbindungen	498
1. Erhaltung der Kundenbeziehungen	498
2. Dispositionsfreiheit des Unternehmers	502
3. Lauf- und Stammkundschaft	503
4. Bedarfsdeckung beim Großhandel	506
5. Mitnahme von Kunden	512
6. Gründung eines Vertriebssyndikats	513
7. Beendigung eines Vertriebsvertrages	517
8. Probleme bei konzernrechtlicher Verflechtung	518
9. Betriebsveräußerung	527
10. Übertragung eines Alleinvertriebsrechts oder des Kundenstamms	544
11. Firmenwert, Unrentabilität	547
12. Mehrstufige Vertragsverhältnisse	550
V. Art und Erheblichkeit der Vorteile	557
B. Tankstellen-Handelsvertreter	569
C. Anzeigen- und Verlagsvertreter	588
I. Anzeigenvertreter	588
II. Verlagsvertreter	596
D. Versicherungsvertreter	605
I. Neue Versicherungsverträge	607
II. Art der Vorteile	615
1. Maßgeblich ist der Neubestand	615
2. Entwicklung des Gesamtbestandes	618
3. Negative Entwicklung übertragener Bestände	621
4. Bedeutung des Schadenverlaufs	622
5. Weitere Vorteile	627
6. Automatische Vertragserweiterungen	630

VI. Kapitel
Zweite materielle Anspruchsvoraussetzung – Provisionsverluste

Rz.

A. Warenvertreter 631

  I. Vom Vertreter geworbene Kunden 634
    1. Vom Handelsvertreter vorvertraglich geworbene Kunden   635
    2. Reaktivierte Altkunden als Neukunden 643
    3. Ursächlichkeit der Kundenwerbung 644
    4. „Sogwirkung" der Marke 655
    5. Empfehlende Tätigkeit des Handelsvertreters 659
    6. Ausschreibungsproblematik 661
    7. Bezirkskunden als Neukunden 664
    8. Kaufhauskonzerne, Ladenketten, Filialbetriebe 669
    9. Messekunden 674
    10. Mittelbare Kundenwerbung 675

  II. Zu berücksichtigende Geschäfte 680
    1. Bereits abgeschlossene Geschäfte 681
    2. Künftig zu Stande kommende Geschäfte 691
    3. Provisionsverluste im Rotationsvertrieb 704
    4. Sukzessivlieferungs-, Serienbelieferungs- und Bezugsverträge 708
    5. Konkurrenz zwischen Provisions- und Ausgleichsanspruch   721

  III. Fiktion der Vertragsfortsetzung – Verlustprognose 728
    1. Unterstellung weiterer Tätigkeit 728
    2. Bedeutung der Vertragsgestaltung 731
    3. Nutzung der Geschäftsverbindungen 734
    4. Tod und Krankheit des Handelsvertreters 737
    5. Neukundenwerbung wird nicht fingiert 740
    6. Durchführung der Prognose – Basisjahr 741
    7. Abwanderung von Kunden 747

  IV. Prognosedauer 756

  V. Abzinsungserfordernis 769

  VI. Art der Verluste 777
    1. Nur Vermittlungsprovisionen sind ausgleichsfähig 777
    2. Eliminierung nicht ausgleichsfähiger Vergütungen 781
    3. Besonderheiten im Tankstellenbereich 785
    4. Probleme bei geänderter Aufgabenstellung 790
    5. Untervertreter-Provisionen 792
    6. Behandlung von Superprovisionen 793
    7. Ersparte Kosten 798
    8. Festvergütung (Fixum) 800

  VII. Hinweise für die Verlustberechnung 801

	Rz.
B. Versicherungsvertreter	814
I. Vor Vertragsbeendigung vermittelte Verträge	814
1. Problematik	814
2. Die Provisionssysteme und ihre Gründe	839
3. Terminologie und Meinungsstreit	852
4. Die ausgleichsrechtliche Problematik der Abschlussfolgeprovisionen	861
a) Einmalprovisionen (Lebens- und Krankenversicherung)	862
b) Gleichbleibende Provisionen	866
c) Erhöhte Erstprovisionen	884
II. Nach Vertragsbeendigung eintretende Vermittlungsauswirkungen	919
1. Fälle des § 87 Abs. 3 HGB	920
2. Vertragserweiterung, Summenerhöhung	923
3. Ergebnis	947
III. Superprovisionen	956
IV. Verwaltungsprovision	960
V. Sondertatbestände	969
C. Bausparkassenvertreter	974
I. Grundsätzliches	974
1. Anspruchsvoraussetzungen	974
2. Ausnahmerechtsprechung des Bundesgerichtshofs	984
II. Ausgleichsberechnung	988
D. Vertragshändler	1008
E. Tankstellen-Handelsvertreter	1025

VII. Kapitel
Dritte materielle Anspruchsvoraussetzung – Billigkeitsgrundsatz

A. Grundgedanke	1044
B. Berücksichtigungsfähige Umstände	1064
C. Einzelfälle	1076
I. Wirtschaftliche und soziale Lage der Parteien	1076
II. Persönliche Verhältnisse des Vertreters; Mehrfachvertretung	1080
III. Hintergründe der Vertragsbeendigung	1086
IV. Höhe der Provisionseinnahmen	1088
V. Dauer der Vertretertätigkeit	1091
VI. Zahlung eines Fixums	1096

Rz.
VII. Provisionsüberhang 1104
VIII. Mehrstufige Vertreterverhältnisse 1105
IX. Ersparte Kosten des Vertreters 1110
X. Direktgeschäfte des Unternehmers 1120
XI. Vertragswidriges Verhalten des Vertreters, insbesondere Konkurrenztätigkeit 1123
XII. Eigene Werbetätigkeit des Unternehmers. Unterstützung der Vermittlungstätigkeit 1128
XIII. Einfluss der konjunkturellen Situation 1133
XIV. Mangelhafte Vermittlungserfolge des Handelsvertreters 1139
XV. Provisionszahlungen an Vertreternachfolger 1141
XVI. Abspringen alter Kunden 1143
XVII. Umsatzrückgang 1145
XVIII. Ablehnung von Vertragsangeboten 1150
XIX. Ausgleichserstattung durch den Vertreternachfolger 1152
XX. Sogwirkung der Marke 1154
XXI. Weitere Einzelfälle 1157

VIII. Kapitel
Speziell: Alters- und Hinterbliebenenversorgung des Vertreters als Unterfall des Billigkeitsgrundsatzes

A. Allgemeines 1170
B. Berücksichtigung der Altersversorgung dem Grunde nach 1171
    I. Altersversorgung als „berücksichtigungsfähiger Umstand" . . 1172
    II. Rechtsprechung und Schrifttum 1177
    III. Zweifel an der funktionellen Verwandtschaft 1179
    IV. Mitfinanzierung durch den Handelsvertreter 1186
    V. Mittelbare Versorgungsauswirkungen 1195
    VI. Anrechnungsvereinbarungen 1198
    VII. Kontinuität der Rechtsprechung 1205
    VIII. Ergebnis 1213
C. Berücksichtigung der Altersversorgung der Höhe nach 1214
    I. Maßgeblicher Bewertungszeitpunkt 1215
    II. Bewertung der Altersversorgung 1221
    III. Was ist zu mindern? 1224

	Rz.
IV. Berücksichtigung steuerlicher Vor- und Nachteile	1234
1. Steuerliche Vorteile des Unternehmers	1234
2. Steuerliche Nachteile des Versicherungsvertreters	1237
3. Berücksichtigung von Gewinnanteilen	1240
V. Nachträglicher Wegfall der Altersversorgung	1242
VI. Fälligkeit der Altersversorgung	1246
D. Sonderfälle	1248
I. Probleme bei vorzeitigen Versorgungsfällen	1248
II. Unverfallbarkeitsprobleme	1259
1. Geringe Fälligkeitsdifferenz	1263
2. Erhebliche Fälligkeitsdifferenz	1264
E. Ergebnis, Folgerungen	1279
F. Altersversorgung durch Direktversicherung	1286
G. Sonderfall: Provisionsrenten	1290
H. Wahlrecht des Handelsvertreters	1296

IX. Kapitel
Ausschluss des Ausgleichsanspruches

A. Die gesetzliche Regelung	1305
B. Kündigung durch den Unternehmer	1321
I. Das schuldhafte Verhalten	1321
II. Einzelfälle	1336
1. Umsatzrückgang	1336
2 Wettbewerbsverstoß des Vertreters	1341
3. Verletzung der Aufsichtspflicht	1349
4. Schuldhaftes Verhalten von Erfüllungsgehilfen des Vertreters	1350
5. Übernahme von Zusatzvertretungen ohne Genehmigung	1355
C. Kündigung durch den Handelsvertreter	1357
I. Der begründete Anlass	1364
II. Begründeter Anlass und wichtiger Grund	1372
III. Verfassungsrechtliche Bedenken	1385
IV. Einzelfälle	1392
1. Genehmigte Mehrfachvertretung – Konkurrenzkonflikt	1393
2. Einschränkung der Unabhängigkeit des Vertreters	1398
3. Schlechterfüllung des Unternehmers	1405
4. Provisionsvorenthaltung; schleppende Zahlung	1409

		Rz.
5.	Bezirksverkleinerung	1414
6.	Vollmachtswiderruf	1417
7.	Grundlose fristlose Kündigung durch den Unternehmer	1418
8.	Verschlechterung der wirtschaftlichen Lage des Unternehmers	1419
9.	Einseitige Provisionsherabsetzungen	1420
10.	Unberechtigte Vorwürfe des Unternehmers	1423
11.	Schaffung einer Zwangslage zu Lasten des Handelsvertreters	1426
12.	Außervertragliches Verhalten des Unternehmers	1438
13.	Einführung des zentralen Direktinkassos in der Versicherungswirtschaft	1440
14.	Begründeter Anlass für Kündigung des Untervertreters	1443

V. Alters- und krankheitsbedingte Eigenkündigung 1446a
   1. Die Kündigungserklärung 1446a
   2. Eigenkündigung aus Altersgründen 1448
   3. Eigenkündigung aus Krankheitsgründen 1452
   4. Die Unzumutbarkeit weiterer Vertretertätigkeit 1458
   5. Vertraglich vereinbarte Altersgrenze 1465
   6. Kündigung einer Vertretungsgesellschaft 1467

VI. Der Kündigung gleichgestellte Fälle, insbesondere Selbstmord 1475

VII. Tod während der Kündigungsfrist 1487

D. Eintritt eines Dritten in das Vertragsverhältnis 1495

E. Probleme bei mehrstufigen Vertragsverhältnissen 1509

X. Kapitel
Höchstgrenze des Ausgleichsanspruches

A. Warenvertreter 1517
   I. Bezugszeitraum 1517
   II. Höchstgrenze keine Bemessungsgrundlage 1525
   III. Problematik der Überhangprovisionen 1529
   IV. Auswirkung geänderter Provisionssätze und des Bezirks ... 1539
   V. Unterschiede zur Verlustberechnung 1546
   VI. Besonderheiten bei Abwälzungsvereinbarungen 1554
   VII. Bruttoprovision ist maßgebend 1555
   VIII. Auszuklammernde Zahlungen 1566
   IX. Berechnungsfragen 1572

B. Versicherungs- und Bausparkassenvertreter 1577

Inhaltsverzeichnis

Rz.

XI. Kapitel
Unabdingbarkeit und Vorauserfüllung des Ausgleichsanspruches

A. Unabdingbarkeit 1584
B. Vorauserfüllung 1614

XII. Kapitel
Entstehen, Fälligkeit, Verjährung und Verzinsung des Ausgleichsanspruches

A. Entstehen und Fälligkeit 1625
B. Verjährung 1630
    I. Beginn der Verjährungsfrist 1630
    II. Unterbrechung und Hemmung der Verjährung 1631
    III. Abkürzung der Verjährungfrist 1637
    IV. Anerkennung des Ausgleichsanspruches 1651
C. Verzinsung 1654
D. Verwirkung des Ausgleichsanspruches 1656
E. Aufrechnung 1659
F. Zurückbehaltungsrecht des Vertreters 1662

XIII. Kapitel
Abtretung, Verpfändung, Pfändung

A. Abtretung und Verpfändung 1664
B. Pfändung 1668

XIV. Kapitel
Rechtslage nach Geltendmachung des Ausgleichsanspruches

A. Rechtslage vor Ausgleichszahlung 1672
B. Rechtslage nach Ausgleichszahlung 1677
    I. Nachträgliche Ausgleichskorrektur? 1677
    II. Unwirksamkeit eines Vergleichs 1684
    III. Anfechtung eines Vergleichs 1690
    IV. Zusammenfassung 1692
C. Wettbewerbsbeschränkung des Vertreters nach Ausgleichszahlung? 1695

XV. Kapitel
Anspruchskonkurrenzen

Rz.

A. Wettbewerbsentschädigung (§ 90a Absatz 1) 1716
B. Schadensersatzanspruch (§ 89a Absatz 2) 1720

XVI. Kapitel
Prozessuale Fragen

A. Gerichtsstand, Klageerhebung 1736
B. Beweislastverteilung 1753
    I. Unternehmervorteile 1753
    II. Provisionsverluste des Handelsvertreters 1763
    III. Grundsatz der Billigkeit 1775
    IV. Richterliche Würdigung 1777
    V. Beweislast nach § 89b Abs. 3 1782
C. Vorabentscheidung über den Grund des Ausgleichsanspruches . 1783

XVII. Kapitel
Beispiel für die Ausgleichsberechnung eines Warenvertreters

A. Tatbestand 1789
B. Ausgleichsberechnung 1808
    I. Geltendmachung des Ausgleichsanspruches 1808
    II. Beendigung des Vertragsverhältnisses 1809
    III. Provisionsverluste des Handelsvertreters 1812
    IV. Vorteile des Unternehmers 1823
    V. Vorläufiges Ergebnis 1824
    VI. Billigkeitsgrundsatz 1825
        1. Kosten des Handelsvertreters 1827
        2. Unterstützung der Tätigkeit des Handelsvertreters 1829
        3. Altersversorgung des Handelsvertreters 1831
    VII. Höchstgrenze des Ausgleichsanspruches 1833
    VIII. Fälligkeit, Verzinsung, Mehrwertsteuer 1838
    IX. Zusammenfassung 1840

XVIII. Kapitel
Bedeutung der „Grundsätze" in der Versicherungswirtschaft

Rz.

A. Anlass, Zweck und Rechtsnatur der Grundsätze	1841
I. Anlass für die Schaffung der „Grundsätze"	1841
II. Zweck der „Grundsätze"	1850
III. Rechtsnatur der „Grundsätze"	1854
IV. „Grundsätze" und Rechtsfragen	1861
V. Anspruchsberechtigung	1871
1. Selbstständige hauptberufliche Vertreter	1871
2. Erben des Vertreters	1881
3. Rechtsform, in der der Vertreter tätig wird	1885
VI. Benachteiligen die „Grundsätze" den Handelsvertreter?	1892
B. Kommentierung der „Grundsätze-Sach"	1900
I. Bedeutung des Ausgleichswertes	1900
II. Ermittlung des Ausgleichswertes	1908
1. Erstjährige Abschlussprovisionen	1911
2. Provisionen für Verträge mit unterjähriger Laufzeit	1915
3. Untervertreterprovision	1916
4. Überweisungs- und Führungsprovisionen	1919
5. Provisionen aus übertragenen Beständen	1920
a) Problematik	1921
b) „Grundsätze" und Gesetz	1924
c) Ausgangspunkt für den Ansatz	1929
d) Handhabung in der Praxis	1935
e) Beweislastfragen	1944
f) Anwendung der Regelung des § 89b Abs. 1 Satz 2	1951
g) Zusammenfassung	1955
6. Prozentualer Ansatz nach Sparten (Prognose)	1956
7. Behandlung von Zuschüssen	1963
8. Abzinsung des Ausgleichsanspruchs	1970
III. Bedeutung der Multiplikatoren	1975
IV. Berechnungsbeispiele für Ausgleichsansprüche im Sachbereich	1982
1. Berechnungsgrundsätze	1982
2. Berechnungsbeispiele	1984
C. Kommentierung der „Grundsätze-Leben"	1985
I. Bedeutungsumfang	1985
II. Begriff der dynamischen Lebensversicherung	1994
III. Berechnungsgrundsätze	1999

	Rz.
IV. Berechnungsbeispiele für Ausgleichsansprüche im Lebensbereich	2007
D. Kommentierung der „Grundsätze-Kranken"	**2011**
I. Ausgangspunkt	2011
1. Abdeckung zusätzlicher Risiken	2014
2. Beitragsanpassungsklauseln	2015
3. Leistungsanpassungsklauseln	2018
4. Einbeziehung weiterer Personen	2021
II. Maßgeblichkeit der Aufstockungsfälle	2023
III. Ausgleichsberechnung	2027
IV. Berechnungsbeispiele im Krankenversicherungsbereich	2033
E. Kommentierung der „Grundsätze im Bausparbereich"	**2036**
I. Ausgleichswert	2036
II. Ausgleichspflichtige Folgegeschäfte	2040
III. Multiplikatoren	2043
IV. Treuebonus	2044
V. Höchstsatz des Ausgleichsanspruchs	2046
VI. Fälligkeit	2048
VII. Berechnungsbeispiele für Ausgleichsansprüche im Bausparbereich	2049
VIII. Sonderfälle	2053
F. Kommentierung der „Grundsätze im Finanzdienstleistungsbereich"	**2070**
I. Anlass	2070
II. Berechnungsgrundsätze	2079
III. Geltungsbereich	2086
G. Gemeinsame Vorschriften	**2090**
I. Billigkeitsgrundsatz	2090
II. Alters- und Hinterbliebenenversorgung	2092
III. Ausgleichshöchstgrenze	2095
IV. Ausspannung von Versicherungsverträgen	2096
1. Wettbewerbsverbot	2099
2. Wettbewerbstätigkeit	2100
3. Eingriff in ausgeglichene Bestände	2101
V. Gutachterstelle	2112
H. Änderungsvorschläge	**2124**

Rz.

XIX. Kapitel
Handelsbilanzielle Behandlung des Ausgleichsanspruches
(bearbeitet von Klaus Otto)

A. Beim Unternehmer 2133

  I. Passivierung der Handelsvertreterausgleichsverpflichtung nach HGB 2133
    1. Bilanzierungspflicht 2133
    2. Wann ist die Ausgleichsverpflichtung bei Beendigung des Handelsvertretungsverhältnisses zu passivieren? 2135
      a) Bei einer betragsmäßig anerkannten Ausgleichsverpflichtung nach Beendigung des Handelsvertretungs-Verhältnisses 2135
        aa) Auswirkung in der Bilanz 2135
        bb) Auswirkung in der Gewinn- und Verlustrechnung . 2137
        cc) Bedeutung der Umsatzsteuer 2138
        dd) Anspruch auf Erteilung einer Rechnung nach § 14 Abs. 1 UStG 2140
      b) Bei einer betragsmäßig anerkannten Ausgleichsverpflichtung vor Beendigung des Handelsvertretungsverhältnisses 2142
      c) Bei einer Beendigung des Handelsvertretungsverhältnisses im Geschäftsjahr 2148
        aa) Bildung einer Rückstellung dem Grunde nach 2148
        bb) Höhe der Rückstellung 2152
        cc) Kein Anerkenntnis durch Rückstellungsbildung ... 2158
    3. Rückstellung für Ausgleichsverpflichtung vor Beendigung des Handelsvertretungsverhältnisses 2159
      a) Rückstellung dem Grunde nach 2159
      b) Aufwandsrückstellung der Höhe nach 2167
      c) Sonderheiten beim Versicherungsvertreter 2168
        aa) Grundsätzliches 2168
        bb) Bedeutung der „Grundsätze" für die handelsbilanzielle Behandlung 2170
      d) Sonderheiten beim Bausparkassenvertreter 2176
    4. Betriebliche Altersversorgung zum Zwecke der Minderung der Handelsvertreterausgleichsverpflichtung des Unternehmers 2177
      a) Direktzusage als Gestaltungsmodell 2177
      b) Direktzusage in der Handelsbilanz 2180
      c) Versorgungszusage über den Versorgungsweg der rückgedeckten Unterstützungskasse 2182

	Rz.
d) Versorgungszusage über die Versorgungswege Direktversicherung, Pensionskasse und Pensionsfonds .	2186
II. Passivierung der Handelsvertreterausgleichsverpflichtung nach IAS und nach US-GAAP	2187
1. Verbot von Aufwandsrückstellungen	2187
2. Rückstellungen im Jahr der Beendigung des Handelsvertreterverhältnisses	2189
III. Handelsvertreterausgleich als Anschaffungskosten für die provisionsfreie Nutzung des Kundenstammes?	2192
1. Grundsätzliches	2192
2. Anschaffungsgegenstand	2193
3. Anschaffungsvorgang	2205
4. Anschaffungskosten	2207
5. Planmäßige und außerplanmäßige Abschreibungen	2212
6. Ergebnis	2215
B. Beim Handelsvertreter	2218
I. Bei Einnahmen-Überschussrechnung	2218
1. Zahlungen auf den Handelsvertreterausgleich	2218
2. Vorauszahlungen auf den Handelsvertreterausgleich	2223
3. Betriebliche Altersversorgung	2224
II. Bei Bilanzierung nach HGB	2225
1. Handelsvertreterausgleichsanspruch	2225
a) Aktivierung dem Grunde nach	2225
b) Erstmalige Aktivierung der Höhe nach	2230
c) Aktivierung in nachfolgenden Jahresabschlüssen	2235
2. Ansprüche außerhalb des Ausgleichsanspruches	2239
a) Entschädigung für entgangene Bezirksprovisionen . . .	2239
b) Entschädigung für entgangene Inkassoprovision	2241
c) Schadenersatzanspruch nach § 89a Abs. 2 HGB	2243
d) Entschädigung für Wettbewerbsverbote	2244
e) Bewertung der Ansprüche	2245
3. Ansprüche auf betriebliche Altersversorgung	2247
III. Bei Bilanzierung nach IAS oder US-GAAP	2249

XX. Kapitel
Steuerliche Behandlung des Ausgleichsanspruches
(bearbeitet von Klaus Otto)

A. Beim Unternehmer	2251
I. Zeitpunkt der Auswirkung auf die Ertragsteuern	2251
1. Erstmalige Passivierung in der Steuerbilanz	2251

	Rz.
2. Höhe der Rückstellung	2256
3. Vorauszahlungen auf den Ausgleichsanspruch	2258
4. Anschaffungskosten für das immaterielle Wirtschaftsgut „provisionsfreie Nutzung" des vom Handelsvertreter neu aufgebauten Kundenstammes	2260
5. Betriebliche Altersversorgung zum Zwecke der Minderung der Ausgleichsverpflichtung des Unternehmers	2263
a) Direktzusage	2263
b) Unterstützungskassenversorgung	2267
II. Betroffene Ertragsteuern	2271
B. Beim Handelsvertreter bzw. seinen Erben	**2271**
I. Bei Einnahmen-Überschussrechnung	2273
1. Einkommensteuer – Einkünfte aus Gewerbebetrieb	2273
2. Ausgleichszahlung als Entschädigung	2275
3. Ausgleichszahlung als außerordentliche Einkünfte	2276
4. Fünftel-Regelung	2284
5. Halber Durchschnittssteuersatz	2289
6. Ausgleichszahlung als Veräußerungsgewinn	2290
II. Bei Bilanzierung	2291
1. Einkommensteuer – Einkünfte aus Gewerbebetrieb	2291
2. Ausgleichsanspruch als außerordentliche Einkünfte	2295
3. Fünftel-Regelung	2296
4. Halber Durchschnittssteuersatz	2299
5. Ausgleichsanspruch gegenüber einem nachfolgenden Handelsvertreter	2300
6. Ausgleichsanspruch als Veräußerungsgewinn	2306
a) Grundsätzliches	2306
b) Veräußerung der Handelsvertretung an einen nachfolgenden Handelsvertreter	2310
aa) Veräußerung des Gewerbebetriebes im Ganzen	2310
bb) Veräußerung eines Teilbetriebes	2311
cc) Rechtsfolgen	2314
dd) Übertragung eines Handelsvertretungsverhältnisses	2316
c) Veräußerung der Handelsvertretung an den Unternehmer	2317
d) Handelsvertreterausgleich und Betriebsaufgabe	2322
aa) Betriebsaufgabe	2322
bb) Bisherige Rechtsprechung	2324
cc) Eigene Beurteilung	2326
dd) Handelsvertreterausgleich bei Tod	2330
e) Handelsvertreterausgleich und Teilbetriebsaufgabe	2333
f) Schlichter Ausgleichsanspruch	2336

Rz.

III. Gewerbesteuer 2337
   1. Laufender Gewinn 2337
   2. Belastungswirkung 2340
   3. Gewerbesteuer und Veräußerungsgewinn 2344

IV. Ertragsteuerbelastung bei alternativen Rechtsformen 2348
   1. Handelsvertretungs-GmbH und Körperschaftsteuer 2348
   2. Veräußerung der Handelsvertretungs-GmbH 2351
   3. Umwandlung eines Einzelunternehmens in eine
      Handelsvertretungs-GmbH 2355
   4. Handelsvertretung in der Rechtsform der GmbH
      & Co. KG 2356

V. Umsatzsteuer 2358
   1. Entgelt für eine sonstige Leistung 2358
   2. Ort der Vermittlungsleistung 2362
   3. Steuerbefreiungen 2367
   4. Entstehen der Umsatzsteuerpflicht 2370
   5. Geschäftsveräußerung 2376
   6. Rechnung bzw. Gutschrift 2377
   7. Bei betrieblicher Altersversorgung 2378

VI. Erbschaftsteuer 2383
   1. Beendigung des Handelsvertretungsverhältnisses vor Tod
      des Handelsvertreters 2383
      a) Gegenstand des Nachlasses 2383
      b) Steuerliche Bewertung des Nachlasses 2385
   2. Tod des Handelsvertreters 2388
      a) Zivilrechtliche Wirkung 2388
      b) Steuerliche Bewertung des Nachlasses 2393
   3. Bestimmung von Ausgleichsberechtigten 2395
   4. Ansprüche auf betriebliche Altersversorgung 2397

Anhang

Seite

1a) Handelsgesetzbuch (Auszug) v. 10.5.1897 (RGBl. S. 219) in der
    Fassung v. 6.8.1953 und des Gesetzes v. 23.10.1999 (BGBl. I
    S. 1910) 7. Abschnitt 811
1b) Richtlinie des Rates vom 18.12.1986 818
2. Wortlaut der Grundsätze zur Errechnung der Höhe des Ausgleichsanspruchs (§ 89b HGB) („Grundsätze-Sach") 825
3. Wortlaut der Grundsätze zur Errechnung der Höhe des Ausgleichsanspruchs (§ 89b HGB) für dynamische Lebensversicherungen
   („Grundsätze-Leben") 829

	Seite
4. Wortlaut der Grundsätze zur Errechnung der Höhe des Ausgleichsanspruchs (§ 89b HGB) in der privaten Krankenversicherung („Grundsätze-Kranken")	833
5. Wortlaut der Grundsätze zur Errechnung der Höhe des Ausgleichsanspruchs (§ 89b HGB) im Bausparbereich	836
6. Grundsätze zur Errechnung der Höhe des Ausgleichsanspruchs (§ 89b HGB) im Finanzdienstleistungsbereich („Grundsätze FDL")	839
7. Schreiben des Gesamtverbandes der Versicherungswirtschaft v. 22.4.1968 (GAa Nr. 10/68)	842
8. Schreiben des Gesamtverbandes der Versicherungswirtschaft v. 17.7.1972 (GVa Nr. 12/72)	842
9. Schreiben des Gesamtverbandes der Versicherungswirtschaft v. 14.11.1972 an die Vorstände der Mitgliedsunternehmen und Mitgliedsverbände	843
10. Schreiben des Gesamtverbandes der Versicherungswirtschaft v. 29.11.1974 (GVa Nr. 15/74)	844
11. Schreiben des Gesamtverbandes der Versicherungswirtschaft v. 14.4.1975 (GVa Nr. 8/75)	845
12. Schreiben des Gesamtverbandes der Deutschen Versicherungswirtschaft v. 19.11.1985 (M-Tgb.-Nr. 86/85)	846
13. Schreiben des Gesamtverbandes der Deutschen Versicherungswirtschaft v. 6.4.1995 an die Vorstände der Mitgliedsunternehmen und Mitgliedsverbände (M-Tgb.-Nr. 34/95)	847
14. Schreiben des Gesamtverbandes der Deutschen Versicherungswirtschaft e.V. an die Vorstände der Mitgliedsunternehmen und die Mitgliedsverbände v. 6.4.1995 (M-Tgb.-Nr. 35/95)	848
15. Besondere Vertragsklauseln	848
16. Küstner „Ausgleichsanspruch nach § 89b HGB – Fehler im Detail" (BB 2000 Heft 20, Die erste Seite)	849
17. Thume „Achtung Auslegungsmonopol des EuGH" (RIW 2001 Heft 4, Die erste Seite)	850
18. Schreiben des Gesamtverbandes der Deutschen Versicherungswirtschaft e.V. v. 14.9.1993	851
19. Schreiben des Gesamtverbandes der Deutschen Versicherungswirtschaft e.V. v. 5.4.1994	852
20. Einkommensteuergesetz (Auszug)	852
Schrifttumsverzeichnis	857
Aufsatzverzeichnis	861
Sachregister	877

Abkürzungsverzeichnis

a. A.	anderer Ansicht
a. a. O.	am angegebenen Ort
ABA	Mitteilungsblatt der Arbeitsgemeinschaft für betriebliche Altersversorgung, Zeitschrift
AcP	Archiv für civilistische Praxis, Zeitschrift
a. F.	alter Fassung
AG	Aktiengesellschaft
AG	Amtsgericht
AHB	Allgemeine Haftpflichtversicherungs-Bedingungen
AktG	Aktiengesetz
AktGes.	Die Aktiengesellschaft, Zeitschrift
AltzertG	Altersvorsorgezertifizierungsgesetz
AmtlBegr.	amtliche Begründung
ÄndG	Änderungsgesetz
Anm.	Anmerkung
AO	Abgabenordnung
ArbG	Arbeitsgericht
ArbMin.	Arbeitsministerium
ArbPlSchG	Arbeitsplatzschutzgesetz
Art.	Artikel
AVB	Allgemeine Versicherungsbedingungen
AWD	Außenwirtschaftsdienst des Betriebs-Beraters, Zeitschrift
B	Beschluss
BAG	Bundesarbeitsgericht
BAnz.	Bundesanzeiger
BauR	Baurecht, Zeitschrift
BayJMBl.	Bayrisches Justiz-Ministerialblatt
BB	Betriebs-Berater, Zeitschrift
Bbl.	Börsenblatt für den Deutschen Buchhandel, Zeitschrift
BddW	Blick durch die Wirtschaft, Beilage der Frankfurter Allgemeinen Zeitung
BdF	Bundesminister der Finanzen
B/H	Baumbach/Hopt, HGB, 30. Aufl.
BDI	Bundesverband der Deutschen Industrie
Beil.	Beilage
Beiträge	Beiträge zur Sozial- und Arbeitslosenversicherung, Zeitschrift
BetrAVG	Gesetz zur Verbesserung der betrieblichen Altersversorgung
BewG	Bewertungsgesetz
BFH	Bundesfinanzhof
BFH/NV	Sammlung amtlich nicht veröffentlichter Entscheidungen des Bundesfinanzhofs
BGB	Bürgerliches Gesetzbuch

Abkürzungsverzeichnis

BGBl.	Bundesgesetzblatt
BGH	Bundesgerichtshof
BGHZ	Entscheidungen des Bundesgerichtshofs in Zivilsachen
BlfGenW	Blätter für Genossenschaftswesen, Zeitschrift
BSG	Bundessozialgericht
BSpKG	Bausparkassengesetz
BStBl.	Bundessteuerblatt
BTDr.	Bundestags-Drucksache
BullDV	Bulletin des Bundesverbands Direktvertrieb Deutschland
BVerfG	Bundesverfassungsgericht
BVK	Bundesverband Deutscher Versicherungskaufleute
CDH	Centralvereinigung Deutscher Handelsverteter- und Handelsmakler-Verbände
CDH-NRW	Leistungspflichten und Wettbewerbsfragen im deutschen und internationalen Handelsvertreterrecht; herausgegeben vom Landesverband der Handelsvertreter und Handelsmakler in Nordrhein-Westfalen Sitz Düsseldorf
DB	Der Betrieb, Zeitschrift
DStR	Deutsches Steuerrecht, Zeitschrift
DStZ	Deutsche Steuerzeitung, Zeitschrift
DStZ ED	Deutsche Steuerzeitung Eildienst
DSWR	Datenverarbeitung, Steuer, Wirtschaft, Recht, Zeitschrift
EBE	Eildienst: Bundesgerichtliche Entscheidungen
EBJ-HGB	Ebenroth/Boujong/Joost
EBJ/Löwisch	Löwisch in Ebenroth/Boujong/Joost, HGB
ecolex	österreichische Fachzeitschrift für Wirtschaftsrecht
EFG	Entscheidungen der Finanzgerichte
EG	Europäische Gemeinschaft
EGBGB	Einführungsgesetz zum Bürgerlichen Gesetzbuch
ErbStG	Erbschaftsteuergesetz
Erl.	Erläuterung
EStDV	Einkommensteuer-Durchführungsverordnung
EStG	Einkommensteuergesetz
EStR	Einkommensteuer-Richtlinien
EU	Europäische Union
EuGH	Europäischer Gerichtshof
EuR	Europarecht, Zeitschrift
EuZW	Europäische Zeitschrift für Wirtschaftsrecht
EWS	Europäisches Wirtschafts- und Steuerrecht, Zeitschrift
FAZ-Blick	Frankfurter Allgemeine Zeitung mit Blick durch die Wirtschaft
FfH-Mitt.	Schriftenreihe der Forschungsstelle für den Handel, Berlin (seit 1960)
FG	Finanzgericht
FR	Finanzrundschau, Zeitschrift

FS	Festschrift
GDV	Gesamtverband der Deutschen Versicherungswirtschaft
GewStG	Gewerbesteuergesetz
GewStR	Gewerbesteuer-Richtlinien
GmbH	Gesellschaft mit beschränkter Haftung
GmbHG	Gesetz betr. die Gesellschaften mit beschränkter Haftung
GmbH Rdsch.	GmbH-Rundschau, Zeitschrift
Hdb-EU	Handelsvertreterrecht in EU-Staaten und der Schweiz (Graf v. Westphalen, Hrsg)
HdbVersVerm	Handbuch des Versicherungsvermittlers, herausgegeben von Kühlmann
HFR	Höchstrichterliche Finanzrechtsprechung (Sammlung amtlich nicht veröffentlichter Entscheidungen des Bundesfinanzhofes)
HGB	Handelsgesetzbuch
h.M.	herrschende Meinung
HM	Heidelberger Musterverträge
HSW	Heymann/Sonnenschein/Weitemeyer, HGB
HVG	Handelsvertretergesetz
HVertrG 93	österreichisches Handelsvertretergesetz vom 11.2.1993
HVH	Handelsvertreter-Handbuch, herausgegeben von Heinz Voß, München, 1969
HVJ	Handelsvertreter-Journal (ab 1989)
HVR	Handelsvertreterrecht, Entscheidungen und Gutachten, herausgegeben vom Forschungsverband für den Handelsvertreter- und Handelsmaklerberuf
HVuHM	Der Handelsvertreter und Handelsmakler, Zeitschrift (ab 1989: Handelsvertreter-Journal)
IAR	Internationales Arbeitsrecht, Zeitschrift
i.d.F.	in der Fassung
IHV	Der Industrie- und Handelsvertreter, Zeitschrift (neue Bezeichnung ab 1.10.1989 „acquisa")
Inf.	Information über Steuer und Wirtschaft, Zeitschrift
InsO	Insolvenzordnung
IWW	Institut für Wirtschaftspublizistik und Wirtschaftsberatung, Herausgeber des Wirtschaftsdienstes für Versicherungs- und Bausparkaufleute, Zeitschrift
JR	Juristische Rundschau, Zeitschrift
JRPV	Juristische Rundschau für die Privatversicherung, Zeitschrift
JurBüro	Das Juristische Büro, Zeitschrift
Justiz	Die Justiz, Amtsblatt des Justizministeriums Baden-Württemberg
JW	Juristische Wochenschrift
JZ	Juristenzeitung
KG	Kammergericht
KO	Konkursordnung

Abkürzungsverzeichnis

KSchG	Kündigungsschutzgesetz
KTSch.	Konkurs-, Treuhand- und Schiedsgerichtswesen, Zeitschrift
Küstner/RW	Küstner in Röhricht/Graf v. Westphalen, HGB, 2. Auflage
KVRS	Krankenversicherung in Rechtsprechung und Schrifttum
LAG	Landesarbeitsgericht
LG	Landgericht
LM	Lindenmaier/Möhring, Nachschlagewerk des Bundesgerichtshofs
LS	Leitsatz
LSG	Landessozialgericht
LSW	Lexikon des Steuer- und Wirtschaftsrechts (WRS-Verlag, Planegg)
MA	Der Markenartikel, Zeitschrift
MDR	Monatschrift für Deutsches Recht
MK	Münchner Kommentar zum BGB
m. w. N.	mit weiteren Nachweisen
Nds. Rpfl.	Niedersächsische Rechtspflege, Zeitschrift
n. F.	neuer Fassung
NJW	Neue Juristische Wochenschrift
NSt.	Neues Steuerrecht von A-Z, Zeitschrift
n. v.	nicht veröffentlicht
NZ	Neumanns Zeitschrift für Versicherungswesen
NZG	Neue Zeitschrift für Gesellschaftsrecht
OFD	Oberfinanzdirektion
OFGH	Oberster Finanzgerichtshof
OGH	österr. Oberster Gerichtshof
OLG	Oberlandesgericht
OLGR	Oberlandesgericht, Entscheidungsreport
OLGZ	Entscheidungen der Oberlandesgerichte in Zivilsachen
OR	Schweizerisches Obligationenrecht
öRdW	Österreichisches Recht der Wirtschaft, Zeitschrift
RDBr.	Rohrbeck/Durst/Bronisch, Das Recht des Versicherungsagenten, 3. Aufl., Weißenburg 1950
Rdnr.	Randnummer
RFH	Reichsfinanzhof
RG	Reichsgericht
RGRK	Reichsgerichtsräte-Kommentar
RGZ	Entscheidungen des Reichsgerichts in Zivilsachen
RIW	Recht der Internationalen Wirtschaft, Zeitschrift
rkr.	rechtskräftig
RMW	Rechtsmagazin für die Wirtschaft, Zeitschrift
RStBl.	Reichssteuerblatt
RuS	Recht und Schaden, Zeitschrift
RuW	Möller, Recht und Wirklichkeit der Versicherungsvermittlung, Hamburg, o. J.

RVR	Rundschau für Vertreter-Recht, Zeitschrift (bis 1972)
RW-HGB	Röhricht/Graf v. Westphalen. HGB-Komm., 2. Auflage
RWP	Blattei-Handbuch Rechts- und Wirtschafts-Praxis, Forkel-Verlag
Rz.	Randzeichen/Randziffer
SaBl.	Sammelblatt für Rechtsvorschriften des Bundes und der Länder
SAE	Sammlung arbeitsrechtlicher Entscheidungen
SG	Sozialgericht
SGb	Die Sozialgerichtsbarkeit, Zeitschrift
Slg. Breithaupt	Sammlung von Entscheidungen der Sozialversicherung, Versorgung und Arbeitslosenversicherung (auch Slg. Brh.)
SozR	Sozialrecht. Rechtsprechung und Schrifttum (Losebl.-Slg.)
StÄndG	Steueränderungsgesetz
StAnpG	Steueranpassungsgesetz
StEK	Felix, Steuererlasse in Karteiform, Nachschlagewerk der Erlasse und Verfügungen der Finanzverwaltung mit kritischen Anmerkungen
StRK	Steuerrechtsprechung in Karteiform
StuW	Steuer und Wirtschaft, Zeitschrift
StWK	Steuer- und Wirtschafts-Kurzpost, Loseblattsammlung
TSt	Die Tankstelle, Zeitschrift
UKlaG	Unterlassungsklagegesetz vom 26.11.2001
UR	Umsatzsteuerrecht, Zeitschrift
USK	Urteilssammlung Krankenversicherung
UStDB	Umsatzsteuer – Durchführungsbestimmungen
UStG	Umsatzsteuergesetz
UStR	Umsatzsteuer-Rundschau, Zeitschrift
VAG	Versicherungsaufsichtsgesetz
VerBAV	Veröffentlichungen des Bundesaufsichtsamts für das Versicherungs- und Bausparwesen
VerglO	Vergleichsordnung
VersR	Versicherungsrecht, Zeitschrift
VersVerm.	Versicherungsvermittlung, Zeitschrift
VGA	Nachrichtenblatt des Verbandes der bevollmächtigten Generalagenten und Assekuradeure (VGA), Köln, Zeitschrift
V+R	Verkauf und Reise, Zeitschrift
VVG	Versicherungsvertragsgesetz
VVK	Verband der Versicherungskaufleute e.V.
VW	Versicherungswirtschaft, Zeitschrift
WHV	Warenhandelsvertreter
WiB	Wirtschaftsrechtliche Beratung (Zeitschrift), (seit 1998 vereinigt mit NZG)
WiVV	Wirtschaftsverband Versicherungsvermittlung
WM	Wertpapier-Mitteilungen, Zeitschrift (auch: WPM)

Wprfg.	Die Wirtschaftsprüfung, Zeitschrift
WVK	Wirtschaftsdienst für Versicherungs- und Bausparkaufleute
ZAP	Zeitschrift für die Anwaltspraxis
ZfG	Zeitschrift für das gesamte Genossenschaftswesen
ZfV	Zeitschrift für Versicherungswesen
ZHR	Zeitschrift für das gesamte Handels- und Wirtschaftsrecht
ZIP	Zeitschrift für Wirtschaftsrecht
ZPO	Zivilprozessordnung
ZTG	Zentralverband des Tankstellen- und Garagengewerbes e.V.
ZVersWiss	Zeitschrift für die gesamte Versicherungswissenschaft
ZVglRWiss	Zeitschrift für vergleichende Rechtswissenschaft
ZVZV	Zeitungsverlag und Zeitschriftenverlag, Zeitschrift

Einleitung

Das im 7. Abschnitt des Handelsgesetzbuches niedergelegte Recht der Handelsvertreter, das durch das „Gesetz zur Änderung des Handelsgesetzbuches (Recht der Handelsvertreter)" vom 6.8.1953[1] erstmals zusammenfassend geregelt wurde und das sich in den nunmehr *nahezu 50 Jahren seines Bestehens* – nimmt man alles in allem – bewährt hat, führte damals den als wichtigste Bestimmung der Neuregelung bezeichneten *Ausgleichsanspruch* für Handelsvertreter ein, der seitdem bei Vorliegen bestimmter Voraussetzungen sowohl dem Warenvertreter im weitesten Sinne[2] als auch dem Versicherungs- und Bausparkassenvertreter zusteht – kurz: jedem Vermittler, der in selbstständiger Stellung und ständig mit der Vermittlung oder mit dem Abschluss von Geschäften betraut ist. Der Gesetzgeber folgte damals einer sich abzeichnenden Tendenz, die bereits in der Schweiz durch Art. 418u des schweizerischen Obligationsrechts[3] und schon vorher – wenn auch in vereinfachter Form – im österreichischen Handelsvertreterrecht von 1921 ihren Niederschlag gefunden hatte[4]. Die jetzt maßgebliche in diesem Bande kommentierte Fassung des Gesetzes beruht auf dem Durchführungsgesetz zur EG-Harmonisierungsrichtlinie vom 23.10.1989[5]. **1**

Es kann kein Zweifel darüber bestehen, dass – nicht allein, aber auch – die Schaffung des Ausgleichsanspruchs einerseits wesentlich zu einem *verstärkten Selbstbewusstsein* des Berufsstandes der Handelsvertreter geführt hat, zumal dieser Ausgleichsanspruch aufgrund seiner „funktionellen Verwandtschaft"[6] mit einer Altersversorgung durchaus auch eine *soziale Funktion*[7] hat, – wenn auch der Vergütungscharakter im Vordergrund steht. Andererseits stellt aber der **2**

---

1 Gesetz vom 6.8.1953, BGBl. I, S. 771, abgedr. im Anhang Nr. 1. Das Gesetz trat am 1.12.1953 in Kraft.
2 Der hier und im Folgenden zur klaren Abgrenzung vom Versicherungsvertreter häufig verwendete Begriff des „Warenvertreters" betrifft alle Handelsvertreter, die nicht Versicherungs- oder Bausparkassenvertreter sind, z.B. Verlagsvertreter, Tankstellenvertreter, Anzeigenvertreter, Inhaber von Lotto-Annahmestellen etc. (vgl. dazu *BGH*, 21.1.1965 – VII ZR 22/63, BGHZ 43, 108, 113 = NJW 1965, 1132 = BB 1965, 304 = HVR Nr. 322).
3 Einzelheiten bei *Umbricht/Grether* im Hdb.-EU von Graf von Westphalen/Westphal, S. 1015.
4 Das österreichische Handelsvertreterrecht ist durch das am 1.3.1993 in Kraft getretene österreichische Bundesgesetz vom 11.2.1993 (BGBl. 88/93) neugefasst und der EG-Harmonisierungsrichtlinie vom 18.12.1986 (Amtsbl. der Europ. Gemeinschaften Nr. L 382/17) angepasst worden; vgl. *Viehböck*, ecolex 1993, 221, *Küstner*, RdW (Österreich) 1994, 390 und *Westphal* in Graf von Westphalen, Hdb-EU, S. 889. Vgl. zum österreichischen Recht auch *Tschuk*, Der Ausgleichsanspruch bei Beendigung des Handelsvertreterverhältnisses, Wien 1994 sowie *Nocker*, Ausgleichsanspruch, ein Kommentar zu § 24 HVertrG, Wien 2001.
5 Gesetz zur Durchführung der EG-Richtlinie zur Koordinierung des Rechts der Handelsvertreter vom 23.10.1989, BGBl. I, 1910; vgl. *Küstner*, BB 1990, 291.
6 Zu diesem Begriff im Zusammenhang mit der Problematik Ausgleichsanspruch/Altersversorgung vgl. Kap. VIII/Rz. 1177, 1179 sowie *Graf von Westphalen*, BB 2001, 1593; Einzelheiten unter VIII/Rz. 1179.
7 *BVerfG*, 22.8.1995 – BvR 1624/92, NJW 1996, 381 = WM 1995, 1761 = VW 1996, 459 sowie *OLG München*, 22.3.2001 – 29 U 4997/00, DB 2001, 1666 = OLRG München 2001, 168 = VersVerm 2001, 268.

Einleitung

Ausgleichsanspruch auch einen Ansporn für erfolgreiche Vermittlungs- oder Abschlusstätigkeit dar.

3 So liegt heute der Anteil des von Handelsvertretern gegen Provision vermittelten Umsatzes am Einschaltungsgrad in die inländischen Wirtschaftsströme bei ca. 30 %[8] und beläuft sich allein im „be to be"-Geschäftsbereich[9] auf ca. 350 Mrd. DM (= ca. 175 Mrd. €)[10].

4 Bedauerlicherweise hat sich der Gesetzgeber bei der Neuregelung des Handelsvertreterrechts im Jahre 1953 und auch im Zusammenhang mit seiner Neufassung im Zuge der Harmonisierungsbestrebungen auf europäischer Ebene nicht entschließen können, den bei Versicherungsvertretern gegebenen Besonderheiten, die in der abweichenden wirtschaftlichen Funktion und Tätigkeitsart des Versicherungsvertreters zum Ausdruck kommen[11] dadurch Rechnung zu tragen, dass er das Recht des Versicherungs- und Bausparkassenvertreters in einem *gesonderten Abschnitt* des 7. Buchs des HGB zusammengefasst hat. Schon als im Jahre 1938 die Akademie für Deutsches Recht Entwürfe für ein neues Handelsvertreterrecht bearbeitete, bestanden starke Bestrebungen, das Recht des Versicherungsvertreters in einem Spezialgesetz zu regeln. Dabei wurde die Ansicht vertreten, dass die Unterschiede zwischen Versicherungs- und Warenvertretern so erheblich seien, dass eine Regelung beider Vermittlergruppen in einem einheitlichen Gesetz nicht zweckmäßig sei[12]. Aber weder bei der Neuregelung des Handelsvertreterrechts im Jahre 1953 noch bei der Anpassung des Vertreterrechts an die EG-Harmonisierungsrichtlinie, bei welch letzterer eine gute Möglichkeit bestanden hätte, das Recht des Versicherungsvertreters in einem gesonderten Gesetz niederzulegen, hat sich der Gesetzgeber stattdessen in sachlich unbefriedigender Weise mit wenigen Verweisungsvorschriften begnügt (§§ 92 und 89b Abs. 5), was in der Praxis mitunter insbesondere im Hinblick auf die Frage zu **Missverständnissen** geführt hat, in welchem Umfang Versicherungsvertretern aus der Vertragsbeendigung Provisionsverluste aus künftig zu Stande kommenden Geschäften entstehen können[13].

5 Auch die höchstrichterliche Rechtsprechung hat die ausgleichsrechtlichen Unterschiede zwischen Waren- und Versicherungsvertretern bisher nicht in ausrei-

---

8 Vgl. dazu *Fischer*, Der Handelsvertreter im Deutschen und Europäischen Recht, ZVglRWiss 2001, 143 Fn. 1.
9 Gemeint ist der Geschäftsbereich zwischen Industriekunden, nicht zwischen dem vertretenen Unternehmen einerseits und Endkunden andererseits.
10 Der Umfang der vermittelten Umsätze beruht auf einer Mitteilung der CDH, die Zahl der abgewickelten Ausgleichsfälle im Bereich der Versicherungs- und Bausparwirtschaft auf Erhebungen, die vom GDV durchgeführt wurden.
11 Vgl. dazu Einzelheiten in den Rz. 13 und 24 und Hdb. I Rz. 2097, 2150; *Küstner*, VersR 2002, 513. Eine solche spezielle Regelung wird gegenwärtig in Österreich diskutiert.
12 Vgl. dazu *Knapp* in VW 1952, S. 391 ff., der schon damals, noch in den Beratungen, bevor der Entwurf dem Bundestag vorgelegt wurde, in dem zitierten Aufsatz ausführliche und lesenswerte Anmerkungen zur Ausgleichsberechtigung des Versicherungsvertreters formulierte, und zwar mit Rücksicht auf die Besonderheit der unterschiedlichen Provisionssysteme, wie sie unten in den Rz. 839 ff. geschildert sind.
13 Vgl. dazu in diesem Band insbesondere die Hinweise in den Rz. 30, 632, 826, 949.

Einleitung

chender Klarheit herausgearbeitet. Denn aus den einzelnen Urteilen ist häufig nicht ersichtlich, ob die entwickelten ausgleichsrechtlichen Grundsätze ausschließlich nur für eine bestimmte Vertretergruppe gelten oder ob sie sowohl auf Waren- als auch auf Versicherungsvertreter anwendbar sind. Dadurch sind zu vielen Fragen Meinungsverschiedenheiten entstanden, die bei einer besseren und gesonderten gesetzestechnischen Behandlung des Versicherungsvertreters hätten vermieden werden können[14].

Zu welcher immer wieder in Erscheinung tretenden **Rechtsunsicherheit** die den Ausgleichsanspruch des Versicherungsvertreters regelnde Bestimmung des § 89b Abs. 5 geführt hat, zeigt schon die Tatsache, dass heute, nahezu 5 Jahrzehnte nach dem Inkrafttreten des neuen Vertreterrechts, noch immer keine absolute Klarheit über die einzelnen Voraussetzungen des Ausgleichsanspruchs des Versicherungsvertreters besteht[15] und erst in einem Urteil vom 26.1. 1978[16] erstmals die Wesensunterschiede zwischen dem Ausgleichsanspruch des Warenvertreters einerseits und des Versicherungsvertreters andererseits herausgearbeitet wurden. 6

Nicht zuletzt gilt dies im Hinblick auf die **Ausnahmerechtsprechung** des BGH, zu der jetzt das OLG Celle in seinem Urteil vom 16.5.2002[17] Stellung genommen hat, nachdem viele Jahre die damit verbundene Problematik jedenfalls in gerichtlichen Entscheidungen nicht in Erscheinung trat[18]. Tatsächlich wird in der Literatur der § 89b in der für Versicherungsvertreter maßgebenden Fassung teilweise mit[19] und teilweise ohne[20] Berücksichtigung der Provisionsverluste aus künftig zu Stande kommenden Versicherungsverträgen umgeformt, ohne dass bis heute in der Literatur eine Klarstellung erfolgt wäre[21]. Denn tatsächlich ist es doch von ganz wesentlicher Bedeutung, ob und ggf. in welchem Um- 7

---

14 Vgl. dazu Höft, VersR 1967, 524, 525 und *Küstner*, BB 1966, 269; vgl. aber auch OLG *Frankfurt*, 26.1.1978, BB 1978, 728 = VW 1978, 918.
Die EG-Richtlinie vom 18.12.1986 betrifft übrigens generell nur das Recht des Warenvertreters, nicht auch das Recht des Versicherungs- bzw. Bausparkassenvertreters.
15 Vgl. dazu *Sieg*, VersR 1964, 789.
16 *OLG Frankfurt*, 26.1.1978 – 15 U 250/76, BB 1978, 728 = VW 1978, 918.
17 *OLG Celle*, 16.5.2002 – 11 U 193/01, VersR 2002, mit Anm. *Küstner*, VersR 2002, und VW 2002, 1102 sowie Thume, VersR 2002, 981. Die gegen die Nichtzulassung der Revision im Urteil v. 16.5.2002 eingelegte Nichtzulassungsbeschwerde gem. § 544 ZPO blieb erfolglos (*BGH*, die aber durch B v. 6.5.2003 zurückgewiesen wurde).
18 Einzelheiten zur Ausnahmerechtsprechung sind in den Rz. 923, 984 geschildert; vgl. dazu auch *BGH*, 23.2.1961 – VII ZR 237/59, BGHZ 34, 310 = NJW 1961, 1059 = BB 1961, 381 = VersR 1961, 341 = HVR Nr. 303; *BGH*, 19.11.1970 VII ZR 47/69, BGHZ 55/45 = NJW 1971, 462 = BB 1971, 105 = VersR 1971, 265 m. Anm. Höft, VersR 1971, 269 = HVR Nr. 425; *BGH*, 6.7.1971 – VII ZR 75/71, BGHZ 59/125 = NJW 1972, 1664 = BB 1972, 1073 = VersR 1972, 931 m. Anm. *Höft*, VersR 1972, 933.
19 *Geßler*, S. 87; *Möller* in Bruck/Möller, Anm. 370 vor §§ 43–48 VVG, 853; *Trinkhaus*, 398; *Josten/Lohmüller*, § 89b Anm. 12; *Brüggemann*, § 89b R. 124; *BGH*, 23.2.1961 – VII ZR 237/59, BGHZ 34, 310 = NJW 1961, 1059 = BB 1961, 381 = VersR 1961, 341 = HVR Nr. 303.
20 *Leuze*, 21; *Schröder*, § 89b Anm. 41a sowie BB 1954, 477, 482; *OLG Stuttgart*, 26.3.1957 – 5 U 17/56, VersR 1957, 329; näheres unter Rz. 30.
21 Vgl. aber schon Rd. 808 in der Vorauflage.

Einleitung

fang Provisionsverluste aus künftig zu Stande kommenden Versicherungsverträgen überhaupt berücksichtigt werden dürfen oder nicht.

8   Dies wird besonders anhand mehrerer **klageabweisender Urteile**[22] deutlich, die zu Lasten von Versicherungs- bzw. Bausparkassenvertretern ergingen und die eindeutig auf einer völligen Verkennung der für Versicherungs- und Bausparkassenvertreter maßgeblichen Unterschiede durch den Kläger beruhten[23].

9   Angesichts der zahlreichen Schwierigkeiten, die die Berechnung eines Ausgleichsanspruchs mit sich bringt, kann es zwar nicht verwundern, dass neuerdings die Bestimmung des § 89b als *„Fehlentwicklung"* bezeichnet wurde, die *„ärgerliche Ausmaße"* angenommen habe und die deshalb ein *„viel beklagtes Justizübel"* darstelle[24], wenn diese Auffassung auch als ausgesprochen übertrieben gewertet werden muss. Denn angesichts der immer komplizierter werdenden wirtschaftlichen Probleme gibt es auch in anderem Zusammenhang eine mitunter ausufernde Rechtsprechung, die dann nach einer gewissen Zeit aber wieder abflaut. So ist es übrigens auch im Bereich des Handelsvertreterrechts; allein schon aufgrund der Änderungen im Zivilprozessrecht gelangen heute wesentlich seltener zweitinstanzliche Verfahren in die Revisionsinstanz – und dies wird aufgrund der neugefassten Vorschriften der §§ 543 ff. ZPO künftig noch seltener werden als bisher.

10   Martinek[25] äußert sich dazu, das Stichwort „Ausgleichsprozess" markiere für die Kenner der Justizlandschaft eine *„viel beklagte Misere"* und die Parteien sähen sich im Ausgleichsprozess angesichts der Unübersichtlichkeit und Vielfalt der Anspruchsvoraussetzungen und Einwendungen, der Darlegungs- und Beweislastverteilung „nur zu oft zu einem Spießrutenlauf mit ungewissem Ausgang genötigt". Karsten Schmidt spricht im Hinblick auf § 89b von einer „prozessträchtigen Vorschrift und überdies von einer Vorschrift, deren Rechtsunsicherheit den Ausgang jedes Prozesses im Ungewissen lässt"[26].

11   Generell also dürfte Einigkeit darüber bestehen[27], dass die Vorschrift des § 89b in der Tat als *„wenig gelungen"* bezeichnet werden muss und zu einer „unzumutbaren Rechtsunsicherheit" geführt hat. Mit Recht hat Rittner darauf

---

22   Vgl. dazu *OLG Celle*, 16.5.2002, a.a.O. (Fn. 16) sowie das Urteil der Vorinstanz, LG Hannover, 28.5.2001 n.v. Dazu *Evers*, Vertriebsrecht aktuell, Nr. 2 S. 1 und Küstner, VersR 2002, 513ff. und dort Abschn. III.1. und Abschn. III.6. Vgl. auch die negativ entschiedenen Urteile: LG Frankfurt/Main, 2.5.2001 – 3/9 O 47/99, n. v.; LG Hannover, 28.5.2001 – 21 O 2196/99/ 60 n. v.; *LG Osnabrück*, 10.8.2001 sowie das durch Vergleich beendete Verfahren *LG Hamburg*, 404 O 13/98.
23   *Küstner*, Hdb. I Rz. 2150.
24   *Martinek* in FS für Gerhard Lüke, 1997, 409ff.; ders., ZHR Bd. 161 (1997), 67ff.; ähnlich *Hirsch* in FS für Tiburtius, 1964, 383ff.
25   *Martinek*, a.a.O.
26   Vgl. *Rittner*, DB 1998, 457, 461.
27   Insbesondere im Hinblick auf die kritisierten Urteile des BGH vom 6.8.1997 – VIII ZR 150/ 96, VersR 1997, 1398, NJW 1998, 66 = BB 1997, 2607 und – VIII ZR 92/96, VersR 1997, 1397, NJW 1998, 71 = BB 1997, 2609.

Einleitung

hingewiesen, dass die neue Rechtsprechung[28] die Entwicklung um drei Jahre zurückgeworfen habe.

Aber gerade deshalb ist es notwendig, sich insbesondere mit den **materiellen Anspruchsvoraussetzungen** zu befassen, mag dies auch nicht selten gerade wegen der nahezu ausufernden Rechtsprechung zu Schwierigkeiten führen. Dieser Schwierigkeiten Herr zu werden, soll der vorliegende Band einen Beitrag leisten. **12**

Schließlich muss der Vollständigkeit halber darauf hingewiesen werden, dass nach dem Wortlaut des Gesetzes der Handelsvertreter nach der Vertragsbeendigung einen *„angemessenen" Ausgleich* verlangen kann, dass aber der Begriff der Angemessenheit in Literatur und Rechtsprechung kaum in Erscheinung tritt, so dass sich die Diskussion allein auf die Erläuterung des Billigkeitsgrundsatzes gem. § 89b I 3 konzentriert, was zweifellos den Absichten des Gesetzgebers nicht entsprechen dürfte[29].

---

28 Vgl. dazu die zahlreichen Rechtsprechungshinweise in den Kap. V, VI und VII und insbesondere die von Rittner a.a.O. kritisierte Rechtsprechung.
29 Vgl. dazu *Brüggemann*, Großkommentar zum HGB, 4. Aufl., § 89b Rz. 12 zum Verhältnis der Kriterien „angemessen" und „Billigkeit"; vgl. dazu Rz. 1044, 1224/25 und insbesondere BB 2000, Heft 20 (Die erste Seite), vgl. Anhang Nr. 16.

I. Kapitel

Grundgedanke und Rechtsnatur des Ausgleichsanspruches

A. Grundgedanke

I. Warenvertreter

Das Handelsvertreterrecht geht in § 87 Abs. 1 davon aus, dass für den Warenvertreter nicht nur solche Geschäfte provisionspflichtig sind, die auf seine unmittelbare Tätigkeit zurückzuführen sind, sondern auch jene, die mit Kunden abgeschlossen werden, die er für Geschäfte der gleichen Art ursprünglich geworben hat[1]. Darüber hinaus stehen dem Handelsvertreter Provisionsansprüche aber sogar auch dann zu, wenn er als *Bezirksvertreter* i. S. d. § 87 Abs. 2 für den Unternehmer tätig war und Geschäfte ohne seine Mitwirkung mit Personen seines Bezirks oder Kundenkreises während des Vertragsverhältnisses abgeschlossen werden. Dem Warenvertreter stehen Provisionen also auch dann zu, wenn er im Einzelfall nicht unmittelbar tätig geworden ist; es genügt, wenn er die Verbindung zwischen dem Kunden und dem Unternehmer anlässlich eines früheren Geschäftsabschlusses hergestellt hat. *Nachbestellungen*, die auf Grund einer vom Handesvertreter hergestellten *Geschäftsverbindung* von dem von ihm geworbenen Kunden oder von Bezirkskunden aufgegeben werden, führen folglich zu Provisionseinnahmen[2].

13

Dieses *provisionsrechtliche Grundprinzip*, den Vertreter an einer einmal hergestellten Geschäftsverbindung so lange partizipieren zu lassen, wie diese besteht, beruht auf der Überlegung, dass der Vermittlungserfolg des Vertreters, der sich in der Schaffung der zwischen Unternehmer und Kunden hergestellten Geschäftsverbindung auswirkt, erst dann in vollem Umfang vergütet worden ist, wenn der Vertreter für alle Geschäfte Provisionen erhalten hat, die im Rahmen dieser Geschäftsverbindung zu Stande kommen.

14

Dieses Grundprinzip wird aber nicht bis zur letzten Konsequenz durchgeführt. Der Gesetzgeber schränkt es vielmehr dadurch ein, dass er dem Warenvertreter den Provisionsanspruch aus Nachbestellungen nur für die Zeit des *bestehenden Vertretervertrages zubilligt*[3]. Für Nachbestellungen also, die *nach der Beendi-*

15

---

1 Vgl. dazu *Schröder,* § 87 Anm. 1. Einen guten Überblick über die Provisionsregelung bei Handelsvertretern als Warenvertreter gibt *Schweikl,* S. 13 ff. — So auch bereits die zum § 88 des früheren Handelsvertreterrechtes herrschende Meinung; das Gesetz war nicht so klar gefasst wie der heutige § 87 Abs. 1; vgl. dazu Band 1 Rz. 743 ff.
2 Zum Begriff des Bezirksvertreters vgl. Hdb. I, Rz. 798 ff. zur Frage, inwieweit Bezirkskunden als Neukunden angesehen werden können, vgl. unten Rz. 664.
3 *Geßler,* S. 38.

I Grundgedanke und Rechtsnatur des Ausgleichsanspruches

gung des Vertretervertrages von Kunden aufgegeben werden, die der Warenvertreter für Geschäfte der gleichen Art geworben hat, steht ihm ein Provisionsanspruch nicht zu, obwohl die maßgebliche Geschäftsverbindung doch durch ihn begründet wurde. Diese *Einschränkung* des allgemeinen Grundsatzes beruht darauf, dass eine *Provisionsfortzahlung* ohne Rücksicht auf die Beendigung des Vertretervertrages mit der Zeit zu unentwirrbaren Verhältnissen führen würde[4].

16 Um die in dieser unbefriedigenden Rechtslage zum Ausdruck kommende *Härte zu mildern*, gewährt der Gesetzgeber dem Warenvertreter einen Ausgleichsanspruch, der an die Stelle derjenigen Provisionsansprüche treten soll, deren Entstehung durch die Beendigung des Vertretervertrages kraft Gesetzes verhindert wird[5]. Der Gesetzgeber hat sich also für einen Mittelweg zwischen dem völligen Wegfall der aus Nachbestellungen resultierenden Provisionsansprüche nach der Vertragsbeendigung einerseits und einer auf den Nachbestellungen nach Vertragsbeendigung beruhenden „ewigen" oder „arbeitslosen" Rente andererseits[6] in der Weise entschieden, dass er dem Vertreter in Form des Ausgleiches gewissermaßen eine *kapitalisierte Restvergütung* gewährt[7]. So betrachtet, handelt es sich also beim Ausgleichsanspruch des Warenvertreters um eine *Kundschaftsvergütung*.

17 Um diese Zweckbestimmung des Ausgleichsanspruches ganz zu verstehen, muss man sich vergegenwärtigen, dass das Provisionsrecht in § 87 Abs. 1 zu der praktischen Konsequenz führt, dass der *Hauptwert des Geschäftsbetriebes* des Warenvertreters in den von ihm geschaffenen Beziehungen des vertretenen Unternehmens zur Kundschaft, dem *Kundenstamm*, liegt und dass der Vertreter bei Beendigung seines Vertragsverhältnisses diesen Hauptwert seines Geschäftsbetriebes zumindest teilweise[8] zwangsläufig verliert, weil er den Kundenstamm fortan *nicht mehr als Einnahmequelle* nutzen kann[9]. Freilich schließt das nicht aus, dass der Handelsvertreter, sofern ihm nachvertraglicher Wettbewerb nicht untersagt ist (§ 90a), den aufgebauten Kundenstamm für ein anderes vertretenes Unternehmen akquirieren kann. Das aber kann zur Ausgleichsminderung führen[10].

18 Daraus folgt, dass für eine Ausgleichszahlung insoweit kein Anlass bestehen kann, als dem Warenvertreter trotz der Vertragsbeendigung *Provisionsansprüche aus Nachbestellungen* erwachsen können. Denn wenn die Vertragsbeendigung nicht zum *Wegfall von Provisionsansprüchen* führt und damit nicht zur

---

4 *Geßler*, S. 38.
5 Vgl. dazu die bei *Geßler*, S. 3, zusammengestellten typischen Tatbestände; *Habscheid*, S. 349 in Abschnitt III; *Schröder* § 89b Anm. 1a, und DB 1964 S. 323; *Franta*, MDR 1953 S. 530, 532.
6 *Geßler* a.a.O.; *Habscheid*, S. 358.
7 *Habscheid*, S. 358. Im Zusammenhang damit wird die Frage eines Abzinsungsabschlags akut; vgl. auch *Meyer*, S. 230. Näheres Rz. 769.
8 Zu Besonderheiten, die sich aus der Stellung des Handelsvertreters als Bezirksvertreter i.S. des § 87 II ergeben, vgl. unten Rz. 664.
9 *BGH*, 16.2.1961, BB 1961 S. 265 = VersR 1961 S. 244 = HVR Nr. 235. Zur Problematik des Geschäftswerts vgl. *BGH*, 9.3.77 – IV ZR 166/75 NJW 1977, 949.
10 Vgl. Rz. 1126, 734.

A. Grundgedanke **I**

Entstehung von Provisionsverlusten, ist für den Ausgleich kein Raum. Ein solcher Fall ist – abgesehen vom Sondertatbestand des § 87 Abs. 3 – gegeben, wenn der Vertreter entgegen der gesetzlichen Regelung mit dem Unternehmer vereinbart hat, dass ihm auch in der Zeit nach der Beendigung des Vertretervertrages Nachbestellungsprovisionen zustehen sollen[11].

Eine ähnliche Rechtslage kann eintreten, wenn während des Vertretervertrages **19** auf Grund der Tätigkeit des Vertreters ein Geschäft zu Stande kommt, dessen Abwicklung sich über einen längeren Zeitraum erstreckt, der in die Zeit nach der Beendigung des Vertretervertrages hineinreicht, wie dies bei *Sukzessivlieferungsverträgen* vorkommen kann. Ein solcher Vertrag ist dann gegeben, wenn das vom Warenvertreter vermittelte Einzelgeschäft mit der Maßgabe zu Stande kommt, dass die beiderseitigen Leistungen in vollem Umfange bereits im Zeitpunkt des Vertragsschlusses geschuldet werden, der Abruf von Einzelleistungen durch den Käufer aber erst später erfolgen soll[12]. Bei diesen Einzelabrufen, die auf Grund des abgeschlossenen Vertrages erfolgen, handelt es sich nicht um Nachbestellungen in dem oben erläuterten Sinne und damit nicht um später zu Stande kommende einzelne Geschäfte, die mit Kunden abgeschlossen werden, die der Warenvertreter für Geschäfte der gleichen Art geworben hat. Es handelt sich vielmehr jeweils um *Teilerfüllungen* einer von vornherein *feststehenden Vertragsverpflichtung*[13]. Deshalb hat in derartigen Fällen die Beendigung des Vertretervertrages keinen Einfluss auf den Provisionsanspruch, wenn von der gesetzlichen Provisionsregelung nichts Abweichendes vereinbart wurde und vertragsgemäß die Fälligkeit des mit dem Zustandekommen des Sukzessivlieferungsvertrages verdienten Provisionsanspruchs von der jeweiligen Teilausführung des Vertrages abhängig sein soll[14]. Denn nach dem Gesetz steht dem Warenvertreter ein Provisionsanspruch für ein von ihm während des Vertrages vermitteltes und vor der Vertragsbeendigung zu Stande gekommenes Geschäft zu, ohne dass es darauf ankommt, ob die Fälligkeit des Provisionsanspruches vor oder nach der Beendigung des Vertretervertrages eintritt. Hier spricht man im Gegensatz zu Provisionsansprüchen aus nachvertraglichen Geschäften von *Überhangprovisionen*[15], die neuerdings im Rahmen der Ausgleichshöchstgrenze zu berücksichtigen sind[16].

Ist aber zwischen dem Unternehmer und dem Vertreter entgegen der gesetz- **20** lichen Regelung vereinbart, dass die Vertragsbeendigung die Fälligkeit des für

---

11 Vgl. dazu die Rechtslage bei einer Vermittlungstätigkeit für einen neuen Unternehmer, Rz. 1126, 734.
12 Näheres zum Sukzessivlieferungsvertrag im Urteil des *Oberlandesgerichts Celle* vom 30.11. 1955, HVR Nr. 91. Vgl. auch *Palandt/Heinrichs*, 61. Aufl., Rz. 17 vor § 241 und Rz. 27 vor § 305 BGB.
13 Vgl. *Schweikl*, S. 18.
14 *Schröder*, § 87 Anm. 8a, § 89b Anm. 12, und DB 1962 S. 895, 897 zu III; vgl. auch *OLG Celle*, 30.11.1955, HVR Nr. 91.
15 Vgl. dazu Rz. 1104, 1529 und Bd. 1 Rz. 1422.
16 Vgl. Rz. 1529 sowie *BGH*, 23.10.1996 – VIII ZR 16/96, BGHZ 133, 391 = BB 1997, 59 m. Anm. Seelhorst, BB 1997, 2019 = VersR 1997, 1143 = HVR Nr. 801 und Anmerkung *von Hoyningen-Huene* EWiR § 89b 1/97, 175.

I Grundgedanke und Rechtsnatur des Ausgleichsanspruches

die Vermittlung des Sukzessivlieferungsvertrages verdienten Provisionsanspruchs, so weit sie noch nicht eingetreten war, ausschließt, sollen mithin nur die während der Dauer des Vertretervertrages ausgeführten Teile des vermittelten Geschäftes zur Fälligkeit der entsprechenden Provisionsraten führen, so tritt mit der Vertragsbeendigung infolge einer solchen *Provisionsverzichtsklausel*[17] ein Provisionsverlust aus einem *„bereits abgeschlossenen Geschäft"* ein, der gemäß § 89b auszugleichen ist. In diesem Fall ist die Situation derjenigen vergleichbar, die bei Versicherungsvertretern auftritt, die *Sachversicherungsverträge* vermittelt haben und dafür eine Erfolgsvergütung in Höhe laufender, gleichbleibender Provisionen erhalten[18].

21 Aus alledem ist andererseits aber nicht zu folgern, dass bei Sukzessivlieferungsverträgen, die ein Warenvertreter vermittelt hat oder die ohne seine Mitwirkung mit von ihm geworbenen Kunden abgeschlossen werden, das Problem der Nachbestellungen im Sinne des § 87 Abs. 1 überhaupt nicht auftreten könnte. Als *Nachbestellungen* sind vielmehr die *Verlängerungen* laufender oder der *Abschluss neuer Sukzessivlieferungsverträge* anzusehen, die – ohne Rücksicht auf die Mitwirkung des Warenvertreters bei ihrem Zustandekommen – nach dem Gesetz nur dann provisionspflichtig sind, wenn sie vor der Vertragsbeendigung erfolgen. Damit gilt also auch bei Sukzessivlieferungsverträgen die allgemeine Regel, dass ein Provisionsanspruch im Hinblick auf solche Nachbestellungen nicht entstehen kann, die erst nach der Beendigung des Vertretervertrages erteilt werden[19], sodass hier eine Vergütung nur nach § 89b erfolgen kann, wenn der ausgeschiedene Handelsvertreter den Sukzessivlieferungsvertrag vor der Vertragsbeendigung vermittelt hatte.

22 Schließlich gewinnt in diesem Zusammenhang auch die *Sonderbestimmung des § 87 Abs. 3* Bedeutung. Nach dieser Vorschrift steht dem Warenvertreter auch für Geschäfte, die erst nach der Beendigung des Vertragsverhältnisses abgeschlossen werden, ein Anspruch auf Provision zu, wenn er das Geschäft vermittelt oder eingeleitet und so vorbereitet hat, dass der Abschluss überwiegend auf seine Tätigkeit zurückzuführen ist, und wenn das Geschäft innerhalb einer angemessenen Frist nach Beendigung des Vertragsverhältnisses abgeschlossen wurde. Ist zwischen den Vertragsparteien diese gesetzliche Bestimmung dahingehend abgeändert worden, dass dem Warenvertreter bei einer Beendigung des Vertretervertrages ein Provisionsanspruch für solche Geschäfte nicht zustehen soll, so führt die Vertragsbeendigung zu einem Provisionsverlust, der wiederum nach § 89b ausgeglichen werden kann[20].

23 Der *Grundgedanke des Ausgleichsanspruches* des Warenvertreters ergibt sich mithin aus folgenden Überlegungen: Die gesetzliche Regelung seiner Provisionsansprüche lässt erkennen, dass der Warenvertreter über die Vermittlung einzelner Geschäfte hinaus für die ihm insgesamt obliegende Vermittlungstätigkeit,

---

17 Vgl. Rz. 45, 51, 815 ff.
18 Vgl. Rz. 866.
19 Vgl. dazu die Beispielsfälle bei *Küstner,* IHV 1965 Heft 5 S. 19 und Heft 8 S. 25.
20 Näheres dazu unten Rz. 691.

die sich in der **Schaffung eines Kundenstammes** auswirkt, erst dann in vollem Umfange vergütet ist, wenn er für alle Einzelgeschäfte Provisionen erhalten hat, die im Rahmen einer von ihm hergestellten **Geschäftsverbindung** zu Stande kommen. Wird diese Gesamtvergütung infolge der Beendigung des Vertretervertrages nicht erreicht — mag dies auf gesetzlichen oder vertraglichen Bestimmungen beruhen —, so soll ein Ausgleichsanspruch — wenn auch in *pauschalierter Form* — an die Stelle derjenigen möglichen Provisionsansprüche treten, deren Entstehung — oder, wie es bei Sukzessivlieferungsverträgen der Fall ist, deren Fälligkeit und vollständiger Zufluss — durch die Vertragsbeendigung ausgeschlossen ist. Endet ein Vertretervertrag, während die von ihm hergestellte Geschäftsverbindung fortbesteht, muss natürlich, um den aus der Vertragsbeendigung resultierenden Provisionsverlust ermitteln zu können, nicht nur eine *Fortsetzung des Vertretervertrages fingiert*, sondern auch der mutmaßliche Fortbestand der hergestellten Geschäftsverbindung abgeschätzt werden, um auf diese Weise in etwa den Umfang des Provisionsverlustes ermitteln zu können[21]. Der Ausgleichsanspruch entspricht also dem oben erläuterten provisionsrechtlichen Grundprinzip, weil er die Lücke schließt, die der Gesetzgeber aus praktischen Erwägungen mit der Gewährung allgemeiner Provisionsansprüche auch über die Beendigung des Vertretervertrages hinaus nicht glaubte schließen zu sollen[22].

II. Versicherungsvertreter

Der für den Ausgleichsanspruch des Warenvertreters maßgebliche Grundgedanke gilt weitgehend auch für den Ausgleichsanspruch des Versicherungsvertreters. Denn auch für den Versicherungsvertreter kann die Beendigung des Vertretervertrages dazu führen, dass Provisionseinnahmen entfallen, die ihm bei einem Fortbestand des Vertretervertrages ohne weiteres auf Grund der von ihm vermittelten Versicherungsverträge zugeflossen wären.

Allerdings muss der Ausgleichsanspruch des Versicherungsvertreters einerseits dem *unterschiedlichen Tätigkeitserfolg* Rechnung tragen, andererseits aber auch der sich daraus ergebenden *unterschiedlichen provisionsrechtlichen Behandlung* der dem Vertreter für diesen Erfolg zustehenden Vergütung. Deshalb muss zunächst auf diese Unterschiede eingegangen werden.

---

21 Einzelheiten Kap. VI/Rz. 728, 756.
22 Vgl. hierzu *Habscheid*, S. 356; *Geßler* S. 38, 87 und 92. Rechtsprechung zum Grundgedanken des Ausgleichsanspruchs des Warenvertreters: *BGH*, 9.4.1964, BGHZ 41 S. 292 = BB 1964 S. 698 = NJW 1964 S. 1622 = VersR 1964 S. 676 = HVR Nr. 316; *BGH*, 16.2.1961, BGHZ 34 S. 282 = BB 1961 S. 265 = VersR 1961 S. 244 = HVRNr. 235; *BGH*, 26.11.1959, VersR 1960 S. 113; *BGH*, 5.2.1959, BGHZ 29 S. 275 = BB 1959 S. 317 = NJW 1959 S. 878 = MDR 1959 S. 368 = VersR 1959 S. 268 = HVR Nr. 202; *BGH*, 2.10.1958, BB 1958 S. 1108 = NJW 1958 S. 1966 = MDR 1958 S. 906 = VersR 1958 S. 761 = HVR Nr. 183; *BGH*, 11.12.1958, BGHZ 29, S. 83 = BB 1959 S. 7 = NJW 1959 S. 144 = VersR 1959 S. 25; *BGH*, 28.10.1957, BB 1957 S. 1161 = NJW 1958 S. 23 = VersR 1957 S. 775 = HVR Nr. 191; *BGH*, 13.5.1957 = II ZR 318/56, BGHZ 24 S. 214 — BB 1957 S. 527 = NJW 1957 S. 1029 = VersR 1957 S. 358 = HVR Nr. 122, und II ZR 19/57, BGHZ 24 S. 223 = BB 1957 S. 528 = NJW 1957 S. 1028 = VersR 1957 S. 360 = HVR Nr. 124.

26 Der Hauptunterschied im Hinblick auf den Tätigkeitserfolg des Warenvertreters einerseits und des Versicherungsvertreters andererseits besteht darin, dass die Tätigkeit des Warenvertreters *laufende Nachbestellungen* zur Folge hat, die des Versicherungsvertreters aber nicht[23]. Denn die Tätigkeit des Warenvertreters ist darauf gerichtet, durch den Abschluss von Einzelgeschäften *Dauerbeziehungen* zwischen dem vertretenen Unternehmen und dem geworbenen Kunden herzustellen, die *aus sich selbst heraus wiederum Geschäfte der gleichen Art nach sich ziehen*, ohne dass es zwangsläufig neuer Vermittlungsbemühungen des Vertreters bedarf. Beim Versicherungsvertreter dagegen kann – von Ausnahmefällen abgesehen – von einer derartigen *typischen Automatik keine Rede* sein. Läuft ein Versicherungsvertrag ab, so kann der Versicherungsvertreter üblicherweise nicht damit rechnen, dass sich der Versicherungsnehmer zwecks Abschlusses eines neuen gleichartigen Versicherungsvertrages an ihn wendet. Denn neue Verträge mit einem Versicherungsnehmer kommen nur dann in Betracht, wenn diese sich auf ein *entstandenes neues Risiko* beziehen. Solange durch die Vermittlungsbemühungen des Vertreters ein bestehendes Risiko durch Abschluss eines Versicherungsvertrages abgedeckt ist, kommt hinsichtlich dieses Risikos kein neuer Abschluss in Betracht (wenn man von Änderungen im Umfang des versicherten Risikos absieht). Es bedarf vielmehr für den Abschluss neuer Versicherungsverträge *stets neuer Vermittlungsbemühungen* des Vertreters, zumal es sich in der Regel auch um ein *anderes zu versicherndes Interesse* handelt. Der Versicherungsvertreter kann also, auch wenn er eine große Anzahl von Versicherungsverträgen vermittelt hat, nicht damit rechnen, dass dieser von ihm aufgebaute „Bestand" gewissermaßen von selbst – wie dies angesichts der hergestellten Geschäftsverbindungen beim Warenvertreter der Fall ist – ständig neue Vertragsabschlüsse der gleichen Art zur Folge hat. Auch wenn ein Versicherungsvertrag über den vereinbarten Ablaufzeitpunkt hinaus verlängert werden soll, bedarf es in der Regel *neuer Vermittlungsbemühungen* des Vertreters, es sei denn, es handelt sich um Versicherungsverträge, die von vornherein mit einer Verlängerungsklausel abgeschlossen wurden. Solche Verträge sind wie auf unbestimmte Zeit abgeschlossene Verträge mit bestimmter Mindestlaufzeit und entsprechender Kündigungsmöglichkeit zu betrachten[24]. Für den Tätigkeitserfolg des Versicherungsvertreters sind deshalb nicht die dem Versicherer zugeführten neuen Kunden entscheidend, sondern die vermittelten oder abgeschlossenen neuen Versicherungsverträge – der sog. *Versicherungsbestand* –, weil beim Versicherungsvertreter die vermittelten Versicherungsverträge an die Stelle des für den Warenvertreter bedeutsamen Kundenstammes treten[25].

---

23 Sehr eingehend dazu *Höft*, VersR 1976 S. 205, VersR 1966 S. 104 ff. und VersR 1967 S. 524 ff.; vgl. auch *Schröder*, § 89b Anm. 41; *Möller*, Anm. 370, 376; *Geßler*, S. 53; *Trinkhaus*, S. 176/177; *Rhein*, VW 1954 S. 152 ff.; *Schweikl*, S. 70; *OLG Stuttgart*, 26.3.1957, VersR 1957 S. 329 ff. Entsprechendes gilt auch für Bausparkassenvertreter. Näheres unten Rz. 974 ff.
24 Vgl. unten Rz. 28.
25 So mit Recht *Geßler*, S. 53 ff.

A. Grundgedanke I

Ein weiterer Unterschied im Bereich des Versicherungsvertreters einerseits und dem des Warenvertreters andererseits besteht darin, dass nach § 92 Abs. 3 dem Versicherungsvertreter Provisionsansprüche nur für die Vermittlung solcher Versicherungsverträge zustehen, die *unmittelbar auf seine Tätigkeit zurückzuführen* sind, während es andererseits beim Warenhandelsvertreter auf eine solche Unmittelbarkeit nicht ankommt. Für den Warenvertreter können Provisionsansprüche auch dann entstehen, *wenn eine unmittelbare Vermittlungstätigkeit*, wie etwa beim Bezirksvertreter gem. § 87 Abs. 2, *nicht vorliegt* [26]. 27

Der ganz wesentliche Unterschied zum Ausgleichsanspruch des Warenvertreters besteht also im Bereich der Versicherungswirtschaft darin, dass es sich hier *nicht um eine Kundschaftsvergütung*, sondern um eine *Bestandsvergütung* handelt [27]. Anders als beim Warenhandelsvertreter liegt also beim Versicherungsvertreter der Schwerpunkt des Ausgleichsanspruchs im Bereich der *bereits abgeschlossenen Geschäfte*. 28

Von diesem unterschiedlichen Tätigkeitserfolg des Warenvertreters einerseits und des Versicherungsvertreters andererseits ist der Gesetzgeber bei der Regelung des Provisionsrechtes dieser beiden Vertretergruppen ausgegangen, sodass sich die geschilderten tatsächlichen Unterschiede auch in den einschlägigen gesetzlichen Vorschriften widerspiegeln. 29

Gleichwohl darf die in § 89b Abs. 5 Satz 1 enthaltene Verweisung auf die Absätze 1, 3 und 4 nicht zu einer *falschen Auslegung* dieser Vorschriften und damit zu Missverständnissen führen, wie dies in der Praxis mitunter geschieht. Denn für den Ausgleichsanspruch des *Warenhandelsvertreters* wird in § 89b Abs. 1 Ziff. 2 vorausgesetzt, dass neben Provisionsverlusten aus bereits abgeschlossenen Geschäften insbesondere auch solche aus *künftig zu Stande kommenden Geschäften* infolge der Vertragsbeendigung entstehen können. Dies ist in diesem Bereich sogar der Regelfall [28]. Verluste aus künftig zu Stande kommenden Geschäften kommen für Versicherungs- und Bausparkassenvertreter aber nur in sehr viel *engeren Grenzen* in Betracht als dies im Bereich des Warenvertriebs der Fall ist, weil, wie erwähnt, Provisionsverluste in diesem Sinne in diesen Bereichen nur in *Ausnahmefällen* und nicht generell – wie beim Warenhandelsvertreter – für die Entstehung eines Ausgleichsanspruchs typisch sind. Verluste aus künftig zu Stande kommenden Geschäften können nur dann entstehen, wenn dies auf § 87 Abs. 3 Ziff. 1 [29] oder auf der Ausnahmerechtsprechung des BHG [30] beruhen. 30

---

26 Vgl. oben Rz. 13.
27 Vgl. dazu *Küstner*, VersR 2002, 513, 516 zu Abschn. III.2b). Dies verkennen grundlegend *Evers/Kiene* (ZfV 2001, 618, 622 li. Sp.), die ausdrücklich auch den Ausgleichsanspruch des Versicherungsvertreters als *Kundschaftsvergütung* betrachten. Diese Verkennung hat weittragende Folgen, wie sich dies im Ergebnis im Hinblick auf zahlreiche verlorene Prozesse zeigt.
28 Vgl. dazu unten Rz. 632.
29 Vgl. Einzelheiten dazu *OLG Frankfurt*, 9.5.1986 – 10 U 48/85, VersR 1986, 814. Ebenso *Specks*, Diss. S. 13 und 94 sowie Rz. 691 und 920.
30 Zur Ausnahmerechtsprechung vgl. Rz. 919ff. und Rz. 632, 826, 949. Auch die bei einer Vertragsfortsetzung mögliche Umwandlung einer Risiko- in eine Kapitalversicherung wird nicht als aus-

31 Während es für den Provisionsanspruch des Warenvertreters genügt, dass das Geschäft ohne seine unmittelbare Mitwirkung lediglich *auf Grund einer von ihm hergestellten Geschäftsverbindung* zwischen dem Unternehmer und dem Kunden zu Stande kommt, steht einem Versicherungsvertreter ein Provisionsanspruch nur für solche Geschäfte zu, *die unmittelbar auf seine Tätigkeit zurückzuführen* sind (§ 92 Abs. 3 in Verbindung mit § 87 Abs. 1 Satz 1). Das bedeutet, dass also auch der Gesetzgeber bei der Regelung der Vergütung des Versicherungsvertreters davon ausgeht, dass infolge der Eigenart seiner Vermittlungstätigkeit Nachbestellungen im Sinne von Kundenaufträgen, die ohne seine Mitwirkung aufgegeben werden, untypisch sind. Dieser allein auf einer unmittelbar vom Versicherungsvertreter ausgeübten Vermittlungstätigkeit beruhende Tätigkeitserfolg wird auch im Urteil des BGH vom 24.4.1986 betont[31].

32 Dem entspricht es weiterhin, dass auch die Vorschrift des § 87 Abs. 2 für Versicherungsvertreter ausdrücklich ausgeschlossen ist, weil der Begriff des Bezirksvertreters mit den sich daraus ergebenden provisionsrechtlichen Konsequenzen der vom Gesetz verlangten Unmittelbarkeit zwischen Vermittlungstätigkeit und Vermittlungserfolg widersprechen würde[32].

33 Welche Auswirkungen ergeben sich nun aus diesen Abweichungen gegenüber dem Provisionsrecht des Warenvertreters in ausgleichsrechtlicher Hinsicht?

34 Auch bei Versicherungsvertretern ist es von entscheidender Bedeutung, ob die gesetzlichen Vorschriften oder vertragliche Vereinbarungen für die Entstehung und die Fälligkeit der Ansprüche auf Vermittlungsprovisionen maßgebend sind.

35 Finden allein die gesetzlichen Vorschriften des § 92 Abs. 3 und 4 in Verbindung mit §§ 87 Abs. 1 und 87a Abs. 1 Anwendung, so kann die Vertragsbeendigung niemals zum Wegfall verdienter Provisionsansprüche führen. Denn der Versicherungsvertreter erwirbt den Anspruch auf Vermittlungsprovision mit dem Geschäftsabschluss, ohne dass es darauf ankommt, was im Einzelnen bezüglich der Fälligkeit dieses verdienten Anspruches im Vertretervertrag bestimmt ist. Soll der gesamte Provisionsanspruch auf einmal fällig werden, wenn der Versicherungsnehmer die erste Prämie gezahlt hat, so ist im Zeitpunkt einer danach eintretenden Vertragsbeendigung der Vermittlungserfolg des Versicherungsvertreters in vollem Umfange vergütet worden, sodass ein ausgleichspflichtiger Provisionsverlust nicht entstehen kann. Das gleiche gilt aber auch, wenn der Vertretervertrag etwa vorsieht, dass der mit dem Geschäftsabschluss verdiente Provisionsanspruch nicht durch eine einmalige Zahlung vergütet werden soll, sondern wenn eine Zahlung in Raten, etwa entsprechend dem Eingang der vom Versicherungsnehmer zu entrichtenden Folgeprämien, vereinbart wurde, ohne dass es hierbei in irgendeiner Form bedeutsam wäre, wie die Fälligkeit der Pro-

---

gleichsfähiges künftig zu Stande kommendes Geschäft anerkannt, vgl. *OLG Karlsruhe*, 10.1.1984 – 8 U 110/83 VW 1984, 998 sowie *LG München* I, 11.7.1984 – 10 HKO 6918/84 VW 1984, 1565; vgl. auch *v. Hoyningen-Huene*, § 89b Rz. 247f.
31 BGH, 24.4.1986 – I ZR 83/84, NNJW-RR 1986, 1477 = BB 1986, 2091 = VersR 1986, 988; vgl. dazu auch *Küstner* in VW 2002, 1024.
32 *Geßler*, S. 53; *Küstner;* IHV 1965 Heft 1, S. 16; *Schweikl*, S. 71; *Trinkhaus*, S. 99.

visionsraten im Einzelnen geregelt ist. Denn das Gesetz schreibt für die ratenweise Fälligkeit von Vermittlungsprovisionen im Gegensatz zu der für Warenvertreter maßgeblichen Regelung in § 87 Abs. 1 keineswegs vor, dass die Beendigung des Vertretervertrages ein späteres Fälligwerden verdienter Vermittlungsprovisionen ausschließt.

Daraus folgt, dass – **bei Anwendung der gesetzlichen Vorschriften** – verdiente Provisionen durch die Vertragsbeendigung niemals entfallen können, gleichgültig, ob der verdiente Provisionsanspruch auf einmal oder in Raten entsprechend dem Eingang der Folgeprämien fällig werden soll. 36

Hier wird bereits deutlich, welche Folgerungen sich aus der Tatsache ergeben, dass Nachbestellungen für Versicherungsvertreter keine Bedeutung haben. Legt man im Zeitpunkt der Vertragsbeendigung den bis dahin erzielten Vermittlungserfolg bei Warenvertretern einerseits und Versicherungsvertretern andererseits zu Grunde, so ergibt sich aufgrund der gesetzlichen Regelung, dass der Warenvertreter durch die Beendigung des Vertretervertrages die Chance verliert, weitere Provisionen durch Nachbestellungen der von ihm geworbenen Kunden zu verdienen. Der Versicherungsvertreter kann demgegenüber – jedenfalls nach dem Gesetz – einen Verlust im Hinblick auf die Vergütung seines Tätigkeitserfolges nicht erleiden; die Chance, weitere Provisionsansprüche aus dem aufgebauten Versicherungsbestand zu erwerben, die bei Vertragsbeendigung verloren gehen könnten, kommt bei ihm nicht in Betracht. 37

Ausgleichsrechtlich von entscheidender Bedeutung ist nun aber, dass in der Praxis diese geschilderte *gesetzliche Regelung bei Versicherungsvertretern nur ausnahmsweise gilt*, weil die Beendigung des Vertretervertrages in der Regel die Existenz der verdienten Ansprüche auf Vermittlungsprovision vernichtet. Da es sich bei den provisionsrechtlichen Vorschriften um nachgiebiges, der abweichenden Parteivereinbarung zugängliches Recht handelt[33], werden in den Versicherungsvertreterverträgen meist *Provisionsverzichtsklauseln*[34] vereinbart, die zur Folge haben, dass jeder Provisionsanspruch mit der Vertragsbeendigung entfällt. Das bedeutet, dass der Teil des verdienten Anspruches auf Vermittlungsprovision, der bis zur Beendigung des Vertretervertrages noch nicht fällig geworden ist, in diesem Zeitpunkt endgültig erlischt. *Provisionsverzichts-* 38

---

33 *Trinkhaus*, S. 172 ff.
34 Solche Provisionsverzichtsklauseln sind wirksam, OLG Frankfurt, 18.2.1986, DB 1986 S. 1174; vgl. auch *Sieg*, VersR 1964 S. 789; *Möller*, Anm. 376, S. 862, und Anm. 369; *Geßler*, S. 93; *Knapp*, § 89b Anm. 10; *Trinkhaus*, S. 392–394, 405; *Brüggemann*, § 89b Anm. 29; *Knapp*, VW 1952 S. 391; *Schweikl*, S. 76, 80; a.A. *Graf v. Westphalen*, DB 2000, 2256, vgl. Näheres unten Rz. 45, 51, 815, 822; der Wortlaut einer Provisionsverzichtsklausel ist im Anhang abgedruckt; vgl. dazu Nr. 12 Abs. 1 der „Hauptpunkte eines Vertrages für hauptberufliche Versicherungsvertreter", abgedruckt bei *Bruck/Möller*, Anm. 138 vor §§ 43–48 VVG; *Trinkhaus*, S. 584–592; *Josten/Lohmüller*, zu § 85, und VW 1955 S. 214 ff. Einzelfragen hierzu sind behandelt bei *Möller*, Anm. 369, und im Geschäftsbericht des Gesamtverbandes der Versicherungswirtschaft 1962/63, S. 145; zu den „Hauptpunkten" allgemein vgl. *Garde*, VW 1959 S. 171. Zur Problematik der Provisionsverzichtsklausel und zur Entstehungsgeschichte des Ausgleichsanspruchs im Versicherungsbereich vgl. *Eduard Miller* in: „Eine Chronik des selbstständigen Versicherungs-Kaufmanns, hrsg. zum 75-jährigen Jubiläum des BVK im Mai 1976, Seite 36.

I Grundgedanke und Rechtsnatur des Ausgleichsanspruches

klauseln stellen mithin bei Versicherungsvertretern die Grundlage für die Entstehung eines Ausgleichsanspruches dar[35].

39 Natürlich können Provisionsverzichtsklauseln nur dann sinnvoll sein, wenn im Vertretervertrag eine Zahlungsweise in Raten für die Vermittlungsprovisionen vorgesehen ist wie dies im Sachversicherungsbereich typisch ist. Ist die Vermittlungsprovision in vollem Umfange bereits vor der Vertragsbeendigung fällig geworden, so kann — von Ausnahmefällen abgesehen — ein Ausgleichsanspruch nicht entstehen.

40 Schließlich sei noch darauf hingewiesen, dass Versicherungsvertreter — ebenso wie Warenvertreter — meist nicht nur vermittelnd, sondern darüber hinaus auch verwaltend tätig sind und für diese Verwaltungstätigkeit besondere *Tätigkeitsvergütungen* erhalten, die von den Erfolgsvergütungen, also den Vermittlungsprovisionen, scharf zu trennen sind. Die Tätigkeitsvergütungen des Versicherungsvertreters sind — abgesehen von ihrer notwendigen Berücksichtigung bei der Ausgleichshöchstgrenze — ausgleichsrechtlich ohne Belang, weil sie stets erst durch die vertragsgemäße Tätigkeit des Versicherungsvertreters erneut verdient werden müssen, was aber infolge der Vertragsbeendigung nicht mehr möglich ist[36]. Andererseits spielen aber die Tätigkeitsvergütungen des Versicherungsvertreters in der Praxis des Ausgleichsrechtes deshalb eine bedeutsame Rolle, weil immer dann, wenn vereinbart ist, dass die Vermittlungsprovisionen in Raten gezahlt werden, eine Aufteilung der dem Versicherungsvertreter zufließenden Gesamtprovisionen in einen Vermittlungs- und einen Verwaltungsanteil vorgenommen werden muss, wenn festgestellt werden muss, welche Ansprüche auf Vermittlungsprovisionen durch die Beendigung des Vertretervertrages nicht mehr fällig werden können[37].

III. Ergebnis

41 Der Ausgleichsanspruch des *Warenvertreters* soll an die Stelle derjenigen Provisionsansprüche treten, die infolge der Beendigung des Vertretervertrages nicht mehr entstehen können, weil der *Warenvertreter die Möglichkeit verliert, Nachbestellungen,* die sich aus dem von ihm geworbenen Kundenstamm erge-

---

35 Zum Grundgedanken des Ausgleichsanspruchs des Versicherungsvertreters sehr eingehend *OLG Stuttgart,* 26.3.1957, VersR 1957 S. 329. Vgl dazu *Geßler,* S. 52 ff. und *Fuchs-Baumann,* DB 2001, 2131.
36 Näheres dazu Rz. 836.
37 Besondere Schwierigkeiten ergeben sich im Hinblick auf die Entstehung eines Ausgleichsanspruches bei Versicherungsvertretern durch die in der Praxis üblichen recht unterschiedlichen *Provisionssysteme,* die sich ausgleichsrechtlich ebenso unterschiedlich auswirken. Außerdem lässt sich aus den Bestimmungen der Vertreterverträge häufig kein klares Bild darüber gewinnen, wie die dem Versicherungsvertreter zufließenden Provisionen rechtlich einzuordnen und voneinander abzugrenzen sind. Dadurch entstehen zwangsläufig immer wieder erhebliche Schwierigkeiten bei der Frage, ob die Vertragsbeendigung im konkreten Fall zu ausgleichsfähigen Provisionsverlusten führt oder ob der Versicherungsvertreter schon während des bestehenden Vertrages für den gesamten, weit in die Zeit nach der Beendigung des Vertragsverhältnisses hineinreichenden Versicherungsvertrag provisionsmäßig vergütet wurde, sodass ein ausgleichsfähiger Provisionsverlust nicht entstehen kann. Näheres dazu unten Rz. 814 ff. Zur *unsorgfältigen Terminologie* vgl. insbesondere Rz. 852 ff.

ben, *provisionsmäßig zu nutzen*. Der Ausgleichsanspruch des Warenvertreters resultiert mithin aus der mutmaßlichen zukünftigen Entwicklung der vom Vertreter bis zur Vertragsbeendigung hergestellten Geschäftsverbindungen[38].

Der Ausgleichsanspruch des *Versicherungsvertreters* hingegen tritt an die Stelle *bereits verdienter Provisionsansprüche*, soweit deren Existenz infolge der Beendigung des Vertretervertrages durch das Wirksamwerden einer vertraglich vereinbarten Provisionsverzichtsklausel vernichtet wird. Der Ausgleichsanspruch des Versicherungsvertreters betrifft mithin nicht, wie beim Warenvertreter, den *Wegfall einer Verdienstchance* – solche Chancen im Sinne von Provisionseinnahmen ohne unmittelbare Tätigkeit sind bei Versicherungsvertretern ausgeschlossen –, sondern einen bereits *zumindest dem Grunde nach entstandenen Anspruch*. Er knüpft mithin an einen *in der Vergangenheit liegenden Tätigkeitserfolg* des Vertreters und weniger an die mutmaßlichen Auswirkungen dieses Erfolges in der Zukunft an, die beim Versicherungsvertreter provisionsrechtlich weit geringere Bedeutung haben als beim Warenvertreter[39]. 42

Dass dennoch beim Versicherungsvertreter, sofern er bei der Beendigung seines Vertragsverhältnisses noch nicht voll vergütet war, der Blick auch in die Zukunft gerichtet werden muss, wenn die Höhe der mit der Vertragsbeendigung entstehenden Provisionsverluste ermittelt werden soll, und dass andererseits aus dem gleichen Grunde auch beim Warenvertreter der bei Vertragsende vorhandene, von ihm geschaffene Kundenstamm rückblickend zu beachten ist, ändert an diesem Grundsatz nichts. 43

Geht man nach alledem im Zeitpunkt der Vertragsbeendigung von den bis dahin vom Waren- und Versicherungsvertreter verdienten Ansprüchen auf Vermittlungsprovision aus, so ergibt sich, dass dem Warenvertreter mit dem Ausgleichsanspruch ein *zusätzlicher Anspruch* gewährt wird, der neben die bis zur Vertragsbeendigung verdienten Provisionen tritt[40], während der Ausgleichsanspruch des Versicherungsvertreters nicht neben, sondern als *Surrogat an die Stelle bereits verdienter Provisionsansprüche* tritt, wenn diese mit der Vertragsbeendigung infolge vereinbarter Provisionsverzichtsklauseln entfallen[41]. Das Merkmal eines *zusätzlichen Anspruchs* ist mithin beim Ausgleichsanspruch des Versicherungsvertreters nicht gegeben[42]. 44

---

38 *Sieg*, VersR 1964 S. 789; *Höft*, VersR 1967 S. 524, 525 und VersR 1966 S. 104, 105; *Küstner*, VersR 2002, 513.
39 Die hier geschilderten Unterschiede des Ausgleichsanspruches bei Warenvertretern einerseits und Versicherungsvertretern andererseits hat das *OLG Frankfurt*, 26.1.1978, BB 1978 S. 728, in gleicher Weise festgestellt.
40 Vgl. dazu: *BGH*, 29.10.1964, HVR Nr. 336; *BGH*, 23.5.1966, BGHZ 45 S. 268 = BB 1966 S. 794 = NJW 1966 S. 1962 = VersR 1966 S. 754 = HVR Nr. 354; *BGH*, 30.6.1966, BGHZ 45 S. 385 = BB 1966 S. 876 = NJW 1966 S. 1965 = VersR 1966 S. 773 = HVR Nr. 350. Ebenso *FG Baden-Württemberg*, 11.12.1992, DB 1993 S. 1395 = EFG 1993 S. 415.
41 *Möller*, Anm. 370, S. 852; *Schweikl*, S. 80; *OLG München*, 9.7.1964, BB 1965 S. 345. Das ist neuerdings für die umsatzsteuerliche Behandlung des Ausgleichsanspruchs des Versicherungsvertreters von besonderer Bedeutung. Vgl. Rz. 45, 51, 815, 822.
42 Vgl. dazu ausführlich *Höft*, VersR 1966 S. 844 r. Sp. und VersR 1967 S. 529 sowie *Küstner* a.a.O. (Fn. 38).

I Grundgedanke und Rechtsnatur des Ausgleichsanspruches

45 Parallelen zwischen dem Ausgleichsanspruch des Versicherungsvertreters einerseits und des Warenvertreters andererseits zeigen sich dann, wenn der Tätigkeitserfolg des Warenvertreters dem des Versicherungsvertreters vergleichbar ist. Das ist dann der Fall, wenn der Warenvertreter einen *Sukzessivlieferungsvertrag* vermittelt hat und die Vertragsbeendigung infolge einer vereinbarten *Provisionsverzichtsklausel* die Fälligkeit der noch ausstehenden Raten der Vermittlungsprovision vereinbarungsgemäß ausschließt. Wie beim Versicherungsvertreter tritt dann der Ausgleichsanspruch insoweit an die Stelle des mit der Vertragsbeendigung entfallenden, aber dem Grunde nach bereits verdienten Provisionsanspruchs und kann insoweit als *Provisionssurrogat* bezeichnet werden. Darüber hinaus aber behält der Ausgleichsanspruch auch seinen Charakter als dem Warenvertreter *zusätzlich* zustehender Anspruch, weil er auch mögliche Nachbestellungen betrifft, die sich im Zusammenhang mit einem vom Vertreter vermittelten Sukzessivlieferungsvertrag in Gestalt seiner Verlängerung oder eines Neuabschlusses ergeben.

46 *Daraus folgt:* Der Ausgleichsanspruch des Warenvertreters kann niemals höher sein als die Summe der Provisionsansprüche, die der Vertreter bei einer Vertragsfortsetzung aus Geschäften mit von ihm bis zur Vertragsbeendigung geworbenen Dauerkunden hätte erwerben können. Der Ausgleichsanspruch des Versicherungsvertreters hingegen ist von vornherein durch die Summe derjenigen Provisionsansprüche begrenzt, die der Vertreter vor der Vertragsbeendigung – wenn auch teilweise nur aufschiebend bedingt – bereits erworben hatte, wobei vor der Vertragsbeendigung bereits gezahlte Teilprovisionen zu berücksichtigen sind.

B. Rechtsnatur

I. Warenvertreter

47 Aus dem oben erläuterten Grundgedanken des Ausgleichsanspruches ergibt sich, dass es sich bei ihm im Kern um einen *Vergütungsanspruch* handeln muss. Denn mit der Vertragsbeendigung setzt sich der ursprünglich auf die Zahlung von Vermittlungsprovisionen gerichtete Vergütungsanspruch des Warenvertreters in Form des Ausgleichsanspruches fort. Dieser betrifft den gleichen Erfolg, der dem Vertreter bei einer Vertragsfortsetzung in Form der ursprünglich geschuldeten Vermittlungsprovision vergütet worden wäre. Es ist deshalb durchaus folgerichtig, wenn man im *Ausgleich einen kapitalisierten Anspruch auf Provisionen* sieht, die dem Vertreter eigentlich ohne Rücksicht auf die Vertragsbeendigung zustehen würde, die aber aus bestimmten Gründen von der Beendigung des Vertretervertrages an nicht mehr entstehen kann[43].

---

43 *Habscheid,* S. 356; *Geßler,* S. 38. In Rechtsprechung und Schrifttum wird heute nahezu einhellig die Ansicht vertreten, dass es sich beim Ausgleichsanspruch des Warenvertreters um einen

B. Rechtsnatur I

Dennoch ist der Ausgleichsanspruch *kein reiner Vergütungsanspruch*[44]. Das **48** folgt daraus, dass die Höhe des Ausgleichs nicht allein von den Provisionsverlusten abhängt, die dem Vertreter aus der Vertragsbeendigung erwachsen, sondern dass auch der Umfang der gleichzeitig eintretenden Unternehmervorteile von Bedeutung ist. Wichtig ist aber insbesondere, dass der Ausgleichsanspruch weitgehend vom *Grundsatz der Billigkeit* beherrscht wird, demzufolge er in besonderen Fällen sogar gänzlich ausgeschlossen sein kann, selbst dann, wenn die Vertragsbeendigung Provisionsverluste des Vertreters und Unternehmervorteile zur Folge hat. Hierbei muss auch auf den *Begriff der Vorteilsausgleichung* hingewiesen werden, der an sich dem Schadensersatzrecht zugehört, der aber in weitem Umfange auch für den Ausgleichsanspruch maßgebend ist[45]. Schließlich hat aber auch das BVerfG in seinem Beschluss vom 22.8.1995 ausdrücklich festgestellt, dass der Ausgleichsanspruch über seinen Vergütungscharakter hinaus auch „einen *Beitrag zur Verbesserung der wirtschaftlichen Situation* und *sozialen Absicherung* von Handelsvertretern" darstelle[46].

Mit Recht sehen deshalb der Bundesgerichtshof und das Bundesarbeitsgericht[47] **49** den Sinn des Ausgleichsanspruchs darin, dem Handelsvertreter für einen auf seine Leistung zurückzuführenden, ihm aber infolge der Beendigung des Vertragsverhältnisses nicht mehr vergüteten Vorteil des Unternehmers, wie er in der Nutzung eines Kundenstammes liege, eine weitgehend durch *Billigkeitsgesichtspunkte* bestimmte *Gegenleistung* zu verschaffen, sodass der Handelsvertreter mit dem Ausgleich für seine während der Vertragsdauer erbrachten, bis

---

Vergütungsanspruch handelt (*Schröder*, § 89b Anm. 21, und BB 1954 S. 477; *Knapp*, § 89b Anm. 1b; *Brüggemann*, § 89b Rz. 2ff.; *Hopt*, § 89b Rz. 2). EBJ-HGB/*Löwisch*, § 89b Rz. 3. Der *Bundesgerichtshof* hat in seinem grundlegenden Urteil vom 13.5.1957 (BB 1957 S. 527), das seither zu einer ständigen Rechtsprechung geführt hat, festgestellt, dass der Warenvertreter mit dem Ausgleichsanspruch eine Gegenleistung für einen auf seiner Tätigkeit beruhenden, ihm aber infolge Beendigung des Vertragsverhältnisses nicht mehr vergüteten Vorteil (Schaffung des Kundenstammes) erhält.

44 *Möller*, Anm. 370, S. 851; *Martinek*, F für Lücke, 1997, S 432; *Schweikl*, S. 22/23; *OLG München*, 9.7.1964, BB 1965 S. 345; bestätigt durch *BGH*, 23.5.1966, BB 1966 S. 794 = DB 1966 S. 1130; vgl. auch *BGH*, 13.5.1957, BB 1957 S. 527; 5.2.1959, BGHZ 29 S. 275 = BB 1959 S. 317 = NJW 1959 S. 878 = VersR 1959 S. 268.

45 Amtliche Begründung, Bundestags-Drucksache 1/3856 vom 15.11.1952 S. 33; über die Verwandtschaft des Ausgleichsanspruchs mit einem Schadensersatzanspruch vgl. *Habscheid*, S. 361; *Möller*, Anm. 370; *Küstner*, BB 1963 S. 1147. Zur Anspruchskonkurrenz zwischen Ausgleichs- und Schadensersatzanspruch. Näheres unten XV. Kap.

46 *BVerfG*, B. v. 22.8.1995 – 1 BvR 1624/92, WM 1995, 1761. Diese Entscheidung erging im Hinblick auf die mitunter behauptete Verfassungswidrigkeit des in § 89b Abs. 3 Ziff. 1, 1. Alt. HGB geregelten Wegfalls des Ausgleichsanspruchs bei einer vom Handelsvertreter erklärten Kündigung, die nicht auf einen begründeten Anlass oder auf Alter oder auf Krankheit gestützt werden kann (vgl. dazu unten Rz. 1185). Insbesondere hat das BVerfG die Ausschlussregelung damit gerechtfertigt, „dass die weitere Akzeptanz der Handelsvertretertätigkeit bei den Unternehmen aufrecht erhalten werden" sollte. Dahinter steht natürlich der Gedanke, dass der Vertrieb über selbstständige Handelsvertreter gefährdet sein würde, wenn grundsätzlich im Falle jeder Vertragskündigung durch den Handelsvertreter ein Ausgleich entstehen würde. Ebenso *OLG Köln*, 17.8.2001 – 17 U 206/00, VersR 2001, 1377 und *OLG München*, 22.3.01 – 29 U 4997/01, OLGR 2001, 168 m.w.N.

47 *BGH*, 7.11.1991, BB 1992 S. 596 = NJW-RR 1992 S. 421 = WM 1992 S. 825, 828; *BGH*, 20.2.1981, NJW 1981 S. 1961; *BAG*, 21.5.1985, DB 1986 S. 919, 920.

I Grundgedanke und Rechtsnatur des Ausgleichsanspruches

zur Vertragsbeendigung aber noch nicht abgegoltenen Leistungen eine *zusätzliche Vergütung*[48] erhalten soll[49].

50 Der Zusammenhang zwischen der Rechtsnatur des Ausgleichsanspruchs einerseits und Billigkeitsgesichtspunkten andererseits kam in Art. 17 Abs. 2 der EG-Richtlinie vom 18.12.1986 dadurch besonders zum Ausdruck, dass dort vorgesehen war, dass der Provisionsverlust im Rahmen der Anspruchsvoraussetzung der Billigkeit zu prüfen sei und dort besonders hervorgehoben war („... hat Anspruch auf einen Ausgleich, wenn und soweit ... die Zahlung eines solchen Ausgleichs unter Berücksichtigung aller Umstände, *insbesondere der dem Handelsvertreter aus Geschäften mit diesen Kunden entgehenden Provisionen* der Billigkeit entspricht"). Der deutsche Gesetzgeber ist dieser Vorgabe jedoch nicht gefolgt und hat es bei der ursprünglichen Dreiteilung der Anspruchsvoraussetzungen belassen[50].

II. Versicherungsvertreter

51 Auch der Ausgleichsanspruch des Versicherungsvertreters ist ein durch Billigkeitsgesichtspunkte modifizierter Vergütungsanspruch, der im Zeitpunkt der Vertragsbeendigung insoweit an die Stelle bereits verdienter Ansprüche auf Vermittlungsprovision tritt, als diese infolge einer *Provisionsverzichtsklausel* mit der Vertragsbeendigung entfallen. Daraus folgt, dass sich die *Gesamtvergütung* des Versicherungsvertreters für den von ihm bis zur Vertragsbeendigung vermittelten Versicherungsbestand aus den bis zur Vertragsbeendigung ihm zugeflossenen Vermittlungsprovisionen einerseits und — soweit der weitere Zufluss

---

48 *BGH*, 25.3.1982, DB 1982 S. 2293, 2294; *BGH*, 20.2.1981, BB 1981 S. 871 = DB 1981 S. 1819 = HVR Nr. 550 = MDR 1981 S. 729 = NJW 1981 S. 1961 = WM 1981 S. 685; *BGH*, 5.10.1979, BB 1980 S. 12 = DB 1980 S. 344 = MDR 1980 S. 200 = HVR Nr. 532 = WM 1979 S. 1391; *BGH*, 11.2.1977, BGHZ 68, 340, 344 = BB 1977 S. 511 = DB 1977 S. 860 = EB 1977 S. 860 = EBE 1977 S. 155 = HVR Nr. 507 = NJW 1977 S. 896; *BGH*, 28.6.1973, BGHZ 61, 112 = BB 1973 S. 1092 = DB 1973 S. 1740 = EBE 1973 S. 315 = HVR Nr. 477 = WM 1973 S. 1075 = NJW 1973 S. 1744; *BGH*, 30.6.1966, BGHZ 45, 385 = BB 1966 S. 876 = DB 1966 S. 1231 = HVR Nr. 350 = NJW 1966 S. 876 = VersVerm 1966 S. 773; *BGH*, 9.4.1964, BGHZ 41, 292 = BB 1964 S. 698 = DB 1964 S. 837 = HVR Nr. 316 = NJW 1964 S. 1622 = VersR 1964 S. 676; *BGH*, 27.10.1960, BB 1960 S. 1261 = DB 1960 S. 1387 = HVR Nr. 241 = MDR 1961 S. 29 = NJW 1961 S. 120 = VersR 1960 S. 1078; *BGH*, 4.5.1959, BGHZ 30, 98, 101 = BB 1959 S. 574 = DB 1959 S. 677 = HVR Nr. 218 = MDR 1959 S. 638 = NJW 1959 S. 1430 = VersR 1959 S. 427; *BGH*, 11.12.1958, BGHZ 29, 83, 99 = BB 1959 S. 7 = DB 1958 S. 1458 = MDR 1959 S. 103 = NJW 1959 S. 144; ständige Rechtsprechung seit *BGH*, 13.5.1957, BGHZ 24, 214, 222 = BB 1957 S. 527 = NJW 1957 S. 1029; *BAG*, 3.6.1958, BB 1958 S. 775 = DB 1958 S. 986 = HVR Nr. 196 = MDR 1958 S. 717 NJW 1958 S. 1365.
49 Auch der Bundesfinanzhof sieht in einem Ausgleichsanspruch einen Vergütungsanspruch, der an die vom Handelsvertreter während seiner Tätigkeit erbrachte Leistung anknüpft, *BFH*, 28.7.1993, UR 1994 S. 398; *BFH*, 26.9.1968, BStBl 1969 II S. 210, 211; *BFH*, 6.10.1966, BStBl 1967 III S. 101 = BB 1967 S. 324 = DB 1967 S. 231; *FG Nürnberg*, 14.8.1963, EFG 1964 S. 148 = UStR 1964 S. 116; *FG Stuttgart*, 29.1.1957, EFG 1957 S. 291.
50 Vgl. den Wortlaut des § 89b Abs. 1 im Anhang A. Aber das neue *österreichische Handelsvertreterrecht* beispielsweise ist der Anregung in der EG-Richtlinie vom 18.12.1986 gefolgt, vgl. dort die Vorschrift des § 24 Abs. 1 Ziff. 3 HVertrG 93.

verdienter Vermittlungsprovisionen mit der Beendigung des Vertretervertrages entfällt — aus dem mit der Vertragsbeendigung entstehenden Ausgleichsanspruch andererseits zusammensetzt.

Die Ansicht, der Ausgleichsanspruch des Versicherungsvertreters sei kein Vergütungsanspruch, sondern ein bereicherungsartiger Anspruch[51], lässt sich deshalb nicht halten, weil die Vorteile des Unternehmers, aus den Vermittlungserfolgen des Vertreters nach der Vertragsbeendigung Gewinne zu ziehen, zwar auf Kosten des Vertreters, aber keineswegs ohne Rechtsgrund entstehen. Sie resultieren nämlich daraus, dass der Vertreter die ihm obliegenden Vertragspflichten bis zur Beendigung des Vertretervertrages ordnungsgemäß erfüllt hat. 52

Sowohl der Ausgleichsanspruch des Warenvertreters als auch der des Versicherungsvertreters ist ein *aufschiebend bedingter Anspruch*, weil er erst dann geltend gemacht werden kann, wenn der Vertretervertrag endet und für den Waren- bzw. Versicherungsvertreter Provisionsverluste entstehen und auch die Übrigen Anspruchsvoraussetzungen erfüllt sind[52]. Dies kann *im Falle der Abtretung* des erst im Zeitpunkt der Vertragsbeendigung entstehenden Ausgleichsanspruchs für den Zessionar von erheblicher Bedeutung sein[53]. 53

III. Ergebnis

Aus der Rechtsnatur des Ausgleichsanspruches als eines *Vergütungsanspruches* und aus seinem Grundgedanken lässt sich folgender Grundsatz für die Frage ableiten, wann der Waren- bzw. Versicherungsvertreter für die Erfüllung seiner Vertragspflichten in vollem Umfange vergütet worden ist: 54

Der *Warenvertreter* ist für seine bis zur Vertragsbeendigung erbrachten Leistungen durch die ihm vor und nach der Vertragsbeendigung zustehenden und zufließenden Vermittlungsprovisionen einerseits und den Anspruch auf Ausgleich andererseits vergütet, während sich die Gesamtvergütung des *Versicherungsvertreters* aus den ihm zustehenden und bis zur Vertragsbeendigung verdienten Vermittlungsprovisionen ergibt, an deren Stelle, soweit die einzelnen Voraussetzungen dafür vorliegen, als *Provisionssurrogat* ein Anspruch auf Ausgleich treten kann. 55

Das ist ausgleichsrechtlich von weittragender Bedeutung. Denn bei einem Warenvertreter werden im Zeitpunkt der Vertragsbeendigung die einzelnen Voraussetzungen für den Ausgleichsanspruch meist gegeben sein, während dies bei Versicherungsvertretern weitaus ungewisser ist. Denn bei Versicherungsvertretern kann im Zeitpunkt der Vertragsbeendigung die volle Provision bereits ge- 56

---

51 Vgl. *Sieg,* VersR 1964 S. 789. Vgl. Einzelheiten dazu bei *Küstner,* IHV 1966 Heft 18, S. 26.
52 Gerade weil der Anspruch während eines bestehenden Vertragsverhältnisses noch keinen Vermögenswert darstellt, kann er auch nicht bei der Berechnung des Zugewinns gem. § 1376 BGB in Ansatz gebracht werden, *BGH,* 9.3.1977, BB 1977 S. 616 = DB 1977 S. 1843 = HVR Nr. 508 = NJW 1977 S. 949. Vgl. Bd. 1 Rz. 275 Fn. 63.
53 Vgl. zur Abtretung unten Rz. 1664 ff.

I Grundgedanke und Rechtsnatur des Ausgleichsanspruches

zahlt worden sein. Aus der oben erläuterten Zusammensetzung der Gesamtvergütung beim Waren- und Versicherungsvertreter folgt aber, dass hierin keineswegs eine Schlechterstellung des Versicherungsvertreters gesehen werden kann. Hat nämlich der Versicherungsvertreter bereits vor der Vertragsbeendigung die volle ihm zustehende Vermittlungsvergütung erhalten, stellt er sich häufig besser, als wenn er entfallende Provisionsansprüche auf dem Wege über den an viele Voraussetzungen geknüpften Ausgleichsanspruch geltend machen müsste. Durch die Ausnahmerechtsprechung des BGH, derzufolge für den Versicherungsvertreter trotz gezahlter Einmalprovisionen bei Vorliegen besonderer Voraussetzungen auch Folgeprovisionen ausgleichsfähig sein können, ist der geschilderte Sachverhalt allerdings gemildert worden[54].

57 Hält man sich den Vergütungscharakter des Ausgleichsanspruches bei der Gesetzesanwendung stets vor Augen, so gewinnt man einen wichtigen Anhaltspunkt für die oft schwierige Auslegung der einzelnen Anspruchsvoraussetzungen. Steht im Ausgleichsrecht immer der Vergütungscharakter im Vordergrund, so wird man bei der Ausgleichsberechnung eher zu Ergebnissen gelangen, die den Interessen beider Vertragsteile gerecht werden.

---

54 Einzelheiten dazu Rz. 923, 984.

II. Kapitel
Anspruchsberechtigte

A. Selbstständige Waren- und Versicherungsvertreter

I. Warenvertreter

1. Nur Handelsvertreter sind ausgleichsberechtigt

Der Ausgleichsanspruch steht einem *hauptberuflich*[1] tätigen *Handelsvertreter* zu[2], anderen Geschäftsvermittlern entweder gar nicht (Reisende, Makler)[3] oder in *analoger Anwendung* der ausgleichsrechtlichen Vorschriften (Vertragshändler[4], Franchisenehmer[5], Kommissionsagenten[6]) nur ausnahmsweise[6a]. **58**

Handelsvertreter ist, wer als *selbstständiger Gewerbetreibender* ständig[7] damit betraut ist, für einen *anderen Unternehmer Geschäfte zu vermitteln* oder *in dessen Namen abzuschließen* und der dem vertretenen Unternehmer gegenüber eine entsprechende *Verpflichtung* übernommen hat[8]. Als selbstständig gilt nach dem Gesetz (§ 84) derjenige, der *„im Wesentlichen frei seine Tätigkeit gestalten und seine Arbeitszeit bestimmen kann"*[9]. Dabei spielt es rechtlich keine Rolle, **59**

---

1 Nebenberuflich tätige Handelsvertreter sind nicht ausgleichsberechtigt, vgl. Rz. 167. Vgl. *Küstner*, VW 2002, 1793. Vgl. auch Bd. 1 Rz. 161 ff.
2 Vgl. zur Abgrenzung die ausführlichen Erläuterungen in Bd. I Rz. 31 m. w. N.
3 Handelsvertreter können nicht gleichzeitig Makler sein, vgl. *BGH*, Urteile vom 4.12.1981, BB 1982 S. 1876 = DB 1982 S. 590 = HVR Nr. 556 = HVuHM 1982 S. 472 = MDR 1982 S. 545 = VersR 1982 S. 343 = WM 1982 S. 272 und vom 23.11.1973, BB 1974 S. 100 = DB 1974 S. 85 = HVR Nr. 478 = EBE 1974 S. 20 (nur 1. S.) = NJW 1974 S. 137 = WM 1974 S. 58; zur besonderen Abgrenzungsproblematik des Handelsvertreters vom Makler vgl. Einzelheiten unten Rz. 157.
4 Zu den Besonderheiten bezüglich der analogen Anwendung des § 89b auf Vertragshändler vgl. unten Rz. 93 ff.
5 Zur Ausgleichsberechtigung des Franchisenehmers vgl. unten Rz. 147.
6 Zur Ausgleichsberechtigung von Kommissionsagenten vgl. unten Rz. 151.
6a Zur Ausgleichsberechtigung von *Markenlizenznehmern* vgl. neuerdings die ausführliche Arbeit von *Emde*, WRP 2003, 468, der die analoge Anwendung des § 89b HGB auf Markenlizenznehmer bejaht.
7 „Ständig" muss nicht heißen „auf immer" oder „auf unbestimmte Zeit" (*BGH*, 1.4.1992, WM 1992 S. 1193). Um eine ständige Betrauung handelt es sich auch, wenn sie sich nur auf einen gewissen Zeitraum bezieht, etwa auf die Dauer einer Messe, einer Verkaufssaison u. dgl.; vgl. auch *Hopt*, § 84 Rz. 42.
8 *BGH*, 1.4.1992, WM 1992 S. 1193, 1194 zu 1c); *BGH*, 4.12.1981, BB 1982 S. 1876 = WM 1982 S. 272 (jeweils zu II 1) = DB 1982 S. 590; *BGH*, 18.11.1971, BB 1972 S. 11 = DB 1972 S. 36 = EBE 1972 S. 5 = HVR Nr. 451 = HVuHM 1972 S. 59 = NJW 1972 S. 251 = WM 1972 S. 191; *Hopt*, § 84 Rz. 41. Einzelheiten zur Begriffsdefinition des Handelsvertreters Bd. 1 Rz. 1 ff. Vgl. auch die praxisnahe Darstellung im RMW 1987 Heft 1 S. 32. Der Ausgleichsberechtigung des hauptberuflichen Handelsvertreters steht es nicht entgegen, wenn sich der Vertreter dem Unternehmen gegenüber verpflichtet, seine Vertragspflichten ausschließlich durch einen Dritten erbringen zu lassen, so BGH, 10.12.1997 – VIII ZR 329/96, BB 1998, 390 = VersR 1998, 318.
9 Gegenüber dem vorstehend erläuterten Begriff des Handelsvertreters wird bezüglich der in den §§ 43 und 48 VVG enthaltenen Regelung eine *andere Begriffsbestimmung* gegeben, die aber in

II Anspruchsberechtigte

ob der Handelsvertreter seine Tätigkeit als Einfirmen- oder Mehrfirmenvertreter ausübt. Das LAG Niedersachsen[10] hat dazu die unrichtige Auffassung vertreten, ein Einfirmenvertreter sei zwangsläufig Arbeitnehmer[11].

60 An der grundsätzlichen Ausgleichsberechtigung des Handelsvertreters ändert sich nichts, wenn er sich durch Abschluss eines sog. *Provisions-Factoring-Vertrages*[12] die ihm zustehenden Provisionsansprüche von einem Dritten *bevorschussen* lässt. Voraussetzung ist allerdings, dass der Vertreter als Zedent nicht seinerseits im Zusammenhang mit den getroffenen vertraglichen Absprachen mit dem Factor diesem seine Ansprüche auf Ausgleich abgetreten hat. Ist der Handelsvertreter aber grundsätzlich ausgleichsberechtigt, so könnte die Frage der infolge der Vertragsbeendigung entstehenden *Provisionsverluste* problematisch sein. Denn hier kommt es darauf an, in welchem *Umfange die Bevorschussung* stattgefunden hat. Umfasst sie den gesamten Provisionsanspruch für einen vermittelten Versicherungsvertrag, können Provisionsverluste nicht entstehen. Insoweit müsste also ein vom Handelsvertreter gleichwohl geltend gemachter Ausgleichsanspruch der Höhe nach mit Null bewertet werden. Fällt aber beispielsweise nur ein Zeitraum von 12 Monaten nach der Vertragsbeendigung in die Bevorschussung, könnte eine *„Ausgleichsspitze"* verbleiben, sofern sich der effektive Verlust auf einen längeren Zeitraum bezieht.

61 Das Gesetz verlangt nicht, dass der Vertreter die ihm obliegende Vermittlungs- und Abschlusstätigkeit *unmittelbar* persönlich ausführt. Für den Vertreterbegriff reicht es vielmehr aus, wenn der Vertreter seine Vermittlungs- und Abschlusstätigkeit nur *mittelbar* ausübt und beim Absatz der Ware im fremden

---

dem hier interessierenden Zusammenhang ohne Bedeutung ist. § 43 VVG regelt die gesetzliche Vollmacht des Versicherungsagenten und § 48 VVG die gerichtliche Zuständigkeit für Klagen aus dem Versicherungsverhältnis, also aus der Rechtsbeziehung zwischen Versicherungsunternehmen und Versicherungsnehmer. Hat ein Versicherungsagent den Versicherungsvertrag vermittelt, soll nach § 48 VVG für eine derartige Klage das Gericht des Ortes zuständig sein, wo der Agent zurzeit der Vermittlung oder der Schließung des Versicherungsvertrages seine gewerbliche Niederlassung hat. Entsprechend der Tendenz des VVG, den Begriff des Versicherungsagenten „mit betonter Rücksicht auf die Interessen des Publikums" (vgl. *Prölss/Martin*, VVG, 25. Aufl., § 43 Anm. 1) zu regeln, wird in diesem Bereich der Vertreterbegriff weit ausgelegt. Danach gilt als „Versicherungsagent" in diesem Zusammenhang auch ein *Gelegenheitsvermittler*, obwohl es bei diesem an der ständigen Betrauung i. S. d. § 84 fehlt (zum Gelegenheitsvermittler vgl. Bd. I, Rz. 7 m.w.N. und Rz. 164, 717, 1126) und auch ein *angestellter Vermittler* (*Prölss/Martin*, a.a.O, sowie *OLG Schleswig*, 31.5.1958, VersR 1960, S. 591; *LG Düsseldorf*, VersR 1953, S. 132; a.A. *AG Augsburg*, RuS 1984, S. 107 sowie *LG Lübeck*, 30.10.1964, VersR 1965, S. 25). Zur Problematik der zutreffenden Ermittlung der rechtlichen Stellung des Agenten im Zusammenhang mit den Vorschriften des VVG, vgl. *LG Düsseldorf*, 16.11.1950, VersR 1951, S. 197; *LG Hamburg*, 12.6.1951, VersR 1951, S. 294 m. Anm. *Bronisch*; *LG Hamburg*, 31.5.1951, VersR 1951, S. 261. Irgendeine Auswirkung hat die geschilderte, erweiternde Auslegung des Vertreterbegriffs auf die Ausgleichsberechtigung des Handels- oder Versicherungsvertreters indessen nicht.

10 Urteil vom 16.2.1995 – 3 Ta 202/93 und 7.9.1990 – 3 (2) Sa 1791/89 LAGE, § 611 (Arbeitnehmer-Begriff) Nr. 24 und ebenso *LAG Köln*, Urteil vom 20.1.1995 – 4 Sa 955/94, MDR 1995, 934.
11 Dagegen: ArbG Lübeck, 26.10.1995 – 2 Ca 2046/95, BB 1996, 177; vgl. auch BAG 15.12.1999 – 5 AZR 3/99, VersR 2000, 1946, wo mit Recht allein auf die Maßgeblichkeit des § 84 Abs. 1 S. 2 abgestellt wird.
12 Vgl. zum Factoring-Vertrag: *Graf v. Westphalen*, RW-HGB 2. Aufl. S. 2118 Rz. 748 und dort Fn. 66.

A. Selbstständige Waren- und Versicherungsvertreter **II**

Namen lediglich mitwirkt, ohne zu den Kunden des vertretenen Unternehmens in direkte Beziehungen zu treten[13]. Andererseits beschränkt das Gesetz die Ausgleichsberechtigung aber nicht nur auf solche Warenvertreter, die *Verkaufsgeschäfte* vermitteln oder abschließen. Ein Ausgleichsanspruch kann vielmehr auch einem *Einkaufsvertreter* zustehen[14]. Auch eine Reisetätigkeit ist für den Beruf eines Handelsvertreters nicht unbedingt begriffsnotwendig[15].

2. Kein Ausgleichsrecht des Reisenden

Den Gegensatz zum selbstständigen Warenvertreter[16] bildet der *Angestellte*, 62
der zwar auch für einen Unternehmer Geschäfte vermittelt oder in dessen Na-

---

13 Dies ist von besonderer Bedeutung, wenn neben dem Warenvertreter (Hauptvertreter) Untervertreter tätig sind, vgl. unten Rz. 675 ff.; wie hier *Ordemann*, BB 1964 S. 1323 f. zu II 2; *Schröder*, § 87 Anm. 21. Stets aber muss es sich um eine Vermittlungs- und Abschlusstätigkeit handeln, die – wenn auch nur mittelbar – ausgeübt wird. Eine reine *Propagandistentätigkeit* fällt nicht unter § 84, vgl. dazu das sehr ausführliche und instruktive Urteil des *LG Bielefeld* vom 24.7.1974, BB 1975 S. 7 sowie *LSG Berlin*, 14.8.1996 – L 15 Kr 16/95,VW 1997, 330; *Schröder*, § 84 Rz. 16; *Brüggemann*, § 84 Rz. 23; a. A.: *Neflin*, DB 1961 S. 833. Aus der Rechtsprechung vgl.: *LG Münster*, 11.9.1957 und *LG Bielefeld*, 9.5.1957, Die pharmazeutische Industrie 1958 S. 58 und 1957 S. 60; das *LG Dortmund* (Urt. v. 25.1.1971, DB 1971 S. 524 = VW 1971 S. 486) hat den Ausgleichsanspruch des Propagandisten erneut ausdrücklich abgelehnt. Der *Bundesgerichtshof* hat die Frage der Handelsvertretereigenschaft eines *Ärztepropagandisten* in seinem Urteil vom 1.12.1983 (DB 1984 S. 2138) ausdrücklich offen gelassen. In seinem Urteil vom 11.3.1982 (DB 1982 S. 1771 = MDR 1982 S. 821 = NJW 1982 S. 1757 = VersR 1982 S. 647) hat er die Handelsvertretereigenschaft einer „freiberuflichen Propagandistin", deren Aufgabe darin bestand, an einem *Verkaufsstand in einem Kaufhaus* Klebefolien zu verkaufen, bejaht. Er hat betont, dass es für den rechtlichen Status der Propagandistin entscheidend auf ihre Rechtsbeziehungen zum *Klebefolien-Hersteller* und nicht darauf ankomme, welche Vorstellungen insoweit die Kunden hätten. Zum Begriff des Propagandisten vgl. auch *OLG Stuttgart*, 19.12.1979, DB 1980 S. 1540; in seinem Urteil vom 26.1.1984 (BB 1984 S. 1893 = DB 1984 S. 2298) hat der *BGH* auch die Handelsvertretereigenschaft eines Dritten bejaht, mit dem der Handelsvertreter die ihm zugeflossene Provision hälftig teilte, weil der Dritte handelsvertretertypisch auf Grund entsprechender Verpflichtung tätig war. Für den *Verlagsvertreter* vgl. auch *Pöllmann*, Bbl. 1961 S. 1929.
14 *OLG Hamburg*, 10.11.1966, HVR Nr. 391. Den rechtlichen Status eines *Einkaufsvertreters* könnte beispielsweise auch eine als *„Brauerei-Kooperation"* gegründete Firma haben, deren Aufgabe darin besteht, den gesamten Einkauf der angeschlossenen Brauereien durchzuführen, die insoweit ständig beauftragt ist, die Interessen dieser Brauereien wahrzunehmen und die für die vermittelten Umsätze eine als Bonus bezeichnete umsatzabhängige Vergütung erhält.
15 *BGH*, 20.1.1964,VersR 1964 S. 331 = HVR Nr. 309; vgl. unten Fn. 16 zur Handelsvertretereigenschaft des Tankstellenhalters, des Reisevermittlers, des Inhabers einer Lotto-Annahmestelle.
16 Selbstständiger Warenvertreter und damit ausgleichsberechtigt kann auch der *Pächter einer Tankstelle* sein. Der *Bundesgerichtshof* hat im Urteil vom 15.10.1964 (BB 1964 S. 1399) festgestellt, dass auch ein Tankstellenpächter, der gegen Provision ständig damit betraut ist, im Namen und für Rechnung einer Treibstoffgesellschaft deren Treib- und Schmierstoffe von der Tankstelle aus zu verkaufen, Handelsvertreter sei. Vgl. auch *BGH*, 11.6.1959, MDR 1959 S. 911, und 31.5.1965, HVR Nr. 325 (nur Leitsatz); *LAG Frankfurt*, 3.12.1975, BB 1976 S. 1178 mit Anm. *Gres; BGH*, 12.2.2003 – VIII ZR 130/01; vgl. Rz. 569 ff, 785 und 1025 ff. Vgl. auch Bericht des *Bundeskartellamtes* für das Jahr 1964, Bundestags-Drucksache IV/3752 vom 16.7.1965, S. 15. Näheres bei *Veith*, DB 1963 S. 1277 und 1965 S. 65 sowie *Wittmann*, BB 1963, S. 1457 sowie VW 1966 S. 1072. Vgl. die umfassende Rechtsprechungsübersicht, Sonderdruck der RVR 1969, Heft 12 S. 365, insbesondere KG, 19.9.1969 daselbst; a.A. *Rehbinder*, S. 29. In der Rechtsprechung ist jetzt auch anerkannt, dass der Verwalter einer *Selbstbedienungsstation* als Handelsvertreter ausgleichsberechtigt ist: Vgl. *BGH*, Urteile vom 29.11.1984, BB 1985 S. 353 = DB 1985 S. 748 und 15.11.1984, BB 1985 S. 352 = DB 1985

II Anspruchsberechtigte

noch **men abschließt, der aber seine *Tätigkeit nicht frei gestalten und seine Arbeits-
62 zeit nicht frei bestimmen* kann.** Dem Reisenden im Angestelltenverhältnis steht ein Ausgleichsanspruch nicht zu[17]. Das hat das Bundesarbeitsgericht in einer eingehend begründeten Entscheidung ausdrücklich festgestellt[18]. Das Bundes-

---

S. 747 = NJW 1985 S. 860. In der Berufungsinstanz hatte das *OLG München* (2.6.1982 – 7 U 1590/82) einen gegenteiligen, das *OLG Hamburg* (6.4.1982 – 12 U 147/80) den gleichen Standpunkt vertreten. Vgl. dazu Rz. 580, 1032, Fn. 7. Auch der *Inhaber einer Lotto-Annahmestelle* kann Handelsvertreter sein, vgl. *BGH,* 21.1.1965, BB 1965 S. 304; auch *BGH,* 26.10.1961 – VII ZR 177/60 – und 21.11.1963 – VII ZR 102/62 – (unveröffentlicht). Zur Ausgleichsberechtigung der *Lotto- und Toto-Bezirksstellenleiter*: *BGH,* 4.6.1975, BB 1975 S. 1409 = EBE 1975 S. 351; *BGH,* 22.6.1972, BB 1972 S. 938 = DB 1972 S. 1624 = EBE 1972 S. 250 = HVR Nr. 459 = HVuHM 1972 S. 935 = NJW 1972 S. 1662; a. A. *BSG,* 9.12.1964, SozR Nr. 39 zu § 537 RVO a.F.; vgl. auch *Zeidler,* HVuHM 1970 S. 778; auch *Triebenstein,* FfH-Mitteilungen 1968, Nr. IX/6, S. 7 ff. Ebenso *OLG Kiel,* 9.3.1978 – 7 U 49/77 und *OLG Hamburg,* 30.11.1973 – 14 U 119/72. Auch *Reisebüros als Buchungsstellen von Reiseveranstaltern* stehen zu diesen häufig in vertretervertraglichen Rechtsbeziehungen, *BGH,* 10.12.2002 X ZR 193/99 n. v., sodass sie grundsätzlich als nach § 89b ausgleichsberechtigt in Betracht kommen, *BGH,* 22.10.1987 – VII ZR 5/87 NJW 1988, 488, *BGH,* 19.11.1981, DB 1982 S. 485 = EBE 1982 S. 27; *BGH,* 28.3.1974, BB 1975 S. 198 = DB 1974 S. 1156 = EBE 1974 S. 179 = NJW 1974 S. 1242; *BGH,* 21.12.1973, BGHZ 62, 71 = EBE 1974 S. 180; *Küstner,* IHV 1966, Heft 5 S. 23. Zu den Pflichten eines Reisebüros als Reisevermittler vgl. *AG Karlsruhe,* 12.1.2001 – 1 C 187/00, VersR 2002, 1147 sowie *LG Berlin,* 9.2.2000 – 28 O 321/99, VersR 2000, 1413. Vgl. auch *AG München,* 20.8.2001 – 231 C 16177/01, VersR 2002, 885. Der *BGH* (Urt. v. 20.2. 1986, DB 1986 S. 1117 = HVR Nr. 677) hat folgerichtig auch die auf Dauer angelegte *Vorverkaufstätigkeit von Konzertkarten* durch den Inhaber einer Vorverkaufsstelle als Handelsvertretertätigkeit angesehen. *Investment- und Anlageberater im Finanzdienstleistungsbereich* sind in der Regel ebenfalls selbstständige Handelsvertreter im Sinne der §§ 84 ff. und als solche bei der Beendigung ihres Vertragsverhältnisses ausgleichsberechtigt, sofern die einzelnen Anspruchsvoraussetzungen erfüllt sind. Häufig wird das allerdings nicht der Fall sein, weil durch die Vermittlung eines Anlagegeschäfts regelmäßig keine laufende Geschäftsverbindung entstehen dürfte. Zur Anwendung der §§ 84 ff. und insbesondere des § 89b vgl. *Melcher,* BB 1981 S. 2101 ff. Der *BGH* hat die Rechtsstellung als Handelsvertreter auch bei *Vermittlern von Grundstücksgeschäften* (Urt. vom 4.12.1981, BB 1982 S. 1876 = DB 1982 S. 590 = LM HGB § 84 Nr. 13 = HVR Nr. 556 = MDR 1982 S. 545 = VersR 1982 S. 343 = WM 1982 S. 272) und von *Bauaufträgen* (Urt. vom 8.2.1980, DB 1981 S. 92 = HVR Nr. 541 = HVuHM 1980 S. 727 = NJW 1980 S. 1793 = VW 1980 S. 1235) anerkannt; bei Letzteren sogar dann, wenn die Aufträge im Rahmen von *Bauvorhaben der öffentlichen Hand nach öffentlicher Ausschreibung vergeben wurden* (vgl. dazu auch IHV 1978 Heft 9 S. 20 sowie unten Rz. 659, 661). Obliegt einem Gesellschafter einer Produktionsgesellschaft der Verkauf ihrer Erzeugnisse auf Provisionsbasis im Außendienst, so hat dieser Gesellschafter die rechtliche Stellung eines Handelsvertreters, wenn ihm auch nach Auffassung des *BGH* im Urteil vom 3.2.1978, BB 1978 S. 422 = DB 1978 S. 1395 kein Ausgleichsanspruch zusteht. Auch im *Möbelversandhandel* ist die Ausgleichsberechtigung des Handelsvertreters anerkannt worden, vgl. *OLG Hamm,* 11.5.1978, BB 1978 S. 1686 = DB 1979 S. 304. Schließlich kommt es auch im *Bank- und Kreditgewerbe* vor, dass **Kreditvermittler** die Rechtsstellung von Handelsvertretern haben und als solche, wenn das Vertragsverhältnis endet, ausgleichsberechtigt sind, sofern sie laufende Geschäftsverbindungen zwischen der vertretenen Bank und Kreditnehmern herstellen können, vgl. *BGH,* 4.10.1984, BB 1985 S. 823 (der Vertrag war bezeichnenderweise als „Vertrag über die Zusammenarbeit" bezeichnet; vgl. Einzelheiten dazu Hdb. Bd. I Rz. 34 ff.). Auch die Tätigkeit einer *„Textilvertriebsagentur"* in einem Modezentrum ist als Handelsvertretertätigkeit anerkannt worden, da in Modezentren die Kleidung nicht bloß ausgestellt und ausgeliefert wird, sondern in fremdem Namen Verkäufe abgeschlossen werden (*LG Oldenburg,* 13.3.1991 – 12 O 2531/90 – HVR Nr. 705, nur LS). *ArbG Köln,* 22.7.1999: Angestellter Vermittler nicht ausgleichsberechtigt.

17 *Schröder,* DB 1958, S. 43; *BGH,* 11.12.1958, HVR Nr. 195.
18 *BAG,* 3.6.1958, BB 1958 S. 775 = MDR 1958 S. 717 = NJW 1958 S. 1365; vgl. auch *OLG Düsseldorf* 1.7.1965, NJW 1965 S. 2352.

arbeitsgericht hat ausgeführt: § 89b sei eine auf die besonderen Verhältnisse des Handelsvertreterverhältnisses abgestellte Sondernorm, die auf Arbeitsverhältnisse nicht entsprechend angewendet werden könne. Im Verhältnis zum selbstständigen Warenvertreter sei die wirtschaftliche und soziale Lage des Angestellten eine völlig andere. Der **Warenvertreter sei selbstständiger Gewerbetreibender** und bringe als solcher seinen Kundenstamm als einen für sein Unternehmen erheblichen Vermögenswert in das Vertragsverhältnis ein oder habe sich während des Vertragsverhältnisses einen solchen Kundenstamm gleichzeitig für sein eigenes Handelsgewerbe und für das eines anderen geschaffen[19]. Der Angestellte dagegen erbringe ausschließlich Leistungen für das Gewerbe des Unternehmers, nicht aber gleichzeitig für ein von ihm daneben geführtes eigenes Handelsgewerbe. Der Angestellte stehe als Arbeitnehmer auch unter weitgehender sozialer Sicherung. Ihm kämen zum Beispiel die Vorschriften des Kündigungsschutzgesetzes und des Sozialversicherungsrechtes zugute[20]. Es bestehe daher wirtschaftlich im Arbeitsverhältnis keine Gesamtsituation, die der des Handelsvertreterverhältnisses entspreche. Insbesondere trage der Arbeitnehmer im Gegensatz zum Warenvertreter kein eigenes Unternehmerrisiko; er werde nicht gleichzeitig für ein eigenes Handelsgewerbe tätig, wenn er den Kundenstamm vergrößere. An dieser Verschiedenheit der rechtlichen und wirtschaftlichen Gesamtsituation des selbstständigen Warenvertreters und des unselbstständigen Arbeitnehmers scheitere die entsprechende Anwendung des § 89b auf unselbstständige Arbeitnehmer.

Das Bundesarbeitsgericht hält an diesem Ergebnis mit Recht auch für den Fall fest, dass der aus dem Arbeitsverhältnis ausscheidende Angestellte vor der Begründung dieses Arbeitsverhältnisses selbstständiger Handelsvertreter war, sich während der Selbstständigkeit einen eigenen Kundenstamm erarbeitet und diesen bei der Begründung des Arbeitsverhältnisses „eingebracht" hatte und dem Arbeitgeber zur weiteren Nutzung verschaffte[21]. **63**

3. Abgrenzung zwischen Handelsvertretern und Reisenden[22]

Erfahrungsgemäß bereitet die *Abgrenzung* zwischen einem *selbstständigen* **64** *Handelsvertreter* auf der einen und einem *angestellten Reisenden* auf der an-

---

19 Entsprechendes gilt für den Versicherungsvertreter, und zwar im Hinblick auf den für das Versicherungsunternehmen aufgebauten Versicherungsbestand.
20 Ebenso *LAG Baden-Württemberg (Stuttgart)*, 29.1.1958, BB 1958 S. 842.
21 Über Missverständnisse, die aus dem *BAG*-Urteil vom 3.6.1958 entstanden, vgl. Rz. 397.
22 Im Folgenden werden nur die wichtigsten Grundsätze dargestellt. Sehr viel ausführlicher wird die Problematik in Hdb. Bd. I Rz. 33ff. und Bd. III Rz. 56. behandelt. Zur *Abgrenzung* des Handelsvertreters von anderen im Vertrieb tätigen Kaufleuten vgl. auch *BGH*, 14.3.1991, NJW-RR 1991 S. 1053 und FAZ-BdW, Ausgabe vom 23.6.1991. Weitere Urteile zur Abgrenzung, die in Bd. I noch nicht zitiert wurden: BAG, 26.5.1999 – 5 AZR 469/98, BB 1999, 1383; BSG, 28.1.1999 – B 3 Kr 2/98 R, VW 1999, 1281; LG Osnabrück, 14.6.1999 – 1 AR 3/99, VersR 2000, 633. Vgl. insbesondere aber auch die weiteren Urteile des 5. Senats des BAG vom 15.12.1999 – 5 AZR 770/98, VersR 2000, 1365 (Thema u.a.: Wettbewerbsverbot ist kein Indiz für oder gegen den Status des Handelsvertreters); *BAG*, 15.12.1999 – 5 AZR 566/98, BB 2000, 826 (Thema u.a.: Das Fehlen einer vom Versicherungsvertreter geschaffenen Innen-

II Anspruchsberechtigte

noch deren Seite in der Praxis oft erhebliche Schwierigkeiten[23], was durch eine
64 kaum noch übersehbare Rechtsprechung — nicht nur der ordentlichen und Arbeitsgerichte, sondern auch der Finanz- und Sozialgerichte[24] — bestätigt wird[25]. Naturgemäß beruhen die Entscheidungen der ordentlichen und Arbeits-

---

und Außendienst-Organisation der Generalvertretung lässt Schlussfolgerungen auf seinen Status – hier auf seine Arbeitnehmereigenschaft – nicht zu; 15.12.1999 – 5 AZR 3/99, VersR 2000, 1496 (Thema u.a.: Ob ein als Einfirmenvertreter tätiger Versicherungsvertreter Arbeitnehmer oder Selbstständiger ist, bestimmt sich allein nach § 84 Abs. 1 Satz 2; maßgeblich sind die Umstände des Einzelfalls). Des Weiteren liegt eine umfangreiche Literatur zur Abgrenzung vor, und zwar insbesondere auch mit der Problematik der Scheinselbständigkeit, die zu Beginn der XIII. Legislaturperiode Bedeutung erlangte. Hier sei auf folgende Aufsätze verwiesen: *Küstner*, VW 1999, 380; ders., VW 1998, 261; *Römhild*, VersVerm 1999, 112, 168; *Buchner*, DB 1999, 2514; *Bengelsdorf*, NJW 1999, 1817; BB 1998, 894; *Gaul/Wisskirchen*, DB 1999, 2466; *Goretzki/Hohmeister*, BB 1999, 635; *Hromadka* (Hrsg.), NZA, Sonderheft 1999; *Kleinhenz*, NZA, Sonderheft 1999 (Hrsg.: Hromadka); *Küstner* Bull-DV 1999, Heft 1, S. 5; *Popp*, MDR 1998, 18, *Reiserer*, BB 2000, 94; *Schiefer*, DB 1999, 48; *Graf v. Westphalen*, ZIP 1999, 1083; EBJ/Löwisch, § 84, Rz. 7ff.; vgl. auch *Küstner*, VW 1999, 1790 und ZVersWiss 1997, 659. Vgl. auch Hdb. I Rz. 31, 33ff. und Hdb. III Rz. 56ff.

23 *Bachmann*, S. 19; *Bangert* a.a.O., *Brüggemann*, § 84 Rz. 26; *Bogs*, VersR 1977 S. 197; *Eberstein*, BB 1964 S. 271; *Hueck*, DB 1955 S. 384 u. RdA 1969 S. 216; *Ankele*, § 84 Anm. 8; *Krüger*, V+R 1978 S. 43; *Küstner*, Der Handelsvertreter, S. 11ff.; *Ordemann*, BB 1963 S. 498; *Plander*, RdA 1973 S. 234; *Rewolle*, DB 1954 S. 214; *Schröder*, § 84 Rz. 2ff. u. HVuHM 1973 S. 16, 73; *Siebert*, BB 1949 S. 746; *Sieg*, SGb 1968 S. 511ff.; *Stolterfoth*, Die Selbstständigkeit des Handelsvertreters; *Stötter*, DB 1978 S. 429 und Handelsvertreterrecht, S. 37 und in Lindner/Stötter/Karrer, S. 201ff.; *Trinkhaus*, S. 46ff. Anonym, VW 1994 S. 252. Vgl. auch *Hartmann/Christians*, DB 1984 S. 1365, 1371.

24 Je nach dem Blickwinkel kann die Prüfung sogar zu unterschiedlichen Ergebnissen führen, vgl. *BGH*, 4.6.1975 (BB 1975 S. 1409 = EBE 1975 S. 351 = WPM 1975 S. 931) zur Handelsvertretereigenschaft eines Lotto-Bezirksstellenleiters im Gegensatz zur Auffassung des *BSG* (9.12.1964, Sammlung *Breithaupt* 1965 S. 639, Nr. 243; 31.10.1972, BSGE 35, 20), das ihn als Angestellten in abhängigem Beschäftigungsverhältnis angesehen hatte. Auch der *BFH* betont, dass die steuerliche Selbstständigkeit oder Unselbstständigkeit wegen der Eigengesetzlichkeit des Steuerrechts unabhängig von Arbeitsrecht und Sozialversicherungsrecht zu beurteilen sei (*BFH*, 28.7.1977, DB 1977 S. 2170; 13.4.1967, BStBl. 1967 III S. 525 = DB 1967 S. 1542; 26.11.1959, BStBl. 1960 III S. 39). Vgl. dazu auch *BSG*, 31.10.1972, BSGE 35, 20 = VW 1973 S. 1014, wonach für die Abgrenzung der steuerrechtlichen Beurteilung nur Indizwirkung zukomme.

25 **Bundesgerichtshof** Urteile vom 4.6.1975, BB 1975 S. 1409 = EBE 1975 S. 351 = WPM 1975 S. 931; 20.1.1964, HVR Nr. 309 = VersR 1964 S. 331 = VW 1964 S. 382; 23.3.1963 – VII ZR 250/61 – unveröffentlicht; 12.5.1960 – VII ZR 127/59 – unveröffentlicht; *OLG Karlsruhe*, 12.12.1972, RVR 1973 S. 41 und 25.3.1969–8 U 37/64, DB 1969 S. 742; *OLG Düsseldorf* 27.11.1969–8 U 244/67 – unveröffentlicht; *OLG München*, 8.11.1963, VersR 1964 S. 235; *OLG Stuttgart*, 6.7.1961, BB 1962 S. 156; *OLG Nürnberg*, 15.3.1960, BB 1960 S. 956 = HVR Nr. 294 = VersR 1960 S. 904; *OLG Hamm*, 23.7.1958, HVR Nr. 181; *OLG Celle*, 27.2.1958, BB 1958 S. 246 = HVR Nr. 182 = MDR 1958 S. 341; *OLG München*, 8.8.1957 BB 1957 S. 1053 = NJW 1957 S. 1767 = VersR 1958 S. 91; *OLG Nürnberg*, 19.9.1957, BB 1959 S. 317 = HVR Nr. 213 = NJW 1957 S. 1720; *OLG München*, 20.12.1956, BB 1957 S. 560; *LG Nürnberg*, 11.10.1956, VersR 1957 S. 177; *OLG Stuttgart*, 19.12.1979, DB 1980, S. 1540.
Bundesarbeitsgericht, 27.6.1975–3 AZR 414/74 – unveröffentlicht; 14.2.1974, BB 1974 S. 838 = V+R 1974 S. 139; 7.12.1973–3 AZR 179/73 – unveröffentlicht; 28.6.1973, DB 1973 S. 1804 = VW 1973 S. 1263; 28.4.1972, AP Nr. 1 zu § 88 HGB = BB 1972 S. 1056 = DB 1972 S. 2215 = RVR 1972 S. 289; 8.6.1967, BB 1967 S. 959; 21.1.1966, BAGE 18, 87 = BB 1966 S. 407 = DB 1966 S. 546 = NJW 1966 S. 903 = SAE 1966 S. 221 mit Anm. *Götz Hueck* = VersR 1966 S. 382; 19.6.1963, AP Nr. 1 zu § 419 BGB = BB 1963 S. 1096 = DB 1963 S. 1290 = VersR 1963 S. 970 = VersVerm 1963 S. 143; 10.3.1960, AP Nr. 2 zu § 138 BGB = BB 1960 S. 556 = DB 1960 S. 582 = MDR 1960 S. 612 = VersR 1960 S. 608; *LAG München*, Teilurteil v. 25.11.1992, BB 1993 S. 1737 (Ortsagent für Lesezirkel); *LAG Nieder-*

gerichte oft auf Meinungsverschiedenheiten, die sich aus der vermeintlichen oder bestrittenen *Ausgleichsberechtigung* des Außendienstmitarbeiters ergeben[26]. Lehnt nämlich der Unternehmer die Zahlung des beanspruchten Ausgleichs ab, weil er den Außendienstmitarbeiter als angestellten Reisenden ansieht, bleibt — insbesondere angesichts der oft erheblichen Ansprüche — meist nur der Weg, eine gerichtliche Entscheidung herbeizuführen. Vor einigen Jahren hat sich sogar das *Bundesverfassungsgericht*[27] — allerdings in anderem Zusammenhang[28] — mit dieser Frage befassen müssen.

noch
64

---

sachsen, 7.9.1990–3(2) Sa 1791/89 m.w.N. — unveröffentlicht. *LAG Düsseldorf* 18.7.1971–1 Sa 947/68 — unveröffentlicht und 4.3.1964–8 Ca 225/63 — unveröffentlicht; *LAG Bremen,* 11.10.1968, BB 1969 S. 873 = DB 1968 S. 2180 = HVuHM 1970 S. 823; *LAG Frankfurt,* 3.12.1964, VersR 1966 S. 236; *LAG Bremen,* 9.3.1955, DB 1955 S. 535; *ArbG Wetzlar,* 8.12.1969, VW 1970 S. 1170; *ArbG Wilhelmshaven,* 28.5.1962, BB 1962 S. 999.
Bundesfinanzhof 14.6.1985, BB 1985 S. 2153 = DB 1985 S. 2489 (zur Abgrenzungsproblematik bei von Fall zu Fall tätig werdenden Werbedamen in der Getränkeindustrie); 28.7.1977, DB 1977 S. 2170; 24.4.1975, DB 1975 S. 1540; 31.10.1974, DB 1975 S. 189; 30.10.1969, BStBl. 1970 II S. 474 = DB 1970 S. 862 = VW 1970 S. 812, 10.3.1966, HFR 1966 S. 465 = VW 1967 S. 124; 6.11.1963, VersR 1964 S. 1157; 25.7.1963, HFR 1963 S. 405; 31.7.1963, VersR 1964 S. 668; 13.3.1963, DB 1963 S. 851; 10.1.1963, DB 1964 S. 29 = HFR 1963 S. 418; 8.12.1961, BB 1962 S. 401; 7.12.1961, BStBl. III 1962 S. 149; 24.11.1961, DB 1962 S. 150; 23.11.1961, HFR 1963 S. 68; 3.10.1961, BStBl. III 1961 S. 567; 10.9.1959, BStBl. III 1959 S. 437; 19.2.1959, BStBl. III S. 425; 16.1.1952, BStBl. III 1952 S. 79 = DB 1952 S. 443; *FG Schl.-H,* 22.11.1973, BB 1974 S. 233; 12.10.1979 und 24.10.1978, zitiert u. erläutert in VW 1981 S. 337; 31.3.1958, DStZED 1958 S. 359; *FG Hamburg,* 29.11.1957, ZfV 1958 S. 747.
Bundessozialgericht, Urteile vom 29.1.1981, AP Nr. 4 zu § 92 HGB = BB 1981 S. 2074 = USK 1981 S. 275 (= Revisionsentscheidung zu *LSG Nordrhein-Westfalen,* 20.4.1979–12 RK 46/79 — und *LSG Rheinland-Pfalz* 27.9.1979–12 RK 63/79, beide unveröffentlicht; die sehr gründlichen Urteile befassten sich mit der Abgrenzungsproblematik bei Bezirksleitern von Landesbausparkassen. Das *BSG* hat sie als selbstständige Handelsvertreter angesehen); 22.11.1973, BB 1974 S. 233; 12.10.1979 und 24.10.1978, zitiert und erläutert in VW 1981 S. 337; 31.10.1972, BSGE 35, 20 — VW 1973 S. 1014; 11.8.1966, SozR Nr. 51 zu § 165 RVO; 9.12.1964, Slg. Brh., 1965 S. 639, Nr. 243; 28.10.1960, BSGE 13, 130 = VersR 1961 S. 172; *LSG Nordrhein-Westfalen,* 3.4.1975 — VI Kr 103/74 — unveröffentlicht; *LSG Niedersachsen,* 29.11.1972–4 Kr 11/72 — unveröffentlicht; *LSG Berlin,* 1.12.1971, VersR 1972 S. 533; *LSG Bayern,* 30.6.1966 — L 4 Kr 49/64 — KVRS 1000/128; *LSG Nieders.,* 19.3.1963, Beitr. 1963, S. 284; *LSG Stuttgart,* 24.11.1961, VersR 1962 S. 999; *LSG Nordrhein-Westfalen,* 25.11.1958, HVR Nr. 212; *LSG Hamburg,* 20.3.1956, BB 1957 S. 332; *LSG Essen,* 14.7.1955, BB 1955 S. 736; *LSG Bayern,* 20.5.1955, BB 1956 S. 372; *LSG Bayern,* 25.3.1955, BB 1955 S. 804; *SG Darmstadt,* 3.6.1971 = S 1/Ar -16/70 — unveröffentlicht; *SG München;* 9.5.1963, VersR 1963 S. 921 = VersVerm 1963 S. 158; *SG Köln,* 14.2.1962, VersR 1962 S. 1150; *SG Itzehoe,* 15.9.1960, BB 1961 S. 486; *SG Detmold,* 6.2.1959, BB 1959 S. 636; *SG Karlsruhe,* 25.11.1954, VersR 1955 S. 388.

26 Die Zuständigkeit des Arbeitsgerichts kann sich dadurch ergeben, dass der Außendienstmitarbeiter, der sich für einen Handelsvertreter hält, beim ordentlichen Gericht einen Ausgleichsanspruch einklagt, dass der auf Zahlung in Anspruch genommene Unternehmer — weil er den Kläger nicht für einen Handelsvertreter hält — die Zuständigkeit des angerufenen Gerichts rügt, dieses der Rüge stattgibt und den Rechtsstreit sodann an das seiner Ansicht nach allein zuständige Arbeitsgericht verweist. Kommt das Arbeitsgericht dann zu dem Ergebnis, dass der Kläger doch Handelsvertreter sei und ihm ein Ausgleichsanspruch zustehe, ist es gleichwohl an den Verweisungsbeschluss des ordentlichen Gerichts gebunden und muss als Arbeitsgericht über den Rechtsstatus des Klägers und den geltend gemachten Ausgleichsanspruch entscheiden (§§ 11, 281 Abs. 2 Satz 2 ZPO, 48 ArbGG).
27 *BVerfG,* Beschl. vom 25.10.1977, BB 1978 S. 28 = DB 1978 S. 190 = NJW 1978 S. 365.
28 Das Urteil betraf die Frage der Gewerbesteuerpflicht von Handelsvertretern.

II Anspruchsberechtigte

65 Die gesamte und in ihrer Problematik immer wieder zu Schwierigkeiten führende *Notwendigkeit der Abgrenzung* des Handelsvertreters von anderen Geschäftsvermittlern beruht einerseits darauf, dass je nach dem Ergebnis der vorgenommenen Abgrenzung ganz *unterschiedliche Rechtsfolgen* eintreten[29], andererseits darauf, dass die allein im Gesetz (§ 84 Abs. 1 Satz 2) genannten Kriterien (im Wesentlichen *freie Tätigkeitsgestaltung* und *Arbeitszeitbestimmung*) in der Praxis keineswegs ausreichen. Hinzu kommt aber, was in der Praxis oft übersehen wird, dass § 84 bezüglich der Abgrenzung des Handelsvertreters von anderen Geschäftsvermittlern *zwingender Natur* ist. Das bedeutet, dass jemand, der ständig beauftragt und demgemäß verpflichtet ist, für einen anderen in dessen Namen und auf dessen Rechnung Geschäfte zu vermitteln, nur entweder selbstständiger Handelsvertreter oder Vermittler im Angestelltenverhältnis sein kann, sodass *Zwischenstufen nicht möglich* sind. Aus der zwingenden Natur ergibt sich, dass beispielsweise ein Vermittler, der die Tatbestandsvoraussetzungen des § 84 Abs. 1 Satz 1 erfüllt, niemals *freier Mitarbeiter*[30] sein kann und ebenso wenig *Kommissionär, Handelsmakler* oder *Vertragshändler*. Gerade darauf beruhen aber die Schwierigkeiten, weil natürlich in der Praxis immer wieder versucht wird, dem Vermittler einen *anderen Status* als den eines Handelsvertreters oder eines Angestellten zu geben, weil man die aus dieser Einordnung sich ergebenden *Konsequenzen vermeiden* will, etwa die Ausgleichsberechtigung des Vermittlers, wenn er selbstständiger Handelsvertreter ist oder den arbeitsrechtlichen Schutz, wenn er dem Arbeitsrecht als angestellter Vermittler unterliegt. Zu den oben geschilderten Abgrenzungsschwierigkeiten treten — wenn man vom beanspruchten Ausgleich als auslösendem Moment absieht — die so vielfältigen Ausgestaltungsversuche hinzu, und zwar nicht nur der *vertraglichen Beziehungen*, sondern auch der *tatsächlichen Durchführung* der Vermittlungstätigkeit. In der Praxis kommt es nämlich gar nicht so selten vor, dass sich die Tätigkeit eines angestellten Reisenden von der eines Handelsvertreters nach außen nicht unterscheidet[31], ja, dass ein Reisender eine in tatsächlicher Hinsicht „freiere" Stellung als ein Handelsvertreter hat und dass auch seine Vergütung der eines Handelsvertreters entspricht.

66 Anfang der 90er Jahre tauchten — soweit ersichtlich — Abgrenzungsprobleme mitunter dadurch auf, dass im Rahmen der *Betriebsratswahl* der Wahlvorstand auch solche Außendienstmitarbeiter auf die Wählerliste für die Betriebsratswahl gesetzt hatte, die nach Auffassung des Unternehmens aber rechtlich als *selbst-*

---

29 Zu Einzelheiten vgl. Handbuch Band 1, Rz. 33 ff.
30 Unrichtig deshalb Beschluss des *LAG Düsseldorf* vom 6.3.1991, BB 1991 S. 911, in dem ein Außendienstmitarbeiter im Versicherungsgewerbe als „freier Mitarbeiter" qualifiziert wird, wenn er aufgrund der ihm vertraglich eingeräumten und in der Praxis auch so gehandhabten Befugnisse dem Arbeitgeber keine Rechenschaft über seine Tätigkeit schuldet und er vertraglich auch im Übrigen nicht gehindert ist, einer anderweitigen Beschäftigung nachzugehen. Zur Abgrenzung des freien Mitarbeiters vom Angestellten vgl. *BAG*, 3.5.1989, BB 1990 S. 779.
31 So auch *BVerfG*, 25.10.1977 a.a.O.; *BSG*, 28.10.1960, BSGE 13, 130 = VersR 1961 S. 172; *OLG Karlsruhe*, 12.12.1972, RVR 1973 S. 41 und Urteil vom 25.3.1969, DB 1969 S. 742; *LSG Berlin*, 1.12.1971, VersR 1972 S. 533; *LAG Düsseldorf* 4.3.1964 – 8 Ca 225/63 – unveröffentlicht; *SG Köln*, 14.2.1962, VersR 1962 S. 1150.

ständige Handelsvertreter anzusehen waren. Deshalb mussten die Arbeitsgerichte sich, nachdem das Unternehmen die Betriebsratswahl angefochten hatte, mit der Statusfrage befassen[32].

Ende der 90er Jahre kulminierte die Abgrenzungsproblematik im Zusammenhang mit dem umstrittenen *„Gesetz zu Korrekturen in der Sozialversicherung und zur Sicherung der Arbeitnehmerrechte"* vom 19.12.1998[33], und dem danach verabschiedeten *„Gesetz zur Förderung der Selbstständigkeit"* vom 20.12.1999[34]. Ausgelöst wurde die Problematik durch zwei Entscheidungen des Arbeitsgerichts Nürnberg vom 31.7.1963[35] und vom 9.9.1996[36]. In den zu Grunde liegenden Verfahren hatten zwei vertraglich als selbstständige Versicherungsvertreter bezeichnete Kläger die Feststellung begehrt, sie seien für das beklagte Versicherungsunternehmen als Versicherungsvertreter nicht selbstständig gewesen, sondern als Versicherungsangestellte im Außendienst. Im Urteil vom 31.7.1996 wurde der Klage in der Sache stattgegeben, während durch Urteil vom 9.9.1996 eine andere Kammer des gleichen Gerichts die andere Klage abwies. Die Berufungen in beiden Sachen führten zur Bestätigung des erstinstanzlichen Urteils vom 31.7.1996 durch Urteil des LAG Nürnberg vom 25.2.1998[37], während ein Urteil vom gleichen Tage in der zweiten Sache[38] der Klage stattgab. 67

Das BAG entschied in beiden Sachen durch die Urteile vom 15.12.1999[39] übereinstimmend durch Klagabweisung, sodass sich dadurch rechtskräftig der *Status der Kläger als selbstständige Versicherungsvertreter* ergab. So sind die langwierigen Streitigkeiten anhand der gesetzlichen Bestimmung des § 84 Abs. 1 Satz 2 entgegen der von den Klägern vertretenen Auffassung im Sinne der Selbstständigkeit entschieden worden; die beiden Berufungsurteile vom 25.2.1998[40] wurden mithin in beiden Fällen aufgehoben und die Klagen abgewiesen. 68

Im Folgenden kann über die Abgrenzungsprobleme nur ein *allgemeiner Überblick* mit Rechtsprechungshinweisen gegeben werden, die sodann zur Klärung von Einzelfragen dienen können. Als besonders einprägsam sei in diesem Zusammenhang auf die Definition des Arbeitnehmers — im Unterschied zum selbstständigen Außendienstmitarbeiter — verwiesen, die das Bundesarbeitsgericht in seinem Urteil vom 24.4.1980 gegeben hat. Danach ist Arbeitnehmer, wer eine *„sachlich* und *zeitlich fremd geplante*, fremdnützige und *von fremder Risikobereitschaft getragene Arbeit nach Weisung des Dienstberechtigten"* über- 69

---

32 Vgl. Beschluss *LAG Düsseldorf*, 6.3.1991, DB 1991 S. 2668 m.w.N. sowie die nicht veröffentlichten Beschlüsse des *LAG Baden-Württemberg* (Kammer Freiburg vom 26.10.1990 – 11 Ta BV 5/90 und 11 Ta BV 6/90) und den Beschluss des *ArbG Kempten* vom 14.11.1990 – 5 BV 9/90; vgl. zu dieser Problematik auch *Küstner*, Blick durch die Wirtschaft (FAZ) Ausgabe vom 23.6.1991.
33 *BGH*, 19.12.1998, BGBl. I, 1998, 3843.
34 Ges. vom 20.12.1999, BGBl. I, 2000, 2.
35 *ArbG Nürnberg*, 31.7.1996 – 2 Ca 4546/95, ArbuR 1996, 417.
36 *ArbG Nürnberg*, 9.9.1996 – 12 Ca 4696/96 n.v.
37 *LAG Nürnberg*, 25.2.1998 – 4 Sa 860/95.
38 *LAG Nürnberg*, 25.2.1998 – 4 Sa 670/97, schließlich die Endurteile des *LAG Nürnberg*, 26.1.1999 – 7 Sa 658/98, BB 1999, 793 u. 7 Sa 657/98.
39 *BAG*, 15.12.1999 – 5 AZR 256/98 und 5 AZR 255/98.
40 *LAG Nürnberg*, 25.2.1998, 4 Sa 860/96 und 4 Sa 670/97.

II Anspruchsberechtigte

nimmt[41]. In demselben Urteil hatte das Bundesarbeitsgericht einen Beauftragten, der Abschlussaufgaben wahrzunehmen hatte, als *„Franchise- und Handelsvertreter"* bezeichnet. Es erscheint aber sehr fraglich, ob angesichts der erheblichen Unterschiede, die zwischen einem Handelsvertreter und einem Franchise-Nehmer bestehen, und zwar insbesondere auch hinsichtlich der aus der unterschiedlichen Aufgabenstellung sich ergebenden Folgen, ein Vertragsverhältnis als „Mischung von Handelsvertreter- und Franchiseverhältnis" anerkannt werden kann[42].

70 In dem Bestreben, *praktikable Abgrenzungskriterien* zu entwickeln und zuverlässige Anhaltspunkte herauszuarbeiten, geht die Rechtsprechung[43], weil die Abgrenzungskriterien des § 84 Abs. 1 Satz 2 (im Wesentlichen freie Tätigkeitsgestaltung und Arbeitszeitbestimmung) für die Bedürfnisse der Praxis nicht ausreichen[44], in der Weise vor, dass sie alle im Einzelfall für eine Abgrenzung bedeutungsvollen Kriterien anhand der Umstände des konkreten Tatbestandes prüft, einander gegenüberstellt und gegeneinander abwägt, sodass auf diese Weise ein *Gesamtbild* gewonnen werden kann, das *schwerpunktmäßig* für ein Handelsvertreter- oder für ein Angestelltenverhältnis spricht. So hat sich für eine praktikable Abgrenzung zwischen selbstständigen Handelsvertretern und angestellten Reisenden die sog. Schwerpunkt-Theorie entwickelt[45].

71 Dabei hat insbesondere das Bundesarbeitsgericht[46] ausgeführt, dass bei den Merkmalen, die für oder gegen die Selbstständigkeit und damit für oder gegen die Eigenschaft als Handelsvertreter bzw. als Reisender sprechen, zwischen den *„echten"* und *„materiellen" Merkmalen*, die mehr oder weniger zwingende unmittelbare Anknüpfungspunkte für die Selbstständigkeit enthalten, einerseits und den *„unechten" oder „formalen" Merkmalen* andererseits zu unterscheiden sei, die nur geringe Bedeutung für die Abgrenzung hätten und deshalb bei der Abgrenzung nur mit Vorbehalten anzuwenden seien. Zu den materiellen Merkmalen rechnet das Bundesarbeitsgericht die *Weisungsfreiheit*[47] und die *Freiheit im*

---

41 *BAG*, 24.4.1980, AP Nr. 1 zu § 84 HGB mit Anm. *Küstner* = BB 1980 S. 1471 = DB 1980 S. 2039 = RdA 1980 S. 287.
42 Vgl. dazu unten Rz. 147ff. Zweifelnd auch *Noetzel*, HVuHM 1981 S. 338.
43 *BVerfG*, 25.10.1977, Fn. 31 sowie die oben Fn. 25 zitierte Rechtsprechung, insbesondere *BGH*, 20.1.1964; *Oberlandesgerichte Karlsruhe*, 12.12.1972 und 25.3.1969, *Nürnberg*, 15.3.1960, *Hamm*, 23.7.1958, *München*, 8.8.1957 a.a.O.; *BAG*, 28.6.1973, 28.4.1972, 8.6.1967 und 21.1.1966 a.a.O.; *Landesarbeitsgerichte Bremen*, 11.10.1968 und 9.3.1955, *Frankfurt*, 3.12.1964 a.a.O.; *BSG*, 22.11.1973 und 28.10.1960 a.a.O.; *Landessozialgerichte Essen*, 14.7.1955 und *Nordrhein-Westfalen*, 25.11.1958 a.a.O.; *SG Köln*, 14.2.1962 a.a.O.; *BFH*, 30.10.1969, 31.7.1963, 25.7.1963, 7.12.1961, 3.10.1961, 10.9.1959, 19.2.1959 und 16.1.1952 a.a.O.
44 *OLG Karlsruhe*, 12.12.1972, RVR 1973 S. 41 = VW 1973 S. 389; *OLG Celle*, 27.2.1958, BB 1958 S. 246 = HVR Nr. 182 = MDR 1958 S. 341.
45 Vgl. die oben Fn. 25 zitierten Urteile des *BGH* vom 20.1.1964 und 4.6.1975; der *Oberlandesgerichte Karlsruhe* vom 25.3.1969, *Hamm* vom 13.7.1958, *München* vom 20.12.1956, *Celle* vom 27.2.1958, *Nürnberg* vom 19.9.1957; *BAG*, Urteile vom 28.6.1973, 28.4.1972, 8.6.1967, 21.1.1966; *LAG Bremen*, 13.7.1958; *BSG*, 28.10.1960; *BFH*, Urteile vom 28.7.1977, 30.10.1969, 16.1.1952, 31.7.1963, 25.7.1963, 8.12.1961, 3.10.1961, 10.9.1959, 19.2.1959.
46 *BAG*, Urteile vom 28.4.1972 und 21.1.1966 a.a.O.
47 Zur Weisungsfreiheit als Abgrenzungskriterium: *BGH*, 13.1.1966, BB 1966 S. 265 = DB 1966 S. 375 = HVR Nr. 349 = HVuHM 1966 S. 274 = NJW 1966 S. 882 = RVR 1970 S. 182; *BGH*,

A. Selbstständige Waren- und Versicherungsvertreter II

Einsatz der Arbeitskraft[48], das *eigene Unternehmen* und das *eigene Unternehmerrisiko*[49]. Die mit diesen Hinweisen angesprochene *persönliche Unabhängigkeit* als Abgrenzungskriterium wird durch eine etwa gegebene *wirtschaftliche Abhängigkeit* nicht ausgeschlossen, weil diese auch bei selbstständigen Handelsvertretern vorliegen kann[50]. Zu den formalen Merkmalen rechnet das Gericht vor allem diejenigen Umstände, die sich aus der äußeren Form des Vertrages ergeben, z.B. die von den Parteien gewählten Bezeichnungen[51] sowie die Beachtung der steuerlichen, sozialrechtlichen, gewerbepolizeilichen und handelsregisterlichen Vorschriften einerseits und der arbeitsrechtlichen Grundsätze andererseits. Im Hinblick auf die Bedeutung der zwischen den Parteien getroffenen Vereinbarungen hat der Bundesgerichtshof schon in seinem Urteil vom 4.6.1975[52] aber festgestellt, dass die von den Parteien gewählten Bezeichnungen durchaus dann ins Gewicht fielen, wenn es sich um einen Grenzfall handele, der beide Gestaltungen zulasse und sich die Parteien dessen auch bewusst seien[53].

Auch das *Bundesverfassungsgericht* hat in seinem Beschluss vom 25.10. **72** 1977[54] darauf hingewiesen, dass sich die Verkaufs- und Vermittlungstätigkeit selbstständiger Handelsvertreter von der angestellter Reisender äußerlich betrachtet nicht unterscheidet, wenn sich auch die Tätigkeit des Handelsvertreters in einem anderen Rahmen als die des angestellten Reisenden vollziehe. Im Gegensatz zum unselbstständig tätigen Angestellten, der keinen Gewerbebetrieb unterhalte und in den Betrieb seines Arbeitgebers eingegliedert sei[55], arbeite der Handelsvertreter innerhalb seines eigenen gewerblichen Unternehmens, zu

---

23.3.1963 − VII ZR 250/61 − unveröffentlicht; *BFH*, 28.7.1977, DB 1977 S. 2170; *OLG Celle*, 27.2.1958, BB 1958 S. 246 = HVR Nr. 182 = MDR 1958 S. 341; *LSG Berlin*, 1.12.1971, VersR 1972 S. 533.
48 Zur Freiheit im Einsatz der Arbeitskraft als Abgrenzungskriterium: *LSG Niedersachsen*, 19.3.1963. Beiträge 1963 S. 284.
49 Unternehmerrisiko als Abgrenzungskriterium: *BGH*, 20. 1. 1964 a. a.O. (zu Ziffer 2 c hh der Gründe); *BAG*, 21.1.1966 a.a.O. (zu Ziffer V der Gründe); *BFH*, Urteile vom 28.7.1977, 13.3.1963, 25. und 31.7.1961, 23.11.1961 und 3.10.1961 a.a.O.; *LSG Essen*, 14.7.1955 und *Hamburg* vom 20.3.1956 a.a.O.
50 *BGH*, 20.1.1964, HVR Nr. 309 = VersR 1964 S. 331 = VW 1964 S. 382; *BSG*, 31.10.1972, BSGE 35, 20 = VW 1973 S. 1014; *LSG Essen*, 14.7.1955, BB 1955 S. 736; *SG Detmold*, 6.2.1959, BB 1959 S. 636; *SG Karlsruhe*, 25.11.1954, VersR 1955 S. 388.
51 Vertragsgestaltung als Abgrenzungskriterium: *BGH*, 4.6.1975 a.a.O.; *BFH*, 16.1.1952, BStBl. III 1952 S. 79 = DB 1952 S. 443; *OLG München*, 8.8.1957, BB 1957 S. 1053 = NJW 1957 S. 1767 = VersR 1958 S. 91; *LSG Berlin*, 1.12.1971, VersR 1972 S. 533; *LAG Bremen*, 11.10.1968, BB 1969 S. 873 = DB 1968 S. 2180 = HVuHM 1970 S. 823; *SG Itzehoe*, 15.9.1960, BB 1961 S. 468; *SG Detmold*, 6.2.1959, BB 1959 S. 636. Das *LSG Stuttgart* (24.11.1961, VersR 1962 S. 999) hat aber einer Vertragsgestaltung Bedeutung für die Zukunft beigemessen, mit der die selbstständige Stellung des Außendienstmitarbeiters als Handelsvertreter sichergestellt werden sollte.
52 *BGH*, 4.6.1975, DB 1965 S. 1409 = EBE 1975 S. 351 = WPM 1975 S. 931.
53 Vgl. auch *OLG München*, 8.8.1957, BB 1957 S. 1053 = HVR Nr. 180 = NJW 1957 S. 1767 = VersR 1958 S. 91.
54 *BVerfG*, Beschl. vom 25.10.1977, BB 1978 S. 28 = DB 1978 S. 190 = NJW 1978 S. 365.
55 Vgl. dazu *BSG*, 22.11.1973, BB 1974 S. 233 u. 28.10.1960, BSGE 13, 130 = VersR 1961 S. 172; *BFH*, 28. 7. 1977, DB 1977 S. 2170; *LSG Niedersachsen*, 29.11.1972−4 Kr 11/72, unveröffentlicht.

II Anspruchsberechtigte

dessen „Kapital" außer materiellen Wirtschaftsgütern vor allem die Kundenbeziehungen gehörten. Allerdings, so stellt das Bundesverfassungsgericht fest, sei die Grenze zwischen selbstständiger und unselbstständiger Tätigkeit häufig schwierig zu ziehen. Dabei komme es auf die Würdigung aller Umstände des einzelnen Falles an. Gerade bei Handelsvertretern sei die **Grenze zur Angestellteneigenschaft** sowohl im bürgerlichen Recht (Handelsrecht, Arbeitsrecht) als auch im öffentlichen Recht (Steuerrecht, Sozialversicherungsrecht) *fließend*. Selbstständig sei ein Handelsvertreter, wenn er im Wesentlichen frei seine Tätigkeit gestalten und seine Arbeitszeit bestimmen könne.

73 Das Bundesverfassungsgericht zählt sodann die einzelnen Abgrenzungskriterien folgendermaßen auf: „Der Handelsvertreter trägt das Unternehmerwagnis mit den Chancen und Risiken, die auch sonst mit einem unternehmerischen Einsatz verbunden sind. Er wird ohne einen ihm von dem Unternehmer vorgeschriebenen Arbeitsplan tätig. Er ist Kaufmann, weil er ein Grundhandelsgewerbe ausübt (§ 1 Absatz 2 Nr. 7), tritt als solcher auf, unterhält in der Regel eigene Geschäftsräume und stattet diese mit eigener Einrichtung aus. Soweit der Handelsvertretervertrag keine anderen Bestimmungen enthält und den Umständen nichts Gegenteiliges zu entnehmen ist, kann er mehrere Unternehmen in verschiedenen Branchen vertreten. Unselbstständige Vertreter sind dagegen als kaufmännische Angestellte in den Betrieb ihres Arbeitgebers eingegliedert und verpflichtet, den Weisungen des Geschäftsherrn Folge zu leisten. Sie schulden ihre Arbeitskraft und sind in der Regel nur für einen einzigen Geschäftsherrn tätig. Die Stellung des Handelsvertreters kann je nach Ausgestaltung des Handelsvertretervertrages und bei Berücksichtigung der wirtschaftlichen Lage des Handelsvertreters an die eines angestellten Vertreters bis zu einem gewissen Grade angenähert sein, bevor sie in ein Angestelltenverhältnis umschlägt und umgekehrt. Es gibt im Grenzbereich sicherlich Handelsvertreter und angestellte Vertreter, die sich in wirtschaftlicher und sozialer Hinsicht nahe stehen".

74 Das Bundesverfassungsgericht hat damit die in der Rechtsprechung und Literatur seit langem vertretene **Schwerpunkttheorie** bestätigt und – dies sei nur am Rande vermerkt – dabei gleichzeitig – wenn auch nicht expressis verbis – auch auf die Gefahren dieser Theorie hingewiesen. Ist ein Handelsvertreter einem Reisenden sehr stark angenähert (und umgekehrt), kann durch eine nur geringfügige Verlagerung des Schwerpunkts aus dem Handelsvertreterverhältnis ein Angestelltenverhältnis werden und umgekehrt, ohne dass die Parteien dies wollen oder auch nur wissen. Die sich daraus ergebenden ausgleichsrechtlichen Probleme liegen auf der Hand, weil ja für die Ausgleichsberechtigung des Außendienstmitarbeiters sein rechtlicher Status maßgebend ist[56].

---

56 Näheres dazu bei *Stolterfoht,* S. 221. Vgl. auch *Schröder,* HVuHM 1973 S. 73 zur Statusänderung des Außendienstmitarbeiters infolge der Ausdehnung des Weisungsrechts des Unternehmers in einem für Handelsvertreter atypischen Umfang.

II. Versicherungsvertreter

Versicherungsvertreter[57] sind ausgleichsberechtigt, wenn sie gemäß § 92 Abs. 1 in Verbindung mit § 84 Abs. 1 als selbstständige Gewerbetreibende ständig damit betraut sind, für einen anderen Unternehmer Versicherungsverträge zu vermitteln oder in dessen Namen abzuschließen[58]. Für die *Abgrenzung* zwischen einem selbstständigen Versicherungsvertreter einerseits und einem Angestellten im Versicherungsaußendienst andererseits gelten grundsätzlich die oben für Warenvertreter dargestellten *Abgrenzungskriterien* entsprechend. Auch beim Versicherungsvertreter ist mithin auf das *Gesamtbild seiner Tätigkeit* und auf die gesamte tatsächliche Ausgestaltung der Vertragsbeziehungen abzustellen. Maßgebend ist hierbei, dass der Versicherungsvertreter persönlich unabhängig ist, ein eigenes Unternehmerrisiko trägt und dass die Höhe seines Gewinns von seiner Tätigkeitsgestaltung abhängt[59]. Deshalb braucht hier im Einzelnen nicht auf alle in Betracht kommenden Abgrenzungsmerkmale eingegangen zu werden, die im einschlägigen Schrifttum insbesondere bei Bangert[60], aber auch bei Möller[61], ausführlich erörtert wurden[62].

75

Hier sei lediglich auf zwei Besonderheiten hingewiesen: Dass Versicherungsvertreter häufig *stärker weisungsgebunden* sind als Warenvertreter und dass dem Unternehmer in der Regel kraft vertraglicher Vereinbarung ein wesentlich weitergehendes Kontroll- und Revisionsrecht im Hinblick auf die ordnungsgemäße Abrechnung und Ablieferung der einkassierten Versicherungsbeiträge zusteht, hindert die selbstständige und persönlich unabhängige Stellung eines Versicherungsvertreters grundsätzlich nicht. Die stärkere Weisungsgebundenheit[63]

76

---

57 Versicherungsvertreter können wie Warenvertreter als Einfirmen- oder Mehrfirmenvertreter tätig werden, vgl. *OLG Nürnberg*, 27.1.1994, VersR 1995, S. 94; *OLG Frankfurt*, 13.3.1979, DB 1979 S. 1178; *Voß/Hoeft/Müller-Stein*, Das Recht der Versicherungsvermittlung, 12 sowie *Küstner*, IWW, Heft 1/1995, S. 13. Entsprechendes gilt auch für Bausparkassenvertreter. Vgl. dazu *BSG*, 29.1.1981, BB 1981 S. 2074 – USK 1981 S. 275.
58 Wortlaut § 92 Abs. 1; vgl. *BAG*, 15.12.99 Fn. 22 und 39.
59 *LAG Frankfurt a. M.*, 3.12.1964, VersR 1966 S. 236; *BAG*, 21.1.1966, BB 1966 S. 407 = AP Nr. 2 zu § 92 HGB; *AG Garmisch-Partenkirchen*, 31.10.1966, VersR 1968 S. 1039 (vgl. dazu *Höft*, VersR 1969 S. 253); *BGH*, 10.10.1960, VersR 1960 S. 1010; *OLG München*, 8.11.1963, VersR 1964 S. 235; *BAG*, 21.1.1966, VersR 1966 S. 382 (vgl. auch VW 1966 S. 490).
60 *Bangert*, Der selbstständige und der unselbstständige Versicherungsvertreter, Karlsruhe 1983, S. 97ff.
61 *Möller*, Anm. 157ff.; *Trinkhaus*, S. 41ff.; RDBr., S. 25ff.
62 Vgl. auch die Zusammenstellung der Rechtsprechung im 15. Geschäftsbericht des Gesamtverbandes der Versicherungswirtschaft 1962/63, S. 150 zur Sozialversicherungspflicht des Versicherungsvertreters, die wegen des anders gearteten Ausgangspunktes allerdings nur mit Vorbehalt verwertet werden kann; *BSG*, 28.10.1960, VersR 1961 S. 172 (mit Anmerkung im 13. Geschäftsbericht 1960/61 des Gesamtverbandes der Versicherungswirtschaft, S. 184); *BSG*, 29.3.1962 – 3 RK 74/57 – unveröffentlicht; *LSG Stuttgart*, 24.11.1961, VersR 1962 S. 999; *SG Köln*, 14.2.1962, VersR 1962 S. 1150; *SG München*, 9.5.1963 – S 52/KV/62 – und 16.3.1961 – S 162/KV/57 – (nicht veröffentlicht); *BFH*, 6.11.1963, HFR 1964 S. 294.
63 Dazu Näheres bei *Trinkhaus*, S. 49; vgl. auch *BSG*, 29.1.1981, BB 1981 S. 2074 = USK 1981 S. 275; *BFH*, 6.11.1963, HFR 1964 S. 294 und *Höft*, VersR 1966 S. 322, 323 zu 2), insbesondere aber *BAG*, 21.1.1966, VersR 1966 S. 382 = DB 1966 S. 546; vgl. dazu VW 1966 S. 490 und *Schröder*, RVR 1968 S. 67, 72.

des Versicherungsvertreters beruht auf den funktionellen und tätigkeitsbedingten Unterschieden, die zwischen Waren- und Versicherungsvertretern bestehen. Denn im Gegensatz zum Warenvertreter betreffen die Vermittlungstätigkeit und der Vermittlungserfolg des Versicherungsvertreters häufig *langfristige Verträge*, sodass man dem Versicherer ein berechtigtes Interesse an weitergehender Weisungsbefugnis zuerkennen muss, damit er sich vor Schaden bewahren kann. Außerdem sind Versicherungsvertreter in erheblich stärkerem Umfang als Warenvertreter auch *verwaltend* tätig, sodass das Kontroll- und Revisionsrecht des vertretenen Unternehmens schon deshalb stark ausgeprägt ist [64].

B. Untervertreter

77 Die für den selbstständigen Waren- und Versicherungsvertreter gemachten Ausführungen gelten grundsätzlich auch für *Untervertreter*, sofern diese als selbstständige und hauptberufliche Vertreter im Sinne des § 84 Abs. 1 anzusehen sind. Ein Untervertreter ist mithin ausgleichsberechtigt, wenn sein Untervertretervertrag endet [65]. Allerdings muss im Einzelfall stets geprüft werden, wer gegenüber dem Untervertreter als Schuldner des Ausgleichsanspruchs in Betracht kommt. Man muss zwischen *„echten" und „unechten" Untervertretern* [66] unterscheiden.

78 Ein *echter Untervertretervertrag* liegt vor, wenn der Vertrag zwischen dem Waren- oder Versicherungsvertreter als Hauptvertreter und dem Untervertreter abgeschlossen wird, wobei der Hauptvertreter als Vertragspartner des Untervertreters im eigenen Namen, nicht etwa im Namen und in Vollmacht des von ihm seinerseits vertretenen Unternehmers handelt. In diesem Fall ist also der Hauptvertreter selbst vertretener Unternehmer im Sinne des § 84 Abs. 3 [67].

79 Wird ein solcher echter Untervertretervertrag beendet, so kann ein Ausgleichsanspruch nur gegenüber dem Vertragspartner des Untervertreters, also gegenüber dem Hauptvertreter, in Betracht kommen, da vertragliche Beziehungen

---

64 *Trinkhaus*, S. 55. Weitere Einzelheiten enthalten die Urteile des *LAG Frankfurt a. M.* vom 3.12.1964 (VGA – Nachrichtenblatt 1965 Nr. 2 S. 9) und des *LG Düsseldorf* vom 11.1.1963 (VersR 1964 S. 1097).
65 *LG Hamburg*, 21.12.1954, HVR Nr. 83; *Knapp*, § 89b Anm. 2. Vgl. insbesondere neuerdings *BGH*, 23.5.1984, BB 1985 S. 226 = DB 1984 S. 2298 = VersR 1984 S. 1091 = EBE 1984 S. 313 sowie *BGH*, 13.3.1969 – VII ZR 174/66, BGHZ 52 S. 5 = BB 1969 S. 510 und *BGH*, 20.11.1969, BB 1970 S. 101 = VersR 1970 S. 250.
66 *Ein Untervertreter* in dem hier gemeinten Sinne ist als Handelsvertreter gemäß §§ 84 ff. dem mit ihm in vertraglichen Beziehungen stehenden oder dem ihm übergeordneten Handelsvertreter rechtlich gleichgestellt. Besonderheiten können sich nur aus dem Innenverhältnis ergeben. Die im Folgenden häufig verwandten Bezeichnungen *„Untervertreter"* und *„Hauptvertreter"* sollen nur die rechtliche Konstruktion des Auftragsverhältnisses veranschaulichen. Einzelheiten bei *Möller*, RuW, S. 37 ff. Näheres zur Ausgleichsberechtigung des Untervertreters bei *Küstner*, IHV 1966, Heft 16 S. 26 und Heft 17 S. 25.
67 *Brüggemann*, § 84 Rz. 29, 30; *Schröder*, § 84 Anm. 36 ff.; *Hopt*, § 84 Rz. 31, 32, 36; *Möller*, Anm. 174; *Ankele*, § 84 Anm. 10; *Ordemann*, BB 1964 S. 1323 zu I 3a.

zwischen dem Untervertreter und dem von dem Hauptvertreter vertretenen Unternehmer nicht bestehen[68].

Welche Bedeutung bei einem echten Untervertretervertrag bezüglich des Ausgleichsanspruchs der Frage zukommt, ob das Vertragsverhältnis des vertretenen Hauptvertreters gleichzeitig beendet wird und ob diesem seinerseits ein Ausgleichsanspruch zusteht, wird unten im Zusammenhang mit den Unternehmervorteilen und den Ausschlusstatbeständen untersucht werden[69]. **80**

Von einem *unechten Untervertretervertrag* spricht man dagegen dann, wenn zwischen dem Untervertreter und dem Unternehmer ein normaler Vertretervertrag besteht, wenn aber der Untervertreter einem anderen Vertreter des Unternehmers *organisatorisch unterstellt* ist[70]. Einem *übergeordneten Vertreter* (dem *Hauptvertreter, Generalvertreter*[71], *Generalagenten* oder *Bezirksvertreter*) wird in derartigen Fällen die Betreuung der Untervertreter übertragen, weil dies wegen der Größe der Außendienstorganisation oder auch wegen der räumlichen Ausdehnung des Vertretungsbezirks zweckmäßiger ist, als wenn die Betreuung von dem vertretenen Unternehmen unmittelbar durchgeführt werden würde. Dem Hauptvertreter obliegt hierbei der *Ausbau und die Anleitung der Untervertreterorganisation* im Hinblick auf ihre Vermittlungstätigkeit; meist unterstützt er die Untervertreter auch bei schwierigen Verhandlungen und ist für ihren Einsatz verantwortlich. **81**

Für das Zustandekommen des unechten Untervertretervertrages bestehen zwei Möglichkeiten. Entweder wird der Vertrag unmittelbar zwischen dem vertretenen Unternehmer und dem Untervertreter abgeschlossen oder der Unternehmer bedient sich hierzu des Hauptvertreters, der alsdann den Untervertretervertrag im Auftrage und im Namen des vertretenen Unternehmers und unmittelbar für diesen abschließt. Auch in dem zuletzt genannten Fall entstehen aber keine Vertragsbeziehungen zwischen dem Hauptvertreter und dem Untervertreter, und zwar selbst dann nicht, wenn etwa die *Untervertreterprovision* über den Hauptvertreter abgerechnet wird, sodass die dem Untervertreter zustehenden Provisionsteile beim Hauptvertreter durchlaufende Posten darstellen. **82**

Aus alledem folgt, dass die Beendigung des zwischen dem Unternehmer und dem übergeordneten Hauptvertreter bestehenden Vertragsverhältnisses den Be- **83**

---

68 *BGH,* 18.6.1964, BB 1964 S. 823; *Ordemann,* BB 1964 S. 1323, 1324. Vgl. *OLG Düsseldorf,* 16.12.1965, NJW 1966 S. 888 = VW 1966 S. 1023; *Brüggemann,* a.a.O.
69 Vgl. Rz. 550–556 und 1509–1516.
70 Als übergeordneter Beauftragter des Unternehmers kommt auch ein Angestellter des Unternehmers in Betracht. In den hier interessierenden Fällen ist aber der Beauftragte nur als Handelsvertreter von Bedeutung. *Möller,* Anm. 174, 285; *Ordemann,* BB 1964 S. 1323 ff. Zur Handelsvertretereigenschaft des Hauptvertreters *BGH,* 22.6.1972, BGHZ 59, 87 = BB 1972 S. 938 = DB 1972 S. 1624 = EBE 1972 S. 250 = HVR Nr. 459 = HVuHM 1972 S. 935 = NJW 1972 S. 1662; vgl. auch *BGH,* 24.6.1971, BGHZ 56, 290 = BB 1971 S. 887 = DB 1971 S. 1409 = HVR Nr. 447 = HVuHM 1971 S. 892, 945 = NJW 1971 S. 1610 = RVR 1971 S. 299.
71 Diese Bezeichnung wird aber auch oft auf Personen angewendet, die nicht Handelsvertreter im Sinne der §§ 84 ff. sind; vgl. *Glaser,* DB 1957 S. 1173.

stand des unechten Untervertretervertrages nicht berührt, sodass dies auch ausgleichsrechtlich ohne Einfluss ist.

84 Endet demgegenüber aber der unechte Untervertretervertrag selbst, so kann ein Ausgleichsanspruch entstehen, der sich dann allein **gegen den vertretenen Unternehmer** richtet. Der dem Untervertreter übergeordnete Hauptvertreter kommt als Ausgleichsschuldner ebenso wenig in Betracht, wie er dem Untervertreter gegenüber aus eigenem Recht provisionsverpflichtet war. Ausgleichsansprüche unechter Untervertreter brauchen im Rahmen dieser Abhandlung mithin nicht besonders erörtert zu werden, da die für Waren-, Versicherungs- und Bausparkassenvertreter geltenden allgemeinen Grundsätze ohne Einschränkung auf sie anwendbar sind.

85 Gewisse ausgleichsrechtliche Besonderheiten können sich bei unechten Untervertretern allerdings dann ergeben, wenn der dem Untervertreter übergeordnete Vertreter am Vermittlungserfolg des Untervertreters durch **Superprovisionen** oder dadurch beteiligt wird, dass er berechtigt ist, von den bei ihm durchlaufenden Untervertreterprovisionen eine **Provisionsspitze** als eigene Vergütung zurückzubehalten. In derartigen Fällen kann sich für den Hauptvertreter bei Beendigung seines eigenen Vertragsverhältnisses ein Ausgleichsanspruch entweder im Hinblick auf die Superprovision oder im Hinblick auf die ihm nach Vergütung der Untervertretung verbleibende Provisionsspitze gegenüber dem vertretenen Unternehmen ergeben[72].

86 *Superprovisionen* sind — im Unterschied zu lediglich „*durchlaufenden Posten*"[73] — solche Vergütungen des übergeordneten[74] (oder selbst als Vertragspartner des echten Untervertreters auftretenden) Handelsvertreters, durch die eine mitwirkende, werbende Tätigkeit des Handelsvertreters vergütet wird, weil ihm die **Tätigkeit des Untervertreters zuzurechnen** ist[75], wobei nach dem Urteil des BGH vom 6.7.1972[76] bei wirtschaftlicher Betrachtungsweise die Zusammenarbeit mit den „zugeteilten" Untervertretern mittelbar den vom Handelsvertreter geschuldeten Vermittlungs- oder Abschlussaufgaben diene. Dabei komme es aber nicht entscheidend darauf an, ob zwischen dem Handelsvertreter und dem Untervertreter ein „Unterordnungsverhältnis" oder ein unmittelbar zu Stande gekommenes Vertragsverhältnis bestehe. Abzustellen sei vielmehr darauf, dass die Tätigkeit des Handelsvertreters für die Vermittlungs- bzw. Abschlusserfolge der Untervertreter als bedeutsam angesehen werde und dass sie „unentbehrliche Voraussetzung für den Vermittlungserfolg" der Untervertreter sei[77].

---

72 Dazu Näheres Rz. 793–797.
73 *BGH*, 16.3.1989, BB 1989 S. 1075 = DB 1989 S. 1328 = HVR Nr. 666 = NJW-RR 1989 S. 863; Näheres unten Rz. 1105–1109.
74 Bei lediglich übergeordneten Handelsvertretern spricht man häufig auch von „Hauptvertretern".
75 *BGH*, 22.6.1972, BGHZ 59, 87 = BB 1972 S. 938 = DB 1972 S. 1624 = EBE 1972 S. 250 = HVR Nr. 459 = HVuHM 1972 S. 935 = NJW 1972 S. 1662.
76 *BGH*, 6.7.1972, BGHZ 59, 125 = BB 1972 S. 1073 = DB 1972 S. 1960 = EBE 1972 S. 251 = HVR Nr. 461 = NJW 1972 S. 1664 = VersR 1972 S. 931 mit Anmerkung *Höft* VersR 1972 S. 933.
77 *BGH*, 22.6.1972, a.a.O.; vgl. auch *BGH*, 24.6.1971, BGHZ 56, 290 = BB 1971 S. 887 = DB 1971 S. 1409 = HVR Nr. 447 = NJW 1971 S. 1610 = HVuHM 1971 S. 892, 945 = WM 1971

Ein Untervertreter ist dann nicht ausgleichsberechtigt, wenn der Hauptvertreter **87** mehrere Unternehmen vertritt, eine dieser Vertretungen endet und dem Hauptvertreter ein Ausgleich zufließt, während aber der Untervertretervertrag unverändert *fortbesteht*. Diese Rechtslage beruht darauf, dass nach der Rechtsprechung des BGH eine *Teilbeendigung* nur dann zu einem Ausgleich führen kann, wenn der fortbestehende Vertrag inhaltlich verändert wird[78].

Ein Ausgleichsanspruch für einen im Versicherungsbereich tätigen Untervertreter, dessen Vertrag endet, kommt auch dann nicht in Betracht, wenn dem **88** Hauptvertreter für vom Untervertreter vermittelte Verträge *erhöhte Einmalprovisionen* zufließen, an denen freilich der Untervertreter beteiligt ist. Zwar können im Lebens-, Krankenversicherungs- und im Bausparbereich, wenn der Untervertretervertrag endet, Provisionsverluste entstehen. Ausgleichsfähig sind aber nur solche Folgeverträge, die in *engem wirtschaftlichen Zusammenhang* mit dem vermittelten Vertrage stehen und das gleiche Versicherungs- oder Bausparbedürfnis betreffen[79]. Aber auch insoweit fehlt es an der Entstehung eines Provisionsverlustes, wenn im Untervertretervertrag vereinbart ist, dass mit Rücksicht auf zu erwartende Folgegeschäfte die Einmalprovision vereinbarungsgemäß erhöht wurde, sodass auf diese Weise die mit jedem Anpassungsvorgang neu entstehende Provision bereits in Form einer *Einmalvergütung vorweggenommen* wurde[80].

C. Arbeitnehmerähnliche Handelsvertreter[81]

Ein Ausgleichsanspruch kann auch solchen Waren- und Versicherungsvertretern **89** zustehen, die nach Artikel 3 des Änderungsgesetzes als Arbeitnehmer im Sinne des Arbeitsgerichtsgesetzes gelten. Das sind bestimmte *Einfirmenvertreter*, bei denen die untere Grenze der vertraglichen Leistungen des Unternehmers durch Rechtsverordnung festgesetzt werden kann (§ 92a Abs. 1) und die außerdem während der letzten sechs Monate des Vertragsverhältnisses monatlich durchschnittlich nicht mehr als 1000 € auf Grund des Vertragsverhältnisses an Vergütung einschließlich Provision und Ersatz für im regelmäßigen Geschäftsbetrieb entstandene Aufwendungen bezogen haben (Art. 3 Abs. 1 des Änderungsgesetzes)[82].

S. 997 und insbesondere *BGH*, 16.3.1989, BB 1989 S. 1075 = DB 1989 S. 1328 = HVR Nr. 666 = NJW-RR 1989 S. 863. Vgl. zu diesem Urteil auch unten Rz. 1105 ff.
78 *BGH*, 27.10.1993 – VIII ZR 46/93, NJW 1994, 193 = BB 1994, 99 = VersR 1994, 92.
79 Zu der insoweit maßgeblichen *Ausnahmerechtsprechung* des BGH vgl. unten Rz. 923, 984
80 Einzelheiten bei *Küstner*, WVK 2001, Nr. 7, S. 10.
81 Zu Einzelheiten zum Recht des *arbeitnehmerähnlichen Handelsvertreters* vgl. Handbuch Bd. 1 Rz. 212. Zum Begriff des Einfirmenvertreters *OLG Köln*, 14.6.2000, VersR 2001, 894 und zum Recht des Versicherungsvertreters: *BAG*, 15.12.1999 – 5 AZR 3/99, VersR 2000, 1496. Zur Bedeutung des Einfirmen-Vertreters insbesondere in der Versicherungswirtschaft vgl. *Pulverich*, VersVerm 2002, 163 und insbesondere das „Gemeinsame Positionspapier" von GDV und BVK mit dem Titel „Zukunft des Einfirmen-Vertreters im Bild der Branche", VersVerm 2002, Heft 5.
82 Diese *Vergütungsgrenze* gilt seit dem In-Kraft-Treten des Gesetzes zur Beschleunigung und Bereinigung des arbeitsgerichtlichen Verfahrens vom 21.5.1979 (BGBl. 1 S. 545), also vom

II Anspruchsberechtigte

90 Für einen Rechtsstreit zwischen einem als Arbeitnehmer geltenden Vertreter und dem vertretenen Unternehmer ist nicht das ordentliche Gericht, sondern das *Arbeitsgericht* sachlich zuständig, sodass gegebenenfalls auch ein Rechtsstreit über den Ausgleichsanspruch hier vom Arbeitsgericht entschieden werden müsste[83].

D. Erben des Handelsvertreters

91 Die lange umstrittene Frage, ob der Ausgleichsanspruch auch beim *Tode des Handelsvertreters* geltend gemacht werden könne, hat der Bundesgerichtshof erstmals mit Urteil vom 13.5.1957[84] bejaht. Auf die Einzelheiten und die in diesem Zusammenhang immer noch bestehenden Zweifelsfragen soll im Abschnitt über die Beendigung des Vertretervertrages näher eingegangen werden[85].

92 Das Urteil vom 13.5.1957 ist deshalb von besonderer Bedeutung, weil danach für den Unternehmer das Risiko entsteht, **unvorhergesehene Ausgleichszahlungen** erbringen zu müssen[86].

1.7.1979 an (vergl. § 5 Abs. 3 n.F. des ArbGG). Zunächst belief sich die Vergütungsgrenze auf 500,- DM, seit dem In-Kraft-Treten der Verordnung vom 10.10.1967 am 28.1.1968 sodann auf 1000,- DM und seit dem In-Kraft-Treten der Verordnung vom 18.12.1975 (BGBl. 1975 S. 3153) am 1.2.1976 auf 1500,- DM. Sie wurde mit Wirkung vom 1.7.1979 auf 2000 DM angehoben. Zum Gesetz vom 21.5.1979 vgl. *Lorenz* DB 1979 S. 1180. Einzelheiten zum Recht des arbeitnehmerähnlichen Handelsvertreters: Band 1 Rz. 212 ff. Zur Arbeitnehmereigenschaft eines Versicherungsvertreters *BAG*, 15.7.1961, SAE 1962 S. 38 mit Anmerkung von *Neumann-Duesberg*. Unter Vergütungen im Sinne des Art. 3 Abs. 1 ÄndG sind nur unbedingt entstandene Vergütungen zu verstehen, nicht auch solche, die (etwa als Vorschüsse) mit einem Rückforderungsrecht des Unternehmers belastet sind; vgl. *BGH*, 9.12.1963, BB 1964 S. 223; *Küstner*, IHV 1964 S. 314; *Baumbach/Hopt* (30. Aufl.), § 84 Rz. 46. Zur Errechnung der Vergütung auch *OLG Stuttgart*, 11.5.1966, BB 1966 S. 1396. Die zuletzt vor dem 1.1.2002 maßgeblich gewesene Vergütungsgrenze von 2000,- DM beläuft sich seit der Umstellung auf EURO vom 1.1.2002 an auf 1000,- €. Zu Einzelheiten vgl. Bd. I, Rz. 229.

83 *Schröder,* Artikel 3 Erläuterung II B; zur Abgrenzung zwischen selbstständigen und arbeitnehmerähnlichen Vertretern (Auslegung des Vergütungsbegriffes in Art. 3 Abs. 1 ÄndG): *BGH*, 9.12.1963, a.a.O.; *LAG Düsseldorf* 11.4.1957, BB 1957 S. 614. Vgl. auch *ArbG Rheine*, 15.3.1965, VW 1966 S. 228 und *Voss*, VersR 1957 S. 207. Einzelheiten Band 1 Rz. 222.

84 Vgl. *BGH*, 13.5.1957 – II ZR 318/56 – BGHZ 24 S. 214 = BB 1957 S. 527 = NJW 1957 S. 1029 = VersR 1957 S. 358 = HVR Nr. 122; 2.10.1958, NJW 1958 S. 1966 = BB 1958 S. 1108 = MDR 1958 S. 906 = VersR 1958 S. 761; 6.2.1964, BB 1964 S. 328 = VersR 1964 S. 378 = HVR Nr. 312.

85 Vgl. Rz. 270 ff. und in steuerlicher Hinsicht Kap. XX Rz. 1991.

86 Um die Liquiditätsbelastungen zu vermeiden, die sich infolge von Ausgleichsverpflichtungen ergeben können, die bei einer durch den Tod des Handelsvertreters ausgelösten Vertragsbeendigung entstehen, kann es sich empfehlen, auf das Leben des Handelsvertreters eine sog. *Ausgleichsanspruchsversicherung* abzuschließen. Dabei handelt es sich um eine auf den Todes- und Erlebensfall des Handelsvertreters (regelmäßig: Alter 65 und vorzeitiges Ableben des Vertreters) abzuschließende Lebensversicherung, für die das vertretene Unternehmen Versicherungsnehmer, Beitragszahler und Begünstigter ist. Eine solche Versicherung, die natürlich auch in Form einer reinen Risikoversicherung möglich ist, kann im Rahmen einer beim Unternehmen bereits bestehenden *Firmengruppenversicherung* abgeschlossen werden, was besonders dann

E. Vertragshändler

I. Voraussetzungen für die entsprechende Anwendung des § 89 b [87]

1. Vorbemerkung

Im Gegensatz zum Warenvertreter wird ein Vertragshändler nicht im fremden Namen, sondern stets im eigenen Namen und für eigene Rechnung tätig[88]. Der Vertrag zwischen einem Fabrikanten und einem Vertragshändler ist aber mitunter einem Handelsvertretervertrag stark angenähert, vor allem dann, wenn der

93

---

von Bedeutung sein kann, wenn das Ausgleichsrisiko im Hinblick auf eine größere Anzahl von Handelsvertretern abgedeckt werden soll. Aus den Richtlinien des Bundesaufsichtsamts vom 2.2.1965, die am 1.10.1965 in Kraft traten, ergibt sich, dass dadurch auch auf Versicherungen, die der Abdeckung von Ausgleichsanspruchsrisiken dienen, Sondertarife Anwendung finden können, sofern die erforderlichen Voraussetzungen (feste Umschreibung des zu versichernden Personenkreises, Versicherung von mindestens 50% und mindestens 10 Personen sowie Wegfall der Gesundheitsprüfung, wenn mindestens 90% des Personenkreises versichert werden) vorliegen. Die Richtlinien vom 2.2.1965 sind abgedruckt und kommentiert von *Simon* im Sonderdruck VerBAV 14. Jahrgang Nr. 2 vom 28.2.1965. Vgl. auch *Millauer*, VW 1965, Beilage zu Heft 7 vom 1.4.1965. In steuerlicher Hinsicht ist eine solche Ausgleichsanspruchsversicherung wie eine betriebliche Rückdeckungsversicherung zur Abdeckung der aus betriebsinternen Versorgungszusagen sich ergebenden Liquiditätsrisiken zu behandeln: Die Beiträge sind Betriebsausgaben, der Wert der Versicherung ist zu aktivieren, der Zufluss der Versicherungsleistung ist Betriebseinnahme, soweit noch keine Aktivierung erfolgt ist.

87 Vergleiche zum Ausgleichsrecht des Vertragshändlers die ausführliche Zusammenstellung der Rechtsprechung in Bd. III Rz. 1466 sowie die unten Fn. 92 zitierte weitere Rechtsprechung.

88 Zur Abgrenzung des Handelsvertreters vom **Vertragshändler**: *BGH*, 23.9.1975, BB 1976 S. 6 = DB 1976 S. 188 = EBE 1975 S. 429 = VW 1976 S. 664 (unter **kartellrechtlichen Gesichtspunkten**); *OLG Köln*, 27.11.1974, BB 1975 S. 8 = DB 1975 S. 49 = HVR Nr. 486; *Evans/v. Krbek*, S. 8, 96 mit zahlr. weit. Nachweisen; *Ulmer*, S. 207; *Stumpf* Rz. 1 ff. 185. Von besonderem Interesse ist im Zusammenhang mit der Abgrenzung des Händlers vom Handelsvertreter der Beschluss des *BGH* vom 15.4.1986 (BB 1986 S. 1387), in dem sich der *BGH* mit der Frage zu befassen hatte, ob die **Telefunken-Partner-Verträge** mit dem Kartellrecht vereinbar seien. Der *BGH* hebt hier auf die **Risikoverteilung** ab und führt aus, dass es für das Handelsvertretergeschäft wesentlich sei, dass Gewinne und Verluste aus den vom Handelsvertreter vermittelten oder getätigten Abschlüssen grundsätzlich den Geschäftsherrn träfen. Mit dieser Risikoverteilung korrespondiere das **Weisungsrecht des Geschäftsherrn**, das ihm gegenüber dem Handelsvertreter zustehe und das es ihm ermögliche, das ihn treffende Risiko zu steuern. Dagegen sei es für den Eigenhändler kennzeichnend, dass er — soweit er nicht nur im **Streckengeschäft** tätig werde — das Risiko aus Lagerhaltung und Vorausdisposition trage; der Eigenhändler müsse auf seine Kosten ein Lager unterhalten; er trage die Gefahr, dass die eingekaufte Ware — etwa wegen eines technischen Wandels oder wegen eines Preiseinbruchs — nicht oder nicht zu dem kalkulierten Preis abgesetzt werden könne. Dieses Risiko sei im Bereich der Unterhaltungselektronik, die eine rasche technische Entwicklung und eine kaum im Voraus abzuschätzende Preisentwicklung auszeichne, nicht gering zu schätzen. Daneben trage der Eigenhändler durchweg auch das Kreditrisiko hinsichtlich seiner Abnehmer. Allerdings könne auch der Handelsvertreter im Einzelfall dieses Risiko als Delkredere-Haftung übernehmen. Vgl. im Einzelnen hierzu noch *BGH*, 31.10.1975, BB 1976 S. 6; *Autenrieth*, BB 1983 S. 456; *Baur*, BB 1985 S. 1821, 1826; *Brühl*, WRP 1983 S. 3, 5; *Möschel*, BB 1985 S. 1477, 1481; *Rittner*, DB 1985 S. 2543; *Kühlhorn*, Frankfurter Kommentar zum GWB, Stand 1984, § 15 Rdnr. 29; *Emmerich* in *Immenga/Mestmäcker* GWB § 15 Rdnr. 32; *Scholz* in *Müller/Gießler/Scholz*, Wirtschaftskommentar zum GWB, 4. Auflage § 15 Rdnr. 26; *Langen/Niederleithinger/Ritter/Schmidt*, Kartellgesetz, 6. Auflage § 15 Rdnr. 44; *Ebenroth*, Absatzmittlungsverträge, 1980 S. 83; *Ulmer*, Vertragshändler, 1969 S. 226. *Graf v. Westphalen*, RW-HGB S. 2541, Rz. 82 ff.

II Anspruchsberechtigte

Vertragshändler in die *Absatzorganisation des Unternehmers eingegliedert* ist. Schon bald nach dem In-Kraft-Treten des neuen Handelsvertreterrechtes ergab sich deshalb die Frage, ob auch ein Vertragshändler bei der Beendigung des Vertragsverhältnisses einen Ausgleichsanspruch geltend machen könne, obwohl in mancher Hinsicht doch erhebliche funktionelle Unterschiede zwischen einem Vertreter und einem Vertragshändler bestehen [89].

94 Die Rechtsprechung [90] hat sich mit dem Problem der Anwendung des Ausgleichs- rechtes auf Vertragshändler schon frühzeitig und immer wieder – bis in die jüngste Zeit [91] – befassen müssen [92].

95 Die zunächst vom II. Zivilsenat des Bundesgerichtshofs ergangene Rechtsprechung [93] wurde später vom sodann zuständigen VII. Zivilsenat [94] weiter entwickelt und verfeinert, wobei die Voraussetzungen verschärft wurden, die für eine

---

89 Vgl. hierzu die ausführlichen Darstellungen von *Schröder*, auch zur Frage der entsprechenden Anwendung des § 89b auf andere Rechtsverhältnisse: DB 1966 S. 449, BB 1958 S. 252 und BB 1961 S. 809; *Schuler*, NJW 1959 S. 649; *Nipperdey* in Festschrift für *Hedemann*, 1958, S. 207; *Mücke*, MDR 1956 S. 641; *Buchwald*, IHV 1957 S. 156 und GmbH-Rdsch. 1957 S. 102; *v. Brunn*, DB 1961 S. 429; *Maier*, NJW 1958 S. 1327, 1330; *Brüggemann*, Rz. 11 vor § 84; *Hoffmann*, S. 95 und insbesondere *Ulmer*, S. 449ff., sowie *Kreifels-Lang*, NJW 1970 S. 1769, *Kirsch*, NJW 1999, 277 sowie *Emde*, VersR 2001, 148, 163 zu VII und *Kümmel*, DB 1997, 27 und *Kroitzsch*, BB 1977 S. 1631. *Horn*, ZIP 1988, 137. Vgl. neuerdings auch *Ernsthaler/Gesmann-Nuissl/Scopper*, DB 2003, 25.
90 Vgl. die Zusammenstellung bei *Wolf*, WPM 1986 S. 3ff.; *Graf v. Westphalen*, DB-Beil. Nr. 12/81 zu II; Schröder, DB 1966 S. 449 und die kritische Würdigung der Rechtsprechung durch *Kreifels/Lang*, NJW 1970 S. 1769. Vgl. auch *Finke*, WM 1969 S. 1122, 1131 und *Kroitzsch*, BB 1977 S. 1631.
91 Vgl. beispielsweise die Urteile des *BGH* vom 17.4.1996 – VIII ZR 5/95, BB 1996, 1459 mit krit. Anm. von *Stumpf*, NJW 1998, 12; *BGH*, 1.12.1993 – VIII ZR 41/93, BB 1994, 241 sowie die Urteile vom 6.10.1993 – VIII ZR 172/92, NJW-RR 1994, 99 = BB 1993, 2401 = VersR 1994, 172 sowie Urteil vom 10.2.1993 – VIII ZR 47/92, NJW-RR 1993, 678 = BB 1993, 2399 = WM 1993, 1464; *OLG Saarbrücken*, 29.1.1997 – 1 U 195/96, NJW-RR 1997, 1186 = HVR Nr. 835; *OLG München*, 8.1.1997 – 7 U 4334/96, BB 1997, 595 = VersR 1997, 875.
92 Vgl. die Zusammenstellung der Rspr. bis 1998 Hdb. III Rz. 1466 Fn. 2 *KG*, 20.2.1957, IHV 1958 S. 245 und 17.5.1957, IHV 1957 S. 623; *BGH* (II. Zivilsenat), 11.12.1958, BGHZ 29 S. 83 = BB 1959 S. 7 = MDR 1959 S. 103 = NJW 1959 S. 144 = VersR 1959 S. 25; 4.6.1959, VersR 1959 S. 787; 26.11.1959, VersR 1960 S. 113; *BGH* (VII. Zivilsenat), 24.3.1960, HVR Nr. 237; 29.9.1960, HVR Nr. 236; 16.2.1961 – VII ZR 239/59 – BGHZ 34 S. 282 = BB 1961 S. 265 = VersR 1961 S. 244 = HVR Nr. 235, und – VII ZR 244/59 - VersR 1961 S. 401; 5.4.1962, BB 1962 S. 543 = HVR Nr. 274; 1.6.1964, BB 1964 S. 823 = NJW 1964 S. 1952 = HVR Nr. 320; *OLG Hamburg*, 20.12.1979, DB 1980 S. 972. – In den Urteilen des *BGH* vom 4.6. und 26.11.1959 ist der Ausgleichsanspruch eines Automobil-Großhändlers bejaht worden. Einen ausführlichen Überblick über die Rechtsprechung geben *Graf v. Westphalen*, RW-HGB, S. 2541 zu Rz. 82 und DB-Beil. Nr. 12/81 sowie *Schröder*, DB 1966 S. 449, 450 zu II 3 und *Ulmer*, a.a.O. und neuerdings *Stumpf/Zimmermann*, BB 1978 S. 429 zu II 1. Eine zusammenfassende Darstellung gibt *Stumpf/Hesse*, BB 1987 S. 1474. Kritisch zur Rechtsprechung und Entwicklung: *Cordula Stumpf*, NJW 1998, 12 und zur Problematik im schweizerischen Recht: *Baudacher* in FS für Schluep, 1988, 81; BGH, 11.12.1996 – VIII ZR 22/96, BB 1997, 222 zum Ausgleich des Vertragshändlers bei Nichtigkeit des Vertragshändlervertrages; *BGH*, 5.6.1996 – VIII ZR 142/95, BB 1996, 1683 = HVR Nr. 804; *BGH*, 26.2.1997 – VIII ZR 272/95, BB 1997, 852 *OLG Saarbrücken*, 23.9.1998 – 1 U 843/97, NJW-RR 1999, 106.
93 Vgl. die in Hdb. III a.a.O. und oben in Fn. 92 zitierte Rechtsprechung.
94 Vgl. die in Hdb. III a.a.O. zitierte Rechtsprechung.

analoge Anwendung des § 89b auf Vertragshändler erfüllt sein müssen. Der seit dem 1.1.1975 für Handelsvertretersachen zuständige I. Zivilsenat[95] hat in seiner neuesten Rechtsprechung — erstmals durch sein Urteil vom 11.2.1977[96] — an die für die entsprechende Anwendung des § 89b auf Vertrags- und Eigenhändler notwendigen Voraussetzungen weniger strenge Maßstäbe angelegt und sie auch gelockert, was naturgemäß dazu führte, dass die Zahl der Probleme zur Frage der Ausgleichsberechtigung stark zunahm, weil nun viel häufiger als früher Meinungsverschiedenheiten darüber entstanden, ob bei Vertragsbeendigung ein Ausgleich gefordert werden könne.

2. Entwicklung der Rechtsprechung

Die frühere Rechtsprechung des Bundesgerichtshofs hat eine entsprechende Anwendung des § 89b auf Vertragshändler unter bestimmten Voraussetzungen für zulässig gehalten[97]. Erforderlich und auch heute noch maßgeblich war danach, dass zwischen dem Vertragshändler und einem Hersteller oder Lieferanten ein *Rechtsverhältnis besteht, das über bloße Käufer-Verkäufer-Beziehungen hinausgeht*. Es wurde weiter gefordert, dass der Vertragshändler auf Grund besonderer vertraglicher Abmachungen (Rahmenvertrag, Vertragshändlervertrag) so in die *Absatzorganisation des Herstellers eingegliedert* ist, dass er wirtschaftlich in weitem Umfange Aufgaben zu erfüllen hat, die sonst einem Handelsvertreter zukommen. Dazu gehört in der Regel, dass ihm, wie häufig bei Markenerzeugnissen, der Alleinvertrieb für ein bestimmtes Gebiet übertragen wird, er sich für den Vertrieb dieser Erzeugnisse besonders einzusetzen und auch sonst Pflichten zu erfüllen hat, die für einen Handelsvertreter kraft Gesetzes gelten. Der Vertragshändler muss ferner dem Hersteller gegenüber vertraglich verpflichtet sein, diesem *beim Ausscheiden aus der Absatzorganisation seinen Kundenstamm zu überlassen*, sodass der Hersteller sich den Kundenstamm des Händlers dann sofort und ohne weiteres nutzbar machen kann, wobei es nicht darauf ankommt, ob die Verpflichtung zur Überlassung des Kundenstammes erst im Zeitpunkt der Vertragsbeendigung oder schon während der Vertragszeit durch laufende Unterrichtung des Herstellers über Geschäftsabschlüsse und Kundenbeziehungen zu erfüllen ist, vorausgesetzt nur,

---

95 Zur Geschäftsverteilung beim Bundesgerichtshof vgl. BAnz Nr. 46 v. 7.3.1975; der I. Senat war seit 1975, der VIII. Senat ist seit 1992 für Handelsvertretersachen zuständig.
96 *BGH*, 11.2.1977 — I ZR 185/75 = BB 1977 S. 511 = DB 1977 S. 860 = EBE 1977 S. 155 = HVR Nr. 507 = HVuHM 1977 S. 661. Vgl. die kritischen Bemerkungen zu diesem Urteil von *Stumpf/Zimmermann*, BB 1978 S. 429 ff.
97 *BGH*, 11.12.1958 — II ZR 73/58 = BGHZ 29, 83 = BB 1959 S. 7 = DB 1958 S. 1457 = HVR Nr. 186 = HVuHM 1959 S. 6 = LM Nr. 6 zu § 89b HGB mit Anm. *Haager* = MDR 1959 S. 103 = NJW 1959 S. 144 = VersR 1959 S. 25; *BGH*, 16.2.1961, BGHZ 34, 282, 284 = BB 1961 S. 265 = DB 1961 S. 335 = HVR Nr. 235 = LM Nr. 14 zu § 89b HGB mit Anm. *Rietschel* = NJW 1961 S. 662 = VersR 1961 S. 244. *OLG Hamm*, 6.3.1986, NJW-RR 1988 S. 550. Zur analogen Anwendung auch des § 89b Abs. 3 Ziff. 1 (2. Alt.), also bezügl. einer ausgleichswahrenden Eigenkündigung des Vertragshändlers aus krankheitsbedingten Gründen, vgl. auch *BGH*, 29.4.1993, BB 1993, S. 1312 = NJW-RR 1993, S. 996 = MDR 1993, S. 853 = VersR 1993, S. 1397 = WM 1993, S. 1681 sowie Anm. *Küstner/v. Manteuffel/Evers*, EWiR § 89b 2/1993, 901.

II Anspruchsberechtigte

dass der Hersteller tatsächlich in die Lage versetzt wird, den Kundenstamm nach Beendigung des Vertragsverhältnisses weiter zu nutzen[98].

97 Diese Überlassungspflicht des Vertragshändlers hinsichtlich des neu geworbenen Kundenstammes an den Hersteller leitet der Bundesgerichtshof[99] daraus her, dass eine entsprechende Anwendung des auf Handelsvertreter zugeschnittenen § 89b auf den Vertragshändler nur dann in Betracht kommen könne, wenn der *gesetzgeberische Grundgedanke auch beim Händler vorliegt*, der beim Handelsvertreter zur Schaffung des § 89b geführt habe. Die Werbung des Handelsvertreters im Hinblick auf neue Kunden nämlich führt unmittelbar dazu, dass diese neu geworbenen Kunden solche des Unternehmers werden. Denn der Handelsvertreter vermittelt im Namen des Unternehmers; die Kunden werden demgemäß von vornherein Vertragspartner des Unternehmers. Der Handelsvertreter verschafft also dem Hersteller laufend Kunden durch die Art seiner Tätigkeit, und es bedarf daher keiner besonderen vertraglichen Verpflichtung des Vertreters, den Kundenstamm auf den Hersteller zu übertragen. Mit den Provisionen aber, die dem Handelsvertreter für Geschäfte mit diesen so geworbenen Kunden zufließen, ist der Handelsvertreter noch nicht in vollem Umfange für die Schaffung des Kundenstammes vergütet, sodass ihm noch ein zusätzlicher Ausgleich zusteht.

98 Der Vertragshändler dagegen schließt regelmäßig im eigenen Namen ab; seine Vertragspartner sind daher rechtlich nicht Kunden des Herstellers, sondern seine eigenen Kunden. Deshalb bedarf es besonderer Abreden bzw. Verpflichtungen des Händlers, um die dem Handelsvertreterverhältnis gesetzlich innewohnende Möglichkeit des Herstellers, den vom Handelsvertreter geschaffenen Kundenstamm nach dessen Ausscheiden zu nutzen, auch beim Vertragshändler zu schaffen. Der Vertragshändler muss deshalb, um diese Voraussetzung des § 89b im Verhältnis zum Hersteller zu erfüllen, diesem gegenüber vertraglich verpflichtet sein, beim Ausscheiden aus der Absatzorganisation des Herstellers diesem seinen Kundenstamm zu überlassen, sodass der Hersteller sich den

---

98 *BGH*, 1.6.1964 = BB 1964 S. 823 = DB 1964 S. 1021 = HVR Nr. 320 = LM Nr. 21 zu § 89b HGB = NJW 1964 S. 1952; vgl. *Eberstein,* BB 1964 S. 271.

99 *BGH,* 16.1.1986, DB 1986 S. 1069; *BGH,* 12.12.1985 – I ZR 62/83 – unveröffentlicht –; *BGH,* 6.2.1985, BB 1985 S. 1084; *BGH,* 20.10.1984, BB 1984 S. 167 = DB 1984 S. 874 = MDR 1984 S. 287 = NJW 1984 S. 2102 = WPM 1984 S. 167; *BGH,* 7.7.1983, BB 1984 S. 166 = DB 1984 S. 555 = MDR 1984 S. 286 = NJW 1984 S. 2101 = WPM 1984 S. 38; *BGH,* 14.4.1983, DB 1983 S. 2412 = DAR 1983 S. 391 = MDR 1984 S. 311 = NJW 1983 S. 2877 = WPM 1983 S. 1102 (zu dieser Rechtsprechung kritisch *OLG Köln,* 28.11.1985, BB 1987 S. 148, vgl. dazu abl. Anm. von *Foth,* BB 1987 S. 1686); *BGH,* 25. 3. 1982, BB 1982 S. 2067 = DB 1982 S. 2293 = EBE 1982 S. 318 = MDR 1983 S. 109 = NJW 1982 S. 2819 = WPM 1982 S. 1125; a.M. *OLG Saarbrücken,* 9.1.1980, BB 1980 S. 905; *BGH,* 20.2.1981, BB 1981 S. 871 = DB 1981 S. 1819 = HVR Nr. 550 = HVuHM 1981 S. 892 = MDR 1981 S. 729 = NJW 1981 S. 1961 = WPM 1981 S. 685; *BGH,* 5.10.1979, BB 1980 S. 12 = DB 1980 S. 344 = HVR Nr. 532 = HVuHM 1980 S. 170 = MDR 1980 S. 200; *OLG München,* 26.11.1982–23 U 2136/82 – unveröffentlicht; *KG,* 6.11.1980, NJW 1981 S. 2823 = ZIP 1981 S. 175; *OLG Nürnberg,* 26.9.1979, DB 1980 S. 345 = BB 1979 S. 1739 = HVR Nr. 531. Vgl. auch *BGH,* 8.6.1988, BB 1988, S. 1770 = DB 1988, S. 2404 = HVR Nr. 656 = NJW/RR 1988, S. 1305. Zu einem Sachverhalt, in dem der Unternehmer die Kunden des Händlers im „Streckengeschäft" belieferte, ohne dass dafür eine diesbezügliche Verpflichtung des Händlers ursächlich gewesen wäre.

Kundenstamm des Händlers dann sofort und ohne weiteres nutzbar machen kann. Erst wenn auf diese Weise der Kundenstamm des Vertragshändlers nunmehr dem Hersteller zur weiteren Nutzung zur Verfügung steht, ist mithin eine Situation geschaffen worden, die derjenigen entspricht, an die der Gesetzgeber beim Handelsvertreter die Schaffung eines Ausgleichs knüpfte[100].

Als weitere Voraussetzung einer entsprechenden Anwendung des § 89b auf Vertragshändler hat der Bundesgerichtshof darüber hinaus gefordert, dass der Vertragshändler im *konkreten Fall schutzbedürftig* sein müsse[101]. Während aber der II. Zivilsenat des Bundesgerichtshofs[102] gemeint hat, hierfür genüge, dass der Vertragshändler als der wirtschaftlich schwächere Teil keinen Einfluss auf die Vertragsgestaltung gehabt habe und sich deshalb auch der Verpflichtung zur Überlassung des Kundenstammes habe unterwerfen müssen, hat der später für Handelsvertretersachen zuständige VII. Zivilsenat die Auffassung vertreten, es komme insoweit darauf an, ob der Vertragshändler dem normalen typischen Erscheinungsbild eines Handelsvertreters entspreche und in gleicher Weise schutzbedürftig sei wie dieser[103]. Da aber, so hat der VII. Zivilsenat weiter ausgeführt, der Handelsvertreter seinen Beruf in der Regel ohne eigenen Kapitaleinsatz ausübe, sei ein Vertragshändler, der in seinem Geschäftsbetrieb mit einem erheblichen Einsatz von Eigenkapital arbeite und demgemäß bei Vertragsende aus seinem Betrieb ein entsprechend hohes Kapital wieder herausziehen könne, nicht schutzbedürftig; er entspreche nicht dem Typ des schutzwürdigen Handelsvertreters, der dem Gesetzgeber bei Schaffung des § 89b im Jahre 1953 vorgeschwebt habe[104]. **99**

Nach Auffassung des I. Zivilsenats[105] entspricht es indessen nicht dem gesetzgeberischen Grundgedanken des § 89b, die entsprechende Anwendung dieser Vorschrift auf einen wie ein Handelsvertreter in die Vertriebsorganisation eines Unternehmens eingegliederten Vertragshändler auch noch davon abhängig zu machen, ob und in welchem Umfang er im konkreten Fall schutzbedürftig ist. Nach Auffassung des I. Zivilsenats erscheint es auch von der Interessenlage her nicht geboten, die Anwendbarkeit des § 89b auf Vertragshändler in dieser Weise einzuschränken. **100**

Der Bundesgerichtshof begründet dies mit dem Grundgedanken des Ausgleichsanspruchs und den im Gesetz für seine Entstehung niedergelegten Voraussetzungen[106]. Er stellt fest, dass es hierbei auf die *Schutzbedürftigkeit des* **101**

---

100 *BGH*, 5.10.1979 a.a.O. (Fn. 99).
101 *BGH*, 11.12.1958 und 16.2.1961 a.a.O. (vgl. oben Fn. 92); *BGH*, 28.10.1971, LM Nr. 34a zu § 89b HGB = MDR 1972 S. 132.
102 *BGH*, 11.12.1958 a.a.O.
103 *BGH*, 16.2.1961 a.a.O.
104 *BGH*, 16.2.1961, BGHZ 34, 282, 293.
105 *BGH*, 11.2.1977 (vgl. oben Fn. 96).
106 Vgl. *BGH*, 26.11.1976, BB 1977 S. 564 = DB 1977 S. 720 = EBE 1977 S. 30 = HVR Nr. 503; *BGH*, 30.6.1966 BGHZ 45, 385 = BB 1966 S. 876 = DB 1966 S. 1231 = HVR Nr. 350 = HVuHM 1966 S. 812 = NJW 1966 S. 1965 = VersR 1966 S. 773; *BGH*, 2.7.1987, EBE 1987 S. 394.

II Anspruchsberechtigte

Handelsvertreters grundsätzlich nicht ankomme; diese sei allenfalls bei den Billigkeitserwägungen nach § 89b Abs. 1 Nr. 3 zu berücksichtigen. Gehöre aber die Schutzbedürftigkeit des Handelsvertreters, so führt der I. Senat aus, nicht zu den tragenden Grundgedanken des Ausgleichsanspruchs, dann bestehe auch kein einleuchtender Grund, bei der Prüfung der Frage, ob und unter welchen Voraussetzungen die Vorschrift auf Vertragshändler entsprechend anwendbar ist, auf den Gesichtspunkt der Schutzbedürftigkeit besonders abzustellen. Entscheidendes Gewicht sei vielmehr auf die Ausgestaltung der rechtlichen Beziehungen des Vertragshändlers zu dem die Absatzorganisation unterhaltenden Unternehmen zu legen. Seien diese einem Handelsvertreterverhältnis vergleichbar und erscheine es deshalb im Hinblick auf den Sinn und Zweck des § 89b geboten, auch dem Vertragshändler einen zusätzlichen auf Vorteilsausgleich gerichteten Vergütungsanspruch zu gewähren, dann bestünden grundsätzlich keine Bedenken gegen eine entsprechende Anwendung des § 89b[107].

102 Auch mit der Erwägung, der Gesetzgeber sei im Jahre 1953 bei der Änderung des Handelsgesetzbuchs vom Typ des wirtschaftlich abhängigen und schutzbedürftigen Handelsvertreters ausgegangen, lasse sich eine andere Beurteilung nicht rechtfertigen. Abgesehen davon, dass ein typisches Erscheinungsbild des Handelsvertreters kaum festgestellt werden könne, habe der Gesetzgeber die neuen Bestimmungen für alle Handelsvertreter eingeführt und *bewusst nicht auf die Schutzbedürftigkeit im Einzelfall abgestellt.*

103 In seinem Urteil vom 11.2.1977 führt der Bundesgerichtshof auch aus, dass es bedenklich sei, bei der Prüfung der Frage, ob und unter welchen Voraussetzungen § 89b auf Vertragshändler anwendbar sei, auf die Verhältnisse des Jahres 1953 abzustellen. Denn es müsse der Weiterentwicklung der wirtschaftlichen Verhältnisse Rechnung getragen und berücksichtigt werden, dass es heute zahlreiche Handelsvertreter gebe, die in erheblichem Umfang eigenes Kapital gebildet hätten und dieses auch bei ihrer Geschäftstätigkeit einsetzen. Zudem wirke sich der Einsatz eigenen Kapitals — beim Vertragshändler ebenso wie beim Handelsvertreter — gerade auch zum Vorteil des Unternehmers aus, dessen Erzeugnisse vertrieben würden. Darin liege eine zusätzliche Leistung. Jedenfalls sei nicht einzusehen, weshalb der Unternehmer die Vorteile, die er aus einer handelsvertreterähnlichen Tätigkeit des Vertragshändlers nach Beendigung des Vertragsverhältnisses ziehe, lediglich deshalb solle uneingeschränkt behalten dürfen, weil der Vertragshändler bei seiner Tätigkeit für ihn in erheblichem Umfang eigenes Kapital eingesetzt habe. Dies gelte umso mehr, als die Einschaltung eines Vertragshändlers anstelle eines Handelsvertreters für den die Absatzorganisation unterhaltenden Unternehmer auch noch den weiteren Vorteil habe, dass er das Risiko des Eingangs der Kundenzahlung nicht zu tragen brauche. Schließlich werde auch die Gefahr einer Umgehung der zwingenden Vorschrift des § 89b nicht unerheblich begünstigt, wenn ihre entsprechende An-

---

107 *Schröder*, DB 1961 S. 809 ff. sowie Kommentar, 5. Aufl. § 89b Rz. 3c; *Brüggemann*, Rz. 27 vor § 84; *Kreifels/Lang*, NJW 1970 S. 1769.

wendung auf Vertragshändler davon abhängig gemacht werde, ob und in welchem Umfang diese eigenes Kapital in ihrem Geschäftsbetrieb einsetzten.

Der Senat beruft sich schließlich auf seine Ausführungen im Urteil vom 28.11. 1975[108], wo er es in einem Falle hohen Kapitaleinsatzes durch einen Handelsvertreter als einen begründeten Anlass zur Kündigung des Vertragsverhältnisses durch den Handelsvertreter i.S. von § 89b Abs. 3 Satz 1 angesehen hatte, dass dieser infolge Verschlechterung der wirtschaftlichen Lage des Unternehmers keine angemessene Rendite mehr erzielen konnte. Im Hinblick auf die entsprechende Anwendbarkeit des § 89b auf Vertragshändler folgert der Senat aus jenem Urteil, dass, wenn der Kapitaleinsatz des Handelsvertreters aber bereits bei der Prüfung der für den Ausgleichsanspruch maßgebenden Kündigungsgründe zu berücksichtigen sei, umgekehrt nicht die entsprechende Anwendung des § 89b auf einen Vertragshändler mit der Begründung verneint werden könne, er habe in erheblichem Umfang eigenes Kapital eingesetzt. Vielmehr könne es auf den Kapitaleinsatz und die vom VII. Zivilsenat in Betracht gezogene Möglichkeit, die eingesetzten Mittel nach Beendigung des Vertragsverhältnisses aus dem Geschäftsbetrieb herauszuziehen, regelmäßig nur im Rahmen der Billigkeitserwägungen nach § 89b Abs. 1 Nr. 3 ankommen. **104**

Schließlich erscheine es auch nicht zwingend, dass ein mit erheblichem eigenen Kapitaleinsatz arbeitender Vertragshändler stets weniger schutzwürdig sei als ein anderer Vertragshändler oder ein Handelsvertreter. Denn der Einsatz eigenen Kapitals durch den Vertragshändler sage über seine wirtschaftliche Lage im Verhältnis zum Unternehmer nichts aus, in dessen Absatzorganisation er eingegliedert sei. Außerdem laufe ein solcher Vertragshändler im Falle einer Kündigung des Vertragsverhältnisses nicht nur Gefahr, seinen Kundenstamm nicht mehr nutzen zu können, er trage auch das Risiko, das an den Geschäftsbetrieb gebundene Kapital ganz oder teilweise zu verlieren[109]. **105**

Der Frage, ob der Vertragshändler die Vertragsbedingungen mit dem Hersteller oder Lieferanten habe frei aushandeln können oder ob er sich als der wirtschaftlich Schwächere den allgemein oder im Einzelfall verwendeten Bedingungen habe unterwerfen müssen, hat der Senat keine wesentliche Bedeutung beigemessen, weil die Schutzbedürftigkeit des Handelsvertreters nicht zu den tragenden Grundgedanken des § 89b gehöre und daher nicht als Analogievoraussetzung angesehen werden könne[110]. **106**

---

108 *BGH*, 28.11.1975, BB 1976 S. 332 = DB 1976 S. 384 = EBE 1976 S. 99 = HVR Nr. 497 = HVuHM 1977 S. 454 = LM Nr. 50 zu § 89b HGB = NJW 1976 S. 671.
109 *Ulmer*, S. 400ff.
110 *BGH*, 16.2.1961, vgl. oben Fn. 92. Weder ein Handelsvertreter- noch ein Händlervertrag liegt vor, wenn einem Anzeigenvermittler vom Verleger ein Anzeigenraum in seinen Publikationen gegen Entgelt zur Verfügung gestellt wird. Im entschiedenen Fall (BGH-Urteil v. 12.3.2003 – VIII ZR 221/01, bisher n.v.) fehlte es an allen Voraussetzungen, die für ein Handelsvertreter-Verhältnis einerseits und die analoge Anwendung des § 89b auf Vertragshändlerverträge andererseits von der Rechtsprechung gefordert werden. Deshalb erfolgte Klageabweisung.

II Anspruchsberechtigte

3. Einzelprobleme [111]

a) *Eingliederung in die Absatzorganisation des Herstellers*

107 Nach der Rechtsprechung[112] setzt die entsprechende Anwendung des § 89b auf den Vertragshändler voraus, dass die Stellung des Vertragshändlers im Einzelfall der eines Handelsvertreters in den für die Zubilligung des Ausgleichsanspruchs maßgebenden Voraussetzungen gleichkommt. Von einer Eingliederung des Händlers in die Absatzorganisation des Herstellers kann mithin nur dann gesprochen werden, wenn der Vertragshändler wirtschaftlich in erheblichem Umfange Aufgaben zu erfüllen hat, die sonst einem Handelsvertreter zukommen. Dazu gehört, dass er sich für den Vertrieb der Erzeugnisse des Herstellers wie ein Handelsvertreter einzusetzen hat und auch sonst Bindungen und Verpflichtungen unterliegt, wie sie für einen Handelsvertreter typisch sind[113]. Dabei kommt es aber nicht notwendig darauf an, dass beim Vertragshändler alle nur denkbaren vertretertypischen Kriterien vorliegen. Es reicht aus, wenn diejenigen Kriterien gegeben sind, die dazu führen, dass der Händler eine dem Handelsvertreter vergleichbare Stellung einnimmt. Dazu gehört insbesondere die *vertretertypische Interessenwahrnehmungspflicht* und daher auch das — wenn auch nicht schriftlich niedergelegte, sich aber aus der Natur der Interessenwahrnehmung ergebende — Verbot, dass der Vertragshändler keine Konkurrenzware vertreibt. Natürlich muss auch eine Zusammenarbeit des Vertragshändlers mit anderen Außendienst-Mitarbeitern des Herstellers erfolgen, so weit sich dies nach den Umständen des Einzelfalles als notwendig erweist.

108 Es handelt sich hier letztlich um ein *Abgrenzungsproblem*, wie dies ja im Handelsvertreterrecht auch in anderem Zusammenhang — etwa bei der Abgrenzung des Handelsvertreters vom angestellten Reisenden oder vom Makler[114] — vielfältig auftritt. Man muss hierbei berücksichtigen, dass die Grenzen zwischen einem Handelsvertreter auf der einen und einem Vertragshändler auf der anderen Seite fließend sein können. Ebenso wie sich ein Handelsvertreter hinsichtlich der ihm eingeräumten Stellung rechtlich einem Händler annähern kann, gilt dies umgekehrt auch für den Händler, der zwar nach wie vor im eigenen Namen und auf eigene Rechnung tätig wird, dessen Rechte und Pflichten ihn aber der Stellung eines Handelsvertreters in so starkem Maße annähern, dass sich eine entsprechende Anwendung der ursprünglich nur für Handelsvertreter geschaffenen Bestimmungen rechtfertigt.

---

111 Vgl. Näheres und weitere Nachweise bei *Küstner,* BB 1988 S. 1972 sowie ZAP, F. 15 S. 237, 241. Vgl. auch oben Fn. 89 a. E.
112 *BGH,* 16.1.1986, DB 1986 S. 1069.
113 Zutreffend weist das *OLG Köln* im Urteil v. 25.4.1997 – 19 U 159/96, VersR 1998, 451 = HVR Nr. 884 darauf hin, dass zu den handelsvertretertypischen vertraglichen Bindungen eines Eigenhändlers die Interessenwahrnehmungspflicht, ein Konkurrenzverbot, die Pflicht zur Kundenbetreuung und die Richtlinienkompetenz des Herstellers sowie die Verpflichtung zur Überlassung des Kundenstammes bei Vertragsende gehören. Vgl. auch *OLG Köln,* 15.11.2002 – 19 U 94/02, VersR 2003, 105; *OLG München,* 8.1.1997 – 7 U 4334/96, VersR 97, 875 = BB 1997, 875. Vgl. auch *Horn,* ZIP 1988, 138.
114 Vgl. Rz. 64 ff. und Hdb. Band I Rz. 33 ff. und 89 sowie Band III Rz. 157 ff., 186 ff.

Nicht erforderlich ist für die entsprechende Anwendung des § 89b auf den **109**
Händler, dass ihm Gebietsschutz oder gar ein Alleinvertriebsrecht eingeräumt
ist. Eine entsprechende Anwendung des § 89b kann also durchaus auch ohne
Gebietsschutz und ohne Alleinvertriebsrecht in Betracht kommen, die ja beide
auch gar nicht als unabdingbare Voraussetzungen für den Handelsvertreter-Status angesehen werden können.

Gerade die Frage des übertragenen *Alleinvertriebsrechts* hat auch in der Recht- **110**
sprechung[115] im Bereich des Vertriebs von Markenartikeln zu unzutreffenden
Folgerungen geführt, weil hier die Auffassung vertreten wurde, eine dem Handelsvertreter vergleichbare Einordnung in die Absatzorganisation des Unternehmers setze beim Vertrieb von Markenartikeln zwingend zusätzlich voraus, dass
dem Vertragshändler ein Alleinvertriebsrecht mit einem ausschließlichen Gebietsschutz eingeräumt worden sei. Dies ist aber von der Rechtsprechung des
Bundesgerichtshofs niemals für die entsprechende Anwendung des § 89b vorausgesetzt worden[116]. Der Bundesgerichtshof hat in seinem Urteil vom
25.3.1982[117] ausdrücklich festgestellt, dass in den früheren Urteilen vom
11.12.1958, 16.2.1961 und 11.2.1977[118] entsprechend der dort gegebenen
Sachlage die Übertragung des Alleinvertriebs für ein bestimmtes Gebiet lediglich als ein *Indiz* für eine dem Handelsvertreter vergleichbare Einordnung in
die Absatzorganisation des Herstellers und nicht als eine zwingende Voraussetzung für eine Gleichbehandlung von Handelsvertreter und Vertragshändler gewertet worden sei. Dies werde in der zuerst ergangenen Entscheidung des II.
Zivilsenats vom 11.12.1958[119], der der VII. Zivilsenat insoweit gefolgt ist,
durch die Fassung „kommen in erster Linie nur die typischen Eigenhändlerverträge in Frage, wie sie sich insbesondere mit den Herstellern von Markenartikeln herausgebildet haben" zum Ausdruck gebracht. Dementsprechend habe
der erkennende Senat in seinem Urteil vom 11.2.1977[120] ausgeführt, zur Eingliederung in die Absatzorganisation gehöre bei Markenartikeln „in der Regel"
die Übertragung des Alleinvertriebs; gleichwohl hat der Senat eine gesonderte
Prüfung der Frage der Eingliederung nicht für entbehrlich gehalten. Der Bundesgerichtshof stellt dann weiter fest, dass auch kein innerer Grund erkennbar
sei, der es rechtfertigen könnte, die entsprechende Anwendung des § 89b vom
Erfordernis des Alleinvertriebs (mit Gebietsschutz) abhängig zu machen. Denn
selbst beim Handelsvertreter sei der Alleinvertrieb keine Voraussetzung für den
Ausgleichsanspruch, wenn auch in der Praxis beim Vertrieb von Markenartikeln
die Vereinbarung eines Bezirksvertreterverhältnisses nach § 87 Abs. 2 die Regel sein werde. Für den Eigenhändler gelte nichts anderes.

---

115 *OLG Düsseldorf* 3.7.1980, AZ 6 U 9/80 (BU); vgl. *Graf v. Westphalen,* DB-Beil. Nr. 12/1981 S. 18 Fn. 200; *OLG Saarbrücken,* 9.1.1980, BB 1980 S. 905 = VersR 1980 S. 863 (nur LS).
116 *BGH,* Urteile vom 11.12.1958, 16.2.1961, 11.2.1977, 5.10.1979, 20.2.1981 a.a.O., vgl. Fn. 99.
117 *BGH,* 25.3.1982, BB 1982 S. 2067 = DB 1982 S. 2293 = EBE 1982 S. 318 = MDR 1983 S. 109 = NJW 1982 S. 2819 = WPM 1982 S. 1125.
118 *BGH,* Urteile vom 11.12.1958, 16.2.1961 und 11.2.1977 a.a.O., vgl. Fn. 92, 97.
119 *BGH,* 11.12.1958 a.a.O., vgl. Fn. 92.
120 *BGH,* 11.2.1977 a.a.O., vgl. Fn. 96.

II Anspruchsberechtigte

b) Pflicht zur Überlassung des Kundenstammes

111 Wie bereits oben ausgeführt[121] fordert der Bundesgerichtshof für eine analoge Anwendung des § 89b HGB auf Vertragshändler nicht nur eine dem Handelsvertreter ähnliche **Eingliederung des Händlers in die Absatzorganisation** des Herstellers, sondern außerdem die Verpflichtung des Händlers zur **Überlassung des** für das eigene Unternehmen aufgebauten **Kundenstammes**. Diese beiden Voraussetzungen für eine analoge Anwendung des § 89b HGB auf Vertragshändler müssen **nebeneinander** vorliegen. Es reicht also nicht aus, wenn nur eine dieser beiden Voraussetzungen erfüllt ist[122]. Ist die Überlassung des Kundenstammes spätestens im Zeitpunkt der Vertragsbeendigung zwischen den Parteien nicht vereinbart worden und ergibt sie sich auch nicht aus der Gestaltung der Zusammenarbeit der Parteien, kommt eine analoge Anwendung des Ausgleichsrechts zu Gunsten des Vertragshändlers nicht in Betracht[123].

112 Bezüglich der Kundenstamm-Überlassungspflicht kommt es aber nicht darauf an, ob diese Verpflichtung erst im Zeitpunkt der Vertragsbeendigung oder schon vorher erfüllt wird[124]. Zur Klarstellung erscheint es notwendig, hier darauf hinzuweisen, dass es sich bei dieser Überlassungspflicht hinsichtlich des Kundenstammes nicht expressis verbis um eine Verpflichtung handeln muss, die **konkret** auf die Überlassung des Kundenstammes gerichtet wäre. Es genügt vielmehr, wenn sich aus einer anderen dem Händler obliegenden **Verpflichtung die Folge ergibt**, dass dem Hersteller der fragliche Kundenstamm mit Name und Adresse bekannt wird, sodass sich daraus für ihn die Möglichkeit der weiteren Nutzung ergibt[125].

---

121 Vgl. oben Rz. 93 ff.
122 Mit einem solchen Sachverhalt hatte sich das *OLG Köln* in seinem Urteil vom 20.5.1994, BB 1994 S. 1881, zu befassen. Hier bezog sich die Tätigkeit des Händlers darauf, *im eigenen Namen und auf eigene Rechnung den Abschluss von Lizenzverträgen* zwischen Endverbraucher und Lieferant herbeizuführen, wobei in den Lizenzverträgen der Lieferant als Vertragspartner des Endverbrauchers zu benennen war. Das Gericht hat in diesem Sachverhalt, obwohl dem Lieferanten dadurch die Namen der Endverbraucher bekannt wurden, eine analoge Anwendung des § 89b HGB nicht als gerechtfertigt angesehen, weil sich das Verhältnis zwischen dem Händler und dem Lieferanten über die geschilderte Besonderheit hinaus „in einer bloßen Käufer-Verkäufer-Beziehung erschöpft" habe.
123 Vgl. dazu *BGH*, 17.6.1998 – VIII ZR 102/97 n.v.; *BGH*, 26.11.1997 – VIII ZR 283/96, NJW-RR 1998, 390; *BGH*, 26.2.1997 – VIII ZR 272/95, VersR 1997, 7741 = NJW 1997, 1503; *BGH*, 9.10.1996 – VIII ZR 284/95 n.v.; *BGH*, 17.4.1996 – VIII ZR 5/95, VersR 1997, 889 = BB 1996, 1459. Vgl. auch *OLG Köln*, Urteile vom 4.5.2001 – 19 U 13/01, VersR 2002, 1102 und 18 U 38/91 n.v.
124 *BGH*, 6.10.1993, BB 1993 S. 2401; *BGH*, 10.2.1993, BB 1993 S. 2399 = NJW-RR 1993 S. 678; *OLG München*, 10.2.1993, BB 1994 S. 533. Den Beendigungstatbestand sieht der *BGH* in seinem Urteil vom 14.4.1988 auch in einem Sachverhalt als gegeben an, in dem ein *Vertragshändler aus dem Vertragsverhältnis ausscheidet* und sein *Nachfolger in das Vertragsverhältnis eintritt*. Der *BGH* stellt fest, dass durch das Ausscheiden des Händlers der zwischen ihm und dem Hersteller abgeschlossene Vertrag tatsächlich und rechtlich sein Ende gefunden habe und dass auf seiner Grundlage zwischen dem Nachfolge-Händler und dem Hersteller ein neues Vertragsverhältnis begründet worden sei (*BGH*, 14.4.1988, BB 1988, 2201 = DB 1988, S. 1590 = HVR Nr. 637 = NJW 1989, S. 35).
125 Vgl. dazu *C. Stumpf*, NJW 1998, 12 und *BGH*, 17.4.1996 – VIII ZR 5/95, BB 1996, 1459 m.w.N. Für die Analogievoraussetzung der Verpflichtung zur Überlassung des Kundenstam-

E. Vertragshändler **II**

Die Überlassungspflicht bezüglich des Kundenstammes erfordert auch nicht, **113**
dass von vornherein eine vollständige oder im Wesentlichen *lückenlose Übermittlung der Kundendaten* an den Hersteller sichergestellt sein müsste[126]. Der Hersteller kann auch nicht mit dem Einwand durchdringen, es sei ihm schon aus Gründen des *Datenschutzes* verwehrt, sich die ihm übermittelten Kundendaten während und auch nach der Vertragszeit nutzbar zu machen, zumal die Kunden der Weitergabe ihrer personenbezogenen Daten nur zum ausschließlichen Zwecke der Kundenbetreuung, Marktforschung sowie für interne Zwecke zugestimmt hätten. Diesen Einwand hat der Bundesgerichtshof in seinem Urteil vom 6.10.1993[127] mit der Begründung als irrelevant abgelehnt, dass es nach der Rechtsprechung nicht darauf ankomme, zu welchem Zweck die Verpflichtung zur Übermittlung der Kundendaten begründet worden sei, wenn nur der Hersteller sie tatsächlich auch nach der Vertragsbeendigung nutzen könne.

In einem besonders gelagerten Sachverhalt hat der BGH[128] allerdings eine Kun **114**
denstamm-Überlassungspflicht verneint, wenn er auch aufgrund seiner bisherigen Rechtsprechung[129] an dem allgemeinen Grundsatz festgehalten hat, dass eine bestehende Kundenstamm-Überlassungspflicht eine der beiden wesentlichen Voraussetzungen für eine analoge Anwendung des Ausgleichsrechts auf Vertragshändler darstelle. Im entschiedenen Sachverhalt war zwar ausdrücklich vereinbart worden, dass keine Verpflichtung des Vertragshändlers bestehe, bei Vertragsbeendigung (oder schon vorher) dem Hersteller seinen Kundenstamm zu überlassen. Zwischen dem Vertragshändler und einem Drittunternehmen (Firma MHI) war sodann ein als „Teilnahmevertrag" bezeichneter Vertrag abgeschlossen worden, durch den die Firma MHI verpflichtet wurde, die Anschriften der alten und neuen Kunden des Vertragshändlers zu erfassen und diese *Kundenkartei* im Rahmen des *Kundenkontaktprogramms* zu führen bzw. zu verwerten. Auch in dem Teilnahmevertrag war vereinbart, dass die Firma MHI als Treuhänder die Namen und Adressen der ihr übergebenen Kundenkartei bei der Beendigung des Vertrages nicht an den Hersteller weiterzugeben berechtigt war.

Der Vertragshändler forderte nach Beendigung des Vertragshändlervertrages **115**
vom Hersteller gleichwohl einen Ausgleich. Er vertrat die Ansicht, er sei nicht nur einem Handelsvertreter vergleichbar in die Außendienst-Organisation des Herstellers eingegliedert gewesen. Darüber hinaus habe aber auch der Kundenstamm dem Hersteller nach der Vertragsbeendigung weiterhin zur Verfügung gestanden, weil die Firma MHI einer *eigenen Marketingabteilung des Herstel-*

---

    mes reicht es nach dem Urteil des *BGH* vom 7.11.1991 aus, wenn diese Verpflichtung, die im Vertragshändlervertrag zunächst nicht enthalten war, in einer Vereinbarung enthalten ist, durch die das gekündigte Vertragsverhältnis befristet fortgesetzt wird (*BGH*, 7.11.1991, BB 1992 S. 596). Zum schweiz. Recht vgl. dazu *Baudacher*, a.a.O., Fn. 92.
126 *BGH*, 6.10.1993, BB 1993 S. 2401 mit Anm. v.*Hoyningen-Huene*, EWiR § 89b 1/94, 67; *BGH*, 10.2.1993, BB 1993 S. 2399 = NJW-RR 1993 S. 678.
127 *BGH*, 6.10.1993 a.a.O.
128 *BGH*, 17.4.1996 – VIII ZR 5/95, BB 1996, 1458; mit kritischer Anmerkung von *C. Stumpf*, NJW 1998, 12.
129 *BGH*, Urteile v. 10.2.1993 – VIII ZR 47/92, BB 1993, 2399, v. 6.10.1993 – VIII ZR 172/92, BB 1993, 2401; v. 1.12.1993 – VIII ZR 41/93, BB 1994, 241.

lers gleichstehe, zumal diese der Firma MHI alle Aktionen im Rahmen des Kundenkontaktprogramms vorgegeben habe.

116 Der BGH hat im entschiedenen Fall[130] zwar festgestellt, dass die **Einschaltung eines Drittunternehmens** nicht schon per se die Ausgleichsberechtigung ausschließe; eine Kundenstamm-Überlassungspflicht sei aber gleichwohl zu verneinen, weil eine Möglichkeit für den Hersteller, den Kundenstamm nach der Vertragsbeendigung zu nutzen, nicht bestehe. Das ergebe sich einerseits aus datenschutzrechtlichen Gründen, weil das Drittunternehmen bei der Vertragsbeendigung zur Lösung der Kundendaten verpflichtet sei und weil sich andererseits eine Löschungspflicht der Firma MHI auch aus §§ 667, 675 BGB ergebe[131].

117 Aber auch wenn der Hersteller die Kundendaten nur zu den von der Zustimmung der Kunden gedeckten Zwecken verwendet habe, so dienten doch Marketing und Kundenbetreuung der **Förderung des eigentlichen Unternehmenszieles**, nämlich des Absatzes seiner Produkte. Dies ergebe sich im entschiedenen Falle auch daraus, dass der Hersteller die Ergebnisse der mit Hilfe der Kundendaten durchgeführten Marktforschungen seinen Vertragshändlern zum Zwecke der Verkaufsförderung wieder zur Verfügung gestellt habe[132]. Es sei auch seit langem anerkannt, dass die Verwendung der Kundendaten zu Marketing-Zwecken als deren Nutzbarmachung im Sinne der Rechtsprechung zur entsprechenden Anwendung von § 89b auf Vertragshändler ausreiche[133].

118 Andererseits hat der Bundesgerichtshof in seinem Urteil vom 1.12.1993[134] eine Pflicht des Vertragshändlers zur Überlassung des Kundenstammes in einem Falle verneint, in dem der Hersteller die Gewährung von Vergünstigungen in Form erhöhter Rabatte für die Belieferung von Großkunden von der **Bekanntgabe der betreffenden Kunden** abhängig gemacht hatte. Hier sei der dadurch begründete indirekte Zwang zur Offenbarung von Kundendaten nicht mit einer Vertragspflicht des Händlers zur Überlassung seines Kundenstammes als Voraussetzung für einen Ausgleichsanspruch gleichzusetzen.

119 In seinem Urteil vom 16.1.1986[135] hat der Bundesgerichtshof schließlich festgestellt, dass die Verpflichtung des Händlers, dem Hersteller jede gewünschte Auskunft über die geschäftlichen Verhältnisse zu erteilen und eine Kundenkartei zu führen, dahin ausgelegt werden könne, der Eigenhändler sei verpflichtet gewesen, dem Hersteller den Kundenstamm bei Beendigung des Vertrages zu überlassen. Der Bundesgerichtshof führt aus, dass „eine solche Verpflichtung ... nach der Rechtsprechung des Senats auch dann bejaht werden (könne), wenn darüber nichts ausdrücklich vereinbart worden (sei)". Es genüge die Möglich-

---

130 Ebenso schon *BGH,* 6.10.1993, a.a.O. und *OLG Saarbrücken,* 29.1.1997 – 1 U 195/96, NJW-RR 1997, 1186 = HVR Nr. 835.
131 Vgl. dazu die Anmerkungen von *C. Stumpf* NJW 1998, 12.
132 *BGH,* 10.2.1993 a.a.O.
133 *BGH,* 25.3.1982, WM 1982 S. 1125 = NJW 1982 S. 2819, 2820 unter II 2; *BGH,* 3.3.1983, WM 1983 S. 596, 598 unter II 2 = NJW 1983 S. 1789, 1790 unter II 2; *BGH,* 14.4.1983, WM 1983 S. 1102 = NJW 1983 S. 2877, 2879 unter 1b.
134 *BGH,* 1.12.1993, BB 1994 S. 241.
135 *BGH,* 16.1.1986, DB 1986 S. 1069.

keit der weiteren Nutzung des Kundenstammes des Vertragshändlers durch den Lieferanten.

In einem weiteren Urteil vom 6.2.1985[136] hatte sich der Bundesgerichtshof mit einem Sachverhalt zu befassen, in dem zwar die zunächst vereinbarte Verpflichtung des Händlers, dem Hersteller die Namen der Kunden zu benennen, abbedungen war. Gleichwohl hat der Bundesgerichtshof eine **Verpflichtung zur Überlassung des Kundenstammes** aber darin gesehen, dass der Hersteller vom Vertragshändler während der Zusammenarbeit der Parteien die Übersendung von Händler- und Lieferberichten, Original-Kunden-Aufträgen, Auftragsbestätigungen sowie Listen mit Kundenadressen gefordert hatte, die auf vom Hersteller gefertigten Formularen niederzulegen waren. Da der Händler diesem Verlangen entsprochen hatte, billigte der Bundesgerichtshof die Entscheidung des Berufungsgerichts, das die Voraussetzungen für eine entsprechende Anwendung des § 89b bejaht hatte.

120

In dem Urteil vom 25.3.1982[137] schließlich, das den Ausgleichsanspruch eines Kfz-Händlers betraf, hat der Bundesgerichtshof die Frage überhaupt offen gelassen, ob „an der von der Rechtsprechung für erforderlich gehaltenen vertraglichen Verpflichtung zur Überlassung des Kundenstammes auch für den Bereich der Kfz-Branche angesichts der bei ihr bestehenden Besonderheiten festzuhalten (sei) oder ob die auf anderen Gründen beruhende tatsächliche Möglichkeit, den Kundenstamm zu nutzen", ausreiche. Der Bundesgerichtshof konnte diese Frage im entschiedenen Falle offen lassen, weil im Streitfall eine solche Verpflichtung bestanden hatte.

121

Immerhin zeigen aber die oben erwähnten Urteile, dass ganz offensichtlich der Bundesgerichtshof hinsichtlich der bisher für eine Überlassung des Kundenstammes geforderten Verpflichtung einer *großzügigen Auslegung* zuneigt, sofern jedenfalls der Hersteller nach den gegebenen Umständen überhaupt in der Lage ist, den vom Händler aufgebauten *Kundenstamm zu nutzen*. So hat beispielsweise der Bundesgerichtshof auch in seinem Urteil vom 3.3.1983[138] ausgeführt, dass von einer vertraglichen Verpflichtung des Vertragshändlers zur Überlassung des Kundenstammes als Voraussetzung für die Anwendbarkeit des § 89b auch dann auszugehen sei, „wenn die Parteien mit der Vereinbarung, aus der sich die Pflicht zur Namhaftmachung der Kunden und damit zur Überlassung des Kundenstammes (ergebe), *weitere Absichten und Ziele* verfolgt haben sollten, vorausgesetzt nur, dass der Hersteller ... tatsächlich in die Lage versetzt (werde), den Kundenstamm nach Beendigung des Vertragsverhältnisses weiter zu nutzen".

122

---

[136] *BGH*, 6.2.1985, BB 1985 S. 1084.
[137] *BGH*, 25.3.1982, BB 1982 S. 2067 = DB 1982 S. 2293 = EBE 1982 S. 318 = MDR 1983 S. 109, NJW 1982 S. 2819 = WPM 1982 S. 1125; vgl. auch *Bechtold*, NJW 1983 S. 1393 und *OLG Köln*, Urteile vom 28.11.1985–12 U 231 und 12 U 233/84, NJW-RR 1987 S. 218 und BB 1987 S. 148.
[138] *BGH*, 3.3.1983, BB 1983 S. 997 = DB 1983 S. 2032 = EBE 1983 S. 138 = MDR 1983 S. 816 = NJW 1983 S. 1789 = WPM 1983 S. 596.

II Anspruchsberechtigte

123 In seinen Urteilen vom 25.3.1982 und 20.10.1983[139] hat der Bundesgerichtshof die entsprechende Anwendung des § 89b nicht davon abhängig gemacht, ob der Hersteller von der unstreitig bestehenden Möglichkeit überhaupt Gebrauch gemacht hat, den Kundenstamm von der Beendigung des Vertragsverhältnisses an weiterhin für sich nutzbar zu machen. Denn entscheidend kommt es nach Auffassung des Bundesgerichtshofs insoweit nur auf die *Möglichkeit der Nutzung* des Kundenstamms des Vertragshändlers durch den Lieferanten an, ohne dass von dieser Möglichkeit auch unbedingt Gebrauch gemacht wird.

124 In dem vom Bundesgerichtshof durch Urteil vom 10.2.1993[140] entschiedenen Sachverhalt war ein Händler in einer als *„Liefervereinbarung für Haupthändler"* bezeichneten Vereinbarung verpflichtet gewesen, dem Hersteller wöchentlich in einem *„Statusreport"* anzugeben, mit welchen Kunden Liefervereinbarungen getroffen worden waren. In einem später abgeschlossenen Haupthändlervertrag war festgelegt, dass die Unterrichtungspflicht des Händlers sich nicht auf die Namhaftmachung des Kundenstammes, und zwar weder während der Dauer des Vertragsverhältnisses noch bei bzw. aus Anlass der Vertragsbeendigung erstrecke.

125 Der Bundesgerichtshof hat die in der Liefervereinbarung für Haupthändler niedergelegte *Berichtspflicht* des Händlers als *ausreichende vertragliche Grundlage* für die Annahme einer *Kundenstamm-Überlassungspflicht* des Händlers angesehen, zumal sich diese Berichtspflicht nach dem übereinstimmenden Verständnis der Parteien auf alle vom Händler vertriebenen Geräte erstreckte und der Hersteller keine weiteren Angaben benötigte, um sich den Kundenstamm des Händlers nutzbar zu machen. Hierbei komme es auch nicht darauf an, dass die vertragliche Berichtspflicht des Händlers dem Hersteller lediglich die *bloß tatsächliche Möglichkeit* verschafft habe, den Kundenstamm zu nutzen. Denn es komme gerade nicht darauf an, zu welchem Zweck die Pflicht des Händlers zur Namhaftmachung der Kunden und damit zur Überlassung des Kundenstammes begründet worden sei[141]. Entscheidend sei allein, dass der Hersteller durch die Erfüllung der Berichtspflicht tatsächlich in die Lage versetzt werde, wie ein Unternehmer beim Ausscheiden eines Handelsvertreters den Kundenstamm des Herstellers sofort nach Beendigung des Vertrages ohne Unterbrechung *weiter für sich nutzbar* zu machen[142, 143].

---

[139] *BGH,* 25.3.1982 vgl. oben Fn. 137; *BGH,* 20.10.1983, BB 1984 S. 167 = DB 1984 S. 874 = MDR 1984 S. 287 = NJW 1984 S. 2102 = WPM 1984 S. 167.
[140] *BGH,* 10.2.1993, NJW-RR 1993 S. 678 = WM 1993 S. 1464; Berufungsurteil *OLG München,* 18.12.1991, BB 1993 S. 1472.
[141] *BGH,* 3.3.1983 = WM 1983 S. 596 = NJW 1983 S. 1789 zu II 2 sowie *BGH,* 14.4.1983, WM 1983 S. 1102 = NJW 1983 S. 2877 zu II 1b; *BGH,* 2.7.1987 = WM 1987 S. 1462 zu II A2.
[142] *BGH,* 3.3.1983 und 14.4.1983 a.a.O.
[143] Zur Substantiierung der Höhe des Ausgleichsanspruchs eines Vertragshändlers gem. § 89b HGB vgl. *BGH,* 12.1.2000 – VIII ZR 19/99, VersR 2000, 487.

c) Die Anwendbarkeit anderer Vorschriften

Im Zusammenhang mit der erstmals im Urteil vom 11.2.1977[144] getroffenen Feststellung des I. Senats des Bundesgerichtshofs, dass für eine entsprechende Anwendung des § 89b auf Vertragshändler der **Gesichtspunkt der Schutzbedürftigkeit** unbeachtlich sei, haben Stumpf/Zimmermann[145] die Auffassung vertreten, dass sich aus dieser Rechtsprechung die Folgerung ergebe, dass der **Unabdingbarkeitsgrundsatz** des § 89b Abs. 4, für den ja gerade der Gesichtspunkt der Schutzbedürftigkeit maßgeblich sei, auch bei Berücksichtigung der vom Bundesgerichtshof in seiner neuen Entscheidung aufgestellten Grundsätze nicht analog angewendet werden könne[146]. Denn wenn auch ein nicht schutzbedürftiger Vertragshändler ausgleichsberechtigt sein könne, bestehe kein Anlass, an der Unabdingbarkeit des Ausgleichsanspruchs festzuhalten, sodass es demgemäß keinen Verstoß gegen § 89b Abs. 4 darstelle, wenn zwischen Hersteller und Vertragshändler vereinbart werde, dass dem Eigenhändler bei der Beendigung des Vertragsverhältnisses kein Ausgleichsanspruch zustehe.

126

Der Bundesgerichtshof ist dieser Auffassung aber nicht gefolgt. Vielmehr hat er in seinen Urteilen vom 6.2.1985 und 12.12.1985[147] festgestellt, dass ohne Rücksicht auf die Schutzbedürftigkeit des Vertragshändlers stets dann auch der Absatz 4 des § 89b entsprechend auf das Recht des Vertragshändlers angewendet werden müsse, wenn die Voraussetzungen für eine entsprechende Anwendung des § 89b generell vorlägen.

127

Des Weiteren hat der Bundesgerichtshof in seinem Urteil vom 7.7.1983[148] auch anerkannt, dass sich der Hersteller auch auf § 89b Abs. 3 Satz 2 berufen könne, wenn die Bestimmung des § 89b überhaupt entsprechend auf das Recht des Vertragshändlers anzuwenden sei, weil die dafür notwendigen Voraussetzungen erfüllt seien. Die Bestimmung des § 89b Abs. 3 Satz 2 stelle eine besondere Ausprägung des die Vorschrift beherrschenden **Billigkeitsgrundsatzes** dar und beruhe auf der Erwägung, dass ein Ausgleich nur gerechtfertigt sei, wenn das Vertragsverhältnis durch eine Kündigung beendet werde, ohne dass dafür in der Person des Vertreters ein wichtiger Grund bestehe und dass sich der Handelsvertreter die nachteiligen Folgen einer durch eigenes schuldhaftes Verhalten veranlassten Kündigung selbst zuschreiben müsse. Diese Billigkeitserwägung treffe aber auch auf den Vertragshändler zu, wenn seine Stellung im Einzelfall der eines Handelsvertreters in den für die Zubilligung des Ausgleichs maßgeblichen Voraussetzungen gleichkomme.

128

---

144 *BGH*, 11.2.1977 a.a.O., vgl. Fn. 96.
145 *Stumpf/Zimmermann*, 2. Auflage, Rz. 124 sowie BB 1978 S. 429 und BB 1987 S. 1474/78.
146 Näheres zum Unabdingbarkeitsgrundsatz unten Rz. 1584 ff.
147 *BGH*, 26.11.1984, BB 1985 S. 218, 224 zu IX = DB 1985 S. 1067, 1072 sowie Urteile vom 6.2.1985 (vgl. oben Fn. 136) und vom 12.12.1985 — I ZR 62/83 — bisher nicht veröffentlicht.
148 *BGH*, 7.7.1983, vgl. oben Fn. 99.

II Anspruchsberechtigte

129 Schließlich hat der Bundesgerichtshof in seinem Urteil vom 20.10.1983[149] auch anerkannt, dass bei entsprechender Anwendung des § 89b auch die für die *Verjährung des Ausgleichsanspruchs* maßgebliche Bestimmung des § 88 auf den Vertragshändler anwendbar sei. Denn ebenso wie der Ausgleichsanspruch des Handelsvertreters unterliege auch der Ausgleichsanspruch des Vertragshändlers der vierjährigen Verjährungsfrist des § 88[150].

d) „Münchener Formel"

130 Angesichts der gewissermaßen *dreifachen Schwierigkeiten*, im Bereich des Vertragshändlers einen Ausgleichsanspruch zutreffend zu berechnen – zunächst Prüfung der für die analoge Anwendung des § 89b maßgeblichen Voraussetzungen, sodann Rückführung des Vertragshändlers „auf das Niveau eines Handelsvertreters", und schließlich die Ausgleichsberechnung als solche – verwundert es nicht, dass sich besonders auch in diesem Bereich Sachkenner – nämlich drei Vorsitzende von Kammern für Handelssachen beim Landgericht in München, Kainz, Puszkajler und Lieber, um die Schaffung eines *Berechnungsschemas* in Gestalt der sog. *„Münchener Formel"*[151] auf der Grundlage der Rechtsprechung bemüht haben. Durch diese „Münchener Formel" kann mitunter die Ausgleichsberechnung erheblich erleichtert werden – jedenfalls in den bedeutungsvollen Bereichen des Kfz-Vertriebs –, sie ist aber andererseits in der Literatur oft kritisiert worden und hat sich bisher bundesweit offensichtlich noch nicht durchsetzen können. Diese „Münchener Formel" stellt den Versuch dar, anhand einheitlicher Parameter eine *einheitliche und praktikable Ausgleichsberechnung* entsprechend § 89b zu finden.

131 Nach dieser Formel errechnet sich der einem Vertragshändler zustehende Ausgleichsanspruch in groben Zügen wie folgt:

1. Ausgangspunkt ist der dem Händler im letzten Vertragsjahr für an Endkunden verkaufte Neuwagen erzielte *Netto-Händlerverkaufspreis* unter Berücksichtigung der dem Händler vom Hersteller gewährten *Nachlässe/Rabatte/Skonti*.
2. Vom ermittelten Betrag wird der dem Händler vom Hersteller berechnete *Werksabgabepreis* für alle Neuwagen im letzten Vertragsjahr abgezogen, und zwar ohne Berücksichtigung gewährter Rabatte, Boni und Prämien.
3. Dem ermittelten Betrag werden wiederum alle vom Hersteller gewährten *Boni und Rabatte* hinzugerechnet.
4. Der ermittelte Betrag wird sodann um einen Abschlag von 30% (= 7/10) *für verwaltende Tätigkeiten* des Händlers gemindert und

---
149 *BGH*, 20.10.1983, vgl. oben Fn. 99.
150 Fragen, die sich im Zusammenhang mit der Berechnung des Ausgleichsanspruchs des Eigenhändlers ergeben, sind in Rz. 1008 und Rz. 1194 behandelt.
151 Textabdruck in *LG München* I, B. v. 3.8.1998 – 15 HKO 23905/97 m. Anm. v. *Reufels/Lorenz*, MDR 1998, 1489 und erläut. v. *Kainz, Lieber* u. *Puszkajler* in BB 1999, 434 sowie *Puszkajler* in BB aktuell (Heft 37/2000) und *Kümmel*, DB 1998, 2407. Vgl. auch *Emde*, VersR 1999, 1464, 1474 u. 2001, 148, 163, 164 und *Intween*, BB 1999, 1881.

5. des Weiteren um einen jeweils im Einzelfall zu ermittelnden **Stammkundenanteil** (der i. d. R. zwischen 30 und 60% anzusetzen ist).
6. Der sich nach Ziffer 1–5 ergebende Betrag wird auf einen **Prognosezeitraum von 5 Jahren** hochgerechnet und das Ergebnis wird
7. um einen **Billigkeitsabschlag** (insbesondere wegen der „Sogwirkung der Marke" i. H. v. 33% gemindert.
8. Der ermittelte Betrag schließlich wird nach Gillardon abgezinst und
9. um die gesetzliche **Umsatzsteuer** erhöht und ab Fälligkeit **verzinst**.

Im Beschluss des LG München vom 3. 8. 1998[152] finden sich weitere Hinweise zu Einzelfragen, beispielsweise zur Frage, wie nach der „Münchener Formel" die **Höchstsummenbegrenzung** festzustellen ist, nämlich in der Weise, dass die aus dem Durchschnitt der letzten 5 Jahre zugeflossene Gesamtvergütung einschl. der Boni und Prämien zu ermitteln und sodann um 30% (als Pauschalbetrag) der insgesamt zugeflossenen Verwaltungsvergütungen zu kürzen sei. **132**

Aber bei der Berechnung der Ausgleichshöchstgrenze gem. § 89b Abs. 2 ist die Jahresdurchschnittsvergütung keinesfalls um die **Verwaltungsvergütungen** zu kürzen; insoweit ist die „Münchener Formel" zu Recht beanstandet worden[153]. Zwar müssen die Verwaltungsvergütungen bei der Ermittlung des Rohausgleichs unberücksichtigt bleiben; dies gilt aber nicht im Hinblick auf die Ausgleichshöchstgrenze, die sich nach st. Rspr. aus dem Durchschnitt der dem Händlervertreter/Händler insgesamt – also einschl. der Verwaltungsvergütung – berechnet[154]. **133**

Nach Kümmel[155] soll demgemäß auch das LG Heilbronn[156] dieser Auffassung nicht gefolgt sein und die Höchstgrenze nicht um die Verwaltungsvergütung i. H. v. 30% gemindert haben[157]. **134**

Die „Münchener Formel" ist in der Literatur **unterschiedlich aufgenommen** worden. Sie wird teilweise[158] begrüßt, weil sie den vom BGH eingeräumten Ermessensspielraum sachgerecht und im hohen Maße ausgewogen nütze, sodass sie für die Praxis einen effektiven und besonders praktikablen Lösungsweg mit der Möglichkeit darstelle, dem Einzelfall durch Abwandlung gerecht zu werden (so z. B. bei der Sogwirkung der Marke). **135**

Andererseits wird die „Münchener Formel" aber auch kritisiert[159]. Die Kritik richtet sich insbesondere dagegen, dass die in der „Münchener Formel" enthaltene dreifach erfolgte Pauschalierung nicht der Realität entspreche. **136**

---

152 A. a. O. (Fn. 151).
153 *Kümmel*, DB 1998, 2408 zu Ziff. IV).
154 Einzelheiten dazu in 1555.
155 A. a. O. (Fn. 153).
156 *LG Heilbronn*, 30. 10. 1998 – 1 KfH O 167/98, n. v.
157 Andererseits stimmen *Reufels/Lorenz* in BB 2000, 1586, 1589 zu Ziff. VIII der nach der „Münchener Formel" vorzunehmenden Höchstbetragskürzung zu.
158 *Kümmel*, DB 1998, 2407.
159 *Reufels/Lorenz*, BB 2000, 1587 und MDR 1998, 1490 in Anm. zum Beschl. des *LG München I* vom 3. 8. 1998 (vgl. Fn. 151); *Emde*, VersR 1999, 1464, 1474 zu VIII.2.; *Intween*, BB 1999, 1881.

II Anspruchsberechtigte

137 Tatsächlich geht die „Münchener Formel" bei der Berücksichtigung eines Abschlags für Verwaltungskosten im Umfange von 30% aus. Nach Reufels/Lorenz[160] aber kommt der Umfang von Verwaltungstätigkeit bei den verschiedenen Automarken in sehr unterschiedlicher Höhe vor und deshalb könne der Verwaltungs-Vergütungsabschlag nur anhand substantiierten Vortrags erfolgen. Die Kundenabwanderung werde des Weiteren in der „Münchener Formel" überhaupt nicht berücksichtigt und die Berücksichtigung der Sogwirkung mit pauschal einem Drittel. Dies sei zweifellos zu hoch, zumal die Rechtsprechung nur Abzüge i. H. v. 25% zuerkannt habe[161].

138 Nach alledem sei die „Münchener Formel" mit der Pauschalierung über das Ziel einer Vereinfachung hinausgeschossen, zumal ihre Anwendung die nach dieser Formel durchgeführte Ausgleichsberechnung fast immer zu einem Betrag in Höhe der Kappungsgrenze führe, was i. d. R. keineswegs der Fall sei; die „Münchener Formel" führe deshalb de facto zu einer unzulässigen Umgehung des § 89 b und der einzelnen Tatbestandsmerkmale und damit zu einer Verfälschung des realen Provisionsbildes.

139 Zusammenfassend kommen Reufels/Lorenz[162] zu dem Ergebnis, dass die „Münchener Formel" entscheidende Gesichtspunkte unberücksichtigt lasse, sodass sie dem Anspruch, einen angemessenen Ausgleich zwischen den Interessen von Herstellern und Vertragshändlern herbeizuführen, nicht gerecht werde. Denn derartig weitgehende pauschalierende Berechnungsmethoden seien mit der Dogmatik des § 89 b nicht vereinbar und eine einzelfallbezogenere Bestimmung der Berechnungsparameter bliebe unumgänglich. Deshalb seien auch künftig Divergenzen bei der Berechnung des Ausgleichsanspruchs für Kfz-Vertragshändler nicht vermeidbar. Demgemäß muss abgewartet werden, wie die höchstrichterliche Rechtsprechung die aus der „Münchener Formel" resultierenden Pauschalierungstendenzen beurteilen werde.

II. Handelsvertreter mit Eigengeschäft

140 Mitunter kommt es vor, dass der im Außendienst tätige Mitarbeiter des Unternehmers gewissermaßen eine *Zwitterstellung* einnimmt. Diese zeigt sich dann darin, dass zwischen ihm und dem Unternehmer zwar ein Handelsvertretervertrag abgeschlossen worden ist, dass aber der als Handelsvertreter bezeichnete Beauftragte gleichzeitig auch ausdrücklich *bevollmächtigt wurde, die Erzeugnisse des Herstellers auch auf eigene Rechnung und im eigenen Namen* zu verkaufen[163]. In derartigen Verträgen finden sich manchmal auch Bestimmun-

---

160 *Reufels/Lorenz*, BB 2000, 1586 zu IV.
161 *BGH*, 2. 7. 1987 – I ZR 188/85, ZIP 1987, 1383, 1386 – NJW-RR 1988, 42, 44 = MDR 1988, 112.
162 Reufels/Lorenz, BB 2000, 1586.
163 Vgl. dazu *BGH,* 30. 5. 1975 – I ZR 143/74 – unveröffentlicht, das einen Handelsvertretervertrag betraf, auf Grund dessen der „Handelsvertreter" aber *nahezu ausschließlich auf eigene Rechnung* tätig war; das Urteil befasst sich auch mit Auslegungsfragen und nimmt zu den in-

gen, wonach der Beauftragte verpflichtet ist, Geschäfte, die er als Vertragshändler nicht abschließen kann, dem Hersteller als seinem Vertragspartner zum Direktabschluss weiterzugeben. Für einen solchen Direktabschluss erhält er dann, wenn er zu Stande kommt, Provision. Schließlich kommt es sogar vor, dass ein Handelsvertreter, dessen Aufgabe darin besteht, Geschäfte zwischen dem Unternehmer und Großhändlern zu vermitteln, nach dem Vertrage auch berechtigt ist, den Großhandel oder andere Abnehmer mit den Erzeugnissen des Unternehmers auf *eigene Rechnung zu beliefern*. Er bezieht dann die Ware auf eigene Rechnung und im eigenen Namen mit Rabatt und verkauft sie ebenfalls auf eigene Rechnung und im eigenen Namen an seine Abnehmer weiter, und er erhält dann sogar vom Hersteller für derartige Geschäfte noch Provision.

In solchen Fällen, die ja in erster Linie im Hinblick auf einen bei Vertragsbeendigung geforderten Ausgleich von Bedeutung sind, dürfte mit Rücksicht auf die unzweifelhaft ohnehin gegebene teilweise Rechtsstellung des Beauftragten als Handelsvertreter dann davon auszugehen sein, dass ein Ausgleichsanspruch auch insofern in Betracht kommt, als Geschäfte vom Beauftragten auf eigene Rechnung abgeschlossen wurden, zumal dann, wenn ihm für solche Geschäfte **neben dem Rabattvorteil noch ein Anspruch auf Provision** zusteht. Eine Ausgleichsberechtigung dürfte hier im Übrigen umso mehr gerechtfertigt sein, als nach der Rechtsprechung auch Vertragshändler ausgleichsberechtigt sein können, die ausschließlich auf eigene Rechnung und im eigenen Namen tätig werden, die aber in die Absatzorganisation des Herstellers ähnlich wie Handelsvertreter eingegliedert sind[164]. 141

Anders ist die Rechtslage aber dann, wenn die Zusammenarbeit zwischen den Parteien im gegenseitigen Einvernehmen allmählich von der Handelsvertreterbasis auf eine Tätigkeit des bisherigen Handelsvertreters im eigenen Namen und auf eigene Rechnung übergeht. Endet sodann das in einen Vertragshändlervertrag umgestellte Vertragsverhältnis, steht dem Vertragshändler ein Ausgleichsanspruch nur unter den für Vertragshändler geltenden strengen Voraussetzungen zu[165]. 142

III. Auslegungsprobleme

Ob ein mit dem Verkauf der Erzeugnisse des Unternehmers betrauter Dritter als Handelsvertreter oder als Vertragshändler anzusehen ist, ergibt sich manchmal nur auf Grund einer genauen Prüfung der tatsächlichen Handhabung der Zusammenarbeit und des mit den getroffenen Vereinbarungen verfolgten 143

---

soweit ergangenen Ausführungen der vorinstanzlichen Gerichte Stellung. Mit einem sehr typischen Sachverhalt hatte sich in diesem Zusammenhang das *LG Münster* in dem rechtskräftigen Urteil vom 4.10.1985 – 23 O 149/81 – (unveröffentlicht) zu befassen. Die in diesem Urteil gründlich vorgenommene Ausgleichsberechnung wird in Rz. 809ff. erläutert werden.
164 *OLG Hamm*, 9.10.1972, RVR 1973 S. 224.
165 *LG Ellwangen*, 23.4.1979 – KfH O 3/79 – unveröffentlicht. Zur Ausgleichsberechtigung des Vertragshändlers vgl. 93 ff. Vgl. Einzelheiten Rz. 93 und Hdb. III Rz. 1466 ff.

II Anspruchsberechtigte

Zwecks. Solche Abgrenzungsschwierigkeiten, deren Klärung wiederum für die Frage der Ausgleichsberechtigung von entscheidender Bedeutung ist, können sich etwa dann ergeben, wenn von den ursprünglich getroffenen Vereinbarungen in der Praxis immer mehr abgewichen wird und das Vertragsverhältnis auf den ersten Blick nicht mehr als Handelsvertreterverhältnis angesehen werden kann. Das kann dann der Fall sein, wenn zwar die mit den Kunden zu Stande kommenden Geschäfte *unmittelbar vom Unternehmer dem Kunden gegenüber* bestätigt werden, der mit dem Alleinvertrieb betraute und als Generalvertreter bezeichnete Dritte den Kunden den Rechnungsbetrag aber auf *eigenen Rechnungsformularen und im eigenen Namen* berechnet und sodann den Gegenwert der ihm demgemäß von den Kunden geschuldeten Zahlungen bereits vor der Gutschrift unter Abzug einer als Provision bezeichneten Vergütung an den Unternehmer weiterleitet und damit das *Risiko des Zahlungseingangs* allein trägt.

144 In solchen und ähnlichen Fällen beruhen die entstehenden Meinungsverschiedenheiten regelmäßig darauf, dass der Beauftragte bei der Beendigung des Vertragsverhältnisses einen Ausgleichsanspruch geltend macht, der Unternehmer aber die Zahlung ablehnt und dies mit der Stellung des *„Generalvertreters" als Eigenhändler* begründet. Bei der Prüfung der Rechtslage wird man in erster Linie darauf abstellen müssen, wer Vertragspartner der einzelnen provisionspflichtigen Geschäfte ist. Bereitet dies Schwierigkeiten, kann die Feststellung hilfreich sein, ob sich die Abwicklung der fraglichen Geschäfte *begrifflich in zwei voneinander zu trennende Vorgänge aufspalten lässt*, nämlich einerseits in ein zwischen dem Unternehmer und dem als Generalvertreter bezeichneten Dritten abzuwickelndes Geschäft – das sich auf Lieferung an den „Generalvertreter" und Begründung einer Kaufpreisschuld bei diesem bezieht – und andererseits ein zwischen dem „Generalvertreter" und dem Kunden zu Stande kommendes weiteres Geschäft, das allein oder zumindest überwiegend zwischen diesen beiden Vertragspartnern abzuwickeln ist.

145 Bei einer solchen Prüfung muss auch darauf abgestellt werden, in welcher Weise der als Generalvertreter bezeichnete Dritte aus seiner Tätigkeit Gewinn zieht. Besteht sein *Gewinn in der Differenz zwischen Einkaufs- und Verkaufspreis* (nach Abzug der Kosten), dürfte es sich eher um zwei voneinander zu trennende Geschäftsbeziehungen handeln, sodass die Vergütung in Wahrheit ein in Anspruch genommener Rabatt[166] ist und der Verkäufer die rechtliche Stellung eines Vertragshändlers hat, dessen Ausgleichsberechtigung davon abhängt, ob die von der Rechtsprechung, namentlich des I. Senats des Bundesgerichtshofs[167], entwickelten Grundsätze gegeben sind oder nicht. Besteht aber sein Gewinn in einer für Handelsvertreter typischen Provision, muss die Frage im Sinne einer Ausgleichsberechtigung des also zu Recht so bezeichneten General-

---

166 Vgl. Bd. 1 Rz. 114 und insbesondere *BGH,* 11.2.1977, BB 1977 S. 511 = DB 1977 S. 860 = EBE 1977 S. 155.
167 Zur analogen Anwendung handelsvertreterrechtlicher Vorschriften (hier § 40a Abs. 1 Satz 3) vgl. neuerdings *BGH,* 12.11.1986, DB 1987 S. 1039.

vertreters entschieden werden, wenn er auch in gewissem Umfang das Risiko des Zahlungseingangs trägt.

Schließlich kommt es mitunter aber auch vor, dass ein bedeutender und am Markt gut eingeführter Hersteller, um sein *Lieferungsprogramm abzurunden*, bestimmte Produkte von einem anderen Hersteller bezieht, der zwar nur regionale Bedeutung hat, aber bei der Herstellung seiner Spezialprodukte über besondere Erfahrungen verfügt. Wenn dann die Geschäftsbeziehungen enden und der Abnehmer einen Ausgleichsanspruch geltend macht, kommt es wiederum darauf an, ob er als *Eigenhändler oder als Handelsvertreter* anzusehen ist. Das Landgericht Göttingen[168] hat die Anwendung des § 89b hier mit der Überlegung verneint, dass das Großunternehmen schon deshalb nicht als Handelsvertreter angesehen werden könne, weil es durch den Verkauf der Erzeugnisse des Herstellers tatsächlich gar nicht dessen Interessen, sondern *überwiegend eigene Interessen* wahrgenommen habe, denn es habe die Erzeugnisse des viel schwächeren und auf ein Spezialprodukt beschränkten Konkurrenten vor allem deshalb geführt, um sein Angebot zu vervollständigen und seine eigenen Kunden zufriedenzustellen. Soweit aber das Großunternehmen die rechtliche Stellung des Eigenhändlers gehabt habe, fehle es schon an der Eingliederung in die Vertriebsorganisation des Herstellers, sodass auch insoweit eine Ausgleichsberechtigung verneint werden müsse.

146

F. Ausgleichsberechtigung des Franchise-Nehmers

Mit dem von Jahr zu Jahr stärker auf den Markt drängenden *Franchise-System*[169] gewinnt naturgemäß die Frage immer größere Bedeutung, ob einem Franchisenehmer bei der Beendigung des Franchise-Vertrages ein Ausgleichsanspruch zusteht. Unter dem *Begriff „Franchising"* versteht man ein in einem Dauerschuldverhältnis geregeltes *Kooperationssystem*, bei dem ein sog. Franchisenehmer das Recht erhält, gegen Zahlung einer Vergütung und mit dem Zugeständnis von Kontrollrechten an den Franchisegeber ein von Letzterem *klar definiertes Programm* — das sog. *Franchisepaket* — beim Absatz von Waren und/oder Dienstleistungen zu verwenden[170]. Dieses Franchisepaket des Fran-

147

---

168 Der Funktion nach kann der als Provision bezeichnete prozentuale Nachlass auch als Rabatt anzusehen sein, wie er üblicherweise Großabnehmern vom Hersteller gewährt wird, vgl. *LG Göttingen*, 17.12.1974 – 3 O 198/74 — unveröffentlicht.
169 Im Franchise-Vertrieb war in den letzten 7 Jahren (1996–2002) eine außerordentlich positive Entwicklung zu verzeichnen. Der Umsatz hat sich in diesem Zeitraum von 12,8 Mrd. Euro auf 25,6 Mrd. Euro verdoppelt. Die Zahl der Franchisegeber hat sich seit dem Jahr 2000 bei etwa 8000 Unternehmen eingependelt, während die Zahl der Franchisenehmer von knapp 25 000 im Jahre 1996 auf knapp 40 000 im Jahre 2002 gestiegen ist (mitgeteilt vom Deutschen Franchise-Verband e.V.).
170 Zur Abgrenzung des Franchise-Vertrages vom Arbeitsvertrag: *BAG*, 24.4.1980, BB 1980 S. 1471; *LAG Düsseldorf*, 20.10.1987, NJW 1988 S. 725 = DB 1988 S. 293 m. Anm. *Weltrich*, DB 1988 S. 806; *OLG Schleswig*, 27.8.1986, NJW-RR 1987 S. 220; vgl. dazu auch *Matthießen*, ZIP 1988 S. 1089ff. Zur Abgrenzung vom Handelsvertretervertrag: *OLG Hamm*,

II Anspruchsberechtigte

chisegebers als Leistungsprogramm besteht aus einem Beschaffungs-, Absatz- und Organisations-Konzept, dem Nutzungsrecht an Schutzrechten, der Ausbildung des Franchisenehmers und der Verpflichtung des Franchisegebers, die Attraktivität seiner Produkte durch stetige Qualitätsverbesserungen und konsequente Marktstrategien laufend zu erhöhen. Ihm steht das Recht und die Pflicht des Franchisenehmers gegenüber, das Franchisepaket gegen Entgelt zu nutzen; als Leistungsbeitrag liefert er Arbeit, Kapital und Information[171].

148 In der Rechtsprechung ist die Frage der **analogen Anwendung** speziell des § 89b auf Franchisenehmer bisher nicht entschieden worden. Der Bundesgerichtshof hat aber in seinem Urteil vom 12.11.1986[172] die entsprechende Anwendung des § 90a Abs. 1 Satz 3 aus dem Handelsvertreterrecht auf ein als Franchise-Vertrag ausgestaltetes Vertragsverhältnis bejaht. Er hat festgestellt, dass eine mittelbare Anwendung der Vorschrift zwar ausscheide, dass sie aber entsprechend angewendet werden könne[173]. Zwar könne nicht angenommen werden, dass auf die Rechtsbeziehungen der Parteien eines Franchise-Vertrages generell die Bestimmungen des Handelsvertreterrechts entsprechend anzuwenden seien. Vielmehr sei jeweils zu prüfen, ob der hinter den Einzelbestimmungen des Handelsvertreterrechts bestehende gesetzgeberische Grundgedanke, den das Gesetz nur in seiner Anwendung auf eine bestimmte Fallgestaltung ausgesprochen habe, darüber hinaus auf einen Fall anwendbar sei, der von dem Gesetzeswortlaut nicht erfasst sei, von dem geregelten Tatbestand jedoch nur unwesentlich abweiche. Dazu komme es vor allem auf die Gleichheit der Interessenlage an. Im entschiedenen Falle hat der Bundesgerichtshof die Entscheidung des Berufungsgerichts bestätigt, das eine entsprechende Anwendung des § 90a Abs. 1 Satz 3 angenommen hatte. Denn der Franchisenehmer habe unbeschadet der besonderen rechtlichen Ausgestaltung der Vertragsbeziehungen wirtschaftlich und im Hinblick auf den durch § 90a Abs. 1 angestrebten Interessenschutz einem Handelsvertreterstatus so nahe gestanden, dass eine entsprechende Anwendung der genannten Vorschrift geboten sei.

149 Es bleibt abzuwarten, wie die Rechtsprechung Ausgleichsfälle beurteilen wird, zumal sicherlich in absehbarer Zeit mit einschlägigen Entscheidungen zu rechnen sein wird.

11.10.1988, OLGZ 89, 219, 221. Zum Franchising im Versicherungsvertrieb vgl. *Hielscher,* VW 1994 S. 772.

171 Zur Rechtsnatur des Franchise-Vertrages: *Martinek,* Moderne Vertragstypen, Band II S. 35ff.; *ders.* ZIP 1988 S. 1362ff.; *Skaupy,* NJW 1992 S. 1785ff.; *ders.* BB 1969 S. 113; *ders.* DB 1982 S. 2446; *ders.,* Der Markenartikel, 1981 S. 152; *ders.,* franchisereport, 1985 S. 33ff.; *Lenzen,* RIW 1984 S. 586; *anonym,* RMW 1986, Heft 10 S. 8ff.; *Palandt/Putzo,* 61. Aufl., Einführung Rz. 21 vor § 581; *Erman/Jendrek,* 9. Aufl., Rz. 14 u. 15 vor § 581; vgl. auch *OLG Schleswig,* 27.8.1986, NJW-RR 1987 S. 220, 221 m.w.N.

172 *BGH,* 12.11.1986, NJW-RR 1987 S. 612.; bestätigt durch *BGH,* 17.7.2002 – VIII ZR 59/01, n.v. m.w.N.

173 Ebenso *Canaris,* Handelsrecht, 23. Aufl., § 20 Rz. 23 und 26; EBJ/*Löwisch,* HGB § 84 Rz. 82; *Matthiessen,* ZIP 1988, 1089, 1095; *Martinek,* moderne Vertragstypen, Bd. II § 16 II 2; *K. Schmidt,* Handelsrecht, 5. Aufl., § 28 III 1a.

In der *Literatur* wird — wie im BGH-Urteil vom 12.11.1986 — teilweise die **150** Auffassung vertreten, dass wegen der **stark differierenden Ausgestaltung von Franchise-Verträgen** eine **generelle Anwendung** der §§ 84ff. und damit auch des **§ 89b nicht in Betracht** kommen könne[174]. Denn ohne eine genaue Analyse des Franchise-Vertrages und der auf seiner Basis gegebenen tatsächlichen Situation (z.B. im Hinblick auf die *Eingliederung des Franchisenehmers in die Vertriebsorganisation* des Franchisegebers, hinsichtlich der vom Franchisenehmer getroffenen Investitionen und deren Abgeltung bei kürzerer Vertragsdauer) werde man eine analoge Anwendung des § 89b nicht befürworten können. Deshalb hänge die Ausgleichsberechtigung eines Franchisenehmers entscheidend davon ab, ob sich aus dem Vertragsverhältnis ein Tatbestand ergibt, der der *rechtlichen Stellung eines Handelsvertreters zumindest sehr nahe kommt*[175]. Eine entsprechende Anwendung des § 89b dürfte deshalb dann in Betracht kommen, wenn der Franchisenehmer — wie dies beim *Vertragshändler* vorausgesetzt wird — nicht nur ähnlich einem Handelsvertreter in die Absatzorganisation des Franchisegebers eingegliedert und verpflichtet ist, bei Beendigung des Vertragsverhältnisses diesem den *Kundenstamm zu überlassen*. Darüber hinaus dürften die *folgenden Gesichtspunkte* für die Entscheidung bezüglich einer entsprechenden Anwendung des § 89b von wesentlicher Bedeutung sein: Zuteilung eines bestimmten Verkaufsgebiets; gesonderte Vergütung über dem Durchschnitt liegender Verkaufsbemühungen durch Gewährung von Mengennachlässen; Verpflichtung des Franchisenehmers, die Waren- und Markenzeichen des Franchisegebers in vorgeschriebener Weise an sämtlichen Organisationsmitteln zu verwenden, sodass in den Geschäftsbeziehungen mit Kunden nur Hinweise auf den Franchisegeber gegeben werden; Zurverfügungstellung umfangreicher Abrechnungs- und Auswertungsleistungen an den Franchisenehmer; Schulung der Mitarbeiter des Franchisenehmers; Berichtspflicht des Franchisenehmers; zentrale Steuerung von Werbemaßnahmen durch den Franchisegeber; Konkurrenzverbot des Franchisenehmers während des Vertragsverhältnisses; Herausgabepflicht sämtlicher Unterlagen nach der Beendigung des Vertrages an den Franchisegeber[176].

G. Kommissionsagenten

Während der Handelsvertreter sowohl im fremden Namen als auch auf fremde **151** Rechnung, der Eigen- oder Vertragshändler aber im eigenen Namen und auf

---

[174] *Liesegang,* Der Franchise-Vertrag, HMV-Nr. 59, S. 7; *Martinek,* a.a.O., Band II S. 150ff.; *Eckert,* WM 1991 S. 1237. Für uneingeschränkte Anwendbarkeit aber *Köhler,* NJW 1990 S. 1689; *Martinek,* Franchising, ZIP 1987, S. 1362ff., 1377/78; *Matthießen,* ZIP 1988 S. 1089; *Skaupi,* Franchising 1989, S. 121. *Bodewig,* BB 1997, 637 m.w.N.; *Flohr,* ZAP, F. 6, S. 8392; *Teutsch* in Küstner/Thume, Hdb. Bd. III, Rz. 1816f.; *Küstner* in Röhricht/Graf von Westphalen, HGB, § 89b Rz. 29 sowie *EBJ-HGB/Löwisch,* § 84 Rz. 82.
[175] Vgl. dazu *Küstner,* ZAP F. 15, 2. Aufl., Abschn. III 3, S. 242.
[176] *Liesegang,* Der Franchise-Vertrag (HM Nr. 59).

II Anspruchsberechtigte

eigene Rechnung handelt, nimmt der Kommissionsagent (auch Kommissionsvertreter genannt) eine *Mittelstellung* ein. Er handelt zwar auch — wie der Eigenhändler — *im eigenen Namen, aber nicht auf eigene, sondern auf Rechnung des Kommittenten* (vgl. §§ 383, 384 HGB). Ein Kommissionsagent, der ständig für denselben Auftraggeber tätig und in dessen Verkaufsorganisation eingegliedert ist, steht deshalb dem Vertreter rechtlich und wirtschaftlich wesentlich näher als ein Vertragshändler[177].

152 Es fragt sich deshalb, ob er, sofern die einzelnen Voraussetzungen gegeben sind, wie ein Handelsvertreter berechtigt ist, bei Beendigung des Kommissionsvertrages einen Ausgleichsanspruch geltend zu machen, oder ob dies nur ausnahmsweise der Fall sein kann, weil die strengen Maßstäbe, die der Bundesgerichtshof im Hinblick auf den Ausgleichsanspruch des Eigenhändlers entwickelt hat, auch für den Kommissionsagenten gelten.

153 Im Schrifttum[178] ist die Ansicht vorherrschend, dass die Vorschriften des Handelsvertreterrechtes auf den Kommissionsagenten unter der Voraussetzung entsprechend anwendbar sind, *dass der Kommissionsagent ständig und nicht nur vorübergehend oder von Fall zu Fall damit betraut ist, für Rechnung des Unternehmers Geschäfte abzuschließen.* Auch die Rechtsprechung hat diesen grundsätzlichen Standpunkt von jeher vertreten[179].

154 Daraus folgt, dass auch das *Ausgleichsrecht grundsätzlich auf Kommissionsagenten anwendbar ist*[180], sofern der Kommissionsagent vergleichbar in die Absatzorganisation eingegliedert ist. Das dürfte indessen im Hinblick auf den bei Beendigung des Vertragsverhältnisses eintretenden Verlust des Kundenstammes bereits aus § 384 Abs. 2 HGB zu folgern sein.

155 So hat der Bundesgerichtshof — allerdings in einer älteren Entscheidung vom 1.6.1964[181], in der er diese Frage nicht abschließend prüfen musste — ausgeführt, dass eine entsprechende Anwendung des § 89b *beim Kommissionsagenten eher bejaht* werden könne als beim Vertragshändler, weil beim Kommissionsagenten wie beim Warenvertreter der Kundenstamm bei der Beendigung des Vertragsverhältnisses schon kraft der gesetzlichen Ausgestaltung des Vertragsverhältnisses (§ 384 Abs. 2) dem Lieferanten zufalle, ohne dass es einer besonderen vertraglichen Verpflichtung zu seiner Überlassung bedürfte. Auch könne der Kommissionsagent eher als konkret schutzbedürftig angesehen werden als der Vertragshändler, weil er in der Regel weit weniger eigenes Kapital

---

177 Zur Abgrenzung des Handelsvertreters vom Kommissionsagenten *LG Wuppertal,* 31.3.1966, NJW 1966 S. 1129.
178 *Schröder,* § 84 Rz. 20, BB 1954 S. 477 zu II; BB 1958 S. 252 und 1961 S. 809 sowie DB 1966 S. 449; *Nipperdey* in Festschrift für Hedemann, S. 210; *Baumbach/Hopt,* 30. Aufl., § 84, Rz. 19; *Ankele,* § 84 Anm. 7; *Josten/Lohmüller,* § 84 Vorbem. 2 und Anm. 9; vgl. auch *Brüggemann,* Rz. 36 vor § 84. Beispielsfälle bei *Küstner,* IHV 1966 Heft 17, S. 22.
179 *BGH,* 11.12.1958, VersR 1959 S. 25, 26 li. Sp. mit weiteren Nachweisen; vgl. auch *BGH,* 16.2.1961, VII ZR 244/59 vgl. unten Fn. 184; RGZ 65 S. 86; RGZ 69 S. 365; *RG* JW 1917 S. 156.
180 So ausdrücklich *Schröder,* § 84 Anm. 20, § 89b Anm. 3c, BB 1954 S. 477 und 1958 S. 252.
181 BB 1964 S. 823 = HVR Nr. 320; vgl. auch *BGH,* 16.2.1961, VersR 1961 S. 401.

einzusetzen habe als jener[182]. Das Oberlandesgericht München[183] hat sich für eine *analoge Anwendung des Ausgleichsanspruchs* auf Kommissionsagenten unter der Voraussetzung ausgesprochen, dass das Kommissionsverhältnis in seiner vertraglichen Ausgestaltung wirtschaftlich und tatsächlich einem Handelsvertreterverhältnis entspreche.

Aus alledem folgt, dass der Kommissionsagent bei Vertragsbeendigung in der Regel einen Ausgleichsanspruch haben dürfte. Dennoch darf nie übersehen werden, dass es sich hierbei um die *analoge Anwendung* einer gesetzlichen Vorschrift auf einen Tatbestand handelt, für den der *Gesetzgeber* einen Ausgleichsanspruch nicht vorgesehen hat. Deshalb muss im *Einzelfall* stets geprüft werden, ob die *Voraussetzungen für eine solche Analogie* auch tatsächlich gegeben sind. Hierbei muss auch untersucht werden, ob der gesetzlich vorgeschriebene Übergang des Kundenstammes bei Vertragsbeendigung auf den Unternehmer für die Gewährung eines Ausgleichsanspruches ausreicht oder ob auch für den Kommissionsagenten der vom Bundesgerichtshof für Eigenhändler aufgestellte Grundsatz gilt, dass ein Ausgleichsanspruch nur gegeben ist, wenn der Übergang des Kundenstammes für den Eintritt von Unternehmervorteilen ursächlich ist[184]. Andererseits muss darauf hingewiesen werden, dass in der Praxis mitunter erfolglos versucht wird, die Ausgleichsverpflichtung dadurch zu umgehen, den Vermittler „einfach als Kommissionsagenten" einzusetzen und das Vertragsverhältnis entsprechend auszugestalten. Denn aus den vorstehenden Erläuterungen ergibt sich, dass eben auch einem Kommissionsagenten ein Ausgleichsanspruch zustehen kann, sodass mit einer solchen Vertragsgestaltung das erstrebte Ziel oft gar nicht erreicht werden kann.

156

H. Handels- und Versicherungsmakler

Ein Makler – hier insbesondere ein *Versicherungsmakler* – i. S. d. §§ 93 ff. ist nicht ausgleichsberechtigt, gleichgültig, ob es sich bei seiner Tätigkeit um den Vertrieb oder den Einkauf von Waren oder um die Vermittlung von Dienstleistungen, also von Versicherungsverträgen handelt. Während der Begriff des Warenhandelsvertreters eine *ständige Betrauung* durch das vertretene Unternehmen mit der Vermittlung oder – je nach dem Umfang der erteilten Vollmacht – mit dem Abschluss von Geschäften – voraussetzt[185], kommt es für den Han-

157

---

[182] Diesem Gesichtspunkt dürfte allerdings mit Rücksicht auf das *BGH*-Urteil vom 11. 2. 1977 (BB 1977 S. 511 = DB 1977 S. 860 = EBE 1977 S. 155) heute keine Bedeutung mehr zukommen.
[183] *OLG München*, 18.2.1970, HVR Nr. 430.
[184] Vgl. *BGH*, 16.2.1961, BGHZ 34 S. 282 = BB 1961 S. 265 = VersR 1961 S. 244 = HVR Nr. 235.
[185] Einzelheiten zum Maklerrecht generell und zur Abgrenzung vom Handelsvertreter in *Küstner/ Thume*, Hdb. Bd. III, Rz. 1824 ff., 1831 ff. und 1864 ff.; *Röhricht* in RW-HGB, 2. Aufl., Rz. 1 vor § 93 sowie § 93 Rz. 7; zur Einfluss- und zur Aufgabenstellung des Versicherungsmaklers; *Benkel/Rosch*, VersR 1992, 1302; *Hans Müller*, VW 1970, 1005; *Odendahl*, ZfV 1993, 390;

II Anspruchsberechtigte

delsmakler gem. § 93 Abs. 1 Satz 1 gerade darauf an, dass es an einer *auf Dauer gerichteten* ständigen Betrauung fehlt[186]. Gleichwohl ist für die Abgrenzung des Handelsvertreters vom Makler nicht der Umstand entscheidend, dass zwischen dem Unternehmer und dem Vermittler Geschäftsbeziehungen von längerer Dauer bestehen, sondern dass zwischen den Parteien eine „beiderseitige, auf Dauer berechnete Bindung" besteht[187]. Fehlt es an einer solchen, kommt ein Handelsvertretervertrag nicht in Betracht.

158 Mit Recht hat das OLG Bamberg in seinem Urteil vom 18.9.1964[188] zur Abgrenzung des Maklers vom Handelsvertreter festgestellt, ein Handelsvertreter müsse mit dem Abschluss oder der Vermittlung von Geschäften *„ständig betraut"* sein. Auf die Dauer gerichtet sei das Verhältnis – und damit dieses für das Vorliegen eines Handelsvertretervertrages erforderliche Tatbestandsmerkmal nur dann erfüllt, wenn der Beauftragte des Unternehmers mit dem Abschluss oder der Vermittlung einer unbestimmten Vielzahl von Geschäften betraut sei.

159 Solle er stattdessen nur bestimmte Einzelgeschäfte vermitteln oder nur gelegentlich für den Unternehmer tätig werden, liege ein Handelsvertreterverhältnis nicht vor, und zwar auch dann nicht, wenn die Vermittlung dieser Geschäfte eine längere Tätigkeit des Beauftragten erfordere mache. In gleicher Weise hat sich zutreffend der BGH in seinem Urteil vom 23.11.1973[189] geäußert. In jenem Urteil ging es um die Frage, ob ein Handelsvertreter als Beauftragter des Unternehmers *gleichzeitig* für den geworbenen Kunden als Makler tätig werden könne. Der BGH hat dies mit Recht verneint und festgestellt, bei jedem Interessenwiderstreit müsse sich der Handelsvertreter auf die Seite des Unternehmers stellen. Dem Kunden gegenüber trete der vertretene Unternehmer und der für ihn tätige Handelsvertreter „von vornherein als ‚die andere Seite'" gegenüber, der Handelsvertreter trete anstelle des Unternehmers auf und habe ausschließlich *dessen Interessen wahrzunehmen*. Er müsse seine gesamte Tätigkeit in Erfüllung dieser eingegangenen Verpflichtung entfalten. Das schließe eine gleichzeitige Maklertätigkeit des Vermittlers für den Kunden aus. Denn der Handels-

---

Sieg, ZVersWiss 1982, 143 zu Ziff. III; *Werber*, VW 1988, 1159; *Zopfs*, VersR 1986, 747; *Spielberger*, VersR 1984, 1013.
186 Zur Abgrenzung umfassend *Matusche-Beckmann*, VersR 1995, 1391 ff.; *BGH*, 22.5.1985 – IV a ZR 190/83, BGHZ, 94, 356 = NJW 1985, 2595 = VersR 1985, 930; *BGH*, 26.1.1984 – I ZR 188/81, BB 1984, 1893 = VersR 1984, 534 = WM 1984, 556 (zu II.1.a) aa); *OLG Hamm*, 3.2.1994, VersR 1995, 167; *OLG Nürnberg*, 27.1.1994, VersR 1995, 94 = NJW-RR 95, 227 m.w.N.; *OLG Frankfurt*, 23.6.1987 – 22 U 1/87, VersR 1987, 985; *Dehner*: Das Maklerrecht in der Praxis, 2001, S. 178–180; *Staub/Brüggemann*, Rz. 3 zu § 93 HGB; *Koller/Roth/Morck*, 4. Aufl., Rz. 12 zu § 93 HGB; *Heymann/Herrmann*, HGB, 2. Aufl., § 84 Rz. 9 und § 93 Rz. 4; BGH, 4.12.1981 – I ZR 200/79, BB 1982, 1876 = VersR 1982, 343 = WM 1982, 272, 273; BGH, 1.4.1992 – IV ZR 154/91, NJW 1992, 2818, 2819 = BB 1992, 2178; *Küstner* in Küstner/Thume Hdb. Bd. I, 3. Aufl., Rz. 90 ff.; *Baumbach/Hopt*, 30. Aufl., § 93 Rz. 7, 10.
187 *BGH*, 1.4.1992, Fn. 186; *BGH*, 18.11.1971 – VII ZR 102/70, BGHZ 59, 87 = NJW 1972, 251 = WM 1972, 191, 192 m.w.N.; vgl. auch *BGH*, 26.1.1984, a.a.O. (Fn. 186).
188 *OLG Bamberg*, 18.9.1964 – 3 U 26/63, HVR Nr. 323 = BB 1965, 1167.
189 *BGH*, 23.11.1973 – IV ZR 34/73, WM 1974, 58 = NJW 1974, 137 = BB 1974, 100 = HVR Nr. 478.

vertreter könne dem Kunden keine Maklerleistung erbringen, weil er nicht in der Lage sei, dessen Belange gegenüber dem Unternehmer zu wahren, wie es das durch einen Maklervertrag begründete Treue- und Vertrauensverhältnis erfordern würde[190].

Des Weiteren unterscheidet sich die Handelsvertreter- von der Maklertätigkeit dadurch, dass der Handelsvertreter als Beauftragter des vertretenen Unternehmens in gewissem Umfange weisungsgebunden[191] ist, während der Makler *weisungsunabhängig* ist, und zwar auch dann, wenn ihm ein *Alleinauftrag* erteilt wurde[192]. Daraus ergibt sich als weiteres Abgrenzungskriterium die Frage, ob sich der Vermittler dem Unternehmer gegenüber, für das er vermittelnd tätig wird, eine auf Dauer gerichtete Verpflichtung – als Korrelat zu der auf Dauer gerichteten Betrauung als Tatbestandsmerkmal für eine Handelsvertretertätigkeit – übernimmt. **160**

Liegt eine auf Dauer gerichtete Verpflichtung vor, scheidet eine Eigenschaft als Makler mithin von vornherein aus. Der BGH hat in seinen Urteilen vom 1.4.1992[193] und 18.11.1971[194] klargestellt, dass Handelsvertreter nur sein könne, wer aufgrund der mit einem Unternehmer getroffenen Vereinbarungen auch verpflichtet sei, sich ständig um die Vermittlung oder den Abschluss von Geschäften für diesen zu bemühen; ein Handelsvertreterverhältnis „enthalte also eine auf Dauer berechnete beiderseitige Bindung"[195]. In diesem Zusammenhang ist von Bedeutung, dass der BGH in diesem Urteil[196] auch darauf hingewiesen hat, dass dann, wenn das Berufungsgericht zu dem Ergebnis gelange, der Beklagte sei kein Handelsvertreter der Klägerin gewesen, der Kläger als Handelsmakler i.S.d. §§ 93ff. HGB (möglicherweise auch als Zivilmäkler i.S.d. §§ 652ff. BGB oder als Geschäftsbesorger) anzusehen sei. **161**

Für die Maklereigenschaft wird – wenn es sich um einen Versicherungsmakler[197] handelt – auch übereinstimmend als sehr wesentlich der Umstand angesehen, dass der Makler – im Gegensatz zum Handelsvertreter – in erster Linie *Interessenwahrer seines Kunden*, des Versicherungsnehmers ist, nicht aber In- **162**

---

190 *Matusche-Beckmann*, a.a.O., 1393 li. Sp.; dies ergibt sich im Übrigen auch aus der sog. *Verflechtungsrechtsprechung*, wonach der Vermittler nicht die rechtliche Stellung eines Maklers gehabt haben könne, sondern in Wirklichkeit Handelsvertreter sei; die Maklereigenschaft sei ausgeschlossen, wenn er am Unternehmen des Vertragsgegners seines Kunden rechtlich oder wirtschaftlich so beteiligt sei, dass er und der Vertragsgegner zu einer voneinander unabhängigen Willensbildung nicht in der Lage seien. Zur Verflechtungsproblematik: *Dehner*, NJW 1991, 3254, 3259 zu II.g); *BGH*, 23.11.1973, a.a.O. (Fn. 189); *BGH*, 13.3.1974 – IV ZR 53/73, NJW 1974, 1130 = WM 1974, 482.
191 *Baumbach/Hopt*, 30. Aufl., § 84 Rz. 38; *BGH*, 21.3.1966 – VIII ZR 290/63 = NJW 1966, 1405 = WM 1966, 683. Vgl. *Küstner/Thume*, Hdb. III, Rz. 1824ff.
192 *BGH*, 8.4.1987 – IV a 17/86, WM 1987, 1044 zu II; *MK-Schwerdtner*, BGB, 2. Aufl., § 652 Rz. 280.
193 *BGH*, 1.4.1992, a.a.O.; vgl. Fn. 186.
194 *BGH*, 18.11.1971, a.a.O.; vgl. auch Fn. 187.
195 *BGH*, 1.4.1992, a.a.O.; vgl. Fn. 186; Palandt/Sprau, 61. Aufl., Einf. vor § 652 BGB Rz. 4–7.
196 *BGH*, 1.4.1992, a.a.O.; vgl. Fn. 186.
197 Vgl. *Dehner* a.a.O. (Fn. 186) Rz. 309–322.

II Anspruchsberechtigte

teressenwahrer des Unternehmers[198]. So wird er auch als *„treuhänderischer Sachverwalter" des Versicherungsnehmers* bezeichnet[199].

163 Der BGH hat in seinem Urteil vom 22.5.1985[200] mit Recht nachdrücklich darauf hingewiesen, dass der *Versicherungsmakler*, der regelmäßig vom Versicherungsnehmer beauftragt werde, als Interessen- und sogar Abschlussvertreter des Versicherungsnehmers angesehen werde[201] und als *Vertrauter und Berater des Versicherungsnehmers* individuelle, für das betreffende Objekt passenden Versicherungsschutz oft kurzfristig zu besorgen habe. Als *„treuhänderischer Sachwalter"*[202] des Versicherungsnehmers könne der Versicherungsmakler mit anderen Beratern des Versicherungsnehmers verglichen werden. Dies gelte trotz der ihn der Versicherungswirtschaft verbreiteten Übung, dass der Makler die Vergütung für eine erfolgreiche Vermittlung nicht vom Versicherungsnehmer, sondern *vom Versicherungsunternehmen* erhalte[203]. Der Handelsvertreter steht demgegenüber im Gegensatz zur Rechtsstellung des Maklers allein zum vertretenen Unternehmer als dessen Interessenwahrer dem Kunden des Unternehmers gegenüber[204].

164 Eine Ausgleichsberechtigung ist insbesondere auch bei sog. *Makleragenten*[205] zu verneinen, d.h. bei Vermittlern, die intern mit bestimmten Versicherern ständig zusammenarbeiten, *nach außen aber als Makler* auftreten. Denn es geht nicht an, dass ein Makler dem Versicherungsnehmer gegenüber die Stellung eines Maklers hervorhebt und beansprucht, im Innenverhältnis jedoch die Rechte eines Versicherungsvertreters in Anspruch nimmt.

165 Betreibt der Makler *rechtlich getrennt* von seiner Maklerfirma eine Versicherungsvertretung unter eigener Firma, die ihrerseits unter die für Handelsvertreter geltenden Vorschriften der §§ 84ff. fällt, so kann insoweit allerdings eine Ausgleichsberechtigung gegeben sein[206], wenn nicht anzunehmen ist, dass im Einzelfall mit der Gründung der Vertreterfirma rechtsmissbräuchlich der oben verneinte Erfolg zu erreichen versucht wird.

166 Schließlich hat der BGH in seinem Urteil vom 23.11.1973 und vom 13.3.1974 festgestellt[207], ein *Vermittler könne dann nicht Makler* sein, *wenn er an dem Unternehmen des Vertragsgegners seines Kunden rechtlich oder wirtschaft-*

---

[198] *BGH*, 1.4.1972, a.a.O., vgl. Fn. 186); *Koller/Roth/Morck*, a.a.O.; § 93 Rz. 21; *Heymann/Herrmann*, Rz. 8 zu § 93; *Palandt/Sprau*, 61. Aufl., § 654 Rz. 4; *Matusche-Beckmann*, VersR 1995, 1391, 1393 li. Sp.
[199] *Koller/Roth/Morck*, 4. Aufl., a.a.O., § 93 Rz. 21.
[200] *BGH*, 22.5.1985 – IV a ZR 190/83, BGHZ 94, 356 = NJW 1985, 2592 = VersR 1985, 930.
[201] So auch *Prölss/Martin*, VVG, 25. Aufl., Anh. zu §§ 43–48 VVG, Anm. 1 u. 2; *Bruck/Möller*, Anm. 13 und 40 vor §§ 43ff. VVG; *BGH*, 22.5.1985, a.a.O.
[202] *Trinkhaus*, S. 132.
[203] Vgl. *Prölss/Martin*, a.a.O.; *Bruck/Möller*, Vorbem. zu §§ 43–48 VVG, Anm. 73.
[204] *OLG Koblenz*, 27.4.1973 – 2 U 787/72 = BB 1973, 866 = HVR Nr. 469.
[205] *Trinkhaus*, S. 375, Fn. 117a und S. 137; *Bruck/Möller*, Anm. 28 zu §§ 43–48 VVG und *Möller*, RuW, S. 44; *Höft*, VersR 1966, 322, 323; vgl. auch VW 1967, 1174.
[206] *Rohrbeck/Durst/Bronisch*, S. 72.
[207] Zur Verflechtungsproblematik: *Dehner*, NJW 1991 S. 3254, 3259 zu IIg; *BGH*, 23.11.1973 a.a.O., vgl. oben Fn. 189; *BGH*, 13.3.1974, DB 1974 S. 1107 = NJW 1974 S. 1130 = WM 1974 S. 482.

lich so beteiligt sei, dass er und der Vertragsgegner zu einer voneinander unabhängigen Willensbildung nicht in der Lage seien. In diesem Falle stehe das aufgrund der Tätigkeit des Vermittlers zu Stande gekommene Geschäft einem *Eigengeschäft* gleich; der Vermittler sei dann nicht Makler, weil der vom Auftraggeber angestrebte Vertragsschluss dann in Wirklichkeit zwischen dem Auftraggeber und dem Makler selbst, nicht aber zwischen dem Auftraggeber und dem Dritten zu Stande gekommen sei[208]. Des Weiteren könne von einer rechtlichen Stellung als Makler dann nicht gesprochen werden, wenn der Vermittler zum Vertragsgegner seines Kunden in einer solch engen Beziehung stehe, dass er sich im Streitfall bei regelmäßigem Verlauf auf die Seite des Vertragsgegners stellen werde. Zwar reiche ein bloßer Interessenkonflikt für den Ausschluss des Provisionsanspruchs nicht aus. Die Interessenbildung aufseiten des als Makler Auftretenden müsse aber so institutionalisiert sein, dass sie ihn — unabhängig von seinem Verhalten im Einzelfall — als ungeeignet für die dem gesetzlichen Leitbild entsprechende Tätigkeit erscheinen lasse[209]. Ein solcher institutionalisierter Interessenkonflikt sei insbesondere im Falle eines Handelsvertreters zu bejahen, der vorgebe, Makler zu sein. Denn ein Handelsvertreter sei aufgrund seines Vertrages mit dem Unternehmer ohnehin verpflichtet, die Interessen des Unternehmers wahrzunehmen. Schließe er mit einem potentiellen Kunden des Unternehmers einen Maklervertrag, so könne er aufgrund des Handelsvertretervertrages nicht so, wie er es als Makler müsste, die Belange des Kunden gegenüber dem Unternehmer wahren.

I. Handelsvertreter im Nebenberuf[210]

Ein Ausgleichsanspruch steht Handelsvertretern im Nebenberuf nicht zu (§ 92b Abs. 1 Satz 1)[211]. Im Gegensatz zum Regierungsentwurf zur Änderung des Handelsgesetzbuchs enthält die jetzige Gesetzesfassung allerdings keine Definition, welcher Handelsvertreter als nebenberuflicher Vertreter anzusehen ist. Das Gesetz stellt in § 92b Abs. 3 vielmehr lediglich auf die *Verkehrsauffassung* ab. Aus der im Regierungsentwurf[212] enthaltenen Definition, die der in der Lehre herrschenden sog. *Übergewichtstheorie*[213] folgte, ergibt sich aber

167

---
208 *BGH*, 1.4.1992 a.a.O.; *BGH*, 24.4.1985, NJW 1985 S. 2473 = WM 1985 S. 946; *BGH*, 30.6.1976, BB 1976 S. 1432 = WM 1976 S. 1228; *BGH*, 16.4.1975, NJW 1975 S. 1215; *BGH*, 25.5.1973, NJW 1973 S. 1649 = WM 1973 S. 1205; *BGH*, 12.5.1971, NJW 1971 S. 1839 = WM 1971 S. 1089.
209 *BGH*, 1.4.1992 a.a.O., *BGH*, 26.9.1990, BGHZ 112, 240 = WM 1990 S. 2088 = VersR 1991 S. 98; *BGH*, 3.12.1986, NJW 1987 S. 1008 = WM 1987 S. 409; *BGH*, 24.6.1981, NJW 1981 S. 2293 = WM 1981 S. 993.
210 Zu Einzelheiten des Handelsvertreters im Nebenberuf vgl. Bd. 1 Rz. 161 ff.
211 Zu den Bedenken gegen die Nichtanwendbarkeit des § 89b *Küstner*, VW 2002, 1793.
212 Bundestags-Drucksache, 1/3856 vom 15.11.1952 S. 7, 42.
213 Näheres dazu bei *Küstner*, BB 1966 S. 1212 mit zahlreichen weiteren Nachweisen. Vgl. insbes. Bd. 1 Rz. 161 ff. Das *Landgericht Stuttgart* hat in seinem Urteil vom 15.5.1981 – 8 KfH O 11/81 – (unveröffentlicht) die nebenberufliche Vermittlungstätigkeit im Hinblick auf Kfz-

die Auffassung des Gesetzgebers, dass eine hauptberufliche Vertretertätigkeit dann vorliegt, wenn jemand **überwiegend als Handelsvertreter tätig** ist **und** aus dieser Tätigkeit auch den **überwiegenden Teil seines Arbeitseinkommens bezieht**, wenn also im Hauptberuf der Schwerpunkt der Lebensgestaltung liegt[214]. Da diese beiden Voraussetzungen **nebeneinander** vorliegen müssen, ist eine nebenberufliche Vertretertätigkeit mithin dann gegeben, wenn es bereits an einer dieser beiden Voraussetzungen fehlt. So wird eine nebenberufliche Vertretertätigkeit etwa dann anzunehmen sein, wenn neben der Vertretertätigkeit noch ein **anderer Beruf** ausgeübt wird, der den Vertreter überwiegend in Anspruch nimmt, auch wenn die Haupteinnahmen aus der Vertretertätigkeit fließen.

168 Die *Abgrenzung*[215] zwischen haupt- und nebenberuflicher Vertretertätigkeit führt — gerade mit Rücksicht auf die für den nebenberuflichen Vertreter nachteilige Bestimmung des § 92b Abs. 1 — mitunter zu Meinungsverschiedenheiten, sodass es unter Berücksichtigung der *Verkehrsauffassung* einer sehr eingehenden Prüfung der Einzelumstände bedarf, um zu einer dem Gesetz entsprechenden Lösung zu kommen[216].

169 Ist ein Handels- oder Versicherungsvertreter *gleichzeitig für mehrere vertretene Unternehmen* tätig, übt er diese Vertretertätigkeit — insgesamt gesehen — *hauptberuflich* aus, und zwar auch dann, wenn die Vermittlungstätigkeit für bestimmte vertretene Unternehmen hauptsächlich, überwiegend oder nur nebenher ausgeübt wird. Im Hinblick auf eine „nur nebenher" ausgeübte Vermittlungstätigkeit kann sich der auf Zahlung eines Ausgleichs in Anspruch genommene Unternehmer also nicht darauf berufen, dass der Handelsvertreter insoweit nur nebenberuflich tätig gewesen sei[217].

170 Auch für eine zutreffende Abgrenzung zwischen haupt- und nebenberuflicher Versicherungsvertretertätigkeit[218] sind allein die oben erwähnten Kriterien maßgebend[219]. Die im Bereich der *Kraftfahrtversicherung* früher maßgeblich gewesene sog. *preisrechtliche Abgrenzung*[220] hatte lediglich für die Höhe der

---

Kaufverträge des Inhabers eines Autohauses anerkannt, dessen hauptberufliche Tätigkeit im Betrieb einer Vertragswerkstatt bestand. Hinsichtlich seiner Vermittlungstätigkeit war er als Handelsvertreter im Nebenberuf betraut. Seine Ausgleichsklage wurde abgewiesen.
214 *LG Hannover*, 3.7.1972, VersR 1973, 153 mit Anm. *Küstner*.
215 Einzelheiten Bd. 1 Rz. 161 ff. Vgl. auch *Baums*, BB 1986 S. 891 ff.
216 Schwierige Abgrenzungsprobleme können insbesondere bei der Nutzung fremder Absatzorganisationen auftreten. Vgl. *Schröder*, RVR 1970 S. 259 und *Küstner*, BB 1966 S. 1212, 1213 zu II 3.
217 *LG Stuttgart*, 21.12.1955, VersR 1956 S. 415; *Trinkhaus*, S. 374; *Schröder*, § 92b Rz. 2b; vgl. auch Handbuch Band 1, Rz. 164 ff.
218 Allein in der Versicherungswirtschaft sind etwa 300.000 nebenberufliche Vermittler tätig, allerdings wohl in erster Linie als Adressenvermittler, vgl. Interview der Zeitschrift Versicherungswirtschaft mit dem Vorsitzenden des Vertriebsausschusses, Herrn *Robert Ludwig*, Wiesbaden. Zu Einzelheiten des Handelsvertreters im Nebenberuf vgl. Band 1 Rz. 161 ff.
219 Vgl. *Martin*, VersR 1967 S. 824, 826 zu II 2, zur Rechtslage, wenn die Handelsvertretung in Form einer Personengesellschaft geführt wird und einer der Gesellschafter in der Gesellschaft nur nebenberuflich tätig ist.
220 Abschnitt VIII (§§ 31 ff.) der Verordnung über die Tarife in der Kraftfahrtversicherung vom 20.11.1967, Beilage zum Bundesanzeiger Nr. 225 vom 1.12.1967, außer Kraft seit 31.12.1994; vgl. Bd I Rz 1097.

zu gewährenden Provisionen, nicht aber auch für die handelsrechtliche Abgrenzung Bedeutung. Denn die dort maßgeblichen Gesichtspunkte entsprachen keineswegs immer der für die handelsrechtliche Unterscheidung vom Gesetz geforderten Verkehrsauffassung[221].

Nach § 92b Abs. 2 kann sich der Unternehmer auf die Nichtanwendbarkeit des § 89b nur dann berufen, wenn er den Handelsvertreter ausdrücklich als Handelsvertreter im Nebenberuf mit der Vermittlung oder dem Abschluss von Geschäften betraut hat. Aus dem *prozessualen Charakter der Vorschrift* folgt, dass hierbei **streitig** sein muss, ob es sich um eine haupt- oder nebenberufliche Vertretertätigkeit handelt[222]. Ist zwischen den Parteien **unstreitig**, dass der Vertreter nebenberuflich tätig war, so findet § 92b Abs. 2 keine Anwendung. Beansprucht also ein nebenberuflicher Vertreter, der seine nebenberufliche Stellung einräumt, eine Ausgleichszahlung, weil er meint, wegen *fehlender ausdrücklicher Vereinbarung* der Nebenberuflichkeit stehe ihm ein Ausgleichsanspruch zu, so kann sich der Unternehmer gleichwohl auf § 92b Abs. 1 berufen, und zwar ohne Rücksicht darauf, ob der Vertreter ausdrücklich als nebenberuflicher Vertreter betraut worden war oder nicht[223]. **171**

Eine Berufung des Unternehmers auf die Nebenberuflichkeit des Handelsvertreters und die dementsprechend erfolgte vertragliche Betrauung ist aber gleichwohl dann ausgeschlossen, wenn der Handelsvertreter von Anfang an stets *hauptberuflich* tätig war und seine Betrauung als nebenberuflicher Handels- oder Versicherungsvertreter mithin den tatsächlichen Verhältnissen nicht entsprach. Mit Recht weist Schröder[224] darauf hin, dass der materielle Gehalt der Tätigkeit, ob sie nämlich haupt- oder nebenberuflich ausgeübt werde, durch eine *unrichtige Bezeichnung* nicht beeinflusst werden könne und dass allein durch eine entsprechende Vereinbarung der Handelsvertreter nicht zu einem Nebenberufsvertreter gemacht werden könne. Denn stets sei der Grundsatz zu beachten, dass nicht die Betrauung als solche, sondern allein die Verkehrsauffassung konstitutive Wirkung habe. Die Darlegungs- und Beweislast freilich, dass entgegen der Betrauung Nebenberuflichkeit niemals vorgelegen habe, liegt beim Handelsvertreter[225]. **172**

Ändern sich die tatsächlichen Verhältnisse eines als nebenberuflicher Handelsvertreter betrauten Vermittlers dergestalt, dass er seine Tätigkeit nunmehr **173**

---

221 Vgl. *LG Hannover,* 4.7.1972, VersR 1973 S. 153 mit Anm. *Höft;* Gesamtverband der Versicherungswirtschaft, Geschäftsbericht 1959/60 S. 156; vgl. auch VW 1961 S. 551 und 1964 S. 954. Zur Rechtslage bezügl. *arbeitsloser nebenberuflicher Versicherungsvermittler* im Hinblick auf die Konkurrenz zwischen Vermittlungsprovision einerseits und Arbeitslosengeld bzw. -Hilfe andererseits ist der jetzt maßgebliche einheitliche Mindestfreibetrag von 165,– € zu beachten; vgl. dazu *Küstner,* BullDV, 2002, Heft 1, S. 27.
222 *Schröder,* § 92b Anm. 7; VW 1965 S. 547.
223 EBJ/*Löwisch,* § 92b Rz. 8; *Heymann/Sonnenschein/Weitemeyer,* § 92b Rz. 30, vgl. auch Bd. I Rz. 198; *Küstner,* BB 1966 S. 1212; vgl. auch VW 1966 S. 826 und *Schröder,* DB 1967 S. 1303 und RVR 1968 S. 113 und § 92b Anm. 7; *Brüggemann,* § 92b Rz. 8.
224 Inf. 1977 Gr. 12 S. 555, 556 li. Sp. sowie DB 1967 S. 1303 li. Sp. und Kommentar, § 92b Rz. 6; *Brüggemann,* § 92b Rz. 8.
225 *Alff,* Rz. 20; *Baumbach/Hopt,* § 92b Rz. 2; *LAG Hamm,* 12.1.1971, BB 1971 S. 439.

II Anspruchsberechtigte

hauptberuflich ausübt, kann er sich im Hinblick auf einen bei Vertragsbeendigung geltend zu machenden Ausgleichsanspruch auf diese hauptberufliche Tätigkeit dem Unternehmer gegenüber nur berufen, wenn dieser sich mit der Hauptberuflichkeit ausdrücklich oder stillschweigend einverstanden erklärt hat. Eine *einseitige Ausweitung* der nebenberuflichen in eine hauptberufliche Tätigkeit kann daher nicht zu einer Änderung der Rechtsstellung des Handelsvertreters und damit zu seiner *Ausgleichsberechtigung* führen[226].

174 Mit Recht sind neuerdings **Bedenken** gegen die Nichtanwendbarkeit des Ausgleichsrechts im Bereich der nebenberuflich tätigen Handelsvertreter und **insbesondere der Versicherungsvertreter** geltend gemacht worden. Specks[227] hat zutreffend darauf hingewiesen[228], dass in letzterem Bereich der Wegfall des Ausgleichsanspruchs ungerechtfertigt und durch nichts überzeugend zu begründen sei[229]. Denn gerade bei Versicherungsvertretern trete – jedenfalls im Sachbereich – der Ausgleichsanspruch, wenn eine **Provisionsverzichtsklausel** vereinbart ist, als Provisionssurrogat an die Stelle bereits verdienter Vermittlungsprovisionen[230]. Deshalb kann zweifellos insbesondere bei diesem Personenkreis der Wegfall des Ausgleichsanspruchs eine **unangemessene Benachteiligung** i. S. d. § 307 Abs. 2 Ziff. 1 BGB[231] des Versicherungsvertreters darstellen. Deshalb unterliege de lege-ferenda die Vorschrift des § 92 Abs. 1 Satz 1 der Wirksamkeitskontrolle mit der Folge, dass sie als unwirksam angesehen werden müsse.

175 Zweifellos hat gerade bei Versicherungsvertretern die Vorschrift des § 92b Abs. 1 Satz 1 so gravierende Folgen, weil hier im Verhältnis zu anderen Bereichen der Anteil nebenberuflich tätiger selbstständiger Handelsvertreter besonders hoch[232] sei und dies infolge einer Provisionsverzichtsklausel zu erheblichen nachvertraglichen Einkommensverlusten führe. Es dürfte deshalb nur eine Frage der Zeit sein, bis die Unwirksamkeit des § 92b Abs. 1 Satz 1 im Hinblick auf den Wegfall des Ausgleichsanspruchs zu einer Nichtigkeitsklage führen dürfte. Andererseits muss aber berücksichtigt werden, dass dieses Problem an Bedeutung verliert, wenn dem nebenberuflichen Versicherungsvertreter Ansprüche aus einer vom Unternehmer finanzierten Altersversorgung zustehen[233].

---

226 Vgl. *BGH*, 4.11.1998 – VIII ZR 248/97, BB 1999, 71; *LG Hannover*, 4.7.1972; Fn. 221. Einzelheiten Band 1 Rz. 185.
227 *Specks*, Diss., S. 60 u. 70.
228 Ebenso schon *Baums*, BB 1986, 891, 892 zu 3. und *Möller* in Bruck/Möller, Anm. 382 vor §§ 43–48 VVG, S. 870, 871.
229 Vgl. Amtl. Begründung, BTDr Nr. 3856/1949 vom 15.11.1952, S. 42.
230 Vgl. dazu Rz. 24, 45.
231 Bisher § 9 Abs. 2 Satz 1 AGB-Gesetz.
232 *Ankele*, § 92b Rz. 2; v. Hoyningen-Huene, § 92b Rz. 13/14; *Baums*, a.a.O.; EBJ/*Löwisch*, § 92b Rz. 11.
233 Vgl. Rz. 1170.

J. Anspruchsberechtigung bei grenzüberschreitenden Vertreterverträgen

Übt ein Handelsvertreter seine Tätigkeit nicht in Deutschland aus, sondern im Ausland, ist zu unterscheiden, ob die geschuldete Vermittlungs- oder Abschlusstätigkeit innerhalb des **Gebiets der Europäischen Union** oder einem anderen Vertragsstaat des Abkommens über den Europäischen Wirtschaftsraum[234] oder außerhalb dieses Gebiets erbracht wird[235].   176

Wird der Handelsvertreter im Gebiet der Europäischen Union oder einem Vertragsstaat des Abkommens über den Europäischen Wirtschaftsraum tätig[236] und ist für das Vertragsverhältnis vereinbarungsgemäß **deutsches Recht** maßgeblich[237], kann zwischen den Parteien eine **abweichende Vereinbarung** von zwingenden Vorschriften, mithin also auch vom Ausgleichsanspruch gemäß § 89b, **wirksam nicht vereinbart** werden. Das deutsche Ausgleichsrecht findet dann **ohne jede Einschränkung** in vollem Umfange auf das Vertragsverhältnis Anwendung. Dies ergibt sich aus § 92c in Verbindung mit § 89b Abs. 4.   177

Das Verbot, von zwingenden gesetzlichen Bestimmungen des deutschen Handelsvertreterrechts abzuweichen, wenn vereinbarungsgemäß das Vertragsverhältnis deutschem Recht unterliegt und der Handelsvertreter (oder der Vertragshändler) seine Tätigkeit nicht in Deutschland, sondern in einem anderen Mitgliedstaat der EU bzw. in einem anderen Staat des Europäischen Wirtschaftsraumes ausübt, gilt **ohne jede Einschränkung.**   178

Wird zwischen den Parteien das Recht eines **anderen Mitgliedstaates der Europäischen Union** bzw. anderer Vertragsstaaten des Abkommens über den Europäischen Wirtschaftsraum vereinbart, richtet sich die Ausgleichsberechtigung und der Umfang des Ausgleichs nach dem Recht des betreffenden Staates. Da inzwischen alle Mitgliedstaaten in ihren nationalen Handelsvertreterrechten eine Ausgleichsregelung entsprechend der EG-Harmonisierungsrichtlinie eingeführt oder ein bestehendes Ausgleichsrecht an die EG-Richtlinie angepasst haben,   179

---

[234] Gemäß dem Abkommen über den Europäischen Wirtschaftsraum (EWR-Abkommen) vom 2.5.1992, BGBl. II 1993, S. 267 i.d.F. des Anpassungsprotokolls vom 17.3.1993, BGBl. II 1993, S. 1294.

[235] Zu international-privatrechtlichen Fragen des Handelsvertreterrechts: *Stumpf/Detzer/Immesberger,* Internationales Handelsvertreterrecht, Teil 1, 6. Auflage, Heidelberg 1987 und Teil 2, 4. Auflage, Heidelberg 1986; *Martiny* in: *Reithmann,* Internationales Vertragsrecht, 5. Auflage, Köln 1996, S. 1138 ff.; *Detzer/Zwernemann,* Ausländisches Recht der Handelsvertreter und Vertragshändler, Heidelberg 1999; *Detzer/Thamm,* Verträge mit ausländischen Handelsvertretern, Heidelberger Musterverträge, Bd. 47; *Graf v. Westphalen,* Handbuch des Handelsvertreterrechts in den EU-Staaten und der Schweiz, Köln 1995.

[236] Zu Einzelheiten des in anderen EU-Mitgliedstaaten maßgeblichen Handelsvertreterrechts vgl. die umfassende Darstellung im „Handbuch des Handelsvertreterrechts in EU-Staaten und der Schweiz" (Köln 1955) von *Graf v. Westphalen* (Hrsg.).

[237] Auf Probleme der Rechtsanwendung in den Fällen, in denen die Parteien über das anwendbare Recht nichts vereinbart haben, soll hier nicht eingegangen werden. Näheres dazu bei *Westphal* EU S. 174 Rz. 89. Vgl. auch *BGH,* 16.3.1970, AWD 1970 S. 272 = RVR 1970 S. 152; *BGH,* 9.3.1977, HVuHM 1977 S. 1088.

II Anspruchsberechtigte

kann mithin *zu Lasten des Handelsvertreters keine Benachteiligung* eintreten, wie dies bis zum In-Kraft-Treten des Umsetzungsgesetzes — für Neuverträge ab 1.1.1990 und für Altverträge ab 1.1.1994 — der Fall war[238]. Allerdings ist die Rechtsprechung in den einzelnen Ländern trotz vereinheitlichten Rechts nach wie vor sehr unterschiedlich[238a].

180 Der *Europäische Gerichtshof* hat mit Urteil vom 9.11.2000[239] entschieden, dass die Entschädigungs- bzw. Ausgleichsregelung der durch Sec. 1 der Commercial agents regulations 1993 in das britische Recht umgesetzten Artikel 17 und 18 der EG-Handelsvertreterrichtlinie nicht durch Vereinbarung eines ausgleichsfeindlichen Drittrechts ausgeschlossen werden darf. Die umgesetzten Artikel der EG-Richtlinie sind daher nach Auffassung des Europäischen Gerichtshofes rechtswahlfeste Eingriffsnormen i. S. d. Art. 7 Abs. 2 EVÜ/34 EGBGB[240]. Dies verlange der Schutz der Niederlassungsfreiheit und die Vereinheitlichung der Wettbewerbsbedingungen in der Gemeinschaft. Dem Urteil lag die Klage auf „Ausgleich" eines in Großbritannien tätigen Agenten zu Grunde, der in seinem Vertretervertrag mit einem in Kalifornien ansässigen Unternehmen kalifornisches Recht vereinbart hatte, welches keinen Ausgleich vorsieht.

181 Nach diesem Urteil wird es in Zukunft nicht mehr möglich sein, einem im Gebiet der europäischen Union oder des europäischen Wirtschaftsraumes tätigen Handelsvertreter den Ausgleich oder die Entschädigung gemäß der umgesetzten Artikel 17 und 18 der EG-Handelsvertreterrichtlinie zu verweigern, auch wenn das Unternehmen seinen Sitz nicht im Gebiet dieser Gemeinschaften hat. Nach dem Wortlaut der Entscheidung gilt dies auch dann, wenn der Vertreter seinen Sitz außerhalb der EG hat, aber im Gebiet der Gemeinschaft tätig ist[241]. Die bis zum Erlass des EuGH-Urteils herrschende Auffassung in Deutschland hatte es für zulässig gehalten, bei Auslandsbezug ein ausgleichsfeindliches Drittrecht jedenfalls dann zu vereinbaren, wenn der ausländische Unternehmer seinen Firmensitz außerhalb des Gemeinschaftsgebietes hatte[242].

182 Das Urteil des EuGH ist auf Zustimmung[243] und Kritik[244] gestoßen[245]. Es begünstigt alle Handelsvertreter, die im Gebiet der europäischen Union und des europäischen Wirtschaftsraumes, also in den Ländern Belgien, Dänemark, Deutschland, Finnland, Frankreich, Griechenland, Irland, Italien, Luxemburg,

---
238 Vgl. dazu *Küstner,* BB 1990 S. 291.
238a Siehe dazu *Seelhorst,* EWS 2001, 481; *Krusche,* EWS 2001, 523 und *Emde,* VersR 2003, 549, 554.
239 EuGH vom 9.11.2000 – RsC 381/98 – VersR 2001, 617 = BB 2001, 10 mit Zust. Anm. von *Kindler* = DB 2001, 36 = EuZW 2001, 50 mit Anm. von *Reich* = RIW 2001, 133 = NJW 2001, 2007 mit Anm. von *Staudinger.*
240 *Kindler,* BB 2001, 11.
241 *Kindler,* BB 2001, 11; *Emde,* VersR 2002, 151, 163.
242 Vgl. *Reithmann/Martiny,* Rdn. 1423; *Hermes,* RIW 1999, 81 (86); *Wegen,* WiB 1394, 255; *Emde,* NJW 1999, 3104.
243 *Staudinger,* NJW 2001, 1974 und *Kindler,* BB 2001, 11.
244 *Freitag,* EwiR, § 89 b HGB, 4/2000, 1061.
245 Vgl. auch *Freitag/Leible,* RIW 2001, 287 und *Thume,* RIW 2001, Heft 4, 1. Seite.

J. Anspruchsberechtigung bei grenzüberschreitenden Vertreterverträgen **II**

Niederlande, Österreich, Portugal, Schweden, Spanien und im Vereinigten Königreich sowie in Island, Liechtenstein und Norwegen tätig sind.

Hinzu kommt, dass in Art. 5 der seit 1.3.2001 für alle EU-Mitgliedsstaaten mit **183** Ausnahme von Dänemark in Kraft getretenen Verordnung (EG-Nr. 44/2001 des Rates vom 22.12.2000) über die gerichtliche Zuständigkeit und die Anerkennung und Vollstreckung von Entscheidungen in Zivil- und Handelssachen (EuGVO) eine Bestimmung über den *Gerichtsstand für Vertragsklagen* vorhanden ist. Danach kann jedes Unternehmen, das seinen Sitz im Hohheitsgebiet eines Mitgliedsstaates der EU hat, an dem Gericht des Erfüllungsortes verklagt werden. Die Besonderheit liegt nun darin, dass in Art. 5 der EuGVO zusätzlich in Ziff. 1 b bestimmt ist, dass *der einheitliche Erfüllungsort* für die Erbringung von Dienstleistungen jener Ort ist, an dem diese nach dem Vertrag erbracht worden sind oder hätten erbracht werden müssen. Dies gilt auch für Handelsvertreter, sodass diese nunmehr die Ausgleichsklage an ihrem Sitz erheben können, während früher Erfüllungsort für Zahlungsansprüche der Sitz des Unternehmens gewesen ist. Nur bei jenen Unternehmen, die ihren Sitz außerhalb des Vertragsgebietes haben, bleibt es dabei, dass deren Sitz ohne Gerichtsstandsvereinbarung für die Ausgleichsklage maßgebend ist. Dies führt häufig – insbesondere bei Rechtsordnungen ohne Kostenerstattungspflicht des Unterlegenen – zu einem Verzicht des Vertreters auf die Durchsetzung seiner Ausgleichszahlung[246].

Übt der Handelsvertreter seine Vermittlungs- bzw. Abschlusstätigkeit *außerhalb* **184** *des Gebiets der Europäischen Union* oder des Europäischen Wirtschaftsraumes aus und findet wiederum *deutsches Recht* auf das Vertragsverhältnis Anwendung, gilt etwas anderes. In diesem Fall kann nach § 92c Abs. 1 hinsichtlich aller Vorschriften des 7. Abschnitts des Handelsgesetzbuchs *etwas anderes vereinbart*, der *Ausgleichsanspruch also ausgeschlossen* werden. Dies gilt nach einem Urteil des OLG München vom 11.1.2002[247] in jedem Fall. Eine einschränkende Auslegung des § 92c Abs. 1 dahin, dass eine solche Vereinbarung nur für Länder möglich ist, die keinen oder jedenfalls keinen zwingenden Ausgleich kennen, hat das OLG München abgelehnt. Für eine solche teleologische Reduktion hatte ich mich ausgesprochen[248]. In der Literatur war eine solche einschränkende Auslegung wiederholt abgelehnt worden[249].

Unterliegt der Vertretervertrag in diesen Fällen vereinbarungsgemäß *aber ausländischem* **185** *Recht*, das dort gilt, wo der Handelsvertreter seine Tätigkeit ausübt, kommt ein Ausgleichsanspruch *nach deutschem Recht nicht in Betracht*, der Vertreter kann aber, wenn das anwendbare ausländische Recht eine vergleichbare Regelung enthält, Ansprüche nach den entsprechenden ausländischen Vorschriften

---
246 Vgl. Emde, VersR 2002, 151, 164 und RIW 2003, 505.
247 OLG München vom 11.1.2002 – 23 U 4416/01 – RIW 2002, 319 = NJW RR 2003, 471.
248 *Küstner/Thume*, Bd. 1, Rdn. 2424; ebenso *Oechsler* in Martinek/Semler, § 55, Rz. 14; *Kindler*, RIW 1987, 660, 662; siehe auch *Emde*, VersR 2003, 549, 552f., insbes. zu der Frage, ob eine Abweichung nur individual oder auch in AGB erfolgen kann.
249 MK/*von Hoyningen-Huene*, § 92c, Rdn. 16; *ASW*, § 92c, Rdn. 8; *Ankele*, DB 1989, 2211; *Detzer/Tham*, S. 12; s. nunmehr auch *Wauschkuhn/Meese*, RIW 2002, 301 und *Eberl*, RIW 2002, 305.

II Anspruchsberechtigte

geltend machen, sofern die dafür erforderlichen Voraussetzungen erfüllt sind[250]. Eine Benachteiligung ist dann also auch insoweit ausgeschlossen, soweit Staaten, die noch nicht Mitglied der EU sind, mit Rücksicht auf die beantragte Mitgliedschaft ihre Handelsvertreterrechte der EG-Richtlinie angepasst und demgemäß auch ein Ausgleichsrecht geschaffen haben. Besteht aber in dem Staat außerhalb des Gebiets der Europäischen Union, in dem der Handelsvertreter seine Tätigkeit ausübt und dessen Recht für das Vertragsverhältnis maßgeblich ist, *kein Ausgleichsrecht*, geht der Handelsvertreter im Falle der Vertragsbeendigung insoweit leer aus.

186 Vereinbaren die Parteien, wenn sich der Handelsvertreter außerhalb der EU betätigt, die Anwendbarkeit des Rechts des Staates, in dem seine Tätigkeit durchgeführt wird, so verstößt eine solche Vereinbarung, wenn das vereinbarte ausländische Recht etwa eine vergleichbare Bestimmung über den Ausgleichsanspruch nicht enthält, weder gegen den ordre public gem. Art. 6 EGBGB noch gegen die guten Sitten.

187 Hat der Handelsvertreter seine Tätigkeit zum *Teil in einem EU-Mitgliedstaat, teilweise aber auch in einem Drittstaat* auszuüben, ist § 92c Abs. 1 nicht anwendbar. In diesem Fall unterliegt das Vertragsverhältnis einheitlich allein dem vereinbarten deutschen Handelsvertreterrecht[251].

188 Sind zwischen den Parteien *keine Vereinbarungen* bezüglich der Anwendbarkeit eines bestimmten Rechts getroffen worden, fehlt es also an einer Rechtswahl, unterliegt der Handelsvertretervertrag gem. Art. 28 Abs. 1 und Abs. 2 Satz 1 EGBGB dem Recht des Staates, *mit dem er die engsten Verbindungen aufweist*. Anwendbar ist in einem solchen Falle das Recht des Staates, wo der Vertrag seinen Schwerpunkt hat. Maßgeblich ist die charakteristische Leistung des Vertragsverhältnisses; diese besteht in der Vermittlungs- bzw. der Abschlusstätigkeit des Handelsvertreters, nicht in Leistung des Unternehmers. Art. 28 Abs. 2 Satz 2 EGBGB stellt hier auf das Recht am Ort der Niederlassung ab. Dies ist die Hauptniederlassung des Handelsvertreters oder einer anderen Niederlassung, von der aus die Leistung nach dem Vertrag zu erbringen ist.

189 Schließlich ist zu beachten, dass es nach der Neufassung des § 92c Abs. 1 nicht mehr darauf ankommt, in welchem Staat der Handelsvertreter seine *Niederlassung* hat, sondern entscheidend allein darauf, in welchem Land er seine *Tätigkeit* ausübt. Hat ein Handelsvertreter also beispielsweise seinen Sitz in Deutschland, übt er seine Vertretungstätigkeit aber in einem Staat aus, dessen Recht keinen Ausgleich kennt, steht ihm bei der Vertragsbeendigung kein Ausgleichsanspruch zu, wenn das Vertragsverhältnis nicht vereinbarungsgemäß ohnehin deutschem Recht unterliegt.

---

[250] Näheres dazu bei *Detzer/Zwernemann,* Ausländisches Recht der Handelsvertreter und Vertragshändler, Heidelberg 1999.
[251] *Ankele,* DB 1987 S. 569, 570; HVuHM 1987 S. 112, 113. Vgl. auch *Westphal,* EU S. 176 Rz. 98.

III. Kapitel
Schuldner des Ausgleichsanspruches – Abwälzungsvereinbarungen

A. Unternehmer als Schuldner

I. Allgemeines

Schuldner des Ausgleichs ist grundsätzlich der Unternehmer, mit dem der Vertreter in vertraglichen Beziehungen stand. Hierbei ist es ohne Bedeutung, ob er als Fabrikant oder Versicherer, als Makler oder auch selbst als Waren- oder Versicherungsvertreter (§ 84 Abs. 1 in Verbindung mit Abs. 3) tätig ist. Der als Ausgleichsschuldner in Betracht kommende Unternehmer muss **kein Kaufmann** sein[1]. Der Bundesgerichtshof hat in seinem Urteil vom 21. Januar 1965[2] festgestellt, dass die **Unternehmereigenschaft** im Sinne des § 84 auch nicht dadurch ausgeschlossen werden könne, dass der Vertragspartner des Vertreters sich in der Rechtsform einer **Körperschaft oder Anstalt des öffentlichen Rechts** organisiert habe. Entscheidend sei vielmehr, dass er sich am rechtsgeschäftlichen Verkehr in den Formen des Privatrechtes beteilige und gerade in diesen Formen seine wesensgemäßen Aufgaben erfülle[3].

190

Auch wenn der vertretene Unternehmer seinen Betrieb veräußert, behält er grundsätzlich die Stellung des Ausgleichsschuldners. Der **Betriebserwerber** kommt als Schuldner des Ausgleichsanspruchs ausnahmsweise nur dann in Betracht, wenn die dafür erforderlichen gesetzlichen Voraussetzungen (§§ 25 HGB, 419 BGB) erfüllt sind oder wenn entsprechende – vom Handelsvertreter genehmigte – vertragliche **Vereinbarungen zwischen ihm und dem Veräußerer** getroffen worden sind[4].

191

II. Abwälzung durch Provisionseinbehalt

Am häufigsten geschieht eine Abwälzung der Ausgleichslast[5] in der Weise, dass der Unternehmer mit dem neuen Handelsvertreter eine **Vereinbarung**

192

---

1 Das ist für die Frage bedeutsam, ob ein Handelsvertretervertrag stets ein beiderseitiges Handelsgeschäft ist; vgl. Band 1, Rz. 23 ff.
2 BB 1965, S. 304.
3 Auch eine Genossenschaft ist Unternehmer im Sinne des § 84; dass ihr Erwerbsbetrieb auf die Genossen beschränkt ist und den erzielten Gewinn diesen zufließen lässt, ändert daran nichts. Auch eine Genossenschaft kann also ausgleichsverpflichtet sein. Vgl. *LG Hamburg*, 20.5.1960, BlfGenW 1961 S. 115 mit Anmerkung von *Herschel*, ZfG Band 12 S. 78.
4 *Schröder*, HVH S. 250 und DB 1967 S. 2015 zu III; Einzelheiten zu Besonderheiten bei Betriebsveräußerungen unten Rz. 378, 527.
5 Dazu *Schröder*, DB 1967 S. 1303 zu VI 2.

trifft, derzufolge mit dem Vertreternachfolger entweder ein *niedrigerer Provisionssatz* vereinbart wird, sodass die Provisionsdifferenz wirtschaftlich betrachtet dazu dient, den gezahlten oder noch zu zahlenden Ausgleich dem neuen Vertragspartner des Unternehmers aufzubürden. Meist erfolgt die Abwälzung aber dadurch, dass bei Beibehaltung der schon mit dem ausgeschiedenen Handelsvertreter vereinbarten Provisionssätze die geschuldeten *Provisionsbeträge prozentual oder durch Einbehalt eines bestimmten Festbetrages gemindert* werden. Dies geschieht in der Regel solange, bis der dem ausgeschiedenen Handelsvertreter gezahlte oder geschuldete Ausgleich durch die Provisionseinbehalte *abgedeckt* ist.

193 In der Praxis kommt es immer wieder vor, dass derartige *Abwälzungsvereinbarungen* entweder schriftlich überhaupt nicht niedergelegt werden oder dass *wesentliche Gesichtspunkte* nicht geregelt werden. Die meisten Streitigkeiten ergeben sich in diesem Zusammenhang, wenn der Vertreternachfolger die Auffassung vertritt, durch die wirtschaftliche Übernahme der Ausgleichslast müssten dann, wenn ihm selbst bei Vertragsbeendigung ein Ausgleichsanspruch zustehe, die *vom Vorgänger übernommenen Altkunden als Neukunden* angerechnet werden. Ferner entstehen Meinungsverschiedenheiten, wenn der Handelsvertretervertrag *vorzeitig beendet* wird, sodass eine *vollständige Abdeckung* des gezahlten Ausgleichs nicht erfolgt, oder wenn sich die Erwartungen des Handelsvertreters nicht erfüllen, die Belastung durch Übernahme der Ausgleichslast durch *zusätzliche Provisionseinnahmen ausgleichen* zu können.

194 Macht der durch die Abwälzungsvereinbarung belastete Handelsvertreter geltend, der von ihm übernommene Kundenstamm müsse ausgleichsrechtlich *als von ihm geworben behandelt* werden, die vereinbarungsgemäß erfolgten Provisionsminderungen müssten also auf diese Weise durch einen *entsprechend höheren eigenen Ausgleich* entgolten werden[6], wenn sein Vertretervertrag mit Ausgleichsberechtigung ende, kann er mit dieser Argumentation nur durchdringen, wenn er mit dem Unternehmer eine *entsprechende Vereinbarung* getroffen hat. Dies ergibt sich aus der Rechtsprechung, die im Folgenden zu erläutern ist.

195 In seinem Urteil vom 10.5.1984[7] hat der Bundesgerichtshof festgestellt, dass die *vom Vorgänger geworbenen Kunden* (= Altkunden) *bei der Ausgleichsberechnung nicht als vom Vertreternachfolger geworbene Neukunden i.S. des § 89b Abs. 1 Ziff. 1 angesehen werden könnten*, wenn der Handelsvertreter unmittelbar an seinen Vorgänger für die Übernahme des Bezirks eine Abfindung zahlt. Dies gelte auch dann, wenn die Zahlung im Einverständnis mit dem Unternehmer erfolgt sei. Entsprechendes dürfte gelten, wenn die Ausgleichslast durch Vereinbarung zwischen Unternehmer und Vertreternachfolger durch *ver-*

---

[6] Vgl. dazu *Sieg,* VersR 1964 S. 789, 791; *Möller,* Anm. 375, S. 859; *Geßler,* S. 44. Vgl. auch *Küstner,* BB-Beilage 12/85 zu Heft 27, S. 8.
[7] *BGH,* 10.5.1984, DB 1984 S. 2507 = LM Nr. 72 zu § 89b = EBE 1984 S. 319 = MDR 1985 S. 203 = NJW 1985 S. 58 = VersR 1984 S. 1066 = HVR Nr. 587; Vorinstanz: *OLG Hamm,* 21.1.1982, DB 1982 S. 1167.

einbarte Provisionsminderungen auf den Vertreternachfolger abgewälzt wird, sodass dieser wirtschaftlich die Ausgleichslast trägt.

Der Bundesgerichtshof hat damit die in der Vergangenheit immer wieder umstrittene Frage zu Lasten des Handelsvertreters entschieden, wie sich von ihm erbrachte Zahlungen auf den ihm zustehenden Ausgleich auswirken, wenn das zwischen ihm und dem Unternehmer zu Stande gekommene Vertragsverhältnis einmal endet. **196**

Diese Frage ist von ganz erheblicher Bedeutung, weil *Abwälzungs- und andere den Vertreternachfolger belastende Vereinbarungen* immer häufiger vorkommen und der Abwälzungsverpflichtete natürlich ein Interesse daran hat, sich hinsichtlich der bei Vertragsbeginn entstandenen Aufwendungen bei der späteren Ausgleichsberechnung „schadlos" halten zu können. **197**

Aber angesichts des Gesetzeswortlauts konnte der Bundesgerichtshof gar nicht anders entscheiden, weil in § 89b ganz eindeutig die Entstehung des Ausgleichsanspruchs auch davon abhängig gemacht wird, dass der ausscheidende Handelsvertreter *neue Kunden* geworben hat. Daran fehlt es hier aber, denn die bereits vom Vorgänger (für den Unternehmer!) geworbenen Kunden sind eben *für den Unternehmer keine „neuen Kunden"*, sie waren ihm bereits bei Beginn des mit dem Vertreternachfolger abgeschlossenen Vertretervertrages bekannt. **198**

Der Bundesgerichtshof lehnt auch eine *entsprechende Anwendung* des § 89b Abs. 1 Nr. 1 zu Gunsten des ausgleichsberechtigten Vertreternachfolgers ab. Er begründet dies damit, dass der Vertreternachfolger mit der an seinen Vorgänger geleisteten Zahlung *keinen ausgleichspflichtigen Unternehmervorteil* geschaffen hat, für den ihm eine Gegenleistung (in Gestalt der Anerkennung übernommener Altkunden als Neukunden) zustehen könnte. Denn eine solche Gegenleistung gebühre ihm nach dem Gesetz nur *„für einen auf seiner Tätigkeit beruhenden, ihm aber infolge der Beendigung des Vertragsverhältnisses nicht mehr vergüteten Vorteil des Unternehmers, wie er in der Schaffung eines neuen Kundenstammes" liege*[8]. Tatsächlich habe der Handelsvertreter mit der Zahlung an seinen Vorgänger lediglich sich selbst die – nicht ohne weiteres gegebene – Möglichkeit eröffnet, den vorhandenen Kundenstamm weiter zu bearbeiten und die Geschäftsverbindung i.S. des § 89b Abs. 1 Satz 2 zu erweitern. **199**

Ferner – so der Bundesgerichtshof – lasse sich eine entsprechende Anwendung des § 89b Abs. 1 Nr. 1 auch nicht mit der Erwägung rechtfertigen, das Unternehmen sei durch die Zahlungen des Vertreternachfolgers dadurch begünstigt worden, dass es den an sich vom ihm selbst geschuldeten Ausgleich für den vorher im Bezirk tätig gewesenen Handelsvertreter nicht habe aufwenden müssen. Zwar sei der Unternehmer nach § 89b Abs. 1 ursprünglich Schuldner des Ausgleichsanspruchs gewesen. *Die gesetzliche Regelung schließe aber nicht* **200**

---

8 Näheres Rz. 451 ff. m.w.N.

III Schuldner des Ausgleichsanspruches – Abwälzungsvereinbarungen

aus, dass der Unternehmer den Anspruch wirtschaftlich und rechtlich auf den neuen Handelsvertreter als Nachfolger des ausscheidenden Handelsvertreters abwälze[9].

201 Das Oberlandesgericht Hamm[10] hatte als Vorinstanz seine gegenteilige Auffassung aus den Grundsätzen vom *Treu und Glauben* hergeleitet und festgestellt, dass zu den vom Vertreternachfolger für das beklagte Unternehmen *neu geschaffenen Kundenstamm* nach § 242 BGB *nicht nur seine eigenen Neuwerbungen, sondern auch die des Vorgängers zählten. Die Gleichstellung von eigenen Kundenwerbungen* mit einem *übernommenen Kundenstamm*, für den der Handelsvertreter an seinen Vorgänger anstelle des Unternehmers bei Aufnahme seiner Tätigkeit eine Ausgleichsleistung erbracht habe, sei durch die *Grundsätze von Treu und Glauben* geboten, ohne dass der Wortlaut des Gesetzes entgegenstehe. Da das Ausgleichsrecht bei der Anwendung der gesetzlichen Bestimmungen nach der ständigen Rechtsprechung des Bundesgerichtshofs dem Gesichtspunkt der Billigkeit in besonderer Weise verpflichtet sei, sei auch bei der *Frage, welche Kunden als Neukunden zu behandeln seien, eine Auslegung geboten, die den Gesichtspunkt der Billigkeit* berücksichtige. Die Gleichstellung von selbst geworbenen Kunden mit einem durch Zahlung erlangten Kundenstamm entspreche allein einem ausgewogenen Verhältnis von Leistung und Gegenleistung im Verhältnis vom Handelsvertreter zum Unternehmer. Entziehe sich der Unternehmer der Ausgleichszahlung, indem er sie auf den Nachfolger des ausscheidenden Handelsvertreters abwälze, erlange er in dem ihm gleichwohl zur Verfügung stehenden Kundenstamm einen *wirtschaftlichen Vorteil*, für den die gesetzlich angeordnete Gegenleistung nicht erbracht sei und der ihm deshalb noch nicht endgültig zustehe.

202 Die vielfach geübte Praxis, den geschuldeten Handelsvertreterausgleich auf den Nachfolger abzuwälzen, sei zwar nach herrschender Meinung zulässig, *entspreche* aber *nicht den mit der gesetzlichen Regelung verfolgten Zwecken*. Lasse sich der Unternehmer einen ihm selbst verschafften Vermögensvorteil vom Nachfolger voll bezahlen, so entspreche es der Billigkeit, dass dieser Vorteil dem Nachfolger auch zugute komme. Dazu reiche es nicht aus, dass der Unternehmer nach Treu und Glauben in der Beendigung des Handelsvertreterverhältnisses mit dem Nachfolger eingeschränkt sei, um ihm die Chance zu geben, *den Kundenstamm durch Provisionseinkommen zu nutzen*[11]. Abgesehen von den Unsicherheiten, wie lange eine solche Bindung bestehen solle, werde nicht berücksichtigt, dass das laufende Provisionseinkommen grundsätzlich keine Gegenleistung für den vom Vorgänger angesammelten Kundenstamm darstelle, wenn nicht dafür ausdrücklich ein bestimmter Provisionssatz zusätzlich vereinbart werde. *Der gerechte Ausgleich bestehe vielmehr darin, dass der die Ausgleichszahlung an den Vorgänger übernehmende Handelsvertreter so zu stel-*

---
9 *BGH*, 11.6.1975, BB 1975 S. 1037 = DB 1975 S. 1550 = EBE 1975 S. 350 = HVR Nr. 493 = NJW 1975 S. 1926.
10 Urteil vom 21.1.1982, a.a.O.
11 So *Schröder* Rz. 34d zu § 89b.

len sei, wie wenn er selbst den Kundenstamm des Vorgängers neu geworben hätte. Damit werde dem gesetzlichen Ausgleichsgedanken Rechnung getragen. Die *Abwälzung stelle den Unternehmer nicht endgültig frei*; er müsse damit rechnen, dem Nachfolger eine *erhöhte Ausgleichszahlung* entrichten zu müssen, weil sich die Ausgleichszahlung für den vom Vorgänger angesammelten Kundenstamm nur zeitlich verschiebe. Bei dieser Gesetzesanwendung könne, was rechtspolitisch geboten sei, auch die *im Ergebnis unerwünschte Praxis eingeschränkt werden, Ausgleichsleistungen auf den Nachfolger abzuwälzen.* Die volle Einbeziehung der vom Vorgänger neu geworbenen Kunden beim Ausgleichsanspruch des Nachfolgers sei unter diesen Gesichtspunkten jedenfalls auch nach § 89b Abs. 1 Nr. 3 *ausgleichserhöhend zu berücksichtigen.*

203 Zu diesen Billigkeitserwägungen hat der Bundesgerichtshof in seinem Urteil vom 10.5.1984[12] ebenfalls Stellung genommen und zutreffend ausgeführt, dass der *Zahlungsanspruch nicht allein durch Billigkeitsgesichtspunkte* begründet werden könne, denn nach § 89b Abs. 1 sei *zunächst die Vorteils- und Verlustberechnung* vorzunehmen. Erst wenn auf diese Weise die erforderliche Grundlage für einen Ausgleichsanspruch gewonnen sei, komme eine Überprüfung des Ergebnisses nach Billigkeitsgrundsätzen in Betracht. Die Billigkeitsprüfung sei also an das Ergebnis der Vorteils- und Verlustberechnung anzuschließen. Deshalb könnten allein Gesichtspunkte der Billigkeit nicht dazu führen, die vom Vorgänger geworbenen Altkunden beim Ausgleichsanspruch seines Nachfolgers als Neukunden zu behandeln, wenn die weitere Betreuung jener Kunden durch den Vertreternachfolger nicht den Tatbestand des § 89b Abs. 1 Nr. 1 erfülle[13].

204 In seiner Revisionsentscheidung ist der Bundesgerichtshof sodann der Frage nachgegangen, wie dieses den Vertreternachfolger benachteiligende Ergebnis gemildert werden könne. Er verweist in diesem Zusammenhang auf seine Urteile vom 29.6.1959 und 10.6.1968[14], die sich beide mit den Folgen befasst hatten, die dann eintreten, wenn das mit dem Vertreternachfolger abgeschlossene Vertragsverhältnis wider Erwarten schon nach kurzer Zeit beendet wurde. Unter Berücksichtigung dieser früheren Rechtsprechung wirft der Bundesgerichtshof die Frage auf, ob möglicherweise nicht auch im entschiedenen Falle die Parteien von einer Vertragsdauer ausgegangen sein könnten, die es dem Vertreternachfolger ermöglicht hätte, den als Abfindung gezahlten Betrag ganz oder teilweise durch Provisionseinnahmen auszugleichen. Auch dann, wenn in den getroffenen Vereinbarungen dieser Punkt nicht bedacht worden sein sollte, müsse geprüft werden, ob diese Lücke nach den für eine *ergänzende Vertragsauslegung entwickelten Grundsätzen* geschlossen werden könne. Für diesen Fall sei zu prüfen, welche Vorstellungen die Parteien mit der Zahlung des Vertreternachfolgers an seinen Vorgänger darüber verbanden, wie der Nachfolger

---

12 *BGH*, a.a.O.
13 *BGH*, 15.2.1965, BGHZ 143, 154, 157; *BGH*, 19.11.1970, BGHZ 55, 45, 55; *BGH*, 12.12.1985 — I ZR 62/83 — unveröffentlicht.
14 *BGH*, 29.6.1959, BB 1959 S. 864 = DB 1959 S. 940 = HVR Nr. 209 = LM Nr. 8/9 zu § 89b = MDR 1959 S. 823 = NJW 1959 S. 1964; *BGH*, 10.6.1968, BB 1968, S. 927 = DB 1968 S. 1486 = HVR Nr. 390 = HVuHM 1968 S. 803; vgl. auch unten Rz. 171ff.

III Schuldner des Ausgleichsanspruches – Abwälzungsvereinbarungen

die ihm eingeräumten Möglichkeiten wirtschaftlich habe nutzen können und ob sich diese Erwartungen während der Laufzeit des Vertrages hätten verwirklichen lassen. Sollte dem Vertreternachfolger die Nutzung des übernommenen Kundenstamms in dem vertraglich vorausgesetzten Ausmaße infolge der Kündigung nicht möglich gewesen sein, könne das vertretene *Unternehmen zur Erstattung eines entsprechenden Anteils der seinerzeit vom Vertreternachfolger gezahlten Abfindung* vertraglich verpflichtet sein. Bei der Bemessung der Höhe des Anspruchs sei auf ein *angemessenes Verhältnis von Leistung und Gegenleistung* Rücksicht zu nehmen, da es sich dann um einen Fall eines gestörten gegenseitigen Vertrages handele. Schließlich könne beim Verhältnis von Leistung und Gegenleistung auch von Bedeutung sein, ob die Beendigung des Vertrages von einer der Parteien zu vertreten gewesen sei[15].

205 Eine solche *ergänzende Vertragsauslegung* hat das OLG München im Urteil vom 8.8.2001[15a] vorgenommen. Dort hatte das Unternehmen mehr als neun Monate nach Vertragsbeginn der Handelsvertreterin eine Rechnung über die „Ablösesumme für Übernahme Handelsvertretergebiet" über 142.500,00 DM übersandt. Die Handelsvertreterin war diesem Zahlungsverlangen nachgekommen. Hierdurch – so das OLG München – haben die Parteien *stillschweigend* und konkludent *vereinbart*, dass die von der Handelsvertreterin bereits übernommenen **Altkunden bei der Berechnung des künftigen Ausgleichs den** von ihr **geworbenen Neukunden gleichgestellt** würden. Ein anderer Rechtsgrund für diese Zahlung sei nicht ersichtlich. Insbesondere könne die Zahlung nicht für die bloße Übernahme des Vertragsgebietes und des vorhandenen Kundenstammes erfolgt sein, weil eine solche Vereinbarung im Wortlaut der Vertragsurkunde keine Stütze finde. Dass die Parteien bereits bei Abschluss des Handelsvertretervertrages eine solche Vereinbarung getroffen hätten, sei auch vom Unternehmen nicht substantiiert behauptet worden. Vielmehr beruhe die Zahlung der Handelsvertreterin allein auf dem nachträglichen Zahlungsverlangen des Unternehmens. Das könne aus Sicht der Klägerin nach Treu und Glauben und mit Rücksicht auf die Verkehrssitte nur dahingehend verstanden werden (§§ 133, 157 BGB), dass im Falle der Zahlung dieses Ablösebetrages die von ihr übernommenen Altkunden bei der Berechnung des Ausgleichsanspruches den Neukunden gleichgestellt würden. Dieses Angebot habe die Handelsvertreterin mit der unstreitig erfolgten Zahlung des Betrages angenommen.

206 Dagegen war das Landgericht Bielefeld[16] schon im Urteil vom 17.2.1971 der *Gleichstellung von Alt- und Neukunden* im Zusammenhang mit *Abwälzungs-*

---
15 *OLG Hamm,* 18.12.1978, BB 1980 S. 1819 = HVR Nr. 548 = HVuHM 1981 S. 292.
15a *OLG München,* 8.8.2001 – 7 U 5118/00 – HVR-Nr. 991.
16 *LG Bielefeld,* 17.2.1971, BB 1972 S. 195 = RVR 1972 S. 178 mit Anm. *Küstner,* RVR 1972 S. 215. Andererseits hat das *Oberlandesgericht Hamm* in seinem Urteil vom 18.12.1978 Aktz: 18 U 68/78 (vgl. oben Fn. 16) in einer unmittelbar zwischen dem ausscheidenden Handelsvertreter und seinem Nachfolger getroffenen Zahlungsvereinbarung, die zur Freistellung des Unternehmers von jeglicher Ausgleichsverpflichtung gegenüber dem ausgeschiedenen Handelsvertreter geführt hatte, einen Umstand gesehen, der insofern zu Gunsten des Vertreternachfolgers berücksichtigt werden könne, als der von diesem entgeltlich erworbene Kundenstamm ganz oder

A. Unternehmer als Schuldner III

vereinbarungen entgegengetreten. Es hatte seine Auffassung damit begründet, dass diese Gleichstellung dem eindeutigen Wortlaut des Gesetzes widerspreche, das ausschließlich auf *„die neuen Kunden, die der Handelsvertreter geworben hat"*, abstelle. Darüber hinaus werde die Gegenansicht aber auch dem Sinn des Ausgleichsanspruchs nicht gerecht, der eine Gegenleistung für den vom Handelsvertreter aufgebauten Kundenstamm darstellen solle. Für Kunden, die der Handelsvertreter nicht geworben habe, könne er aber eine solche Gegenleistung nicht beanspruchen. Auch ein *„Kauf" des Altkundenstammes durch den neuen Handelsvertreter* kann nach Ansicht des Landgerichts Bielefeld in der Ausgleichserstattung nicht gesehen werden, zumindest dann nicht, wenn entsprechende Vereinbarungen nicht getroffen wurden, die zwar keineswegs selbstverständlich[17], aber immerhin denkbar und zulässig seien.

Bei Abwälzungs- und Einzahlungsvereinbarungen ist dem Handelsvertreter, der den Ausgleich seines Vorgängers übernimmt, daher dringend anzuraten, eine **Vereinbarung** dahin zu treffen, *dass die bereits vom Vorgänger geworbene Kunden als seine eigenen Neukunden im Sinne von § 89b Abs. 1 Nr. 1 HGB gelten.* Solche Vereinbarungen sind zulässig, müssen aber eindeutig getroffen sein[18]. **207**

Wird in einem Vertrage zwischen dem Unternehmer und dem Vertreternachfolger vereinbart — gegen die Zulässigkeit derartiger Vereinbarungen bestehen nach Auffassung des Bundesgerichtshofs keine Bedenken —[19], dass der Vertreternachfolger in Form einer Provisionsminderung wirtschaftlich die Ausgleichslast des verpflichteten Unternehmers zu tragen habe[20], so ändert sich an dem *Ausgleichsschuldverhältnis*, das zwischen dem ausgeschiedenen Vertreter und dem Unternehmer besteht, nichts[21]. Denn die **Schuldnerstellung des Unternehmers** wird durch die im Innenverhältnis getroffenen Vereinbarungen nicht berührt. **208**

In diesen Fällen muss stets darauf geachtet werden, dass der vom Vertreternachfolger durch den Provisionseinbehalt zu erstattende Ausgleichsbetrag hinsichtlich seiner Höhe genau festgelegt wird und dass die volle, also ungekürzte Vermittlungsprovision von dem Zeitpunkt an abgerechnet und gezahlt wird, in dem die Summe der einbehaltenen Provisionsbeträge dem zu erstattenden Betrag entspricht, der Vertreternachfolger seine Erstattungspflicht also erfüllt hat. **209**

---

teilweise zur Erhöhung des dem Nachfolger zustehenden Ausgleichsanspruchs führen könne, weil es sich dabei gegenüber dem Unternehmer um Neukunden i.S. des § 89b Absatz 1 handele.
17 Vgl. Ziff. 6 der „Vereinbarung über die Erstattung einer von der Firma erbrachten Ausgleichszahlung" in *Küstner/v. Manteuffel/Evers,* Verträge mit Handelsvertretern, 9. Aufl. (1995), Heft 5 der Heidelberger Musterverträge, S. 45.
18 *OLG München,* 4.12.1996 – 7 U 3915 – BB 1997, 222 = HVR Nr. 829; *OLG Nürnberg,* 23.12.1986 – 4 U 2759/86 – HVR 646; MK/*von Hoyningen-Huene,* § 89b, Rdn. 186; *Loewisch,* § 89b, Rdn. 11; *Westphal,* Vertriebsrecht Bd. 1, Rdn. 954.
19 Zur Zulässigkeit solcher Vereinbarungen vgl. *BGH,* 11.6.1975, BB 1975 S. 1037 = DB 1975 S. 1550 = HVR Nr. 493 = NJW 1975 S. 1926 und *BGH,* 10.6.1968, BB 1968 S. 927 = DB 1968 S. 1486 = HVuHM 1968 S. 803 = RVR 1968 S. 294 = HVR Nr. 390. Vgl. auch *Eberstein,* BB 1971 S. 200, 201.
20 *Knapp/Ankele,* § 89b Anm. 2 a.E.; *Schröder,* § 89b Anm. 34c, und BB 1954 S. 477, 482.
21 *Schröder,* a.a.O.; *Küstner,* IHV 1963 S. 176 zu 3.

III Schuldner des Ausgleichsanspruches – Abwälzungsvereinbarungen

210 Mitunter wird im Zusammenhang mit einer Erstattungsverpflichtung des Vertreternachfolgers bezügl. des vom Unternehmer seinem Vorgänger gezahlten Ausgleichs eine Vereinbarung zwischen den Parteien getroffen, in der die **Mindesthöhe des Ausgleichsanspruchs festgelegt** wird, der dem Vertreternachfolger bei einer Beendigung seines Vertragsverhältnisses zustehen soll. Dieser Ausgleichsanspruch soll dann **ohne Rücksicht auf den Grund der Vertragsbeendigung** dem ausscheidenden Vertreternachfolger zumindest in Höhe des Betrages zustehen, den der erstattungspflichtige Vertreternachfolger an den Unternehmer gezahlt hat. In einem Sachverhalt, in dem das Vertragsverhältnis vom Vertreternachfolger ohne begründeten Anlass gekündigt worden war und auch krankheits- oder altersbedingte Gründe nicht vorlagen, forderte der Handelsvertreter gemäß den getroffenen Vereinbarungen einen Ausgleich; der Unternehmer wendete ein, mit Rücksicht auf den während des Vertragsverhältnisses *„heruntergewirtschafteten" Bezirk* könne er an jener Vereinbarung nicht festhalten, weil die jener Vereinbarung zugrunde liegende *Geschäftsgrundlage entfallen* sei. Das Landgericht Koblenz hat in seinem Urteil v. 8.10.1990[22] diese Einwendung angesichts der Eindeutigkeit der getroffenen Vereinbarungen nicht gelten lassen. Denn das Unternehmen habe bei Unterzeichnung der Zusatzvereinbarung die Möglichkeit einer negativen Umsatzentwicklung bewusst in Kauf genommen.

III. Probleme bei vorzeitiger Vertragsbeendigung

211 Zu welchen Streitigkeiten zwischen dem Unternehmer und dem Vertreternachfolger es führen kann, wenn sich der Vertreternachfolger bereit erklärt, die Ausgleichslast wirtschaftlich zu übernehmen, zeigt das Urteil des Bundesgerichtshofes vom 29.6.1959[23]. In diesem Falle war das Vertragsverhältnis mit dem Vertreternachfolger schon nach weniger als zwei Jahren beendet worden, weil der Unternehmer *aus wirtschaftlichen Gründen seine Produktion einstellen* musste, sodass der Vertreternachfolger einen Ausgleichsanspruch nicht geltend machen konnte[24]. Der Vertreternachfolger verlangte bei der Beendigung seines Vertretervertrages *Rückzahlung der zur Abdeckung des Ausgleichsanspruchs seines Vorgängers vom Unternehmer einbehaltenen Provisionsbeträge*. Der Bundesgerichtshof gab der Klage statt und stellte fest, dass durch die kurze Dauer des Vertretervertrages dem Vertreternachfolger die Möglichkeit genommen worden sei, den übernommenen Kundenstamm weiter auszunutzen und sich dadurch die Abfindung des Vorgängers zu erleichtern. Eine Berufung auf die im Hinblick auf die Abfindung getroffene Abrede sei angesichts der veränderten Umstände mit Treu und Glauben nicht vereinbar. Auch würde der Unternehmer ohne eine Verpflichtung zur Rückzahlung der einbehaltenen Provisions-

---

22 *LG Koblenz*, 8.10.1990, HVR Nr. 703.
23 HVR Nr. 209 = MDR 1959 S. 823 = VersR 1959 S. 692.
24 Näheres hierzu Rz. 369 ff.

beträge von jeder Ausgleichsverpflichtung befreit, ohne dass sich hierfür eine sachliche Berechtigung ergebe[25].

Das Landgericht Konstanz hat sich in seinem Urteil vom 27.2.1976[26] in gleicher Weise geäußert. In dem Tatbestand, der jenem Urteil zu Grunde lag, war das vertretene Unternehmen in Konkurs gegangen. Der Handelsvertreter, der dem Unternehmen die seinem Vorgänger erbrachte Ausgleichszahlung auf dem Wege über Provisionsminderungen erstattet hatte, verlangte nun mit Rücksicht auf den *durch die Konkurseröffnung entfallenen Erstattungszweck* die Feststellung, dass sein Anspruch auf *Rückzahlung der Provisionsminderungsbeträge* eine Konkursforderung sei. Das Gericht entschied im Sinne des Klageantrags. Es stellte fest, dass es Treu und Glauben entspreche, den Handelsvertreter im Hinblick auf die Konkurseröffnung so zu stellen, wie wenn die Erstattungsvereinbarung nicht getroffen worden wäre, sodass ein von der Gemeinschuldnerin nicht erfülltes Provisionsguthaben in Höhe der Erstattungsbeträge bestehe, dessen Feststellung zur Konkurstabelle der Handelsvertreter beanspruchen könne.

Zu Gunsten des Handelsvertreters hat sich auch das OLG Hamm in seinem Urteil vom 20.12.1996 ausgesprochen[27].

In diesem Fall endete das Vertragsverhältnis zwischen dem vertretenen Unternehmen und dem Handelsvertreter dadurch, dass der Geschäftsführer des Unternehmens aufgrund eines Schlaganfalls sein Unternehmen nicht mehr leiten konnte, sodass seine Geschäftstätigkeit endgültig eingestellt wurde. Hier nahm der Handelsvertreter das Unternehmen auf teilweise Rückzahlung der von ihm erstatteten Ausgleichszahlung in Anspruch. Das OLG gab der Klage statt, weil es nach den Umständen des Falles nicht zweifelhaft sein könne, dass dem Kläger mit der Übernahme der Bezirksvertretung die Chance hatte eingeräumt werden sollen, seine Aufwendungen aus der Übernahme der Ausgleichslast wieder hereinzuholen.

In einer anderen Entscheidung vom 10.6.1968[28] hatte sich der Bundesgerichtshof mit einem Sachverhalt zu befassen, in dem das Vertragsverhältnis zwischen dem Unternehmer und dem Vertreternachfolger, der sich ebenfalls zur Erstattung des vom Unternehmer gezahlten Ausgleichs verpflichtet hatte, *infolge einer vom Vertreternachfolger ausgesprochenen Kündigung* schon nach kurzer Zeit wieder beendet worden war. In diesem Falle nahm das vertretene Unternehmen den Vertreternachfolger auf Erstattung des vollen Ausgleichsbetrages in Anspruch, so weit dieser in der kurzen Zeit des Vertragsverhältnisses – beabsichtigt war eine Verrechnung mit den Provisionsforderungen des Vertreternachfolgers über einen im Einzelnen nicht festgelegten Zeitraum – nicht abgedeckt worden war.

---

25 Vgl. dazu *Schröder*, DB 1969 S. 291 zu VIa.
26 Urt. v. 27.2.1976–2 HO 178/75.
27 *OLG Hamm*, 20.12.1996 – 35 U 35/96, Resp.Report 15/97, 217.
28 *BGH*, 10.6.1968, BB 1968 S. 927 = HVR Nr. 390 = RVR 1968 S. 294 mit Anmerkung von *Küstner;* vgl. auch *Schröder*, DB 1969 S. 291 zu VIa, S. 295 r. Sp.

III Schuldner des Ausgleichsanspruches – Abwälzungsvereinbarungen

216 Der Bundesgerichtshof hat im Wege der Vertragsauslegung festgestellt, dass die Zahlungspflicht des Vertreternachfolgers *nicht schon dadurch hinfällig werde, dass er selbst sich aus freiem Entschluss vom Vertrag gelöst habe*. Allerdings hat der Bundesgerichtshof dem Umstand besondere Bedeutung beigemessen, dass sich der Unternehmer nach dem Ausscheiden des Vertreternachfolgers nunmehr von zwei weiteren Handelsvertretern, die den Bezirk übernahmen, wiederum Zahlungen hatte versprechen lassen. Der Bundesgerichtshof hat deshalb unter Hinweis auf die in den §§ 324 und 615 BGB enthaltenen Rechtsgedanken zum Ausdruck gebracht, dass sich der Unternehmer auf seinen Zahlungsanspruch gegenüber dem Vertreternachfolger diejenigen *Zahlungen anrechnen lassen müsse*, die er von den beiden anderen Handelsvertretern erhalten habe.

217 Das Oberlandesgericht Saarbrücken schließlich hatte sich in seinem Urteil vom 14.12.1978[29] mit einem Sachverhalt zu befassen, in dem der Handelsvertreter bei Vertragsbeginn den vom Unternehmer seinem Vorgänger *gezahlten Ausgleich von 20 000 DM in Form einer unverzinslichen Darlehensschuld übernahm*, auf die er auch Teilbeträge an den Unternehmer zahlte. Als das Vertragsverhältnis bereits nach 3 1/2 Jahren durch eine vom beklagten Unternehmer ausgesprochene Kündigung endete, rechnete der Unternehmer gegenüber unstreitigen Provisionsansprüchen des Handelsvertreters mit dem Anspruch auf Rückzahlung des restlichen Darlehensbetrages auf. Das Gericht hat der Zahlungsklage des Handelvertreters stattgegeben und *die zur Aufrechnung gestellten Gegenansprüche des Unternehmers als hinfällig* angesehen. Es kam im Wege *ergänzender Vertragsauslegung* zu dem Ergebnis, dass die Verpflichtung des Handelsvertreters, den nicht unerheblichen Ausgleichsbetrag als Darlehensschuld zu Gunsten des Unternehmers zu übernehmen, *aus wirtschaftlichen Gründen nur bei längerer Vertragsdauer*, von der die Parteien ursprünglich aber ausgegangen seien, in Betracht kommen könne. Deshalb sei es bei vernünftiger Abwägung der beiderseitigen Interessen – auch im Hinblick auf das Alter des Handelsvertreters und eine ursprünglich ins Auge gefasste zehnjährige Vertragsdauer – gerechtfertigt, den Handelsvertreter *pro Vertragsjahr nur mit höchstens 2000 DM des Ausgleichsbetrages zu belasten*. Das Unternehmen hätte bei dieser Rechtslage also allenfalls mit einer Darlehensforderung in Höhe von 7000 DM aufrechnen können. Unstreitig habe der Handelsvertreter aber in dieser Höhe bereits Rückzahlungen geleistet, sodass es an einer zur Aufrechnung gestellten Gegenforderung fehle.

218 Die zitierten Urteile vom 29.6.1959, 10.6.1968, 27.2.1976 und 14.12.1978[30] zeigen eindringlich, wie leicht Meinungsverschiedenheiten zwischen den Vertragspartnern einer Abwälzungsvereinbarung entstehen können, wenn darin nicht auch Regelungen im Hinblick auf eine vorzeitige Beendigung des mit dem Vertreternachfolger bestehenden Vertragsverhältnisses getroffen werden. Es ist deshalb von größter Bedeutung, dass in den diesbezüglichen Vereinbarungen auch Regelungen für den Fall getroffen werden, dass der Vertretervertrag

---
29 *OLG Saarbrücken*, 14.12.1978, HVuHM 1979 S. 204.
30 Vgl. oben Rz. 211 ff. Fn. 23, 26 ff.

mit dem Vertreternachfolger früher als ursprünglich beabsichtigt beendet wird. Dabei darf nicht übersehen werden, dass sich eine solche Vorsichtsmaßnahme nicht zuletzt auch deshalb empfiehlt, weil der Vertretervertrag ja nicht durch Kündigung, sondern auch durch den Tod des Handelsvertreters oder unvorhergesehene Ereignisse, die in der Sphäre des Unternehmers liegen, beendet und die beabsichtigte Erstattung dann ebenfalls nicht in vollem Umfang erreicht werden kann, wenn man von der Haftung der Erben für die Verbindlichkeiten des verstorbenen Handelsvertreters absieht[31].

Verpflichtet sich der Vertreternachfolger dem Unternehmer gegenüber, die von diesem geschuldeten Ausgleichszahlungen seinerseits an den ausgeschiedenen Handelsvertreter — seinen Vorgänger — zu erbringen (sog. *Erfüllungsübernahme*, § 329 BGB), so berührt eine derartige Vereinbarung das zwischen dem Unternehmer und dem ausgeschiedenen Handelsvertreter bestehende Ausgleichsschuldverhältnis nicht. Sie wirkt sich vielmehr nur im *Innenverhältnis zwischen Unternehmer und Vertreternachfolger* aus. Daraus folgt, dass der ausgeschiedene Handelsvertreter den Vertreternachfolger angesichts einer solchen Vereinbarung nicht auf Ausgleich in Anspruch nehmen kann[32].

219

IV. Vereinbarung von Einstandszahlungen

Zunehmend hat eine über die Ausgleichsabwälzung durch Provisionseinbehalt hinausgehende Abwälzungspraxis Bedeutung gewonnen. Gemeint sind jene Vereinbarungen, in denen die Übertragung der Vertretung des Unternehmens auf einen neuen Handelsvertreter davon abhängig gemacht wird, dass sich der neue Handelsvertreter verpflichtet, dem Unternehmer einen *„Einstand" für die Übernahme der Handelsvertretung* zu zahlen[32a]. Solche Vereinbarungen dienen meist — ebenso wie die oben geschilderten Provisionseinbehalte — der *internen Abwälzung* eines vom Unternehmer dem ausgeschiedenen Handelsvertreter gezahlten Ausgleichs. Sie kommen aber nicht selten auch ganz unabhängig davon vor, ob der Unternehmer dem ausgeschiedenen Handelsvertreter überhaupt einen Ausgleich gezahlt hatte. Die Höhe der Einstandszahlung wird dann also ganz losgelöst von der Frage eines gezahlten Ausgleichs und seiner Höhe vereinbart und richtet sich vornehmlich nach dem Wert, den die Vertretung für den neuen Handelsvertreter hat. Die Einstandszahlung *verliert dann ihren Charakter als Abwälzungs- bzw. Erstattungszahlung*, sie stellt lediglich eine *Gegenleistung des Handelsvertreters für die ihm vom Unternehmer verschaffte Chance* dar, den übertragenen Bezirk provisionsmäßig zu nutzen. Natürlich wird die Höhe der „Einstandszahlung" in solchen Fällen von der Stellung des vertretenen Unternehmens am Markt, den hergestellten Produkten, ihrer Einführung und der Konkurrenzsituation und insbesondere davon beein-

220

---

31 Vgl. dazu *Schröder,* DB 1969 S. 291 zu VI.
32 *Schröder,* DB 1969 S. 291, 292 zu IIc. Vgl. auch *BGH,* 29.6.1967, BB 1967 S. 935 = RVR 1967 S. 53 = VersR 1967 S. 857 = HVR Nr. 359.
32a Siehe dazu *Döpfer,* HV-Journal 2003, Heft 3, S. 16.

III Schuldner des Ausgleichsanspruches – Abwälzungsvereinbarungen

flusst, wie das Unternehmen im Bezirk eingeführt ist, wie dieser vom Vorgänger bearbeitet wurde und wie der bezirkszugehörige Kundenstamm beschaffen ist – kurz: mit welchen Provisionseinnahmen der neue Handelsvertreter aus der Bearbeitung des Bezirks rechnen kann. Schließlich wirkt sich regelmäßig – sofern dem Vorgänger eine Ausgleichszahlung erbracht wurde – auch die Höhe des gezahlten Ausgleichs auf die Höhe des geschuldeten Einstandes aus.

221 Naturgemäß wird von einer solchen „Einstands-Praxis" besonders in Zeiten *rückläufiger Wirtschaftsentwicklung* Gebrauch gemacht, wenn gute Vertretungen gesucht und Handelsvertreter bereit sind, für Vertretungen, die gute Provisionseinnahmen bieten, derartige Einstandszahlungen zu erbringen. Dass aber auch bei solchen Einstandszahlungen der *Abwälzungsgesichtspunkt* im Hinblick auf einen dem Vorgänger gezahlten Ausgleich im Vordergrund steht, ergibt sich daraus, dass die Zahlungsverpflichtung des Handelsvertreters oft in einen *Darlehensvertrag* gekleidet wird, auf Grund dessen der geschuldete „Einstand" darlehensweise – verzinslich oder unverzinslich – beim Handelsvertreter stehen bleibt und erst im *Zeitpunkt der Vertragsbeendigung zur Rückzahlung fällig* wird. Wenn dann im Zeitpunkt der Vertragsbeendigung ein Ausgleichsanspruch entsteht, wird dieser insoweit erfüllt, als ihm der Rückzahlungsanspruch des Unternehmers auf Grund des abgeschlossenen Darlehensvertrages gegenübersteht. Decken sich die beiderseitigen Ansprüche nicht, ist der durch Aufrechnung nicht getilgte Restbetrag dem Vertragspartner zu erbringen. Das kann eine *„Ausgleichsspitze"*, aber auch ein vom Handelsvertreter geschuldeter Darlehensrest sein.

222 Derartige Einstands-Zahlungsvereinbarungen werden von der Rechtsprechung anerkannt. Es ist jedoch darauf zu achten, dass sie das nach § 89a Abs. 1 S. 2 HGB unabdingbare *Recht auf eine außerordentliche Kündigung* nicht *mittelbar erschweren* dürfen, etwa, weil sie für diesen Fall für den Kündigenden finanzielle Nachteile vorsehen. Dann wäre eine solche Vereinbarung unwirksam[33].

223 Der Bundesgerichtshof hatte sich in seinem Urteil vom 24.2.1983[34] mit der Frage zu befassen, ob ein Handelsvertretervertrag durch schlüssiges Verhalten zu Stande gekommen war, obwohl sich die Parteien über die Höhe eines auf den Ausgleichsanspruch anzurechnenden Übernahmepreises für die Handelsvertretung noch nicht geeinigt hatten, aber gleichwohl mit der tatsächlichen Durchführung des in diesem Punkt noch unvollständigen Vertrages begonnen hatten. Der Bundesgerichtshof hat gegen eine Regelung, wonach ein vereinbarter Übernahmepreis zunächst bis zur Vertragsbeendigung gestundet und sodann *gegen den Ausgleichsanspruch aufgerechnet* werden sollte, *keine Bedenken* geäußert. Er hat allerdings darauf hingewiesen, dass etwas anderes gelten könne, wenn die Vertragspartner *einen so unangemessen hohen Übernahme-*

---

[33] *Loewisch*, § 89a, Rdn. 27; MK/*von Hoyningen-Huene*, § 89a, Rdn. 84; vgl. dazu auch OLG Düsseldorf, 7.7.2000 – 16 U 186/99 – HVR Nr. 946.
[34] BGH, 24.2.1983, DB 1983 S. 1590 = EBE 1983 S. 151 = MDR 1983 S. 727 = NJW 1983 S. 1727 = VersR 1983 S. 537 = VW 1983 S. 906 = WM 1983 S. 937 = HVR Nr. 574. Vgl. auch *Küstner*, BB-Beilage 12/85 zu Heft 27, S. 9 zu V 3.

preis vereinbarten, dass dies auf eine **Umgehung des unabdingbaren gesetzlichen Ausgleichsanspruchs** hinauslaufen würde.

Mit diesem Hinweis hat der Bundesgerichtshof das Kernproblem berührt, das derartigen Vereinbarungen stets innewohnt. Denn es bedarf im Grunde gar keines „unangemessen hohen Übernahmepreises", es reicht ja aus, wenn der neue Handelsvertreter mit einer durchschnittlichen Jahresprovision belastet wird, weil seinem Vorgänger ein höherer Ausgleich ohnehin nicht geschuldet wurde. *Dient aber die Vereinbarung eines Übernahme- oder Einstandspreises dem Zweck, die spätere Entstehung eines Ausgleichsanspruchs des Vertreternachfolgers auszuschließen* oder auch nur zu mindern, läuft die Vereinbarung mithin stets auf eine Umgehung des Ausgleichsanspruchs hinaus, was im Ergebnis die Unwirksamkeit einer solchen Vereinbarung zur Folge haben müsste. So betrachtet, ist es nicht ganz verständlich, dass in diesem Zusammenhang der I. Senat des Bundesgerichtshofs bei Vereinbarungen, die letztlich im Ergebnis stets auf eine Umgehung des Ausgleichs — oder zumindest auf seine Minderung — hinauslaufen, gleichwohl nur für Ausnahmefälle Bedenken äußert, wenn nämlich ein *„unangemessen hoher Übernahmepreis"* vereinbart wird, obwohl der gleiche Senat in anderem Zusammenhang die Verletzung des Unabdingbarkeitsgrundsatzes schon darin sieht, dass sich der Unternehmer — und zwar schon von jeher — eines Vertriebssystems bedient, das den Verlust von Folgeprovisionen aus Nachbestellungen geworbener Kunden und damit die Entstehung eines Ausgleichsanspruchs hindert, wie dies in seinem Rotationsvertriebsurteil vom 25.10.1984 der Fall war[35].

224

Die oben erwähnte Entscheidung des Bundesgerichtshofs vom 24.2.1983[36] wirft die Frage auf, ob Vereinbarungen überhaupt anerkannt werden können, die eine **Zahlungsverpflichtung des Handelsvertreters im Zusammenhang mit einer Vertretungsübernahme zum Gegenstand haben**, und zwar auch dann, wenn sie rein äußerlich mit einer erbrachten Ausgleichszahlung an einen ausgeschiedenen Handelsvertreter oder einer künftigen Ausgleichsverpflichtung gegenüber dem belasteten Handelsvertreter in gar keinem Zusammenhang stehen.

225

Hierzu sind in den letzten Jahren einige neue Entscheidungen ergangen. Schon früher sind Vereinbarungen bezüglich der **Zahlung einer Vertragssumme** — wenn auch nicht stets als *sittenwidrig*, so doch — gemäß § 9 Abs. 2 Satz 1 AGBG (jetzt § 307 BGB) als *nichtig* beurteilt worden[37]. Denn das *gesetzliche Leitbild der Risikoverteilung im Handelsvertreterrecht* werde „unangemessen" zu Lasten des Handelsvertreters verschoben, wenn sich der Handelsvertreter mit einem wesentlichen Beitrag an den *Vorhaltekosten*[38] (des Unternehmers) beteiligen müsse. Zumindest müsse bezüglich der Wirksamkeit der vereinbarten Vertragsverpflich-

226

---
35 *BGH*, 25.10.1984, BB 1985 S. 291 = DB 1985 S. 642 = EBE 1985 S. 37 = HVuHM 1985 S. 136 = HVR Nr. 595. Vgl. zu Einzelheiten Rz. 627 und 1368. Vgl. auch *Küstner*, FS Trinkner, 1995 in Abschnitt I 2. Vgl. dazu aber die in Rz. 606a erläuterte Rechtsprechung.
36 *BGH*, 24.2.1983 a.a.O. Fn. 1.
37 *OLG Hamm*, 8.6.1989, JMBl-NRW 1990 S. 17.
38 *OLG Hamm*, 10.12.1987 – 18 U 10/87.

III Schuldner des Ausgleichsanspruches – Abwälzungsvereinbarungen

noch 226 tungen gefordert werden, dass die **nachteilige Zahlungsverpflichtung des Handelsvertreters durch „hinreichend gewichtige Vorteile austariert**[39] **wird** oder sonst anerkennenswerte Interessen des Verwenders für die Beibehaltung der beanstandeten Klausel streiten", sodass dadurch ein Ausgleich der Vor- und Nachteile herbeigeführt werde. Worin allerdings die „hinreichend gewichtigen Vorteile" liegen könnten, die eine derartige Zahlungsverpflichtung des Handelsvertreters rechtfertigen könnten, wird in der einschlägigen Rechtsprechung nicht erwähnt. Nur andeutungsweise wird lediglich festgestellt, dass die **Übertragung einer Alleinvertretungsberechtigung**[40] als anerkennenswerte Gegenleistung nicht ausreiche[41] und dass von einer solchen Gegenleistung insbesondere dann keine Rede sein könne, wenn bei **Vertragsbeginn kein Kundenstamm vorhanden**[41a] sei. Eine die Benachteiligung des Handelsvertreters aufwiegende Gegenleistung könnte deshalb entsprechend der Höhe der zu erbringenden Einstandszahlung beispielsweise darin bestehen, dass eine besonders **lange Vertragsdauer** fest vereinbart wird oder dass dem Handelsvertreter eine Provisionsberechtigung eingeräumt wird, die die **üblichen Sätze überschreitet**. Insbesondere könnte eine solche Gegenleistung aber, sofern bei Vertragsbeginn ein Kundenstamm bereits vorhanden ist, auch darin bestehen, dass dieser **Alt-Kundenstamm ausgleichsrechtlich als vom Handelsvertreter selbst geworben** anerkannt wird[42,43]. Ferner könnte eine solche Gegenleistung in der Übertragung des Vertriebs eines besonders qualifizierten und auf dem Markt bereits erfolgreich durchgesetzten Produktes bestehen, also auch bei einer Einstandszahlung **die Sogwirkung der Marke** von Bedeutung sein[43a]. Dagegen ist ein Einstandsgeld in Höhe einer Jahresprovision, welches allein für die Chancen aus der Übernahme der Vertretung bezahlt werden soll, als unangemessen hoch anzusehen, weil hierfür der Handelsvertreter bei gehaltenen Umsätzen ein Jahr lang umsonst arbeiten müsste[43b]. Ferner hat der Handelsvertreter die Möglichkeit, die vereinbarte Einstandszahlung wegen arglistiger Täuschung gemäß § 123 BGB anzufechten, wenn die ihm bei Vertragsschluss genannten Umsatzzahlen deutlich von den tatsächlichen Umsatzzahlen abweichen[43c].

---

39 *OLG Frankfurt,* 14.5.1987, DB 1987 S. 2518 = HVR Nr. 622.
40 Zum Begriff der Alleinvertretung Band 1, Rz. 145 ff.
41 Ebenso *Westphal,* Rz. 1186. *LG Paderborn,* 19.2.1987 – 5 S 284/86 – HVR Nr. 623; a. A. neuerdings *OLG Stuttgart,* 27.8.1998 – 11 U 153/97 – HVR Nr. 999.
41a Vgl. *OLG Schleswig-Holstein,* 18.2.2000 – 14 U 18/99 – HVR Nr. 998 bei zweifelhafter Werthaltigkeit des übertragenen Gebiets.
42 So *OLG München,* 4.12.1996 – U 3915/96, BB 1997, 222 = HVR Nr. 829.
43 Das OLG München hat bei vorliegender Verpflichtung des Unternehmers, eine vom Handelsvertreter gezahlte Einstandssumme zum Ausgleich von dessen Vorgänger bei Beendigung des Vertragsverhältnisses zurückzuzahlen, wenn die Vertragsbeendigung „ohne Verschulden des Vertreters" erfolgt, zur Darlegungs- und Beweislast bezüglich Vertragsbeendigung genommen, wenn diese nach dem Vortrag des zahlungspflichtigen Unternehmers auf einem Verschulden des Vertreters beruhte. Es hat festgestellt, dass in diesem Falle den Unternehmer die Darlegungs- und Beweislast für eine Vertragsbeendigung infolge Verschuldens des Vertreters treffe; vgl. *OLG München,* 11.4.1997 – 23 U 5701/96, BB 1997, 1553.
43a Vgl. *Döpfer,* H & V Journal 2003, S. 16, 17.
43b *OLG Celle,* 14.12.2000 – 11 U 61/00 – HVR Nr. 940 und 13.12.2001 – 11 U 90/01 – HVR Nr. 1038.
43c *OLG Karlsruhe,* 16.12.1998 – 1 U 50/98 – HVR Nr. 976; Abweichung um 10%.

Auf das *Problem der vorzeitigen Vertragsbeendigung* wurde schon oben unter Ziff. III (Rdn. 211 ff.) eingegangen. Bei bereits geleisteten Einstandszahlungen, die sich nicht amortisieren lassen, weil der Handelsvertretervertrag schon nach kürzerer Zeit wieder aufgelöst wird, wird diese Frage besonders augenfällig. In einem solchen Fall hatte der BGH schon mit Urteil vom 10.5.1984[43d] die Möglichkeit einer teilweisen Erstattung der geleisteten Zahlung festgestellt. Nach Auffassung des OLG München[43e] enthält eine Einstandsvereinbarung, die keine Regelung für den Fall vorsieht, dass der Vertrag vor Amortisation der Abstandssumme durch Kündigung des vertretenen Unternehmers endet, eine Regelungslücke. Das OLG Düsseldorf ließ mit Urteil vom 7.7.2000[43f] die Zahlungspflicht aus einer Einstandsvereinbarung wegen Wegfalls der Geschäftsgrundlage entfallen, weil der Vertrag vor vollständiger Amortisation beendet worden war. Das OLG Stuttgart war bereits mit Urteil vom 13.5.1992[43g] im Wege der ergänzenden Vertragsauslegung ebenfalls zur Rückerstattung des Anteils einer geleisteten Einstandszahlung gekommen.

227

Die wirksam eingegangene Zahlungsverpflichtung kann jedoch grundsätzlich die *Ausgleichsverpflichtung* des Unternehmers nicht berühren. Sie kann insbesondere den Ausgleich nicht unter Billigkeitsgesichtspunkten herabsetzen, denn der Einstand war ja vereinbart bei Vertragsbeginn als Gegenleistung für die Übernahme der Vertretung. Deshalb darf sie nicht ein zweites Mal zur Minderung des Ausgleichs herangezogen werden.

B. Vertreternachfolger als Schuldner[44]

Von den *internen Abwälzungsvereinbarungen* zwischen Unternehmer und Vertreternachfolger, durch die die rechtliche Stellung des Unternehmers gegenüber dem ausgeschiedenen Handelsvertreter als Schuldner der Ausgleichsverpflichtung nicht berührt wird, sind Vereinbarungen zu unterscheiden, die darauf abzielen, nicht nur die *wirtschaftliche Last der Ausgleichszahlung*, sondern auch die *rechtliche Stellung des Ausgleichsschuldners* ganz oder teilweise *auf den Vertreternachfolger* zu übertragen[45]. Solche Vereinbarungen können entweder *zwischen dem Unternehmer und dem Vertreternachfolger* (mit oder ohne Genehmigung des ausgeschiedenen Handelsvertreters) oder auch zwischen dem ausgeschiedenen Handelsvertreter und seinem Nachfolger getroffen

228

43d *BGH*, 10.5.1984 – I ZR 36/82 – NJW 1985, 58 = HVR Nr. 587.
43e *OLG München*, 4.12.1996 – 7 U 3915/96 – NJW-RR 1997, 986 = BB 1997, 222 = HVR Nr. 829.
43f *OLG Düsseldorf*, 7.7.2000 – 16 U 186/99 – HVR Nr. 946.
43g *OLG Stuttgart*, 13.5.1992 – 4 U 238/91 – HVR Nr. 838.
44 Zu Nachfolgeregelungen vgl. die Schrift „Nachfolge in Handelsvertretungen – Generationswechsel planen und gestalten" von *Döpfer/Pfaffhausen, Pfeil* und *Wolff*, hrsg. von der CDH in Köln, worin die im Rahmen einer Nachfolgeregelung auftauchenden Probleme zivil- und steuerrechtlich ausführlich behandelt werden.
45 *Schröder*, DB 1967 S. 1303, 1306 zu VI 2b.

werden. Je nach der Vertragsgestaltung ergeben sich unterschiedliche rechtliche Folgen[46].

I. Schuldbeitritt

229 Zwischen dem Unternehmer und dem Vertreternachfolger kann vereinbart werden, dass dieser die **Schuldnerstellung des Unternehmers** gegenüber dem ausgeschiedenen Handelsvertreter übernehmen soll[47]. Eine solche Vereinbarung hat jedoch dem ausgeschiedenen Handelsvertreter gegenüber nicht ohne weiteres zur Folge, dass damit auch seine Anspruchsberechtigung gegenüber dem Unternehmer entfällt und er nun nur noch den Vertreternachfolger als Schuldner der Ausgleichsverpflichtung in Anspruch nehmen kann.

230 Ist eine solche Vereinbarung nämlich ohne die **ausdrückliche Genehmigung des ausgeschiedenen Handelsvertreters** getroffen worden, **haften sowohl der Unternehmer als auch der Vertreternachfolger** dem ausgeschiedenen Handelsvertreter gegenüber auf die volle Leistung[48]. Man spricht deshalb von einer **kumulativen Schuldübernahme**, einer **Schuldmitübernahme** oder einem **Schuldbeitritt**[49]. Unternehmer und Vertreternachfolger haften gegenüber dem ausgeschiedenen Handelsvertreter dann als **Gesamtschuldner** (§ 421 BGB)[50]. Der Ausgleichsberechtigte kann die Ausgleichszahlung nach seinem Belieben von jedem der Schuldner ganz oder zum Teil fordern. Zahlungen eines der beiden Gesamtschuldner an den ausgeschiedenen Handelsvertreter tilgen dann im entsprechenden Umfange die Ausgleichsschuld des anderen Gesamtschuldners. Die Verrechnung der erbrachten Leistungen hat sodann im Innenverhältnis zwischen dem Unternehmer und dem Vertreternachfolger zu erfolgen. Soll auf Grund der internen Vereinbarungen allein der Vertreternachfolger Schuldner des Ausgleichsanspruchs sein, kann der vom ausgeschiedenen Handelsvertreter auf Zahlung in Anspruch genommene Unternehmer die erbrachte Zahlung vom Vertreternachfolger zurückfordern.

231 Ob angesichts der im Innenverhältnis zwischen Unternehmer und Vertreternachfolger getroffenen Vereinbarungen der auf Ausgleich in Anspruch genommene Unternehmer dem ausgeschiedenen Handelsvertreter gegenüber die **Einrede der Vorausklage** (§ 771 BGB) geltend machen kann, hängt vom Inhalt der getroffenen Vereinbarungen ab. Jedenfalls ist diese Einrede nicht grundsätzlich unzulässig; im Einzelfall kann sich ihre Berechtigung aus der **Vertragsauslegung** ergeben[51].

---

46 Mit den möglichen Vereinbarungen befasst sich *Eberstein*, BB 1971 S. 200.
47 *Schröder*, DB 1969 S. 291 zu II b sowie Anmerkung 34c zu § 89b; *ders.*, BB 1954 S. 477, 482; *Ahle*, DB 1963 S. 465, 611; *Eberstein*, BB 1964 S. 271, 277; *Trinkhaus*, S. 428.
48 *Schröder*, DB 1967 S. 1303 zu VI 2a.
49 *Palandt/Heinrichs*, 61. Aufl. Überbl. 2 vor § 414 BGB; HSW § 89b HGB Rz. 77; *Löwisch*, § 89b Rz. 10; MK/v. *Hoyningen-Huene*, § 89b HGB Rz. 191.
50 *BGH*, 29.6.1967, BB 1967, 935.
51 *BGH*, 29.6.1967 a.a.O.

II. Befreiende Schuldübernahme

Die Schuldnerstellung des Unternehmers kann aber dann entfallen, wenn die zwischen ihm und dem Vertreternachfolger getroffene diesbezügliche Vereinbarung von dem ausgeschiedenen Handelsvertreter **genehmigt** wird (§ 415 BGB)[52]. Der ausgeschiedene Handelsvertreter kann sich dann nur noch an den Vertreternachfolger halten. Zahlt dieser nicht, so ist für den anspruchsberechtigten Handelsvertreter jede Möglichkeit ausgeschlossen, nunmehr den Unternehmer auf Ausgleich in Anspruch zu nehmen, da dieser durch die **genehmigte Schuldübernahme von seiner Verpflichtung in vollem Umfang frei geworden ist** und durch die Genehmigung alle ausgleichsrechtlichen Rechtsbeziehungen auf Grund des § 89b zwischen ihm und dem ausgeschiedenen Handelsvertreter erloschen sind. Der anspruchsberechtigte Vertreter sollte sich deshalb in solchen Fällen **vor einer Genehmigung über die Person und die wirtschaftliche Lage seines Nachfolgers** genau unterrichten. Nur wenn zwingende Gründe vorliegen, sollte ein Vertreter seine Genehmigung zu einem Schuldübernahmevertrag erteilen, weil die Geltendmachung des Ausgleichsanspruchs gegenüber dem Unternehmer für ihn meist sicherer ist als die Geltendmachung gegenüber seinem Nachfolger, dessen Vertragsverhältnis mit dem Unternehmer jederzeit enden kann und bei dessen Tod oft auch der Ausgleich nicht mehr durchsetzbar ist[53].

232

Die Schuldübernahme-Genehmigung des ausgeschiedenen Handelsvertreters muss **ausdrücklich und eindeutig** erteilt werden[54]. Es muss darin zweifelsfrei zum Ausdruck kommen, dass der Handelsvertreter mit dem Übergang der Schuldnerstellung vom Unternehmer auf den Vertreternachfolger einverstanden ist. Nur wenn diese Voraussetzung erfüllt ist, kann die vereinbarte Schuldübernahme rechtliche Wirksamkeit entfalten. Deshalb kann eine solche Genehmigung keinesfalls bereits darin gesehen werden, dass der ausgeschiedene Handelsvertreter an den Verhandlungen zwischen Unternehmer und Vertreternachfolger teilgenommen hat[55].

233

Die von dem ausgeschiedenen Handelsvertreter ausdrücklich erteilte Genehmigung ist jedoch gemäß § 89b Abs. 4 Satz 1 **unwirksam**, wenn sie zu einem Zeitpunkt erteilt wird, in dem das mit ihm bestehende Vertragsverhältnis noch nicht beendet ist. Dies gilt in jedem Fall, also auch dann, wenn sich die Schuldübernahme auf einen Ausgleichsbetrag bezieht, welcher der Höhe nach dem gesetzlichen Anspruch des § 89b entspricht[56]. **Unwirksam ist** nämlich nach dieser Bestimmung jede vom Gesetz abweichende **Vereinbarung,** also auch eine

234

---

52 *Palandt/Heinrichs*, 61. Aufl., Anmerkungen zu § 415 BGB.
53 *Schröder*, DB 1967 S. 1303 zu VI 2. Wenn der Unternehmer allerdings die selbstschuldnerische Bürgschaft für den Vertreternachfolger übernimmt, bestehen gegen die Genehmigung keine Bedenken.
54 Mit Auslegungsfragen bezüglich der Rechtsnatur der zu Grunde liegenden Vereinbarungen befasst sich das *LG Konstanz* in seinem Urteil vom 27.2.1976–2 HO 178/75 — unveröffentlicht.
55 *Schröder*, DB 1969 S. 292 zu IIb. Vgl. auch *OLG Celle*, 23.3.1961, BB 1961 S. 615 = HVR Nr. 335.
56 *BGH*, 29.6.1967 (BB 1967, 935).

III Schuldner des Ausgleichsanspruches – Abwälzungsvereinbarungen

solche, *die den Ausgleichsschuldner austauscht*, weil hierdurch der Unternehmer von der gesetzlichen Ausgleichspflicht befreit wird.[57]

235 Eine erst nach der Vertragsbeendigung erteilte Genehmigung kann ohne Rücksicht auf Bezifferung des Ausgleichsanspruchs Unabdingbarkeitsprobleme nicht aufwerfen, weil das Gesetz nur einen *im Voraus erfolgenden Verzicht* auf den Ausgleich verbietet. Gleiches gilt, wenn zwar die Vereinbarungen zwischen Unternehmer und Vertreternachfolger vor der Vertragsbeendigung getroffen, die Genehmigung selbst aber erst danach erteilt wird. Denn der Grundsatz der Unabdingbarkeit kann überhaupt nur durch die Genehmigung des ausgeschiedenen Handelsvertreters, aber nicht durch die Schuldübernahme-Vereinbarungen berührt werden. Eine erst nach der Vertragsbeendigung erteilte ausdrückliche Genehmigung des ausgeschiedenen Handelsvertreters ist deshalb auch dann wirksam, wenn sich herausstellt, dass der tatsächliche Ausgleichsanspruch die in der Schuldübernahme-Vereinbarung festgelegte Höhe übersteigt.

III. Unmittelbare Zahlungsvereinbarungen zwischen dem Handelsvertreter und seinem Nachfolger

236 Bezüglich der zwischen dem ausscheidenden Handelsvertreter und seinem Nachfolger getroffenen Vereinbarungen muss man unterscheiden: Diese Vereinbarungen kommen in der Weise vor, dass sie sich *allein auf den Ausgleichsanspruch* beziehen, sodass also der Vertreternachfolger an die Stelle des Unternehmers als Ausgleichsschuldner tritt, wozu wiederum die Genehmigung des Handelsvertreters erforderlich ist. Andererseits sind aber auch Tatbestände denkbar, in denen der Vertreternachfolger seinem Vorgänger für den Eintritt in das Vertragsverhältnis eine *Gegenleistung* erbringt.

237 Nicht selten kommen zwischen den beiden Handelsvertretern Vereinbarungen zu Stande, wonach der Vertreternachfolger den zuvor ermittelten Ausgleichsanspruch *unmittelbar gegenüber seinem Vorgänger* zu befriedigen habe. Eine solche Absprache, die formlos, also auch mündlich getroffen werden kann[58], sofern nicht Schriftform ausdrücklich vertraglich vereinbart wurde, wird beispielsweise dann vorkommen, wenn der bisherige Handelsvertreter seinen Ausgleichsanspruch durch eine Eigenkündigung nicht gefährden will und deshalb eine *einvernehmliche Vertragsaufhebung* anstrebt, der Unternehmer aber zu erkennen gibt, dass er mit einer Vertragsaufhebung nur einverstanden sei, wenn er nicht auf Zahlung eines Ausgleichs in Anspruch genommen werde und wenn es deshalb zu einer Ausgleichsregelung unmittelbar zwischen dem ausscheidenden Handelsvertreter und seinem Nachfolger kommt[59]. Natürlich kann eine sol-

---

[57] MK/*von Hoyningen-Huene*, § 89b, Rdn. 191; BGH, 29.6.1967 – VII ZR 323/64 – BB 1967, 935 = HVR 359
[58] *BGH*, 18.10.1995 – VIII ZR 149/94.
[59] *OLG Hamm*, 18.12.1978, BB 1980 S. 1819 = HVR Nr. 548 = HVuHM 1981 S. 292 = VW 1981 S. 339.

che Vereinbarung nur wirksam sein, wenn einerseits alle Voraussetzungen für die Zahlung eines Ausgleichs erfüllt sind und wenn andererseits der Unternehmer der Vertragsbeendigung zustimmt.

Die Zahlung kann dann entweder unmittelbar oder in der Weise erfolgen, dass der Unternehmer einbehaltene Provisionsanteile des Vertreternachfolgers dem ausgeschiedenen Vertreter auszahlt. Der Unternehmer fungiert dann nur als *„Zahlstelle"* und handelt im Namen des Vertreternachfolgers als des Ausgleichsschuldners. Eine solche Regelung wird häufig im Zusammenhang mit der *Übertragung des Kundenstammes* vom alten auf den neuen Vertreter und als Gegenleistung für die Einführung des Vertreternachfolgers bei der Kundschaft oder als Entgelt für den Eintritt des Vertreternachfolgers in die Rechte und Pflichten des ausscheidenden Handelsvertreters getroffen. **238**

Derartige auf den Ausgleichsanspruch sich beziehende *Vereinbarungen sind von* einer Regelung i.S. des *§ 89b Abs. 3 Ziff. 3 zu unterscheiden*, die nach dem In-Kraft-Treten des Umsetzungsgesetzes vom 23.10.1989 zur EG-Harmonisierungs-Richtlinie vom 18.12.1986 gesetzlich geregelt wurde. Nach dieser Vorschrift ist der *Ausgleichsanspruch gegenüber dem Unternehmer ausgeschlossen*, wenn aufgrund einer Vereinbarung zwischen dem Unternehmer und dem Handelsvertreter ein Dritter anstelle des Handelsvertreters in das Vertragsverhältnis eintritt. Dieser Regelung lag der Gedanke des Gesetzgebers zu Grunde, dass ein Dritter nur dann – mit Zustimmung des Unternehmers – in das Vertragsverhältnis eintritt, wenn zwischen dem ausscheidenden Handelsvertreter einerseits und dem Dritten andererseits, also seinem Nachfolger, eine *Vergütungsregelung unmittelbar* zu Stande kommt. Die vom Dritten zu leistende Vergütung besteht dann aber regelmäßig nicht in der Zahlung eines Ausgleichs, sondern einer Gegenleistung für seinen Eintritt in die Rechte und Pflichten des ausscheidenden Handelsvertreters. Diese Fälle werden unten im Rahmen der Erläuterung der Ausschlusstatbestände in Rz. 1506 ff. behandelt. **239**

Mit einer Vereinbarung, in der der ausscheidende Handelsvertreter sich mit seinem Nachfolger darauf geeinigt hatte, dass er mit 20% *an den Provisionsbezügen seines Nachfolgers beteiligt* wurde, *ohne dass diese Beteiligung zu Lasten des Ausgleichsanspruchs gehen sollte,* hatten sich der Bundesgerichtshof in seinem Urteil vom 11.6.1975 und das OLG Stuttgart in seinem Urteil vom 15.10.1959[60] zu befassen. **240**

Der Bundesgerichtshof[61] hat in seinem Urteil vom 11.6.1975 in einer derartigen Vereinbarung *keinen Gesetzes- oder Sittenverstoß* des ausscheidenden Handelsvertreters gesehen, und zwar auch dann nicht, wenn der ausscheidende Handelsvertreter dem Unternehmer über die mit seinem Nachfolger getroffene Vereinbarung keine Mitteilung macht, obwohl eine solche Vereinbarung möglicherweise unter Billigkeitsgesichtspunkten bei der Ausgleichsbemessung von **241**

---

60 *BGH*, 11.6.1975, BB 1975 S. 1037 = DB 1975 S. 1550 = EBE 1975 S. 350 = HVR Nr. 493 = NJW 1975 S. 1926; *OLG Stuttgart*, 15.10.1959, BB 1960 S. 264 = VersR 1960 S. 399.
61 *BGH*, 11.6.1975, BB 1975 S. 1037 = DB 1975 S. 1550 = HVR Nr. 493 = NJW 1975 S. 1926.

III Schuldner des Ausgleichsanspruches – Abwälzungsvereinbarungen

Bedeutung sein könne, und der ausscheidende Handelsvertreter insofern seine ihm dem Unternehmer gegenüber obliegende Treuepflicht verletze.

242 In dem vom OLG Stuttgart mit Urteil vom 15.10.1959[62] entschiedenen Fall war eine entsprechende Vereinbarung zwischen den beiden Handelsvertretern getroffen worden, und das vertretene Unternehmen hatte aufgrund dieser Vereinbarung die Auszahlung der Provisionsanteile an den ausscheidenden Vertreter übernommen. Hier war ebenfalls nicht vereinbart worden, dass die vom Vertreternachfolger geschuldeten, aber vom Unternehmer gezahlten Leistungen zu Lasten des Ausgleichsanspruchs erfolgen sollten. Der Unternehmer stellte aber seine anteiligen Provisionszahlungen an den ausscheidenden Handelsvertreter ein und forderte die gezahlten Beträge zurück, als sich herausstellte, dass dem ausgeschiedenen Vertreter ein Ausgleichsanspruch gar nicht zustand. Das Gericht war der Auffassung, dass als Rechtsgrundlage für die an den Vertreter erfolgten Zahlungen nicht dessen vermeintlicher Ausgleichsanspruch, sondern allein die Vereinbarung anzusehen sei, die dieser mit seinem Nachfolger getroffen habe, und wies die Klage ab.

243 Angesichts derartiger Vereinbarungen dürfen die *steuerrechtlichen Folgen* nicht außer Acht gelassen werden[63], die sich ergeben können, wenn dem ausgeschiedenen Handelsvertreter allein *Zahlungen von seinem Nachfolger* zufließen, was häufig in der Weise geschieht, dass der ausgeschiedene Handelsvertreter für einen bestimmten Zeitraum nach der Beendigung seines Vertragsverhältnisses an den Provisionseinnahmen seines Nachfolgers beteiligt wird, wobei diese Provisionsbeteiligung über das vertretene Unternehmen zwar abgewickelt wird, das hierbei aber lediglich als „Zahlstelle" fungiert. Der Bundesfinanzhof hat in seinem Urteil vom 31.5.1972[64] festgestellt, dass eine *Tarifbegünstigung* nach §§ 24 Nr. 1c, 34 Abs. 1 und 2 EStG nicht in Betracht kommen könne, wenn die dem ausgeschiedenen Handelsvertreter zugeflossenen *Zahlungen auf selbstständigen Vereinbarungen beruhten*. Das sei dann anzunehmen, wenn sich aus dem Sachverhalt ergebe, dass das vertretene Unternehmen mit Ausgleichsverpflichtungen nicht belastet sein wolle und der Vertreternachfolger nicht fremde Verpflichtungen, sondern eigene erfüllen wolle[65].

---

62 BB 1960 S. 264.
63 Näheres siehe im steuerrechtlichen Teil Rz. 2300 ff.
64 *BFH*, 31.5.1972, BB 1972 S. 1083 = DB 1972 S. 1807 = HVR Nr. 457 = RVR 1972 S. 299 = HVuHM 1972 S. 1334. Vgl. auch *FG Düsseldorf*, 28.11.1968, EFG 1969 S. 180 = RVR 1969 S. 235.
65 Vgl. dazu auch *OLG Hamm*, 18.12.1978, oben Fn. 59.

IV. Kapitel
Die Anspruchsvoraussetzungen

A. Überblick

Die *Entstehung des Ausgleichsanspruchs* ist in § 89b an das Vorliegen von *5 Grundvoraussetzungen* geknüpft, nämlich an zwei Voraussetzungen *formeller* Natur und drei Voraussetzungen ausschließlich *materieller* Natur. Allein den zuletzt genannten drei Voraussetzungen kommt für die **Ausgleichsberechnung** entscheidende Bedeutung zu[1]. Demgegenüber sind die formellen Anspruchsvoraussetzungen nur für die Frage von Bedeutung, ob überhaupt ein Ausgleichsanspruch *entstehen bzw. „existent"* werden kann, ohne dass diese Voraussetzungen auf Ausgleichsgrund und Ausgleichshöhe in irgendeiner Weise von Einfluss sind. 244

Deshalb müssen die formellen und die materiellen Anspruchsvoraussetzungen scharf voneinander geschieden werden. So hat etwa die materielle Anspruchsvoraussetzung der Billigkeit mit der formellen Anspruchsvoraussetzung der Vertragsbeendigung nichts zu tun[2]. Ob ein Handelsvertretervertrag beendet ist und somit nach fristgemäßer Geltendmachung des Anspruchs in die Ausgleichsberechnung eingetreten werden kann, ist allein *Tatfrage*. Die Entscheidung dieser Frage kann mithin nicht durch Billigkeitsgesichtspunkte beeinflusst werden[3]. 245

I. Die formellen Anspruchsvoraussetzungen

Bei den formellen Voraussetzungen handelt es sich einmal darum, dass das Vertragsverhältnis zwischen dem Unternehmer und dem ausgleichsberechtigten Handelsvertreter oder dem sonst in Betracht kommenden Gläubiger eines möglichen Ausgleichsanspruchs wirksam beendet ist. Denn die **Beendigung des Vertragsverhältnisses** stellt die **Grundvoraussetzung** — gewissermaßen die „Schranke" — dar, ohne die bzw. ohne deren Öffnung ein Ausgleichsanspruch von vornherein nicht in Betracht kommen und zur Entstehung gelangen kann, weil ohne sie die materiellen Anspruchsvoraussetzungen, die alle von der Vertragsbeendigung abhängig sind, gar nicht erfüllt sein können. 246

Zum anderen muss der Anspruch *formell geltend gemacht werden*[4], und zwar innerhalb einer Ausschlussfrist von 12 Monaten, gerechnet vom Zeitpunkt der 247

---
1 Vgl. das Berechnungsbeispiel in Kap. XVII.
2 Vgl. dazu Rz. 1044.
3 Vgl. dazu Rz. 256.
4 Näheres unten Rz. 421 ff.

IV Die Anspruchsvoraussetzungen

Vertragsbeendigung an[5]. Wird die für die Geltendmachung vom Gesetz vorgeschriebene Ausschlussfrist versäumt, kann der zunächst mit Vertragsbeendigung dem Grunde nach entstandene Ausgleichsanspruch nicht mehr durchgesetzt werden — weder gerichtlich noch außergerichtlich —, sofern nicht der Anspruchsschuldner seinerseits darauf verzichtet, sich auf die *Versäumung der Ausschlussfrist* zu berufen. Im Prozess muss der Richter die Einhaltung der formellen Anspruchsvoraussetzung der rechtzeitigen Geltendmachung *von Amts wegen* prüfen, auch wenn der Beklagte eine diesbezügliche Einrede gar nicht geltend macht[6]. Der Vollständigkeit halber sei in diesem Zusammenhang bemerkt, dass sich aus dem formellen Charakter der ab Vertragsbeendigung laufenden Ausschlussfrist nicht die Unzulässigkeit herleiten lässt, den Ausgleich vorsorglich *schon vor der Vertragsbeendigung* geltend zu machen, zu einem Zeitpunkt also, zu dem der Lauf der Ausschlussfrist noch gar nicht begonnen hat[7].

248 Die *vielgestaltigen Formen der Vertragsbeendigung* — und die Ausnahmefälle, in denen die Entstehung eines Ausgleichsanspruchs trotz Vertragsbeendigung ausgeschlossen ist[8] — werden im Folgenden Abschnitt D[9], die Probleme der Geltendmachung des Ausgleichsanspruchs und der Ausschlussfrist in Abschn. E[9a], während die in diesem Zusammenhang zu beachtenden Probleme der Fälligkeit, der Verjährung und Verwirkung sowie der Verzinsung und Aufrechnung im Kap. XII dargestellt werden[10].

II. Die materiellen Anspruchsvoraussetzungen

249 Wie bereits erwähnt, sind für die Ausgleichsberechnung und die damit in engem Zusammenhang stehende Frage, in welchem Umfang der aus der Vertragsbeendigung sich ergebende und fristgerecht geltend gemachte Ausgleichsanspruch im Einzelfall zu entstehen vermag, allein — der Höhe nach durch die Ausgleichshöchstgrenze nach § 89b Abs. 2 begrenzt — *nur die drei materiellen Anspruchsvoraussetzungen gem. § 89b Abs. 1*, nämlich der *Unternehmervorteil*, der *Provisionsverlust* des Handelsvertreters und der *Billigkeitsgrund-*

---

5 Vgl. aber den Ausnahmefall, wenn unklar ist, wer beim Tode des Handelsvertreters als ausgleichsberechtigter Erbe in Betracht kommt (*BGH,* 15.12.1978, BB 1979 S. 288 = DB 1979 S. 543 = EBE 1979 S. 83 = HVuHM 1979 S. 470); Einzelheiten unten Rz. 437.
6 Vgl. unten Rz. 439.
7 Vgl. dazu unten Rz. 426.
8 Das ist bei einer vom Handelsvertreter ausgesprochenen Kündigung der Fall, sofern nicht ein Verhalten des Unternehmers begründeten Anlass zur Kündigung bot oder wenn die Kündigung aus *alters- oder krankheitsbedingten Gründen* erfolgte und bei einer vom Unternehmer ausgesprochenen Kündigung dann, wenn für die Kündigung ein wichtiger Grund wegen schuldhaften Verhaltens des Handelsvertreters vorgelegen hat. Genau genommen müssten diese beiden weiteren Voraussetzungen zusammen mit den oben aufgezählten Voraussetzungen genannt und erörtert werden. Da sie jedoch spezieller Natur sind, werden sie in einem besonderen Abschnitt behandelt. Vgl. unten Rz. 1321.
9 Rz. 266 ff.
9a Rz. 421 ff.
10 Rz. 1625.

satz, maßgebend. ***Allein anhand ihrer Prüfung*** beantwortet sich also die Frage, wie hoch der Ausgleich ist, auf den insbesondere der Handels-, Versicherungs- und der Bausparkassenvertreter Anspruch hat.

Bereits an dieser Stelle sei mit Nachdruck darauf hingewiesen, dass die in der Praxis bei allen Ausgleichssachen immer an erster Stelle interessierende und von den Parteien – naturgemäß natürlich vornehmlich vom Anspruchsberechtigten – ins Spiel gebrachte ***Ausgleichs-Höchstgrenze***, wie sie in § 89b Abs. 2 festgelegt ist, ***keine Bemessungsgrundlage*** für den Ausgleichsanspruch darstellt, dass ihr vielmehr nur eine ***Maximierungsfunktion*** zukommt[11], weil sie als „Kappungsgrenze" den Höchstbetrag festlegt, den der Ausgleichsanspruch nicht überschreiten kann. 250

Die materiellen Anspruchsvoraussetzungen weichen bei Warenvertretern einerseits und Versicherungs- und Bausparkassenvertretern andererseits in gewissen Punkten voneinander ab. 251

Außer der Vertragsbeendigung und der fristgerechten Geltendmachung müssen bei Warenvertretern folgende Voraussetzungen erfüllt sein: 252

1. Der Unternehmer muss aus der Geschäftsverbindung mit ***neuen Kunden***, die der Handelsvertreter geworben hat, auch nach Beendigung des Vertragsverhältnisses ***erhebliche Vorteile*** haben.
2. Der Handelsvertreter muss infolge der Beendigung des Vertragsverhältnisses ***Ansprüche auf Provision verlieren***, die er bei Fortsetzung desselben aus bereits ***abgeschlossenen*** oder ***künftig zu Stande kommenden Geschäften*** mit den von ihm geworbenen Kunden hätte und
3. die Zahlung eines Ausgleichs muss ***unter Berücksichtigung aller Umstände der Billigkeit*** entsprechen.

Für ***Versicherungs- und Bausparkassenvertreter*** lassen sich die für den Ausgleichsanspruch erforderlichen Voraussetzungen nicht unmittelbar aus dem Gesetz ablesen. Sie ergeben sich vielmehr erst auf dem Umweg über die ***Anpassungsklausel*** in § 89b Abs. 5, wo bestimmt ist, dass die Absätze 1, 3 und 4 für Versicherungsvertreter und Bausparkassenvertreter[12] mit der Maßgabe gelten, dass an die Stelle der Geschäftsverbindungen mit neuen Kunden, die der Vertreter geworben hat, die ***Vermittlung neuer Versicherungsverträge*** durch den Versicherungsvertreter bzw. neuer Bausparverträge durch den Bausparkassenvertreter tritt[13]. Demgemäß ergeben sich für ***Versicherungs- und Bausparkassenvertreter*** die folgenden Anspruchsvoraussetzungen: 253

1. Das Versicherungsunternehmen bzw. die Bausparkasse muss aus der Vermittlung ***neuer Versicherungs- bzw. Bausparverträge***, die der Versicherungs- bzw. Bausparkassenvertreter vermittelt hat, auch nach Beendigung des Vertragsverhältnisses ***erhebliche Vorteile*** haben.

---

11 Vgl. unten Rz. 1517ff.
12 Vgl. § 89b Abs. 5 Satz 3.
13 *Küstner*, BB 1966 S. 269 zu Abschnitt I.

IV Die Anspruchsvoraussetzungen

2. Der Versicherungs- bzw. Bausparkassenvertreter muss infolge der Beendigung des Vertragsverhältnisses *Ansprüche auf Provision* verlieren, die ihm bei Fortsetzung des Vertragsverhältnisses *aus bereits abgeschlossenen* oder *künftig zu Stande kommenden neuen Versicherungs- bzw. Bausparkassenverträgen*, die er vermittelt hat, weiterhin zufließen würde bzw. die er ohne die Vertragsbeendigung hätte geltend machen können.
3. Die Zahlung des Ausgleichs muss *unter Berücksichtigung aller Umstände der Billigkeit* entsprechen.

254 Allerdings sei hier vermerkt, dass über den für Versicherungs- und Bausparkassenvertreter geltenden maßgebenden Wortlaut des § 89b Abs. 1, 3 und 4 und damit auch über die einzelnen Anspruchsvoraussetzungen, wie sie sich aus der Anpassungsklausel des § 89b Abs. 5 ergeben, gewisse *Meinungsverschiedenheiten* bestehen[14]. Das beruht — worauf oben bereits hingewiesen wurde[15] — darauf, dass mit der Anpassungsklausel den funktionellen Unterschieden und der unterschiedlichen rechtlichen Behandlung des Versicherungs- bzw. Bausparkassenvertreters im Verhältnis zum Warenvertreter nicht in ausreichender Weise Rechnung getragen wurde. So ergibt sich aus der Umformung des § 89b für Versicherungs- und Bausparkassenvertreter nicht mit der notwendigen Schärfe, dass *künftig zu Stande kommende neue Verträge*, die für Warenhandelsvertreter typisch sind, im Versicherungs- und Bausparbereich aber nur ausnahmsweise zu Verlusten führen, im zuletzt genannten Bereich in ganz anderem Sinne zu verstehen sind, als dies beim Warenvertreter der Fall ist[16]. Eindringlich muss deshalb darauf hingewiesen werden, dass die *künftig zu Stande kommenden Geschäfte nichts mit Nachbestellungen* zu tun haben, die bekanntlich beim Versicherungs- und Bausparkassenvertreter nicht in Betracht kommen können und dass deshalb auch der Ausgleichsanspruch des Versicherungs- oder Bausparkassenvertreters nicht — wie der des Warenvertreters — als *Kundschaftsvergütung*[17] angesehen werden kann.

B. Die Bedeutung der materiellen Anspruchsvoraussetzungen als Bemessungsgrundlage

255 Von ganz wesentlicher und entscheidender Bedeutung, und zwar für das Verständnis der Systematik des Gesetzes einerseits und einer dem Gesetz entsprechenden Ausgleichsberechnung andererseits sind zwei Gesichtspunkte: Einmal

---

14 *BGH*, 23.2.1961, BGHZ 34, 310 = BB 1961 S. 381 = NJW 1961 S. 1059 = VersR 1961 S. 341; *OLG Stuttgart*, 26.3.1957, VersR 1957 S. 329, 330; *Schröder*, § 89b Rz. 41a und BB 1954 S. 477, 482; *Leuze*, S. 21; *Möller*, Anmerkung 370 S. 853; *Trinkhaus*, S. 398; *Geßler*, S. 87; *Josten/Lohmüller*, § 89b Anmerkung 12; *Brüggemann*, § 89b Rz. 124 ff.
15 Vgl. oben Einleitung Rz. 4 und 7. Vgl. auch *Küstner*, VersR 2002, 513 ff.
16 Vgl. *Höft*, VersR 1967 S. 524 ff. und dazu unten Rz. 632, 826, 949.
17 Das wird auch ausdrücklich vom *Bundesgerichtshof* im Urteil vom 6.7.1972 klargestellt, BGHZ 59, 125 = BB 1972 S. 1073 = EBE 1972 S. 251 = NJW 1972 S. 1664 = VersR 1972 S. 931; vgl. dazu Anmerkung *Höft*, VersR 1972 S. 933 sowie die Hinweise in Fn. 16.

B. Die Bedeutung der Anspruchsvoraussetzungen als Bemessungsgrundlage IV

der Umstand, dass allein und ausschließlich die *drei materiellen Anspruchsvoraussetzungen* die *Bemessungsgrundlage* für die Höhe des Ausgleichs darstellen und dass — wie bereits erwähnt — die *Ausgleichshöchstgrenze* gem. § 89b Abs. 2 als Bemessungsgrundlage nicht in Betracht kommen kann.

Von ebenso großer Bedeutung ist des Weiteren der Umstand, dass jeder einzelnen der drei materiellen *Anspruchsvoraussetzungen selbstständige Bedeutung* zukommt[18] und dass für die Entstehung eines Ausgleichsanspruchs alle drei *Anspruchsvoraussetzungen nebeneinander* erfüllt sein müssen[19]. Fehlt es auch nur an der Erfüllung einer der für die Entstehung des Ausgleichsanspruchs notwendigen Anspruchsvoraussetzungen, reichen die verbleibenden zwei Voraussetzungen für die Entstehung des Anspruchs nicht aus. Deshalb hat der Bundesgerichtshof auch immer wieder darauf hingewiesen, dass es der gesetzlichen Regelung nicht gerecht wird, wenn bei der Ausgleichsberechnung unter Außerachtlassung sowohl der Unternehmervorteile als auch der Provisionsverluste des Handelsvertreters *allein Billigkeitsgesichtspunkte* berücksichtigt werden[20]. Denn wenn es an einer der gar nicht geprüften Anspruchsvoraussetzungen fehlt, ist die Entstehung des Ausgleichsanspruchs gehindert, mag für alle Beteiligten dieses Ergebnis hier auch als unbefriedigend und die Zahlung eines Ausgleichs gleichwohl als gerechtfertigt empfunden werden. Die Notwendigkeit einer *Prüfung sämtlicher allein als Bemessungsgrundlage in Betracht kommenden Anspruchsvoraussetzungen* ergibt sich aus dem Wortlaut des Gesetzes. Es heißt nämlich in § 89b Abs. 1, dass der Handelsvertreter vom Unternehmer nach der Beendigung des Vertragsverhältnisses „einen angemessenen Ausgleich verlangen kann, *wenn und soweit*" die in den Ziff. 1 bis 3 genannten Anspruchsvoraussetzungen erfüllt sind.

256

Das Wörtchen „wenn" bedeutet, dass alle drei Voraussetzungen erfüllt sein müssen und das Wörtchen „soweit", dass ein Ausgleichsanspruch nur insoweit in Betracht kommen kann, als *alle drei Anspruchsvoraussetzungen nebeneinander in gleicher Höhe erfüllt sind*. Ein Beispiel mag dies verdeutlichen: Sind zwei Anspruchsvoraussetzungen in Höhe von je 50 000 DM und die dritte Anspruchsvoraussetzung in Höhe von 60 000 DM erfüllt, sind alle Voraussetzun-

257

---

18 *BGH*, 7.3.1985 — I ZR 204/82 — bisher unveröffentlicht; *BGH*, 11.12.1958, BGHZ 29, 83, 94 = BB 1959 S. 7 = DB 1958 S. 1457 = VersR 1959 S. 25 = NJW 1959 S. 144; *BGH*, 19.11.1970, BGHZ 55, 45 = BB 1971 S. 105 = DB 1971 S. 185 = HVR Nr. 425 = NJW 1971 S. 462 = VersR 1971 S. 265 mit Anmerkung *Höft*, VersR 1971 S. 269; *BGH*, 27.2.1981, DB 1971 S. 1772 = WPM 1981 S. 817 = MDR 1981 S. 906 = VersR 1981 S. 832; *Brüggemann*, § 89b Rz. 11.
19 Diesen Grundsatz verkennt der *Bundesfinanzhof* in seinem Urteil vom 31.10.1974, BB 1975 S. 82 = DB 1975 S. 190, der von „zwei alternativen" Voraussetzungen, nämlich „erheblichen Vorteilen oder Verlusten" des Handelsvertreters spricht.
20 *BGH*, 10.5.1984, DB 1984 S. 2507 = EBE 1984 S. 319 = LM Nr. 72 zu § 89b HGB = MDR 1985 S. 203 = NJW 1985 S. 58 = VersR 1984 S. 1066; *BGH*, 17.10.1984, HVR Nr. 594 = VersR 1985 S. 264 = VW 1985 S. 713; *BGH*, 26.11.1976, BB 1977 S. 564 = DB 1977 S. 720 = EBE 1977 S. 30 = HVR Nr. 503; *BGH*, 12.12.1985 — I ZR 62/83 — bisher unveröffentlicht; *BGH*, 13.3.1969 — VII ZR 174/66 — BGHZ 52, 5 = DB 1969 S. 701 und Urteil vom 15.2.1965, BGHZ 43, 154 = BB 1965 S. 395 = NJW 1965 S. 1134 = HVuHM 1965 S. 453. Vgl. auch Rz. 1044 und die dort zitierte weitere Rechtsprechung.

IV Die Anspruchsvoraussetzungen

gen nebeneinander übereinstimmend doch nur in Höhe von 50 000 DM erfüllt; die die Höhe der beiden anderen Voraussetzungen übersteigende dritte Voraussetzung muss im Hinblick auf ihren die anderen Voraussetzungen übersteigenden Teilbetrag unberücksichtigt bleiben[21].

258 Der sich aus einer Prüfung der drei Anspruchsvoraussetzungen ergebende *rechnerische Betrag*, in dessen Höhe alle drei Anspruchsvoraussetzungen nebeneinander erfüllt sind, stellt einen *Zwischenwert* dar und noch nicht den geschuldeten Betrag. Man bezeichnet diesen Zwischenwert als *„Rohausgleich"*. Denn es kommt jetzt noch darauf an, in welchem Verhältnis dieser als „Rohausgleich" bezeichnete Zwischenwert zur Ausgleichshöchstgrenze steht[22], die in § 89b Abs. 2 geregelt ist und die sich auf „eine nach dem Durchschnitt der letzten fünf Jahre der Tätigkeit des Handelsvertreters berechnete Jahresprovision oder sonstige Jahresvergütung" beläuft. Hat das Vertragsverhältnis im Zeitpunkt der Vertragsbeendigung *noch nicht fünf Jahre lang bestanden*, so ist der Durchschnitt während der Dauer der Tätigkeit maßgebend[23]. Diese Ausgleichshöchstgrenze stellt das *theoretische maximale Ausgleichsvolumen* dar. Das bedeutet, dass dann, wenn der aus den drei Anspruchsvoraussetzungen sich ergebende *Rohausgleich die Höchstgrenze rechnerisch überschreitet*, gleichwohl dem Handelsvertreter nicht der ermittelte Rohausgleich geschuldet wird, vielmehr dieser Rohausgleich auf den Betrag der Höchstgrenze zu reduzieren ist. In diesem Fall wird dann also ein Ausgleich im Betrage einer durchschnittlichen Jahresprovision, berechnet aus den letzten fünf Vertragsjahren, geschuldet. Erreicht aber auf Grund einer Prüfung der drei Anspruchsvoraussetzungen der ermittelte *Rohausgleich nicht das höchstmögliche Ausgleichsvolumen*, verliert die Ausgleichshöchstgrenze an Bedeutung. Es wird dann nur ein Ausgleich geschuldet, soweit die drei Anspruchsvoraussetzungen nebeneinander erfüllt sind, also im Betrage des sog. Rohausgleichs.

259 Aus alledem ergibt sich, dass die Ausgleichshöchstgrenze *niemals als Bemessungsgrundlage* für die Höhe des Ausgleichs in Betracht kommen kann[24]. Sie stellt vielmehr nichts weiter dar, als den nach dem Willen des Gesetzgebers höchstmöglichen Ausgleichsbetrag, der dem Handelsvertreter in dem für ihn günstigsten Falle geschuldet wird. Die oben bereits erwähnte *„kapitalisierte Restvergütung"*[25] wird also nur insoweit geschuldet, als sie entweder dem aus den drei Anspruchsvoraussetzungen sich ergebenden *Rohausgleich* entspricht, wenn dieser den Betrag der Höchstgrenze nicht erreicht, oder — sofern er die

---

21 *BGH*, 24.6.1958, VersR 1958 S. 566; *BGH* 11.12.1958 a.a.O. (vgl. oben Fn. 18); *OLG Nürnberg*, 19.9.1957 BB 1959 S. 317 = NJW 1957 S. 1720; *Schröder*, § 89b Rz. 2 und DB 1967 S. 2015, 2018.
22 Vgl. dazu Kap. X.
23 Zur Berechnung der Ausgleichs-Höchstgrenze, wenn das Vertragsverhältnis kein volles Jahr bestanden hat, vgl. unten Rz. 1518.
24 Ständige Rechtsprechung; vgl. die weiteren Nachweise unten in Rz. 1525 sowie *Küstner*, BB, Beilage 12/1985 zu Heft 27 in Abschnitt V, S. 10 m.w.N. sowie insbesondere *OLG Karlsruhe*, 27.3.1981, BB 1982 S. 274 mit Anmerkung *Küstner* = HVR Nr. 555 = HVuHM 1982 S. 232.
25 Vgl. Rz. 16 und insbesondere *Habscheid*, Festschrift für Schmidt/Rimpler, Karlsruhe 1957 S. 335, 358.

Höchstgrenze des Ausgleichs rechnerisch übersteigen sollte — im Betrage der aus dem Gesetz sich ergebenden *Höchstgrenze* = Kappungsgrenze.

Vergegenwärtigt man sich die vorstehend geschilderten Grundsätze, die unten im XVII. Kapitel noch vertieft werden[26], wird klar, dass der einem Handelsvertreter infolge der Vertragsbeendigung zustehende Ausgleichsanspruch *in doppelter Hinsicht einer Begrenzung* unterliegt: Einerseits insofern, als niemals ein höherer Ausgleich geschuldet werden kann, als er den *drei Anspruchsvoraussetzungen* entspricht, so weit diese in gleichem Umfange erfüllt sind, andererseits durch die *Ausgleichshöchstgrenze* gem. § 89b Abs. 2, soweit der auf Grund der drei Anspruchsvoraussetzungen ermittelte Rohausgleich die Höchstgrenze überschreitet und demgemäß auf den Betrag einer durchschnittlichen Jahresprovision zu reduzieren ist. **260**

Erfahrungsgemäß bereitet diese Berechnungssystematik, die sich aus § 89b Abs. 1 und 2 ergibt, Außenstehenden immer wieder Schwierigkeiten — mitunter aber sogar Gerichten, weil es gelegentlich auch heute — fast 50 Jahre nach Einführung des Ausgleichsanspruchs — gelegentlich noch vorkommt, dass ein Gericht den Ausgleichsanspruch nur nach Billigkeitsgrundsätzen oder nur anhand der Höchstgrenze des § 89b Abs. 2 oder gar nach gewissen Schemata errechnet[27]. **261**

Am einprägsamsten kann man sich die *Berechnungssystematik* in der Weise anschaulich machen, dass man sich die Ausgleichshöchstgrenze als ein in drei senkrechte Kammern aufgeteiltes Gefäß vorstellt, dessen Fassungsvermögen in allen drei Kammern dem theoretisch maximal in Betracht kommenden Ausgleichsvolumen entspricht. Dieses Gefäß dient aber nur der Maximierung des Ausgleichs — (was das Fassungsvermögen des Gefäßes übersteigt, muss notwendigerweise unberücksichtigt bleiben) —, nicht der Beantwortung der Frage, in welchem Umfange die einzelnen Anspruchsvoraussetzungen erfüllt sind, die durch die drei Kammern veranschaulicht werden. Sind alle drei Kammern bis zum oberen Gefäßrand aufgefüllt, wird der höchstmögliche Ausgleich im Betrage einer durchschnittlichen Jahresprovision geschuldet. Sind die drei Kammern aber in unterschiedlicher Höhe gefüllt, die erste zu 90%, die zweite zu 70% und die dritte nur zu 60%, so sind alle drei Kammern *nebeneinander und übereinstimmend* doch nur zu 60% gefüllt. Lässt man den 60% übersteigenden Anteil der ersten und zweiten Kammer nach dem Wortlaut des Gesetzes („wenn und soweit") außer Betracht, ergibt sich für alle drei Kammern ein Gefäßinhalt von 60% des höchstmöglichen Inhalts und damit ein geschuldeter Ausgleich in Höhe von 60%. Auf die *Höchstgrenze* kommt es in diesem Fall nicht an, weil die drei Anspruchsvoraussetzungen das theoretisch maximal in Betracht kommende Ausgleichsvolumen nicht erreichen. Die Ausgleichshöchstgrenze kann ihre Funktion hier nicht erfüllen, weil nichts zu begrenzen ist. **262**

---

26 Vgl. Rz. 1789.
27 Vgl. dazu Rz. 263, 1044.

C. Pauschalregelungen

263 Angesichts der vorstehend geschilderten und in der Praxis oft schwer überschaubaren Zusammenhänge der materiellen Anspruchsvoraussetzungen einerseits und der formellen Voraussetzungen andererseits – insbesondere im Hinblick auf die in § 89b Abs. 2 Satz 1 (bzw. Abs. 5 Satz 2) geregelte Ausgleichshöchstgrenze – mitunter auch als „Kappungsgrenze" bezeichnet – kann es nicht verwundern, dass mehrfach in der Vergangenheit der Versuch unternommen wurde, der Ausgleichsberechnung *pauschalierte Berechnungsschemata* zu Grunde zu legen. Diese haben sich besonders im Recht des *Versicherungs- und Bausparkassenvertreters* gem. § 89b Abs. 5 als „Grundsätze"[28] bewährt. Aber auch im Bereich des *Rechts des Kfz-Vertragshändlers*, dem bei Vorliegen besonderer Voraussetzungen ein Ausgleichsanspruch in analoger Anwendung des § 89b zustehen kann, ist neuerdings eine *„Münchener Formel"*[29] entwickelt worden, um die Problematik der „extrem schwer zu handhabenden Bestimmung des § 89b, die die Entwicklung einheitlicher Parameter" geradezu herausfordere und um damit die Ausgleichsberechnung zu erleichtern, langwierige Prozesse zu vermeiden und vergleichsweise außergerichtliche Regelungen herbeizuführen[30].

264 Dies kann allein schon deshalb nicht überraschen, weil es im HGB „wohl keine unpräzisere und regelmäßig bzgl. Grund und Höhe streitigere Bestimmung als § 89b mit oft sehr hohen Klageanträgen und jahrelangen Prozessen" gibt[31], was zwangsläufig eine Ausgleichsberechnung ganz außerordentlich erschwert.

265 Im Folgenden werden zunächst die formellen Anspruchsvoraussetzungen der *Vertragsbeendigung* in Abschnitt D und der *Geltendmachung* des Ausgleichsanspruchs in Abschnitt E geschildert, während die in der Versicherungswirtschaft nahezu ausschließlich praktizierten „Grundsätze" im XIX. Kapitel erläutert werden.

D. Beendigung des Vertretervertrages

266 Diese Voraussetzung ist erfüllt, wenn das Vertragsverhältnis auf irgendeine Weise wirksam beendet worden ist. Hierbei ist indessen allein die *rechtliche*

---
28 Vgl. dazu oben Rz. 130 sowie Rz. 1841 ff. Kap. XVIII.
29 Vgl. dazu oben Rz. 130 sowie *Kainz/Lieber/Puszkajler*, BB 1999, 434; *Kümmel*, DB 1998, 2407 und DB 1997, 27; *Intveen*, BB 1999, 1831; *Puszkajler*, in BB aktuell, 2000, Heft 37, IV; kritisch: *Reufels/Lorenz*, BB 2000, 1536 in Anm. zu LG München I, Beschl. v. 3.8.1998, MDR 1998, 1439; *Emde*, VersR 1999, 1464, 1474 und VersR 2001, 148, 163, 164.
30 Zur Problematik, inwieweit die „Grundsätze" als Handelsbrauch oder zumindest als Erfahrungswerte anerkannt werden können, vgl. *Thume*, BB 2002, 1325, 1327 sowie unten Rz. 1854. Von Beginn an wird übrigens die weit überwiegende Zahl entstehender Ausgleichsfälle zwischen den Parteien vergleichsweise geregelt. Dies gilt ebenso im Warenhandelsbereich wie auch im Versicherungs- und Bausparbereich, in welch letzterem die unten in Kap. XVIII behandelten Grundsätze (vgl. Rz. 1841 ff.) von besonderer Bedeutung sind.
31 *Kainz/Lieber/Puszkajler*, BB 1999, 434 in der Zusammenfassung zu Ziff. 3.

Vertragsbeendigung entscheidend[32]. Das bedeutet, dass es mithin nicht auf die bloße *Tätigkeitseinstellung* durch den Handelsvertreter bei im Übrigen *fortbestehendem Vertragsverhältnis* bis zur rechtlichen Vertragsbeendigung ankommt, sondern allein auf den Zeitpunkt, zu dem das Vertragsverhältnis durch fristgerechte oder berechtigte fristlose *Kündigung*, durch den *Tod des Handelsvertreters*, durch *einvernehmliche Regelung* der Parteien oder aufgrund anderer Umstände endet.

Typische Beendigungstatbestände sind zum Beispiel die Kündigung des Vertrages durch den Unternehmer[33], das Ausscheiden eines Handelsvertreters (oder Vertragshändlers), und zwar auch dann, wenn ein Dritter an seiner Stelle den bestehenden Vertrag fortführt, Vertragsablauf bei einem auf bestimmte Dauer oder befristet abgeschlossenen Vertretervertrag[34] oder der Eintritt einer auflösenden Bedingung, wenn der Vertrag unter einer solchen abgeschlossen wurde[35]. Das Vertragsverhältnis wird ferner beendet, wenn die Vertragsparteien eine Vereinbarung über die Beendigung treffen[36] oder wenn der Vertreter die vereinbarte Altersgrenze erreicht und der Vertretervertrag deshalb durch fristgerechte Kündigung oder automatisch endet[37]. In diesen Fällen wird regelmäßig ein Ausgleichsanspruch entstehen, sofern die übrigen Anspruchsvoraussetzungen vorliegen. Meinungsverschiedenheiten zwischen den Parteien dürften sich hier weniger auf die Entstehung als auf die Höhe des geltend gemachten Anspruches beziehen. Mitunter wird die Auffassung vertreten, eine „*Suspendierung des Handelsvertreters*" sei – auf bestimmte oder unbestimmte Zeit – zulässig. Eine solche „Suspendierung" ist jedoch ihrem Wesen nach dem Handelsvertreterrecht fremd und deshalb als „unausgewogene Maßnahme" unzulässig[38].

267

---

32 *BGH*, 29.3.1990, BB 1990, S. 1366 = DB 1990, S. 2264 = HVR Nr. 693 = NJW 1990, S. 2889 = NJW-RR 1991, S. 105 und 1993, S. 471 = VersR 1993, S. 472 = WM 1990, S. 1496; vgl. unten Rz. 1523.
33 Kündigt der Unternehmer fristgerecht und macht er bewusst von einem ihm nach seiner Auffassung zustehenden Recht auf Kündigung des Handelsvertretervertrages aus wichtigem Grunde keinen Gebrauch, entfällt die Ausgleichsberechtigung des Handelsvertreters nicht, vgl. *OLG München,* 22.9.1993, DB 1993 S. 2280; Einzelheiten unten Rz. 1326. Wird durch Parteivereinbarung das *ordentliche Kündigungsrecht* zu Lasten des Unternehmers *ausgeschlossen*, was nach den Grundsätzen der allgemeinen Vertragsfreiheit zulässig ist (BGH, 26.4.1995 – VIII ZR 124/94, BB 1995, 1257 und Urteil v. 25.5.1993 – X ZR 79/92, NJW-RR 1993, 1460) bleibt zur Beendigung des Vertragsverhältnisses zu Gunsten des Handelsvertreters nur eine *einvernehmliche* Vertragsbeendigung (vgl. dazu Rz. 384ff.) oder eine Vertragskündigung, die den Ausgleichsanspruch nicht ausschließt, wenn sie auf alters- oder gesundheitsbedingte Gründe gestützt wird (vgl. Rz. 1446ff.). Voraussetzung ist allerdings, dass der Kündigungsausschluss sich in den Grenzen der guten Sitten und der Regeln von Treu und Glauben hält.
34 *LG Heilbronn,* 23.2.1998 – 6 O 1475/97 HVR Nr. 908.
35 Vgl. dazu Band 1 Rz. 1704; *Hopt,* § 89 Anm. 1/2; *Heymann/Sonnenschein,* § 89a Anm. 6 und § 89b Anm. 2; *Bruck/Möller,* Rz. 371 vor §§ 43–48 VVG, S. 855; *Schröder,* § 89 Rz. 41 und § 89b Rz. 4; *Brüggemann,* § 89b Rz. 19; *Schuler,* JR 1975 S. 44, 45; *Lohmüller* VW 1955 S. 152.
36 Vgl. hierzu aber auch die besondere Problematik, wenn die Initiative zur Vertragsbeendigung vom Vertreter ausgeht, unten Rz. 388ff.
37 Zur Zulässigkeit der Vereinbarung einer Altersgrenze in Vertreterverträgen vgl. RVR 1968 S. 309 und die dort angegebenen Fundstellen, sowie *BGH,* 6.2.1969, RVR 1969 S. 214 und VW 1968 S. 1227.
38 Vgl. *OLG Brandenburg,* 18.7.1995 – 6 U 15/95, BB 1996, 2115.

IV Die Anspruchsvoraussetzungen

268 Um Missverständnisse auszuschließen, sei aber bereits an dieser Stelle mit Nachdruck darauf hingewiesen, dass gem. § 89b Abs. 3 Ziffer 1 die Ausgleichsberechtigung des Handelsvertreters ausgeschlossen ist, *wenn der Handelsvertreter das Vertragsverhältnis von sich aus gekündigt hat* und nicht die in der genannten Vorschrift geregelten *Ausnahmetatbestände* eingreifen, aufgrund deren trotz einer vom Handelsvertreter ausgesprochenen Eigenkündigung ein Anspruch auf Ausgleich dem Grunde nach besteht[39]. Mit Recht hat in diesem Zusammenhang der BGH in seinem Urteil vom 20.10.1960[40] festgestellt, dass der Ausgleichsanspruch auch dann entfällt, wenn der Unternehmer auf das in der *Kündigungserklärung* zum Ausdruck kommende Verlangen des Handelsvertreters eingeht, das Vertragsverhältnis *vorzeitig zu beenden*.

269 Es gab oder gibt jedoch Zweifelsfälle, wie Tod des Vertreters, Insolvenz des Unternehmers, altersbedingte Einstellung der Vertretertätigkeit oder Betriebseinstellung oder -veräußerung. Hierher gehören auch die Verkleinerung eines Vertreterbezirkes, die Zuweisung eines anderen Bezirks und schließlich die Umwandlung des Vertretervertrages in einen Anstellungsvertrag. Im Folgenden werden diese Tatbestände eingehend behandelt[41].

I. Tod des Vertreters

270 Erst durch das Urteil des Bundesgerichtshofes vom 13.5.1957[42] wurde positiv entschieden, dass beim Tod des Handelsvertreters ein Ausgleichsanspruch entsteht, dass also der Tod des Handelsvertreters den anderen Beendigungstatbeständen gleichzusetzen ist. Bis zu diesem Urteil hatten über diese Frage Meinungsverschiedenheiten bestanden[43]. Für die Frage, welcher Personenkreis beim Tod des Vertreters anspruchsberechtigt ist, sind sie auch heute noch nicht völlig beseitigt.

---

39 Vgl. dazu unten Rz. 1357.
40 *BGH*, 20.10.1960, VersR 1960 S. 1111.
41 Zur Beendigung des Vertretervertrages als Voraussetzung für den Ausgleichsanspruch vgl. auch *Schuler*, JR 1957 S. 44ff. Zu den Beendigungstatbeständen vgl. *Westphal* EU S. 280–289.
42 II ZR 318/56, BGHZ 24 S. 214 = BB 1957 S. 527 = NJW 1957 S. 1020 = VersR 1957 S. 358; ebenso II ZR 19/57, BGHZ 24 S. 223 = BB 1957 S. 528 = NJW 1957 S. 1028 = VersR 1957 S. 360; *BGH*, 2.10.1958, BB 1958 S. 1108 = MDR 1958 S. 906 = NJW 1958 S. 1966 = VersR 1958 S. 761; *BGH*, 6.2.1964, BB 1964 S. 328 = VersR 1964 S. 378 = HVR Nr. 312; *OLG Frankfurt a.M.*, 12.7.1960, NJW 1961 S. 514; vgl. auch *LG Nürnberg-Fürth*, 24.1.1958, HVR Nr. 187, und *OLG Hamm*, 21.1.1956, BB 1956 S. 191 = DB 1956 S. 136 = HVuHM 1956 S. 48 = NJW 1956 S. 350 = HVR Nr. 78; *LG Aschaffenburg*, 28.2.1956, DB 1956 S. 326 = HVR Nr. 79 = HVuHM 1956 S. 143; a.A. *LG Augsburg*, 24.11.1955, BB 1956 S. 95. Vgl. auch *BGH*, 15.12.1978, BB 1979 S. 288 = DB 1979 S. 543 = EBE 1979 S. 83 = HVuHM 1979 S. 470.
43 Eine gute Übersicht über die Ansichten in Rechtsprechung und Schrifttum zur Entstehung des Ausgleichsanspruchs beim Tode des Handelsvertreters enthalten die Rechtsgutachten von *Schröder* und *Leuze*, „Entsteht bei Beendigung des Vertragsverhältnisses durch Tod des Handelsvertreters ein Ausgleichsanspruch nach § 89b HGB?", herausgegeben vom Forschungsverband für den Handelsvertreter- und Handelsmaklerberuf, Braunschweig 1955.

In den Entscheidungsgründen des Urteils vom 13.5.1957 kommt der Bundesgerichtshof zu dem Ergebnis, dass der Ausgleichsanspruch beim Tode des Handelsvertreters *von dessen Erben geltend gemacht werden könne*. Der Bundesgerichtshof legt dar, der Handelsvertreter habe im Zeitpunkt der Beendigung des Vertragsverhältnisses seine Leistung, die *Zuführung des Kundenstammes* erfüllt. Wenn der Gesetzgeber ihm dafür durch den Ausgleichsanspruch noch eine Vergütung für die Zeit nach Beendigung des Vertretervertrages zubillige, so könne es bei gleicher Interessenlage *keinen Unterschied machen, ob der Vertrag durch Kündigung oder durch den Tod des Handelsvertreters endige*. Es sei nicht einzusehen, warum der Unternehmer von seiner Verpflichtung beim Tode des Vertreters befreit sein solle. Grundsätzliche Bedenken dagegen, dass der *Ausgleichsanspruch in der Person des Erben entstehen könne*, bestünden daher nicht[44].

271

Damit hat der Bundesgerichtshof aber – ohne seine grundsätzliche Entscheidung damit in Frage zu stellen – lediglich die *Möglichkeit anerkannt*, dass der Anspruch auf Ausgleich auch den Erben des Handelsvertreters zustehen kann. Aus dem Urteil ist *nicht zu folgern, dass im Todesfall jeder Erbe des Handelsvertreters* ohne Rücksicht auf den Verwandtschaftsgrad stets ausgleichsberechtigt sein müsste, wenn die Anspruchsvoraussetzungen im Übrigen gegeben sind. Der Bundesgerichtshof stellt in seinem Urteil vom 13.5.1957[45] nämlich gleichzeitig fest, dass im Hinblick auf den beteiligten Personenkreis der Ausgleichsanspruch möglicherweise unter dem *Gesichtspunkt der Billigkeit* entfallen könne[46]. Hier muss man also unterscheiden: Einerseits ist der Ausgleichsanspruch zwar *unbeschränkt vererblich* – allerdings stets nur in dem Umfang, in dem er entstanden ist[47]. Gleichwohl kann er andererseits unter Berücksichtigung von *Billigkeitsgesichtspunkten* im Hinblick auf den *erbberechtigten Personenkreis* einer Beschränkung unterliegen. Das ist kein Gegensatz: Ein Erbe des verstorbenen Handelsvertreters muss ggf. mit Rücksicht auf seine Beziehung zum Erblasser Billigkeitsgesichtspunkte gegen sich gelten lassen, die die Höhe des Ausgleichs zu mindern geeignet sind.

272

Schon vorher hatte das Oberlandesgericht Hamm[48] zum Ausdruck gebracht, dass es bei Vertragsbeendigung durch den Tod des Vertreters dem Sinn des Gesetzes entspreche, *„jedenfalls auch seiner Witwe und Erbin* einen Ausgleichsanspruch zuzubilligen, wenn im Übrigen die Voraussetzungen des § 89b Abs. 1 vorliegen".

273

---

44 Zweifeln begegnet aber die Feststellung des *Bundesgerichtshofs,* beim Tode des Handelsvertreters „entstehe der Ausgleichsanspruch in der Person des Erben" (so auch *LG Stuttgart,* 19.4.1968, HVR Nr. 378), Näheres dazu unten Rz. 281.
45 II ZR 318/56, a.a.O.
46 So auch *BGH,* 30.6.1966, BB 1966 S. 876 = VersR 1966 S. 773 = VW 1966 S. 1022. Näheres zur Billigkeitsproblematik im Zusammenhang mit der Ausgleichsberechtigung der Erben des Vertreters in Rz. 1046. Vgl. auch Rz. 1881.
47 Vgl. *LG Düsseldorf,* 15.8.1990, VersR 1991 S. 184.
48 Beschluss vom 21.1.1956, BB 1956 S. 191 = NJW 1956 S. 350 = HVR Nr. 78.

IV Die Anspruchsvoraussetzungen

274 Die Frage, wer beim Tode des Vertreters ausgleichsberechtigt ist, kann deshalb nicht generell beantwortet werden, da es wegen der vom Bundesgerichtshof geforderten Billigkeitsprüfung jeweils auf die besonderen Umstände des Einzelfalles ankommt.

275 Nach Verkündung des Urteils vom 13.5.1957 wurde zunächst die Ansicht vertreten, mit den anspruchsberechtigten Erben könne nur die **Witwe des Handelsvertreters** gemeint sein; eine weitere Ausdehnung des Ausgleichsanspruches auch auf andere erbberechtigte Personen habe der Bundesgerichtshof nicht ausgesprochen. Diese Ansicht ging von dem Sachverhalt aus, den der Bundesgerichtshof zu entscheiden hatte; denn dort war Klägerin die Witwe eines verstorbenen Handelsvertreters. Aus den Ausführungen des Urteils lässt sich aber nicht die Ansicht herleiten, dass nur die Witwe des Handelsvertreters als anspruchsberechtigte Erbin gemeint sein kann, denn das Urteil spricht *ganz allgemein von den Erben des Handelsvertreters* und überlässt es erst der Billigkeitsprüfung, welche Erben als ausgleichsberechtigt angesehen werden können.

276 Es ist deshalb zu fragen, wie der beim Tode vorhandene **erbberechtigte Personenkreis** im Hinblick auf seine Ausgleichsberechtigung sinnvoll abzugrenzen ist. Dass eine solche Abgrenzung erforderlich ist, folgt schon daraus, dass anderenfalls sogar eine **Ausgleichsberechtigung des Fiskus** in Betracht käme, was dem Sinn des Gesetzes zweifellos nicht entspricht.

277 Deshalb sollte stets sehr eingehend geprüft werden, ob es nicht allein dem Billigkeitsgrundsatz entspricht, wenn der Ausgleichsanspruch beim Tode des Handelsvertreters nur denjenigen Erben zusteht, *denen gegenüber der Handelsvertreter unterhaltsverpflichtet* war oder die zumindest in einer gewissen *wirtschaftlichen Beziehung* zum Vertretervertrag gestanden haben[49]. Es ist zu bedenken, dass der Handelsvertreter bei einer Ausdehnung der Anspruchsberechtigung auf alle möglichen Erben den bei seinem Tod entstehenden Ausgleichsanspruch jedem beliebigen Dritten, den er als Erben benennt, zuwenden kann, wodurch sich gerade im Hinblick auf Ehefrau und Kinder erhebliche Unbilligkeiten ergeben können.

278 Besteht über die **Ausgleichsberechtigung** bestimmter Erben **kein Streit**, ist indessen stets zu beachten, dass **ausgleichsmindernde Billigkeitserwägungen** allein aus der Zusammensetzung des **anspruchsberechtigten Erbenkreises** nicht hergeleitet werden können. Steht also der ausgleichsberechtigte Erbenkreis fest, so kann der diesem Personenkreis zustehende Ausgleich insoweit **nicht nochmals** durch solche Billigkeitsgesichtspunkte gemindert werden, die allein die Zusammensetzung dieses Personenkreises betreffen. Den anspruchsberechtigten Erben können mithin nur noch *allgemeine Billigkeitsgesichtspunkte* entgegengehalten werden, die auch *gegenüber dem Handelsvertreter im Erlebensfalle* unmittelbar hätten geltend gemacht werden können. Das ergibt sich aus den Überlegungen des Bundesgerichtshofs[50], dass im Todesfall der Ausgleich als

---

[49] So auch *Eberstein*, S. 79. Vgl. aber die kritische Stellungnahme von *Meyer*, S. 234f.
[50] *BGH*, 13.5.1957 – II ZR 318/56 – vgl. oben Fn. 42. Vgl. dazu auch Rz. 1867.

Leistungsergebnis des Vertreters den Erben zukommen müsse und dass es bei gleicher Interessenlage keinen Unterschied machen könne, ob der Vertrag durch Kündigung oder durch den Tod des Handelsvertreters ende. Im Hinblick auf den unter Billigkeitsgesichtspunkten in Betracht kommenden Personenkreis wird mithin der Ausgleichsanspruch in gleicher Höhe geschuldet wie er dem Handelsvertreter im Erlebensfall zugestanden hätte[51]. Das bedeutet wiederum, dass sich die ausgleichsberechtigten Erben diejenigen Billigkeitsgesichtspunkte entgegenhalten lassen müssen, *die im Erlebensfalle auch dem Handelsvertreter gegenüber gerechtfertigt* gewesen wären.

Die hier vertretene Auffassung wird auch durch Art. 17 Abs. 4 der EG-Harmonisierungsrichtlinie vom 18.12.1986 gestützt. Dort ist bestimmt, dass der Anspruch auf Ausgleich nach Abs. 2 auch dann entsteht, wenn das Vertragsverhältnis durch Tod des Handelsvertreters endet. Diese Bestimmung kann nur so verstanden werden, dass die ausgleichsberechtigten Erben sich Billigkeitsgesichtspunkte *nur insoweit* entgegenhalten lassen müssen, als diese Billigkeitsgesichtspunkte auch gegenüber dem Handelsvertreter, wäre das Vertragsverhältnis im *Erlebensfalle* beendet worden, gerechtfertigt gewesen wären. **279**

Aus alledem folgt: Kommt eine Ausgleichsminderung insofern nicht in Betracht, als eine solche auch im Erlebensfalle aus Billigkeitsgründen ausgeschlossen wäre, und lässt sich eine solche Ausgleichsminderung auch nicht aus der Zusammensetzung des erbberechtigten Personenkreises herleiten, *unterscheidet sich die Ausgleichshöhe im Todesfalle nicht von dem Ausgleich, der im Erlebensfalle geschuldet* worden wäre. Dies wurde in den „Grundsätzen-Sach" verkannt, weil dort nach der ursprünglichen Fassung generell im Todesfalle ein niedrigerer Ausgleich geschuldet wurde, als wenn das Vertragsverhältnis im Erlebensfalle beendet worden wäre[52]. Seit dem GDV-Schreiben v. 17.7.1972 ist aber eine Gleichstellung im Hinblick auf den Erlebens- und den Todesfall erfolgt. **280**

Hängt im Todesfall die Erfüllung der Billigkeitsvoraussetzung und damit die Entstehung des Ausgleichsanspruchs überhaupt davon ab, ob der erbberechtigte Personenkreis auch ausgleichsberechtigt ist, kann ein *derivativer Erwerb des Ausgleichsanspruchs* durch die Erben des Handelsvertreters nicht in Betracht kommen. Denn ein derivativer, also vom Handelsvertreter abgeleiteter Erwerb des Ausgleichsanspruchs, würde zwangsläufig eine Beschränkung des ausgleichsberechtigten Personenkreises, wie ihn der Bundesgerichtshof offensichtlich für möglich und zulässig hält, ausschließen. Andererseits wäre es aber auch unzutreffend, wenn man statt dessen eine *originäre Entstehung des Aus-* **281**

---

51 Eine Einschränkung ist hier allerdings zu machen: Sind die ausgleichsberechtigten Erben aufgrund einer aus Mitteln des Unternehmers finanzierten Altersversorgung versorgungsberechtigt und fließen ihnen demgemäß aus Mitteln des Unternehmers finanzierte Versorgungsleistungen zu, steht ihnen nur der um den Kapitalwert dieser Versorgungsleistungen geminderte Ausgleich zu, vgl. Rz. 1248.

52 Vgl. dazu *Küstner*, VersVerm 1994 S. 444 sowie HdbVersVerm Abschn. 16.2.2.1; vgl. auch unten Kap. XVIII Rz. 1975. Vgl. dazu aber das GDV-Rdschr. vom 6.4.1995 durch das die unbefriedigende Situation bereinigt wurde (vgl. Anhang Nr. 13).

gleichsanspruchs in der Person der anspruchsberechtigten Erben annehmen würde[53]. Denn richtiger Ansicht nach erwerben die Erben ihre Anspruchsberechtigung weder derivativ noch originär, weil für die Entstehung des Ausgleichsanspruchs allein der Zeitpunkt der Vertragsbeendigung maßgebend ist[54]. Der Ausgleichsanspruch *entsteht mit der Vertragsbeendigung*, weder vorher noch danach, und zwar auch dann nicht erst nachträglich, wenn zunächst unklar ist, welche Erben als ausgleichsberechtigt in Betracht kommen[55]. Das steht keineswegs mit der Tatsache in Widerspruch, dass sich die Höhe des Ausgleichsanspruchs einerseits aus solchen Umständen ergibt, die aus der Tätigkeit des Handelsvertreters bis zur Vertragsbeendigung resultieren und dass andererseits oft erst nach der Vertragsbeendigung festgestellt werden kann, inwieweit mit Rücksicht auf die Erben des Handelsvertreters eine Anspruchsminderung unter Billigkeitsgesichtspunkten geboten ist. Es erscheint nach alledem nicht folgerichtig, wenn im Schrifttum[56] die Ansicht vertreten wird, dass der Ausgleichsanspruch beim Tode des Handelsvertreters in den *Nachlass* falle. Das würde voraussetzen, dass der Ausgleich bereits in der Person des verstorbenen Vertreters entstanden war[57], was aber nicht der Fall sein kann.

282 Die Entstehung des Ausgleichsanspruchs ist *beim Tode des Handelsvertreters gleichwohl dann ausgeschlossen*, wenn der Tod den Bestand des Vertretervertrages — entgegen § 673 in Verbindung mit § 675 BGB — nicht berührt. Das kann — entsprechend einer vor dem Tode des Vertreters zwischen diesem und dem vertretenen Unternehmer getroffenen Vereinbarung — dann der Fall sein, wenn die Identität des Schuldverhältnisses trotz Partnerwechsel unverändert fortbesteht. Man denke etwa an den mitunter vorkommenden Fall, dass der *Vertretervertrag* von der Witwe oder den Kindern des verstorbenen Vertreters *fortgesetzt wird*. Der Tod des Vertreters bewirkt dann *keine Zäsur*. Die Vermittlungsprovisionen, die bei einer Vertragsbeendigung verloren gehen und damit die Grundlage für einen Ausgleichsanspruch darstellen würden, fließen dann dem neuen Vertragspartner des Unternehmers zu[58]. Erben, die ohne eine derartige Vertragsfortsetzung ausgleichsberechtigt sein würden, müssen in einem solchen Falle die *Nichtentstehung des Ausgleichsanspruchs gegen sich gelten lassen*. Kommt es zu einer solchen Vereinbarung, müsste gleichzeitig auch klargestellt werden, dass die vom Erblasser geworbenen Kunden ausgleichsrechtlich bei den in Betracht kommenden Anspruchsberechtigten berücksichtigt werden, wenn diesen später einmal ein Ausgleichsanspruch zusteht.

---
53 Vgl. dazu oben Rz. 281.
54 Vgl. dazu mit ausführlicher Begründung *BFH*, 26.3.1969, BB 1969 S. 862.
55 Vgl. dazu *BGH*, 15.12.1978, BB 1979 S. 288 = DB 1979 S. 543 = EBE 1997 S. 83 = HVuHM 1979 S. 470. In derartigen Fällen könnte nur zweifelhaft sein, wann die Ausschlussfrist für die Geltendmachung zu laufen beginnt; Näheres Rz. 421, 433 ff.
56 *Sieg*, VersR 1964 S. 789, 791; *Schröder*, KTSch. 1960 S. 148 ff.; *Schiefelbein*, S. 30 ff. und VersR 1965 S. 552; wie hier früher *Kapp*, DB 1959 S. 398; vgl. aber Kommentar, § 24 ErbstG Anm. 1 S. 476; *Werther*, RWP, Lieferung 481 vom 21.8.1961, S. 33.
57 Näheres zu den erbschaftsteuerlichen Fragen aber Rz. 1998.
58 *OLG Frankfurt a.M.*, 12.7.1966, HVuHM 1966 S. 1124.

Auf die Rechtslage, die entsteht, wenn der Vertreter nach einer von ihm selbst 283
ohne begründeten Anlass ausgesprochenen Kündigung, aber noch vor der rechtlichen Beendigung des Vertretervertrages, also noch **während des Laufes der Kündigungsfrist, stirbt** oder wenn der Vertretervertrag durch **Selbstmord des Vertreters** endet, soll an anderer Stelle eingegangen werden[59].

II. Tod des Unternehmers

Der Tod der Unternehmers führt im Zweifel **nicht zur Beendigung des Han-** 284
delsvertretervertrages[60]. Dies ergibt sich aus §§ 675, 672 BGB, wonach der Tod des Auftraggebers — hier also des Unternehmers — im Zweifel nicht zur Beendigung des Vertragsverhältnisses führt. Dabei ist es gleichgültig, in welcher Rechtsform das vertretene Unternehmen organisiert ist, ob als Einzelfirma, Kapital- oder Personengesellschaft (AG, GmbH, OHG, KG). Die Auflösung eines als Gesellschaft betriebenen Unternehmens steht dem Tode einer natürlichen Person nicht gleich. Denn die Gesellschaft besteht ja im Auflösungsstadium als *Liquidationsgesellschaft* fort und kann ggf. wieder zur Vollgesellschaft werden. Handelt es sich bei dem vertretenen Unternehmen um eine Personengesellschaft, gilt Entsprechendes. Handelt es sich um eine Offene Handelsgesellschaft, wird die Gesellschaft nach § 131 Ziffer 4 durch den Tod eines Gesellschafters aufgelöst, sofern sich aus dem Gesellschaftsvertrag nichts anderes ergibt[61]. Aber auch im Falle der Auflösung tritt die Gesellschaft zunächst in ihr Liquidationsstadium.

III. Änderungskündigung

Endet ein Handelsvertretervertrag infolge einer vom Unternehmer ausgespro- 285
chenen *Änderungskündigung*[62] und lehnt der Handelsvertreter den ihm gleichzeitig oder während der Kündigungsfrist angebotenen neuen Vertretervertrag ab, hat dies auf die Entstehung des Ausgleichsanspruchs keinen Einfluss, gleichgültig, ob es sich beim angebotenen Vertrage im Verhältnis zum Inhalt des bisherigen Vertrages um eine günstigere oder eine ungünstigere Regelung handelt. Entscheidend ist allein, dass das Vertragsverhältnis *vom Unternehmer gekündigt* wurde. Der Handelsvertreter ist nicht verpflichtet, die ihm angebotenen neuen Vertragsregelungen zu akzeptieren, gleichgültig, ob sie für ihn objektiv betrachtet vorteilhaft oder nachteilig sind. Diese Rechtslage muss sich der Unternehmer stets vor Augen halten, wenn es ihm nicht gelingt, durch Ver-

---

59 Näheres dazu Rz. 1475, 1487.
60 Der Tod des Unternehmers kann für den Handelsvertreter aber einen wichtigen Kündigungsgrund darstellen, vgl. Band 1 Rz. 1987 m.w.N. 1709.
61 *Ankele*, § 89b Anm. 2a Rz. 30; *Stötter*, S. 170; *Heymann/Sonnenschein*, § 89 Rz. 9; *Brüggemann*, § 89 Rz. 3.
62 Einzelheiten zur Änderungskündigung Band 1, Rz. 1621 Zur Umdeutung einer Teilkündigung (vgl. Rz. 323) in eine Änderungskündigung: *OLG Köln*, 10.5.1989, VersR 1989, S. 1148; vgl. dazu auch Band 1, Rz. 1619.

handlungen mit dem Handelsvertreter eine Änderung der bisherigen Vertragsgrundlage zu erreichen.

286 Eine andere Rechtslage könnte aber dann gegeben sein, wenn der Unternehmer sich zur Änderungskündigung deshalb entschließt, weil er durch eine *neue Vertragsgestaltung* einem *schuldhaften Verhalten des Handelsvertreters* Rechnung tragen möchte, das ihn sogar zur fristlosen Vertragskündigung berechtigen würde. Gleichwohl ist hier aber wiederum zweifelhaft, ob in solch einem Fall der Ausschluss des Ausgleichs gerechtfertigt werden kann. Denn wenn trotz einer schuldhaften Verletzung des Vertragsverhältnisses durch den Handelsvertreter der Unternehmer mit dem Handelsvertreter weiter zusammenarbeiten möchte — wenn auch auf neuer Vertragsgrundlage — und er dem Handelsvertreter deshalb einen neuen Vertrag angeboten hat, dürfte in der Regel eine *Berufung auf Unzumutbarkeit einer weiteren Zusammenarbeit* — auch unter der Voraussetzung „strengerer" Regelungen — ausgeschlossen sein.

IV. Sohn als Vertreternachfolger des Vaters

287 Ob eine Vertragsbeendigung, die zur Entstehung eines Ausgleichsanspruchs führt, darin gesehen werden kann, dass mit Zustimmung des vertretenen Unternehmers der Sohn die Vertretung seines aus Alters- oder Gesundheitsgründen sich zur Ruhe setzenden Vaters übernimmt, kann zweifelhaft sein. Folgende Fallgestaltungen sind denkbar:

288 Der vom Vater auf den Sohn übergehende Vertretervertrag wird als *einheitliches Vertragsverhältnis* betrachtet, sodass der Übergang vom Vater auf den Sohn keine die Ausgleichsverpflichtung des Unternehmens auslösende Vertragsbeendigung darstellt. *Zwar endet rechtlich* der bisher mit dem Vater bestehende Vertretervertrag, wenn dieser aus dem Vertragsverhältnis ausscheidet[63]. Häufig wird aber — oft sogar nur stillschweigend — zwischen den Parteien die Fortsetzung des Vertragsverhältnisses mit dem Sohn vereinbart, der nicht selten schon in der Vertretung des Vaters mitgearbeitet hatte und den Außendienst versah. Aus der Einheitlichkeit des Vertrages folgt dann, dass *vom Vater geworbene Kunden* ausgleichsrechtlich *zugunsten des Sohnes* berücksichtigt werden müssen, wenn später einmal der Sohn aus den Diensten des Unternehmers ausscheidet. Wie im Innenverhältnis eine Vergütung des Vaters erfolgt, aus dessen Arbeitserfolg der Sohn nunmehr Nutzen zieht, ist dann allein eine zwischen Vater und Sohn zu regelnde Angelegenheit, die unabhängig vom Unternehmer zu erfolgen hat. Allerdings sollte zwischen dem Unternehmer einerseits und dem Sohn als Nachfolger seines Vaters andererseits zur Klarstellung dann festgelegt werden, dass alle vom Vater geworbenen Kunden ausgleichsrechtlich zu Gunsten des Sohnes berücksichtigt werden, wenn der Vertretervertrag einmal endet.

---

63 Vgl. dazu aber *BGH*, 29.3.1990 (oben Rz. 266 Fn. 32).

289 Natürlich kann aber statt dessen auch vereinbart werden, dass das Vertragsverhältnis zwischen dem Unternehmer und dem Vater einerseits und der Folgevertrag zwischen dem Unternehmer und dem Sohn andererseits als *zwei getrennte Vertreterverträge behandelt* werden. Dann steht dem aus dem Vertrag ausscheidenden Vater ein Ausgleichsanspruch gegen den Unternehmer zu. Die vom Vater geworbenen Kunden stellen dann für den die Nachfolge antretenden Sohn *Altkunden* dar, die ggf. bei der Beendigung des mit dem Sohn abzuschließenden Vertrages ausgleichsrechtlich zu dessen Gunsten nur dann berücksichtigt werden können, wenn diese *Altkunden intensiviert werden*[64]. Häufig werden in diesem Zusammenhang aber auch *Abwälzungsvereinbarungen*[65] getroffen, auf Grund deren der Sohn dem Unternehmer durch Provisionsminderungen den Ausgleich erstattet, den der Unternehmer dem ausscheidenden Vater gezahlt hat. In diesem Falle sollte mit Rücksicht auf die Ausgleichserstattung vereinbart werden, dass die vom Vater geworbenen Kunden ausgleichsrechtlich als vom Sohn geworben gelten[66].

290 Derartige Vereinbarungen finden sich insbesondere häufig dann, wenn der Vater durch Tod aus dem Vertragsverhältnis ausscheidet und der Sohn die Vertretung fortführt. Der Unternehmer zahlt dann der Witwe des verstorbenen Handelsvertreters einen Ausgleich, den dann der die Vertretung fortsetzende Sohn im Innenverhältnis durch *Provisionsminderung erstattet*.

291 Die gleiche Problematik entsteht auch dann, wenn in einem Handelsvertretervertrag vereinbart ist, dass die Handelsvertretung zwar auf einen Dritten übertragen werden könne, dass der Handelsvertreter dann aber verpflichtet sei, dafür Sorge zu tragen, dass der neue Handelsvertreter – sofern das Unternehmen mit ihm einverstanden sei – in alle Rechte und Pflichten des Vertrages eintreten müsse. Kommt es sodann zum *Eintritt eines Dritten in das bestehende Vertragsverhältnis*, das als solches weiterläuft, und sind zwischen den Beteiligten irgendwelche Vereinbarungen im Hinblick auf einen Ausgleichsanspruch des aus dem Vertragsverhältnis ausscheidenden Handelsvertreters nicht getroffen worden, so fragt es sich, ob dieser das bisher von ihm vertretene Unternehmen auf Zahlung eines Ausgleichs in Anspruch nehmen kann.

292 Das Landgericht Frankfurt hat diese Frage in seinem Urteil vom 9.1.1979[67] verneint. Es hat zwar offen gelassen, ob in den Vereinbarungen, aufgrund deren der neue Handelsvertreter „vollinhaltlich" in alle aus dem Vertrage sich ergebenden Rechte und Pflichten eingetreten sei, eine *befreiende Schuldübernahme* gesehen werden könne, bei deren Bejahung die Aktivlegitimation des Klägers entfallen wäre. Die Klageabweisung hat das Gericht aber mit der Überlegung begründet, dass der Handelsvertretervertrag durch den *Partnerwechsel aufseiten des Handelsvertreters* in seinem Bestande nicht berührt worden sei,

---

64 Zur Intensivierung vgl. Rz. 471.
65 Zur Problematik der Abwälzungsvereinbarungen vgl. oben Rz. 192.
66 Vgl. dazu Rz. 194ff.
67 *LG Frankfurt*, 9.1.1979 – 3/5 O 58/78 – unveröffentlicht.

sodass es an der für die Entstehung des Ausgleichsanspruchs erforderlichen *Beendigungsvoraussetzung* fehle. Ein Ausgleichsanspruch könne daher allenfalls erst dann entstehen, wenn das Vertragsverhältnis mit dem neuen Handelsvertreter einmal ende.

293 Im entschiedenen Sachverhalt handelte es sich um einen *Tankstellenhaltervertrag*. Die Mineralölgesellschaft hatte die Übernahme der Tankstelle zunächst abgelehnt, sich dann aber mit der Übernahme der Station durch den neuen Handelsvertreter, einen jahrelangen Mitarbeiter des bisherigen Tankstellenhalters, einverstanden erklärt. Offensichtlich hatte die Mineralölgesellschaft diesen Weg allein deshalb beschritten, um auf diese Weise beim Ausscheiden des bisherigen Stationärs aus dem Vertragsverhältnis keinen Ausgleich zahlen zu müssen. Abgesehen von der Frage der Arglist sollte in derartigen Fällen deshalb das Ausgleichsproblem zwischen dem bisherigen und dem neuen Stationär geregelt werden.

V. Probleme bei Vertretergesellschaften

1. Inhaber der Einzelagentur bleibt Vertragspartner

294 In neuerer Zeit gibt es auf Seiten der Versicherungsunternehmen betriebswirtschaftliche Bestrebungen, eine *„Bündelung" vorhandener Bestände* in der Weise zu erreichen, kleinere Agenturen in einer *„Großagentur"* oder einer sog. *„Zentralagentur"* zusammenzufassen, die am häufigsten in der Rechtsform einer OHG geführt wird[68]. Bleibt der Inhaber einer Einzelagentur Vertragspartner des Versicherungsunternehmens und wird er gleichzeitig auch Gesellschafter der neugegründeten Groß- oder Zentralagentur, bleibt der bei der Beendigung seines Vertragsverhältnisses entstehende Ausgleichsanspruch unberührt. Erhebliche Bedeutung hat aber einerseits eine Regelung der Frage, mit welchem Anteil der nunmehrige OHG-Gesellschafter an der OHG beteiligt ist und andererseits wie sich *Bestandsänderungen* (Zu- bzw. Abgänge) auf seinen Anteil auswirken.

2. Vertragspartner des Unternehmens ist die Gesellschaft

295 Verliert der bisherige Inhaber der Einzelagentur infolge der Gründung einer Groß- oder Zentralagentur seine Vertragspartnerstellung gegenüber dem vertretenen Unternehmen – kommt es darauf an, eine Regelung zu finden, dass seine *Ausgleichsrechte gem. § 89b HGB erhalten* bleiben. Wird der Vertretervertrag also unmittelbar zwischen dem vertretenen Unternehmen und der neugegründeten Vertretungsgesellschaft abgeschlossen (was natürlich auch in der Rechtsform einer KG, einer GmbH & Co. KG oder einer GmbH[69] erfolgen kann) gelten für die Entstehung des Ausgleichsanspruchs, der nunmehr der OHG zusteht,

---
68 Vgl. dazu *Kahlen*, WVK 2001, Ausgabe 6, S. 10.
69 Vgl. dazu unten Rz. 309.

die unten erläuterten Folgen. Aber auch in diesem Fall kommt es darauf an, dass in einer zu treffenden Vereinbarung die Aufrechterhaltung der aus § 89b HGB sich ergebenden Ansprüche sichergestellt wird, weil nunmehr ja allein, wenn der mit der Gesellschaft abgeschlossene Vertrag endet, diese ihrerseits ausgleichsberechtigt ist. Eine deshalb abzuschließende Vereinbarung muss deshalb den im Zeitpunkt der Gründung der Groß- bzw. Zentralagentur vom bisherigen Inhaber einer Einzelagentur erarbeiteten Ausgleich festlegen, der sodann Bestandteil seines Auseinandersetzungsguthaben wird.

Ist die Vertretungsgesellschaft Vertragspartnerin des Unternehmens, lösen die allgemeinen Beendigungstatbestände, die zur Beendigung des Vertretervertrages führen, den Ausgleichsanspruch aus, wie etwa Vertragskündigung[70] (außer in den Fällen des § 89b Absatz 3), Zeitablauf oder eine entsprechende Vereinbarung zwischen dem vertretenen Unternehmen und den Gesellschaftern der Vertretergesellschaft. **296**

Hierbei ist aber zu beachten, dass der Ausgleichsanspruch in derartigen Fällen der Vertretergesellschaft zusteht, *nicht aber einem einzelnen Gesellschafter*, und zwar auch dann nicht, wenn der Vertretervertrag durch ein Ereignis beendet wurde, das allein in der Person eines einzelnen Gesellschafters eingetreten ist[71]. Der Anspruch auf Ausgleich ist in solchen Fällen vielmehr stets *Bestandteil des Gesellschaftsvermögens*. Stirbt etwa ein Gesellschafter einer offenen Handelsgesellschaft, der seine bisher in der Form einer Einzelfirma betriebene Vertretung in die Gesellschaft mit allen Aktiven und Passiven eingebracht hatte, und hat sein Tod vereinbarungsgemäß die Beendigung des Vertretervertrages zur Folge, dann steht der Anspruch auf Ausgleich allein der offenen Handelsgesellschaft zu. Er kann nicht von der Witwe des verstorbenen Gesellschafters geltend gemacht werden, mag sie auch seine Alleinerbin sein[72]. **297**

Wird der Gesellschaftsvertrag aufgelöst, weil die Voraussetzungen des § 131 bzw. des § 60 GmbHG erfüllt, abweichende Vereinbarungen zwischen den Gesellschaftern aber nicht getroffen worden sind, hat dies nicht ohne weiteres auch die Beendigung des abgeschlossenen Vertretervertrages zur Folge[73]. Denn der rechtliche Bestand der Gesellschaft und damit ihre vertraglichen Beziehungen zu Dritten, also auch zum vertretenen Unternehmen, werden durch die Auflösung nicht unmittelbar berührt[74]. Die Gesellschaft muss *liquidiert* werden. Es **298**

---

70 *Martin*, VersR 1967 S. 824, 830 zu IV 1; *Möller*, ZfV 1955 S. 2; *Ahle*, DB 1963 S. 227, 228.
71 Problematisch sind aber auch hier die Fälle der vom Gesellschafter-Geschäftsführer ausgesprochenen Vertragskündigung aus alters- oder krankheitsbedingten Gründen; zur Gesamtproblematik vgl. unten Rz. 313.
72 Anders ist die Rechtslage aber, wenn unabhängig vom fortbestehenden Handelsvertretervertrag der Handelsvertreter eine OHG gründet, in die er seine Einzelfirma mit allen Aktiven und Passiven einbringt. Stirbt der Handelsvertreter als Vertragspartner des vertretenen Unternehmens und löst dies den Ausgleichsanspruch aus, so kann Streit zwischen der fortbestehenden OHG einerseits und der Witwe des verstorbenen Handelsvertreters andererseits darüber entstehen, wem der Ausgleichsanspruch zusteht. Vgl. dazu *LG Düsseldorf*, 4.7.1967, NJW 1968 S. 1143.
73 *Martin*, VersR 1967 S. 824, 830 zu IV 2; *Schlegelberger/Geßler*, § 131 Rz. 1; *Baumbach/Hopt*, § 131 Rz. 2; vgl. auch *Brüggemann*, § 89 Rz 3.
74 Missverständlich *Trinkhaus*, S. 383, *Ahle*, DB 1963 S. 227, 229 und *Schröder*, § 89 Rz. 41b.

IV Die Anspruchsvoraussetzungen

ist deshalb nunmehr die Aufgabe der Liquidatoren, die laufenden Geschäfte zu erledigen (§149), wozu auch die Kündigung des bestehenden Vertretervertrages gehört.

299 Eine solche Kündigung wird in der Regel allerdings die Entstehung des Ausgleichsanspruchs verhindern, weil die Voraussetzungen des § 89b Absatz 3 Ziff. 1 in solchen Fällen nicht erfüllt sein dürften. Es empfiehlt sich deshalb, wenn die Vertretergesellschaft bei Eintritt der gesetzlichen Auflösungsgründe des § 131 aufgelöst werden soll, dass bereits im Vertretervertrag festgelegt wird, dass bei Eintritt eines der in § 131 niedergelegten *Auflösungsgründe der Vertretervertrag automatisch erlischt*, ohne dass es im Zusammenhang mit der notwendig werdenden Liquidation der Gesellschaft einer besonderen Kündigung bedarf. Dabei kann auch vereinbart werden, dass die automatische Beendigung des Vertretervertrages erst nach Ablauf einer bestimmten Zeitspanne, gerechnet vom Eintritt der für die Auflösung maßgeblichen Umstände, erfolgen soll. Nur auf diese Weise kann in den Fällen, in denen ein Fortbestand der Gesellschaft — etwa beim Tode eines Gesellschafters — nicht vorgesehen ist, also vom Gesetz abweichende Vereinbarungen nicht getroffen wurden, erreicht werden, dass die *Ausgleichsberechtigung der Gesellschaft nicht erlischt*.

300 Wird die Handelsvertreterfirma als Kommanditgesellschaft geführt, so berührt der *Tod eines Kommanditisten*[75] den Bestand des Gesellschaftsvertrages — im Gegensatz zu der bei einer offenen Handelsgesellschaft geltenden Regelung — nach den gesetzlichen Vorschriften nicht (§ 177 HGB und § 60 GmbHG). Die oben für eine offene Handelsgesellschaft erörterten Fragen können bei einer Kommanditgesellschaft also nur dann auftreten, wenn im Gesellschaftsvertrag ausdrücklich vereinbart wurde, dass auch der *Tod eines Gesellschafters* bzw. Kommanditisten *zur Auflösung der Gesellschaft* führt[76].

301 Scheidet ein Gesellschafter aus einer Vertretergesellschaft aus, dann ist er mit der Auszahlung des *Auseinandersetzungsguthabens* auch im Hinblick auf einen etwaigen künftigen Ausgleichsanspruch abgefunden, wenn der die Firma übernehmende Gesellschafter die Vertretung fortführt und später ein Ausgleichsanspruch für die Gesellschaft entsteht. Dieser Ausgleichsanspruch steht dann allein der Gesellschaft oder dem Gesellschafter zu, der das Gesellschaftsvermögen übernommen hat[77].

302 Kündigt einer von zwei Gesellschaftern der Vertretungsgesellschaft den Gesellschaftsvertrag, um seinerseits als Handelsvertreter eine der von der Vertretergesellschaft geführten Vertretungen zu übernehmen und führt der verbleibende Gesellschafter die Firma mit allen Rechten und Pflichten im Hinblick auf die übrigen Vertretungen fort, muss der zwischen dem vertretenen Unternehmen und der Vertretergesellschaft bestehende Handelsvertretervertrag ordnungsgemäß — durch Kündigung oder einvernehmliche Vertragsaufhebung — beendet

---
75 Für den Tod des Komplementärs gelten mangels abweichender Abreden die §§ 161, 131.
76 *Schröder*, § 89 Rz. 41b; *Brüggemann,* § 89 Anm. 3; *Ahle,* DB 1963, S. 227, 229.
77 *LG Frankfurt/Main,* 27.11.1957, HVR Nr. 197 (nur LS).

werden. Irrig wäre in diesem Zusammenhang die vom vertretenen Unternehmer geäußerte Auffassung, in solch einem Falle bedürfte es lediglich einer *„Umwandlung" oder „Umschreibung"* des bestehenden Vertragsverhältnisses auf den ausgeschiedenen Gesellschafter, der nunmehr Vertragspartner des vertretenen Unternehmers werden möchte. Es gelten hier die gleichen Grundsätze, die dann maßgebend wären, wenn anstelle des bisherigen Vertragspartners ein unbeteiligter Dritter für das vertretene Unternehmen tätig werden würde. Zwar wird der vertretene Unternehmer in derartigen Fällen zur Kündigung des Vertretervertrages durch Umstände veranlasst, die aufseiten der Vertretergesellschaft eintreten. Diese Umstände können aber nicht zum Wegfall des der bisherigen Vertragspartnerin des Unternehmers, nämlich der Vertretungsgesellschaft, zustehenden Ausgleichsanspruchs führen, ganz abgesehen davon, dass auch eine einvernehmliche Regelung, würde sie statt einer Kündigung zur Vertragsbeendigung führen, den Ausgleichsanspruch nicht berühren würde[78]. Da der Handelsvertretervertrag mit der Vertretergesellschaft abgeschlossen wurde, muss sich der vertretene Unternehmer an diesen Vertrag halten; es ist ihm unbenommen, das Vertragsverhältnis fortzusetzen und den in der Gesellschaft verbleibenden Gesellschafter für sich tätig werden zu lassen.

In derartigen Fällen sind insbesondere die Kündigungsfristen zu beachten, weil andererseits eine *Doppelbelastung des Unternehmers* hinsichtlich seiner Provisionszahlungspflicht eintreten kann. Einigen sich der vertretene Unternehmer und der aus der Vertretergesellschaft ausgeschiedene Gesellschafter etwa erst im November, dass der Letztere die Vertretung ab 1. Januar des Folgejahres übernehmen soll, kann aber der mit der Vertretergesellschaft bestehende Vertretervertrag zu diesem Zeitpunkt erst zum Ende des folgenden Kalendervierteljahres gekündigt werden, muss der Unternehmer in dem betreffenden Quartal sowohl dem bisherigen als auch dem neuen Vertragspartner für die im Bezirk zu Stande gekommenen Geschäfte Provision zahlen. Der dann am Ende des nächsten Quartals, also im Zeitpunkt der Vertragsbeendigung, entstehende Ausgleichsanspruch steht dann allein der bisherigen Vertragspartnerin des Unternehmers zu. Eine Beteiligung des ausgeschiedenen Gesellschafters an diesem Ausgleichsanspruch kommt einmal deshalb nicht in Betracht, weil er im Zeitpunkt der Entstehung dieses Ausgleichsanspruchs nicht mehr Gesellschafter der Vertretergesellschaft war, zum anderen deshalb nicht, weil in seiner Person infolge der Weiterführung der Vertretung keine Provisionsverluste eintreten können[79]. **303**

Mitunter ist im Rahmen der *Geschäftsverteilung* im Hinblick auf die Aufgaben der einzelnen Gesellschafter einer Produktions- oder Handelsgesellschaft vorgesehen, dass ein Gesellschafter die kaufmännischen und ein anderer Gesellschafter die technischen Belange des Unternehmens leitet, während einem Dritten die Aufgabe obliegt, die Erzeugnisse des Unternehmens bzw. *die gehandelte Ware im Außendienst gegen Provisionsvergütung zu verkaufen*. Endet die Verkaufstätigkeit dieses dritten Gesellschafters — etwa infolge Krankheit oder mit **304**

---
78 Vgl. Rz. 384.
79 Vgl. unten Rz. 691.

IV Die Anspruchsvoraussetzungen

Rücksicht auf eine Vertriebsänderung —, bleibt er aber Gesellschafter des Unternehmens, taucht die Frage auf, ob die Beendigung seiner bis dahin ausgeübten Abschluss- bzw. Vermittlungstätigkeit die Entstehung eines Ausgleichsanspruchs auslöst, der ihm sodann gegen die Gesellschaft, an der er selbst beteiligt ist, zustehen würde.

305 Der Bundesgerichtshof hat diese Frage in seinem Urteil vom 3.2.1978[80] verneint. Zwar schließe die besondere Rechtsnatur des Ausgleichsanspruchs eine entsprechende Anwendung des § 89b auf andere selbstständige Gewerbetreibende, die ständig damit betraut seien, die Erzeugnisse eines anderen Unternehmens zu vertreiben, nicht schlechthin aus. Liege aber ein Gesellschaftsverhältnis vor, dann stehe der entsprechenden Anwendung des § 89b bereits der Umstand entgegen, dass der im Außendienst tätige Gesellschafter die Kundenwerbung nicht für einen anderen, sondern *für das Unternehmen ausübe, an dem er selbst beteiligt* sei. Außerdem müsse berücksichtigt werden, dass ihm die Vorteile, die das Unternehmen durch seine Tätigkeit erlange, auf Grund seiner Beteiligung an dem Unternehmen, also auf Grund seiner gesellschaftsrechtlichen Stellung, ohnehin zugute kämen.

306 In derartigen Fällen kommt es nach der Rechtsprechung des Bundesgerichtshofs mithin allein und entscheidend darauf an, ob der im Außendienst tätige Vermittler zur Gesellschaft, die er vertritt, in einem *gesellschaftsrechtlichen Verhältnis* steht. Eine solche Stellung wird, wie sich aus dem Urteil des Bundesgerichtshofs ergibt, nicht etwa dadurch überdeckt und damit bedeutungslos, dass zwischen der Gesellschaft auf der einen und dem im Außendienst tätigen Gesellschafter auf der anderen Seite ein ordnungsgemäßer Handelsvertretervertrag abgeschlossen wird, in dem die ihm im Außendienst obliegenden Rechte und Pflichten und die ihm zustehende Provisionsvergütung im Einzelnen geregelt sind.

307 Meiner Auffassung nach muss hier aber auch dem Gesichtspunkt Rechnung getragen werden, *in welchem Umfang* der geschäftsvermittelnde Gesellschafter *an der Gesellschaft beteiligt ist.* Nimmt er auf Grund seiner Beteiligung eine *beherrschende Stellung* ein, kann den Überlegungen des Bundesgerichtshofs sicher ohne Einschränkung gefolgt werden. Handelt es sich aber nur um eine geringfügige Beteiligung, kann die Auffassung des Bundesgerichtshofs zu unbilligen Ergebnissen führen, weil dann möglicherweise die Beteiligung dieses Gesellschafters nicht ausreicht, um ein Äquivalent im Hinblick auf den anderenfalls entstehenden Ausgleichsanspruch darzustellen.

308 Mitunter bestehen Unklarheiten über den rechtlichen *Status einer Vertretergesellschaft.* Dies kann insbesondere dann vorkommen, wenn der Abschluss des Gesellschaftsvertrages ohne Mitwirkung eines juristischen Beraters erfolgte und erst durch Auslegung ermittelt werden kann, welcher rechtliche Status der Vertretergesellschaft zuzumessen ist. Dabei ist zu berücksichtigen, dass seit dem Urteil des BGH vom 29.1.2001[81] auch der Gesellschaft bürgerlichen

---

[80] *BGH,* 3.2.1978, BB 1978 S. 422 = DB 1978 S. 1395.
[81] *BGH,* 29.1.2001 – II ZR 331/00, BB 2001, 374; vgl. dazu *Habersack,* BB 2001, 477.

Rechts Rechts- und Parteifähigkeit zuerkannt wurde. Dies hat zur Folge, dass die BGB-Gesellschaft nunmehr auch im eigenen Namen handelnd auftreten, Rechte ausüben und Pflichten übernehmen kann[82].

3. Probleme der Handelsvertreter-GmbH

Entschließt sich ein Handelsvertreter, seine bisher als Einzelfirma betriebene Vertretung als *Vertretungs-GmbH*[83] weiterzuführen, wobei allerdings regelmäßig weniger die vertreterrechtlichen als vielmehr die steuerrechtlichen Gesichtspunkte im Vordergrund stehen, ergeben sich zahlreiche Probleme, die in diesem Zusammenhang allerdings nicht erschöpfend behandelt werden können[84]. **309**

Tritt die neugegründete Vertretungs-GmbH in einen zwischen dem Handelsvertreter und dem Unternehmen bestehenden Handelsvertretervertrag ein, stellt sich zunächst die Frage, ob die GmbH dadurch auch *hinsichtlich des Ausgleichsanspruchs in die Rechtsstellung des Handelsvertreters* eintritt. Diese Frage wird nach der neueren Rechtsprechung, sofern eine diesbezügliche Vereinbarung fehlt, jedenfalls dann zu verneinen sein, wenn die Vertragsfortsetzung auf einer rechtsgeschäftlichen Vereinbarung zwischen dem Handelsvertreter, der GmbH und dem Unternehmer beruht[85]. Denn nach der in der höchstrichterlichen Rechtsprechung vertretenen Auffassung führen das vereinbarte *Ausscheiden eines Vertragspartners* und der *Eintritt eines Nachfolgers* in den Vertrag sowohl rechtlich als auch tatsächlich zur *Beendigung des Handelsvertretervertrages*. Demzufolge dürfte auch dann eine Vertragsbeendigung gem. § 89b Abs. 1 HGB zu bejahen sein, wenn eine Vertretungs-GmbH vereinbarungsgemäß mit Zustimmung des Unternehmers anstelle des Handelsvertreters in den Vertretervertrag eintritt[86]. Der Umstand, dass der bisherige Handelsvertreter als Einzelkaufmann nunmehr meist weiterhin als *Gesellschafter-Geschäftsführer* der neugegründeten GmbH tätig wird, führt nicht ohne weiteres zu einer anderen rechtlichen Beurteilung. Deshalb kann nur empfohlen werden, dass zwischen den Parteien vereinbart wird, dass das bisherige mit dem Handelsvertreter als Einzelkaufmann bestehende Vertragsverhältnis einerseits und das neubegründete Vertragsverhältnis zwischen dem Unternehmer und der GmbH andererseits als *einheitliches Vertragsverhältnis* angesehen wird, sodass damit die **310**

---

82 Erbengemeinschaften oder nichtrechtsfähige Vereine können demgegenüber aber nicht als Handelsvertreter Vertragspartner des Unternehmens sein. Einzelheiten zur Auswirkung der neuen Rechtsprechung bei *Rohrbeck*, NZG 1999, 104; *Palandt/Sprau*, 61. Aufl., § 705 Rz. 6; *Kögel*, DB 1998, 1802; *Loewisch* in EBJ-HGB Rz. zu § 105 HGB.
83 Zur Problematik Ausgleichsanspruch/Altersversorgung, wenn ein Gesellschafter einen Versicherungsbestand in die Gesellschaft einbringt, der andere aber mit Null beginnt, vgl. unten Rz. 1885 ff.
84 Von diesem Tatbestand ist derjenige zu unterscheiden, in dem der Versicherungsvertreter eine GmbH gründet, die aber nicht als Vertragspartner des Versicherungsunternehmens auftreten soll, sondern im Rahmen der Versicherungsvertretung als Untervertreter-GmbH des Versicherungsvertreters. Vgl. dazu *BFH*, Urteil vom 15.10.1998 – III R 75/97 BB 1999, 249. Vgl. dazu *Westphal*, BB 1999, 2517.
85 *BGH*, 14.4.1988, ZIP 1988 S. 769, 770; *BFH*, 25.7.1992, DStZ 1991 S. 53 mit Anm. *Stöcker*.
86 Vgl. dazu Rz. 1506.

IV Die Anspruchsvoraussetzungen

GmbH auch in die Ausgleichsanwartschaftsrechte des Handelsvertreters eintritt.

311 Wird zwischen den Beteiligten eine Vereinbarung in vorbezeichnetem Sinne getroffen, sollte gleichzeitig vereinbart werden, dass die vom Handelsvertreter als Einzelkaufmann für das Unternehmen geworbenen neuen Kunden *ausgleichsrechtlich auch dann als Neukunden*[87] bewertet werden, wenn das Vertragsverhältnis zwischen dem Unternehmer und der GmbH beendet wird und der Vertretungs-GmbH ein Ausgleichsanspruch gem. § 89b zusteht. Unterbleibt eine solche Vereinbarung, sind Meinungsverschiedenheiten bezügl. der Neukundeneigenschaft derartiger Kunden vorprogrammiert, wenn es um die Berechnung des der Vertretungs-GmbH zustehenden Ausgleichsanspruchs geht.

312 Zwar ist das OLG München in seinem Urteil vom 16.9.1987[88] im umgekehrten Fall — Fortsetzung eines mit einer Vertretungs-GmbH bestehenden Handelsvertretervertrages durch einen Gesellschafter als Einzelkaufmann — davon ausgegangen, dass dem neuen Vertragspartner, also dem Handelsvertreter als Einzelkaufmann, der Ausgleichsanspruch auch hinsichtlich *der von der GmbH geworbenen neuen Kunden* zustand, obgleich nach dem Sachverhalt erkennbar keine Gesamtrechtsnachfolge des Einzelunternehmers gegeben war, sondern dieser nur mit Billigung des Unternehmers den Handelsvertretervertrag fortsetzte. Ähnlich entschied das Landgericht Düsseldorf[89] in einem Sachverhalt, in dem der Handelsvertreter seine *Einzelfirma in eine OHG einbrachte,* die den Handelsvertretervertrag fortführte. Ob jedoch im Streitfall ein Gericht dieser Auffassung folgt, dürfte zweifelhaft sein. Allein schon aus diesem Grunde empfiehlt sich eine klare Regelung bezügl. der rechtlichen Behandlung des im Zeitpunkt des Vertragspartnerwechsels vorhandenen Kundenstammes, soweit dieser vom bisherigen Handelsvertreter neu geworben worden war.

313 Die Auffassung, dass *Alters- oder Krankheitsgründe,* die in der Person des Geschäftsführers der GmbH oder eines Gesellschafters eintreten, die Ausgleichsberechtigung der Vertretungs-GmbH im Falle einer auf diese Gründe gestützten Vertragskündigung rechtfertigen können, wird in der Literatur und Rechtsprechung allgemein abgelehnt[90]. Der Gesichtspunkt einer erweiternden Anwendung des Tatbestandes der ausgleichswahrenden Kündigung gem. § 89b Abs. 3 Ziff. 1 (2. Alt.) auf die durch das Alter oder die Krankheit ihres Gesellschafter-

---

[87] Zu dieser Problematik vgl. oben Rz. 194.
[88] *OLG München,* 16.9.1987, HVR Nr. 639.
[89] *LG Düsseldorf,* 4.7.1967, NJW 1968 S. 1143.
[90] *OLG München,* 26.9.1987, HVR Nr. 639; *OLG Hamm,* 12.7.1982, HVR Nr. 569; *LG Münster,* 29.10.1981, MDR 1983 S. 58; *Maier,* BB 1978 S. 940, 941; *Ankele,* § 89b Rz. 181; *Emde,* S. 84, 85; *Küstner,* BB 1976 S. 630, 632; *Meeser,* HV-Journal 1989 S. 136; *Thume,* BB 1990 S. 1645, 1646; *Westphal,* S. 143; *Hopt,* § 89b Anm. 4A; HSW § 89b Rz. 86. Neuerdings hat das *OLG München* in seinem Urteil v. 4.12.2002 – 7 U 3473/02, DB 03, 337 die Auffassung vertreten, dass auch in derartigen Fällen dem Gesellschafter-Geschäftsführer ein Ausgleichsanspruch zustehen kann, wenn die Handelsvertretungs-GmbH dem Gesellschafter-Geschäftsführer aus Alters- oder Krankheitsgründen das Vertragsverhältnis kündigt. Allerdings soll dies voraussetzen, dass der Handelsvertreter-Vertrag so ausgestaltet ist, dass der Vertretungs-Vertrag mit dem Ausscheiden des Geschäftsführers aus der Gesellschaft „steht und fällt".

Geschäftsführers motivierte Eigenkündigung einer Vertretungs-GmbH lässt sich m.E. aber auch nicht aus der ständigen Rechtsprechung des BGH herleiten, dass der Ausgleichsanspruch in seiner Entstehung und seinem Bestand weitgehend durch *Gesichtspunkte mit der Billigkeit* beeinflusst wird[91]. Entscheidend muss darauf abgestellt werden, dass seinem ganzen Inhalt nach die *ausgleichswahrende Regelung des* § 89b Abs. 3 Ziff. 1 (2. Alt.) auf die *Verhältnisse bei Einzelpersonen oder Einzelkaufleuten* zugeschnitten ist.

Gleichwohl besteht die Möglichkeit, die Meinungsverschiedenheiten, die in derartigen Fällen wiederum vorprogrammiert sein dürften, durch entsprechende *Vereinbarungen* auszuschließen. Auch wenn eine Vertretungs-GmbH als Kapitalgesellschaft Vertragspartnerin des Unternehmens ist, könnte mithin vereinbart werden, dass der ausgleichswahrende Tatbestand des § 89b Abs. 3 Ziff. 1 (2. Alt.) auf das Vertragsverhältnis anwendbar ist, sodass eine auf alters- oder krankheitsbedingten Gründen beruhende Vertragskündigung den *Ausgleichsanspruch unberührt* lässt, gleichgültig, ob die alters- oder krankheitsbedingten Kündigungsgründe in der Person des Gesellschafter-Geschäftsführers oder eines anderen Gesellschafters vorliegen. 314

Anders könnte allerdings die Rechtslage zu beurteilen sein, wenn es sich bei der Vertretungs-GmbH um eine *Einmanngesellschaft* handelt, der Gesellschafter-Geschäftsführer mithin die Möglichkeit hat, seine Geschäftsanteile zu veräußern oder gem. § 6 Abs. 3 GmbHG Personen zu Geschäftsführern zu bestellen, die nicht Gesellschafter sind, die aber die Vermittlungstätigkeit für die Handelsvertreter-GmbH ausüben. Im Falle einer Einmann-GmbH dürfte sich das Problem der krankheits- oder altersbedingten Kündigung bei einer Vertretungs-GmbH nicht in der Schärfe stellen wie beim einzelkaufmännisch tätigen Handelsvertreter. Problematisch ist der Sachverhalt allerdings dann, wenn aufgrund der im Einzelfall vorliegenden Verhältnisse eine Veräußerung der Gesellschaftsanteile oder der Einsatz eines gesellschaftsfremden Geschäftsführers ausgeschlossen ist. In diesen Fällen wird der Gesellschafter-Geschäftsführer der Vertretungs-GmbH aus den oben erläuterten Gründen von einer Kündigung absehen, um den Ausgleichsanspruch nicht zu gefährden. 315

In derartigen Fällen allerdings dürfte in Anwendung der vom BGH in seinem Urteil vom 15.10.1976[92] ausgesprochenen Grundsätze eine *ausgleichswahrende Kündigung* der Vertretungs-GmbH in Betracht kommen, wenn sich der Unternehmer den Bemühungen des Gesellschafter-Geschäftsführers verschließt, im Hinblick auf eine die Fortsetzung des Vertretervertrages nicht gestattende Erkrankung einer *einvernehmlichen Vertragsbeendigung* zuzustimmen. Verweist der Unternehmer die Vertretungs-GmbH in einer solchen Situation auf die Kündigung des Handelsvertretervertrages, wird man der Vertretungs-GmbH das Recht zugestehen müssen, den Handelsvertreter-Vertrag gem. § 89b Abs. 3 Ziff. 1 (1. Alt.) mit ausgleichswahrender Wirkung aus begründetem Anlass kün- 316

---
[91] *BGH,* 13.5.1957, NJW 1957, S. 1029, Urteil vom 12.6.1963, NJW 1963 S. 2068; Urteil vom 13.3.1969, NJW 1969 S. 1021.
[92] *BGH,* 15.10.1976, Die Tankstelle, Heft 1 1977. Vgl. Rz. 351ff.

IV Die Anspruchsvoraussetzungen

digen zu können, sofern der Unternehmer sich billigerweise auf eine einvernehmliche Vertragsbeendigung hätte einlassen müssen, weil die Veräußerung der Gesellschaftsanteile oder der Einsatz einer Hilfskraft aus den gegebenen Umständen dem alleingeschäftsführenden Gesellschafter nicht möglich ist.

317 Die geschilderte rechtliche Beurteilung wird auch der Interessenlage des Unternehmers gerecht, weil diesem nicht daran gelegen sein kann, dass ein beliebiger Dritter die Gesellschaftsanteile des Alleingesellschafters übernimmt oder dass ein unbekannter Geschäftsführer die Vermittlungsleistung der Vertretungs-GmbH durchführt, die als persönliches Element zum Kern des Handelsvertretergeschäfts gehört.

318 Gleichwohl darf nicht übersehen werden, dass sich die herrschende Ansicht in Rechtsprechung und Literatur gerade bei einer Einmann-Gesellschaft der geschilderten Lösung bisher verschlossen hat. Es kann daher nicht eindringlich genug auf das Risiko hingewiesen werden, dass ein im Streitfall mit der Sache befasstes Gericht auch der *Einmann-Vertretungs-GmbH* die Berufung auf die ausgleichserhaltende Eigenkündigung nach § 89b Abs. 3 Ziff. 1 verwehrt[93].

319 Auch die Frage, welche ausgleichsrechtlichen Folgen der *Tod eines Alleingesellschafter-Geschäftsführers* einer Vertretungs-GmbH hat, ist weitgehend ungeklärt. Zwar hat die Rechtsprechung beim Tode eines Handelsvertreters, der als Einzelkaufmann für das Unternehmen tätig war, die Ausgleichsberechtigung der Hinterbliebenen grundsätzlich anerkannt[94]. Auf eine Einmann-GmbH, deren geschäftsführender Alleingesellschafter die Vermittlungsaufgaben seiner Vertretungs-GmbH gegenüber dem Unternehmer wahrnimmt, kann diese Rechtsprechung aber nicht übertragen werden. Denn der Tod des geschäftsführenden Alleingesellschafters führt zunächst lediglich dazu, dass sein Geschäftsanteil zusammen mit seinem sonstigen Vermögen auf die Erben übergeht, *ohne dass dies den abgeschlossenen Handelsvertretervertrag berührt*. Auch wenn der Tod des geschäftsführenden Gesellschafters nach der Satzung der GmbH einen zulässigen Auflösungsgrund darstellt, besteht die Gesellschaft zunächst als *Liquidationsgesellschaft* fort. Die Beendigung des Vertragsverhältnisses kann mithin in derartigen Fällen nur durch die Vertragskündigung durch den für die fortbestehende Gesellschaft handelnden Liquidator erfolgen, was wiederum zum Wegfall des Ausgleichsanspruchs führt. Eine andere rechtliche Beurteilung lässt sich auch nicht daraus herleiten, dass der BGH schon in seinem Urteil vom 28.11.1975[95] zutref-

---

[93] Auf größere Bereitschaft zur Anerkennung einer ausgleichswahrenden Eigenkündigung trifft die Personengesellschaft unter Einschluss *der GmbH*. Nach Auffassung des *KG* (Urteil vom 22.2.1985, HVR Nr. 659; *Maier*, BB 1978 S. 940, 941) soll eine ausgleichserhaltende Eigenkündigung nach Maßgabe des § 89b Abs. 3 Ziff. 1 (2. Alt.) zumindest für einen Handelsvertreter in der *Rechtsform einer Personengesellschaft* in Betracht kommen, wenn zwar eine Kapitalgesellschaft als persönlich haftende Gesellschafterin fungiert, die Handelsvertreter-GmbH & Co. aber von der natürlichen Person ihres Gesellschafters geprägt ist, der die Vermittlungstätigkeit für den Unternehmer alleinverantwortlich ausübt.
[94] *BGH*, 13.5.1957, BGHZ 24, 214; weitere Nachweise oben Rz. 270ff.
[95] *BGH*, 28.11.1975, BB 1976 S. 332 = DB 1976 S. 384 = EBE 1976 S. 99 = NJW 1976 S. 671 = VersR 1976 S. 364 = WM 1976 S. 329, 331.

fend hervorgehoben hat, im Rahmen der Billigkeitserwägungen des § 89b Abs. 1 Nr. 3 sei genügend Raum, die Gründe, die zur Vertragsbeendigung geführt hätten, zu berücksichtigen. Dies setzt aber zunächst voraus, dass die *Ausgleichsberechtigung als solche* anzuerkennen ist, wovon aber im Hinblick auf eine Handelsvertretung, die in Form einer GmbH als Kapitalgesellschaft geführt wird, keineswegs ohne weiteres die Rede sein kann.

Schließlich könnte sich die Frage ergeben, ob im Falle einer nach dem *Umwandlungsgesetz* erfolgenden Umwandlung der einzelkaufmännisch geführten Vertretung in eine Vertretungs-GmbH und in dem sich daraus ergebenden Eintritt der Vertretungs-GmbH in das Vertragsverhältnis der Unternehmer zur Kündigung aus wichtigem Grunde mit ausgleichsausschließender Wirkung berechtigt ist. 320

Eine *fristlose Kündigung des Unternehmers* kommt zwar in der Regel in Betracht, wenn die durch die Umwandlung eingetretenen Umstände oder die dadurch drohenden Veränderungen für den Unternehmer zur *Unzumutbarkeit* führen, den Handelsvertretervertrag bis zum nächsten ordentlichen Kündigungstermin fortzusetzen[96]. Hat aber der Unternehmer den Eintritt der Vertretungs-GmbH in das Vertragsverhältnis ausdrücklich oder durch schlüssiges Verhalten genehmigt, dürfte eine Kündigung aus wichtigem Grunde auch dann ausgeschlossen sein, wenn der Alleingesellschafter eine andere Person mit der Geschäftsführung beauftragt. Denn mit seiner Zustimmung zur Fortsetzung der Handelsvertretertätigkeit durch die Vertretungs-GmbH hat der Unternehmer im Zweifel zum Ausdruck gebracht, dass er auch damit einverstanden ist, dass die Vermittlungstätigkeit durch den *jeweiligen Geschäftsführer* erbracht wird, der für die Vertretungs-GmbH nach außen auftreten kann. Ein Unternehmer, der die Handelsvertreterdienste einer Vertretergesellschaft für sich in Anspruch nimmt, ist in Umkehr der Regel des § 613 BGB im Zweifel damit einverstanden, dass die Vertreterfunktion durch denjenigen ausgeübt wird, der jeweils nach gesellschaftlichen Grundsätzen für die Gesellschaft nach außen handelnd auftreten kann[97]. 321

Etwas anderes dürfte aber dann gelten, wenn die Vertretungs-GmbH ohne den Willen des Unternehmers in das Vertragsverhältnis eintritt. In diesem Fall dürfte der Unternehmer eher berechtigt sein, das Vertragsverhältnis *aus wichtigem Grund zu kündigen*. Dies ergibt sich aus der Überlegung, dass ein auf Dauer gerichteter Handelsvertretervertrag ein *gegenseitiges Vertrauensverhältnis* zwischen dem Unternehmer und dem Handelsvertreter voraussetzt, dessen Störung zur *Unzumutbarkeit der Vertragsfortsetzung* führen und infolgedessen zur fristlosen Kündigung aus wichtigem Grunde berechtigen kann. Denn es liegt auf der Hand, dass dann, wenn der Handelsvertreter seine bisher als einzelkaufmännische Vertretung ohne oder gar gegen den Willen des Unternehmers in der Rechtsform einer Vertretungs-GmbH fortsetzt, dies zu einer *Beeinträchtigung des Vertrauensverhältnisses* zwischen den Vertragspartnern zu führen geeignet ist. Gerade 322

---
[96] *BGH*, 16.3.1970, HVR Nr. 419.
[97] *LG Aachen*, 28.11.1990, HVR Nr. 717.

dann, wenn der Unternehmer durch einen langfristigen Handelsvertretervertrag gebunden ist, wird man von einer empfindlichen Störung des Vertrauensverhältnisses sprechen können, wenn der Unternehmer bei Abschluss des Vertragsverhältnisses davon ausgegangen ist, dass die Vermittlungstätigkeit durch den *von ihm ausgewählten Außendienstmitarbeiter* geleistet wird und/oder wenn die Vermittlungstätigkeit nach ihrer Art besondere Anforderungen an die Person des Außendienstmitarbeiters stellt. Gerade in einem solchen Fall wird der Unternehmer im Allgemeinen erwarten dürfen, dass personelle Änderungen grundlegender Art in der Handelsvertretung nicht nur mit ihm abgesprochen werden, sondern ohne seine Anhörung oder sogar Zustimmung ganz unterbleiben[98].

VI. Teilbeendigung des Vertretervertrages

1. Allgemeines

323 Mit einer Teilkündigung wird die *einseitige Änderung eines Vertrages gegen den Willen* des Vertragspartners bezweckt. Mit ihr will sich der Kündigende unter Aufrechterhaltung des übrigen Vertrages von Vertragspflichten lösen und dem anderen Teil die entsprechenden Vertragsrechte nehmen[99]. Eine solche Teilkündigung ist im Handelsvertreterrecht grundsätzlich *unzulässig*[100]. Das ist in ständiger Rechtsprechung immer wieder festgestellt worden. Der Unternehmer ist deshalb nicht berechtigt, aus einem bestehenden Vertretervertrage einseitig einzelne Bestimmungen herauszubrechen, etwa den *Bezirk zu verkleinern*, den übertragenen *Kundenkreis einzuschränken* oder *vermittelte Bestände* ganz oder teilweise *der Zuständigkeit des Vertreters zu entziehen*[101]. Erst recht ist der Unternehmer nicht befugt, durch Teilkündigung Einzelregelungen, die für beide Vertragspartner bindend vereinbart waren, für beendet zu erklären und an ihre Stelle einseitig neue Bestimmungen zu setzen[102].

324 Eine Teilkündigungsbefugnis besteht vielmehr nur dann, wenn der Vertretervertrag einen *entsprechenden Vorbehalt* zu Gunsten des Unternehmers[103] enthält, sofern ein solcher Vorbehalt nicht etwa in einem *vorformulierten Vertrage* enthalten ist und nach den AGB-Bestimmungen der §§ 305 ff. BGB n. F. als *unwirksam* angesehen werden muss[104].

---

98 Zu der besonderen Problematik, wenn der Handelsvertreter eine sog. *Untervertreter-GmbH* gründet, der im Einvernehmen mit dem vertretenen Unternehmen die aus dem Handelsvertretervertrage resultierenden Vertreterpflichten (aus steuerlichen Gründen) übertragen werden, vgl. das BFII-Urteil vom 15.10.1998 – III R 75/97, BB 1999, 249 sowie *Westphal*, BB 1999, 2517.
99 *BGH*, 5.11.1992, DB 1993, S. 1616. Zur besonderen Problematik einer Teilkündigung im Falle von Bestandsübertragungen vgl. Rz. 406ff.
100 Vgl. die Hinweise unten in Fn. 114. Näheres Bd. 1 Rz. 1060ff., 1982.
101 Zur Umdeutung in eine Änderungskündigung *OLG Köln*, 10.5.1989, VersR 1989 S. 1148.
102 Das geschieht in der Praxis immer wieder im Zusammenhang mit Änderungen des Provisionssatzes.
103 Vgl. Hdb. Bd. I Rz. 1065.
104 Näheres *Maier*, HVuHM 1977 S. 728, 730 und Bd. 1 Rz. 323ff.

Der Bundesgerichtshof[105] hat die *Unzulässigkeit einer Teilkündigung* unter Berufung auf die Rechtsprechung des Bundesarbeitsgerichts[106] mit dem Hinweis darauf abermals festgestellt, dass anderenfalls die Möglichkeit bestünde, ein einheitliches Vertragsverhältnis inhaltlich zu ändern. Daraus folgt andererseits, dass — abgesehen von der Vereinbarung wirksamer Vorbehaltsrechte — eine Teilkündigung in Wirklichkeit nicht vorliegt, wenn zwischen dem Unternehmer und dem Handelsvertreter *zwei voneinander zu trennende selbstständige Vertragsverhältnisse* bestehen — ein Handelsvertretervertrag und ein Bezirksleitervertrag —, die beide kein einheitliches Vertragswerk bilden und wenn nunmehr einer der beiden Verträge gekündigt wird[107].

325

2. Bezirksänderung

Häufig taucht die Frage auf, ob ein Ausgleichsanspruch auch entstehen kann, wenn der Vertretervertrag zwar bestehen bleibt, der dem Vertreter zugewiesene Bezirk aber verkleinert wird[108].

326

Wenn eine Teilkündigung rechtlich möglich ist, weil sich der Unternehmer eine entsprechende Kündigungsberechtigung *vertraglich vorbehalten* hatte[109] oder sich die Vertragsparteien über eine *Bezirksverkleinerung geeinigt* haben, kann ein Ausgleichsanspruch grundsätzlich entstehen. Voraussetzung dafür ist aber, dass es sich um eine *wesentliche Verkleinerung des Vertretungsbezirks* handelt[110]. Bei einer nur geringfügigen Bezirksverkleinerung[111] dürfte die Entstehung eines Ausgleichsanspruches aus Billigkeitsgründen ausgeschlossen sein, und zwar insbesondere stets dann, wenn im abgetrennten Teilgebiet ohnehin keine vom Handelsvertreter geworbenen Neukunden ansässig sind. Mit Recht wird daher die Auffassung vertreten, dass eine wesentliche Einschränkung (z.B. *Halbierung des Vertreterbezirks*) als *quasi Teil-Vertragsende* gemäß § 89b zu behandeln sein dürfte, gleichgültig, ob sie einvernehmlich oder auf Grund einer Ermächtigung im Vertrage erfolgt[112]. Löst eine Teilkündigung die Entstehung eines Ausgleichsanspruchs aus[113], ist zu beachten, dass seiner Berech-

327

---

105 *BGH,* 18.2.1977, BB 1977 S. 964 = DB 1977 S. 1844 = VersR 1977 S. 816.
106 *BAG,* 8.11.1957, AP Nr. 2 zu § 242 BGB (Betriebliche Übung) = BAGE 5, 44 = BB 1958 S. 192 = DB 1957 S. 1131 und 1958 S. 167, 200 = MDR 1958 S. 373; *BAG,* 4.2.1958, AP Nr. 1 zu § 620 BGB Teilkündigung mit Anm. *A. Hueck;* vgl. auch *G. Hueck,* RdA 1968 S. 201, 202 zu B I.
107 Vgl. auch *OLG Karlsruhe,* 14.10.1977 a.a.O. und *BGH,* 27.5.1974, WM 1974 S. 867.
108 Vgl. dazu HVuHM 1974 S. 969.
109 Aber auch derartige Vorbehalte bedürfen der Auslegung, inwieweit sie den Unternehmer zu einer Teilkündigung berechtigen, vgl. *BGH,* 28.1.1971, VersR 1971 S. 462, 463.
110 *OLG Nürnberg,* 18.9.1958, BB 1958 S. 1151 = MDR 1959 S. 929. Näheres zur Frage, ob in einer Teilkündigung ein „begründeter Anlass" im Sinne von § 89b Abs. 3 Satz 1 gesehen werden kann, Rz. 1414. *Martin,* RVR 1970 S. 3, behandelt das Kündigungsrecht nach § 89b Abs. 3 Ziff. 1 eingehend im Zusammenhang mit einer der Teilkündigung verwandten *Bestandsübertragung* (vgl. dazu Rz. 413).
111 Zum Beispiel bei *geringfügigen Begradigungen oder Berichtigungen des Verlaufs der Bezirksgrenzen.*
112 *OLG Nürnberg,* 18.9.1958 (vgl. Fußnote 110); *Hopt,* § 89b, Rz. 10.
113 Offen gelassen hat der *Bundesgerichtshof* die Frage, ob eine Teilbeendigung, wenn sie erfolgt, zur Entstehung eines Ausgleichsanspruchs zu führen vermag, vgl. *BGH,* 27.10.1993, BB 1994

nung nur die Vorteile des Unternehmers bzw. die Verluste des Handelsvertreters zu Grunde gelegt werden können, die sich auf die **Geschäftsverbindungen in dem Bezirksteil** beziehen, der dem Vertreter genommen wurde[114].

328 Wird aus einem dem Handelsvertreter übertragenen Gesamtbezirk ein Teilbezirk – im gegenseitigen Einvernehmen oder durch Änderungskündigung – wirksam ausgeklammert und ausgeglichen und endet sodann das Vertragsverhältnis hinsichtlich des zuletzt noch bearbeiteten Restbezirks ein Jahr später, tauchen mitunter Meinungsverschiedenheiten darüber auf, welche **Provisionszuflüsse der Ausgleichsberechnung** zu Grunde zu legen sind. In derartigen Fällen kann nicht die Auffassung vertreten werden, dass im Zeitpunkt der Ausklammerung des Teilbezirks ein neuer Vertrag zwischen den Parteien zu Stande gekommen wäre, was zur Folge hätte, dass dann, wenn der Vertretervertrag vollständig beendet wird, für die Ausgleichsberechnung nur noch der Zeitraum zu Grunde gelegt werden könnte, währenddessen der Handelsvertreter den Restbezirk bearbeitete. Richtiger Auffassung nach handelt es sich in solchen Fällen um ein **einheitliches Vertragsverhältnis**, das allerdings durch die **Bezirksausklammerung eine Einschränkung** erfahren hat, im Übrigen aber **unverändert fortbestand**. Hat der vertretene Unternehmer dem Handelsvertreter im Hinblick auf die Teilbeendigung des Vertragsverhältnisses den ausgeklammerten Teilbezirk ausgeglichen, muss für die Ausgleichsberechnung, wenn der Handelsvertreter seine Tätigkeit vollständig einstellt, von den **Provisionszuflüssen im Restbezirk** ausgegangen werden. Die Höchstgrenze errechnet sich dann aus dem Durchschnitt derjenigen Provisionen, die dem Handelsvertreter in den letzten 5 Vertragsjahren im **Restbezirk** zugeflossen waren, und natürlich nicht nur aus denjenigen Provisionen, die nach der Ausklammerung des Teilbezirks während der Bearbeitung des Restbezirks anfielen[115].

329 Soll der Handelsvertreter unter Aufgabe seines bisherigen Bezirks einen **völlig neuen Bezirk** übernehmen, so kann dieser **Bezirkswechsel**, wenn keine einvernehmliche Regelung getroffen wird, nur durch Kündigung des bisherigen Ver-

---

S. 99 = WM 1994 S. 206 = VW 1994 S. 145 mit Anmerkung *Küstner*, HdbVersVerm 16.2.2.4; ders. WVK, Heft 11/94 S. 12; *v. Manteuffel/Evers*, EWiR § 89b 2/94, 69 sowie *BGH*, 28.1.1965, BB 1965 S. 434 = DB 1965 S. 588 = HVR Nr. 338 = HVuHM 1965 S. 531 = LM Nr. 5 zu § 87c und Nr. 24 zu § 89b, HGB = NJW 1965 S. 1136 = MDR 1965 S. 570.

114 Näheres zur Teilkündigungsberechtigung des Unternehmers bei *Küstner*, RVR 1969 S. 109 (Sonderdruck): „Bezirksverkleinerung durch Teilkündigung des Vertretervertrages?" und VersVerm 1967 S. 236; Rspr.: *BGH*, 5.11.1992, DB 1993 S. 1616; *OLG Köln*, 10.5.1989, VersR 1989 S. 1148. *OLG Düsseldorf*; 21.6.1955, DB 1956 S. 376 = HVR Nr. 77; *OLG Celle*, 8.10.1958, HVR Nr. 217; *OLG Stuttgart*, 22.6.1965, BB 1965 S. 926 = HVR Nr. 332 = VW 1966 S. 620; *OLG Hamm*, 4.10.1965, HVR Nr. 352 = HVuHM 1966 S. 725; *OLG Nürnberg*, 8.9.1958, BB 1958 S. 1151 = MDR 1959 S. 929 = HVR Nr. 205; *LG Stuttgart*, 30.12.1959, Verkauf und Reise 1974 S. 58. Alle diese Urteile halten eine Teilkündigung ohne ausdrückliche im Vertrag enthaltene Ermächtigung des Unternehmers für unzulässig; vgl. auch *BGH*, 28.1.1971, VersR 1971 S. 462. Anderer Ansicht nur *OLG Bamberg*, 30.5.1958, NJW 1958 S. 1830 = HVR Nr. 291 mit Anmerkung *Thiede*, NJW 1959 S. 1444, und *Schnitzler*, MDR 1959 S. 170. Vgl. außerdem *Schröder*, DB 1958 S. 975–977, § 89 Rz. 9c und § 89b Rz. 4c; *Brüggemann*, § 89b Rz. 23; *Giefers*, S. 91, S. 264 und *Füssel*, DB 1972 S. 378.

115 Vgl. *LG Stuttgart*, 18.9.1985 – 3 KfH O 110/85 – unveröffentlicht.

tretervertrages und gleichzeitiges Angebot eines neuen Vertrages, der sich auf den neuen Bezirk bezieht, also eine *Änderungskündigung*, durchgeführt werden. Insoweit ergeben sich keine Besonderheiten, da die gleichen Grundsätze wie bei einer Kündigung des Vertretervertrages durch den Unternehmer Anwendung finden [116].

Allerdings hat das Landgericht Hamburg [117] in diesem Zusammenhang festgestellt, dass ein *völliger oder teilweiser Bezirkstausch* nicht die völlige oder teilweise Beendigung des bisherigen, sondern nach dem Willen der Beteiligten die Fortsetzung dieses Vertragsverhältnisses bedeute. Der Bezirkstausch schließe die Erklärung des Unternehmers ein, dass die *Rechte des Handelsvertreters*, die er bisher erworben habe, nicht berührt werden sollten. Denn es verstoße gegen *Treu und Glauben*, wenn sich der Unternehmer nach einem von ihm vorgenommenen Bezirkstausch auf den Standpunkt stellen könnte, dass nunmehr beide am Tausch beteiligten Vertreter einen Ausgleichsanspruch nicht mehr geltend machen könnten, wenn sie ihn nicht bereits anlässlich des Bezirkstauschs erhoben hätten. Insbesondere könne der Unternehmer nicht mit dem Einwand gehört werden, dass die in dem nunmehrigen Bezirk betreuten Kunden nicht von dem jetzt jeweils zuständigen Vertreter geworben worden seien. Es dürfe nämlich nicht verkannt werden, dass bei einem Bezirkstausch der Handelsvertreter keinen Anlass sehe, einen Ausgleichsanspruch geltend zu machen und auf diese Weise die ungetrübte Zusammenarbeit zu stören. Eine − teilweise − Beendigung des Handelsvertretervertrages mit der Folge der Entstehung eines Ausgleichsanspruchs könne deshalb nur für den Fall einer *echten Bezirksverkleinerung* angenommen werden, da nur hier der Handelsvertreter Anlass sehen könne, seinen Ausgleichsanspruch geltend zu machen. 330

Diese Entscheidung ist bedenklich, weil sie leicht zu Nachteilen des Handelsvertreters führen kann und außerdem nicht praktikabel ist, weil nämlich dann, wenn die Beendigung der Zusammenarbeit erst lange nach dem Bezirkstausch erfolgt, nur allzu leicht Schwierigkeiten entstehen, wenn der Ausgleich zu errechnen ist, der sich auf den früher bearbeiteten Bezirk bezieht. 331

Gerade in den Fällen der Bezirksverkleinerung ist stets mit besonderer Sorgfalt zu prüfen, inwieweit der *Grundsatz der Billigkeit* eingreift. Häufig lässt gerade eine *Bezirksverkleinerung eine Erhöhung der Gesamtprovision* erwarten, weil der Vertreter seine Arbeitskraft konzentrierter und intensiver einsetzen kann. Eine Ausgleichszahlung entspräche dann möglicherweise nicht der Billigkeit. Erhält der Vertreter jedoch einen *völlig neuen Bezirk*, so muss er sich zunächst *einarbeiten*. Dadurch werden seine *Provisionseinnahmen* zunächst oft erheb- 332

---

116 Näheres bei *Schröder*, DB 1958 S. 975 sowie § 85 Rz. 4a und § 87 Rz. 31 a. Die bei einer Vertragsumwandlung (Rz. 391 ff.) geltenden Grundsätze sind zu beachten.
117 *LG Hamburg*, 30.11.1973, HVuHM 1974 S. 970. Vgl. dazu auch die zu einer ähnlichen Problematik ergangene Entscheidung des *OLG Stuttgart* vom 29.11.1967, RVR 1968 S. 89, wo festgestellt wird, dass mit der *Geltendmachung des Ausgleichsanspruchs nicht abgewartet werden könne,* bis die Zusammenarbeit in vollem Umfang beendet werde; dazu Näheres im Zusammenhang mit der Umwandlung eines Vertretervertrages, Rz. 391 ff.

lich *absinken*. Er kann auch die Bearbeitung des bisherigen Bezirkes nicht mehr zu Ende führen und muss möglicherweise manche gute Anbahnung aufgeben. Diese Umstände können sich nach dem Grundsatz der Billigkeit *zugunsten* des Handelsvertreters auswirken.

3. Einschränkung des Kundenkreises[118]

333 Die gleichen ausgleichsrechtlichen Folgen treten auch dann ein, wenn es sich nicht um die Verkleinerung des übertragenen geographischen Vertretungsbezirks handelt, sondern um die Einschränkung des dem Handelsvertreter im Sinne des § 87 Absatz 2 zugewiesenen *Kundenkreises*, hinsichtlich dessen er ebenfalls die rechtliche Stellung eines *Bezirksvertreters* hat. Trotz der Einschränkung eines Kundenkreises ist aber die Entstehung eines Ausgleichs ausgeschlossen, wenn gleichwohl nicht von einer „teilweisen" Vertragsbeendigung gesprochen werden kann. Nach dem BGH-Urteil vom 27.10.1993[119] muss die Einschränkung des Kundenkreises so erheblich sein, dass sie sich *wie eine Teilbeendigung* auswirkt. Wird dem Handelsvertreter der zugewiesene Kundenkreis ganz oder teilweise entzogen, kann dies mithin zur Entstehung eines Ausgleichsanspruchs führen[120], und zwar zumindest dann, wenn der Handelsvertreter die entzogenen Kunden selbst geworben hatte.

334 Dies gilt grundsätzlich auch dann, wenn es sich bei den der Zuständigkeit des Handelsvertreters entzogenen Kunden um sog. *„Billigkunden"* handelt, also um Kunden, denen üblicherweise hohe Nachlässe eingeräumt werden.

335 Problematisch sind des Weiteren Tatbestände, in denen sich der Unternehmer entschließt, *Spezialfertigungen* einem neugegründeten Unternehmen zu übertragen, um den vorhandenen Kundenstamm bezüglich dieser Spezialfertigungen individueller und schneller bedienen und beliefern zu können. Werden im Zusammenhang mit dieser Maßnahme vom Handelsvertreter für das bisherige Unternehmen gewonnene neue Kunden, die an derartigen Spezialfertigungen interessiert sind, *aus dem Kundenkreis des Handelsvertreters ausgesondert*, entsteht im Zeitpunkt der Aussonderung dieses Kundenkreises dem Grunde nach ein Ausgleichsanspruch. Dieser ist allerdings dann der Höhe nach mit Null zu bewerten, wenn der Handelsvertreter auch mit dem neugegründeten Unternehmen einen Handelsvertretervertrag abschließt und er den ausgesonderten Kundenkreis nunmehr *weiterhin betreuen* kann. Denn in diesem Fall hat die Teilbeendigung des zunächst abgeschlossenen Vertragsverhältnisses *keine Provisionsverluste* für den Handelsvertreter zur Folge. In derartigen Fällen sollte aber eine Vereinbarung getroffen werden, wonach dem Handelsvertreter die aus der Aussonderung des Kundenkreises ggf. zustehenden Ausgleichsrechte zu einem späteren Zeitpunkt geregelt werden, wenn die beiden Handelsvertreterverträge zum ersten und zum neugegründeten Unternehmen beendet werden.

---

118 Vgl. dazu auch unten Rz. 404 ff. (Stichwort, Bestandsübertragung).
119 *BGH*, 27.10.1993 – VIII ZR 46/93, BB 1994, 99 = VersR 1994, 92.
120 Vgl. dazu *Schröder*, § 87 Rz. 31 und § 89b Rz. 4c; *Küstner*, VersVerm 1977 S. 325, 328 und BB 1976 S. 1485, 1489 zu 4 und VersVerm 1975 S. 33, 36.

4. Übergang vom Bezirksschutz zum Kundenschutz

In der Praxis ergibt sich mitunter die Notwendigkeit, die bestehenden Vertreterverträge vom eingeräumten *Bezirksschutz auf Kundenschutz* umzustellen. In diesen Fällen taucht naturgemäß die Frage auf, ob dem Handelsvertreter ein Ausgleichsanspruch zusteht, wenn eine solche Neuregelung seiner Provisionsberechtigung durchgeführt wird, gleichgültig, ob dies nun auf Grund einer *einvernehmlichen* Vertragsänderung, einer *Änderungskündigung* oder auf Grund eines im Vertrage zu Gunsten des Unternehmers niedergelegten *Vorbehalts* geschieht. Eine solche Umstellung der Provisionsberechtigung stellt *keine Teilvertragsbeendigung* dar, sodass diese Vertragsänderung auch keinen Ausgleichsanspruch auszulösen vermag. Auch wenn man einen gegenteiligen Standpunkt vertreten wollte, müsste man doch berücksichtigen, dass es im Hinblick auf den bis zum Zeitpunkt der Vertragsumstellung vom Handelsvertreter bereits geworbenen Kundenstamm gar keinen Unterschied macht, ob dem Handelsvertreter Bezirksschutz oder nur Kundenschutz eingeräumt ist. Denn im Hinblick auf den bereits geworbenen, im Zeitpunkt der Vertragsbeendigung also *vorhandenen Kundenstamm*, macht es bezüglich der *Provisionsberechtigung des Handelsvertreters* keinen Unterschied, ob ihm Bezirksprovisionen oder nur Provisionen auf Grund eingeräumten Kundenschutzes zustehen. Die von den bereits geworbenen Kunden erteilten Nachbestellungen sind in jedem Falle provisionspflichtig. Nachbestellungen nicht selbst geworbener Kunden können aber ausgleichsrechtlich ohnehin nicht zur Entstehung von Provisionsverlusten führen. Der Unterschied zwischen Bezirksschutz auf der einen und Kundenschutz auf der anderen Seite wirkt sich ja nur in der Weise aus, dass bei übertragenem Bezirksschutz ein Erstgeschäft mit einem neuen Kunden auch dann provisionspflichtig ist, wenn die Kundenwerbung nicht auf die Tätigkeit des Handelsvertreters zurückzuführen ist, während bei lediglich eingeräumtem Kundenschutz dem Handelsvertreter Provisionsansprüche für Folgegeschäfte nur zustehen, wenn er die Geschäftsverbindung als solche hergestellt hat.

336

5. Sitzverlegung des Kunden

Eine teilweise Vertragsbeendigung kann sich aber daraus ergeben, dass ein vertretervertraglich vereinbarter Kunden- oder Bezirksschutz dadurch *gegenstandslos* wird, dass der geschützte Kunde mit einem anderen Kundenunternehmen *fusioniert* oder den *Vertrieb mit dem eines anderen Unternehmens vereinigt*, deshalb seine Zentrale in einen anderen Bezirk verlegt oder schließlich seinen Sitz dergestalt verlegt, dass der Vertreter die Betreuung dieses Kunden nicht mehr durchführen kann[121]. In solchen Fällen wird man nur dann zu zufrieden stellenden Ergebnissen gelangen, wenn man sie ausgleichsrechtlich einer *teilweisen Vertragsbeendigung* gleichsetzt[122]. Aber auch hier muss vo-

337

---

121 *OLG Nürnberg*, 21.3.2001 – 12 U 4297/00, BB 2001, 1169.
122 Vgl. *Möller*, Anm. 190 und 374. Näheres zum *Kundenschutz* des Handelsvertreters bei *Peterek*, BB 1966 S. 351, *Schröder* BB 1962 S. 738 ff. und *Wessel*, BB 1962 S. 473.

IV Die Anspruchsvoraussetzungen

rausgesetzt werden, dass die entstehenden Nachteile wesentlich sind; es muss sich mithin um einen Kunden gehandelt haben, dessen Nachbestellungen zu wesentlichen Provisionseinnahmen des Handelsvertreters (im Vergleich zu seinen übrigen Einnahmen) führten[123].

338 Entsprechendes gilt, wenn sich Bezirkskunden ihrerseits *mit bezirksfremden Kunden* zusammenschließen oder fusionieren, sodass sich möglicherweise auch die *Orderbefugnis* auf einen anderen Kunden verlagert, dessen Zentrale in einem anderen Bezirk liegt.

6. Verkleinerung des Warensortiments

339 Mitunter wird die Ansicht vertreten, dass dem Vertreter ein Anspruch auf Teilausgleich – wie im Falle der Teilkündigung – auch dann zustehe, wenn das *Warensortiment* des vertretenen Unternehmers *verkleinert* werde[124]. Ein solcher Tatbestand – Beispiel: *Straffung des Sortiments, Aufgabe unrationeller Artikel, Konzentrierung auf bestimmte Produkte* im Zuge der Anpassung an veränderte Marktverhältnisse; Wegfall einer bestimmten Sachsparte im Angebot eines Versicherungsunternehmens oder eines mit Vertretern im Außendienst zusammenarbeitenden Versicherungsmaklers – kann indessen *nicht zur Entstehung eines Ausgleichsanspruchs* führen. Es wird übersehen, dass eine solche Maßnahme des Unternehmers – anders als die Verkleinerung des Vertreterbezirks – den *Bestand des Vertretervertrages grundsätzlich unberührt* lässt und dass Änderungen im Warensortiment in der Regel auch nicht die Voraussetzungen erfüllen, die nach § 89b Abs. 1 für die Entstehung eines Ausgleichsanspruchs vorliegen müssen[125].

340 Der Verkleinerung des Warensortiments entspricht in der Versicherungswirtschaft die *Übertragung von Versicherungsbeständen* auf ein anderes Versicherungsunternehmen[126]. Auch bei solchen Bestandsübertragungen können die für eine Teilbeendigung des Vertretervertrages erörterten Grundsätze keine Anwendung finden[127]. Eine andere Rechtslage kann aber dann gegeben sein, wenn der Unternehmer für bestimmte Erzeugnisse einen neuen Vertriebsweg schafft und deshalb die *Vermittlungsvollmacht des Handelsvertreters* insoweit – kraft entsprechenden Vorbehalts oder kraft Vereinbarung – eingeschränkt wird. Hier wird man von einer zur Entstehung eines Ausgleichsanspruchs führenden Teilbeendigung des Vertretervertrages sprechen müssen[128].

---

123 So *BGH*, 27.10.1993, NJW 1994, 193 im Falle einer Bestandswegnahme (vgl. dazu Rz. 407) sowie *OLG Nürnberg*, 21.3.2001 – 12 U 4297/00, BB 2001, 1169.
124 *Ahle*, DB 1962 S. 1069; ebenso *Brüggemann*, § 89b Rz. 23.
125 So auch *Schröder*, § 89b Rz. 4b. Vgl. dazu Bd. I Rz. 680 ff. zur Frage der Dispositionsfreiheit des Unternehmers.
126 Näheres dazu Rz. 413.
127 Dazu ausführlich *Martin*, RVR 1970 S. 3 ff.
128 *Beispiel:* Der Handelsvertreter verkauft Heizöl und Diesel-Kraftstoff. Das nach wie vor produzierte Heizöl wird nunmehr über einen anderen Vertriebsweg abgesetzt. Der Handelsvertreter ist nur noch im Hinblick auf Diesel-Kraftstoff vermittelnd tätig.

7. Provisionsherabsetzung

Wird ein vereinbarter Provisionssatz auf Grund eines im Vertrage zu Gunsten des Unternehmers vereinbarten *Vorbehaltsrechts* oder auf Grund einer einvernehmlichen Vertragsänderung herabgesetzt, so ist darin ebenfalls *keine teilweise Vertragsbeendigung* zu sehen, die den Handelsvertreter berechtigt, den entstehenden Provisionsverlust auf dem Wege über den Ausgleichsanspruch geltend zu machen[129]. Natürlich handelt es sich hierbei nur um die Fälle einer *Herabsetzung des Provisionssatzes*, nicht aber um eine *Provisionsminderung*, die sich daraus ergeben kann, dass sich die für die Höhe der Provision maßgebliche Bemessungsgrundlage ändert, wie dies vorkommen kann, wenn ein provisionspflichtiges Geschäft zu einem niedrigeren vom Kunden zu entrichtenden Kaufpreis abgeschlossen wird, als sich dies zunächst aus den geführten Verhandlungen ergeben hatte. Diese zutreffende Auffassung wird, soweit sich die Autoren mit dieser Frage überhaupt befassen, in der Literatur einhellig vertreten[130]. Allerdings wird man differenzieren müssen: 341

Erfolgt die Provisionsherabsetzung im Wege *einvernehmlicher Regelung*, handelt es sich hier − ohne dass man von einer *Teilbeendigung* des Vertretervertrages sprechen könnte − nur um eine *qualitative*[131] *Änderung* des Vertragsinhalts, die die weitere Nutzung des vom Handelsvertreter aufgebauten Kundenstammes durch den Vermittler nicht berührt und deshalb keinen Ausgleichsanspruch auslöst. Erfolgt eine Provisionsherabsetzung auf der Grundlage eines im Vertrag zu Gunsten des Unternehmers niedergelegten *Änderungsvorbehalts*, gilt Entsprechendes. Die Wirksamkeit der Ausübung eines solchen Änderungsvorbehalts unterliegt aber im Zweifel *billigem Ermessen* gem. § 315 Abs. 1 BGB. Nur wenn dieses gesetzliche Gebot befolgt wird, ist die Bestimmung der geschuldeten Leistung verbindlich und wird dadurch Vertragsbestandteil. Das billige Ermessen im Sinne des § 315 Abs. 1 BGB[132] erfordert die Berücksichtigung der *Interessen beider Vertragsteile*. Dafür, dass bei der Ausübung des Änderungsvorbehalts der Unternehmer den Grundsatz billigen Ermessens berücksichtigt hat, ist er selbst beweispflichtig. Vermag er diesen Beweis nicht zu führen, ist die Neufestsetzung des Provisionssatzes für den Handelsvertreter unverbindlich. 342

Eine andere Beurteilung lässt sich allerdings dann rechtfertigen, wenn die Provisionsherabsetzung „auf einer derart *veränderten rechtlichen und tatsächlichen Grundlage* erfolgt ist, dass im Rechtssinne von einer − vollständigen oder teilweisen − *Aufhebung des Vertreterverhältnisses*" im Einzelfall gesprochen werden kann[133]. Diesen Tatbeständen stehen jene Fälle gleich, in denen nach dem 343

---

129 Vgl. *Schröder*, DB 1958 S. 975, 977 zu C 1.
130 *Schröder*, § 89b Rz. 4b; *ders.*, DB 1958 S. 975, 977 zu C1; *Stötter*, S. 185; *Brüggemann*, § 89b Rz. 23; *Westphal*, S. 140 und Hdb.-EU S. 145ff. Rz. 678; A. A. *Semmler*, Diss., S. 197.
131 *Brüggemann*, § 89b Rz. 23.
132 Zur Bedeutung des billigen Ermessens vgl. MK-*Söllner*, § 315 Rz. 12; *Palandt-Heinrichs*, 61. Aufl. § 315 Rz. 10ff.
133 *BGH*, 24.11.1978 − I ZR 121/76 − nicht veröff.; hinzuweisen ist in diesem Zusammenhang auf das Urteil des *OLG Karlsruhe* vom 12.6.1984, Justiz-(Amtsblatt des Justizministeriums Baden-Württemberg) 1984, S. 340, das in der *Verdoppelung des Provisionssatzes* eine ein-

IV Die Anspruchsvoraussetzungen

Inhalt des Vertrages der Unternehmer berechtigt ist, *Geschäfte mit bestimmten Kunden in vollem Umfange der Verprovisionierung zu entziehen*. Dies kommt in der Praxis dann vor, wenn der Unternehmer berechtigt ist, bestimmte Kunden als *„Direktionskunden"* zu behandeln, weil der mit diesen Kunden erzielte Umsatz eine bestimmte Größenordnung erreicht hat oder gar überschreitet. Derartige Fälle sind genauso zu behandeln wie diejenigen der Einschränkung eines Kundenkreises, die bereits oben in Rz. 333 behandelt worden sind.

344 Fehlt es an einer „derart veränderten rechtlichen und tatsächlichen Grundlage" und bleibt der Handelsvertreter nach der Provisionsherabsetzung auf der im Übrigen unveränderten vertraglichen Grundlage weiterhin für den Unternehmer tätig, kann mit Rücksicht auf die Provisionsherabsetzung ein Ausgleichsanspruch nicht entstehen.

345 Erfolgt schließlich die Provisionsherabsetzung weder im *Einvernehmen* mit dem Handelsvertreter noch aufgrund eines im Vertrage niedergelegten *Änderungsvorbehalts*, können die durch *einseitigen Akt* neu festgelegten Provisionssätze nicht wirksam werden; das Ausgleichsproblem stellt sich also auch hier nicht. Beharrt der Unternehmer auf Einhaltung der neuen Provisionssätze, könnte das Vertragsverhältnis durch den Handelsvertreter aus *begründetem Anlass* oder gar aus *wichtigem Grunde* wegen schuldhaften Verhaltens des Unternehmers gekündigt werden, ohne dass durch diese Kündigung seine Ausgleichsberechtigung berührt wird[134].

8. Ausgleichsverzicht

346 In allen Fällen, in denen eine teilweise Beendigung des Vertretervertrages erfolgt und ein Ausgleichsanspruch entstehen kann, wird es immer wieder vorkommen, dass der Vertreter erklärt, einen Ausgleichsanspruch nicht geltend machen zu wollen. Ein derartiger *Verzicht ist wirksam*, wenn er *nach der Teilbeendigung* des Vertretervertrages oder frühestens zum Zeitpunkt ihres Wirksamwerdens erklärt wird[135]. Dagegen ist ein im Voraus erklärter Verzicht auf die Geltendmachung des Ausgleichsanspruches unwirksam (§ 89b Abs. 4).

VII. Zeitlich befristete Verträge, Kettenverträge

347 Ein Beendigungstatbestand im Sinne des § 89b Absatz 1 liegt auch dann vor, wenn der Handelsvertreter nur *zur Probe* tätig war und von einer Überleitung

---

schneidende Veränderung des Vertragsverhältnisses und damit eine wesentliche Vertragsänderung sah, sodass es die Höchstgrenzen-Berechnung nur aus dem Zeitraum der letzten 27 Vertragsmonate durchführte, in dem die verdoppelten Provisionssätze gezahlt worden waren; vgl. auch unten Rz. 1539 f.

134 Vgl. dazu *OLG Karlsruhe*, 13.10.1992 – 8 U 20/92 n.v. und dazu BVerfG, Beschl. vom 22.8.1995 – 1 BvR 1624/92, WM 1995, 1761 = VW 1996, 459 sowie Einzelheiten dazu in Bd. I, Rz. 1073.

135 Vgl. Rz. 1584 ff. *BGH*, 5.12.1968, BB 1969 S. 107 = NJW 1969 S. 504 = HVR Nr. 393. Vgl. *BGH*, 10.7.1996 – VIII ZR 261/95, BB 1996, 1734; *OLG Celle*, 18.4.02, WVK 2002 Nr. 9 S. 6.

des Vertragsverhältnisses in einen endgültigen Handelsvertretervertrag auf unbestimmte Zeit abgesehen wird[136]. Gleiches gilt, wenn dem Handelsvertreter ein Bezirk oder Kundenkreis nur zur *vorübergehenden Betreuung* zugewiesen war. Häufig ist in den zuletzt genannten Fällen von einer auf Widerruf erfolgenden „*kommissarischen Betreuung*" die Rede.

Sofern im Zeitpunkt der Beendigung des Probevertrages bzw. der kommissarischen Tätigkeit die Anspruchsvoraussetzungen des § 89b Absatz 1 erfüllt sind, ist kein Grund ersichtlich, dass etwa nur mit Rücksicht auf die relativ kurze Tätigkeitsdauer des Handelsvertreters die Entstehung eines Ausgleichsanspruchs ausgeschlossen sein sollte[137]. Der Ausgleichsanspruch kann in solchen Fällen auch nicht mit dem Hinweis darauf abgelehnt werden, der Handelsvertreter habe ja während der *Probezeit* bzw. während seiner kommissarischen Tätigkeit *ohne Reinverdienst* gearbeitet[138]. Darauf kommt es nicht an. Entscheidend ist allein, ob ein wirksames Vertragsverhältnis zwischen den Parteien zu Stande gekommen war, auf Grund dessen der Beauftragte als Handelsvertreter für den Unternehmer tätig geworden war und ob infolge der Beendigung dieses Vertragsverhältnisses dem Unternehmer Vorteile verbleiben, die er ohne die Tätigkeit nicht hätte bzw. ob dem Handelsvertreter ohne die Beendigung seiner Tätigkeit aus von ihm hergestellten neuen Geschäftsverbindungen weiterhin Provisionen zufließen würden. 348

Das Oberlandesgericht Celle[139] hat in einem Fall, in dem das soeben begonnene Vertragsverhältnis vom vertretenen Unternehmen sofort wieder gekündigt worden war, festgestellt, dass es gerade bei einer *kurzfristigen Tätigkeit*, bei der die Früchte der vom Handelsvertreter entfalteten Bemühungen erst nach seinem Ausscheiden anfielen, der Billigkeit entspreche, das zulässige Höchstmaß der Ausgleichszahlungen voll auszuschöpfen. Entscheidend sei allein, welche Vorteile dem Unternehmer zugeflossen seien und welche Verluste der Vertreter erlitten habe. 349

Kettenverträge[140] sind keine zeitlich befristeten Verträge, obwohl sie jeweils nur für die Dauer eines Jahres abgeschlossen werden, und zwar mit der Absprache, dass nach Ablauf der einjährigen Vertragsdauer ein wiederum *einjähriger Folgevertrag* abzuschließen sei. Der Bundesgerichtshof[141] sieht derartige Kettenverträge als Verträge an, die *auf unbestimmte Zeit* abgeschlossen wurden. Ein Ausgleichsanspruch kann mithin erst dann entstehen, wenn nach Ablauf 350

---

136 Zu Einzelheiten des Vertretervertrages auf Probe vgl. *Küstner* in Bd. 1 Rz. 645 f. und HVuHM 1966 S. 1072 m.w.N.
137 *Schröder*, DB 1966 S. 1007, 1009 zu III.
138 BGH, 27.10.1960, BB 1960 S. 1261 = DB 1960 S. 1387 = HVR Nr. 241 = HVuHM 1961 S. 6 = MDR 1961 S. 29 = NJW 1961 S. 120 = VersR 1960 S. 1078.
139 OLG Celle, 27.5.1971, IHV 1973 (21. Jahrg.), Heft 17 S. 11.
140 BGH, 11.12.1958 – II ZR 169/57 – VersR 1959 S. 129; ebenso *BGH*, 17.7.2002 – VIII ZR 59/01 n.v. m.w.N. sowie *v. Hoyningen/Huene*, MK § 89 Rz. 34 f. Näheres zur Problematik der Kettenverträge: *Endemann*, AuR 1954 S. 265, *A. Hueck*, RdA 1953 S. 85, *Molitor*, BB 1954 S. 504; vgl. auch Bd. 1 Rz. 1600 ff.
141 BGH, 11.12.1958 a.a.O.; ebenso *OLG Hamburg*, 7.5.1993 – 1 U 146/92 – unveröffentlicht.

IV Die Anspruchsvoraussetzungen

eines zunächst abgeschlossenen Vertrages kein weiterer Vertrag zu Stande kommt, die „Kette" also unterbrochen wird.

351 Meinungsverschiedenheiten entstehen aber zuweilen über die Frage, ob eine solche „Unterbrechung", die zur Beendigung des Gesamtvertragsverhältnisses führt, stets die Entstehung eines Ausgleichsanspruchs zur Folge hat.

352 Unproblematisch sind diejenigen Fälle, in denen vor oder nach dem Auslaufen des letzten „Kettengliedes", also des zuletzt maßgeblichen auf die Dauer eines Jahres abgeschlossenen Einzelvertrages, kein neuer Vertrag zu Stande kommt, weil dem Handelsvertreter ein solcher **nicht angeboten** wird, das Vertragsverhältnis mithin automatisch endet und der Handelsvertreter demgemäß seine **Tätigkeit einstellt** und Ausgleich fordert. Stets allerdings wird man fordern müssen, dass derjenige Vertragsteil, der das Vertragsverhältnis nicht fortzusetzen beabsichtigt – das wird in der Regel das vertretene Unternehmen sein –, verpflichtet ist, dem anderen Vertragsteil unter Einhaltung der in § 89 HGB festgelegten **Kündigungsfristen** seinen Wunsch zur Kenntnis zu bringen, das Vertragsverhältnis mit dem Auslaufen des noch bestehenden letzten Einzelvertrages zu beenden. Dies ergibt sich bereits daraus, dass ein aus einzelnen Kettengliedern zusammengesetztes **Gesamtvertragsverhältnis** als ein auf **unbestimmte Zeit abgeschlossenes Vertragsverhältnis** anzusehen ist, das eben nur durch Kündigung — abgesehen von den Fällen der einvernehmlichen Regelung — beendet werden kann. Erfolgt allerdings die Vertragsbeendigung aufgrund einer vom **Handelsvertreter ausgesprochenen Kündigung**, so entfällt — sofern nicht Ausnahmetatbestände des § 89b Abs. 3 Nr. 1 oder 3 eingreifen[142] — seine Ausgleichsberechtigung. Bei einer entsprechenden Erklärung des Unternehmers hingegen bleibt die Ausgleichsberechtigung des Handelsvertreters unberührt.

353 Beruht die **Nichtverlängerung** des zuletzt maßgeblich gewesenen Einzelvertrages auf einer zwischen den Parteien getroffenen **einvernehmlichen Regelung**, gelten die allgemeinen Grundsätze[143].

354 Schwierig ist demgegenüber aber die Beurteilung solcher Fälle, in denen der Unternehmer zur Fortsetzung des Kettenvertrages dem Handelsvertreter den Text eines **neuen Folgevertrages** vorlegt, der **nicht nur unwesentliche Änderungen** gegenüber den bisher maßgeblichen Vertragsbedingungen enthält und der **Handelsvertreter deshalb seine Zustimmung verweigert**. Liegt **keine Vereinbarung** vor, in der sich der Unternehmer eine einseitige Vertragsänderung vorbehalten hatte, kann in der Weigerung des Handelsvertreters, dem ihm vorgelegten abgeänderten Vertragstext zuzustimmen, **keine Vertragskündigung** gesehen werden, sodass mithin die Entstehung eines **Ausgleichsanspruchs nicht ausgeschlossen** ist[144]. Auf einen solchen Sachverhalt müssen die allgemeinen Grundsätze angewendet werden, wie sie für auf unbestimmte Zeit abgeschlossene Handelsvertreterverträge gelten. Will ein Unternehmer einen solchen Ver-

---

142 Einzelheiten unten Rz. 1357 ff.
143 Näheres dazu unten Rz. 384 ff.
144 Vgl. Bd. 1 Rz. 1644.

trag, ohne dass er sich ein diesbezügliches Recht vorbehalten hat, ändern, kann er dies *nur mit Zustimmung des Handelsvertreters* oder im Wege der *Änderungskündigung* erreichen.

Eine abweichende Auffassung zu dieser Problematik haben der BGH und das Oberlandesgericht Hamburg vertreten[145]. Der BGH hat in seinem Urteil vom 13.12.1995 in der Weigerung des Handelsvertreters, einen ihm vom Unternehmer vorgelegten neuen Folgevertrag zu akzeptieren, wie eine *ordentliche Kündigung* des unbefristeten Vertragsverhältnisses behandelt. Im entschiedenen Falle allerdings war dadurch der Ausgleichsanspruch gleichwohl nicht ausgeschlossen, weil sich der Kläger auf einen *begründeten Anlass*[146] berufen konnte. Denn nach Auffassung von OLG und BGH war dem Handelsvertreter angesichts der im neuen Vertrage enthaltenen Vertragsklauseln die *Annahme des neuen Vertrages unzumutbar.* Die vom BGH erfolgte Zurückverweisung erfolgt deshalb, weil nach Auffassung des BGH das Berufungsgericht die Voraussetzungen für den Erlass eines Grundurteils fehlerhaft beurteilt hatte.

355

Gleichwohl dürfte in beiden Urteilen von einem unzutreffenden Ausgangspunkt ausgegangen worden sein. Denn wenn man in einer Weigerung des Handelsvertreters, einen ihm angebotenen neuen Vertrag zu akzeptieren, stets eine *Kündigung* des Handelsvertreters sehen wollte, könnte ihm ein Ausgleichsanspruch nur dann zustehen, wenn er sich bezüglich dieser Weigerung auf einen *begründeten Anlass* berufen kann. Liegt ein solcher begründeter Anlass nicht vor, würde die Weigerung des Handelsvertreters stets den Verlust des Ausgleichsanspruchs zur Folge haben.

356

Deshalb dürfte es im Hinblick auf die Besonderheiten eines Kettenvertrages weit eher gerechtfertigt sein, wenn man den Unternehmer wie bei den üblichen Verträgen, die auf unbestimmte Zeit abgeschlossen wurden, für verpflichtet halten würde, die Vertragsänderung im Wege *gegenseitigen Einvernehmens* herbeizuführen oder – wenn dies misslingt – das Vertragsverhältnis von sich aus im Wege der *Änderungskündigung* zu beenden und dem Handelsvertreter einen neuen Vertragstext vorzulegen, der sodann wiederum der Annahme bedarf. Richtiger Auffassung nach ist kein Grund ersichtlich, in derartigen Fällen nur deshalb von den für Vertragsänderungen maßgeblichen Grundsätzen abzuweichen, weil es sich hier um Kettenverträge handelt. Soweit ersichtlich, ist ja auch bisher niemals die Auffassung vertreten worden, dass sich ein Handelsvertreter bei *Ablehnung der ihm vom Unternehmer vorgeschlagenen Vertragsänderung* den Ausgleichsanspruch nur dann erhalten könne, wenn der Inhalt des ihm angebotenen neuen Vertrages einen *begründeten Kündigungsanlass* darstelle. Es besteht deshalb kein Anlass, beim Kettenvertrag von dem allgemeinen Grundsatz abzuweichen, wonach stets dann der Unternehmer der Zustimmung des Handelsvertreters bedarf, wenn er eine Änderung des bestehenden Vertrages

357

---

145 *BGH*, 13.12.1995 – VIII ZR 61/95, BB 1996, 235. *OLG Hamburg,* 7.5.1993 – 1 U 146/92 – unveröffentlicht; *LG Hamburg,* 15.10.1992 – 4/8 O 22/92, unveröffentlicht.
146 Zum begründeten Anlass Näheres unter Rz. 1364ff.

IV Die Anspruchsvoraussetzungen

beabsichtigt. In derartigen Fällen wird die zutreffende Meinung generell vertreten, dass eine solche Ablehnung eines vorgelegten neu gefassten Handelsvertretervertrages durch den Handelsvertreter *nicht als Vertragskündigung* betrachtet werden kann, die seine Ausgleichsberechtigung ausschließt und diese etwa nur dann unberührt lasse, wenn sich der Handelsvertreter auf einen begründeten Anlass berufen könnte.

VIII. Automatische Vertragsbeendigung

358 Eine zur Entstehung des Ausgleichsanspruchs führende Vertragsbeendigung liegt auch dann vor, wenn der Handelsvertretervertrag eine Klausel enthält, dass bei Eintritt vereinbarter *auflösender Bedingungen* die Zusammenarbeit automatisch enden soll, ohne dass es einer Kündigung bedarf. Das kann bei der Vereinbarung einer *Altersgrenze* der Fall sein[147], bei deren Erreichen das Vertragsverhältnis automatisch beendet wird. Aber ähnliche Tatbestände sind auch in anderem Zusammenhang denkbar. So tritt eine Vertragsbeendigung vereinbarungsgemäß auch dann ein, wenn der Bestand des Handelsvertretervertrages von der *Fortgeltung einer Ausfuhrgenehmigung* oder vom *Fortbestand eines Vertriebsvertrages* auflösend bedingt ist, den das vertretene Unternehmen mit dem Hersteller eines Produkts abgeschlossen hat, bezüglich dessen der Handelsvertreter zur Geschäftsvermittlung verpflichtet ist[148].

359 In der Praxis, insbesondere im Bereich des *Tankstellengeschäfts*, kommt es mitunter auch vor, dass der Tankstellenhalter eine Tankstelle als Pächter betreibt, die im Eigentum eines Dritten steht[149]. Während der Dauer des Pachtvertrages wird der zwischen der Mineralölgesellschaft und dem Verpächter bestehende *Tankstellenvertrag „ruhend" gestellt* und zwischen dem Pächter und der Mineralölgesellschaft ein gesonderter Tankstellenvertrag abgeschlossen. Enthält der Pachtvertrag zwischen dem Verpächter und dem jetzigen Tankstellenhalter eine Regelung, aufgrund deren sich der Letztere verpflichtet, im Falle eines Grundstücksverkaufs die *Tankstelle sofort zu räumen*, endet der zwischen dem Pächter und der Mineralölgesellschaft abgeschlossene Tankstellenvertrag. Diese Vertragsbeendigung führt zur Entstehung eines Ausgleichsanspruchs dem Grunde nach, weil es sich hier nicht um einen Tatbestand handelt, der nach § 89b Abs. 3 die Entstehung eines Ausgleichsanspruchs ausschließt. Freilich setzt dies aber voraus, dass das *Mineralölunternehmen die fragliche Klausel kennt*. Das vertretene Unternehmen kann sich dann nicht darauf berufen, dass der Tankstellenhalter die Vertragsbeendigung zu vertreten habe, weil

---
147 Vgl. *Abrahamczik*, Der HV-Vertrag, 2. Aufl. § 12 (4) mit Anm. 1 mit Fn. 152.
148 Vgl. dazu Näheres unten Rz. 517.
149 Hier spricht man von einem *Stationärvertrag*. Bei einem solchen stellt der Tankstellenhalter (oder ein Dritter) das Tankstellengrundstück zur Verfügung, während die Mineralölgesellschaft die Tankstellen-Baulichkeiten und -Einrichtungen erstellt oder finanziert. Im Falle eines *Pächtervertrages* stellt die Mineralölgesellschaft auch das Tankstellengrundstück zur Verfügung, vgl. *Heyer*, S. 113 und *BGH*, 9.6.1969, BGHZ 52 S. 171 = BB 1969 S. 891 = DB 1969 S. 1285 = HVR Nr. 407 = NJW 1969 S. 1662.

er einen Pachtvertrag mit der geschilderten Klausel abgeschlossen habe. In der Vereinbarung einer solchen Klausel ist ein **schuldhaftes Verhalten des Tankstellenhalters** nicht zu sehen. Gleiches gilt auch dann, wenn in dem schriftlich abgeschlossenen Pachtvertrag dem Tankstellenhalter als Pächter für den Fall des Grundstücksverkaufs ein Vorkaufsrecht eingeräumt worden war. Macht der Pächter von diesem **Vorkaufsrecht** keinen Gebrauch, kann auch dieser Tatbestand keine ausgleichsausschließende Wirkung entfalten, weil man ihm schlechterdings — jedenfalls im Regelfall — nicht zumuten kann, das eingeräumte Vorkaufsrecht nur deshalb auszuüben, um dadurch den aus dem Tankstellenvertrag sich ergebenden Verpflichtungen gegenüber der Mineralölgesellschaft entsprechen zu können[150].

IX. Insolvenz als Beendigungsgrund

1. Insolvenz des Unternehmers

Wird über das Vermögen des Unternehmers ein Insolvenzverfahren eröffnet, so endet der Vertretervertrag nach § 115 InsO, ohne dass es einer Kündigung bedarf[151]. 360

Wird die Tätigkeit des Handelsvertreters auf Grund einer mit dem **Insolvenzverwalter getroffenen Absprache nach der Eröffnung des Insolvenzverfahrens fortgesetzt,** so handelt es sich rechtlich um ein **neues Vertragsverhältnis**. Dies ist insbesondere im Hinblick auf die **Ausschlussfrist**[152] für die Geltendmachung des Ausgleichsanspruchs von Bedeutung, deren Lauf mit der Eröffnung des Insolvenzverfahrens beginnt, weil zu diesem Zeitpunkt das bisherige Vertragsverhältnis endet. Eine Berufung auf die **Versäumung der Ausschlussfrist** durch den Insolvenzverwalter stellt nach zutreffender Ansicht des OLG Karlsruhe[153] aber dann einen **Verstoß gegen Treu und Glauben** dar, wenn dieser den Handelsvertreter ausdrücklich gebeten hatte, für den Gemeinschuldner weiter tätig zu sein, zumal es für den Insolvenzverwalter oft gerade wichtig ist, bis zu einem erstrebten Verkauf des Unternehmens die Produktion aufrechtzuerhalten, um desto eher einen Käufer zu finden. Der Bundesgerichtshof[154] hat im Revisionsverfahren dieses Urteil allerdings aufgehoben und eine andere Auffassung vertreten[155]. 361

Im Schrifttum wird mitunter die Auffassung vertreten[156], auch bei Insolvenz des Unternehmers könne ein Ausgleichsanspruch entstehen, weil das Insolvenzverfahren den Vertretervertrag beende. Man muss aber bedenken, dass durch 362

---
150 *LG Düsseldorf*, 21.10.1994 – 40 O 9/93 – unveröff.
151 Zu den ausgleichsrechtlichen Folgen bei Insolvenz des vertretenen Unternehmens vgl. Bd. I Rz. 1351 ff. und des Handelsvertreters a.a.O. Rz. 1382. Vgl. auch *Holling*, DB 1957 S. 349.
152 Näheres unten Rz. 421.
153 *OLG Karlsruhe*, 27.12.1984, ZIP 1985 S. 235.
154 *BGH*, 18.9.1986, BB 1987 S. 22.
155 Vgl. unten Rz. 425.
156 *Schröder*, § 89b Anm. 4; *Baumbach/Hopt*, § 89b Anm. 2 A.

IV Die Anspruchsvoraussetzungen

die Insolvenz in der Regel für den Unternehmer selbst **keine erheblichen Vorteile** aus Geschäftsverbindungen mit Kunden, die der Handelsvertreter geworben hat, mehr entstehen können. Denn diese Geschäftsbeziehungen kann nicht mehr der Unternehmer, sondern allenfalls der *Insolvenzverwalter* (zugunsten der Insolvenzgläubiger) auswerten[157]. § 89b setzt voraus, dass der Unternehmer nach Beendigung des Vertragsverhältnisses die von seinem Vertreter angebahnten Geschäftsbeziehungen noch nutzen kann.

363 Das Oberlandesgericht München[158] hat deshalb richtig entschieden, der Unternehmer habe aus der Geschäftsverbindung mit neuen Kunden, die der Handelsvertreter geworben hat, nach der Vertragsbeendigung *keine erheblichen Vorteile*, wenn sein Betrieb wegen eines *Vergleichsverfahrens*, das mit dem Ziel der Liquidation geführt werde, stillgelegt worden sei und aller Wahrscheinlichkeit nach nicht wieder eröffnet werde. Zweifellos führt dieses Ergebnis zu Härten für den Handelsvertreter; es entspricht aber dem Sinn des Gesetzes und liegt letztlich im *Unternehmerrisiko* begründet, das der Vertreter als selbstständiger Kaufmann zu tragen hat.

364 Beansprucht das *Liquidationsverfahren* jedoch einen *längeren Zeitraum* und schließt der Insolvenzverwalter, um die Insolvenzmasse zu vergrößern, noch Geschäfte mit Kunden ab, die der Vertreter während seiner Tätigkeit für den Unternehmer geworben hat, so können noch *Vorteile* entstehen. Diese Vorteile können für einen Ausgleichsanspruch allerdings nur berücksichtigt werden, so weit sie *„erheblich"* sind. Wirtschaftlich betrachtet kommen diese Vorteile übrigens nicht dem Unternehmer unmittelbar, sondern den Insolvenzgläubigern zugute. Im Hinblick auf den Ausgleichsanspruch sollte man jedoch keine Bedenken haben, beide Fälle gleich zu behandeln, zumal immerhin ein Vorteil des Unternehmers darin zu sehen ist, dass er seine Schuldner in höherem Maße befriedigen kann, als wenn er die von seinem Vertreter vermittelten Geschäftsverbindungen nicht hätte ausnutzen können.

365 Gelingt es dem Insolvenzverwalter, einen *Käufer für das insolvente Unternehmen* zu finden, der den vorhandenen *Kundenstamm* nutzen möchte und bereit ist, für diesen Kundenstamm und die vorhandene Vertriebsorganisation *einen entsprechend höheren Kaufpreis* zu zahlen, könnte ebenfalls ein Ausgleichsanspruch in Betracht kommen[159]. Denn bei einer *Betriebsveräußerung* kann ein Unternehmervorteil auch darin gesehen werden, dass dem Unternehmer ein *Entgelt für den Kundenstamm zufließt* und sich so die erfolgreiche Vermittlungstätigkeit des Handelsvertreters für den Unternehmer vorteilhaft auswirkt. Aber auch in diesem Falle ist die Ausgleichsforderung des Handelsvertreters *nicht bevorrechtigt*, sodass die Gefahr besteht, dass er gleichwohl leer ausgeht. Etwas anderes gilt aber dann, wenn dem Unternehmer *Gegenforderungen gegen den Handelsvertreter* zustehen und damit die Möglichkeit für den Handelsvertreter besteht, mit seinem Ausgleich *gegen diese Forderungen des Ge-*

---

157 Näheres dazu Rz. 498–501.
158 Beschluss vom 16.9.1955, BB 1955 S. 943 = NJW 1955 S. 1679.
159 Vgl. *Hoffstadt*, DB 1983 S. 645, 647.

meinschuldners aufzurechnen. Allerdings wird eine solche Aufrechnungsmöglichkeit für den Handelsvertreter nur sehr selten bestehen, weil ja in der Regel Gegenforderungen des Unternehmers nicht vorhanden sind. Im Ergebnis also wird dem Handelsvertreter in der Praxis seine in diesen Fällen dem Grunde nach gegebene Ausgleichsberechtigung nichts nützen, sofern nicht die Abwicklung des Insolvenzverfahrens zur Zahlung einer Insolvenzquote führt.

Liegen trotz der Insolvenz alle Voraussetzungen für den Ausgleichsanspruch vor, so wird der Anspruch dennoch nicht in voller Höhe zur Auszahlung gelangen. Er ist vielmehr eine *gewöhnliche, d.h. nicht bevorrechtigte Insolvenzforderung*, die nur im Rahmen der vom Insolvenzgericht festgesetzten *Insolvenzquote* befriedigt werden kann[160]. Entsprechendes gilt, wenn der Ausgleichsanspruch bereits vor der Verfahrenseröffnung entstanden und seine Höhe festgelegt, wenn aber noch nicht abgerechnet worden war. 366

Arbeitnehmerähnliche Handelsvertreter, die nach altem Recht bei Konkurseröffnung gem. § 61 Nr. 1 KO ihre Provisionsforderungen als bevorrechtigte Forderungen geltend machen konnten, haben diese Bevorrechtigung verloren, weil nach neuem Insolvenzrecht eine dem § 61 Nr. 1 KO entsprechende Vorschrift fehlt[161]. 367

2. Insolvenz des Handelsvertreters

Wird über das Vermögen des Handelsvertreters[162] ein Insolvenzverfahren eröffnet, hat dies demgegenüber die Beendigung des Vertretervertrages *nicht zwangsläufig* zur Folge. Kündigt der vertretene Unternehmer mit Rücksicht auf die Insolvenz des Handelsvertreters das Vertragsverhältnis gemäß § 89a, so führt dies nicht unbedingt zum Ausschluss des Ausgleichs, weil § 89b Abs. 3 insoweit ein schuldhaftes Verhalten des Handelsvertreters voraussetzt, das im Zusammenhang mit einer Insolvenzeröffnung nicht unbedingt gegeben sein muss. Daraus folgt, dass die Eröffnung des Insolvenzverfahrens über das Vermögen des Handelsvertreters dann zur Entstehung eines Ausgleichsanspruchs führen kann, wenn das Vertragsverhältnis mit Rücksicht auf die Verfahrenseröffnung vom Unternehmer gekündigt wird. Freilich fällt der Ausgleichsanspruch dann in die *Masse* und kann wirksam nur an die Masse erfüllt werden (§ 35 InsO). 368

X. Betriebseinstellung

Ist die *Liquidation eines Unternehmens* nicht Folge einer Insolvenz, sondern beruht sie auf einem *freiwilligen Entschluss* des Unternehmers, der dazu *nicht aus wirtschaftlichen Gründen* veranlasst wurde, so gelten die für den Insolvenz des Unternehmers dargelegten Grundsätze nicht[163]. Denn in einem derartigen 369

---
160 *Schröder*, § 89b Anm. 4; *Küstner*, IHV 1966 Heft 8 S. 22f.
161 Vgl. dazu Bd. I, Rz. 1356 sowie *Eberstein*, 8. Aufl., S. 146/147.
162 Einzelheiten Bd. I Rz. 1382.
163 *LG Berlin*, 14.6.1956, HVR Nr. 126.

Falle würde es gegen den **Grundsatz der Billigkeit** verstoßen, wollte man dem Handelsvertreter auch das **Risiko der freiwilligen Liquidation** des Betriebes, für den er tätig ist, auferlegen. Der Unternehmer könnte sonst durch Aufgabe seines Betriebes die Vertreter um ihre wohlverdienten Ansprüche bringen und sich darauf berufen, durch die Aufgabe des Geschäftsbetriebes entstünde für ihn kein Vorteil aus Geschäftsbeziehungen mit Kunden, die der Handelsvertreter geworben hat[164]. Die Entstehung des Ausgleichsanspruchs ist daher in solchen Fällen keineswegs von vornherein ausgeschlossen[165].

370 Mit Recht hat das OLG Düsseldorf in seinem Urteil vom 15.5.1998[166] entschieden, dass der Ausgleichsanspruch unberührt bleibt, wenn die Betriebseinstellung oder Betriebsänderung auf einer Willensentscheidung des Unternehmers beruhe und er Vorteile aus dem vom Handelsvertreter geschaffenen Kundenstamm deshalb nicht nutze, *um den Ausgleichsanspruch auszuschließen*. Entscheidend kommt es hierbei darauf an, ob die Maßnahmen des Unternehmers wirtschaftlich vertretbar seien. Erfülle die Entscheidung des Unternehmers diese Anforderung nicht, stehe dem Handelsvertreter unter dem Gesichtspunkt der Verletzung vertraglicher Nebenpflichten Schadensersatz zu, durch den er so zu stellen sei, als hätte der Unternehmer aus den von ihm geschaffenen Kundenbeziehungen auch nach der Vertragsbeendigung erhebliche Vorteile i.S.d. § 89b Abs. 1 Satz 1 HGB erlangt[167].

371 Für die Berechnung des Anspruches muss die *Fortführung des Unternehmens unterstellt werden*. Der Berechnung dürften hier indessen keine größeren Schwierigkeiten entgegenstehen als im Falle der nach dem Gesetz fingierten weiteren Tätigkeit des Handelsvertreters trotz Vertragsbeendigung (vgl. § 89b Abs. 1 Nr. 2). Die Vorteile des Unternehmers sind nach der *mutmaßlichen Geschäftsentwicklung* seines Unternehmens zu ermitteln, die eingetreten wären, wenn er den Geschäftsbetrieb nicht aufgegeben hätte.

372 Etwas anderes gilt aber dann, wenn der Unternehmer die Erzeugung der Ware, für deren Absatz der Handelsvertreter tätig ist, einstellt, weil er im Rahmen seiner *kaufmännischen Entschließungsfreiheit* auf Grund *sachlicher, wirtschaftlicher Erwägungen* zu dem Ergebnis kommt, dass die Fertigung *unrentabel* geworden ist. In einem solchen Fall kann ein Ausgleichsanspruch nicht mit Erfolg geltend gemacht werden[168], weil, wie der Bundesgerichtshof zutreffend formuliert hat[169], *der Unternehmer nicht gehalten sein kann, nur wegen der Ver-*

---

164 Zur Informationspflicht des Unternehmens gegenüber dem Handelsvertreter von der Betriebseinstellung oder -aufgabe *BGH,* 7.2.1974, BB 1974 S. 434 = DB 1974 S. 718 = HVR Nr. 479 = HVuHM 1974 S. 292 = NJW 1974 S. 795 = WM 1974 S. 351.
165 Sehr eingehend zu diesen Fragen *Schröder,* DB 1967 S. 2015.
166 *OLG Düsseldorf,* 15.5.1998 – 16 U 104/97, HVR Nr. 877.
167 Vgl. dazu auch Rz. 734.
168 Entsprechendes gilt, wenn ein Versicherungsunternehmen sich entschließt, in einer bestimmten Sparte Versicherungsverträge künftig nicht mehr abzuschließen. Vgl. dazu *Martin,* RVR 1970 S. 3ff.
169 *BGH,* 29.6.1959, BB 1959 S. 864 = MDR 1959 S. 823 = NJW 1959 S. 1964 = VersR 1959 S. 692 = HVR Nr. 209; *BGH,* 9.11.1967, BGHZ 49 S. 39 = RVR 1968 S. 46 = BB 1968

dienstmöglichkeiten des Handelsvertreters mit Verlust weiter zu produzieren. Der Unternehmer kann sich nach Ansicht des Bundesgerichtshofes sogar dann darauf berufen, keine erheblichen Vorteile[170] aus dem geworbenen Kundenstamm ziehen zu können, wenn er die noch rentable Produktion umstellt. Das setzt allerdings voraus, dass der Unternehmer auf Grund der **Konjunkturentwicklung** gezwungen ist, späteren Verlusten vorzubeugen. Es muss dem Unternehmer überlassen bleiben, den Zeitpunkt zu bestimmen, in dem er wegen ungünstiger werdender Absatzverhältnisse die Produktion aufgibt. Er ist nicht genötigt, wegen der Interessen des Handelsvertreters zu *warten, bis tatsächlich Verluste eintreten*[171].

XI. Betriebsumstellung

Im Wesentlichen gleiche Grundsätze gelten auch für diejenigen Fälle, in denen der Unternehmer aufgrund eingetretener *wirtschaftllicher Verluste seinen Betrieb umstellt.*   373

Dem Urteil des Bundesgerichtshofs vom 30.1.1986[172] lag folgender Sachverhalt zu Grunde: Ein Handelsvertreter war seit 1954 für den Vertrieb von Bezugsstoffen des Unternehmers tätig. Für den Unternehmer traten im Jahre 1979 hohe Verluste ein. Er teilte dem Handelsvertreter mit, dass er mit Ablauf des Monats Februar 1980 seine eigene Verkaufstätigkeit einstellen werde; von diesem Zeitpunkt an beschränkte der Unternehmer sich auf eine *Lohnproduktion* mit teilweise geänderten Kollektionen, während der *Vertrieb* seiner Produkte durch eine im Konzernverbund stehende *Schwestergesellschaft* erfolgte. Die Parteien stritten über die Berechtigung des Unternehmers, das Vertragsverhältnis vorzeitig zu beenden sowie über die Höhe der vom Handelsvertreter geltend gemachten Schadensersatz- und Ausgleichsansprüche.   374

Der Bundesgerichtshof hat die Wirksamkeit der von dem Unternehmer ausgesprochenen vorzeitigen *Kündigung aus wichtigem Grunde nicht anerkannt*, weil es *nicht überraschend* und plötzlich zu der Betriebsumstellung und der Übertragung des Vertriebs auf ein anderes Unternehmen gekommen sei. Vielmehr habe sich das Unternehmen *schon seit langem* mit dieser Möglichkeit auseinanderzusetzen gehabt. Wenn er aber gleichwohl über Jahre hinaus den Vertrag mit dem Handelsvertreter fortgeführt habe, könne er ohne Hinzutreten weiterer Gründe das Vertragsverhältnis nicht vorzeitig aus wichtigem Grunde beenden.   375

S. 11; vgl. auch *LG Berlin,* 22.9.1958, HVR Nr. 188; *LG Münster,* 27.1.1960, BB 1960 S. 1300 mit Anmerkung von *Küstner.*
170 Zu fehlenden Vorteilen bei Betriebseinstellung vgl. auch *OLG Karlsruhe,* 27.12.1984, ZIP 1985 S. 235, 236 re. Sp. zu II 2.
171 Näheres unten Rz. 498, 517.
172 *BGH,* 30.1.1986, BB 1986 S. 1317 = DB 1986 S. 1332 = HVR Nr. 615 = HVuHM 1986 S. 696 = EBE 1986 S. 179 = NJW 1986 S. 1931 = WM 1986 S. 742.

IV Die Anspruchsvoraussetzungen

376 Der Bundesgerichtshof hat die Ausgleichsberechtigung des Handelsvertreters zwar unter dem Gesichtspunkt der Umstellung des Vertriebssystems abgelehnt und hat dies damit begründet, es sei einem Unternehmer grundsätzlich unbenommen, sein *Vertriebssystem zu ändern*, wenn er das für *zweckmäßig und erforderlich* halte. Die gegenteilige Auffassung verkenne, dass dem Unternehmer grundsätzlich das Recht zustehe, seinen Betrieb so einzurichten und gegebenenfalls umzugestalten, wie es ihm wirtschaftlich vernünftig und sinnvoll erscheine. Er dürfe sich dabei nur *nicht willkürlich und ohne vertretbaren Grund* über die *schutzwürdigen Belange seiner Handelsvertreter* hinwegsetzen[173].

377 Andererseits könne im entschiedenen Falle dem Handelsvertreter ein Ausgleichsanspruch aber insoweit zustehen, als die *Schwestergesellschaft* des Unternehmers die vom Handelsvertreter geworbenen Kunden weiter mit Produkten des Unternehmers beliefere. Denn aus den insoweit *fortbestehenden Kundenbeziehungen* ziehe der Unternehmer selbst einen unmittelbaren Vorteil, weil er die von ihm hergestellten Erzeugnisse an die bisher von ihm belieferten und vom Handelsvertreter geworbenen Kunden absetze. Dass der Unternehmer die Verträge mit den Kunden nicht selbst abschließe, sondern seine Schwestergesellschaft eingeschaltet sei, sei dabei ohne rechtliche Bedeutung. Entscheidend sei, dass der Unternehmer unter *Veränderung seines Vertriebssystems die vom Handelsvertreter geschaffenen Kundenbeziehungen weiter ausnutzen könne*. Unerheblich sei in diesem Zusammenhang auch der Einwand des Unternehmers, die fraglichen Kunden seien schon früher von seiner Schwestergesellschaft beliefert worden. Unerheblich sei dieser Einwand deshalb, weil die Schwestergesellschaft die Kunden mit Waren anderer Art beliefert habe.

XII. Betriebsveräußerung

378 Die Voraussetzung der Beendigung des Vertretervertrages ist grundsätzlich auch dann erfüllt, wenn der Unternehmer seinen *Betrieb veräußert* und eine weitere Tätigkeit des Handelsvertreters für den *Betriebserwerber* mangels einer entsprechenden Vereinbarung oder deshalb nicht in Betracht kommt, weil der Betriebserwerber über eine *eigene Absatzorganisation* verfügt. Der Betriebsveräußerer muss in diesen Fällen das Vertragsverhältnis mit dem Handelsvertreter kündigen[174].

379 Eine Betriebsveräußerung liegt aber dann nicht vor, wenn das Unternehmen mit seiner Firma, seinem Betrieb, seinen Anlagen usw. unverändert bestehen bleibt und *lediglich die Anteilseigner* wechseln, sodass neue Inhaber an die Stelle der bisherigen Inhaber treten. Von einer Betriebsveräußerung kann vielmehr nur dann gesprochen werden, wenn eine bestehende Firma ihre gesamten Immobi-

---

173 *BGH*, 9.11.1967, BGHZ 49, 39 = BB 1968 S. 11 = DB 1968 S. 35 = HVR Nr. 386 = NJW 1968 S. 394; *Schröder*, DB 1973 S. 217.
174 Vgl. *Schröder*, DB 1973, S. 217, 219.

lien, bewegliche Habe, Rechte, insbesondere Ansprüche, gewerbliche Schutzrechte, goodwill usw. auf ein anderes Unternehmen überträgt[175].

Der für Arbeitsverhältnisse geltende Grundsatz, dass wegen der **Betriebsbezogenheit des Arbeitnehmers** der Anspruch des Arbeitgebers auf die Dienstleistungen bei einer Betriebsveräußerung auf den **Betriebsübernehmer übergehe**[176], kann auf Vertreterverträge nicht ohne weiteres angewendet werden. Der Bundesgerichtshof[177] begründet dies mit der Feststellung, dass Handelsvertreter und Unternehmer in der Regel in einem weit *engeren Vertrauensverhältnis* zueinander stünden als Unternehmer und Arbeiter eines größeren Betriebes[178]. Auch sei der Handelsvertreter selbstständiger Kaufmann. Etwas anderes könne auch dann nicht gelten, wenn der Handelsvertreter in die *Absatzorganisation eines Großunternehmens* eingegliedert sei, sofern sich nicht aus dem Vertretervertrag ausdrücklich ergebe, dass — im Gegensatz zu der gesetzlichen Bestimmung des § 613 Satz 2 BGB — der *Dienstleistungsanspruch des Unternehmers übertragbar* sei[179]. **380**

In einem früheren Urteil vom 25.4.1960[180] hat der Bundesgerichtshof festgestellt, dass der Unternehmer der *Zustimmung des Handelsvertreters* bedürfe, wenn er infolge der Veräußerung seines Betriebes aus einem Handelsvertretervertrag ausscheiden und einen anderen Unternehmer an seiner Stelle in den Vertrag eintreten lassen wolle. Der Bundesgerichtshof führte hierzu aus, dass es allgemeinen Rechtsgrundsätzen entspräche, dass eine *Aufgabe von Rechten deutlich zum Ausdruck* kommen müsse. Dementsprechend müsse aus den Umständen zweifelsfrei entnommen werden können, dass der Handelsvertreter bereit sei, den bisherigen Unternehmer als Schuldner aus seiner Verbindlichkeit zu entlassen und den neuen Unternehmer (den Betriebsübernehmer) als Schuldner anzusehen. **381**

Eine andere Frage ist es aber, ob bei einer durch eine Betriebsveräußerung bedingten Vertragsbeendigung ausgleichsfähige *Unternehmervorteile* entstehen können. Diese Frage wird im Zusammenhang mit den Vorteilen des Unternehmers erörtert werden[181]. **382**

Ob die vorstehenden Grundsätze indessen auch dann anwendbar sind, wenn sich die *Eigentumsverhältnisse an einer Kapitalgesellschaft* ändern, ist frag- **383**

---

175 *LG Düsseldorf*, Teilurteil vom 1.8.1974 – 31 O 156/74 – unveröffentlicht.
176 *BAG*, 26.5.1955, BB 1955 S. 733, und 18.2.1960, BB 1960 S. 592.
177 *BGH*, 12.11.1962, BB 1962 S. 1392 = NJW 1963 S. 101 = VersR 1963 S. 37 = HVR Nr. 288; vgl. auch *Schröder* § 86 Anm. 14 und HVH S. 250, 254; *Brüggemann*, § 84 Anm. 18; a.A. zum Treueverhältnis aber *BGH*, 21.12.1962, BB 1963 S. 248, 249 = NJW 1963 S. 857.
178 Zum Treueverhältnis zwischen Unternehmer und Handelsvertreter vgl. *v. Brunn*, AcP 1964 S. 487, 492 und die in dem Urteil vom 21.12.1962 vom *Bundesgerichtshof* vertretene gegenteilige Auffassung, BB 1963 S. 248, 249 = NJW 1963 S. 856; aber auch die Ausführungen unten Rz. 1070. Dass das Treueverhältnis zwischen Handelsvertreter und Unternehmer weniger intensiv ist als das zwischen Arbeitgeber und Arbeitnehmer, meint auch *Sieg*, VersR 1968 S. 105, 107 zu III 2. Vgl. zur Problematik auch *Rumpf* AcP Bd. 119 S. 1, 88.
179 Dazu sehr eingehend *Schröder*, DB 1967 S. 2015 und HVH S. 250.
180 DB 1960 S. 636 = HVR Nr. 260.
181 Vgl. unten Rz. 527, 543.

IV Die Anspruchsvoraussetzungen

lich. Geht die Mehrheit der Aktien einer AG oder gehen die Gesellschaftsanteile an einer GmbH in andere Hände über, so dürfte dadurch der **Bestand des Vertretervertrages nicht berührt** werden, und zwar auch dann nicht, wenn im Vertretervertrag eine diesbezügliche Regelung fehlt. Von einem *Treueverhältnis* zwischen dem Handelsvertreter und den (anonymen) Eigentümern des Unternehmens kann in derartigen Fällen in der Regel keine Rede sein.

XIII. Vertragsbeendigung im gegenseitigen Einvernehmen

384 Zu den Beendigungstatbeständen als Voraussetzung für die Entstehung eines Ausgleichsanspruches gehört auch die Beendigung des Vertretervertrages durch *Vereinbarung zwischen dem Unternehmer und dem Handelsvertreter*[182]. Dabei spielt es keine Rolle, ob die *Initiative* zu der auf diese Weise zustandekommenden Vertragsbeendigung vom Handelsvertreter ausgegangen ist. Der Bundesgerichtshof[183] hat dazu ausdrücklich festgestellt, dass die zur Vertragsbeendigung im gegenseitigen Einvernehmen führende *Initiative des Handelsvertreters nicht einer von ihm ausgesprochenen Vertragskündigung gleichgestellt* werden könne[184], die im Normalfall zum Ausschluss des Ausgleichsanspruchs führen würde[185].

385 Deshalb kommt es für die Frage, ob die Beendigungsvoraussetzung für die Entstehung eines Ausgleichsanspruchs erfüllt ist, in diesen Fällen allein darauf an, ob eine Vertragsbeendigung im *gegenseitigen Einvernehmen* überhaupt vorliegt. Bezüglich der Ausgleichshöhe ist es unerheblich, welcher Vertragspartner

---

[182] *BGH*, 2.7.1987 m.w.N., NJW-RR 1988 S. 42 = MDR 1988 S. 112 = WM 1987 S. 1462 = EBE 1987 S. 394; *BGH*, 21.3.1963, VersR 1963 S. 556, und 13.5.1957 − II ZR 318/56, BGHZ 24 S. 214 = BB 1957 S. 527 = NJW 1957 S. 1020 = VersR 1957 S. 358; *OLG Nürnberg*, 16.9.1969, HVuHM 1969 S. 1270, und 19.12.1958, BB 1959 S. 318 = VersR 1959 S. 307. Vgl. auch *Hopt*, § 89b Rz. 7; *Küstner*, HdbVersVerm Abschn. 16.2.2.3; *Eberstein*, BB 1964 S. 271, 274; *Schuler*, JR 1957 S. 44, 45.

[183] *BGH*, 10.12.1997 − VIII ZR 329/96, BB 1998, 390 = VersR 1998, 318; Urt. vom 13.3.1969, BGHZ 52 S. 12 = BB 1969 S. 460 = DB 1969 S. 700 = HVR Nr. 402 = HVuHM 1969 S. 507 = NJW 1969 S. 1023 = RVR 1969 S. 153 mit Anmerkung von *Küstner*, VersR 1969 S. 465. Ebenso *LG Zweibrücken*, 10.5.1967, RVR 1968 S. 200 mit Anmerkung von *Küstner* und *OLG Nürnberg*, 16.9.1969, HVuHM 1969 S. 1270 und 19.12.1958, BB 1959 S. 318 = VersR 1959 S. 307. Vgl. auch *Haumann*, HVuHM 1969 S. 1270 sowie *LG Hamburg*, 1.10.1969, HVR Nr. 403.

[184] Ebenso *Brüggemann*, § 89b Anm. 14, und *Sieg*, AktGes. 1964 S. 293, 296 mit irrtümlichem Hinweis auf *BGH*, 20.10.1960, VersR 1960 S. 1111, wo es aber eindeutig um eine Kündigung des Handelsvertreters ging, die den Ausgleichsanspruch ausschloss (vgl. speziell zu diesem Hinweis: *BGH*, 13.3.1969, a.a.O. − oben Fußnote 183); a. A.: *Schröder*, § 89b Rdnr. 28a; *ders.*, KTS 1960 S. 148, 149 und DB 1962 S. 895, 896 sowie auch *LG Saarbrücken*, 3.2.1975, VW 1976 S. 1061, das die Initiative des Handelsvertreters einer von ihm ausgesprochenen ausgleichsausschließenden Vertragskündigung gleichsetzt. Eine andere Auffassung hat neuerdings das *LAG Frankfurt* in seinem Urteil vom 25.2.1992 (Aktz.: 7 Sa 255/91; unveröffentlicht) vertreten. Vgl. zu diesem Urteil die ablehnende Anmerkung von *Küstner*, Bulletin des Direktvertriebs, herausgegeben vom Arbeitskreis „Gut beraten − zu Hause gekauft", München, Heft 1/1993, S. 10 sowie „Sales Profi", Heft 3/1994 S. 62.

[185] Näheres oben Rz. 268 und unten Rz. 1358.

die Initiative zur Vertragsbeendigung ergriffen hat[186]. Eine Ausgleichsminderung gem. § 89b I Ziff. 3 lässt sich daraus nicht herleiten[186a].

Natürlich handelt es sich auch dann um eine Vertragsbeendigung im gegenseitigen Einvernehmen, wenn der Handelsvertreter den Unternehmer *„um einvernehmliche Vertragsbeendigung" zu einem bestimmten Zeitpunkt bittet*. Die gerade in solchen Fällen vonseiten des vertretenen Unternehmens oft geäußerte Auffassung ist irrig, es handele sich hierbei um eine vom Handelsvertreter ausgesprochene *Kündigung*. Denn der Handelsvertreter hat ja hier dem Unternehmer nicht erklärt, dass er zum angegebenen Zeitpunkt kündige, sondern er hat dem Unternehmer das Angebot unterbreitet, das Vertragsverhältnis zum angegebenen Zeitpunkt einvernehmlich aufzuheben. Dadurch, dass das Unternehmen in dieser Mitteilung des Handelsvertreters eine ausgleichsausschließende Kündigung sieht, kann der *objektive Inhalt der Erklärung* nicht geändert werden, gleichgültig, ob der Handelsvertreter jener irrigen Auffassung des Unternehmers widerspricht[187] oder nicht.

386

Beispiel: Ein gesunder Handelsvertreter, der sich im Alter von 53 Jahren aus dem Berufsleben zurückziehen möchte, schreibt dem vertretenen Unternehmen: „Ich bitte um einvernehmliche Vertragsbeendigung zum 30.9. d.J. der gegenseitigen Zusammenarbeit". Das Unternehmen antwortet: „Wir erhielten Ihre Kündigung vom 14. Mai und bitten um Mitteilung, ob Sie noch vor der Vertragsbeendigung bereit sind, einen Nachfolger einzuführen". Hier liegt in der Reaktion des Unternehmers die Annahme des Angebots des Handelsvertreters, sodass das Vertragsverhältnis mit Ausgleichsberechtigung des Handelsvertreters am 30. Sept. beendet wurde.

Endet ein Vertretervertrag auf Grund einer *vereinbarten Vertragsaufhebung*, ist die Entstehung eines Ausgleichsanspruchs aber gleichwohl dann ausgeschlossen, wenn der Unternehmer berechtigt gewesen wäre, den Vertrag aus *wichtigem Grunde wegen schuldhaften Verhaltens des Handelsvertreters* zu kündigen, die Parteien aber in Kenntnis dieser Tatsache, insbesondere aus *Entgegenkommen* gegenüber dem Handelsvertreter, anstelle der Kündigung den Weg der vertraglichen Aufhebung gewählt haben[188]. Sehr weit geht in diesem Zusammenhang das OLG München in seinem Urteil vom 27.7.1994[189]. Es hat die Auffassung vertreten, dass in einer vom Handelsvertreter erklärten, aber unbegründeten fristlosen Kündigung „regelmäßig das *Angebot zu einer einvernehmlichen Vertragsaufhebung*" liege, das der Unternehmer durch schlüssiges Verhalten oder auch durch Unterlassen annehmen könne. Freilich muss man hierbei berücksichtigen, dass, wollte man dieser Auffassung folgen, die Entstehung eines Ausgleichsanspruchs in einem derartigen Tatbestand ohnehin ausge-

387

---

186 *BGH*, 13.3.1969, Fn. 183.
186a A.A. *OLG Celle*, 18.4.2002, 11 U 210/01 n.v.
187 *LG Karlsruhe*, 12.11.1982 – O 150/82 KfH I – unveröffentlicht.
188 *OLG Nürnberg*, 19.12.1958, vgl. Fn. 183.
189 *OLG München*, 27.7.1994, BB 1994 S. 2166 unter Berufung auf *BAG*, 13.4.1972, BB 1972 S. 1095; *Hueck/v. Hoyningen-Huene*, KSchG, 2. Aufl., § 13 Rz. 39; *MK-Schwerdtner*, BGB, 2. Aufl., § 620 Rz. 125; *Schaub*, Arbeitsrechts-Handbuch, 7. Aufl., § 122 II 4.

IV Die Anspruchsvoraussetzungen

schlossen sein würde, weil dieser schon durch die unbegründete fristlose Kündigung des Handelsvertreters ausgeschlossen ist.

388 Bis zur Änderung des § 89b Abs. 3[190], die am 1.7.1976 in Kraft trat, schien für den **alternden, kranken oder arbeitsunfähig gewordenen Handelsvertreter** die auf seiner Initiative beruhende einvernehmliche Vertragsbeendigung der einzige Weg zu sein, einen Ausgleichsausschluss durch Eigenkündigung zu vermeiden, wenn der Unternehmer seinerseits nicht geneigt war, den Vertretervertrag mit Rücksicht auf das Alter oder den Gesundheitszustand des Handelsvertreters durch Kündigung zu beenden. Aber auch wenn der Handelsvertreter diesen Weg beschritt, war keineswegs sicher, ob es im Hinblick auf den Ausgleichsanspruch nach der Vertragsbeendigung nicht doch zu Meinungsverschiedenheiten mit dem Unternehmer kommen würde. Häufig berief sich der Unternehmer nämlich darauf, dass die **Initiative des Handelsvertreters** zur Vertragsbeendigung einer von ihm ausgesprochenen Vertragskündigung mit der Folge gleichgesetzt werden müsse, dass der Ausgleichsanspruch ausgeschlossen sei. Nach der Rechtsprechung des Bundesgerichtshofs[191] ist jetzt zu Gunsten des Handelsvertreters aber geklärt, dass dieser Einwand des Unternehmers nicht stichhaltig ist und dass es unerheblich ist, von welchem Vertragspartner die Initiative zur einvernehmlichen Vertragsbeendigung ausgegangen ist.

389 In einem allerdings erst nach dem In-Kraft-Treten des Änderungsgesetzes zu § 89b Abs. 3 verkündeten Urteil hat der Bundesgerichtshof[192] sogar ausgesprochen, dass die Weigerung des Unternehmers, ein bestehendes Vertragsverhältnis mit Rücksicht auf den Gesundheitszustand des Handelsvertreters, der natürlich die Erklärung der Vertragskündigung vermeiden wollte, im gegenseitigen Einvernehmen aufzuheben, *einen begründeten Kündigungsanlass* im Sinne des § 89b Abs. 3 Satz 1 darstelle, weil der Unternehmer dann dem Handelsvertreter in nicht zu billigender Weise gar keine andere Wahl gelassen habe, als die Kündigung auszusprechen.

390 Es ist bedauerlich, dass diese Entscheidung nicht bereits viel früher ergangen ist; viele unerfreuliche Meinungsverschiedenheiten hätten dann vermieden werden können, die nur deshalb entstanden sind, weil sich der Handelsvertreter angesichts der damaligen Gesetzeslage wegen seines Gesundheitszustandes verständlicherweise scheute, eine Vertragskündigung auszusprechen[193].

XIV. Umwandlung des Vertretervertrages

391 Ein Beendigungstatbestand im Sinne des § 89b Abs. 1 Satz 1, der grundsätzlich zur Entstehung eines Ausgleichsanspruchs führen kann, ist auch dann gegeben, wenn ein Vertretervertrag dadurch endet, dass er *in ein anderes Rechts-*

---

190 Näheres Rz. 398f.
191 Vgl. oben Fußnote 183.
192 *BGH,* 15.10.1976, abgedruckt in „Die Tankstelle", Beilage zu Heft 1/1977.
193 Näheres Rz. 398ff.

verhältnis umgewandelt wird[194]. Man denke etwa an den Fall, dass ein *hauptberuflicher* Handelsvertreter für den vertretenen Unternehmer vereinbarungsgemäß nur noch *nebenberuflich*[195] tätig ist, weil er mit einem anderen Unternehmer einen Anstellungsvertrag abgeschlossen hat. Denkbar ist auch, dass ein Handelsvertretervertrag in einen *Reisendenvertrag umgewandelt* wird und der Handelsvertreter nunmehr als angestellter Reisender für den Unternehmer tätig bleibt[196] oder dass er auf Grund besonderer Verdienste zur *Leitung des gesamten Außendienstes* in die Leitung des bisher von ihm vertretenen Unternehmens berufen wird[197].

Allen derartigen Fällen ist gemeinsam, dass ein Ausgleichsanspruch *bei Beendigung des neuen Vertragsverhältnisses* (des nebenberuflichen Vertreters, des angestellten Reisenden, des Mitglieds der Geschäftsleitung) unzweifelhaft nicht entstehen kann, sodass allein der *Zeitpunkt der Vertragsumwandlung* für eine Prüfung der Anspruchsvoraussetzungen in Betracht kommen kann. Denn es ist zu berücksichtigen, dass die Entstehung des Ausgleichsanspruchs infolge der Beendigung des Handelsvertretervertrages nicht etwa bis zur Beendigung des Anschlussvertrages *„aufgeschoben"* ist, weil die vertraglichen Beziehungen der Parteien ja erst zu jenem Zeitpunkt endgültig beendet werden. Mit Recht hat das Oberlandesgericht Stuttgart[198] darauf hingewiesen, dass andernfalls eine unerträgliche und für den Unternehmer unzumutbare *Rechtsunsicherheit* eintreten würde.

392

Meist werden in diesen Fällen alle mit dem Ausgleichsanspruch zusammenhängenden Fragen bereits im Rahmen der Verhandlungen geregelt, die die Vertragsumwandlung betreffen. Wird in derartigen Fällen der Ausgleichsanspruch aber nicht geltend gemacht – etwa in der Erwägung, dass die aus dem Folgevertrag sich ergebenden Vorteile ein *Äquivalent gegenüber dem Ausgleichsanspruch* darstellen – kann dies gleichwohl zu erheblichen Nachteilen führen. Man denke an den Fall, dass der bisherige Handelsvertreter *nach Ablauf der Ausschlussfrist*[199] während einer Geschäftsreise *tödlich verunglückt* oder dass der *Anschlussvertrag viel früher durch Kündigung beendet wird*, als dies im Zeitpunkt der Vertragsumwandlung zu erwarten war. Wird sodann ein Ausgleichsanspruch mit Rücksicht auf den kurz vorher beendeten Handelsvertretervertrag geltend gemacht (im ersten Fall durch die Witwe des früheren Vertreters), kann ein Ausgleichsanspruch wegen der versäumten Ausschlussfrist nicht mehr durchgesetzt werden. Gerade wegen solcher Fälle sollte stets *bei Vertragsumwandlungen auch an eine Regelung des Ausgleichsanspruchs* gedacht werden. Dabei könnte

393

---

194 Näheres zur ausgleichsrechtlichen Problematik bei der Umwandlung von Service-Stationen in „SB"-Stationen im Tankstellengeschäft: *Küstner,* Rechtsfragen, 2. Aufl. 1978, zu Ziff. III 5.
195 *OLG Nürnberg,* 8.9.1958, BB 1958 S. 1151 = MDR 1959 S. 929.
196 *OLG Stuttgart,* 29.11.1967, unveröffentlicht, vgl. aber RVR 1968 S. 89.
197 Hierzu vgl. *Winterberg,* DB 1958 S. 521 und 1163; *Neflin,* DB 1958 S. 579; vgl. auch *Möller,* Anm. 214, S. 662 und *Küstner,* IHV 1966 Heft 18 S. 21 ff.
198 *OLG Stuttgart,* Beschluss vom 29.11.1967, RVR 1968 S. 89 ff.; vgl. auch *OLG Nürnberg,* 18.9.1958, BB 1958 S. 1151 = HVR Nr. 205 = MDR 1959 S. 929.
199 Vgl. dazu Rz. 421.

im Hinblick auf eine vorzeitige Beendigung des Anschlussvertrages daran gedacht werden, den ermittelten Ausgleich in der Weise zu berücksichtigen, dass er für jedes im Rahmen des Anschlussvertrages abgeleistete Dienstjahr zu einem bestimmten prozentualen Anteil als abgegolten angesehen wird.

394 Wenn der Unternehmer beabsichtigt, einen bestehenden Handelsvertretervertrag etwa in einen *Händlervertrag umzuwandeln*, aber noch nicht übersehen kann, ob sich die mit einer solchen Vertragsumwandlung verbundenen Erwartungen erfüllen werden, kann es vorkommen, dass er dem Handelsvertreter das *„Ruhen"* bzw. *die „Aussetzung" des Handelsvertretervertrages vorschlägt*, um während dieser Zeit versuchsweise die Geschäfte auf veränderter Grundlage abzuwickeln.

395 Auch in diesen Fällen ist zu beachten, dass die Vereinbarung über das „Ruhen" bzw. die „Aussetzung" des bisherigen Vertrages nicht mit einer Vertragsbeendigung gleichzusetzen ist. Der die Entstehung des Ausgleichsanspruchs auslösende Tatbestand der Vertragsbeendigung ist erst gegeben, wenn zwischen den Parteien eine Vereinbarung darüber zu Stande kommt, den bisherigen Vertrag endgültig umzuwandeln. Zur *Vermeidung von Fristversäumnissen* empfiehlt es sich für den Handelsvertreter in solchen Fällen, gleichzeitig mit der Vereinbarung über das „Ruhen" oder die „Aussetzung" des Vertrages vorsorglich den *Ausgleichsanspruch geltend zu machen*.

396 Schließlich muss im Zusammenhang mit Umwandlungsfragen aber auch darauf hingewiesen werden, dass die für die Abgrenzung des Handelsvertreters von anderen Vermittlerberufen, insbesondere des angestellten Reisenden, in Rechtsprechung und Literatur entwickelte und praktizierte *Schwerpunkttheorie*[200] zu einer Änderung des Rechtsstatus des Handelsvertreters und damit zu einer *Beendigung des Vertragsverhältnisses* in Gestalt eines Handelsvertretervertrages führen kann, ohne dass dies den Vertragspartnern überhaupt bewusst wird[201]. Dies ist ausgleichsrechtlich von weittragender Bedeutung. Verlagert sich nämlich der Schwerpunkt eines Handelsvertretervertrages zu Gunsten eines Anstellungsvertrages und endet sodann das umgewandelte Vertragsverhältnis, kann im Zeitpunkt der endgültigen Vertragsbeendigung die *Ausschlussfrist für die Geltendmachung des Ausgleichsanspruchs* bereits abgelaufen sein. Obwohl mithin die Anspruchsvoraussetzungen des § 89b erfüllt sind, geht der ursprünglich als Handelsvertreter tätig gewesene Außendienstmitarbeiter leer aus, die Durchsetzung eines Ausgleichsanspruchs ist ausgeschlossen.

397 Endlich sei vermerkt, dass sich aus dem Urteil des Bundesarbeitsgerichtes vom 3.6.1958[202] nicht entnehmen lässt, ein selbstständiger Handelsvertreter, dessen Vertretervertrag in ein Reisendenverhältnis auf arbeitsrechtlicher Grundlage

---

200 Näheres dazu oben Rz. 64 und Bd. 1 Rz. 33 ff.
201 Es ist das Verdienst von *Stolterfoht* (S. 221 ff.), auf diese Konsequenzen als erster aufmerksam gemacht zu haben. Vgl. auch *BVerfG*, 25.10.1977, BB 1978 S. 28 = DB 1978 S. 190 = NJW 1978 S. 365. Näheres oben Rz. 72–74 und Band 1 Rz. 33 ff.
202 BB 1958 S. 775 = MDR 1958 S. 717 = NJW 1958 S. 1365; vgl. oben Rz. 63.

umgewandelt wird, könne einen Ausgleichsanspruch nicht geltend machen[203]. In dem zugrunde liegenden Sachverhalt war ein bisher selbstständiger Handelsvertreter ein Anstellungsverhältnis eingegangen, und der von ihm *erarbeitete Kundenstamm* verblieb dem Arbeitgeber, als das Arbeitsverhältnis endete, zur alleinigen Nutzung. Streitig war hier aber nicht die Entstehung des Ausgleichsanspruchs im Zeitpunkt der Beendigung der selbstständigen Vertretertätigkeit, sondern im Zeitpunkt der Beendigung des daran sich anschließenden Anstellungsvertrages[204]. Denn es war versäumt worden, den Ausgleich bereits bei der Begründung des Arbeitsverhältnisses geltend zu machen. Das Bundesarbeitsgericht hatte deshalb die Frage zu entscheiden, ob ein Ausgleichsanspruch auch einem Angestellten zustehen könne[205] Nur auf Grund dieses besonderen Sachverhalts war überhaupt Anlass, die grundsätzliche *Anwendbarkeit des Ausgleichsrechts auf Arbeitsverhältnisse* zu prüfen[206].

XV. Krankheits- und altersbedingte Vertragsbeendigung

Nach der Neufassung des § 89b Abs. 3 Satz 1 durch das Änderungsgesetz vom 13.5.1976[207], das am 1. Juli 1976 in Kraft trat, sind die Fälle der Vertragsbeendigung *infolge eingetretener Arbeitsunfähigkeit oder vorgeschrittenen Alters* des Handelsvertreters nicht mehr problematisch. Denn nach § 89b Abs. 3 Satz 1 neuer Fassung wird der Ausgleichsanspruch des Handelsvertreters nicht berührt, wenn der Handelsvertreter infolge einer auf *krankheits- oder altersbedingten Gründen*[208] *beruhenden Unzumutbarkeit, das Vertragsverhältnis fortzusetzen,* von sich aus die Kündigung ausspricht[209], was sowohl fristgerecht als auch aus wichtigem Grunde fristlos erfolgen kann[210] ausspricht. Damit hat der Gesetzgeber die im Grunde von allen Beteiligten als unbefriedigend empfun-

398

---

203 So aber *Winterberg,* DB 1958 S. 1163.
204 Vgl. den sich aus dem Urteil der Vorinstanz (*LAG Baden-Württemberg,* 9.8.1957, BB 1957 S. 1275) ergebenden Sachverhalt.
205 Vgl. dazu *LAG Baden-Württemberg,* 29.1.1958, BB 1958 S. 842.
206 *Küstner,* IHV 1963 S. 85. – Näheres zur Problematik der Vertreterverluste, wenn der ehemalige Handelsvertreter – wenn auch nebenberuflich oder als Angestellter – für den bisher vertretenen Unternehmer weiter tätig bleibt und hierbei auch die von ihm früher geschaffenen Geschäftsverbindungen ausnutzen kann, oben Rz. 391 ff.
207 BGBl. 1 S. 1197 = SaBl. 1976 S. 949. Vgl. dazu *Küstner,* BB 1976 S. 630 und Der HV S. 67, 90 sowie FAZ-Blick, Ausgabe vom 26.4.1976; *Maier,* BB 1978 S. 940; *Schröder,* DB 1976 S. 1269; anonym, HVuHM 1975 S. 928 und 1976 S. 320.
208 Zu der Frage, welche Anforderungen an eine krankheitsbedingte Unzumutbarkeit zu stellen sind, das Vertragsverhältnis fortzusetzen, vgl. Rz. 1458 und *BGH,* 29.4.1993, BB 1993 S. 1312 = NJW-RR 1993 S. 996 = WM 1993 S. 1681 mit Anmerkung von *Küstner,* EWiR, § 89b 1993, 901.
209 Näheres unten Rz. 1446ff.
210 *OLG Düsseldorf,* 14.1.2000 – 16 U 28/99, n.v. Im entschiedenen Sachverhalt hatte der Handelsvertreter schon kurz nach Vertragsabschluss aus wichtigem Grunde fristlos gekündigt, weil er infolge langfristiger Berufs- bzw. Arbeitsunfähigkeit unverschuldet daran gehindert war, seinen Vertragspflichten dauerhaft nachzukommen. Hinzu kam, dass das Vertragsverhältnis auf bestimmte Zeit fest abgeschlossen worden war und die Erkrankung unvorhergesehen und plötzlich aufgetreten war.

IV Die Anspruchsvoraussetzungen

dene Rechtslage beseitigt, die nur allzu oft dazu führte, dass ein Handelsvertreter, der aus krankheits- oder altersbedingten Gründen seinen Verpflichtungen nicht mehr nachkommen konnte und der deshalb korrekterweise den Vertretervertrag kündigte, hierfür damit „belohnt" wurde, dass er seinen Anspruch auf Ausgleich verlor — auch wenn die einzelnen Anspruchsvoraussetzungen erfüllt waren[211] — und deshalb allein auf das Entgegenkommen des Unternehmers angewiesen war[211a].

399 Diese Situation führte dann nicht selten, um eine Kündigung zu vermeiden, zu den Bemühungen des Handelsvertreters, das *Einverständnis des Unternehmers* zu einer *vertraglichen Aufhebung des Vertragsverhältnisses* zu erreichen[212], was aber keineswegs immer gelang, sodass dann letztlich für den Handelsvertreter, wenn eine weitere Tätigkeit nicht doch noch irgendwie durchgeführt werden konnte, nur die Wahl blieb, das Vertragsverhältnis zu kündigen, um dadurch den veränderten Verhältnissen Rechnung zu tragen.

400 Allerdings hat der Bundesgerichtshof[213] im Hinblick auf die bis zum 30.6.1976 geltende Rechtslage festgestellt, dass in derartigen Fällen die Kündigung *„durch ein Verhalten des Unternehmers"* i.S. des § 89b Abs. 3 Satz 1 veranlasst worden sei, sodass der Handelsvertreter sich auf einen *„begründeten Anlass"* berufen könne, der ihm den Ausgleichsanspruch erhalte. Der Bundesgerichtshof hat ausgeführt, dass sich angesichts der damaligen Situation der Unternehmer billigerweise den Bemühungen des Handelsvertreters um eine einvernehmliche Lösung des Vertragsverhältnisses nicht hätte verschließen und ihn nicht auf die Kündigung des Vertragsverhältnisses hätte verweisen dürfen, auch wenn der Handelsvertreter bei der von ihm angestrebten Vereinbarung die Zahlung eines Ausgleichs mit habe einbezogen wissen wollen. Wenn der Unternehmer aber in nicht zu billigender Weise dem Handelsvertreter keine andere Wahl als die der Kündigung lasse, habe er zu dieser Kündigung begründeten Anlass im Sinne von § 89b Abs. 3 Satz 1 gegeben, sodass der Handelsvertreter *trotz der ausgesprochenen Eigenkündigung* seinen Ausgleichsanspruch nicht verloren habe.

401 Diese Entscheidung betraf allein die bis zum In-Kraft-Treten des Änderungsgesetzes maßgebliche Rechtslage. Wäre sie früher ergangen, hätten viele unbillige Härten, die zwangsläufig auf Grund des Gesetzeswortlauts eintraten, vermieden werden können.

402 Bis zum In-Kraft-Treten des Änderungsgesetzes hatte die Rechtsprechung[214] zwar versucht, auf dem Umweg über eine entsprechende Anwendung der

---

211 *Schröder*, § 89b Rz. 28 und DB 1962 S. 895; *Brüggemann*, § 89b Rz. 17, 18; *OLG Köln*, 25.5.1969, HVR Nr. 292; vgl. dazu auch *LG Düsseldorf*, 22.1.1974, NJW 1974 S. 1289 = VersVerm 1974 S. 354.
211a Vgl. dazu oben Rz. 388.
212 Vgl. oben Rz. 384ff.
213 *BGH*, 15.10.1976 — I ZR 132/73 — abgedruckt in „Die Tankstelle", Beilage zu Heft 1/1977.
214 *LG Berlin*, 16.9.1968, HVR Nr. 392 = NJW 1969 S. 513 = RVR 1969 S. 23 mit Anmerkungen von *Sieg*, RVR 1969 S. 99 und 139, *Schröder*, RVR 1969 S. 105 und *Küstner* RVR 1969 S. 26

§§ 275 und 323 Abs. 1 BGB die unbilligen aus § 89b Abs. 3 Satz 1 sich ergebenden Rechtsfolgen auszuschließen. Unter Berufung auf die in vergleichbaren Fällen ergangene Rechtsprechung des Reichsgerichts[215] und mit sorgfältiger Begründung hatten das Landgericht Berlin[216] und — in einer Armenrechtssache — das OLG Nürnberg[217] ausdrücklich und überzeugend anerkannt, dass ein Vertretervertrag zumindest in den Fällen der Berufsunfähigkeit allein infolge der dadurch bedingten *Unmöglichkeit, die Vertragspflichten zu erfüllen, beendet werde, ohne dass es einer Kündigung bedürfe*. Der Handelsvertreter sei in derartigen Fällen lediglich zur Mitteilung an den Unternehmer verpflichtet, dass er sich aus gesundheitlichen Gründen außer Stande sehe, seinen Vertragspflichten nachzukommen. Diese Mitteilung indessen habe lediglich deklaratorischen Charakter und sei nicht als Vertragskündigung anzusehen.

Mit dieser Rechtsprechung folgten die Gerichte einer in der Literatur[218] schon seit langem geäußerten Ansicht, die allerdings nicht einhellig vertreten wurde[219]. Tatsächlich hat sich diese Konstruktion auch nicht allgemein durchgesetzt; der Bundesgerichtshof hat in seiner Entscheidung vom 15.10.1976[220] auch Bedenken geäußert, kam dann aber im entschiedenen Falle unter Berufung auf den aus dem Verhalten des Unternehmers sich ergebenden begründeten Anlass zum gleichen Ergebnis[221].

403

XVI. Bestandsübertragung

1. Warenvertreter

Bestandsübertragungen kommen bei Warenvertretern in der Weise vor, dass der Unternehmer auf Grund eines entsprechenden Vorbehalts oder auf Grund besonderer mit dem Handelsvertreter getroffener Vereinbarungen den vom Handelsvertreter geworbenen *Kundenstamm ganz oder teilweise auf einen anderen Handelsvertreter oder auf ein anderes Unternehmen* überträgt[222]. Die Gründe dafür können vielgestaltig sein. Sind dem Handelsvertreter etwa im Sinne des

404

---

sowie *Weiß*, NJW 1969 S. 513; *OLG Nürnberg*, Beschl. vom 30.1.1969, BB 1969 S. 933 = HVR Nr. 400 = RVR 1969 S. 275 mit Anm. *Küstner*; vgl. auch *Haumann*, HVuHM 1969 S. 1270 und *Harten*, HVuHM 1958 S. 349.
215 RGZ 89, 206; 140, 383; 170, 259.
216 A.a.O. Fn. 214.
217 A.a.O. Fn. 214.
218 *Sieg*, Die AktGes. 1964 S. 293, 297; *Harten*, HVuHM 1958 S. 349; *Schnitzler*, DB-Beilage Nr. 15/1965 S. 1ff.; *Trinkhaus*, S. 385; *Rietschel*, RVR 1969 S. 291 wies aber mit Recht daraufhin, dass man, um Missbräuchen vorzubeugen, an die Beweispflicht des Handelsvertreters strenge Anforderungen stellen müsse.
219 A.M. *Schröder*, RVR 1969 S. 15.
220 *BGH*, 15.10.1969, a.a.O. (Fn. 213).
221 Natürlich ist die Ausnahmebestimmung des § 89b Abs. 3 Ziffer 1 (2. Altern.) auf natürliche Personen zugeschnitten, die sich als Handelsvertreter betätigen. Zu Besonderheiten, die sich ergeben, wenn die Handelsvertretung als Kapital- oder Personengesellschaft organisiert ist, vgl. Näheres unten Rz. 313.
222 Vgl. dazu Rz. 405ff.

§ 87 Abs. 2 mehrere unterschiedliche Kundenkreise zugewiesen, kann es sich aus den unterschiedlichsten Gründen als notwendig erweisen, einen dieser mehreren Kundenkreise aus der Zuständigkeit des Handelsvertreters auszusondern und ihn auf einen anderen Handelsvertreter zu übertragen, weil beispielsweise die immer umfangreicher werdende Betreuung angesichts der Größe des Kundenkreises durch den Handelsvertreter nicht mehr bewältigt werden kann. In derartigen Fällen handelt es sich — ebenso wie bei der *Bezirksverkleinerung* — um eine *Teilbeendigung des Vertretervertrages*, die — sofern die einzelnen Anspruchsvoraussetzungen erfüllt sind — zur Entstehung eines Ausgleichsanspruchs führt[223].

405 Die Übertragung eines dem Handelsvertreter geschützten Kundenkreises oder Kundenstammes auf ein anderes Unternehmen kann dann vorkommen, wenn der Unternehmer den Produktionszweig, für den dieser Kundenkreis als Abnehmer in Betracht kommt, aufgibt, sodass die weitere Belieferung dieses Kundenkreises entfällt. Hier handelt es sich zwar insoweit auch um eine Teilbeendigung des Vertretervertrages, als dem Handelsvertreter im Hinblick auf den betreffenden Kundenkreis die weitere Betätigungsmöglichkeit genommen wird, zu der er sich vertraglich verpflichtet hatte. Ob allerdings ein Ausgleichsanspruch entstehen kann, hängt davon ab, ob die oben für die *Betriebseinstellung* erläuterten Grundsätze[224] anwendbar sind, insbesondere also, ob wirtschaftliche Gründe für die Produktionseinstellung und die in ihrem Gefolge dann durchgeführte Bestandsübertragung maßgeblich waren. In diesem Zusammenhang kommt es des Weiteren darauf an, ob dem Unternehmer von dem Dritten, auf den der fragliche Kundenstamm übertragen wird, *für diesen Kundenstamm ein Entgelt* zufließt, das dann für das vertretene Unternehmen den ausgleichsrechtlich zu berücksichtigenden Unternehmervorteil darstellt[225].

2. Versicherungsvertreter

406 In der Versicherungswirtschaft sind häufig andere Gründe für eine Bestandsübertragung maßgebend. Hier kommt sie häufig in der Weise vor, dass das Versicherungsunternehmen einen von einem Versicherungsvertreter vermittelten oder ihm zur Betreuung zugewiesenen Bestand — regelmäßig einen *Teilbestand*, der die *Gesamtheit der Versicherungsverträge eines Versicherungsnehmers* umfasst — auf einen Dritten zur weiteren Betreuung überträgt, ohne dass dieser Teilbestand gleichzeitig aus dem Portefeuille des Unternehmens ausscheidet. Ursache für derartige Bestandsübertragungen sind regelmäßig sog. *„Maklereinbrüche"*[226] oder Einbrüche anderer Vermittler, denen das Versicherungsunternehmen Folge leistet, um eine anderenfalls angedrohte *„Umde-*

---
223 Vgl. oben Rz. 326 ff.; *Schröder,* § 87 Rz. 31 und § 89b Rz. 4c; *Küstner,* VersVerm 1975 S. 33, 36 und 1977 S. 325, 328 sowie BB 1976 S. 1485, 1489 zu Ziff. 4.
224 Vgl. oben Rz. 369–372.
225 Hier gelten die für die Betriebsveräußerung von der Rechtsprechung entwickelten Grundsätze, vgl. oben Rz. 381 ff.
226 Zur Problematik der Maklereinbrüche *Küstner,* VersVerm 1977 S. 325 m.w.N.

D. Beendigung des Vertretervertrages IV

ckung" des betreffenden Bestandes auf ein anderes Unternehmen zu verhindern. Richtiger Ansicht nach muss in einer derartigen *Bestandsentziehung eine Teilbeendigung des Vertretervertrages* gesehen werden[227]. Zwar handelt es sich bei dem vom Versicherungsvertreter vermittelten oder ihm zur Betreuung zugewiesenen Bestand nicht um einen *„zugewiesenen Kundenkreis"* im Sinne der Bestimmung des § 87 Abs. 2, die nach § 92 Abs. 3 Satz 2 für Versicherungsvertreter nicht gilt. Gleichwohl müssen aber die Grundsätze entsprechend anwendbar sein, die für Warenvertreter im Hinblick auf eine *Bezirksverkleinerung* bzw. auf eine Einschränkung des zugewiesenen Kundenkreises anerkannt sind, zumal sich eine Bestandsübertragung im hier angesprochenen Sinne wirtschaftlich genauso auswirkt[228]. Ob allerdings eine Bestandsübertragung – obwohl die Grundsätze der Vertragsbeendigung bzw. Teilbeendigung entsprechend anwendbar sind – stets auch zur Entstehung eines Ausgleichsanspruchs führt, hängt des Weiteren von der Erfüllung der einzelnen Anspruchsvoraussetzungen ab, insbesondere davon, ob im Zeitpunkt der Teilbeendigung des Vertragsverhältnisses eine *Provisionsverzichtsklausel* wirksam wird oder nicht[229].

Der Bundesgerichtshof hat in seinem Urteil vom 27.10.1993[230] die Ausgleichsklage eines Versicherungsvertreters, aus dessen Bestand Verträge ausgeklammert und einem Makler zur weiteren Betreuung zugewiesen worden waren, abgewiesen. Die Frage der ausgleichsrechtlichen Bedeutung einer *Teilbeendigung* hat der Bundesgerichtshof in diesem Urteil *offen gelassen*. Er hat festgestellt, dass der Wortlaut des § 89b Abs. 1 HGB eindeutig sei und die Entstehung eines Ausgleichsanspruchs an die Beendigung der Vertragsbeziehungen des Vertreters zum Unternehmer knüpfe. Im entschiedenen Falle aber habe der *Generalagenturvertrag* zwischen den Parteien ungeachtet der „Ausklammerung" der fraglichen Versicherungsverträge aus dem Bestande des Vertreters *fortbestanden*. Auf eine direkte Anwendung des § 89b HGB könne mithin der Kläger seinen Anspruch nicht stützen; das Vertragsverhältnis sei durch die Übertragung dieser Verträge auch *nicht teilweise beendet worden*. **407**

Eine andere Beurteilung lasse sich auch nicht mit *wirtschaftlichen Erwägungen* rechtfertigen. Denn auch dann, wenn der Kläger durch die Übertragung der **408**

---

227 *Bruck/Möller,* Anm. 374 a.E. vor §§ 43–48 VVG; *Küstner* in Hdb. Bd. I Rz. 710, 1873; BB 1976 S. 1485, 1489 zu Ziff. 4; *ders.* VersVerm 1975 S. 33, 36 zu Ziff. 6d; und 1977 S. 325, 327ff.; ebenso *Stötter,* S. 90 und VersVerm 1985 S. 99 und 1986 S. 579 sowie *Brüggemann,* § 89b Rz. 125. Der *BGH* hat diese Frage in seinem klagabweisenden Urteil vom 27.10.1993 offen gelassen; Näheres unten Rz. 407ff.
228 Vgl. oben Fn. 227.
229 *Küstner,* VersVerm 1977 S. 325, 328. Näheres zur Provisionsverzichtsklausel Rz. 38. *Graf v. Westphalen,* DB 2000, 2256, hält allerdings Provisionsverzichtsklauseln gem. § 9 Abs. 2 Nr. 1 AGB-G generell für unwirksam. Vgl. dazu Rz. 20, 38, 45, sowie *Thume,* BB 2002, 1325 zu II und *Küstner* VersR 2002, 513.
230 *BGH,* 27.10.1993, BB 1994 S. 99 = VW 1994 S. 145 = VersR 1994 S. 92 = WM 1994 S. 206 = ZIP 1994 S. 31. Vgl. dazu die Anmerkungen von *Müller-Stein,* VW 1994 S. 145, *Küstner,* WVK 1994, Heft 11 S. 12; *ders.,* HdbVersVerm, Abschnitt 16.2.2.4; *Küstner,* VersVerm 1994 S. 144 sowie EWiR, § 89b HGB 2/94, S. 69; Vorinstanz: OLG Hamm, 7.12.1992, VersR 1993 S. 833; zur früheren Literatur vgl. oben Fn. 227 sowie *Küstner,* VersVerm 1989 S. 168 und 244 sowie VersVerm 1991 S. 162; *Müller-Stein,* VersR 1990 S. 561.

fraglichen Verträge auf den Makler Ansprüche auf Folgeprovisionen verliere, wäre der Vertrag als solcher im Portefeuille des Versicherungsunternehmens verblieben. Damit sei keine teilweise Beendigung des Versicherungsvertretervertrages verbunden. Eine solche könne nur dann angenommen werden, *wenn mit der Bestandsübertragung der Inhalt des Versicherungsvertretervertrages verändert worden wäre*, was aber hier nicht der Fall gewesen sei. Denn ein Recht am Erhalt des von ihm vermittelten Versicherungsbestandes habe der Versicherungsvertreter grundsätzlich nicht. Schließlich könnte aber auch mit *Billigkeitserwägungen* bezüglich der Zuerkennung eines Ausgleichs nicht über das Fehlen der entscheidenden Anspruchsvoraussetzungen der Vertragsbeendigung hinweggegangen werden, weil diese ein selbstständiges Tatbestandsmerkmal darstelle.

409 Schließlich hat der Bundesgerichtshof darauf hingewiesen, dass das Ergebnis – keine Ausgleichsberechtigung im Falle der Bestandswegnahme – auch der bereits bei Abschluss des Agenturvertrages bestehenden vertraglichen *Risikoverteilung* zwischen den Parteien in Bezug auf Bestandsübertragungen infolge sog. „Maklereinbrüche" entspreche. Wären die fraglichen Versicherungsverträge durch den Versicherungsnehmer gekündigt und anschließend zu den vom Makler mit der Beklagten ausgehandelten Bedingungen neu abgeschlossen worden, hätte dies ohnehin keine ausgleichsrechtlichen Folgen gehabt. Die auf Initiative des Versicherungsnehmers zurückzuführende Beendigung eines Versicherungsvertrages habe der Vermittler – von den Fällen des kollusiven Zusammenwirkens zwischen Versicherer und Versicherungsnehmer zum Zwecke der Ausschaltung des Vertreters abgesehen – als *typisches Risiko seiner Tätigkeit* hinzunehmen. Schließlich könne es für die Entstehung eines Ausgleichsanspruchs aber auch keinen Unterschied machen, ob der Versicherungsvertrag vom Versicherungsnehmer gekündigt und neu abgeschlossen oder eine Fortsetzung zu den vom Makler ausgehandelten Konditionen vereinbart werde. Ein Versicherungsvertreter müsse damit rechnen, dass er einem potentiellen Kunden möglicherweise nicht die marktgünstigsten Konditionen bieten könne, weil er an die Tarifgestaltung „seines" Versicherungsunternehmens gebunden sei. Nutze ein Versicherungsnehmer durch Einschaltung eines Maklers die Möglichkeit des Marktes aus und komme es deshalb zu einer Übertragung von Versicherungsverträgen auf den Makler, so könne dies bei Fortführung des Versicherungsvertrages ausgleichsrechtlich nicht zu Lasten des Versicherungsunternehmens gehen.

410 Abschließend stellt das Gericht fest, dass gleichwohl mit diesem Ergebnis der Kläger nicht rechtlos gestellt sei. Denn von der Rechtslage hinsichtlich des Ausgleichsanspruchs blieben mögliche *Schadensersatzansprüche* des Klägers aus *positiver Vertragsverletzung* des Versicherungsvertretervertrages wegen *schuldhafter Verletzung der Pflichten des Unternehmens zur Rücksichtnahme auf schutzwürdige Interessen* des Klägers unberührt.

411 Eine Bestandsübertragung kann in der Versicherungswirtschaft aber auch darauf beruhen, dass das Versicherungsunternehmen seinen *gesamten Bestand*

oder einen Teilbestand an Versicherungsverträgen einer bestimmten Sparte *auf ein anderes Versicherungsunternehmen* überträgt, weil es sich in der betreffenden Sparte künftig nicht mehr betätigen will[231].

Vermittelt ein Versicherungsvertreter einen diesbezüglichen *Bestandsübernahmevertrag*, steht ihm grundsätzlich auch dann eine *Vermittlungsvergütung* zu, wenn zwischen ihm und dem von ihm vertretenen Unternehmen eine Vergütungsabsprache zumindest der Höhe nach nicht getroffen wurde. Allerdings kann ein solcher vermittelter Bestandsübernahmevertrag nicht mit der Vermittlung von einzelnen Versicherungsverträgen verglichen werden. Mit einem solchen Sachverhalt hatte sich das KG im Urteil v. 14.7.1995[232] zu befassen. Es kam zu dem Ergebnis, dass im entschiedenen Sachverhalt eine Vergütung „mit einem Bruchteil des monatlichen Beitragssatzes zwischen 30 und 50% zu bemessen" sei. 412

Betrifft die Bestandsübertragung in derartigen Fällen den *gesamten Bestand* des Versicherungsunternehmens, der damit vollständig aus ihrem Portefeuille ausscheidet und mit allen Rechten und Pflichten auf das andere Unternehmen übergeht, was allerdings in der Regel nur im Falle der Liquidation vorkommt[233], besteht Einigkeit darüber, dass dies auch die Beendigung der mit dem Versicherungsunternehmen bestehenden Vertreterverträge zur Folge hat[234]. Umstritten ist dabei nur, ob in solchen Fällen die Vertragsbeendigung automatisch eintritt oder eine Kündigung erforderlich ist[235]. Einen Ausgleichsanspruch kann eine solche vollständige Bestandsübertragung allerdings nur dann auslösen, wenn dem übertragenden Versicherungsunternehmen ein *Äquivalent für die Übertragung des Bestandes* zufließt, das dann als *ausgleichsfähiger Unternehmervorteil* anzusehen ist[236]. Aber auch dann, wenn ein Ausgleichsanspruch nicht entsteht, sind nach § 14 Abs. 1 Satz 3 VVG die aus der Bestandsübertragung sich ergebenden Nachteile zu mildern, weil nach dieser Vorschrift die Aufsichtsbehörde darauf zu achten hat, dass die sozialen Belange der Angestellten — und in analoger Anwendung dieser Vorschrift auch die sozialen Belange der selbstständigen Versicherungsvertreter[237] — gewahrt werden. 413

Ist von der *Bestandsübertragung* nur ein bestimmter Teilbestand betroffen, weil sich das übertragende Unternehmen nur in der betreffenden Versicherungssparte künftig nicht mehr betätigen will, dürfte darin ebenfalls eine *Teilbeendigung* 414

---

231 *Möller,* Anm. 348.
232 Urt. vom 14.7.1995 – 14 U 3888/93, BB 1995, 2286 mit Anm. *Küstner.*
233 *Martin,* RVR 1970 S. 3.
234 *Bruck/Möller,* Anm. 345 vor §§ 43–48 VVG; *Ankele,* § 89 Anm. 1; *Schröder,* § 89 Rz. 41c; *Trinkhaus,* S. 359; *Hoffmann,* S. 22; zur Insolvenz als Beendigungstatbestand vgl. oben Rz. 360 ff.
235 Für Kündigung: *Bruck/Möller,* Anm. 345 vor §§ 43–48 VVG; für automatische Vertragsbeendigung ohne notwendige besondere Kündigung die oben Fn. 234 im Übrigen genannten Autoren.
236 Siehe oben Rz. 404.
237 *Bruck/Möller,* Anm. 348 vor §§ 43–48 VVG; *Martin,* a.a.O.; *Strietholt,* Das Recht des Versicherungsvertreter-Vertrages, Bonn 1950, S. 16 und 51.

IV Die Anspruchsvoraussetzungen

des Vertretervertrages zu sehen sein[238]. Diese Auffassung dürfte sich hier sogar in besonderem Maße rechtfertigen, weil die Parallele zum entzogenen Kundenkreis bei Warenvertretern noch augenfälliger ist als in dem zuerst erläuterten Tatbestand, in dem sich die Bestandsübertragung nur auf die Versicherungen eines einzelnen Versicherungsnehmers bezog.

XVII. Fusion

415 Zwei rechtlich voneinander unabhängige Unternehmen können sich in der Weise zusammenschließen, dass das eine Unternehmen auf das andere *übertragen* wird und damit als selbstständiges Unternehmen zu existieren aufhört oder dass beide Unternehmen – unter gleichzeitiger Aufgabe ihrer rechtlichen Selbstständigkeit – *gemeinsam ein drittes Unternehmen gründen*, auf das ihre sämtlichen Aktiven und Passiven übertragen werden.

416 Abgesehen von der besonderen Rechtslage bei Aktiengesellschaften gelten für eine solche Fusion die gleichen Grundsätze, wie sie oben für den Fall einer Betriebsveräußerung dargestellt worden waren[239]. Die bestehenden Vertreterverträge gehen mithin nicht ohne weiteres auf das übernehmende bzw. auf das neu gegründete dritte Unternehmen über; es bedarf vielmehr entsprechender *vertraglicher Vereinbarungen*[240].

417 Schließen sich zwei Aktiengesellschaften in der einen oder anderen der oben erwähnten Formen zusammen, sind demgegenüber allerdings die Vorschriften der §§ 339ff. AktG zu beachten. Aus § 346 Abs. 3 Satz 1 AktG folgt, dass auch die *Handelsvertreterverträge automatisch auf das übernehmende* (§ 339 Abs. 1 Nr. 1 AktG) bzw. auf das *neugegründete* Unternehmen (§ 339 Abs. 1 Nr. 2 AktG) übergehen, ohne dass es besonderer vertraglicher Vereinbarungen bedarf[241]. Denn mit der Eintragung der Verschmelzung geht das Vermögen der übertragenden Gesellschaft(en) einschließlich ihrer Verbindlichkeiten auf die übernehmende Gesellschaft über.

XVIII. Nichtigkeit des Vertretervertrages[242]

418 Wird ein Handelsvertretervertrag mit Erfolg gem. § 119 oder § 123 BGB *angefochten* oder stellt sich heraus, dass über § 139 BGB die Unwirksamkeit einer

---

238 Ebenso *Trinkhaus* S. 358; a.A. *Bruck/Möller,* Anm. 348 vor §§ 43–48 VVG; *Rohrbeck/Durst/Bronisch,* S. 111; widersprüchlich *Martin,* der in RVR 1970 S. 3 sich zunächst in derartigen Fällen für eine Vertragsbeendigung oder eine jedenfalls wesentliche Vertragseinschränkung ausspricht, dann aber auf S. 6ff. die Vertragsbeendigung ablehnt.
239 Vgl. dazu *Schröder,* HVH S. 250, der allerdings das Thema allgemein behandelt, ohne auf die aus dem Aktienrecht sich ergebenden Probleme einzugehen.
240 Vgl. oben Rz. 378ff.
241 *Martin,* RVR 1970, S. 3ff.; *Möller,* Anm. 348 vor §§ 43–48 VVG; *Prölss/Schmidt/Frey,* VAG, Rz. 19 zu § 44a VAG.
242 Die allgemeinen Anfechtungs- und Nichtigkeitsgründe des Bürgerlichen Rechts, die nachträglich die Unwirksamkeit des abgeschlossenen Handelsvertretervertrages ex tunc bewirken, sind

D. Beendigung des Vertretervertrages IV

Einzelbestimmung zur *Unwirksamkeit des gesamten Vertrages* führt[243], so fragt sich, welche ausgleichsrechtlichen Folgerungen eintreten. Richtiger Ansicht nach muss *trotz der Nichtigkeit* des Vertrages dem Handelsvertreter ein *Ausgleich gezahlt* werden, wenn der Unternehmer die vom Handelsvertreter hergestellten Geschäftsbeziehungen künftig weiterhin nutzen kann. Dieses Ergebnis muss insbesondere deshalb als gerechtfertigt angesehen werden, weil ja regelmäßig die Gründe, die zur Nichtigkeit eines Vertretervertrages führen, allein vom Unternehmer zu vertreten sind. Eine andere Beurteilung würde deshalb zu dem *grotesken Ergebnis* führen, dass der Unternehmer zwar die vom Handelsvertreter hergestellten Geschäftsverbindungen mit neuen Kunden weiterhin nutzen, er sich aber hinsichtlich des geltend gemachten Ausgleichsanspruchs auf die Nichtigkeit des Vertrages berufen könnte[244].

Mit Recht hat v. Godin[245] die Auffassung vertreten, dass der formale Standpunkt *„als unannehmbar empfunden werden müsse"*, dass ein Ausgleichsan- **419**

---

auch im Handelsvertreterrecht maßgeblich. Solche Anfechtungs- bzw. Nichtigkeitsgründe können sich aus § 119 Abs. 2 BGB wegen *Irrtums* über eine verkehrswesentliche persönliche Eigenschaft des Unternehmers ergeben, beispielsweise auch wegen eines Irrtums des Unternehmers hinsichtlich der Vorstrafen des Handelsvertreters, ebenso bezügl. einer dauernd berufsunfähig machenden Erkrankung. Ebenso kann sich die Nichtigkeit infolge einer *Anfechtung wegen arglistiger Täuschung* ergeben. Vgl. *Brüggemann*, § 85 Rz. 1 sowie *Evers*, BB 1992, 1365.

243 Regelmäßig ist das nicht der Fall, vgl. *BGH,* 25.11.1963, BGHZ 40, 235 = BB 1964 S. 14 = DB 1964 S. 28 = HVR Nr. 305 = HVuHM 1964 S. 263 = MDR 1964 S. 137 = NJW 1964 S. 350 = VersR 1964 S. 61 = VW 1964 S. 382; Beispiele für die Nichtigkeit des gesamten Vertrags: Unwirksamkeit gem. §§ 19 Abs. 1 i. V. mit 18 Abs. 1 GWB, wenn der Handelsvertreter auch als Eigenhändler tätig ist und der Vertrag gegen § 18 Abs. 1 GWB verstößt; Verstoß des Handelsvertretervertrages gegen § 51 *Arzneimittelgesetz* vom 24.8.1976 (BGBl. I S. 2445 = SaBl. 1976 S. 1805), wenn der Vertrag unzulässigerweise auf den Verkauf von Arzneimitteln durch Handelsvertreter gerichtet ist sowie Nichtigkeit gem. § 138 BGB oder gem. § 8 *Heilmittelwerbegesetz* vom 18.10.1978 (BGBl. 1 S. 1678 = SaBl. 1978 S. 2411), wenn unzulässigerweise in der Werbung durch Handelsvertreter auf den Versand von Arzneimitteln hingewirkt wird. Zur Nichtigkeit vgl. auch *BGH,* 8.5.1985, BGHZ 94, 271 = DB 1985 S. 1784 sowie *BGH,* 6.11.1985, DB 1986 S. 1218 und auch *BGH,* 9.11.1994, VersR 1995 S. 292 = WM 1995 S. 94. Im entschiedenen Falle handelte es sich um die Nichtigkeit eines Vertretervertrages zwischen einem westdeutschen Lieferanten und einer DDR-Handelsvertretung aus devisenrechtlichen Gründen. Aufgrund des *Einigungsvertrages* war die devisenrechtliche Genehmigungspflicht zwar entfallen; im Zeitpunkt des Beitritts der ostdeutschen Länder zur Bundesrepublik war aber bereits die Nichtigkeit der getroffenen Vereinbarungen eingetreten. Die Nichtigkeit ergab sich bereits aus bundesrechtlichen Vorschriften, weil die Einschaltung des Vertreters nicht auf Veranlassung des Vertragspartners im Bundesgebiet erfolgt war, es sich vielmehr um eine sog. Zwangsvertretung gehandelt hat.

244 *BGH,* 3.5.1995 – VIII ZR 95/94, BGHZ 129, 290 = NJW-RR 1995, 1120 = BB 1995, 1437 = LM § 89b Nr. 103 m. Anm. *Döser;* in dem Tatbestand, der dem Urteil vom 3.5.1995 zu Grunde lag, hatte der Unternehmer den Vertrag wegen arglistiger Täuschung gem. § 123 Abs. 1 BGB angefochten, weil die Handelsvertreterin ihm eine eidesstattliche Versicherung verschwiegen hatte; *BGH,* 12.1.1970 – VII ZR 191/67, BGHZ 53, 152 = NJW 1970, 467 = BB 1970, 229 = HVR Nr. 417. Vgl. auch *BGH,* 11.12.1996 – VIII ZR 22/96 zum Recht des Vertragshändlers, BB 1997, 222.

245 So *v. Godin,* Wprfg 1958, 201; ebenso *Hopt,* § 89b Rz. 8; ebenso *Baumbach/Hopt,* § 89b, Rz. 8; a. A. *Canaris,* Handelsrecht, 23. Aufl., § 17 Abschn. VII 4, Rz. 120 S. 353 und unbestimmt: *Heymann/Sonnenschein/Weitemeyer,* Rz. 20; *Schröder,* § 89b Rz. 3a; *Westphal,* Rz. 886, 929.

IV Die Anspruchsvoraussetzungen

spruch in derartigen Fällen nicht entstehen könne, weil „ein Vertragsverhältnis nicht beendet werden könne, welches nie angefangen, weil niemals bestanden" habe. Diese Ansicht vertritt Schröder[246], der die Frage aber „immerhin als sehr zweifelhaft" bezeichnet. Er meint, dass die Zubilligung eines Ausgleichsanspruchs in derartigen Fällen daran scheitere, dass die zum Schutz unselbstständiger Arbeitnehmer entwickelten Grundsätze über das *„faktische Arbeitsverhältnis"* auf den Handelsvertreter als selbstständigen Kaufmann und Unternehmer nur beschränkt anwendbar seien und dass dem auch nicht mit dem Hinweis begegnet werden könne, dass auch bei einem Handelsvertretervertrage (wie bei einem Arbeitsvertrag) die Anfechtung entgegen § 142 BGB erst von der Anfechtung an zur Vernichtung des Vertragsverhältnisses führe. Dadurch nämlich solle nur gesichert werden, dass der Handelsvertreter wie auf Grund eines wirksamen Vertrages für seine Dienstleistungen während der Vertragszeit entlohnt werde. Meiner Auffassung nach muss aber gerade aus diesem Gesichtspunkt die *Ausgleichsberechtigung des Handelsvertreters* in derartigen Fällen gefolgert werden, weil ja der Ausgleichsanspruch seinen Ursprung in der während der Vertragszeit ausgeübten Tätigkeit hat, sodass nicht einzusehen ist, dass zwar die während der Vertragszeit fällig gewordenen Vergütungen nicht zurückgefordert werden können, dass aber andererseits dem geltend gemachten Ausgleichsanspruch die *Einrede der Nichtigkeit* entgegengehalten werden dürfe. Wenn man den Ausgleichsanspruch als einen Bestandteil der dem Handelsvertreter für die während der Vertragszeit ausgeübte Tätigkeit zustehenden Vergütung ansieht, muss man zwangsläufig zu dem Ergebnis kommen, dass trotz der Nichtigkeit eines Vertretervertrages dem Handelsvertreter ein Ausgleich zusteht, sofern die Anspruchsvoraussetzungen des § 89b Abs. 1 erfüllt sind[247].

XIX. Einberufung zum Wehrdienst

420 Mitunter taucht die Frage auf, welche Wirkungen sich für einen bestehenden Vertretervertrag ergeben, wenn der **Handelsvertreter zum Wehrdienst einberufen** wird. Die Beantwortung dieser Frage ergibt sich aus § 8 des Arbeitsplatzschutzgesetzes vom 14.4.1980[248]. Aus Abs. 1 dieser Vorschrift ergibt sich, dass das Vertragsverhältnis zwischen einem Handelsvertreter und einem Unternehmer durch die Einberufung des Handelsvertreters zum Grundwehrdienst oder zu einer Wehrübung nicht gelöst wird. Die Einberufung eines Handelsvertreters zum Wehrdienst oder zu einer Wehrübung stellt also keinen Tatbestand dar, der zur Beendigung des Vertragsverhältnisses und damit zur Entstehung eines Ausgleichsanspruchs führt. Etwas anderes gilt nur dann, wenn der Handelsvertretervertrag *von vornherein befristet* abgeschlossen worden war, also auf bestimmte, nicht auf unbestimmte Zeit und das Vertragsverhältnis automa-

---

246 *Schröder,* § 89b Rz. 3a.
247 Zur „ex nunc"-Wirkung der Anfechtung eines Handelsvertretervertrages OLG Düsseldorf, 22.3.1985, HVR Nr. 607.
248 Arbeitsplatzschutzgesetz vom 14.4.1980, BGBl. I S. 425 = SaBl. 1980 S. 1989.

tisch endet, nachdem der Handelsvertreter zum Wehrdienst einberufen wurde. Dann entsteht in diesem Zeitpunkt ein Ausgleichsanspruch, sofern die Anspruchsvoraussetzungen erfüllt sind. Aus § 8 Abs. 3 ArbPlSchG geht klar hervor, dass ein befristetes Vertragsverhältnis durch die Einberufung zum Grundwehrdienst oder zu einer Wehrübung nicht verlängert wird. Entsprechendes gilt auch dann, wenn ein Vertragsverhältnis aus anderen Gründen während des Wehrdienstes geendet hätte, beispielsweise dann, wenn das Vertragsverhältnis durch Kündigung eines Vertragspartners am 30. Juni eines Jahres endet und der Handelsvertreter seinen Wehrdienst am 1. Juni antreten musste.

E. Geltendmachung des Ausgleichsanspruches

I. Bedeutung der Ausschlussfrist

Der Ausgleichsanspruch ist *innerhalb eines Jahres* nach der Vertragsbeendigung geltend zu machen (§ 89b Abs. 4 Satz 2). Durch diese Frist, die für Neuverträge bereits ab 1.1.1990 und nun auch für Altverträge ab 1.1.1994 – und damit nunmehr für das gesamte Handelsvertreterrecht – zwingend vorgeschrieben ist, ist die ursprünglich maßgeblich gewesene Dreimonatsfrist durch die EG-Harmonisierungsrichtlinie vom 18.12.1986[249] und das Durchführungsgesetz vom 23.10.1989[250] erheblich verlängert worden. 421

Die Geltendmachungsfrist, die mit der **rechtlichen Beendigung** des Vertragsverhältnisses zu laufen beginnt[251], ist eine *Ausschlussfrist*, nach deren Ablauf die wirksame Geltendmachung des Anspruchs nicht mehr möglich ist[252]. Sie kann vertraglich nicht verlängert werden[253]. Natürlich ist es aber dem verspätet auf Zahlung eines Ausgleichs in Anspruch genommenen Unternehmer nicht verwehrt, auf den Einwand des Fristablaufs zu verzichten und damit den Anspruch dem Grunde nach anzuerkennen. 422

Ursprünglich war es der Zweck der nur auf die Dauer von drei Monaten begrenzten Ausschlussfrist, dem Unternehmer möglichst schnell nach der Beendigung des Vertretervertrages Gewissheit zu geben, ob der ausgeschiedene Vertreter den Ausgleich beansprucht oder nicht[254]. Dies rechtfertigte sich daraus, 423

---

249 Vgl. Art. 17 Abs. 5 EG-Richtlinie, abgedr. in Hdb. I Rz. 2473.
250 Vgl. oben Rz. 1.
251 Vgl. dazu die in Rz. 421 erläuterte Rechtsprechung.
252 Bei Fristablauf am Sonnabend, Sonn- oder Feiertag ist der nächste Werktag maßgebend. Vgl. § 193 BGB in der Fassung der Bekanntmachung vom 2.1.2002, BGBl. I S. 42.
253 *Johannsen,* BGB-RGRK, 12. Aufl., Vorbem. 2 vor § 186 BGB.
254 *BGH,* 29.4.1968, NJW 1968 S. 1419 = BB 1968 S. 691 = RVR 1968 S. 234 mit Anm. *Küstner* und HVR Nr. 385; *BGH,* 9.7.1962, BB 1962 S. 1101 = HVR Nr. 272; 28.10.1957, BB 1957 S. 1161 = NJW 1958 S. 23 = VersR 1957 S. 775 = HVR Nr. 191; *OLG Nürnberg,* 19.9.1957, BB 1959 S. 317 = NJW 1957 S. 1720 = HVR Nr. 213, und 18.9.1958, BB 1958 S. 1151 = MDR 1959 S. 929; vgl. auch *Ankele,* § 89b Anm. 9 Rz. 217 ff.; *Josten/Lohmüller,* § 89b Anm. 11; *Trinkhaus,* S. 429.

dass es sich beim Ausgleich um erhebliche Beträge handeln kann, sodass es für den Unternehmer nachteilig wäre, wenn er auf unbestimmte Zeit über diese Frage im Unklaren bliebe[255]. Dieser Gesichtspunkt ist nun aber durch die Verlängerung der Ausschlussfrist auf 12 Monate gegenstandslos geworden. In der Literatur wird die verlängerte Ausschlussfrist damit gerechtfertigt, dass durch die Verlängerung künftig Unbilligkeiten vermieden werden, die sich mitunter insbesondere beim **Tode des Handelsvertreters** aus der knapp bemessenen bisherigen Dreimonatsfrist ergeben haben[256].

424 Das OLG Karlsruhe hat sich in seinem Urteil vom 27.12.1984[257] mit der Frage befasst, ob eine Berufung des Unternehmers auf die Versäumung der Ausschlussfrist in einem gesondert gelagerten Sachverhalt als Verstoß gegen Treu und Glauben anzusehen sei. Im entschiedenen Sachverhalt war der Handelsvertretervertrag durch die **Eröffnung des Konkursverfahrens** gem. § 23 KO beendet worden, und der Konkursverwalter hatte den Handelsvertreter mehrfach angehalten, weiterhin für die Gemeinschuldnerin tätig zu werden. Demgemäß vermittelte der Handelsvertreter für die Gemeinschuldnerin weiterhin Geschäfte. Der Konkursverwalter kündigte die Zusammenarbeit fristgerecht zum 30.6.1982. Der Handelsvertreter versäumte die Ausschlussfrist, holte die Anmeldung aber unverzüglich nach. Das OLG sah in der Berufung des Konkursverwalters auf die Versäumung der Ausschlussfrist einen Verstoß gegen Treu und Glauben. Das Gericht begründete dies damit, dass der Konkursverwalter den Handelsvertreter mehrfach angehalten hatte, weiterhin für die Gemeinschuldnerin tätig zu werden, weil er sich bemühte, bis zu einem angestrebten Verkauf des Unternehmens die Produktion und den Vertrieb aufrecht zu erhalten und er deshalb erwartete, eine Auffanggesellschaft oder ein Übernehmer werde möglicherweise die Geschäftsbeziehungen mit dem Vertreter fortsetzen.

425 Der Bundesgerichtshof hat sich im Revisionsverfahren in seinem Urteil vom 18.9.1986[258] der vom OLG Karlsruhe vertretenen Auffassung allerdings nicht angeschlossen. Er weist zunächst auf den Sinn der kurzen, heute allerdings nicht mehr maßgeblichen, Ausschlussfrist des § 89b Abs. 4 Satz 2 hin, der darin liege, dass der Unternehmer alsbald Klarheit darüber erhalten solle, ob der Handelsvertreter einen Ausgleichsanspruch geltend machen wolle, damit er im Fall der Beendigung des Handelsvertretervertrages die erforderlichen Dispositionen treffen könne.

426 Die vom Oberlandesgericht Karlsruhe in seinem Urteil vom 27.12.1984 vertretene Auffassung ist nach Ansicht des Bundesgerichtshofs deshalb nicht überzeugend, weil die **Befürchtungen und Erwägungen** des Handelsvertreters, auf Grund derer er den Anspruch **nicht rechtzeitig anmeldete**, nicht dazu führen könnten, dass es im Verhältnis der Parteien zueinander treuwidrig wäre, dass

---

255 *OLG Nürnberg*, 18.9.1958 a.a.O. (Fn. 253).
256 *Ankele*, DB 1987 S. 571 und DB 1989 S. 2211, 2213 sowie – kritisch – Kommentar § 89b Rz. 218; *Kindler*, RIW 1990 S. 358, 362.
257 *OLG Karlsruhe*, 27.12.1984, ZIP 1985 S. 235.
258 *BGH*, 18.9.1986, BB 1987 S. 22.

der Vertreter sich an der Versäumung der Frist festhalten lassen müsse. Denn nicht das Verhalten des Konkursverwalters sei für die Entscheidung des Handelsvertreters maßgeblich gewesen, den Ausgleichsanspruch nicht anzumelden, *sondern die eigenen wirtschaftlichen Erwägungen*, die dieser angestellt habe. Diese Erwartungen des beklagten Handelsvertreters und seine Beurteilung der wirtschaftlichen Lage nähmen dem Kläger nicht das Recht, den Ablauf der Frist für sich in Anspruch zu nehmen. Der Kläger sei auch *nicht nach Treu und Glauben verpflichtet gewesen, seinerseits den Beklagten auf die Rechtslage hinzuweisen*, die mit der Eröffnung des Konkursverfahrens eingetreten sei. Der Beklagte sei selbst Kaufmann, der die Risiken seiner wirtschaftlichen Entscheidungen überblicken könne. Deshalb reichten die vom Berufungsgericht festgestellten allgemein gehaltenen Aufforderungen des Konkursverwalters, für den Vertrieb der Erzeugnisse der Gemeinschuldnerin weiter tätig zu sein, nicht für die Annahme aus, der Konkursverwalter habe treuwidrig den Beklagten von der rechtzeitigen Anmeldung des Ausgleichsanspruchs abgehalten. Der Bundesgerichtshof hat demgemäß die Auffassung vertreten, dass dem Beklagten wegen der Versäumung der Ausschlussfrist kein Ausgleichsanspruch nach § 89 b HGB zustehe und dass er trotz Ablaufs der Ausschlussfrist auch nicht zur Geltendmachung berechtigt sei und mit diesem Anspruch noch gegen die Klageforderung *aufrechnen* könne.

Der Ausgleichsanspruch kann auch schon *vor der Vertragsbeendigung* geltend **427** gemacht werden, obwohl der Handelsvertreter nach dem Gesetzeswortlaut erst *„nach der Beendigung des Vertragsverhältnisses"* einen angemessenen Ausgleich verlangen kann. Das ist heute unstreitig[259]. Mit „verlangen kann" ist die Ausgleichsforderung als solche zu verstehen, während die *„Geltendmachung" nur die formelle Erklärung* darstellt, dass der Unternehmer nach der Vertragsbeendigung auf Zahlung eines mit der Vertragsbeendigung fällig[260] gewordenen Ausgleichs in Anspruch genommen werde. Mit Recht hat der Bundesgerichtshof in seinem Urteil vom 29.4.1968[261] festgestellt, dass die gesetzliche Regelung, wonach der Ausgleichsanspruch innerhalb der Ausschlussfrist[262] geltend zu machen sei, so zu verstehen sei, *dass der Anspruch bis zum Ablauf dieser Ausschlussfrist*, gerechnet von der Vertragsbeendigung an, erhoben werden müsse. Wenn sich also der Handelsvertreter schon in seinem Erwiderungsschreiben zu der vom Unternehmer ausgesprochenen Kündigung den *Ausgleichsanspruch für den Fall vorbehalte*, dass der Unternehmer auf seiner Kündigung bestehen bleibe, so sei dies nicht zu beanstanden. *Einer Geltendmachung* des Ausgleichsanspruchs *bedarf es aber dann nicht*, wenn der Unter-

---

259 *Hopt*, § 89b Rz. 78, *BGH*, 12.6.1963, BGHZ 40, 18; *KG*, 22.12.1959, NJW 1960 S. 361.
260 Zur Fälligkeit des Ausgleichsanspruchs vgl. Rz. 1625 sowie *Küstner*, VW 2003, 953.
261 *BGH*, 29.4.1968, BGHZ 50, 86 = BB 1968 S. 691 = DB 1968 S. 1060 = HVR Nr. 385 = HVuHM 1968 S. 616 = NJW 1968 S. 1419 = VersR 1968 S. 645; vgl. auch *KG*, 8.7.1960, BB 1960 S. 1075 = HVR Nr. 239 (nur LS) = NJW 1961 S. 124 = VersR 1961 S. 271 sowie 22.12.1959, NJW 1960 S. 631.
262 Das aus 1968 stammende Urteil betraf die damals maßgebliche Ausschlussfrist von 3 Monaten, die sich für alle Handelsvertreterverträge ab 1.1.1994 auf 12 Monate beläuft.

IV Die Anspruchsvoraussetzungen

nehmer den Ausgleichsanspruch vor der Vertragsbeendigung bzw. vor dem Ablauf der Ausschlussfrist *zumindest dem Grunde nach bereits anerkannt* hat[263].

428 Im Hinblick auf den Lauf der Ausschlussfrist könnten aber die Fälle zweifelhaft sein, in denen eine *Geltendmachung nicht erfolgt*, der Handelsvertreter aber eine während laufender Ausschlussfrist vom Unternehmer *geleistete Ausgleichszahlung widerspruchslos annimmt* und sodann *nach Ablauf der Ausschlussfrist* eine weitere Ausgleichszahlung mit der Begründung fordert, die vom Unternehmer geleistete Zahlung reiche als Ausgleichszahlung nicht aus. Richtiger Auffassung nach[264] können die Rechtsfolgen, die der Gesetzgeber an die fristgemäße Geltendmachung des Ausgleichsanspruch knüpft, nicht auf die widerspruchslose Annahme einer Ausgleichszahlung, die innerhalb der Ausschlussfrist erbracht wird, angewendet werden, wenn im Übrigen während der Ausschlussfrist *weder eine Geltendmachung* des Anspruchs durch den Handelsvertreter *noch eine Beanstandung* der vom Unternehmer geleisteten Zahlung erfolgt.

429 Bei einer anderen Beurteilung würde infolge einer unaufgefordert erbrachten Ausgleichszahlung das Risiko für den Unternehmer entstehen, auf Nachzahlung in Anspruch genommen zu werden, obwohl der Handelsvertreter seinen Anspruch während der Ausschlussfrist gar nicht geltend gemacht hatte. Eine Ausgleichszahlung durch den Unternehmer, die trotz nicht erfolgter Geltendmachung durch den Handelsvertreter erfolgt, macht also eine *innerhalb der Ausschlussfrist erfolgende Nachforderung* des Handelsvertreters *keineswegs überflüssig*, wenn er glaubt, einen höheren Ausgleich beanspruchen zu können. Sieht er von einer Geltendmachung oder Beanstandung der erfolgten Zahlung innerhalb der Ausschlussfrist ab, muss er sich den *Einwand der Arglist bzw. der Verwirkung*[265] entgegenhalten lassen.

429a Mit einem ähnlichen Sachverhalt hatte sich das *LG Münster*[265a] in seinem Urteil vom 13.7.2001 zu befassen. In dem zugrunde liegenden Sachverhalt hatte der Kläger – ein Versicherungsvertreter – einen Ausgleichsanspruch zwar bereits vor der Vertragsbeendigung geltend gemacht. Das vertretene Unternehmen hatte sich in einem Bestätigungsschreiben zur Zahlung verpflichtet und zeitnah nach der Vertragsbeendigung einen nach den „Grundsätzen" errechneten Ausgleich i.H.v. rd. 76 000,– DM dem Kläger überwiesen, der diese Zahlung widerspruchslos entgegennahm. Rund drei Jahre nach der Vertragsbeendigung, nämlich im August 1999, forderte der Kläger sodann *weitere 200 000,– DM* mit der Begründung, die zunächst erfolgte Zahlung sei zu niedrig gewesen. Das Gericht wies die Klage ab, weil der Kläger innerhalb der 12-monatigen Ausschlussfrist, die am 31.10.1997 ablief, einen über den gezahlten Betrag hinausgehenden Ausgleich *weder geltend gemacht noch gefordert hatte*[265b]. Deshalb müsse er sich den Ablauf der Ausschlussfrist entgegen halten lassen.

---

263 *BGH*, 28.1.1965 – VII ZR 120/63, VersVerm. 1965 S. 98.
264 Vgl. RVR 1972 S. 143.
265 Zur Verwirkung vgl. Rz. 1655 und *LG Münster*, 29.8.02 – 25 O 204/00 n.v. nicht rkr.
265a Urt. v. 13.7.2001 – 22 O 61/01, VersR 2002, 53.
265b Zur Verwirkung vgl. Näheres unten Rz. 1665.

E. Geltendmachung des Ausgleichsanspruches IV

Zweifel über den Beginn der Ausschlussfrist können dann entstehen, wenn die **430** *tatsächliche und die rechtliche Beendigung* des Vertretervertrages nicht im gleichen Zeitpunkt eintreten. Stellt sich z.B. heraus, dass die fristlose Beendigung eines Vertretervertrages, die zur sofortigen Einstellung der Tätigkeit des Vertreters führte, unwirksam war und als fristgemäße Kündigung zum nächstzulässigen Termin anzusehen ist, so ist der Vertretervertrag mit der Einstellung der Vertretertätigkeit tatsächlich, mit dem *Wirksamwerden der fristgemäßen Kündigung dagegen rechtlich beendet worden*[266]. In einem derartigen Fall beginnt der Lauf der Ausschlussfrist erst mit der *rechtlichen Vertragsbeendigung*, nicht bereits in dem Zeitpunkt, in dem der Handelsvertreter auf Grund der — unwirksamen — fristlosen Kündigung des Unternehmers seine Tätigkeit eingestellt hat[267].

Stellt der Handelsvertreter im Einvernehmen mit dem Unternehmer seine Tätig- **431** keit bereits unmittelbar nach der fristgerecht ausgesprochenen Vertragskündigung ein, beginnt der Lauf der für die Geltendmachung des Ausgleichsanspruchs maßgeblichen Ausschlussfrist gleichwohl erst *mit der rechtlichen Vertragsbeendigung* und *nicht bereits mit der Tätigkeitseinstellung*[268].

Gleiches gilt, wenn umgekehrt der *Vertretervertrag zwar rechtlich beendet* **432** wird, der Vertreter aber — etwa infolge einer *Vertragsumwandlung* — nunmehr *nebenberuflich oder als angestellter Reisender* weiter für den Unternehmer tätig bleibt. Hier beginnt ohne Rücksicht auf die weitere Tätigkeit des Vertreters die *Ausschlussfrist im Zeitpunkt der rechtlichen Beendigung des hauptberuflichen Vertretervertrages*, also der Vertragsumwandlung, die einen Ausgleichsanspruch auszulösen vermag. Der Beginn der *Ausschlussfrist ist nicht etwa gehemmt*, solange das umgewandelte Vertragsverhältnis besteht[269]. Es würde zu einer unerträglichen Rechtsunsicherheit führen, wenn der Unternehmer damit rechnen müsste, dass der Vertreter eines Tages mit Ausgleichsforderungen für längst verflossene Zeitabschnitte an ihn herantritt, mag es auch für den Vertreter unangenehm sein, den Ausgleichsanspruch in einer Zeit abwickeln zu müssen, in der ihn noch vertragliche Beziehungen mit dem Unternehmer verbinden, von dem er wirtschaftlich abhängig ist[270].

Fraglich ist gleichwohl, ob *in besonderen Fällen nicht die rechtliche Vertrags-* **433** *beendigung* als solche, sondern ein *späterer Zeitpunkt* für den Beginn der Ausschlussfrist maßgebend sein muss, so dass sich der Lauf der Ausschlussfrist infolge des verspäteten Fristbeginns verschiebt. Die Beantwortung dieser Frage

---

266 *BGH*, 29.3.1990, DB 1990 S. 2264 und *BGH*, 15.6.1959, BB 1959 S. 754 = VersR 1959 S. 669. Näheres zur Errechnung der für die Höchstgrenze maßgeblichen Jahres-Durchschnittsprovision in derartigen Fällen in Rz. 1517.
267 *BGH*, 15.6.1959, NJW 1959 S. 1677 = VersR 1959 S. 669, 670 zu 2; vgl. auch *Ankele*, § 89b Anm. 9; *Möller*, Anm. 385; *Küstner*, IHV 1964 S. 453; *Josten/Lohmüller*, § 89b Anm. 11; *Trinkhaus*, S. 428.
268 *BGH*, 30.12.1970, BGHZ 55, 124 = BB 1971 S. 104 = DB 1971 S. 187 = HVR Nr. 427 = HVuHM 1971 S. 165 = RVR 1971 S. 117 mit abl. Anm. *Küstner;* vgl. Rz. 1606 sowie Fn. 37.
269 *OLG Stuttgart*, 29.11.1967 – 2 W 49/67 n.v.
270 *OLG Nürnberg*, 18.9.1958, a.a.O. (Fn. 255) und *OLG Stuttgart* (vgl. Fn. 269).

IV Die Anspruchsvoraussetzungen

hängt davon ab, ob die neuen Vorschriften über die Hemmung der Verjährung in den §§ 205–211 BGB[271] auf den Beginn der Ausschlussfrist des § 89 b IV 2 angewendet werden können. Nach § 206 BGB ist die Verjährung gehemmt, solange der Gläubiger – hier also der Handelsvertreter – innerhalb der letzten 6 Monate der Verjährungsfrist durch höhere Gewalt an der Rechtsverfolgung gehindert ist. Dann wird gem. § 209 BGB n. F. der Zeitraum, währenddessen die Verjährung gehemmt ist, nicht in die Verjährungsfrist eingerechnet. Nach Palandt-Heinrichs[272] ist diese Frage aber nicht allgemein, sondern nur von Fall zu Fall, und zwar nach dem Sinn und dem Zweck der jeweiligen Einzelvorschrift zu entscheiden[273].

434 Daraus folgt, dass auch dann, wenn die Ausschlussfrist durch Einwirkung höherer Gewalt ungenutzt verstreicht, generell *keine Ausnahmeregelung* Platz greifen kann, wie dies im Verjährungsrecht möglich wäre. Dennoch wollen Möller und Trinkhaus einem Vertreter, der die Geltendmachung des Ausgleichsanspruchs innerhalb der Ausschlussfrist schuldlos versäumt, Rechtsbehelfe zubilligen[274].

435 Möller vertritt den Standpunkt, dass bei *schuldloser Versäumung der Ausschlussfrist* des § 89 b Abs. 4 dem Vertreter diejenigen Rechtsbehelfe zur Verfügung stünden, die die Rechtsprechung zu § 12 VVG entwickelt hat. Trinkhaus meint, Ausschlussfristen seien nach Treu und Glauben in der Weise auszulegen, dass das Recht nicht durch den Fristablauf verlorengehe, wenn der Berechtigte durch besondere Umstände – ohne jedes Verschulden – außer Stande gewesen sei, die Frist zu wahren und nach Fortfall des Hinderungsgrundes den Anspruch unverzüglich geltend macht.

436 Diesen Meinungen kann aber nicht gefolgt werden. Einmal ist zu bedenken, dass der mit der vorgeschriebenen Ausschlussfrist erstrebte Zweck der alsbaldigen Schaffung klarer Rechtsverhältnisse dadurch in Ausnahmefällen doch *umgangen* werden könnte. Zum anderen aber – und dies dürfte von besonderer Bedeutung sein – ist infolge der vorgeschriebenen Kündigungsfristen kaum ein Fall denkbar, in dem aus den angeführten Gründen (unabwendbarer Zufall oder höhere Gewalt) eine Verlängerung der Ausschlussfrist überhaupt in Betracht kommen könnte. Denn der Vertreter weiß in der Regel *bereits Monate vor dem Zeitpunkt der Vertragsbeendigung,* dass mit der Beendigung des Vertragsverhältnisses die Ausschlussfrist für die Geltendmachung des Anspruchs zu laufen beginnt. Er kann mithin unabwendbaren Zufällen oder höherer Gewalt frühzeitig vorbeugen und den Ausgleichsanspruch bereits während des

---

271 Die neuen Vorschriften gelten ab 1.1.2002 in der Fassung der Bekanntmachung v. 2.1.2002, BGBl I S. 42.
272 *Palandt/Heinrichs,* Ergänzungsband zur 61. Aufl. Überbl. vor § 194 BGB Rz. 14 verweist auf BGHZ 43, 237, BGHZ 73, 102 und WM 1982, 1172; vgl. auch *Palandt/Heinrichs* a.a.O. § 206 Rz. 3 sowie BGHZ 19, 20. Vgl. auch *Heinrichs,* BB 2001, 1417.
273 *BGH,* 8.2.1965 – II ZR 171/62, BGHZ 43, 237 und *BGH,* 15.12.1978 – I ZR 59/77, BGHZ 73, 102.
274 *Möller,* Anm. 385 in Verbindung mit Anm. 43–47 zu § 12 VVG; *Trinkhaus,* S. 430 und Fn. 361 ebenda. Vgl. auch *Schmidt,* BB 1965 S. 732, 733.

Laufs der Kündigungsfrist für den Zeitpunkt der Vertragsbeendigung geltend machen, sobald der die Entstehung des Ausgleichsanspruchs auslösende Tatbestand eintritt.

Der weitere Hemmungstatbestand, wie er jetzt in § 203 BGB n. F. niedergelegt ist, kommt im Hinblick auf die Ausschlussfrist gem. § 89 b IV S. 2 nicht in Betracht. Denn wenn schon Verhandlungen über den Ausgleichsanspruch laufen, dürfte in der Regel davon auszugehen sein, dass er fristgerecht geltend gemacht wurde und vom Unternehmer auch bereits dem Grunde nach anerkannt worden ist.

Eine andere Rechtslage ist aber nach Auffassung des Bundesgerichtshofs dann gegeben, wenn die Geltendmachung des Ausgleichsanspruchs von den *Erben des verstorbenen Handelsvertreters zu erfolgen* hat, zunächst aber *Unklarheiten über die Erbverhältnisse bestehen*. In seinem Urteil vom 15.12.1978[275] hat der Bundesgerichtshof festgestellt, dass die *Geltendmachung des Ausgleichsanspruchs nur durch den Berechtigten* oder seinen Vertreter die Frist des § 89b Absatz 4 Satz 2 wahre. Sei aber der solchermaßen zur Entscheidung und Mitteilung nach § 89b Absatz 4 Satz 2 Legitimierte ein Erbe, dann sei *erst nach Klärung der Erbverhältnisse und nach Annahme der Erbschaft* die dem Unternehmer Klarheit schaffende Mitteilungsmöglichkeit als gegeben anzusehen. Deshalb rechtfertige sich die entsprechende Anwendung des § 207 BGB, *wonach die Verjährung eines Anspruchs, der zu einem Nachlass gehöre, nicht vor Ablauf von sechs Monaten nach dem Zeitpunkt vollendet werde, in welchem die Erbschaft von den Erben angenommen werde*[276].

437

Demnach könnte also bei erst lange nach dem Tode des Handelsvertreters eintretender Klärung, wer als Erbe in Betracht kommt, die *Ausschlussfrist lange nach dem Tode des Handelsvertreters* zu laufen beginnen. Der Bundesgerichtshof hat dazu festgestellt, dass zwar für den Unternehmer die Klarstellung, ob ein Ausgleichsanspruch geltend gemacht werde, im Falle der Vertragsbeendigung durch den Tod des Handelsvertreters gewisse Erschwernisse, insbesondere eine zeitliche Verzögerung mit sich bringen könne, dass dies aber durch die *erbrechtlichen Vorschriften bedingt und hinzunehmen* sei. Der Unternehmer werde dadurch auch nicht unzumutbar beschwert, weil er ja feststellen könne, mit welcher Höhe des Ausgleichsanspruchs er rechnen müsse und *Bilanzrückstellungen* bilden könne.

438

Versäumt der Berechtigte die Geltendmachung des Ausgleichsanspruchs innerhalb der Ausschlussfrist, so ist das dadurch eintretende *Entstehungshindernis von Amts wegen* zu berücksichtigen[277]. Die Fristversäumnis führt also bei

439

---

275 *BGH*, 15.12.1978, BB 1979 S. 288 = DB 1979 S. 543 = EBE 1979 S. 83 = HVuHM 1979 S. 470. Ebenso *Schmidt*, BB 1965 S. 732.
276 Vgl. zur Ausgleichsberechtigung des Erben oben Rz. 270 ff. Dem § 207 BGB entspricht ab 1.1.2002 der neue § 211 BGB; vgl. *Palandt-Heinrichs*, Ergänzungsband zur 61. Aufl., Anm. zu § 211 BGB.
277 *Schröder*, § 89b Anm. 35; *Schmidt*, BB 1965 S. 732; *Johannsen*, BGB-RGRK, 12. Aufl., Vorbem. 7 vor § 194 BGB.

IV Die Anspruchsvoraussetzungen

einer gerichtlichen Auseinandersetzung nicht erst — wie bei der Verjährung — auf Grund einer entsprechenden Einrede des beklagten Unternehmers zum Wegfall des Anspruchs.

440 Zwischen den Parteien eines Handelsvertretervertrages kann wirksam vereinbart werden, dass ein fristgerecht geltend gemachter Ausgleichsanspruch innerhalb einer sich anschließenden weiteren Ausschlussfrist durch Klageerhebung gerichtlich geltend zu machen ist, sofern eine Einigung über die Höhe des Ausgleichsanspruchs nicht zu Stande kommt. Angesichts der nunmehr *verlängerten Ausschlussfrist* dürften solche Vereinbarungen jetzt aber wohl kaum noch getroffen werden.

441 Das Landgericht Münster[278] hat eine solche zwischen den Parteien getroffene Vereinbarung — allerdings auf der Grundlage des alten Rechts — *als wirksam angesehen* und festgestellt, dass sich ihre Unwirksamkeit aus § 9 AGBG ebenso wenig ergebe wie im Falle einer auf 6 Monate abgekürzten Verjährungsfrist. Der Handelsvertreter werde weder durch die vereinbarte weitere Ausschlussfrist noch auf eine 6 Monate abgekürzte Verjährungsfrist entgegen den Geboten von Treu und Glauben unangemessen benachteiligt. Die vereinbarte weitere Ausschlussfrist sei auch nicht mit „wesentlichen Grundgedanken der gesetzlichen Regelung" i.S. von § 9 AGBG unvereinbar, weil die Interessen des Handelsvertreters mit der Festlegung einer sechsmonatigen Frist nach der Beendigung des Vertragsverhältnisses zur gerichtlichen Geltendmachung des Ausgleichsanspruchs hinreichend gewahrt seien[279]. Angesichts der jetzt auf 12 Monate verlängerten Ausschlussfrist würde allerdings eine Frist von 6 Monaten zur gerichtlichen Geltendmachung des Ausgleichsanspruchs, gerechnet von der Vertragsbeendigung an, gegen den neugefassten § 89b Abs. 4 S. 2 verstoßen.

II. Form der Geltendmachung

442 Für die Geltendmachung des Ausgleichsanspruchs ist im Gesetz eine bestimmte *Form nicht vorgeschrieben*. Die Ausschlussfrist wird also grundsätzlich bereits durch eine *mündliche Geltendmachung* gewahrt, wenn sich auch — schon aus Gründen der *Beweiserleichterung* — eine schriftliche Geltendmachung in jedem Falle empfiehlt. Eine *gerichtliche Geltendmachung* ist — jedenfalls im Hinblick auf die Wahrung der Ausschlussfrist — keinesfalls erforderlich. Das ist seit langem absolut einhellige Ansicht in Literatur und Rechtsprechung[280].

---

278 *LG Münster*, 30.3.1978 — 7b O 169/77 — unveröffentlicht. Angesichts der jetzt auf 12 Monate verlängerten Ausschlussfrist würde allerdings eine Frist von 6 Monaten zur gerichtlichen Geltendmachung des Ausgleichsanspruchs, gerechnet von der Vertragsbeendigung an, gegen § 89b Abs. 4 S. 2 verstoßen.
279 Vgl. aber *OLG Celle*, 29.9.1978, HVuHM 1979 S. 19 = VW 1979 S. 623, das in einer Abkürzung der Verjährungsfrist einen Verstoß gegen § 89b Abs. 4 sieht; Näheres Rz. 1637ff.
280 *Hopt*, § 89b Rz. 77; *Brüggemann*, § 89b Rz. 111; *Franta*, MDR 1953 S. 530, 533; *Möller*, Anm. 385; *Geßler*, S. 85/86; *Trinkhaus*, § 89a Rz. 429; *Josten/Lohmüller*, § 89b Anm. 11; *Schröder*, § 89b Rz. 36; *BGH*, 28.10.1957 (vgl. Rz. 423 Fn. 254); 4.5.1959, BB 1959 S. 574 = NJW 1959 S. 1430 = MDR 1959 S. 638 = VersR 1959 S. 427 = HVR Nr. 218; 9.7.1962, BB 1962

E. Geltendmachung des Ausgleichsanspruches IV

Bei *schriftlicher Geltendmachung* ist die Ausschlussfrist mit dem *Zugang* des 443
diesbezüglichen Schreibens beim Unternehmer gewahrt. Handelt es sich dabei
um einen *Einschreibebrief*, der infolge Abwesenheit des Empfängers nicht zugestellt werden kann, ersetzt der in den Briefkasten geworfene Benachrichtigungszettel des Postboten *nicht den Zugang des Einschreibebriefs*, was zur
Fristversäumnis führen kann[281]. Bei Geltendmachung durch Klageerhebung
wird die *Frist durch Einreichung der Klageschrift bei dem zuständigen Gericht* gewahrt[282]. Nicht erforderlich ist, dass die Klage dem auf Ausgleich in
Anspruch genommenen Unternehmer noch *während der Ausschlussfrist auch
zugestellt* wird (§ 261b Abs. 3 ZPO)[283]. Entsprechendes gilt für das *Mahnverfahren* gem. §§ 688 ff. ZPO[284].

Für die Geltendmachung des Ausgleichsanspruchs innerhalb der Ausschlussfrist 444
ist es nicht erforderlich, *dass der Berechtigte die Höhe des Anspruchs beziffert*[285] oder dass wenigstens *ungefähr die Anspruchshöhe* angegeben wird,
wie die Rechtsprechung früher mitunter meinte[286]. Eine Bezifferung des Ausgleichsanspruchs innerhalb der Ausschlussfrist ist schon deshalb nicht erforderlich, weil die Errechnung des Anspruchs häufig längere Zeit in Anspruch
nimmt und dem Unternehmer die hierfür erforderlichen Unterlagen in der Regel ebenso zur Verfügung stehen wie dem Handelsvertreter[287].

Der Ausgleichsanspruch ist also rechtswirksam schon dann geltend gemacht, 445
wenn der Berechtigte dem Unternehmer ausdrücklich mitteilt, dass er einen Aus-

---

S. 1101 = HVR Nr. 272; *Kammergericht*, Beschluss vom 22.12.1959, NJW 1960 S. 631 und 8.7.1960, BB 1960 S. 1075; *OLG Frankfurt a.M.*, 6.11.1959, NJW 1960 S. 630; *OLG Nürnberg*, 19.9.1957, NJW 1957 S. 1720; *OLG Karlsruhe*, 11.4.1957, BB 1957 S. 561; *OLG Stuttgart*, 26.3.1957, VersR 1957 S. 329; *OLG Düsseldorf*, 8.5.1956, HVR Nr. 130, und 30.10.1958, BB 1959 S. 8; *OLG München*, 20.8.1954, BB 1954 S. 883; *LG Düsseldorf*, 30.1.1957, HVR Nr. 133; *LG Ravensburg*, 6.12.1956, HVR Nr. 136.
281 *BGH*, 18.12.1970, VersR 1971 S. 262; *OLG Celle*, 9.4.1974, NJW 1974 S. 1386; vgl. auch *LAG Düsseldorf*, Beschl. v. 28.6.1974, DB 1974 S. 1584. Vgl. auch Band I Rz. 1588.
282 Vgl. *OLG Düsseldorf*, 8.2.1977, HVR Nr. 504 = HVuHM 1977 S. 529.
283 *BGH*, 8.11.1979, DB 1980 S. 443, 444 li. Sp.; *BGH*, 16.3.1970, BGHZ 53, 332, 338, BB 1970 S. 637 = DB 1970 S. 776 = HVR Nr. 421 = MDR 1970 S. 500 = NJW 1970 S. 1002.
284 Zur Fristwahrung ist aber zu berücksichtigen, dass die noch vor Ablauf der Ausschlussfrist beim Gericht eingereichte Klage *„demnächst" zugestellt wird*. Daran fehlt es, wenn der Klageschrift *kein Kostenvorschuss* beigefügt war, der Kläger sodann wenige Tage nach Einreichung der Klage eine Gerichtskostenrechnung erhielt, diese sodann aber erst zweieinhalb Monate nach Eingang der Gerichtskostenrechnung beglich. Das *Landgericht Mönchengladbach* (Urt. v. 12.1.1981 – 8 O 117/80 – unveröffentlicht) hat in einem solchen Falle die Ausgleichsklage abgewiesen und festgestellt, dass die Bestimmung des § 270 Abs. 3 ZPO auch im Rahmen des § 89b Abs. 4 HGB anzuwenden sei (*BGH*, 19.10.1977, BGHZ 53, 332, 338). Angesichts des erheblichen Zeitablaufs könne keine Rede davon sein, dass die Zustellung „demnächst" erfolgt sei. Vgl. auch *BGH*, 16.3.1970, DB 1970 S. 776.
285 *BGH*, 9.7.1962, BB 1962 S. 1101; *OLG Düsseldorf*, 8.2.1977, HVR Nr. 504 = HVuHM 1977 S. 529; *Kammergericht*, 22.12.1959, NJW 1960 S. 630, und 8.7.1960, BB 1960 S. 1075; *LG Ravensburg*, 6.12.1956, HVR Nr. 136; *Lohmüller*, VW 1955 S. 151; *Fritz*, NJW 1960 S. 1653. Vgl. auch *BGH*, 29.4.1968, BGHZ 50, 86 = BB 1968, 691.
286 *OLG Stuttgart*, 26.3.1957, VersR 1957 S. 379; *OLG Frankfurt a. M*, 6.11.1959, NJW 1960 S. 630.
287 *BGH*, 9.7.1962 a.a.O. (vgl. Fn. 285).

IV Die Anspruchsvoraussetzungen

gleich nach § 89b verlange[288]. Diese *Mitteilung allerdings muss eindeutig und unmissverständlich* abgegeben werden, ohne dass dabei ausdrücklich die Worte verwendet werden müssten, mit denen das Gesetz einen bestimmten Rechtsbehelf bezeichnet. Entscheidend kommt es darauf an, dass die Erklärung des Handelsvertreters vom Unternehmer vernünftigerweise nur als Geltendmachung eines Ausgleichsanspruchs aufgefasst werden kann[289]. An ausreichender Eindeutigkeit und Unmissverständlichkeit fehlt es nach der zutreffenden Ansicht des Bundesgerichtshofs aber, wenn der Handelsvertreter lediglich erklärt, dass er *„sich weitere Schritte vorbehalte"*. So hatte im entschiedenen Sachverhalt der Handelsvertreter auf ein Schreiben der Anwälte des Unternehmers reagiert, worin darauf hingewiesen worden war, dass mit Rücksicht auf die außerordentliche Kündigung des Unternehmers ein Ausgleichsanspruch nicht bestehe[290].

446 Als ausreichende Geltendmachung des Ausgleichsanspruchs im Sinne des § 89b Absatz 4 Satz 2 muss es andererseits aber angesehen werden, wenn der Handelsvertreter, dessen Vertragsverhältnis der Unternehmer fristlos aus wichtigem Grunde gekündigt hatte, dem Prozessbevollmächtigten des Unternehmers im Feststellungsprozess erklärt, er habe die Feststellungsklage nur deshalb erhoben, *um sich die Rechte aus § 89b zu sichern*, sofern diese Erklärung innerhalb der Ausschlussfrist abgegeben wird. Der Unternehmer kann sich in diesem Falle nicht auf die Versäumung der Ausschlussfrist mit der Begründung berufen, *der Handelsvertreter habe diese Erklärung nicht ihm gegenüber, sondern seinem Prozessbevollmächtigten gegenüber* abgegeben.

447 Der Ausgleichsanspruch kann auch in *Vollmacht des Berechtigten durch einen Dritten* geltend gemacht werden. Fehlt eine Vollmacht, dann ist die gleichwohl erfolgte Geltendmachung für den Berechtigten wirksam, sofern der Mangel durch nachträgliche Genehmigung geheilt wird. Hierher gehört auch der Fall, dass jemand *in der unzutreffenden Annahme, er sei Erbe des verstorbenen Vertreters*, den ihm vermeintlich zustehenden Ausgleichsanspruch innerhalb der Ausschlussfrist geltend macht und sich nach Ablauf der Ausschlussfrist herausstellt, dass der Vertreter einen anderen als Alleinerben eingesetzt hat. In einem solchen Fall wird man allerdings zu Gunsten des Erben die nichtberechtigte Geltendmachung als ausreichend ansehen müssen[291].

448 Die Wirksamkeit der vom gesetzlichen oder testamentarischen Erben des Handelsvertreters erfolgten Geltendmachung des Ausgleichsanspruchs wird nicht dadurch berührt, dass der Erbe nach der Geltendmachung des Ausgleichsanspruchs die *Erbschaft nach § 1944 BGB ausschlägt*. Denn z.Zt. der Geltendmachung war dieses Recht nur auflösend bedingt[292].

---

288 Zur Fassung des Klageantrags bei gerichtlicher Geltendmachung oder bei Klage nach erfolgloser außergerichtlicher Geltendmachung vgl. unten Rz. 1743.
289 *BGH*, 29.4.1968, a.a.O. (oben Fn. 285); dazu Anmerkung von *Küstner*, RVR 1968 S. 237.
290 *BGH*, 22.9.1969, BB 1969 S. 1371 = DB 1969 S. 2077 = HVR Nr. 405, vgl. auch *BGH*, 29.4.1968 (Rz. 1406 Fn. 285).
291 Vgl. *Küstner*, IHV 1965 Heft 9 S. 18. Im Übrigen vgl. *BGH*, in Rz. 437 (Urteil vom 15.12.1978, Fn. 275).
292 *Johannsen*, BGB-RGRK, 12. Aufl., § 1922 Rz. 5.

E. Geltendmachung des Ausgleichsanspruches **IV**

Der Bundesgerichtshof hat festgestellt, dass es für die Wahrung der Ausschluss- **449** frist genügt, dass der Ausgleichsanspruch von einem **Beteiligten, wenn auch in der irrigen Auffassung, ausgleichsberechtigt zu sein**, geltend gemacht wird **und der Unternehmer weiß, wem der Anspruch tatsächlich zusteht**[293]. Ist also ein Handelsvertretervertrag mit Eheleuten abgeschlossen worden und macht nur ein Ehepartner den Ausgleichsanspruch geltend, wenn der Vertrag beendet wird, wirkt diese Geltendmachung für beide anspruchsberechtigten Eheleute.

---

[293] *BGH*, 17.1.1974 – VII ZR 22/73 – unveröff., zitiert bei *Recken*, WM 1975 S. 262, 265.

V. Kapitel
Erste materielle Anspruchsvoraussetzung – Unternehmervorteile

A. Warenvertreter

Als erste der drei **materiellrechtlichen** Anspruchsvoraussetzungen – Vorteile des Unternehmers, Provisionsverluste des Handelsvertreters und Grundsatz der Billigkeit – ist in der Reihenfolge des Gesetzes (§ 89b I Ziff. 1–3) der **Unternehmervorteil** zu erläutern. Nach dieser Anspruchsvoraussetzung, die neben den beiden anderen Voraussetzungen erfüllt sein muss, kann ein Ausgleichsanspruch nur entstehen, wenn der Unternehmer aus Geschäftsverbindungen mit neuen Kunden, die der Warenvertreter[1] geworben hat, auch nach Vertragsbeendigung *erhebliche Vorteile* hat. Was ist in diesem Sinne unter *„neuen Kunden"*, *„Geschäftsverbindungen"* und *„erheblichen Vorteilen"* zu verstehen? 450

I. Neue Kunden

Neu sind solche Kunden, die mit dem Unternehmer bisher nicht in geschäftlichen Beziehungen gestanden haben. Dies gilt für alle Kunden, gleich welcher Art. Auch **Betriebs- und Familienangehörige des Handelsvertreters** gehören dazu. Hier könnte allenfalls fraglich sein, ob es dem Unternehmen gelingt, nach Beendigung des Vertretervertrages mit diesen Kunden die Geschäftsverbindung fortzusetzen[2]. Näheres hierzu s. unten Rz. 498 ff. Unter einem Kunden ist hierbei sowohl der Abnehmer der Waren des Unternehmers als auch der Lieferant von Waren an den Unternehmer zu verstehen[3]. Voraussetzung für die **Neukundeneigenschaft** ist aber, dass sich die Belieferung des Abnehmers bzw. des Unternehmers im **Rahmen getroffener vertraglicher Absprachen** vollzieht. Handelt es sich lediglich um ein *faktisches Lieferverhältnis*, kann von einer Kundenbeziehung im rechtlichen Sinne nicht gesprochen werden. 451

Diese Fälle sind nach der **Wiedervereinigung** Deutschlands mitunter dann aufgetreten, wenn ein westdeutscher Handelsvertreter für eine DDR-Außenhandelsgesellschaft für diese und in deren Auftrag Kunden für Produkte von DDR-Betrieben warb, die sodann ausschließlich auf Grund der besonderen Verhältnisse 452

---

[1] Es kommt auf den **Tätigkeitserfolg des Vertreters an**, nicht auf den Erfolg aus einer Zeit, in der der jetzige Handelsvertreter früher als Angestellter für den Unternehmer tätig war. *OLG Düsseldorf*, 1.7.1965, NJW 1965 S. 2352; vgl. auch unten Rz. 635; *Schröder*, § 89b Rz. 7 und *Brüggemann*, § 89b Anm. 35. Wie ein Tätigkeitserfolg des früheren nebenberuflichen Vertreters zu beurteilen ist, vgl. Rz. 640.
[2] Vgl. BGH, 6.8.1997 – VIII ZR 150/96 – NJW 1998, 70
[3] *OLG Hamburg*, 10.11.1966 – 6 U 89/66, insoweit nicht veröffentlicht, vgl. auch Rz. 47.

in der damaligen DDR über die **staatlichen Außenhandelsbetriebe** beliefert wurden. Hier entstanden **keine unmittelbaren Kundenbeziehungen** zwischen den DDR-Herstellungsbetrieben einerseits und den vom Handelsvertreter geworbenen Abnehmern andererseits, weil diese ausschließlich nur Kunden der Außenhandelsbetriebe, aber nicht des Warenproduzenten waren.

453 Eine für das Ausgleichsrecht maßgebliche **Neukundenbeziehung** konnte erst dann entstehen, wenn die DDR-Außenhandelsgesellschaft, für die ausschließlich der Handelsvertreter tätig gewesen war, aufgelöst und nunmehr **unmittelbar ein Handelsvertretervertrag** zwischen dem Handelsvertreter und dem (früheren DDR-) Produktionsbetrieb abgeschlossen wurde, und es dem Handelsvertreter gelang, nunmehr unmittelbar Kundenbeziehungen zwischen den Abnehmern einerseits und dem vertretenen Unternehmen andererseits herzustellen.

454 Mit Recht hat das Landgericht Görlitz in seinem Urteil vom 25.5.1993[4] festgestellt, dass die Kunden „*auf Grund der Neustrukturierung* und Bildung neuer juristischer Personen ... schon rein rechtlich neu gewonnen werden" mussten. Auch aus wirtschaftlicher Sicht sei eine Neuorientierung insbesondere im Hinblick auf sich verändernde Preiskalkulationen notwendig gewesen. Keineswegs könne als selbstverständlich davon ausgegangen werden, dass die Abnehmer der Produkte des ostdeutschen Produzenten von vornherein zu einem Geschäftsabschluss mit diesem fest entschlossen gewesen seien.

455 Die im Zeitpunkt der Vertragsbeendigung vorhandenen Kunden sind nach den Grundsätzen des *„Beweises des ersten Anscheins"*[5] als Neukunden anzusehen, wenn der Handelsvertreter als *„Mann der 1. Stunde"*[6] den Vertrieb der Produkte des Unternehmers aufgenommen hat, seit vielen Jahren, wenn nicht sogar seit Jahrzehnten für das Unternehmen zu dessen Zufriedenheit mit erheblichen Umsatzerfolgen tätig war, die Produkte des Unternehmers eingeführt und seinen *Bezirk aufgebaut* hat[7].

456 Nach dem Gesetz **steht es der Neuwerbung eines Kunden gleich**, wenn der Vertreter die bestehende Geschäftsverbindung mit einem bereits früher gewonnenen Kunden, also mit einem bei Vertragsbeginn oder später zur Betreuung zugewiesenen Altkunden, **so wesentlich erweitert hat, dass die Erweiterung wirtschaftlich der Werbung eines neuen Kunden entspricht**[8]. Man spricht hierbei von einer ausgleichsrechtlich beachtlichen *„Intensivierung"* übernommener Altkunden.

1. Reaktivierung einer Geschäftsverbindung

457 Neu ist ein Kunde auch, wenn er früher einmal mit dem Unternehmer in Geschäftsverbindung gestanden hatte, diese Verbindung aber im Laufe der Zeit

---

[4] *LG Görlitz*, 25.5.1993, III O 34/93 bisher unveröffentlicht; vgl. auch Rz. 637 a.E.
[5] Zum Beweis des ersten Anscheins vgl. Rz. 1765 ff.
[6] Vgl. dazu Urteile der *OLG Düsseldorf* vom 6.6.1986, HVR Nr. 641, *Hamburg* vom 9.12.1976, HVR Nr. 509 und *Celle* vom 7.1.1971, HVR Nr. 436.
[7] Für die Werbung neuer Kunden als Voraussetzung für den Aufbau eines Kundenstammes reicht **Mitursächlichkeit** aus, vgl. dazu Rz. 644 ff.; zu prozessualen Fragen vgl. unten Rz. 1753 ff.
[8] Näheres unten Rz. 471 ff.

abgerissen war und es nun den Bemühungen des Vertreters gelingt, diesen *Kunden für den Unternehmer wiederzugewinnen*[9]. Dieser Fall ist unter anderem in einem Urteil des Oberlandesgerichtes Nürnberg[10] behandelt worden: Ein Verleger hatte zum letzten Male 1941 ein Adressbuch herausgegeben. Als er neun Jahre später eine Neuauflage veranstaltete, waren die *Geschäftsverbindungen* mit den früheren Beziehern und den Inserenten *völlig abgerissen*. Der mit der Inserentenwerbung und dem Vertrieb des Adressbuches betraute Vertreter gewann diese früheren Kunden wieder neu. Er konnte sich mit Erfolg darauf berufen, dass es sich bei diesen Kunden um „neue" im Sinne des § 89b gehandelt habe.

Auch in seinem Urteil vom 3.11.1982[11] hatte sich das OLG Nürnberg mit der Frage zu befassen, unter welchen Voraussetzungen ein Altkunde, zu dem die Verbindung abgerissen war, ausgleichsrechtlich als Neukunde angesehen werden könne. Im entschiedenen Falle waren die Geschäftsverbindungen zu früheren Kunden zum Erliegen gekommen, weil der Vorgänger des Handelsvertreters drei Jahre vor dem Abschluss des neuen Vertretervertrages die Vertretung des beklagten Unternehmens aufgegeben hatte. Deshalb wurden von diesen Altkunden nach dem Abschluss des Vertretervertrages nahezu keine Aufträge mehr erteilt, bis es schließlich dem neuen Handelsvertreter gelang, die fraglichen Geschäftsbeziehungen so weit wieder aufzubauen, dass ihm schließlich nach 5-jähriger Tätigkeit wieder 18 000 DM aus reaktivierten Geschäftsverbindungen zugeflossen waren. Das OLG hat hier mit Recht die *reaktivierten Kunden* ausgleichsrechtlich als Neukunden angesehen.

458

Schon 1958 hatte das Oberlandesgericht Düsseldorf[12] festgestellt, dass der Neuaufbau von Geschäftsbeziehungen, die infolge des Krieges jahrelang stillgelegen haben, der Werbung neuer Kunden gleichzusetzen sei. Denn erfahrungsgemäß bleibe ein Kundenstamm, selbst wenn ein solcher für Markenartikel eines Unternehmers in einem bestimmten Bezirk vorhanden gewesen sei, dann nicht erhalten, wenn das Gebiet jahrelang von Vertretern nicht besucht und bearbeitet werde. Dies gelte in verstärktem Maße, wenn die *Unterbrechung der Kundenbetreuung* in die Kriegs- und Nachkriegszeit falle, in der fast alle Geschäftsbeziehungen unterbrochen worden seien.

459

2. Insolvenz des vertretenen Unternehmens

Problematisch kann die Neukundeneigenschaft dann sein, wenn zwar der ausgeschiedene Handelsvertreter die betreffenden Kunden unstreitig neu geworben hatte, wenn aber das bisher vertretene Unternehmen in Insolvenz geraten war

460

---

9 Ebenso *Brüggemann*, § 89b Rz. 33; *Schröder,* § 89b Rz. 5ff.
10 *OLG Nürnberg,* 19.9.1957, BB 1959 S. 317 = NJW 1957 S. 1720; vgl. auch *OLG Nürnberg,* 29.9.1964, BB 1964 S. 1400.
11 *OLG Nürnberg,* 3.11.1982, HVuHM 1983 S. 273 = VW 1983 S. 549.
12 Urteil vom 30.10.1958, BB 1959 S. 8 = NJW 1959 S. 204 = HVR Nr. 192; vgl. auch *LG Düsseldorf,* 6.7.1954, HVR Nr. 84; *LG Wuppertal,* 11.1.1955, HVR Nr. 75; *LG Kaiserslautern,* 14.11.1955, HVR Nr. 81.

und sodann *von einem anderen Unternehmen übernommen* wurde, für das der Handelsvertreter seine Tätigkeit *unverändert fortsetzte*. Endet nun der zwischen dem übernehmenden Unternehmen und dem Handelsvertreter zu Stande gekommene Vertretervertrag und ist der Ausgleichsanspruch zu berechnen, entsteht regelmäßig Streit über die Frage, ob die vom Handelsvertreter für das frühere Unternehmen geworbenen Neukunden auch für das nun ausgleichspflichtige übernehmende Unternehmen als solche anzusehen sind.

461 Das Landgericht Bielefeld hat in seinem Urteil vom 19.4.1985[13] auch *hinsichtlich des übernehmenden Unternehmens die Neukundeneigenschaft der für den Gemeinschuldner vom Handelsvertreter geworbenen Kunden bejaht* und festgestellt, das beklagte Unternehmen könne sich nicht darauf berufen, die *Adressen* der betreffenden Kunden vom Insolvenzverwalter erhalten zu haben. Damit nämlich habe es noch keine Geschäftsverbindungen erworben, die ja begrifflich getätigte Geschäfte voraussetzten, an denen es hinsichtlich des auf Ausgleich in Anspruch genommenen Unternehmens aber vor der Übernahme des Gemeinschuldners gefehlt habe.

462 Der Handelsvertreter ist in einem solchen Fall *Vertreter der ersten Stunde* dieses neu gegründeten Unternehmens. Auch jene Kunden, die ihm seinerzeit der in Insolvenz geratene frühere Unternehmer zur Bearbeitung übertragen hatte, sind, wenn er für das neue Unternehmen jeweils an den Erstaufträgen mitwirkt, seine von ihm für dieses Unternehmen geworbene Neukunden.

3. Insolvenz eines Altkunden

463 Wird über das *Vermögen eines Altkunden das Insolvenzverfahren* eröffnet und gründen die Gesellschafter bzw. die früheren Mitarbeiter dieses Altkunden eine *neue Firma*, mit der die Geschäftsverbindungen, die zu der früheren Kundenfirma bestanden, fortgesetzt werden, so ist dieser Kunde dem Handelsvertreter als von ihm *geworbener Neukunde* zuzurechnen, sofern die fortgesetzte Geschäftsverbindung auf seine zumindest *mitursächliche Vermittlungstätigkeit* zurückzuführen ist. Der Umstand, dass das vertretene Unternehmen mit dem in Insolvenz gegangenen Altkunden bereits vor dem Tätigkeitsbeginn des Handelsvertreters in Geschäftsbeziehungen stand, ändert an dieser Rechtslage nichts. Entscheidend ist, dass die Geschäftsbeziehung zu dem neugegründeten Unternehmen auf die Bemühungen des Handelsvertreters zurückzuführen ist.

4. Gleichzeitige Alt- und Neukundeneigenschaft

464 Wenn der Unternehmer *Artikel verschiedener Branchen* herstellt oder vertreibt und ein Kunde bisher nur im Hinblick auf eine bestimmte Branche mit dem Unternehmer in geschäftlichen Beziehungen stand, seinen übrigen Bedarf aber bei anderen Unternehmen deckte, und wenn es einem Vertreter gelingt, diesen

---

[13] *LG Bielefeld*, 19.4.1985 – 12b O 85/84 – HVR Nr. 608.

Kunden auch für Artikel einer anderen Branche des Unternehmers zu gewinnen, so ist dieser Kunde insoweit ein neuer Kunde[14]. Ein Kunde kann also *gleichzeitig alter und neuer Kunde* sein.

Für den Ausgleichsanspruch kommt es in solchen Fällen auf die mit diesem **465** Kunden bestehende Geschäftsverbindung aber nur an, soweit sie auf die Tätigkeit des Warenvertreters zurückzuführen ist, soweit der Kunde also „neu" ist. Die früher bereits bestehende Geschäftsverbindung hat außer Betracht zu bleiben. Etwas anderes gilt jedoch, wenn der Unternehmer die *Produktion erweitert*, ohne über den Rahmen der bisherigen Branche hinauszugehen[15]. Erweitert beispielsweise eine Fahrradfabrik ihr Fertigungsprogramm durch die Herstellung von Rennrädern und erweitern sich entsprechend die geschäftlichen Beziehungen zu alten Kunden, so sind diese alten Abnehmer auch insoweit keine neuen Kunden[16], es sei denn, es handelt sich im Sinne von § 89b Abs. 1 letzter Satz um eine so *wesentliche Erweiterung einer Geschäftsverbindung*, dass dies wirtschaftlich der Werbung eines neuen Kunden entspricht[17].

5. Abspringen von Altkunden

Für die Vorteile des Unternehmers kommt es allein auf die Geschäftsverbin- **466** dung mit neuen Kunden an, *die der Vertreter geworben hat*. Springen während seiner Tätigkeit Altkunden ab, so hat das auf die Höhe der sich aus Geschäftsverbindungen mit Neukunden ergebenden Vorteile keinen Einfluss. Daraus er-

---

14 *BGH* vom 28.4.1999 – VIII 354/97 – BB 1999, 1399 = ZIP 1999, 1094; *Löwisch*, § 89b, *Westphal*, Rz. 935; *OLG Frankfurt a.M*, 27.5.1966 – 3 U 263/65, unveröffentlicht, im Hinblick auf Anzeigenkunden. Vgl. auch *Brüggemann*, § 89b Rz. 34.
15 Entscheidend kommt es für eine zutreffende Beurteilung hierbei oft auf den hergestellten Artikel an, auf den sich die *Produktionserweiterung* bezieht. Steht er mit den bisherigen Erzeugnissen in keinem Zusammenhang, werden die vom Handelsvertreter für diesen neuen Artikel geworbenen Kunden als *neue Kunden* anzusehen sein. Die Abgrenzung ist oft schwierig. So wird eine *neue Zeitschrift*, die ein Zeitschriftenverlag herausgibt und für die der Handelsvertreter Inserenten wirbt, als neuer Artikel anzusehen sein, der mit den anderen Zeitschriften des Verlegers in keinem Zusammenhang steht, obwohl es sich – vom Verleger aus betrachtet – nur um eine Produktionserweiterung handelt, die über den Rahmen der Branche (Zeitschriftenverlag) keineswegs hinausgeht. Für dieses neue Verlagsobjekt geworbene Kunden sind neue Kunden, auch wenn sie bereits Anzeigenkunden anderer Zeitschriften desselben Verlages sind. Geht zum Beispiel ein Hersteller von *Schirmzubehör* dazu über, seinen Kunden nunmehr auch fertige Schirme zu liefern, weil die Kunden die Lieferung fertiger Schirme gegenüber der Selbstmontage bevorzugen, obwohl diese mit wenigen Handgriffen zu bewerkstelligen ist, so handelt es sich im Hinblick auf die Abnehmer der nunmehr gelieferten fertigen Schirme nicht um neue Kunden. Vermittelt also ein Handelsvertreter bei den vorhandenen Kunden, die schon von jeher Schirmzubehör kauften, nunmehr auch Geschäfte über fertige Schirme, lässt sich daraus ein Ausgleichsanspruch nicht herleiten (a. A. *LG Krefeld*, 21.11.1977 – 8 O 77/77 – unveröffentlicht). Gleiches gilt, wenn ein Unternehmen, das *Spirituosen herstellt* und mit Spirituosen handelt, sein Sortiment in der Weise erweitert, dass Whisky in das Handelsprogramm aufgenommen wird. Hier wird man keineswegs davon sprechen können, dass der Rahmen der bisherigen Branche überschritten wird, sodass also alte Kunden, die nunmehr von diesem Unternehmen auch Whisky beziehen, nicht als ausgleichsfähige Neukunden betrachtet werden können, auch wenn der Handelsvertreter diese Kunden nunmehr auf die Sortimentserweiterung im Hinblick auf Whisky hinweist und dementsprechende Aufträge vermittelt.
16 *Schröder*, § 89b Anm. 5a; vgl. auch *Ahle*, DB 1962 S. 1069.
17 Näheres dazu Rz. 471 ff.

gibt sich, dass die Tätigkeit des Handelsvertreters *nicht zu einer Steigerung des Gesamtumsatzes* des Unternehmers geführt zu haben braucht. Das Oberlandesgericht Schleswig[18] hat entschieden, dass sich der Verlust alter Kunden nur dann vorteilsmindernd auswirken und damit auch den Ausgleichsanspruch mindern könne, wenn der Vertreter die Bearbeitung der Altkunden gegenüber der Werbung von Neukunden *schuldhaft vernachlässigt* habe[19].

6. Direktgeschäfte

467 Nach § 89b ist Voraussetzung für den Ausgleich, dass *der Handelsvertreter die neuen Kunden geworben* hat. Wenden sich daher z. B. bei einem Bezirksvertreter während des Vertrages neue Interessenten aus seinem Bezirk direkt an den Unternehmer und treten mit ihm ohne Mitwirkung des Handelsvertreters in geschäftliche Beziehungen, so hat er zwar in der Regel gemäß § 87 Abs. 2 i. d. R. einen Provisionsanspruch, jedoch entsteht insoweit kein Ausgleichsanspruch. Anders ist es, wenn das Unternehmen ihm die Adressen solcher potentieller Interessenten mitteilt, sodass er bei der Vermittlung oder dem Abschluss der jeweils ersten Geschäfte mitwirkt. Ausreichend ist nämlich jedes aktives zumindest mitursächliches Tätigwerden des Vertreters. Hat jedoch ein Kunde allein auf Grund der *Werbung des Unternehmers*, auf *Empfehlungen von dritter Seite* oder weil seine eigenen Kunden die Ware verlangt haben, eine Bestellung beim Warenvertreter aufgegeben und musste er diesen Weg beschreiten, weil *Direktgeschäfte* mit dem Unternehmer ausgeschlossen waren, so handelt es sich bei der Tätigkeit des Vertreters nur um eine *Empfangs- oder Botentätigkeit*, durch die der Entschluss des Kunden zum Kauf nicht irgendwie beeinflusst oder gefördert wurde[20].

7. Werbung von Dritten

468 Hat der Vertreter einen Dritten in der Weise für die Erzeugnisse seines Unternehmers gewonnen, dass dieser Dritte, ohne selbst Kunde des Unternehmers geworden oder in sonstige Rechtsbeziehungen zum Unternehmer oder Vertreter getreten zu sein, die *Erzeugnisse des Unternehmers empfiehlt* und dadurch zu deren Absatz beiträgt, so kann dieser Umstand vom Vertreter nicht zur Begründung eines Ausgleichsanspruchs herangezogen werden[21].

469 Zweifel können in diesem Zusammenhang dann entstehen, wenn sich der für den Hersteller von Bauelementen tätige Handelsvertreter bei seiner Vermittlungstätigkeit nicht an den eigentlichen Verbraucher, nämlich den *Bauherrn*, sondern an den *Architekten oder Dachdecker* wendet. In seinem Urteil vom 11.10.

---

18 *OLG Schleswig*, 1.11.1957, BB 1958 S. 246 = VersR 1958 S. 315 = HVR Nr. 220.
19 Ebenso *Schröder* § 89b Rz. 10, DB 1958 S. 43 ff. und BB 1954 S. 477, 479 zu 111 B; näheres dazu beim Billigkeitsgrundsatz, Rz. 1145 ff. und bei *Brüggemann*, § 89b Rz. 70. Vgl. auch *Gaedertz* MA 1958 S. 464.
20 *OLG Karlsruhe*, 23.3.1960, BB 1960 S. 381.
21 *BGH*, 15.6.1959, BB 1959 S. 754 = MDR 1959 S. 728 = NJW 1959 S. 1077 = VersR 1959 S. 669 = HVR Nr. 230.

1990[22] hat der Bundesgerichtshof hierzu festgestellt, dass Dritte, die die Erzeugnisse eines Unternehmers ihren Kunden *lediglich empfehlen*, ohne selbst Bestellungen aufzugeben, *nicht Neukunden* im Sinne des § 89b sein könnten. Im entschiedenen Falle hatten zahlreiche Architekten sowie Dachdecker und andere Handwerker die Produkte des beklagten Unternehmers *nicht selbst eigenverantwortlich bestellt*, sondern diese dem Bauherrn nur empfohlen. Der Bundesgerichtshof hat es offen gelassen, ob etwas anderes ausnahmsweise dann gelten könne, wenn die Kaufentscheidung wegen der besonderen Art der Produkte und ihres Vertriebs in aller Regel *entscheidend von Dritten bestimmt* wird, auf deren *Sachkunde* sich der Vertragspartner des Unternehmers mangels eigener Fachkenntnisse verlassen müsse. In ähnlichem Sinne hatte sich schon früher das Oberlandesgericht Hamm in seinem Urteil vom 26.10.1961[23] geäußert und festgestellt, dass ein Architekt, der die Befugnis habe, im Namen und für Rechnung des Bauherrn zu bestellen, dann als „Kunde" i.S. des § 89b Abs. 1 gelte, wenn die *Bestellung im Namen und für Rechnung des Bauherren* nicht nur auf der Beratung des Architekten, sondern auf dessen eigenverantwortlicher Entschließung beruhe. Das Oberlandesgericht Düsseldorf hat in seinem Urteil vom 8.2.1977[24] ausgeführt, der eigentliche Kunde sei in einem solchen Falle nicht der Bauherr, sondern der betreffende *Architekt oder Dachdecker*, die zwar nicht an einem Bau arbeiteten, sondern im Laufe ihrer Berufstätigkeit für zahlreiche Bauherrn Bestellungen aufgäben. Ein vom Handelsvertreter geworbener Architekt oder Dachdeckermeister stelle deshalb für das vertretene Unternehmen einen *potentiellen Dauerkunden* dar, auch wenn der einzelne von einem Architekten oder Dachdeckermeister erteilte Auftrag im Namen des Bauherrn erteilt werde, der seinerseits zumeist nur einmal baue[25].

Hat der vertretene Unternehmer eine *Monopolstellung*, so kann daraus nicht gefolgert werden, dass die Tätigkeit des Vertreters im Hinblick auf die Unternehmervorteile nicht von ausschlaggebender Bedeutung gewesen sei. Denn für § 89b Abs. 1 Nr. 1 kommt es nicht darauf an, dass die Kunden mangels anderweitiger Gelegenheit auf die Erzeugnisse des Unternehmers angewiesen waren. Entscheidend ist allein, dass der Handelsvertreter tatsächlich *eine Tätigkeit entfaltet hat*, auf Grund derer Geschäftsbeziehungen zwischen dem Unternehmer und den Kunden zu Stande kamen[26].

470

---

22 *BGH*, 11.10.1990 DB 1990, S. 2592 = HVR Nr. 691 = MDR 1991 S. 319 = NJW/RR 1991 S. 156 = WM 1991, S. 196.
23 *OLG Hamm*, 26.10.1961, HVR Nr. 321 = HVuHM 1965 S. 42.
24 *OLG Düsseldorf*, 8.2.1977, HVR Nr. 504 = HVuHM 1977 S. 529.
25 Personen, die im Rahmen des vom Unternehmen gewählten Vertriebssystems eine verkaufsfördernde „Mittlerrolle" innehaben, können Kunden sein (*OLG Brandenburg*, 23.5.1995 – 6 U 146/94 – HVR Nr. 937: Vertrieb von Kinderbüchern über Kindergarten- und Kinderhortleiterinnen). Anders ist die Rechtslage aber dann, wenn der *Architekt* oder *Dachdeckermeister* nur als empfehlender Dritter auftritt, vgl. *BGH*, 15.6.1959, BB 1959 S. 754 = DB 1959 S. 913 = HVR Nr. 230 = NJW 1959 S. 1677 = VersR 1959 S. 669; MK/*von Hoyningen-Huene*, § 89b Rz. 57; vgl. unten Rz. 679.
26 *OLG Nürnberg*, 26.4.1963, BB 1963 S. 1313; *Löwisch*, § 89b Rz. 79.

II. Intensivierte Altkunden

471 Wie bereits erwähnt[27], steht es der Werbung eines neuen Kunden gleich, wenn der Handelsvertreter die bei Beginn seiner Tätigkeit *bereits vorhandenen Geschäftsverbindungen* zu einem Kunden so wesentlich erweitert, dass dies *wirtschaftlich der Werbung eines neuen Kunden* entspricht (§ 89b Abs. 1 Satz 2). Das Gesetz stellt hierbei mit Recht allein auf den wirtschaftlichen Erfolg der Tätigkeit des Handelsvertreters ab.

472 Deshalb reicht es für eine ausgleichsrechtliche Berücksichtigung von Altkunden als Neukunden nicht aus, wenn der Umsatz mit diesen Altkunden im Zeitpunkt der Vertragsbeendigung wesentlich über dem Anfangsumsatz liegt, als der Handelsvertreter seine Tätigkeit begann und den Altkundenstamm übernahm. Mit Recht hat der Bundesgerichtshof[28] darauf hingewiesen, dass jeweils zu prüfen sei, ob die *Umsatzsteigerung als eine auf den Vermittlungsbemühungen des Handelsvertreters beruhende Intensivierung* anzusehen sei und dass der Handelsvertreter auch insoweit *beweispflichtig* sei. Trage aber der Unternehmer für die Umsatzsteigerung nichts Stichhaltiges vor, dürfe davon ausgegangen werden, dass sie auf die Bemühungen des Handelsvertreters zurückzuführen sei.

473 Bezüglich dieser notwendigen Bemühungen des Handelsvertreters gelten keine Besonderheiten. Es braucht sich also nicht um besondere oder außergewöhnliche Vermittlungsbemühungen zu handeln, an die strengere Voraussetzungen zu stellen sind als bei der „normalen" Neukundenwerbung. Auch hier gilt der generelle Grundsatz, dass ein Kunde als Neukunde anzusehen ist, wenn für die Intensivierung *zumindest mitursächliche Vermittlungsbemühungen* des Handelsvertreters notwendig waren[29].

474 Andererseits kann demgegenüber von einer Intensivierung nicht gesprochen werden, wenn *ohne Zutun des Handelsvertreters* der Umsatz mit von ihm bei Vertragsbeginn zur Bearbeitung übernommenen Altkunden *automatisch oder sprunghaft* deshalb ansteigt, weil bestimmte Erzeugnisse des von ihm vertretenen Unternehmens aufgrund gesetzlicher oder behördlicher Anordnung nur noch auf einem *bestimmten Absatzwege* vertrieben werden dürfen.

Beispiel: Ein Handelsvertreter ist für eine Arzneimittelfabrik tätig. Diese stellt Pharma-Präparate her, die bisher im Wesentlichen über Drogerien vertrieben wurden. Diese Präparate werden aber nunmehr aufgrund gesetzlicher Regelung apothekenpflichtig und dürfen nur noch über Apotheken verkauft werden. Bisher hatte der Handelsvertreter diese Präparate vornehmlich über Drogerien vertrieben, weil der Drogerie-Preis für diese Präparate günstiger war. Wenn nunmehr diese Präparate nur noch über Apotheken den Endverbrauchern zugänglich gemacht werden dürfen und sich deshalb der Umsatz mit einer vom Handelsvertreter bei Vertragsbeginn als Altkunde übernommenen Apotheke er-

---

27 Vgl. Rz. 456, 465.
28 *BGH*, 3.6.1971, BB 1971 S. 843 = DB 1971 S. 1298 = HVR Nr. 444 = HVuHM 1971 S. 839 = NJW 1971 S. 1611 = RVR 1971 S. 294.
29 *LG Frankfurt*, 3.2.1988 – 3/3 O 83/86 – unveröffentlicht.

heblich steigert, stellt dies doch gleichwohl keine Intensivierung dar, weil die Umsatzsteigerung nicht auf seinen Vermittlungsbemühungen beruht.

Mit Recht hat in diesem Zusammenhang das Landgericht Frankfurt in seinem Urteil vom 3.2.1988[30] festgestellt, dass von *intensivierenden Vermittlungsbemühungen nicht gesprochen werden könne*, wenn die Produkte des vertretenen Unternehmens eine *hohe Marktgeltung* haben, was eine *entsprechende Nachfrage* zur Folge hat und dass die Kunden gegenüber dem vertretenen Unternehmen *vertraglich verpflichtet* waren, ständig das gesamte Sortiment des Herstellers zu führen und deren Beikostständer (im entschiedenen Falle handelte es sich um Säuglingsnahrung) aufzustellen. Angesichts einer solchen Sachlage könne nicht gefragt werden, inwieweit die Tätigkeit des Handelsvertreters zu einer *erheblichen Ausweitung des Umsatzes* mit den Großkunden geführt habe; vielmehr sei zu fragen, ob diese Kunden ohne die aufopferungsvolle und besonders intensive Betreuung durch den Kläger ihrer *Verpflichtung zur Führung des gesamten Sortiments* des Unternehmens nicht nachgekommen wären. Der Umstand, dass die Kunden möglicherweise ohne die Betreuung durch den Handelsvertreter ihren vertraglich übernommenen Verpflichtungen nicht nachgekommen wären, könne nicht dazu führen, dem Handelsvertreter eine wesentliche Erweiterung der Geschäftsverbindung zuzurechnen, die sich auf vertraglicher Grundlage in Verbindung mit der Sogwirkung der Marke vollzog. **475**

Eine wesentliche Erweiterung bestehender Geschäftsverbindungen setzt nach dem Gesetzeswortlaut nicht voraus, dass es dem Handelsvertreter gelungen sein müsste, die *Geschäftsverbindung auf Objekte auszudehnen*, die mit den vom Kunden bisher bezogenen Artikeln in keinem Zusammenhang stehen[31]. Wäre diese Ansicht richtig, so könnte eine wesentliche Erweiterung bestehender Geschäftsverbindungen nur dann überhaupt in Betracht kommen, wenn der Unternehmer sein *Sortiment erweitert*, sie wäre also von vornherein stets ausgeschlossen, wenn eine solche Erweiterung des Sortiments nicht stattfindet. Richtiger Ansicht nach kann eine ausgleichsrechtlich berücksichtigungsfähige wesentliche Erweiterung bestehender Geschäftsverbindungen stets dann in Betracht kommen, wenn der Handelsvertreter eine wesentliche Umsatzsteigerung herbeiführt, ohne dass es auf die Art der Artikel ankommen darf[32]. Wann aber ist eine solche nach § 89b Abs. 1 Satz 2 zu berücksichtigende *Umsatzausweitung* gegeben? **476**

Diese Frage kann nicht allgemein, sondern nur an Hand der *Umstände des einzelnen Falles* beantwortet werden[33]. Umsatzsteigerungen, die im Vergleich zum bisherigen Umsatz des betreffenden Kunden keine nennenswerte Rolle spielen, reichen nicht aus[34]. Das Oberlandesgericht Celle[35] hat mit Recht eine wesent- **477**

---

30 *LG Frankfurt*, 3.2.1988 – 3/3 O 83/86 – unveröffentlicht.
31 So *Brüggemann*, § 89b Rz. 36. Vgl. dazu *OLG Celle*, 13.11.1969, BB 1970 S. 227 rechte Sp.
32 So auch *BGH*, 3.6.1971, a.a.O.
33 *Schröder*, § 89b Rz. 5 a. Vgl. zur gleichen Problematik bei Versicherungsvertretern Rz. 612.
34 *Schröder*, § 89b Rz. 5a.
35 *OLG Celle*, 25.1.1968, NJW 1968 S. 1141 = BB 1969 S. 558 = RVR 1968 S. 264 = HVR Nr. 382 und 13.11.1969, BB 1970, 227. Diese Auffassung hat der *BGH* im Revisionsurteil vom 3.6.1971 bestätigt, vgl. oben Fn. 28.

V Erste materielle Anspruchsvoraussetzung – Unternehmervorteile

liche Erweiterung einer Geschäftsverbindung in einem Falle bejaht, in dem der Handelsvertreter den Anfangsumsatz vom 140 000 kg auf 280 000 kg, also um 100 % gesteigert hatte[36]. Die problematischen Fälle aber liegen gerade bei geringeren Umsatzsteigerungen.

478 In der Praxis entstehen im Zusammenhang mit der Intensivierung von Altkunden Meinungsverschiedenheiten insbesondere immer dann, wenn der Handelsvertreter bei Vertragsbeginn einen im Hinblick auf die Kundenzahl nicht erweiterungsfähigen, wohl aber *umsatzmäßig steigerungsfähigen Altkundenstamm* übernommen hatte. Geht dann der Vertretervertrag zu Ende und ist im Hinblick auf den *Gesamtumsatz* keine nennenswerte Steigerung festzustellen, beruft sich der Unternehmer oft darauf, dass eine Intensivierung schon aufgrund eines *Gesamtvergleichs* des Umsatzes zu Beginn und bei Ende des Vertragsverhältnisses ausgeschlossen sei. Der Handelsvertreter beruft sich demgegenüber darauf, dass er zahlreiche von seinem Vorgänger vernachlässigte Kunden intensiviert habe, wenn dies auch im Hinblick auf den Gesamtumsatz nicht zu einer erheblichen Steigerung geführt habe.

> **Beispiel:** Der Handelsvertreter übernahm 1971 die Vertretung eines seit Jahrzehnten eingeführten Verlags. Sein Vorgänger hatte zuletzt einen Umsatz von 1,25 Mio. DM erzielt, wobei er sich wegen seines schlechten Gesundheitszustandes nur auf die wichtigsten Großkunden im Bezirk konzentriert, kleinere Buchhandlungen und solche in Kleinstädten aber vernachlässigt hatte. Nach zehnjähriger Vertragsdauer schied der Nachfolger 1981 aus dem Vertragsverhältnis altershalber aus und hinterließ dem Verlag einen Umsatz von 1,5 Mio. DM. Der Verlag lehnte eine Ausgleichszahlung ab, weil der ausgeschiedene Handelsvertreter keine neuen Kunden geworben habe. Dieser aber wies nach, dass er von den 486 übernommenen Altkunden 69 Altkunden umsatzmäßig um mindestens 125 % gesteigert hatte, obwohl die Preissteigerungen im Verlauf seiner 10-jährigen Tätigkeit nur durchschnittlich 17 % betragen hätten.

479 Dieser – keineswegs konstruierte – Sachverhalt zeigt, dass es im Hinblick auf die Ausgleichsberechtigung des Handelsvertreters entscheidend auf die Frage ankommt, ob für die Intensivierung übernommener Altkunden ein *Gesamtvergleich* ausreicht oder *jede einzelne Kundenbeziehung* einer Prüfung unterzogen werden muss.

480 Hält man einen *Gesamtvergleich* für ausreichend, wird man im vorliegenden Falle eine Intensivierung verneinen müssen; dem Handelsvertreter steht dann, weil er weder neue Kunden geworben noch den insgesamt übernommenen Umsatz wesentlich gesteigert hat, ein Ausgleichsanspruch nicht zu. Indessen darf hier ebenso wenig ein Gesamtvergleich vorgenommen werden wie im Normal-

---

[36] In einem Sachverhalt, in dem das *Gewicht in Tonnen* als Bemessungsgrundlage für die Provision des Handelsvertreters vereinbart war, hat das *OLG Nürnberg* in seinem Urteil vom 16.5.1991 (Aktz.: 12 U 2405/86, unveröffentlicht) eine gewichtsmäßige Umsatzsteigerung von mehr als 100 % als ausgleichsrechtlich berücksichtigungsfähig anerkannt. Auch das *KG* hat im Urteil vom 8.8.1977 – 95 O 67/77 – unveröffentlicht, eine Intensivierung um 100 % als ausreichend angesehen; vgl. MK/*von Hoyningen-Huene*, § 89b Rz. 65; *Westphal*, Rz. 945; *Löwisch*, § 89b Rz. 81 (100–150 %); a. A. u. unrichtig *Schaefer*, NJW 2000, 320, 321.

fall, wenn es gilt, den am Ende des Vertragsverhältnisses vorhandenen Kundenstamm daraufhin zu überprüfen, inwieweit er sich aus *Altkunden einerseits und Neukunden andererseits* zusammensetzt. Deshalb muss auch bezüglich der Intensivierung *jede einzelne Kundenbeziehung* daraufhin geprüft werden, inwieweit es dem Handelsvertreter in seiner zehnjährigen Tätigkeit für den Verlag gelungen war, die Geschäftsverbindung zu einem übernommenen Altkunden zu erweitern.

Eine solche Prüfung ist jedoch nur dann durchführbar, wenn dem Handelsvertreter bei Vertragsbeginn nicht nur eine *Liste der übernommenen Altkunden* ausgehändigt wird, sondern wenn in dieser Liste auch der im letzten Jahr der Tätigkeit des Vorgängers mit diesen Kunden erzielte *Umsatz verzeichnet* ist. Dann bereitet es für den ausgleichsberechtigten Handelsvertreter keine Schwierigkeiten, den zuletzt mit den in der Liste aufgeführten Kunden erzielten Umsatz mit dem Anfangsumsatz bei Vertragsbeginn zu vergleichen. Natürlich müssen dabei diejenigen Umsatzsteigerungen außer Betracht bleiben, die *allein auf Preissteigerungen* zurückzuführen sind. Diejenigen Kunden, die unter Außerachtlassung der preissteigerungsbedingten Umsatzerhöhungen sodann *als intensiviert verbleiben*, sind nach dem Gesetz vom Handelsvertreter geworbenen *neuen Kunden gleichzustellen.* Der Ausgleichsanspruch errechnet sich dann allein aus den Anspruchsvoraussetzungen gem. § 89b Abs. 1 im Hinblick auf die als intensiviert festgestellten übernommenen Altkunden.

Umsatzsteigerungen, die allein auf die *steigende Preisentwicklung* im Laufe eines langjährigen Vertreterertrages zurückzuführen sind, ohne dass sich auch der stückzahlmäßige Umsatz erweitert hätte, können nicht als wesentliche Erweiterung der Geschäftsverbindung gewertet werden. Zutreffend hat in diesem Zusammenhang das Oberlandesgericht Celle festgestellt, dass bei steigenden Preisen nicht schon in der *Steigerung der erzielten Erlöse* eine echte Umsatzsteigerung zu sehen sei, sondern nur in einem *erhöhten Mengenumsatz*[37]. Im Streitfall muss der Richter unter Würdigung aller Umstände gemäß § 287 ZPO nach freier Überzeugung entscheiden. Dieses Problem spielt bei Ausgleichsverhandlungen immer wieder eine Rolle, und oft zeigt sich zur Überraschung der Beteiligten, dass eine auf den ersten Blick erhebliche Umsatzsteigerung zu einem wesentlichen Teil allein auf *Preissteigerungen* beruht. Als Beispiel sei vermerkt, dass ein Anfangsumsatz von 100 000 DM bei Zugrundelegung einer jährlichen Preissteigerungsrate von 3% im Laufe von 20 Jahren allein infolge der Preissteigerungen um 75% auf 175 350 DM anwächst, ohne dass hierfür intensivierende Vermittlungsbemühungen maßgeblich wären.

Fraglich ist schließlich, ob von einer Intensivierung im Sinne des Ausgleichsrechts auch dann gesprochen werden kann, wenn es dem Handelsvertreter zwar gelingt, den *stückzahlmäßigen Umsatz um mehr als 100% zu steigern*, wenn aber gleichwohl der geldwerte Umsatz infolge erheblicher Preisrückgänge rückläufig ist. Richtiger Ansicht nach wird in einem solchen Fall eine Intensivierung

---

[37] *OLG Celle,* 13.11.1969, BB 1970 S. 227 rechte Sp.

nicht anerkannt werden können, weil die fraglichen Geschäftsverbindungen für den Unternehmer dann *wirtschaftlich nicht die Bedeutung neuer Geschäftsverbindungen* haben. Andererseits wird eine Intensivierung nicht bereits dadurch ausgeschlossen, dass der im letzten Vertragsjahr vom Handelsvertreter vermittelte *Gesamtumsatz gegenüber dem Vorjahr niedriger* liegt. Beruht dieser Umsatzrückgang nicht auf Gründen, die der Handelsvertreter zu vertreten hat[38], und sind *einzelne Altkundenbeziehungen wesentlich erweitert* worden, sodass sie wirtschaftlich wie Neukundenbeziehungen angesehen werden müssen, ist der Unternehmervorteil höher, als wenn diese Intensivierung nicht vorläge.

484 Die bei der Vertragsbeendigung infolge langer Vertragsdauer sich im Hinblick auf eine streitige Intensivierung häufig ergebenden *Beweisschwierigkeiten* können – wie erwähnt – dadurch wesentlich gemindert werden, dass bei Beginn der Vertretertätigkeit die bereits vorhandenen und vom Vertreter *übernommenen Kunden* und der mit ihnen in den letzten 12 Monaten vor dem Vertragsbeginn *erzielte Umsatz listenmäßig erfasst wird*. Dabei muss aber auch *Umsatzschwankungen* Rechnung getragen werden. Hat ein Handelsvertreter bei Beginn seiner Tätigkeit einen Kunden übernommen, dessen Umsatz im Jahr vor Vertragsbeginn 100 000 DM betrug, im Durchschnitt der vorangegangenen Jahre aber bei 150 000 DM lag, dann dürfte eine wesentliche Erweiterung dieser Geschäftsverbindungen dann zweifelhaft sein, wenn sich der Umsatz dieses Kunden nach 10-jähriger Betreuung durch den Handelsvertreter – preissteigerungsbereinigt – auf 220 000 DM beläuft.

III. Geschäftsverbindungen – Langlebige Wirtschaftsgüter

485 Aus der Werbung neuer Kunden müssen sich *Geschäftsverbindungen* entwickelt haben. Das Verhältnis des Unternehmers zu einem neuen Kunden muss also von einer *gewissen Dauer* sein, und es muss während dieser Dauer *zu neuen Geschäftsabschlüssen* (Nachbestellungen) kommen[39].

486 Bei der konkreten Ausgleichsberechnung können deshalb nur jene Kunden als Neukunden berücksichtigt werden, die mit dem Unternehmen in einer solchen Geschäftsverbindung stehen, dass innerhalb eines überschaubaren, in seiner Entwicklung noch abschätzbaren Zeitraumes Nachbestellungen zu erwarten sind[40]. Wenn Kunden schon während des bestehenden Handelsvertretervertrages Nachbestellungen aufgegeben haben, ist dies in der Regel zu erwarten. Sie gelten dann als *Stammkunden*. Wann ein gelegentlicher Kunde *vom Laufkunden zum Stammkunden* wird, hängt von der jeweiligen Branche ab[41]. Beim Autokauf und beim Kauf von Gabelstaplern begründet z.B. in der Regel schon der Zweit-

---

38 Vgl. dazu Rz. 1337ff.
39 Die Entstehung von Geschäftsverbindungen ist auch im *Möbelversandhandel* anerkannt, *OLG Hamm*, 11.5.1978, BB 1978 S. 1686 = DB 1978 S. 304.
40 *BGH*, 11.10.1990 – I ZR 32/89 – NJW-RR 1991, 156 = HVR Nr. 691 = WM 1991, 196 und *BGH*, 25.10.1984 – I ZR 104/82 – NJW 1985, 859 = BB 1985, 291 = HVR 595
41 *BGH*, 6.8.1997 – VIII ZR 150/96 – NJW 1998, 66.

kauf die Stammkundeneigenschaft[42]. Der Kunde eines Reisebüros wird dagegen in der Regel erst durch eine größere Anzahl von Folgegeschäften zum Stammkunden[43].

Dagegen kann kein Ausgleichsanspruch entstehen, wenn der Vertreter dem Unternehmer zwar neue Kunden verschafft, sich aber dennoch keine weiteren Geschäftsverbindungen mit diesen Kunden ergeben[44]. Das wird in der Regel der Fall sein, wenn die Tätigkeit des Warenvertreters wegen der **Beschaffenheit der Artikel**, die er vertreibt, nicht auf die Entstehung dauernder Geschäftsverbindungen gerichtet sein kann. Vertreibt der Vertreter zum Beispiel bei **Endverbrauchern** einen Artikel, den sich diese nur einmal anzuschaffen pflegen – man denke an bestimmte Küchen- oder Haushaltsmaschinen, aber auch an bestimmte Bücher, die mitunter durch Vertreter direkt beim Endverbraucher abgesetzt werden[45], etwa Volkslexika, Gesundheitsbücher und dergleichen, insbesondere aber an **Fertighäuser, die an Endverbraucher** vermittelt werden –, so wird durch den Geschäftsabschluss in der Regel *keine weitere Geschäftsverbindung* entstehen. Das vom Vertreter vermittelte Geschäft bezieht sich ausschließlich auf den einmaligen Kauf des angebotenen Artikels. Der Bedarf des Kunden ist damit in der Regel endgültig gedeckt[46]. **487**

Eine Geschäftsverbindung kann man in diesen Fällen i.d.R. auch nicht darin sehen, dass der Käufer bei *Verschleiß des einmal gekauften Artikels* – etwa einer Haushaltsmaschine – seinen weiteren Bedarf oder Neuanschaffungen des gleichen Artikels bei demselben Unternehmer decken wird. Dazu ist einmal das Angebot an derartigen Artikeln zu groß und zum anderen zu ungewiss, ob überhaupt oder wann ein neuer Bedarf des Kunden eintreten wird. Wesentlich ist, dass bei derartigen Geschäften die vom Vertreter geschaffene Verbindung meist sofort wieder erlischt und infolgedessen bei Vertragsbeendigung ebenso wenig von Vorteilen des Unternehmers wie von Verlusten des Warenvertreters gesprochen werden kann – jedenfalls in ausgleichsrechtlicher Hinsicht. **488**

---

42 *BGH*, 26.2.1997 – VIII ZR 272/95 – NJW 1997, 1503 und 31.1.1991 – I ZR 141/98, WM 1991, 1513.
43 *BGH*, 28.3.1974 – VII ZR 18/73 – NJW 1974, 1242.
44 *Schröder*, § 89b Anm. 6a; vgl. auch *Ahle*, DB 1963 S. 173. – Zum Begriff und zu sonstigen Rechtsfragen der ständigen Geschäftsverbindung vgl. *Phillipowski*, Die Geschäftsverbindung, Heidelberg 1963. Vgl. insbesondere *Meyer*, BB 1970 S. 780.
45 *Küstner*, IHV 1965 Heft 19 S. 22 zum Ausgleichsanspruch des Verlagsvertreters. Näheres dazu Rz. 504–512. Hierzu und zum Begriff der Geschäftsverbindung vgl. auch *Meyer*, S. 237 f.
46 Besonders typisch ist in diesem Zusammenhang der Verkauf von **Garagentoren** vom Handelsvertreter unmittelbar an Eigentümer von Einfamilienhäusern; anders wäre die Rechtslage aber natürlich dann, wenn der Handelsvertreter bezüglich dieser Garagentore Geschäftsbeziehungen zwischen dem Hersteller und Großhändlern vermittelt, auf Grund deren dann laufende Nachbestellungen erfolgen, die provisionspflichtig sind. Vgl. hierzu auch *LG Mainz*, 16.9.1977 – 11 HO 28/77 – (unveröffentlicht) zum Vertrieb von **Kochtopfsortimenten mit lebenslanger Haltbarkeit** an Endverbraucher. Einprägsam – wenn auch makaber – ist der Fall eines Handelsvertreters, der mit ständig steigendem Umsatz für einen Steinmetzbetrieb **Grabsteine an Hinterbliebene** als „Endverbraucher" verkaufte. Dass hier keine „Geschäftsverbindung" entstehen konnte, bedarf keiner Erläuterung. Anders liegt der Fall aber wiederum, wenn der Handelsvertreter Grabsteingeschäfte mit Bestattungsunternehmen vermittelt, weil dann laufend Folgeaufträge erteilt werden.

489 Die *Langlebigkeit eines Erzeugnisses* schließt jedoch, für sich betrachtet, die Entstehung eines Ausgleichsanspruchs nicht aus; entscheidend kommt es vielmehr darauf an, ob im Hinblick auf den Käufer eine Geschäftsbeziehung zu entstehen vermag oder ob dessen *Bedarf durch die einmalige Anschaffung regelmäßig für immer gedeckt* ist[47].

490 Der Bundesgerichtshof hatte in seinem Urteil vom 15.6.1959 den gleichen Standpunkt vertreten[48]. In dem zu Grunde liegenden Sachverhalt war ein Unternehmer auf Ausgleich in Anspruch genommen worden, der *Ackerwagen für Bauern* herstellte. Der Bundesgerichtshof hatte die Entstehung von Unternehmervorteilen hier u.a. deshalb verneint, weil im Hinblick auf die Art der von dem Unternehmer hergestellten Fahrzeuge mit einer Nachbestellung in absehbarer Zeit und demzufolge mit einer Geschäftsverbindung von Dauer nicht zu rechnen sei. Denn in der Regel sei der Bedarf eines Bauern mit einer Anschaffung für viele Jahre gedeckt[49].

491 Das Kammergericht hatte sich in seinem Urteil vom 17.5.1957 ebenfalls mit diesen Fragen auseinandergesetzt[50]. In dem Urteil heißt es: „Da es sich bei dem von der Beklagten hergestellten *Strickapparat* in aller Regel um eine *einmalige Anschaffung* handelt, die weitere Bestellungen der gleichen Ware grundsätzlich nicht zur Folge hat, kann nicht davon gesprochen werden, dass der Beklagten durch die Herstellung der Geschäftsverbindung mit diesen Kunden ein erheblicher Vorteil, der sich auch noch nach Beendigung des Vertragsverhältnisses mit der Klägerin weiter auswirken könnte, erwachsen ist"[51]. Wie Buchwald mitteilt[52], hat der II. Zivilsenat des Bundesgerichtshofes dem in diesem Rechtsstreit unterlegenen Warenvertreter für die Revision gegen das Urteil des Kammergerichtes das Armenrecht versagt[53]. Daraus folgt also auch in diesem Falle, dass der Bundesgerichtshof die Entstehung eines Ausgleichsanspruchs verneint, wenn sich aus der Tätigkeit des Vertreters weitere Geschäftsbeziehungen nicht ergeben können.

492 Andererseits können sich aber *Geschäftsverbindungen* des Unternehmers zu einem vom Handelsvertreter neu geworbenen Kunden ergeben, während es infolge der Vertragsbeendigung gleichwohl an der *Entstehung von Provisionsverlusten* fehlt. Ein solcher Tatbestand kann dann vorliegen, wenn der Unternehmer zusätzlich zu den langlebigen Wirtschaftsgütern, für deren Vertrieb der

---

47 *LG Frankfurt,* 9.11.1971 – 5 U 9/70 – unveröffentlicht. Vgl. auch *OLG Oldenburg,* 4.6.1987, HVR Nr. 672 (nur LS) und *LG Mainz,* 16.9.1977 – 11 4 O 28/77 – unveröffentlicht.
48 *BGH,* 15.6.1959, BB 1959 S. 754 = MDR 1959 S. 728 = NJW 1959 S. 1677 = VersR 1959 S. 669, 670 zu 3 = HVR Nr. 230; Anmerkung zu diesem Urteil von *Schuler,* NJW 1959 S. 1677.
49 Vgl. *Küstner,* IHV 1963 S. 45 und 451.
50 IHV 1957 S. 623.
51 Vgl. auch *LG Frankfurt,* 22.3.1989 – 3/13 U 93/88: Abweisung der Ausgleichsklage einer Immobilien-Vermittlung, weil die von der Klägerin vermittelten Geschäfte regelmäßig keine Folgegeschäfte nach sich ziehen; vgl. *OLG Oldenburg,* 4.6.1987 – 1 U 266/86 – HVR Nr. 672 (nur LS).
52 IHV 1957 S. 623 zu 2.
53 *BGH,* Beschluss vom 3.10.1957, unveröffentlicht.

Handelsvertreter zuständig ist, *weitere Produkte in sein Angebotssortiment* aufnimmt, für deren Vertrieb indessen der Handelsvertreter nicht zuständig ist. Mit Recht hat das OLG München in seinem Urteil vom 19.9.1990[54] in diesem Zusammenhang festgestellt, dass in derartigen Fällen zwar für den Unternehmer erhebliche Vorteile entstanden sein mögen, während andererseits der Handelsvertreter keine Provisionsverluste erleidet, weil er für die anderweitigen Produkte, die das Unternehmen an seine Kunden vertrieb, auch bei einer Vertragsfortsetzung keine Provisionsansprüche hätte erwerben können.

493 Andererseits wird die Entstehung einer Geschäftsverbindung, die bei der Vertragsbeendigung Unternehmervorteile zur Folge haben kann, nicht dadurch von vornherein ausgeschlossen, dass *zwischen den einzelnen Nachbestellungen* des geworbenen neuen Kunden *eine längere, unter Umständen sogar mehrjährige Zeitspanne liegt*. Auf diesen Umstand wird häufig verwiesen, wenn behauptet wird, dass die Tätigkeit des Handelsvertreters zwar zur Werbung neuer Kunden geführt habe, von einer dadurch entstandenen Geschäftsverbindung aber gleichwohl nicht gesprochen werden könne. Gerade bei den sog. *langlebigen Wirtschaftsgütern* – etwa bestimmten Maschinen – wird es häufig vorkommen, dass zwischen den einzelnen Aufträgen des Kunden längere Zeiträume liegen, ohne dass dadurch die Entstehung einer Geschäftsverbindung in Zweifel gezogen werden könnte[55]. Entscheidend ist, dass nach dem Inhalt der Kundenbeziehung und der Art der vom vertretenen Unternehmer hergestellten Erzeugnisse *mit weiteren Aufträgen des neuen Kunden* überhaupt *gerechnet werden kann*[56].

494 Beim *Autokauf* und beim Kauf von Gabelstaplern begründet z.B. in der Regel schon der Zweitkauf die Stammkundeneigenschaft[57]. Der Kunde eines Reisebüros wird dagegen in der Regel erst durch eine größere Anzahl von Folgegeschäften zum Stammkunden[58]. Im Tankstellenbereich gelten auch solche Kunden als ausgleichspflichtige Stammkunden, die nicht ständig, sondern nur gelegentlich Folgegeschäfte mit dem Tankstellenpächter abschließen[59].

495 In diesem Zusammenhang ist auch nicht entscheidend darauf abzustellen, dass die Nachbestellungen, wenn auch in zeitlich längeren Abständen, *regelmäßig aufgegeben* werden oder bis in das letzte Vertragsjahr hineinreichen. Der Handelsvertreter ist auch nicht dafür beweispflichtig, dass die von ihm geworbenen neuen Kunden weitere Bestellungen beim Unternehmer aufgegeben haben. Nach den *Grundsätzen des Beweises des ersten Anscheins* ist vielmehr davon auszugehen, dass mit weiteren Bestellungen zu rechnen ist, wenn schon in der *Vergangenheit mehrfach Bestellungen aufgegeben* wurden[60].

---

54 *OLG München*, Urteil vom 19.9.1990–7 U 2218/90, insoweit nicht veröffentlicht.
55 Vgl. dazu auch *OLG Frankfurt*, 19.6.1972, BB 1973 S. 212 = HVR Nr. 458 = HVuHM 1972 S. 1264 = RVR 1973 S. 16.
56 *Schröder*, § 89b Rz. 6d; *Ahle*, DB 1963 S. 1703.
57 *BGH*, 26.2.1997 – VIII ZR 272/95 – NJW 1997, 1503 und 31.1.1991 – I ZR 141/98, WM 1991, 1513
58 *BGH*, 28.3.1974 – VII ZR 18/73 – NJW 1974, 1242
59 *BGH*, 6.8.1997 – VIII ZR 150/96 – NJW 1998, 66
60 *OLG Frankfurt*, 19.6.1972 a.a.O.

V   Erste materielle Anspruchsvoraussetzung – Unternehmervorteile

496   In diesem Zusammenhang hat der Bundesgerichtshof in seinem Urteil vom 31.1.1991[61] festgestellt, dass ein erheblicher Unternehmervorteil auch dann vorliegen könne, wenn der Handelsvertreter – im entschiedenen Falle handelte es sich um einen ausgleichsberechtigten Vertragshändler – 180 Neukunden geworben habe, von diesen aber nur 35 Kunden *Wiederholungskäufe* getätigt hätten. Aus § 89b Abs. 1 Nr. 1 ergebe sich nicht, dass erst *von einer bestimmten Größe des Kundenstammes* und einer bestimmten *Anzahl von Wiederholungskäufen an* erhebliche Vorteile vorliegen könnten. Die *Erheblichkeit* ergebe sich aus dem *Umfang* und der aus der *Schätzungsprognose* folgenden *Beständigkeit des Neugeschäfts*. Die Erheblichkeit des Vorteils ergebe sich nicht etwa aus dem Verhältnis zum Gesamtgeschäft.

497   Der Begriff der *„Geschäftsverbindung"*, die infolge der Vertragsbeendigung für den Unternehmer voraussichtlich zu auszugleichenden Vorteilen führt, ist im Hinblick auf die aus der Vertragsbeendigung sich gleichzeitig ergebenden Provisionsverluste des Handelsvertreters aus *„bereits abgeschlossenen Geschäften"* weit auszulegen. Das ist erforderlich, weil die Beendigung eines Handelsvertretervertrages auch Provisionsverluste aus „bereits abgeschlossenen Geschäften" zur Folge haben kann, ohne dass gleichzeitig auch die für laufende Geschäftsverbindungen typischen *Verluste aus „künftig zu Stande kommenden Geschäften"* entstehen. *Provisionsverluste aus* „bereits abgeschlossenen Geschäften" setzen aber – für sich betrachtet – keine durch die Vermittlungstätigkeit des Handelsvertreters entstandenen *Geschäftsverbindungen* voraus. Man denke etwa an die erfolgreiche Vermittlung eines Handelsvertreters im Hinblick auf solche Geschäfte, die typischerweise keine Folgegeschäfte nach sich ziehen. Dies kann beispielsweise beim Vertrieb von *Fertighäusern* und generell im Hinblick auf solche Produkte der Fall sein, für die *stets nur ein einmaliger Bedarf* aufseiten des Kunden entsteht. Ist im Vertretervertrage bestimmt, dass der Povisionsanspruch des Handelsvertreters erst mit der vollständigen Bezahlung des Kaufpreises durch den Kunden entstehen soll und ist das Vertragsverhältnis zwischen dem Unternehmer und dem Handelsvertreter vor dem Eintritt dieser Bedingung beendet worden und wird in diesem Zeitpunkt eine Provisionsverzichtsklausel wirksam, erleidet der Handelsvertreter infolge der Vertragsbeendigung einen Provisionsverlust aus einem „bereits abgeschlossenen Geschäft", der ihm auszugleichen ist, obwohl es sich hier *nicht um eine Geschäftsverbindung im üblichen Sinne* handelt[62]. Daraus folgt, dass der Begriff im Hinblick

---

61   *BGH*, 31.1.1991, BB 1991 S. 1210 = HVR Nr. 711 = NJW-RR 1991 S. 1050; bestätigt mit Urteil vom 6.8.1997 – VIII ZR 150/96 – NJW 1998, 66 = HVR Nr. 795.

62   Diese Problematik wird in der Literatur häufig nicht behandelt und hat offenbar auch die Rechtsprechung bisher nicht beschäftigt. Die hier vertretene Meinung (vgl. Rz. 590ff.) wird geteilt von *Brüggemann*, § 89b Rz. 50 und *Westphal*, S. 159; *Stötter*, S. 201; *Schröder*, § 89b Rz. 12a, ohne allerdings zwischen Einmalgeschäften und Geschäftsverbindungen zu unterscheiden; bei *Heymann/Sonnenschein*, § 89b Rz. 35ff. und *Hopt*, § 89b Rz. 24 wird die hier angesprochene Problematik nicht erwähnt. Schließlich sei darauf hingewiesen, dass gerade auch bei *langlebigen Wirtschaftsgütern*, hinsichtlich deren keine laufenden Geschäftsverbindungen entstehen, diese Problematik von Bedeutung sein kann; vgl. zu den langlebigen Wirtschaftsgütern Rz. 485ff.

auf die Unternehmervorteile weit ausgelegt werden muss, wenn die alternative Aufzählung der in § 89b Abs. 1 Ziff. 2 auszugleichenden Verluste sinnvoll und verständlich sein soll.

IV. Ausnutzung der Geschäftsverbindungen

1. Erhaltung der Kundenbeziehungen

Vorteile aus Geschäftsverbindungen mit neuen Kunden, die der Warenvertreter geworben hat, können nur entstehen, wenn der Unternehmer in der Lage ist, diese *Geschäftsverbindungen nach Vertragsende auch auszunutzen*[63]. Es ist bereits darauf hingewiesen worden, dass dies zum Beispiel im Falle einer Insolvenz des Unternehmers zumindest zweifelhaft ist. Das Gleiche gilt, wie Schröder[64] ausführt, „wenn dem Unternehmer die Aufrechterhaltung der Geschäftsverbindung *unmöglich* geworden ist, *ohne dass er die Unmöglichkeit zu vertreten hat*, oder wenn ihm die Aufrechterhaltung der Geschäftsverbindung nicht *mehr zuzumuten ist*, insbesondere weil in der Person des Kunden ein wichtiger Grund für die Aufgabe der Geschäftsverbindung liegt". **498**

Bei *Betriebsstilllegung* entfällt grundsätzlich die Nutzungsmöglichkeit und daher auch der Unternehmervorteil[65]. Diese Maßnahme unterliegt allein der unternehmerischen Dispositionsfreiheit, sodass es nicht darauf ankommt, ob sie letztlich wirtschaftlich geboten oder unternehmerisch sinnvoll ist. Sie ist deshalb grundsätzlich auch nicht durch das Gericht nachprüfbar[66]. Diese Auffassung ist nicht unbestritten. Teilweise wird darauf abgestellt, ob die Maßnahme sachlich geboten ist[67]. Ist die unternehmerische Entscheidung völlig willkürlich und unsachlich oder unvernünftig, kann der Handelsvertreter trotz tatsächlicher Nutzung des Kundenstammes einen Ausgleichsanspruch haben, weil dann die fehlende Nutzung ihm nicht angelastet werden darf, denn insoweit würde der Unternehmer rechtsmissbräuchlich handeln[68]. Im Übrigen kann nach Auffassung des LG Stuttgart[69] trotz fehlender Fortsetzung des Vertriebes ein mittelbarer Vorteil des Unternehmens dann entstehen, wenn beispielsweise der Unternehmer die Kundenliste an eine ihm nahe stehende Person weitergibt, welche sie dann verwertet. **499**

Zumutbar ist die Ausnutzung der Geschäftsverbindungen insbesondere dann, wenn der Unternehmer mit der Betriebsaufgabe oder Einstellung der Geschäfts- **500**

---

63 *OLG Oldenburg*, 28.11.1962, BB 1963 S. 8 = HVR Nr. 284.
64 *Schröder,* § 89b Anm. 6e; ebenso *Brüggemann,* § 89b Rz. 39.
65 *BGH*, 3.6.1971 – VII ZR 23/70 – BGHZ 56, 242 = NJW 1971, 1611; *OLG Nürnberg*, BB 1962, 155; OLG München, NJW-RR 1989, 163.
66 *BGH*, 9.11.1967 – VII ZR 40/65 – BGHZ 49, 39, 41 = BB 1968, 11; MK/*von Hoyningen-Huene*, § 89b, Rz. 72; *Baumbach/Hopt*, § 89b, Rz. 20.
67 19 HSW, § 89b, Rz. 31, 32; vgl. *OLG Hamm*, 11.5.1978 – 18 U 316/76 – BB 1978, 1686 und HVR-Nr. 518.
68 MK/*von Hoyningen-Huene*, § 89b, Rz. 72; BGH, NJW 1986, 1931.
69 RIW 1999, 67.

verbindungen mit vom Vertreter geworbenen neuen Kunden den Zweck verfolgt, sich seinen *Ausgleichsverpflichtungen zu entziehen*, oder wenn der Handelsvertreter, nachdem ihm gekündigt worden war, im bisherigen Bezirk eine Vertretung für eine **Konkurrenzfirma** übernommen hat, oder wenn die Kapazität des Unternehmens – vorübergehend – durch Aufträge aus anderen Bezirken ausgelastet ist[70]. Denn *„es ist das Bestreben eines jeden vernünftig wirtschaftenden Geschäftsmannes, den erreichten Umsatz zu halten und ihn, soweit es möglich ist, zu steigern"*. Dieses Ziel kann der Unternehmer nur erreichen, wenn er sich bemüht, die einmal geworbene Kundschaft zu halten, zumal dies leichter ist, als eine neue Geschäftsverbindung anzuknüpfen[71].

501 Diese aus alledem sich ergebende Nutzungspflicht des Unternehmers hat – sofern nicht zwingende Gründe eine andere Beurteilung rechtfertigen – zur Folge, dass eine *mangelhafte oder überhaupt ausbleibende Nutzung* des vom ausgeschiedenen Handelsvertreter hinterlassenen Kundenstammes diesem nicht in Form einer *Ausgleichsminderung* angelastet werden darf[72].

2. Dispositionsfreiheit des Unternehmers

502 Mit Recht hat der Bundesgerichtshof[73] in diesem Zusammenhang aber darauf hingewiesen, dass dem Unternehmer grundsätzlich das Recht zustehe, seinen Betrieb so einzurichten und gegebenenfalls umzugestalten, wie es ihm wirtschaftlich vernünftig und sinnvoll erscheine. Er dürfe sich dabei nur nicht *willkürlich und ohne vertretbaren Grund über die schutzwürdigen Belange seiner Handelsvertreter hinwegsetzen*. Keineswegs müsse der Handelsvertreter ihm nachteilige betriebsändernde Maßnahmen des Unternehmers nur dann hinnehmen, wenn dieser dazu wirtschaftlich gezwungen gewesen sei. Dem Unternehmer sei es vielmehr grundsätzlich unbenommen, *selbstständig zu disponieren* und sein *Vertriebssystem zu ändern*, wenn er das für zweckmäßig und erforderlich halte[74].

3. Lauf- und Stammkundschaft

503 Entsprechendes gilt, wenn laufende Geschäftsbeziehungen nicht wegen der Einmaligkeit der angebotenen Artikel, sondern umgekehrt deshalb nicht oder nur ausnahmsweise entstehen können, weil die verkauften Waren, wie z.B. Schmier- und Treibstoffe, die an *Tankstellen* verkauft werden, *von verschiedenen Herstellern in praktisch gleicher Güte* überall angeboten werden, sodass dadurch die Bildung einer *Stammkundschaft* erschwert wird.

---

70 *LG Münster*, 27.1.1960, BB 1960 S. 1300 mit Anmerkung von *Küstner*.
71 *LG Münster*, 27.1.1960, BB 1960 S. 1300.
72 Vgl. *LG Bielefeld*, 17.2.1971, BB 1972 S. 195 = RVR 1972 S. 178.
73 *BGH*, 9.11.1967, BGHZ 49, 39 = BB 1968 S. 11 = DB 1968 S. 35 = NJW 1968 S. 394 = RVR 1968 S. 46 = HVR Nr. 386 = HVuHM 1968 S. 62.
74 *BGH*, 12.12.1957, BGHZ, 26, 161 = NJW 1958 S. 219 = BB 1958 S. 60 = VersR 1958 S. 43 = HVR Nr. 166; *BGH*, 29.6.1959, NJW 1959 S. 1964 = BB 1959 S. 864 = VersR 1959 S. 692 = HVR Nr. 209; siehe dazu auch *Westphal*, Rz. 974; MK/*von Hoyningen-Huene*, §89b. Rz. 72.

Deshalb kann sich für den Ausgleichsanspruch eines *Tankstellenhalters* ein 504
Unternehmervorteil insoweit nicht ergeben, als es sich bei der *Tankstellenkundschaft um eine typische Laufkundschaft* handelt, wie sie z.B. bei einer *Autobahntankstelle* die Regel sein wird. Der Bundesgerichtshof[75] hat deshalb im Zusammenhang mit dem Ausgleichsanspruch eines Tankstellenvertreters zutreffend entschieden, dass die Werbung einer *unzuverlässigen, nicht zu erfassenden Kundschaft* nicht als ein ausgleichsfähiger erheblicher Vorteil gelten könne und hat deshalb allein die vom Tankstellenvertreter geworbene *Stammkundschaft* zur Grundlage des Ausgleichsanspruchs gemacht[76]. Näheres zum Tankstellen-Handelsvertreter siehe unten Rz. 569 ff.

Die gleiche Problematik besteht auch, wenn eine *Reiseagentur* bei der Beendi- 505
gung des Vertragsverhältnisses einen Ausgleichsanspruch geltend macht und es im Hinblick auf die geworbenen neuen Kunden darauf ankommt, die *geworbene Stammkundschaft* gegenüber der nicht ausgleichsfähigen Laufkundschaft abzugrenzen[77]. Der Bundesgerichtshof hat in seinem Urteil vom 28.3.1974[78] dazu festgestellt, dass die Eigenschaft eines Kunden als Stammkunde eine Bindung an den Reiseveranstalter als vertretenen Unternehmer *„von erkennbarer Beständigkeit"* voraussetze, die sich in wiederholten Buchungen zeige.

4. Bedarfsdeckung beim Großhandel

Das Oberlandesgericht Oldenburg[79] hat eine *Ausnutzungsmöglichkeit* der vom 506
Warenvertreter vermittelten Geschäftsbeziehungen für den Fall verneint, dass die vom Vertreter geworbenen Kunden schon vor der Beendigung des Vertretervertrages dazu übergegangen waren, ihren Bedarf an den Erzeugnissen des Unternehmers nicht mehr unmittelbar bei diesem, sondern beim *Großhandel* zu decken. In dem zu entscheidenden Sachverhalt hatten sich mithin die ursprünglich unmittelbar zwischen dem Unternehmer und den vom Vertreter geworbenen Kunden bestehenden Geschäftsbeziehungen schon vor der Vertragsbeendigung zu Geschäftsverbindungen zwischen den geworbenen Kunden und einem Großhändler entwickelt.

Das Gericht hat hierzu festgestellt, dass der Fortbestand derartiger allenfalls 507
„mittelbarer" Beziehungen oder anderer Nachwirkungen direkter Geschäftsverbindungen, die bereits vor der Vertragsbeendigung nicht mehr bestanden, den Anforderungen des § 89b Abs. 1 Nr. 1 nicht genüge. Dies zeige sich auch

---

75 *BGH*, 15.10.1964, BB 1964 S. 1399 = VersR 1964 S. 1267 = DB 1964 S. 1733; 31.5.1965 – VII ZR 279/63 – insoweit unveröffentlicht. Vgl. auch die Rechtsprechungsübersicht zum Recht des Tankstellenhalters bei *Küstner,* Rechtsfragen, 4. Aufl. 1993.
76 Zur Ausgleichsproblematik bei der Umstellung einer Service-Station in eine sog. SB-Station *Küstner,* Rechtsfragen, 2. Aufl. S. 11 und *LG Düsseldorf,* 10.6.1974, 37 O 42/74, unveröffentlicht.
77 Auch beim Ausgleichsanspruch eines Lotto- bzw. Toto-Bezirksstellenleiters kommt es auf diese Frage an: *BGH,* 4.6.1975, BB 1975 S. 1409 = EBE 1975 S. 351, 353.
78 *BGH,* 28.3.1974, BB 1975 S. 198 = DB 1974 S. 1156 = EBE 1974 S. 179 = NJW 1974 S. 1242 unter Hinweis auf *BGH,* 15.10.1964 a.a.O.
79 Urteil vom 28.11.1962, BB 1963 S. 8 = HVR Nr. 284; vgl. auch IHV 1963 S. 150f.

V   Erste materielle Anspruchsvoraussetzung – Unternehmervorteile

darin, dass dem Vorteil des Unternehmers ein Verlust des Warenvertreters an Provisionsansprüchen gegenüberstehen müsse, die er bei Fortsetzung des Vertragsverhältnisses aus Geschäften des Unternehmers mit den von ihm geworbenen Kunden hätte. Mit Kunden, die schon vorher nicht mehr bei ihm kauften, wären aber auch dann, wenn der Vertreter das Vertragsverhältnis fortgesetzt hätte, keine Geschäfte mehr abgewickelt worden oder neu zu Stande gekommen, aus denen dem Vertreter Provisionsansprüche hätten erwachsen können.

508   Betraf der vom OLG Oldenburg[80] entschiedene Fall einen Tatbestand, in dem die vom Handelsvertreter geworbenen Kunden schon vor der Vertragsbeendigung dazu übergegangen waren, ihren Bedarf beim Großhandel und nicht mehr unmittelbar beim Unternehmer zu decken, hatte sich das Oberlandesgericht Frankfurt in seinem Urteil vom 19.6.1972 mit einem Sachverhalt zu befassen, in dem der vertretene Unternehmer erst nach der Vertragsbeendigung dazu übergegangen war, statt der bisher **belieferten Endverbraucher** seine Erzeugnisse nur noch **an den Groß- und Einzelhandel zu liefern**, also an die **vorgelagerte Handelsstufe**[81]. Im Ausgleichsprozess hatte der Unternehmer unter Hinweis auf diese Umstellung des Vertriebssystems geltend gemacht, dass Unternehmervorteile durch die Vertragsbeendigung nicht hätten entstehen können. Das Gericht ist dieser Auffassung aber nicht gefolgt. Es hat ausgeführt, dass dem Unternehmer trotz der Umstellung des Vertriebssystems der einmal erlangte Marktanteil nicht gänzlich verlorengehe, wenn die vom Handelsvertreter geworbenen Endverbraucher nicht mehr Kunden des Unternehmers blieben, sondern Kunden der Wiederverkäufer würden. Dies reiche für die Annahme aus, dass die vom Handelsvertreter neu geworbenen Kunden dem Unternehmer trotz der Umstellung des Vertriebssystems einen **wirtschaftlich geldwerten Vorteil brächten**, den der Unternehmer nunmehr über den Einzelhandel nutzen könne.

509   Eine **Änderung des Vertriebssystems** dahin, **nur noch den Großhandeln und nicht mehr den Einzelhandel zu beliefern**, steht daher dem Unternehmervorteil grundsätzlich nicht entgegen, solange die vom Handelsvertreter geworbenen Einzelhändler auch zukünftig – nunmehr über den Großhändler – beliefert werden. Denn auch insoweit war dann die Tätigkeit des Handelsvertreters für den Absatz der Waren mitursächlich[82].

---

80 Das *Oberlandesgericht Oldenburg* hat in einem weiteren unveröffentlichten Urteil vom 23.7.1970 die Ausnutzungsmöglichkeit des Handelsvertreters bejaht. Hier war der Unternehmer dazu übergegangen, einen Dritten einzuschalten, der die Bestellungen der Einzelhändler entgegennahm und die ihm vom Unternehmer gelieferte Ware den Bestellern sodann auslieferte. Das Gericht hat den Unternehmervorteil mit der Überlegung bejaht, dass der Unternehmer die Betriebsumstellung so eingerichtet habe, dass ihm der geworbene **Kundenstamm auch noch nach der Beendigung des Vertretervertrages Nutzen bringe**, zumal der Dritte nur deshalb an der Belieferung durch den Unternehmer Interesse habe, weil er über die bereits bestehenden Beziehungen zu den vom Handelsvertreter geworbenen Kunden verfügen könne, die der Unternehmer über die Bezugsmöglichkeit bei dem eingeschalteten Dritten unterrichtet habe.

81 *OLG Frankfurt*, 19.6.1972, BB 1973 S. 212 = HVR Nr. 458 = HVuHM 1972 S. 1264 = RVR 1973 S. 16.

82 *BGH*, 1.12.1983 – I ZR 181/81 – NJW 1984, 2695, 2696; vgl. auch *OLG Frankfurt/M.* BB 1985, 687; MK/*von Hoyningen-Huene*, § 89b, Rz. 71.

Mag man dieser auf wirtschaftlichen Erwägungen beruhenden Auffassung auch 510
zustimmen, so fragt man sich aber andererseits, wie in einem derartigen Fall die
Entstehung von Provisionsverlusten begründet werden soll. Denn auch dann,
wenn man eine *Fortsetzung der Vertretertätigkeit unterstellt*, bliebe für eine weitere Vermittlungstätigkeit zumindest dann kein Raum, wenn der Handelsvertreter
schon während des bestehenden Vertragsverhältnisses nur befugt war, Geschäfte
mit Endverbrauchern zu vermitteln, sodass Geschäfte mit Wiederverkäufern,
wenn sie vorkamen, ohnehin nicht provisionspflichtig waren. Ein Provisionsverlust würde mithin voraussetzen, dass der Handelsvertreter, wäre sein Vertragsverhältnis nicht beendet worden, Provisionsansprüche aus den nunmehr mit Wiederverkäufern zu Stande kommenden Geschäften herleiten könnte[83].

Dass sich der Bundesgerichtshof in seinem Urteil vom 9.11.1967[84], das eben- 511
falls die ausgleichsrechtliche Problematik der *Umstellung des Vertriebssystems*
betraf, mit dieser Frage nicht auseinandergesetzt hat, beruhte allein darauf, dass
er bereits die Anspruchsvoraussetzung des Unternehmervorteils verneint hatte,
sodass es auf die des Provisionsverlustes nicht mehr ankam.

5. Mitnahme von Kunden

Eine Ausnutzungsmöglichkeit der vom Warenvertreter vermittelten Geschäfts- 512
verbindungen nach der Beendigung des Vertretervertrages dürfte auch insoweit
nicht uneingeschränkt gegeben sein, als im Zeitpunkt der Vertragsbeendigung
feststeht, dass der Vertreter den geworbenen *Kundenstamm ganz oder teilweise*
im Auftrage eines anderen Unternehmers mit *Konkurrenzartikeln beliefern*
wird und dies ganz oder teilweise zum Erlöschen der für den bisherigen Unternehmer vermittelten Geschäftsverbindungen führt[85]. Dann nämlich verbleibt
der vom Handelsvertreter geworbene Kundenstamm mit der Vertragsbeendigung
nur noch in beschränktem Umfang dem Unternehmer; entsprechendes gilt für
die Provisionsverluste des Handelsvertreters, die in derartigen Fällen ganz oder
teilweise entfallen, weil der Handelsvertreter diese Verluste durch Provisionseinnahmen aufgrund neuer Vermittlungstätigkeit für den nunmehr vertretenen
Unternehmer ersetzen kann. Eine ausgleichsbedürftige Rechtslage ist dann mit
der Vertragsbeendigung nicht mehr ohne weiteres gegeben[86].

6. Gründung eines Vertriebssyndikats

Mitunter steht ein Unternehmer vor der Notwendigkeit, sich mit anderen Her- 513
stellern der gleichen Branche zur *Gründung eines Vertriebssyndikats* zusam-

---

83 Vgl. EBJ/*Löwisch*, § 89b Rz. 99.
84 *BGH*, 9.11.1967, vgl. oben Fn. 73.
85 Vgl. *Schröder*, DB 1964 S. 323ff. zu IIIa; *OLG Celle*, 26.6.1959, BB 1959 S. 1151 = HVR Nr. 232; *BGH*, 25.4.1960, BB 1960 S. 605 = MDR 1960 S. 998 = NJW 1960 S. 1292; 22.9.1960, BB 1960 S. 1179 = HVR Nr. 231, vom 12.12.1963, HVR Nr. 319 = HVuHM 1964 S. 264; *OLG Düsseldorf*, OLGR 2000, 406, 411; *LG Berlin*, 22.9.1958, HVR Nr. 188. Dazu im Einzelnen *Martin*, VersR 1968 S. 117ff. (für die Rechtslage bei Versicherungsvertretern).
86 Vgl. Rz. 598.

menzuschließen, umso die Vertriebskosten zu senken und dadurch einem drohenden Preisverfall zu begegnen, der auf einer Übersättigung der Branche beruht. Wenn der Vertrieb nach Gründung des Syndikats und Kündigung der Vertreterverträge in der Weise erfolgt, dass die einzelnen Hersteller nach außen nicht mehr in Erscheinung treten und alle ihre Erzeugnisse ausschließlich nur noch unter dem neuen *Markenzeichen des Syndikats* vertrieben werden, taucht wiederum die Frage nach der *Ausnutzungsmöglichkeit* der vom Vertreter vermittelten Geschäftsbeziehungen auf.

514 Hier ist zunächst festzustellen, dass infolge der neuen Vertriebsform weder unmittelbare noch mittelbare Unternehmervorteile nach der Beendigung des Vertretervertrages entstehen können. *Mittelbare Vorteile* sind deshalb ausgeschlossen, weil das Syndikat die Geschäftsbeziehungen aller ihm angeschlossenen Unternehmen verwertet, und zwar ausschließlich zum Wohl aller Mitgliedsfirmen, nicht etwa zum alleinigen Vorteil des entsprechenden früheren Partners der Geschäftsverbindung. Deshalb kann sich, zumal auch der Name des Herstellers nach außen nicht mehr in Erscheinung tritt und der Vertrieb auf diese Weise völlig anonymisiert wird, aus keinem vom Syndikat abgeschlossenen Einzelgeschäft ein auch nur mittelbarer Vorteil eines dem Syndikat angeschlossenen Herstellers ergeben. Dennoch könnte aber ein Ausgleichsanspruch entstehen, wenn man berücksichtigt, dass die einzelnen Unternehmer bei unveränderter Vertragsfortsetzung in der Lage wären, die aus der Vertretertätigkeit resultierenden Vorteile auszunutzen.

515 Bei objektiver Würdigung der Gründe, die für die Neuorganisation des Vertriebs ursächlich waren, wird aber auch hier davon ausgegangen werden müssen, dass die Beibehaltung der bisherigen Vertriebsform für die einzelnen Unternehmer unzumutbar war. Der vom Bundesgerichtshof aufgestellte Grundsatz[87], dass der Unternehmer nicht gehalten sein könne, *nur wegen der Verdienstmöglichkeiten des Vertreters mit Verlust weiterzuproduzieren*, bedeutet, auf den hier interessierenden Sachverhalt übertragen, dass der Unternehmer gleichfalls nicht gehalten sein kann, *nur wegen der Verdienstmöglichkeiten des Vertreters an seiner bisherigen Vertriebsorganisation festzuhalten* und dass er wegen der Interessen des Vertreters mit einer Umstellung des Vertriebs so lange warten müsse, bis es zu spät ist.

516 Deshalb ist ein solcher Fall ausgleichsrechtlich nicht anders zu behandeln, als wenn der Unternehmer sich aus *wirtschaftlichen Gründen zur Betriebseinstellung* gezwungen sieht und deshalb nicht in der Lage ist, die vom Warenvertreter geschaffenen Geschäftsverbindungen nach der Beendigung des Vertretervertrages weiter auszunutzen. Die Voraussetzung des Unternehmervorteils ist daher auch bei einer derartigen *Umorganisation des Vertriebs* nicht erfüllt[88].

---

[87] *BGH*, 29.6.1959, BB 1959 S. 864 = MDR 1959 S. 823 = NJW 1959 S. 1964 = VersR 1959 S. 692 = HVR Nr. 209; LG *Berlin*, 22.9.1958, HVR Nr. 188.
[88] Näheres IHV 1963 S. 361 ff.

7. Beendigung eines Vertriebsvertrages

Entsprechendes gilt, wenn zwischen dem vertretenen Unternehmer und einem Dritten ein *Vertriebsvertrag* abgeschlossen worden war, aufgrund dessen die Handelsvertreter des Unternehmers die Artikel des Dritten im Namen und auf Rechnung des Unternehmers vertreiben. Endet der Vertriebsvertrag durch Zeitablauf, Kündigung oder aus anderen Gründen, so kann das vertretene Unternehmen – je nach den Umständen des Einzelfalles, insbesondere dann, wenn der Vertrieb des fremden Artikels für das Vertriebsunternehmen die alleinige oder überwiegende Geschäftsbasis darstellt – gezwungen sein, die Handelsvertreterverträge zu kündigen. Ein Unternehmervorteil kann in derartigen Fällen dann ausgeschlossen sein, wenn der Dritte dem Unternehmer keine Abfindung schuldet und der Unternehmer mit der Beendigung des Vertriebsvertrages die Möglichkeit verliert, die von den Handelsvertretern hergestellten Geschäftsverbindungen weiter auszunutzen. Der Unternehmer ist in solchen Fällen auch nicht verpflichtet, seinen Geschäftsbetrieb *im Interesse der Verdienstmöglichkeiten* der Handelsvertreter aufrecht zu erhalten und im Zusammenhang damit dafür Sorge zu tragen, den vorhandenen Kundenstamm mit *Ersatzartikeln* zu beliefern und seine Vertriebsorganisation auf den Vertrieb dieser Ersatzartikel umzustellen[89].

517

8. Probleme bei konzernrechtlicher Verflechtung

Grundsätzlich muss der Vorteil bei dem Unternehmen entstehen, mit dem der Handelsvertreter seinen Vertrag abgeschlossen hatte. Schwierig wird die Situation im *Konzernverbund*, wenn das vertretene Unternehmen die Vertriebstätigkeit einstellt, gleichzeitig aber ein Schwesterunternehmen oder die Konzernmutter den Vertrieb übernimmt und den vom Handelsvertreter geworbenen Kundenstamm weiternutzt. Im Falle einer Liquidation des Unternehmens hat der BGH den Vorteil verneint, weil das Unternehmen selbst den Kundenstamm auch nicht mehr mittelbar nutzen konnte. Der wirtschaftliche Vorteil des Konzerns insgesamt reiche nicht aus[90]. Gibt dagegen das konzerngebundene Unternehmen nur den Vertrieb auf und führt die Produktion weiter, so bleibt der Unternehmervorteil bestehen, weil die Kunden die Waren, wenn auch durch die Konzernmutter als Dritte, weiterhin abnehmen[91]. Wenn aber nur das Schwesterunternehmen den Vorteil hat, ist im Konzern zu prüfen, ob nicht Treuwidrigkeit oder Pflichtverletzung des Konzerns zu Lasten des Handelsvertreters vorliegt, welcher dann dem Unternehmen wieder zugerechnet werden müsste[92].

518

---

[89] Zu den Auswirkungen eines solchen Sachverhalts auf die Provisionsverluste des Handelsvertreters vgl. Rz. 743 Fn. 123. Entsprechendes gilt, wenn der vertretene Unternehmer Pächter eines Produktionsbetriebes ist und der Pachtvertrag gekündigt wird. Ein Unternehmervorteil könnte hier nur dann bejaht werden, wenn der Unternehmer trotz Beendigung des Pachtvertrags die vom Handelsvertreter hergestellten Geschäftsverbindungen ausnutzen kann.
[90] *BGH*, NJW 1986, 1931, 1932; vgl. auch *OLG München*, DB 1988, 1051; näheres siehe unten Rz. 524 ff.
[91] *BGH*, a.a.O.; vgl. auch MK/*von Hoyningen-Huene*, Rz. 75; *Westphal*, Rz. 984.
[92] *Baumbach/Hopt*, § 89b, Rz. 18; EBJ/*Loewisch*, § 89b, Rz. 94.

V Erste materielle Anspruchsvoraussetzung – Unternehmervorteile

519 Das Oberlandesgericht Braunschweig[93] hatte sich in seinem Urteil vom 3.4.1975 mit einem Sachverhalt zu befassen, in dem das Aktienkapital einer in Verlust geratenen Aktiengesellschaft zum Zwecke der Sanierung auf eine andere Aktiengesellschaft übertragen wurde, die Gesellschaft selbst sodann in eine GmbH umgewandelt und in den Unternehmensverband der übernehmenden Gesellschaft übertragen wurde. Die übernehmende Gesellschaft, ein Unternehmen der gleichen Branche, hatte sich zum Erwerb des Aktienkapitals entschlossen, weil es am **Kundenkreis** der übernommenen Gesellschaft und an dessen weiterer Belieferung interessiert war.

520 Das Gericht hat unter Berufung auf Schröder[94] die Ausgleichsverpflichtung der neu gegründeten Gesellschaft bejaht und dazu festgestellt: § 89b Abs. 1 Nr. 1 setze zwar für einen Ausgleichsanspruch nicht voraus, dass der Unternehmer selbst die vom Vertreter geschaffene Geschäftsbeziehung fortsetze und gerade daraus erhebliche Vorteile ziehen könne; dafür gebe schon der Gesetzeswortlaut nichts her.

521 Wenn der Unternehmer die vom Vertreter geschaffene Geschäftsverbindung auf andere Weise für sich erheblich vorteilhaft nutze, könne dies ebenfalls **ausgleichsanspruchsbegründend** sein, etwa dadurch, dass er den vom Vertreter geworbenen **Kundenstamm** und damit ein Aktivum seines Unternehmens **einem Dritten gegen eine Gegenleistung** überlasse. Deshalb sei es auch als i. S. von § 89b Abs. 1 Nr. 1 anspruchsbegründend anerkannt, wenn eine Kapitalgesellschaft ihre Produktion einstelle und eine andere Kapitalgesellschaft die Produktion übernehme oder ihre Produktionsanlagen an die andere Gesellschaft verpachte, die auch den Absatz durchführe, dabei zunächst immer vorausgesetzt, dass der *„veräußernde" Unternehmer auf irgendeine Art deswegen noch erhebliche Vorteile* ziehe. Wenn der Senat nur diese Auslegung des § 89b Abs. 1 Nr. 1 vertreten und über diese Auslegung nicht hinausgehen würde, käme es für die Entscheidung dem Grunde nach nicht nur darauf an, ob ein Kundenstamm geschaffen und weitergegeben worden sei, sondern auch darauf, ob gerade auch deswegen das auf Ausgleich in Anspruch genommene Unternehmen einen darauf bezogenen Gegenwert erhalten habe oder erhalte, also deswegen noch erhebliche Vorteile habe.

522 Das Gericht hat aber mit Rücksicht auf die konzernrechtlichen Verflechtungen eine **weitergehende Auslegung** des § 89b Abs. 1 Nr. 1 vertreten und dies folgendermaßen begründet: Schon in der Literatur[95] werde die Auffassung vertreten, dass dann, wenn eine rechtsfähige Vertriebsgesellschaft ihren Vertrieb stilllege und für die Stilllegung ihres Geschäftsbetriebes und dessen Fortführung einschließlich des von den Vertretern geschaffenen Kundenstammes durch die rechtsfähige Produktionsgesellschaft keinen Gegenwert erhalte, gleichwohl eine Ausgleichspflicht durch die stillgelegte Vertriebsgesellschaft bestünde. Diese

---

[93] *OLG Braunschweig*, 3.4.1975, BB 1976 S. 854 = DB 1976 S. 1908 = HVR Nr. 491 = HVuHM 1976 S. 1063 = NJW 1976 S. 2022; vgl. auch *LG Darmstadt*, 19.10.1976, HVR Nr. 502 = HVuHM 1977 S. 376. Vgl. auch die Besprechung des Urt. v. 3.4.1975 in der FAZ, Blick durch die Wirtschaft (Ausgabe vom 6.9.1976) von *Küstner*.
[94] *Schröder* DB 1973 S. 217ff. sowie Kommentar, § 89b Rz. 6f. und DB 1976 S. 1897.
[95] Vgl. *Schröder*, a.a.O.

Auffassung werde von Schröder jedenfalls für den Fall bejaht, dass die *Produktionsgesellschaft die Muttergesellschaft der Vertriebsgesellschaft* sei: Auch ohne eine Veräußerung stelle sich der Sachverhalt bei wirtschaftlicher Betrachtungsweise so dar, als habe die Muttergesellschaft den geworbenen Kundenstamm gekauft. Das Gericht teilt diese von Schröder vertretene Auffassung und führt dazu aus, auch im Falle einer konzernrechtlichen Verflechtung komme es für den Anspruchsgrund nicht darauf an, dass der Geschäftsbetrieb mitsamt dem geworbenen *Kundenstamm gegen einen Gegenwert* veräußert werde und auch nicht darauf, ob ein *Beherrschungsvertrag* vorliege. Sei vielmehr ein geworbener Kundenstamm überhaupt vorhanden und werde er von *einer anderen Konzerngesellschaft genutzt*, so sei dies bereits dem Grunde nach ein erheblicher Vorteil der Unternehmensgesellschaft, deren Handelsvertreter den Kundenstamm geworben hatten. Denn innerhalb des Konzerns sei dieser Vorteil auch der nur noch als Verpachtungs- und Verwaltungsgesellschaft tätigen früheren *Vertriebsgesellschaft zuzurechnen*. Das eine Anliegen des Gesetzgebers, *aus Kundenschutz zum Ausgleichsanspruch* zu führen, werde bei dieser wirtschaftlichen Betrachtungsweise ebenso berücksichtigt wie das andere, die unternehmerische Entscheidung des *selbstständigen Wirtschaftens* zu respektieren, wenn er den Betrieb einstelle. Werde aber im Rahmen verflochtener Unternehmen ein geschaffenes Aktivum weitergegeben, auch wenn ein Unternehmen dafür unmittelbar keinen Gegenwert erhalte, so genüge schon die *mittelbare Bevorteilung des Konzerns für den Anspruchsgrund nach § 89b Abs. 1 Nr. 1.*

Eine vergleichbare Rechtslage dürfte auch dann gegeben sein, wenn etwa ein *Herstellungsunternehmen*, das in der Rechtsform einer Aktiengesellschaft geführt wird, eine *Vertriebs-GmbH* gründet, deren sämtliche Geschäftsanteile das Herstellungsunternehmen selbst hält[96]. Wenn nun für die Vertriebs-GmbH Handelsvertreter tätig werden und dauerhafte Geschäftsbeziehungen anknüpfen, die Vertriebs-GmbH sodann aber *aus Rentabilitätsgründen aufgelöst* wird, kann das Herstellungsunternehmen gegenüber den geltend gemachten Ausgleichsansprüchen nicht einwenden, dass es schon mangels vertraglicher Beziehungen zu den Handelsvertretern nicht zum Ausgleich verpflichtet sei. Sofern das auf Ausgleich in Anspruch genommene *Herstellungsunternehmen* die von den Handelsvertretern für die Vertriebs-GmbH hergestellten *Geschäftsverbindungen auszunutzen* in der Lage ist, haftet es auch auf Ausgleich, und zwar nach der Rechtsprechung des Oberlandesgerichts Braunschweig allein schon *auf Grund der konzernrechtlichen Verflechtungen*, die zwischen ihm und der aufgelösten Vertriebs-GmbH bestanden. 523

Der Bundesgerichtshof beurteilt die vorstehend geschilderte Problematik sehr zurückhaltend. In seinem Urteil vom 30.1.1986[97] hatte er sich mit einem Sachverhalt zu befassen, in dem das beklagte vertretene Unternehmen im Geschäfts- 524

---

96 *LG Darmstadt*, 19.10.1976, a.a.O. Zu dieser Problematik vgl. auch das Urteil des *OLG München* v. 5.8.1988, BB 1988, S. 2058 = DB 1988, S. 2251 = HVR Nr. 675.
97 *BGH*, 30.1.1986, BB 1986 S. 1317 = DB 1986 S. 1332 = HVR Nr. 615 = HVuHM 1986 S. 696 = EBE 1986 S. 179 = NJW 1986 S. 1931.

V Erste materielle Anspruchsvoraussetzung – Unternehmervorteile

jahr 1979 **hohe Verluste** erlitt, weshalb es dem Handelsvertreter mitteilte, dass es die eigene Verkaufstätigkeit einstellen und sich nur noch auf eine **Lohnproduktion** mit teilweise geänderten Kollektionen beschränken werde, während der Vertrieb der von ihm hergestellten Artikel durch eine im Konzernverbund stehende Schwestergesellschaft erfolgen werde. Der Kläger nahm nach der Beendigung des Vertretervertrages die Beklagte auf Zahlung eines Ausgleichs in Anspruch und trug vor, dieser Anspruch sei unter Berücksichtigung der eingetretenen Provisionsverluste gerechtfertigt. Die Schwestergesellschaft der Beklagten, die den Verkauf der Erzeugnisse übernommen habe, erziele aus den Umsätzen mit den vom ihm geworbenen Kunden erhebliche Vorteile, die dem Konzern und damit letztlich auch der Beklagten zugute kämen.

525 Das Berufungsgericht hatte den Unternehmervorteil deshalb bejaht, weil die mit der Beklagten in einem Konzernverhältnis stehende Schwestergesellschaft den Kundenstamm übernommen habe und daraus Vorteile ziehe, die mittelbar der Beklagten als Konzernunternehmen auch zugute kämen, da diese wirtschaftlich gesundet sei. In seinem Urteil vom 30.1.1986 hat demgegenüber der Bundesgerichtshof die Auffassung vertreten, dass mit der vom Berufungsgericht gegebenen Begründung die Voraussetzungen eines Ausgleichsanspruchs nicht begründet werden könnten. Der vom Berufungsgericht **als „mittelbar" bezeichnete Vorteil sei zu unbestimmt**, um daraus die vom Kläger begehrte Rechtsfolge herleiten zu können.

526 Eine **wirtschaftliche Stärkung des Konzerns** und die damit verbundene **wirtschaftliche Gesundung der Beklagten** sei für sich gesehen kein Vorteil i.S. des § 89b HGB, weil nicht festzustellen sei, worauf dieser im Einzelnen beruhe. Für die Annahme eines allgemeinen Erfahrungssatzes, die weitere Nutzung des Kundenstammes durch ein anderes Unternehmen komme dem übertragenen Unternehmen in jedem Falle wirtschaftlich deshalb zugute, weil beide zu demselben Konzern gehörten, fehle es an hinreichenden Feststellungen. Allerdings könne dem Kläger ein Ausgleichsanspruch möglicherweise in dem Umfange zustehen, in dem die Schwestergesellschaft der Beklagten vom Kläger geworbene Kunden weiter mit den Produkten der Beklagten beliefere. Wenn insoweit Kundenbeziehungen fortbestünden, ziehe die Beklagte selbst daraus einen unmittelbaren Vorteil, weil sie die von ihr hergestellten Erzeugnisse an die bisher von ihr belieferten und vom Kläger geworbenen Kunden absetze. Dass die Verträge mit den Kunden nicht von der Beklagten selbst, sondern von der eingeschalteten Schwestergesellschaft abgeschlossen würden, sei dabei ohne rechtliche Bedeutung. Denn die Beklagte könne **ohne Veränderung ihres Vertriebssystems** die vom Kläger geschaffenen **Kundenbeziehungen weiter nutzen**.

9. Betriebsveräußerung

527 Endet ein Vertretervertrag infolge einer **Betriebsveräußerung**[98], so ist die Geltendmachung des Ausgleichsanspruchs grundsätzlich nicht ausgeschlossen, ob-

---

[98] Zum Einfluss einer Betriebsveräußerung auf den Bestand eines Vertretervertrages vgl. oben Rz. 331 ff. und *BGH*, 25.4.1960, NJW 1960 S. 1292 = HVR Nr. 260; *BGH*, 9.11.1967, BGHZ

wohl auch in diesem Falle der bisherige Unternehmer die vom Vertreter geschaffenen Geschäftsverbindungen im wörtlichen Sinne nicht ausnutzen kann. Der *Vorteil des bisherigen Unternehmers* schlägt sich aber in dem *höheren Entgelt* nieder, das er auf Grund des durch die Vertretertätigkeit erhöhten Firmenwertes erzielen konnte[99]. Hier kommt für den Ausgleichsanspruch also der *mittelbare Vorteil*, der dem Betriebsveräußerer auf Grund der Tätigkeit des Vertreters zufließt, in Betracht[100].

Hat bei einer *Betriebsveräußerung* der Übernehmer die Absicht, den vom veräußernden Unternehmer bisher praktizierten Vertrieb über die selben Vertriebskanäle mit dem gleichen Kundenkreis fortzusetzen, so ist nach Auffassung des BGH zu vermuten, dass der Übernahmepreis regelmäßig höher ausfällt, als es ohne diese Absicht der Fall wäre. Deshalb ist im Regelfall davon auszugehen, dass im Übernahmepreis auch ein Entgelt für den Kundenstamm enthalten ist[101]. **528**

In einer früheren Entscheidung aus dem Jahr 1962 hatte der BGH noch einen anderen Standpunkt vertreten. Damals hatte sich der Unternehmer darauf berufen, dass der bei der Vertragsbeendigung vorhandene *Kundenstamm die Höhe des Kaufpreises nicht beeinflusst* und sich deshalb auch nicht darin niedergeschlagen habe. Vielmehr beziehe sich der Kaufpreis allein auf das *übertragene Anlagevermögen*[102]. **529**

Der Bundesgerichtshof hatte festgestellt, dass dann, wenn der Betriebswert (goodwill) des Unternehmens bei der Festsetzung des Kaufpreises außer Be- **530**

49, 39 = BB 1968 S. 11 = RVR 1968 S. 46 = HVR Nr. 386; *BGH,* 9.7.1962, BB 1962 S. 1101 = HVR Nr. 272; vgl. auch *Küstner,* RVR 1968 S. 35 und *Schröder,* HVH, S. 250ff.

99 *BGH,* 27.3.1996 – VIII ZR 116/95, BB 1996, 1026 (zum Unternehmervorteil) wenn der Vertragspartner des Eigenhändlers nach der Vertragsbeendigung sein Unternehmen veräußert und der Erwerber es fortführt). *BGH,* 9.11.1967 – VII ZR 40/65, BB 1968, 11; *BGH,* 8.11.1984, I ZR 154/82 unveröffentl. *BGH,* 25.4.1960, BB 1960 S. 605 = DB 1960 S. 636 = HVR Nr. 283 = LM HGB Nr. 13 zu § 89b = MDR 1960 S. 998 = NJW 1960 S. 1292; *BGH,* 12.11.1976, HVR Nr. 542 = HVuHM 1980 S. 526 = WM 1977 S. 115; *OLG Karlsruhe,* 27.12.1984, ZIP 1985 S. 235, 236 zu II 2a); ebenso *LG Hannover,* 25.1.1996 – 21 O 174/93, HVR Nr. 906; *Brüggemann,* § 89b Rz. 44. Unerheblich ist es hierbei, ob das erzielte Entgelt in Geld oder Sachwerten erbracht wird und ob es in einer Summe oder in Teilzahlungen fällig wird. So hat das *OLG Celle,* Urteil vom 7.1.1971, HVR Nr. 436 = HVuHM 1971 S. 745 = RVR 1971 S. 331, festgestellt, dass ein Unternehmervorteil bei Veräußerung eines Verlagsobjekts und der später erfolgenden Vertragsbeendigung auch darin gesehen werden müsse, dass die *Anzeigen-Kundenkartei* und die *Anzeigen-Werbekartei,* die auf der Tätigkeit des Anzeigenvertreters basierten, im Kaufpreis als gesonderte Posten bewertet worden seien. Im Falle des Ausgleichsanspruchs eines *Tankstellenhalters* hat das *OLG Frankfurt* in seinem Urteil vom 29.1.1985 (DB 1985 S. 687) den Ausgleichsanspruch anerkannt, weil das Mineralölunternehmen im Zusammenhang mit der Aufgabe einer Tankstelle vom Grundstückseigentümer eine Abfindung wegen vorzeitiger Räumung des Pachtgrundstücks erhalten hatte. Denn wenn der Unternehmer die vom Handelsvertreter geschaffenen Geschäftsbeziehungen auf andere Weise für sich erheblich vorteilhaft nutzen könne, sei dies ebenfalls anspruchsbegründend; vgl. auch *OLG Braunschweig,* 3.4.1975, BB 1976 S. 854.

100 *OLG Hamburg,* 25.3.1958, VersR 1958 S. 688; *OLG Nürnberg,* 22.9.1961, BB 1962 S. 155 = HVR Nr. 273. Näheres zum Ausgleichsanspruch bei Betriebsveräußerung vgl. *Küstner,* RVR 1968 S. 35; vgl. auch *Brüggemann,* § 89b Rz. 44. Vgl. auch *OLG Hamm,* 14.3.1977, HVuHM 1979 S. 822.

101 *BGH,* 27.3.1996 – VIII ZR 116/95 – BB 1996, 1026 = NJW 1996, 1752.

102 *BGH,* 9.7.1962, BB 1962, 1101 = HVR-Nr. 372.

tracht geblieben und nur das *Anlagevermögen* des veräußerten Betriebes bewertet worden sei, ein ausgleichsfähiger Unternehmervorteil nicht gegeben sei, weil es für § 89b allein auf die tatsächlichen Vorteile ankomme, die dem vertretenen Unternehmer aus der Betriebsveräußerung zugeflossen seien. Diese Auffassung war in der Literatur nicht ohne Widerspruch geblieben[103], denn sie übersah, dass es betriebswirtschaftlich keine Schwierigkeiten bereitet, den Kaufpreis eines Unternehmens so zu belegen, dass er sich nach außen hin nur auf das Anlagevermögen, nicht aber gleichzeitig auch auf den tatsächlich ebenfalls übernommenen Kundenstamm bezieht. Um zu zutreffenden ausgleichsrechtlichen Ergebnissen zu gelangen, wird man deshalb nicht darauf abstellen dürfen, worauf sich der Kaufpreis nach dem Text des Kaufvertrages bezieht, sondern darauf, ob es die *Absicht des Erwerbers* ist, den gleichzeitig mit dem Anlagevermögen übernommenen *Kundenstamm weiterhin auszunutzen und ob der Erwerber ohne den vorhandenen und übernommenen Kundenstamm ein Entgelt in der gleichen Höhe wie das vereinbarte Entgelt bezahlt hätte*. Denn es widerspricht aller Lebenserfahrung, dass der Wert des Kundenstammes bei der Vereinbarung des Kaufpreises unberücksichtigt gelassen wird, wenn der Erwerber eines Betriebes den vorhandenen Kundenstamm geschäftlich nutzen will, sich also aus Geschäften mit diesem Kundenstamm in der Zukunft Gewinne verspricht[104].

531 Mit Recht weist das Oberlandesgericht Karlsruhe allerdings in seinem Urteil vom 27.12.1984[105] darauf hin, dass nur in seltenen Fällen ermittelt werden könne, wie der Betriebsübernehmer den für die Übernahme gezahlten *Kaufpreis im Einzelnen berechnet* habe. Zur Bejahung eines Vorteils müsse es deshalb genügen, wenn der Übernehmer die Firma unter ihrem bisherigen Namen weiterführe und dabei auch *dasselbe Vertriebsnetz benutze*.

532 In einem Sachverhalt, in dem das bisher vertretene Unternehmen nachweislich nur ein Entgelt für das bewegliche und unbewegliche Vermögen erhalten hatte, andererseits aber feststand, dass der Erwerber den vom ausgeschiedenen Handelsvertreter aufgebauten *Kundenstamm übernahm*, ohne dafür ein Entgelt an den Veräußerer gezahlt zu haben, hat das Landgericht Darmstadt[106] dem ausgeschiedenen Handelsvertreter zwar keinen Ausgleichsanspruch zugesprochen. Denn ein solcher habe mangels Nutzungsmöglichkeit und mangels eines für den Kundenstamm gezahlten Entgelts nicht entstehen können, weil es an der Anspruchsvoraussetzung des Unternehmervorteils fehlte. Das Gericht hat aber dem Handelsvertreter einen *Schadensersatz* zugesprochen und hat dies damit begründet, dass der Unternehmer dem Handelsvertreter gegenüber vertragliche

---

103 *Schröder,* DB 1967 S. 2015 und HVH S. 250, 256; *Küstner,* RVR 1968 S. 35, 39 unter Aufgabe der noch in der Vorauflage vertretenen Auffassung. Auch *Rietschel,* RVR 1969 S. 291, 302, meint, dass in solchen Fällen „im Zweifel" davon ausgegangen werden müsse, dass der Wert des Kundenstammes im Kaufpreis mitberücksichtigt, also gewissermaßen kapitalisiert worden sei. Vgl. auch *Haumann,* HVH, S. 231, 237.
104 So auch *OLG Hamm,* 14.3.1977, HVuHM 1979 S. 822.
105 *OLG Karlsruhe,* 27.12.1984, ZIP 1985 S. 235 re. Sp.
106 *LG Darmstadt,* 28.2.1978, HVuHM 1978 S. 798.

Nebenpflichten verletzt habe. Tatsächlich hätte nämlich nach Überzeugung des Gerichts das veräußernde Unternehmen vom Erwerber ein *Entgelt für den Kundenstamm* erzielen können.

Bildet der veräußerte Betrieb (nahezu) das Vermögen des Veräußerers, so haftet dem Vertreter für den Ausgleichsanspruch übrigens auch der Erwerber (§ 419 BGB; vgl. auch § 25 HGB)[107]. **533**

Veräußert der Unternehmer seinen Geschäftsbetrieb an einen Dritten, so werden von den Beteiligten regelmäßig unterschiedliche ausgleichsrechtliche Auffassungen zu der Frage vertreten, ob in dem von dem Dritten gezahlten Entgelt auch eine Vergütung für den vom Handelsvertreter geworbenen Kundenstamm enthalten ist und ob der Betriebserwerber dem Handelsvertreter einen Ausgleich schuldet, wenn nach Abwicklung der Betriebsveräußerung und nach der Beendigung des zwischen dem Betriebsveräußerer und dem Handelsvertreter bestehenden Handelsvertretervertrages zwischen dem Betriebserwerber und dem Handelsvertreter ein neuer Vertrag zu Stande kommt oder mit dem Handelsvertreter der bereits bestehende Vertrag mit dem Betriebserwerber fortgesetzt wird. **534**

Der *Betriebsveräußerer* ist der Ansicht, dem Handelsvertreter stehe mit Rücksicht auf die Beendigung des Vertragsverhältnisses *kein Ausgleich* zu. Zwar bestreitet er die aus der Vertragsbeendigung und insbesondere der Betriebsveräußerung sich ergebenden Unternehmervorteile nicht; es wird aber vorgetragen, aus der Vertragsbeendigung resultiere *kein Provisionsverlust*, weil ja der Handelsvertreter die geworbenen neuen Kunden nunmehr als Handelsvertreter des Erwerbers weiterhin nutzen könne. Der *Betriebserwerber* vertritt – auf seine eigene spätere Ausgleichsverpflichtung angesprochen, wenn der mit ihm abgeschlossene neue Vertrag ende – die Auffassung, er sei im Hinblick auf die vom Handelsvertreter für den Betriebsveräußerer geworbenen Neukunden *nicht ausgleichspflichtig*, denn jene Kunden seien für ihn, den Betriebserwerber, *nicht als Neukunden* anzusehen, weil er sie bereits mit Rücksicht auf das dem früheren Betriebsinhaber gezahlte Entgelt entgeltlich erworben habe. Deshalb schulde er für diese Kunden auch keinen Ausgleich, für den fraglichen Kundenstamm könne er ja *nicht zweimal zahlen müssen*. **535**

Das OLG München ist in seinem Urteil vom 14.10.1987[108] dieser Auffassung jedoch mit Recht nicht gefolgt. Seiner Auffassung nach erscheint die Annahme ungerechtfertigt, dass der Handelsvertreter weder von dem bisherigen Unternehmer noch vom Betriebserwerber einen Ausgleichsanspruch fordern könne. Denn es wäre Sache des Betriebsveräußerers gewesen, bei den Vertragsverhandlungen mit dem Betriebserwerber die *künftige Ausgleichsbelastung* durch übernommene Vertreter mitzuberücksichtigen. Selbst dann also, wenn der Erwerber für den Kundenstamm an den Veräußerer eine Vergütung bezahlt habe, könne es nicht zu Lasten des Handelsvertreters gehen, wenn der Betriebsveräu- **536**

---

107 Dazu *Schröder*, DB 1967 S. 2015.
108 *OLG München*, 14.10.1987 – 7 U 1642/87 – HVR Nr. 640 = HVuHM 1988 S. 392.

V Erste materielle Anspruchsvoraussetzung – Unternehmervorteile

ßerer diesen Gesichtspunkt bei den Vertragsverhandlungen mit dem Erwerber außer Acht gelassen habe. Im Übrigen sei zu beachten, dass für die Schaffung eines Kundenstammes *Mitursächlichkeit*[109] genüge. Der Umstand, dass dem Betriebserwerber die *Anschriften der Kunden*[110] im Rahmen der mit dem Veräußerer geführten Verhandlungen bekanntgeworden seien, reiche nicht aus, um die Ursächlichkeit der Tätigkeit des Handelsvertreters für die Kundenwerbung auszuschließen. *Kenntnis der Anschriften allein* führe noch nicht zu einer Geschäftsverbindung, weil damit noch keinesfalls feststehe, dass jemand, der in den Anschriftenlisten verzeichnet sei, auch tatsächlich Produkte vom Betriebserwerber kaufen werde. Deshalb müsse davon ausgegangen werden, dass, sofern das erste Geschäft durch den Handelsvertreter für den Betriebserwerber vermittelt werde, diese Tätigkeit zumindest mitursächlich für die Anbahnung der neuen Geschäftsverbindung sei.

537 Der *Handelsvertreter* schließlich meint, dass es angesichts der in § 89 b niedergelegten Regelung nicht möglich sei, dass er allein auf Grund der erfolgten Betriebsveräußerung *ausgleichsrechtlich leer* ausgehe; schließlich habe er neue Kunden geworben und wäre sein Vertragsverhältnis ohne die Betriebsveräußerung und ohne die durch den Abschluss des neuen Vertretervertrages möglich gewordene weitere Betreuung der selbst geworbenen Kunden beendet worden, würde ihm ja *unstreitig ein Ausgleichsanspruch* zustehen.

538 Erhält der Betriebsveräußerer vom Erwerber eine Vergütung auch für den vom Handelsvertreter aufgebauten Kundenstamm, kann der Handelsvertreter den Betriebsveräußerer auf Zahlung eines Ausgleichs in Anspruch nehmen, sofern, wie erwähnt, im *Entgelt des Betriebserwerbers für den übernommenen Kundenstamm ein Unternehmervorteil* zu sehen ist. Allerdings kommt es darauf an, ob infolge der Betriebsveräußerung auch die weitere Anspruchsvoraussetzung des *Provisionsverlustes* zu entstehen vermag. Das ist dann der Fall, wenn zwischen dem Handelsvertreter und dem neuen Erwerber *kein Handelsvertretervertrag* abgeschlossen wird, und der Betriebserwerber auch nicht in den bestehenden Handelsvertretervertrag eintritt und diesen mit dem Handelsvertreter fortsetzt. An der Entstehung von Provisionsverlusten fehlt es demgegenüber aber, wenn der Handelsvertreter in gleicher Weise wie bisher für den Betriebsveräußerer nunmehr auch für den Betriebserwerber tätig bleibt und seinen bisherigen Kunden – nunmehr für den Betriebserwerber – gegen Provisionsvergütung weiterhin betreuen kann.

539 Gegenüber dem *Betriebserwerber* ist ein Ausgleichsanspruch dann ausgeschlossen, wenn in dem Entgelt, das der Betriebserwerber zahlt, *nicht gleichzeitig auch ein Entgelt für den Kundenstamm* enthalten ist, weil entweder der Betriebserwerber auf den Kundenstamm keinen Wert legt oder weil er lediglich am Anlagevermögen des Betriebsveräußerers interessiert ist.

---

109 Vgl. dazu Rz. 644 ff.
110 Vgl. Rz. 653.

In diesem Zusammenhang entsteht natürlich die Frage, ob nicht die beiden Vertragsverhältnisse des Handelsvertreters – zunächst das Vertragsverhältnis mit dem Betriebsveräußerer und sodann das nach der Betriebsveräußerung begründete Vertragsverhältnis mit dem Betriebserwerber – *rechtlich eine Einheit darstellen* und es sich nicht auf der Unternehmerseite nur um einen *Partnerwechsel* handelt. Der Umstand, dass der mit dem Betriebserwerber begründete Vertrag *andere Konditionen* enthält als der ursprünglich abgeschlossene Vertrag, zwingt jedenfalls nicht zu der Annahme, es handele sich hier um zwei rechtlich völlig getrennte Verträge; auch ein einheitlicher Vertrag kann inhaltlich Änderungen unterworfen werden, wie dies der Bundesgerichtshof in anderem Zusammenhang festgestellt hat, wo ebenfalls ein einheitliches Vertragsverhältnis angenommen wurde, wenn die Parteien unter Fortbestand des Vertragsverhältnisses lediglich einen Vertrag durch einen anderen ersetzen[111]. **540**

Ein *Ausgleichsanspruch gegen den neuen Unternehmer*, also den Betriebserwerber, steht dem Handelsvertreter – wenn der mit diesem neu abgeschlossene oder fortgesetzte alte Handelsvertretervertrag endet – aber nur zu, wenn er für den Betriebserwerber neue Kunden geworben bzw. die für den Betriebsveräußerer geworbenen Kunden dem Betriebserwerber zugeführt hat oder wenn er Altkunden intensiviert hat. Bei den *intensivierten Altkunden* kann es sich entweder um solche handeln, die infolge der Betriebsveräußerung auf den Betriebserwerber übergegangen sind, oder um solche, die schon stets Altkunden des Betriebserwerbers waren, und deren Betreuung der Handelsvertreter – mit der Folge der Intensivierung – vom Betriebserwerber übernahm. **541**

Führt die Betriebsveräußerung nicht zu einer Vertragsbeendigung, sondern wird der Vertretervertrag mit dem Betriebserwerber *ohne Unterbrechung fortgesetzt*, so muss der *Erwerber* bei einer später erfolgenden Vertragsbeendigung für den Ausgleichsanspruch in vollem Umfang *haften*. Er kann mithin nicht geltend machen, seine Haftung sei deshalb ausgeschlossen, weil die Übernahme der Geschäftsverbindungen in der Höhe des Kaufpreises bereits berücksichtigt worden sei und dass eine nochmalige Vergütung der Geschäftsverbindungen an den ausscheidenden Vertreter in Form einer Ausgleichszahlung zu einer ungerechtfertigten *Doppelbelastung* führen würde, im Hinblick auf die übernommenen Geschäftsverbindungen könnten sich aus der Vertragsbeendigung Unternehmervorteile also nicht ergeben. Bei diesem Einwand würde der Unternehmer übersehen, dass, wenn der goodwill des Unternehmens bei der Festsetzung des Übernahmepreises in Ansatz gebracht wurde, andererseits auch die künftige Ausgleichsbelastung des Übernehmers berücksichtigt worden sein muss, sodass infolgedessen von einer Doppelbelastung keine Rede sein kann. Aber auch wenn die zu erwartende Ausgleichsbelastung nicht berücksichtigt worden sein sollte, kann der Unternehmer mit seinem Einwand nicht durchdringen. Denn in dem an den Betriebsveräußerer gezahlten Übernahmepreis ist ein Äquivalent **542**

---

111 *BGH*, 14.11.1966, BB 1966 S. 1410 = DB 1966 S. 1965 = HVR Nr. 356 = HVuHM 1967 S. 13 = NJW 1967 S. 248 = VersR 1966 S. 1182; *BGH*, 12.12.1985 – I ZR 62/83 – nicht veröffentlicht, zu Ziff. II 3 der Gründe.

für die bei der Beendigung des Vertretervertrages aus der Tätigkeit des Vertreters resultierenden und nach § 89b HGB auszugleichenden Vorteile nicht enthalten. Die ausgleichsrechtliche Bewertung dieser Vorteile unterliegt anderen Grundsätzen als die Bewertung des goodwill. Auch wäre es unbillig, wenn man durch eine Ausgleichsminderung die bei der Betriebsübernahme gebotene, aber unterlassene Berücksichtigung der zu erwartenden Ausgleichsbelastungen des Erwerbers im Ergebnis dem Vertreter aufbürden wollte[112].

543 Mit einem besonders gelagerten Sachverhalt hatte sich in diesem Zusammenhang das Oberlandesgericht Hamburg zu befassen[113]. Eine Firma hatte einen *Teilgeschäftsbereich* auf einen Dritten übertragen; der mit einem Handelsvertreter bestehende Vertrag war auf den Dritten übergegangen. Als der Vertretervertrag kurz darauf von dem Dritten gekündigt wurde, wies das Oberlandesgericht Hamburg die auf Zahlung eines Ausgleichs gegen den Erwerber gerichtete Klage des Handelsvertreters ab, weil die *Voraussetzung des Unternehmervorteils* nicht erfüllt sei. Zwar hätte das veräußernde Unternehmen aus der Tätigkeit des Handelsvertreters Vorteile ziehen können, wenn es das übertragene Geschäft fortgesetzt hätte. Solche Vorteile seien aber bei dem auf Ausgleich in Anspruch genommenen Dritten nicht eingetreten, weil dieser als *Glied eines ausländischen Konzerns* auf die von dem Handelsvertreter hergestellten Geschäftsverbindungen nicht angewiesen sei und zu den vom Handelsvertreter geworbenen Kunden seinerseits *bereits in Geschäftsbeziehungen stehe*.

10. Übertragung eines Alleinvertriebsrechts oder des Kundenstamms

544 Ebenso wie bei einer Betriebsveräußerung ausgleichsrechtlich auf den *mittelbaren Vorteil* abzustellen ist, der dem vertretenen Unternehmen als Betriebsveräußerer infolge des ihm vom Erwerber für den übertragenen Kundenstamm zufließenden Entgelts verbleibt, kann ein solcher mittelbarer Vorteil auch in anderem Zusammenhang von Bedeutung sein.

545 Wird ein Handelsvertretervertrag vom Unternehmer gekündigt, weil er einem Dritten ein *Alleinverkaufsrecht* für seine Erzeugnisse übertragen will, und verpflichtet sich der Dritte dem Hersteller gegenüber zur *Abnahme bestimmter Mindestmengen*, so kann sich der Unternehmer, obwohl er selbst die vom Handelsvertreter hergestellten Geschäftsverbindungen unmittelbar nicht auszunutzen vermag, nicht darauf berufen, dass die Anspruchsvoraussetzung des Unternehmervorteils durch die Vertragsbeendigung bzw. den abzuschließenden Alleinverkaufsvertrag nicht erfüllt sei. Der Bundesgerichtshof[114] hat die Auffassung des Berufungsgerichts bestätigt, das einen *ausgleichsfähigen Unternehmervorteil* darin gesehen hatte, dass für die im Rahmen des dem Dritten übertragenen Alleinverkaufsrechts *vereinbarte Mindestabnahmemenge auch diejenigen Umsätze maßgeblich waren, die sich aus Geschäften mit den vom*

---

112 Vgl. *Küstner,* IHV 1959 S. 485 f. zu 3.
113 *OLG Hamburg,* 10.11.1966 – 6 U 89/66, insoweit nicht veröffentlicht; vgl. dazu VW 1967 S. 1114.
114 *BGH,* 12.11.1976 – I ZR 123/73 – unveröffentlicht.

Handelsvertreter geworbenen Kunden ergaben. In seinem Urteil vom 12.11. 1976 hat der Bundesgerichtshof festgestellt, dass § 89b Abs. 1 Ziff. 1 keine Einschränkung dahin enthalte, dass sich die Unternehmervorteile allein aus künftigen Geschäftsabschlüssen des Unternehmers mit den vom Handelsvertreter geworbenen Kunden ergeben müssten. Schon früher sei übrigens vom Bundesgerichtshof[115] anerkannt worden, dass ein Unternehmervorteil auch dann bestehe, wenn ein Unternehmer nach Maßgabe des Umsatzes mit neu vom Handelsvertreter geworbenen Kunden ein *Verarbeitungskontingent* erhalte, das er selbst ausnutzen oder veräußern könne, wobei es nicht darauf ankomme, ob die ursprünglichen Kunden überhaupt weiterbeliefert würden.

Ganz ähnlich ist die Situation bei einer *Veräußerung des Kundenstammes*. **546** Hier ist für den Unternehmervorteil der Betrag maßgebend, den dieser aus der Sicht bei Vertragsende unter Berücksichtigung aller Umstände des Einzelfalles voraussichtlich als Erlös für die Überlassung der Geschäftsbeziehungen mit den Stammkunden erzielen kann. Einen solchen Fall hatte das OLG Düsseldorf im Jahr 2001 zu entscheiden[115a]. Es wies darauf hin, dass ein später ausgehandelter *Preis* als *Anhaltspunkt für den Wert dieses Kundenstammes* dienen könne. Die bei Darlegung und Nachweis des Wertes bestehenden Schwierigkeiten würden dadurch erleichtert, dass nach der Rechtsprechung des BGH erfahrungsgemäß bei der Veräußerung eines werbenden Unternehmens, das fortgeführt werden soll, mit dem vereinbarten Übernahmepreis die bestehenden Kundenbeziehungen selbst dann abgegolten werden, wenn die Parteien ein Entgelt hierfür weder ausdrücklich ausgehandelt noch festgelegt haben. Vielmehr sei nach der Lebenserfahrung im Regelfall davon auszugehen, dass im Kauf-/Übernahmepreis ein Betrag enthalten ist, welcher denjenigen Unternehmervorteilen entsprechende, die dem Veräußerer bei der Unternehmensfortführung während des Prognosezeitraumes zugeflossen wären. Daraus, so das OLG Düsseldorf, ergebe sich zumindest die Vermutung, dass der Unternehmer einen Ausgleich für die Übertragung des Kundenstammes erhalten habe. Wenn er ihn unentgeltlich einem Dritten übertragen habe, so wäre er aber dem Handelsvertreter gegenüber schadensersatzpflichtig, weil er schuldhaft die Geltendmachung eines Ausgleichs unterlassen hätte und dem Vertreter hierdurch Schaden zufügen würde. Der Unternehmer sei also auch in diesem Fall so zu behandeln, als hätte der Vertreter den üblichen Ausgleich nach Beendigung der Handelsvertretung erhalten.

11. Firmenwert, Unrentabilität

Eine durch die erfolgreiche Tätigkeit des Vertreters verursachte *Steigerung des* **547** *Firmenwerts allein* kann allerdings ausgleichsrechtlich nicht berücksichtigt werden, wenn der Vertreter nicht auch laufende Geschäftsverbindungen zu neuen Kunden herzustellen vermochte und damit im Zeitpunkt der Vertrags-

---

115 *BGH*, 25.4.1960, HVR Nr. 283 = HVuHM 1960 S. 457.
115a *OLG Düsseldorf*, 2.11.2001 – 16 U 149/00 – HVR-Nr. 1043 (rechtskräftig).

V   Erste materielle Anspruchsvoraussetzung – Unternehmervorteile

beendigung auch keine Provisionsverluste aus Nachbestellungen entstehen konnten.

548 Mit Recht weist das Landgericht Frankfurt[116] darauf hin, dass die Werbung neuer Kunden für die Anspruchsvoraussetzung des Unternehmervorteils allein nicht ausreiche, wenn wegen der Besonderheit der Produkte des Unternehmers *keine dauerhaften Geschäftsverbindungen* entstehen können. Von solchen könne erst dann gesprochen werden, wenn innerhalb eines überschaubaren und in seiner Entwicklung noch absehbaren Zeitraumes *Nachbestellungen* der vom Handelsvertreter geworbenen Kunden zu erwarten seien. Dass sich durch die Tätigkeit des Handelsvertreters der *Firmenwert* des vertretenen Unternehmens allgemein erhöht habe, sei für die Entstehung eines Ausgleichsanspruchs nicht ausreichend.

549 Der Ausgleichsanspruch entfällt schließlich nicht allein dadurch, dass der Unternehmer beabsichtigt, den durch das Ausscheiden des Handelsvertreters frei gewordenen *Vertreterbezirk wegen Unrentabilität nicht wieder zu besetzen*; denn daraus folgt noch nicht, dass auch die bereits bestehenden Geschäftsverbindungen[117] beeinträchtigt werden und künftige Vorteile deshalb entfallen.

12. Mehrstufige Vertragsverhältnisse

550 Hat ein *Warenvertreter als Hauptvertreter* Verträge mit *(echten) Untervertretern* abgeschlossen, deren er sich zur Erfüllung seiner Vertragspflichten bedient, und führt die Beendigung des Hauptvertretervertrages auch zur *Beendigung des Untervertretervertrages*, weil sich der Hauptvertreter aus besonderen Gründen nunmehr auch zur Kündigung dieser Verträge veranlasst sieht[118], so gilt im Hinblick auf den dann entstehenden *Ausgleichsanspruch der Untervertreter* folgendes:

551 Kann der Hauptvertreter bei der Beendigung seines Vertretervertrages seinerseits einen Ausgleichsanspruch gegen den vertretenen Unternehmer mit Erfolg geltend machen, so kann er sich dem Untervertreter gegenüber nicht darauf berufen, dass er infolge der Beendigung seines Vertragsverhältnisses nicht in der Lage sei, Unternehmervorteile aus den von den *Untervertretern vermittelten Geschäftsverbindungen* zu ziehen, weil ihn die Beendigung des Hauptvertretervertrages an der weiteren Ausnutzung der bestehenden Geschäftsverbindungen hindere. In einem derartigen Fall ist nämlich zu berücksichtigen, dass die von den Untervertretern geschaffenen Geschäftsverbindungen dem vertretenen Unternehmer gegenüber *als vom Hauptvertreter vermittelte Verbindungen gelten*, weil die Untervertreter lediglich *Erfüllungsgehilfen des Hauptvertreters* sind[119]. Daraus folgt, dass sich bei der Errechnung des Ausgleichsanspruchs des Hauptvertreters diese Geschäftsverbindungen entsprechend *ausgleichserhöhend* ausgewirkt haben. Denn ihre Berücksichtigung verursachte höhere Unter-

---
116 *LG Frankfurt,* 22.3.1989 – 3/13 U 93/88 – unveröffentlicht.
117 *LG Kaiserslautern,* 14.11.1955, HVR Nr. 81.
118 Vgl. zu einem solchen Fall *OLG Düsseldorf,* 16.12.1965, NJW 1966 S. 888.
119 *OLG Hamm,* 20.10.1958, MDR 1959 S. 1016.

nehmervorteile, größere Vertreterverluste und schließlich auch eine Ausgleichshöchstgrenze, die ohne die Bemühungen der Untervertreter nicht erreicht worden wäre. Der Unternehmervorteil des Hauptvertreters im Verhältnis zu den Untervertretern besteht deshalb darin, dass ihm durch die Tätigkeit der Untervertreter ein *höherer Ausgleich* zufließt, als wenn er die Untervertreter nicht eingesetzt hätte; auf die mangelnde Ausnutzungsmöglichkeit der bestehenden Geschäftsverbindungen kommt es deshalb nicht an, weil diese bereits zu entsprechend höheren Provisionsverlusten des Hauptvertreters und damit zu einem entsprechend höheren Ausgleich des Hauptvertreters führen.

Entsprechend den vom Bundesgerichtshof für den Fall einer *Betriebsveräußerung* entwickelten Grundsätzen[120] muss es für den Ausgleichsanspruch eines Untervertreters mithin genügen, dass der Hauptvertreter aus der vom Untervertreter geschaffenen Geschäftsverbindung in irgendeiner Form, also auch durch einen entsprechend höheren Ausgleichsanspruch, als er ihm ohne den Einsatz der Untervertreter zustehen würde, Nutzen zieht. 552

Diese Auffassung ist vom Bundesgerichtshof[121] bestätigt worden. Das Gericht hat dabei zum Ausdruck gebracht, dass ein ausgleichsrechtlich beachtlicher unmittelbarer Zusammenhang zwischen der *Wertsteigerung der Vertretungen des Hauptvertreters* und der *Mitschaffung des Kundenstammes durch den Untervertreter* bestehe. Der Annahme eines solchen Zusammenhanges stehe es weder entgegen, dass für die Ausgleichszahlung an den Hauptvertreter Billigkeitsgesichtspunkte nach § 89b Abs. 1 Nr. 3 maßgeblich gewesen seien, noch dass sie auf Grund eines Vergleichs zu Stande gekommen sei. 553

Diese Rechtslage ändert sich nicht zum Nachteil des Untervertreters dadurch, dass dem Handelsvertreter anstelle des Ausgleichs eine der Höhe nach dem anderenfalls zu zahlenden Ausgleich entsprechende Leistung zufließt, wie dies zum Beispiel im Hinblick auf eine vom Unternehmer finanzierte *Altersversorgung* der Fall ist, die bekanntlich unter Billigkeitsgesichtspunkten die Entstehung des Ausgleichs insoweit ausschließt, als der *Kapitalwert der Altersversorgung* dem Ausgleichsanspruch der Höhe nach entspricht[122]. Hier tritt der „*Versorgungsvorteil*" an die Stelle des oben geschilderten „*Ausgleichsvorteils*" des Handelsvertreters. Es müsste als außerordentlich unbillig empfunden werden, könnte sich der Handelsvertreter dem Untervertreter gegenüber darauf berufen, sein Ausgleich sei unter Billigkeitsgesichtspunkten nicht zur Entstehung gelangt und die Versorgungsleistungen des Unternehmers könnten als auszugleichender Vorteil nicht berücksichtigt werden. 554

Zweifelsfragen können sich bei *mehrstufigen Handelsvertretungen* dann ergeben, wenn ein Hauptvertretervertrag ohne Ausgleichsberechtigung des Hauptver- 555

---
120 *BGH,* 25.4.1960, NJW 1960 S. 1292 = MDR 1960 S. 998 = BB 1960 S. 605; *BGH,* 9.7.1962, in BB 1962 S. 1101 insoweit nicht abgedruckt. Vgl. auch *OLG Hamburg,* 25.3.1958, VersR 1958 S. 688; vgl. dazu Näheres oben Rz. 527ff.
121 *BGH,* 13.3.1969 – VII ZR 174/66, BGHZ 52 S. 5 = BB 1969 S. 510 = RVR 1969 S. 180 = HVR Nr. 396. Vgl. dazu *Küstner,* RVR 1970 S. 111.
122 Näheres dazu unten im VIII. Kapitel.

treters beendet wird und der vom Unternehmer eingesetzte nachfolgende Hauptvertreter seinerseits in die bestehenden (echten) Untervertreterverträge eintritt. Wenn nämlich der neue Untervertretervertrag, der mit dem Nachfolger des ausgeschiedenen Hauptvertreters zu Stande kam, beendet wird, dann wird sich der auf Ausgleich in Anspruch genommene nunmehrige Hauptvertreter oft darauf berufen, der Untervertreter habe die Kunden nicht für ihn, sondern für seinen Vorgänger geworben. Mit diesem Einwand kann der Vertreter indessen nicht durchdringen, weil es allein darauf ankommt, ob die einzelnen Voraussetzungen des § 89b gegeben sind. Hat der Nachfolgevertreter den für seinen Vorgänger geworbenen **Kundenstamm übernommen** und ist damit zu rechnen, dass sich die vom Untervertreter für den Vorgänger geworbenen Geschäftsverbindungen auch für den Nachfolgevertreter vorteilhaft auswirken, dann ist die Voraussetzung für den Unternehmervorteil erfüllt und eine Ausgleichspflicht des neuen Hauptvertreters gegenüber dem ausscheidenden Untervertreter grundsätzlich gegeben[123].

556   Sind, wenn sowohl der Hauptvertreter- als auch der Untervertretervertrag endet, der Hauptvertreter gegenüber dem Unternehmer und der Untervertreter gegenüber dem Hauptvertreter ausgleichsberechtigt, kann dadurch *weder eine Doppelbelastung* noch eine zusätzliche Belastung des Unternehmers entstehen. Denn die Ausgleichsverpflichtungen insgesamt können eine durchschnittliche Jahresprovision von Haupt- und Untervertreter zusammengenommen nicht überschreiten[124].

V. Art und Erheblichkeit der Vorteile

557   Der Vorteil des Unternehmers im Sinne des § 89b Abs. 1 Nr. 2 ist nach dem Gesetzeswortlaut auf solche Vorteile beschränkt, die sich aus Geschäftsverbindungen mit neuen, vom Handelsvertreter geworbenen Kunden ergeben. Er bemisst sich jedoch nicht nur nach den **konkreten Geschäftsgewinnen**, die der Unternehmer auf Grund der Tätigkeit des früheren Vertreters ziehen kann. Aus dem Wortlaut des Gesetzes, das ganz allgemein von *„erheblichen Vorteilen"* spricht und die Art der in Betracht kommenden Vorteile nicht näher definiert, lässt sich jedenfalls nicht schließen, dass der Gesetzgeber die Vorteile auf die konkreten Geschäftsgewinne beschränken wollte, die sich aus der Tätigkeit des ausgeschiedenen Handelsvertreters ergeben. Mit Recht hat der Bundesgerichtshof in seinem Urteil vom 31.1.1991[125] zur Frage der Erheblichkeit festgestellt, diesem Begriff sei nicht zu entnehmen, dass erst *von einer bestimmten Größe des Kundenstammes* und einer *bestimmten Anzahl von Wiederholungskäufen* an erhebliche Vorteile vorliegen könnten. Die Erheblichkeit der dem Unternehmer aus dem Kundenstamm erwachsenden Vorteile ergebe sich aus dem Umfang und der aus der *Schätzungsprognose* folgenden Beständigkeit des Neuge-

---

123 Näheres zu den Auswirkungen, die sich im Hinblick auf die Untervertreter ergeben, wenn dem Hauptvertreter bei Beendigung seines Vertragsverhältnisses ein Ausgleichsanspruch nicht zusteht, unten Rz. 1509 ff.
124 Die Problematik entsteht aber nur bei „echten" Untervertreterverträgen, vgl. dazu Rz. 77 ff.
125 *BGH*, 31.1.1991, BB 1991 S. 1210.

schäfts. Das Landgericht Hannover[126] hat in diesem Zusammenhang festgestellt, dass es für den Unternehmervorteil nicht entscheidend sei, welchen *bilanzmäßigen Gewinn* der Unternehmer erziele. Den Vorteilsbegriff als solchen wird man daher *weit fassen* müssen[127].

Ebenso wie bei der Berechnung der *Provisionsverluste* des Handelsvertreters ergeben sich die aus der Vertragsbeendigung resultierenden Unternehmervorteile aus einer *prognostizierten* künftigen *Entwicklung* der vom Handelsvertreter dem Unternehmer hinterlassenen neuen Geschäftsverbindungen, denen nach § 89b Abs. 1 Satz 2 intensivierte alte Geschäftsverbindungen gleichzustellen sind. Anders als bei der Berechnung der Provisionsverluste des Handelsvertreters kommt hier indessen eine *Abzinsung* nicht in Betracht. Denn anders als beim Handelsvertreter, dessen Ausgleichsanspruch ja bereits mit der Vertragsbeendigung fällig wird, wirken sich die neuen Geschäftsverbindungen auf Seiten des Unternehmers ja erst in der Zukunft aus; hier kann also nicht von einer dem *Kapitalisierungseffekt* der Ausgleichszahlung vergleichbaren Wirkung gesprochen werden. Es ist also richtig, wenn im Urteil des OLG Nürnberg vom 16.5.1991[128] der betragsmäßig ermittelte Unternehmervorteil *keiner Abzinsung* unterworfen wurde, wohl aber zu Lasten des Handelsvertreters der Betrag, der sich bezüglich der Ermittlung der Provisionsverluste ergab. 558

Ergibt sich aus der Tätigkeit des Handelsvertreters eine *Werterhöhung des Unternehmens*, ohne dass sich aus der Tätigkeit des Handelsvertreters gleichzeitig auch *laufende Geschäftsverbindungen* ergeben, die für den Unternehmer nutzungsfähig sind, ist die Anspruchsvoraussetzung des *Unternehmervorteils nicht erfüllt*. Allein diese Auslegung des Vorteilsbegriffs entspricht dem Gesetzeswortlaut, der Unternehmervorteile ausdrücklich von der Herstellung von *Geschäftsverbindungen zu neuen Kunden*, die der Handelsvertreter geworben hat, abhängig macht. Deshalb reicht es beispielsweise für die Entstehung eines aus der Vertragsbeendigung resultierenden Unternehmervorteils nicht aus, wenn sich die Tätigkeit des ausgeschiedenen Handelsvertreters auf den *Aufbau einer Vertriebsorganisation* beschränkte, ohne dass sich aus dieser Tätigkeit – mag sie noch so erfolgreich durchgeführt worden sein – neue Geschäftsverbindungen ergeben haben, die vom Handelsvertreter hergestellt wurden[129]. 559

Andererseits genügt es, worauf bereits hingewiesen worden ist, dass sich die durch den Vertreter geschaffene *Erhöhung des Firmenwertes* für den Unternehmer dadurch vorteilhaft auswirkt, dass er bei einer *Betriebsveräußerung* ein entsprechend *höheres Entgelt* erzielt[130]. Das Oberlandesgericht Hamburg hat 560

---

126 *LG Hannover*, 27.3.1973, HVR Nr. 474.
127 *OLG München*, 11.6.1958, BB 1958 S. 895 = NJW 1958 S. 1030; *Schröder*, § 89b Anm. 7. *BGH*, 25.4.1960, BB 1960 S. 605 = DB 1960 S. 636 = HVR Nr. 278/283 = MDR 1960 S. 998 = NJW 1960 S. 1292; *BGH*, 12.11.1976 – I ZR 123/73 – unveröffentlicht.
128 *OLG Nürnberg*, 16.5.1991 – 12 U 2405/86 – unveröffentlicht.
129 So auch *LG Mainz*, Urteil vom 16.9.1977 – 11 HO 28/77 – unveröffentlicht. Vgl. aber *BGH*, 24.6.1971, BGHZ 56, 290 = BB 1971 S. 887 = DB 1971 S. 1409 = NJW 1971 S. 1610 und *OLG München*, 11.6.1958, BB 1958 S. 895 = NJW 1958 S. 1636.
130 *Schröder* § 89b Rz. 6f.

V Erste materielle Anspruchsvoraussetzung – Unternehmervorteile

hierzu ausgeführt, es sei nicht erforderlich, dass der Unternehmer in der Lage gewesen wäre, die Geschäftsverbindung selbst fortzusetzen, es genüge vielmehr, dass der Unternehmer aus der Geschäftsverbindung in irgendeiner Form, zum Beispiel durch *entgeltliche Überlassung seines Betriebes an einen Dritten*, Nutzen ziehen könne[131]. Zu beachten ist aber, dass die Wertsteigerung des Unternehmens unmittelbar mit der Schaffung eines Kundenstammes zusammenhängen muss. Erzielt der Unternehmer bei einer Betriebsveräußerung deshalb einen höheren Preis, weil er die Gewinne, die er aus den vom Handelsvertreter vermittelten Geschäften ziehen konnte, in *neuen Maschinen und ähnlichen Investitionen* anlegt, so kann der Vertreter aus *dieser* Wertsteigerung keinen Ausgleichsanspruch herleiten. Andernfalls wäre er, was das Gesetz nicht vorsieht, einem *stillen Gesellschafter* des Unternehmers gleichzustellen[132].

561 Ob ein Vorteil *erheblich* ist, bestimmt sich ausschließlich nach der Leistung des Vertreters für das Unternehmen. Der *Gesamtumsatz des Unternehmens* oder sein insgesamt erzielter Gewinn ist für die Erheblichkeit der Vorteile *kein Maßstab*. Denn es kann der Fall eintreten, dass der Gesamtumsatz oder der Gesamtgewinn des Unternehmers absinkt, aber dennoch erhebliche Vorteile aus der Tätigkeit des Vertreters für den Unternehmer entstehen. Das Gesetz stellt in § 89b allein auf die Tätigkeit des Handelsvertreters ab. Daraus folgt, dass es allein auf den aus der Tätigkeit des ausgeschiedenen Vertreters resultierenden Umsatz oder Gewinn[133] bzw. die Chance ankommt, aus Folgegeschäften mit den geworbenen Neukunden Gewinne zu erzielen.

562 *Erhebliche Vorteile* sind gegeben, wenn das mit den Neukunden zu erwartende Geschäft voraussichtlich einen gewissen Umfang und eine Beständigkeit haben wird. Der Unternehmer kann daher nicht einwenden, das Neukundengeschäft des Handelsvertreters sei im Verhältnis zu seinem Gesamtumsatz nur geringfügig[134]. Ferner hat Hoffmann[135] darauf hingewiesen, dass ein erheblicher Unternehmervorteil deshalb auch dann bejaht werden kann, wenn das vertretene Unternehmen selbst *ohne Gewinn* arbeitet, sei es, weil es sich noch im *Aufbau* befindet, sei es, dass es während einer *Konjunkturkrise* nicht voll ausgelastet ist. Entscheidend ist hierbei die Überlegung, dass die Ertragslage des Unternehmens ohne die erfolgreiche Tätigkeit des Handelsvertreters *noch negativer* aussehen würde.

563 Das OLG Nürnberg[136] hatte unter Berufung auf das BGH-Urteil vom 3.6. 1971[137] den Unternehmervorteil *sehr pauschal* in der Weise ermittelt, dass es die ausgleichsfähigen Umsätze unter Zugrundelegung eines *Prognosezeitraums*

---
131 *OLG Hamburg*, 25.3.1958, VersR 1958 S. 688; *OLG Nürnberg*, 22.9.1961, BB 1962 S. 155 zu 2. Vgl. hierzu auch die einen Sonderfall betreffenden Ausführungen des *Bundesgerichtshofes* im Urteil vom 25.4.1960, BB 1960 S. 605 = MDR 1960 S. 998 = NJW 1960 S. 1292.
132 *BGH*, 25.4.1960, a.a.O.
133 So auch *OLG Frankfurt a. M*, 3.6.1966, HVR Nr. 365.
134 *BGH*, 31.1.1991 – I ZR 142/89 – BB 1991, 1210 = NJW-RR.
135 *Hoffmann*, S. 43. Vgl. zur gleichen Problematik beim Versicherungsvertreter Rz. 621.
136 *OLG Nürnberg*, 16.5.1991, 12 U 2405/86 – unveröffentlicht.
137 *BGH*, 3.6.1971, BGHZ 56, 242 = BB 1971 S. 843 = DB 1971 S. 1298 = HVR Nr. 444 = HVuHM 1971 S. 839 = NJW 1971 S. 1611.

von 4 Jahren[138] hochgerechnet und addiert und sodann aus der ermittelten Summe einen *Unternehmergewinn von 10%* angenommen hatte. Das Gericht kam auf diese Weise zu dem Ergebnis, dass die Anspruchsvoraussetzung des Unternehmervorteils diejenige des Provisionsverlustes überstieg. Die Berufung auf das Urteil des Bundesgerichtshofs vom 3.6.1971 vermag allerdings nicht zu überzeugen, denn der Bundesgerichtshof kam in seinem Urteil vom 3.6.1971 nur deshalb zu einem Unternehmervorteil in Höhe von 10% der maßgeblichen Umsätze, weil die Revision insoweit keine Einwendungen erhoben hatte, wie dies noch im erstinstanzlichen Verfahren der Fall gewesen war, sodass die Vorteilsberechnung „hiernach rechtlich nicht zu beanstanden" gewesen war[139].

Sind die Vorteile, die auf der Tätigkeit des ausgeschiedenen Vertreters beruhen, nur geringfügig, so können sie nicht berücksichtigt werden, *ungeachtet des Gesamtgewinns oder des Gesamtumsatzes* des Unternehmers[140]. Das bedeutet aber andererseits nicht, dass von „Vorteilen aus der Tätigkeit des Vertreters" nur bei *überdurchschnittlichen Leistungen* des Vertreters gesprochen werden könnte[141]. „Erhebliche" Vorteile können sich durchaus auch aus *durchschnittlichen Vertreterleistungen* ergeben. **564**

Erhebliche Vorteile des Unternehmers aus der Geschäftsverbindung mit neuen Kunden können auch dann gegeben sein, wenn die Aufrechterhaltung dieser Geschäftsverbindung eine *weitere Tätigkeit des Unternehmers* oder eines von diesem bestellten *Dritten* erfordert. Voraussetzung für das Vorliegen erheblicher Vorteile ist deshalb nicht, dass sich die geschaffenen Geschäftsbeziehungen *automatisch, also ohne weiteres Zutun des Unternehmers oder eines Dritten*, fortentwickeln[142]. **565**

Mitunter wird von dem auf Ausgleich in Anspruch genommenen Unternehmer geltend gemacht, der Unternehmervorteil mindere sich dadurch, dass er für die *weitere Ausnutzung der Geschäftsverbindungen* und die anderweitige Betreuung des Kundenstammes *Aufwendungen* habe. Derartige Aufwendungen können sich indessen in der Regel nicht vorteilsmindernd auswirken; sie wären dem Unternehmer nämlich bei einer Fortsetzung des Vertragsverhältnisses in gleicher Höhe entstanden[143]. Der Bundesgerichtshof[144] hat diesen Einwand auch unter dem Gesichtspunkt der *Billigkeit*[145] für nicht berücksichtigungsfähig gehalten. Etwas anderes kann ausnahmsweise nur dann gelten, wenn ganz **566**

---

138 Zum Prognosezeitraum vgl. unten Kapitel VI, A, IV.
139 Eine *Abzinsung* kommt natürlich hinsichtlich des Unternehmervorteils, obwohl auch dieser sich aus einer Prognose ergibt, nicht in Betracht. Denn dieser Unternehmervorteil ballt sich ja nicht in einer Summe zusammen, wie dies bei der Kapitalisierung der Vertreterverluste der Fall ist.
140 *Schröder*, § 89b Anm. 8; vgl. auch *OLG Nürnberg*, 22.9.1961, BB 1962 S. 155.
141 Unzutreffend *v. Brunn*, DB 1963 S. 1080 zu IIIc.
142 *OLG Nürnberg*, 19.9.1957, BB 1959 S. 317 = NJW 1957 S. 1720. Ebenso *OLG Frankfurt a.M*, 3.6.1966, HVR Nr. 365.
143 So auch *Schröder*, § 89b Rz. 7b und 9 sowie DB 1962 S. 895, 897 zu III; a.A. *OLG Celle*, 8.10.1958, NdsRpfleg. 1959 S. 109 und *Brüggemann*, § 89b Anm. 83.
144 *BGH*, 15.10.1964, BB 1964 S. 1399, 1400 zu 3b.
145 Vgl. Rz. 1141.

V Erste materielle Anspruchsvoraussetzung – Unternehmervorteile

besondere und außergewöhnliche Aufwendungen erforderlich sind, um die geworbenen Kunden zu halten[146].

567 Um den Umfang der mit der Vertragsbeendigung entstehenden Unternehmervorteile ermitteln zu können, muss – wie sich aus dem Gesetz ergibt – die Fortsetzung des Vertretervertrages unterstellt werden[147]. Dabei muss eine **Prognose im Hinblick auf die mutmaßliche künftige Entwicklung der vom Handelsvertreter hergestellten Geschäftsbeziehungen** vorgenommen werden[148]. Da sich die Ausgleichsberechtigung beim Warenvertreter aus den Auswirkungen der Tätigkeit des Handelsvertreters ergibt, die er bis zur Beendigung des Vertragsverhältnisses ausgeübt hat, müssen diese Auswirkungen bereits im Zeitpunkt der Vertragsbeendigung im Voraus erfasst werden[149].

568 Die **Beweislastfragen**, die bei der gerichtlichen Geltendmachung eines Ausgleichsanspruchs von erheblicher Bedeutung sind, werden in dem Abschnitt über die prozessualen Fragen zusammenfassend dargestellt werden[150].

B. Tankstellen-Handelsvertreter

569 Für den Ausgleichsanspruch des Tankstellenhalters, der nach herrschender Auffassung in Literatur und Rechtsprechung die **rechtliche Stellung eines Handelsvertreters** im Sinne des § 84 hat[151], gelten die allgemeinen Grundsätze, wie sie oben zunächst für die Unternehmervorteile beim Warenvertreter dargestellt waren[152].

570 Besondere Schwierigkeiten tauchen hier aber häufig im Zusammenhang mit dem Begriff des *„neuen Kunden"* und im Hinblick darauf auf, welche *„Kundschaft der Tankstelle"* bei der Ermittlung der Unternehmervorteile zu berücksichtigen ist.

---

146 *Schröder*, § 89b Rz. 9 und DB 1962 S. 895, 897 zu III 3.
147 Vgl. dazu Rz. 485 und zur Fortsetzungsfiktion bei den Vertreterverlusten Rz. 728 ff.
148 Rz. 1777 ff.
149 Einzelheiten dazu, insbesondere zu der Frage, welcher Zeitraum nach der Vertragsbeendigung hierbei zu berücksichtigen ist und welche Rechtsfolgen sich ergeben, wenn sich nachträglich herausstellt, dass die Prognose mit der tatsächlich eingetretenen Entwicklung nicht übereinstimmt, werden im Zusammenhang mit den prozessualen Fragen in den Rz. 648, 1569 ff. behandelt werden.
150 Rz. 1753 ff.
151 *BGH*, 25.5.1961 – VII ZR 230/58, unveröffentlicht; *BGH*, 11.6.1959, BB 1959 S. 720 = MDR 1959 S. 911; *BGH*, 31.5.1965, HVR Nr. 325; *BGH*, 15.10.1964, NJW 1965 S. 248 = BB 1964 S. 1399 = VersR 1964 S. 1267, ebenso *KG*, 19.9.1969, RVR-Beilage, Heft 12/1969 und *LAG Frankfurt*, 3.12.1975, BB 1976 S. 1178 mit Anm. *Gres*. Vgl. auch *Küstner*, RVR 1969 S. 41 sowie *Duden*, NJW 1962 S. 1326, und *Boldt*, BB 1962 S. 906, jeweils mit weiteren Nachweisen. Mit der Frage der Ausgleichsberechtigung des Tankstellenhalters, wenn das Unternehmen die Tankstelle aufgibt, befasst sich das *OLG Frankfurt* im Urteil vom 29.1.1985, BB 1985 S. 687.
152 Vgl. insbes. die eingehende Darstellung von *Leo*, RVR 1971 S. 131 sowie *Küstner*, Rechtsfragen, 3. Auflage 1983 m.w.N., insbesondere auch zur Ausgleichsberechnung; *ders.*, BB-Beil. 12/85 zu Heft 27 S. 12.

B. Tankstellen-Handelsvertreter **V**

Ein ausgleichsrechtlich zu berücksichtigender Kunde der Tankstelle kann nur **571**
derjenige neue Kunde sein, den der Tankstellenhalter für die von ihm vertretene
Mineralölgesellschaft geworben hat. Das setzt voraus, dass der Kunde in der
Zeit, in der er seinen Kraftstoffbedarf bei einer anderen Tankstelle deckte, *nicht
bereits Kunde dieser* – vom Tankstellenhalter vertretenen – *Mineralölgesellschaft* war. Diese Feststellung ist deshalb wichtig, weil nicht jeder neue Kunde
einer Station gleichzeitig auch zwangsläufig ein neuer Kunde der Mineralölgesellschaft sein muss[153]. Jedoch können auch Kunden, die mit einer vom Unternehmer herausgegebenen Kundenkarte tanken (z.B. ARAL-Card) Neukunden
sein[154].

Für die Feststellung erheblicher Unternehmervorteile aus Geschäftsverbindun- **572**
gen mit neuen Kunden, die der Tankstellenhalter geworben hat, muss zwischen
der geworbenen *Stammkundschaft* einerseits und der *Laufkundschaft* andererseits unterschieden werden[155]. Denn die Anspruchsvoraussetzung des Unternehmervorteils kann nur dann erfüllt sein, wenn dem vertretenen Unternehmer
für die Zeit nach der Vertragsbeendigung eine zuverlässige und erfassbare
Kundschaft verbleibt, deren Vorhandensein dadurch zu Unternehmervorteilen
führt, dass sie ihren Kraftstoffbedarf weiterhin bei dieser Tankstelle deckt, dem
Fabrikat der Mineralölgesellschaft also treu bleibt. Daraus folgt, dass Umsätze,
die sich bis zur Vertragsbeendigung aus Geschäften mit *Laufkunden* ergaben,
wie sie bei jeder Tankstelle in verkehrsgünstiger Lage in erheblichem Maße
vorhanden sind, für einen Ausgleichsanspruch nicht in Betracht kommen können[156]. Denn im Hinblick auf diese Laufkundschaft ist die Entstehung von Unternehmervorteilen nach der Vertragsbeendigung zu ungewiss. Lediglich die
Vorteile aus einem *gesicherten Kundenstamm* können deshalb der Errechnung
der Unternehmervorteile zu Grunde gelegt werden.

Bei Gegenständen des täglichen Bedarfs und sonstigen Alltagsgeschäften wird **573**
der Kunde nach der Rechtsprechung erst durch eine größere Anzahl von Folge-

---

153 BGH, 15.10.1964 a.a.O. Näheres dazu bei *Veith*, DB 1963 S. 1277. Folgendes Beispiel mag dies verdeutlichen: Die X-Mineralölgesellschaft betreibt in der Kleinstadt A eine Tankstelle, zu deren Einzugsbereich besonders zahlreiche Stammkunden gehören, die im Z-Werk in einem benachbarten Dorf beschäftigt sind. Die X-Gesellschaft eröffnet nunmehr in dem Flecken B eine weitere Tankstelle. Ein großer Teil der im Z-Werk beschäftigten Stammkunden wechselt nun zu der neu eröffneten Tankstelle in B über, weil diese Tankstelle für sie, begünstigt durch die Neuverlegung einer Bundesstraße, verkehrsgünstiger zu erreichen ist. Diese Kunden sind zwar für den Pächter der Tankstelle in B neue Kunden, nicht aber für die Mineralölgesellschaft, weil diese Kunden schon früher in A den Treibstoff der Gesellschaft tankten. Zum Begriff des *Neukunden im Tankstellengeschäft* vgl. auch *OLG Düsseldorf*, 5.2.1993 – 16 U 103/92 – unveröffentlicht.
154 BGH, 10.7.2002 – VIII ZR 58/00 – NJW-RR 2002, 1548 = BB 2002, 2151 = HVR Nr. 1031.
155 Vgl. gerade zu diesen Fragen *LG Berlin*, 14.3.1978 – 91 O 86/77 – Tankstelle 1978 S. 363, das den Stammkundenanteil mit 90% ansetzte, sowie *Kammergericht*, 11.1.1971, RVR 1971 S. 363, das eingehend auch Berechnungsprobleme behandelt. Zum Begriff des *Stammkunden* vgl. auch BGH, 28.4.1988, NJW-RR 1988 S. 1061, 1062 zu II 1 b, sowie *OLG Düsseldorf*, 5.2.1993 – 16 U 103/92 – unveröffentlicht.
156 BGH, 15.10.1964 a.a.O. (oben Fn. 1); *LG Essen*, 10.9.1968 – 17 HO 160/67, unveröffentlicht; *LG Dortmund*, 19.2.1968 – 10 O 198/76, unveröffentlicht; *LG Hamburg*, 29.10.1968 – 23 O 21/68, unveröffentlicht; *LG Berlin*, 22.11.1968 – 92 O 233/68, unveröffentlicht. Vgl. insbesondere *KG*, 19.9.1969, RVR, Beilage zu Heft 12/1969.

geschäften zum Stammkunden. Der BGH hat in den beiden Urteilen BP I und BP II vom 6.8.1997 die Auffassung vertreten, dass als *Stammkunden* alle Mehrfachkunden anzusehen sind, nämlich jene Kunden, die in einem überschaubaren Zeitraum, in dem üblicherweise mit Nachbestellungen zu rechnen ist, mehr als nur einmal ein Geschäft mit dem Unternehmer abgeschlossen haben oder voraussichtlich abschließen werden. In die Prognose der Provisionsverluste sind demnach alle Geschäfte einzubeziehen, die der Unternehmer während des Prognosezeitpunktes voraussichtlich mit den vom Vertreter geworbenen Kunden abschließen wird. Welche Anzahl von Folgegeschäften dabei auf den einzelnen Kunden entfällt, ist nach Auffassung des BGH unerheblich. Die weiteren Geschäfte können auch in größeren Abfolgen entstehen. Stammkunde kann deshalb auch derjenige sein, welcher die Tankstelle nur einmal monatlich aufsucht[157]. Die Zukunftsprognose richtet sich in Ermangelung sonstiger verlässlicher Anhaltspunkte nach den Erfahrungen während der Vertragszeit.

574 Auf einen wichtigen Gesichtspunkt im Hinblick auf die Bewertung von Stammkundschaft einerseits und Laufkundschaft andererseits hatte der Bundesgerichtshof schon in seinem Urteil vom 4.6.1975[158] hingewiesen. Er hat ausgeführt, dass aus einem festgestellten Stammkundenanteil von 60% nicht auch auf einen gleichhohen Umsatz aus dieser Stammkundschaft geschlossen werden dürfe. Vielmehr liege es nahe, dass der *Umsatz mit Stammkunden wesentlich über dem* (jeweils maßgeblichen) *prozentualen Anteil liege*. Zwar betraf das erwähnte Urteil den Fall eines *Lotto-Bezirksstellenleiters*. Der angesprochene Gesichtspunkt trifft aber auch auf die Verhältnisse im Tankstellengeschäft zu, weil der Umsatz mit ständig tankenden Kunden regelmäßig prozentual höher sein wird, als dies dem Verhältnis der Stammkunden zur Anzahl der Laufkunden entsprechen dürfte.

575 War eine Station vor ihrer Übernahme durch den Tankstellenhalter längere Zeit *nicht betrieben* worden und war bei Vertragsende eine Stammkundschaft vorhanden, so dürfte in der Regel davon auszugehen sein, dass die *gesamte Stammkundschaft* während der Vertragszeit vom Tankstellenhalter geworben wurde. Natürlich setzt das voraus, dass, wie erwähnt, die betreffenden Kunden nicht in der Zwischenzeit ohnehin, wenn auch an einer anderen Station, Kunden der Mineralölgesellschaft gewesen waren. Mit Recht hat das OLG Hamburg[159] ausgeführt, dass selbst dann, wenn Kunden aus der Zeit vor der Schließung der Tankstelle wieder zurückgekehrt sein sollten und die frühere Geschäftsverbindung wieder aufgenommen haben, dies auf einer erneuten Werbung des Tankstellenhalters beruhe. Die *Rückgewinnung solcher Altkunden* wäre angesichts der Alltäglichkeit des Tankvorgangs nicht als Anknüpfung an eine noch vorhandene Verbindung anzusehen; die Rückkehr eines Altkunden bedürfe vielmehr eines neuen Entschlusses.

---

157 *BGH*, 6.8.1997 – VIII ZR 150/96, BB 1997, 2607 = NJW 1998, 66 = ZIP 1997, 1832 und *BGH*, VIII ZR 92/96, BB 1997, 2609 = NJW 1998, 71 = ZIP 1997, 1839.
158 *BGH*, 4.6.1975, EBE 1975 S. 351, 355.
159 *OLG Hamburg*, 10.9.1981 – 10 U 38/80, unveröffentlicht.

Da es ausgleichsrechtlich auf eine vom Tankstellenhalter geworbene Stammkundschaft[160] sehr entscheidend ankommt, empfiehlt es sich, rechtzeitig vor der Vertragsbeendigung alle Stammkunden *listenmäßig mit Name, Adresse und Angabe der monatlich bezogenen Kraftstoffmengen* zu erfassen und die jeweiligen Eintragungen vom Kunden gegenzeichnen zu lassen. Jedenfalls empfiehlt sich dies bei den *barzahlenden Stammkunden* – per Scheck oder Kreditkarte zahlende Kunden stehen barzahlenden Kunden gleich –, weil ja die **Kreditkunden**, die stets als Stammkunden anzusehen sein dürften, ohnehin ohne Schwierigkeiten anhand der Buchungsvorgänge der Station erfasst werden können.

576

In seinem Urteil vom 15.11.1984[161] hat es der Bundesgerichtshof nicht beanstandet, dass zum Zwecke der Ermittlung des Umfangs der geworbenen Stammkunden von den in Betracht kommenden Kunden *schriftliche Erklärungen eingeholt* und verwertet werden, anstatt diese persönlich im Ausgleichsprozess vernehmen zu müssen. Es reiche auch aus, wenn nur ein Teil der vom Tankstellenhalter benannten Zeugen um Auskunft gebeten würde. In dem vom Bundesgerichtshof entschiedenen Rechtsstreit hatte das Berufungsgericht auf die Auskünfte von nur *198 Kunden aus dem Kreis der insgesamt 1148 benannten Personen* abgestellt und solche Kunden, die zunächst in die Beweisaufnahme hatten einbezogen werden sollen, die aber die gerichtlichen Auskunftsersuchen nicht beantwortet hatten oder die unerreichbar waren, unberücksichtigt gelassen.

577

Die *Darlegungs- und Beweislast* dafür, welcher Anteil am Umsatz und an den Provisionseinnahmen während des Vertrages auf solche *Stammkunden* entfällt, obliegt bekanntlich dem Handelsvertreter. In den bereits erwähnten Urteilen des BGH, 6.8.1997[162] hatte der Tankstellenpächter jeweils vorgetragen, der Stammkundenumsatz- bzw. Provisionsanteil habe 90% betragen, und sich dafür unter anderem auf eine als Schätzungsgrundlage herangezogene ARAL-Information sowie vier Schreiben der ARAL AG aus dem Jahre 1988 gestützt. Damit, so der BGH, habe der Kläger seiner Darlegungslast genügt. Auch das Unternehmen sei davon ausgegangen, dass der Tankstellenpächter keine vollständige Kundenliste besitze und daher gar nicht alle Stammkunden benennen könne. Ohne eine solche wäre er aber nicht in der Lage, seinen Stammkundenumsatz darzulegen und unter Beweis zu stellen. Im anonymen Massengeschäft – so der BGH – dränge es sich jedoch geradezu auf, die für die Berechnung des Ausgleichs erforderlichen Daten nach Möglichkeit durch die Verwertung vor-

578

---

160 Darüber, inwieweit sich die Kundschaft einer Tankstelle auf Laufkundschaft einerseits und Stammkundschaft andererseits verteilt, sind wiederholt Erhebungen durchgeführt worden. Nach Ermittlungen der Deutschen BP, die Ende 1976 in der Tagespresse veröffentlicht wurden, tanken 75% aller PKW-Fahrer an einer oder zwei „Stammtankstellen", wobei rd. 85% des gesamten Kraftstoffbedarfs gedeckt werden. Eine 1972 von der Deutschen Shell durchgeführte Umfrage ergab einen Anteil von durchschnittlich 70% Stammkunden, wobei sich zeigte, dass die Bindung an eine Stammtankstelle bei den Altersgruppen bis zu 25 Jahren und in Mittelstädten von 50000–100000 Einwohnern am stärksten war. Mehr als die Hälfte aller Stammkunden hielt einer Station länger als 3 Jahre die Treue.
161 *BGH*, 15.11.1984, NJW 1985 S. 860 = BB 1985 S. 352 = DB 1985 S. 747 = HVR Nr. 597.
162 BP I und II s. oben Fn. 157.

V Erste materielle Anspruchsvoraussetzung – Unternehmervorteile

handener statistischer Materialien zu gewinnen, anstatt in jedem Einzelfall zeit- und kostenaufwändige Erhebungen durchzuführen und durch umfangreiche Beweisaufnahmen nachzuvollziehen, deren Aussagekraft im Vergleich zu professionell durchgeführten statistischen Untersuchungen eher zweifelhaft seien. Im Urteil vom 10.7.2002[162a] hat der BGH wegen der tatsächlichen Schwierigkeiten im anonymen Massengeschäft einer Tankstelle erneut eine Schätzung nach § 287 Abs. 2 zugelassen und diesmal statistische Daten der *MAFO-Studie*, welche von der Beklagten veröffentlicht worden war, zugrundegelegt, welche zu einem Stammkundenumsatz- bzw. Provisionsanteil von 58,4 % gekommen war. In der Entscheidung wird jedoch darauf hingewiesen, dass die Darlegung konkreter Ansatzpunkte für eine fallbezogene Schätzung des Stammkundenanteils an einer bestimmten Tankstelle aufgrund fortschreitender Erfassung der Zahlungsvorgänge weniger schwierig und daher vom Tankstellenhalter auch zu verlangen sein werde. Deshalb könne sich womöglich eine Heranziehung des weniger aussagekräftigen allgemeinen statistischen Materials dann weitgehend erübrigen. In dem entschiedenen Fall bestand diese Möglichkeit der konkreten Schätzung jedoch nicht.

579 Damit hat der BGH nunmehr endgültig zu Gunsten des Tankstellenvertreters die bisherige oben geschilderte Rechtsprechung, wonach dieser zumindest eine Namensliste der Stammkunden vorlegen musste, geändert.

580 Angesichts des ständig wachsenden Anteils der sog. *Selbstbedienungs-Tankstellen (SB-Stationen)* am gesamten Tankstellennetz gewann in der Praxis die Frage immer größere Bedeutung, ob auch ein Tankstellenhalter, der eine *SB-Station* verwaltet, ausgleichsberechtigt ist. Der Bundesgerichtshof hat diese Frage in seiner Entscheidung vom 29.11.1984[163] bejaht. Im angefochtenen Urteil des Oberlandesgerichts München vom 2.6.1982[164] hatte das Berufungsgericht festgestellt, dass es an der Anspruchsvoraussetzung des Unternehmervorteils fehle, wenn das Vertragsverhältnis mit einem SB-Stationär ende. Denn gegenüber den Kunden einer solchen Tankstelle *erschöpfe sich die Tätigkeit des Stationärs im Wesentlichen in der Aufrechterhaltung der äußeren Ordnung und Sauberkeit der Tankstelle und dem Inkasso*. Kleine Hilfeleistungen bei Schäden am Kfz träten demgegenüber so in den Hintergrund, dass sie für den Entschluss des Kunden, die Tankstelle aufzusuchen, keine ins Gewicht fallende Bedeutung hätten. Die Art und Weise, wie an einer Tankstelle bedient werde, sei bei der Auswahl einer Selbstbedienungs-Tankstelle nicht mitbestimmend. Der Stationär sei hier bloßer *Abschlussvertreter, für den kein Ausgleichsanspruch in Betracht komme*.

162a *BGH*, 10.7.2002 – VIII ZR 58/00 – NJW-RR 2002, 1548 = BB 2002, 2151 = HVR-Nr. 1031.
163 *BGH*, 29.11.1984, BB 1985 S. 353 = DB 1985 S. 748.
164 *OLG München*, 2.6.1982 – 7 U 1590/82; vgl. dazu *LG München*, 13.8.1991 – 9 HK O 23 157/90 (unveröffentlicht), das auch im Falle einer SB-Station die Ausgleichsberechtigung anerkannt hat, weil sich die gegenteilige Ansicht des *OLG München* nicht durchgesetzt habe; vgl. *Küstner*, Rechtsfragen, S. 8.

581 Demgegenüber trifft es nach Auffassung des Bundesgerichtshofes nicht zu, dass beim Selbstbedienungssystem nur noch Angebote und Zahlungen entgegenzunehmen seien und eine Vermittlungtätigkeit grundsätzlich ausscheide. Der Umstand, dass der reine Tankvorgang nunmehr vom Kunden selbst und nicht mehr vom Tankstellenhalter vorgenommen werde, sei für die **Beurteilung der Frage der Vermittlungstätigkeit ohne Bedeutung**. Für die Annahme einer Vermittlungtätigkeit sei nämlich nicht erforderlich, dass der Handelsvertreter von sich aus an die Kunden herantrete und diese *zu einem Geschäftsabschluss zu gewinnen versuche*. Es sei auch ohne Belang, ob die Kunden ausschließlich oder überwiegend durch die Tätigkeit des Handelsvertreters geworben worden seien. Denn es reiche aus, dass der Handelsvertreter hierbei **wesentlich mitgewirkt** habe. Dies gelte auch für Markenartikel, und es komme nicht darauf an, ob dem Handelsvertreter die Vermittlung *schwer oder infolge der Eigenart der Ware und der Werbemaßnahmen des Unternehmers besonders leicht gefallen* sei. Diese Voraussetzungen seien bei einer Selbstbedienungstankstelle nicht anders als bei einer Bedienungstankstelle zu beurteilen. Unabhängig vom Bedienungssystem reiche bei einer Tankstelle für die Annahme der Vermittlungstätigkeit schon das **Offenhalten des Betriebs** aus, um das Tankgeschäft des Unternehmers zu fördern; eine weitere Werbetätigkeit brauche nicht zwingend entfaltet zu werden.

582 Ebenso wie bei der Vermittlungstätigkeit reiche auch für die Werbetätigkeit im Sinne des § 89b Abs. 1 Satz 1 Nr. 1 aus, dass sie *lediglich mitursächlich* sei. Die Annahme des Berufungsgerichts, dass die Führung und die Art und Weise der Bedienung für die Auswahl einer SB-Station durch die Kunden gar nicht mitbestimmend sei, finde in der Lebenserfahrung keine Stütze. Für die Auswahl einer Tankstelle könnten viele Gründe maßgebend sein, darunter auch solche, die mit der Person des Tankstellenhalters nichts zu tun hätten. Hierzu gehörten u.a. die *Lage der Tankstelle, die Marke und der Preis*. Darüber hinaus seien erfahrungsgemäß aber auch Gesichtspunkte maßgebend, die mit der Tätigkeit des Tankstellenhalters zusammenhingen, wie z.B. die *Führung der Tankstelle* und die *Art und Weise der Bedienung*, die *Ordnung auf dem Gelände*, einschließlich der *Bereithaltung funktionierender Anlagen* und *Gerätschaften* sowie die Möglichkeit, *Nebenleistungen* (*Wagenwäsche, kleinere Reparaturen* u.ä.) zu erhalten. Insoweit mache es keinen wesentlichen Unterschied, ob beim reinen Tankvorgang bedient werde oder nicht.

583 In dem mehrfach zitierten BP I-Urteil vom 6.8.1997[165] hat der BGH erneut darauf hingewiesen, dass *für die Neukundenwerbung jede Mitursächlichkeit der Tätigkeit des Vertreters genügt* und dass diese bei einer Selbstbedienungstankstelle schon gegeben ist, wenn er Tankstellenhalter die Station offen und die Vorrichtungen zur Abgabe von Kraftstoffen betriebsbereit hält. Selbst wenn ein Kunde zunächst allein wegen der Lage, der Marke oder des Preises die Tankstelle aufsuche, könne nur so eine Geschäftsbeziehung zustandekommen.

---

[165] VIII ZR 150/96, BB 1997, 2607= NJW 1998, 66= ZIP 1997, 1832.

584 Auch ein weiteres Urteil des BGH vom 15.11.1984[166] betraf den Ausgleichsanspruch eines SB-Stationärs. Hier hatte aber – im Gegensatz zum Urteil des BGH vom 29.11.1984 – das Berufungsgericht dem Kläger einen Ausgleichsanspruch zuerkannt, sodass sich der BGH in diesem Falle mit der *Selbstbedienungsproblematik* nicht zu befassen brauchte.

585 In seinem Urteil vom 15.6.1972[167] hatte sich das Oberlandesgericht Düsseldorf mit den *Auswirkungen der Werbetätigkeit des Tankstellenhalters* befasst. Es hatte ausgeführt, diese Werbetätigkeit sei nicht so erheblich und wirksam wie die eines Handelsvertreters anderer Zweige. Denn während jener regelmäßig die Kunden aufsuche und ihnen die Leistungen des von ihm vertretenen Unternehmers anbiete, warte dieser in seiner Tankstelle auf die Kunden, die seine Tankstelle zunächst wegen der geführten Marke und wegen ihrer örtlichen Lage, regelmäßig aber nicht wegen der Person des Tankwarts aufsuchten. Der persönliche Einsatz des Tankwarts wirke sich nur darauf aus, ob der Kunde häufiger oder gar ständig seinen Bedarf bei dieser Tankstelle decke, was aber auch nicht nur von der Person des Tankwarts abhänge. Deshalb seien die *Vorteile, die ein Tankstellenunternehmer aus der Werbetätigkeit des Tankstellenhalters habe, geringer zu werten* als die Vorteile eines Unternehmers, der ohne Vertreter die weit verstreute Kundschaft oft nicht erreichen könne.

586 Die vom Oberlandesgericht Düsseldorf vertretene Auffassung ist bedenklich. Denn das Gericht lässt einen sehr wesentlichen Gesichtspunkt völlig unberücksichtigt, dass nämlich regelmäßig den erwähnten vorteilsmindernden Umständen bereits bei der *Provisionsfestsetzung* Rechnung getragen worden sein dürfte, dass also die *Provision des Tankstellenhalters höher wäre, wenn der Kundenwerbung größere Bedeutung* zukäme[168].

587 Auch im Tankstellenbereich sind bei der Ermittlung der Höhe des Ausgleichs gemäß § 89b Abs. 1 HGB nur solche Provisionen und Provisionsanteile berücksichtigungsfähig, die der Tankstellenvertreter für *werbende*, d.h. für *vermittelnde* oder abschließende Maßnahmen erhält. Nicht berücksichtigt werden dürfen Provisionsanteile für verwaltende Tätigkeiten. Während jedoch normalerweise Lagerhaltung, Auslieferung und Inkasso grundsätzlich zu den verwaltenden Aufgaben eines Handelsvertreters gehören, ist dies nach Auffassung des Bundesgerichtshofes beim Tankstellenhalter anders. Dieser könne, wenn er keine Lagerung und keine Auslieferung betreibe, nämlich überhaupt keinen Kundenstamm schaffen; denn nur die sofortige Verfügbarkeit aller gewünschten Kraftstoffe könne dies gewährleisten. Deshalb sind nach Auffassung des BGH auch *die Lagerung und Abgabe von Kraftstoffen als werbende Tätigkeiten* in die Berechnung der für den Ausgleichsanspruch maßgeblichen Provisionsverluste einzubeziehen[169]. Alle Tätigkeiten, die für die Schaffung eines

---
[166] *BGH*, 15.11.1984, BB 1985 S. 352 = DB 1985 S. 747 = NJW 1985 S. 860.
[167] *OLG Düsseldorf*, 15.6.1972, Die Tankstelle 1979 S. 171.
[168] Vgl. dazu die ähnliche Problematik bei den unterstützenden Vertriebsmaßnahmen des Unternehmers und insbesondere *BGH*, 15.12.1978, BB 1979 S. 288 = DB 1979 S. 543.
[169] *BGH*, 6.8.1997 (BP I), a.a.O.

Kundenstammes von Bedeutung seien, müssten als werbende Maßnahmen hinsichtlich ihrer Vergütung in die Berechnung des Ausgleichsanspruches mit einfließen. Weiteren zugeteilten Aufgaben und Tätigkeiten, wie etwa „Überwachung/Pflege, Tanktechnik/Preißignalisation/Beleuchtung" und „Pflege der Tankstelle allgemein" sowie der im Bereich Mitarbeiter genannten „Einstellung/Führung/Überwachung" kommt nach Auffassung des BGH jedenfalls auch werbende Funktion zu (VIII ZR 92/96). In einem neuen Urteil vom 10.7.2002 – VIII ZR 58/00 – hat der BGH auch das *Inkasso* als *werbende Tätigkeit* angesehen[170].

C. Anzeigen- und Verlagsvertreter

I. Anzeigenvertreter

Macht ein *Anzeigenvertreter*[171] einen Ausgleichsanspruch geltend[172], tauchen erfahrungsgemäß Schwierigkeiten bei der Frage auf, wann ein Kunde als „neuer Kunde" angesehen werden muss, ob Unternehmervorteile auch dann entstehen können, wenn der vertretene Zeitschriftenverlag eine *Monopolstellung* hat und wie sich ein weiteres Tätigwerden, um den Anzeigenkunden zu weiteren Insertionen zu veranlassen, ausgleichsrechtlich auswirkt. **588**

Ein *Anzeigenkunde ist zutreffend als „neuer Kunde"* bezeichnet worden, der sich auf Veranlassung des Anzeigenvertreters zur Insertion auch in einer neuen, vom vertretenen Verleger herausgegebenen Zeitschrift entschloss, obwohl er bereits vorher bezüglich anderer Zeitschriften dieses Verlegers Anzeigenkunde gewesen war[173]. Wie das Oberlandesgericht Frankfurt a.M.[174] mit Recht festgestellt hat, kann ein Kunde trotz einer schon bestehenden Geschäftsbeziehung auch dann als „neuer Kunde" bezeichnet werden, wenn er *für neue Objekte geworben* wird, die mit den bisher bezogenen Waren oder Dienstleistungen in keinem Zusammenhang stehen. Bei der Herausgabe einer neuen Zeitschrift kann dieser Zusammenhang nicht in dem Umstand gesehen werden, dass es sich bei dem neuen Verlagserzeugnis *lediglich ebenfalls „um eine Zeitschrift desselben Verlages"* handelt. Entscheidend ist vielmehr, dass es sich bei der neuen Zeitschrift um ein von den anderen Zeitschriften des Verlages *unabhängiges und neues Verlagsobjekt* handelt, das dem Kunden neue geschäftliche Möglichkeiten **589**

---

170 *BGH*, 10.7.2002 – VIII ZR 58/00 – BB 2002, 2151 = NJW-RR 2002, 1548 = HVR Nr. 1031.
171 Zum Recht des Anzeigenvertreters vgl. Näheres bei *Schröder,* DB 1970 S. 1625ff. Näheres zu den Rechtsfragen, wenn der Anzeigenvertretervertrag als sog. Kettenvertrag abgeschlossen wird, oben Rz. 303ff.
172 Zum Ausgleichsanspruch des Anzeigenvertreters vgl. *Küstner,* IHV 1964 S. 85, 1965 Heft 15 S. 24 und Heft 21 S. 24. Zur Ausgleichsberechnung bei Anzeigenvertretern: *OLG Frankfurt,* 8.12.1970, RVR 1971 S. 141.
173 Vgl. oben Rz. 387 Fn. 15.
174 *OLG Frankfurt a. M,* 27.5.1966 – 3 U 263/65, unveröffentlicht.

eröffnet[175], dem oft daran gelegen ist, einen ganz speziellen potentiellen Interessentenkreis anzusprechen, den er mit Anzeigen in anderen Verlagserzeugnissen nicht oder nicht so wirksam erreichen kann. Die Voraussetzung des Unternehmervorteils ist mithin erfüllt, wenn der vertretene Verleger nach der Vertragsbeendigung Vorteile daraus ziehen kann, dass der insoweit neue Inserent künftig auch in der vom Verlag herausgegebenen neuen Zeitschrift inseriert.

590 Die Tatsache, dass für den Abschluss von Anzeigengeschäften *ständig neue Bemühungen* erforderlich sind, der Kunde also immer wieder erneut auf eine Insertion angesprochen werden muss, schließt die Entstehung eines Unternehmervorteils nicht aus. Insoweit gelten die oben erörterten allgemeinen Grundsätze[176]. Das Oberlandesgericht Frankfurt a.M.[177] hat in diesem Zusammenhang ergänzend darauf hingewiesen, dass es erfahrungsgemäß auch leichter sei, eine bestehende Geschäftsbeziehung aufrecht zu erhalten, als neue Kunden ausfindig zu machen und sie zu einem ersten Auftrag zu veranlassen[178].

591 Gegenüber dem von einem Anzeigenvertreter geltend gemachten Ausgleichsanspruch kann der Verleger nicht einwenden, auf Grund der *Monopolstellung seiner Zeitschrift* wäre es auch ohne die Tätigkeit des Anzeigenvertreters zu Insertionen gekommen, weil sich die Anzeigen-Interessenten mangels anderweitiger Gelegenheit auf jeden Fall, *also praktisch zwangsläufig*, an die von ihm herausgegebene Zeitschrift hätten wenden müssen. Dieser Einwand ist schon deshalb nicht stichhaltig, weil sich, wenn es so wäre, der Einsatz eines Anzeigenvertreters erübrigt hätte. Das Oberlandesgericht Nürnberg[179] hat dazu ausgeführt, dass es für § 89b Abs. 1 Nr. 1 entscheidend allein darauf ankomme, dass der Anzeigenvertreter auch wirklich eine Tätigkeit entfaltet habe, auf Grund derer die Kunden Inserate aufgegeben hätten. Dass die Kunden mangels anderweitiger Insertionsmöglichkeiten zwangsläufig in der Zeitschrift des Verlegers hätten inserieren müssen, sei *für den Begriff des Unternehmervorteils bedeutungslos*.

592 Im Hinblick auf die aus der Vertragsbeendigung resultierenden *Provisionsverluste* muss schließlich beachtet werden, dass sich hier der Umstand ausgleichsmindernd auswirken kann, dass gerade im Anzeigengeschäft häufig *langfristige Verträge* vermittelt werden, die als sog. *Sukzessivlieferungsverträge* weit in die Zeit nach der Beendigung des Anzeigenvertretervertrages hineinreichen. Soweit das nämlich der Fall ist und so weit dem ausgeschiedenen Vertreter aus derartigen Verträgen noch *Überhangsprovisionen* zufließen, können Provisionsverluste nicht entstehen, weil das *Zustandekommen künftiger Geschäfte* mit den betreffenden Anzeigenkunden *solange „blockiert" ist, wie die Sukzessivlieferungsverträge bestehen*. Ein Provisionsverlust kann dann nur damit begründet werden, dass der betreffende Neukunde *nach dem Ablauf des bestehenden*

---

175 Es handelt sich mithin um eine ganz andere Situation, als wenn etwa eine *Kosmetikfirma* einen neuen Lippenstift oder ein Reifenhersteller einen neuen Reifen herausbringt.
176 Vgl. Rz. 481, 623.
177 *OLG Frankfurt a.M*, 3.6.1966, HVR Nr. 365, und 27.5.1966 (vgl. Fn. 4).
178 So auch *OLG Celle*, 7.1.1971, HVR Nr. 436 = HVuHM 1971 S. 745 = RVR 1971 S. 331.
179 *OLG Nürnberg*, 26.4.1963, BB 1963 S. 1313.

Sukzessivlieferungsvertrages einen weiteren derartigen Vertrag abschließen werde, der für den ausgeschiedenen Anzeigenvertreter wiederum provisionspflichtig gewesen wäre, wenn der Vertretervertrag fortgesetzt worden wäre[180].

Anzeigenvertreter und Akquisiteure in der Telefonbuchbranche werden zuweilen in einem so genannten *Rotationssystem* eingesetzt. Mit einem solchen Fall hatte sich der BGH im Urteil vom 28.4.1999[181] zu beschäftigen. Dort hatte der Kläger aufgrund von jährlich neu abgeschlossenen Handelsvertreterverträgen, aus denen sich sein jeweils wechselnder Arbeitsbereich ergab, für das Unternehmen Kunden für Eintragungen in die von diesem verlegten Telefonbücherbranchenverzeichnisse etc. zu vermitteln. Da das von ihm bearbeitete Gebiet jährlich gewechselt hatte, hätte er auch nach Vertragsbeendigung bei Fortsetzung des als Kettenvertrag angesehenen Gesamtvertragsverhältnisses keine Provision mehr mit den von ihm bis dahin geworbenen Kunden erzielen können. Somit war eigentlich eine der drei für den Ausgleichsanspruch erforderlichen Voraussetzungen, nämlich die in Nr. 2 des § 89b Abs. 1 statuierte, nicht gegeben, sodass bei strenger Anwendung ein Anspruch nicht bestanden hätte. Schon das Berufungsgericht war jedoch davon ausgegangen, dass ein solches Ergebnis mit dem Rechtsgedanken des § 89b Abs. 4 S. 1 HGB nicht vereinbar ist. Es hatte daher bei der Berechnung des Ausgleichs alle vom Kläger im Laufe seiner Tätigkeit für das Unternehmen geworbenen Kunden, die in einem überschaubaren Zeitraum mehr als nur einmal ein Geschäft mit dem Unternehmen abgeschlossen hatten, in die Berechnung einbezogen, als Bemessungsgrundlage alle mit diesen Kunden erzielten Provisionen berücksichtigt und auf dieser Basis – nach Abzug einer Abwanderungsquote – die *Provisionsverluste* des Vertreters prognostiziert.

593

Diesen Ansatz des Berufungsgerichts hielt der BGH jedoch für überzogen, weil er sich „doch zu weit von derjenigen Situation, die die Parteien durch die gewählte Vertragsgestaltung selbst geschaffen hatten", entfernte. Bei dieser Methode würden – so der BGH – auch Folgeprovisionen in die Berechnung des Ausgleichs eingerechnet, nämlich Provisionen aus solchen Geschäften, die nicht unmittelbar vom Handelsvertreter vermittelt wurden, sondern aus Aufträgen herrührten, für die seine Tätigkeit nur mitursächlich gewesen sei. Damit würde der vertraglich vereinbarte Ausschluss von Folgeprovisionen gemäß § 87 Abs. 1 Nr. 1 Alt. 2 HGB außer Acht gelassen oder eine Vermittlungstätigkeit des Vertreters vorausgesetzt, die derart intensiv ausgestaltet sei, dass sie von ihm – da auch ein übernommener Altkundenbestand zu unterstellen ist und die während der achtjährigen Vertragsdauer von ihm geworbenen Mehrfachkunden (abzüglich der Abwanderungsquote) hinzukommen – tatsächlich niemals hätte geleistet werden können. Deshalb – so der BGH – würden bei dieser Berechnungsmethode nicht nur die Nachteile ausgeglichen, die der Handelsvertreter durch die Beendigung seiner Tätigkeit erleide, sondern auch und – bei einer

594

---
180 Näheres Rz.708ff.
181 *BGH*, 28.4.1999 – VIII ZR 354/97 – BB 1999, 1399= NJW 1999, 2668; siehe dazu auch Rz. 704ff.

langjährigen Tätigkeit – vor allem diejenigen, die er bereits während der Dauer des Vertragsverhältnisses erlitten hatte. Dieser Ansatz gehe daher weit über den Provisionschancenstatus quo ante hinaus und gestalte das Vertragsverhältnis – auch für die Vergangenheit wegen der darin begründeten Provisionserwartung – völlig um. Dies aber widerspreche der Zielsetzung des Ausgleichsanspruches. Aus diesem Grunde kam der BGH zu dem Ergebnis, dass bei dieser Eigenheit des Vertrages nur eine Berechnung gerecht sei, die von der **Fiktion** ausgehe, **dass der Kläger nach Beendigung des Vertrages diejenigen Bereiche, die er im letzten Jahr seiner Tätigkeit betreut habe, weiter betreuen werde.** Damit seien (nur) die in diesem Zeitraum geworbenen Kunden als die vom Kläger geworbenen Kunden i. S. des § 89 b Abs. 1 S. 1 Nr. 2 HGB anzusehen. Hierfür spreche, dass das Vertragsgefüge für die Vergangenheit erhalten bleibe.

595 Diese Entscheidung bedeutet in der Praxis, dass ein Unternehmen durch Einführung eines Rotationssystems den Ausgleichsanspruch seiner Handelsvertreter letztendlich beschneiden kann. Wäre nämlich jeder Handelsvertreter für diese Firma ständig im gleichen Gebiet tätig, so würden auch die Kunden, die er schon vor Jahren in diesem Gebiet für die Firma geworben hat, als ausgleichspflichtige Kunden bei der Berechnung zu berücksichtigen sein. Dadurch, dass das Unternehmen den Vertreter ständig in neue Aufgabengebiete wechseln lässt, schneidet es ihm die Berufung auf die Neukundenwerbung aus den früher einmal von ihm betreuten Gebieten ab. Darin aber liegt wohl ein Verstoß gegen § 89 b Abs. 4 S. 1 HGB, wonach der Ausgleich im Voraus nicht ausgeschlossen werden kann. Bekanntlich verbietet die Rechtsprechung jede Einschränkung des Ausgleichs vor Vertragsbeendigung. Ein System, das eine solche Einschränkung erlaubt, muss daher wohl richtigerweise dahin korrigiert werden, dass die Kundenwerbungen aus den früheren Jahren bei der tatsächlichen Berechnung des Ausgleichs am Ende der Vertragstätigkeit berücksichtigt werden, wie es das Berufungsgericht getan hatte. Es darf auch nicht verkannt werden, dass die Kappungsgrenze des § 89 b Abs. 2 HGB in jedem Fall Auswüchse zu Gunsten des Handelsvertreters, welche über die durchschnittliche Jahresprovision der letzten fünf Jahre hinausgehen, von vorneherein verhindert.

II. Verlagsvertreter

596 Unter dem Begriff des Verlagsvertreters werden im Folgenden alle Handelsvertreter verstanden, die nicht Anzeigenvertreter sind, sondern die für einen **Buchverlag** Geschäfte mit Wiederverkäufern (Sortimentern und Grossisten) vermitteln[182].

597 Auch für Verlagsvertreter gilt der bereits oben[183] erläuterte Grundsatz, dass bei der Vertragsbeendigung ein Ausgleichsanspruch dann nicht entstehen kann,

---

[182] Zum Ausgleichsanspruch des Buchhandelsvertreters: *Reichel*, Bbl. 1961 S. 385 und S. 1937; *Pöllmann*, Bbl. 1961 S. 1927; *Küstner*, Bbl. 1970 S. 625; *LG Berlin*, 3.3.1958–95 O 58/57 (unveröffentlicht).
[183] Vgl. oben Rz. 451 ff.

wenn der Verlagsvertreter bei Beginn seiner Tätigkeit einen von seinem Vorgänger aufgebauten Kundenstamm übernommen hat, ohne diesen durch Neuwerbung von Kunden zu erweitern oder durch eine Umsatzsteigerung – zumindest bei einzelnen Kunden, nicht unbedingt auch im Hinblick auf den Gesamtumsatz des Bezirks – so wesentlich zu intensivieren, dass dies der Werbung neuer Kunden entspricht (§ 89b Abs. 1 Satz 2). Bei der Beendigung eines mit einem Verlagsvertreter abgeschlossenen Vertrages wird eine derartige Situation häufig vorkommen, wenn er die Vertretung eines gut eingeführten Verlages übernommen hatte, weil dann für eine Neuwerbung von Kunden oder eine Intensivierung bestehender Geschäftsverbindungen *nur wenig oder gar kein Spielraum* zur Verfügung steht.

Die Anspruchsvoraussetzung des Unternehmervorteils wird bei Verlagsvertretern im Hinblick auf den Begriff der Werbung neuer Kunden deshalb in der Regel nur dann erfüllt sein, wenn der Verlagsvertreter den Verlag in der Bundesrepublik *ganz neu einführt*, was bei ausländischen oder neu gegründeten Verlagen der Fall sein kann, oder wenn der Verlagsvertreter den Umsatz mit den übernommenen Kunden so *wesentlich intensiviert*, dass dies der Werbung eines neuen Kunden entspricht[184]. **598**

Ein ausgleichsfähiger Unternehmervorteil ist weiterhin dann ausgeschlossen, wenn die Tätigkeit des Verlagsvertreters nicht zur Entstehung (oder Intensivierung vorhandener) laufender Geschäftsverbindungen führt. Ist der Verlagsvertreter ausschließlich damit betraut, *Volksgesundheitsbücher, Volkslexika* oder dgl. **unmittelbar beim Endverbraucher** abzusetzen, können laufende Geschäftsverbindungen, die von sich heraus immer wieder zu Nachbestellungen führen, nicht entstehen, weil nicht damit zu rechnen ist, dass der Endverbraucher von selbst Neuausgaben der bezogenen Bücher oder andere Bücher des vertretenen Verlages unmittelbar beim Verlag oder über den Verlagsvertreter bestellen wird[185]. **599**

Aber auch für den typischen Verlagsvertreter, der auf der Frühjahrs- und Herbstreise den Buchhandel besucht, die Neuerscheinungen des Verlages beim Buchhandel einführt und Bestellungen auf die Neuproduktion des von ihm vertretenen Verlages aufnimmt, ist die Entstehung laufender Geschäftsverbindungen (immer vorausgesetzt: mit neuen Kunden) in der Literatur mitunter bestritten worden[186]. Es wurde geltend gemacht, anders als etwa bei dem Vertreter einer Schokoladen- oder Kosmetikfabrik könne der Verlagsvertreter deshalb keine laufenden Geschäftsverbindungen zwischen Verlag und Sortiment herstellen, weil er den Kunden für jedes vom Verlag hergestellte Buch praktisch neu werben müsse; *jeder vom Verlag neu produzierte Buchtitel sei ein eigenständiges Erzeugnis*, das mit der übrigen Buchproduktion des vertretenen Verlages nicht vergleichbar sei. **600**

---

[184] Einzelheiten dazu Rz. 471 ff.
[185] Rz. 407 ff.
[186] Zum Meinungsstreit vgl. die in Fn. 11 angegebene Literatur.

V Erste materielle Anspruchsvoraussetzung – Unternehmervorteile

601 Diese Auffassung dürfte jedoch angesichts der Rechtsprechung und der praktischen Handhabung auftretender Ausgleichsfälle im Verlagswesen heute nicht mehr haltbar sein, wenn sie überhaupt jemals zu überzeugen vermochte. Ohne die sicherlich bestehenden Unterschiede zwischen Büchern und Konsumwaren zu verkennen, sei in diesem Zusammenhang darauf hingewiesen, dass sich auch in anderen Branchen *jedes einzelne hergestellte Erzeugnis im Rahmen der Gesamtproduktion sehr wesentlich von dem vorangegangenen Erzeugnis unterscheiden* kann, ohne dass es damit gleichzeitig aus dem Rahmen des übergeordneten Gattungsbegriffs herausfiele. Eine gewisse Ähnlichkeit besteht – rein wirtschaftlich betrachtet – insofern etwa mit den Verhältnissen in der Textilindustrie, wo die einzelnen Erzeugnisse von Jahr zu Jahr, sogar von Jahreszeit zu Jahreszeit, einem ständigen Wechsel unterworfen sind, ohne dass dort die Entstehung laufender Geschäftsverbindungen im Hinblick auf die Gesamtproduktion des vertretenen Unternehmens jemals bestritten worden wäre.

602 In aller Regel sind Bücher – wirtschaftlich betrachtet – gleichartige vertretbare Waren, die vom kaufmännischen Gesichtspunkt des Vertriebes aus betrachtet, in Konkurrenz zu den Erzeugnissen eines anderen Verlages stehen[187].

603 Nach alledem kann kein Zweifel bestehen, dass in der Regel auch die Tätigkeit eines *Verlagsvertreters zur Entstehung laufender Geschäftsverbindungen* im Hinblick auf die Buchproduktion des vertretenen Verlages führen kann. Die Anspruchsvoraussetzung des Unternehmervorteils i.S. des § 89b Abs. 1 Nr. 1 ist mithin dann erfüllt, wenn die vom Verlagsvertreter hergestellten laufenden Geschäftsverbindungen nach der Beendigung des Vertretervertrages fortbestehen und sich für den Verlag deshalb vorteilhaft auswirken.

604 Das Landgericht München[188] hat im Ausgleichsprozess eines Verlagsvertreters mit Rücksicht auf die *„Besonderheiten des Verlagswesens"* die Auffassung vertreten, dass eine *Ausgleichsminderung um 25%* (als Minderung der Höchstgrenze) deshalb gerechtfertigt sei, weil Nach- und Neubestellungen eines vom Verlagsvertreter geworbenen Kunden vom jeweiligen Inhalt des zu verkaufenden Buches abhängig seien, der aber vom Verlag nicht beeinflussbar sei und der allein im Verantwortungsbereich des Autors liege. Hier gälten andere Grundsätze als in der Fertigungsbranche, wo die Nachbestellungen davon abhingen, dass der Kunde die Warenqualität des Unternehmers als gut und für seine Zwecke geeignet gefunden habe. Der Zusammenhang zwischen dem Verantwortungsbereich des Autors im Hinblick auf den Inhalt eines zu verkaufenden Buches auf der einen und der Ausgleichsminderung auf der anderen Seite ist jedoch in keiner Weise überzeugend. Denn es kann auf die Höhe eines Ausgleichsanspruchs schlechterdings nicht von Einfluss sein, wer für die Qualität der Waren – der der Inhalt eines zu verkaufenden Buches entspricht – verantwortlich ist, der vertretene Unternehmer selbst oder ein Dritter. Wenn die Auffassung des Landgerichts zuträfe, ließe sich stets dann eine Ausgleichsminde-

---

187 *LG Berlin*, a.a.O. (oben Fn. 11).
188 *LG München*, 6.6.1977 – 12 HKO 17 O 45/76 – unveröffentlicht.

rung rechtfertigen, wenn für die **Güte und Qualität der vom Unternehmer vertriebenen Erzeugnisse ein Dritter verantwortlich** ist. Auch die Berufung des Landgerichts auf Billigkeitsgesichtspunkte vermag nicht zu überzeugen, zumal es sich hier um Umstände handelt, die das Vertragsverhältnis keineswegs unmittelbar berühren. Zudem hätte der Abzug im Rahmen der nach § 89b Abs. 1 zu erstellenden Prognose erfolgen müssen und nicht bei der Höchstgrenze vorgenommen werden dürfen.

D. Versicherungsvertreter

Bereits vorab muss vermerkt werden, dass es dann, wenn ein im Bereich des Versicherungsvertreterrechts zu berechnender Ausgleichsanspruch in Betracht kommt (was angesichts der erheblichen Anzahl der nach den „Grundsätzen" abgewickelten Ausgleichsfälle die Regel sein dürfte)[189], auf die Anspruchsvoraussetzung des **Unternehmervorteils nicht ankommt**. Denn in der Präambel wird festgestellt, dass es „einer Prüfung der Frage nicht (bedarf), ob das Versicherungsunternehmen auch nach der Beendigung des Vertragsverhältnisses erhebliche Vorteile hat…, weil die Grundsätze für den Normalfall davon ausgehen, dass diese Voraussetzung vorliegt". Allerdings kann dann, wenn insoweit auf Seiten des Unternehmens Zweifel bestehen, die Gutachterstelle angerufen werden[190].

Nach § 89b Abs. 1 Nr. 1 in der Fassung des Abs. 5 müssen sich für den Unternehmer aus der Vermittlung neuer Versicherungsverträge durch den Versicherungsvertreter auch nach der Beendigung des Vertretervertrages erhebliche Vorteile ergeben. Hier fragt sich, wann von einem durch den Versicherungsvertreter vermittelten **„neuen Versicherungsvertrag"** gesprochen werden kann und was unter Berücksichtigung der in der Versicherungswirtschaft gegebenen Besonderheiten unter **„erheblichen Vorteilen"** zu verstehen ist.

I. Neue Versicherungsverträge

„Neu" im Sinne des Ausgleichsrechtes ist grundsätzlich *jeder Versicherungsvertrag, der ein neues Wagnis deckt*, soweit er vor der Beendigung des Vertretervertrages vermittelt wurde und soweit sein Abschluss auf die ursächlichen oder nichtursächlichen **Vermittlungsbemühungen des Versicherungsvertreters zurückzuführen ist**. Ohne Bedeutung ist es hierbei, ob im Zeitpunkt der Vermittlung des neuen Vertrages bereits vertragliche Beziehungen zwischen dem Unternehmer und dem Versicherungsnehmer auf Grund eines früher vermittelten Versicherungsvertrags bestehen. Denn **„neu" ist hier nur der vermittelte Versicherungs-**

---

[189] Vgl. dazu die Angaben in der Rz. 1849.
[190] Zur Problematik der Anrufung der Gutachterstelle vgl. Rz. 2112.

V Erste materielle Anspruchsvoraussetzung – Unternehmervorteile

vertrag, nicht auch der ***Versicherungsnehmer als Kunde*** des Versicherers[191]. Ein „neuer" Versicherungsvertrag kann deshalb auch dann vorliegen, wenn ein vom Vertreter nicht vermittelter Versicherungsvertrag zwischen dem Versicherungsnehmer und dem Versicherer bereits besteht und der Vertreter nunmehr zwischen diesen Beteiligten ***einen weiteren Vertrag vermittelt***, der ein ***anderes Risiko*** deckt und soweit der Abschluss auf den Bemühungen dieses Vertreters beruht und nicht auf einem Fortwirken des Vermittlungserfolges des früheren Vertreters.

608 Auch wenn ein vom Vertreter nicht vermittelter Vertrag ***mangels Verlängerungsklausel*** abläuft und vom Vertreter sodann ***ein neuer Vertrag zu den gleichen Bedingungen über das gleiche Risiko*** vermittelt wird, gilt ausgleichsrechtlich nichts anderes[192]. Es ist nicht einzusehen, warum, wie Geßler[193] meint, ein solcher Vertrag unter den genannten Voraussetzungen nicht ebenfalls als „neu" im Sinne des Ausgleichsrechts angesehen werden kann. Verlängert sich demgegenüber aber ein Versicherungsvertrag, der vom Vertreter zwar nicht vermittelt wurde, der aber von ihm verwaltet wird, auf Grund einer ***Verlängerungsklausel mangels Kündigung automatisch***, ohne dass eine Tätigkeit des Vertreters für diese Verlängerung ursächlich wurde, so ist ***diese Verlängerung nicht als „Vermittlung" eines neuen Versicherungsvertrages*** anzusehen[194]. Denn die Vertragsverlängerung beruht hier im Zweifel allein auf den ***Bemühungen des Vorvermittlers***, und bei der Beendigung des mit dem Vorvermittler bestehenden Vertretervertrages dürfte ein solcher Versicherungsvertrag mit Verlängerungsklausel ausgleichsrechtlich bereits berücksichtigt worden sein[195].

609 Als neu vermittelt muss auch ein Versicherungsvertrag gelten, der zwar erst ***nach der Beendigung des Vertretervertrages abgeschlossen*** wird, der aber vom Vertreter noch vor der Vertragsbeendigung vermittelt wurde[196]. Inwieweit ein solcher Versicherungsvertrag ausgleichsrechtlich allerdings berücksichtigt werden kann, richtet sich nach dem Inhalt der zwischen Versicherungsunternehmer und Versicherungsvertreter vereinbarten ***Provisionsverzichtsklausel***[197]. Ein Ausgleichsanspruch kann nur in Betracht kommen, wenn die Entstehung des Provisionsanspruches nach der Vertragsbeendigung gemäß § 87 Abs. 3 vereinbarungsgemäß ausgeschlossen ist[198].

---

191 *Möller,* Anm. 375 S. 859; *Trinkhaus,* S. 389; *Geßler,* S. 88; *Schröder,* § 89b Rz. 40; *Brüggemann,* § 89b Anm. 126 f.
192 *Schröder,* § 89b Rz. 40; *Brüggemann,* § 89b Rz. 126.
193 *Geßler,* S. 88.
194 Nach *Geßler,* S. 88, auch dann nicht, wenn der neue Versicherungsvertreter bei der Verlängerung mitgewirkt hat; vgl. auch *Trinkhaus,* S. 389.
195 Zum Unternehmervorteil aus einer Verlängerungsklausel: *Martin,* VersR 1968 S. 117, 119 zu II 1.
196 Vgl. § 87 Abs. 3, 1. Alternative; vgl. dazu *Leuze,* S. 22; *Möller,* Anm. 375, S. 859. Erst recht gilt dies natürlich bei Versicherungsverträgen, die vor der Vertragsbeendigung abgeschlossen werden, deren Versicherungsschein aber erst nach der Vertragsbeendigung ausgefertigt und eingelöst wird, sodass der vor der Vertragsbeendigung abgeschlossene Vertrag erst danach in Kraft tritt.
197 Vgl. dazu oben Rz. 38 m. w. N.
198 Das ist allerdings recht zweifelhaft. Vgl. dazu Nr. 12 der „Hauptpunkte" mit Fußnote, abgedruckt bei *Möller,* Anm. 138 vor §§ 43–48 VVG, und die Ausführungen im Geschäftsbericht des Gesamtverbandes der Versicherungswirtschaft 1962/63, S. 145.

Entsprechendes gilt im Hinblick auf Versicherungsverträge, die vom Vertreter vor der Vertragsbeendigung *lediglich eingeleitet und so vorbereitet wurden*, dass der nach der Vertragsbeendigung erfolgende Abschluss überwiegend auf seine Tätigkeit zurückzuführen ist und innerhalb angemessener Frist nach der Beendigung des Vertretervertrages zu Stande kommt[199]. **610**

Mitunter wird zur Begründung eines Ausgleichsanspruches geltend gemacht, ausgleichsrechtlich müssten auch solche Versicherungsverträge, die dem Vertreter bei Beginn seiner Tätigkeit zugewiesen wurden – sog. *„übertragene Bestände"* –, als „neue" Verträge angesehen werden, weil dem Vertreter im Hinblick auf diese Verträge der Höhe nach die gleichen Provisionen zugeflossen seien wie dem Vorgänger, der vertragsgemäß Abschluss- und Verwaltungsprovisionen erhalten habe. Derartige Schlussfolgerungen *aus der Höhe der Bezüge auf ihren rechtlichen Charakter* und damit auch auf die ausgleichsrechtliche Behandlung solcher Versicherungsverträge sind aber nicht zwingend. Denn dem Vertreternachfolger steht, auch wenn seine Bezüge genauso hoch sind wie die des Vorgängers, ein Vermittlungsentgelt nicht zu. Seine Bezüge sind im Hinblick auf den übertragenen Bestand in vollem Umfang Verwaltungsprovisionen. Derartige Bestände können allein aufgrund ihrer Zuweisung niemals „neu" im Sinne des Ausgleichsrechts sein[200]. **611**

Nach dem Gesetz (§ 89b Abs. 5 Satz 1 in der Fassung des Gesetzes vom 23.10.1989) wird die wesentliche Erweiterung eines bestehenden Versicherungsvertrages durch den Versicherungsvertreter der *Vermittlung eines neuen Vertrages gleichgestellt*, wenn die Vertragserweiterung wirtschaftlich der Vermittlung eines neuen Versicherungsvertrages entspricht. Hierher gehören die Fälle, in denen es den Bemühungen des Vertreters gelingt, nicht selbstvermittelte Verträge vom Umfang her durch Erhöhung der Versicherungssumme, durch Einbeziehung weiterer Risiken usw. wesentlich zu erweitern[201]. **612**

Die Frage, wann eine *Vertragserweiterung wesentlich* ist und damit ausgleichsrechtlich beachtlich wird, kann nicht generell beantwortet werden, weil es hierbei sehr auf die besonderen Umstände des Einzelfalles ankommt. Möller[202] meint, dass eine Vertragserweiterung schon dann wesentlich sein dürfte, wenn die Prämieneinnahme aus einem alten Vertrag für den Versicherer um mehr als 25% durch die Vermittlungstätigkeit des Versicherungsvertreters erhöht worden sei. Der angegebene Satz kann aber *nicht schematisch* angewendet werden, er kann lediglich als *Anhaltspunkt* dienen. Der Umstand, dass dem Versicherungsvertreter im Hinblick auf die Vertragserweiterung ein Anspruch auf Vermitt- **613**

---

199 *Leuze*, S. 22; vgl. § 87 Abs. 3, 2. Alternative. Die Vermittlungstätigkeit des Vertreters wurde hier also – im Gegensatz zu dem vorherigen Fall – durch die Vertragsbeendigung unterbrochen.
200 Vgl. dazu aber die Bestimmung in den „Grundsätzen-Sach", wonach zugewiesene Bestände nach Ablauf einer bestimmten Zeitdauer als vom Vertreter selbst vermittelte Bestände angesehen werden; vgl. „Grundsätze" Sach Ziff. I 2 und Rz. 1920 ff.
201 *Möller*, Anm. 375, S. 859; *Schröder*, § 89b Anm. 40; *Brüggemann*, § 89b Anm. 126; *Geßler*, S. 88. Vgl. dazu auch Rz. 471.
202 *Möller*, Anm. 375, S. 859.

lungsprovision zusteht, hat mit der Frage, ob diese Vertragserweiterung wesentlich ist, nicht ohne weiteres etwas zu tun und kann insoweit zur Begründung eines Ausgleichsanspruches nicht herangezogen werden[203] – ganz abgesehen von dem weiteren Umstand, dass im Hinblick auf die *in der Versicherungswirtschaft übliche ungenaue Terminologie*, auf die unten in den Rz. 852 ff. noch des Näheren einzugehen sein wird, die Verwendung des Begriffs „*Vermittlungsprovision*" keineswegs ein Indiz dafür darstellt, dass diese Provision tatsächlich für eine erfolgreich durchgeführte Vermittlungtätigkeit gezahlt wird.

614 Richtet sich die Berechnung des Ausgleichsanspruches nach den „Grundsätzen"[204], ist die Frage der **wesentlichen Erweiterung eines bestehenden Versicherungsvertrages** im Sinne des § 89b Abs. 5 Satz 1 dadurch berücksichtigt worden, dass gem. Ziff. 12 übertragene Bestände als neu vermittelte Bestände angesehen werden, sofern die **Bestandsübertragung** länger als 20 Jahre zurückliegt (mit 2/3, sofern die Bestandsübertragung länger als 15 Jahre und mit 1/3, sofern die Bestandsübertragung länger als 10 Jahre zurückliegt).[205]

II. Art der Vorteile

1. Maßgeblich ist der Neubestand

615 Wie beim Ausgleichsanspruch des Warenvertreters ist auch der **Vorteilsbegriff** beim Ausgleichsanspruch des Versicherungsvertreters *weit zu fassen*. Es genügt mithin, wenn sich für den Unternehmer im Zeitpunkt der Beendigung des Vertretervertrages erhebliche Vorteile daraus ergeben, dass der Versicherungsvertreter während des Vertragsverhältnisses neue Versicherungsverträge vermittelt hat. Die Vermittlung neuer Versicherungsverträge allein reicht aber nicht aus, wenn das Versicherungsunternehmen nicht in der Lage ist, aus dem vermittelten Versicherungsbestand in irgendeiner Form Gewinne im weitesten Sinne zu ziehen[206].

616 Auch an dieser Stelle sei darauf hingewiesen, dass zur Prüfung der Unternehmervorteile *allein von den* – zumindest mitursächlich – *vermittelten Versicherungsverträgen* auszugehen ist und dass der Ausgleichsanspruch des Versicherungsvertreters nichts mit einer „*Kundschaftsvergütung*" zu tun hat. Es ist deshalb unrichtig, wenn Trinkhaus[207] behauptet, ein ausgleichsrechtlich beachtlicher unmittelbarer Unternehmervorteil sei auch darin zu sehen, dass der Versicherer damit rechnen könne, die vom Vertreter geworbenen neuen Versicherungsnehmer würden sich nach der Beendigung des Vertretervertrages zumindest zum Teil an den Versicherer oder an die von dem ausgeschiedenen Versicherungsvertreter aufgebaute Agentur wenden, wenn ein weiterer Versicherungsbedarf zu decken sei. Diese in der Praxis möglichen Auswirkungen der

---

203 Für Warenvertreter vgl. dazu oben Rz. 471.
204 Vgl. Anhang Nr. 2–6 und Rz. 1841.
205 Vgl. Rz. 1921 ff.
206 So *BGH*, 9.11.1967, VersR 1968 S. 66 = RVR 1968 S. 46 für Warenvertreter. Entsprechendes gilt aber auch für Versicherungsvertreter.
207 S. 391.

Vermittlungstätigkeit sind ausgleichsrechtlich unbeachtlich, weil das Gesetz entsprechend allgemeinen provisionsrechtlichen Grundsätzen nur auf die vom Vertreter *unmittelbar vermittelten Versicherungsverträge* abstellt[208].

Für die Prüfung, ob bei der Beendigung des Vertretervertrages Unternehmervorteile vorhanden sind, ist *allein von dem Vertragsbestand* auszugehen, den der Versicherungsvertreter vermittelt bzw. erweitert hat und der zu diesem Zeitpunkt noch besteht[209]. In der Regel wird dieser Bestand bereits deshalb zu Unternehmervorteilen führen, weil die Versicherungsnehmer für eine bestimmte künftige Laufzeit über die Beendigung des Vertretervertrages hinaus fest an die vom Versicherungsvertreter vermittelten Versicherungsverträge gebunden sind. Hinzu kommt, dass die mit *Verlängerungsklauseln* versehenen Verträge erfahrungsgemäß üblicherweise auch nicht mit dem Ablauf der festen Bindung des Versicherungsnehmers enden, sondern mehrmals verlängert werden. Auf Grund von Erfahrungssätzen ist das Versicherungsunternehmen in der Lage, die sich so ergebende durchschnittliche *Restlaufzeit der Einzelverträge* des vom Versicherungsvertreter vermittelten Bestandes abzuschätzen. Es kann auf diese Weise feststellen, mit welchen Prämieneinnahmen aus diesem Versicherungsbestand nach der Beendigung des Vertretervertrages zu rechnen ist und welcher Unternehmervorteil sich mithin aus der Vermittlungstätigkeit des Versicherungsvertreters für die Zeit nach der Vertragsbeendigung ergibt[210].

617

2. Entwicklung des Gesamtbestandes

Bei der Prüfung des Unternehmervorteils kommt es nicht darauf an, wie sich während der Vermittlungstätigkeit des Vertreters der *Gesamtbestand des Versicherungsunternehmens* entwickelt hat. Denn jeder neue vermittelte Versicherungsvertrag *vergrößert die Risikobasis* und erhöht damit die *Chance des Versicherungsunternehmens*, aus seinem Gesamtgeschäft *Gewinn zu erzielen*[211]. Auch jede Prämie, die der Versicherungsnehmer eines neu vermittelten Versicherungsvertrages als Entgelt für die Übernahme des Risikos an den Versicherer zahlt, trägt im Rahmen des Gesamtbestandes infolge ihrer Kalkulation zum Gewinn des Versicherers bei[212], mag sie auch, für sich allein betrachtet, die Entstehung eines Unternehmervorteils nicht auslösen können[213]. Das Versiche-

618

---

208 So auch *Schröder*, § 89b Anm. 41 und insbesondere *Martin,* VersR 1968 S. 117, 119 zu II 1. Näheres oben Rz. 16ff. Vgl. dazu auch *Gessler*, S. 57 ff. § 57 ff. zur Entstehungsgeschichte des § 89b Abs. 5 und zu der von *Möller* hierbei vertretenen Auffassung (S. 59, 63).
209 *OLG Stuttgart*, 26.3.1957, VersR 1957 S. 329, 330; *OLG Nürnberg*, 22.9.1961, BB 1962 S. 155; *Geßler*, S. 89.
210 Dazu ausführlich *Martin*, VersR 1968 S. 117, 119 zu II 1. Vgl. auch *Möller,* Anm. 375 vor §§ 43–48 VVG.
211 Vgl. dazu *Brüggemann*, § 89b Anm. 127.
212 Vgl. *Geßler,* S. 89; *Trinkhaus,* S. 390; a.A. *Möller,* Anm. 375, S. 859 und Anm. 378, S. 866, der den Unternehmergewinn nur im Rahmen der Billigkeit nach § 89b Abs. 1 Nr. 3 berücksichtigen will.
213 Für sich betrachtet kann die für ein hohes Risiko berechnete Prämie kaum zu Unternehmergewinnen führen. Im Rahmen des *Gefahrenausgleichs* nach dem *Gesetz der Großen Zahl* und im Hinblick auf den Gesamtbestand ergibt sich aber ein anderes Bild.

V Erste materielle Anspruchsvoraussetzung – Unternehmervorteile

rungsgeschäft ist seiner Natur nach auf dem *Gesetz der Großen Zahl* aufgebaut, sodass sich die Auswirkungen einzelner Vermittlungserfolge auch nur im Rahmen dieses Gesamtbestandes, also durch die „große Zahl" der vorhandenen Versicherungsverträge, ergeben können.

619 Die Entstehung von Unternehmervorteilen wird inbesondere nicht dadurch ausgeschlossen, dass trotz erfolgreicher Vermittlungstätigkeit des Vertreters der Umfang des *Gesamtbestandes des Versicherers rückläufig ist*[214]. Der durch die Vermittlungstätigkeit des Vertreters ausgelöste Unternehmervorteil ist hier darin zu sehen, dass die rückläufige Entwicklung des Gesamtbestandes ohne die Vermittlungstätigkeit *noch negativer* verlaufen wäre[215].

620 Im Übrigen ergibt sich aus dem Gesetz (§ 89b Abs. 5), dass für die Entstehung von Unternehmervorteilen allein auf die Vermittlung neuer Versicherungsverträge, nicht aber darauf abzustellen ist, ob sich der Gesamtbestand des Versicherers während der Dauer des Vertretervertrages vergrößert hat[216].

3. Negative Entwicklung übertragener Bestände

621 Schließlich ist es auch unerheblich, wie sich während der Vertragsdauer ein dem Versicherungsvertreter bei Vertragsbeginn *übertragener Bestand* (also ein Bestand, den er nicht selbst vermittelte) entwickelt hat. Es kann ausgleichsrechtlich nicht zu Lasten des Vertreters gewertet werden, wenn sich ein ihm übertragener Bestand im Laufe der Zeit *verringert, so weit dies dem normalen Schwundprozess jedes Versicherungsbestandes* entspricht[217]. Etwas anderes gilt nur dann, wenn der *Abgang als anomal* zu bezeichnen ist und darauf beruht, dass der Vertreter seine Vertragspflichten mangelhaft erfüllt. Ist dies der Fall, kann sich unter Billigkeitsgesichtspunkten eine Ausgleichsminderung ergeben[218]. Für die Feststellung von Unternehmervorteilen kommt es mithin allein darauf an, dass die vom Vertreter vermittelten und im Zeitpunkt der Vertragsbeendigung noch vorhandenen Versicherungsverträge im Rahmen des Gesamtbestandes des Versicherers zu *vermehrten Gewinnchancen* führen. Nicht entscheidend ist hierbei, wie sich während der Vertragsdauer der Gesamtbestand des Versicherers einerseits und der vom Vertreter vermittelte Vertragsbestand andererseits entwickelt haben.

4. Bedeutung des Schadenverlaufs

622 Die Entstehung von Unternehmervorteilen kann gleichwohl dann zweifelhaft sein, wenn im Zeitpunkt der Vertragsbeendigung ein *überdurchschnittlicher Schadenverlauf* zu erwarten ist. Dann nämlich verringert sich zwangsläufig der

---

214 Das übersieht *Brüggemann*, § 89b Rz. 127, der ausdrücklich nur auf die erhebliche Erweiterung des Gesamtbestandes des Versicherungsunternehmens abstellt.
215 Vgl. zur gleichen Problematik beim Warenvertreter Rz. 561.
216 *OLG Stuttgart*, 26.3.1957, VersR 1957, S. 329, 330.
217 *Josten/Lohmüller*, § 89b Anm. 12 zu 3. Für Warenvertreter vgl. dazu Rz. 466 ff.
218 *OLG Stuttgart*, 26.3.1957, VersR 1957 S. 329, 330; *Schröder*, § 89b Rz. 10 und 18, und BB 1954 S. 477; *Franta*, MDR 1953 S. 530; *Möller*, ZfV 1953 S. 137; *Leuze*, S. 27. Näheres Rz. 1143.

dem Unternehmer verbleibende Gewinn, was – rechnerisch gesehen – zu einem *Wegfall oder einer Minderung des Unternehmervorteils* führen kann. Hier ist indessen wiederum zu unterscheiden, ob sich der schlechte Schadenverlauf auf den *Gesamtbestand* des Versicherers bezieht oder nur auf den vom ausgeschiedenen Vertreter vermittelten *Einzelbestand*.

Richtiger Ansicht nach kann sich ein im Zeitpunkt der Vertragsbeendigung zu erwartender schlechter Schadenverlauf nur dann zu Lasten des Versicherungsvertreters auswirken, wenn er nur *die vom Vertreter vermittelten Versicherungsverträge* betrifft und der Vertreter entgegen seinen Vertragspflichten den Interessen des Unternehmens durch die Vermittlung *notorisch schlecht verlaufender Verträge* zuwidergehandelt hat. Setzt sich der vom Versicherungsvertreter vermittelte Einzelbestand also beispielsweise deshalb aus schlechten Risiken zusammen, weil sich der Versicherungsvertreter zu Nutze macht, dass es für ihn oft leichter ist, Versicherungsschutz im Hinblick auf ein vom Versicherer *unerwünschtes Risiko* zu vermitteln als im Hinblick auf ein gutes, dann wird sich der Unternehmer eher mit Erfolg darauf berufen können, dass sich für ihn aus diesem Bestand *keine oder nur geringere Vorteile* ergeben können. 623

In diesem Zusammenhang gewinnt die praktische Frage Bedeutung, ob sich der Versicherer auf mangelnde Unternehmervorteile infolge *schlechten Schadenverlaufs* auch dann berufen kann, wenn der vom Vertreter vermittelte Bestand zwar auch eine *vergleichsweise hohe Schadenquote* aufweist, wenn der Vertreter aber keineswegs gegen seine Vertragspflichten verstoßen hat, weil das vergleichsweise schlechte Geschäftsergebnis aus den von ihm vermittelten Versicherungsverträgen auf *äußeren Umständen* beruht, auf die der Vertreter keinen Einfluss hat. Folgendes Beispiel mag dies verdeutlichen: In einem bestimmten Versicherungszweig ist im Hinblick auf an sich gleiche Risiken die Schadenquote regional außerordentlich unterschiedlich, sodass sich aus der vertragsgemäßen Vermittlungstätigkeit eines Versicherungsvertreters ein *Vertragsbestand mit überdurchschnittlichem Schadenverlauf ergibt*, während ein anderer Vertreter in Ansehung eines äußerlich vergleichbaren Bestandes wesentlich günstigere Ergebnisse erzielt. In der Praxis sind die Fälle typisch, dass bei gleicher Prämie etwa die in ländlichen Bezirken Bayerns vermittelten Kraftfahrtversicherungen einen wesentlich günstigeren Schadenverlauf aufweisen als vergleichbare Kraftfahrtversicherungen aus dem Ruhrgebiet. 624

In derartigen – durchaus nicht seltenen – Fällen ist es nicht ohne weiteres von der Hand zu weisen, dass mit Rücksicht auf die schlechte Schadenquote der Ausgleichsanspruch des ersten Vertreters eigentlich gemindert werden müsste, weil aus seiner *Vermittlungstätigkeit geringere Unternehmervorteile* resultieren. Ein solches Ergebnis würde aber zu einer unvertretbaren Benachteiligung des Versicherungsvertreters führen. Derartige Fälle sind deshalb *ausgleichsrechtlich unbeachtlich*. 625

Zweifelhaft kann auch sein, welche ausgleichsrechtlichen Auswirkungen sich ergeben können, wenn ganz allgemein mit einem schlechten Schadenverlauf zu 626

V Erste materielle Anspruchsvoraussetzung – Unternehmervorteile

rechnen ist. Die Entstehung eines Unternehmervorteils wird auch in diesem Fall keineswegs zwangsläufig ausgeschlossen[219]. Denn es darf nicht außer Acht gelassen werden, dass das Versicherungsgeschäft seiner *Natur nach ein Risikogeschäft* ist, bei dem von vornherein auch mit einem überdurchschnittlichen Schadenverlauf gerechnet werden muss. Dieser Tatsache wird im Allgemeinen durch eine entsprechende *Prämienkalkulation*, eine entsprechende *Reservenbildung*, eine entsprechende *Dividendenpolitik* und schließlich auch durch eine vorsorgliche *eigene Rückversicherung* Rechnung getragen, sodass auch ein überdurchschnittlicher Schadenverlauf keineswegs zwangsläufig zum Wegfall jeglicher Unternehmervorteile aus der Vermittlungstätigkeit des Versicherungsvertreters führen muss. Im Allgemeinen wird aber auch nicht angenommen werden können, dass ein bei Beendigung des Vertretervertrages zu erwartender schlechter Schadenverlauf bis zur Beendigung der vom Vertreter vermittelten Versicherungsverträge andauert.

5. Weitere Vorteile

627 Endlich ist zu fragen, ob über diejenigen Unternehmervorteile hinaus, die sich daraus ergeben, dass die Vermittlungstätigkeit des Vertreters dazu beiträgt, die aus dem Gesamtbestand resultierende **Unternehmergewinnchance zu erweitern**, noch andere Unternehmervorteile in Betracht kommen können, die auf der Tätigkeit des ausgeschiedenen Vertreters beruhen. Hier ist in erster Linie daran zu denken, dass mit der Beendigung des Vertretervertrages die *Verpflichtung des Unternehmers zur Zahlung von Abschlussprovisionen* – wenn diese im Einzelfall laufend und gleichbleibend zu entrichten sind – entfällt. Denn in die Prämien sind von vornherein Abschlusskosten eingerechnet, sodass der Wegfall der Belastung mit Provision einen zusätzlichen Unternehmervorteil auslöst[220].

628 Möller[221] vertritt den Standpunkt, dass die auch nach der Vertragsbeendigung weiterlaufenden Prämieneinnahmen ohne weitere Belastung mit Vermittlungsprovisionen den einzigen überhaupt in Betracht kommenden Unternehmervorteil darstellen. Richtiger Ansicht nach kann es sich hierbei aber nur um einen zusätzlichen, keineswegs um den einzigen Vorteil handeln, den die bis zur Vertragsbeendigung ausgeübte Vermittlungstätigkeit des Versicherungsvertreters auszulösen vermag. Wäre die Ansicht Möllers richtig, so wäre der *Vorteil des Unternehmers gewissermaßen nur ein Spiegelbild der Verluste des Vertreters*, und der Gesetzgeber hätte sich damit begnügen können, allein auf die Unternehmervorteile oder die Vertreterverluste abzustellen. *Beide Größen brauchen sich aber keineswegs zu decken*[222].

---

[219] *Trinkhaus*, S. 391.
[220] *Geßler*, S. 90.
[221] Anm. 375 vor §§ 43–48 VVG, S. 860.
[222] Das wird ausdrücklich in einem – allerdings einen Tankstellenvertreter betreffenden – insoweit nicht veröffentlichten Urteil des *Bundesgerichtshofs* vom 31.5.1965 – VII ZR 279/63 – festgestellt.

Unternehmervorteile aus dem Wegfall der Provisionsverpflichtung des Unter- **629**
nehmers werden im Übrigen nicht dadurch ausgeschlossen, dass das Versicherungsunternehmen dem *Vertreternachfolger Provisionen* zahlt, die der Höhe nach denjenigen Provisionen entsprechen, die dem ausgeschiedenen Vertreter bei einer Vertragsfortsetzung zugestanden hätten und die jener durch seine Vermittlungstätigkeit verdient hatte[223]. Eine *der Höhe nach unveränderte Provisionsfortzahlung* an den Vertreternachfolger kann die Entstehung eines Unternehmervorteils schon deshalb nicht ausschließen, weil der Unternehmer zu einer solchen Provisionszahlung nicht verpflichtet sein und der Vertreternachfolger auf Provisionen in dieser Höhe keinen Anspruch haben kann, weil eben mangels insoweit ausgeübter Vermittlungstätigkeit diese dem Vertreternachfolger zufließenden Provisionen auch *nicht teilweise Abschlussprovisionen* sein können[224].

6. Automatische Vertragserweiterungen

Ergeben sich aus der Vermittlungstätigkeit des Versicherungsvertreters *automa-* **630**
tische Vertragserweiterungen in der Zeit nach der Beendigung des Vertretervertrages (sog. dynamisierte Verträge), so wird sich auch hieraus regelmäßig ein zusätzlicher Unternehmervorteil ergeben. Man denke etwa an Versicherungsverträge, bei denen die Höhe der Versicherungssumme vertragsgemäß laufend an die *Einkommensentwicklung des Versicherungsnehmers angepasst* wird oder bei denen die *Prämienhöhe* von der *Kostenentwicklung*, dem *Umsatz* oder der *Zahl der Beschäftigten* im Betriebe des Versicherungsnehmers abhängig ist. In derartigen Fällen ist im Zeitpunkt der Vertragsbeendigung nicht nur von einem gleichbleibenden Fortbestand der vermittelten Verträge auszugehen, sondern darüber hinaus eine *Erweiterung des Vertragsvolumens* zu erwarten[225], sodass sich aus der Vermittlungstätigkeit des Vertreters auch insoweit ein Unternehmervorteil ergibt.

---

223 Vgl. oben Rz. 611, wo die Frage behandelt wird, ob der Vertreternachfolger seinerseits aus unveränderter Provisionsfortzahlung Ansprüche herleiten kann.
224 Ebenso *Möller*, a.a.O., und Amtliche Begründung, S. 36; im Ergebnis wie hier auch *Trinkhaus*, S. 391.
225 Näheres hierzu im Zusammenhang mit einer Erläuterung des *BGH-Urteils* vom 23.2.1961, BB 1961 S. 381, unten Rz. 919, 923 ff.

VI. Kapitel
Zweite materielle Anspruchsvoraussetzung – Provisionsverluste

A. Warenvertreter

Neben Vorteilen für den Unternehmer setzt der Ausgleichsanspruch voraus, dass der Vertreter durch die Beendigung des Vertragsverhältnisses Ansprüche auf Provisionen verliert, die er *aus bereits abgeschlossenen Geschäften* oder aus *künftig zu Stande kommenden Geschäften* mit den von ihm geworbenen Kunden hätte. Hier kann es im Einzelfall von Bedeutung sein, wann ein Kunde als vom Vertreter *„geworbener Neukunde"* anzusehen ist, wie die verschiedenen in § 89b Abs. 1 Nr. 2 genannten Geschäfte voneinander abzugrenzen sind und wie die *Vertreterverluste ermittelt* werden müssen. **631**

Aber schon an dieser Stelle muss, um mögliche Missverständnisse von vornherein auszuschließen, darauf hingewiesen werden, dass Provisionsverluste aus künftig zu Stande kommenden Geschäften i.S.d. § 89b Abs. 5 i.V.m. Abs. 1 Satz 1 Ziff. 2 (2. Alt.) HGB im Bereich des Versicherungsvertreters[1] *in ganz anderem Sinne zu verstehen* sind als dies für die Provisionsverluste des Handelsvertreters im *Warenvertrieb* gilt. Denn künftig zu Stande kommende Geschäfte *jedweder Art* kommen im Bereich des Versicherungs- und auch des Bausparkassenvertreters nur ausnahmsweise vor, worauf bereits oben hingewiesen worden war[2]. Deshalb können im Versicherungs- und Bausparbereich Provisionsverluste nur in Betracht kommen, wenn sie sich *aus § 87 Abs. 3*[3] Ziff. 1 oder aus der *Ausnahmerechtsprechung* des BGH ergeben[4]. **632**

In Artikel 17 Abs. 2 der EG-Richtlinie vom 18.12.1986 war vorgesehen worden, die neben der Anspruchsvoraussetzung des Unternehmervorteils einzeln aufgeführten weiteren zwei Anspruchsvoraussetzungen des Provisionsverlustes einerseits und des Billigkeitsgrundsatzes andererseits *in der Weise zusammenzufassen, dass „die Zahlung eines solchen Ausgleichs unter Berücksichtigung aller Umstände, insbesondere der dem Handelsvertreter aus Geschäften mit diesen Kunden entgehenden Provisionen, der Billigkeit"* entsprechen müsse. Danach sollte also die Anspruchsvoraussetzung des Provisionsverlustes nur einen *Unterfall des Billigkeitsgrundsatzes* darstellen, womit die Abhängigkeit des Ausgleichsanspruchs von Billigkeitsgesichtspunkten besonders betont wer- **633**

---
1 Vgl. dazu Kap. I Rz. 30.
2 Rz. 30, 254, 826, 949.
3 Vgl. zu der Frage, wann nachvertragliche Geschäfte nach § 87 Abs. 3 Ziff. 1 HGB in Betracht kommen können, Hdb. I, Rz. 873 ff. und zur Ausnahmerechtsprechung des BGH unten Rz. 947, 984.
4 Vgl. Fn. 3.

den sollte[5]. Es ist zu begrüßen, dass der deutsche Gesetzgeber im Rahmen der Umsetzung der EG-Richtlinie dieser Neufassung nicht entsprochen hat, obwohl dies im Referentenentwurf des Bundesministeriums der Justiz zunächst vorgesehen war, und es bei der Dreiteilung der Anspruchsvoraussetzungen belassen hat. Ganz zweifellos hätte die Einbeziehung der bisherigen Anspruchsvoraussetzungen des Provisionsverlustes in die Anspruchsvoraussetzung des Billigkeitsgrundsatzes die Ausgleichsberechnung nicht vereinfacht, sondern über alle Maßen erschwert. Denn wäre man Art. 17 Abs. 2 der EG-Richtlinie gefolgt, hätte die gesamte so komplizierte Verlustberechnung im Rahmen der Billigkeitsprüfung erfolgen müssen, was allen Beteiligten statt größerer Klarheit nur noch größere Schwierigkeiten bereitet hätte.

I. Vom Vertreter geworbene Kunden

634 Die Vorschrift des § 89b Abs. 1 Nr. 2 stellt bei der Definition der dem Vertreter mit der Vertragsbeendigung entstehenden Provisionsverluste auf Geschäfte ab, die mit den vom Warenvertreter geworbenen Kunden zu Stande kommen. War bei den Unternehmervorteilen geprüft worden, wann ein Kunde als „neu" im Sinne des § 89b Abs. 1 Nr. 1 anzusehen ist, so kommt es hier darauf an, wie weit der Begriff „vom Handelsvertreter geworbene Kunden" zu fassen ist.

1. Vom Handelsvertreter vorvertraglich geworbene Kunden

635 Zunächst handelt es sich um solche Kunden[6], die auf Grund der **unmittelbaren Werbe- und Vermittlungstätigkeit** des Vertreters in *Geschäftsverbindungen* zum Unternehmer getreten sind. Damit scheiden bereits solche Kunden als *„vom Handelsvertreter geworbene Kunden"* aus, die der Vertreter zu einer Zeit geworben hat, in der er noch gar nicht Vertreter war. Befand sich der jetzige Vertreter früher in einem *Angestelltenverhältnis* und war er schon in dieser Zeit für den Unternehmer als Reisender tätig, so ist mithin ein Provisionsverlust aus Geschäftsverbindungen, die er in jener Zeit vermittelte, **nicht ausgleichsfähig**, auch dann nicht, wenn ihm der während seiner Reisendentätigkeit geschaffene Kundenstamm bei Begründung des Vertreterverhältnisses (als „Altbestand") übertragen wurde[7]. Natürlich kann zu Gunsten des Vertreters etwas anderes vereinbart werden.

---

5 Das neue österreichische Handelsvertreterrecht, das am 1.3.1993 in Kraft getreten ist (für Altverträge am 1.1.1994), hat diese in der EG-Harmonisierungsrichtlinie vorgesehene Regelung in § 24 Abs. 1 Ziff. 3 übernommen, vgl. *Viehböck*, ecolex 1993, 221 und *Küstner*, öRdW 1994 S. 390, 393 zu 5).
6 Kunden können sowohl Abnehmer der Erzeugnisse des vertretenen Unternehmers als auch seine Lieferanten sein, *OLG Hamburg*, 10.11.1966, HVR Nr. 391. Zum Begriff des „geworbenen Kunden" im Ausgleichsrecht vgl. auch anonym HVuHM 1965 S. 42.
7 Vgl. dazu *OLG Düsseldorf*, 1.7.1965, NJW 1965 S. 2352. Näheres bei *Küstner*, IHV 1966 Heft 18 S. 23 Fall 3; *OLG Braunschweig*, 8.3.1968, RVR 1963 S. 173, in HVR Nr. 384 insoweit nicht abgedruckt.

In der Praxis allerdings kommen Fälle vor, die eine andere Beurteilung recht- **636** fertigen. Einmal handelt es sich um diejenigen Fälle, in denen ein Handelsvertreter bei Begründung eines Handelsvertretervertrages dem vertretenen Unternehmen auch Kunden „einbringt", die für *diesen* Unternehmer Neukunden sind, die aber der Handelsvertreter bereits *im Rahmen eines früheren Anstellungsverhältnisses für einen anderen Unternehmer geworben* hatte, für den er als Reisender tätig war und der inzwischen seinen Betrieb eingestellt hat. Sind diese Neukunden noch vorhanden, wenn der als Handelsvertretervertrag begründete Zweitvertrag endet, sind diese Neukunden nach § 89b auszugleichen, weil hier allein auf die jetzt maßgebliche *Handelsvertreterstellung* des früheren Reisenden *im Verhältnis zum jetzigen Unternehmer* abzustellen ist.

Im Zusammenhang mit der *Umstellung eines Anstellungs- in einen Handels-* **637** *vertretervertrag* kommt es mitunter vor, dass der Außendienst-Mitarbeiter, als er noch Reisender war, eine neue Geschäftsverbindung zu einem Großkunden angebahnt hat, in deren Rahmen es aber erst zu Geschäftsabschlüssen kam, als das Reisendenverhältnis bereits in einen Handelsvertretervertrag umgestellt war. Endet später dieser Handelsvertretervertrag, taucht wiederum die Frage auf, ob dieser Kunde, um dessen Werbung sich der frühere Reisende bereits bemüht hatte, hinsichtlich dessen aber die *Kundenbeziehung erst nach der Vertragsumstellung begründet* wurde, als Neukunde im Sinne des § 89b Abs. 1 angesehen werden kann. Diese Frage wird man nach dem Wortlaut des Gesetzes bejahen müssen, weil der Interessent erst zum Neukunden wurde, als der Außendienst-Mitarbeiter bereits als Handelsvertreter für den Unternehmer tätig war.

Schließlich tauchen in diesem Zusammenhang auch bei *mehrstufigen Vertrags-* **638** *verhältnissen* mitunter Zweifelsfragen auf, wenn für einen Handelsvertreter *echte Untervertreter*[8] tätig sind und ein solcher Untervertreter für die Produkte des von seinem Vertragspartner, dem Handelsvertreter, vertretenen Unternehmens einen neuen Kunden wirbt, den aber der Handelsvertreter schon bisher als *Kunden für andere vertretene Unternehmen* betreute. Hier entsteht die Frage, ob diese Neukundenwerbung im Rahmen eines Ausgleichs zu berücksichtigen ist, der für den Untervertreter bei der Beendigung seines Untervertretervertrages entsteht und demgemäß zu berechnen ist. Richtiger Auffassung nach wird man hier auf die Beziehung zwischen dem Vertragspartner des Untervertreters, also dem Handelsvertreter, einerseits und dem vertretenen Unternehmen andererseits abstellen müssen, zumal sich ja diese Neukundenwerbung auch auf den Ausgleichsanspruch des Handelsvertreters auswirkt, wenn einmal der Handelsvertretervertrag zu Ende geht. Dieses Ergebnis rechtfertigt sich auch aus der Überlegung, dass dieser vom Untervertreter neu geworbene Kunde auch *für den vertretenen Handelsvertreter ein neuer Kunde ist*, wenn man allein auf die Vermittlungs- bzw. Abschlusspflicht dieses Handelsvertreters für das vertretene Unternehmen abstellt und demgemäß außer Betracht lässt, dass

---

8 Zum Begriff des echten Untervertreters vgl. oben Rz. 78.

VI Zweite materielle Anspruchsvoraussetzung – Provisionsverluste

der Handelsvertreter mit dem betreffenden Kunden schon Geschäfte zu Gunsten anderer Unternehmen vermittelt hatte.

639 Zweifelsfragen können sich schließlich auch dann ergeben, wenn zwischen dem vertretenen Unternehmer und einem Außendienst-Mitarbeiter zunächst ein Handelsvertretervertrag bestand, wenn dieser Vertretervertrag später *in einen Anstellungsvertrag umgewandelt* wurde, die Parteien aber später wieder *zum ursprünglichen Handelsvertretervertrage übergehen.* Hier entstehen bei Beendigung dieses zuletzt maßgeblich gewesenen Handelsvertretervertrages zwangsläufig Meinungsverschiedenheiten darüber, wie beim Ausgleichsanspruch diejenigen Neukundenbeziehungen zu behandeln sind, die als solche *während der Anstellungstätigkeit* des Außendienst-Mitarbeiters durch dessen Vermittlungstätigkeit Neukunden wurden. Bei formeller Betrachtungsweise müsste man bei der Ermittlung der Provisionsverluste und der Unternehmervorteile diese Neukunden-Beziehungen unberücksichtigt lassen, weil sich die Ausgleichsberechtigung eines Handelsvertreters ja nur aus der Werbung solcher Kunden rechtfertigen lässt, die er als Handelsvertreter neu geworben hat, mag auch diese Beurteilung des Sachverhalts nicht voll befriedigen. Immerhin besteht aber die Möglichkeit, im Rahmen der ausgleichsrechtlichen Auseinandersetzung auch diese Kunden genauso zu behandeln, als wenn sie vom Außendienstmitarbeiter während seiner Vertretertätigkeit neu geworben worden wären.

640 Eine zu Gunsten des Handelsvertreters getroffene Vereinbarung mit dem vertretenen Unternehmer, wie sie bereits oben erwähnt worden war, empfiehlt sich auch in denjenigen Fällen, in denen der Handelsvertreter bereits vor dem Abschluss des Handelsvertretervertrages als *nebenberuflicher Handelsvertreter* für den Unternehmer tätig war. In der Praxis vollzieht sich der *Übergang von der nebenberuflichen zur hauptberuflichen Vertretertätigkeit* in der Regel ja allmählich, und durch den Abschluss des Vertrages, der auf eine hauptberufliche Tätigkeit des Handelsvertreters gerichtet ist, wird nur dem Umstand Rechnung getragen, dass die Tätigkeit des Handelsvertreters über ihren nebenberuflichen Charakter hinausgewachsen ist. Deshalb sollte in derartigen Fällen stets geprüft werden, ob die von dem nebenberuflichen Handelsvertreter hergestellten Geschäftsverbindungen im Hinblick auf den Ausgleichsanspruch nicht so behandelt werden können, als wenn sie der Handelsvertreter im Rahmen hauptberuflicher Tätigkeit hergestellt hätte. Das bedarf natürlich im Einzelfall einer entsprechenden Vereinbarung. Kommt eine solche Vereinbarung nicht zu Stande, müssen die während der nebenberuflichen Tätigkeit des Handelsvertreters hergestellten Geschäftsverbindungen bei der Ermittlung der Provisionsverluste – wenn das hauptberufliche Vertragsverhältnis endet – unberücksichtigt bleiben, sofern sie nicht in hauptberuflicher Tätigkeit *intensiviert* wurden.

641 Wird ein Handelsvertretervertrag nach der Übernahme des vertretenen Unternehmens durch ein anderes Unternehmen für dieses fortgesetzt und beziehen sodann die vom Handelsvertreter für das übernommene Unternehmen geworbenen Kunden ihren Bedarf auch weiterhin durch Veranlassung des Handelsvertreters *vom übernehmenden Unternehmen*, sind die betreffenden Kunden als

Neukunden ausgleichsrechtlich auch dann zu berücksichtigen, wenn der Handelsvertretervertrag mit dem neuen Unternehmen endet. Im entschiedenen Sachverhalt hatte sich im Rahmen des Übergangs des Unternehmens auf das andere Unternehmen die Verkäuferin verpflichtet, „alles ihr zumutbare zu tun, um den Bestand ihrer Sektkundschaft auf die Käuferin überzuleiten". Mit Recht hat deshalb das OLG Koblenz in seinem Urteil vom 18.6.1998[9] die Ausgleichsberechtigung des ausgeschiedenen Handelsvertreters anerkannt, zumal die vom Handelsvertreter schon für das Erstunternehmen geworbenen Kunden vor dem Unternehmensverkauf dem Erwerber nicht bekannt waren.

Problematisch sind weiterhin die Fälle, in denen der spätere hauptberufliche Handelsvertreter vor dem Beginn seiner Vertretertätigkeit *Großhändler* war und als solcher seine Kunden bereits mit Erzeugnissen belieferte, die er auf eigene Rechnung und im eigenen Namen von dem Hersteller bezog, für den er dann als Handelsvertreter tätig wurde. Vermittelt er nun als Handelsvertreter Geschäfte zwischen dem Hersteller als vertretenem Unternehmer und diesen von ihm selbst früher als Eigenhändler belieferten und jetzt in das neue Vertragsverhältnis *„eingebrachten" Kunden*, dann müssen diese Kunden, die dadurch erstmals in unmittelbare Geschäftsbeziehungen zum Hersteller treten, ausgleichsrechtlich für den Handelsvertreter als *Neukunden* behandelt werden, wenn der Handelsvertretervertrag endet. Deshalb empfehlen sich dementsprechende vertragliche Vereinbarungen bereits im Zeitpunkt des Vertragsabschlusses. Der Unterschied zu den Fällen, in denen der Handelsvertreter vor seiner Vertretertätigkeit als angestellter Reisender oder als nebenberuflicher Vertreter bereits Geschäfte zwischen den Kunden und dem Unternehmer vermittelte, besteht darin, dass diese Kunden, als der hauptberufliche Vertretervertrag begründet wurde, für den Unternehmer nicht „neu" im Sinne des Ausgleichsrechts waren – er stand mit diesen Kunden ja bereits in geschäftlichen Beziehungen –, während im Eigenhändler-Fall erst die Begründung derartiger unmittelbarer Geschäftsbeziehungen zu diesen Kunden durch den Handelsvertreter notwendig war, damit diese Kunden *für den Unternehmer zu „neuen Kunden"* wurden. **642**

2. Reaktivierte Altkunden als Neukunden

Die Bedeutung einer Reaktivierung von Altkunden, zu denen früher eine Geschäftsverbindung bestand, die aber durch die Vermittlungsbemühungen des Handelsvertreters wiederbelebt wurde, war bereits oben im Zusammenhang mit den Vorteilen des Unternehmers behandelt worden[10]. Hier gelten nach wie vor *strenge Grundsätze*. Das OLG Köln hatte sich in seinem Urteil vom 26.1.2001[11] mit einem Sachverhalt zu befassen, in welchem ein Handelsvertreter von der Gesellschafterin eines Unternehmers – also der Beklagten – beauftragt worden war, ihre Kunden auch *für die Produkte des Unternehmers zu interessieren*, anzusprechen und auf diese Weise diese Kunden für das Unternehmen **643**

---

9 *OLG Koblenz*, 18.6.1998 – 6 U 940/96, HVR Nr. 882.
10 Vgl. oben Rz. 457.
11 *OLG Köln*, 26.1.2001 – 19 U 113/00, BB 2001, 1601.

zu werben. Das Gericht hat in zweiter Instanz die Ausgleichsklage des Handelsvertreters mit der Begründung mangelnder Substantiierung abgewiesen. Es hat darauf hingewiesen, dass die angeblich reaktivierten Kunden schon vor der vom Kläger geforderten Werbetätigkeit Kunden der Beklagten hinsichtlich der fraglichen Produkte gewesen seien. Allein die Tatsache, dass infolge einer bei der Beklagten erfolgten Geschäftsumstellung Kunden mehrere Monate lang nicht beliefert worden seien, rechtfertige die Auffassung des Klägers nicht, die Geschäftsbeziehungen zu jenen Kunden seien beendet gewesen, sodass eine Reaktivierung hätte erfolgen müssen, zumal unstreitig der Kundenstamm der Gesellschafterin und der Beklagten ohnehin identisch gewesen sei.

3. Ursächlichkeit der Kundenwerbung

644 Meinungsverschiedenheiten entstehen immer wieder hinsichtlich der Frage, in welchem Umfang eine Vermittlungstätigkeit des Handelsvertreters vorausgesetzt werden muss, damit ein neuer Kunde als ein „vom Handelsvertreter geworbener Kunde" im Sinne des Ausgleichsrechts angesehen werden kann, ob also der Begriff der *„Werbung eines neuen Kunden"* eine allein durch den Handelsvertreter erfolgte Werbung voraussetzt oder ob auch dann noch von einer durch den Handelsvertreter erfolgten Kundenwerbung gesprochen werden kann, wenn die Gewinnung eines neuen Kunden *auch auf die Bemühungen des vertretenen Unternehmers* zurückgeführt werden kann. Diese Problematik kann beispielsweise dann entstehen, wenn die erste Verhandlung mit einem Interessenten, dem bereits ein Angebot des Unternehmers vorliegt, gemeinsam vom Handelsvertreter und einem technischen Mitarbeiter oder dem Verkaufsleiter des vertretenen Unternehmers geführt wird oder wenn die Werbung eines neuen Kunden anlässlich einer Messe in einem gemeinsamen Gespräch zwischen dem Interessenten, dem Unternehmer und dem Handelsvertreter erfolgt. Umstritten ist die Frage der Kundenwerbung aber auch immer dann, wenn auf Grund einer vom Unternehmer durchgeführten *Werbeaktion* sich Interessenten beim Unternehmer melden, deren *Adressen* sodann dem Handelsvertreter *„zur weiteren Bearbeitung"* mitgeteilt werden[12].

645 Für die Frage, wann ein neuer Kunde durch den Handelsvertreter geworben worden ist, kommt es mithin entscheidend darauf an, ob ausgleichsrechtlich von einem neuen Kunden nur dann gesprochen werden kann, wenn die Herstellung der Geschäftsbeziehung *allein und ausschließlich auf die Tätigkeit des Handelsvertreters*, also ohne jede Mitwirkung des vertretenen Unternehmers, zurückzuführen ist, oder ob ausgleichsrechtlich auch solche Kunden „als vom Handelsvertreter neu geworben" anzusehen sind, hinsichtlich deren der Handelsvertreter nur *mitursächlich* tätig geworden ist.

646 Da der Wortlaut des § 89b keine Anhaltspunkte enthält, aus denen sich eine Beantwortung dieser Frage herleiten ließe, muss auf allgemeine *provisionsrecht-*

---

[12] Zum Begriff und zu den Voraussetzungen der Kundenwerbung durch den Handelsvertreter, *Küstner,* Die Weinwirtschaft 1975 S. 798 mit zahlreichen Nachweisen aus der Rechtsprechung.

liche Grundsätze und die dazu ergangene Rechtsprechung zurückgegriffen werden, zumal im Hinblick auf § 87 Abs. 1 Satz l die gleiche Problematik gegeben ist. Nach dieser Bestimmung hat ein Handelsvertreter Anspruch auf Provision für alle während des Vertragsverhältnisses abgeschlossenen Geschäfte, *„die auf seine Tätigkeit zurückzuführen sind"* oder die *„mit Dritten abgeschlossen werden, die er als Kunden* (für Geschäfte der gleichen Art) *geworben hat".*

Auch hier lassen sich indessen aus dem Gesetzeswortlaut keine Anhaltspunkte zu der Frage entnehmen, ob es sich bei der auf den Handelsvertreter zurückzuführenden Verursachung eines Geschäfts oder bei der von ihm erfolgten Kundenwerbung um eine *alleinige Verursachung* handeln muss oder ob eine *mitwirkende Verursachung* ausreicht. 647

Nach der Rechtsprechung kommt es hier nicht auf die alleinige und ausschließliche Verursachung durch den Handelsvertreter an. Für die Entstehung des Provisionsanspruchs wird lediglich gefordert, dass die *Tätigkeit des Handelsvertreters eine mitwirkende Verursachung* darstellt, sodass es also die Entstehung der Provisionsanwartschaft nicht hindert, wenn erst *zusätzliche Bemühungen* des Unternehmers oder eines von diesem *beauftragten Dritten* zu dem Geschäftsabschluss geführt haben. 648

Das Bundesarbeitsgericht[13] hat dazu die Auffassung geäußert, dass es für die Begründung des Provisionsanspruchs ausreiche, wenn die Tätigkeit des Handelsvertreters zwar nicht allein, aber doch neben der Tätigkeit des Unternehmers zu dem Geschäft geführt habe. Im Sinne des § 87 reiche es aus, wenn die Tätigkeit des Handelsvertreters für das Zustandekommen eines Geschäfts mitursächlich gewesen sei. Ob *Mitursächlichkeit* anzunehmen sei, sei danach zu beurteilen, *was vom Handelsvertreter nach den Vertragsbedingungen an Mitwirkung* erwartet werde. Dass die vom Handelsvertreter erwartete und von ihm auch geleistete Tätigkeit, für sich betrachtet, noch *nicht ausreiche, um zum Abschluss des Kaufvertrages zu führen*, ist nach Auffassung des Bundesarbeitsgerichts unerheblich. Denn es könne nicht darauf ankommen, wie groß der Anteil des Handelsvertreters und der Anteil des Unternehmers jeweils gewesen sei. Wenn ein Unternehmer *Provision als Erfolgsvergütung* zusage, müsse dies vernünftigerweise so aufgefasst werden, dass der Erfolg auch dann honoriert werden soll, wenn *Zufall oder die Tätigkeit anderer mit oder sogar in erster Linie* zum Erfolg beigetragen hätten. 649

Das Oberlandesgericht Köln[14] hat festgestellt, dass ein Geschäft nach den Grundsätzen des Handelsvertreterrechts durch die Tätigkeit des Handelsvertreters als vermittelt und somit als provisionspflichtig gelte, wenn der Abschluss jedenfalls *mit auf seine Tätigkeit zurückzuführen* sei. Seine Tätigkeit müsse 650

---
13 *BAG,* 22.1.1971, BB 1971 S. 492 = DB 1971 S. 779 = HVR Nr. 435 = RVR 1971 S. 218 = VW 1971 S. 609; *BAG,* 4.11.1968, BB 1969 S. 178 = DB 1969 S. 266 = AP Nr. 5 zu § 65 HGB = SAE 1970 S. 146; ebenso *BGH,* 4.6.1975, LM HGB § 89b Nr. 48 = EBE 1975 S. 351, 353 zu Abschnitt II der Gründe = WM 1975 S. 931. Vgl. auch *BGH,* 29.11.1984 zu Ziff. II2 der Gründe, DB 1985 S. 353 = DB 1985 S. 748.
14 *OLG Köln,* 4.11.1970, BB 1971 S. 103 = DB 1971 S. 327 = VW 1971 S. 299.

VI Zweite materielle Anspruchsvoraussetzung – Provisionsverluste

für das Zustandekommen des Geschäfts mitursächlich in dem Sinne gewesen sein, dass sie in dem Dritten den *Entschluss zum Abschluss des Geschäfts* wachgerufen oder seinen Widerstand gegen einen Geschäftsabschluss beseitigt habe. Im gleichen Sinne haben sich auch die Oberlandesgerichte Nürnberg[15] und Düsseldorf[16] geäußert.

651 Aus diesen Urteilen ergibt sich, dass für die vom Handelsvertreter gesetzte Ursache hinsichtlich des Geschäftsabschlusses lediglich eine *„irgendwie geartete und mitverursachende Tätigkeit"* vorausgesetzt wird – wenn diese nur im Ergebnis zu einem Geschäftsabschluss geführt habe, sodass ohne diese verursachende Tätigkeit der Geschäftsabschluss nicht zu Stande gekommen wäre.

652 Kommt es nach alledem entscheidend darauf an, was vom Handelsvertreter nach den Vertragsbedingungen an *Mitwirkung erwartet* wird, wenn nur die Tätigkeit des Handelsvertreters mitursächlich dazu beigetragen hat, im Dritten den Entschluss zum Abschluss des Geschäfts wachzurufen, muss mithin eine Neukundenwerbung – allerdings insoweit nur im Hinblick auf die Intensivierung einer Altkunden-Beziehung – ausgleichsrechtlich auch dann bejaht werden, wenn dem Handelsvertreter lediglich ein *Regaldienst* übertragen wurde. Allerdings kann es sich im hier interessierenden Sinne nur um einen Regaldienst handeln, der sich nicht allein in der *verkaufs- und kundengerechten Platzierung* der Ware erschöpft. Vielmehr muss dem Handelsvertreter im Rahmen des Regaldienstes auch die Aufgabe übertragen sein, *dafür Sorge zu tragen, dass evtl. bestehende Fehlbestände durch Nachbestellungen wieder aufgefüllt* und ggf. veraltete Ware durch Ware ersetzt wird, die dem neuesten Entwicklungsstand entspricht. Hält der Handelsvertreter hierbei die nachzuordernde Ware lediglich *formularmäßig* fest und lässt er dieses Formular von einem zeichnungsberechtigten Mitarbeiter des Dritten abzeichnen und kommt es auf diese Weise zur Intensivierung einer bestehenden Geschäftsverbindung, handelt es sich um eine Neukundenwerbung, die ausgleichsrechtlich zu berücksichtigen ist.

653 In diesem Zusammenhang gewinnt die weitere Frage Bedeutung, ob von einer mitverursachenden Tätigkeit des Handelsvertreters beim Zustandekommen eines Geschäfts auch dann gesprochen werden kann, wenn der Unternehmer selbst dem Handelsvertreter *Adressen potentieller Kunden* mit der Weisung bekannt gibt, diese Kunden zu besuchen. Es kann kein Zweifel daran bestehen, dass auch in diesen Fällen von einer *mitverursachenden Tätigkeit* des Handelsvertreters gesprochen werden muss, wenn er die ihm aufgegebenen Interessenten aufsucht, sie berät, mit ihnen verhandelt und schließlich ein Geschäftsabschluss zu Stande kommt[17]. Hier muss berücksichtigt werden, dass allein die *Anfrage eines Interessenten beim Unternehmer* diesen Interessenten ja noch

---

15 *OLG Nürnberg,* 23.12.1958, BB 1959 S. 391 = HVR Nr. 210 (nur LS) = VersR 1959 S. 288 und Urteil vom 3.11.1955–3 U 92/54 – unveröffentlicht.
16 *OLG Düsseldorf,* 16.3.1956, DB 1965 S. 376; *Schröder,* § 87 Rz. 14a. *LAG Baden-Württ.,* 10.3.1971, DB 1971 S. 1016.
17 Vgl. *Küstner,* Fn. 12 mit Erwiderung *Kriegeskorte,* Die Weinwirtschaft 1975 S. 846; vgl. dazu auch *OLG Celle,* 7.1.1971, HVR Nr. 436 S. 452 = HVuHM 1971 S. 745.

keineswegs zum Kunden macht. Kunde wird ein Interessent erst dann, wenn es zum **Geschäftsabschluss** kommt. Hat der Handelsvertreter diesen Geschäftsabschluss mitverursacht, steht ihm ein Provisionsanspruch zu. In diesem Falle hat er also diesen Kunden geworben; es handelt sich dann um ein Geschäft, „das auf die Tätigkeit des Handelsvertreters zurückzuführen ist".

Genügt nach alledem für den Erwerb des Provisionsanspruchs eine lediglich mitwirkende Verursachung des Geschäftsabschlusses durch den Handelsvertreter, gilt also ein „Kunde als vom Handelsvertreter geworben", wenn der Handelsvertreter lediglich mitursächlich tätig geworden ist, so gilt Entsprechendes auch für das Ausgleichsrecht[18]. Denn es ist kein Grund ersichtlich, für den Begriff der Werbung eines neuen Kunden im Ausgleichsrecht strengere Maßstäbe anzulegen, als sie für § 87 Abs. 1 gefordert werden. Daraus folgt, dass eine **neue Geschäftsverbindung** vom Handelsvertreter auch dann als hergestellt anzusehen ist, wenn der Handelsvertreter diese Geschäftsverbindung nicht ohne jede weitere Mitwirkung von dritter Seite hergestellt hat, sondern wenn er *lediglich mitverursachend* tätig geworden ist, sodass die von ihm gesetzte Ursache nur eine von mehreren Ursachen ist, die schließlich zum Geschäftsabschluss bzw. zur Begründung einer neuen Geschäftsverbindung geführt haben.

654

4. „Sogwirkung" der Marke

Mit Rücksicht auf besondere branchenbedingte Verhältnisse wird die Entstehung eines Ausgleichsanspruchs zuweilen mit der Begründung bestritten, dass diese besonderen Verhältnisse den Handelsvertreter generell daran hinderten, eine Werbetätigkeit für das vertretene Unternehmen auszuüben. Eine solche Auffassung wird beispielsweise dann vertreten, wenn das vertretene Unternehmen langfristige Lieferverträge mit einer **Genossenschaft**, einem **Einkaufsverband** oder ähnlichen Einrichtungen abgeschlossen hat[19], sodass es im Hinblick auf die **Mitglieder** dieser Genossenschaft oder dieses Einkaufsverbandes auf die eigentliche Werbetätigkeit des Handelsvertreters gar nicht mehr ankomme. Die Kundenbeziehungen beruhten allein auf der *„Sogwirkung" der Marke*, nicht aber auf der Werbetätigkeit des Handelsvertreters. Das Landgericht München ist dieser Auffassung in seinem nicht veröffentlichten Urteil vom 23.11.1973[20] in einem Sachverhalt gefolgt, in dem der Handelsvertreter den geltend gemachten Aus-

655

---

18 *OLG München,* 14.10.1987, HVR Nr. 640. Vgl. dazu Urteil des *LG Düsseldorf* vom 15.7.1977 – 40 O 46/76 in der Ausgleichssache eines Tankstellenhalters, zit. in *Küstner,* Rechtsfragen zum Vertragsrecht und zum Ausgleichsanspruch des Tankstellenhalters, 3. Auflage, Frankfurt 1983 S. 6; vgl. auch *LG Hannover* 3.8.1971, HVR Nr. 449 und 27.3.1973, HVR Nr. 474.
19 Solche Lieferverträge werden oft so ausgestaltet, dass der Hersteller sich gegenüber der Genossenschaft verpflichtet, an die Mitglieder der Genossenschaft die Vertragsware in besonderer Ausstattung und unter Verwendung eines besonderen Warenzeichens zu liefern, während es die Genossenschaft übernimmt, ihre Mitglieder hinsichtlich des jeweiligen Warenangebots zu unterrichten und sich für die Eigenwerbung der Mitglieder zum Warenabsatz einzusetzen. Der Lieferant zahlt der Genossenschaft eine Vergütung, deren Höhe nach dem gesamten Umsatz berechnet ist.
20 Aktenzeichen: 5 HKO 192/72 *LG München* I.

VI Zweite materielle Anspruchsvoraussetzung – Provisionsverluste

gleichsanspruch damit begründet hatte, er habe **Reformhäuser, die ihrerseits Mitglieder der „Neuform"-Genossenschaft waren**, als Kunden für den von ihm vertretenen Hersteller geworben. Das Gericht hat die Klage[21] mit der Begründung abgewiesen, dass die Werbetätigkeit des Handelsvertreters – selbst wenn er eine solche entfaltet haben sollte – unter den gegebenen Umständen als *„nicht sehr erheblich"* angesehen werden müsse. Da nämlich „die Inhaber von Reformhäusern den Anregungen ihrer Genossenschaft folgen und überwiegend nur Waren von Lieferanten beziehen, die von der ‚Neuform' die Lizenz haben, das Neuformzeichen zu führen, komme es in dieser Sparte auf die Werbetätigkeit des Handelsvertreters kaum an. Es sei hier vielmehr von einer ‚Sogwirkung' der Ware zu sprechen, die die Tätigkeit des Handelsvertreters weit in den Hintergrund treten lasse".

656 Der in sehr allgemein gehaltenen Formulierungen zum Ausdruck gekommenen Auffassung des Gerichts **kann nicht gefolgt** werden. Das Gericht hat sich mit der Frage der „mitverursachenden" Tätigkeit des Handelsvertreters überhaupt nicht befasst. Es hätte auch prüfen müssen, ob nicht mit Rücksicht auf die durch die „Neuform"-Mitgliedschaft der Reformhäuser bedingte **erleichterte Kundenwerbung die Vermittlungsprovisionen** des Klägers *von vornherein niedriger angesetzt worden sind*[22]. Die Berufung auf den Begriff der „Sogwirkung" erscheint ebenfalls nicht gerechtfertigt, weil von einer solchen Sogwirkung nur gesprochen werden kann, wenn ein Kunde darauf angewiesen ist, die Erzeugnisse eines bestimmten Herstellers zu beziehen, weil er seinerseits von seinen Kunden (den Endverbrauchern) immer wieder auf diese Erzeugnisse angesprochen wird. Mit einer derartigen und für eine Ausgleichsminderung allein in Betracht kommenden Sogwirkung hat sich das Gericht aber nicht befasst[23].

657 Ein ähnlicher Sachverhalt liegt dann vor, wenn die Waren eines Herstellers bei einem Einkaufsverband *„gelistet"* sind, der Verband also **seinen Mitgliedsfirmen empfiehlt**, den Bedarf an diesen Waren bei diesem Hersteller zu decken. Auch in diesen Fällen kommen allein durch die Empfehlung noch keineswegs zwangsläufig Geschäfte zu Stande. Vielmehr bedarf es in der Regel im Einzelfall eingehender *Verkaufsgespräche und Vermittlungsbemühungen* des Handelsvertreters, damit entsprechend den Empfehlungen Geschäfte zu Stande kommen. Andererseits darf aber auch in diesem Falle nicht übersehen werden, dass durch die erfolgte Listung dem Handelsvertreter die **Vermittlungstätigkeit erleichtert wird**[24].

---

21 Die Klage bezog sich auf einen noch offenen Ausgleichsrest. Die Beklagte hatte dem Kläger vor Klageerhebung bereits einen Ausgleich in Höhe von 50% einer durchschnittlichen Jahresprovision gezahlt.
22 Vgl. dazu Einzelheiten und Rechtsprechungshinweise in Rz. 1128.
23 Der Rechtsstreit wurde in der Berufungsinstanz verglichen. Das beklagte Unternehmen zahlte einen weiteren Ausgleichsbetrag, sodass dem klagenden Handelsvertreter sodann insgesamt ein Ausgleich in Höhe von knapp 75% einer durchschnittlichen Jahresprovision zufloss (Aktenzeichen des *OLG München*: 23 U 1093/74).
24 Das kann sich u. U. im Rahmen der Billigkeit anspruchsmindernd auswirken, vgl. Rz. 1129.

658 Mit Recht hat das Oberlandesgericht Düsseldorf in seinem Urteil vom 5.2. 1988[25] Kunden auch dann als Neukunden angesehen, wenn deren Werbung dem Handelsvertreter dadurch möglicherweise erleichtert worden sein könnte, dass diese Kunden *Mitglieder eines Einkaufsverbandes* waren, bei dem die Erzeugnisse des vertretenen Unternehmens *„gelistet"* waren. Das Gericht hat festgestellt, dass für eine Werbung als Stammkunde eine nur mitursächliche Tätigkeit des Handelsvertreters ausreiche und dass diese Mitursächlichkeit des Handelsvertreters nicht dadurch ausgeschlossen werde, dass infolge der Listung des vertretenen Unternehmens bereits eine *grundsätzliche Bereitschaft* der Verbandskunden zum Warenbezug, eine Kontaktbereitschaft und ein Vertrauensverhältnis gegeben war, wenn durch den Einsatz des Handelsvertreters der Erstabschluss getätigt werde.

5. Empfehlende Tätigkeit des Handelsvertreters

659 Problematisch ist weiterhin die Frage, ob eine ausgleichsrechtlich berücksichtigungsfähige *Neukundenwerbung* auch dann vorliegt, wenn sich die Tätigkeit des Handelsvertreters aus *branchenbedingten Gründen* zwangsläufig darauf beschränkt, die Erzeugnisse des vertretenen Unternehmers bei potentiellen Abnehmern zu *empfehlen* und zu *erläutern* oder wenn der Geschäftsabschluss im Wesentlichen aufgrund einer *öffentlichen Ausschreibung* zu Stande kommt, der Handelsvertreter hier also auf den Geschäftsabschluss nur *mittelbar* einzuwirken vermag.

660 Im ersten Fall der empfehlenden Tätigkeit des Handelsvertreters ist diese zwar unmittelbar auf das Zustandekommen von Geschäftsabschlüssen gerichtet, sie geht also über die eines *Propagandisten* hinaus[26]. Gleichwohl besteht für den Handelsvertreter keine Möglichkeit, selbst Geschäfte zu vermitteln; seine Tätigkeit ist vielmehr zwangsläufig darauf beschränkt, das Interesse des in Betracht kommen Kunden an den Produkten des Unternehmers zu wecken.

6. Ausschreibungsproblematik

661 Im Falle einer *öffentlichen Ausschreibung* besteht ebenfalls nur ein *loser Kausalzusammenhang* zwischen den Akquisitionsbemühungen des Handelsvertreters einerseits und dem Zustandekommen eines Geschäfts andererseits. Deshalb hat auch das Landgericht Bielefeld in seinem Urteil vom 24.7.1974[27] festgestellt, dass es in derartigen Fällen an der handelsvertretertypischen Vermittlungstätigkeit fehle. Denn der Umstand, dass der Handelsvertreter das vertretene Unternehmen *„bei Behörden in den beschränkten Kreis der Ausschreibungsteilnehmer eingeführt und durch Verhandlungen gehalten"* habe, reiche

---

25 *OLG Düsseldorf*, 5.2.1988, HVuHM 1988 S. 298; *LG Mönchengladbach*, 25.3.1993 – 8 O 110/92 – unveröffentlicht.
26 Vgl. oben Rz. 61 Fn. 13 und Bd. 1 Rz. 79.
27 *LG Bielefeld*, 24.7.1974, BB 1975 S. 7. Vgl. dazu auch *OLG Braunschweig*, 3.3.1977, IHV 1978, Heft 9 S. 20.

VI Zweite materielle Anspruchsvoraussetzung – Provisionsverluste

für diesen Kausalzusammenhang nicht aus. Diese Tätigkeit sei nicht mehr als eine Vorbereitung für Verhandlungen um konkrete Abschlüsse, in die der Handelsvertreter indessen bei Ausschreibungsgeschäften nicht mehr eingeschaltet werde und die er daher auch nicht mehr „vermitteln" könne.

662 Der Bundesgerichtshof hat aber in seinem Urteil vom 8.2.1980[28] mit Recht einen gegenteiligen Standpunkt eingenommen. Er ist der Auffassung, dass es gegen die *Grundsätze der Lebenserfahrung* verstoße, wenn man annehmen wollte, dass bei öffentlichen Bauvorhaben, für die die Aufträge erst auf Grund *öffentlicher Ausschreibung* erteilt werden, für eine Handelsvertretertätigkeit im Sinne des § 84 kein Raum sei. Denn es sei nicht zu erkennen, inwiefern durch die Ausschreibungen der Vermittlungstätigkeit eines Handelsvertreters der Boden entzogen sein sollte. Eine Vermittlungstätigkeit erfordere nicht, dass sie die *alleinige Ursache* für den Abschluss eines Geschäfts bilde, es genüge vielmehr, dass sie dafür *mitursächlich* sei. Wenn der Handelsvertreter, wie er im entschiedenen Falle behauptet hatte, vor oder nach den Ausschreibungen öffentlicher Bauträger durch persönliche Rücksprachen mit den Sachbearbeitern oder den Beauftragten der Behörden, durch Telefongespräche oder auf brieflichem Wege einer Auftragsvergabe zu Gunsten des vertretenen Unternehmens den Boden bereitet, hätte er *auch bei öffentlichen Bauvorhaben* eine Vermittlungstätigkeit entfaltet. Eine solche Tätigkeit sei auch bei öffentlichen Bauvorhaben möglich und beeinträchtige eine ordnungsgemäße Ausschreibung und Vergabe der Bauvorhaben nicht. Aus der Tatsache, dass es sich im Einzelfall um öffentliche Aufträge handele, könne daher nicht gefolgert werden, dass es an einer Vermittlungstätigkeit fehle, die im Rahmen eines Vertretervertrages ausgeübt worden sei.

663 Natürlich bestehen keine Bedenken, diese vom Bundesgerichtshof angestellten Erwägungen auf sämtliche Tatbestände anzuwenden, in denen Aufträge aufgrund öffentlicher Ausschreibungen zu Stande kommen und deshalb nur von einer mitursächlichen Tätigkeit des Handelsvertreters im Hinblick auf die Werbung eines neuen Kunden die Rede sein kann. Erst recht gilt dies aber dann, wenn das Erstgeschäft mit einem Interessenten nicht durch öffentliche Ausschreibung, sondern dadurch zu Stande kommt, dass er sich, um einen *Marktüberblick* zu gewinnen, *intern an mehrere Anbieter* wendet und auf diese Weise eine *Vorauswahl* trifft, um sich dann für denjenigen Anbieter zu entscheiden, dessen Angebot für ihn am günstigsten ist. Dass in derartigen Fällen die *Einflussnahme* des Handelsvertreters viel weiter geht als in Fällen der öffentlichen Ausschreibung, liegt auf der Hand. Denn hier besteht in noch größerem Umfange die Möglichkeit, auf die *Kaufentscheidung des Interessenten* einzuwirken.

---

28 *BGH*, 8.2.1980, DB 1981 S. 92 = HVR Nr. 541 = HVuHM 1980 S. 727 = BauR 1980 S. 381 = MDR 1980 S. 551 = NJW 1980 S. 1793 = VW 1980 S. 1235.

7. Bezirkskunden als Neukunden

Als vom Vertreter geworbene Kunden können solche Kunden nicht angesehen werden, bei deren Werbung eine entsprechende *Werbetätigkeit überhaupt nicht ausgeübt* wurde. Das kann dann vorkommen, wenn der Vertreter *Bezirksvertreter* ist und Geschäfte zwischen Personen seines Bezirks oder Kundenkreises und dem vertretenen Unternehmen *unmittelbar zu Stande kommen* (sog. *Direktgeschäfte*), ohne dass irgendeine Tätigkeit des Bezirksvertreters dafür ursächlich war. Nach § 87 Abs. 2 hat der Warenvertreter, dem ein bestimmter Bezirk oder ein bestimmter Kundenkreis zugewiesen ist[29], Provisionsansprüche auch für solche Geschäfte, die ohne seine Mitwirkung mit Personen seines Bezirks oder seines Kundenkreises während des bestehenden Vertretervertrages abgeschlossen werden. Bei diesen Kunden kann es sich nicht um vom Vertreter geworbene Kunden im Sinne von § 89b Abs. 1 Nr. 2 handeln, weil das Gesetz ausdrücklich eine *werbende Tätigkeit* des Vertreters verlangt. Deshalb wird – zutreffend – die Ansicht vertreten, Provisionsverluste aus derartigen Geschäften seien, obwohl sie mit der Vertragsbeendigung entstehen können, *nicht ausgleichsfähig* und müssten bei der Ermittlung der Provisionsverluste unberücksichtigt bleiben[30]. Etwas anderes kann m. E. nur gelten, wenn die Entstehung der direkten Geschäftsverbindungen zwischen dem Unternehmer und dem Bezirkskunden trotz fehlender unmittelbarer Tätigkeit des Bezirksvertreters gleichwohl auf seine *allgemeine Werbetätigkeit in dem ihm übertragenen Bezirk* zurückzuführen ist.

664

Sind im Vertretervertrage *Provisionsausschlussklauseln* vereinbart, die zum *Wegfall von Überhangprovisionen* führen und deshalb Provisionsverluste aus bereits abgeschlossenen Geschäften[31] entstehen lassen, können gleichwohl *Provisionsverluste aus bereits abgeschlossenen Geschäften* im Hinblick auf *nicht selbst geworbene Bezirkskunden* nicht geltend gemacht werden. Denn auch die Provisionsverluste aus bereits abgeschlossenen Geschäften setzen ja voraus, dass es sich um *Geschäfte mit neu geworbenen Kunden* handelt, woran es hier aber fehlt.

665

Besondere ausgleichsrechtliche Probleme können sich im Hinblick auf die Stellung des Handelsvertreters als Bezirksvertreter einerseits, die Werbung neuer Kunden und die Entstehung von Provisionsverlusten andererseits dann ergeben, wenn auf Grund *vom Gesetz abweichender Vereinbarungen* der Handelsvertreter nur *provisionsberechtigt* sein soll, wenn die vom Unternehmer zu liefernde *Ware für bezirkszugehörige Kunden* bestimmt ist, der Geschäftsabschluss, der

666

---

29 Ganz anders ist die Rechtslage bei Versicherungsvertretern, vgl. oben Rz. 24, wo es den Bezirksvertreter im Sinne des § 87 Abs. 2 nach dem Gesetz nicht gibt (vgl. § 92 Abs. 3 Satz 2).
30 *Schröder*, § 89b Anm. 5c und 13e sowie ausführlich RVR 1969 S. 328ff.; *Geßler*, S. 73; *Habscheid*, S. 359 zu III 4; *Küstner*, IHV 1966 Heft 7 S. 22; *Brüggemann*, § 89b Rz. 35, 49; a. A. *OLG Düsseldorf*, 30.10.1958, BB 1959 S. 8 = NJW 1959 S. 105 = HVR Nr. 192; das Oberlandesgericht Köln, 29.4.1968, VersR 1968 S. 966 = HVR Nr. 388, hat die Frage offen gelassen; vgl. auch *LG Hannover*, 30.9.1954, HVR Nr. 73; vgl. auch oben Rz. 644; wie hier: *Meyer*, S. 243.
31 Vgl. Näheres Rz. 681.

VI Zweite materielle Anspruchsvoraussetzung – Provisionsverluste

zur Lieferverpflichtung des Unternehmers führte, aber mit einem *bezirksfremden Kunden* zu Stande kam. Hier wird also für die Entstehung des Provisionsanspruchs nicht darauf abgestellt, dass ein *Geschäftsabschluss* mit einem bezirkszugehörigen Kunden zu Stande kommt, sondern dass der Unternehmer *auf Grund eines bezirksfremden Geschäfts* einen bezirkszugehörigen Kunden beliefert. Abweichend vom Gesetz gilt also auf Grund der zwischen den Parteien getroffenen Vereinbarungen der Grundsatz, *„die Provision folgt der Ware"*.

667 Ist indessen *allein die gesetzliche Regelung gem. § 87 Abs. 2 maßgeblich*, sind also vom Gesetz abweichende Vereinbarungen nicht getroffen, mag das Urteil des BGH vom 18.6.1976[32] als gutes Beispiel dienen. In diesem Falle war der Abschlussort in Westdeutschland nicht mit dem Bezirk Berlin identisch, in dem der Kläger als Bezirksvertreter tätig war. Das vertretene Unternehmen, ein in Westdeutschland ansässiger Fahrzeughersteller, war gleichzeitig Inhaber der beiden Firmen T in Westdeutschland und S in Berlin. Der in Westdeutschland für den Bezirk zuständige Bezirksvertreter hatte für den Unternehmer ein Geschäft vermittelt, das auf Lieferung an die Berliner Firma S, also in den Bezirk des Berliner Klägers durch die Lieferfirma T gerichtet war. Dieser Weg war beschritten worden, um die aus dem *Berlin-Förderungsgesetz* sich ergebenden Vergünstigungen in Anspruch nehmen zu können. Der Berliner Bezirksvertreter war der Ansicht, in Wirklichkeit sei das mit der Firma T zu Stande gekommene Geschäft auf Lieferung von Westdeutschland nach Berlin mit der in seinen Zuständigkeitsbereich fallenden Firma S abgeschlossen worden. Deshalb forderte er die Verprovisionierung des mit dem Unternehmer T abgeschlossenen Geschäfts, das inzwischen dem für die Firma T zuständigen Bezirksvertreter verprovisioniert worden war.

668 Der BGH hat in letzter Instanz die Klage abgewiesen und hat dies damit begründet, dass es für die Verprovisionierung auf den *Abschlussort* und nicht darauf ankomme, wohin die Ware zu liefern sei. Zwar könne in diesem Fall fraglich sein, ob die Anknüpfung an den Geschäftssitz des die Bestellung im eigenen Namen aufgebenden Unternehmens T dem Gedanken des Ausgleichs allgemeiner Bemühungen gerecht werde. Aber internen wirtschaftlichen Vorgängen könne kein hinreichend praktikables Abgrenzungsmerkmal entnommen werden, und zwar auch nicht unter dem Gesichtspunkt des *wirtschaftlichen Schwerpunkts*. Vorrangig müsse in solchen Fällen das Bedürfnis sein, anhand leicht feststellbarer Merkmale eine *klare Abgrenzung* treffen zu können, was nur möglich sei, wenn an den Sitz des Unternehmens angeknüpft werde, in dessen Namen die Bestellung aufgegeben worden sei.

8. Kaufhauskonzerne, Ladenketten, Filialbetriebe

669 Probleme ergeben sich in ähnlichen Fällen dann, wenn das vertretene Unternehmen in besonders starkem Umfang *Kaufhauskonzerne, Ladenketten, Filialbetriebe* u.ä. Unternehmen beliefert und jeweils *zentral geordert* wird. Endet der

---

[32] *BGH*, 18.6.1976, I ZR 124/73, BB 1976, 1530 = HVR Nr. 500.

Vertretervertrag, mag der Handelsvertreter zwar *bezirkszugehörige Konzernzentralen* als neue Kunden für den Unternehmer geworben haben. Aus diesen Neuwerbungen fließen ihm aber Provisionen nur insoweit zu, als die vom Unternehmer zu liefernde Ware an bezirkszugehörige Kunden geht. Nur insofern können sich also im Hinblick auf die geworbenen Neukunden infolge der Vertragsbeendigung *Provisionsverluste* ergeben. Denn für Lieferungen, die im Auftrage der bezirkszugehörigen Zentralen in andere Vertreterbezirke erfolgen, steht dem Handelsvertreter auf Grund der getroffenen Vereinbarungen ja ein Provisionsanspruch nicht zu. Auch wenn sein Vertretervertrag fortbestünde, könnte er insoweit keine Provisionsansprüche geltend machen, denn mit Rücksicht auf die getroffenen Provisionsvereinbarungen kann die Vertragsbeendigung im Hinblick auf den Ausgleichsanspruch nicht zu Provisionsverlusten des Handelsvertreters führen. Der Ausgleichsanspruch kann dem Handelsvertreter nicht zu *nachvertraglichen Provisionseinnahmen* in Gestalt eines Ausgleichsanspruchs verhelfen, die ihm *bei einer unveränderten Vertragsfortsetzung ohnehin nicht zustünden*[33].

Andererseits kann der Handelsvertreter aber einen Ausgleichsanspruch auch nicht aus dem Verlust jener Provisionseinnahmen herleiten, der sich aus den Warenlieferungen des Unternehmers an bezirkszugehörige Kunden ergibt, und zwar auf Grund von Geschäften, die zwar auf Lieferung an bezirkszugehörige Kunden gerichtet sind, die aber mit Kunden des Unternehmers zu Stande kamen, die ein *anderer Handelsvertreter als Neukunden geworben* hatte.

In Fällen, in denen Provisionsvereinbarungen der geschilderten Art getroffen wurden und die Geschäftsbeziehungen des vertretenen Unternehmers überwiegend den erwähnten Kundenkreis betreffen, kann der *Ausgleich mithin in erheblichem Maße negativ beeinflusst* werden: Geschäfte, die mit vom Handelsvertreter geworbenen Bezirkskunden abgeschlossen werden, sind für den Handelsvertreter nicht provisions- und demgemäß auch nicht ausgleichspflichtig, wenn sie die Lieferung an *bezirksfremde Kunden* betreffen. Lieferungen an *bezirkszugehörige Kunden* auf Grund außerbezirklich zu Stande gekommener Geschäfte sind zwar für den Handelsvertreter provisions-, aber wiederum nicht ausgleichspflichtig, weil es am Tatbestandsmerkmal des geworbenen Neukunden fehlt. In derartigen Fällen wird dem Handelsvertreter deshalb – je nach den im Einzelnen gegebenen Umständen – nur ein relativ geringer Ausgleich zustehen, wenn die Zahl der geworbenen Kunden gering ist und aus der Vertragsbeendigung nur Provisionsverluste aus solchen Geschäften resultieren, die einerseits mit *Neukunden* zu Stande gekommen sind und die andererseits *Lieferungen des Unternehmers an bezirkszugehörige Kunden* betreffen.

Eine andere, für den Handelsvertreter günstigere Rechtslage ist auch dann nicht gegeben, wenn dem Handelsvertreter Erstgeschäfte mit neu geworbenen Kunden, die auf Lieferung an außenbezirkliche Abnehmer gerichtet sind, in Form einer *einmaligen Provision* vergütet werden, um dadurch dem Vermittlungser-

---

[33] Vgl. unten Rz. 731.

VI Zweite materielle Anspruchsvoraussetzung – Provisionsverluste

folg des Handelsvertreters Rechnung zu tragen. Denn auch bei einem Fortbestand des Vertragsverhältnisses würden dem Vertreter ja aus *Folgegeschäften dieses Kunden keine Provisionsansprüche* zustehen.

673 Natürlich handelt es sich hier nicht um einen Verstoß gegen den *Unabdingbarkeitsgrundsatz* des § 89b Abs. 4 Satz 1[34]. Denn die getroffenen Provisionsvereinbarungen sind in vollem Umfange zulässig. Etwas anderes könnte nur dann gelten, wenn der Handelsvertreter den Nachweis erbringen könnte, dass die Provisionsgestaltung nur deshalb wie geschehen erfolgte, um den bei Vertragsbeendigung entstehenden Ausgleich niedrig zu halten und den Handelsvertreter auf diese Weise zu benachteiligen.

9. Messekunden

674 Erfolgt die *Werbung neuer Kunden* auf einer Messe und wird der Handelsvertreter dabei *gemeinsam mit anderen Vertretern* in der Weise tätig, dass der jeweils gerade freie Vertreter den jeweiligen Interessenten ohne Rücksicht darauf bedient, aus welchem Bezirk dieser kommt, dann hat der Handelsvertreter durch diese *Mitarbeit im Team* eine Ursache für den Geschäftsabschluss mit dem auf der Messe geworbenen Kunden gesetzt. Der auf diese Weise geworbene Kunde ist deshalb als vom Handelsvertreter neu geworbener Kunde anzusehen, der für den Bezirk zuständig ist, in dem der Kunde ansässig ist, auch wenn ein anderer Handelsvertreter den Geschäftsabschluss herbeigeführt hat[35].

10. Mittelbare Kundenwerbung

675 Fraglich ist weiter, ob solche Kunden als „vom Handelsvertreter geworben" angesehen werden können, an deren Werbung der *Warenvertreter nur mittelbar* beteiligt ist. Dies kann der Fall sein, wenn echte oder unechte Untervertreter eingesetzt sind, aus deren Werbeerfolg der Vertreter finanziellen Nutzen zieht.

676 Bei *echten Untervertretern*, die vom Vertreter selbst im eigenen Namen und auf eigene Rechnung eingesetzt wurden, kann kein Zweifel bestehen, dass die vom *Untervertreter geworbenen Kunden* als vom Warenvertreter geworbene Kunden angesehen werden müssen[36]. Denn die Untervertreter stehen allein mit dem Warenvertreter als Hauptvertreter in vertraglichen Beziehungen und üben nach seiner Weisung ihre Werbetätigkeit für dessen Gewerbe aus. Sie sind damit seine *Erfüllungsgehilfen*[37]. Bei der Ermittlung der aus der Vertragsbeendi-

---

[34] BGH, 25.10.1984, BB 1985 S. 291 = DB 1985 S. 642 = EBE 1985 S. 37 = HVR Nr. 595 = HVuHM 1985 S. 136; vgl. auch *Küstner*, BB 1985 Beilage 12 (zu Heft 27) S. 11 re. Sp. zu Abschnitt V. 4.
[35] So KG, 16.6.1969, BB 1969 S. 1062, mit Hinweis darauf, dass dem Handelsvertreter dadurch auch ein Provisionsanspruch aus Geschäften mit dem so geworbenen Kunden zustehe (vgl. *Brüggemann*, § 89b Rz. 35; *Schröder*, § 87 Rz. 16; *Hopt*, § 87 Rz. 21).
[36] Vgl. dazu BGH, 13.3.1969 – VII ZR 174/66, BGHZ 52 S. 5 = RVR 1969 S. 180 = BB 1969 S. 510.
[37] OLG Hamm, 20.10.1958, MDR 1959 S. 1016; *Ordemann*, BB 1964 S. 1323ff. Näheres zu den Beziehungen zwischen Haupt- und Untervertretern oben Rz. 77ff.

gung resultierenden Provisionsverluste sind mithin auch die Provisionsverluste aus Geschäften mit solchen Kunden zu berücksichtigen, die der Vertreter durch seine Untervertreter geworben hat[38].

Stehen die Untervertreter nicht mit dem übergeordneten Vertreter, sondern mit dem vertretenen Unternehmer unmittelbar in vertraglichen Beziehungen und sind sie dem Handelsvertreter nur unterstellt, so gilt grundsätzlich nichts anderes[39]. Derartige **unechte Untervertreter** werden zwar unmittelbar für den vertretenen Unternehmer tätig; der Vermittlungserfolg beruht aber nicht allein auf ihrer Tätigkeit, sondern gleichzeitig auch auf derjenigen des übergeordneten Vertreters, der sie **unterstützt** und **betreut** und der mitunter die **Untervertreterorganisation im Auftrage des vertretenen Unternehmers selbst aufgebaut hat**. Die von den Untervertretern geworbenen Kunden sind deshalb mittelbar auch vom Vertreter geworbene Kunden, weil seine Tätigkeit für den Erfolg der Untervertreter mitursächlich ist und weil er seine mittelbare Werbung dadurch ausübt, dass er die ihm unterstellte Organisation anleitet, anspornt und unterstützt. Dieser Rechtslage entspricht es, dass der Hauptvertreter in Form von **Superprovisionen** vergütet wird, die vom Vermittlungserfolg der Untervertreter sowohl dem Grunde als auch der Höhe nach abhängig sind. Aus dieser Art der Vergütung folgt, dass auch der vertretene Unternehmer die Kundenwerbung mittelbar auf die Tätigkeit des Vertreters zurückführt. Würde diese Tätigkeit nicht als Mitwirkung am Vermittlungserfolg gewertet werden, würde eine feste **umsatzunabhängige Vergütung** näher liegen[40]. 677

Aus alledem ergibt sich, dass **von Untervertretern geworbene Kunden** im Zweifel auch als „vom Handelsvertreter geworbene Kunden" anzusehen sind, gleichgültig, ob es sich bei den Untervertretern um eigene Vertreter des Hauptvertreters oder um solche des Unternehmers, die dem Hauptvertreter nur unterstellt sind, handelt. Ausgleichsrechtlich ist es deshalb in der Regel ohne Belang, ob die Kundenwerbung durch den Vertreter **unmittelbar oder nur mittelbar** durch echte oder unechte Untervertreter ausgeübt wird. 678

Allerdings reicht es nach dem Urteil des Bundesgerichtshofes vom 15.6.1959[41] zur Begründung eines Ausgleichsanspruchs nicht aus, wenn der Vertreter eine dritte Person für die Erzeugnisse des vertretenen Unternehmers gewinnt und wenn dieser **Dritte, ohne selbst Kunde zu werden** oder in sonstige Rechtsbeziehungen zu dem Unternehmer oder dem Handelsvertreter zu treten, die **Erzeugnisse des Unternehmers empfiehlt und dadurch zu deren Absatz beiträgt**. Etwas anderes könnte nach dem oben Gesagten nur gelten, wenn zwischen dem 679

---

38 *Schröder,* § 87 Rz. 21 d. Vgl. auch oben Rz. 77ff.
39 Ebenso *BGH,* 22.6.1972, BGHZ 59, 87 = BB 1972, S. 938 = DB 1972 S. 1624 = EBE 1972 S. 250 = HVR Nr. 459 = HVuHM 1972 S. 935 = NJW 1972 S. 1662.
40 Zu der auch für Superprovisionsverluste wichtige ausgleichsrechtlichen Bedeutung der Frage, wenn der Untervertreter keine Geschäftsverbindungen herstellt, sondern nur Einmalgeschäfte vermittelt, Näheres unten Rz. 795.
41 BB 1959 S. 754 = MDR 1959 S. 728 = NJW 1959 S. 1677 = VersR 1959 S. 669, 670 zu 3. Die Verwandtschaft eines so tätig werdenden Vertreters mit dem „Propagandisten" (vgl. oben Rz. 61 Fn. 13) ist unverkennbar.

VI Zweite materielle Anspruchsvoraussetzung – Provisionsverluste

Vertreter und dem Dritten ein Auftragsverhältnis zu Stande gekommen wäre und es sich wirklich um eine Abschluss- oder Vermittlungstätigkeit des Dritten gehandelt hätte[42]. Davon kann aber bei *bloßen Empfehlungen* keine Rede sein.

II. Zu berücksichtigende Geschäfte

680 Das Gesetz unterscheidet in § 89b Abs. 1 Nr. 2 Provisionsverluste aus *„bereits abgeschlossenen Geschäften"* einerseits und aus *„künftig zu Stande kommenden Geschäften"* andererseits. Hinsichtlich dieser Unterscheidung, die sowohl den gesetzlichen als auch abweichenden vertraglichen Provisionsregelungen[43] Rechnung trägt, besteht in der Praxis häufig Unklarheit.

1. Bereits abgeschlossene Geschäfte

681 Verluste aus Geschäften *mit Neukunden*[44], die bereits vor der Beendigung des Vertragsverhältnisses abgeschlossen worden waren, können nur entstehen, wenn im Vertretervertrag Regelungen getroffen worden sind, die *von den gesetzlichen Vorschriften des Handelsgesetzbuches abweichen*. Sind derartige Vereinbarungen im Vertretervertrage nicht enthalten, so kann für bereits abgeschlossene Geschäfte ein Ausgleichsanspruch nicht geltend gemacht werden, da die Interessen des Vertreters bereits *durch die gesetzlichen Vorschriften gewahrt* sind und für eine Ausgleichszahlung deshalb kein Bedürfnis besteht[45]. Das hat folgenden Grund: Für alle während des Vertragsverhältnisses abgeschlossenen Geschäfte, die auf die Tätigkeit des Vertreters zurückzuführen sind oder mit Dritten abgeschlossen wurden, die er als Kunden geworben hat, steht dem Vertreter ein Provisionsanspruch nach § 87 Abs. 1 zu. Allerdings kann er diesen Anspruch noch nicht bei Geschäftsabschluss geltend machen. Der Anspruch ist vielmehr dadurch *aufschiebend bedingt*, dass das abgeschlossene Geschäft auch *ausgeführt* wird[46]. Der Provisionsanspruch wird erst zu einem unbedingten Anspruch, wenn der Unternehmer seine aus dem abgeschlossenen Geschäft sich ergebende Verpflichtung zur Leistung erfüllt hat (§ 87a Abs. 1)[47]. Der Provisionsanspruch wird spätestens am Ende des Monats fällig, in dem die Abrechnung des aus diesem Geschäft resultierenden Provisionsanspruchs zu erfolgen hat (vgl. § 87a Abs. 4, § 87c Abs. 1).

---

42 Entsprechendes gilt, wenn der Dritte die Aufträge im Namen und für Rechnung seines Auftraggebers erteilt, *OLG Düsseldorf* 8.2.1977, HVR Nr. 504 = HVuHM 1977 S. 529; *OLG Hamm*, 26.10.1961, HVR Nr. 321 = HVuHM 1965 S. 42; vgl. oben Rz. 469.
43 Eine gedrängte Übersicht über die sich aus dem Gesetz ergebende Provisionsregelung befindet sich bei *Küstner*, RVR 1969 S. 227ff.
44 Vgl. dazu oben Rz. 634ff.
45 *Schröder*, DB 1962 S. 895, 897 zu III und RVR 1968 S. 99; *Ankele*, § 89b Rz. 95; *Habscheid*, S. 356f.
46 Näheres bei *Schröder*, § 87 Rz. 1 und § 87a Rz. 1; vgl. auch *BGH*, 1.12.1960, BB 1961 S. 147 = MDR 1961 S. 312 = VersR 1961 S. 173.
47 *BGH*, 9.12.1963, BB 1964 S. 223 = NJW 1964 S. 497 = VersR 1964 S. 144, 145 zu 1 = HVR Nr. 306; dazu ein Beispielsfall in IHV 1963 S. 83f.

682 Da der Provisionsanspruch – wenn auch nur aufschiebend bedingt – bereits mit dem Geschäftsabschluss bedingt erworben wird und ein *bestehender Vertrag* zwischen Unternehmer und Vertreter nach dem Wortlaut des § 87 Abs. 1 *nur für den Geschäftsabschluss* gefordert wird, ist es für den Provisionsanspruch ohne Bedeutung, wenn der *Vertretervertrag zwischen dem Abschluss und der Ausführung des Geschäfts endet.* Der von der Ausführung des abgeschlossenen Geschäftes abhängige Provisionsanspruch erlischt – mangels abweichender Abreden – nicht, wenn der Vertretervertrag vor der Geschäftsausführung beendet[48] wird. Der ausgeschiedene Warenvertreter kann also *trotz der Vertragsbeendigung* den mit der Ausführung des Geschäfts unbedingt entstehenden und damit endgültig[49] verdienten Provisionsanspruch geltend machen, sofern, wie erwähnt, nicht *abweichende vertragliche Abreden* entgegenstehen. Man spricht dann von der *„Überhangprovision"* des Handelsvertreters[50].

683 Vor Beendigung des Vertrages abgeschlossene Geschäfte können mithin für den Ausgleichsanspruch Bedeutung erlangen, wenn der Unternehmer die Provisionsfrage mit dem Vertreter *abweichend von den gesetzlichen Bestimmungen* geregelt hat. Das ist ohne weiteres möglich, weil die betreffenden *Bestimmungen abdingbar* sind[51].

684 Bestimmt der Vertretervertrag zum Beispiel, dass mit der Beendigung des Vertrages oder nach Ablauf einer bestimmten Zeitspanne danach alle *Provisionsansprüche aus Geschäften erlöschen* sollen, die der Vertreter vor der Beendigung des Vertretervertrages vermittelt oder abgeschlossen hatte, und kommt es deshalb nach der Vertragsbeendigung oder vereinbarungsgemäß nach Ablauf einer sich anschließenden, *vertraglich festgelegten Zeitspanne* auf die Ausführung der abgeschlossenen Geschäfte für die Provisionsansprüche nicht mehr an, oder ist im Vertrage bestimmt, dass ein Provisionsanspruch nur entstehen soll, wenn *Geschäftsabschluss und Ausführung während des bestehenden Vertretervertrages* erfolgen, so ergibt sich aus einer derartigen Regelung für den Vertreter ein Provisionsverlust aus einem „bereits abgeschlossenen Geschäft" mit einem vom Handelsvertreter geworbenen neuen Kunden, wenn der Vertrag endet. In diesen Fällen kann der Vertreter eine Erfolgsvergütung nur dadurch erhalten, dass er den Ausgleichsanspruch nach § 89b geltend macht[52].

---

48 *Schröder*, § 87 Rz. 12, § 87a Rz. 8, § 89b Rz. 2; *Hopt*, § 87a Rz. 7; *Westphal*, S. 72.
49 „Endgültig verdient", wenn man von der Ausnahmevorschrift des § 87a Abs. 2 absieht.
50 Vgl. *Schröder*, § 87 Rz. 43; dort auch Kritik an der missverständlichen Terminologie von *Brüggemann*, § 87 Rz. 41.
51 *Schröder*, § 89b Rz. 12, § 87, Rz. 55 und § 87a, Rz. 1 a. Näheres Bd. 1 Rz. 932.
52 Folgende Beispielsfälle mögen dies verdeutlichen:
   1. Für den Fall der Vertragsbeendigung ist vereinbart, dass für den Provisionsanspruch die gesetzlichen Bestimmungen maßgebend sein sollen. Der Vertretervertrag endet am 30.6. Der Handelsvertreter hat am 12.6. ein Geschäft vermittelt, das am 26.6. abgeschlossen, aber erst am 17.7., also nach der Vertragsbeendigung, ausgeführt wird. Dem Handelsvertreter steht ohne Rücksicht auf die Vertragsbeendigung ein Provisionsanspruch zu, weil der Geschäftsabschluss noch während bestehenden Vertretervertrages erfolgte, was nach § 87 Abs. 1 für die Entstehung des Provisionsanspruchs ausreicht. Die Vertragsbeendigung führt mithin nicht zu einem Provisionsverlust aus „bereits abgeschlossenen Geschäften"; ein Ausgleichsanspruch kann insoweit nicht entstehen.

VI Zweite materielle Anspruchsvoraussetzung – Provisionsverluste

685 Eine derartige ***Provisionsausschluss- oder Verzichtsklausel*** führt aber nur dann zum Wegfall des Provisionsanspruchs und demgemäß zur Entstehung eines Provisionsverlusts aus einem „bereits abgeschlossenen Geschäft", wenn die erst nach der Vertragsbeendigung erfolgende Ausführung des vorher abgeschlossenen Geschäfts nicht auf einer vom Unternehmer zu vertretenden ***verspäteten Geschäftsausführung*** beruht. Die Geltendmachung von Provisionsverlusten aus „bereits abgeschlossenen" Geschäften setzt also voraus, dass das abgeschlossene Geschäft ***rechtzeitig ausgeführt*** wird und die rechtzeitige Ausführung in die Zeit nach der Vertragsbeendigung fällt. Erfolgt die Ausführung aber verspätet, hätte sie also entsprechend den zwischen Unternehmer und Kunden getroffenen Vereinbarungen ***zeitlich vor der Vertragsbeendigung*** erfolgen müssen, tritt ein Provisionsverlust nicht ein, ein Ausgleichsanspruch ist insoweit ausgeschlossen. Dem Handelsvertreter steht also ohne Rücksicht auf die verspätete Ausführung ein Provisionsanspruch zu, er muss mithin provisionsmäßig so gestellt werden, als wenn der Unternehmer ***rechtzeitig ausgeführt hätte***. Dies ist von besonderer Bedeutung in den Fällen, in denen die Ausgleichshöchstgrenze niedrig ist und sie bereits durch Verluste aus „künftig zu Stande kommenden Geschäften" ausgefüllt ist, sodass der aus der verspäteten Geschäftsführung sich ergebende Verlust letztlich auch über den Ausgleichsanspruch nicht aufgefangen werden kann[53].

686 Eine von § 87 Abs. 1 abweichende Abrede zwischen Unternehmer und Vertreter kann keinesfalls die ***Entstehung des Ausgleichsanspruchs ausschließen***, denn der Ausgleichsanspruch kann nach § 89b Abs. 4 nicht im Voraus ausgeschlossen werden. Gerade die von den gesetzlichen Provisionsbestimmungen abweichenden vertraglichen Regelungen wollte der Gesetzgeber dadurch als ausgleichspflichtig erfassen, dass er in § 89b Abs. 1 Nr. 2 die Verluste aus bereits abgeschlossenen Geschäften mit Neukunden den Verlusten gleichsetzte, die sich aus künftigen Geschäften ergeben[54].

---

2. Ist vereinbart, dass nach der Vertragsbeendigung Provisionsansprüche aus vorher abgeschlossenen Geschäften ausgeschlossen sind oder ist vereinbart, dass nur solche Geschäfte provisionspflichtig sind, die während des Vertragsverhältnisses abgeschlossen und ausgeführt werden, gilt folgendes: Infolge der vom Gesetz abweichenden vertraglichen Regelung ergibt sich in diesem Fall mit der Vertragsbeendigung ein Provisionsverlust, den der Handelsvertreter nach § 89b Abs. 1 Nr. 1 (1. Alternative) im Rahmen des Ausgleichsanspruchs geltend machen kann.

53 *BGH*, 11.7.1960, BGHZ 33, 92 = BB 1960 S. 955, 956 = DB 1960 S. 1033 = HVR Nr. 256 = HVuHM 1960 S. 580 = MDR 1960 S. 920 = NJW 1960 S. 1966; *Schröder*, § 87a Rz. 30.

54 Im Hinblick auf vom Handelsvertreter vermittelte Geschäfte, die gem. § 87a Abs. 1 vom vertretenen Unternehmen ordnungsgemäß ausgeführt wurden, sodass der Provisionsanspruch unabdingbar entstanden ist, kann sich der Unternehmer nicht darauf berufen, dem Handelsvertreter stehe kein Provisionsanspruch zu, denn für eine Provisionsforderung sei die ***Geschäftsgrundlage*** deshalb entfallen, weil der Gewinn aus dem Geschäft erheblich geringer als erwartet ausgefallen sei. Endete also der Handelsvertretervertrag vor der Entstehung des Provisionsanspruchs und bezog sich der Ausgleich deshalb auf ein bereits abgeschlossenes Geschäft, muss dieses Geschäft im Rahmen der Ausgleichsberechnung gleichwohl berücksichtigt werden. Denn ein vom Handelsvertreter vermitteltes provisionspflichtiges Geschäft wird nicht davon berührt, ob das provisionspflichtige Geschäft dem Unternehmer einen ***Gewinn bringt*** oder ob es sich um ein ***Verlustgeschäft*** handelt. Grundsätzlich trägt der Unternehmer das ***Risiko der Preisge-***

Der Begriff der *Geschäftsverbindung*, die für die Entstehung eines Ausgleichs- **687** anspruchs notwendig ist, muss im Hinblick auf die „bereits abgeschlossenen Geschäfte" *weit gefasst werden*. Denn nur bei weiter Auslegung dieses Begriffs wird die Absicht des Gesetzgebers verständlich, dem ausgeschiedenen Handelsvertreter auch Provisionsverluste im Hinblick auf solche Geschäfte auszugleichen, die vor der Vertragsbeendigung provisionspflichtig zu Stande kamen, dem Handelsvertreter aber auf Grund einer *Provisionsverzichtsklausel* nicht oder nur teilweise zu verprovisionieren sind. Denn wenn sich § 89b Abs. 1 Ziff. 2 einerseits auf Provisionsverluste „aus bereits abgeschlossenen" und andererseits aus „künftig zu Stande kommenden Geschäften" beziehen kann, muss es also auch – das folgt aus der alternativen Aufzählung – möglich sein, dass einem ausgeschiedenen Handelsvertreter ein Ausgleichsanspruch auch dann zusteht, wenn Verluste „aus künftig zu Stande kommenden Geschäften" – mithin also fortbestehenden „Geschäftsverbindungen" – infolge der Natur der vom Handelsvertreter verkauften Erzeugnisse des Unternehmers gar nicht entstehen können und sich die Vertragsbeendigung dann *allein auf Verluste „aus bereits abgeschlossenen Geschäften"* bezieht, bei denen es sich also auch um sog. *Einmalgeschäfte* handeln kann.

Ist es aber denkbar, dass die Beendigung eines Vertretervertrages allein Verluste **688** „aus bereits abgeschlossenen Geschäften" auslöst, muss daraus zwangsläufig die Folgerung gezogen werden können, dass derartige Verluste *nicht im gleichen Sinne Geschäftsverbindungen voraussetzen*, wie dies im Hinblick auf die *„künftig zu Stande kommenden Geschäfte"* begriffsnotwendig ist. Ich bin deshalb für diejenigen Fälle, in denen sich die Provisionsverluste aus der Vertragsbeendigung allein im Hinblick auf „bereits abgeschlossene Geschäfte" ergeben können, der Ansicht, dass das Gesetz *weit auszulegen* ist und dass eine Geschäftsverbindung bereits dann als zu Stande gekommen angesehen werden muss, wenn sich die Abwicklung eines vom Handelsvertreter vermittelten provisionspflichtigen *Einmalgeschäfts über einen längeren Zeitraum* erstreckt, innerhalb dessen sich das Auftragsvolumen zum Vorteil des vertretenen Unternehmers erweitert und der Handelsvertreter infolge einer *Provisionsverzichtsklausel* die aus diesem Geschäft resultierende Provision nicht in vollem Umfange erhält.

Beispiel: Der Handelsvertreter vermittelt einen Kaufvertrag über ein Fertighaus. Die Abwicklung des Auftrags erstreckt sich über 14 Monate. Das ursprüngliche Auftragsvolumen erweitert sich durch Zusatzaufträge um 12% des ursprünglichen Betrages. Der Vertretervertrag sieht vor, dass sich die dem Handelsvertreter zustehende Gesamtprovision beim Ausscheiden des Handelsvertreters für noch nicht endgültig abgewickelte Aufträge um 30% mindert.

In diesem Beispielsfall ist durch die Vermittlungstätigkeit des Handelsvertreters **689** eine – wenn auch nur *begrenzte Zeit laufende* – *Geschäftsverbindung* zu Stande gekommen. Sie beginnt mit der Auftragserteilung und endet mit der endgültigen Abwicklung des Hauptauftrages und der außerdem erteilten Zu-

---

staltung; vgl. dazu *OLG Köln*, 2.8.2002 – 19 U 152/01, VersR 2002, 1374 sowie *Küstner* in Küstner/Thume Band I, 1176 ff. m. w. N.

satzaufträge. Der dem Handelsvertreter durch die Vertragsbeendigung entstehende Provisionsverlust aus dem „bereits abgeschlossenen Geschäft" in Höhe von 30% der Gesamtprovision ist auszugleichen, obwohl mit dem Kunden keine weiteren künftigen Geschäfte im Sinne des Hauptauftrages mehr zu Stande kommen werden. Der Unternehmervorteil besteht darin, dass im Rahmen des vom Handelsvertreter vermittelten Auftrags Zusatzaufträge erteilt werden und dass sich für den Unternehmer die Vertragsbeendigung insbesondere deshalb vorteilhaft auswirkt, weil er für das Gesamtgeschäft nur 70% der vertraglich vereinbarten Provision an den Handelsvertreter zu zahlen hat, mithin also einen entsprechend höheren Gewinn erzielt.

690 Einen Sonderfall der „bereits abgeschlossenen Geschäfte" – auch im Hinblick auf die Auswirkungen von Überhangprovisionen – stellen die *Sukzessivlieferungsverträge* dar[55].

2. Künftig zu Stande kommende Geschäfte

691 Künftig zu Stande kommende Geschäfte sind Geschäfte, die der Unternehmer *nach der Beendigung des Vertragsverhältnisses* mit vom Vertreter geworbenen Kunden abschließt und für die dem Vertreter nach § 87 Abs. 1 in Verbindung mit § 87a Provisionsansprüche zustehen würden, wenn das Vertragsverhältnis *nicht beendet worden wäre*. Diese künftigen Geschäfte sind – obwohl im Gesetz an zweiter Stelle genannt – die *typischen Geschäfte*, deren Früchte der Warenvertreter durch die Vertragsbeendigung nicht mehr ernten kann. Gerade bei diesen Geschäften trat bis zur Einführung des Ausgleichsanspruches in besonderem Maße die unbefriedigende und für den Vertreter ungünstige Rechtslage nach Beendigung des Vertragsverhältnisses in Erscheinung.

692 In besonderen Fällen kommt allerdings auch bei Abschlüssen, die nach *der Vertragsbeendigung* mit vorher vom Handelsvertreter geworbenen neuen oder intensivierten alten Kunden zu Stande kommen – wie auch bei den bereits vorher abgeschlossenen Geschäften – ein Ausgleichsanspruch *nicht in Betracht*. Denn nach § 87 Abs. 3 Ziff. 1 sind auch nach der Beendigung des Vertragsverhältnisses abgeschlossene Geschäfte *ausnahmsweise dann provisionspflichtig*, wenn der Vertreter das Geschäft vorher vermittelt, eingeleitet oder so vorbereitet hat, dass der Abschluss überwiegend auf seine Tätigkeit zurückzuführen ist und wenn das Geschäft innerhalb einer angemessenen Frist nach Beendigung des Vertragsverhältnisses abgeschlossen wird[56]. Gleiches gilt nach § 87 Abs. 3 Ziff. 2, wenn mit einem vom Handelsvertreter geworbenen neuen Kunden ein nachvertragliches Geschäft auf dem Angebot dieses Kunden beruht, das noch vor der Vertragsbeendigung dem Handelsvertreter oder dem Unternehmer zuge-

---

55 Näheres dazu Rz. 708.
56 Zur Bedeutung des § 87 Abs. 3 vgl. die Amtliche Begründung, Bundestags-Drucksache Nr. 3856 vom 15.11.1952 S. 23/24, sowie *Schröder*, § 87 Rz. 43–49; *Brüggemann*, § 87 Rz. 41 (die verwendete Terminologie „Überhangprovision" ist in diesem Zusammenhang allerdings missverständlich); *BGH*, 14.10.1957, BB 1957 S. 1087 = HVR Nr. 174 Einzelheiten Band 1 Rz. 868.

gangen ist. Sind diese gesetzlichen Bestimmungen nicht vertraglich abbedungen[57], was zulässig ist, so kommt also für ein solches künftig zu Stande kommendes Geschäft ein Ausgleichsanspruch nicht in Betracht, weil der Warenvertreter bereits durch den gesetzlich gegebenen Provisionsanspruch (§ 87 Abs. 3) genügend geschützt ist und ein Provisionsverlust nicht entsteht. Sehr häufig allerdings ist auch diese gesetzliche Regelung durch Vereinbarungen zum Nachteil des Vertreters *abweichend geregelt*, sodass ihm nur der Weg über die Geltendmachung des Ausgleichsanspruches bleibt, wenn er nicht die sich sonst ergebenden Verluste in Kauf nehmen will[58]. Im Hinblick auf alle anderen nach Vertragsbeendigung zu Stande kommenden Geschäfte mit neu geworbenen Kunden steht dem Vertreter ausschließlich der Ausgleichsanspruch zur Wahrung seiner Rechte zur Verfügung[59].

Von Bedeutung ist, dass es sich bei den künftig zu Stande kommenden Geschäften nur um *reine Nachbestellungen* handeln darf, also um Geschäfte, die sich inhaltlich auf die Tätigkeit des Warenvertreters zurückführen lassen. Geschäfte zwischen dem Unternehmer und vom Vertreter geworbenen Kunden, *die auf einen anderen als den bei der Werbung vorausgesetzten Inhalt* gerichtet sind, können bei den Verlusten des Vertreters nicht berücksichtigt werden und scheiden deshalb als Voraussetzung des Ausgleichsanspruches aus. **693**

Überhangprovisionen[60], die dem ausgeschiedenen Handelsvertreter aus Geschäften zufließen, die bis zur Vertragsbeendigung provisionspflichtig abgeschlossen worden sind, die aber erst *nach der Vertragsbeendigung* ausgeführt werden, führen zwar *nicht zu Provisionsverlusten* aus bereits abgeschlossenen Geschäften. Gleichwohl hindern sie aber nicht die Entstehung von Provisionsverlusten aus „künftig zu Stande kommenden Geschäften", weil die Basis des letzten Vertragsjahres für den Umfang der Provisionsverluste aus künftig zu Stande kommenden Geschäften maßgebend ist[61]. Deshalb müssen auch solche im letzten Vertragsjahr mit Erstkunden vermittelten Geschäfte bei der Prognose **694**

---

57 Das ist zulässig, vgl. *OLG Nürnberg*, 13.12.1962, BB 1963 S. 203.
58 Vgl. dazu folgende Beispielsfälle:
  1. Hat der Handelsvertreter am 28. 6. (vor der Vertragsbeendigung) ein Geschäft vermittelt, das erst nach der Vertragsbeendigung abgeschlossen und ausgeführt wird, steht dem Handelsvertreter, wenn die gesetzliche Regelung maßgeblich ist, ein Provisionsanspruch nach § 87 Abs. 3 zu. Ein Provisionsverlust aus diesem konkreten Geschäft kann dem Handelsvertreter deshalb nicht entstehen, ein Ausgleichsanspruch ist insoweit ausgeschlossen. Ausgleichsrechtlich zu berücksichtigen sind aber, wenn sich aus dieser Geschäftsvermittlung eine laufende Geschäftsbeziehung zwischen dem Kunden und dem Unternehmer ergibt, die Provisionsverluste, die sich aus künftigen Geschäften mit diesem Kunden ergeben und die dem Handelsvertreter provisionspflichtig wären, wenn der Vertretervertrag nicht beendet worden wäre.
  2. Ist demgegenüber § 87 Abs. 3 vertraglich ausgeschlossen, ergibt sich ein Provisionsverlust aus diesem konkreten Geschäft und – wie im Falle 1 – auch aus den künftigen Geschäften, die sich aus den Nachbestellungen dieses Kunden ergeben.
59 Zum Einfluss der auf § 87 Abs. 3 beruhenden Provisionsansprüche auf die Höhe des Ausgleichsanspruchs vgl. das Berechnungsbeispiel Rz. 1789, 1798, 1821.
60 Zur Berücksichtigung von Überhangprovisionen bei der Ausgleichshöchstgrenze vgl. Kap. X/ Rz. 1529.
61 Vgl. Rz. 743.

bezügl. der künftig zu Stande kommenden Geschäfte mitberücksichtigt werden, sofern sich diese Überhangprovisionen aus Geschäften mit im Basisjahr geworbenen *neuen Kunden* ergeben[62]. Vorausgesetzt also, mit dem im letzten Vertragsjahr geworbenen Erstkunden ist auch in Zukunft mit weiteren Nachbestellungen zu rechnen, die dem Vertreter, wäre sein Vertragsverhältnis nicht beendet worden, weiterhin zu verprovisionieren gewesen wären. Etwas anderes kann ausnahmsweise dann gelten, wenn sich die Überhangprovision auf ein Geschäft bezieht, das zwar vor der Vertragsbeendigung abgeschlossen worden war, das sich aber hinsichtlich seiner Abwicklung noch auf einen längeren Zeitraum nach der Vertragsbeendigung erstreckt, wie dies mitunter bei *Sukzessivlieferungsverträgen* der Fall ist. Dann können deshalb keine Provisionsverluste aus künftig zu Stande kommenden Geschäften entstehen, weil derartige Geschäfte infolge des noch laufenden Sukzessivlieferungsvertrages, der u.U. weit in die Zeit nach der Vertragsbeendigung hineinreicht, *blockiert* sind[63].

695 Wenn der Vertreter nach Beendigung des Vertragsverhältnisses die von ihm geworbenen Kunden im Auftrage des neuen Unternehmers weiter beliefert, so kann der *Ausgleichsanspruch ganz oder teilweise entfallen*[64]. Denn von einem *Verlust des Kundenstammes*, der dem Warenvertreter nach § 89b ausgeglichen werden soll, kann nicht mehr ohne weiteres gesprochen werden, wenn der Vertreter den bisher bearbeiteten Kundenstamm nach der Beendigung des Vertragsverhältnisses in der Weise für sich weiternutzt, dass er die Kunden mit den gleichen Artikeln wie bisher *für einen anderen Unternehmer beliefert*[65]. Jedenfalls gilt dies insoweit, als der Handelsvertreter den Kundenstamm auf *einen anderen Unternehmer „umpolt"*. Soweit der bisher vertretene Unternehmer mit diesem Kundenstamm auch nach der Beendigung des Vertretervertrages Geschäfte abschließt, sind diese dann auch ausgleichspflichtig.

696 Aus dieser Rechtslage lässt sich allerdings nicht die Folgerung herleiten, dass ein ausgeschiedener Handelsvertreter mit Rücksicht auf die ihm zustehende Ausgleichsforderung *automatisch einem nachvertraglichen Wettbewerbsverbot* unterläge, dass also der Ausgleichstatbestand *wettbewerbsbeschränkende Wirkungen* entfalte[66]. Es steht dem Handelsvertreter – sofern zwischen den Parteien nicht eine nachvertragliche Wettbewerbsabrede gem. § 90a vereinbart wurde – frei, nach der Vertragsbeendigung vermittelnd für ein Konkurrenzunternehmen tätig zu werden. Aber eine solche nachvertragliche Tätigkeit des Handelsvertreters zu Lasten des bisher vertretenen Unternehmens kann dazu führen, dass die aus der Vertragsbeendigung resultierenden *Unternehmervor-*

---

62 Vgl. dazu *Seelhorst*, BB 1997, 2019, 2020 zu Ziff. IV in Anm. zu *BGH*, 23.10.1996 – VIII ZR 16/96, BB 1997, 59 = VersR 1996, 1143 (Fn. 1529). Vgl. dazu auch Rz. 741.
63 Näheres unten Rz. 708.
64 Vgl. dazu Näheres im Zusammenhang mit den Unternehmervorteilen oben Rz. 512. Mit den ausgleichsrechtlichen Auswirkungen einer ausgeprägt persönlichkeits- und weniger produktbezogenen Kundenbeziehung (Folge: ggf. geringere Provisionsverluste) beschäftigt sich das *OLG München* im Urteil vom 27.2.1974, 7 U 2238/78, unveröffentlicht.
65 *BGH*, 25.4.1960, BB 1960 S. 605; 12.12.1963, HVuHM 1964 S. 264 = HVR Nr. 319.
66 Vgl. unten Rz. 1695 ff.

teile sich ebenso mindern, wie die *Provisionsverluste* des Vertreters. In welchem Umfange sich durch eine solche nachvertragliche Tätigkeit des Handelsvertreters sein Ausgleichsanspruch insgesamt mindert, hängt von den Umständen des Einzelfalles ab.

Stellt sich nachträglich heraus, dass der *Umsatz mit* den vom Handelsvertreter geworbenen Kunden *nach der Vertragsbeendigung absinkt*, mindert sich der Umfang der dem Handelsvertreter entstehenden Provisionsverluste nicht zwangsläufig. Dieser Umstand kann sich vielmehr nur dann *verlustmindernd auswirken*, wenn *die negative Entwicklung in ihrem Kern schon im Zeitpunkt der Vertragsbeendigung angelegt* gewesen ist. Richtiger Ansicht nach kann es deshalb nicht dem Handelsvertreter angelastet werden, wenn der Rückgang der Nachbestellungen *von Faktoren abhängt, auf die er keinen Einfluss mehr gehabt* hat (z.B. kaufmännisches Geschick des Nachfolgers, Nachlassen der Qualität der Waren, Aufkommen konkurrenzfähiger Waren anderer Firmen usw.)[67]. 697

Die Entstehung von Provisionsverlusten kann nicht mit dem Hinweis darauf verneint werden, dass die *Gläubiger des – stark verschuldeten – Vertreters* nach der Beendigung des Vertretervertrages dessen weitere *Provisionsforderungen gepfändet* haben würden. Das spätere Schicksal der Provisionsforderungen ist für die Anwendung des § 89b Abs. 1 Nr. 2 unbeachtlich[68]. 698

Zwischen den Parteien eines Vertretervertrages kann eine *Vertragsumwandlung* mit der Wirkung vereinbart werden, dass zwar der Vertretervertrag beendet wird, der bisherige Handelsvertreter aber gleichwohl als *angestellter Reisender*, als *Vertragshändler*[69], *Kommissionär* oder *nebenberuflicher Vertreter* seine bisherige Tätigkeit fortsetzt[70]. Fließen dem bisherigen hauptberuflichen Vertreter auch *nach der Vertragsumwandlung Erfolgsvergütungen* aus Nachbestellungen der vorher geworbenen Kunden zu, dann könnte dem Ausgleichsanspruch gegenüber eingewendet werden, dass mit Rücksicht auf diese Erfolgsvergütungen ein Provisionsverlust infolge der Vertragsumwandlung nicht entstanden sei, sodass ein Ausgleichsanspruch nicht mit Erfolg geltend gemacht werden könne. 699

Mit diesem Einwand kann der Unternehmer aber dann durchdringen, wenn bei der Vertragsumwandlung als in dem für die Entstehung des Ausgleichsanspruchs maßgebenden Zeitpunkt anzunehmen ist, dass der *aus der Umwandlung hervorgegangene Vertrag solange andauert*, dass die weiter anfallenden *Erfolgsvergütungen* der Höhe nach den ausgleichsfähigen *Provisionsverlusten* entsprechen. Dennoch können sich in solchen Fällen *Nachteile* ergeben, wenn entgegen den Vereinbarungen und wider alle Erwartungen das neue Vertragsverhältnis *vorzeitig*, und zwar nach Beendigung der Ausschlussfrist für die Geltendmachung des Ausgleichs, beendet wird. Denn nunmehr steht fest, dass dem 700

---

67 So *OLG Celle*, 13.11.1969, BB 1970 S. 227. Zur Prognose Näheres unten Rz. 741, 756.
68 *BGH*, 23.1.1964, BB 1964 S. 409 = VersR 1964 S. 428 = HVR Nr. 310.
69 Vgl. *LG Ellwangen*, 23.4.1979 – KfH O 3/79 – unveröffentlicht; vgl. oben Rz. 140.
70 Vgl. Rz. 391 ff.; Einzelfälle bei *Küstner*, IHV 1966 Heft 18 S. 21.

VI Zweite materielle Anspruchsvoraussetzung – Provisionsverluste

früheren Vertreter doch Provisionsverluste entstanden sind, die er aber wegen der abgelaufenen Ausschlussfrist nicht mehr geltend machen kann. Die *Ausschlussfrist ist nämlich nicht gehemmt*, solange das neue Vertragsverhältnis andauert[71].

701 Zu einem zufrieden stellenden Ergebnis kann man im Hinblick auf diese Schwierigkeiten nur gelangen, wenn man beide Vertragsverhältnisse scharf voneinander trennt und ohne Rücksicht auf die weitere Tätigkeit des bisherigen Vertreters den Ausgleichsanspruch auf den *Zeitpunkt der Vertragsumwandlung errechnet* und gleichzeitig Vereinbarungen über die *Art seiner Abgeltung* trifft. So kann vereinbart werden, dass die Erfolgsvergütungen aus Nachbestellungen, die vom früheren Vertreter geworbene Kunden innerhalb einer bestimmten Frist aufgegeben haben, den zuvor ermittelten Ausgleichsanspruch abgelten und dass bei vorzeitiger Beendigung des neuen Vertragsverhältnisses der noch nicht abgedeckte Ausgleichsteil an den Vertreter oder seine Erben ausgezahlt werden muss.

702 Bei einer derartigen Vereinbarung können weder für den bisherigen hauptberuflichen Vertreter noch für den Unternehmer Nachteile entstehen, weil sie im Ergebnis dem Gesetzeszweck entspricht.

703 Natürlich kann ein Vertreter *nach der Umwandlung* des Vertragsverhältnisses mit Rücksicht auf seine weitere Tätigkeit auf jegliche Geltendmachung des Ausgleichsanspruchs *verzichten* (nur ein Verzicht vor der Vertragsbeendigung wäre unwirksam!). Der ehemalige Vertreter geht dann aber das Risiko ein, dass ihm oder seinen Erben bei vorzeitiger Vertragsbeendigung ein Verlust entsteht, wenn das *aus dem neuen Vertragsverhältnis erwartete Äquivalent*, das die Provisionsverluste ausgleichen sollte, ausbleibt.

3. Provisionsverluste im Rotationsvertrieb

704 Im Hinblick auf Provisionsverluste aus künftig zu Stande kommenden Geschäften ist von jeher die Rechtslage im Ausgleichsrecht besonders problematisch[72]. Unter den Begriff des *Rotationsvertriebs* fallen diejenigen Vertragsgestaltungen, deren Besonderheit darin besteht, dass der Handelsvertreter in jeweils wechselnden Gebieten seine Vermittlungstätigkeit ausübt[73]. Der Rotationsvertrieb kommt im *Anzeigenvertrieb* und bei der *Abonnenten-Neuwerbung*, aber seit Jahrzehnten auch in Unternehmen vor, die sich mit dem *Vertrieb von Elektrogeräten*, insbesondere Staubsaugern befassen[74]. In den zuletzt genannten

---

71 *OLG Nürnberg*, 18.9.1958, BB 1958 S. 1151. *OLG Stuttgart*, 29.11.1967, RVR 1968 S. 89; vgl. dazu auch Kap. IV/421 ff., sowie *Schmidt*, BB 1965 S. 732, 733.
72 *BGH*, 25.10.1984 – I ZR 104/82, BB 1985, 291 = NJW 1985, 859 = HVR Nr. 595 (Vorinstanz: *OLG Düsseldorf*, 4.6.1982 – 16 U 142/81, n.v.; *BGH*, 28.4.1999 – VIII ZR 354/47, BGHZ 141, 248 = BB 1999, 1399 = WM 1999, 1471; *OLG Düsseldorf*, 8.5.1992 – 16 U 235/ 91, n.v.; *OLG Düsseldorf*, 30.4.1993 – 16 U 30/92, n.v. zum Urteil vom 28.4.1999 *Kritisch Schäfer* NJW 2000, 320.
73 Einzelheiten zur Organisation Näheres bei *Küstner*/RW-HGB, § 89b Rz. 73a sowie Bull.-DV, 1999, Nr. 4, S. 26.
74 Im Urteil vom 28.4.1999 handelte es sich um die Vermittlung von Eintragungen in Telefonbüchern, Branchenverzeichnissen, Firmenhandbüchern u.a.; im Urteil vom 25.10.1984 handelte

Unternehmen herrscht in der Regel eine straff gegliederte Organisation, in der gruppenweise mehrere Vertretergruppen einen Bezirk „reihum straßenweise" jeweils im Zeitraum mehrerer Wochen bearbeiten, ihre Vermittlungstätigkeit also in *stets wechselnden Bereichen* auszuüben hatten.

Dieses Vertriebssystem hat zur Folge, dass ein Vertreter – auch wenn er sehr erfolgreich ist – *Nachbestellungen* eines von ihm geworbenen neuen Kunden in Gestalt von Provisionseinnahmen regelmäßig *weder vermitteln noch nutzen* kann. Deshalb war von jeher die Frage problematisch und umstritten, ob infolge der Beendigung eines Vertretervertrages ein Ausgleichsanspruch überhaupt entstehen könne. Denn wenn schon Nachbestellungen eines Neukunden nicht zu Provisionseinnahmen führen, können infolge der Vertragsbeendigung auch keine Provisionsverluste entstehen [75], und zwar gleichgültig, ob die Nichtentstehung von Provisionen unmittelbar auf einer Ausschlussklausel beruht oder mittelbar auf der von den Parteien vereinbarten Vertriebsgestaltung [76]. 705

Der BGH hat in seinem Urteil vom 25.10.1984 [77], durch das die Sache an die Vorinstanz zurückverwiesen wurde, die Auffassung vertreten, die Entstehung von Unternehmervorteilen sei zwar zu bejahen, aber im Hinblick auf die Entstehung von Provisionsverlusten könne das Rotationssystem einen *Verstoß gegen den Unabdingbarkeitsgrundsatz* gem. § 89b Abs. 4 S. 1 HGB darstellen [78]. 706

In seinem letzten Urteil zur Rotationsproblematik vom 28.4.1999 [79] hat der BGH die gleiche Auffassung vertreten aber festgestellt, dass der Unabdingbarkeitsgrundsatz verletzt werde, wenn ein erfolgreicher Handelsvertreter bezügl. des Ausgleichsanspruchs leer ausgehe, obwohl er neue Kunden geworben habe. Deshalb könne man der Eigenart des Vertragsverhältnisses der Parteien und damit einer angemessenen Berücksichtigung ihrer Interessen nur gerecht werden, wenn bei der Ausgleichsberechnung von der Fiktion ausgegangen werde, dass der Handelsvertreter nach der Vertragsbeendigung diejenigen Bereiche, die er im letzten Jahr seiner Tätigkeit betreut habe, weiter betreuen werde, sodass die in diesem Zeitraum von ihm geworbenen Kunden ausgleichsrechtlich als die von ihm geworbenen Kunden i.S.d. § 89b Abs. 1 S. 1 Nr. 2 HGB anzusehen [80] seien. Dass hierbei der nach dem Vertragsgefüge zu erwartende *Bezirkswechsel* 707

---

es sich um den Vertrieb von Elektro-Haushaltsgeräten (Staubsauger u.a. Reinigungsgeräte, Kühlschränke, Waschmaschinen und Küchengeräte).
75 Vgl. dazu Rz. 731 und die Hinweise von *Schröder*, § 89b Rz. 16, *Brüggemann*, § 89b Rz. 58, EBJ-HGB/*Löwisch*, § 89b Rz. 99, *Küstner*/RW-HGB, 2. Aufl., § 89b Rz. 68 u. 73a.
76 Vgl. Rz. 1590.
77 *BGH*, 25.10.1984, a.a.O.
78 Vgl. dazu kritisch die Vorauflage Rz. 1368.
79 *BGH*, 28.4.1999, a.a.O. (Vorinstanz *OLG Hamburg* 19.11.1997 – 8 U 160/96, HVR Nr. 880). Vgl. auch *OLG Celle* 1.2.2001 – 11 U 110/00, OLGRep. 2001, 168. Im Urteil v. 1.2.2001 hat das *OLG Celle* auch zu weiteren Einzelfragen und zur Interpretation des BGH-Urteils v. 28.4.1999 (vgl. oben Fn. 74) Stellung genommen (zum Basisjahr Rz. 741), zur Abwanderungsquote (Rz. 747), zum Prognosezeitraum (Rz. 741 u. 756) und im Hinblick auf die branchenmäßigen Besonderheiten. *OLG Celle* jetzt auch abgedruckt in HVR Nr. 1036.
80 Das Berufungsgericht war für die Verlustprognose von allen vom Kläger im Laufe seiner Tätigkeit geworbenen neuen Kunden ausgegangen.

unberücksichtigt bleibe, könne unter Berücksichtigung der Billigkeit des Ausgleichsanspruchs hingenommen werden[81].

4. Sukzessivlieferungs-, Serienbelieferungs- und Bezugsverträge

708 Ein vom Handelsvertreter vermittelter *Sukzessivlieferungsvertrag*[82] ist ein langfristiges „Geschäft" im Sinne der §§ 87, 87a, in dem die Rechte und Pflichten des Kunden einerseits und des Unternehmers andererseits für die gesamte Laufzeit dieses Vertrages von vornherein ein für allemal festgelegt werden, sodass dieses Geschäft im Einzelfall weit in die Zeit nach der Beendigung des Vertretervertrages hineinreichen kann. Im Gegensatz zu den üblichen Geschäftsverbindungen, bei denen jede einzelne Nachbestellung einen neuen Geschäftsabschluss darstellt, liegt die Besonderheit beim Sukzessivlieferungsvertrag also darin, dass sich der Unternehmer von vornherein zur Lieferung einer festen – oder einer nach dem Bedarf des Kunden für die Dauer des Vertrages zu bestimmenden – Warenmenge verpflichtet, die in Raten – evtl. auf Abruf – zu liefern ist, während der Kunde den Kaufpreis entsprechend den erfolgten Lieferungen zu erbringen hat.

709 Alle *Einzelabrufe des Kunden*, ebenso wie alle Teillieferungen, die im Rahmen des Gesamtvertrages zu Einzellieferungen des Unternehmers führen, sind mithin *keine Nachbestellungen* im üblichen Sinne. Denn sie ergeben sich nicht auf Grund einer bloßen Geschäftsverbindung zwischen Unternehmer und Kunde, sondern auf Grund fester vertraglicher und von Anfang an getroffener Vereinbarungen. Der Kunde ist von vornherein zum Einzelabruf verpflichtet, der Unternehmer bei entsprechend getroffener Vereinbarung zu bestimmten Teillieferungen.

710 Daraus folgt, dass der Provisionsanspruch des Handelsvertreters, der einen solchen Sukzessivlieferungsvertrag vermittelt hat, für das gesamte Geschäft bereits mit dem Vertragsabschluss entstanden ist, wenn auch *aufschiebend bedingt durch die jeweilige Teilausführung*[83].

711 Wird der Vertretervertrag während der Laufzeit des Sukzessivlieferungsvertrages beendet, tritt für den Handelsvertreter nach dem Gesetz kein Provisionsverlust ein, wenn *abweichende Vereinbarungen nicht getroffen* wurden. Denn auch alle *nach der Vertragsbeendigung ausgeführten Teillieferungen* sind für den Handelsvertreter als Überhangprovisionen provisionspflichtig, weil sie *im*

---

81 *BGH*, 30.6.1966 – VII ZR 124/65, BGHZ 45, 385 = BB 1966, 876; *BGH*, 6.8.1997 – VIII ZR 92/96, BB 1997, 2609 = ZIP 1997, 1839 sowie *BGH*, 6.8.1997 – VIII ZR 150/96, BB 1997, 2607 = ZIP 1997, 1832.
82 Einzelheiten dazu: *Palandt/Heinrichs*, 61. Aufl., Rz. 17 vor § 241 und Rz. 27 vor § 305 BGB. Zur Abgrenzung zwischen Sukzessivlieferungsvertrag und Bezugsvertrag vgl. *OLG Celle*, 30.11.1955, HVR Nr. 91; vgl. auch Rz. 720. Vgl. auch BGB-RGRK/*Mezger*, 12. Aufl., Rz. 35 vor § 433 BGB sowie *Ballhaus*, Rz. 22 vor § 305 BGB; vgl. auch Bd. I Rz. 941.
83 *Schröder*, DB 1962 S. 895, 897 zu III, und Kommentar, § 89b Anm. 12, S. 318; *Habscheid*, S. 357; *Ankele*, § 89b Anm. 95; *BGH*, 18.11.1957, BB 1957 S. 1250 = NJW 1958 S. 180 = HVR Nr. 175. Unklar ist in diesem Zusammenhang die Amtliche Begründung (S. 34/35), in der offenbar die Auffassung vertreten wird, bei Sukzessivlieferungsverträgen endet mit der Vertragsbeendigung der Provisionsanspruch grundsätzlich (vgl. dazu *Habscheid*, a.a.O.).

Rahmen eines einheitlichen provisionspflichtigen Geschäfts erfolgen[84]. Ein Ausgleichsanspruch kann mithin insoweit nicht entstehen, weil die Anspruchsvoraussetzung des Provisionsverlustes mit Rücksicht auf diesen „bereits abgeschlossenen Vertrag" nicht erfüllt ist. Anders ist die Rechtslage nur dann, wenn vereinbart ist, dass nur die bis zur Beendigung des Vertretervertrages im Rahmen des Sukzessivlieferungsvertrages erfolgten Teillieferungen einen Provisionsanspruch des Handelsvertreters begründen, alle nachvertraglichen Teillieferungen also keine Provisionsansprüche auslösen sollen[85]. Dann hat die Vertragsbeendigung einen Provisionsverlust aus dem „bereits abgeschlossenen Geschäft" zur Folge, dessen Höhe sich nach der *Restlaufzeit des Sukzessivlieferungsvertrages* nach der Vertragsbeendigung ergibt.

Aus alledem folgt, dass Provisionsansprüche aus einem in die Zeit nach der Vertragsbeendigung hineinreichenden Sukzessivlieferungsvertrag, die mithin den Charakter von *Überhangprovisionen* haben, dem Handelsvertreter *unabhängig vom Ausgleichsanspruch* geschuldet werden[86]. Gleichwohl darf nicht übersehen werden, dass derartige aus Sukzessivlieferungsverträgen resultierende Überhangprovisionen sich dennoch auf die Höhe des Ausgleichsanspruchs – genauer: auf die Höhe der Provisionsverluste – auswirken können: Je weiter nämlich ein Sukzessivlieferungsvertrag in die nachvertragliche Zeit – also in den eigentlichen *Prognosezeitraum* – hineinreicht, in desto größerem Maße „blockiert" er künftig mit den betreffenden Kunden zu Stande kommende Geschäfte, für die ja kein Raum ist, solange durch den Sukzessivlieferungsvertrag die geschäftlichen Interessen der Beteiligten abgedeckt sind[87]. 712

In der Praxis kommt es häufig vor, dass Handelsvertreter, deren Vertragsverhältnisse vom Unternehmer gekündigt worden sind, sich noch *während der Kündigungsfrist* bemühen, zwischen dem vertretenen Unternehmen und seinen Kunden Sukzessivlieferungsverträge zu vermitteln, um sich für die Zeit nach 713

---

84 Beispiel: Ein Handelsvertreter vermittelt einen Lieferungsvertrag über 100 t Saatgut. Der Kunde verpflichtet sich, die Gesamtmenge in einzelnen Raten von mindestens 10 t innerhalb von 3 Jahren abzunehmen. Für den Vertretervertrag sind die gesetzlichen Bestimmungen maßgebend. Der Provisionsanspruch ist für die Gesamtmenge von 100 t mit dem Vertragsabschluss entstanden, allerdings unter der aufschiebenden Bedingung der Ausführung der einzelnen Teillieferungen. Ein unbedingter Anspruch auf Teilprovision entsteht jeweils nach erfolgter Teilausführung des vermittelten Geschäfts. Endet der Vertretervertrag nach der halben Laufzeit des Lieferungsvertrages und sind bis zu diesem Zeitpunkt bereits 50 t Saatgut geliefert worden, dann hindert die Vertragsbeendigung die unbedingte Entstehung der Provisionsansprüche im Hinblick auf die noch zu liefernden 50 t nicht. Insoweit kann mangels eintretender Provisionsverluste ein Ausgleichsanspruch nicht entstehen.
85 *Schröder*, § 89b Rz. 12b, S. 397. OLG Celle, 13.11.1969, BB 1970 S. 227.
86 Überdies sind sie nach der neuesten Rechtsprechung (*BGH*, 23.10.1996 – VIII ZR 16/96; Einzelheiten Kap. X/Rz. 1529) in die Ausgleichshöchstgrenze einzubeziehen.
87 Auch die *Gebrauchsüberlassungs- und Nutzungsverträge* im Sinne des § 87b Abs. 4 sind Sukzessivlieferungsverträge. Stehen also einem ausgeschiedenen Handelsvertreter noch nach der Vertragsbeendigung auf Grund vermittelter Gebrauchsüberlassungs- oder Nutzungsverträge Provisionsansprüche zu (vgl. *OLG Düsseldorf* 11.1.1977, DB 1977 S. 817), kann insoweit kein Provisionsverlust aus „bereits abgeschlossenen Geschäften" und – sofern der noch laufende Vertrag das Zustandekommen weiterer Geschäfte „blockiert" – auch kein Provisionsverlust aus „künftig zu Stande kommenden Geschäften" entstehen.

VI Zweite materielle Anspruchsvoraussetzung – Provisionsverluste

der Vertragsbeendigung noch über einen längeren Zeitraum hinweg *Provisionseinnahmen zu sichern*, die sich aus der Ausführung derartiger Verträge ergeben. Natürlich kann der erstrebte Vermittlungserfolg in derartigen Fällen nur dann eintreten, wenn der Vertretervertrag keine von § 87 Abs. 1 abweichenden Vereinbarungen enthält.

714 Gegen eine derartige Praxis, bei der allein die Interessen des Handelsvertreters im Vordergrund stehen, bestehen aber erhebliche Bedenken. Das Oberlandesgericht Celle[88] hat darin einen *Vertragsverstoß des Handelsvertreters* gesehen. Es hat sich auf den Grundsatz von Treu und Glauben berufen und festgestellt, dass durch solche *Abrufaufträge die Interessen des vertretenen Unternehmers gefährdet* würden, weil es dem vertretenen Unternehmen dadurch erschwert werde, alsbald einen Nachfolger für den ausscheidenden Handelsvertreter zu finden. Denn diesem Nachfolger würde ja die Vermittlung neuer Aufträge durch die in verstärktem Umfange nunmehr vorliegenden Abrufaufträge in besonderem Maße *erschwert, wenn nicht unmöglich* gemacht werden. Hier muss aber berücksichtigt werden, dass der Unternehmer sich einen solchen Tatbestand auch *selbst zuzuschreiben* hat. Ist nämlich die Vermittlung derartiger Sukzessivlieferungsverträge bisher nicht üblich gewesen, steht es ja dem vertretenen Unternehmen frei, den Abschluss solcher vom Handelsvertreter vermittelter Sukzessivlieferungsverträge gänzlich abzulehnen oder nur für eine bestimmte Laufzeit anzunehmen.

715 In der modernen Industriegesellschaft ist der Handelsvertreter häufig nicht nur Vermittler eines fertigen Produktes. So bedient sich insbesondere die Zuliefererindustrie, namentlich in der Automobilherstellungsbranche, häufig eines Ingenieurbüros, das mit dem Hersteller und dem Zulieferer gemeinsam über Jahre hinweg das Zulieferprodukt für ein neues Modell plant, entwickelt und bis zur Serienreife begleitet. Als Vergütung enthält eine solche Industrievertretung dann während der gesamten Laufzeit des Modells für jedes ausgelieferte Produkt die vereinbarte Provision. Wenn in einem solchen Fall für die Zeit nach Vertragsende keine Regelung getroffen ist, könnte kraft jahrzehntelanger Übung im Wege der ergänzenden Vertragsauslegung bei der Vermittlung eines solchen Serienlieferungsvertrages auch nach Vertragsende eine Provisionspflicht bis zum Auslauf der jeweiligen Modelle bestehen[89]. Dann ist das vermittelte „Geschäft" i. S. d. § 87 Abs. 1 der *Serienbelieferungsvertrag*. Läuft das Modell aus oder beendet der Automobilhersteller die Geschäftsverbindung mit dem Zulieferer – etwa weil dieser mangelhaft liefert – während der Laufzeit des Automodells, so *endet auch die Provisionspflicht* des Zulieferers, weil der Hersteller in einem solchen Fall zur Abnahme weiterer bereitgestellter Zulieferprodukte *nicht verpflichtet* ist.

716 Zu unterscheiden ist dieser Tatbestand von der bloßen *Blankettbestellung*, wie sie ebenfalls in der Zuliefererindustrie vorkommt, insbesondere dann, wenn der

---

[88] *OLG Celle,* 13.11.1969, BB 1970 S. 227.
[89] So angedacht, aber nicht entscheidungserheblich im Rahmen eines Buchauszugsprozesses *OLG Bamberg,* 16.5.2003 – 6 U 62/02 – (nicht veröffentlicht).

Automobilhersteller ein Zulieferprodukt für ein neues Modell benötigt, das er nicht nur bei einem bestimmten Zulieferer, sondern auch bei Wettbewerbern ohne großen Aufwand während der Laufzeit des betreffenden Fahrzeugmodelles bestellen kann. Dann ist weder der **Umfang des Bedarfs** des Zulieferartikels noch der später für die einzelnen Lieferungen geschuldete **Kaufpreis** abgesprochen und auch häufig gar nicht bestimmbar. Hier hat der Vertreter lediglich die **Option für künftige Geschäfte** vermittelt, die in den einzelnen noch abzuschließenden Lieferverträgen entstehen werden. In einem solchen Fall besteht also keine Provisionspflicht nach § 87 Abs. 1 HGB, sondern allenfalls eine nach § 87 Abs. 3, soweit die Parteien nichts anderes vereinbart haben.

Diese Rechtslage wird deutlich, wenn der Automobilhersteller den Zulieferer, der seinen Lieferungsverpflichtungen nicht entspricht, nicht auf Erbringung künftiger Leistungen verklagen könnte – ebenso wenig wie der Zulieferer den Automobilhersteller auf die Erbringung künftiger Kaufpreiszahlungen verklagen könnte, eben weil es hinsichtlich der beiderseitigen Verpflichtungen an **konkreten Vereinbarungen** fehlt, die erst künftig von Fall zu Fall getroffen werden können, sobald der Bedarf feststeht. 717

Auch als ein so genannter „**Kauf auf Abruf**"[90] kann eine Blankett-Bestellung nicht angesehen werden. Für die Annahme eines „Kaufs auf Abruf" genügt es, dass die abzunehmende Menge bestimmbar ist. Sie stellt vielmehr einen „**Kauf nach Bedarf**" dar. 718

Schließlich sei noch auf die Rechtslage eingegangen, die sich ergibt, wenn der Warenvertreter während bestehenden Vertragsverhältnisses einen **Bezugsvertrag**[90a] vermittelt, in dem sich der **Kunde verpflichtet**, künftig bestimmte Artikel ausschließlich bei dem vertretenen Unternehmer zu bestellen, ohne sich aber – wie beim Sukzessivlieferungsvertrag – zeit- und mengenmäßig zu binden. Obwohl es sich hier um eine wesentlich engere Bindung zwischen Unternehmer und Kunde handelt, als sie üblicherweise von einem Warenvertreter hergestellt zu werden pflegt, kann doch kein Zweifel bestehen, dass der Vertreter nach der Vertragsbeendigung schon nach den gesetzlichen Vorschriften Provisionsansprüche aus Nachbestellungen nicht geltend machen kann, weil ein derartiger Bezugsvertrag kein **unmittelbares Umsatzgeschäft** darstellt. In ausgleichsrechtlicher Hinsicht ist hier aber von Bedeutung, dass angesichts eines solchen Bezugsvertrages **Provisionsverluste mit wesentlich größerer Wahrscheinlichkeit** entstehen dürften, als wenn der Vertreter lediglich bloße Geschäftsverbindungen im üblichen Sinne hergestellt hätte. 719

Der Bundesgerichtshof hatte sich in seinem Urteil vom 18.11.1957[91] mit einem ähnlichen Fall zu befassen, der allerdings in die Zeit vor dem In-Kraft-Treten des neuen Handelsvertreterrechts fiel. Der Bundesgerichtshof stellte 720

---

90 Zur Unterscheidung von Sukzessiv-Lieferungsverträgen zum „Kauf auf Abruf" vgl. BGB-RGRK/*Mezger*, 12. Aufl., Rz. 38 vor § 433 BGB.
90a Vgl. zum Bezugsvertrag Bd. I Rz. 944 ff.
91 BB 1957 S. 1250 = NJW 1958 S. 180 = HVR Nr. 175 (Bezugsvertrag über Wasserenthärtungsmittel). Vgl. auch *OLG Celle*, 30.11.1955, HVR Nr. 91.

VI Zweite materielle Anspruchsvoraussetzung – Provisionsverluste

fest, dass der Vertreter dem Unternehmer durch die Vermittlung des Bezugsvertrages einen wesentlichen wirtschaftlichen Wert verschafft habe und dass er den Verkauf der Erzeugnisse des Unternehmers *nicht nur angebahnt*, sondern *schon eine enge Geschäftsverbindung* mit dem Kunden geschaffen habe. In einem solchen Falle müsse geprüft werden, „ob der Handelsvertreter nicht nach § *354* in Verbindung mit § 88 Abs. 1 a.F. berechtigt war, für seine Vermittlung des Rahmenvertrages eine *Vergütung zu fordern*" und „ob der Vertretervertrag nicht nach Treu und Glauben unter Berücksichtigung der Verkehrssitte dahin ausgelegt werden muss, dass dem Handelsvertreter ein Provisionsanspruch oder wenigstens ein (nach der Gesetzeslage von 1949/1950 kraft Vereinbarung möglicher) Ausgleichsanspruch für die Umsatzgeschäfte zustehen soll, die zwar nach seiner Vertreterzeit, aber doch auf Grund des von ihm vermittelten Rahmenvertrages abgeschlossen wurden".

5. Konkurrenz zwischen Provisions- und Ausgleichsanspruch

721 Aus den vorstehenden Erläuterungen folgt, dass dem Warenvertreter *nach Vertragsende nebeneinander und unabhängig voneinander* folgende Vergütungsansprüche – aufgeführt in der *Reihenfolge ihrer möglichen Entstehung* – zustehen können[92]:

722 aa) Einerseits Ansprüche gemäß §§ 87, 87a auf die *Überhangprovision* aus *Einzelgeschäften* und *Sukzessivlieferungsverträgen*, die vor der Beendigung des Vertretervertrages *bereits abgeschlossen* wurden, soweit der Vertretervertrag keine vom Gesetz *abweichende Abreden* enthält. (Wurden solche Abreden getroffen, wird der entstehende Provisionsverlust über § 89b ausgeglichen, sofern sich die Ansprüche auf Geschäfte mit neuen oder intensivierten Altkunden beziehen.)

723 bb) Andererseits Ansprüche gemäß § 87 Abs. 3 Ziff. 1 auf Provision für solche Geschäfte, die zwar *nach der Beendigung des Vertretervertrages abgeschlossen* wurden, die aber der Vertreter vermittelt hat oder eingeleitet und so vorbereitet hat, dass der Abschluss überwiegend auf seine Tätigkeit zurückzuführen ist und die innerhalb einer angemessenen Frist nach der Beendigung des Vertretervertrages abgeschlossen wurden oder bezüglich deren der Kunde bereits vor der Vertragsbeendigung dem Handelsvertreter oder dem Unternehmer gem. § 87 Abs. 3 Ziff. 2 ein Vetragsangebot unterbreitet hatte – vorausgesetzt aber auch hier, dass vom Gesetz *abweichende Abreden nicht* getroffen wurden. (Anderenfalls gilt Entsprechendes wie oben[93].) Allerdings muss im Hinblick auf die aus § 87 Abs. 3 resultierenden Provisionsansprüche beachtet werden, dass sie – je nach den Umständen des Einzelfalles – sich auf die Höhe der aus der Vertragsbeendigung sich ergebenden Provisionsverluste auswirken können. Hier gilt

---
92 Vgl. dazu *Hohn,* BB 1972 S. 521.
93 So auch *LG Würzburg,* 14.7.1975 – O 40/73 H – unveröffentlicht (den Ausgleichsanspruch eines Anzeigenvertreters betreffend). Vgl. auch oben Rz. 588.

ähnliches wie bei den oben erwähnten *Sukzessivlieferungsverträgen*[94]. Soweit nämlich dem Handelsvertreter nach § 87 Abs. 3 Provisionen für *nachvertragliche Geschäfte* zustehen, also für – von der Vertragsbeendigung aus betrachtet – künftig zu Stande kommende Geschäfte, kann ein Provisionsverlust nicht eintreten. Denn solche nachvertraglichen, also künftig zu Stande kommenden Geschäfte, können dem Handelsvertreter ja *nicht doppelt* – einmal über § 87 Abs. 3 und dann nochmals über § 89b – vergütet werden[95]. Auf die Ausgleichshöchstgrenze braucht sich das indessen nicht auszuwirken, weil der Provisionsverlust gleichwohl die Höchstgrenze überschreiten kann, sodass er auf den Betrag der Höchstgrenze zu reduzieren ist.

cc) Schließlich Ausgleichsansprüche gemäß § 89b im Hinblick auf *künftig zu Stande kommende Geschäfte* mit von ihm geworbenen Kunden, die nicht Teile eines vor der Vertragsbeendigung abgeschlossenen einheitlichen Vertrages sind und für die dem Vertreter infolge der Vertragsbeendigung Provisionsansprüche nach den §§ 87, 87a nicht zustehen. **724**

Bei der Berechnung dieses Ausgleichsanspruchs aus im Zeitpunkt der Vertragsbeendigung *bereits abgeschlossenen Geschäften* sind im Rahmen der *Ausgleichshöchstgrenze* die *Überhangprovisionen* nach der neuesten Rechtsprechung des BGH einzubeziehen, weil sie auf der Tätigkeit des Handelsvertreters beruhen, und zwar gleichgültig, ob es sich um Überhangprovisionen aus Geschäften mit alten oder neuen Kunden handelt[96]. **725**

Die aufgezählten Vergütungsansprüche beruhen auf völlig *unterschiedlichen Rechtsgrundlagen*, sodass eine Anrechnung etwa von Provisionsansprüchen auf den Ausgleichsanspruch oder eine Minderung des letzteren mit Rücksicht auf erhebliche Provisionsansprüche, die dem Vertreter trotz der Vertragsbeendigung und ohne Rücksicht auf den Ausgleichsanspruch zustehen, nicht in Betracht kommt. Denn die Provisionsansprüche gebühren dem Vertreter für zu Stande gekommene *Einzelgeschäfte*, der Ausgleichsanspruch dagegen für den *Kundenstamm*, den er dem Unternehmer verschafft hat und den er nun nicht mehr nutzen kann, der aber für den Unternehmer eine erhebliche Gewinnchance darstellt. Mit anderen Worten: Provisionen stehen dem Vertreter für seine *Tätigkeit in der Vergangenheit*, Ausgleichsleistungen für die *Auswirkungen dieser Tätigkeit in der Zukunft* zu[97], sofern der Vertretervertrag Provisionsansprüche für die Zukunft ausschließt oder sich der Wegfall solcher nachvertraglicher Provisionsansprüche aus dem Gesetz ergibt. Nur alle diese Ansprüche zusammen stellen die vom Gesetzgeber erstrebte *Gesamtvergütung des Handelsvertreters* dar, die nicht vollständig wäre, wenn mit Rücksicht auf einen Anspruch eine Minderung oder gar ein Ausschluss eines anderen Anspruchs zulässig wäre. **726**

---

94 Vgl. oben Rz. 708 ff.
95 *OLG Oldenburg*, 12.10.1972, HVR Nr. 471 zu Ziffer 2 der Gründe.
96 Einzelheiten dazu Rz. 1546. Vgl. *BGH*, 23.10.1996 – VIII ZR 16/96 = BB 1997, 59 = VersR 1996, 1143; vgl. dazu auch unten Rz. 1529.
97 *Schröder,* DB 1962 S. 895, 898 zu III 1 c.

VI Zweite materielle Anspruchsvoraussetzung – Provisionsverluste

727 Der Vollständigkeit halber sei schließlich noch darauf hingewiesen, dass dem Handelsvertreter *unabhängig von den ihm nebeneinander zustehenden Provisions- und Ausgleichsansprüchen* aus anderen Rechtsgründen noch *weitere Ansprüche* zustehen können, und zwar ebenfalls unabhängig und neben den bereits genannten Ansprüchen. Es kann sich dabei um *Ansprüche auf Wettbewerbsentschädigung* gem. § 90a HGB einerseits und auf *Schadensersatz gem. § 89a Absatz 2* handeln[98]. Bei Letzteren kann sich allerdings eine Ausgleichsminderung nur dann ergeben, wenn der Schadensersatz- und der Ausgleichsanspruch die *gleichen Provisionsverluste* betreffen.

III. Fiktion der Vertragsfortsetzung – Verlustprognose

1. Unterstellung weiterer Tätigkeit

728 Um feststellen zu können, ob und in welchem Umfang dem Vertreter durch die Beendigung des Vertragsverhältnisses Verluste aus bereits abgeschlossenen oder künftig zu Stande kommenden Geschäften entstehen, ist es erforderlich, dass der Sachverhalt so beurteilt wird, *als ob die Vertragsbeendigung nicht eingetreten wäre*, der *Vertretervertrag also fortbestehen* würde. Dazu muss eine Prognose durchgeführt werden. Eine solche Prognose stellt die *Vorhersage einer künftigen Entwicklung auf der Basis von Tatsachen in der Vergangenheit* dar. Diese Tatsachen können für eine Prognose aber nur dann aussagekräftig sein, wenn diese Tatsachen auf Sachverhalten beruhen, die sich *mit hoher Wahrscheinlichkeit* in der Zukunft wiederholen können[99]. Im Gesetz kommt die Notwendigkeit einer solchen Prognose dadurch zum Ausdruck, dass es für den Ausgleichsanspruch auf die Verluste derjenigen Provisionsansprüche abstellt, die der Vertreter *„bei Fortsetzung des Vertragsverhältnisses hätte"*. Im Schrifttum ist wiederholt der Standpunkt vertreten worden[100], für den Ausgleichsanspruch dürfte hierbei nur der Verlust aus solchen Nachbestellungen berücksichtigt werden, *die Kunden ohne weiteres Zutun des Warenvertreters* bei Fortsetzung des Vertragsverhältnisses aufgeben. Das schloss man aus § 87 Abs. 1, wonach dem Vertreter während des Vertragsverhältnisses auch Provisionsansprüche für Geschäfte zustehen, die ohne sein Zutun mit Dritten abgeschlossen werden, die er als Kunden für Geschäfte der gleichen Art geworben hat[101]. Würden also nach Vertragsbeendigung derartige Geschäfte ohne sein Zutun abgeschlossen, so entstehe ein Provisionsverlust. Daraus ergebe sich, dass Geschäfte, die nach Vertragsbeendigung nur durch eine *weitere Tätigkeit*

---
98 Näheres dazu unten Rz. 1716. und Band 1 Rz. 2250ff. zum Anspruch auf Wettbewerbsentschädigung und Rz. 1781ff. zum Schadensersatzanspruch.
99 *LG Hannover*, 28.5.2001 – 21 O 2196/99 (60) n.v.
100 *Franta*, MDR 1953 S. 530, 532f.; *Capelle*, JZ 1954 S. 726, 729.
101 Näheres in den Urteilen des *Bundesgerichtshofes* vom 13.5.1957 – II ZR 19/57, BGHZ 24 S. 223 = BB 1957 S. 528 = NJW 1957 S. 1028 = VersR 1957 S. 360 = HVR Nr. 124, und des *Oberlandesgerichtes Nürnberg* vom 19.9.1957, BB 1959 S. 317 = NJW 1957 S. 1720 = HVR Nr. 213; vgl. auch *Brüggemann*, § 89b Rz. 57 und *v.Brunn*, DB 1953 S. 1081.

des Warenvertreters zu Stande kommen könnten, für den Ausgleichsanspruch nicht berücksichtigt werden dürften.

Diese Ansicht hat der Bundesgerichtshof im Urteil vom 13.5.1957[102] jedoch abgelehnt. Er hat in diesem Urteil festgestellt, dass aus dem Wortlaut des Gesetzes *keine Beschränkung des Inhalts* herzuleiten sei, bei der Bemessung des dem Vertreter entstehenden *Nachteiles dürften nur Nachbestellungen im engeren Sinne* berücksichtigt werden, die ohne weitere Tätigkeit des Vertreters aufgegeben worden seien. Vielmehr sei bei der Feststellung der entstandenen Nachteile zu *unterstellen, das Vertragsverhältnis sei fortgesetzt worden*. Diese *Fortsetzungsfiktion* könne aber nicht dahin eingeschränkt werden, dass nur der Verlust der Provision aus solchen Geschäften zu berücksichtigen sei, deren Zustandekommen keine weitere Tätigkeit erfordert hätte. Wenn der Richter einerseits den Fortbestand des Vertretervertrages unterstellen müsse, müsse er andererseits auch berücksichtigen, *dass der Vertreter dann auch weiter tätig geworden wäre*[103]. Mit diesem Urteil, das durch weitere Urteile des Bundesgerichtshofes bestätigt wurde[104], ist die Streitfrage, in welchem Umfange die Fiktion der Fortsetzung des Vertragsverhältnisses für die Nachteile des Warenvertreters maßgebend ist, mit einleuchtenden Argumenten entschieden worden. Bei der Feststellung der Provisionsverluste ist also auch die Provision aus solchen Geschäften mit geworbenen Kunden zu berücksichtigen, die nur durch eine weitere Tätigkeit des Vertreters zu Stande gekommen wären.

729

In seinem Urteil vom 15.10.1992[105] hat der BGH zu der Frage, welche Gesichtspunkte bei der Ermittlung der Provisionsverluste, also bei der Durchführung der Verlustprognose, zu beachten sind, darauf hingewiesen, dass die Feststellungen über die Entwicklung der vom Handelsvertreter hergestellten Geschäftsbeziehungen sich darauf erstrecken müssen, *wie lange und in welchem Umfang die Geschäfte zwischen Unternehmer und Neukunden voraussichtlich fortgesetzt* werden. Dabei müssten die *Besonderheiten der jeweiligen Branche*, die *Marktgegebenheiten, Wettbewerbsbedingungen*, die *Kundenfluktuation* und die *Art der Tätigkeit* des Handelsvertreters berücksichtigt werden.

730

2. Bedeutung der Vertragsgestaltung

Etwas anders dürfte nur dann gelten, wenn bereits der Vertretervertrag abweichend von § 87 Abs. 1 und 2 bestimmt, dass dem Vertreter aus Geschäften, die *unmittelbar* zwischen dem Unternehmer und vom Vertreter geworbenen Kunden

731

---

102 II ZR 19/57, a.a.O.; ebenso *LG Hamburg*, 5.11.1954, MDR 1955 S. 44.
103 Diese Feststellungen des *Bundesgerichtshofes* betreffen aber nur und ausschließlich den Ausgleichsanspruch des Warenvertreters. Bei Versicherungsvertretern ist die Rechtslage anders, vgl. Rz. 833.
104 *BGH* 4.5.1959, BGHZ 30 S. 98 = BB 1959 S. 574 = MDR 1959 S. 638 = NJW 1959 S. 1430 = VersR 1959 S. 427 = HVR Nr. 218; 11.12.1958, BGHZ 29 S. 83 = BB 1959 S. 7 = MDR 1959 S. 103 = NJW 1959 S. 144 = VersR 1959 S. 25; 28.10.1957, BB 1957 S. 1161 = NJW 1958 S. 23 = VersR 1957 S. 775 = HVR Nr. 191; *OLG Nürnberg*, 19.9.1957, BB 1959 S. 317 = NJW 1957 S. 1720 = HVR Nr. 213.
105 *BGH*, 15.1.1992 BB 1992 S. 2385 = MDR 1993 S. 224 = WM 1993 S. 392.

VI Zweite materielle Anspruchsvoraussetzung – Provisionsverluste

abgeschlossen werden, keine Provision zustehen soll, was nach dem Grundsatz der Vertragsfreiheit zulässig ist. Hier kann dem Vertreter bei *Geschäften, die ohne sein Zutun zu Stande kommen, durch die Vertragsbeendigung kein Verlust entstehen*, da sich diese vertragliche Regelung bereits während des bestehenden Vertrages auswirkt[106]. Brüggemann[107] weist mit Recht darauf hin, dass der Handelsvertreter solche Provisionen, die er schon während bestehender Vertragsverhältnissen nicht habe beanspruchen können, auch nicht *durch die Vertragsbeendigung einbüßen* könne[107a]. Daraus folgt, dass der Vertreter für die Zeit nach Vertragsbeendigung nicht besser gestellt werden kann, als er während des Vertrages stand. Deshalb stellt eine derartige vertragliche Regelung auch keinen Verstoß gegen den Unabdingbarkeitsgrundsatz, und keine nach § 89b Abs. 4 *unzulässige Ausschließung des Ausgleichsanspruches* dar[108].

732 Allerdings legt der Bundesgerichtshof neuerdings zu dieser Problematik einen sehr strengen Maßstab an, wie dies in seinem Urteil vom 25.10.1984[109] zum Ausdruck kommt[110].

733 Anders ist die Rechtslage aber dann, wenn im Vertretervertrage festgelegt ist, dass dem Handelsvertreter ein Provisionsanspruch nur für solche Nachbestellungen zustehen soll, die auf seine Vermittlungstätigkeit im konkreten Einzelfall zurückzuführen sind, sodass *kein Provisionsanspruch für solche Nachbestellungen* entsteht, die ohne erneute Tätigkeit des Handelsvertreters aufgegeben werden. Hier kann gegenüber dem Ausgleichsanspruch nicht eingewendet werden, dass der Handelsvertreter ja durch die Vertragsbeendigung ohnehin an weiterer Vermittlungstätigkeit für das vertretene Unternehmen gehindert sei. Vielmehr muss unterstellt werden, dass der Handelsvertreter bei einer Vertragsfortsetzung auch in der Lage wäre, durch entsprechend *fortgesetzte Vermittlungstätigkeit weitere Nachbestellungsaufträge zu vermitteln*.

3. Nutzung der Geschäftsverbindungen

734 Da im Hinblick auf die aus der Vertragsbeendigung resultierenden Provisionsverluste gemäß der Rechtsprechung des Bundesgerichtshofs eine weitere Tätigkeit des Handelsvertreters, wie sie ihm vertragsgemäß oblag, zu unterstellen ist, kann sich der Provisionsverlust nicht rechnerisch dadurch mindern, dass sich infolge *mangelhafter oder überhaupt ausbleibender Betreuung des hinterlassenen Kundenstamms durch den Unternehmer der Umsatz rückläufig entwi-

---

106 *Schröder*, § 89b Rz. 13b und 16. Ebenso *Meyer*, S. 244.
107 *Brüggemann*, § 89b Rz. 58.
107a So hat das *LG Köln* rkr. am 9.1.2003 entschieden: Im Sachbereich war eine Einmalprovision anstatt der üblichen gleichbleibenden Provisionen vereinbart worden, so dass dem Versicherungsvertreter – jedenfalls bei unmittelbarer Anwendung des Gesetzes – Provisionsverluste infolge der Vertragsbeendigung nicht entstehen konnten. Vgl. dazu *Küstner*, VW 2003, 284.
108 A.A. aber der *BGH* im Urteil vom 25.10.1984 – I ZR 104/82 BB 1985, 291 = NJW 1985, 859 zur ähnlichen Problematik beim Rotationsvertrieb, vgl. Kap. VI/Rz. 704.
109 *BGH*, 25.10.1984, BB 1984 S. 365 m. Anm. *Honsel* = DB 1985 S. 642 = HVR Nr. 595 = HVuHM 1985 S. 136 = EBE 1985 S. 37.
110 Näheres Rz. 1590; vgl. auch *Küstner*, BB-Beilage 12/1985 S. 12 zu Abschnitt V 4.

ckelt. Das Landgericht Bielefeld[111] hat dazu mit Recht ausgeführt, dass mangelnde Ausnutzung des hinterlassenen ausgleichspflichtigen Kundenstammes nicht dem ausgeschiedenen Handelsvertreter in Form einer Ausgleichsminderung angelastet werden dürfe.

Um mangelnde Ausnutzung des Kundenstammes[111a] handelt es sich aber dann nicht, wenn nach der Beendigung des Vertretervertrages vom ausgeschiedenen Handelsvertreter *geworbene Kunden deshalb abspringen* und sich einem anderen Lieferanten zuwenden, weil sie trotz objektiv gleich gut bleibender Kundenbetreuung durch den Nachfolger des ausgeschiedenen Handelsvertreters mit dem *Service des Nachfolgers* nicht zufrieden sind. Im Falle eines Tankstellenhalters hat der Bundesgerichtshof aus diesen Gründen abgesprungene Kunden nicht den der Ausgleichsberechnung zu Grunde zu legenden *Stammkunden* hinzugerechnet, sondern sie unberücksichtigt gelassen[112].

735

Eine *mangelnde Nutzung* der vom Handelsvertreter hergestellten neuen Geschäftsverbindungen liegt auch dann vor, wenn der Unternehmer seinen Betrieb *einstellt* oder *umstellt* und die diesbezügliche Entscheidung *wirtschaftlich nicht vertretbar* ist. Mit Recht hat das OLG Düsseldorf in seinem Urteil vom 15.5.1998[113] festgestellt, dass eine nicht durch wirtschaftliche Gründe gerechtfertigte Betriebseinstellung den Handelsvertreter zum Schadensersatz berechtigt, wenn die Entscheidung des Unternehmers auf der Absicht beruht, den Ausgleichsanspruch des Handelsvertreters auszuschließen.

736

4. Tod und Krankheit des Handelsvertreters

Fraglich ist, ob eine weitere Tätigkeit des Warenvertreters nach Vertragsbeendigung auch unterstellt werden darf, wenn das *Vertragsverhältnis durch den Tod des Vertreters beendet* wurde. Dazu ist die Ansicht vertreten worden, für das Ausbleiben der Provisionseinnahmen sei in einem solchen Falle nicht das Ende des Vertretervertrages, sondern das *Unterbleiben der nicht mehr möglichen weiteren eigenen Tätigkeit* des Vertreters ursächlich; deshalb könnten nur solche Provisionsverluste berücksichtigt werden, die sich aus Geschäften ergeben, die nach Vertragsbeendigung ohne weitere Tätigkeit des Vertreters zu Stande gekommen wären[114].

737

Der Bundesgerichtshof hat in seinem Urteil vom 13.5.1957[115] zu dieser Frage ausgeführt, dass sich eine derartige Konsequenz aus dem Wortlaut des Gesetzes

738

---

111 Urteil vom 17.2.1971, BB 1972 S. 195 = RVR 1972 S. 178. Vgl. auch *LG Münster*, 27.1.1960, BB 1960 S. 1300 mit Anm. *Küstner.*
111a Andererseits können sich aber die Provisionsverluste mindern, wenn der keinem Wettbewerbsverbot unterliegende Handelsvertreter nach der Vertragsbeendigung den Kundenstamm für ein Wettbewerbsunternehmen nutzt. Ein solcher Tatbestand schließt zwar den Ausgleichsanspruch nicht grundsätzlich aus, kann aber unter Billigkeitsgesichtspunkten mindernd berücksichtigt werden (vgl. dazu unten Rz. 1126).
112 *BGH*, 15.11.1984, BB 1985 S. 352 = DB 1985 S. 747 = NJW 1985 S. 860.
113 Vgl. dazu *OLG Düsseldorf*, 15.5.1998, 16 U 104/97, HVR Nr. 877; vgl. auch oben Rz. 498 ff.
114 *Schröder*, § 89b Rz. 16a; *Schuler*, NJW 1958 S. 1113 ff.
115 *BGH*, 13.5.1957 – II ZR 19/57, a.a.O. (Fn. 101).

nicht ergebe. Nach dem Gesetz komme es vielmehr *lediglich auf die zu unterstellende Fortsetzung des Vertragsverhältnisses* an, nicht auf den Grund, der für die Beendigung ursächlich war. Der Richter habe daher sowohl die Beendigung wie auch den Beendigungsgrund wegzudenken. Daraus folgt, dass bei Beendigung des Vertragsverhältnisses durch den Tod des Vertreters die gleiche Rechtslage gegeben ist, *als wenn die Beendigung andere Ursachen gehabt hätte.*

739 Entsprechendes gilt für den Fall, dass der Handelsvertreter *infolge seines schlechten Gesundheitszustandes* auch bei einer Vertragsfortsetzung nicht mehr in der Lage sein würde, seine Tätigkeit für den Unternehmer fortzusetzen. Mit Recht hat das Oberlandesgericht Celle[116] einen derartigen Einwand des Unternehmens mit dem Hinweis darauf zurückgewiesen, dass auch beim Tode des Handelsvertreters ein Ausgleichsanspruch entstehen könne und dass es unerheblich sei, ob dem Handelsvertreter eine Vertragsfortsetzung möglich sei.

5. Neukundenwerbung wird nicht fingiert

740 Andererseits darf man nach dem klaren Wortlaut des Gesetzes nicht unterstellen, der Vertreter wäre bei Fortbestehen des Vertragsverhältnisses *auch in der Lage gewesen, neue Kunden für den Unternehmer zu werben* und hätte daher weitere Provisionen verdienen können. Das Gesetz stellt eindeutig auf Verluste ab, die sich – bezogen auf den Zeitpunkt der Vertragsbeendigung – aus Geschäften *mit bereits geworbenen Kunden* ergeben, sodass weitere Verluste nicht geltend gemacht werden können[117]. *Die Chance allein, bei Fortsetzung des Vertrages neue Kunden zu werben, spielt für den Ausgleichsanspruch keine Rolle*[118]. Das ist von erheblicher Bedeutung, weil sich daraus ergibt, dass der mit der Vertragsbeendigung tatsächlich eintretende Provisionsverlust viel höher liegen kann, als er berücksichtigt werden darf. Hat ein Vertreter in den Jahren seiner Tätigkeit den jährlichen Umsatz und damit gleichzeitig auch seine Provisionseinnahmen laufend gesteigert, wird die Vertragsbeendigung – gleichbleibende wirtschaftliche Verhältnisse unterstellt – *in Wirklichkeit wesentlich höhere Provisionsverluste* auslösen, weil der Vertreter bei Vertragsfortsetzung nicht nur die bestehenden Geschäftsverbindungen gepflegt, sondern auch neue Geschäftsverbindungen vermittelt hätte. Nach der Konzeption des Gesetzes, das auf den bis zur Vertragsbeendigung geschaffenen Kundenstamm abstellt und damit verlangt, dass die Provisionsverluste stets in Verbindung mit den bis zur Vertragsbeendigung herbeigeführten Vermittlungserfolgen stehen, können konsequenterweise aber nur die bereits geschaffenen Geschäftsverbindungen im Hinblick auf die Entstehung von Provisionsverlusten berücksichtigt werden.

---

116 *OLG Celle*, 25.1.1968, NJW 1968 S. 1141 = BB 1969 S. 558 = RVR 1968 S. 264 = HVR Nr. 382.
117 *BGH*, 22.6.1972 (Fn. 39); siehe dazu auch *OLG Nürnberg*, 19.9.1957, NJW 1957 S. 1720; *Schuler*, NJW 1958 S. 1113 ff.
118 *BGH*, 11.12.1958, BGHZ 29 S. 83, 92 = BB 1959 S. 7 = MDR 1959 S. 103 = NJW 1959 S. 144, 146 = VersR 1959 S. 25, 27.

6. Durchführung der Prognose – Basisjahr

Bei der Durchführung der Prognose ist zunächst zu berücksichtigen, dass *Überhangprovisionen* im Hinblick auf die Entstehung von Provisionsverlusten eine Sonderstellung einnehmen. Zwar fließen sie dem Handelsvertreter erst nach der Vertragsbeendigung aus *„bereits abgeschlossenen Geschäften"* zu[119] und führen als solche nicht zu unmittelbaren Provisionsverlusten. Gleichwohl müssen die ihnen zu Grunde liegenden Geschäfte aber dann, wenn es sich um solche mit geworbenen *Erst-Kunden* handelt, doch im Rahmen der Verlustprognose berücksichtigt werden, wenn damit zu rechnen ist, dass mit den betreffenden Kunden auch in Zukunft noch mit Geschäftsabschlüssen zu rechnen ist. Insoweit können mithin auch die den Überhangprovisionen zu Grunde liegenden neuen Geschäftsverbindungen zu weiteren und damit *„künftig zu Stande kommenden"* Geschäften führen, die infolge der Vertragsbeendigung zu *Provisionsverlusten* führen. Mit Recht hat Seelhorst[120] darauf hingewiesen, dass nach der Durchführung der Prognose der auf die Überhangprovisionen entfallende Betrag wiederum in *Abzug* zu bringen ist, weil er an den Handelsvertreter ohne Verlust auszuzahlen ist.

741

Schließlich ergibt sich die Frage, für welche *Dauer die Vertragsfortsetzung* zu unterstellen ist und *von welchen Provisionseinnahmen* des Handelsvertreters, die er bis zur Vertragsbeendigung erzielte[121], für die unterstellte Vertragsfortsetzung auszugehen ist.

742

Bezüglich der zu berücksichtigenden Dauer der Vertragsfortsetzung kann man nur dann zu *wirklichkeitsnahen Ergebnissen* gelangen, wenn man die Vertragsfortsetzung nur für eine *übersehbare und in ihrer Entwicklung noch schätzbare Zeitspanne* unterstellt[122]. Hierbei kommt es darauf an, festzustellen, wie sich die vom Handelsvertreter hergestellten *Geschäftsverbindungen weiterentwickelt* hätten, wenn der Vertretervertrag in absehbarer Zukunft fortbestanden hätte[123].

743

---

119 Vgl. dazu oben Rz. 681.
120 *Seelhorst*, BB 1997, 2019, 2020 in Anm. zu BGH-Urteil v. 23.10.1996 – VIII ZR 16/96, erl. oben in Rz. 694.
121 Dazu Näheres Rz. 777 ff. Vgl. auch Rz. 756.
122 *BGH*, 28.6.1973, BGHZ 61, 112, 115 = DB 1973 S. 1740 = EBE 1973 S. 315 = HVR Nr. 477 = HVuHM 1973 S. 1068 = NJW 1973 S. 1747 = WM 1973 S. 1075; *BGH*, 27.10.1960, BB 1960 S. 1261 = MDR 1961 S. 29 = NJW 1961 S. 120 = VersR 1960 S. 1078 = HVR Nr. 241; *OLG Frankfurt*, 8.12.1970, HVR Nr. 428 = RVR 1971 S. 141; *OLG Celle*, 25.1.1968, BB 1969 S. 558 = HVR Nr. 382 = HVuHM 1968 S. 714 = NJW 1968 S. 1141; *OLG Frankfurt*, 12.7.1966, HVR Nr. 368 = HVuHM 1966 S. 1124; *OLG Schleswig*, 1.11.1957, BB 1958 S. 246 = VersR 1958 S. 315 = HVR Nr. 220 = HVuHM 1958 S. 314; *OLG Köln*, 29.4.1968, RVR 1969 S. 45 = VersR 1968 S. 966 = HVR Nr. 388 = HVuHM 1968 S. 1101; *OLG München*, 11.6.1958, NJW 1958 S. 1636; *LG Hamburg*, 5.11.1954, HVR Nr. 74; *Küstner*, NJW 1969 S. 769, 771; *Hoffmann*, S. 74; *Brüggemann*, § 89b Anm. 12; Näheres zu der durchzuführenden Prognose Rz. 741. Vgl. auch *BGH*, 15.12.1978, BB 1979 S. 288 = DB 1979 S. 543.
123 Kündigt etwa das vertretene Unternehmen den Vertretervertrag, weil ein mit einem Dritten bestehender Vertriebsvertrag beendet wird, kann die Prognose ergeben, dass in Zukunft Provisionseinnahmen vom Handelsvertreter nicht mehr erzielt werden können. Vgl. Rz. 517. Zur Frage des Umsatzrückgangs nach der Vertragsbeendigung oben Rz. 691.

VI Zweite materielle Anspruchsvoraussetzung – Provisionsverluste

Darin liegt erfahrungsgemäß eine der Hauptschwierigkeiten der Ausgleichsberechnung, weil meistens die Vorstellungen der Vertragspartner über die künftige Entwicklung der bestehenden Geschäftsverbindungen erheblich voneinander abweichen. Der Unternehmer wird naturgemäß der Prognose nur eine kurze Zeitspanne zu Grunde legen wollen, während der Handelsvertreter einen längeren Zeitraum ins Auge fassen möchte.

744 Ausgangs- und damit Ansatzpunkt für die Ermittlung der Provisionsverluste im Rahmen einer Prognose ist der im Zeitpunkt der Vertragsbeendigung erreichte *Ist-Zustand*, der sich in den Vermittlungsprovisionen niederschlägt, die dem Handelsvertreter im *letzten Vertragsjahr*, dem sog. *Basisjahr*, aus Geschäften mit von ihm geworbenen neuen oder intensivierten alten Kunden zugeflossen sind[124].

745 Die vorzunehmende Prognose wird erleichtert, wenn man die Entwicklung der einzelnen Geschäftsverbindungen, wie sie sich bis zur Vertragsbeendigung darstellte, in Betracht zieht[125]. *Denn aus der Entwicklung in der Vergangenheit lassen sich wertvolle Rückschlüsse für die abzuschätzende Entwicklung in der Zukunft* ziehen. In seinem Urteil vom 29.4.1968 hat das Oberlandesgericht Köln[126] bei einer Prüfung der bisherigen Entwicklung in diesem Zusammenhang sehr eingehend die *Abwanderungsquote* bei den einzelnen Geschäftsverbindungen bis zum Zeitpunkt der Vertragsbeendigung untersucht und hat das Ergebnis dieser Untersuchung auch der Prüfung der künftigen Geschäftsentwicklung zu Grunde gelegt[127].

746 Zutreffend hat auch der Bundesgerichtshof[128] bei der Bemessung des Prognosezeitraums die große *Beständigkeit des neu geworbenen Kundenkreises* berücksichtigt und damit einen *vierjährigen Prognosezeitraum* gerechtfertigt.

7. Abwanderung von Kunden

747 Ist aus den Jahren vor der Vertragsbeendigung eine *Abwanderungsquote* ermittelt worden, ist diese bei der Durchführung der Verlustprognose zu berücksichtigen. Denn diese Verlustprognose muss ja von der Fortsetzung des Vertragsverhältnisses durch den tatsächlich ausgeschiedenen Handelsvertreter ausgehen, umso ermitteln zu können, welche Provisionen ihm ohne die Vertragsbeendigung bei *gleichbleibenden tatsächlichen Verhältnissen weiterhin zugeflossen wären*.

748 Hier muss zunächst darauf hingewiesen werden, was unter einer Abwanderungsquote zu verstehen ist, weil in der Praxis immer wieder festgestellt werden muss, dass insoweit unzutreffende Vorstellungen bestehen. Unter einer Abwan-

---

[124] Einzelheiten, die bei der Ermittlung des maßgeblichen Basisbetrages zu berücksichtigen sind, werden unten in den Rz. 801 ff. erläutert.
[125] *BGH*, 27.10.1960 (oben Fn. 122).
[126] Vgl. oben Fn. 122.
[127] Vgl. auch *OLG Frankfurt*, 8.12.1970, HVR Nr. 428 = RVR 1971 S. 141.
[128] *BGH*, 28.6.1973, BGHZ 61, 112, 115 = DB 1973 S. 1740 = EBE 1973 S. 315 = HVR Nr. 477 = HVuHM 1973 S. 1068 = NJW 1973 S. 1747; vgl. auch *LG Hannover*, 23.10.1969, HVR Nr. 409.

derungsquote darf man nicht die *Abwanderung von Kunden nach Kopfzahl*, sondern die Umsatzminderung – berechnet jeweils auf das Jahresende im Verhältnis zum Jahresanfang – verstehen, und zwar allein unter Berücksichtigung derjenigen Kunden, die am *Jahresanfang* als ausgleichsfähige Kunden vorhanden waren. Vom Handelsvertreter *nicht selbst geworbene Neukunden* und ebenso *nicht intensivierte Altkunden* müssen bei der Ermittlung der Abwanderungsquote also außer Betracht bleiben. Wollte man unter Vernachlässigung des mit dem einzelnen Kunden erzielten Umsatzes allein auf die *Kundenanzahl* abstellen, würde dadurch ein ganz unzutreffendes Bild gewonnen werden. Denn wenn von 100 Kunden, mit denen ein Gesamtumsatz von 750 000,– € erzielt wurde, 10 Kunden abwandern, entspricht dies zwar nach der Kopfzahl einer Abwanderungsquote von 10 %. Wurde aber mit den abgewanderten Kunden ein Umsatz von 300 000,– € erzielt, handelt es sich in Wirklichkeit um einen Umsatzrückgang von 40 %. Andererseits kann sich nach Kopfzahl eine hohe, nach Umsatzminderung aber gleichwohl eine nur niedrige Abwanderungsquote ergeben. Vergegenwärtigt man sich, dass die Ermittlung der Abwanderungsquote dazu dient, die Provisionsverluste zu ermitteln, die sich für den Handelsvertreter aus der Vertragsbeendigung ergeben und vergegenwärtigt man sich des Weiteren, dass regelmäßig die Provisionen *umsatzabhängig* gewährt werden, so wird deutlich, dass unter der Abwanderungsquote stets die *Umsatzeinbuße* verstanden werden muss, die sich im Jahresdurchschnitt im Hinblick auf solche Kunden ergibt, die der Handelsvertreter als neue Kunden für das vertretene Unternehmen geworben hat.

Die zutreffende Berücksichtigung der Abwanderungsquote bei der Verlustprognose bereitet erfahrungsgemäß immer wieder Schwierigkeiten. Richtiger Ansicht nach muss der für die Abwanderungsquote aus der Zeit vor der Vertragsbeendigung ermittelte Prozentsatz für *jedes einzelne Prognosejahr im Hinblick auf den für das vorangegangene Prognosejahr ermittelten Verlust in Ansatz* gebracht werden. **749**

Beispiel: Wurde für die Zeit vor der Vertragsbeendigung eine Abwanderungsquote von 12 % ermittelt und sind dem Handelsvertreter im letzten Jahr vor der Vertragsbeendigung 30 000,– € an ausgleichsfähigen Provisionen zugeflossen, so ist die Verlustprognose unter Berücksichtigung der Abwanderungsquote – wenn sich der Prognosezeitraum auf 4 Jahre beläuft – wie folgt durchzuführen:

Basisjahr (letztes Jahr vor Vertragsende)	**30 000 €**
Abwanderungsfaktor: jeweils berechnet auf das Vorjahresergebnis	
1. Prognosejahr 30 000 € ./. 12 % =	26 400 €
2. Prognosejahr 26 400 € ./. 12 % =	23 232 €
3. Prognosejahr 23 232 € ./. 12 % =	20 444 €
4. Prognosejahr 20 444 € ./. 12 % =	17 991 €
Provisionsverlust vor Abzinsung mithin:	88 067 €

Allein in diesem Sinne kann bei der Verlustprognose die Abwanderungsquote berücksichtigt werden, weil ja bei der Ermittlung der Provisionsverluste allein **750**

VI Zweite materielle Anspruchsvoraussetzung – Provisionsverluste

auf die geworbenen Neukunden abgestellt werden darf, aber nicht auf die bei einer Vertragsfortsetzung anderenfalls auch gegebene Möglichkeit, stets wiederum neue Kunden zu werben.[128a]

751 Demgegenüber würde man zu unzutreffenden Ergebnissen gelangen, wenn man bei der Durchführung der Verlustprognose für die einzelnen Prognosejahre nicht den ermittelten *Abwanderungs-Prozentsatz*, sondern den für das erste Prognosejahr aus diesem Prozentsatz sich ergebenden *absoluten Betrag* zu Grunde legen würde[129]. Dann nämlich würde sich im obigen Beispielsfall ergeben, dass für das vorangehende Prognosejahr stets 6000 € für Abwanderung zu Grunde gelegt würden, was zu überhöhten Prozentsätzen und daher zu rechnerisch verminderten Verlusten führen würde. Ein weiteres Beispiel mag dies verdeutlichen:

Beispiel:	Basisjahr (letztes Jahr vor Vertragsende)	30 000 €
	Abwanderungsfaktor: gleichbleibend 12 % auf 30 000 €	3 600 €
	1. Prognosejahr 30 000 € ./. 3600 € =	26 400 €
	2. Prognosejahr 26 400 € ./. 3600 € =	22 800 €
	3. Prognosejahr 22 800 € ./. 3600 € =	19 200 €
	4. Prognosejahr 19 200 € ./. 3600 € =	15 600 €
	Provisionsverlust vor Abzinsung	84 000 €

752 Hier zeigt sich also, dass der zutreffende Ansatz der Abwanderungsquote, weil sie jeweils auf das Ergebnis des Vorjahres bezogen wird, zu einem realistischeren und höheren Verlust führt, als wenn man der gesamten Prognose den für das erste Prognosejahr maßgeblichen absoluten Betrag zu Grunde legen würde. Dann nämlich würde sich der im Beispielsfalle gewählte Quotient von 12 % schon

im 2. Prognosejahr von 12 % auf 13,63 %
im 3. Prognosejahr von 12 % auf 15,79 %
im 4. Prognosejahr von 12 % auf 18,75 %

erhöhen.

753 Aus den vorstehenden Erläuterungen darf jedoch nicht gefolgert werden, dass der innerhalb der Prognosedauer zu erwartende Provisionsverlust grundsätzlich und zwangsläufig im Hinblick auf eine schon in der Zeit vor der Vertragsbeendigung zu Tage getretene Abwanderungsquote gemindert werden müsste. Andererseits kann es nämlich auch durchaus vorkommen, dass die *Zeit vor der Vertragsbeendigung keine Anhaltspunkte* für die Einbeziehung einer Abwanderungsquote bietet. Es kann sogar gerechtfertigt sein, dass vor Durchführung der Verlustprognose der dafür maßgebliche *Basisbetrag* angesichts einer steigenden Konjunkturentwicklung ausnahmsweise um einen *Konjunkturzuschlag* zu erhö-

---

128a Zu beachten ist, dass die Ermittlung einer Abwanderungsquote im Rahmen des tatrichterlichen Schätzungsermessens liegt, wenn ausreichende Anhaltspunkte für die tatsächliche Kundenfluktuation fehlen (*BGH*, 12.2.2003 – VIII ZR 130/01).
129 So *OLG Karlsruhe*, 27.3.1981, BB 1982 S. 274 mit Anm. *Küstner* = HVR Nr. 555 = HVuHM 1982 S. 232 und *OLG Nürnberg*, 3.11.1982, HVR Nr. 571 = HVuHM 1983 S. 273.

hen ist, sodass sich demgemäß ein entsprechend höherer Provisionsverlust errechnet, den die Vertragsbeendigung zur Folge hat.

In seinem Urteil vom 15.9.1999[130] hat der BGH zutreffend festgestellt, dass eine *schematische Abwanderungsquote* (= Abwanderungsverlust) mit jährlich 20% innerhalb eines Prognosezeitraums von 4 Jahren nicht anerkannt werden könne. Dies gelte jedenfalls dann, wenn das beklagte Unternehmen detailliert und unter Beweisantritt vorgetragen habe, dass der Umsatz mit vom Kläger geworbenen Kunden schon im ersten Jahr nach der Vertragsbeendigung *auf die Hälfte zurückgegangen* sei, weil der Kläger die Kunden nach der Vertragsbeendigung *mit Konkurrenzprodukten* beworben habe. Der Kläger hatte schon wenige Monate nach der Vertragsbeendigung ein Konkurrenzunternehmen gegründet und für dieses denselben Kundenkreis mit der gleichen Produktpalette weiterbeworben, sodass der Umsatz deshalb um rund die Hälfte zurückgegangen war. Deshalb sei eine Beweisaufnahme notwendig gewesen, zumal es nicht ausgeschlossen sei, dass bereits im Zeitpunkt der Beendigung des Vertragsverhältnisses der Parteien mit einer verstärkten Abwanderung der vom Kläger geworbenen Mehrfachkunden habe gerechnet werden können. 754

In einem den Ausgleichsanspruch eines Bausparkassenvertreters betreffenden Urteil vom 6.7.1972[131] hat der Bundesgerichtshof die Feststellungen des Berufungsgerichts nicht beanstandet, das *mit Rücksicht auf die steigende Konjunktur eine Erhöhung der von ihm eingesetzten Ausgangszahlen um 25%* für angemessen gehalten hatte. Der Bundesgerichtshof hat in seinem Urteil vom 6.7.1972 allerdings festgestellt, dass es sich bei den Feststellungen des Berufungsgerichts insoweit um eine der Nachprüfung durch das Revisionsgericht entzogene *tatrichterliche Würdigung* und Schätzung handele. Immerhin ergibt sich aus den Ausführungen des Bundesgerichtshofs, dass durchaus Fälle denkbar sein können, in denen eine schon vor der Vertragsbeendigung zu Tage getretene günstige Geschäftsentwicklung sich auch auf die durchzuführende Prognose in der Weise auswirkt, dass von einem höheren Basisbetrag ausgegangen wird, als dies ohne die günstige Konjunkturentwicklung gerechtfertigt wäre. 755

IV. Prognosedauer

Mit dem Prognosezeitraum soll die Dauer erfasst werden, während der die Vertragsbeziehung mit einem neuen Kunden erwartungsgemäß durchschnittlich fortgeführt werden[132]. 756

Welche *Dauer* der vorzunehmenden Prognose im Einzelfall zu Grunde zu legen ist, hängt naturgemäß von den jeweils gegebenen und zu berücksichtigenden 757

---

[130] *BGH*, 15.9.1999 – VIII ZR 137/98, NJW-RR 2000, 109.
[131] *BGH*, 6.7.1972, BGHZ 59, 125 = BB 1972 S. 1073 = EBE 1972 S. 251 = NJW 1972 S. 1664 = VersR 1972 S. 931 mit Anm. *Höft,* VersR 1972, S. 933.
[132] Ebenso *OLG Celle*, 1.2.2001 – 11 U 110/00 – OLG-Report Celle 2001, 168.

VI Zweite materielle Anspruchsvoraussetzung – Provisionsverluste

Umständen ab. Die Oberlandesgerichte Köln[133] und Frankfurt[134] haben unter Berücksichtigung der im Einzelnen ermittelten **Abwanderungsquote den Prognosezeitraum auf 5 Jahre** bemessen, sodass sich infolge der Vertragsbeendigung ein Provisionsverlust ergab, der sich im einen Falle auf 255%, im anderen Falle auf 210% der im letzten Vertragsjahr aus Geschäften mit neu geworbenen Dauerkunden erzielten Provisionseinnahmen belief[135].

758 Der Bundesgerichtshof hat sich in ständiger Rechtsprechung[136] für einen **vierjährigen Prognosezeitraum** ausgesprochen und diesen schon von der Vorinstanz angenommenen Zeitraum als *„unbedenklich"* bzw. *„keineswegs unangemessen"* bezeichnet. Allerdings wird der vom Bundesgerichtshof in seinem Urteil vom 4.6.1975[137] der Ausgleichsberechnung zu Grunde gelegte **Zeitraum von 20 Jahren** zweifellos nicht generell allen Ausgleichsberechnungen zu Grunde gelegt werden können. Das Urteil betraf den Ausgleichsanspruch des Bezirksstellenleiters eines Toto- und Lotto-Unternehmens[138]. Der Bundesgerichtshof ist von der **Provision des letzten Vertragsjahres** ausgegangen, hat pro Folgejahr im Hinblick auf die Provisionseinnahmen aus Geschäften mit dem hinterlassenen Kundenkreis eine Provisionsminderung von 5% angesetzt und kam so zu dem Ergebnis, dass sich die Auswirkungen der Vertretertätigkeit des Klägers erst 20 Jahre nach der Vertragsbeendigung verflüchtigt hätten.

759 Das Oberlandesgericht Bamberg ist in seinem Urteil vom 24.10.1983[139] bei der Ausgleichsberechnung von einem **Prognosezeitraum von 8 Jahren** ausgegangen. Aber auch hier handelte es sich um einen **besonderen Tatbestand**, der ausnahmsweise einen solch langen Prognosezeitraum rechtfertigte. In dem Tatbestand, der diesem Urteil zu Grunde lag, war der Handelsvertreter für den Hersteller von Backöfen für Bäckereien und Mehlsilos tätig gewesen und hatte auch Geschäfte bezüglich des erforderlichen Zubehörs, Ersatzteillieferungen und Reparaturaufträge vermittelt. Das Gericht hat festgestellt, die Rechtsprechung nehme „in der Regel einen **Zeitraum zwischen 3 und 5 Jahren an**", gleichwohl bestünden keine Bedenken, beim Vorliegen entsprechender Voraussetzungen an die **obere Grenze** dieses Zeitraums zu gehen und diese je nach Art der bestehenden Geschäftsverbindung auch *deutlich zu überschreiten*. Denn es sei jeweils im *Einzelfall* zu ermitteln, wie lange die durch Neuwerbung von Kunden eingeleiteten Geschäftsbeziehungen zwischen diesen und

---

133 *OLG Köln*, 29.4.1968 HVR Nr. 388 = HVuHM 1968 S. 1101 = RVR 1969 S. 45 = VersR 1968 S. 966.
134 *OLG Frankfurt*, 8.12.1970, HVR Nr. 428 = RVR 1971 S. 141.
135 255% in dem vom *OLG Frankfurt*, 210% in dem vom *OLG Köln* entschiedenen Fall; vgl. auch *LG Berlin*, 14.3.1978, Die Tankstelle 1978, S. 363; in diesem Fall, der den Ausgleichsanspruch eines Tankstellenhalters betraf, belief sich der Prozentsatz auf 210%.
136 *BGH*, 3.6.1971, BB 1971 S. 843 = DB 1971 S. 1298 = HVR Nr. 444 = HVuHM 1971 S. 839 = NJW 1971 S. 1611 = RVR 1971 S. 294; ebenso das Urteil der Vorinstanz *OLG Celle*, 13.11.1969, BB 1970 S. 227; *BGH*, 28.6.1973, BGHZ 61, 112 = DB 1973 S. 1740 = HVR Nr. 477 = HVuHM 1973 S. 1068 = EBE 1973 S. 315 = NJW 1973 S. 1747.
137 *BGH*, 4.6.1975, EBE 1975 S. 351 = WM 1975, 931.
138 Vgl. oben Rz. 62 Fn. 16 (S. 26).
139 *OLG Bamberg*, 24.10.1983 – 4 U 186/82 – unveröffentlicht.

dem Unternehmer noch erwartungsgemäß fortgesetzt würden. Im entschiedenen Falle sei es angemessen, für die Zukunftsprognose wegen der *Langlebigkeit des Wirtschaftsguts* und des daraus folgenden, sich ebenso über einen langen Zeitraum erstreckenden Bedarfs an Reparaturen, Ersatzteilen und Zubehör einen Zeitraum von 8 Jahren anzusetzen, zumal der Handelsvertreter (Kläger) unwidersprochen vorgetragen habe, dass sich das Unternehmen ausdrücklich auf die lange Lebensdauer seiner Produkte und darauf berufe, dass es nur zufriedene Kunden habe und dass es mit dem Schlagwort werbe: „Einmal XY-Kunde – immer XY-Kunde". Deshalb bestehe eine begründete (und durch die Beweisaufnahme keineswegs widerlegte) Auffassung, dass auf Jahre hinaus – jedenfalls in den vorliegend angenommenen acht Jahren – von den vom Handelsvertreter geworbenen Kunden *Folgeaufträge* zu erwarten seien.

Gerade dann, wenn es sich um sog. *langlebige Wirtschaftsgüter* handelt, kann im Einzelfall der Rahmen für eine „übersehbare und in ihrer Entwicklung noch schätzbare Zeitspanne" weiter ausgedehnt werden, als dies bei laufend anfallenden Folgeaufträgen der Fall ist. Gerade dann, wenn zwischen den einzelnen Zeiträumen möglicherweise Jahre liegen, bedarf es deshalb einer sehr eingehenden Prüfung, innerhalb welcher Zeitspanne mit Folgeaufträgen gerechnet werden kann, wobei aber gerade auch *Reparaturaufträge* sowie *Ersatzteil- und Zubehörlieferungen* nicht unberücksichtigt bleiben dürfen. 760

In den meisten Urteilen[140] wird für die vorzunehmende Prognose ein Zeitraum von 3 Jahren – zuweilen auch ein solcher bis 5 Jahren[141] – zu Grunde gelegt, wobei aber mitunter ausdrücklich darauf hingewiesen wird, dass es sich hierbei um eine *„vorsichtige Bewertung"* handele[142], „deren Ergebnis lediglich als Mindestbetrag angesehen werden könne" und dass die Schätzung der Provisionsverluste auf einen Zeitraum von 3 Jahren angesichts der vieljährigen Tätigkeit des Handelsvertreters „an der unteren Grenze" liege. Dazu muss allerdings bemerkt werden, dass die langjährige Tätigkeit des ausgeschiedenen Handelsvertreters für die aus der Vertragsbeendigung resultierenden Provisionsverluste kein unbedingt geeignetes Indiz ist, weil es hierbei ja allein auf die zu erwartende Beständigkeit 761

---

140 *KG*, 19.5.1978, Büro-Wirtschaft (Hamburg) 1978 Nr. 9 S. 42; *OLG Oldenburg*, 12.10.1972, BB 1973 S. 1281 = HVR Nr. 471 = HVuHM 1973 S. 854; *OLG Bamberg*, 21.9.1971, HVR Nr. 450 = HVuHM 1972 S. 22 = RVR 1972 S. 135; *OLG Frankfurt*, 12.7.1966, HVR Nr. 368 = HVuHM 1966 S. 1124; *OLG Schleswig*, 1.11.1957, BB 1958 S. 246 = HVR Nr. 220 = HVuHM 1958 S. 314 = VersR 1958 S. 315; *Landgericht Hannover*, 27.3.1973, HVR Nr. 474; *Landgericht Hannover*, 23.10.1969, HVR Nr. 409. Auch für den Ausgleichsanspruch von Tankstellenhaltern ist in der Rechtsprechung ein dreijähriger Prognosezeitraum anerkannt worden. Das *Landgericht Düsseldorf* hat in seinen unveröffentlichten Urteilen vom 29.4.1977 – 40 O 134/76 und vom 15.7.1977 – 40 O 46/76 die Dreijahresprognose als „sachgerechten Beurteilungsstandpunkt" bezeichnet. Das *Landgericht Berlin* hat in seinem rechtskräftigen Urteil vom 14.3.1978, (abgedruckt in Tankstelle 1978, S. 363) für den Ausgleichsanspruch eines Tankstellenhalters sogar die Prognose über einen fünfjährigen Zeitraum erstreckt. Vgl. auch *BGH*, 15.12.1978, BB 1979 S. 288 = DB 1979 S. 543 = HVuHM 1979 S. 470.
141 *Landgericht Hannover*, 3.8.1971, HVR Nr. 449; *Landgericht Stuttgart*, 19.4.1968, HVR Nr. 378.
142 *OLG Oldenburg*, 12.10.1972, BB 1973, 1281 = HVR Nr. 471 sowie *OLG Bamberg*, 21.9.1971, HVR Nr. 450.

VI Zweite materielle Anspruchsvoraussetzung – Provisionsverluste

der Geschäftsverbindung ankommt, an der es aber – entsprechend der Eigenart der Branche, in der der ausgeschiedene Handelsvertreter tätig war – auch bei jahrzehntelanger Vertretertätigkeit durchaus fehlen kann.

762 Gänzlich abwegig und geradezu illusionär erscheint im Hinblick auf den bei der Ausgleichsberechnung anzusetzenden Prognosezeitraum die Auffassung, seine Dauer ergebe sich nach der Formel, dass der für den Provisionsverlust maßgebliche Ausgangsbetrag von 100% *durch die jährliche Abwanderungsquote zu dividieren* sei. Gehe man also beispielsweise für die Abwanderungsquote von einem jährlichen Satz von 5% aus, ergebe sich daraus zwangsläufig ein 20-jähriger Prognosezeitraum (oder bei einer jährlichen Abwanderungsquote von 8,41% ein 12-jähriger Prognosezeitraum)[142a].

763 Diese *allzu theoretische Bemessung* des Prognosezeitraums dürfte aber sehr praxisfern von der Überlegung ausgehen, dass für die Prognosedauer die Abwanderungsquote allein maßgeblich sei, sodass sie den Provisionsverlust zwangsläufig pro Jahr jeweils allein in Höhe dieser Abwanderungsquote mindere. Aber es kann keinem Zweifel unterliegen, dass gerade bei solch langen Prognosezeiträumen, für die sich manche Berater von ausgleichsberechtigten Vertretern vehement, und zwar aus nahe liegenden Gründen, einsetzen, aber der Grundsatz verkannt wird, dass nach ständiger Rechtsprechung der Prognose nur eine *überschaubare und abschätzbare Zeitspanne* zu Grunde gelegt werden kann. Niemand kann – auch bei noch so günstigen Zukunftsaussichten – eine sich über Jahrzehnte hinziehende Entwicklung auch nur mit einiger Sicherheit voraussagen, zumal ja nicht allein die Abwanderungsquote, sondern auch zahlreiche andere Umstände für die Prognosedauer von Bedeutung sein können. Stets können unvorhersehbare Ereignisse die Prognose beeinflussen. Eine im Handelsvertreterrecht zur Ausgleichsberechnung notwendige Möglichkeit, die künftige Entwicklung über mehr als 5 bis 10 Jahre im Voraus abzuschätzen, stellt deshalb ein *unverantwortliches Vabanque-Spiel* dar, die ein Unternehmer schon aus unternehmerischer Verantwortung nicht akzeptieren kann. Ein so langer Zeitraum kann deshalb einer sofort fällig werdenden Zahlungsverpflichtung nicht zu Grunde gelegt werden.

764 Mit Recht ist auch deshalb das OLG Celle in seinem Urteil vom 16.5.2002[143] dem Vortrag der Klägerin nicht gefolgt, die aufgrund einer ermittelten Abwanderungsquote von jährlich 8,41% von einem 12-jährigen Prognosezeitraum ausgegangen war, was naturgemäß nicht nur einen überhöhten Provisionsverlust zur Folge gehabt hätte, sondern auch einen unverhältnismäßig hohen Ausgleich und dementsprechend für den Kläger ein *kaum kalkulierbares Prozessrisiko*. Auch in seinem Urteil vom 1.2.2001[144] ist das gleiche Gericht von einem Pro-

---

142a Wie hier: *BGH*, 28.4.1999 – VIII ZR 354/97, n.v.; *OLG Celle*, Urteil v. 1.2.2001 OLG-Report Celle 2001, S. 168 und Urteil v. 18.4.2002 – 11 U 210/01, kritisch besprochen in WVK 2002, Heft 9, S. 6.
143 *OLG Celle*, 16.5.2002 – 11 U 193/91, VersR 2002, 976 mit Anm. *Küstner*, VersR 2002, 980 und VW 2002, 1102 sowie *Thume*, VersR 2002, 981. Ebenso *OLG Celle*, 18.4.2002 – 11 U 210/01 n.v. Vgl. zu diesem Urteil WVK 2002, Heft 9, S. 6.
144 *OLG Celle*, 1.2.2001 – 11 U 110/00, OLG-Rep. Celle, 2001, 168.

gnosezeitraum von nur 4 Jahren unter Zugrundelegung einer jährlichen Abwanderungsquote von 20% ausgegangen. Mit Recht hat das Gericht darauf hingewiesen, dass mit dem Prognosezeitraum die Dauer erfasst werden soll, während der die Vertragsbeziehungen mit einem neu geworbenen Kunden erwartungsgemäß fortgeführt werden kann. Bei einer Abwanderungsquote von 20% – allein eine solche kam im Streitfall unter Berücksichtigung der Tatsache in Betracht, dass sich die Branche, in der die Klägerin tätig war (Telefonbuchanzeigenbranche) im Umbruch befand – könne ein längerer Prognosezeitraum keineswegs in Betracht kommen.

Nicht selten wird gegen die hier geschilderten und von der Rechtsprechung seit vielen Jahren praktizierten Berechnungsgrundsätze eingewandt, wenn der Prognose derartig lange Zeiträume zu Grunde gelegt würden, sei praktisch überhaupt kein Fall denkbar, in dem sich ein dem Handelsvertreter zustehender Ausgleich ergebe, der die *Höchstgrenze*, also eine durchschnittliche Jahresprovision, berechnet aus den letzten 5 Vertragsjahren, *unterschreite*. Angesichts einer solchen Berechnungsmethode müsse sich *zwangsläufig stets ein Ausgleich im Betrage der im Gesetz niedergelegten Höchstgrenze* ergeben. Diese Argumentation ist jedoch unbegründet. Denn wenn ein Handelsvertreter die Vertretung eines im übertragenen Bezirk seit langer Zeit gut eingeführten Unternehmens übernimmt, sodass trotz größter Bemühungen die Werbung neuer oder die Intensivierung alter Kunden nur in geringem Umfange möglich ist, wird auch bei einem mit Rücksicht auf die *besondere Beständigkeit der Kundenbeziehungen* angesetzten langen Prognosezeitraum nur ein Ausgleichsanspruch in Betracht kommen, der den Betrag der *Höchstgrenze nicht erreicht*. Hat demgegenüber der Handelsvertreter während seiner vertraglichen Tätigkeit den im Zeitpunkt der Vertragsbeendigung vorhandenen *Kundenstamm nahezu völlig neu geschaffen* und muss hinsichtlich der hinterlassenen Geschäftsverbindungen von einem *längeren Prognosezeitraum* ausgegangen werden, können die einzelnen Anspruchsvoraussetzungen durchaus zu einem Betrage führen, der über der Höchstgrenze liegt, sodass der *„Rohausgleich"* auf den Betrag der Höchstgrenze zu reduzieren ist. Bei objektiver Betrachtung wird man indessen gerade in derartigen Fällen aber einräumen müssen, dass hier ein höherer Ausgleich auch eher gerechtfertigt werden kann als in dem zuerst genannten Beispiel.

765

Bestand die Tätigkeit des Handelsvertreters vornehmlich in der Vermittlung von *Sukzessivlieferungsverträgen*[145], wird die für die Prognose zu berücksichtigende Zeitspanne länger zu bemessen sein. Denn hier kommt es auf die Frage an, ob im Anschluss an die im Zeitpunkt der Beendigung des Vertretervertrages bestehenden Sukzessivlieferungsverträge mit einer *Verlängerung oder einem Neuabschluss* derartiger Verträge mit den vom Handelsvertreter geworbenen Kunden gerechnet werden kann. Schwierigkeiten ergeben sich hierbei insbesondere dann, wenn die Sukzessivlieferungsverträge auf mehrere Jahre abgeschlos-

766

---

145 Vgl. oben Rz. 708.

VI Zweite materielle Anspruchsvoraussetzung – Provisionsverluste

sen werden, der Vertretervertrag aber selbst nicht von langer Dauer war, sodass sich aus der Zeit bis zur Vertragsbeendigung nur schwer zuverlässige Rückschlüsse ziehen lassen[146].

767 Hat man auf diese Weise festgestellt, welche Umsätze mit den vom Handelsvertreter geworbenen Kunden nach der Vertragsbeendigung zu erwarten sind, lässt sich auch ermitteln, *wie hoch die Provisionseinnahmen des Handelsvertreters sein würden, wenn der Vertretervertrag in der maßgeblichen Zeitspanne fortbestanden* hätte. Auf der Grundlage seiner *Vermittlungs-Provisionseinnahmen*[147] in den letzten 12 Monaten vor der Vertragsbeendigung[148] – allerdings nur aus Geschäften mit selbst geworbenen neuen oder intensivierten alten Kunden – lassen sich dann auch die Provisionsverluste ermitteln, die sich aus der Vertragsbeendigung ergeben. Unrichtig wäre es in diesem Zusammenhang allerdings, wollte man nicht von den *Provisionseinnahmen des letzten Vertragsjahres*, sondern von niedrigeren Provisionen deshalb ausgehen, weil der Handelsvertreter mit einer Herabsetzung der ihm zustehenden Provisionen durch den Unternehmer habe rechnen müssen[149].

768 Bei der Errechnung der Vertreterverluste wird in der Praxis immer wieder der Fehler gemacht, dass die in § 89b Abs. 2 festgelegte *Höchstgrenze* herangezogen wird. *Diese Höchstgrenze hat mit den ausgleichsfähigen Provisionsverlusten nichts zu tun*; sie muss bei der Prüfung des § 89b Abs. 1 völlig außer Betracht bleiben[150]. Die Höchstgrenze des Ausgleichsanspruches erlangt erst Bedeutung, wenn alle Anspruchsvoraussetzungen im Einzelnen geprüft wurden und wenn der rechnerisch ermittelte Ausgleich höher ist als der nach Abs. 2 in Betracht kommende maximale Ausgleich. Denn dann muss eine entsprechende *Reduzierung des ermittelten Rohausgleichs* auf die Höchstgrenze erfolgen. Es verstößt also keineswegs gegen das Gesetz, wenn sich bei der Ausgleichsberechnung zunächst ein rechnerischer Betrag ergibt, der die Höchstgrenze übersteigt[151].

V. Abzinsungserfordernis

769 Da dem Handelsvertreter mit dem Ausgleich, der ja an die Stelle künftiger, mit der Vertragsbeendigung aber entfallender Provisionseinnahmen tritt, eine Zah-

---

146 Daraus folgt, dass die Vertragsbeendigung auch im Hinblick auf Sukzessivlieferungsverträge sowohl Provisionsverluste „aus bereits abgeschlossenen Geschäften" (dazu oben Rz. 681 ff.) als auch „aus künftig zu Stande kommenden Geschäften" zur Folge haben kann.
147 Bestimmte Provisionen sind hierbei aber außer Betracht zu lassen. Näheres Rz. 777.
148 Dazu *OLG Köln*, 29.4.1968 und *OLG Schleswig*, 1.11.1957 (oben Fn. 122); *Küstner*, NJW 1969 S. 769, 771.
149 *OLG Karlsruhe*, 27.3.1981, BB 1982 S. 274 m. Anm. *Küstner* = HVR Nr. 555.
150 Vgl. *OLG Schleswig*, 1.11.1957, a.a.O. Näheres Rz. 1546 ff.; vgl. auch *Küstner*, NJW 1969 S. 769; *Eberstein*, 8. Aufl. S. 116; *Hoffmann*, S. 70; *BGH*, 28.10.1957, NJW 1958 S. 23 = BB 1957 S. 1161 = VersR 1957 S. 775 = HVR Nr. 191; *OLG Frankfurt a.M.*, 12.7.1966, HVR Nr. 368 und 3.6.1966, HVR Nr. 365.
151 Vgl. oben Kap. IV/Rz. 255 ff.

lung zufließt, die sich bei einer Vertragsfortsetzung auf einen längeren Zeitraum verteilt hätte, ist es gerechtfertigt, diesem **Kapitalisierungseffekt** durch einen entsprechenden **Zwischenzins-Abzug** Rechnung zu tragen.

In der Rechtsprechung ist deshalb – der bereits von Habscheid[152], geäußerten Auffassung folgend – nach der Berechnung des Provisionsverlustes nach § 89b Abs. 1 Nr. 2 der ermittelte Betrag unter dem Gesichtspunkt gemindert worden, dass dieser Betrag „*auf den Gegenwartswert zurückgeführt werden*" müsse, weil der Handelsvertreter die Ausgleichszahlung in voller Höhe sofort beanspruchen könne, der errechnete Betrag sich aber hypothetisch auf die Entwicklung beziehe, die erst im Laufe der Nächsten Jahre eingetreten wäre[153]. Das Oberlandesgericht Köln[154] hat im entschiedenen Fall den Abzug *mit 20% der ermittelten Unternehmervorteile und Vertreterverluste* beziffert. Das Oberlandesgericht Celle[155] hat den für vier Jahre nach der Vertragsbeendigung ermittelten *Provisionsverlust um 10% abgezinst*. Es hat festgestellt, dass der Handelsvertreter nach vier Jahren dann genau denselben – durch Zinsen vermehrten – Betrag besitzen würde, den er auch bekommen hätte, wenn er die ihm vor der Vertragsbeendigung zugeflossenen ausgleichsfähigen Provisionen weiterhin jährlich erzielt und sie mit jährlich 5% verzinslich angelegt hätte[156].

770

Ein fester Satz für den in Betracht kommenden *Abzinsungsabschlag* wird sich nicht als für alle zu entscheidenden Fälle maßgeblicher Satz festlegen lassen, da die *Abschlagshöhe* sich jeweils nach den *Umständen des Einzelfalles* richten muss. Dabei spielen folgende Gesichtspunkte eine Rolle: Abgesehen von dem *Zinssatz*, den man der Abzinsung zu Grunde legt, kommt es einmal auf die *Dauer des Zeitraumes* an, der für die Entstehung von Provisionsverlusten berücksichtigt wurde, zum anderen ist von Bedeutung, wie sich die in die Ausgleichsberechnung eingegangenen *Provisionsverluste* innerhalb des von der Prognose erfassten Zeitraums verteilen. Erfahrungsgemäß werden sie am Anfang dieses Zeitraums höher liegen als in späteren Jahren, sodass ein hoher Abzinsungsfaktor, der sich zwangsläufig auf alle entstehenden Provisionsverluste gleichmäßig bezieht, nicht gerechtfertigt werden kann.

771

Bis zur 5. Auflage[157] war hierzu die Auffassung vertreten worden, dass eine Abzinsung überhaupt nur dann gerechtfertigt werden könne, wenn es sich bei

772

---

152 *Habscheid*, S. 363; vgl. auch *Brüggemann*, § 89b Anm. 88; *Hoffmann*, S. 75; *Küstner*, NJW 1969 S. 769, 772/73.
153 *BGH*, 8.11.1990, BB 1991 S. 368 = DB 1991 S. 1325; *BGH*, 2.7.1987, ZIP 1987 S. 1383.
154 OLG Köln, 29.4.1968 (oben Fn. 133). Vgl. auch OLG Köln, 9.7.1985 mit Hinweis auf die Multifaktoren-Tabellen von *Gillardon* (vgl. Fn. 164) – 25 U 26/84 – unveröff.
155 OLG Celle, 16.5.2002 – 11 U 193/01, VersR 02, 976 mit Anm. *Küstner*, VersR 02, 980 und VW 02, 929 sowie *Thume*, VersR 2002, 981 hat 10% als üblich angesehen; vgl. auch Urt. v. 13.11.1969, BB 1970 S. 227; vgl. auch OLG Oldenburg, 12.10.1972, BB 1973 S. 1281 = HVR Nr. 471 = HVuHM 1973 S. 854 und OLG Frankfurt, 8.12.1970, HVR Nr. 428 = RVR 1971 S. 141.
156 Das OLG Bamberg, 21.9.1971, HVR Nr. 450 = HVuHM 1972 S. 22 = RVR 1972 S. 135 hat die Provisionsverluste mit 15% abgezinst, der BGH hat gegen die Abzinsung Bedenken erhoben (Urteil vom 4.6.1975, EBE 1975 S. 351, 355).
157 Vgl. 5. Auflage Rz. 308.

VI Zweite materielle Anspruchsvoraussetzung – Provisionsverluste

der Ausgleichszahlung um eine echte, *im Voraus erfolgende Kapitalisierung* derjenigen Provisionen handele, die dem Handelsvertreter, wäre das Vertragsverhältnis nicht beendet worden, erst künftig zufließen würden. Dies war damit begründet worden, dass dann, wenn dem Handelsvertreter ein Ausgleich aufgrund eines *mehrjährigen Prozesses* oder einer erst *lange nach der Vertragsbeendigung zu Stande kommenden außergerichtlichen Einigung* zufließe, möglicherweise also zu einem Zeitpunkt, in dem der für die Prognose zu Grunde gelegte Zeitraum bereits verstrichen sei, die für eine Rechtfertigung der Abzinsung maßgeblichen Gesichtspunkte nicht mehr vorlägen, sodass in diesen Fällen eine Abzinsung und damit eine rechnerische Minderung der Provisionsverluste nicht mehr in Betracht kommen könne. Der Bundesgerichtshof vertritt demgegenüber aber eine gegenteilige Auffassung. In dem zu Grunde liegenden Sachverhalt war der Handelsvertretervertrag am 30.6.1984 beendet worden, und das Berufungsgericht hatte in seinem Urteil vom 11.10.1988[158] eine *Abzinsung* mit der Begründung *abgelehnt, im Streitfall seien 4 Jahre des Prognosezeitraums bereits vergangen*, eine Abzinsung könne aber nur in Betracht kommen, sobald dem Handelsvertreter der *künftige Provisionsverlust im Voraus* abgegolten werde. Die Berücksichtigung des Zwischenzinses entfalle daher, wenn und so weit der Prognosezeitraum bereits verstrichen sei.

773 Der Bundesgerichtshof[159] hat diese Auffassung nicht geteilt. Er hat seine Auffassung damit begründet, bei der Abzinsung, die ohnehin nur im Rahmen der Berechnungen gemäß § 89b Abs. 1, nicht aber im Zusammenhang mit der Ausgleichshöchstgrenze in Betracht kommen könne, dürfe nicht darauf abgestellt werden, zu welchem Zeitpunkt die Zahlung des Ausgleichs bewirkt werde oder dass sie erst nach einer langen Prozessdauer erfolge. Denn der mit der Beendigung des Handelsvertretervertrages entstehende Ausgleichsbetrag könne regelmäßig *keine Veränderung* dadurch erfahren, dass die tatsächliche Leistung erst zu einem späteren Zeitpunkt erfolge. Zwar beruhe die Höhe des Ausgleichs weitgehend auf Prognosen; die Tatsache aber, dass der Anspruch an die Stelle erst später fällig werdender Provisionsforderungen trete, sei von solchen Prognosen unabhängig. Sie sei eine Folge der nach dem Gesetz begründeten Entstehung des Ausgleichsanspruchs mit der Beendigung des Vertragsverhältnisses. Durch die Vornahme der Abzinsung einerseits und die Zubilligung von *Prozess- und Verzugszinsen* infolge nicht fristgerechter Zahlung andererseits werde auch nicht etwa für den Unternehmer, der nur den abgezinsten Betrag schulde, der mit der Abzinsung verbundene Vorteil aufgehoben. Die Abzinsung betreffe nur den *Umfang des geschuldeten Ausgleichsbetrages*; durch die Zubilligung von Fälligkeits- oder Verzugszinsen auf diesen geschuldeten Betrag werde allein die *Folge nicht fristgerechter Leistung* ausgeglichen.

---

158 *OLG Karlsruhe,* 11.10.1988–8 U 129/88 – unveröffentlicht.
159 *BGH,* 8.11.1990, BB 1991 S. 369 = DB 1991 S. 1325; *BGH,* 28.4.1988 in Abschnitt II3, BB 1988 S. 2199 = DB 1989 S. 170 = HVR Nr. 634 = NJW-RR 1988 S. 1061, 1063 li. Sp. mit Anmerkung *Westphal* HVJ 1991 S. 378.

Das Urteil vermag nicht zu überzeugen, worauf auch Westphal[160] in seiner An- **774**
merkung hinweist. Er stellt zutreffend fest, dass eine *Abzinsung einen Zinsvorteil des Handelsvertreters* voraussetze. Dieser könne aber nur entstehen, wenn der Ausgleich bereits im Zeitpunkt der Fälligkeit ausgezahlt werde. Geschehe das nicht, entfalle der Zinsvorteil spätestens dann, wenn der *Zeitpunkt der Ausgleichszahlung mit dem Ende des Prognosezeitraums zusammenfalle*. Mit Recht weist Westphal auch darauf hin, dass dann, wenn man im genannten Zeitraum eine Abzinsung zulassen würde, der Ausgleichsanspruch des Handelsvertreters ungerechtfertigt vermindert würde. Denn er erhalte dann nicht mehr einen vollen Ausgleich für die ihm entgangenen Provisionen, sondern einen um die Abzinsung verringerten Ausgleich[161].

Eine Abzinsung nach *streng mathematischen Grundsätzen*[162] ist erstmals im **775**
Urteil des Kammergerichts vom 19.5.1978[163] vorgenommen worden. Das Gericht war in diesem Urteil von einem dreijährigen Prognosezeitraum ausgegangen, sodass sich vor der Abzinsung, aber nach Berücksichtigung der Abwanderungsquote, ein Provisionsverlust von damals DM 36587,16 ergab. Das Kammergericht errechnete, ausgehend von dem sich ergebenden monatlichen Provisionsverlust von DM 1016,31 und einem Abzinsungsfaktor von 6% unter Hinweis auf die *Multifaktorentabellen von Gillardon*[164] einen auf den Barwert abgezinsten Provisionsverlust in Höhe von DM 33407,13[165].

---

160 HVJ 1991 S. 379 sowie in Hdb.-EU S. 145ff. Rz. 707.
161 Deshalb hat das Oberlandesgericht Oldenburg eine Abzinsung in einem Sachverhalt für nicht erforderlich gehalten, in dem der zu zahlende Ausgleich vereinbarungsgemäß in drei gleichen Jahresraten zu erbringen war. *OLG Oldenburg,* 12.10.1972 (Fn. 155).
162 Vgl. dazu WP-Handbuch 1985/86, 9. Aufl., Bd. 1 S. 1830, 1840.
163 *KG,* 19.5.1978, besprochen von *Küstner* und teilweise abgedruckt in „Büro-Wirtschaft" 1978 Heft 9 S. 42–44. Vgl. auch *OLG Nürnberg,* 16.5.1991 – 12 U 1405/86 – unveröffentlicht.
164 *Gillardon,* Multifaktoren, Bretten 1976.
165 Aus den Multifaktoren-Tabellen von *Gillardon* ist der Barwert von gleichmäßig auf einen bestimmten Zeitraum sich erstreckenden Zahlungen in der Weise zu errechnen, dass der Monatsbetrag (im Urteil des *KG:* 1016,31 €) unter Berücksichtigung des gesamten Zahlungszeitraums (im Urteil des *KG:* 3 Jahre = 36 Monate) und des in Betracht kommenden Abzinsungsfaktors mit bestimmten Faktoren zu multiplizieren ist. In dem vom *KG* entschiedenen Fall belief sich dieser „3-Jahres-6%-Faktor" auf 32,8710, sodass sich der Barwert auf (1016,31 × 32,8710) 33407,13 € belief.
Andere Faktoren: Der 3-Jahres-Faktor beläuft sich bei 4% auf 33,8708, bei 5% auf 33,3657 und bei 7% auf 32,3865. Für einen Prognosezeitraum von 4 Jahren (in Klammern: 5 Jahren) belaufen sich die entsprechenden Werte nach *Gillardon* für
4% auf 44,2888 (54,2991)
5% auf 43,4230 (52,9907)
6% auf 42,5803 (51,7256)
7% auf 41,7602 (50,5020)
Ist im Einzelfall von einer vierjährigen Prognose auszugehen und beläuft sich der errechnete Provisionsverlust vor Abzinsung auf 240000 € (= monatlich 5000 €), so beläuft sich der Barwert des Provisionsverlustes – je nach dem Abzinsungsfaktor –
bei 4% auf 44,2888 × 5000 = 221 444,– €
bei 5% auf 43,4230 × 5000 = 217 115,– €
bei 6% auf 42,5803 × 5000 = 212 901,50 €
bei 7% auf 41,7602 × 5000 = 208 801,– €.
Die Multifaktoren-Tabellen von *Gillardon* werden auch in der Rechtsprechung verwendet.

VI Zweite materielle Anspruchsvoraussetzung – Provisionsverluste

776 Meinungsverschiedenheiten entstehen zuweilen bezüglich der Frage, *welcher Betrag* der Abzinsung unterliegt: Die *Ausgleichshöchstgrenze*[166], der *Rohausgleich* oder allein und ausschließlich der infolge der Vertragsbeendigung ermittelte *Provisionsverlust*. Von der Höchstgrenze ist für die Abzinsung schon deshalb nicht auszugehen, weil sie keine Bemessungsgrundlage für den Ausgleich darstellt[167] und deshalb in der Regel der gezahlte Ausgleich nicht mit der Höchstgrenze identisch ist und weil für die Ausgleichshöhe allein die Vorschriften des § 89b Abs. 1 Ziffer 1–3 die Bemessungsgrundlage darstellen[168]. Der Rohausgleich[169] kommt als Bemessungsgrundlage für die Abzinsung nicht in Betracht, weil er ja auch die aus der Vertragsbeendigung resultierenden Unternehmervorteile umfasst, hinsichtlich deren ein *Kapitalisierungseffekt* infolge der Vertragsbeendigung nicht eintritt[170]. Deshalb kann sich die Abzinsung nur auf die Prosivionsverluste beziehen, die allein eine *kapitalisierte Restvergütung*[171] darstellen.

VI. Art der Verluste

1. Nur Vermittlungsprovisionen sind ausgleichsfähig

777 Schließlich ergibt sich die weitere Frage, welche Provisionsverluste ausgleichsfähig sind, ob also der Ausgleichsanspruch nur wegen der infolge der Vertragsbeendigung entfallenden *Abschluss- bzw. Vermittlungsprovisionen* geltend gemacht werden kann oder – wenn nach dem Vertrage darüber hinaus noch andere Provisionen bzw. Tätigkeitsvergütungen gewährt werden – ob er auch *Inkasso-* und andere *Verwaltungsprovisionen* umfasst, die der Vertreter mit der Vertragsbeendigung ebenfalls verliert.

778 Aus dem Wortlaut des Gesetzes allein lässt sich diese Frage nicht beantworten, da das Gesetz in § 89b nur von Provisionen ganz allgemein spricht und nicht ersichtlich ist, ob mit dem Wort „Provision" nur Abschluss- und Vermittlungsprovisionen oder auch Inkasso- und andere Verwaltungsprovisionen gemeint sind[172]. Nach der zutreffenden Ansicht des Bundesgerichtshofes ergibt sich in-

---

BGH, 26.11.1976, BB 1977 S. 564 = DB 1977 S. 720 = EBE 1977 S. 70. OLG Nürnberg, 16.5.1991–12 U 2405/86 – unveröffentlicht.
166 BGH, 8.11.1990, BB 1991 S. 368 = DB 1991 S. 1325.
167 Vgl. dazu Kap. X Rz. 1525 und IV/244, 249, 255.
168 *BGH*, 19.11.1970, BGHZ 55, 45, 54 = BB 1971 S. 105 = DB 1971 S. 185 = HVR Nr. 425 = HVuHM 1971 S. 231 = NJW 1971 S. 462 = VersR 1971 S. 265 mit Anm. *Höft*, VersR 1971 S. 269; *BGH*, 4.6.1975, BB 1975 S. 1409 = EBE 1975 S. 351 = LM Nr. 48 zu § 89b = WM 1975 S. 931; *BGH*, 27.2.1981, NJW-RR 1988 S. 42 = HVR Nr. 630 = EBE 1987 S. 394 = MDR 1988 S. 112 = WM 1987 S. 1462.
169 Vgl. dazu oben Rz. 557, 558.
170 Zum Begriff des Rohausgleichs vgl. Rz. 258.
171 *BGH*, 2.7.1987, NJW-RR 1988 S. 42, 44 liSp., *Habscheid* S. 363. Ebenso *Westphal*, Hdb.-EU S. 145 ff. Rz. 707.
172 *BGH* 4.5.1959, BGHZ 30 S. 98, 100 = BB 1959 S. 574 = MDR 1959 S. 638 = NJW 1959 S. 1430 = VersR 1959 S. 427 = HVR Nr. 218; *Möller*, Anm. 273. Vgl. auch *Schopp*, VersR 1963, 801, 803.

dessen aus dem Sinn und Zweck des § 89b sowie aus seiner Entstehungsgeschichte, dass sich der Provisionsverlust nur auf entfallende *Abschlussprovisionen und/oder Vermittlungsprovisionen* bezieht[173].

Der Bundesgerichtshof begründet seine Ansicht wie folgt: Der Ausgleichsanspruch solle ein Entgelt dafür sein, dass der Vertreter *über die Vermittlung einzelner Geschäfte hinaus dem Unternehmer einen Kundenstamm geschaffen* habe. Mit der Vermittlungsprovision für das einzelne Geschäft werde diese weitergehende Leistung des Warenvertreters noch nicht voll abgegolten. Für sie müsse ihm noch ein Entgelt zukommen, wenn der von ihm geschaffene Kundenstamm auch nach Beendigung des Vertragsverhältnisses dem Unternehmer weiterhin nütze. Die *Schaffung eines Kundenstammes aber sei das Ergebnis der Vermittlungs- und Abschlusstätigkeit des Vertreters*. Darin bestehe auch die *eigentliche Aufgabe* des Warenvertreters, wie sich aus § 84 Abs. 1 ergebe und bleibende Vorteile habe der Unternehmer allein nur aus der für die Vermittlung neuer Geschäfte (bzw. Versicherungsverträge) ursächlichen Tätigkeit des Vertreters.

779

Zwar könnten dem Vertreter vertraglich noch *weitere Aufgaben* zugeteilt werden, wie etwa das Inkasso der dem Unternehmer von Kunden geschuldeten Beträge, die Unterhaltung oder Verwaltung eines Lagers oder einer Werkstatt, die Auslieferung von Waren an Kunden oder auch das Einstehen für Verbindlichkeiten aus einem Geschäft (§ 86b)[174]. *Diese Aufgaben oblägen jedoch an sich dem Unternehmer selbst*. Für den Vertreter bedeuteten sie eine *zusätzliche Tätigkeit*, die für den Begriff des Vertreters nicht wesentlich sei. *Für die Schaffung eines Kundenstammes seien sie jedenfalls nicht ausschlaggebend*. Wenn aber der Ausgleich in seinem Kern eine Vergütung für die Erarbeitung eines Kundenstammes sein solle, so folge daraus, dass beim Ausgleichsanspruch *nur Vermittlungs- oder Abschlussprovisionen* zu berücksichtigen seien, nicht aber auch Provisionen für eine andere Tätigkeit des Warenvertreters, die für die Werbung des Kundenstammes keine oder doch nur eine untergeordnete Bedeutung habe. Für sie sei der Vertreter durch die Zahlung der entsprechenden einzelnen Provisionen schon voll abgegolten worden.

780

---

173 *BGH* 4.5.1959, a.a.O. (Fn. 172); 1.12.1960, BB 1961 S. 189 = VersR 1961 S. 210; 15.2.1965, BB 1965 S. 395 = NJW 1965 S. 1134; *OLG Celle*, 13.11.1969, BB 1970 S. 227, in einem Sachverhalt, in dem der Handelsvertreter auch zur Lagerhaltung verpflichtet war; *LAG Düsseldorf*, 28.1.1970, VW 1970 S. 693 zum Ausgleichsanspruch eines Krankenversicherungsvertreters; a.A. *Schröder*, § 89b Anm. 11 und Festschrift für Nipperdey, S. 715; Näheres unten Rz. 814ff. Diese Rechtsprechung hat der Bundesgerichtshof am 19.11.1970, BB 1971 S. 105, ausdrücklich bestätigt; vgl. auch *BGH*, 4.6.1975, EBE 1975 S. 351, 354 li. Sp. zur „verwaltenden" Tätigkeit eines Lotto-Bezirksstellenleiters; die insoweit gezahlte Vergütung wurde zutreffend nicht als ausgleichsfähig angesehen. Vgl. auch *BGH*, 15.12.1978, BB 1979 S. 288 = DB 1979 S. 543 = EBE 1979 S. 83 = HVuHM 1979 S. 470. Vgl. neuerdings auch *BGH*, 15.11.1984, BB 1985 S. 352 = DB 1985 S. 747 = NJW 1985 S. 860 zur Ermittlung der Provisionsverluste des Tankstellenhalters an einer Selbstbedienungsstation (Näheres Rz. 1032 Fn. 478) sowie *BAG*, 21.5.1985, BB 1986 S. 1017 = DB 1986 S. 919 = VersVerm 1986 S. 227.
174 Insbesondere im Versicherungsbereich spielt in diesem Zusammenhang die Bestandspflege- oder Betreuungsprovision eine Rolle. Vgl. dazu Rz. 960, 966.

VI Zweite materielle Anspruchsvoraussetzung – Provisionsverluste

2. Eliminierung nicht ausgleichsfähiger Vergütungen

781 Um bei der Ausgleichsberechnung diesen Grundsätzen Rechnung zu tragen, müssen also, wenn es um die Ermittlung der aus der Vertragsbeendigung resultierenden **Provisionsverluste** geht, die **Verwaltungsprovisionen ausgeklammert** werden. Das bereitet dann keine Schwierigkeiten, wenn sich an Hand der vertraglichen Vereinbarungen die Gesamtvergütung des Handelsvertreters in **Vermittlungs- bzw. Abschlussprovisionen einerseits** und **Verwaltungsprovisionen andrerseits** zutreffend aufteilen lässt. Das ist aber keineswegs stets der Fall. Sehr häufig ist vertraglich nicht aufgeschlüsselt, auf welche der dem Handelsvertreter übertragenen Tätigkeiten welcher Anteil der ihm zustehenden einheitlichen Provision entfällt. Der Richter muss dann *in freier Beweiswürdigung* feststellen, welcher Anteil der dem Handelsvertreter zustehenden Gesamtprovision auf die Verwaltungstätigkeit entfällt und damit bei der Verlustberechnung auszuscheiden ist und welcher Anteil „echte" Vermittlungs- oder Abschlussprovision darstellt. In seinem Urteil vom 3.6.1971[175] beispielsweise hat der Bundesgerichtshof das Urteil der Vorinstanz[176] bestätigt, wo festgestellt worden war, dass 15% der dem Handelsvertreter zugeflossenen Gesamtprovision auf Verwaltungstätigkeiten entfielen, nämlich auf das **Lagern und Ausliefern** der Ware.

782 In seinem Urteil vom 28.4.1988[177] hatte sich der BGH ebenfalls mit einem Sachverhalt zu befassen, in dem die zutreffende Abgrenzung zwischen Abschluss- und Verwaltungsprovisionen zwischen den Parteien streitig war. Hier hatte der Kläger – es ging um die Berechnung eines Ausgleichsanspruchs im **Tankstellenbereich** – den in der Gesamtprovision enthaltenen Verwaltungsanteil mit 10% angegeben, während die Beklagte die verwaltende Tätigkeit des Klägers beim Betrieb seiner Tankstelle umfangreicher eingeschätzt hatte. Zur **Beweislast** hatte der BGH in seinem Urteil festgestellt, dass die Beklagte den höheren Verwaltungsanteil hätte darlegen und beweisen müssen. Denn die Verpflichtung der Beklagten, Provisionen zu zahlen, habe ihre Grundlage in dem von der Beklagten formulierten Vertrage, der den Rechtsbeziehungen der Parteien zu Grunde lag. Die Beklagte hatte in diesem Vertrag zwar die **Provisionssätze** vorgegeben, aber *keine Aufteilung* der Provisionen im Einzelnen dafür vorgenommen, in welchem Umfange damit eine werbende und verwaltende Tätigkeit vergütet werden solle. Da aber die Beklagte die Provisionssätze vorgegeben habe, habe sie auch über **Erfahrungswerte** darüber verfügen müssen, wie sich die Provisionen aufteilen sollten. Wenn sie unter diesen Umständen den Kläger bei Vertragsabschluss nicht darüber aufgeklärt und keine klare Abgrenzung im Vertrag vorgenommen habe, wie die Provisionen anteilmäßig auf die unterschiedlichen Tätigkeiten aufzuteilen seien, müsse sie im Falle einer Aus-

---

175 *BGH,* 3.6.1971, BB 1971 S. 843 = DB 1971 S. 1298 = HVR Nr. 444 = HVuHM 1971 S. 839 = NJW 1971 S. 1611 = RVR 1971 S. 294.
176 *OLG Celle,* 25.1.1968, BB 1969 S. 558 = HVR Nr. 382 = HVuHM 1968 S. 714 = NJW 1968 S. 114.
177 *BGH,* 28.4.1988 – I ZR 66/87, BB 1988, 2199 = DB 1989, 170 = NJW-RR 1988, 1061 = WM 1988, 1204 = HVR Nr. 634.

einandersetzung um die Auslegung des von ihr geschaffenen Vertrages im Einzelnen darlegen, welche Aufteilung der Provisionen nach dem Vertrage angemessen sei, wenn sie von der Beurteilung des Klägers abweichen wolle[178].

Besonders problematisch ist die Aufschlüsselung der dem Handelsvertreter zugeflossenen Provisionen in ausgleichsfähige und auszuscheidende Bestandteile dann, wenn dem Vertreter im Laufe des Vertragsverhältnisses *in zunehmendem Maße Sonderaufgaben* übertragen werden, die mit der eigentlichen Vermittlungstätigkeit nichts zu tun haben, die eigentlich Sache des Unternehmers sind und deren Kosten der Handelsvertreter aus den ihm zufließenden Provisionen zu bestreiten hat. Auch hier muss anhand der Umstände des einzelnen Falles ermittelt werden, inwieweit sich die dem Handelsvertreter im letzten Vertragsjahr zugeflossene Vergütung auf diese Sonderaufgaben einerseits und die *eigentliche Vermittlungstätigkeit* andererseits bezogen hat. **783**

Aber auch dann, *wenn im Vertretervertrage im Einzelnen festgelegt* ist, welche Provisionssätze für verwaltende und welche Sätze für die vermittelnde Tätigkeit des Handelsvertreters maßgeblich sind, muss eine solche interne im Vertrage enthaltene *Provisionsaufschlüsselung keineswegs zwangsläufig* stets auch für die Durchführung der Abgrenzung der ausgleichsfähigen von den nicht ausgleichsfähigen Provisionen als verbindlich angesehen werden. Denn oft entspricht die im Vertrage vorgenommene Provisionsaufteilung nicht dem Verhältnis der vermittelnden Tätigkeit des Handelsvertreters einerseits zu seiner verwaltenden Tätigkeit andererseits. Vielmehr wird häufig bei einer solchen internen Aufteilung das *Schwergewicht auf die Verwaltungsprovision* gelegt, und zwar aus naheliegenden Gründen: Der Unternehmer will durch eine überproportionale Bewertung der dem Vertreter obliegenden Verwaltungstätigkeit zu Lasten des Vertreters auf die geschuldete Ausgleichshöhe Einfluss nehmen. In solchen Fällen ist der *Richter nicht an die vertraglichen Absprachen gebunden*; vielmehr muss er versuchen, die der praktischen Handhabung des Vertragsverhältnisses entsprechende Aufteilung zu ermitteln, um auf diese Weise eine den tatsächlichen Verhältnissen gerecht werdende Zuordnung zu gewinnen, die sodann der Verlustprognose zu Grunde gelegt werden kann[179]. **784**

3. Besonderheiten im Tankstellen-Bereich

Abgrenzungsschwierigkeiten, die letztlich allein der Richter gem. § 287 Abs. 1 ZPO zu lösen vermag, um die gegensätzlichen Interessen der Parteien „auszugleichen", sind in letzter Zeit insbesondere im Tankstellenbereich[180] und im **785**

---

[178] Zur Abgrenzung der Vermittlungs- von den Verwaltungsprovisionen ebenfalls im Tankstellenbereich vgl. *BGH*, 6.8.1997 – VIII ZR 150/96, BB 1997, 2607 = VersR 1997, 1398; zu Einzelheiten vgl. Rz. 1032ff.
[179] Vgl. dazu etwa *BGH*, 15.11.1984, BB 1985 S. 352 = DB 1985 S. 747 = NJW 1985 S. 860. Zur Unmaßgeblichkeit der im Vertrag verwendeten Bezeichnung von Provisionen vgl. Näheres besonders unten Rz. 852. Vgl. auch Rz. 785ff. und 1032.
[180] Vgl. dazu auch unten Rz. 786 und 1032. *OLG Hamm*, 11.2.2000 – 35 U 45/99 (im Individualverfahren), JR 2002, 71 und vom 2.9.1999 – 4 U 26/99 (im Verbandsklageverfahren), JR 2002, 67; zu beiden Urteilen vgl. *Olzen*, JR 2002, 45.

VI Zweite materielle Anspruchsvoraussetzung – Provisionsverluste

Versicherungsbereich[181] in Erscheinung getreten; ihnen kommt aber generelle Bedeutung zu.

786 Im Tankstellenbereich finden sich zuweilen vertragliche Regelungen, in denen 50% der zu zahlenden Vergütungen auf die verwaltende Tätigkeit des Tankstellenhalters entfallen. Da der Tankstellenhalter (= Kläger) eine solche vertragliche Regelung gem. § 9 Abs. 1 AGBG (= § 307 BGB n. F.) im Rechtsstreit für nichtig hielt, hatte das Berufungsgericht (nach Klagabweisung durch das LG) der Klage stattgegeben. Denn die im Vertrage enthaltene 50%-Klausel *benachteilige den Kläger unangemessen*, weil sie seinen Ausgleichsanspruch schmälere. Denn die Auswertung einer von der darlegungs- und beweispflichtigen Beklagten vorgelegten detaillierten Aufstellung ergebe, dass der Anteil der verwaltenden Tätigkeit die zugestandenen 10% tatsächlich nicht überschritten. Zu diesem Ergebnis gelangte das Gericht, weil es über die vom BGH im Urteil vom 6.8.1973[182] vertretene Auffassung hinaus im Tankstellenbereich nicht nur die *Lagerhaltung* und *Auslieferung*, sondern auch das vom Tankstellenhalter durchgeführte *Inkasso* seiner *werbenden Tätigkeit* zurechnete[183].

787 In dem am 2.9.1999[184] entschiedenen Sachverhalt handelte es sich um eine Verbandsklage gem. § 13 Abs. 2 AGBG a.F.[185], die die Dachorganisation der Tankstellenbetreiber und -pächter sowie des Garagengewerbes gegen eine Mineralölgesellschaft mit gleicher Begründung wie im Falle des Urteils vom 11.2.2000 erhoben hatte. Auch hier war im Tankstellenhalter-Vertrag die Verwaltungstätigkeit mit 50% der Gesamtvergütung bewertet worden.

788 In dieser Regelung sah das Gericht *keine bloße Preisnebenabrede*[186]. Zwar handele es sich bei der beanstandeten Klausel vordergründig lediglich um eine Aufspaltung der Gesamtvergütung. Gleichwohl komme es nicht auf eine formale Betrachtungsweise an; vielmehr sei auf den „wahren Regelungsbereich" abzustellen. Denn diese Vergütungsaufspaltung, die während des laufenden Vertretervertrages keine Rolle spiele, „entfalte ihre Wirkung und Bedeutung ausschließlich erst nach der Beendigung des Vertretervertrages, wenn es um die Berechnung des Ausgleichsanspruchs gehe". In Wahrheit stelle die beanstandete Klausel „eine vertragliche Bestimmung für die Berechnung des Ausgleichsanspruchs nach § 89b dar und (sei) damit eine kontrollfähige Nebenleistung i. S. d. § 8 AGBG, da an ihrer Stelle § 89b und die zu dieser Vorschrift entwickelten Rechtsgrundsätze treten würden".

789 Im Bereich des *Versicherungsvertreterrechts* gehört die Abgrenzung zwischen berücksichtigungsfähigen Vergütungen und solchen Vergütungen, die nicht zu

---

181 Zu Problematik der Rechtsnatur der Bestandspflegeprovision vgl. Rz. 960, 966 sowie *Prölss/Martin/Kollhosser*,VVG 25. Aufl., Anm. 4 A nach § 48 VVG.
182 *BGH*, 6.8.1997 – VIII ZR 150/96, NJW 1998, 66 = BB 1997, 2607 = VersR 1997, 1398 mit Anm. *Küstner*,VW 1998, 189.
183 *Olzen*, JR 2002, 45, 49.
184 A.a.O. (Fn. 180).
185 § 13 AGBG a.F. = § 3 Abs. 1 UKlaG vom 26.11.2001, BGBl. I 3173, in Kraft ab 1.1.2002.
186 Siehe Zitat im Urteil vom 2.9.1999, JR 2002, Seite 69 li. Sp. (vgl. Fn. 180).

berücksichtigen sind, zu der in der Praxis kaum lösbaren Problematik, was ja letztlich gerade auch eine der Ursachen für die Schaffung der „Grundsätze-Sach" gewesen ist, die diese Problematik in den Ziff. I.1. durch Einbeziehung sämtlicher Provisionen in den Ausgleichswert vermieden[187].

4. Probleme bei geänderter Aufgabenstellung

Im Hinblick auf den Charakter der ausgleichsfähigen Provisionen können sich schließlich insbesondere in der Markenartikel-Industrie Probleme dann ergeben, wenn in zunehmendem Maße die eigentliche Vermittlungs- oder Abschlusstätigkeit des Handelsvertreters durch eine *immer stärker in den Vordergrund tretende Verwaltungstätigkeit verdrängt* wird[188]. Das kann dann vorkommen, wenn im Laufe der Zeit die provisionspflichtigen Geschäftsabschlüsse nahezu ausschließlich nur noch auf Geschäftsleitungsebene ausgehandelt werden und der Handelsvertreter selbst auf diese Geschäfte keinen Einfluss mehr auszuüben vermag, wie das häufig der Fall ist, wenn zahlreiche Einzelunternehmen sich im Laufe der Zeit zu marktbeherrschenden Großunternehmen zusammenschließen. Die Tätigkeit des Handelsvertreters beschränkt sich dann zwangsläufig oft nur noch auf den sog. *Regaldienst*, die Kontrolle der vereinbarten Lieferungen, die notwendige Kontaktpflege und ähnliche Aufgaben und *entfernt sich auf diese Weise immer mehr von vertretertypischen Aufgaben*.

790

In diesen Fällen fragt es sich dann, ob die zugeflossenen Provisionen, die ursprünglich unstreitig als Vergütung für die zunächst auch tatsächlich ausgeübte Vermittlungstätigkeit gedacht waren, im Rahmen der Ausgleichsberechnung der Ermittlung der Provisionsverluste überhaupt noch zu Grunde gelegt werden dürfen oder ob sie nicht vielmehr als *Verwaltungsvergütung angesehen* und deshalb hierbei ausgeklammert werden müssen. Kann man sich zu dieser Konsequenz nicht entschließen, müsste aber dem veränderten Charakter der nunmehr ja nur noch als Tätigkeitsvergütung zufließenden Provisionen unter *Billigkeitsgesichtspunkten* ausgleichsmindernd Rechnung getragen werden.

791

5. Untervertreter-Provisionen

Mitunter wird die Auffassung vertreten, bei der Ermittlung der ausgleichsfähigen Provisionsverluste dürften solche dem Handelsvertreter zugeflossenen Provisionsteile nicht berücksichtigt werden, die er *seinen eigenen (echten) Untervertretern*[189] mit Rücksicht auf deren Vermittlungstätigkeit weiterzuleiten habe. Der Bundesgerichtshof hat diese Auffassung mit Recht in seinem Urteil vom 7.3.1985 abgelehnt[190]. Er hat festgestellt, dass für den ausgeschiedenen Handelsvertreter *Provisionsverluste auch insoweit* entstünden, als er Provisionseinnahmen an seine Untervertreter als seine selbstständigen Vertragspartner weiter-

792

---

187 Vgl. Rz. 1842 (Kap. XVIII). *LG Frankfurt*, 2.5.2001 – 3/9 047/99, n.v. sowie *LG Frankfurt*, 30.6.2000 – 10 U 217/99 n.v.
188 Vgl. Rz. 1154
189 Einzelheiten Rz. 77.
190 *BGH*, 7.3.1985 – I ZR 204/82 – HVR Nr. 605 (nur LS).

VI Zweite materielle Anspruchsvoraussetzung – Provisionsverluste

gebe. Der Verlust entstehe hier dadurch, dass er diese Beträge infolge der Vertragsbeendigung nicht mehr erhalte. Die Berücksichtigung dieser Provisionsteile im Rahmen der Ermittlung der Provisionsverluste sei insbesondere auch deshalb geboten, weil anderenfalls außer Betracht bliebe, dass der Handelsvertreter seinen Untervertretern bei Beendigung der Untervertreterverträge ggf. *ebenfalls ausgleichsverpflichtet* sei, und es würde zu einer Verkürzung des Ausgleichs des Hauptvertreters zu Gunsten der Ausgleichsansprüche der Untervertreter führen, wenn der Berechnung des Ausgleichsanspruchs des Hauptvertreters nur die ihm letztlich verbleibende Provision zu Grunde gelegt werden würde.

6. Behandlung von Superprovisionen

793 Schließlich ist die Frage von Bedeutung, ob auch der Verlust so genannter *Superprovisionen* ausgleichsfähig ist[191]. Superprovisionen werden Vertretern häufig dann gewährt, wenn ihnen *unechte Untervertreter* unterstellt sind. Häufig ist der übergeordnete Vertreter selbst vertraglich verpflichtet, eine Vertreterorganisation aufzubauen und entsprechende Untervertreterverträge im Namen des vertretenen Unternehmers mit den von ihm gewonnenen Vertretern abzuschließen. Die Untervertreter werden dann grundsätzlich für den vertretenen Unternehmer tätig, der auch allein die Vermittlungsprovision schuldet[192].

794 Der Vermittlungserfolg der dem übergeordneten Vertreter als Hauptvertreter *unterstellten unechten Untervertreter* beruht aber nicht allein auf der Akquisitionstätigkeit der Untervertreter, sondern muss – sofern nicht besondere Umstände entgegenstehen[193] – *auch als durch die Tätigkeit des Hauptvertreters mitverursacht* angesehen werden. Die diesem mit Rücksicht auf seine mitwirkende Vermittlungstätigkeit zufließende Superprovision stellt deshalb insoweit ebenso eine *Erfolgsvergütung* dar wie die Abschlussprovision, die dem Untervertreter gezahlt wird[194]. Man würde dem Sachverhalt nicht gerecht werden, wenn man die Superprovision des Hauptvertreters in vollem Umfange als eine Vergütung werten würde, die mit der Herbeiführung des Vermittlungserfolges in keinem Zusammenhang steht, sodass ihre ausgleichsrechtliche Berücksichtigung nach dem Urteil des Bundesgerichtshofes vom 4.5.1959 ausgeschlossen wäre[195]. Allerdings muss eine *Superprovision ausgleichsrechtlich insoweit unberücksichtigt* bleiben, als sie dem Hauptvertreter mit Rücksicht auf seine *ver-*

---

191 Zur Frage, für welche Vertretertätigkeiten eine Superprovision geschuldet wird, vgl. *OLG München*, 4.3.1998 – 7 U 3617/97, HVR Nr. 891.
192 Zur Ausgleichsberechtigung des Hauptvertreters: *BGH*, 22.6.1972, BGHZ 59, 87 = BB 1972 S. 938 = DB 1972 S. 1624 = EBE 1972 S. 250 = HVR Nr. 459 = HVuHM 1972 S. 935 = NJW 1972 S. 1662.
193 Näheres hierzu bei der Prüfung des Billigkeitsgrundsatzes Rz. 1105.
194 Wie hier: *OLG Bamberg*, 21.9.1971, HVR Nr. 450 = HVuHM 1972 S. 22 = RVR 1972 S. 135 mit ausführlicher Begründung; vgl. auch *BGH*, 24.6.1971, BGHZ 56, 290 = BB 1971 S. 887 = DB 1971 S. 1409 = HVR Nr. 447 = HVuHM 1971 S. 892 und 945 = NJW 1971 S. 1610; *Ordemann*, BB 1964 S. 1323; *Schlechtriem*, BB 1971 S. 1570; *Schröder*, § 89b Rz. 5f.; *Möller*, Komm. zum VVG, Anm. 376 vor §§ 43–48 VVG, S. 865 und Anm. 285 und 267 a.E. Weitere Einzelheiten oben Rz. 81, 86.
195 *BGH*, 4.5.1959, a.a.O. (Fn. 172).

waltende Tätigkeit zufließt. Im Einzelfall kann es deshalb erforderlich sein, eine Aufteilung der Superprovision vorzunehmen, um festzustellen, inwieweit diese der vermittelnden bzw. werbenden und inwieweit sie der verwaltenden Tätigkeit des Hauptvertreters zuzurechnen ist [196].

Fraglich ist im Hinblick auf die aus der Vertragsbeendigung resultierenden Superprovisionsverluste, ob auch für diese der allgemeine Grundsatz gilt, wonach Provisionsverluste nur dann entstehen können, wenn der Handelsvertreter Geschäftsverbindungen für den vertretenen Unternehmer herstellt, auf Grund deren es sodann zu Nachbestellungen kommt, die dem Handelsvertreter provisionspflichtig wären, wenn sein Vertragsverhältnis nicht beendet worden wäre. Die Frage geht also dahin, *ob der ausscheidende Hauptvertreter* mit Rücksicht auf den Verlust der ihm ohne die Vertragsbeendigung weiterhin zufließenden Superprovisionen *auch dann ausgleichsberechtigt ist, wenn der Untervertreter von der Natur der Sache her gar keine laufenden Geschäftsverbindungen herzustellen vermag*, etwa deshalb, weil er die Erzeugnisse des Unternehmers unmittelbar bei Endverbrauchern absetzt, die als nochmalige Kunden oder gar als Dauerkunden *nicht in Betracht kommen können*. In solchen Fällen kann der Untervertreter bekanntlich keinen Ausgleichsanspruch geltend machen, weil die Entstehung von Geschäftsverbindungen und folglich auch von Provisionsverlusten naturgemäß ausgeschlossen ist. Andererseits lässt sich nicht leugnen, dass aufseiten des Hauptvertreters infolge der Vertragsbeendigung Provisionsverluste entstehen, weil er ja an allen Geschäften provisionsmäßig partizipiert, die auch für den Untervertreter provisionspflichtig sind.

795

Indessen muss hierbei stets beachtet werden, dass die *Superprovisionsverluste auf Geschäften mit neuen Kunden beruhen*, die *erst nach der Beendigung des Hauptvertretervertrages zu Stande kommen* und dass ausgleichsrechtlich die Fortsetzungsfiktion nicht auch auf die Möglichkeit ausgedehnt werden darf, dass der ausgeschiedene Handelsvertreter, wäre sein Vertragsverhältnis nicht beendet worden, auch in der Lage gewesen wäre, neue Kunden für den Unternehmer zu werben, die ihm Provisionseinkünfte gebracht hätten. Deshalb kann der Hauptvertreter ausgleichsrechtlich m. E. nicht deshalb bessergestellt werden, weil er ohne die Beendigung des Hauptvertretervertrages an dem Erfolg der fortgesetzten Vermittlungstätigkeit des Untervertreters partizipiert hätte. Muss ausgleichsrechtlich für den Untervertreter die nach der Vertragsbeendigung mögliche *Neukundenwerbung außer Betracht bleiben, muss Entsprechendes für den Hauptvertreter* im Hinblick auf seine – bei unterstellter Vertragsfortsetzung – mögliche mittelbare und mitwirkende Tätigkeit bei der Werbung neuer Kunden gelten.

796

Der Bundesgerichtshof hatte sich in seinem Urteil vom 24.6.1971 [197] mit dem Ausgleichsanspruch eines Hauptvertreters zu befassen, der Handelsvertretern

797

---

[196] *Möller,* Anm. 376, S. 865 und Anm. 267 am Ende und 285.
[197] *BGH,* 24.6.1971, BGHZ 56, 290 = BB 1971 S. 887 = DB 1971 S. 1409 = HVR Nr. 447 = HVuHM 1971 S. 892, 945 = NJW 1971 S. 1610.

VI Zweite materielle Anspruchsvoraussetzung – Provisionsverluste

übergeordnet war, die ihrerseits Wäsche (Bett-, Tisch- und Aussteuerwäsche) unmittelbar an Endverbraucher, vorwiegend an Hausfrauen, zu verkaufen hatten. Obwohl es vom Sachverhalt her nahe gelegen hätte, die hier aufgeworfenen Fragen zu behandeln, hat jedoch der Bundesgerichtshof – ebenso wie bereits die Vorinstanz[198] – die Ausgleichsberechtigung des Hauptvertreters anders begründet. Er hat festgestellt, dass ein Unternehmervorteil i.S. des § 89b Abs. 1 Nr. 1 auch darin bestehen könne, dass die *Tätigkeit des Hauptvertreters im Wesentlichen im Aufbau der Verkaufsorganisation*, insbesondere in der *Einstellung von Vertretern* und deren *Einarbeitung* sowie in den *fortlaufenden Bemühungen um eine Steigerung des Umsatzes* bestehe. Im Hinblick auf die Provisionsverluste stellt der Bundesgerichtshof fest, der Hauptvertreter habe auch nicht bereits mit den ihm gezahlten Superprovisionen das volle Entgelt für die Einrichtung der Verkaufsorganisation in seinem Bezirk erhalten. Auch bei einem Generalvertreter oder Verkaufsleiter wären häufig – je nach Dauer und Erfolg ihrer Tätigkeit – die dem Unternehmer dadurch zugeflossenen Vorteile durch die Provisionszahlungen während der Vertragszeit noch nicht voll abgegolten.

7. Ersparte Kosten

798 Führt die Vertragsbeendigung zum Wegfall von Geschäftskosten, sodass sich rein rechnerisch eine Verlustminderung ergibt, dürfen die ausgleichsfähigen Provisionsverluste gleichwohl nicht entsprechend niedriger angesetzt werden, weil *ersparte Kosten* – wenn überhaupt – *allein im Rahmen der Billigkeitsprüfung* in Ansatz gebracht werden dürfen[199]. Der Bundesgerichtshof hat wiederholt festgestellt, dass dem Handelsrecht die *Unterscheidung zwischen Brutto- und Nettoprovisionen* fremd sei und dass unter den Provisionen, deren Verlust die Bemessungsgrundlage für den Ausgleichsanspruch bilde, die dem Vertreter zugeflossenen ungekürzten Provisionen zu verstehen seien, die zum Zwecke der Ausgleichsberechnung nicht um Geschäftskosten des Vertreters gemindert werden dürften[200]. Für die Errechnung der Provisionsverluste nach § 89b Abs. 1 Nr. 2 ist es mithin völlig *unerheblich, welcher Anteil der verdienten Provisionen dem Vertreter nach Abzug der Geschäftskosten verblieben wäre*, wenn man eine Fortsetzung des Vertragsverhältnisses unterstellt.

799 Sogar dann, wenn bei der Errechnung des Ausgleichsanspruches die vorausschauende Beurteilung der künftigen Geschäftsentwicklung mit vom Warenvertreter geworbenen Kunden ergibt, dass in den nächsten Jahren die *Kosten des Vertreters seine Provisionseinnahmen überschritten* hätten, rechtfertigt dies

---

198 *OLG Oldenburg*, 4.7.1969–6 U 180/68 – unveröffentlicht.
199 Näheres bei *Küstner*, BB 1962 S. 432; vgl. auch Rz. 1110ff.; *Gessler*, BB 57, 1164.
200 *BGH*, 6.2.1964, BB 1964 S. 328 = VersR 1964 S. 378 = HVR Nr. 312; 21.11.1960, VersR 1961 S. 52, 54 zu 3; 18.6.1959, BB 1959 S. 718; 11.12.1958 a.a.O. (Fn. 104); *OLG Karlsruhe*, 11.10.1988–8 U 129/88, unveröffentlicht; *KG*, 19.5.1978 in „Büro-Wirtschaft" 1978 Heft 9 S. 42–44 (erläutert von *Küstner*); *OLG Düsseldorf* 30.10.1958, BB 1959 S. 8 = HVR Nr. 192; unzutreffend dagegen *OLG Celle*, 8.10.1958, Nds. Rpfl. 1959 S. 109; vgl. *Geßler*, BB 1957 S. 1164; *Schröder*, § 89b Anm. 16a am Ende und 24a; *Hopt*, § 89b Rz. 35; *Günther*, BB 1957 S. 1058; a.A. *Eberstein*, BB 1957 S. 663 und S. 1059.

noch nicht die Abweisung jeglichen Ausgleichsanspruches, obwohl bei der Beendigung des Vertretervertrages in einem solchen Falle *per Saldo keine Verluste* entstehen können. Andernfalls würde der Vertreter die Gegenleistung für einen Vorteil verlieren, den er, wie es häufig gerade beim *Einführungsvertreter* der Fall ist, mit großen Aufwendungen verdient hat. Der Bundesgerichtshof stellt hierzu fest[201], dass nicht einzusehen sei, dass der Unternehmer nur deshalb um den Wegfall der Ausgleichsverpflichtung bessergestellt sein solle, weil der Vertreter *keinen Reinverdienst* erzielt habe. Deshalb brauche es der Gewährung eines Ausgleichsanspruches nicht entgegenzustehen, wenn der Vertreter keinen Reinverdienst erzielt hat[202].

8. Festvergütung (Fixum)

Aus der Formulierung des Gesetzes in § 89b Abs. 1 Nr. 2, wo nur von „Provisionen" die Rede ist, darf nicht gefolgert werden, dass *Verluste an Festvergütung ausgleichsrechtlich unberücksichtigt* bleiben müssten, wenn eine Festvergütung neben oder sogar anstelle der Provision vereinbart wurde. Entscheidend wird es hierbei aber darauf ankommen, ob es sich bei der Festvergütung um eine *erfolgs- oder umsatzabhängige Vergütung* handelt, die Provisionscharakter hat[203]. Ist das der Fall, kann kein Zweifel bestehen, dass die Festvergütung ebenso wie Provisionen bei der Ermittlung der Provisionsverluste zu berücksichtigen ist[204]. Demgegenüber darf nicht darauf abgestellt werden, dass das Gesetz in § 89b Abs. 1 Nr. 2 nur von Provisionen, in Absatz 2 dagegen darüber hinaus auch von *„sonstigen Vergütungen"* spricht. Eine solche Auslegung, die sich nur am Gesetzeswortlaut orientiert und eine wirtschaftliche Betrachtungsweise vernachlässigt, würde dem Gesetzeszweck nicht gerecht werden[205].

800

VII. Hinweise für die Verlustberechnung

Aus den vorstehenden Erläuterungen bezüglich der Gesichtspunkte, die im Zusammenhang mit der Verlustberechnung zu beachten sind, ergeben sich zusammenfassend für die Ermittlung der zweiten Anspruchsvoraussetzung der Provisionsverluste folgende *Hinweise*:

801

Um die Höhe der aus der Vertragsbeendigung sich ergebenden Provisionsverluste zu ermitteln, muss wie erwähnt von den *ausgleichsfähigen Provisionseinnahmen* des Handelsvertreters *im letzten Vertragsjahr* aus Geschäften mit neuen Kunden ausgegangen werden[206], nicht etwa von der für die Maximierung des

802

---

201 *BGH*, 27.10.1960, BB 1960 S. 1261 = MDR 1961 S. 29 = NJW 1961 S. 120 = VersR 1960 S. 1078 = HVR Nr. 241.
202 Zur Unkostenberücksichtigung vgl. auch Rz. 1110.
203 Zur ausgleichsmindernden Berücksichtigung einer Festvergütung unter Billigkeitsgesichtspunkten vgl. unten Rz. 1096.
204 *BGH*, 15.2.1965, HVR Nr. 340.
205 *BGH*, 15.2.1965, BB 1965 S. 395 = NJW 1965 S. 1134 unter Hinweis auf *BGH*, 11.12.1958, vgl. Fn. 104, wo auch Rabatte wie Provisionen behandelt wurden.
206 Vgl. das Berechnungsbeispiel unten Kap. XVII Rz. 1789.

VI Zweite materielle Anspruchsvoraussetzung – Provisionsverluste

Ausgleichsanspruchs maßgeblichen **Höchstgrenze** gemäß § 89b Abs. 2, der ja lediglich eine Maximierungsfunktion zukommt, die aber **nicht als Bemessungsgrundlage**[207] angesehen werden kann. Von den Provisionseinnahmen des letzten Vertragsjahres[208] ist deshalb auszugehen, weil vermieden werden muss, dass sich im Jahresverlauf eintretende **Provisionsschwankungen** bei der Ermittlung der Verluste zum Nachteil bzw. zum Vorteil des Handelsvertreters auswirken. Endet beispielsweise ein Vertretervertrag in einer Jahreszeit, in der saisonbedingt **besonders hohe Provisionseinnahmen** zufließen und würde man dann lediglich von diesem hohen Provisionszufluss bei der Ermittlung der Provisionsverluste ausgehen, würde man zwangsläufig zu einem ungerechtfertigt hohen Provisionsverlust gelangen, während man andererseits – wenn der Vertretervertrag in einem „Provisionstief" endet – einen zu niedrigen Verlust in Ansatz bringen würde[209].

803 Die **„ausgleichsfähigen" Provisionsverluste des letzten Vertragsjahres** werden in der Weise ermittelt, dass vom gesamten Provisionszufluss der letzten 12 Vertragsmonate lediglich diejenigen Provisionen in Ansatz gebracht werden, die im letzten Vertragsjahr auf Geschäfte mit vom Handelsvertreter **geworbenen neuen bzw. intensivierten** alten Kunden entfallen, sodass also Provisionseinnahmen aus Geschäften mit **Altkunden**, die der Handelsvertreter **nicht intensivierte**, hierbei ebenso auszuklammern sind wie sog. **Verwaltungsprovisionen**[210].

804 Ist der Handelsvertreter neben seiner Vermittlungstätigkeit auch **auf eigene Rechnung und im eigenen Namen als Händler** mit dem Vertrieb der Erzeugnisse des Unternehmers befasst oder liegen bei einem Eigenhändler die Voraussetzungen für die Anwendbarkeit des § 89b vor[211], ergeben sich hinsichtlich der Verlustberech-

---

207 *BGH*, 15.10.1992, BB 1992 S. 2385 = MDR 1993 S. 224 = WM 1993 S. 392; *BGH*, 4.6.1975, EBE 1975 S. 351; *BGH*, 19.11.1970, BGHZ 55, 45 = BB 1971 S. 105 = DB 1971 S. 185 = HVR Nr. 425 = HVuHM 1971 S. 231 = NJW 1971 S. 462 = RVR 1971 S. 81 = VersR 1971 S. 265 mit Anm. *Höft*, *OLG Frankfurt*, Urteile vom 12.7.1966, HVR Nr. 368 = HVuHM 1966 S. 1124 = VW 1967 S. 69 und vom 27.5.1966–3 U 263/65 – unveröffentlicht; *LG Hamburg*, 1.10.1969, HVR Nr. 403 = VW 1970 S. 813; vgl. auch unten Rz. 1525.
208 *BGH*, 4.6.1975, EBE 1975 S. 351, 354 zu Ziffer 2); *OLG Nürnberg*, 16.5.1991–12 U 2405/86, unveröffentlicht; *OLG Düsseldorf*, unveröffentlichte Urteile vom 8.5.1992–16 U 235/91, 5.2.1993, 16 U 103/92 und 13.3.1991, 16 W 9/91 und *LG Münster*, 4.10.1985–23 O 149/81; *OLG Bamberg*, 21.9.1971, HVR Nr. 450 = HVuHM 1972 S. 22 = RVR 1972 S. 135; *OLG Köln*, 29.4.1968, HVR Nr. 388 = HVuHM 1968 S. 1101 = VersR 1968 S. 966; *OLG Schleswig*, 1.11.1957, BB 1958 S. 246 = HVR Nr. 220 = HVuHM 1958 S. 314 = VersR 1958 S. 315; *OLG Oldenburg*, 12.10.1972, HVR Nr. 471; *BGH*, 19.11.1970, a.a.O.; *OLG Celle*, 13.11.1969, BB 1970 S. 227; *LG Hannover*, 23.7.1973, HVR Nr. 474; *OLG Frankfurt*, 8.12.1970, HVR Nr. 428 = RVR 1971 S. 141; *OLG Nürnberg*, 3.11.1982, HVR Nr. 571 = HVuHM 1983 S. 273; *OLG Hamburg*, 20.12.1979, DB 1980 S. 972; vgl. auch *LG Hechingen*, 14.7.1981 – H O 48/80 – sowie *LG Bremen*, 29.10.1980 – 14 O 428/78 – und 5.11.1980 – 14 O 467/79 – alle unveröffentlicht.
209 *OLG Oldenburg*, 12.10.1972, HVR Nr. 471 zu Ziffer 1 der Gründe.
210 Vgl. oben Rz. 777 ff. Dazu gehören auch Provisionen aus Geschäften mit neuen Bezirkskunden, die der Handelsvertreter nicht – auch nicht mitursächlich – geworben hat. Vgl. auch *OLG Frankfurt*, 8.12.1970, HVR Nr. 428. Auch Kunden mit kleinen Umsätzen sind „ausgleichsfähig"; sie müssen also, sofern es sich um vom Handelsvertreter geworbene Neukunden handelt, bei der Ermittlung der Provisionseinnahmen des letzten Vertragsjahres mitberücksichtigt werden. *LG Stuttgart*, 30.10.1981 – 2 KfH O 89/81 – unveröffentlicht.
211 Vgl. oben Rz. 96 ff.

nung einerseits und der überhaupt berücksichtigungsfähigen Verluste andererseits besondere Probleme, von denen unten in den Rz. 1008 ff. die Rede sein wird[212]. Ein sehr praxisnahes Berechnungsbeispiel findet sich in Rz. 809–812[213].

Von dem Grundsatz, dass allein die *ausgleichsfähigen Provisionen des letzten Vertragsjahres als Basisbetrag* der Prognose zu Grunde zu legen sind, wird allerdings ausnahmsweise dann abgewichen werden dürfen und müssen, wenn die besonderen Verhältnisse des Sachverhalts dies rechtfertigen. Hat der Handelsvertreter neue Kunden geworben, die jeweils nur im Abstand mehrerer Jahre *Folgeaufträge* erteilen, könnten die Provisionseinnahmen des letzten Vertragsjahres möglicherweise nicht in ausreichendem Maße für die Prognose aussagekräftig sein, und zwar dann nicht, wenn gerade im letzten Vertragsjahr in geringerem Umfange Aufträge erteilt werden, als dies dem durchschnittlichen Auftragseingang der letzten Vertragsjahre entspricht. In derartigen Fällen muss es daher gerechtfertigt sein, *vom durchschnittlichen jährlichen Provisionsaufkommen, berechnet aus den letzten Vertragsjahren*, auszugehen und den so ermittelten Betrag der durchzuführenden Verlustprognose zu Grunde zu legen. Ein solches Verfahren erübrigt sich zwar dann, wenn am Ende des Vertragsverhältnisses ein so umfangreicher Kundenstamm vorhanden ist, dass durch die große Zahl der jährlich erteilten Aufträge Schwankungen kaum vorkommen. Von einem durchschnittlichen Provisionszufluss der letzten Vertragsjahre als Prognosebasis muss aber dann ausgegangen werden, wenn es an einer solchen Ausgleichung fehlt und es außerhalb der Einflusssphäre des Handelsvertreters liegt, dass sich in manchen Jahren viele Folgeaufträge zusammenballen und in anderen Jahren in geringerem Umfange Aufträge erteilt werden. 805

Sind die ausgleichsfähigen Provisionseinnahmen des letzten Vertragsjahres ermittelt worden, muss – ggf. unter Berücksichtigung einer *Abwanderungsquote* und wenn die Verhältnisse dies rechtfertigen, ggf. auch unter Einrechnung eines sog. *Konjunkturzuschlages* – festgestellt werden, wie lange dem Handelsvertreter Vermittlungsprovisionen in der festgestellten Höhe weiterhin zufließen würden, wenn der Vertretervertrag nicht beendet worden wäre[214]. Gelangt man hierbei zu dem Ergebnis, dass dem Handelsvertreter ausgleichsfähige Provisionen in der ermittelten Höhe noch *3 weitere Jahre*[215] – ggf. unter Berücksichtigung einer Abwanderungsquote[216] – zugeflossen wären, sind die ermittelten ausgleichsfähigen Provisionen auf 3 Jahre hochzurechnen und dann nach den oben erläuterten Grundsätzen *abzuzinsen*[217]. Der sich auf diese Weise erge- 806

---

212 Vgl. auch Kap. II/Rz. 93.
213 Das Berechnungsbeispiel in Kap. XVII wird anhand des Urteils vom 4.10.1985 des *LG Münster* erläutert; vgl. unten Fn. 221.
214 Dabei kann natürlich auch die Auswirkung einer wirtschaftlichen Rezession verlustmindernd in Ansatz gebracht werden, die eine Umsatzminderung beim Unternehmer und demgemäß auch eine Provisionsminderung beim Handelsvertreter zur Folge haben kann, *OLG Celle*, 13.11.1969, BB 1970 S. 226, 227 zu Ziff. 2 der Gründe.
215 Zur Dauer des Prognosezeitraums vgl. Rz. 756 ff.
216 Zur Abwanderungsquote *OLG Köln*, 29.4.1968, Fn 208. Vgl. Näheres Rz. 747 ff.
217 Abzinsungsgrundsätze sind behandelt in Rz. 769 ff.

VI Zweite materielle Anspruchsvoraussetzung – Provisionsverluste

bende Betrag stellt die Provisionsverluste dar; die dem Handelsvertreter gem. § 89b Abs. 1 Nr. 2 auszugleichen sind, *sofern auch die Übrigen Anspruchsvoraussetzungen in gleicher Höhe erfüllt sind* und sofern sich der ermittelte Betrag im Rahmen der Höchstgrenze gem. § 89b Abs. 2 hält. Mit Recht hat die Rechtsprechung mehrfach festgestellt, dass der *Ausgleichsanspruch nicht höher sein kann als die Provisionsverluste, die der Handelsvertreter infolge der Beendigung seines Vertragsverhältnisses erleidet. Nur dann, wenn diese Verluste die Höchstgrenze des § 89b Abs. 2 überschreiten, komme diese als oberste Grenze des Ausgleichs in Betracht*[218].

807 Wenn oben festgestellt wurde, dass für die Verlustprognose von den *ausgleichsfähigen Provisionseinnahmen* des *letzten Vertragsjahres* ausgegangen werden müsse, so versteht es sich fast von selbst, dass hierbei nur diejenigen Provisionen in Ansatz gebracht werden können, die dem Handelsvertreter *vertragsgemäß im letzten Vertragsjahr zustanden*. Entstand der Ausgleichsanspruch deshalb, weil das Vertragsverhältnis auf Grund einer vom Unternehmer ausgesprochenen *Änderungskündigung* beendet wurde, mit der er den Zweck verfolgte, die bisher maßgeblichen *Provisionssätze herabzusetzen*, was indessen vom Handelsvertreter abgelehnt wurde, sodass es nicht zum Abschluss eines neuen Vertrages kam, kann der Verlustprognose nur der *zuletzt für das Vertragsverhältnis maßgeblich gewesene Provisionssatz* zu Grunde gelegt werden. Das OLG Karlsruhe hat in seinem Urteil vom 27.3.1981[219], das wegen der Ablehnung der Revision durch den Bundesgerichtshof leider rechtskräftig geworden ist, in diesem Zusammenhang die völlig abwegige Auffassung vertreten, die Klägerin hätte sich, wenn das Vertragsverhältnis fortgesetzt worden wäre, die Provisionsherabsetzung ebenso wie die anderen Handelsvertreter des Unternehmens gefallen lassen müssen. Deshalb sei diese nachträgliche Entwicklung auch der Berechnung der entgangenen Provision zu Grunde zu legen. Hierbei wird übersehen, dass der Unternehmer eben gerade nicht berechtigt gewesen wäre, die *Provisionsherabsetzung einseitig* vorzunehmen. Gerade deshalb war es ja zur Beendigung des Vertretervertrages gekommen, weil sich die Klägerin mit der Provisionsherabsetzung nicht einverstanden erklärt hatte. Wäre also das Vertragsverhältnis fortgesetzt worden, hätte die Klägerin demgemäß auch Anspruch auf Zahlung der zuletzt maßgeblich gewesenen Provisionen gehabt, und allein diese Provisionen hätte daher auch das Gericht der Verlustprognose zu Grunde legen müssen.

808 Betätigt sich ein Handelsvertreter vereinbarungsgemäß *neben der Vermittlung* von Geschäften auch als *Händler* bezüglich der Erzeugnisse des vertretenen Unternehmens[220] und bezieht er demgemäß einerseits für die erfolgreiche Vermittlungstätigkeit Vermittlungsprovisionen und fließen ihm andererseits aus der

---

218 *BGH*, 19.11.1970, a.a.O. (vgl. Fn. 207); *OLG Stuttgart*, 22.2.1971, VersR 1972 S. 44. Vgl. auch *Matthies*, DB 1986 S. 2063, 2065 zu II.
219 *OLG Karlsruhe*, 27.3.1981, BB 1982 S. 274 mit Anm. *Küstner* = HVR Nr. 555 = HVuHM 1982 S. 232; vgl. dazu *BGH*, 6.7.1972 und unten Rz. 1150f.
220 Vgl. dazu oben Rz. 140ff.

Händlertätigkeit Rabatte in Form der Differenz zwischen den Einkaufs- und den Verkaufspreisen zu, fragt sich, wie in derartigen Fällen die Verlustberechnung durchzuführen ist. Freilich setzt dies zunächst voraus, dass eine analoge Anwendung des § 89b HGB in derartigen Fällen in Betracht kommt. Dies aber dürfte bei der geschilderten Fallkonstellation meist zutreffen, weil in derartigen Fällen mit Rücksicht auf den ohnehin bestehenden Handelsvertretervertrag die rechtlichen Beziehungen zwischen dem Unternehmer und dem Handelsvertreter in seiner Eigenschaft als Eigenhändler *über die bloßen Verkäufer-Käufer-Beziehungen* hinauszugehen pflegen.

Das Landgericht Münster hat sich in seinem Urteil vom 4.10.1985[221] mit der Ausgleichsberechnung in solch einem Falle befasst. Wegen der generellen Bedeutung sei im Folgenden kurz dargestellt, wie die Verlustberechnung durchgeführt wurde. **809**

Im letzten Vertragsjahr[222] waren dem Handelsvertreter für einen vermittelten und einen auf eigene Rechnung erzielten Umsatz von insgesamt DM 799520,– Einnahmen in Höhe von insgesamt DM 91511,24 zugeflossen. In diesem Betrage war eine sich auf durchschnittlich 10% belaufende Provision und eine prozentuale sich auf 17,1% belaufende höhere „Gewinnspanne" aus der Differenz zwischen Einkaufs- und Verkaufspreisen enthalten. Das Gericht ging jedoch als *Basisbetrag* für die Durchführung der Verlustprognose nicht von den Gesamtbezügen des letzten Vertragsjahres in Höhe von DM 91511,24 aus, sondern lediglich von 10% aus dem Umsatz von DM 799520,–, mithin von DM 79952,–. Das Gericht begründete dies damit, es sei nicht gerechtfertigt, die gegenüber der unstreitig nur etwa durchschnittlich 10% betragenden Provision aus Handelsvertretergeschäften erheblich höhere „Gewinnspanne", die bei Eigenhandelsumsätzen erzielt wurde, der Verlustberechnung zugrunde zu legen. Da lediglich eine *entsprechende Anwendung von § 89b HGB* in Betracht komme, könne der Kläger bei der Ausgleichsberechnung nicht besser gestellt werden, als wenn er die – tatsächlich als Händler erzielten – Umsätze in seiner Eigenschaft als Handelsvertreter erzielt haben würde. In diesem Fall aber hätte er lediglich die erheblich niedrigere Provision von durchschnittlich 10% erhalten. Von dem Basisbetrag von DM 79952,– und einem geschätzten Kundenschwund von jährlich 30% gelangte das Gericht unter Zugrundelegung einer Prognosedauer von 3 Jahren zu einem Provisionsverlust von DM 122566,–[223]. Da indessen seit der Vertragsbeendigung bis zur letzten mündlichen Verhandlung inzwischen ein Zeitraum von mehr als 3 Jahren vergangen war, hat das Gericht anhand der inzwischen vorliegenden tatsächlichen Umsatzzahlen im Bezirk des ausgeschiedenen Handelsvertreters die vorgenommene Verlustprognose überprüft. Es gelangte dabei **810**

---
221 *LG Münster,* 4.10.1985 – 2 3 O 149/81 – (rechtskräftig) – unveröffentlicht.
222 Zur Maßgeblichkeit des letzten Vertragsjahres vgl. oben Rz. 744.
223 Diesen Rohausgleich errechnete das *Landgericht* zutreffend in der Weise, dass der ermittelte Kundenschwund von 30% jeweils vom Ergebnis des Vorjahres abgezogen wurde; vgl. dazu oben die Erläuterungen in Rz. 749. Hätte das *Landgericht* den Rohausgleich in gleicher Weise errechnet, wie das *OLG Karlsruhe* in seinem Urteil vom 27.3.1981 (vgl. oben Rz. 751 und Fn. 129), hätte sich ein Rohausgleich nur in Höhe von DM 95943,– ergeben.

VI Zweite materielle Anspruchsvoraussetzung – Provisionsverluste

zu insgesamt ausgleichsfähigen Einnahmen aus der Vermittlungs- und der Eigenhändlertätigkeit in Höhe von DM 99862,–.

811 Gleichwohl erkannte das Gericht lediglich auf einen Ausgleich in Höhe von DM 84611,91 (einschließlich USt.)[224], weil sich eine durchschnittliche Jahresprovision, berechnet aus den letzten 5 Vertragsjahren (Provisionseinnahmen + Einnahmen aus Händlertätigkeit unter Zugrundelegung eines generellen Vergütungssatzes von 10%) nur auf DM 74877,80 belief.

812 Das Urteil des Landgerichts Münster bietet ein anschauliches Beispiel dafür, wie die Ausgleichsberechnung dann vorzunehmen ist, wenn dem Handelsvertreter bis zur Vertragsbeendigung sowohl *Provisionseinnahmen* als auch Einnahmen aus *Händlertätigkeit* zugeflossen sind.

813 Wie bei der Ermittlung der Provisionsverluste die *Mehrwertsteuer* zu berücksichtigen ist, hängt davon ab, wie während des bestehenden Vertretervertrages die Zahlung der Mehrwertsteuer gehandhabt wurde. Erhielt der Handelsvertreter eine Gesamtprovision, in der gem. § 87b Abs. 2 Satz 3 die *Mehrwertsteuer enthalten* war, ist für die Errechnung der Provisionsverluste von dieser *Bruttoprovision* auszugehen. Erhielt dagegen der Handelsvertreter *Nettoprovisionen*, auf die sodann die *gesetzliche Mehrwertsteuer aufgeschlagen* wurde, wie dies in der Praxis üblich ist, können die Provisionsverluste und der Gesamtausgleich entweder *zunächst anhand der Nettoprovisionen* ermittelt werden, sodass dann die *Mehrwertsteuer erst nach Durchführung der Berechnungen aufgeschlagen* wird, oder die Mehrwertsteuer wird wie in dem zuerst genannten Falle jeweils sofort eingerechnet, sodass bereits beim Ausgangsbetrag, also den ausgleichsfähigen Provisionen des letzten Vertragsjahres, von den *zugeflossenen Provisionen zuzüglich der Mehrwertsteuer* ausgegangen wird und es sich demgemäß bei dem ermittelten Provisionsverlust um einen *Brutto-Provisionsverlust* handelt, der sodann einer *durchschnittlichen Jahres-Bruttoprovision* gegenüberzustellen ist[225].

B. Versicherungsvertreter

I. Vor Vertragsbeendigung vermittelte Verträge

1. Problematik

814 Die Frage, ob und inwieweit die Beendigung des Vertretervertrages dazu führt, dass eine volle Vergütung des Versicherungsvertreters im Hinblick auf die von

---

[224] Der Ausgleichsanspruch war am 30.9.1980 fällig geworden. Damals belief sich der Mehrwertsteuersatz auf 13%, sodass sich der zuerkannte Ausgleich in Höhe von DM 84611,91 aus DM 74877,80 zuzüglich 13% USt. = DM 9734,12 ergab.
[225] Vgl. *BGH*, 28.6.1973, BGHZ 61, 112, 115 = BB 1973 S. 1092 = DB 1973 S. 1740 = EBE 1973 S. 315 = HVR Nr. 447 = HVuHM 1973 S. 991 = NJW 1973 S. 1747 = WM 1973 S. 1075; vgl. auch Rz. 1838.

ihm bis zur Vertragsbeendigung vermittelten Versicherungsverträge unterbleibt, gehört zu den problematischsten und umstrittensten des gesamten Ausgleichsrechts. Das beruht einmal darauf, dass die in der Versicherungswirtschaft üblichen *Provisionssysteme* sehr weitgehend den Unterschieden Rechnung tragen, die den einzelnen *Versicherungssparten eigentümlich* sind[226], zum anderen aber auch darauf, dass die Stellung des Versicherungsvertreters, wie sie sich aus § 92 ergibt, von derjenigen des Warenvertreters abweicht[227].

Diese Abweichung beruht darauf, dass dem *Warenhandelsvertreter* – abgesehen von der Sondervorschrift des § 87 Abs. 3 – nach der Vertragsbeendigung kraft gesetzlicher Regelung keine nachvertraglichen Provisionsansprüche für Folgegeschäfte der von ihm neugeworbenen Kunden mehr zustehen, während andererseits dem *Versicherungsvertreter* – würde eine *Provisionsverzichtsklausel* nicht vereinbart worden sein – ohne Rücksicht auf die Vertragsbeendigung weiterhin bereits verdiente aber noch nicht fällig gewordene weitere Abschlussfolgeprovisionen als sog. Nachprovisionen fortgezahlt werden müssten. Nur dann, wenn eine Provisionsverzichtsklausel vereinbart wurde, die zum Wegfall bereits dem Grunde nach verdienter Provisionen von der Vertragsbeendigung an führt, kann infolge der Vertragsbeendigung ein auszugleichender Provisionsverlust ebenso wie beim Warenhandelsvertreter entstehen[228], wie dies bei Letzterem bereits kraft Gesetzes im Hinblick auf den von ihm aufgebauten Kundenstamm der Fall ist. 815

Die unterschiedliche Regelung bei Warenhandelsvertretern einerseits und Versicherungsvertretern andererseits – sofern das System gleichbleibender laufender Provisionen vereinbart wurde – beruht darauf, dass beim Warenhandelsvertreter der Provisionsanspruch stets nur an ein provisionspflichtig zu Stande gekommenes *einzelnes Geschäft* anknüpft, während der Versicherungsvertreter mit der Vermittlung eines langfristig laufenden Versicherungsvertrages den daraus resultierenden Provisionsanspruch nach § 92 Abs. 4 HGB in vollem Umfang für die *gesamte Laufzeit* des vermittelten Versicherungsvertrages bereits mit dem vor der Vertragsbeendigung eintretenden Vermittlungserfolg zumindest dem Grunde nach erworben bzw. verdient hat. 816

Nun könnte man die Ansicht vertreten, die geschilderte Benachteiligung des Versicherungsvertreters, die sich nicht unmittelbar aus dem Gesetz, sondern erst aus einer rechtsgeschäftlich vereinbarten Provisionsverzichtsklausel ergebe, stelle gem. § 9 Abs. 2 Ziff. 1 AGBG = § 307 Abs. 2 Ziff. 1 BGB n. F. einen den Vertreter benachteiligenden und deshalb unwirksamen Tatbestand dar[229]. 817

---

226 Vgl. dazu Rz. 839.
227 Vgl. dazu Kap. I/Rz. 24 und 51 sowie Hdb. Bd. I Rz. 2097 ff. und *Küstner*, VersR 2002, 513, 515 zu III.2.
228 *OLG Köln*, 17.8.2001 – 19 U 206/00, VersR 2001, 1377 zu Abschn. I; ebenso *Fuchs-Baumann*, DB 2001, 2133, 2135 zu VI 1 und *Emde*, VersR 2002, 165 li. Sp. sowie *Thume*, BB 2002, 1325 zu Abschnitt II. Vgl. dazu auch *Specks*, Ausgleichsanspruch, Diss., 1. und 5. Abschn. u. S. 92. Zur Gesamtproblematik vgl. auch *Eduard Miller* in: Eine Chronik des selbständigen Versicherungskaufmanns, Mai 1976, S. 36.
229 So neuerdings *Graf von Westphalen*, DB 2000, 2555, 2256, r. Sp. Vgl. dazu *Küstner*, VW 2001, 1882.

VI Zweite materielle Anspruchsvoraussetzung – Provisionsverluste

Aber diese Auffassung vermag schon deshalb – worauf Fuchs-Baumann[230] zutreffend hingewiesen hat – nicht zu überzeugen, weil der Gesetzgeber bei der Regelung in § 89b Abs. 4 i.V.m. Abs. 1 von der **wirksamen Vereinbarung** einer Provisionsverzichtsklausel selbst ausgegangen ist. Denn ohne eine solche Klausel gäbe es im Bereich der Versicherungswirtschaft – jedenfalls dann, wenn der Vermittlungserfolg durch **gleichbleibende Provisionen in Abhängigkeit von der Laufzeit** des vermittelten Versicherungsvertrages vergütet wurde – mangels entstehender Provisionsverluste keinen Anlass für die Schaffung eines Ausgleichsanspruchs. Eben weil sich der Gesetzgeber für die Ausgleichsberechtigung des Versicherungsvertreters ausgesprochen habe, sei die Provisionsverzichtsklausel, durch die die Weiterzahlung von Folgeprovisionen ausgeschlossen wird, als **wirksam anerkannt** worden[231]. Gerade deshalb also, weil der auf diese Weise entstehende Provisionsverlust durch § 89b Abs. 5 i.V.m. Abs. 1 aufgefangen wird, wirkt sich die auf den ersten Blick aus der Provisionsverzichtsklausel resultierende Benachteiligung, wenn überhaupt, keineswegs in vollem Umfange zu Lasten des Versicherungsvertreters aus, zumal bereits die auf das Dreifache angehobene Ausgleichshöchstgrenze in gewissem Umfange die verbleibende Benachteiligung bei günstigen Voraussetzungen ausschließt[232].

818 In der Zeit vor dem Inkrafttreten des Ausgleichsrechts bzw. des AGB-Gesetzes ist die Rechtswirksamkeit von Provisionsverzichtsklauseln nicht selten bestritten worden und sie wurden mitunter als sittenwidrig bezeichnet[233], aber Möller[234] hat bereits in seinem Kommentar zum VVG darauf hingewiesen, dass von Sittenwidrigkeit solcher Verzichtsklauseln angesichts des (damals vorgesehenen) Ausgleichsanspruchs nicht mehr angenommen werden könne[235].

819 Aber auch dann, wenn man die Auffassung vertreten würde, die auf das dreifache angehobene Ausgleichshöchstgrenze stehe einem „echten Ausgleich" der aus der Provisionsverzichtsklausel resultierenden Benachteiligung im Wege, muss des Weiteren berücksichtigt werden, dass in der Praxis niemals wirklichkeitsnah festgestellt werden kann, in welchem Umfange dem Versicherungsvertreter nach der Vertragsbeendigung Abschlussfolgeprovisionen als Nachprovisionen zustehen würden, weil deren Zufluss ohne die Provisionsverzichtsklausel dann allein von der **Restlaufzeit der vermittelten Versicherungsverträge** abhängig wäre, wobei im Übrigen aber auch die in den Provisionen enthaltenen Verwaltungsvergütungen unberücksichtigt bleiben müssten. In diesem Zusammenhang sei nur auf die buchungsmäßigen Schwierigkeiten hinsichtlich der Erfassung solcher Folgepro-

---

230 *Fuchs-Baumann*, a.a.O.
231 Vgl. dazu *Gessler*, S. 57 ff., 62 f., der bei der Schilderung des Gesetzgebungsverfahrens darauf hinweist, dass der Ausgleich als conditio sine qua non für den Wegfall der Vermittlungsfolgeprovisionen bezeichnet wurde.
232 Vgl. dazu Rz. 1577.
233 *Möller* in Bruck/Möller, Komm. zum VVG, Anm. 369, S. 849 oben vor §§ 43–48 VVG; zum früheren Recht *Möller*, RuW, 191–194; *Trinkhaus* I, 286–288.
234 *Möller* in *Bruck/Möller*, a.a.O.
235 Zur früher vertretenen Ansicht: *Möller*, a.a.O. Anm. 369 S. 849 oben.

visionen und erst Recht im Hinblick auf mögliche Ansprüche der Erben des Versicherungsvertreters im Todesfall verwiesen, die vermutlich schwieriger zu lösen wären als die gegenwärtigen Ausgleichs- und Versorgungsprobleme.

Auch die besondere Frage würde hierbei eine Rolle spielen und Bedeutung gewinnen, ob sich nicht im Laufe der Zeit – insbesondere bei besonders langandauernden Versicherungsverträgen – ein Missverhältnis zwischen dem Umfang der insgesamt zu zahlenden Provisionen im Hinblick auf den erzielten Vermittlungserfolg ergeben könne, worauf in der Literatur bereits mehrfach hingewiesen wurde[236]. 820

Einen weiteren Gesichtspunkt, der gegen die Unwirksamkeit einer Provisionsverzichtsklausel spricht, wird im Urteil des OLG Köln vom 17.8.2001[237] angesprochen. Im Urteil wird nämlich festgestellt, dass ein Versicherungsvertreter zu Beginn seiner Tätigkeit von dem *von seinem Vorgänger erklärten Provisionsverzicht* deshalb profitiere, weil ihm aufgrund dieses Provisionsverzichts die Provisionen aus dem übertragenen Bestande ungekürzt zuflössen. 821

Im Hinblick auf den Ausgleichsanspruch gem. § 89b Abs. 5 HGB, der, wie erwähnt, den auf einer *Provisionsverzichtsklausel*[238] beruhenden Provisionsverlust in gewissem Sinne auffängt, ist schließlich noch zu bemerken, dass gerade im Bereich des Versicherungswesens der Ausgleichsanspruch als *Provisionssurrogat* gleichzeitig den Charakter einer Abfindung darstellt. Aber auch gerade deshalb stellt mit Rücksicht auf diese Abfindung die Provisionsverzichtsklausel keinen Verstoß gegen § 9 Abs. 2 AGBG dar. 822

Würde man der von Graf von Westphalen vertretenen Auffassung folgen, sodass jegliche Provisionsverzichtsklauseln unwirksam wären, würde ganz zweifellos dadurch die gesamte „Landschaft" im Bereich des Versicherungsvertreters eine Änderung erfahren: Dann gäbe es im Bereich der Versicherungswirtschaft mangels eines entsprechenden Bedürfnisses *keinen Ausgleich*; es gäbe dann vermutlich auch keine Probleme bezügl. erteilter *Versorgungszusagen* und *Anrechnungsvereinbarungen*[239]. 823

Aus alledem folgt, dass die von Graf von Westphalen vertretene Auffassung, Provisionsverzichtsklauseln seien generell unwirksam, weil sie gegen § 9 Abs. 2 Ziff. 1 AGBG verstießen, nicht zu überzeugen vermag. 824

Für den Versicherungsvertreter kann sich mit der Vertragsbeendigung ein Provisionsverlust aus vor der Vertragsbeendigung vermittelten und abgeschlossenen Geschäften gem. § 92 Abs. 2 i.V.m. § 87 Abs. 3 mithin nur dann ergeben, wenn auf Grund einer *Provisionsverzichtsklausel bereits verdiente, aber noch* 825

---

236 Vgl. dazu *Westphal*, Rz. 1226; *Brüggemann*, Rz. 138; *Löwisch* in *Ebenroth/Boujong/Joost* HGB, § 89b Rz. 143 sowie *Küstner*, VersR 2001, 513, 519 zu III.3.; ebenso *Fuchs-Baumann* DB 2001, 2131/2133.
237 *OLG Köln*, 17.8.2001, a.a.O. (Fn. 228); *OLG Frankfurt*, 26.1.1978 – 15 U 250/76, BB 1978, 728; *LG Köln*, 4.7.1997 – 82 O 222/93, VW 1997, 1166 m. Anm. *Küstner*.
238 Vgl. oben. Rz. 51, 814, 838, 926 Fn. 353.
239 Vgl. dazu Rz. 1198.

VI Zweite materielle Anspruchsvoraussetzung – Provisionsverluste

nicht fällig gewordene Abschlussprovisionen entfallen[240], sodass also Provisionsverluste aus bereits abgeschlossenen Geschäften im Vordergrund stehen, was insbesondere für den Bereich der Sachversicherung gilt.

826 Demgegenüber spielen im Bereich des Versicherungsvertreters Provisionsverluste aus künftig zu Stande kommenden Geschäften im Vergleich zum Ausgleichsanspruch des Warenhandelsvertreters eine wesentlich geringere Rolle, worauf bereits mehrfach hingewiesen worden war[240a]. Das Schwergewicht bezügl. der Ermittlung der Provisionsverluste des Versicherungsvertreters liegt vielmehr auf einer Prüfung der Frage, inwieweit die Vertragsbeendigung zum Verlust aus bereits abgeschlossenen Geschäften führt. Deshalb ist stets zu prüfen, woraus sich die Provisionen, die dem Versicherungsvertreter bei Vertragsfortsetzung zugeflossen wären, im Einzelnen zusammensetzen. Ergibt sich dabei, dass in den *Folgeprovisionen anteilig noch Abschlussprovisionen* enthalten sind, so kann die Vertragsbeendigung nur insoweit zu einem ausgleichsfähigen Provisionsverlust führen. Bestehen die bei Vertragsfortsetzung fällig werdenden Provisionen dagegen *ausschließlich aus Verwaltungsprovisionen*, enthalten sie mithin keine anteilige Vergütung für die vom Vertreter erzielten Vermittlungserfolge, dann kann die Vertragsbeendigung auch *keinen ausgleichsfähigen Provisionsverlust* auslösen, weil der Versicherungsvertreter dann alle verdienten Abschlussprovisionen bereits vor der Vertragsbeendigung in vollem Umfange erhalten hat.

827 Diese Konsequenz ergibt sich aus dem Urteil des Bundesgerichtshofs vom 4.5.1959[241], in dem festgestellt wurde, dass zu den Provisionen, für deren Verlust dem Vertreter ein Ausgleich zusteht, nur die *Abschlussprovisionen* gehören, nicht aber auch solche Provisionen, die dem Vertreter für die Verwaltung des von ihm geworbenen Versicherungsbestandes gewährt werden[242].

---

240 Näheres zur Bedeutung von Provisionsverzichtsklauseln für den Ausgleichsanspruch des Versicherungsvertreters Rz. 38. Zur provisionsrechtlichen Sonderstellung des Versicherungsvertreters ausführlich *Höft* VersR 1976 S. 205 und ZVersWiss. 1976 S. 439 und neuerdings *Fuchs-Baumann*, DB 2001, 2131, 2135 zu VI 1. Vgl. auch *Thume*, BB 2002, 1325 zu II. So hat mit Recht das *OLG Köln* im Urteil vom 17.8.2001 ausgeführt, zwar sei ein *Provisionsverzicht* im Vertretervertrage nicht enthalten, dieser werde aber vorausgesetzt, „da es ansonsten nicht zum Ausgleichsanspruch käme". Weiter stellt das Gericht fest, ein Provisionsverzicht verstoße auch nicht gegen § 9 Abs. 2 Nr. 1 AGBG. Denn § 92 Abs. 4 sei im Gegensatz zu § 89b Abs. 4 dispositives Recht und könne daher auch zu Vertragsbeginn wirksam – entweder durch Individualvereinbarung oder durch AGB – abgeändert werden. Deshalb habe der Kläger auch wirksam auf den Provisionsanspruch verzichten können. Ebenso *Hopt*, § 92 Rz. 9. Zur Gesamtproblematik vgl. auch *Eduard Miller* in: Eine Chronik des selbstständigen Versicherungskaufmanns, Mai 1976, S. 36.
240a Vgl. Rz. 30, 632 und insbes. *OLG Frankfurt*, 9.5.1986 – 10 U 48/85, VersR 1986, 814 u. *LG München*, 11.7.1984, VW 1984, 1565.
241 *BGH*, 4.5.1959 BGHZ 30 S. 98 = BB 1959 S. 574 = MDR 1959 S. 638 = NJW 1959 S. 1430 = VersR 1959 S. 427 = HVR Nr. 218; bestätigt durch die weiteren Urteile: *BGH*, 1.12.1960, BB 1961 S. 189 = VersR 1961 S. 210; *BGH*, 23.2.1961, BGHZ 34 S. 310 = BB 1961 S. 381 = VersR 1961 S. 341; *BGH*, 21.3.1963, VersR 1963 S. 556; *BGH*, 15.2.1965, NJW 1965 S. 1134 = BB 1965 S. 395 = HVR Nr. 340 und *BGH*, 19.11.1970, BB 1971 S. 105. a. A. *Schröder* i. FS. für Nipperdey S. 717 und Komm. § 89b Rz. 11.
242 Vgl. dazu oben Rz. 777ff.

Das OLG München[243] hat diese Auffassung für den Bereich des ausgleichsbe- **828** rechtigten Versicherungsvertreters bestätigt und festgestellt, dass dann, wenn in den *Folgeprovisionen Vermittlungsprovisionen nicht enthalten* seien, ausgleichsfähige Provisionsverluste insoweit nicht entstehen könnten[244]. Dies gelte im Hinblick auf Vergütungen, die dem Versicherungsvertreter für andere als die Vermittlung übertragene Aufgaben gezahlt würden, wie etwa für die *Betreuung* und *Erhaltung des Bestandes*, das *Beitragsinkasso* und die *Schadenregulierung*. Auch *Stornoabwehraufgaben*, die auf eine Umstimmung des Kunden zur Rücknahme einer ausgesprochenen Kündigung und Fortsetzung bereits geschlossener Verträge gerichtet seien, stellten *keine Vermittlungstätigkeit* dar, sodass derartige Vergütungen im Rahmen der Ermittlung der Provisionsverluste nicht berücksichtigt werden könnten. Dabei komme es nicht entscheidend auf die im Vertrage *verwendeten Bezeichnungen* an; maßgebend sei vielmehr eine Würdigung der allgemeinen Handhabung und der besonderen vertraglichen Gestaltung des Einzelfalles[245].

Freilich gilt dies nur dann, wenn sich die Berechnung des Ausgleichsanspruchs **829** allein nach den gesetzlichen Bestimmungen richtet[246]. Sind für seine Berechnung im Bereich der Sachversicherung die *„Grundsätze"* maßgeblich[247], kommt es auf die *Unterscheidung zwischen Vermittlungs- oder Abschlussprovisionen einerseits und Verwaltungsprovisionen andererseits* nicht an, jedenfalls dann nicht, wenn dem Vertreter nach dem Vertrage *gleichbleibende laufende* Folgeprovisionen zu zahlen sind, ohne dass für die erfolgreiche Vermittlung eines Versicherungsvertrages eine Abschlussprovision als Einmalprovision oder eine erhöhte Erstprovision gezahlt wird[248] weil in der Zeit nach der Vertragsbeendigung ohnehin keine Bestandspflege mehr geschuldet wird, sodass zwangsläufig insoweit auch keine Verluste entstehen können.

Das oben aufgezeigte, sich aus diesem Urteil ergebende *Kernproblem für den* **830** *Ausgleichsanspruch des Versicherungsvertreters* wäre deshalb gegenstandslos, wenn man mit Schröder[249] die Ansicht vertreten wollte, dass der Versicherungsvertreter auch hinsichtlich solcher Provisionen ausgleichsberechtigt sei, die er aus den selbst vermittelten Verträgen bei einer Vertragsfortsetzung neben den Vermittlungsprovisionen erhalten würde, *wenn also grundsätzlich auch der Verlust an Verwaltungsprovisionen ausgleichsfähig wäre*. Denn dann be-

---
243 *OLG München*, 10.3.1993, BB 1993 S. 1754.
244 Einzelheiten zur Bestandspflegeprovision *Küstner*, VersR 2002, 513 sowie Rz. 777, Rz. 888, 905; zur Beweislast in derartigen Fällen vgl. Rz. 1763, 1768 ff.
245 *BGH*, 4.5.1959 a.a.O. (vgl. Fn. 241) sowie *BGH*, 19.11.1970, BGHZ 55, 45 = NJW 1971 S. 462 und 1971 S. 269 (Anm. *Höft*, VersR 1971 S. 26) = BB 1971 S. 105 = DB 1971 S. 185 = VersR 1971 S. 265 = HVR Nr. 425).
246 Vgl. dazu Urteil des *LG München* vom 21.3.1990 – 10 HK O 26104/87 – unveröffentlicht.
247 Vgl. Einzelheiten Kap. XVIII.
248 Vgl. dazu Einzelheiten Rz. 862 und 884.
249 § 89b Anm. 11 ff. und 41c ff. sowie Festschrift für *Nipperdey*, 1965, S. 715 ff. Vgl. dazu die eingehende Erwiderung von *Höft*, VersR 1966 S. 104 ff. und VersR 1970 S. 97 ff. sowie RVR 1970 S. 119 ff. und die weiteren gegenteiligen Auffassungen von *Bruck/Möller*, Anm. 376, 377 vor §§ 43–48 VVG; *Rietschel*, RVR 1969 S. 302; *Hoffmann*, S. 54 ff.

VI Zweite materielle Anspruchsvoraussetzung – Provisionsverluste

dürfte es der so schwierigen Aufteilung der Folgeprovisionen nur noch insoweit, als zwischen *selbst vermittelten* und bei Vertragsbeginn *übernommenen Beständen* unterschieden werden müsste. Die von Schröder vertretene Ansicht ist vom Bundesgerichtshof in einer Entscheidung vom 19.11.1970 jedoch ausdrücklich abgelehnt worden[250].

831 Dort weist der BGH ausdrücklich auf die *Schwierigkeiten* bei der Bemessung des Ausgleichsanspruchs eines Versicherungsvertreters hin, weil in den Verträgen „oft nicht eindeutig zum Ausdruck" komme, inwieweit die Provisionen als Entgelt für die Vermittlungstätigkeit oder für andere Leistungen anzusehen sind. Deshalb werde auch im BGH-Urteil v. 21.3.1963[251] ausgesprochen, es sei nicht ausschließlich auf die im Vertretervertrage verwandten Bezeichnungen der Provisionen abzustellen; vielmehr sei es Sache des Tatrichters, zu untersuchen, ob in einer *etwa als Verwaltungs- oder Inkassoprovision* bezeichneten Vergütung noch ein Entgelt für die Vermittlungstätigkeit enthalten sei[252].

832 Im Übrigen lässt sich aber weder aus dem *Grundgedanken* des Ausgleichsanspruches noch aus der *Amtlichen Begründung* oder dem Gesetzeswortlaut die Ansicht rechtfertigen, dass *sämtliche Provisionen ausgleichsfähig* seien, die dem Vertreter im Hinblick auf den von ihm vermittelten Versicherungsbestand *vertraglich zustehen*, gleichgültig, worauf sie sich beziehen. Aus dem Grundgedanken des Ausgleichsanspruchs[253] ergibt sich vielmehr, dass sich der Ausgleichsanspruch des Versicherungsvertreters *nur auf bereits verdiente Ansprüche auf Vermittlungsprovision* beziehen kann, die der Vertreter mit der Vertragsbeendigung verliert.

833 Des Weiteren ist zu beachten, dass der Ausgleichsanspruch des Versicherungsvertreters allein an die bis zur Vertragsbeendigung ausgeübte Tätigkeit und den allein daraus resultierenden – in die Zeit nach der Vertragsbeendigung hineinwirkenden – Tätigkeitserfolg[254] anknüpft[255], und dass während einer gedachten *Vertragsfortsetzung* (Fortsetzungsfiktion) *eine weitere Tätigkeit des Versicherungsvertreters* – im Gegensatz zu der ganz anders gelagerten Situation bei Warenvertretern – im Hinblick auf weitere Vertragsabschlüsse mit akquirierten Versicherungsnehmern nicht unterstellt werden darf[256]. Vielmehr darf *nur vom Weiterbestand der bis zur Vertragsbeendigung vermittelten und für den Versicherungsvertreter provisionspflichtigen Versicherungsverträge ausgegangen*

---

250 *BGH,* 19.11.1970, BB 1971 S. 105 = VersR 1971 S. 265 mit Anm. v. *Höft.* Vgl. oben Fn. 245.
251 *BGH,* 21.3.1963 a.a.O. (Fn. 241).
252 Vgl. dazu Schreiben des *GDV* v. 14.9.1993 und 5.4.1994 an den BVK (abgedr. im Anhang Nr. 17 und 18) sowie dazu *Hau,* VersVerm 1995, 160 und *Küstner,* VersVerm 1996, 247.
253 Vgl. dazu oben Rz. 13 ff. Vgl. dazu auch *BGH,* 4.5.1959 oben Fn. 241.
254 Vgl. dazu Rz. 16 ff. sowie ausführlich *Höft,* VersR 1966 S. 104 ff., VersR 1970 S. 97 ff.
255 *Sieg,* VersR 1964 S. 789.
256 Ebenso *Höft,* VersR 1970 S. 97 ff. und VersR 1967 S. 524, 531 li. Sp. zu Abschnitt V 2 a.E. sowie VersR 1966 S. 107; *Küstner,* BB 1966 S. 270 re. Sp.; *Möller,* Anm. 376 vor §§ 43–48 VVG. Vgl. auch oben Rz. 728–730.

werden, und zwar entsprechend der zwischen dem Versicherungsunternehmen und dem Versicherungsnehmer getroffenen Vereinbarungen. Wollte man in Anlehnung an die für den Ausgleichsanspruch des Warenvertreters ergangene Rechtsprechung[257] auch für den Versicherungsvertreter eine weitere Tätigkeit nach der Vertragsbeendigung unterstellen, so würde man den *entscheidenden ausgleichsrechtlichen Unterschied* verkennen, der insoweit zwischen der Tätigkeit und dem Tätigkeitserfolg von Warenvertretern einerseits und Versicherungsvertretern andererseits besteht[258]. Aber auch aus der Amtlichen Begründung zu § 89b[259] ergibt sich eindeutig, dass auch der Gesetzgeber nur *Vermittlungsprovisionsverluste* als ausgleichsfähig ansieht.

In der *Amtlichen Begründung* wird nämlich betont, dass der Vertreter der *Abschlussfolgeprovision* in umso größerem Umfange verlustig gehe, je früher er nach dem Beginn der Laufzeit eines *Sachversicherungsvertrages* ausscheide. Der Gesetzgeber stellt also ausdrücklich auf die *Abschlussfolgeprovisionen* ab. Würde er *sämtliche Folgeprovisionen* in vollem Umfange als Abschlussprovisionen ansehen und dementsprechend für ausgleichsfähig halten, wäre gerade an dieser Stelle ein Hinweis darauf angebracht gewesen, zumal in der Amtlichen Begründung wiederholt die *Inkassoprovision der Abschlussprovision gegenübergestellt* wird. **834**

Auch nach Geßler[260] ist es ausgleichsrechtlich bedeutungslos, dass der Versicherungsvertreter vertraglich *neben der Vermittlung neuer Versicherungsverträge auch zur Verwaltung dieser Verträge* verpflichtet ist. Denn die Verwaltungsprovision kann, so führt Geßler aus, der Versicherungsvertreter nicht „*infolge der Beendigung des Vertragsverhältnisses verlieren*". Er hätte sie vielmehr erst *durch weitere Tätigkeit verdienen können*. Mit der Vertragsbeendigung verliere der Versicherungsvertreter nur die Möglichkeit, die Verwaltungsprovisionen durch Ausübung des Inkassos und der Bestandspflege zu verdienen. Geßler war als zuständiger Referent des Bundesjustizministeriums an der Schaffung des § 89b maßgeblich beteiligt. Es ist deshalb unwahrscheinlich, dass der Gesetzgeber tatsächlich die von Schröder behauptete Ansicht bei der Schaffung des Ausgleichsanspruchs vertreten hat, ohne dass Geßler in seiner Darstellung des Ausgleichsrechts hierauf hingewiesen hätte. Vielmehr ist anzunehmen, dass Geßler die Rechtslage so wiedergegeben hat, wie sie auf Grund der Gesetzesberatung schließlich in § 89b ihren Niederschlag gefunden hat. **835**

Schließlich ist im Hinblick auf die von Schröder vertretene Auffassung letztlich aber auch zu fragen, ob diese Auffassung im Ergebnis überhaupt – auch wenn sie richtig wäre – dazu führen könnte, den Ausgleichsanspruch des Versicherungsvertreters betragsgemäß zu erhöhen. Das würde – weil ein Ausgleichsanspruch nur entstehen kann, wenn sämtliche Anspruchsvoraussetzungen neben- **836**

---

[257] *BGH*, 13.5.1957 – II ZR 19/57 – BGHZ 24, 223 = BB 1957 S. 528 = DB 1957 S. 530 = HVR Nr. 124 = NJW 1957 S. 1028 = VersR 1957 S. 360.
[258] Vgl. dazu die Hinweise in den Rz. 29, 833, 947, 984 ff.
[259] Bundestags-Drucksache 1/3856, wörtlich abgedruckt insoweit unten Rz. 872.
[260] S. 92, 71.

VI Zweite materielle Anspruchsvoraussetzung – Provisionsverluste

einander erfüllt sind[261] – nämlich nur dann der Fall sein können, wenn dem Verlust des Versicherungsvertreters an *Verwaltungsprovisionen entsprechende Unternehmervorteile* gegenüberstehen[262]. Aus dem mit der Vertragsbeendigung eintretenden Wegfall der Verwaltungstätigkeit des Versicherungsvertreters aber kann sich ein solcher *Unternehmervorteil nicht ergeben*, weil die vom Vertreternachfolger zu übernehmende Verwaltungstätigkeit weder kostenmäßig noch arbeitsmäßig durch die vorangegangene Tätigkeit des ausgeschiedenen Vertreters beeinflusst wird. Aus der Verwaltungstätigkeit des ausgeschiedenen Versicherungsvertreters ergibt sich also keinerlei Vorteil des vertretenen Unternehmers, der ausgleichsrechtlich berücksichtigt werden könnte[263].

837 Noch in einem weiteren Punkte kann der Ansicht Schröders nicht gefolgt werden. Er führt aus, die Tätigkeitsprovisionen des Versicherungsvertreters hätten den *Charakter einer zusätzlichen Vergütung* für die Erzielung von Vermittlungserfolgen; Verwaltungsprovisionen seien also praktisch Abschluss- bzw. Vermittlungsprovisionen[264]. Auch diese Ansicht lässt sich weder aus der Amtlichen Begründung noch aus dem Bundesgerichtshofsurteil vom 4.5.1959 entnehmen; sie ist auch ernstlich in der Literatur und in der Versicherungswirtschaft bisher niemals vertreten worden. Wenn es in der Amtlichen Begründung heißt, in der Inkassoprovision sei ein Teil der Vermittlungsprovision enthalten, und wenn der Bundesgerichtshof feststellt, dass stets geprüft werden müsse, ob in einer als Verwaltungs- oder Inkassoprovision bezeichneten Vergütung noch ein Entgelt für die Vermittlungstätigkeit enthalten sei, so kann daraus nicht gefolgert werden, dass die Inkassoprovision „nach dem ganz eindeutigen Wortlaut der Amtlichen Begründung stets in vollem Umfang" Abschlussprovision sei, ganz abgesehen davon, dass die Amtliche Begründung in dieser allgemeinen Formulierung unzutreffend und missverständlich ist, weil sie den in der Sachversicherung praktizierten Provisionssystemen überhaupt nicht Rechnung trägt[265].

838 Der Bundesgerichtshof[266] lehnt die von Schröder vertretene Auffassung auch mit dem Hinweis darauf ab, dass ein Versicherungsvertreter *für seine Verwaltungstätigkeit ein besonderes Entgelt* auch dann erhalte, wenn er die in Betracht kommenden Verträge *gar nicht selbst vermittelt habe*.

2. Die Provisionssysteme und ihre Gründe

839 Nach § 92 Abs. 1 besteht die typische Tätigkeit des Versicherungsvertreters darin, Versicherungsverträge zu vermitteln oder abzuschließen. Der erzielte *Vermittlungserfolg* wird ihm in Form von *Vermittlungsprovisionen* vergütet, die er grundsätzlich abhängig von der Zahlung der Erstprämie durch den Versiche-

---
261 Vgl. dazu oben Rz. 244 ff.
262 *Schröder,* Festschrift für Nipperdey, S. 772, 723.
263 Vgl. *Höft,* VersR 1966 S. 104, 107 zu II d. Ebenso *BGH,* 19.11.1970, BB 1971 S. 105.
264 Vgl. hierzu die Erwiderung von *Höft,* VersR 1966 S. 104 ff. in Abschnitt III und VersR 1970 S. 97 ff.
265 Näheres bei *Höft,* VersR 1966 S. 104 ff.
266 *BGH,* 19.11.1970, BB 1971 S. 105.

rungsnehmer verdient[267]. Häufig ist noch zusätzlich vereinbart, dass der Versicherungsvertreter auch eine verwaltende Tätigkeit auszuüben hat, für die er eine *Tätigkeitsvergütung* erhält. Diese *Verwaltungstätigkeit* betrifft meist das *Inkasso*, eine allgemeine *Bestandspflege* und in gewissem Umfang häufig auch eine Mitwirkung bei der *Schadensbearbeitung*. Bei allen diesen Tätigkeiten handelt es sich – über die eigentliche und typische Vertretertätigkeit hinaus – um *zusätzliche Aufgaben*, zu deren Wahrnehmung der Versicherungsvertreter keineswegs ohne weiteres berechtigt ist, die deshalb stets eine *entsprechende besondere Vereinbarung* voraussetzen und deshalb auch *keinen integrierenden Bestandteil einer Versicherungsvertretertätigkeit* darstellen. Da die Zahlung von Verwaltungsprovisionen von der Ausübung einer fortgesetzten Tätigkeit des Vertreters bis zur Beendigung des Vertretervertrages abhängt, werden diese Provisionen, solange der Vertreter tätig ist, *immer wieder neu verdient* und stellen somit eine laufende, und zwar *nicht erfolgsabhängige* Vergütung des Vertreters dar.

Die einem Versicherungsvertreter vertraglich zustehenden *Vermittlungsprovisionen* werden in der Versicherungswirtschaft in unterschiedlicher Form gewährt. Die beiden *Grundformen* der möglichen Provisionsregelungen sind die laufend gezahlten *gleichbleibenden Provisionen* einerseits und die in einer Summe gezahlte Provision, die sog. *Einmalprovision*, andererseits. 840

Unter *Einmalprovisionen* versteht man Vermittlungsvergütungen, die in der Form einer bei Abschluss des Versicherungsvertrages betragsmäßig feststehenden *einmaligen Leistung* entrichtet werden[268]. Dies ist vor allem in der *Lebensversicherung* der Fall, bei der dem Vertreter die Provision nach der Einlösung des Versicherungsscheines durch den Versicherungsnehmer entsprechend der Prämienzahlung des ersten Versicherungsjahres gewährt zu werden pflegt[269]. Das geschieht rechnerisch dadurch, dass alle künftigen Beiträge des Versicherungsnehmers im Voraus mit der Abschlussprovision belastet werden. Die Höhe der Einmalprovision in der Lebensversicherung bemisst sich entweder nach *Promillesätzen der Versicherungssumme* (in der Großlebensversicherung) oder nach *Prozentsätzen des Versicherungsbeitrages* (in der Kleinlebensversicherung). Daneben erhält der Vertreter, solange der vermittelte Versicherungsvertrag besteht, eine *Folgeprovision*, die allein eine Vergütung des Vertreters im Hinblick auf die bezüglich der vermittelten Verträge vertragsgemäß ausgeübte *Verwaltungstätigkeit* darstellt. Die Höhe dieser Vergütung richtet sich naturgemäß nach dem Umfang der Verwaltungstätigkeit; sie vermindert sich üblicherweise dann, wenn der Versicherer das Inkasso selbst wahrnimmt. 841

---

267 *Trinkhaus*, S. 172 ff.
268 *Trinkhaus*, S. 231, 263.
269 Entsprechendes gilt im Wesentlichen auch in der Krankenversicherung und besonders im Bausparwesen; vgl. Näheres unten Rz. 956ff. und *Küstner*, BB 1966 S. 269. Vgl. auch Band 1 Rz. 967, 1099, 1106. Wird das generell in der Großlebensversicherung angewandte Provisionssystem der Einmalprovision geändert und dem in der Sachversicherung üblichen Provisionssystem angepasst, dürften die allgemein für das System der gleichbleibenden Provisionen geltenden Gruppensätze zu berücksichtigen sein.

VI Zweite materielle Anspruchsvoraussetzung – Provisionsverluste

842 Für den hier interessierenden Zusammenhang ist entscheidend, dass bei der *Einmalprovision* die Entstehung des Provisionsanspruchs und seine Fälligkeit bei Beginn des vermittelten Vertrages grundsätzlich zusammenfallen.

843 Beim Provisionssystem der laufend gezahlten *gleichbleibenden Provisionen*[270], das generell im Bereich der Sachversicherung üblich ist, wird der mit der Vertragsvermittlung verdiente Provisionsanspruch dagegen nicht – wie in der Lebensversicherung – in einem Betrage, sondern gemäß den getroffenen Vereinbarungen *entsprechend dem Eingang der vom Versicherungsnehmer entrichteten Folgebeiträge* fällig. Es handelt sich also um ein *ratenweises Fälligwerden eines verdienten Anspruchs*. Dass die Dauer des Versicherungsvertrages gewisse Auswirkungen auf die Gesamthöhe des verdienten Vermittlungsentgeltes haben kann, zeigt sich daran, dass der Vermittlungserfolg die Laufzeit eines Versicherungsvertrages beeinflusst, sodass die gesamte *Vermittlungsprovision entsprechend höher ist, je länger der Versicherungsvertrag besteht*[271].

844 Fließen dem Versicherungsvertreter, dessen Vermittlungsprovision in gleichbleibenden Raten ausgezahlt wird, außerdem auch Tätigkeitsvergütungen zu, die ebenfalls jeweils beim Eingang einer Folgeprämie fällig werden, dann setzen sich die jeweils fällig werdenden Vergütungen *einerseits aus Vermittlungsprovisionsraten, andererseits aus Tätigkeitsvergütungen* zusammen. Die Besonderheit der gleichbleibenden Vermittlungsprovisionen besteht mithin darin, dass die für eine erfolgreiche Vermittlungstätigkeit verdiente Vermittlungsprovision vereinbarungsgemäß in Raten gezahlt wird und dass die einzelnen Provisionsraten, wenn der Vertreter auch Verwaltungsaufgaben übernommen hat, *gemeinsam mit den jeweils verdienten Tätigkeitsvergütungen ausgezahlt werden*.

845 Auf den ersten Blick erscheint es problematisch, wie die – ebenfalls auf den Bereich der Schadensversicherung beschränkten – Fälle einzuordnen sind, in denen die aus dem ersten Jahresbeitrag des Versicherungsnehmers finanzierte *Erstprovision erheblich höher* ist als die vom zweiten Versicherungsjahr an gezahlten *Folgeprovisionen*. Die für die Folgeprovisionen maßgeblichen Prozentsätze unterscheiden sich wiederum meist nur unwesentlich von denjenigen, die beim System der gleichbleibenden Vermittlungsprovisionen vom zweiten Jahr an üblich sind, während sie in der Regel erheblich über den für Lebensversicherungen maßgebenden Prozentsätzen liegen. Streitig und in ausgleichsrechtlicher Hinsicht von sehr wesentlicher Bedeutung ist, ob es sich bei dieser Provisionsform[272] um eine *Einmalprovision* handelt, die der bei der Lebensversicherung

---
270 Näheres dazu Rz. 866ff.
271 Vgl. dazu auch *Höft*, VersR 1966 S. 104ff.
272 Die erhöhten Erstprovisionen werden mitunter auch als „*Diskontprovisionen*" bezeichnet (vgl. *Trinkhaus*, S. 195, 212). Sie haben aber in Wirklichkeit mit einer Diskontierung nichts zu tun. Unter einem Diskont versteht man eine Zahlung, mit der noch nicht fällige Ansprüche unter Abzug eines Zwischenzinses vorzeitig befriedigt werden. Eine Diskontprovision würde demnach voraussetzen, dass die Provision grundsätzlich erst zu einem späteren Zeitpunkt fällig werden würde, dass sie aber kraft Parteivereinbarung schon zu einem früheren Zeitpunkt ausgezahlt wird. Das ist aber nicht der Fall.

üblichen Einmalprovision gleichgestellt werden kann, oder ob die im ersten Versicherungsjahr fällig werdende *Abschlussprovision nur einen Teil der dem Vertreter zustehenden gesamten Abschlussprovision* darstellt, weil in den Folgeprovisionen neben der Verwaltungsvergütung noch eine *anteilige Abschlussvergütung* enthalten ist.

Hierzu muss zunächst geklärt werden, warum im einen Fall diese, im anderen Fall jene Provisionsform vereinbart wurde. Auszugehen ist von der Tatsache, dass sich Versicherungsverträge im Hinblick auf den *Umfang des versicherten Risikos*, auf die *Schadensanfälligkeit* und auf die *Bestandsfestigkeit* untereinander ganz erheblich unterscheiden. Naturgemäß überschneiden sich diese Kriterien bei den einzelnen Versicherungsarten, denn es gibt *gute Risiken, die wenig bestandsfest* sind, andererseits aber auch sehr *schadensanfällige Versicherungen, die sehr bestandsfest* sind. Die genannten Kriterien wirken sich auf die Höhe der Beiträge aus, denn der Versicherer kann in erster Linie über die *Bemessung der Beiträge* einen Ausgleich für ein schlechteres Risiko und auch für solche Versicherungen erreichen, deren Laufzeit erwartungsgemäß gering ist. Dadurch wird gleichzeitig aber auch die sich aus dem Vermittlungserfolg ergebende Gewinnchance des Versicherers beeinflusst. 846

Ein Versicherer kann die *Provisionslast* dann auf den *Beginn der vertraglich vorgesehenen Laufzeit* des Versicherungsvertrages legen, wenn dieser Vertrag relativ *bestandsfest* ist. Dann kann der Versicherer nämlich mit größerer Wahrscheinlichkeit mit dem Eingang aller Beiträge rechnen. Bestandsfest sind in der Regel solche Verträge, die auch relativ wenig schadensanfällig sind, sodass es sich günstig auswirkt, dass der Versicherer nicht die gesamten Beiträge zur Deckung der Schäden und der sonstigen Kosten benötigt[273]. Die Abgrenzung ist indessen, wie erwähnt, fließend und deshalb schwierig. 847

Handelt es sich dagegen um *wenig bestandsfeste Verträge*, so muss der Versicherer die Provisionsbelastung eines Versicherungsvertrages auf die gesamte Vertragsdauer verteilen. Daraus erklärt es sich, dass in der *Lebensversicherung Einmalprovisionen* gewährt werden. Denn Lebensversicherungen gelten einerseits als besonders bestandsfest; andererseits lässt sich bei ihnen das versicherte Risiko an Hand von *Sterbetafeln* besser und *exakter als in der Schadensversicherung* im Voraus kalkulieren. Die Beiträge sind erheblich höher als in der Schadensversicherung, weil sie nicht nur zur Risiko- und Kostendeckung entrichtet werden, sondern – abgesehen von reinen Risikoversicherungen – in erheblichem Maße auch ein *Sparkapital* darstellen. Schließlich werden Lebensversicherungsverträge von vornherein auf einen sehr langen Zeitraum abgeschlossen, während im Bereich der *Schadensversicherung* meist nur *Verträge mit wesentlich kürzeren Fristen* zu Stande kommen, deren Gesamtlaufzeit überdies zunächst unbestimmt ist. Alle diese Umstände führen dazu, dass in der Lebensversicherung bereits bei *Vertragsbeginn die gesamte Abschlusspro-* 848

---

[273] In diesem Zusammenhang sei auf die Kündigungsmöglichkeit gemäß § 96 Abs. 1 VVG nach Eintritt eines Versicherungsfalles hingewiesen.

VI Zweite materielle Anspruchsvoraussetzung – Provisionsverluste

vision gezahlt werden kann. Der Versicherer kann hier den zu erwartenden Gewinn recht genau übersehen.

849 Andererseits erklärt sich aus der obigen Gegenüberstellung aber auch, warum zum Beispiel bei der industriellen Feuer-, der Transport-, der Maschinen- und der Kraftfahrtversicherung üblicherweise **gleichbleibende Provisionen** gewährt werden. Dies beruht darauf, dass gerade diese Versicherungszweige – wenn man sie in ihrer Gesamtentwicklung auf weitere Zeiträume betrachtet – *erfahrungsgemäß besonders wenig bestandsfest sind*.

850 Bei anderen Zweigen der Schadensversicherung – z.B. im sog. *„einfachen Geschäft" der Sachversicherung* –, die demgegenüber als wesentlich **bestandsfester** und auch in erheblich geringerem Maße als schadensanfällig gelten, kann deshalb die Zahlung einer **erhöhten Erstprovision** vertreten werden. Je länger der vermittelte Versicherungsvertrag vereinbarungsgemäß laufen soll, desto höher kann in diesen Versicherungszweigen die **Erstprovision** festgesetzt werden. Das beruht aber nicht darauf, dass dem Versicherer infolge der langen Laufzeit ein höheres Beitragsaufkommen zur Verfügung steht, sondern darauf, dass wegen der längeren Laufzeit *verlustreiche und verlustarme Jahre einander ausgleichen*, der **Gefahrenausgleich** mithin zum Teil im Versicherungsvertrag selbst stattfindet. Deshalb kann der Versicherer aus langfristigen Verträgen größere Gewinnchancen erwarten; das gestattet es ihm, einen solchen Vertrag entsprechend höher zu bewerten und die **Erstprovision entsprechend hoch** festzusetzen.

851 Wie stark hierbei die Höhe der Erstprovision von der Laufzeit des vermittelten Vertrages abhängig ist, zeigt sich darin, dass sich die Schadensversicherer in den Vertreterverträgen häufig dagegen schützen, dass die entsprechend der vertraglich vereinbarten Laufzeit gewährte Erstprovision durch den **Beitragseingang nicht gedeckt** ist, dass also bei der Festsetzung der Erstprovision von Voraussetzungen ausgegangen wurde, die sich später als unrichtig erweisen. So wird häufig vereinbart, dass der Vertreter dem Versicherer *zuviel gezahlte Provisionen erstatten* muss, wenn die vermittelte Versicherung vorzeitig aufgehoben, gekündigt oder im Hinblick auf Dauer, Summe oder Beitrag herabgesetzt wird. Dann nämlich sollen dem Vertreter nur die Provisionen zustehen, auf die er Anspruch gehabt hätte, *wenn der Versicherungsvertrag von vornherein nur für die Dauer der tatsächlichen bzw. der herabgesetzten Laufzeit oder zu dem herabgesetzten Beitrag abgeschlossen worden wäre*. In diesen Fällen zeigt sich also nachträglich, dass der Versicherungsvertrag doch *weniger bestandsfest* ist, als ursprünglich erwartet wurde, sodass die Erstprovision in der zunächst gewährten Höhe der Bewertung des vermittelten Vertrages im Hinblick auf die mit ihm verbundene Gewinnchance des Versicherers nicht entspricht.

3. Terminologie und Meinungsstreit

852 Meist lässt sich aus den **vertraglichen Bezeichnungen** der verschiedenen Provisionsarten nicht eindeutig entnehmen, welche Provisionen als Abschlussprovi-

sionen und welche als Verwaltungsprovisionen[274] gewährt werden. Möller[275] sagt mit Recht, dass sich die verschiedenen Provisionsarten *begrifflich zwar leicht unterscheiden ließen*, dass „*das Leben dieser Begriffsbildung aber einen Streich spiele*", indem es erstens die verschiedenen Arten von Erfolgsvergütungen zusammenziehe und zweitens in der *Terminologie unsorgfältig verfahre*[276]. Ein besonders typisches Beispiel hierfür ist die *Bezeichnung aller Folgeprovisionen mit dem Begriff „Inkassoprovision"*, obwohl der Vertreter meist neben dem Inkasso noch andere Verwaltungsaufgaben wahrnimmt. Diese Begriffsverwirrung wird vollkommen, wenn sogar solche Folgeprovisionen, die teilweise Vermittlungsprovisionen und teilweise Verwaltungsprovisionen darstellen, als Inkassoprovisionen bezeichnet werden, *obwohl der Vertreter mit dem Inkasso überhaupt nichts zu tun hat*, weil der Versicherer ein *Zentralinkasso* durchführt. Die Verwendung des Begriffs „Inkassoprovision" als Bezeichnung für eine Vergütung des Vertreters, die von seiner verwaltenden Tätigkeit stets scharf getrennt werden sollte, lässt sich in solchen Fällen allenfalls mit der Erwägung rechtfertigen, dass sie im Hinblick auf den Fälligkeitstermin der Vergütung gewählt wurde, da die jeweilige Provision vom Eingang der Folgeprämie, also der Durchführung des Inkassos, abhängig ist[277]. Darüber hinaus wird bei gleichbleibenden Provisionen der *Begriff der Abschlussprovision* mitunter überhaupt vermieden und nur von *Erst- und Folgeprovisionen* oder nur von *Inkasso- und Verwaltungsprovisionen* gesprochen.

Die Rechtsprechung hat auf diese *unsorgfältige Terminologie* mit Recht wiederholt hingewiesen[278]. Der Bundesgerichtshof hat in seinem Urteil vom 4.5.1959 festgestellt, dass nicht ausschließlich auf die in einem Vertretervertrag verwendeten Bezeichnungen abgestellt werden könne. Sie besäßen *keinen genügenden Unterscheidungswert*, da es in manchen Versicherungszweigen durchaus üblich sei, dass in der als Verwaltungs- oder Inkassoprovision bezeichneten Vergütung Teile einer Vergütung für die Vermittlungs- und Abschlusstätigkeit enthalten seien[279].

853

---

274 Der Begriff „*Verwaltungsprovision*" wird hier als Sammelbegriff für alle Vergütungen des Versicherungsvertreters verwendet, die ihm für eine neben der Vermittlungstätigkeit übertragene und ausgeübte verwaltende Tätigkeit (Inkasso, Bestandspflege, Mitwirkung bei der Schadensbearbeitung usw.) gewährt werden.
275 RuW S. 158.
276 *Möller*, RuW S. 160, Kommentar, Anm. 273, S. 749; RDBr. S. 109 und S. 55, 56; *Trinkhaus*, S. 214, 253, 254; *Geßler*, S. 55; *Brüggemann*, § 89b Rz. 131. Vgl. auch OLG München, 13.11.1991, NJW-RR 1993 S. 357, 358 li. Sp. zu 1b.
277 *Möller*, Anm. 274, S. 750; *Trinkhaus*, S. 254.
278 BGH, 4.5.1959 (Fn. 241); 1.12.1960, BB 1961 S. 189 = VersR 1961 S. 210; 23.2.1961, BB 1961 S. 381 = BGHZ 34 S. 310 = NJW 1961 S. 1059 = VersR 1961 S. 341; 21.3.1963, VersR 1963 S. 556; OLG Stuttgart, 26.3.1957, VersR 1957 S. 329; OLG Celle, 11.3.1961, unveröffentlicht; *Kammergericht*, 6.3.1964, VersR 1964 S. 1295 mit Anmerkung von *Klingmüller*, LG Stuttgart, 21.12.1955, VersR 1956 S. 415. Vgl. insbes. BGH, 19.11.1970 zu I 4, BB 1971 S. 105 sowie BAG, 21.5.1985, DB 1986 S. 919 = VersR 1986 S. 559 (nur LS) = VersVerm 1986 S. 227.
279 Dort auch Hinweise auf ältere Rechtsprechung und Literatur.

VI Zweite materielle Anspruchsvoraussetzung – Provisionsverluste

854 Aus einer zwischen dem Gesamtverband der Deutschen Versicherungswirtschaft (GDV) einerseits und dem Bundesverband Deutscher Versicherungskaufleute (BVK) andererseits geführten Korrespondenz ergibt sich, dass allerdings die Probleme, die sich aus der unsorgfältigen Terminologie einerseits und den immer wieder entstehenden Abgrenzungsschwierigkeiten andererseits in der Versicherungswirtschaft in ihrer Bedeutung erkannt sind und dass sich der Gesamtverband der Deutschen Versicherungswirtschaft um eine Klarstellung bemüht hat. So hat der GDV in einem Schreiben vom 14.9.1993 (ergänzt durch ein weiteres Schreiben vom 5.4.1994)[280] darauf hingewiesen, dass etwa „Begriffe wie z.B. *Bestandspflegeprovision* oder *Bestandsbetreuungsprovision*" auf einer bestehenden Übung bei vielen Unternehmen beruhten und dass sich die Verwendung dieser Begriffe allein aus dem Sprachgebrauch heraus entwickelt habe. Richtig sei, dass die *„Folgeprovision" in der Schadenversicherung grundsätzlich auch einen Teil Abschlussprovision* beinhalte. Die verwendeten Begriffe wie z.B. „Bestandspflege- bzw. Betreuungsprovision" seien mithin aus der Sicht des GDV grundsätzlich *im Sinne von Folgeprovision* zu verstehen. Eine anderweitige Bezeichnung der Folgeprovisionen habe demnach keinerlei Auswirkungen auf die Feststellung des Ausgleichsanspruchs nach § 89b HGB in Verbindung mit den zur Berechnung heranzuziehenden „Grundsätzen zur Errechnung der Höhe des Ausgleichsanspruchs". In seinem ergänzenden Schreiben vom 5.4.1994 hat der GDV zur Vermeidung von Missverständnissen zusätzlich darauf hingewiesen, *„dass die vom zweiten Jahr ab gezahlte Provision in der Schadenversicherung* (nicht Krankenversicherung) – ungeachtet ihrer Bezeichnung und Definition in den Agenturverträgen – *einen Teil Vermittlungsentgelt enthält"*.

855 Der BVK hat diese Auffassung ausdrücklich bestätigt. Aber es darf nicht übersehen werden, dass erfahrungsgemäß kaum erwartet werden kann, dass die unsorgfältige Terminologie durch eine realistische und den Tatsachen entsprechende Terminologie alsbald ersetzt wird. So ergibt sich aus Äußerungen im Verbandsorgan des BVK, der „Zeitschrift Versicherungsvermittlung", dass die Frage sehr *skeptisch beurteilt* wird, ob die Versicherungswirtschaft in ihrer Gesamtheit den anerkennenswerten Äußerungen des GDV in angemessener Weise Rechnung tragen wird. Denn den GDV-Schreiben komme nur *empfehlender Charakter zu*; naturgemäß bestehe deshalb auch keine Verpflichtung der Mitgliedsunternehmen, jenen Empfehlungen Folge zu leisten. Es müsse deshalb gefordert werden, dass sich alle Unternehmen der vom GDV geäußerten Auffassung anschließen und dass von den Unternehmen rechtsverbindlich anerkannt werde, dass *die vom zweiten Jahr ab gezahlte Provision einen Teil des Vermittlungsentgelts enthalte*.

856 Angesichts dieser Klarstellung und übereinstimmenden Auffassung der beiden Spitzenverbände der Versicherungswirtschaft sind indessen aus der Verwendung der Begriffe wie etwa der *Bestandspflegeprovision*, der *Betreuungsprovision*,

---

[280] Vgl. Anhang Nr. 17 und 18.

der *Folgeprovision* etc. für einen unbefangenen Betrachter noch keineswegs sämtliche Zweifel beseitigt. Es kann deshalb an dieser Stelle nur empfohlen werden, in den Vertreterverträgen Begriffe zu verwenden, die *eindeutig* sind. Dies ist von besonderer Bedeutung im Hinblick auf die Vergütung der Vermittlungstätigkeit des Versicherungsvertreters. Diese Vergütung sollte dementsprechend auch als das bezeichnet werden, was sie darstellt. Deshalb sollten etwa die folgenden Begriffe verwendet werden: *„einmalige Vermittlungsprovision"* oder *„Vermittlungsprovision als Einmalprovision"*, wenn für die Vermittlung eines Lebensversicherungsvertrages eine einmalige Vermittlungsprovision vereinbart wird; es sollte weiterhin, wenn eine erhöhte Erstprovision vereinbart wird, von einer *„erhöhten Vermittlungs-Erstprovision"* und von *„anteiligen Abschlussfolgeprovisionen"* gesprochen werden. Wird die Vermittlungstätigkeit des Versicherungsvertreters ausschließlich, also schon vom ersten Vertragsjahr an, in Form *gleichbleibender Provisionen* vergütet, sollte der Begriff einer *„Vermittlungsprovision"* benutzt werden bzw. von einer *„anteiligen Vermittlungsprovision"*, wenn gleichbleibend neben der Vermittlungsprovision noch tätigkeitsbedingte Bestandspflege- bzw. Betreuungsprovisionen geschuldet werden. In jedem Falle aber bleibt festzustellen, dass die Äußerungen des Gesamtverbandes *eindeutig zu Gunsten der ausgleichsberechtigten Versicherungsvertreter* zu werten sind, und es kann keinem Zweifel unterliegen, dass in Streitfällen ein angerufenes Gericht die in den Schreiben des GDV zum Ausdruck gekommene Auffassung bei seiner Urteilsfindung nicht außer Betracht lassen darf.

Angesichts der zumindest bisher gebräuchlichen missverständlichen Terminologie braucht man sich nicht zu wundern, dass die oftmals entgegengesetzten Interessen zwischen Versicherungsvertretern und Versicherungsunternehmen in der Vergangenheit häufig auch zu *entgegengesetzten Ansichten über den Rechtscharakter der Provisionen geführt* haben[281]. Dieser Meinungsstreit ergab sich immer dann, wenn aus bestimmten Gründen eine genaue *Aufteilung der einzelnen Provisionselemente* erforderlich wurde. Das war zunächst der Fall, wenn ein Vertreter nach Beendigung seiner Tätigkeit mangels vertraglich vereinbarter Verzichtsklausel einen *Nachprovisionsanspruch* mit der Begründung geltend machte, dass in den *Folgeprovisionen noch anteilig Abschlussprovisionen* enthalten seien[282]. Freilich erfolgte die Geltendmachung solcher Nachprovisionen unterschiedslos im Hinblick auf sämtliche Vergütungen, also ohne Berücksichtigung der Tatsache, dass eine *tätigkeitsbedingte Verwaltungstätigkeit* von der Vertragsbeendigung an naturgemäß entfiel. 857

Das war weiter der Fall, wenn ein Vertreter einen *von seinem Vorgänger geworbenen Bestand zur weiteren Verwaltung* übernahm und die Folgeprovisionen deshalb in ihre Bestandteile aufgegliedert werden mussten. Der Meinungsstreit entzündete sich schließlich mit besonderer Heftigkeit *im Zusammenhang mit* 858

---

281 *Trinkhaus*, S. 215; *Möller*, Anm. 376, S. 864, und ZfV 1954 S. 39. Vgl. insbesondere *Höft*, RVR 1968 S. 179 ff.
282 *Möller*, Anm. 271, S. 744; RDBr. S. 108 ff.

VI Zweite materielle Anspruchsvoraussetzung – Provisionsverluste

dem Ausgleichsanspruch, und zwar insbesondere seitdem der Bundesgerichtshof entschieden hat[283], dass nur Abschlussprovisionen, nicht aber auch Inkasso- oder Verwaltungsprovisionen ausgleichsfähig seien[284]. Es liegt in der Natur der Sache, dass angesichts der bestehenden Begriffsverwirrung auf der einen Seite die Versicherungsvertreter bestrebt sind, *in Folgeprovisionen hohe Abschlussprovisionen* zu sehen, wenn es um ausgleichsrechtliche Fragen geht, während auf der anderen Seite die Versicherungsunternehmen geneigt sind, *diesen Anteil recht niedrig* und die nicht ausgleichsfähigen Verwaltungsprovisionen entsprechend *hoch anzusetzen*.

859 Die Interessengegensätze führen dann leicht zu sehr extremen Ansichten. So ist bei gleichbleibenden Provisionen ein in den Folgeprovisionen enthaltener *Vermittlungsprovisionsanteil mitunter gänzlich geleugnet worden*, während auf der anderen Seite in einer erhöhten Erstprovision im Wesentlichen eine Draufgabe gesehen wurde, die den Versicherungsvertreter anspornen solle, den leichteren Risiken erhöhte Aufmerksamkeit zu schenken, woraus sich zwangsläufig ergebe, dass eine *Vermittlungsprovision nur anteilig in den Folgeprovisionen* enthalten sein könne.

860 In seinem Urteil vom 21.5.1985[285] hatte das Bundesarbeitsgericht die Frage offen gelassen, ob auch *Bestandspflegeprovisionen* zumindest teilweise ein *Entgelt für die erfolgreiche Vermittlungstätigkeit* eines Versicherungsvertreters darstellen. Die Vorinstanzen hatten mangels vorliegender Abschlussprovisionsverluste die *Ausgleichsklage abgewiesen*. Das Bundesarbeitsgericht hat demgegenüber die Auffassung vertreten, dass daraus jedoch nicht die Folgerung gezogen werden dürfe, Bestandspflegeprovisionen müssten bei der Berechnung eines Ausgleichsanspruchs *stets unberücksichtigt* bleiben. Das Gericht stimmt der von Schröder[286] vertretenen Auffassung zu und meint, es bestehe kein Gegensatz zwischen der herrschenden Meinung und der Auffassung Schröders. Diese *scheinbare Kontroverse* mache aber deutlich, dass die Bemessung des Ausgleichs bei Versicherungsvertretern in tatsächlicher Hinsicht besondere Schwierigkeiten bereite. Das Gericht stellt dann anhand einer Vertragsauslegung Überlegungen an, welcher Art von Vergütung die genannten Bestandspflegeprovisionen dienten, ohne allerdings zu einem abschließenden Ergebnis zu gelangen. Im Urteil wird lediglich festgestellt, es sei zweifelhaft, ob die *Entlohnungen des Abschlusses einerseits und der übrigen Tätigkeit* andererseits in der Vereinbarung der Parteien *sauber getrennt* worden seien. Deshalb führte die Sache zur Zurückverweisung an das Berufungsgericht[287].

---

283 *BGH*, 4.5.1959 (Fn. 241); weitere Rechtsprechung zitiert in Fußnote 219 zu Rz. 807.
284 Vgl. zu dieser Frage insbes. *Rhein*, VW 1954, S. 152 ff.
285 *BAG*, 21.5.1985, DB 1986 S. 919 = VersVerm. 1986 S. 227.
286 *Schröder*, § 89b Rz. 41c, vgl. dort insbes. Rz. 41d; *ders.*, Festschrift für Nipperdey S. 715 ff.
287 Einzelheiten zum Charakter und zur Einstufung der Bestandspflegeprovisionen sind in den Rz. 781, 960 ff. und bei *Küstner*, VersR 2002, 513, 519 geschildert.

4. Die ausgleichsrechtliche Problematik der Abschlussfolgeprovisionen

Anhand der vorstehenden Ausführungen sollen im Folgenden *allgemeine* 861
Grundsätze zu der Frage herausgearbeitet werden, wie bei den vereinbarten
Provisionssystemen die Abschlussprovisionen einerseits und die Verwaltungsprovisionen andererseits voneinander abzugrenzen sind. Zwar können sich im
Einzelfall auf Grund spezieller vertraglicher Vereinbarungen ausnahmsweise
Abweichungen von derartigen Grundsätzen ergeben; die nachfolgenden Grundsätze können aber als Ausgangspunkt für die Prüfung des einzelnen Falles dienen.

a) Einmalprovisionen (Lebens- und Krankenversicherung) [288]

Wird die gesamte vom Versicherungsvertreter durch den Abschluss eines Versi- 862
cherungsvertrages verdiente Vermittlungsprovision bei Beginn des Versicherungsvertrages fällig, so kann durch die Beendigung des Vertretervertrages ein
Provisionsverlust nicht entstehen, weil der Vertreter alle Provisionen, die er
verdient hat, im Zeitpunkt der Beendigung des Vertretervertrages bereits erhalten hat. Dies ist im Bereich der Lebens- und Krankenversicherung der Fall [289].
In diesen Versicherungssparten pflegen deshalb Ausgleichstatbestände – von
gewissen noch zu erläuternden Ausnahmen in Gestalt von *Dynamisierungsklauseln, Vertragserweiterungen* und nachträglich vereinbarten *Summenerhöhungen* und *Gruppenversicherungen* abgesehen [290] – nicht aufzutreten [290a].

Etwas anderes gilt nur dann, wenn die Einmalprovision ausnahmsweise *nicht in* 863
einer Summe, sondern in mehreren Raten gezahlt wird, wenn der Vertretervertrag vor der Zahlung sämtlicher Provisionsraten endet und mit der Vertrags-

---

[288] Werden in Sparten, in denen die Vermittlungsvergütung bisher üblicherweise in Form einer Einmalprovision gezahlt wurde, die Provisionssysteme etwa in der Weise geändert, dass die Vermittlungsvergütungen abhängig vom gezahlten Beitrag berechnet werden, ergeben sich zahlreiche Einzelfragen im Hinblick darauf, in welcher Weise die Umstellung laufender Agenturverträge erfolgen kann. Mit diesen Fragen befassen sich *Werber,* VersVerm 1994 S. 487ff. und *Kasten,* VW 1994 S. 1127ff. Bestrebungen, auch im Bereich der Lebensversicherung die Verprovisionierung vermittelter Versicherungsverträge künftig beitragsabhängig und nicht mehr abhängig von der Versicherungssumme zu gestalten, beruhen auf dem Dritten Gesetz zur Durchführung versicherungsrechtlicher Richtlinien des Rates der Europäischen Gemeinschaften (3. Durchführungsgesetz/EWG zum VAG) vom 21.7.1994, BGBl. I Nr. 46 vom 28.7.1994 S. 1630. Dieses Gesetz ist am 29.7.1994 in Kraft getreten.
[289] Heute herrschende Ansicht: vgl. *Möller,* RuW S. 188 und ZfV 1953 S. 137 sowie Kommentar, Anm. 269, 275, 376; vgl. aber auch VersR 1966, S. 322, 325 zu 7; *Geßler,* S. 56 und 91; *Josten/Lohmüller,* § 89b Anm. 15; *Teichmann,* VW 1956 S. 117; *Knapp,* VW 1952 S. 391, 393 und Kommentar, § 89b Anm. 10; *Küstner,* BB 1966, S. 269; *ders.,* IHV 1965 Heft 20 S. 45; vgl. auch *BGH,* 4.5.1959, VersR 1959 S. 427; *OLG Stuttgart,* 26.3.1957, VersR 1957 S. 329; *LG Dortmund,* 7.5.1965, VW 1965 S. 888; Gutachten des Bundesaufsichtsamts vom 31.7. 1952, vgl. Fn. 58. – Entsprechendes gilt auch im Bausparwesen, vgl. unten Rz. 974ff. Ebenso *OLG Stuttgart,* 22.2.1971, VW 1971 S. 774 (nicht rechtskräftig).
[290] Vgl. unten Rz. 939, 923, 988.
[290a] In seinem rkr. Urteil v. 9.1.2003 hat das *LG Köln* (vgl. oben Fn. 107a) auch für den Sachbereich eine Regelung anerkannt, in der dem Versicherungsvertreter stets eine Einmalprovision zustehen sollte und darüber hinaus nur Bestandspflegeprovisionen (vgl. dazu *Küstner,* VW 2003, 285). Deshalb wurde die Ausgleichsklage abgewiesen.

VI Zweite materielle Anspruchsvoraussetzung – Provisionsverluste

beendigung eine *Provisionsverzichtsklausel* auch im Hinblick auf die noch ausstehenden Raten der Vermittlungsprovision wirksam wird. Dann führt die Beendigung des Vertretervertrages auch im Bereich der Lebens- und Krankenversicherung zum Wegfall bereits verdienter Abschlussprovisionen, deren Verlust der Versicherungsvertreter im Wege des Ausgleichs geltend machen kann[291].

864 Derartige Fälle sind besonders im Zusammenhang mit der Einführung der *Fondspolicen in der Lebensversicherung* aktuell geworden, bei denen die Abschlussvergütung dem Vertreter nicht in Form einer Einmalprovision, sondern verteilt auf mehrere Jahre ausgezahlt wird. Ist eine Provisionsverzichtsklausel vereinbart worden, kann die Vertragsbeendigung mithin zum Verlust eines Teils der verdienten Abschlussprovision führen, sodass insoweit ein Ausgleichsanspruch entstehen kann.

865 In diesem Zusammenhang ist die Feststellung von Bedeutung, dass in der Versicherungswirtschaft Einigkeit weitgehend insoweit besteht, *dass allein die Einmalprovision als Vergütung für die erfolgreiche Vermittlungstätigkeit* des Vertreters und damit als Vermittlungs- bzw. Abschlussprovision anzusehen ist und dass weitere über diese Einmalprovision hinausgehende Bezüge (Bestandspflegeprovisionen[292], Inkassoprovisionen und dgl.) Verwaltungsprovisionen darstellen, die im Rahmen der Provisionsverluste des Handelsvertreters nach der Rechtsprechung des Bundesgerichtshofs[293] nicht ausgleichsfähig sind und sich allein auf die Bemessung der Ausgleichshöchstgrenze auszuwirken vermögen[294].

b) Gleichbleibende Provisionen

866 Die typischen Versicherungsverträge, für deren Vermittlung der Versicherungsvertreter gleichbleibende Vermittlungsprovisionen erhält, sind die *einjährigen Versicherungsverträge mit Verlängerungsklausel*. Praktisch handelt es sich bei diesen Verträgen um Versicherungsverträge mit unbestimmter Dauer, die auf unbestimmte Zeit weiterlaufen, wenn sie nicht gekündigt werden[295]. Gerade deshalb kann der Vermittlungserfolg hier nur mit gleichbleibenden Provisionen vergütet werden. Eine andere Zahlungsweise würde eine Prognose hinsichtlich der zu erwartenden künftigen Laufzeit erfordern, die aber häufig der tatsächlichen Laufzeit nicht entsprechen wird, sodass sich dauernd *Provisionsrückbuchungen oder -nachzahlungen* ergeben würden, weil mit dem gezahlten Ver-

---

291 *Möller,* Anm. 376, S. 864; *Geßler,* S. 92; *Knapp,* VW 1952 S. 391 ff.
292 Vgl. zu den Bestandspflegeprovisionen als Verwaltungsprovision OLG *München,* 13.11.1991, NJW-RR 1993 S. 357; zweifelnd aber *BAG,* 21.5.1985, DB 1986 S. 919 = VersVerm 1986 S. 227, vgl. oben Rz. 863.
293 *BGH,* 4.5.1959, BGHZ 30 S. 98 = BB 1959 S. 574 = MDR 1959 S. 638 = NJW 1959 S. 1430 = VersR 1959 S. 427 = HVR Nr. 218, das durch weitere BGH-Urteile bestätigt wurde (vgl. oben Rz. 694, Einzelheiten oben Rz. 665 ff.). Das Urteil vom 4.5.1959 ist neuerdings wiederum durch das Urteil des *OLG München* vom 13.11.1991, NJW-RR 1993 S. 357 = VersR 1992 S. 1512 bestätigt worden.
294 Näheres Rz. 1546 ff.
295 Vgl. § 8 VVG. Näheres bei *Gertner/Strietholt,* FR 1954 S. 477 f. Eine fristlose Kündigung kommt z. B. in den Fällen der §§ 6 Abs. 1 Satz 2, 24, 30, 39, 70, 96 VVG in Betracht.

mittlungsentgelt der Vermittlungserfolg des Vertreters unzutreffend bewertet wurde[296].

867 Gleichbleibende Provisionen kommen auch bei mehrjährigen Verträgen (mit und ohne Verlängerungsklausel) vor, wenn der Versicherungsvertrag ein *schweres Risiko* betrifft. Denn in solchen Fällen ist es besonders ungewiss, ob der Vertrag für die ganze vereinbarte Zeit tatsächlich bestehen wird.

868 In diesem Zusammenhang muss der Charakter der Folgeprovisionen als anteiliges Vermittlungsentgelt noch näher erläutert werden. Dass in jeder einzelnen Provisionsrate anteilig eine Abschlussvergütung enthalten ist, entspricht nicht nur dem in § 354 Abs. 1 HGB enthaltenen Grundsatz, dass ein *Kaufmann seine Dienste nicht umsonst erbringt*, sondern folgt auch aus den Vorschriften des neuen Handelsvertreterrechts. Gemäß § 92 Abs. 3 und 4 in Verbindung mit §§ 87 und 87a steht dem Versicherungsvertreter ein Provisionsanspruch für alle Verträge zu, die auf seine Tätigkeit zurückzuführen sind. Aus dem Zusammenhang ergibt sich hier zweifelsfrei, dass der Gesetzgeber in den erwähnten Vorschriften allein die Ansprüche des Vertreters auf *Vermittlungsprovisionen* gemeint hat[297].

869 Nun ist der Anspruch des Versicherungsvertreters auf Vermittlungsprovision zwar modifizierbar[298], seine Entstehung kann aber nicht von vornherein durch vertragliche Vereinbarung ausgeschlossen werden[299]. Dem stehen die §§ 92 und 87 entgegen. *Allein die Höhe und die Zahlungsweise der Vermittlungsprovision können im Wege der Parteivereinbarung besonders geregelt werden.* Auch dann, wenn die Abschlussvergütung im Vertretervertrag als solche nicht ausdrücklich gekennzeichnet worden ist, muss sie in den Bezügen des Vertreters also zwangsläufig enthalten sein[300].

870 Die Rechtsprechung hat sich zur Frage der *anteilig in den Folgeprovisionen enthaltenen Abschlussprovisionen* bisher nur für den Bereich der *Einmal- bzw. der erhöhten Erstprovision geäußert*[301]. Soweit die Urteile des Bundesgerichtshofes vom 21.3.1963[302] und des Oberlandesgerichtes Celle vom 11.3.1961[303] die Ansicht vertreten, dass in der *Tierversicherung* bei gleichbleiben-

---

296 Zur Kausalität zwischen den Vermittlungsbemühungen des Vertreters und der stillschweigenden Vertragsverlängerung durch den Versicherungsnehmer auf Grund einer Verlängerungsklausel bei zunächst auf 1 Jahr abgeschlossenen Verträgen vgl. *OLG Stettin*, 7.7.1930, Versicherungspost 1930 S. 495; vgl. auch *LG Berlin*, 2.6.1927, JRPV 1927 S. 295.
297 *Schröder*, § 92 Rz. 7a; *Trinkhaus*, S. 263.
298 *Schröder*, § 87 Rz. 55 ff., Rz. 62 und 2.
299 *Schröder*, § 87 Anm. 2; *Trinkhaus*, S. 253.
300 So im Ergebnis auch die herrschende Meinung. Vgl. *Möller*, RuW S. 187, ZfV 1954 S. 39, ZfV 1953 S. 139 sowie Kommentar, Anm. 275, S. 752; *Strietholt*, ZfV 1952 S. 364; RDBr. S. 109; *Trinkhaus*, S. 252; *Geßler*, S. 54 ff. und 91 ff.
301 *BGH*, 4.5.1959, BB 1959 S. 574 = BGHZ 30 S. 98 = MDR 1959 S. 638 = NJW 1959 S. 1430 = VersR 1959 S. 427 = HVR Nr. 218 für die Krankenversicherung; vgl. auch die Urteile der Vorinstanzen: *OLG Stuttgart*, 26.3.1957, VersR 1957 S. 329 und *LG Stuttgart*, 21.12.1955, VersR 1956 S. 415.
302 VersR 1963 S. 556.
303 Unveröffentlicht, Aktz.: 3 U 116/60.

VI Zweite materielle Anspruchsvoraussetzung – Provisionsverluste

den Provisionen in den Folgeprovisionen Abschlussvergütungen enthalten seien, kann ihnen vorbehaltlos zugestimmt werden.

871 Im Sinne der hier vertretenen Auffassung hat sich auch das *Bundesaufsichtsamt in seinem Gutachten vom 31.7.1952*[304] ausgesprochen. Zwar stammt dieses Gutachten aus der Zeit vor dem In-Kraft-Treten des neuen Handelsvertreterrechts und bezieht sich generell auf die Frage der *Nachprovisionen*. Es kann hier aber gleichwohl herangezogen werden, weil die Problematik durchaus vergleichbar ist und weil im Übrigen die Ausführungen des Aufsichtsamtes zur Zahlungsweise der Provisionen von der Gesetzesänderung unbeeinflusst geblieben sind und sich schließlich auch die in der Versicherungswirtschaft übliche Praxis seitdem nicht geändert hat.

872 Endlich kommt die Richtigkeit der herrschenden Ansicht auch in der *Amtlichen Begründung* zu § 89b HGB zum Ausdruck[305], wo es heißt:

„Die Vertreter für Sachversicherungen erhalten – anders als die für Lebensversicherungen – ihre Abschlussprovision nicht als Einmalprovision, sondern entsprechend dem Eingang der Folgeprämien in der Regel jährlich als so genannte Inkassoprovision. In der Inkassoprovision ist ein Teil der Abschlussprovision enthalten, die so auf die Dauer des Versicherungsvertrages verteilt wird (sog. Abschlussfolgeprovision). Dieser Abschlussfolgeprovision gehen die Vertreter in umso größerem Umfange verlustig, je früher sie nach Beginn der Laufzeit einer Sachversicherung ausscheiden."

873 Soweit die Amtliche Begründung sich hier allein auf die Zahlung *gleichbleibender Vermittlungsprovisionen* bezieht, gibt sie die Rechtslage zutreffend wieder[306]. An dieser Stelle sei nochmals auf die Ausführungen Geßlers[307] hingewiesen, der klar zum Ausdruck bringt, dass bei der Gewährung gleichbleibender laufender Provisionen in jeder Provisionszahlung *anteilig* eine Vermittlungsprovision enthalten sein müsse.

874 Als Ergebnis dürfte nach alledem für das System der gleichbleibenden Provisionen unzweifelhaft feststehen, dass in den *laufenden Folgeprovisionen Abschlussvergütungen* grundsätzlich anteilig enthalten sein müssen und tatsächlich auch enthalten sind.

875 An dieser Stelle muss noch auf einen *Sonderfall* eingegangen werden, der auf den ersten Blick dieses Ergebnis in Frage zu stellen scheint. Dieser Sondertatbestand ist dann gegeben, wenn der Vertretervertrag ausnahmsweise eine Provisionsregelung enthält, derzufolge die *Erstprovision gegenüber den Folgeprovisionen geringfügig höher* ist (z.B. Erstprovision 25%, Folgeprovisionen je 15%), sodass man von einer wirklich unverändert gleichbleibenden Provision nicht mehr sprechen kann.

---

304 „Provisionsansprüche des Versicherungsvertreters nach Beendigung des Vertragsverhältnisses", VerBAV 1952 S. 67.
305 Vgl. Fn. 259.
306 Vgl. dazu die Einzelheiten in den Rz. 876ff.
307 S. 57ff. und S. 92f.

In solchen Fällen gilt grundsätzlich aber nichts anderes. Voraussetzung ist allerdings, dass die von den Folgeprovisionen abweichende Höhe der Erstprovision deshalb vereinbart wurde, weil der Versicherer auf Grund der besonderen Verhältnisse des Einzelfalles geringfügig erhöhte Erstprovisionen verantworten kann, obwohl er in diesem Versicherungszweig an sich *üblicherweise nur gleichbleibende Provisionen* gewährt. Es darf sich also nicht darum handeln, dass die Erstprovision wegen eines besonderen Risikos und des entsprechend höheren Versicherungsbeitrages oder wegen besonders kurzer Laufzeit des Vertrages im Verhältnis zu den sonst üblichen höheren Erstprovisionen herabgesetzt wurde.   876

Derartige Fälle können dann vorkommen, wenn die an sich für gleichbleibende Provisionen sprechenden Umstände[308] im Einzelfall deshalb weniger krass in Erscheinung treten, weil *außerhalb des eigentlichen Versicherungsvorganges liegende Umstände die Storno- oder Schadensanfälligkeit* vermindern. Ein Beispiel hierfür stellt – bei Gegenseitigkeitsvereinen – ein Versicherungsvertrag dar, der einerseits von *Mitgliedern*, andererseits aber auch von *Nichtmitgliedern* abgeschlossen werden kann. Bei den Mitgliedern ist im Allgemeinen die Stornoanfälligkeit und die Schadensanfälligkeit vermindert, während bei den Nichtmitgliederversicherungen diese besonderen Umstände fehlen. Das Versicherungsunternehmen kann deshalb bei den von Mitgliedern abgeschlossenen Versicherungen die Erstprovision geringfügig erhöhen, während es bei den Nichtmitgliederversicherungen beim üblichen Schema des gleichbleibenden Provisionssystems verbleiben muss, obwohl die versicherten Risiken absolut gleichwertig sind und die Beiträge der Nichtmitgliederversicherungen unter Umständen sogar geringfügig höher sind als die der Mitgliederversicherungen.   877

Auch in diesen Fällen sind also – trotz erhöhter Erstprovision – wie beim System der gleichbleibenden Provisionen in den Folgeprovisionen *Abschlussprovisionen anteilig* enthalten.   878

Dies wird einerseits durch das bereits erwähnte *Gutachten des Aufsichtsamtes*, andererseits aber auch durch die Rechtsprechung bestätigt. Das Aufsichtsamt[309] behandelt die Fälle, in denen sich die Provisionen des ersten Versicherungsjahres und der Folgejahre *„nicht so grundlegend"* unterscheiden wie in den Versicherungszweigen, in denen erhöhte Erstprovisionen üblich sind, zusammen mit denjenigen, in denen Erst- und Folgeprovisionen gleich hoch sind. Der Bundesgerichtshof hat in seinem Urteil vom 21.3.1963[310] die Fälle der geringfügig erhöhten Erstprovision denjenigen mit absolut gleichbleibenden Provisionen ebenfalls gleichgestellt und ausgeführt, dass in sämtlichen Folgeprovisionen anteilig Abschlussvergütungen enthalten seien. Dem Urteil des Bundesgerichtshofes lag ein Fall aus der *Tierversicherung* zu Grunde, in dem der Vertreter   879

---

308 Vgl. oben Rz. 839, 846.
309 Gutachten vom 31.7.1952, vgl. oben Fn. 304; ebenso *Geßler*, S. 57.
310 VersR 1963 S. 556.

VI Zweite materielle Anspruchsvoraussetzung – Provisionsverluste

a) für Mitgliederversicherungen als Abschlussprovision je nach
vereinbarter Versicherungsdauer 15–25%
und als Inkassoprovision 12,5%
b) für Nichtmitgliederversicherungen als gleichbleibende Provision 15%
erhielt.

880 Aus alledem folgt, dass die Beendigung des Vertretervertrages – sofern eine *Provisionsverzichtsklausel* vorliegt – Provisionsverluste des Versicherungsvertreters dann auslösen kann, wenn es sich um eine Vermittlungstätigkeit des Versicherungsvertreters handelt, die vertragsgemäß mit *gleichbleibenden Provisionen* vergütet wird, wobei es unerheblich ist, wenn die Erstprovision *ausnahmsweise geringfügig angehoben* wurde. Denn der Vertreter verliert in solchen Fällen infolge der Beendigung des Vertretervertrages bereits erworbene Provisionsansprüche, die bei einer Vertragsfortsetzung aus der bis zur Vertragsbeendigung erfolgten Vermittlung neuer Versicherungsverträge ohne weitere Tätigkeit zu Provisionseinnahmen geführt hätten[311].

881 Für die ziffernmäßige oder auch nur *prozentuale Aufteilung* der gleichbleibenden Provisionen in einen Vergütungs- und einen Verwaltungsteil kann ein allgemeines Schema nicht gegeben werden, da die *Aufteilung in den einzelnen Versicherungszweigen sehr unterschiedlich ist*. Sie richtet sich beim einzelnen vermittelten Versicherungsvertrag nach *Art und Höhe des Risikos*, nach der *Höhe des Jahresbeitrages*, nach dem *Umfang der Verwaltungstätigkeit*, insbesondere der Ausübung des *Inkassos* durch den Vertreter, und weiteren Umständen, die dem einzelnen Vertrage eigentümlich sind. Deshalb kann zur Aufteilung der Folgeprovisionen nur anhand der Umstände des konkreten Falles Stellung genommen werden.

882 Um die Höhe der Provisionsverluste zu ermitteln, muss entsprechend allgemeinen ausgleichsrechtlichen Grundsätzen – *im Wege einer Prognose die künftige Laufzeit der vom Vertreter vermittelten Versicherungsverträge abgeschätzt werden*[312]. Eine *weitere Tätigkeit* des Versicherungsvertreters ist hierbei allerdings *nicht zu unterstellen*[313]. Es fragt sich aber, ob eine im Einzelfall zu er-

---

311 *Knapp*, VW 1952 S. 391.
312 Hat sich der Versicherungsvertreter durch Abschluss eines *Factoring-Vertrages* die ihm durch die erfolgreiche Vermittlung von Versicherungsverträgen zustehenden Provisionsansprüche *bevorschussen* lassen und umfasst die Bevorschussung auch Provisions-Zeiträume, die in die Zeit nach der Vertragsbeendigung hineinreichen, mindert sich zwangsläufig der aus der Vertragsbeendigung resultierende Provisionsverlust (vgl. Rz. 814, 819). Voraussetzung ist aber stets, dass der Versicherungsvertreter mit Rücksicht auf die Bevorschussung zugleich auch seine Ansprüche auf Ausgleich gem. § 89b an den Factor abgetreten hat. Ist eine Abtretung erfolgt, kann der Factor den abgetretenen Anspruch nur in dem Umfange geltend machen, in dem er dem inzwischen ausgeschiedenen Versicherungsvertreter ohne die Bevorschussung zustünde. Daraus folgt, dass er beispielsweise auch Billigkeitsabschläge aufgrund einer innerbetrieblichen Versorgungsregelung gegen sich gelten lassen muss. Denn der Vermittler als Zedent konnte ja dem Zessionar nicht mehr Rechte abtreten, als ihm aufgrund seines Vertragsverhältnisses ohnehin zustanden. Zum Factoring Vertrag vgl. Einzelheiten bei *Graf von Westphalen* RW-HGB, 2. Aufl., S. 2118 ff.
313 Vgl. oben Rz. 833.

wartende *extrem lange künftige Laufdauer* im Hinblick auf die zu ermittelnden Provisionsverluste *uneingeschränkt berücksichtigt* werden darf. Das würde nämlich dazu führen, dass die Vertragsbeendigung einen Provisionsverlust auslöst, der in keinem Verhältnis zum Vermittlungserfolg steht. In diesem Zusammenhang taucht die Frage auf, ob nicht zwischen Vermittlungserfolg und Vermittlungsentgelt ein *gewisser zeitlicher Zusammenhang* gefordert werden muss und ob nicht – gerade bei der Gewährung gleichbleibender Provisionen – im Laufe der Zeit innerhalb der einzelnen Provisionsrate eine gewisse *Verschiebung* dergestalt stattfindet, dass sich allmählich der Charakter der Folgeprovision immer mehr zur ausschließlichen Verwaltungsprovision hin entwickelt, sodass der Charakter des anteiligen Vermittlungsentgelts allmählich immer mehr in den Hintergrund tritt[314].

Schließlich ist darauf hinzuweisen, dass in den letzten Jahren namentlich in Prozessen, die von Versicherungs- oder Bausparkassenvertretern angestrengt werden, *extrem lange Prognosezeiträume* der Auseinandersetzung zu Grunde gelegt werden. Dabei steht natürlich das eindeutig zu Tage tretende Interesse des Klägers im Vordergrund, mit Hilfe einer extrem langen Prognosedauer – die sich zuweilen über *mehrere Jahrzehnte* erstreckt (!) – einen Rohausgleich zu begründen, der die in diesem Bereich maßgebliche dreifache durchschnittliche Jahresprovision als Ausgleichshöchstgrenze erreicht oder gar überschreitet[315]. 883

c) Erhöhte Erstprovisionen

Werden anstatt des bisher erörterten Provisionssystems Provisionen gewährt, die sich im Hinblick auf Erst- und Folgeprovisionen der Höhe nach *wesentlich unterscheiden*[316], liegt für den unbefangenen Betrachter auf den ersten Blick der Schluss nahe, dass die Erstprovision ausschließlich eine Vergütung für den Vermittlungserfolg, die Folgeprovision dagegen ausschließlich eine Vergütung für die Verwaltungstätigkeit des Vertreters darstellt. *Solche wesentlichen Unterschiede* sind indessen nur in einigen wenigen Sparten, nämlich etwa der *Hausrat-, Feuer- und Einbruch-Diebstahl*-Versicherung zu verzeichnen, bei denen *im ersten Vertragsjahr* mitunter Vermittlungsprovisionen bis zu *90% des Jahresbeitrages* vereinbart werden (im Durchschnitt sämtlicher Unternehmen macht die erstjährige Vermittlungsprovision *70% des Jahresbeitrages* aus). Des Weiteren könnten die *Haftpflicht- und die Unfallversicherung* in Betracht kommen, bei denen die erstjährige Provision bei manchen Unternehmen bis zu 80% des Jahresbeitrages ausmacht (durchschnittlich sind es hier 60%). Bei den übrigen Sparten, der *Industrie-Feuer-*, der *Betriebs-Unterbrechungs-* 884

---

314 Dieser Gesichtspunkt könnte ggf. im Rahmen der Billigkeitsprüfung berücksichtigt werden, vgl. Vorauflage, Rz. 442; *Löwisch* in Ebenroth/Boujong/Joost, HGB, § 89b Rz. 143; *Westphal* Rz. 1226; *Brüggemann*, § 89b Rz. 138; *Küstner*, VersR 2002, 513, 519 zu III.3.; *Prölss/Martin/Kollhosser*, VVG, 25. Aufl., S. 351/52 nach § 48 Anm. 4 B.
315 Vgl. dazu *Küstner*, VersR 2002, 513, 518 zu Abschn. III.3.; kritisch auch die bei *Küstner* in VersR 2002 a. a. O. (S. 514) in Fn. 1 zitierten Urteile.
316 Über die Gründe, die für diese Provisionsform maßgebend sind. Näheres oben Rz. 839ff.

VI Zweite materielle Anspruchsvoraussetzung – Provisionsverluste

und der *Transport-Versicherung* sind die Unterschiede zwischen Erstprovision und Folgeprovisionen, die vom zweiten Versicherungsjahr an gezahlt werden, *unwesentlich*. Eine Mittelstellung nimmt lediglich die *Rechtsschutzversicherung* ein, bei der die Vermittlungsprovision des ersten Vertragsjahres bis zu 50 % (im Durchschnitt: 40 %) beträgt. Die Folgeprovisionen, die vom zweiten Vertragsjahr an gezahlt werden, belaufen sich durchgehend auf 15 % des Jahresbeitrages; bei der Rechtsschutzversicherung nur auf 10 %.

885 Bereits an dieser Stelle muss darauf hingewiesen werden, dass die nachfolgenden Erläuterungen angesichts der von den Spitzenverbänden vertretenen übereinstimmenden Auffassung einerseits und dem Wortlaut der *„Grundsätze"* andererseits weitgehend nur *theoretische Bedeutung* haben. Deshalb soll auf die einschlägige Problematik hier nur der Vollständigkeit halber und im Wesentlichen nur durch Gegenüberstellung der zu diesen Fragen unterschiedlichen Auffassungen eingegangen werden. So kann das Bild dieser bisher stets streitig behandelten Frage abgerundet werden, zumal sie nahezu zwangsläufig stets dann auftritt, wenn ein Ausgleichsanspruch nicht nach den „Grundsätzen", sondern allein auf der Grundlage der gesetzlichen Regelung zu berechnen versucht wird. Denn aus der bereits oben erwähnten Korrespondenz zwischen GDV und BVK ergibt sich, dass die Spitzenverbände ausnahmslos und übereinstimmend die Auffassung vertreten, dass *auch bei erhöhter Erstprovision „die vom zweiten Jahr ab gezahlte Provision* in der *Schadensversicherung* – ungeachtet ihrer Bezeichnung und Definition in den Agenturverträgen – einen *Teil Vermittlungsentgelt* enthält". Auch aus dem Inhalt der Grundsätze-Sach ergibt sich nichts anderes. Denn der Ermittlung des Ausgleichswerts nach Ziff. I werden ausnahmslos die *Folgeprovisionen ohne Rücksicht* darauf zu Grunde gelegt, *welche Vermittlungserfolge bzw. welche Verwaltungstätigkeiten vom Versicherungsvertreter geschuldet werden*. Bei der Ermittlung des Ausgleichswerts nach Ziff. I der „Grundsätze" sind *lediglich die erstjährigen (erhöhten) Provisionen abzüglich der Inkassoprovisionen* nicht zu berücksichtigen. Daraus folgt, dass also schon vom *Wortlaut der Grundsätze* her davon auszugehen ist, dass auch bei erhöhter Erstprovision in den Folgeprovisionen zumindest anteilig eine Abschlussfolgeprovision enthalten ist.

886 Aber anderseits hat die herrschende Lehre von jeher den Standpunkt vertreten, dass der zutreffenden Abgrenzung zwischen Abschlussfolgeprovision und geschuldeter Verwaltungsprovision nahezu unüberwindbare Schwierigkeiten entgegenstehen[317].

887 Die aus der unterschiedlichen Höhe zwischen Erst- und Folgeprovision oftmals gezogenen Folgerungen drängen sich deshalb auf, weil die Ursachen für die Vereinbarung dieser Zahlungsweise durchaus mit den Gründen vergleichbar

---

317 *BGH*, 27.11.1985 – IV a ZR 68/84, VersR 1986, 236; *OLG Hamm*, 8.12.1994 – 18 U 279/93, VersR 1995, 658; *OLG Hamm*, 28.4.1986 – 18 U 186/85, VersR 1987, 155; *LG Hagen*, 11.3.1985 – 24 O 26/84, VersR 1986, 144; *AG München*, RuS 1996, 158; *AG Stuttgart*, 9.7.1991 – 11 C 3738/91, VersR 1992, 609; *Prölss/Martin/Kollhosser*, VVG, 25. Aufl., Rz. 41 Anh. zu §§ 43–48 VVG.

sein können, die für die Gewährung von *Einmalprovisionen* im Bereich der Lebensversicherung maßgebend sind. Auch dort ist nämlich allein die *Erstprovision Abschlussvergütung*, die Folgeprovision dagegen ist ausschließlich Vergütung für die Verwaltungstätigkeit[318].

Die unterschiedliche Höhe der Folgeprovisionen in der *Lebensversicherung* einerseits und den hier interessierenden Zweigen der *Schadensversicherung* andererseits erklärt sich daraus, dass die *Verwaltungstätigkeit eines Vertreters* in der Schadensversicherung meist *viel umfangreicher* ist als in der Lebensversicherung. Denn während sich die Verwaltungstätigkeit des Vertreters in der *Lebensversicherung* im Wesentlichen in der *Bestandspflege*[319] erschöpft – Schadensfälle werden hier meist formularmäßig unmittelbar zwischen Versicherer und Versicherungsnehmer ohne Mitwirkung des Vertreters abgewickelt –, ist der Vertreter in der Schadensversicherung mit Verwaltungsaufgaben in weit größerem Umfange betraut. Das beruht einmal auf der *vielseitigen und zeitraubenden Bearbeitung* von Schadenversicherungsverträgen ganz allgemein, zum anderen aber auch darauf, dass der Vertreter an der *Schadensbearbeitung* meist in mehr oder minder starkem Umfange beteiligt ist und darüber hinaus der *Bestandspflege* hier eine viel größere Bedeutung zukommt als in der Lebensversicherung. Denn Schadensversicherungsverträge sind naturgemäß *individueller* und *konkurrenzanfälliger*. 888

Ein wesentliches Indiz für die Auffassung, dass in den Folgeprovisionen anteilig eine Vermittlungs- oder Abschlussvergütung nicht mehr enthalten sein kann, wenn dem Vermittler eine *erhöhte Erstprovision* und *niedrige Folgeprovisionen* gezahlt werden, ergibt sich allerdings aus der Praxis. Wird nach dem Ausscheiden eines Vermittlers seinem *Nachfolger ein Bestand zur weiteren Betreuung* übertragen, pflegen nämlich die Versicherungsunternehmen dem Nachfolger die Folgeprovisionen *ohne irgendeinen Abzug* weiterzuzahlen. Wäre in den Folgeprovisionen anteilig eine Abschlussprovision enthalten, wäre diese Praxis unverständlich. Denn der Nachfolgevertreter hat bezüglich des ihm übertragenen Bestandes keine Vermittlungstätigkeit entfalten müssen, sodass ihm deshalb nur die Folgeprovisionen, vermindert um die darin enthaltenen Abschlussprovisionen zustehen könnten. Eine derartige *Provisionsaufteilung* wird deshalb in der Praxis auch kaum jemals vorgenommen. Vielmehr erhält der Vertreternachfolger üblicherweise stets die volle Folgeprovision. Es kann nicht verwundern, dass aus dieser Handhabung immer wieder die Schlussfolgerung hergeleitet wird, dass in den Folgeprovisionen Abschlussvergütungen nicht enthalten sein können. 889

---

318 Vgl. oben Rz. 849, 850.
319 Die Vergütung des Versicherungsvertreters für die vertragsgemäß ausgeübte *Bestandspflege* ist reines Verwaltungsentgelt (vgl. *Möller*, Anm. 224, S. 681) und ist deshalb von der erfolgsabhängigen Vermittlungsprovision scharf zu trennen. Zu Einzelheiten vgl. unten Rz. 960 sowie *Küstner*, VersR 2002, 513, 519 zu Abschn. III.4. m.w.N. Zur Beweislast bei streitiger Auffassung zur Höhe der Verwaltungsprovision generell vgl. Einzelheiten oben in Rz. 781.

VI Zweite materielle Anspruchsvoraussetzung – Provisionsverluste

890 Hierauf hat bereits das vom Kammergericht bestätigte Urteil[320] des Landgerichtes Berlin vom 1.11.1932[321] hingewiesen. Auch der Bundesgerichtshof[322] sieht in der Weiterzahlung der vollen Folgeprovisionen an den Vertreternachfolger ein wichtiges Indiz dafür, dass in den Folgeprovisionen eine *Vergütung für die Vermittlungstätigkeit* nicht mehr enthalten ist.

891 Auch im Schrifttum wird für das System der erhöhten Erstprovision sehr häufig die Meinung vertreten, dass *allein die Erstprovision eine Abschlussvergütung* darstelle, die *Folgeprovisionen aber reine Tätigkeitsvergütungen* für Inkasso, Bestandspflege usw. seien[323].

892 Geßler[324] vertritt den Standpunkt, dass für die erhöhte Erstprovision beim „einfachen Geschäft" der Sachversicherung (Hausrat, Feuer, Diebstahl, Wasserschäden, Unfall) die im Verhältnis zu den späteren Jahren auffallend hohe Provision für das erste Jahr reines Vermittlungsentgelt sei, während sich die verhältnismäßig hohe Inkasso- oder Verwaltungsprovision durch die *umfangreichere Verwaltungsarbeit* des Versicherungsvertreters erkläre, nicht aber dadurch, dass sie Vermittlungsfolgeprovision enthalte. Er stellt damit die genannten Versicherungszweige ausdrücklich der *Krankenversicherung* gleich. Ergänzend sei hierzu noch vermerkt, dass diese Gleichstellung umso mehr gerechtfertigt ist, als die durchschnittliche Erstprovision in der Krankenversicherung häufig sogar prozentual niedriger sein wird als in den genannten Zweigen des „einfachen Geschäfts".

893 Möller[325] hat sich eindeutig – so weit ersichtlich – bisher nur für das System der gleichbleibenden Provisionszahlung ausgesprochen und festgestellt, dass die gleichbleibenden Provisionen einerseits Vermittlungsprovisionen, andererseits Verwaltungsprovisionen enthalten müssten. Für das hier interessierende System der erhöhten Erstprovision stellt Möller nur fest, dass die *Erstprovision reine Vermittlungsprovision* sei. Aus dem Zusammenhang heraus können Möllers Ausführungen aber nur dahingehend verstanden werden, dass er angesichts der erhöhten Erstprovision die *Folgeprovisionen als reine Verwaltungsprovisionen* ansieht. Möller bezeichnet nämlich ausdrücklich die oben wiedergegebene Ansicht Geßlers zu diesem Fragenkreis als richtig und stellt der eigenen Ansicht die abweichende Meinung von Trinkhaus[326] gegenüber, der trotz erhöhter Erstprovisionen auch in den Folgeprovisionen anteilige Vermittlungsprovisionen sieht.

---

320 In dem zu Grunde liegenden Sachverhalt war eine Provisionsregelung in der Weise getroffen worden, dass der Vertreter eine Erstprovision in Höhe von 70- 80% und Folgeprovisionen in Höhe von 20–25% der Jahresbeiträge erhielt.
321 *LG Berlin,* 1.11.1932, JRPV 1933 S. 30; *Kammergericht,* 12.12.1933, IRPV 1934 S. 79.
322 *BGH,* 4.5.1959, a.a.O. (oben Fn. 301), und 21.3.1963, VersR 1963 S. 556.
323 *Geßler,* S. 56, 57; *Möller,* RuW S. 187, ZfV 1953 S. 139 und Kommentar, Anm. 275 vor §§ 43–48 VVG, S. 752; *Josten/Lohmüller,* § 89b Anm. 16; *Lohmüller* VW 1954 S. 10; RDBr. S. 108; *Bronisch,* VW 1949 S. 506.
324 A.a.O.
325 Anm. 275 vor §§ 43–48 VVG; S. 752/53.
326 S. 260ff.

Die gleiche Ansicht wird schließlich auch von Josten/Lohmüller, Bronisch und Fischer[327] vertreten, und schließlich kommt auch das **Bundesaufsichtsamt** in seinem eingehenden Gutachten[328] aus dem Jahre 1952 zu dieser Frage zum gleichen Ergebnis wie die überwiegende Ansicht im Schrifttum. Das Bundesaufsichtsamt befasst sich in diesem Gutachten zwar mit der Frage, ob einem Versicherungsvertreter auch nach der Beendigung des Vertretervertrages noch Ansprüche auf Vermittlungsprovision zustehen können. Gleichwohl können die Ergebnisse dieses Gutachtens aber auch im Hinblick auf den Ausgleichsanspruch verwertet werden, weil es sich sachlich um gleichgelagerte Fragen handelt. Das Aufsichtsamt stellt als Ergebnis seiner Untersuchungen fest, dass nicht nur in der Lebensversicherung, sondern auch in der Mehrzahl der Zweige der Schadensversicherung die Gegenüberstellung der Zahlen, die für die *Erstprovision* einerseits und die *Folgeprovision* andererseits ausgeworfen würden, die **technische Unmöglichkeit** ergebe, dass eine Folgeprovision über die Dauer des Vertretervertrages hinaus gewährt werde. Das bedeutet aber mithin, dass das Bundesaufsichtsamt eine **anteilige Abschlussvergütung in den Folgeprovisionen dann verneint**, wenn der Vertreter eine erhöhte Erstprovision erhielt. 894

Aus der **Amtlichen Begründung** zu § 89b[329] lässt sich eine überzeugende Gegenmeinung nicht herleiten. Die Amtliche Begründung betrifft ihrem ganzen Inhalt nach offensichtlich allein das System der *gleichbleibenden Provisionen*. Das folgt schon daraus, dass sie von der Voraussetzung der gleichmäßigen Verteilung der Abschlussprovisionen auf die gesamte Laufzeit des vom Vertreter vermittelten Versicherungsvertrages ausgeht, ohne den Besonderheiten Rechnung zu tragen, die beim System der erhöhten Erstprovisionen gegeben sind, bei denen gerade von einer gleichmäßigen Verteilung auch dann keine Rede sein kann, wenn man in den Folgeprovisionen anteilig Vermittlungsprovisionen sehen wollte. Schon aus diesem Grunde treffen die Folgerungen der Amtlichen Begründung für das System der erhöhten Erstprovision nicht zu, dass der Vertreter seiner Abschlussprovision in umso größerem Umfange verlustig gehe, je früher sein Vertretervertrag beendet werde. 895

Die **Gegenansicht** ist bisher nicht überzeugend begründet worden. Trinkhaus[330] folgert aus den üblichen Bestimmungen der Agenturverträge, wonach der nicht verdiente Provisionsteil vom Vertreter zurückgezahlt werden muss, wenn die der Bemessung der Erstprovision zu Grunde gelegte Versicherungsdauer nicht erreicht wird, dass *in den Folgeprovisionen Abschlussprovisionen zwangsläufig enthalten* sein müssten. Diese Schlussfolgerung ist aber nicht zwingend. Denn aus einer derartigen Erstattungspflicht ergeben sich für die einzelnen Bestandteile, aus denen sich Folgeprovisionen zusammensetzen, keine Anhaltspunkte. Eine Erstattungspflicht des Versicherungsvertreters im Hinblick auf zu viel gezahlte Provision besagt nichts darüber, dass in den Folgeprovisionen an- 896

---

327 A.a.O.
328 Vgl. oben Fn. 304.
329 BTDr. 3856 v. 15.11.1952; vgl. oben Rz. 872.
330 S. 253 ff.

VI Zweite materielle Anspruchsvoraussetzung – Provisionsverluste

teilig noch weitere Abschlussvergütungen des Versicherungsvertreters enthalten sind, wie sich aus ihr allerdings ebenso wenig mit Sicherheit entnehmen lässt, dass die Folgeprovision ausschließlich Vergütung für die Verwaltungstätigkeit des Vertreters darstelle. Der Hinweis von Trinkhaus hält einer genauen Prüfung mithin nicht stand.

897 Gelegentlich wird argumentiert, die in § 89b Abs. 5 HGB festgelegte **Höchstgrenze für den Ausgleichsanspruch des Versicherungsvertreters** könne überhaupt nur dann sinnvoll sein, wenn man davon ausgehe, dass in der Schadensversicherung die **Folgeprovisionen überwiegend nachträgliche Abschlussvergütungen** darstellten, anderenfalls müsse es sich um eine unrealistische Höchstgrenze handeln, weil sie praktisch niemals erreicht werden könnte. Die Höchstgrenze des Ausgleichsanspruches hat aber mit der Frage, ob in den Folgeprovisionen, die dem Versicherungsvertreter zufließen, anteilig Vermittlungsentgelte enthalten sind oder nicht, nichts zu tun. Erst wenn geklärt ist, ob die Vertragsbeendigung überhaupt Abschlussprovisionsverluste des Vertreters auslöst, kann es u.U. auf die Höchstgrenze des Ausgleichsanspruchs ankommen. Der Hinweis auf die Höchstgrenze des Ausgleichsanspruchs hilft daher in diesem Zusammenhang nicht weiter[331]. Tatsächlich beruht die für den Ausgleichsanspruch des Versicherungsvertreters maßgebliche dreifache durchschnittliche Jahresprovision als Höchstgrenze auf ganz anderen Gründen, von denen unten die Rede sein wird[332].

898 Die **Rechtsprechung** hat sich mit der Problematik der Abschlussfolgeprovision wiederholt befassen müssen.

899 So wies bereits das Kammergericht in seinem Urteil vom 12.12.1933[333] darauf hin, dass die Tatsache einer Teilung der Gesamtvergütung in sofort bei Abschluss und später zu zahlende Provisionen an sich schon dafür spreche, dass diese späteren Provisionen von einer weiteren Tätigkeit des Vertreters bzw. von seinem Verbleiben in der Stellung beim Geschäftsherrn abhängig sein sollen. Dieses Urteil hat übrigens durch die Neuregelung des Handelsvertreterrechtes keineswegs an Bedeutung verloren, weil es den Parteien eines Vertretervertrages nach wie vor überlassen ist, wie sie die Zahlungsweise der Provisionen regeln.

900 Den gleichen Gesichtspunkt unterstreicht auch der Bundesgerichtshof in seinem Urteil vom 4.5.1959[334], das sich allerdings nicht auf die Provisionsregelung in einem der hier interessierenden Versicherungszweige, sondern auf die Krankenversicherung bezieht. Immerhin folgt aus dem Urteil, dass auch der Bundesgerichtshof grundsätzlich den Standpunkt vertritt, dass dann, wenn die als Abschlussprovision bezeichnete Provision höher ist als die Folgeprovisionen, diese *ausschließlich Verwaltungsprovisionen* sind.

---

331 Näheres Rz. 1577–1583 und *Küstner*, IHV 1966 Heft 4 S. 25.
332 Rz. 1577 ff.
333 JRPV 1934 S. 79.
334 Vgl. oben Fn. 301.

Das bereits erwähnte Urteil des Landgerichts Berlin vom 1.11.1932[335] hatte sich deshalb für den ausschließlichen Charakter der Folgeprovision als Verwaltungsprovision ausgesprochen, weil bei einer **Übertragung des Bestandes** auf einen Vertreternachfolger keine Aufteilung der Folgeprovision in Abschluss- und Verwaltungsprovision vorgenommen, sondern dem Vertreternachfolger die Folgeprovision ungekürzt gewährt worden war. Hätte die Folgeprovision anteilig eine Abschlussvergütung enthalten, so hätte, wie das Gericht zutreffend folgert, eine Provisionsaufteilung vorgenommen werden müssen, da dem Vertreternachfolger ein Anspruch auf Abschlussprovision im Hinblick auf den übernommenen Bestand nicht zugestanden habe. **901**

Das Oberlandesgericht Stuttgart[336] führt für die Krankenversicherung noch folgendes aus: „Für die Lebensversicherung und für die Krankenversicherung geht die herrschende Auffassung dahin, dass die Abschlussprovision ... als Einmalprovision gewährt wird, während die weiteren laufenden Provisionen ausschließlich Verwaltungsprovisionen sind, in denen keine Abschlussprovision enthalten ist." **902**

Für die hier interessierende Problematik ist bedeutsam, dass das Gericht bereits bei einer **Erstprovision in Höhe von mindestens 40%** des Jahresbeitrages (zuzüglich der Aufnahmegebühr) gegenüber insgesamt 15,5% des Jahresbeitrages als Folgeprovision eine so unterschiedliche Höhe zwischen Erst- und Folgeprovision sieht, dass es eine in den Folgeprovisionen enthaltene anteilige Abschlussprovision verneint. Oft ist der Unterschied in der Höhe der Erst- und der Folgeprovisionen, wie oben gezeigt, aber noch erheblich größer, was in besonderem Maße Anlass bietet, in der Erstprovision allein eine Vergütung für die Abschlusstätigkeit und in den Folgeprovisionen allein eine Vergütung für die Verwaltungstätigkeit des Vertreters zu sehen. **903**

In seinem Urteil vom 6.3.1964[337] hat sich wiederum das Kammergericht mit der Frage befassen müssen, ob beim System der erhöhten Erstprovision in den Folgeprovisionen Abschlussvergütungen anteilig enthalten sind. Zwar bejaht das Kammergericht diese Frage im konkreten Fall, betont aber gleichzeitig, dass die getroffenen Feststellungen **nicht verallgemeinert** werden dürften und nur den zu entscheidenden Fall beträfen. Deshalb lassen sich aus diesem Urteil allgemeine Anhaltspunkte auch nicht entnehmen. **904**

Das Urteil wird im Wesentlichen von der Feststellung getragen, dass die Folgeprovision, die sich auf 15% der Jahresprämie belief, angesichts der **geringen Verwaltungstätigkeit** zwangsläufig noch Abschlussprovision enthalten müsse. Eine geringe Verwaltungstätigkeit ergab sich aber im Streitfall nur deshalb, weil das Gericht die Verwaltungstätigkeit des Vertreters unzutreffend von seiner Vermittlungstätigkeit abgrenzte und dadurch zwangsläufig zu der Folgerung **905**

---

335 JRPV 1933 S. 30.
336 Urteil vom 26.3.1957, VersR 1957 S. 329.
337 VersR 1964 S. 1295 mit Anmerkung von *Klingmüller*, vgl. dazu auch *Rudolph*, ZfV 1964 S. 652.

VI Zweite materielle Anspruchsvoraussetzung – Provisionsverluste

verführt wurde, dass die Folgeprovisionen die Vergütung der auf diese Weise ermittelten Verwaltungstätigkeit überstiegen und mithin zum Teil noch ein Entgelt für die vermittelnde Tätigkeit des Versicherungsvertreters darstellten. Das Kammergericht rechnete der *vermittelnden Tätigkeit* des Vertreters nicht nur die Aufnahme von Abschluss- und Änderungsanträgen und die Aushändigung der Versicherungsscheine zu, sondern im Wesentlichen auch die *Bestandspflege*[338], die, wie das Gericht ausführte, der Hauptaufgabe eines Versicherungsvertreters, nämlich der Gewinnung von Versicherungsnehmern, näher komme als seiner Verwaltungsaufgabe. Wörtlich führt das Gericht hierzu aus:

906 „Denn durch die Kontaktpflege mit dem bereits gewonnenen Versicherungsnehmer wird es dem Versicherungsvertreter möglich, ein neues Versicherungsbedürfnis bei dem Versicherungsnehmer aufzudecken und gegebenenfalls einen neuen Versicherungsvertrag zu schließen. Eine reine auf den bereits bestehenden Versicherungsvertrag bezogene Bestandspflege mag in den Fällen nötig sein, in denen der Versicherungsnehmer zu erkennen gibt, dass er das Versicherungsverhältnis aufzulösen gedenkt. In der Regel jedoch erfordert der sich in normalen Bahnen abwickelnde Versicherungsvertrag keine besondere Bestandspflege, es sei denn unter den aufgezeigten besonderen Voraussetzungen und insbesondere im Hinblick auf die Eröffnung neuer Versicherungsmöglichkeiten."

907 Diese Ausführungen hat Klingmüller[339] mit Recht als verfehlt bezeichnet. Er hat darauf hingewiesen, dass sich die Bestandspflege schon begrifflich allein nur auf bereits *abgeschlossene Versicherungsverträge* beziehen könne. Das dem Vertreter für die Bestandspflege gezahlte Entgelt könne deshalb nur ein tätigkeitsbedingtes Verwaltungsentgelt darstellen, weil ein Vermittlungsentgelt von dem durch die Tätigkeit des Vertreters herbeigeführten Erfolg abhängig sei, der durch die Bestandspflege aber nicht eintrete, sondern bestenfalls erleichtert werde.

908 In der verbleibenden verwaltungsmäßigen Tätigkeit (Entgegennahme von Erklärungen und Anzeigen der Versicherten) sah das Kammergericht keine Belastung des Versicherungsvertreters, sodass es im Ergebnis nur seine Inkassotätigkeit als eine echte Verwaltungsaufgabe ansah, die aber – das ergab sich aus dem Vertretervertrag – nur mit 50 % der Folgeprovisionen, also mit maximal 7,5 % der Prämie, vergütet wurde.

909 Das Gericht gelangte mithin nur dadurch zu der Annahme einer anteilig in den Folgeprovisionen enthaltenen Abschlussprovision, dass es die Abgrenzung unzutreffend vornahm und die Bedeutung der vom Vertreter neben dem Inkasso auszuübenden Verwaltungstätigkeit unterschätzte. Es kann keinem Zweifel unterliegen, dass die von einem Versicherungsvertreter neben dem Inkasso ausgeübte Verwaltungstätigkeit mindestens genauso umfangreich und nicht weniger bedeutsam ist als das Inkasso selbst und dass dem Vertreter dafür mindestens

---

338 Vgl. dazu Rz. 781, 960, 966.
339 VersR 1964 S. 1298.

die gleiche Vergütung zustehen muss. Daraus, dass das Kammergericht die über 7,5% hinausgehende Folgeprovision als Abschlussprovision qualifiziert, ergibt sich, dass der Vertreter die ihm neben dem Inkasso obliegende Verwaltungstätigkeit umsonst erbringt.

Man kann das Problem aber nicht dadurch lösen, dass man die Verwaltungstätigkeit des Vertreters einfach seiner vermittelnden Tätigkeit zurechnet oder sie als „verwaltungsmäßig nicht belastend" ansieht. Denn richtiger Ansicht nach ist die Abschlussprovision eine reine Erfolgsvergütung, mit der gleichzeitig alle Vermittlungsbemühungen des Vertreters pauschal abgegolten werden, wenn diese Bemühungen zum Erfolg, das heißt zum Abschluss eines Versicherungsvertrages zwischen dem Versicherungsunternehmen und dem Versicherungsnehmer, geführt haben. 910

Schließlich kann eine andere Beurteilung auch dann nicht in Betracht kommen, wenn der Versicherungsvertreter einen mehrjährigen Versicherungsvertrag vermittelt hat, der eine *Verlängerungsklausel* enthält. Ein solcher Vertrag stellt praktisch einen auf unbestimmte Zeit abgeschlossenen Vertrag mit einer bestimmten Mindestlaufzeit und entsprechender Kündigungsmöglichkeit dar. Hier könnte man den Standpunkt vertreten, dass die zur Vergütung des Vermittlungserfolges gezahlte erhöhte Erstprovision sich nur auf die zunächst vereinbarte Laufzeit des Versicherungsvertrages beziehe und dass in den nach der Vertragsverlängerung fällig werdenden Folgeprovisionen zwangsläufig noch eine anteilige Vermittlungsvergütung enthalten sein müsse, weil der besondere Vermittlungserfolg des Vertreters anderenfalls umsonst erbracht worden wäre. Diese Auffassung trifft aber nicht zu[340]. Die Folgeprovisionen enthalten auch in solchen Fällen kein Vermittlungsentgelt mehr, weil die Verlängerungsklausel als Vermittlungserfolg des Vertreters bei der *Kalkulation der erhöhten Erstprämie* bereits berücksichtigt worden ist. 911

Dass von der Rechtsprechung immer wieder problematische Einzelfälle behandelt werden, wie dies erneut durch das Urteil des Bundesarbeitsgerichts vom 21.5.1985[341] geschah, beweist allerdings weniger noch bestehende Unklarheiten im Hinblick auf die Problematik als solche, sondern zeigt deutlich, welche Folgen es hat, *wenn Vertragsregelungen und sonstige Absprachen zu Zweifeln Anlass* geben. Im entschiedenen Sachverhalt handelte es sich um den Ausgleichsanspruch eines – offenbar arbeitnehmerähnlichen – Versicherungsvertreters, der für ein Versicherungsunternehmen *Rechtsschutzversicherungen* vermittelt hatte. Nach dem Vertrage erhielt er für die von ihm vermittelten Verträge mit 5-jähriger Laufzeit eine einmalige Abschlussprovision von 60% und vom 1. Versicherungsjahr an als „Bestandspflegeprovision" 6% der jährlichen Nettoprämie. Vor seiner Tätigkeit als Versicherungsvertreter war der Kläger für dasselbe Unternehmen als angestellter Außendienst-Mitarbeiter tätig gewesen 912

---

340 So auch *Gertner/Strietholt*, FR 1954 S. 477ff., die auch Verlängerungsprovisionen ausdrücklich zum Verwaltungsentgelt rechnen.
341 *BAG*, 21.5.1985, BB 1986 S. 1017 = DB 1986 S. 919 = VersVerm 1986 S. 227.

VI Zweite materielle Anspruchsvoraussetzung – Provisionsverluste

und hatte für den übernommenen bzw. von ihm erarbeiteten Vertragsbestand eine Bestandspflegeprovision von 10% erhalten. In dem Vertrag, den der Kläger als selbstständiger Versicherungsvertreter mit dem Versicherungsunternehmen abgeschlossen hatte, war festgelegt, dass ihm die Bestandspflegeprovision gezahlt werde, „solange der vom Mitarbeiter geworbene Versicherungsnehmer seinen Wohnsitz innerhalb des Tätigkeitsgebietes des Mitarbeiters hat und der Versicherungsnehmer durch den Mitarbeiter sorgsam betreut wird". Nach den vertraglichen Bestimmungen konnte die Bestandspflegeprovision entzogen werden, wenn der Versicherungsnehmer nicht ordnungsgemäß vom Mitarbeiter betreut wurde (Erledigung von Bearbeitungsaufträgen, Aufnahme von Schadensanzeigen usw.).

913 Im Rechtsstreit ging es wiederum um die Frage, ob die **Bestandspflegeprovision als Vermittlungsfolgeprovision** anzusehen und demgemäß bei der Ausgleichsberechnung zu berücksichtigen sei. Das Bundesarbeitsgericht hat das Urteil des Landesarbeitsgerichts aufgehoben und die Sache zurückverwiesen, weil es weiterer tatsächlicher Feststellungen bedurfte, um beurteilen zu können, ob dem Kläger der geltend gemachte Ausgleichsanspruch auch zustand.

914 Das Bundesarbeitsgericht hat in seinem Urteil vom 21.5.1985[342] die bisherige Rechtsprechung des Bundesgerichtshofs bestätigt und unmissverständlich klargestellt, dass dem Ausgleichsanspruch nur ein Verlust im Hinblick auf Abschlussprovisionen zu Grunde gelegt werden könne, weil der Unternehmer bleibende Vorteile im Allgemeinen nur aus der für die Vermittlung neuer Geschäfte ursächlichen Tätigkeit des Vertreters, nicht aber aus verwaltender, für den Handels- und Versicherungsvertreter nicht typischen Tätigkeit habe. Gleichzeitig allerdings stellt das Bundesarbeitsgericht fest, dass daraus noch nicht folge, dass Bestandspflegeprovisionen stets unberücksichtigt bleiben müssten. Aus dem Wortlaut des Vertrages ergebe sich im entschiedenen Falle nicht mit ausreichender Sicherheit, ob und ggf. in welchem Umfange es sich bei der Bestandspflegeprovision um eine *Ergänzung der 60%igen Abschlussprovision* oder um eine *Vergütung für reine Verwaltungstätigkeiten* handele. Zwar ergebe sich aus diesen Unklarheiten nicht, dass es sich hier um eine „Mischform zwischen Bestandspflege- und Vermittlungsentgelt" handele. Das Berufungsgericht hätte aber – so führte das Bundesarbeitsgericht aus – dem Vortrag des Klägers nachgehen müssen, dieser hätte, wenn er nicht auf einen Bestand hingearbeitet hätte, die Möglichkeit gehabt, sich sofort eine Provision in Höhe von 100% als Abschlussprovision auszahlen zu lassen. Er hätte dann allerdings in der Folgezeit keine Bestandspflegeprovision erhalten. Wenn aber eine solche Wahlmöglichkeit für den Kläger bestanden habe, so lasse dies den Schluss darauf zu, dass es dem Versicherungsunternehmen vorwiegend um den Abschluss gegangen sei, dass es die Bestandspflege jedoch nicht besonders vergüten wolle. Deshalb müsse eine weitere Beweisaufnahme erfolgen. Werde diese ergeben, dass die Beklagte neben dem Vermittlungserfolg auch die Bestands-

---

[342] *BAG*, 21.5.1985 – 3 AZR 283/83, BB 1986, 1017 = DB 1986, 919 = VersVerm 1986, 227.

pflege besonders habe vergüten wollen, so komme es darauf an, welcher Anteil des entsprechenden Provisionssatzes auf echte Bestandspflege im Sinne von Bestandserhaltung und welcher Anteil auf reine Verwaltungstätigkeit entfallen sei. Nur der erstere Anteil sei ausgleichspflichtig.

Als Ergebnis ist festzuhalten, dass die Streitfrage unterschiedlich beantwortet wird, ob bei Zahlung einer erhöhten Erstprovision die Folgeprovisionen anteilig Abschlussvergütungen enthalten, die erhöhte Erstprovision die für die Vermittlung des betreffenden Vertrages geschuldete Abschlussprovision in vollem Umfange abdeckt oder ob erst die erhöhte Erstprovision einerseits und die anteilig in den Folgeprovisionen enthaltene Abschlussfolgeprovision andererseits die gesamte Vermittlungsvergütung des Vermittlers darstellen. Die Streitfrage ist zwar auf den ersten Blick im Sinne einer klaren Aufteilung zwischen Trennung von Abschlussvergütung einerseits und reiner Verwaltungs-Folgeprovision andererseits in der Weise zu beantworten, dass die Folgeprovisionen ausschließlich Verwaltungsvergütungen darstellen. Andererseits aber ist es zu begrüßen, dass diese Streitfrage, wie bereits erwähnt, heute nur noch *theoretischer Natur* ist. Denn in der Praxis sind die maßgeblichen Verbände – GDV und BVK – übereinstimmend der Auffassung, dass auch bei erhöhter Erstprovision *in den Folgeprovisionen anteilig noch Abschlussprovisionsvergütungen* enthalten sind – ganz abgesehen davon, dass, wie ebenfalls bereits erwähnt, bei einer Ausgleichsberechnung nach den *„Grundsätzen"* diese Frage ohnehin nicht mehr aktuell ist. Allerdings darf nicht verkannt werden, dass angesichts der *unklaren Terminologie* einerseits und der üblichen Praxis der Gegenauffassung wesentliche Argumentationshilfen geboten werden. Es kann deshalb nur auch an dieser Stelle empfohlen werden, dass zwischen den Parteien durch klare vertragliche Vereinbarungen möglichen Meinungsverschiedenheiten der Boden entzogen wird. 915

Ausgleichsrechtlich hat die hier vertretene Auffassung zur Folge, dass – wie dies ja auch dem Inhalt der Grundsätze entspricht – die Vertragsbeendigung regelmäßig auch dann zu Provisionsverlusten führt, wenn dem Vermittler *erhöhte Erstprovisionen* zugeflossen waren. Allerdings resultieren dann die Provisionsverluste nur aus den in den Folgeprovisionen anteilig enthaltenen Vermittlungsvergütungen; die erhöhte Erstprovision als solche ist dabei – wie dies auch zutreffend die Grundsätze vorschreiben – auszuklammern, wenn der für die Ausgleichsberechnung nach den Grundsätzen maßgebliche Ausgleichswert zu ermitteln ist. 916

Im Hinblick auf Versicherungsverträge, die vor der Beendigung des Vertretervertrages vermittelt wurden, kann demnach ein Provisionsverlust und damit ein Ausgleichsanspruch – abgesehen von der eben erwähnten Ausnahme – grundsätzlich nur dann entstehen, wenn der Vermittlungserfolg des Vertreters mit *gleichbleibenden Vermittlungsprovisionen* vergütet wird. Ein Ausgleichsanspruch kommt demnach in der Lebens- und Krankenversicherung und auch in den Zweigen der Schadensversicherung, in denen das zuletzt behandelte Provisionssystem angewendet wird, normalerweise nicht in Betracht. Von Ausnahmen wird unten zu Ziffer 2 ausführlich die Rede sein. 917

VI Zweite materielle Anspruchsvoraussetzung – Provisionsverluste

918 Das hat mitunter zu der Folgerung Anlass gegeben, der Versicherungsvertreter werde im Verhältnis zum Warenvertreter, dem in den meisten Fällen bei Vertragsbeendigung ein Ausgleichsanspruch zusteht, benachteiligt. Das aber ist keineswegs der Fall[343]. Denn auf die Häufigkeit der Entstehung von Ausgleichsansprüchen kommt es nicht an. Es muss vielmehr auf die mit der Vertragsbeendigung entstehenden Provisionsverluste abgestellt werden, ohne die ein Ausgleichsanspruch nicht entstehen kann. Hat die Beendigung eines Versicherungsvertretervertrages keine Verluste an Vermittlungsprovision zur Folge, was häufig vorkommt, so bedeutet dies, dass der Versicherungsvertreter für die vertragsmäßig geschuldete Vermittlung neuer Versicherungsverträge bereits vor der Beendigung des Vertretervertrages in vollem Umfang vergütet wurde, sodass diese Beendigung nicht zum Wegfall verdienter Abschlussprovisionen führen konnte. Darin kann aber eine Benachteiligung des Versicherungsvertreters nicht gesehen werden.

II. Nach Vertragsbeendigung eintretende Vermittlungsauswirkungen

919 Für den Ausgleichsanspruch des Versicherungsvertreters haben – im Gegensatz zum Ausgleichsanspruch des Warenvertreters – die *vor der Beendigung des Vertretervertrages bereits vermittelten Verträge* eine wesentlich größere Bedeutung als künftig zu Stande kommende Verträge. Dies beruht – worauf schon mehrfach hingewiesen wurde – darauf, dass der Ausgleichsanspruch des Versicherungsvertreters grundsätzlich an seinen in der Vergangenheit liegenden Vermittlungserfolg anknüpft und deshalb davon abhängt, *ob der Versicherungsvertreter im Zeitpunkt der Vertragsbeendigung bereits abschließend vergütet war oder nicht*[344].

1. Fälle des § 87 Abs. 3 HGB

920 Aus der Vertragsbeendigung können sich im Hinblick auf *künftig – also nachvertraglich – zu Stande kommende Verträge* für den Versicherungsvertreter dann Provisionsverluste ergeben, wenn der Vertretervertrag vor dem Abschluss des Versicherungsvertrages beendet wird, dem Vertreter aber gleichwohl das *Hauptverdienst an diesem Abschluss* zukommt, weil er den Vertrag vermittelt oder den Abschluss eingeleitet und so vorbereitet hat, dass er *überwiegend* auf seine Tätigkeit zurückzuführen ist, und wenn der *Abschluss innerhalb einer angemessenen Frist* nach der Vertragsbeendigung erfolgt. Erforderlich ist aber für die *Entstehung eines Provisionsverlustes* auch hier, dass die gesetzliche Regelung des § 87 Abs. 3 HGB zum Nachteil des Versicherungsvertreters ausgeschlossen oder abbedungen wurde, sodass der Vertreter ohne die Vorschrift

---
343 Vgl. dazu oben Rz. 51 ff.
344 Vgl. oben Rz. 41 und 915, 916.

des § 89b HGB insoweit leer ausgehen würde[345]. Den vorgenannten Tatbeständen stehen diejenigen in der Versicherungswirtschaft allerdings seltenen Fällen gleich, in denen dem Versicherungsvertreter oder dem Versicherungsunternehmen vor der Vertragsbeendigung das Angebot zum Abschluss eines Versicherungsvertrages von einem Versicherungsinteressenten zugeht.

Zu beachten ist hierbei aber, dass der Vertragsabschluss *überwiegend eine Folge der Vermittlungstätigkeit des ausgeschiedenen Versicherungsvertreters sein muss*. Waren für das Zustandekommen des Versicherungsvertrages neue Vermittlungsbemühungen des Vertreternachfolgers oder eines dem Versicherungsvertreter übergeordneten Hauptvertreters erforderlich und steht fest, dass diese überwiegend ursächlich für den Vertragsabschluss waren, so steht die Abschlussprovision diesem Vertreter zu, und es kann ein *Provisionsverlust des ausgeschiedenen Vertreters insoweit nicht entstehen* (vgl. § 92 Abs. 3 in Verbindung mit § 87 Abs. 1 Satz 2). 921

Dem § 87 Abs. 3 Ziff. 1 sind nach der Neufassung des Gesetzes auch die in Ziff. 2 geregelten Tatbestände gleichgestellt. Danach steht auch einem Versicherungsvertreter für nachvertragliche Geschäfte ein Provisionsanspruch zu, wenn noch *vor der Beendigung des Vertragsverhältnisses das Angebot des Dritten zum Abschluss eines Geschäfts*, hinsichtlich dessen der Versicherungsvertreter provisionsberechtigt ist, *ihm selbst oder dem Unternehmer zugegangen ist*. Allerdings wird man diesen Tatbestand im Hinblick auf Versicherungsvertreter entsprechend der Regelung in § 92 Abs. 3 in der Weise beschränken müssen, dass auch hinsichtlich des hier angesprochenen Angebots des Dritten, also zumindest eines potentiellen Versicherungsnehmers, *auf eine geleistete Anbahnungstätigkeit* des inzwischen ausgeschiedenen Versicherungsvertreters zurückzuführen sein muss. Denn einem Versicherungsvertreter steht ein Anspruch auf *Provision nur für solche Geschäfte zu, die auf seine Tätigkeit zurückzuführen* sind. Fehlt es also an einer solchen auch nur *mitursächlichen Tätigkeit*, können – im Gegensatz zur Rechtslage bei Warenvertretern – für derartige nachvertragliche Geschäfte i.S. des § 87 Abs. 3 Ziff. 2 Provisionsansprüche nicht geltend gemacht werden, sodass auch insoweit, wenn die Regelung des § 87 Abs. 3 generell ausgeschlossen ist, derartige Geschäfte im Rahmen des Ausgleichsanspruchs nicht berücksichtigt werden können. 922

2. Vertragserweiterung, Summenerhöhung

Zur ausgleichsrechtlichen Berücksichtigung *künftig zu Stande kommender Verträge* bei Versicherungsvertretern hat der Bundesgerichtshof in seinem Urteil vom 23.2.1961[346] festgestellt, aus § 89b Abs. 5 HGB dürfe nicht gefolgert 923

---

345 Zu den Fällen des § 87 III Ziff. 1 u. 2 vgl. oben Rz. 692, vgl. auch *Gessler*, S. 95. Entsprechendes gilt natürlich für die Fälle, in denen der vor der Vertragsbeendigung vermittelte Versicherungsvertrag erst danach durch Policierung und Einlösung in Kraft tritt. Vgl. dazu auch Rz. 609.
346 *BGH*, 23.2.1961 – VII ZR 237/59, BGHZ 34, 310 = BB 1961, 381; *OLG Celle*, 16.5.2002 – 11 U 193/2001, VersR 2002, 976 mit Anm. *Küstner*, VersR 2002, 980 und VW 2002, S. 1102

VI Zweite materielle Anspruchsvoraussetzung – Provisionsverluste

werden, dass *nach Beendigung des Vertreterverhältnisses zu Stande kommende Verträge* – abgesehen von den oben erörterten Fällen des § 87 Abs. 3 – überhaupt niemals *Grundlage eines Ausgleichsanspruchs sein könnten*. Zwar mag – so führt der Bundesgerichtshof aus – bei den Beratungen in den gesetzgebenden Körperschaften im Wesentlichen nur an die dem Vertreter infolge seines Ausscheidens entgehenden *Abschlussfolgeprovisionen aus Verträgen gedacht worden sein, die er während des Vertretervertrages vermittelte*. Die Gesetz gewordene Fassung des § 89b Abs. 5 HGB zwinge aber nicht zu der Annahme, dass der Ausgleichsanspruch des Versicherungsvertreters auf diese Fälle beschränkt werden sollte. Es erscheine vielmehr geboten, das Gesetz dahingehend auszulegen, dass dem Versicherungsvertreter außer der Berücksichtigung verlorener Abschlussfolgeprovisionen *auch insoweit ein Ausgleich zu gewähren sei, als nach seinem Ausscheiden zu Stande kommende Abschlüsse sich bei natürlicher Betrachtungsweise lediglich als Fortsetzung* (Verlängerung) *oder Erweiterung* (Summenerhöhung) *von ihm vermittelter Verträge darstellten*, aus diesen Verträgen hervorgegangen und das gleiche Versicherungs- bzw. Bausparbedürfnis beträfen[347]. Dass solche Nachtragsverträge, die *in engem wirtschaftlichen Zusammenhang* mit dem ursprünglichen Vertrag stehen und aus ihm hervorgegangen sind, für den Ausgleichsanspruch des Versicherungsvertreters zu berücksichtigen seien, sei mit § 89b Abs. 1 Nr. 1 und 2 in der für Versicherungsvertreter geltenden Fassung sehr wohl vereinbar. Der enge Zusammenhang rechtfertige es auch, die sich aus dem Abschluss derartiger Nachtragsverträge ergebenden Unternehmervorteile als Vorteile anzusehen, die sich im Sinne des § 89b Abs. 1 Nr. 1 aus den vom Versicherungsvertreter vermittelten früheren Verträgen ergeben[348].

924 Die Anwendung dieser Rechtsprechung führt in der Praxis immer wieder zu Meinungsverschiedenheiten, wenn ein *enger wirtschaftlicher Zusammenhang*

---

und *Thume* VersR 2002, 981. Die Nichtzulassungsbeschwerde der Klägerin blieb erfolglos (Vorinstanz *LG Hannover*, 28.5.2001, 21 O 2196/99, n.v.); ausführlich zur Problematik *Küstner*, VersR 2002, 513ff., 521; *Löwisch/EBJ-HGB*, § 89b HGB, Rz. 149; BGHZ 34 S. 310 = BB 1961 S. 381 = NJW 1961 S. 1059 = VersR 1961 S. 341 = HVR Nr. 303, vgl. dazu *Höft*, VersR 1967 S. 524, 527 und *Küstner*, BB 1966 S. 269 zu IV; *ders.*, BB 1975, 493 und IHV 1964 S. 699; VW 1963 S. 47; Geschäftsberichte des Gesamtverbandes der Versicherungswirtschaft 1962/63 S. 144 und 1968/69 S. 68. Das Urteil vom 23.2.1961 hat der *Bundesgerichtshof* durch Urteil vom 21.3.1963 – VII ZR 95/61, VersR 1963 S. 566, für den Ausgleichsanspruch eines Versicherungsvertreters und durch Urteil vom 6.7.1972 – VII ZR 75/71, BGHZ 59, 125 = BB 1977 S. 1073 = DB 1972 S. 1960 = EBE 1972 S. 251 = HVR Nr. 461 = NJW 1972 S. 1664 = VersR 1972 S. 931 mit Anm. *Höft* für Bausparkassenvertreter bestätigt. Vgl. auch *OLG Stuttgart*, 22.2.1971, VersR 1972 S. 44 mit Anm. *Höft* = RVR 1972 S. 42 (Vorinstanz zu *BGH*, 6.7.1972 a.a.O.). In seinem Urteil vom 10.7.1969 – VII ZR 111/67, BB 1970 S. 102 = DB 1969 S. 1980 = VersR 1969, 995, hat er zum Ausdruck gebracht, dass er die von *Höft* und *Küstner* a.a.O. geforderte Präzisierung der im Urteil vom 23.2.1961 getroffenen Feststellungen nicht für berechtigt hält, vgl. dazu *Küstner*, BB 1972 S. 1300, 1305 zu Ziffer 5 und Gesamtverband der Versicherungswirtschaft, Geschäftsbericht 1968/69 S. 68. Zu Darlegungs- und Beweislastfragen in diesem Zusammenhang; *BGH*, 19.11.1970 – VII ZR 47/69, BGHZ 55, 45 = VersR 1971 S. 265 m. Anm. v. *Höft*.

347 Zur Ausnahme-Rechtsprechung vgl. auch *Küstner*, VersR 2002, 513, 521 re. Sp.
348 Näheres dazu oben Rz. 607.

zwischen dem ursprünglich vom Versicherungsvertreter vermittelten Vertrage einerseits und einer nach der Beendigung des Vertretervertrages erfolgten Vertragserweiterung oder Vertragsfortsetzung andererseits zwar gegeben ist, wenn aber fraglich ist, ob dieser Zusammenhang auch ausgleichsrechtlich von Bedeutung ist. **Denn es ist keineswegs so, dass jeder enge wirtschaftliche Zusammenhang zwangsläufig zu ausgleichsrechtlich beachtlichen Provisionsverlusten führen müsste**[349]. Stets muss deshalb geprüft werden, ob der Vermittlungserfolg des Versicherungsvertreters so bedeutsam ist, dass es *ausnahmsweise gerechtfertigt werden kann*, auch solche Provisionen als ausgleichsfähige Verluste zu berücksichtigen, die mit solchen Versicherungsverträgen im Zusammenhang stehen, *die zwar erst nach der Vertragsbeendigung zu Stande kommen*, aber auf den ursprünglich vom Versicherungsvertreter vermittelten Verträgen, also *auf seinen Vermittlungsbemühungen beruhen*[350].

Die Problematik besteht also darin, zwischen dem ausgleichsrechtlich beachtlichen und einem unbeachtlichen engen wirtschaftlichen Zusammenhang eine zutreffende *Abgrenzung* vorzunehmen. Dies betont auch der Bundesgerichtshof, wenn er ausführt, dass die beim Versicherungsvertreter gebotene *Anknüpfung an einen früheren Vertragsabschluss* einer Abgrenzung bedürfe. So könnten *Zweitabschlüsse eines Versicherungsnehmers, die nicht mehr demselben Versicherungsbedürfnis dienten*, für den Ausgleichsanspruch des ausgeschiedenen Vertreters regelmäßig *nicht berücksichtigt* werden. Anders könne es aber sein, wenn der Versicherungsnehmer die *Vertragssumme erhöhe, weil er inzwischen leistungsfähiger* geworden sei oder weil seine *Ansprüche sich vermehrt hätten*[351].

925

Diese Rechtsprechung ist durch ein neues Urteil des OLG Celle vom 16.5. 2002[352] präzisiert worden. Das Gericht hat zutreffend festgestellt, dass keineswegs sämtliche Zweit- und weiteren Folgeverträge in die zu berücksichtigenden Provisionsverluste einbezogen werden dürften, sondern nur solche Folgeverträge, die die vom BGH *festgelegten Voraussetzungen* erfüllten. Das hat das Gericht damit begründet, dass für die nach § 89b Abs. 1 HGB maßgeblichen Unternehmervorteile und Provisionsverluste nur solche Folgeverträge herangezogen werden dürften, so weit für diese eine *ursächliche Tätigkeit* des Handelsvertreters hinsichtlich des Zustandekommens des Folgevertrages vorliege, was sich wiederum daraus ergebe, dass im Versicherungs- und Bausparbereich nach § 92 Abs. 3 Provisionsansprüche nur aus selbst vermittelten Verträgen hergeleitet werden könnten. Da aber die Klägerin – eine Bausparkassenvertreterin – beim Abschluss der Folgeverträge selbst nicht mitgewirkt habe, könnten ausgleichsrechtlich nur solche Folgeverträge berücksichtigt werden, die sich als Fortsetzung (Verlängerung) oder Erweiterung (Summenerhöhung) bereits vom Vertreter vor der Vertragsbeendigung vermittelter Erstverträge darstellten[352a].

926

---

349 So auch *Höft*, VersR 1967 S. 524, 528 zu V.
350 Vgl. *Klingmüller*, VersR 1964 S. 1298 zu 4; *Küstner*, BB 1966 S. 269.
351 Vgl. dazu ausführlich auch *Höft*, VersR 1967 S. 524, 528 ff.
352 *OLG Celle*, 16.5.2002 – 11 U 193/01. Die von der unterlegenen Klägerin eingelegte Nichtzulassungsbeschwerde blieb erfolglos.
352a Vgl. zu dieser Problematik auch *OLG Hamburg*, 26.3.1992 – 8 U 97/90, VersR 1993, 476.

VI Zweite materielle Anspruchsvoraussetzung – Provisionsverluste

Eine andere Auffassung – *Berücksichtigung sämtlicher Folgeverträge* desselben Bausparers – würde unzulässigerweise dazu führen, dass ebenso wie beim Warenhandelsvertreter auf die *geworbenen Kunden* abgestellt werden würde, statt auf die vom Vertreter vermittelten Verträge. Wenn das richtig wäre, wäre auch die Regelung in § 89b Abs. 5 überflüssig und daher unverständlich, weil dann die *Geschäftsverbindung* zum Kunden das *entscheidungserhebliche Kriterium* und mithin nicht einsichtig wäre, warum das Gesetz gerade diese Anspruchsvoraussetzung durch eine andere ersetzen sollte[353].

927 Die vom BGH gegebenen Abgrenzungshinweise reichen indessen in der Praxis nicht aus. Ein enger wirtschaftlicher Zusammenhang und ein mit dem Erstvertrag identisches Versicherungs- bzw. Bausparbedürfnis werden ausgleichsrechtlich nur dann von Bedeutung sein können, wenn die Vertragserweiterung oder Vertragsfortsetzung *nicht auf Grund neuer Vermittlungsbemühungen des Nachfolgevertreters zu Stande kommt*, sondern wenn sie sich automatisch aus den Vermittlungsbemühungen des ausgeschiedenen Vertreters ergibt. Das setzt mithin voraus, dass die *Vermittlungsbemühungen* des Versicherungsvertreters *während des Vertragsverhältnisses so intensiv gewesen sind*, dass sie auch für den nach der Vertragsbeendigung eingetretenen Vermittlungserfolg noch als *adäquat ursächlich oder zumindest mitursächlich angesehen werden können*[354]. Sind dagegen *Vermittlungsbemühungen des neuen Vertreters* für die Vertragserweiterung ursächlich gewesen, so stehen diesem Vertreter die Vermittlungsprovisionen zu, die sich aus der Vertragserweiterung ergeben. Dem ausgeschiedenen Versicherungsvertreter kann deshalb insoweit ein Provisionsverlust nicht entstehen. Diese Konsequenz ergibt sich aus dem Urteil des Bundesgerichtshofes vom 23.2.1961 deshalb zwangsläufig, weil man anderenfalls zu dem für den Ausgleichsanspruch des Versicherungsvertreters mit dem Gesetz unvereinbaren Ergebnis kommen würde, dass der dem Versicherungsvertreter zustehende Ausgleichsanspruch doch eine *„zusätzliche Vergütung"* darstellt[355]. Denn wenn das vertretene Unternehmen den Vermittlungserfolg sowohl dem *ausgeschiedenen Vertreter in Form des Ausgleichs*, als auch dessen Nachfolger in Form einer Vermittlungsprovision vergüten müsste, würde im Ergebnis die Ausgleichszahlung als zusätzliche Vergütung des ausgeschiedenen Versicherungsvertreters neben die dem Vertreternachfolger zustehende provisionsmäßige Vergütung treten[356]. Darüber hinaus würde dem ausgeschiedenen

---

353 Mit diesen Ausführungen im Berufungsurteil hat das *OLG Celle* die gegenteilige Auffassung der Klägerin ad absurdum geführt, die Provisionsverluste aus sämtlichen Folgeverträgen hergeleitet, die Ausnahmerechtsprechung extensiv ausgelegt und damit den engen wirtschaftlichen Zusammenhang und die notwendige Identität des Bausparbedürfnisses beim Erst- und beim Folgevertrag völlig verkannt und den Ausgleichsanspruch des Bausparkassenvertreters demjenigen eines Warenhandelsvertreters gleichgestellt hatte, ohne die in beiden Bereichen unterschiedlichen Gegebenheiten in der gebotenen Weise zu berücksichtigen (vgl. dazu *Küstner,* VersR 2002, 513 ff.).
354 Ebenso *Höft,* a.a.O.
355 Vgl. dazu Rz. 41 und insbesondere *Höft,* VersR 1967 S. 524, 528 ff.
356 Im Ergebnis also würde das Versicherungs- oder Bausparunternehmen für einen Vermittlungserfolg doppelt belastet. Das aber würde im Widerspruch zum erklärten Willen des Gesetzge-

Versicherungsvertreter auch ein Ausgleich für den *Verlust des geworbenen Kundenstammes zustehen*. Auch eine solche Konsequenz wäre aber mit der Rechtsnatur eines einem Versicherungs- oder Bausparkassenvertreter zustehenden Ausgleichsanspruchs nicht vereinbar[357].

Diese vom BGH schon vor 40 Jahren vertretene Auffassung zur ausgleichsrechtlichen Berücksichtigung nachvertraglicher Geschäfte, sofern bestimmte strenge Voraussetzungen vorliegen, entspricht der neueren Rechtsprechung im Urteil vom 23.10.1996[358]. Dort hat der BGH bei der Ermittlung der *Ausgleichshöchstgrenze* auch nachvertraglich erst anfallende Überhangprovisionen in Ansatz gebracht, die zwar weder bei den Unternehmervorteilen noch bei den Provisionsverlusten zu berücksichtigen seien, gleichwohl aber den bereits erzielten Provisionen zuzuordnen seien, an denen der sich aus § 89 b Abs. 1 HGB ergebende Ausgleich nach Abs. 2 bei der Höchstgrenze zu messen sei. **928**

Vermag man dieser sehr strengen Auslegung der Rechtsprechung entsprechend dem für Versicherungsvertreter maßgeblichen Grundgedanken des Ausgleichsanspruchs nicht zu folgen, könnte sich durch entsprechende Anwendung des neugefassten § 87 Abs. 3 Satz 2 eine Lösung ergeben. Nach dieser Bestimmung steht im Hinblick auf *nachvertragliche Geschäfte* dem nachfolgenden Handelsvertreter ein Anspruch auf Provision anteilig zu, *„wenn wegen besonderer Umstände eine Teilung der Provision der Billigkeit entspricht"*. Überträgt man diesen Gesichtspunkt auf die hier interessierenden Fälle nachvertraglicher Vermittlungsauswirkungen i.S. der Rechtsprechung, die ja ihrer Natur nach nicht unter § 87 Abs. 3 fallen, ließe sich der Standpunkt vertreten, dass bei einer Mitwirkung des nachfolgenden Versicherungsvertreters eine Provisionsteilung in dem Sinne zu erfolgen hat, dass der nachfolgende Vertreter nur insoweit provisionsberechtigt ist, als der im engen wirtschaftlichen Zusammenhang mit dem Erstvertrag stehende Ergänzungsvertrag *auf seinen Vermittlungsbemühungen* beruht, während im Hinblick auf den *ausgeschiedenen Versicherungsvertreter* der auf *seinen Vermittlungsbemühungen beruhende Anteil* jenes Geschäfts *ausgleichsrechtlich* i.S. der oben zitierten Rechtsprechung zu berücksichtigen ist. **929**

In diesem Zusammenhang sei auf das Urteil des OLG Celle vom 25.11. 1992[359] und das frühere Urteil des Bundesgerichtshofs vom 1.12.1960[360] hin- **930**

---

bers (vgl. § 87 Abs. 1 Satz 2 und Abs. 3) stehen, dass ein Vermittlungserfolg nur einmal zu vergüten ist, nämlich demjenigen Vertreter, der mindestens überwiegend diesen Vermittlungserfolg herbeigeführt hat. So bei *OLG Karlsruhe*, 10.1.1984, Justiz 1984 S. 202 = OLGZ 1984 S. 228 = VW 1984 S. 998. Vgl. dazu *Höft*, VersR 1967 S. 524, 529/30 und dort Fußnote 24, gegen *Ahle*, DB 1964 S. 611, und *Krüger* DB 1964 S. 1399.

357 Vgl. dazu Geschäftsbericht des Gesamtverbandes der Versicherungswirtschaft 1962/63, S. 144; *Küstner*, BB 1966 S. 269.
358 *BGH*, 23.10.1996 – VIII ZR 16/96, NJW 1997, 316 = BB 1997, 59 m. Anm. *Seelhorst*, BB 1997, 2019 zur Berücksichtigung von Überhangprovisionen bei der Höchstgrenzenberechnung. Dazu unten Kap. X/Rz. 1529.
359 VW 1994, 314. Vgl. dazu *Küstner*, VW 1994 S. 314. Die vom Kläger eingelegte Revision hat der *BGH* durch Beschluss vom 8.12.1993 nicht angenommen.
360 BB 1961 S. 189 = VersR 1961 S. 210; vgl. dazu auch IHV 1964 S. 772.

VI Zweite materielle Anspruchsvoraussetzung – Provisionsverluste

gewiesen. In beiden Fällen hatte ein Versicherungsvertreter einen *Gruppensterbegeldvertrag* bzw. einen *Sammelversicherungsvertrag* als *Rahmenvertrag*[361] vermittelt, *auf Grund dessen laufend Einzelversicherungsverträge* zu Stande kamen, die jeweils durch den Vertreter oder seinen Nachfolger vermittelt werden mussten. Hier konnte mit der Vertragsbeendigung ein Ausgleichsanspruch des Versicherungsvertreters mit Rücksicht auf *künftig zu Stande kommende Einzelversicherungsverträge* deshalb nicht entstehen, weil ein ausgleichsrechtlich beachtlicher *enger wirtschaftlicher Zusammenhang*, wie ihn der Bundesgerichtshof in seinem Urteil vom 23.2.1961 im Rahmen seiner Ausnahmerechtsprechung[362] fordert, nicht vorlag. Denn für jeden einzelnen Versicherungsvertrag waren hier *neue Vermittlungsbemühungen* des Versicherungsvertreters erforderlich. Der Bundesgerichtshof hat deshalb zutreffend festgestellt, dass die verlorene *Aussicht des Versicherungsvertreters, mit weiteren Mitgliedern der Gruppe Einzelversicherungsverträge abzuschließen, ausgleichsrechtlich nicht berücksichtigt werden könne*, zumal es im Zeitpunkt der Vertragsbeendigung völlig offen sei, inwieweit solche Einzelverträge künftig zu Stande kommen würden. Denn die einzelnen Gruppenmitglieder seien in dem Entschluss, auf Grund des Gruppenvertrages eine Einzelversicherung abzuschließen, völlig frei.

931 Im Gegensatz zur Rechtslage bei *Gruppenversicherungsverträgen*[363] kommt bei *Rahmen-* oder *Sammelversicherungsverträgen* ein Ausgleichsanspruch jedenfalls gemäß § 89b Abs. 5 HGB nicht in Betracht. Eine andere Frage ist es aber, die bisher von der Rechtsprechung nicht entschieden wurde, ob ein Ausgleichsanspruch *unmittelbar nach § 89b Abs. 1* mit Erfolg geltend gemacht werden könnte. Dies ließe sich aus der Überlegung rechtfertigen, dass derartige Verträge einer vom Warenvertreter vermittelten Geschäftsverbindung eher ähneln als einem vermittelten Versicherungsvertrag. Entsprechendes gilt auch für vermittelte *Sammelversicherungsverträge*, bei denen es sich ebenfalls um Verträge zwischen einem Lebensversicherungsunternehmen und einem Arbeitgeber handelt, aufgrund dessen Arbeitnehmer bei Vorliegen bestimmter Voraussetzungen Lebens- und Rentenversicherungsbeiträge mit laufender Beitragszahlung gegen Einräumung von Beitragsnachlässen abschließen können[364]. Deshalb

---

361 Unter einem *Rahmenvertrag* versteht man in der Versicherungswirtschaft eine Vereinbarung zwischen einem Versicherungsunternehmen einerseits und einem Arbeitgeber, einer Firma, einem Verband oder einem Verein andererseits über den Inhalt von Versicherungsverträgen, die zwischen dem Versicherungsunternehmen und den Arbeitnehmern bzw. Mitgliedern abgeschlossen werden sollen. Der Rahmenvertrag umreisst also die Bedingungen, denen diese abzuschließenden Versicherungen unterliegen sollen. Im Unterschied zu einem Gruppenversicherungsvertrag wird der Vertragspartner des Versicherungsunternehmens bei einem Rahmenvertrag nicht Versicherungsnehmer. Versicherungsnehmer werden allein die Arbeitnehmer bzw. Mitglieder derjenigen Institution, die den Rahmenvertrag mit dem Versicherungsunternehmen abschließt (vgl. *Gablers* Versicherungs-Lexikon 1996, Stichwort „Rahmenvertrag").
362 Vgl. dazu die Einzelheiten in Rz. 924, 947.
363 Zur Rechtsnatur der Gruppenversicherung vgl. *Millauer*, Rechtsgrundsätze des Gruppenversicherungsvertrages, Karlsruhe 1954, sowie *Küstner*, VersR 1954, 575.
364 Zwischen einem Sammelversicherungsvertrag und einem Rahmenvertrag besteht eine enge Verwandtschaft; vgl. *Gablers* Versicherungs-Lexikon 1996, Stichwort „Sammelversicherung".

können solche Sammelversicherungsverträge nicht als Versicherungsverträge angesehen werden.

In gleicher Weise hat sich in anderem Zusammenhang auch das OLG Karlsruhe in seinem Urteil vom 10.1.1984[365] ausgesprochen und den für das Ausgleichsrecht des ausgeschiedenen Versicherungsvertreters notwendigen *engen wirtschaftlichen Zusammenhang* in einem Falle abgelehnt, in dem der Versicherungsvertreter, der *Risiko-Lebensversicherungen* vermittelt hatte, vorgetragen hatte, *bei einem Fortbestehen seines Vertragsverhältnisses wäre es ihm gelungen*, einen Teil der Versicherungsnehmer zu veranlassen, die Risiko- in Kapital-Lebensversicherungen umzuwandeln. 932

Das Oberlandesgericht hat zutreffend ausgeführt, dass der zu entscheidende Sachverhalt die Anwendung der Ausnahmerechtsprechung des Bundesgerichtshofs nicht rechtfertige. Denn der *Übergang von einer Risiko- zu einer Kapital-Lebensversicherung* stelle *keine Erweiterung des ursprünglich vermittelten Vertrages* dar, sodass ein Lebensversicherungsvertrag, der durch Umwandlung einer zunächst abgeschlossenen Risikoversicherung entstehe, *nicht als Ergänzungsvertrag* im Sinne der Rechtsprechung des Bundesgerichtshofs angesehen werden könne. Beiden Versicherungen liege ein *unterschiedlicher Vertragszweck* zu Grunde. Die Risiko-Lebensversicherung solle den Versicherungsnehmer und seine Familienangehörigen vor den wirtschaftlichen Folgen eines frühen Todes oder einer vorzeitigen Berufsunfähigkeit schützen, während die Kapital-Lebensversicherung in erster Linie dem Interesse des Versicherungsnehmers diene, auf diese Weise Steuern zu sparen und ein Vermögen zu bilden, durch das seine Altersversorgung, sofern er den Zeitpunkt des Vertrages erlebe, verbessert werde. Diese unterschiedliche Zweckrichtung komme auch dadurch zum Ausdruck, dass beim Übergang von der einen zur anderen Versicherung von einer *Vertragsumwandlung* und *nicht von einer „Aufstockung" oder „Erweiterung"* gesprochen werde. Darüber hinaus komme aber selbst in den von der Rechtsprechung herausgearbeiteten Ausnahmefällen ein Ausgleichsanspruch nur dann in Betracht, *wenn sich die Vertragserweiterung aus dem vom ausgeschiedenen Vertreter erzielten Vermittlungserfolg quasi automatisch* ergeben habe und *neue Vermittlungsbemühungen für den Folgeabschluss nicht erforderlich* waren. So liege es im entschiedenen Falle aber nicht. Der Versicherungsvertreter nämlich habe selbst vorgetragen, dass der geltend gemachte Anspruch auf der Erwägung beruhe, er sei bei Fortsetzung seiner Tätigkeit für das Versicherungsunternehmen in der Lage gewesen, auf Grund weiterer Bemühungen etwa 30% der geworbenen Kunden zu einer Umwandlung eines Versicherungsvertrages in eine Kapitallebensversicherung zu veranlassen. Daraus ergebe sich aber, dass nach dem Ausscheiden des Vertreters dieser Erfolg, wenn überhaupt, nur durch den *gezielten Einsatz eines neuen Versicherungsvertreters* erreicht werden könnte, dem das Unternehmen dann aber für die getätigten Abschlüsse provisionspflichtig gewesen wäre. Durch den Ausgleichsanspruch solle 933

---

[365] *OLG Karlsruhe*, 10.1.1984, Justiz 1984 S. 202 = OLGZ 1984 S. 228 = VW 1984 S. 998.

VI Zweite materielle Anspruchsvoraussetzung – Provisionsverluste

aber das Versicherungsunternehmen im Ergebnis nicht mit einer Vergütungsschuld belastet werden, die die Summe der Vermittlungsprovision übersteige, die bei einer Fortsetzung des Vertragsverhältnisses zu zahlen gewesen wäre.

934 Auch in der *privaten Krankenversicherung* ist die Rechtslage ähnlich, wenn bei Erhöhung der Familienmitgliederzahl eine entsprechende *Vertragserweiterung* erfolgt. Meist sind hier neue Vermittlungsbemühungen des Vertreters erforderlich, sodass ein enger wirtschaftlicher Zusammenhang, auch wenn er im Einzelnen angenommen werden muss, ausgleichsrechtlich doch ohne Bedeutung ist.

935 Anders ist in der Krankenversicherung die Rechtslage aber dann zu beurteilen, wenn der *Krankenversicherungsvertrag „aufgestockt"* wird und diese Vertragserweiterung dazu dient, das *Vertragsverhältnis eingetretenen Kostensteigerungen anzupassen.* Solche Aufstockungen, die durch *Höherstufung* im gleichen Tarif oder durch *Umstufung in Tarife, die höhere Leistungen vorsehen,* erfolgen, müssen dann vorgenommen werden, wenn der Versicherungsvertrag *weder eine Beitrags- noch eine Leistungsanpassungsklausel* enthält. Sie sind grundsätzlich provisionspflichtig, und es ist unbestritten, dass eine solche *Aufstockung als Vertragserweiterung* anzusehen ist, die in *engem wirtschaftlichen Zusammenhang* mit dem Ursprungsvertrag steht. Erfolgt die Aufstockung nach der Beendigung des Vertretervertrages, so kann sie allerdings nur dann zu einer Ausgleichsberechtigung des ausgeschiedenen Versicherungsvertreters führen, wenn sie als *nachvertragliche Auswirkung* der vom ausgeschiedenen Vertreter ausgeübten Vermittlungstätigkeit angesehen werden muss und nicht erst durch neue Vermittlungsbemühungen des Vertreternachfolgers[366] herbeigeführt wurde[367].

936 Wie die Praxis zeigt, genügt es für eine *zutreffende Abgrenzung* indessen nicht, zwischen Vertragserweiterungen zu unterscheiden, die automatisch nach der Vertragsbeendigung zu Stande kommen oder für die neue Vermittlungsbemühungen erforderlich sind. Es ist deshalb notwendig, den *ausgleichsrechtlich beachtlichen engen wirtschaftlichen Zusammenhang weiter einzuschränken*.

937 Das zeigen folgende Fälle: Kann ein enger wirtschaftlicher Zusammenhang im Sinne des Urteils vom 23.2.1961 auch dann bejaht werden, wenn die später eintretende Vertragserweiterung zwar auf dem ursprünglich vermittelten Vertrage beruht, aber dennoch *keine unmittelbare Folge der Bemühungen des Versicherungsvertreters* ist, weil sie sich zwangsläufig *auf Grund gesetzlicher Vorschriften* oder besonderer in den allgemeinen Versicherungsbedingungen enthaltener Klauseln *(Index- oder Prämienangleichungsklauseln)* ergibt?[368] Ist ein enger wirtschaftlicher Zusammenhang dann beachtlich, wenn die Ver-

---

366 In diesem Zusammenhang entsteht bei entsprechender Anwendung des neugefassten § 87 Abs. 3 Satz 2 die Frage der *Provisionsteilung*; dazu vgl. Bd. I Rz. 808 ff., 900.
367 Vgl. *Küstner,* BB 1975 S. 493; *Höft,* ZVersWiss 1976 S. 439, 452 ff. Vgl. auch unten Rz. 1843.
368 Vgl. § 8 Abs. 3 AHB sowie *Prämienangleichungs-, Stichtags-, Zuwachs-, Wertzuschlags-* und andere *Klauseln*; vgl. auch AVB für *gleitende Neuwertversicherungen* von Wohngebäuden usw.

tragserweiterung allein deshalb erfolgt, weil in der betreffenden Versicherungssparte Versicherungsverträge ohne Index- oder Angleichungsklausel überhaupt nicht abgeschlossen werden können, die Vertragserweiterung mithin nicht als ein besonderer Vermittlungserfolg des Versicherungsvertreters anzusehen ist? In diesen Fällen ist zwar ein enger wirtschaftlicher Zusammenhang zwischen dem ursprünglich vermittelten Versicherungsvertrag und der später eintretenden Vertragserweiterung nicht zu leugnen. Es erscheint aber gleichwohl zweifelhaft, ob ein Versicherungsvertreter die Vertragserweiterung zur Grundlage eines Ausgleichsanspruchs machen kann. Denn richtiger Ansicht nach wird man einen ausgleichsrechtlich beachtlichen engen wirtschaftlichen Zusammenhang nur dann annehmen können, wenn sich die automatisch eintretende Vertragserweiterung als ein *besonderer nachwirkender Vermittlungserfolg* des Vertreters darstellt. Davon kann aber keine Rede sein, wenn die Vertragserweiterung nur deshalb erfolgt, weil sie sich zwangsläufig auf Grund gesetzlicher oder vertraglicher Bestimmungen ergibt und der Vertreter einen Versicherungsvertrag ohne entsprechende Klauseln gar nicht anbieten konnte[369].

938 Stehen einem Versicherungsvertreter bei der Abgabe eines Angebots an einen Versicherungsnehmer demgegenüber aber *mehrere unterschiedliche Tarife* zur Verfügung, also z.B. Tarife mit und ohne Indexklausel, und kommt es auf Grund der *besonderen Bemühungen des Versicherungsvertreters* zur Vermittlung eines *Versicherungsvertrages mit Indexklausel,* dann waren die Vermittlungsbemühungen für die später eintretenden Vertragserweiterungen – obwohl eine effektiv erfolgende Vertragserweiterung allein auf den Bestimmungen der allgemeinen Versicherungsbedingungen beruht – *insofern ursächlich,* als der Versicherungsvertrag gerade zu den Bedingungen mit Indexklausel zu Stande kam.

939 Ein typisches Beispiel für eine automatisch erfolgende Vertragserweiterung, die sich als Nachwirkung besonders intensiver Vermittlungsbemühungen und damit als ein nachwirkender Vermittlungserfolg des Vertreters darstellt, ist ein *Gruppenlebensversicherungsvertrag*[370], der der *Rückdeckung* einer *vom Versicherungsnehmer übernommenen Versorgungsverpflichtung* gegenüber einer versorgungsberechtigten Personenmehrheit (z.B. Betriebsangehörigen) dient. Solche Verträge werden oft in der Weise abgeschlossen, dass der Versicherungsnehmer verpflichtet ist, jedes Jahr zu einem bestimmten Stichtag den Neuzugang zu melden, der auf Grund der Bestimmungen der Versorgungsregelung die Voraussetzungen für den Erwerb der Versorgungsanwartschaft erfüllt und der dann in den Gruppenvertrag hineinwächst.

940 In solchen Fällen wirkt sich die durch den Vertreter erfolgte Vermittlung des Gruppenvertrages *automatisch, und zwar als besonderer Vermittlungserfolg,* auch nach der Beendigung des Vertretervertrages aus, sodass sich im Hinblick auf den jeweiligen Neuzugang, der nach der Vertragsbeendigung gemeldet

---

369 Dazu eingehend *Höft,* VersR 1967 S. 524, 531.
370 Näheres speziell zur ausgleichsrechtlichen Problematik bei Gruppenversicherungsverträgen IHV 1964 S. 407ff.; *Möller,* Anm. 376, S. 864.

VI Zweite materielle Anspruchsvoraussetzung – Provisionsverluste

wird, ein Provisionsverlust ergibt, sofern mit der Vertragsbeendigung eine Provisionsverzichtsklausel wirksam wird[371].

941 Ein ausgleichsrechtlich beachtlicher enger wirtschaftlicher Zusammenhang zwischen der Vermittlung eines Vertrages durch den Versicherungsvertreter und einer späteren Erweiterung des Vertragsvolumens kann sich bei **Lebensversicherungsverträgen** weiterhin dann ergeben, wenn auf Grund der Bemühungen des Vertreters *der Versicherungsvertrag mit einer Klausel versehen wird, die eine Steigerung der Versicherungssumme entsprechend dem steigenden Einkommen des Versicherungsnehmers bewirkt.* Ein derartiger enger wirtschaftlicher Zusammenhang muss ausgleichsrechtlich solange anerkannt werden, bis der Versicherungsnehmer von sich aus die laufende Anpassung der Versicherungssumme an die Entwicklung seines Einkommens beendet.

942 Eine andere Beurteilung muss sich natürlich ergeben, wenn zwischen dem Versicherer und dem Versicherungsvertreter vertraglich eindeutig klargestellt ist, dass der Vertreter durch die Vergütung, die ihm infolge der durch ihn bewirkten Vertragsvermittlung bei Vertragsschluss zufließt, *auch im Hinblick auf alle künftigen Vertragserweiterungen in vollem Umfang vergütet wurde.*

943 Keineswegs darf aus dem Urteil vom 23.2.1961 gefolgert werden, dass ein enger wirtschaftlicher Zusammenhang ausgleichsrechtlich nur dann von Bedeutung sein könne, wenn sich die Vertragserweiterung oder Vertragsfortsetzung in Form eines **Nachtragsvertrages** oder gar eines **selbstständigen neuen Vertrages** vollzieht. Zu einer solchen Annahme könnte man neigen, weil der Bundesgerichtshof nur von nach Vertragsbeendigung zu Stande kommenden „*Zweitabschlüssen*" und „*Nachtragsverträgen*" spricht. An anderer Stelle aber betont der Bundesgerichtshof selbst, dass es unerheblich sei, in *welche äußere Form die Vertragserweiterung* gekleidet ist; entscheidend komme es *nicht auf die äußere Form*, sondern auf den *wirtschaftlichen Zusammenhang* an.

944 Ein wichtiger Anhaltspunkt für die Frage, ob sich aus einer späteren Vertragserweiterung oder Summenerhöhung ein Provisionsverlust und damit gegebenenfalls ein Ausgleichsanspruch herleiten lässt, kann sich aus der provisionsrechtlichen Behandlung derartiger Vertragserweiterungen ergeben, die bei einer Fortsetzung des Vertretervertrages zur Anwendung gekommen wäre. *Hätte dem Versicherungsvertreter bei einer Vertragsfortsetzung mit Rücksicht auf eine Vertragserweiterung ein erneuter Anspruch auf Vermittlungsprovision zugestanden*, so dürfte in der Regel ein *ausgleichsfähiger Provisionsverlust zu bejahen* sein. Infolge der unterschiedlichen Regelungen in der Praxis – zuweilen werden derartige Fälle in den Vertreterverträgen auch überhaupt nicht erwähnt – lässt sich aus der provisionsrechtlichen Handhabung, die bei einer Vertragsfortsetzung zum Zuge gekommen wäre, ein allgemeiner Grundsatz indessen nicht ableiten.

---

[371] Es handelt sich hier um einen der seltenen Fälle, in denen auch einem Lebensversicherungsvertreter ein Ausgleichsanspruch außerhalb der Grundsätze zustehen kann.

Mitunter ist in den Vertreterverträgen bestimmt, dass mit der dem Vertreter gezahl- 945
ten Vermittlungsprovision auch die *künftige Entwicklung der vermittelten Versicherungsverträge abgegolten* sei. So kann etwa vereinbart werden, dass das Entgelt für die Vermittlung von Gleitklauselverträgen im Hinblick auf die besondere Struktur dieser Verträge festzusetzen ist. Mit dem vereinbarten Provisionssatz kann dann der besonderen Struktur der Tarife Rechnung getragen worden sein, sodass bei Vertragsbeendigung ein *Provisionsverlust nicht entstehen* kann[372].

Stets ist mit Rücksicht auf mögliche Ausgleichsansprüche aber eingehend zu 946
prüfen, ob die vertraglichen Bestimmungen in den Vertreterverträgen nicht etwa einen *Verstoß gegen § 89b Abs. 4 Satz 1* enthalten.

3. Ergebnis

Provisionsverluste aus künftig zu Stande kommenden Verträgen sind für den 947
ausgeschiedenen Versicherungsvertreter nur insoweit ausgleichsfähig, als der *vor der Vertragsbeendigung erzielte Vermittlungserfolg* des ausgeschiedenen Vertreters sich noch in der Zeit *nach der Vertragsbeendigung durch eine Erweiterung der vermittelten Versicherungsverträge auszuwirken vermochte* und für diese Vertragserweiterung neue Vermittlungsbemühungen nicht erforderlich waren. Waren neue Vermittlungsbemühungen eines Versicherungsvertreters *allein oder überwiegend* für das Zustandekommen der Vertragserweiterung erforderlich, *so steht gegebenenfalls diesem Vertreter* der Anspruch auf die entsprechende Vermittlungsprovision zu, sodass damit eine ausgleichsrechtliche Berücksichtigung dieser Vertragserweiterung beim ausgeschiedenen Vertreter ausgeschlossen wäre[373]. Etwas anderes gilt nur dann, wenn, wie erwähnt, die Vergütung für einen nach der Vertragsbeendigung zu Stande kommenden *Ergänzungsvertrag* entsprechend den getroffenen Vereinbarungen zwischen dem Erstvermittler einerseits und dem zweiten Vermittler andererseits *unter Billigkeitsgesichtspunkten aufzuteilen* ist. Dies hätte zur Folge, dass der zweite Vermittler provisionsmäßig nur insoweit zu vergüten ist, als der nachvertragliche Abschluss auf seine *anteiligen Vermittlungsbemühungen* zurückzuführen ist. Der Erstvermittler wäre dann insoweit ausgleichsberechtigt, als ihm infolge einer vertraglich vereinbarten Provisionsverzichtsklausel ein *Anspruch auf nachvertragliche Provisionen nicht zusteht*.

Im Hinblick auf die vorstehend in den Randziffern 920 und 923 erläuterten 948
Fälle, in denen beim Versicherungs- und Bausparkassenvertreter infolge der Vertragsbeendigung ausgleichsrechtlich berücksichtigungsfähige Provisionsverluste entstehen können, muss nochmals der bereits in der Rz. 30 gegebene Hin-

---

[372] Vgl. auch oben Rz. 941.
[373] So auch *OLG Karlsruhe*, 10.1.1984, Justiz 1984 S. 202 = OLGZ 1984 S. 228 = VW 1984 S. 998; vgl. dazu auch *Höft*, VersR 1967 S. 524, 529 zu V2 und die dort in Fußnote 24 zitierten Nachweise. Mit Einzelfragen ausgleichsfähiger Nachtragsverträge befasst sich das *OLG Stuttgart* in seinem nicht rechtskräftigen Urteil vom 22.2.1971, VW 1971 S. 774, das im Übrigen erhebliche Bedenken gegen die von *Höft* und *Küstner* geäußerten Ansichten zum Ausdruck gebracht hat.

VI Zweite materielle Anspruchsvoraussetzung – Provisionsverluste

weis nachdrücklich hervorgehoben werden, dass in diesen Bereichen *weitere Verlust-Tatbestände nicht entstehen können*, wenn man von der Ausnahmerechtsprechung absieht.

949 Insoweit kann die Formulierung in § 89b Abs. 5 Satz 1 leicht zu Missverständnissen führen, weil dort ohne Einschränkung festgestellt wird, dass u. a. auch § 89b Abs. 1 für Versicherungsvertreter (und nach Abs. 5 Satz 3 auch für Bausparkassenvertreter) gelte. Denn die Anspruchsvoraussetzung des Abs. 1 Ziff. 2 gilt für diese Vermittler im Hinblick auf *künftig zu Stande kommende Verträge* nicht generell, sondern nur im *eingeschränkten* und aus dem Grundgedanken des Ausgleichsanspruchs sich ergebenden Sinne. Wollte man diese Problematik genauso wie im Warenhandelsvertreterbereich behandeln und den Ausgleichsanspruch des Versicherungs- und Bausparkassenvertreters zur Kundschaftsvergütung *umfunktionieren*, würde man die wesensmäßigen Unterschiede beider Vermittlungsbereiche völlig verkennen[374].

950 Leider kommt diese Besonderheit auch in der Amtlichen Begründung nicht klar und eindeutig zum Ausdruck. Sie beruht ganz einfach darauf, dass es beim Versicherungs- und Bausparkassenvertreter anders als beim Warenhandelsvertreter nicht auf die neu geworbenen Versicherungsnehmer oder Bausparer ankommt, sondern allein auf den vermittelten Bestand. Deshalb gibt der Ausgleichsanspruch diesen Vermittlern nicht die Möglichkeit, bei einer *unterstellten Vertragsfortsetzung* den Bestand durch Vermittlung weiterer Verträge zu erweitern – ebenso wie der Warenhandelsvertreter bei unterstellter Vertragsfortsetzung im Rahmen der Ausgleichsberechnung keine Provisionsverluste aus der nachträglichen Kundenneuwerbung herleiten kann.

951 Ein *Vermittlungserfolg* kann also in jedem Falle *nur einmal Grundlage eines Ausgleichsanspruchs sein. Was der eine Vermittler bei Anwendung des vom Bundesgerichtshof entwickelten Grundsatzes als Ausgleichsleistung erhält, muss zwangsläufig die Anwartschaft des Vertreternachfolgers auf Vermittlungsprovision und dementsprechend auch auf späteren eigenen Ausgleich schmälern.* Im Ganzen gesehen hat demnach das Urteil des Bundesgerichtshofes vom 23.2.1961 die Rechtslage des Versicherungsvertreters in ausgleichsrechtlicher Hinsicht weder verbessert noch verschlechtert[375]. Im Hinblick auf die *Gesamtvergütung* ist lediglich eine geringfügige Verschiebung zu Gunsten des Ausgleichsanspruchs erfolgt – die Vergütung des ausgeschiedenen Vertreters und seines Nachfolgers zusammengerechnet ist nach dem Urteil des Bundesgerichtshofes vom 23.2.1961 keineswegs höher, als sie in der Zeit vor dem Urteil war. Entscheidend ist der Gesichtspunkt, dass es weder der Sinn des Ausgleichsrechts noch der höchstrichterlichen Feststellung in dem Urteil vom 23.2.1961 sein kann, dass ein *Versicherungsunternehmen insgesamt mit einer*

---
374 Vgl. *Schröder*, § 89b Rz. 41 sowie *Geßler*, S. 95 und *Löwisch* in Ebenroth/Boujong/Joost, § 89b Rz. 143; vgl. auch *OLG Celle*, Urteil v. 16.5.2002, durch das die Entscheidung des *LG Hannover* v. 28.5.2001 bestätigt wurde. Vgl. insbesondere Rz. 30, 632, 826, 949.
375 Gesamtverband der Versicherungswirtschaft, Geschäftsbericht 1962/63 S. 144; ebenso VW 1963 S. 47. Ebenso *OLG Karlsruhe*, 10.1.1984 a.a.O.

Vergütungsschuld belastet wird (Provisions- und Ausgleichsschuld), *die die Summe der Vermittlungsprovisionen übersteigt, die bei einer Fortsetzung des Vertretervertrages zu zahlen gewesen wären*[376].

Dies beruht im Gegensatz zur rechtlichen Situation beim Warenhandelsvertreter auf § 92 Abs. 3 Satz 1, wonach dem Versicherungs- und Bausparkassenvertreter – anders als dem Warenhandelsvertreter – nur für solche Geschäfte Provisionsansprüche zustehen, *die auf seine Tätigkeit zurückzuführen* sind[377]. Sind aber an einem Folgegeschäft zwei Vermittler ursächlich beteiligt, muss sich dies zu Lasten des Ausgleichsanspruchs auswirken, weil insoweit die Entstehung von Provisionsverlusten teilweise gehindert ist. 952

Aus alledem folgt, dass die Berücksichtigung *künftig zu Stande kommender Verträge* für den Ausgleichsanspruch des Versicherungsvertreters in dem Rahmen, den das Urteil vom 23.2.1961 und seine Auslegung setzen – aber auch nur in diesem – keineswegs den allgemeinen provisions- und ausgleichsrechtlichen Grundsätzen widerspricht, die in Kapitel I erläutert worden sind. 953

Völlig neue Versicherungsverträge, die nach der Vertragsbeendigung abgeschlossen werden, weil sich der Versicherungsnehmer, der sich durch den Vertreter bisher gut betreut fühlte, von sich aus wieder an das gleiche Versicherungsunternehmen wendet, können niemals Grundlage für die Entstehung von Provisionsverlusten sein, weil es im Bereich der Versicherungswirtschaft eine *Kundschaftsvergütung* nicht gibt[378]. 954

Der BGH ist allerdings in seinem Urteil vom 6.7.1972 dieser Auffassung nicht gefolgt. Er hat sich hierbei darauf berufen, dass auch dann, wenn ein Nachfolger sich um das Zustandekommen des Folgevertrages bemüht habe und dafür auch Provisionen erhalten habe, die frühere Tätigkeit des ausgeschiedenen Vertreters gleichwohl *mitursächlich* für den neuen Vertrag geworden sei, der bei Fortbestehen seines Vertragsverhältnisses Provisionen erhalten hätte, die ihm nun infolge seines Ausscheidens entgehe. Dabei hat aber der BGH nicht berücksichtigt, dass *allein Mitursächlichkeit* bei der Vermittlung mehrerer Handelsvertreter gleichwohl den Provisionsanspruch nur einmal entstehen lässt, also unter den beteiligten Handelsvertretern entsprechend ihrer Mitursächlichkeit *aufzuteilen* ist[379]. 955

III. Superprovisionen

Die bisherigen Ausführungen zur Entstehung eines Provisionsverlustes in der Person des Versicherungsvertreters gelten grundsätzlich auch dann, wenn die 956

---

376 *Küstner*, BB 1966, S. 269, 271 zu IV.
377 Vgl. *BGH*, 24.4.1986 – I ZR 83/84, NJW-RR 1986, 1477 = BB 1986, 2091 = VersR 1986, 988.
378 Vgl. Rz. 24; *Geßler*, S. 95.
379 Zur Provisionsberechnung mehrerer Handelsvertreter, die für das Zustandekommen eines Vertrages mitursächlich tätig geworden sind, vgl. Bd. I, Rz. 756 und 900.

VI Zweite materielle Anspruchsvoraussetzung – Provisionsverluste

Vertragsbeendigung zum *Wegfall verdienter Superprovisionen* führt[380]. Diese Vergütungsform kommt dann in Betracht, wenn der Versicherungsvertreter als Generalagent anderen Vertretern *übergeordnet* ist, die ihrerseits in vertraglichen Beziehungen unmittelbar zum vertretenen Versicherer stehen, also *„unechte" Untervertreter* sind.

957 Superprovisionen sind grundsätzlich ausgleichsfähig, *soweit sie ein Vermittlungsentgelt darstellen*, das dem Versicherungsvertreter für seine Mitwirkung bei der Vermittlung neuer Versicherungsverträge durch den Untervertreter vertragsgemäß zusteht[381]. Daraus folgt, dass Superprovisionen insoweit *nicht ausgleichsfähig* sind, als sie dem Versicherungsvertreter *mit Rücksicht auf seine verwaltende und organisatorische Tätigkeit* gewährt werden. Denn entsprechend den vom Bundesgerichtshof in seinem Urteil vom 4.5.1959[382] entwickelten Grundsätzen kann im Rahmen des Ausgleichsanspruchs ein Provisionsverlust nur insoweit entstehen, als dem Vertreter durch die Vertragsbeendigung *Abschlussprovisionen* verloren gehen. Betrifft also die Superprovision die Mitwirkung des Hauptvertreters an den Vermittlungserfolgen des Untervertreters einerseits und die verwaltende und organisatorische Tätigkeit des Hauptvertreters andererseits, so muss zur Ermittlung des ausgleichsfähigen Teiles eine *entsprechende Aufteilung der Superprovisionen* vorgenommen werden.

958 Stets muss im Einzelfall[383] geprüft werden, welche *Zahlungsweise* im Hinblick auf die Superprovisionen vereinbart wurde. Insoweit sind grundsätzlich die gleichen Überlegungen anzustellen, die oben bei der Erörterung der Provisionsverluste des Versicherungsvertreters allgemein erläutert worden sind. Das bedeutet, dass ein ausgleichsfähiger Provisionsverlust auch insoweit nur in Betracht kommen kann, als die Superprovisionen in der gleichen Weise zahlbar sind wie die dem Untervertreter zustehenden *gleichbleibenden Vermittlungsprovisionen*. Ein Verlust an Superprovisionen kann mithin nicht entstehen, soweit der Hauptvertreter im Zeitpunkt der Vertragsbeendigung sämtliche auf Grund der Vermittlungserfolge des Untervertreters verdienten Superprovisionen bereits erhalten hat; das ist in der Regel dann der Fall, wenn die Superprovisionen als *Einmalprovisionen* gezahlt werden.

959 Gewisse Besonderheiten können sich unter Billigkeitsgesichtspunkten[384] im Hinblick auf die *Ausgleichsfähigkeit von Superprovisionen* dann ergeben, wenn es an einem angemessenen Verhältnis zwischen den Vermittlungserfolgen

---

380 Vgl. oben Rz. 80, 793 ff.; vgl. dazu *Möller,* Anm. 285, 189, 267 und 376.
381 Das in der Versicherungswirtschaft geltende und in § 92 Abs. 3 HGB niedergelegte Prinzip, dass der Versicherungsvertreter einen Provisionsanspruch nur für solche Geschäfte habe, die auf seine Tätigkeit zurückzuführen sind, wird durch die Gewährung von Superprovisionen nicht durchbrochen, weil auch für die Superprovisionen von einer den Vermittlungserfolg mitverursachenden Tätigkeit des Generalagenten ausgegangen wird. Näheres zur ausgleichsrechtlichen Behandlung von Superprovisionen: *OLG Stuttgart,* 22.2.1971, VW 1971 S. 774.
382 BGHZ 30 S. 98 = BB 1959 S. 574 = MDR 1959 S. 638 = NJW 1959 S. 1430 = VersR 1959 S. 427 = HVR Nr. 218.
383 Mit einem Sonderfall hatte sich der *BGH* in seinem Urteil vom 16.3.1989 – I ZR 162/87 – zu befassen BB 1989 S. 1075 = DB 1989 S. 1328 = HVR Nr. 666 = NJW-RR 1989 S. 863.
384 Näheres unten Rz. 1105.

des Untervertreters und der vertraglich vereinbarten mitwirkenden Tätigkeit des Hauptvertreters fehlt.

IV. Verwaltungsprovision

Ebenso wie im Ausgleichsrecht des Warenhandelsvertreters gilt auch im Bereich des Versicherungs- und Bausparkassenvertreters der vom BGH in seinem Urteil vom 4.5.1959[385] hervorgehobene Grundsatz, dass bei der Berechnung des Ausgleichsanspruchs – außer bei der Berechnung der Ausgleichshöchstgrenze[386] – *allein Vermittlungs- bzw. Abschlussprovisionen* zu berücksichtigen sind, während tätigkeitsbedingte Verwaltungsprovisionen außer Betracht bleiben müssen. Dies führt infolge *unklarer Vertragsbestimmungen*[387] leider oft zu Meinungsverschiedenheiten zwischen den Parteien. Denn der Vertreter ist naturgemäß geneigt, die ihm zugeflossenen Verwaltungsvergütungen als Teil der Vermittlungs- oder Abschlussprovision anzusehen, was sich naturgemäß erhöhend auf den Rohausgleich[388] auswirkt, während das Unternehmen demgegenüber die Auffassung vertritt, es müsse eine scharfe Trennung durchgeführt werden und die Verwaltungsprovisionen müssten bei der Ermittlung des Rohausgleichs unberücksichtigt bleiben.

960

Generell zur Problematik der bei der Ausgleichsberechnung nach § 89b Abs. 1 nicht berücksichtigungsfähigen Verwaltungsprovisionen[389] sei festgestellt, dass der Umfang der nach Abs. 1 auszuklammernden Vergütungen *nicht generell festgelegt* werden kann. Ähnlich liegen die Verhältnisse im *Tankstellenbereich*, auf die bereits oben hingewiesen worden war[390]. Denn maßgeblich kann auch in der Versicherungs- und Bausparwirtschaft nur sein, inwieweit der Vertreter mit Verwaltungsaufgaben tatsächlich betraut ist.

961

Die Hauptschwierigkeit liegt hierbei zunächst bereits in der zutreffenden *Abgrenzung*[391] der Verwaltungsvergütung von der Vermittlungs- bzw. Abschlussvergütung und darüber hinaus in der betragsmäßigen Unterscheidung[392]. Dabei kann in der Praxis als Anhaltspunkt, wenn sich eine Einigung der Parteien nicht erzielen lässt, nur eine *Zeit-Analyse* hilfreich sein, aus der sich ergibt, in welchen zeitlichen Verhältnissen der Verwaltungsaufwand zum Vermittlungsaufwand steht. Schon diese Notwendigkeit zeigt, welche nahezu unüberwindlichen Schwierigkeiten bestehen, wenn ein angemessenes Ergebnis erzielt werden soll.

962

---

385 *BGH*, 4.5.1959 – II ZR 81/57, BGHZ 30, 98 = BB 1959, 574 = NJW 1959, 1430 m. Anm. *Haager* LM Nr. 12 zu § 89b HGB.
386 Vgl. dazu Rz. 1546.
387 Vgl. dazu Rz. 852.
388 Zum Begriff des Rohausgleichs vgl. Rz. 258.
389 Vgl. dazu oben Rz. 777.
390 Vgl. dazu Rz. 785 ff.
391 Hierbei sei auf den Rechtsprechungswandel zur Abgrenzung im Tankstellenbereich verwiesen: *BGH*, 6.8.1997 – VIII ZR 150/96, NJW 1998, 66 = BB 1997, 2607 = VersR 1997, 1398; sowie Urteil VIII ZR 92/96, NJW 1998, 71 = BB 1997, 2609 = VersR 1997, 1396 sowie die in Kap. VI Rz. 785 in der Fn. 180) zit. Urteile des *OLG Hamm* vom 11.2.2000 und vom 2.9.1999.
392 Dies gilt insbesondere im Hinblick auf die Bestandspflegeprovision, vgl. dazu unten Rz. 966.

VI Zweite materielle Anspruchsvoraussetzung – Provisionsverluste

963 Dabei spielt naturgemäß die Frage eine Rolle, wie sich eine gewissenhafte und sorgfältig durchgeführte Verwaltungstätigkeit und insbesondere eine intensive Beratung des Versicherungsnehmers bzw. des Bausparers als *Grundlage für weitere Geschäfte* im Hinblick auf die Verbesserung des bestehenden Versicherungsschutzes und die Abdeckung weiterer Risiken oder Bedürfnisse darstellt. Denn es ist ja eine Binsenwahrheit[393], dass ein Vertreter insbesondere im Hinblick auf eine weitere erfolgreiche Vermittlungstätigkeit je erfolgreicher sein wird, desto besser er seinen Verwaltungsaufgaben und insbesondere seiner Bestandspflege[394] nachkommt. Schon aus diesem Gesichtspunkt zeigt sich, wie stark die Vermittlungs- und die Verwaltungstätigkeit *miteinander verwoben* sind und dass eine zutreffende Abgrenzung außerordentlich schwierig und mit von den Beteiligten vertretenen stark differierenden Ansichten und Vorstellungen belastet ist. In Anbetracht dieser Tatsache wurde ja auch bei der Ermittlung des Ausgleichswerts in den *„Grundsätzen-Sach"* eine Aufspaltung der Gesamtvergütung in Vermittlungsprovisionen einerseits und Verwaltungsprovisionen andererseits vermieden[395].

964 Deshalb dürften zweifellos die bei Prölss/Martin/Kollhosser[396] zitierten Urteile in dem hier interessierenden Zusammenhang *wenig hilfreich* sein. Denn diese Urteile betreffen ausnahmslos die Verhältnisse, die sich bei *Versicherungsmaklern* als Handelsbrauch[397] herausgebildet haben. In diesem Bereich kommt es im Zeitpunkt der Vertragsbeendigung auf eine Aufteilung der Gesamtvergütung, aber nicht auf ausgleichsrechtliche Gesichtspunkte an, sondern darauf, dass nachvertraglich nur Abschlussfolgeprovisionen, aber keine Verwaltungsvergütungen infolge fehlender zu Grunde liegender ausgeübter Verwaltungstätigkeit geschuldet werden. Hat sich im Bereich des Versicherungsmaklers ein Handelsbrauch entwickelt, dass von den insgesamt geschuldeten Provisionen von der Vertragsbeendigung an nur noch 50% als Abschlussfolgeprovisionen geschuldet werden, sodass hier Streitfälle relativ selten sind, kann im Bereich des Versicherungsvertreterrechts keinesfalls entsprechendes gelten. Denn im Versicherungsvertreterrecht wirkt sich der Umfang der Verwaltungsvergütung auf die *Höhe des Ausgleichsanspruchs* aus – jedenfalls im Hinblick auf die Ausgleichsberechnung gem. § 89b Abs. 1 – bei der Ermittlung der Ausgleichshöchstgrenze spielt diese Abgrenzung bekanntlich keine Rolle[398] sodass es mangels entsprechenden Handelsbrauchs in diesem Bereich auf die Verhältnisse eines jeden einzelnen Falls ankommt.

---

393 Vgl. dazu *Küstner*, VersR 2002, 513, 519.
394 Zur Bestandspflege-Problematik vgl. unten Rz. 966 sowie *Küstner*, VersR 2002, 513, 519 zu III 4.
395 Vgl. unten Kap. XVIII Rz. 1842, 1908.
396 VVG, 26. Aufl., Rz. 41 Anh. zu §§ 43–48 VVG. Dort: *OLG Hamm*, 8.12.1994 – 18 U 279/93, VersR 1995, 658; *OLG Hamm*, 28.4.1986 – 18 U 186/85, VersR 1987, 155; *LG Hagen*, 11.3.1985 – 24 O 26/84, VersR 1986, 144; *LG München*, RuS 1996, 158; *AG Stuttgart*, 9.7.1991 – 11 C 3738/91, VersR 1992, 609.
397 *Prölss/Martin/Kollhosser*, VVG, 25. Aufl., Anm. 4 A nach § 48 VVG.
398 Vgl. dazu Kap. X Rz. 1546 f.

Eine wichtige Rolle spielen hierbei insbesondere die **Bestandspflege- oder Be-** 965
standsbetreuungsprovisionen, die mitunter in Ausgleichsprozessen unzutreffend zu 95% (!) als Vermittlungsfolgeprovisionen angesehen werden[399].

Zur **Rechtsnatur** der **Bestandspflegeprovision** wird nahezu ausschließlich die 966
zutreffende Auffassung vertreten, dass die tätigkeitsbedingte, wenn auch meist der Höhe nach umsatzabhängige Bestandspflegeprovision eine **Verwaltungsvergütung** darstellt und deshalb entsprechend dem BGH-Urteil v. 4.5.1959[400] nicht ausgleichsfähig sei[401].

In der Literatur[402] wird hierzu darauf hingewiesen, dass sich die durchgeführte 967
Bestandspflege auf bereits abgeschlossene Versicherungsverträge beziehe und dass insbesondere einem Versicherungs- oder Bausparkassenvertreter Bestandspflegeprovisionen auch dann zufließen, wenn sich die Bestandspflege auf Bestände bezieht, die von diesen Vertretern gar **nicht vermittelt** wurden[403]. Auch dann, wenn diese Provision im Falle der vom Versicherungsnehmer ausgesprochenen Kündigung dazu dient, diesen „umzustimmen" geht es eben gerade nicht um die Vermittlung neuer, sondern um die Aufrechterhaltung alter Versicherungsverträge[404]. Schließlich könne die Bestandspflegeprovision auch nicht als „vorweggenommene" Vermittlungsvergütung angesehen werden. Allein schon deshalb kann der Bestandspflegeprovision keineswegs der Charakter einer Vermittlungsvergütung zugemessen werden – wenn auch ganz zweifellos die **Qualität einer Bestandspflege** sich auf den Umfang der Vermittlungserfolge auszuwirken vermag[405].

Aus alledem folgt, dass es sich bei der Bestandspflegeprovision um eine Vergü- 968
tung handelt, bei der es sich zumindest unmittelbar keineswegs um eine zusätzliche Vermittlungs- oder Abschlussprovision handeln kann.

---

[399] Zur Bestandspflegeprovision als Verwaltungsvergütung: *Möller* in Bruck/Möller, VVG vor §§ 43–48 VVG Anm. 273, 314, 311; *Löwisch* in Ebenroth/Boujong/Joost, HGB, § 89b Rz. 6; *Klingmüller*, VersR 1964, 1298; *Küstner*, VersR 2002, 513, 519 zu Abschn. III.4. sowie in VW 2001, 1236 und 1409 in Anm. zu *LG Osnabrück*, 10.8.2001 – 15 O 615/00, n.v. und n.rkr. Vgl. auch *Specks*, Diss. S. 8, 11 und 86; a.A. *Schröder* in FS für Nipperdey, S. 715 und dazu die kritischen Anmerkungen von *Höft*, VersR 1966, 104.
[400] A.a.O. Fn. 382.
[401] Fn. 399.
[402] Vgl. insbesondere *Klingmüller*, a.a.O. in Anm. zu KG 6.3.1964, VersR 1964, 1295, das die Bestandspflegeprovision als Abschlussprovision angesehen hatte, weil sie der Tätigkeit eines Versicherungsvertreters dessen Hauptaufgabe, nämlich der Gewinnung von Versicherungsnehmern wesentlich näher komme als dem einer „Verwaltung".
[403] *BGH*, 19.11.1970 – VII ZR 47/69, BGHZ 55, 45 = VersR 1971, 265 m. Anm. *Höft*, VersR 1971, 269. Dort wird in Ziff. 3 der Gründe ausdrücklich darauf hingewiesen, dass der Vertreter Verwaltungsprovisionen auch für von Dritten vermittelte Verträge erhalte. Vgl. dazu auch *Küstner*, VersR 2002, 513, 519 zu III.4. m.w.N. in Fn. 66. Vgl. neuerdings auch das rkr. Urt. des *LG Köln* v. 9.1.2003 – 2 O 305/99 mit Erläuterung von *Küstner*, VW 2003, 284.
[404] Ebenso *Specks*, S. 86.
[405] Vgl. *Küstner*, VersR 2002, 513, 519.

VI Zweite materielle Anspruchsvoraussetzung – Provisionsverluste

V. Sondertatbestände

969 Im Bereich der Versicherungsvermittlung kommt es schließlich mitunter vor, dass sich die Vermittlungstätigkeit des Vertreters nicht ausschließlich auf Versicherungsverträge bezieht, sondern darauf, Interessenten für das vertretene Unternehmen zu gewinnen, die ihrerseits – ohne Versicherungsvertreter zu sein – Versicherungsverträge an Dritte vermitteln. So kann beispielsweise die Aufgabenstellung des Versicherungsvertreters darin bestehen, Reiseveranstalter, Busunternehmen und ähnliche Gewerbetreibende für das Versicherungsunternehmen zu gewinnen, die ihrerseits für ihre Kunden Gepäck-, Reiserücktrittskosten- und ähnliche für Reisende in Betracht kommende Versicherungsverträge vermitteln.

970 In derartigen Fällen kann eine *besondere Beurteilung* notwendig sein. Denn die Reisenden ihrerseits schließen dann die gewünschten Versicherungsverträge als Versicherungsnehmer mit dem Versicherungsunternehmen ab. Die Prämienzahlung erfolgt üblicherweise über den Reiseveranstalter als Vermittler oder über den Versicherungsvertreter, der den Reiseveranstalter als Vermittler gewonnen hatte. Die aus den vermittelten Verträgen resultierenden Provisionen werden dann, je nachdem über wen die Prämie abgerechnet wird, mit dieser verrechnet. In derartigen Fällen setzt sich der Vermittlungserfolg des Vermittlers aus immer wieder vom Reiseveranstalter *vermittelten Einzelverträgen* mit stets neuen Versicherungsnehmern zusammen. Deshalb wird der Vermittlungserfolg auch stets in Form einer *Einmalprovision* vergütet. Die Folgeverträge, die mit unterschiedlichen Versicherungsnehmern (den jeweils auftretenden Reiseteilnehmern) zu Stande kommen, sofern sie die Dienste des Reiseveranstalters erneut in Anspruch nehmen, stehen deshalb auch nicht in einem engen wirtschaftlichen Zusammenhang und es besteht zwischen den einzelnen Erst- und Folgeverträgen auch *keine Identität*.

971 Endet in derartigen Fällen die Tätigkeit des Reiseveranstalters, dessen Vertrag mit dem Versicherungsvertreter als Untervertretervertrag[406] angesehen werden kann oder endet der Vertrag des Versicherungsvertreters mit dem Unternehmen, entsteht mitunter die Frage der Ausgleichsberechtigung. Aber weder zu Gunsten des Untervertreters noch zu Gunsten des Versicherungsvertreters kann infolge der Vertragsbeendigung – soweit es sich bei Letzterem allein um die Verträge handelt, die zur Abdeckung der mit einer Reise verbundenen Risiken abgeschlossen wird – ein Ausgleichsanspruch entstehen. Denn jeder einzelne Versicherungsvertrag wird, wie erwähnt, durch eine *Einmalprovision* vergütet und die *Ausnahmerechtsprechung*[407] des BGH kann mangels der für ihre Anwendung notwendigen Voraussetzungen *nicht in Betracht* kommen.

972 Etwas anderes könnte nur gelten, wenn zwischen dem Versicherungsvertreter und dem Versicherungsunternehmen zusätzlich ein gesonderter Vertrag abge-

---

406 Zum Recht des Untervertreters vgl. oben Rz. 77.
407 Zur Ausnahmerechtsprechung des *BGH* vgl. oben Rz. 923.

schlossen werden würde, der allein im Hinblick auf die Werbung von Reiseveranstaltern, also nicht auf die Vermittlung von Versicherungsverträgen im Rahmen eines Untervertreter-Verhältnisses gerichtet ist, sodass insoweit dann allgemeines Handelsvertreterrecht gilt und der Ausgleichsanspruch sich dann allein nach *§ 89b Abs. 1* richtet, weil der Vertreter insoweit mit Hilfe des echten Untervertreters *Geschäftsverbindungen* hergestellt hat. Im Übrigen dürfte der echte Untervertreter in derartigen Fällen meist wohl auch als *Nebenberufsvertreter*[408] angesehen werden, weil nach der herrschenden Übergewichtstheorie der Reiseveranstalter im Hauptberuf sich mit der Veranstaltung von Reisen befasst und auch aus dieser Tätigkeit den überwiegenden Teil seines Arbeitseinkommens bezieht.

Ähnlich ist die Rechtslage zu beurteilen, soweit der Versicherungsvertreter sich darauf beschränkt, Rahmenverträge[409] für das Versicherungsunternehmen mit einem Interessenten zu vermitteln.

973

C. Bausparkassenvertreter

I. Grundsätzliches

1. Anspruchsvoraussetzungen

Für Bausparkassenvertreter gelten die Vorschriften bezüglich Versicherungsvertreter (§ 92 Abs. 1–4) sinngemäß (§ 92 Abs. 5). Deshalb kann auch Bausparkassenvertretern ein *Ausgleichsanspruch* zustehen, wenn die aus § 89b Abs. 5 sich ergebenden Anspruchsvoraussetzungen erfüllt sind[410]. Das ergibt sich jetzt auch ausdrücklich aus der Neufassung des § 89b Abs. 5 Satz 3, wonach die speziell für Versicherungsvertreter geltenden Regelungen in § 89b Abs. 5 Satz 1 und 2 *sinngemäß auch für Bausparkassenvertreter* gelten.

974

Für Bausparkassenvertreter müssen also nach § 92 Abs. 5 in Verbindung mit § 89b Abs. 5 die für Warenvertreter geltenden Absätze des § 89b in gleicher Weise wie bei Versicherungsvertretern umgeformt werden[411]. Voraussetzung für den Ausgleichsanspruch des Bausparkassenvertreters ist deshalb, dass

975

die Bausparkasse aus der Vermittlung neuer Bausparverträge, die der Bausparkassenvertreter vermittelt hat, auch nach Beendigung des Vertragsverhältnisses erhebliche Vorteile hat und dass

---

408 Zum Nebenberufsvertreter vgl. in diesem Zusammenhang oben Rz. 168 und im Hdb. Bd. I Rz. 161.
409 Zur ausgleichsrechtlichen Problematik von Rahmenverträgen vgl. oben Rz. 930.
410 *BGH*, 23.2.1961, BB 1961 S. 381. Einzelheiten zum Ausgleichsanspruch des Bausparkassenvertreters bei *Küstner,* BB 1966 S. 269 und IHV 1963 S. 408, 1964 S. 539.
411 Vgl. oben Rz. 253, 254; zur Abgrenzung zwischen haupt- und nebenberuflicher Tätigkeit, wenn der Bausparkassenvertreter gleichzeitig als Versicherungsvertreter tätig ist, *Küstner,* BB 1966 S. 1212 zu II 5.

VI Zweite materielle Anspruchsvoraussetzung – Provisionsverluste

der Bausparkassenvertreter infolge der Beendigung des Vertragsverhältnisses Provisionsansprüche verliert, die er bei Fortsetzung des Vertragsverhältnisses aus bereits abgeschlossenen oder künftig zu Stande kommenden Bausparverträgen, die er vermittelt hat, hätte geltend machen können, und dass schließlich – insofern bestehen keine Besonderheiten –

die Zahlung des Ausgleichs unter Berücksichtigung aller Umstände der Billigkeit entspricht.

976 Allerdings muss im Hinblick auf künftig zu Stande kommende Bausparverträge berücksichtigt werden, dass insoweit entstehende Provisionsverluste nur *im Rahmen der Ausnahmerechtsprechung* des BGH und im Hinblick auf die Sonderregelung in § 87 Abs. 3 in Betracht kommen können[412].

977 Wie bei Versicherungsvertretern ist auch der Ausgleichsanspruch des Bausparkassenvertreters auf drei nach dem Durchschnitt der letzten fünf Tätigkeitsjahre berechnete Jahresprovisionen oder sonstige Jahresvergütungen der Höhe nach begrenzt.

978 Der Bausparkassenvertreter wird mithin *provisions- und ausgleichsrechtlich ebenso behandelt wie der Versicherungsvertreter*[413]. Das rechtfertigt sich daraus, dass die Gesichtspunkte, die für die besondere Rechtslage bei Versicherungsvertretern maßgebend sind, auch bei Bausparkassenvertretern zutreffen, dass also insbesondere Nachbestellungen, die bei Warenvertretern provisions- und ausgleichsrechtlich von so entscheidender Bedeutung sind, bei Bausparkassenvertretern nur eine untergeordnete Rolle spielen. Eine nochmalige Darstellung der Einzelheiten erübrigt sich deshalb; auf die obigen Ausführungen wird verwiesen[414].

979 Auch der Ausgleichsanspruch des Bausparkassenvertreters setzt voraus, dass dem Vertreter wegen der Vertragsbeendigung *Provisionsverluste* aus der Vermittlung neuer Bausparverträge erwachsen können. Nur wenn das auf Grund der im Einzelfall *vereinbarten Provisionsregelung* möglich ist, kann die Entstehung eines Ausgleichsanspruchs in Betracht kommen.

980 In der Regel erhalten Bausparkassenvertreter – ebenso wie Lebens- und Krankenversicherungsvertreter – *Einmalprovisionen*[415]. Die Vergütung für den Vermittlungserfolg wird also bei Bausparkassenvertretern auf einmal, d.h. in einer Summe, bereits bei Beginn des eingelösten Bausparvertrages ausgezahlt. Daraus folgt – jedenfalls im Hinblick auf bis zur Vertragsbeendigung vermittelte und abgeschlossene Bausparverträge –, dass ein Provisionsverlust bei der Beendigung des Vertragsverhältnisses *normalerweise nicht entstehen kann*, sodass auch ein Ausgleichsanspruch ausgeschlossen ist. Etwas anderes gilt ausnahmsweise aber dann, wenn vereinbart wurde, dass die *Einmalprovision* – entsprechend der in der Krankenversicherung üblichen Regelung – *in mehreren Raten gezahlt* werden soll und wenn die bei Vertragsbeendigung noch ausstehenden Raten infolge

---

412 Vgl. dazu die wiederholten Hinweise in den Rz. 30, 632, 826, 949.
413 *Schröder*, § 89b Anm. 39, 40, § 92 Anm. 24; *Knapp*, § 92 Anm. 7; *Küstner*, BB 1966 S. 269.
414 Vgl. oben Rz. 24ff.
415 Vgl. Rz. 839, 841, 862.

einer *Provisionsverzichtsklausel* entfallen⁴¹⁶. Dann tritt auch beim Bausparkassenvertreter der Ausgleichsanspruch insoweit an die Stelle verdienter, aber mit der Vertragsbeendigung entfallender Provisionsansprüche.

Laufende oder gleichbleibende Provisionen oder *erhöhte Erstprovisionen* kommen bei Bausparkassenvertretern in der Praxis nicht vor. Wird eine solche Provisionsregelung einmal vereinbart, so müssen die für Versicherungsvertreter geltenden Grundsätze ebenfalls entsprechend angewendet werden. 981

Wie beim Versicherungsvertreter sind auch beim Bausparkassenvertreter Provisionsverluste aus künftig zu Stande kommenden Verträgen grundsätzlich ausgeschlossen, wenn man von den oben erläuterten *Sonderfällen der Ausnahmerechtsprechung des BGH und des § 87 Abs. 3 absieht*, die natürlich auch beim Bausparkassenvertreter in Betracht kommen können⁴¹⁷. 982

Auch ein Bausparkassenvertreter hat grundsätzlich nur Anspruch auf Provisionen für solche *Geschäfte, die auf seine Tätigkeit* zurückzuführen sind. Das ergibt sich aus § 92 Abs. 5 in Verbindung mit der für Versicherungsvertreter geltenden Vorschrift des Absatzes 3. Ein Provisionsverlust kann also nicht – wie dies bei Warenvertretern der Fall ist – daraus hergeleitet werden, dass der Bausparkassenvertreter mit der Vertragsbeendigung die Chance verliert, *Provisionen aus neuen Verträgen* zu verdienen, die von solchen Bausparern abgeschlossen werden, denen er bereits Bausparverträge vermittelt hat. Auch insoweit gilt für Bausparkassenvertreter das Gleiche wie bei Versicherungsvertretern. Provisionsansprüche aus Nachbestellungen sind auch bei Bausparkassenvertretern ausgeschlossen; sie können mithin nicht als Provisionsverluste zur Grundlage eines Ausgleichsanspruchs gemacht werden⁴¹⁸. 983

2. Ausnahmerechtsprechung des Bundesgerichtshofs

Provisionsverluste aus künftig zu Stande kommenden Verträgen können nach der Rechtsprechung des Bundesgerichtshofs⁴¹⁹ aber insoweit in Betracht kommen, als *nach der Vertragsbeendigung zu Stande kommende Abschlüsse sich bei natürlicher Betrachtungsweise lediglich als Fortsetzung (Verlängerung) oder Erweiterung (Summenerhöhung) bis zur Vertragsbeendigung vermittelter Bausparverträge darstellen.* Danach ist also erforderlich, dass die Nachtragsverträge auch hier wiederum in einem *engen wirtschaftlichen Zusammenhang* mit den ursprünglichen Verträgen stehen und das *gleiche Bausparbedürfnis* betreffen⁴²⁰. Mitunter wird in diesem Zusammenhang allein auf den „engen 984

---

416 Vgl. Rz. 51, 815.
417 Rz. 920.
418 Vgl. das hierzu im Ergebnis zutreffende, in der Begründung aber bedenkliche Urteil des *Landesarbeitsgerichtes Baden-Württemberg (Stuttgart)* vom 8.10.1958, BB 1958 S. 1185, das Provisionsverluste aus Nachbestellungen zwar im entschiedenen Fall, offenbar aber nicht grundsätzlich ausschließen will.
419 *BGH*, 23.2.1961, BGHZ 34 S. 310 = BB 1961 S. 381 = NJW 1961 S. 1059 = VersR 1961 S. 341 = HVR Nr. 33.
420 *BGH*, 23.2.1961 – VII ZR 237/59, BGHZ 34, 310 = BB 1961, 381 = VersR 1961, 341; *BGH*, 6.7.1972 – VII ZR 75/71, BGHZ 59, 125 = BB 1972, 1073 = VersR 1972, 931; vgl. dazu

VI Zweite materielle Anspruchsvoraussetzung – Provisionsverluste

wirtschaftlichen Zusammenhang" abgestellt, dabei aber übersehen, dass nach der Rechtsprechung des BGH diese Ausnahmerechtsprechung auch ein *gleiches Versicherungs- bzw. Bausparbedürfnis* voraussetzt, sodass also *Identität* zwischen dem Bedürfnis besteht, das dem Erstvertrag und das auch dem Folgevertrag zu Grunde lag. Mit Recht hat hierzu das LG Hannover in seinem Urteil v. 28.5.2001[421] festgestellt, dass die Begriffe „wirtschaftlicher Zusammenhang" und „gleiches Bausparbedürfnis" *nicht inhaltsgleich* seien. Der enge wirtschaftliche Zusammenhang kennzeichne den Abschluss mit demselben Bausparer *in zeitlicher Nähe* zum Erstvertrag, während das gleiche Bausparbedürfnis den vom Bausparer mit dem Folgevertrag verfolgten Zweck betrifft, der mit dem beim Erstvertrag vorliegenden Bausparbedürfnis identisch sein müsse[421a].

985 Wie beim Ausgleichsanspruch des Versicherungsvertreters muss aber auch hier bei der Anknüpfung an einen früheren Abschluss eine *Abgrenzung* vorgenommen werden. Der Bundesgerichtshof stellt hierzu fest, dass *Zweitabschlüsse eines Bausparers*, die nicht mehr demselben Bausparbedürfnis dienen, sondern z.B. einem *weiteren Bauvorhaben desselben Sparers* oder dem von diesem neugefassten Plan, eine Hypothek auf seinem inzwischen bebauten Grundstück abzulösen, für den Ausgleichsanspruch des ausgeschiedenen Vertreters regelmäßig nicht zu berücksichtigen seien. Anders könne es aber beispielsweise liegen, wenn der Bausparer die Vertragssumme erhöht, weil er inzwischen leistungsfähiger geworden ist, seine Ansprüche sich vermehrt haben oder auch die *Lebenshaltungskosten (Baupreise) gestiegen* sind.

986 Entsprechend den obigen Ausführungen zum Ausgleichsanspruch des Versicherungsvertreters[422] wird aber auch beim Bausparkassenvertreter der vom Bundesgerichtshof geforderte enge wirtschaftliche Zusammenhang nur dann bejaht werden dürfen, wenn der *Nachtragsvertrag eine automatische Folge der Vermittlungsbemühungen* des Bausparkassenvertreters ist. Sind für das Zustandekommen des Nachtragsvertrages *weitere Vermittlungsbemühungen eines Nachfolgevertreters* erforderlich, liegt im Hinblick auf beide Vermittler Mitursächlichkeit vor[423].

987 Dieser Grundsatz für die Abgrenzung des ausgleichsrechtlich allein in Betracht kommenden engen wirtschaftlichen Zusammenhangs beruht darauf, dass auch dem Bausparkassenvertreter Provisionsansprüche nur für solche Geschäfte zustehen, die auf seine Tätigkeit zurückzuführen sind. Dieses maßgebliche provisionsrechtliche Grundprinzip, das sich aus § 92 Abs. 5 und 3 ergibt, würde verletzt werden, wenn man Provisionsverluste auch im Hinblick auf solche Ge-

---

auch die gleiche Problematik beim Ausgleichsanspruch des Versicherungsvertreters oben Rz. 947; vgl. zu Einzelheiten mit Beispielsfällen auch *Küstner*, VersR 2002, 513, 521 zu III.6.
421 *LG Hannover*, 28.5.2001 – 21 O 2196/99, n.v. sowie *Küstner*, a.a.O., bestätigt durch rkr. *OLG Celle*, Urt. v. 16.5.2002 – mit Anm. *Küstner*. Vgl. zur nicht zugelassenen Revision und zur vergeblich eingelegten Nichtzulassungsbeschwerde oben Fn. 352.
421a Vgl. zur Identität des Bausparbedürfnisses Bausparkassen-Fachbuch 2002/03 S. 360/61.
422 Vgl. Rz. 984ff. und *Küstner*, BB 1966 S. 269, 271 zu IV.
423 Vgl. dazu oben Rz. 951.

schäfte anerkennen würde, die auf die Tätigkeit eines anderen Vertreters ganz oder teilweise zurückzuführen sind.

II. Ausgleichsberechnung

Die folgenden Betrachtungen zur Ausgleichsberechnung haben aber insofern nur noch historische Bedeutung, als bekanntlich inzwischen die *„Grundsätze für den Bausparbereich"* verabschiedet wurden, nach denen in der Praxis die im Bausparbereich entstehenden Ausgleichsansprüche regelmäßig abgewickelt und befriedigt zu werden pflegen und die sich auch auf solche Ausgleichsfälle beziehen, die im Zeitpunkt des In-Kraft-Tretens dieser „Grundsätze" noch nicht abgeschlossen waren, obwohl das Vertragsverhältnis bereits vor dem Inkrafttreten beendet worden war[424]. 988

Bei Zugrundelegung der Rechtsprechung war bis zum In-Kraft-Treten dieser „Grundsätze" bei der Ausgleichsberechnung folgendes zu beachten: 989

Wird ein mit einem Bausparkassenvertreter abgeschlossener Vertretervertrag beendet, ist mit Rücksicht auf die Rechtsprechung[425] zur *ausgleichsrechtlichen Berücksichtigung von Zweitabschlüssen*, die mit dem neu vermittelten Ursprungsvertrage *in engem wirtschaftlichen Zusammenhang* stehen[426], zu prüfen, ob und inwieweit nach der Beendigung des Vertretervertrages mit dem Zustandekommen solcher ausgleichspflichtiger *Zweitabschlüsse* zu rechnen ist.

Im Hinblick auf diese Prüfung ist anerkannt, dass bei der Ermittlung von Art und Umfang der ausgleichsfähigen Nachtragsverträge Rückschlüsse aus den Verhältnissen während der Tätigkeit des Bausparkassenvertreters auf die Entwicklung nach seinem Ausscheiden gezogen werden können[427]. Gerade weil es sich hier ausschließlich um zukünftige Tatbestände handelt, lassen sich Schätzungen für die Zukunft nur aus der in der Vergangenheit liegenden Entwicklung absichern. Deshalb muss es auch erlaubt sein, gerade im Hinblick auf das für den Ausgleichsanspruch des Bausparkassenvertreters allein in Betracht kommende spezielle Folgegeschäft, nicht nur von den Verhältnissen des letzten Vertragsjahres, sondern von einem längeren vor der Vertragsbeendigung liegenden Zeitraum auszugehen. Das Oberlandesgericht Stuttgart[428] ist bei der *Ermittlung des maßgeblichen Folgegeschäfts* von den *Provisionseinnahmen des ausgeschiedenen Bausparkassenvertreters in den letzten 3 Vertragsjahren* ausgegangen. Hönsch hat auf unveröffentlichte Urteile hingewiesen, in denen sogar die letzten 5 Jahre vor dem Ausscheiden des Bausparkassenvertreters berücksichtigt wurden[429]. Eine Berücksichtigung noch länger zurückliegender Ver- 990

---
424 Vgl. unten Ziffer IX der Grdsätze im Bausparbereich im Anhang Nr. 5.
425 Vgl. oben Rz. 923, 984.
426 Vgl. Rz. 923, 984.
427 *OLG Stuttgart*, 22.2.1971, VersR 1972 S. 44 mit Anm. *Höft* = RVR 1972 S. 42 mit Anm. *Küstner*.
428 A.a.O. Fn. 427.
429 *Hönsch*, RVR 1971 S. 99, 103; *LG Stuttgart*, 27.5.1969–4 KfH O 121/68 – nicht rechtskräftig geworden; *OLG Stuttgart*, 21.7.1965–4 U 20/65 – nicht veröffentlicht.

VI Zweite materielle Anspruchsvoraussetzung – Provisionsverluste

träge dürfte sich deshalb verbieten, weil bei Verträgen, deren Abschluss länger als 5 Jahre zurückliegt, vorhandene Chancen für einen Folgevertrag bereits realisiert worden sein dürften.

991 Ausgangspunkt für die Ausgleichsberechnung ist der *Anteil derjenigen Provisionen* an den durchschnittlich jährlich zugeflossenen Gesamtprovisionen, der überhaupt *auf Nachtragsverträge entfällt*, also auf solche Folgeverträge oder Zweitabschlüsse, die mit Bausparern zu Stande kommen, deren *Erstverträge* der ausgeschiedene Bausparkassenvertreter vermittelt oder abgeschlossen hatte. Dabei kommt es aber zunächst nicht auf die Frage an, inwieweit es sich bei diesen anteilig zu ermittelnden Zweitabschlüssen auch um *ausgleichsrechtlich zu berücksichtigende Zweitabschlüsse* handelt. Bei diesem ersten Schritt der Ausgleichsberechnung geht es vielmehr allein darum, die vor der Vertragsbeendigung dem Bausparkassenvertreter zugeflossenen Provisionen in solche für *Erstverträge* einerseits und für *Folgeverträge* generell andererseits aufzuteilen. Diese Aufteilung ist notwendig, um festzustellen, wie groß der Anteil des gesamten durchschnittlichen Provisionsaufkommens auf Folgeverträge entfällt. Denn Provisionsverluste aus *vermittelten Erstverträgen* können infolge der Vergütung in Form von Einmalprovisionen nicht zu Verlusten führen.

992 Ist diese Aufteilung erfolgt – das generelle Folgegeschäft macht in der Praxis recht häufig nur einen Anteil von weniger als 50 % der Durchschnittsprovision aus –, muss der ermittelte Folgegeschäftsanteil wiederum daraufhin untersucht werden – dies ist der *zweite Schritt der Ausgleichsberechnung* –, inwieweit er in dem von der Rechtsprechung geforderten *„engen wirtschaftlichen Zusammenhang"* zum Erstgeschäft steht, das gleiche Bausparbedürfnis betrifft und deshalb ausgleichsrechtlich berücksichtigt werden kann. Hier kommt es also darauf an, aus dem generellen Folgegeschäft jene Nachtragsverträge zu ermitteln, die „als *Verlängerung oder Summenerhöhung demselben Bausparbedürfnis dienen"* wie die früher abgeschlossenen Erstverträge[430].

993 Die besondere Schwierigkeit bei diesem zweiten Berechnungsvorgang liegt darin, dass die *Beweggründe und Absichten*, die ein Bausparer beim Abschluss eines neuen Vertrages verfolgt, häufig weder der Bausparkasse noch ihrem Vertreter erkennbar sein werden. Der auch insoweit darlegungs- und beweispflichtige Bausparkassenvertreter steht also im Hinblick auf den Nachweis, dass sich aus der Vertragsbeendigung ausgleichsfähige Provisionsverluste ergeben, vor einer außerordentlich schwierigen Aufgabe, zumal meist auch eine Durchsicht der Vertragsunterlagen keine Anhaltspunkte dafür erbringt, ob der Folgevertrag *„demselben Bausparbedürfnis dient"* wie der zunächst abgeschlossene Erstvertrag[431]. Der Bundesgerichtshof hat allerdings darauf hingewiesen, dass die dem Bausparkassenvertreter obliegende *Darlegungspflicht dadurch erleichtert*

---

[430] *BGH,* 23.2.1961, BGHZ 34, 310 = BB 1961 S. 381 = HVR Nr. 303 = VersR 1961 S. 341; *BGH,* 6.7.1972, BGHZ 59, 125 = BB 1972 S. 1073 = DB 1972 S. 1960 = EBE 1972 S. 251 = HVR Nr. 461 = NJW 1972 S. 1664 = VersR 1972 S. 931 mit Anm. *Höft; OLG Stuttgart,* 22.2.1971 (Fn. 427).
[431] *BGH,* 6.7.1972 a.a.O. (Fn. 430); *Hönsch,* RVR 1971 S. 99, 104.

werde, dass das gerade im Versicherungs- und Bauspargeschäft meist vorhandene *statistische Material* verwertet werden könne und dass das Gericht in diesen Fällen von seiner Schätzungsbefugnis nach § 287 Abs. 2 ZPO Gebrauch machen könne[432].

Um der Praxis *Anhaltspunkte für eine Ausgleichsberechnung* an die Hand zu geben, sollen im Folgenden diejenigen *Nachtragsverträge bzw. Zweitabschlüsse* aufgezählt werden, die *ausgleichsrechtlich nicht berücksichtigt werden können*, weil es bei ihnen an dem von der Rechtsprechung geforderten engen wirtschaftlichen Zusammenhang mit dem Erstvertrage und dem gleichen Bausparbedürfnis fehlt. Die außer Betracht zu lassenden Zweitabschlüsse schmälern mithin die Basis des für die Ermittlung der Provisionsverluste und damit der Ausgleichshöhe in Betracht kommenden Folgegeschäfts. 994

Zweitverträge, die sich im Zeitpunkt der Beendigung des Vertretervertrages noch in der *Ansparphase* befinden, nachdem der Erstvertrag zu wohnwirtschaftlichen Zwecken verwendet wurde, können ausgleichsrechtlich nicht berücksichtigt werden. Denn in diesen Fällen wird regelmäßig mit der wohnwirtschaftlichen Nutzung des Erstvertrages das konkrete Bausparbedürfnis befriedigt sein, zumal es gerade im wohnwirtschaftlichen Verwendungsbereich nur selten vorkommt, dass sich die Zahlungsverpflichtungen bezüglich der gleichen wirtschaftlichen Maßnahme über mehrere Jahre verteilen. Etwas anderes kann nur dann gelten, wenn der Bausparer für die noch in der Ansparphase befindlichen Zweitverträge einen *Vorfinanzierungs- oder Zwischenfinanzierungskredit* aufgenommen und diesen zusammen mit dem Erstvertrag wohnwirtschaftlich verwendet hat. Liegen diese Voraussetzungen vor, könnte der Zweitvertrag ausgleichsrechtlich in gewissem Umfange berücksichtigt werden. 995

Ein gleiches Bausparbedürfnis wird dann nicht angenommen werden können, sodass der Zweitvertrag ausgleichsrechtlich unberücksichtigt bleiben muss, wenn die *Vertragssumme des Erstvertrages herabgesetzt*[433] wird. Denn dies lässt regelmäßig darauf schließen, dass das Bausparbedürfnis, das für den Abschluss des Zweitvertrages ursächlich war, nicht mit dem Bausparbedürfnis identisch ist, das für den Abschluss des Erstvertrages maßgeblich war. 996

Auch ein Zweitvertrag, der zu dem Zweck abgeschlossen wurde, eine *Hypothek* auf dem Grundstück des Bausparers abzulösen, dürfte regelmäßig bei der Ausgleichsberechnung auszuscheiden sein, weil diesem Zweitabschluss ein *anderes Bausparbedürfnis* zu Grunde lag[434]. 997

Von demselben Bausparbedürfnis kann auch dann nicht gesprochen werden, wenn der Erstvertrag etwa zur *Errichtung eines Einfamilienhauses* und der *Folgevertrag zur Finanzierung eines Erweiterungsbaues*, eines *Anbaues*, der Renovie- 998

---

432 *BGH*, 6.7.1972 a.a.O.
433 *Hönsch*, RVR 1971 S. 99, 104.
434 *BGH*, Urteile vom 23.2.1961 und 6.7.1972 a.a.O. Der grundsätzliche Unterschied zwischen der Entschuldung und der Finanzierung eines Bausparvorhabens ergibt sich auch aus § 1 Abs. 3 Ziffer 7 BSpKG i.d.F. vom 15.2.1991 (BGBl. I S. 454).

VI Zweite materielle Anspruchsvoraussetzung – Provisionsverluste

rung oder der *Modernisierung*, etwa dem *Dachausbau* oder dem *Garagenanbau*, dient. Ein gleiches Bausparbedürfnis und damit die ausgleichsrechtliche Berücksichtigung des Folgevertrages könnte in diesen Fällen nur dann in Betracht kommen, wenn der Bausparer von vornherein die Absicht hat, sein *Bauvorhaben etappenweise durchzuführen*, der spätere An- oder Ausbau bzw. eine spätere Modernisierung also nicht auf einem neuen Entschluss des Bausparers beruht.

999 Ausgleichsrechtlich müssen weiterhin diejenigen Folgeverträge außer Betracht bleiben, die der Bausparer zu dem Zweck abschließt, *ein weiteres Bauvorhaben* oder etwa den Erwerb einer weiteren Eigentumswohnung zu finanzieren. Dieser Sachverhalt wird – ebenso wie der Abschluss eines Zweitvertrages zum Zwecke der Ablösung einer Hypothek – vom Bundesgerichtshof als *Musterbeispiel für ein anderes Bausparbedürfnis* angeführt[435].

1000 Wird ein Zweitvertrag nur aus *steuerrechtlichen Gründen* bzw. nur zu dem Zweck abgeschlossen, eine *Wohnungsbauprämie* zu erlangen, kann eine ausgleichsrechtliche Berücksichtigung dieses Vertrages ebenfalls nicht in Betracht kommen[436]. Zwar ergeben sich für das Bausparunternehmen oder den Bausparkassenvertreter regelmäßig keine Anhaltspunkte über die Beweggründe, die den Bausparer zum Abschluss eines Bausparvertrages veranlassen; die ausgleichsrechtliche Nichtberücksichtigung solcher Folgeverträge rechtfertigt sich aber dann, wenn bereits der Erstvertrag steuerschädlich gekündigt worden war oder wenn er nach Ablauf der Sperrfrist ohne Inanspruchnahme eines Bauspardarlehens ausgezahlt worden ist. In beiden Fällen dürfte feststehen, dass bereits der Erstvertrag keinem Bausparbedürfnis diente, sodass von einem engen wirtschaftlichen Zusammenhang nicht gesprochen werden kann.

1001 Schon aus dieser Aufzählung der in Betracht kommenden bzw. auszuschließenden Tatbestände folgt, dass die Ausnahmerechtsprechung des BGH eine *restriktive Auslegung* des Begriffs des engen *wirtschaftlichen Zusammenhangs* einerseits und des *gleichen Bausparbedürfnisses* andererseits erfordert[437]. Deshalb beruht es auf einer völligen Verkennung dieser Rechtsprechung und der für die Entstehung eines Ausgleichsanspruchs maßgeblichen Grundlagen, wenn – beispielsweise schriftsätzlich im Verfahren, in dem das OLG Celle[438] die Klage abgewiesen hat – vorgetragen wird, jene für eine ausgleichsrechtliche Berücksichtigung von Folgeverträgen maßgeblichen Voraussetzungen seien *extensiv* auszulegen. Es ist deshalb falsch, wenn behauptet wird, ein gleiches Bausparbedürfnis sei auch dann zu bejahen, wenn der Bausparer sich mit dem Folgevertrag *generell „der Vorteile bedienen wolle*, die sich aus den *angebotenen Bausparmöglichkeiten"* ergäben. Wenn diese Auffassung richtig wäre, bedürfte es der vom BGH entwickelten strengen Voraussetzungen für eine ausgleichsrechtliche Berücksichtigung von Folgeverträgen nicht, zumal dann der Aus-

---
435 *OLG Stuttgart*, 22.2.1971 a.a.O. und *BGH*, Urteile vom 23.2.1961 und 6.7.1972 a.a.O.
436 *OLG Stuttgart*, 22.2.1971 a.a.O.
437 Ebenso *Specks*, Diss. S. 51.
438 *OLG Celle*, 16.5.2002 – 11 U 193/01, VersR 2002, 976 mit Anm. von *Küstner* und *Thume* sowie *Küstner*, VW 2002, 1102.

gleichsanspruch eines Bausparkassenvertreters ebenso wie im Bereich der Warenvertretung – eine *Kundschaftsvergütung* darstellen würde.

Wird der Bausparvertrag vom Bausparer *auf einen Dritten übertragen*, muss 1002 daraus gefolgert werden, dass es in der Person des Bausparers an einem „gleichen Bausparbedürfnis fehlte", weil auch der *Folgevertrag nicht „demselben Bausparbedürfnis"* dienen konnte. Entsprechendes gilt, wenn es sich bei dem Nachtragsvertrag um einen sog. *Verwandtenvertrag*[439] handelt, also um einen Bausparvertrag, der nach dem Ausscheiden des Bausparkassenvertreters von nahen Angehörigen der von ihm geworbenen Bausparer für dasselbe Objekt abgeschlossen wird. Das Oberlandesgericht Stuttgart[440] stellt dazu fest, dass der Bausparkassenvertreter für einen solchen Abschluss, auch wenn er nicht ausgeschieden wäre, ohne eigene neue Vermittlungstätigkeit keine Provision hätte beanspruchen können, sodass sich also auch kein Provisionsverlust aus der Vertragsbeendigung ergeben könne.

Entscheidungen, die sich mit dem berücksichtigungsfähigen Anteil der auf Fol- 1003 gegeschäft beruhenden Provisionen befassen, sind bisher nur selten ergangen. Das Oberlandesgericht Stuttgart[441] ist im Wege der Schätzung gem. § 287 Abs. 2 ZPO zu dem Ergebnis gelangt, dass die Hälfte aller überhaupt zu Stande gekommenen Nachtrags- oder Folgeverträge dem gleichen Bausparbedürfnis wie die Erstverträge dienten und deshalb ausgleichsrechtlich zu berücksichtigen seien. Der Bundesgerichtshof[442] hat dieses Ergebnis bestätigt und festgestellt, es sei rechtlich nicht zu beanstanden, dass das Berufungsgericht den *Anteil der ausgleichsfähigen Nachtragsverträge auf 50 % aller Zweitverträge geschätzt habe*. Natürlich gilt dieser Anteil nur für den entschiedenen Sachverhalt, und es kann ihm keineswegs generelle Geltung für alle in Betracht kommenden Ausgleichsfälle im Bereich der Bausparwirtschaft zukommen. Mit Rücksicht darauf, dass dem Umfang der ausgleichsfähigen Nachtragsverträge entscheidende Bedeutung für die Höhe der Provisionsverluste und damit die Ausgleichshöhe zukommt, sollten im Einzelfall stets sehr gründliche Ermittlungen durchgeführt werden, um eine möglichst verlässliche Grundlage für die durchzuführende Prognose zu schaffen.

Im Hinblick auf die für die Ermittlung der Provisionsverluste und der Unter- 1004 nehmervorteile durchzuführenden Prognose gelten die allgemeinen Grundsätze. Der Bundesgerichtshof und das Oberlandesgericht Stuttgart[443] sind für die Prognose von einem *vierjährigen Prognosezeitraum* ausgegangen. Allerdings ist in beiden Fällen weder ein der *Abwanderungsquote* vergleichbarer Abschlag noch eine *Abzinsung* vorgenommen worden. Vermutlich beruht dies darauf, dass das auf Ausgleichszahlung in Anspruch genommene Bausparunternehmen diesen Gesichtspunkt im Prozess nicht geltend gemacht hatte. Der Bundesge-

---

439 *OLG Stuttgart*, 22.2.1971 a.a.O. (Fn. 427).
440 A.a.O.
441 A.a.O.
442 Urteil vom 6.7.1972 a.a.O.
443 Urteil vom 22.2.1971 a.a.O.

VI Zweite materielle Anspruchsvoraussetzung – Provisionsverluste

richtshof hat aber mit Rücksicht auf die **günstige konjunkturelle Situation den Basisbetrag**, von dem er für die Verlustprognose ausgegangen war, in seinem Urteil vom 6.7.1972 um einen *„Konjunkturzuschlag"* erhöht und ist damit für die Verlustprognose von einer für den Bausparkassenvertreter **besonders günstigen Ausgangssituation** ausgegangen.

1005 Werden der Verlustprognose die in den letzten 4 Vertragsjahren im Jahresdurchschnitt zu Stande gekommenen und ausgleichsfähigen Nachtragsverträge zu Grunde gelegt und wird die Prognose auf einen vierjährigen Zeitraum erstreckt, muss es gerechtfertigt sein, für das 2., 3. und 4. Prognosejahr ***Verlustminderungen in Ansatz zu bringen, weil die Chance für das Zustandekommen eines Folgevertrages desto geringer wird, je länger der Prognosezeitraum ist***. Mit Recht hat Hönsch[444] darauf hingewiesen, dass die Chancen für einen Folgevertrag bereits realisiert sein dürften, wenn bei der Ermittlung der Berechnungsbasis zu weit in die Vergangenheit zurückgegriffen wird; erst recht muss dies aber dann gelten, wenn außerdem auch ein *relativ langer Prognosezeitraum* in Ansatz gebracht wird. Das Landgericht Münster hat in einem nicht veröffentlichten Urteil vom 9.5.1975[445] in diesem Zusammenhang festgestellt, dass „entsprechend der allgemeinen kaufmännischen Erfahrung auch im Bausparsektor mit zunehmendem zeitlichen Abstand vom Ausscheiden eines Vertreters die Zahl derjenigen Folgeverträge, die noch im ursächlichen und engen wirtschaftlichen Zusammenhang mit den vom Kläger vermittelten Erstverträgen stehen, zunehmend unter 50% absinkt, um schließlich die Nullgrenze zu erreichen". Weil dieser Zeitpunkt schwer vorauszusehen und damit zu rechnen sei, dass es sich zuletzt nur noch um einige wenige Prozent echter Folgeverträge handele, hat das Gericht den Zeitraum für die Verlustprognose auf insgesamt 3 Jahre zusammengezogen und den Anteil der berücksichtigungsfähigen Folgeverträge geschätzt. Es hat sie für das erste Jahr nach Vertragsende mit 50%, für das zweite Jahr mit 30% und für das dritte Jahr mit 10% aller überhaupt zu Stande gekommenen Anschlussverträge angesetzt.

1006 Mit Recht hat in diesem Zusammenhang das LG Hannover in seinem Urteil vom 28.5.2001[446] darauf hingewiesen, dass der Begriff des engen wirtschaftlichen Zusammenhangs nur die Berücksichtigung von Folgeverträgen rechtfertigen könne, die derselbe Bausparer *in zeitlicher Nähe zum Erstvertrag* abschließe, während das *gleiche Bausparbedürfnis* den mit einem Folgevertrag verfolgten *Zweck* erfasse, der bei Erst- und Folgevertrag *identisch* sein müsse. Schon daraus ergibt sich, dass ein lang angesetzter Prognosezeitraum nicht gerechtfertigt werden kann.

1007 Mit Rücksicht darauf, dass für den Ausgleichsanspruch eines Bausparkassenvertreters die gleiche Ausgleichshöchstgrenze gem. § 89b Abs. 5 maßgeblich ist wie bei Versicherungsvertretern, nämlich eine **dreifache Durchschnittspro-**

---

444 RVR 1971 S. 99, 104.
445 Aktz.: 7 C O 1/74.
446 28.5.2001 – 21 O 2196/99 n.v. durch rkr. Urteil des *OLG Celle* v. 16.5.2002 – 11 U 193/01, VersR 2002, 976 bestätigt.

vision aus den letzten 5 Vertragsjahren[447], wird der Ausgleichsanspruch eines Bausparkassenvertreters *im Regelfalle die Höchstgrenze nicht erreichen*, sondern erheblich niedriger liegen. Ergeben die Ermittlungen, dass von den Provisionseinnahmen in den letzten 3 Vertragsjahren des Bausparkassenvertreters 40% auf allgemeines Folgegeschäft und davon wiederum 25% auf ausgleichsrechtlich berücksichtigungsfähige Nachtragsverträge entfallen und beläuft sich die berücksichtigungsfähige Durchschnittsprovision auf 10 000 €, so würde sich der Rohausgleich[448] bei Zugrundelegung eines vierjährigen Prognosezeitraums nach Verlustminderung und Abzinsung beispielsweise auf 30 000 € belaufen. Das sind aber lediglich 10% der maßgeblichen Höchstgrenze, die sich im Beispielsfall auf (3 × 100 000 € =) 300 000 € beläuft[449].

D. Vertragshändler

Kommt eine *analoge Anwendung*[450] des § 89b auf Vertragshändler in Betracht, müssen die für den Ausgleichsanspruch des Handelsvertreters maßgeblichen Grundsätze mit den Besonderheiten in Einklang gebracht werden, die sich aus dem Händlergeschäft ergeben. Das bereitet in der Praxis aber im Hinblick auf die Ermittlung der Provisionsverluste oft *erhebliche Probleme*, weil beiden Parteien erfahrungsgemäß die Lösung der außerordentlich vielschichtigen und schwierigen Einzelprobleme erhebliche Mühen bereitet[451]. Denn naturgemäß unterscheidet sich der Rabatt des Eigenhändlers von der Provision des Handelsvertreters wesentlich. Die Provision des Handelsvertreters stellt nämlich eine regelmäßig vom erzielten Umsatz als Bemessungsgrundlage berechnete Vergütung des Handelsvertreters für seine erfolgreiche Vermittlungstätigkeit dar, die die dem Handelsvertreter aus seiner Vermittlungstätigkeit erwachsenden Kosten mit umfasst. *Der Rabatt des Vertragshändlers* aber, der sich aus der Differenz zwischen Einkaufs- und Verkaufspreis ergibt, ist der Provision des Handelsvertreters nicht gleichzusetzen, weil er keineswegs nur

1008

---
447 Vgl. dazu Rz. 1577.
448 Näheres zum Rohausgleich vgl. Rz. 258.
449 Diese Höchstgrenze von 300 000 € im Betrage einer dreifachen jährlichen Durchschnittsprovision ergibt sich im Beispielsfall daraus, dass das allgemeine Folgegeschäft sich auf 40% der durchschnittlichen Provisionseinnahmen des Vertreters beläuft, also auf 40 000 €, weil davon nur 25%, also 10 000 €, auf ausgleichsrechtlich berücksichtigungsfähige Nachtragsverträge entfallen.
450 Zu den Analogievoraussetzungen vgl. oben Rz. 107.
451 Zu Einzelheiten der Ausgleichsberechnung vgl. *Küstner* in Küstner/Thume, Hdb. Bd. III, Rz. 1466 mit umfangreichen Rechtsprechungsnachweisen, ders. in RW, HGB, 2. Aufl., § 89b Rz. 27. Vgl. dazu die von drei Vorsitzenden Richtern am LG München, *Kainz, Lieber* und *Puszkajler* formulierte sog. „Münchener Formel", abgedr. im Aufsatz der genannten Verfasser, BB 1999, 434 sowie MDR 1998, 1489 im Rahmen des Beschlusses des *LG München* vom 3.8.1998 – 15 HK O 23905/97 m. Anm. *Reufels/Lorenz*, MDR 1998, 1490; vgl. zur Münchener Formel: *Reufels/Lorenz*, BB 2000, 1586; *Kümmel*, DB 1997, 27 und 1998, 2407; *Kirsch*, NJW 1999, 2779; *Emde*, VersR 1999, 1464, 1473 sowie 2001, 148, 163; *Intween*, BB 1999, 1881; *Puszkajler*, BB-aktuell 2000, Heft 37, S. IV.

VI Zweite materielle Anspruchsvoraussetzung – Provisionsverluste

der Abdeckung der Betriebskosten des Händlers dient, sondern auch der Abdeckung des *Preisschwankungsrisikos*, des *Absatzrisikos*, des *Lagerrisikos* und anderer für den Eigenhändler typischen Risiken[452]. Mit Recht hat deshalb der Bundesgerichtshof bereits in seinem Urteil vom 11.12.1958[453] festgestellt, dass der Rabatt des Händlers vor der Ermittlung der Höhe des Ausgleichsanspruchs *„auf das Niveau der Handelsvertreterprovision zurückgeführt"* werden müsse. Deshalb können die aus der Vertragsbeendigung dem Vertragshändler entstehenden und demgemäß auszugleichenden Verluste nur in der Weise ermittelt werden, dass aus dem Rabatt alle händlertypischen Vergütungsbestandteile[454] herausgerechnet werden, sodass lediglich ein Betrag verbleibt, der dem Händler gezahlt worden wäre, wenn er als Handelsvertreter für den Hersteller Geschäfte vermittelt hätte. Aber auch hier muss natürlich berücksichtigt werden, dass, worauf bereits oben hingewiesen wurde, die dem Handelsvertreter zugeflossene Provision nur insoweit ausgleichsfähig ist, als sie sich als reine Vermittlungs- bzw. Abschlussvergütung darstellt. Auch dieser Gesichtspunkt muss bei der Berechnung des Ausgleichsanspruchs eines Vertragshändlers berücksichtigt werden[455].

1009 Die oben bereits erwähnte sog. *„Münchener Formel"*[456], die von drei Vorsitzenden Richtern von Kammern für Handelssachen beim LG München, Kainz, Lieber und Puszkajler konzipiert wurde, dient der Ausgleichsberechnung von Kfz-Vertragshändlern in pauschalierter Form. Sie hat sich, wenn sie auch vereinzelt kritische Würdigung erfahren hat, bewährt und hat in der gerichtlichen und außergerichtlichen Praxis Anwendung gefunden. Allerdings dürfte inzwischen der *Kulminationspunkt* im Hinblick auf vertragshändlerrechtliche Auseinandersetzungen bezügl. des Ausgleichsanspruchs überschritten worden sein, zumal in einem Urteil des OLG München vom 18.1.2002 verschiedene Berechnungsmethoden dargestellt wurden, die alle im Wesentlichen zu gleichen Ergebnissen führen.

1010 Am einfachsten kann die Händlervergütung auf das Niveau der Vertreterprovision zurückgeführt werden, indem man den Rabatt bzw. die vom Händler auf den Nettopreis aufgeschlagene Handelsspanne durch *die vom Endverkaufspreis berechnete Provision* ersetzt, die dem Händler, wäre er als Handelsvertreter tätig geworden, für vermittelte Umsätze als Vermittlungsprovision gezahlt worden wäre.

1011 Dies ist aber keineswegs stets ohne weiteres durchführbar, denn nicht selten kommt es vor, dass in der Branche, in der sich Hersteller und Händler betätigen, eine *„übliche Provision" nicht feststellbar* ist, weil der über Handelsver-

---

452 Vgl. dazu auch *BGH*, Beschluss vom 15.4.1986 im Zusammenhang mit der Abgrenzung des Händlers vom Handelsvertreter, BB 1986 S. 1387.
453 *BGH*, 11.12.1958, BGHZ 29, 83 = BB 1959 S. 7 = DB 1958 S. 1457 = HVR Nr. 186 = HVuHM 1959 S. 6 = MDR 1959 S. 103 = NJW 1959 S. 144 = VersR 1959 S. 25.
454 Vgl. dazu die ausführliche Darstellung bei *Küstner*, BB 1988 S. 1972, 1977.
455 *BGH*, 7.3.1985 – I ZR 204/82, unveröffentlicht; *BGH*, 15.11.1984, BB 1985 S. 352 = DB 1985 S. 747 = NJW 1985 S. 860; Einzelheiten oben Rz. 93ff.
456 Vgl. Rz. 130.

treter durchgeführte Vertrieb die Ausnahme darstellt. In derartigen Fällen mangelnder Anhaltspunkte stehen die Beteiligten deshalb vor der Schwierigkeit, durch **Ausklammerung der nicht ausgleichsfähigen „händlertypischen" Bestandteile des Rabatts** den sog. **Rabattkern** und damit eine Vergleichsbasis zu ermitteln. Denn erst dann, wenn der Händler auf diese Weise auf das Niveau eines Handelsvertreters zurückgeführt ist, kann sodann die **Ausgleichsberechnung** einschließlich der Ermittlung der Ausgleichshöchstgrenze anhand dieses der Provision eines Handelsvertreters entsprechenden Rabattkerns durchgeführt werden.

Kann man – was nicht selten der Fall ist – nicht ohne weiteres auf eine in der fraglichen Branche „übliche Provision eines Handelsvertreters" als Vergleichsbasis zurückgreifen, empfiehlt es sich, die **Ausklammerung der nicht händlertypischen Bestandteile aus dem Rabattkern der gesamten Ausgleichsberechnung voranzustellen**[457]. Diese Vorgehensweise empfiehlt sich deshalb, weil anderenfalls, würde man also die Ausklammerung jeweils bei den einzelnen Rechenvorgängen durchführen, erhebliche Schwierigkeiten entstehen. Das beruht darauf, dass für die Ermittlung der ausgleichsfähigen Verluste einerseits und der Ausgleichshöchstgrenze andererseits **unterschiedliche Grundsätze** maßgebend sind. Würde man nämlich die **Rückführungsproblematik** bei der eigentlichen Ausgleichsberechnung, also zunächst bei der Ermittlung der ausgleichsfähigen Verluste und später nochmals bei der Ermittlung der Ausgleichshöchstgrenze berücksichtigen, wäre ein zweifacher Rechenvorgang notwendig. 1012

Zunächst müsste dann nämlich der gesamte dem Vertragshändler im letzten Vertragsjahr verbliebene Rabatt um die händlertypischen Bestandteile bereinigt werden. Sodann müsste der ermittelte Betrag um solche Bestandteile bereinigt werden, die zwar wirtschaftlich den Vergütungen entsprechen, die einem Handelsvertreter für die von ihm üblicherweise erbrachten Leistungen gezahlt werden, die aber gleichwohl *bei der Ermittlung des für die Provisionsverluste maßgeblichen Basisbetrags außer Betracht bleiben müssen*, weil sie keine der reinen Vermittlungsvergütung des Handelsvertreters entsprechende Vergütung darstellen. Der ermittelte Betrag muss daher um solche Bestandteile gemindert werden, die dem Vertragshändler für Verwaltungstätigkeiten gezahlt werden, wie diese ja auch beim Ausgleichsanspruch eines Handelsvertreters bei der Ermittlung des für die Verlustprognose maßgeblichen Basisbetrags ausgeklammert werden müssen. Ist dann schließlich der Basisbetrag festgestellt und die Verlustprognose durchgeführt und sind auch die Übrigen Anspruchsvoraussetzungen geprüft worden, müssen schließlich bei der Berechnung der Ausgleichshöchstgrenze die zuvor bei Prüfung der Verlustprognose ausgeklammerten Beträge wieder hinzugerechnet werden, jedoch nur in- 1013

---

457 Vgl. die ausführliche Erläuterung zu dieser Berechnungsmethode bei *Küstner* sowie ausführlich ders. in Bd III Rz. 1466, die vom BGH als einer möglichen Vorgehensweise anerkannt wurde (*BGH*, 5.6.1996 – VIII ZR 7/95, BB 1966, 2265), ders. in BB 1988 S. 1972; kritisch dazu *Ekkenga*, AG 1992 S. 345, 353.

VI Zweite materielle Anspruchsvoraussetzung – Provisionsverluste

soweit, als es sich bei diesen wieder hinzuzurechnenden Beträgen nicht um händlertypische Bestandteile handelt, die bei der Berechnung des einem Vertragshändler zustehenden Ausgleichsanspruchs ja ohnehin nicht berücksichtigt werden dürfen.

1014 Es liegt auf der Hand, dass eine derartige sehr *komplizierte Berechnungsmethode* eher Verwirrung als Klarheit stiftet. Deshalb empfiehlt es sich, die Ausgleichsberechnung in der Weise vorzunehmen, dass in einem *ersten „Rückführungsschritt"*, der für die gesamte Berechnung des einem Vertragshändler zustehenden Ausgleichsanspruchs – also für die *Anspruchsvoraussetzungen einerseits* und die *Höchstgrenze andererseits* – maßgeblich ist, *alle händlertypischen Bestandteile* aus dem dem Händler verbliebenen Rabatt auszuklammern, um sodann die Ausgleichsberechnung in gleicher Weise durchführen zu können, wie dies oben in Rz. 681ff. für die Berechnung eines einem Handelsvertreter zustehenden Ausgleichsanspruchs geschildert worden war. Schon die Berechnung des Ausgleichs eines Handelsvertreters ist kompliziert genug; würde man die einzelnen Berechnungsschritte, wie diese bei der Ausgleichsberechnung von Handelsvertretern notwendig sind, noch mit den besonderen Problemen belasten, die sich aus den Besonderheiten des Händlergeschäfts ergeben, würde man die Ausgleichsberechnung unnötig erschweren.

1015 Ziel des erwähnten *ersten Rückführungsschrittes* ist es mithin, zunächst die Ausgleichshöchstgrenze zu ermitteln, die sich nach Ausklammerung der händlertypischen Bestandteile ergibt. Diesem ersten Rückführungsschritt muss sodann im Hinblick auf die Prüfung der einzelnen Anspruchsvoraussetzungen, insbesondere die Verlustprognose, der *zweite Rückführungsschritt* folgen. Hierbei ergeben sich aber im Hinblick auf die Berechnungsprobleme bei Handelsvertretern keine Schwierigkeiten mehr, wenn man davon absieht, dass in diesem Falle die Ermittlung der *Ausgleichshöchstgrenze* nicht – wie bei der Berechnung eines Vertreter-Ausgleichs – an letzter Stelle steht, sondern am Anfang der gesamten Ausgleichsberechnung. Das aber ergibt sich aus der Besonderheit, dass der gesamten Berechnung des Händler-Ausgleichs die Bereinigung des Rabatts um die händlertypischen Bestandteile vorangestellt werden muss, um für die eigentliche Ausgleichsberechnung im Hinblick auf die Prüfung der einzelnen Anspruchsvoraussetzungen „freie Bahn" zu haben.

1016 Ist die Ausgleichshöchstgrenze ermittelt, bedarf es also nunmehr nur noch der *Ermittlung des Basisbetrages*, also des maßgeblichen Zuflusses des letzten Vertragsjahres, der als Ausgangspunkt für die Berechnung der Verlustprognose dient. Hier ergeben sich keine anderen Schwierigkeiten, als diese bei der Ermittlung des Ausgleichs eines Handelsvertreters auftreten können. Denn auch beim Handelsvertreter-Ausgleich muss ja zum Zwecke der Durchführung der Verlust- und Vorteilsprognose der gesamte Provisionszufluss des letzten Vertragsjahres um diejenigen Bestandteile *bereinigt* werden, die nicht ausgleichsfähig sind, also etwa Verwaltungsprovisionen, Auslieferungsprovisionen, Inkassoprovisionen u.ä. Verwaltungsvergütungen.

D. Vertragshändler **VI**

Das folgende Beispiel mag den *Rechenvorgang* verdeutlichen: **1017**

Ein Vertragshändler hat in den letzten fünf Vertragsjahren eine *Handelsspanne* (Rabatt) in Höhe von € 500 000,– erzielt. Darin enthalten waren *händlertypische – nicht vertretertypische – Bestandteile* für Preisschwankungsrisiko, Lagerrisiko, Kreditrisiko etc. in Höhe von € 150 000, die nach der Rechtsprechung zwecks Schaffung einer der Situation beim Handelsvertreter entsprechenden Vergleichsbasis bei der Ausgleichsberechnung auszuklammern sind. Es verbleiben mithin € 350 000,–, woraus sich ein Jahresdurchschnitt von € 70 000,– ergibt. Damit ist die *Ausgleichshöchstgrenze* in diesem Umfange ermittelt und der *erste Rückführungsschritt* durchgeführt.

Von den insgesamt € 350 000,– der letzten Vertragsjahre entfielen € 100 000,– **1018** auf das letzte Vertragsjahr. Zur Prüfung der einzelnen Anspruchsvoraussetzungen und in diesem Zusammenhang der Durchführung einer *Verlustprognose* muss, wie erwähnt, der *Basisbetrag* ermittelt werden. Der im letzten Jahr erzielte und um händlertypische Bestandteile bereinigte Betrag in Höhe von € 100 000,– ist also zu mindern, soweit er sich auf *Geschäfte mit Altkunden* bezieht und darüber hinaus um solche Vergütungsbestandteile, die zwar vertretertypisch sind, die aber einer Vermittlungsvergütung nicht gleichgestellt werden können, also beispielsweise um Lagerhaltungsvergütungen, Inkassovergütungen, Auslieferungsvergütungen etc., die zusammenfassend als *Verwaltungsvergütungen* bezeichnet werden können. Ist der Basisbetrag von € 100 000,– insoweit um € 40 000,– zu mindern, ist mithin für die Durchführung der *Prognose* von einem Betrag von € 60 000,– auszugehen. Damit ist dann auch der *zweite Rückführungsschritt* durchgeführt. Insoweit unterscheiden sich die weiteren Rechenvorgänge nicht mehr von den entsprechenden Rechenvorgängen, die bei der Ermittlung des Ausgleichsanspruchs eines Handelsvertreters durchzuführen sind.

Meinungsverschiedenheiten bestehen im Hinblick auf die Berechnung des Ausgleichsanspruchs eines Vertragshändlers nicht selten im Hinblick auf die Frage, **1019** ob dabei die Umsätze durch die Verwertung von *Ersatzteilen im Werkstattbetrieb* berücksichtigt werden dürfen oder nicht.

In seinem Urteil vom 2.7.1987[458] hat der Bundesgerichtshof die Auffassung **1020** vertreten, dass bei der *Reparatur von Kraftfahrzeugen* unter Verwendung vom Hersteller gelieferter Ersatzteile der Vertragshändler eine *vom Vertrieb unabhängige eigene gewerbliche Tätigkeit* ausübe. Bei der Berechnung der *Provisionsverluste sei dieser Tätigkeitsbereich auszuklammern*. Denn berücksichtigungsfähig seien beim Vertragshändler – ebenso wie beim Handelsvertreter – nur Provisionen für die werbende Tätigkeit. Mit dem Betrieb und der Unterhaltung einer Werkstatt, in der die Ersatzteile des Herstellers verwendet würden, erfülle aber der Vertragshändler *keine händlertypische Aufgabe*, sondern habe eine davon getrennte, auch in ihrer wirtschaftlichen Funktion und ihrer recht-

---

[458] *BGH*, 2.7.1987 – I ZR 188/85, EBE 1987 S. 394 = HVR Nr. 630 = MDR 1988 S. 112 = NJW-RR 1988 S. 42 = WM 1987 S. 1462.

lichen Einordnung *unterschiedliche Aufgabe* wahrgenommen. *Der Umsatz mit Ersatzteilen im Werkstattbetrieb könne daher nicht herangezogen* werden, um den Ausgleich des Händlers für seine werbende Tätigkeit beim Verkauf von Fahrzeugen zu bestimmen. Dies gelte gerade auch dann, wenn der Händler keine besonderen werblichen Leistungen dafür erbracht habe, Kunden gerade für den Einbau von durch den Hersteller gelieferte Ersatzteile in Fahrzeuge zu gewinnen.

1021 Zu einem anderen Ergebnis gelangte aber der Bundesgerichtshof in seinem Urteil vom 31.1.1991[459], weil der seinem Urteil zu Grunde liegende Tatbestand sich von demjenigen unterschied, der dem Urteil vom 2.7.1987 zu Grunde lag.

1022 Denn in dem durch Urteil vom 31.1.1991 entschiedenen Sachverhalt waren die *Ersatzteile schon im Vertrage als „Vertragserzeugnisse*" im Sinne des Vertragshändlervertrages" bezeichnet worden, und der Vertragshändler hatte für den Bereich des *Ersatzteilverkaufs ständig einen eigenen Außendienstmitarbeiter* mit entsprechend hohem werblichen Aufwand einsetzen müssen. Dies hatte zur Folge, dass weit über 60% aller Ersatzteilumsätze mit Kunden getätigt worden waren, die die Ersatzteile in eigener Werkstatt eingebaut hätten, während in der Werkstatt des Vertragshändlers (Kläger) nur 1/10 der Ersatzteile in seiner verhältnismäßig kleinen Werkstatt eingebaut worden seien. Weil aufgrund dieses besonderen Sachverhalts eine Berücksichtigung der Ersatzteilumsätze bei der Ausgleichsberechnung in Betracht komme, hat der BGH die Sache an das Berufungsgericht zurückverwiesen, wo sie verglichen wurde.

1023 Um Meinungsverschiedenheiten zwischen den Parteien nach Möglichkeit zu vermeiden, empfiehlt es sich angesichts dieser beiden Urteile, im *Vertragshändlerverträge klare Vereinbarungen* darüber zu treffen, wie das Ersatzteilgeschäft und ggf. der Werkstattbetrieb zu regeln sind, ob es sich bei den Ersatzteilen, mit denen der Vertragshändler vom Hersteller zu beliefern ist, um *Vertragserzeugnisse* handelt und insbesondere ob die Durchführung des Werkstattbetriebs auch zu den Verpflichtungen des Vertragshändlers gegenüber dem Hersteller gehört.

1024 Zusammenfassend ist festzustellen, dass die Ausgleichsberechnung im Vertragshändlerrecht m. E. wesentlich vereinfacht werden kann, wenn man – wie vorgeschlagen – die Ausgleichsberechnung in zwei getrennt durchzuführenden Rückführungsschritten vornimmt, wie ich diese bereits früher[460] in größerer Ausführlichkeit dargestellt habe, als dies hier möglich ist. Auch der BGH hat diese Berechnungsmethode in seinem Urteil v. 5.6.1996[461] als zulässig und als einen der möglichen Berechnungswege anerkannt.

---

[459] *BGH,* 31.1.1991, BB 1991 S. 1210. Zur Problematik vgl. *Küstner,* BddW, Ausgabe vom 18.7.1994.
[460] BB 1988, 1972; vgl. auch *Westphal,* MDR 1996, 130 in Anm. zu *OLG Köln,* 26.9.1995.
[461] *BGH,* 5.6.1996 – VIII ZR 7/95, BB 1996, 2265.

E. Tankstellen-Handelsvertreter[462]

Ist geklärt, inwieweit sich der zuletzt vor der Vertragsbeendigung vorhanden **1025** gewesene Kundenstamm aus *Stammkunden*[463] einerseits und *Laufkunden*[463a] andererseits zusammensetzt[464] und in welchem Umfang die *Stammkundschaft* im Hinblick auf die zumindest *mitursächlichen Vermittlungsbemühungen*[465] des Tankstellenhalters einen *ausgleichsfähigen Neukundenstamm* darstellt, vollzieht sich die Berechnung eines dem Tankstellenhalter zustehenden Ausgleichsanspruchs nach den allgemeinen Grundsätzen. Daher ergibt sich folgendes:

Als Ausgangspunkt für die Berechnung der aus der Vertragsbeendigung resul- **1026** tierenden Provisionsverluste des Tankstellenhalters ist zunächst von den *insgesamt zugeflossenen Provisionen des letzten Vertragsjahres*[466] auszugehen und es muss sodann festgestellt werden, in welchem Umfange sich dieser Provisionszufluss aus *Vermittlungsprovisionen einerseits und Verwaltungsprovisionen* andererseits zusammensetzt. Auch hier wiederum ist der Vermittlungsprovisionszufluss daraufhin zu prüfen, in welchem Umfange er aus Geschäften mit Neukunden resultiert, die vom Tankstellenhalter zumindest mitursächlich geworben wurden. Dass das *letzte Vertragsjahr* allein als Ausgangspunkt für die Ermittlung der dem Tankstellenhalter aus der Vertragsbeendigung entstehenden Provisionsverluste maßgeblich ist, ist heute allgemein anerkannt[467]. Die Not-

---

462 Zu Problemen in diesem Bereich vgl. auch oben Rz. 569.
463 Zum Begriff des Stammkunden: *BGH*, 6.8.1997 – VIII ZR 150/96, BB 1997, 2607 = VersR 1997, 1398 = ZIP 1997, 1832 m. Anm. von *Manteuffel* und *Evers*, EWiR 1997, 995 und dazu mit kritischen Bemerkungen von *Küstner*: VW 1998, 198. Vgl. *Rittner*, DB 1998, 457 sowie *BGH*, 10.7.2002 – VIII ZR 158/01, HVR Nr. 1032 zu Abschnitt II 1 a der Gründe. In diesem Urteil hat der *BGH* festgestellt, dass als Stamm- bzw. Mehrfachkunde einer Tankstelle jedenfalls ein Kunde anzusehen sei, „der mindestens 12 x pro Jahr an der selben Tankstelle" tanke. Vgl. dazu auch *BGH*, 6.8.1997 – VIII ZR 92/96, so Abschnitt B I 2 d sowie das Urteil VIII ZR 91/96 zu Abschnitt B I 2 b und v. 8.7.1998 – VIII ZR 142/97 zu Abschnitt II 2 (die beiden letzten Urteile n.v.). Vgl. neuerdings auch *BGH*, 12.2.2003 (Fn. 467) und 7.5.2003 – VIII ZR 263/02 n. v.
463a In den beiden Urteilen v. 10.7.2002 – VIII ZR 58/00 HVR 1031 und 158/01 – hat der *BGH* die Urteile v. 6.8.1997 vertieft und anerkannt, dass die Darlegungs- und Beweislast des Tankstellenhalters durch eine Schätzung nach § 287 ZPO und Verwendung statistischen Materials erleichtert werden könne. Darüber hinaus hat das Gericht die Auffassung bestätigt, dass als Stammkunde ein Autofahrer gelten könne, der mindestens 12 × pro Jahr an derselben Tankstelle tanke; das Wiederholungsintervall für Folgegeschäfte sei bei häufig wiederkehrenden Verbrauchsgeschäften des täglichen Lebens kleiner zu bemessen als bei langlebigen Wirtschaftsgütern (vgl. *BGH*, Urt. vom 26.2.1997 – VIII ZR 272/95 – BGHZ 135, 14, 23).
464 Zu Einzelheiten vgl. Rz. 569ff. m.w.N., insbesondere zur Berücksichtigung nur der Stammkunden: *BGH*, 15.10.1964, BGHZ 42, 244 = BB 1964 S. 1399 = DB 1964 S. 1733 = HVR Nr. 337 (nur LS) = HVuHM 1965 S. 86 = NJW 1965 S. 248 = VersR 1964 S. 1267 sowie dazu Anmerkung *Feith*, DB 1965 S. 65. *BGH*, 28.4.1988, NJW-RR 1988 S. 1061, 1062 zu II 1 b.
465 Allgemeines zur Mitursächlichkeit vgl. Bd. I Rz. 755ff. Zum Bereich des Tankstellenhalters vgl. dazu *LG Düsseldorf*, 15.7.1977 – 40 O 46/76 – unveröffentlicht, sowie Urteil vom 29.4.1977 – 40 O 134/76 – unveröffentlicht.
466 *OLG Hamburg*, 28.7.1987, 12 U 147/80 – unveröffentlicht. Vgl. auch Rz. 802ff.
467 Vgl. dazu *BGH*, 6.8.1997 – VIII ZR 150/96 speziell zum Recht des Tankstellenhalters Rz. 1025ff. Vgl. *BGH*, 12.2.2003 – VIII ZR 130/01 m.w.N.

VI Zweite materielle Anspruchsvoraussetzung – Provisionsverluste

wendigkeit, die Verwaltungsprovisionen im Rahmen der Prüfung der einzelnen Anspruchsvoraussetzungen als nicht ausgleichsfähige Vergütungsbestandteile auszuklammern, beruht auf den Grundsätzen, die der Bundesgerichtshof bereits in seinem Urteil vom 4.5.1959[468] ausgesprochen hat.

1027 Allerdings hat speziell für den Tankstellenbereich der BGH in seinem Urteil v. 6.8.1997[469] zu Gunsten des Tankstellenhalters eine wesentlich strengere Auffassung vertreten. Entgegen der vom Tankstellenhalter (als Kläger) vertretenen Auffassung, der den Anteil an verwaltender Tätigkeit mit lediglich 10% angenommen hatte, meinte das beklagte Unternehmen unter Hinweis auf die vom Tankstellenhalter durchzuführenden umfangreichen Verwaltungstätigkeiten, der Verwaltungsanteil betrage 75%.

1028 Der BGH hat dazu festgestellt, damit verkenne das beklagte Unternehmen, dass eine nicht unerhebliche Anzahl der von ihm als verwaltend angesehenen Tätigkeiten tatsächlich zum werbenden Tätigkeitsfeld eines Tankstellenhalters gehöre[470]. Bei der Abgrenzung sei von dem Grundsatz auszugehen, dass eine vermittelnde oder werbende Tätigkeit des Handelsvertreters im Gegensatz zu der verwaltenden Tätigkeit dessen wesentliche Aufgabe darstelle. Weil der Ausgleichsanspruch die Schaffung eines Kundenstammes durch den Handelsvertreter abgelten solle, sei es folgerichtig, seiner Berechnung all diejenigen Provisionen und Provisionsanteile zu Grunde zu legen, die der Handelsvertreter für seine auf Schaffung des Kundenstammes gerichteten Bemühungen erhalte. Dabei allerdings verbiete sich eine schematisierende Einordnung ohne Rücksicht der Besonderheiten der jeweils betroffenen Vertriebssparte.

1029 Deshalb könne sich der Senat jedenfalls für das Tankstellengeschäft der früheren Rechtsprechung des I. Zivilsenats[471] allenfalls im Hinblick auf das *Inkasso* anschließen, nicht aber für Lagerhaltung und Auslieferung[472]. Denn ein Tankstellenhalter, der keine Lagerhaltung und keine Auslieferung betreibe, könne keinen Kundenstamm schaffen und kein Kunde würde allein die Vermittlungstätigkeit des Tankstellenhalters in Anspruch nehmen[473]. Deshalb stehe im Vordergrund die sofortige Verfügbarkeit der gewünschten Kraftstoffmenge, die nur

---

468 *BGH*, 4.5.1959, BGHZ 30, 98 = BB 1959 S. 574 = DB 1959 S. 677 = HVR Nr. 218 = MDR 1959 S. 638 = NJW 1959 S. 1430 = VersR 1959 S. 427 = VersVerm 1959 S. 61. Vgl. auch *BGH*, 28.4.1988 – I ZR 66/87, NJW-RR 1988 S. 1061, 1062 zu II 2.
469 *BGH*, 6.8.1997, a.a.O. in Rz. 862. *BGH*, 6.8.1997 – VIII ZR 150/96 speziell zum Recht des Tankstellenvertreters. Vgl. auch *BGH*, 6.8.1997 – VIII ZR 90/96, HVR Nr. 869; ebenso Urt. v. 6.8.1997 – VIII ZR 91/96, HVR Nr. 870. Vgl. auch *Küstner*, BB 1999, 541, 546 sowie *Thume* BB 1999, 2309, 2311 zu II.5.
470 Bei dieser Frage handelt es sich um eine vom Revisionsgericht zu entscheidende Rechtsfrage, *BGH*, 6.8.1997 a.a.O. und *BGH*, 5.6.1996 – VIII ZR 7/95, ZIP 1996, 1294 = WM 1996, 1558 zu B I 2 d).
471 *BGH*, 15.11.1984 – I ZR 79/82, NJW 1985, 860 zu II 4; *BGH*, 28.4.1988 – I ZR 66/87, WM 1988, 1024 zu II 2.
472 Noch darüber hinaus geht neuerdings der gleiche Senat in seinem Urteil v. 10.7.2002 und rechnet nunmehr auch das Inkasso zur „werbenden Tätigkeit" des Tankstellenhalters. Vgl. Fn. 463.
473 Vgl. dazu sehr kritisch *Rittner*, DB 1998, 457 zustimmend v. *Manteuffel/Evers*, EWiR 1997, 995.

durch Lagerhaltung und Auslieferung an der Tankstelle gewährleistet werden könne. Entgegen der Ansicht der Beklagten sei deshalb auch die Lagerhaltung und Abgabe von Kraftstoffen als werbende Tätigkeit in die Berechnung der für den Ausgleichsanspruch maßgeblichen Provisionsverluste einzubeziehen[474].

In einer die beiden Urteile v. 6. 8. 1997[475] ergänzenden weiteren Entscheidung v. 10. 7. 2002[476] hat der VIII. Senat sogar die das *Inkasso des Kaufpreises* aus dem Agenturgeschäft betreffenden Tätigkeiten des Tankstellenhalters als werbende beurteilt. Er hat dies damit begründet, auch dem Inkasso könne eine „werbende" Funktion nicht abgesprochen werden, denn im Unterschied zu anderen Warenhandels- und zu Versicherungsvertretern stehe bei einem Tankstellenhalter der Abschluss des Vertrages mit dem Kunden in der Regel in *untrennbarem Zusammenhang* nicht nur mit der *Auslieferung des Kraftstoffes*, sondern auch mit *dem Inkasso des Kaufpreises*. Der Erwerb von Treibstoff an Tankstellen erfolge ganz überwiegend als Geschäft, bei dem *Abschluss und Vollzug* des Vertrages in *unmittelbarem zeitlichen Zusammenhang* stehen. Das Inkasso sei mit dem Vertragsabschluss bei diesem Alltagsgeschäft als einem einheitlichen Lebensvorgang so eng verwoben, dass er – wie das Berufungsgericht zu Recht angenommen habe – der Abschlusstätigkeit des Tankstellenhalters zuzurechnen sei. **1030**

Dieser Auffassung kann allerdings in keiner Weise gefolgt werden, weil ernstlich der verwaltende Charakter des Inkassos nicht in Zweifel gezogen werden kann. Denn es kommt nicht entscheidend darauf an, dass der Inkasso-Vorgang mit dem Tankvorgang als Alltagsgeschäft als einem einheitlichen Lebensvorgang eng verwoben ist. Mag man – im Tankstellenbereich – die Vorratshaltung und die Auslieferung des Treibstoffs, weil andernfalls mit Geschäftsabschlüssen nicht gerechnet werden kann, zur werbenden Tätigkeit des Tankstellenhalters zählen; das Inkasso des Kaufpreises hat damit aber nichts zu tun! Der eigentliche Vermittlungsvorgang ist mit dem Abschluss des einzelnen Geschäfts erledigt, während die Inrechnungstellung und das Inkasso des Kaufpreises nur eine rein verwaltungsmäßige Zusatzaufgabe des Vertreters darstellt, die auch mit der Schaffung des Kundenstammes nichts zu tun hat. **1031**

Häufig ist bereits in den Tankstellenverträgen festgelegt, *wie sich die vereinbarte Gesamtvergütung des Tankstellenhalters auf Vermittlungsprovisionen* einerseits *und Verwaltungsprovisionen* andererseits aufteilt. Bei der Ermittlung der Provisionsverluste darf jedoch *nicht kritiklos* auf derartige vertraglich vereinbarte Regelungen abgestellt werden. Denn der vertraglichen Regelung liegt nicht selten ein *offensichtliches Missverhältnis* zwischen *ausgleichsfähigen Vermittlungsprovisionen* – deren Anteil *bewusst zu niedrig angesetzt* wurde – **1032**

---

474 Freilich darf diese Auffassung nicht ohne weiteres auf andere Vertriebsbereiche übertragen werden, zumal in der Regel auch die im Tankstellenbereich vorliegenden besonderen Verhältnisse nur in den seltensten Fällen auf andere Vertriebsbereiche übertragen werden können (vgl. dazu *Küstner*, VW 1998, 198).
475 A. a. O. (Fn. 463).
476 A. a. O. (Fn. 463 a).

VI Zweite materielle Anspruchsvoraussetzung – Provisionsverluste

und nicht berücksichtigungsfähigen Verwaltungsprovisionen zu Grunde. Statt dessen muss vom **gesamten Provisionszufluss** der Anteil als Vermittlungsprovision in Ansatz gebracht werden, **der im Verhältnis zur insgesamt geschuldeten und ausgeübten Tätigkeit** des Tankstellenhalters dem Anteil der Vermittlungstätigkeit entspricht. Allerdings hat der Bundesgerichtshof in seinem Urteil vom 15.11.1984[477] anerkannt, dass sich aus den Vereinbarungen der Parteien **Hinweise auf den Umfang der werbenden Tätigkeit** einerseits und der verwaltenden Tätigkeit andererseits ergeben können, sodass sich daraus zumindest ein „Anhalt" für das Höchstmaß dessen (ergebe), was an Provisionen für Werbeaufgaben in Betracht zu ziehen" sei[478].

1033 Ist zwischen den Parteien streitig, wie die dem ausgeschiedenen Tankstellenhalter im letzten Vertragsjahr zugeflossene Vergütung in Vermittlungsvergütung einerseits und Verwaltungsvergütung andererseits aufzuteilen ist, ist die **Mineralölgesellschaft als Beklagte darlegungs- und beweispflichtig**[479]. Dies gilt nach Auffassung des Bundesgerichtshofs dann, wenn die Mineralölgesellschaft behauptet, die verwaltende Tätigkeit des Tankstellenhalters beim Betrieb der Tankstelle sei umfangreicher gewesen als seine Vermittlungstätigkeit. Nach Auffassung des Bundesgerichtshofs rechtfertigt sich diese Darlegungs- und Beweislast des Unternehmens zumindest dann, wenn in dem von der Mineralölgesellschaft formulierten Vertrage keine **Aufteilung der Provisionen im Einzelnen** vorgenommen wurde und weil die Mineralölgesellschaft, die die im Vertrage geregelten Provisionssätze vorgegeben habe, mithin auch über **Erfahrungswerte** verfügen müsse, in welcher Weise die Provisionen aufzuspalten seien.

1034 Sind auf diese Weise die **Eckdaten** für die Ermittlung der Provisionsverluste geklärt, muss – insoweit gelten ebenfalls keine Besonderheiten – auch im Bereich der Ausgleichsberechtigung des Tankstellenhalters der tatsächlich aus der Vertragsbeendigung resultierende **Provisionsverlust** ermittelt werden. Auch hier richtet sich die **Dauer des Prognosezeitraums** nach den Umständen des einzel-

---

477 *BGH*, 15.11.1984, BB 1985 S. 352 = DB 1985 S. 747 = HVR Nr. 597 = NJW 1985 S. 860.
478 Im Falle einer **Selbstbedienungs-Station** hat das *OLG Hamburg* in seinem Urteil vom 28.7.1987 – 12 U 147/80 – (unveröffentlicht) eine vertragliche Regelung für wirksam und zutreffend gehalten, in der die Gesamtprovision der dem Tankstellenhalter zustehenden Vergütung hälftig in der Weise aufgeteilt ist, dass 50% auf seine vermittelnde und 50% auf seine verwaltende Tätigkeit entfallen. Das Gericht hat seine Auffassung damit begründet, dass eine höhere Bewertung des vom Stationär erbrachten werbenden Anteils am Verkaufserfolg unter Berücksichtigung der Besonderheiten im Tankstellengeschäft, insbesondere bei einer Selbstbedienungstankstelle, keinesfalls in Betracht kommen könne. Denn hier könne der ortsgebundene Handelsvertreter den Absatz des Produkts nur in äußerst beschränktem Umfange durch eigenes Tun fördern. Hier beruhe der Absatzerfolg nicht in erster Linie auf der akquisitorischen Tätigkeit des Vertreters, sondern er sei hier „allein im Zusammenspiel aller Absatzfunktionen" zu suchen. Dies müsse deshalb einerseits bei der Ermittlung des werbenden Eigenanteils des Tankstellenverkäufers herangezogen werden, andererseits bestehe kein erkennbarer Anlass, den verschiedenen Funktionen, in denen der Stationär nur verwaltend mitwirke, insgesamt eine geringere Wertigkeit als 50% beizumessen.
479 *BGH*, 28.4.1988, BB 1988 S. 2199 = DB 1989 S. 170 = HVR Nr. 634 = NJW-RR 1988 S. 1061 = VW 1988 S. 1114; ebenso *BGH*, 10.7.2002 – VIII ZR 158/01 n. v. vgl. Fn. 463, 463 a.

nen Falles. So kann die Prognose auf einen längeren Zeitraum erstreckt werden, wenn sich die Station in einem **Wohnbezirk** oder in einer **ländlichen Gegend** befindet und eine **Konkurrenz-Station** in der näheren Umgebung fehlt. Denn dann kann von einer **größeren Kundentreue** ausgegangen werden. Umgekehrt wird der Prognosezeitraum einer Beschränkung unterliegen müssen, wenn die Tankstelle an einer **Durchgangsstraße** liegt und sich in unmittelbarer Nähe anderer Stationen – ggf. auch der gleichen Marke – befindet.

In der Rechtsprechung wird die Prognose häufig auf einen **Zeitraum von 3– 4 Jahren** ausgedehnt. Im Übrigen gilt aber der allgemeine Grundsatz, dass der für die Prognose zu Grunde zu legende Zeitraum keiner Begrenzung unterliegt. Die Rechtsprechung fordert lediglich, dass er überschaubar und in seiner Entwicklung abschätzbar sein müsse[480]. Erstreckt man die Prognose über längere Zeiträume, können sich die **allmähliche Umstrukturierung** des Kundenstamms und damit die **Abwanderungsquote**, ein günstiger **Standort der Station**, die **Zugkraft der Marke** und von der Mineralölgesellschaft durchgeführte **Werbemaßnahmen** ausgleichsmindernd auswirken. 1035

Hinsichtlich der **Abwanderungsquote** ist mehrfach ein Satz von jährlich 20 % angesetzt worden, sodass also die fiktiven Provisionseinnahmen aus dem Geschäft mit Stammkunden im ersten Prognosejahr mit 80 %, im zweiten mit 60 %, im dritten mit 40 % und im vierten Prognosejahr mit 20 % der ausgleichsfähigen Provisionen des letzten Vertragsjahres angesetzt wurden, was zu einer Abwanderungsquote im Rahmen eines 4-jährigen Prognosezeitraums zu einem rechnerischen Provisionsverlust in Höhe von 200 % der ausgleichsfähigen Provisionen des letzten Vertragsjahres führt. Diese Berechnungsmethode ist aber zu **pauschal**[481]. Richtigerweise darf eine Abwanderungsquote in Höhe von 20 % nur jeweils auf den **maßgeblichen Betrag des Vorjahres**, nicht aber für jedes Jahr vom Ausgangsbetrag des letzten Vertragsjahres, bezogen werden. Denkbar wäre auch, dass man als **Mittelwert** jeweils die Jahresmitte als durchschnittlichen Stichtag ansetzt. Dann würde sich (10 % + 30 % + 50 % + 70 % + 90 % = 250 %) ein **höherer Verlust**, aber auch ein **längerer Prognosezeitraum** ergeben. Im Übrigen ergeben sich bei einer so hohen Abwanderungsquote von 20 % Zweifel auch insofern, als meist nicht einsehbar ist, dass der vom Tankstellenhalter geworbene Neukundenstamm sich bereits **innerhalb eines Zeitraums von 4–5 Jahren verflüchtigt**, während die Mineralölgesellschaft andererseits, wie das in der Praxis immer wieder geschieht, auch nach langjähriger Tätigkeit des Tankstellenhalters den bei Vertragsbeginn übernommenen **Altkundenstamm** nach wie vor in vollem Umfang als vorhanden betrachtet. 1036

Mitunter wird bei der Errechnung der Provisionsverluste im Rahmen der Verlustprognose geltend gemacht, unter der **Regie des Nachfolgers** des ausgeschie- 1037

---
480 Einzelheiten Rz. 741.
481 Vgl. dazu Rz. 642 f. sowie *Küstner*, in Anmerkung zum Urteil des *OLG Karlsruhe* vom 27.3.1981, BB 1982 S. 274.

VI Zweite materielle Anspruchsvoraussetzung – Provisionsverluste

denen Tankstellenhalters hätten sich die mit hinterlassenen **Stammkunden erzielten Umsätze rückläufig** entwickelt. Hier muss stets sehr eingehend geprüft werden, welche Umstände für diese Entwicklung ursächlich sind. Beruht der Umsatzrückgang auf **mangelndem Einsatz des Nachfolgers**, kann dies dem ausgeschiedenen ausgleichsberechtigten Tankstellenhalter nicht angelastet werden. Denn es liegt im **Risikobereich der Mineralölgesellschaft**, dass der neue Tankstelleninhaber weniger Leistungen bei der Pflege der Stammkundenbeziehungen entfaltet.

1038 Der ermittelte Provisionsverlust unterliegt schließlich – in gleicher Weise wie bei sonstigen Ausgleichsberechnungen – der **Abzinsung**[482]. Damit wird dem Gesichtspunkt Rechnung getragen, dass sich die Höhe der Provisionsverluste aus der Zugrundelegung eines längeren Prognosezeitraums errechnet, der Ausgleichsanspruch aber nach dem Gesetz bereits im Zeitpunkt der Vertragsbeendigung in **Kapitalform** fällig wird. Zu Einzelheiten der Abzinsung und zum Ansatz des maßgeblichen Abzinsungssatzes sei auf die Ausführungen oben in Rz. 657 ff. verwiesen.

1039 Im Ausgleichsrecht des Tankstellenhalters ist in neuerer Zeit die Frage aktuell geworden, ob seine Ausgleichsberechtigung auch Verluste aus dem sog. **Folgemarktgeschäft** umfasst[483].

1040 Dieser auf **Zusatzvereinbarungen mit der Mineralölgesellschaft** beruhende Geschäftsbereich hat in den letzten Jahren erhebliche Bedeutung erlangt. Es handelt sich hierbei um die „Nutzung eines von der Gesellschaft aufgrund ihrer praktischen Erfahrung entwickelten Konzepts zum Vertrieb eines bestimmten Einzelhandels- und Dienstleistungsangebots in enger räumlicher Verbindung mit einer Tankstelle unter einer markenspezifischen Geschäftsbezeichnung und die Überlassung entsprechender eingerichteter Geschäftsräume auf dem Grundstück der gepachteten Station zur Bewirtschaftung nach diesem Konzept"[484]. Bezweckt wird hiermit also, die Station mit **Folgemarkt-Sortimenten** auszustatten, umso die **Markenbindung der Tankstellen-Kunden** zu erhöhen und die Kundenwerbung zu verstärken.

1041 Die Bedeutung dieses von den Tankstellenhaltern betriebenen zusätzlichen Geschäftszweiges ergibt sich schon daraus, dass im Jahre 1990 jede Station, die diesen Geschäftsbereich betrieb, durchschnittlich 800000,– DM umsetzte[485].

1042 Im Bereich des Folgemarktgeschäfts werden die Tankstellenhalter teils als **Vertragshändler** im eigenen Namen und auf eigene Rechnung[486] teils als **Franchisenehmer** in der für diese Vertriebsart typischen Ausgestaltung[487] tätig. Die **Belie-**

---

[482] Einzelheiten Rz. 769 ff.
[483] Dazu sehr eingehend *Semmler*, Diss. S. 70, 165, 193 und 290 ff.
[484] *Semmler* a.a.O., S. 70.
[485] Nach *Semmler* a.a.O., S. 17 m.w.N. Davon entfielen 49,6% auf das Waren-, 26,4% auf das Waschgeschäft und 24% auf den Dienstleistungsbereich.
[486] Vgl. oben Rz. 93 ff.
[487] Vgl. zu Einzelheiten der Praktizierung speziell im Folgemarktgeschäft *Semmler* a.a.O., S. 166 ff.

ferung der Stationen mit Folgemarktprodukten erfolgt entweder durch das vertretene Unternehmen direkt, und zwar durch Einschaltung rechtlich unselbstständiger Vertriebsabteilungen, oder durch ein rechtlich selbstständiges Unternehmen, das zu diesem Zweck von der Mineralölgesellschaft allein oder gemeinsam mit einem in Betracht kommenden geeigneten Lieferanten gegründet wird[488].

Liegen die Voraussetzungen vor, die oben für die **analoge Anwendung des Ausgleichsrechts** auf *Vertragshändler* bzw. *Franchisenehmer* geschildert wurden[489], ist die Ausgleichsberechtigung des Tankstellenhalters auch im Hinblick auf diese im eigenen Namen und auf eigene Rechnung ausgeübte Tätigkeit zu bejahen. Was die *Ausgleichsberechnung* als solche angeht, sind wiederum die für diese Vertriebsformen maßgeblichen Voraussetzungen zu beachten. Wird das Folgemarktgeschäft auf Vertragshändler-Basis durchgeführt, ist also der dem Tankstellenhalter verbleibende Rabatt auf den sog. *Rabattkern zurückzuführen*, der sodann seinerseits für die Ermittlung der Verluste nur insoweit von Bedeutung ist, als er allein die *konkrete Vertriebstätigkeit* betrifft, die der reinen Vermittlungstätigkeit des Handelsvertreters entspricht. Es muss also eine Bereinigung um diejenigen Bestandteile des verbleibenden Rabattkerns erfolgen, die sich auf die den Vertrieb betreffenden Verwaltungsanteile beziehen[490].

1043

In seinem neuesten Urteil v. 7.5.2003[490a] hat der VIII. Senat des BGH zur Berücksichtigung der Sogwirkung unter Billigkeitsgesichtspunkten festgestellt, dass diese Sogwirkung sich ausgleichsmindernd auswirken könne. Denn ein für die Billigkeit maßgeblicher Umstand sei nach ständiger Rechtsprechung darin zu sehen, dass die Verkaufsbemühungen eines Handelsvertreters oder Vertragshändlers in nicht unerheblichem Maße durch die von der Marke des Produktes ausgehende „Sogwirkung" gefördert werde[490b]. Deshalb gehöre die Abwägung der Ursächlichkeit von werbender Tätigkeit einerseits und der „Sogwirkung" der Marke andererseits im Rahmen der Billigkeitsprüfung zum Kernbereich des tatrichterlichen Schätzungsermessens, das auch ausgeübt werden müsse[490c]. Dabei gehe es nicht nur um die Feststellung, ob und in welchem Umfang die Marke des einen Mineralölunternehmens bekannter sei als die eines anderen. Vielmehr sei zu fragen, ob die Bekanntheit der Marke eines Mineralölunternehmens, zu der das Unternehmen durch hohen Werbeaufwand beitrage, es rechtfertige, den Ausgleichsanspruch des Tankstellenhalters deshalb zu kürzen, weil auch der Tankstellenhalter von der Bekanntheit der Marke und dem dahinter stehenden Werbeaufwand des Mineralölunternehmens profitiere, indem der Umsatz an der Tankstelle nicht allein von seiner werbenden Tätigkeit abhänge, sondern auch von der „Sogwirkung" der Marke des vertretenen Unternehmens.

1043a

---

488 Auch in diesem Falle handelt es sich infolge der weitgehenden wirtschaftlichen Identität von Mineralölgesellschaft und Liefergesellschaft um Waren des vertretenen Unternehmens.
489 Vgl. oben Rz. 107 und 147.
490 Vgl. *Küstner*, BB 1988 S. 1974ff.
490a *BGH*, 7.5.2003, VIII ZR 263/02 n.v.
490b Ständige Rechtsprechung: Senatsurteile v. 5.6.1996, VIII ZR 7/95, NJW 1996, 2302 und v. 10.7.2002, VIII ZR 158/01.
490c *BGH*, 10.7.2002, a.a.O.

VII. Kapitel

Dritte materielle Anspruchsvoraussetzung – Billigkeitsgrundsatz

A. Grundgedanke

Für die Entstehung des Ausgleichsanspruches ist *neben den bisher genannten Voraussetzungen* weiter erforderlich, dass die Zahlung des Ausgleichs unter Berücksichtigung aller Umstände der Billigkeit entspricht. Daraus folgt, dass es sich beim Billigkeitsgrundsatz um eine selbstständige *Anspruchsvoraussetzung* handelt, ohne deren Vorliegen der Ausgleichsanspruch nicht entstehen kann. **1044**

Es ist also nicht so – wie dies mitunter angenommen wird –, dass es auf die Billigkeit *nicht mehr ankäme*, wenn sich einerseits Vorteile des Unternehmers und andererseits Verluste des Handelsvertreters aus der Beendigung des Vertragsverhältnisses ergeben, oder dass die Ausgleichszahlung immer der Billigkeit entspricht, wenn diese Voraussetzungen vorliegen. Zwar wird das oft der Fall sein, weil besondere Umstände fehlen, die im Rahmen der Billigkeitsprüfung berücksichtigt werden könnten[1]. Dennoch muss in jedem Fall geprüft werden, ob dem Handelsvertreter ein Ausgleichsanspruch in der vollen, sich aus den angestellten Berechnungen ergebenden Höhe zusteht. **1045**

Ebensowenig ist es andererseits zulässig, den Ausgleichsanspruch *allein nach Billigkeitserwägungen* unter gleichzeitiger Vernachlässigung einer Prüfung der Anspruchsvoraussetzungen der Unternehmervorteile und Vertreterverluste zu berechnen[2]. **1046**

Dass der Billigkeitsgrundsatz nicht lediglich für die Bemessung des Ausgleichsanspruchs von Bedeutung ist, sondern eine selbstständige materiellrechtliche Anspruchsvoraussetzung darstellt, die *gleichberechtigt neben den übri-* **1047**

---

1 *Schröder,* DB 1958, S. 43, 46. Näheres Rz. 1775, 1777.
2 *BGH,* 11.12.1996 – VIII ZR 22/96 – NJW 1997, 655 = BB 1997, 222 = HVR 800; 29.4.1993, BB 1993 S. 1312 = NJW-RR 1993 S. 996 = MDR 1993 S. 853 = WM 1993 S. 1681 zu Abschn. II 4; *BGH,* 15.10.1992, BB 1992 S. 2385 = MDR 1993 S. 224 = WM 1993 S. 392; *BGH,* 10.5.1984, DB 1984 S. 2507 = EBE 1984 S. 319 = HVR Nr. 587 = NJW 1985 S. 58 = MDR 1985 S. 203 = VersR 1984 S. 1066 (a.A. Vorinstanz: *OLG Hamm,* 21.1.1982, DB 1982 S. 1167). Ständige Rechtsprechung; vgl. *BGH,* 12.12.1985 – I ZR 62/83, unveröffentlicht; *BGH,* 27.2.1981, DB 1981 S. 1772 = HVR Nr. 552 (nur LS) = MDR 1981 S. 906; *BGH,* 17.10.1984, VersR 1985 S. 264 = VW 1985 S. 713; *BGH,* 25.10.1984, BB 1985 S. 291 = DB 1985 S. 642 = EBE 1985 S. 37 = HVuHM 1985 S. 136; *BGH,* 26.11.1976, BB 1977 S. 564 = DB 1977 S. 720 = EBE 1977 S. 30 = HVR Nr. 503; *BGH,* 19.11.1970, BGHZ 55, 45 = BB 1971 S. 105 = DB 1971 S. 185 = HVR Nr. 425 = HVuHM 1971 S. 231 = NJW 1971 S. 462 = VersR 1971 S. 265 mit Anm. *Höft,* VersR 1971 S. 269; *BGH,* 13.3.1969 – VII ZR 174/66, BGHZ 52 S. 5 = DB 1969 S. 701 und 15.2.1965, BB 1965 S. 395 = NJW 1965 S. 1134 = HVuHM 1965 S. 453 = BGHZ 43 S. 154.

VII Dritte materielle Anspruchsvoraussetzung – Billigkeitsgrundsatz

gen Anspruchsvoraussetzungen des § 89b Abs. 1 Nr. 1 und 2 steht, ist in Lehre und Rechtsprechung nahezu einhellig anerkannt[3].

1048 Betrachtet man den *Billigkeitsgesichtspunkt* im Hinblick auf seine Bedeutung für die Frage der *Angemessenheit* einerseits und die aufgrund der Unternehmervorteile und Provisionsverluste andererseits in Betracht kommende *Ausgleichshöhe*, führt dies zwangsläufig zu der Folgerung, dass der Billigkeitsgrundsatz speziell *dazu dient und geeignet ist, die Höhe des geschuldeten Betrages zu beeinflussen*. Deshalb hat der Billigkeitsgrundsatz mit dem *formellen Tatbestandsmerkmal der Vertragsbeendigung* unmittelbar nichts zu tun[3a]. Es kann daher nicht zulässig sein, die Frage, ob eine *vollständige oder teilweise Vertragsbeendigung* vorliegt und damit die formelle Grundvoraussetzung für die Entstehung eines Ausgleichsanspruchs erfüllt ist, *anhand von Billigkeitserwägungen zu beurteilen*. Dies hat der Bundesgerichtshof in seinem Urteil vom 27.10.1993[4] ausdrücklich bestätigt. In jenem Urteil hat der Bundesgerichtshof im Zusammenhang mit seinen Zweifeln bezüglich der im entschiedenen Tatbestand problematischen Teilvertragsbeendigung ausdrücklich festgestellt, „dass auch mit Erwägungen zur Billigkeit der Zuerkennung eines Ausgleichs nicht über das Fehlen der entscheidenden Anspruchsvoraussetzung (Beendigung des Handelsvertretervertrages) hinweggegangen werden" könne, die gem. § 89b Abs. 1 Nr. 3 selbst Tatbestandsmerkmal sei.

1049 Bei der Frage der *Vertragsbeendigung* handelt es sich um eine *reine Tatfrage*, die mithin nur im positiven oder negativen Sinne entschieden werden kann. Die Kritik an dem Urteil des Bundesgerichtshofs vom 27.10.1993, das ansonsten zur Kritik durchaus Anlass bietet, ist insoweit daher zumindest in dieser Hinsicht nicht berechtigt.

1050 Etwas anderes lässt sich auch nicht aus den Urteilen des Bundesgerichtshofs vom 12.6.1963 und 13.3.1969 herleiten[5]. In beiden Urteilen hat der Bundesgerichtshof ausgesprochen, *„dass der Ausgleichsanspruch sowohl in seiner Entstehung als auch in der Bemessung weitgehend durch Gesichtspunkte der Bil-*

---

[3] *Schröder*, § 89b Anm. 2 und 17; DB 1958 S. 43 zu V und DB 1962 S. 895 zu B; *Bruck/Möller* Anm. 370, 368f., S. 867, vor §§ 43–48 VVG; *Brüggemann*, § 89b Rz. 63ff.; *Klinger*, DB 1957 S. 925; *Trinkhaus*, S. 407; *Hopt*, § 89b Rz. 31ff.; *Herschel/Beine*, S. 195; *Schuler*, NJW 1958 S. 1113; *Geßler*, S. 65, 77; *Knapp*, § 89b Anm. 5; *Capelle*, JZ 1954 S. 729; *Franta*, MDR 1954 S. 532; *Leiß*, S. 168ff.; *Küstner*, BB 1963 S. 1147, IHV 1965 Heft 8 S. 29; *Leuze*, S. 26 und VersVerm. 1954 S. 45; *Josten/Lohmüller*, § 89b Anm. 12; *Höft*, VersR 1965 S. 553; *Schiefelbein*, S. 126; *Steindorff*, ZHR 1967 S. 82, 83; *Froehlich/Eberstein*, S. 74 (a. A. *Habscheid*, S. 362; *Noetzel*, NJW 1958, 1325). BGH, 28.10.1957, NJW 1958 S. 23; 24.6.1958, VersR 1958 S. 566; 11.12.1958, VersR 1959 S. 25; OLG Stuttgart, 26.3.1957, VersR 1957 S. 329; OLG Düsseldorf, 30.10.1958, BB 1958 S. 8; OLG Celle, 26.6.1959, HVR Nr. 232 und 11.3.1961, unveröffentlicht; OLG München, 9.7.1964, BB 1965 S. 345. Weitere Nachweise bei *Höft*, VersR 1967 S. 524 Fn. 1.
[3a] A.A.: OLG Celle, 18.4.2002 – 11 U 210/01 im Falle einer einvernehmlichen Vertragsbeendigung. Das Gericht hat den Ausgleich um 75% gemindert.
[4] BGH, 27.10.1993, BB 1994 S. 99 = WM 1994 S. 206 = VW 1994 S. 145 = ZIP 1994 S. 31.
[5] BGH, 13.3.1969 – VII ZR 174/66, BGHZ 52, 5 = BB 1969 S. 510 = DB 1969 S. 701 = HVR Nr. 396; BGH, 12.6.1963, BGHZ 40, 13 = BB 1963 S. 917 = DB 1963 S. 1149 = HVR Nr. 304 = HVuHM 1963 S. 676 = NJW 1973 S. 2068 = VersR 1963 S. 777 = VersVerm 1963 S. 143; vgl. BGH, 21.5.1975, WM 1975 S. 856, 875 re. Sp. = VersR 1975 S. 807.

ligkeit beeinflusst" werde. Dies bedeutet aber keineswegs, dass auch im Hinblick auf die *formelle Anspruchsvoraussetzung der Vertragsbeendigung* Billigkeitsgesichtspunkte maßgeblich wären. Vielmehr hat der Bundesgerichtshof mit dieser Formulierung lediglich zum Ausdruck bringen wollen, dass dann, wenn die Vertragsbeendigung eingetreten und damit die formelle Voraussetzung für die Entstehung des Ausgleichsanspruchs erfüllt ist, nunmehr natürlich die *Ausgleichshöhe ihrerseits durch Billigkeitsgesichtspunkte beeinflusst* wird.

Für den Ausgleichsanspruch des *Versicherungsvertreters* ist der Rechtscharakter des Billigkeitsgrundsatzes als selbstständige materiellrechtliche Anspruchsvoraussetzung mitunter angezweifelt worden[6], und zwar im Zusammenhang mit Erwägungen darüber, ob der Ausgleichsanspruch des Versicherungsvertreters mehr *bereicherungsartiger Natur* sei[7]. Aus den für Versicherungsvertreter geltenden Besonderheiten kann aber nicht gefolgert werden, dass es bei Versicherungsvertretern für die Entstehung des Ausgleichsanspruchs bereits genüge, wenn lediglich Unternehmervorteile und Vertreterverluste gegeben sind[8]. Dass auch bei Versicherungsvertretern ganz besondere *typische Billigkeitsprobleme* auftauchen können, wird im Übrigen später noch zu zeigen sein[9].

Auch beim Ausgleichsanspruch des Versicherungsvertreters kommt dem Billigkeitsgrundsatz also *selbstständige Bedeutung* zu. Das ergibt sich aus den klaren Ausführungen des Oberlandesgerichtes München in seinem Urteil vom 9.7.1964[10], in dem sich das Gericht mit dem Ausgleichsanspruch eines Versicherungsvertreters zu befassen und besonders eingehend zu prüfen hatte, ob die Billigkeitsvoraussetzung in dem zu Grunde liegenden Sachverhalt erfüllt war oder nicht. Das Oberlandesgericht stellt fest: „Der im deutschen Recht bis zum In-Kraft-Treten des § 89b HGB in dieser Form unbekannte Ausgleichsanspruch des Handelsvertreters ist nichts anderes als eine *gesetzliche Ausprägung des im gesamten Recht geltenden Grundsatzes von Treu und Glauben.* Das zur Anspruchsvoraussetzung erhobene Merkmal der Billigkeit bezweckt dasselbe wie der Grundsatz von Treu und Glauben. *Die Billigkeit bezieht sich auf die Feststellung dessen, was im Einzelfall Treu und Glauben entspricht* ... Die Meinung des Klägers, wenn die Voraussetzungen der Nr. 1 und 2 des Abs. 1 gegeben seien, sei immer ein Ausgleichsanspruch entstanden, der nur im Einzelfall auf einen entsprechenden Einwand des Unternehmers im Sinne der Nr. 3 gemindert werden oder ausnahmsweise ganz entfallen könne, widerspricht dem eindeutigen Wortlaut des Gesetzes. Danach kann ein Ausgleich nur verlangt werden, wenn und soweit die Zahlung der Billigkeit entspricht. Aus dieser Formulierung ergibt sich, dass ein Anspruch gar nicht erst (oder nur in geringerer Höhe) entsteht, wenn dies unter Berücksichtigung aller Umstände unbillig ist.

---

6 *Sieg*, VersR 1964 S. 789; *Schiefelbein,* S. 50 ff.
7 Vgl. dazu oben Rz. 41 und *Küstner,* IHV 1966 Heft 18 S. 26.
8 Näheres dazu und zu den damit zusammenhängenden prozessualen Fragen bei *Küstner,* IHV 1965 Heft 8 S. 29.
9 Dazu *Küstner,* a.a.O. und oben Rz. 937, 984.
10 BB 1965 S. 345; bestätigt durch *BGH,* 23.5.1966, BB 1966 S. 794 = DB 1966 S. 1130 = HVuHM 1966 S. 678. Einzelheiten im VIII. Kap., Rz. 1170 ff.

VII Dritte materielle Anspruchsvoraussetzung – Billigkeitsgrundsatz

Hätte der Gesetzgeber das Billigkeitserfordernis (besser: die Unbilligkeit) lediglich als eine dem Beklagten vorbehaltene Einwendung ausgestalten wollen, dann hätte es der hierfür üblichen Formulierung bedurft (etwa: ‚Der Anspruch entfällt, wenn ...' oder: ‚Ein Ausgleich ist zu zahlen, es sei denn, dass ...')."

1053 Dass ohne Erfüllung der Billigkeitsvoraussetzung ein Ausgleichsanspruch gar nicht entstehen kann – und zwar auch dann nicht, wenn der Vertreter seine Vertragspflichten bis zur Vertragsbeendigung *ordnungsgemäß erfüllt* hat und daher Unternehmervorteile und Vertreterverluste gegeben sind –, zeigt sich mit aller Deutlichkeit, wenn man sich die Rechtslage vergegenwärtigt, *die beim Tode des Vertreters eintritt*[11].

1054 Bekanntlich hat der Bundesgerichtshof in seiner grundlegenden Entscheidung vom 13.5.1957[12] zum Ausdruck gebracht, dass der Ausgleichsanspruch grundsätzlich auch in der Person der Erben des Handelsvertreters entstehen könne. Gleichzeitig hat der Bundesgerichtshof in diesem Urteil aber auch die Möglichkeit angedeutet, dass der Ausgleichsanspruch aus Billigkeitserwägungen, z.B. *im Hinblick auf den beteiligten Personenkreis, entfallen* könne. Diese Feststellungen des Bundesgerichtshofs können nur so verstanden werden, *dass nicht ausnahmslos jeder überhaupt in Betracht kommende Erbe des Handelsvertreters* – im Extremfall also sogar der Fiskus – anspruchsberechtigt ist, sondern dass die Anspruchsberechtigung der vorhandenen Erben jeweils davon abhängt, ob mit Rücksicht auf den in Betracht kommenden Kreis der Erben des Handelsvertreters der Ausgleichsanspruch unter Billigkeitsgesichtspunkten, unbeschadet seiner im Prinzip unbeschränkten Vererblichkeit, überhaupt entstehen kann[13].

1055 An diesem Beispiel zeigt sich, welche Bedeutung dem Billigkeitsgrundsatz für die Entstehung des Ausgleichsanspruchs zukommt. Der Billigkeitsgrundsatz stellt nach alledem *mehr dar als ein bloßes Korrektiv*, anhand dessen ein entstandener Anspruch im Hinblick auf seine Höhe besonderen Umständen angepasst werden kann.

1056 Zur Bedeutung des Billigkeitsgrundsatzes im Verhältnis zu den übrigen Anspruchsvoraussetzungen hat der Bundesgerichtshof im Urteil vom 28.10.1957[14] ausgeführt: „Der Grundsatz der Billigkeit ist deshalb ins Gesetz aufgenommen worden, *um allen Umständen, die bei der abstrakten Berechnung der Höhe des dem Unternehmer verbleibenden Vorteils und der Größe des dem Handelsvertreter entstandenen Verlustes nicht verwertet werden können, Rechnung zu tragen*"[15].

---

11 Vgl. oben Rz. 270ff.; vgl. auch die Problematik der Altersversorgung im folgenden Kapitel VIII.
12 II ZR 318/56 – BB 1957 S. 527 = BGHZ 24 S. 214 = NJW 1957 S. 1029 = VersR 1957 S. 358 = HVR Nr. 122.
13 Vgl. dazu *Höft,* VersR 1965 S. 553, gegen *Schiefelbein,* VersR 1965 S. 552 sowie *BGH,* 17.11.1983, BB 1984 S. 365.
14 BB 1957 S. 1161 = NJW 1958 S. 23 = VersR 1957 S. 775 = HVR Nr. 191. Vgl. auch *Küstner,* NJW 1969 S. 769, 773.
15 In diesem Zusammenhang gewinnt die Feststellung des *Bundesgerichtshofs* in seinem Urteil vom 17.10.1984 Bedeutung, wonach schuldhafte Vertragsverstöße des Handelsvertreters, auch wenn sie nicht ausreichen, einen wichtigen Grund zur fristlosen Kündigung zu geben, *im Rahmen der*

A. Grundgedanke VII

Der Billigkeitsgrundsatz soll also verhindern, dass trotz besonderer Umstände dem Handelsvertreter ein Ausgleich zufließt, der im *Rahmen der Höchstgrenze*[16] nicht mehr *als angemessen* angesehen werden kann[17]. Es bestehen also *enge Berührungspunkte zwischen dem Billigkeitsgrundsatz einerseits und der Angemessenheit des Ausgleichsanspruchs andererseits.* 1057

Die *Billigkeitsprüfung* nach § 89 b Abs. 1 S. 1 Nr. 3 darf nicht einfach dadurch erfolgen, dass der nach § 89 b Abs. 2 ermittelte Höchstbetrag des Ausgleichs herabgesetzt wird. Der Bundesgerichtshof hat mit Urteil vom 11.12.1996[18] erneut darauf hingewiesen, dass der Höchstbetrag ausschließlich der Begrenzung des nach Abs. 1 zu ermittelnden und ziffernmäßig zu bestimmenden Ausgleichsbetrages dient, wenn dieser höher sein sollte[19]. Deshalb ist es in der Regel nicht zulässig, den Ausgleichsanspruch allein nach Billigkeitserwägungen zu bemessen, ohne dass zuvor Feststellungen über die Größe der Vorteile des Unternehmers und der Verluste des Handelsvertreters getroffen werden[20]. 1058

In der Praxis ist es üblich, den so genannten *Rohausgleich* anhand einer Prognose über die dem Handelsvertreter nach Vertragsbeendigung entstehenden Provisionsverluste zu berechnen und anschließend zu prüfen, ob die Unternehmervorteile dem entsprechen, wovon in der Regel ausgegangen wird, solange der Unternehmer insoweit keine besonderen Einwände erhebt. Von diesem – noch unvollständigen – Rohausgleichsbetrag wird dann bei Vorliegen besonderer Gründe, wie etwa der Sogwirkung der Marke, ein prozentualer Abschlag gemacht. Eine solche rein mathematische Berechnungsmethode ist aber nicht immer zutreffend. Der aus den Nrn. 1 und 2 berechnete vorläufige Rohausgleich muss nämlich nach Nr. 3 aus Billigkeitsgründen insgesamt und umfassend geprüft werden. Erst so ergibt sich ein angemessener Ausgleich, wie er im ersten Absatz des § 89 b vorgesehen ist. *Deshalb kann die Billigkeitsprüfung im Extremfall auch zu einem vollständigen Wegfall des Ausgleichs führen*, auch wenn die Berechnung des Rohausgleiches nach Nr. 1 und 2 einen wesentlichen Betrag ergeben würde. Dies könnte z.B. der Fall sein, wenn der Handelsvertreter schuldhaft Anlass zu einer fristlosen Kündigung gegeben hatte, die jedoch wegen seines Ablebens nicht mehr ausgesprochen werden konnte[21]. Deshalb ist die Billigkeitsprüfung *keine mathematische Rechenaufgabe*. Vielmehr müssen im Rahmen dieser Prüfung alle Umstände vollständig berücksichtigt werden, so z.B. auch die Problematik der *Doppelbelastung* eines Unternehmens, welches dem Handelsvertreter eine aus eigenen Mitteln errichtete Altersversorgung ge- 1059

Billigkeitserwägung nach § 89b Abs. 1 Nr. 3 zu berücksichtigen sind. Vgl. *BGH*, 17.10.1984, HVR Nr. 594 = VersR 1985 S. 264; sowie Urteile vom 5.2.1959, BGHZ 29, 275, 277 = BB 1959 S. 317 = DB 1959 S. 345 = HVR Nr. 202 = HVuHM 1959 S. 320 = MDR 1959 S. 368 = NJW 1959 S. 878 = VersR 1959 S. 268 und vom 21.5.1975 VersR 1975 S. 807 = WM 1975 S. 856.
16 Vgl. dazu Rz. 1755 f.
17 Zu den Auswirkungen des Billigkeitsgrundsatzes allgemein Rz. 1060.
18 *BGH*, 11.12.1996 – VIII ZR 22/96 – NJW 1997, 655 = HVR-Nr. 800.
19 *BGH*, 15.10.1992 – I ZR 173/91 – BB 1992, 2385 = NJW-RR 1993, 221= HVR-Nr. 725.
20 *BGH*, 11.12.1996 – VIII ZR 22/96 – NJW 1997, 655 = HVR-Nr. 800; *BGH* vom 17.10.1984 – I ZR 95/82 – WM 1985, 469 und vom 12.12.1985 – I ZR 62/83 – WM 1986, 392.
21 *BGH*, 2.10.1958 – II ZR 113/57 – BB 1958, 1108 = NJW 1958, 1966 = VersR 1958, 761.

VII Dritte materielle Anspruchsvoraussetzung – Billigkeitsgrundsatz

währt. In einem solchen Fall ist im Rahmen der Billigkeitserwägungen nach Abs. 1 Nr. 3 auch der Blick auf die rein rechnerische Höchstgrenze nach § 89 b Abs. 2 und 5 erwägenswert und zulässig. Eine solche Billigkeitsprüfung kann dann dazu führen, den Ausgleich von der berechneten Höchstgrenze durch Abzug des Kapitalwertes der Altersversorgung zu bestimmen und den maximalen Ausgleich entsprechend festzusetzen. Das steht nicht im Widerspruch zur Unabdingbarkeit, sondern ist eine im Rahmen des § 89 b HGB zulässige Prüfungs- und Berechnungsmethode, wie sie die „Grundsätze in der Versicherungswirtschaft" enthält[22].

1060 Schließlich ist zu berücksichtigen, dass der Billigkeitsgesichtspunkt nicht ausschließlich nur zu einer Ausgleichsminderung führen kann. Es ist nämlich durchaus denkbar, dass auf Grund von Umständen, die *zugunsten des Handelsvertreters* zu berücksichtigen sind, gleichwohl *ein höherer Ausgleich zu leisten ist,* wenn *diese günstigen Umstände überwiegen*. Zu beachten ist hierbei allerdings, dass eine aus Billigkeitserwägungen erfolgende Ausgleichserhöhung nur dann möglich ist, wenn dadurch die zulässige Höchstgrenze *nicht überschritten wird*, denn der Gesamtausgleich ist durch diesen Wert ein für allemal nach oben begrenzt. Der Bundesgerichtshof[23] hat dies einmal so ausgedrückt, dass die für einen möglichst hohen Ausgleichsanspruch sprechenden Umstände im Einzelfall die anderen, für einen weniger hohen Anspruch sprechenden Umstände ausnahmsweise so sehr überwiegen können, dass es *gerechtfertigt sein könne, trotz der mindernden Umstände auf das höchstzulässige Maß zu erkennen*. Eine Berücksichtigung der ausgleichserhöhenden Umstände kann jedoch nicht nur dann erfolgen, wenn diese Umstände die ausgleichsmindernden Umstände überwiegen, sondern sie muss mindestens bereits dann erfolgen, wenn sich die *negativen und die positiven Umstände gleichwertig gegenüberstehen*, was im Extremfall sogar dazu führen kann, dass sich die *Umstände gegenseitig aufheben* und weder eine Ausgleichsminderung noch eine Ausgleichserhöhung eintritt. Allein eine solche Berücksichtigung der zu beachtenden Umstände entspricht dem Grundsatz der Billigkeit[24].

1061 In der Ermittlung eines angemessenen Ausgleichs liegen bei der Prüfung der einzelnen Anspruchsvoraussetzungen die größten Schwierigkeiten, weil es der *Parteivereinbarung* oder letztlich dem Richter überlassen bleibt, darüber eine Einigung zu erzielen bzw. zu entscheiden, welche Umstände so gewichtig sind, dass sie die Höhe und damit sogar die Entstehung des Anspruchs überhaupt zu beeinflussen vermögen. Gerade bezüglich der Bewertung von Billigkeitsumständen entsteht häufig *Streit zwischen den Parteien*, weil jeder Vertragsteil die für ihn günstigen Umstände besonders hoch bewertet und naturgemäß auch gleiche Umstände von den Beteiligten unterschiedlich bewertet werden. Dabei bestehen oft schon darüber Meinungsverschiedenheiten, welche Umstände überhaupt berücksichtigungsfähig sind. Es bedarf deshalb zunächst einer Klärung,

---
22 *Thume*, BB 2002, 1325, 1331. Vgl. auch Rz. 1224 und Anh. Nr. 16.
23 *BGH*, 21.11.1960, VersR 1961 S. 52, 53 = NVR Nr. 299; *Schröder*, DB 1962 S. 895, 899.
24 Vgl. dazu *OLG Bremen*, 16.12.1965, BB 1966 S. 877.

welche Umstände bei der Billigkeitsprüfung im Rahmen der Ausgleichsverhandlungen berücksichtigt werden dürfen.

Grundsätzlich ist in diesem Zusammenhang Folgendes zu beachten: Nach der Rechtsprechung des Bundesgerichtshofes *können die Vertragsparteien* bei Abschluss oder während des Vertrages *eine Vereinbarung treffen, welche Umstände im Rahmen der Billigkeitsprüfung – auch anspruchsmindernd – maßgeblich sein sollen und damit mittelbar Einfluss auf die Entstehung des Ausgleichsanspruches nehmen*[25]. **1062**

Jedoch darf eine solche Vereinbarung nicht zwingend vorschreiben, dass nur ein oder mehrere Billigkeitsgesichtspunkte bei der Ausgleichsberechnung berücksichtigt werden dürfen, andere aber nicht. So darf eine *Vertragsklausel nicht zwingend* vorschreiben, *dass in jedem Fall in Höhe des Kapitalwertes einer vom Unternehmen finanzierten Altersversorgung aus Billigkeitsgründen kein Ausgleich nach § 89b HGB entsteht*. Dadurch würde nämlich – so der BGH – inzidenter auch festgelegt, dass jedenfalls in Höhe der anzurechnenden Versorgungszusage alle anderen etwaigen Billigkeitsgesichtspunkte ausgeschlossen sind. Deshalb werde durch eine solche Klausel zwischen den Vertragspartnern nicht lediglich ein zu berücksichtigendes Billigkeitskriterium festgelegt, sondern unter Verzicht auf die gesetzlich vorgeschriebene Billigkeitsprüfung der Ausgleichsanspruch entgegen § 89b Abs. 1 S. 1 Nr. 3 ganz oder teilweise ausgeschlossen. Dies verstößt jedoch gegen § 89b Abs. 4 S. 1[26]. Die *Vereinbarung* der Berücksichtigung bestimmter Billigkeitskriterien bei der Bemessung des Ausgleiches *darf* also *nicht dazu führen, dass* bei der späteren Berechnung im Einzelfall *andere Billigkeitsgesichtspunkte nicht berücksichtigt werden* könnten. Daher ist die festgeschriebene Berücksichtigung der vom Versicherungsunternehmen finanzierten Altersversorgung dann unwirksam, wenn sie auch bei einer langjährigen Fälligkeitsdifferenz zwischen Ausgleichs- und Rentenanspruch keinerlei Differenzierung zulässt[27].

Gleichwohl kann auch aus den genannten Gründen feststehenden Unwirksamkeit einer solchen Klausel *der von den Parteien angedachte Billigkeitsgesichtspunkt vom Gericht im Rahmen seiner vorzunehmenden Billigkeitsprüfung berücksichtigt werden*. Es kommt also nicht allein auf die rechtliche Wirksamkeit der Vereinbarung an, wenn die Parteien durch ihr Einverständnis mit dieser (unwirksamen) Regelung immerhin zum Ausdruck gebracht haben, was sie für der Billigkeit entsprechend erachtet. Diesen Umstand darf also das Gericht durchaus berücksichtigen, ebenso wie andere vertragsfremde Umstände auch[27a]. **1063**

---

25 BGH, 17.11.1983 – I ZR 139/81 – BB 1984, 168 = WM 1984, 212 = HVR Nr. 580; bestätigt durch BGH vom 20.11.2002 – VIII ZR 146/01 – NJW 2003, 1241; MK/*v. Hoyningen-Huene*, § 89b, Rdn. 194; OLG Köln, 19.9.1996 – 18 U 14/96 – VersR 1997, 615 (616) = HVR Nr. 823; a.A. noch Küstner, BB 1994, 1590 und in der Vorauflage Rdn. 895.
26 *BGH*, 20.11.2002, a.a.O. und vom gleichen Tage – VIII ZR 211/01 – NJW 2003, 1244.
27 *BGH*, a.a.O.
27a *BGH*, 20.11.2001 – VIII ZR 211/01 – NJW 2003, 1244; *OLG Celle*, 16.5.2003 – 11 U 193/01 – VersR 2002, 976 mit Anm. von *Küstner* und *Thume* (die Nichtzulassungsbeschwerde der Klägerin hat der BGH mit Beschluss vom 8.5.2003 zurückgewiesen); *Küstner*, BB 1994, 1590 und in Festschrift für Trinkner 1995, S. 193, 210; *Graf v. Westphalen*, DB 2000, 2255, 2258.

B. Berücksichtigungsfähige Umstände

1064 Nach dem Gesetzeswortlaut muss die Zahlung eines Ausgleichs unter **Berücksichtigung aller Umstände** der Billigkeit entsprechen. Wie ist dieser Wortlaut zu verstehen? Dürfen bei der Billigkeitsprüfung nur solche Umstände berücksichtigt werden, die mit dem Vertragsverhältnis in einem *engen Zusammenhang* stehen, oder dürfen auch *„vertragsfremde"* Umstände in die Billigkeitsprüfung einbezogen werden?

1065 Der BGH hat diese Frage in der bereits mehrfach zitierten Entscheidung vom 20.11.2002[28] ausdrücklich bejaht.

1066 Früher hatte die Rechtsprechung[29] hierzu nur am Rande Stellung genommen. Eine alle denkbaren Einzelfälle betreffende Entscheidung über die Auslegung des Begriffs „alle Umstände" war bisher nicht ergangen. So wurde in dem Urteil des Bundesgerichtshofes vom 5.2.1959, in dem auch die Frage berührt wurde, ob ein *schuldhaftes Verhalten der Angestellten* des Handelsvertreters im Rahmen der Billigkeitserwägungen anspruchsmindernd berücksichtigt werden könne, ausgeführt: „Es handelt sich dabei nicht um einen Umstand, der, wie zum Beispiel Alter, Gesundheitszustand, Versorgungslage und dergleichen, *das Vertragsverhältnis nicht unmittelbar* berührt, sodass hier nicht entschieden zu werden braucht, ob das Gesetz mit der Verweisung auf die Berücksichtigung aller Umstände auch solche Tatsachen hat erfassen wollen". Ähnlich hat der Bundesgerichtshof in einem Urteil vom 2.10.1958[30] festgestellt: „Es braucht in diesem Zusammenhang nicht entschieden zu werden, ob das Gesetz mit der Verweisung auf die Berücksichtigung aller Umstände auch solche Tatsachen hat mit erfassen wollen, *die mit der Bewertung von Leistung und Gegenleistung in keinem Zusammenhang stehen.*"

1067 Mit der neuen Rechtsprechung des BGH steht nunmehr fest, dass auch *außerhalb des Vertragsverhältnisses liegende Umstände* mit in die Billigkeitsprüfung einbezogen werden können. So können insbesondere das Alter, der Gesundheitszustand, die Vermögenslage, persönliche Umstände und soziale Gesichtspunkte im Einzelfall als Billigkeitskriterien herangezogen werden[31].

1068 So meinte auch schon der Bundesgerichtshof in seinem Urteil vom 15.2.1965[32], es sei nicht grundsätzlich und allgemein ausgeschlossen, im Rah-

---

28 *BGH,* 20.11.2002 – VIII ZR 211/01 – NJW-RR 2003, 1244, vgl. auch schon *BGH,* 23.5.1966 – VII ZR 268/64 – BGHZ 45/268 (273) = NJW 1966, 2188 = BB 1966, 794 = HVR Nr. 354.
29 *BGH,* 5.2.1959, BGHZ 29 S. 275, 280 = BB 1959 S. 317 = MDR 1959 S. 878 = JZ 1959 S. 252 = NJW 1959 S. 878 = VersR 1959 S. 268 = HVR Nr. 202; 28.10.1957, BB 1957 S. 1161 = NJW 1958 S. 23 = VersR 1957 S. 775 = HVR Nr. 191; 13.5.1957 – II ZR 19/57, BGHZ 24 S. 223 = BB 1957 S. 528 = NJW 1957 S. 1028 = VersR 1957 S. 360 = HVR Nr. 124; 2.10.1958, BB 1958 S. 1108 = NJW 1958 S. 1966 = VersR 1958 S. 761 = HVR Nr. 183; *OLG Nürnberg,* 19.12.1958, BB 1959 S. 318 = VersR 1959 S. 307; vgl. aber auch *BGH,* 15.2.1965, BB 1965 S. 396.
30 *BGH,* 2.10.1958, ebenso 28.10.1957; vgl. Fn. 1.
31 Vgl. MK/*v.Hoyningen-Huene,* § 89b, Rdn. 103.
32 BB 1965, 395 = NJW 1965, 1134, 1136.

men der Billigkeitsprüfung die *allgemeine wirtschaftliche Lage der Parteien* – also außerhalb des Vertragsverhältnisses liegende Umstände – zu werten. Vielmehr sei je nach den Umständen des Einzelfalles auch der wirtschaftlichen Lage und den sozialen Verhältnissen des Handelsvertreters eine gewisse Bedeutung nicht zu versagen.

In einem nicht veröffentlichten Urteil vom 29.10. 1964[33] führt der VII. Senat in diesem Zusammenhang aber aus, dass angesichts der zulässigen Berücksichtigung der wirtschaftlichen Lage beider Parteien zu beachten sei, dass der Ausgleich eine dem Handelsvertreter zustehende zusätzliche Vergütung darstelle und dass grundsätzlich davon ausgegangen werden müsse, dass der Unternehmer bei den Provisionsvereinbarungen mit dem Handelsvertreter *seine eigenen Interessen hinreichend gewahrt* habe. Deshalb könne es nur unter ganz besonderen Umständen von Bedeutung sein, dass der Handelsvertreter ohnehin schon während der Vertragsdauer *größere Einnahmen als der Unternehmer erzielt* habe. Ein derartiges Vorbringen könne höchstens erheblich sein, wenn der Unternehmer etwa darlege, die Zahlung eines größeren Ausgleichsbetrages würde die *Weiterführung seines Betriebes gefährden*.

1069

In der Praxis zeigt sich immer wieder, dass nicht ohne weiteres zwischen vertragsfremden Umständen einerseits und solchen Umständen andererseits zu unterscheiden ist, die in einem unmittelbaren Zusammenhang zum Vertragsverhältnis stehen. Ein Beispiel hierfür sind die Entscheidungsgründe des Urteils des Oberlandesgerichtes Hamburg vom 5.6.1963[34]. Dort wird festgestellt, dass es in besonderem Maße gegen die Billigkeit eines Ausgleichs spreche, dass der Handelsvertreter *nicht besonders intensiv zu arbeiten brauchte*, um dem Unternehmer Kunden zuzuführen. Denn er habe bereits aus einer früheren Vertretung einen Kundenstamm an der Hand, den er zum Teil dem Unternehmer zuführte. Hieraus folge, dass sich im vorliegenden Fall *kein Treueverhältnis zwischen den Parteien* gebildet habe, wie es sonst üblich sei und in dem der Ausgleichsanspruch im Allgemeinen seine innere Rechtfertigung finde. Hier kommt es mithin darauf an, ob das *Maß der Arbeitsintensität und die Entstehung eines Treueverhältnisses als „vertragsfremd" zu werten sind* oder in so engem Zusammenhang mit dem Vertragsverhältnis stehen, dass beide Umstände unter Billigkeitsgesichtspunkten berücksichtigungsfähig sind.

1070

Für die Entscheidung der Frage, ob die Zahlung einer Vergütung der Billigkeit entspricht, ist es völlig bedeutungslos, ob der Vergütungsberechtigte die von ihm zu erbringende *Leistung durch intensive Arbeit erbracht hat oder nicht, vorausgesetzt allerdings, dass nicht der Leistungserfolg des Berechtigten zu Beanstandungen Anlass gibt* (was aber in dem erwähnten Urteil nicht der Fall war). Die Arbeitsintensität eines Handelsvertreters kann für den Ausgleichsanspruch schon deshalb kein Maßstab sein, weil sich Arbeitsweise, Kontaktfähig-

1071

---

33 VII ZR 86/63 zu III. Vgl. auch *BGH,* 23.5.1966, BB 1966 S. 794 = DB 1966 S. 1130.
34 DB 1963 S. 1214.

VII Dritte materielle Anspruchsvoraussetzung – Billigkeitsgrundsatz

keit und Verkaufsbegabung *jedes einzelnen Vertreters sehr erheblich voneinander unterscheiden.* Insoweit kommt es nur auf den *Erfolg* an.

1072 In diesem Zusammenhang hätte das Gericht aber auch die angesichts dieser Argumentation nahe liegende Frage prüfen müssen, ob nicht bereits durch Vereinbarung *entsprechend niedrigerer Vermittlungs- oder Abschlussprovisionen* der nicht notwendig intensiven Tätigkeit des Handelsvertreters Rechnung getragen worden war, sodass – wenn dies der Fall gewesen wäre – eine nochmalige Minderung der Vergütung unter Billigkeitsgesichtspunkten ausgeschlossen gewesen wäre[35].

1073 Es trifft auch nicht zu, dass der Ausgleichsanspruch seine *innere Rechtfertigung* in einem *Treueverhältnis* findet, das zwischen Unternehmer und Handelsvertreter besteht, und dass mithin eine Ausgleichszahlung nicht zu rechtfertigen ist, wenn sich ein solches Treueverhältnis nicht hat entwickeln können. Der Ausgleichsanspruch findet seine innere Rechtfertigung – entgegen der Ansicht des Oberlandesgerichts Hamburg – vielmehr allein darin, dass der Vertreter für die von ihm bis zur Vertragsbeendigung erbrachten Leistungen noch nicht vollständig vergütet ist. Ob sich während des Vertragsverhältnisses gleichzeitig ein besonderes Treueverhältnis gebildet hat, ist dabei unerheblich, zumal es sich bei einem Handelsvertretervertrag – das wird wegen der wirtschaftlichen Unterlegenheit des Handelsvertreters meist viel zu wenig beachtet – nicht um ein dem Arbeitsverhältnis verwandtes Rechtsverhältnis, sondern um einen *Vertrag zwischen selbstständigen Kaufleuten handelt*[36].

1074 Diese Beispiele der Arbeitsintensität und des Treueverhältnisses zeigen nicht nur, wie wichtig es bei einer Prüfung der in Betracht kommenden Umstände ist, sich stets den *Vergütungscharakter des Ausgleichsanspruchs* zu vergegenwärtigen, sondern dass es auch darauf ankommt, dass geklärt wird, ob die *„Vertragsbezogenheit"* oder die *„Vertragsfremdheit"* eines Umstandes überwiegt. Sowohl bei der Arbeitsintensität als auch bei der Entstehung eines Treueverhältnisses lassen sich unmittelbare Vertragsbeziehungen keineswegs leugnen, sie verlieren aber an Bedeutung, wenn man von der Rechtsnatur des Ausgleichsanspruchs ausgeht, sodass diese Umstände bei der Billigkeitsprüfung außer Betracht zu bleiben haben.

1075 Ferner kann es für den Ausgleichsanspruch erheblich sein, wer beim Tode des Vertreters ausgleichsberechtigt ist. Der Kreis der beim Tode des Vertreters anspruchsberechtigten Erben kann allein schon deshalb nicht außer Betracht gelassen werden, weil eine engere Beziehung zum Vertragsverhältnis als die der

---

35 *BGH*, 15.12.1978, BB 1979 S. 288 = DB 1979 S. 543/44 = HVuHM 1979 S. 470; *BGH*, 4.6.1975, EBE 1975 S. 351, 354 r. Sp. zu 4; *BGH*, 28.10.1957, DB 1957, S. 1148, 1149, re. Sp. zu 3 = VersR 1957 S. 775.

36 Zum Vertrauensverhältnis zwischen Unternehmer und Handelsvertreter allgemein vgl. *v. Brunn*, AcP 1964 S. 487, 492 und die dort zitierte Rechtsprechung, sowie *OLG Celle*, 29.3.1963, BB 1963 S. 711 = HVR Nr. 285 (zum Vertrauensverhältnis bei langen Vertragsverhältnissen) und *LG München*, 13.7.1964, VW 1965 S. 57. Vgl. auch *Rumpf*, Wirtschaftsrechtliche Vertrauensgeschäfte, AcP Bd. 119 (1921) S. 1, 80ff.

sich aus ihm ergebenden Anspruchsberechtigung kaum denkbar ist. Der durch den Tod des Vertreters eintretende Wechsel des Ausgleichsberechtigten gewinnt deshalb unter dem Gesichtspunkt Bedeutung, dass es unbillig sein kann, *solchen Erben zu Lasten des vertretenen Unternehmers einen Ausgleichsanspruch zuzubilligen, die bis zur Vertragsbeendigung außerhalb jeder anerkennenswerten Beziehung zu dem Vertragsverhältnis gestanden haben*[37]. Deshalb entspricht die Einbeziehung des ausgleichsberechtigten Personenkreises in vollem Umfang dem Grundsatz, dass unter Billigkeitsgesichtspunkten nur *vertragsbezogene Umstände* berücksichtigungsfähig sind.

C. Einzelfälle

I. Wirtschaftliche und soziale Lage der Parteien

Ob berücksichtigt werden kann, in welcher *wirtschaftlichen oder sozialen Lage* sich der Handelsvertreter oder der Unternehmer befindet, ist umstritten[38]. Die vom Bundesgerichtshof[39] insoweit — wenn auch sehr vorsichtig — geäußerte Auffassung, auf die bereits oben eingegangen wurde[40], betraf einen Ausnahmefall. Die Familie des Handelsvertreters bestand aus 8 Personen. Sehr zurückhaltend hat der Bundesgerichtshof deshalb ausgeführt, dass „je nach Lage der Sache auch der wirtschaftlichen Lage und den sozialen Verhältnissen des Handelsvertreters ... eine gewisse Bedeutung nicht zu versagen ist, wenn das neben anderen Umständen des Falles billig erscheint". Einschränkend hat das Gericht aber festgestellt, dass den genannten Gesichtspunkten eine wesentliche Bedeutung allerdings wohl nur dann zukommen werde, wenn sich ihre Berücksichtigung den Umständen nach besonders aufdränge.

1076

In einem weiteren Urteil vom 29.10.1964 hat der Bundesgerichtshof festgestellt, es sei zwar nicht grundsätzlich und allgemein ausgeschlossen, bei der Bemessung des Ausgleichs auch die allgemeine wirtschaftliche Lage beider Teile zu berücksichtigen. Andererseits sei aber der *Vergütungscharakter des Ausgleichs* zu beachten und davon auszugehen, dass der Unternehmer bei den Provisionsvereinbarungen mit dem Handelsvertreter seine Interessen hinreichend gewahrt habe. Deshalb könne nur unter ganz besonderen Umständen der Einwand berücksichtigt werden, dass der Handelsvertreter ohnehin während der Vertragszeit größere Einnahmen als er selbst erzielt habe. Ein solches Vorbringen könne höchstens erheblich sein, wenn dargelegt werde, dass die Zahlung eines größeren Ausgleichsbetrages die Weiterführung des Betriebes gefährde.

1077

---

37 Vgl. *Höft*, VersR 1965 S. 553; a.A. *Schiefelbein*, VersR 1965 S. 552.
38 *Noetzel*, NJW 1958 S. 1325, 1326; *Brüggemann*, § 89b Rz. 63 ff., 68; *Neflin*, DB 1962 S. 1531 zu IV; *OLG Karlsruhe*, 11.4.1957, BB 1957 S. 561; *LG Hamburg*, 5.11.1954, MDR 1955 S. 44. Ebenso *Meyer*, S. 245. Zweifelnd *OLG Köln*, 29.4.1968, VersR 1968 S. 966, 967.
39 *BGH*, 15.2.1965, BB 1965 S. 395 = DB 1965 S. 509 = HVR Nr. 340 = HVuHM 1965 S. 453 = NJW 1965 S. 1174; *BGH*, 29.10.1964, HVR Nr. 336 = HVuHM 1965 S. 451.
40 Vgl. Rz. 1068.

VII Dritte materielle Anspruchsvoraussetzung – Billigkeitsgrundsatz

1078 Müsste regelmäßig die wirtschaftliche und soziale Lage der Parteien bei der Ausgleichsberechnung beachtet werden, so könnte dies zu unbefriedigenden Ergebnissen führen. So könnte sich beispielsweise ergeben, dass der vermögenden Witwe des Handelsvertreters der Ausgleich mit Rücksicht auf ihre wirtschaftliche Lage vorenthalten wird, während er dem Handelsvertreter, wäre das Vertragsverhältnis nicht durch seinen Tod, sondern aus anderen Gründen beendet worden, zugesprochen worden wäre. Ein ähnlicher Fall wird in dem Urteil des Bundesgerichtshofes vom 13.5.1957[41] behandelt. Dort hatte die Klägerin als Erbin ihrer verstorbenen Mutter, die ihrerseits Alleinerbin des verstorbenen Handelsvertreters gewesen war, den Ausgleichsanspruch geltend gemacht. Der Bundesgerichtshof stellt fest, dass auf jeden Fall die *wirtschaftlichen Verhältnisse* der Klägerin keine Rolle spielen könnten. Die gegenteilige Auffassung „würde sonst dazu führen, dass ein Anspruch, der zu Beginn des Rechtsstreites (als er noch von der Mutter der jetzigen Klägerin geführt wurde) in der geltend gemachten Höhe begründet war, sich dadurch vermindern könnte, dass er durch den Tod des zunächst Ausgleichsberechtigten auf dessen Erben übergeht"[42].

1079 Eine Berücksichtigung der wirtschaftlichen Lage könnte auch bei Vertretern mit gleichen Leistungen und gleichem Wert für den Unternehmer zu einer nicht zu rechtfertigenden unterschiedlichen Behandlung führen, abgesehen davon, dass soziale Gesichtspunkte mit dem Ausgleichsanspruch als Vergütungsanspruch nichts zu tun haben[43]. Insoweit ist deshalb auch dem Landgericht Hamburg nicht zu folgen, wenn es ausführt, die sozialen Verhältnisse der Parteien könnten nur berücksichtigt werden, soweit sie mit dem Vertretervertrag zusammenhängen[44].

II. Persönliche Verhältnisse des Vertreters; Mehrfachvertretung

1080 Ebenso selten wie die wirtschaftlichen und sozialen Verhältnisse der Parteien sind das *Alter*, der *Gesundheitszustand*, die *Erwerbsfähigkeit* und weitere *Erwerbsmöglichkeiten* des Handelsvertreters im Rahmen der Billigkeitsprüfung zu berücksichtigen. Auch diese Umstände haben mit dem Ausgleichsanspruch unmittelbar nichts zu tun und können deshalb die Höhe des Anspruches grundsätzlich nicht beeinflussen[45].

1081 Als vertragsfremd sind in der Regel auch die weiteren Erwerbsmöglichkeiten des Handelsvertreters durch Fortsetzung eines neben der Vertretertätigkeit ausgeübten *Großhandels* und die sich daraus ergebende Möglichkeit der weiteren *Ausnutzung des Kundenstammes* im Rahmen der Billigkeitserwägungen

---

41 II ZR 19/57, BGHZ 24 S. 223 = BB 1957 S. 528 = VersR 1957 S. 360, 361 = NJW 1957 S. 1028 = HVR Nr. 124.
42 Vgl. dazu auch Rz. 1671 ff.
43 *Franta*, MDR 1953 S. 530, 532.
44 *LG Hamburg*, 5.11.1954, MDR 1955 S. 44.
45 *Bruck/Möller*, Anm. 378 vor §§ 43–48 VVG; *BGH*, 31.5.1965 – VI ZR 279/63, unveröffentlicht.

außer Betracht zu lassen⁴⁶. Das Gleiche gilt für eine sich dem Vertreter bietende Möglichkeit, sofort nach Vertragsbeendigung eine neue Vertretung anzunehmen⁴⁷, auch wenn ihm in dieser bessere Verdienstchancen gegeben sind als in der bisherigen Tätigkeit. Der Bundesgerichtshof⁴⁸ hat in seinem Urteil vom 26.11.1976 allerdings anerkannt, dass es im Rahmen der Billigkeitsprüfung berücksichtigt werden könne, ob und in welcher Höhe der Handelsvertreter nach der Vertragsbeendigung noch Vorteile aus der Geschäftsverbindung mit von ihm geworbenen Kunden ziehen könne. Sofern aber die Voraussetzungen des § 89b Abs. 1 Nr. 1 und 2 erfüllt seien, müsse davon ausgegangen werden, dass die Gewährung eines Ausgleichs grundsätzlich der Billigkeit entspreche.

Die durch eine nach der Vertragsbeendigung zu erwartende **Konkurrenztätigkeit** des Handelsvertreters eintretende Vorteils- bzw. Verlustminderung dürfte regelmäßig aber auch bereits bei der Vorteils- bzw. Verlustberechnung in Ansatz gebracht worden sein, sodass sich eine nochmalige Berücksichtigung im Rahmen der Billigkeitsprüfung verbietet⁴⁹.   **1082**

Im Rahmen der Billigkeitsprüfung hat im Allgemeinen der Umstand keine Bedeutung, dass der Vertreter während seiner Tätigkeit für den Unternehmer *noch für andere Unternehmer tätig gewesen ist*⁵⁰. Ist ein Handelsvertreter aber für zwei Firmen mit ähnlichen, teilweise austauschbaren Produktionsprogrammen gleichzeitig tätig gewesen⁵¹, so muss bei der Bemessung seines Ausgleichsanspruches nach seinem Ausscheiden aus der Firma berücksichtigt werden, ob er die Möglichkeit behält oder erlangt, die von ihm für diese Firma geworbenen Kunden mit Erzeugnissen der anderen, von ihm weiterhin vertretenen Firma zu beliefern⁵². Behält oder erlangt er die Möglichkeit, so ist es gerechtfertigt, den Ausgleichsanspruch des Handelsvertreters mit Rücksicht auf seine **Doppelvertretereigenschaft** niedriger zu bemessen, als das andernfalls zu geschehen hätte; denn das Wesen des Anspruches aus § 89b HGB besteht gerade darin, dass der Vertreter für den von ihm geschaffenen Kundenstamm, soweit er ihm   **1083**

---

46 *BGH*, 28.10.1957, BB 1957 S. 1161 = VersR 1957 S. 775, 776. Ebenso *OLG Köln*, 29.4.1968, VersR 1968 S. 966, 968 rechte Spalte. Vgl. auch *LG Stuttgart*, 19.4.1968, HVR Nr. 378.
47 *OLG Düsseldorf*, 8.5.1956–2 U 114/55, insoweit nicht veröffentlicht; ebenso *BGH*, 31.5.1965, HVR Nr. 325 (nur Leitsatz). Vgl. auch *BGH*, 13.3.1969 – VII ZR 174/66 – BGHZ 52 S. 5 = BB 1969 S. 510 = RVR 1969 S. 180 zum Sonderfall, dass der bisherige Untervertreter eines Handelsvertreters nach der Beendigung des Untervertretervertrages als Angestellter unmittelbar für das vertretene Unternehmen tätig wird.
48 *BGH*, 26.11.1976, BB 1977 S. 564 = DB 1977 S. 720 = EBE 1977 S. 30 = HVR Nr. 53.
49 *OLG Bamberg*, 21.9.1971, HVR Nr. 450 = HVuHM 1972 S. 22 = RVR 1972 S. 135.
50 *OLG Nürnberg*, 19.9.1957, NJW 1957 S. 1720; *Brüggemann*, § 89b Rz. 69; a.A. *OLG Frankfurt a.M*, 3.6.1966, HVR Nr. 365. Vgl. aber *LG Mönchengladbach*, 25.3.1993 – 8 O 110/92 – unveröffentlicht, das die Auffassung vertritt, der Wahrnehmung „einer Reihe anderer Industrievertretungen" sei mit einem Billigkeitsabschlag von 20% Rechnung zu tragen.
51 Eine Doppelvertretung ist ohne Zustimmung des vertretenen Unternehmens grundsätzlich unzulässig, auch wenn der Vertretervertrag sie nicht ausdrücklich ausschließt. Vgl. dazu *v. Brunn*, AcP 1964 S. 487 und *Maier*, BB 1979 S. 500 sowie Bd. I Rz. 424ff.
52 *BGH*, 11.12.1996 – VIII ZR 22/96 – NJW 1997, 655; *BGH*, 22.9.1960, BB 1960 S. 1179 = VersR 1960 S. 1183 = HVR Nr. 231. Näheres dazu unten Rz. 1188ff. Vgl. dazu *OLG Frankfurt a. M.*, 12.7.1966, HVuHM 1966 S. 1124 und *OLG Köln*, 29.4.1968 a.a.O. (oben Fn. 1).

bei seinem Ausscheiden verlorengeht, dem Unternehmer aber erhalten bleibt, einen angemessenen Ausgleich erhalten soll.

1084 Ausgleichsmindernd kann sich schließlich nicht der Umstand auswirken, dass der Handelsvertreter während des Vertragsverhältnisses *Einnahmen aus anderer geschäftlicher Tätigkeit* (z. B. als Großhändler) hatte. Etwas anderes gilt nur dann, wenn der Handelsvertreter seine *Arbeitszeit vertragswidrig nicht im gebotenen Umfang* für den vertretenen Unternehmer eingesetzt und sich dadurch zusätzliche Einnahmen verschafft hat[53].

1085 Die Tatsache, dass der Handelsvertreter nach der Vertragsbeendigung nicht durch ein vereinbartes *Wettbewerbsverbot* in seiner gewerblichen Tätigkeit beschränkt ist, kann ebenfalls nicht zu Lasten des Ausgleichsanspruchs berücksichtigt werden[54].

III. Hintergründe der Vertragsbeendigung

1086 In Rechtsprechung und Literatur[55] ist zwar anerkannt, dass unter Billigkeitsgesichtspunkten auch die Umstände berücksichtigt werden können, die zur Beendigung des Vertretervertrages führten. Stets aber handelte es sich hier um Umstände, die sich unmittelbar aus dem *Verhalten des Handelsvertreters* ergaben. In dem Urteil vom 6.2.1964 ging es darum, ob ein möglicherweise fahrlässig vom Handelsvertreter verschuldeter *Verkehrsunfall*, bei dem er ums Leben kam, unter Billigkeitsgesichtspunkten ausgleichsmindernd berücksichtigt werden könne. Der Bundesgerichtshof hat das abgelehnt, weil darin *keine Verletzung von Vertragspflichten* durch den Handelsvertreter gesehen werden könne. Das Urteil vom 5.2.1959 betraf die Auswirkungen eines *schuldhaften Verhaltens von Angestellten des Handelsvertreters*, aus dem der Unternehmer eine Ausgleichsminderung herleiten wollte. Hier hat der Bundesgerichtshof eine Ausgleichsminderung unter Billigkeitsgrundsätzen anerkannt. In dem Urteil vom 2.10.1958 schließlich handelte es sich um die Frage, ob ein *schuldhaftes Verhalten des Handelsvertreters* selbst, das den Unternehmer zur Kündigung aus wichtigem Grunde berechtigt hätte, ausgleichsmindernd berücksichtigt werden könne, wenn der Unternehmer die Kündigung infolge des unerwarteten Todes des Handelsvertreters nicht ausspricht und seine Witwe nunmehr einen Ausgleichsanspruch geltend macht. Auch in diesem Falle hat der Bundesgerichtshof anerkannt, dass der wichtige Kündigungsgrund, der den Unternehmer zur fristlosen Kündigung berechtigt hätte, zu einer *Ausgleichsminderung* führen könne.

---

53 *OLG Köln,* 29.4.1968, VersR 1968 S. 966, 968.
54 Das *Oberlandesgericht Braunschweig,* 8.3.1968, RVR 1968 S. 173, 176 hält allerdings eine Ausgleichsminderung unter diesem Gesichtspunkt für möglich.
55 *BGH,* 6.2.1964, BGHZ 41, 129 = BB 1964 S. 328 = DB 1964 S. 400 = HVR Nr. 312 = HVuHM 1964 S. 644 = NJW 1964 S. 915 = VersR 1964 S. 378; *BGH,* 5.2.1959, BGHZ 29, 275 = BB 1959 S. 317 = DB 1959 S. 345 = HVR Nr. 202 = HVuHM 1959 S. 320 = MDR 1959 S. 368 = NJW 1959 S. 878 = VersR 1959 S. 268; *BGH,* 2.10.1958, BB 1958 S. 1108 = HVR Nr. 183 = HVuHM 1958 S. 676 = MDR 1958 S. 906 = NJW 1958 S. 1966 = VersR 1958 S. 761; *OLG Frankfurt,* 8.12.1970, HVR Nr. 428 m.w.N.; *OLG Frankfurt,* 12.7.1966, HVR Nr. 368; *Schröder,* § 89b Rz. 18.

Das OLG Celle hat mit Urteil vom 18.4.2002[55a] eine einvernehmliche Vertragsbeendigung erstmals in die Billigkeitserwägungen einbezogen, da der *Handelsvertreter auf eigenen Wunsch und Antrieb ausscheiden* wollte und daher im Falle einer Eigenkündigung wegen Fehlens hinreichender Gründe nach § 89b Abs. 3 Nr. 1 den Ausgleichsanspruch insgesamt verloren hätte. Deshalb – so das OLG Celle – sei es im Wege der Billigkeitsabwägung angemessen, wenn der Handelsvertreter nur ¼ des ihm rechnerisch im Höchstfall zustehenden Ausgleichsbetrages erhalte. Ein solcher Abzug ist, soweit ersichtlich, einmalig und ungewöhnlich hoch. Dies dürfte nicht zuletzt auch auf weitere im Urteil anklingende Gründe zurückzuführen sein, aus denen sich ergab, dass der Handelsvertreter nachträglich treuwidrig einen zusätzlichen weiteren Ausgleich verlangt hatte, nachdem er zuvor bei dem Unternehmen den Eindruck erweckt hatte, er werde sich deren Berechnung des Ausgleichs nach den so genannten „Grundsätzen" einvernehmlich anschließen.

1086a

Andere Gesichtspunkte, die objektiv gegeben und *vom Willen der Parteien unabhängig* und von den Parteien daher nicht oder nur in geringem Maße beeinflussbar sind, müssen dagegen in der Regel bei der Billigkeitsprüfung außer Betracht bleiben, zumal derartige Gesichtspunkte oft bereits bei der Ermittlung der Unternehmervorteile bzw. der Provisionsverluste ihren Niederschlag gefunden haben dürften. Deshalb dürfen *Modetrends, Exportschwierigkeiten* infolge geänderter Währungsparitäten, *Wandlungen im Käuferverhalten* und dgl. im Rahmen der Billigkeitsprüfung nicht berücksichtigt werden[56]. Mit Recht hat es der Bundesgerichtshof deshalb auch als bedenklich angesehen, im Falle des Ausgleichsanspruchs eines *Lotto- bzw. Toto-Bezirksstellenleiters* den *„Spieltrieb des Publikums"* als ausgleichsmindernd zu berücksichtigen[57].

1087

IV. Höhe der Provisionseinnahmen

Schröder[58] vertritt den Standpunkt, dass es häufig nicht der Billigkeit entspreche, *gut verdienenden Handelsvertretern noch zusätzlich den Ausgleichsanspruch* zu geben. Diese Ansicht ist aber unzutreffend. Wäre sie richtig, so würde damit praktisch auf dem Wege über die Billigkeitsprüfung der *Grundgedanke des Ausgleichsanspruches in Frage gestellt* werden. Wie anfangs bereits ausgeführt[59], bezweckt der Ausgleichsanspruch, dem Handelsvertreter eine Gegenleistung dafür zu gewähren, dass er bei Vertragsbeendigung für seine Leistungen noch nicht voll abgegolten ist. Dabei kann es nicht darauf ankommen, wie hoch die Einnahmen sind, die der Handelsvertreter durch seine Tätigkeit erzielt hat. Es ist zu berücksichtigen, dass außergewöhnlich hohen Provisionseinnahmen in der Regel außergewöhnlich hohe Verluste gegenüberstehen, wenn das Vertragsverhältnis be-

1088

55a *OLG Celle*, 12.4.2002 – 11 U 210/01 – OLGR 2002, 262.
56 Vgl. unten Rz. 1133 ff. zum Einfluss der konjunkturellen Situation.
57 *BGH*, 4.6.1975, EBE 1975 S. 351, 354, re. Sp. zu 4.
58 *Schröder*, § 89b Anm. 18.
59 Vgl. Rz. 13.

endet wird, und dass diesen Verlusten wiederum außergewöhnlich hohe Vorteile des Unternehmers entsprechen[60]. Hinzu kommt, dass ein Vertreter mit besonders hohen Einnahmen meist auch ein entsprechend **hohes Unternehmerrisiko** getragen hat, sodass eine Berücksichtigung hoher Provisionseinnahmen zu Lasten des Handelsvertreters unbillig wäre[61]. Das Oberlandesgericht Karlsruhe hat deshalb auch in seinem Urteil vom 11.4.1957[62] den Umstand unberücksichtigt gelassen, *dass der Handelsvertreter gegenüber dem Unternehmer der wirtschaftlich Überlegene war*[63].

1089 Ebenso würde das Argument, der Vertreter hätte auf Grund außerordentlich hoher Provisionseinnahmen für den Fall seines Todes *Maßnahmen zur Versorgung seiner Witwe* treffen können, den Ausgleichsanspruch zu einem Versorgungsanspruch stempeln. Damit würden Sinn und Zweck des Anspruchs verkannt. Der Bundesgerichtshof hat dieses Argument daher auch mit Recht zurückgewiesen und eine Anwendung des Billigkeitsgrundsatzes in diesem Zusammenhang abgelehnt[64].

1090 Etwas anderes gilt aber dann, wenn die außergewöhnliche Höhe der Provisionseinnahmen nicht auf entsprechenden Umsätzen, sondern darauf beruht, dass dem Vertreter schon während der Dauer des Vertretervertrages mit Rücksicht auf den späteren Ausgleichsanspruch *Sonderprovisionen als Vorwegleistungen* gewährt wurden[65].

V. Dauer der Vertretertätigkeit

1091 Über die *Bedeutung der Vertragsdauer* gehen die Ansichten auseinander. Die einen vertreten den Standpunkt, dass es unter dem Gesichtspunkt der Billigkeit zu Gunsten des Handelsvertreters zu werten sei, wenn dieser seine *ganze Lebensarbeit* oder doch *viele Jahre* dem Unternehmer gewidmet habe[66], weil bei längerer Dauer die Arbeit eines Handelsvertreters durch die in dieser Zeit gezahlten Provisionen allein nicht voll abgegolten sei[67]. Der Bundesgerichtshof und andere Gerichte[68] meinen, eine *verhältnismäßig kurze Vertragsdauer*

---

60 *OLG Frankfurt*, 8.12.1970, HVR Nr. 428.
61 *Noetzel*, NJW 1958 S. 1325f.; *Küstner*, StWK 17 S. 223 zu III 4; *Staub-Brüggemann*, § 896 Rz. 69, *Westphal* Bd. I Rz. 1070; a. A. in besonderen Fällen *OLG Düsseldorf*, OLGR 2000, 354; *Hopt*, § 896 Rz. 35; *Ebenroth-Löwisch* § 896 Rz. 118.
62 BB 1957 S. 561.
63 Vgl. hierzu auch *BGH*, 29.10.1964, HVR Nr. 336 = HVuHM 1965 S. 451. Vgl. auch *OLG Frankfurt*, 8.12.1970, HVR Nr. 428.
64 *BGH*, 2.10.1958, BB 1958 S. 1108 = MDR 1958 S. 906 = NJW 1958 S. 1966 = VersR 1958 S. 761, 762 = HVR Nr. 183.
65 Vgl. dazu unten Rz. 1393ff.
66 *Bruck/Möller*, Anm. 378 vor §§ 43–48 VVG; vgl. auch *Geßler*, S. 77. Vgl. dazu *OLG Köln*, 29.4.1968, VersR 1968 S. 966, 967.
67 *OLG Düsseldorf*, 8.5.1956, unveröffentlicht, aber Leitsatz in HVR Nr. 130.
68 *BGH*, 11.12.1996 – VIII ZR 22/96 – NJW 1997, 655 = BB 1997, 222 = HVR Nr. 800, 28.10.1957, BB 1957 S. 1161 = VersR 1957 S. 775 = HVR Nr. 191; *KG*, 15.12.1970, HVR Nr. 433; *OLG Stuttgart*, 9.10.1956, BB 1957 S. 562 = MDR 1957 S. 44 = HVR Nr. 127; *LG Freiburg i. Br.*, NJW 2000, 110; *LG Berlin*, 14.6.1956, HVuHM 1956 S. 404 = HVR Nr. 126;

dürfe dem Handelsvertreter nicht zum Nachteil gereichen, sondern sei eher zu seinen Gunsten zu berücksichtigen, da bei einer *längeren Vertragsdauer* möglicherweise der Vertreter die Früchte seiner Arbeit voll hätte genießen können.

Auch in seinem Urteil vom 21.11.1960[69] hat der Bundesgerichtshof im Ergebnis diesen Standpunkt vertreten. In diesem Urteil handelte es sich um die Frage, ob dem Handelsvertreter das gesetzliche *Höchstmaß* des Ausgleichsanspruchs zugesprochen werden könne, obwohl das Vertragsverhältnis *nur knapp drei Jahre* gedauert hatte. Der Bundesgerichtshof sah keinen Anlass, den Ausgleich zu mindern und billigte die Erwägung der Vorinstanz, dass der Unternehmer dem Handelsvertreter durch die Kündigung nach verhältnismäßig kurzer Vertragsdauer die Möglichkeit genommen habe, den zunächst durch die geringen Provisionen der Anfangszeit gedrückten Jahresdurchschnitt in der Folgezeit zu verbessern. Diesen Überlegungen entspricht es, wenn der Bundesgerichtshof in einem weiteren Urteil vom 12. Dezember 1963 feststellt, dass sich andererseits aber auch nicht die *lange Dauer* eines Vertretervertrages zu Ungunsten des Vertreters auswirken könne[70]. Denn wenn ein Handelsvertreter in *mehreren Jahrzehnten insgesamt hohe Einnahmen* aus den von ihm vermittelten Geschäftsverbindungen gezogen habe, dann seien die Unternehmervorteile in der langen Vertragszeit entsprechend hoch gewesen. Auch nach der Vertragsbeendigung aber könne der Unternehmer aus diesen Geschäftsverbindungen weitere Vorteile ziehen, während der Vertreter insoweit keinen Nutzen mehr aus seiner Tätigkeit zu erwarten habe. **1092**

Aus der Gegenüberstellung dieser beiden Urteile, die von gegenteiligen Ausgangspunkten her zu gleichen Ergebnissen kommen, folgt bereits, dass im Grunde die Dauer des Vertragsverhältnisses im Rahmen des Billigkeitsgrundsatzes von untergeordneter Bedeutung ist. Denn die Vertragsdauer wird sich – wenn es sich nicht um einen außergewöhnlichen Tatbestand handelt[71] – in der Regel bereits in der Anzahl der vom Vertreter hergestellten Geschäftsverbindungen und damit auch in der Höhe der aus der Vertragsbeendigung resultierenden Provisionsverluste auswirken, sodass eine nochmalige Berücksichtigung der Vertragsdauer unter Billigkeitsgesichtspunkten überflüssig erscheint[72]. **1093**

Zu beachten ist in diesem Zusammenhang schließlich, dass der Bundesgerichtshof in seinem Urteil vom 19.11.1970[73] zum Ausdruck gebracht hat, dass be- **1094**

LG Hamburg, 5.11.1954, MDR 1955 S. 44; *Schröder*, DB 1958 S. 43, 46; *Schuler*, NJW 1958 S. 1113 mit Hinweis auf die Einführungsschwierigkeiten bei kurzer Vertragsdauer, auf die auch *Brüggemann* (3. Aufl., § 89b Rz. 17 S. 838) hinweist; *Knapp/Ankele*, § 89b Anm. 5; *Herschel/Beine*, S. 195 zu c. Vgl. auch *OLG Stuttgart*, 3.6.1966, HVR Nr. 365 und insbesondere *OLG Celle*, 27.5.1971, IHV 1973 (21. Jhrg.), Heft 17 S. 11.
69 VersR 1961 S. 52, 53 = HVR Nr. 299.
70 HVuHM 1964 S. 264 = HVR Nr. 319. Zur Saldierung vgl. auch *Westphal*, EU S. 303 Rz. 697ff.
71 Das kann der Fall sein, wenn der Tätigkeitsbeginn außergewöhnlich schwierig war und dem Vertreter zunächst wenig Gewinn brachte.
72 Das *OLG Nürnberg* hat in seinem Urteil vom 16.5.1991 – 12 U 2405/86 (unveröffentlicht) – eine Vertragsdauer von 14 Jahren mit nicht unerheblicher Steigerung des Gesamtumsatzes offensichtlich (im Rahmen eines pauschalen Billigkeitsabschlages) zu Gunsten des Handelsvertreters gewertet.
73 *BGH*, 19.11.1970, BB 1971 S. 105 = VersR 1971 S. 265 m. Anm. v. *Höft*.

züglich der **Dauer der Vertretertätigkeit** aus Billigkeitsgründen in der Regel davon auszugehen sei, dass der Handelsvertreter, der dem Unternehmer viele Jahre bis zum Eintritt der Altersgrenze seine Dienste zur Verfügung gestellt habe, bei der Ausgleichsbemessung besser gestellt sein soll als ein Vertreter, der seine Tätigkeit nur wenige Jahre ausgeübt hat.

1095 Um Missverständnissen vorzubeugen, sei in diesem Zusammenhang andererseits aber darauf hingewiesen, dass die Auffassung unzutreffend ist, dass ein Ausgleichsanspruch *grundsätzlich ausgeschlossen* sei, wenn ein Vertretervertrag noch *vor Ablauf der vereinbarten Probezeit* endet oder überhaupt die Zusammenarbeit zwischen den Parteien *nur wenige Monate* andauerte. So hat das LG Freiburg in seinem Urteil vom 28.5.1999[74] die Ausgleichsberechtigung eines Handelsvertreters bei nur dreimonatiger Tätigkeit anerkannt. Diese kurze Vertragsdauer stehe ebenso wie eine nichtumsatzabhängige Provision dem Ausgleichsanspruch eines Handelsvertreters nicht im Wege. Im entschiedenen Falle war dem Handelsvertreter noch während der Probezeit gekündigt worden, nachdem er den aus seiner früheren Tätigkeit geworbenen Kundenstamm auf das vertretene Unternehmen übertragen hatte. Freilich würde sich gerade angesichts dieses besonderen Tatbestandes die Ablehnung eines Ausgleichs für den Handelsvertreter besonders nachteilig auswirken. Sofern die Anspruchsvoraussetzungen erfüllt sind und sich aus der Tätigkeit des ausgeschiedenen Handelsvertreters erhebliche Unternehmervorteile ergeben, besteht mithin vom Grundgedanken des Ausgleichsrechts her kein Grund, dem Handelsvertreter den Ausgleich zu verweigern. Häufig allerdings wird in diesen Fällen der Ausgleich zwangsläufig niedrig ausfallen, weil es dem Vertreter in so kurzer Zeit nicht gelungen ist, neue Geschäftsverbindungen für den Unternehmer zu schaffen. Denkbar sind aber auch Tatbestände, in denen trotz kurzer Vertragsdauer die Anspruchsvoraussetzungen in vollem Umfange erfüllt sind, sodass sich nur infolge der Ausgleichsbegrenzung durch die Höchstgrenze eine Benachteiligung des Handelsvertreters ergibt, wie das folgende Beispiel zeigt:

Beispiel: Durch die Insolvenz eines Wettbewerbers ergibt sich für einen anderen Unternehmer die Möglichkeit, mit 7 Handelsvertretern des liquidierten Unternehmens Handelsvertreterverträge abzuschließen, und zwar zunächst auf 9 Monate zur Probe. Alle Handelsvertreter bearbeiten nun die zuletzt für das liquidierte Unternehmen betreuten Kunden für das neue Unternehmen. Mit 6 Handelsvertretern entwickelt sich die Zusammenarbeit sehr positiv. In einem Falle aber entstehen Differenzen, sodass der Unternehmer den zur Probe abgeschlossenen Handelsvertretervertrag zum Ablauf der Probezeit kündigt. Die eingebrachten neuen Geschäftsverbindungen stellen für das vertretene Unternehmen einen erheblichen Vorteil dar, während die Vertragsbeendigung für den ausscheidenden Handelsvertreter erhebliche Provisionsverluste zur Folge hat. Es bedarf keiner näheren Erläuterung, dass in diesem keineswegs konstruierten Einzelfall eine Kürzung des geschuldeten Ausgleichs unter Billigkeitsgesichtspunkten ebenso wenig gerechtfertigt wäre wie die Auffassung, in diesem Falle könne mit Rücksicht auf die nur kurze Vertragsdauer überhaupt kein Ausgleichsanspruch entstehen.

---

74 *LG Freiburg*, 28.5.1999 – 12 O 140/98, NJW-RR 2000, 110.

VI. Zahlung eines Fixums

Ob und wie sich ein dem Handelsvertreter während des Vertragsverhältnisses gezahltes Fixum unter Billigkeitsgesichtspunkten auszuwirken vermag, hängt von den Umständen des Einzelfalles ab. Der Bundesgerichtshof hat in seinem Urteil vom 15.2.1965[75] dazu festgestellt, dass ein Ausgleichsanspruch grundsätzlich auch dann nicht ausgeschlossen sei, wenn der Handelsvertreter etwa nur eine Festvergütung und daneben *keine oder nur unwesentliche Provisionsbezüge* gehabt habe. Gerade die Billigkeit fordere eine Ausgleichszahlung, zumal dann, wenn der gezahlte *Festbetrag verhältnismäßig niedrig* liege. Aber auch bei hoch bemessener Festvergütung brauche ein Ausgleichsanspruch nicht vollständig zu entfallen, wenn der Unternehmer aus der Tätigkeit des Handelsvertreters weiterhin erhebliche Vorteile ziehe. **1096**

Eine ausgleichsmindernde Berücksichtigung des Fixums nach § 89b Abs. 1 Nr. 3 dürfte aber auch dann ausgeschlossen sein, wenn *das Fixum Provisionscharakter* hat und damit *erfolgsabhängig* ist. Ein solcher Provisionscharakter dürfte immer dann zweifelsfrei sein, wenn in gewissen Zeitabständen eine Saldierung der Festvergütung mit den aus der Tätigkeit des Handelsvertreters sich ergebenden Provisionsansprüchen erfolgt. Denn dann hat die Festvergütung lediglich die Bedeutung eines regelmäßig gezahlten *Provisionsvorschusses*[76]. **1097**

Aber auch dann, wenn das Fixum eine über die verdienten Provisionen hinausgehende zusätzliche Vergütung des Handelsvertreters darstellt, dürfte sich eine Ausgleichsminderung keineswegs in jedem Falle rechtfertigen lassen. War nämlich der Handelsvertreter, der einen bisher schlecht oder überhaupt nicht bearbeiteten Bezirk übernahm, auf die Zahlung der Festvergütung deshalb angewiesen, weil er angesichts der zunächst sehr niedrigen Provisionsbezüge anders *keine erfolgreiche Aufbauarbeit* leisten konnte, dann wäre eine mit Rücksicht auf die Festvergütung vom Unternehmer verlangte Ausgleichsminderung ungerechtfertigt[77]. Denn in solchen Fällen kann der aus der Zahlung des Fixums für den Handelsvertreter sich ergebende Vorteil nicht mehr zu Lasten des Handelsvertreters geltend gemacht werden. Natürlich spielt in derartigen Fällen auch der *Zeitfaktor* eine Rolle. Hat nämlich der Handelsvertreter, unterstützt durch die Festvergütung, die *Aufbauarbeit erfolgreich abgeschlossen* und wird nunmehr die Zahlung des Fixums eingestellt, sodass der Handelsvertreter von nun an alleine auf Provisionseinnahmen angewiesen ist, dürfte eine Ausgleichsminderung ebenfalls ausgeschlossen sein. **1098**

---
75 *BGH*, 15.2.1965, BB 1965 S. 395 = HVR Nr. 340; *OLG München*, 13.10.1960, BB 1961 S. 651 = NJW 1961 S. 1072 = HVR Nr. 275. *LG Freiburg i.Br.*, NJW-RR 2000, 110. Vgl. dazu auch *Schröder*, § 89b Rz. 18, S. 327, und das einen besonderen Tatbestand betreffende Urteil des *OLG Oldenburg i.O.* vom 8.10.1964, BB 1964 S. 1322 (Reiseinspektor mit Festvergütung) mit Anmerkung von *Ordemann*. Dazu auch VW 1965 S. 624.
76 Zur Berücksichtigung des Fixums bei der Ermittlung des Provisionsverlustes Rz. 800.
77 *Kammergericht*, 11.1.1988, BB 1988 S. 582; *OLG Schleswig*, 1.11.1957, VersR 1958 S. 315 = HVR Nr. 220; ebenso *LG Würzburg*, 14.7.1975 – O 40/73 – unveröffentlicht. Vgl. dazu *Martin*, RVR 1969 S. 35 ff., der sich mit dem Fixum für Versicherungsvertreter unter Berücksichtigung der „Grundsätze" (vgl. unten Rz. 1632 ff., abgedruckt Anh. E) befasst.

VII Dritte materielle Anspruchsvoraussetzung – Billigkeitsgrundsatz

1099 Wird aber das Fixum trotz der inzwischen erheblich angestiegenen Provisionseinnahmen als *zusätzliche Vergütung*[78] weitergezahlt, ist die Rechtslage anders. Dann nämlich führt die Zahlung des Fixums dazu, dass dem Vertreter das *Unternehmerrisiko*[79] mindestens teilweise abgenommen wird, ohne dass sich dies aus der besonders schwierigen Anlaufzeit rechtfertigen ließe. In diesem Fall dürfte deshalb eine Ausgleichsminderung oder sogar ein völliger Wegfall des Ausgleichs mit Rücksicht auf die zusätzlich gewährte Festvergütung gerechtfertigt sein, wie die Rechtsprechung immer wieder festgestellt hat[80]. Entsprechendes gilt auch dann, wenn mit dem Fixum dem Handelsvertreter Kosten erstattet werden, die er eigentlich selbst tragen müsste. So hat der Bundesgerichtshof mit Recht ausgesprochen, dass sich ein *vom Erfolg unabhängiges garantiertes Mindesteinkommen* ausgleichsmindernd auswirke[81].

1100 Das Landgericht Bonn hatte sich in seinem Urteil vom 7.3.1979[82] mit einem Sachverhalt zu befassen, der den Ausgleichsanspruch eines *Versicherungsvertreters* betraf. Hier standen einem rechnerischen Ausgleich in Höhe von rund 7300 DM über 5 1/2 Jahre hinweg geleistete *Aufbauzuschüsse* von insgesamt 63 700 DM gegenüber. Das Landgericht kürzte den vom Kläger geforderten Ausgleich um rund 1/12 dieses Betrages. Es begründete diese Entscheidung mit der Überlegung, dass die *Aufbauzuschüsse das unternehmerische Risiko* des Klägers nur in den ersten Jahren „in etwa" abgesichert hätten, es in den letzten Jahren aber nicht mehr hätten ausschließen können. Andererseits aber habe es sich bei dem Bezirk des Klägers um ein sehr *schwieriges Arbeitsfeld* gehandelt, und der Kläger habe auch keineswegs — wie die Beklagte vorgetragen hatte — mangelnden Einsatz gezeigt. Gleichwohl rechtfertigten es die hohen Aufbauzuschüsse, im Rahmen der Billigkeitsprüfung anteilig berücksichtigt zu werden, wie dies auch den in der Rechtsprechung vergleichbaren Fällen entspräche.

1101 In einem weiteren Urteil, das sich ebenfalls mit dem Einfluss von Festbezügen auf den Ausgleichsanspruch eines *Versicherungsvertreters* befasste, hat das Landgericht Düsseldorf[83] die Ausgleichsklage eines Versicherungsvertreters abgewiesen. In diesem Falle hatten die *erfolgsunabhängigen Festbezüge das zweieinhalbfache dessen betragen, was* nach den „Grundsätzen" als rechnerischer

---

78 Zur Beweislast des Handelsvertreters, der behauptet, das Fixum stelle keine garantierte Provision dar, sondern werde zusätzlich gezahlt, *OLG Nürnberg*, 12.6.1964, BB 1964 S. 866.
79 *BGH*, 14.11.1966, VersR 1966 S. 1182, 1183 zu III 3; ebenso *LG Stuttgart*, 28.1.2000 – 21 O 425/99, VersR 2000, 972 zu Abschnitt III; *OLG Celle*, 7.11.1961, BB 1962 S. 156. Vgl. auch *OLG München*, 8.8.1957, BB 1957 S. 1053 = NJW 1957 S. 1767/68.
80 Vgl. *OLG München*, 8.8.1957, BB 1957 S. 1053 = NJW 1957 S. 1767/68 = HVR Nr. 180 (nur Leitsatz) = VersR 1958 S. 91; *OLG Nürnberg*, Beschl. vom 26.1.1976, VersR 1976 S. 467, 468; *OLG Celle*, 7.11.1961, BB 1962 S. 156; *LG Düsseldorf*, VW 1981, 766; *LG Stuttgart*, 28.1. 2000, VersR 2000, 972, *LG Nürnberg*, 30.9.1975, VersR 1976 S. 467; *LG Bremen*, 1.7.1975, VersR 1975 S. 1099 = IHV 1976 Heft 6 S. 22; *LG Hamburg*, 31.7.1975, zit. in VW 1976 S. 518; *LG München*, 10.3.1975, VersR 1975 S. 736 und 4.7.1974, VersR 1975 S. 81 = VersVerm 1975 S. 161; *LG Berlin*, 22.9.1971, VersR 1972 S. 95 VW 1972 S. 271 mit Anm. *Martin*; VersR 1972 S. 95. Vgl. auch *Müller-Stein*, VW 2000/331 und die Rechtsprechungsübersicht VW 1976, 517.
81 *BGH*, 14.11.1966 a.a.O.
82 *LG Bonn*, 7.3.1979 – 12 O 181/77 – unveröffentlicht.
83 *LG Düsseldorf*, 5.3.1981, VersR 1981 S. 979 = VW 1981 S. 766.

Ausgleichsbetrag ermittelt worden war. Das Landgericht hat ausgeführt, es komme für die Frage der Billigkeit darauf an, ob der Vertreter während eines wesentlichen Teils seiner Tätigkeit neben der Provision feste Zuwendungen erhalten habe und in welchem Verhältnis der rechnerisch ermittelte Ausgleich zum Gesamtbetrag der festen Bezüge stehe. Dabei seien die *festen Bezüge je stärker ausgleichsmindernd zu berücksichtigen*, desto kürzere Zeit ihre Zahlung bei Beendigung des Agenturverhältnisses zurückliege. Infolgedessen seien auch im entschiedenen Falle die erfolgsunabhängigen Bezüge, die die Beklagte dem Kläger als „*Inkasso-Provisionszuschuss*" in Höhe von 10 803,- DM gezahlt hatte, ausgleichsmindernd zu berücksichtigen. Dabei erscheine es gerechtfertigt, die erfolgsunabhängigen Festbezüge aus dem letzten Vertragsjahr dem rechnerischen Ausgleichsbetrag in voller Höhe gegenüberzustellen. Diese festen Bezüge hatten im letzten Vertragsjahr unstreitig den Betrag von 4122,- DM überstiegen. Habe demnach noch der Kläger im letzten Vertragsjahr mehr an erfolgsunabhängigen Bezügen erhalten als der rechnerische Ausgleich ausmache, so erscheine es unter Berücksichtigung der verhältnismäßig kurzen Vertragszeit von 2 Jahren und 5 Monaten unbillig, ihm einen Ausgleichsanspruch zuzugestehen.

Erhält der Handelsvertreter anstelle erfolgsbedingter und deshalb auch der Höhe nach schwankender Vermittlungsprovisionen eine monatliche Festvergütung in Form einer *Provisionspauschale*, so ist im Rahmen der Billigkeitsprüfung insbesondere zu untersuchen, ob nicht auf diese Weise bereits die in der *Schaffung eines Kundenstammes liegende zusätzliche Leistung* des Handelsvertreters vergütet wurde. Anhaltspunkte hierfür können sich mangels entsprechender Vertragsbestimmungen ergeben, wenn man den Parteiwillen an Hand der besonderen Provisionsbezeichnung oder an Hand der Höhe der gezahlten Festvergütung erforscht, die die *branchenübliche Höhe übersteigt*[84]. 1102

In der Praxis werden dem Handelsvertreter gezahlte Festvergütungen nicht selten in der Weise in Ansatz gebracht, dass die in den letzten 10 Jahren vor der Vertragsbeendigung gezahlten Festvergütungen anteilig bewertet werden (das vor 10 Jahren gezahlte Fixum mit 10 %, das vor 9 Jahren gezahlte Fixum mit 20 % usw., sodass das Fixum des letzten Vertragsjahres mit 100 % angesetzt wird) und dass dann von der Summe der bewerteten Beträge *ein Drittel als Minderungsposten* ausgleichsmindernd gegengerechnet wird. Auch die Rechtsprechung hat diese Methode nicht beanstandet[85]. 1103

VII. Provisionsüberhang

Die nach Vertragsbeendigung noch ausstehenden Provisionsansprüche des Handelsvertreters aus §§ 87 und 87a für bereits abgeschlossene Geschäfte einerseits und der Ausgleichsanspruch andererseits können nebeneinander bestehen 1104

---

84 *OLG München*, 13.10.1960, BB 1961 S. 651 = NJW 1961 S. 1072 = HVR Nr. 275; vgl. auch *OLG Celle*, 7.11.1961, BB 1962 S. 156 = HVR Nr. 38. Vgl. auch *OLG Schleswig*, 1.11.1957, BB 1958 S. 246 = VersR 1958 S. 315 = HVR Nr. 220 sowie *Martin*, RVR 1969 S. 35.
85 *LG Bremen*, 1.7.1975, VersR 1975 S. 1099 = IHV 1976 Heft 6 S. 22.

VII Dritte materielle Anspruchsvoraussetzung – Billigkeitsgrundsatz

und brauchen sich nicht gegenseitig auszuschließen oder zu mindern[86]. Der BGH hat Ende 1996[87] festgestellt, dass solche Ansprüche auf *Überhangprovisionen* bei der Berechnung des Ausgleichs nach § 89 b Abs. 1 HGB außer Betracht bleiben müssen. Weil sie für Geschäfte bezahlt werden, die schon vor Beendigung des Handelsvertretervertrages abgeschlossen waren, können sie für den Unternehmer keine nachvertraglich eintretenden Vorteile mehr darstellen. Andererseits bleibt dem Handelsvertreter dieser Provisionsanspruch erhalten, sodass er insoweit auch keine Provision im Sinne von § 89b Abs. 1 Nr. 2 HGB verlieren kann. Deshalb – so der BGH – ist es folgerichtig, sie den bereits erzielten Provisionen zuzuordnen und deshalb im Rahmen des § 89b Abs. 2 HGB mit zu berücksichtigen. Daher verbietet sich auch eine Berücksichtigung zu Lasten des Handelsvertreters im Hinblick auf den Billigkeitsgrundsatz[88]. Ein Provisionsüberhang kann grundsätzlich auch unter Billigkeitsgesichtspunkten nicht zu einer Ausgleichsminderung oder einem Ausschluss des Ausgleichs führen. Denn einerseits beruhen die verschiedenen Ansprüche auf ganz unterschiedlichen Rechtsgrundlagen – *Provisionsansprüche werden für die konkrete Tätigkeit in der Vergangenheit, Ausgleichsansprüche für deren Auswirkungen in der Zukunft gezahlt* – und andererseits ist nicht einzusehen, warum die Höhe eines Vergütungsanspruchs des Handelsvertreters vom Vorhandensein eines anderen Vergütungsanspruchs abhängig sein sollte.

VIII. Mehrstufige Vertreterverhältnisse

1105 Auch Superprovisionen, die einem Hauptvertreter zufließen, der aus organisatorischen Gründen *(unechten) Untervertretern* übergeordnet ist, sind ausgleichsfähig. Mit diesen Superprovisionen wird die mitwirkende Vermittlungstätigkeit des Hauptvertreters honoriert, die sich in den Erfolgen der ihm unterstellten Untervertreter auswirkt. *Bemessungsgrundlage* für die Ansprüche des Hauptvertreters auf Zahlung von Superprovision ist der *Vermittlungserfolg der Untervertreter.* Die Zahlung von Superprovision setzt also voraus, dass der Hauptvertreter in irgendeiner Form, *mittelbar oder unmittelbar, den Vermittlungserfolg des Untervertreters mitverursacht.*

1106 Anders ist die Rechtslage nach dem Urteil des Bundesgerichtshofs vom 16.3. 1989[89] aber dann zu beurteilen, wenn ein Handelsvertreter – im entschiedenen Falle der *Bezirksleiter einer Bausparkasse* – auf deren Wunsch einen Stellvertreter als freien Mitarbeiter einstellt, ein Vertragsverhältnis allein zwischen ihm

---

86 Besonderheiten können sich allerdings ausnahmsweise dann ergeben, wenn Überhangprovisionen aus vor der Vertragsbeendigung abgeschlossenen und noch laufenden Sukzessivlieferungsverträgen das Zustandekommen „künftiger Geschäfte" und damit auch die Entstehung von Provisionsverlusten blockieren.
87 Urteil vom 23.10.1996 – VIII ZR 16/96 – BB 1997, 58 = NJW 1997, 316 = VersR 1997, 1193; vgl. dazu auch *Sellhorst*, BB 1997, 219 und *Thume*, BB 1998, 1425
88 Vgl. dazu *Schröder,* DB 1962 S. 895, 898.
89 *BGH,* 16.3.1989, BB 1989 S. 1075 = DB 1989 S. 1328 = HVR Nr. 666 = NJW-RR 1989 S. 863.

und seinem Stellvertreter begründet wird und die Vergütung des Stellvertreters vom Bezirksleiter zunächst gezahlt, ihm dann aber von der Bausparkasse erstattet wird. Im entschiedenen Falle geschah dies zunächst durch Erstattung der anfangs vereinbarten Festvergütung des Stellvertreters, sodann durch Erhöhung der Bezirksleiterprovision, aus denen die Provisionen des Stellvertreters vom Bezirksleiter zu zahlen waren. Dabei entsprachen die *Mehrleistungen der Bausparkasse der Höhe nach stets den Vergütungen des Stellvertreters*. Der Bundesgerichtshof hat bei der Ausgleichsberechnung die *Beträge unberücksichtigt* gelassen, die das Bausparunternehmen dem Bezirksleiter zwecks Vergütung des Stellvertreters geleistet hatte. Denn der Bezirksleiter sei hier *nur Zahlstelle* und die geleisteten Zahlungen seien lediglich *durchlaufende Posten* gewesen. Hinsichtlich dieser Gelder hätte der Bezirksleiter auch bei fortbestehendem Bezirksleiter-Vertrag keinerlei Einkünfte für sich erzielen können. Provisionsteile, die dem Bezirksleiter lediglich zum Zwecke der Weiterleitung an den Stellvertreter zugeflossen seien, könnten deshalb bei der Ausgleichsberechnung nicht in Ansatz gebracht werden.

Mitunter kommt es vor, dass der Einsatz der dem Hauptvertreter unterstellten Untervertreter sich im Laufe der Zeit so gut *eingespielt* hat, dass von einer mitwirkenden, wenn auch nur *mittelbaren Vermittlungstätigkeit* des Hauptvertreters keine Rede mehr sein kann. Die dem Hauptvertreter zufließenden Superprovisionen stehen dann nicht mehr in einem *angemessenen Verhältnis zu seiner Tätigkeit*, werden aber nach wie vor in der vertraglich vereinbarten Höhe weitergezahlt. In solchen Fällen würde es dem Grundsatz der Billigkeit widersprechen, wenn der Hauptvertreter die mit der Vertragsbeendigung entfallenden Superprovisionen, soweit sie ausgleichsfähig sind, ausgleichsrechtlich als Provisionsverlust geltend machen könnte. Unter Billigkeitsgesichtspunkten wird in solchen Fällen vielmehr zu berücksichtigen sein, dass dem Hauptvertreter die Superprovisionen ohne entsprechende Gegenleistung zugeflossen sind, sodass im Einzelfall der auf den Verlust von Superprovisionen gestützte Ausgleichsanspruch — soweit von einer mitwirkenden Tätigkeit des Hauptvertreters nicht mehr gesprochen werden kann — *gemindert oder gänzlich ausgeschlossen werden muss*. 1107

Eine andere Frage ist es, ob sich unter Billigkeitsgesichtspunkten der Umstand auszuwirken vermag, dass der Unternehmer nicht nur dem Hauptvertreter gegenüber ausgleichsverpflichtet ist, sondern dass er auch die Ausgleichsansprüche der Untervertreter zu befriedigen hat, wenn deren Vertragsverhältnisse enden, dass also *ein und derselbe Kundenstamm* die Grundlage sowohl für den Ausgleichsanspruch des Hauptvertreters als auch für den des Untervertreters darstellen kann. Ordemann[90] weist in diesem Zusammenhang darauf hin, dass die Beschäftigung eines Hauptvertreters neben einem Untervertreter nicht dazu führen dürfe, dass der Unternehmer einen *Ausgleich zweimal zahlen* müsse. Es erscheine deshalb auch billig, einen vollen Ausgleichsbetrag zwischen dem 1108

---

[90] BB 1964 S. 1323 zu II 3; vgl. dazu auch VW 1965 S. 285.

VII Dritte materielle Anspruchsvoraussetzung – Billigkeitsgrundsatz

Hauptvertreter und dem Untervertreter zu teilen, wobei je nach dem Anteil bei der Gewinnung neuer Kunden dem Hauptvertreter oder dem Untervertreter ein höherer Betrag zuzuerkennen sei.

1109 Dieses Problem kann aber bei richtiger Ausgleichsberechnung gar nicht auftauchen, *eine doppelte Inanspruchnahme des Unternehmens also niemals in Betracht kommen*. Mit Recht weist das OLG Bamberg[91] in diesem Zusammenhang darauf hin, dass erst die eigentliche **Vermittlungsprovision zusammen mit der Superprovision die Gesamtprovision** ergebe, die so kalkuliert sein müsse, dass sie von den Erlösen getragen werde. Deshalb könne auch nicht der an beide Vertreter zu zahlende Ausgleich als *doppelter Ausgleich* angesehen werden. Daraus ergibt sich, dass bei richtiger Ausgleichsberechnung keiner der beiden Ansprüche der Höhe nach die Provisionsverluste übersteigen kann, die jedem der beiden Vertreter mit der Beendigung des Vertretervertrages entstanden sind, wenn nicht die Höchstgrenze des Ausgleichsanspruchs eine Zahlung entsprechend der festgestellten Verluste ohnehin verbietet. Anders ausgedrückt: Die *Höhe der beiden Ausgleichsansprüche zusammengenommen kann niemals die Summe der Provisionsverluste überschreiten, die den beiden ausgleichsberechtigten Vertretern insgesamt mit der Vertragsbeendigung entstehen* und die sich aus der Gesamtprovision ergeben, die beiden Vertretern zusammen zusteht. Sollte dennoch im Einzelfall einmal Anlass bestehen, mit Rücksicht auf das Vorhandensein *mehrerer Ausgleichsgläubiger* die beiden Ausgleichsansprüche zu mindern, kann nicht der Billigkeitsgrundsatz herangezogen werden. Es bedarf vielmehr einer *Überprüfung der Ausgleichsberechnung*, bei der möglicherweise von unterschiedlichen Grundvoraussetzungen ausgegangen wurde.

IX. Ersparte Kosten des Vertreters

1110 In der Praxis tauchen bei der Ausgleichsberechnung immer wieder Zweifel darüber auf, wie im Rahmen der Billigkeitsprüfung der Umstand zu berücksichtigen ist, dass mit der Beendigung des Vertretervertrages entsprechend dem Wegfall von Provisionseinnahmen auch *Aufwendungen des Handelsvertreters entfallen* können, die während der Vertragszeit zwangsläufig entstanden waren[92]. Da zwecks Ermittlung der Unternehmervorteile und der Vertreterverluste das Vertragsverhältnis im Zeitpunkt seiner Beendigung als fortbestehend angesehen und dabei auch unterstellt werden muss, dass der Handelsvertreter weiter für den Unternehmer tätig geblieben wäre[93], ergibt sich die Frage, ob diese Fortsetzungsfiktion auch im Hinblick auf die Entstehung laufender Geschäftskosten auszudehnen ist. Von Unternehmerseite wird hierbei oft schematisch verfahren

---

91 *OLG Bamberg,* 21.9.1971, HVR Nr. 450 = HVuHM 1972 S. 22 = RVR 1972 S. 135. Vgl. auch zur grundsätzlichen Ausgleichsfähigkeit von Superprovisionen oben Rz. 956 ff.
92 Vgl. dazu *Schröder,* § 89b Anm. 19a; *Knapp/Ankele,* § 89b Anm. 5 am Ende; *Küstner,* NJW 1969 S. 769, 774 und BB 1962 S. 432; *Schuler,* NJW 1958 S. 1113, 1115 zu 4a; HVuHM 1964 S. 646.
93 Beim Versicherungsvertreter allerdings kommt eine solche weitere Tätigkeit nicht in Betracht, vgl. Rz. 833.

und der errechnete Ausgleich grundsätzlich um *ersparte Kosten vermindert*, was häufig durch einen *pauschalen Abschlag von der Höchstgrenze* erfolgt[94].

Nach der Rechtsprechung des Bundesgerichtshofs[95] können mit der Vertragsbeendigung ersparte Kosten des Vertreters zwar nur unter dem Gesichtspunkt der Billigkeit berücksichtigt werden, was für die Berechnung der Provisionsverluste[96], einerseits und die Ermittlung der Höchstgrenze[97] des Ausgleichsanspruchs andererseits von großer Bedeutung ist. Daraus folgt aber keineswegs, dass die nach Absatz 1 Nr. 1 und 2 errechneten Vorteile und Verluste *durch eingesparte Kosten* unter Billigkeitsgesichtspunkten *stets und grundsätzlich gemindert werden müssten*. In den Urteilen vom 22.12.1960 und 6.2.1964[98] hat der Bundesgerichtshof nämlich festgestellt, dass ersparte Kosten in der Regel überhaupt nur dann berücksichtigt werden dürfen, *wenn sie während der Vertragsdauer besonders hoch gewesen* sind, wenn also die Vertragsbeendigung zu *besonders hohen Einsparungen* des Handelsvertreters führte[99]. 1111

Wann aber sind Kosten als *„besonders hoch"* anzusehen? In der Praxis wird in diesem Zusammenhang häufig die Abgrenzung zwischen *normalen und (berücksichtigungsfähigen) besonders hohen Kosten bei 50% der Provisionseinnahmen* des Handelsvertreters vorgenommen. Dabei wird — zuweilen sogar in Gerichtsentscheidungen[100] — immer wieder auf das Urteil des Bundesgerichtshofs vom 6.2.1964[101] verwiesen, aus dem sich dieser *Grenzwert von 50% der Provisionseinnahmen* für die Frage der Kostenberücksichtigung ergebe. Eine solche schematische Abgrenzung lässt sich aus dem genannten Urteil des Bundesgerichtshofes indessen keineswegs herleiten. Der Bundesgerichtshof be- 1112

---

94 Vgl. dazu *OLG Frankfurt,* 8.12.1970, HVR Nr. 428 = RVR 1971 S. 141.
95 Urteile vom 6.2.1964, VersR 1964 S. 378 = HVR Nr. 312; 12.6.1963, BB 1963 S. 917 = NJW 1963 S. 2068 = VersR 1963 S. 777 zu III 4 = HVR Nr. 304; 9.7.1962, BB 1962 S. 1101 = HVR Nr. 272; 22.12.1960, VersR 1961 S. 222 = HVR Nr. 302; 21.11.1960, VersR 1961 S. 52 = HVR Nr. 299; 27.10.1960, BB 1960 S. 1261 = NJW 1961 S. 120 = MDR 1961 S. 29 = VersR 1960 S. 1078 = HVR Nr. 241; 9.7.1959, VersR 1959 S. 887; 11.12.1958, BGHZ 29 S. 83 = BB 1959 S. 7 = NJW 1959 S. 144 = MDR 1959 S. 103 = VersR 1959 S. 25; 31.5.1965 — VII ZR 279/63, unveröffentlicht; vgl. auch *BGH,* 3.6.1971, BB 1971 S. 843 = DB 1971 S. 1298 = NJW Nr. 444 = HVuHM 1971 S. 839 = NJW 1971 S. 1611 = RVR 1971 S. 294; *KG,* 19.5.1978, Büro-Wirtschaft 1978, Heft 9 S. 42; *OLG Schleswig,* 1.11.1957, BB 1958 S. 246 = VersR 1958 S. 315 = HVR Nr. 220; *OLG Stuttgart,* 9.10.1956, MDR 1957 S. 44; *OLG Celle,* 13.11.1969, BB 1970 S. 227; a.A. *OLG Celle,* 8.10.1958, Nds. Rpfl. 1959 S. 109, das die Kostenersparnis im Rahmen der Berechnung der Provisionsverluste berücksichtigt.
96 Vgl. oben Rz. 798.
97 Vgl. unten Kapitel X.
98 A.a.O. (Fn. 97).
99 Vgl. dazu *OLG Celle,* 8.10.1958, a.a.O. (Fn. 56) mit unzutreffender Berücksichtigung der Kostenersparnis. Vgl. auch *OLG Frankfurt a.M.,* 8.12.1970, HVR Nr. 428 = RVR 1971 S. 141 und 12.7.1966, HVuHM 1966 S. 1124; *OLG Köln,* 29.4.1968, VersR 1968 S. 966, 968; *LG Stuttgart,* 19.4.1968, HVR Nr. 378; *OLG Celle,* 13.11.1969, BB 1970 S. 227 und 7.1.1971, HVR Nr. 436 = HVuHM 1971 S. 745 = RVR 1971 S. 331; *OLG Bamberg,* 21.9.1971, HVR Nr. 450 = HVuHM 1972 S. 22 = RVR 1972 S. 135.
100 *OLG Celle,* 15.1.1968, NJW 1968 S. 1141 = RVR 1968 S. 264; *OLG Köln,* 29.4.1968, VersR 1968 S. 966, 968 = RVR 1969 S. 45.
101 *BGH,* 6.2.1964, NJW 1964 S. 915 = VersR 1964 S. 378.

VII Dritte materielle Anspruchsvoraussetzung – Billigkeitsgrundsatz

zeichnet es in diesem Urteil[102] vielmehr als zweifelhaft, ob ein Kostensatz in Höhe von 50% der Provisionseinnahmen des Handelsvertreters als besonders hoch angesehen werden könne. Die Erfahrung zeige, dass nicht selten bei Handelsvertretern noch beträchtlich höhere Kostensätze vorkämen[103].

1113 Die Abgrenzung zwischen berücksichtigungsfähigen (= besonders hohen) und nicht berücksichtigungsfähigen (= normalen) Kosten kann mithin **keinesfalls schematisch bei 50%** der Provisionseinnahmen angenommen werden. Es kommt vielmehr entscheidend auf den Einzelfall und auch auf die jeweilige Branche an, in der der Handelsvertreter tätig ist. So kann ein Kostensatz von 60% der Provisionseinnahmen im einen Fall noch durchaus als normal gelten, sodass eine Ausgleichsminderung nicht gerechtfertigt ist, im anderen Fall dagegen als so extrem hoch, dass der den normalen Kostensatz dieser Branche übersteigende Betrag unter Billigkeitsgesichtspunkten anspruchsmindernd berücksichtigt werden darf[104].

1114 Die Rechtsprechung des Bundesgerichtshofs, nach der sich allein besonders hohe Kosten und daraus resultierende Einsparungen ausgleichsmindernd auswirken dürfen[105], kann indessen nicht dazu führen, dass diese **besonders hohen Kosten in vollem Umfange**, normale Kosten aber überhaupt nicht berücksichtigt werden. Eine solche Handhabung des Kostenproblems wäre ungerechtfertigt. Mit Recht vertritt deshalb das Oberlandesgericht Celle[106] die Ansicht, dass von den besonders hohen Kosten nur derjenige Teil zu einer Ausgleichsminderung führen könne, der – im entschiedenen Fall – den Satz von 50% (Kosten im Verhältnis zu den Provisionseinnahmen) überschreite. Belaufen sich die Kosten des Handelsvertreters auf 2/3 der Provisionseinnahmen des Handelsvertreters, so kann deshalb nach Ansicht des Oberlandesgerichts nur 1/6 der Kosten, also **nur der über 50% hinausgehende Anteil als übernormal bezeichnet** werden, sodass sich nur insoweit eine Ausgleichsminderung rechtfertige. Dieser Ansicht des Oberlandesgerichts Celle ist zu folgen, wenn auch die bereits oben angeschnittene Frage offen bleibt, ob ein Kostensatz von 50% stets als maßgeblicher Grenzwert in Betracht kommen wird[107].

1115 In mehreren Urteilen hat der II. Zivilsenat des Bundesgerichtshofs ausgeführt[108], dass bei der Berücksichtigung der Kosten keineswegs auf den **Reinverdienst** des Handelsvertreters während der Vertragsdauer abzustellen sei, sodass etwa sämtliche Löhne und Gehälter der in dem abgegebenen Geschäftszweig tätigen Mitarbeiter und auch sämtliche sonstigen Betriebskosten abzuset-

---

102 Unter Hinweis auf *BGH*, 22.12.1960, VersR 1961 S. 222.
103 So auch *Baumbach/Hopt*, § 89b Anm. 3 A. Der *BGH* hat in seinem Urteil vom 15.12.1978, BB 1979 S. 288 = EBE 1979 S. 83 ausdrücklich festgestellt, dass ein Kostensatz von 50% noch nicht als so hoch angesehen werden könne, um den Ausgleich zu mindern.
104 Vgl. dazu auch *Küstner*, NJW 1969 S. 769 ff., zu C II 3d, und *Haumann*, HVH S. 231, 243.
105 Vgl. oben Fn. 56 und 60.
106 *OLG Celle*, 25.1.1968, NJW 1968 S. 1141 = RVR 1968 S. 264; ähnliche Überlegungen kommen auch in dem Urteil des *OLG Oldenburg* vom 12.10.1972, HVR Nr. 471 zum Ausdruck.
107 Rz. 944.
108 Urteile vom 27.10.1960, vom 9.7.1959 und vom 11.12.1958, a.a.O. (Fn. 56).

zen wären, so weit sie auf die Tätigkeit in der beendeten Vertretung entfielen. Vielmehr müsse beachtet werden, ob sich unter den Kosten des Handelsvertreters solche Aufwendungen befänden, die *umsatzunabhängig* seien, sodass sich etwa bei ansteigendem Umsatz das *Verhältnis zwischen Bruttoprovision und Geschäftskosten* verändern, also verbessern könne[109]. Bei einer die Erzeugnisse mehrerer Fabrikate umfassenden Vertretung seien die Betriebskosten schwer bis ins einzelne auf die jeweiligen Geschäfte zu verteilen; außerdem müsse es dem Vertreter nach Aufgabe des Vertriebs eines bestimmten Fabrikats überlassen bleiben, sein eingearbeitetes *Personal mindestens für eine gewisse Übergangszeit im vollen Umfang zu behalten, um sich einen Ersatz für seinen Ausfall zu verschaffen.*

In konsequenter Weiterführung seiner Ansicht, dass nicht streng auf den Reinverdienst des Handelsvertreters abzustellen sei, hat der Bundesgerichtshof in seinem Urteil vom 27.10.1960[110] schließlich ausgeführt, dass selbst dann, wenn anzunehmen sei, dass in den nächsten Jahren die *Kosten des Vertreters seine Provisionseinnahmen überschritten hätten*, eine Abweisung jeglichen Ausgleichsanspruchs nicht gerechtfertigt werden könne, wenn sich in diesem Falle auch eine Herabsetzung des Ausgleichsanspruchs aus Billigkeitserwägungen ergeben werde. Anderenfalls nämlich würde der Handelsvertreter die Gegenleistung für einen Vorteil verlieren, die er sich, wie es gerade beim Einfirmenvertreter häufig der Fall sei, mit großen Aufwendungen verdient habe. Es sei auch nicht einzusehen, dass der Unternehmer nur deshalb um den Wegfall der Ausgleichsverpflichtung besser gestellt sein solle, weil der Handelsvertreter keinen Reinverdienst erzielt habe.

Eine Regel, wonach sich bei der Beendigung des Vertretervertrages grundsätzlich eine Anspruchsminderung auf Grund der vom Handelsvertreter eingesparten Kosten ergibt, besteht also keineswegs. Nach der ergangenen Rechtsprechung des VII. Zivilsenats des Bundesgerichtshofs können sich mit der Vertragsbeendigung entfallende Geschäftskosten des Handelsvertreters vielmehr *nur ausnahmsweise anspruchsmindernd* auswirken.

Zur Begründung weist der Bundesgerichtshof[111] übrigens auch darauf hin, dass dem Umstand, dass der Handelsvertreter mit der Vertragsbeendigung sehr häufig Geschäftskosten einspare, bereits durch die Festsetzung der *Höchstgrenze des Ausgleichsanspruchs auf nur eine Jahres(brutto-)provision* (Durchschnittsprovision) aus den letzten fünf Jahren seiner Tätigkeit Rechnung getragen worden sei, sodass die Kosten also *nicht nochmals im Rahmen der Billigkeitserwägungen* berücksichtigt werden könnten. Auch Geßler[112] bestätigt dies mit der Feststellung, dass, wenn der Gesetzgeber bei der für die Höchstgrenze

---

109 *BGH*, 27.10.1960, a.a.O.
110 A.a.O. Die gegenteilige Ansicht wird vom *OLG Bremen* vertreten (Urteil vom 16.12.1965, BB 1966 S. 877).
111 Urteile vom 22.12.1960 u. vom 6.2.1964, a.a.O. (Fn. 56). Vgl. auch *OLG Köln*, 29.4.1968, VersR 1968 S. 966, 968, Näheres Rz. 1333 ff.
112 S. 81.

VII Dritte materielle Anspruchsvoraussetzung – Billigkeitsgrundsatz

maßgebenden Provision die Kosten hätte ausklammern wollen, *zwei Jahresnettoprovisionen* als Höchstgrenze hätten festgesetzt werden müssen.

1119 Dennoch sind aber Fälle denkbar, in denen sich auf Grund entfallender Kosten eine Anspruchsminderung ergibt, weil dies der Billigkeit entspricht. Hier ist im Hinblick auf die zu berücksichtigenden Kosten eine Abgrenzung dahingehend vorzunehmen, dass *nur diejenigen Geschäftskosten anspruchsmindernd in Ansatz zu bringen sind, die mit den allein ausgleichsfähigen Provisionsverlusten*[113]*, die sich aus der Vermittlungs- und Abschlusstätigkeit des Handelsvertreters ergeben, im Zusammenhang* stehen[114]. Das bedeutet, dass sich derjenige Anteil der entfallenden Geschäftskosten, der sich auf die *verwaltende Tätigkeit* des Handelsvertreters bezieht, überhaupt niemals anspruchsmindernd auswirken darf. Da bei gleichzeitiger Ausübung von Vermittlungs- und Verwaltungstätigkeit die Geschäftskosten sowohl mit der einen als auch mit der anderen Vertretertätigkeit im Zusammenhang stehen – und zumindest auch bei Warenvertretern ohne Schwierigkeiten entsprechend dem Verhältnis zwischen Vermittlungs- und Verwaltungsprovisionen aufgeteilt werden können[115] –, wäre es unbillig, wollte man anspruchsmindernd auch den Kostenanteil in Ansatz bringen, der sich auf *Provisionseinnahmen bezieht*, die nach der ausdrücklichen und feststehenden Rechtsprechung des Bundesgerichtshofs *nicht ausgleichsfähig sind*[116].

X. Direktgeschäfte des Unternehmers

1120 Erhält ein Warenvertreter als Bezirksvertreter nach § 87 Abs. 2 Provisionen auch für solche Geschäfte, die ohne seine Mitwirkung mit Personen seines Bezirks oder seines Kundenkreises von dem vertretenen Unternehmer unmittelbar abgeschlossen werden (sog. **Direktgeschäfte**), so ergibt sich die Frage, ob die **Bezirksprovisionen**[117] unter Billigkeitsgesichtspunkten zu einer Ausgleichsminderung führen können. Die hierzu vertretenen Ansichten sind nicht einheitlich.

1121 Der Bundesgerichtshof[118] hat festgestellt, die Höhe des Ausgleichsanspruches könne unter dem Gesichtspunkt der Billigkeit sehr wohl dadurch beeinflusst werden, dass in der durchschnittlichen Jahresprovision *Vergütungen für Direktgeschäfte enthalten* seien. Das Oberlandesgericht Düsseldorf[119] hat demgegenüber einen gegenteiligen Standpunkt eingenommen. Beiden Urteilen kann nicht gefolgt werden, weil sie m.E. von unzutreffenden Voraussetzungen ausgehen.

---

113 *BGH*, 4.5.1959, BB 1959 S. 574 = BGHZ 30 S. 98 = NJW 1959 S. 1430 = MDR 1959 S. 638 = VersR 1959 S. 427 = HVR Nr. 218.
114 *Küstner*, BB 1962 S. 432.
115 Über die Schwierigkeiten bei Versicherungsvertretern oben Rz. 706 ff.
116 *Hopt*, § 89b Rz. 41. Vgl. das zahlenmäßige Beispiel bei *Küstner*, BB 1962 S. 432 unter Nr. 5.
117 Näheres zum Wesen der Bezirksprovision in den BGH-Urteilen vom 9.4.1964, BB 1964 S. 698 = NJW 1964 S. 1622 = VersR 1964 S. 676, 677 zu II 2 = HVR Nr. 316, und vom 18.11.1957, BB 1957 S. 1250 = NJW 1958 S. 180 = HVR Nr. 175; vgl. auch *Schröder*, Anm. 37 und *Küstner*, Band 1 Rz. 782 ff.
118 *BGH*, 28.10.1957, BB 1957 S. 1161 = NJW 1958 S. 23 = VersR 1957 S. 775 = HVR Nr. 191.
119 *OLG Düsseldorf*, 30.10.1958, BB 1959 S. 8 = NJW 1959 S. 104 = HVR Nr. 192; vgl. auch *LG Hannover*, 30.9.1954, HVR Nr. 73.

Das Problem einer Ausgleichsminderung infolge bis zur Vertragsbeendigung gezahlter Bezirksprovisionen kann nämlich dann nicht auftauchen, wenn bereits bei Prüfung der Voraussetzungen nach § 89b Abs. 1 Nr. 1 und 2 die *Bezirksprovisionen aus Geschäften mit nicht neu geworbenen Kunden* außer Ansatz gelassen werden. Das aber ist, wie bereits ausgeführt wurde[120], dann der Fall, wenn es sich hier gerade um Geschäfte mit solchen nicht neu geworbenen Kunden handelt, bei denen der Vertreter *keine werbende Tätigkeit zu entfalten* brauchte. *Bezirksprovisionen sind nur bedingt ausgleichsfähig*[121] Sie können, wenn sie bei den Unternehmervorteilen und den Vertreterverlusten unberücksichtigt geblieben waren, nicht unter Billigkeitsgesichtspunkten wieder in die Ausgleichsberechnung eingehen. Eine gegenteilige Auffassung würde zur Folge haben, dass bei der Ausgleichsberechnung unterschiedliche Maßstäbe bei der Anspruchsvoraussetzung der Provisionsverluste einerseits und des Billigkeitsgrundsatzes andererseits angelegt werden würden.

Dass Bezirksprovisionen bei der *Ermittlung der für die Höchstgrenze* des Ausgleichsanspruchs maßgebenden durchschnittlichen Jahresprovision andererseits nicht unberücksichtigt bleiben dürfen, kann ein anderes Ergebnis nicht rechtfertigen. Denn auch andere Vergütungen des Vertreters, die an sich nicht ausgleichsfähig sind, werden bei der Höchstgrenze des Ausgleichsanspruchs mitgerechnet, ohne dass dies zu einer Ausgleichsminderung unter Billigkeitsgesichtspunkten führen müsste[122].

XI. Vertragswidriges Verhalten des Vertreters, insbesondere Konkurrenztätigkeit

Verhält sich der Handelsvertreter schuldhaft *vertragswidrig* und kündigt der Unternehmer deshalb aus wichtigem Grunde, so entfällt an sich der Ausgleichsanspruch[123]. Mitunter kommt es aber vor, dass der Unternehmer in einem solchen Falle *von einer Kündigung absieht*. Geht das Vertragsverhältnis dann aus einem anderen Grunde zu Ende, etwa weil der Vertreter stirbt, so kommt es häufig zu Meinungsverschiedenheiten über die Frage, ob das *vertragswidrige Verhalten des Handelsvertreters im Rahmen der Billigkeitserwägungen als anspruchsmindernd berücksichtigt* werden könne. Der Bundesgerichtshof hat das bejaht[124].

In dem Sachverhalt, den der Bundesgerichtshof zu entscheiden hatte, war der Handelsvertreter vertragswidrig neben seiner Tätigkeit für den Unternehmer

---
120 Vgl. oben Rz. 664.
121 Vgl. dazu *Schröder*, § 89b Anm. 13e und RVR 1969 S. 323; *Habscheid*, S. 359; *Geßler*, S. 73.
122 Vgl. dazu Näheres unten Rz. 1546ff.
123 Vgl. unten Rz. 1321ff.
124 *BGH*, 2.10.1958, BB 1958 S. 1108 = MDR 1958 S. 906 = NJW 1958 S. 1966 = VersR 1958 S. 761 = HVR Nr. 183; vgl. auch *BGH*, 30.6.1966, BB 1966 S. 876 = DB 1966 S. 1231 = VersR 1966 S. 773 zu 2c. Vgl. auch *OLG Hamm*, 4.10.1965, HVuHM 1966 S. 725; vgl. neuerdings auch *BGH*, 17.10.1984, HVR Nr. 594 = VersR 1985 S. 264 = VW 1985 S. 713.

VII Dritte materielle Anspruchsvoraussetzung – Billigkeitsgrundsatz

auch für ein *Konkurrenzunternehmen* tätig geworden[125]. Als der Vertreter starb, machte die Witwe den Ausgleichsanspruch geltend. In seiner Entscheidung ging der Bundesgerichtshof von der Überlegung aus, dass es nach dem Wortlaut des Gesetzes für den Ausschluss des Ausgleichsanspruches nicht darauf ankomme, dass der Unternehmer fristlos gekündigt habe und die Kündigung wegen wichtigen Grundes gerechtfertigt war. Wenn aber unter diesen Umständen der Ausgleichsanspruch ausgeschlossen sei, so sei daraus der Wille des Gesetzes zu folgern, dass das Vorliegen eines wichtigen Grundes, den der Handelsvertreter schuldhaft herbeigeführt habe, unmittelbar *den Ausgleichsanspruch auch dann berühren könne, wenn wegen des wichtigen Grundes keine Kündigung ausgesprochen worden sei*. Es handele sich dabei um einen Umstand, der nach dem Aufbau des Gesetzes mit der Rechtsnatur des Ausgleichsanspruches im Zusammenhang stehe und daher bei der Entscheidung über den Ausgleichsanspruch im Rahmen der Billigkeitserwägungen zu berücksichtigen sei.

1125 Entsprechendes gilt, wenn der Unternehmer den Vertretervertrag aus wichtigem Grunde wegen schuldhaften Verhaltens des Handelsvertreters kündigt, das Gericht aber zu dem Ergebnis kommt, dass sich der Unternehmer auf die vorgetragenen Kündigungsgründe nicht berufen könne, sodass also § 89b Absatz 3 Satz 2 nicht anwendbar sei. Gleichwohl kann aber das vom Unternehmer beanstandete Verhalten des Handelsvertreters dazu führen, dass der *Ausgleichsanspruch zu mindern oder unter Billigkeitsgesichtspunkten sogar völlig zu versagen* ist[126].

1126 Ein Handelsvertreter ist nach der Beendigung des Vertragsverhältnisses — sofern kein Wettbewerbsverbot seine nachvertragliche gewerbliche Betätigung einschränkt — grundsätzlich nicht gehindert, für einen anderen Unternehmer in derselben Branche tätig zu werden und dabei *auch dem früher vertretenen Unternehmer Konkurrenz* zu machen. Zwar wird dieser Umstand bei der Ausgleichsbemessung unter Billigkeitsgesichtspunkten *anspruchsmindernd* zu berücksichtigen sein, weil durch eine Konkurrenztätigkeit des Handelsvertreters die dem Unternehmen aus der früheren Tätigkeit des Handelsvertreters verbliebenen Vorteile meist mehr oder weniger gemindert werden. Nach der Ansicht des Bundesgerichtshofs[127] *führt aber die Übernahme einer Konkurrenzvertretung durch den ausgeschiedenen Handelsvertreter keineswegs in jedem Falle*

---

125 Das *OLG Nürnberg* hat in seinem Urteil vom 16.5.1991–12 U 2405/86 (unveröffentlicht) — das Überwechseln von Kunden zu der vom Handelsvertreter nach der Vertragsbeendigung vertretenen Konkurrenz im Rahmen eines pauschalen Billigkeitsabschlages mitberücksichtigt.
126 *BGH,* 16.3.1972, VersR 1972 S. 534; *BGH,* 21.11.1960, VersR 1961, S. 52, 53 li. Sp. und *BGH,* 27.5.1974, WM 1974 S. 867.
127 *BGH,* 14.11.1966, BB 1966 S. 1410 = VersR 1966 S. 1182 = HVR Nr. 356; *BGH,* 12.12.1963, HVR Nr. 319. Vgl. auch *OLG Nürnberg,* 30.6.1960, HVR Nr. 234; *OLG Braunschweig,* 8.3.1968, RVR 1968 S. 173 und *BGH,* 28.1.1965, BB 1965 S. 434 = HVR Nr. 338. Vgl. auch *OLG Oldenburg,* 12.10.1972, HVR Nr. 471 zu Ziffer 2 der Gründe. Zur nachvertraglichen Wettbewerbstätigkeit des Handels- bzw. Versicherungsvertreters vgl. die sehr instruktiven Entscheidungen des *LG Waldshut* vom 20.8.1985 und 19.9.1985, VersVerm 1985 S. 549 ff. sowie des *OLG Karlsruhe* als Berufungsgericht in dieser Sache vom 20.3.1986 – 4 U 205/85 – unveröffentlicht.

zur völligen Versagung eines Ausgleichsanspruchs, dessen Bemessung sich vielmehr auch in solchen Fällen nach den jeweiligen Umständen, insbesondere dem Maße der **Beeinträchtigung des Unternehmers** durch die nunmehrige Konkurrenztätigkeit seines früheren Handelsvertreters, zu richten hat. Hinzu kommt, dass nach dem Urteil des BGH vom August 1997[128] bei der Berechnung des Rohausgleichs nach § 89b Abs. 1 nur solche Umstände in die Zukunftsprognose einfließen dürfen, die zum Zeitpunkt der Vertragsbeendigung bereits abzusehen sind. Die Übernahme der Konkurrenztätigkeit durch den Handelsvertreter muss also bei Vertragsbeendigung bereits feststehen.

Das Oberlandesgericht Celle[129] hat demgegenüber allerdings in einem Fall, in dem der Handelsvertreter *selbst eingeräumt hatte, nunmehr fast sämtliche Kunden des bisher vertretenen Unternehmers* für einen Konkurrenzfabrikanten zu beliefern, ausgeführt, dass dann, wenn der Handelsvertreter nach der Vertragsbeendigung für eine Konkurrenzfirma des zuerst vertretenen Unternehmens im gleichen Gebiet und unter Ausnutzung des für den ersten Unternehmer geworbenen Kundenstammes tätig werde, die Grunderwägung des Gesetzes entfalle, *dass der Handelsvertreter durch die Beendigung des Vertragsverhältnisses einen Ausfall erleide*, wenn auch im Verhältnis zum bisherigen Unternehmer ein solcher Ausfall eintrete. Gerade der Umstand, dass der Vertreter mit seiner *eingehenden Kundenkenntnis* nunmehr denselben Bezirk für eine Konkurrenzfirma bearbeite, stellt eine ganz *erhebliche Gefahr* für den zuerst vertretenen Unternehmer dar, der sich infolgedessen viel eingehender um seine Kunden im bisherigen Bezirk des Vertreters bemühen müsse, als es sonst erforderlich gewesen wäre. Dadurch werden die Vorteile ausgeglichen, die der bisher vertretene Unternehmer möglicherweise aus Geschäftsbeziehungen hat, die der Handelsvertreter während des bestehenden Vertragsverhältnisses herstellte oder erweiterte[130].

1127

XII. Eigene Werbetätigkeit des Unternehmers. Unterstützung der Vermittlungstätigkeit

Werbemaßnahmen des vertretenen Unternehmers, die im Rahmen üblicher Werbeaufwendungen liegen, rechtfertigen eine Ausgleichsminderung in der Regel nicht[131]. Nach Ansicht des Oberlandesgerichts Köln[132] entspricht es nämlich durchaus kaufmännischen Gepflogenheiten, dass ein Unternehmer (im Urteilsfalle: Hersteller eines Markenartikels) *den Handelsvertreter durch eine ge-*

1128

---

128 *BGH*, 6.8.1997 – VIII ZR 92/96 – BB 1997, 2609 = NJW 1998, 71 = ZIP 1998, 1839. Zum Abzug von 25% bei Übernahme einer Konkurrenzmarke mit Sogwirkung siehe *BGH*, 26.2.1997 – VIII ZR 272/95 – BB 1997, 852 = ZIP 1997, 841, 845 = WM 1997, 1485.
129 *OLG Celle*, 26.6.1959, BB 1959 S. 1151 = HVR Nr. 232; *BGH*, 25.4.1960, BB 1960 S. 605.
130 Vgl. dazu die Richtsätze der Centralvereinigung Deutscher Handelsvertreter- und Handelsmaklerverbände HVuHM 1966, Heft 21.
131 Vgl. die Zusammenstellung der Rechtsprechung bei *Küstner*, RVR 1972 S. 145.
132 *OLG Köln*, 29.4.1968, VersR 1968 S. 966, 968 zu II 3f.; ebenso *OLG Celle*, 7.1.1971, HVR Nr. 436 = HVuHM 1971 S. 745 = RVR 1971 S. 331 und *OLG Bamberg*, HVR Nr. 450 = HVuHM 1972 S. 22 = RVR 1972 S. 135.

VII Dritte materielle Anspruchsvoraussetzung – Billigkeitsgrundsatz

zielte, umfassende Werbung unterstützt. Eine solche in die Sphäre des Unternehmers fallende Anstrengung, seine Artikel zu vertreiben, sei ebenso üblich wie wettbewerbsrechtlich geboten, sie erfolge nicht mit dem Ziel, dem Handelsvertreter einen Teil der ihm obliegenden Arbeit abzunehmen, sondern sei umgekehrt Voraussetzung für einen nachhaltigen Erfolg des Handelsvertreters.

1129 Nur dann, wenn die **Werbemaßnahmen des Unternehmers im konkreten Fall ein außergewöhnliches Ausmaß erreicht** haben und **dem Handelsvertreter nachweisbar zugute gekommen** sind, kann eine Ausgleichsminderung unter Billigkeitsgesichtspunkten gerechtfertigt sein[133]. Deshalb wird es sehr erheblich auf das substantiierte Vorbringen der Vertragspartner und damit entscheidend auf die Umstände des Einzelfalles ankommen.

1130 Gleiches gilt auch dann, wenn die **besondere Qualität des vom Unternehmer hergestellten Markenerzeugnisses** den Handelsvertreter in wesentlichem Umfang von der eigenen werbenden und betreuenden Tätigkeit gegenüber dem Kunden befreit hat[134]. Näheres zur Sogwirkung einer solchen Marke siehe unten Rz. 1154 ff.

1131 Gleichwohl ist eine Ausgleichsminderung aber dann ausgeschlossen, wenn der durch die Werbemaßnahmen des Unternehmers bewirkten **Unterstützung der Vertretertätigkeit** bereits auf andere Weise Rechnung getragen worden ist. So hat der Bundesgerichtshof[135] ausgesprochen, es sei zu bedenken, ob eine solche Berücksichtigung der Werbemaßnahmen des Unternehmers nicht schon dadurch erfolgt sei, dass *mit Rücksicht auf die besondere Qualität der Waren und die eigene erhebliche Werbetätigkeit des Unternehmers die Provisionen entsprechend geringer festgesetzt wurden.* Unter diesen Umständen sei für Billigkeitserwägungen kein Raum mehr, da sich ohnehin eine niedrigere Jahresdurchschnittsprovision als Maßstab für den Ausgleichsanspruch ergeben würde.

1132 Der Bundesgerichtshof hat in seinem Urteil vom 15.12.1978[136] diese Argumentation erneut bestätigt und festgestellt, dass es – jedenfalls im Streitfalle – nicht angehe, den Werbeaufwand des Unternehmers mit dem Ausgleichsanspruch des Handelsvertreters zu verknüpfen. Zwar sei es sicher richtig, dass der Werbeaufwand regelmäßig die Tätigkeit des Handelsvertreters und damit seine Abschlüsse unterstütze. Gleichwohl sei es aber nahe liegend, dass der Unternehmer die Provisionen seiner Handelsvertreter von vornherein auch nach

---
133 *OLG Köln,* 29.4.1968, a.a.O.; *OLG Celle,* 25.1.1968, NJW 1968 S. 1141 = RVR 1968 S. 264; *OLG Schleswig,* 1.11.1957, BB 1958 S. 246 = VersR 1958 S. 315 = HVR Nr. 220; *Brüggemann,* 3. Aufl., § 89b Anm. 21d; *Schröder,* § 89b Rz. 18, S. 328; *OLG Frankfurt a. M.,* 8.12.1970, HVR Nr. 428 = RVR 1971 S. 141 und 3.6.1966–3 U 147/65 – unveröffentlicht.
134 *OLG Köln,* 29.4.1968, VersR 1968 S. 966, 968, rechte Spalte.
135 *BGH,* 4.6.1975, EBE 1975 S. 351, 354 re. Sp. zu 4; *BGH,* 28.10.1957, vgl. oben Fn. 79; *OLG Karlsruhe,* 23.3.1960, BB 1960 S. 381 = HVR Nr. 243. Zweifelnd *OLG Köln,* 29.4.1968, a.a.O. Dazu auch *Hoffmann,* S. 84, und *Küstner,* IHV 1965 Heft 19 S. 22 zur Problematik beim Ausgleichsanspruch des Verlagsvertreters, bei dem diese Gesichtspunkte häufig eine Rolle spielen; wie *BGH* auch *OLG Celle,* 7.1.1971, vgl. Fn. 93.
136 *BGH,* 15.12.1978 zu II 2 der Gründe, BB 1979 S. 288 = DB 1979 S. 543 = HVuHM 1979 S. 470.

Art und Umfang ihrer Tätigkeit bemesse und eine besondere Hilfe durch seine Werbung provisionsmindernd berücksichtige. Daher könne im Allgemeinen davon ausgegangen werden, dass die *Arbeitslast des Handelsvertreters, seine Provision* und die *Unterstützung durch den Unternehmer durch Werbeaufwand usw. in einem wohlabgewogenen Verhältnis zueinander stünden*, sodass für eine zusätzliche ausgleichsmindernde Berücksichtigung der Werbeaufwendungen des Unternehmers im Allgemeinen kein Raum sei[137]. Eine andere Beurteilung könne nur dann in Betracht kommen, wenn der Unternehmer darlege, dass *außergewöhnliche Umstände* dieses Verhältnis gestört hätten und es deshalb der Billigkeit entspreche, Abstriche vorzunehmen[138].

XIII. Einfluss der konjunkturellen Situation

Bei den Verhandlungen über die Höhe des Ausgleichsanspruchs wird zuweilen eine Ausgleichsminderung unter dem Gesichtspunkt gefordert, dass der Erfolg der Tätigkeit des Handelsvertreters in erheblichem Maße durch den *allgemeinen Konjunkturanstieg* begünstigt worden sei; es wird vorgetragen, dass die *starke Umsatzausweitung dem Handelsvertreter deshalb ohne besonderen Arbeitsaufwand mindestens teilweise „in den Schoß gefallen" sei.* 1133

Die Rechtsprechung hat sich — soweit ersichtlich — mit einem solchen Einwand noch nicht beschäftigen müssen[139]. Das mag darauf beruhen, dass der diesbezügliche Vortrag naturgemäß stets nur unsubstantiiert erfolgt und sehr allgemein gehalten ist. Tatsächlich dürfte es im Einzelfall auch außerordentlich schwer, wenn nicht unmöglich sein, an Hand konkreter Zahlen nachzuweisen, um wieviel geringer der Tätigkeitserfolg des Handelsvertreters ohne die Auswirkungen des allgemeinen Konjunkturanstiegs gewesen wäre. 1134

Aber auch dann, wenn ein solcher Nachweis im Einzelfall geführt werden könnte, wäre es *zweifelhaft, ob ein solcher Umstand überhaupt berücksichtigungsfähig ist*. Es darf nämlich nicht übersehen werden, dass ein *konjunkturell bedingter Tätigkeitserfolg* des Handelsvertreters seinen Niederschlag auch in einem *entsprechenden Gewinn* auf der Unternehmerseite gefunden haben dürfte, sodass sich dieser Umstand auf den geschäftlichen Erfolg beider Vertragspartner positiv ausgewirkt hat. Deshalb kann eine nur einseitige Berücksichtigung eines solchen Umstandes nicht gerechtfertigt werden; die Auswirkungen eines *allgemeinen Konjunkturanstiegs* sollten deshalb im Rahmen der Billigkeitsprüfung ganz *außer Betracht* gelassen werden. 1135

In dieser Richtung hat sich auch das Oberlandesgericht Celle[140] in einem ähnlichen Zusammenhang geäußert. Dort hatte der Unternehmer vorgetragen, der 1136

---
137 *BGH*, 3.6.1971, BGHZ 56, 242, 245 = BB 1971 S. 843 = DB 1971 S. 1298 = NJW 1971 S. 1611 = HVR Nr. 444 = RVR 1971 S. 294.
138 Vgl. auch *OLG Nürnberg*, 3.11.1982, HVR Nr. 571 = HVuHM 1983 S. 273.
139 Der Begriff des allgemeinen Konjunkturanstiegs ist bisher nur in dem Urteil des *OLG Schleswig* vom 1.11.1957 (vgl. Fn. 136) aufgetaucht, dort aber nicht behandelt worden.
140 *OLG Celle*, 25.1.1968 (Fn. 94).

VII Dritte materielle Anspruchsvoraussetzung – Billigkeitsgrundsatz

Verkauf der von ihm hergestellten Erzeugnisse (Mineralfutter für die Landwirtschaft) sei gerade in der Zeit *von staatlicher Seite stark gefördert worden*, in der der Handelsvertreter tätig gewesen sei, sodass seine *Tätigkeit durch diese staatlichen Förderungsmaßnahmen begünstigt worden sei*. Das Oberlandesgericht hat hierzu festgestellt, dass eine Ausgleichsminderung trotz der auf diese Weise erleichterten Tätigkeit des Handelsvertreters nicht gerechtfertigt werden könne, weil der Unternehmer „ja selbst im selben Maße Vorteile von dieser Ausweitung des Umsatzes gehabt" habe.

1137 Andererseits hat das Oberlandesgericht Düsseldorf in seinem Urteil vom 8.2. 1977[141] festgestellt, dass eine infolge der im *Baugewerbe zu verzeichnenden rückläufigen Konjunkturentwicklung* erfolgte Massenentlassung von 200 Beschäftigten und die Einführung von Kurzarbeit angesichts eines Umsatzrückganges von mehr als 60 % Umstände seien, die sich *ausgleichsmindernd* auswirken könnten. Allerdings hat das Gericht gleichzeitig betont, dass die von der Vorinstanz hervorgehobene *Erfolgs- und Risikogemeinschaft* zwischen Unternehmer und Handelsvertreter im Hinblick auf die außerordentlich lange und erfolgreiche Geschäftsverbindung der Parteien *nicht überbewertet* werden dürfe.

1138 Schließlich darf nicht übersehen werden, dass der Bundesgerichtshof — allerdings nicht im Zusammenhang mit der Billigkeitsprüfung, sondern bei der Durchführung der Verlustprognose — einen sog. *Konjunkturzuschlag* zu Gunsten des klagenden Bausparkassenvertreters in Ansatz gebracht hat und dies damit begründete, dass — das Urteil wurde am 6.7.1972[142] verkündet — die allseits bekannte günstige Konjunktur dem Bausparkassenvertreter, wäre sein Vertragsverhältnis nicht beendet worden, eine Steigerung seiner *Provisionseinnahmen aus Ergänzungsverträgen* zu den von ihm vermittelten Bausparverträgen beschert hätte. Soweit ersichtlich, hat die Rechtsprechung diesen Gesichtspunkt in anderen Ausgleichsprozessen bisher nicht erneut berücksichtigt, obwohl trotz der bis Anfang der 80er Jahre anhaltenden Rezession in verschiedenen Branchen einige Jahre lang durchaus eine günstige Konjunktursituation herrschte.

XIV. Mangelhafte Vermittlungserfolge des Handelsvertreters

1139 Gelingt es dem Handelsvertreter nicht, hinsichtlich der von ihm erzielten Umsatzentwicklung mit der *Preisentwicklung Schritt* zu halten, sodass er während seiner vertraglichen Tätigkeit den Anfangsumsatz nicht nur nicht gehalten, ihn vielmehr hat absinken lassen, so kann sich dies unter Billigkeitsgesichtspunkten ausgleichsmindernd auswirken, sofern diese *negative Umsatzentwicklung* nicht auf Umständen beruht, die vom Handelsvertreter nicht zu vertreten und von ihm auch nicht zu beeinflussen sind. Ergibt sich beispielsweise, dass innerhalb eines bestimmten Zeitraums vor der Vertragsbeendigung die Preise um 30 % angestiegen sind, erzielte der Handelsvertreter aber im letzten Vertragsjahr

---
141 *OLG Düsseldorf*, 8.2.1977, HVR Nr. 504 = HVuHM 1977 S. 529.
142 *BGH*, 6.7.1972, EBE 1972 S. 251 = BB 1972 S. 1073 = BGHZ 59, 125 = VersR 1972 S. 931.

einen Minderumsatz von 20% gegenüber dem ersten Jahr des Vergleichszeitraums — was einem Minderumsatz von rund 60% gegenüber dem allein auf Preissteigerungen beruhenden Umsatz am Ende des Vergleichszeitraums entspricht —, so muss eine entsprechende *Ausgleichsminderung unter Billigkeitsgesichtspunkten gerechtfertigt* sein.

Schon in einer Entscheidung vom 11.4.1957 hatte das Oberlandesgericht Karlsruhe[143] anerkannt, dass es sich unter Billigkeitsgesichtspunkten auch ausgleichsmindernd auswirke, wenn sich der Handelsvertreter in der letzten Zeit vor der Vertragsbeendigung *nicht mehr so intensiv* für den Unternehmer eingesetzt habe wie früher[144].

1140

XV. Provisionszahlungen an Vertreternachfolger

Es liegt in der Natur der Sache, dass der Unternehmer, wenn er seine Erzeugnisse in einem Bezirk weiter vertreiben will, der durch das Ausscheiden eines Vertreters verwaist ist, für die Einstellung eines Vertreternachfolgers sorgen und diesem — ebenso wie sonst dem ausgeschiedenen Vertreter — Provisionen zahlen muss. *Diese Provisionsverpflichtungen können nicht im Rahmen der Billigkeit als anspruchsmindernd zu Gunsten des Unternehmers* gewertet werden[145]. Denn einerseits hat der Unternehmer erst mit der Ausgleichszahlung an den ausgeschiedenen Handelsvertreter das volle Entgelt für die von diesem ausgeübte Tätigkeit erbracht und andererseits sind die dem Vertreternachfolger zufließenden Provisionen als *Vertriebskosten von vornherein in die Verkaufspreise einkalkuliert*. Deshalb ist es keineswegs unbillig, wenn der Unternehmer den Ausgleichsanspruch des ausgeschiedenen Vertreters ohne Berücksichtigung der dem Nachfolger gegenüber bestehenden Provisionsverpflichtungen zu befriedigen hat[146].

1141

Gewährt der Unternehmer dem *neuen Vertreter eine geringere Provision*, als er sie kraft Vertrages dem bisherigen Vertreter zu zahlen hatte[147], oder geht er nach der Beendigung des Vertretervertrages nunmehr zum *Einsatz angestellter Reisender* über, die ohne Rücksicht auf den Tätigkeitserfolg pauschal vergütet werden, so liegt darin ein zusätzlicher Vorteil des Unternehmers, der allerdings unter Billigkeitsgesichtspunkten ebenfalls nicht in Ansatz gebracht werden darf, weil er nicht mit der Vermittlungstätigkeit des ausgeschiedenen Handelsvertreters im Zusammenhang steht.

1142

---

143 *OLG Karlsruhe*, 11.4.1957, BB 1957 S. 561.
144 Das *OLG Nürnberg* hat in seinem Urteil vom 16.5.1991–12 U 2405/86 (unveröffentlicht) — die nachlässige Betreuung gewisser kleinerer Einzelkunden im Rahmen eines pauschalen Billigkeitsabschlages mitberücksichtigt; vgl. dazu *OLG München*, 12.7.2002 – 21 U 1608/02, NJW-RR 2003, 401.
145 *BGH*, 15.10.1964, BB 1964 S. 1399 zu 3b = VersR 1964 S. 1267; ebenso *OLG Celle*, 7.1.1971, HVR Nr. 436 = HVuHM 1971 S. 745 = RVR 1971 S. 331; vgl. auch *Schröder*, § 89b Anm. 9, BB 1954 S. 477, 479 zu III B und DB 1962 S. 895, 897 zu II 3. Ebenso jetzt *Brüggemann*, § 89b Rz. 68 und 42. Vgl. auch *Finke*, WM 1969 S. 1122, 1125.
146 Vgl. oben Rz. 565.
147 *Klinger*, DB 1957 S. 975.

VII Dritte materielle Anspruchsvoraussetzung – Billigkeitsgrundsatz

XVI. Abspringen alter Kunden

1143 Verliert der Unternehmer mit der Beendigung des Vertretervertrages alte Kunden, die dem Vertreter bei Vertragsbeginn zur Bearbeitung und weiteren Betreuung durch den Unternehmer zugewiesen wurden, so kann daraus eine Minderung des Ausgleichsanspruches nicht hergeleitet werden. Das Gesetz stellt in § 89b Abs. 1 Nr. 1 nur auf Unternehmervorteile aus Geschäftsverbindungen mit **vom Handelsvertreter geworbenen Neukunden** ab, sodass das Schicksal der mit Altkunden bestehenden Geschäftsverbindungen grundsätzlich außer Betracht bleiben muss[148]. Etwas anderes gilt nur dann, wenn der Handelsvertreter unter Verletzung seiner Vertragspflichten **die alten Kunden schuldhaft vernachlässigt** hatte und diese deshalb die Geschäftsverbindungen zu dem Unternehmer lösten[149]. Denn wenn sich der Vertreter unter bewusster Vernachlässigung der bereits vorhandenen Geschäftsbeziehungen auf die Schaffung neuer Geschäftsverbindungen konzentriert, kann es nicht billig sein, dieses Verhalten des Handelsvertreters unberücksichtigt zu lassen[150].

1144 Aber auch hier kommt es stets auf den *Einzelfall* an. So kann die Vernachlässigung bestehender Geschäftsverbindungen dann nicht zu Lasten des Handelsvertreters berücksichtigt werden, wenn der Unternehmer während des Vertragsverhältnisses die alleinige Werbung neuer Kunden hingenommen hat, obwohl ihm bekannt war, dass der Vertreter gleichzeitig die alten Kunden vernachlässigte, und wenn der Unternehmer den Vertreter nicht angewiesen hat, seine Vertragspflichten auch im Hinblick auf die alten Kunden zu erfüllen[151].

XVII. Umsatzrückgang

1145 Ist im Vertretungsbezirk – besonders in der letzten Zeit vor der Vertragsbeendigung – ein *Umsatzrückgang* zu verzeichnen, wird daraus in der Praxis häufig gefolgert, dass diesem Umstand im Rahmen der Billigkeitsprüfung ausgleichsmindernd Rechnung getragen werden müsse.

1146 In dieser Allgemeinheit ist diese Folgerung aber unzutreffend, weil hier differenziert werden muss:

Beruht der Umsatzrückgang darauf, dass *Altkunden „abgesprungen"* sind, ohne dass dies auf ein *schuldhaftes Verhalten des Handelsvertreters*, insbesondere also eine schuldhafte *Vernachlässigung der Altkunden*, zurückzuführen ist, kommen Billigkeitserwägungen nicht in Betracht[152]. Mit Recht hat der Bundes-

---
148 Vgl. *BGH*, 15.10.1964, BB 1964 S. 1399.
149 *OLG Schleswig*, 1.11.1957, BB 1958 S. 246 = VersR 1958 S. 315 = HVR Nr. 220; *OLG Stuttgart*, 26.3.1957, VersR 1957 S. 329.
150 So auch *Schröder*, § 89b Anm. 10 und 18.
151 *Schröder*, a.a.O. und BB 1954 S. 477, 479 zu III B.
152 *BGH*, 29.3.1990, BB 1990 S. 1366 = DB 1990 S. 2264; *Brüggemann*, § 89b Rz. 70; *Schröder*, § 89b, Rz. 10, 18c und 20b.

gerichtshof in seinem Urteil vom 29.3.1990[153] darauf hingewiesen, dass eine Berücksichtigung gem. § 89b Abs. 1 Satz 1 Nr. 3 in derartigen Fällen deshalb ausscheide, weil Abs. 1 Satz 1 Nr. 1 nur auf Unternehmervorteile aus Geschäften mit *Neukunden* abstelle, die der Handelsvertreter geworben habe. Deshalb könne der *Verlust von Altkunden*, der schon im Rahmen der Unternehmervorteile (und auch der Provisionsverluste) unberücksichtigt bleiben müsse, „auch im Rahmen des § 89b Abs. 1 Satz 1 Nr. 3 grundsätzlich nicht berücksichtigt werden".

Dies schließt indessen eine auf einem Umsatzrückgang beruhende Ausgleichsminderung unter Billigkeitsgesichtspunkten nicht für alle denkbaren Fälle aus. In dem genannten Urteil vom 29.3.1990 hat der BGH eingeräumt, dass eine Ausgleichsminderung unter Billigkeitsgesichtspunkten dann in Betracht kommen könne, wenn *besondere Umstände*, für die allerdings der Unternehmer *darlegungs- und beweispflichtig* sei, vorlägen. Ein solcher Gesichtspunkt kann insbesondere in einer *schuldhaften Vernachlässigung* auch alter Geschäftsverbindungen liegen. 1147

Mit Recht hat auch das OLG Karlsruhe[154] festgestellt, dass eine *rückläufige Entwicklung* des im Vertretungsbezirk des Handelsvertreters erzielten Umsatzes *prozentual im Verhältnis zum Gesamtumsatz* des Unternehmers noch keine Ausgleichsminderung unter Billigkeitsgesichtspunkten rechtfertige. Denn dieser Umstand allein könne auch durch Faktoren beeinflusst worden sein, die mit dem vom Handelsvertreter akquirierten Umsatz in keinem Zusammenhang stünden. Im entschiedenen Falle handelte es sich um einen in der Textilbranche tätigen Handelsvertreter; das Gericht führte deshalb die *rückläufige Umsatztendenz* auf die „allgemein bekannte Tatsache (zurück), dass insgesamt die *Umsätze in der Textilbranche zurückgegangen*" seien. 1148

Ferner hatte schon das Landgericht Bielefeld in seinem Urteil vom 12.8. 1954[155] festgestellt, dass von *erheblichen Unternehmervorteilen* nicht die Rede sein könne, wenn der Umsatz des Handelsvertreters innerhalb eines Zeitraums von 3 Jahren auf die Hälfte und innerhalb eines weiteren Jahres auf ein Viertel des erstjährigen Umsatzes und nach der Vertragsbeendigung noch weiter zurückgegangen sei. Denn damit habe der Vertretungsbezirk für das Unternehmen nur noch einen *geringen Wert*, und der Nachfolger des ausgeschiedenen Handelsvertreters könne aus diesem Bezirk nur geringe Provisionen erzielen, weil es erst einer *intensiven Neubearbeitung des Bezirkes* bedürfe. 1149

XVIII. Ablehnung von Vertragsangeboten

Beabsichtigt der Unternehmer, den bestehenden *Vertretervertrag in Einzelpunkten* zu ändern, bietet er demgemäß dem Handelsvertreter einen neuen Ver- 1150

---

153 *BGH*, 29.3.1990, BB 1990 S. 1366 = DB 1990 S. 2264; *BGH*, 18.2.1982, DB 1982 S. 1269 = EBE 1982 S. 196 = HVR Nr. 561 = NJW 1982 S. 1814 = MDR 1982 S. 724 = VersR 1982 S. 595 = WM 1982 S. 632.
154 *OLG Karlsruhe*, 11.10.1988, OLGZ 89 S. 219; *OLG Köln*, 29.4.1968, VersR 1968 S. 966, 969 li. Sp. = HVR Nr. 388 = HVuHM 1968 S. 1101.
155 *LG Bielefeld*, 12.8.1954, HVR Nr. 71.

VII Dritte materielle Anspruchsvoraussetzung – Billigkeitsgrundsatz

tragstext an und kommt es sodann, weil der Handelsvertreter das Angebot ablehnt, zur Vertragsbeendigung, entsteht mitunter Streit über die Frage, ob sich der Umstand unter Billigkeitsgesichtspunkten ausgleichsmindernd auswirkt, dass der Handelsvertreter das *Angebot des Unternehmers auf Abschluss eines neuen Vertretervertrages nicht angenommen hat.* Mit Recht hat das OLG Nürnberg in seinem Urteil vom 3.11.1982[156] eine solche Auffassung für unvertretbar gehalten. *Mit Billigkeitsgesichtspunkten habe diese Ablehnung des Handelsvertreters auch dann nichts zu tun*, wenn man unterstelle, dass die angebotenen *neuen Provisionssätze* verhältnismäßig hoch lagen und der Vertreter auf der Grundlage des angebotenen neuen Vertrages die Möglichkeit gehabt hätte, *höhere Provisionseinkünfte* als bisher zu erzielen. Zwar könne davon ausgegangen werden, dass ein Handelsvertreter grundsätzlich verpflichtet sei, *betriebsnotwendige Änderungen seines Arbeitsgebietes* und der Provisionen hinzunehmen. Dies bedeute aber, dass der Handelsvertreter *ohne zwingende Notwendigkeit* nicht verpflichtet gewesen sei, *in ein völlig neues Vertragsverhältnis einzuwilligen.* Die ihm vorgeschlagene Übernahme eines weiteren Bezirks hätte bereits eine so wesentliche Änderung in der Kundenbetreuung erfordert, dass sie ihm im Interesse der Erhaltung und Verbesserung seiner bisherigen Einkünfte nicht habe zugemutet werden können. Außerdem habe der als Ersatz für den alten Vertrag angebotene Entwurf eines neuen Vertrages andererseits wesentliche Einschränkungen der bisherigen Stellung des Handelsvertreters enthalten.

1151 Die vom OLG Nürnberg abgelehnte Auffassung der Vorinstanz liegt auf der gleichen Linie, wie sie – unrichtigerweise – das OLG Karlsruhe in seinem Urteil vom 27.3.1981[157] vertreten hatte. Hier hatte der *Unternehmer versucht, den Provisionssatz von 3,3% im Wege der Änderungskündigung auf 2%* herabzusetzen. Einige Handelsvertreter hatten das Vertragsangebot mit den niedrigeren Provisionssätzen akzeptiert, andere aber hatten es abgelehnt und, als das Vertragsverhältnis sodann zu Ende ging, ihren Ausgleichsanspruch geltend gemacht. Im Zusammenhang mit der Ermittlung der Provisionsverluste hat das OLG Karlsruhe die *Verlustprognose auf der Basis der vom vertretenen Unternehmen angestrebten niedrigeren Abschlussprovision durchgeführt*, und zwar mit der Begründung, die Klägerin „*hätte sich diese Änderung ebenfalls gefallen lassen müssen, wenn das Vertragsverhältnis fortgesetzt worden wäre.* Da alle verbliebenen Handelsvertreter sich auf diese Änderung eingelassen haben, ist diese nachträgliche Entwicklung auch der Berechnung der entgangenen Provision zu Grunde zu legen". Natürlich ist diese Auffassung völlig abwegig, weil ja der Unternehmer gerade nicht berechtigt war, den vereinbarten Provisionssatz von 3,3% einseitig herabzusetzen und es gerade deshalb, weil sich die Klägerin mit der ihr angetragenen Provisionsminderung nicht einverstanden erklärt hatte, zur Beendigung des Vertragsverhältnisses gekommen war[158].

---
[156] *OLG Nürnberg*, 3.11.1982, HVR Nr. 571 = HVuHM 1983 S. 273 = VW 1983 S. 549.
[157] *OLG Karlsruhe*, 27.3.1981, BB 1982 S. 274 = HVR Nr. 555 = HVuHM 1982 S. 232.
[158] *Küstner*, Anm. zu OLG Karlsruhe, 27.3.1981, BB 1982 S. 274.

XIX. Ausgleichserstattung durch den Vertreternachfolger

Die Ausgleichserstattung durch den Vertreternachfolger, die meist in der Weise durchgeführt wird, *dass die dem Nachfolger zustehenden Provisionen solange gemindert werden, bis der vom Unternehmer dem ausgeschiedenen Handelsvertreter gezahlte Ausgleich abgedeckt ist*, hat nicht zur Folge, dass sie die vom Nachfolger übernommenen *Altkunden automatisch zu Neukunden* macht, die dann beim Ausgleichsanspruch des Nachfolgers als solche zu berücksichtigen wären. Das Landgericht Bielefeld[159] hat aber anerkannt, dass die vom Vertreternachfolger durch Provisionsminderungen dem Unternehmer erstattete Ausgleichszahlung unter Billigkeitsgesichtspunkten zu Gunsten des Vertreternachfolgers zu berücksichtigen ist, wenn dessen Vertragsverhältnis endet und ihm ein Ausgleichsanspruch zusteht. Die Berücksichtigung unter Billigkeitsgesichtspunkten zu Gunsten des Vertreternachfolgers habe zumindest in der Weise zu erfolgen, dass die Ausgleichserstattung mit ausgleichsmindernden Gesichtspunkten gewissermaßen zu *saldieren* sei, die sich dann nicht auswirken könnten[160].

1152

Kommt es zwischen dem Handelsvertreter und dem vertretenen Unternehmer auf Initiative des Handelsvertreters zu einer *einvernehmlichen Vertragsbeendigung*, die aber vonseiten des Unternehmers von der *Bedingung abhängig gemacht wird, dass er nicht mit Ausgleichszahlungen belastet werden dürfe*, und kommt sodann zwischen dem ausscheidenden Handelsvertreter und seinem Nachfolger eine Vereinbarung zu Stande, aufgrund derer der Nachfolger dem ausscheidenden Vertreter eine – wie auch immer rechtlich zu qualifizierende – Zahlung erbringt, kann all dies unter *Billigkeitsgesichtspunkten zu Gunsten des Nachfolgevertreters* gewertet werden, wenn einmal dessen Vertrag endet und er einen Ausgleichsanspruch geltend macht. Das Oberlandesgericht Hamm hat in seinem Urteil vom 18.12.1978[161] in den zwischen den beiden Handelsvertretern getroffenen Vereinbarungen, die zur *Freistellung des Unternehmers von jeglicher Ausgleichsverpflichtung* führten, einen Umstand gesehen, der zu Gunsten des Vertreternachfolgers in der Weise berücksichtigt werden könne, dass der von diesem *entgeltlich vom Vorgänger erworbene Kundenstamm* ganz oder teilweise zur *Erhöhung des eigenen Ausgleichsanspruchs* führen könne, weil es sich dabei gegenüber dem Unternehmer um *Neukunden* im Sinne des § 89b Absatz 1 handele.

1153

XX. Sogwirkung der Marke

Bei der Errechnung des einem Händler infolge entsprechender Anwendung des § 89b zustehenden Ausgleichsanspruchs taucht immer wieder die Frage auf, ob und bei Prüfung welcher Anspruchsvoraussetzung die sog. *Sogwirkung der*

1154

---

159 Urt. v. 17.2.1971, BB 1972 S. 195 = RVR 1972 S. 178 mit Anmerkung *Küstner*, RVR 1972 S. 215.
160 Näheres dazu oben Rz. 194 ff.
161 *OLG Hamm*, 18.12.1978 – 18 U 68/78 (rechtskräftig) – unveröffentlicht.

VII Dritte materielle Anspruchsvoraussetzung – Billigkeitsgrundsatz

Marke berücksichtigt werden kann. Insbesondere im *Markenartikelvertrieb* ist diese Frage von Bedeutung, obwohl offenbar in der Praxis mit diesem Begriff unterschiedliche Vorstellungen verbunden werden und naturgemäß eine klare Begriffsdefinition fehlt. Allgemein versteht man unter der Sogwirkung den Umstand, dass ein Markenartikel vermöge seines besonderen Bekanntheitsgrades geringerer Vermittlungsbemühungen eines Handelsvertreters bedarf, als dies bei weniger bekannten Produkten der Fall sein mag. Man spricht hier auch von sog. *„Mussartikeln"*, die ein Kaufmann führen muss, weil sie von der Endverbraucher-Kundschaft ständig verlangt werden, was natürlich im Wesentlichen auch auf umfangreiche unterstützende Werbemaßnahmen des Herstellers zurückzuführen ist.

1155 Ein der Sogwirkung ähnliches Problem taucht häufig in den schon oben[162] erläuterten Fällen auf, in denen die zunächst vom Handelsvertreter unstreitig ausgeübte Vermittlungs- bzw. Abschlusstätigkeit sich im Laufe der Jahre immer mehr in eine rein verwaltende Tätigkeit verwandelt und der Handelsvertreter mit der Vermittlung von Geschäften schließlich gar nichts mehr zu tun hat. Dies kommt besonders dann vor, wenn die vom vertretenen Unternehmen hergestellten *Markenartikel immer stärker den Charakter sog. „Mussartikel"* annehmen. In diesen Fällen werden die nach den Bestimmungen des abgeschlossenen Vertretervertrages provisionspflichtig zu Stande kommenden Geschäfte ausschließlich nur noch auf der Geschäftsleitungsebene ausgehandelt, sodass die ursprünglich ausgeübte Vermittlungstätigkeit des Handelsvertreters immer mehr in eine *Kontroll- und Ordnungstätigkeit* übergeht. Er hat darauf zu achten, dass die in seinem Bezirk ansässigen Abnehmer im vereinbarten Umfange beliefert werden, dass die Ware gut platziert wird, und er ist auch für den sog. *Regaldienst* verantwortlich. Deshalb ist bei solcher Sachlage mit Recht zu fragen, ob es sich nicht in solchen Fällen zwangsläufig rechtfertigt, dass der geschuldete Ausgleichsanspruch hier unter Billigkeitsgesichtspunkten einer Minderung unterliegen muss.

1156 Der Bundesgerichtshof hat sich in mehreren Urteilen[163] insbesondere mit der ausgleichsrechtlichen Berücksichtigung dieser *Sogwirkung beim Ausgleichsanspruch des Eigenhändlers* befasst. Er hat übereinstimmend die Auffassung vertreten, dass der Umstand, in welchem Maße die Wirkung der Marke sich auf die Höhe des Anspruchs auswirke, allein im Rahmen der Billigkeitsprüfung zu berücksichtigen sei. In seinem Urteil vom 25.3.1982[164], in dem der Bundesgerichtshof die gleiche Auffassung vertrat, hat er rechtliche Bedenken gegen die Auffassung des Berufungsgerichts geäußert, wonach ein Vorteil des Unterneh-

---
162 Vgl. oben Rz. 790 f.
163 *BGH*, 14.4.1983, DB 1983 S. 2412 = DAR 1983 S. 391 = MDR 1984 S. 311 = NJW 1983 S. 2877 = WPM 1983 S. 1102; *BGH*, 16.1.1986, DB 1986 S. 1069. *BGH*, 2.7.1987, I ZR 188/85 – WM 1987, 1462; *BGH*, 6.10.1993 – VIII ZR 172/92 – WM 1994, 243; *BGH*, 5.6.1996 – VIII ZR 7/95 – NJW 1996, 2302 = HVR Nr. 871; *BGH*, 26.2.1997 – VIII ZR 272/95 – BB 1997, 852 = HVR Nr. 798.
164 *BGH*, 25.3.1982, BB 1982 S. 2067 = DB 1982 S. 2293 = EBE 1982 S. 318 = MDR 1983 S. 109 = NJW 1982 S. 2819 = WPM 1982 S. 1125.

mers in der Kfz-Branche bereits deshalb ausscheide, weil *Autokäufer offensichtlich der „Sogwirkung der Marke"* folgten und im Verhältnis zwischen Autohändler und Autokäufer grundsätzlich kein übertragbarer Kundenstamm entstehen könne[165]. Die genannten BGH-Urteile befassen sich nahezu ausschließlich mit Vertragshändlern der Autobranche und ließen Abzüge wegen der Sogwirkung der Marke zwischen 10 und 25% zu[165a]. Im *Tankstellen-Urteil* vom 10.6.2002[165b] hat der BGH einen vom Berufungsgericht in Ansatz gebrachten *Billigkeitsabschlag von 10%* wegen des positiven Einflusses der Marke auf den Kaufentschluss des Tankkunden als im Rahmen des tatrichterlich Vertretbaren angesehen. Zu beachten ist in diesem Zusammenhang insbesondere auch, dass die Abwägung der „Sogwirkung" einer Marke im Rahmen der Billigkeitsprüfung im Kernbereich des tatrichterlichen Schätzungsermessens gehört und daher vom Revisionsgericht nur im beschränkten Maße überprüfbar ist[165c]. Im Bereich des Handelsvertreterrechts wird aber gerade *bei der Überprüfung der Sogwirkung nach Billigkeitsgesichtspunkten zu beachten* sein, *ob dieser Gesichtspunkt nicht bereits während des Vertrages im Rahmen der Vertretervergütung* hinreichend *berücksichtigt ist*. Nicht selten sind nämlich gerade die Provisionen für den Vertrieb von Markenartikeln geringer als beim Vertrieb ähnlicher oder gleichartiger Produkte, die keinen Markencharakter haben.

XXI. Weitere Einzelfälle

Eine Anspruchsminderung unter Billigkeitsgesichtspunkten lässt sich nicht aus dem Umstand herleiten, dass der Unternehmer nicht unmittelbar nach einem *Verkehrsunfall*, durch den der Handelsvertreter einsatzunfähig wurde, das Vertragsverhältnis fristlos gekündigt hat[166]. Die Billigkeitsvoraussetzung nach § 89b Abs. 1 Nr. 3 entfällt auch nicht dadurch, dass der unfallverletzte Vertreter ohne Hinzuziehung des vertretenen Unternehmers mit dem Schädiger eine abschließende Regelung über den Schadensersatz herbeiführt und dadurch ein vermeintliches *Rückgriffsrecht des Unternehmers*, der dem Vertreter nach dem Unfall noch Bezirksprovisionen zahlte, ausschließt[167].

In seinem Urteil vom 15.10.1964[168] hat der Bundesgerichtshof die Frage angeschnitten, ob die Zahlung eines Ausgleichs für den Unternehmer nicht dadurch unzumutbar und unbillig werde, dass der Ausgleich Provisionsverluste aus Geschäftsverbindungen mit Kunden betreffe, die der Unternehmer nicht kennt und von denen er nicht weiß, ob und in welchem Umfang sie seine Erzeugnisse

---
165 *OLG Frankfurt*, 1.12.1981, BB 1982 S. 209.
165a Vgl. dazu *OLG München*, BB 1994, 533, 535 (25%); *OLG Düsseldorf*, 30.6.1995 – 16 U 319/93 – (15%).
165b *BGH*, 10.7.2002 – VIII ZR 58/00 – BB 2002, 2151 = VersR 2003, 242 = NJW-RR 2002, 1548 = HVR Nr. 1031.
165c Vgl. dazu *BGH*, 10.7.2002 – VIII ZR 158/01 – HVR Nr. 1032.
166 *BGH*, 9.4.1964, VersR 1964 S. 676, 677 zu II. Näheres zu diesem Urteil unter Rz. 1466ff.
167 *BGH*, 9.4.1964, a.a.O.
168 BB 1964 S. 1399 = VersR 1964 S. 1267 mit Anmerkung von *Wittmann*, BB 1964 S. 1400.

VII Dritte materielle Anspruchsvoraussetzung – Billigkeitsgrundsatz

weiterbeziehen werden, wie dies wegen der *Anonymität der Kundschaft* bei Tankstellen der Fall zu sein pflege. Der Bundesgerichtshof ließ die Frage offen, weil der Tankstellenvertreter seinen Ausgleichsanspruch auf Geschäftsverbindungen mit namentlich genannten Kunden gestützt hatte.

1159 Entgegen der von Schröder[169] vertretenen Auffassung ist es im Rahmen der Billigkeitsprüfung unbeachtlich, wenn der Vertreter nach der Vertragsbeendigung, aber *vor der Erfüllung des Ausgleichsanspruchs verstirbt*. Schröder meint, bei der Festsetzung des Ausgleichsbetrages müsse auch die Tatsache berücksichtigt werden, dass der Vertreter auch ohne die vorher eingetretene Beendigung des Vertrages jetzt *gehindert gewesen wäre, für den Unternehmer weiter tätig zu sein*. Dieser Auffassung kann nicht gefolgt werden, weil nicht einzusehen ist, warum die durch den Tod des Vertreters bedingte Tätigkeitseinstellung bedeutsamer sein soll als die durch die tatsächliche Vertragsbeendigung bedingte Einstellung der Vertretertätigkeit[170].

1160 Ein *schuldhaftes Verhalten von Angestellten des Vertreters* führt nicht zum Ausschluss des Ausgleichsanspruchs gemäß § 89b Abs. 3 Satz 1, weil, wie der Bundesgerichtshof[171] festgestellt hat, nur *eigenes Verschulden des Handelsvertreters* so schwerwiegend erscheint, dass es in jedem Falle zur Versagung des Ausgleichsanspruchs führt[172]. Der Bundesgerichtshof hält es andererseits für geboten, das Verschulden von Angestellten des Vertreters bei der Einzelabwägung, ob und in welchem Umfange ein Ausgleichsanspruch bestehe, zu berücksichtigen, zumal es sich dabei um einen Umstand handele, der die Beziehungen zu dem Unternehmer unmittelbar berühre.

1161 Unter Billigkeitsgesichtspunkten lässt sich eine Ausgleichsminderung oder -ausschließung nicht rechtfertigen, wenn der Vertretervertrag durch einen *vom Vertreter fahrlässig herbeigeführten tödlichen Unfall beendet wird*[173].

1162 *Besonders günstige Vertragsbestimmungen* können sich unter Billigkeitsgesichtspunkten ausgleichsmindernd auswirken. Ob die einem Vertreter zustehende *Vergütung als „üblich"* angesehen werden kann, hängt nach Auffassung des Bundesgerichtshofes[174] davon ab, *ob in zahlreichen Einzelfällen gleiche Verhältnisse bestehen*. In seinem Urteil vom 1.10.1970 hat es der Bundesgerichtshof[175] grundsätzlich als im Einzelfall möglich angesehen, dass ein Ausgleichsanspruch aus Billigkeitsgründen nicht zu entstehen vermag, wenn zwischen den Parteien eines Vertretervertrages eine für den Handelsvertreter *be-*

---

169 A.a.O., § 89b Rz. 18d S. 410.
170 *Küstner,* IHV 1966 Heft 12, S. 25.
171 *BGH,* 5.2.1959, BGHZ 29 S. 275 = BB 1959 S. 317 = NJW 1959 S. 878 = MDR 1959 S. 368 = JZ 1959 S. 252 = VersR 1959 S. 268 = HVR Nr. 202.
172 Näheres unten Rz. 1134. Vgl. auch Band 1 Rz. 1849.
173 *BGH,* 6.2.1964, BB 1964 S. 328 = VersR 1964 S. 378 = HVR Nr. 312.
174 Urteil vom 15.2.1965, BGHZ 43, 154, 159 = BB 1965 S. 395 = DB 1965 S. 509 = HVR Nr. 340 = HVuHM 1965 S. 453 = NJW 1965 S. 1134; *BGH,* 28.6.1973, DB 1973 S. 1440 = EBE 1973 S. 315 = HVR Nr. 477 = HVuHM 1973 S. 1068 = NJW 1973 S. 1747.
175 *BGH,* 1.10.1970, RVR 1971 S. 45 mit Anm. *Küstner.*

sonders vorteilhafte Kündigungsfrist, die sich im entschiedenen Falle auf drei Jahre belief, vereinbart war[176].

Endet der Vertretervertrag durch **Selbstmord des Handelsvertreters**[177], und wird der Ausgleichsanspruch durch die Erben des Vertreters geltend gemacht, so muss nach der zutreffenden Ansicht des Bundesgerichtshofes[178] geprüft werden, ob die Zahlung eines Ausgleichs mit Rücksicht auf den Selbstmord dennoch der Billigkeit entspricht. Neben der Dauer des Vertretervertrages[179] und dem Umfang der dem Unternehmer vom Vertreter geleisteten Dienste sind dann insbesondere die *Gründe und Umstände von Bedeutung, die für den Selbstmord maßgebend* waren. Allein die Tatsache des Selbstmords hält der Bundesgerichtshof aber nicht für ausreichend, den Ausgleichsanspruch ganz zu versagen. 1163

Ein *geringfügiger*[180] *rückläufiger Umsatz* schließt die Billigkeit der Ausgleichszahlung nicht aus[181]. Allerdings kann ein *erheblicher Umsatzrückgang* dazu führen, dass die Anspruchsvoraussetzungen des § 89b Absatz 1 Nr. 1 und 2 gar nicht oder nur in entsprechend niedrigerem Umfang erfüllt sind[182]. 1164

Ausgleichsmindernd kann sich unter Billigkeitsgesichtspunkten auch nicht der Umstand auswirken, dass der Handelsvertreter die *Kunden nicht selbst besucht* hat[183]. 1165

Eine relativ *geringe Umsatzsteigerung* während der Dauer der Vertretertätigkeit *im Verhältnis zu dem von anderen Handelsvertretern desselben Unternehmens erzielten Umsatz* kann nach Ansicht des Bundesgerichtshofs[184] nicht ohne weiteres zu einer Ausgleichsminderung unter Billigkeitsgesichtspunkten führen, weil das „*verhältnismäßig ungünstige Abschneiden*" des Handelsver- 1166

---

176 Vgl. auch *LG Bremen*, 1.7.1975, IHV 1976 Heft 6 S. 22 = VersR 1975 S. 1099.
177 Näheres dazu Rz. 1479.
178 Urteil vom 30.6.1966, BB 1966 S. 876 = DB 1966 S. 1231 = VersR 1966 S. 773. Vgl. auch Urteil vom 12.4.1973, BB 1973 S. 815 = DB 1973 S. 1012 = HVR Nr. 476 = HVuHM 1973 S. 1195.
179 Vgl. oben Rz. 1091.
180 Indessen stellt sich nicht selten heraus, dass ein auf den ersten Blick nur geringfügiger Umsatzrückgang in *Wirklichkeit wesentlich schwerwiegender* ist. Ist der von einem Handelsvertreter vom 1980 bis 1984 vermittelte Umsatz von 350000 DM im Jahre 1980 auf 320000 DM im Jahre 1984, also um etwa 8,5%, zurückgegangen, dann mag das noch als geringfügig angesehen werden können, sodass eine Ausgleichsminderung unter Billigkeitsgesichtspunkten nicht zu rechtfertigen ist. Stellt man aber fest, dass von 1980 bis 1984 die Verkaufspreise um durchschnittlich 30% gestiegen sind, dann hätte der Umsatz im Jahre 1984 mindestens 455000 DM betragen müssen. So betrachtet, handelt es sich um einen *erheblichen Umsatzrückgang*: der tatsächlich im Jahre 1984 vermittelte Umsatz unterschreitet den bei sonst gleichbleibenden Verhältnissen im Jahre 1984 erreichbar gewesenen Umsatz um rund 30%, sodass hier von einem erheblichen und unter Billigkeitsgesichtspunkten zu berücksichtigenden Umsatzrückgang gesprochen werden muss.
181 *OLG Köln*, 29.4.1968, VersR 1968 S. 966, 969.
182 Vgl. Rz. 512f. und *LG Bielefeld*, 12.8.1954, HVR Nr. 71; *BGH*, 15.10.1964, DB 1964 S. 1733.
183 *OLG Köln*, a.a.O.; *OLG Stuttgart*, 19.4.1968, HVR Nr. 378. Vgl. oben Rz. 50 und Band 1 Rz. 16.
184 *BGH*, 19.11.1970, BB 1971 S. 105 = VersR 1971 S. 265 mit Anm. v. *Höft*.

VII Dritte materielle Anspruchsvoraussetzung – Billigkeitsgrundsatz

treters bereits zu einer *niedrigeren Ausgleichsbemessung* infolge der Entstehung geringerer Unternehmervorteile und insbesondere geringerer Provisionsverluste des Handelsvertreters führt.

1167 *Schmiergeldzahlungen*, mit deren Hilfe der Handelsvertreter den Kundenstamm für den Unternehmer aufbaut, rechtfertigen nach Ansicht des Bundesgerichtshofs [185] eine ausgleichsmindernde Berücksichtigung unter Billigkeitsgesichtspunkten jedenfalls dann nicht, wenn der Unternehmer dies Verhalten billigte und dabei sogar in der Weise mitwirkte, dass er die Zahlungen auf seine Preise aufschlug und sie später, bis auf einen Rest für seine Mehrarbeit, dem Handelsvertreter durch Erteilung von *Sondergutschriften erstattete*. Der Bundesgerichtshof hat dazu festgestellt, das rechtlich zu beanstandende und möglicherweise auch strafrechtlich vorwerfbare Wettbewerbsverhalten könne unter diesen Umständen *nicht allein zu Lasten des Handelsvertreters* mit der Folge berücksichtigt werden, dass der Unternehmer von der Zahlung eines Ausgleichs völlig freigestellt werde.

1168 Das OLG Nürnberg hat in seinem Urteil vom 16.5.1991 [186] im Rahmen eines pauschalen Billigkeitsabschlages von 30 % der ermittelten Provisionsverluste bzw. Unternehmervorteile folgende Gesichtspunkte berücksichtigt: *Überwechseln von Kunden zu der nun vom Handelsvertreter vertretenen Konkurrenz*; *nachlässige Betreuung* gewisser kleinerer Einzelkunden; *Vertragsdauer* von 14 Jahren mit nicht unerheblicher *Steigerung des Gesamtumsatzes*; die Notwendigkeit gelegentlicher *Anmahnung* von Berichten; einen relativ geringen, zu Unrecht vom Unternehmer *einbehaltenen Provisionsbetrag*; *verzögerliche Provisionszahlungen*; unzulässige *Provisionsweitergabe* durch den Handelsvertreter an eine Kundenfirma.

1169 In der Praxis kommt es immer wieder vor, dass von Unternehmerseite eine geforderte Ausgleichsminderung damit begründet wird, dass bei Vertragsbeginn zwischen den Parteien keine Vereinbarung über eine *Einstandszahlung* oder eine *Abwälzung* des vom Unternehmer dem ausgeschiedenen Vorgänger des neuen Handelsvertreters gezahlten Ausgleichs vereinbart wurde. Derartige Überlegungen sind aber *im Rahmen der Billigkeit nicht von Bedeutung*. Zwar kommt es häufig vor, dass ein neuer Handelsvertreter sich zur Zahlung eines Einstandes oder mit der Abwälzung des dem Vorgänger zugeflossenen Ausgleichs einverstanden erklärt. Trotz der erheblichen Bedeutung derartiger Vereinbarungen kann man aber nicht davon sprechen, dass solche Verpflichtungen den „Normfall" darstellen. *Es entspricht auch nicht dem Berufsbild eines Handelsvertreters*, dass es als typisch angesehen werden müsste, eine Handelsvertretung nur im Austausch gegen Zahlungsverpflichtungen, worin diese im Einzelfall auch immer bestehen mögen, übernehmen zu können.

---

[185] *BGH*, 26.11.1976, BB 1977 S. 564 = DB 1977 S. 720 = EBE 1977 S. 30 = HVR Nr. 503.
[186] *OLG Nürnberg*, 16.5.1991, 12 U 2405/86 (unveröffentlicht).

VIII. Kapitel

Speziell: Alters- und Hinterbliebenenversorgung des Vertreters als Unterfall des Billigkeitsgrundsatzes

A. Allgemeines

Von besonderer Bedeutung und seit langem gerichtlich entschieden[1] ist die **1170** Frage, ob die Voraussetzung der Billigkeit für die Entstehung eines Ausgleichsanspruchs dadurch beeinflusst werden kann, dass die Beendigung des Vertretervertrages zur *Gewährung einer Alters- oder Hinterbliebenenversorgung des Handelsvertreters oder seiner versorgungsberechtigten Hinterbliebenen* führt, zu deren Finanzierung sich der vertretene Unternehmer verpflichtet und diese auch durchgeführt hatte. Derartige Fälle sind besonders in der *Versicherungswirtschaft* recht häufig. Auch das erste grundlegende Urteil des BGH vom 23.5.1966 betraf die Problematik im Falle eines Versicherungsvertreters[2].

B. Berücksichtigung der Altersversorgung dem Grunde nach

Zunächst könnte zweifelhaft sein, ob die Gewährung einer vom Unternehmer **1171** finanzierten Altersversorgung unter *Billigkeitsgesichtspunkten* überhaupt geprüft werden darf, weil sie als eine dem Vertreter auf Kosten des Unternehmers zufließende Leistung sowohl die Vorteile des Unternehmers als auch die Verluste des Handelsvertreters zu beeinflussen vermag.

---

1 *BGH,* 23.5.1966, BGHZ 45 S. 268 = NJW 1966 S. 1962 = BB 1966 S. 794 = VersR 1966 S. 754 = HVR Nr. 354; Berufungsinstanz: *OLG München,* 9.7.1964, BB 1965 S. 345 = VersR 1967 S. 38. Anmerkungen zum *BGH*-Urteil vom 23.5.1966 von *Höft,* VersR 1966 S. 842 ff. und *Martin,* DB 1966 S. 1837. *BGH,* 19.11.1970 – VII ZR 47/69, BGHZ 55, 45 = *OLG Köln,* 19.9.1996 – 18 U 14/96, VersR 1997, 615 = OLGR 1997, 31. Literatur: *Canaris,* 23. Aufl., § 17 Rz. 112; *Thume,* BB 2002, 1325; *Hopt,* Rz. 39; *Sieg,* VersR 1968, 105; *Küstner,* BB 1963, 1147; *ders.,* BB 1999, 541, 548 m.w.N.; *ders.* in Graf von Westphalen/Röhricht, HGB § 89b Rz. 79; *ders.* in FS für *Trinkner* 1995, 205; *Löwisch/Ebenroth/Boujong/Joost,* § 89b Rz. 109; *Graf von Westphalen,* DB 2000, 2555; *ders.,* BB 2001, 1593; *Ankele,* § 89b Rz. 132ff.; *Westphal* in Graf von Westphalen, HVR in EU-Staaten, 300, Rz. 680; *ders.,* § 89b Rz. 1045ff.; *Fuchs-Baumann,* DB 2001, 2131. Weitere Rspr.: Fn. 134, 135.

2 Wie sich aus dem Quartalsbericht IV/92 des GDV (S. 206) ergibt, gewähren von den Unternehmen, die mit hauptberuflichen Einfirmenvertretern zusammenarbeiten, etwa 2/3 ihren Vertretern eine Altersversorgung. Während dieser Prozentsatz weitgehend konstant geblieben ist, sind bei der Art der Altersversorgung weitere Verschiebungen zu verzeichnen. So hat die Zahl der Unternehmen, die eigene Vertreter-Versorgungswerke bzw. Pensionskassen etc. eingerichtet haben, weiter zugenommen. Die Zahl der Unternehmen, die ihren Vertretern eine Altersversorgung in Form einer Kapitallebensversicherung nach den Vorschlägen des GDV gewähren, ist demgegenüber leicht zurückgegangen. *Provisionsrenten* (vgl. dazu Rz. 1290ff.) sind dagegen heute nicht mehr von Bedeutung, weil diese Art der Versorgung für selbstständige Versicherungsvertreter als überholt bezeichnet werden kann.

VIII Speziell: Alters- und Hinterbliebenenversorgung des Vertreters

I. Die Altersversorgung als „berücksichtigungsfähiger Umstand"

1172 Aus dem Aufbau des Gesetzes ergibt sich indessen, dass für die Berücksichtigung einer Altersversorgung allein der Grundsatz der Billigkeit in Betracht kommen kann. Denn die Ziffern 1 und 2 des § 89b Abs. 1 dienen allein der abstrakten Berechnung der Höhe der Unternehmervorteile einerseits und der Vertreterverluste andererseits, damit auf diese Weise die *rechnerisch maximale Höhe* des Ausgleichsanspruchs ermittelt werden kann. In § 89b Abs. 1 Nrn. 1 und 2 sind nur Vergütungen des Vertreters für seine reine *Abschluss- bzw. Vermittlungstätigkeit* im Hinblick auf Geschäfte mit neuen bzw. intensivierten alten Kunden in Ansatz zu bringen. Alle Gesichtspunkte, die hiermit in keinem unmittelbaren Zusammenhang stehen und die bei diesen abstrakten Berechnungen auch nicht ohne weiteres oder nur mit erheblichen Schwierigkeiten verwertet werden können, weil sie sich einer rein rechnerischen Erfassung entziehen, sind im Rahmen der Billigkeitsprüfung zu behandeln. Gerade aus diesem Grunde ist die *selbstständige Anspruchsvoraussetzung der Billigkeit* ins Gesetz aufgenommen worden[3].

1173 Die einem Vertreter gewährte Altersversorgung hat weder reinen Vergütungscharakter[4], noch steht sie in einem unmittelbaren Zusammenhang mit der Vermittlungstätigkeit des Vertreters, sodass ihre Einbeziehung in die Prüfung der Anspruchsvoraussetzungen des Unternehmervorteils und der Provisionsverluste gemäß § 89b Abs. 1 Nrn. 1 und 2 nicht in Betracht kommen kann[5].

1174 Gehört aber eine Altersversorgung überhaupt zu den *berücksichtigungsfähigen Umständen?* Berücksichtigungsfähig sind nur solche Umstände, die in einem *unmittelbaren Zusammenhang mit dem Vertretervertrag* stehen und sich deshalb auf die Höhe der mit dem Ausgleich bezweckten Gegenleistung auszuwirken vermögen[6]. Dass dies bei einer Altersversorgung der Fall ist, kann nicht zweifelhaft sein. Denn die Vertragsbezogenheit einer dem Handelsvertreter versprochenen und gewährten Altersversorgung folgt bereits daraus, dass der Vertretervertrag die Grundlage für den Versorgungsvertrag darstellt; ohne wirksamen Vertretervertrag würde für den Unternehmer für die Gewährung einer Altersversorgung kein Anlass bestehen. Es ist auch nicht möglich, den Versorgungsvertrag unabhängig vom Vertretervertrag zu betrachten, weil sein Schick-

---
3 *BGH,* 28.10.1957, BB 1957 S. 1161 = NJW 1958 S. 23 = VersR 1957 S. 775 = HVR Nr. 191; so auch ausdrücklich zur Berücksichtigung einer Altersversorgung *BGH,* 23.5.1966, BB 1966 S. 794 = DB 1966 S. 1130 = VersR 1966 S. 754 = VersVerm. 1966 S. 140.
4 Vgl. dazu unten Rz. 1186 sowie Fn. 25.
5 *Trinkhaus* (S. 419) will allerdings eine Altersversorgung bei den Provisionsverlusten des Vertreters berücksichtigen.
6 *BGH,* 28.10.1957, BB 1957 S. 1161 = NJW 1958 S. 23 = VersR 1957 S. 775 = DB 1957 S. 1147, 1148 zu II. Das *OLG Düsseldorf* zählt in seinem Urteil vom 8.5.1956 (HVR Nr. 130) eine dem Handelsvertreter vertraglich zugesicherte Altersversorgung ausdrücklich zu den berücksichtigungsfähigen Umständen. In dem zu Grunde liegenden Tatbestand handelte es sich um eine mit der vorzeitigen Vertragsbeendigung wegfallende Versorgungsanwartschaft. Das Gericht führt aus, dass es sich hier um eine der Leistungen handele, die besondere Berücksichtigung finden müsse, weil sie dem Handelsvertreter mit der Vertragsbeendigung verlorengegangen sei. Vgl. dazu *Küstner,* IHV 1963 S. 86.

sal vom Bestand des Vertretervertrages abhängt und der Vertretervertrag überhaupt die Voraussetzung dafür ist, dass grundsätzlich jemals Versorgungsleistungen fällig werden können. Endet das Vertragsverhältnis, ohne dass Versorgungsleistungen fällig werden, weil durch die vorzeitige Beendigung des Vertretervertrages der für die Versorgungsleistungen notwendige Bedingungseintritt nicht erfolgen kann und auch die *Unverfallbarkeitsvoraussetzungen* nach dem Gesetz zur Verbesserung der betrieblichen Altersversorgung vom 19.12.1974 nicht vorliegen[7], wird die Versorgungsverpflichtung des Unternehmers gegenstandslos. Daraus folgt, dass die Altersversorgung des Handelsvertreters unmittelbar mit dem Vertretervertrag verbunden und deshalb *in besonderem Maße vertragsbezogen* ist[8].

In diesem Zusammenhang gewinnt die Tatsache Bedeutung, dass — wie schon die Amtliche Begründung zum Ausdruck bringt[9] — mit dem Ausgleichsanspruch eine *Vorteilsausgleichung* bezweckt wird. Durch die Vorteilsausgleichung wird im Schadensersatzrecht ein Vorteil, den das die Ersatzpflicht begründende Ereignis für den Geschädigten verursacht, auf die Ersatzpflicht angerechnet — sofern es sich bei dem eingetretenen Vorteil um eine adäquate Folge des Schadensereignisses handelt —, weil sich der verursachte Schaden durch den gleichzeitig eintretenden Vorteil entsprechend mindert[10]. Dieser Gedanke führt im Ausgleichsrecht, weil *Versorgungsleistungen eine adäquate Folge der Vertragsbeendigung sind*, dazu, dass die dem Handelsvertreter zufließenden Versorgungsleistungen den *Ausgleichsanspruch mindern oder sogar ausschließen* können[11]. Denn das *Verhältnis von Leistung und Gegenleistung* wäre unangemessen zu Gunsten des Handelsvertreters gestört, wenn er neben den Versorgungsleistungen noch einen Ausgleich in unverminderter Höhe erhielte und der Unternehmer folglich doppelt belastet werden würde. Der Zweck, den der Gesetzgeber mit dem Ausgleich erstrebt, wird bereits durch den *Zufluss der Versorgungsleistungen* erfüllt, soweit deren Wert der Höhe des Ausgleichs entspricht. Es liegt auf der Hand, dass die mit der Vertragsbeendigung entstehenden finanziellen Nachteile in Gestalt von *Provisionsverlusten* für den Handelsvertreter an Gewicht verlieren, wenn er auf Kosten des Unternehmers eine Altersversorgung erhält, die sich für ihn wirtschaftlich genauso, vielleicht sogar günstiger, auswirkt, als wenn er an ihrer Stelle eine *Ausgleichszahlung oder Nachprovision* erhielte[12]. Entscheidend ist, dass

1175

---

7 BGBl. I S. 3610. Zu Einzelheiten vgl. unten Rz. 1260 Fn. 129.
8 *BGH*, 23.5.1966, a.a.O.; *Küstner,* BB 1963 S. 1147, 1148.
9 Bundestags-Drucksache I/3856, S. 34 zu I 2, abgedruckt bei *Josten/Lohmüller,* Anhang 6.
10 *Palandt/Heinrichs,* BGB, 61. Aufl., Rz 119–161 vor § 249 BGB.
11 Vgl. hierzu *Schröder,* § 89b Rz. 19; *ders.,* BB 1954 S. 477ff., 481 zu III D; DB 1958 S. 43ff., 46 und DB 1962 S. 895ff.; *Möller,* Anm. 379 vor §§ 43–48 VVG; *Schuler,* NJW 1958 S. 1113ff., 1116; *Klinger,* DB 1957 S. 925ff., 926; *Josten/Lohmüller,* Anm. 14 zu § 89b HGB; *Schmidt,* DB 1954 S. 994f.; *Küstner,* BB 1963 S. 1147ff.; *ders.,* BB 1961 S. 1056 sowie IHV 1963 S. 230ff.; *Trinkhaus,* S. 409 und 419; *Leuze,* S. 22; *Mellerowicz,* BB 1959 S. 150ff.; Gesamtverband der Versicherungswirtschaft, Köln, Geschäftsbericht 1959/60, S. 150, und 1960/61, S. 177. Weitere Literatur Fn. 1.
12 *Schröder,* DB 1958 S. 43ff., 46 zu VI. Vgl. auch VW 1964 S. 997 und die Nachweise oben in Rz. 1078.

VIII Speziell: Alters- und Hinterbliebenenversorgung des Vertreters

die Vertragsbeendigung wegen der Altersversorgung für den Vertreter weniger nachteilig ist, als wenn eine Altersversorgung nicht vorhanden wäre[13].

1176 Aber schon an dieser Stelle muss darauf hingewiesen werden, dass es naturgemäß hierbei stets auf die **Umstände des Einzelfalles** ankommt[14] und eine vertragliche Regelung in Form einer **Anrechnungsvereinbarung** unwirksam ist, wonach grundsätzlich die Entstehung eines Ausgleichsanspruchs insoweit – ohne dass es auf den Einzelfall ankäme – *ausgeschlossen* sein soll, wenn dem Handelsvertreter sofort mit der Vertragsbeendigung oder später Versorgungsansprüche aus einer vom Unternehmen finanzierten Altersversorgung zustehen[15].

II. Rechtsprechung und Schrifttum

1177 Dementsprechend wird heute im Schrifttum nahezu einhellig[16] die Ansicht vertreten, dass eine dem Handelsvertreter oder seinen Erben gewährte Altersversorgung unter Billigkeitsgesichtspunkten geeignet sei, die **Entstehung des Ausgleichsanspruchs bereits dem Grunde nach zu beeinflussen**[17] und zwar zumindest dann, wenn der Ausgleichsanspruch und die Altersversorgung gleichzeitig fällig werden[18]. Auch die Rechtsprechung hat sich in diesem Sinne ausgesprochen. So hat das Oberlandesgericht München in seinem Urteil vom 9.7.1964[19] zum Ausdruck gebracht, dass bei einer Vertragsbeendigung infolge Erreichens der vereinbarten Altersgrenze normalerweise davon ausgegangen werden könne, dass der ausgeschiedene Vertreter seinen weiteren Lebensunterhalt nicht mehr durch Arbeitsleistung im bisherigen Umfange verdienen wolle, sondern sich mehr oder weniger „zur Ruhe setze". Für den versorgungsberechtigten Handelsvertreter habe bei wirtschaftlicher Betrachtungsweise in diesem Zeitpunkt das *Ausgleichskapital* die gleiche Bedeutung und die *gleiche Auswirkung wie ein Kapital, das ihm für seine Altersversorgung zur Verfügung* stehe. Das Gericht folgert hieraus mit Recht, dass deshalb eine dem Handelsvertreter aus Mitteln des Unternehmers zufließende Altersversorgung billigerweise nicht unberücksichtigt bleiben könne. Es hat deshalb entschieden, dass die Zahlung eines Ausgleichs neben einer vom Unternehmer gewährten Altersversorgung nicht der Billigkeit entspreche.

---

13 *Schröder,* BB 1954 S. 477ff., 481 zu III D.
14 Vgl. ausdrücklich dazu *BGH,* 19.11.1970 – VII ZR 47/69, BGHZ 55, 45 = VersR 1971, 268/ 69 m. Anm., VersR 1971, 269 = BB 1971, 105.
15 Vgl. *BGH,* 20.11.2002 – VIII ZR 146/01, VersR 03, 323 = DB 2003, 142 = VersVerm 2003, 7 mit Anm. *Zander/Pulverich,* VersVerm 2003, 12 sowie *Müller-Stein,* VW 2003, 199 und *Küstner,* EWiR 2003, 229, 230; Vorinstanz; *OLG München,* 22.3.2001, OLG-Rep. 2001, 168; Einzelheiten unten Rz. 1259.
16 Kritisch *Graf von Westphalen,* DB 2000, 2255 und BB 2001, 1593; ablehnend *Grundmann,* Treuhandvertrag, 1967, 367.
17 Vgl. die Nachweise in Fn. 8 und 11.
18 Zu Problemen, die sich aus einer Fälligkeitsdifferenz ergeben, vgl. unten Rz. 1248 ff.
19 *OLG München,* 9.7.1964, BB 1965 S. 345 mit Anmerkung *Heitmann,* BB 1965 S. 487.

B. Berücksichtigung der Altersversorgung dem Grunde nach **VIII**

Der Bundesgerichtshof hat dieses Urteil des Oberlandesgerichtes München 1178
durch seine *grundlegende Entscheidung vom 23.5.1966*[20] in vollem Umfange
bestätigt. Er hat festgestellt, dass bei der Billigkeitsentscheidung nach § 89b
Abs. 1 Nr. 3 die *rechtlichen Unterschiede zwischen Ausgleich und Altersversorgung nicht den Ausschlag* geben könnten, dass vielmehr der Umstand entscheidend sei, dass die *Altersversorgung im Wesentlichen den praktischen Zweck einer Ausgleichszahlung* übernehme und dass der auf *freiwilligen Leistungen des Unternehmers* beruhende Teil der Altersversorgung im entschiedenen Fall schon für sich allein einen erheblich höheren Geldwert habe als der für den Vertreter in Betracht kommende Ausgleich. Zwar sei der *Ausgleichsanspruch rechtlich kein Versorgungsanspruch*, sondern ein *Entgelt für frühere Dienstleistungen*; er diene aber dem Vertreter, der wegen Erreichung der Altersgrenze aus seiner Tätigkeit ausscheide, tatsächlich doch zur *Sicherung seiner Altersversorgung*. Der Bundesgerichtshof bestätigt in diesem Zusammenhang ausdrücklich die Feststellungen der Vorinstanz, dass zwischen Ausgleichsanspruch und Altersversorgung eine *„funktionelle Verwandtschaft"* bestehe. *Eine doppelte Belastung des Unternehmers* durch freiwillige Finanzierung einer Altersversorgung und durch Ausgleichszahlung sei wirtschaftlich nicht gerechtfertigt[21].

III. Zweifel an der funktionellen Verwandtschaft

Soweit ersichtlich, ist die vom BGH seiner Entscheidung vom 23.5.1966 zu 1179
Grunde gelegte *„funktionelle Verwandtschaft"* bisher nur von Graf von Westphalen, aber auch von Evers/Kiene in Zweifel gezogen worden[22].

---

20 BB 1966 S. 794 = VersR 1966 S. 754 = VW 1966 S. 960 = DB 1966 S. 1130 = VersVerm 1966 S. 140. Auf zahlreiche Einzelheiten, die in diesem Urteil dennoch zur Kritik Anlass geben, kann hier ausführlich nicht eingegangen werden; insoweit sei auf die kritischen Anmerkungen von *Höft*, VersR 1966 S. 842ff. und *Martin*, DB 1966 S. 1837ff. verwiesen. Es sei nur vermerkt, dass die wiederholt verwendete Formulierung, dass die Versorgungsansprüche des Vertreters auf den Ausgleichsanspruch *„anzurechnen"* seien, zu Missverständnissen führen kann, obwohl sich aus dem Urteilsinhalt ergibt, dass auch der *Bundesgerichtshof* meint, ein Ausgleichsanspruch könne mit Rücksicht auf die Altersversorgung des Handelsvertreters *nur insoweit entstehen*, als sein Kapitalwert denjenigen der Altersversorgung übersteige. Es wäre deshalb sicher besser gewesen, wenn in dem Urteil mit aller Deutlichkeit festgestellt worden wäre, dass ein Versorgungsanspruch die Entstehung des Ausgleichsanspruches nach Grund und Höhe zu beeinflussen vermag (vgl. auch VW 1966 S. 1072). Zur Tragweite des Urteils vom 23.5.1966: *Sieg*, VersR 1968 S. 15. Mit einem erheblich abweichenden Sachverhalt hatte sich der *Bundesgerichtshof* in seinem Urteil vom 19.11.1970, BB 1971 S. 105, zu befassen. Zu diesem Urteil vgl. *Höft*, VersR 1971 S. 269. — Gleichwohl kommt der Verwendung des Begriffs der Anrechnung Bedeutung zu. Denn eine Anrechnung setzt einen zunächst entstandenen Anspruch voraus. Das kann aber nur der geforderte oder im Betrag der Höchstgrenze geschuldete Ausgleich sein. Die Anrechnung verhindert also eine „oberhalb" der Höchstgrenze stattfindende Berücksichtigung, vgl. Rz. 1059, 1213, 1215.
21 Zur mitunter bestrittenen Doppelbelastung *OLG München*, 22.3.2001 und Vorinstanz *LG München*, 10.8.2000, VersR 2001, 55; *Küstner*, VersR 2001, 58; *Canaris*, 23. Aufl., § 17 Rz. 112; *Kurz*, WiB 1996, 177.
22 *Graf von Westphalen*, BB 2001, 1592; *Evers/Kiene*, ZfV 2001, 586. Letztere meinen wenig überzeugend, der BGH habe mit der Berufung auf die „funktionelle Verwandtschaft" nur die im Urteil enthaltene Billigkeitserwägung rechtfertigen wollen.

VIII Speziell: Alters- und Hinterbliebenenversorgung des Vertreters

1180 Graf von Westphalen begründet seine Zweifel an dieser vom BGH hervorgehobenen funktionellen Verwandtschaft unzutreffend damit, „soziale Erwägungen stellten nur eines von drei Tatbestandselementen" des § 89 b Abs. 1 HGB dar, zumal der Ausgleichsanspruch gem. § 89 b ein Provisionssurrogat darstelle und „so gesehen... überhaupt nichts mit der Altersversorgung zu tun" habe. Die Zweckrichtung des Ausgleichsanspruchs als Provisionssurrogat betrifft aber allein den Tatbestand der kraft vereinbarter *Provisionsverzichtsklausel*[23] nur für den Bereich der Sachversicherung entfallenden Folgeprovisionen.

1181 Aber auch der Ausgleichsanspruch als Provisionssurrogat unterliegt ja ganz generell den gleichen *Billigkeitsgesichtspunkten* wie dies in allen anderen Vermittlungsbereichen der Fall ist.

1182 Insbesondere vermag aber auch die Argumentation von Graf von Westphalen nicht zu überzeugen, infolge der Ausgleichsminderung „werde die Altersversorgung... *vom Vertreter selbst bezahlt*". Diese Argumentation ist schon deshalb absurd, weil eben die Ausgleichsminderung auf dem im Gesetz niedergelegten Billigkeitsgrundsatz beruht. Wenn aber das Gesetz den Umfang eines Anspruchs auch von der Berücksichtigung von Billigkeitsgesichtspunkten abhängig macht und dies zu einer Anrechnung, also einer Anspruchsminderung führt, kann man daraus schlechterdings nicht die Folgerung ziehen, dies führe zwangsläufig zu einem Verzicht und der Anspruchsberechtigte benachteilige sich selbst, wenn er die Anrechnung hinnehme.

1183 Aber Graf von Westphalen bezweifelt eine funktionelle Verwandtschaft auch mit der Überlegung, dass dann, wenn man „radikal" von der Norm des § 89 b HGB ausgehe, zunächst eine Vorteils- und Verlustprognose durchzuführen sei und erst danach Elemente der Billigkeit berücksichtigt werden könnten. Deshalb „reduziere sich die funktionelle Verwandtschaft darauf, dass ausschließlich Elemente individueller Billigkeit" darüber entschieden, ob und inwieweit eine Anrechnung tatsächlich stattfinde. Gerade auf *individuellen Gesichtspunkten* im Einzelfall liegt doch aber der *Schwerpunkt der Billigkeit*, und zwar im Bereich beider Parteien: Beim Vertreter soll sich der Anspruch aufgrund anderer ihm zufließender Leistungen mindern, während andererseits der Unternehmer durch die freiwillig übernommene Versorgungsverpflichtung neben dem ungekürzten Ausgleich *doppelt belastet* werden würde.

1184 Nach der zutreffenden Ansicht des Bundesgerichtshofs spielt es hierbei auch keine Rolle, dass der Unternehmer auf Grund einer in seinem Betrieb eingerichteten Altersversorgung auch zur Versorgung des ausscheidenden Handelsvertreters *verpflichtet* ist. Entscheidend sei nämlich, dass die *Altersversorgung aus freien Stücken geschaffen worden sei*, sodass es nicht darauf ankomme, ob dem Vertreter im Einzelfalle ein *klagbarer Anspruch auf Zahlung einer Altersversorgung* zustehe. Eine *Versorgungspflicht* schließe demnach die Berücksichtigung der Altersversorgung unter Billigkeitsgesichtspunkten nicht aus[24].

---

23 Zur Wirksamkeit von Provisionsverzichtsklauseln vgl. Rz. 27, 516, 694, 815, 1357.
24 So auch *Küstner,* BB 1963 S. 1147 zu II 4 am Ende.

B. Berücksichtigung der Altersversorgung dem Grunde nach **VIII**

Gleichwohl muss aber auch in diesem Zusammenhang darauf hingewiesen werden, dass sich die Übernahme von Versorgungsverpflichtungen seitens des Unternehmens gegenüber dem Handelsvertreter auch aus der Rechtsnatur des Ausgleichsanspruchs selbst ergibt. Denn mit Recht hat das Bundesverfassungsgericht in seinem Beschluss vom 22.8.1995[25] festgestellt, dass der Ausgleichsanspruch kein reiner Vergütungsanspruch sei, sondern auch einen *„Beitrag zur Verbesserung der wirtschaftlichen Situation und sozialen Absicherung"* des Handelsvertreters darstellt, sodass Entstehung und Bemessung des Ausgleichsanspruchs maßgeblich von Billigkeitserwägungen abhänge. Auch der BGH stellt ja in seinem Urteil vom 23.5.1966 fest, dass die Einführung des Ausgleichsanspruchs durch *soziale Erwägungen* maßgeblich beeinflusst worden sei. 1185

IV. Mitfinanzierung durch den Handelsvertreter

Natürlich gelten diese Grundsätze nur dann, wenn die dem Handelsvertreter zufließenden Versorgungsleistungen im Ergebnis *vom Unternehmer finanziert*[26] und nicht in irgendeiner Form *vom Handelsvertreter selber aufgebracht* wurden, sei es auch nur in der Weise, dass die ihm vertraglich zustehenden Provisionen vereinbarungsgemäß um die *Aufwendungen des Unternehmers gekürzt* wurden. Denn dann würde es sich im Ergebnis um eine vom Handelsvertreter *selbst finanzierte Altersversorgung* handeln, die insoweit dann als vertragsfremd anzusehen ist und bei der Billigkeitsprüfung außer Ansatz zu bleiben hat. 1186

Gleichwohl muss an dieser Stelle ein Problem behandelt werden, das neuerdings mitunter ins Spiel gebracht wird, um den Umfang der Anrechnung zu mindern. Es wird nämlich aufgrund des Wortlauts der Versorgungszusage die Auffassung vertreten, eine Minderung des Ausgleichsanspruchs unter Billigkeitsgesichtspunkten sei ganz oder teilweise ausgeschlossen, wenn sich aus den getroffenen Vereinbarungen ergebe, dass die Altersversorgung zumindest teilweise *Vergütungscharakter* habe und deshalb etwa als „Leistungszuschlag" oder in ähnlicher Weise bezeichnet werde[27]. In dem Verfahren, das dem Urteil des Landgerichts Hannover vom 28.5.2001[28] und dem OLG Celle vom 16.5.2002 zu Grunde lag, berief sich die Klägerin (Bausparkassenvertreterin) auf die Rechtsnatur eines Altersruhegeldes, das nach der Rechtsprechung vom BGH und BAG[29] die *Gegenleistung für die Betriebstreue* des Mitarbeiters dar- 1187

---

25 *BVerfG*, B. v. 22.8.1995 – 1 BvR 1642/92, NJW 1996, 381.
26 Vgl. *Küstner*, BB 1963 S. 1147.
27 Vgl. dazu *LG Hannover*, 28.5.2001 – 21 O 2196/99, n.v.; *OLG Düsseldorf*, Beschl. v. 24.2.1995 – 16 W 2/95, OLG-Rep. Düsseldorf 1995, 185 m. Anm. *Kurz*, WiB 1996, 177; *OLG Köln*, 17.8.2001, VersR 2001, 1377, 1380 li. Sp. sowie *Küstner*, VersR 2002, 513, 521 zu Ziff. III 5b; *ders.* VW 2001, 416; *Evers/Kiene*, DB 2002, 1309 und ZfV 2001, 618, 624.
28 *OLG Celle*, 16.5.2002 – 11 U 193/2001, VersR 2002, 976 sowie die Anmerkungen von *Küstner*, VersR 2002, 980 und VW 2002, 929 sowie *Thume*, Vers.R 2002, 981; *LG Hannover*, 28.5.2001, vgl. Fn. 27). Das Celler Urteil ist gem. B. des BGH v. 6.5.2003 rechtskräftig (VIII ZR 164/02).
29 *BGH*, 20.10.1954 – II ZR 280/63, BGHZ 15, 71, 75; *BAG*, 10.3.1972 – 3 AZR 278/71, BAGE 24, 177, 181, 183; *BVerfG*, 19.10.1983 – 2 BvR 298/81, BVerfGE 65, 196, 211ff.; *BGH*, 7.1.1971 – II ZR 23/70, BGHZ 55, 275, 278; *BGH*, 28.5.1973 – II ZR 58/71,

VIII Speziell: Alters- und Hinterbliebenenversorgung des Vertreters

stelle und deshalb im Rahmen eines gegenseitigen Austauschverhältnisses von Leistung und Gegenleistung gewährt werde. Zwar stehe ein Ruhegeld nicht in unmittelbarer Beziehung zur Arbeitsleistung als solcher, weil es regelmäßig an einer Wertrelation zwischen Leistung und Gegenleistung fehle und es könne deshalb auch nicht als vorenthaltener Arbeitslohn angesehen werden, der gleichsam angesammelt und später in Form einer Rente ausgefolgt werde. Aber es entspreche dem Zweck und dem Wesen der betrieblichen Altersversorgung, wenn man sie vom Unternehmer als Gegenleistung für die ihm bis zum Eintritt in den Ruhestand erwartete und geschuldete Betriebstreue ansehe. Insofern stelle also ein Ruhegeld letztlich auch eine **Gegenleistung** dafür dar, dass der Arbeitnehmer seine Arbeitsleistung während seines ganzen oder eines erheblichen Teils seines Berufslebens in die Dienste des Arbeitgebers gestellt habe, der ihm ein Ruhegeld zugesagt habe.

1188 Des Weiteren beruft sich die Klägerin im konkreten Sachverhalt auch auf den Beschluss des OLG Düsseldorf vom 24. 2. 1995[30]. In diesem Beschluss, in dem es um den Umfang der Ausgleichsminderung aufgrund freiwilliger Versorgungsleistungen der Bausparkasse ging, hatte das OLG die Auffassung vertreten, dass der nach Berücksichtigung der vom Antragsteller selbst getragenen Finanzierung i.H.v. 31.970,- DM verbleibende Anteil des Deckungskapitals i.H.v. 48.260,- DM gleichwohl nicht in vollem Umfange dem geforderten Ausgleichsanspruch gegenübergestellt werden könne. Denn es könne nicht ausgeschlossen werden, dass auch das verbleibende Deckungskapital zumindest teilweise als vom Antragsteller *mitfinanziert* worden sei.

1189 Das Unternehmen habe nämlich mit der Altersversorgung nicht nur eine freiwillig zugesagte Leistung erbringen, sondern die Mitarbeiter auch an das Unternehmen binden und gleichzeitig auch die erbrachte Tätigkeit der Vertreter belohnen wollen. In der Leistung des Unternehmens liege mithin, „teilweise eine Vergütung für die Dienste des Handelsvertreters, wobei es auf einen entsprechenden – hier aber auch nicht erfolgten – Abschlag von der vereinbarten Provision nicht ankomme". Entscheidend sei vielmehr, dass die „Altersversorgung" insoweit jedenfalls teilweise *vom Handelsvertreter erarbeitet* worden sei. Durch die Anrechnungsmöglichkeit der Altersversorgung sollte lediglich eine wirtschaftlich *nicht gerechtfertigte Doppelbelastung* des Unternehmers durch seine freiwillige Finanzierung einer Altersversorgung neben der Ausgleichszahlung verhindert werden[31].

1190 Auf die tätigkeitsbedingte „Mitfinanzierung der Altersversorgung" im Hinblick auf die Zulässigkeit einer aus Billigkeitsgründen erfolgenden Ausgleichsminderung kann es aber nicht ankommen.

BGHZ 61, 31, 36; vgl. auch *Beuthin* in Anm. zu BAG AP Nr. 151 zu § 242 BGB Ruhegehalt sowie *Molitor* in Anm. zu *BAG*, 4.8.1955 – 2 AZR 588/54, AP Nr. 6 zu § 242 BGB Ruhegehalt.
30 *OLG Düsseldorf*, Beschl. v. 24.2.1995, a.a.O. (Fn. 27).
31 Ebenso offensichtlich *EBJ-Löwisch*, HGB § 89b Rz. 109.

B. Berücksichtigung der Altersversorgung dem Grunde nach VIII

Denn der Tätigkeitserfolg des Handelsvertreters, ohne den der Unternehmer nicht in der Lage wäre, die freiwillige Gewährung einer Altersversorgung ins Leben zu rufen, kann die Ausgleichsminderung nicht seinerseits beeinflussen. Mit Recht hat deshalb Kurz[32] in seiner Anmerkung zu dem Beschluss des OLG Düsseldorf vom 24.2.1995 darauf hingewiesen, dass die diesem Beschluss zu Grunde liegenden Überlegungen allerdings „*gewissen Bedenken*" begegneten. Denn das Argument, dass die für die Finanzierung der Altersversorgung notwendigen Mittel zumindest teilweise durch den Handelsvertreter aufgebracht worden seien, sei *keineswegs zwingend*, weil natürlich ein Unternehmen seine Leistungen an die Mitarbeiter aus den Erlösen finanziere, die diese wiederum „miterarbeitet" hätten. Das berühre aber nicht die *Freiwilligkeit der Leistung*, für die es entscheidend sei, ob der Unternehmer ohne rechtliche Verpflichtungen über die vertraglich vereinbarten Leistungen hinaus weitere Leistungen erbringe. Die vom Unternehmen mit der Altersversorgung bezweckte Bindung und zusätzliche Belohnung des Handelsvertreters könne deshalb eine unter Billigkeitsgesichtspunkten gem. § 89b Abs. 1 Ziff. 3 HGB erfolgende *Ausgleichsminderung nicht ausschließen*, zumal es anderenfalls eben doch zu einer *Doppelbelastung*[33] des Unternehmens führe, die ja gemäß dem BGH-Urteil vom 23.5.1966 die Ausgleichsminderung gerade auch rechtfertige[34].

1191

Dabei darf im Übrigen aber auch nicht übersehen werden, dass unstreitig auch *andere Leistungen* des Unternehmens, die unstreitig als Entgelt für geleistete Dienste anzusehen sind, zu einer Ausgleichsminderung führen können. Man denke etwa an *Festbezüge*[35], die sich für den Handels- oder Versicherungsvertreter – obwohl sie eindeutig eine Vergütung für die Vermittlungs- oder Abschlusstätigkeit des Handelsvertreters darstellen – ausgleichsmindernd auswirken können. In Rechtsprechung und Literatur besteht kein Streit darüber, dass solche Umstände, die sich allein für den Handelsvertreter positiv und letztlich entgelterhöhend auswirken, in der Praxis unbestritten zu einer Minderung des Ausgleichsanspruchs führen können.

1192

Aber auch dann, wenn man der von Kurz und vorstehend vertretenen Auffassung nicht folgen will, ist im Einzelfall zu berücksichtigen, dass eine dem Handelsvertreter zugesagte Altersversorgung, auch wenn sie im Wesentlichen der zusätzlichen Vergütung des Handelsvertreters nicht dient, sondern eher zum Zweck der *Bindung des Mitarbeiters*, die Ausgleichsminderung – wenn über-

1193

---

32 *Kurz*, a.a.O.
33 Vgl. dazu unten Rz. 1178, 1209, 1219.
34 *BGH*, 23.5.1966 – VII ZR 268/94, BGHZ 45, 268 = DB 1966, 1130 = NJW 1966, 1962 = BB 1966, 794 = VersR 1966, 754 = HVR 354. Zur Doppelbelastung vgl. auch *LG Heilbronn*, 4.1.1980 – 2 KfO O 117/78, BB 1980, 1819 sowie *Höft*, VersR 1971, 269, 271 zu Ziff. 9 in Anm. zu *BGH*, 19.11.1970 – VII ZR 47/69, VersR 1971, 265, BGHZ 55, 45 = DB 1971, 185 = NJW 1971, 462; *BGH*, 17.11.1983 – I ZR 139/81, BB 1984, 365 m.Anm. *Honsel* = DB 1984, 556 = VersR 1984, 184.
35 Vgl. dazu *Müller-Stein*, VW 2000, 1331; *LG München*, 10.3.1975 – 11 HKO 231/74, VersR 1975, 736; *LG Bremen*, 1.7.1975 – 13 O 970/74, VersR 1975, 1099; *LG Düsseldorf*, 5.3.1981, VW 1981, 766 sowie die Rechtsprechungsübersicht in VW 1976, 517; vgl. auch *OLG Köln*, 17.8.2001 (Fn. 27).

VIII Speziell: Alters- und Hinterbliebenenversorgung des Vertreters

haupt – nur teilweise auszuschließen geeignet sind. Denn es wäre verfehlt, einer Altersversorgung in vollem Umfang Vergütungscharakter – mit der Folge einer durch den Handelsvertreter bewirkten Mitfinanzierung – zuzumessen. In der Rechtsprechung wird nämlich eine Altersversorgung auch keineswegs stets und ausschließlich als zusätzliche Vergütung angesehen. Steht nämlich der Vergütungsgedanke im Vordergrund oder heißt es in der höchstrichterlichen Rechtsprechung, die Altersversorgung habe „Versorgungs- und Entgeltcharakter" oder die Altersversorgung stelle „auch eine Gegenleistung aus dem Vertrage und damit eine besondere Form der Vergütung" dar, könnte bestenfalls derjenige Anteil die Ausgleichsminderung ausschließen, der als Entgelt angesehen werden kann. Entsprechendes gilt, wenn es im Urteil des BGH vom 28. 5. 1973[36] heißt, das Ruhegehalt lasse sich „als ein Teil des Entgelts für die Dienste auffassen, die der Berechtigte bei Eintritt in den Ruhestand bereits geleistet und mit denen er zum Gedeihen des Unternehmens beigetragen hat, das mit seinen Erträgen das Ruhegeld erwirtschaftet".

1194 Mit Recht hat deshalb im Berufungsverfahren auch das OLG Celle in seinem Urteil vom 16. 5. 2002[37] diese Auffassung zurückgewiesen und ausgeführt, dass im entschiedenen Sachverhalt die Klägerin unstreitig selbst keine Zahlungen an die Rentenkasse geleistet habe und weder Zahlungen, die ihr als *„Grundrente"* noch als *„Leistungszuschlag"* versprochen seien, aus Mitteln der Klägerin zu leisten sind. Schon die Grundrente solle unabhängig von einer Tätigkeit der Klägerin erbracht werden, und Gleiches gelte auch für den Leistungszuschlag, auch wenn dieser sich der Höhe nach an den von der Klägerin verdienten Provisionen orientiere. Dabei aber handele es sich ersichtlich lediglich um eine reine Bemessungsgrundlage. Keinesfalls könne davon ausgegangen werden, dass die versprochenen Zahlungen aus an und für sich der Klägerin zustehenden Provisionen zu erbringen seien. Erheblich sei allein der Umstand, dass die Klägerin *faktisch keinerlei Zahlungen*, sei es mittelbar oder unmittelbar, zu der Altersversorgung beigesteuert habe[38].

V. Mittelbare Versorgungsauswirkungen

1195 Für die Berücksichtigung einer dem Handelsvertreter auf Kosten des Unternehmers zufließenden Altersversorgung dem Grunde nach ist **keine Unmittelbarkeit** erforderlich. Es kommt also nicht darauf an, dass dem versorgungsberech-

---
36 *BGH*, 28. 5. 1973 – II ZR 58/71, BB 1973, 996 = DB 1973, 1497.
37 *OLG Celle*, 16. 5. 2002 – 11 U 193/01, (Fn. 28).
38 Mit Recht hat das OLG Frankfurt in seinem Urteil vom 8. 12. 1970, HVR Nr. 428, darauf hingewiesen, dass der Berücksichtigung einer **vom Unternehmer finanzierten Altersversorgung** unter Billigkeitsgesichtspunkten nicht die Fälle gleichzustellen seien, in denen dem Handelsvertreter **hohe Provisionen** zugeflossen waren. Das Gericht meint, dass dann zumindest hätte vorgetragen werden müssen, welche Provisionen in gleichgelagerten Fällen üblich seien und welche Minderung des Provisionssatzes üblich wäre, wenn eine Altersversorgungseinrichtung geschaffen worden wäre. Grundsätzlich könne eine solche Altersversorgung nur dann angerechnet werden, wenn sie über den üblichen Provisionssatz hinaus zusätzlich vom Unternehmer aus sozialen Gründen gewährt werde.

B. Berücksichtigung der Altersversorgung dem Grunde nach **VIII**

tigten Handelsvertreter die vom Unternehmer geleisteten Versorgungsaufwendungen *unmittelbar in Form einer Rente oder eines Kapitals* zufließen[39]. Die Versorgungsleistungen sind dem Grunde nach vielmehr auch dann zu berücksichtigen, wenn sich der *Unternehmer zur Durchführung der Altersversorgung eines Dritten* bedient, an den er Versorgungsbeiträge entrichtet und der bei Eintritt des Versorgungsfalles dem Handelsvertreter gegenüber als *alleiniger Versorgungsschuldner* in Betracht kommt[40]. Man denke an *betriebliche Pensions- oder Unterstützungskassen*[41] oder an ein *Versicherungsunternehmen*, an das der Unternehmer auf Grund eines *Direktvertrages*[42] Versicherungsbeiträge entrichtet[43]. In allen derartigen Fällen hat der Unternehmer durch seine Aufwendungen das *Versorgungsrisiko zwar auf den Dritten* übertragen, die für den planmäßigen Eintritt des Versorgungsfalles notwendigen Mittel aber allein aufgebracht.

Denkbar ist sogar der kuriose Fall, dass der Unternehmer verpflichtet ist, für den Handelsvertreter *Beiträge zur gesetzlichen Rentenversicherung der Angestellten* abzuführen, sodass die bei Vertragbeendigung daraus sich ergebenden *Rentenansprüche des Handelsvertreters in kapitalisierter Form* die Entstehung des Ausgleichsanspruchs unter Billigkeitsgesichtspunkten mindern. Der Bundesgerichtshof[44] hatte sich in seinem Urteil vom 4.6.1975 mit einem solchen Sachverhalt zu befassen, in dem es um den rechtlichen Status und die Ausgleichsberechtigung von *Bezirksstellenleitern von Toto- und Lotto-Unternehmen* ging. Entgegen der zum Rechtsstatus ergangenen Rechtsprechung des Bundessozialgerichts[45], das ein abhängiges Beschäftigungsverhältnis im Sinne des § 537 Nr. 1 RVA a.F. angenommen hatte, woraus sich die Beitragspflicht des Unternehmers ergab, kam der Bundesgerichtshof zu dem Ergebnis, der *Bezirksstellenleiter sei Handelsvertreter* im Sinne der §§ 84ff. In seinem Urteil hat der Bundesgerichtshof darauf hingewiesen, dass es keinen grundlegenden Bedenken unterliege, wenn ein Handelsvertreter ggf. über den Schutz der einschlägigen Vorschriften des Handelsgesetzbuchs hinaus auch noch *Anspruch auf Leistungen aus der Sozialversicherung* habe. In solchen Fällen könnten

1196

---

39 *Schröder,* § 89b Rz. 19; *Möller,* Anm. 379 vor §§ 43–48 VVG; *Küstner,* BB 1963 S. 1147, 1149.
40 *Sieg,* VersR 1968 S. 105 zu I 2.
41 So auch *BGH,* 23.5.1966 (Fn. 1). Näheres zu den Versorgungskassen bei *Schauffler* und *Weiß* im Handbuch der betrieblichen Altersversorgung, Bd. I, S. 303, 333 und insbes. bei *Höfer,* Bd. 1, 2. Aufl. Rz. 126–146.
42 Zum Direktvertrag vgl. *Gehrhardt* im Handbuch der betrieblichen Altersversorgung, Bd. I, S. 372ff. und *Höfer,* a.a.O. Rz. 109–125.
43 Dabei ist es unerheblich, ob die Direktversicherung in der Form einer „echten" Direktversicherung (der Unternehmer ist Versicherungsnehmer und Beitragszahler, der Handelsvertreter Bezugsberechtigter) oder als „unechte Direktversicherung" geführt wird, bei der der Handelsvertreter als Versicherungsnehmer und Beitragsschuldner auftritt, der Unternehmer ihm aber die notwendigen Versicherungsbeiträge aus eigenen Mitteln zur Verfügung stellt. Entscheidend ist allein, dass dem Handelsvertreter ein Versicherungsanspruch zusteht, der aus Mitteln resultiert, die der Unternehmer aufgewendet hat.
44 *BGH,* 4.6.1975, BB 1975 S. 1409 = EBE 1975 S. 351.
45 *BSG,* 9.12.1964, SozR Nr. 39 zu § 537 RVO a.F. = Sammlung *Breithaupt,* 1965 S. 639, Nr. 243.

VIII Speziell: Alters- und Hinterbliebenenversorgung des Vertreters

Versorgungsleistungen, die der Handelsvertreter nach der Vertragsbeendigung auf Grund von Beitragsleistungen des Unternehmers erhalte, bei der Billigkeitsprüfung berücksichtigt werden[46].

1197 Nach der Rechtsprechung des Bundesgerichtshofs in seinem Urteil vom 23.5. 1966[47] wirken sich schließlich nicht nur solche Versorgungsleistungen ausgleichsmindernd aus, die auf Zahlungen des Unternehmers beruhen, die er während bestehenden Vertretervertrages erbrachte. Vielmehr sind auch solche *Leistungen zu berücksichtigen, die sich aus vom Unternehmer vorher erbrachten Beiträgen ergeben*, als der spätere Vertreter noch in einem *Anstellungsverhältnis* zum Unternehmer stand. Hierbei ist allerdings zu beachten, dass nur solche während der Anstellungszeit des späteren Vertreters vom Unternehmer erbrachte Leistungen ausgleichsmindernd berücksichtigt werden können, die *im Zusammenhang mit einer betriebsinternen Versorgungszusage auf freiwilliger Grundlage* erbracht wurden. Das bedeutet, dass solche Leistungen hier außer Betracht bleiben müssen, die während der Angestelltenzeit des späteren Versicherungsvertreters vom Unternehmen *auf Grund gesetzlicher Beitragsverpflichtung* erbracht wurden und auf denen die dem späteren Versicherungsvertreter beim Eintritt in den Ruhestand zufließende *gesetzliche Altersrente anteilig* beruht.

VI. Anrechnungsvereinbarungen

1198 Um eine Ausgleichsminderung aufgrund einer vom Unternehmen finanzierten Altersversorgung herbeizuführen, bedarf es **keiner besonderen** zwischen den Parteien zu treffenden Vereinbarung. Denn die Ausgleichsminderung ergibt sich aufgrund der Rechtsprechung[48] bereits unmittelbar aus dem in § 89b Abs. 1 Nr. 3 niedergelegten Billigkeitsgrundsatz. Unabhängig von der durch die Parteien vertretenen Auffassung hat – wie im Urteil vom 20.11.2002 – VIII ZR 211/01 – der Bundesgerichtshof[48a] ausdrücklich festgestellt hat, letztlich allein der Richter über die Frage zu entscheiden, ob der Barwert der Altersversorgung unter Billigkeitsgesichtspunkten zu einer Ausgleichsminderung führt oder ob eine solche Anrechnung nicht in Betracht kommen kann. Gleichwohl spielen – insbesondere in den Fällen der *Fälligkeitsdifferenz*[49] – neuerdings Anrechnungsvereinbarungen eine Rolle. Gegen solche Vereinbarungen bestehen aber, wie erwähnt, vom Grundsatz her keine Bedenken, sofern sie lediglich die Rechtslage zutreffend wiedergeben, also bezüglich des *betreffenden Einzelfal-*

---

46 Der *Bundesgerichtshof* erwähnt auch mit Rücksicht auf die sozialversicherungsrechtliche Absicherung des Handelsvertreters in derartigen Fällen die *Arglisteinrede* des Unternehmers gegenüber dem geltend gemachten Ausgleichsanspruch.
47 *BGH*, 23.5.1966, DB 1966 S. 1130, 1132 li. Sp.
48 *BGH*, 23.5.1966 (Fn. 1); *OLG München*, 22.3.2001 – 29 U 4997/00 n.v. und *LG München*, 10.8.2000 – 12 O 3779/00, VersR 2001, 55 m.Anm. *Küstner*; vgl. auch *v. Hoyningen-Huene*, EWiR 2000, 1019 und *Müller-Stein*, VW 2001, 415; ebenso *Baumann*, WVK 2000, Nr. 10, 5.
48a *BGH*, 20.11.2002, VersR 2003, 368 = DB 2003, 144 mit Anm. *Emde*, EWiR 2003, 231 und *Küstner*, VW 2003, 127 und EWiR 2003, 227. Vgl. auch unten Rz. 1279.
49 Einzelheiten dazu Rz. 1248, 1264.

les die Ausgleichsminderung vom Vorliegen von Billigkeitsgesichtspunkten abhängig machen, sodass eine vom Unternehmen finanzierte Altersversorgung die Ausgleichsminderung rechtfertigt.

Mitunter werden aber Anrechnungsvereinbarungen getroffen, die von der Rechtsprechung[50] zutreffend als unwirksam angesehen wurden oder werden, weil sie einen Verstoß gegen § 9 Abs. 2 Ziff. 1 AGBG (jetzt § 307 Abs. 2 BGB) darstellen. **1199**

So hat der BGH in seinem Urteil vom 20.11.2002 die Entscheidungen der Vorinstanzen in einem Verbandsklageverfahren bestätigt und die zwischen den Parteien des Vertretervertrages getroffene Anrechnungsvereinbarung als Verstoß gegen § 9 Abs. 2 Nr. 1 AGBG als unwirksam angesehen, die folgenden Wortlaut hatte: **1200**

„Die Vertragsparteien sind sich darüber einig, dass *in Höhe des Kapitalwerts* einer auf der Grundlage dieses Vertretungsverhältnisses von den Gesellschaften *finanzierten Versorgung* aus Billigkeitsgründen *kein Ausgleichsanspruch nach § 89b HGB entsteht*. Diese Regelung beruht auf der Rechtsprechung des Bundesgerichtshofs. Angerechnet werden sowohl eine Alters-, BU- sowie Hinterbliebenenversorgung des Vertreters und seiner Hinterbliebenen in der Form einer *zu beanspruchenden Rente* als auch *unverfallbare Rentenanwartschaften*.

Da dem Vertreter eine Teilnahme an Versorgungseinrichtungen der Gesellschaften gerade in Erwartung einer Anrechnung der Versorgungsleistungen auf einen Ausgleichsanspruch ermöglicht wird, sind sich die Parteien einig, dass eine *Anrechnung aus Billigkeitsgründen auch dann erfolgen soll*, wenn *zwischen Beendigung des Vertragsverhältnisses und tatsächlichem Einsetzen der Versorgungszahlungen ggf. ein langer Zeitraum liegt*."

Mit Recht hat das Gericht eine solche Regelung deshalb für unwirksam gehalten, weil in den vorstehend wiedergegebenen Vereinbarungstexten *nicht auf den jeweiligen Einzelfall*, sondern generell darauf abgestellt wird, dass *allein das Vorhandensein* einer vom Unternehmen finanzierten Altersversorgung schon ausreicht, den Ausgleichsanspruch zu mindern, und zwar gleichgültig, ob die Versorgungsansprüche des Handelsvertreters gleichzeitig mit der Vertragsbeendigung oder zu einem späteren Zeitpunkt fällig werden. **1201**

Angesichts dieser Rechtsprechung wird mitunter die Auffassung vertreten, damit sei in der Rechtsprechung nunmehr der vom BGH im Urteil vom 23.5. 1966 erstmals festgestellte Grundsatz der auf Billigkeitsgründen beruhenden **1202**

---

50 *BGH*, 20.11.2002 – VIII ZR 146/01, VersR 2003, 323 mit Anm. *Müller-Stein*, VW 2003, 199 und *Küstner*, EWiR 2003, 229. Vorinstanzen: *LG München*, 10.8.2000, VersR 2001, 55 mit Anm. *Küstner*, § 89b HGB, VersR 2001, 58 und *von Hoyningen-Huene*, EWiR § 89b HGB 2002, 1019 sowie *OLG München*, 22.3.2001 – 29 U 4997/00, DB 2001, 1666, dazu *Emde* in EWiR § 89b HGB 2003, 229 und VersR 2002, 151, 164 zu Ziff. VI m.w.N. sowie *Pulverich*, VersVerm 2002, 376 und *Zander/Pulverich*, VersVerm 2003, 6.

VIII Speziell: Alters- und Hinterbliebenenversorgung des Vertreters

Ausgleichsminderung *gegenstandslos* geworden[51]. Dies trifft indessen keineswegs zu. Denn die zitierten Urteile haben ausdrücklich an der bisherigen Rechtsprechung festgehalten und lediglich festgestellt, dass *Anrechnungsvereinbarungen* dann nach § 9 Abs. 2 Ziff. 1 AGBG *unwirksam* seien, wenn sie ohne *Rücksicht auf im Einzelfall* mögliche Besonderheiten generell die Nichtentstehung des Ausgleichsanspruchs „in Höhe des Kapitalwerts einer vom Unternehmen finanzierten Versorgung aus Billigkeitsgründen" festschreiben. So heißt es im Urteil des OLG München vom 22.3.2001:

> „Durch das angefochtene Urteil wird die Rechtslage, die die Entscheidung des Bundesgerichtshofs vom 23.5.1966 feststellt, dass nämlich eine vom Unternehmen zu Gunsten des Handelsvertreters eingerichtete und finanzierte Altersversorgung *im Regelfall zu einer Ausgleichsminderung unter Billigkeitsgesichtspunkten* führen kann, *nicht in Frage gestellt*. Zu Recht wird aber der Standpunkt vertreten, dass eine *Verallgemeinerung dieses Grundsatzes* in der Weise, wie sie in den angegriffenen Klauseln zum Ausdruck kommt, ausgeschlossen ist. Es trifft eben nicht zu, dass eine vom Unternehmen finanzierte Altersversorgung *zwangsläufig ausnahmslos* zu einer Ausgleichsminderung führen muss".

Und weiter heißt es:

> „...denn der Wegfall der angegriffenen Klauseln führt keineswegs dazu, dass die Beklagte von den Vertretern „doppelt" in Anspruch genommen werden kann. Diese..."[52] zu Recht als abwegig beurteilte Schlussfolgerung aus der Entscheidung des Landgerichts wird auch vom Kläger im Rechtsstreit nicht vertreten. Den zutreffenden Ausführungen des Landgerichts entsprechend entsteht ein Anspruch des Versicherungsvertreters nach § 89b HGB nur insoweit, als er unter Berücksichtigung aller Umstände der Billigkeit entspricht. Bei der Billigkeitsprüfung ist auch dann, wenn die angegriffenen Klauseln unwirksam und deshalb nicht verwendbar sind, selbstverständlich die von der *Beklagten finanzierte Altersversorgung zu berücksichtigen, was zur teilweisen oder vollen Anrechnung des Kapitalwerts führen kann*."

1203 In gleicher Weise hat sich auch das OLG Köln in seinem Urteil vom 17.8.2001[53] ausgesprochen und hat über die Verletzung des § 9 Abs. 2 Ziff. 1 AGBG hinaus in einer der oben wiedergegebenen Klausel entsprechenden Vereinbarung auch einen Verstoß gegen den *Unabdingbarkeitsgrundsatz* gem. § 89b Abs. 4 HGB gesehen.

1203a In einem weiteren Verfahren hat das OLG München durch Urteil v. 13.3. 2003[53a] dem beklagten Versicherungsunternehmen auch untersagt, eine in die

---
[51] Vgl. *Kämpf*, VersVerm 01, 387.
[52] Ebenso *Küstner* in Anm. zu *LG München*, Urteil v. 10.8.2000 in VersR 2001, 58f. (vgl. Fn. 50) A.A. *Schäfer* VersVerm 2001, 64.
[53] *OLG Köln*, 17.8.2001 – 19 U 206/00, VersR 2001, 1377 (vgl. Fn. 27) mit ablehnender Anmerkung *Emde*, VersVerm 2001, 440. Vgl. dazu auch *OLG Celle*, 16.5.2002, VersR 2002, 976 (vgl. Fn. 28) und *BGH*, 20.11.2002 – VIII ZR 211/01 (Fn. 48a).
[53a] *OLG München*, 13.3.2003 – 29 U 2509/02; vgl. VersVerm 2003, 125 und WVK 2003 Heft 4, S. 9.

AGB des Unternehmens eingefügte Anrechnungsklausel zu verwenden, in der vorgesehen ist, dass die vom Unternehmen finanzierte Altersversorgung „immer als ausgleichsmindernder Umstand zu berücksichtigen" sei, so dass „aus Billigkeitsgründen kein Ausgleichsanspruch gem. § 89 b HGB (entstehe), falls die Saldierung mit sonstigen ausgleichserhöhenden oder ausgleichsmindernden Umständen zu keinem anderen Ergebnis" führt. Mit dieser „entschärften" Fassung der Anrechnungsklausel wollte das Versicherungsunternehmen der drohenden Niederlage in dem oben in Rz. 1200 erwähnten Verfahren – wenn auch vergeblich, wie sich nun aus dem Urteil des OLG München v. 13.3.2003 ergab, begegnen. Das Gericht hat die Revision nicht zugelassen, so dass abgewartet werden muss, ob das beklagte Unternehmen mit der Nichtzulassungsbeschwerde gegen das klagabweisende Urteil vorgehen wird.

Schließlich muss festgestellt werden, dass einer solchen Beurteilung auch nicht **1204** mit dem Gesichtspunkt einer *„geltungserhaltenden Reduktion"* begegnet werden kann. Dieses Argument ist schon deshalb nicht überzeugend, weil nach § 6 Abs. 1 AGBG (jetzt § 306 BGB) auch bei Unwirksamkeit einzelner Bestimmungen der Vertrag als solcher im Übrigen wirksam bleibt und nach § 6 Abs. 2 AGBG[54] für den Vertragsinhalt die gesetzlichen Vorschriften maßgebend sind, wenn die als allgemeine Geschäftsbedingung einzustufende Anrechnungsvereinbarung unwirksam ist und nach § 6 Abs. 3 AGBG das Festhalten am Versorgungsvertrag keineswegs eine Härte für den Handelsvertreter darstellt[55].

VII. Kontinuität der Rechtsprechung

In der Literatur sind zuweilen Befürchtungen[56] geäußert worden, dass mit Rücksicht auf Urteile des Oberlandesgerichts Frankfurt[57] und des Landgerichts Berlin[58] die Rechtsprechung vielleicht von den vom Bundesgerichtshof[59] entwickelten Grundsätzen *abweichen* könnte. Beide Urteile betrafen die Berücksichtigung von Lebensversicherungen der Handelsvertreter, die vom Unternehmer finanziert worden waren[60]. Das Oberlandesgericht Frankfurt hat in seinem Urteil vom 19.6.1972 eine Ausgleichsminderung unter Billigkeitsgesichtspunkten mit Rücksicht auf eine vom Unternehmer zum Zwecke der Altersversorgung des Handels- **1205**

---

54 § 6 II AGBG = § 306 II BGB n.F.
55 Ebenso *OLG Köln*, 17.8.2001, a.a.O. (Fn. 53) und *OLG Celle*, 16.5.2002 – 11 U 193/01, VersR 2002, 976 zu Ziff. 2a) dd) bbb) (S. 978 r.Sp.) vgl. Fn. 28 mit Anm. *Küstner*, VersR 2002, 980 und *Thume*, 981.
56 *Höft*, VersR 1973 S. 739, VW 1973 S. 1522 und ZfV 1975 S. 171; *ders.*, ZVersWiss 1976 S. 439, 466.
57 *OLG Frankfurt*, 19.6.1972, BetrAV 1974 S. 89 = RVR 1973 S. 16, 22.
58 *LG Berlin*, 26.1.1973, VersR 1973 S. 739 mit Anm. *Höft*, vgl. auch VW 1974 S. 528 mit Hinweisen auf die nicht veröffentlichte Berufungsentscheidung des *KG* vom 25.10.1973–2 U 822/72.
59 *BGH*, 23.5.1966, vgl. Fn. 1.
60 Zur Berücksichtigung von *Gewinnanteilen aus Lebensversicherungen* vgl. GDV-Rdschr. v. 6.4.1995, abgedr. im Anhang Nr. 14 und VersVerm 1995 S. 212.

VIII   Speziell: Alters- und Hinterbliebenenversorgung des Vertreters

vertreters finanzierte Lebensversicherung, deren Rückkaufswert im Zeitpunkt der Vertragsbeendigung 4000 DM betrug, nur teilweise anerkannt, nämlich in Höhe von 50% des Rückkaufswerts, sodass eine darüber hinausgehende Ausgleichsminderung abgelehnt wurde. Die volle Anrechnung des Rückkaufswerts, also eine Minderung des mit 18000 DM errechneten Ausgleichs um 4000 DM, hat das Gericht *„angesichts der großen Versprechungen*, welche die Beklagte (das Unternehmen) bei Abschluss des Handelsvertretervertrages gemacht hatte", nicht für gerechtfertigt gehalten. Das Gericht hat sich in seiner Entscheidung ausdrücklich auf die Urteile des Bundesgerichtshofs vom 23.5.1966 und 19.11.1970[61] berufen, wonach es von den Umständen des Einzelfalles abhänge, ob und in welchem Umfange eine Anrechnung angemessen erscheine.

1206   In dem Sachverhalt, der dem Urteil des Landgerichts Berlin vom 26.1.1973 zu Grunde lag, war das zwischen einem Versicherungsunternehmen und seinem Vertreter bestehende Vertragsverhältnis einvernehmlich aufgehoben worden, nachdem durch Kündigung eines Großkunden durch das Versicherungsunternehmen (offenbar aus dem Bestande des Vertreters) die Existenz des Vertreters nach der von ihm vertretenen Auffassung nicht mehr gesichert erschien. Das Versicherungsunternehmen war der Ansicht, der mit 41994,– DM errechnete Ausgleichsbetrag sei um den Kapitalwert zweier von ihm finanzierter Lebensversicherungen zu mindern, der sich insgesamt auf 5034,– DM belief. Um diesen Betrag kürzte das Unternehmen den Ausgleich. Nachdem es in der mündlichen Verhandlung einen Teilbetrag anerkannt hatte, begehrte der Kläger sodann als Nachzahlung auf den Ausgleich den noch verbleibenden Differenzbetrag in Höhe von 4124,36 DM, um den die Beklagte den Ausgleich seiner Auffassung nach ungerechtfertigt gekürzt hatte.

1207   Das Landgericht gab der Klage statt und *lehnte die vom Unternehmen begehrte Ausgleichsminderung* ab. Zur Begründung führte das Gericht unter Berufung auf das Urteil des Bundesgerichtshofs vom 23.5.1966 aus, dass die Anrechnung im entschiedenen Falle nicht der Billigkeit entspreche. Dabei stellte es darauf ab, dass die Beendigung des Vertragsverhältnisses zwischen den Parteien auf die Kündigung eines Großkunden durch das vertretene Unternehmen zurückzuführen sei. Zwar liege die Entscheidung über die Kündigung von Verträgen allein beim Unternehmer; wenn aber durch eine derartige Kündigung in die *Existenzgrundlage eines Vertreters eingegriffen* werde und der Vertreter sich deshalb gezwungen sehe, das Vertragsverhältnis zu beenden, so sei es dem Unternehmer aus Billigkeitsgründen zuzumuten, die dem Handelsvertreter zustehende Ausgleichsforderung ohne Abzug eigener, vom Unternehmer erbrachter Leistungen zu zahlen. Anderenfalls würde die Kündigung des Großkunden für den Handelsvertreter darüber hinaus wirtschaftlich zur Folge haben, dass er „wohlerworbene Ansprüche zusätzlich verliere".

1208   In beiden entschiedenen Fällen ist die jeweils vom Ausgleichsschuldner angestrebte Ausgleichsminderung mit Rücksicht darauf als nicht oder nicht in vol-

---

61 A.a.O. (Fn. 1).

lem Umfange dem Billigkeitsgrundsatz entsprechend abgelehnt worden, dass es sich in beiden Sachverhalten **nicht um Regelfälle handelte**, auf die die Rechtsprechung des Bundesgerichtshofs aber zugeschnitten ist, wie sich aus dem Inhalt der Urteile vom 23.5.1966 bzw. vom 19.11.1970 ergibt. Die nur teilweise Anerkennung der Ausgleichsminderung in dem vom OLG Frankfurt entschiedenen Sachverhalt beruhte auf nichteingelösten „großen Versprechungen" des Unternehmers, während in dem vom Landgericht Berlin entschiedenen Falle offensichtlich die Bestandswegnahme (= Kündigung eines Großkunden) als entscheidender Umstand dafür angesehen wurde, dass eine Ausgleichsminderung unter Billigkeitsgesichtspunkten nicht anerkannt wurde.

Auch das Urteil des Landgerichts Heilbronn vom 4.1.1980[62] rechtfertigt die geäußerten Befürchtungen hinsichtlich einer Abweichung der Rechtsprechung von den vom Bundesgerichtshof entwickelten Grundsätzen nicht. Im entschiedenen Falle hatte sich das Landgericht Heilbronn mit dem Ausgleichsanspruch eines Bausparkassenvertreters zu befassen, der im Zeitpunkt der Vertragsbeendigung in vorgerücktem Alter stand (knapp 62 Jahre alt), gesundheitlich angegriffen und in seinen Erwerbschancen beeinträchtigt war. Diesem Bausparkassenvertreter (Kläger) war unwiderruflich eine Altersversorgung in Höhe von 100 DM monatlich ab Alter 65 zugesagt worden. Das Landgericht vertrat die Auffassung, dass hier *angesichts der geringen Höhe der betrieblichen Altersrente von einer wirtschaftlich nicht gerechtfertigten Doppelbelastung der Bausparkasse* im Falle einer Auszahlung des ungekürzten Ausgleichsbetrags nicht ernsthaft die Rede sein könne. Es müsse nämlich berücksichtigt werden, dass die monatliche Versorgungsrente von 100 DM nur als Zuschuss zu einer anderweitig verschafften Altersversorgung verstanden werden könne und dass die Vertragsbeendigung auch noch keine Zahlungsverpflichtungen der Beklagten ausgelöst habe; vielmehr müssten die Zahlungen, wenn nicht der Kläger inzwischen aus gesundheitlichen Gründen erwerbsunfähig werde, erst 3 Jahre später, also im Februar 1983, aufgenommen werden.

Durch die Zahlung eines ungekürzten Ausgleichsbetrages erfahre der Kläger auch keinen Vorteil, der aus wirtschaftlichen oder sozialen Erwägungen als nicht gerechtfertigt angesehen werden müsse. Mit dem sozialen Anliegen der betrieblichen Altersrente sei es durchaus zu vereinbaren, wenn dem im vorgerückten Alter stehenden, gesundheitlich angegriffenen und in seinen Erwerbschancen zumindest stark eingeengten Begünstigten für die Zeit zwischen dem Ausscheiden aus der normalen Berufstätigkeit und dem Eintritt ins Rentenalter der *Ausgleichsbetrag ungekürzt als Überbrückung bleibe*. Eine Kürzung des Ausgleichs um den Kapitalwert der Altersrente bedeute in der Sache nichts anderes, als das Ansinnen an den Kläger, den unwiderruflich zugesagten Versorgungsbeitrag nunmehr noch selbst zu finanzieren.

Angesichts dieser besonderen Umstände, die in den entschiedenen Fällen Anlass boten, *von der auf Regelfälle zugeschnittenen Rechtsprechung des Bundesge-*

---

62 *LG Heilbronn,* 4.1.1980, BB 1980 S. 1819 = VersR 1981 S. 374 (nur LS) = VersVerm 1981 S. 110.

VIII Speziell: Alters- und Hinterbliebenenversorgung des Vertreters

richtshofs abzuweichen, dürften die eingangs erwähnten Befürchtungen nicht gerechtfertigt sein. Gerade weil der Bundesgerichtshof in seinem Urteil vom 23.5.1966 bereits im Leitsatz zum Ausdruck gebracht hat, dass eine Anrechnung der Altersversorgung auf den Ausgleichsanspruch dann zulässig sei, *„wenn das nach den gesamten Umständen des Falles der Billigkeit entspricht"*, musste von jeher davon ausgegangen werden, dass *Ausnahmefälle denkbar sind, die eine doppelte Zahlungsverpflichtung des Unternehmers im Hinblick auf eine zugesagte und selbst finanzierte Altersversorgung einerseits und Ausgleichsansprüche andererseits nicht als unbillig erscheinen lassen*. Aus der vom Bundesgerichtshof verwendeten Formulierung nun aber bereits dann Befürchtungen herzuleiten, wenn ein Gericht nichts weiter tut, als den vom Bundesgerichtshof gesteckten Rahmen im Hinblick auf die Prüfung des Billigkeitsgrundsatzes auszuschöpfen und wenn es dabei zu dem Ergebnis gelangt, dass im entschiedenen Einzelfalle eine Anrechnung nach den gesamten Umständen nicht der Billigkeit entspricht, dürfte die vom Bundesgerichtshof entwickelten Grundsätze überbewerten und das Urteil vom 23.5.1966 zu einseitig auslegen.

1212 Meiner Auffassung nach rechtfertigen deshalb die genannten Entscheidungen die geäußerten Befürchtungen nicht, dass die Rechtsprechung von der vom Bundesgerichtshof eingeschlagenen Richtung möglicherweise abweichen könne. Sofern im Einzelfall keine Umstände vorliegen, die unter Billigkeitsgesichtspunkten eine abweichende Beurteilung rechtfertigen könnten, gelten nach wie vor in vollem Umfange die vom Bundesgerichtshof entwickelten Grundsätze[63,64].

VIII. Ergebnis

1213 Als Ergebnis ist mithin festzuhalten: Eine allein aus Mitteln des Unternehmers finanzierte Altersversorgung, die infolge der Vertragsbeendigung zu Gunsten des Handelsvertreters oder seiner Erben fällig wird, ist dem Grunde nach geeignet, die Entstehung des Ausgleichsanspruchs unter Billigkeitsgesichtspunkten zu beeinflussen. Denn wenn mit Rücksicht auf die fällig werdende Altersversorgung der Billigkeitsgrundsatz — und damit eine der für die Entstehung des Ausgleichsanspruchs erforderlichen Voraussetzungen — ganz oder teilweise nicht erfüllt ist, wirkt sich dies auf die *Entstehung des Ausgleichsanspruchs* aus. Es könnte deshalb zu Bedenken führen, wenn man den Standpunkt vertritt, dass eine Altersversorgung nur auf den Ausgleichsanspruch „angerechnet" werden müsse[65], wie mitunter auch der Bundesgerichtshof formuliert hat[66]. Denn

---

63 So hat das *LG Darmstadt* am 4.4.1978 (nicht rechtskräftig) entschieden, dass der Teil der Versicherungssumme, der prozentual der Beteiligung des Unternehmers an der Prämienzahlung entspreche, unter Billigkeitsgesichtspunkten ausgleichsmindernd in Ansatz zu bringen sei.
64 Zu Besonderheiten bei erheblichen Fälligkeitsdifferenzen von Ausgleichs- und Versorgungsanspruch vgl. unten Rz. 1264ff.
65 Vgl. oben Rz. 1178 Fn. 20. Kritik bei *Höft*, VersR 1966 S. 842 und VersR 1971 S. 269, 271 zu 9.
66 *BGH*, 23.5.1966, a.a.O. ebenso *Rietschel*, RVR 1969 S. 291, 302 und anonym, VersVerm 1969 S. 35. In seinem Urteil vom 17.11.1983 (BB 1984 S. 365 mit Anm. *Honsel* = HVR Nr. 580 = MDR 1984 S. 375 = DB 1984 S. 556 = VersR 1984 S. 184 = WM 1984 S. 212) hat der *Bundes-*

eine Anrechnung setzt voraus, dass der *Ausgleichsanspruch zunächst entsteht*, dann aber durch diese Anrechnung — ganz oder teilweise, je nach dem Umfang der Anrechnung — wieder entfällt. Dass es hier nicht nur um einen Streit um Worte geht, sondern dass die unterschiedliche Terminologie weittragende Bedeutung haben kann, zeigt sich mit aller Deutlichkeit, wenn es um die Frage geht, ob die Altersversorgung vom Rohausgleich oder vom geschuldeten Ausgleich abzuziehen ist oder wenn der Handelsvertreter statt der Altersversorgung vom Unternehmer die *Zahlung eines Ausgleichskapitals* verlangt[67].

C. Berücksichtigung der Altersversorgung der Höhe nach

In diesem Abschnitt werden zunächst lediglich diejenigen Fälle behandelt, in denen der Ausgleichsanspruch und Ansprüche aufgrund der vereinbarten Altersversorgung *gleichzeitig fällig werden*. Besonderheiten, die sich aus einer *Fälligkeitsdifferenz* ergeben, die bei vorzeitiger Vertragsbeendigung und gleichzeitiger Fälligkeit des Ausgleichsanspruchs, aber erst später eintretender Fälligkeit der unverfallbar gewordenen Versorgungsansprüche entstehen, werden unten in Abschnitt D[68] erläutert werden.

1214

I. Maßgeblicher Bewertungszeitpunkt

Um festzustellen, in welchem Umfang der Ausgleichsanspruch durch eine Altersversorgung gemindert wird, ist zunächst der *Zeitpunkt* von Bedeutung, der für die dabei notwendig werdende Bewertung der Altersversorgung maßgebend ist. Hier kann allein der *Zeitpunkt der Vertragsbeendigung*[69], in Betracht kommen, weil der Ausgleichsanspruch in diesem Zeitpunkt *entsteht und fällig wird*[70]. Infolgedessen muss geprüft werden, ob die Anspruchsvoraussetzungen in diesem Zeitpunkt gegeben sind. Daraus folgt, dass Schwankungen im Umfang der zugesagten Altersversorgung, die vor der Vertragsbeendigung erfolgten, ebenso außer Betracht zu bleiben haben wie Schwankungen, die im Einzelfall nach der Vertragsbeendigung möglicherweise zu erwarten sind[71]. Es

1215

---

gerichtshof — wenn auch nicht im Leitsatz — so doch in den Urteilsgründen zu Ziffer II3 klarstellend zum Ausdruck gebracht, dass „im Regelfall ausschließlich mit Mitteln des Unternehmers aufgebrachte Versorgungsleistungen aus Billigkeitsgründen auf den Ausgleichsanspruch des Vertreters anzurechnen sind, sodass der nach der Vorteils- und Verlustprognose des § 89b Abs. 1 Satz 1 Nr. 1 und 2 in Betracht kommende Ausgleich — soweit der Kapitalwert der Versorgungszusage den Ausgleichsanspruch abdeckt — grundsätzlich nicht ungekürzt *entsteht*.

67 *Küstner*, BB 2000, Heft 20 „Die erste Seite" Anh. Nr. 16; *ders.* FS für *Reinhold Trinkner*, 1995, S. 208. Einzelheiten in Rz. 1224 m.w.N.; 1233 und Fn. 101e. Vgl. dazu *Löwisch* in *Ebenroth/ Boujong/Joost*, HGB, § 89b Rz. 130. Zustimmend *Thume* in BB 2002, 1325, 1331 zu VI.6.
68 Rz. 1259.
69 So auch *BGH*, 23.5.1966, a.a.O. zu II 1.
70 Näheres dazu Rz. 1625 und *LG Aachen*, 30.6.1965, HVR Nr. 343.
71 Mit den Rechtsfolgen des nachträglichen Wegfalls der Altersversorgung auf den festgestellten Ausgleichsanspruch befasst sich *Sieg*, VersR 1968 S. 105ff. Näheres Rz. 1242.

VIII Speziell: Alters- und Hinterbliebenenversorgung des Vertreters

kommt deshalb allein darauf an, ob und in welcher Höhe ein *Versorgungsanspruch im Zeitpunkt der Vertragsbeendigung gegeben ist*[72].

1216 Eine Ausgleichsminderung unter Billigkeitsgesichtspunkten kann nur dann vertreten werden, wenn dem Handelsvertreter bei Vertragsbeendigung *Leistungen gewährt werden, die sich* — vom Zeitpunkt der Vertragsbeendigung aus betrachtet — im Hinblick auf ihre gesamte, also auch künftige Laufzeit *wirtschaftlich wie eine Ausgleichszahlung auswirken*[73]. Dies mag, wenn der Handelsvertreter nach der Vertragsbeendigung, aber vor der endgültigen Abrechnung über den Ausgleichsanspruch stirbt, für die *Erben des Handelsvertreters* nachteilig sein. Denn sie müssen dann die *Anrechnung der gesamten bei Vertragsbeendigung fällig gewordenen, aber durch den Tod wieder entfallenen Altersversorgung des Handelsvertreters gegen sich gelten lassen*. Es kann sich also ein *völliger Ausgleichsausschluss ergeben*, obwohl dem Handelsvertreter insgesamt vielleicht nur wenige Monatsrenten gezahlt wurden. Hier muss man sich indessen vergegenwärtigen, dass ein Ausgleichsanspruch bereits in der Person des Handelsvertreters selbst nur insoweit entstehen konnte, als er den *Kapitalwert der fällig gewordenen Altersversorgung überstieg*. Beim Tod des Handelsvertreters nach Versorgungsbeginn kann den Erben mithin kein höherer Ausgleich zustehen, als dies beim Handelsvertreter selbst der Fall war.

1217 Etwas anderes ergibt sich auch nicht aus dem Urteil des Bundesgerichtshofs vom 28.1.1965[74], in dem es heißt, dass bei der Bemessung der Höhe des Ausgleichs im Rahmen der Billigkeit gegebenenfalls auch solche Umstände zu berücksichtigen seien, die erst nach der Beendigung des Vertretervertrages eingetreten sind. Denn nach dem Sachverhalt, der diesem Urteil zu Grunde lag, handelte es sich um die Frage, ob ein bereits entstandener Anspruch nachträglich wieder entfallen könne. Hier dagegen kommt es darauf an, ob ein Ausgleich, der im Zeitpunkt der Vertragsbeendigung gem. § 89b I Nr. 3 ganz oder teilweise nicht entstehen konnte, nachträglich entstehen, also gewissermaßen „*wiederaufleben*" kann, wenn die Umstände entfallen, die zunächst seiner Entstehung im Wege standen. Das aber ist nicht möglich, weil für die Entstehung des Ausgleichsanspruchs grundsätzlich auf den Zeitpunkt der Vertragsbeendigung abgestellt werden muss[75].

1218 Andererseits gibt die Verwendung des *Begriffs der Anrechnung* im Urteil vom 23.5.1966 Anlass, zu der Frage Stellung zu nehmen, auf welchen Betrag bei der Anrechnung der Altersversorgung abzustellen ist[76]. Richtiger Ansicht nach kann dies nur im Hinblick auf den Betrag gelten, der – zunächst ohne Berücksichtigung der Altersversorgung – *vom Unternehmer geschuldet* wird. Dies

---

72 Dabei muss ggf. auch derjenige Teil der Altersversorgung anspruchsmindernd berücksichtigt werden, den der Unternehmer zu einer Zeit finanziert hatte, in der der spätere Handelsvertreter noch als Angestellter bei dem Unternehmer beschäftigt war, vgl. BGH, 23.5.1966 a.a.O. zu II 2; *Martin*, DB 1966 S. 1837, 1838 zu 4.
73 BGH, 23.5.1966, a.a.O.; OLG München, 9.7.1964, a.a.O. (Fn. 1).
74 BB 1965 S. 434; vgl. auch Rz. 1671, 1674.
75 Vgl. dazu Rz. 1242.
76 Vgl. dazu auch *Küstner*, BB 1994 S. 1590, 1592 und unten Rz. 1224 m.w.N.

kann mithin nur entweder der für den geschuldeten Ausgleich in Betracht kommende **Höchstbetrag** nach § 89b Abs. 2 bzw. – bei Versicherungsvertretern nach Abs. 5 Satz 2 – oder der in niedrigerer Höhe *geforderte Ausgleich* sein, nicht aber der sog. **Rohausgleich**[77]. Denn bei diesem handelt es sich nur um einen **rechnerischen Zwischenwert**, der sich unter Berücksichtigung der Vorteils- und Verlustprognose, der Abwanderungsquote, der Abzinsung etc. ergibt und der sodann zur Ausgleichshöchstgrenze in Beziehung zu setzen ist. Überschreitet dieser Rohausgleich die Höchstgrenze, wird in der Praxis häufig in der Weise vorgegangen, dass der Billigkeitsabschlag von diesem Rohausgleich vorgenommen wird, was zur Folge haben kann, dass der verbleibende Rohausgleich immer noch über der Ausgleichshöchstgrenze liegt, die sodann in vollem Umfange geschuldet wird[77a].

Eine solche Vorgehensweise mag ausnahmsweise vertretbar sein, wenn allgemeine Gesichtspunkte, wie sie oben dargestellt wurden[78], im Rahmen der Ermittlung des Rohausgleichs ausgleichsmindernd berücksichtigt werden. Diese Berechnungsmethode kann aber insbesondere dann nicht gerechtfertigt werden, wenn die Berücksichtigung eines Billigkeitsumstandes gerade dazu führen soll, eine **Doppelbelastung des Unternehmers zu vermeiden**, worauf der Bundesgerichtshof in seinem Urteil vom 23.5.1966[79] ja gerade abgestellt hatte. Dieser für die damalige Entscheidung und auch heute – zumindest bei gleichzeitiger Fälligkeit – noch in vollem Umfange maßgebliche Gesichtspunkt würde aber „ins Leere laufen", wenn man ihn ohne jegliche Auswirkung auf die Höhe des geschuldeten Ausgleichs bereits im Rahmen der Rohausgleichs-Berechnung berücksichtigen würde und dieser Rohausgleich trotz Berücksichtigung der Altersversorgung die Höchstgrenze immer noch übersteigen würde, sodass mithin der Unternehmer den Ausgleich im Betrage der Höchstgrenze in vollem Umfange schulden würde und *daneben* – ebenfalls in vollem Umfange – *die vereinbarten Versorgungsleistungen*. 1219

Letztlich ergibt sich diese Rechtslage aber eben auch aus der Verwendung des **Begriffs der Anrechnung**. Denn aus dem Urteil vom 23.5.1966 lässt sich nur folgern, dass der Bundesgerichtshof natürlich die Anrechnung nur im Hinblick auf den *geschuldeten Ausgleich* – eben mit Rücksicht auf die Vermeidung einer Doppelbelastung – als billig bewertet hat, nicht aber im Hinblick auf den rein rechnerischen Zwischenwert des Rohausgleichs. 1220

II. Bewertung der Altersversorgung

Die *Bewertung* einer gleichzeitig mit dem Ausgleichsanspruch fällig werdenden Altersversorgung muss in der Weise erfolgen, dass ihr *Kapitalwert unter Zugrundelegung versicherungsmathematischer Wahrscheinlichkeiten* und eines *ange-* 1221

---
77 Zum Begriff des Rohausgleichs vgl. oben Rz. 258, 801. Vgl. dazu auch Rz. 1831.
77a Vgl. Rz. 1224 ff.
78 Vgl. oben die erläuterten Einzelfälle in den Randziffern, also Rz. 1076 ff.
79 A.a.O., vgl. Fn. 1.

VIII Speziell: Alters- und Hinterbliebenenversorgung des Vertreters

messenen Zinsfußes ermittelt wird. Eine andere Bewertungsmöglichkeit besteht nicht[80]. Denn im Zeitpunkt der Vertragsbeendigung kann naturgemäß nicht ermittelt werden, wie lange die eben erst fällig gewordene Altersrente zu zahlen sein wird. Natürlich birgt eine derartige Berechnung Risiken in sich, weil sich im Einzelfall häufig Abweichungen von den versicherungsmathematisch zu Grunde gelegten Wahrscheinlichkeiten ergeben. Das lässt sich indessen nicht vermeiden. Ein *individueller Bewertungsversuch*, mit dem maximale Gerechtigkeit und Objektivität erreicht werden soll, ist keineswegs zuverlässiger, weil eine verlässliche Prognose naturgemäß nicht abgegeben werden kann. Er hat zudem noch den Nachteil, dass er besonders leicht den Vorwurf einseitiger Beurteilung auslöst.

1222 Bei der Wahl des für die Kapitalisierung anzuwendenden *Zinsfußes* muss darauf abgestellt werden, welchen Zinsertrag der ausgleichsberechtigte Handelsvertreter *auf dem Kapitalmarkt erzielen würde*, wenn er seinerseits das Ausgleichskapital verzinslich anlegen würde. Der hierbei in Betracht kommende Zinsfuß ist auch bei der Kapitalisierung der Altersversorgung anzuwenden. Dadurch wird auf beiden Seiten *mit gleichen Maßstäben* gemessen.

1223 Deshalb wäre es falsch, wenn man für die Bewertung der Altersversorgung von der *Summe der Unternehmeraufwendungen*, die durch die Finanzierung der Altersversorgung entstanden, ausgehen würde, wie dies im Schrifttum mitunter gefordert wird[81]. Für die Ausgleichsminderung kommt es nämlich allein darauf an, was dem Vertreter *auf Grund der Altersversorgung effektiv zufließt*. Mit den Aufwendungen des Unternehmers hat der Handelsvertreter nichts zu tun; auf sie kann es deshalb nicht ankommen[82], weil die Vorschrift des § 89b allein darauf abstellt, was der durch die Vertragsbeendigung benachteiligte Handelsvertreter zu erhalten hat, nicht aber darauf, welche Leistungen der Unternehmer zu diesem Zweck zu erbringen hat, d.h. wie er die *Erfüllung der Versorgungsansprüche finanziert*[83]. Auch der Bundesgerichtshof[84] stellt mit Recht auf den *Versorgungseffekt* ab und betont, es komme nicht darauf an, mit welchen Mitteln diese Versorgungswirkung erzielt werde[85].

---

80 *BGH*, 23.5.1966, a.a.O.; ebenso *OLG München*, 9.7.1964, a.a.O.; *Möller*, Anm. 379 vor §§ 43–48 VVG; *Küstner*, BB 1963 S. 1147, 1150; „Grundsätze-Sach" in Abschnitt V, abgedruckt im Anhang Nr. 2.
81 *Trinkhaus*, S. 419; *Lohmüller*, VW 1955 S. 151, 154; *Leuze*, VersVerm 1954 S. 78.
82 Vgl. *Schröder*, § 89b Rz. 19; *Möller*, Anm. 379.
83 Näheres zur praktischen Undurchführbarkeit, wenn auf den Unternehmeraufwand abgestellt werden soll, bei *Küstner*, BB 1963 S. 1147, 1150 zu III. Hat der Unternehmer das Versorgungsrisiko auf einen Dritten übertragen, an den er zur Finanzierung der Altersversorgung Beiträge oder Zuwendungen leistete, so kann sich bei vorzeitigen Versorgungsfällen (darüber Näheres Rz. 1248) eine erhebliche Differenz zwischen dem Unternehmeraufwand und dem zur Auszahlung gelangenden Versorgungskapital ergeben. Aber auch in diesen Fällen kann die Ausgleichsminderung nicht mit dem Hinweis darauf ausgeschlossen werden, dass zwischen dem Versorgungsaufwand des Unternehmers und dem Kapitalwert der Altersversorgung keine Äquivalenz bestehe.
84 Urteil vom 23.5.1966, a.a.O. (Fn. 1); ebenso *LG Darmstadt*, 4.4.1978, unveröffentlicht, wo entschieden wurde, dass der Teil der Versicherungssumme, der prozentual der Beteiligung des Unternehmers an der Prämienzahlung entspreche, unter Billigkeitsgesichtspunkten ausgleichsmindernd in Ansatz zu bringen sei.
85 Resultiert beispielsweise die Altersversorgung des Versicherungsvertreters teilweise aus selbst erbrachten Aufwendungen, teilweise aber auch aus *Zuschüssen des Versicherungsunterneh-*

III. Was ist zu mindern?

Im Zusammenhang mit der Problematik Ausgleichsanspruch/Altersversorgung habe ich die Frage aufgeworfen, welchem Wert der Kapitalwert der Altersversorgung gegenüberzustellen ist – *dem Rohausgleich*, der sich aus einer Prüfung der Anspruchsvoraussetzungen gem. § 89b Abs. 1 ergibt, oder der *Ausgleichshöchstgrenze*[86]. Zwar spielt der Rohausgleich bei einer nach den „Grundsätzen" erfolgenden Ausgleichsberechnung keine Rolle (obwohl mitunter auch Warenhandelsvertretern Versorgungsansprüche gegen das vertretene Unternehmen zustehen) – gleichwohl muss dieser Problematik Aufmerksamkeit gewidmet werden. Das hat in doppelter Hinsicht Bedeutung: Einerseits wird in letzter Zeit erneut *gegen die Anwendbarkeit* der „Grundsätze" und ihren *„Gerechtigkeitsgehalt"* polemisiert[87]. Dabei wird behauptet, ein nach den „Grundsätzen" berechneter Ausgleich habe gegenüber einer unmittelbar nach dem Gesetz erfolgenden Berechnung eine *Benachteiligung des Vertreters* zur Folge. Das wird damit begründet, eine auf der Grundlage des Gesetzes erfolgende Ausgleichsberechnung führe zu einem höheren Ausgleich als nach den „Grundsätzen", welche Letzterer die Ausgleichshöchstgrenze praktisch niemals erreichen könne. Werde der Ausgleichsanspruch des Versicherungs- und Bausparkassenvertreters aber nach dem Gesetz und auf der Grundlage einer mehrjährigen Vorteils- und Verlustprognose berechnet – wie sie bei der Ausgleichsberechnung im Bereich des Warenvertriebs erfolge – führe dies sehr häufig zu einem *Rohausgleich*, der die Ausgleichshöchstgrenze erheblich überschreite[88].

1224

Andererseits und gerade deshalb muss die angeschnittene Problematik aber auch im Rahmen der Kommentierung der „Grundsätze" erläutert werden, weil bei der neuerdings in Anlehnung unmittelbar an das Gesetz *propagierten Berechnungsmethode* der Kapitalwert der Altersversorgung zwar auch berücksichtigt wird, aber *nicht bei Ermittlung der Höchstgrenze* bzw. im Hinblick auf den *geforderten Ausgleich*, sondern durch *Abzug bzw. durch Minderung des Rohausgleichs*[89]. Diese Methode der Berücksichtigung der Altersversorgung wirkt sich aber insbesondere im Bereich des Warenhandelsvertreters mitunter *nicht als Entstehungshindernis* bzw. als *Ausgleichsminderung* aus, verletzt den *Begriff der vom Gesetz geforderten Angemessenheit* des Ausgleichsanspruchs und führt zudem – je nach der Höhe des Rohausgleichs und des Umfanges der Versorgungsansprüche des Vertreters – zu einer *Doppelbelastung* des Unternehmers[90].

1225

---

mens, kommt es allein darauf an, welcher anteilige Kapitalwert sich aus den Zuschüssen des Unternehmers ergibt, nicht aber darauf, *auf welche Summe* sich die vom Unternehmer erbrachten Zuschüsse belaufen.
86 Vgl. Rz 1213 mit Fn. 67; dazu BB 1994, 1590, 1592 f. sowie in FS für Trinkner 1995 S. 193, 208.
87 Vgl. dazu kritisch *Küstner*, VW 1997, 261 ff., 1999, 185, 1193 und 1857 sowie VersR 2002, 513, 520.
88 Zur Benachteiligung des Handelsvertreters durch die „Grundsätze" vgl. neuerdings unrichtig OLG Celle, 16.5.2002 – 11 U 193/01, VersR 2002, 976 mit Anm. *Küstner*, VW 2002, 1102.
89 Vgl. *Martinek*, FS für Lüke, S. 425, Fn. 52.
90 Vgl. dazu *Thume*, BB 2002, 1325, 1331. *BGH*, 19.11.1970, BGHZ 55, 45 = BB 1971, 105.

VIII Speziell: Alters- und Hinterbliebenenversorgung des Vertreters

1226 Gerade diese Doppelbelastung durch das Nebeneinander von ungekürzten Ausgleichs- als auch von Versorgungsverpflichtungen hat der BGH aber neben anderen Gesichtspunkten als *unbillig* bewertet. Schon in seinem Urteil vom 23.5.1966, das durch das Urteil vom 19.11.1970[91] bestätigt wurde, hat der BGH die vom Berufungsgericht[92] vertretene Auffassung ausdrücklich bestätigt, sodass die Zubilligung eines Ausgleichs *neben einer vom Unternehmen gewährten Altersversorgung* nicht der Billigkeit entspreche. Denn wenn ein Vertrag infolge *Erreichens der Altersgrenze* ende, diene auch eine Ausgleichsleistung regelmäßig der Altersversorgung. Deshalb sei die Altersversorgung, *um eine unbillige Doppelbelastung des Unternehmers zu vermeiden, bei Bemessung des Ausgleichsanspruchs zu berücksichtigen*, und zwar ohne dass im Einzelnen geprüft werden müsse, wie der Ausgleichsanspruch einerseits und die Altersversorgung andererseits rechtlich und nach ihrer Zweckbestimmung zu beurteilen seien. Da eine *„funktionelle Verwandtschaft"*[93] zwischen Ausgleichsanspruch und Altersversorgung bestehe, sei eine *doppelte Belastung* des Unternehmers durch freiwillige Finanzierung einer *Altersversorgung und durch Ausgleichszahlung wirtschaftlich nicht gerechtfertigt*.

1227 Mit Recht hat Höft[94] in seiner Anmerkung zum Urteil vom 19.11.1970 zur Unbilligkeit einer Doppelbelastung des Unternehmers Stellung genommen und ausgeführt:

„Ein Unternehmer, der sich freiwillig zur Gewährung einer Altersversorgung auch an seine selbstständigen Versicherungsvertreter entschließt und diese auf solchem Wege im wirtschaftlichen Ergebnis meist besser stellt und stellen will, als wenn sie allein auf den gesetzlichen Ausgleichsanspruch angewiesen blieben, wird nämlich verständlicherweise in aller Regel zuvor die Gewissheit haben wollen, vor Doppelzahlungen geschützt zu sein. Er muss deshalb zumindest grundsätzlich davon ausgehen dürfen, dass eine solche doppelte Belastung schon nach der gesetzlichen Regelung des § 89b HGB nicht oder allenfalls unter ganz besonderen Umständen eintritt."

Aus alledem folgt:

1228 *Übersteigt der rechnerische Rohausgleich die Ausgleichshöchstgrenze* und wird der *Rohausgleich, nicht aber die Höchstgrenze* bzw. der ohne Berücksichtigung der Altersversorgung vom Vertreter *geforderte Ausgleich*, um den Kapitalwert der Altersversorgung gemindert, bleibt es nicht selten – je nachdem, in welchem Umfange der Rohausgleich die Höchstgrenze übersteigt – bei der vom BGH zutreffend abgelehnten, weil den Billigkeitsgrundsatz *verletzenden Doppelbelastung*, die der BGH gerade vermeiden wollte.

Ein *Beispiel* mag das verdeutlichen:

In einem Ausgleichsfall beläuft sich die Ausgleichshöchstgrenze auf 100000,– DM, der Rohausgleich (also der Betrag, hinsichtlich dessen alle

---
[91] *BGH*, 19.11.1970, BGHZ 55, 45 = BB 1971, 105.
[92] *OLG München*, 9.7.1964, BB 1965, 345.
[93] Vgl. dazu oben Rz. 1179 und *Graf von Westphalen*, BB 2001, 1593.
[94] *Höft*, Anm. zum BGH-Urteil vom 19.11.1970, VersR 1971, 269, 271 zu Abschn. IX.

C. Berücksichtigung der Altersversorgung der Höhe nach VIII

Anspruchsvoraussetzungen ohne Berücksichtigung der Höchstgrenze übereinstimmend erfüllt sind), auf 180 000,– DM und der Kapitalwert der Altersversorgung auf 30 000,– DM. Würde hier der Kapitalwert der Altersversorgung vom Rohausgleich abgezogen, würde sich dieser auf 150 000,– DM mindern, also trotz Berücksichtigung der Altersversorgung noch über der Höchstgrenze liegen. Da die Höhe des geschuldeten Ausgleichs die Höchstgrenze nicht überschreiten kann, ist der Rohausgleich auf 100 000,– DM zu mindern, sodass hier also trotz Berücksichtigung der Altersversorgung der Unternehmer doppelt belastet wäre, nämlich einerseits durch Zahlung des Ausgleichsanspruchs in Höhe von 100 000,– DM und zum anderen durch die Altersversorgung, deren Kapitalwert in Höhe von 30 000,– DM von ihm finanziert wurde.

An diesem Beispiel dürfte deutlich werden, dass bei einer Regelung der Problematik in der geschilderten Weise – *Minderung des Rohausgleichs und nicht des tatsächlich geschuldeten Ausgleichs* – nicht nur die Rechtsprechung des BGH ad absurdum geführt, sondern auch der dem Sinn und Zweck des § 89b HGB innewohnende Grundgedanke unterlaufen werden würde, und zwar allein schon deshalb, weil hier von einer *wirklichen Ausgleichsminderung* nicht die Rede sein kann, die der BGH gerade zur *Vermeidung einer Doppelbelastung* des Unternehmers gefordert hat[95]. **1229**

Ich habe mich deshalb wiederholt[96] mit der geschilderten Berechnungs- bzw. Berücksichtigungsmethode auseinandergesetzt und sie – wie ich meine – aus guten Gründen abgelehnt. Denn sie stellt die Rechtsprechung des BGH nahezu „auf den Kopf", spielt sich im „luftleeren Raum" ab, „läuft ins Leere", wirkt sich im Hinblick auf den Ausgleichsanspruch deshalb auch *nicht als Entstehungshindernis* aus und führt, wie erwähnt, keineswegs zu einer Vermeidung der von der Rechtsprechung als unbillig und ungerechtfertigt empfundenen Doppelbelastung des Unternehmers. Mit einem Wort: Die Rohausgleichs-Abzugsmethode führt zur Bedeutungslosigkeit des Billigkeitsgrundsatzes. Mit Recht hat in diesem Zusammenhang auch Thume[97] festgestellt, dass auch im Rahmen der Billigkeit der Blick auf die *rein rechnerische Höchstgrenze nicht gehindert* wird. Die Billigkeitsprüfung könne also durchaus dazu führen, den Ausgleich von der berechneten Höchstgrenze durch Abzug des Kapitalwerts der Altersversorgung zu bestimmen und den maximalen Ausgleich nach Abs. 1 **1230**

---

[95] Diese Ansicht habe ich schon in FS für Trinkner 1995, 207, in BB 1994, 1592 und in BB 2000, Heft 20 (Die erste Seite) vertreten. A.A. *Löwisch*/EBJ-HGB § 89b Rz. 102, 109 und *Emde* VersR 2002, 151, 165 sowie die h.L. und die Rechtsprechung: *von Hoyningen-Huene*, MK § 89b Rz. 125; *Graf von Westphalen*, BB 2001, 1593, 1595f.; *BGH*-Urteile v. 20.11.2002 – VIII ZR 146/01, DB 2003, 142 in Abschn. II 2c, VersVerm. 2003, 7 (Verbandsklagesache) und VIII ZR 211/01, m. Anm. *Emde*, EWiR § 89b HGB 2/03, 231 und *Küstner*, EWiR § 89b 1/03, 227, 228 sowie *Zander/Pulverich*, VersVerm. 2003, 12 = DB 2003, 144; vgl. auch *BGH*, 25.11.1998 – VIII ZR 221/97, WM 1999, 391 = NJW 1999, 946 in Abschn. III, VersR 1999, 313 = ZIP 1999, 277.

[96] *Küstner*, in: FS für Trinkner 1995 S. 193, 207; BB 1994, 1590, 1592; VW 1997, 261 sowie BB 2000 Heft 20 „Die erste Seite" (abgedruckt im Anhang Nr. 16).

[97] *Thume* BB 2002, 1325 zu Abschn. VI.6.

VIII Speziell: Alters- und Hinterbliebenenversorgung des Vertreters

entsprechend niedriger festzusetzen. Auch dies stehe nicht im Widerspruch zur Unabdingbarkeit, sondern sei eine im Rahmen des § 89b HGB zulässige Prüfungs- und Berechnungsmethode. Die Gesetzeslage zwinge also keineswegs dazu, nur nach der mathematischen Differenz zwischen vorläufigem Rohausgleich und Kapitalwert der Altersversorgung Ausschau zu halten. Gerade die Doppelbelastung zwinge vielmehr aus den darin liegenden Gründen der Billigkeit zu der hier dargestellten Lösung.

1231 Darüber hinaus führt die *„Rohausgleichs-Minderungsmethode"* aber auch zu einer Verletzung des in § 89b Abs. 1 Satz 1 niedergelegten Grundsatzes, wonach der Vertreter vom Unternehmer nur *„einen angemessenen Ausgleich verlangen"* kann. Dieser *Angemessenheitsbegriff* als übergeordneter Gesichtspunkt, dem der Gesetzgeber den geschuldeten Ausgleich unterworfen hat, ist keineswegs mit dem Billigkeitsgrundsatz identisch[98]. Vielmehr wird man mit Brüggemann[99] und ihm folgend mit Heymann/Sonnenschein/Weitemeyer[100] davon ausgehen müssen, dass es sich bei Angemessenheit und Billigkeit um *„zwei sich nur scheinbar deckende Kriterien"* handelt, deren Abgrenzung schwierig[101] und von denen die *Billigkeit „in erster Linie ein Element des Anspruchsgrundes"* sei, während die Angemessenheit demgegenüber von vornherein und schwerpunktartig die Ausgleichshöhe betreffe. Daraus muss gefolgert werden dürfen, dass ein Ausgleichsanspruch – vom Billigkeitsgrundsatz her – zwar der Billigkeitsvoraussetzung entsprechen mag, aber gleichwohl als *„unangemessen hoch"* zu beurteilen und deshalb trotz Erfüllung des Billigkeitsgrundsatzes auf ein angemessenes Niveau zurückzuführen ist. Verbleibt es also in der Praxis bei der üblichen Methode, den Rohausgleich um den Kapitalwert der Altersversorgung zu mindern, was – wie erläutert – im Gegensatz zur Rechtsprechung steht und in der Praxis gar nicht zu einer Ausgleichsminderung führt, bleibt als einzige Möglichkeit, den Ausgleich *auf ein angemessenes Maß zurückzuführen*, allein der Hinweis auf eine *andernfalls eintretende ungerechtfertigt unangemessene Ausgleichshöhe*.

1232 Wie bereits erwähnt, taucht diese Problematik nicht auf, solange ein Ausgleichsanspruch nach den „Grundsätzen" berechnet wird. Setzt sich demgegenüber aber eine vom Warenvertrieb her gewohnte Berechnungsmethode auch im Bereich des Versicherungs- und Bausparkassenvertreterrechts durch, die jedenfalls im Bereich des Warenvertriebs oft zu einem die Ausgleichshöchstgrenze erheblich übersteigenden Rohausgleich führt, wird man sich mit der geschilderten Problematik auseinander setzen müssen, um ungerechtfertigte Ergebnisse zu vermeiden.

1233 Schließlich sei ergänzend noch darauf hingewiesen, dass die hier angesprochene Problematik in dem Urteil des BGH vom 23.5.1966 nicht auftauchte. Denn aus den Urteilsgründen lässt sich entnehmen, dass es sich dort allein um

---

[98] *Ankele*, § 89b, Rn. 140; *Semler*, Hdb. des Vertriebsrechts, S. 251, Rn. 33.
[99] *Brüggemann*, § 89b, Rn. 12.
[100] *Heymann/Sonnenschein/Weitemeyer*, § 89b, Rn. 69.
[101] *Hopt*, § 89b, Rn. 46.

C. Berücksichtigung der Altersversorgung der Höhe nach **VIII**

einen Ausgleich handele, über dessen geschuldete Höhe (90 183,02 DM) zwischen den Parteien Einigkeit bestand und die sich ergab, wenn alle anspruchsbegründenden Tatsachen gegeben wären. Es handelte sich also allein darum, ob eine **Minderung des geschuldeten Ausgleichs**, über dessen Höhe Einigkeit bestand und die auf einer vom Unternehmen finanzierten Versorgungszusage beruhte, mit Rücksicht auf die dem Versicherungsvertreter zustehenden Versorgungsansprüche in Betracht kommen konnte.

Wie bereits erwähnt, lehnt der BGH[101a] diese Auffassung ausdrücklich mit dem Hinweis ab, aus der Systematik des Gesetzes ergebe sich demgegenüber zwingend, dass Billigkeitsgesichtspunkte allein bei der Ermittlung des Rohausgleichs[101b] zu berücksichtigen seien; sie könnten nicht einen Abzug vom Höchstbetrag rechtfertigen[101c]. Deshalb könne die aus der zwingenden Systematik des § 89b sich ergebende Ausgleichsberechnung allerdings zu einem Ausgleichsbetrag führen, der über der Ausgleichshöchstgrenze gem. § 89b V i.V.m. II S. 1 liege und sodann auf die Höchstgrenze zu reduzieren sei. In derartigen Fällen bleibe der Ausgleichsanspruch mithin ganz oder teilweise unberührt, so dass Klauseln, durch welche die Entstehung des Ausgleichsanspruchs in diesem Umfang ausgeschlossen werde, eine zum Nachteil des Handelsvertreters abweichende Vereinbarung enthielten[101d, 101e].

1233a

101a Vgl. Fn. 95.
101b Zum Rohausgleich Rz. 258, 681, 801.
101c Fn. 95.
101d Rz. 95.
101e Die vorstehend geschilderte Problematik wird im Zusammenhang mit der Ausgleichsberechnung nach § 24 HVertrG im österreichischen Handelsvertreterrecht nicht einheitlich beantwortet. So ist *Naderhirn* (öRdW 2002, 226) in Anlehnung an meine oben in Rz. 1224 ff. wiedergegebene Auffassung ebenfalls der Ansicht (gegen die Rechtsprechung des österreichischen OGH, Urteil v. 14.12.2000 – 6 Ob 260/2000 d = ecolex 2001, 103 = öRdW 2001, 309) der Meinung, zwar sei an der Höchstgrenze gem. § 24 IV HVertrG als absolute Ausgleichshöchstgrenze „nicht zu rütteln", weil der Handelsvertreter „mehr jedenfalls nie" erhalten könne. Fraglich sei aber, ob nicht ein Handelsvertreter trotz höheren Rohausgleichs im Einzelfall weniger als eine Jahresvergütung erhalten könne. Aber das Gesetz lasse die Möglichkeit offen, auch bei einem die Höchstgrenze überschreitenden Rohausgleich weniger als die Höchstgrenze zuzusprechen. Beharre man starr auf der Auffassung, die Ausgleichshöchstgrenze könne bei übersteigendem Rohausgleich keinesfalls unterschritten werden, so werde dem Billigkeitsgrundsatz jeglicher Anwendungsbereich genommen. Ein Unternehmen, dessen Handelsvertreter keine vom Unternehmen finanzierte Altersversorgung erhalten, hätten dann einen gleich hohen Ausgleich wie ein Handelsvertreter, dem keine Versorgungsansprüche zustehen. Deshalb ergebe sich, dass es jedenfalls zu befürworten sei, die Altersversorgung vom geschuldeten Höchstbetrag (oder vom geschuldeten niedrigeren Ausgleich) abzuziehen und nicht im Rahmen der Billigkeit vom Rohausgleich. Auch in anderem Zusammenhang – etwa bei der Sogwirkung (vgl. dazu Rz. 655 und 1154) gehöre die Abwägung der Ursächlichkeit von werbender Tätigkeit des Handelsvertreters einerseits und der Sogwirkung des Produkts andererseits zum Kernbereich tatrichterlichen Schätzungsermessens (vgl. *BGH*, 5.6.1996 – VIII ZR 141/95, BB 1996, 1683). Zwar wird nach Lehre und Rechtsprechung in Österreich die Auffassung vertreten, dass Fragen der Angemessenheit und der Billigkeit des Ausgleichsanspruchs nur im Rahmen des § 24 I HVertrG zu prüfen seien; gleichwohl könne diese Auffassung aber gerade bei Altersversorgungsproblemen zu unbilligen Ergebnissen führen, und zwar vor allem dann, wenn der Rohausgleich sehr hoch ist und trotz Kürzung des Rohausgleichs um den Kapitalwert der Altersversorgung die Ausgleichshöchstgrenze gar nicht berührt werde.

VIII Speziell: Alters- und Hinterbliebenenversorgung des Vertreters

IV. Berücksichtigung steuerlicher Vor- und Nachteile

1. Steuerliche Vorteile des Unternehmers

1234 Bei der Auswirkung einer bestehenden Altersversorgung auf die Höhe des Ausgleichsanspruchs sind *steuerliche Vorteile,* die der Unternehmer aufgrund der von ihm finanzierten Altersversorgung erlangt, außer Betracht zu lassen. Nicht selten wird nämlich vom ausgleichs- und versorgungsberechtigten Handelsvertreter eingewendet, die Altersversorgung könne nicht in vollem Umfang zu Lasten des Ausgleichsanspruchs berücksichtigt werden, vielmehr müsse die Ausgleichsminderung mit Rücksicht darauf herabgesetzt werden, also geringer ausfallen, dass der Unternehmer durch die Bildung von *Versorgungsrückstellungen* gem. § 6a EStG *steuerliche Vorteile* ziehe oder dass er mit dem für die Altersversorgung bereitgestellten Kapital auf Kosten des Handelsvertreters arbeiten könne und daraus Vorteile ziehe. Deshalb könne dem Ausgleichsanspruch nicht der gesamte Versorgungswert gegenübergestellt werden, sondern nur ein geringerer Wert, was zu einer *geringeren Ausgleichsminderung und folglich zu einem höheren Ausgleich* führe[102].

1235 Aber mit einer solchen Argumentation kann die ausgleichsrechtliche Auswirkung einer Alters- und Hinterbliebenenversorgung nicht zu Gunsten des Handelsvertreters gemindert werden.

1236 Der BGH hat dazu bereits in seinem Urteil vom 23.5.1966[103] festgestellt, dass *steuerliche Vorteile,* die das Versicherungsunternehmen aus der Finanzierung der Altersversorgung gezogen haben, nicht zu seinen Lasten in Rechnung gestellt werden könnten. Entscheidend müsse jedenfalls im Regelfall sein, was dem Vertreter durch die Versorgungsbezüge an Vorteilen zufließe. Deren Umfang werde durch Steuervergünstigungen, die das Unternehmen im Zusammenhang damit erzielen könne, nicht berührt. Unter Berufung auf das Urteil vom 15.2.1965[104] hat der VII. Senat des BGH die Auffassung vertreten, es sei zwar

---

Der von *Naderhirn* vertretenen Auffassung widerspricht *Nocker* (ecolex 2002, 656). Er weist darauf hin, dass kein Anlass bestehe, von der gesetzlichen Berechnungssystematik auch bei Altersversorgungsfragen abzuweichen. Vielmehr liege ein Verstoß gegen den Billigkeitsgrundsatz eher darin, dass der Handelsvertreter bei hohem Rohausgleich „ohnehin nur einen Teil von dem erhalte, was dem Unternehmer als erheblicher Unternehmervorteil nach Auflösung des Handelsvertreterverhältnisses verbleibe bzw. was dem Handelsvertreter an Provisionen mit hoher Wahrscheinlichkeit entgehen werde". Denn durch die Begrenzung des Rohausgleichs erhalte der Handelsvertreter daher in solchen Fällen wesentlich weniger, als ihm eigentlich aufgrund seiner geleisteten Aufbauarbeit zustehen würde. Die Unbilligkeit liege also allein bei der Höchstgrenzen-Regelung, weil es nicht gebilligt werden könne, dass der Handelsvertreter durch die Begrenzung des tatsächlich vom Unternehmer nach § 24 IV HVertrG zu zahlenden Ausgleichs oft zu wenig erhalte. Denn es sei unbillig, dass die prognostizierten Provisionsverluste einerseits und die erheblichen Unternehmervorteile andererseits durch die Höchstgrenzen-Bemessung bei sehr hohem Rohausgleich in unvertretbarer Weise berücksichtigt werden könnten. Aber dies ist eine Frage der Gesetzesfassung, die nur vom Gesetzgeber geändert werden könnte.

102 Zur Steuerersparnis vgl. *Schäfer*, VersVerm 2001, 64.
103 *BGH*, 23.5.1966, a.a.O. (vgl. Fn. 1) sowie *BGH*, 17.11.1983 (vgl. Fn. 66).
104 *BGH*, 15.2.1965, BGHZ 43, 154 = NJW 1965, 1134 = BB 1965, 395 = DB 1965, 509 = HVR Nr. 340.

C. Berücksichtigung der Altersversorgung der Höhe nach **VIII**

nicht ausnahmslos als unzulässig anzusehen, auch solchen Umständen „einmal einen gewissen Einfluss auf die Entscheidung über einen Ausgleichsanspruch zu gewähren, wenn sich das aus besonderen Gründen als billig erweisen sollte". Dies werde aber nur ganz selten in Betracht kommen; im Allgemeinen seien bei Beurteilung von privatrechtlichen Vertragsbeziehungen die sich daraus ergebenden größeren oder geringeren steuerlichen Verpflichtungen des einen oder anderen Teils *nicht entscheidungserheblich*. Auch in seinem Urteil vom 18.11.1983[105] hat der BGH festgestellt, dass ein etwaiger Vorteil des vertretenen Unternehmens dann nicht zu einem Nachteil des Handelsvertreters führe, wenn das Unternehmen bei der Rückstellungsbildung den gesetzlich vorgeschriebenen Zinsfuß – damals gem. § 6a EStG 5,5% – zu Grunde lege und der Handelsvertreter andererseits im wirtschaftlichen Endergebnis sowohl an der Verzinsung des für die Anwartschaft zurückgestellten Kapitals als auch – insoweit gilt dies für die Berücksichtigung unverfallbarer Versorgungsansprüche[106] – an der nach § 16 BetrAVG regelmäßig vorzunehmenden *Anpassung der Versorgungsanwartschaft an die Geldwertentwicklung* und an die Einkommens- und Rentenverhältnisse teilnehme. Im Rahmen der Billigkeitsprüfung komme es auf steuerliche Vorteile des Unternehmers nicht entscheidend an, wenn sie die Rechte des Handelsvertreters unberührt ließen[107].

2. Steuerliche Nachteile des Versicherungsvertreters

Natürlich taucht in diesem Zusammenhang die Frage auf, ob nicht andererseits *steuerliche Nachteile* des Versicherungsvertreters im Rahmen der Billigkeitsprüfung zu seinen Gunsten berücksichtigt werden müssen. Verständlicherweise wird diese Auffassung ebenfalls von Vertreterseite vertreten, und zwar deshalb, weil dann, wenn eine Versorgungsregelung über *Zuschüsse oder Aufbringung von Versicherungsbeiträgen durch das Versicherungsunternehmen oder in ähnlicher Weise durchgeführt wird, die begünstigten Versicherungsvertreter diese Aufwendungen des Unternehmens als zusätzlich zugeflossene Vergütung einkommensteuerrechtlich berücksichtigen müssen*. Da sich dies natürlich nachteilig auswirkt, ist die Ansicht verständlich, diesen steuerlichen Nachteilen müsse durch eine Minderung der Ausgleichskürzung im Rahmen der Billigkeitsprüfung Rechnung getragen werden. 1237

Aber auch insoweit ist die *Rechtsprechung anderer Auffassung*. Soweit ersichtlich, hat sich bisher nur das OLG Saarbrücken in seinem Urteil vom 18.5.1988[108] mit dieser Frage befasst; höchstrichterliche Rechtsprechung liegt 1238

---
105 *BGH*, 17.11.1983, a.a.O. (vgl. Fn. 66).
106 Vgl. dazu Rn. 1259 ff.
107 Auch in dem neuesten Urteil zu dieser Frage (*OLG Celle*, 16.5.2002 – 11 U 193/01 mit Anm. Küstner, VersR 2002, 980) ist in konsequenter Fortführung der höchstrichterlichen Rechtsprechung festgestellt worden, dass aus der Finanzierung der Altersversorgung resultierende *steuerliche Vorteile* nicht zu Lasten des beklagten Unternehmens berücksichtigt werden könnten. Denn der Umfang der dem Handelsvertreter zustehenden Vorteile, die auf der Altersversorgung beruhten, werde durch Steuervergünstigungen der Beklagten nicht berührt.
108 *OLG Saarbrücken*, 18.5.1988, VW 1988, 1375.

VIII Speziell: Alters- und Hinterbliebenenversorgung des Vertreters

noch nicht vor. In dem Sachverhalt, mit dem sich das OLG Saarbrücken befassen musste, hatte das Versicherungsunternehmen auf das Leben des Klägers zum „Haustarif" eine nichtdynamisierte Kapitalversicherung abgeschlossen. Im Hinblick auf die Ausgleichsminderung hatte der Kläger vorgetragen, er habe die vom beklagten Versicherungsunternehmen aufgewendeten Beitragsanteile als eigenes *Einkommen versteuern* müssen. Unter anderem auch deshalb könne er die Minderung des Ausgleichsanspruchs um den Anwartschaftsbarwert der für ihn aufgebauten Lebensversicherung nicht anerkennen (der Vertretervertrag endete bereits im Jahre 1983, die Fälligkeit der Kapitalversicherung sollte im Jahre 2001 erfolgen).

1239 Das OLG ist der vom Kläger vertretenen Auffassung nicht gefolgt und hat festgestellt, *steuerliche Gesichtspunkte seien im Rahmen des § 89b HGB nicht entscheidend zu berücksichtigen,* wie dies für die steuerliche Situation aufseiten des Versicherungsunternehmens bereits der BGH mehrfach festgestellt habe. Die in ständiger Rechtsprechung entwickelte Rechtslage zur Problematik Ausgleichsanspruch/Altersversorgung könne deshalb nicht anders beurteilt werden, wenn der Kläger die Beitragszahlungen der Beklagten möglicherweise als Einkommen habe versteuern müssen, zumal der Kläger die Möglichkeit gehabt habe, die Aufwendungen der Beklagten als *Sonderausgaben* von seinem steuerpflichtigen Einkommen abzusetzen; jedenfalls sei nicht dargetan, dass der Kläger diese Möglichkeit nicht genutzt habe. Bei dieser Rechtslage spiele es auch keine Rolle, dass es sich im zu entscheidenden Sachverhalt um eine Kapitalversicherung und nicht etwa um eine Rentenversicherung gehandelt habe, ganz abgesehen davon, dass dem Kläger die Auszahlung des Kapitals (im Jahre 2001) *nebst Gewinnanteilen* sicher sei und es ihm schwerlich möglich gewesen wäre, eine günstigere Altersvorsorge zu treffen.

3. Berücksichtigung von Gewinnanteilen

1240 In engem Zusammenhang mit der Erörterung in Rn. 1234–1239 steht schließlich die Frage, wie bei der ausgleichsmindernden Berücksichtigung der Alters- und Hinterbliebenenversorgung *Gewinnanteile* zu behandeln sind, die im Rahmen einer Versorgungsmaßnahme – beispielsweise einer im Wege einer Lebens- oder Rentenversicherung durchgeführten Versorgungsmaßnahme anfallen. Der Gesamtverband der deutschen Versicherungswirtschaft hat in seinem Rundschreiben vom 6.4.1995[109] darauf hingewiesen, dass hierbei *unterschiedliche „Berechnungsvarianten"* vorkommen. Einige Unternehmen berücksichtigen bei der Ausgleichsminderung den gesamten Kapitalwert der Altersversorgung einschl. der einzelnen Gewinnanteile, andere demgegenüber nur die von ihnen geleisteten reinen Beiträge. Natürlich wirkt sich die zuerst genannte Variante zu Lasten, die zuletzt genannte zu Gunsten des Vertreters aus, obwohl man dabei natürlich wiederum berücksichtigen muss, ob und wem ggf. bei beiden Varianten die Gewinnanteile im Ergebnis zufließen.

---

[109] Vgl. Anhang Nr. 13.

C. Berücksichtigung der Altersversorgung der Höhe nach **VIII**

Der Gesamtverband hat sich weder für die eine noch für die andere Variante ausgesprochen, sondern darauf hingewiesen, dass es sich hierbei ausschließlich um *unternehmensindividuelle Regelungen* handele und dass aus der Sicht des GDV je nach den Umständen im Einzelfall jede Variante in Betracht kommen könne.

1241

V. Nachträglicher Wegfall der Altersversorgung

Da — wie oben festgestellt wurde[110] — für die Berücksichtigung der Altersversorgung allein auf den Zeitpunkt der Vertragsbeendigung abzustellen ist, kann es sich für den Handelsvertreter sehr nachteilig auswirken, wenn die *Altersversorgung später entfällt* und sich damit später herausstellt, *dass dem Ausgleichsanspruch ein zu hoher Versorgungskapitalwert* gegenübergestellt worden war. Ein solcher Fall kann dann eintreten, wenn der Unternehmer aus wirtschaftlichen Gründen gezwungen ist, die *Zahlung der Versorgungsbezüge einzustellen* oder wenn andererseits ein Verhalten des Handelsvertreters dem Unternehmer berechtigten Anlass gibt, die *Versorgungsleistung zu verweigern*, ohne dass sich dieses Verhalten gleichzeitig auch ausgleichsrechtlich auswirken müsste. Die gleiche Problematik kann sich aber etwa auch dann ergeben, wenn der Kapitalwert der dem Ausgleichsanspruch gegenübergestellten Altersversorgung den *Übergang der Mannesrente auf die Witwe mit umfasst*, wenn aber eine Witwenrente deshalb nicht fällig werden kann, weil die Ehefrau des Handelsvertreters nach Beendigung des Handelsvertretervertrages *noch vor ihren Ehemann verstirbt*. Auch in diesem Falle hätte dem Ausgleichsanspruch ein *niedrigerer Kapitalwert der Altersversorgung* gegenübergestellt werden müssen, wenn bereits im Zeitpunkt der Vertragsbeendigung die erst später eingetretenen Umstände bekannt gewesen wären[111].

1242

Da in den zuerst genannten Fällen dem Handelsvertreter zusätzlich zur Ausgleichsminderung noch das Risiko des späteren Zahlungseingangs aufgebürdet wird, hat sich Sieg[112] in einer eingehenden Untersuchung mit der Frage befasst, ob in bestimmten Fällen eine *spätere Aufstockung* des zunächst mit Rücksicht auf die Altersversorgung nur *im geringeren Umfange entstandenen Ausgleichsanspruchs* möglich sei. Er bejaht eine solche Möglichkeit einmal beim sog. *„schlichten Wettbewerb"* des Handelsvertreters, also — im *Gegensatz zum „qualifizierten Wettbewerb"* — in den Fällen, in denen sich das Wettbewerbsverhalten des Handelsvertreters nur auf die Altersversorgung, aber nicht auf den Ausgleichsanspruch auswirkt, zum anderen in den Fällen, in denen der verpflichtete Unternehmer wegen schlechter Wirtschaftslage den *Widerruf der Versorgungsverpflichtung* ausspricht.

1243

Bei aller Anerkennung, die solche Überlegungen verdienen, scheinen mir die daraus sich ergebenden Folgerungen gleichwohl in erheblichem Maße bedenk-

1244

---
110 Rz. 1215.
111 Vgl. dazu *BGH*, 17.11.1983 zu Ziff. II 3b) cc) der Gründe, insoweit nur abgedruckt in DB 1984 S. 556, 557 re. Sp.
112 VersR 1968 S. 15. Vgl. auch *Martin,* VersR 1968 S. 117, 122 zu III.

VIII Speziell: Alters- und Hinterbliebenenversorgung des Vertreters

lich zu sein[113]. Der Ausgleichsanspruch ist in seiner ganzen Natur nach auf *schnelle Abwicklung* ausgerichtet. Das bedingt, dass sowohl der Unternehmer als auch der Handelsvertreter *spätere Abweichungen derjenigen Umstände in Kauf nehmen müssen*, von denen bei der Feststellung der Ausgleichshöhe ausgegangen wurde. Es würde deshalb m. E. dem Gebot der Rechtssicherheit widersprechen, wenn im Einzelfall nach Ablauf mehrerer Jahre *nochmals über die Höhe des Ausgleichsanspruchs* unter Zugrundelegung der nunmehr gegebenen Verhältnisse verhandelt werden dürfte, ganz abgesehen davon, dass die Zulässigkeit einer späteren Berichtigung der Ausgleichshöhe und ihrer Anpassung an die veränderten Umstände weder für den Unternehmer noch für den Handelsvertreter dann ein für allemal feststeht. Denn wenn eine Berichtigung der Ausgleichshöhe im einen Fall zulässig ist, muss sie auch in einem anderen entsprechend gelagerten Fall abermals zulässig sein. Überdies darf nicht übersehen werden, dass — wenn man eine Berichtigung der Ausgleichshöhe zu Gunsten des Handelsvertreters für zulässig hält — auch dem Unternehmer das gleiche Recht zugestanden werden müsste, wenn ein zunächst zu Grunde gelegter Umstand später eine *Herabsetzung des Ausgleichs* und damit eine Rückforderung gezahlter Beträge vom Handelsvertreter rechtfertigen würde[114].

1245 Der *Benachteiligung des Handelsvertreters durch einen späteren Wegfall der Versorgung* — sei es, dass der Handelsvertreter nach der Beendigung des Vertragsverhältnisses die Fälligkeit einer *unverfallbar gewordenen Anwartschaft*[115] nicht mehr erlebt, sei es, dass die Anwartschaft auf Hinterbliebenenversorgung wegen Vorversterbens versorgungsberechtigter Hinterbliebener entfällt oder sei es schließlich, dass der versorgungsverpflichtete Unternehmer die Rentenzusage widerruft — kann natürlich am einfachsten dadurch Rechnung getragen werden, dass in die Versorgungsvereinbarungen eine Bestimmung aufgenommen wird, derzufolge der Handelsvertreter in diesen Fällen *so gestellt wird, wie wenn der Ausgleichsanspruch fristgerecht geltend gemacht worden wäre*, sodass sich also in diesen Fällen die Verpflichtung des Unternehmers ergibt, die *Ausgleichsminderung nachträglich wieder zu beseitigen* und den geminderten Betrag nachzuzahlen. Eine derartige Vereinbarung war in dem Sachverhalt getroffen worden, der der Entscheidung des Bundesgerichtshofs vom 17.11.1983[116] zu Grunde lag. Andererseits könnte der Benachteiligung des Handelsvertreters, die sich aus der Ausgleichsminderung einerseits und dem späteren Wegfall seiner Versorgungsanwartschaft andererseits ergibt, dadurch Rechnung getragen werden, dass man den *Kapitalwert des Versorgungsanspruchs um einen angemessenen Abschlag* mindert, wenn in der Versorgungsvereinbarung ein *Vorbehalt zu Gunsten des Unternehmers* enthalten ist, bei Vorliegen bestimmter Umstände die Versorgungsleistungen herabzusetzen oder einzustellen. Eine derartige Be-

---

113 Vgl. dazu auch Rz. 1286.
114 Vgl. auch Rz. 1677 und *Martin,* DB 1966 S. 1837 in Abschnitt 5. Gleiche Probleme könnten sich auch bei der Rentenanpassung nach § 16 BetrAVG ergeben; vgl. Rz. 1286.
115 Vgl. dazu unten Rz. 1259.
116 *BGH,* 17.11.1983, BB 1984 S. 365 m. Anm. *Honsel* = DB 1984 S. 556 = HVR Nr. 580 = MDR 1984 S. 375 = VersR 1984 S. 184 = WPM 1984 S. 212.

rücksichtigung gewisser, dem Versorgungsanspruch anhaftender Unsicherheitsfaktoren hat auch der Bundesgerichtshof in seinem Urteil vom 23.5.1966 anklingen lassen[117].

VI. Fälligkeit der Altersversorgung

Soll nach den zwischen Unternehmer und Handelsvertreter bezüglich der Altersversorgung getroffenen Vereinbarungen die Altersversorgung bei Erreichen eines bestimmten Alters des Handelsvertreters fällig werden, wie dies in der Praxis üblich ist, empfiehlt es sich, in den Vertretervertrag eine Bestimmung aufzunehmen, derzufolge das *Vertragsverhältnis bei Erreichen der vereinbarten Altersgrenze automatisch endet*, ohne dass es einer Kündigung bedarf. Eine solche Vereinbarung nimmt dem Vertragsverhältnis nicht den Charakter eines „auf unbestimmte Zeit eingegangenen" Vertrages[118], sodass während bestehenden Vertrages die Kündigungsvorschriften des § 89 in vollem Umfange anwendbar bleiben. Im Zweifel wird nämlich der Wille der Vertragsparteien dahin gehen, einen Vertretervertrag von unbestimmter Dauer abzuschließen, der spätestens dann enden soll, wenn der Vertreter ein bestimmtes Lebensalter erreicht hat.

1246

Mitunter kommt es vor, dass ein Vertretervertrag entgegen den ursprünglichen Vereinbarungen auch *nach Fälligkeit und Auszahlung der dem Vertreter zugesagten Altersversorgung* weiterläuft[119]. Um in solchen Fällen von vornherein alle ausgleichsrechtlichen Schwierigkeiten zu vermeiden, dürfte es zweckmäßig sein, den Vertretervertrag zu beenden, wenn der Vertreter die für die Fälligkeit der Altersversorgung vereinbarte Altersgrenze erreicht hat, den *Ausgleichsanspruch auf diesen Zeitpunkt unter Berücksichtigung der Versorgungsansprüche des Handelsvertreters zu prüfen und zu berechnen* und sodann völlig unabhängig von dem abgelaufenen Vertrag einen *neuen Vertretervertrag abzuschließen*. Läuft statt dessen der alte Vertretervertrag weiter, so kann bei seiner Beendigung mit Rücksicht auf das ausgezahlte Versorgungskapital die Frage der *Vorauserfüllung*[120] des Ausgleichsanspruchs streitig werden, was aber bei der hier angedeuteten Lösung vermeidbar ist.

1247

---

117 *BGH,* 23.5.1966, a.a.O. in Ziffer I 5 d. Vgl. dazu *Martin,* DB 1966 S. 1837, 1839 und VersR 1968 S. 117, 123 zu III 2.
118 Vgl. dazu VW 1968 S. 1227 und die Hinweise RVR 1968 S. 309, inbesondere *BGH,* 6.2.1969, VersR 1969, 445. Textvorschläge für eine diesbezügliche Vertragsbestimmung im Anhang Nr. 15. Vgl. auch Band 1 Rz. 1652.
119 Der umgekehrte Fall (Fälligkeit der Altersversorgung erst nach der Ausgleichszahlung) ist unten in Rz. 1259ff. behandelt.
120 Dazu Näheres unten Rz. 1614.

VIII Speziell: Alters- und Hinterbliebenenversorgung des Vertreters

D. Sonderfälle

I. Probleme bei vorzeitigen Versorgungsfällen

1248 Die für die Berücksichtigung einer Altersversorgung bei planmäßigem Eintritt des Versorgungsfalles entwickelten Grundsätze gelten auch dann, wenn ein Vertretervertrag *vor Erreichung der vereinbarten Altersgrenze* deshalb endet, weil der Versorgungsfall vorzeitig, also außerplanmäßig, eintritt, sei es, dass der Handelsvertreter berufs- oder erwerbsunfähig wird, sei es, dass er unter Hinterlassung von ausgleichsberechtigten Hinterbliebenen stirbt und auch für vorzeitige Versorgungsfälle Renten- oder Kapitalleistungen zugesagt waren. Bei wirtschaftlicher Betrachtungsweise dürfte sich das Ausgleichskapital nämlich auch in diesen Fällen für den Vertreter oder seine versorgungsberechtigten Hinterbliebenen wie ein Kapital auswirken, das zur *Invaliden- oder Hinterbliebenenversorgung bestimmt* ist. Das hat zur Folge, dass dem Handelsvertreter oder seinen Hinterbliebenen aus Mitteln des Unternehmers zufließende Versorgungsleistungen auch dann nicht unberücksichtigt bleiben können, wenn der Versorgungsfall vorzeitig eintritt.

1249 Im Hinblick auf Versorgungsleistungen, die bei Invalidität des Handelsvertreters fällig werden, treten Besonderheiten nicht auf. Auch hier wirkt sich der Rentenkapitalwert, der unter Zugrundelegung eines angemessenen Zinsfußes und versicherungsmathematischer Wahrscheinlichkeiten ermittelt wurde, mindernd auf den Ausgleichsanspruch aus[121].

1250 Endet der Vertretervertrag vorzeitig durch den Tod des Handelsvertreters und werden hierdurch vom Unternehmer finanzierte *Versorgungsleistungen an die Hinterbliebenen* des Handelsvertreters fällig, dann kann es von Bedeutung sein, ob die *ausgleichsberechtigten Erben* mit den *versorgungsberechtigten Hinterbliebenen des Handelsvertreters identisch sind*. Ist das der Fall, so mindert sich der Ausgleichsanspruch um den *Kapitalwert der den Hinterbliebenen des Handelsvertreters zufließenden Altersversorgung*[122]. Der Kapitalwert der dem Handelsvertreter selbst zugesagten, durch seinen Tod aber nicht in Kraft getretenen Altersversorgung kann hier im Gegensatz zu dem oben erörterten Fall nicht in Ansatz gebracht werden, weil *diese Altersversorgung nicht fällig geworden ist*.

1251 Sind neben den versorgungsberechtigten Hinterbliebenen weitere Erben des Handelsvertreters vorhanden, die ihrerseits *nur ausgleichsberechtigt* sind, so müssen Letztere eine *Ausgleichsminderung gegen sich gelten lassen*, die aus der Berücksichtigung der den versorgungsberechtigten Erben zufließenden Altersversorgung folgt. Die auf diese Weise *benachteiligten Erben* können auch *keine Regressansprüche* gegen die versorgungsberechtigten Hinterbliebenen geltend machen, weil ein Ausgleichsanspruch durch die Berücksichtigung der

---

121 Ebenso *Sieg*, VersR 1968 S. 105.
122 Bei mangelnder Identität vgl. Rz. 1251.

Altersversorgung insoweit gar *nicht entstehen kann, als er sich mit dem Wert der Altersversorgung deckt.*

Diese Auffassung hat auch das Landgericht Düsseldorf in seinem Urteil vom 15.8.1990[123] bestätigt. Im entschiedenen Falle war zum Zwecke der Zukunftssicherung eine Versicherung auf das Leben des Versicherungsvertreters abgeschlossen worden, zu der das beklagte Versicherungsunternehmen bis zum Eintritt des Versorgungsfalles insgesamt 9746,- DM an Beiträgen aufgebracht hatte. Als der Versicherungsvertreter verstarb, wurde eine **Hinterbliebenenversorgung** fällig. Ein *nicht versorgungsberechtigter Erbe* vertrat die Auffassung, sein Ausgleichsanteil könne mit Rücksicht auf die Hinterbliebenenversorgung *keiner Einschränkung* unterliegen. Denn der Ausgleich sei mit dem Tode des Erblassers zunächst *in voller Höhe entstanden und als solcher vererblich*, sodass die nicht versorgungsberechtigten Erben ihren Anteil am Ausgleich beanspruchen könnten, weil ihnen keine Versorgungsansprüche anzurechnen seien. Das Landgericht hat die Klage abgewiesen und festgestellt, dass, weil der Billigkeitstatbestand nicht in vollem Umfange erfüllt sei, der Ausgleichsanspruch *von vornherein* in entsprechend *geringerem Umfange entstanden* sei. Der Umstand, dass ein Ausgleichsanspruch im Gegensatz zu den Versorgungsansprüchen *unbeschränkt vererblich* sei, könne eine andere Beurteilung nicht rechtfertigen. Denn *vererblich sei der Ausgleichsanspruch nur in dem Umfange*, in dem *er entstanden* sei. Deshalb könnten die nicht versorgungsberechtigten Erben im entschiedenen Falle den Ausgleichsanspruch nicht geltend machen. Das Versicherungsunternehmen sei auch nicht allein deshalb schlechter zu stellen, weil wegen des Todes des Versicherungsvertreters nicht die Alters-, sondern lediglich die Hinterbliebenenversorgung fällig geworden sei. Auch im Erlebensfall hätte der begünstigte Versicherungsvertreter mit Rücksicht auf die getroffene Versorgungsvereinbarung einen Ausgleichsanspruch nicht geltend machen können.

Hier zeigen sich bereits die unterschiedlichen Folgen, wenn man nicht scharf zwischen einer „**Anrechnung**" der Altersversorgung auf den Ausgleichsanspruch und ihrem Charakter als *Entstehungshindernis* unterscheidet. Nimmt man nur eine Anrechnung der Altersversorgung an, geht man also davon aus, dass der Ausgleichsanspruch zunächst entstanden, dann aber durch die Anrechnung der Altersversorgung wieder — ganz oder teilweise — entfallen ist, würden auch die nicht versorgungsberechtigten Erben des Handelsvertreters den auf sie entfallenden Ausgleichsanteil mit Erfolg beanspruchen können, weil er in ihrer Person mangels bestehender Versorgungsansprüche ja ungehindert entstanden war.

Gerade in dem Sachverhalt, der dem oben zitierten Urteil des Landgerichts Düsseldorf vom 15.8.1990 zu Grunde lag, hatte diese nicht ganz klare Terminologie im Urteil des Bundesgerichtshofs vom 23.5.1966 dazu geführt, dass ein nicht versorgungsberechtigter Erbe die Auffassung vertrat, ihm stehe der auf ihn entfallende Ausgleichsanteil ungekürzt zu, weil der Ausgleich zunächst in

---

[123] *LG Düsseldorf,* 15.8.1990, VersR 1991 S. 184, 185.

VIII Speziell: Alters- und Hinterbliebenenversorgung des Vertreters

voller Höhe *entstanden sei und zum Nachlass* gehört habe. Mit Recht hat dazu das Landgericht ausgeführt, dass diese Auffassung im Urteil des Bundesgerichtshofs vom 23.5.1966, wo der BGH den Begriff der Anrechnung gebraucht habe, keine Stütze finde. Die Billigkeitsvoraussetzung sei Tatbestandsmerkmal; *fehle es an dieser Voraussetzung, könne ein Ausgleichsanspruch begrifflich wegen Fehlens eines Tatbestandsmerkmals nicht entstehen.*

1255 Problematisch sind schließlich diejenigen Fälle, in denen eine ursprünglich vorgesehene *Hinterbliebenenversorgung deshalb gegenstandslos* wird, weil der Handelsvertreter entweder *ohne Hinterlassung versorgungsberechtigter Hinterbliebener* verstirbt oder weil die für die Fälligkeit der Altersversorgung vereinbarten Bedingungen nicht mehr eintreten können (Beispiel: *Die Ehefrau des Handelsvertreters ist vorverstorben*; seine Kinder haben das für die Zahlung von Waisenrenten vereinbarte Höchstalter bereits überschritten)[124]. Eine *Ausgleichsminderung kommt dann nicht in Betracht*, die ausgleichsberechtigten Erben brauchen sich mithin die erst beim Tode des Vertreters erloschene Versorgungsanwartschaft nicht entgegenhalten zu lassen. Denn der *Tod des Vertreters löst effektiv zufließende Versorgungsleistungen nicht aus*[125].

1256 Gegen dieses Ergebnis werden in der Praxis verschiedene Einwendungen erhoben. Einerseits wird geltend gemacht, dass die Ausgleichsminderung nicht vom Todeszeitpunkt des Handelsvertreters abhängen könne. Denn dadurch würden sich ganz unterschiedliche Auswirkungen ergeben, je nachdem, wann der Tod des Handelsvertreters eintritt. Andererseits wird dieses Ergebnis mit der Begründung abgelehnt, es sei zumindest dann außerordentlich unbefriedigend, wenn dem Unternehmer beim Wegfall der Versorgungsanwartschaft die nunmehr umsonst aufgewendeten Versorgungsmittel nicht rückvergütet werden. Denn in einem solchen Fall hätte er *neben den umsonst aufgewendeten Versorgungsmitteln auch noch den vollen Ausgleich zu zahlen*.

1257 Diese Argumente sind indessen nicht stichhaltig. Bei der Prüfung der Anspruchsvoraussetzungen für den Ausgleichsanspruch – und um nichts anderes handelt es sich bei der Berücksichtigung einer Altersversorgung – kann nur auf den *Zeitpunkt der Vertragsbeendigung abgestellt werden*, in dem allein das Konkurrenzproblem zwischen dem Ausgleichs- und Versorgungsanspruch entstehen kann. Jede zweckbedingte Verlegung dieses Zeitpunktes würde inkonsequent sein. Das zeigt sich deutlich, wenn man sich die Rechtslage vergegenwärtigt, die bei Vorhandensein versorgungsberechtigter Hinterbliebener eintritt. Auch dann wird nämlich nicht fiktiv die *gar nicht fällig gewordene Mannesrente* dem Ausgleichsanspruch gegenübergestellt, sondern *allein der Kapitalwert der fällig gewordenen Hinterbliebenenrenten*. Schon deshalb kann nicht dann mehr angerechnet werden (nämlich die gesamte Altersrente), wenn weniger fällig wird.

---

[124] Vgl. zur gleichen Problematik *BGH,* 17.11.1983 zu Ziff. II 3b) cc) der Gründe, insoweit nur abgedruckt in DB 1984 S. 556, 557, re. Sp.
[125] *Sieg,* VersR 1968 S. 106 (II 1 d); *Martin,* DB 1966 S. 1833; *Höft,* VersR 1966 S. 843; *Küstner,* BB 1963 S. 1151; a.A. *Möller,* Anm. 380 vor §§ 43–48 VVG.

Ähnliches gilt im Hinblick auf den umsonst geleisteten Aufwand des Unternehmers. Dieser zweifellos spürbaren Härte steht andererseits die oben erwähnte Möglichkeit[126] gegenüber, dass trotz minimalen Aufwandes die gesamte Versorgung mit der Folge fällig wird, dass der Ausgleich gemindert wird oder sogar gänzlich ausgeschlossen ist. Man darf angesichts beider Möglichkeiten also nicht nur auf die nachteiligen Auswirkungen hinweisen und die günstigen außer Betracht lassen. Immer muss man sich vor Augen halten, dass sowohl der Ausgleichsanspruch als auch eine Altersversorgung naturgemäß Risiken enthalten, die im Einzelfall zu unvermeidbaren Härten führen können.

1258

II. Unverfallbarkeitsprobleme

Wird schließlich die Altersversorgung durch die *vorzeitige Vertragsbeendigung* nicht ausgelöst, bleibt aber dennoch die *Versorgungsanwartschaft* dem Vertreter erhalten[127], so muss der Zeitdifferenz bei der Billigkeitsprüfung ebenfalls Rechnung getragen werden, obwohl dieser Sachverhalt nicht unbedingt als Regelfall zu bezeichnen ist.

1259

Ein solcher Tatbestand kann beispielsweise dann vorliegen, wenn im Zeitpunkt der Vertragsbeendigung, die grundsätzlich zur Entstehung des Ausgleichsanspruchs führt, die *Unverfallbarkeitsvoraussetzungen*[128] bezüglich der Versorgungsanwartschaft des Handelsvertreters gem. § 1 des Gesetzes zur Verbesserung der betrieblichen Altersversorgung (= Betriebsrentengesetz vom 19.12. 1974 = BetrAVG)[129] in Verbindung mit § 17 Abs. 1 BetrAVG erfüllt sind[130]. Im Gegensatz zu der bis zum In-Kraft-Treten des Betriebsrentengesetzes regelmäßig eintretenden *gleichzeitigen Fälligkeit* von Ausgleichsanspruch und Altersversorgung, von der offensichtlich auch der Bundesgerichtshof in seinem Urteil vom 23.5.1966[131] ausgegangen ist, löst die *Unverfallbarkeitsregelung* des Betriebsrentengesetzes bei *vorzeitiger Vertragsbeendigung* eine *Fälligkeits-*

1260

---

126 Rz. 1221.
127 Der umgekehrte Fall (Fälligkeit der Altersversorgung vor Vertragsbeendigung) ist oben Rz. 1248 behandelt.
128 Gesetz zur Verbesserung der betrieblichen Altersversorgung vom 19.12.1974, BGBl. I S. 3610 = SaBl. 1975 S. 103. Zuletzt geändert durch Gesetz vom 26.6.2001, BGBl. I, 1310. Zur entsprechenden Anwendung des Gesetzes auf Handelsvertreter gem. § 17 Absatz 1 Satz 2: *Küstner*, BB 1976 S. 1485 m.w.N.; *Höfer/Küpper*, BB 1990 S. 849, 851 zu 7 sowie *Höfer/Abt*, § 17 BetrAVG, Rz. 56; *Lutz*, DB 1989 S. 2346; *Heubeck/Höhne*, § 17 Rz. 48 ff.
129 *Beispiel* für die Ermittlung der Unverfallbarkeit:
Dem Handelsvertreter ist eine Anwartschaft auf Altersversorgung i.H.v. 2.000,- € zugesagt worden. Im Zeitpunkt der Zusage war der Handelsvertreter 40 Jahre alt, sein Vertragsverhältnis begann, als er 25 Jahre alt war und endet vorzeitig im Alter 45. Der Vertrag bestand insgesamt 20 Jahre. Bei planmäßigem Ausscheiden im Alter von 65 hätte seine Gesamttätigkeit 40 Jahre betragen. Das Altersruhegeld vermindert sich gem. § 2 Abs. 1 BetrAVG im Verhältnis der erreichten zur erreichbaren Betriebszugehörigkeit, hier also im Verhältnis von 20:40 Jahren, mithin um die Hälfte auf 1.000,- €.
130 Nach § 1 Satz 1 BetrAVG setzt Unverfallbarkeit voraus, dass der Rentenberechtigte das 35. Lebensjahr vollendet hat und die Versorgungszusage seit 10 Jahren besteht oder seit 3 Jahren bei 12-jähriger Betriebszugehörigkeit.
131 A.a.O., vgl. Fn. 1 zu Rz. 1170.

VIII Speziell: Alters- und Hinterbliebenenversorgung des Vertreters

differenz von mehr oder weniger langer Dauer aus, weil die Fälligkeit des Ausgleichsanspruchs sofort, die der Altersversorgung aber — wenn auch im entsprechend herabgesetzten Umfang — erst im Zeitpunkt des vertraglich vorgesehenen Versorgungsfalles eintritt.

1261 Die bei **gleichzeitiger Fälligkeit** geltenden Grundsätze sind bei einer solchen Fälligkeitsdifferenz **nicht uneingeschränkt anwendbar**[132]. Denn es entspräche gewiss nicht der Billigkeit i.S. des § 89b Abs. 1 Nr. 3 und der Grundsatzentscheidung des Bundesgerichtshofs aus dem Jahre 1966, wenn die Entstehung des **Ausgleichsanspruchs auch dann in vollem Umfange gehindert wäre, wenn der Kapitalwert der aus** der unverfallbaren Anwartschaft resultierenden verminderten Rentenzahlungen im Zeitpunkt des **späteren Rentenbeginns** der Höhe nach zwar dem Ausgleichsanspruch entspricht (sodass bei rein rechnerischer Gegenüberstellung beider Werte keine „*Ausgleichsspitze*" verbliebe).

1262 Besteht eine solche **Fälligkeitsdifferenz**, entsteht zunächst die Frage, ob hier überhaupt noch von einem **Regelfall** gesprochen werden kann, der ja dem Urteil des Bundesgerichtshofs vom 23.5.1966 zu Grunde lag. Ist diese Frage zu verneinen, ist zu prüfen, ob und ggf. in welchem Umfange eine **Minderung des Ausgleichsanspruchs** trotz der Fälligkeitsdifferenz noch in Betracht kommen kann. Natürlich spielt hierbei auch die weitere Frage eine sehr wesentliche Rolle, wie groß die Fälligkeitsdifferenz ist. Handelt es sich nur um einen kurzen Zeitraum, wird man die Rechtslage sicherlich anders beurteilen müssen, als wenn zwischen der Fälligkeit des Ausgleichsanspruchs und der Fälligkeit der Altersversorgung mehrere Jahrzehnte liegen.

1. Geringe Fälligkeitsdifferenz

1263 Beläuft sich die Fälligkeitsdifferenz auf einen nur **relativ kurzen Zeitraum**, dürfte es im Regelfall gerechtfertigt sein, die Grundsätze anzuwenden, die der Bundesgerichtshof in seinem Urteil vom 23.5.1966[133] ausgesprochen hat. In derartigen Fällen kann es andererseits aber nicht gerechtfertigt werden, den **gesamten Kapitalwert** der nach dem BetrAVG geminderten Altersversorgung dem Ausgleichsanspruch gegenüberzustellen. Vielmehr muss der Fälligkeitsdifferenz unter Billigkeitsgesichtspunkten Rechnung getragen werden, sodass sich der Ausgleichsanspruch mit Rücksicht auf das erst später auftretende „*Entstehungshindernis*" — auch wenn sich beide Werte rechnerisch der Höhe nach decken — in geringerem Umfange mindert, als dies bei gleichzeitiger Fälligkeit gerechtfertigt wäre. Deshalb muss hier der Fälligkeitsdifferenz dadurch Rechnung getragen werden, dass der erst später endgültig entstehende — wenn auch infolge der vorzeitigen Vertragsbeendigung verminderte – Versorgungsanspruch nicht mit seinem vollen Kapitalwert, den er bei Fälligkeit hat, sondern mit einem **rechnerischen Zwischenwert**, nämlich dem sog. **Anwartschaftsbarwert** (= Wert einer Zusage während einer Anwartschaft) in Ansatz gebracht wird[134]. Bei diesem An-

---
[132] Näheres dazu bei *Küstner*, BB 1976 S. 1485, 1487.
[133] *BGH*, 23.5.1966, BGHZ 45, 268.
[134] So auch *OLG Köln*, 17.8.2001 – 19 U 206/00, VersR 2001, 1377. Vgl. *Honsel*, BB 1984 S. 365.

wartschaftsbarwert handelt es sich um denjenigen Kapitalbetrag, der bei *verzinslicher Anlage* ausreicht, die *vertraglich zugesagten Versorgungsbezüge zu erbringen*. Wie erwähnt, könnte eine Ausgleichsminderung um den Anwartschaftsbarwert bei geringer Fälligkeitsdifferenz in Betracht kommen, obwohl natürlich stets die *Besonderheiten des Einzelfalles* zu berücksichtigen sind. Deshalb kommt es stets darauf an, wann überhaupt von einer *„geringen Fälligkeitsdifferenz"* gesprochen werden kann. Sicherlich dürfte dies gerechtfertigt sein, wenn sich die Fälligkeitsdifferenz nur auf *wenige Monate* beschränkt. Handelt es sich aber um *mehrere Jahre* oder gar Jahrzehnte, dürfte eine Ausgleichsminderung um den Anwartschaftsbarwert bereits zweifelhaft sein.

2. Erhebliche Fälligkeitsdifferenz

Zur Rechtslage bei *langfristiger Fälligkeitsdifferenz* liegen vom Bundesgerichtshof inzwischen 3 Urteile vor, in denen zunächst der I. Zivilsenat im Urteil vom 17.11.1983[135] und später der VIII. Zivilsenat in den Urteilen vom 23.2. 1994 und 20.11.2002[135a] zur Billigkeitsproblematik Stellung genommen hatten[135]. In allen Urteilen belief sich die Fälligkeitsdifferenz auf 20 Jahre bzw. mehr als zwei Jahrzehnte (24 bzw. 21 Jahre). Aufgrund geringfügig unterschiedlicher Tatbestände kamen die Senate zu voneinander abweichenden Entscheidungen: 1264

Im Tatbestand des Urteils vom 17.11.1983 war ein *Versicherungsvertretervertrag* beendet worden, als der Versicherungsvertreter (Kläger) erst 41 Jahre alt war. Das vertretene Unternehmen hatte ihm eine inzwischen unverfallbar gewordene Altersversorgung bereits im Jahre 1970 — also vor dem In-Kraft-Treten des Gesetzes zur Verbesserung der betrieblichen Altersversorgung am 1.1.1975 — zugesagt, aufgrund deren dem Kläger ab Alter 65 eine monatliche Altersrente, bei Berufsunfähigkeit eine Invaliditätsrente und im Todesfalle seinen Erben eine Hinterbliebenenversorgung zustehen sollte. Der Kläger hatte sich mit der geschilderten *Versorgungsregelung und damit einverstanden erklärt, dass sich der Ausgleichsanspruch um die Höhe des Barwerts der von ihm und seinen Hinterbliebenen zu beanspruchenden Rente mindere*. In einer diesbezüglichen Vereinbarung war festgelegt, dass sich diese Minderung aus der Rechtsprechung des Bundesgerichtshofs ergebe. Deshalb hat der Kläger auch ein ihm eingeräumtes sechswöchiges Ablehnungsrecht bezüglich der ihm angebotenen Versorgungsregelung nicht wahrgenommen. 1265

---

135 *BGH*, 17.11.1983, BB 1984 S. 365 mit Anm. *Honsel* = DB 1984 S. 565 = HVR Nr. 586 = MDR 1984 S. 375 = VersR 1984 S. 184 = WM 1984 S. 212 sowie *BGH*, 23.2.1994, BB 1994 S. 594 = VersR 1994, 807 = DB 1994 S. 881, mit Anmerkung von *Küstner,* BB 1994 S. 1590. In gleicher Weise entschieden das *OLG Saarbrücken* durch Urteil vom 18.5.1988 — 1 U 144/ 86, n.v., besprochen in VW 1988, 1375 und *OLG Köln*, 17.8.2001 — 19 U 206/00, VersR 2001, 1377 und das *OLG Celle*, 16.5.2002 — 11 U 193/01, VersR 2002, 976 mit Anm. *Küstner* und *Thume*, VersR 2002, 980 und 981; gegen die Entscheidung des 18. Senats des gleichen Gerichts vom 19.9.1996 — 18 U 14/96, OLG R 1997, 31 = VersR 1997, 615.
135a *BGH*, 20.11.2002 — VIII ZR 211/01, VersR 2003, 368 = DB 2003, 144 mit Anm. (siehe Fn. 142) und 23.2.1994 — VIII ZR 94/93, VersR 1994, 807.

VIII Speziell: Alters- und Hinterbliebenenversorgung des Vertreters

1266 Nach der Vertragsbeendigung teilte das Unternehmen dem Kläger entsprechend den getroffenen Vereinbarungen mit, dass die Voraussetzungen für die Unverfallbarkeit seiner Versorgungsanwartschaft erfüllt seien, dass die monatliche Altersrente ab Vollendung des 65. Lebensjahres 261,37 DM betrage und dass der dem Kläger zustehende Ausgleichsanspruch um den *Anwartschaftsbarwert* aus der Versorgungszusage per 31.12.1979 in Höhe von 12737,– DM zu kürzen sei, sodass mithin nur 30534,87 DM als Ausgleich geschuldet würden.

1267 Der Kläger war mit der Kürzung des Ausgleichs um den Anwartschaftsbarwert *nicht einverstanden* und nahm das Unternehmen auf Zahlung der Differenz in Anspruch, weil die Beklagte den Ausgleichsanspruch auch ohne Berücksichtigung von Billigkeitserwägungen i. S. des § 89b Abs. 1 Nr. 3 schon deshalb *ungekürzt* erfüllen müsse, weil sie mit der Rentenzusage kraft vertraglicher Vereinbarung eine den Ausgleichsanspruch nicht berührende zusätzliche Leistungsverpflichtung eingegangen sei.

1268 Im Tatbestand, der dem Urteil vom 23.2.1994 zu Grunde lag, war das Vertragsverhältnis im Jahre 1980 geschlossen worden. Die Handelsvertreterin kündigte dieses Vertragsverhältnis aus gesundheitlichen Gründen zum 31.12.1988 im Alter von 39 Jahren (21 Jahre vor der Fälligkeit der Altersversorgung). In dem Rechtsstreit ging es ebenfalls im Rahmen der Ausgleichsberechnung um die Berücksichtigung von Zuschüssen der Beklagten zur Alterssicherung in Höhe von 12871,60 DM.

1269 Zwischen den Parteien war *keine Vereinbarung bezüglich einer Ausgleichsminderung* mit Rücksicht auf die bestehende Altersversorgung getroffen worden.

1270 Die 3 Verfahren führten zu unterschiedlichen Ergebnissen. In den Urteilen v. 17.11.1983 und 20.11.02 wurde die Ausgleichsminderung anerkannt, während im Urteil v. 23.2.1994 der Klage des Vertreters stattgegeben wurde. Im Falle des Urteils vom 17.11.1983 war der Bundesgerichtshof der vom Kläger vertretenen Auffassung nicht gefolgt und hat die vom Kläger gegen das Urteil der Vorinstanz eingelegte Revision zurückgewiesen. Der Bundesgerichtshof hat seine bisherige Rechtsprechung bestätigt und zunächst grundsätzlich ausgeführt, dass der *Ausgleich und die Rente ihre Grundlage in demselben Vertragsverhältnis* hätten, dass die *Altersversorgung dazu diene, den praktischen Zweck einer Ausgleichszahlung* zu übernehmen und dass deshalb das Verhältnis von Leistung und Gegenleistung im Rahmen ein und desselben Vertragsverhältnisses zu Lasten des Unternehmers unangemessen gestört wäre, wenn er neben der Versorgungszusage auch noch den Ausgleichsanspruch in voller Höhe erfüllen müsste. Die Tatsache, dass der erst 41 Jahre alte Kläger bis zur Vollendung des 65. Lebensjahres – insgesamt also *24 Jahre* – warten müsse, um aus dem Vertreterversorgungswerk eine Altersrente beziehen zu können, rechtfertigt nach Auffassung des Bundesgerichtshofs die begehrte Zubilligung des vollen Ausgleichs zusätzlich zur Versorgungszusage nicht. Zwar sei die Möglichkeit nicht auszuschließen, dass im Hinblick auf die Wartezeit bis zum Eintritt des Versorgungsfalles der Kläger infolge Vorversterbens oder aus anderen

Gründen nicht in den Genuss der Rente gelange. Gleichwohl entspreche auch unter Berücksichtigung dieser Risiken die Anrechnung der Versorgungsanwartschaft der Billigkeit. Denn der nichtsozialversicherungspflichtige Kläger, der ohne die vom Unternehmen finanzierte Altersversorgung für eine ausreichende Alters- und Hinterbliebenenversorgung selbst Vorsorge hätte treffen müssen, sei insoweit durch die von der Beklagten begründete Versorgungsanwartschaft *entlastet*, weil er im Umfang dieser Anwartschaft keine Mittel aufzubringen habe, die er anderenfalls hätte aufbringen müssen, wenn ihm die Beklagte die Versorgungszusage nicht gewährt hätte. Dabei komme ihm jedoch zugute, dass nach § 16 BetrAVG der Unternehmer die Versorgungsansprüche regelmäßig in zeitlichem Abstand von drei Jahren der Geldwertentwicklung sowie den Einkommens- und Rentenverhältnissen *anzupassen* habe.

Darüber hinaus habe das Berufungsgericht zu Recht berücksichtigt, dass die Versorgungsanwartschaft unverfallbar sei. Zwar schließe die Unverfallbarkeit einer Versorgungsanwartschaft den Widerruf einer Rentenzusage nicht schlechthin aus. Hinsichtlich des in der Rentenzusage enthaltenen Widerrufsvorbehalts sei aber zu berücksichtigen, dass der Kläger vor einer *Insolvenz der Beklagten* einen unabdingbaren Schutz genieße und ferner, dass ihm in allen anderen Widerrufsfällen der Ausgleichsanspruch in vollem Umfange verbleibe. Nach den Bestimmungen des Vertreterversorgungswerks werde nämlich der Vertreter im Falle des Widerrufs so gestellt, wie wenn der Ausgleichsanspruch fristgerecht geltend gemacht worden wäre. 1271

Nicht zuletzt blieb die vom Kläger eingelegte Revision deshalb erfolglos, weil der I. Senat nicht nur auf die Billigkeitsgesichtspunkte abgestellt hatte, sondern auch darauf, dass der Kläger mit einer auf den Ausgleichsanspruch anzurechnenden Versorgung *einverstanden* und — nach den Feststellungen des Berufungsgerichts — für den Fall des vorzeitigen Ausscheidens aus den Diensten der Beklagten auch *bereit war, die Risiken einzugehen, die im Hinblick auf den Fälligkeitszeitpunkt der Rente* bestehen. 1272

In seinem Urteil vom 23.2.1994 kam der Bundesgerichtshof — entsprechend der Entscheidung des Berufungsgerichts — zu einem anderen Ergebnis und bestätigte das Urteil des OLG Düsseldorf vom 12.2.1993[136]. Er hielt eine *aus-* 1273

---

[136] Eine von der Entscheidung des *Bundesgerichtshofs* abweichende Auffassung hatte bereits das *OLG Düsseldorf* in seinem Urteil vom 12.2.1993 (16 U 94/92 — unveröffentlicht) vertreten. Im Gegensatz zu der vom *BGH* vertretenen Auffassung hielt es das Gericht gerade *nicht für billig*, den vor Eintritt des Versorgungsfalles fällig werdenden Ausgleichsanspruch zu mindern. Denn die vom *Bundesgerichtshof* herausgestellte Erwägung, dass die Altersversorgung dazu diene, den *praktischen Zweck einer Ausgleichszahlung* zu übernehmen, treffe bei einer *Fälligkeitsdifferenz* nicht zu. Billigkeitserwägungen rechtfertigten sich vielmehr nur bei *gleichzeitiger Fälligkeit*. Denn in diesem Falle entfielen zwar die Provisionseinnahmen des Handelsvertreters; dafür erhalte er aber nach Vertragsende sogleich die Altersversorgung. Bekäme er zusätzlich zur Altersversorgung noch den Ausgleich, so stünde dem Provisionsverlust ein doppelter Vorteil gegenüber, nämlich in Form des — ungekürzten — Ausgleichs einerseits und der Altersversorgung andererseits. Gerade diese Situation sei aber nicht gegeben, wenn — wie im Falle des Urteils vom 17.11.1983 — zwischen den beiden Fälligkeitsterminen eine Zeitspanne von 24 Jahren und in dem vom *OLG Düsseldorf* entschiedenen Falle eine solche von

VIII Speziell: Alters- und Hinterbliebenenversorgung des Vertreters

gleichsmindernde Berücksichtigung der Altersversorgung unter Billigkeitsgesichtspunkten nicht für berücksichtigungsfähig, weil im entschiedenen Falle angesichts einer so großen Fälligkeitsdifferenz von einem **unbilligen „doppelten Vorteil"** des Handelsvertreters in Gestalt eines Ausgleichsanspruchs und einer vom Unternehmer (mit-)finanzierten Altersversorgung nicht mehr gesprochen werden könne. Die *Ersatzfunktion der Altersversorgung* für einen entsprechend zu kürzenden oder ganz entfallenden Ausgleichsanspruch sei dann nicht mehr gegeben. Insbesondere könne keine Rede davon sein, dass im entschiedenen Sachverhalt trotz der langen Zeitspanne bis zum Eintritt des Versorgungsfalles eine *„funktionelle Verwandtschaft"* zwischen Ausgleichsanspruch und Altersversorgung vorliege und dass die Altersversorgung den „praktischen Zweck einer Ausgleichszahlung" übernehme.

1274 Im Übrigen hat der VIII. Senat darauf abgestellt, dass der zu entscheidende Sachverhalt *„in einem wesentlichen Punkt"* nicht mit dem Sachverhalt zu vergleichen sei, der dem Urteil vom 17.11.1983 zu Grunde gelegen habe. Zwischen den damaligen Parteien jenes Urteils habe nämlich eine **vertragliche Vereinbarung bestanden**, dass vom Unternehmer finanzierte Versorgungsleistungen auf einen etwaigen Ausgleichsanspruch anzurechnen seien. Dem Handelsvertreter habe es freigestanden, das Angebot des Unternehmers auf eine von diesem finanzierte, möglicherweise erst Jahre nach Ende des Handelsvertretervertrages fällig werdende Rente anzunehmen. Er habe damit eine Kürzung seines Ausgleichsanspruchs bewusst in Kauf genommen. Eine solche Vereinbarung aber habe in dem Sachverhalt, der dem Urteil vom 23.2.1994 zu Grunde lag, nicht vorgelegen.

1275 Dem Urteil des Bundesgerichtshofs vom 23.2.1994 dürfte zwar zu folgen sein, weil es *angesichts der großen Fälligkeitsdifferenz* von 21 Jahren die Auffassung vertritt, dass es sich hier *nicht mehr um einen Regelfall* i.S. des BGH-Urteils vom 23.5.1966 handelt. Andererseits erscheint im Urteil der Hinweis darauf überflüssig, der entschiedene Sachverhalt unterscheide sich in einem wesentlichen Punkt von demjenigen, mit dem sich der BGH in seinem Urteil vom 17.11.1983 zu befassen hatte. Denn eine andere Beurteilung rechtfertige sich deshalb, weil im entschiedenen Sachverhalt eine entsprechende Vereinbarung gerade nicht getroffen worden sei, wie eine solche dem Urteil vom 17.11.1983 zu Grunde gelegen habe.

1276 Diesem Unterschied dürfte allerdings im Urteil vom 23.2.1994 eine zu große Bedeutung beigemessen worden sein. Denn angesichts des Wortlauts der Entscheidungsgründe lässt sich ja aus dem Urteil vom 23.2.1994 die Folgerung ziehen, dass möglicherweise der VIII. Senat des Bundesgerichtshofs zu einem

---

mindestens 20 Jahren liege. Denn in derartigen Fällen habe die Altersversorgung eben gerade nicht die Funktion, praktisch die Ausgleichsforderung, die nach Vertragsende zu erfüllen sei, ersetzen zu können. Eine *Ersatzfunktion* sei auch deshalb nicht gegeben, weil die Altersversorgung, sofern sie in einer privaten Lebensversicherung bestehe, infolge der Aufwendungen des Unternehmers bereits vorzeitig einen höheren Rückkaufswert habe als es im Zeitpunkt der Beendigung des Handelsvertreterverhältnisses ohne diese Aufwendungen des Unternehmers der Fall wäre. Denn der primäre und erklärte Zweck einer Altersversorgung sei nicht die vorzeitige Kapitalisierung, sondern die Sicherung einer ausreichenden Lebensgrundlage im Alter.

anderen Ergebnis gelangt wäre, *wenn eine solche Vereinbarung vorgelegen hätte*. Eine solche Vereinbarung aber – darauf war schon oben hingewiesen worden[137] – hätte den entschiedenen Ausnahmefall keineswegs zu einem Regelfall machen können. Denn es kann nicht angehen, dass die Parteien eines Handelsvertretervertrages *Billigkeitsgesichtspunkte vereinbaren*, die einer objektiven Nachprüfung nicht standzuhalten vermögen, um auf diese Weise eine Ausgleichsminderung herbeizuführen[138].

In dem neuesten Urteil v. 20.11.2002[139] war das Vertragsverhältnis zwischen den Parteien 20 Jahre vor dem Fälligwerden der Altersversorgung beendet worden. Die Anrechnungsvereinbarung war aus den gleichen Gründen unwirksam wie im Urteil VIII ZR 146/91[140]. Gleichwohl blieb der Versuch des Versicherungsvertreters, den vom vertretenen Unternehmen unter Billigkeitsgrundsätzen gegen den Ausgleichsanspruch aufgerechneten Rentenbarwert[141] in Höhe von 66534,– DM einzuklagen, in allen Instanzen erfolglos. Der BGH berief sich darauf, dass die Parteien trotz der unwirksamen Anrechnungsklausel zum Ausdruck gebracht hätten, was sie im Hinblick auf eine versorgungsbedingte Ausgleichsminderung für billig hielten. **1277**

Diese Argumentation mag zunächst auf Bedenken stoßen. Aber sie überzeugt letztlich deshalb, weil sich kaum bestreiten lässt, dass es ja gerade die als billig empfundene Ausgleichsminderung ist, an der sich durch die Unwirksamkeit der in der Vereinbarung zum Ausdruck kommenden Auffassung der Parteien nichts ändert. Darüber hinaus, so stellt das Gericht fest, sei die Würdigung der im Rahmen der Billigkeit in Betracht kommenden Umstände im Wesentlichen Sache des Tatrichters[142], so dass dessen Entscheidung vom Revisionsgericht nur unter strengen Voraussetzungen nachgeprüft werden könne, wofür im entschiedenen Falle jedoch kein Anlass bestand. Außerdem sei zu berücksichtigen, dass sich der Rentenbarwert mit ansteigender Fälligkeitsdifferenz verringere, so dass dadurch die Ausgleichsminderung geringer ausfalle. Im entschiedenen Falle sei immerhin dem Kläger mehr als die Hälfte des rechtlich ermittelten Ausgleichsbetrages und damit ein absolut und relativ hoher Barbetrag verblieben. **1278**

---

137 Vgl. oben Rz. 1062.
138 *Küstner*, BB 1994 S. 1590, 1591 in Anm. zum Urteil vom 23.2.1994.
139 VIII ZR 211/01, VersR 2003, 368 = DB 2003, 144.
140 Vgl. dazu oben die Erläuterung des Urteils v. 20.11.2002 – VIII ZR 146/01.
141 Im entschiedenen Falle belief sich der ungekürzte Ausgleichsanspruch auf 141217,– DM und der Rentenbarwert auf 66534,– DM, so dass dem Kläger lediglich 74683,– DM zugeflossen waren.
142 Zur unterschiedlich kritischen Würdigung dieses Urteils durch *Müller-Stein* VW 2003, 199 und *Küstner* VW 2003, 127; *ders.* EWiR 2003, 229 zu 3; *Emde* EWiR 2003, 231; *Zander/Pulverich* VersVerm 2003, 12.

E. Ergebnis, Folgerungen

1279 Aber die Entwicklung scheint sich in neuerer Zeit in eine andere Richtung zu bewegen und der Frage, ob eine Anrechnungsvereinbarung vorliegt, nur zweitrangige Bedeutung beizumessen. So hat der 19. Senat des OLG Köln in seinem Urteil vom 17.8.2001[143] entschieden, dass Billigkeitsgesichtspunkte trotz einer zwischen den Parteien getroffenen *Anrechnungsvereinbarung*, die im entschiedenen Sachverhalt allerdings wegen Verstoßes gegen § 9 Abs. 2 AGBG und darüber hinaus auch wegen § 89b Abs. 4 Satz 1 *unwirksam* war und trotz einer *12-jährigen Fälligkeitsdifferenz* eine Ausgleichsminderung um den Rentenbarwert rechtfertigen könnten. Deshalb hat das Gericht unter Hinweis auf den Beschluss des BVerfG vom 22.8.1995[144] – wonach der Ausgleichsanspruch „nicht nur Vergütungscharakter (habe), sondern stets auch ein Element der Versorgung" beinhalte – mit der ständigen Rechtsprechung festgestellt, das Argument der „funktionellen Verwandtschaft" verliere auch bei vorliegender Fälligkeitsdifferenz nicht völlig an Gewicht[145].

1280 Allerdings sei zu berücksichtigen, dass der Vertreter infolge der Fälligkeitsdifferenz „normalerweise darauf angewiesen sei, sich eine neue Existenz zu schaffen..., etwa für ein anderes Unternehmen neue Kunden für neue Verträge zu werben, um neue Provisionen zu verdienen". In dieser Situation habe die Ausgleichszahlung nach § 89b jedenfalls auch den Zweck, dem Vertreter *für eine Übergangszeit* die Geldmittel zur Verfügung zu stellen, die er benötige, bis ihm aus seiner neuen Tätigkeit ausreichende laufende Mittel zufließen. Eine Rentenanwartschaft sei dafür *kein Äquivalent*, weil sie weder kapitalisiert noch auch nur beliehen werden könne[146]. Andererseits sei in diesem Zusammenhang aber nicht zu verkennen, dass je größer die Fälligkeitsdifferenz, desto geringer der zu berücksichtigende Anwartschaftsbarwert mit einer damit einhergehenden verringerten Minderung des auszuzahlenden Betrages sei[146a, 147]. Darüber hinaus führe aber eine *gänzliche oder teilweise Nichtberücksichtigung* des Kapitalwerts andererseits zu einer wirtschaftlich nicht oder jedenfalls nicht grundsätzlich zu rechtfertigenden *Doppelbelastung des Unternehmers*, wenn er zusätzlich zum Ausgleichsanspruch noch freiwillig den unverfallbaren Rentenanspruch für den Vertreter finanzieren müsse, und zwar mit der ebenfalls hierbei nicht zu vernachlässigenden Kehrseite, dass der Vertreter seinerseits während der Laufzeit des Vertretervertrages die entsprechenden *Aufwendungen für eine eigene Versorgung erspare*. Schließlich weist das Gericht auf den „ganz we-

---

143 *OLG Köln*, 17.8.2001 – 19 U 206/00, VersR 2001, 1377. Jetzt ebenso *OLG Celle*, 16.5.2002 – 11 U 193/2001 mit Anm. *Küstner*, VersR 2002, 980 und VW 2002, 929 und 1102 sowie *Thume*, VersR 2002, 981.
144 *BVerfG*, 22.8.1995 – BvR 1624/92, NJW 1996, 381 = WM 1995, 1761.
145 A.M. *Graf von Westphalen*, BB 2001, 1593.
146 *OLG Köln*, 19.9.1996 – 18 U 14/96, VersR 1997, 615 = OLGR Köln, 1997, 31.
146a Ebenso *OLG Köln*, 17.8.2001 a.a.O. (Fn. 139) und *BGH*, 20.11.2002 – VIII ZR 211/01, DB 2003, 144 = VersR 2003, 368.
147 *OLG Köln*, 17.8.2001 (siehe Fn. 146).

sentlichen Gesichtspunkt" hin, der im Rahmen der Abwägung zu berücksichtigen sei. Es handelt sich darum, dass die Parteien, wenn auch nicht bindend, bei Abschluss des Vertrages übereinstimmend davon ausgegangen seien, dass eine Anrechnung der Altersversorgung der Billigkeit entspreche.

Das Gericht weist hierbei darauf hin, dass diese übereinstimmend von den Parteien vertretene Auffassung, was sie für der Billigkeit entsprechend erachten, zwar das Gericht nicht binden könne, während es andererseits aber dem Gericht nicht verwehrt sein könne, bei der von ihm zu treffenden Billigkeitsabwägung die **Vorstellung der Parteien angemessen** zu berücksichtigen. 1281

Nach alledem kam das Gericht zu dem Ergebnis, dass die Klage abzuweisen sei, weil es der Billigkeit entspreche, dass trotz der Fälligkeitsdifferenz von 12 Jahren der Ausgleichsanspruch um den Anwartschaftsbarwert zu mindern sei. 1282

Demgegenüber hatte der 18. Senat des OLG Köln in seinem Urteil vom 19.9.1996[148] der Klage eines Versicherungsvertreters stattgegeben; im Urteil vom 19.9.1996 war zwischen den Parteien keine Vereinbarung getroffen worden, dass der bei Vertragsbeendigung entstehende Ausgleichsanspruch unter Billigkeitsgesichtspunkten um den Barwert der Altersversorgung zu mindern sei. Deshalb hatte das Gericht nach eigener Überzeugung unter Billigkeitsgesichtspunkten der Feststellungsklage des Klägers stattgegeben, mit der der Kläger der Auffassung des Versicherungsunternehmens entgegengetreten war, das einer Minderung des Ausgleichs um den Kapitalwert der Altersversorgung begegnet war. Das Gericht hatte sich hierbei auf die oben bei der Erläuterung des Urteils des 19. Senats des OLG Köln vom 17.8.2001 geschilderten Gesichtspunkte berufen. 1283

Schließlich hat auch das OLG Celle in seinem Urteil vom 16.5.2002 eine andere Auffassung vertreten als das OLG Köln in seinem Urteil vom 19.9.1996, und zwar deshalb, weil die Klägerin infolge einer Witwenrente sowie die nach der Ausgleichsminderung verbliebene Ausgleichsspitze auf weiteres Kapital nicht angewiesen war – die Fälligkeitsdifferenz betrug hier 13 Jahre –, sodass das Gericht gegen die Ausgleichsminderung um den Barwert der erst später fällig werdenden Altersversorgung keine Bedenken hatte. 1284

Zusammenfassend kann festgestellt werden, dass – unabhängig vom Vorliegen einer Anrechnungsvereinbarung bzw. einer übereinstimmenden Auffassung, dass sich der Ausgleichsanspruch unter Billigkeitsgesichtspunkten mindere – **stets die Verhältnisse des Einzelfalls** maßgeblich sind, ob im Falle einer auch erheblichen Fälligkeitsdifferenz eine Ausgleichsminderung unter Billigkeitsgesichtspunkten gerechtfertigt werden kann oder dem Vertreter unabhängig vom ungekürzten Ausgleich auch die zugesagte Altersversorgung zusteht, was naturgemäß zur Folge hat, dass das Unternehmen in derartigen Fällen sowohl mit dem vollen Ausgleich als auch mit der aus eigenen Mitteln finanzierten Altersversorgung belastet ist. 1285

---

148 *OLG Köln*, 19.9.1996, a.a.O. (Fn. 142).

VIII Speziell: Alters- und Hinterbliebenenversorgung des Vertreters

F. Altersversorgung durch Direktversicherung

1286 Wird die Altersversorgung des Handelsvertreters nicht durch eine Versorgungszusage, sondern mit Hilfe einer auf das Leben des Handelsvertreters abgeschlossenen *Direktversicherung* durchgeführt, ist — sofern die Ansprüche des Begünstigten aus dieser Versicherung unverfallbar geworden sind — auf den *Rückkaufswert* abzustellen, den die Versicherung im Zeitpunkt der Vertragsbeendigung aufweist und der unter Billigkeitsgesichtspunkten die Entstehung des Ausgleichsanspruchs hindert.

1287 Um diesen überaus komplizierten Rechtsfolgen, die sich aus dem Betriebsrentengesetz gerade im Hinblick auf den Ausgleichsanspruch ergeben, Rechnung zu tragen[149], sollte stets geprüft werden, ob nicht die unverfallbar gewordene Versorgungsanwartschaft gem. § 3 BetrAVG *abgefunden werden kann*, sodass sich der Ausgleichsanspruch um den *Abfindungsbetrag* mindert[150]. Zwar gelten im Hinblick auf die Abfindung unverfallbar gewordener Versorgungsanwartschaften gem. § 3 BetrAVG außerordentlich strenge Grundsätze[151]. Mit Rücksicht auf die nur „entsprechende Anwendung" der Abfindungsvorschriften auf Handelsvertreter gem. § 17 Abs. 1 Satz 2 BetrAVG dürfte es aber zulässig sein, von den *strengen Abfindungsvoraussetzungen* abzuweichen, wenn dies der Rechtsklarheit und Rechtssicherheit dient, wie dies gerade in den Fällen der Fälligkeitsdifferenz notwendig sein dürfte.

1288 Wird die unverfallbar gewordene und nicht abgefundene Altersversorgung in Form laufender Rentenzahlungen schließlich fällig, nachdem lange vorher dem Handelsvertreter ein nach den oben erläuterten Grundsätzen geminderter Ausgleich zugeflossen ist, taucht die Frage auf, ob der Unternehmer *nachträglich* berechtigt ist, den ausgezahlten Ausgleich abermals zu mindern, wenn eine *Rentenanpassung nach § 16 BetrAVG* erfolgt[151a]. Denn durch eine solche *nachträgliche Rentenerhöhung* entfallen ja rückwirkend die Grundlagen, die für die *Ausgleichsminderung* maßgeblich waren; es stellt sich jetzt heraus, dass der Ausgleichsanspruch in zu geringem Umfange gemindert wurde, weil der Kapitalwert des Versorgungsanspruchs infolge der Rentenanpassung ja höher ist als der Betrag, von dem zum Zweck der Ausgleichsminderung ursprünglich ausgegangen worden war. Gegen eine solche *nachträgliche „Aufrollung" des ausgleichsrechtlichen Schuldverhältnisses* bestehen indessen erhebliche Bedenken, die sich aus dem Gesichtspunkt des Rechtsfriedens, aber auch des

---

149 *Sieg* hat vorgeschlagen (VersR 1968 S. 105, 106), dem Handelsvertreter in solchen Fällen ein Wahlrecht zwischen der Aufrechterhaltung der Versorgungsanwartschaft und ungekürztem Ausgleich einzuräumen. Je älter der Vertreter sei, desto eher werde er sich für die erste Lösung entscheiden.
150 Näheres dazu bei *Küstner*, BB 1976 S. 1485, 1488.
151 *Höfer/Abt,* Kommentar zum Gesetz zur Verbesserung der betrieblichen Altersversorgung, Band 1, München, 1982, § 3 Rz. 2 und Rz. 32 ff.; *Heubeck/Höhne/Paulsdorff/Weinert,* Kommentar zum Betriebsrentengesetz, Band 1, Heidelberg 1976, § 3, Rz. 33, 34; *Westphal*, BB 1976 S. 1470.
151a Vgl. dazu *Küstner*, BB 1976 S. 1485, 1489.

Gebots der Rechtssicherheit herleiten. Hier müssen die allgemeinen Grundsätze Platz greifen, wonach ein einmal gezahlter Ausgleich der Höhe nach *keinen nachträglichen Änderungen* unterworfen werden darf, weil dies immer wieder zu Einwendungen gegen die Höhe des Ausgleichs führen würde, der naturgemäß in hohem Maße von Schätzungen und Bewertungen abhängig ist, für die konkrete Grundlagen fehlen. Etwas anderes kann m. E. nur dann gelten, wenn sich nachträglich herausstellt, dass die Vereinbarung bezüglich der Ausgleichshöhe von einem der beiden Vertragsteile zu seinen Gunsten arglistig herbeigeführt wurde.

Sieg[151b] meint, dass man in solchen Fällen den Interessen beider Parteien am besten dadurch gerecht werde, dass man dem Handelsvertreter ein Wahlrecht zwischen der Aufrechterhaltung der Versorgungsanwartschaft und ungekürztem Ausgleich einräume. Je älter der Vertreter sei, desto eher werde er sich für die erste Lösung entscheiden. 1289

G. Sonderfall: Provisionsrenten

Die oben dargelegten Grundsätze gelten in vollem Umfange sowohl für Versorgungsmaßnahmen, die zu Gunsten von **Versicherungsvertretern als auch von Warenvertretern bzw. deren Hinterbliebenen** getroffen wurden. Doch sei in diesem Zusammenhang noch eine Versorgungsform erörtert, die *speziell in der Versicherungswirtschaft* wegen der dort üblichen Provisionssysteme vorkommt. Es handelt sich um das System der so genannten *Provisionsrenten*, das aber in letzter Zeit nur noch selten praktiziert[152] wird und früher getroffene Vereinbarungen in zunehmendem Maße auslaufen[153]. Diese Provisionsrenten — früher missverständlich **Nachinkassoprovisionen** genannt — haben rechtlich nichts mit Folgeprovisionen zu tun und insbesondere — im Gegensatz zu diesen — keinen Vergütungscharakter[154]. Sie sind vielmehr reine **Versorgungsleistungen**, zu deren Zahlung sich das Versicherungsunternehmen verpflichtet hat, um den Vertreter materiell sicherzustellen, der mit der Vertragsbeendigung infolge einer **Provisionsverzichtsklausel** alle Ansprüche auf verdiente Provisionen verliert. Die Höhe der Provisionsrenten bemisst sich nach einem *vereinbarten Prozentsatz der bei der Beendigung des Vertretervertrages gezahlten Provisionen einerseits und der effektiven Dauer der zu Grunde liegenden Versicherungsverträge andererseits*. 1290

151b *Sieg*, VersR 1968 S. 105, 106.
152 Vgl. anonym VW 1994 S. 1564.
153 Vgl. dazu die Richtlinien für die Altersversorgung des selbstständigen Versicherungsaußendienstes, insoweit abgedruckt im Geschäftsbericht 1960/61 des Gesamtverbandes der Versicherungswirtschaft, S. 182. Nähere Einzelheiten bei *Höft*, RVR 1968 S. 179. Vgl. auch VW 1965 S. 248; 1964 S. 997.
154 Zur Abgrenzung zwischen Provisionsrenten und Nachprovision vgl. VW 1964 S. 997, 1965 S. 248 und 1963 S. 252. Vgl. auch 17. Geschäftsbericht des Gesamtverbandes der Versicherungswirtschaft 1964/65 S. 106 und VW 1966 S. 224 und *Höft*, RVR 1968 S. 179ff.

VIII Speziell: Alters- und Hinterbliebenenversorgung des Vertreters

1291 Provisionsrenten, die mit der planmäßigen oder vorzeitigen Vertragsbeendigung fällig werden, wirken sich unter Billigkeitsgesichtspunkten in gleicher Weise auf Grund und Höhe des Ausgleichsanspruchs aus wie andere Versorgungsleistungen[155].

1292 Trinkhaus[156] vertritt dagegen die Ansicht, dass es sich bei einer Provisionsrente grundsätzlich um Provision handele, die auch im Rahmen des § 89b wie Provision zu behandeln sei, zu einer Ausgleichsminderung also nicht führen könne. Er übersieht dabei, dass der vom Versicherungsvertreter vermittelte Versicherungsbestand und das sich daraus bei Vertragsbeendigung ergebende Provisionsaufkommen, das die Bemessungsgrundlage für die Höhe und die Zahlungsdauer der Provisionsrente darstellt, keine Schlussfolgerung im Hinblick auf die Rechtsnatur der Provisionsrente in der Weise zulässt, dass sie Folgeprovisionen gleichzustellen wäre. Ein Anspruch auf Folgeprovisionen steht dem Versicherungsvertreter in diesen Fällen gar nicht zu. Wäre es so, könnte auch ein Ausgleichsanspruch gar nicht entstehen, sodass das Problem der Konkurrenz zwischen Ausgleichsanspruch und Provisionsrente ohnehin nicht auftreten könnte.

1293 Schwierigkeiten ergeben sich bei Provisionsrenten dann, wenn für die Prüfung der Billigkeitsvoraussetzungen gemäß § 89b Abs. 1 Nr. 3 ihr *Wert ermittelt werden* muss. Das ist im Zeitpunkt der Vertragsbeendigung meist nicht möglich, weil nicht ohne weiteres zu übersehen ist, *welche Laufzeit die als Bemessungsgrundlage für die Provisionsrente dienenden Versicherungsverträge* nach der Beendigung des Vertretervertrages noch haben werden. Deshalb muss die *endgültige Abrechnung* des Ausgleichsanspruchs bis zum Ablauf der Provisionsrente *hinausgeschoben* werden. Dieses Verfahren wird in der Versicherungswirtschaft auch angewendet. Es erfolgt in der Weise, dass der Versicherungsvertreter den zunächst ohne Berücksichtigung der Provisionsrente ermittelten fiktiven *Ausgleichsanspruch bis zum völligen Auslaufen der Provisionsrente stundet*[157].

1294 Läuft die Provisionsrente sodann aus, muss der *Kapitalwert der insgesamt gezahlten Rentenbeträge* ermittelt und dieser dem Gesamtausgleich gegenübergestellt werden, der ohne Berücksichtigung der Provisionsrente, also ungekürzt, geschuldet worden wäre. Dem Versicherungsvertreter steht dann – ggf. unter Berücksichtigung bereits erbrachter Vorschüsse – als *„Ausgleichsspitze"* der Differenzbetrag zu. Es bedarf keiner weiteren Überlegungen, dass es sich hier um ein äußerst kompliziertes Verfahren handelt, zumal die für die Rentenberechnung maßgeblichen fiktiven Provisionen ja nicht gleichzeitig auslaufen, sondern jeweils unterschiedlich mit der Beendigung der zugrunde liegenden Versicherungsverträge. Es empfiehlt sich deshalb, die bestandsabhängige *Nachprovisionsrente in eine Festrente umzuwandeln*, zumal die Ermittlung der Höhe der anderenfalls zu zahlenden Provisionsrente nicht nur mit Schwierig-

---
155 *Leuze*, S. 22; *Josten/Lohmüller*, § 89b Anm. 14.
156 S. 418.
157 Vgl. Gesamtverband der Versicherungswirtschaft, Geschäftsbericht 1961/62, S. 158; ebenso Rundschreiben GVa – Nr. 19/61 des Gesamtverbandes vom 9.8.1961.

keiten, sondern regelmäßig auch mit erheblichen Kosten verbunden ist[158]. Beschreitet das Versicherungsunternehmen diesen Weg und zahlt es *ohne Rücksicht auf die Entwicklung des zugrunde liegenden Bestandes statt einer bestandsabhängigen eine feste Rente* — ggf. unter Berücksichtigung eines Abschlags, weil die Festrente für den Versicherungsvertreter ja günstiger ist — bedarf es natürlich nicht mehr der Notwendigkeit einer Stundung des Ausgleichsanspruchs. Vielmehr muss bereits unter Zugrundelegung der vom Bundesgerichtshof ausgesprochenen Grundsätze[159] im Zeitpunkt der Vertragsbeendigung eine Ausgleichskürzung vorgenommen werden. Dem Versicherungsvertreter und ggf. seinen Hinterbliebenen stehen dann *auf Lebenszeit feste Rentenzahlungen zu,* während der Ausgleichsanspruch je nach der Höhe des Kapitalwerts der Renten *ganz oder teilweise ausgeschlossen ist.*

Ganz besondere Schwierigkeiten bestehen, wenn die *Provisionsrente nicht als Festrente, sondern bestandsabhängig gewährt wird* dann, wenn der Versicherungsvertretervertrag *vorzeitig endet* und der *Rentenanspruch* nach den Vorschriften des Betriebsrentengesetzes *unverfallbar* geworden ist. In derartigen Fällen kann sich nämlich ergeben, dass — je nach der Länge der Zeitspanne, die *zwischen der Vertragsbeendigung* und der *Fälligkeit der Provisionsrente*[160] liegt — im Zeitpunkt der Rentenfälligkeit diese Rente mit Null zu bewerten ist, sodass schon aus diesem Grunde eine Ausgleichsminderung gar nicht in Betracht kommen kann. Die Bewertung einer bestandsabhängigen Provisionsrente mit Null rechtfertigt sich dann, wenn sich die in Betracht kommende Zeitspanne auf mehr als 15 Jahre erstreckt. Denn nach den Erfahrungen in der Versicherungswirtschaft ist eine *Bestandsfestigkeitsdauer im Sachgeschäft mit 15 Jahren* (im K-Geschäft mit 5 Jahren) *anzusetzen.* Es wäre also gänzlich verfehlt, eine Ausgleichsminderung allein mit Rücksicht auf die vereinbarte Provisionsrente zu fordern, die indessen infolge des Zeitablaufs *gar nicht mehr zur Auszahlung gelangen kann.* Ein Ausweg aus dieser Situation ergibt sich für den Unternehmer aber auch nicht daraus, dass er im Zeitpunkt der Vertragsbeendigung, in dem ja der Ausgleichsanspruch fällig wird, *die vereinbarte Provisionsrente gem. § 3 BetrAVG abfindet*[161]. Eine solche Abfindungsmöglichkeit ist zumindest dann ausgeschlossen, wenn die Anwartschaft auf Zahlung der Betriebsrente weniger als 10 Jahre vor dem Ausscheiden aus dem Unternehmen erteilt wurde, ganz abgesehen davon, dass eine *Abfindungsmöglichkeit* bezüglich einer Rente ohnehin *nicht mehr besteht,* wenn eine Rentenzahlung infolge Wegfalls der Bemessungsgrundlage *gar nicht mehr gefordert werden kann.*

1295

---

158 *Wittenbruch,* VersVerm. 1988 S. 151 (Interview mit dem damaligen BVK-Vizepräsidenten *Gregor M. Wittenbruch*).
159 *BGH,* Urteil vom 23.5.1966, a.a.O. (Fn. 1).
160 Zur Fälligkeit des Ausgleichsanspruchs vgl. unten Rz. 1625.
161 Zum zwingenden Charakter des § 3 Abs. 1 BetrAVG vgl. *Höfer/Abt,* a.a.O. (Fn. 85) § 3 BetrAVG Rz. 2 und 32.

VIII Speziell: Alters- und Hinterbliebenenversorgung des Vertreters

H. Wahlrecht des Handelsvertreters

1296 Mitunter ist die Auffassung vertreten worden, dem Handelsvertreter müsse das Recht zustehen, *anstelle der mit der Vertragsbeendigung fällig werdenden Rente den vollen Ausgleich zu verlangen*. Rietschel[162] meint, dem Handelsvertreter müsse dieses Wahlrecht mit Rücksicht auf die Unabdingbarkeit des Ausgleichsanspruchs offen gelassen werden. Der Verband der Versicherungskaufleute[163] ist der Ansicht, dass der Gesichtspunkt der Billigkeit dafür spreche, dass der Vertreter bei einem *Verzicht auf die Altersversorgung* den *Ausgleich beanspruchen* könne, wenn sich für ihn bei der Vertragsbeendigung eine Situation ergebe, in der er mehr auf die Zahlung eines Ausgleichskapitals als einer lebenslänglichen Rente angewiesen sei.

1297 Diesen Ansichten kann aber nicht gefolgt werden, weil sich weder aus dem *Gesichtspunkt der Unabdingbarkeit* noch aus dem der *Billigkeit* ein solches Wahlrecht herleiten lässt[164]. Der Grundsatz der Unabdingbarkeit[165] wird durch die Vereinbarung einer Altersversorgung und ihrer ausgleichsrechtlichen Konsequenzen nicht berührt. Denn bei der Vereinbarung einer Altersversorgung handelt es sich nicht um *einen im Voraus erfolgenden Ausschluss des Ausgleichsanspruchs*, sondern um eine während des Vertragsverhältnisses in zulässiger Weise getroffene Vereinbarung, die im Zeitpunkt der Vertragsbeendigung die Entstehung des Ausgleichsanspruchs ganz oder teilweise deshalb auszuschließen vermag, *weil dem Handelsvertreter der Höhe nach gleiche Leistungen auf einer anderen Rechtsgrundlage zufließen*. Im Übrigen ist es anerkannten Rechts, dass der Handelsvertreter auch andere vertragliche Vereinbarungen gegen sich gelten lassen muss, die im Ergebnis ebenfalls geeignet sind, die Entstehung des Ausgleichsanspruchs ganz oder teilweise zu hindern, ohne dass diese nachteilige Rechtsfolge durch den Zufluss einer gleichwertigen Leistung „wettgemacht" wird. Man denke an Vereinbarungen, durch die Provisionsansprüche des Handelsvertreters aus Nachbestellungen der von ihm geworbenen Kunden nicht ausgeschlossen sind, sodass sich auch nach der Vertragsbeendigung aus diesen Nachbestellungen *keine Provisionsverluste* ergeben können[166].

1298 Aber auch der Hinweis auf den *Gesichtspunkt der Billigkeit* ist nicht stichhaltig. Denn diese für den Ausgleichsanspruch maßgebliche Anspruchsvoraussetzung kann nicht im Zusammenhang mit einem anderen Schuldverhältnis das Recht eines Vertragspartners begründen, sich einseitig von den vertraglichen Vereinbarungen zu lösen und sich damit in Widerspruch zu seinem eigenen beim Zustandekommen der Vereinbarungen geäußerten Willen zu setzen. Es

---
162 *Rietschel,* RVR 1969 S. 291, 302.
163 VVK-Mitteilungen, 1966, Heft 3 Seite 17.
164 *Sieg,* VersR 1968 S. 105, 106, Abschnitt 1 a.E.; der in Rz. 1286 behandelte Fall, in dem ein Wahlrecht anerkannt wurde, ist anders gelagert. Dort wird die Altersversorgung nicht im Zeitpunkt der Vertragsbeendigung fällig, schließt sich also nicht unmittelbar an das beendete Vertragsverhältnis an.
165 Näheres dazu Rz. 1584ff.
166 Vgl. oben Rz. 336; *Schröder,* § 89b Rz. 13b und 16; *Brüggemann,* § 89b, Rz. 58.

darf nicht übersehen werden, dass die Gewährung einer *Altersversorgung auf einer vertraglichen Vereinbarung* beruht, die grundsätzlich für beide Vertragspartner bindende Wirkung hat[167]. Weder der Handelsvertreter noch der verpflichtete Unternehmer können sich einseitig von dieser Vereinbarung lösen, sofern nicht die Vereinbarung selbst entsprechende Vorbehalte enthält, was aber in der Praxis — abgesehen von den üblichen Widerrufsvorbehalten — nicht üblich ist.

Die *Bindungswirkung einer Versorgungsvereinbarung* bezieht sich auf die Zeit der Versorgungsanwartschaft ebenso wie auf die Zeit nach ihrer Fälligkeit. Werden bereits Versorgungsleistungen gezahlt, könnte ein nunmehr vom Handelsvertreter ausgeübtes Wahlrecht den gewünschten Erfolg ohnehin nicht herbeiführen, weil sich in diesem Falle die Altersversorgung auf die Entstehung des Ausgleichsanspruchs im Zeitpunkt der Vertragsbeendigung — und allein auf diesen Zeitpunkt kommt es an[168] — bereits ausgewirkt hat. Zu einem *nachträglichen „Wiederaufleben"* des Ausgleichsanspruchs könnte das Wahlrecht aber auch dann nicht führen, wenn es grundsätzlich zulässig wäre. 1299

Unzutreffend ist in diesem Zusammenhang auch die mitunter in der Praxis vertretene Auffassung, der zunächst durch die vereinbarte Altersversorgung in seiner Entstehung gehinderte Ausgleichsanspruch *„lebe wieder auf"*, wenn der Handelsvertreter von dem ihm nach der Versorgungsvereinbarung zustehenden Recht Gebrauch mache und die *Kapitalisierung der zugesagten Altersrente* verlange, sodass ihm dann — wirtschaftlich betrachtet — der Höhe nach ein Kapital in gleicher Höhe zufließe, wie wenn die Versorgungsvereinbarung niemals getroffen worden wäre. Durch diese Kapitalisierung tritt aber nicht etwa ein Ausgleich im Sinne des § 89b an die Stelle der zunächst vereinbarten Rentenzahlung. Der Kapitalbetrag, der nunmehr geschuldet wird, beruht auch nicht auf einer *Ausgleichsverpflichtung*, sondern allein auf einer *Versorgungsverpflichtung* des vertretenen Unternehmens, die in jedem Falle die Entstehung des Ausgleichsanspruchs zu hindern vermag, gleichgültig, ob sie in Renten- oder in Kapitalform zu erfüllen ist[169]. 1300

Die vorstehenden Grundsätze gelten für alle denkbaren Fälle von Versorgungsregelungen. Es ist deshalb ohne Bedeutung, ob die Altersversorgung unmittelbar durch den Unternehmer[170], durch Einschaltung eines Versicherungsunternehmens oder einer Versorgungskasse[171] durchgeführt oder ob sie schließlich in der Form einer Provisionsrente gewährt wird, wie dies in der Versicherungswirtschaft häufig der Fall ist[172]. 1301

---

167 *Küstner*, RVR 1967 S. 4 und 44; *Martin*, RVR 1968 S. 43; *Höft*, RVR 1968 S. 179, 186.
168 Vgl. Rz. 1214 ff.
169 Deshalb kann durch eine solche Rentenkapitalisierung auch nicht etwa die für den Ausgleichsanspruch in Betracht kommende möglicherweise vorteilhaftere Steuerbegünstigung bezüglich des Ausgleichsanspruchs angewendet werden.
170 *Küstner*, RVR 1967, S. 4 und 44.
171 *Martin*, RVR 1968 S. 43.
172 *Höft*, RVR 1968 S. 179, 186. Vgl. auch VW 1967 S. 180.

VIII Speziell: Alters- und Hinterbliebenenversorgung des Vertreters

1302 Das LG München hatte sich in seinem Urteil vom 21.3.2002, wenn auch nur am Rande, mit einem Wahlrecht zu befassen, das das Unternehmen seinen Versicherungsvertretern eingeräumt hatte, nachdem die Verbandsklage des BVK in den ersten beiden Instanzen erfolgreich war[173]. Mit diesem Wahlrecht beabsichtige das beklagte Unternehmen den Versicherungsvertretern die Möglichkeit zu eröffnen, anstelle der zugesagten Altersversorgung allein den vollen, also ungekürzten Ausgleich in Anspruch zu nehmen, wenn die Beendigung des Vertretervertrages eintrete. Da aber auch dieses eingeräumte Wahlrecht wiederum darauf hinauslief, dass die *Nichtentstehung eines Ausgleichsanspruchs festgeschrieben* wurde, wenn sich der Vertreter für die Altersversorgung entscheiden würde, und zwar ohne dass es auf die im Einzelfall vorliegenden Umstände ankam, hatte dies zur Folge, dass auch dieses eingeräumte Wahlrecht im Hinblick auf die Formulierung, nämlich die Festschreibung der Nichtentstehung des Ausgleichsanspruchs generell als Verstoß gegen das AGB-Gesetz angesehen wurde und demgemäß der Unterlassungsklage stattgegeben wurde[174].

1303 Würde also der Versicherungsvertreter das ihm eingeräumte Wahlrecht dahingehend ausüben, dass er sich für die Beibehaltung der Altersversorgung entscheiden würde, sollte es in diesem Falle dabei bleiben, dass es bei der *in vollem Umfang einsetzenden Unwirksamkeit* der formularmäßigen Bestimmungen bleiben solle, dass nämlich hinsichtlich der Auswirkungen der Altersversorgung auf den Ausgleichsanspruch nicht auf den Einzelfall abgestellt werden sollte, sondern dass *generell das Vorhandensein der Altersversorgung* eine Ausgleichsminderung bzw. einen *Ausgleichsausschluss* zur Folge haben würde.

1304 Das LG München hat in seinem Urteil vom 21.3.2002 entsprechend der schon vom OLG München entschiedenen Streitfrage darauf abgestellt, dass trotz des eingeräumten Wahlrechts die Festschreibung der Nichtentstehung des Ausgleichsanspruchs generell als Verstoß gegen das AGB-Gesetz anzusehen sei und demgemäß der Unterlassungsklage stattgegeben.

1304a Im Urteil vom 21.5.2003[175] hat der BGH entschieden, dass in einer zwischen den Parteien getroffenen Vereinbarung, wonach der Vertreter mit der Geltendmachung des Ausgleichs auf ein vom Unternehmer versprochenes Treuegeld verzichte, weder ein Verstoß gegen § 89b Abs. 4 S. 1 noch eine Benachteiligung des Handelsvertreters zu sehen sei. Denn der Ausgleichsanspruch werde durch diese Vereinbarung rechtlich nicht eingeschränkt. Vielmehr handele es sich hier um ein auflösend bedingtes Versprechen des Treuegeldes und nicht um eine Anrechnungsvereinbarung, und zwar zum Zwecke der Vermeidung einer Doppelbelastung des Unternehmers.

---

173 Vgl. *OLG München*, 22.3.2001 – 29 U 4997/00, DB 2001, 1666 = VersVerm 2001, 268. Vorinstanz: *LG München*, 10.8.2000 – 12 O 3779/00, VersR 2001, 55 mit Anm. *Küstner*, VersR 2001, 58.
174 *LG München*, 21.3.2002 – 12 O 17589/01. Vgl. dazu VersVerm 2002, 128–130.
175 *BGH*, 21.5.2003 – VIII ZR 57/02, noch n. v. Vgl. *Küstner*, VW 2003 Heft 18.

IX. Kapitel

Ausschluss des Ausgleichsanspruches

A. Die gesetzliche Regelung

Ein Ausgleichsanspruch besteht nicht, 1305

- „wenn der Handelsvertreter das Vertragsverhältnis gekündigt hat, es sei denn, dass ein *Verhalten des Unternehmers hierzu begründeten Anlass* gegeben hat oder dem Handelsvertreter eine *Fortsetzung seiner Tätigkeit wegen seines Alters oder wegen Krankheit nicht zugemutet werden kann*" (§ 89b Abs. 3 Nr. 1), oder
- „wenn der Unternehmer das Vertragsverhältnis gekündigt hat und *für die Kündigung ein wichtiger Grund wegen schuldhaften Verhaltens des Handelsvertreters vorlag*" (§ 89b Abs. 3 Nr. 2), oder
- „wenn aufgrund einer *Vereinbarung zwischen dem Unternehmer und dem Handelsvertreter* ein *Dritter anstelle des Handelsvertreters in das Vertragsverhältnis eintritt*" (§ 89b Abs. 3 Nr. 3).

Grundsätzlich ist der Ausgleichsanspruch ausgeschlossen, wenn der Handelsvertreter von sich aus das Vertragsverhältnis kündigt, die in § 89b Abs. 3 Nr. 1 geregelten Ausnahmetatbestände aber nicht vorliegen. 1306

Die ausgleichserhaltende Kündigung des Handelsvertreters aus *alters- oder krankheitsbedingten* Gründen beruht auf der am 1. Juli 1976[1] in Kraft getretenen Änderung des § 89b Absatz 3 Satz 1, durch die die bis dahin außerordentlich unbefriedigende Rechtslage beseitigt wurde, die nur allzu oft zu einer Benachteiligung des Handelsvertreters führte, der aus alters- oder krankheitsbedingten Gründen sich seinen Aufgaben nicht mehr gewachsen fühlte und deshalb das Vertragsverhältnis *kündigte und der dadurch seinen Ausgleichsanspruch* verlor. 1307

Der ursprüngliche Entwurf sah sogar eine noch weitergehende Änderung vor. Danach sollte dem Handelsvertreter der Ausgleichsanspruch bei einer Eigenkündigung grundsätzlich erhalten bleiben, „wenn dem Handelsvertreter eine Fortsetzung seiner Tätigkeit aus in seiner Person liegenden Gründen, insbesondere wegen seines Alters oder wegen Krankheit, nicht zugemutet werden kann". Der ursprüngliche Gesetzentwurf enthielt also bezüglich der Unzumutbarkeit der Vertragsfortsetzung „aus in der Person des Handelsvertreters liegenden Gründen" eine *Generalklausel*, sodass die Fälle der unzumutbaren Vertragsfortsetzung aus alters- oder krankheitsbedingten Gründen nur – allerdings sehr typische – Beispielsfälle darstellten. 1308

---

[1] Gesetz vom 13.5.1976, BGBl. I S. 1197; Näheres dazu bei *Schröder*, DB 1976 S. 1269, *Maier*, BB 1978 S. 940 und *Küstner*, BB 1976 S. 630. Näheres zum Gesetzgebungsverfahren: *Küstner*, a.a.O.; HVuHM 1976 S. 315, 320ff.

IX Ausschluss des Ausgleichsanspruches

In Art. 18b der EG-Harmonisierungsrichtlinie ist vorgesehen, dass eine vertreterseitige Kündigung auch dann ausgleichserhaltende Wirkung haben solle, wenn ein **Gebrechen** dem Handelsvertreter eine Fortsetzung seiner Tätigkeit **billigerweise unzumutbar mache**. Der Bundesgesetzgeber hat diese Regelung nicht übernommen, weil ihm dies mit Rücksicht auf die Tatbestandsmerkmale „Alter" und „Krankheit" überflüssig erschien.

1309 *Der zweite Ausnahmetatbestand verlangt eine Kündigung des Unternehmers und einen wichtigen Grund wegen schuldhaften Verhaltens des Handelsvertreters.* Nach bisheriger Ansicht des Bundesgerichtshofes[1a] und der früher herrschenden Lehre[1b] genügte das Vorliegen beider Voraussetzungen. Dagegen war ein ursächlicher Zusammenhang zwischen dem Verhalten des Handelsvertreters und der Kündigungserklärung des Unternehmers nicht erforderlich. Vielmehr konnte der Unternehmer – auch noch im Prozess – Kündigungsgründe nachschieben, die zurzeit der Kündigung zwar vorlagen, ihm aber noch nicht bekannt waren, um den Ausgleichsanspruch zu Fall zu bringen. Abweichend vom Wortlaut des § 89b Abs. 3 Nr. 2 („und") sieht jedoch Art. 18a der EG-Richtlinie vor, dass der Anspruch nicht besteht, wenn der Unternehmer den Vertrag **wegen** eines schuldhaften Verhaltens des Handelsvertreters beendet hat, das aufgrund der einzelstaatlichen Rechtsvorschriften eine fristlose Beendigung des Vertrages rechtfertigt. Deshalb wird diese Ausnahmevorschrift bei **europarechtskonformer Auslegung** nunmehr so zu interpretieren sein, dass ein **Kausalzusammenhang** zwischen dem schuldhaften Verhalten und der Kündigung bestehen muss[1c]. Wenn der Unternehmer den Verhaltensgrund des Handelsvertreters bei Ausspruch seiner Kündigung nicht kannte, muss er – solange der Vertrag nicht beendet ist – nach Kenntnis noch fristlos kündigen. Andernfalls kann das grob schuldhafte Verhalten des Handelsvertreters den Ausgleichsanspruch dem Grunde nach nicht beseitigen, sondern ist nur im Rahmen der Billigkeitsprüfung nach § 89b Abs. 1 Nr. 3 zu berücksichtigen. Das bisher mögliche Nachschieben solcher wichtigen Kündigungsgründe kann also in Zukunft allenfalls eine bislang unbegründete fristlose Kündigung des Unternehmers rechtfertigen, den Ausgleichsanspruch dem Grunde nach aber nicht mehr zu Fall bringen.

1310 *Der dritte Ausnahmetatbestand* schließlich beruht ebenfalls auf Art. 18 der EG-Richtlinie, der zwar nicht wörtlich, aber dem Sinne nach in das Handelsvertreterrecht übernommen wurde. Es kann nicht zweifelhaft sein, dass diese neue Vorschrift, auf die unten in Rz. 1506ff. des Näheren eingegangen werden wird, unklar gefasst ist und zu zahlreichen Zweifeln Anlass gibt. Sie beruht auf der Überlegung, dass der Handelsvertreter seine Rechte und Pflichten aus dem Vertrags-

---

[1a] *BGH*, 7.3.1957 – II ZR 261/55 – BGHZ 24, 30 = NJW 1957, 871 = BB 1957, 413 = HVR-Nr. 129; vom 12.6.1963 – VII ZR 72/61 – BGHZ 40, 13 = NJW 1963, 2069 = BB 1963, 917 = HVR-Nr. 304; vom 6.7.1967 – VII ZR 35/65 – BGHZ 48, 222 = NJW 1967, 2154 = BB 1967, 977 = HVR-Nr. 364 und vom 30.6.1969 – VII ZR 70/67 – HVR-Nr. 399.
[1b] Vgl. *Brüggemann*, § 89b, Rdn. 89; MüKo, *v. Hoyningen-Huene*, § 89b, Rdn. 173.
[1c] So nunmehr auch *Baumbach/Hopt*, § 89b, Rdn. 66; *Koller/Roth/Morck*, § 89b, Rdn. 17; *Canaris*, S. 353, Rdn. 119; *Ruß* in Heidelberger Kommentar, § 89b, Rdn. 15 und *Löwisch* in Ebenroth/Boujong/Joost, § 89b, Rdn. 63.

A. Die gesetzliche Regelung **IX**

verhältnis *im Einverständnis mit dem Unternehmer nur dann auf einen Dritten* übertragen wird, wenn er von dem Dritten mit einer *entsprechenden Gegenleistung* für die Übertragung der Vertretung abgefunden worden ist. Die Bestimmung soll also vermeiden, dass er zusätzlich zu dieser vom Dritten zu entrichtenden Abfindung mit Rücksicht auf sein Ausscheiden aus dem Vertragsverhältnis den Unternehmer noch auf Ausgleich in Anspruch nehmen kann.

Der Bundesgerichtshof[2] sieht von jeher in den oben zusammengestellten Tatbeständen *besonders geregelte Fälle des Billigkeitsgrundsatzes*. Diese Interpretation des Gesetzes trifft jedoch nicht generell zu, wenn man einmal von der durch den Unternehmer aus wichtigem Grunde wegen schuldhaften Verhaltens des Handelsvertreters ausgesprochenen Vertragskündigung und dem daraus resultierenden Wegfall des Ausgleichsanspruchs absieht. So kann den Feststellungen des Bundesgerichtshofs in seinem Urteil vom 7.3.1957, die den Wegfall des Ausgleichsanspruchs bei einer *ohne begründeten Anlass* vom Handelsvertreter ausgesprochenen Eigenkündigung betrafen, nicht gefolgt werden, wonach es im Hinblick auf den Gesichtspunkt der Billigkeit angebracht erscheine, dass der Ausgleichsanspruch entfalle, wenn der Handelsvertreter durch eigene, „durch nichts veranlasste Kündigung den Anspruch verliere", *er habe sich in diesen Fällen „die Folgen seines Verhaltens selbst zuzuschreiben"*. Der Bundesgerichtshof hat hierbei übersehen, dass seine Feststellungen einer „durch nichts veranlassten Kündigung" in den Fällen einer auf alters- oder krankheitsbedingten Gründen beruhenden Vertragskündigung unzutreffend sind. Gerade bei diesen Fällen handelt es sich um *erhebliche und beachtliche Kündigungsanlässe*, sodass es von jeher als besonders unbefriedigend empfunden wurde, dass der aus diesen Gründen kündigende Handelsvertreter – bis zur Änderung des § 89b Absatz 3 mit Wirkung vom 1. Juli 1976[3] – seinen Ausgleich verlor, *obwohl sämtliche Anspruchsvoraussetzungen erfüllt waren*[4]. Die Formulierung, der Handelsvertreter habe sich in diesen Fällen die Folgen seines Verhaltens selbst zuzuschreiben, kann – so betrachtet – nur als allzu einseitige Interpretation des Gesetzes im Hinblick auf alle in Betracht kommenden Möglichkeiten, die den Handelsvertreter zur Kündigung veranlassen können, gewertet werden.

1311

Deshalb vermochte – jedenfalls für die bis zum 1. Juli 1976 geltende Rechtslage – auch die Bemerkung des Bundesgerichtshofs in seinem Urteil vom 12.6. 1963[5]

1312

---
2 *BGH*, 7.3.1957, BGHZ 24, 30 = BB 1957 S. 413 = DB 1957 S. 378 = HVR Nr. 129 = HVuHM 1957 S. 254 = NJW 1957 S. 871 = VersR 1957 S. 294; ähnlich *BGH*, 5.2.1959, BGHZ 29, 275 = BB 1959 S. 317 = DB 1959 S. 345 = HVR Nr. 202 = HVuHM 1959 S. 320 = MDR 1959 S. 368 = NJW 1959 S. 878 = VersR 1959 S. 268; Anmerkung von *Haager* zu diesem Urteil: LM Nr. 7 zu § 89b HGB; vergl. auch Amtl. Begründung, BTDr. I/3856 vom 15.11.1952 zu III; *Herschel/Beine*, S. 197. Gegen die Interpretation des BGH auch *Meyer*, S. 231. Ebenso *Moritz*, DB 1987 S. 875 ff.
3 Näheres dazu *Küstner*, BB 1976 S. 630 ff.
4 *OLG Köln*, 25.5.1959, HVR Nr. 292 = HVuHM 1959 S. 760; *LG Düsseldorf*, 22.1.1974, NJW 1974 S. 1289.
5 *BGH*, 12.6.1963, BGHZ 40, 13 = BB 1963 S. 917 = DB 1963 S. 1149 = HVR Nr. 304 = HVuHM 1963 S. 676 = NJW 1963 S. 2068 = VersR 1963 S. 777, 780; dazu Anm. *Rietschel*, LM Nr. 17 zu § 89b HGB.

IX Ausschluss des Ausgleichsanspruches

nicht zu überzeugen, es entspreche dem Willen des Gesetzgebers, dass der Ausgleichsanspruch nur dort entfallen solle, worin der Handelsvertreter *„weder schutzbedürftig noch schutzwürdig"* sei. Dass der Handelsvertreter, der aus alters- oder krankheitsbedingten Gründen seine Verpflichtungen nicht mehr erfüllen konnte und deshalb korrekterweise das Vertragsverhältnis durch Kündigung beendete, aber in *besonderem Maße sowohl schutzbedürftig als auch schutzwürdig* war, wurde bei diesen Feststellungen unverständlicherweise offenbar völlig übersehen. Wie sehr sich die Auffassung des Bundesgerichtshofs im Laufe der Zeit aber geändert hat, zeigt sich an dem Urteil vom 15.10.1976[6], worin der I. Senat die *Weigerung des Unternehmers, einer vom Handelsvertreter aus Alters- bzw. Krankheitsgründen vorgeschlagenen einvernehmlichen Vertragsbeendigung zuzustimmen, als begründeten Anlass* im Sinne des § 89b Absatz 3 Satz 1 gewertet hat und so dem Handelsvertreter, dem schließlich keine andere Wahl blieb als die der Kündigung, den Ausgleichsanspruch zuerkannte[7].

1313 Die vom Bundesgerichtshof ursprünglich vertretene sehr enge Auffassung zum Ausgleichsausschluss bei einer vom Handelsvertreter ausgesprochenen Eigenkündigung, für die kein begründeter Anlass vorliegt, lässt sich bestenfalls dann rechtfertigen, wenn der Handelsvertreter etwa deshalb kündigt, weil er *eine andere Vertretung – möglicherweise die eines Wettbewerbers* – übernehmen möchte. Betrachtet man allerdings den Ausgleich als eine *zusätzliche Vergütung* für die während des Vertragsverhältnisses erfolgte Schaffung eines Kundenstammes[8], der dem Unternehmer nunmehr zur alleinigen Nutzung verbleibt, kann auch unter diesem Blickwinkel der Wegfall des Ausgleichsanspruchs und damit eines Vergütungsteils nicht befriedigen, was im Übrigen erst recht dann gilt, wenn – wie im Falle des Versicherungsvertreters – der Ausgleich als *Provisionssurrogat* angesehen werden muss[9].

1314 Nach herrschender Auffassung ist die Vorschrift des § 89b Abs. 3 als *Ausnahmebestimmung eng auszulegen* und einer entsprechenden Anwendung auf andere Vertragsbeendigungstatbestände nicht zugänglich. Das hat der Bundesgerichtshof bereits in seinem Urteil vom 13.3.1969[10] im Zusammenhang mit der Frage entschieden, ob eine *einvernehmliche Vertragsbeendigung* zum Ausschluss des Ausgleichsanspruchs in entsprechender Anwendung des Abs. 3 führe, wenn die Aufhebungsvereinbarung auf einer vom Handelsvertreter entfalteten Initiative beruhe[11]. In dem genannten Urteil hat der Bundesgerichtshof festgestellt, dass im Rahmen der Billigkeitserwägungen genügend Raum für

---

6 *BGH*, 15.10.1976, Die Tankstelle, Beilage zu Heft 1/1977; vgl. auch *Küstner*, Rechtsfragen, 2. Aufl. S. 3. Das Urteil betraf einen vor dem In-Kraft-Treten des Änderungsgesetzes zu § 89b Abs. 3 am 1.7.1976 spielenden Sachverhalt (vgl. Fn 1).
7 *Küstner*, Rechtsfragen, a.a.O. S. 3.
8 Vgl. oben Rz. 23 ff.
9 Siehe oben Rz. 42 ff.; vgl. auch *Bruck/Möller*, Anm. 380 vor §§ 43–48 VVG.
10 *BGH*, 13.3.1969, BGHZ 52, 12 = BB 1969 S. 460 = DB 1969 S. 700 = HVR Nr. 402 = NJW 1969 S. 1023 = VersR 1969 S. 465.
11 Vgl. dazu auch *Küstner/v. Manteuffel* in „Bulletin des Direktvertriebs" (Arbeitskreis „Gut beraten zu Hause gekauft") 1993 Heft 1 S. 10 m.w.N. und *Thume*, BB 1998, 1425, 1429.

eine Berücksichtigung der Gründe vorhanden sei, die zur Beendigung des Vertragsverhältnisses geführt hätten.

Mit Recht hat das Landgericht Düsseldorf an dieser Auffassung auch in seinem Urteil vom 21.10.1994[12] festgehalten, dem der folgende Sachverhalt zu Grunde lag: Der Vertrag zwischen einem *Tankstellenhalter* und der *Mineralölgesellschaft* war *„ruhend gestellt"*[13] worden, weil der Tankstellenhalter, der gleichzeitig Eigentümer des Grundstücks war, auf dem sich die Tankstelle befand, die Führung dieser Tankstelle einem Dritten im Einvernehmen mit der Mineralölgesellschaft übertragen hatte. Die Mineralölgesellschaft hatte mit dem Betreiber sodann ebenfalls einen Tankstellenvertrag abgeschlossen. Im Pachtvertrag war vereinbart worden, dass dieser *Pachtvertrag sofort erlöschen* solle, wenn der Verpächter das Tankstellengrundstück verkaufen würde. Als ein solcher Verkauf stattfand und deshalb der Verpächter den Pachtvertrag gekündigt hatte, nahm der bisherige Pächter als Vertragspartner auch der Mineralölgesellschaft diese auf Zahlung eines Ausgleichs in Anspruch, weil das Pachtverhältnis durch den Verkauf des Tankstellengrundstücks erloschen war. Die Mineralölgesellschaft verweigerte die Zahlung mit der Begründung, der Pächter habe es zu vertreten, dass der Pachtvertrag von seinem Verpächter gekündigt worden sei. Damit sei ihm die Erfüllung des Tankstellenvertrages aus von ihm zu vertretenden Gründen unmöglich geworden. 1315

Das Landgericht war anderer Auffassung und verurteilte die Mineralölgesellschaft zur Zahlung eines Ausgleichs. Denn die beklagte Mineralölgesellschaft könne sich wegen der *gebotenen engen Auslegung des § 89b Abs. 3* nicht mit Erfolg auf diese Vorschrift berufen, zumal der zwischen der Beklagten und dem Pächter abgeschlossene Tankstellenvertrag unstreitig von keiner der Parteien gekündigt worden sei, sondern durch *schlüssiges Verhalten beider Parteien* sein Ende fand, weil im Vertrage zwischen der Beklagten und dem Verpächter abgesprochen worden war, dass der ruhend gestellte Tankstellenvertrag „unverzüglich wieder in vollem Umfang wirksam" werde, wenn der mit dem Grundstückspächter und der Mineralölgesellschaft abgeschlossene Tankstellen-Vertrag, gleich aus welchem Grunde, beendet werde. 1316

Aus der unterschiedlichen Ausgestaltung der Ausschlusstatbestände ergibt sich – wenn man einmal die Eigenkündigungstatbestände aus alters- oder krankheitsbedingten Gründen außer Betracht lässt – zugleich, *dass eine vom Unternehmer ausgesprochene Vertragskündigung strengeren Maßstäben gerecht werden muss*, wenn die Kündigung zum Wegfall des Ausgleichsanspruchs führen soll[14]. 1317

Kündigt nämlich der Vertreter, so behält er seinen Ausgleichsanspruch schon immer dann, wenn zu seiner Kündigung *„ein Verhalten des Unternehmers begründeten Anlass gegeben hat"* (Ziffer 1); es genügt mithin zur Erhaltung des Anspruchs trotz einer vom Vertreter ausgesprochenen Kündigung bereits ein „begründeter Anlass", der sich aus dem – *nicht notwendig schuldhaften* – Ver- 1318

---
12 *LG Düsseldorf*, 21.10.1994 – 40 O 9/95 unveröffentlicht.
13 Vgl. dazu Rz. 394.
14 *BGH*, 12.6.1963, s. oben Fn. 5.

IX Ausschluss des Ausgleichsanspruches

halten des Unternehmers ergibt. Kündigt aber der Unternehmer, so entfällt der Ausgleichsanspruch des Handelsvertreters nur unter der **wesentlich schärferen Voraussetzung**, dass „für die Kündigung ein wichtiger Grund wegen schuldhaften Verhaltens des Handelsvertreters vorlag" (Ziffer 2).

1319 Dieser Hinweis ist deshalb notwendig, weil in der Praxis immer wieder die unrichtige Ansicht vertreten wird, dass der Ausgleichsanspruch grundsätzlich bei jeder aus wichtigem Grunde vom Unternehmer ausgesprochenen Kündigung entfalle. Ein wichtiger Kündigungsgrund, der den Unternehmer zur Vertragskündigung veranlasst und *der nichts mit einem schuldhaften Verhalten des Handelsverteters zu tun hat*, berührt den Ausgleichsanspruch jedoch nicht[15].

1320 Moritz[16] hat an der gesetzlichen Regelung Kritik dahingehend geübt, dass – von den erwähnten Ausnahmen abgesehen – der Handelsvertreter bei einer von ihm selbst ausgesprochenen Kündigung im Regelfalle seine Ausgleichsberechtigung verliert. Er hat die Auffassung vertreten, dass eine *faktische Kündigungsbeschränkung*, wie diese in § 89b Abs. 3 Satz 1 enthalten sei, dem vom Gesetzgeber vorausgesetzten Modell des Handelsvertreters als eines selbstständigen Gewerbetreibenden widerspreche. Diese Bestimmung sei auch *verfassungswidrig*, weil sie die Eigentumsgarantie des Art. 14 GG und das Grundrecht der Berufsfreiheit hinsichtlich der freien Berufswahl verletze. § 89b Abs. 3 Satz 1 sei deshalb ersatzlos zu streichen. Aber auch dann, wenn bezüglich der Verfassungswidrigkeit eine gegenteilige Auffassung vertreten werden würde, müsste § 89b Abs. 3 Satz 1 HGB gestrichen werden, denn die aus dieser Bestimmung sich ergebende faktische Kündigungsbeschränkung sei mit der rechtlich selbstständigen Stellung eines Handelsvertreters nicht vereinbar. Deshalb müsse dem Handelsvertreter in allen Fällen, in denen das Vertragsverhältnis durch eine eigene Kündigung beendet werde, dem Grunde nach ein Ausgleichsanspruch zustehen. Allerdings müsse sich der Handelsvertreter, wenn er das Vertragsverhältnis selbst kündige, unter Billigkeitsgesichtspunkten eine Ausgleichsminderung gefallen lassen, weil durch die von ihm ausgesprochene Kündigung dem Unternehmer insoweit Nachteile entstünden, als dieser Kosten für die Beschaffung eines Nachfolgers aufwenden müsse und weil sich möglicherweise nachweisbare und kausale Umsatzeinbußen wegen der Unterbrechung der Kundenbetreuung ergäben[17].

B. Kündigung durch den Unternehmer

I. Das schuldhafte Verhalten

1321 Stützt der Unternehmer die von ihm ausgesprochene Vertragskündigung auf einen *wichtigen Grund wegen schuldhaften Verhaltens des Handelsvertreters*,

---

15 Vgl. die Beispielsfälle in der alphabetischen Übersicht der wichtigen Kündigungsgründe in Band 1, Rz. 1830 ff.
16 *Moritz*, DB 1987 S. 875.
17 Vgl. *OLG Celle*, 18.4.2002 – 11 U 210/01 – OLGR Celle 2002, 262, siehe oben Rz. 1086a.

so gelten für den Begriff des *„wichtigen Grundes"* die gleichen Auslegungsgrundsätze, wie sie seit jeher für § 89a anerkannt sind, § 89b Abs. 3 Nr. 2 ist nicht weiter auszulegen als § 89a[18].

Unter welchen Umständen ein schuldhaftes Verhalten des Handelsvertreters den Unternehmer zur Kündigung aus wichtigem Grunde berechtigt, hat Schröder[19] folgendermaßen umschrieben: 1322

„Ein wichtiger Grund wegen schuldhaften Verhaltens des Handelsvertreters ist gegeben, wenn der Handelsvertreter sich schuldhaft so verhalten hat, dass dem Unternehmer die Fortsetzung des Vertragsverhältnisses nach Treu und Glauben unter Berücksichtigung der vertraglichen Ausgestaltung dieses Handelsvertreterverhältnisses und dessen gesamter Entwicklung während der Vertragszeit nicht mehr zugemutet werden kann." 1323

Nach dieser Definition, die auch die Rechtsprechung verwendet[20], kommt es auf die *Unzumutbarkeit* an, also darauf, dass ein *weiteres Festhalten des Unternehmers am Vertrage von ihm billigerweise nicht verlangt werden kann*. Dieses Erfordernis bedeutet aber nicht, dass durch das Verhalten des Handelsvertreters bereits ein *berechenbarer Schaden* für den Unternehmer entstanden sein müsste. Es genügt, wenn der Unternehmer auf Grund des Verhaltens des Handelsvertreters, vom Standpunkt vernünftigen kaufmännischen Ermessens aus betrachtet, eine *Gefährdung seiner Interessen* durch den Handelsvertreter befürchten muss[21]. 1324

Für den Ausschluss des Ausgleichsanspruchs nach § 89b Absatz 3 Nr. 2 ist es entscheidend, dass ein wichtiger Grund wegen *schuldhaften Verhaltens* des Handelsvertreters vorliegt. Kündigt der Unternehmer das Vertragsverhältnis aus einem wichtigen Grunde, der nicht auf ein schuldhaftes Verhalten des Handelsvertreters gestützt werden kann, ist der *Ausschlusstatbestand nicht erfüllt*[22]. Der Unternehmer kann sich auf den wichtigen Grund in diesem Falle nicht berufen, auch wenn der wichtige Grund *zwar in der Sphäre des Handelsvertreters* liegt[23], es aber *an einem schuldhaften Verhalten* fehlt. 1325

---

18 BGH, 21.3.1985, HVR Nr. 600 = HVuHM 1985 S. 640; BGH, 21.11.1960, VersR 1961 S. 52, 53; OLG Düsseldorf 12.9.1972, HVR Nr. 464; OLG Düsseldorf 21.12.1956, DB 1956 S. 376. Vgl. Band 1, Rz. 1715, 1790ff.
19 *Schröder,* § 89b Anm. 31.
20 BGH, 16.2.2000 – VIII ZR 134/99 – BB 2000, 738 = ZIP 2000 mit Anm. *Emde*; Revisionsentscheidung zum anders lautenden Urteil des *OLG Bamberg* vom 17.3.1999 – 8 U 65/98 – HVR Nr. 874 = NJW-RR 1999, 1195; vgl. schon *BGH,* 6.6.1991, NJW-RR 1992, S. 364; *BGH,* 30.1.1986 BB 1986 S. 1317 = DB 1986 S. 1332 = EBE 1986 S. 179 = HVR Nr. 615 = HVuHM 1986 S. 696 = NJW 1986 S. 1931 = WM 1986 S. 742; *BGH,* 7.6.1978, DB 1978 S. 1882; *OLG Celle,* 9.5.1958, BB 1958 S. 894 mit Anm. von *v. Lüpke* = HVR Nr. 179; ähnlich *BGH,* 28.4.1958, HVR Nr. 159, der außerdem auf eine gerechte Abwägung der beiderseitigen Interessen abstellt; *OLG Nürnberg,* 13.12.1962, BB 1963 S. 203; 19.12.1958, BB 1959 S. 318 = VersR 1959 S. 307f., und 18.9.1958, BB 1958 S. 1151 = MDR 1959 S. 929.
21 BGH, 20.2.1958, BB 1958 S. 894 = VersR 1958 S. 243ff. = HVR Nr. 161; *OLG Nürnberg,* 18.9.1958, BB 1958 S. 1151 = MDR 1959 S. 129; *LG Lüneburg,* 21.12.1954, BB 1955 S. 298f. mit Anm. von *Meyer.* Vgl. auch Band 1 Rz. 1703.
22 Vgl. *BGH* vom 16.2.2000 – VIII ZR 134/99 – NJW 2000, 1866 = BB 2000, 738.
23 *Schröder,* § 89b Anm. 30. Vgl. z.B. die Fälle des Umsatzrückgangs, Näheres dazu oben Rz. 1103 a.E. und Band 1 Rz. 1939.

IX Ausschluss des Ausgleichsanspruches

1326 Des Weiteren kommt es für den Ausschluss des Ausgleichsanspruches im Hinblick auf die europarechtskonforme Auslegung des § 89b Abs. 3 Nr. 2 *nunmehr* darauf an, ***dass die Kündigung auf den wichtigen Grund wegen schuldhaften Verhaltens des Handelsvertreters gestützt wird***, der den Unternehmer zur Kündigung berechtigte[24]. Dagegen ist nicht erforderlich, dass der Unternehmer die Kündigung wegen des wichtigen Grundes ohne Einhaltung einer Kündigungsfrist ausgesprochen hat[25]. Jedoch genügt es entgegen der früheren Auffassung in der Rechtsprechung und Literatur nicht mehr, wenn der Unternehmer nach ausgesprochener fristloser oder ordentlicher Kündigung wichtige ***Kündigungsgründe „nachschiebt"***, von denen er erst später Kenntnis erlangt hat. Das Nachschieben kann nur noch eine bereits ausgesprochene fristlose Kündigung nachträglich rechtfertigen, nicht mehr jedoch den Ausgleich ausschließen. Hierfür ist vielmehr aus den oben in Rdn. 1309 genannten Gründen bei Kenntnis eines solchen wichtigen Grundes eine erneute Kündigung erforderlich. Erlangt der Unternehmer die Kenntnis vom wichtigen Grund nach erfolgter fristgemäßer Kündigung erst zu einem Zeitpunkt, der nach der endgültigen Vertragsbeendigung liegt, kann der wichtige Kündigungsgrund allerdings in vollem Umfang im Rahmen der Billigkeitsgesichtspunkte des § 89b Abs. 1 Nr. 3 berücksichtigt werden.

1327 Wenn der Unternehmer den wichtigen Kündigungsgrund zum Anlass nimmt, das Vertragsverhältnis ordentlich zu kündigen, so muss er ***mit der Kündigung zum Ausdruck bringen, dass er eine Fortsetzung des Vertrages „eigentlich" für unzumutbar hält*** und sich nur vorsichtshalber mit dem Ausspruch einer ordentlichen Kündigung begnügt. Andernfalls ist der Kausalzusammenhang zwischen der Kündigung und dem wichtigen Grund nicht ersichtlich, sodass der Verlust des Ausgleiches nicht eintritt. Ferner gibt er, wenn er dies nicht tut, oder eine ordentliche Kündigung erst geraume Zeit nach Bekanntwerden des vertragswidrigen Verhaltens des Handelsvertreters ausspricht, damit regelmäßig zu erkennen, dass er den Vertragsverstoß des Vertreters nicht als so schwerwiegend empfunden hat, dass ihm die Fortsetzung des Vertrages unzumutbar erschien[26]. Die Überlegungszeit nach Bekanntwerden des Grundes ist in der Regel kürzer als zwei Monate[27].

1328 Wenn sich der Handelsvertreter erst nach erfolgter fristgemäßer Kündigung seitens des Unternehmers, also ***während der Kündigungsfrist***, schuldhaft verhält

---

[24] S. dazu oben Rdn. 1309.
[25] *BGH*, 21.5.1975, VersR 1975 S. 807 = WM 1975 S. 856; *BGH*, 12.6.1963, BB 1963 S. 917 = NJW 1963 S. 2068 = VersR 1963 S. 777 = HVR Nr. 304 und 2.10.1958, BB 1958 S. 1108 = MDR 1958 S. 906 = NJW 1958 S. 1966ff. = VersR 1958 S. 761ff. = HVR Nr. 183; *OLG München*, 9.11.1994, BB 1995 S. 168; *OLG Düsseldorf*, Beschluss vom 21.12.1955, DB 1956 S. 376, dazu *Voss*, VersR 1956 S. 394f.; *OLG Karlsruhe*, 11.4.1957, BB 1957 S. 561 = HVR Nr. 132 = HVuHM 1957 S. 446; *OLG Stuttgart*, 26.3.1957, VersR 1957 S. 329f.; *Brüggemann*, § 89b Rz. 98. Näheres hierzu insbes. bei *Sieg*, AktGes. 1964 S. 293ff.; vgl. auch *OLG Celle*, 8.10.1958, NdsRpfl. 1959 S. 109 = HVR Nr. 217 mit weiteren Nachweisen.
[26] *BGH*, 16.2.2000 – VIII ZR 134/99 – NJW 2000, 1866 = BB 2000, 738 = WM 2000, 882.
[27] *BGH*, 15.12.1993 – VIII ZR 157/92 – BB 1994, 815= VersR 1994, 470 = HVR-Nr. 739.

und der Unternehmer erst *nach erfolgter Vertragsbeendigung hiervon Kenntnis erlangt*, kann § 89b Absatz 3 Satz 2 nicht mehr zur Anwendung kommen[28].

Der Unternehmer ist auf eine förmliche Kündigung überhaupt nicht angewiesen, wenn er *nach Ablauf der Vertragszeit die Verlängerung* ablehnt, weil er den Vertrag aus wichtigem Grunde wegen schuldhaften Verhaltens des Vertreters lösen will[29]. **1329**

Noch weiter geht das Oberlandesgericht Nürnberg[30], das den Ausgleichsanspruch auch dann versagt, wenn das Vertragsverhältnis *im beiderseitigen Einvernehmen* – also ohne Ausspruch einer Kündigung – aufgehoben wird und wenn nur aus Entgegenkommen gegenüber dem Handelsvertreter von einer Kündigung wegen schuldhaften Verhaltens des Handelsvertreters abgesehen wird. **1330**

Ausnahmsweise kann der Ausgleichsanspruch bei schuldhaftem Verhalten des Handelsvertreters statt nach § 89b Abs. 3 auch nach dem *Grundsatz der Billigkeit*[31] ausgeschlossen sein, wenn der Unternehmer wegen Ablebens des Handelsvertreters eine Kündigung nicht mehr aussprechen konnte. **1331**

In einem vom Bundesgerichtshof entschiedenen Fall[32] hatte nach dem Tode des Handelsvertreters dessen Witwe den Ausgleichsanspruch geltend gemacht. Der Unternehmer konnte ihr, da der Vertreter *vertragswidrig auch für ein Konkurrenzunternehmen* tätig geworden war, mit Erfolg entgegenhalten, dass unter dem Gesichtspunkt der Billigkeit die Zahlung eines Ausgleiches nicht in Betracht kommen könne. Der Bundesgerichtshof hat dazu ausgeführt, aus dem Sinn des Gesetzes ergebe sich, dass ein schuldhaftes Verhalten des Vertreters den Ausgleichsanspruch auch dann berühren könne, wenn keine Kündigung wegen dieses Verhaltens ausgesprochen wurde. **1332**

---

28 Das Gleiche gilt, wenn erst nach einer vom Unternehmer fristgerecht ausgesprochenen Vertragskündigung Umstände eintreten, die den Unternehmer nach seiner Auffassung zur fristlosen Kündigung berechtigen würden, wenn er aber bewusst von dem ihm nach eigener Auffassung *zustehenden Recht auf Kündigung aus wichtigem Grunde keinen Gebrauch* gemacht hat. Das *OLG München* hat in seinem Urteil vom 22.9.1993 (DB 1993 S. 2280 mit Anm. *Küstner*, VW 1994 S. 1493) festgestellt, dass in derartigen Fällen, zumal der wichtige Grund erst nach der fristgerechten Kündigung eingetreten sei, die Vorschrift des § 89b Abs. 3 Satz 2 a.F. auch nicht mittelbar anwendbar sei. Auch hätte der Unternehmer angesichts einer nahezu 20-jährigen Zusammenarbeit zwischen den Parteien den Vertreter nach dem Bekanntwerden des erstmals als Vertragsverstoß gewerteten Verhaltens abmahnen müssen. Das Fehlen einer solchen Abmahnung schließe es aus, einen wichtigen Grund im Sinne von § 89b Abs. 3 Satz 2 a.F. anzunehmen.
29 *BGH*, 7.3.1957 (vgl. Fn. 10).
30 *OLG Nürnberg*, 19.12.1958, BB 1959 S. 318 = VersR 1959 S. 307f.
31 *BGH*, 6.2.1964, BGHZ 41, 129 = BB 1964 S. 328 = DB 64 S. 400 = HVR Nr. 312 = HVuHM 1964 S. 644 = NJW 1964 S. 915 = VersR 1964 S. 378; *BGH*, 12.4.1973, BB 1973 S. 815 = DB 1973 S. 1012 = HVR Nr. 476 = HVuHM 1973 S. 1195; *Sieg* (AktGes. 1964 S. 294) lässt auch in solchen Fällen die Berufung des Unternehmers auf Abs. 3 Satz 2 zu.
32 *BGH*, 2.10.1958, BB 1958 S. 1108 = MDR 1958 S. 906 = NJW 1958 S. 1966f. = VersR 1958 S. 761f. = HVR Nr. 183; vgl. auch *BGH*, 30.6.1966, BB 1966 S. 876 = VersR 1966 S. 773 zu 2c. BGHZ 45, 384 = NJW 1966 S. 1965 = DB 1966 S. 1231 = HVR Nr. 350.

IX Ausschluss des Ausgleichsanspruches

1333 Wann ein zur Kündigung nach § 89b Abs. 3 berechtigender wichtiger Grund vorliegt, ergibt sich besonders aus der Rechtsprechung[33] zur fristlosen Kündigung nach § 89a. Nach dieser Bestimmung kann das Vertragsverhältnis von jedem Teil aus wichtigem Grunde ohne Einhaltung einer Kündigungsfrist gekündigt werden. Für das Kündigungsrecht des Unternehmers ist aber zu beachten, dass nur die Urteile aus der Rechtsprechung zu § 89a in Betracht kommen, die sich mit einem **wichtigen Grunde wegen schuldhaften Verhaltens** des Handelsvertreters befassen[34].

1334 Je nach den vertraglichen Vereinbarungen zwischen Unternehmer und Handelsvertreter kann der **Maßstab** für die Beantwortung der Frage, wann ein wichtiger Grund wegen schuldhaften Verhaltens des Handelsvertreters gegeben ist, verschieden sein. Haben die Vertragsparteien zum Beispiel einen **mehrjährigen unkündbaren Vertrag abgeschlossen**, oder ist vereinbart worden, dass die Kündigung nur bei **„besonders grobem Vertrauensbruch"** zulässig sein solle, so ist für die Annahme eines wichtigen Grundes ein **besonders strenger Maßstab** anzulegen[35].

1335 Eine fristlose Vertragskündigung muss innerhalb einer **kurzen Überlegungsfrist** ausgesprochen werden. Wird diese überschritten, kann das Recht zur außerordentlichen Kündigung ausgeschlossen sein. Der Bundesgerichtshof hat in mehreren Urteilen[36] ausgesprochen, dass eine Überlegungsfrist von 2 Monaten „in aller Regel nicht mehr als angemessen anzusehen" sei[37]. Andererseits gilt aber im Handelsvertreterrecht[38] – entsprechendes gilt für das Recht des Vertragshändlers[39] – nicht die Zweiwochenfrist gem. § 626 Abs. 2 BGB. Zu erwähnen ist noch, dass nach der höchstrichterlichen Rechtsprechung **grundsätzlich eine Abmahnung vor Ausspruch einer fristlosen Kündigung** zu erfolgen hat. Dies gilt insbesondere bei Leistungsstörungen, solange vermutet werden kann, dass der Vertragspartner die Störung in Zukunft beseitigen bzw. nicht mehr wiederholen wird. Ohne die gebotene und auch erfolglose Abmahnung ist eine frist-

---

33 Beispiele: *OLG Hamburg*, 13.5.1960, BB 1960 S. 1300; *OLG Nürnberg*, 5.2.1965, BB 1965 S. 688. *OLG Düsseldorf*, 13.2.1969, VW 1969 S. 566; vgl. die zahlreichen Einzelnachweise bei *Schröder*, Anmerkungen zu § 89a und die Übersicht von *Holling*, RVR 1970 S. 67. Vgl. auch die alphabetische Zusammenstellung der wichtigen Kündigungsgründe Band 1 Rz. 1830 ff.
34 Zur Kündigung eines mit einer Vertretergesellschaft abgeschlossenen Vertretervertrages aus wichtigem Grunde (Verstoß der Vertreter-OHG gegen das agenturvertragliche Verbot der Aufnahme neuer Gesellschafter) vgl. *Martin*, VersR 1967 S. 824, 828 zu III und S. 831 zu IV 3 b.
35 *BGH*, 28.4.1958, HVR Nr. 159; ähnlich *OLG Nürnberg*, 19.12.1958 (vgl. Fn. 10); vgl. auch *OLG Celle*, 29.3.1963, BB 1963 S. 711 = HVR Nr. 285. Einzelheiten Band 1 Rz. 1708.
36 *BGH*, 26.5.1999 – VIII ZR 123/98, NJW 1999, 1481 = BB 1999, 1516 = DB 1999, 2158 = VersR 1999, 1279; vgl. auch *OLG Köln*, 2.3.2001 – 19 U 170/00, VersR 2001, 1234; *BGH*, 14.4.1983, BB 1983 S. 1629 = DB 1983 S. 1590 = EBE 1983 S. 223 = HVR Nr. 576 = MDR 1983 S. 995 = VersR 1983 S. 655 = WM 1983 S. 820. Vgl. auch *OLG München*, 23.7.1997 – 7 U 5671/96, VersR 1998, 1017 sowie *LG Hamburg*, 11.2.1991, VersR 1992 S. 743.
37 Vgl. für Vertragshändler: *BGH*, 15.12.1993, DB 1994 S. 728 = WM 1994 S. 645.
38 *BGH*, 12.3.1992, BB 1992 S. 1162 = NJW-RR 1192 S. 1059 = WM 1992 S. 1440 = VersR 1993 S. 433 und Urteil vom 3.7.1986, BB 1986 S. 2015 = DB 1986 S. 2228 = EBE 1986 S. 334 = HVR Nr. 657 = MDR 1987 S. 111 = NJW 1987 S. 57 = WM 1986 S. 1413.
39 *BGH*, 27.1.1982, BB 1982 S. 515 = DB 1982 S. 1110 = HVR Nr. 560 = NJW 1982 S. 2432.

lose Kündigung wegen fehlenden wichtigen Grundes in der Regel unzulässig. Anders ist es nur bei so schweren Pflichtverletzungen, die derart gravierend sind, dass eine Billigung des Verhaltens offensichtlich ausgeschlossen ist. Dies gilt insbesondere bei Wettbewerbsverstößen[40].

II. Einzelfälle

Bei den im Folgenden erläuterten Einzelfällen handelt es sich nur um einige wenige, in der Praxis allerdings besonders häufig vorkommende und deshalb typische Fälle. Einen umfassenden Überblick gibt die alphabetische Zusammenstellung der wichtigen Kündigungsgründe in Band I Abschnitt D (Randziffern 1830 ff.).   **1336**

1. Umsatzrückgang

Der Bundesgerichtshof hat entschieden[41], dass ein (durch eine Vertreterin verursachter) Umsatzrückgang zur fristlosen Kündigung aus wichtigem Grunde berechtigen könne, wenn der Unternehmer zu der Erkenntnis gelange, dass eine Fortsetzung des bisherigen Vertragsverhältnisses zu seinem *geschäftlichen Ruin* führen müsse. Ob die Kündigung zu ihrer Zeit wegen eines wichtigen Grundes gerechtfertigt war, könne allerdings nicht daran gemessen werden, wie sich die *Verhältnisse in den folgenden Jahren entwickelt* hätten. Entscheidend sei vielmehr, wie sich die wirtschaftliche Lage und ihre Weiterentwicklung bei *vernünftiger wirtschaftlicher Betrachtung* für den Unternehmer bei Ausspruch der Kündigung zeige, nicht aber, wie sich die Lage auf Grund *nachträglich gewonnener Erkenntnis* darstelle. Es komme also auf den Zeitpunkt der Kündigung an, denn der wirtschaftliche Niedergang könne nicht erst dann berücksichtigt werden, wenn Vermögen und Kredit verbraucht seien und die Schließung des Unternehmens erforderlich werde.   **1337**

Wesentlich für die Beurteilung der Fälle des Umsatzrückganges im Hinblick auf den Ausgleichsanspruch ist aber vor allem, dass aus der *bloßen Errechnung des Umsatzrückganges* noch keineswegs auf ein *schuldhaftes Verhalten* des Handelsvertreters geschlossen werden muss[42]. Zutreffender Ansicht nach kann in einem Umsatzrückgang ein wichtiger Kündigungsgrund i.S. des § 89b Abs. 3 Satz 2 vielmehr nur dann gesehen werden, wenn der Handelsvertreter den Umsatzrückgang durch *grobe Fahrlässigkeit verschuldet* hat[43].   **1338**

---

40 Vgl. hierzu *Küstner/Thume*, Bd. 1, Rdn. 1750 mit zahlreichen Hinweisen auf die Rechtsprechung und Literatur.
41 *BGH,* 20.2.1958, BB 1958 S. 894 = VersR 1958 S. 243 ff. = HVR Nr. 161; vgl. auch *OLG Nürnberg,* 28.2.1963, BB 1963 S. 447; *LG Bielefeld,* 12.3.1954, HVR Nr. 71. Vgl. auch Band 1 Rz. 1939 ff. und *OLG Karlsruhe,* 11.4.1957, JR 1958 S. 59 bei langjährigem Vertrag.
42 *OLG Düsseldorf,* 16.12.1975, HVR Nr. 498. *LG Wuppertal,* 11.1.1955, HVR Nr. 75; *LG Stuttgart,* 19.4.1968, HVR Nr. 378.
43 *BGH,* 4.7.1960, VersR 1960 S. 707; *OLG Karlsruhe,* 28.10.1975, VW 1978 S. 195 = HVR Nr. 495 (nur LS) u. Urteil v. 1.12.1970, BB 1971 S. 888 = DB 1971 S. 572 = HVR Nr. 426, Urteil vom 11.4.1957, BB 1957 S. 561; *OLG Nürnberg,* 28.2.1963, BB 1963 S. 447; *LG Stutt-*

IX Ausschluss des Ausgleichsanspruches

1339 Sind die von einem Handelsvertreter erzielten Umsätze im Vergleich zu anderen Vertretern desselben Unternehmens sehr hoch, so ist die **Nichterzielung noch höherer Umsätze** für den Unternehmer kein Grund, der es ihm nach Treu und Glauben unzumutbar macht, den Vertretervertrag bis zur Beendigung durch ordentliche Kündigung fortzusetzen. *Ein Handelsvertreter braucht sich nicht aufzuopfern*; eine Rechtspflicht, so viele Geschäfte zu vermitteln, wie es ihm *bei größter Anstrengung* nur möglich war, besteht nicht[44].

1340 Mit Recht hat das Oberlandesgericht Celle die Anwendung des § 89b Abs. 3 Satz 2 in einem Falle abgelehnt, in dem ein Unternehmer die fristlose Kündigung des Vertretervertrages darauf gestützt hatte, dass der *Pro-Kopf-Umsatz des Handelsvertreters* im Verhältnis zum *Pro-Kopf-Umsatz anderer Vertreter* niedrig lag. Das Gericht führt aus, dass der Vertreter eines Bezirks von fast 500000 Einwohnern gar nicht in der Lage sei, den gleichen Pro-Kopf-Umsatz wie der Vertreter eines kleineren Bezirks zu erzielen. Sodann aber ließen sich verschiedene Bezirke auch nicht ohne weiteres miteinander vergleichen. Der Umsatz hänge ab vom Ausmaß der Einführung des vertretenen Unternehmens, von der wirtschaftlichen und sozialen Struktur, der Bevölkerungsdichte und der Geschmacksrichtung der Bevölkerung, vor allem aber auch von dem Ausmaß der Einführung von Konkurrenzfirmen und nicht zuletzt von der Tüchtigkeit der Vertreter dieser Konkurrenzfirmen.

1340a Unzureichende Gebietsbetreuung, insbesondere von Krankenhäusern trotz bindender Weisungen des Unternehmers kann jedoch ein wichtiger Grund zur außerordentlichen Kündigung sein[44a].

2. Wettbewerbsverstoß des Vertreters[45]

1341 *Eine Tätigkeit des Handelsvertreters für ein Konkurrenzunternehmen, die ohne Zustimmung des vertretenen Unternehmers* erfolgt, stellt stets einen *wichtigen Grund zur fristlosen Kündigung* wegen schuldhaften Verhaltens des Handelsvertreters dar, und zwar auch dann, wenn eine Konkurrenzklausel für die Zeit des bestehenden Vertrages ausdrücklich nicht vereinbart worden

---

gart, 19.4.1968, HVR Nr. 378; *OLG Stuttgart,* 9.6.1960, BB 1960 S. 956 = HVR Nr. 296; *OLG Frankfurt,* 31.1.1967, DB 1967 S. 329 = HVR Nr. 357 = HVuHM 1967 S. 300; *OLG Duisburg,* 5.7.1955, HVR Nr. 103; *OLG Köln,* 4.3.1970, MDR 1970 S. 594 = VersR 1971 S. 372; *Holling,* RVR 1970 S. 67 und BB 1961 S. 995. Vgl. auch HVuHM 1971 S. 426 m.w.N.
44 *OLG Celle,* 8.10.1958, NdsRpfl. 1959 S. 109 = HVR Nr. 217; vgl. auch *LG Duisburg,* 5.7.1955, HVR Nr. 103, wonach niedrige Umsätze in den ersten Monaten der Vertragszeit nicht zur fristlosen Kündigung durch den Unternehmer berechtigen.
44a *OLG München,* 12.7.2002 – 21 U 1608/02 – NJW-RR 2003, 401.
45 Vgl. *Grüll,* Die Konkurrenzklausel, 5. Aufl. 1993 S. 95ff.; *v. Brunn,* Das Wettbewerbsverbot im Handelsvertreterrecht beim Fehlen einer Vereinbarung, AcP 1964 S. 487ff., sowie *Birkhahn,* BB 1961 S. 1351 und 1962 S. 1108; *Leo,* BB 1962 S. 1106; *Ordemann,* BB 1965 S. 932; *Holling,* HVuHM 1965 S. 260ff.; *Schnitzler/Lewalder/Gettler,* Leistungspflichten und Wettbewerbsfragen im deutschen und internationalen Handelsvertreterrecht, herausgegeben vom CDH, Landesverband Nordrhein-Westfalen, 1963. Vgl. insbesondere *Höft,* VersR 1967 S. 97, 98 mit zahlreichen weiteren Nachweisen in Fußnote 2 sowie *Martin,* VersR 1968 S. 117 zu I. Zum Begriff der Konkurrenzvertretung vgl. HVH Ziff. V 3; Einzelheiten Band 1 Rz. 1929ff.

B. Kündigung durch den Unternehmer **IX**

war. Der Bundesgerichtshof[46] legt hierbei mit Recht einen *außerordentlich strengen Maßstab* an und begründet dieses Konkurrenzverbot mit dem zwischen dem Unternehmer und dem Handelsvertreter bestehenden *Treueverhältnis und der Verpflichtung des Handelsvertreters, die Interessen des Unternehmers wahrzunehmen*. In seinem Urteil vom 15.12.1967[47] hat der Bundesgerichtshof festgestellt, dass der Handelsvertreter schon in Zweifelsfällen, sofern die Möglichkeit besteht, dass seine anderweitige Tätigkeit die Interessen des Unternehmers beeinträchtigt, den Unternehmer davon in Kenntnis setzen muss und dessen Zustimmung einzuholen hat. Als entscheidend wird dabei *weniger die Möglichkeit einer tatsächlichen Schädigung, als vielmehr die Störung des Vertrauensverhältnisses* zwischen Unternehmer und Handelsvertreter angesehen[48].

Eine solche Störung liegt nicht nur vor, wenn die verbotswidrige Konkurrenzvertretung heimlich geschieht. Vielmehr kann die Fortsetzung des Handelsvertreterverhältnisses für den Unternehmer auch dann unzumutbar sein, wenn der Handelsvertreter eine *verbotswidrige Konkurrenztätigkeit* offen ausübt, sie also dem Unternehmer *nicht verheimlicht*[49]. Einer Abmahnung bedarf es in einem solchen Falle nicht, weil ein Wettbewerbsverstoß die Vertrauensbasis des Vertrages so sehr erschüttert, dass sie auch durch eine Abmahnung in der Regel nicht wieder hergestellt werden kann[50]. **1342**

Auch das Oberlandesgericht Nürnberg[51] sieht in der Übernahme einer weiteren Vertretung durch den Handelsvertreter, der die hierfür nach dem Vertrag erforderliche Genehmigung des Unternehmers nicht einholt, einen wichtigen Kündigungsgrund wegen schuldhaften Verhaltens des Handelsvertreters. Das Gericht stellt fest, dass ein solches vertragswidriges Verhalten geeignet sei, das *Vertrauensverhältnis* zwischen den Vertragsparteien zu erschüttern. Denn ein Unter- **1343**

---

46 *BGH*, 26.5.1999 – VIII ZR 123/98, NJW-RR 99/1481 = BB 1999, 1516 = VersR 1999, 1279, st. Rspr.; *BGH*, 15.12.1967, RVR 1968 S. 83 mit Anmerkung *Küstner;* BGH 18.6.1964, BGHZ 42 S. 59 = BB 1964 S. 823 = VersR 1964 S. 768 = HVR Nr. 318; *BGH*, 30.6.1954, VersR 1954 S 400 = LM § 89a HGB Nr. 1 = HVR Nr. 62; *BGH*, 20.10.1955, BB 1956 S. 95 = HVR Nr. 105; *BGH* 25.3.1958, BB 1958 S. 425 = HVR Nr. 163; *BGH* 30.1.1963, BB 1963 S. 448. Unveröffentlichte Urteile des *BGH:* 2.2.1961, VII ZR 253/59; 10.7.1961, VII ZR 252/59; 28.5.1962, VII ZR 33/61; 21.10.1963, VII ZR 253/59; 10.7.1961, VII ZR 252/59; 28.5.1962, VII ZR 33/61; 21.10.1963, VII ZR 103/62; 21.3.1966, VII ZR 116/64; 25.4.1966, VII ZR 89/64; 27.10.1966, VII ZR 158/64.
47 *BGH*, a.a.O.; vgl. auch *OLG Nürnberg*, 18.9.1958, BB 1958 S. 1151 = MDR 1959 S. 929 und *OLG Hamburg*, 5.6.1963, DB 1963 S. 1214; *LG Tübingen*, 13.5.1957, MDR 1958 S. 518 = HVR Nr. 199.
48 War dem Unternehmer beim Abschluss des Vertrages bekannt, dass der Vertreter bereits eine Konkurrenzfirma vertrat, kann eine fristlose Kündigung auf diesen Umstand als wichtigem Grund nicht gestützt werden. Vgl. *OLG Düsseldorf*, 5.8.1955, HVR Nr. 106.
49 *BGH*, 26.5.1999 – VIII ZR 123/98 – BB 1999, 1516 = VersR 1999, 1297.
50 *BGH*, 26.5.1999 – VIII ZR 123/98 – a.a.O. und *BGH*, 17.1.2001 – VIII ZR 186/99 – BB 2001, 645 = VersR 2001, 370.
51 Urteile vom 13.12.1962, BB 1963 S. 203 und 26.3.1965, BB 1965 S. 809; vgl. neuerdings auch *OLG Braunschweig*, 27.7.1993 – 2 U 87/93 – unveröffentlicht sowie *LG München*, 13.7.1964, VW 1965 S. 57. Ebenso *OLG Nürnberg*, 2.2.1967, VersR 1968 S. 298 und *OLG Celle*, 7.1.1970, BB 1970 S. 228.

IX Ausschluss des Ausgleichsanspruches

nehmer, der *in dieser Weise einmal hintergangen* worden sei, müsse damit rechnen, dass es der Vertreter auch in anderen Punkten mit seinen Vertragspflichten nicht genau nehmen werde. Insbesondere müsse er ständig damit rechnen, dass der Vertreter hinter seinem Rücken weitere Vertretungen übernehmen werde. Ein solches Verhalten würde aber den Interessen des Unternehmers grob zuwiderlaufen.

1344 Von einem solchen Tatbestand kann nach zutreffender Ansicht des Oberlandesgerichts München[52] aber dann nicht gesprochen werden, wenn der Handelsvertreter zwar für ein anderes Unternehmen den Vertrieb vergleichbarer Produkte übernimmt, wenn aber die **anderweitige Tätigkeit des Handelsvertreters nicht geeignet ist, den Absatz des vertretenen Unternehmens zu beeinträchtigen.** An einer solchen Beeinträchtigung fehle es nämlich, wenn mit der anderen Tätigkeit des Handelsvertreters ein **Kundenkreis** angesprochen werde, **den das vertretene Unternehmen gar nicht bediene.** In diesem Falle liege **kein Wettbewerb „zum Nachteil des Unternehmers"** vor, zu dessen Unterlassung der Handelsvertreter im Vertretervertrage verpflichtet war. Bedenken gegen die Entscheidung des Oberlandesgerichts München bestehen allerdings insoweit, als im entschiedenen Falle auch vereinbart war, dass der Handelsvertreter verpflichtet war, innerhalb und außerhalb seines Gebietes keine Firmen zu vertreten, die **gleiche oder gleichartige** Erzeugnisse herstellen oder vertreiben. Da die Frage der Gleichartigkeit der fraglichen Produkte unstreitig war, hätte das Gericht berücksichtigen müssen, dass der Handelsvertreter zumindest insoweit seine vertraglichen Verpflichtungen verletzt hatte.

1345 Ein schuldhaftes Verhalten des Handelsvertreters, das den Unternehmer mit ausgleichsausschließender Wirkung zur fristlosen Vertragskündigung berechtigt, kann auch dann vorliegen, wenn der Handelsvertreter zwar nicht selbst die Konkurrenzvertretung übernimmt, wenn er es aber unterstützt und zulässt, **dass ohne Wissen des vertretenen Unternehmens seine Ehefrau ein Konkurrenzunternehmen vertritt.** Das Verhalten des Handelsvertreters muss also darauf abzielen, aus Gesetz oder Vertrag sich ergebende Verbote **in unredlicher Absicht zu umgehen.** Eine solche Umgehung ist m. E. nur dann nicht gegeben, wenn der Handelsvertreter beim Abschluss des Vertretervertrages den Unternehmer ausdrücklich darauf hingewiesen hat, dass seine Ehefrau ebenso wie er selbst in der gleichen Branche als Handelsvertreterin tätig ist[53].

1346 Eine andere Beurteilung ist aber dann gerechtfertigt, wenn der Handelsvertreter im Zusammenwirken mit seiner Ehefrau die **Wettbewerbsbeschränkung in der Weise zu umgehen trachtet,** dass er seine Ehefrau – wenn auch rechtlich getrennt von seinem eigenen Handelsgewerbe – insoweit tätig werden lässt, als er selbst nach Gesetz oder ausdrücklicher Vertragsbestimmung nicht tätig werden darf. Hat der Handelsvertreter – wozu er vertraglich verpflichtet war – den Unternehmer um Zustimmung zur Übernahme einer Vertretung der gleichen Branche gebeten

---

52 *OLG München,* 16.11.1990, HVR Nr. 699.
53 Zu Einzelheiten vgl *Küstner,* IWW Heft 8/1994 S. 8–11.

und hat nach der Verweigerung der Zustimmung die Ehefrau des Handelsvertreters die fragliche Vertretung ihrerseits übernommen, so muss sich der Handelsvertreter dieses Verhalten seiner Ehefrau, *das ja mit seiner Duldung, wenn nicht sogar auf seine Veranlassung, zumindest aber mit seiner ausdrücklichen Billigung erfolgt*, als schuldhaftes Verhalten anrechnen lassen[54]. Das gilt zumindest dann, wenn zweifelsfrei feststeht, dass der Handelsvertreter selbst – wirtschaftlich betrachtet – *Inhaber der Konkurrenzvertretung ist, diese aber nach außen hin lediglich deshalb von seiner Ehefrau geführt wird, um formell nicht gegen das Gesetz oder den Vertretervertrag zu verstoßen*. In besonderem Maße gilt dies dann, wenn die Konkurrenzvertretung der Ehefrau in *Bürogemeinschaft* (gemeinsamer Telefonanschluss, gemeinsames Postfach) mit der Vertretung des Ehemannes geführt wird[55]. Mit Recht wird in diesem Zusammenhang darauf hingewiesen, dass ein Handelsvertreter ein ihn treffendes Konkurrenzverbot grundsätzlich und unabhängig von dessen Ausgestaltung im Einzelnen mit allen sich hieraus ergebenden rechtlichen Konsequenzen durch jedes Verhalten verletze, das in irgendeiner Form *auf eine Umgehung des Konkurrenzverbotes* abziele[56].

Der Bundesgerichtshof[57] hat in seinem Urteil vom 6.7.1970 in ähnlichem Zusammenhang ausdrücklich festgestellt, dass der zur Einhaltung eines Wettbewerbsverbots Verpflichtete keine Tätigkeit ausüben dürfe, die mit dem Sinn des Wettbewerbsverbots in Widerspruch stehe oder eine Umgehung seines erkennbaren Sinnes darstelle, wenn auch die ausgeübte Tätigkeit selbst nicht ausdrücklich verboten sei. Das Konkurrenzverbot dürfe ferner nicht durch *Vorschieben eines Angehörigen als Mittelsperson oder durch Beteiligung an einem Konkurrenzunternehmen von Familienangehörigen vereitelt* werden. **1347**

Im Bereich der Versicherungswirtschaft ist für *Einfirmen- oder Ausschließlichkeitsvertreter*[58] durch die Vereinbarung einer sog. *Ventillösung*[59] vom 27.10.1992 das während bestehenden Vertrages maßgebliche Wettbewerbsverbot in gewissem Umfange gelockert worden. Es stellt eine Ausnahmeregelung vom Wettbewerbsverbot[60] für Einfirmenvertreter dar und soll deren *Wettbewerbsfähigkeit sichern*. Es dürfte aber auch im Interesse der Versicherungsunternehmen liegen, wenn es darum geht, die Gefährdung einer geschäftlichen Gesamtverbindung durch Aktivitäten von Wettbewerbern zu vermeiden. Die Ventillösung findet keine Anwendung, wenn es um die Überwindung von Preisdifferenzen und Bedingungsunterschieden für Versicherungen geht, die das eigene Unternehmen selbst **1348**

---

54 A.A. *OLG Braunschweig*, 8.3.1968, vgl. dazu VW 1968 S. 860 und 1170. Zur Problematik auch *Sieg*, AktGes 1964 S. 295 und Band 1 Rz. 455–462ff.
55 Vgl. in ähnlichem Zusammenhang die Urteile des *OLG Düsseldorf* 13.2.1969, VW 1969 S. 566, *LAG Bayern*, 15.6.1967, VW 1969 S. 511 und *BGH*, 20.1.1969, VersR 1969 S. 372 = VW 1969, S. 763.
56 VW 1968 S. 860, 61.
57 *BGH*, 6.7.1970, BB 1970 S. 1374; vgl. auch RVR 1970 S. 378. Näheres *Staudinger-Weber*, Kommentar zum BGB, 11. Auflage 1961, Band II 1b, Anm. A. 948 zu § 242 BGB S. 392.
58 Vgl. Band 1 Rz. 123 und *Küstner*, IWW Heft 8/1994 S. 8 und Heft 1/1995 S. 13.
59 Die Ventillösung ist abgedruckt im Anhang Rz. 1858 der Vorauflage.
60 Vgl. dazu auch *Kühlmann*, HdbVersVerm Gruppe 19.6; *Ludwig*, VW 1994 S. 1491; *Küstner*, IWW 1994 Heft 8 S. 8.

anbietet. Die Ventillösung soll nur für Risiken in Betracht kommen, deren Versicherung das Unternehmen selbst nicht betreibt, die das Unternehmen aufgrund seiner jeweiligen Annahmerichtlinien generell oder im Einzelfall aus subjektiven Gründen nicht zeichnet und für Risiken, die das Versicherungsunternehmen aufgrund des Schadenverlaufs oder aus anderen Gründen kündigt[61].

3. Verletzung der Aufsichtspflicht

1349   Unter Hinweis auf die besonderen, dem Handesvertreter obliegenden Vertragspflichten hat das Oberlandesgericht Celle[62] einen wichtigen Grund zur Kündigung des Vertragsverhältnisses durch den Unternehmer als gegeben angesehen, wenn der Handelsvertreter die ihm obliegende *Aufsichtspflicht über ein Kommissionslager* verletzt. In dem Sachverhalt, der dem Urteil zu Grunde lag, unterhielt ein zugleich als selbstständiger Großhändler tätiger Handelsvertreter ein Kommissionslager, von dem er auf Rechnung des Unternehmers verkaufte. Bei einer überraschenden Kontrolle dieses Lagers stellte der Unternehmer einen erheblichen *Fehlbestand* fest. Das Oberlandesgericht Celle sah in der mangelnden Überwachung des Lagers ein schuldhaftes Verhalten des Handelsvertreters und stellte fest, dass derjenige, der fremdes Eigentum verwahre, besonders sorgfältig darüber wachen müsse, dass die ihm anvertrauten Güter nicht abhanden kommen oder sonst verletzt werden.

4. Schuldhaftes Verhalten von Erfüllungsgehilfen des Vertreters

1350   Kommt es zu einer Kündigung des Vertretervertrages aus wichtigem Grunde, kann dem Handelsvertreter selbst aber kein schuldhaftes Verhalten zum Vorwurf gemacht werden, sondern liegt nur ein *schuldhaftes Verhalten eines Angestellten des Vertreters* vor, so fragt es sich, ob auch in einem solchen Fall der Ausgleichsanspruch ausgeschlossen ist.

1351   Nach Ansicht des Bundesgerichtshofes[63] kommt es für § 89b Abs. 3 nur auf ein *eigenes Verschulden des Handesvertreters* an. Das Gesetz stelle in § 89b Abs. 3 im Gegensatz zu § 89a nicht darauf ab, dass der Handelsvertreter das zur Kündigung aus wichtigem Grunde führende Verhalten zu vertreten habe – was zu einer *Haftung auch für schuldhaftes Verhalten von Erfüllungsgehilfen* führen würde –, sondern es beschränke den Ausschluss des Ausgleichsanspruches auf die Fälle, in denen der *Handelsvertreter selbst schuldhaft* gehandelt habe. Das ergebe sich auch aus dem Grundgedanken des Gesetzes; nur ein eigenes Verschulden des Handelsvertreters erscheine generell so schwerwie-

---

61 Vermittelt ein Versicherungsvertreter im Rahmen der Ventillösung einen Vertrag für ein Wettbewerbsunternehmen, ist dies natürlich ausgleichsrechtlich für das Versicherungsunternehmen, das ihm in Form der Ventillösung eine solche Wettbewerbstätigkeit genehmigt, ohne Bedeutung. Darauf wird am Ende der „Gemeinsamen Erklärung" ausdrücklich hingewiesen.
62 Urteil vom 9.5.1958, BB 1958 S. 894 mit Anm. von *v. Lüpke* = HVR Nr. 179. Einzelheiten auch Band 1 Rz. 1855.
63 *BGH*, 5.2.1959, BGHZ 29 S. 275ff. = BB 1959 S. 317 = JZ 1959 S. 252 = MDR 1959 S. 368f. = NJW 1959 S. 878f. = VersR 1959 S. 268ff. = HVR Nr. 202; *v. Lüpke*, Anm. zum Urteil des *OLG Celle* vom 9.5.1958, BB 1958 S. 895; vgl. auch *Sieg*, AktGes. 1964 S. 295.

gend, dass es in jedem Falle zur Versagung des Anspruchs führe. Allerdings räumt der Bundesgerichtshof ein, dass ein *Verschulden eines Angestellten des Handelsvertreters im Rahmen der Billigkeit* (§ 89b Abs. 1 Nr. 3) *die Höhe des Ausgleichsanspruches beeinflussen könne*[64]. *Die Vorschrift des § 278 BGB*, die das Verschulden des Erfüllungsgehilfen dem Geschäftsherrn zurechnet, ist demnach auf den Ausschluss des Ausgleichsanspruchs nach § 89b Abs. 3 Satz 2 *nicht anzuwenden*[65].

Der Ausschluss des Ausgleichsanspruchs kann deshalb auch nicht auf ein *schuldhaftes Verhalten echter Untervertreter* gestützt werden, deren sich der Handelsvertreter zur Erfüllung seiner Vertragspflichten bedient (und die deshalb als Erfüllungsgehilfen angesehen werden), wenn das Vertragsverhältnis zwischen dem Unternehmer und dem Hauptvertreter wegen des schuldhaften Verhaltens der Untervertreter fristlos gekündigt wird[66]. **1352**

In diesem Zusammenhang erlangt die Frage Bedeutung, welche ausgleichsrechtlichen Folgen sich ergeben, wenn der Vertreter bei der *Auswahl und Überwachung seiner Angestellten und anderer Erfüllungsgehilfen*[67] *die im Verkehr erforderliche Sorgfalt außer acht* lässt und sich der Dritte in Ausführung der ihm übertragenen Aufgaben schuldhaft verhält. In entsprechender Anwendung des in § 831 BGB niedergelegten Grundgedankens wird man in solchen Fällen in der *Außerachtlassung der erforderlichen Sorgfalt ein schuldhaftes Verhalten* des Vertreters sehen müssen, das zum Ausschluss des Ausgleichsanspruchs führen kann. Im Einzelfall kann[68] also auch ein schuldhaftes Verhalten von *Verrichtungsgehilfen* des Vertreters den Tatbestand des § 89b Abs. 3 Satz 2 erfüllen, wenn es der Vertreter bei der Auswahl oder Überwachung dieser Personen an der erforderlichen Sorgfalt fehlen ließ, wenn er also zum Beispiel *vorbestrafte oder mit einem Berufsverbot belegte Personen* als Gehilfen beschäftigt. **1353**

Etwas anderes gilt nach Ansicht des Bundesgerichtshofs[69] aber dann, wenn der Vertretervertrag nicht mit dem Handelsvertreter selbst, sondern mit dessen *Ehefrau abgeschlossen* worden ist, um die *Provisionsansprüche dem Zugriff der Gläubiger des stark verschuldeten Vertreters zu entziehen.* Der Bundesge- **1354**

---

64 Vgl. oben Rz. 992. Mit dem unbefriedigenden Ergebnis, dass der Ausgleichsanspruch nach § 89b Abs. 3 Satz 2 durch die Unternehmerkündigung zwar nicht berührt, nach Abs. 1 Nr. 3 unter Billigkeitsgesichtspunkten aber gleichwohl gemindert werden kann, befasst sich eingehend *Hirsch,* JR 1960 S. 60.
65 *Schröder,* § 89a Rz. 5, § 89b Rz. 30; a.A. *Möller,* Anm. 380, S. 870 und *Hirsch,* JR 1960 S. 60.
66 Vgl. dazu oben Rz. 71 ff.; Untervertreter sind Erfüllungsgehilfen, vgl. OLG Hamm, 20.10.1958, MDR 1959 S. 1016.
67 Grundsätzlich darf der Handelsvertreter, sofern nichts anderes vereinbart ist, sich zur Erbringung der geschuldeten Leistungen auch anderer Personen bedienen, wie sich dies aus der selbstständigen Stellung des Handelsvertreters ergibt; vgl. dazu OLG München, 4.3.1998 – 7 U 3617/97, HVR Nr. 891. Dabei kommt es nicht darauf an, in welcher Rechtsform der Erfüllungsgehilfe auftritt, als echter oder unechter Untervertreter, als Außendienstmitarbeiter im Angestelltenverhältnis oder als Gelegenheits- oder „stiller" Vermittler.
68 MK/*von Hoyningen-Huene,* § 89b Rz. 180, *Ebenroth/Löwisch,* § 89b Rz. 67.
69 *BGH* 23.1.1964, BB 1964 S. 409 = VersR 1964 S. 428 = HVR Nr. 310; vgl. dazu *Sieg,* AktGes. 1964 S. 295.

richtshof hat mit Recht angenommen, dass es in einem solchen Fall für den Wegfall des Ausgleichsanspruchs nach § 89b Abs. 3 Satz 2 auch auf das Verhalten des Ehemannes ankomme und dass sich die Ehefrau des Handelsvertreters nicht darauf berufen könne, dass ihr *Ehemann nur ihr Erfüllungsgehilfe* gewesen sei, dessen Verschulden den Ausgleichsanspruch nicht berühre.

5. Übernahme von Zusatzvertretungen ohne Genehmigung

1355 Ein den Ausgleichsanspruch des Handelsvertreters ausschließender wichtiger Kündigungsgrund wegen schuldhaften Verhaltens des Handelsvertreters ist auch dann gegeben, wenn der Handelsvertreter *entgegen ausdrücklich getroffener vertraglicher Vereinbarung* eine weitere *Vertretung übernimmt, ohne die dafür erforderliche Zustimmung einzuholen*. Das Oberlandesgericht Bamberg hat in seinem Urteil von 26.4.1979[70] mit Recht festgestellt, dass in einem solchen Verhalten des Handelsvertreters ein grober Vertrauensbruch gesehen werden müsse und dass die Kündigung des Unternehmers aus wichtigem Grunde in derartigen Fällen dadurch gerechtfertigt werde, dass der Unternehmer *gerade bei hohen Jahresbezügen des Handelsvertreters* verlangen könne, dass er gleichzeitig nicht noch andere Unternehmen vertrete, weil er nur bei Einsatz seiner ganzen Arbeitskraft die Interessen des Unternehmers bestmöglich wahrnehmen könne[71].

1356 Diese Auffassung wird in der Rechtsprechung nahezu ausnahmslos geteilt. So hat das OLG München in seinem Urteil vom 11.8.1993[72] eine Vertragsklausel, wonach *„das Betreiben von irgendwelchen Nebengeschäften ohne schriftliche Zustimmung der Beklagten* (des vertretenen Unternehmers) *nicht zulässig sein solle"*, auch unter Berücksichtigung der Vorschriften des *AGB-Gesetzes* als unbedenklich und damit als wirksam angesehen[73]. Das Oberlandesgericht Düsseldorf hat in seinem Urteil vom 26.2.1993[74] für den Bereich der *Versicherungswirtschaft* – allerdings ohne Berücksichtigung von Gesichtspunkten des AGB-Gesetzes – die gleiche Auffassung vertreten. In dem zugrunde liegenden Tatbestand hatte sich ein Versicherungsvertreter *vertragswidrig auch als Immobilienkaufmann* betätigt. Das vertretene Versicherungsunternehmen kündigte daraufhin den Handelsvertretervertrag fristlos. Das Gericht hielt die fristlose Kündigung des Versicherungsunternehmens angesichts der durch das Verhalten des Versicherungsvertreters eingetretenen Erschütterung des zwischen den Parteien notwendigen unerlässlichen *Vertrauensverhältnisses* für berech-

---

70 *OLG Bamberg,* 26.4.1979–1 U 10/79, BB 1979 S. 1000; ebenso schon früher *OLG Nürnberg,* 13.12.1962, BB 1963 S. 203 = HVR Nr. 342 und *OLG Celle,* 18.12.1970–8 U 134/69 – unveröffentlicht.
71 Vgl. Band 1 Rz. 1997, Stichwort „Zusatzvertretung, genehmigungspflichtige".
72 *OLG München,* 11.8.1993, DB 1993 S. 2024.
73 Vgl. auch *Küstner,* IWW 1994 Heft 8 S. 8 und VW 1994 S. 1294.
74 *OLG Düsseldorf,* 26.2.1993–16 U 115/92 – unveröffentlicht; vgl. auch *OLG Karlsruhe,* 20.3.1981–15 U 175/80 – unveröffentlicht; *OLG Celle,* 18.12.1970–8 U 134/69 – unveröffentlicht; *OLG Bamberg,* 26.4.1979, BB 1979 S. 1000; *OLG Nürnberg,* 13.12.1962, BB 1963 S. 203 = HVR Nr. 342.

tigt, sodass dadurch nach § 89b Abs. 3 Nr. 2 HGB der Ausgleichsanspruch ausgeschlossen war[75].

C. Kündigung durch den Handelsvertreter

Nach § 89b Abs. 3 Nr. 1 HGB besteht der Ausgleichsanspruch grundsätzlich nicht, wenn der Handelsvertreter das Vertragsverhältnis gekündigt hat. Auch bei einer solchen *Eigenkündigung* des Handelsvertreters bleibt jedoch der Anspruch bestehen, 1357

- wenn ein Verhalten des Unternehmers hierzu *begründeten Anlass* gegeben hat oder
- wenn die Kündigung darauf beruhte, dass dem Handelsvertreter eine Fortsetzung seiner Tätigkeit
  – *wegen seines Alters*
  – oder *wegen Krankheit*

nicht zugemutet werden kann.

Die Bestimmung greift gravierend in die Dispositionsfreiheit des Handelsvertreters ein, weil er bei einer Eigenkündigung ohne Vorliegen eines der drei genannten Ausnahmegründe keinen Ausgleich erhält. Sie wird in der Literatur damit gerechtfertigt, dass der Handelsvertreter, welcher aus freien Stücken auf unbestimmte Zeit eingegangene Vertragsverhältnisse ohne Anlass beenden will, die damit verbundene Folge des Anspruchsverlustes bedenkt und in seine Abwägungen einbezieht, so z. B. wenn er eine ihm besser erscheinende Vertretung übernehmen will[76]. Andererseits wird der Unternehmer in der Regel ein Interesse an der Fortsetzung des Vertrages haben, sodass es letztlich auch unbillig wäre, ihn in einem solchen Fall die Verpflichtung zur Zahlung eines Ausgleichs aufzuerlegen. Die *Verfassungsgemäßheit des Abs. 3 Nr. 1* ist wiederholt in Frage gestellt, vom Bundesverfassungsgericht aber bestätigt worden[77]. 1358

Nach der höchstrichterlichen Rechtsprechung ist die Bestimmung des § 89b HGB von je her *eng auszulegen*. Wegen der Beschränkung der Dispositionsfreiheiten muss dies für die *Eigenkündigung des Handelsvertreters* in besonderem Maße gelten. Gesetzliche Voraussetzung für den Anspruchsverlust nach Nr. 1 ist eine wirksam auf die Herbeiführung des Vertragsendes gerichtete Kündigung des Handelsvertreters, also eine empfangsbedürftige Willenserklärung. Liegt sie nicht vor, hat die Rechtsprechung bisher eine analoge Anwendung dieser Bestimmung abgelehnt, weil die abschließende Regelung wegen ihres Ausnahmecharakters eng auszulegen ist[78]. So wurde die einvernehmliche Vertragsaufhebung zur Ver- 1359

---

75 Vgl. Band 1 Rz. 2051 u. 2054.
76 Vgl. *Ebenroth/Löwisch*, § 89b, Rz. 48.
77 BVerfG , 22.8.1995 – I BvR 1624/92 – NJW 1996, 381.
78 *BGH*, 30.6.1966 – VII ZR 124/65 – BGHZ 45, 385 = NJW 1966, 1965 = HVR-Nr. 350; 13.3.1969 – VII ZR 48/67 – BGHZ 52, 12, 14 = BB 1969, 640 = HVR-Nr. 402; BGHZ 129,

IX Ausschluss des Ausgleichsanspruches

meidung einer Kündigung auch dann nicht einer Eigenkündigung des Handelsvertreters gleichgestellt, wenn sie auf dessen Initiative hin erfolgt war[79].

1360 Auch die *Ablehnung eines Verlängerungsangebotes* eines befristet abgeschlossenen und demnächst vereinbarungsgemäß endenden Handelsvertretervertrages steht einer Eigenkündigung des Handelsvertreters nicht gleich[80].

1361 Ende 1995 hatte der BGH über die Beendigung eines durch jährlich neu abgeschlossene Kettenverträge begründeten Handelsvertreterverhältnisses zu entscheiden. Das Unternehmen hatte dem Handelsvertreter ein neues Vertragsangebot für das folgende Jahr unterbreitet, welches dieser ablehnte. In diesem Fall entschied der BGH, dem Berufungsgericht folgend, ohne jede nähere Begründung in einem einzigen Satz, dass die in der Ablehnung der Vertragsofferte liegende Weigerung des Handelsvertreters, dieses Vertragsverhältnis fortzusetzen, rechtlich einer Eigenkündigung im Sinne des § 89 b Abs. 3 Nr. 1 gleichstehe[81]. Gleichwohl billigte der BGH in jenem Urteil dem Handelsvertreter einen Ausgleich zu, weil das Unternehmen durch schlechtere Konditionen des neu angebotenen Vertrages dem Handelsvertreter einen berechtigten Anlass zur Kündigung gegeben habe. Diese Entscheidung ist angesichts der vorstehenden ständigen Rechtsprechung, die jeweils für eine sehr enge Auslegung eingetreten ist, letztlich unverständlich[82], wird jedoch von der Literatur im Allgemeinen kritiklos und unkommentiert übernommen.

1362 Der Tatbestand einer vom Handelsvertreter ausgesprochenen Vertragskündigung wird – insbesondere hinsichtlich der Rechtsfolgen – nicht dadurch bedeutungslos, dass nach der Kündigung der Handelsvertreter und der Unternehmer noch *während der Kündigungsfrist das Vertragsverhältnis durch Aufhebungsvereinbarung vorzeitig beenden*[83]. Der durch die Vertragskündigung des Handelsvertreters in seiner Entstehung gehinderte Ausgleichsanspruch *lebt nicht etwa durch den später abgeschlossenen Aufhebungsvertrag wieder auf*; die Ausgleichsberechtigung des Handelsvertreters ist ausgeschlossen. Diese Rechtsfolge tritt allerdings dann nicht ein, wenn der Handelsvertreter seine Kündigung auf einen *begründeten Anlass* stützen kann. Die nachträgliche Aufhebungsvereinbarung ändert aber am Tatbestand einer einseitigen Vertragskündigung auch in diesem Falle nichts[84].

290, 294; 14.4.1988 – I ZR 122/86 – BB 1988, 2201 = HVR-Nr. 637; *BGH*, 10.12.1997 – VIII ZR 329/96 – BB 1998, 390 = VersR 1998, 318.
79 *BGH*, 13.3.1969 – VII ZR 48/67 – BGHZ 52, 12 = BB 1969, 460; *OLG Nürnberg*, 16.9.1969, HVUHM 1969, 1270.
80 *H/S/W*, § 89 b, Rz. 83; M.K., *von Hoyningen-Huene*, § 89 b, Rz. 159; *Staub/Brüggemann*, § 89 b, Rz. 93; *Ebenroth-Löwisch*, § 89 b, Rz. 51; *Westphal* Bd. 1, Rz. 1121; *Baumbach/Hopt*, § 89 b, Rz. 54.
81 *BGH*, 13.12.1995 – VIII ZR 61/95 – BB 1996, 235 = NJW 1996, 884.
82 Vgl. *Thume*, BB 1998, 1425, 1429.
83 *OLG Hamm*, 3.7.1987, BB 1987 S. 1761 = HVR Nr. 638 = MDR 1987 S. 1027 = NJW-RR 1988 S. 45. Vgl. auch *BGH*, 20.10.1960, VersR 1960 S. 1111 sowie *BGH*, 13.3.1969 – Aktz. VII ZR 48/67 – BGHZ 52, 12 = BB 1969 S. 460 = DB 1969 S. 700 = HVR Nr. 402 = HVuHM 1969 S. 507 = NJW 1969 S. 1023 = VersR 1969 S. 465.
84 *OLG Nürnberg*, 16.5.1991 – 12 U 2.405/86 – unveröffentlicht.

Das OLG München hat in seinem Urteil vom 27.7.1994[85] dazu die Auffassung **1363** vertreten, dass in einer unbegründeten fristlosen Kündigung regelmäßig das *Angebot zu einer einvernehmlichen Vertragsaufhebung* liege, das der Unternehmer durch schlüssiges Verhalten oder durch Unterlassen annehmen könne. Aber auch, wenn der Unternehmer – will man dieser Auffassung folgen – jenes Angebot annimmt, dürfte die Ausgleichsberechtigung des Handelsvertreters ausgeschlossen sein. Denn es muss berücksichtigt werden, dass eine vom Handelsvertreter ausgesprochene Kündigung nicht einer Initiative zur Vertragsbeendigung mit der Folge gleichgesetzt werden kann, dass diese Kündigung die Ausgleichsberechtigung nicht berührt.

I. Der begründete Anlass

An den „begründeten Anlass" im Sinne des § 89b Abs. 3 Nr. 1 stellt die Recht- **1364** sprechung des BGH schon immer weniger Anforderungen, als einen wichtigen Kündigungsgrund. Jedes Verhalten (d.h. jedes Tun oder Unterlassen) des Unternehmers kann ein solch begründeter Anlass sein. Es kommt nicht darauf an, ob dieses Verhalten schuldhaft oder vertragswidrig ist. Vielmehr kann auch ein *unverschuldetes oder gar rechtmäßiges Verhalten des Unternehmers* genügen. Erforderlich, aber auch ausreichend ist allein, dass hierdurch eine für den Handelsvertreter *nach Treu und Glauben nicht mehr hinnehmbare Situation* geschaffen wird, die ihm die Fortsetzung des Vertrages unzumutbar macht[86]. Bei der Prüfung der Frage, ob die Fortsetzung des Vertragsverhältnisses dem Handelsvertreter zugemutet werden kann, ist allerdings auch dessen *eigenes Verhalten zu berücksichtigen,* da sich nur so eine umfassende Würdigung erreichen lässt[87]. Die *Beurteilung,* ob der Unternehmer im Einzelfall tatsächlich einen begründeten Anlass zur Kündigung gegeben hat, *ist* im Wesentlichen *tatsächlicher Natur* und in der *Revisionsinstanz nur beschränkt,* nämlich darauf überprüfbar, ob das Berufungsgericht von richtigen rechtlichen Gesichtspunkten ausgegangen ist und keine wesentlichen Tatumstände außer Acht gelassen hat[88]. Bei der Prüfung der Frage, ob ein Verhalten des Unternehmers tatsächlich begründeten Anlass zur Kündigung gegeben hat, ist insbesondere zu berücksichtigen, welche Bedeutung der Handelsvertreter diesem Verhalten selber beigemessen hat. Hat er daraus während des Bestehens des Vertrages keine Folgerungen gezogen und auch die Kündigung nicht darauf gestützt und beruft er sich auf dieses Verhalten erst Jahre später im Rechtsstreit, so kann im Allge-

---

85 *OLG München,* 27.7.1994, BB 1994 S. 2166.
86 *BGH* , 13.12.1995 – VIII ZR 61/95 – NJW 1996, 848 = BB 1996, 235; *BGH,* 16.2.1989 – I ZR 185/87 – BB 1989, 1076 = NJW-RR 1989, 862 = HVR-Nr. 662 und *BGH,* 7.6.1984 – I ZR 50/82 – BB 1984, 1574 = NJW 1984, 2529; vgl. schon *OLG Bamberg,* 30.5.1958, NJW 1958, 1830 = HVR-Nr. 291 und *OLG Bremen,* 10.2.1966, HVR-Nr. 355 sowie *BGH,* 12.6.1963, BGHZ 40,13 = BB 1963, 917 = HVR-Nr. 307 und *OLG München,* 17.9.1957, BB 1958, 424 = NJW 1958, 873.
87 *BGH,* 4.4.1960, VersR 1960, 462 = HVR-Nr. 240 und *BGH,* 22.9.1960, BB 1960, 1179 = HVR-Nr. 231.
88 *BGH,* 26.1.1984 – I ZR 188/81 – BB 1984, 1893 und 6.11.1986 – I ZR 51/85.

IX Ausschluss des Ausgleichsanspruches

meinen nicht davon ausgegangen werden, dass der vertretene Unternehmer tatsächlich begründeten Anlass zur Kündigung gegeben hatte [89].

1365 Der **Begriff des Verhaltens des Unternehmers** ist, wie der Bundesgerichtshof ausdrücklich festgestellt hat [90], *weit auszulegen*, weil der Gesetzgeber den Handelsvertreter mit der Vorschrift des § 89b begünstigen und schützen will. Der Ausgleichsanspruch soll deshalb nur dann entfallen, wenn der Handelsvertreter nicht schutzbedürftig oder schutzwürdig ist. Eine solche, dem Handelsvertreter günstige Auslegung des § 89b Absatz 3 Satz 1 ist nach Auffassung des Bundesgerichtshofes deshalb unbedenklich, weil der Unternehmer immer nur dann ausgleichspflichtig ist, wenn er aus der Tätigkeit des Handelsvertreters auch nach der Vertragsbeendigung noch erhebliche Vorteile ziehen kann. Dadurch und außerdem durch die allgemeine Billigkeitsklausel des § 89b Absatz 1 Nr. 3 sei der Unternehmer ausreichend vor einer unbilligen Belastung durch Ausgleichsansprüche des Handelsvertreters geschützt.

1366 Diese Rechtsprechung hat der I. Senat des Bundesgerichtshofs in seinem Urteil vom 28.11.1975 [91] bestätigt. Er hat unter Berufung auf den das gesamte Ausgleichsrecht beherrschenden **Grundsatz der Billigkeit** festgestellt, dass auch der Begriff des „Verhaltens des Unternehmers", wenn man zu billigen Ergebnissen kommen wolle, weit auszulegen sei. Unter dem Begriff des „Verhaltens" sei deshalb *nicht nur ein Tun oder Unterlassen, sondern auch eine aus dem betrieblichen Verhalten des Unternehmers entwickelte wirtschaftliche Lage zu verstehen*. Im entschiedenen Fall war die vom Handelsvertreter ausgesprochene Kündigung durch die schwierige wirtschaftliche Lage des Unternehmers veranlasst worden, die in der Öffentlichkeit breit behandelt worden war und zu so erheblichen Auftragsrückgängen geführt hatte, dass der Handelsvertreter aus dem Vermittlungsgeschäft keine Gewinne mehr erzielen konnte.

1367 Ausdrücklich weist der Bundesgerichtshof in diesem Zusammenhang darauf hin, dass es dabei nicht darauf ankomme, ob der Unternehmer das Ergebnis seiner Maßnahmen verschuldet habe oder nicht. Wichtig sind auch die Überlegungen des Gerichts zur Frage der Zumutbarkeit: Auf das *Alter des Handelsvertreters* zurzeit der Kündigung, die *Unmöglichkeit, einen Nachfolger zu finden* und die *Schwierigkeit, eine bessere Rendite zu erzielen*, komme es maßgeblich an; was bei einem *jüngeren Handelsvertreter* oder bei einem *geringeren Kapitaleinsatz* eines Handelsvertreters noch zumutbar sein könne, sei u.U. einem *älteren Handelsvertreter* und einem solchen, der erhebliches Eigenkapital investiert habe, nicht mehr zuzumuten.

1368 Mitunter taucht die Frage auf, ob **mehrere einzelne Anlässe**, die im Laufe eines längeren Zeitraums auftreten und hinsichtlich deren es im Einzelfall zweifelhaft sein könnte, ob sie als begründeter Anlass zur Aufrechterhaltung des Aus-

---

[89] *BGH*, 16.2.1989 – I ZR 185/87 – BB 1989, 1076 = NJW-RR 1989, 862 = HVR-Nr. 662.
[90] *BGH*, 13.3.1969 – VII ZR 174/66 – BGHZ 52, 5 = BB 1969, 610 = HVR 396.
[91] BB 1976 S. 332 = DB 1976 S. 384 = EBE 1976 S. 99 = HVR Nr. 497 = HVuHM 1977 S. 454 = VersR 1976 S. 364.

gleichsanspruchs ausreichen, in ihrer *Gesamtschau* gleichwohl zur Unzumutbarkeit für den Handelsvertreter führen, das Vertragsverhältnis fortzusetzen.

1369 Mit einem solchen Sachverhalt hatte sich das OLG Stuttgart in seinem Urteil vom 7.5.1985[92] zu befassen. Ein Textilunternehmen geriet in den Jahren 1981/82 in erhebliche Liquiditätsschwierigkeiten, sodass es bereits von der Novemberprovision 1981 an in Zahlungsverzug geriet. Im März 1982 stellte es die Belieferung eines vom Handelsvertreter auf eigene Kosten gemieteten Verkaufslagers ein, und zwar „von heute auf morgen". Mit Rücksicht auf den *Provisionszahlungsverzug* wurde mit dem Handelsvertreter eine *Provisionsherabsetzung* vereinbart. Im März 1982 belastete das beklagte Unternehmen den Handelsvertreter abredewidrig mit einer Wechselforderung, obwohl eine Wechsel-Prolongation vereinbart war. Der Kläger bat das beklagte Unternehmen um *Zustimmung zur Übernahme weiterer Vertretungen*, weil in zunehmendem Maße wegen der schlechten wirtschaftlichen Verhältnisse des Unternehmens Kunden absprangen. Die Übernahme weiterer Vertretungen wurde jedoch im Sommer 1982 abgelehnt. Der Kläger kündigte schließlich das Vertragsverhältnis am 27.9.1982, nachdem sein Gewinn von rund 140000 DM im Jahre 1981 auf rund 34000 DM im Jahre 1982 zurückgegangen war.

1370 Das Landgericht hatte die auf Zahlung eines Ausgleichs gerichtete Klage abgewiesen. Es hatte zwar die einzelnen Tatbestände zutreffend gewürdigt, einen begründeten Anlass aber gleichwohl nicht anerkannt, weil der Kläger die Kündigung erst im September 1982 ausgesprochen hatte, er sich aber infolge *Verwirkung*[93] nicht mehr auf die einzelnen Vertragsverstöße der Beklagten berufen könne. Das OLG ist dieser Auffassung nicht gefolgt und hat ausgeführt, dass zwar für den Bereich einer Kündigung aus wichtigem Grunde derjenige regelmäßig einen *Verzicht* auf seine Rechte dokumentiere, *der einen wichtigen Grund nicht zum Kündigungsanlass nehme*. Dieser Gesichtspunkt könne aber *nicht uneingeschränkt auf den begründeten Anlass* i.S. des § 89b Abs. 3 Satz 1 übertragen werden. Jedenfalls sei die „Analogie" unzulässig, wenn der Handelsvertreter die *weitere Entwicklung abwarten müsse, um seine weitere Existenz sicherer beurteilen zu können*. Bei allgemeinem Umsatzrückgang sei für einen Handelsvertreter in der Lage des Klägers durchaus die Überlegung anzustellen, ob er eine vergleichbare Vertretung wiederfinde und es nicht von Vorteil sei, sich mit der Umsatzeinbuße in der Hoffnung zufrieden zu geben, etwa durch Übernahme einer zusätzlichen Vertretung Verluste ausgleichen zu können. Wenn also der Kläger nicht sofort eine Kündigung ausgesprochen habe, so könne daraus nicht geschlossen werden, er habe seine Situation nicht als existenzgefährdend gewertet.

1371 Bei einer *Gesamtschau aller Umstände* sei der Schluss gerechtfertigt, dass der Kläger durch das Verhalten der Beklagten in eine für ihn *nach Treu und Glauben nicht mehr haltbare Lage gekommen* sei. Er habe durchaus nicht „sofort

---
[92] *OLG Stuttgart,* 7.5.1985–10 U 135/84 – HVR Nr. 609 (nur LS).
[93] Zur Verwirkung vgl. Rz. 1656 ff.

das sinkende Schiff verlassen", wozu er berechtigt gewesen wäre, sondern **Solidarität gezeigt** und durch die Reduzierung des Provisionssatzes zur Verbesserung der Situation der Beklagten beigetragen. Dieses Entgegenkommen sei hoch einzuschätzen, weil im Falle einer sofort ausgesprochenen Kündigung die Beklagte die früheren Provisionssätze hätte zahlen müssen. Außerdem hätte sie gezwungen werden können, das Lager geraume Zeit weiter zu beliefern. Schließlich sei auch nicht außer Betracht zu lassen, dass eine Kündigung aus wichtigem Grunde wegen des Provisionsrückstandes berechtigt gewesen sei. Hätte der Kläger diese Kündigung ausgesprochen und seine Arbeit in der kritischen Phase des Unternehmens eingestellt, so wäre damit für die Kunden im Alleinvertretungsgebiet eine Signalwirkung ausgelöst worden, die zu einem Zusammenbruch des Unternehmens hätte führen können. Wenn sich angesichts dieser Sachlage aus der Sicht des Klägers bei Ausspruch der Kündigung das frühere Entgegenkommen als nicht lohnend erweise, so sei es nicht gerechtfertigt, einen Anlass der Beklagten für die Kündigung mit der Begründung zu verneinen, der Kläger habe früher erlangte Rechtspositionen verwirkt. Vielmehr sei dem Kläger dann nach Treu und Glauben die Fortsetzung des Vertrages nicht zuzumuten.

II. Begründeter Anlass und wichtiger Grund

1372 Da sich die Begriffe *„begründeter Anlass"* und *„wichtiger Grund" nicht decken*, erhebt sich die Frage, welche Konsequenzen dann eintreten, wenn der Handelsvertreter aus einem solchen Anlass den Vertrag fristlos kündigt, obwohl kein ausreichender Grund für die sofortige Beendigung des Vertrages vorliegt. Verliert er in diesem Falle, wenn er gewissermaßen „über das Ziel hinausschießt", seinen Ausgleich oder nicht?

1373 Der Bundesgerichtshof hat im Urteil vom 7.6.1984[94] diese Frage in dem Sinne beantwortet, dass der Handelsvertreter, wenn ihm ein Verhalten des Unternehmers *begründeten Kündigungsanlass gegeben hat, seinen Ausgleichsanspruch nicht schon deshalb verliert, weil er das Vertragsverhältnis fristlos kündigt*, obwohl ihm nach den gesamten Umständen eine Fortsetzung des Vertragsverhältnisses bis zu einer ordentlichen Kündigung zuzumuten war. Diese Rechtslage sei jedenfalls dann gegeben, wenn die Vertragsbeendigung allein auf einer vom Handelsvertreter ausgesprochenen Vertragskündigung beruhe, *sich also der Unternehmer nicht seinerseits darauf berufe, der Handelsvertreter sei wegen des begründeten Anlasses nur zur fristgerechten, nicht aber zur fristlosen Vertragsbeendigung berechtigt gewesen*, der Unternehmer also aus der vom Handelsvertreter ausgesprochenen fristlosen – anstatt fristgerechten – Kündigung nicht auch seinerseits *kündigungsrechtliche Konsequenzen* zieht.

1374 Beantworte also der Unternehmer die fristlose Vertragsbeendigung des Handelsvertreters nicht seinerseits mit der Vertragskündigung, weil er in der fristlo-

---
[94] *BGH*, 7.6.1984, BB 1984 S. 1574 = DB 1984 S. 2297 = EBE 1984 S. 312 = HVR Nr. 589 = NJW 1984 S. 2529 = WM 1984 S. 1276.

sen Kündigung des Handelsvertreters kein schuldhaftes Verhalten sehe, *bleibe der Ausgleichsanspruch des Handelsvertreters unberührt*. Denn an einen begründeten Anlass seien *weniger strenge Anforderungen als an einen wichtigen Grund* zu stellen. Deshalb könne dem aus begründetem Anlass gleichwohl fristlos kündigenden Handelsvertreter der Ausgleichsanspruch mangels einer auch vom Unternehmer ausgesprochenen Vertragskündigung nicht genommen werden. *Anderenfalls würde man „einen nicht vorgesehenen weiteren Grund für den Verlust des Ausgleichsanspruchs" einführen*, was aber mit der abschließenden Regelung des § 89b Abs. 3 Satz 1, die als Ausnahme eng ausgelegt werden müsse, nicht vereinbart werden könne.

Der Bundesgerichtshof hat auch den Einwand der Revision nicht gelten lassen, dem Unternehmer müsse es möglich sein, sich zur Abwehr des Ausgleichsanspruchs auf § 89b Abs. 3 Satz 2, also das in der unberechtigten fristlosen Kündigung liegende *schuldhafte Verhalten des Handelsvertreters*, zu berufen, obwohl er *selbst nicht gekündigt* habe. Diese Berufung auf § 89b Abs. 3 Ziff. 2 – so führt der Bundesgerichtshof aus – sei ausgeschlossen, wenn der Unternehmer nicht selbst kündige; wolle der Unternehmer der Ausgleichsforderung des Handelsvertreters unter Berufung auf dessen schuldhaftes Verhalten entgegentreten, *müsse er grundsätzlich die Kündigung aussprechen*. Denn nach dem eindeutigen Wortlaut des § 89b Abs. 3 Satz 2 werde der Ausgleichsanspruch nur dann ausgeschlossen, wenn der Unternehmer tatsächlich kündige; es reiche also nicht aus, dass der Unternehmer das Vertragsverhältnis „wegen eines wichtigen Grundes" hätte kündigen können". 1375

In dem von Bundesgerichtshof vom 7.6.1984 entschiedenen Sachverhalt hatte sich der auf Ausgleichszahlung in Anspruch genommene Unternehmer auf das frühere Urteil des Bundesgerichtshofs vom 30.6.1969[95] berufen. Jenes Urteil unterschied sich vom dem Urteil vom 7.6.1984 dadurch, dass dort *der Unternehmer auch seinerseits das Vertragsverhältnis gekündigt* hatte und sich auf die fristlos vom Handelsvertreter ausgesprochene Kündigung als schuldhaftes Verhalten i.S. des § 89b Abs. 3 Satz 2 berufen konnte. 1376

Zusammenfassend muss also festgestellt werden: Kann sich der Handelsvertreter auf einen begründeten Anlass im Verhalten des Unternehmers berufen und kündigt er deshalb den Handelsvertretervertrag, so muss differenziert werden: Kündigt der Handelsvertreter *fristgerecht*, gelten *keine Besonderheiten*. Sein Ausgleichsanspruch ist nicht gefährdet, wenn ihm aufgrund des begründeten Anlasses im Verhalten des Unternehmers ein Festhalten am Vertrage nicht mehr zumutbar ist. Kündigt der Handelsvertreter *fristlos ohne Einhaltung einer Kündigungsfrist*, obwohl dies mit Rücksicht auf den begründeten Anlass nicht gerechtfertigt werden kann, *gilt das Gleiche*, solange der Unternehmer nicht kündigt. Eine *andere Rechtslage* ist aber – mit der Folge, dass der Handelsvertreter seinen Ausgleichsanspruch verlieren kann – dann gegeben, wenn der Un- 1377

---

95 *BGH*, 30.6.1969, HVR Nr. 399 = HVuHM 1969 S. 927 = VW 1969 S. 1068. Vgl. dazu *Rietschel*, RVR 1969 S. 301 und *Finke*, WM 1969 S. 1122, 1132.

ternehmer *in der mit sofortiger Wirkung ausgesprochenen Vertragskündigung des Handelsvertreters ein schuldhaftes Verhalten des Handelsvertreters* sieht und deshalb seinerseits kündigt. Nur auf dieser Grundlage kann die in beiden Urteilen des Bundesgerichtshofes getroffene Feststellung verstanden und im Sinne der BGH-Rechtsprechung zutreffend interpretiert werden, dass ein Handelsvertreter im Einzelfall zwar einen begründeten Anlass zur ordentlichen Kündigung haben kann und deshalb seinen Ausgleich behält, aber nicht zur fristlosen Kündigung befugt ist, weil ihm ein wichtiger Grund hierfür nicht zuzubilligen ist, insbesondere weil ihm eine Fortsetzung des Vertragsverhältnisses wenigstens bis zur Beendigung durch ordentliche Kündigung zuzumuten ist.

1378 Nicht recht verständlich ist jedoch, dass der Bundesgerichtshof in seinem Urteil vom 7.6.1984 **Billigkeitsgesichtspunkte** gänzlich unberücksichtigt lässt, sich vielmehr darauf beruft, dass sich aus dem zwischen den Parteien geführten Schriftwechsel das Einverständnis der Beklagten mit der vom Handelsvertreter ausgesprochenen Kündigung ergebe. Denn andererseits wird im Tatbestand vermerkt, die Beklagte habe vorgetragen, „der Kläger sei einer fristlosen Kündigung ihrerseits wegen vertrags- und wettbewerbswidrigen Verhaltens zuvorgekommen". Angesichts der weit reichenden Auswirkungen, die sich im Hinblick auf § 89b Abs. 3 trotz objektiv bestehender Zumutbarkeit für den Handelsvertreter ergeben, das Vertragsverhältnis fristgerecht zu beenden, hätte es zumindest nahe gelegen, dass der Bundesgerichtshof auch zu der Frage Stellung genommen hätte, *ob das Verhalten des Handelsvertreters geeignet war, unter Billigkeitsgesichtspunkten den Ausgleichsanspruch zu beeinflussen.*

1379 Der Handelsvertreter braucht sich nach Auffassung des Bundesgerichtshofes[96] bei Ausspruch der Kündigung nicht darauf zu berufen, dass ein Verhalten des Unternehmers *begründeten Kündigungsanlass* gegeben habe. Der Bundesgerichtshof hat damit anerkannt, dass auch der Vertreter berechtigt ist, einen *bei Kündigung bereits vorhandenen*, ihm aber erst *später bekannt gewordenen „begründeten Anlass"* mit der Wirkung *„nachzuschieben"*, dass der Ausgleichsanspruch durch die Kündigung nicht ausgeschlossen wird[97].

1380 Der Bundesgerichtshof begründet seine Entscheidung im Wesentlichen mit der Feststellung, dass § 89b grundsätzlich den Handelsvertreter begünstigen und schützen wolle, was sich besonders aus Absatz 3 ergebe[98]. Es sei nicht einzusehen, warum es für die **Kündigung des Unternehmers** genügen solle, dass der Kündigungsgrund im Zeitpunkt der Kündigung objektiv vorlag und es nicht erforderlich sei, dass der Unternehmer sich schon bei der Kündigung auf ihn berufen habe oder dass er ihm überhaupt bekannt war, während für die Kündigung des Handelsvertreters demgegenüber insoweit eine diesem **ungünstigere**

---

[96] *BGH*, 12.6.1963 – VII ZR 72/61 – BGHZ 40, 13 = BB 1963, 917 = HVR 304; bestätigt durch *BGH*, 23.5.1984, BB 1985 S. 226 = DB 1984 S. 2298 = VersR 1984 S. 1091. Vgl. zum Urteil vom 12.6.1963 Anm. *Rietschel*, LM § 89b Nr. 17; vgl. auch *Sieg*, AktGes. 1964 S. 296 und die Hinweise in VW 1965 S. 223 zu 3.
[97] Ebenso *OLG Nürnberg*, 23.9.1968 – 5 U 42/68 – unveröffentlicht.
[98] Vgl. oben Rz. 1305 ff.

Regelung gelten solle. Es sei auch nicht einzusehen, warum für die Wirksamkeit einer Kündigung aus wichtigem Grunde das Nachschieben von Kündigungsgründen genügen, bei einer Kündigung aus begründetem Anlass, die an wesentlich leichtere Voraussetzungen geknüpft sei, für die Erhaltung des Ausgleichsanspruchs ein Nachschieben aber nicht zugelassen sein sollte.

Die vom Bundesgerichtshof entwickelten Grundsätze sind allerdings insofern nicht völlig bedenkenfrei, als das Gesetz in § 89b Abs. 3 Ziff. 1 verlangt, dass die Vertreterkündigung durch den vom Unternehmer gegebenen begründeten Anlass veranlasst wurde; das ergibt sich aus der Verwendung des Wörtchens „hierzu". Mit Rücksicht hierauf ist im Schrifttum[99] die Ansicht vertreten worden, das Verhalten des Unternehmers müsse dem Vertreter bei der Kündigung nicht nur bekannt gewesen sein, sondern darüber hinaus seine Kündigung auch ***motiviert*** haben. Der Bundesgerichtshof misst demgegenüber aber dem ursächlichen Zusammenhang zwischen dem begründeten Anlass und der vom Vertreter ausgesprochenen Kündigung keine Bedeutung bei, sondern legt die Bestimmung des § 89b Abs. 3 Ziff. 1 ausdrücklich dahin gehend aus, dass es lediglich darauf ankomme, ob im Zeitpunkt der Vertreterkündigung ***objektiv ein Verhalten des Unternehmers*** vorgelegen habe, aus dem der Vertreter einen ***begründeten Anlass*** für seine Kündigung hätte herleiten können. Die ursprünglichen Motive des Handelsvertreters für die Eigenkündigung sind daher unerheblich. Der Vertreter muss den begründeten Anlaß erst im Prozess darlegen und ggf. beweisen. 1381

Fraglich sind allerdings diejenigen Fälle, in denen im ***Zeitpunkt der*** vom Handelsvertreter ausgesprochenen ***Kündigung*** ein ***begründeter Anlass noch gar nicht vorlag***, dieser vielmehr erst ***während der laufenden Kündigungsfrist*** durch das Verhalten des Unternehmers entstanden ist. Diese wird man wohl ebenso wie diejenigen behandeln müssen, in denen der begründete Anlass bereits im Zeitpunkt der Kündigung vorlag, er dem Handelsvertreter aber nicht bekannt war und dieser von ihm erst während der Kündigungsfrist oder ***möglicherweise sogar erst nach der Vertragsbeendigung*** Kenntnis erlangt[100]. 1382

Dies rechtfertigt sich schon aus der Überlegung, dass auch der Bundesgerichtshof in seinem Urteil vom 6.7.1967[101] festgestellt hat, auch der Unternehmer sei berechtigt, wichtige Kündigungsgründe nachzuschieben, die erst ***nach der Kündigungserklärung eingetreten*** sind und von denen der Unternehmer erst nach der Beendigung des Vertragsverhältnisses Kenntnis erlangt[102]. Im Übrigen wäre es – genauso wie dies der Bundesgerichtshof zu Gunsten des Unternehmers ausgesprochen hat – unverständlich, wenn der Handelsvertreter trotz eines an sich gegebenen begründeten Anlasses, wenn dieser auch erst nach erfolgter Vertragskündigung entstand, den Ausgleichsanspruch verlieren und der Unter- 1383

---

99 VW 1965 S. 623f.
100 Einzelheiten zur früheren Berechtigung des Unternehmers, wichtige Kündigungsgründe nachzuschieben, in Band 1 Rz. 1768ff.
101 *BGH*, 6.7.1967, BGHZ 48, 222 = BB 1967 S. 977 (*BGH*, 6.7.1967 a.a.O.).
102 Bei europarechtlich konformer Auslegung des § 89b Abs. 3 Nr. 2 würden jedoch nachgeschobene Gründe nicht mehr den Verlust des Ausgleichs herbeiführen können, siehe oben Rz. 1309.

IX Ausschluss des Ausgleichsanspruches

nehmer von seiner Zahlungspflicht nur deshalb befreit werden würde, weil er den begründeten Anlass erst nach der Kündigungserklärung des Handelsvertreters gegeben hatte.

1384 Demgegenüber muss der Gesichtspunkt zurücktreten, dass nach dem Wortlaut des § 89b Absatz 3 Satz 2 der begründete Anlass die Kündigung des Handelsvertreters motiviert haben müsste[103]. Ferner ist zu erwähnen, dass der Handelsvertreter die auf einem begründeten Anlass beruhende Kündigung nicht sofort nach Erlangung der Kenntnis des begründeten Anlasses aussprechen muss. Ebenso wie dies der BGH[104] für den Fall einer vom Unternehmer ausgesprochenen außerordentlichen Kündigung festgestellt hat, ist auch dem Handelsvertreter eine gewisse *Überlegungszeit* zuzubilligen[105].

III. Verfassungsrechtliche Bedenken

1385 Der Streit um die Frage, ob gegen die *Verfassungsmäßigkeit des § 89b Abs. 3 Nr. 1, 1. Alternative* (bzw. der alten Fassung des § 89b Abs. 3 Satz 1) Bedenken bestehen, ist aktuell geworden im Hinblick auf einen Beschluss des Landgerichts Koblenz vom 10.9.1991[106]. Bei den verfassungsrechtlichen Bedenken geht es darum, dem Handelsvertreter den Ausgleichsanspruch *in jedem Falle einer vertreterseitigen Vertragskündigung* zu erhalten, die Ausgleichsberechtigung des Handelsvertreters also nicht nur auf die in § 89b Abs. 3 Nr. 1 geregelten Ausnahmetatbestände zu beschränken. Der gesetzlich geregelte Verlust des Ausgleichsanspruchs in § 89b Abs. 3 wird als Verstoß gegen Art. 12 und Art. 14 des Grundgesetzes angesehen.

1386 In dem Sachverhalt, der dem Beschluss des Landgerichts Koblenz vom 10.9. 1991 zu Grunde lag, bestanden zwischen den Parteien eines Handelsvertretervertrages Differenzen über die Bewertung geführter Besprechungen. Daraus ergaben sich wiederum Meinungsverschiedenheiten über die Höhe der dem Handelsvertreter zustehenden Provisionen und über seine Verhaltenspflichten im Rahmen seiner Vertretertätigkeit. Da sich diese Differenzen nicht überbrücken ließen, hatte der Handelsvertreter das Vertragsverhältnis *aus begründetem Anlass gekündigt* und hatte eine Ausgleichszahlung gefordert, die jedoch vom Unternehmen abgelehnt wurde, sodass es zum Prozess kam. Das Landgericht hatte die Verfassungsmäßigkeit des § 89b Abs. 3 Nr. 1 (1. Alternative) unter Hinweis auf in der Literatur vertretene gleiche Auffassungen[107] bezweifelt und den Rechtsstreit deshalb

---
103 Vgl. oben Rz. 1381.
104 *BGH*, 14.4.1983, BB 1983 S. 1629 = DB 1983 S. 1590 = EBE 1983 S. 223 = HVR Nr. 576 = MDR 1983 S. 995 = VersR 1983 S. 665 = WM 1983 S. 820; näheres Band I Rz. 1730.
105 *LG Krefeld*, 23.2.1988, HVR Nr. 671.
106 *LG Koblenz*, 10.9.1991, BB 1991 S. 2032 = DB 1991 S. 2230.
107 Gegen die Verfassungsmäßigkeit haben sich ausgesprochen: *Moritz*, DB 1987 S. 875, *Meyer*, S. 253–256, *Noetzel*, DB 1993 S. 1557ff. und *Haas*, HV 1991 Heft 1/2, S. 14, *ders.*, BB 1991 S. 1441 und BB 1992 S. 941. Dagegen halten die Vorschrift für verfassungsgemäß: *Saenger*, der Ausgleichsanspruch bei Eigenkündigung, Heft 13 der „Jenaer Schriften zum Recht", 1996; *Brych*, BB 1992 S. 8, *Retzer*, BB 1993 S. 668 und *Laber*, DB 1994 S. 1275.

dem Bundesverfassungsgericht zur Entscheidung über die Frage vorgelegt, ob der in der genannten Vorschrift geregelte Ausschlusstatbestand mit Art. 12 Abs. 1 GG unvereinbar und deshalb ungültig sei. Weil indessen ein solcher *Vorlagebeschluss* nur zulässig ist, wenn er die Möglichkeit einer nahe liegenden *verfassungskonformen Auslegung* erörtert[108] – was im Falle des Vorlagebeschlusses vom 10.9.1991 nicht der Fall gewesen war – hat das Landgericht den Beschluss vom 10.9.1991 durch seinen weiteren Beschluss vom 4.8.1992[109] aufgehoben.

In der Entscheidung vom 4.8.1992 kam das Gericht zu dem Ergebnis, dass die *Anforderungen an einen Ausgleichsausschluss* i.S. des § 89b Abs. 3 Nr. 1 (1. Alternative) *„möglichst hoch anzusetzen"* seien, was nur dadurch erreicht werden könne, dass die *„Voraussetzungen des begründeten Anlasses für die Kündigung äußerst weit gefasst werden"*. Deshalb könnten bei der Bewertung der Frage, ob ein Handelsvertreter die Fortsetzung seiner Tätigkeit als nicht mehr zumutbar ansehen und er deshalb kündigen dürfe, *„schon kleine Auseinandersetzungen und Meinungsverschiedenheiten* mit dem Unternehmer ausschlaggebend seien", sodass also schon ein *relativ geringfügiger Tatbestand* einen begründeten Anlass darstellen könne und dem Handelsvertreter den Ausgleichsanspruch erhalte. Die zwischen den Parteien bestehenden Differenzen boten nach alledem nach Auffassung des Gerichts für den Handelsvertreter genügend Anlass, die Vertragskündigung *mit ausgleichserhaltender Wirkung* auszusprechen. Da demgemäß die im Beschluss vom 10.9.1990 erörterten verfassungsrechtlichen Bedenken angesichts dieser Auslegung des § 89b Abs. 3 nicht mehr entscheidungserheblich waren, hat das Landgericht den Beschluss vom 10.9.1991 aufgehoben.

1387

In der Sache selbst hat das Landgericht sodann nach Aufhebung des Vorlagebeschlusses der Klage des Handelsvertreters durch Urteil vom 16.2.1993[110] stattgegeben. Auch im Urteil vom 16.2.1993 hat das Gericht an den schon im Vorlagebeschluss geäußerten verfassungsmäßigen Bedenken festgehalten und daraus seine *„verfassungsrechtliche Pflicht einer restriktiven Interpretation* der Vorschrift mit dem Ziel (hergeleitet), einer verfassungskonformen Auslegung möglichst nahe zu kommen". Die Auffassung des LG Koblenz, dass schon kleinere Auseinandersetzungen und Meinungsverschiedenheiten als begründeter Anlass für die Kündigung ausreichen, dürfte jedoch nicht richtig sein, zumal inzwischen das Bundesverfassungsgericht, wie nachstehend ausgeführt wird, keine verfassungsrechtlichen Bedenken gegen die Bestimmung für gegeben hält.

1388

Im Gegensatz zur Auffassung des Landgerichts Koblenz hat schon vorher das Oberlandesgericht Hamm in seinem Urteil vom 6.6.1991[111] die *verfassungsrechtlichen Bedenken*, die in der Literatur[112] erhoben worden waren, *nicht ge-*

1389

---

108 *BVerfG*, Beschluss vom 12.2.1992, NJW 1992 S. 1951.
109 *LG Koblenz*, 4.8.1992, DB 1992 S. 2182.
110 *LG Koblenz*, Urteil vom 16.2.1993 – 4 HO 22/91 (rechtskräftig), unveröffentlicht, besprochen von *Hartel*, EWiR § 89b 1/93, 467.
111 *OLG Hamm*, 6.6.1991, NJW-RR 1992 S. 364.
112 *Moritz*, DB 1987 S. 881.

IX Ausschluss des Ausgleichsanspruches

teilt. Denn es handele sich beim Anspruchsausschluss um eine **besondere Ausprägung des Billigkeitsgrundsatzes**, der auch im Übrigen ein wichtiges Element des Ausgleichsanspruchs darstelle. Gerade im Hinblick auf den Gesichtspunkt der Billigkeit erscheine es **angebracht, dass der Anspruch entfalle**, wenn der Handelsvertreter durch eigene, durch nichts veranlasste Kündigung das Vertragsverhältnis auflöse. In diesem Falle habe er sich die Folgen seines Verhaltens selbst zuzuschreiben. In Verbindung mit der sie ergänzenden Vorschrift des § 89b Abs. 3 Satz 2 (jetzt Ziff. 2) stelle diese Regelung eine **angemessene Abwägung der Interessen** einerseits des Handelsvertreters und andererseits des Unternehmers dar und verstoße weder gegen Art. 12 noch gegen Art. 14 GG.

1390 Das **Bundesverfassungsgericht** hat mit Beschluss vom 22.8.1995[113] entschieden, dass § 89b Abs. 3 Nr. 1 HGB keinen verfassungsmäßigen Bedenken begegnet. **Die Bestimmung verstößt weder gegen Art. 12 Abs. 1 GG noch gegen Art. 14 Abs. 1 u. 3 GG.** Dem Gesetzgeber sei für die inhaltliche Ausgestaltung des Ausgleichs ein weiterer Gestaltungsspielraum eröffnet, weil dieser Anspruch kein reiner Vergütungsanspruch wie der Provisionsanspruch sei. Vielmehr habe sich der Gesetzgeber mit der Einführung des Ausgleichs auch dafür entschieden, einen Beitrag zur Verbesserung der wirtschaftlichen Situation und sozialen Absicherung des Handelsvertreters zu leisten. An dieser sozialpolitischen Grundlage habe sich nichts geändert. Deshalb hingen Entstehung und Bemessung des Ausgleichs maßgeblich von Billigkeitserwägungen ab und so sei es dem Gesetzgeber nicht verwehrt gewesen, den Fortbestand in der ersten Alternative des § 89b Abs. 3 Nr. 1 damit zu rechtfertigen, dass die weitere Akzeptanz der Handelsvertretertätigkeit bei dem Unternehmen aufrechterhalten werden solle. Bei der so gebotenen generalisierenden Betrachtungsweise könne nicht davon ausgegangen werden, dass durch den gesetzlich angeordneten Ausschluss des Ausgleichs für den Fall der Kündigung des Handelsvertreters ohne verhaltensbedingten begründeten Anlass ein nicht mehr hinnehmbares Übergewicht der Unternehmerseite für die Handelsvertreterseite herbeigeführt werde[114]. Es lasse sich daher nicht generell feststellen, ob und wieweit sich diese Ausschlussregelung als Hemmnis für berufliche Veränderungen von Handelsvertretern erweise. Vielmehr hinge dies von den Umständen des jeweiligen Einzelfalles ab. Es komme darauf an, ob nach der subjektiven Einschätzung des Handelsvertreters die ihm eröffnete neue berufliche Perspektive einen Verlust des Ausgleichsanspruches überwiege. Hierfür wiederum werde die Höhe des zu erwartenden finanziellen Ausgleichs maßgebliche Bedeutung besitzen. Zudem sei es dem Gesetzgeber nicht verwehrt, auch den von ihm als schutzwürdig anerkannten Interessen des Unternehmers an einer Fortsetzung der Zusammenarbeit Bedeutung beizumessen.

1391 Dieser Beschluss war aufgrund einer Verfassungsbeschwerde ergangen, die sich gegen ein unveröffentlichtes Urteil des OLG Karlsruhe vom 13.10.1992 (– 8 U

---

113 I BvR 1624/92, NJW 1996, 381= HVR-Nr. 791.
114 Vgl. dazu schon BVerfG 81, 242, 253.

20/82 –) richtete[115]. In jenem Urteil ging es um die Frage, ob ein begründeter Anlass mit ausgleichsausschließender Wirkung vorliege, wenn der Unternehmer eine **bestehende Provisionsregelung inhaltlich ändert**, ohne eine *Änderungskündigung* auszusprechen. Das Gericht hatte die Auffassung vertreten, dass es in einem solchen Sachverhalt an einem begründeten Anlass fehle, sodass die gleichwohl vom Bausparkassenvertreter ausgesprochene Vertragskündigung zum Ausschluss des Ausgleichsanspruchs geführt habe. Demgemäß war die Ausgleichsklage des Bausparkassenvertreters in vollem Umfange abgewiesen worden.

IV. Einzelfälle

In folgenden Einzelfällen ist von der Rechtsprechung ein begründeter Anlass anerkannt worden. 1392

1. Genehmigte Mehrfachvertretung – Konkurrenzkonflikt

In der Praxis kommt es immer wieder vor, dass ein Handelsvertreter, der mehrere Unternehmen mit unterschiedlichem Produktionsprogramm vertritt, dadurch in eine **Interessenkollision** gerät, dass eines der vertretenen Unternehmen seine **Produktion erweitert** und auf diese Weise eine **Konkurrenzsituation** entsteht. Die Rechtsprechung hat sich mit derartigen Fällen wiederholt befassen müssen[116]. Allen entschiedenen Fällen ist gemeinsam, dass die **Konkurrenzsituation außerhalb der Einflusssphäre des Handelsvertreters** entstand und dass die Produktionserweiterung auch nichts mit einem schuldhaften Verhalten des Unternehmers zu tun hat. Der Handelsvertreter steht in derartigen Fällen immer vor der Frage, welche Konsequenzen er aus einer solchen Situation ziehen soll. Das zunächst vertretene Unternehmen wird den Handelsvertreter häufig vor die Wahl stellen, entweder den Vertretervertrag zu dem Unternehmen, dessen Produktion erweitert wurde, zu kündigen oder sich in vollem Umfange für das andere Unternehmen zu entscheiden. Oft wird dem Handelsvertreter in 1393

---

115 Vgl. zum ganzen *Brych*, BB 1992, 8; *Retzer*, BB 1993, 668 ff.; *Laber*, DB 1994, 1274 und *Küstner*, BB 1999, 541, 547.
116 Zu Einzelheiten vgl. die zusammenfassende Darstellung in Band 1 Rz. 458 ff.; Rechtsprechung: *BGH*, Urteile vom 22.9.1960, BB 1960 S. 1179 = DB 1960 S. 1305 = VersR 1960 S. 1138 = HVR Nr. 231 und vom 29.3.1962, HVR Nr. 477 = HVuHM 1962 S. 457; *OLG Zweibrücken*, 19.1.1965, HVR Nr. 327; *LG Frankfurt/Main*, 12.10.1965, DB 1966 S. 499 = HVR Nr. 371. Das Urteil vom 22.9.1960 betraf einen Sachverhalt, in dem der Kläger eine Firma vertrat, die eine *Wäschesteife* erzeugte und vertrieb. Der Vertreter übernahm später im Einverständnis mit dieser Firma die Vertretung einer Waschmittelfabrik, die dann aber ebenfalls begann, Wäschesteife herzustellen, sodass der Vertreter nunmehr für zwei Firmen das gleiche Erzeugnis vertrieb. Alle drei Instanzen sahen in dem Verhalten der Zweitfirma (also der *Produktionserweiterung*) einen begründeten Kündigungsanlass und gaben der Ausgleichsklage des Handelsvertreters statt. Vgl. auch *OLG München*, 15.12.1955, BB 1956 S. 20 = HVR Nr. 108 (nur Leitsatz), sowie *OLG Hamm*, 5.12.1956, HVR Nr. 128. Die Entscheidung des *LG Frankfurt a. M.* vom 12.10.1965 (DB 1966 S. 499) behandelt das Problem der Vertragsbeendigung unter dem Gesichtspunkt der Druckkündigung. Zur nachträglichen Überschneidung der vertretenen Kollektionen vgl. auch HVH S. 215 und *Schröder*, HVH S. 250, 261. Vgl. auch *Hahn*, RVR 1971 S. 67, 77.

IX Ausschluss des Ausgleichsanspruches

solchen Fällen auch in Aussicht gestellt, dass das Vertragsverhältnis aus wichtigem Grunde fristlos gekündigt werde, wenn der Handelsvertreter sich weigert, den Vertretervertrag mit dem Unternehmen zu kündigen, *durch dessen Produktionserweiterung die Konkurrenzsituation entstanden war.*

1394 Kündigt sodann der Handelsvertreter dieses Vertragsverhältnis, so kann er sich dem Unternehmer gegenüber, *dessen Produktion erweitert* wurde, auf einen *begründeten Anlass* stützen, sodass durch diese Kündigung der ihm dem Grunde nach zustehende Ausgleich nicht berührt wird. Weigert er sich indessen, eine solche Kündigung aus begründetem Anlass auszusprechen, muss er damit rechnen, dass ihm das zunächst vertretene Unternehmen seinerseits *aus wichtigem Grunde wegen schuldhaften Verhaltens* mit der Folge kündigt, dass er diesem Unternehmen gegenüber seinen Ausgleich verliert.

1395 Der Bundesgerichtshof hatte sich mit dieser Problematik zuletzt in seinem Urteil vom 6.11.1986[117] zu befassen. Der Handelsvertreter (Kläger) war für das beklagte Unternehmen beim Absatz von Fahrrädern, Fahrrad-Zubehör und Schuhreparaturmitteln tätig. Nach zehnjähriger Tätigkeit teilte ihm dieses Unternehmen mit, dass es künftig auch die Produktion von Elektro-Installationsmaterial und Leuchten aufnehmen werde. Es bat den Kläger, auch diese Artikel in seinem Vertreterbezirk zu verkaufen. Ordnungsgemäß unterrichtete der Kläger das andere Unternehmen, für das er seit mehreren Jahren die fraglichen Produkte bereits vertrieb, von der Absicht der Beklagten. Das so informierte Unternehmen teilte mit, dass es mit einer solchen Wettbewerbssituation keinesfalls einverstanden sein werde und von seinem Recht zur fristlosen Kündigung des Vertragsverhältnisses Gebrauch machen werde, wenn der Kläger das Elektro-Installationsmaterial der Beklagten anbiete oder vertreibe. Der Kläger kündigte schließlich das mit der Beklagten bestehende Vertragsverhältnis fristgerecht und forderte die Zahlung eines Ausgleichs.

1396 Der Bundesgerichtshof hat in seinem Urteil vom 6.11.1986 einen *begründeten Anlass für die vom Handelsvertreter ausgesprochene Kündigung anerkannt*. Er hat die bisherige Rechtsprechung bestätigt, dass an einen begründeten Anlass regelmäßig *weniger strenge Anforderungen als an einen wichtigen Grund* zu stellen seien und dass auch ein *rechtmäßiges Verhalten des Unternehmers* dem Handelsvertreter unter Umständen einen begründeten Anlass zur Kündigung geben könne. Danach genüge es, dass der Handelsvertreter durch das Verhalten des Unternehmers in eine für ihn nach Treu und Glauben nicht haltbare Lage komme. Eine *schwere Gefährdung der wirtschaftlichen Existenz des Handelsvertreters* werde für einen begründeten Anlass jedoch nicht vorausgesetzt, wie dies das Berufungsgericht angenommen hatte.

1397 Der Bundesgerichtshof hat sich in seinem Urteil auch mit der Frage auseinandergesetzt, wie es sich im Zusammenhang mit dem begründeten Anlass auswirke, dass die Beklagte dem Kläger den *Vorschlag unterbreitet hatte, dass ein ande-*

---

117 *BGH*, 6.11.1986, BB 1987 S. 221 = DB 1987 S. 531 = EBE 1987 S. 48 = HVR Nr. 620 = HVuHM 1987 S. 183.

rer *Vertreter für sie das Elektro-Installationsmaterial anbieten sollte*, sodass der Kläger hinsichtlich dieser Artikel weiterhin das andere Unternehmen vertreten könne und auf diese Weise *keine Konkurrenzsituation* entstehe. Der Bundesgerichtshof hat hierzu festgestellt, dass gleichwohl nach der Aufnahme der Elektroartikel und Leuchten in das Programm der Beklagten der Kläger *in eine ihm nicht zumutbare Konfliktlage geraten sei.* Denn als Handelsvertreter des anderen Unternehmens, für das er im Wesentlichen den gleichen Kundenkreis bearbeitete, war er Konkurrent der Beklagten, die nun das gleiche Material durch einen anderen Vertreter vertrieb, während er als Handelsvertreter der Beklagten für Fahrradzubehör deren Interessen zu vertreten hatte. Er sei damit *gleichzeitig Interessenvertreter und Wettbewerber der Beklagten* geworden. Um seinen Pflichten als Handelsvertreter der Beklagten nachzukommen, habe er diese beim Absatz von Fahrrädern und Zubehör fördern müssen, beim Angebot von Elektro-Installationsmaterial aber habe er versuchen müssen, sie in ihren Absatzmöglichkeiten zu beschränken, weil er hier die Belange des anderen Unternehmens als deren Handelsvertreter wahrzunehmen gehabt habe. Gegenüber dem gleichen Kundenkreis habe also der Kläger *unterschiedliche Interessen* vertreten müssen. Diese Interessenkollision habe sich nach Lage der Sache für den Kläger in mehrfacher Hinsicht nachteilig auswirken können. Denn für die angesprochenen Kunden habe es nahe gelegen, dass ihnen *Zweifel an der Glaubwürdigkeit der werbenden Tätigkeit des Klägers* kamen. Dies hätte nach Auffassung des Bundesgerichtshofs zu einem Rückgang der Bestellungen und damit zu einem Verlust an Provisionen und ggf. des Ausgleichsanspruchs gegenüber beiden Unternehmen führen müssen. Gelang es aber der Beklagten, durch den Einsatz des neben dem Kläger beauftragten Vertreters mit den neu aufgenommenen Erzeugnissen das andere Unternehmen bei Kunden aus dem Markt zu drängen, hätten diese den Eindruck gewinnen können, *der Kläger habe sich für deren Produkte nicht mit dem nötigen Nachdruck eingesetzt.* Der Bundesgerichtshof hat auch festgestellt, der Kläger habe nicht abwarten müssen, ob die geschilderten Folgen wirklich eintreten würden. Wollte man dies verlangen, würde man zu hohe Anforderungen stellen. Denn für einen Handelsvertreter sei der *Ruf der Zuverlässigkeit und Seriosität gegenüber seinen Geschäftspartnern* von besonderer Bedeutung. Würde eine solche Rufschädigung eintreten, würde dies zu einer nachhaltigen Beeinträchtigung des Klägers geführt haben, und in diesem Fall würde der Kläger auch Gefahr laufen, nicht unerhebliche wirtschaftliche Einbußen zu erleiden. *Dieses Risiko aber könne ihm nicht zugemutet werden.*

2. Einschränkung der Unabhängigkeit des Vertreters

In mehreren Entscheidungen ist von der Rechtsprechung ein begründeter Anlass zur Kündigung des Handelsvertreters anerkannt worden, wenn der Unternehmer die *Unabhängigkeit des Handelsvertreters* durch *überspannte Berichtspflichten* und *überspannte Umsatzforderungen* einzuschränken versuchte. **1398**

Je strenger und für den Handelsvertreter dementsprechend belastender das *Berichtswesen* ausgestaltet wird, desto eher führt dies zu einer *Einschränkung* **1399** *der Unabhängigkeit* des Handelsvertreters. So hat der Bundesgerichtshof in seinem Urteil vom 24.9.1987[118] das Verlangen des Unternehmers nach *wöchentlicher Berichterstattung* unter sachgerechter Abwägung der beiderseitigen Interessen der Parteien im Hinblick auf gravierende *Umsatzrückgänge* anerkannt. Denn da der Umsatzrückgang gerade im Absatzgebiet des Handelsvertreters besonders schwerwiegend war, habe der Unternehmer an wöchentlicher Berichterstattung im Hinblick darauf ein besonderes Interesse gehabt, ein möglichst umfassendes Bild über die Marktsituation und einen Überblick über die konkrete Vermittlungstätigkeit des Handelsvertreters zu erhalten. Im entschiedenen Falle hatte der Bundesgerichtshof indessen die *fristlose Kündigung* des Unternehmers, die in den Vorinstanzen anerkannt worden war, nicht für gerechtfertigt gehalten, weil die fristlose Kündigung darauf gestützt worden war, dass der Handelsvertreter der Berichtspflicht unter *Verwendung besonderer Formulare* nicht nachgekommen war. Denn der Unternehmer habe, obwohl der Handelsvertreter die Wochenberichtsformulare nicht verwendet hatte, in ausreichender Weise die erforderlichen Nachrichten erhalten, die vom Handelsvertreter in der bisherigen Weise erteilt worden seien.

1400 Grundsätzlich ist indessen davon auszugehen, dass *überspannte Berichtsforderungen* die Unabhängigkeit des Handelsvertreters einschränken und den Handelsvertreter berechtigen, das Vertragsverhältnis mit ausgleichserhaltender Wirkung aus begründetem Anlass zu kündigen. So hat der Bundesgerichtshof mit Urteil vom 16.2.1998[119] gegen die Weisung des Unternehmers an den Handelsvertreter, *tägliche Berichte* zu erstatten, Bedenken im Hinblick auf dessen Stellung als selbstständiger Handelsvertreter geäußert.

1401 In einem Fall, den das Oberlandesgericht Oldenburg[120] zu entscheiden hatte, verlangte der Unternehmer unter Berufung auf § 86 Abs. 2 von dem Handelsvertreter *wöchentliche Kundenbesuchsberichte*, die aber im Ergebnis allein einer *Tätigkeitskontrolle* des Vertreters, *nicht etwa der Marktinformation* des Unternehmers dienen sollten. Das Gericht führte aus, dass ein solches Verlangen nicht mit der persönlichen Unabhängigkeit des Handelsvertreters zu vereinbaren sei. Die obere Grenze der *objektiven Erforderlichkeit* des § 86 Abs. 2 liege dort, wo die persönliche *Unabhängigkeit des Handelsvertreters angetastet* werde. Diese Grenze aber war, wie sich aus dem Urteil ergibt, vom Unternehmer überschritten worden. Das Gericht kam deshalb zu dem Ergebnis, dass das Verlangen nach wöchentlichen Kundenbesuchsberichten in diesem Falle *rechtsmissbräuchlich* gewesen sei. Aus diesem Urteil darf aber keineswegs gefolgert werden, dass das Verlangen nach wöchentlichen Kundenbesuchsberichten stets rechtsmissbräuchlich ist. Denn entscheidend kommt es hierbei auf den

---
118 *BGH*, 24.9.1987, BB 1988 S. 12 = DB 1988 S. 41 = HVR Nr. 631 = EBE 1987 S. 451 = NJW-RR 1988 S. 287 = MDR 1988 S. 286 = WM 1988 S. 33.
119 I ZR 185/97, BB 1998, 1076 = NJW-RR 1998, 862 = HVR-Nr. 662; vgl. Bd. 1, Rz. 544.
120 Urteil vom 5.12.1963, DB 1964 S. 105; vgl. dazu IHV 1964 S. 198 ff. Zur Berichtspflicht des Handelsvertreters hat sich der *Bundesgerichtshof* eingehend geäußert im Urteil vom 13.1.1966, BB 1966 S. 265 = HVuHM 1966 S. 274 mit Anmerkung. Vgl. auch *BGH*, 19.6.1969, DB 1969 S. 1787; *Ordemann*, DB 1963 S. 1565.

Einzelfall an. Dabei ist, wie der Bundesgerichtshof festgestellt hat, auf das Interesse des Unternehmers an Berichten des Handelsvertreters abzustellen. Allerdings entscheidet dabei nicht die subjektive Auffassung des Unternehmers; maßgebend ist vielmehr, welche Nachrichten im Sinne von § 86 Abs. 2 objektiv erforderlich sind[121].

Im Hinblick auf vom Unternehmer geforderte *Tagesberichte* hat der Bundesgerichtshof in seinem Urteil vom 16.2.1989[122] wegen der selbstständigen Stellung des Handelsvertreters Bedenken geäußert, ohne dies im Einzelnen zu begründen. Allerdings kam dieser Frage für die Entscheidung des Rechtsstreits keine wesentliche Bedeutung zu, zumal nicht geklärt war, ob es nicht in Wirklichkeit um die Erstattung *wöchentlicher Berichte* auf *Tagesberichtsformularen* ging. Zweifellos wird man hier aber besonders *strenge Anforderungen* an die Zulässigkeit von Tagesberichten stellen müssen. Tagesberichte können generell sicherlich nur dann gerechtfertigt werden, wenn für eine solche umfangreiche Berichterstattung *ausnahmsweise besondere Umstände* vorliegen. **1402**

Ein oft aufschlussreiches Indiz dafür, ob die Berichte im geforderten Umfang rechtsmissbräuchlich sind oder nicht, lässt sich mitunter daraus gewinnen, *ob und ggf. wie gründlich die vom Handelsvertreter gefertigten Berichte vom Unternehmer geprüft* werden und ob sie als Grundlage seinen unternehmerischen Entscheidungen dienen. Nicht selten stellt sich nämlich bei der Beweisaufnahme heraus, dass die erteilten Berichte bestenfalls im *Hinblick auf ihre Häufigkeit*, aber weniger im Hinblick auf die in ihnen angesprochenen *vertriebsspezifischen Fragen* geprüft werden oder dass sie sogar ungeprüft in die Ablage wandern. **1403**

In einem weiteren vom Oberlandesgericht Nürnberg[123] entschiedenen Sachverhalt verlangte der Unternehmer am Jahresende von einem Handelsvertreter, in dessen Bezirk der Umsatz u.a. *aus krankheitsbedingten Gründen* zurückgegangen war, dass der Vertreter im ersten Vierteljahr des kommenden Jahres einen *bestimmten Umsatz erreichen* und sämtliche Kunden des Bezirkes besuchen müsse, anderenfalls das Vertragsverhältnis zum Schluss dieses Vierteljahres als beendet zu gelten habe. Das Oberlandesgericht Nürnberg stellte fest, dass in diesem Verlangen ein *schwerer und unberechtigter Eingriff des Unternehmers in die Rechte des Handelsvertreters als selbstständigem Gewerbetreibenden* zu sehen sei, der als solcher seine Tätigkeit nach seinem Willen gestalten und seine Arbeitszeit frei bestimmen könne. Zwar könne dem Unternehmer das Recht nicht abgesprochen werden, den Handelsvertreter bei ungenügender Leistung und nachlässiger Kundenbetreuung *auf die ordnungsmäßige Wahrnehmung seiner Interessen hinzuweisen*; er könne unter dieser Voraussetzung sogar befugt sein, das Vertragsverhältnis fristgemäß oder fristlos zu kündigen. **1404**

---

121 *BGH*, 13.1.1966, a.a.O. Vgl. dazu auch *OLG Köln*, 3.3.1971, DB 1971 S. 865.
122 *BGH*, 16.2.1989, BB 1989 S. 1076 = DB 1989 S. 1327 = HVR Nr. 662 = HVuHM 1989 S. 550 = NJW-RR 1989 S. 862 = WM 1989 S. 1060; *OLG Nürnberg*, 16.5.1991 – 12 U 2405/86, unveröffentlicht.
123 Urteil vom 28.2.1964, BB 1964 S. 866; vgl. auch *OLG Nürnberg*, 21.9.1973, MDR 1974 S. 144 zu den durch die Selbstständigkeit des Handelsvertreters gesetzten Schranken der Einflussnahme des Unternehmers auf die Gestaltung der Vertretertätigkeit.

IX Ausschluss des Ausgleichsanspruches

Einen groben Verstoß gegen die Vertragspflichten, insbesondere gegen die *Treuepflicht des Unternehmers* gegenüber dem Handelsvertreter, stelle es aber dar, wenn der Unternehmer *unter Androhung so schwerer Folgen eine Umsatzsteigerung fordere*, die im Hinblick auf den noch *schlechten Gesundheitszustand* des Handelsvertreters praktisch unmöglich sei, zumal ein derart hoher Umsatz vorher nie erreicht worden sei und dem Unternehmer auch bekannt war, dass der erhebliche Umsatzrückgang des Handelsvertreters mindestens zum Teil auf dessen Krankheit zurückzuführen war[124].

3. Schlechterfüllung des Unternehmers

1405 Ein Verhalten des Unternehmers[125], das dem Handelsvertreter einen begründeten Kündigungsanlass gibt, kann auch darin bestehen, dass der Unternehmer die *Provisionschancen des Handelsvertreters dadurch schmälert*, dass er vom Vertreter vermittelte *Bestellungen mangelhaft ausführt*, sodass Folgebestellungen ausbleiben.

1406 Das Oberlandesgericht Celle[126] hat entschieden, dass der Unternehmer grundsätzlich *nicht gehalten sei, „gut zu liefern"*, nur um dem Handelsvertreter Folgebestellungen und damit weitere Provisionschancen zu sichern. In einer *Schlechtlieferung* des Unternehmers könne aber ein *Verhalten gesehen werden, das den Handelsvertreter zur Kündigung veranlassen könne*, ohne dass er den Verlust seines Ausgleichsanspruchs befürchten müsse.

1407 Allerdings wird man nicht schon in einer *einzelnen Schlechtlieferung* des Unternehmers einen begründeten Kündigungsanlass sehen können, denn dadurch dürfte dem Handelsvertreter das Festhalten am Vertrage noch keineswegs unzumutbar geworden sein. Etwas anderes dürfte aber gelten, wenn der Unternehmer vom Handelsvertreter vermittelte Bestellungen *fortgesetzt mangelhaft ausführt*, sodass der Handelsvertreter genötigt ist, das Vertragsverhältnis von sich aus zu beenden[127], weil ein weiteres Festhalten am Vertrage unzumutbar geworden ist. Einen solchen Fall hatte der Bundesgerichtshof im Februar 1986 zu entscheiden, in dem nach Feststellung des Berufungsgerichts das Unternehmen in einem Verkaufszeitraum 16% und in einem weiteren 44% der bestellten Waren verspätet und mangelhaft geliefert hatte. Die vom Handelsvertreter deshalb ausgesprochene fristlose Kündigung hat der BGH für begründet erachtet[128].

---

124 Ein begründeter Anlass ist auch gegeben, wenn der Unternehmer versucht, Stammkunden, die der Handelsvertreter geworben hatte, zum Direktbezug abzuwerben; vgl. *BGH,* 11.6.1959 = BB 1959 S. 720 = MDR 1959 S. 911. Einzelheiten zur Umsatzkontrolle und zu Soll-Vorgaben nach Kennziffern bei *Voß,* Heft 5 der Reihe „Handelsvertreter-Praxis", Braunschweig, 1965. Vgl. auch HVH Abschn. II 7 und Band 1 Rz. 575ff.
125 Einem Verhalten des Unternehmers, das einen begründeten Kündigungsanlass darstellt, ist ein entsprechendes Verhalten seiner *Erfüllungsgehilfen* gleichzustellen. Hier gilt also etwas anderes als im umgekehrten Fall, in dem der Unternehmer seinerseits das Vertragsverhältnis gekündigt hat; vgl. oben Rz. 517 sowie Band 1 Rz. 1925 und *Sieg,* AktGes. 1964 S. 296 zu II 1c.
126 Urteil vom 29.11.1961, HVR Nr. 265 = DB 1962 S. 94. Vgl. auch *Holling,* DB 1960 S. 79.
127 *Baumbach/Hopt,* § 89a, Rz. 24; RGZ 65 S. 90.
128 *BGH,* 6.2.1986 – I ZR 92/84 – WM 1986, 622 = HVR-Nr. 616.

Der begründete Anlass wird in solchen Fällen häufig noch dadurch unterstrichen, dass der Unternehmer dem Handelsvertreter *bei mangelhafter Lieferung und daraus resultierender Geschäftsstornierung oder Kaufpreisminderung die Provision kürzt*, obwohl er dazu nach § 87a Absatz 3 Satz 1 i. V. mit Absatz 5 nicht berechtigt ist. 1408

4. Provisionsvorenthaltung; schleppende Zahlung

Ein begründeter Anlass kann auch im Falle einer *ungerechtfertigten Provisionsvorenthaltung* und auch im Falle *schleppender Provisionszahlungen* gegeben sein. 1409

Der BGH hatte sich in seinem Urteil vom 16.2.1989[129] mit einer ungerechtfertigten *Provisionsvorenthaltung* zu befassen. Der Unternehmer verweigerte die Provisionszahlung, weil die zugrunde liegenden Geschäfte so genannte Übergrenzlieferungen beträfen (Lieferungen an Bezirkskunden, die mit der gelieferten Ware ihrerseits in anderen Vertretungsbezirken ansässige Kunden weiterbelieferten), die für den klagenden Handelsvertreter nicht provisionspflichtig seien. Der Bundesgerichtshof hat festgestellt, dass ein begründeter Anlass vorliege, wenn sich nach weiterer Sachaufklärung die vom Unternehmer vertretene Auffassung nicht bestätige. Denn ein begründeter Anlass sei dann gegeben, wenn der Handelsvertreter durch das Verhalten des Unternehmers *in eine für ihn nach Treu und Glauben nicht haltbare Lage komme*[130]. Wenn die vom Unternehmer vertretene Auffassung nicht zutreffe, habe angesichts des Verhaltens des Unternehmers der Handelsvertreter befürchten müssen, dass der Unternehmer ihm *auch in Zukunft Provisionen mit der Folge streitig machen* würde, dass er seine Provisionsansprüche im Wege der *Klage* oder *außergerichtlich* durchsetzen müsse. Dies aber sei unzumutbar. Auch der Umstand, dass das Unternehmen inzwischen einen großen Teil der einbehaltenen Provisionen nach und nach an den Handelsvertreter gezahlt habe, und zwar „ohne Anerkennung einer Rechtspflicht", ändere an dieser Beurteilung nichts, weil auch insoweit habe befürchtet werden müssen, dass es in Zukunft in vergleichbaren Fällen *Schwierigkeiten bei der Provisionsabrechung geben würde*. 1410

Nach Zurückverweisung der Sache an das Berufungsgericht hat das OLG Nürnberg in seinem Urteil vom 16.5.1991[131] aufgrund einer durchgeführten Beweisaufnahme die Überzeugung gewonnen, dass die einbehaltenen Provisionen nur teilweise Übergrenzlieferungen beträfen, sodass das *Einbehalten von Provisionen zumindest teilweise zu Unrecht erfolgt* sei. Das Gericht kam deshalb zu dem Ergebnis, dass die vom Handelsvertreter ausgesprochene Vertragskündigung auf einen begründeten Anlass gestützt werden konnte. 1411

---

129 *BGH*, 16.2.1989, BB 1989 S. 1076 = DB 1989 S. 1327 = HVR Nr. 662 = HVuHM 1989 S. 550 = NJW-RR 1989 S. 862 = WM 1989 S. 1060 = ZIP 1989 S. 709 mit Anmerkung Ostermann, EWiR § 89b 3/89 S. 1009.
130 *BGH*, 6.11.1986, BB 1987 S. 221 = DB 1987 S. 531 = HVR Nr. 620 = HVuHM 1987 S. 183 = EBE 1987 S. 48 = NJW 1987 S. 778 = MDR 1987 S. 376 = WM 1987 S. 292.
131 *OLG Nürnberg*, 16.5.1991, 12 U 2405/86, unveröffentlicht.

IX Ausschluss des Ausgleichsanspruches

1412 Das Landgericht Kaiserslautern[132] hat einen begründeten Kündigungsanlass mit Recht darin gesehen, dass sich der Unternehmer als Provisionsschuldner im Hinblick auf die Auszahlung der dem Handelsvertreter zustehenden Provisionen vertragswidrig verhielt. Der Unternehmer hatte in diesem Falle nämlich seine Provisionsverpflichtungen wiederholt erst auf **Mahnschreiben des Vertreters** hin, einmal sogar erst nach **Erlass eines Zahlungsbefehls** erfüllt. Das Gericht meinte, es könne einem Handelsvertreter grundsätzlich nicht zugemutet werden, sich mit Vertragsverletzungen solcher Art abzufinden und seine Arbeitskraft weiter in den Dienst eines Unternehmens zu stellen, das ihn fortgesetzt zur Anmahnung, schließlich sogar zur gerichtlichen Geltendmachung seiner Provisionsforderungen zwinge.

1413 Von einem begründeten Anlass zur Kündigung kann aber dann nicht die Rede sein, wenn der Handelsvertreter das Vertragsverhältnis kündigt, weil der Unternehmer seine **Provisionsforderungen als unangemessen ablehnt**, und zwar mit dem zutreffenden Hinweis darauf, dass die dem Vertreter zuletzt gewährten Leistungen als üblich zu bezeichnen seien[133]. Wäre es anders, so hinge das Vorliegen eines begründeten Anlasses von der **Willkür des Vertreters** ab; damit würde der Gesetzeszweck in sein Gegenteil verkehrt.

5. Bezirksverkleinerung

1414 Begründeten Anlass zur Kündigung kann der Unternehmer auch dadurch geben, dass er den **Vertreterbezirk verkleinert**, wenn die Verkleinerung dem Vertreter nicht zuzumuten ist. Kündigt der Vertreter in einem solchen Fall, so kann er den Ausgleich selbst dann verlangen, wenn der Unternehmer nach dem Vertrag **berechtigt war, den Bezirk zu verkleinern**[134]. Allerdings gibt nur eine **sachlich nicht gerechtfertigte Verkleinerung des Vertreterbezirkes** durch den Unternehmer dem Vertreter einen begründeten Anlass zur Kündigung[135]. Jedenfalls muss immer geprüft werden, ob dem Unternehmer für eine so weitgehende Ausübung der ihm vertraglich eingeräumten Rechte – wie sie in der Verkleinerung eines Vertreterbezirkes liegen – nicht beachtliche Gründe zur Seite stehen. Wenn das der Fall ist, kann die Entscheidung des Unternehmers, die der Handelsvertreter auch mit seinem Einverständnis zum Vertrage ermöglicht hat, dem Vertreter **keinen begründeten Anlass** für eine Kündigung geben[136].

---

132 Urteil vom 14.11.1955, HVR Nr. 81; vgl. *Hopt*, § 89a Rz. 22; vgl. auch *OLG Hamm*, 4.10.1965, HVuHM 1966 S. 725 = HVR Nr. 352, das auch den Fall einer unzumutbaren Provisionsherabsetzung behandelt, sowie *OLG Nürnberg*, 23.9.1968–5 U 42/68 — RVR 1970 S. 19, wo mit Recht darauf hingewiesen wird, der rechtzeitige Eingang der Provision stelle eine Existenzsicherung des Handelsvertreters dar, der in der Regel lediglich von seinen Provisionen leben und seine Auslagen bestreiten müsse. Vgl. auch Einzelheiten, Band 1 Rz. 1964.
133 *LG Hamburg*, 9.12.1959, BB 1960 S. 497 = VersR 1960 S. 537.
134 *OLG Bamberg*, 30.5.1958, NJW 1958 S. 1830 = HVR Nr. 291.
135 *OLG Düsseldorf*, 21.6.1955, HVR Nr. 77. Vgl. Band 1 Rz. 1882 ff.
136 *Schröder*, DB 1958 S. 975, 977. Eine zusammenfassende Darstellung der ausgleichsrechtlichen Folgen einer Bezirksverkleinerung bzw. Teilkündigung in RVR 1969 S. 109 (Sonderdruck April 1969). Dort auch weitere Nachweise (vgl. auch oben Rz. 277 ff., 280).

Von einem begründeten Anlass wird man sicher dann nicht sprechen können, wenn der Handelsvertreter bisher im *abzutrennenden Teilgebiet nicht tätig* war, dort *keine neuen Kunden* sind und der Vertreter auch bisher trotz entsprechender Aufforderung keine Anstalten machte, in dem betreffenden Gebiet tätig zu werden. Anders ist die Rechtslage aber dann, wenn der Handelsvertreter aus Kundenbeziehungen im abzutrennenden Teilgebiet erhebliche Provisionseinkünfte hatte. 1415

Das LG Hannover hat in seinem Urteil vom 21.3.2001[137] die Ausgleichsklage eines Bausparkassenvertreters abgewiesen, der das Vertragsverhältnis selbst gekündigt und sich dabei auf einen begründeten Anlass gestützt hatte. Diesen begründeten Anlass sah er darin, dass die Bausparkasse den *Jahresanfangsbestand an Bausparern* innerhalb eines Zeitraums von zwei Monaten *um 130 Bausparer reduziert* hatte. Das LG sah darin indessen keinen Anlass, der gem. § 89b Abs. 3, 1. Halbs. den Vertreter zur Kündigung berechtigte. Es hat festgestellt, dass dem Kläger kein gesteigerter Gebiets- und/oder Kundenschutz durch die Beklagte eingeräumt worden sei. Entscheidungserheblich dürfte allerdings der Umstand gewesen sein, dass der Kläger trotz ausdrücklicher Hinweise des Gerichts und einer ihm eingeräumten siebenwöchigen Erklärungsfrist sein Klagebegehren nicht substantiiert vorgetragen habe. Im entschiedenen Sachverhalt hatte sich der Jahresanfangsbestand an Bausparern lediglich um 5,6% gemindert. Ein begründeter Kündigungsanlass dürfte aber eher gegeben sein, wenn die Bausparkasse die Zahl der zu betreuenden Bausparer in erheblich höherem Maße gemindert hätte. 1416

6. Vollmachtswiderruf

Auch der *Widerruf einer dem Handelsvertreter erteilten Vollmacht* (Abschluss-, Vermittlungs-, Inkasso-, Schadenregulierungsvollmacht) kann dem Handelsvertreter einen begründeten Kündigungsanlass geben. Erteilte Vollmachten sind zwar grundsätzlich widerruflich. Die Widerrufsbefugnis ist nach der Rechtsprechung[138] aber dann ausgeschlossen, *wenn die erteilte Vollmacht auch den Interessen des Bevollmächtigten dient* und – zumindest stillschweigend – vereinbart ist, dass die erteilte Vollmacht nicht einseitig entzogen werden kann. Diese Voraussetzungen werden regelmäßig dann erfüllt sein, wenn die erteilte *Vollmacht zu den wesentlichen Bestandteilen des Vertragsverhältnisses* gehört und sie damit der Durchführung des Grundgeschäfts, hier also des Handelsvertretervertrages, dient[139]. Deshalb kann eine ohne Widerrufsvorbehalt erteilte Vollmacht, die als *wesentlicher Vertragsbestandteil* anzusehen ist, *nur aus wichtigem Grunde* entzogen werden. Erfolgt gleichwohl ein Widerruf, kann sich der Handelsvertreter – wenn der Vollmachtswiderruf nicht sogar 1417

---

[137] *LG Hannover*, 21.3.2001 – 23 O 3005/00 – 83 n.v.
[138] *LG Düsseldorf*, 16.10.1975 – 34 O 128/75 – zitiert bei *Perwitz*, HVuHM 1977 S. 793, 795; *LG Kiel*, 28.6.1961, VersVerm. 1961 S. 140; *OLG Celle*, 26.1.1961, DB 1961 S. 369; vgl. auch *LG Bamberg*, 17.12.1954, HVR Nr. 88.
[139] *OGH*, 16.12.1948, MDR 1949 S. 81; vgl. auch *Steffen*, BGB-RGRK, § 168 BGB, Rz. 3.

IX Ausschluss des Ausgleichsanspruches

einen wichtigen Kündigungsgrund darstellt, der zur fristlosen Kündigung berechtigt[140] – bei seiner Kündigung auf einen begründeten Kündigungsanlass berufen[141].

7. Grundlose fristlose Kündigung durch den Unternehmer

1418 Kündigt der Handelsvertreter den Vertretervertrag fristlos, nachdem der Unternehmer seinerseits eine fristlose Kündigung ausgesprochen hatte, für die aber ein wichtiger Grund wegen schuldhaften Verhaltens des Handelsvertreters nicht vorlag, so ist in diesem Verhalten des Unternehmers regelmäßig ein begründeter Kündigungsanlass für den Handelsvertreter i.S. des § 89b Abs. 3 Satz 1 zu sehen[142], ja er rechtfertigt in der Regel sogar die außerordentliche Kündigung des Vertragsverhältnisses durch den Handelsvertreter[143]. Der Bundesgerichtshof[144] begründet dies mit der Feststellung, *dass der Unternehmer in solch einem Falle dem Handelsvertreter zu Unrecht die Weiterarbeit verweigere* und damit sein Einkommen gefährde[145]. Zudem habe der Handelsvertreter ein schutzwürdiges Interesse daran, die Rechtslage zu klären und eine Beendigung des Vertreterverhältnisses jedenfalls durch seine Kündigung herbeizuführen. Von den Auswirkungen der Kündigung des Handelsvertreters im Hinblick auf die Konkurrenz zwischen Ausgleichs- und Schadensersatzanspruch wird unten die Rede sein[146].

8. Verschlechterung der wirtschaftlichen Lage des Unternehmers

1419 Einen begründeten Kündigungsanlass gem. § 89b Absatz 3 Satz 1 hat der Bundesgerichtshof[147] schließlich auch darin gesehen, dass sich die *wirtschaftliche Lage des Unternehmers*, insbesondere durch *Zahlungsschwierigkeiten* und eine erhebliche *Produktionseinschränkung*, so ungünstig gestaltet, dass der Handelsvertreter die Voraussetzungen für eine gewinnbringende Fortsetzung

---

140 *Schröder,* § 89 Rz. 2. Einzelheiten Band 1 Rz. 2025.
141 Vgl. dazu auch *LG Stuttgart,* 21.1.1972, VersVerm. 1972 S. 260 zum Entzug der Regulierungsvollmacht als begründeter Kündigungsanlass.
142 *BGH,* 1.12.1993, BB 1994 S. 833 = DB 1994 S. 727; *BGH,* 27.5.1974 WM 1974 S. 867 zu III.
143 *BGH,* 25.11.1998 – VIII ZR 221/97 – NJW 1999, 946 = VersR 1999, 313 = HVR Nr. 862; vom 11.10.1990 – I ZR 6/89 – NJWRR 1991, 155 = WM 1991, 76.
144 *BGH,* 14.11.1966, BB 1966 S. 1410 = DB 1966 S. 1965 = HVR Nr. 356 = HVuHM 1967 S. 13 = NJW 1967 S. 248 = VersR 1966 S. 1182.
145 Der Schadensersatzanspruch, der dem Handelsvertreter in solch einem Falle zusteht, kann auch den Schaden umfassen, der dem Handelsvertreter dadurch entsteht, dass er, wenn das Vertragsverhältnis nicht vorzeitig beendet worden wäre, einen entsprechend höheren Ausgleich hätte geltend machen können, *BGH,* 12.1.1970, BGHZ 53, 150 = BB 1970 S. 229 = DB 1970 S. 339 = HVR Nr. 417 = HVuHM 1970 S. 175 = LM Nr. 10 zu § 89a mit Anm. *Rietschel* = MDR 1970 S. 408 = NJW 1970 S. 467 = VersR 1970 S. 222. Vgl. auch Band 1 Rz. 1814 ff.
146 Vgl. Rz. 1514–1532.
147 *BGH,* 29.5.1967, RVR 1968 S. 114 mit Anmerkung *Küstner* = NJW 1967 S. 2153 = BB 1967 S. 776 = VersR 1967 S. 703 = HVR Nr. 361; ebenso *OLG Stuttgart,* 7.5.1985 – 10 U 135/84 – bisher unveröffentlicht – zu 2b der Gründe, unter Berufung auf *Baumbach/Duden,* 26. Aufl., § 89a Anm. 2e. Vgl. auch Band 1 Rz. 1960.

seiner Tätigkeit als nicht mehr gegeben ansehen muss. Auch der Wegfall des Hauptlieferanten des Unternehmers kann einen außerordentlichen Kündigungsgrund für den Handelsvertreter darstellen, selbst dann, wenn ein Ersatzlieferant vorhanden ist[147a].

9. Einseitige Provisionsherabsetzungen

Problematisch sind mitunter die Fälle, in denen der Unternehmer den im Vertretervertrag *vereinbarten Provisionssatz einseitig herabsetzt*, wie dies bei rückläufiger Konjunktur nicht selten geschieht. Hier fragt sich, ob auch in einer solchen Provisionsherabsetzung ein begründeter Anlass im Sinne des § 89b Absatz 3 Satz 1 gesehen werden kann[148]. **1420**

Grundsätzlich ist zur Herabsetzung der vereinbarten Provisionssätze zu sagen, dass sie – wenn der Vertretervertrag nicht ausnahmsweise dem Unternehmer das Recht einer einseitigen Herabsetzung einräumt – nur durch *vertragliche Vereinbarung* zwischen Handelsvertreter und Unternehmer erfolgen kann[149]. Erfolgt die Herabsetzung der Provision gleichwohl einseitig, kann die Vertragsfortsetzung für den Handelsvertreter unzumutbar sein, besonders dann, wenn der Unternehmer derartige *Provisionsherabsetzungen wiederholt vornimmt*. Naturgemäß wird es gerade in diesen Fällen sehr auf die Umstände des Einzelfalles ankommen. Zu beachten ist indessen, dass ein begründeter Anlass für den Handelsvertreter aber auch dann gegeben sein kann, wenn sich der Unternehmer darauf beruft, dass er aus *wirtschaftlichen Gründen zur Provisionsherabsetzung* gezwungen sei, wenn er überhaupt noch mit Gewinn produzieren wolle. Von der Rechtsprechung sind derartige Fälle – soweit ersichtlich – kaum behandelt worden[150]. **1421**

Von besonderer Bedeutung ist jedoch in diesem Zusammenhang die Entscheidung des Bundesgerichtshofes vom 13.12.1995 zur *Ablehnung der Fortsetzung eines durch Kettenverträge begründeten Handelsvertreterverhältnisses*[151]. Der BGH hatte dort die Zurückweisung einer neuen Vertragsofferte des Unternehmers durch den Handelsvertreter einer Eigenkündigung gemäß § 89 Abs. 3 Nr. 1 HGB gleichgesetzt[152]. Er hatte jedoch dem Handelsvertreter gleichwohl **1422**

147a *OLG Köln*, 9.8.2002 – 19 U 59/02 – VersR 2003, 642, vgl. auch Rz. 1446a.
148 Das *OLG Hamm*, 4.10.1965, HVR Nr. 352, hat die Frage verneint, ob in der Weigerung des Handelsvertreters, der Provisionsherabsetzung zuzustimmen, ein ausgleichsausschließendes schuldhaftes Verhalten des Handelsvertreters zu sehen sei. Vgl. Band 1 Rz. 1913.
149 *OLG Nürnberg*, 28.2.1957, BB 1957 S. 560 = HVR Nr. 150 = VersVerm. 1957 S. 73.
150 Näheres dazu RVR 1968 S. 149 sowie *Schröder*, § 87b, Rz. 2e und *Giefers*, S. 66. Immer wieder wird verkannt, dass ein Schweigen des Handelsvertreters zur einseitigen Provisionsherabsetzung nicht als (stillschweigende) Zustimmung angesehen werden kann. Vgl. dazu *BGH* 4.7.1960 = HVR Nr. 247; 18.11.1957, NJW 1958 S. 180 = BB 1957 S. 1250 = HVR Nr. 175; 21.3.1966, BB 1966 S. 425; 24.10.1955, HVR Nr. 112. Wichtige Gesichtspunkte für die Herabsetzung der Provision des Tankstellenhalters enthält das Urteil des *LG Frankfurt* vom 25.4.1969, BB 1969 S. 1326. Vgl. dazu auch Sonderdruck RVR 1969 (Beilage zu Heft 12) S. 365 ff. zu I. Einzelheiten Band 1 Rz. 1074 ff.
151 *BGH*, 13.12.1995 – VIII ZR 61/95 – NJW 1996, 848 = BB 1996, 235.
152 S. dazu die Kritik oben, Rz. 1361.

einen Ausgleich zugebilligt, weil dieser einen begründeten Anlass im Sinne von Abs. 3 Nr. 1 gehabt habe. Das Berufungsgericht hatte das neue Vertragsangebot im Zusammenhang mit den in den Vorjahren festgestellten Auseinandersetzungen der Vertragspartner über die konkrete Berechnung und die Höhe der Leistungsprämie beurteilt und ausgeführt, das Angebot stelle einen erneuten Versuch des Unternehmers dar, dem Handelsvertreter im kommenden Geschäftsjahr durch eine entsprechende Gesamtabrechnung der Gefahr von erheblichen Provisionsverlusten auszusetzen. Dies sei für den Vertreter nach Treu und Glauben nicht mehr hinnehmbar gewesen. Der BGH hat diese tatrichterliche Bewertung des Berufungsgerichtes, die vom Revisionsgericht nur beschränkt überprüfbar war, als bindend angesehen. Das Oberlandesgericht hatte nämlich auch berücksichtigt, dass das Unternehmen bei gleichartigen Differenzen in den beiden Vorjahren die Abrechnung erst auf den Wunsch des Klägers geändert hatte, sodass der Kläger nun berechtigterweise hatte erwarten dürfen, dass das Unternehmen seinen Interessen nunmehr wenigstens während einer „Konsolidierungsphase" von einigen Jahren Rechnung tragen werde. Ein begründeter Anlass für die Verweigerung der Vertragsfortsetzung durch den Kläger liege daher schon in dem nachteiligen Vertragsangebot des Unternehmens. Von ihm könne nicht verlangt werden, dass er zuvor noch versuche, im Verhandlungswege neue bessere Vertragskonditionen zu erreichen.

10. Unberechtigte Vorwürfe des Unternehmers

1423 Einen begründeten Kündigungsanlass hat das Oberlandesgericht Karlsruhe[153] darin gesehen, dass der vertretene Unternehmer dem Handelsvertreter *sachlich unberechtigte Vorwürfe* im Hinblick auf die Wahrnehmung seiner Pflichten gemacht hatte. Der Unternehmer hatte dem Handelsvertreter mitgeteilt, „zu seiner Überraschung" liege der Auftragseingang erheblich unter dem des entsprechenden Zeitraums des Vorjahres, der Leistungsabfall sei „alarmierend", man müsse eine anderweitige Vergabe des Bezirks überlegen, und der Handelsvertreter solle es als Entgegenkommen werten, wenn er von einer ihm lästig gewordenen Fessel befreit werde, womit der Handelsvertretervertrag gemeint war.

1424 Diese Vorwürfe waren, wie das Gericht festgestellt hatte, in vollem Umfange unberechtigt. Im Bezirk des Handelsvertreters war nicht nur insgesamt *kein Auftragsrückgang* zu verzeichnen, der Handelsvertreter hatte sogar *Auftragseinbußen* in einzelnen Artikeln durch *Steigerungen bei anderen Artikeln* bei weitem ausgleichen können.

1425 Das Gericht führte aus, dass angesichts dieser Umstände der Handelsvertreter sich weder den Vorwurf mangelnden persönlichen Einsatzes noch der zeitlich beschränkten Reisetätigkeit gefallen zu lassen brauche. Denn die Auftragsentwicklung der letzten Jahre insgesamt beweise, dass er sich keiner Pflichtverletzung schuldig gemacht habe. In dem Vorwurf des Unternehmers müsse der Handelsvertreter eine derartige *Missachtung und ein Misstrauen seiner Person*

---

[153] Urteil vom 24.10.1972 – 8 U 45/72 – HVR Nr. 472 = RVR 1973 S. 124.

gegenüber erblicken, dass er begründeten Anlass gehabt habe, das Vertragsverhältnis aufzulösen. Dabei komme es nicht darauf an, ob andere Vertreter des Unternehmers auf gleichlautende Schreiben nicht so wie dieser Handelsvertreter reagiert hätten, da die Situation eines jeden Vertreters und somit der Hintergrund der Vorwürfe verschieden seien.

11. Schaffung einer Zwangslage zu Lasten des Handelsvertreters

In einem unveröffentlichten Urteil vom 8.6.1970[154] hatte sich das Landgericht München im Zusammenhang mit der **Preispolitik einer Mineralölgesellschaft** mit der Frage zu befassen, ob ein *Tankstellenhalter* die von ihm ausgesprochene Kündigung auf einen begründeten Anlass stützen könne. Dem Urteil lag zusammengefasst folgender Sachverhalt zu Grunde. **1426**

Das beklagte Unternehmen hatte seinen Tankstellenhaltern zunächst gestattet, den Kunden Rabattmarken über 1,5 Pfg. pro Liter verkauften Benzins auszugeben, die die Tankstellenhalter *zu Lasten ihrer Provision* einlösen mussten. Später wurden dann die Verkaufspreise für Normalbenzin gesenkt, und das Unternehmen ersetzte das System der Rabattmarken durch einen *„Barrabatt"*, der auch *„Partnerschaftsbeteiligung"* genannt wurde. Die neue Regelung sah so aus, dass die Tankstellenhalter ermächtigt wurden, *zu Lasten ihrer Provision* eine weitere Preissenkung vorzunehmen. Das Landgericht sah einen begründeten Kündigungsanlass für den klagenden Tankstellenhalter in der ihm erteilten Ermächtigung, den Kunden Barrabatte zu gewähren, denn mit dieser Ermächtigung habe die Beklagte den Zweck verfolgt, den Umsatz zu steigern bzw. Umsatzrückgänge wieder auszugleichen. Dieser Zweck aber habe nur erreicht werden können, wenn möglichst viele Tankstellenverwalter von der Möglichkeit des Barrabatts Gebrauch machten. Damit habe die Beklagte den Kläger und die anderen Tankstellenverwalter bewusst vor die **Alternative gestellt, auf einen Teil der ihnen vertraglich zustehenden Provisionen zu verzichten** oder als Folge eines höheren Verkaufspreises Umsatzverluste und damit ebenfalls eine Minderung der Einnahmen in Kauf zu nehmen. Zwar sei das Verhalten des beklagten Unternehmens nicht vertragswidrig, weil ihm nach den Tankstellenverträgen die Festsetzung der Preise zustand und es nicht verpflichtet war, jeglichen Wettbewerb unter den Tankstellenverwaltern zu verhindern. Aber auch ein **vertragsgemäßes Verhalten könne einen berechtigten Kündigungsanlass** i.S. des § 89b Abs. 3 Satz 1 darstellen. Als entscheidenden Gesichtspunkt hat das Landgericht den Umstand herausgestellt, dass das beklagte Unternehmen den Kläger und die übrigen Tankstellenverwalter bewusst, wenn auch aus sachlichen Erwägungen heraus, *in eine Zwangslage versetzt* habe, in der diese nur zwischen zwei Übeln hätten wählen können, nämlich entweder infolge gewährter Barrabatte niedrige Provisionen zu erhalten oder bei Verzicht auf jene Barrabatte einen geringeren Umsatz zu erzielen, der wiederum geringere Provisionen zur Folge haben würde. **1427**

---

154 *LG München*, 8.6.1970 – 8 HKO 34/69 – unveröffentlicht.

IX Ausschluss des Ausgleichsanspruches

1428 In einer anderen Sache hat das OLG München in seinem Urteil vom 27.2. 1974[155] einem Handelsvertreter die Berufung auf einen begründeten Anlass für eine selbst ausgesprochene Kündigung versagt, der sich darauf berufen hatte, dass die Mineralölgesellschaft das ihr vertraglich zustehende *Recht zur Festsetzung der Benzinpreise in einer für ihn, den Tankstellenhalter, derart nachteiligen, ja sogar vertragswidrigen Weise ausgeübt* habe, dass ihm ein Festhalten am Vertrage nicht mehr habe zugemutet werden können. Dazu hat das Oberlandesgericht festgestellt, dass durch die Festsetzung der Preise die Mineralölgesellschaft gegenüber dem Kläger *nicht treuwidrig* gehandelt habe. Grundsätzlich sei ein Unternehmer in seinen kaufmännischen Entscheidungen und Maßnahmen frei und brauche hierbei auf seine Handelsvertreter grundsätzlich keine Rücksicht zu nehmen; sein Recht auf freie unternehmerische Betätigung finde seine Grenzen lediglich dort, wo die Ausübung *gegen Treu und Glauben* oder gar *gegen die guten Sitten* verstoße. Im entschiedenen Falle sei das Recht der Mineralölgesellschaft zur Preisgestaltung im Handelsvertretervertrage sogar ausdrücklich hervorgehoben worden, sodass dem Unternehmen kein Vorwurf daraus gemacht werden könne, wenn es von diesem Recht Gebrauch mache.

1429 In diesem Zusammenhang können des Weiteren diejenigen Fälle problematisch sein, in denen der Unternehmer die *Provisionsregelungen inhaltlich ändert*, ohne eine *Änderungskündigung* auszusprechen. Um hier zu einer angemessenen Beurteilung zu gelangen, bedarf es jedoch einer Differenzierung:

1430 Führt die inhaltliche Änderung der Provisionsregelung nicht zu *Provisionseinbußen* der betroffenen Handelsvertreter oder wird gleichwohl entstehenden Provisionseinbußen durch entsprechende *Ausgleichsregelungen* Rechnung getragen, sodass mithin für den Handelsvertreter keine Nachteile entstehen, kann sich der Handelsvertreter auf einen begründeten Anlass nicht berufen, sodass seine Vertragskündigung zum Verlust des Ausgleichsanspruchs führt. In seinem Urteil vom 13.10.1992 hat das Oberlandesgericht Karlsruhe[156] im entschiedenen Sachverhalt in der von einem Bausparunternehmen vorgenommenen Änderung der Provisionsrichtlinien keinen Umstand gesehen, der es dem klagenden Bausparkassenvertreter unzumutbar gemacht hätte, am Vertrage festzuhalten. Das Gericht hat dies damit begründet, dass jedenfalls dann, wenn bei der Neuregelung „einem angemessenen Ausgleich der Interessen der Vertragsparteien Rechnung" getragen wird, sich der Handelsvertreter nach *Treu und Glauben* auch ohne Ausspruch einer Änderungskündigung einer inhaltlichen Änderung des Handelsvertretervertrages nicht verschließen dürfe.

1431 Im entschiedenen Falle hatte das Bausparunternehmen in einem Rundschreiben die Gründe für die *Einführung des neuen Provisionssystems* dargelegt und dabei darauf hingewiesen, dass durch die neuen Tarife eine weitere *Verbesserung des Neugeschäfts* zu erwarten sei und dass die dadurch entstehenden nicht un-

---

155 *OLG München*, 27.2.1974 – 7 U 2238/73 – unveröffentlicht.
156 *OLG Karlsruhe*, 13.10.1992 – 8 U 20/92 – unveröffentlicht. Gegen dieses Urteile wurde *Verfassungsbeschwerde* eingelegt, welche das Bundesverfassungsgericht zurückgewiesen hat; vgl. oben Rz. 1390.

erheblichen Kostenbelastungen wenigstens zu einem Teil durch *Veränderungen im Provisionsbereich* kompensiert werden sollten. Darüber hinaus hatte das Bausparunternehmen dem klagenden Bausparkassenvertreter mitgeteilt, dass infolge der zu erwartenden weiteren *Verbesserung des Neugeschäfts keine größeren Verluste seines Einkommens* gegenüber dem Vorjahre entstehe. In der Beweisaufnahme hatte sich ergeben, dass die im Jahre 1990 gemachten Vorhersagen bezüglich der Einkommensentwicklung der Außendienstmitarbeiter des Bausparunternehmens im Wesentlichen eingetroffen waren, sodass mithin auch beim klagenden Bausparkassenvertreter *keine Provisionseinbußen* eingetreten wären, wenn er das Vertragsverhältnis fortgesetzt hätte. Im Übrigen ergab sich, dass zusätzlich eine Absprache zwischen dem Bausparunternehmen und allen Vertretern getroffen worden sei, dass über eine Ausgleichsregelung verhandelt werden solle, wenn diese Außendienstmitarbeiter sich aufgrund des neuen Provisionssystems schlechter stellen würden. Diese Zusage war eingehalten worden. Denn alle Bausparkassenvertreter erhielten unter der Voraussetzung, dass ihre Eigenproduktion nach Einführung der Neuregelung nicht unter der des Vorjahres lag, einen Ausgleich in der Weise, dass die Provisionsminderung in vollem Umfange erstattet wurde.

Diese Regelung entsprach nach Auffassung des Gerichts einem billigen Ermessen Rechnung tragenden Ausgleich der Interessen beider Vertragspartner, sodass mithin die Kündigung des Klägers nicht auf einen begründeten Anlass gestützt werden konnte. 1432

Fehlt es jedoch an derartigen Umständen, werden also die Vertragsbedingungen seitens des Unternehmers ohne eine entsprechende Ausgleichsregelung geändert, sodass sich die Vertragsänderungen für den Handelsvertreter nachteilig auswirken, muss von einer *Unzumutbarkeit* für den Handelsvertreter, weiterhin am Vertrage festzuhalten, mithin von einem begründeten Anlass ausgegangen werden. 1433

Gegen die Entscheidung des Oberlandesgerichts Karlsruhe vom 13.10.1992 hat der unterlegene Kläger *Verfassungsbeschwerde*[157] zum Bundesverfassungsgericht eingelegt, die zurückgewiesen wurde. 1434

Das Verhalten des Unternehmers führt zur *Schaffung einer Zwangslage* zu Lasten des Handelsvertreters auch dann, wenn dieser aus begründetem Anlass eine Vertragsbeendigung im *gegenseitigen Einvernehmen* anstrebt, der Unternehmer darauf aber nicht eingeht und den Handelsvertreter auf sein Kündigungsrecht verweist. Der vom Bundesgerichtshof in seinem Urteil vom 15.10.1976[158] entschiedene Sachverhalt betraf einen Fall, der sich vor der am 1.7.1976 in Kraft getretenen Änderung des § 89b Abs. 3[159] ereignete, als für 1435

---

157 Zur Verfassungsbeschwerde vgl. oben Rz. 1390, Aktenz. Bundesverfassungsgericht: 1 BvR 1624/92 – NJW 1996, 381 = HVR Nr. 791.
158 *BGH*, 15.10.1976 – I ZR 132/73 Sonderdruck aus Heft 1/1977 der Zeitschrift „Die Tankstelle".
159 Gesetz über die Kaufmannseigenschaft von Land- und Forstwirten und den Ausgleichsanspruch des Handelsvertreters vom 13.5.1976 (BGBl. I S. 1197); in Kraft getreten am 1.7.1976; vgl. zu Einzelheiten Rz. 351.

IX Ausschluss des Ausgleichsanspruches

den Handelsvertreter mithin noch nicht die Möglichkeit bestand, das Vertragsverhältnis **mit ausgleicherhaltender Wirkung aus krankheitsbedingten Gründen zu kündigen**, sodass also eine vom Handelsvertreter ausgesprochene Kündigung zum Wegfall des Ausgleichsanspruchs geführt hätte, woraus sich der Wunsch des Handelsvertreters erklärt, das Vertragsverhältnis im gegenseitigen Einvernehmen zu beenden.

1436 Kläger war hier ein **Tankstellenhalter**, der schwer erkrankt war und dem ein ärztliches Attest bescheinigte, dass er „aus gesundheitlichen Gründen nicht mehr in der Lage war, eine Tankstelle zu führen". Demgemäß versuchte der Handelsvertreter, eine einvernehmliche Vertragsbeendigung zu erreichen, um sich auf diese Weise den Ausgleichsanspruch zu erhalten. Als seine Bestrebungen nicht zum Erfolg führten, sprach er am 29. 3. 1971 die fristgerechte Kündigung des Vertragsverhältnisses aus. Der Bundesgerichtshof hat der Ausgleichsklage des Handelsvertreters stattgegeben, weil sich die von ihm ausgesprochene Kündigung bei der **gebotenen weiten Auslegung des Begriffs „Verhalten des Unternehmers"** unmittelbar aus § 89b Abs. 3 Satz 1 (in der damaligen Gesetzesfassung) rechtfertige. Er hat festgestellt, dass ein begründeter Anlass auch dann gegeben sein könne, wenn sich der **Handelsvertreter** aus gesundheitlichen Gründen **nicht mehr in der Lage sehe, seinen Vertragspflichten nachzukommen und der Unternehmer ein Verhalten an den Tag lege, das diesem Umstand nicht hinreichend Rechnung trage und die gebotene Rücksicht vermissen** lasse. Angesichts der im entschiedenen Sachverhalt gegebenen Situation hätte sich das vertretene Unternehmen billigerweise den Bemühungen des Handelsvertreters um eine einvernehmliche Lösung des Vertragsverhältnisses nicht verschließen und ihn nicht auf die Kündigung des Vertragsverhältnisses verweisen dürfen. Habe das Unternehmen in nicht zu billigender Weise dem Handelsvertreter **keine andere Wahl gelassen**, als das Vertragsverhältnis von sich aus zu kündigen, habe es ihm hierzu begründeten Anlass gegeben, sodass der Handelsvertreter durch seine Kündigung seinen Ausgleichsanspruch nicht verloren habe.

1437 Wenn auch dieses Urteil angesichts der Neufassung des § 89b Abs. 3 für den Fall einer auf gesundheitlichen Gründen beruhenden Vertragsbeendigung nicht mehr aktuell ist, sind indessen durchaus Fälle denkbar, in denen eine Situation vorliegt, durch die der Handelsvertreter in ähnlicher Weise in eine **Zwangslage** gerät, weil der Unternehmer es an der **gebotenen Rücksichtnahme** fehlen lässt[160].

12. Außervertragliches Verhalten des Unternehmers

1438 Das Oberlandesgericht Düsseldorf[161] hat entschieden, dass einer Aktiengesellschaft **das private Verhalten** eines ihrer Vorstandsmitglieder dann zuzurechnen sei, wenn es **Auswirkungen im Bereich ihrer Geschäftsführung** hervorgerufen habe, die das Handelsvertreterverhältnis unmittelbar berührten. In dem zu ent-

---
160 Vgl. Einzelheiten dazu in Rz. 400.
161 Urteil vom 14. 11. 1963, BB 1964 S. 1021 = HVR Nr. 223.

scheidenden Fall bestand zwischen einem Vorstandsmitglied einer Aktiengesellschaft und der Ehefrau eines Handelsvertreters, der für diese Gesellschaft tätig war, ein ehebrecherisches Verhältnis. Nach der Organisation der Gesellschaft war das betreffende Vorstandsmitglied für den Geschäftsbereich zuständig, der die geschäftlichen Angelegenheiten des Handelsvertreters umfasste. Als dieser von dem Liebesverhältnis erfuhr, kündigte er den Vertretervertrag.

In den Urteilsgründen wird ausgeführt, dass der begründete Anlass hier zwar nicht schon in dem ehebrecherischen Verhältnis allein gesehen werden könne, soweit es während seiner gesamten Dauer nur die *private Sphäre* des Vorstandsmitglieds berührt habe. Das ehebrecherische Verhältnis des Vorstandsmitglieds sei der Aktiengesellschaft als Vertragspartnerin des Handelsvertreters aber insoweit zuzurechnen, als es *Auswirkungen im Bereich der Geschäftsführung* hervorgerufen habe, die unmittelbar das Handelsvertreterverhältnis berührten. Der offene Bruch zwischen dem Handelsvertreter und dem Vorstandsmitglied, der nach der Aufdeckung des Tatbestands eingetreten sei, berühre aber nicht nur die private Sphäre des Vorstandsmitglieds, sondern greife auch in seine Obliegenheiten als Vorstandsmitglied der Aktiengesellschaft ein.

1439

13. Einführung des zentralen Direktinkassos in der Versicherungswirtschaft

In der Versicherungswirtschaft entstehen oft Meinungsverschiedenheiten darüber, ob die *Einführung des zentralen Direktinkassos* durch das Versicherungsunternehmen, die regelmäßig mit einer Provisionsminderung zu Lasten des Handelsvertreters verbunden ist, dem Handelsvertreter das Recht gibt, den bestehenden Vertrag aus begründetem Anlass mit ausgleichserhaltender Wirkung zu kündigen. Das Landgericht Düsseldorf[162] hat den *begründeten Anlass* für eine vom Versicherungsvertreter ausgesprochene Vertragskündigung *nicht anerkannt*.

1440

Im entschiedenen Falle wurde vom Versicherungsunternehmen für die bisher mit dem Beitragseinzug beauftragten Versicherungsvertreter eine Übergangsregelung getroffen, durch die das bisherige Inkassoentgelt allmählich bis auf einen den Vertretern verbleibenden Restbetrag vermindert wurde. Der kündigende Versicherungsvertreter hatte vorgetragen, dass die *Neuregelung des Prämieninkassos* für ihn zu einem Verlust von etwa 25% seiner bisherigen Einnahmen geführt hätte. Er nahm das Unternehmen auf Zahlung eines Ausgleichs in Anspruch, nachdem er das Vertragsverhältnis gekündigt und das vertretene Unternehmen die Zahlung eines Ausgleichs abgelehnt hatte.

1441

Das Landgericht hat festgestellt, dass die Tatsache, dass das Versicherungsunternehmen sein Inkassosystem umgestellt habe und dadurch dem Kläger zusätzliche Provisionen entgangen seien, *eine Kündigung aus begründetem Anlass nicht rechtfertige*. Denn es liege im Belieben des Unternehmens, wie es die Einziehung seiner Forderungen gestalte. Seine freie unternehmerische Entscheidung zur Umstellung des bisherigen Verfahrens könne daher nicht als begründeter

1442

---

[162] *LG Düsseldorf,* 14.4.1980, VersR 1980 S. 1143 = VW 1980 S. 977 und 1981 S. 203.

IX Ausschluss des Ausgleichsanspruches

Kündigungsanlass im Sinne des § 89b Abs. 3 Satz 1 angesehen werden. Das Landgericht hat des Weiteren darauf hingewiesen, dass das beklagte Versicherungsunternehmen den Kläger und seine übrigen Vertreter keineswegs von heute auf morgen vor vollendete Tatsachen gestellt, sondern eine *Übergangsregelung* eingeführt habe, die die Umstellung nur nach und nach vollzog und dem Kläger sogar einen Teil seiner bisherigen *Einkünfte aus der Inkassotätigkeit belassen* habe. Daher habe der Kläger hinreichend Gelegenheit gehabt, seine durch den Wegfall des Geldeinzugs frei werdende Arbeitskraft zur Erzielung anderer Provisionen zu verwenden. Im Übrigen stehe einem etwa immer noch spürbaren Einkommensverlust des Klägers darüber hinaus auch eine nicht *unerhebliche Einsparung* gegenüber, weil er nach der Einführung des zentralen Direktinkassos keinerlei Tätigkeiten im Bereich des Forderungseinzugs habe entfalten müssen. Die Unkosten, zu deren Abgeltung die Inkassoprovision letztlich gedacht gewesen sei, seien weggefallen, sodass auch der ohnehin nur teilweise Wegfall der dadurch resultierenden Provisionen vom Kläger hingenommen werden müsse. Letztlich handele es sich bei der Einführung des Zentralinkassos um nichts anderes als die zwangsläufige Folge einer *durchaus vernünftigen Rationalisierungsmaßnahme, mit der sich der Kläger habe abfinden müssen.*

14. Begründeter Anlass für Kündigung des Untervertreters

1443 Eine Kündigung aus begründetem Anlass kann auch bei *mehrstufigen Vertragsverhältnissen* dem echten [163] Untervertreter den Ausgleich erhalten, wenn er sich dem vertretenen Unternehmer, also dem Handelsvertreter als seinem Vertragspartner gegenüber auf § 89b Abs. 3 Ziff. 1 (1. Alternative) berufen kann. So hat der Bundesgerichtshof bereits in seinem Urteil vom 13.3.1969[164] anerkannt, dass ein Verhalten des Hauptvertreters dem Untervertreter begründeten Kündigungsanlass dadurch geben könne, dass er ihm *nach erfolgter Kündigung durch den Unternehmer keine Fortsetzung des Vertragsverhältnisses zu für den Untervertreter annehmbaren Bedingungen* geboten habe. Zwar sei der Handelsvertreter als Vertragspartner des Untervertreters dazu nicht notwendig vertraglich verpflichtet. Aber auch ein rechtmäßiges Verhalten des Unternehmers in einer Lage, in die er ohne eigenes Verschulden gekommen sei, könne dem Handelsvertreter begründeten Anlass zur Kündigung geben, wenn ihm eine Fortsetzung seiner Tätigkeit nicht zuzumuten sei. Dies gelte auch im Verhältnis zwischen Hauptvertreter und Untervertreter.

1444 Diese Auffassung hat der Bundesgerichtshof in seinem Urteil vom 23.5. 1984[165] bestätigt. In dem Sachverhalt, der jenem Urteil zu Grunde lag, hatte

---

163 Zum Begriff des „echten" Untervertreters vgl. oben Rz. 78 ff.
164 *BGH,* 13. 3. 1969 — VII ZR 174/66 — BGHZ, 52, 5 = BB 1969 S. 510 = DB 1969 S. 701 = HVR Nr. 396 = LM Nr. 33 zu § 89b HGB mit Anm. *Rietschel:* vgl. auch *BGH,* 20. 11. 1969, BB 1970 S. 101 = DB 1970 S. 152 = HVR Nr. 415 = HVuHM 1970 S. 116 = MDR 1970 S. 581 = VersR 1970 S. 250 = VW 1970 S. 268.
165 *BGH,* 23. 5. 1984, BB 1985 S. 226 = DB 1984 S. 2298 = EBE 1984 S. 313 = HVR Nr. 588 = VersR 1984 S. 1091.

das vertretene Unternehmen den Vertretervertrag mit dem Hauptvertreter gekündigt. Dieser hatte den Untervertreter von dieser Kündigung in Kenntnis gesetzt und ihm seine Absicht mitgeteilt, sich sofort um eine neue Vertretung bemühen zu wollen. Er wies den Untervertreter auch darauf hin, er könne das für eine Übergangszeit notwendige Einkommen durch eine Beteiligung an dem Ausgleich erhalten, den ihm das vertretene Unternehmen zahlen müsse. *Der Untervertreter kündigte* sein Vertragsverhältnis *und trat alsbald als Handelsvertreter in den Dienst des Fabrikanten, der den Hauptvertretervertrag gekündigt hatte.* Der *Bundesgerichtshof vertrat die Auffassung*, der Handelsvertreter habe einen begründeten Anlass zur Kündigung gehabt, weil der beklagte Hauptvertreter dem Kläger keine Fortsetzung des Vertragsverhältnisses zu annehmbaren Bedingungen geboten habe. Denn er habe keine konkreten Angaben darüber machen können, dass es ihm gelungen sei oder in absehbarer Zeit gelingen werde, eine neue Vertretung zu übernehmen. Der Umstand allein, dass es dem Beklagten in früheren Fällen bei Ausfall einer Vertretung gelungen sei, Handelsvertreter eines anderen Unternehmens mit der Folge zu werden, dass auch der Kläger ein neues Betätigungsfeld erhielt, stelle keine dem Kläger zumutbare Bedingung für eine Fortsetzung der Vertragsbeziehungen dar, denn es habe an jeder Konkretisierung gefehlt.

Ferner könne sich der Hauptvertreter nicht darauf berufen, der Kläger habe die Kündigung nicht wegen eines Verhaltens der Beklagten, sondern allein deshalb ausgesprochen, weil er mit dem vertretenen Unternehmen eine Absprache hinsichtlich der künftigen Zusammenarbeit getroffen habe. Dieser Gesichtspunkt sei nämlich deshalb nicht entscheidend, weil es nach dem Sinn und Zweck des § 89b Abs. 3 Satz 1 lediglich darauf ankomme, ob im Zeitpunkt der Kündigung des Handelsvertreters *objektiv ein Verhalten des Unternehmers* vorlag, aus dem der Vertreter einen begründeten Anlass für seine Kündigung habe herleiten können. Nicht entscheidend sei also, ob das *Verhalten des Unternehmers schon im Zeitpunkt der Kündigung Motiv für die Kündigung war*; es genüge vielmehr, dass der Handelsvertreter sich – wenn auch später, selbst *nach Ablauf der Ausschlussfrist* des § 89b Abs. 4 Satz 2 – auf diesen begründeten Anlass zur Kündigung berufe. Selbst dann also, wenn der Kläger zu der Kündigung durch die Absicht bestimmt worden sei, unmittelbar Handelsvertreter des vertretenen Unternehmens zu werden, sei er nicht gehindert gewesen, *das fehlende Angebot zur Weiterbeschäftigung durch den Beklagten zu angemessenen Bedingungen als begründeten Anlass für seine Kündigung heranzuziehen*. Diese Rechtslage allerdings schließe nicht aus, im Rahmen der Billigkeitserwägungen Gründe für die Vertragsauflösung mit zu berücksichtigen[166].

1445

Auch das OLG Köln hat jüngst entschieden, dass der Wegfall des Hauptlieferanten für den Handelsvertreter einen außerordentlichen Kündigungsgrund darstellen kann. Ein etwaiger Ersatzlieferant schließe das Kündigungsrecht nicht

1446

---

[166] *BGH*, 28. 11. 1975, BB 1976 S. 332 = DB 1976 S. 384 = EBE 1976 S. 99 = HVR Nr. 497 = HVuHM 1977 S. 454 = LM Nr. 50 zu § 89b HGB = NJW 1976 S. 671 = VersR 1976 S. 364.

IX Ausschluss des Ausgleichsanspruches

aus, wenn völlig offen sei, ob die Kunden die Produkte des neuen Lieferanten akzeptieren werden[166a].

V. Alters- oder krankheitsbedingte Eigenkündigung

1. Die Kündigungserklärung

1446a Der Handelsvertreter kann sich auf § 89b Abs. 3 Nr. 1 (2. Alternative) mit der Folge, dass seine Eigenkündigung nicht zum Ausschluss des Ausgleichsanspruchs führt, nur berufen, *wenn seiner Kündigung eindeutig zu entnehmen ist*, dass sie auf *Alters- oder Krankheitsgründe gestützt* wird. Dieser unmittelbare Zusammenhang zwischen Kündigung und Kündigungsanlass ergibt sich zwar nicht expressis verbis, wohl aber aus dem Sinn des Gesetzes[167]. Kündigt der Handelsvertreter statt dessen ohne nähere Begründung, läuft er Gefahr, dass seine Berufung auf § 89b Abs. 3 Ziff. 1 (2. Alternative) nicht anerkannt wird. Mit Recht hat Schröder[168] darauf hingewiesen, dass der Handelsvertreter die Kündigung als einseitige empfangsbedürftige Willenserklärung nicht einseitig wieder *zurücknehmen* und sie dann *durch eine ausdrücklich auf Alters- oder Krankheitsgründe gestützte Kündigung ersetzen* kann.

1447 Die Eigenkündigung gem. § 89b Abs. 3 Ziff. 1 (2. Alternative) kann sowohl als *fristgemäße* als auch als *fristlose* Kündigung ausgesprochen werden[169]. Zwar wird die fristlose Kündigung eines Vertragsverhältnisses durch den Handelsvertreter eher aus *krankheitsbedingten als aus altersbedingten Unzumutbarkeitsgründen* erfolgen. So ist eine krankheitsbedingte fristlose Kündigung insbesondere zulässig, wenn die Erkrankung unerwartet eingetreten und deren Dauer nicht abgesehen werden kann[170]. Denkbar ist aber eine fristlose Vertragsbeendigung aus wichtigem Grunde auch wegen altersbedingter Unzumutbarkeit weiterer Tätigkeit. Dies kann dann der Fall sein, wenn im Vertretervertrag besonders lange Kündigungsfristen vereinbart sind. Haben die Parteien etwa einen jeweils *auf 10 Jahre laufenden Handelsvertretervertrag mit Verlängerungsklausel* abgeschlossen, auf Grund deren er jeweils mit dreimonatiger Kündigungsfrist nur zum Ablauf einer Zehnjahresperiode gekündigt werden kann und hat der Handelsvertreter im Alter 60, weil er sich noch rüstig fühlte und um die nach altem Recht anderenfalls eintretenden nachteiligen Folgen zu vermeiden, von einer Kündigung abgesehen, kann, wenn er das Alter 65 erreicht hat, ein wichtiger Kündigungsgrund anzuerkennen sein, wenn es für den

---

166a *OLG Köln* vom 9. 8. 2002 – 19 U 59/02 – VersR 2003, 642.
167 *Schröder*, DB 1976, 1269, 1270; *Staub/Brüggemann*, § 89b, Rz. 94; MK/*von Hoyningen-Huene*, § 89b, Rz. 168; streitig: a. A. *HSW*, § 89b, Rz. 87; *Baumbach/Hopt*, § 89b, Rz. 60 und *Ebenroth/Löwisch*, § 89b, Rz. 57.
168 A.a.O.
169 *Küstner*, BB 1976 S. 630, 631 zu Ziffer 2c sowie in Rechtsfragen, 3. Auflage 1983 S. 3; ebenso *Schröder*, DB 1976 S. 1269, 1270, 1272. Vgl. auch *Maier*, BB 1978, S. 940. So jetzt auch *BGH*, 3. 5. 1995 – VIII ZR 95/94.
170 *BGH*, 3. 5. 1995 – VIII ZR 95/94 – BGHZ 129, 290 = NJW 1995, 1958 = HVR-Nr. 747.

Handelsvertreter aus Altersgründen unzumutbar (geworden) ist, bis zum Alter 75 weiter für den Unternehmer tätig zu sein.

2. Eigenkündigung aus Altersgründen

Für die Frage, wann einem Handelsvertreter die Fortsetzung seiner Tätigkeit wegen seines *Alters* nicht mehr zugemutet werden kann, lässt sich nur anhand der *Umstände des einzelnen Falles* beantworten. Für den Regelfall wird man allerdings wohl davon ausgehen dürfen, dass eine weitere Tätigkeit des Handelsvertreters für das vertretene Unternehmen mit der *Vollendung des 65. Lebensjahres* unzumutbar wird[171]. Denn wenn der Gesetzgeber für andere Berufsgruppen ganz allgemein das *Alter 65 als „Altersgrenze"* anerkennt, die für den Übergang vom aktiven Arbeitsleben in den Ruhestand maßgebend ist – diese Altersgrenze ist übrigens auch in zahlreichen Handelsvertreterverträgen als Beendigungszeitpunkt vorgesehen – ist nicht einzusehen, warum für den Handelsvertreter eine andere Altersgrenze maßgebend sein sollte. **1448**

Für *weibliche Handelsvertreter* dürfte – entsprechend der für Frauen üblicherweise niedriger liegenden Altersgrenze – die Unzumutbarkeitsgrenze bei Erreichen des *Alters 60* liegen. **1449**

Gleichwohl muss jede Schematisierung vermieden werden. Es sind durchaus Fälle denkbar, in denen der Tatbestand der altersbedingten Unzumutbarkeit weiterer Tätigkeit schon früher, andererseits aber – jedenfalls im Alter 65 – noch nicht anzuerkennen ist. Allein maßgeblich ist hier die Frage der Zumutbarkeit. **1450**

Neuerdings taucht immer wieder die Frage auf, ob ein Handelsvertreter seinen Ausgleich gefährde, wenn er auf Grund einer früheren *Pflichtmitgliedschaft zur gesetzlichen Rentenversicherung* das sog. *vorgezogene Altersruhegeld* in Anspruch nehmen und entsprechend früher aus dem Vertragsverhältnis ausscheiden möchte. Es dürfte aber als zweifelhaft anzusehen sein, ob schon der Umstand, ein vorgezogenes Altersruhegeld in Anspruch nehmen zu wollen, eine *Unzumutbarkeit* darstellt, am Vertrage festzuhalten. Allerdings darf nicht übersehen werden, dass die Inanspruchnahme des vorgezogenen Altersruhegeldes ohne gleichzeitige Beendigung des Vertreterv ertrages dem Handelsvertreter nicht viel nützt, weil er neben dem vorgezogenen Altersruhegeld nur in beschränktem Umfange Einkünfte haben darf[172]. **1451**

3. Eigenkündigung aus Krankheitsgründen

Erfolgt die Kündigung des Vertragsverhältnisses durch den Handelsvertreter mit Rücksicht auf eine von ihm behauptete *krankheitsbedingte Unzumutbarkeit* weiterer Tätigkeit, hinsichtlich deren er *beweispflichtig* ist, kommt es da- **1452**

---

[171] Ebenso *Schröder,* DB 1976 S. 1269, 1271 zu 3e) aa) und *Maier,* BB 1978 S. 940; *Küstner,* BB 1976 S. 630, 631 zu Ziffer 2; MK/*von Hoyningen-Huene,* § 89b Rz. 170; *Ebenroth/Löwisch,* § 89b Rz. 59; *Westphal,* Band 1 Rz. 1148; *Arndt,* DB 1999, 1789; OLG Düsseldorf, DB 1980, 2418.
[172] Vgl. Bd. 1 Rz. 1652 Fn. 74.

IX Ausschluss des Ausgleichsanspruches

rauf an, ob es sich um eine nur *vorübergehende* oder um eine *dauernde Erkrankung* handelt. Eine nur vorübergehende Unzumutbarkeit (Beispiel: Bruch beider Arme infolge eines Autounfalls) dürfte eine Eigenkündigung unter Berufung auf § 89b Abs. 3 Ziff. 1 (2. Alternative) nicht rechtfertigen, es sei denn, dass gleichzeitig auch eine Berufung auf Altersgründe in Betracht kommt. Stets aber kommt es auf den im Zeitpunkt der Vertragskündigung vorliegenden *objektiven Tatbestand* an und nicht darauf, wie die im Zeitpunkt der Vertragskündigung gegebene Situation *nachträglich* beurteilt wird.

1453 Der Bundesgerichtshof hat in seinem Urteil vom 29.4.1993[173] dazu festgestellt: Eine Krankheit im Sinne von § 89b Abs. 3 Ziff. 1 (2. Alternative) liegt dann vor, wenn eine Störung des gesundheitlichen Zustandes *schwerwiegend* und von *nicht absehbarer Dauer* ist und sie dadurch zu einer auch mit *Ersatzkräften* nicht behebbaren *nachhaltigen Verhinderung in der Absatztätigkeit* für den Unternehmer führt. In dem genannten Urteil hat der Bundesgerichtshof auf den Unterschied zwischen einer Krankheit i.S. des § 89b Abs. 3 Ziff. 1 und der *Schwerbehinderteneigenschaft* des Handelsvertreters i.S. des § 4 Abs. 5 Satz 2 SchwbG hingewiesen. Dies ist von besonderer Bedeutung, weil in der Praxis eine anerkannte *Schwerbehinderung* oft mit einer Krankheit gleichgesetzt wird, die ausreiche, dem Handelsvertreter ein weiteres Festhalten am Vertrage unzumutbar zu machen.

1454 Der Bundesgerichtshof hat aber festgestellt, dass der Grad der Behinderung gem. § 4 Abs. 5 Satz 1 SchwbG keineswegs die Frage präjudiziere, ob dem Handelsvertreter die Fortsetzung seiner Tätigkeit zugemutet werden könne. Denn die Bestimmung des § 89b Abs. 3 Ziff. 1 (2. Alternative) gehöre nicht zu den Vergünstigungen i.S. von § 4 Abs. 5 Satz 2 SchwbG. Die Anerkennung als Schwerbehinderter, die gegenüber jedermann Bindungswirkung entfalte[174], besage nur abstrakt, dass der Handelsvertreter in den verschiedenen Bereichen des täglichen Lebens Funktionseinschränkungen in körperlicher, geistiger oder seelischer Hinsicht unterliege. Die Schwerbehinderteneigenschaft berechtige in diesem Zusammenhang zur Inanspruchnahme von Vergünstigungen, die an sie anknüpfen, wie z.B. der Kündigungsschutz im Arbeitsverhältnis oder die Rundfunkgebührenbefreiung[175].

1455 Die Anerkennung als Schwerbehinderter habe dagegen *keine unmittelbaren Auswirkungen auf die Vertragsbeziehungen der Parteien*. Voraussetzung für den Erhalt des Ausgleichsanspruchs bei einer Eigenkündigung sei allein die *krankheitsbedingte Unzumutbarkeit* der Fortsetzung des Vertragsverhältnisses, für die allein der Grad der Behinderung aber kein verlässlicher Maßstab sei, da der Grad der Behinderung nur abstrakt und nicht auf Grund der konkreten beruf-

---

[173] BGH, 29.4.1993 mit Anmerkung *Küstner/v. Manteuffel/Evers*, EWiR § 89b 2/93, 901, BB 1993 S. 1312 = NJW-RR 1993 S. 996 = MDR 1993 S. 853 = WM 1993 S. 1681 = VW 1994 S. 196.
[174] Vgl. *BVerwG*, Urt. v. 17.12.1982 BVerwGE 66, 315 und 72 S. 8; BSG AP Nr. 1 zu § 3 SchwbG = EzA Nr. 1 zu § 3 SchwbG.
[175] Vgl. *Neumann/Pahlen*, SchwbG, 8. Auflage, § 4 Rz. 32.

lichen Einschränkungen festgestellt werde. Die tatbestandlichen Voraussetzungen für die Bejahung der Schwerbehinderteneigenschaft einerseits und für die Bejahung der krankheitsbedingten Unzumutbarkeit der Vertragsfortführung andererseits deckten sich nicht[176]. Allerdings stelle die *Anerkennung als Schwerbehinderter ein Indiz* dafür dar, dass die vom Handelsvertreter geltend gemachte *Gesundheitsbeeinträchtigung nicht unerheblich* sei, und sie sei deshalb auch bei der Beurteilung etwa vorgelegter ärztlicher Atteste heranzuziehen.

Art. 18 lit. b der Richtlinie des Rates der EG vom 18.12.1986 enthält neben den Merkmalen Alter und Krankheit zusätzlich den Begriff *Gebrechen*. Der deutsche Gesetzgeber hat bei der Umsetzung der Richtlinie im Gesetz vom 23.10.1998 von der Übernahme dieses Begriffes abgesehen, weil aufgrund der seinerzeit schon gefestigten höchstrichterlichen Rechtsprechung und der einheitlichen Literaturmeinung davon ausgegangen werden konnte, dass das geltende Recht zu dem von der Richtlinie vorgesehenen Ergebnis führe[177]. Eine europarechtskonforme Auslegung der Nr. 89b Abs. 3 Nr. 1, 2. Alt. muss jedoch den Begriff des Gebrechens als ausgleichserhaltenden Kündigungsgrund mit umfassen. 1456

Verschweigt der Handelsvertreter bei den Verhandlungen bezüglich der Vertretungsübernahme, dass er an einer *schweren Erkrankung* leidet und fordert er später nach erfolgter Eigenkündigung eine Ausgleichszahlung, kann der Unternehmer die Zahlung verweigern[178]. Mit Recht hat das Oberlandesgericht München in seinem Urteil vom 16.9.1987[179] den Einwand des Unternehmers für erheblich und begründet gehalten, eine Ausgleichsverpflichtung bestehe nicht, weil der Handelsvertreter bei den Vertragsverhandlungen seine schon damals bestehende Krankheit habe *offenbaren* müssen. Das Gericht hat die *Erfüllungsverweigerung* unter Berufung auf den Grundsatz von *Treu und Glauben* und der unzulässigen Rechtsausübung begründet. Denn der Handelsvertreter habe bei den Vertragsverhandlungen seine *Aufklärungspflicht verletzt*[180]; er habe erkennen müssen, dass seine Krankheit für den Unternehmer ein *außergewöhnliches Risiko* darstelle, das er nicht eingegangen wäre, wenn ihm der schlechte Gesundheitszustand des Handelsvertreters bekannt gewesen wäre. 1457

4. Die Unzumutbarkeit weiterer Vertretertätigkeit

Alters- oder Krankheitsgründe, auf die sich der Handelsvertreter bei seiner Eigenkündigung stützt, brauchen lediglich zur Unzumutbarkeit seiner weiteren *Handelsvertretertätigkeit* zu führen, nicht aber zur *generellen Erwerbsunfähigkeit*[181]. Die Frage der Unzumutbarkeit weiterer Handelsvertretertätigkeit ist 1458

---

176 *BVerwG*, Urt. v. 17.8.1988 BVerwGE 80 S. 54, 57.
177 Vgl. *Ankele*, DB 1989, 2211 und *Saenger*, S. 19.
178 *BGH*, 24.5.1976, BGHZ 66, 302, 305.
179 *OLG München*, 16.9.1987, HVR Nr. 639.
180 *BGH*, 12.11.1969, NJW 1970 S. 653, 655 mit abl. Anm. *Putzo* sowie Urteil vom 26.3.1981, NJW 1981 S. 1673.
181 So auch *Schröder*, DB 1976 S. 1269, 1271 r. Sp.

IX Ausschluss des Ausgleichsanspruches

auch lediglich im Hinblick auf das *gekündigte Vertragsverhältnis* zu prüfen. Stets kommt es für die Frage, ob Alters- oder Krankheitsgründe vorliegen, darauf an, ob die Fortsetzung der Tätigkeit diesem Handelsvertreter für *diesen Unternehmer* auf der Grundlage der getroffenen vertraglichen Vereinbarungen zuzumuten ist oder nicht, und zwar auf der Basis eines *objektiven Beurteilungsmaßstabes*[182]. Deshalb können sich sogar bei einem einzelnen Handelsvertreter bezüglich *mehrerer von ihm ausgeübter Handelsvertretungen unterschiedliche Maßstäbe* rechtfertigen. Denn es sind Fälle denkbar, in denen angesichts des Alters und des Gesundheitszustandes des Handelsvertreters eine weitere Ausübung *sämtlicher Vertretungen zwar unzumutbar* erscheint, eine weitere Tätigkeit für einige oder einen einzelnen Unternehmer jedoch zumutbar. Der Handelsvertreter muss mithin berechtigt sein, einzelne Vertretungen zu kündigen, *andere aber fortzuführen*, ohne dass die weitere – wenn auch eingeschränkte – Tätigkeit die Berufung auf die Unzumutbarkeit im Übrigen zwangsläufig ausschließt[183].

1459 Diese Auffassung wird auch vom Bundesgerichtshof in seinem Urteil vom 29.4.1993[184] vertreten. Das Berufungsgericht hatte den Anspruch des Klägers auf Zahlung eines Ausgleichs u.a. mit der Begründung zurückgewiesen, dieser Anspruch scheitere auch daran, dass der Kläger *seine berufliche Tätigkeit* nach der Kündigung des Vertragsverhältnisses *nicht aufgegeben* und auch nicht erheblich reduziert habe. Dazu hat der Bundesgerichtshof festgestellt, dass die tatsächliche Aufgabe der Tätigkeit bzw. deren erhebliche Reduzierung nach dem Gesetzeswortlaut nicht Voraussetzung für das Bestehenbleiben des Ausgleichsanspruchs dem Grunde nach sei. Das Gesetz stelle auf den *objektiven Begriff der Unzumutbarkeit* ab. Lägen die Voraussetzungen vor, die eine Fortsetzung des Vertragsverhältnisses krankheitsbedingt unzumutbar erscheinen ließen, werde dem Handelsvertreter eine Kündigungsmöglichkeit eröffnet, ohne seinen Ausgleichsanspruch deswegen zu verlieren. Entschließe er sich gleichwohl, *seine berufliche Tätigkeit nicht einzustellen*, könne dem im Rahmen der Billigkeitsprüfung gem. § 89b Abs. 1 Nr. 3 hinreichend Rechnung getragen werden. Auch aus dem Gesetzgebungsverfahren ergäben sich *keine Anhaltspunkte für die* vom Berufungsgericht vorgenommene *restriktive Auslegung des § 89b Abs. 3 Ziff. 1 HGB.*

1460 Als Umstände des Einzelfalles, die für die Frage der Unzumutbarkeit oder Zumutbarkeit weiterer Tätigkeit des Handelsvertreters von Bedeutung sein können, sei auf die Notwendigkeit *eigener Reisetätigkeit* des Handelsvertreters, die Größe des Bezirks, *den Einsatz eigener Untervertreter* oder Reisender, die *Ausstattung seines Büros, Anzahl und Umfang der notwendigen Kundenge-*

---

[182] Mit Recht hat der *BGH* (Urt. vom 22.9.1993 – IV ZR 203/92, unveröffentlicht) auf Art und Umfang der vom Handelsvertreter geschuldeten Tätigkeit und die Struktur seines Betriebes abgestellt.
[183] *Küstner,* BB 1976 S. 630, 632 li. Sp.; *Maier,* spricht hier mit Recht von einer „relativen Unzumutbarkeit", BB 1978 S. 940.
[184] *BGH,* 29.4.1993, BB 1993 S. 1312 = NJW-RR 1993 S. 996 = MDR 1993 S. 853 = WM 1993 S. 1681 mit Anm. *Küstner,* EWiR § 89b 2/93 S. 901.

spräche u. dgl. hingewiesen. So wird die Frage der unzumutbaren weiteren Vertretertätigkeit wesentlich vom **notwendigen persönlichen Einsatz des Handelsvertreters** abhängig sein. Dies ist beispielsweise bei einer Schmuckvertreterin der Fall, wenn ihr ab sofort ärztlicherseits das Ein- und Ausladen und der Transport der schweren Kollektionskoffer verboten wird und sie bis Ende des Jahres krankgeschrieben wird[185]. Umgekehrt wird eine weitere Vertretertätigkeit je eher zumutbar sein, in desto stärkerem Umfange der Handelsvertreter *eigene Außendienstmitarbeiter* einsetzen und deshalb die von ihm geschuldete Tätigkeit selbst von seinem Büro aus ausüben kann.

Die Praxis lehrt, dass in der weit überwiegenden Zahl der Fälle, in denen der Handelsvertreter die von ihm ausgesprochene Kündigung auf die Unzumutbarkeit weiterer Vertretertätigkeit aus krankheitsbedingten Gründen stützt, über die Frage der vom Handelsvertreter behaupteten Unzumutbarkeit weiterer Vertretertätigkeit zwischen den Parteien kein Streit besteht und die vom Handelsvertreter ausgesprochene Kündigung nicht vom Unternehmer zum Anlass genommen wird, die Unzumutbarkeit zu bestreiten. Soweit ersichtlich, liegt zu dieser Frage bisher nur ein Urteil des OLG München[186] vor, durch das der Ausgleichsrechtsstreit eines *Tankstellenhalters* entschieden und die Ausgleichsklage deshalb abgewiesen worden war, weil das Gericht die Auffassung vertrat, es fehle an einer auf krankheitsbedingten Gründen beruhenden Unzumutbarkeit einer Fortsetzung der Tätigkeit des Klägers. Der Bundesgerichtshof[187] hat die Annahme der gegen das Urteil des OLG München vom 6.6.1984 eingelegten Revision mangels grundsätzlicher Bedeutung der Rechtssache einerseits und mangelnder Erfolgsaussichten andererseits abgelehnt.

1461

Dem Rechtsstreit lag folgender Sachverhalt zu Grunde: Der Tankstellenhalter hatte das mit der Mineralölgesellschaft bestehende Vertragsverhältnis gekündigt und vorgetragen, er sei wegen Krankheit nicht mehr in der Lage gewesen, die von ihm verwaltete Tankstelle weiterzuführen. Dafür berief er sich auf das Attest eines Facharztes für innere Medizin, worin er angewiesen worden sei, wegen auftretender Herzrhythmus-Störungen und Lumbalgien die Tankstelle aufzugeben. Die beklagte Mineralölgesellschaft hat die behauptete Unzumutbarkeit der Fortsetzung der Vertretertätigkeit bestritten und vorgetragen, die Behauptungen des Klägers über seine Krankheit seien falsch; auch habe er das geforderte ärztliche Attest nicht beigebracht. Um über die Behauptung des Klägers Gewissheit zu gewinnen, er sei auf Grund einer Krankheit nicht mehr in der Lage gewesen, den vom ihm verwalteten Tankstellenbetrieb durchzuführen, wurde sowohl im erstinstanzlichen als auch im zweitinstanzlichen Verfahren eine Arbeitsmedizinerin als Gutachterin gehört. Diese kam zu dem Schluss, dass die Aufgabe der Tätigkeit des Klägers als Verwalter einer Selbstbedienungstankstelle nach ärztlichem Dafürhalten nicht gerechtfertigt gewesen sei.

1462

---

185 *BGH*, 3.5.1995 – VIII ZR 95/94, a.a.O.
186 *OLG München*, 6.6.1984 – 7 U 5785/83 – auszugsweise abgedruckt in Autohaus 1986 S. 62 (Heft 3) und 75 (Heft 4).
187 *BGH*, Beschl. vom 15.5.1985 – I ZR 174/84.

IX Ausschluss des Ausgleichsanspruches

Das Gericht war zudem der Meinung, dass die Auffassung des Privatgutachtens von dem Standpunkt ausgehe, was für den Kläger und dessen Gesundheit absolut am günstigsten wäre, dass diese Auffassung aber nicht mit der Zumutbarkeit identisch sei, die bisherige Arbeit fortzusetzen, worauf nach § 89b Ziff. 3 abzustellen sei.

1463 Die nach § 89b Abs. 3 Satz 1 entscheidende Frage der Zumutbarkeit sei nicht daran zu messen, wie der Kläger sie auf Grund des von ihm eingeholten Gutachtens beurteilt habe. Vielmehr seien dafür **objektive Umstände** maßgebend, die das Gericht mit Hilfe der Sachverständigen ermittelt habe. Würde man die Auffassung vertreten, dass es auf ein **privatärztliches Gutachten** ankomme, würde dies darauf hinauslaufen, dass der jeweils behandelnde Arzt, auf den der Handelsvertreter vertraue, letztlich über den Bestand des Ausgleichsanspruchs zu entscheiden habe, je nachdem, wie sein Attest ausfalle. Diesem Risiko könne der Handelsvertreter nur dadurch begegnen, dass er sich einer **objektiven amtsärztlichen Untersuchung** eines **Arbeitsmediziners** unterwerfe, um feststellen zu lassen, ob ihm die Fortsetzung seiner Tätigkeit zuzumuten sei oder nicht. Hierfür genüge es nicht, sich auf die Empfehlungen des Hausarztes zu verlassen.

1464 Es bedarf keiner näheren Erläuterung, dass die im Urteil des Oberlandesgerichts München vom 6.6.1984 vertretene Auffassung für Handelsvertreter von ganz erheblicher, und zwar nachteiliger Bedeutung ist, wenn hier auch berücksichtigt werden muss, dass das Urteil den Ausgleich eines Tankstellenhalters betraf und die Frage der Zumutbarkeit bei einem Reisevertreter möglicherweise anders zu beurteilen gewesen wäre. Denn praktisch bleibt dem Handelsvertreter, wenn der Unternehmer die auf krankheitsbedingten Ursachen beruhende Unzumutbarkeit der Tätigkeitsfortsetzung bestreitet, nur die Möglichkeit, rechtzeitig, also alsbald nach der Vertragskündigung, ein **gerichtliches Beweissicherungsverfahren** mit einem gerichtlich bestellten **medizinischen Sachverständigen** durchzuführen. Aber auch ein solches Beweissicherungsverfahren könnte dann zu einem für den Handelsvertreter negativen Ausgang führen, wenn das Gericht, wie dies in dem am 6.6.1984 entschiedenen Sachverhalt geschehen war, als medizinischen Sachverständigen einen **Arbeitsmediziner** einsetzt, der generell mit Problemen von Arbeitnehmern, **nicht aber von Selbstständigen** befasst ist, sodass er deshalb regelmäßig von einer **maximal 40-stündigen Regelarbeitszeit** ausgeht und eine gerade bei Handelsvertretern, aber auch bei Tankstellenhaltern oft anzutreffende doppelt so umfangreiche Arbeitsleistung gar nicht für möglich hält. Ohne ein Beweissicherungsverfahren besteht für den Handelsvertreter außerdem immer die Gefahr, dass sein Gesundheitszustand zu einem Zeitpunkt zum Gegenstand eines Sachverständigengutachtens gemacht wird, zu dem die Vertragsbeendigung möglicherweise **bereits Jahre zurückliegt** und sich dann der Gesundheitszustand des Handelsvertreters durch die seitdem eingetretene Schonung oft gebessert haben wird.

5. Vertraglich vereinbarte Altersgrenze

Die in § 89b Abs. 3 Ziff. 1 zu Gunsten des Handelsvertreters getroffene Regelung wird im Hinblick auf die Eigenkündigung bei altersbedingter Unzumutbarkeit weiterer Tätigkeit gegenstandslos, sofern im Vertretervertrage eine Bestimmung enthalten ist, wonach der *Vertretervertrag automatisch endet*, ohne dass es einer diesbezüglichen Kündigung bedarf, wenn der Handelsvertreter ein *bestimmtes Alter erreicht* hat[188]. Eine solche Regelung geht der im Gesetz vorgesehenen Kündigungsmöglichkeit aus altersbedingten Unzumutbarkeitsgründen vor, sodass mit Rücksicht auf § 89b Abs. 3 Ziff. 1 nicht nachträglich die Vertragsbeendigung bei Erreichen der vertraglich vorgesehenen Altersgrenze von der Frage der Unzumutbarkeit weiterer Tätigkeit abhängig gemacht werden kann. Eine solche vertragliche Altersgrenze bietet sich insbesondere für Verträge mit jenen Handelsvertretern an, die ihre Tätigkeit nicht als Einzelkaufmann, sondern in Form einer Personengesellschaft oder Kapitalgesellschaft, insbesondere als Ein-Mann-GmbH ausüben.

1465

Derartige Beendigungsklauseln enthalten auch die *„Grundsätze"*, die in der Versicherungswirtschaft für die Errechnung und Abwicklung von Ausgleichsansprüchen zwischen den Unternehmer- und Vertreterverbänden vereinbart wurden. Aufgrund einer Erweiterung des Katalogs der Beendigungstatbestände, die im Allgemeinen als den Ausgleichsanspruch begründend anerkannt werden, wird ein Ausgleichsanspruch im Rahmen der „Grundsätze" schon seit längerer Zeit regelmäßig auch bei einer *vertraglichen Beendigung* oder *einvernehmlichen Vertragsaufhebung* wegen Vorliegens einer unverschuldeten und auf andere, zumutbare Weise nicht *behebbaren persönlichen Zwangslage* des Vertreters anerkannt[189]. Gleichzeitig haben die beteiligten Verbände vereinbart, die Fußnote 1 der „Grundsätze" dahingehend umzuformulieren[190], dass der Vertragsaufhebung im Allgemeinen bei Vollendung des 65. Lebensjahres des Vertreters beiderseits zugestimmt werden sollte. Damit ist eindeutig klargestellt worden, dass regelmäßig ein Versicherungsvertretervertrag im Alter 65 aus Altersgründen beendet wird, sodass auch die Erreichung der Altersgrenze zur Entstehung eines nach den „Grundsätzen" abzuwickelnden Ausgleichsanspruchs führt.

1466

6. Kündigung einer Vertretungsgesellschaft

Problematisch sind diejenigen Fälle, in denen die Handelsvertretung von einer *Vertretungsgesellschaft* ausgeübt wird. Hier fragt es sich, ob eine Anwendung des § 89b Abs. 3 Ziff. 1 (2. Alternative) auch dann in Betracht kommen kann, wenn ein einzelner Gesellschafter oder gar der *Geschäftsführer* der Gesellschaft aus alters- oder krankheitsbedingten Gründen, die *in seiner Person* entstanden sind, das Vertragsverhältnis kündigt. Die Literatur orientiert sich hier

1467

---

188 Vgl. oben Rz. 358 ff.
189 Vgl. dazu 27. Geschäftsbericht des Gesamtverbandes der Versicherungswirtschaft 1974/75 S. 98.
190 Vgl. Wortlaut der „Grundsätze".

IX Ausschluss des Ausgleichsanspruches

an den bislang – soweit ersichtlich einzigen – Entscheidungen des OLG Hamm aus dem Jahre 1982 und des Kammergerichts aus dem Jahre 1985, die zu gegensätzlichen Ergebnissen gelangt sind[191]. Die Literatur geht – der nachstehend näher zitierten Entscheidung des Kammergerichts folgend – bei *Personengesellschaften*, d. h. bei der *offenen Handelsgesellschaft (oHG)* und der *Kommanditgesellschaft (KG)* davon aus, dass diese ausgleichserhaltend kündigen können, wenn dem *maßgeblichen Gesellschafter* aus alters- oder krankheitsbedingten Gründen eine weitere Wahrnehmung der ihm obliegenden Vermittlungstätigkeit nicht mehr zumutbar ist[192]. Dies gilt zumindest dann, wenn die alters- bzw. krankheitsbedingten Gründe bei demjenigen Gesellschafter erfüllt sind, *auf dessen Person die Zusammenarbeit mit dem vertretenen Unternehmer zugeschnitten ist.* In Betracht kommen also in erster Linie solche Fälle, in denen der Handelsvertreter eine Kommanditgesellschaft begründet hat, er selbst persönlich haftender Gesellschafter ist und nahe Familienangehörige Kommanditisten sind oder wenn eine offene Handelsgesellschaft aus dem „eigentlichen" Handelsvertreter und seinen Familienangehörigen besteht[193].

1468 Das Kammergericht hat in einem Urteil vom 22.5.1985[194] eine ausgleichserhaltende Kündigung wegen Alters- und/oder Krankheitsgründen auch bei einer Personengesellschaft anerkannt, wenn die Gesellschaft mit der natürlichen Person ihres Gesellschafters *„steht und fällt".* Im entschiedenen Falle handelte es sich um ein *Familienunternehmen*, das jedoch nicht – wie häufig fälschlich zitiert – als einfache Personenkommanditgesellschaft, sondern als GmbH & Co. KG organisiert und der Vertretervertrag mit dieser *„kapitalistischen Personengesellschaft"* abgeschlossen worden war. Der persönlich haftende Gesellschafter war der Alleinverantwortliche. Außer ihm war nur noch seine Ehefrau als – seinerzeit zur GmbH-Gründung notwendige zweite – Gesellschafterin an der Komplementär-GmbH beteiligt. Die Handelsvertretertätigkeit war *ausschließlich auf den persönlich haftenden Gesellschafter* abgestellt und dabei blieb es auch nach der Gründung der Kommanditgesellschaft. Das Kammergericht hat festgestellt, dass bei einer derartigen Sachlage, wenn also die Vertreter-Gesellschaft derart auf die Persönlichkeit des als Handelsvertreter tätigen persönlich haftenden Gesellschafters abgestellt sei, dies – zur Vermeidung eines unbilligen Ergebnisses – die Anwendung der Ausnahmeregelung in § 89b Abs. 3 Ziffer 1 rechtfertige. Diese Auffassung dürfte auch vom Bundesgerichtshof geteilt werden, weil er die Annahme der gegen das Urteil des Kammergerichts vom 22.5.1985 von der Beklagten eingelegten Revision mangels grundsätzlicher Bedeutung durch Beschluss vom 20. März 1986 abgelehnt hat[195].

---

191 *OLG Hamm*, 12.7.1982 – 18 U 5/82 – HVR-Nr. 569; *Kammergericht*, 22.2.1985 – 14 U 1051/84 – HVR-Nr. 659.
192 Haumann, HVuHM 1986 S. 788; *Meeser*, HV 1989 S. 136; vgl. ausführlich *Maier*, BB 1978 S. 940/941 zu Ziff. 6; vgl. aber *Brüggemann*, § 84 Rz. 86; *Küstner*, BB 1976, 631; HSW, § 89b Rz. 86; *Baumbach/Hopt*, § 89b, Rz. 60; MK/*von Hoyningen-Huene*, § 89b, Rz. 169; *Westphal*, Bd. 1, Rz. 1156.
193 *Meeser*, HVJ 1989 S. 136.
194 *KG*, 22.2.1985, HVR Nr. 659.
195 *BGH*, Beschluss vom 20.6.1986, unveröffentlicht.

Dagegen hat das *Oberlandesgericht Hamm* mit Urteil vom 12.7.1982 einer **1469** als *GmbH* geführten Handelsvertretung *die Möglichkeit einer ausgleicherhaltenden Kündigung* rundweg *abgesprochen*. Eine direkte Anwendung des § 89 Abs. 3 Nr. 1 (damals noch S. 1) scheitere schon begrifflich daran, dass bei einer juristischen Person weder von Alter noch von Krankheit die Rede sein könne. Diese Regelung sei auch nicht entsprechend anzuwenden, wenn die Kündigung durch eine GmbH deshalb erfolgt sei, weil derjenige, der die Vertretergeschäfte ausführe, diese aus Alters- oder Krankheitsgründen nicht mehr fortführen wolle. Es könne – so das OLG Hamm – dahingestellt bleiben, ob eine entsprechende Anwendung auf Personen-Handelsgesellschaften zu bejahen sei, wie dies die Literatur annehme. Eine Anwendung der auf natürliche Personen bezogenen gesetzlichen Regelung scheitere bei einer Kündigung durch eine GmbH daran, dass bei dieser die Person des Tätigen beliebig austauschbar sei und daher in den Hintergrund trete. Die Bestellung des Geschäftsführers einer GmbH sei jederzeit widerruflich, sodass der Auftraggeber einer GmbH immer damit rechnen müsse, dass andere Personen als die zunächst tätig werdenden für die GmbH die Geschäfte des Handelsvertreters ausführen würden. Dies gelte auch dann, wenn es sich um eine sog. „Ein-Mann-GmbH" handle. Auch hier sei die Person des die Handelsvertretergeschäfte Ausführenden jederzeit austauschbar. Eine GmbH, die diese Vorteile des Personenwechsels in Anspruch nehme, könne sich bei Ausscheiden dieser Person nicht darauf berufen, dass die Fortführung der Handelsvertretertätigkeit unzumutbar geworden sei. Andernfalls wäre auch die Möglichkeit zu Manipulationen gegeben. Eine GmbH könne sich dann nämlich beliebig ohne Verlust des Ausgleichsanspruchs vom Handelsvertretervertrag lösen, indem sie eine Person mit den Handelsvertretergeschäften betraue, die nach kurzer Zeit wegen Alters und Krankheit ausscheide.

Dieser Entscheidung folgend, hat die überwiegende Literatur bislang bei der **1470** GmbH die Möglichkeit einer ausgleichserhaltenden Kündigung abgelehnt[196]. Neuerdings mehren sich allerdings in der Literatur kritische Stimmen, die diese unterschiedliche Behandlung der Kündigungsmöglichkeiten bei Personengesellschaften einerseits und Kapitalgesellschaften andererseits für nicht richtig halten[197]. Formal gesehen ist die Begründung des OLG Hamm sicherlich richtig. Bei einer GmbH, auch wenn sie als *„Ein-Mann-GmbH"* existiert, ist theoretisch der Gesellschafter jederzeit austauschbar. Dies gilt aber eben nur in der Theorie. Beim Vertrieb von Waren und Dienstleistungen aller Art entscheiden nun einmal die Fähigkeiten der Person, welche die Verhandlungen und Verkaufsgespräche führen und damit das Vertriebsprodukt für das Unternehmen erfolgreich absetzen kann. Hinter dieser wirtschaftlichen Realität sollte das Krite-

---

[196] *Meeser*, HV 1989, 136; *Baumbach/Hopt*, § 89b, Rz. 60; *HSW*, § 89b, Rz. 86; MK/*von Hoyningen-Huene*, § 89b, Rz. 169; ebenso noch *Westphal*, Neues Handelsvertreterrecht, S. 143 und *Küstner* in der Vorauflage und in Röhricht, *Graf von Westphalen*, § 89b, Rz. 88; *Emde*, GmbHR 1999, 1005, 1010.

[197] *Westphal*, Bd. 1, Rz. 1157f und BB 1999, 2517; *Arndt*, DB 1999, 1789; *Thume*, BB 1999, 2309 (2313f.).

IX Ausschluss des Ausgleichsanspruches

rium der Rechtsform eigentlich zurückstehen[198]. Es kann letztlich nicht entscheidend sein, in welcher Art von Gesellschaftsform der Handelsvertreter sein kaufmännisches Unternehmen betreibt. Die Vertriebstätigkeit hängt in gleicher Weise an seiner Person, wenn er eine Personengesellschaft bildet, wie wenn er eine *Ein-Mann-GmbH* gründet. In der Vergangenheit haben viele Handelsvertreter vielfach nach jahrelanger Tätigkeit als Einzelkaufmann ihren Betrieb aus steuerrechtlichen Gründen in eine GmbH umgewandelt und ihre Vertriebstätigkeit mit den verbundenen Unternehmen in gleicher Weise unverändert fortgeführt. Gerade bei einer solchen Ein-Mann-GmbH steht und fällt die Vertriebstätigkeit mit der natürlichen Person ihres Alleingesellschafters. Wird dieser alt oder krank, ist es ihm häufig gar nicht möglich, einen geeigneten Nachfolger zu finden. Dieser müsste auch die Zustimmung des vertretenen Unternehmens finden, denn andernfalls wäre möglicherweise der Austausch des Alleingesellschafters für das Unternehmen ein wichtiger Grund, den Vertrag mit der GmbH zu beenden, weil zwischen Unternehmen und dem Agierenden, unabhängig von der Rechtsform, ein ganz wesentliches Vertrauensverhältnis bestehen muss. Auch für eine Handelsvertreter-GmbH muss daher in gleicher Weise ein ausgleichserhaltendes Kündigungsrecht angenommen werden, wenn diese Firma mit dem Ausfall der alt gewordenen oder erkrankten Person, welche die Vertretertätigkeit ausübt, steht und fällt.

1471 Die genaue Analyse der beiden genannten Urteile zeigt im Übrigen, dass die Situation in dem vom Kammergericht entschiedenen Fall nicht anders war als bei der Entscheidung des OLG Hamm. Auch beim Fall des Kammergericht handelte es sich um ein Familienunternehmen, das in der Rechtsform einer GmbH & Co. KG geführt wurde. Diese war ursprünglich als GmbH gegründet worden und nur die Ehefrau des geschäftsführenden Gesellschafters war seinerzeit als zur GmbH-Gründung notwendige zweite Gesellschafterin beteiligt worden. Während der gesamten Dauer des Handelsvertretervertrages war die Tätigkeit allein auf die Person des geschäftsführenden Gesellschafters der GmbH abgestellt. Dabei war es auch nach der Gründung der GmbH & Co. KG geblieben. In beiden Fällen handelte es sich also jeweils um Familienunternehmen, deren Wohl und Wehe, deren Bestand und Ende letztlich an einer Person verankert waren. Eine teleologische Auslegung der dem Wortlaut nach nur auf die Person bezogene Bestimmung des § 89b Abs. 3 muss daher im Einzelfall dazu führen, dass auch eine GmbH ausgleichserhaltend kündigen kann, wenn alters- und krankheitsbedingte Gründe in der Person des sie prägenden geschäftsführenden Gesellschafters vorliegen. Dies wird erst recht gelten, wenn ein einzelner Handelsvertreter seinen Betrieb allein oder mit einigen angestellten Arbeitnehmern jahrzehntelang zunächst als Einzelkaufmann, später als Ein-Mann-GmbH geführt hat. Inzwischen hat auch das *OLG München*[198a] entschieden, dass eine *Vertreter-GmbH ausgleichserhaltend kündigen kann, wenn* alters- oder krankheitsbe-

---

198 Vgl. *Arndt*, a.a.O.
198a Urteil vom 4.12.2002 – 7 U 3474/02 – NJW-RR 2003, 541 = DB 2003, 337.

dingte Gründe in der Person des sie prägenden geschäftsführenden Gesellschafters vorliegen, sodass *mit ihm die Gesellschaft „steht und fällt".*

Folgt man dieser Auffassung nicht, bleibt dem Ein-Mann-GmbH-Gesellschafter eigentlich nur der Weg, seine GmbH in ein Einzelkaufmannsunternehmen oder eine Personengesellschaft nach § 190 UmwG umzuwandeln[199], oder seine Firma von vorneherein als Einzelkaufmann zu führen und eine Untervertreter-GmbH zu gründen[200]. 1472

In allen derartigen Fällen, bei denen bei alters- oder krankheitsbedingter Kündigung des Handelsvertretervertrages durch die Personengesellschaft die Frage der Entstehung eines Ausgleichsanspruchs zweifelhaft sein könnte, empfiehlt es sich, den Handelsvertretervertrag stets mit einer *Bedingungsklausel*[201] zu versehen, sodass also, wenn der maßgebliche Tatbestand eintritt, das Vertragsverhältnis zwischen dem vertretenen Unternehmen einerseits und der Vertretungsgesellschaft andererseits automatisch endet, ohne dass es einer Kündigung bedarf[202]. 1473

Natürlich gilt dies aber dann nicht, wenn eine Vertreterfirma als *Einzelfirma Vertragspartnerin des Unternehmens* ist und der Firmeninhaber die Altersgrenze erreicht oder erkrankt. Mit Recht hat das OLG Hamburg in seinem Urteil vom 9.10.1985[203] festgestellt, dass die an sich auf *natürliche Personen bezogene Regelung* des § 89b Absatz 3 Satz 1 auch auf eine unter der Firma eines Einzelkaufmanns betriebene Handelsvertretung Anwendung finden könne und es hinsichtlich des Gesundheitszustandes und Alters auf die *Person des Inhabers der Firma* ankomme. 1474

VI. Der Kündigung gleichgestellte Fälle, insbesondere Selbstmord

Schwierigkeiten können sich im Hinblick auf die entsprechende Anwendung des § 89b Absatz 3 Satz 1 dann ergeben, wenn der Handelsvertreter eine ausdrückliche Vertragskündigung zwar nicht ausgesprochen hat, wenn die *Vertragsbeendigung aber auf Umständen beruht, die auf ein Verhalten des Handelsvertreters zurückzuführen sind.* Besonders bedeutsam sind in diesem Zusammenhang diejenigen Fälle, in denen der *Anstoß zur Vertragsbeendigung vom Handelsvertreter* ausgegangen ist und in denen die im *gegenseitigen Einvernehmen*[204] schließlich erfolgte Vertragsbeendigung auf einer *diesbezüglichen Initiative des Handelsvertreters* beruht. 1475

In der Literatur wurde hierzu früher zum Teil die Ansicht vertreten, dass eine zur Vertragsbeendigung führende Initiative des Handelsvertreters einer von ihm 1476

---

199 Vgl. *Arndt*, a.a.O.
200 Vgl. *Westphal*, BB 1999, 2517.
201 *Brüggemann*, § 84 Rz. 37; *Meeser*, HVJ 1989 S. 136/137.
202 Vgl. oben Rz. 251.
203 *OLG Hamburg*, 9.10.1985, HVuHM 1986 S. 788.
204 Vgl. oben Rz. 384 ff., 387.

IX Ausschluss des Ausgleichsanspruches

ohne begründeten Anlass ausgesprochenen **Vertragskündigung mit der Folge gleichzustellen** sei, dass der Ausgleichsanspruch ausgeschlossen ist[205].

1477 Der Bundesgerichtshof hat sich im gegenteiligen Sinne ausgesprochen. In seinem Urteil vom 13.3.1969[206] hatte er sich mit einem Sachverhalt zu befassen, in dem der Handelsvertreter dem Unternehmer mitgeteilt hatte, er könne aus gesundheitlichen Gründen seine Vertragspflichten nicht mehr erfüllen. Daraufhin war es zwar zu einer Vertragsbeendigung gekommen; der auf Ausgleich in Anspruch genommene Unternehmer hatte aber in der Mitteilung des Handelsvertreters eine Kündigung gesehen und deshalb die Zahlung des Ausgleichs abgelehnt.

1478 Der Bundesgerichtshof hat festgestellt, dass die Bestimmung des § 89b Absatz 3 eine *abschließende Regelung für den Ausschluss des Ausgleichsanspruchs* darstelle, dass sie als *Ausnahmevorschrift eng auszulegen* und deshalb einer *erweiternden Anwendung auf andere Tatbestände nicht zugänglich* sei[207]. Von dieser Überlegung ausgehend, kam das Gericht zu dem Ergebnis, dass in der bloßen Mitteilung des Handelsvertreters an den Unternehmer keine Kündigung zu sehen sei und dass der Ausgleichsanspruch nicht deshalb ausgeschlossen sei, weil die Vertragsbeendigung auf einer Initiative des Handelsvertreters beruhte. Das Urteil des BGH vom 13.3.1969 ist in all den Fällen wichtig, in denen der Handelsvertreter nicht aus alters- oder krankheitsbedingten Gründen eine Beendigung des Vertragsverhältnisses anstrebt.

1479 Schwierigkeiten können sich auch dann ergeben, wenn der Vertretervertrag deshalb beendet wird, weil der **Handelsvertreter Selbstmord** begangen hat. In seinem Urteil vom 6.2.1964[208] hat der Bundesgerichtshof festgestellt, dass in entsprechender Anwendung des § 89b Absatz 3 Satz 1 ein *Ausschluss des Ausgleichsanspruchs* in diesen Fällen höchstens dann in Betracht kommen könnte, wenn der Handelsvertreter mit **unmittelbarem oder wenigstens mit bedingtem Vorsatz in den Tod gehe**, weil nur dann eine bewusst auf Beendigung des Vertragsverhältnisses gerichtete Handlung des Vertreters vorliege, die einer von ihm ausgesprochenen Kündigung vergleichbar sei.

1480 Angesichts der vom Bundesgerichtshof in der Entscheidung vom 13.3.1969[209] geforderten engen Auslegungen des § 89b Absatz 3 Satz 1 ist es aber zweifel-

---

205 *Schröder*, § 89b Anm. 28a; *ders.*, DB 1962 S. 895, 896 und KTSch 1960 S. 148 zu II; *Sieg*, AktGes. 1964 S. 293, 296 zu II 2; a.A. *Brüggemann*, § 89b Rz. 14; *Rietschel*, RVR 1969 S. 291, 300. So neuerdings auch wieder *LAG Frankfurt*, 25.2.1992, vgl. oben Rz. 337 Fn. 3.
206 *BGH*, 13.3.1969 – VII ZR 48/67 – BGHZ 52, 12 = BB 1969 S. 460 = RVR 1969 S. 153 mit Anm. *Küstner*. Vgl. auch *LG Zweibrücken*, 10.5.1967, RVR 1968 S. 200 mit Anm. *Küstner*. Ebenso *LG Hamburg*, 1.10.1969, HVR Nr. 403; a.A., *LG Saarbrücken*, 3.2.1975, VW 1976 S. 1061.
207 *BGH*, 13.3.1969 (vgl. Fn. 3); *BGH*, 6.7.1967, BGHZ 48, 222 = BB 1967 S. 977 = HVR Nr. 364 = HVuHM 1967 S. 831; *BGH*, 6.2.1964 (vgl. Fn. 7); *BGH*, 12.4.1973 (s. Fn. 11), 7.3.1957, BB 1957 S. 413 = NJW 1957 S. 871 = VersR 1957 S. 294 = HVR Nr. 129 = HVuHM 1957 S. 254; a.A. aber *LG Saarbrücken*, 3.2.1975, VW 1976 S. 1061.
208 *BGH*, 6.2.1964, BGHZ 41, 129 = BB 1964 S. 328 = VersR 1964 S. 378 = HVR Nr. 312; *BGH*, 30.6.1966, BB 1966 S. 876 = VersR 1966 S. 773 = HVR Nr. 350; *BGH*, 12.4.1973, BB 1973 S. 815 = DB 1973 S. 1012 = HVR Nr. 476 = HVuHM 1973 S. 1195 = RVR 1973 S. 170.
209 A.a.O. (Fn. 212).

haft, ob ein Selbstmord überhaupt zu einem Ausgleichsausschluss führen kann. Denn ein Selbstmord dürfte einer ohne begründeten Anlass vom Handelsvertreter ausgesprochenen Vertragskündigung wesentlich weniger vergleichbar sein als eine auf der Initiative des Handelsvertreters beruhende einvernehmliche Vertragsbeendigung, bei der eine entsprechende Anwendung des § 89b Absatz 3 Ziff. 1 bereits ausgeschlossen ist. Hinzu kommt, dass die vom Vertreter bei einem Selbstmord entfaltete *Initiative zumindest primär nicht auf die Beendigung des Vertragsverhältnisses* gerichtet sein wird. Denn bei einem Selbstmord werden die Absichten des Handelsvertreters meist in eine ganz andere Richtung gehen. Es kann nicht angenommen werden, dass bei einem Vertreter, der vorsätzlich in den Tod geht, eine *„bewusst auf Beendigung des Vertragsverhältnisses gerichtete Handlung* des Vertreters vorliegt", die nach dem Urteil des Bundesgerichtshofes vom 6.2.1964 einer von ihm ausgesprochenen Kündigung vergleichbar sein könnte[210].

Diese Ansicht hat auch der Bundesgerichtshof in seinem weiteren Urteil vom 30.6.1966 vertreten. Dort hat er festgestellt, dass eine *entsprechende Anwendung des § 89b Abs. 3 Ziff. 1 auf Selbstmordfälle generell nur dann gerechtfertigt werden könne, wenn in allen in Betracht kommenden Fällen oder wenigstens im Regelfall einleuchtende Gesichtspunkte* dafür sprächen. Davon könne jedoch keine Rede sein, weil dazu sowohl die Gründe, aus denen sich ein Mensch das Leben nehme, als auch das Maß seiner Verantwortlichkeit für einen solchen Schritt zu unterschiedlich seien.

1481

Diese Ansicht entspricht der auch von Sieg[211] geäußerten Meinung, *es verstoße gegen die Menschenwürde*, die Durchführung des höchstpersönlichen Entschlusses, aus dem Leben zu scheiden, in Beziehung zu dem rein vermögensrechtlichen Vertragsverhältnis zu setzen und sie *materialistisch in eine Freistellung des Unternehmers von der Ausgleichspflicht umzumünzen*.

1482

Kommt angesichts der engen Auslegung des § 89b Abs. 3 Ziff. 1 ein Ausgleichsausschluss dann nicht in Betracht, wenn der Vertretervertrag auf Grund einer vom Handelsvertreter entfalteten *Initiative oder durch seinen Selbstmord* beendet wird, so können die Gründe, die zur Beendigung des Vertragsverhältnisses geführt haben, *im Rahmen der Billigkeitserwägungen* berücksichtigt werden[212]. Für den Fall des Selbstmordes hat der Bundesgerichtshof[213] ausgeführt, dass bei der Billigkeitsprüfung die Dauer des Vertragsverhältnisses und

1483

---

210 Dieses Ergebnis entspricht auch der früheren Rechtsprechung des *Bundesgerichtshofs* zur Entstehung des Ausgleichsanspruchs beim Tode des Handelsvertreters. Näheres dazu oben Rz. 224 ff. Der *Bundesgerichtshof* hat dabei nicht nach Todesursachen unterschieden.
211 *Sieg*, AktGes. 1964 S. 293, 296 zu II 2. Vgl. auch die eingehenden Ausführungen von *Schnitzler*, DB-Beilage Nr. 15/65 in Abschnitt C.
212 *BGH*, 13.3.1969, VII ZR 48/67, BGHZ 52 S. 12 = BB 1969 S. 460 = RVR 1969 S. 153. Vgl. auch *Rietschel*, RVR 1969 S. 291, 300 (Selbstmord wegen erheblicher **Veruntreuung** schließe Ausgleichsanspruch aus Billigkeitsgründen aus). Die bisherige Rechtsprechung hat der *BGH* im Urteil vom 12.4.1973 bestätigt, BB 1973 S. 815 = DB 1973 S. 1012 = HVR Nr. 476 = HVuHM 1973 S. 1195.
213 *BGH*, 30.6.1966 (oben Fn. 7).

IX Ausschluss des Ausgleichsanspruches

der Umfang der dem Unternehmer vom Verstorbenen geleisteten Dienste eine wesentliche Rolle spiele und dass auch die *Gründe und Umstände des Selbstmordes* hierbei von Bedeutung seien[214]. Allein die Tatsache des Selbstmordes werde nicht dazu führen können, den Ausgleichsanspruch ganz zu versagen[215].

1484 Mitunter wird bereits im Vertretervertrage festgelegt, dass *bestimmte Tatbestände, die zur Beendigung des Vertretervertrages führen, mit einer vom Handelsvertreter ausgesprochenen Vertragskündigung aber nichts zu tun haben, gleichwohl als Eigenkündigung des Handelsvertreters anzusehen sind*. So war zwischen einer Mineralölgesellschaft und einem *Tankstellenhalter*, der seinen Vertragspflichten auf einem gepachteten Grundstück nachkommen musste, vereinbart worden, dass die Beendigung des Pachtvertrages auch zur Beendigung des Tankstellenabkommens – also des Handelsvertretervertrages – führen sollte. Im Vertrage hieß es in diesem Zusammenhang:

„Erfolgt eine solche automatische Beendigung des Tankstellenabkommens aus Gründen, auf die die Mineralölgesellschaft keinen Einfluss hat, so stellt die Beendigung eine Kündigung des Tankstellenabkommens durch den Tankstellenhalter dar."

1485 Hier ist offenkundig, dass mit dieser vertraglichen Regelung allein eine *anderenfalls eintretende Ausgleichsverpflichtung des Unternehmers umgangen* werden sollte, weil einem ganz anderen Tatbestand ausgleichsausschließender Charakter im Sinne des § 89b Absatz 3 Satz 1 zugemessen wurde. Eine solche Bestimmung verstößt deshalb gegen den Grundsatz der Unabdingbarkeit[216]. Denn keineswegs kann jeder Tatbestand, der zur Vertragsbeendigung führt, einer vom Handelsvertreter mit ausgleichsausschließender Wirkung ausgesprochenen Eigenkündigung bereits deshalb gleichstellt werden, *weil der Unternehmer auf den Eintritt dieses Tatbestandes keinen Einfluss* hat. Im geschilderten Sachverhalt hatte die Beendigung des Pachtvertrages demgemäß für den Bestand des Tankstellenabkommens lediglich die Bedeutung einer *auflösenden Bedingung*, deren Eintritt indessen grundsätzlich die Entstehung eines Ausgleichsanspruchs nicht auszuschließen vermag[217].

1486 In gleicher Weise hat das LG Düsseldorf in seinem unveröffentlichten Urteil vom 21.10.1994[218] entschieden. Hier war mit einem Tankstellenhalter, der seine Vermittlungstätigkeit auf einem von einem Dritten gepachteten Tankstellen-Grundstück betrieb, im Pachtvertrag vereinbart worden, dass „bei weiterem

---

214 Näheres zur Berücksichtigung von Billigkeitsumständen bei Selbstmord des Handelsvertreters Rz. 1475 ff.
215 Die Frage, ob ausnahmsweise dann etwas anderes zu gelten habe, wenn der Unternehmer durch den plötzlichen Tod des Vertreters in wirtschaftliche Schwierigkeiten gerät, brauchte der *Bundesgerichtshof* nicht zu entscheiden.
216 Näheres unten Rz. 1584 ff.
217 Zum Bedingungseintritt als Beendigungstatbestand bei vereinbarter auflösender Bedingung: *Hopt*, § 89b Rz. 7; *Heymann/Sonnenschein*, § 89b Rz. 16; *Bruck/Möller*, Anm. 371 vor §§ 43–48 VVG, S. 855; *Schröder*, § 89b Rz. 4 und § 89 Rz. 41; *Brüggemann*, § 89b Rz. 19; *Lohmüller*, VW 1955 S. 152; *Schuler*, JR 1957 S. 44, 45.
218 *LG Düsseldorf*, 21.10.1994 – 40 O 9/93 – unveröffentlicht.

Verkauf des Objektes (Tankstelle/Tankhaus) ..." der **Pachtvertrag sofort „erlöschen" solle**. Als ein Verkauf des Objektes durchgeführt wurde und demgemäß der Tankstellenhalter seinen Vermittlungspflichten nicht mehr entsprechen konnte, nahm er die vertretene Mineralölgesellschaft auf Zahlung eines Ausgleichs in Anspruch. Das Gericht gab der Klage statt und stellte unter Berufung auf die Rechtsprechung des BGH[219] fest, dass die in § 89b Abs. 3 geregelten Ausschlusstatbestände als Ausnahmevorschriften *eng auszulegen und einer entsprechenden Anwendung auf andere Tatbestände nicht zugänglich* seien, zumal im entschiedenen Falle das Vertragsverhältnis durch schlüssiges Verhalten der Parteien, nicht also durch eine von einer der Parteien ausgesprochenen Vertragskündigung, beendet worden sei. Schließlich sei der Tankstellenhalter auch nicht so zu behandeln, als habe er eine Kündigung ausgesprochen. Denn sein Verhalten zeige, dass er eine Kündigung gerade habe vermeiden wollen, um statt dessen eine einverständliche Aufhebung des Vertrages zu erreichen.

VII. Tod während der Kündigungsfrist

Hat der Vertreter ohne begründeten Anlass *gekündigt und stirbt er, solange die Kündigungsfrist noch läuft*, so soll nach Ansicht des Oberlandesgerichtes Frankfurt/M.[220] ein Ausgleichsanspruch entstehen. Das Gericht stellte darauf ab, dass in diesem Fall der Vertrag tatsächlich *nicht durch die Kündigung des Vertreters, sondern durch seinen Tod* beendet werde. Dieses Urteil ist in der Begründung nicht überzeugend und im Ergebnis abzulehnen.

1487

Für die Lösung des Problems ist es entscheidend, ob man den Umstand als maßgebend ansieht, der das Vertragsverhältnis tatsächlich beendet hat, oder denjenigen, der zur Vertragsbeendigung geführt hätte, wenn der zweite Umstand nicht eingetreten wäre. Misst man dem Umstand entscheidende Bedeutung bei, der zur tatsächlichen – in diesem Falle vorzeitigen – Vertragsbeendigung führt, hier also dem Tod des Vertreters, so befindet man sich im Widerspruch zum Gesetz und kommt zu ungerechtfertigten unterschiedlichen Ergebnissen.

1488

Nach § 89b Abs. 3 Nr. 1 HGB hängt der Ausschluss des Ausgleichsanspruches allein davon ab, dass der Handelsvertreter das Vertragsverhältnis von sich aus kündigt. *Das Gesetz setzt nicht voraus, dass auch die tatsächliche Vertragsbeendigung allein auf die vom Vertreter ausgesprochene Kündigung des Vertragsverhältnisses zurückzuführen* und nicht durch ein weiteres Ereignis verursacht worden ist. Aus dem klaren Wortlaut des Gesetzes folgt vielmehr, dass der Gesetzgeber bereits die vom Handelsvertreter ohne begründeten Anlass

1489

---

219 *BGH*, 13.3.1969 – VII ZR 48/67 – BGHZ 52, 12 = BB 1969 S. 460 = DB 1969 S. 700 = HVR Nr. 402 = NJW 1969 S. 1023 = VersR 1969 S. 465; *BGH*, 2.7.1987, NJW-RR 1988 S. 42 = MDR 1988 S. 112 = WM 1987 S. 1462 = EBE 1987 S. 394 = HVR Nr. 630; *BGH*, 20.10.1960, VersR 1960 S. 1111.
220 Urteil vom 12.7.1960, NJW 1961 S. 514 = HVR Nr. 271; vgl. auch *Schröder*, DB 1962 S. 895 zu B I 1a; *Sieg*, AktGes. 1964 S. 297 zu II 2b; *Knapp/Ankele*, § 89b Anm. 7a; *Schuler*, JR 1957 S. 46.

ausgesprochene Kündigung als so bedeutungsvoll ansieht, dass er hieran die *Folge des Wegfalls des Ausgleichsanspruchs* knüpft[221]. Entscheidend ist hier, dass der das Vertragsverhältnis kündigende Handelsvertreter von sich aus nicht im Stande ist, den Ausspruch der Vertragskündigung wieder rückgängig zu machen und dass für ihn mit dem Wirksamwerden der Kündigungserklärung die Geltendmachung des Ausgleichsanspruchs endgültig ausgeschlossen ist[222].

1490 Gegen die Auffassung des Oberlandesgerichtes Frankfurt/M. spricht auch der Umstand, dass nach § 89b Abs. 3 Nr. 2 der Ausgleichsanspruch ebenso wie bei Nr. 1 wieder aufleben müsste, wenn nicht eine *vom Unternehmer ausgesprochene Kündigung* wegen schuldhaften Verhaltens des Handelsvertreters den Vertretervertrag tatsächlich beendet, sondern die Vertragsbeendigung durch den *während der Kündigungsfrist eintretenden Tod des Vertreters* erfolgt. Auch hier knüpft das Gesetz den Wegfall des Ausgleichsanspruchs nicht an die durch die Kündigung herbeigeführte Vertragsbeendigung, sondern bereits an die bloße Tatsache, dass sich der Unternehmer wegen eines *schuldhaften Verhaltens* des Handelsvertreters überhaupt zur Kündigung des Vertragsverhältnisses veranlasst sah und deshalb die Kündigung aussprach. Die Ansicht des Oberlandesgerichtes Frankfurt a.M. würde auch zu ungerechtfertigten Ergebnissen führen. Haben zwei Vertreter ohne begründeten Anlass ihre Vertreterverträge gekündigt, so kann nicht der Tod eines der beiden Vertreter zu einer *Besserstellung der Erben* führen, die nunmehr einen Ausgleichsanspruch geltend machen können, was dem Handelsvertreter selbst, wenn der Vertrag nicht durch seinen Tod, sondern infolge der von ihm ausgesprochenen Kündigung beendet worden wäre, nicht möglich gewesen wäre[223].

1491 Die gleiche Rechtslage ist auch dann gegeben, wenn nach erfolglosen Bemühungen des Handelsvertreters, das Vertragsverhältnis im gegenseitigen Einvernehmen zu beenden, der *Handelsvertreter fristgerecht kündigt*, dann aber während der Kündigungsfrist die schon *vorher angestrebte einvernehmliche vorzeitige Vertragsbeendigung* doch erfolgt. Hier ist der Ausgleichsanspruch ausgeschlossen, weil nicht auf die zur tatsächlichen Vertragsbeendigung führende Vereinbarung der Parteien, sondern auf die zum Ausgleichsausschluss führende *Kündigung des Handelsvertreters* abzustellen ist[224]. Etwas anderes könnte nur dann gelten, wenn in der Aufhebungsvereinbarung ausdrücklich auch festgelegt wird, dass die ausgesprochene Kündigung *durch die einvernehmliche Vertragsaufhebung „ersetzt"* werde. Gleiches gilt, wenn in der anfänglichen Weigerung des Unternehmers, dem Vorschlag einer einvernehmlichen Vertragsbeendigung zuzustimmen, ein begründeter Anlass gesehen werden kann[225].

---

221 Vgl. *Wiegand,* BB 1964 S. 375.
222 Wie hier VW 1965 S. 624 zu 4.
223 *Konow,* NJW 1961 S. 514 und NJW 1960 S. 1655; *Küstner,* IHV 1963 S. 150, 152.
224 Vgl. dazu auch *OLG Hamm,* Urteil vom 3.7.1987, BB 1987 S. 1761.
225 Ein solcher Fall ist in der Rz. 389 geschildert, wo die Bemühungen eines erkrankten Handelsvertreters erfolglos geblieben waren, das Vertragsverhältnis einvernehmlich zu beenden und angesichts der Weigerung des Unternehmers der Handelsvertreter dann aus begründetem Anlass kündigte; vgl. *BGH,* 15.10.1976, Tankstelle, Beilage Heft 1/1977.

Erst recht gelten diese Grundsätze, wenn der Handelsvertreter ohne begründe- **1492** ten Anlass eine fristgerechte Kündigung ausgesprochen hat, der Unternehmer dann aber während der Kündigungsfrist seinerseits das noch laufende Vertragsverhältnis fristlos kündigt und wenn sich dann später herausstellt, dass die fristlos ausgesprochene Vertragskündigung unwirksam ist. Dadurch kann nicht etwa *ein Ausgleichsanspruch „wiederaufleben"*; er ist vielmehr bereits *durch die fristgerechte Vertragskündigung des Handelsvertreters ein für allemal ausgeschlossen.*

Beispiel: Der Handelsvertreter kündigt ohne begründeten Anlass das Vertragsverhältnis fristgerecht am 15.12.1994 zum 30.6.1995. Der Unternehmer erfährt im Februar 1995 einen Umstand, den er als einen vom Handelsvertreter verschuldeten wichtigen Kündigungsgrund wertet. Er erklärt demgemäß die fristlose Kündigung des Vertragsverhältnisses. Später stellt sich heraus, dass jene fristlose Kündigung unwirksam war. Gleichwohl steht dem Handelsvertreter kein Ausgleichsanspruch zu, weil dieser bereits durch seine Kündigung vom 15.12.1994 ausgeschlossen ist.

Eine andere Rechtslage ist aber dann gegeben, wenn der Unternehmer das Ver- **1493** tragsverhältnis seinerseits fristgerecht kündigt, sodann der Handelsvertreter sich während der Kündigungsfrist einer Vertragsverletzung schuldig macht, der Unternehmer daraus aber *keine kündigungsrechtlichen Konsequenzen* zieht. Das Oberlandesgericht München hat in seinem Urteil vom 22.9.1993[226] entschieden, dass in einem solchen Falle der Ausgleichsanspruch *nicht ausgeschlossen* sei. Allerdings dürfte es nicht zweifelhaft sein, dass die vom Handelsvertreter begangene Vertragsverletzung den Ausgleichsanspruch unter Billigkeitsgesichtspunkten zu mindern geeignet ist.

Wer trotzdem der Ansicht des Oberlandesgerichtes Frankfurt/M. folgt, dass die **1494** Erben eines Vertreters, der *nach Ausspruch einer Eigenkündigung, aber noch während des Laufes der Kündigungsfrist stirbt*, einen Ausgleichsanspruch geltend machen können, muss entsprechend den Grundsätzen, die der Bundesgerichtshof in seinem Urteil vom 2.10.1958[227] entwickelt hat, dem Unternehmer das Recht zugestehen, *im Rahmen der Billigkeitserwägungen* die durch den Vertreter ausgesprochene Kündigung, die an sich bereits zum Wegfall des Ausgleichsanspruchs geführt hätte, dem von den Erben geltend gemachten Ausgleichsanspruch entgegenzuhalten. Dieser Einwand des Unternehmers müsste ebenso zum Ausschluss des Ausgleichsanspruches führen wie im Falle des Urteils des Bundesgerichtshofes vom 2.10.1958, wo sich der Unternehmer trotz der Beendigung des Vertrages durch den Tod des Vertreters mit Erfolg auf einen wichtigen Grund wegen schuldhaften Verhaltens des Handelsvertreters berufen hatte, sodass der Anspruch aus Billigkeitsgründen entfiel, weil der Unternehmer berechtigt gewesen wäre, den Vertretervertrag fristlos zu kündigen.

---

226 *OLG München*, 22.9.1993, BB 1993 S. 2403 = DB 1993 S. 2280.
227 *BGH*, Urteil vom 2.10.1958, BB 1958 S. 1108 = NJW 1958 S. 1966 = MDR 1958 S. 906 = VersR 1958 S. 761 = HVR Nr. 183.

IX Ausschluss des Ausgleichsanspruches

D. Eintritt eines Dritten in das Vertragsverhältnis

1495 Entsprechend Art. 18c der *Harmonisierungsrichtlinie* vom 18.12.1986 sind die Ausschlusstatbestände, bei deren Vorliegen ein Ausgleichsanspruch nicht zu entstehen vermag und die bisher zusammengefasst in § 89b Abs. 3 geregelt waren, durch einen *zusätzlichen Tatbestand* erweitert worden. Gleichzeitig wurde zum Zwecke der besseren Übersicht Abs. 3 neu gegliedert. Der neue Ausgleichstatbestand ist in Abs. 3 Ziff. 3 geregelt. Danach besteht ein Ausgleichsanspruch auch dann nicht, wenn

„aufgrund einer Vereinbarung zwischen dem Unternehmer und dem Handelsvertreter ein Dritter anstelle des Handelsvertreters in das Vertragsverhältnis eintritt".

1496 In Art. 18c der EG-Harmonisierungsrichtlinie heißt es:

„der Anspruch auf Ausgleich, ... nach Artikel 17 besteht nicht ..., wenn der Handelsvertreter gemäß einer Vereinbarung mit dem Unternehmer die Rechte und Pflichten, die er nach dem Vertrage besitzt, an einen Dritten abtritt".

1497 Diesem neuen Ausschlusstatbestand[228] liegt der Gedanke zu Grunde, dass der aus dem Vertragsverhältnis ausscheidende Handelsvertreter seine Rechte und Pflichten aus dem Vertragsverhältnis nur dann *im Einverständnis* mit dem Unternehmer auf einen Dritten übertragen wird, wenn er vom Dritten eine entsprechende *Gegenleistung für die Übertragung der Vertretung* erhält[229].

1498 Durch diese Regelung sollte unterbunden werden, dass der ausscheidende Handelsvertreter einerseits mit seinem Nachfolger eine Vergütungsvereinbarung traf und zum andern zusätzlich nach Beendigung seines Vertrages vom Unternehmen einen Ausgleichsanspruch verlangen konnte. Es darf jedoch nicht verkannt werden, dass in zahlreichen Fällen zwischen dem Handelsvertreter und seinem Nachfolger schon deshalb keine Vergütung vereinbart wird, weil letzterer der Sohn des ausscheidenden Handelsvertreters ist, der das Vertragsverhältnis mit dem Unternehmen fortsetzen soll.

1499 *Die Regelung ist methodisch ungenau und wenig geglückt*[230]. Während die EG-Richtlinie von einer Vereinbarung zwischen dem Unternehmer und Handelsvertreter einerseits sowie einer Abtretung der Rechte und Pflichten an einen Dritten andererseits spricht, ist im deutschen Gesetzestext nur vom Eintritt des Dritten aufgrund einer Vereinbarung zwischen dem Unternehmer und dem Handelsvertreter die Rede. Es handelt sich um ein Dreiecksverhältnis, das theoretisch folgende Konstellationen ermöglicht:

---

228 Zu dem neuen Ausschlusstatbestand des § 89b Abs. 3 Ziff. 3 vgl. *Ankele,* DB 1989 S. 2211, 2213 sowie Kommentar, § 89 Anm. 7, Rz. 192; *Hopt,* § 89b Rz. 68; *Eckert,* NZA 1990 S. 384, 386, li. Sp. *Kindler,* ERW 1990 S. 358, 361; *Küstner,* BB 1990 S. 291, 298; *dies.,* BB 1990 S. 1713; *Küstner,* ZAP, Fach 15, S. 81, 102; *dies.,* DSWR 1993 S. 279; *Kuther,* NJW 1990 S. 304; *Meeser,* HVuHM 1988 S. 880, 883; *Thume,* BB 1993 S. 490; *Westphal,* Band 1, Rz. 1167 ff.
229 BTDr. 11/3077 (zu Nr. 6 – § 89b), abgedruckt bei *Ankele,* Anhang 5b.
230 *Ebenroth/Löwisch,* § 89b, Rz. 68.

D. Eintritt eines Dritten in das Vertragsverhältnis IX

a) Vereinbarung zwischen dem Unternehmer und dem Handelsvertreter und Zustimmung eines Dritten;
b) Vereinbarung zwischen dem Unternehmer und dem Dritten und Zustimmungserklärung des Handelsvertreters;
c) Vereinbarung zwischen dem Handelsvertreter und dem Dritten und Zustimmungserklärung des Unternehmers und
d) Vereinbarung zwischen dem Unternehmer, dem Handelsvertreter und dem Dritten als dreiseitiger Vertrag.

Dogmatisch gesehen handelt es sich um die *Übertragung eines Schuldverhältnisses im Ganzen*. Während auf der Unternehmerseite keine Veränderung eintritt, wird der Vertragspartner ausgetauscht: An die Stelle des Handelsvertreters tritt sein Nachfolger[231]. Eine solche Vertragsübernahme unter Mitwirkung aller beteiligten Personen kann wirksam erfolgen, nämlich sowohl im Wege eines dreiseitigen Vertrages aller Parteien als auch durch einen Vertrag zwischen zwei dieser Parteien mit der jeweiligen Zustimmung des Dritten[232]. § 89b Abs. 3 Nr. 3 enthält nur die Alternativen a und d, nicht aber die Alternativen b und c[233]. 1500

Einigkeit herrscht in der Literatur darüber, dass der Eintritt des Nachfolgers in den bestehenden Vertrag auch in der Weise geschehen kann, dass dieser anlässlich der Vereinbarung modifiziert, d.h. in einzelnen Konditionen geändert wird[234]. Jedoch dürfen die Veränderungen nicht so gravierend sein, dass das Vertragsverhältnis inhaltlich seine Identität verliert, denn dann kann von einem Eintritt in den bestehenden Vertrag nicht mehr die Rede sein. 1501

Die Eintrittsvereinbarung kann gemäß § 89b Abs. 3 Nr. 3, 2. Halbs. *erst nach der Vertragsbeendigung wirksam getroffen* werden, weil andernfalls der Unabdingbarkeitsgrundsatz verletzt werden könnte. Hier zeigt sich ein weiteres Dilemma der Vorschrift. Aus dem Wortlaut der Nr. 3 ergibt sich nämlich, dass der Handelsvertretervertrag als solcher fortbesteht, weil *„ein Dritter anstelle des Handelsvertreters in das Vertragsverhältnis eintritt"*. Andererseits wird das Vertragsverhältnis mit dem ausscheidenden Handelsvertreter zumindest tatsächlich beendet, denn dieser ist nach Abschluss der Vereinbarung nicht mehr für das Unternehmen tätig. Rechtlich besteht also eine Fortsetzung des Vertrages, tatsächlich aber endet die Vertragsbeziehung des alten Handelsvertreters mit dem Unternehmen. Der BGH hat mit Urteil vom 14.4.1988[235] bei einem solchen einen Vertragshändlervertrag betreffenden Fall entschieden, dass durch das Ausscheiden des alten Händlers der zwischen ihm und dem Unternehmen abgeschlossene Vertrag nicht nur tatsächlich, sondern auch rechtlich sein Ende gefunden hat. Anders kann es auch nach der Vorschrift des § 89 Abs. 3 Nr. 1 1502

---

231 *Thume*, BB 1991, 490, 491; MK/*von Hoyningen-Huene*, § 89b, Rz. 183; *Ebenroth/Löwisch*, § 89b, Rz. 69.
232 *BGH*, 20.6.1985 – VIII ZR 173/84 – BGHZ 95, 94 = NJW 1985, 2528; vgl. *Thume*, a.a.O. m.w.Hw.
233 *Thume*, a.a.O. und MK/*von Hoyningen-Huene*, § 89b, Rz. 183; a.A. *Küstner*, BB 1990, 713.
234 *Küstner*, BB 1990, 1713; *Westphal*, Bd. 1, Rz. 1168; *Baumbach/Hopt*, § 89b, Rz. 68; *HSW*, § 89b, Rz. 95; MK/*von Hoyningen-Huene*, § 89b, Rz. 184; *Ebenroth/Löwisch*, § 89b, Rz. 69.
235 I ZR 122/86 – BB 1988, 2201 = NJW 1989, 35 = HVR-Nr. 637.

IX Ausschluss des Ausgleichsanspruches

HGB nicht sein, denn diese ist eine Ausnahmeregelung von Abs. 2 und setzt damit ebenfalls logisch die Beendigung eines Vertrages voraus; denn andernfalls wäre für einen Ausgleichsanspruch von vorneherein kein Raum[236]. Ein nicht aufgelöster Widerspruch liegt jedoch darin, dass eine solche **Vertragsübernahme** nach deutschem Recht nicht nur durch Aufhebung des alten und Abschluss eines neuen Vertrages zu den Bedingungen des aufgehobenen Vertrages vollzogen werden kann, sondern auch ohne Neuabschluss durch Rechtsnachfolge in den alten Vertrag herbeigeführt werden kann, indem ein Vertragspartner unter Aufrechterhaltung der Identität des Vertrages schlicht ausgewechselt wird. Dann entsteht mangels Vertragsbeendigung ohnehin kein Ausgleichsanspruch[237].

1503 Ein weiteres Problem ergibt sich dadurch, dass Abs. 3 Nr. 3 die Wirksamkeit eines solchen Übernahmevertrages weder davon abhängig macht, dass der ausscheidende Handelsvertreter mit seinem Nachfolger eine Vergütungsregelung trifft, noch dass er tatsächlich eine Vergütung von diesem erhält[238]. Wenn der ausscheidende Handelsvertreter mit seinem Nachfolger eine solche Vergütungsvereinbarung für die Übernahme trifft, sollte er zusätzlich für eine Absicherung dieser Zahlungsverpflichtung sorgen, beispielsweise durch Einräumung einer Bankbürgschaft. Sein Ausgleichsanspruch gegenüber dem Unternehmen geht in diesem Fall gänzlich verloren, auch wenn die von seinem Nachfolger zu leistende Vergütung nicht eintreibbar oder geringer ist als der Ausgleich.

1504 Andererseits hat auch der nachfolgende Handelsvertreter ein Problem, das er vertraglich lösen muss, wenn er nicht bei der späteren Beendigung seines eigenen Vertrages eine arge Überraschung erleben will. Gewöhnlich geht er nämlich davon aus, dass er mit Übernahme des Vertrages auch den von seinem Vorgänger geworbenen Kundenstamm als seinen eigenen Kundenstamm betrachten darf, für den ihm dann bei Beendigung seines Vertrages ein Ausgleich vom Unternehmer zu bezahlen sei. Zwingend ist dies aber gerade nicht. Vielmehr hat der BGH mit Urteil vom 10. 5. 1984[239] entschieden, dass ein Handelsvertreter, der an seinen Vorgänger für die Übernahme des Bezirks eine Abfindung bezahlt, die vom Vorgänger geworbenen Kunden bei der Bemessung seines eigenen späteren Ausgleichsanspruches auch dann nicht als eigene Neukunden im Sinne des § 89b Abs. 1 Nr. 1 HGB ansehen kann, wenn die Zahlung im Einverständnis mit dem vertretenen Unternehmen erfolgt ist.

1505 Ob der BGH diese Auffassung auch im Falle einer Übernahmevereinbarung gemäß Abs. 3 Nr. 3 vertreten würde, ist bislang nicht geklärt. Die Literatur ist unterschiedlicher Auffassung. *Küstner*[240] hat den Übergang der vom Vorgänger

---

236 *Thume*, a.a.O.; vgl. *Baumbach/Hopt*, § 89b, Rz. 68 und *Küstner* in der Vorauflage.
237 *BGH*, 20.6.1985 – IX ZR 173/84 – BGHZ 95, 94 = NJW 1985, 2528 = WM 1985, 1172; vgl. dazu *Thume*, a.a.O. m.w.Hw. und *Karsten Schmidt*, 5. Aufl. S. 744.
238 *Baumbach/Hopt*, § 89b, Rz. 68; *Westphal*, Bd. 1, Rz. 1169; *Ankele*, § 89b, Rz. 195; MK/*von Hoyningen-Huene*, § 89b, Rz. 182; teilweise a. A. *Küstner* in der Vorauflage, Rz. 1289.
239 I ZR 36/82 – NJW 1985, 58 = DB 1984, 2507 = HVR-Nr. 587.
240 BB 1990, 1714.

geworbenen Kunden als Neukunden für den Nachfolger bejaht. Die überwiegende Literatur vertritt jedoch genau die entgegengesetzte Auffassung und steht auf dem Standpunkt, dass der Nachfolger bei der späteren Beendigung seines eigenen Vertrages einen Ausgleichsanspruch hinsichtlich der von seinem Vorgänger übernommenen Kunden nicht geltend machten kann[241]. Der Nachfolger wird sich also durch eine entsprechende Vereinbarung mit dem Unternehmer insoweit ebenfalls absichern müssen.

Zusätzlich könnte der Handelsvertreter mit dem Unternehmer auch vereinbaren, dass der Ausgleich nur in der Höhe ausgeschlossen ist, wie er von seinem Nachfolgevertreter tatsächlich Zahlungen erhält[242]. 1506

Abschließend ist zu bemerken, dass die gesamte Regelung in § 89b Abs. 1 Nr. 3 höchst unvollkommen und interpretationsbedürftig ist. Da der Ausgleichsanspruch des Handelsvertreters unabdingbar ist, bestimmt – wie oben schon ausgeführt – Abs. 3 Nr. 3 im 2. Halbs., dass eine solche Übernahmevereinbarung zwischen dem Unternehmen, dem ausscheidenden Handelsvertreter und seinem Nachfolger nicht vor Beendigung des Vertragsverhältnisses getroffen werden darf. Frühere Vereinbarungen über die Auswechslung des Vertragspartners sind daher unwirksam. Zulässig ist eine Eintrittsvereinbarung, wenn sie in einem Aufhebungsvertrag getroffen wird, der mit seinem Abschluss das frühere Handelsvertreterverhältnis beendet[243]. Zu unterscheiden von den Eintrittsvereinbarungen gemäß Abs. 3 Nr. 3 sind die *Abwälzungsvereinbarungen*. Hierbei handelt es sich um Vereinbarungen zwischen dem Dritten – in der Regel dem Nachfolger – und dem Unternehmer, wonach dieser anstelle des Unternehmers dem ausscheidenden Handelsvertreter den geschuldeten Ausgleichsanspruch bezahlt. Der Dritte tritt jedoch nicht in die Rechte und Pflichten des alten Vertragsverhältnisses ein, sondern schließt beispielsweise einen gänzlich neuen Vertrag[244]. Ferner ist noch auf die Vereinbarung von Eintrittsgeldern[245] hinzuweisen. 1507

Besondere Probleme tauchen schließlich im Bereich des *Versicherungsvertreterrechts* auf, wenn der Vertreternachfolger im Falle der Beendigung des fortgeführten, geänderten oder neu begründeten Vertragsverhältnisses den ihm zustehenden Ausgleichsanspruch anhand der *„Grundsätze"* errechnet. Über die Wirksamkeit der Grundsätze ist gerade im letzten Jahr heftiger Streit entstanden, der bei Abschluss der Redaktionsarbeiten zu dieser Auflage noch voll im Gange ist[246]. Näheres hierzu s. in den Kapiteln VIII und XVIII. 1508

---

241 MK/*von Hoyningen-Huene*, § 89b, Rz. 184; *Löwisch*, § 89b, Rz. 68; vgl. *Thume*, BB 1991, 490, 492.
242 *Westphal*, Bd. 1, Rz. 1170.
243 *Ankele*, § 89b, Rz. 197; MK/*von Hoyningen-Huene*, § 89b, Rz. 185; *Küstner*, BB 1990, 1713; *Westphal*, Bd. 1, Rz. 1171.
244 Näheres zu Abwälzungsvereinbarungen s. Rz. 190ff.
245 Rz. 220ff.
246 Vgl. *Thume*, BB 2002, 1325; *Graf von Westphalen*, DB 2000, 255 jeweils mit zahlreichen Hinweisen auf neueste Rechtsprechung und Literatur.

IX Ausschluss des Ausgleichsanspruches

E. Probleme bei mehrstufigen Vertragsverhältnissen

1509 Bedient sich ein Handelsvertreter zur Erfüllung der ihm gegenüber dem vertretenen Unternehmer obliegenden Vertragspflichten *eigener (echter) Untervertreter*, die allein mit ihm in vertraglichen Beziehungen stehen, so gelten die oben dargestellten Grundsätze entsprechend[247]. Deshalb soll hier nur auf besondere Tatbestände eingegangen werden, die sich aus der *Mehrstufigkeit des Vertretungsverhältnisses* ergeben können.

1510 Ist ein Hauptvertreter durch die *Beendigung des Hauptvertretervertrages* seinerseits gezwungen, die Untervertreterverträge durch Kündigung zu beenden und ist in einem derartigen Fall der Ausgleichsanspruch des Hauptvertreters nach § 89b Abs. 3 ausgeschlossen, so fragt sich, wie es mit den Ausgleichsansprüchen der Untervertreter steht.

1511 Für den Ausgleichsanspruch eines echten Untervertreters ist allein das zwischen ihm und dem Hauptvertreter bestehende Vertragsverhältnis maßgebend; die Voraussetzungen für die Entstehung eines Ausgleichsanspruchs des Untervertreters sind deshalb auch allein an Hand des zwischen ihm und dem Hauptvertreter bestehenden Rechtsverhältnisses zu prüfen. Besondere, in dem Vertragsverhältnis des Hauptvertreters mit dem vertretenen Unternehmen wurzelnde Umstände berühren ausgleichsrechtlich das Untervertreterverhältnis grundsätzlich nicht.

1512 Hat ein Hauptvertreter sein Vertragsverhältnis zu dem vertretenen Unternehmer gekündigt, ohne dass ein Verhalten des Unternehmers hierzu begründeten Anlass gegeben hat und kann infolgedessen ein *Ausgleichsanspruch des Hauptvertreters nicht entstehen* (§ 89b Abs. 3 Ziff. 1), so kann sich der Hauptvertreter dem Untervertreter gegenüber, wenn dessen Vertragsverhältnis nunmehr ebenfalls beendet wird, grundsätzlich nicht darauf berufen, dass mangels eines eigenen Ausgleichsanspruchs die Beendigung des Untervertretervertrages *Unternehmervorteile* nicht auszulösen vermochte. Denn es wäre nicht billig, wenn man dem *Untervertreter das Risiko der ohne begründeten Anlass erfolgenden Eigenkündigung des Hauptvertreters auferlegen* wollte. Die Eigenkündigung des Hauptvertreters wird man – im Verhältnis zum Untervertreter – deshalb wie eine *Betriebseinstellung*[248] ansehen müssen, sodass diejenigen Grundsätze anwendbar sind, die der Bundesgerichtshof bei einer willkürlich erfolgenden und nicht auf wirtschaftlichen Erwägungen beruhenden Betriebseinstellung entwickelt hat[249]. *Der Hauptvertreter darf sich* nämlich als Unternehmer wiederum *nicht* willkürlich und ohne vertretbaren Grund *über die schutzwürdigen Belange seines Untervertreters hinwegsetzen*. Das hat der BGH auch in einem Fall entschie-

---
247 Vgl. dazu den vom *LG Hamburg* entschiedenen Fall im Urteil vom 21.12.1954, HVR Nr. 83.
248 Näheres oben Rz. 369 ff.
249 *BGH*, 29.6.1959, BB 1959 S. 864 = NJW 1959 S. 1964 = MDR 1959 S. 823 = VersR 1959 S. 692 = HVR Nr. 209; *LG Berlin*, 22.9.1958, HVR Nr. 188 und *BGH*, 9.11.1967 – VII ZR 40/65 – BB 1968, 11 = DB 1968, 35 = HVR 386; vgl. auch die Problematik, wenn dem Hauptvertreter ein Ausgleichsanspruch zusteht, Rz. 550 ff.

den, bei dem der Hauptvertreter den frei gewordenen Bezirk des Untervertreters nicht neu besetzt, sondern an den Hersteller zurückgegeben hatte[250].

Der Hauptvertreter kann sich seinen Untervertretern gegenüber auf den Wegfall bzw. die Nichtentstehung des Ausgleichsanspruchs auch dann nicht berufen, wenn diese darauf beruht, *dass ihm infolge einer mit dem Unternehmer getroffenen Versorgungsvereinbarung eine allein vom Unternehmer finanzierte Altersversorgung zufließt, sodass deren Kapitalwert an die Stelle des anderenfalls entstehenden Ausgleichsanspruchs tritt.* Gerade wegen der ihm nunmehr allein zustehenden Versorgungsansprüche ist der Hauptvertreter seinen Untervertretern gegenüber, wenn auch deren Vertragsverhältnisse beendet werden, zur Zahlung eines Ausgleichs verpflichtet, weil gerade darin der ihm zukommende Vorteil i. S. des § 89b Abs. 1 Nr. 1 zu sehen ist. 1513

Ist der Ausschluss des Ausgleichsanspruchs des Hauptvertreters die Folge einer vom Unternehmer wegen *schuldhaften Verhaltens des Hauptvertreters* ausgesprochenen Kündigung (§ 89b Abs. 3 Satz 2), so wird auch hiervon der *Ausgleichsanspruch des Untervertreters*, dessen Vertragsverhältnis nun ebenfalls endet, grundsätzlich *nicht berührt.* Der vom Untervertreter auf Ausgleich in Anspruch genommene Hauptvertreter wird sich hier erst recht *nicht auf mangelnde Unternehmervorteile* berufen können, weil sein schuldhaftes Verhalten, das zur Beendigung des Hauptvertretervertrages führte, wohl stets einer willkürlichen Vertragsbeendigung, die sich für den Untervertreter wie eine Betriebseinstellung auswirkt, gleichzusetzen ist. 1514

Der Untervertreter kann den Handelsvertretervertrag mit dem Hauptvertreter in gleicher Weise ausgleichserhaltend kündigen, wie dieser den Hauptvertrag mit dem Vertriebsunternehmer. Neben der Unzumutbarkeit der Fortsetzung seiner Tätigkeit wegen Alters und Krankheit ist daher gemäß § 89b Abs. 3 Nr. 1 ein ausgleichserhaltender Kündigungsgrund für den Untervertreter gegeben, wenn der Hauptvertreter einen begründeten Anlass zu dieser Kündigung gegeben hat. Auch insoweit kommt es nur auf das Verhalten des Hauptvertreters und nicht auf das des Vertriebsunternehmens an[251]. Einen solchen begründeten Kündigungsanlass für den Untervertreter hat der BGH mit Urteil vom 13.3.1969[252] in einem Fall gesehen, in dem das Unternehmen dem Hauptvertreter gekündigt hatte. Der Hauptvertreter hatte den Untervertreter hiervon unterrichtet, ihm jedoch gleichzeitig mitgeteilt, dass er nicht beabsichtige, ihm zu kündigen, sondern weiter mit ihm zusammenarbeiten wolle. Da dem Untervertreter durch den Wegfall der Unternehmensvertretung ein erheblicher *Provisionsverlust* drohte, war er hierzu nicht bereit und bat den Hauptvertreter, fristlos ausscheiden zu dürfen. Der 1515

---

250 *BGH*, 20.11.1969 – VIII ZR 175/67 – DB 1970, 152 = BB 1970, 101 = HVR-Nr. 415; vgl. *Westphal*, Bd. 1, Rz. 990; a. A. *Ebenroth/Löwisch*, § 89b, Rz. 75, der allein darauf abstellt, ob dem Hauptvertreter aus der Tätigkeit des Untervertreters Vorteile im Sinne von Abs. 1 S. 1 Nr. 1 verbleiben.
251 Vgl. *HSW*, § 89b, Rz. 96; MK/*von Hoyningen-Huene*, § 89b, Rz. 166; *Ebenroth/Löwisch*, § 89b, Rz. 75
252 VII ZR 174/66 – BGHZ 52, 5, BB 1969, 510 = NJW 1969, 1021 = HVR-Nr. 396.

IX Ausschluss des Ausgleichsanspruches

Hauptvertreter hatte diesem Wunsch entsprochen. Anschließend war der Untervertreter als angestellter Reisender in die Dienste des Vertriebsunternehmens getreten. Der BGH hat hier einen begründeten Anlass für den Untervertreter darin gesehen, dass der Hauptvertreter ihm keine Fortsetzung des Vertrages zu für ihn annehmbaren Bedingungen angeboten hatte. Aufgrund der Kündigung erhielt der Untervertreter einen Ausgleich. Der BGH wies in diesem Zusammenhang darauf hin, dass durch die Kündigung der Hauptvertretung seitens einer Firma nicht ohne weiteres das gesamte Vertragsverhältnis der Parteien in seinem rechtlichen Bestand beendet worden war, weil diese noch für andere Firmen als Haupt- bzw. Untervertreter tätig waren. Der Untervertreter habe damit rechnen müssen, dass der Erfolg seiner Tätigkeit vom Fortbestand der Vertretung des Hauptvertreters abhängig war. Dies sei aber für die Anwendung des § 89 Abs. 3 Nr. 1 ohne entscheidende Bedeutung. Für die Provisionsverluste hinsichtlich der weiteren Firmen erhielt daher der Untervertreter vom Hauptvertreter einen Ausgleich. Da er jedoch für die kündigende Firma weiterhin direkt als Reisender tätig wurde und deren Kunden wie bisher beliefern konnte, hatte er insoweit nach Auffassung des BGH keine Provisionsverluste, sodass insoweit ein Ausgleich nicht zu zahlen war.

1516 Mit Urteil vom 23. 5. 1984[253] bestätigte der BGH erneut, dass der *Hauptvertreter dem Untervertreter einen begründeten Anlass zur Kündigung gibt, wenn er ihm nicht eine Fortsetzung des Vertrages zu angemessenen Bedingungen bietet*. Auf diesen begründeten Anlass kann sich der Untervertreter auch dann berufen, wenn nicht dieser Anlass, sondern das Angebot des Unternehmens, unmittelbar für diesen zu arbeiten, das Motiv der Kündigung ist. Dann sind jedoch diese Umstände im Rahmen der Billigkeitserwägungen nach § 89b Abs. 1 Nr. 3 mit zu berücksichtigen.

---

253 I ZR 42/82 – BB 1985, 226 = DB 1984, 2258 = HVR-Nr. 588.

X. Kapitel
Höchstgrenze des Ausgleichsanspruches

A. Warenvertreter

I. Bezugszeitraum

Für den Ausgleichsanspruch ist eine Höchstgrenze[1] – zuweilen auch als „Kappungsgrenze" bezeichnet – festgelegt. Nach § 89b Abs. 2 darf der Ausgleich eine *Jahresprovision oder eine sonstige Jahresvergütung*, berechnet aus dem *Durchschnitt der letzten 5 Jahre der Tätigkeit des Vertreters*, nicht überschreiten. Bei Vertreterverträgen, die länger als 5 Jahre bestanden haben, bereitet diese Vorschrift vom Prinzip her keine Schwierigkeiten.   1517

Entsprechendes gilt für die Fälle, in denen das Vertragsverhältnis weniger als 5 Jahre, aber länger als 1 Jahr bestanden hat. Nach dem Gesetz ist für die Errechnung der Höchstgrenze bei kürzerer Vertragsdauer der Provisionsdurchschnitt *während der gesamten Vertragsdauer* maßgebend. So errechnet sich bei einer 3 1/2-jährigen Tätigkeit des Handelsvertreters die maßgebliche durchschnittliche Jahresprovision durch entsprechende Umrechnung[2].   1518

Fraglich ist aber, wie zu verfahren ist, wenn das Vertragsverhältnis weniger als 1 Jahr bestanden hat. Die herrschende Lehre[3] meint, dass auch in diesen Fällen eine *Umrechnung auf eine volle Jahresprovision* erfolgen müsse, bei 4-monatiger Tätigkeit müsse also eine Verdreifachung, bei 6-monatiger Tätigkeit eine Verdoppelung der für die Höchstgrenze maßgeblichen Provisionen oder sonstigen Vergütungen erfolgen. Diese Auffassung ist indessen nicht überzeugend. Zwar ist eine auf eine durchschnittliche Jahresprovision begrenzte (theoretische) Ausgleichshöhe stets dann gerechtfertigt, wenn der Handelsvertreter mindestens 1 Jahr für den Unternehmer tätig war und dann auch tatsächlich 1 Jahr lang Provisionen bezogen hat. Währte die Tätigkeit des Handelsvertreters demgegenüber aber nur einige Monate, dürfte die Begrenzung des Ausgleichsanspruchs ebenfalls auf eine Jahresprovision, die durch entsprechende Umrechnung zu ermitteln wäre, nicht zulässig sein, weil eine derartige *Besserstellung*,   1519

---

[1] Vergleiche zu Problemen der Ausgleichshöchstgrenze die Darstellung von *Küstner*, in „Blick durch die Wirtschaft" (FAZ, Ausgabe vom 20.1.1992).
[2] *Schröder*, § 89b Anm. 23 a. Über Besonderheiten im Hinblick auf die für die Höchstgrenze zu berücksichtigenden Vergütungen des Vertreters bei Vertragsbeendigung infolge Unternehmerkonkurses: *Küstner*, IHV 1966 Heft 8 S. 22, 26.
[3] *Hopt*, HVR § 89b Rz. 49; *Westphal* S. 167; *Ankele*, § 89b Rz. 147; *Geßler*, S. 81; *Schröder*, § 89b Anm. 24; *Möller*, Anm. 382 (S. 874) vor §§ 43–48 VVG; *Ankele*, §§ 89b Anm. 6; *Meyer*, S. 258; so auch *OLG Karlsruhe*, 12.6.1984, Justiz 1984 S. 340. Vgl. auch HVuHM 1969 S. 1437. A.A. *Brüggemann*, § 89b Rz. 89 und *Matthies*, DB 1986, 2063, 2065.

X Höchstgrenze des Ausgleichsanspruches

die im Extremfall zu einem Ausgleichsanspruch führen kann, der die tatsächlich bezogenen Provisionen erheblich übersteigen kann, ungerechtfertigt wäre[4].

1520 Der Wortlaut des Gesetzes geht davon aus, dass sich aus der Vertragsdauer ein *Jahresdurchschnitt errechnen* lässt. Das dürfte voraussetzen, dass dann, wenn als Höchstgrenze *eine* durchschnittliche Jahresprovision maßgeblich sein soll, das Vertragsverhältnis mindestens 1 Jahr bestanden hat, weil – streng genommen – bei einer nur auf einige Monate begrenzten Tätigkeit des Handelsvertreters ein Jahresdurchschnitt in sich widerspruchsvoll ist. Die Amtliche Begründung[5] zum Gesetzesentwurf (der eine dreifache Jahresprovision als Höchstgrenze vorsah) stellt in diesem Zusammenhang fest: „Im Höchstfall darf er (der Ausgleichsanspruch) den Betrag der Provisionen betragen, die dem Handelsvertreter für die drei letzten Jahre, bei kürzerer Vertragsdauer für die Zeit des Vertragsverhältnisses, zustanden." Daraus ergibt sich der Wille des Gesetzgebers, dass bei einer Vertragsdauer, die den für die Errechnung der Durchschnittsprovision maßgeblichen Zeitraum unterschreitet, *keine Umrechnung auf eine volle Jahresprovision* stattfinden soll, sondern dass in solchen Fällen allein diejenigen Provisionen die Höchstgrenze darstellen sollen, die dem Handelsvertreter während der gesamten Vertragsdauer zugeflossen sind.

1521 Das Gesetz bestimmt, dass die letzten 5 Tätigkeitsjahre des Handelsvertreters den für die Ermittlung der Höchstgrenze maßgeblichen Zeitraum darstellen[6]. Das werden in der Regel diejenigen 5 Tätigkeitsjahre sein, die der *rechtlichen Beendigung* des Vertretervertrages unmittelbar vorausgehen. Denn im Regelfall erfolgt die Einstellung der Tätigkeit des Handelsvertreters gleichzeitig mit der rechtlichen Vertragsbeendigung. Die unmittelbar vor der rechtlichen Vertragsbeendigung liegende fünfjährige Zeitspanne kann aber nicht in allen Fällen maßgebend sein. Haben nämlich die Parteien eine *sofortige Einstellung der Vertretertätigkeit* vereinbart, soll das Vertragsverhältnis aber rechtlich noch bis zu dem Zeitpunkt bestehen bleiben, zu dem es durch ordentliche Kündigung frühestens hätte beendet werden können, dann endet der für die Ermittlung der Höchstgrenze des Ausgleichsanspruchs maßgebliche Zeitraum nicht erst im Zeitpunkt der rechtlichen Vertragsbeendigung, *sondern bereits mit der Einstellung der Tätigkeit des Handelsvertreters*[7]. Diese Auffassung entspricht allein

---
[4] Vgl. dazu auch *Küstner* in ZAP 2. Aufl. Fach 15 S. 277.
[5] BTDr. 3856 v. 15.11.1952, S. 36.
[6] Nach dem Urteil des *BGH* vom 23.10.1996 – VIII ZR 16/96, BGHZ 133, 391 = NJW 1997, 316 = BB 1997, 59 m. Anm. *Seelhorst*, S. 2019 = VersR 1997, 1183 kommt es für den 5-Jahres-Zeitraum darauf an, dass der Handelsvertreter in dieser Zeit Provisionsansprüche lediglich bedingt erworben hat. Dadurch rechtfertigt sich die Einbeziehung von Überhangprovisionen (vgl. dazu Rz. 1529) in den maßgeblichen Zeitraum.
[7] Vgl. dazu *Küstner*, HVuHM 1967 S. 98.
Beispielsfall 1: Ein Vertretervertrag kann nur mit sechsmonatiger Frist zum 30.6. und 31.12. gekündigt werden. Am 1.7. vereinbaren die Parteien die sofortige Einstellung der Vermittlungstätigkeit des Handelsvertreters, der bis zum 31.12. seinen Nachfolger einarbeiten soll. Vom 1.7. bis zum 31.12. erhält der Handelsvertreter, der am 15.8. einen Großhandel eröffnet hat, nur noch **Überhangprovisionen** aus vor dem 1.7. abgeschlossenen Geschäften sowie eine Erstattung der durch die Einarbeitung des Nachfolgers entstandenen Kosten. Der maßgebliche 5-Jahres-Zeitraum endet am 30.6.

dem Gesetz, das ebenfalls auf die *Tätigkeit des Handelsvertreters abstellt*. Eine Einbeziehung des zwischen der Beendigung der Tätigkeit des Handelsvertreters und der rechtlichen Vertragsbeendigung liegenden Zeitraumes kann sich demgegenüber sehr *nachteilig auswirken*, weil die Provisionseinnahmen des Handelsvertreters nach der Tätigkeitseinstellung meist erheblich absinken werden, sodass damit auch die maßgebliche Jahresdurchschnittsprovision absinken würde.

Etwas anderes gilt aber dann, wenn dem Handelsvertreter die entgehenden Provisionseinnahmen pauschal erstattet werden; dann muss der fragliche Zeitraum natürlich bei der Höchstgrenzenberechnung mitberücksichtigt werden. 1522

Die hier vertretene Auffassung steht nicht im Widerspruch zu dem Urteil des Bundesgerichtshofs vom 29.3.1990[8]. In jenem Urteil hat der Bundesgerichtshof ausgesprochen, dass *vor der rechtlichen Beendigung des Handelsvertretervertrages* zwischen den Parteien wirksam keine Vereinbarungen getroffen werden können, durch die der Ausgleichsanspruch eingeschränkt oder ausgeschlossen wird. Die Bedeutung dieses Urteils liegt darin, dass mitunter dann, wenn der Handelsvertreter infolge einer im Vertrage enthaltenen *Freistellungsklausel*[9] seine Tätigkeit bereits vor der rechtlichen Vertragsbeendigung einstellt, derartige den Ausgleich einschränkende oder ausschließende Vereinbarungen doch erst frühestens mit der rechtlichen Vertragsbeendigung, aber noch nicht in dem Zeitpunkt getroffen werden können, in dem die *Freistellungsklausel wirksam wird*. Natürlich kann der Ausgleichsanspruch in derartigen Fällen erst mit der rechtlichen Vertragsbeendigung entstehen. 1523

Die Frage, dass bei vorzeitiger Einstellung der Tätigkeit des Handelsvertreters der Ausgleichsanspruch gleichwohl erst mit der *rechtlichen Vertragsbeendigung entsteht und fällig* wird, wird hierdurch nicht berührt. 1524

II. Höchstgrenze keine Bemessungsgrundlage

Es entspricht ständiger einhelliger Rechtsprechung, dass die Höchstgrenze *keine Bemessungsgrundlage für die Berechnung des Ausgleichsanspruchs* 1525

Beispielsfall 2: Ein Unternehmer kündigt einen seit 10 Jahren bestehenden Vertretervertrag fristlos. Der Handelsvertreter stellt demgemäß seine Tätigkeit unverzüglich ein. Er hält aber die fristlose Kündigung nicht für berechtigt. Im Prozess wird festgestellt, dass für die fristlose Kündigung ein wichtiger Kündigungsgrund nicht vorlag. Die fristlose Kündigung wird deshalb als fristgemäße Kündigung zum nächstzulässigen Termin angesehen, der aber erst 10 Monate später liegt. Die Parteien vereinbaren, dass der Handelsvertreter die bereits eingestellte Tätigkeit nicht wieder aufnehmen soll, zumal er in der Zwischenzeit ein anderes Betätigungsfeld gefunden hat. Da der Unternehmer dem Handelsvertreter im Wege des Schadensersatzes den Provisionsausfall, der durch die unberechtigte Kündigung entstanden ist, zu ersetzen hat, ist dieser Schadensersatz bei der Ermittlung der Höchstgrenze mitzuberücksichtigen; der maßgebliche Fünfjahreszeitraum endet an dem Termin, zu dem fristgerecht hätte gekündigt werden können.

8 *BGH*, 29.3.1990 – I ZR 2/89, BB 1990, 1366 = NJW-RR 1991, 105, DB 1990 S. 2264; *BGH*, 15.6.1959 – II ZR 184/57 – VersR 1959 S. 669, 670.
9 Zu Einzelheiten zur Freistellung vgl. Band 1 Rz. 1683 ff.

X   Höchstgrenze des Ausgleichsanspruches

darstellt[10]. Darauf muss besonders und nachdrücklich hingewiesen werden. Denn bei der Ausgleichsberechnung wird in der Praxis häufig so vorgegangen, dass als erstes die Höchstgrenze des Ausgleichsanspruchs ermittelt und der sich ergebende Betrag sodann zum *Ausgangspunkt* für die weiteren Überlegungen gemacht wird, in welcher Höhe eine Ausgleichszahlung schließlich zu erfolgen hat. Dabei werden die Anspruchsvoraussetzungen des *Unternehmervorteils* einerseits und der *Provisionsverluste* des Handelsvertreters andererseits – wie die Erfahrung lehrt – nur sehr oberflächlich – wenn überhaupt – geprüft, während dem *Billigkeitsgrundsatz* die Hauptbedeutung beigemessen wird.

1526   Dieses Berechnungsverfahren ist falsch[11] und verstößt eindeutig gegen das Gesetz, wie seit langem auch in der Rechtsprechung richtig erkannt wurde[12]. Der Höchstgrenze kommt vielmehr **erst nach dem Abschluss einer eingehenden Prüfung der einzelnen Anspruchsvoraussetzungen** gemäß § 89b Absatz 1 Bedeutung zu, dessen Ergebnis in der Praxis als „Rohausgleich" bezeichnet wird. Erst durch die abschließende Ermittlung der Höchstgrenze kann die Frage beantwortet werden, ob der nach § 89b Absatz 1 berechnete Anspruch in der ermittelten Höhe zu zahlen ist – das ist der Fall, wenn der Rohausgleich die *Höchstgrenze unterschreitet – oder ob er auf die Höchstgrenze zu reduzieren ist* – das ist der Fall, wenn er den Höchstbetrag *überschreitet*[13].

1527   Der Bundesgerichtshof[14] hat diese Grundsätze bereits in seinem – den Ausgleichsanspruch eines Versicherungsvertreters betreffenden – Urteil vom 19.11.1970 bestätigt und ausdrücklich festgestellt, dass *allein* die Vorschriften des § 89b Abs. 1 Ziffer 1–3 die *Bemessungsgrundlage* für den Ausgleichsanspruch darstellen und dass die Billigkeitsprüfung, die an das Ergebnis der Vorteils- und Verlustberechnung anzuschließen sei, nicht den Sinn habe, den nach Abs. 2 ermittelten Höchstbetrag mehr oder weniger herabzusetzen. *Der Höchstbetrag habe nur die Bedeutung, den Ausgleichsanspruch der Höhe nach zu begrenzen, sofern er nach Abs. 1 Nr. 1–3* (also nur rechnerisch) *hö-*

---

10   Vgl. die unten zitierte Rechtsprechung; *Küstner*, NJW 1969 S. 769, 770; *Eberstein*, 8. Aufl. S. 116; *Hoffmann*, S. 70; *Haumann*, HVH S. 231, 245 und 3. Aufl. Abschn. V 6.3.2. Vgl. auch *LG Hamburg*, 1.10.1969, HVR Nr. 403.
11   Vgl. das Berechnungsbeispiel, Rz. 1789 ff.; *BGH*, 4.6.1975, BB 1975 S. 1409, EBE 1975 S. 351; *BGH*, 19.11.1970, BGHZ 55, 45 = BB 1971 S. 105 = DB 1971 S. 185 = HVR Nr. 425 = HVuHM 1971 S. 231 = NJW 1971 S. 462 = RVR 1971 S. 81 = VersR 1971 S. 265 mit Anm. *Höft*.
12   *BGH*, Urteile vom 15.10.1992, BB 1992 S. 2385 = MDR 1993 S. 224 = WM 1993 S. 392; 27.2.1981, DB 1981 S. 1772 = MDR 1981 S. 906 = HVR Nr. 552 (nur LS) = WM 1981 S. 817 = VersR 1981 S. 832; 22.5.1981, BB 1982 S. 14 = NJW 1982 S. 235 = MDR 1982 S. 26 = WM 1981 S. 991 = HVR Nr. 554 = VersR 1981 S. 880; 11.12.1958, BGHZ 29, 83 = NJW 1959 S. 144 = BB 1959 S. 7 = VersR 1959 S. 25 = HVR Nr. 193; 28.10.1957, BB 1957 S. 1161 = VersR 1957 S. 775 = HVR Nr. 191; *OLG Karlsruhe*, 11.10.1988 – 8 U 129/88 – unveröffentlicht; *OLG Düsseldorf*, 5.4.1989 – 16 U 213/88 – unveröffentlicht. *OLG Frankfurt*, 12.7.1966, HVR Nr. 368 und 27.5.1966 (unveröffentlicht) sowie 3.6.1966, HVR Nr. 365; *OLG Celle*, 13.11.1969, BB 1970 S. 227; *OLG Frankfurt*, 8.12.1970, HVR Nr. 428 = RVR 1971 S. 141.
13   *Küstner*, NJW 1969 S. 769, 775 zu III 1; Sondertatbestände sind in den Rz. 1059 und 1218 erwähnt.
14   *BGH*, 19.11.1970, BB 1971 S. 105 = VersR 1971 S. 265 mit Anm. *Höft*.

her wäre. Diese Feststellung kann aber nur so verstanden werden, dass die Prüfung des Billigkeitsgrundsatzes zwar den im Gesetz als Obergrenze für den Ausgleichsanspruch festgelegten Höchstbetrag als solchen nicht berühren kann, dass also die für den Ausgleichsanspruch maximal in Betracht kommende durchschnittliche Jahresprovision, berechnet aus den letzten 5 Vertragsjahren, nicht herabgesetzt werden dürfte. Dies schließt andererseits aber nicht aus, dass das *Ergebnis der Ausgleichsberechnung* gerade unter Berücksichtigung von Billigkeitsgesichtspunkten durchaus dazu führen kann, dass der geschuldete Ausgleich den als feststehende Ausgleichsobergrenze maßgeblichen Betrag *unterschreitet*. Es war bereits oben [15] ausführlich dargelegt worden, dass sich die Prüfung des Billigkeitsgesichtspunktes nicht „im luftleeren Raum" abspielen könne, was im Einzelfall zur Folge haben könne, dass trotz Berücksichtigung von Billigkeitsgesichtspunkten ein geschuldeter Ausgleich im Betrag der Höchstgrenze verbleibe. Vielmehr könne es bei sehr hohem Rohausgleich durchaus vorkommen, dass letztlich nur ein Ausgleich geschuldet werde, der die Höchstgrenze unterschreitet. Die Höchstgrenze als im Gesetz festgelegter und für den geschuldeten Ausgleich in Betracht kommender Festbetrag selbst bleibt in derartigen Fällen zwar unberührt; er kann aber eben trotz hohen Rohausgleichs durchaus *unterschritten* werden.

Bei der Ermittlung der nach § 89b Absatz 2 maßgeblichen durchschnittlichen Jahresprovision oder sonstigen Jahresvergütung ist auf diejenigen Vergütungen abzustellen, die dem Handelsvertreter im Bezugszeitraum *zugeflossen* sind, und zwar ohne Rücksicht darauf, ob die zu berücksichtigenden Vergütungsansprüche bereits *verjährt* oder aus anderen Gründen einredebehaftet sind [16].

1528

III. Problematik der Überhangprovisionen

Nach der neuesten Rechtsprechung des BGH [17] sind *Überhangprovisionen*, die dem ausgeschiedenen Handelsvertreter erst nach der Vertragsbeendigung zufließen in die Berechnung der Ausgleichshöchstgrenze *einzubeziehen*. Der BGH hat dies mit der Überlegung begründet, dass die Systematik des Gesetzes angesichts seines nicht eindeutigen Wortlauts für eine solche Einbeziehung spreche. Denn einerseits seien die zu Grunde liegenden Geschäfte zwischen dem Unternehmer und dessen Kunden bereits vor dem Ende des Handelsvertreterverhältnisses geschlossen worden und stellten daher keine für den Unternehmer erst nach Vertragsbeendigung eintretenden Vorteile i. S. d. § 89 b Abs. 1 Nr. 1 dar. Andererseits behalte der Handelsvertreter den Wert seiner Tätigkeit und der darauf beruhenden Provisionsansprüche gem. § 87 auch im Falle einer Beendigung des Vertragsverhältnisses, sodass er keine Provisionsverluste i. S. von

1529

---
15 Vgl. dazu Rz. 1059 und 1218 m.w.N.
16 *BGH*, 22.5.1981 – I ZR 34/79, NJW 1982 S. 235 = MDR 1982 S. 26 = BB 1982 S. 14 = VersR 1981 S. 880 = HVR Nr. 554 = WM 1981 S. 991.
17 *BGH*, 23.10.1996 – VIII ZR 16/96, NJW 1997, 316 = BB 1997, 59 = VersR 1996, 1143 = ZIP 1996, 2165 = WM 1997, 232 = DB 1996, 2486.

X Höchstgrenze des Ausgleichsanspruches

§ 89b Abs. 1 Nr. 2 Provisionsverluste erleide. Wenn demnach die Überhangprovisionen nicht zu nachvertraglichen Vorteilen und auch nicht zu Verlusten nach § 89b Abs. 1 führten, erscheine es gleichwohl folgerichtig, sie den *bereits erzielten Provisionen* zuzuordnen, an denen der sich aus § 89b Abs. 1 ergebende Ausgleich nach Abs. 2 Satz 1 (Höchstgrenze) zu messen sei.

1530 Zwar gehörten Überhangprovisionen im steuerrechtlichen Sinne nicht zu dem während der Vertragszeit erzielten Einkommen. Aber sie seien durch die Tätigkeit des Handelsvertreters *während der Vertragslaufzeit (bedingt) erworben* worden. Der Handelsvertreter habe seine Leistung, für die er durch die Provision entlohnt werden solle, *schon mit der Vermittlung der Geschäfte* erbracht. Erfolge die Vermittlungstätigkeit während der Vertragszeit, so habe er damit (vorbehaltlich der von seinem Willen unabhängigen Ausführung des Geschäfts durch den Unternehmer und den Kunden) seine *Provision verdient*. Blieben die Überhangprovisionen bei der Berechnung der Ausgleichshöchstgrenze unberücksichtigt, würde jedenfalls bei kurzer Vertragsdauer und einem branchenbedingt großen Anteil von Überhangprovisionen der Zweck des § 89b Abs. 2 HGB verfehlt. Denn die Bemessung der Höhe des Ausgleichs anhand des vom Handelsvertreter in seiner aktiven Zeit durch seine Tätigkeit (zuletzt) verdienten Einkommens sei dann fehlerhaft, weil ein erheblicher Teil dieses Einkommens bei der Berechnung außer Betracht bliebe.

1531 Deshalb komme es für die Höchstgrenzenberechnung darauf an, ob von dem *während* oder von dem *aufgrund* der Tätigkeit des Handelsvertreters in den letzten 5 Jahren bzw. der gesamten Vertragszeit erzielten Provisionseinkommen auszugehen sei; eine systematische und teleologische Auslegung spreche für die zweite Alternative.

1532 Der BGH hat im Hinblick auf die Ausgleichshöchstgrenze mithin auf die vom Handelsvertreter *aufgrund seiner vertraglich vereinbarten Tätigkeit* in den letzten Jahren erzielten Provisionen abgestellt. Weil es maßgeblich auf die tätigkeitsbedingten Provisionsansprüche des ausgleichsberechtigten Handelsvertreters ankommt, hat die neue Rechtsprechung zur Folge, dass Provisionen, die diese Voraussetzung nicht erfüllen, bei der Ermittlung der Ausgleichshöchstgrenze *nicht berücksichtigt werden dürfen*.

1533 Der BGH weist in diesem Zusammenhang schließlich darauf hin, dass – stellt man auf die Provisionsansprüche ab, die dem Handelsvertreter aufgrund seiner Tätigkeit zustehen – beispielsweise auch verjährte Ansprüche[18] einzubeziehen sind, sodass es also nicht darauf ankommt, ob die *für die Höchstgrenze maßgeblichen Provisionen dem Handelsvertreter bereits vor der Vertragsbeendigung zugeflossen sind*.

1534 Zwar sei die Problematik der Behandlung der Überhangprovisionen in der Literatur streitig. Gehe man aber von den Provisionen aus, die *aufgrund der Tätigkeit* des Handelsvertreters entstanden sind, reiche es aus, dass während des

---
18 *BGH*, 22.5.1981 – I ZR 34/79, NJW 1982, 235 = BB 1982, 14 = VersR 1981, 880 = HVR Nr. 554 = WM 1981, 991.

Zeitraums, der für die Ausgleichshöchstgrenze entscheidend sei, Provisionsansprüche *lediglich bedingt entstanden* sind und daraus rechtfertige es sich, dass auch erst nach der Vertragsbeendigung fällig werdende Überhangprovisionen bei der Ausgleichshöchstgrenze zu berücksichtigen seien. Überhangprovisionen seien den „*bereits erzielten Provisionen* zuzuordnen", zumal sie weder in die infolge der Vertragsbeendigung zu erwartenden Unternehmervorteile und die aus demselben Tatbestand resultierenden Provisionsverluste des Handelsvertreters fielen.

Es kann nicht zweifelhaft sein, dass die Höchstgrenzenberechnung auf der Grundlage des Urteils vom 23.10.1996 – jedenfalls bei einer länger als 5 Jahre währenden Vertragszeit – schwieriger werden dürfte als bisher[19]. Zu beachten ist nämlich, dass der BGH die vom Berufungsgericht[20] und in der Literatur[21] vertretene Ansicht für unzutreffend hält, wonach aus der Vermittlungstätigkeit im sechstletzten Vertragsjahr resultierende Überhänge, die dem Handelsvertreter im fünftletzten Vertragsjahr zugeflossen sind, im Rahmen der Höchstgrenzenberechnung zu erfassen seien[22]. Der BGH hält diese Auffassung deshalb für unrichtig, weil es für die Ausgleichshöchstgrenze allein auf solche Provisionsansprüche bzw. Provisionsanwartschaften ankomme, die im gesamten 5-Jahreszeitraum, der für die Ermittlung der Ausgleichshöchstgrenze entscheidend sei entweder zugeflossen oder in diesem Zeitraum bedingt erworben worden sei. Bereits *vor Beginn des maßgeblichen Zeitraums* bedingt entstandene Provisionsansprüche seien mithin in die Höchstgrenzenberechnung *nicht einzubeziehen*. 1535

Ausdrücklich heißt es in dem Urteil vom 23.10.1996 folgerichtig, die zu Beginn des fünftletzten Vertragsjahres abgerechneten Provisionen dürften in keinem Fall ungeprüft in die Berechnung der durchschnittlichen Jahresprovision nach § 89b Abs. 2 eingestellt werden. Diese müsse auf der Grundlage der Auffassung des Berufungsgerichts geklärt werden, ob diese Provisionen auf schon im sechstletzten (und folglich nicht zu berücksichtigenden) oder auch erst im fünftletzten Vertragsjahr unbedingt gewordenen Ansprüchen beruhten. 1536

Im Hinblick auf Provisionsanwartschaften, die dem ausscheidenden Handelsvertreter bei bereits länger laufenden Vertragsverhältnissen aus Geschäften, die er im sechstletzten Vertragsjahr vermittelt hat und die ihm sodann im fünftletzten Vertragsjahr zufließen und die deshalb nach dem Urteil vom 23.10.1996 bei der Höchstgrenzenermittlung *unberücksichtigt* bleiben müssen, kann, wie erwähnt, dann zu Schwierigkeiten führen, weil in der Praxis in den Provisionsabrechnungen derartige Überhangprovisionen nicht als solche gekennzeichnet 1537

---

19 *v. Hoyningen-Huene*, EWiR 1997, 175.
20 *OLG Düsseldorf*, 16. Senat, 8.12.1995 n.v.
21 So noch in der Vorauflage, Rz. 1315; *Bruck/Möller*, VVG I, 8. Aufl., Anm. 384 i.V.m. Anm. 290 vor §§ 43–48 VVG; für eine Einbeziehung der Überhänge: *Brüggemann*, Groß-Komm. HGB 4. Aufl., § 89b Rn. 91; *Westphal* in Hdb. des Handelsvertreterrechts in EU Staaten und der Schweiz, „Deutschland" Rz. 713 f.; *ders.*, Neues Handelsvertreterrecht 1991, 169.
22 *OLG Frankfurt*, 8.12.1970 – 5 U 94/70, HVR Nr. 428 in Abschnitt 5.

sind. Es empfiehlt sich deshalb, um spätere Schwierigkeiten zu vermeiden, derartige Überhangprovisionen in der Abrechnung kenntlich zu machen.

1538 Als Ergebnis ist festzuhalten: Besonderheiten ergeben sich dann nicht, wenn das Vertragsverhältnis des Handelsvertreters nicht länger als 5 Jahre bestand. Dann sind die Überhangprovisionen, die während des gesamten Vertragszeitraums aufgrund der Tätigkeit des Handelsvertreters und die sich ergebenden Provisionen zusammenzurechnen, und ein Fünftel stellt dann die Ausgleichshöchstgrenze dar. Eine komplizierte Höchstgrenzen-Berechnung entsteht nur dann, wenn der Vertretervertrag länger als 5 Jahre bestand, weil dann die während des 5-Jahres-Zeitraums zugeflossenen Überhänge aus der Tätigkeit des Handelsvertreters und die sich ergebenden Provisionen zusammenzurechnen sind.

IV. Auswirkungen geänderter Provisionssätze und des Bezirks

1539 Aus dem Gesetz ergibt sich, wie erwähnt, dass der Ermittlung der Jahresdurchschnittsprovision und damit der für den Ausgleichsanspruch maßgeblichen Höchstgrenze *sämtliche Provisionen oder sonstige Jahresvergütungen* zu Grunde zu legen sind, die sich aufgrund der vom Handelsvertreter ausgeübten Vermittlungstätigkeit ergeben, ohne dass sie ihm während des 5-jährigen Bemessungszeitraums auch zugeflossen sein müssten. Allein diese Auslegung entspricht dem klaren Wortlaut des Gesetzes. Es geht deshalb nicht an, bei der Ermittlung einer durchschnittlichen Jahresprovision Gesichtspunkte zu berücksichtigen, die im Hinblick auf die *Provisionssätze* deshalb zu einem erhöhten Durchschnittsbetrag führen, weil der Provisionssatz während des Fünfjahreszeitraums erhöht wurde. In dieser Weise allerdings hat sich das Oberlandesgericht Karlsruhe in seinem Urteil vom 12.6.1984[23] ausgesprochen und damit *contra legem* eine Ausgleichshöchstgrenze ermittelt, die im Gesetz keine Grundlage findet.

1540 Im entschiedenen Falle war der Provisionssatz von bisher 1% 27 Monate vor der Vertragsbeendigung auf 2% erhöht worden. Das OLG hat bei der Ermittlung der Ausgleichshöchstgrenze die in den ersten 33 Monaten mit 1% angesetzten Provisionen völlig unberücksichtigt gelassen und der Ermittlung der Höchstgrenze durch Umrechnung auf eine durchschnittliche Jahresprovision für die gesamte Dauer des 5-Jahreszeitraums die erhöhten Provisionen von 2% zu Grunde gelegt, für die dem Handelsvertreter in den letzten 27 Monaten der erhöhte Provisionssatz zugeflossen war. Das Gericht hat diese *etwas außerhalb der Legalität* durchgeführte Ermittlung der Ausgleichshöchstgrenze damit gerechtfertigt, dass das Vertragsverhältnis durch die *Verdoppelung des Provisionssatzes eine wesentliche Änderung* erfahren habe und dass sich diese Verdoppelung des Provisionssatzes nicht nur entscheidend auf die Höhe der verdienten Provisionen ausgewirkt, sondern dass sie auch eine *einschneidende*

---
[23] *OLG Karlsruhe,* 12.6.1984, Justiz, 1984 S. 340.

Änderung des Vertragsverhältnisses dargestellt habe. Deshalb sei diese wesentliche Vertragsänderung auch für die Errechnung des Höchstsatzes gem. § 89b Abs. 2 HGB entscheidend. Das schließlich gekündigte Vertragsverhältnis habe im Übrigen erst seit der Provisionsänderung bestanden, weil es vor diesem Zeitpunkt inhaltlich anders gestaltet gewesen sei. Schließlich sei der Ermittlung des höchstzulässigen Ausgleichs die zuletzt vereinbarte Provision aber auch deshalb zu Grunde zu legen, weil der Ausgleichsanspruch *„auch eine nicht zu übersehende soziale Funktion"* besitze.

Da das Urteil des OLG Karlsruhe rechtskräftig geworden ist, hatte der Bundesgerichtshof leider keine Gelegenheit, sich zu dieser sehr bedeutungsvollen Rechtsfrage zu äußern. Meiner Auffassung nach kann dem Urteil des OLG nicht gefolgt werden, weil es sich über die insoweit eindeutige Bestimmung des § 89b Abs. 2 ohne Not hinwegsetzt. Das Urteil wirft im Übrigen auch die Frage auf, wie nach Auffassung des Gerichts entschieden werden müsste, wenn ein zunächst vereinbarter Provisionssatz von 2% 27 Monate vor der Vertragsbeendigung auf 1% herabgesetzt worden wäre. Folgerichtig müsste dann – weil ja das Gericht mehrfach betont, es komme entscheidend auf die zuletzt bezahlten Provisionen an – von einer entsprechend verminderten Ausgleichshöchstgrenze ausgegangen werden. Denn auch in diesem Falle hätte das Vertragsverhältnis durch die Halbierung des Provisionssatzes eine wesentliche Änderung erfahren, und auch in diesem Falle müsste davon ausgegangen werden, dass es vor der Änderung des Provisionssatzes inhaltlich anders gestaltet war. 1541

Aus alledem folgt, dass dann, wenn man dieser Rechtsprechung folgen würde, der *Willkür Tür und Tor* geöffnet wäre, was keinesfalls gerechtfertigt werden kann. Letztlich würde sich aber anhand der vom Oberlandesgericht angestellten Erwägungen auch die Auffassung rechtfertigen lassen, der Ermittlung der Ausgleichshöchstgrenze dürften lediglich die in den letzten 3 Vertragsjahren zugeflossenen erheblichen Provisionen zu Grunde gelegt werden, wenn der Handelsvertreter im viert- und fünftletzten Jahr vor der Vertragsbeendigung gar keine oder nur geringe Provisionseinnahmen hatte. 1542

Eine auf ähnlichen Überlegungen beruhende Auffassung hat das Landgericht Mönchengladbach in seinem Urteil vom 25.3.1993[24] vertreten. Im entschiedenen Sachverhalt hatte der Handelsvertreter zunächst den Bezirk Nordbayern 5 Jahre lang bearbeitet, und ab 1. Januar 1991 war nach der Wiedervereinigung dieser Stammbezirk um die Gebiete der Bundesländer Thüringen und Sachsen erweitert worden. Hier stritten die Parteien unter anderem darüber, wie sich die maßgebliche durchschnittliche Jahresprovision errechne. Der Unternehmer meinte unter Berufung auf den Wortlaut des Gesetzes, es müssten *alle im Durchschnitt der letzten 5 Vertragsjahre* dem Handelsvertreter *zugeflossenen Provisionen* in Nordbayern, Thüringen und Sachsen *zusammengerechnet* werden, sodass sich daraus die maßgebliche Höchstgrenze ergebe. Der Handelsvertreter vertrat demgegenüber die Auffassung, dass eine *getrennte Berechnung* 1543

---

24 *LG Mönchengladbach,* 25.3.1993 – 8 O 110/92 – bisher unveröffentlicht.

X Höchstgrenze des Ausgleichsanspruches

erfolgen müsse und dass sodann die für Nordbayern einerseits und Thüringen und Sachsen andererseits sich ergebenden Durchschnittsbeträge addiert werden müssten. Das unterschiedliche Ergebnis lag auf der Hand: Nach der Berechnung des Unternehmers, in die er die in den Ländern Thüringen und Sachsen angefallenen Provisionen einbezogen hatte, ergab sich eine durchschnittliche Jahresprovision von DM 81579,98, nach der getrennten Berechnung des Handelsvertreters ergab sich demgegenüber eine Ausgleichshöchstgrenze von DM 237374,46; die Differenz belief sich mithin auf DM 155794,48.

1544 Das Gericht hat sich der vom Handelsvertreter vertretenen Auffassung angeschlossen und eine *getrennte Höchstgrenzenberechnung* durchgeführt, obwohl es ausdrücklich nicht davon ausgegangen war, dass die Parteien hinsichtlich der Bundesländer Thüringen und Sachsen Ende 1990 einen *selbstständigen neuen Handelsvertretervertrag* abgeschlossen hätten, das bisherige Vertragsgebiet mit Wirkung ab 1.1.1991 vielmehr nur erweitert worden sei. Dabei erschien es dem Gericht wesentlich, dass der Handelsvertreter im entschiedenen Falle in den genannten neuen Bundesländern „*zusätzlich in kurzer Zeit einen bedeutenden Kundenstamm geworben*" habe. Die Früchte dieser Tätigkeit könne der Vertreter ohne eigenes Verschulden bei wortgemäßer Anwendung des § 89b Abs. 2 HGB nur in verhältnismäßig geringem Umfange genießen, während der Unternehmer mehrjährig aller Wahrscheinlichkeit nach von einem bedeutenden Umsatzwachstum profitieren könne. Der Handelsvertreter habe gewissermaßen „*raumerweiternd Pionierarbeit*" geleistet und dem Unternehmer bisher nicht zugängliche gewesene Gebiete erschlossen. Diese Situation sei anders zu beurteilen, als wenn der Handelsvertreter „innerhalb des angestammten Bezirks den Umsatz erheblich erweitert" hätte.

1545 Zwar mag die vom Gericht vertretene Auffassung einem Gerechtigkeitsbedürfnis entsprechen; sie steht aber – was das Gericht übrigens nicht verkennt – im *Widerspruch zum Wortlaut des Gesetzes*. Der Entscheidung könnte nur dann gefolgt werden, wenn zwischen den Parteien *zusätzlich zum ursprünglichen Bezirksvertretervertrag* für Nordbayern und unabhängig von diesem Vertrage ein *gesonderter Vertrag für die neuen Bundesländer* Thüringen und Sachsen abgeschlossen worden wäre. Da dies aber nicht der Fall war, vielmehr der ursprüngliche Vertrag lediglich erweitert worden war, hätte das Gericht hinsichtlich der Höchstgrenzenberechnung der Auffassung des beklagten Unternehmers folgen müssen.

V. Unterschiede zur Verlustberechnung

1546 Im Hinblick auf die Ermittlung der Höchstgrenze ist auf einen wesentlichen *Unterschied zur Berechnung der Provisionsverluste* (§ 89b Abs. 1 Nr. 2) hinzuweisen[25]. Kam es bei diesen Verlusten ausschließlich auf die Provisionsver-

---

[25] Vgl. oben Rz. 631ff., 777ff. Näheres *Küstner,* RVR 1972 S. 89ff. Vgl. auch *Matthies,* DB 1986 S. 2063, 2065 zu II.

luste aus Geschäften mit vom Vertreter *geworbenen neuen Kunden* an, soweit es sich *allein um Abschluss- oder Vermittlungsprovisionen* handelte, und konnten deshalb Provisionsverluste aus anderen Geschäften nicht berücksichtigt werden, also etwa aus Geschäften mit Kunden, die bei Vertragsbeginn schon vorhanden waren, so sind bei der Berechnung der Höchstgrenze des Ausgleichsanspruchs *sämtliche dem Vertreter zugeflossenen Leistungsvergütungen* zu berücksichtigen. Es sind deshalb auch solche Provisionen in die Berechnung des Provisions- oder Vergütungsdurchschnitts einzubeziehen, die nicht aus Geschäften mit vom Vertreter geworbenen Kunden herrühren, sondern aus Geschäften mit Kunden, die bereits vor Beginn der Tätigkeit des Vertreters mit dem Unternehmer in geschäftlichen Beziehungen gestanden hatten[26]. Das ergibt sich aus dem Gesetz und ist auch durch die Rechtsprechung bestätigt worden. Der Bundesgerichtshof[27] hat festgestellt, dass *aus dem Wortlaut des § 89b keine Einschränkung dahingehend zu entnehmen sei, dass für die Ermittlung der Durchschnittsprovision bestimmte Provisionen nicht berücksichtigt werden dürften*[28]. § 89b Abs. 2 spreche vielmehr ganz allgemein von Provisionen, ohne auf die Art der Provisionspflicht abzustellen. Anderenfalls hätte der Gesetzgeber eindeutig zum Ausdruck bringen müssen, dass die Höchstgrenze des Ausgleichsanspruches nur nach den aus der Vermittlungstätigkeit des Vertreters unmittelbar stammenden Provisionen berechnet werden sollte[29].

Anders als bei der Errechnung der Provisionsverluste sind bei der durchschnittlichen Jahresprovision, die der Höhe des Ausgleichsanspruches zu Grunde zu legen ist, auch solche Provisionen zu berücksichtigen, die dem Vertreter als *Bezirksprovisionen* zugeflossen sind, also für Geschäfte, die ohne seine Mitwirkung mit Personen seines Bezirks oder seines Kundenkreises abgeschlossen wurden (§ 87 Abs. 2)[30]. Ein Ausschluss der Bezirksprovision lässt sich auch nicht etwa aus der Überlegung herleiten, diese Provision enthalte keine Vergütung für ein einzelnes Geschäft; sie stelle vielmehr eine *wirtschaftliche Gegenleistung* dafür dar, dass der Bezirksvertreter allgemein die Interessen seines Unternehmens in diesem Bezirk wahrzunehmen habe; infolgedessen sei der Vertreter noch während des bestehenden Vertrages über seine Vermittlungstätigkeit für das einzelne Geschäft hinaus entlohnt worden; er könne daher nicht

1547

---

26 *Schröder*, § 89b Rz. 23a; *Schuler*, NJW 1958 S. 1113f.; *Schröder*, DB 1958 S. 43f.; *Ankele*, § 89b Anm. 6; *Geßler*, S. 81; kritisch *Meyer*, S. 259; *OLG Oldenburg i. O.*, 5.12.1963, DB 1964 S. 105; *LG Hamburg*, 1.10.1969, HVR Nr. 403.
27 *BGH*, 28.10.1957, BB 1957 S. 1161 = VersR 1957 S. 775 = HVR Nr. 191.
28 Ebenso *BGH*, 3.6.1971, BB 1971 S. 843 = DB 1971 S. 1298 = HVR Nr. 444 = HVuHM 1971 S. 839 = NJW 1971 S. 1611. Vgl. auch *LG Duisburg*, 28.5.1997 – 2 (20) O 106/94, HVR Nr. 903.
29 Eine abweichende Auffassung wird allerdings vereinzelt in der Rechtsprechung vertreten: *OLG Celle*, 25.1.1968, NJW 1968 S. 1141 = BB 1969 S. 558 = RVR 1968 S. 264 unter Berufung auf *BGH*, 4.5.1959, NJW 1959 S. 1430 = VersR 1959 S. 427 (vgl. dazu *Küstner*, NJW 1969 S. 769, 775 zu C III 2); *KG*, 21.11.1968, VW 1969 S. 367. Ebenso *Hopt*, § 89b Rz. 49ff. Vgl. dazu auch VW 1968 S. 1105.
30 Näheres zum Wesen der Bezirksprovision: *BGH*, 9.4.1964, VersR 1964 S. 676 zu II 2; vgl. auch *BGH* 18.11.1957, HVR Nr. 175. Vgl. auch Hdb. I Rz. 782ff.

X Höchstgrenze des Ausgleichsanspruches

noch einmal die Vergütung für die Herstellung der Dauerverbindung in Form einer Ausgleichszahlung verlangen[31].

1548 Dass die Bezirksprovision, wie der Bundesgerichtshof in seinem Urteil vom 9.4. 1964 zum Ausdruck gebracht hat[32], eine wirtschaftliche Gegenleistung für die Gesamtheit der vom Vertreter dem Unternehmer vertraglich geschuldeten Bemühungen darstellt, kann es aber nicht rechtfertigen, diese Provisionen bei der Errechnung der maximalen Ausgleichshöhe außer Ansatz zu lassen. Denn auch hier muss der vom Bundesgerichtshof ausgesprochene Grundsatz gelten, dass es bei der Frage, auf welche Provisionen bei der Ermittlung der Höchstgrenze des Ausgleichs abzustellen sei, *auf die Art der Provisionspflicht nicht ankommen* kann[33].

1549 Dem entspricht es, dass – anders als bei den Provisionsverlusten – auch *Inkasso-, Delkredere-* und *andere Verwaltungsprovisionen*, die dem Vertreter vertraglich zustehen, bei der Ermittlung der maßgebenden Jahresvergütung zu berücksichtigen sind[34]. Dies gilt auch für die immer häufiger vorkommende Vergütung, die einem Handelsvertreter für den sog. *Regaldienst* gezahlt wird, der mit der eigentlichen Vermittlungstätigkeit nur mittelbar zusammenhängt[35].

1550 Diese Grundsätze hat der Bundesgerichtshof[36] in seinem Urteil vom 19.11. 1970 ausdrücklich bestätigt. Angesichts der „aus der Entstehungsgeschichte des Gesetzes sich eindeutig ergebenden und nicht zu übersehenden sozialen Schutzfunktion" des § 89b solle der Ausgleichsanspruch, wenn seine Voraussetzungen nach Abs. 1 im Übrigen vorlägen, *in Anlehnung an das bisherige Einkommen des Handelsvertreters bemessen werden*. Wollte man bei der Bestimmung der Höchstgrenze nur die Abschlussprovision und nicht gleichzeitig auch *andere Leistungsvergütungen*, etwa Verwaltungsprovisionen, berücksichtigen, so könne das oft dazu führen, dass dem Handelsvertreter auch bei Feststellung wesentlich höherer Unternehmervorteile und Provisionsverluste *nur ein unzulänglicher Ausgleich* zugebilligt werden könne.

1551 In der Praxis kann es also durchaus vorkommen, dass ein Handelsvertreter einen Ausgleich im Betrage einer durchschnittlichen Jahresprovision beanspruchen kann und diese Ausgleichshöhe auch gerechtfertigt ist, obwohl sich die durchschnittliche Jahresprovision nur zum geringeren Teil aus Abschluss- und Vermittlungsprovisionen, überwiegend aber aus Lagerhaltungs-, Auslieferungs-

---

31 *Schröder,* § 89b Anm. 23a; *BGH* 28.10.1957, a.a.O.; *LG Hannover,* 30.9.1954, HVR Nr. 73.
32 *BGH,* 9.4.1964, VersR 1964 S. 676 zu II 2.
33 *BGH,* 28.10.1957, a.a.O. (Fn. 12).
34 So auch *BGH,* 4.6.1975, EBE 1975 S. 351, 354, re. Sp. zu 5; *BGH,* 19.11.1970 (vgl. oben Fn. 14); *OLG Nürnberg,* 18.1.1984, HVR Nr. 583 = HVuHM 1985 S. 406 und Urteil vom 16.5.1991 – 12 U 2405/86 – unveröffentlicht; *OLG Celle,* 25.1.1968, NJW 1968 S. 1141 = BB 1969 S. 558 = RVR 1968 S. 264 = HVR Nr. 382.
35 So auch *OLG Celle,* 22.4.1988, HVR Nr. 635 = HVuHM 1988 S. 532. *LG Saarbrücken,* 19.2.1982 – 7.O/Vers. 258/81 III – HVR Nr. 566 (nur LS). Zum Regaldienst vgl oben Rz. 790 und 1155, Bd. I Rz. 18.
36 *BGH,* 19.11.1970, BB 1971 S. 105 = VersR 1971 S. 265 m. Anm. *Höft.* Vgl. auch oben Rz. 790f.

und anderen tätigkeitsbedingten, wenn auch umsatzabhängigen, Vergütungen zusammensetzt, die dem Handelsvertreter für die Durchführung solcher Aufgaben zugeflossen sind, die eigentlich dem Unternehmer obliegen, die dieser aber vereinbarungsgemäß dem Handelsvertreter übertragen hat[37]. Voraussetzung für einen Ausgleich im Betrage einer durchschnittlichen Jahresprovision in derartigen Fällen ist aber, dass die Anspruchsvoraussetzungen nach § 89b Absatz 1 auf Grund einer durchzuführenden *Prognose* einen *„Rohausgleich"*[38] ergeben, der diese Durchschnittsprovision überschreitet, sodass dieser Rohausgleich auf den Betrag der Durchschnittsprovision reduziert werden muss.

Im Hinblick auf die als Ausgleichshöchstgrenze zu ermittelnde durchschnittliche Jahresprovision kommt es nicht darauf an, ob dem Handelsvertreter während des Vertragsverhältnisses alle aus provisionspflichtigen Geschäften resultierenden Provisionen *auch tatsächlich gezahlt* wurden. Entscheidend muss, wie der Bundesgerichtshof in seinem Urteil vom 22.5.1981[39] zutreffend festgestellt hat, vielmehr darauf abgestellt werden, dass alle Provisionen zu berücksichtigen sind, die der Handelsvertreter im maßgeblichen Bezugszeitraum verdient hat. Deshalb sind bei der Ermittlung der durchschnittlichen Jahresprovision als Höchstgrenze des Ausgleichsanspruchs auch solche Provisionen zu berücksichtigen, die dem Handelsvertreter *unberechtigterweise vorenthalten* wurden, hinsichtlich deren also der Handelsvertreter den Unternehmer zunächst auf Erteilung eines Buchauszuges oder einer Auskunft in Anspruch nehmen muss. Unberücksichtigt müssen allerdings solche Provisionen bleiben, die erst *nach der Vertragsbeendigung fällig* werden. Hier handelt es sich um *Provisionsüberhänge*, die unabhängig vom Ausgleich und neben diesem zu zahlen sind[40].

1552

Im Übrigen ist aber auf den *Provisionszufluss* abzustellen. Bei der Ermittlung der Ausgleichshöchstgrenze sind mithin alle Provisionen oder sonst berücksichtigungsfähigen Vergütungen in Ansatz zu bringen, die dem Handelsvertreter während des Bezugszeitraums als *verdiente Provisionen zugeflossen sind oder bei ordnungsmäßiger Handhabung der getroffenen Vereinbarungen bzw. der gesetzlichen Bestimmungen hätten zufließen müssen*[41].

1553

VI. Besonderheiten bei Abwälzungsvereinbarungen

Problematisch ist schließlich die Frage, wie dem Umstand bei der Ermittlung der Ausgleichshöchstgrenze Rechnung zu tragen ist, dass dem Handelsvertreter mit Rücksicht auf eine zwischen ihm und dem Unternehmer zu Stande gekommene Erstattungsvereinbarung bezüglich des vom Unternehmer dem Vorgänger

1554

---
37 Vgl. dazu *BGH*, 4.5.1959, oben Rz. 778, Fn. 172.
38 Näheres oben Rz. 765.
39 *BGH*, 22.5.1981, BB 1982 S. 14 = HVR Nr. 554 = HVuHM 1982 S. 129 = MDR 1982 S. 26 = NJW 1982 S. 235 = VersR 1981 S. 880 = WPM 1981 S. 991.
40 Vgl. dazu Näheres Rz. 694, 1104, 1315. Zur Berücksichtigung erst nachvertraglich fällig werdender Überhangprovisionen vgl. oben Rz. 1529.
41 *OLG Nürnberg*, 3.11.1982 HVR Nr. 511 = HVuHM 1983 S. 273.

gezahlten Ausgleichs *geringere Provisionen zugeflossen* sind[42], als wenn eine solche Vereinbarung nicht getroffen worden wäre und dem Handelsvertreter stets *ungekürzt Provisionen* ausgezahlt worden wären. Freilich können sich Probleme zur Höchstgrenzenberechnung nur dann ergeben, wenn innerhalb des maßgeblichen Fünfjahreszeitraums noch Provisionseinbehalte erfolgt sind. Ist das der Fall, ließe sich durchaus der Standpunkt vertreten, dass der *Ausgleichshöchstgrenze die Provisionen zu Grunde zu legen sind, die dem Handelsvertreter ohne eine Erstattungsvereinbarung auf Grund der Vereinbarungen im Vertretervertrage zugeflossen wären*. Diese Auffassung ließe sich damit rechtfertigen, dass man die Rechtsgrundlagen scharf voneinander trennen muss, die für die dem Handelsvertreter zustehende Erfolgsvergütung auf der einen und die für seine Erstattungspflicht auf der anderen Seite maßgebend sind. Anderenfalls würde die Ausgleichshöchstgrenze davon beeinflusst werden, in welchem Umfang während des maßgeblichen Fünfjahreszeitraums die dem Handelsvertreter vertragsgemäß zustehenden Provisionen infolge der übernommenen Erstattungsverpflichtung gemindert wurden.

VII. Bruttoprovision ist maßgebend

1555 Lange war zweifelhaft, ob bei der Errechnung einer Jahresdurchschnittsprovision die so genannte *Bruttoprovision oder die Nettoprovision* anzusetzen sei, ob also die Beträge abzusetzen seien, die der Vertreter zur Bestreitung seiner eigenen *Geschäftskosten* aufwenden musste[43]. Nachdem bereits das Oberlandesgericht Schleswig[44] diese Frage dahin entschieden hatte, dass *allein die Bruttovergütung des Vertreters* maßgebend sei und die Geschäftskosten des Vertreters nur im Rahmen der Billigkeitsprüfung (§ 89b Abs. 1 Nr. 3) berücksichtigt werden könnten[45], hat sich auch der Bundesgerichtshof für den Ansatz der Bruttoprovisionen ausgesprochen[46]. Dafür spreche zunächst der Wortlaut des Gesetzes. In der Tat ist im Gesetz nur von einer „*Jahresprovision*" bzw. einer „*Jahresvergütung*" die Rede. Eine Jahresvergütung umfasst also die ge-

---

42 Näheres dazu oben Rz. 192 ff.
43 Vgl. die eingehende Darstellung bei *Geßler,* BB 1957 S. 1164 ff. und oben Rz. 798 f.; sowie *Küstner,* NJW 1969 S. 769, 775.
44 Urteil vom 1.11.1957, BB 1958 S. 246 = VersR 1958 S. 315 = HVuHM 1958 S. 314 = HVR Nr. 220.
45 Wenn überhaupt! Vgl. Rz. 1110 ff.
46 *BGH,* 11.12.1958, BGHZ 29 S. 93 = BB 1959 S. 7 = MDR 1959 S. 103 = NJW 1959 S. 144 = VersR 1959 S. 25; ebenso *OLG Düsseldorf,* 30.10.1958, BB 1959 S. 8 = HVR Nr. 192; *BGH;* 18.6.1959, BB 1959 S. 718 = NJW 1959 S. 1490 = MDR 1959 S. 728 = HVR Nr. 70; 29.10.1964 — VII ZR 86/63, unveröffentlicht; *OLG Stuttgart,* 9.10.1956, HVR Nr. 127; *BGH,* 6.2.1964, VersR 1964 S. 378, 379 zu 3; *BGH,* 19.11.1970, BGHZ 55, 45 = BB 1971 S. 105 = DB 1971 S. 185 = HVR Nr. 425 = HVuHM 1971 S. 231 = NJW 1971 S. 462 = VersR 1971 S. 265 mit Anm. *Höft; BGH,* 3.6.1971, BB 1971 S. 843 = DB 1971 S. 1298 = HVR Nr. 444 = HVuHM 1971 S. 839 = NJW 1971 S. 1611 = RVR 1971 S. 294; *OLG Celle,* 8.10.1958, Nds. Rpfl. 1959 S. 109 = HVR Nr. 217; *Brüggemann,* § 89b Anm. 21; *Ankele,* § 89b Anm. 6; a.A. *OLG Celle,* a.a.O. (Fn. 34 und 35).

samten Bezüge des Vertreters. Anderenfalls hätte der Gesetzgeber die Absetzbarkeit bestimmter Vergütungsteile ausdrücklich zulassen müssen.

Der Bundesgerichtshof meint ferner, dass dem Handelsrecht die **Unterscheidung zwischen Brutto- und Nettoprovision überhaupt** fremd sei[47]. Von der Provision, die der Vertreter zu beanspruchen habe, würden keine Abzüge gemacht, wie etwa beim Arbeitslohn, sodass ein **Vergleich mit dem Brutto- und Nettolohn entfalle.** Wenn auch der Vertreter seine Kosten aus seiner Gesamtprovision zu tragen habe und sich daraus nach deren Abzug seine Nettoprovision ergebe, so könne doch im Verhältnis zwischen Vertreter und Unternehmer, auf das es für den Ausgleichsanspruch ankomme, nicht von einer Brutto- und Nettoprovision gesprochen werden. Eine andere Auslegung ergebe sich im Übrigen weder aus dem Zweck des Gesetzes noch aus seiner Entstehungsgeschichte. Inwieweit durch die Beendigung des Vertretervertrages ersparte Betriebskosten des Vertreters dessen Verlust milderten, *könne allein im Rahmen der Billigkeit berücksichtigt werden*[48]. **1556**

In zwei grundlegenden Urteilen vom 22.12.1960 und 6.2.1964[49] weist der Bundesgerichtshof schließlich noch darauf hin, dass der Gesetzgeber, als er eine durchschnittliche Jahresbruttoprovision als Höchstsatz des Ausgleichs festgesetzt habe, *die aus den Provisionseinnahmen zu bestreitenden Kosten durchaus in Rechnung gestellt* habe. Der Bundesgerichtshof stellt auch ausdrücklich fest, dass *eine Jahresbruttoprovision regelmäßig etwa zwei Jahresnettoprovisionen entspricht.* Daraus folgt, dass der Gesetzgeber, wenn er eine Jahresnettoprovision als Höchstgrenze gemeint hätte, zweifellos nicht eine, sondern zwei Jahresprovisionen als Höchstgrenze festgesetzt hätte. **1557**

Geßler[50] bemerkt hierzu, dass die Bruttoprovision absichtlich deshalb gewählt worden sei, um einen Rechtsstreit nicht mit langwierigen Erhebungen über die Höhe der in Betracht kommen Nettoprovisionen zu belasten[51]. **1558**

Andererseits hat der Bundesgerichtshof[52] aber in seinem Urteil vom 12.11.1976 festgestellt, dass die Frage, ob ein bestimmter Betrag als Provision im Sinne von § 89b Absatz 2 anzusehen und demgemäß bei der Ermittlung der Ausgleichshöchstgrenze zu berücksichtigen sei, *nicht allein von seiner Bezeichnung* oder buchmäßigen Behandlung abhänge, sondern nach den *Umständen des Einzelfalles zu beurteilen sei.* **1559**

---

[47] Urteil vom 11.12.1958, Fn. 46; vgl. auch *BGH,* 18.6.1959, a.a.O., und *Geßler,* BB 1957 S. 1164, 1165.
[48] Vgl. dazu oben Rz. 1110.
[49] *BGH,* 22.12.1960, VersR 1961 S. 222 = HVR Nr. 302; 6.2.1964, VersR 1964 S. 378, 379 zu 3. Vgl. auch *BGH,* 31.5.1965 — VII ZR 279/63, insoweit nicht veröffentlicht. Dieser Rechtsprechung hat sich später auch der *BFH* angeschlossen (Urteil vom 19.7.1966, BB 1966 S. 1257 = BStBl. III 1966 S. 624). Vgl. auch *OLG Celle,* 13.11.1969, BB 1970 S. 227.
[50] *Geßler,* S. 81/82.
[51] Nach Art. 418u Abs. 2 OR geht der schweizerische Gesetzgeber von Nettovergütungen aus.
[52] *BGH,* 12.11.1976 — I ZR 123/73 — unveröffentlicht.

X Höchstgrenze des Ausgleichsanspruches

1560 Im entschiedenen Falle war vereinbart worden, dass dem Handelsvertreter eine Provision in Höhe von 40 bzw. 35 % von den Listenpreisen gezahlt werden solle, wobei es ihm überlassen blieb, wie viel davon er zu seinen Lasten an etwaige Untervertreter oder als Rabatt an Kunden abgeben wolle. Der Bundesgerichtshof wertete diese Abrede nicht als *Vereinbarung einer festen Provision*, sondern als *Einräumung eines Spielraums zwischen einem Höchstprovisionssatz vom Listenpreis einerseits und dem Mindestverkaufspreis andererseits*. Mit Rücksicht darauf könne für die Ermittlung der Höchstgrenze nur von der *tatsächlich zugeflossenen Provision* ausgegangen werden.

1561 Diese Feststellungen des Bundesgerichtshofs haben besonders in denjenigen Fällen große Bedeutung, in denen der Unternehmer dem Handelsvertreter als Geschäftsvermittler eine über das normale Maß hinausgehende Befugnis zur *Entfaltung eigener Initiative* einräumt. Dies wird regelmäßig aber nur dann in Betracht kommen, wenn *starker Konkurrenzdruck* besteht und andererseits in Anbetracht der weit verzweigten Organisation des Unternehmers der Eigeninitiative des in unmittelbarer Kundennähe ansässigen Handelsvertreters großer Spielraum eingeräumt werden muss. Für den Ausgleichsanspruch von entscheidender Bedeutung ist hier, dass die dem Kunden auf Grund eigener Initiative und kaufmännischer Entschließungsfreiheit des Handelsvertreters eingeräumten Nachlässe bzw. Rabatte auf den *vom Kunden dem Unternehmer geschuldeten Kaufpreis keinen Einfluss* haben, sich also nicht preismindernd auswirken, weil die Nachlässe stets *allein zu Lasten der Provision des Handelsvertreters* und nie zu Lasten des Unternehmers gehen.

1562 In der Praxis kommen hier folgende Regelungen vor: Entweder wird der Handelsvertreter, der vom Kunden den infolge des gewährten Nachlasses geminderten Kaufpreis kassiert, vom vertretenen Unternehmen mit dem vollen Kaufpreis belastet und erhält sodann die ihm vertraglich zustehende Provision auf der Grundlage des Listenpreises. Oder der Kunde zahlt den vollen Kaufpreis unmittelbar an das vertretene Unternehmen, das seinerseits dem Handelsvertreter die vereinbarte Provision auf den vollen Kaufpreis vergütet. Der Handelsvertreter leitet dann dem Kunden aus der ihm zugeflossenen Provision den vereinbarten Nachlass weiter.

1563 Beiden Fällen ist gemeinsam, dass dem Handelsvertreter von der ihm zustehenden vollen Provision nur ein Anteil verbleibt, der je niedriger ist, desto höher die dem Kunden vereinbarten Nachlässe bzw. Rabatte sind. Zugeflossen bzw. verblieben ist also dem Handelsvertreter im wirtschaftlichen Ergebnis jeweils nur eine entsprechend dem Umfang des eingeräumten Nachlasses verminderte Provision. Mit Recht hat der Bundesgerichtshof aus den hier geschilderten Vertragsregelungen die wirtschaftlich und rechtlich zutreffende Konsequenz gezogen, dass es sich hier nicht um die *Abrede einer festen Provision*, sondern um die *Einräumung eines Spielraums für die Provision* handele, der durch den Provisionshöchstsatz vom Listenpreis auf der einen und dem Mindestverkaufspreis auf der anderen Seite begrenzt sei, der sich also aus der Minderung des Listenpreises und dem für die Provision vereinbarten Höchstsatz ergebe.

Die große praktische Bedeutung, die der *Maßgeblichkeit der Bruttoprovision* **1564**
zukommt, liegt in Folgendem: Werden die infolge der Vertragsbeendigung ersparten Kosten, sofern sie überhaupt berücksichtigungsfähig sind, bereits im *Rahmen der Billigkeitsprüfung* in Ansatz gebracht, so kann dennoch die Höhe des Ausgleichsanspruches die in § 89b Abs. 2 festgelegte Höchstgrenze erreichen, und zwar dann, wenn die unter Berücksichtigung der Billigkeit festgestellten Verluste des Vertreters und Vorteile des Unternehmers so hoch sind wie eine Jahresprovision, die er im Verlauf der letzten fünf Jahre seiner Tätigkeit für den Unternehmer durchschnittlich verdient hat. Wird dagegen die Kostenersparnis von der Höchstgrenze des Ausgleichsanspruches abgesetzt, so bedeutet das eine vom Gesetzgeber aus den angeführten Gründen gerade nicht gewollte *Kürzung dieser Höchstgrenze*[53].

Ein anderes Ergebnis würde angesichts der Möglichkeit, die ersparten Kosten **1565**
im Rahmen der Billigkeit zu berücksichtigen, auch zu einer ungerechtfertigten Benachteiligung des Vertreters führen. Dies wird besonders deutlich, wenn man berücksichtigt, dass – namentlich bei *Einführungsvertretern* – die Kosten eines Vertreters höher sein können als seine Provisionseinnahmen, sodass sich ein *Reinverdienst* überhaupt nicht ergibt. Würde man die Höchstgrenze des Ausgleichsanspruches um die infolge der Vertragsbeendigung ersparten Kosten kürzen, so würde sich in einem solchen Falle ergeben, dass ein Ausgleichsanspruch gar nicht geltend gemacht werden kann[54].

VIII. Auszuklammernde Zahlungen

Wenn es auch bei der Errechnung der Höchstgrenze des Ausgleichsanspruches **1566**
nach alledem allein auf die dem Vertreter zugeflossene *Leistungsvergütung*[55] im weitesten Sinne ankommt, also einschließlich Inkasso-, Regaldienst-, Delcredere und anderer Verwaltungsvergütungen, so müssen bei der *Berechnung der durchschnittlichen Jahresbezüge* doch solche *Beträge außer Betracht* bleiben, die dem Vertreter *weder als tätigkeits- noch als erfolgsabhängige Vergütung* zugeflossen sind. Dies kann – je nach den Umständen – in folgenden Fällen von Bedeutung sein:

Erstattet der Unternehmer dem Vertreter Mietkosten für ein Auslieferungslager, **1567**
so sind diese Kosten *keine Tätigkeitsvergütung*[56]. Derartige Kosten sind

---

53 Vgl. dazu *BGH*, 29.10.1964 – VII ZR 86/63, unveröffentlicht. Das zeigt sich deutlich an dem Urteil des *OLG Celle*, 25.1.1968, NJW 1968 S. 1141 = BB 1969 S. 558 = RVR 1968 S. 264 (mit Anmerkung von *Küstner*). Vgl. auch *Küstner*, NJW 1969 S. 769, 775 und *Hoffmann*, S. 70. In einer Entscheidung vom 13.11.1969 (BB 1970 S. 227) hat das *OLG Celle* die Berücksichtigungsproblematik der Kosten des Handelsvertreters im Rahmen der Höchstgrenze nicht geprüft und lediglich festgestellt, dass dafür allein § 89b Abs. 1 Ziffer 3 in Betracht komme.
54 Unzutreffend *v. Brunn*, DB 1953 S. 1080 zu V, der sich für Nettoprovisionen ausspricht. Vgl. *BGH*, 27.10.1960, BB 1960 S. 1261; a.A. *OLG Bremen*, 16.12.1965, BB 1966 S. 877.
55 *Schröder*, § 89b Rz. 23b; *Brüggemann*, § 89b Rz. 90.
56 *Schröder*, § 89b Rz. 23b; *Baumbach/Duden*, § 89b Anm. 3; *Geßler*, BB 1957 S. 1164.

daher als *durchlaufende Posten* bei der Berechnung der Jahresvergütung des Vertreters nicht zu berücksichtigen. Andererseits können Mietkosten für ein Auslieferungslager auch nicht als Geschäftskosten des Vertreters angesehen werden, die sich aus seiner eigentlichen Abschluss- und Vermittlungstätigkeit ohne weiteres ergeben und die deshalb, wenn sie außergewöhnlich hoch sind, im Rahmen der Billigkeitsprüfung berücksichtigt werden könnten. Sie beruhen vielmehr auf einer dem Vertreter besonders auferlegten Vertragspflicht, die mit der reinen Vertretervergütung unmittelbar nichts zu tun hat.

1568 Das Gleiche gilt, wenn der Vertreter ausdrücklich im Vertrage verpflichtet wurde, im Namen des Unternehmers *Verträge mit Untervertretern* abzuschließen, die ihm dann (als *unechte Untervertreter*)[57] organisatorisch unterstellt werden, und wenn der Unternehmer mit diesen Untervertretern über den Hauptvertreter abrechnet. Bei den für die Untervertreter bestimmten Beträgen handelt es sich dann, ebenso wie bei den oben genannten Mietkosten, um *durchlaufende Gelder*, die *keine Tätigkeitsvergütung* sind[58].

1569 Sind demgegenüber sog. *echte Untervertreter*[59] für den Handelsvertreter tätig, die er mithin zu Lasten der eigenen Provisionseinnahmen vergütet, gelten die allgemeinen Grundsätze. Für die Höchstgrenze ist mithin auf die dem Handelsvertreter zugeflossenen Provisionen in ihrer Gesamtheit abzustellen, ohne dass sich die den Untervertretern zu zahlenden Vergütungen auf die Höhe der durchschnittlichen Jahresprovision auswirken können[60]. Diese Vergütungen könnten allein im Rahmen der Billigkeitsprüfung zu einer Ausgleichsminderung führen[61].

1570 Aus alledem ist aber nicht zu folgern, dass grundsätzlich solche Zahlungen bei der Ermittlung der durchschnittlichen Jahresvergütung und damit der Ausgleichshöchstgrenze außer Betracht bleiben müssen, die dem Handelsvertreter im Bezugszeitraum unter der Bezeichnung *„Spesenzuschuss"* oder *„Kostenerstattungspauschale"* oder *„Lagerkostenersatz"* o.ä. gezahlt werden, und zwar gleichgültig, ob die Kostenerstattung *nach Beleg* erfolgt oder ob für die Höhe dieser Zahlungen *vom provisionspflichtigen Umsatz als Bemessungsgrundlage* ausgegangen wurde. Die gewählten Bezeichnungen rechtfertigen die Nichtberücksichtigung dieser Zahlungen im Rahmen der Ermittlung der Ausgleichshöchstgrenze nicht[62]. Denn in den einem Handelsvertreter zufließenden Vergütungen sind stets auch Bestandteile enthalten, die für den Handelsvertreter zur Abdeckung seiner Kosten dienen, weil ja ein Handelsvertreter die aus der ihm übertragenen Vermittlungs- und ggf. Verwaltungstätigkeit entstehenden Kosten zu Lasten der ihm zufließenden Provisionen selbst zu tragen hat. Im Grunde soll mit den erwähnten Bezeichnungen nur versucht werden, die für die *Verwal-*

---

57 Vgl. *Schröder*, § 89b Rz. 23c und oben Rz. 77ff.
58 *Schröder*, § 89b Rz. 23b.
59 Rz. 78.
60 So auch *BGH*, 7.3.1985 — I ZR 204/82 — bisher unveröffentlicht.
61 Rz. 1110ff.
62 *Hopt*, § 89b Rz. 51; a.A. *Brüggemann*, § 89b Rz. 90.

tungstätigkeiten zu erbringenden Zahlungen als Kostenersatz darzustellen, um sie dann bei der Ermittlung der Ausgleichshöchstgrenze außer Ansatz lassen zu können. Dieser Versuch kann aber nicht zu einer Minderung der Ausgleichshöchstgrenze führen, weil auch die insoweit zu erbringenden Zahlungen *Leistungsvergütungen* darstellen, aus denen allerdings der Handelsvertreter die aus seiner Tätigkeit entstehenden Kosten abdecken muss.

Entsprechendes gilt auch dann, wenn aus den besonderen Umständen des Einzelfalles hervorgeht, dass der Wert der *Nutzung eines Personenkraftwagens* als Entgelt für die Vertreterleistungen anzusehen ist. Das kann zum Beispiel dann der Fall sein, wenn die Vertreter eines Unternehmers, die einen eigenen Personenkraftwagen benutzen, eine *höhere Provision* erhalten als die Vertreter, denen ein *Firmenwagen* zur Verfügung gestellt wird, und wenn bei Letzteren das Entgelt ohne Einbeziehung des Wertes der Kraftfahrzeugnutzung unangemessen niedrig wäre. In diesem Sinne hat sich das Finanzgericht Hamburg in einer Umsatzsteuerentscheidung ausgesprochen[63]. Es dürften keine Bedenken bestehen, diese Überlegungen auch zivilrechtlich bei der Errechnung der durchschnittlichen Jahresvergütung des Vertreters anzuwenden.

1571

IX. Berechnungsfragen

Die Festsetzung einer Höchstgrenze schließt nicht aus, dass bei der Errechnung des Ausgleichsanspruches unter Berücksichtigung der dem Unternehmer entstandenen Vorteile einerseits und der dem Vertreter entstandenen Verluste andererseits sowie unter Berücksichtigung von Billigkeitsgesichtspunkten zunächst als *Rohausgleich* ein höherer Betrag als die zulässige Höchstgrenze nach § 89b Abs. 2 ermittelt wird[64]. Ist dies der Fall, so muss der errechnete Betrag auf die festgesetzte Höchstgrenze beschränkt werden[65].

1572

In der Praxis wird bei der Errechnung des Ausgleichsanspruchs häufig *allein von der Höchstgrenze* des Ausgleichsanspruchs ausgegangen, ohne dass der künftigen Entwicklung der vom Vertreter vermittelten Geschäftsverbindungen Beachtung geschenkt wird[66]. Mitunter werden hierbei sogar *bestimmte Schemata* verwendet[67]. *Schematische Ausgleichsberechnungen* – etwa für jedes

1573

---

63 *FG Hamburg,* 27.10.1958, DStZ ED 1959 S. 9.
64 *Matthies,* DB 1986 S. 2063, 2065 zu II; *Schuler,* NJW 1958 S. 1113; *BGH,* 28.10.1957, BB 1957 S. 1161 = NJW 1958 S. 23 = VersR 1957 S. 775 = HVR Nr. 191. Vgl. auch die Ausführungen dazu oben Rz. 765. Zur Minderung des Rohausgleichs unter Billigkeitsgesichtspunkten vgl. oben Rz. 1059 und Rz. 1218 sowie *Küstner,* BB 1994 S. 1590, 1592; *ders.,* Festschrift Trinkner in Abschnitt II 4.
65 *OLG Schleswig,* 1.11.1957, BB 1958 S. 246 = VersR 1958 S. 315 = HVuHM 1958 S. 314 = HVR Nr. 220.
66 Näheres dazu oben Rz. 1517 ff.
67 Vgl. *Schröder,* § 89b Rz. 23, DB 1967 S. 1303, 1304, zu V und DB 1958 S. 43, 46; *Ankele,* § 89b Anm. 6; *Küstner,* NJW 1969 S. 769. Näheres dazu auch im CDH-Geschäftsbericht 1966, S. 16. Zur Ausgleichsberechnung vgl. auch *OLG Frankfurt a. M,* 12.7.1966, HVuHM 1966, S. 1124; *OLG Köln,* 29.4.1968, VersR 1968 S. 966 = RVR 1969 S. 45; vgl. auch die Beispielsfälle RVR 1968 S. 319.

X Höchstgrenze des Ausgleichsanspruches

Jahr der Dauer des Vertretervertrages ein bestimmter Prozentsatz des höchstzulässigen Ausgleichsbetrages – können dem vom Gesetzgeber verfolgten Zweck nicht gerecht werden. Schröder betont mit Recht, dass sich für die Berechnung des Ausgleichsanspruchs irgendwelche *Faustregeln nicht aufstellen* lassen. Ein Grundsatz, demzufolge als Ausgleich für jedes Jahr der Handelsvertretertätigkeit die Durchschnittsprovision eines Monats zuzubilligen sei, lässt sich aus dem Gesetz nicht ableiten[68].

1574   In ähnlicher Weise hatte auch das Landgericht Duisburg die Berechnung eines Ausgleichs vorgenommen und die Höchstgrenze auf 9/12 einer durchschnittlichen Jahresprovision berechnet. Im Urteil vom 2.10.1981[69] hat das Gericht ausgeführt, dass die Kammer den angemessenen Ausgleich nach dem Grundsatz bemesse, dass dem Handelsvertreter für jedes Tätigkeitsjahr eine Monatsvergütung des Durchschnittsjahresbetrages zu gewähren sei, bis der Höchstbetrag erreicht sei. Da im Urteilsfall der Handelsvertreter 9 Jahre für das Unternehmen tätig gewesen war, gelangte das Gericht auf Grund dieser – unzulässigen – schematischen Berechnung zu einer Höchstgrenze, die sich nur auf 75 % der gesetzlichen Höchstgrenze belief.

1575   In der Praxis kommt es immer wieder vor, dass in einem Handelsvertretervertrag die Höhe des bei Vertragsbeendigung vom Unternehmer geschuldeten Ausgleichs *von vornherein festgelegt* wird[70]. Mitunter geschieht dies in der Weise, dass sich der Unternehmer vertraglich verpflichtet, dem Handelsvertreter bei Vertragsbeendigung einen Ausgleich *im Betrage einer durchschnittlichen Jahresprovision*, berechnet aus den letzten 5 Vertragsjahren, zu zahlen. Ist dies der Fall, kommt es auf eine *Prüfung der einzelnen Anspruchsvoraussetzungen* nicht mehr an. Ohne Rücksicht darauf, in welchem Umfange der Handelsvertreter neue Kunden geworben oder alte Kunden intensiviert hat und ohne Rücksicht darauf, ob und in welchem Umfange eine Verlustprognose durchzuführen ist, wird dann der Ausgleich *in der vertraglich vereinbarten Höhe* geschuldet. Enthält die Vertragsbestimmung allerdings die Klausel, dass dem Handelsvertreter ein Ausgleichsanspruch in bestimmter Höhe zusteht, *„sofern die Voraussetzungen des § 89b erfüllt sind"*, gilt etwas anderes, weil hier die Höhe des geschuldeten Ausgleichs eben doch von einer Prüfung der einzelnen Anspruchsvoraussetzungen abhängt. Fehlt aber eine solche Klausel, kann sich der Unternehmer nicht darauf berufen, eine Prüfung der Anspruchsvoraussetzungen ergebe, dass die Forderung des Handelsvertreters auf Zahlung des vollen Ausgleichs nicht gerechtfertigt sei.

1576   Wird andererseits vertraglich festgelegt, dass dem Handelsvertreter bei Vertragsbeendigung ein Ausgleichsanspruch „*in Höhe einer halben Jahresprovision*, berechnet aus dem Durchschnitt der letzten 5 Jahre, bei kürzerer Vertragsdauer der gesamten Laufzeit, zustehe", kann sich der Handelsvertreter auf eine

---

68 *OLG Stuttgart,* Beschluss vom 9.10.1956, BB 1957 S. 561 = MDR 1957 S. 44 = HVR Nr. 127.
69 *LG Duisburg,* 2.10.1981 – 18 O 59/81 – unveröffentlicht.
70 Vgl. dazu auch unten Rz. 1608.

Verletzung des Unabdingbarkeitsgrundsatzes zumindest dann berufen, wenn eine Ausgleichsberechnung zu einem Betrage führt, der eine halbe durchschnittliche Jahresprovision übersteigt. In seinem Urteil vom 11.10.1990[71] hat der Bundesgerichtshof festgestellt, dass eine derartige Klausel *nicht insgesamt nichtig* sei. Sie sei aber insoweit unwirksam, als sie die Höhe des Ausgleichsanspruchs nach oben hin begrenze, da die Vorschrift des § 89b Abs. 4 Satz 1 nach ihrem Sinn und Zweck nicht nur Vereinbarungen vor Beendigung des Handelsvertreterverhältnisses verbiete, durch die der Ausgleichsanspruch *ganz ausgeschlossen* werde, sondern auch solche Vereinbarungen, durch die er im Ergebnis *mehr oder weniger eingeschränkt* werde[72].

B. Versicherungs- und Bausparkassenvertreter

Nach § 89b Abs. 2 in der Fassung des Absatzes 5 beträgt der Ausgleichsanspruch des Versicherungsvertreters höchstens drei Jahresprovisionen oder Jahresvergütungen, die sich – insofern gilt das Gleiche wie beim Ausgleichsanspruch des Warenvertreters – ebenfalls nach dem Jahresdurchschnitt der letzten fünf Tätigkeitsjahre des Versicherungsvertreters berechnen. Bei kürzerer Vertragsdauer ist auch beim Versicherungsvertreter der Durchschnitt während der Tätigkeitsdauer maßgebend[73]. 1577

Da diese Höchstgrenze des Ausgleichsanspruches von der für den Warenvertreter maßgebenden Höchstgrenze erheblich abweicht, ist mitunter – unzutreffend – angenommen worden, dass der Gesetzgeber *den Versicherungsvertreter ersichtlich habe besserstellen wollen als den Warenvertreter*. Gerade deshalb könne es nicht richtig sein, dass Versicherungsvertretern, wie immer wieder behauptet werde, häufig ein Ausgleichsanspruch gar nicht zustehe. 1578

Diese Argumentation verkennt den Grundgedanken des Ausgleichsanspruchs des Versicherungsvertreters[74]. Die höhere Höchstgrenze hat nämlich nichts mit 1579

---

71 *BGH,* 29.3.1990, BB 1990 S. 1366 = DB 1990 S. 2264 = HVR Nr. 693; *BGH,* 11.10.1990 – I ZR 32/89 – DB 1990 S. 2592 = HVR Nr. 691 = NJW-RR 1991 S. 156 = MDR 1991 S. 319 = WM 1991 S. 196.
72 *BGH,* 30.12.1970, BGHZ 55, 124, BB 1971 S. 104 = DB 1971 S. 187 = HVR Nr. 427 = HVuHM 1971 S. 165; *BGH,* 14.11.1966, BB 1966 S. 1410 = DB 1966 S. 1965 = HVR Nr. 356 = HVuHM 1967 S. 13 = NJW 1967 S. 248 = VersR 1966 S. 1182. Entsprechendes gilt in denjenigen Fällen, in denen sich die Parteien von vornherein auf die *ausgleichsmindernde Auswirkung bestimmter Umstände* geeinigt haben, die ihrer Auffassung nach unter Billigkeitsgesichtspunkten zu berücksichtigen sind. Auf diese Problematik war bereits oben in Rz. 1062 eingegangen worden. Zumindest dann, wenn die vereinbarten ausgleichsmindernden Billigkeitsgesichtspunkte einer objektiven Nachprüfung nicht standhalten, dürfte von einer Verletzung des Unabdingbarkeitsgrundsatzes auszugehen sein, sodass die Parteien sich auf eine derartige Vereinbarung im Hinblick auf ihre ausgleichsmindernde Wirkung nicht berufen können. Vgl. insbesondere Rz. 1198 m.w.N.
73 Für die Umrechnung bei einer Vertragsdauer unter 3 Jahren gelten die für den Warenvertreter gemachten Ausführungen (oben Rz. 1519) entsprechend.
74 Vgl. oben Rz. 24 ff.

X Höchstgrenze des Ausgleichsanspruches

der Frage zu tun, wie oft die Vertragsbeendigung bei Versicherungsvertretern einen Ausgleichsanspruch zur Folge hat. Sie will allein dem Umstand Rechnung tragen, dass der Versicherungsvertreter – wenn ihm ein Ausgleichsanspruch zusteht – mit der Vertragsbeendigung *bereits verdiente Provisionsansprüche* verliert, die infolge einer *Provisionsverzichtsklausel* mit der Vertragsbeendigung entfallen[75]. Denn der einem Versicherungsvertreter zustehende Ausgleichsanspruch betrifft nicht – wie der Ausgleichsanspruch des Warenvertreters – die mit der Vertragsbeendigung *entfallende Chance*, dass ein geworbener Kunde *Nachbestellungen* aufgibt, aus denen bei einer Vertragsfortsetzung Provisionsansprüche erwachsen könnten. Solche Nachbestellungen spielen beim Versicherungsvertreter provisions- und ausgleichsrechtlich keine Rolle[76]. Der Ausgleichsanspruch des Versicherungsvertreters *tritt vielmehr als Surrogat an die Stelle bereits dem Grunde nach infolge der erfolgreichen Vertragsvermittlung verdienter Provisionsansprüche*, soweit deren Fälligkeit durch die Vertragsbeendigung endgültig ausgeschlossen ist[77]. Er stellt deshalb im Gegensatz zum Ausgleichsanspruch des Warenvertreters *keine zusätzliche Vergütung* des Versicherungsvertreters dar, sondern soll ihm nur die Ansprüche in vollem Umfange erhalten, die er *bereits verdient* hatte, die er aber infolge der Vertragsbeendigung verliert[78].

1580 Der Gesetzgeber wollte mit der im Verhältnis zum Ausgleichsanspruch des Warenvertreters auf das Dreifache angehobenen Höchstgrenze also erreichen, dass der mit der Vertragsbeendigung entstehende Provisionsverlust durch die Zahlung des Ausgleichs *möglichst weitgehend aufgefangen* wird. Die Summe der dem Versicherungsvertreter zustehenden *Gesamtvergütung*, die sich aus den bis zur Vertragsbeendigung gezahlten Vermittlungsprovisionen und dem Ausgleichsanspruch zusammensetzt, soll nach dem Willen des Gesetzgebers mithin der Summe derjenigen Vermittlungsprovisionen nahe kommen, die dem Versicherungsvertreter normalerweise zugeflossen wären, wenn der Vertretervertrag nicht beendet worden wäre.

1581 Entscheidend ist also der Umstand, dass der Versicherungsvertreter – im Gegensatz zum Warenvertreter – mit der Vertragsbeendigung *bereits verdiente Ansprüche* und *nicht lediglich Verdienstchancen* verliert. Deshalb lässt sich die abweichende Höchstgrenze auch nicht allein damit begründen, dass der Versicherungsvertreter durchweg solche Verträge vermittelte, bei denen sich der Ver-

---

75 *Geßler*, S. 64, 96; *Trinkhaus*, S. 410; *Höft*, VersR 1966 S. 104, 106 rechte Spalte; *Küstner*, RVR 1969 S. 149.
76 Näheres oben Rz. 24.
77 Vgl. dazu oben Rz. 40.
78 Verträge mit *Investment- und Anlageberatern* (Rz. 62 Fn. 16) weisen im Hinblick auf die Art der Tätigkeit, den Tätigkeitserfolg und auch hinsichtlich der Provisionsregelung gewisse Parallelen zu den mit Versicherungs- und Bausparkassenvertretern bestehenden Verträgen auf. Ob jedoch eine so starke Verwandtschaft zwischen Versicherungs- und Bausparkassenvertretern einerseits und Investmentberatern andererseits besteht, dass auch bei Letzteren eine Anwendung des § 89b Absatz 5 im Hinblick auf die Höchstgrenze des Ausgleichsanspruchs gerechtfertigt werden kann, erscheint zweifelhaft. Zu den „Grundsätzen" im Finanzdienstleistungsbereich Einzelheiten unten Rz. 2084.

gütungsanspruch über einen langen Zeitraum verteile[79]. Die voraussichtliche Laufzeit der vermittelten Versicherungsverträge spielt im Hinblick auf die Höchstgrenze des Ausgleichsanspruches nur in zweiter Linie eine Rolle. Andernfalls wäre die Begrenzung des Ausgleichsanspruches auf maximal eine dreifache Jahresprovision dann ungerechtfertigt, wenn die Provisionsverluste des Versicherungsvertreters in erster Linie aus vermittelten kurzfristigen Versicherungsverträgen herrühren. Das ist aber nicht der Fall.

Im Übrigen gelten für die Berechnung der Höchstgrenze die für die Höchstgrenze des Ausgleichsanspruchs des Warenvertreters erläuterten Grundsätze entsprechend[80]. Auch für die Höchstgrenze des Ausgleichsanspruchs des Versicherungsvertreters sind also die **gesamten Bruttoprovisionen** maßgebend, die dem Versicherungsvertreter innerhalb der letzten fünf Tätigkeitsjahre zugeflossen sind. Dazu gehören nicht nur Provisionen aus bei Vertragsbeginn übernommenen Beständen[81], sondern auch *Verwaltungsprovisionen*[82], die dem Vertreter während des Vertretervertrages für besondere Verwaltungstätigkeiten gewährt wurden. Vom Vertreter selbst zu tragende Kosten sind von der maßgeblichen durchschnittlichen Jahresprovision nicht abzusetzen; diese Kosten können unter Umständen im Rahmen der Billigkeitsprüfung in Ansatz gebracht werden[83]. Auch hier sind bei der Ermittlung der Höchstgrenze nur solche Beträge auszuklammern, die weder mit den Vermittlungserfolgen des Vertreters noch mit seiner Verwaltungstätigkeit in Zusammenhang stehen. Eine besondere Rolle spielen in diesem Zusammenhang Beträge, die zwar in den Provisionen des Versicherungsvertreters enthalten sind, die er aber kraft Vereinbarung mit dem Versicherer als *Vermittlungsentgelt an (unechte) Untervertreter*[84] weiterleiten muss, denen er organisatorisch übergeordnet ist. Diese den Untervertretern zustehenden Vermittlungsprovisionen stellen beim Hauptvertreter lediglich *durchlaufende Posten* dar und müssen bei der Ermittlung der Höchstgrenze außer Betracht bleiben[85]. **1582**

Für die Höchstgrenze des Ausgleichsanspruchs des *Bausparkassenvertreters* gelten die vorstehend für den Versicherungsvertreter erläuterten Grundsätze entsprechend, weil nach § 89b Abs. 5 Satz 3 die für Versicherungsvertreter maßgeblichen Bestimmungen des § 89b sinngemäß auch für Bausparkassenvertreter gelten[86]. **1583**

---

79 Vgl. *Knapp*, § 89b Anm. 10.
80 Oben Rz. 1577.
81 *Leuze*, S. 27; *Möller*, Anm. 384, S. 873; *Geßler*, S. 81; *Schröder*, § 89b Rz. 42; *Trinkhaus*, S. 410.
82 *Möller*, Anm. 384, S. 873; *Geßler*, S. 91; *Trinkhaus*, S. 410.
83 Näheres dazu oben Rz. 1110 ff.
84 *Möller*, Anm. 384, S. 873; *Schröder*, § 89b Rz. 23c; *Lohmüller*, VW 1955 S. 151.
85 Vgl. Rz. 1566.
86 Vgl. oben Rz. 974 ff.

XI. Kapitel

Unabdingbarkeit und Vorauserfüllung des Ausgleichsanspruches

A. Unabdingbarkeit

Der Ausgleichsanspruch kann *im Voraus* nicht ausgeschlossen werden (§ 89b **1584** Abs. 4)[1]. Vor der rechtlichen Vertragsbeendigung[2] können also der Unternehmer oder der Handelsvertreter weder *einseitige* noch *beide gemeinsam wirksame vertragliche Bestimmungen* treffen, durch welche die *Entstehung des Ausgleichsanspruches ganz ausgeschlossen* oder der Anspruch *im Ergebnis mehr oder weniger eingeschränkt wird*[3]. Auch der Handelsvertreter kann nicht aus freien Stücken auf die Geltendmachung des Ausgleichsanspruches *im Voraus verzichten*, gleichgültig, ob der Verzicht *entgeltlich* oder *unentgeltlich* ausgesprochen wird[4]. Vereinbarungen oder einseitige Erklärungen, die gegen § 89b Abs. 4 verstoßen, sind *unwirksam*[5]. Sie hindern daher die Entstehung des Ausgleichsanspruches im Zeitpunkt der Vertragsbeendigung nicht[6]. Der

---
1 Liegen die Voraussetzungen für eine analoge Anwendung des Ausgleichsrechts auf Vertragshändler vor (vgl. oben Rz. 81 ff.), ist auch der Unabdingbarkeitsgrundsatz für diesen Ausgleichsanspruch maßgebend, *BGH*, 12.12.1985, WM 1986 S. 392 sowie *BGH*, 6.2.1985, WM 1985 S. 838.
2 Unter dem Begriff der Vertragsbeendigung ist hier nach der insoweit nun klarstellenden Rechtsprechung des *Bundesgerichtshofs* in seinem Urteil vom 29.3.1990 die *rechtliche* Vertragsbeendigung maßgeblich, gleichgültig, ob die tatsächliche Zusammenarbeit zwischen den Parteien etwa durch eine *Freistellung* des Handelsvertreters schon zu einem früheren Zeitpunkt sein Ende fand (*BGH*, 29.3.1990, BB 1990 S. 1366 = DB 1990 S. 2264 = HVR Nr. 693 = NJW 1990 S. 2889 mit Anm. *Küstner/v. Manteuffel*, EWiR § 89b HGB 1/90 S. 797; vgl. *BGH*, 27.10.1993 – VIII ZR 46/93 – BGHZ 124, 10 = NJW 1994, 193; *BGH*, 10.7.1996 – VIII ZR 261/95 – BB 1996, 1734 = NJW 1996, 2867 = HVR 803; 15.6.1959, VersR 1959 S. 669, 670 zu 2). Zur rechtlichen Beendigung eines Vertragsverhältnisses vgl. auch für den Fall eines Vertragshändlervertrages beim Ausscheiden des Vertragshändlers und dem Eintritt eines Nachfolgers in das Vertragsverhältnis: *BGH*, 14.4.1988, BB 1988 S. 2201 = DB 1988 S. 1590 = NJW 1989 S. 85 = HVR Nr. 637; zu Einzelheiten vgl. unten Rz. 1605 f.
3 *BGH*, 11.10.1990 – I ZR 32/89 – NJW-RR 1991, 156; *BGH*, 30.12.1970 – VII ZR 141/68 – BGHZ 55, 124 = BB 1971 S. 104 = DB 1971 S. 187 = HVR Nr. 427 = HVuHM 1971 S. 165; *BGH*, 14.11.1966, BB 1966 S. 1410 = DB 1966 S. 1965 = HVR Nr. 356 = HVuHM 1967 S. 13 = NJW 1967 S. 248 = VersR 1966 S. 1182.
4 *Martin*, DB 1966 S. 1837.
5 Vereinbarungen, die gegen § 89b Abs. 4 Satz 1 verstoßen und deshalb nichtig sind, führen aber gleichwohl nicht nach § 139 BGB zur Nichtigkeit des gesamten Vertrages, vgl. *BGH*, 25.11.1963, BGHZ 40, 235 = BB 1964 S. 14 = DB 1964 S. 209 = HVR Nr. 305 = HVuHM 1964 S. 263 = MDR 1964 S. 137 = NJW 1964 S. 350 = VersR 1964 S. 61.
6 Typische Vertragsbestimmungen, die gegen § 89b Absatz 4 Satz 1 verstoßen, sind etwa vereinbarte Beschränkungen der Höchstgrenze des Ausgleichsanspruchs (z.B. auf 50% einer durchschnittlichen Jahresprovision), Vereinbarungen im Hinblick auf ausgleichsmindernden Ansatz „ersparter Unkosten", die Vereinbarung eines „höchstpersönlichen" Charakters des Ausgleichsanspruchs, der demzufolge nicht vererbbar sein soll, Vereinbarungen, dass Altkundenprovisionen bei der Ausgleichsberechnung nicht mitgerechnet werden oder Vereinbarungen, dass bei Betriebsveräußerung oder bei Veräußerung eines Verlagsobjekts kein Ausgleichsanspruch entstehen

XI Unabdingbarkeit und Vorauserfüllung des Ausgleichsanspruches

Unternehmer, der auf Zahlung des Ausgleiches in Anspruch genommen wird, kann sich also auf eine derartige Regelung nicht mit Erfolg berufen; er kann insbesondere auch nicht die *Einrede der Arglist* geltend machen, es sei denn, dass sehr schwerwiegende Gründe vorliegen[7].

1585 Schutzzweck der Bestimmung des § 89b Abs. IV Satz 1 ist es, den Ausschluss des Ausgleichsanspruchs durch vertragliche Vereinbarungen im Voraus zu verhindern. Der Vertreter soll vor der Gefahr bewahrt werden, sich aufgrund seiner wirtschaftlichen Abhängigkeit von dem vertretenen Unternehmen auf ihn benachteiligende Abreden einzulassen[8].

1586 Der Unabdingbarkeitsgrundsatz verbietet nach seinem Sinn und Zweck nicht nur Vereinbarungen, durch die der Ausgleich ganz ausgeschlossen wird, sondern auch solche, durch die er im Ergebnis mehr oder weniger eingeschränkt wird[9,10].

1587 *Wirksam sind dagegen Abreden*, durch die der Ausgleichsanspruch eingeschränkt oder ausgeschlossen wird, wenn sie *nach Beendigung des Handelsvertretervertrages* oder in einer Aufhebungsvereinbarung, die gleichzeitig den Vertrag beendet, getroffen werden[11].

1588 Zulässig sind ferner Vereinbarungen, welche die Rechtsstellung des Handelsvertreters in keiner Weise beeinträchtigen können. So darf beispielsweise auch ein Mindestbetrag für den zu zahlenden Ausgleich vereinbart werden[12]. Auch die Vereinbarung einer schematischen Berechnungsklausel, welche ein angemessenes Ergebnis gewährleistet, das auch im Einzelfall nicht den gesetzlich zustehenden Ausgleich schmälert, ist zulässig[13].

1589 Nach Auffassung des Oberlandesgerichts Hamm[14] liegt *kein unzulässiger Ausgleichsverzicht* des Handelsvertreters vor, wenn zwischen ihm und dem Unternehmer eine *einvernehmliche Vertragsbeendigung unter der Bedingung* abgesprochen wird, dass die *Vertragsbeendigung nicht zu Ausgleichsverpflichtun-*

---

kann (*OLG Celle*, 7.1.1971, HVR Nr. 436 = HVuHM 1971 S. 745 = RVR 1971 S. 331) u. dgl.; vgl. Näheres bei *Küstner*, RVR 1968 S. 319, IHV 1963 S. 517 und 1966 Heft 13 S. 21 sowie *Stötter*, DB 1971 S. 709.

7 *Kammergericht*, 8.7.1960, BB 1960 S. 1075 zu 3 = NJW 1961 S. 124 = VersR 1961 S. 271; *Knapp*, § 89b Anm. 8.
8 *BGH*, 10.7.1996 – VIII ZR 261/95, BB 1996, 1734 = WM 1996, 1997 MDR 1990, 793.
9 *BGH*, 11.10.1990 – I ZR 32/89, NJW-RR 1991, 156 = DB 1990, 2592 = WM 1991, 196 = HVR Nr. 591; *v. Hoyningen-Huene*, MK § 89b Rz. 190 ff.
10 Von besonderer Bedeutung ist der Unabdingbarkeitsgrundsatz im Zusammenhang mit den Anrechnungsvereinbarungen bezügl. der Minderung des Ausgleichsanspruchs infolge einer vom Unternehmer finanzierten Altersversorgung; vgl. *OLG München*, 22.3.2001 – 29 U 4997/00 sowie *OLG Köln*, 17.8.2001 – 19 U 206/00, VersR 2001, 1377, 1379 in Abschn. 2 b). Vgl. auch *LG München*, 10.8.2000 – 12 O 3779/00, VersR 2001, 55 m.Anm. *Küstner*, VersR 2001, 55.
11 *BGH*, 10.7.1996 – VIII ZR 261/95 – BB 1996, 1734 = NJW 1996, 2867 = HVR-Nr. 803; BGHZ 51, 184, 188 f.; *BGH*, 14.4.1988 – I ZR 122/86 – HVR-Nr. 637 = WM 1988, 1207 und 29.3.1990 – I ZR 2/89 – HVR-Nr. 693.
12 *BGH*, vom 30.1.1961 – VII ZR 180/60 – NJW 1961, 1061
13 MK/*von Hoyningen-Huene*, § 89b, Rdn. 190; *Ebenroth/Löwisch*, § 89b, Rdn. 138; *Thume*, BB 2002, 1325, 1329.
14 *OLG Hamm*, 18.12.1978 – 18 U 68/78 – BB 1980 S. 1819 = HVR Nr. 548.

gen des Unternehmers führen dürfe und der Handelsvertreter die Frage der Ausgleichszahlung *abschließend mit seinem Nachfolger regeln* müsse. Das Gericht sah in einer solchen Vereinbarung einen zulässigen Verzicht des Handelsvertreters, im Hinblick auf die einvernehmliche Aufhebung des Vertragsverhältnisses den Unternehmer auf Zahlung eines Ausgleichs in Anspruch zu nehmen, der ihm, dem Handelsvertreter, wenn er das Vertragsverhältnis durch *Eigenkündigung* beendet hätte, unzweifelhaft nicht zugestanden hätte.

Aus § 89b Abs. 4 folgt jedoch nicht, dass es nicht auch Vertragsgestaltungen geben kann, die *von vornherein die Entstehung eines Ausgleichsanspruchs ausschließen*, ohne deshalb gleichzeitig gegen das Ausschlussverbot des § 89b Abs. 4 zu verstoßen. Deshalb wird im Einzelfall immer wieder sehr eingehend zwischen einer *erlaubten Vertragsgestaltung* einerseits und einem *verbotenen Ausgleichsausschluss* andererseits abgegrenzt werden müssen. Bestimmt etwa ein Vertretervertrag in Abweichung von § 87 Abs. 1, dass dem Vertreter ein *Provisionsanspruch aus Nachbestellungen von Kunden*, die er geworben hat, grundsätzlich nicht zustehen soll und kann sich infolgedessen bei der Vertragsbeendigung ein Provisionsverlust nicht ergeben, weil dem Vertreter *auch bei einer Vertragsfortsetzung ein Provisionsanspruch aus Nachbestellungen nicht zugestanden hätte*[15], so muss genau geprüft werden, welche Gesichtspunkte für eine solche Vertragsbestimmung, die sich für den Vertreter sehr nachteilig auszuwirken vermag, maßgebend waren. **1590**

Dass eine Vereinbarung im geschilderten Sinne zumindest dann *nicht unwirksam* sein kann, obwohl sie die Entstehung eines Ausgleichsanspruchs hindert, ergibt sich schon im Hinblick auf Vereinbarungen, in denen dem Handelsvertreter eine *entsprechend höhere Erstprovision* zustehen soll, durch die gleichzeitig *spätere Vermittlungsauswirkungen* abgegolten werden sollen. Natürlich müsste dabei die Möglichkeit, dass später Nachbestellungen erfolgen, bei der *Kalkulation der Provisionshöhe* Berücksichtigung finden. Kommt man dabei zu dem Ergebnis, dass mit dieser Regelung allein der Zweck verfolgt wurde, bei der Vertragsbeendigung *die Entstehung eines Ausgleichsanspruchs zu verhindern*, wird man einen Verstoß gegen § 89b Abs. 4 annehmen müssen. War die Abweichung von § 87 Abs. 1 aber aus besonderen, etwa branchenbedingten Gründen gerechtfertigt oder sogar geboten, so wird man von einer *erlaubten Vertragsgestaltung* sprechen müssen, *die in zulässiger Weise zur Nichtentstehung des Ausgleichsanspruchs führt*. Das Ausschlussverbot des § 89b Abs. 4 würde sonst bewirken, dass von an sich abdingbaren Vorschriften des Handelsvertreterrechtes niemals abgewichen werden könnte, wenn dadurch die Entstehung des Ausgleichsanspruchs berührt werden würde. **1591**

Richtiger Ansicht nach also wird man hierbei in voller Würdigung der beiderseitigen Interessen auf die zwischen den Parteien des Handelsvertretervertrages als Kaufleuten getroffenen Regelungen abstellen müssen – sofern es sich, wie gesagt, nicht um völlig *branchenfremde und unübliche Absprachen* handelt, **1592**

---

15 Vgl. *Schröder*, § 89b Rz. 16; *Brüggemann*, § 89b Rz. 58.

XI Unabdingbarkeit und Vorauserfüllung des Ausgleichsanspruches

mit denen in einer den Handelsvertreter benachteiligenden Weise allein der Zweck verfolgt wird, den Ausgleichsanspruch *negativ zu beeinflussen*. War sich der Vertreter bewusst, dass die getroffenen Vereinbarungen ausgleichsmindernde oder gar ausschließende Wirkungen haben könnten und war er in der Lage, diese Rechtsfolgen in ihrer Bedeutung abzuschätzen, *wird man von einem Verstoß gegen den Unabdingbarkeitsgrundsatz kaum sprechen können*.

1593 Betrachtet man unter Berücksichtigung dieser Gesichtspunkte die Rechtsprechung, so erscheint diese widersprüchlich. In seinem Urteil vom 17.11.1983[16] hat der Bundesgerichtshof im Zusammenhang mit den *Problemen der Fälligkeitsdifferenz des Anspruchs auf Ausgleich* einerseits und von *Versorgungsansprüchen* andererseits auf eine *Parteivereinbarung* abgehoben, wonach zwischen den Parteien Einigkeit darüber bestand, dass ein Ausgleichsanspruch bis zur Höhe des (als Altersversorgung) auszuzahlenden Betrages nicht entstehen könne, weil es unbillig sei, diesen Betrag bei der Entstehung des Ausgleichs unberücksichtigt zu lassen. In dieser Vereinbarung hatten sich die Parteien auf das Urteil des Bundesgerichtshofs vom 23.5.1966[17] berufen, das aber ersichtlich eine Ausgleichsminderung infolge einer vom Unternehmer finanzierten Altersversorgung als Regelfall *nur bei gleichzeitiger Fälligkeit von Versorgungs- und Ausgleichsansprüchen* betraf. Trotz einer erheblichen Fälligkeitsdifferenz von mehr als zwei Jahrzehnten hatte der Bundesgerichtshof in jenem Urteil die Ausgleichsminderung zwar auch mit Billigkeitsgesichtspunkten begründet, nicht zuletzt aber auch auf die geschilderte *Vereinbarung* abgestellt. Der Bundesgerichtshof hat also jener Vereinbarung sehr wesentliche Bedeutung zugemessen, obwohl es sich bei dem dieser Entscheidung zugrunde liegenden Sachverhalt *nicht um einen Regelfall* i.S. des BGH-Urteils vom 23.5.1966 gehandelt hatte.

1594 Hier berief sich also der Bundesgerichtshof – wenn auch nicht allein – auf die getroffene Vereinbarung, die zu einer Ausgleichsminderung geführt hatte, während er andererseits in Vertragsgestaltungen einen *Verstoß gegen den Unabdingbarkeitsgrundsatz* sieht, die schon lange *vor dem In-Kraft-Treten des neuen Handelsvertreterrechts* im Jahre 1953 praktiziert wurden und zwangsläufig der Entstehung eines Ausgleichsanspruchs entgegenstanden.

1595 Einem Urteil des Bundesgerichtshofs vom 25.10.1984[18] lag der folgende Sachverhalt zu Grunde: Aufgrund des zwischen den Parteien praktizierten *„Rotationsvertriebssystems"*[19] konnten Provisionseinnahmen des Handelsvertreters aus *Folgegeschäften* der von ihm geworbenen Kunden deshalb nicht in Betracht

---
16 *BGH,* 17.11.1983, BB 1984 S. 365 mit Anm. *Honsel* = DB 1984 S. 556 = HVR Nr. 580 = MDR 1984 S. 375 = VersR 1984 S. 184 = WM 1984 S. 212 und *BGH,* 23.2.1994, BB 1994 S. 594 = DB 1994 S. 881; vgl. dazu die Anmerkung von *Küstner,* BB 1994 S. 1590ff.
17 *BGH,* 23.5.1966, BGHZ 45, 268 = BB 1966 S. 794 = DB 1966 S. 1130 = HVR Nr. 354 = NJW 1966 S. 1962 = VersR 1966 S. 754 = VersVerm 1966 S. 140 = VW 1966 S. 960. Einzelheiten vgl. Rz. 1367.
18 *BGH,* 25.10.1984, BB 1985 S. 291 = DB 1985 S. 642 = EBE 1985 S. 37 = HVR Nr. 595 = NJW 1985 S. 859.
19 Zum Rotationsvertriebssystem vgl. Rz. 626.

kommen, weil dem Handelsvertreter *kein fester Bezirk* zugewiesen war. Vielmehr wurden die einzelnen Bezirke durch *ständig wechselnde Vertretergruppen* betreut, sodass eine ununterbrochene Betreuung geworbener Kunden durch denselben Handelsvertreter ausgeschlossen war. Der BGH hat ausgeführt, dass das Berufungsgericht im Zusammenhang mit der Frage der Provisionsverluste ggf. prüfen müsse, „ob das Vertriebssystem der Beklagten mit der Regelung des § 89b Abs. 4 HGB vereinbar ist."

In einem weiteren Urteil vom 28.4.1999[20] hatte der BGH über einen Ausgleichsanspruch bei einem so genannten *Rotationssystem* zu entscheiden. Der Handelsvertreter war aufgrund von jährlich neu abgeschlossenen Verträgen mit dem Unternehmen beauftragt, Aufträge von Firmen für Eintragungen in die von diesem verlegten Druckwerke (Telefonbücher, Branchenverzeichnisse etc.) zu vermitteln. Ihm war jährlich ein anderer Bezirk, zugewiesen worden. Wegen des ständigen Wechsels der damit verbundenen kurzfristigen Tätigkeit innerhalb eines Bereiches war der Handelsvertreter mit den von ihm während der Vertragszeit geworbenen Kunden später nicht mehr in Kontakt gekommen. *Folgeprovisionen* hatte er ebenfalls *nicht erhalten*. Ihm stand also nur ein Provisionsanspruch für die während der Vertragsdauer von ihm vermittelten Aufträge zu. *Der BGH hat dieses Provisionssystem* als solches *nicht beanstandet*. Vielmehr hat er die sich daraus ergebene Rechtsfolge, nämlich dass ein ausgleichspflichtiger Provisionsverlust nicht entstand und daher ein Ausgleich auch nicht zu zahlen wäre, nicht gebilligt und ausgeführt, dass ein solches Ergebnis mit dem Rechtsgedanken des § 89b Abs. 4 S. 1 nicht vereinbar sei. Der Eigenart dieses Vertragsverhältnisses und damit einer angemessenen Berücksichtigung der Interessen beider Vertragspartner werde nur eine Berechnung gerecht, die von der *Fiktion* ausgehe, *dass der Handelsvertreter nach Beendigung des Vertrages* diejenigen Bereiche, die er im letzten Jahr seiner Tätigkeit betreut habe, auch *weiter betreuen werde*. Die Entscheidung bedeutet in der Praxis, dass ein Unternehmen durch Einführung eines Rotationssystems den Ausgleichsanspruch seiner Handelsvertreter letztlich beschneiden kann. Wäre nämlich jeder Vertreter dieser Firma ständig in dem gleichen Gebiet tätig, so würden auch die Kunden, die er schon vor Jahren in diesem Gebiet für seine Firma geworben hat, als ausgleichspflichtige Kunden bei der Berechnung zu berücksichtigen sein. Dadurch, dass der Vertreter ständig das Aufgabengebiet wechseln muss, wird ihm die Berufung auf die Neukundenwerbung aus den früher von ihm betreuten Gebieten abgeschnitten. Darin könnte man durchaus einen Verstoß gegen § 89b Abs. 4 S. 1 sehen[21]. Für den *Warenvertreter* im europäischen Wirtschaftsraum ist in diesem Zusammenhang von Bedeutung, dass nach der *EWG-Richtlinie vom 18.12.1986* gemäß Art. 17 Abs. 2 a) der *Provisionsverlust des Vertreters nicht ein eigenes Merkmal der Voraussetzung des Ausgleichs* ist, sondern nur im Rahmen der Billigkeit als besonderer Umstand genannt wird. Eine richtlinienkonforme Auslegung des § 89b Abs. 1 HGB bedeutet daher,

---

20 *BGH*, 28.4.1999 – VII ZR 354/97 – NJW-RR 1999, 2668 = BB 1999, 1399 = HVR-Nr. 859.
21 *Thume*, BB 1999, 2309, 2313.

XI Unabdingbarkeit und Vorauserfüllung des Ausgleichsanspruches

dass beim *Warenvertreter der Provisionsverlust* gemäß Nr. 2 *nicht immer zwingend* ist, sondern nur ein *wesentliches Indiz für die Billigkeit* darstellt. Auch bei Fehlen der Provisionsverluste des Vertreters nach Vertragsbeendigung kann daher ein Ausgleich begründet sein, wenn das Unternehmen erhebliche Vorteile gemäß Nr. 1 hat und Billigkeitsgründe gemäß Nr. 3 vorliegen.

1597 Eine vergleichbare aber im Ergebnis andere Rechtslage ist dann gegeben, wenn vereinbarungsgemäß einem *Versicherungsvertreter* für die Vermittlung eines Versicherungsvertrages mit Rücksicht darauf eine *erhöhte Vermittlungs- oder Abschlussprovision* gezahlt wird, dass der zu Stande gekommene Versicherungsvertrag sich später – etwa infolge einer vertraglich vereinbarten *Indexklausel* – ausweitet, ohne dass es weiterer Vermittlungsbemühungen bedarf. In derartigen Fällen soll der *möglichen automatischen Weiterentwicklung* dieser Verträge durch eine *vergleichsweise höhere Vermittlungsvergütung* abschließend Rechnung getragen werden, sodass bei einer späteren Vertragserweiterung mit Rücksicht auf die bereits bei Vertragsabschluss gezahlte Vergütung kein Verlust entstehen kann und infolgedessen auch für die Entstehung eines Ausgleichsanspruchs kein Bedürfnis besteht[22].

1598 Ob ein Verstoß gegen den Grundsatz der Unabdingbarkeit darin gesehen werden kann, dass zwischen dem Handelsvertreter und dem Unternehmer bei der Übernahme der Vertretung die *Zahlung eines Einstandes oder eines „Übernahmepreises"* vereinbart wird, dessen Zahlung bis zur Vertragsbeendigung gestundet und sodann gegen den Ausgleichsanspruch aufgerechnet wird, wurde bereits oben behandelt[23].

1599 Von besonderer Problematik ist die derzeit sehr heftige Diskussion in der Rechtsprechung und Literatur über die Wirksamkeit der „Grundsätze" im Versicherungs- und Bausparkassenbereich sowie insbesondere das der *Anrechenbarkeit von Altersversorgungsansprüchen* des Vertreters auf den Ausgleich[24]. Näheres s. hierzu insbesondere unten bei den „Grundsätzen" (XIII. Kapitel).

1600 Auch die Rechtsprechung des Bundesgerichtshofs[25], dass in einem Vertretervertrag *die wichtigen Gründe festgelegt werden können*, die zur fristlosen Kündigung des Vertragsverhältnisses berechtigen sollen, ist nicht ganz unproblematisch. Denn solche Vereinbarungen könnten, wenn sie uneingeschränkt wirksam

---

22 *Höft*, VersR 1967 S. 524, 533 li. Sp.
23 Vgl. dazu oben III. Kapitel II–IV und *BGH*, 24.2.1983, NJW 1983 S. 1727 = DB 1983 S. 1590 = MDR 1983 S. 727 = EBE 1983 S. 151 = HVR Nr. 574 = VersR 1983 S. 537 = WPM 1983 S. 937; OLG Saarbrücken, 14.12.1978, HVuHM 1979 S. 204.
24 S. hierzu *Graf von Westphalen*, DB 2000, 2255 und BB 2001, 1594; *Thume*, BB 2002, 1325 ff.; *Braun*, VersVerm 1997, 384; *Kämpf*, VersVerm 1997, 383; *Küstner*, VW 1999, 185; 1193, 1857 und VersR 2002, 513 jeweils mit zahlreichen Hinweisen auf die Rechtsprechung. Zur neuesten Rechtsprechung s. OLG Köln vom 17.87.2001 – 19 U 2006/00 – VersR 2001, 1377; OLG München vom 22.3.2001 – 29 U 4997/00 – DB 2001, 1666 (beide nicht rechtskräftig) sowie OLG Köln vom 19.9.1996 – 18 U 14/96 – VersR 1997, 616 sowie OLG Frankfurt/M. vom 30.6.2000 – 10 U 217/99 – nicht veröffentlicht.
25 *BGH*, 12.3.1992 – I ZR 117/90 – BB 1992, 1162 = NJW-RR 1992, 1059 = HVR Nr. 722; *BGH*, 7.7.1988, BB 1988 S. 1771 = DB 1988 S. 2403 = HVR Nr. 643 = NJW-RR 1988 S. 1381; vgl. Bd. I Rz. 1775 f.

wären, im Hinblick auf die Bestimmung des § 89b Abs. 3 Ziff. 2 im Einzelfall zu einer *Umgehung des Unabdingbarkeitsgrundsatzes* führen. Allerdings hat der Bundesgerichtshof mit Recht zum Ausdruck gebracht, dass bei Vorliegen besonderer Umstände eine Ausübung des vertraglich vereinbarten Kündigungsrechts *gegen Treu und Glauben* verstoßen könnte. In seinem Urteil vom 7.7. 1988[26] hat der Bundesgerichtshof hervorgehoben, dass bei der Prüfung, ob eine Partei gegen Treu und Glauben verstoße, wenn sie sich auf eine vertraglich vereinbarte Kündigungsmöglichkeit berufe, ein *weit schärferer Maßstab* anzulegen sei, als wenn es nur um die Frage gehe, ob ein wichtiger Grund i.S. des Gesetzes vorliegt. Ergibt also eine Prüfung insoweit, dass der vereinbarte wichtige Grund letztlich nur einer Umgehung der Ausgleichsverpflichtung dient und damit einen Verstoß gegen den Unabdingbarkeitsgrundsatz darstellt, dürfte die Berufung des Unternehmers auf den vereinbarten Kündigungsgrund gegen Treu und Glauben verstoßen.

Gegen den Grundsatz der Unabdingbarkeit verstößt auch eine Klausel in dem Vertretervertrag, nach der *beim Tode des Handelsvertreters Ansprüche Dritter, insbesondere von Angehörigen des Handelsvertreters, nicht geltend gemacht werden können*[27]. Dagegen hat aber das Oberlandesgericht Oldenburg[28] eine Vertragsbestimmung nicht als Verstoß gegen den Unabdingbarkeitsgrundsatz angesehen, in der vereinbart worden war, dass der Ausgleichsanspruch *nicht in einer Summe, sondern in drei gleichen Jahresraten* zu zahlen war. Die in demselben Vertrage enthaltene Bestimmung, dass der Ausgleichsanspruch erst nach Anerkenntnis fällig werden solle, hielt das Gericht allerdings zutreffend für unwirksam. Andererseits ist ein *Abtretungsverbot* im Hinblick auf den Ausgleichsanspruch als *wirksam* anzusehen, da es nicht zu einer Schlechterstellung des Handelsvertreters führt, sondern im Gegenteil seinem Schutz dient. Ein im Voraus erfolgender Ausgleichsausschluss kann auch nicht darin gesehen werden, dass der Vertretervertrag eine fristlose Beendigung des Vertragsverhältnisses für den Fall vorsieht, dass der Handelsvertreter die ihm obliegenden Aufgaben vernachlässigt, ohne dass es darauf ankäme, ob in diesem Verhalten des Vertreters ein *wichtiger Kündigungsgrund* zu sehen ist oder nicht[29]. **1601**

Unrichtig ist die vom OLG Celle in seinem Urteil vom 29.9. 1978[30] vertretene Auffassung, wonach ein *Verstoß gegen den Unabdingbarkeitsgrundsatz* auch darin liegen könne, dass zwischen den Parteien des Handelsvertretervertrages eine *Abkürzung der vierjährigen Verjährungsfrist vereinbart* ist. Das Gericht hat ausgeführt, eine Abkürzung gesetzlicher Verjährungsfristen sei zwar nach § 225 **1602**

---

26 *BGH*, Urteile vom 7.7.1988, BB 1988 S. 1771 = DB 1988 S. 2403 = HVR Nr. 643 = HVuHM 1988 S. 986 = NJW-RR 1988 S. 1381; 20.10.1955, BB 1956 S. 95 = DB 1956 S. 136 = HVR Nr. 105 (nur LS); 6.12.1956; HVR Nr. 203; *OLG Düsseldorf*, 16.12.1975, HVR Nr. 498 = VW 1978 S. 144.
27 *Küstner*, RVR 1968 S. 319, Fall 3. Vgl. zu einer einschränkenden Klausel auch *BGH*, 14.11.1966, BB 1966 S. 1410.
28 *OLG Oldenburg*, 12.10.1972, BB 1973 S. 1281 = HVR Nr. 471.
29 *BGH*, 25.3.1963, unveröffentlicht.
30 *OLG Celle*, 29.9.1978, HVR Nr. 559 = HVuHM 1979 S. 19 = VW 1979 S. 623.

XI Unabdingbarkeit und Vorauserfüllung des Ausgleichsanspruches

BGB zulässig; dies könne jedoch nicht gelten, wenn durch die Abkürzung einer Verjährungsfrist der *soziale Schutzzweck einer Norm unterwandert* werde. Der durch § 89b Abs. 4 beabsichtigte *Schutz des Handelsvertreters* vor ihn benachteiligenden Abreden könne nur dann vollständig erreicht werden, wenn eine *vertragliche Abkürzung der gesetzlichen Verjährungsfrist ebenfalls unzulässig sei*. Dies ergebe sich schon aus dem Rechtsgedanken, dass die grundsätzlich zulässige einvernehmliche Abkürzung von Verjährungsfristen dann unzulässig werde, wenn ein übergeordneter Schutzzweck gefährdet erscheine. Dieser Auffassung des OLG Celle kann jedoch nicht gefolgt werden, weil durch eine Abrede, mit der die gesetzliche Verjährungsfrist in zulässiger Weise abgekürzt wird, der dem Handelsvertreter zustehende Ausgleichsanspruch *weder hinsichtlich seiner Entstehung noch dem Grunde und auch nicht der Höhe nach beeinträchtigt wird*.

1603 Mit Recht hat deshalb auch der Bundesgerichtshof[31] in seinem Revisionsurteil ausdrücklich offen gelassen, ob der vom OLG Celle geäußerten Auffassung gefolgt werden könne. Der Bundesgerichtshof ist in seinem Urteil vom 12.10.1979 allerdings auf Grund anderer Überlegungen zu dem Ergebnis gelangt, dass die die Verjährung abkürzende Vereinbarung *unwirksam* war, weil sie nämlich *nur die Ansprüche des Handelsvertreters*, nicht aber auch diejenigen des Unternehmers betraf, sodass also die Ansprüche des Handelsvertreters einer kürzeren und die Ansprüche des Unternehmers der gesetzlichen Verjährungsfrist unterliegen sollten.

1604 Andererseits hat das Landgericht Münster in seinem Urteil vom 30.3.1978[32] keine Bedenken gegen eine Vereinbarung erhoben, die – noch wesentlich weitgehender als der vom OLG Celle entschiedene Fall – sogar vorsah, dass der Ausgleichsanspruch, wenn innerhalb der dreimonatigen Ausschlussfrist keine Einigung zwischen den Parteien zu Stande komme, in einer sich anschließenden weiteren Dreimonatsfrist gerichtlich geltend gemacht werden müsse. Damals betrug die Ausschlussfrist nach Abs. 4 S. 2 jedoch nur drei Monate, heute dagegen ein Jahr. Diese Frist kann nach herrschender Auffassung nicht verkürzt werden[33], sodass diese Entscheidung nicht mehr richtig wäre.

1605 Wenn das Gesetz vorschreibt, dass der Ausgleichsanspruch „im Voraus" nicht ausgeschlossen werden kann, so folgt daraus, dass *frühestens im Zeitpunkt der Vertragsbeendigung*[34] eine Vereinbarung getroffen werden kann, in der der Vertreter auf die Geltendmachung des Ausgleichsanspruchs verzichtet. Ist der *Verzicht* in einem Angebot auf einen Aufhebungsvertrag enthalten, so kann er

---

31 *BGH*, 12.10.1979, BGHZ 71, 169 = BB 1980 S. 12 = DB 1980 S. 155 = HVR Nr. 534 = NJW 1980 S. 286 = MDR 1980 S. 199 = WPM 1980 S. 38 = VW 1980 S. 247.
32 *LG Münster*, 30.3.1978 – 7b O 169/77 – unveröffentlicht.
33 HSW, § 89b, Rdn. 100; MK, *von Hoyningen-Huene*, § 89b, Rdn. 205; *Ebenroth/Löwisch*, § 89b, Rdn. 72.
34 Herrschende Meinung, vgl.: *Duden*, § 89b Anm. 4 A; *Schröder*, 89b Rz. 34a; *Neflin*, DB 1956 S. 765; *Brüggemann*, § 89b Rz. 105ff.; *Möller*, Anm. 386; *Ahle*, DB 1962 S. 1329; *Schnitzler*, MDR 1958 S. 556; *BGH*, 5.12.1968 zu 2c, BB 1969 S. 107 = RVR 1969 S. 85 = IIVR Nr. 393; a.A. *Kammergericht*, 8.7.1960, a.a.O. (Fn. 5). Vgl. auch *Finke*, WM 1969 S. 1122 m.w.N. Das *OLG Celle* hat diese Frage offen gelassen, Urteil vom 18.4.2002 – 11 U 210/01 n.v.

noch widerrufen werden, bis er dem Unternehmer zugeht. Geschieht dies nicht und erfolgt der Zugang erst nach dem vorgeschlagenen Vertragsende, ist der Verzicht wirksam[35]. Bei einer fristgemäßen Kündigung des Vertretervertrages ist dies der Zeitpunkt, auf den die Kündigung ausgesprochen und *in dem sie wirksam wurde*; bei einer fristlosen Kündigung ist dies der Zeitpunkt des Zugangs der Kündigungserklärung oder – sofern auch die außerordentliche Kündigung befristet war – der Fristablauf. Zu beachten ist weiter, dass in diesem Zusammenhang stets **nur die rechtliche, nicht etwa die tatsächliche Beendigung** des Vertretervertrages als frühester Zeitpunkt für den Ausschluss des Ausgleichsanspruchs in Betracht kommt[36].

1606 Dies hat der I. Senat des Bundesgerichtshofs in seinem Urteil vom 29.3.1990[37] – abweichend von der Rechtsprechung des VII. Senats im Urteil vom 30.12.1970[38] – abschließend und zutreffend festgestellt. Im entschiedenen Falle hatten die Parteien am 29. März 1985 vereinbart, dass der Handelsvertretervertrag im gegenseitigen Einvernehmen zum 30. April 1985 aufgelöst werde, dass der Handelsvertreter *ab sofort freigestellt* werde, dass er für den Monat April 1985 50% seiner normalerweise üblichen Handelsvertreterprovisionen erhalten solle und dass mit dieser Vereinbarung „*sämtliche Forderungen* sowohl vom (Unternehmen) als auch vom (dem Handelsvertreter) *abgegolten* (seien) und keinerlei zukünftige Ansprüche beider Parteien" mehr bestünden. Der Bundesgerichtshof hat in dieser Vereinbarung einen **Verstoß gegen den Unabdingbarkeitsgrundsatz** gesehen, weil die den Ausgleichsanspruch abdingende Vereinbarung bereits **einen Monat vor der rechtlichen Vertragsbeendigung** getroffen worden sei. Der Bundesgerichtshof ist damit, wie erwähnt, der früheren Rechtsprechung des VII. Senats entgegengetreten, der die **tatsächliche Beendigung** des Vertragsverhältnisses und eine im Zeitpunkt der tatsächlichen Vertragsbeendigung getroffene Aufhebungsvereinbarung bezüglich des Ausgleichsanspruchs für wirksam gehalten hatte.

1607 Der Unabdingbarkeitsgrundsatz wird deshalb auch bereits dann verletzt, wenn die Parteien **unter Fortbestand der Zusammenarbeit** und des Vertragsverhältnisses lediglich **einen Vertrag durch einen anderen ersetzen** und im Zusammenhang mit den diesbezüglichen Abreden den **Ausgleichsanspruch ausschließen oder einschränken**[39].

1608 Gegenüber allen Vereinbarungen, deren Zweck darauf hinausläuft, den Ausgleichsanspruch des Handelsvertreters ganz oder teilweise auszuschließen, min-

---

35 *BGH*, 10.7.1996 – VIII ZR 261/95 – BB 1996, 1734 = NJW 1996, 2867.
36 *BGH*, 15.6.1959, VersR 1959 S. 669, 670 zu 2.
37 *BGH*, 29.3.1990, BB 1990 S. 1366 = DB 1990 S. 2264 = HVR Nr. 693 = NJW 1990 S. 2889 mit Anmerkung *Küstner/v. Manteuffel*, EWiR § 89b HGB 1/90 S. 797; vgl. auch *BGH*, 10.7.1996 – VIII ZR 261/95 – BB 1996, 1734 = NJW 1996, 2867 = HVR 803.
38 *BGH*, 30.12.1970, BGHZ 55, 124 = BB 1971 S. 104 = DB 1971 S. 187 = HVR Nr. 427 = HVuHM 1971 S. 165.
39 *BGH*, 12.12.1985 – I ZR 62/83 – unveröffentlicht; *BGH*, 14.11.1966, BB 1966 S. 1410 = DB 1966 S. 1965 = HVR Nr. 356 = HVuHM 1967 S. 13 = NJW 1967 S. 248 = VersR 1966 S. 1182 = VW 1967 S. 294.

XI Unabdingbarkeit und Vorauserfüllung des Ausgleichsanspruches

destens also in seiner Höhe einer Beschränkung zu unterwerfen, sind andererseits vertragliche **Vereinbarungen uneingeschränkt zulässig und wirksam**, in denen sich der Unternehmer unter Außerachtlassung der einzelnen Anspruchsvoraussetzungen und damit unter – wenn auch unausgesprochenem – Verzicht auf eine konkrete Ausgleichsberechnung *verpflichtet, dem Handelsvertreter bei der Beendigung des Vertretervertrages einen Ausgleich zu zahlen, dessen Höhe sich auf eine durchschnittliche Jahresprovision*, berechnet aus den letzten fünf Vertragsjahren, *beläuft*[40]. Vor derartigen vertraglichen Vereinbarungen kann allerdings nicht nachdrücklich genug gewarnt werden. Denn in diesen Fällen schuldet der Unternehmer dem Handelsvertreter *auch dann einen vollen Ausgleich*, wenn die einzelnen Anspruchsvoraussetzungen gar nicht in vollem Umfange erfüllt sind oder es an einer Anspruchsvoraussetzung überhaupt fehlt. Zweifel im Hinblick auf die Ausgleichsverpflichtung des Unternehmers könnten in solchen Fällen nur dann entstehen, wenn das Vertragsverhältnis vom Handelsvertreter gekündigt wird und ein ausgleichserhaltender Tatbestand im Sinne des § 89b Abs. 3 Satz 1 nicht vorliegt.

Beispiel: Im Vertretervertrage befindet sich folgende Klausel: „Wenn der Handelsvertretervertrag beendet wird, zahlt die Firma dem Handelsvertreter einen Ausgleich gem. § 89b HGB im Betrage einer durchschnittlichen Jahresprovision, berechnet aus den letzten fünf Vertragsjahren." Dieser Ausgleich ist entsprechend der getroffenen Vereinbarung beispielsweise auch dann zu zahlen, wenn der Handelsvertreter während der Vertragszeit nur in geringem Umfange neue Kunden geworben hat oder wenn sich in erheblichem Umfang Billigkeitsgesichtspunkte auf die Höhe des Ausgleichsanpruchs auswirken könnten.

1609 Wird zwischen den Parteien vereinbart, dass dem Handelsvertreter, sofern die Voraussetzungen des § 89b HGB erfüllt sind, bei der Vertragsbeendigung „ein *Ausgleichsanspruch in Höhe einer halben Jahresprovision*" – berechnet aus dem Durchschnitt der letzten 5 Jahre der Laufzeit des Vertrages – zustehe, so ist eine solche Vereinbarung nach dem Urteil des Bundesgerichtshofs vom 11.10.1990[41] nicht insgesamt nichtig. Vielmehr ist eine solche Vereinbarung nur insoweit unwirksam, als sie die Höhe des Ausgleichsanspruchs des Klägers nach oben hin begrenzt, da die Vorschrift des § 89b Abs. 4 Satz 1 nach ihrem Sinn und Zweck nicht nur Vereinbarungen vor Beendigung des Handelsvertreterverhältnisses verbietet, durch die der Ausgleichsanspruch ganz ausgeschlossen wird, sondern auch solche, durch die er im Ergebnis mehr oder weniger eingeschränkt wird. In dem durch das Urteil vom 11.10.1990 entschiedenen Sachverhalt stand dem Kläger zwar ein Ausgleichsanspruch zu, es blieb aber offen, in welchem Umfange. Deshalb hat der Bundesgerichtshof festgestellt, es bestünden insoweit keine Bedenken bezüglich einer Vertragsbestimmung, die eine schematische Berechnung des Ausgleichsanspruchs vorsehe, wenn sie im Einzelfall nicht zu einer Beschränkung des Ausgleichsanspruchs führe. Eine

---

40 Vgl. oben Rz. 1375.
41 *BGH*, 11.10.1990, NJW-RR 1991 S. 156 = DB 1990 S. 2592 = WM 1991 S. 196. Vgl. dazu auch oben Rz. 1354.

derartige Bestimmung bleibe grundsätzlich als *Vereinbarung einer Mindesthöhe des Ausgleichsanspruchs wirksam.*

Daraus folgt: Ergibt eine Ausgleichsberechnung in derartigen Fällen einen geschuldeten Ausgleich, der die vereinbarte halbe durchschnittliche Jahresprovision unterschreitet, steht dem Handelsvertreter gemäß der Vereinbarung ein Ausgleich in der vereinbarten Höhe, also im Betrage einer halben durchschnittlichen Jahresprovision, zu. Überschreitet aber der ermittelte Ausgleich den vereinbarten Höchstbetrag, kann der Handelsvertreter den ermittelten Ausgleich fordern, weil insoweit die getroffene Vereinbarung infolge Verletzung des Unabdingbarkeitsgrundsatzes unwirksam ist. **1610**

Um dem Unabdingbarkeitsgrundsatz Rechnung zu tragen, ist in dem neuen Ausschlusstatbestand gem. § 89b Abs. 3 Ziff. 3 zum Schutz des Handelsvertreters ausdrücklich festgelegt, dass die zum Ausschluss des Ausgleichsanspruchs führende *Vereinbarung des aussscheidenden Handelsvertreters mit dem vertretenen Unternehmen im Hinblick auf den Eintritt eines Dritten in das Vertragsverhältnis* (als Nachfolger des ausscheidenden Handelsvertreters) *wirksam nicht vor der Beendigung* des mit dem ausscheidenden Handelsvertreter abgeschlossenen Handelsvertretervertrages getroffen werden kann[42]. Erfolgt mithin eine solche Vereinbarung bereits vor der Vertragsbeendigung, ist sie unwirksam und berührt die Ausgleichsberechtigung des Handelsvertreters nicht. Der Unternehmer kann sich also in einem solchen Sachverhalt im Hinblick auf seine Ausgleichsverpflichtung gegenüber dem ausscheidenden Handelsvertreter auf die Wirksamkeit einer derartigen, vor der Vertragsbeendigung getroffenen Vereinbarung nicht berufen. **1611**

Der Unabdingbarkeitsgrundsatz hindert den Handelsvertreter nicht, seinerseits über den Ausgleichsanspruch *im Voraus zu verfügen.* So kann er – wenn der Vertretervertrag dies nicht ausschließt – den Ausgleichsanspruch bereits vor der Vertragsbeendigung an einen Dritten *abtreten* (§ 398 BGB) oder *verpfänden* (§ 1204 Abs. 2 BGB). Weder für die Abtretung noch für die Verpfändung ist erforderlich, dass die zahlenmäßige Höhe des Ausgleichsanspruchs bereits feststeht[43]. **1612**

Aufgrund der Neufassung des § 92c Abs. 1 durch das Umsetzungsgesetz zur EG-Harmonisierungs-Richtlinie vom 18.12.1986[44] kann dann, wenn ein Vertragsverhältnis deutschem Recht unterliegt, die Entstehung eines Ausgleichsanspruchs nur noch wirksam ausgeschlossen werden, wenn der *Handelsvertreter seine Tätigkeit außerhalb des Gebiets der Europäischen Union* bzw. des Europäischen Wirtschaftsraumes[45] ausübt. Entsprechendes gilt nach § 92c Abs. 2, wenn der Handelsvertreter mit der Vermittlung oder dem Abschluss von Geschäften betraut wird, die die *Befrachtung, Abfertigung oder Ausrüstung von Schiffen* oder die *Buchung von Passagen auf Schiffen zum Gegenstand* haben. **1613**

---

42 *Ankele,* § 89b Rz. 186; *Hopt,* § 89b Rz. 68; *Westphal,* S. 146.
43 Vgl. dazu Rz. 1664.
44 ABl. der Europäischen Gemeinschaft vom 31.12.1986 siehe Anhang B, Rz. 1856.
45 Diese Regelung beruht auf der Erweiterung des § 92c Abs. 1 durch Art. 40 EWR-Ausführungsgesetz vom 27.4.1993, BGBl. I 1993 S. 512.

B. Vorauserfüllung

1614 Aus der oben erläuterten Rechtslage folgt andererseits, dass vor der Beendigung des Vertragsverhältnisses Vereinbarungen über eine *Vorauserfüllung* des Ausgleichsanspruches *zulässig* sind[46]. Eine solche Vereinbarung verstößt nicht von vornherein grundsätzlich gegen das Gesetz, wie mitunter fälschlicherweise angenommen wird, wenn auch außerordentlich *strenge Maßstäbe* im Hinblick auf die Wirksamkeit solcher Vereinbarungen anzulegen sind. Die Vertragsbeendigung hat nur Bedeutung für die *Ausschlussfrist* für die *Geltendmachung* des Ausgleichsanspruchs und schließt nicht aus, dass der grundsätzlich auch bei Vertragsbeendigung erst entstehende Anspruch bereits im Voraus mit der Wirkung erfüllt werden könnte, dass seine Voraussetzungen bei Vertragsbeendigung nicht mehr gegeben sind.

1615 Für die Wirksamkeit einer Vorauserfüllung[47] ist entscheidend, dass die Leistungen, die der Unternehmer vor der Vertragsbeendigung erbringt, echte Vergütungen für die Tätigkeit des Vertreters und zusätzliche Leistungen zu dem vereinbarten Entgelt sind. Wie Schröder zutreffend ausführt[48], ist der Ausgleichsanspruch nicht stets *bei besonders guter Bezahlung* des Vertreters als bereits ganz oder teilweise erfüllt anzusehen. Eine vorweggenommene Erfüllung des Ausgleichsanspruches ist vielmehr nur dann anzunehmen, wenn kraft ausdrücklicher oder klar erkennbarer stillschweigender Vereinbarung bestimmte Teile der Bezüge des Vertreters, die dieser während der Vertragszeit erhält, als vorweggenommene Zahlungen mit dem Ausgleichsanspruch zu verrechnen sind[49].

1616 Dass es in solchen Fällen grundsätzlich einer *hinreichend eindeutigen Vereinbarung* zwischen Unternehmer und Handelsvertreter bedarf, hat der Bundesgerichtshof schon in seinem Urteil vom 1.10.1970 festgestellt[50]. In jenem Urteil hat er die Vorwegerfüllung des Ausgleichsanspruchs, die die Vorinstanz lediglich in der Vereinbarung einer ungewöhnlich langen, nämlich dreijährigen Kündigungsfrist gesehen hatte, bereits deshalb abgelehnt, weil es dazu an hinreichend eindeutigen Parteivereinbarungen fehlte[51].

---

46 *Schröder,* § 89b Rz. 34 und DB 1967 S. 1303, 1305 zu VI; *Schnitzler,* MDR 1958 S. 556, 557f.; *Brüggemann,* § 89b Rz. 107; *Neflin,* DB 1956 S. 765 und DB 1962 S. 1531; *Ahle,* DB 1962 S. 1329; *Eberstein,* 7. Aufl. S. 115f.; *Stötter,* DB 1971 S. 709 und BB 1972 S. 1036; vgl. auch *OLG München,* 13.10.1960, HVR Nr. 275. Schon früher hat *Eberstein* das Problem eingehend behandelt (BB 1971 S. 200). Vgl. auch *Stötter,* DB 1971 S. 709. MK/v. *Hoyningen-Huene,* § 89b Rz. 200; *Ebenroth/Löwisch,* § 89b Rz. 141; *Westphal,* Band 1 Rz. 1182ff.

47 Im Hinblick auf die Verwendung des Begriffes der „Vorauserfüllung" sei allerdings vermerkt, dass hiergegen mit Recht eingewandt werden könnte, genau genommen handele es sich gar nicht um eine „Vorauserfüllung", weil ein Anspruch, der erst mit der Vertragsbeendigung entstehen und fällig werden kann, im Voraus nicht „erfüllbar" ist. Vgl. dazu *Küstner,* HVuHM 1966 S. 1119.

48 *Schröder,* § 89b Rz. 34 und DB 1967 S. 1303, 1305 zu VI; ebenso *Ahle,* DB 1962 S. 1329 zu 2a. Vgl. auch *Küstner,* HVuHM 1966 S. 1119.

49 *OLG München,* 13.10.1960, HVR Nr. 275; *Ahle,* a.a.O.

50 *BGH* 1.10.1970, WM 1970 S. 1513 = RVR 1971 S. 45 mit Anmerkung *Küstner.*

51 Ebensowenig kann in einer Gutschrift für noch ausstehende Provisionsforderungen, die nach Vertragsbeendigung erfolgte, eine teilweise Abfindung des Ausgleichsanspruches gesehen wer-

Im Einzelfall ist stets sehr genau zu prüfen, was die Parteien mit den Vertragsbestimmungen, auf die sich der Unternehmer beruft, wenn er auf Ausgleichszahlung in Anspruch genommen wird, tatsächlich bezweckten. 1617

So können an der Ernstlichkeit und Wirksamkeit einer vereinbarten Vorauserfüllung Zweifel entstehen, wenn vorgesehen ist, dass die der Vorauserfüllung dienenden Beträge dem Handelsvertreter *auch dann verbleiben* sollen, wenn sich herausstellt, dass ihm ein Ausgleich gar nicht zusteht. Denn nur dann, wenn sich der Unternehmer für den Fall der *Nichtentstehung des Ausgleichsanspruchs* ein *Rückforderungsrecht* vorbehält, kann angenommen werden, dass es sich bei den Vorauszahlungen wirklich um *zusätzliche Zahlungen* handelt, die nicht gezahlt worden wären, wenn es eine Vorschrift über den Ausgleichsanspruch nicht gäbe[52]. Unbedenklich ist es jedoch, wenn vereinbart wird, dass dem Handelsvertreter derjenige *Teil der Vorauszahlung verbleiben soll, der den bei der Beendigung des Vertretervertrages exakt ermittelten Ausgleich übersteigt*[53]. 1618

Diese Auffassung ist vom Bundesgerichtshof in seinem Urteil vom 13.1. 1972[54] bestätigt worden. Der Bundesgerichtshof stellt fest, dass zwar der Grundsatz der Unabdingbarkeit des Ausgleichsanspruchs nicht so weit gehe, dass *jegliche Abrede über eine „Vorauserfüllung" des Ausgleichsanspruchs unzulässig* und nichtig wäre. Mit Recht weist aber der Bundesgerichtshof auf den Kernpunkt der Problematik hin, dass nämlich der *Grundsatz der Vertragsfreiheit*, der für die Vereinbarung der Provisionen des Handelsvertreters gelte, mit dem *Unabdingbarkeitsgrundsatz in Einklang zu bringen* sei, wobei es darauf ankomme, dass im konkreten Fall abgewogen werden müsse, welchem der beiden Grundsätze das größere Gewicht beizumessen sei. In dem Sachverhalt, den der Bundesgerichtshof zu beurteilen hatte, war dem Handelsvertreter zusätzlich zur vereinbarten Provision (Grundprovision 3,75%) eine *Sondervergütung in Höhe von 0,75%* (Anrechnungsprovision) auf alle provisionspflichtigen Aufträge gezahlt worden, wobei die *Gesamtvergütung in Höhe von 4,5% nicht getrennt abgerechnet* wurde. Der Unternehmer war jederzeit zur Einstellung der Zahlung der Sondervergütung berechtigt. Die Summe der Sondervergütungen zuzüglich 5% Zinsen sollten auf den dem Handelsvertreter ggf. zustehenden *Ausgleichsanspruch angerechnet* werden; eine *Rückzahlungsverpflichtung* des Handelsvertreters im Falle der Nichtentstehung eines Ausgleichsanspruchs war *ausgeschlossen*. 1619

Angesichts einer derartigen Abrede, nämlich der Aufspaltung der dem Handelsvertreter zustehenden Gesamtvergütung in der Weise, dass ein Teil davon auf den künftigen Ausgleichsanspruch verrechnet werden sollte, entsteht nach Auf- 1620

---

den. Vgl. *LG Frankfurt*, 7.7.1955, HVR Nr. 125; vgl. auch *OLG Koblenz* 21.10.1955, HVR Nr. 76 = HVuHM 1956 S. 143.
52 *Küstner*, IHV 1963 S. 518; VW 1963 S. 780; vgl. auch *Neflin*, DB 1962 S. 1531.
53 Vgl. *Ahle*, DB 1962 S. 1329.
54 *BGH*, 13.1.1972, BGHZ 58, 60, 64 = BB 1972 S. 193 = DB 1972 S. 328 = HVR Nr. 453 = EBE 1972 S. 64 = RVR 1972 S. 98. Anmerkungen zu diesem Urteil von *Stötter*, BB 1972 S. 1036 und *Küstner*, BB 1972 S. 1300, 1302 zu 2).

XI Unabdingbarkeit und Vorauserfüllung des Ausgleichsanspruches

fassung des Bundesgerichtshofs der Verdacht, dass damit der *Unabdingbarkeitsgrundsatz umgangen* werden solle. Wolle man nämlich eine derartige Vertragsgestaltung uneingeschränkt hinnehmen, so würde § 89b Abs. 4 seiner *zwingenden Natur praktisch weitgehend entkleidet* werden. Die Parteien brauchten dann nur eine derartige Vertragsklausel zu vereinbaren, um genau das zu erreichen, was mit dieser Vorschrift gerade verhindert werden soll, nämlich den Ausgleichsanspruch praktisch im Voraus auszuschließen oder, was ebenfalls verboten sei, einzuschränken. Folgende Gesichtspunkte haben im damals entschiedenen Fall den Verdacht der Umgehungsabsicht erhärtet:

a) Der Handelsvertreter sollte die empfangenen Vorauszahlungen trotz nicht oder nur in geringerem Umfange entstehenden Ausgleichsanspruchs *nicht an den Unternehmer zurückzahlen.*

b) Die Sondervergütung wurde dem Handelsvertreter *auf alle provisionspflichtigen Abschlüsse gewährt,* also auch auf diejenigen, die mit Altkunden zu Stande kamen.

c) Der Unternehmer hat von seinem Recht, die *Zahlung der Sondervergütung jederzeit einzustellen,* keinen Gebrauch gemacht und die Gesamtvergütung stets in einer Summe ohne Aufgliederung gezahlt.

1621 Gerade dann, wenn eine nach einheitlichen Grundsätzen berechnete und ausgezahlte Gesamtvergütung vertraglich aufgespalten sei, so führt der Bundesgerichtshof aus, müsse der *Unabdingbarkeitsgrundsatz Vorrang vor dem Grundsatz der Vertragsfreiheit* bzgl. der Provisionsgestaltung haben. Denn nur so sei ein wirksamer *Schutz vor einer Aushöhlung der zwingenden Vorschrift* des § 89b Abs. 4 möglich; anderenfalls wäre der Umgehung Tür und Tor geöffnet.

1622 Nach Auffassung des Bundesgerichtshofs sind Anrechnungsvereinbarungen nur dann unbedenklich,

- *wenn der Handelsvertreter* im Falle der Nichtentstehung eines Ausgleichsanspruchs *zur Rückzahlung der Sondervergütung* verpflichtet ist,
- wenn sich feststellen lässt (Beweislast beim Unternehmer!), dass auch ohne die getroffene Abrede *keine höhere Provision vereinbart* worden wäre als sie demjenigen Teil der vereinbarten Gesamtvergütung entspricht, der nach Abzug des abredegemäß auf den Ausgleichsanspruch zu verrechnenden Teiles verbleibt,
- wenn der Unternehmer nachweist, dass die *vereinbarte Gesamtvergütung deutlich über dem Üblichen* liegt und im Einzelfall auch keine besonderen Umstände vorliegen, die eine Überschreitung des üblichen Provisionssatzes erklären könnten.

1623 Aus diesem Urteil ergibt sich, dass der Bundesgerichtshof sehr *strenge Voraussetzungen* an die Wirksamkeit einer derartigen Anrechnungsvereinbarung anlegt, sodass in der Praxis nur noch *wenig Spielraum für derartige Abreden* verbleibt. Ist indessen unter Berücksichtigung der vom Bundesgerichtshof aufgestellten strengen Grundsätze eine *Anrechnungsvereinbarung wirksam zustande* gekommen, ist im Zeitpunkt der Vertragsbeendigung der Ausgleichsanspruch zunächst ohne Rücksicht auf diese Vereinbarung allein unter Zugrundelegung der Grundprovision zu ermitteln. Der ermittelte Betrag ist sodann der Summe der vorausgezahlten Anrechnungsbeträge gegenüberzustellen und die Anrechnung vorzunehmen. Übersteigt der Ausgleichsanspruch hierbei die Summe der Anrechnungsprovision, so steht dem Handelsvertreter ein Anspruch auf die Differenz zu[55], und zwar *auch dann, wenn vereinbart wurde, dass durch die Vorauszahlungen der Ausgleich voll abgegolten werden solle.* Eine derartige Vereinbarung ist unwirksam, wenn die Höhe des Ausgleichsanspruchs die Summe der Vorauszahlungen übersteigt und sich eine solche Vereinbarung infolgedessen zum Nachteil des Vertreters auswirken würde[56]. Unterschreitet aber der Ausgleichsanspruch die Summe der Vorauszahlungsbeträge, ist der überschießende Betrag an den Unternehmer zurückzuzahlen, sofern keine Verfallklausel vereinbart wurde.

Zur *einkommensteuerrechtlichen* Behandlung von im Voraus geleisteten Zahlungen, die den Ausgleichsanspruch ganz oder teilweise bereits vor der Vertragsbeendigung abdecken, muss darauf hingewiesen werden, dass derartige Vorauszahlungen nach der Rechtsprechung des Bundesfinanzhofs *nicht tarifbegünstigt* sind. Sie unterliegen also in vollem Umfange der Einkommensteuer[57]. **1624**

---

55 *Ahle*, a.a.O., und *Schnitzler*, MDR 1958 S. 556 zu III.
56 *Schröder*, BB 1954 S. 482.
57 *BFH*, 20.7.1988, BStBl. II 1988 S. 936 = BB 1988 S. 2158 = DB 1988 S. 2337. Vgl. unten Rz. 1696.

XII. Kapitel
Entstehen, Fälligkeit, Verjährung und Verzinsung des Ausgleichsanspruches

A. Entstehen und Fälligkeit

Der Handelsvertreter kann den Ausgleich gemäß § 89b Abs. 1 S. 1 „nach Beendigung des Vertragsverhältnisses" verlangen. Streitig ist, ob der Anspruch selbst erst „nach Vertragsende" entsteht, also an dem Tag, welcher auf den Tag der rechtlichen Beendigung des Handelsvertretervertrages folgt (vgl. § 187 Abs. 1 BGB)[1] oder bereits mit der Vertragsbeendigung selbst, also am letzten Tage des Vertrages[2]. 1625

Die Frage nach der Entstehung des Ausgleichsanspruches steht in engem Zusammenhang mit der der **Fälligkeit**. Letztere ist besonders für die **Verjährung des Anspruches** von Bedeutung. Denn nach § 88 HGB verjähren die Ansprüche aus dem Vertragsverhältnis, zu denen auch der Ausgleichsanspruch gehört, *in vier Jahren, beginnend mit dem Schluss des Jahres, in dem sie fällig geworden sind*[3], sofern nicht mit Rücksicht auf *abgekürzte Verjährungsfristen* Besonderheiten gelten. Die Frage, wann der Ausgleichsanspruch fällig wird, kann deshalb besonders dann weit reichende Auswirkungen haben, wenn ein Vertretervertrag am Ende des alten Jahres endet. 1626

Die Fälligkeit des Ausgleichsanspruches soll – so die herrschende Auffassung – i. d. R., d. h. wenn sich aus den Umständen nichts anderes ergibt oder die Parteien keine abweichende Vereinbarung getroffen haben gemäß § 271 Abs. 1 BGB im Zeitpunkt seines Entstehens eintreten[4]. Die gegenteilige Ansicht lässt sich nicht aus den diesbezüglichen Erörterungen Möllers[5] herauslesen, der mehrfach betont, dass der Ausgleichsanspruch erst **durch das Verlangen des** 1627

---

1 So *OLG Düsseldorf*, OLGR 2000, 406, 410 und *BGH* vom 23.10.1996 – VIII ZR 16/96 – BB 1997, 59 = NJW 1997, 655 = HVR-Nr. 802; wohl auch *OLG Düsseldorf* vom 16.3.2001 – 16 U 168/99 = HVR Nr. 952 und vom 2.11.2001 – 16 U 149/00 = HVR Nr. 1043 (Prognose am Tag nach Beendigung). *Ebenroth/Löwisch*, § 89b, Rdn. 12; *Schröder*, § 89b, Rdn. 24
2 So h. M.; *BGH* vom 5.12.1968 – VII ZR 102/66 – BGHZ 51, 184 = NJW 1969, 504; *BGH* vom 8.11.1990 – I ZR 269/88 – BB 1991, 368 = HVR Nr. 70; *BGH* vom 6.8.1997 – VIII ZR 92/96 – NJW 1998, 71 = BB 1997, 2609; *BFH* vom 26.3.1969 – IR 14/66 – BB 1969, 862; BFH vom 20.1.1983 – IVR 168/81; HSW, § 89b, Rdn. 69 und 78; MK/*von Hoyningen-Huene*, § 89b, Rdn. 210
3 *Trinkhaus*, BB 1955 S. 1062f., in Abschnitt I 2b; in Amtliche Begründung, S. 35 zu II Vgl. auch *BGH*, 2.3.1967, HVR Nr. 351.
4 *BGH* vom 23.10.1996 – VIII ZR 16/96 – BB 1997, 59 = NJW 1997, 655 = HVR-Nr. 802 und *BGH* vom 6.8.1997 – III ZR 92/96 – NJW 1998, 71 = BB 1997, 2609, HSW, Rdn: 78; *Schröder*, § 89b, Rdn. 24b; *Ebenroth/Löwisch*, § 89b, Rdn. 12; vgl. auch *OLG Köln*. Vgl. auch *OLG Köln*, 29.4.1968, VersR 1968 S. 966 = RVR 1969 S. 45 = HVR Nr. 388 und *OLG Oldenburg*, 12.10.1972, HVR Nr. 471 zu Ziffer 3 der Urteilsgründe = HVuHM 1973 S. 854.
5 Anm. 385 vor § 43 VVG, S. 874.

XII Entstehen, Fälligkeit, Verjährung und Verzinsung des Ausgleichsanspruches

Vertreters „existent" werde und dass die Geltendmachung des Ausgleichs eine empfangsbedürftige Willenserklärung mit rechtsgestaltendem Charakter sei, **durch die erst der Ausgleichsanspruch „entstehe".** Diese Ausführungen Möllers können nur in dem Sinne verstanden werden, dass der nicht geltend gemachte Ausgleichsanspruch praktisch überhaupt nicht in Erscheinung treten kann. Daraus folgt aber nicht, dass der Ausgleichsanspruch erst mit der Geltendmachung fällig wird[6].

1628 Die Befürworter der Auffassung, dass der Ausgleich *mit der Beendigung* des Vertragsverhältnisses entsteht, können sich immerhin auf die amtliche Begründung des Regierungsentwurfes berufen[7]. Dort steht aber gerade eben nur dieser eine Satz ohne nähere Begründung. Gleiches gilt für die in Rdn. 1625 zitierten Entscheidungen des BGH vom 8.11.1990 und 6.8.1997. Am ausführlichsten hat sich mit der Rechtsfrage, wann der Ausgleichsanspruch entsteht, der Bundesfinanzhof in seiner Entscheidung vom 26.3.1969 befasst[8]. Der BFH vertritt die Auffassung, der Ausgleichsanspruch entstehe nicht erst nach Beendigung des Vertrages, sondern vielmehr mit der Beendigung des Vertragsverhältnisses und habe den Ausgleich der Chancen zum Inhalt, die in dem Kundenstamm eingeschlossen sind, der in diesem Augenblick vorhanden ist. Auch eine „logische Sekunde" zwischen Vertragsbeendigung und Entstehen des Ausgleichs verneint der BFH. Zwar besage § 89b HGB, der Handelsvertreter könne von dem Unternehmer „nach Beendigung des Vertragsverhältnisses" einen angemessenen Ausgleich verlangen. Dies sei aber keine Aussage über den genauen Zeitpunkt der Entstehung des Anspruches, sondern eine Aussage über den Zeitraum, in dem der Anspruch geltend gemacht werden kann. Dieser Zeitraum liege aber notwendigerweise, auch wenn der Anspruch mit der Beendigung des Vertragsverhältnisses entstehe, nach diesem Zeitpunkt.

Die entgegengesetzte Auffassung, welche zwischen die Beendigung des Vertragsverhältnisses und die Entstehung des Ausgleichs eine „logische Sekunde" einschiebe, übersehe, dass diese beiden rechtlichen Ereignisse nicht im Verhältnis des zeitlichen Vorher und Nachher, sondern in dem konditionalen Verhältnis zwischen Tatbestand und Rechtsfolge bestehen.

1629 Folgt man der Auffassung, dass der Ausgleichsanspruch mit der Beendigung des Vertragsverhältnisses entsteht, so kann jedenfalls die in der Literatur häufig ohne nähere Begründung angegebene Meinung, gemäß § 271 Abs. 1 werde der Ausgleichsanspruch mit der Entstehung, also mit der Vertragsbeendigung, auch fällig, nicht richtig sein. Dem steht vielmehr der klare Wortlaut des § 89b

---

6 Vgl. aber *LG Aachen,* 30.6.1965, HVR Nr. 343, wonach sich Besonderheiten ergeben können, weil nach Ansicht des Gerichts die Fälligkeit des Ausgleichsanspruchs in keinem Falle vor dem Zeitpunkt eintritt, in dem der letzte Provisionsanspruch des Handelsvertreters fällig wird. Das ist nach Auffassung des Gerichts entsprechend dem bei Vertragsbeendigung eingreifenden Grundsatz des § 614 Satz 1 BGB der letzte Tag des Monats, in dem das Ende des Vertragsverhältnisses eintritt. Vgl. dazu *Schneider,* DB 1968 S. 1613.
7 BT-Drucks. 1/3856, S. 35.
8 *BFH* vom 26.3.1969, BStBl. II 1969 S. 485 = BB 1969, 862 = HVR-Nr. 414; ebenso *BFH* vom 29.10.1969 – IV 175/65 – BStBl. 1970, II, 315 = HVR-Nr. 422.

Abs. 1 HGB entgegen, wonach der Handelsvertreter den Ausgleich erst *„nach Beendigung des Vertragsverhältnisses"* verlangen kann. Der Zeitpunkt, in dem ein Gläubiger vom Schuldner eine Leistung verlangen kann, ist aber genau der Zeitpunkt der Fälligkeit (vgl. § 271 Abs. 1 BGB). Fällig wird der Ausgleichsanspruch daher in jedem Fall erst nach der Vertragsbeendigung. Insoweit schafft § 89b Abs. 1 HGB eindeutige Verhältnisse, die man in diesem Falle als einen Umstand ansehen kann, der zu einer Abweichung von der gesetzlichen Regelung des § 271 Abs. 1 BGB führt.

B. Verjährung

I. Beginn der Verjährungsfrist

Aus dem Vorgesagten ergibt sich, dass – wenn nicht schon das Entstehen des Ausgleichsanspruches, so doch zumindest – die Fälligkeit nicht im Zeitpunkt der Beendigung, sondern danach eintritt. Endete daher ein Handelsvertretervertrag am 31.12.2002, so ist dieser Tag möglicherweise für das Entstehen, nicht aber für die Fälligkeit maßgeblich. Fällig wird er vielmehr erst am folgenden Tag, dem 1.1.2003, weil der Handelsvertreter diesen Anspruch erst *nach der Beendigung des Vertragsverhältnisses* verlangen kann. Gemäß § 88 HGB beginnt daher die gesetzliche Verjährungsfrist erst am 31.12.2003 zu laufen. Demgemäß verjährt der Anspruch gemäß § 88 HGB erst am 31.12.2007[9]. Etwas anderes würde nur dann gelten, wenn die Parteien nicht nur den Beendigungstag, sondern an diesem Tag auch einen bestimmten Beendigungszeitpunkt vereinbart hätten, so z.B. mit der Klausel *„das Vertragsverhältnis wird zum 31.12.2002 um 12.00 Uhr mittags beendet"*. In diesem Falle würde der Ausgleichsanspruch noch am gleichen Tag, nämlich eine juristische Sekunde nach 12.00 Uhr fällig. Im gleichen Zeitpunkt würde die Verjährung beginnen. Zwar würde hier der Kündigungstag gemäß § 187 Abs. 1 BGB nicht mitgezählt, die Verjährungsfrist würde aber dennoch am 31.12.2006 enden (§ 188 Abs. 2 BGB).

1630

II. Unterbrechung und Hemmung der Verjährung

Im Verjährungsrecht ist durch das Gesetz zur Modernisierung des Schuldrechts vom 26.11.2001[10], welches am 1.1.2002 in Kraft trat, eine wesentliche Änderung eingetreten. Der frühere Unterbrechungstatbestand des § 209 BGB a.F.

1631

---
9 So auch *BGH*, 23.10.1996 – VIII ZR 16/96 – BB 1997, 59 = NJW 1997, 655 = HVR-Nr. 802; *OLG Hamm*, 5.5.1980 HVR-Nr. 540 = VW 1981, 203; *OLG Düsseldorf*, OLGR 2000, 406, 410; *Schröder*, § 89b, Rdn. 24b; *Westphal*, Bd. 1, Rz. 1312; *Ensthaler/Leinemann*, § 89b Rdn. 35; a.A. *Martinek/Semler*, S. 262, Rdn. 60 und *Russ* in Heidelberger Kommentar, Rdn. 32 ohne nähere Begründung.
10 BGBl. Teil I, 2001, 3137ff.

XII Entstehen, Fälligkeit, Verjährung und Verzinsung des Ausgleichsanspruches

durch gerichtliche Maßnahmen, wie etwa **Klageerhebung und Mahnverfahren**, ist ersetzt worden durch den Hemmungstatbestand des § 204 BGB n. F.

1632 Die **Hemmung** hat – wie bisher – die Folge, dass der Zeitraum, während der Hemmungstatbestand erfüllt ist, nicht in die Verjährungszeit eingerechnet wird (§ 209 BGB n. F.)

1633 Nach neuem Recht wird die **Verjährung** gemäß § 203 BGB n. F. *schon durch Verhandlungen der Parteien über den Anspruch oder die diesen begründenden Umstände* solange *gehemmt*, bis der eine oder andere Teil die Fortsetzung der Verhandlungen verweigert. Die Verjährung tritt dann frühestens drei Monate nach dem Ende dieser Hemmung ein. Des Weiteren wird die Verjährung gehemmt durch Klageerhebung, Zustellung des Mahnbescheids im Mahnverfahren und die Übrigen bislang in den §§ 209–215, 220 BGB a. F. genannten Fälle der Verjährungsunterbrechung.

1634 Die **Übergangsregelung**, welche in Art. 229 § 6 EGBGB zusammengefasst ist, sieht Folgendes vor: „Alte" Ansprüche, die schon am 31.12.2001 verjährt waren, bleiben weiterhin verjährt. Ausgleichsansprüche, die nach dem 1.1.2002 entstanden sind und entstehen, unterliegen dem neuen Recht. Bei Altforderungen werden alle Hemmungs- und Unterbrechungstatbestände, die bis zum 31.12.2001 abgetreten und abgewickelt sind, gemäß Art. 229 § 6 I 2 EGBGB nach altem Recht beurteilt. Erstreckt sich ein Hemmungs- oder Unterbrechungstatbestand in das Jahr 2002 hinein, so ist für das Ende der Hemmung bzw. Unterbrechung grundsätzlich das neue Recht maßgeblich. Lediglich Vorschriften, die anordnen, dass eine Unterbrechung im Nachhinein als nicht erfolgt oder als erfolgt gilt, sind nach altem Recht weiterhin anzuwenden, weil sie faktisch Rückwirkung haben. So gilt beispielsweise für eine Klagerücknahme § 212 Abs. 1 BGB.

1635 Für den Sonderfall des § 204 BGB n. F., welcher alle früheren Unterbrechungstatbestände nun in einen Hemmungstatbestand zusammenfasst, ist in Art. 229 § 6 Abs. 2 EGBGB folgendes bestimmt: Die Unterbrechung endete mit Ablauf des 31.12.2001. Die Verjährung begann also am 1.1.2002 neu und zugleich war ihr Lauf gemäß § 204 gehemmt. Im Ergebnis läuft daher die Verjährungsfrist erst ab Wegfall des nunmehr neuen Hemmungstatbestandes, sodass die Unterbrechungswirkung letztlich bruchlos in das neue System übergeführt worden ist.

1636 Der Begriff der **Unterbrechung** ist im neuen Recht ersetzt durch die Bezeichnung *Neubeginn*. Gemäß § 412 Abs. 1 Nr. 1 BGB n. F. beginnt die Verjährung erneut, wenn der Unternehmer den Ausgleichsanspruch anerkennt. Eine *Anerkennung* dem Grunde nach ist ausreichend, auch wenn über seine Höhe zwischen den Parteien noch Streit besteht. Näheres hierzu s. unten unter IV. Rz. 1651 ff.

III. Abkürzung der Verjährungsfrist

Wird, was zulässig ist[11], die vierjährige gesetzliche *Verjährungsfrist vertraglich abgekürzt*, dann ergibt sich aus den vertraglichen Vereinbarungen regelmäßig, dass die *Verjährungsfrist bereits mit der Vertragsbeendigung* zu laufen beginnt, also nicht erst mit dem Ende des Jahres, in dem die Fälligkeit eingetreten ist[12]. In derartigen Fällen bedarf es, um die Verjährungsfrist nicht zu versäumen, deshalb *besonderer Sorgfalt*[13]. Zu beachten ist allerdings, dass die in § 88 für die Verjährungsfrist gebotene *Gleichbehandlung* auch bei einer vertraglichen Abkürzung der Verjährung erhalten bleiben muss[14]. Das Oberlandesgericht Celle hat in einer Abkürzung der Verjährungsfrist einen Verstoß gegen den Unabdingbarkeitsgrundsatz gesehen[15].

1637

Dieser Auffassung kann aber nicht gefolgt werden[16]. Die *Abkürzung der Verjährungsfrist hat mit* dem in § 89b Abs. 4 Satz 1 niedergelegten *Unabdingbarkeitsgrundsatz*[17] *nichts zu tun*. Durch diesen Grundsatz soll verhindert werden, dass der Ausgleichsanspruch im Voraus ausgeschlossen wird, und damit soll gleichzeitig der Schutzbedürftigkeit des Handelsvertreters Rechnung getragen werden. Eine abgekürzte Verjährungsfrist stellt aber weder einen Ausschluss des Ausgleichsanspruchs noch eine Verletzung dieses Schutzzwecks dar, der im Unabdingbarkeitsgrundsatz zum Ausdruck kommt. Die *Abkürzung der Verjährung soll allein der schnellen Abwicklung des Ausgleichs-Schuldverhältnisses und damit den Interessen beider Parteien dienen*. Es kann sicherlich nicht zweifelhaft sein, dass es für einen Handelsvertreter, der ja in aller Regel *Kaufmann*[18] ist, zumutbar sein dürfte, sich alsbald nach der Vertragsbeendigung um die Regelung seines Ausgleichsanspruchs zu bemühen, zumal er ja ohnehin gem. § 89b Abs. 4 Satz 2 gehalten ist, die dort niedergelegte Ausschlussfrist zu beachten und im eigenen Interesse den Ausgleichsanspruch rechtzeitig geltend zu machen[19].

1638

---

11 H.M.; vgl MK/v. *Hoyningen-Huene*, § 89b Rz. 210; *Ebenroth/Löwisch*, § 88 Rz. 12; *Schröder*, § 88 Rz. 6 a.E.; Johannsen, BGB-RGRK, 12. Aufl., § 225 BGB, Rz. 3; *OLG Hamm*, 25.6.1987, NJW-RR 1988 S. 674; *OLG Karlsruhe*, 12.6.1973, RVR 1973 S. 220; *LG Münster*, 30.3.1978, vgl. Rz. 1362ff.
12 Vgl. das Vertragsmuster bei *Küstner*, Der Handelsvertreter, 2. Aufl. S. 126 (§ 12 Abs. 1).
13 Eine Unterbrechung der Verjährung durch schriftliche Mahnung reicht nicht aus, vgl. § 209 BGB.
14 *BGH*, 12.10.1979, NJW 1980 S. 286; *OLG Hamm*, 25.6.1987, NJW-RR 1988 S. 674.
15 *OLG Celle*, 29.9.1978, HVuHM 1979 S. 19. Anderer Ansicht *LG Wiesbaden*, 9.12.1982 – 13 O 99 und 100/82 – unveröffentlicht: Wenn schon der Gesetzgeber eine Ausschlussfrist von drei Monaten bestimmt habe, könne eine Verjährungsfrist von 6 Monaten nicht als unverhältnismäßig bezeichnet werden, die gem. § 242 BGB als unwirksam angesehen werden müsse. Vgl. auch *OLG Celle*, 12.2.1988, NJW/RR 1988 S. 1064. In diesem Urteil hat das *OLG* eine abgekürzte Verjährungsfrist mit Rücksicht auf § 9 Abs. 2 Nr. 2 AGBG für unwirksam gehalten, weil die Abkürzung eine unangemessene Benachteiligung des Handelsvertreters darstelle.
16 *Küstner*, IHV 1984 Heft 9, S. 6ff.
17 Einzelheiten oben Rz. 1584.
18 Vgl. Band I Rz. 23ff.
19 Zur Ausschlussfrist Näheres oben Rz. 421ff.

XII Entstehen, Fälligkeit, Verjährung und Verzinsung des Ausgleichsanspruches

1639   Im Übrigen muss auch darauf hingewiesen werden, dass der Bundesgerichtshof, der über die Revision gegen das Urteil des Oberlandesgerichts Celle vom 29.9.1978[20] in seinem Urteil vom 12.10.1979[21] zu entscheiden hatte, die Frage ausdrücklich offen ließ, ob die Parteien durch die zwingende Vorschrift des § 89b Abs. 4 Satz 1 gehindert seien, für den Ausgleichsanspruch überhaupt eine kürzere als die in § 88 vorgeschriebene Verjährungsfrist von 4 Jahren zu vereinbaren.

1640   Der Bundesgerichtshof hat zwar im Ergebnis dem Berufungsurteil des OLG Celle zugestimmt; allerdings mit einer anderen Begründung. Die Vertragsbestimmung, in der die Abkürzung der gesetzlichen Verjährungsfrist auf 6 Monate festgelegt worden war, hatte folgenden Wortlaut:

„Alle Ansprüche aus dem Vertragsverhältnis und seiner Beendigung verjähren binnen 6 Monaten nach Eintritt der Fälligkeit; ausgenommen sind Schadensersatzansprüche, sowie Forderungen der Firma auf Rückzahlung von Provisionsvorschüssen bei Nichtzahlung der Kunden".

1641   Hier handelt es sich nicht generell um eine Abkürzung der Verjährung bezüglich *sämtlicher* aus dem Vertragsverhältnis möglicherweise resultierender Ansprüche, sondern um eine *einseitige Verkürzung der Verjährungsfrist zu Lasten des Handelsvertreters*, weil ja Ansprüche des Unternehmers auf Schadensersatz oder auf Rückzahlung von Provisionsvorschüssen bei Nichtzahlung von Kunden von der Regelung ausdrücklich ausgenommen sein sollten.

1642   Eine solche *einseitige Verjährungsabkürzung* hält allerdings auch der Bundesgerichtshof nicht für wirksam. In seinem Urteil vom 12.10.1979 hat er festgestellt, dass die Verjährungsbestimmungen des § 88 HGB in der Novellierung des Handelsgesetzbuchs vom 6. August 1953 enthalten seien, das eine Verbesserung der Stellung des Handelsvertreters gegenüber dem Unternehmer bezweckt habe. Dies finde vornehmlich seinen Ausdruck darin, dass ein Teil der neuen Vorschriften für unabdingbar erklärt worden sei. Die neue Vorschrift des § 88 HGB sei zwar nicht für unabdingbar erklärt worden, gleichwohl habe durch sie aber die Rechtsstellung des Handelsvertreters gegenüber dem Unternehmer verstärkt werden sollen. Die bisher unterschiedlichen Verjährungsfristen für die Ansprüche des Handelsvertreters einerseits und des Unternehmers andererseits sollten durch § 88 HGB neuer Fassung beseitigt und die *Rechtslage insoweit vereinheitlicht* werden. Für alle Ansprüche beider Vertragsparteien aus dem Handelsvertreterverhältnis gälten daher nach § 88 HGB die gleichen Verjährungsfristen.

1643   Wenn im entschiedenen Falle der Handelsvertretervertrag die Ansprüche des Unternehmers auf Schadensersatz und Provisionsrückzahlung von der Abkürzung der vereinbarten Verjährungsfrist ausnehme, enthalte damit die Vertragsbestimmung entgegen der Regelung des § 88 HGB für die Ansprüche der Parteien aus

---

20 *OLG Celle*, 29.9.1978, HVR Nr. 559 = HVuHM 1979 S. 19 = VW 1979 S. 623.
21 *BGH*, 12.10.1979, BGHZ 75, 218 = BB 1980 S. 12 = DB 1980 S. 155 = HVR Nr. 534 = MDR 1980 S. 199 = NJW 1980 S. 286 = VW 1980 S. 247 = WPM 1980 S. 38; ebenso nun auch *BGH*, 12.2.2003 – VIII ZR 284/01 – BB 2003, 919.

dem Vertragsverhältnis unterschiedliche Verjährungsfristen, *die den Handelsvertreter* (Kläger) *einseitig schlechter stellten als den Unternehmer* (Beklagten). Die Vertragsbestimmung unterwerfe nämlich nicht „alle" Ansprüche aus dem Vertragsverhältnis einer gleichmäßig abgekürzten Verjährungsfrist, sondern nehme für die Beklagte wesentliche Ansprüche davon aus. Während sämtliche Vertragsansprüche des Klägers bereits 6 Monate nach Fälligkeit verjährt sein sollten, solle für einen bedeutenden Teil der für die Beklagte wesentlichen Ansprüche die vierjährige gesetzliche Verjährungsfrist gelten. Damit gehe aber diese einseitige Verkürzung der Verjährungsfrist zu Lasten des Klägers im Widerspruch zum Grundsatz des § 88 HGB, nach dem die Ansprüche des Handelsvertreters keiner kürzeren Verjährungsfrist unterliegen sollen als die Ansprüche des Unternehmers. Diese einseitige Abkürzung der Verjährungsfrist sei daher unwirksam, sodass die gesetzliche Regelung des § 88 HGB Platz greife. Danach sei der Ausgleichsanspruch, soweit ihm das Berufungsgericht stattgegeben habe, zum Zeitpunkt der Klageerhebung noch nicht verjährt gewesen.

Für die Wirksamkeit einer Abkürzung der Verjährungsfrist des § 88 hat der Bundesgerichtshof neben dem Gleichbehandlungsgebot des Weiteren aber auch darauf abgestellt, dass *„anerkennenswerte Interessen zumindest eines der Vertragspartner eine angemessene Verkürzung der Verjährungsfrist rechtfertigen".* Was unter *„anerkennenswerten Interessen"* zumindest eines der Vertragspartner zu verstehen ist, hat der Bundesgerichtshof in seiner Entscheidung vom 10.5.1990[22] klargestellt. Er hat darauf hingewiesen, dass eine Abkürzung der Verjährungsfrist der *zügigen Abwicklung des Vertrages* und einer baldigen Klärung der beiderseitigen Rechte und Pflichten diene, und dass diesem von den Parteien verfolgten Vertragszweck die Anerkennung nicht zu versagen sei. **1644**

Angesichts der Ausführungen des Bundesgerichtshofs muss davon ausgegangen werden, dass die vertragliche Abkürzung der gesetzlichen Verjährungsfrist in einem Handelsvertretervertrag sehr wohl wirksam vereinbart werden kann, *und zwar auch für den Ausgleichsanspruch*[23]. Allerdings muss hierbei darauf geachtet werden, dass die Abkürzung der Verjährungsfrist tatsächlich *auch sämtliche Ansprüche beider Parteien aus dem Vertragsverhältnis erfasst* und dass nicht zu Gunsten des Unternehmers bestimmte Ansprüche von dieser Verjährungsabkürzung ausgenommen werden. Eine solche einseitige Bevorzugung des Unternehmers zu Lasten der Ansprüche des Handelsvertreters könnte übrigens schon darin gesehen werden, dass es in den üblichen vertraglichen Vereinbarungen häufig heißt: **1645**

> „Alle Ansprüche aus diesem Vertrag verjähren in ... Monaten nach ihrer Fälligkeit. Bei Ansprüchen der Firma auf Rückzahlung von Provisionen und Provisionsvorschüssen beginnt die Verjährung in dem Zeitpunkt, in dem die Firma von den Umständen Kenntnis erlangt, die den Rückzahlungsanspruch rechtfertigen."

---

22 *BGH*, 10.5.1990, BB 1990 S. 2266 = EBE 1990 S. 324 = HVR Nr. 694 = NJW-RR 1991 S. 35; vgl. auch Hdb. Bd. 1 Rz. 1270.
23 Ebenso *BGH*, 10.5.1990 a.a.O. (Fn. 19).

XII Entstehen, Fälligkeit, Verjährung und Verzinsung des Ausgleichsanspruches

1646 Denn auch dadurch, dass im Hinblick auf die abgekürzte Verjährung auf den Zeitpunkt der *Kenntniserlangung* abgestellt wird, und zwar einseitig nur für Ansprüche, die dem Unternehmer zustehen könnten, ist wiederum der Grundsatz der *Gleichbehandlung beider Vertragspartner verletzt* worden[24]. Denn im Hinblick auf den Handelsvertreter ist ja auf den Zeitpunkt der Kenntniserlangung bei dieser Vertragsbestimmung nicht abgestellt worden; Ansprüche des Handelsvertreters sollen vielmehr uneingeschränkt der abgekürzten Verjährung unterliegen, gleichgültig, zu welchem Zeitpunkt der Handelsvertreter von den ihm zustehenden Ansprüchen Kenntnis erlangt.

1647 Festzuhalten bleibt demgemäß, dass es keine höchstrichterliche Rechtsprechung gibt, die grundsätzlich die Abkürzung von Ansprüchen aus einem Handelsvertretervertrag für unzulässig erklärt, wie mitunter behauptet wird. Bei Vereinbarungen, die die Verjährungsfrist abkürzen, muss allerdings streng und sorgfältig darauf geachtet werden, dass der oben geschilderte Grundsatz der *gleichen Behandlung sämtlicher Ansprüche beider Vertragspartner nicht verletzt* wird.

1648 Die Abkürzung der Verjährungsfrist darf jedoch nicht zu einer Beeinträchtigung der schutzwürdigen Belange eines Vertragspartners führen. Dies gilt insbesondere, wenn vereinbart wird, dass eine relativ kurze Verjährungsfrist bereits mit *Fälligkeit der Ansprüche* zu laufen beginnt. So hat der BGH mit Urteil vom 3.4.1996[25] eine Vertragsklausel als unwirksam angesehen, die eine Verjährungsfrist von zwölf Monaten enthielt, welche mit der Fälligkeit des Anspruches ohne Rücksicht auf die *Kenntnis von der Anspruchsentstehung* beginnen sollte. Hierin hat er eine Benachteiligung des Handelsvertreters gesehen, weil dessen Provisionsansprüche fällig werden und verjähren könnten, ohne dass er von ihrer Existenz überhaupt erfahre.

1649 Bei der *Abkürzung der Verjährungsfrist des Ausgleichs* muss aber die zwingende zwölfmonatige *Ausschlussfrist* des § 89b Abs. 4 S. 2 beachtet werden. Die Verjährungsfrist darf also keinesfalls ablaufen, bevor der Anspruch innerhalb der Ausschlussfrist geltend gemacht worden ist. Die Verjährungsfrist für den Ausgleichsanspruch darf deshalb nur dann kürzer als ein Jahr sein, wenn sie erst mit der tatsächlichen Anmeldung des Anspruches beginnt[26].

1650 Gleichgültig, ob im Einzelfall die gesetzliche oder eine abgekürzte vertragliche Verjährungsfrist maßgeblich ist, tritt Verjährung *trotz zunächst erfolgter rechtzeitiger Geltendmachung des Ausgleichsanspruchs* erst dann ein, wenn der Handelsvertreter es bei der Geltendmachung belässt *und den Anspruch nicht weiter verfolgt*.

---

24 *Küstner,* IHV 1984 Heft 9 S. 6ff.
25 *BGH* vom 3.4.1996 – VIII ZR 3/95 – BB 1996, 1188 = VersR 1996, 848 = HVR-Nr. 806 und *BGH* vom 10.5.1990 – I ZR 175/88 – NJW-RR 1991, 35 = BB 1990, 2066 = HVR-Nr. 694.
26 *Ebenroth/Löwisch,* § 88a, Rdn. 12; zu Formulierungsvorschlägen vgl. *Küstner/Thume,* Bd. 1, Rdn. 1305, 1306.

IV. Anerkennung des Ausgleichsanspruches

Ein auf Zahlung des Ausgleichs in Anspruch genommener Unternehmer kann sich auf Verjährung dann nicht berufen, wenn er dem Handelsvertreter gegenüber den Anspruch durch *Abschlagszahlung, Zinszahlung, Sicherheitsleistung oder in anderer Weise anerkannt* hat (vgl. § 208 BGB a. F., § 212 BGB n. F.). Eine durch Anerkennung des Ausgleichsanspruchs eintretende Unterbrechung der Verjährung liegt auch dann vor, *wenn im Rahmen von Vergleichsverhandlungen* die Ausgleichsberechtigung des Handelsvertreters zwar dem *Grunde nach anerkannt* wird, der Unternehmer die Ausgleichsberechtigung des Handelsvertreters *aber nicht in der geforderten Höhe für gerechtfertigt* hält, sondern *nur in geringerem Umfange* und ggf. auch nur den geringeren Betrag an den Handelsvertreter zahlt. Dies gilt sogar dann, wenn der Unternehmer sich *gegen eine Anerkennung der Höhe des geforderten Betrages* ausdrücklich verwahrt hatte[27]. In der Praxis kommt es mitunter vor, dass ein durch Ablauf der Verjährungsfrist bereits verjährter Ausgleichsanspruch gleichwohl durchgesetzt werden kann, weil der Unternehmer beispielsweise trotz der inzwischen eingetretenen Verjährung dem Handelsvertreter auf Verlangen *Auskünfte über Provisionszahlungen* erteilt, deren der Handelsvertreter zur Berechnung des Ausgleichsanspruchs bedarf. In derartigen Fällen könnte darin, dass der Unternehmer dem Handelsvertreter die *erbetene Auskunft erteilt*, ein *bestätigendes, rein faktisches Anerkenntnis i.S. des §§ 208 BGB a. F., 212 BGB n. F. gesehen werden*[28]. Stets wird es allerdings auf den Einzelfall ankommen, sodass zu prüfen ist, ob das *Verhalten des Unternehmers* die *Annahme eines schuldbestätigenden Anerkenntnisses zu rechtfertigen vermag*. Ein solches Verhalten kann in jeder dem Handelsvertreter gegenüber vorgenommenen Handlung oder Äußerung liegen, durch die der Unternehmer dem Vertreter tatsächlich zu erkennen gibt, dass er den Anspruch *als bestehend ansehe*[29]. Demnach genügt also jedes Verhalten dem Handelsvertreter gegenüber, aus dem sich das Bewusstsein des Verpflichteten von dem Bestehen der Forderung unzweideutig ergibt.

1651

Hierbei genügt es, wenn die Forderung allein *dem Grunde nach anerkannt* wird[30]. Dadurch wird die *Verjährung des gesamten Anspruchs unterbrochen*, mag auch der Unternehmer an so weitgehende Ansprüche, wie sie später erhoben werden, gar nicht gedacht haben. Dies gilt sogar dann, wenn der Verpflichtete sich gegen eine Anerkennung der Höhe des Betrages ausdrücklich verwahrt hatte.

1652

Unterbrechung der Verjährung bedeutet, dass eine *neue vierjährige Verjährungsfrist* zu laufen beginnt, wenn der Handelsvertreter (oder seine Erben) von der Anerkennung des Anspruchs durch den Unternehmer Kenntnis erlangt.

1653

---

27 Vgl. *Johannsen*, BGB-RGRK, § 208 Rz. 5; *BGH*, 12.7.1960, VersR 1960 S. 831 und Urt. vom 22.1.1974, VersR 1974 S. 571 (m. w. N.).
28 *BGH*, 29.2.1984 – IVa ZR 107/82 – unveröffentlicht.
29 BGB-RGRK/*Johannsen*, § 208 BGB Rz. 3.
30 BGB-RGRK/*Johannsen*, § 208 BGB Rz. 5.

XII Entstehen, Fälligkeit, Verjährung und Verzinsung des Ausgleichsanspruches

Hierbei ist allerdings zu beachten, dass die neue Verjährungsfrist nicht erst mit dem Ablauf des Jahres, innerhalb dessen die Unterbrechung, also die Anerkennung des Anspruchs, erfolgt, zu laufen beginnt, sondern sofort dann, wenn der Berechtigte von der Anerkennung Kenntnis erlangt.

C. Verzinsung

1654 Der Zeitpunkt der Fälligkeit des Ausgleichsanspruchs hat auch für seine *Verzinsung* praktische Bedeutung. Nach § 352 in Verbindung mit § 353 HGB ist der Handelsvertreter als Kaufmann berechtigt, für den Ausgleichsanspruch *vom Tage seiner Fälligkeit an* 5% Zinsen zu fordern, und zwar *auch dann, wenn Verzugszinsen nach § 285 BGB nicht in Betracht kommen*. Dies ist durch eine Entscheidung des OLG Köln vom 29.4.1968[31] erstmals auch gerichtlich – und zwar im Sinne der in der Literatur schon seit längerer Zeit vertretenen Auffassung[32] – festgestellt worden. Zu beachten ist schließlich, dass auf die vom Unternehmer geschuldeten *Zinsen keine Umsatzsteuer* entfällt, weil *Zinsen als Schadensersatz* anzusehen sind. Wird eine Brutto-Ausgleichszahlung vereinbart, die die Mehrwertsteuer enthält, können andererseits auf den Gesamtausgleich Verzugszinsen gefordert werden, denn Verzugszinsen werden auch auf die Mehrwertsteuer geschuldet[33].

1655 Dies gilt auch dann, wenn nicht beide Partner des Handelsvertretervertrages Kaufleute sind (§ 353 Satz 1); denn auf Handelsvertreterverträge sind grundsätzlich die Vorschriften für beiderseitige Handelsgeschäfte anzuwenden[34].

D. Verwirkung des Ausgleichsanspruches

1656 Bleibt ein Waren- oder Versicherungsvertreter nach der fristgemäßen Geltendmachung seines Ausgleichsanspruchs längere Zeit untätig, so kann die Frage auftauchen, ob der Anspruch verwirkt ist. Ein Anspruch kann nur dann verwirkt sein, *wenn der Unternehmer aus dem Verhalten des Vertreters schließen muss, dass dieser den Ausgleich nicht mehr beanspruche* und sich deshalb *in seinem Verhalten auf diese Willensrichtung des Vertreters einstellt*, sodass

---

31 *OLG Köln,* 29.4.1968 – 13 U 74/67 – VersR 1968, 966 = HVR Nr. 388. Vgl. aber auch *OLG Frankfurt,* 27.5.1966 – 3 U 263/65 – unveröffentlicht, das dem Handelsvertreter Prozesszinsen gem. § 291 BGB von der Klageerhebung ab zubillige.
32 *Schneider,* DB 1968 S. 1613; *Küstner,* HVuHM 1966 S. 980; *Schröder,* § 89b Rz. 24b. Vgl. aber auch VW 1966 S. 1414 und 1968 S. 1170.
33 Vgl. dazu Rz. 1746 ff.
34 Näheres Band I Rz. 23 ff. und unten Rz. 1738 ff. sowie *Möller,* Anm. 173 vor § 43 VVG, S. 633; *Duden,* § 84 Anm. 4, 4 A; a.A. *Hopt,* § 84 Rz. 28; *Schröder,* § 84 Rz. 13a; *Brüggemann,* § 84 Rz. 17; vgl. dazu auch *BGH,* 21.1.1965, BB 1965 S. 304 und *LG Hamburg,* 20.5.1960, BlfGenW 1961 S. 115 = ZGenW Band 12 S. 78 mit Anmerkung *Herschel,* vgl. dazu *Küstner,* HVuHM 1966 S. 980. Vgl. auch unten Rz. 1534 ff. sowie Band 1 Rz. 23 ff.

ihm nunmehr die nachträgliche Erfüllung des Anspruchs, mit dem er auf Grund des Verhaltens des Vertreters nicht mehr zu rechnen brauchte, *nicht mehr zugemutet werden kann*[35]. Die Verwirkung tritt also auf keinen Fall schon dann ein, wenn der Vertreter den Ausgleichsanspruch nach der Geltendmachung nicht sofort weiterverfolgt.

Das Oberlandesgericht Düsseldorf[36] hat dazu ausgeführt, Verwirkung sei ein außerordentlicher Rechtsbehelf, der *strengen Anforderungen* unterliege. Im Regelfall müsse ein Schuldner bis zum Ablauf der Verjährungsfrist mit der Geltendmachung des Anspruchs rechnen. *Reiner Zeitablauf* und *längere Untätigkeit* des Gläubigers allein genügten deshalb zur Annahme der Verwirkung nicht; es müssten vielmehr *besondere Umstände* hinzutreten, auf Grund derer sich die späte Geltendmachung des Anspruchs als *Verstoß gegen Treu und Glauben* darstelle[37]. Solche besonderen Umstände lagen in einem vom Landgericht Köln[38] entschiedenen Fall vor. Hier hatte der Kläger seinen Ausgleichsanspruch 3 Jahre lang nicht weiterverfolgt und durch sein Verhalten beim Unternehmer den Eindruck erweckt, er werde ihn nicht mehr auf Zahlung eines Ausgleichs in Anspruch nehmen. Einen ähnlichen Fall hat vor kurzem das Landgericht Münster entschieden. Dort hatten nach Vertragsbeendigung Verhandlungen über die Art und Weise und die Höhe der Berechnung des Ausgleichsanspruches stattgefunden. Das Versicherungsunternehmen hatte die Berechnung nach den Grundsätzen ausgeführt. Es bestand Streit darüber, wie der Ausgleich dementsprechend zu berechnen war. Schließlich hatte das Unternehmen den von ihr nach den Grundsätzen berechneten Betrag bezahlt. Anschließend blieb der Kläger mehr als drei Jahre lang untätig und klagte schließlich einen zusätzlichen Ausgleich ein, den er abweichend von den „Grundsätzen" nun völlig neu konkret berechnete. Das Landgericht Münster nahm Verwirkung an, obwohl der Vertreter die ihm übersandte Abfindungserklärung nicht unterzeichnet hatte und später das Unternehmen zweimal zu einer Verlängerung der Verjährungsfrist veranlasst hatte, bevor Klage erhoben wurde[39]. Das Oberlandesgericht Karlsruhe[40] stellt zutreffend fest, dass der Gesetzgeber der zwischen Kaufleuten erforderlichen schnellen Abwicklung durch *kurze Verjährungsfristen* Rechnung getragen habe. Hätte er kürzere Fristen für notwendig gehalten, so hätte er sie statt der in § 88 HGB bestimmten Verjährungsfristen einführen können.

1657

---

35 *BGH*, 16.6.1982, NJW 1982 S. 1999; *BGH*, 6.12.1988, NJW-RR 1989 S. 818; *OLG Frankfurt*, 19.2.1991, NJW-RR 1991 S. 674 = WM 1991 S. 867; *Palandt-Heinrichs*, § 242, Rz. 93ff.; *Schröder*, § 88 Rz. 7 und § 89b Rz. 38.
36 *OLG Düsseldorf* 10.10.1958, HVR Nr. 184. Vgl. auch *OLG Hamm*, 5.5.1980, HVR Nr. 540 = VW 1981 S. 203 = HVuHM 1980 S. 1320.
37 Ähnlich *LG Hannover*, 14.9.1972, RVR 1973 S. 101; *OLG Stuttgart*, 26.3.1957, VersR 1957 S. 329; *OLG Karlsruhe*, 11.4.1957, BB 1975 S. 561; *LG Düsseldorf* 30.1.1957, HVR Nr. 133; *LG Koblenz* 8.5.1957, HVR Nr. 134; a.A. *LG Wuppertal*, 1.2.1955, HVR Nr. 131, das Verwirkung annahm, weil der Handelsvertreter bei Ablehnung des Ausgleichsanspruchs durch den Unternehmer nicht binnen angemessener Frist Klage erhob.
38 *LG Köln*, Urteil vom 3.2.1984 – 89 O/Vers. 144/83 – unveröffentlicht.
39 *LG Münster*, 29.8.2002 (nicht veröffentlicht, nicht rechtskräftig).
40 A.a.O. (vgl. Fn. 41).

XII Entstehen, Fälligkeit, Verjährung und Verzinsung des Ausgleichsanspruches

1658 Das OLG Frankfurt hat in seinem Urteil vom 19.2.1991[41] dazu festgestellt, dass bei der Prüfung des für eine Verwirkung notwendigen *Zeitmoments* die *Umstände des Einzelfalles* zu berücksichtigen seien. Dabei komme es insbesondere auf die Art und Bedeutung des Anspruchs, die Intensität des vom Berechtigten geschaffenen Vertrauenstatbestandes und das sich aus dem Zeitablauf ergebende Ausmaß der Schutzbedürftigkeit des Verpflichteten an. Je kürzer eine für den geltend gemachten Anspruch anzuwendende Verjährungsfrist sei, desto ferner liege die Annahme, der Verpflichtete sei schon wegen eines die Verjährungsfrist nicht ausschöpfenden Zeitablaufs schutzwürdig.

E. Aufrechnung

1659 Der Ausgleichsschuldner — das kann entweder der Unternehmer oder der Vertreternachfolger sein, der die Ausgleichsverpflichtung wirksam übernommen hat — kann gegen den Ausgleichsanspruch des Handelsvertreters *mit aufrechenbaren Gegenforderungen* aufrechnen, wenn die Aufrechnungsbefugnis nicht *vertraglich ausgeschlossen* ist. Dem Unternehmer steht dieses Recht auch im Hinblick auf solche Gegenforderungen zu, die auf dem bisherigen Vertreterverhältnis beruhen oder mit ihm zusammenhängen[42], etwa mit der Forderung auf Rückzahlung von Provisionsvorschüssen oder eines Darlehens, das dem Handelsvertreter gewährt wurde[43].

1660 War die *Ausschlussfrist* für die Geltendmachung *ungenutzt* verstrichen, *entfällt* für den Handelsvertreter die *Möglichkeit der Aufrechnung*. Das Oberlandesgericht München[44] begründet diese über die Vorschrift des § 390 Satz 2 BGB[45] hinausgehende *Einschränkung der Aufrechnungsbefugnis* mit dem Hinweis auf den Zweck der Ausschlussfrist, der in einer möglichst schnellen und endgültigen Abwicklung liege und der durch die Zulassung einer erweiterten Aufrechnungsbefugnis praktisch wieder aufgehoben werden würde[46].

1661 Wird über das Vermögen des vertretenen Unternehmens das *Insolvenzverfahren* eröffnet und hat der Handelsvertreter seinen Ausgleichsanspruch fristgerecht geltend gemacht, scheitert seine Aufrechnung mit dem Ausgleichsanspruch gegenüber Forderungen des Konkursverwalters nicht an § 96 Nr. 2, 4

---
41 *OLG Frankfurt,* 19.2.1991 a.a.O. (Fn. 39).
42 Vgl. dazu z.B. die Aufrechnung mit einem zunächst gestundeten Entgelt für die Übernahme der Handelsvertretung.
43 *OLG Koblenz,* 21.10.1955, 2 U 250/55, insoweit nicht veröffentlicht. Zum Begriff des rechtlichen Zusammenhangs bei der Aufrechnung *BGH,* 8.4.1965, DB 1965 S. 1439. Vgl. auch *Küstner,* IHV 1966 Heft 11 S. 25.
44 Urteil vom 30.4.1958 – 7 U 2069/57 BB 1958 S. 789 = HVR Nr. 185. Ebenso *LAG Düsseldorf,* 17.8.1965, DB 1965 S. 1407; a.A. *BGH,* 30.1.1958, BB 1958 S. 304.
45 Nach § 390 BGB ist die Aufrechnung mit einer verjährten Forderung möglich, wenn sie zu der Zeit, zu der sie gegen die andere Forderung aufgerechnet werden konnte, noch nicht verjährt war.
46 *Diekhoff,* BB 1958 S. 1056; HSW § 89b Rz. 102; *Baumbach-Hopt,* Rz. 79; MK/*v. Hoyningen-Huene,* § 89b Rz. 204.; a. A. *Sieg,* VersR 1964 S. 789 zu II 1.

InsO. Denn wenn ein Vertretervertrag durch die Eröffnung des Insolvenzverfahrens beendet wird, erwirbt der Handelsvertreter seinen Ausgleichsanspruch nicht erst nach der Konkurseröffnung. § 96 Nr. 2, 4 InsO greift hier nicht ein. Mit dieser Vorschrift soll verhindert werden, dass ein Schuldner des Gemeinschuldners nach Eröffnung durch gezielten Erwerb von Forderungen eine Aufrechnungslage schafft, die sonst nicht bestanden hätte und dadurch die Masse zu Lasten der anderen Gläubiger vermindert. Ein *„Erwerb nach Insolvenzeröffnung"* i.S. von § 96 Nr. 2, 4 InsO liegt dann nicht vor, wenn bereits *„vor Insolvenzeröffnung der Tatbestand verwirklicht ist, aus dem der Anspruch fließt"*, auch wenn der Anspruch bei Insolvenzeröffnung noch nicht fällig ist[47]. Mit Recht hat das OLG Karlsruhe in seinem Urteil vom 27.12.1984[48] darauf hingewiesen, dass der dem Ausgleichsanspruch zugrunde liegende Tatbestand in dem Handelsvertretervertrage zu sehen sei, der vor der Eröffnung des Konkursverfahrens abgeschlossen worden war und in welchem der Ausgleichsanspruch wurzele.

F. Zurückbehaltungsrecht des Vertreters

Der Vertreter ist als Kaufmann berechtigt, wegen seines rechtzeitig geltend gemachten Ausgleichsanspruchs, der vom Unternehmer nicht anerkannt wird, das *kaufmännische Zurückbehaltungsrecht* gemäß § 369 HGB auszuüben[49]. Dazu müssen folgende Voraussetzungen erfüllt sein: **1662**

---

47 Vgl. dazu *BGH*, 9.11.1961, MDR 1962 S. 295 und *Mentzel/Kuhn/Uhlenbruck*, 9. Aufl. 1979, § 55 Rz. 9.
48 *OLG Karlsruhe*, 27.12.1984, ZIP 1985 S. 235, 237. Das Gericht beruft sich auch auf die starke Verwandtschaft der Abgrenzungsproblematik bei § 55 Nr. 2 KO mit der des § 404 BGB. Auch hier werde allgemein die Ansicht vertreten, dass der Schuldner dem neuen Gläubiger Einwendungen dann entgegenhalten könne, wenn sie ihrem Rechtsgrunde nach bereits zurzeit der Abtretung gegeben gewesen seien; vgl. *Palandt/Heinrichs*, BGB, 53. Aufl., § 404 Rz. 4ff. m.w.N. Von der Interessenlage her könne man nämlich die Abtretung bei § 404 mit dem Wechsel der Rechtszuständigkeit vom Gemeinschuldner auf den Konkursverwalter bei § 55 Nr. 2 KO gleichsetzen. Somit stehe § 55 Nr. 2 KG der Aufrechnung des Handelsvertreters nicht entgegen.
49 Näheres bei *Schnitzler*, DB 1966 S. 569 und *Herschel/Beine*, S. 138ff. Zum Zurückbehaltungsrecht bei vertraglich ausgeschlossener Aufrechnung: *Schneider*, DB 1969 S. 1229. Zur Frage, inwieweit einem Versicherungsvertreter an kassierten Versicherungsprämien im Hinblick auf einen ihm angeblich zustehenden Ausgleichsanspruch ein Zurückbehaltungsrecht zusteht, das er durch Aufrechnung geltend macht, vgl. die entgegengesetzte Rechtsprechung des *LG Bonn* (Urteil vom 16.10.1968 und 25.11.1970, VersR 1971 S. 543) und des *OLG Köln* (Urteile vom 14.5.1969, VersR 1970 S. 53 mit Anm. *Höft*, VersR 1970 S. 461 und 9.6.1971, VersR 1971 S. 1170 mit Anm. *Höft*, VersR 1971 S. 1171). Das *OLG* führt in der zuletzt genannten Entscheidung aus, eine Ablehnung eines Zurückbehaltungsrechts könne nicht damit begründet werden, die Versicherungsprämien würden vom Versicherungsnehmer „in erster Linie für die in Gefahrengemeinschaft mit ihm stehenden Versicherten benötigt, die Bejahung eines Zurückbehaltungsrechts gefährde den Deckungsschutz der Versicherten". Diese Auffassung übersehe u.a., dass durch § 88a der Interessenschutz des Handelsvertreters als vorrangig bewertet worden sei. Diese Ansicht des *OLG Köln* ist von *Höft* in kritischen Anmerkungen zu den beiden *OLG*-Urteilen mit Recht abgelehnt worden. Vgl. auch Band 1 Rz. 1543 f.

XII Entstehen, Fälligkeit, Verjährung und Verzinsung des Ausgleichsanspruches

a) Die zurückbehaltenen Sachen müssen mit Willen des Schuldners, hier also des Unternehmers, auf Grund von Handelsgeschäften in den Besitz des Gläubigers (des Vertreters) gelangt sein. Handelsgeschäfte sind alle Geschäfte eines Kaufmanns, die zum Betriebe seines Handelsgewerbes gehören; *ein beiderseitiges Handelsgeschäft* ist nicht erforderlich. Ein Handelsgeschäft muss nicht notwendig ein Vertrag sein. Nach herrschender Ansicht gehört auch der Empfang von Ware im Rahmen eines Kaufangebotes dazu[50].

b) Der Schuldner muss mit dem Besitz des Gläubigers an den Sachen, an denen dieser das Zurückbehaltungsrecht ausübt, bis zur Entstehung des Zurückbehaltungsrechtes einverstanden sein. Verlangt der Schuldner die im Besitz des Gläubigers befindlichen Sachen vor der Entstehung des Zurückbehaltungsrechtes zurück, so kann ein Zurückbehaltungsrecht nicht entstehen, und zwar auch nicht durch widerrechtliche Vorenthaltung der Sachen durch den Gläubiger[51].

c) Dem Gläubiger muss gegen den Schuldner eine *fällige Forderung* zustehen. Da der Ausgleichsanspruch mit der Vertragsbeendigung fällig wird[52], dürfte diese Voraussetzung stets gegeben sein.

d) Schließlich darf es sich bei den Sachen, an denen der Vertreter das Zurückbehaltungsrecht ausübt, nicht um *Unterlagen im Sinne des § 86a Abs. 1* (Muster, Zeichnungen, Preislisten, Werbedrucksachen usw.) handeln. Denn an derartigen Unterlagen steht ihm *im Hinblick auf den Ausgleichsanspruch* ein Zurückbehaltungsrecht nicht zu, wie sich aus § 88a Abs. 2 ergibt. Dort ist bestimmt, dass der Handelsvertreter ein Zurückbehaltungsrecht an diesen Unterlagen *nur wegen seiner fälligen Ansprüche auf Provision und Aufwendungsersatz* hat[53], nicht also auch wegen eines ihm zustehenden Ausgleichsanspruches[54].

1663 Von erheblicher Bedeutung ist es für den Handelsvertreter, dass er die Klage auf *Gestattung der Befriedigung aus dem zurückbehaltenen Warenbestand* ohne Rücksicht auf eine im Vertrage vereinbarte abweichende *Gerichtsstandsklausel*[55] nach § 371 Absatz 4 bei dem Gericht erheben kann, in dessen Bezirk er seinen allgemeinen Gerichtsstand oder den Gerichtsstand der Niederlassung hat[56].

---

50 *OLG Hamburg,* 5.6.1963, DB 1963 S. 1214; vgl. auch RGR-Kommentar zum HGB, 2. Aufl., § 369 Anm. 27; *Küstner,* IHV 1964 S. 766.
51 RGR-Kommentar, 2. Aufl., § 369 HGB Anm. 26; a.A. *Geßler/Hefermehl,* 4. Aufl., Anm. 26 zu § 369.
52 Vgl. oben Rz. 1625 ff.
53 Zum Zurückbehaltungsrecht bezüglich des Ausgleichsanspruchs an anderen Sachen als den Unterlagen im Sinne des § 86a Abs. 1: *OLG Hamburg,* 15.11.1955, HVR Nr. 101, und 5.6.1963, DB 1963 S. 1214.
54 So auch *Baumbach-Hopt,* § 88a Rz. 5.
55 *Schnitzler,* DB 1966 S. 569 m.w.N.
56 Näheres zum Zurückbehaltungsrecht des HV, Band 1 Rz. 1521 ff.

XIII. Kapitel
Abtretung, Verpfändung, Pfändung

A. Abtretung und Verpfändung

Das Ausschlussverbot des § 89b Abs. 4 Satz 1 hindert den Vertreter nicht daran, über den Ausgleichsanspruch durch *Abtretung oder Verpfändung* bereits **während bestehenden Vertretervertrages** zu verfügen[1]. Da der Ausgleichsanspruch erst mit der Beendigung des Vertretervertrages entsteht und fällig wird, handelt es sich hierbei um die *Verfügung über eine künftige Forderung* (§§ 398, 1204 Abs. 2 BGB). Dass mit Rücksicht auf die erst spätere Konkretisierbarkeit des Ausgleichsanspruchs seine genaue Höhe im Verfügungszeitpunkt nicht angegeben werden kann, hindert eine derartige Verfügung grundsätzlich nicht, weil es genügt, wenn die Entstehung der Forderung schon im Zeitpunkt der Abtretung möglich erscheint[2]. **1664**

Da die Abtretung bzw. die Verpfändung einer künftigen Forderung sich erst im Zeitpunkt der Entstehung der Forderung, hier also bei Vertragsbeendigung, auszuwirken vermag, trägt der *Zessionar das Risiko*, dass die übertragene oder verpfändete Ausgleichsforderung *mit der Vertragsbeendigung tatsächlich entsteht*. Dieses Risiko des neuen Gläubigers kann sich besonders in Hinblick auf den *Billigkeitsgesichtspunkt* auswirken. Wird ein Vertretervertrag durch den *Tod des Vertreters* beendet und ergibt sich, dass mit Rücksicht auf den Personenkreis, der ohne die Abtretung oder Verpfändung des Ausgleichsanspruchs als ausgleichsberechtigt in Betracht käme, ein Ausgleichsanspruch unter Billigkeitsgesichtspunkten *nicht entstehen kann*[3], dann ist auch dem Zessionar die *Geltendmachung des Anspruchs* in gleicher Weise wie den *Erben des Vertreters* verwehrt. Entsprechendes gilt, wenn die Billigkeitsvoraussetzung für die Entstehung des Ausgleichsanspruchs bei Vertragsbeendigung deshalb nicht erfüllt ist, weil dem Vertreter nach der Abtretung bzw. Verpfändung des Ausgleichsanspruchs eine *Altersversorgung* durch den Unternehmer zugesagt wurde, auf Grund derer bei Vertragsbeendigung Versorgungsleistungen fällig werden, deren Kapitalwert den Ausgleichsanspruch übersteigt[4]. **1665**

Entsprechendes gilt, wenn ein Versicherungsvertreter sich durch Abschluss eines *Factoring-Vertrages*[5] die ihm zustehenden Provisionsansprüche hat **bevor-** **1666**

---
1 Vgl. oben Rz. 1612; HSW § 89b Rz. 4; *Baumbach-Hopt*, § 89b Rz. 6; MK/*von Hoyningen-Huene*, § 89b Rz. 9; *Möller*, Anm. 387; *Trinkhaus*, S. 431; *Sieg*, VersR 1964 S. 789f. zu II 2a; *Küstner*, IHV 1963 S. 147; *Wiegand*, BB 1964 S. 375f.
2 Palandt/Heinrichs, 61. Aufl., BGB, § 398 Rz. 11.
3 *BGH*, 13.5.1957 – II ZR 318/56, BGHZ 24 S. 214 = NJW 1957 S. 1029 = BB 1957 5. 527 = VersR 1957 S. 358 = HVR Nr. 122.
4 Näheres zur Problematik Ausgleichsanspruch – Altersversorgung siehe oben VIII. Kapitel.
5 Vgl. oben Rz. 60.

schussen lassen und gleichzeitig dem Factor seine künftigen Ansprüche auf Ausgleich *zur Sicherheit abgetreten hat*. In der Person des Factors als Zessionar kann dann der Ausgleichsanspruch bei Fälligkeit nur in dem Umfange entstehen und geltend gemacht werden, in dem er den in Betracht kommenden ausgleichsberechtigten Erben zustünde.

1667 In seinem Urteil vom 9.4.1964[6] hatte sich der Bundesgerichtshof mit der Frage zu befassen, ob ein durch *Unfall arbeitsunfähig gewordener Vertreter* verpflichtet sei, seine *Ersatzansprüche* gegen den Schädiger insoweit *an den Unternehmer abzutreten*, als dieser dem Handelsvertreter nach der *unfallbedingten Vertragsbeendigung* noch ausgleichspflichtig war. Der Bundesgerichtshof hat diese Frage verneint und festgestellt, dass der arbeitsrechtliche Grundsatz, wonach der Arbeitnehmer dem Arbeitgeber seine Ersatzansprüche gegen den Schädiger abzutreten habe, soweit der Arbeitgeber ihm für die Zeit der Arbeitsunfähigkeit Leistungen (Lohnfortzahlung) gewährt habe, *auf Vertreterverträge nicht angewendet werden* könne. Denn der dem Vertreter zustehende Ausgleich bezwecke eine zusätzliche Vergütung für Leistungen, für die der Vertreter während bestehenden Vertrages noch nicht entgolten worden sei, und stelle damit – im Gegensatz zu dem einem Arbeitnehmer weitergezahlten Lohn – *keine Fürsorge- oder Versorgungsleistung* dar. Da der Ausgleich mithin nichts mit dem Schaden zu tun habe, der dem Vertreter durch seine zeitweilige Arbeitsunfähigkeit entstanden sei, stehe er neben dem Schadensersatzanspruch, der dem Vertreter gegen den Schädiger im Hinblick auf die von diesem verschuldete Arbeitsunfähigkeit und den sich daraus ergebenden Verdienstausfall zustehe[7].

B. Pfändung

1668 Der Ausgleichsanspruch kann als *künftige Forderung im Wege der Zwangsvollstreckung* gemäß § 829 ZPO von einem Gläubiger des Vertreters gepfändet werden[8]. Die für die Pfändung künftiger Forderungen erforderliche Voraussetzung der *genügenden Bestimmbarkeit* des Ausgleichsanspruchs ist erfüllt, sofern ein rechtswirksamer Vertretervertrag vorliegt. Selbstverständlich kann die zunächst wirksame Pfändung des Ausgleichsanspruchs nur dann zu einer vollen oder teilweisen Befriedigung des Vollstreckungsgläubigers führen, wenn *bei der Beendigung des Vertretervertrages alle Voraussetzungen* für die Entstehung eines Ausgleichsanspruches *erfüllt* sind[9].

1669 Der Handelsvertreter als *Pfändungsschuldner* darf über den ihm bei Vertragsbeendigung zustehenden gepfändeten Ausgleich nicht zum Nachteil des Gläubi-

---

6 BB 1964 S. 698 = NJW 1964 S. 1622 = VersR 1964 S. 676; vgl. auch IHV 1964 S. 770.
7 Vgl. *Wussow*, Rz. 676 a.E.
8 *Möller*, Anm. 338; *Trinkhaus*, S. 431; *Küstner*, IHV 1964 S. 768; *Sieg*, VersR 1964 S. 789f. zu II 2a; *Wiegand*, BB 1964 S. 375f.; *OLG Hamm*, B. vom 21.6.1979, BB 1979 S. 1579. Vgl. auch Band 1 Rz. 1341.
9 *Küstner*, IHV 1964 S. 613, 615 zu II.

gers verfügen. Er ist aber nicht gehindert, den **Handelsvertretervertrag zu kündigen**, sodass mit der Vertragsbeendigung kein Ausgleichsanspruch zu entstehen vermag. Denn auf das Rechtsverhältnis, auf dem die Forderung beruht, hier also auf den Handelsvertretervertrag, erstreckt sich die Pfändung nicht[10]. Gleichwohl kann sich der Handelsvertreter dem Gläubiger gegenüber **schadensersatzpflichtig** machen, wenn die Vertragskündigung nachweisbar deshalb erfolgt, um den **Gläubiger zu schädigen** und **seine Befriedigung zu hindern**. In derartigen Fällen aber wird der Nachweis der Schädigungsabsicht oft nur schwer zu führen sein.

Fraglich ist, ob der Ausgleichsanspruch als Objekt der Zwangsvollstreckung den Vorschriften über den **Pfändungsschutz** (§§ 850 ff. ZPO) unterliegt. Zwar gehört der Ausgleichsanspruch nicht zu den „Sterbe- und Gnadenbezügen aus Arbeits- oder Dienstverhältnissen", was nach § 850a Nr. 7 ZPO zu seiner **Unpfändbarkeit** führen würde. Nach der Rechtsprechung des BGH ist jedoch für die Einordnung als Arbeitseinkommen in Sinne des § 850 Abs. 2 ZPO nur von untergeordneter Bedeutung, dass es sich um die Vergütung für eine Tätigkeit im freien Beruf handelt. Entscheidend ist vielmehr, dass es sich um Vergütungen für Dienstleistungen handelt, die die Existenzgrundlage des Schuldners bieten, weil sie seine Erwerbstätigkeit ganz oder in einem wesentlichen Teil in Anspruch nehmen[11]. Deshalb wird man § 850i ZPO für anwendbar halten müssen, sofern nicht **überwiegende Belange des Gläubigers** entgegenstehen[12]. Nach dieser Bestimmung ist unter Berücksichtigung der wirtschaftlichen Verhältnisse, insbesondere der sonstigen Verdienstmöglichkeiten des Vertreters, dem Schuldner **auf Antrag** so viel zu belassen, wie er **während eines angemessenen Zeitraums für seinen und seiner unterhaltsberechtigten Angehörigen notwendigen Unterhalt** braucht[13]. Der Ausgleichsanspruch zählt zu den **„nicht wiederkehrend zahlbaren Vergütungen für persönlich geleistete Arbeiten oder Dienste"** im Sinne des § 850i ZPO. Diese Bestimmung wird besonders dann von Bedeutung sein, wenn der Vertretervertrag aus **alters- oder krankheitsbedingten Gründen** beendet wird und der Vertreter **nicht mehr arbeitsfähig** ist[14]. Gerade in derartigen Fällen kommt es darauf an, dem Vertreter den Ausgleichsanspruch als einen zusätzlichen Vergütungsanspruch aus dem Vertragsverhältnis zu erhalten.

1670

---

10 Vgl. *Zöller,* ZPO, § 829, Rz. 18.
11 *BGH,* 5.12.1985 – IX ZR 9/85 – BGHZ 96, 327; *BGH,* 8.12.1977 – II ZR 219/75 – NJR 1978, 756.
12 So auch MK/*v. Hoyningen-Huene,* § 89b Rz. 9; *Baumbach/Lauterbach/Albers/Hartmann,* 53. Aufl., § 850i Rz. 1; *Zöller,* ZPO, § 850i Rz. 1; *Bischoff/Rochlitz,* Die Lohnpfändung, 3. Aufl., § 850, Rdnr. 16; *Müller,* ZfV 1956 S. 758 und 1957 S. 21 zu IV; vgl. auch RVR 1968 S. 278, 281; a.A. *Schröder,* § 89b Anm. 24b; *Hopt,* § 89b Rz. 85 und *Duden,* § 89b Anm. 4 C.
13 Wie hier: *Möller,* Anm. 388; *Trinkhaus,* S. 431; *Sieg,* VersR 1964 S. 789f. zu II 2a; *Küstner,* IHV 1964 S. 613, 615 zu II, und IHV 1965 Heft 19 S. 25.
14 Über die Höhe des dem Vertreter zu belassenden Betrages vgl. *Möller,* Anm. 338; *Trinkhaus,* S. 432.

XIV. Kapitel
Rechtslage nach Geltendmachung des Ausgleichsanspruches

Für die Rechtslage nach der Geltendmachung des Ausgleichsanspruchs durch den Vertreter oder seine berechtigten Erben sind mehrere **Zeitabschnitte** zu unterscheiden, die für den Ausgleichsanspruch und namentlich für seine Höhe von Bedeutung sein können. Es handelt sich einmal um den Zeitraum von der **Geltendmachung bis zur Entscheidung über die Ausgleichshöhe**, zum anderen um den folgenden **Zeitraum bis zur teilweisen bzw. vollständigen Zahlung** des Ausgleichs und schließlich um den **Zeitraum nach der Zahlung**. 1671

A. Rechtslage vor Ausgleichszahlung

Hat der Vertreter den Ausgleichsanspruch fristgemäß geltend gemacht, so muss zum Zweck seiner Berechnung eine **Prognose**[1] angestellt werden. Es muss festgestellt werden, welche zukünftigen Vorteile für den Unternehmer aus den bis zur Vertragsbeendigung erzielten Vermittlungserfolgen des Vertreters zu erwarten sind und welche Provisionsverluste sich für den Vertreter aus der Beendigung des Vertragsverhältnisses ergeben. Dabei muss gleichzeitig auch *nachträglich ermittelt* werden, in welcher Höhe der Ausgleichsanspruch im maßgeblichen Zeitpunkt der Vertragsbeendigung entstanden und fällig geworden ist. Deshalb taucht hier die Frage auf, ob bei dieser Prognose *allein auf den Zeitpunkt der Vertragsbeendigung* mit der Folge abzustellen ist, dass eine danach eingetretene Änderung der maßgeblichen Verhältnisse unberücksichtigt bleiben muss oder ob die von der Vertragsbeendigung bis zur Feststellung der Ausgleichshöhe eingetretenen *nachträglichen Umstände* in die Prognose einzubeziehen sind. 1672

Der Bundesgerichtshof hatte dazu in seinem Urteil vom 28.1.1965[2] festgestellt, dass die Notwendigkeit, für die Bemessung des Ausgleichsanspruchs eine Prognose über die künftige Entwicklung der Verhältnisse anzustellen, *zwangsläufig auch erfordere, dass alle bis zur richterlichen Entscheidung bereits eingetretenen Tatsachen beachtet werden*[3]. Diese Rechtsprechung hatte der Bundesgerichtshof durch weitere Urteile in den Jahren 1971 und 1991 gefestigt[4]. 1673

---
1 Näheres dazu Rz. 741 ff., 756 ff.
2 BB 1965 S. 434.
3 Vgl. auch *LG Berlin*, 21.4.1993 – 94 O 43/92 – unveröffentlicht.
4 *BGH* vom 3.6.1971 – VII ZR 23/70 – BGHZ 56, 242, 246 = NJW 1971, 1611 = BB 1971, 843 = HVR-Nr. 444; *BGH* vom 31.1.1991 – I ZR 142/89 – NJW-RR 1991, 1050 = BB 1991, 1210 = HVR-Nr. 711.

XIV Rechtslage nach Geltendmachung des Ausgleichsanspruches

1674 Diese Rechtsauffassung hat der Bundesgerichtshof jedoch mit Urteil vom 6.8.1997 inzwischen aufgegeben[5]. In dieser Entscheidung weist der BGH darauf hin, dass die *Unternehmervorteile und Provisionsverluste durch eine Prognose zu ermitteln* sind, *die auf den Zeitpunkt der Beendigung des Handelsvertretervertrages abstellt.* Die tatsächliche Entwicklung der Verhältnisse während des anschließenden Prognosezeitraumes kann – so nun der BGH – in diesem Zusammenhang nur insoweit berücksichtigt werden, als sie im Zeitpunkt der Vertragsbeendigung bereits abzusehen war. Da der Ausgleich mit Beendigung des Vertreterverhältnisses entstehe und fällig werde, könne Grundlage seiner Berechnung nur eine zu diesem Zeitpunkt zu erstellenden Prognose sein, die sich später als richtig oder unrichtig erweisen, aber nicht durch später eintretende Umstände noch geändert werden könne. Solche Umstände könnten daher nur dann in die Prognose einfließen, wenn sie im Zeitpunkt der Vertragsbeendigung bereits abzusehen seien. Von unvorhergesehenen tatsächlichen Entwicklungen könne die Höhe des bereits entstandenen Anspruches dagegen nicht mehr beeinflusst werden. Andernfalls müsste auch die eine oder andere Partei Rückzahlungs- bzw. Nachzahlungsansprüche geltend machen können, falls sich die Prognose nachträglich als unzutreffend erweise. Diese Konsequenz werde allgemein abgelehnt.

1675 *Maßgebliche Grundlage für die Prognose sind daher nur die tatsächlichen Verhältnisse am Bewertungsstichtag.* Bildlich gesprochen muss an diesem Tag eine fotografische Momentaufnahme erfolgen. Alles was auf ihr – auch im Hintergrund – sichtbar ist, kann als mit hinreichender Wahrscheinlichkeit vorhersehbare Entwicklung in die Prognose einbezogen werden. Diese Auffassung hat der Bundesgerichtshof mit Urteil vom 15.9.1999 gefestigt[6]. Kritik an dieser neuen Rechtsprechung übt Rittner[7], der darauf hinweist, dass im Hinblick auf die einer Prognose naturgemäß anhaftende Unsicherheit die Notwendigkeit bestehe, die tatsächliche Prognosebasis so weit wie möglich zu erstrecken. Dennoch ist die Auffassung des Bundesgerichtshofes zu begrüßen, weil eine Prognose zum Zeitpunkt der Beendigung des Vertrages mit allen bis dahin absehbaren Umständen zu einem endgültigen später nicht mehr korrigierfähigen Ergebnis führt. Dies ist auch in anderen Rechtsgebieten so. Im Frachtrecht hat etwa bei der Frage, ob eine Lieferfristüberschreitung nach § 423 HGB oder Art. 19 CMR vorliegt, die Prognose über die Angemessenheit der Transportdauer nach einhelliger Auffassung vom Standpunkt ex ante aller zum Zeitpunkt des Vertragsschlusses verfügbaren Informationen zu erfolgen und darf nicht ex post die während der späteren Beförderung tatsächlich aufgetretenen Schwierigkeiten berücksichtigen[7a].

---

[5] *BGH*, 6.8.1997 – VIII ZR 92/96 – NJW 1998, 71= BB 1997, 2609 = HVR-Nr. 796.
[6] *BGH*, 15.9.1999 – VII ZR 137/98 – NJW-RR 2000, 109 = EWiR 2000, 237 mit Anmerkung von Emde = HVR-Nr. 922; vgl. auch *OLG Düsseldorf*, OLGR 2000, 406; *Thume*, BB 1999, 2309, 2310; *Ebenroth/Löwisch*, § 89 b, Rdn. 30.
[7] *Rittner*, DB 1998, 457, 45 b zu II, 2.
[7a] *Thume*, BB 1999, 2310 mit Hinweis auf zahlreiche frachtrechtliche Literatur.

A. Rechtslage vor Ausgleichszahlung **XIV**

Haben die Vertragspartner *nach Beendigung des Handelsvertreterverhältnisses* **1676**
eine *Vereinbarung über die Höhe des Ausgleichs* getroffen, so ist eine nachträgliche Korrektur, wie die folgenden Ausführungen zeigen, nur bei Vorliegen besonderer Umstände möglich. Auch in diesem Fall können nachträglich entstehende Umstände die Wirksamkeit der getroffenen Vereinbarung nicht mehr erschüttern. Es muss jedoch eine *tatsächliche Einigung* erfolgt sein. Nicht selten übersendet das Unternehmen dem Handelsvertreter nach Vertragsbeendigung einen Scheck in Höhe des nach seiner Auffassung diesem zustehenden Ausgleichs mit dem Hinweis, der Scheck dürfe nur eingelöst werden, wenn der Empfänger das in dem Betrag liegende Abfindungsangebot akzeptiere. *Wenn der Handelsvertreter* dann den *Scheck einlöst*, erhebt sich die Frage, ob darin die stillschweigende Annahme des Abfindungsangebotes des Unternehmers liegt. Mit einem solchen Fall hatte sich der Bundesgerichtshof im Jahr 2001 zu befassen[7b]. Im dortigen Fall hatte die Vermieterin ihren Mieter auf einen rückständigen Mietzins in Höhe von 147.890,00 DM in Anspruch genommen und dieser hatte ihr erklärt, er könne den geforderten Mietrückstand nicht begleichen und übersandte ihr dabei einen Verrechnungsscheck über 1.000,00 DM „zur endgültigen Erledigung der Angelegenheit". Eine Antwort erwarte er nicht mehr. Während das Landgericht der Klage stattgegeben hatte, ist das Berufungsgericht zu dem Ergebnis gelangt, die Vermieterin habe mit der Scheckeinlösung das Angebot zum Abschluss des Abfindungsvertrages angenommen, sodass die Klageforderung erloschen sei. Diese Auffassung wies der BGH zurück und stellte mit der Revisionsentscheidung das erstinstanzliche Urteil des Landgerichts wieder her. Der BGH wies darauf hin, dass die *Einlösung des Schecks* für sich allein genommen zwar als angebotskonformes Verhalten des Scheckempfängers gewertet werden könne, dies allein rechtfertige jedoch nicht die Folgerung, es läge eine *Angebotsannahme* vor. Das gelte jedenfalls dann, wenn – wie dort – ein sehr krasses Missverhältnis zwischen Forderung einerseits und Abfindungsangebot andererseits spreche. Damit hat der BGH erneut einer ausgeklügelten und unseriösen Schuldnerstrategie Einhalt geboten, welche in der Literatur und Rechtsprechung als „Erlassfalle" bezeichnet wird[7c]. Dennoch wird auch in Zukunft in solchen Fällen dem Vertreter von der Einlösung des Schecks im Regelfalle abzuraten sein, weil die Höhe des Ausgleichs von sehr vielen Faktoren abhängt und daher der Nachweis, dass ein echtes krasses Missverhältnis zwischen geschuldeter Leistung und Angebot vorliegt, nicht ohne weiteres geführt werden kann.

[7b] *BGH*, 10.5.2001 – XII ZR 60/99 – BB 2001, 1762; vgl. auch *BGH*, 18.12.1985 – VIII ZR 297/84 – WM 1986, 322; *BGH*, 6.2.1990 – X ZR 39/89 – NJW 1990, 1656; *BGH*, 28.3.1990 – VIII ZR 258/99 – BGHZ 111, 97 = BB 1990, 955 = NJW 1990, 1655.
[7c] *Frings*, BB 2001, 1763.

XIV Rechtslage nach Geltendmachung des Ausgleichsanspruches

B. Rechtslage nach Ausgleichszahlung

I. Nachträgliche Ausgleichskorrektur?

1677 Stellt sich nach der Zahlung des Ausgleichs heraus, dass bei der Ausgleichsberechnung von unzutreffenden Voraussetzungen ausgegangen worden war, so kommt – wie oben unter A erwähnt – gleichwohl weder ein *Rückforderungsrecht des Unternehmers* noch ein *Nachzahlungsanspruch des Vertreters* in Betracht[8]. Maßgeblich ist hierfür der Gesichtspunkt, dass es bei Ansprüchen, deren Höhe von Wahrscheinlichkeiten, Erwartungen, Mutmaßungen und Schätzungen abhängig ist, in der Natur der Sache liegt, dass sich erst nachträglich Umstände ergeben, die, wären sie von vornherein bekannt gewesen, die Höhe des Anspruchs mit Sicherheit beeinflusst hätten. Bei einem derartigen Anspruch ist eine *absolut verlässliche und sichere Vorhersage über die künftige Entwicklung* und damit eine stets zutreffende Bemessung der Anspruchshöhe praktisch *ausgeschlossen*. Darüber besteht bei den Parteien in der Regel auch Klarheit, die diesen Unsicherheitsfaktor bei der Abwicklung eines Ausgleichsanspruchs bewusst in Kauf nehmen. Es würde deshalb zu einer gefährlichen Rechtsunsicherheit führen, wenn es zulässig wäre, den in seiner Höhe weitgehend von Wahrscheinlichkeiten und Schätzungen abhängigen Ausgleichsanspruch nach seiner Abwicklung veränderten Umständen durch *Einräumung von Rückforderungs- oder Nachzahlungsansprüchen anzupassen*.

1678 Eine andere Rechtslage könnte aber ausnahmsweise dann gegeben sein, wenn der Handelsvertreter im Rahmen von Verhandlungen bezüglich der Vertragsbeendigung seine *Offenbarungspflicht* gegenüber dem Unternehmer dadurch verletzt, dass er diesem verschweigt, dass er unzulässigerweise im eigenen Namen und auf eigene Rechnung mit *Konkurrenzware gehandelt habe*. Das Landgericht Düsseldorf hat demgemäß in seinem Urteil vom 30.4.1993[9] dem Anspruch des Unternehmers bezüglich der Rückforderung des gezahlten Ausgleichs in Höhe von DM 330 600,– stattgegeben, und es hat damit die Berechtigung des Unternehmers zur *Anfechtung wegen arglistiger Täuschung* anerkannt.

1679 Die vorstehenden Grundsätze gelten auch dann, wenn der festgestellte Ausgleichsanspruch *vereinbarungsgemäß in Raten* erfüllt wird. Stellt sich vor der Zahlung der noch nicht erbrachten Ausgleichsraten heraus, dass sich die tatsächlichen Verhältnisse anders entwickelt haben, als dies bei der Ausgleichsberechnung angenommen wurde, so ist der Unternehmer gleichwohl nicht berechtigt, die *Zahlung der noch ausstehenden Ausgleichsraten zu verweigern*. Umgekehrt kann in einem solchen Fall der Vertreter nicht etwa noch einen *Nachzahlungsanspruch* geltend machen.

---

[8] *BGH*, 6.8.1997 – VIII ZR 92/96 – NJW 1998, 71 = BB 1997, 2609 = HVR Nr. 79b; *Hopt* § 89b Rz. 16; *Ebenroth-Löwisch*, § 89b Rz. 32; vgl. *BGH*, 12.7.1983 – VI ZR 176/81 – MDR 1984, 133.

[9] *LG Düsseldorf*, 30.4.1993 – 39 O 145/92 – unveröffentlicht, vgl. aber VW 1994 S. 446.

Stellt sich vor der restlosen Erfüllung des Ausgleichsanspruchs heraus, dass für die Festlegung seiner Höhe *falsche Angaben des Vertreters* ursächlich waren, wäre der Ausgleich andernfalls also niedriger festgesetzt worden, so gilt grundsätzlich nichts anderes. In einem solchen Fall steht dem Unternehmer unter Umständen aber ein *Schadensersatzanspruch* zu, mit dem er gegen den Anspruch des Vertreters auf vollständige Erfüllung des Ausgleichsanspruchs aufrechnen kann. **1680**

Häufig werden die voneinander abweichenden Ansichten der Parteien über *Berechnungsmodus und Höhe des geschuldeten Ausgleichs im Wege gegenseitigen Nachgebens, also durch Vergleich*[10], beseitigt. **1681**

Fraglich ist hier aber manchmal, ob sich aus den *Willenserklärungen* der Parteien ein *Vergleichsabschluss* ergibt. Nicht selten nämlich kommt es vor, dass der Unternehmer, wenn bisher eine eindeutige Vereinbarung über die Höhe des geschuldeten Ausgleichs nicht zu Stande gekommen ist, dem Handelsvertreter einen Scheck über den Betrag zusendet, den er zu zahlen bereit ist. Verbindet der Unternehmer mit der Übersendung dieses Schecks die *Bestimmung, dass der Scheck nur bei Annahme des Vertragsangebots* eingelöst werden dürfe und hat er gleichzeitig auf eine *Annahmeerklärung verzichtet*, so ist nach der Rechtsprechung ein Vergleich zu Stande gekommen, wenn die Einlösung durch den Handelsvertreter widerspruchslos erfolgt[11]. **1682**

Kommt zwischen den Parteien ein *wirksamer*[12] *Ausgleichs-Vergleich* zu Stande, und *endet bald nach der vergleichsweisen Regelung* und der erfolgten Ausgleichszahlung wider Erwarten doch ein Teil der vom Vertreter vermittelten *Geschäftsverbindungen*, oder ändern sich nachträglich andere Umstände, die für die Festlegung der Ausgleichshöhe maßgeblich waren, so wird mitunter versucht, *den Vergleich nachträglich wieder zu beseitigen*, um dann den gezahlten Ausgleich zurückfordern zu können und so den Ausgleich der tatsächlich eingetretenen Sachlage anzupassen. Hierbei beruft man sich darauf, dass ein Vergleich in der geschlossenen Form nie zu Stande gekommen wäre, wenn man von vornherein die spätere Entwicklung vorausgesehen hätte. **1683**

---

10 Vgl. dazu *Sieg*, VersR 1968 S. 105, 109 zu III 3 b.
11 *BGH*, 18.12.1985, DB 1986 S. 584 = WM 1986 S. 822; *BGH*, 7.6.1984, NJW 1984 S. 2279; *OLG Bremen*, 10.8.1989–2 U 2/89 – unveröffentlicht.
12 Zur Frage, ob nach einem abgeschlossenen Vergleich der Handelsvertreter den Unternehmer noch auf Zahlung der *auf den Vergleichsbetrag entfallenden Umsatzsteuer* in Anspruch nehmen kann, wenn weder in den Vergleichsverhandlungen noch im Vergleichstext selbst Mehrwertsteuer berücksichtigt wurde, sich aus den Umständen also ergibt, dass der vereinbarte Vergleichsbetrag den geschuldeten Betrag als Ganzes darstellt: *OLG München*, 26.1.1994, BB 1994 S. 1104 = NJW-RR 1994 S. 867. Das Gericht hat festgestellt, dass bei einem Vergleich zwischen vorsteuerabzugsberechtigten Parteien die Mehrwertsteuer im Zweifel im Vergleichsbetrag enthalten sei und hat demgemäß die diesbezügliche Klage des Handelsvertreters abgewiesen.

II. Unwirksamkeit eines Vergleichs

1684 Die Unwirksamkeit eines Vergleichs kommt unter folgenden rechtlichen Gesichtspunkten in Betracht:

1685 § 779 BGB bestimmt, dass ein Vertrag, durch den der Streit oder die Ungewissheit der Parteien über ein Rechtsverhältnis im Wege gegenseitigen Nachgebens beseitigt wird (Vergleich), unwirksam ist, wenn der nach dem Inhalt des Vertrages als feststehend zu Grunde gelegte Sachverhalt der Wirklichkeit nicht entspricht und außerdem der Streit oder die Ungewissheit bei Kenntnis der Sachlage nicht entstanden sein würde.

1686 Dass in Fällen wie dem hier geschilderten ein Vergleich im Sinne des § 779 BGB vorliegt, kann nicht zweifelhaft sein, weil über ein Rechtsverhältnis – hier die Höhe des Rechtsverhältnisses „Ausgleichsanspruch" – gestritten und dieser Streit dann in der Weise beseitigt wird, dass jede Partei zu Gunsten der anderen nachgibt. Für die *Unwirksamkeit eines solchen Vergleichs* müssen *zwei Voraussetzungen* erfüllt sein: Der nach dem Inhalt des Vertrages als *feststehend zu Grunde gelegte Sachverhalt* – also nicht der in Streit gewesene Sachverhalt – *muss einerseits der Wirklichkeit nicht entsprechen*, und es muss andererseits festgestellt werden, *dass der Streit bei Kenntnis der wirklichen Sachlage nicht entstanden wäre*.

1687 Soweit die Parteien nach anfänglichem Streit von einer übereinstimmenden Ausgleichsberechnung ausgingen, die sich in einer bestimmten Ausgleichshöhe niederschlug, haben beide der Ausgleichsberechnung bewusst einen Sachverhalt zu Grunde gelegt, der weder nach Ansicht des Handelsvertreters noch nach der des Unternehmers einwandfrei feststand. Denn beide waren der Ansicht, dass der tatsächliche Sachverhalt eigentlich zu einem anderen Ausgleich führen müsse. Der Unternehmer meinte, zu einem niedrigeren, der Handelsvertreter meinte, zu einem höheren. Die Parteien einigten sich schließlich auf die dritte Möglichkeit. Diese dritte Möglichkeit, auf die sich die Parteien einigten, ist aber *nicht als der feststehend zu Grunde gelegte Sachverhalt* anzusehen, weil die Vertragspartner ihn zu einem feststehenden gemacht haben. *Ein feststehender Sachverhalt* im Sinne von § 779 BGB ist nur ein solcher, *der sich von vornherein außerhalb des Streits oder der Ungewissheit befunden* hat. Der als feststehend zu Grunde gelegte Sachverhalt betrifft ganz allgemein den Umstand, dass dem ausgleichsberechtigten Handelsvertreter ein Ausgleichsanspruch dem Grunde nach zustehe, während sich der Streit auf die Höhe dieses Ausgleichs bezog. Daraus folgt, dass es sich also um den im Streit gewesenen Sachverhalt und nicht um den als feststehend zu Grunde gelegten Sachverhalt handelt, der sich später in Wirklichkeit anders herausstellte. Denn die grundsätzliche Ausgleichsberechtigung des Handelsvertreters wird durch eine nachträgliche Änderung der zu Grunde gelegten Verhältnisse nicht zwangsläufig ausgeschlossen.

1688 Bedenken ergeben sich allerdings noch insoweit, als beide Vertragspartner mit dem in Wirklichkeit eingetretenen Ergebnis nicht gerechnet haben. Beide hatten nicht in Betracht gezogen, dass bald nach dem Vergleich Umstände eintreten könnten, die eine andere Ausgleichshöhe gerechtfertigt hätten, wenn sie von vornherein bekannt gewesen wären. Diese Umstände, von denen die Parteien übereinstimmend ausgingen, lagen zur Zeit des Vertragsabschlusses noch in der Zukunft. Es fragt sich deshalb, ob als *„feststehend zu Grunde gelegter Sachverhalt"* auch ein solcher in Betracht kommen kann, der noch in der Zukunft liegt, über den zur Zeit des Vertragsabschlusses zwischen den Parteien aber bereits eine ganz bestimmte Vorstellung herrscht, oder ob nur derjenige Sachverhalt gemeint ist, der bereits zur Zeit des Vergleichsabschlusses besteht. Der Wortlaut des Gesetzes spricht für die letztere Möglichkeit. Dafür spricht auch das Wesen eines Vergleichs, der nämlich nur solche Umstände zur Grundlage haben kann, die bereits bei Vertragsschluss bestehen. **Ein Vergleich ist also niemals deshalb unwirksam, weil ein bloß als künftig gemutmaßtes Ereignis sich nicht verwirklicht.**

Daraus folgt, dass trotz der nachträglich eingetretenen Umstände von einer Unwirksamkeit des zwischen dem Unternehmer und dem Vertreter abgeschlossenen Vergleichs keine Rede sein kann. Deshalb steht dem Vertreter der in dem Vergleich vereinbarte Ausgleich zu; ob der Unternehmer den Ausgleichsanspruch schon voll oder erst teilweise erfüllt hat, ist ohne Bedeutung.

1689

III. Anfechtung eines Vergleichs

Deshalb ist weiter zu fragen, ob der Vergleich durch *Anfechtung* beseitigt werden kann.

1690

Voraussetzung für die Anfechtung einer Willenserklärung wegen eines Irrtums über den Inhalt der Erklärung (§ 119 BGB) ist, dass die tatsächliche Erklärung und das wirklich Gewollte nicht übereinstimmen. Hier liegt die Willenserklärung des Unternehmers darin, dass er sich mit der *vergleichsweisen Regelung des Ausgleichsanspruchs einverstanden* erklärt hat. Diese Erklärung ist nur dann anfechtbar, wenn der Unternehmer sie so, wie er sie abgegeben hat, nicht gewollt hat. Das jedoch ist nicht der Fall. Der Unternehmer hat den Vergleich so, wie er zu Stande gekommen ist, gewollt. An die Möglichkeit, dass nach der Beendigung des Vertretervertrages Umstände eintreten würden, die eine andere Festlegung des Ausgleichs gerechtfertigt hätten, hat er im Zeitpunkt des Vergleichsabschlusses gar nicht gedacht. Der Unternehmer hat sich also in dieser Beziehung gar keinen Willen gebildet. Deshalb kann in einem solchen Fall auch von einem *Irrtum über den Inhalt einer Erklärung nicht gesprochen werden*.

Der über einen Ausgleichsanspruch geschlossene Vergleich wird also ohne Rücksicht darauf, ob er erst teilweise oder schon ganz erfüllt ist, nicht dadurch unwirksam, dass sich später herausstellt, dass sich die bei *Vergleichsabschluss stillschweigend zu Grunde gelegten Verhältnisse nachträglich erheblich geändert haben*.

1691

IV. Zusammenfassung

1692 Für die Rechtslage nach der Geltendmachung des Ausgleichsanspruchs gilt also Folgendes:

1693 *Maßgeblich für die Berechnung des Ausgleichsanspruches sind allein alle tatsächlichen und vorhersehbaren Verhältnisse am Bewertungsstichtag, also am Tag nach Beendigung des Vertrages. Was bei objektiver Würdigung aus der Sicht dieses Bewertungsstichtages noch nicht vorhersehbar oder theoretisch denkbar und noch nicht hinreichend sicher abschätzbar ist, kann nicht in die Bewertungsprognose einfließen.*

1694 Ist der Ausgleichsanspruch erst *teilweise erfüllt*, so kann der Unternehmer die noch ausstehenden Ausgleichsraten *nicht verweigern*, wenn die tatsächliche Entwicklung von der angenommenen abweicht. Ist der Ausgleichsanspruch vollständig erfüllt worden, so kommt eine *Rückforderung durch den Unternehmer* ebenso wenig in Betracht wie ein *Nachzahlungsanspruch des Vertreters*, wenn sich herausstellt, dass seine Verluste höher sind, als zunächst angenommen worden war.

C. Wettbewerbsbeschränkung des Vertreters nach Ausgleichszahlung?

1695 Hat der Unternehmer seine Ausgleichsverpflichtung erfüllt, so ergibt sich die Frage, ob sich aus der Zahlung des Ausgleichs für den Vertreter im Hinblick auf den Kundenstamm, den er während des Vertragsverhältnisses geworben hat und der der Ausgleichszahlung zu Grunde gelegt wurde, eine *Wettbewerbsbeschränkung*[13] herleiten lässt. Dies ist von großer Bedeutung, weil ein Handelsvertreter, besonders wenn er in der gleichen Branche tätig bleibt, häufig versuchen wird, den im Auftrage des bisherigen Unternehmers geworbenen Kundenstamm nunmehr für den jetzt vertretenen Unternehmer zu gewinnen[14].

1696 Ob der Vertreter hierzu berechtigt ist, lässt sich aus dem Grundgedanken des Ausgleichsanspruchs beantworten. Der Ausgleichsanspruch ist, wie oben im

---

13 *Schröder,* DB 1964 S. 323 ff. sowie § 89b Rz. 22; *Brüggemann,* § 89b Rz. 7; *Martin,* VersR 1968 S. 117. Vgl. dazu auch *OLG Celle,* 13.11.1969, BB 1970 S. 227.

14 Die Rechtsprechung hat sich aber wiederholt mit der Problematik befassen müssen, welche Auswirkungen sich für den Ausgleichsanspruch ergeben, wenn der Vertreter vor Zahlung des Ausgleichs zur Konkurrenz übergeht oder wenn das zu befürchten ist. Vgl. *BGH,* 15.9.1999 – VIII ZR 137/98 – NJW-RR 2000, 109 = EWiR 2000, 237 mit Anm. Emde = HVR Nr. 922; *BGH,* 21.2.1989, BB 1989 S. 1575 = HVR Nr. 663; *BGH,* 14.11.1966, DB 1966 S. 1965; 12.12.1963, HVuHM 1964 S. 264 = HVR Nr. 319; 25.4.1960, BB 1960 S. 605 = NJW 1960 S. 1292; 22.9.1960, BB 1960 S. 1179 = VersR 1960 S. 1138 = HVR Nr. 231; *OLG Celle,* 26.6.1959, BB 1959 S. 1151 = HVR Nr. 232; *OLG Nürnberg,* 30.6.1960, HVR Nr. 234. Aus dem Schrifttum vgl. *Holling,* BB 1961 S. 994 f.; *v. Brunn,* DB 1953 S. 1080 zu IV; *Weber,* BB 1961 S. 1220; *Küstner,* IHV 1964 S. 45.

C. Wettbewerbsbeschränkung des Vertreters XIV

Einzelnen dargelegt wurde[15], ein Vergütungsanspruch, der erst zusammen mit den während des Vertragsverhältnisses dem Vertreter zugeflossenen Provisionen die Gesamtvergütung darstellt, die sich der Handelsvertreter durch seine vertragsgemäße Tätigkeit bis zur Beendigung des Vertretervertrages verdient hat. Mit dieser Gesamtvergütung wird der Vertreter dafür bezahlt, dass er für den Unternehmer auftragsgemäß Geschäfte vermittelt oder in dessen Namen abgeschlossen hat und dadurch dem Unternehmer *gleichzeitig durch den so aufgebauten Kundenstamm eine Gewinnchance verschafft hat*, die dieser für sich nutzen kann. Die sich aus Provisionen und Ausgleich zusammensetzende Gesamtvergütung des Handelsvertreters *betrifft also allein den Tätigkeitserfolg des Vertreters*, der darin besteht, dass dem Unternehmer größere Gewinnmöglichkeiten zur Verfügung stehen, als dies ohne die Tätigkeit des Vertreters der Fall wäre. Eine aus der Tätigkeit des Handelsvertreters resultierende Gewinnchance darf aber nicht mit dem alleinigen Recht des Unternehmers gleichgesetzt werden, den vom Vertreter geworbenen Kundenstamm zu nutzen. *Der Unternehmer hat sich mit der Ausgleichszahlung ein solches Alleinnutzungsrecht des Kundenstamms nicht erkauft*; von der Intensität seiner Bemühungen und von seinem kaufmännischen Geschick hängt es vielmehr ab, ob er in der Lage ist, die vorhandene Gewinnchance, die ihm der Handelsvertreter aufgebaut hat, in Gewinn umzuwandeln. Bei diesen Bemühungen *muss der Unternehmer mit Wettbewerb rechnen*, und zwar nicht nur von Dritten, sondern auch vonseiten des früher für ihn tätig gewesenen Handelsvertreters.

Daraus folgt, dass der ausgeschiedene Vertreter – *sofern nicht wettbewerbsbeschränkende Abreden getroffen wurden* – nach der Beendigung des Vertretervertrages im Hinblick auf die Freiheit seiner Betätigung nur durch die allgemeinen Vorschriften beschränkt ist, nicht aber durch die vom Unternehmer empfangene Ausgleichszahlung, die allein seine Tätigkeit in der Vergangenheit und die sich daraus ergebenden mutmaßlichen Auswirkungen, nicht aber seine Tätigkeit nach der Vertragsbeendigung betrifft. **1697**

Dieses Ergebnis ändert sich nicht durch die Erwägung, dass für die Errechnung des Ausgleichs eine Prognose aufgestellt werden musste, um die mutmaßliche Entwicklung der vom Vertreter hergestellten Geschäftsverbindungen und die sich daraus für den Unternehmer ergebenden Gewinnchancen in der Zeit nach der Vertragsbeendigung abzuschätzen. **1698**

Entfaltet der Handelsvertreter nach der Vertragsbeendigung eine *Vermittlungstätigkeit für einen Wettbewerber* des bisher vertretenen Unternehmens, kann er vom Letzteren auch nicht fordern, *weiterhin mit Ersatzteilen* beliefert zu werden, um auf diese Weise den durch eine Ausgleichszahlung vergüteten *Kundenstamm* im Hinblick auf die Ersatzteilversorgung und den Reparaturdienst *weiter betreuen zu können*. In einem Sachverhalt, in dem es um Frankiermaschinen ging, für die der Handelsvertreter einen Kundenstamm geworben hatte, in dem er aber nach der Vertragsbeendigung für einen Wettbewerber tätig wurde, hat **1699**

---

15 Rz. 13 ff., 16, 23.

XIV Rechtslage nach Geltendmachung des Ausgleichsanspruches

der Bundesgerichtshof[16] mit Recht festgestellt, dass die Weigerung des bisherigen Unternehmers, *den ausgeschiedenen Handelsvertreter mit Ersatzteilen zu beliefern, keine unbillige Behinderung* im Sinne des § 26 Abs. 2 GWB darstelle. Denn wenn der Handelsvertreter seine bisherigen Kunden weiterhin betreuen und bei ihnen Wartungs- und Instandsetzungsarbeiten vornehmen könne, so ergebe sich für ihn auch die Möglichkeit, bei erforderlich werdenden Neuanschaffungen diese Kunden nunmehr mit dem von ihm vertriebenen Konkurrenzprodukt zu berücksichtigen. Mit Ersatzteillieferungen zum Zwecke von Reparaturen und Wartung *wäre also der bisherige Unternehmer gezwungen, zu eigenem Nachteil dem Handelsvertreter Wettbewerbsvorteile im Neugeschäft für ein Konkurrenzprodukt zu verschaffen*. Darüber hinaus drohe dem bisherigen Unternehmer der Verlust der bisherigen Kunden, wenn die laufenden Wartungsarbeiten nicht von einem Unternehmen vorgenommen würden, das auch seine Frankiermaschinen vertreibe.

1700 Will sich der Unternehmer dagegen schützen, dass ihm der ausgeschiedene Handelsvertreter nach der Vertragsbeendigung Konkurrenz macht, so steht es ihm frei, während des Vertretervertrages oder danach eine *Wettbewerbsabrede* mit dem Vertreter zu vereinbaren, die nach § 90a, wenn sie vor der Vertragsbeendigung getroffen wird, bestimmten Formvorschriften unterliegt und insbesondere eine *gesetzliche Entschädigungsverpflichtung* des Unternehmers auslöst[17]. In einer Wettbewerbsabrede kann vereinbart werden, dass der Handelsvertreter nach der Beendigung des Vertretervertrages nicht für ein Konkurrenzunternehmen tätig werden darf, und dass er die für diesen Unternehmer geworbenen Kunden nicht für einen anderen Unternehmer bearbeiten darf. Handelt der Vertreter einer solchen Abrede zuwider, so kann ihn der Unternehmer auf *Schadensersatz* und *Unterlassung* in Anspruch nehmen; ist eine *Vertragsstrafe* vereinbart, so wird sie durch die Zuwiderhandlung verwirkt.

1701 Einen etwas strengeren Maßstab wird man in diesem Zusammenhang allerdings im Hinblick auf das *nachvertragliche Verhalten von Versicherungsvertretern* anlegen müssen[18]. Das rechtfertigt sich daraus, dass sich die einem Versicherungsvertreter zufließende Ausgleichszahlung nicht – wie bei Warenvertretern – auf die bloße Möglichkeit bezieht, bei einer Fortsetzung des Vertragsverhält-

---

16 *BGH*, 21.2.1989 – KZR 3/88 – BB 1989 S. 1575 = HVR Nr. 663.
17 Zum Verhältnis von Ausgleichs- und Entschädigungsanspruch *Weber*, BB 1961 S. 1220; vgl. auch *Hohn*, DB 1963 S. 1500, 1540 und *Ordemann*, BB 1965 S. 932, 933 zu IV, sowie *Eberstein*, S. 83, und *Meyer*, S. 230. Vgl. auch Rz. 1716ff.
18 Vgl. dazu Abschnitt VII der „Grundsätze" und *Strietholt*, VersVerm. 1964 S. 33; *Martin*, VersR 1968 S. 117ff. und *Küstner* in der Vorauflage Band II Rz. 1507ff. – Mit wettbewerbsrechtlichen Fragen bei Versicherungsvertretern, die nach der Vertragsbeendigung in den vermittelten Versicherungsbestand einzudringen versuchen, beschäftigen sich die Urteile der *Oberlandesgerichte Brandenburg* vom 8.9.1998 – 6 U 131/98 – HVR Nr. 939, *Karlsruhe* vom 20.3.1986 – 4 U 205/85 (unveröffentlicht); *Hamm* vom 10.3.1964, IHV 1964 S. 408, und *Celle* vom 27.11. 1964, VersR 1965 S. 235. Ausgleichsrechtliche Fragen wurden in diesen Urteilen allerdings nicht berührt. Vgl. auch *Sturn*, ZfV 1965 S. 600. – Wettbewerbsrechtliche Grundsätze enthalten die Wettbewerbsrichtlinien der Versicherungswirtschaft, abgedruckt im 20. Geschäftsbericht des Gesamtverbandes der Versicherungswirtschaft 1967/68 S. 175. Vgl. dazu auch S. 84 ebenda sowie 21. Geschäftsbericht 1968/69 S. 70.

nisses aus Nachbestellungen der von ihm geworbenen Kunden weitere Provisionen verdienen zu können, sondern dass der Ausgleichsanspruch des Versicherungsvertreters **als Provisionssurrogat an die Stelle bereits verdienter Provisionsansprüche tritt**, deren Geltendmachung infolge einer bei der Vertragsbeendigung wirksam werdenden **Provisionsverzichtsklausel** ausgeschlossen ist. Wenn also einem Versicherungsvertreter mit der Ausgleichszahlung – im Gegensatz zum Warenvertreter – bereits verdiente und nicht nur in der Zukunft mögliche Provisionsansprüche – wenn auch in kapitalisierter Form – erfüllt werden, wird man ihm das Recht absprechen müssen, nach der Vertragsbeendigung in irgendeiner Form auf den **vermittelten und in Form der Ausgleichszahlung voll vergüteten Versicherungsbestand** zu Gunsten eines Konkurrenzunternehmens einzuwirken.

Fließt aber dem Versicherungsvertreter **kein Provisionssurrogat** in Form des Ausgleichs zu und wirkt sich bei der Vertragsbeendigung die vereinbarte Provisionsverzichtsklausel in vollem Umfange zu seinen Lasten aus, gelten die vorstehend erläuterten Grundsätze nicht. Kündigt also der Versicherungsvertreter das Vertragsverhältnis von sich aus, **ohne dass ausgleichserhaltende Umstände vorliegen**, gilt wiederum der allgemeine Grundsatz, dass der Versicherungsvertreter in der Zeit nach der Vertragsbeendigung im Hinblick auf den selbst vermittelten Versicherungsbestand **keiner Wettbewerbsbeschränkung** unterliegt. Der vom ausgeschiedenen Versicherungsvertreter vermittelte – und infolge der Vertragsbeendigung nicht voll vergütete – **Versicherungsbestand unterliegt dann also in vollem Umfange möglichen Einwirkungsaktivitäten des ausgeschiedenen Vertreters**. Dies gilt sogar dann, wenn das Vertragsverhältnis vom vertretenen Unternehmen wegen schuldhaften Verhaltens des Vertreters, also aus wichtigem Grunde, gekündigt wird, sodass der Ausgleichsanspruch gem. § 89b Abs. 3 Satz 2 ausgeschlossen ist.

1702

Wie sich aus dem Urteil des OLG Karlsruhe vom 20.3.1986[19] ergibt, verletzt ein ausgeschiedener Versicherungsvertreter weder Vertragspflichten noch das Gebot von Treu und Glauben, wenn er nach der Beendigung seines Vertragsverhältnisses in den Versicherungsbestand des bisher vertretenen Versicherungsunternehmens eindringt. Diesem Urteil lag der folgende Sachverhalt zu Grunde:

1703

Ein Versicherungsunternehmen kündigte einen bestehenden Agenturvertrag aus **wichtigem Grunde fristlos**, weil der Versicherungsvertreter entgegen den ausdrücklich getroffenen Vereinbarungen während der Dauer des Vertragsverhältnisses für ein anderes Versicherungsunternehmen tätig gewesen war. Nach Erhalt des Kündigungsschreibens vom 25.7.1985 kündigte der Versicherungsvertreter seinerseits den Agenturvertrag durch Schreiben vom 26.7.1985 ebenfalls fristlos und versandte noch am selben Tage Rundschreiben an seine Kunden, in welchen er u.a. seine Trennung von der Klägerin mitteilte und darauf hinwies, dass er künftig als *„unabhängiger selbstständiger Versicherungsvermittler"*

1704

---

19 *OLG Karlsruhe*, 20.3.1986 – 4 U 205/85 – unveröffentlicht, vgl. aber VersVerm 1986 S. 282 ff. Ebenso *LG Freiburg*, 27.6.1991 – 2. Zivilkammer, Aktz. unbekannt – unveröffentlicht.

XIV Rechtslage nach Geltendmachung des Ausgleichsanspruches

tätig sein werde. Nach der Vertragsbeendigung kündigten 27 Versicherungsnehmer aus dem Agenturbereich des Beklagten insgesamt 39 bei der Klägerin abgeschlossene Kfz.- und Rechtsschutzversicherungen. Auf Antrag der Klägerin wurde sodann durch Beschluss des Landgerichts Waldshut-Tiengen vom 20.8. 1985[20] dem Beklagten im Wege der *einstweiligen Verfügung* verboten, solche Versicherungsnehmer der Klägerin zur Kündigung der bei dieser bestehenden Versicherungsverträge aufzufordern oder anzuhalten, die am 26.7.1985 über seine Agentur bei der Klägerin versichert waren. Durch Urteil vom 19.9. 1985[21] hat das Landgericht Waldshut-Tiengen seine einstweilige Verfügung vom 20.8.1985 aufgehoben und in seinem Urteil darauf hingewiesen, dass der Beklagte *nach dem Zugang der vom Versicherungsunternehmen ausgesprochenen fristlosen Vertragskündigung nicht mehr gegen den Agenturvertrag verstoßen habe*, der Bindungen des Beklagten nur während der Dauer des Vertragsverhältnisses habe begründen können. Diese Bindung sei mit dem 26.7.1985 entfallen. Dem Beklagten könne aber auch kein Verstoß gegen § 1 UWG zur Last gelegt werden. Es sei nicht glaubhaft gemacht worden, dass er seit dem 26.7.1985 im geschäftlichen Verkehr zu Zwecken des Wettbewerbs Handlungen vorgenommen habe, die gegen die guten Sitten verstießen. Der Beklagte sei nicht unlauter vorgegangen. Denn das *Ausspannen von Kunden durch frühere Beschäftigte sei grundsätzlich zulässig*. Im freien Wettbewerb habe niemand Anspruch auf Erhaltung seines Kundenkreises. Auch wenn der Wettbewerber *planmäßig versuche*, die Kundschaft des alten Geschäfts allmählich zu sich herüberzuziehen, *sei dies noch nicht verwerflich*. Denn auf diese Kundschaft habe sich seine frühere Arbeit erstreckt. Erst bei Hinzutreten besonderer Umstände handele man sittenwidrig. Solche Umstände seien von der Klägerin aber nicht glaubhaft gemacht worden.

1705 Im Berufungsverfahren hat sich, wie erwähnt, das OLG Karlsruhe in seinem Urteil vom 20.3.1986 dieser Auffassung zwar angeschlossen. Es hat aber das Urteil des Landgerichts Waldshut-Tiengen vom 19.9.1985 aufgehoben und *die einstweilige Verfügung desselben Gerichts vom 20.8.1985 im Wesentlichen bestätigt*. Dass das Oberlandesgericht trotz der eingangs geschilderten grundsätzlich vertretenen Auffassung zu diesem Ergebnis gelangte, beruhte darauf, dass es nach eingehender Prüfung des gesamten Sachverhalts zu der Überzeugung gelangt war, dass im entschiedenen Falle das Eindringen des Beklagten in den Kundenkreis der Klägerin als ein *Verstoß gegen § 1 UWG* zu werten sei. Die *Kundenabwerbung* habe nicht den Regeln eines fairen Wettbewerbs entsprochen. Zwar sei eine *Kündigungshilfe* durch Beratung über Notwendigkeit, Zeit und Form einer zur vertragsmäßigen Lösung bestehender Versicherungsverträge erforderlichen Kündigung grundsätzlich noch keine Verletzung der guten Sitten des Wettbewerbs. Der Beklagte habe aber nach dem Erlass des für ihn günstigen erstinstanzlichen Urteils binnen weniger Tage unter den von ihm bisher betreuten Kunden der Klägerin eine ganz gezielte und konzentrierte indi-

---
20 *LG Waldshut-Tiengen,* Beschl. vom 20.8.1985 – erläutert von *Braun* in VersVerm 1985 S. 549 ff.
21 *LG Waldshut-Tiengen,* 19.9.1985, VersVerm 1985, S. 550.

viduelle Abwerbung betrieben, indem er die einzelnen Kunden persönlich aufgesucht habe. Dies habe zur Folge gehabt, dass mindestens 75 der bei der Klägerin versicherten Personen insgesamt 84 Versicherungsverträge gekündigt hätten. Durch Hochrechnung gelangte das Gericht zu der Überzeugung, dass der Beklagte einen Großteil seiner früheren Kunden aufgesucht haben müsse. Dieses Verhalten des Beklagten, das dazu geführt habe, dass die Klägerin praktisch auf einen Schlag im ehemaligen Wirkungsbereich des Beklagten eine ganz *empfindliche Einbuße in ihrem Versicherungsbestand* habe hinnehmen müssen, widerspreche den guten Sitten im Wettbewerb. *Das Eindringen des Beklagten in den Kundenkreis der Klägerin sei damit als ein Verstoß gegen § 1 UWG zu werten*; die Wiederholungsgefahr als materielle Anspruchsvoraussetzung ergebe sich daraus, dass der Beklagte sein Vorgehen für zulässig halte und nicht auszuschließen sei, dass er insbesondere anlässlich des nächsten zulässigen Kündigungstermins erneut an die bislang der Klägerin treu gebliebenen, früher von ihm betreuten Versicherungsnehmer herantreten und diese in einer seinem bisherigen Vorgehen entsprechenden Weise zu einem Wechsel des Versicherers veranlassen werde.

Der vom OLG Karlsruhe entschiedene Sachverhalt ist insbesondere deshalb von besonderer Bedeutung, weil das Gericht sich besonders *ausführlich mit allen Rechtsgrundlagen befasst*, auf die die Anträge der Klägerin gestützt werden könnten. In seinem Urteil prüft das Gericht nicht nur die *Wettbewerbsrichtlinien* der Versicherungswirtschaft, den *„Punktekatalog zur Vermeidung einer missbräuchlichen Ausgestaltung von Maklerverträgen"*, sondern auch die in der Rechtsprechung entwickelten Grundsätze über das *Ausspannen von Kunden*, wonach *niemand im Wettbewerb Anspruch auf ungeschmälerte Erhaltung seines Kundenkreises* habe, sodass das Abwerben von Kunden deshalb für sich allein noch nicht sittenwidrig sei. Der Berufung der Klägerin wurde schließlich deshalb stattgegeben, weil das Gericht Anlass sah, das Verhalten des Beklagten *wettbewerbsrechtlich zu beanstanden, weil sich der Beklagte beim Kampf um die Kundschaft unlauterer Mittel bedient hatte und das an sich planmäßige, also zielbewusste und systematische Abwerben von Kunden im entschiedenen Falle durch den Einsatz verwerflicher Mittel oder die Verfolgung zu missbilligender Ziele den Charakter wettbewerbsrechtlicher Sittenwidrigkeit gehabt habe*. Deshalb sah das Gericht das *Gesamtverhalten des Beklagten nicht mehr als wettbewerbsgerecht an und konnte seine Entscheidung schließlich auf § 1 UWG stützen*. 1706

In dem vom OLG Karlsruhe entschiedenen Tatbestand war das Vertragsverhältnis aufgrund einer vom Unternehmer ausgesprochenen Kündigung aus wichtigem Grunde wegen unerlaubter Konkurrenztätigkeit des Versicherungsvertreters beendet worden, sodass nach § 89b Abs. 3 Ziff. 2 der Ausgleichsanspruch wegen schuldhaften Verhaltens des Handelsvertreters ausgeschlossen war. Dieser Tatbestand hat indessen für die Entscheidung des Gerichts keine Rolle gespielt, denn es kommt für die nachvertragliche Tätigkeit eines Handels- oder Versicherungsvertreters nicht darauf an, aus welchen Gründen das Vertragsverhältnis beendet wird. 1707

XIV Rechtslage nach Geltendmachung des Ausgleichsanspruches

1708 Nach einhellig in Rechtsprechung und Lehre vertretener Auffassung ist die Rechtslage aber in gleicher Weise zu beurteilen, wenn der Handelsvertreter *mit Ausgleichsberechtigung* ausscheidet, sodass ihm dadurch für den geworbenen Kundenstamm bzw. Versicherungsbestand eine zusätzliche Vergütung bzw. ein Provisionssurrogat zufließt und zu den bis zur Vertragsbeendigung zugeflossenen Vergütungen hinzutritt. *Auch bei Zahlung eines Ausgleichsanspruchs* wird der Waren- bzw. Versicherungsvertreter nach der Vertragsbeendigung *in seiner Wettbewerbstätigkeit nicht beeinträchtigt*, sofern das Wettbewerbsverhalten des Vertreters keinen Verstoß gegen § 1 UWG darstellt und zwischen den Parteien keine Beschränkung nachvertraglicher Wettbewerbstätigkeit durch eine Wettbewerbsabrede gem. § 90a vereinbart ist.

1709 Im Hinblick auf die nachvertragliche Wettbewerbstätigkeit eines Versicherungsvertreters hat Küstner bisher einen gegenteiligen Standpunkt vertreten[22], den er daraus hergeleitet hat, dass der Ausgleichsanspruch des Versicherungsvertreters – anders als beim Warenvertreter – diejenigen infolge der Vertragsbeendigung entfallenden Provisionsansprüche betreffe, die der Vertreter infolge der erfolgreichen Vermittlungstätigkeit bereits vor der Vertragsbeendigung dem Grunde nach verdient hatte, die aber infolge einer im Zeitpunkt der Vertragsbeendigung wirksam werdenden *Provisionsverzichtsklausel* entfallen, sodass also der Ausgleichsanspruch eines Versicherungsvertreters über den zusätzlichen Vergütungscharakter hinaus in erster Linie ein *Provisionssurrogat* darstelle. Daraus hat Küstner gefolgert, dass der Versicherungsvertreter nicht berechtigt sein könne und dürfe, Verträge umzudecken, die ihm – durch bis zur Vertragsbeendigung zufließende Provisionen und ein Provisionssurrogat in Form des Ausgleichsanspruchs – in vollem Umfange vergütet wurde.

1710 Die Rechtsprechung ist jedoch dieser Auffassung nicht gefolgt. Das OLG Hamm[23] hat in seinem Urteil vom 12.1.1989 vielmehr die Auffassung vertreten, eine Ausgleichszahlung könne nicht zu einer *Wettbewerbsbeschränkung* führen. Denn dies widerspräche der gesetzlichen Wertung, wie sie durch die §§ 89b und 90a andererseits getroffen wurde. Dort würden die Ausgleichszahlung und die nachvertragliche Wettbewerbsabrede *unabhängig voneinander* geregelt. Die Wettbewerbsabrede im Sinne des § 90a mit ihren eingeschränkten Möglichkeiten würde unterlaufen werden, wenn sämtliche Verträge, für die eine Ausgleichszahlung erfolgt, automatisch auch einem Wettbewerbsverbot unterlägen. Im Übrigen erscheine es auch widersprüchlich, wenn ein Handelsvertreter, der aus eigenem Verschulden seinen Ausgleichsanspruch verliere, keinem Wettbewerbsverbot unterläge, wohl aber derjenige, dem seinerseits zu Unrecht gekündigt worden ist, der sich aber dann gleichwohl unter Hinnahme der Kündigung mit einem Ausgleichsanspruch begnüge. Mit der Funktion des Ausgleichsanspruchs erscheine es unvereinbar, daran zugleich ein Wettbewerbsver-

---

22 *Küstner*, Band II, 6. Aufl. Rz. 1507 ff., 1512 c ff.
23 OLG Hamm, 12.1.1989, BB 1989 S. 1221; vgl. OLG Köln, 3.4.1981, VW 1981 S. 1067; LG Freiburg, 27.6.1991 (oben Fn. 9).

bot zu knüpfen. Dadurch nämlich würden *Regelungsgebiete miteinander verknüpft, zwischen denen streng zu trennen* sei.

Von der Klägerin ist gegen das Urteil des OLG Hamm vom 12.1.1989 Revision zum BGH eingelegt worden. Der BGH hat sich aber mit den hier interessierenden Fragen nicht befasst, sondern die Sache aus formellen Gründen durch Urteil vom 8.11.1990[24] an das Berufungsgericht zurückverwiesen, wo die Sache dann aber von der Klägerin nicht weiter verfolgt wurde. Eine höchstrichterliche Entscheidung liegt mithin zu der wesentlichen Frage bisher nicht vor, ob ein Versicherungsvertreter berechtigt ist, *nach der Vertragsbeendigung* – auch dann, wenn eine nachvertragliche Wettbewerbsvereinbarung nicht getroffen wurde – *in den ausgeglichenen Versicherungsbestand einzudringen.* **1711**

Als Ergebnis ist aufgrund der gegenwärtig maßgeblichen Rechtsprechung festzuhalten, dass stets dann, wenn ein Waren- oder Versicherungsvertretervertrag endet, der ausgeschiedene Vermittler grundsätzlich im Hinblick auf seine Tätigkeit bezügl. des bis zur Vertragsbeendigung aufgebauten oder betreuten Kundenstammes bzw. Versicherungsbestandes frei ist. Er darf mithin in diesen Kundenstamm bzw. den betreuten Versicherungsbestand eindringen, ihn also auch umdecken, so weit dieses Verhalten wettbewerbsrechtlich nicht zu beanstanden ist, sich der Vertreter nicht verwerflicher Mittel bedient und das Gesamtverhalten des Vertreters nicht die Vorschrift des § 1 UWG verletzt. **1712**

Dieser Grundsatz gilt ohne Rücksicht darauf, worauf die eingetretene Vertragsbeendigung beruht, ob insbesondere eine Kündigung fristgemäß oder aus wichtigem Grunde fristlos – gleichgültig von welcher Partei – ausgesprochen wurde. **1713**

Er gilt auch unabhängig davon, ob dem Handelsvertreter für den aufgebauten Kundenstamm bzw. Versicherungsbestand infolge der Vertragsbeendigung eine Ausgleichszahlung zugeflossen und er nach dem Vertrage gehalten war, ihm anvertraute oder durch eigene Werbung gewonnene Kundenanschriften Konkurrenten nicht mitzuteilen oder zugänglich zu machen oder bei Vertragsbeendigung Aufzeichnungen von Kundenanschriften zurückzubehalten[25]. **1714**

---

24 *BGH,* 8.11.1990, NJW-RR 1991 S. 809.
25 In diesem Sinne hat sich auch das *LG Limburg* in seinem Urteil vom 8.12.1989 ausgesprochen und an eine von einem Versicherungsvertreter nachvertraglich ausgeübte Abwerbung außerordentlich strenge Maßstäbe angelegt (Urteil vom 8.12.1989–6 O 113/89, unveröffentlicht).

XV. Kapitel
Anspruchskonkurrenzen

Entsteht infolge der Vertragsbeendigung ein Ausgleichsanspruch, ist oft zweifelhaft, ob *andere Ansprüche*, für deren Entstehung die *Vertragsbeendigung ebenfalls ursächlich* ist, den Ausgleichsanspruch dem Grunde und der Höhe nach zu beeinflussen vermögen und ob sich die Ausgleichsberechtigung ihrerseits auf diese Ansprüche des Handelsvertreters auszuwirken vermag. Es handelt sich hierbei in erster Linie um Ansprüche aus § 90a auf Zahlung einer *angemessenen Wettbewerbsentschädigung* — wenn zwischen den Parteien ein *Wettbewerbsverbot* vereinbart wurde — und um *Schadensersatzansprüche*, die dann gegeben sein können, wenn der Handelsvertreter das Vertragsverhältnis aus wichtigem Grunde wegen schuldhaften Verhaltens des Unternehmers kündigt, wodurch der Ausgleichsanspruch des Handelsvertreters nicht berührt wird (§§ 89a Abs. 2). Mitunter wird von dem auf Ausgleich in Anspruch genommenen Unternehmer die Auffassung vertreten, dass *neben dem Ausgleichsanspruch andere Ansprüche nicht mehr in Betracht kommen könnten*. Wird nach der Zahlung des Ausgleichs vom Handelsvertreter noch ein *Anspruch auf Wettbewerbsentschädigung* geltend gemacht, wird oft eingewandt, dieser Anspruch sei mit der Zahlung des Ausgleichs abgegolten.

1715

A. Wettbewerbsentschädigung (§ 90a Absatz 1)

Nach heute herrschender Auffassung[1] besteht der *Anspruch auf Wettbewerbsentschädigung*, wenn die gesetzlichen Voraussetzungen des § 90a erfüllt sind, *unabhängig vom Ausgleichsanspruch nach § 89b*, sodass der Handelsvertreter *beide Ansprüche nebeneinander* geltend machen kann. Der Umstand, dass dem Handelsvertreter ein Anspruch auf Wettbewerbsentschädigung zusteht, beeinflusst den Ausgleichsanspruch weder dem Grunde noch der Höhe nach. Ebensowenig darf die Ausgleichsberechtigung des Handelsvertreters bei der Festsetzung der Höhe der Wettbewerbsentschädigung im *Rahmen der Angemessenheit* berücksichtigt werden[2].

1716

Diese Rechtsfolge ergibt sich aus dem Wesensunterschied der beiden Ansprüche. Während nämlich der Ausgleichsanspruch beim Warenvertreter eine *zusätzliche Vergütung* für die bis zur Vertragsbeendigung ausgeübte Tätigkeit und

1717

---

1 *Schröder*, DB 1964 S. 323 zu VI 4; *Brüggemann*, § 89b Rz. 7; *Ordemann*, BB 1965 S. 932, 933 zu IV; *Weber*, BB 1961 S. 1220; *Hoffmann*, S. 108; *Giefers*, S. 112 und RVR 1969 S. 195; *Eberstein*, S. 97; *Hohn*, DB 1967 S. 1898; *Ankele*, § 90a, Anm. 6, S. 120; *Baumbach/Hopt*, § 90a Anm. 5; *Sieg*, VersR 1968 S. 105, 108 zu III 2b.
2 *Schröder*, § 90a Rz. 17a.E. und DB 1964 S. 323 zu VI 4; *Giefers*, RVR 1969 S. 195, 199 zu 4; *Ankele*, § 90a Anm. 6; *Baumbach/Hopt*, § 90a Anm. 5.

beim Versicherungsvertreter ein ***Provisionssurrogat*** für bereits verdiente, aber mit der Vertragsbeendigung entfallende Provisionsansprüche darstellt[3], ohne grundsätzlich eine Beschränkung der gewerblichen Tätigkeit des ausgleichsberechtigten Vertreters zur Folge zu haben[4], stellt die Wettbewerbsentschädigung ein Entgelt für die vom Handelsvertreter vertraglich übernommene Wettbewerbsbeschränkung dar[5]. Die Wettbewerbsentschädigung betrifft damit — im Gegensatz zum Ausgleichsanspruch, der eine Vergütung für die bis zur Vertragsbeendigung ausgeübte erfolgreiche Tätigkeit des Handelsvertreters darstellt — allein die von ihm für die Zeit nach der Vertragsbeendigung ***geschuldete Wettbewerbsenthaltung***.

1718 Aus dieser unterschiedlichen Rechtsnatur der beiden Ansprüche folgt, dass die Wettbewerbsentschädigung, die sich ihrer Natur nach nur auf künftiges Verhalten des Handelsvertreters bezieht, nicht gleichzeitig zu einer Schädigung des Handelsvertreters führen darf. Das aber wäre der Fall, wenn die Wettbewerbsentschädigung durch Anrechnung eine Minderung des Ausgleichsanspruchs bewirken würde, der sich auf die bis zur Vertragsbeendigung ausgeübte Tätigkeit des Handels- bzw. Versicherungsvertreters bezieht. Es ist deshalb mit Recht festgestellt worden, dass sich ***der Handelsvertreter*** — wollte man eine derartige Anrechnung zulassen — praktisch selber entschädigen würde[6]. Er würde dann nämlich den Ertrag seiner bisherigen Tätigkeit zum Ausgleich künftiger Verluste verwenden.

1719 Daraus folgt, dass einem Vertreter bei der Beendigung des Vertretervertrages die Ansprüche aus § 89b einerseits und aus § 90a Abs. 1 Satz 3 andererseits völlig ***unabhängig voneinander zustehen***, wenn die einzelnen Voraussetzungen vorliegen, die das Gesetz für die Entstehung dieser Ansprüche fordert.

B. Schadensersatzanspruch (§ 89 a Absatz 2)

1720 Die Beendigung eines Vertretervertrages kann für den Handelsvertreter zur Entstehung von Schadensersatzansprüchen führen, sodass hier die Frage auftaucht, wie sich dieser Tatbestand auf die Ausgleichsberechtigung des Handelsvertreters auswirkt. Ein Schadensersatzanspruch kann dann entstehen, wenn der Handelsvertreter das Vertragsverhältnis ***aus wichtigem Grunde wegen eines schuldhaften Verhaltens des Unternehmers kündigt***. Der Schadensersatzanspruch ergibt sich dann aus § 89a Abs. 2. Ein Schadensersatzanspruch des Handelsvertreters kann sich aber auch aus dem ***Gesichtspunkt der positiven Vertragsverletzung*** ergeben. Ein solcher Tatbestand liegt dann vor, wenn es für eine vom Unternehmer ausgesprochene außerordentliche Vertragskündigung an

---
3 Näheres Rz. 47, 57.
4 Näheres oben Rz. 1695.
5 *BGH*, 19.12.1974, BB 1975 S.197 = DB 1975 S.298 = NJW 1975 S.388 = WM 1975 S.138; vgl. Band 1 Rz. 2250 ff.
6 *Weber*, BB 1961 S.1220; *Ordemann*, BB 1965 S.932, 933.

einem wichtigen Grunde im Sinne des § 89 Abs. 1 fehlt, der Handelsvertreter dem Unternehmer seine Dienste anbietet, dieser sie aber ablehnt. Eine besondere Variante liegt im zuletzt geschilderten Sachverhalt dann vor, wenn der Handelsvertreter die unberechtigterweise ausgesprochene außerordentliche Kündigung des Unternehmers zum Anlass nimmt, das bestehende Vertragsverhältnis, das ja durch die unwirksame Kündigung des Unternehmers jedenfalls nicht fristlos hatte beendet werden können, durch eine außerordentliche Kündigung seinerseits zu beenden[7].

Allen drei Fällen ist nicht nur die **Schadensersatzberechtigung des Handelsvertreters** gemeinsam, sondern auch der Umstand, dass die **Vertragsbeendigung nicht zum Wegfall oder zur Minderung des Ausgleichsanspruchs dem Grunde nach führt**; in den ersten beiden Fällen deshalb nicht, weil sich der Unternehmer mangels schuldhaften Verhaltens des Handelsvertreters nicht auf den **Ausschlusstatbestand** des § 89b Abs. 3 Ziff. 2 berufen kann und weil im zuletzt genannten Falle für die vom Handelsvertreter ausgesprochene Kündigung ein **begründeter Anlass** vorliegt, die Eigenkündigung also den Ausgleichsanspruch — zumindest dem Grunde nach — unberührt lässt[8].

1721

In allen diesen Fällen taucht die Frage auf, inwieweit sich der **Schadensersatzanspruch auf der einen und der Ausgleichsanspruch auf der anderen Seite gegenseitig beeinflussen**. Diese Frage ist — soweit ersichtlich — in der Rechtsprechung bisher nur am Rande[9] und in der Literatur bisher ausführlich nur von Giefers[10] behandelt worden[11].

1722

Der Bundesgerichtshof hat in seinem Urteil vom 12.1.1970[12] lediglich festgestellt, dass der Handelsvertreter in derartigen Fällen, statt Schadensersatz aus entgangenen Provisionen zu verlangen, den **Schadensersatz auch in Gestalt der ihm entgehenden höheren Ausgleichschancen** fordern könne, die ihm erwachsen wären, wenn er bei Fortdauer des Vertragsverhältnisses die entsprechenden Provisionen hätte verdienen können.

1723

---

7 Vgl. Handbuch Band I Rz. 1909 m.w.N.
8 Vgl. oben Rz. 1357ff.; vgl. auch *BGH,* 14.11.1966, BB 1966 S. 1410 = HVuHM 1967 S. 13 = NJW 1967 S. 248 = VersR 1966 S. 1182 = VW 1967 S. 294.
9 *BGH,* 12.1.1970, BGHZ 53, 150 = BB 1970 S. 229 = DB 1970 S. 339 = HVR Nr. 417 = HVuHM 1970 S. 175 = LM § 89a HGB Nr. 10 mit Anm. *Rietschel* = MDR 1970 S. 408 = NJW 1970 S. 467 = VW 1970 S. 451.
10 RVR 1969 S. 195; auch *Brüggemann* erwähnt die Problematik in § 89a Rz. 26; ebenso *Trinkhaus* I S. 367, 368; vgl. auch Band I Rz. 1798, insbesondere Rz. 1810.
11 *Sieg* hat in VersR 1968 S. 105, 108 zu III 2b kurz den Fall erwähnt, dass der Unternehmer den Vertretervertrag aus wichtigem Grunde wegen schuldhaften Verhaltens des Handelsvertreters kündigt. Da der Unternehmer in diesem Fall den Ausgleich wegen § 89b Abs. 3 Satz 2 erspart, sei der volle Schadensersatzanspruch gem. § 89a Abs. 2 ausgeschlossen. Der *BGH* (Urteil vom 28.1.1965, BB 1965 S. 434) hält es dagegen nicht grundsätzlich für ausgeschlossen, dass der Unternehmer in einem solchen Falle die Ausgleichszahlung ablehne und außerdem vom Handelsvertreter den ihm durch dessen schuldhaftes vertragswidriges Verhalten entstandenen Schaden besonders ersetzt verlange.
12 *BGH,* 12.1.1970, vgl. oben Fn. 9.

XV Anspruchskonkurrenzen

1724 Giefers[13] hat sich für eine *Ausgleichsminderung* mit Rücksicht auf den dem Handelsvertreter zustehenden Schadensersatz ausgesprochen, und Brüggemann[14] hat ebenfalls festgestellt, dass der *Provisionsverlust* in der Zeit nach der Vertragsbeendigung, für den dem Handelsvertreter *Schadensersatz* geschuldet werde, *nicht zugleich nach § 89b ausgleichspflichtig sein könne.*

1725 Der dem Handelsvertreter zustehende Schadensersatzanspruch braucht aber den Ausgleichsanspruch keineswegs zwangsläufig zu mindern. Vielmehr kann dem Handelsvertreter durchaus *neben dem Schadensersatzanspruch der Höchstausgleich gem. § 89b Abs. 2 zustehen,* sofern trotz des zugeflossenen Schadensersatzes die Anspruchsvoraussetzungen in so hohem Maße erfüllt sind, dass eine *durchschnittliche Jahresprovision als Ausgleich verbleibt.*

1726 Hierbei muss zunächst davon ausgegangen werden, dass der Schadensersatz aus § 89a Abs. 2 oder positiver Vertragsverletzung darauf gerichtet ist, den Handelsvertreter dafür zu entschädigen, dass sich aus der schuldhaft vom anderen Vertragspartner herbeigeführten Vertragsbeendigung ein Schaden ergibt, mag die Vertragsbeendigung nun auf einer vom Unternehmer schuldhaft begangenen Vertragsverletzung oder einer von ihm ohne wichtigen Grund ausgesprochenen außerordentlichen Vertragskündigung beruhen, die die vom Handelsvertreter gezogenen Konsequenzen auslöst[15].

1727 *Der Schadensersatzanspruch des Handelsvertreters umfasst den Zeitraum von der Vertragsbeendigung bis zu dem Zeitpunkt, zu dem der Vertrag durch eine fristgerechte Kündigung frühestens hätte beendet werden können*[16].

   Beispiel: Der Handelsvertretervertrag kann jeweils zum Halbjahresende mit einer Frist von 6 Monaten gekündigt werden. Kündigt der Handelsvertreter aus wichtigem Grunde wegen schuldhaften Verhaltens des Unternehmers fristlos am 7. Mai 2001, umfasst sein Schadensersatzanspruch den Zeitraum vom 8. Mai (Zugang der Kündigung) bis zum 31.12.2001. Auf denselben Zeitraum bezieht sich der Schadensersatzanspruch, wenn der Unternehmer am 7. Mai eine außerordentliche Kündigung ohne wichtigen Grund ausspricht, ob nun der Handelsvertreter daraus seinerseits kündigungsrechtliche Konsequenzen zieht oder nicht.

1728 Dem Handelsvertreter ist mithin Ersatz für diejenigen Provisionen zu leisten, die ihm *bis zur fristgerechten Vertragsbeendigung aus Nachbestellungen vorhandener Kunden* und aus Geschäften mit solchen Kunden zugeflossen wären,

---

[13] RVR 1969 S. 195, 199.
[14] § 89a Rz. 26; *Trinkhaus,* I S. 367, 368; vgl. auch *Küstner,* Hdb. Band I Rz. 1798 ff.; *v. Brunn,* DB 1964 S. 1841, 1842 li. Sp. oben; *Bruck/Möller,* Anm. 371 a. E. vor §§ 43–48 VVG.
[15] Über den Umfang des Schadensersatzes Näheres bei *Schröder,* § 89a Rz. 26; *Brüggemann,* § 89a Rz. 24 sowie *Giefers,* S. 120 und RVR 1969 S. 195, 199.
[16] BGH, 3.3.1993, MDR 1993 S. 630 = WM 1993 S. 1259. *Schröder,* § 89a Rz. 25; *Brüggemann,* § 89a Rz. 24; *Giefers,* RVR 1969 S. 195, 199; *Palandt/Putzo,* 61. Aufl., § 628 BGB, Rz. 7; *Trinkhaus,* § 89a Rz. 26; *Herschel/Beine,* S. 174; a. A. *Staudinger/Nipperdey,* § 628 BGB, Anm. 48; *Beispiel:* Vertraglich ist dreimonatige Kündigungsfrist jeweils zum Quartalsende vereinbart, die fristlose Kündigung erfolgt am 4. 2. Der Schadensersatzanspruch bezieht sich auf den Zeitraum vom 4. 2. bis zum 30. 6. Es ist im Vertrag automatischer Vertragsablauf am 31. 12. vorgesehen, fristlose Kündigung erfolgt am 1. 4. Der Schadensersatzanspruch umfasst die Zeit vom 1. 4. bis zum 31. 12.

B. Schadensersatzanspruch (§ 89a Absatz 2) **XV**

die der Handelsvertreter in dem betreffenden Zeitraum hätte werben können. Eine Anwendung des § 615 Satz 2 BGB ist nach der Rechtsprechung des Bundesgerichtshofs[17] ausgeschlossen, wenn der Handelsvertreter die *rechtliche Stellung eines Bezirksvertreters* hat[18]. In diesem Falle nämlich steht dem Handelsvertreter der *Provisionsanspruch als Erfüllungsanspruch* zu, weil der Anspruch auf Bezirksprovision eine Mitwirkung des Handelsvertreters beim Zustandekommen der provisionspflichtigen Geschäfte nicht voraussetzt[19].

Natürlich können dem Handelsvertreter die aus der Vertragsbeendigung bzw. dem schuldhaften Verhalten des Unternehmers *entgehenden Provisionseinnahmen* nicht *nebeneinander sowohl als Schadensersatz als auch als Ausgleich gem. § 89b ersetzt* werden; die im Zeitraum bis zur fristgerechten Vertragskündigung fiktiv zufließenden Provisionseinnahmen können *nicht doppelt vergütet werden*[20]. Das beruht darauf, dass scharf unterschieden werden muss: Der *Schadensersatzanspruch* bezieht sich auf den Zeitraum, innerhalb dessen der Handelsvertreter seiner Tätigkeit bis zur Vertragsbeendigung nicht mehr nachgehen kann, während der Ausgleichsanspruch erst in dem Zeitpunkt entsteht, in dem das Vertragsverhältnis endet, zu dem also die unberechtigterweise ausgesprochene Vertragskündigung als fristgerechte Kündigung das Vertragsverhältnis erst beenden würde. Deshalb muss die Frage, ob dem Handelsvertreter *ein Ausgleichsanspruch zusteht, soweit ihm für den Provisionsverlust auch ein Schadensersatzanspruch zusteht, verneint werden*. Das bedeutet aber andererseits nicht, dass ihm nur *entweder Schadensersatz oder Ausgleich* zusteht, sondern hat nur zur Folge, dass der *Ausgleich allein aus dem Zeitraum berechnet werden kann, für den dem Handelsvertreter ein Schadensersatzanspruch nicht zusteht*. Demzufolge darf die Zeit, für die Schadensersatz beansprucht werden kann, bei der für die Ausgleichsberechnung durchzuführenden *Zukunftsprognose nicht mit berücksichtigt* werden.

1729

Beispiel: Steht dem Handelsvertreter im obigen Sachverhalt ein Schadensersatz bis zum 31.12.2001 zu, kann die zur Ausgleichsberechnung durchzuführende Zukunftsprognose[21] nur auf den Zeitraum ab 1.1.2002 erstreckt werden. Umfasst sie einen dreijährigen Prognosezeitraum bis zum 31.12.2004 und ergibt sich daraus ein Rohausgleich[22], der eine durchschnittliche Jahresprovision als Höchstgrenze des Ausgleichsanspruchs erreicht, steht dem Handelsvertreter ein den Zeitraum bis zum 31.12.2001 abdeckender Schadensersatzanspruch und außerdem ein Ausgleichsanspruch im Betrage der aus dem Gesetz sich ergebenden Höchstgrenze zu.

Der Ausgleichsanspruch, der neben dem Schadensersatz nachgeordnet geschuldet wird, kann nur dann den aus § 89b Abs. 2 sich ergebenden Höchstbetrag er-

1730

---
17 *BGH*, 18.6.1959, BB 1959 S. 718 = DB 1959 S. 787 = HVR Nr. 70 = HVuHM 1959 S. 502 = MDR 1959 S. 728 = NJW 1959 S. 1490 = VersR 1959 S. 596; Einzelheiten vgl. Hdb. I Rz. 1809.
18 *Alff*, Rz. 219; *Küstner*, in Hdb. Band I Rz. 1809, 1810.
19 Vgl. Hdb. Band I Rz. 1809.
20 Vgl. Hdb. Band I Rz. 1810.
21 Näheres Rz. 756.
22 Näheres zum Begriff des Rohausgleichs Rz. 258, 741, 801 ff.

reichen, wenn die Anspruchsvoraussetzungen dies rechtfertigen. Das vorstehende Beispiel sollte deshalb verdeutlichen, dass ein **hoher Ausgleich neben einem Schadensersatzanspruch keineswegs ausgeschlossen** ist und ein **geschuldeter Schadensersatz keineswegs zwangsläufig zu einer Ausgleichsminderung führen muss**. Wollte man eine andere Auffassung vertreten, würde man zu dem Ergebnis gelangen, dass ein vom Unternehmer begangener Vertragsverstoß zwangsläufig zu einer **Benachteiligung des Handelsvertreters** führen müsste. Denn durch den Vertragsverstoß des Unternehmers darf der Handelsvertreter ja nicht schlechter stehen, als wenn das Vertragsverhältnis vom Unternehmer fristgerecht zum nächsten zulässigen Kündigungstermin gekündigt worden wäre. Dann aber würden dem Handelsvertreter bis zur Vertragsbeendigung ohnehin die ihm vertragsgemäß zustehenden Provisionen zu zahlen sein, und der Ausgleichsanspruch würde erst mit der Vertragsbeendigung fällig und könnte auch erst in diesem Zeitpunkt unter Zugrundelegung der dann gegebenen Verhältnisse berechnet werden. Dass diese Überlegung richtig ist, ergibt sich mit aller Deutlichkeit in jenen Fällen, *in denen der Handelsvertreter aus einer unberechtigten außerordentlichen Vertragskündigung des Unternehmers seinerseits keine kündigungsrechtlichen Konsequenzen zieht*, wenn vielmehr die unberechtigterweise ausgesprochene Kündigung in eine fristgerechte Kündigung zum nächsten zulässigen Kündigungstermin umzudeuten ist, sodass der Ausgleichsanspruch erst in diesem Zeitpunkt entsteht und der Unternehmer für den *Zeitraum von der Kündigungserklärung bis zur rechtlichen Vertragsbeendigung Schadensersatz* schuldet. Der Handelsvertreter kann aber nicht schlechter stehen, wenn er seinerseits aus dem vertragswidrigen Verhalten des Unternehmers kündigungsrechtliche Konsequenzen zieht, sodass das Vertragsverhältnis schon zu einem früheren Zeitpunkt beendet wird.

1731 Ganz unrichtig ist schließlich die Auffassung, dass dann, wenn sich der Schadensersatzanspruch auf einen Zeitraum von 12 Monaten erstreckt, daneben – wenn auch zeitlich nacheinander – für einen Ausgleichsanspruch kein Raum mehr sei. Diese Auffassung hat das Landgericht Köln in einem unveröffentlichten Urteil vom 3.8.1982[23] vertreten. Ihr kann nicht gefolgt werden. Das Landgericht hat ausgeführt, dass der Ausgleichsanspruch nach dem Gesetz auf das durchschnittliche Jahreseinkommen, berechnet nach den Provisionen der letzten fünf Jahre, limitiert sei. Im entschiedenen Falle aber bekomme der Handelsvertreter als Kläger bereits aus § 89a Abs. 2 für sogar über ein Jahr einen Schadensersatz zugebilligt. Weil der Schadensersatzanspruch mithin höher sein könne, als selbst unter den günstigsten Voraussetzungen ein Anspruch nach § 89b, bleibe mithin kein Raum für den Ausgleich einer Differenz, wie es der Fall sein würde, wenn der Anspruch aus § 89b höher als der Schadensersatzanspruch wäre.

1732 Diese Auffassung führt zu einer erheblichen **Benachteiligung des Handelsvertreters, der ja praktisch hier so gestellt wird, als wenn der Unternehmer sich**

---

23 *LG Köln*, 3.8.1982 – 82 O 155/81 — unveröffentlicht.

vertragsgerecht verhalten und das Vertragsverhältnis fristgerecht zum nächsten zulässigen Kündigungstermin gekündigt hätte und dem Handelsvertreter sodann kein Ausgleich gezahlt werden würde. Die vom Landgericht Köln vertretene Auffassung führt also m. E. zu dem unhaltbaren Ergebnis, dass der Handelsvertreter infolge des vertragswidrigen Verhaltens des Unternehmers in unvertretbarer Weise benachteiligt wird. Dieses für den Handelsvertreter nachteilige Ergebnis lässt sich auch nicht damit rechtfertigen, dass ein Handelsvertreter, der seinerseits das vertragswidrige Verhalten des Unternehmers zum Anlass nimmt, den bestehenden Vertrag fristlos zu kündigen, ab sofort von allen Verpflichtungen aus dem Vertrage befreit sei und nunmehr seine gesamte Schaffenskraft einsetzen könne, um sich eine neue Existenz aufzubauen, und zwar insbesondere dann, wenn er nicht durch ein Wettbewerbsverbot gebunden sei. Ein Handelsvertreter, der seinerseits die fristlose Kündigung ausspreche, werde daher in aller Regel viel früher die schwierige mit wirtschaftlichen Einbußen verbundene Aufbauphase, um eine mit Einkünften in der vorher gehabten Größenordnung verbundene Vertretung zu erhalten, überwunden haben als derjenige Handelsvertreter, der die unwirksame fristlose Kündigung des Unternehmers nicht mit einer fristlosen Kündigung seinerseits beantworte.

Schließlich entsteht in diesem Zusammenhang noch die Frage, ob sich unter dem Gesichtspunkt der *Vorteilsausgleichung*[24] eine Minderung des Schadensersatzanspruchs damit begründen lässt, dass derselbe Umstand, der zum Schadensersatzanspruch des Handelsvertreters führt, gleichzeitig auch die Entstehung eines Ausgleichsanspruchs auslöst. Richtiger Auffassung nach kann sich daraus eine **Minderung des Schadensersatzanspruchs nicht ergeben**. Denn nach den Grundsätzen des Schadensersatzrechts dürfen auf den Schadensersatz nur solche Vorteile angerechnet werden, die das schädigende Ereignis gleichzeitig mit den zu ersetzenden Nachteilen verursacht hat. Der Ausgleichsanspruch als Vergütung für die bis zur Vertragsbeendigung erbrachte Tätigkeit des Handelsvertreters hätte dem Vertreter aber auch bei einer fristgerechten Beendigung des Vertragsverhältnisses zugestanden; er ist zwar *durch die vorzeitige Vertragsbeendigung fällig geworden, nicht aber verursacht worden*. 1733

Endet ein Vertretervertrag infolge eines *Unfalls*, taucht die Frage auf, ob sich der ausgleichs- und schadensersatzberechtigte Handelsvertreter auf seinen aus § 842 BGB sich ergebenden *Schadensersatzanspruch*, der ihm gegen den Schädiger zusteht, den vom Unternehmer erhaltenen *Ausgleichsanspruch im Rahmen der Vorteilsausgleichung anrechnen* lassen muss. Das ist jedoch nicht der Fall; eine Vorteilsausgleichung kommt nicht in Betracht. Das ergibt sich schon daraus, dass der Ausgleichsanspruch eine Leistungsvergütung des Handelsvertreters darstellt, die ihm zwar anlässlich des Unfalles, der zur Vertragsbeendigung führt, aber nicht auf der Rechtsgrundlage des Unfalltatbestandes zufließt[25]. 1734

---

24 Zur Vorteilsausgleichung vgl. *Palandt/Heinrichs*, 61. Aufl., Rz. 119 ff. vor § 249 BGB; *BGH*, 24.3.1959, NJW 1959 S. 1079.
25 Vgl. Einzelheiten bei *Wussow*, RVR 1970 S. 291; *Theda*, VersVerm 1970 S. 342.

XVI. Kapitel
Prozessuale Fragen

Kommt es zwischen dem Handelsvertreter und dem Unternehmer nicht zu einer außergerichtlichen Einigung über die Höhe oder gar über den Grund des Ausgleichsanspruchs, kann es unumgänglich sein, eine gerichtliche Entscheidung herbeizuführen. Bevor man sich zur Erhebung einer Ausgleichsklage – evtl. verbunden mit einer auf Abrechnung und Provisionszahlung verbundenen *Stufenklage* – entschließt, sollte man die damit verbundenen Risiken und Kosten sehr genau prüfen, zumal sich Ausgleichsprozesse, wenn sie durch die Instanzen geführt werden, über viele Jahre hinziehen können.

1735

A. Gerichtsstand, Klageerhebung

Für einen Rechtsstreit zwischen einem Vertreter und einem Unternehmer bezüglich des Ausgleichsanspruchs ist grundsätzlich das *ordentliche Gericht sachlich zuständig*[1]. Eine Klage auf Ausgleich muss demgemäß – je nach der Höhe des Streitwertes[2] – in erster Instanz beim Amtsgericht oder beim Landgericht[3] erhoben werden.

1736

Ausnahmsweise jedoch muss ein Rechtsstreit über den Ausgleichsanspruch vor dem *Arbeitsgericht* ausgetragen werden. Das ist dann der Fall, wenn der Handelsvertreter gemäß Art. 3 des Änderungsgesetzes in Verbindung mit § 92 a Absatz 1 als *Arbeitnehmer im Sinne des Arbeitsgerichtsgesetzes* gilt[4].

1737

Sind beide Parteien eines Handelsvertretervertrages *Kaufleute* – was die Regel sein dürfte[5] – kann durch eine *Gerichtsstandsvereinbarung* die Zuständigkeit eines bestimmten ordentlichen Gerichts, das nach den gesetzlichen Bestimmungen *weder sachlich noch örtlich zuständig* ist, vereinbart werden, also beispielsweise die Zuständigkeit des Gerichts, in dessen Bezirk der Kläger wohn-

1738

---

1 *Schröder,* Art. 3 Erl. 2.
2 Nach der Neuregelung der gerichtlichen Zuständigkeitsgrenzen durch Gesetz vom 11.1.1993, BGBl. I S. 50 = SaBl. 1993 S. 477 (§ 23 GVG) sind die Amtsgerichte bis zu einem Streitwert von 5000 €, bei höherem Streitwert der Landgerichte sachlich zuständig. Näheres zum Streitwert bei Ausgleichsprozessen bei *Laum,* RVR 1968 S. 131 und *Schneider,* BB 1976 S. 1298 ff.
3 Sind beide Parteien Kaufleute, ist auf Antrag des Klägers die Kammer für Handelssachen zur Entscheidung berufen (§ 93 ff. GVG).
4 Näheres dazu oben Rz. 64 ff. und Band 1 Rz. 222 ff. mit zahlreichen weiteren Nachweisen; vgl. auch *Eberstein,* S. 114; *Klaiber,* ZfV 1966 S. 361; *Voß,* VersR 1957 S. 207; *ArbG Rheine,* 15.3.1965, VW 1966 S. 228; *BAG,* 15.7.1961. SAE 1962 S. 38 mit Anmerkung *Neumann-Duesberg, OLG Frankfurt,* 1.12.1970 DB 1970 S. 2452.
5 Zur Kaufmannseigenschaft des Handelsvertreters Einzelheiten bei Bd. 1 Rz. 23 ff., zur Kaufmannseigenschaft des vertretenen Unternehmers oben Rz. 190; vgl. auch *OLG Oldenburg,* 31.1.1985, HVR Nr. 603 und *LG Rottweil,* 17.3.1975, HVR Nr. 490 = VW 1978 S. 195.

haft ist oder seine geschäftliche Niederlassung hat, oder als ausschließlicher Gerichtsstand wird der Sitz des vertretenen Unternehmens vereinbart. Ist das Landgericht für einen Rechtsstreit zwischen Unternehmer und Handelsvertreter zuständig, ist die Klage auf Antrag bei der **Kammer für Handelssachen** zu erheben. Aber auch dies setzt voraus, dass der Beklagte Kaufmann ist und es sich bei dem geltend gemachten Anspruch um einen solchen aus einem *beiderseitigen Handelsgeschäft* handelt.

1739   Bei Ansprüchen aus einem Handelsvertretervertrag ist diese Voraussetzung regelmäßig auch dann erfüllt, wenn der vertretene Unternehmer als Beklagter in Anspruch genommen wird, der aber seinerseits nicht Kaufmann zu sein braucht[6]. Denn richtiger Ansicht nach muss ein vertretenes Unternehmen, auch wenn es nicht unter die Bestimmungen der §§ 1–7 fällt, im Bereich des Handelsvertreterrechts als Kaufmann angesehen werden, und es muss demgemäß auch davon ausgegangen werden, dass alle Geschäfte und Vereinbarungen, die zwischen ihm und dem Handelsvertreter zu Stande kommen, beiderseitige Handelsgeschäfte sind[7], sodass für Rechtsstreitigkeiten zwischen Unternehmer und Handelsvertreter auf Antrag grundsätzlich die **Kammern für Handelssachen** zuständig sind.

1740   Fehlt es an einer vertraglichen Vereinbarung darüber, welches Gericht örtlich zuständig sein soll, so gilt nach § 29 ZPO in Verbindung mit § 269 BGB der Gerichtsstand des *Erfüllungsortes*; d. h. es ist das *Gericht örtlich zuständig, in dessen Bezirk der Schuldner* – bei Ausgleichssachen also der Unternehmer – seinen *Wohnsitz oder seine gewerbliche Niederlassung* hat. Für grenzüberschreitende Verträge innerhalb der EU gilt jetzt Art. 5 EuGVO[7a].

1741   Wenn der Handelsvertreter wegen eines ihm zustehenden Ausgleichsanspruchs ein *Zurückbehaltungsrecht* an den in seinem Besitz befindlichen Waren des Unternehmers – etwa dem Lagerbestand – ausübt, und die *Klage auf Befriedigung wegen des Ausgleichs* an den in seinem Besitz befindlichen Gegenständen gerichtet ist, kann die Klage nach § 371 Absatz 4 bei dem *Land- oder Amtsgericht erhoben werden, in dessen Bezirk der Handelsvertreter seinen allgemeinen Gerichtsstand* oder seine Niederlassung hat. Dies gilt auch, wenn im Vertrage eine *andere Gerichtsstandsvereinbarung* getroffen worden war[8].

1742   Zwischen den Parteien eines Handelsvertretervertrages kann auch die Zuständigkeit eines *Schiedsgerichts* vereinbart werden. Handelt es sich bei der vereinbarten Schiedsabrede um eine obligatorische, dann ist die *Zuständigkeit der ordentlichen Gerichte ausgeschlossen*. Handelt es sich nur um eine *fakultative Schiedsklausel*, kann der Kläger *wählen, welchen Rechtsweg er beschreiten* will. Für die *Wirksamkeit einer Schiedsabrede* ist die in § 1031 ZPO bestimmte Form erforderlich.

---

6 Einzelheiten in Bd. 1 Rz. 12 ff.
7 Vgl. Bd. 1 Rz. 12–15, 1284; a. A. *Brüggemann*, § 89b Rz. 17.
7a Siehe dazu Rz. 183; *Emde*, RIW 2003, 505 will Art. 5 EuGVO Vorbildfunktion für allgemeinen Heimatsgerichtsstand des HV einräumen.
8 Näheres Band 1 Rz. 1545; *Schnitzler*, DB 1966 S. 569.

Für den Klagantrag genügt ein sog. *„unbezifferter Leistungsantrag"*[9], in dem die Höhe des beanspruchten Ausgleichs in das Ermessen des Gerichts gestellt und lediglich ein *Mindestbetrag*[10] angegeben wird, der mit der Klage gefordert wird. Dies reicht nach zutreffender Auffassung des Landgerichts Hechingen[11] jedenfalls dann aus, wenn sich „die vorgestellte Größenordnung eindeutig aus dem Sachvortrag ermitteln lässt". Das Landgericht Frankfurt[12] hat hierzu festgestellt, dass im Klageantrag eine derartige *Ermessensentscheidung* ausreiche, dass aber zur *Begrenzung des Kostenrisikos* die Angabe des Mindestbetrages erforderlich sei, der nach der Vorstellung des Klägers die untere Grenze dessen bilde, was er verlange. Mit der Klage auf Zahlung kann im Wege der *Stufenklage* gleichzeitig ein *Anspruch auf Auskunft*[13] geltend gemacht werden, wenn der Handelsvertreter selbst nicht im Stande ist, aus seinen Unterlagen die Höhe des geforderten Ausgleichs zu errechnen[14]. Wird bei einer solchen Stufenklage zunächst nur der Auskunftsanspruch zuerkannt, ist darin noch *keine Vorabentscheidung über den Grund des Anspruchs* zu sehen[15]. Dieser *Anspruch auf Auskunft* ergibt sich aber nach Treu und Glauben nur dann, wenn der Berechtigte in entschuldbarer Weise über das Bestehen oder den Umfang seines Rechts im ungewissen ist, er sich die zur Vorbereitung und Durchführung seines Ausgleichsanspruches notwendigen Auskünfte nicht auf zumutbare Weise selbst beschaffen kann und der Verpflichtete sie unschwer zu geben vermag[16].

1743

Eine *Feststellungsklage* ist dagegen in der Regel *nicht zulässig*, denn der Handelsvertreter kann den Ausgleichsanspruch von Anfang an mit einer Leistungsklage geltend machen. In der Regel kann er ihn auch abschließend berechnen und beziffern. Hat er im Einzelfall keine sichere Kenntnis vom Umfang der bis zum Vertragsende verdienten Provisionen, so kann er den Ausgleichsanspruch zunächst unbeziffert im Wege der soeben geschilderten Stufenklage geltend machen, indem er zunächst ergänzende Auskunft verlangt. Schon damit entfällt das nach § 256 Abs. 1 ZPO erforderliche Feststellungsinteresse[17].

1744

---

9 Vgl. *BGH*, NJW 1992, 311; *OLG Düsseldorf*, 8.2.1977, HVR Nr. 504 = HVuHM 1977 S. 529; *LG Düsseldorf*, 21.10.1994 – 40 O 9/93 – unveröffentlicht; *LG Bremen*, 1.7.1975, IHV 1976 Heft 6 S. 22 = VersR 1975 S. 1099; vgl. auch *LG Köln*, 3.2.1984 – 89 O 144/83 – unveröffentlicht, das sich dieser Auffassung „nach Zurückstellung von Bedenken" anschließt sowie *LG Münster*, 9.5.1975 – 7 C O 1/74 – unveröffentlicht. Vgl. des Weiteren *Baumbach/Lauterbach*, ZPO, § 253 Rz. 49; Anm. 5 B; *Rosenberg/Schwab*, 11. Aufl., § 98 II 3. Vgl. auch *Zöller*, ZPO, § 253 Rz. 14; MK/*v. Hoyningen-Huene*, § 89b Rz. 222; *Ebenroth/Löwisch*, § 89b Rz. 164; *Westphal*, Band 1 Rz. 1343.
10 Zum Streitwert in solchen Fällen: *OLG Stuttgart*, 16.2.1959, BB 1959 S. 460.
11 *LG Hechingen*, 14.7.1981 – 4 O 48/80 – unveröffentlicht.
12 *LG Frankfurt*, 22.3.1960 – 3/4 O 112/59 – unveröffentlicht, unter Hinweis auf *Wieczorek*, Zivilprozessordnung und Nebengesetze, § 253 G III a 3.
13 Zum Streitwert des Auskunftsanspruchs: *BGH*, 10.3.1960 – VII ZR 246, 59 – BB 1960 S. 796. Zum Auskunftsanspruch des Untervertreters: *OLG Düsseldorf*, 16.12.1965, NJW 1966 S. 888.
14 *BGH*, 10.3.1960, BB 1960 S. 796 mit Anmerkung *Weiher*, HSW, § 89b Rz. 79; streitig; a. A. *Ebenroth/Löwisch*, § 89b Rz. 164. Zum Auskunftsanspruch vgl. auch *Wolff* BB 1978 S. 1246.
15 *BGH*, 9.7.1964, NJW 1964 S. 206; vgl. *Laum*, RVR 1968 S. 131, 140 zu VI.
16 *BGH*, 3.4.1996 – VIII ZR 54/95 – BB 1996, 1190 = NJW 1996, 2100 = HVR-Nr. 807.
17 *BGH*, 22.1.1997 – VIII ZR 339/95 – DB 1997, 773 = HVR-Nr. 799.

XVI Prozessuale Fragen

1745 Bei der Formulierung des Klagantrags, aber auch einer Zahlungsverpflichtung im Rahmen eines gerichtlichen oder außergerichtlichen Vergleichs, entstehen mitunter Unklarheiten bezüglich der zutreffenden **Behandlung der Umsatzsteuer und der Zinsen**. Auf folgende Gesichtspunkte ist zu achten:

1746 Die **Umsatzsteuer** kann **nur auf den geschuldeten Nettobetrag**, nicht aber auch auf geschuldete **Verzugszinsen** gefordert werden. Zwar wurde nach der früheren Rechtsprechung[18] vom Schuldner dem Gläubiger die auf die gesetzlichen Zinsen entfallende Mehrwertsteuer geschuldet. Diese Rechtsprechung beruhte auf der Auslegung des § 10 Abs. 1 UStG 1980, wonach Verzugszinsen als Zahlungszuschläge das umsatzsteuerliche Entgelt erhöhen und damit in die Bemessungsgrundlage für die Umsatzsteuer einzubeziehen sind. Diese Auslegung des Entgeltbegriffs im Sinne von § 10 Abs. 1 Satz 2 UStG widerspricht aber nach dem **Urteil des Europäischen Gerichtshofs** vom 1.7.1982[19] den Rechtsnormen der Europäischen Gemeinschaft. Der Europäische Gerichtshof hat in dem genannten Urteil entschieden, dass die **Besteuerungsgrundlage** nach Art. 8 Abs. 1a) der Zweiten Umsatzsteuer-Richtlinie (EG) **nicht die Zinsen** umfasst, die einem Unternehmer durch gerichtliche Entscheidung deswegen zuerkannt werden, weil die Zahlung des Gegenwertes der Dienstleistung nicht bei Fälligkeit erbracht worden ist. Demgemäß können **gesetzliche Verzugszinsen** nicht mehr in die Besteuerungsgrundlage für die Umsatzsteuer nach § 10 Abs. 1 Satz 2 UStG einbezogen werden[20]. Dem ist bei der Formulierung eines Klagtrags Rechnung zu tragen. Im Klagantrag kann also nicht die gesetzliche Umsatzsteuer auf die **um die Verzugszinsen erhöhte Klagforderung** gefordert werden. Vielmehr ist der Antrag wie folgt zu fassen, wenn ein Ausgleich in Höhe von 10000,- € zzgl. Umsatzsteuer und Zinsen ab 1.1.2003 gefordert wird:

„Die Beklagte wird verurteilt, 10000,- € nebst 5% Zinsen seit dem 1.1.2003 zzgl. der gesetzlichen Umsatzsteuer auf 10000,- € an den Kläger zu zahlen."

oder

„Die Beklagte wird verurteilt, 11500,- € einschließlich 15% Umsatzsteuer zzgl. 5% Zinsen auf 10000,- € an den Kläger zu zahlen."

1747 Beide Klaganträge gehen davon aus, dass die **Umsatzsteuer nur auf den Nettobetrag und nicht auch auf die Verzugszinsen** geschuldet wird. Des Weiteren wird unterstellt, dass Verzugszinsen nur auf den Nettobetrag und nicht auch auf die Umsatzsteuer geschuldet werden.

1748 Dies ist aber nur für diejenigen Fälle zutreffend, in denen dem Handelsvertreter durch die **verspätete Zahlung der auf den Ausgleich entfallenden Mehrwert-**

---

[18] *BFH,* 29.11.1955, BStBl. III 1956, S. 53 = StRK UStG 1951, § 1 Ziff. 1, Rz. 44; *BGH,* 15.11.1978, NJW 1979 S. 540 = UStR 1979 S. 29 = BB 1979 S. 600. Vgl. auch Rz. 1456.
[19] *EuGH,* 1.7.1982, UR 1982, S. 159 m. Anm. *Weiß* = RIW 1982, S. 608 = DB 1983 S. 375; vgl. auch *OLG Frankfurt,* 1.12.1982, BB 1982 S. 2136 = DB 1983 S. 43 und *OLG Hamm,* 25.11.1982, BB 1983 S. 406 sowie *OLG Braunschweig,* 17.6.1993, NJW-RR 1994 S. 34 = BB 1993 S. 2113, 2114 re. Sp.
[20] Näheres bei *Rau/Dürrwächter/Flick/Geist,* Komm. zum Umsatzsteuergesetz, (Lief. 46 Mai 1985), Rz. 322 ff. zu § 1 UStG.

steuer kein Schaden entstand. Dies ist dann der Fall, wenn die **Umsatzsteuerschuld des Handelsvertreters erst mit dem Zufluss der Ausgleichszahlung** entsteht, im Zeitpunkt der Vertragsbeendigung mithin kein Anlass für den Handelsvertreter bestand, die ihm erst später zusammen mit der Ausgleichszahlung zufließende Umsatzsteuer *schon im Voraus* seinerseits an das Finanzamt abzuführen.

Liegt der Fall aber so, dass der Handelsvertreter bereits mit der Vertragsbeendigung die ihm vom Ausgleichsschuldner zu erstattende Umsatzsteuer verauslagt hatte, sodass ihm dadurch ein Schaden entstand, steht ihm auch im Hinblick auf *die verauslagte Umsatzsteuer ein Zinsanspruch* vom Schadenseintritt an zu. 1749

In diesem Fall müsste der Klagantrag wie folgt lauten: 1750

„Die Beklagte wird verurteilt, 10 000,– € zzgl. der gesetzlichen Umsatzsteuer nebst 5% Zinsen zu zahlen, und zwar auf 10 000,– € ab 1.1.2003 (= Fälligkeit des Ausgleichsanspruchs) und auf die Umsatzsteuer ab dem ... (= Zeitpunkt der Verauslagung)."

oder

„Die Beklagte wird verurteilt, 11 500,– € einschl. Umsatzsteuer an den Kläger zzgl. 5% Zinsen auf 10 000,– € seit 1.1.2003 und auf 1 500,– € ab dem ... (= Zeitpunkt der Verauslagung) zu zahlen."

Es bedarf keiner weiteren Erläuterung, dass dem auf die Umsatzsteuer entfallenden Zinsanspruch erhebliche Bedeutung dann zukommen kann, wenn es sich um hohe Ausgleichsbeträge und demgemäß um *erhebliche verauslagte Umsatzsteuerbeträge* handelt und wenn seit der Vertragsbeendigung bzw. seit der Verauslagung der Umsatzsteuer durch den Handelsvertreter geraume Zeit verstreicht. 1751

Steht dem Handelsvertreter ggf. neben Provisionsansprüchen und einem Ausgleichsanspruch auch ein *Schadensersatzanspruch* zu, kann auf den Schadensersatzanspruch keine Umsatzsteuer gefordert werden, weil *Schadensersatzleistungen nicht umsatzsteuerpflichtig* sind. 1752

B. Beweislastverteilung

I. Unternehmervorteile

Kommt es zu einer gerichtlichen Auseinandersetzung über die Höhe des Ausgleichsanspruchs, taucht für den Handelsvertreter als Kläger und seinen Berater zunächst die Frage auf, ob er als Kläger oder der Unternehmer für die Entstehung von Unternehmervorteilen aus Geschäftsverbindungen **beweispflichtig** ist, die der Handelsvertreter bis zur Vertragsbeendigung hergestellt hat, oder ob etwa der Richter darüber nach freier Überzeugung zu entscheiden hat. 1753

XVI Prozessuale Fragen

1754 Nach den allgemeinen Regeln des Zivilprozessrechts trägt grundsätzlich der **Handelsvertreter die Beweislast für die klagebegründende Tatsache**, ob für den Unternehmer nach der Vertragsbeendigung **Vorteile** entstehen werden[21]. Allerdings kann der Handelsvertreter diesen Beweis, wenn überhaupt, nur unter außerordentlichen Schwierigkeiten führen. Nach den Grundsätzen des **Beweises des ersten Anscheins** kann dieser Beweis im Einzelfall deshalb bereits dann als erbracht gelten, wenn der Handelsvertreter nachweist, dass er überhaupt **geschäftliche Beziehungen zwischen neuen Kunden und dem Unternehmer** hergestellt hat. Wenn der Handelsvertreter diesen Beweis erbringt, spricht eine – **allerdings widerlegbare – Vermutung** dafür, dass die hergestellten Geschäftsbeziehungen auch nach der Vertragsbeendigung **weiterbestehen** werden[22]. Der Handelsvertreter braucht demzufolge nicht nachzuweisen, dass die von ihm hergestellten Geschäftsverbindungen auch tatsächlich von **Bestand sein und ausgleichspflichtige Vorteile für den Unternehmer entstehen lassen werden**.

1755 Die Rechtsprechung[23] hat in diesem Zusammenhang die Grundsätze des Beweises des ersten Anscheins sogar im Hinblick auf die während einer langjährigen Tätigkeit des Handelsvertreters in Geschäftsverbindungen zum Unternehmer getretenen **neuen Kunden** angewendet. Das Oberlandesgericht Celle hat festgestellt, aus der zur Zufriedenheit des Unternehmers ausgeübten Werbetätigkeit des Handelsvertreters müsse gefolgert werden, dass alle während dieser Zeit zu Kunden des Unternehmers gewordenen Firmen vom Handelsvertreter **neu geworben** worden seien.

1756 Bei dieser aus praktischen Erwägungen anerkannten Beweiserleichterung ist es indessen nicht ausreichend, wenn der Vertreter nur **summarisch behauptet**, neue Kunden für den Unternehmer geworben zu haben. Eine solche Behauptung reicht schon wegen **mangelnder Substantiierung** für die Vermutung nach der Vertragsbeendigung fortbestehender Geschäftsverbindungen und daraus sich ergebender Unternehmervorteile nicht aus. Erforderlich ist vielmehr, dass

---

21 *BGH*, 28.4.1988, BB 1988 S. 2199 = DB 1989 S. 170 = HVR Nr. 634 = NJW-RR 1988 S. 1061 zu Abschnitt II 2 b; *Schröder*, § 89 Rz. 6 b und 20 b; *Brüggemann*, § 89 b, Rz. 116 f.; *Duden*, § 89 b Anm. 2 C; *Laum*, RVR 1968 S. 131, 136; *Knapp/Ankele*, § 89 b Anm. 9; *Seydel*, DB 1957 S. 476; *Hoffmann*, S. 45; *Martin*, VersR 1968 S. 117, 121, 122 zu II 3 a; *Eberstein*, BB 1964 S. 271, 276; ebenso *Eberstein*, S. 98 f.; a. A. *Koch*, DB 1957 S. 423 (Anmerkung zum Urt. des OLG Koblenz, vom 5.4.1957, HVR Nr. 123, nur Leitsatz). Vgl. auch *Finke*, WM 1969 S. 1122, 1134 m.w.N.

22 *BGH*, 11.10.1990 – I ZR 32/85 – NJW-RR 1991, 156 = HVR Nr. 691; *BGH*, 25.10.1984 – I ZR 104/82 – NJW 1985, 859 = VersR 1985, 178; 20.11.1969, BB 1970 S. 101 = DB 1970 S. 152 = HVR Nr. 415 = HVuHM 1970 S. 116 = MDR 1970 S. 581 = RVR 1970 S. 79 = VersR 1970 S. 250; *BGH*, 29.3.1962, HVR Nr. 277 = HVuHM 1962 S. 458; *OLG Frankfurt*, 19.6.1972, BB 1973 S. 312 = HVR Nr. 458 = HVuHM 1972 S. 1264; *OLG Celle*, 29.3.1963, BB 1963 S. 711 = HVR Nr. 285; *LG Coburg*, 14.1.1958, HVRNr. 189 (nur Leitsatz); *LG Hamburg*, 5.11.1954, MDR 1954 S. 44 = HVRNr. 74; *LG Hamburg*, 4.11.1955, HVR Nr. 190 (nur Leitsatz); *BGH*, 15.10.1964, BB 1964 S. 1399 = VersR 1964 S. 1267; *OLG Koblenz*, 5.4.1957 (zit. bei *Koch*, DB 1957 S. 423), HVR Nr. 123 (nur Leitsatz); *Schröder*, *Brüggemann* und *Seydel* wie Fn. 1.

23 *OLG Düsseldorf*, 8.2.1977, HVR Nr. 504 = HVuHM 1977 S. 529; *OLG Celle*, 7.1.1971, HVR Nr. 436 = HVuHM 1971 S. 745 = RVR 1971 S. 331; *OLG Koblenz*, 5.4.1957, zit. bei *Koch*, DB 1957 S. 423.

die *geworbenen Kunden namentlich benannt und die hergestellten Geschäftsverbindungen bewiesen* werden²⁴.

Gerade in diesem Zusammenhang muss erneut auf die Bedeutung einer **Kundenliste** hingewiesen werden, die bei Vertragsabschluss dem Vertretervertrage beigefügt werden sollte und in der die bei Vertragsbeginn bereits vorhandenen Altkunden anzugeben sind. Auf diese Weise kann späterer Streit über die Frage, welche der bei Vertragsbeendigung vorhandenen *Kunden Neukunden und welche Kunden Altkunden* sind, weitgehend vermieden werden. 1757

Notwendig ist ferner die Darlegung des aufgrund der Vorteils- (und Provisionsverlust-)prüfung gewonnenen Ergebnisses, d.h. des so ermittelten Betrages. Die Frage, ob der Unternehmer nach Beendigung des Vertrages noch erhebliche Vorteile hat, verlangt also Feststellungen über die Entwicklung der vom Handelsvertreter hergestellten Geschäftsbeziehung. Diese müssen sich darauf erstrecken, wie lange und in welchem Umfang die Geschäfte zwischen dem Unternehmer und dem Neukunden voraussichtlich festgesetzt werden. Dabei sind die Besonderheiten der jeweiligen Branche, die Marktgegebenheiten, Wettbewerbsbedingungen, Kundenfluktuation und die Art der Tätigkeit des Handelsvertreters zu berücksichtigen. Hinsichtlich der *Dauer der* zu erstellenden *Prognose* ist darauf abzustellen, wie lange die Geschäftsbeziehung zwischen Unternehmer und Kunden unter Berücksichtigung aller Umstände erfahrungsgemäß andauern werden²⁵. Im Tankstellenbereich hat der Bundesgerichtshof gewisse Beweiserleichterungen geschaffen, die auch für den Vertrieb anderer leicht umschlagbarer Massengüter von Bedeutung sein können. Näheres hierzu s. unten bei Rdn. 1770f. Ist der Handelsvertreter „*Mann der ersten Stunde*", spricht der Beweis des ersten Anscheins dafür, dass die seit Beginn seiner Tätigkeit geworbenen Kunden Neukunden im Sinne von § 89b Abs. 1 sind²⁶. Zu den Besonderheiten beim *Rotationssystem* s. unten Rdn. 1766. 1758

Führt die richterliche Beweiswürdigung zur Überzeugung des Gerichts, dass die Tätigkeit des Handelsvertreters *erhebliche Unternehmervorteile* zur Folge hat, behauptet aber der Unternehmer deren Fortfall, so muss er seinerseits beweisen, dass die geschaffenen Geschäftsbeziehungen *nicht von Bestand sein werden*, dass also die Kunden – etwa auf Grund ihrer besonders engen Beziehungen zum Handelsvertreter – *gleichzeitig mit dem Ausscheiden des Vertreters ihre Geschäftsverbindungen zum Unternehmer abbrechen* werden²⁷. Die bloße Behauptung des Unternehmers, der Kunde habe wegen seiner engen Be- 1759

---

24 *OLG Celle*, 29.3.1963, BB 1963 S.711; *BGH*, 15.10.1964, BB 1964 S.1399 = VersR 1964 S.1267; *LG Hamburg*, 4.11.1955, HVR Nr.190. Zu den für Tankstellenhalter hierbei auftretenden Schwierigkeiten vgl. *Wittmann*, BB 1963 S.1457, 1458 zu 2; vgl. dazu insbesondere auch *KG*, 19.9.1969, U (Kart) 393/69 n.v.
25 *BGH*, 15.10.1992 – I ZR 173/91 – NJW-RR 1993, 221 = BB 1992, 2385 = HVR-Nr. 725.
26 S. unten Rdn. 1765.
27 *Schröder*, §89b Rz.6b und BB 1954 S.47; *Laum*, RVR 1968 S.131, 136; *Brüggemann*, §89b Rz.116f.; *Seydel*, DB 1957 S.476; *Hoffmann*, S.45; *Knapp/Ankele*, §89b Anm.9; *BGH*, 9.7.1959, VersR 1959 S.887, 888 zu VI; *Meyer* in der Anmerkung zu *LG Lüneburg*, 21.12.1954, BB 1955 S.298; *BGH*, 29.3.1962 – VII ZR 193/60 – insoweit nicht veröffentlicht.

XVI Prozessuale Fragen

ziehungen zum Vertreter die geschäftlichen Beziehungen zum Unternehmer nach dem Ausscheiden des Vertreters gelöst, ist aber unerheblich, wenn der Unternehmer diese Behauptung nicht beweisen kann[28]. Wie nämlich das Oberlandesgericht Koblenz[29] ausgeführt hat, wird für den Kunden weniger die Person des Vertreters als vielmehr der Wert ausschlaggebend sein, den die entstandenen Geschäftsbeziehungen zum Unternehmer für ihn haben.

1760 Hat der Handelsvertreter die Schaffung von Geschäftsverbindungen *substantiiert nachgewiesen*, können aber Unternehmervorteile gleichwohl deshalb nicht entstehen, weil der Unternehmer außer Stande ist, diese Geschäftsverbindungen nach der Beendigung des Vertretervertrages weiterhin *auszunutzen*[30] – man denke an die Fälle der *Betriebseinstellung aus wirtschaftlichen Gründen*[31], an eine *Produktionsumstellung*[32], an eine *Änderung der Vertriebsorganisation*[33] oder auch an die *Beendigung eines Vertriebsvertrages*[34] –, muss der Unternehmer die aus den Darlegungen des Handelsvertreters sich zunächst ergebende Vermutung ebenfalls widerlegen[35].

1761 Hat der Handelsvertreter eine auf die Schaffung von Geschäftsbeziehungen gerichtete Tätigkeit entfaltet und sind Geschäftsverbindungen auch tatsächlich entstanden, so kann der Unternehmer die daraus resultierenden Unternehmervorteile auch nicht mit der Behauptung in Abrede stellen, *dass die Geschäftsverbindungen auch ohne die Tätigkeit des Vertreters entstanden wären*. Mit Recht haben die Oberlandesgerichte Nürnberg und Karlsruhe[36] in diesem Zusammenhang betont, dass ein *Gegenbeweis des Unternehmers*, die Geschäftsverbindungen wären auch ohne die Tätigkeit des Handelsvertreters entstanden, für § 89b Abs. 1 Nr. 1 unerheblich sei. Die Frage, inwieweit das Ausmaß der werbenden Tätigkeit des Handelsvertreters für das Zustandekommen der Geschäftsbeziehungen tatsächlich ursächlich war, ist allein unter Billigkeitsgesichtspunkten zu prüfen[37].

1762 Im Übrigen lassen sich *Beweisschwierigkeiten* bis zu einem gewissen Grade dadurch vermeiden, dass – wie erwähnt – bei Beginn des Vertretervertrages ein *Verzeichnis der zu diesem Zeitpunkt vorhandenen Kunden* aufgestellt wird[38], in das auch der vor dem Vertragsbeginn *erzielte Umsatz* mit jedem einzelnen Kunden festgehalten werden sollte. Denn dies kann für die Frage von Bedeu-

---

28 *Koch*, DB 1957 S. 423.
29 Urteil vom 5.4.1957, unveröffentlicht, Leitsatz in HVR Nr. 123.
30 Näheres dazu oben Rz. 418 ff., 467 ff.; vgl. auch *Brüggemann*, § 89b Rz. 116 ff.
31 Vgl. Rz. 323 ff., 418 ff. und 467 f.; *BGH*, 29.6.1959, BB 1959 S. 864 = NJW 1959 S. 1964 = MDR 1959 S. 823 = VersR 1959 S. 692 = HVR Nr. 209.
32 Vgl. Rz. 323 f.
33 Vgl. Rz. 418 ff., 476.
34 Vgl. Rz. 435.
35 *Laum*, RVR 1968 S. 136; *Brüggemann*, § 89b Rz. 118; *BGH*, 29.6.1959 a.a.O.
36 *OLG Nürnberg*, 26.4.1963, BB 1963 S. 1313; *OLG Karlsruhe*, 23.3.1960, BB 1960 S. 381 = HVR Nr. 243.
37 *Duden*, § 89b Anm. 2c; *OLG Karlsruhe*, a.a.O.
38 *Schröder*, DB 1962 S. 897; *Gaedertz*, MA 1958 S. 464. Vgl. auch oben Rz. 393 ff. sowie den Beispielsfall Rz. 396.

tung sein, ob bei der Vertragsbeendigung eine wesentliche Erweiterung der *Geschäftsverbindungen mit einem alten Kunden vorliegt*, die nach § 89b Absatz 1 letzter Satz *der Werbung eines neuen Kunden gleichgestellt* werden muss.

II. Provisionsverluste des Handelsvertreters

Genauso wie im Hinblick auf die Unternehmervorteile ist der Handelsvertreter auch im Hinblick auf die ihm aus der Vertragsbeendigung entstehenden *Provisionsverluste beweispflichtig*[39] Aber auch hier genügt es, wenn der Handelsvertreter die durch ihn hergestellten bzw. intensivierten oder reaktivierten *Geschäftsverbindungen* durch **namentliche Benennung** der betreffenden Kunden und darüber hinaus die in den *letzten 12 Monaten vor der Vertragsbeendigung erzielten Provisionseinnahmen*[40] nachweist.

1763

Das OLG Düsseldorf[41] verlangt bezüglich der Reaktivierung bzw. Intensivierung die konkrete und nachvollziehbare Darlegung eines jeden einzelnen Falles durch den Handelsvertreter. Führt er diesen Beweis, kann er sich auch bezüglich seiner Provisionsverluste auf den *Erfahrungssatz berufen, dass die vermittelten Geschäftsverbindungen auch nach der Vertragsbeendigung fortbestehen* werden und dass die Vertragsbeendigung mithin *Provisionsverluste* zur Folge hat.

1764

Insbesondere dann, wenn ein Handelsvertreter seit langer Zeit für ein vertretenes Unternehmen tätig war und den Vertreterbezirk als *„Mann der ersten Stunde"* aufgebaut hat, spricht der *Beweis des ersten Anscheins* dafür, dass die seit Beginn seiner Tätigkeit geworbenen Kunden Neukunden im Sinne von § 89b sind[42].

1765

Dies gilt auch dann, wenn der Handelsvertreter seine Vermittlungstätigkeit im Rahmen eines sog. *Rotationssystems* durchführt. Auch hier verlangt das OLG Düsseldorf in seinem Urteil vom 30.4.1993[43] u.a. eine *spezifizierte Kundenliste* des letzten Vertragsjahres, in welcher die vom Handelsvertreter *geworbenen Neukunden* sowie die zugehörigen *Provisions-, Umsatz- und Zeitdaten* im Einzelnen anzugeben sind. Nur dann, wenn es gemäß substantiierter Darlegung des Handelsvertreters diesem im Einzelfall nicht möglich gewesen sein sollte, diesbezügliche Informationen zu erhalten, dürfte es nach Auffassung des OLG Düsseldorf in seinem Urteil vom 30.4.1993[44] zulässig sein, *ausnahmsweise dem beklagten Unternehmen aufzuerlegen*, die *Neukundeneigenschaft* auszuräumen. Hierbei nimmt das Gericht in angemessener Weise auf die besonderen

1766

---

39 *BGH*, 28.4.1988, vgl. Fn. 1 zu Rz. 1550; *Schröder*, § 89b Rz. 15 und 20b; *Brüggemann*, § 89b, Rz. 119; *Laum*, RVR 1968 S. 131, 136; *Martin*, VersR 1968 S. 117, 122 zu II 2a.
40 Das ist wichtig für die Ausgleichsberechnung. Näheres dazu Rz. 1581 ff.
41 *OLG Düsseldorf*, 30.4.1993 – 16 U 30/92 – unveröffentlicht.
42 Vgl. *BGH*, 12.1.2000 – VIII ZR 19/99 – ZIP 2000, 540 = HVR 924; *OLG Düsseldorf*, 6.6.1986, HVR Nr. 641; vgl. auch *OLG Hamburg*, 9.12.1976, HVR Nr. 509 und *OLG Celle*, 7.1.1971, HVR Nr. 436; *Ebenroth/Löwisch*, § 89b Rz. 169; *Westphal*, Band 1 Rz. 1346.
43 *OLG Düsseldorf*, 30.4.1993 – 16 U 30/92 – unveröffentlicht.
44 Vgl. Fn. 5.

XVI Prozessuale Fragen

Schwierigkeiten Rücksicht, die sich aus dem *Rotationssystem* ergeben: Da der Handelsvertreter bei diesem Vertriebssystem sein *Einsatzgebiet immer wieder wechselt*, kann er in der Tat nicht wissen, welche der von ihm geworbenen Neukunden oder reaktivierten/intensivierten Altkunden während der Vertragszeit noch *weitere Bestellungen* aufgegeben haben und hierdurch zu *Stammkunden* geworden sind[45]. Insoweit hat deshalb das beklagte Unternehmen darzulegen, dass geworbene Neukunden während der Vertragszeit nicht zu Stammkunden (Mehrfachkunden) geworden seien. Der Bundesgerichtshof hat mit Urteil vom 28.4.1999[46] darauf hingewiesen, dass wegen der Rotation, also des ständigen Wechsels und der damit verbundenen kurzfristigen Tätigkeit innerhalb eines Bereiches zu Gunsten des Handelsvertreters eine zusätzliche Fiktion zu treffen ist. Es sei nämlich zu fingieren, dass der Handelsvertreter nach Beendigung des Vertragesverhältnisses diejenigen Bereiche, die er im letzten Jahr seiner Tätigkeit betreut hat, auch weiter betreuen werde. Er müsse also so gestellt werden, als ob er insoweit nach Vertragsbeendigung einen Provisionsverlust erleiden werde.

1767 Für *Versicherungs- und Bausparkassenvertreter* ist zu beachten, dass es im Hinblick auf Provisionsverluste aus solchen Versicherungs- oder Bausparverträgen, die erst nach der Vertragsbeendigung abgeschlossen werden, die sich aber bei natürlicher Betrachtungsweise als Fortsetzung oder Erweiterung vermittelter Verträge im Sinne der Urteile vom 23.2.1961 und 21.3.1963[47] darstellen, nicht ausreicht, dass sich der Vertreter in derartigen Fällen *lediglich auf die Lebenserfahrung* beruft. Der Vertreter muss vielmehr *näher darlegen, in welchem Umfang Vertragsverlängerungen und Summenerhöhungen* in seinem Bezirk während der Vertragsdauer vorgekommen sind[48].

1768 Dem Versicherungsvertreter obliegt – sofern die Ausgleichsberechnung nicht nach den „*Grundsätzen*" erfolgt – die *Darlegungspflicht* auch im Hinblick auf die Frage, aus welchen *Bestandteilen sich die Folgeprovisionen* zusammensetzen, in welchem Umfange also in den Folgeprovisionen Abschlussfolgeprovisionen einerseits und Verwaltungsprovisionen andererseits enthalten sind[49].

1769 Bestreitet der Unternehmer die Entstehung von Provisionsverlusten, obliegt dann ihm der Nachweis, dass nach der Vertragsbeendigung nicht mit dem Abschluss von Geschäften gerechnet werden kann, die anderenfalls bei einer Vertragsfortsetzung für den Handelsvertreter provisionspflichtig wären[50].

1770 Im Hinblick auf die Ausgleichsberechtigung eines *Tankstellenhalters* hatte das OLG Düsseldorf in seinem Urteil vom 5.2.1993[51] sehr strenge Anforderungen

---
45 Vgl. auch *OLG Düsseldorf*, 8.5.1992 – 16 U 2235/91 – unveröffentlicht.
46 *BGH*, 28.4.1999 – VIII ZR 354/97 – NJW-RR 1993, 221 = BB 1992, 2385 = HVR-Nr. 725.
47 *BGH*, 23.2.1961 und 21.3.1963, 923 ff.
48 *BGH*, 19.11.1970, VersR 1971 S.265, 267 m. Anm. *Höft*, VersR 1971 S.270. Vgl. auch Bd. 1 Rz. 2136.
49 *OLG München*, 10.3.1993, BB 1993 S.1754; zu dieser Problematik vgl. Näheres Rz. 814 ff.
50 *Schröder*, § 89b Rz. 15; *Brüggemann*, § 89b Rz. 119.
51 *OLG Düsseldorf*, 5.2.1993 – 16 U 103/92 – unveröffentlicht.

an die Darlegungs- und Beweislast gestellt. Vom Tankstellenhalter sei zu fordern, dass er eine *spezifizierte Kundenliste*[52] des letzten Vertragsjahres vorlegt, in welcher die von ihm geworbenen Kunden sowie die Provisions-, Umsatz- und Zeitdaten im Einzelnen angegeben sind. Entsprechend habe der Tankstellenhalter für jeden Einzelfall die Voraussetzungen der Reaktivierung/Intensivierung eines Altkunden konkret und nachvollziehbar darzulegen. Ferner habe er im Regelfall darzulegen, welcher der neu geworbenen Kunden oder reaktivierten bzw. intensivierten Altkunden bis zur Beendigung des Vertragsverhältnisses *Stammkunde* geworden sei.

Diese strenge Rechtsprechung hat der Bundesgerichtshof mit vier Urteilen vom 6.8.1997[53] aufgehoben, welche er mit zwei weiteren Entscheidungen vom 10.7.2002[54] bestätigt hat. Der Bundesgerichtshof hat erkannt, dass es dem Tankstellenvertreter kaum möglich ist, eine vollständige Stammkundenliste vorzulegen. Dieser genüge daher seiner Darlegungslast auch dann, wenn er einen Stammkundenumsatz- bzw. Provisionsanteil von 90% vortrage und sich zur Begründung dazu auf die als Schätzungsgrundlage herangezogene ARAL-Information sowie weiterer Schreiben der ARAL AG stütze, welche diesen Umsatzanteil annimmt. Im anonymen Massengeschäft dränge es sich auf, die für die Berechnung des Ausgleichs erforderlichen Daten nach Möglichkeit durch Verwertung vorhandenen statistischen Materials zu gewinnen, anstatt in jedem Einzelfall zeit- und kostenaufwändige Erhebungen durchzuführen und durch umfangreiche Beweisaufnahmen nachzuvollziehen, deren Aussagekraft im Vergleich zu professionell durchgeführten statistischen Untersuchungen eher zweifelhaft sei (VIII ZR 150/96). Zu den werbenden Tätigkeiten gehöre bereits das *Offenhalten der Tankstelle sowie die Lagerhaltung und Auslieferung von Kraftstoffen* – anders als beim Kfz-Vertragshändler. Alle Tätigkeiten, die für die Schaffung eines Kundenstammes von Bedeutung seien, müssten als werbende Maßnahmen hinsichtlich ihrer Vergütung in die Berechnung des Ausgleichsanspruches mit einfließen. Auch zugeteilten Aufgaben und Tätigkeiten, wie etwa „Überwachung/Pflege, Tanktechnik/Preissignalisation/Beleuchtung" und „Pflege der Tankstelle allgemein" sowie der im Bereich Mitarbeiter genannten „Einstellung/Führung/Überwachung" kommt nach Auffassung des BGH jedenfalls auch werbende Funktion zu (VIII ZR 92/96). Im neuen Urteil vom 10.7.2002 – VIII ZR 58/00 – hat der BGH auch das *Inkasso* als *werbende Tätigkeit* angesehen.

1771

Wenn der Vertreter einen angemessenen Anteil der Gesamtprovision für werbende Tätigkeit vorträgt, ist das Unternehmen für das Vorbringen eines von ihr

1772

---

52 Zur Notwendigkeit der Anfertigung einer *Kundenliste,* die sogleich nach der Kündigung während laufender Kündigungsfrist durch Eintragung der kaufenden Kunden vorzubereiten ist, vgl. *Küstner,* TSt 1994 Heft 1 S. 60.
53 *BGH,* 6.8.1997 – VIII ZR 150/96 – NJW 1998, 69 = BB 1997, 2607 = HVR-Nr. 795; *BGH,* 6.8.1997 – VII ZR 92/96 – NJW 1998, 71 = BB 1997, 2609 = HVR-Nr. 796; *BGH,* 6.8.1997 – VIII ZR 91/96 – HVR-Nr. 870 und *BGH,* 6.8.1997 – VIII ZR 92/96 – HVR-Nr. 796.
54 *BGH,* 10.7.2002 – VIII ZR 58/00 – BB 2002, 2151 = HVR Nr. 1031 und VIII ZR 158/01 – HVR Nr. 1032.

behaupteten höheren Anteils darlegungs- und beweispflichtig (VIII ZR 150/96 und VIII ZR 92/96).

1773 Zu den *Stammkunden* gehören alle *Mehrfachkunden*, d. h. alle, die in einem überschaubaren Zeitraum wieder tanken. Das sind also nicht nur die regelmäßigen und ziemlich regelmäßigen Kunden, sondern auch gelegentliche Kunden, welche wiederholt zu tanken pflegen (VIII ZR 92/96).

1774 Diese Rechtsprechung hat der Bundesgerichtshof mit zwei weiteren Urteilen vom 10. 7. 2002[55] gefestigt. Als Stamm- bzw. Mehrfachkunde einer Tankstelle gilt danach jeder Kunde, der mindestens zwölf mal im Jahr an der selben Tankstelle tankt. Als Schätzungsgrundlage gemäß § 287 Abs. 2 hat er erneut die Verwendung statistischen Materials gebilligt und hier die von der ARAL AG im Jahr 1997 veröffentlichten Ergebnisse der Untersuchung des MaAFO-Institutes herangezogen, welche nicht nur für ARAL-Tankstellen gelten. In den Urteilen wurde angedeutet, dass in Zukunft eine Darlegung konkreter Anhaltspunkte für eine fallbezogene Schätzung des Stammkundenumsatzanteils an einer bestimmten Tankstelle aufgrund fortschreitender elektronischer Erfassung der Zahlungsvorgänge weniger schwierig und daher vom Tankstellenhalter auch zu verlangen sei, sodass sich die Heranziehung statistischen Materials weitgehend erübrige. Insoweit bleibt die Entwicklung der Rechtsprechung abzuwarten. Schließlich sind auch die Kunden, die an der Tankstelle mit einer Kundenkarte (ARAL-Card) tanken, zu den Stammkunden gehörig.

III. Grundsatz der Billigkeit

1775 Zur Frage der *Beweislastverteilung* im Hinblick auf die dritte Anspruchsvoraussetzung der Billigkeit liegt bisher eine eindeutige Stellungnahme aus der Rechtsprechung nicht vor. Der Bundesgerichtshof hat die Frage offen gelassen[56].

1776 Er hat aber festgestellt, dass die *Zahlung eines Ausgleichs in der Regel der Billigkeit entsprechen wird*, wenn die Voraussetzungen der Unternehmervorteile einerseits und der Vertreterverluste andererseits erfüllt sind[57]. Daraus folgt, dass dem Billigkeitsgesichtspunkt gemäß § 89b Absatz 1 Ziffer 3 dann *keine Bedeutung mehr zukommt, wenn sich weder aus dem Vortrag des Handelsvertreters noch aus der Einlassung des Unternehmers Umstände ergeben, die eine Ausgleichsminderung rechtfertigen könnten*. Die Vermutung der Billigkeit spricht also grundsätzlich für den Handelsvertreter. Behauptet jedoch der Unternehmer, dass *ausgleichsmindernde Umstände* gegeben seien, dann

---

[55] *BGH*, 10. 7. 2002 – VIII ZR 58/00 – BB 2002, 2151 = HVR Nr. 1031 und VIII ZR 158/01 – HVR Nr. 1032.
[56] *BGH*, 6. 2. 1964, zu 2c dd der Entscheidungsgründe, VersR 1964 S. 378, 379; *Laum*, RVR 1968 S. 131, 137. Vgl. auch *BGH*, 30. 6. 1966 – VII ZR 124/65 – BGHZ 45, 386 = NJW 1966, 1965 = HVR Nr. 350.
[57] *BGH*, 23. 2. 1967 – VII ZR 269/64 – unveröffentlicht; *Laum*, RVR 1968 S. 131, 137; *Brüggemann*, § 89b Rz. 120, 65; *Schröder*, DB 1958 S. 43, 46.

hat er diese *Umstände im Einzelnen darzulegen und nachzuweisen*[58]. Sache des Handelsvertreters wird es demgegenüber dann sein, diejenigen Umstände zu beweisen, aus denen sich ergibt, dass der Ausgleich nicht in dem Umfange zu mindern ist, wie dies allein aus dem Vortrag des Unternehmers folgt[59].

IV. Richterliche Würdigung

Ergibt die Beweisaufnahme, dass die Voraussetzungen des § 89b Absatz 1 dem Grunde nach erfüllt sind, muss im Prozess die *Höhe des angemessenen Ausgleichs ermittelt* werden. Grundsätzlich darf der Richter, um festzustellen, ob sich aus der Vertragsbeendigung tatsächlich Unternehmervorteile und Vertreterverluste ergeben, den *Rechtsstreit nicht aussetzen und die Entscheidung aufschieben*, bis er sich ein Bild über die Geschäftsentwicklung nach der Vertragsbeendigung machen kann. Der Richter muss vielmehr auf Grund der *Umstände, wie sie im Zeitpunkt der Vertragsbeendigung vorlagen*, eine *Prognose* darüber vornehmen, ob die Geschäftsbeziehungen zu den vom Handelsvertreter geworbenen Kunden voraussichtlich von Bestand sein werden und welche Nachbestellungen der vom Handelsvertreter geworbenen Kunden nach der Vertragsbeendigung zu erwarten sind. Beim Ausgleichsanspruch eines Versicherungsvertreters bezieht sich die Prognose auf die zu erwartende Restlaufzeit der vom Versicherungsvertreter vermittelten Versicherungsverträge. Maßgebliche *Grundlage für die Prognose sind nur die am Bewertungsstichtag überschaubaren tatsächlichen Verhältnisse*[60]. Im Allgemeinen wird der Richter, soweit sich nicht aus den Umständen des Einzelfalles etwas anderes ergibt, hierbei von der Vermutung ausgehen dürfen, dass ein großer Teil der vom Vertreter geworbenen Kunden auch nach dem Ausscheiden des Handelsvertreters die Geschäftsverbindungen *nicht abbrechen, sondern aufrechterhalten* wird[61]. Der Richter kann dabei in entsprechender Anwendung des § 287 Absatz 1 Satz 1 ZPO über die Höhe der Vorteile und Verluste *unter Würdigung aller Umstände nach freier Überzeugung* entscheiden, ohne an Beweisanträge gebunden zu sein[62].

1777

In seinem Urteil vom 27.10.1960[63] hat der Bundesgerichtshof zu der Frage Stellung genommen, welchen *Zeitraum* der Richter bei der *Beurteilung der*

1778

---

58 *BGH*, 15.12.1978 – I ZR 59/77 – BGHZ 73, 99 = BB 1979, 288 = HVR Nr. 525; *Ebenroth/Löwisch*, § 89b Rz. 171; *Schröder*, § 89b Rz. 17 und 20b; *Laum*, RVR 1968 S. 131, 137; *Brüggemann*, § 89b Rz. 120.
59 Der Handelsvertreter kann damit eine „Saldierung" der zu seinen Gunsten mit den zu seinen Ungunsten sprechenden Umständen erreichen. Vgl. dazu Rz. 893 und *Küstner*, NJW 1969 S. 769, 774.
60 Siehe dazu oben Rz. 1672 ff.
61 *OLG Koblenz*, 5.4.1957–2 U 551/56 – besprochen bei *Koch*, DB 1957 S. 423; *Duden*, § 89b Anm. 2 C.
62 *OLG München*, 11.6.1958, BB 1958 S. 895 = NJW 1958 S. 1030; *Knapp/Ankele*, § 89b Anm. 9.
63 *BGH*, 27.10.1960, BB 1960 S. 1261 = MDR 1961 S. 29 = NJW 1961 S. 120 = VersR 1960 S. 1068 = HVR Nr. 241, vgl. dazu *OLG Celle*, 13.11.1969, in BB 1970 S. 227 insoweit nicht abgedruckt. Zur Prognosedauer in der Praxis vgl. oben Rz. 756 ff.

XVI Prozessuale Fragen

künftigen Geschäftsentwicklung zu berücksichtigen habe. Wenn dieser Zeitraum nach dem Gesetz auch nicht begrenzt ist, so kann sich nach den Ausführungen des Bundesgerichtshofs die Prognose des Richters doch nur auf eine *übersehbare, in ihrer Entwicklung noch schätzbare Zeitspanne* beziehen. Für die Beurteilung der *Dauer und der zukünftigen Entwicklung* der fortbestehenden Geschäftsverbindungen bildet es nach Ansicht des Bundesgerichtshofs einen wichtigen *Anhaltspunkt, welche Geschäfte die neugeworbenen Kunden schon während des Bestehens des Vertretervertrages in einem bestimmten Zeitraum abgeschlossen haben*. Dabei könne es auch eine Rolle spielen, ob es sich um Erzeugnisse mit einem *gewissen Monopolcharakter* handele oder um Erzeugnisse, die in *starkem Wettbewerb* stehen, sodass eher mit einem *Abspringen geworbener Kunden* zu rechnen sei.

1779 Stellt sich später heraus, dass die *Prognose des Richters falsch* war, lösen also zum Beispiel die vom Vertreter geworbenen Kunden wider Erwarten ihre Geschäftsbeziehungen zum Unternehmer oder werden vom ausgeschiedenen Versicherungsvertreter vermittelte Versicherungsverträge früher als erwartet vom Versicherungsnehmer gekündigt, so kann der *Unternehmer trotzdem kein Rückforderungsrecht* bezüglich der rechtskräftig zuerkannten und vom Unternehmer inzwischen erfüllten Ausgleichsleistung geltend machen[64]. Dem Unternehmer steht auch *kein Leistungsverweigerungsrecht* für den Fall zu, dass er den Ausgleichsanspruch noch nicht erfüllt hat[65].

1780 Für den Handelsvertreter gilt umgekehrt das Gleiche: Er kann nicht *nachträglich eine Aufstockung des durch Urteil ihm zuerkannten Ausgleichs* verlangen, wenn sich wider Erwarten herausstellt, dass die Unternehmervorteile und dementsprechend auch seine Vertreterverluste wesentlich höher liegen, als dies im Rahmen der vom Richter vorgenommenen Prognose zunächst angenommen und zur Grundlage der richterlichen Entscheidung gemacht worden war.

1781 Schließlich ist in diesem Zusammenhang noch der Hinweis erforderlich, dass es unzulässig ist, wenn das Gericht über den Ausgleichsanspruch *allein nach Billigkeitsgesichtspunkten entscheidet, ohne vorher Feststellungen über die Höhe der Unternehmervorteile* und der *Vertreterverluste* zu treffen und in diesem Zusammenhang eine Prognose vorzunehmen. Denn erst wenn anhand der Vor- und Nachteile eine Grundlage für die Bemessung des Ausgleichs gewonnen wurde, ist eine Überprüfung nach Billigkeitsgesichtspunkten möglich. Das gilt – übrigens auch im außergerichtlichen Vergleichsverfahren – auch dann, wenn von vornherein alles dafür spricht, dass *schwerwiegende Billigkeitsgesichtspunkte* zu einer Minderung oder sogar zu einem *Ausschluss des Ausgleichsanspruchs* führen könnten[66].

---

64 *Schröder,* § 89b Rz. 6; *Martin,* VersR 1968 S. 117, 122 zu II 3; vgl. auch Rz. 1242.
65 Näheres Rz. 1672 ff.
66 *BGH,* 25.11.1998 – VIII ZR 221/97 – NJW 1999, 946 = VersR 1999, 186 = HVR Nr. 862; *Laum,* RVR 1968 S. 131, 137 und BB 1967 S. 1359, 1361 m.w.N. Vgl. auch *BGH,* 10.5.1984, DB 1984 S. 2507 = HVR Nr. 587 = EBE 1984 S. 319 = MDR 1985 S. 203 = NJW 1985 S. 58 = VersR 1984 S. 1066 (Vorinstanz: *OLG Hamm,* 21.1.1982, DB 1982 S. 1167); 15.2.1965, BGHZ 43, 154, 157.

V. Beweislast nach § 89 b Abs. 3

Im Hinblick auf die Beweislastverteilung nach § 89b Absatz 3 ergeben sich keine Besonderheiten. Hat für die Kündigung des Handelsvertreters ein Verhalten des Unternehmers *begründeten Anlass* gegeben, muss der Handelsvertreter im Bestreitensfall diesen *begründeten Anlass beweisen*[67]. Umgekehrt trägt der *Unternehmer die Beweislast für das Vorliegen eines schuldhaften Verhaltens des Handelsvertreters*, wenn er das Vertragsverhältnis aus wichtigem Grunde gekündigt hat und vorträgt, dass der Ausgleichsanspruch nach § 89b Absatz 3 Satz 2 ausgeschlossen sei[68]. Bestreitet der Handelsvertreter, dass er sich schuldhaft verhalten habe[69], muss er seinerseits die *möglichen Entschuldigungsgründe vortragen und beweisen*, damit der Richter prüfen kann, ob der Ausgleichsanspruch nach § 89b Absatz 3 Satz 2 ausgeschlossen ist oder nicht[70].

1782

C. Vorabentscheidung über den Grund des Ausgleichsanspruches

Besteht zwischen dem Unternehmer und dem ausgeschiedenen Handelsvertreter Streit darüber, ob mit der Beendigung des Vertretervertrages überhaupt ein Ausgleichsanspruch entstanden ist, kann es für den Richter zweckmäßig sein, *vorab nur über den Grund des Anspruchs* zu entscheiden, um auf diese Weise zu vermeiden, *dass sich langwierige Verhandlungen und Beweiserhebungen über die Höhe des Anspruchs nachträglich als überflüssig herausstellen*, wenn sich nämlich ergibt, dass ein Ausgleichsanspruch mit der Vertragsbeendigung überhaupt nicht entstehen konnte.

1783

Der Bundesgerichtshof[71] hat allerdings festgestellt, dass die Frage, ob sich eine *Vorabentscheidung über den Grund des Anspruchs* rechtfertige, gerade bei einem Ausgleichsanspruch mit *besonderer Zurückhaltung* zu beurteilen sei. Gerade wenn, wie beim Ausgleichsanspruch, zwischen den Umständen, die die Entscheidung über den Grund betreffen, und denen, die für die Bemessung des Betrages maßgebend seien, ein enger Zusammenhang bestehe, sei eine *Vorabentscheidung über den Grund eines Anspruchs oft unzweckmäßig, verwirrend und kaum durchführbar*. Abgesehen von diesen Bedenken weist der Bundesgerichtshof zusätzlich darauf hin, dass der *Erlass von Grundurteilen*, wenn sie mit Berufung und Revision angefochten würden, oft zu erheblichen Verzögerungen und zur Verteuerung des Rechtsstreites führten.

1784

---

67 *BGH*, 29.10.1962 – VII ZR 192/61, unveröffentlicht, vgl. *Laum*, RVR 1968 S. 131, 137.
68 *BGH*, 13.12.1995 – VIII ZR 61/95 = HVR Nr. 872; *BGH*, 6.2.1986 – I ZR 92/84 – unveröffentlicht sowie *BGH*, 16.5.1963 – VII ZR 16/32 – unveröffentlicht; *BGH*, 28.11.1962 – VII ZR 90/62 – unveröffentlicht; *BGH*, 17.2.1964 – VII ZR 228/62 – unveröffentlicht.
69 Nur ein schuldhaftes Verhalten des Handelsvertreters führt zum Ausschluss des Ausgleichsanspruchs, ein wichtiger Grund allein genügt nicht; vgl. oben Rz. 1112.
70 *BGH*, 27.11.1963, VII ZR 90/62, dazu *Laum*, RVR 1968 S. 137.
71 *BGH*, 29.5.1967, NJW 1967 S. 2153 = BB 1967 S. 776 = VersR 1967 S. 703; ebenso *OLG Frankfurt*, 11.6.1968, BB 1968 S. 809 = HVR Nr. 381. Vgl. *Laum*, RVR 1968 S. 131, 139 u. IV mit weiteren Rechtsprechungshinweisen. Vgl. auch *OLG Stuttgart*, 18.3.1976, VW 1978 S. 432.

XVI Prozessuale Fragen

1785 Um einen Ausgleichsanspruch auch nur dem Grunde nach bejahen zu können, müssen, wie der Bundesgerichtshof[72] ausgeführt hat, *sämtliche Voraussetzungen* des § 89b Abs. 1 Nr. 1–3 *erfüllt sein*. Es genügt nicht die *Überzeugung des Gerichts*, dass ein Ausgleichsanspruch, wenn auch nur in geringem Umfange, überhaupt bestehe. Von besonderer Bedeutung sei nämlich die Frage, ob mit hoher Wahrscheinlichkeit *erhebliche Unternehmervorteile* aus den vom Handelsvertreter hergestellten Geschäftsverbindungen für die Zeit nach der Beendigung des Vertretervertrages festgestellt werden könnten. Nur wenn das der Fall sei, lasse sich ein Grundurteil über einen Ausgleichsanspruch rechtfertigen. Denn ein Anspruch in nur ganz geringer Höhe sei gerade bei einem Ausgleichsanspruch im Hinblick auf das *Erfordernis erheblicher Vorteile kaum denkbar*.

1786 In diesem Zusammenhang genügt es nach Ansicht des Bundesgerichtshofs[73] im Übrigen, wenn festgestellt wird, dass der Unternehmer mit einer Reihe der vom Handelsvertreter geworbenen Kunden nach der Vertragsbeendigung *Geschäfte abgeschlossen und dass er hierbei einen bestimmten (nicht unerheblichen) Durchschnittsumsatz erzielt hat*. Dem *Betragsverfahren* könne es überlassen bleiben, ob die Geschäftsverbindungen mit weiteren Kunden fortgesetzt worden seien. Einem Grundurteil steht es nach Ansicht des Bundesgerichtshofs auch nicht entgegen, dass noch nicht festgestellt werden kann, ob die Bemühungen des Handelsvertreters allein oder nur mitursächlich für das Zustandekommen der behaupteten Geschäftsverbindungen waren. Für den Begriff des *„neuen Kunden"* (§ 89b Absatz 1 Nr. 1) *reiche Mitursächlichkeit aus*. Zwar könne sich bloße Mitursächlichkeit unter *Billigkeitsgesichtspunkten ausgleichsmindernd* auswirken. Darauf brauche aber im Grundverfahren noch nicht eingegangen zu werden.

1787 Ein *Teilurteil über die Mindesthöhe eines Ausgleichsanspruchs* ist *unzulässig*. Mit Recht hat das OLG München in seinem Urteil vom 15.1.1992[74] darauf hingewiesen, dass der Ausgleichsanspruch nicht in *mehrere abgrenzbare Teile* aufgespalten werden könne[75]. Ebenso wie ein *Schadensersatzanspruch sei der Ausgleichsanspruch einheitlich* und *nicht teilbar*. Abgrenzbare Teile seien allein schon wegen der nur *einheitlich vorzunehmenden Billigkeitsprüfung* des § 89b Abs. 1 Nr. 3 nicht denkbar. Ferner ergebe sich die *Unzulässigkeit eines Teilurteils über „Bruchstücke"* eines Handelsvertreterausgleichs daraus, dass in diesem Fall die Gefahr widersprechender Entscheidungen bestehe. Wenn das vertretene Unternehmen als Beklagte in der 1. Instanz den geltend gemachten *Ausgleichsanspruch bestritten*, also nicht etwa einen bestimmten

---

[72] *BGH*, 13.12.1995 – VIII ZR 61/95 – NJW 1996, 848 = HVR Nr. 872 = BB 1996, 724; *BGH* 29.3.1990 – I ZR 289/88 (unveröffentlicht); vgl. auch *BGH*, 11.3.1982, DB 1982 S. 1771 = HVR Nr. 567 = MDR 1982 S. 821 = NJW 1982 S. 1757 = VersR 1982 S. 647 sowie *BGH*, 6.2.1985, BB 1985 S. 1084 zum Grundurteil bei der Ausgleichsproblematik der langlebigen Wirtschaftsgüter.
[73] *BGH*, 29.4.1965 – VII ZR 285/63 – unveröffentlicht.
[74] *OLG München*, 15.1.1992, NJW-RR 1992 S. 1191.
[75] *BGH*, 18.5.1983, NJW 1984 S. 120.

C. Vorabentscheidung über den Grund des Ausgleichsanspruches **XVI**

Mindestbetrag anerkannt habe, wäre es daher möglich, dass das Erstgericht einen weiteren Teilbetrag des Ausgleichs zuspricht, während der *„Mindestausgleich"* in einer anderen Instanz abgelehnt werde[76].

Natürlich hindert ein bereits ergangenes Grundurteil das Gericht, das über die Höhe des Ausgleichs zu befinden hat, *nicht, die Ausgleichsklage abzuweisen*, wenn sich im Betragsverfahren ergibt, dass der *Ausgleichsanspruch mit Null zu bewerten* ist. Denn beim Erlass des Grundurteils muss der Kläganspruch nur *„mit hoher Wahrscheinlichkeit"*[77] bestehen, und das beklagte Unternehmen kann im Nachverfahren ergänzend vortragen. Alles, was im Grundverfahren festgestellt wurde, ist nur für den Grund, *nicht aber für das Betragsverfahren verbindlich*[78].

1788

---

[76] *BGH,* 26.4.1989, NJW 1989 S. 2821 und *BGH,* 11.4.1990, NJW 1991 S. 570.
[77] Vgl. *BGH,* 13.12.1995 – VIII ZR 61/95 – NJW 1996, 848 = BB 1996, 724 = HVR Nr. 872.
[78] *LG Giessen,* 14.6.1983 – 6 O 13/82 – unveröffentlicht.

XVII. Kapitel
Beispiel für die Ausgleichsberechnung eines Warenvertreters [1]

A. Tatbestand

1. Ein Handelsvertreter war als *Bezirksvertreter* seit dem 1. Januar 1991 für die Firma X, eine Herstellerin von Markenartikeln, tätig. Sein Vertrag wurde am 30.6.2002 beendet, weil er am 6.5.2002 die vereinbarte Altersgrenze von 65 Jahren erreicht hatte. **1789**

2. Bei Vertragsbeginn hatte der Handelsvertreter 37 Kunden von seinem Vorgänger übernommen. Von diesen waren bei Vertragsbeendigung noch 31 Kunden vorhanden. Von den 6 abgegangenen Kunden hatten während der Vertragszeit drei mit anderen Firmen fusioniert und ihre Geschäftsbeziehungen zum vertretenen Unternehmen deshalb abgebrochen, ein übernommener Kunde war in Konkurs geraten, zwei andere waren aus anderen Gründen abgesprungen. **1790**

Den Umsatz mit fünf der 31 verbliebenen Altkunden hat der Handelsvertreter während der Vertragszeit gegenüber dem Anfangsumsatz (preisbereinigt) verdoppelt. **1791**

---

[1] Speziell zur Ausgleichsberechnung vgl. *Küstner,* NJW 1969 S. 769 und BB, Beil. 12 zu Heft 27/1985 S. 10 zu V 4; *Schneider,* JurBüro 1968 S. 570; *Hoffmann,* S. 69 ff.; *Haumann,* HVH S. 231, 243; *Holling,* HVuHM 1969 S. 1429. Martinek in F. für Lüke 1997m S. 409, 413 (sehr ausführlich); Folgende Urteile sind besonders instruktiv: *BGH,* 8.11.1990, BB 1991 S. 368 = DB 1991 S. 1325 (Berufungsurteil: *OLG Karlsruhe,* 11.10.1988, OLGZ 1989 S. 219; *OLG Düsseldorf,* 8.5.1992 – 16 U 235/91 – unveröffentlicht; *OLG Nürnberg,* 16.5.1991 – 12 U 2405/86 – unveröffentlicht; *BGH,* 11.12.1958, BGHZ 29, 83 = HVR Nr. 193 = HVuHM 1969 S. 6; *BGH,* 28.6.1973, BGHZ 61, 112 = DB 1973 S. 1740 = EBE 1973 S. 315 = HVR Nr. 477 = HVuHM 1973 S. 1068; *BGH,* 27.10.1960, BB 1960 S. 1261 = DB 1960 S. 1387 = HVR Nr. 241 = HVuHM 1961 S. 6 = NJW 1961 S. 120 = VersR 1960 S. 1078; *OLG Hamburg,* 9.12.1976, HVR Nr. 509 = HVuHM 1980 S. 334; *OLG Oldenburg,* 12.10.1972, BB 1973 S. 1281 = HVR Nr. 471 = HVuHM 1973 S. 854; *OLG Köln,* 29.4.1968, VersR 1968 S. 966 = RVR 1969 S. 45 = HVR Nr. 388; *OLG Schleswig,* 1.11.1957, BB 1958 S. 246 = VersR 1958 S. 315 = HVR Nr. 220; *OLG Frankfurt,* 3.6.1966, HVR Nr. 365; *OLG Frankfurt,* 12.7.1966, HVR Nr. 368; *BGH,* 28.10.1957, NJW 1958 S. 23 = BB 1957 S. 1161 = VersR 1957 S. 775 = HVR Nr. 191; *OLG Celle,* 13.11.1969, BB 1970 S. 227. Vgl. auch *LG Hannover,* 23.10.1969, HVR Nr. 409; *LG Stuttgart,* 19.4.1968, HVR Nr. 378; *LG Hannover,* 27.3.1973, HVR Nr. 474; *BGH,* 15.12.1978, BB 1979 S. 288 = DB 1979 S. 543 = HVuHM 1979 S. 470; *KG,* 19.5.1978, Büro-Wirtschaft 1978 Heft 9 S. 42; vgl. auch *LG München,* 3.3.1983 – 13 HK O 13 377/82 – unveröffentlich – sowie Urteil vom 4.8.1992 – 16 HKO 11 967/90 – unveröffentlicht und *LG Bamberg,* 29.1.1988 – 2 HKO 9/87 – unveröffentlicht sowie *OLG Nürnberg,* 18.1.1984, HVR Nr. 583; *Finke,* HVuHM 1973 S. 1379, 1389. Vgl. im Übrigen die Hinweise oben Rz. 623–693 sowie HVuHM 1976 S. 856 und 1970 S. 558.
Hinweise auf nähere Ausführungen in den einzelnen Randnummern des Buches befinden sich jeweils im Text dieses Abschnitts in Klammern.

XVII Beispiel für die Ausgleichsberechnung eines Warenvertreters

1792 Von den vom Handelsvertreter selbst geworbenen Kunden waren am 30. 6. 2002 noch 174 Kunden vorhanden. Bei der Vertragsbeendigung bestanden außerdem Geschäftsverbindungen zu 12 Bezirkskunden, für deren Zustandekommen indessen irgendwelche Bemühungen des Handelsvertreters nicht ursächlich gewesen waren.

1793 3. Im letzten Vertragsjahr (1. 7. 2001 – 30. 6. 2002) entfielen von den Gesamtprovisionen des Handelsvertreters aus der Vertretung der Firma X

    a) auf Geschäfte mit 26 übernommenen Altkunden (ohne Umsatzerweiterung): 8 600 €
    b) auf 5 intensivierte Altkunden: 8 200 €
    c) auf Geschäfte mit 174 Neukunden: 56 200 €
    d) auf Geschäfte mit 12 vom Handelsvertreter nicht geworbenen Bezirkskunden: 5 000 €

Die Gesamtprovisionen in den letzten 12 Vertragsmonaten beliefen sich mithin auf 78 000 €

1794 In dem zu c genannten Betrag von 56 200 € sind Geschäfte mit einem Kunden enthalten, der Anfang 2002 in Insolvenz geriet. Auf diese Geschäfte entfielen 2001 Provisionen von 7000 €. Wegen der Insolvenzeröffnung über das Vermögen dieses Kunden ist mit Folgegeschäften nicht zu rechnen.

1795 4. Aus der Umsatzentwicklung während der gesamten Vertragsdauer, den Unterlagen der Firma X sowie auch aus der Kundenkartei des Handelsvertreters ist das Verhältnis des auf Dauerkunden und andere Kunden entfallenden provisionspflichtigen Umsatzes ablesbar. Daraus ergibt sich eine durchschnittliche jährliche Umsatzminderung im Hinblick auf geworbene neue bzw. intensivierte alte Kunden von 20% gegenüber dem jeweils am Ende des Vorjahres erzielten Umsatz.

1796 5. Nach dem Vertretervertrag waren für die Entstehung des Provisionsanspruchs die gesetzlichen Bestimmungen maßgebend. Der Provisionssatz betrug im ersten Jahr der Vertragszeit 5%. Daneben wurde dem Handelsvertreter ein monatliches Fixum in Höhe von umgerechnet 500 € gezahlt, das ab. 1. 1. 1992 entfiel. Mit Wirkung vom 1. Januar 1992 wurde der Provisionssatz auf 6% festgesetzt und zuzüglich der auf sie entfallenden Mehrwertsteuer an den Handelsvertreter ausgezahlt[2]. Da dem Handelsvertreter nach dem Vertrag keine Verwaltungsaufgaben oblagen, bezog sich der Provisionssatz von zuletzt 6% ausschließlich auf Vermittlungsprovisionen; irgendwelche Verwaltungsvergütungen waren darin also nicht enthalten.

1797 6. Im Mai und Juni 2002 abgeschlossene Geschäfte mit vom Handelsvertreter geworbenen Kunden wurden teilweise erst im 3. Quartal 2002 ausgeführt. Auf diese Geschäfte entfielen Provisionen in Höhe von 6400 €, die am 30. 9. 2002 ausgezahlt wurden.

---

2 Einzelheiten dazu in Band 1 Rz. 1007 ff. m. w. N. und bei *Engel,* Mehrwertsteuer und Handelsvertreter, 1967 und *Kottke,* BB 1968 S. 1076.

A. Tatbestand **XVII**

7. Am 31. 7. 2002, also erst nach der Vertragsbeendigung, schloss die Firma X **1798** ein Geschäft ab, das der Handelsvertreter noch vor der Vertragsbeendigung mit großem Arbeits- und Verhandlungsaufwand vorbereitet hatte. Der Abschluss dieses Geschäfts war daher überwiegend auf seine Tätigkeit zurückzuführen. Es wurde von der Firma X am 31. 8. 2002 ausgeführt. Unter Zugrundelegung der Bestimmungen des abgelaufenen Vertrages entfiel auf dieses Geschäft eine Provision von weiteren 4000 €, die ebenfalls am 30. 9.2002 ausgezahlt wurde.

8. Die Kosten des Handelsvertreters beliefen sich während der Vertragszeit im **1799** jährlichen Durchschnitt auf 35% seiner Provisionseinnahmen. An den Kosten für eine Bürokraft, Porto und Telefon beteiligte sich die Firma X seit dem 1. 7. 2002, ohne dass dies in der Branche des Handelsvertreters handelsüblich wäre, durch einen monatlichen Kostenzuschuss – unabhängig von den tatsächlich entstandenen Kosten – in Höhe von umgerechnet 500 €.

9. In den letzten 5 Vertragsjahren betrugen die Provisionseinnahmen des Han- **1800** delsvertreters aus der Vertretung der Firma X

im Zeitraum 1. 7. 1997 bis 30. 6. 1998	umgerechnet	62 000 €
im Zeitraum 1. 7. 1998 bis 30. 6. 1999	„	64 000 €
im Zeitraum 1. 7. 1999 bis 30. 6. 2000	„	56 000 €
im Zeitraum 1. 7. 2000 bis 30. 6. 2001	„	69 000 €
im Zeitraum 1. 7. 2001 bis 30. 6. 2002	„	78 000 €
		329 000 €

Daraus ergibt sich eine durchschnittliche
Jahresprovision in Höhe von   65 800 €

Unter Einbeziehung des seit dem 1. 7. 2000 gezahlten monatlichen Kostenzu- **1801** schusses von 500 € ergibt sich eine durchschnittliche Jahreseinnahme aus der Vertretung der Firma X in Höhe von

                                                                               329 000 €
                                                                          + 12 000 €
                                                                              341 000 €
geteilt durch 5 =   68 200 €

10. Der Handelsvertreter erhält von der Firma X seit dem 1. Juli 2002 eine mo- **1802** natliche Altersrente auf Lebenszeit. Diese Rente soll im Todesfall zu 60% auf seine Witwe übergehen. Die Firma X hat das Rentenkapital ohne Beteiligung des Handelsvertreters durch innerbetriebliche Pensionsrückstellungen finanziert. Der Kapitalwert dieser Rente beläuft sich unter Zugrundelegung eines Zinssatzes von 6% nach den Richttafeln 1982 von Dr. Klaus Heubeck auf umgerechnet 30 000 €.

11. Am 14. 8. 2002 macht der Handelsvertreter schriftlich einen Ausgleichsan- **1803** spruch in Höhe von 65 000 €, zuzüglich der auf diesen Betrag entfallenden Mehrwertsteuer (16% = 10 400 €), insgesamt also in Höhe von 75 400 € geltend. Die Firma X erkennt die Ausgleichsberechtigung des Handelsvertreters

XVII Beispiel für die Ausgleichsberechnung eines Warenvertreters

dem Grunde nach an und bestreitet auch nicht, erhebliche Vorteile aus den von ihm hergestellten Geschäftsbeziehungen zu haben. Sie meint aber, nur zu einer Ausgleichszahlung von höchstens 20 000 € verpflichtet zu sein.

1804 Folgende Gesichtspunkte seien nämlich unter Billigkeitsgesichtspunkten anspruchsmindernd zu berücksichtigen:

1805 12. Der Anspruch auf Zahlung eines Ausgleichs sei insoweit unbillig, als dem Handelsvertreter ab 1. 7. 2002 infolge einer im Jahre 1998 beschlossenen Ausdehnung einer betrieblichen Versorgungseinrichtung auch auf die im Außendienst tätigen Mitarbeiter ein Versorgungsanspruch zustehe, dessen Kapitalwert 30 000 € betrage. Dieser Betrag wirke sich ausgleichsmindernd aus, zumal insoweit durch die übernommenen Versorgungsverpflichtungen auch ein Unternehmervorteil nicht entstehen könne. Bleibe die Altersversorgung unberücksichtigt, führten diese freiwillig übernommenen Leistungen zu einer ungerechtfertigten Doppelbelastung des Unternehmens. Auch sei zu berücksichtigen, dass der Ausgleichszweck in Höhe des Kapitalwerts der Altersversorgung durch die ab 1. 7. 2002 laufende Altersrente in gleichem Maße gesichert sei, als wenn an ihrer Stelle ein entsprechend höherer Ausgleich geschuldet werde.

1806 13. Während des Vertragsverhältnisses habe der Handelsvertreter im Jahresdurchschnitt effektiv nicht 65 800 €, sondern 35 % weniger, nämlich nur 42 770 € verdient, weil ihm im Jahresdurchschnitt rund 23 030 € an Kosten entstanden seien. Insoweit entstehe dem Handelsvertreter mit der Vertragsbeendigung also gar kein Verlust. Denn bei einer Vertragsfortsetzung wären ihm auch weiterhin Kosten in dieser Höhe entstanden. Auch müsse berücksichtigt werden, dass dem Handelsvertreter in den letzten beiden Vertragsjahren insgesamt 12 000 € als Kostenpauschale vergütet worden seien. Mindestens um diese 12 000 € müsse der Ausgleichsanspruch des Handelsvertreters ebenfalls gemindert werden.

1807 14. Schließlich sei der im Bezirk des Handelsvertreters erzielte Umsatz keineswegs ausschließlich seiner Tätigkeit zu verdanken. Dieser Umsatz sei nämlich ohne die von ihr, der Firma X, ausgeübte, wenn auch im Rahmen des Branchendurchschnitts liegende, unterstützende Werbetätigkeit nicht denkbar gewesen. Im Übrigen dürfe auch nicht übersehen werden, dass die Werbetätigkeit des Handelsvertreters durch die „Sogwirkung" der von ihr hergestellten Markenartikel wesentlich erleichtert worden sei. Ihre Erzeugnisse seien auf dem Markt so bekannt, dass die Einzelhändler sie unbedingt führen müssten, um den Wünschen ihrer Kunden gerecht zu werden. Zumindest müssten die Bezirksprovisionen in Höhe von 5000 € aus Geschäften mit nicht selbst geworbenen Bezirkskunden außer Ansatz bleiben.

B. Ausgleichsberechnung

I. Geltendmachung des Ausgleichsanspruches

Der Ausgleichsanspruch ist rechtzeitig innerhalb der *zwölfmonatigen Ausschlussfrist* nach der Vertragsbeendigung geltend gemacht worden. Bedenken wegen der Form der Geltendmachung bestehen nicht, weil eine *schriftliche Mitteilung* an den Unternehmer genügt, eine gerichtliche Geltendmachung mithin nicht erforderlich ist (Rz. 442 ff.). Der Ausgleichsanspruch wäre im Übrigen auch wirksam geltend gemacht worden, wenn er nicht *beziffert* worden wäre (Rz. 444). Eine förmliche Geltendmachung wäre dann überhaupt nicht erforderlich gewesen, wenn die Firma X den Ausgleichsanspruch bereits vor oder im Zeitpunkt der Vertragsbeendigung ausdrücklich – wenn auch nur dem Grunde nach – *anerkannt* hätte (Rz. 426 a. E.).

1808

II. Beendigung des Vertragsverhältnisses

Der Vertretervertrag ist automatisch durch Erreichen des vereinbarten *Ablaufzeitpunktes* (Erreichen des Alters von 65 Jahren durch den Handelsvertreter) beendet worden (Rz. 358), ohne dass eine Kündigung ausgesprochen worden oder erforderlich gewesen wäre. Damit ist die *Beendigungsvoraussetzung* i. S. des § 89 b erfüllt, weil es – abgesehen von den Sonderfällen des Absatzes 3 – hierbei grundsätzlich nicht darauf ankommt, wodurch der Vertretervertrag beendet wird. Wäre eine Altersgrenze nicht vereinbart worden und hätte der Handelsvertreter – ohne aus Alters- oder Krankheitsgründen dazu gezwungen gewesen zu sein – das Vertragsverhältnis von sich aus durch Kündigung beendet, wäre der Ausgleichsanspruch ausgeschlossen, es sei denn, ein Verhalten des Unternehmers hätte zur Kündigung begründeten Anlass gegeben (§ 89 b Absatz 3, Rz. 1357 ff.).

1809

Aus Gründen der Zweckmäßigkeit empfiehlt es sich, bei der Ausgleichsberechnung abweichend von der in § 89 b Abs. 1 vorgeschriebenen *Reihenfolge* mit der Ermittlung der *Provisionsverluste* zu beginnen und erst im Anschluss daran die Frage der *Unternehmervorteile* zu prüfen. Dies empfiehlt sich deshalb, weil bezüglich der Provisionsverluste in der Regel konkretes Zahlenmaterial vorliegt, während es für die Frage der Unternehmervorteile nur darauf ankommt, ob diese erheblich (Rz. 557) sind. Ist die Höhe der Provisionsverluste ermittelt worden, wird erfahrungsgemäß die Höhe der Unternehmervorteile dem ermittelten Betrag entsprechen, sofern nicht der Unternehmer den Umfang der Unternehmervorteile bestreitet und seinerseits den Nachweis erbringt, dass der Unternehmervorteil in niedrigerem Umfange anzusetzen sei als der Betrag der ermittelten Provisionsverluste.

1810

Im Folgenden wird aus Praktikabilitätsgründen deshalb mit der Ermittlung der Provisionsverluste begonnen und die Prüfung der Unternehmervorteile erst danach vorgenommen.

1811

III. Provisionsverluste des Handelsvertreters

1812 a) Für die Ermittlung der aus der Vertragsbeendigung für den Handelsvertreter sich ergebenden Provisionsverluste gemäß § 89b Absatz 1 Ziff. 2 darf nicht von der für den Ausgleichsanspruch maßgeblichen *Höchstgrenze* gem. § 89b Absatz 2, d. h. von einer durchschnittlichen Jahresprovision aus den letzten 5 Jahren der Tätigkeit des Handelsvertreters, ausgegangen werden (Rz. 250, 1525 ff.). Als Bemessungsgrundlage für die Ermittlung der Provisionsverluste kommen vielmehr im Regelfall[3] allein die Provisionen in Betracht, die dem Handelsvertreter *im Laufe der letzten 12 Monate* seiner Tätigkeit zugeflossen sind (Rz. 741, 802). Diese Provisionseinnahmen des Handelsvertreters sind jedoch unter zwei Gesichtspunkten zu berichtigen:

1813 b) Einmal sind nur solche Provisionen berücksichtigungsfähig, die aus Geschäften mit Kunden stammen, die im Zeitpunkt der Vertragsbeendigung noch als Kunden des Unternehmers bezeichnet werden können. Das ergibt sich daraus, dass sich die Höhe der Provisionsverluste nur aus einem gedachten Fortbestand des Vertragsverhältnisses unter Berücksichtigung der *Entwicklung* der vom Handelsvertreter *neu geschaffenen oder intensivierten Geschäftsverbindungen* ermitteln lässt (Rz. 803). Deshalb müssen die Provisionseinnahmen des Handelsvertreters aus den letzten 12 Monaten seiner Tätigkeit um solche Provisionen gekürzt werden, die sich auf Geschäfte mit Kunden beziehen, mit denen nach der Vertragsbeendigung nicht mit weiteren Geschäften zu rechnen ist. Die Provisionseinnahmen des Handelsvertreters aus den letzten 12 Monaten seiner Tätigkeit kommen als *Bemessungsgrundlage* für den Ausgleichsanspruch also nur insoweit in Betracht, als sie sich auf Geschäfte mit Dauerkunden beziehen, zu denen die Geschäftsverbindungen auch nach der Vertragsbeendigung aller Voraussicht nach *fortbestehen* werden.

1814 Im vorliegenden Fall ist deshalb eine Reduzierung der Provisionen des Zeitraums 1.7.2001–30.6.2002 um 7000 € auf 71 000 € vorzunehmen, denn nur bei dem zuletzt genannten Betrag handelt es sich um Provisionen aus Geschäften mit Kunden, hinsichtlich deren grundsätzlich mit Folgegeschäften gerechnet werden kann.

1815 c) Des Weiteren müssen solche *Provisionseinnahmen* aus den letzten 12 Monaten des Vertragsverhältnisses *ausgeklammert werden*, die sich auf Geschäfte mit Kunden beziehen, die der Handelsvertreter *nicht selbst geworben* hat. Denn nach dem Gesetz steht dem Handelsvertreter ein Ausgleichsanspruch nur im Hinblick auf von ihm geworbene *Neukunden* zu (Rz. 803).

---

3 Etwas anderes gilt, wenn das letzte Vertragsjahr einen atypischen Verlauf genommen hat (*BGH*, 28.4.1999 – VII ZR 354/97 BB 1999, 1399 = HVR Nr. 859 und *BGH*, 26.2.1997 – VIII ZR 272/95 – NJW 1997, 1503 = BB 1997, 852 = HVR Nr. 798).

B. Ausgleichsberechnung **XVII**

Der maßgebliche Provisionsbetrag in Höhe von		71 000 €
ist deshalb um die Provisionen mit 26 nicht intensivierten Altkunden (Rz. 471) in Höhe von	8600 €	
und mit 12 Bezirkskunden (Rz. 664) in Höhe von	5000 €	13 600 €
mithin auf		57 400 €

zu kürzen. Provisionen aus Geschäften mit Altkunden müssen demgegenüber allerdings insoweit berücksichtigt werden, als der Handelsvertreter die Geschäftsbeziehungen zu übernommenen Altkunden *so wesentlich erweitert hat*, dass dies der Werbung eines neuen Kunden entspricht (§ 89 b Abs. 1 Satz 2). Die (zu I 3 b) aufgeführten Provisionen in Höhe von 8200 € sind in dem genannten Betrag von 57 400 € deshalb auch enthalten (Rz. 471).

d) Das Gesetz unterscheidet in § 89 b Absatz 1 Nr. 2 Provisionsverluste aus bereits abgeschlossenen Geschäften einerseits und aus künftig zu Stande kommenden Geschäften andererseits. **1816**

Aus *bereits abgeschlossenen Geschäften* (Rz. 681 ff.) können sich mit der Vertragsbeendigung für den Handelsvertreter Provisionsverluste nicht ergeben, wenn sich die vertragliche Provisionsregelung nach den gesetzlichen Bestimmungen richtet. Tatsächlich hat der Handelsvertreter aus Geschäften, die vor der Vertragsbeendigung vermittelt und abgeschlossen, aber erst danach ausgeführt wurden, die ihm zustehenden Provisionen in Höhe von 6400 € am 30. 9. 2002 auch erhalten (vgl. Rz. 1797), sodass diese *Überhangprovision* bei der Bemessung des Rohausgleichs nach § 89 b Abs. 1 – anders als bei der Berechnung der Höchstgrenze nach Abs. 2 – außer Betracht bleiben muss. Ein Provisionsverlust in Höhe von 6400 € wäre nur dann gegeben, wenn der Vertrag – abweichend vom Gesetz – bestimmt hätte, dass dem Handelsvertreter ein Provisionsanspruch nur für solche Geschäfte zustehen solle, die während des Vertragsverhältnisses nicht nur abgeschlossen, sondern auch ausgeführt werden. Denn dann wäre durch die Vertragsbeendigung die Entstehung von Provisionsansprüchen aus Geschäften ausgeschlossen, die erst nach der Vertragsbeendigung abgeschlossen wurden. **1817**

e) Die Höhe der Provisionsverluste, die sich aus *künftig zu Stande kommenden Geschäften* (Rz. 691) mit den vom Handelsvertreter bis zur Vertragsbeendigung geworbenen und zu diesem Zeitpunkt noch vorhandenen und auch weiterhin Waren des Unternehmers beziehenden Kunden ergibt, kann nur in der Weise ermittelt werden, dass – wie erwähnt – der *Fortbestand des Vertragsverhältnisses* unterstellt wird. Dabei darf indessen nicht gleichzeitig auch unterstellt werden, dass der Handelsvertreter während seiner weiteren Tätigkeit auch neue Kunden hätte werben können (Rz. 740). **1818**

Für die *Dauer des Prognosezeitraums*, der der Ermittlung der Provisionsverluste zu Grunde zu legen ist, wird in diesem Beispiel von einem Fünfjahreszeitraum ausgegangen, wie dies von der Rechtsprechung bei günstigen Verhältnissen anerkannt wird (vgl. Rz. 756). **1819**

XVII Beispiel für die Ausgleichsberechnung eines Warenvertreters

1820 Im Hinblick auf den oben zu c) als Bemessungsgrundlage für die Provisionsverluste ermittelten Betrag in Höhe von 57 400 € muss allerdings berücksichtigt werden, dass der Handelsvertreter Provisionen in dieser Höhe nicht für immer aus dem bei der Vertragsbeendigung noch vorhandenen Kundenstamm erzielt hätte. Es muss deshalb für die Zeit nach der Vertragsbeendigung bezüglich dieser Provisionsverluste aus künftig zu Stande kommenden Geschäften die gleiche *Abwanderungsquote* (Rz. 747) zu Grunde gelegt werden, wie sie sich für die Zeit vor der Vertragsbeendigung mit jährlich 20 % aus den Unterlagen der Vertragsparteien und der Umsatzentwicklung ergibt. Es ist mithin davon auszugehen, dass der aus Geschäften mit neu geworbenen Kunden resultierende Umsatz – jeweils bezogen auf das Jahresende im Vergleich zum Stande des Vorjahres – sich bei einer Vertragsfortsetzung jedes Jahr um 20 % verringert und dass die nach dem 30. 6. 2002 dem Handelsvertreter bei einer *fiktiven Vertragsfortsetzung* zufließenden Provisionen dieses Schicksal geteilt hätten. Demzufolge ergibt sich bei Zugrundelegung ausgleichsfähiger Provisionseinnahmen in Höhe von 57 400 € im Basisjahr 2001/02 folgendes Bild[4]:

Basisjahr 2001/02	57 400 €
1. Prognosejahr 2002/03	45 920 €
2. Prognosejahr 2003/04	36 736 €
3. Prognosejahr 2004/05	29 389 €
4. Prognosejahr 2005/06	23 511 €
5. Prognosejahr 2006/07	18 809 €
	154 365 €

1821 f) Bei der Ermittlung dieses Provisionsverlustes ist indessen noch nicht berücksichtigt worden, dass dem Handelsvertreter für ein erst *nach der Vertragsbeendigung zu Stande gekommenes Geschäft* (§ 87 Abs. 3) die vertragsgemäße Vergütung in Höhe von 4000 € (vgl. oben Rz. 1798) bereits am 30. 9. 2002 ausgezahlt wurde (Rz. 723 und Beispiele in Fn. 58 zu Rz. 692). Deshalb muss der ermittelte Provisionsverlust um diesen Betrag gekürzt werden, sodass sich ein grundsätzlich ausgleichsfähiger Provisionsverlust nach § 89 b Absatz 1 Nr. 2

in Höhe von	154 365 €
abzüglich bereits gezahlter	4 000 €
mithin in Höhe von	150 365 €

ergibt.

1822 g) Da dem Handelsvertreter dieser Provisionsbetrag aus voraussichtlichen Geschäften mit den von ihm geworbenen Kunden aber erst im Laufe des fünfjährigen Prognosezeitraums zugeflossen wäre, der Ausgleichsanspruch aber in Form einer *Kapitalzahlung* fällig wird, ist es gerechtfertigt, den ermittelten Pro-

---

4 Vgl. *OLG Köln*, 29. 4. 1968, VersR 1968 S. 966 = HVR Nr. 388. Vgl. dazu die unrichtige Berechnungsweise im Urteil des *OLG Karlsruhe* vom 27. 3. 1981, BB 1982 S. 274 mit abl. Anmerkung *Küstner* = HVR Nr. 555.

visionsverlust um einen *Abzinsungsabschlag* (Rz. 769 ff.) zu kürzen. Trägt man dem Kapitalisierungseffekt durch eine Abzinsung von 6% Rechnung, so ergibt sich (nach Gillardon, Multifaktoren) ein *Provisionsverlust in Höhe von 129 628 €* [5].

IV. Vorteile des Unternehmers

Die Firma X hat erklärt, dass sie aus der Tätigkeit des Handelsvertreters *erhebliche Vorteile* habe (Rz. 450 ff.). Damit entfällt eine weitere Prüfung dieser Anspruchsvoraussetzung. Wäre die Entstehung von Unternehmervorteilen streitig, brauchte der Handelsvertreter lediglich zu beweisen, dass er geschäftliche Beziehungen zwischen dem vertretenen Unternehmer und neuen Kunden hergestellt hat (Rz. 1753 ff.). Könnte er diesen Beweis erbringen, würde daraus nach den Regeln des Beweises des ersten Anscheins zu folgern sein, dass sich aus den hergestellten Geschäftsverbindungen für den Unternehmer erhebliche Vorteile ergeben. Der Unternehmer seinerseits müsste, wenn er diese Folgerung bestreitet, den entsprechenden Gegenbeweis erbringen (Rz. 1759).

1823

V. Vorläufiges Ergebnis

Aus der in Rz. 1812 erfolgten Ermittlung des Provisionsverlustes ergibt sich indessen nicht, dass dem Handelsvertreter ein Zahlungsanspruch in Höhe von 129 628 € zusteht. Der Ausgleichsanspruch unterliegt vielmehr *in doppelter Hinsicht einer Begrenzung*: Da nach dem Gesetz sämtliche Anspruchsvoraussetzungen nebeneinander erfüllt sein müssen (Rz. 256) und ein Ausgleichsanspruch nur entstehen kann, wenn und soweit diese Voraussetzungen erfüllt sind, ist er einmal von der Höhe der *im geringsten Umfang erfüllten Anspruchsvoraussetzung* abhängig. Hier kommt es darauf an, ob und ggf. in welchem Umfang sich Billigkeitsgesichtspunkte ausgleichsmindernd auswirken können. Zum anderen muss der sich so ergebende rechnerisch ermittelte Ausgleichswert noch zur *gesetzlichen Höchstgrenze* gem. § 89 b Abs. 2 in Beziehung gesetzt werden, sodass sich im Einzelfall eine weitere Anspruchsminderung ergeben kann, wenn nämlich die Höchstgrenze niedriger ist als die an Hand der einzelnen Anspruchsvoraussetzungen rechnerisch ermittelte Ausgleichshöhe (Rz. 258).

1824

---

5 Der abgezinste Provisionsverlust in Höhe von 129 628 € errechnet sich wie folgt: Bei Zugrundelegung einer fünfjährigen Prognosedauer ergibt sich ein monatlicher durchschnittlicher Provisionsbetrag in Höhe von 150 365 € geteilt durch 60 = 2506,08 €. Nach *Gillardon* ist bei Anwendung eines Abzinsungssatzes von 6% und Zugrundelegung eines fünfjährigen (fiktiven) Zuflusszeitraums der Provisionen aus künftig zu Stande kommenden Geschäften der Faktor 51,7256 anzuwenden, mit dem der Monatsbetrag von 2506,08 € zu multiplizieren ist (vgl. Rz. 775 Fn. 165). Es ergibt sich daher ein abgezinster Betrag in Höhe von 2506,08 × 51,7256, mithin in Höhe von 129 628,49 €, abgerundet also in Höhe von 129 628 €. Das entspricht einer Minderung des ermittelten Provisionsverlustes von 150 365 um 20 737 € bzw. um 13,79%.

VI. Billigkeitsgrundsatz

1825 Grundsätzlich entspricht die Zahlung eines Ausgleichs der Billigkeit, wenn die Vertragsbeendigung einerseits Unternehmervorteile und andererseits Provisionsverluste des Handelsvertreters zur Folge hat (Rz. 1045). Wenn jedoch Umstände vorgetragen werden, aus denen sich die **Unbilligkeit einer Ausgleichszahlung** ganz oder teilweise ergibt, muss der Billigkeitsgrundsatz im Einzelnen geprüft werden.

1826 Hierbei ist zu beachten, dass sich **ausgleichsmindernde Gesichtspunkte** bereits im Rahmen der Ausgleichsberechnung gem. § 89 b Abs. 1 Ziff. 3 auswirken. Diese Berechnungsweise könnte zur Folge haben, dass sich lediglich der *Rohausgleich* (Rz. 258) mindert, was wiederum – je nach dem Umfang der Billigkeitsgründe – nicht zwangsläufig auch zu einer **Minderung der Ausgleichshöchstgrenze** führen muss.

1. Kosten des Handelsvertreters

1827 Kosten, die der Handelsvertreter infolge der Vertragsbeendigung *erspart*, können zwar grundsätzlich unter Billigkeitsgesichtspunkten zu einer Ausgleichsminderung führen, nach der Rechtsprechung jedoch nur dann, wenn diese Kosten bereits während des Vertragsverhältnisses **besonders hoch** gewesen sind, sodass sich nach der Vertragsbeendigung auch besonders hohe Einsparungen ergeben (Rz. 1111). Kosten in Höhe von 35 % der Provisionseinnahmen sind jedoch – ganz abgesehen von der im Einzelfall in Betracht kommenden Branche, in der der Vertreter tätig ist – keineswegs als besonders hoch anzusehen, sodass eine Ausgleichsminderung wegen ersparter Kosten im vorliegenden Fall ausgeschlossen ist. Im Übrigen ist im Regelfall zu berücksichtigen, dass mindestens ein Teil der (in Rz. 1799) genannten Kosten auf jene Vertretungen entfallen dürften, die der Handelsvertreter fortsetzt, sodass eine *völlige Einsparung* der gesamten Kosten nur in Betracht kommen könnte, wenn der Handelsvertreter seinen Beruf ganz aufgibt.

1828 Etwas anderes dürfte aber im Hinblick auf die dem Handelsvertreter von der Firma X als **Kostenpauschale** gezahlten Beträge gelten. Grundsätzlich kann ein Handelsvertreter *Aufwendungsersatz* nur dann verlangen, wenn dies handelsüblich ist. Diese Voraussetzung war hier (vgl. oben Rz. 1799) jedoch nicht gegeben. Daraus folgt, dass die Firma X mit der Zahlung der Kostenpauschale dem Handelsvertreter Kosten erstattet hat, die dieser an sich allein hätte tragen müssen. Die Firma X hat damit dem Handelsvertreter – wenn auch nur in geringem Umfang – das für den Beruf eines Handelsvertreters typische **Unternehmerrisiko** abgenommen. Das lässt eine ausgleichsmindernde Berücksichtigung dieser Kostenpauschale als billig erscheinen. Allerdings wurde die Kostenpauschale nur 2 Jahre lang gezahlt. Es wäre deshalb ungerechtfertigt, sie in voller Höhe ausgleichsmindernd zu berücksichtigen. Da dem Handelsvertreter die Pauschale rundgerechnet nur während der Dauer von 2 Jahren der gesamten 13 1/2-jährigen Vertragszeit zugeflossen ist, erscheint es billig, von der geleisteten Kostenpauschale nur € 2000,– in Ansatz zu bringen, sodass es sich rechtfertigt, den Rohausgleich um diesen Betrag auf € 127 628,– zu kürzen.

2. Unterstützung der Tätigkeit des Handelsvertreters

Werbebemühungen der Firma X, die die Tätigkeit des Handelsvertreters erleichtert haben, können nur dann zu einer Ausgleichsminderung führen, wenn sie ein *außergewöhnliches Ausmaß* erreicht und damit über dem Branchendurchschnitt gelegen hätten (Rz. 1128). Nach dem eigenen Vortrag der Firma X hielt sich ihre unterstützende Tätigkeit jedoch im Rahmen des branchenüblichen Durchschnitts. Die eigenen Werbebemühungen der Firma X können sich deshalb nicht ausgleichsmindernd auswirken. **1829**

Die *„Sogwirkung"* der von der Firma X hergestellten Erzeugnisse könnte im Einzelfall dann zu einer Ausgleichsminderung führen, wenn sie den Handelsvertreter in wesentlichem Umfang von der eigenen werbenden und betreuenden Tätigkeit gegenüber den Kunden befreit hätte (Rz. 1154 ff.). Dass von einer solchen „Sogwirkung" hier jedoch nicht gesprochen werden kann, ergibt sich bereits aus der relativ hohen jährlichen *Abwanderungsquote* von 20 % gegenüber dem jeweils im Vorjahr erzielten Umsatz. Von einer echten Sogwirkung könnte nur gesprochen werden, wenn eine so starke Abwanderungsquote nicht vorhanden wäre. Im Übrigen müsste im Zusammenhang mit der Berücksichtigung der Sogwirkung im Rahmen der Billigkeit geprüft werden, ob nicht bereits mit Rücksicht auf diese Sogwirkung die *Vermittlungsprovisionen* des Handelsvertreters entsprechend niedriger angesetzt wurden, sodass schon deshalb eine nochmalige Berücksichtigung im Wege der Ausgleichsminderung ausgeschlossen wäre (vgl. Rz. 1131). **1830**

3. Altersversorgung des Handelsvertreters

Wie bereits oben ausführlich im VIII. Kapitel, Rz. 1170 ff. erläutert wurde, begründet der Bundesgerichtshof mit Rücksicht auf eine vom Unternehmer finanzierte Altersversorgung die Ausgleichsminderung damit, dass es unbillig sei, wenn der Unternehmer durch die freiwillig übernommene Versorgungsmaßnahme *doppelt belastet* werden würde, nämlich einerseits durch den (ungekürzten) Ausgleichsanspruch und andererseits durch die Zahlung der vereinbarten Versorgungsleistungen. Im vorliegenden Fall würde indessen dieser Grundsatz verletzt werden, wenn man den verbleibenden *Rohausgleich* in Höhe von € 127 628,– (vgl. Rz. 1821) um rein mathematisch den Kapitalwert der Altersversorgung in Höhe von € 30 000,– kürzen würde, sodass dann ein Rohausgleich verbleiben würde, der (mit 97 628 €) immer noch erheblich über der Ausgleichshöchstgrenze liegt, die, wie die nachstehenden Ausführungen unter Ziff. 7 zeigen werden, 69.480,00 € beträgt. **1831**

Dieses rein rechnerische Ergebnis ist jedoch mit den Feststellungen, die der Bundesgerichtshof erstmals im Urteil vom 23. 5. 1966 getroffen hat, nicht konform; **1832**

XVII Beispiel für die Ausgleichsberechnung eines Warenvertreters

denn im Endergebnis ist nach dieser Rechtsprechung nur die Differenz zwischen dem Höchstbetrag und dem Kapitalwert der Altersversorgung als Ausgleich zu bezahlen. Ein rein mathematisches Rechenergebnis würde einen ganz entscheidenden Umstand nämlich völlig unberücksichtigt lassen: *Der aus den Nr. 1 und 2 berechnete vorläufige Rohausgleich muss nach Nr. 3 aus Billigkeitsgründen insgesamt und umfassend überprüft werden.* Diese Billigkeitsprüfung kann im Extremfall auch zu einem vollständigen Wegfall des Ausgleichs führen, so z. B., wenn der Vertreter schuldhaft Anlass zu einer fristlosen Kündigung gegeben hatte, die jedoch wegen seines Ablebens nicht mehr ausgesprochen werden kann. Daher ist die Billigkeitsprüfung umfassender als eine mathematische Rechenaufgabe. Im Rahmen der Billigkeit des Abs. 1 Nr. 3 ist die gesamte Problematik der Doppelbelastung des Unternehmens in vollem Umfang zu berücksichtigen. Mit anderen Worten – im Rahmen der Billigkeit ist auch der Blick auf die rein rechnerische Höchstgrenze des Abs. 5 möglich und zulässig. So kann die Billigkeitsprüfung durchaus dazu führen, den Ausgleich von der berechneten Höchstgrenze durch Abzug des Kapitalwertes der Altersversorgung zu bestimmen und den maximalen Ausgleich nach Abs. 1 auf den Differenzwert festzusetzen. Das steht nicht im Widerspruch zur Unabdingbarkeit, sondern ist eine im Rahmen des § 89b zulässige Prüfungs- und Berechnungsmethode[6], die letztlich zur *Angemessenheit* des Ausgleichsanspruchs führt.

VII. Höchstgrenze des Ausgleichsanspruches

1833 Nach § 89 b Absatz 2 beträgt der Ausgleich *höchstens eine nach dem Durchschnitt der letzten 5 Jahre der Tätigkeit* des Handelsvertreters berechnete Jahresprovision oder sonstige Jahresvergütung (Rz. 1517 ff.). Der Berechnung dieser Höchstgrenze sind *alle Provisionen und Vergütungen* zu Grunde zu legen, die dem Handelsvertreter in dem maßgeblichen 5-Jahres-Zeitraum im Jahresdurchschnitt als Vergütung für seine Tätigkeit zugeflossen sind. Hierbei ist aber – im *Unterschied zur Errechnung der Provisionsverluste* nach § 89 b Absatz 1 Nr. 2 – nicht nur auf die Vergütung aus Geschäften mit vom Handelsvertreter geworbenen Kunden (Rz. 1324 ff.) abzustellen. Vielmehr müssen alle Vergütungen berücksichtigt werden, die dem Handelsvertreter vertragsgemäß zustanden und ihm demzufolge auch ausgezahlt wurden. Dazu gehören auch Provisionen aus Geschäften mit Alt- und Bezirkskunden.

1834 Auch die *pauschalen Spesenzuschüsse* sind bei der Ermittlung der Höchstgrenze in Ansatz zu bringen, weil sie *nicht lediglich durchlaufende Posten* darstellen (Rz. 1570). Dazu gehört schließlich auch die *Überhangprovision* für die im letzten Vertragsjahr vermittelten Geschäfte, die erst nach Vertragsbeendigung abgewickelt werden (Rz. 1529 ff.).

---

6 *Thume*, BB 2002, 1325, 1331; anders allerdings in je einem Nebensatz womöglich der BGH in den Urteilen vom 20.11.2002 – VIII ZR 146/01 – NJW 2003, 1241 und VIII ZR 211/01 – NJW 2003, 1244.

Die maßgebliche Höchstgrenze beläuft sich im vorliegenden Fall (vgl. oben I 9) auf 68 200 €, zuzüglich 1/5 der Überhangprovision von 6400 € = 1280 €, insgesamt also 69 480 €.

Dieser Betrag indessen wird vom Unternehmer mit Rücksicht auf die mit dem Handelsvertreter vereinbarte *Versorgungsregelung* nicht geschuldet; seine Berufung auf eine ausgleichsmindernde Berücksichtigung des Kapitalwerts der Altersversorgung ist daher berechtigt. Eine Berücksichtigung dieser Altersversorgung in anderer Weise verbietet sich, weil dann die vom Bundesgerichtshof in seinem Urteil vom 23. 5. 1966 entwickelten Grundsätze nicht berücksichtigt werden würden und eben doch eine *Doppelbelastung* des Unternehmers infolge der Vertragsbeendigung eintreten würde (siehe Rz. 1831 f.). 1835

Ein Ausgleichsanspruch im Betrage der Höchstgrenze wäre im Beispielsfall nur dann gerechtfertigt, wenn die geschilderte Versorgungsmaßnahme nicht getroffen worden wäre. Dann müsste der Rohausgleich auf den Betrag der Höchstgrenze reduziert werden, die dann als Ausgleich geschuldet werden würde. 1836

Der Augleichsanspruch beläuft sich nach alledem auf (69 480 € ./. 30 000 €, also auf) € 39 480,– *zuzüglich Umsatzsteuer*. Unter Berücksichtigung des Kapitalwerts der Altersversorgung fließt dann dem Handelsvertreter insgesamt – wenn auch *teilweise in Form von Rentenzahlungen*, die sich auf einen längeren Zeitraum erstrecken können –, ein Gesamtbetrag zu, der wiederum der Ausgleichshöchstgrenze entspricht. Im Prozessfalle müsste mithin die den Betrag von 39 480 € zuzüglich Umsatzsteuer übersteigende Klage auf Kosten des Klägers abgewiesen werden, sofern nicht zwischen den Parteien ein Vergleich zu Stande kommt. 1837

VIII. Fälligkeit, Verzinsung, Mehrwertsteuer

Der geschuldete Ausgleich in Höhe von DM 38 200,– ist mit der Vertragsbeendigung am 30. 6. 1994, also *mit der Entstehung* des Ausgleichsanspruchs, *fällig* geworden (Rz. 1434), und zwar zuzüglich der gesetzlichen *Mehrwertsteuer* in Höhe von 15%, die dem Handelsvertreter auf diesen Umsatz geschuldet wird und von ihm an das Finanzamt abzuführen ist, während die Firma X die an den Handelsvertreter gezahlte Mehrwertsteuer ihrerseits als Vorsteuer geltend machen kann, wodurch sich ihre eigene Umsatzsteuerschuld entsprechend mindert[7]. 1838

Schließlich ist der geschuldete Ausgleichsbetrag einschließlich der Umsatzsteuer *ab Fälligkeit grundsätzlich zu verzinsen* (Rz. 1654). Ob im vorliegen- 1839

---

[7] Freilich ist die gesetzliche *Mehrwertsteuer* dem geschuldeten Ausgleichsanspruch nur dann hinzuzurechnen, wenn der Ausgleichsberechnung im Übrigen Nettobeträge zu Grunde gelegt wurden. Würde man bei der Ausgleichsberechnung von Provisionsbeträgen einschließlich der Umsatzsteuer ausgehen, wäre folglich im ermittelten Ausgleich die Umsatzsteuer enthalten, sodass eine nochmalige Berücksichtigung nicht in Betracht kommen könnte.

XVII Beispiel für die Ausgleichsberechnung eines Warenvertreters

Fall jedoch ein Zinsanspruch geltend gemacht wird, mag dahingestellt bleiben, wenn der geschuldete Ausgleich unverzüglich nach Prüfung seiner einzelnen Anspruchsvoraussetzungen und nach Ermittlung seiner effektiven Höhe auf Grund einer außergerichtlichen Einigung an den Handelsvertreter gezahlt wird.

IX. Zusammenfassung

1840 Infolge der Vertragbeendigung stehen nach alledem dem Handelsvertreter folgende Ansprüche zu:

- Ein tarifbegünstigter Ausgleichsanspruch[8] in Höhe von 39 480 € zuzüglich der gesetzlichen Umsatzsteuer – und ggf. zuzüglich Zinsen ab 1.7.2002.
- Ein Provisionsanspruch in Höhe von 4000 € (zuzüglich Umsatzsteuer) gem. § 87 Absatz 3 auf Grund des am 31.7.2002 abgeschlossenen nachvertraglichen Geschäfts, der bereits durch Zahlung vom 30.9.2002 erledigt ist.
- Überhangprovisionen in Höhe von 6400 € zuzüglich Umsatzsteuer, die ebenfalls bereits ausbezahlt wurden und schließlich
- die vereinbarte lebenslängliche Altersrente, die beim Tode des Handelsvertreters zu 60 % auf die überlebende Witwe übergeht.

---

[8] Zur Tarifbegünstigung Einzelheiten im steuerrechtlichen Teil unter Rz. 2273 ff.

XVIII. Kapitel

Bedeutung der „Grundsätze" in der Versicherungswirtschaft

A. Anlass, Zweck und Rechtsnatur der Grundsätze

I. Anlass für die Schaffung der „Grundsätze"

Es wurde bereits oben vermerkt, dass den bei Versicherungs- und Bausparkassenvertretern gegebenen besonderen Verhältnissen mit der in § 89b Abs. 5 enthaltenen Verweisung auf die für Warenvertreter geltenden allgemeinen Vorschriften nicht in ausreichender Weise Rechnung getragen worden ist, was leider zwangsläufig zu Missverständnissen und zur falschen Auslegung der Verweisungsvorschrift des § 89b Abs. 5 geführt hat[1]. Mit Recht hat Garde[2] zutreffend darauf hingewiesen, gerade in der Versicherungswirtschaft wirke es sich besonders nachteilig aus, dass § 89b nur vorschreibt, wann ein Ausgleichsanspruch zur Entstehung gelangt, aber keine Richtlinien darüber enthält, wie die **Höhe eines Ausgleichsanspruchs** im Einzelfall festgestellt werden soll. Um die im Einzelfall kaum zu lösende Frage, ob und in welcher Höhe dem Versicherungsvertreter mit der Vertragsbeendigung ein *Provisionsverlust* entstanden und wie die Höhe eines *„angemessenen Ausgleichs"* im Sinne des § 89b Abs. 1 i.V. mit Abs. 5 zu ermitteln ist, aus der Welt zu schaffen, ergab sich deshalb insbesondere angesichts der in diesen Bereichen sehr zahlreich auftretenden Ausgleichsfälle die wirtschaftliche Notwendigkeit, einen *allgemeinen Berechnungsmodus* zur Errechnung der Höhe des Ausgleichsanspruchs zu finden[3].

1841

Zunächst ergab sich diese Notwendigkeit allein für den Bereich der *Schadensversicherung*, um hier eine generelle Grundlage dafür zu schaffen, was im Einzelfall unter Berücksichtigung der jeweils vorliegenden individuellen Verhältnisse als „angemessener Ausgleich"[4] angesehen werden könne und um die anderenfalls nach der *Abschlussfolgeprovisionstheorie*[5] zwar unumgängliche, in der Praxis aber nahezu undurchführbare *Aufteilung der Folgeprovisionen* in ausgleichsfähige Abschluss- und nicht zu berücksichtigende Verwaltungsprovi-

1842

---

1 Vgl. dazu oben Rz. 30. Zu den erwähnten Missverständnissen und Auslegungsschwierigkeiten vgl. insbesondere Einzelheiten in den Rz. 254, 632, 826 und 949. Näheres zur Problematik insbesondere bei *Höft*, ZVersWiss 1976, 439.
2 VW 1959 S. 97ff. Vgl. auch *Miller*, BVK-Festschrift, S. 36. Zu Einzelproblemen der „Grundsätze" vgl. *Schäfer*, VersVerm 1983 S. 86.
3 Es kommt sogar vor, dass kraft Vereinbarung der Ausgleichsberechnung eines Warenhandelsvertreters die „Grundsätze" zugrunde gelegt werden (vgl. *OLG Celle*, 18.4.2002 – 11 U 210/01 n.v.).
4 Dieser Zweck der „Grundsätze" kommt ausdrücklich in seiner Präambel zum Ausdruck. Das ist deshalb bedeutsam, weil dadurch deutlich wird, dass die „Grundsätze" den Unabdingbarkeitsgrundsatz des § 89b Absatz 4 gar nicht berühren; vgl. auch *Martin,* VersR 1970 S. 796 li. Sp.
5 Vgl. oben Rz. 861.

XVIII Bedeutung der „Grundsätze" in der Versicherungswirtschaft

sionen[6] zu vermeiden. Diese „Grundsätze" – heute als *„Grundsätze-Sach"* bezeichnet – wurden bereits 1958 zwischen dem Gesamtverband der Versicherungswirtschaft auf der einen und dem damaligen Verband der bevollmächtigten Generalagenten und Assekuradeure[7] auf der anderen Seite vereinbart. Wenige Jahre später trat auch der damalige Wirtschaftsverband Versicherungsvermittlung (WiVV; heute BVK)[8] den „Grundsätzen" bei. Heute bekennen sich *alle Spitzenverbände der Versicherungswirtschaft* zu den „Grundsätzen-Sach", die im Laufe der Jahre mehrfach redaktionell geändert und auf den neuesten Stand gebracht wurden. Ihre letzte Fassung datiert vom 14.11.1972; sie wurde zwischen dem Gesamtverband der Versicherungswirtschaft, dem Bundesverband der Geschäftsstellenleiter der Assekuranz und dem Bundesverband Deutscher Versicherungskaufleute erarbeitet und vereinbart[9].

1843 Nachdem die Rechtsprechung seit dem grundlegenden Urteil des Bundesgerichtshofs vom 23.2.1961[10] die Ausgleichsberechtigung von Versicherungs- bzw. Bausparkassenvertretern bei Vorliegen besonderer Umstände auch außerhalb der Schadensversicherung in solchen Sparten anerkannt hatte, in denen bis dahin mit Rücksicht auf die übliche Vergütung in Form der *Einmalprovision* die Entstehung eines Ausgleichsanspruchs abgelehnt worden war – es handelte sich hier um die Fälle der nach der Vertragsbeendigung erfolgenden *Vertragserweiterung oder Summenerhöhung*, die in *„engem wirtschaftlichen Zusammenhang" mit dem Ursprungsvertrage* stehen – wurden „Grundsätze" auch im Bereich der *Lebens- und Krankenversicherung* vereinbart[11]. Allerdings fällt auf, dass im Bereich der Lebensversicherung die geschaffenen Grundsätze der *Rechtsprechung nur sehr unvollkommen Rechnung* tragen. Denn nach den „Grundsätzen-Leben" steht einem ausgleichsberechtigten Lebensversicherungsvertreter bzw. seinen Erben ein Ausgleichsanspruch nur insoweit zu, als in seinem Bestande *dynamisierte* Lebensversicherungsverträge enthalten sind. Der Bundesgerichtshof hat die Ausgleichsberechtigung eines Lebensversicherungsvertreters aber keineswegs auf derartige *Dynamisierungsfälle*[12] beschränkt. Im Bereich der Lebensversicherung kann mithin ein Ausgleichsanspruch auch

---

6 Vgl. *Höft,* ZVersWiss 1976 S. 439, 446, 451; ebenso *OLG Frankfurt,* 30.6.00 – 10 U 217/99 n.v. Vgl. auch *Küstner,* VersR 2002, 513 f.
7 Später: Bundesverband bevollmächtigter Generalagenten und Geschäftsstellenleiter der Assekuranz; heute: Bundesverband der Geschäftsstellenleiter der Assekuranz (VGA).
8 Im Jahre 1968 trat auch der jetzt mit dem BVK zusammengeschlossene Verband der Versicherungskaufleute, Hamburg (VVK) den „Grundsätzen" bei. Der Wirtschaftsverband Versicherungsvermittlung (WVV), Berlin, der als Regionalverband selbst nicht Partner der die „Grundsätze" tragenden Verbände sein kann, hat erklärt, dass er seinen Mitgliedern im Einzelfall empfehlen werde, mit der Errechnung der Ausgleichsansprüche nach den „Grundsätzen" einverstanden zu sein. Vgl. Geschäftsbericht des Gesamtverbandes der Versicherungswirtschaft 1967/68 S. 87.
9 Neueste Fassung abgedruckt im Anhang Nr. 2 und bei *Höft,* ZVersWiss. 1976 S. 439, 468.
10 Fundstellen und weitere Nachweise bzgl. weiterer Rechtsprechung vgl. Rz. 923, 984 sowie *Höft,* ZVersWiss. 1976 S. 439, 453.
11 Näheres bei *Höft,* ZVersWiss. 1976 S. 439, 456, 459; *Garbe,* VersVerm 1976 S. 153 („Grundsätze-Leben") und VersVerm 1977 S. 1 („Grundsätze-Kranken").
12 *Höft,* ZVersWiss 1976 S. 439, 453; zur Problematik der Anpassungsklauseln in der Krankenversicherung *Küstner,* BB 1975 S. 434, 495 f.

dann entstehen, wenn *ohne Vereinbarung einer Dynamisierungsklausel* Vertragserweiterungen und Summenerhöhungen erfolgen, die nach den vom Bundesgerichtshof in seinem Urteil vom 23.2.1961 entwickelten Grundsätzen auf die bis zur Vertragsbeendigung erfolgreich ausgeübte Vermittlungstätigkeit des Vertreters zurückzuführen sind und mithin in einem *engen wirtschaftlichen Zusammenhang* mit dem *ursprünglichen Erstvertrage* stehen und aus diesem Vertrage *hervorgegangen* sind[13]. In den danach erst 1984 vereinbarten „Grundsätzen im Bausparbereich" hat man demgegenüber der Rechtsprechung des Bundesgerichtshofs in vollem Umfange Rechnung getragen.

Voraussetzung für einen *ausgleichspflichtigen Tatbestand* ist stets, dass das Wirksamwerden der Anpassungsklauseln für das Versicherungsunternehmen zu einem grundsätzlich zu *verprovisionierenden Neugeschäft*[14] führt. Daran fehlt es, wenn mit der Anpassungsklausel lediglich die Wiederherstellung des ursprünglichen versicherungsvertraglichen *Verhältnisses von Leistung und Gegenleistung* bezweckt wird, wodurch naturgemäß die Entstehung eines Ausgleichsanspruchs ausgeschlossen ist[15] An einem ausgleichspflichtigen Tatbestand fehlt es trotz vereinbarter Anpassungsklauseln des Weiteren aber auch dann, wenn kraft vertretervertraglicher Vereinbarung den später erfolgenden Anpassungen bereits durch eine *erhöhte Erstprovision* Rechnung getragen wurde, sodass auf diese Weise die mit jedem Anpassungsvorgang neu entstehende Provisionspflicht bereits in Form einer *Einmalvergütung gewissermaßen vorweggenommen* wurde.[16]

1844

Die „Grundsätze-Leben"[17], die, wie erwähnt, ausschließlich für sog. *dynamische Lebensversicherungen* und die „Grundsätze-Kranken"[18], die nur für die sog. *Aufstockungsfälle* in der privaten Krankenversicherung gelten, wurden ebenfalls vom Gesamtverband der Deutschen Versicherungswirtschaft (GDV), dem VGA und dem BVK erarbeitet und vereinbart. Sie sind weitgehend nach dem *Vorbild der seit Jahren bewährten „Grundsätze-Sach"* gestaltet worden und folgen deren Gesamtkonzeption.

1845

---

13 Ein einprägsames Beispiel für einen solchen Sachverhalt bietet die nachträgliche Erhöhung einer abgeschlossenen Erbschaftssteuerversicherung, wenn diese Erhöhung nach der Vertragsbeendigung erfolgt; vgl. dazu das Beispiel bei Küstner,VersR 2002, 513, 523.
14 Ebenso *Höft*, ZVersWiss 1976 S. 439 ff.
15 Das ist im Bereich der Krankenversicherung nur bei den sog. *Aufstockungsfällen,* nicht aber beim Wirksamwerden von *Leistungs-* oder *Beitragsanspassungsklauseln* der Fall; Näheres bei *Küstner,* BB 1975 S. 493, 498 und unten Rz. 2012 ff.
16 *Höft*, ZVersWiss 1976 S. 439, 457 zu V b, bb) und VersR 1967 S. 524, 533 li. Sp.; vgl oben Rz. 939, 945 und Wortlaut der „Grundsätze-Leben", Ziffer I 1 (vgl. Anhang Nr. 3).
17 In Kraft getreten am 1. Januar 1976. Diese „Grundsätze-Leben" sollen im gegenseitigen Einvernehmen 3 Jahre nach ihrer Vereinbarung überprüft werden. Mangels Kündigung mit Jahresfrist zum Ablauf dieser 3 Jahre verlängert sich die Geltungsdauer um jeweils weitere 2 Jahre.
18 In Kraft getreten am 1. November 1976. Diese „Grundsätze-Kranken" wurden mit Wirkung vom 1.11.1982 teilweise neu gefasst, vgl. VersVerm 1982 S. 441 und VW 1982 S. 1482. Inzwischen sind die „Grundsätze-Kranken" auch in der Rechtsprechung anerkannt, vgl. *ArbG Freiburg,* rechtskräftiger Beschl. vom 30.3.1978 – 1 Ca 409/77 – VW 1978 S. 868. Das Gericht stellte in einer Armenrechtssache fest, dass infolge gegenzurechnender Altersversorgung „von vornherein nur ein Betrag zuzusprechen wäre, der die von der Beklagten (nach den „Grundsätzen-Kranken") errechneten 3100 DM (heute 1550 €) in keinem Fall übersteigen könnte".

XVIII Bedeutung der „Grundsätze" in der Versicherungswirtschaft

1846 Am 27.8.1984 wurden dann auch für den ***Bausparbereich*** „Grundsätze" vereinbart, die am 1.10.1984 in Kraft traten. Vertragspartner waren hier der Bundesverband Deutscher Versicherungskaufleute (BVK) und der Verband der Privaten Bausparkassen sowie die Bundesgeschäftsstelle der Landesbausparkassen. Damit wurde nun auch im Bausparbereich eine den Interessen aller Beteiligten in hohem Maße gerecht werdende Berechnungsbasis erarbeitet, die längst überfällig war. Denn gerade im Bausparbereich war die vom Bundesgerichtshof erstmals in seinem Urteil vom 23.2.1961[19] behandelte Problematik der ausgleichsrechtlichen Erfassung des Folgegeschäfts im Hinblick auf Vertragserweiterungen und Summenerhöhungen praktisch in jedem Ausgleichsfalle zu entscheiden, was erfahrungsgemäß die Beteiligten – und nicht zuletzt auch die Rechtsprechung – oft vor nahezu unlösbare Schwierigkeiten stellte[20].

1847 In der ***Verkehrsservice-Versicherung***[21], die in den „Grundsätzen-Sach" bisher nicht berücksichtigt worden war, ist mit Wirkung vom 1.11.1985 zwischen dem Gesamtverband der Deutschen Versicherungswirtschaft einerseits und den Außendienstverbänden andererseits Einvernehmen darüber erzielt worden, dass die Ausgleichsansprüche in dieser Sparte nach den für die ***Rechtsschutzversicherung*** geltenden Vorschriften der „Grundsätze-Sach" berechnet werden. Allerdings gilt für den Ausgleichsanspruch in der Verkehrsservice-Versicherung die Besonderheit, dass anstelle der in Ziff. I der „Grundsätze-Sach" vorgesehenen 50% (Rechtsschutzversicherung) lediglich ein Ausgleichswert von 25% in Ansatz gebracht wird.

1848 Schließlich haben die Außendienstverbände und der GDV mit Wirkung ab 1.11.1990 vereinbart, dass auch im Bereich der ***Vertrauensschaden-*** und ***Kautionsversicherung***[22] entstehende Ausgleichsfälle analog zu den „Grundsätzen" geregelt werden. Beide Sparten waren bisher in den „Grundsätzen-Sach" nicht enthalten, sodass zwischen den Beteiligten Meinungsverschiedenheiten entstanden waren, ob und in welcher Höhe ein Ausgleichsanspruch in diesen Sparten entstehen könne. Nach der erwähnten Vereinbarung ist der Ausgleichsanspruch in der ***Vertrauensschadenversicherung*** nach dem in den „Grundsätzen-Sach" vorgesehenen Schema für Haftpflichtversicherungen zu berechnen, also mit einem Ausgleichswert[23] gem. Ziff. I 3 von 50%. In der ***Kautionsversicherung*** soll die Berechnung nach einem Ausgleichswert gem. Ziff. I 3 der „Grundsätze-Sach" von 40% und mit der Maßgabe durchgeführt werden, dass als Berechnungsbasis für den Ausgleichswert die während der letzten drei Tätigkeitsjahre des Vertreters ratierlich gezahlten Provisionen für abgerufene Bürgschaften herangezogen werden.

1849 Im Zusammenhang mit der Erläuterung der „Grundsätze" sei darauf hingewiesen, dass inzwischen (bis Ende 1999) die Zahl der abgewickelten Ausgleichs-

---

19 *BGH,* 23.2.1961 und die danach ergangene einschlägige Rechtsprechung, vgl. oben Rz. 923 und die dort in Fn. 346 zitierte Rechtsprechung.
20 Näheres oben Rz. 814 ff.
21 Einzelheiten unten in Rz. 1984 Beispiel 8 und bei *Schäfer,* VersVerm 1985 S. 543, wo auch das Bestätigungsschreiben des Gesamtverbandes vom 19.11.1985 abgedruckt ist.
22 Vgl. Rundschreiben GDV vom 13.11.1990, VersVerm 1991 S. 15.
23 Zum Ausgleichswert vgl. unter Rz. 1900 ff.

fälle auf über 52000 angestiegen ist. Diese Angabe beruht auf einer vom GDV durchgeführten Erhebung. Damit hat sich die Zahl der geregelten Ausgleichsfälle gegenüber dem Zeitraum 1984 bis 1987 weiter erhöht. Aus dem Quartalsbericht[24] des GDV ergibt sich, dass sehr viele Ausgleichsansprüche mit dem Multiplikator 5 (über 20-jährige Tätigkeit) abgerechnet wurden, woraus sich ergebe, dass die Ausgleichsansprüche praktisch mehrerer Vertretergenerationen dem Berechnungsschema der „Grundsätze" unterliegen. Auch die durchschnittliche Höhe der erbrachten Ausgleichszahlungen (unter Einbeziehung der anstelle des Ausgleichsbetrages gezahlten Altersversorgung) hat sich wiederum erhöht.

II. Zweck der „Grundsätze"

Zweck der „Grundsätze-Sach, -Leben und -Kranken" und der „Grundsätze" für den Bausparbereich ist es, *„die Höhe des nach Auffassung der beteiligten Kreise angemessenen Ausgleichs global zu errechnen"*. Dabei wurde eine wirtschaftlich sinnvolle Befriedigung der Ausgleichsansprüche von Versicherungs- und Bausparkassenvertretern angestrebt. Dass die Grundsätze teilweise **Kompromisscharakter** haben, kann im Hinblick auf die oft widerstreitenden Interessen der beteiligten Kreise nicht verwundern. Gerade deshalb können die Grundsätze nur als einheitliches Ganzes aufgefasst und angewendet werden. Alle Einzelbestimmungen stehen in so engem Zusammenhang, dass die Höhe eines Ausgleichsanspruches nur unter Anwendung sämtlicher in Betracht kommender Einzelbestimmungen errechnet werden darf[25]. Das schließt indessen nicht aus, dass etwa Billigkeitsgesichtspunkte als Korrektiv in die Ausgleichsberechnung einfliessen können, zumal diese im Text der einzelnen Grundsätze nicht angesprochen wurden[26]. 1850

Von den für die Anwendung der *„Grundsätze" maßgebenden Voraussetzungen* ist übereinstimmend für alle drei Sparten der in der Versicherungswirtschaft maßgeblichen „Grundsätze" in Absatz 3 der Präambel die Rede, wo es heißt, dass vor Anwendung der Grundsätze zu prüfen sei, ob die rechtlichen Voraussetzungen für die Entstehung eines Ausgleichsanspruchs vorliegen. So kommt in der Präambel klar zum Ausdruck, dass der Ausgleichsanspruch nur von einem *hauptberuflichen* Vertreter oder von dessen *Erben* erhoben werden kann. Daraus folgt, dass die „Grundsätze" entsprechend den gesetzlichen Bestimmungen *nicht für nebenberufliche Vertreter* und nicht für *Versicherungsmakler* gelten. Betreibt der Inhaber einer Maklerfirma völlig unabhängig vom Maklergeschäft eine Generalagentur als Zweitfirma, so kann insofern allerdings ein Ausgleichsanspruch entstehen, dessen Höhe dann nach den „Grundsätzen" zu errechnen ist[27]. 1851

---
24 Vgl. Quartalsbericht GDV IV/92 S. 206.
25 *Garde*, VW 1956 S. 100. Vgl. auch *Höft*, RVR 1970 S. 119, 123 f.
26 Zur Bedeutung des Billigkeitsgrundsatzes vgl. oben Rz. 1044 und in diesem Kapitel Rz. 2090.
27 Die mitunter verwendete Bezeichnung „Makleragent" ist in sich widersprüchlich.

XVIII Bedeutung der „Grundsätze" in der Versicherungswirtschaft

1852 Durch die Erarbeitung und Anerkennung der „Grundsätze" haben sich die beteiligten Verbände verpflichtet, ihren Mitgliedern zu *empfehlen*, Ausgleichsansprüche auf der Grundlage der in den „Grundsätzen" niedergelegten Vereinbarungen abzuwickeln[28]. Eine außerhalb der „Grundsätze" vorgenommene Ausgleichsberechnung würde aber dem Geist der „Grundsätze" widersprechen, weil gerade in den „Grundsätzen" *zum Ausdruck kommt*, was die *beteiligten Verbände als angemessenen Ausgleich ansehen*. Eine außerhalb der „Grundsätze" vorgenommene Ausgleichsberechnung sollte dementsprechend eine absolute *Ausnahme*[29] darstellen, weil – wie auch die nachfolgenden Beispiele zeigen – die „Grundsätze" im Einzelfall zu durchaus zu zufriedenstellenden Ergebnissen führen, und zwar auch in außergewöhnlich gelagerten Sonderfällen.

1852a Leider wird das aber oft nicht anerkannt, worauf ich schon im Vorwort nachdrücklich hingewiesen hatte. Seit rund 12 Jahren wird von Seiten der ausgleichsberechtigten Versicherungsvertreter immer wieder von neuem intensiv der Streit gesucht, nachdem vorher jahrelang mehr oder weniger prozessuale Ruhe herrschte. Unter Ablehnung der Grundsätze, die die Vertreter angeblich benachteiligen[29a], werden immer wieder weit überzogene Ausgleichsforderungen allein auf der Grundlage der gesetzlichen Bestimmungen gerichtlich geltend gemacht. Dabei werden unter gravierender Verkennung der ausgleichsrechtlichen Unterschiede, die zwischen Warenhandelsvertretern einerseits und Versicherungs- und Bausparkassenvertretern andererseits herrschen, die auch durch die Verweisungsvorschrift in § 89b V nicht eindeutig klargestellt wurden, geradezu utopische Beträge eingeklagt. Diese prozessualen Auseinandersetzungen enden allerdings nahezu ausnahmslos erfolglos. Als Grundlage für diese Forderungen wird im Wesentlichen folgendes vorgetragen:

- Es wird behauptet, die Anwendung der Grundsätze führten zu einer Benachteiligung des Vertreters.
- Es wird (infolge der insoweit nicht eindeutigen Regelung in § 89b V) behauptet, dass ebenso wie bei Warenhandelsvertretern der § 89b im Rahmen der Ausgleichshöchstgrenze auch die Verluste aus künftig zustande kommenden Geschäften umfassten, und der Ausgleich stelle eine Vergütung für einen vom Vertreter aufgebauten Kundenstamm dar.
- Auch 95% der dem Versicherungsvertreter zugeflossenen Bestandspflegeprovisionen seien als Vermittlungs- oder Abschlussprovisionen anzusehen.

---

28 VW 1963 S. 252.
29 Vgl. dazu die Hinweise in Fn. 32 zu Rz. 1855.
29a Dazu *Küstner*, VersR 2002, 513 ff. sowie *LG Frankfurt* – 3/9 O 47/99, Urteil v. 2.5.2001 n.v. (Berufungsverfahren läuft); *LG Hannover* – 21 O 2196/99, Urteil v. 28.5.2001, vom Berufungsgericht bestätigt: *OLG Celle*, 16.5.2002 – 11 U 193/01, VersR 02, 976 m. Anm. *Küstner*, VW 2002, 1102 u. VersR 2002, 980 und *Thume* VersR 2002, 981; Nichtzulassungsbeschwerde beim BGH erfolglos eingelegt, *BGH*, B. v. 6.5.2003 – VIII ZR 164/02; *LG Münster* – 25 O 204/00, Urteil v. 29.8.2002, vom Berufungsgericht bestätigt: *OLG Hamm* – 35 U 18/02, Urteil v. 29.1.1993 m. Anm. *Küstner*, VW 2003. *LG Osnabrück* – 15 O 615/00, Urteil v. 10.8.2001, Berufung läuft; *LG Köln* – 2 O 305/99, Urteil v. 9.1.2003, es erging Klagabweisung, besprochen von *Küstner* in VW 2003, 284.

- Dies führe naturgemäß – noch dazu in Verbindung mit teilweise jahrzehntelangen Prognosezeiträumen – zwangsläufig zu sehr hohen Rohausgleichsbeträgen.
- Diese Thesen werden mit unsinnigen Begründungen, etwa unter Hinweis auf § 87b III und § 4 Ziff. 1 UStG versehen, die aber bisher, soweit ersichtlich, von den Gerichten auch nicht akzeptiert werden.

Kein Wunder, dass in den letzten 12 Jahren – nach anfänglich wohl aus Unsicherheit der beklagten Unternehmen abgeschlossene Vergleiche – die geltend gemachten Ansprüche zur Klagabweisung führten.

Im Übrigen werden die „Grundsätze" regelmäßig auch dann angewendet, wenn es sich um Ausgleichsansprüche von Versicherungsvertretern handelt, die nicht Mitglieder der beteiligten Vertreterverbände sind. Die Vereinbarung der „Grundsätze" hat also nicht zu einer unterschiedlichen Behandlung von Versicherungsvertretern geführt, je nachdem, ob sie einem Verband angehören oder nicht. **1852b**

Schließlich sei vermerkt, dass nicht selten – bewusst oder unbewusst – in der Praxis übersehen wird, dass durch die „Grundsätze" *Probleme ausgeklammert* wurden, die in der Praxis in den ersten Jahren seit Bestehen der Neuregelung des § 89b HGB *ständig zu Meinungsverschiedenheiten* zwischen den Parteien führten. Das gilt insbesondere für die immer wieder streitige Frage der zutreffenden Abgrenzung zwischen Vermittlungsprovisionen einerseits und Verwaltungsprovisionen andererseits, welch Letztere nur im Rahmen der Höchstgrenzenberechnung gem. § 89b Abs. 2 in Ansatz gebracht werden können, aber nach Abs. 1 von den allein ausgleichsfähigen Vermittlungsprovisionen *abzugrenzen* sind. Gerade zahlreiche Prozesse, die in den letzten Jahren außerhalb der „Grundsätze" geführt wurden, zeigen mit aller Deutlichkeit, welche Schwierigkeiten seit jeher diese Abgrenzung bereitet, wenn die Ausgleichsberechnung allein auf der Grundlage der gesetzlichen Regelung erfolgt[29a]. **1853**

III. Rechtsnatur der „Grundsätze"

Ihrem Rechtscharakter nach sind die „Grundsätze" deshalb als *empfehlende Vereinbarungen* anzusehen[30], durch die die einzelnen Verbandsmitglieder allerdings in keiner Weise berechtigt oder verpflichtet werden können. Deshalb können die „Grundsätze" auch nicht als Vertrag zu Gunsten Dritter bestimmt werden. Denn die Verbände als Partner der Vereinbarung über die „Grundsätze" sind gar nicht in der Lage, ihren Verbandsmitgliedern mit den „Grundsätzen" unmittelbare Ansprüche einzuräumen[31]. **1854**

---
30 *OLG Köln*, 5.6.1974, BB 1974, S. 1093 = DB 1974 S. 1091 = VersR 1974 S. 995 = VersVerm 1974 S. 392; vgl. auch *OLG Frankfurt*, 21.11.1995 – 8 U 110/95, NJW-RR 1996, 548 und 30.6.2000 – 10 U 217/99, n.v. Ebenso *Löwisch*/EBJ-HGB, § 89b Rz. 154.
31 So *Schröder*, § 89b Rz. 43; Kritik dazu bei *Höft*, RVR 1970 S. 119, 123; a.M. aber *BAG*, 21.5.1985, DB 1986 S. 919, 920 zu III 2, das die aus den „Grundsätzen" resultierende Ausgleichsberechtigung aus dem Gesichtspunkt des Vertrages zu Gunsten Dritter herleitet; vgl. *Martinek*, F. für Lüke 1997, 409, 411 und *OLG Hamburg*, 17.2.1970, BB 1970, 228.

XVIII Bedeutung der „Grundsätze" in der Versicherungswirtschaft

1855 Wird die Klagebefugnis eines Versicherungsvertreters, der Mitglied eines der beteiligten Verbände ist, durch die „Grundsätze" nicht eingeschränkt[32], fragt sich aber gleichwohl, ob die Anwendung der „Grundsätze" bei einer *gerichtlichen Auseinandersetzung* über den vom Vertreter als Kläger geforderten Ausgleich ausgeschlossen ist, oder ob die *„Grundsätze" als Handelsbrauch* anzuerkennen oder zumindest mit Rücksicht auf die *Erfahrungswerte bei der Ausgleichsberechnung* zu berücksichtigen sind, die sich in ihnen niedergeschlagen haben. Geht man davon aus, dass mit der Vereinbarung der „Grundsätze" und ihrer empfohlenen Anwendung nichts anderes bezweckt wurde, als den für die Berechnung des einem Versicherungsvertreter zustehenden Ausgleichsanspruchs nach § 89b maßgeblichen *unbestimmten Rechtsbegriff des „angemessenen Ausgleichs" auf Grund von Erfahrungswerten* auszufüllen, kann der *Charakter der „Grundsätze" als Handelsbrauch* nicht an der Überlegung scheitern, dass sich ein Handelsbrauch nicht gegen zwingendes Recht bilden könne[33]; denn es handelt sich hier gar nicht darum, einen bestehenden Anspruch durch Vereinbarungen auszuschließen oder hinsichtlich seiner Höhe einzuschränken. Mit Recht hat Martin[34] bemerkt, dass deshalb die „Grundsätze" als *Ausdruck der Vorstellungen der beteiligten Wirtschaftskreise* zur Höhe eines angemessenen Ausgleichs „nicht einem nach dem Gesetz berechneten Ausgleichsbetrag gegenübergestellt und mit ihm verglichen werden können", weil der nach den „Grundsätzen" errechnete Betrag selbst den nach § 89b Absatz 4 als unabdingbar geschuldeten Betrag darstelle[34a].

---

32 Als Beispiel sei auf die unveröffentlichten Urteile des *OLG München* vom 10.3.1993–7 U 5352/92 und des *Landgerichts München* vom 21.3.1990–10 HKO 26 104/87 – verwiesen, die sich ausführlich mit der auf der Grundlage des Gesetzes vorzunehmenden Ausgleichsberechnung eines Versicherungsvertreters befassten. Auf Einzelheiten kann hier nicht eingegangen werden; folgende Fragen wurden ausführlich erörtert: Ausschließlichkeitsbindung, mangelnde Vereinbarung der Anwendung der „Grundsätze", Entwicklung des Gesamtbestandes, automatische Vertragsverlängerungen, Dauer des Prognosezeitraums (hier 5 Jahre), Unterscheidung zwischen Abschlussfolgeprovisionen und Verwaltungsanteilen, Einführung des Zentralinkassos, Bestandpflegeprovisionen, Berücksichtigung von Untervertreter-Provisionen, Verlustberechnung, Abwanderungsquote, Betriebskosten des Klägers (Versicherungsvertreter), Gewährung von Zuschüssen zur Altersversorgung unter Billigkeitsgesichtspunkten, Billigkeitsabschlag, Berechnung der Höchstgrenze.

33 So *OLG Köln* a.a.O. und *OLG Frankfurt*, 17.2.1970, BB 1970 S. 228 = DB 1970 S. 482 = NJW 1970 S. 814 = VersR 1970 S. 271; vgl. dazu die Anm. von *Martin*, VersR 1970 S. 796; zur Bildung von Handelsbrauch gegen zwingendes Recht vgl. *Ratz*, RGRK-HGB, 3. Auflage, § 346 Anm. 47. Immerhin verdient es in Erinnerung gerufen zu werden, dass ein Handelsbrauch lediglich eine allgemeine, also nahezu ausnahmslos befolgte tatsächliche Übung voraussetzt, eine gewisse Dauer und eine freiwillige Anerkennung der beteiligten Verkehrskreise; vgl. dazu *Thume*, BB 2002, 1325, 1327 zu V unter Hinweis auf RG, 10.1.1925 – I 106/24, RGZ 110, 47, 48; 19.5.1026 – I 309/25, RGZ 114, 9, 12; *BGH*, 25.11.1003 – VII ZR 17/93, NJW 1994, 659; *BGH*, 4.4.1973 – VIII ZR 191/72, WM 1973, 677 und 25.1.1984 – VIII ZR 38/83, WM 1984, 1000; *Canaris*, Handelsrecht, 23. Aufl. § 24 Rz. 5; *Karsten Schmidt*, Handelsrecht, 5. Aufl. § 1 III 3; *Ruß* in Heidelberger Kommentar zum HGB, 5. Aufl. 1999, § 346 HGB Rz. 1; *Schlegelberger/Hefermehl*, HGB 5. Aufl. 1973–1992, § 346 HGB, Rz. 8; *Kort*/EBJ-HGB § 346 HGB, Rz. 6.

34 *Martin*, VersR 1970 S. 796 in Anm. zu *OLG Frankfurt*, 17.2.1970 a.a.O. Fn. 33; vgl. auch *Martin*, VW 1974 S. 462.

34a Mit Recht hat deshalb auch *Loewisch* in EBJ-HGB § 89b Rz. 155 festgestellt, dass die „Grundsätze" durch Vereinbarung zwischen den Parteien verbindlich würden und dass Beden-

A. Anlass, Zweck und Rechtsnatur der Grundsätze **XVIII**

In der Rechtsprechung[35], aber auch im Schrifttum[36], werden die „Grundsätze" **1856**
folgerichtig weitgehend auch als *Handelsbrauch* anerkannt. Soweit das nicht
der Fall ist[37], sieht aber die Rechtsprechung in den „Grundsätzen" *berücksichtigungsfähige Erfahrungswerte*[38], die bei der Ausgleichsberechnung als
Schätzungsgrundlage[38a] heranzuziehen sind. Zumindest aber werden die
„Grundsätze" bei der Urteilsfindung als *Schätzungsgrundlage herangezogen*[39].
Das OLG Düsseldorf[40] hat sogar die *„maßgebliche Bedeutung"* der „Grundsätze" hervorgehoben und festgestellt, dass sie die *„Vermutung der grundsätzlichen Richtigkeit und Billigkeit"* für sich hätten. In gleicher Weise hat sich
auch der Gesamtverband der Deutschen Versicherungswirtschaft in einem
Rundschreiben vom 13.5.1994 geäußert. Dort ist festgestellt worden, in die
„Grundsätze" seien *Erfahrungswerte vieler Praktiker und Fachleute* eingeflossen, sodass die Berechnungsschemata sowohl aus Sicht der Vermittler als auch
aus Sicht der Versicherer stets zu vernünftigen ausgewogenen Ergebnissen führten. Ihre „Nichtanwendung würde erhebliche Problemstellungen aufzeigen, da

---

    ken gegen eine Vereinbarung bei Vertragsbeginn nicht bestünden; vgl. auch *OLG Frankfurt*, 30.6.2000 – 10 U 217/99, n.v., mit Anm. *Müller-Stein* VW 2001, 1048; in diesem Urteil wird auch festgestellt, dass auch ohne ausdrückliche Vereinbarung die „Grundsätze" Vertragsinhalt werden, wenn beispielsweise der klagende Versicherungsvertreter in der Klageschrift die Auffassung vertritt, dass die vom Unternehmen vorgenommene Berechnung auf der Grundlage der „Grundsätze" zutreffe.
35 *OLG München*, 21.12.1973, VersR 1974 S. 288; *LG Nürnberg*, 30.9.1975, VersR 1976 S. 467 = VW 1976 S. 518; *LG München*, 10.3.1975, VersR 1975 S. 736; *LG Wiesbaden*, 21.11.1974, VersR 1975 S. 145 = VW 1974 S. 1492; *LG Frankfurt*, 19.9.1974, VW 1974 S. 1280 unter ausdrücklicher Ablehnung des Urteils des *OLG Frankfurt* vom 17.2.1970 (Fn. 33); *LG München*, 4.7.1974, VersR 1975 S. 81; *LG München*, 22.3.1973–4 HK O 292/72 - unveröffentlicht; *LG Hamburg*, 1.7.1971, VersR 1972 S. 742 = VW 1972 S. 911 unter ausdrücklicher Ablehnung des *OLG Frankfurt*, 17.2.1970 (Fn. 33), vgl. dazu die Anmerkung von *Martin*, VersR 1972 S. 743 und *Theda*, VersVerm 1972 S. 258; *ArbG Bayreuth*, 26.9.1972 – Ca 122/72 – unveröffentlicht, Hinweis in VW 1972 S. 1590. Vgl. auch *Oswald*, VersR 1979 S. 509; anderer Auffassung aber: *OLG Frankfurt*, Urteile vom 17.2.1970 a.a.O. und von 22.10.1985, BB 1986 S. 896 = DB 1986 S. 687 – VersR 1986 S. 388 = VW 1986 S. 750 (vgl. zu dem letztgenannten Urteil *anonym*, VW 1986 S. 750 und *Schäfer*, VersVerm 1986 S. 280).
36 Ausführlicher dazu *Thume*, BB 2002, 1325; *Martin*, VersR 1970 S. 796; *ders.*, VW 1974 S. 462; *Theda*, VersVerm 1972 S. 258; *Oswald*, VersR 1979 S. 509; vgl. auch *Brüggemann*, § 89 b, Rz. 140.
37 Vgl. etwa *Martinek*, a.a.O. (Fn. 31).
38 *BAG*, 21.5.1985, DB 1986 S. 919, 920 zu III 2 = VersVerm 1986 S. 227 = IHV 1986 Heft 5 S. 16 – BB 1986 S. 1017 (nur LS); *OLG Hamburg*, 26.3.1992, VersR 1993 S. 476; *OLG Frankfurt*, 9.5.1986, VW 1986 S. 894 = VersVerm 1986 S. 476 (vgl. dazu *Schäfer*, VersVerm a.a.O.), entgegen der vom gleichen Gericht im Urteil vom 22.10.1985 (BB 1986 S. 896 = DB 1986 S. 867 = VersR 1986 S. 388 = HVR Nr. 612) vertretenen gegenteiligen Auffassung; *OLG Düsseldorf* 4.7.1979, VersR 1979 S. 837 = VW 1979 S. 1070; *LG München*, 10.5.1988, VersR 1988 S. 1069; *LG Düsseldorf* Urteile vom 5.3.1981, VersR 1981 S. 979 und vom 5.10.1979, VersR 1980 S. 186; *LG Hannover*, Urteile vom 4.7.1979, VW 1979 S. 1270, vom 16.11.1976, VW 1978 S. 558 und vom 4.3.1976, BB 1976 S. 664 mit Anm. *Küstner; LG Stuttgart*, 23.9.1974, VersR 1975 S. 1004, 1005 = VW 1974 S. 1280. Vgl. auch die Rechtsprechungszusammenstellung in VW 1986 S. 750, sowie *Baumbach/Duden/Hopt*, § 89 b Anm. 6 C und *Brüggemann*, § 89 b Rz. 140.
38a So auch *LG Köln*, 4.7.1997 – 82 O 222/93 n.v. mit Anm. *Küstner*, VW 1997 S. 1166.
39 *LG Hannover*, 4.3.1976, BB 1976 S. 664 mit Anm. *Küstner; AG München*, 19.1.1979, VW 1980 S. 977; *LG Köln*, 4.11.1982, VW 1983 S. 250; *OLG Düsseldorf* vgl. Fn. 8.
40 A.a.O. (Fn. 38).

XVIII Bedeutung der „Grundsätze" in der Versicherungswirtschaft

die unbestimmten Rechtsbegriffe des § 89b HGB gegen den ‚Handelsbrauch' neu ausgelegt werden müssten, zumal auch die Rechtsprechung die ‚Grundsätze' als Handelsbrauch anerkannt oder als zu berücksichtigende Erfahrungswerte bei der Berechnung des Ausgleichsanspruchs stets herangezogen hat. Die ‚Grundsätze' bieten eine praktikable Lösung zur Erreichung eines ‚angemessenen Ausgleichs'."

1857 Im Jahre 1985 hatte allerdings der 5. Senat des Oberlandesgerichts Frankfurt[41] durch sein Urteil vom 22.10.1985 in diesem Zusammenhang für eine gewisse Unruhe gesorgt, weil er die in einem Versicherungsvertretervertrag vereinbarte Anwendung der „Grundsätze" für die Abwicklung von Ausgleichsansprüchen für **unwirksam** gehalten und in der Vereinbarung einen **Verstoß gegen den Unabdingbarkeitsgrundsatz** des § 89b Absatz 4 Satz 1 gesehen hatte. Es hatte ausgeführt, dass diese Rechtslage auch nicht durch eine Qualifizierung der „Grundsätze" als Handelsbrauch umgangen werden könne, denn ein *Handelsbrauch könne sich nicht gegen zwingendes Recht* bilden. Auch als *„Erfahrungswerte kompetenter Sachkenner"* könnten die „Grundsätze" nicht angesehen werden, weil damit „nur andere Worte gewählt würden, um dem Satz zu entgehen, Handelsbräuche hätten gegenüber zwingendem Recht keine Geltung".

1858 Angesichts dieses Urteils war befürchtet worden, dass möglicherweise eine Tendenzwende in der Rechtsprechung eintreten könne. Diese Befürchtungen dürften aber schon deshalb nicht gerechtfertigt sein, weil in einem weiteren Urteil vom 9.5.1986[42] der 10. Zivilsenat desselben Gerichts ausdrücklich festgestellt hat, dass es sich bei den *„Grundsätzen"* zwar nicht um einen Handelsbrauch handele, dass sie wohl aber als *„Erfahrungswerte der in Betracht kommenden Wirtschaftskreise, die im Rahmen einer Schätzung nach § 287 ZPO* berücksichtigt werden können", anzusehen seien[43]. Auf ihren Charakter als Handelsbrauch kommt es daher letztlich gar nicht so entscheidend an. Denn wenn die „Grundsätze" als Erfahrungswerte zu berücksichtigen sind, kann in der Praxis die Abwicklung von Ausgleichsfällen ohne die „Grundsätze" nicht vorgenommen werden, wenn in einem Rechtsstreit ein Ausgleichsanspruch allein auf Grund der gesetzlichen Bestimmungen zu berechnen ist[44]. Eine **Nichtberück-**

---

41 *OLG Frankfurt,* 22.10.1985, a.a.O. (vgl. Fn. 38).
42 *OLG Frankfurt,* 9.5.1986, a.a.O. (vgl. Fn. 38).
43 Zur Bedeutung der „Grundsätze" als Erfahrungswerte und Schätzungsgrundlagen gem. § 287 ZPO vgl. oben Rz. 1856.
44 Der *Bundesgerichtshof* hat in seinem Urteil vom 21.5.1975, VersR 1975 S. 807, die Frage des Handelsbrauchs der „Grundsätze" offen gelassen, aber festgestellt, dass die „Grundsätze" weitgehend von den gesetzlichen Voraussetzungen ausgingen; vgl. aber *BGH,* 19.11.1970 zu I 4 der Gründe, BGHZ 55, 45 = BB 1971 S. 105 = DB 1971 S. 185 = HVR Nr. 425 = HVuHM 1971 S. 231 = NJW 1971 S. 462 = VersR 1971 S. 265 mit Anm. *Höft.* Das *OLG Celle,* 27.5.1977–11 U 106/76 – unveröffentlicht (Berufungsurteil zu *LG Hannover,* 4.3.1976 a.a.O.; der *Bundesgerichtshof* hat die Annahme der vom Kläger eingelegten Revision durch Beschluss von 2.6.1978 abgelehnt), hat die Problematik des Handelsbrauchs ebenfalls nicht entschieden, weil sich auch bei unmittelbar nach § 89b erfolgter Ausgleichsberechnung kein höherer Ausgleich ergab; *LG Bremen,* 1.7.1975, VersR 1975 S. 1099 hatte die Frage des Handelsbrauchs der Grundsätze ebenfalls nicht zu entscheiden, weil ein höherer als ein nach den „Grundsätzen" sich ergebender Ausgleich nicht begehrt wurde.

sichtigung der „Grundsätze" verbietet sich – jedenfalls im Bereich der Sachversicherung – allein schon deshalb, weil hier seit nunmehr 35 Jahren nahezu sämtliche Ausgleichsfälle unter Anwendung der „Grundsätze-Sach" geregelt werden, was übrigens auch im Hinblick auf die neuen „Grundsätze-Leben" und „-Kranken" zu erwarten sein dürfte[45].

Sehr ausführlich hat sich neuerdings Thume[46] zur Rechtsnatur der „Grundsätze" in dem Sinne ausgesprochen, dass er sie *eindeutig als Handelsbrauch* eingestuft hat. Diese Auffassung hat er daraus hergeleitet, dass angesichts der jahrzehntelangen Praxis und Anwendung der „Grundsätze"[47] diese gewohnheitsmäßige Handhabung über Jahrzehnte sich zu einer *handelsrechtlichen Verkehrssitte* entwickelt habe und so zu einem tatsächlich im Bereich der beteiligten Verkehrskreise geltenden Brauch. Damit lägen alle drei Voraussetzungen vor, welche für die Entstehung eines Handelsbrauchs i. S. d. § 346 HGB nach Rechtsprechung und Literatur erforderlich seien, nämlich

1859

- eine *allgemeine, also nahezu ausnahmslos befolgte tatsächliche Übung*,
- *eine gewisse Dauer und*
- *eine freiwillige Anerkennung der beteiligten Verkehrskreise*[48].

Thume betont, dass diese auf der weit überwiegend unbeanstandet gebliebenen Anwendung in tausenden von Fällen beruhende Rechtsnatur der „Grundsätze" und der ihnen entsprechenden Klauselwerke könnten gelegentlich auftretende Rechtsstreitigkeiten über ihre allgemeine Gültigkeit nicht erschüttern[49]. Auch wenn sich in den letzten Jahren einige Verbandsvertreter gegen den Charakter der „Grundsätze" als Handelsbrauch gewendet hätten, könne dies nach einer so langen Zeitdauer nichts mehr daran ändern, dass die Voraussetzungen eines Handelsbrauchs seit langen Jahren vorgelegen haben und vorliegen.

1860

IV. „Grundsätze" und Rechtsfragen

Die „Grundsätze" regeln keine Rechtsfragen[50]. Aus dem Schlussabsatz aller drei im Bereich der Versicherungswirtschaft maßgeblichen „Grundsätze" geht übereinstimmend hervor, dass die von den beteiligten Verbänden vertretenen

1861

---

45 Zur Häufigkeit der Anwendung der „Grundsätze-Sach" bis 1999 Rz. 1849. Für die Zeit bis Mitte der 70er Jahre vgl. *Höft,* ZVersWiss 1976 S. 439, 449. Danach waren allein in diesem Bereich rund 12 000 Einzelfälle auf der Basis der „Grundsätze" einvernehmlich geregelt worden. Vgl. auch Geschäftsberichte des Gesamtverbandes der Versicherungswirtschaft 1968/69 S. 68 und 1967/68 S. 87.
46 *Thume,* BB 2002, 1325 ff.
47 Zur Anzahl der bis Ende 1999 nach den „Grundsätzen" erledigten Streitfälle vgl. Rz. 45.
48 *RG,* 10. 1. 1925 – I 106/24, RGZ 110, 47, 48; *RG,* 19. 5. 1926 – I 309/25, RGZ 114, 9, 12; *BGH,* 25. 11. 1993 – VII ZR 17/93, NJW 1994, 659; *BGH,* 4. 4. 1973 – VIII ZR 191/72, WM 1973, 677; *BGH,* 25. 1. 1984 – VIII ZR 38/83, WM 1984, 1000; *Canaris,* Handelsrecht, 23. Aufl., § 24 Rz. 5; *Karsten Schmidt,* Handelsrecht, 5. Aufl., § 1 III 3; *Ruß* in Heidelberger Kommentar zum HGB, 5. Aufl., 1999, § 346 HGB Rz. 1; *Schlegelberger-Hefermehl,* HGB, 5. Aufl., 1973–1992, § 346 HGB Rz. 8; *Kort* in *Ebenroth/Boujong/Joost,* § 346 HGB Rz. 6 ff.
49 A. A. aber *OLG Köln,* 5. 6. 1974 – 2 U 93/72, VersR 1974, 995 = BB 1974, 1093.
50 Vgl. dazu VW 1963 S. 252.

XVIII Bedeutung der „Grundsätze" in der Versicherungswirtschaft

Rechtsauffassungen über die Natur und die Auswirkungen des Ausgleichsanspruchs durch die „Grundsätze" nicht berührt werden. Das zeigt, dass durch die Anwendung der „Grundsätze" in erster Linie und im allseitigen Interesse Rechtsstreitigkeiten vermieden werden sollen. Auch hier ist nochmals darauf hinzuweisen, dass die *„Grundsätze", „ausgehend von vorwiegend wirtschaftlichen Erwägungen"*, erarbeitet wurden, um die Höhe eines angemessenen Ausgleichs global errechnen zu können.

1862 Dass die „Grundsätze" nicht Rechtsansichten der beteiligten Kreise wiedergeben, sondern auf Grund wirtschaftlicher Überlegungen im gegenseitigen Einvernehmen zu Stande gekommen sind, ergibt sich aus folgendem Beispiel: In den „Grundsätzen-Sach" (Ziffer I 3) ist vereinbart, dass die Höhe des Ausgleichsanspruchs auf der *Grundlage des gesamten Provisionseinkommens* des Vertreters in der Sach- und HUK-Versicherung errechnet werden soll. Das bedeutet, dass es bei Anwendung der „Grundsätze" dahingestellt bleiben kann, ob in den Folgeprovisionen in jedem Einzelfall noch *Teile nicht ausgleichsfähiger Vergütungen* enthalten sind. Wird ein Ausgleichsanspruch ausnahmsweise außerhalb der „Grundsätze" errechnet, so steht es den Parteien selbstverständlich frei, hierzu ihre eigene Rechtsansicht – etwa unter Zugrundelegung des BGH-Urteils vom 4.5.1959[51], das die *Beschränkung des Ausgleichs auf den Verlust von Vermittlungsprovisionen* festgestellt hatte – zu vertreten und eine gerichtliche Entscheidung herbeizuführen, in der die Frage, welche Provisionen im Einzelfalle ausgleichsfähig sind, geklärt wird.

1863 Bei Anwendung der „Grundsätze-Sach" wird es trotz abweichender Rechtsansichten in Kauf genommen, dass auch solche Provisionen bei der Ausgleichsberechnung berücksichtigt werden, die an sich *nicht ausgleichsfähig* sind. Keineswegs darf aber aus der Tatsache, dass die Versicherer in den „Grundsätzen" aus rein wirtschaftlichen Gründen einer Mitberücksichtigung der in der Sach- und HUK-Versicherung gezahlten Verwaltungsprovisionen bei der Errechnung des Ausgleichsanspruchs zugestimmt haben, der Schluss gezogen werden, die Versicherer hielten diese Verwaltungsprovisionen unter Aufgabe ihres seitherigen Standpunkts auch rechtlich generell für ausgleichspflichtig[52].

1864 Durch die Unterzeichnung der „Grundsätze" wird mithin *keine Bindung der Mitglieder der beteiligten Verbände im Hinblick auf deren Rechtsauffassung* herbeigeführt. Das verkennt das Kammergericht, wenn es in seinem Urteil vom 6.3.1964[53] aus dem Wortlaut der „Grundsätze" Schlüsse auf Rechtsansichten der Versicherer zieht und diese Rechtsansichten dann der im konkreten Fall geäußerten Ansicht des beklagten Versicherungsunternehmens entgegenhält.

1865 Bis zum Schreiben des Gesamtverbandes v. 6.4.1995[53a] hing die Höhe des infolge der Vertragsbeendigung entstehenden Ausgleichsanspruchs davon ab, ob

---
51 VersR 1959 S. 427.
52 *Garde,* VW 1959 S. 100.
53 VersR 1964 S. 1295; wie hier auch die Anmerkung zu diesem Urteil von *Klingmüller,* VersR 1964 S. 1298 zu 5.
53a Abgedruckt im Anhang Nr. 13.

die Vertragsbeendigung im Erlebens- oder im Todesfall erfolgte. Im zuletzt genannten Fall stand den Erben eines verstorbenen Versicherungsvertreters im Unterschied zur Vertragsbeendigung im Erlebensfall ein geringerer Ausgleich zu.

1866 Diese Regelung ließ sich mit den Feststellungen nicht vereinbaren[54], die der Bundesgerichtshof schon in seinem Urteil vom 13.5.1957[55] zum Ausdruck gebracht hatte. In jenem Urteil hatte der Bundesgerichtshof den Ausgangspunkt des Gesetzgebers mit Recht dahingehend interpretiert, dass der Handelsvertreter bei Fortdauer des Vertragsverhältnisses noch eine Gegenleistung für die Vorteile erhalten hätte, die er dem Unternehmer verschafft habe, dass er also mit der Endigung des Vertrages für seine Leistung noch nicht voll abgegolten worden sei. Angesichts dieses *Vergütungscharakters* könne es – abgesehen von den Sonderfällen des § 89b Abs. 3 – bei gleicher Interessenlage aber keinen Unterschied machen, ob der Vertrag *durch Kündigung oder durch Tod* des Handelsvertreters ende; es sei nicht einzusehen, warum der Unternehmer von seiner Verpflichtung beim Tode des Handelsvertreters befreit sein solle. Der Ausgleich habe hier mithin als *Leistungsergebnis des Vertreters seinen Erben* zuzukommen[56].

1867 In diesem Zusammenhang darf aus der Feststellung im Urteil des Bundesgerichtshofs vom 17.11.1983[57] keine unzutreffende Schlussfolgerung gezogen werden. Der Bundesgerichtshof hat in jenem Urteil festgestellt, dass der Ausgleichsanspruch *„unbeschränkt vererblich"* sei. Deshalb könne die Höhe des geschuldeten Ausgleichs nicht davon abhängig gemacht werden, aus welchen Gründen das Vertragsverhältnis ende. Es war bereits in Rz. 270 festgestellt worden, dass zwischen der *unbeschränkten Vererbbarkeit* einerseits und der aus *Billigkeitsgesichtspunkten* gebotenen *Beschränkung des erbberechtigten Personenkreises* andererseits kein Gegensatz bestehe. Denn ein Erbe des verstorbenen Handelsvertreters muss ggf. mit Rücksicht auf seine Beziehung zum Erblasser Billigkeitsgesichtspunkte gegen sich gelten lassen, die die Höhe des Ausgleichs zu mindern geeignet sind. Unter einer *unbeschränkten Vererbbarkeit* des Ausgleichsanspruchs ist zu verstehen, dass der Ausgleich bei einer Beendigung des Vertragsverhältnisses im Todesfall zwar dem Grunde nach den Erben des Handelsvertreters zusteht. Das steht aber nicht zur Feststellung des Bundesgerichtshofs im Widerspruch, dass der Ausgleich im Hinblick auf seine Höhe mit Rücksicht auf den erbberechtigten Personenkreis einer Beschränkung unterliegen kann. Ein dem Grunde nach ausgleichsberechtigter Erbe muss mithin eine auf Billigkeitsgesichtspunkten beruhende Ausgleichsminderung gegen sich gelten lassen. Hat also beispielsweise der Handelsvertreter testamentarisch seine Geliebte als Alleinerbin eingesetzt und damit seine Ehefrau enterbt, die viele Jahre lang sein Büro geleitet hat und deshalb in einem engen Verhältnis

---

54 Vgl. dazu Rz. 1975.
55 *BGH*, 13.5.1957 – II ZR 318/56 – BGHZ 24, 214 = BB 1957 S. 527 = DB 1957 S. 528 = HVR Nr. 122 = NJW 1957 S. 1029 = VersR 1957 S. 358; vgl. dazu *Küstner*, VersVerm 1994, 444, oben Rz. 270 ff.
56 Vgl. dazu oben Rz. 270 ff.
57 *BGH*, 17.11.1983, BB 1984 S. 365 m. Anm. *Honsel* = DB 1984 S. 556 = HVR Nr. 580 = MDR 1984 S. 375 = VersR 1984 S. 184 = WM 1984 S. 212.

XVIII Bedeutung der „Grundsätze" in der Versicherungswirtschaft

zum Vertragsverhältnis stand, dürfte die Ausgleichsberechtigung der testamentarischen Erbin unter Billigkeitsgesichtspunkten ausgeschlossen sein[58].

1868 Die vorstehenden Überlegungen haben indessen nach der Anpassung der in den „Grundsätzen" Sach in Ziff. II niedergelegten Multiplikatoren an das GDV-Schreiben v. 6.4.1995 nur noch theoretische Bedeutung, weil es, wie erwähnt, nicht mehr darauf ankommt, ob die Vertragsbeendigung durch den Todesfall[59] des Handelsvertreters bedingt ist oder ob sie auf einer Vertragskündigung beruht.

1869 Im Übrigen fällt auf, dass in den erst später vereinbarten *„Grundsätzen" für den Lebensversicherungs-, den Krankenversicherungs-* und den *Bausparbereich* entsprechende Regelungen fehlen, sodass mithin davon ausgegangen werden muss, dass in den zuletzt genannten „Grundsätzen" im Todesfall die anspruchsberechtigten Erben in gleichem Umfange ausgleichsberechtigt sind wie der Versicherungs- bzw. Bausparkassenvertreter, wenn das Vertragsverhältnis im Erlebensfalle beendet worden wäre.

1870 Während der Drucklegung dieses Abschnitts wurde bekannt, dass sich der Gesamtverband und der BVK darauf geeinigt haben, dass auch im Todesfall des Versicherungsvertreters *die für den Erlebensfall maßgeblichen Multiplikatoren anzuwenden sind,* sodass die *Ungleichbehandlung damit beseitigt* wurde. Das diesbezügliche Rundschreiben des Gesamtverbandes vom 6.4.1995 – Tgb-Nr. 34/95 ist im Anhang (Nr. 13) abgedruckt.

V. Anspruchsberechtigung

1. Selbstständige hauptberufliche Vertreter

1871 Anspruch auf Zahlung eines Ausgleichsanspruchs haben dem Grunde nach alle *hauptberuflich* und *selbstständig* tätigen *Versicherungsvertreter*, gleichgültig, in welcher Versicherungsbranche sie tätig sind, ob sie also Sach-, Lebens- oder Krankenversicherungsverträge vermitteln. Entsprechendes gilt für *Bausparkassenvertreter* und im *Finanzdienstleistungs-Bereich* tätige Vertreter, wobei es hinsichtlich der Letzteren nicht darauf ankommt, ob sie als solche für ein dem Verband der privaten Bausparkassen angeschlossenes Unternehmen oder ob sie für unabhängige und nicht verbandsgebundene öffentlich rechtliche oder eigenständige Finanzdienstleistungsunternehmen tätig sind. Im zuletzt genannten Falle richtet sich dann der Ausgleichsanspruch *allein nach dem Gesetz*, sofern nicht das Finanzdienstleistungsunternehmen die Anwendung der „Grundsätze" im Finanzdienstleistungsbereich toleriert.

---

58 *BGH,* 13.5.1957 – II ZR 318/56 –, BGHZ 24, 214 = BB 1957 S. 527 = DB 1957 S. 528 = NJW 1957 S. 1029 = HVR Nr. 122 = VersR 1957 S. 358.

59 Der Bundesverband Deutscher Versicherungskaufleute (BVK) hat im Hinblick auf seine etwa 17000 Mitglieder ermittelt, dass höchstens 5% aller Vertragsbeendigungsfälle auf dem Tod des Versicherungsvertreters beruhen, und dass den Hinterbliebenen in etwa jedem zweiten Todesfall des Versicherungsvertreters Hinterbliebenenbezüge zustehen, sodass das Ausgleichsproblem in der Regel gar nicht entsteht. Entfällt bezüglich der Ausgleichshöhe eine Differenzierung, könnte aber im Einzelfall noch eine „Ausgleichsspitze" verbleiben.

A. Anlass, Zweck und Rechtsnatur der Grundsätze XVIII

Zur *Abgrenzung* des hauptberuflich und selbstständig tätigen Vertreters *vom angestellten Vermittler* kommt es darauf an, ob die für Selbstständigkeit maßgeblichen Voraussetzungen des § 84 Abs. 1 Satz 2 vorliegen. Insoweit kann ebenfalls auf die Ausführungen oben und die einschlägige Rechtsprechung verwiesen werden[60]. 1872

Nicht ausgleichsberechtigt sind demgegenüber *Versicherungsmakler*, sofern diese Vermittler rechtlich eindeutig als Makler anzusehen sind, wobei die Abgrenzung vom Mehrfirmenvertreter mitunter problematisch sein kann[61]. 1873

Nicht ausgleichsberechtigt sind auch *angestellte Versicherungsvermittler*. Endet also das Vertragsverhältnis mit einem angestellten Vermittler, kommt ein Ausgleichsanspruch gem. § 89b nicht in Betracht. Daran ändert auch der Umstand nichts, dass es, wie sich dies aus dem *Schreiben des GDV vom 14.11.1972* in Ziff. 3 ergibt[62], für gerechtfertigt gehalten wird, bei Anwendung der Multiplikatorenstaffeln gem. Ziff. II. der „Grundsätze" bei der Errechnung der Höhe des Ausgleichsanspruchs eine Tätigkeit des Vertreters für das ausgleichsverpflichtete Unternehmen als Angestellter im Versicherungsaußendienst mitzuberücksichtigen ist, und zwar unbeschadet der Rechtslage, nach der eine Tätigkeit als Angestellter einen Ausgleichsanspruch an sich weder begründen noch seiner Höhe nach zu beeinflussen vermag. Die Berücksichtigung einer Angestelltenzeit im Rahmen der Anwendung der Multiplikatorenstaffel wirkt sich also nur *im Hinblick auf die zu berücksichtigende Dienstzeit* aus und bezieht sich lediglich auf die Einbeziehung einer früheren Angestelltenzeit, in deren Anschluss der Vertreter hauptberuflich und selbstständig tätig wurde. 1874

Eine Ausgleichsberechtigung besteht weiterhin auch dann nicht, wenn der Vertreter unstreitig nur *nebenberuflich* tätig ist und auch als Nebenberufsvertreter ausdrücklich mit der Vermittlung von Verträgen im Namen und für Rechnung des vertretenen Unternehmens betraut ist. Auch insoweit gelten die Ausführungen oben[63] entsprechend. 1875

Nicht ausgleichsberechtigt sind erst recht ebenfalls nicht sog. *Gelegenheits- oder stille Vertreter*, weil es bei diesem Personenkreis schon an einer ständigen Betrauung als Handelsvertreter fehlt[64]. 1876

Eine dem Grunde nach mit der Vertragsbeendigung entstehende Ausgleichsberechtigung ist aber auch ausgeschlossen, wenn einer der *Ausschlusstatbestände* vorliegt, die oben ausführlich erläutert wurden und auf die verwiesen wird[65]. 1877

Für die Ausgleichsberechtigung des hauptberuflichen Versicherungs- und Bausparkassenvertreters oder des im Bereich der Finanzdienstleistung tätigen Ver- 1878

---

60 Vgl. oben Rz. 58 ff. und Bd. III, Rz. 56 ff.
61 Rz. 157 und Bd. I, Rz. 89 sowie Bd. III, Rz. 1824 ff. sowie 1831 ff.
62 Abgedr. im Anhang Nr. 9.
63 Vgl. oben Rz. 167 und Bd. I, Rz. 161 ff.
64 Vgl. oben Rz. 59 Fn. 9.
65 Rz. 1305 ff.

treters kommt es nicht darauf an, ob er als *Einfirmenvertreter*[66] oder *Mehrfachvertreter* oder ob er als *Mehrbranchenvertreter* Verträge vermittelt oder ob er seine Vermittlungstätigkeit unmittelbar für das vertretene Unternehmen oder für einen Generalagenten oder für einen ihm übergeordneten Hauptvertreter als „echter" oder „unechter" Untervertreter[67] ausübt.

1879 Im Hinblick auf die *Mehrbranchentätigkeit* eines Vermittlers kann im Einzelfall die Abgrenzung zur *Nebenberuflichkeit* Schwierigkeiten bereiten. Dies gilt etwa dann, wenn ein Reisebüro, das auch Reiserücktrittskosten- und Gepäckversicherungen im Auftrage eines Versicherungsunternehmens vermittelt oder wenn ein Kfz-Händler auch die Vermittlung einer Kfz-Haftpflichtversicherung übernimmt oder wenn ein Spediteur, der für den Auftraggeber Transportversicherungen vermittelt, sodass im Hauptberuf also in den genannten Beispielen das Unternehmen als Reisebüro, als Kfz-Händler oder als Spediteur ausgeübt wird[68].

1880 Allerdings darf der Begriff der „Mehrbranchentätigkeit"[69] nicht zu eng gefasst werden. Besteht die Aufgabe des Vermittlers in der Vermittlung von Finanzdienstleistungen generell für Versicherungsunternehmen, Bausparkassen und andere Unternehmen, die sich mit Finanzdienstleistungen im weitesten Sinne befassen, ist der Vermittler im Hinblick auf seine gesamte berufliche Tätigkeit und im Hinblick auf den engen Zusammenhang der Verträge, auf die sich seine Tätigkeit bezieht, hauptberuflich tätig. Die Einrede eines von mehreren Unternehmen, von dem der Vertreter eine Ausgleichszahlung fordert, ist mithin unbeachtlich der Vertreter sei insoweit nur nebenberuflich tätig gewesen[70].

2. Erben des Vertreters

1881 Seit dem Urteil des BGH vom 13.5.1957[71] ist generell geklärt, dass auch die Erben des Handelsvertreters ausgleichsberechtigt sind. Diese Ausgleichsberechtigung besteht im Hinblick auf den Umfang des den Erben zustehenden Ausgleichs *unbeschränkt*[72]. Das bedeutet, dass den ausgleichsberechtigten Erben der Ausgleich aber natürlich nur in dem Umfange zustehen kann, wie er im Zeitpunkt des Todes dem Vertreter zugestanden hätte, wenn er diesen Zeitpunkt überlebt und das Vertragsverhältnis auf andere Weise beendet worden wäre. Die ausgleichsberechtigten Erben müssen also *Billigkeitsgesichtspunkte*, die zu einer Ausgleichsminderung führen, gegen sich gelten lassen[73].

---

66 Vgl. dazu Bd. I, Rz. 53. Das *LAG Niedersachsen* hat in den Urteilen vom 16.2.1995 (n.v.) und 7.9.1990, LAGE § 611 (Arbeitnehmerbegriff) Nr. 24 Einfirmenvertreter als angestellte Arbeitnehmer eingestuft.
67 Zur Unterscheidung zwischen echten und unechten Untervertretern vgl. oben Rz. 77ff.
68 Vgl. oben Rz. 62 Fn. 16.
69 Vgl. dazu Bd. I, Rz. 181.
70 Einzelheiten dazu Bd. I, Rz. 161ff., 195ff.
71 *BGH*, 13.5.1957 – II ZR 318/56, BGHZ 24, 214 = NJW 1957, 1029 = BB 1957, 527 = VersR 1957, 358.
72 Vgl. dazu oben Rz. 91 sowie 1866ff.; vgl. auch *Küstner*, VersVerm 1994, 444.
73 *BGH*, 17.11.1983 – I ZR 139/81, BB 1984, 168 m.Anm. *Honsel*, BB 1984, 365 und *Küstner*, VersVerm 1994, 444; vgl. dazu auch oben Rz. 270 und 1054.

Was die Ausgleichsberechtigung als solche angeht, muss allerdings darauf hinge- 1882
wiesen werden, dass hier eine gewisse Diskrepanz zwischen der Rechtsprechung
einerseits und der in den „Grundsätzen" zum Ausdruck kommenden Auffassung
der beteiligten Verbände andererseits besteht. In Ziff. IV der „Grundsätze-Sach,
-Leben und -Kranken" heißt es, dass der Ausgleichsanspruch „grundsätzlich nur
seiner Witwe und seinen Verwandten in gerader Linie, in Härtefällen auch seinen
sonstigen Erben" zustehe. In den „Grundsätzen für den Bausparbereich" heißt es
in Ziff. IV, abweichend von den Regelungen in den anderen „Grundsätzen", dass
der Ausgleichsanspruch und ein evtl. Treuebonus beim Tode des Vertreters „seinem Ehegatten und danach seinen unterhaltsberechtigten Verwandten in gerader
Linie" zustehe. Die „Grundsätze im Bausparbereich" enthalten also eine restriktive Regelung, weil – wenigstens dem Wortlaut nach – eine weitergehende Ausgleichsberechtigung im Todesfalle dort nicht vorgesehen ist.

Dazu muss allerdings vermerkt werden, dass nach Ziff. II.3. des Schreibens des 1883
GDV vom 22.4.1968[74] die Regelung bezügl. des Kreises der anspruchsberechtigten Erben dahin interpretiert wurde, dass gegenüber „sonstigen Erben" der
Ausgleichsanspruch in der Regel bei einer durch familiäre Bindungen begründeten wirtschaftlichen Abhängigkeit dieser Erben vom verstorbenen Vertreter
anerkannt werden solle.

Die Rechtsprechung vertritt demgegenüber aber eine weitergehende Auffas- 1884
sung. Schon in den Urteilen vom 13.5.1957[75] und später dann auch im Urteil
vom 17.11.1983 hat der BGH ohne Einschränkung festgestellt, dass der Ausgleichsanspruch von den Erben des Handelsvertreters geltend gemacht werden
könne und das keine grundsätzlichen Bedenken bestünden, dass er in der Person eines Erben entstehe, der Ausgleichsanspruch sei als „unbeschränkt" vererblich. Weitere Rechtsprechung bezügl. dieser Frage gibt es – soweit ersichtlich – bisher nicht, sodass also wohl davon ausgegangen werden kann, dass bisher insofern Meinungsverschiedenheiten noch nicht entstanden sind.

3. Rechtsform, in der der Vertreter tätig wird

Die „Grundsätze" sind auch dann anzuwenden, wenn es sich beim ausgleichs- 1885
berechtigten Versicherungsvertreter nicht um eine *natürliche Person* oder den
Inhaber einer Einzelfirma handelt, sondern um eine *Vertretungsgesellschaft*.
Mit Rücksicht auf hier entstehende besondere Probleme dürfte es allerdings
stets zweckmäßig sein, im Agenturvertrag von vornherein zu vereinbaren, dass
ein ggf. später einmal entstehender Ausgleichsanspruch unter *Zugrundelegung
der „Grundsätze"* zu berechnen ist. Natürlich ist die Berechnung des einer Vertretungsgesellschaft bei Vertragsbeendigung zustehenden Ausgleichsanspruchs
dann relativ problemlos, wenn die Gründung der Vertretungsgesellschaft und
die Aufnahme ihrer Vermittlungs- bzw. Abschlusstätigkeit in der Weise zeitlich
zusammenfallen, dass die Gesellschafter selbst *keine von ihnen bereits vorher*

---
74 Abgedr. im Anhang Nr. 7.
75 *BGH*, 13.5.1957, a.a.O. (71) sowie Urteil vom 17.11.1973 – I ZR 134/81, BB 1984, 365 =
 VersR 1984, 184 = HVR Nr. 580.

XVIII Bedeutung der „Grundsätze" in der Versicherungswirtschaft

vermittelten Bestände in die Gesellschaft einbringen. Hier entstehen im Hinblick darauf, dass es sich um eine ausgleichsberechtigte Vertretungsgesellschaft handelt, deshalb keine Probleme, weil der bei der Vertragsbeendigung vorhandene und demgemäß auszugleichende Bestand – abgesehen von Beständen, die der Gesellschaft vom Unternehmer nach ihrer Gründung übertragen wurden – *ausschließlich auf der von der Gesellschaft ausgeübten Vermittlungs- bzw. Abschlusstätigkeit* beruht. In diesem Fall ist sodann dem nach Ziffer I der „Grundsätze" errechneten Ausgleichswert der aus der Vertragsbeendigung sich ergebende Multiplikator gem. Ziffer II 1 der „Grundsätze-Sach" der Ausgleichsberechnung zu Grunde zu legen.

1886 Probleme tauchen aber auf, wenn einer oder mehrere Gesellschafter der Vertretungsgesellschaft schon vorher für das Unternehmen Bestände vermittelt hatten und diese sodann in die Gesellschaft eingebracht und von der Gesellschaft weiter betreut und ggf. auch ausgeweitet werden. Von Gesellschaftern bei Vertragsbeginn – also im Zeitpunkt der Aufnahme der Vermittlungstätigkeit durch die Gesellschaft – in die Gesellschaft eingebrachte vorher von ihnen vermittelte Bestände werden Gesellschaftsvermögen.

1887 Es fragt sich deshalb, wie in derartigen Fällen ein *Ausgleichsanspruch nach den Grundsätzen zu berechnen* ist, wenn der mit der Vertretungsgesellschaft abgeschlossene Agenturvertrag endet. Hier muss die Frage geklärt werden, welcher Multiplikator nach Ziffer II der „Grundsätze" bei der Ausgleichsberechnung anzuwenden ist.

> **Beispiel:** War der Gesellschafter A bereits vor dem Abschluss des mit der Vertretungsgesellschaft zu Stande gekommenen Agenturvertrages als hauptberuflicher Versicherungsvertreter für das Unternehmen tätig, könnte beispielsweise auf den von ihm vermittelten Bestand der Multiplikator 6 in Betracht kommen, wenn er insgesamt mehr als 20 Jahre für das Unternehmen tätig war, und zwar 10 Jahre als hauptberuflicher Einzelvertreter und 10 Jahre als Gesellschafter der Vertretungsgesellschaft, deren Agenturvertrag nach 10-jähriger Laufzeit beendet wird.

1888 In diesem Falle würde für die von der Gesellschaft vermittelten Bestände nur der Multiplikator 3 anzuwenden sein. Eine solche unterschiedliche Anwendung voneinander abweichender Multiplikatoren ist aber nicht praktikabel. Sie würde voraussetzen, dass der vom Gesellschafter A schon vor dem Abschluss des Agenturvertrages mit der Gesellschaft vermittelte und sodann in die Gesellschaft eingebrachte Bestand stets getrennt von dem von der Gesellschaft vermittelten Bestand gehalten und verwaltet wird. Ein praktikables Ergebnis kann man hier intern, also auf gesellschaftsrechtlicher Basis, nur erzielen, wenn der vom Gesellschafter A bereits bei seinem Eintritt in die Gesellschaft bestehenden Ausgleichsanwartschaft durch eine *angemessen höhere Beteiligungsquote* oder dadurch Rechnung getragen wird, dass ihm kraft gesellschaftsvertraglicher Vereinbarung ein *angemessener Zuschlag* auf das ihm zustehende Auseinandersetzungsguthaben eingeräumt wird. Eine praktikable Lösung ließe sich aber auch in der Weise erzielen, dass mit Rücksicht auf bereits vorhandene Ausgleichsanwartschaften schon in den mit der Vertretungsgesellschaft abzuschließenden Agenturvertrag – also im Außenverhältnis zwischen vertretenem Unternehmen einerseits und Vertretungsgesellschaft andererseits – *ein entsprechend höherer Multiplikator* bzw. ein *Zuschlag* auf den bei einer Vertragsbeendigung maßgeblichen Multiplikator für die spätere Ausgleichsberechnung verbindlich festgelegt wird. Da im Zeitpunkt des Vertragsabschlusses indessen naturgemäß nicht übersehen werden kann, wann eine Vertragsbeendigung eintreten wird, könnte man je nach möglicher Zeitdauer des Vertrages die in Betracht kommenden höheren Multiplikatoren entsprechend staffeln.

Entscheidet man sich in der einen oder anderen Weise – wie vorstehend geschildert – für eine pauschale Berücksichtigung bereits im Zeitpunkt des Agentur-Vertragsabschlusses bestehende Ausgleichsanwartschaft, stellt dies keinen Verstoß gegen den *Unabdingbarkeitsgrundsatz* gem. § 89b Abs. 4 Satz 1[76] dar. Denn der schon vor dem Abschluss des Agenturvertrages mit der Gesellschaft von einem oder mehreren ihrer späteren Gesellschafter vermittelte Bestand ist für den betreffenden Gesellschafter unmittelbar ohnehin nicht mehr ausgleichspflichtig. Denn wenn der mit der Vertretungsgesellschaft abgeschlossene Agenturvertrag endet und sodann das vertretene Unternehmen der Gesellschaft eine Ausgleichszahlung erbringt, stehen den Gesellschaftern, wenn die Gesellschaft sodann auch liquidiert wird, nur Ansprüche auf ein Auseinandersetzungsguthaben gegenüber der Gesellschaft zu, die mit Ausgleichsansprüchen nicht zwangsläufig identisch sind. **1889**

Ein Verstoß gegen den *Unabdingbarkeitsgrundsatz* kann aber auch deshalb nicht in Betracht kommen, wenn infolge der Beendigung des bisherigen Einzel-Agenturvertrages *keine Provisionsverluste* entstehen können, weil der bisher tätige Versicherungsvertreter den bisher von ihm aufgebauten Bestand als nunmehriger Gesellschafter weiterhin nutzen kann. **1890**

Handelt es sich bei der Vertretungsgesellschaft nach altem Recht um eine *Gesellschaft Bürgerlichen Rechts*[77], die unter den Voraussetzungen des § 105 Abs. 1 seit dem 1.7.1998 als OHG anzusehen ist, deren Agentur bisher rechtlich als *Zusammenfassung mehrerer Einzelverträge* anzusehen war, kann das Problem der ausgleichsrechtlichen Berücksichtigung der von einzelnen Gesellschaftern erreichten unterschiedlichen Vertragsdauer mit der Folge unterschiedlich maßgeblicher Multiplikatoren ebenfalls in der vorstehend erläuterten Weise gelöst werden. Denn die schon vor der Begründung des Gesellschaftsvertrages und danach vermittelten Bestände werden Gesamthandseigentum. Deshalb muss es zulässig sein, entweder von vornherein den für die Berechnung eines später entstehenden Ausgleichsanspruchs maßgeblichen Multiplikator festzulegen oder – im Innenverhältnis – die Quote der Beteiligung der einzelnen Gesellschafter am Gesamthandseigentum in der Weise festzulegen, dass die eingebrachten Bestände angemessen berücksichtigt werden, was wiederum durch einen vereinbarten Zuschlag zum Auseinandersetzungsguthaben geschehen kann. **1891**

---

76 Vgl. oben Rz. 1584 ff.
77 Vgl. oben Rz. 308.

XVIII Bedeutung der „Grundsätze" in der Versicherungswirtschaft

VI. Benachteiligen die „Grundsätze" den Handelsvertreter?

1892 Im Zusammenhang mit dem von den „Grundsätzen" verfolgten Zweck wird immer wieder von interessierter Seite gegen die „Grundsätze" mit dem Argument polemisiert, ihre Anwendung führe zu Lasten des ausgleichsberechtigten Versicherungs- oder Bausparkassenvertreters zu einer **Benachteiligung**; jedenfalls ergebe sich bei einer Ausgleichsberechnung unmittelbar anhand der gesetzlichen Regelung für den Vertreter ein höherer Ausgleich[78]. Deshalb verstießen die „Grundsätze" gegen § 9 des AGB-Gesetzes und seien **unwirksam**, sodass es letztlich gar nicht darauf ankomme, ob sie als **Handelsbrauch** anerkannt werden könnten oder nicht.

1893 Dabei wird naturgemäß von den betroffenen Vertretern aber nicht erkannt, dass diese Folgerung, „tatsächlich ergäbe sich aus der unmittelbaren Anwendung der gesetzlichen Regelung ein viel höherer Ausgleich" rechnerisch nur damit erzielt wird, dass insbesondere die infolge der Vertragsbeendigung entstehenden **Provisionsverluste** dadurch viel zu hoch angesetzt werden, dass bei der Ermittlung der Provisionsverluste die infolge der Vertragsbeendigung entgehenden Provisionen nahezu **vollständig als Abschlussfolgeprovisionen** (in mehreren Verfahren bis zu 95%!) angesehen werden, und zwar einschl. der nach herrschender Lehre[79] als Verwaltungsprovision charakterisierten Vergütung. Darüber hinaus wird mitunter der Verlustermittlung ein **über mehrere Jahrzehnte sich erstreckender Prognosezeitraum** zu Grunde gelegt[80]. Dies geschieht sogar dann, wenn es sich in einem Prozess um den Sonderfall der Ausnahme-Rechtsprechung des BGH handelt[81]. Auch in diesem Fall wurde die Ausgleichsklage mit geradezu utopischen Beträgen begründet[82].

---

78 Vgl. die klagabweisenden Urteile *LG Frankfurt/M.* v. 2.5.2001 – 3/9 O 47/99; *LG Hannover* vom 28.5.2001 – 21 O 2196/99-60, vgl. auch das rkr. Berufungsurteil des *OLG Celle*, 16.5.2002 – 11 U 193/01, VersR 2002, 976 m. Anm. Küstner, VW 02, 1102 und VersR 2002, 980 und *Thume*, VersR 2002, 981 und *LG Osnabrück* vom 10.8.2001 – 15 O 615/00 (alle nicht veröffentlicht und nicht rechtskräftig) sowie die durch Vergleich beendeten Verfahren *LG Hamburg* – 404 O 13/98 und *LG Wiesbaden* sowie *KG*, 6.3.1964 – 5/10 U 452/62, VersR 1964, 1295 m. Anm. *Klingmöller*, VersR 1964, 1298; *OLG Frankfurt*, 17.2.1970 – 5 U 50/69, VersR 1970, 271 sowie Urteil vom 22.10.1985 – 5 U 247/84, VersR 1986, 388; *OLG Köln*, 5.6.1974 – 2 U 93/82, VersR 1974, 995; *LG München*, 21.3.1990 – 10 HKO 26/104/87 n.v.; vgl. auch *Küstner*, VW 1996, 1661 gegen *Kergassner*, VW 1996, 1286; *Höft*, ZVersWiss 1976, 439, 451 und *BGH*, 20.11.1969 – VII ZR 1175/67, VersR 1970, 250.

79 Zur Rechtsnatur der Bestandspflegeprovision als Verwaltungsprovision vgl. oben Rz. 777 ff. und 960.

80 Vgl. dazu *LG Frankfurt/Main*, 2.5.2001 – 3/9 O 47/99, *LG Hannover*, 28.5.2001 (im Rahmen eines Sachverhalts, der in die Ausnahmerechtsprechung des *BGH* fällt) – 2 O 2196/99, n.v., bestätigt durch *OLG Celle*, 16.5.2002 – 11 U 193/01, VersR 2002, 976 m. Anm. *Küstner*, VersR 2002, 980 sowie VW 2002, 1102 sowie *Thume*, VersR 2002, 981.

81 Zur Bedeutung der Ausnahmerechtsprechung im Lebensversicherungs- und Bausparbereich vgl. oben Rz. 923 und 984.

82 In dem Verfahren, in dem durch das Urteil des *OLG Celle* vom 16.5.2002 (a.a.O.) das Erst-Urteil (*LG Hannover*, 28.5.2001) bestätigt wurde, hatte das beklagte Bausparunternehmen vor Klageerhebung bereits einen nach den „Grundsätzen" errechneten Ausgleich i.H.v. 42.683,– DM an die Klägerin gezahlt. Diese hatte mit der Klage weitere 263.755,– DM gefordert. Ihre Klage wurde aber in beiden Instanzen in vollem Umfange abgewiesen, weil sie durch die Aus-

A. Anlass, Zweck und Rechtsnatur der Grundsätze XVIII

Prüft man die zu der angeblichen Benachteiligung ergangene Rechtsprechung, die ich in VW 1996, S. 1661 zusammengestellt habe, so gibt es bisher keine klare und eindeutige Stellungnahme der Rechtsprechung, die die von Klägerseite vertretene Auffassung bestätigt.

Neuerdings hat sich erstmals das OLG Celle in seinem Urteil vom 16.5.2002[83] dieser Problematik angenommen und gelangte aufgrund einer fehlerhaften Berechnung der maßgeblichen Vertragsdauer zu dem Ergebnis, dass eine Ablehnung der „Grundsätze" durch die Klägerin gerechtfertigt sei, weil in der Tat die „Grundsätze" eine *Benachteiligung* der Klägerin *zur Folge hätten*.

Denn die „Grundsätze" verstießen gegen § 9 AGB-Gesetz, weil bei dem Prüfungsmaßstab, ob ein Verstoß gegen dieses Gesetz vorliege, stets von einer überindividuellen generalisierenden Betrachtungsweise auszugehen und entscheidend sei, ob irgendein Vertragspartner der Beklagten durch die Verwendung dieser „Grundsätze" benachteiligt werden könnte, was im zu entscheidenden Sachverhalt aber anzunehmen sei.

Dies hat das Gericht aber, wie erwähnt, irrig mit einer unzutreffenden Tätigkeitsdauer begründet, die tatsächlich dreimal länger als angenommen war. Das Gericht geht bei seiner auf der Grundlage des Gesetzes vorgenommenen Ausgleichsberechnung nämlich lediglich von einer 5-jährigen Tätigkeitsdauer aus, weil es diese vom letzten Vertragsabschluss im Jahre 1995 bis zur Vertragsbeendigung berechnet und dabei übersieht, dass der Vertretervertrag bereits im Jahre 1981 abgeschlossen, dann aber mehrfach abgeändert wurde, zuletzt eben im Jahre 1995. Dadurch kommt das Gericht zu einem Ausgleich i.H.v. 36.449,37 DM und berücksichtigt nicht, dass die Klägerin tatsächlich 16 Jahre und 10 Monate für die Beklagte tätig war, was im Zeitpunkt der Vertragsbeendigung zu einer nach den „Grundsätzen" berechneten Ausgleichszahlung i.H.v. 42.682,90 DM geführt hatte. Da das Gericht aber lediglich von einem *Faktor 1,3* für eine 5-jährige Tätigkeitsdauer ausging, während die tatsächliche Vertragsdauer nach den „Grundsätzen" den *Faktor 4* und darüber hinaus einen *Treuebonus* wie geschehen gerechtfertigt hätte, konnte mithin bei Lichte betrachtet von einer Benachteiligung der Klägerin keine Rede sein, zumal der von der Beklagten ermittelte und der Klägerin gezahlte Ausgleich den vom Gericht nach dem Gesetz ermittelten Ausgleich nicht unerheblich überstieg[84].

Aus alledem folgt, dass mithin auch aus dem Urteil des OLG Celle vom 16.5.2002 keine Bestätigung der von der Klägerin vorgetragenen Auffassung gefolgert werden kann, die zwar, wie erwähnt, 263.755,- DM (unter Anrechnung der von der Beklagten erbrachten Ausgleichszahlung i.H.v. 42.683,- DM eingeklagt hatte, nach dem Urteil des OLG Celle aber lediglich Anspruch auf einen Ausgleich hatte, der erheblich niedriger war als er sich nach den „Grundsätzen" ergab.

---

gleichszahlung der Beklagten bereits mehr als 10% dessen erhalten hatte, was ihr auf der Grundlage des Gesetzes zustand. Das Urteil ist rechtskräftig.
83 *OLG Celle*, 16.5.2002, a.a.O. zur angeblichen Benachteiligung der Klägerin bei Anwendung der „Grundsätze" mit Anm. *Küstner*, VW 2002, 1102 und *Thume*, VersR 2002, 981.
84 Vgl. dazu oben Fn. 82, 83 sowie VW 2002, 929.

XVIII Bedeutung der „Grundsätze" in der Versicherungswirtschaft

1899 Der Vollständigkeit halber sei in diesem Zusammenhang darauf hingewiesen, dass eine Benachteiligung des Versicherungs- oder Bausparkassenvertreters sich aber auch nicht daraus herleiten lasse, dass sich sein Ausgleichsanspruch auf der Grundlage der gesetzlichen Regelung auf eine dreifache durchschnittliche Jahresprovision, berechnet aus den letzten 5 Vertragsjahren, ergebe, während nach den „Grundsätzen" – jedenfalls im K-Bereich der Höchstbetrag sich nur auf eine halbe Jahresprovision belaufe, wie sich dies aus Ziff. II.2. ergebe. Nach dieser Regelung beträgt gem. Satz 2 der Ausgleichsanspruch bei einer Tätigkeit ab beginnendem 11. Jahr auf höchstens 4/8 (also 50%) der gesetzlich zulässigerweise tatsächlich gezahlten Provisionen aus den Versicherungsbeiträgen. Die in den „Grundsätzen" niedergelegte Regelung beruht auf den Bestimmungen der alten Tarifverordnung vom 20.11.1967, die aber schon seit dem Jahre 1994 gar nicht mehr gilt. Aber obwohl jene Tarifverordnung heute gar nicht mehr maßgeblich ist, dürfte gerade im K-Versicherungsbereich allein schon wegen der extremen Kurzlebigkeit der vermittelten Verträge bis zu der in § 89b Abs. 5 Satz 2 theoretisch zulässigen Ausgleichshöchstgrenze, die sich dort auf eine dreifache durchschnittliche Jahresprovision beläuft, ohnehin niemals in Betracht kommen. Aber mit Rücksicht darauf, dass jene Tarifordnung heute nicht mehr anwendbar ist, kann es natürlich durchaus vorkommen, dass der in Ziff. II.2. Satz 2 niedergelegte Höchstsatz im Einzelfall überschritten wird. Jedenfalls kann mit Rücksicht darauf, dass jene Bestimmung in den „Grundsätzen-Sach" mit der Aufhebung der Tarifverordnung keine Rechtsgrundlage mehr darstellt, von einer aus den „Grundsätzen" sich ergebenden Benachteiligung des Versicherungsvertreters nicht mehr die Rede sein.

B. Kommentierung der „Grundsätze-Sach"[85]

I. Bedeutung des Ausgleichswertes

1900 Da bei einer Ausgleichsberechnung im Bereich der Sachversicherung der Schwerpunkt auf der *Ermittlung der Provisionsverluste* liegt, müssen zunächst die Kriterien untersucht werden, anhand deren der sog. „Ausgleichswert" zu ermitteln ist. Die weiteren Anspruchsvoraussetzungen des **Unternehmervorteils** und des **Billigkeitsgrundsatzes** werden, wie sich dies aus Abs. 3 der Präambel ergibt, als erfüllt vorausgesetzt, sodass sie bei einer Erläuterung der „Grundsätze-Sach" – jedenfalls im Zusammenhang mit dem Ausgleichswert – außer Betracht gelassen werden können.

1901 Grundlage der Ermittlung des Ausgleichswertes und gleichzeitig Ausgangspunkt für die Ermittlung der Provisionsverluste des Versicherungsvertreters ist der auf den *Vermittlungsbemühungen des Versicherungsvertreters* beruhende

---

[85] Die Verkehrsservice-Versicherung ebenso wie die Vertrauensschadens- und Kautionsversicherung sind im Rahmen der „Grundsätze Sach" mit zu berücksichtigen, vgl. oben Rz. 1847, 1848 n.w.N.

B. Kommentierung der „Grundsätze-Sach" XVIII

neue Bestand, wie er sich im Zeitpunkt der Vertragsbeendigung darstellt, also der Bestand der auf die Akquisitionstätigkeit des Vertreters im Hinblick auf die Vermittlung neuer Versicherungsverträge zurückzuführen ist. Denn hier handelt es sich um den ausgleichsrechtlich allein berücksichtigungsfähigen Bestand. Es bedarf keiner weiteren Erläuterung, dass bei der Ermittlung dieses Bestandes *stornierte Versicherungsverträge unberücksichtigt* bleiben müssen[86]. Ohne Einfluss auf die Ermittlung des Ausgleichswerts muss auch die Frage der Höhe einer *Schadensquote* bleiben, die aber ggf. nur im Rahmen der *Billigkeit* berücksichtigt werden kann.

Wie bereits oben in Rz. 862 erläutert wurde, sind aber neu vermittelte Versicherungsverträge nur *insoweit ausgleichsfähig*, als der Vermittlungserfolg, auf dem diese neuen Versicherungsverträge beruhen, nicht bereits durch eine *Einmalprovision* bzw. eine *erhöhte Erstprovision*[87] vergütet wurde. Ausgleichs- und damit berücksichtigungsfähig können neu vermittelte Versicherungsverträge mithin nur sein, soweit dem Versicherungsvertreter infolge der Vertragsbeendigung die vollständige Vermittlungsvergütung durch eine im Zeitpunkt der Vertragsbeendigung wirksam werdende *Provisionsverzichtsklausel*[88] entgeht. Denn nur aus einer vereinbarten Provisionsverzichtsklausel können sich für den Ausgleichsanspruch maßgebliche *Provisionsverluste* ergeben[89].

1902

Ist zwischen den Parteien eine solche Klausel nicht vereinbart worden, berührt die Vertragsbeendigung die weiterlaufenden Provisionsansprüche des Versicherungsvertreters nicht. Es handelt sich dann um sog. *Nachprovisionen* – praktisch also um *Überhangprovisionen*[90], wie sie schon vor dem In-Kraft-Treten des neuen Handelsvertreterrechts am 1.12.1953 im Falle einer *fehlenden Provisionsverzichtsklausel* über die Vertragsbeendigung hinaus geschuldet wurden. Oder anders ausgedrückt: Endete vor dem In-Kraft-Treten des neuen Handelsvertreterrechts ein Versicherungsvertretervertrag mit einer Provisionsverzichtsklausel, verlor der Versicherungsvertreter den Teil der Vermittlungsvergütung, der ihm ohne die Vertragsbeendigung weiterhin zugeflossen wäre, während dieser Verlust durch die Schaffung des § 89b HGB und – ihm folgend – die „Grundsätze" seit nun fast 45 Jahren, wenn auch in pauschaler Form und der Höhe nach auf eine dreifache durchschnittliche Jahresprovision begrenzt, aufgefangen wird[91].

1903

Es war auch oben bereits darauf hingewiesen worden, dass das in den „Grundsätzen" enthaltene *Berechnungsschema* Berechnungsprobleme weithin ausklammert, die eine ausgleichsrechtliche Auseinandersetzung zwischen den Parteien eines Vertretervertrages oft erheblich belasteten und auch die durch die Gerichte vorzunehmende Rechtsfindung außerordentlich erschwerten. So sei

1904

---
86 *Schäfer*, VersVerm. 1983, 86, 87.
87 Vgl. oben Rz. 884.
88 Vgl. oben Rz. 42, 51, 815 ff., 1903.
89 Vgl. oben Rz. 814 ff.
90 *Schäfer*, VersVerm. 1983, 86, 87.
91 Vgl. oben Rz. 42, 51, 815 ff.

hier nur auf die Problematik der **Zusammensetzung der Folgeprovisionen aus erfolgsabhängigen Vermittlungsfolgeprovisionen- und tätigkeitsbedingten Verwaltungsanteilen** hingewiesen wie auch auf die außerordentliche Schwierigkeit, eine **Verlustprognose** anhand der im Einzelfall gegebenen **Bestandszusammensetzung** und der **Laufzeit der darin zusammengefassten Verträge** durchzuführen. Derartige Schwierigkeiten berühren die auch nach der Schaffung der „Grundsätze" immer noch komplizierte Ausgleichsberechnung nicht; ihre Vermeidung war ja gerade der Anlass, diese Schwierigkeiten, die fast jede Auseinandersetzung begleiteten und belasteten, zu vermeiden[92].

1905 In der Rechtsprechung[93] ist einhellig anerkannt, dass bei der Berechnung der Provisionsverluste von dem bis zur Beendigung des Vertragsverhältnisses *erreichten Ist-Zustand* im Hinblick auf den bis dahin erzielten Vermittlungserfolg auszugehen ist. In der Regel wird hierbei auf die Provisionszuflüsse des *letzten Vertragsjahres*[94] abgestellt, wenn dieses *Basisjahr* das erzielte Vermittlungsergebnis zutreffend und repräsentativ widerspiegelt. Es ist aber keineswegs ausgeschlossen, nicht allein vom letzten Vertragsjahr als Basis für die Verlustberechnung auszugehen, sondern der Verlustberechnung einen *vor der Vertragsbeendigung liegenden längeren Zeitraum* und einen daraus sich ergebenden *Provisionsdurchschnitt* zu Grunde zu legen, um eine gesicherte Basis zu gewinnen[95]. Das kann sich gerade dann empfehlen, wenn – was besonders für den Ausgleichsanspruch des Versicherungsvertreters gilt – die Bestandszusammensetzung und/oder der jährliche Provisionszufluss Schwankungen unterworfen ist, sodass das Bild verfälscht werden würde, wenn für den Umfang der infolge der Vertragsbeendigung eintretenden Verluste ein zu kurzer Zeitraum zu Grunde gelegt wird[96].

1906 Die „Grundsätze" stellen deshalb, um eine möglichst repräsentative Basis zu gewinnen, nicht allein auf das letzte Vertragsjahr ab, sondern auf eine *Jahresdurchschnittsprovision*, die sich aus den *letzten 5 Vertragsjahren* – bei kürzerer Vertragsdauer aus dem Durchschnitt der gesamten Dauer der Tätigkeit des Vertreters – ergibt. Diese als *Berechnungsbasis* maßgebliche durchschnittliche Jahresprovision ist aus einem vor der Vertragsbeendigung liegenden Zeitraum von **60 Kalendermonaten** zu ermitteln, nicht etwa aus einem vor der Vertragsbeendigung liegenden Zeitraum von 5 Kalenderjahren.

1907 Vorsorglich und um immer wieder auftretende Missverständnisse und Meinungsverschiedenheiten zu vermeiden, muss auch darauf hingewiesen werden, dass die im Rahmen des Ausgleichswertes maßgebliche *„Brutto-Jahresprovision"* des vom Vertreter aufgebauten Versicherungsbestandes nichts mit der *Ausgleichshöchstgrenze* zu tun hat, die sich im Hinblick auf die bei der Ermitt-

---

92 Zu Einzelheiten vgl. oben Rz. 1841 ff.
93 Die einschlägige Rechtsprechung ist oben in Rz. 741 zusammengestellt.
94 Zur Maßgeblichkeit des letzten Vertragsjahres als Basisjahr vgl. oben a. a. O., Rz. 744 und insbesondere Rz. 801 ff.
95 Vgl. oben, a. a. O., Rz. 805.
96 Heidelberger Kommentar, § 89 b Rz. 23; *Brüggemann*, § 89 b Rz. 85, 86.

lung des Ausgleichswertes zu berücksichtigenden Kriterien[97] vom Ausgleichswert insbesondere dadurch unterscheidet, dass sie **keine Bemessungsgrundlage** für den Ausgleichsanspruch des Versicherungsvertreters darstellt, wenn auch die „Brutto-Jahresprovision" – aber auch nur diese –, ohne die gem. Ziffer I 2–4 abzuziehenden Minderungsposten, mit dem Betrag identisch ist, der für die Ausgleichshöchstgrenze die Berechnungsbasis darstellt[98].

II. Ermittlung des Ausgleichswertes

Nach dem Gesetz und – ihm folgend – den „Grundsätzen" ist die *Neuwerbung* von Kunden bzw. der *Abschluss neuer Versicherungsverträge* (bzw. Bausparverträge) für die Entstehung des Ausgleichsanspruchs vor allen anderen Voraussetzungen der *entscheidende Tatbestand*. Deshalb ist bei der Ermittlung der Provisionsverluste vom Wortlaut des § 89b Abs. 1 Nr. 2 i.V. mit Abs. 5 Satz 1 her und gemäß Ziffer I 1a der „Grundsätze" entscheidend auf die *Vermittlung neuer Versicherungs- oder Bausparverträge* abzustellen. Als *Ausgangspunkt* für die Ermittlung der Provisionsverluste ist nach Ziffer I 1 der „Grundsätze" deshalb vom Provisionsdurchschnitt des *selbst aufgebauten Versicherungstatbestandes* auszugehen, wobei nach Ziffer I 1 b und I 2 verschiedene Posten unberücksichtigt bleiben müssen, die geeignet sein könnten, die Ausgangsbasis für die Verlustberechnung zu verfälschen. Deshalb ist es genau genommen nicht ganz folgerichtig, wenn in der Praxis oft von dem *gesamten Provisions- oder Vergütungszufluss des Versicherungsvertreters* während des nach Ziffer I 1a maßgeblichen Bemessungszeitraums ausgegangen und dieser Betrag erst dann um die nicht berücksichtigungsfähigen Abzugsposten bereinigt wird, diese also vom Gesamtbetrag wieder abgezogen werden. Obwohl diese Vorgehensweise zwar zum gleichen Ergebnis führt, muss man sich dabei aber stets vergegenwärtigen, dass – was insbesondere für *Provisionen aus übertragenen Beständen* gilt – diese den Ausgleichswert vom 11. Vertragsjahr an – gerechnet von der Bestandsübertragung an – sich werterhöhend auf den Ausgleichswert auswirken, weil sie nach 10 Jahren zu einem Drittel, nach 15 Jahren zu zwei Dritteln und nach 20 Jahren in vollem Umfang selbst vermittelten Beständen gleichstehen. 1908

Um Missverständnisse auszuschließen, muss bereits an dieser Stelle auf diesen Umstand hingewiesen werden, zumal auch im Folgenden mitunter vom gesamten Provisions- oder Vergütungszufluss die Rede ist, der sodann gemäß Ziffer I 1a und I 2 zu mindern ist. 1909

Um den Kriterien zu genügen, die vom Gesetz und von der Rechtsprechung für die Ermittlung der Provisionsverluste des Versicherungsvertreters gelten, ist die nach den vorstehend geschilderten Grundsätzen ermittelte *Brutto-Jahresprovision* um folgende *Posten zu mindern*, die *nicht berücksichtigungsfähig* sind, 1910

---

[97] Zu Einzelheiten zur Ermittlung der Ausgleichshöchstgrenze vgl. Kap. X/Rz. 1517 ff.
[98] Gerade die – von der Dauer her – in den „Grundsätzen-Sach" gegebene Identität zwischen dem Bezugszeitraum für die Ermittlung des Ausgleichswerts einerseits und der Ausgleichshöchstgrenze andererseits führt in der Praxis nicht selten zu Missverständnissen.

weil es darauf ankommt, allein die Verluste der Höhe nach zu ermitteln, die sich im Hinblick auf die vom ausgeschiedenen Versicherungsvertreter neu vermittelte Versicherungsverträge infolge der Vertragsbeendigung ergeben.

1. Erstjährige Abschlussprovisionen [Ziff. I 1 b) aa)]

1911 Werden für die Vermittlung eines Versicherungsvertrages sog. *erstjährige erhöhte Abschlussprovisionen* – im Gegensatz zu den vom ersten Vertragsjahr an maßgeblichen gleichbleibende Provisionen – gezahlt, bleibt die erstjährige erhöhte Abschlussprovision bei der Ermittlung des Ausgleichswertes *unberücksichtigt*, allerdings ohne die in der erstjährigen Gesamtprovision enthaltene *Inkassoprovision*[99], die ihrerseits in gleicher Höhe vom zweiten Vertragsjahr an weitergezahlt wird.

Beispiel: Erhält ein Versicherungsvertreter im ersten Vertragsjahr eine Abschlussprovision von 60% einschl. einer Inkassoprovision von 15%, so sind im gesamten für die Ermittlung des Ausgleichswertes maßgeblichen Bezugszeitraum nur 15% Inkassoprovision anzusetzen[100].

1912 Diese Regelung beruht darauf, dass der Verlustberechnung nur *gleichbleibende Provisionen* zu Grunde gelegt werden sollen, um die Problematik der *Aufteilung der Folgeprovision* in Abschluss- und Verwaltungsanteile zu vermeiden. Eine Einbeziehung der erstjährig gezahlten erhöhten Abschlussprovision würde aber auch zur Folge haben, dass Beträge bei der Ermittlung des Ausgleichswerts berücksichtigt werden würden, hinsichtlich deren sich *aus der Vertragsbeendigung keine Verluste* ergeben. Deshalb müssen sämtliche in den letzten 5 Vertragsjahren gezahlten erstjährigen erhöhten Abschlussprovisionen *unberücksichtigt* bleiben. Auch dann also, wenn im ersten Vertragsjahr eine erhöhte Abschlussprovision gezahlt wird, soll durch deren Ausklammerung gemäß Ziffer I.1.b) aa) sichergestellt werden, dass bei der Verlustberechnung nur *gleichbleibende Provisionen* berücksichtigt werden.

1913 Zu beachten ist schließlich, dass bezüglich der laufend gezahlten Inkassoprovision nicht unterschieden wird, ob und inwieweit in dieser Provision auch *anteilig eine laufend gezahlte Abschlussfolgeprovision* enthalten ist; gerade darin liegt die bewusst vorgenommene – und übrigens die Versicherungsvertreter *begünstigende* – Pauschalierung, die dazu dienen soll, möglicherweise zwischen den Parteien entstehenden Streitstoff zu vermeiden.

1914 Wenn es in Ziff. I 1 b) aa) im zweiten Halbsatz heißt, dass die Regelung des § 87 Abs. 3 unberührt bleiben solle, so bedeutet dies, dass erst *nachvertraglich entstehende Provisionsansprüche*[101] also sog. Überhangprovisionen in die

---

[99] Wie sehr häufig in der Versicherungswirtschaft wird auch in den „Grundsätzen" der Begriff der „Inkassoprovision" nicht zutreffend verwendet. Gemeint sind vielmehr ganz generell Folgeprovisionen, die sich regelmäßig aus Abschlussfolgeprovisionen einerseits und tätigkeitsbedingten Verwaltungsprovisionen andererseits zusammensetzen; vgl. dazu *Küstner*, VersVerm 1996, 247.
[100] Vgl. *Garbe*, VersVerm 1973, 74, li. Sp.
[101] Einzelheiten zu den nachvertraglichen Provisionsansprüchen bei *Küstner*, im Hdb. I, Rz. 873 ff.

Verlustberechnung nicht einzubeziehen sind, weil die Vertragsbeendigung insoweit ja nicht zu Provisionsverlusten führt. Bei derartigen nachvertraglichen Provisionen handelt es sich um solche, die sich aus erst nach der Vertragsbeendigung zustandekommenden Versicherungsverträgen gem. § 87 Abs. 3 ergeben, sofern der nachvertraglich zu Stande gekomme Versicherungsvertrag vom ausgeschiedenen Versicherungsvertreter noch vor der Vertragsbeendigung vermittelt oder von ihm so eingeleitet und vorbereitet wurde, dass der Abschluss überwiegend auf seine Tätigkeit zurückzuführen ist und wenn der Vertrag innerhalb einer angemessenen Frist nach der Vertragsbeendigung zu Stande kommt.

2. Provisionen für Verträge mit unterjähriger Laufzeit [Ziff. I. 1.b) bb)]

Je länger ein vermittelter Vertrag läuft, desto größer ist der aus der Vertragsbeendigung für den Versicherungsvertreter sich ergebende Provisionsverlust, weil ihm das Wirksamwerden einer Provisionsverzichtsklausel zumindest anteilig die dem Grunde nach bereits erworbene Vermittlungsprovision nimmt. Entsprechendes gilt auch umgekehrt: Der Provisionsverlust ist je niedriger, *desto kürzer die vereinbarte Laufzeit* eines vermittelten Versicherungsvertrages ist. Deshalb sollen Verträge mit unterjähriger Laufzeit ebenso unberücksichtigt bleiben wie einjährige Versicherungsverträge ohne Verlängerungsklausel. Eine *Ausnahme* gilt allerdings dann, wenn die zuletzt genannten Versicherungsverträge trotz fehlender Verlängerungsklausel *mindestens dreimal hintereinander* verlängert worden sind. Dann nämlich wird unterstellt, dass es gerechtfertigt sei, derartige Verträge wie Verträge zu behandeln, die von vornherein mit längerer Laufzeit ausgestattet sind. Auch hier handelt es sich also um eine zu Gunsten des Versicherungsvertreters getroffene Pauschalregelung.

1915

3. Untervertreterprovision [Ziff. I. 1.b) cc)]

Diese Regelung betrifft nur Provisionszahlungen des Versicherungsvertreters an sog. *„unechte Untervertreter"*[102], also solche Untervertreter, die nicht zum ausgeschiedenen Versicherungsvertreter, der dem unechten Untervertreter gegenüber die Stellung eines *Hauptvertreters* hat, sondern allein zum Versicherungsunternehmen in vertraglichen Beziehungen stehen. Diese Untervertreter, deren Ausgleichsberechtigung sich *unmittelbar gegenüber dem Versicherungsunternehmen*, also nicht gegenüber dem Versicherungsvertreter als Hauptvertreter richtet, erhalten ihre Provision aber in der Praxis oft unmittelbar vom Versicherungsvertreter, dem sie unterstellt sind. Diese Provision geht aber nicht zu Lasten des Hauptvertreters, sondern stellt bei diesem einen *durchlaufenden Posten* dar, weil die dem Untervertreter zustehende Provision über den Hauptvertreter abgerechnet wird, dem diese Provisionen vom Unternehmer zwecks Weiterleitung an den Untervertreter zufließt[103].

1916

---

102 Zur Unterscheidung zwischen „echten und unechten" Untervertretern vgl. oben Rz. 77 ff.
103 Vgl. *Garbe*, VersVerm 1973, 69, 74.

XVIII Bedeutung der „Grundsätze" in der Versicherungswirtschaft

1917 In der Anmerkung 4 zu den „Grundsätzen-Sach" wird darauf hingewiesen, dass im Falle der Befriedigung des Ausgleichsanspruchs eines **unechten Untervertreters** unmittelbar durch das Versicherungsunternehmen – wie dies ja auch dem Begriff des unechten Untervertreters entspricht – dieses berechtigt ist, über den (ausgeglichenen) Bestand ohne Kürzung der bisherigen **Provisionsspitze des Generalagenten** anderweitig zu verfügen. Mit der „Provisionsspitze des Generalagenten" ist die Superprovision des dem unechten Untervertreter übergeordneten Hauptvertreters, eben des Generalagenten, gemeint.

1918 Daraus folgt, dass beim Ausgleichswert nur die dem Versicherungsvertreter als Hauptvertreter zufließenden **Superprovisionen** und natürlich auch die Provisionen für selbstvermittelte Verträge – diese unter Beachtung der gem. Ziff. I 1 b) aa) und bb) erläuterten Kriterien – zu berücksichtigen sind. Provisionen, die der Versicherungsvertreter an eigene Untervertreter (sog. **„echte Untervertreter"**)[104] aus dem eigenen Provisionsaufkommen zu zahlen hat, fallen nicht unter die Regelung von Ziff. I.b) cc). Ein Abzug würde sich auch nicht rechtfertigen, weil der Versicherungsvertreter echten Untervertretern gegenüber aus eigenem Recht ausgleichsverpflichtet ist.

4. Überweisungs- und Führungsprovisionen [Ziff. I. 1. b) dd)]

1919 Schließlich sind bei der Ermittlung des Ausgleichswertes auch **Überweisungs- und Führungsprovisionen** auszuklammern. Bei diesen Provisionen handelt es sich ausschließlich um **Verwaltungsprovisionen**. Von den üblichen Verwaltungsprovisionen, die sich auf Inkasso, Bestandspflege u. dgl. beziehen, unterscheiden sie sich dadurch, dass sie in der **Mitversicherung** vorkommen, bei der mehrere Versicherungsunternehmen einverständlich an einem Risiko in der Weise beteiligt sind, dass jeder Versicherer eine Quote bzw. einen bestimmten Betrag der Versicherungssumme übernimmt. Üblicherweise ist eines der mehreren Versicherungsunternehmen „führender Versicherer", der im Hinblick auf diese Versicherung die **Verwaltung und Abwicklung** übernimmt, die er jedoch oft gegen Zahlung einer Überweisungs- oder Führungsprovision auf einen **Versicherungsvertreter delegiert**[105]. Schon daraus ergibt sich, dass die hier genannten Vergütungen in keinem unmittelbaren Zusammenhang mit der Vermittlungstätigkeit des Versicherungsvertreters stehen, sodass es gerechtfertigt ist, auch diese Provision bei der Ermittlung des Ausgleichswertes außer Betracht zu lassen.

5. Provisionen aus übertragenen Beständen

1920 Übertragene Bestände wachsen dem Versicherungsvertreter erst allmählich im Laufe der Zeit zu und führen dadurch zu einer **Aufstockung des Ausgleichswertes**, und zwar in je größerem Umfange, desto mehr Jahre, gerechnet von der Bestandsübertragung an, vergangen sind. Die Berücksichtigung übertragener

---

[104] Ein Vertragsmuster für Verträge mit echten Untervertretern findet sich bei *Küstner*, WVK 1995, Heft 2, S. 10.
[105] Zur Mitversicherung vgl. *Gablers* Versicherungs-Lexikon, Stichwort „Mitversicherung".

B. Kommentierung der „Grundsätze-Sach" **XVIII**

Bestände zusätzlich zum Ausgleichswert, ohne dass es im Einzelfall darauf ankommt, ob ihre Berücksichtigung nach der gesetzlichen Bestimmung des § 89 b Abs. 1 S. 2 gerechtfertigt ist oder nicht, stellt mithin ebenfalls *eine zu Gunsten des Versicherungsvertreters getroffene Regelung* dar. Allerdings bedarf es stets, insbesondere im Hinblick auf den *Umfang der Anrechenbarkeit* bzw. die Berücksichtigung übertragener Bestände, einer eingehenden Prüfung.

a) Problematik

Schon daraus ergibt sich, dass im Hinblick auf die geschuldete Ausgleichszahlung der Frage eine sehr wesentliche Bedeutung zukommt, wie übertragene Bestände bei der Ermittlung des Ausgleichswertes nach Ziffer I.2 der „Grundsätze-Sach" zu behandeln sind, weil ihre Beantwortung erheblichen *Einfluss auf die Ausgleichshöhe* hat. Hier kommt es zunächst darauf an, ob ein übertragener Bestand bei der Ermittlung des Ausgleichswertes gem. Ziff. I.2 der „Grundsätze" *in vollem Umfange oder nur teilweise*, nämlich nur insoweit zu berücksichtigen ist, also vom insgesamt zugeflossenen Durchschnittswert gem. Ziff. I.2 der „Grundsätze-Sach" abzuziehen ist, als er im Zeitpunkt der Vertragsbeendigung *noch vorhanden* war.

1921

Die Bestimmung der Ziff. I.2 lautet:

1922

„Provisionen aus übertragenen Versicherungsbeständen werden, wenn die Bestandsübertragung

vor mehr als 10 Jahren erfolgt ist, mit 33 1/3%,
vor mehr als 15 Jahren erfolgt ist, mit 66 2/3%,
vor mehr als 20 Jahren erfolgt ist, mit 100%

berücksichtigt.

Bei Kraftverkehrsversicherungen findet eine volle Anrechnung schon nach 10 Jahren statt."

Diese Regelung ist, weil sie *unvollkommen* ist und im Einzelfall zu Meinungsverschiedenheiten führen kann und deshalb der Auslegung bedarf, zu erläutern und zu interpretieren.

1923

b) „Grundsätze" und Gesetz

Die beteiligten Verbände haben mit dieser Bestimmung den Versuch unternommen, die in der Praxis immer wieder zu Meinungsverschiedenheiten führende gesetzliche Regelung in § 89 b Abs. 1 Satz 2, die in der Neufassung des Handelsvertreterrechts durch das Gesetz vom 23.10.1989 auch unmittelbar in den Wortlaut des § 89 b Abs. 5 übernommen wurde, durch eine *pauschalierende Regelung* zu „entschärfen"[106].

1924

Die gesetzliche Regelung in § 89 b Abs. 1 Satz 2 für Warenvertreter und in § 89 b Abs. 5 Satz 1 für Versicherungsvertreter stellt die *„wesentliche Erweite-*

1925

---

106 Vgl. auch *Küstner*, WVK 1997, Heft 5, S. 12.

XVIII Bedeutung der „Grundsätze" in der Versicherungswirtschaft

rung"[107] einer (übernommenen, also alten) Geschäftsverbindung einer **neu hergestellten Geschäftsverbindung** gleich, wenn die Erweiterung wirtschaftlich der **Werbung eines neuen Kunden** entspricht. Für den Bereich der Versicherungswirtschaft gilt Entsprechendes. Dort steht es ausgleichsrechtlich der Vermittlung eines neuen Versicherungsvertrages gleich, wenn der Versicherungsvertreter **einen bestehenden Vertrag so wesentlich erweitert**, dass dies wirtschaftlich der Vermittlung eines **neuen Versicherungsvertrages** entspricht.

1926 Naturgemäß begegnet die Auslegung des Begriffs der „wesentlichen Erweiterung" einer Geschäftsverbindung bzw. eines bestehenden Versicherungsvertrages in der Praxis den gleichen Schwierigkeiten wie die Klärung der Frage, wann eine solche Erweiterung für das Unternehmen ihrer Bedeutung nach einem neu geworbenen Kunden- bzw. einem neu vermittelten Versicherungsvertrage entspricht[108]. Um diese Schwierigkeit in der Versicherungspraxis zu vermeiden und die Ausgleichsberechnung zu vereinfachen, haben die an der Schaffung der „Grundsätze-Sach" beteiligten Verbände Einigkeit darüber erzielt, den Gesetzeszweck durch die Regelung in Ziff. I.2 der „Grundsätze" praktikabel zu gestalten und Meinungsverschiedenheiten zwischen den Parteien zu vermeiden. Sie sind dabei von der zutreffenden Überlegung ausgegangen, dass ein **übertragener Altbestand** durch die ständige Bestreuung sich je stärker einem selbst aufgebauten Versicherungsbestand **annähert** und ihm schließlich **gleichsteht**, desto größer die Zeitspanne ist, die zwischen dem Zeitpunkt der Bestandsübertragung und der Beendigung des Versicherungsvertretervertrages liegt, sodass der übertragene Bestand im Laufe der Zeit dem neuen Bestandsinhaber – eine entsprechend lange Dauer des Vertretervertrages unterstellt – **allmählich „zuwächst"** und dadurch den Charakter eines von ihm selbst vermittelten Bestandes annimmt.

1927 Aus dem Wortlaut der Ziff. I.2 der „Grundsätze-Sach" ist klar ersichtlich, dass die dort genannte **zeitliche Staffel** jeweils den Zeitraum zwischen der Bestandsübertragung einerseits und der Fälligkeit des Ausgleichsanspruchs andererseits umfasst. Auf die gesamte Dauer der Tätigkeit des Versicherungsvertreters für das vertretene Unternehmen kommt es dabei nicht an. Denn eine Bestandsübertragung kommt ja nicht nur im Zusammenhang mit dem Vertragsabschluss der Parteien in Betracht, sondern ebenso auch erst zu einem späteren Zeitpunkt.

1928 Erst recht kann aber eine ungerechtfertigte Anrechnung des übertragenen Bestandes auch nicht dadurch mit einem höheren Prozentsatz gem. Ziff. I.2 erreicht werden, dass auf eine Gesamtdienstzeit unter Einbeziehung einer vor der selbstständigen Vertretertätigkeit liegenden Angestelltenzeit abgestellt wird, die allein die Frage betrifft, welcher Multiplikator gem. Ziff. II der „Grundsätze" maßgebend ist[109].

---

107 Vgl. dazu Einzelheiten oben Rz. 471.
108 Zu den Schwierigkeiten oben Rz. 471, 613.
109 Vgl. dazu Rundschreiben des GDV vom 14.11.1972, abgedruckt im Anhang Nr. 9.

B. Kommentierung der „Grundsätze-Sach" **XVIII**

c) Ausgangspunkt für den Ansatz

Natürlich ist nach Ziff. I.2 der „Grundsätze" der Umfang des übertragenen Bestandes nur als Ausgangspunkt maßgeblich. Denn es handelt sich beim Ausgleichsanspruch im Sachbereich um einen Vergütungsanspruch, der an die Stelle bereits dem Grunde nach verdienter Provisionsansprüche tritt, deren Zufluss durch das Wirksamwerden einer Provisionsverzichtsklausel von der Vertragsbeendigung an gehindert ist. Deshalb wird in Ziff. I.2 der „Grundsätze" allein auf die Provisionen aus übertragenen Beständen abgestellt, die ja nach dem Zeitpunkt der Bestandsübertragung bei der Ermittlung des Ausgleichswerts zu berücksichtigen oder auszuklammern sind.

1929

Entsprechend der den „Grundsätzen" zu Grunde liegenden generellen Zweckbestimmung, auch die Meinungsverschiedenheiten auszuklammern, die sich aus den *unterschiedlichen Bestandteilen einer Folgeprovision* ergeben und von denen nach dem Urteil des BGH vom 4.5.1959[110] nur der *Abschlussprovisionsanteil* im Rahmen der Provisionsverluste ausgleichsrechtlich zu berücksichtigen ist, ist auch im Hinblick auf die Provisionen aus übertragenen Beständen allein von den *insgesamt zugeflossenen Provisionen* auszugehen, *ohne* dass es auf jene Unterscheidung ankäme. Allerdings müssen nach Ziff. I.1 a) und b) bestimmte Provisionsteile ausgeklammert werden. Es handelt sich hier im Wesentlichen um *erstjährige (erhöhte) Abschlussprovisionen*, Provisionen für Versicherungsverträge mit *unterjähriger Laufzeit*, an *Untervertreter* abzugebende Provisionen und um *Überweisungs- und Führungsprovisionen* aus Beteiligungsgeschäften sowie Maklercourtagen[111].

1930

In diesem Zusammenhang taucht die weitere sehr bedeutsame Frage auf, *in welchem Umfang ein Bestand*, der unstreitig als übertragener, also nicht vom ausgleichsberechtigten Versicherungsvertreter vermittelter Bestand i.S.d. Ziff. I.2 anzusehen ist, bei der Ermittlung des Ausgleichswerts anzusetzen ist – in dem Umfang, den er *im Zeitpunkt der Bestandsübertragung* hatte, oder in dem Umfang, den er *bei der Vertragsbeendigung noch hat*. Die Problematik geht also dahin, ob ein übertragener Bestand auch dann noch ausgleichswertmindernd im vollen Umfang, den er zum Zeitpunkt seiner Übertragung hatte – oder je nach dem Zeitablauf teilweise – in Ansatz gebracht werden kann, wenn er *ganz oder teilweise* bei Vertragsbeendigung *gar nicht mehr vorhanden ist*.

1931

Natürlich spielt diese Frage nur dann eine Rolle, wenn dem Grunde nach eine Berücksichtigung „von Provisionen aus übertragenen Beständen" überhaupt zumindest teilweise in Betracht kommt, solange also noch keine Zeitspanne von mindestens mehr als 10 Jahren zwischen der Bestandsübertragung einerseits und der Vertragsbeendigung andererseits liegt. Denn die Frage, in welchem Umfang ein übertragener Bestand dem Grunde nach berücksichtigungsfähig ist, kann nach Ablauf einer Zeitspanne von 10 oder 15 Jahren nur noch teilweise und nach einer Zeitspanne von 20 Jahren überhaupt nicht mehr auftreten, denn

1932

---

110 *BGH*, 4.5.1959, BGHZ 30, 98 = VersR 1959, 427 = NJW 1959, 1430.
111 Vgl. oben Rz. 1911, 1915, 1916, 1919.

dann ist eine ausgleichsmindernde Berücksichtigung ohnehin ausgeschlossen. Der übertragene Bestand gilt dann als vom Versicherungsvertreter *selbst aufgebauter Bestand* und ist als solcher bei der Ermittlung des Ausgleichwertes zu berücksichtigen, allerdings stets *nur insoweit, als der übertragene Bestand* im Zeitpunkt der Vertragsbeendigung *noch vorhanden* ist, weil dem Vertreter auch nur insoweit aus diesem Bestand Provisionen zufließen.

1933 *Für die Bewertung eines übertragenen Bestandes* als vom Versicherungsvertreter selbst vermittelten Bestand kommt es – abgesehen von der oben in Rz. 1925 erläuterten vor Ablauf von 20 Jahren erfolgten Intensivierung – stets entscheidend auf den *Zeitpunkt des Ablaufs der maßgeblichen Zeitspanne* an, gerechnet von der Bestandsübertragung. Fällt beispielsweise der Ablauf der 15-jährigen Zeitspanne, wenn der Vertrag bereits 3 Jahre später endet, in den 5-Jahres-Zeitraum gem. Ziff. I.2 (Zeile 2). Sind die aus dem übertragenen Bestand mit 66 2/3% anzusetzenden Provisionen, die dem Vertreter in den letzten zwei Jahren aus jenem Bestand zugeflossen sind, im Umfang von 66 2/3% zu berücksichtigen. Denn wenn die Bestandsübertragung 15 Jahre zurückliegt, steht der Bestand von da an zu 2/3 einem selbst vermittelten Bestand gleich.

1934 Endet der Vertretervertrag in einem anderen Beispiel 6 Monate nach Ablauf des 20-Jahres-Zeitraums sind die Provisionszuflüsse aus den übertragenen Beständen in den letzten 6 Monaten *in vollem Umfange* anzusetzen. Es kommt also auf den Zeitpunkt der Vertragsbeendigung einerseits und andererseits darauf an, in welchem Umfang die Provisionen als *Abzugsposten* aufgrund der Bestandsübertragung unberücksichtigt bleiben müssen.

d) Handhabung in der Praxis

1935 Die für einen ausgleichsberechtigten Versicherungsvertreter mitunter bedeutsame Frage, wie sich eine Bestandsübertragung auf die Höhe des ihm zustehenden Ausgleichsanspruchs auswirkt, ist nicht nur hinsichtlich der praktizierten Handhabung die in Ziff. I.2 niedergelegte Regelung umstritten, sondern erstaunlicherweise – soweit ersichtlich – bisher auch weder von den Instanzgerichten noch vom BGH höchstrichterlich geprüft worden. Auch in der Literatur sind Meinungsäußerungen dazu äußerst selten. Wenn aber Stellungnahmen erfolgen, sprechen sich die Autoren – im Gegensatz zur meist praktizierten Auffassung – stets dafür aus, dass im Rahmen der Ziff. I.2 *nur der noch vorhandene Teil* des übertragenen Bestandes als Negativposten berücksichtigt werden darf[112].

1936 Dieser Grundsatz wird aber in der Praxis mitunter nicht beachtet.

> **Beispiel:** Nach 10jähriger Tätigkeit scheidet ein Versicherungsvertreter aus den Diensten des Unternehmens aus. Bei Vertragsbeginn wurde ihm ein Bestand i. H. v. 300000,– € übertragen. Der Bestand ist im Zeitpunkt der Vertragsbeendigung erst im Umfang von 1/3 als selbstgeworben zu berücksichtigen, so dass der

---

112 *Hopt*, S. 263; *Garbe*, VersVerm 1973, 69, 74 re. Sp.; vgl. auch die Beispiele Rz. 1946 und Rz. 1984 Nr. 7.

B. Kommentierung der „Grundsätze-Sach" **XVIII**

Ausgleichsanspruch um 2/3 unberücksichtigt bleiben muss. Das Unternehmen kürzt den Ausgleichsanspruch um 2/3, also um 200 000,– €. Der Versicherungsvertreter wendet ein, dass der übertragene Bestand im Zeitpunkt der Vertragsbeendigung nur noch zu 90 000,– € vorhanden sei, so dass der Unternehmer den Ausgleichsanspruch nur um diesen Betrag kürzen dürfe.

Stellt man auf den Wortlaut in Ziff. I.2 der „Grundsätze" ab, sollte die zutreffende Regelung eigentlich nicht schwer zu finden. Da die „Grundsätze" festlegen, dass bei der Ermittlung des Ausgleichswerts *„Provisionen aus übertragenen Beständen"* – je nachdem, wann die Bestandsübertragung erfolgte – nur vollständig, anteilig oder gar nicht berücksichtigt werden können, sind schon auf den ersten Blick folgerichtig nur solche Provisionen ausgleichswertmindernd in Ansatz zu bringen, die im Zeitpunkt der letzten 5 Jahre der Tätigkeit des Versicherungsvertreters, im Jahresdurchschnitt dem Vertreter zugeflossen sind, sofern sie generell berücksichtigungsfähig sind. Sind von dem übertragenen Bestand Teilbestände vorher entfallen, fehlt es insoweit am Provisionszufluss, sodass sich schon daraus ergibt, dass nur auf den bei Vertragsbeendigung noch vorhandenen Restbestand abzustellen ist. **1937**

Gegenüber dieser Auffassung indessen wird der Wortlaut der Ziffer I 1 2 der „Grundsätze" wie erwähnt mitunter *abweichend und unzutreffend interpretiert*. Es wird eingewendet, in Ziffer I 2 der „Grundsätze" werde nicht auf „Provisionen aus übertragenen Versicherungen", sondern auf „Provisionen aus übertragenen Versicherungsbeständen" abgestellt; gemeint seien also die *„Provisionen aus einem Gesamtpaket"*, so wie dieses übertragen worden sei. Dem hält der Vertreter regelmäßig entgegen, es könne unter Berufung auf die Bestimmung der Ziff. I 2 der übertragene Bestand sich nur insoweit ausgleichsmindernd auswirken, als er noch vorhanden sei und als solcher bei der Ermittlung des Ausgleichsanspruchs abgezogen werden müsse. Habe sich nämlich der Provisionszufluss während der Vertragslaufzeit verringert, könne der deshalb ausgebliebene Zufluss nicht „fiktiv als noch vorhanden" gewertet werden. Auf ein „Gesamtpaket" komme es nicht an, denn beim Begriff des Bestandes handele es sich ja lediglich um einen Sammelbegriff für eine Vielzahl von Einzelversicherungen. Wenn also einzelne Versicherungen aus dem Bestand ausscheiden, vermindere sich zwangsläufig der Provisionszufluss, so dass der vom Unternehmen vertretenen Auffassung nicht gefolgt werden könne. Im Übrigen wird bei dieser Argumentation auch nicht ausreichend berücksichtigt, dass es sich ja bei einem „Bestand" um nichts anderes handelt als um den Sammelbegriff für eine Vielzahl von Einzelversicherungen. Scheiden einzelne Versicherungen aus dem Bestand aus und vermindert sich dadurch der Provisionszufluss, würde mit der geschilderten Argumentation dem Sinn und dem Zweck der „Grundsätze" Gewalt angetan werden. **1938**

Schließlich muss in diesem Zusammenhang aber auch darauf hingewiesen werden, dass dann, wenn der 20-jährige Zeitraum für die Anrechnung des übertragenen Bestandes abgelaufen ist und sodann infolge der Vertragsbeendigung ein Ausgleichsanspruch entsteht, der übertragene Bestand ja auch *nur in dem Um-* **1939**

Küstner

XVIII Bedeutung der „Grundsätze" in der Versicherungswirtschaft

fange zu Gunsten des Versicherungsvertreters in Ansatz gebracht werden kann, in dem er sich anhand der dem Vertreter zugeflossenen Provisionen noch darstellt und nicht im ungekürzten Umfange, den er im Zeitpunkt der Übertragung hatte.

1940 Um die Berücksichtigung der gesamten Provisionen aus dem übertragenen Bestand im Zeitpunkt der Entstehung des Ausgleichsanspruchs ohne Abzüge zu rechtfertigen, wird darüber hinaus auch vorgetragen, ein übertragener Bestand unterliege erfahrungsgemäß *unzähligen Veränderungen* in Form von *Abgängen* und *Zuwächsen* durch Index-Erhöhungen, Tariferhöhungen und Bestandsangleichungen etc., die sich immanent aus der Bestandszusammensetzung, und zwar ohne notwendige Vermittlungstätigkeit ergäben. Deshalb müsse davon ausgegangen werden, dass sich die Zu- und Abgänge ausglichen, sodass nicht nur die Abgänge berücksichtigt werden dürften, sondern ebenso die Zuwächse, die häufig umfangreicher seien als die Abgänge, was sich ausgleichsrechtlich zu Gunsten des Versicherungsvertreters auswirke. Darüber hinaus sei aber eine Erfassung der Abgänge in der Praxis auch außerordentlich schwierig, weil meist – zumal bei Neuordnungen des Gesamtbestandes – neue Versicherungsschein-Nummern vergeben würden, sodass ein Vergleich des Anfangsbestandes mit dem Endbestand zusätzliche Probleme mit sich bringen. Oft würden der neu aufgebaute und der übertragene Bestand auch auf einem gemeinsamen Konto geführt, sodass eine differenzierte Beobachtung der Entwicklung des übertragenen Bestandes äußerst aufwändig sei.

1941 Es lässt sich kaum leugnen, dass dies ernst zu nehmende Gesichtspunkte sind; gleichwohl meine ich, dass bei entsprechender *Programmierung im Rahmen der Datenverarbeitung* eine Erfassung der Bestandsentwicklung möglich sein müsste.

1942 Schließlich vermögen aber technische, personelle, organisatorische oder auch datenverarbeitungsmäßige Schwierigkeiten eine klare Abgrenzung des übertragenen Bestandes in seiner ursprünglichen Höhe von einer Bestandserweiterung, die ja ohnehin zu Gunsten des Versicherungsvertreters zu berücksichtigen ist, nicht zu hindern. Beim heutigen Stand der datenmäßigen Erfassung großer Bestände muss es möglich sein, die Bestandsveränderungen über einen längeren Zeitraum so zu erfassen, damit diese dann bei der Ausgleichsberechnung gem. Ziff. I.2 der „Grundsätze" berücksichtigt werden können.

1943 Aus alledem würde es eine *unzulässige Benachteiligung* des Vertreters darstellen, wollte man offensichtliche *Bestandseinbußen* zu Lasten des ausgleichsberechtigten Vertreters berücksichtigen. Diese können etwa aufgrund eines *Maklereinbruchs* erfolgen oder deshalb, weil es sich bei dem übertragenen Bestand um einen *„überalterten" Bestand* handelt, der ohnehin schnell abbröckelt, was auch durch intensive Vermittlungsbemühungen nicht oder nur in geringem Maße verhindert werden kann.

e) Beweislastfragen

Zu der in diesem Zusammenhang auftretenden Frage der **Beweislast** sei auf folgendes hingewiesen. Beim Ausgleichsanspruch kommt es auf den *Erfolg der Vermittlungsbemühungen* an. Nur wenn der Versicherungsvertreter neue Versicherungsverträge vermittelt oder bestehende (ihm übertragene) Verträge erweitert, besteht für die Zahlung eines Ausgleichsanspruchs eine Grundlage, wie sich dies aus § 89b ergibt. Es ist seit jeher ständige Rechtsprechung[113] und entspricht auch allgemeinen zivilprozessualen Grundsätzen, dass der Handels- oder Versicherungsvertreter für die Werbung neuer Kunden bzw. die *Vermittlung neuer Versicherungsverträge i. S. d. § 89b Abs. 5 beweispflichtig ist*. Bestreitet also der Unternehmer, dass die zur Grundlage des Ausgleichsanspruchs gemachten Verträge als Neuverträge des ausgeschiedenen Versicherungsvertreters anzusehen sind, trägt der Versicherungsvertreter die Beweislast dafür, dass es sich nach seinem Vortrag *tatsächlich um neue, von ihm vermittelte Versicherungsverträge* handelt.

1944

Fordert der Versicherungsvertreter einen Ausgleich für neu vermittelte Verträge und macht er im Rahmen seiner Ausgleichsberechnung geltend, der Unternehmer sei nicht berechtigt, den *übertragenen Bestand in vollem Umfange* oder – je nach der Dauer der Zeitspanne, die seit der Bestandsübertragung verstrichen ist – in dem nach Ziff. I.2 maßgeblichen Umfang zu kürzen, ist er *auch insoweit beweispflichtig*, als er den Nachweis erbringen muss, dass der übertragene Bestand schon im Zeitpunkt der Entstehung des Ausgleichsanspruchs ganz oder teilweise gar nicht mehr vorhanden war, sodass bei einer teilweisen Bestandsminderung *nur noch der bei Vertragsbeendigung vorhandene Restbestand* zu einer Minderung des Ausgleichswerts führen könne. Es kann nicht zweifelhaft sein, dass ein solcher Beweis, der ja nur dadurch erbracht werden kann, dass der bereits weggefallene oder der noch vorhandene Bestand ermittelt wird, der allein abzugsfähig sein kann, nur unter *außerordentlichen Schwierigkeiten* zu erbringen ist. Weil in derartigen Fällen dem *beweisbelasteten Versicherungsvertreter* die Beweisführung im Einzelfall oft unzumutbar sein dürfte, zumal dem Versicherungsunternehmen der Tatsachenstoff eher bekannt ist als dem Versicherungsvertreter, kann nach dem Grundsatz der *Zumutbarkeit der Beweisführung* die Beweispflicht dem Vorbehalt unterliegen, dass das ausgleichspflichtige Unternehmen den Sachverhalt darlegt bzw. substantiiert bestreitet. Kommt das Versicherungsunternehmen dieser aus Treu und Glauben sich ergebenden Prozesspflicht nicht nach, kann nach der Rechtsprechung der so *vereitelte Vollbeweis kraft Anscheins als erbracht* gelten (§ 138 Abs. 3 ZPO).

1945

Folgendes Beispiel mag die Problematik verdeutlichen:

Ein Versicherungsvertretervertrag endet nach 12-jähriger Vertragsdauer. Bei Vertragsbeginn war dem Vertreter ein Altbestand i. H. v. 120 000,– € übertragen worden. Das Versicherungsunternehmen ist bereit, diesen Bestand i. H. v. 33 1/3 %,

1946

---

[113] Zur Beweislast des Handels- und Versicherungsvertreters bezüglich des Ausgleichsanspruchs vgl. *Baumgärtel*, Hdb. der Beweislast § 89b HGB, Rz. 1 ff.

XVIII Bedeutung der „Grundsätze" in der Versicherungswirtschaft

also auch nur in diesem Umfange als vom Vertreter selbst vermittelt zu akzeptieren, fordert aber andererseits den Ausgleichswert um 2/3, also um 80 000,– € zu mindern. Der Versicherungsvertreter kann nachweisen, dass in diesem Umfang der übertragene Bestand indessen gar nicht mehr besteht, weil er nachweislich i. H. v. 50 000,– € auf einen Makler übergegangen ist. Der Versicherungsvertreter meint also, sein Ausgleichsanspruch könne nur um die verbleibende Differenz, also i.H.v. 40 000,– €, soweit er im Zeitpunkt der Vertragsbeendigung tatsächlich noch bestehe zu Lasten des Ausgleichs berücksichtigt werden. Eine Ausgleichsbelastung im Umfange von 66 2/3 % des ursprünglich übertragenen Gesamtbestandes könne nicht in Betracht kommen, weil er, der Vertreter, schon seit mehreren Jahren nur noch Provisionszuflüsse aus 40 000,– € verzeichnen könne.

1947 Dieser Beispielsfall macht deutlich, worum es hier geht. Indessen wird es einem Versicherungsvertreter nur selten möglich sein, den Nachweis zu erbringen, dass der Rest des übertragenen Bestandes sich während der Vertragsdauer erheblich gemindert habe, sodass in dem vom Versicherungsunternehmen geforderten Umfang eine Ausgleichsminderung zweifellos nicht gerechtfertigt werden kann.

1948 Führt die Beweisführung des Versicherungsvertreters nicht zur Beseitigung letzter Zweifel, könnte eine Regelung in Betracht kommen, in der dann der Umfang der Bestandsreduzierung in einer Vereinbarung mit dem Versicherungsvertreter festgelegt wird. Dies dürfte sich im Übrigen auch deshalb empfehlen, weil nicht selten der Bestandsminderung wiederum Bestandserweiterungen gegenüberstehen, die auf die Vermittlungstätigkeit des Versicherungsvertreters zurückzuführen sind. Hier kommt also gewissermaßen ein *„Zwischenvergleich"* zu Stande, in dem sich die Parteien über den Umfang des Anteils des übertragenen Bestandes einigen, der sich nicht ausgleichsmindernd auswirken soll. Allerdings kommt diese Regelung wohl dann nicht in Betracht, wenn eine Bestandsreduzierung bereits durch die neue Übertragung eines *frei gewordenen Bestandes „ausgeglichen"* wurde; hierbei ist aber dann wiederum zu beachten, dass im Hinblick auf die neue Bestandsübertragung von dem Zeitpunkt an, in dem sie erfolgt, erneut die 10-Jahresfrist gemäß Ziff. I.2 der „Grundsätze" zu laufen beginnt.

1949 Allen vorstehend beschriebenen Fällen ist gemeinsam, dass ihre Praktizierung dann wesentlich erleichtert wird, wenn die vom Versicherungsvertreter selbst aufgebauten Bestände einerseits und der ihm übertragene Bestand andererseits getrennt unter *gesonderten Agenturnummern* geführt werden, zumal ohne eine solche Trennung der Nachweis der Bestandsreduzierung bzw. -veränderung wesentlich erschwert werden dürfte.

1950 Andererseits wird aber die Problematik auch dann entschärft, wenn das Unternehmen bei der Neuordnung von Verträgen aus dem übertragenen Bestande die umgestellten Verträge selbstvermittelten Verträgen gleichstellt, sodass insoweit eine Beeinträchtigung des Ausgleichsanspruchs ohnehin weitgehend vermieden wird.

f) Anwendung der Regelung des § 89 b Abs. 1 Satz 2

Es wurde oben bereits darauf hingewiesen, dass die in Ziff. I.2 enthaltene Regelung eine **Pauschalregelung** darstellt, durch die einerseits **Beweisschwierigkeiten** vermieden werden sollen, andererseits aber auch die Erfahrung berücksichtigt wird, dass ein lange betreuter (übertragener) Bestand im Laufe der Zeit zu einem selbst aufgebauten Bestand wird und dem Vertreter allmählich **als eigener Bestand „zuwächst"**. 1951

Um zu einer gerechten Lösung dieser Problematik zu gelangen, dürfte ein Vergleich mit der dem Gesetz entsprechenden und in der Praxis üblichen Regelung hilfreich sein, wenn es sich um einen **Warenvertreter** handelt. Wird einem Warenvertreter bei Vertragsbeginn (oder später) ein vorhandener Altkundenstamm – beispielsweise ein vom Vorgänger geworbener Kundenstamm – zur weiteren Betreuung und Nutzung übertragen, sind im Rahmen dieses Kundenstammes einzelne Geschäftsverbindungen als vom Handelsvertreter neu geworben anzusehen und ausgleichsrechtlich als Neukunden zu behandeln, wenn dem Handelsvertreter eine **Intensivierung der Geschäftsverbindung** im Sinne einer wesentlichen Erweiterung gelingt. Nicht selten sind die insoweit angestellten Bemühungen des Warenvertreters während eines bestehenden Vertragsverhältnisses erfolgreich; aber mitunter kommt es vor, dass eine derartige Intensivierung – aus welchen Gründen auch immer – nicht bis zur Vertragsbeendigung aufrecht erhalten werden kann. **Liegt im Zeitpunkt der Vertragsbeendigung eine Intensivierung nicht mehr vor** – für eine Wertung dieses Kunden als Neukunde ist der **Handelsvertreter beweispflichtig** – muss diese Geschäftsverbindung, sofern dem Handelsvertreter der Beweis der Gleichstellung mit einem Neukunden nicht gelingt, bei der Ermittlung der Unternehmervorteile und der Provisionsverluste i. S. d. § 89 b Abs. 1 Ziff. 1 und 2 HGB unberücksichtigt bleiben. Daraus folgt: Bei der Berechnung des einem Warenvertreter zustehenden Ausgleichsanspruchs kann also der übertragene **Altkundenstamm** nur insoweit berücksichtigt werden, als er Kundenbeziehungen umfasst, die auch **im Zeitpunkt der Vertragsbeendigung noch als intensiviert angesehen werden können**. 1952

Muss aber beim Warenvertreter der übertragene Altkundenstamm differenziert betrachtet werden, kann bei einem nach den „Grundsätzen" zu berechnenden Ausgleichsanspruch im Bereich der Versicherungswirtschaft nichts anderes gelten. Die nach den „Grundsätzen" anzuwendende Pauschalmethode darf ebenso wenig zu einer **Benachteiligung des ausgleichsberechtigten Versicherungsvertreters** führen, wie dies im Bereich des Warenvertreters der Fall ist. Ist beim letzteren der übertragene Altkundenstamm nur insoweit berücksichtigungsfähig, als er im Zeitpunkt der Vertragsbeendigung als intensivierter und damit als neuer Kundenstamm anzusehen ist **und als solcher noch besteht**, darf beim ausgleichsberechtigten Versicherungsvertreter – in der Zeitspanne vor Ablauf der 20-Jahresfrist, gerechnet von der Bestandsübertragung an – der übertragene Bestand nicht insgesamt, sondern nur **insoweit ausgleichswertmindernd** in Ansatz gebracht werden, als er noch vorhanden ist. 1953

XVIII Bedeutung der „Grundsätze" in der Versicherungswirtschaft

1954 Die Mängel der in Ziff. I.2 der „Grundsätze" getroffenen Regelung werden offensichtlich, wenn man dem vollständigen Abzug des übertragenen Bestandes bei einer Vertragsbeendigung in den ersten 10 Jahren nach der Bestandsübertragung – und zwar ohne Berücksichtigung inzwischen erfolgter Bestandsminderungen – einen (gedachten) Sachverhalt gegenüberstellt, der bei einer Vertragsbeendigung nach Ablauf von 20 Jahren nach der Bestandsübertragung denkbar wäre. Würde hier der Versicherungsvertreter „den Spieß umdrehen" und die Berücksichtigung des gesamten übertragenen Bestandes *fiktiv als selbst aufgebauten Bestand* ohne Rücksicht auf inzwischen eingetretene Bestandsminderung fordern, würde er mit einem solchen Begehren zweifellos nicht durchdringen. Denn in diesem (zugegebenermaßen sehr theoretischen) Fall liegt die Vermutung nahe, dass das Versicherungsunternehmen die Auffassung vertreten würde, dass jener übertragene Bestand in vollem Umfang gar nicht mehr vorhanden sei, obwohl ja aus seiner Sicht der Versicherungsvertreter hierbei *in gleicher Weise von einem fiktiven Sachverhalt* ausgeht, wie dies nicht selten beim Versicherungsunternehmen der Fall ist, wenn ein in Wirklichkeit gar nicht mehr vorhandener *übertragener Bestand fiktiv als noch vorhanden* bei der Ausgleichsminderung berücksichtigt wird. Dieser Hinweis zeigt aber, dass – allen organisatorischen und verwaltungsmäßigen Schwierigkeiten zum Trotz – das Problem am ehesten zu lösen ist, wenn man vom Wortlaut der „Grundsätze" ausgehend nicht auf den Bestand als solchen, sondern *auf die Provisionen abstellt*, die dem Versicherungsvertreter in den letzten 5 Vertragsjahren aus ihm übertragenen einzelnen Versicherungsverträgen im Jahresdurchschnitt zugeflossen sind und diesen Durchschnittsbetrag von dem dem Versicherungsvertreter insgesamt durchschnittlich zugeflossenen Provisionsbetrag abzieht, also unberücksichtigt lässt.

g) Zusammenfassung

1955 Zusammenfassend ergibt sich, dass das Problem am ehesten zu lösen ist, wenn man – vom Wortlaut der „Grundsätze" ausgehend – nicht auf den Bestand als solchen abstellt, sondern auf den *Provisionszufluss*, der dem ausgleichsberechtigten Versicherungsvertreter in den letzten 5 Vertragsjahren aus ihm übertragenen einzelnen Versicherungsverträgen im Jahresdurchschnitt zugeflossen ist und diesen Durchschnittsbetrag vom insgesamt ausgleichsfähigen Durchschnittsbetrag abzieht und andererseits vom Versicherungsvertreter herbeigeführte Bestandserweiterungen den Provisionen aus selbstvermittelten Verträgen hinzurechnet.

6. Prozentualer Ansatz nach Sparten (Prognose)

1956 Aus den Erläuterungen oben[114] ergibt sich, dass der Ausgleichsanspruch im Bereich der Sachversicherung als *Provisionssurrogat* anzusehen ist, was darauf beruht, dass er hier *keine zusätzliche Vergütung* zu den bis zur Vertragsbeendi-

---
114 Vgl. Rz. 54 und oben 814.

gung zugeflossenen Provisionen darstellt, sondern *an die Stelle bereits solcher* vor der Vertragsbeendigung dem Grunde nach erworbener bzw. *verdienter Provisionen tritt*, die aufgrund einer im Zeitpunkt der Vertragsbeendigung wirksam werdenden vereinbarten *Provisionsverzichtsklausel* von diesem Zeitpunkt an entfallen[115]. Mit dem Ausgleichsanspruch soll also – wenn auch in pauschaler Form und der Höhe nach begrenzt auf eine dreifache Jahresprovision – sichergestellt werden, dass dem Versicherungsvertreter so weit wie möglich via Ausgleichsanspruch diejenigen Provisionen im Ergebnis eben doch zufließen, die ihm aufgrund der getroffenen Vereinbarungen eigentlich nach der Vertragsbeendigung nicht mehr zufließen sollten. Der Unterschied zum Ausgleichsrecht des Warenvertreters besteht hier darin, dass der Verlust *im Hinblick auf bereits vor der Vertragsbeendigung verdiente Provisionen* ausgeglichen werden soll, während sich der Verlust im Bereich des Warenvertreters aus Provisionsansprüchen ergibt, die erst *nach der Vertragsbeendigung* aufgrund sodann zustandekommender Einzelgeschäfte im Rahmen einer Geschäftsverbindung entstehen. Es war bereits oben[116] darauf hingewiesen worden, dass der Schwerpunkt der Provisionsverluste im Bereich des Warenvertreters auf künftig zu Stande kommenden Geschäften beruht, während es beim Versicherungsvertreter im Wesentlichen auf Provisionsverluste aus bereits abgeschlossenen Geschäften ankommt.

Es bedarf keiner weiteren Erläuterung, dass vom Umfang her der im Bereich der Versicherungswirtschaft auszugleichende Provisionsverlust von *der weiteren Laufzeit* der vom Versicherungsvertreter vor der Vertragsbeendigung vermittelten Versicherungsverträge abhängt. Der *Verlust ist je niedriger* zu veranschlagen, desto *kürzer die künftige Laufzeit* vermittelter Verträge, von der Vertragsbeendigung an gerechnet, noch zu veranschlagen ist und je größer, *desto länger die zu erwartende Laufzeit ist*[117]. Maßgeblich ist also die *Bestandsfestigkeit* der Versicherungsverträge in den einzelnen Sparten. 1957

Um den Umfang des aus der Vertragsbeendigung resultierenden Verlustes festzustellen, bedarf es mithin einer *Prognose* im Hinblick auf die *künftige Laufzeit der einzelnen Versicherungsverträge*. Insofern gilt im Bereich der Versicherungswirtschaft – abgesehen vom Zeitpunkt der Entstehung auszugleichender Provisionsansprüche – mithin dem Grunde nach nichts anderes als im Bereich der Warenvermittlung. Der Unterschied besteht aber eben darin, dass es im Bereich der Warenvermittlung auf den Fortbestand einer vom Handelsvertreter hergestellten Geschäftsverbindung ankommt, während es im Versicherungsbereich auf die Laufzeit vermittelter Verträge, gerechnet von der Vertragsbeendigung an, abzustellen ist, weil von dieser Restlaufzeit der Umfang der dem Versicherungsvertreter zustehenden Provisionen abhängt. Auch im Ausgleichsrecht des Warenvertreters muss ja, um die Höhe des auszugleichenden Verlustes feststellen zu können, die *mutmaßliche weitere Entwicklung* einer vom Waren- 1958

---

115 Zum „Erwerb" von Provisionsansprüchen bereits vor der Vertragsbeendigung trotz erst danach eintretender Fälligkeit: *BGH*, 23.10.1996, BB 1997, 59.
116 Vgl. oben Rz. 814, 947; vgl. auch *Sieg*, VersR 1964, 789.
117 Vgl. oben Rz. 814.

XVIII Bedeutung der „Grundsätze" in der Versicherungswirtschaft

vertreter vermittelten neuen Geschäftsverbindung im Voraus, nämlich im Zeitpunkt der Vertragsbeendigung, ermittelt werden. Der Unterschied besteht aber darin, dass im Warenvertrieb jeweils bezüglich *jeder einzelnen individuellen Geschäftsverbindung* zu prüfen ist, in welchem Umfange mit dem Kunden *weitere Einzelgeschäfte* aller Wahrscheinlichkeit nach zu Stande kommen werden, während im Bereich der Versicherungswirtschaft in viel größerem Umfang auf *Erfahrungswerte, statistische Unterlagen* und das *„Gesetz der großen Zahl"* abgehoben werden kann. Denn die individuelle Prüfung der künftigen Entwicklung eines ausgleichspflichtigen Versicherungsvertrages würde erheblichen Schwierigkeiten begegnen und Meinungsverschiedenheiten zwischen den Parteien heraufbeschwören, wollte man jeweils auch in diesem Bereich eine *Einzelprognose* vornehmen, was allein schon wegen des Umfangs der einzelnen Bestände *praktisch gar nicht durchführbar wäre*. Es kann also nicht zweifelhaft sein, dass der Durchführung einer Prognose im Bereich der Versicherungswirtschaft *erheblich größere Schwierigkeiten* entgegenstehen würden, als dies im Bereich des Warenvertriebs der Fall ist.

1959   Um diesen Umständen bzw. Schwierigkeiten Rechnung zu tragen, sind in Ziff. I.3 der „Grundsätze" im Hinblick auf *branchenspezifische Besonderheiten* bestimmte Prozentsätze niedergelegt, durch die diese Besonderheiten pauschal berücksichtigt werden.

1960   Diese in Ziffer I.3 der „Grundsätze-Sach" maßgeblichen Prozentsätze von 50%, 35% und 25% für die unterschiedlichen Sparten ergeben sich einerseits aus der auf *Erfahrungswerten* aller Versicherungsunternehmen beruhenden *Bestandsfestigkeit* und der sich daraus wiederum ergebenden *durchschnittlichen Restlaufzeit* der verschiedenen Sparten zugehörenden Versicherungsverträge. Dabei wurde auch der *unterschiedlichen Aufteilung in Abschlussfolgeprovisionen einerseits* und *Verwaltungsprovision andererseits innerhalb der einzelnen Sparten* Rechnung getragen.

1961   Es liegt auf der Hand, dass durch den *Ansatz derartiger Erfahrungs- und Durchschnittswerte*, die sich bei den einzelnen Unternehmen nicht erheblich unterscheiden und die anstelle kostenaufwändiger und mühevoller Einzelerhebungen anzuwenden sind, nicht nur eine *Einzelprognose*, über die zuverlässige Aussagen im Einzelfall ohnehin kaum möglich sind, ebenso vermieden werden soll wie der Versuch, im Hinblick auf alle einzelnen Verträge eines Bestandes eine zuverlässige Aufteilung der jeweils gezahlten Provision in ihre *ausgleichsfähigen* und *nichtberücksichtigungsfähigen Bestandteile* durchzuführen.

1962   Aus dieser Erläuterung dürfte ersichtlich sein, dass mithin entgegen einer mitunter vertretenen Auffassung auch im Bereich der Versicherungswirtschaft der zu vermutende Fortbestand der vom Versicherungsvertreter in den einzelnen Sparten vermittelten Verträge – wenn auch pauschal – durchgeführt wird, wenn dies auch im Einzelnen aus dem Text der „Grundsätze" nicht ohne weiteres ersichtlich ist.

7. Behandlung von Zuschüssen

Nach Ziff. I.4 der „Grundsätze" sind bei der Ermittlung des Ausgleichswertes „Zuschüsse und sonstige zusätzliche Vergütungen des Versicherungsunternehmens (wie z. B. Bürozuschüsse, Ersatz von Porto, Telefon und Reklameaufwendungen)" unberücksichtigt zu lassen. Dass dies hinsichtlich der in der Klammer erwähnten Büro- und Kostenzuschüsse keiner Erläuterung bedarf, liegt auf der Hand. Fraglich ist aber, was unter „Zuschüssen und sonstigen zusätzlichen Vergütungen" zu verstehen ist. 1963

Unter dem Begriff der Zuschüsse dürften zunächst *Einarbeitungs- und Aufbauzuschüsse* zu verstehen sein, die dem Versicherungsvertreter gezahlt wurden, damit ihm insbesondere in der Anfangszeit seiner Vermittlungstätigkeit ein finanzieller Rückhalt geboten wird, weil die anfangs erzielten Vermittlungs- bzw. Abschlussprovisionen häufig allein zur **Kostendeckung** kaum ausreichen. Mit Aufbauzuschüssen wird meist der gleiche Zweck wie mit den Einarbeitungszuschüssen verfolgt. Sie sollen also dazu dienen, den Vertreter „ins Verdienen zu bringen", seine Agentur also ohne übermäßige Kostenbelastung aufzubauen. 1964

Überbrückungszuschüsse kommen dann in Betracht, wenn der Versicherungsvertreter bisher in einem Angestelltenverhältnis zum vertretenen Unternehmen stand – beispielsweise als Bezirksdirektor oder stellvertretender Bezirksdirektor mit relativ hohen Festbezügen. Mit Überbrückungszuschüssen soll die mit dem Übergang in die Selbstständigkeit oft verbundene **Beeinträchtigung des sozialen Status** vermieden oder zumindest abgeschwächt werden. Derartige Aufbauzuschüsse sollen also den **Besitzstand** des ehemaligen Angestellten absichern. Aus dieser Zweckbestimmung ergibt sich, dass die Zahlung eines derartigen Zuschusses naturgemäß **zeitlich begrenzt** ist und sich **mindert**, sobald durch die dem Versicherungsvertreter allmählich in größerem Umfange zufließenden Vermittlungs- und Abschlussprovisionen die Beeinträchtigung des sozialen Status abnimmt, sie allmählich ganz ausschließt und somit überflüssig wird. 1965

Entsprechendes gilt aber auch für die zuvor genannten *Einarbeitungs- und Aufbauzuschüsse*, bezüglich deren regelmäßig die vertraglichen Vereinbarungen eine Herabsetzung vorsehen, sobald diese Zuschüsse durch anwachsende Provisionseinnahmen mehr und mehr entbehrlich werden. Die vorgenannten Zuschüsse sind als „*zusätzliche Vergütungen*" im Sinne der Ziff. I.4 der „Grundsätze" anzusehen, obwohl es sich bei ihnen nicht um *reine Vergütungen* handelt, die im Zusammenhang mit einem vom Versicherungsvertreter erzielten Tätigkeitserfolg stehen. Sie haben *zusätzlichen Charakter*, weil sie dem Versicherungsvertreter über die eigentlichen Vermittlungs- bzw. Abschlussprovisionen hinaus so lange und unabhängig von erzielten Vermittlungserfolgen geschuldet und gezahlt werden, wie die ihm aus seiner Vermittlungstätigkeit zugeflossenen Provisionen nicht ausreichen, um den während der Angestelltenzeit des Versicherungsvertreters erworbenen *Besitzstand* zu sichern. 1966

XVIII Bedeutung der „Grundsätze" in der Versicherungswirtschaft

1967 Daraus folgt also, dass derartige Zuschüsse bei der Ermittlung des Ausgleichswertes *außer Betracht* zu bleiben haben. Andererseits aber entspricht diese Beurteilung auch der von der Rechtsprechung vertretenen Auffassung, dass *Festbezüge* nur dann zu den ausgleichsfähigen Bezügen des Handels- oder Versicherungsvertreters zählen, wenn sie *Entgeltcharakter* im Hinblick auf die vom Versicherungsvertreter geschuldeten Verdienste haben.

1968 So hat der BGH in seinem Urteil vom 15.2.1965[118] einen *Festbetrag* bei der Ermittlung der Provisionsverluste i.S.d. § 89b Abs. 1 Nr. 2 HGB nur insoweit mitgerechnet, als er als Entgelt für Geschäfte mit den vom Handelsvertreter geworbenen Kunden anzusehen sei. Ich selbst habe von jeher die Auffassung vertreten, dass entscheidend darauf abzustellen sei, ob es sich bei der *„Festvergütung" um eine erfolgsabhängige Vergütung* handelte, die *Provisionscharakter*[119] hat. Fehle es an einem solchen Vergütungscharakter, komme eine Berücksichtigung derartiger fester Bezüge im Sinne einer Ausgleichsminderung – wie z.B. ein Einarbeitungszuschuss, der es dem Vertreter überhaupt erst ermöglichen soll, vermittelnd tätig zu werden – bei der Berechnung des Ausgleichsanspruchs nicht in Betracht. Übrigens entspricht dies auch dem Gesamtbild des Ausgleichsrechts; auch bei der Ermittlung der Ausgleichshöchstgrenze sind Zahlungen des Unternehmens, die keine Vergütung für die erbrachte Vermittlungsleistung darstellen, außer Betracht zu lassen[120].

1969 Eine ganz andere Problematik, die nichts damit zu tun hat, wie Festbezüge gemäß Abschnitt I. Ziff. 4 der „Grundsätze" bei der Ermittlung des Ausgleichswerts zu berücksichtigen sind, betrifft die Frage, ob ein nach den „Grundsätzen" berechneter Ausgleichsanspruch *unter Billigkeitsgesichtspunkten* ganz oder teilweise entfallen kann, wenn dem Vertreter neben den üblichen Provisionssätzen *erfolgsunabhängige Festbezüge* in erheblicher Höhe gezahlt werden. Diese Frage wird in der Rechtsprechung im Sinne einer Ausgleichsminderung unter Billigkeitsgesichtspunkten auch dann bejaht, wenn der Ausgleich nach den „Grundsätzen" berechnet wurde[121]. Im Wesentlichen beruht diese von der Rechtsprechung vertretene Auffassung darauf, dass derartige Festbezüge das *Unternehmerrisiko* des Handelsvertreters mindern[122]. Wie oben geschildert, wurde mit den als Aufbauzuschuss bezeichneten Zahlungen aber ein ganz *anderer Zweck* verfolgt, der mit einer Minderung des Unternehmerrisikos nichts zu tun hatte.

---

118 *BGH*, 15.2.1965 – VII ZR 194/63, BGHZ 43, 154 = BB 1965, 395 = NJW 1965, 1134. Vgl. oben Rz. 1096 ff. m.w.N.
119 Vgl. oben Rz. 800.
120 *Küstner*, vgl. oben Rz. 1566.
121 Vgl. dazu *OLG München*, 8.8.1957, BB 1957, 1053; *LG München I*, 4.7.1974, VersR 1975, 81; 10.3.1975, VersR 1975, 736; *LG Bremen*, 1.7.1975, VersR 1975, 1099; *LG Hamburg*, 31.7.1975, VW 1976, 518; *LG Berlin*, 22.9.1971, VersR 1972, 95 m. Anm. *Martin*; *LG Nürnberg-Fürth*, 30.9.1975, VersR 1976, 467.
122 Vgl. dazu *OLG Celle*, 7.11.1961, BB 1962, 156; *OLG München*, 8.8.1957 – 6 U 997/57, NJW 1957, 1767 = VersR 1958, 91.

8. Abzinsung des Ausgleichsanspruchs

Nach der Rechtsprechung des BGH[123] sind die aus der Vertragsbeendigung sich ergebenden *Provisionsverluste*, die anhand einer Verlustprognose ermittelt wurden[124], *„auf den Gegenwartswert zurückzuführen"*, also abzuzinsen. Dieses Abzinsungserfordernis rechtfertigt die Rechtsprechung mit dem Hinweis darauf, dass sich der *Provisionsverlust aus fiktiven Provisionseinnahmen* errechnet, die der Warenvertreter – für Versicherungsvertreter ist diese Frage bisher von der Rechtsprechung nicht behandelt worden – bei unterstellter Vertragsfortsetzung aus den vermuteten Folgegeschäften der Kunden hätte erzielen können. Wenn aber der Ausgleich in Kapitalform geschuldet wird, der letztlich aus erst nach Vertragsbeendigung zufließenden Einnahmen resultiert, muss nach dieser Ansicht der Vertreter so gestellt werden, dass er bei *verzinslicher Anlage des Ausgleichskapitals* – bezogen auf die Prognosedauer – dann so gestellt wäre, als ob die der Prognose zu Grunde gelegten Provisionen tatsächlich zugeflossen wären[125]. 1970

Das *Abzinsungserfordernis* besteht nach dem Urteil des BGH vom 8.11.1990[126] auch dann, wenn sich die Auseinandersetzung der Parteien längere Zeit nach der Vertragsbeendigung – u.U. sogar im Rahmen eines über mehrere Instanzen geführten Prozesses – hinzieht und schließlich erst aufgrund eines Urteils (oder Vergleichs), das erst nach Ablauf der für die Ermittlung der Provisionsverluste angesetzten Prognosedauer ergeht, zur Auszahlung gelangt. Der BGH hat dies damit begründet, dass eine Abzinsung ohnehin nur im Rahmen der Berechnungen nach § 89b Abs. 1 HGB, nicht aber im Zusammenhang mit der Ausgleichshöchstgrenze in Betracht kommen könne und die Höhe des geschuldeten Ausgleichs nicht von der Länge des Zeitraums bis zur Zahlung abhängig sei. Außerdem werde dieser Zeitraum bereits durch die aus den gesetzlichen Vorschriften sich ergebende Verzinsung des geschuldeten Betrages berücksichtigt[127]. 1971

Mitunter wird von Versicherungsunternehmen die Auffassung vertreten, der von der Rechtsprechung geforderten Abzinsung müsse auch der Ausgleichsanspruch eines Versicherungsvertreters unterliegen, der nach den „Grundsätzen" errechnet worden sei, andernfalls werde der Versicherungsvertreter besser gestellt, weil sich die infolge der Vertragsbeendigung entfallenden Provisionszuflüsse in einer Kapitalzahlung zusammenballen, ihm die entgehenden Provisionen mithin im Rahmen des Ausgleichs zu einem früheren Zeitpunkt zuflössen. 1972

Dieser Auffassung kann jedoch nicht gefolgt werden. Wäre die Notwendigkeit einer Abzinsung von den Verbänden, die sich auf die „Grundsätze" einigten, anerkannt worden, hätte diese Auffassung zweifellos im Text der „Grundsätze" ihren Niederschlag gefunden. Das ist aber nicht der Fall. Eine Abzinsung kann 1973

---

[123] Urteil v. 8.11.1990 – I ZR 269/88, BB 1991, 368 und v. 2.7.1987 – I ZR 188/85, NJW-RR 1988, 42.
[124] Vgl. zu Einzelheiten Rz. 769.
[125] *OLG Celle*, 13.11.1969, BB 1970, 226, 227 zu Ziff. 2 der Gründe.
[126] A.a.O. (Fn. 123).
[127] Zur Kritik an dieser Rechtsprechung vgl. *Westphal*, HVJ 1991, 379 sowie EU, 145ff. Rz. 707; vgl. dazu oben Rz. 774.

bei einer Ausgleichsberechnung nach den „Grundsätzen" aber auch deshalb nicht in Betracht kommen, weil das **Berechnungsschema der „Grundsätze"** als **„Gesamtpaket"** gesehen werden muss, dessen Einzelbestimmungen – insbesondere der prozentuale Ansatz der Spartenbewertung nach Ziff. I.3 und der Ansatz der Multiplikatoren gem. Ziff. II – bereits alle Einzelumstände berücksichtigen, die für die Höhe des geschuldeten Ausgleichs maßgebend sind.

1974 Dies gilt generell für alle „Grundsätze" und nicht nur im Bereich der Sach-, Lebens- und Krankenversicherung sowie für die „Grundsätze" im Bausparbereich, weil die Problematik sich in den einzelnen Sparten nicht unterscheidet. In allen Sparten geht es um die Frage, ob die im geschuldeten Ausgleichskapital zusammengefassten Provisionsverluste abgezinst werden können, weil sie sich bei einer Vertragsfortsetzung auf einen längeren Zeitraum verteilt hätten. Aus den oben geschilderten Gründen jedoch ist eine solche Abzinsung im Bereich der „Grundsätze" aller Sparten ausgeschlossen.

III. Bedeutung der Multiplikatoren

1975 Die in Ziff. II der „Grundsätze" niedergelegten Multiplikatoren tragen der **Dauer der hauptberuflichen selbständigen Tätigkeit**[128] **des Vertreters** und damit dem Billigkeitsgesichtspunkt Rechnung. Die Multiplikatoren unterscheiden sich im Gegensatz zur Zeit vor dem Schreiben des Gesamtverbandes vom 6.4.1995[129] nicht mehr danach, ob das Vertragsverhältnis durch den **Tod des Versicherungsvertreters** oder im **Erlebensfall** endet[130]. Es sind allein die für den Erlebensfall in Betracht kommenden Multiplikatoren maßgeblich. Um unbefriedigende Ergebnisse zu vermeiden, die sich für den Versicherungsvertreter in der Sach-, Unfall-, Haftpflicht- und Rechtsschutzversicherung **bei kürzerer Tätigkeitsdauer** ergeben können, wird im Rundschreiben des Gesamtverbandes vom 14.11.1972[131] zu Ziffer 1 empfohlen, jeweils zu prüfen, inwieweit eine Erhöhung des Multiplikators bei einer Tätigkeitsdauer bis zu einschließlich 4 Jahren bzw. bei einer Tätigkeitsdauer vom beginnenden 5. Jahr an bis zu 9 Jahren in Betracht kommen kann.

1976 Der **höchste Multiplikator 6**, der bei einer Vertragsbeendigung vom beginnenden 20. Tätigkeitsjahr an gilt, ist allerdings nicht für sämtliche Sparten maßgeblich. Für den Bereich der **Kraftverkehrsversicherung** ist mit Rücksicht auf die dort maßgebliche **geringe Bestandsfestigkeit** der Multiplikator 2 anzusetzen, sodass insoweit maximal der doppelte Ausgleichswert als Ausgleich geschuldet wird. Der Multiplikator 2 gilt hier dann, wenn das Vertragsverhältnis länger als 10 Jahre gedauert hat. Bei kürzerer Vertragsdauer sind, wie sich dies aus Ziff. II.2 der „Grundsätze" ergibt, niedrigere Werte maßgebend. Schließlich sei

---

[128] Dabei ist eine vorangehende Angestelltenzeit mitzuberücksichtigen, vgl. Rundschreiben GDV vom 14.11.1972 (GVa-Nr. 18/72), abgedruckt im Anhang Nr. 9.
[129] Abgedruckt im Anhang Nr. 13.
[130] Vgl. dazu Einzelheiten in Rz. 1881 sowie zur Problematik *Küstner*, VersVerm 1994, 444.
[131] Abgedruckt im Anhang Nr. 9.

B. Kommentierung der „Grundsätze-Sach" **XVIII**

darauf hingewiesen, dass die in Ziff. II.2 im Bereich der Kraftverkehrsversicherung niedergelegten Höchstbeträge bezügl. der Multiplikatorenstaffel infolge der *Aufhebung der Tarifverordnung* vom 20.11.1967 im Jahre 1994 gegenstandslos geworden sind. Die 2/8-, 3/8- und 4/8-Regelung und desgleichen die Ausklammerung der zusätzlichen Verwaltungsentgelte sind also gegenstandslos und deshalb zu streichen.

In der *Transportversicherung* einschließlich ihren Nebenzweigen und der *Einheitsversicherung* ist bei einer Vertragsbeendigung nach 10 Dienstjahren ebenfalls der Multiplikator 2 maßgeblich. 1977

Die Berücksichtigung von *Angestelltenzeiten* des späteren hauptberuflichen Versicherungsvertreters wirft ein Sonderproblem auf, das im Folgenden zu erläutern ist. 1978

Im Schreiben des GDV vom 14.11.1972 wird es in Ziff. 3 für gerechtfertigt gehalten, „eine Tätigkeit des Vertreters für das ausgleichsverpflichtete Unternehmen als Angestellter im Versicherungsaußendienst *bei Anwendung der Multiplikatorenstaffel* unter Ziff. II mitzuberücksichtigen". 1979

Hier kann im Einzelfall die Frage auftauchen, ob diese Möglichkeit – wenn auch nur ausnahmsweise – auch dann angewendet werden kann, wenn der Angestellte im Außendienst zwar nicht unmittelbar für das vertretene Unternehmen tätig war, sondern als *einziger Außendienstmitarbeiter einer Einfirmen-Generalagentur* des Versicherungsunternehmens, sodass also nur eine *mittelbare Tätigkeit* für das Unternehmen vorlag – vorausgesetzt, dass der Generalagent selbst aus persönlichen oder anderen Gründen an der Ausübung einer Vermittlungstätigkeit für das Versicherungsunternehmen gehindert war und sich die Tätigkeit des Angestellten sehr erfolgreich gestaltete. Ich bin der Auffassung, dass angesichts eines solchen Sachverhaltes die oben zitierte *Äußerung des Gesamtverbandes weit ausgelegt* werden muss. In dem hier – keineswegs konstruierten – Sachverhalt hatte der angestellte Außendienstmitarbeiter ausschließlich gegen feste Bezüge und Spesen die Generalagentur seines Arbeitgebers *praktisch allein verwaltet* und den Bestand während seiner Angestelltenzeit erheblich vergrößert, sodass dieser Bestand nach Beendigung der Angestelltenzeit – der Angestellte wurde im Anschluss daran hauptberuflicher Mitarbeiter des Versicherungsunternehmens – regional eine Spitzenposition im Verhältnis zu anderen Generalagenturen einnahm. Gerade weil sich hier die Tätigkeit des Angestellten, der allein und erfolgreich für die Generalagentur – die ihm gegenüber als Angestellten nicht ausgleichsverpflichtet war – jedenfalls im wirtschaftlichen Ergebnis unmittelbar für das Versicherungsunternehmen auswirkte, dürfte es gerechtfertigt sein, ihn *ausgleichsrechtlich einem Angestellten gleichzustellen*, der auch rechtlich dem Versicherungsunternehmen unmittelbar gegenübersteht. 1980

Freilich dürfte diese Auffassung im Widerspruch zur Auffassung des Generalagenten stehen, zu dessen Gunsten sich provisions- und ausgleichsrechtlich die Tätigkeit des Angestellten auswirkte. Denn wenn der Agenturvertrag endet, würde ja 1981 der Generalagentur aufgrund der erfolgreichen Tätigkeit des Angestellten ein höherer Ausgleich zustehen, als wenn die Tätigkeit des Angestellten gar nicht oder weniger erfolgreich gewesen wäre. Andererseits taucht in diesem Zusammenhang aber die Frage auf, ob es dem Billigkeitsgrundsatz entspricht, dass *allein der Generalagent die Früchte der Tätigkeit des Angestellten* erntet, Letzterer aber ausgleichsrechtlich leer ausgeht. Meiner Auffassung würde es hier der Billigkeit entsprechen, dass auch der Angestellte, wenn sein Vertragsverhältnis zur Generalagentur endet, ausgleichsrechtlich am erarbeiteten Erfolg beteiligt wird.

IV. Berechnungsbeispiele für Ausgleichsansprüche im Sachbereich

1. Berechnungsgrundsätze

1982 Bei der Ermittlung eines Ausgleichsanspruchs nach den „Grundsätzen-Sach"[132] ist nach Ziffer I von dem zu ermittelnden *Ausgleichswert* auszugehen. Darunter ist eine **durchschnittliche Brutto-Jahresprovision** aus dem vom Versicherungsvertreter selbst aufgebauten Versicherungsbestande, *berechnet aus den letzten 5 Vertragsjahren*, bei kürzerer Vertragsdauer aus der gesamten Tätigkeitszeit des Vertreters, zu verstehen. Bei der Ermittlung dieses Ausgleichswerts werden *übertragene Bestände* dem vom Versicherungsvertreter selbst aufgebauten Bestande in je stärkerem Maße gleichgestellt, desto länger die Übertragung zurückliegt; erfolgte die Übertragung vor mehr als 20 Jahren (Ziffer I 2), werden die übertragenen Bestände *uneingeschränkt wie selbst vermittelte Bestände* berücksichtigt. Liegt die Bestandsübertragung weniger als 10 Jahre zurück, werden die Provisionen aus den Beständen überhaupt nicht – liegt sie mehr als 10 Jahre zurück, werden sie mit 1/3, liegt sie mehr als 15 Jahre zurück, werden sie mit 2/3 berücksichtigt; bei Kraftverkehrsversicherungen findet eine volle Anrechnung schon nach 10 Jahren statt.

1983 Die für den Ausgleichswert maßgebliche *Durchschnittsprovision* muss des Weiteren gem. Ziffer I 1 b und Ziffer 4 um *bestimmte Abzugsposten* bereinigt werden. Die ermittelte Jahresprovision ergibt sodann, gem. Ziffer I 3 nach den einzelnen Versicherungssparten aufgeschlüsselt und unter Anwendung der dort festgelegten Prozentsätze, den *Ausgleichswert*[133]. Dieser ist schließlich – je nach der Laufzeit des beendeten Vertragsverhältnisses und je nachdem, ob das Vertragsverhältnis durch den Tod des Vertreters endet oder ob er das Ende des Vertrages erlebte – entsprechend den in Ziffer II niedergelegten und *gestaffelten Multiplikatoren* zu ermitteln.

---

[132] Wortlaut abgedruckt im Anh. Nr. 2. Zu Zweifelsfragen im Zusammenhang mit der Berechnung des Ausgleichsanspruches nach den „Grundsätzen" vgl. *Schäfer*, VersVerm 1983 S. 86 und *Stötter*, VersVerm 1985 S. 99 sowie oben Rz. 1214 ff. zur Berücksichtigung von Versorgungsleistungen, die auf Beiträgen des Versicherungsunternehmens beruhen.

[133] Für die *Verkehrsservice-*, die *Vertrauensschadens-* und *Kautionsversicherung* gelten besondere Ausgleichswerte. Sie betragen (vgl. zu oben Rz. 1848) in der Verkehrsservice-Versicherung 25%, in der Vertrauensschaden-Versicherung 50% und in der Kautions-Versicherung 40% der maßgeblichen durchschnittlichen Jahresprovision; vgl. auch VersVerm. 1991, S. 15 und *Schäfer*, VersVerm. 1985, S. 543).

2. Berechnungsbeispiele

Beispiel 1: Ein Generalagent, der im Jahre 1988 die Vertretung eines Versicherungsunternehmens ohne Bestand übernommen hatte, hat bis zum Jahre 2003 einen Versicherungsbestand i. H. v. 200 000 € Beitragseinnahme aufgebaut. Dieser Bestand besteht ausschließlich aus Sach-, Unfall- und Haftpflichtversicherungen für das vertretene Unternehmen.

Als laufende Provision erhält der Generalagent 20 %. Im Durchschnitt der letzten 5 Jahre der Tätigkeit des Vertreters belief sich die Bruttojahresprovision auf 20 000 €. Die Hälfte des Versicherungsbestandes, also ebenfalls 100 000 €, sind direkte, die andere Hälfte sind Geschäfte der dem Versicherungsunternehmen vertraglich verpflichteten Untervertreter, deren Provision sich auf 15 % beläuft, also auf 25 % weniger als die dem Generalagenten zustehende Provision und die vom Generalagenten aufzubringen sind.

Der Ausgleichsanspruch berechnet sich nach den „Grundsätzen Sach" wie folgt, wenn das Vertragsverhältnis zwischen dem Generalagenten und dem Versicherungsunternehmen im Jahre 2003 aus Altersgründen nach 15-jähriger Tätigkeit beendet wird.

1. Beitragseinnahmen aus direktem Geschäft insges. 100 000,– €
Ausgleichswert aus direktem Geschäft mithin 20 000,– €

2. Beitragseinnahmen aus dem Untervertreter-
geschäft ebenfalls insges. 20 000,– €
davon bleiben dem Generalagenten 5 000,– €

Ausgleichswert insges. 25 000,– €

3. Multiplikator nach 15-jähriger Tätigkeit: 4,5
Ausgleichsanspruch mithin 4,5 × 25 000,– 112 500,– €

Beispiel 2: Ein seit 1983 tätiger Generalagent hat einen Kraftfahrtversicherungsbestand von 100 000 € aufgebaut; Untervertreter sind nicht beteiligt. Die laufende Provision beträgt 11 %. Eine durchschnittliche Jahresprovision innerhalb der letzten fünf Jahre betrug 11 000 €. Bei Beendigung des Vertragsverhältnisses nach mehr als 20-jähriger Tätigkeit berechnet sich der Ausgleichsanspruch wie folgt:

Ausgleichswert (11 000 € laufende Provision
gemäß Nr. I 3 Zeile 5) 25 % 2 750 €
Multiplikator (gemäß Nr. II 2) 2 = 5 500 €

Beispiel 3: Ein Generalagent ist seit dem Jahre 1988 im Versicherungsvermittlergewerbe tätig. Als Ausgleich sind für den direkten Sach-, Unfall-, Haftpflicht- und Rechtsschutzversicherungsbestand zu zahlen, wenn das Vertragsverhältnis im Jahre 2002, gleichgültig ob durch Tod oder im Erlebensfall[134], nach 14 Jahren durch unverschuldete Kündigung seitens des Unternehmens, automatische Beendigung oder einvernehmliche Aufhebung des Vertragsverhältnisses aus Altersgründen oder wegen dauernder Invalidität beendet wird und sich der Ausgleichswert auf 10 000,– € beläuft:

Multiplikator 3
Ausgleichsanspruch also 30 000 €

---

[134] Vgl. auch BVK-Sonderdruck.

XVIII Bedeutung der „Grundsätze" in der Versicherungswirtschaft

Beispiel 4: Ein „bevollmächtigter Generalagent" im Sinne der Anmerkung 4 zu Nr. II 2 (bzw. seine Erben), der, seit 1981 tätig, eine laufende Provision von 16,5% erhält und seinen ohne Vertreter selbst aufgebauten Kraftfahrtversicherungsbestand von 100 000 € Beitragseinnahme im Jahre 1994 verliert, hat als Ausgleich zu beanspruchen:

Ausgleichswert (16 500 € laufende Provision
gemäß Nr. I 1a abzgl. 75% gemäß Nr. I 3)   4 125 €
Multiplikator (gemäß Nr. II 2) 2 =   8 250 €

Beispiel 5: Ein Versicherungsvertreter hat in 21-jähriger Tätigkeit für ein Versicherungsunternehmen einen durchschnittlich zusammengesetzten Bestand aufgebaut. Der Vertretervertrag endet durch vom Vertreter nicht verschuldete Kündigung seitens des vertretenen Unternehmens. Eine Anwartschaft auf Altersversorgung besteht nicht. Bei Vertragsbeginn war dem Vertreter kein vorhandener Bestand übertragen worden. Der Ausgleichswert errechnet sich wie folgt:

Versicherungsart	Prämie	Provision im Durchschnitt der letzten 5 Jahre	%-Satz (Nr. I 3)	Ausgleichswert €
a) Kraftfahrtversicherung	120 000	14 400	25%	3 600
b) Transportversicherung	60 000	9 000	25%	2 250
c) Maschinen-, Industrie-, Feuer-, Feuer-Groß-BU-Versicherung	180 000	27 000	35%	9 450
d) Sonstige Versicherungen	200 000	21 000	50%	10 800

Zu den zu a) und b) ermittelten Ausgleichswerten der vermittelten Kraftfahrt- und Transportversicherungsverträge gilt nach Nrn. II 2 und II 3 der Multiplikator 2, für den zu c) und d) ermittelten Ausgleichswert gilt der Multiplikator 6 (vgl. Nr. II 1). Danach beläuft sich der Ausgleichsanspruch

– zu a) auf 2 × 3 600 =   7 200 €
– zu b) auf 2 × 2 250 =   5 500 €
– zu c) auf 6 × 9 450 =   56 700 €
– zu d) auf 6 × 10 800 =   64 800 €

Insgesamt beträgt der Ausgleichsanspruch also   134 200 €

War bei gleichen Prämissen dem Versicherungsvertreter eine Versorgungszusage über eine Altersrente in Höhe von monatlich 360 € mit 60%igem Übergang auf die Witwe (fällig nach Erreichen des Pensionsalters 65) erteilt worden, deren Finanzierung allein vom Unternehmer durchgeführt wurde, verringert sich der Ausgleichsanspruch

in Höhe von   134 200 €
um den kapitalisierten Barwert der fällig gewordenen
Altersrente in Höhe von   47 268 €,

sodass als Ausgleich ein Betrag in Höhe von   86 932 €

verbleibt.

B. Kommentierung der „Grundsätze-Sach" **XVIII**

Endet das Vertragsverhältnis durch den Tod des Vertreters, sodass von der Vertragsbeendigung an die Witwenrente in Höhe von 60% von 360 € fällig wird, verringert sich der Ausgleichsanspruch

von	134 200 €
um den kapitalisierten Barwert der Witwenversorgung in Höhe von	28 360 €,
sodass ein Ausgleich in Höhe von	105 840 €
verbleibt.	

Beispiel 6: Ein Versicherungsvertreter hat während einer 25-jährigen Vertragszeit einen durchschnittlich zusammengesetzten Bestand aufgebaut. Im Jahre 1990 wurde ihm eine Versorgungszusage über eine Altersrente in Höhe von monatlich 360 € (mit 60%igem Übergang auf die Witwe), fällig nach Erreichen des Pensionsalters 65, erteilt, deren Finanzierung allein vom Unternehmer durchgeführt wurde. Bei Vertragsbeginn war kein vorhandener Bestand übertragen worden. Der Vertreter trat mit Erreichen des Pensionsalters 65 in den Ruhestand. Der Ausgleichswert errechnet sich wie folgt:

Versicherungsart	Prämie	Provision im Durchschnitt der letzten 5 Jahre	%-Satz (Nr. I 3)	Ausgleichswert €
a) Kraftfahrtversicherungen	150 000	16 000	25%	4000
b) Transportversicherungen	20 000	2 200	25%	550
c) Maschinenversicherungen	50 000	5 600	35%	1960
d) Sonstige Versicherungen	120 000	13 200	50%	6600

Der Muitiplikator beträgt für den zu a) und b) ermittelten Ausgleichswert wiederum 2, für den zu c) und d) ermittelten Ausgleichswert wiederum 6, sodass sich ohne Berücksichtigung der Altersversorgung ein Ausgleichsanspruch

zu a) in Höhe von	8 000 €
zu b) in Höhe von	1 100 €
zu c) in Höhe von	11 760 €
zu d) in Höhe von	39 600 €
insgesamt in Höhe von	60 460 €
ergibt, der gemäß Nr. V 1 der Grundsätze um den kapitalisierten Barwert der fällig gewordenen Altersrente zu kürzen ist. Der kapitalisierte Barwert der Altersversorgung beläuft sich auf	47 268 €
sodass als *Ausgleich* ein Betrag in Höhe von	13 192 €
zu zahlen ist.	

Beispiel 7: Während seiner sechsjährigen Tätigkeit für ein Versicherungsunternehmen vermittelte ein Versicherungsvertreter einen größeren durchschnittlich zusammengesetzten Bestand. Der Vertretervertrag endete ohne Verschulden des Vertreters durch Kündigung seitens des Unternehmens. Eine Anwart-

XVIII Bedeutung der „Grundsätze" in der Versicherungswirtschaft

schaft auf Altersversorgung bestand nicht. Dem Vertreter war bei Beginn seiner Tätigkeit ein größerer Bestand übertragen worden, von dem bei Beendigung des Vertragsverhältnisses nur noch ein Teil vorhanden war. Da die Bestandsübertragung vor weniger als 10 Jahren erfolgt war, ist der übertragene Bestand beim Ausgleichsanspruch nicht zu berücksichtigen.

1. Ermittlung des *ausgleichsfähigen Endbestandes*

	1 Übertragener Bestand		2 Davon bei Vertrags- beendigung noch vorhandener Bestand (3 ./. 4)		3 Gesamt- endbestand (2 + 4)		4 Ausgleichsfähi- ger Endbestand ohne noch vorhandenen übertragenen Bestand (3 ./. 2)	
	Prämie	Prov.	Prämie	Prov.	Prämie	Prov.	Prämie	Prov.
a) Kraftfahrt- versicherung	100 000	11 000	50 000	5 000	110 000	12 500	60 000	7 500
b) Transport- versicherung	–	–	–	–	6 000	800	6 000	800
c) Maschinen- versicherung	–	–	–	–	12 000	1 300	12 000	1 300
d) Sonstige	100 000	12 000	80 000	9 000	122 000	13 400	42 000	4 400
	200 000	23 000	130 000	14 000	250 000	28 000	120 000	14 000

2. Ermittlung des *Ausgleichswertes* des ausgleichsfähigen Endbestandes

Versicherungsart	Provision	%-Satz Nr. I 3	Ausgleichs- wert
a) Kraftfahrtversicherung	7500	25%	1875
b) Transportversicherung	800	25%	200
c) Maschinenversicherung	1300	35%	455
d) Sonstige	4400	50%	2200

3. *Ausgleichsanspruch*

Für den zu a) und b) ermittelten Ausgleichswert gilt nach Nr. II 2 hier der Multiplikator 1,5, bei dem zu c) und d) ermittelten Ausgleichswert der Multiplikator 2 (gemäß Nr. II 1 b).

Der Ausgleichsanspruch beläuft sich also

zu a) auf 1,5 × 1875 = 2812,50 €
zu b) auf 1,5 × 200 = 300,00 €
zu c) auf 2 × 455 = 910,00 €
zu d) auf 2 × 2200 = 4400,00 €
ingesamt also auf   8422,50 €

Beispiel 8: Ein Versichungsvertreter scheidet nach 10-jähriger Tätigkeit aus dem Vertragsverhältnis aus. Im Durchschnitt der letzten 5 Vertragsjahre erzielte er aus der Vermittlung von Verkehrsservice-Versicherungen eine durchschnittliche Vermittlungsprovision von 3000 €.

Als Ausgleichswert ist hier von 25% der maßgeblichen Durchschnittsprovision auszugehen, also von 750 €. Für eine Vertragsbeendigung im Erlebensfall ist bei 10-jähriger Vertragsdauer der Multiplikator 3 maßgeblich, sodass sich der Ausgleichsanspruch hier auf 2250 € beläuft[135].

Beispiel 9: Ein Generalagent[135a] hat für einen Kompositversicherer, dem ein Rechtsschutzunternehmen angegliedert ist, in zwanzigjähriger Tätigkeit folgenden – nach dem Durchschnitt der letzten fünf Jahre seiner Tätigkeit ermittelten – Versicherungsbestand aufgebaut:

Kraftfahrtversicherungen	200 000 DM, Provisionssatz 11%
Sachversicherungen	140 000 DM, Folgeprovision 15%
Rechtsschutzversicherungen	20 000 DM, Folgeprovision 10%
Industrie-Feuer- und FBU-Versicherungen	40 000 DM, Folgeprovision 12%

Der Ausgleichswert errechnet sich wie folgt:

Kraftfahrtversicherung:	11% von 200 000 DM	= 22 000 DM
Hiervon 25%		= 5 500 DM
Sachversicherung:	15% von 140 000 DM	= 21 000 DM
Hiervon 50%		= 10 500 DM
Rechtsschutzversicherung:	10% von 20 000 DM	= 2 000 DM
Hiervon 50%		= 1 000 DM
Industrie-Feuer- und FBU-Versicherung:	12% von 40 000 DM	= 4 800 DM
Hiervon 35%		= 1 680 DM

Nach mehr als 19-jähriger Tätigkeit finden die höchsten Multiplikatoren Anwendung. Es ergibt sich damit folgender Ausgleichsanspruch:

Kraftfahrtversicherung:	2 × 5 500 DM	= 11 000 DM
Sachversicherung:	6 × 10 500 DM	= 63 000 DM
Rechtsschutzversicherung:	6 × 1 000 DM	= 6 000 DM
Industrie-Feuer- und FBU-Versicherung:	6 × 1 680 DM	= 10 080 DM
Ausgleichsanspruch insgesamt:		__90 080 DM__

Beispiel 10: Bestandshöhe und Provisionen entsprechen dem Beispiel 9. Die Tätigkeitsdauer des Vertreters beträgt allerdings nur 16 Jahre. Zu Beginn seiner Tätigkeit ist ihm ein Bestand übertragen worden, von dem in den letzten fünf Jahren seiner Tätigkeit im Durchschnitt noch vorhanden waren in der

Kraftfahrtversicherung	30 000 DM
Sachversicherung	60 000 DM
Rechtsschutzversicherung	0 DM
Industrie-Feuer und FBU-Versicherung	15 000 DM

---

135 Vgl. oben Rz. 1847.
135a Die Beispiele 9 und 10 wurden im BVK-Sonderdruck veröffentlicht; ihr Abdruck erfolgt mit frdl. Genehmigung des BVK.

XVIII Bedeutung der „Grundsätze" in der Versicherungswirtschaft

Der Ausgleichswert errechnet sich wie folgt:
In der Kraftfahrtversicherung findet eine volle Anrechnung schon nach 10 Jahren statt (vgl. Ziff. I 2 Satz 2).

Kraftfahrtversicherung:	11% von 200 000 DM =	22 000 DM
Hiervon 25%	=	5 500 DM

Sachversicherung:
Selbstvermittelter Bestand 80 000 DM, übertragener Bestand 60 000 DM, hiervon werden 66 2/3% angerechnet, so dass (80 000 + 40 000 =) 120 000 DM berücksichtigt werden.

	15% von 120 000 DM =	18 000 DM
Hiervon 50%	=	9 000 DM
Rechtsschutzversicherung:	10% von 20 000 DM =	2 000 DM
Hiervon 50%	−	1 000 DM

Industrie-Feuer- und FBU-Versicherung:
Selbstvermittelter Bestand 25 000 DM, übertragener Bestand 15 000 DM, hiervon werden 66 2/3% angerechnet, so dass (25 000 + 10 000 =) 35 000 DM berücksichtigt werden.

	12% von 35 000 DM =	4 200 DM
Hiervon 35%	=	1 470 DM

Ab 11. Jahr beträgt der Multiplikator in der Kraftfahrtversicherung 2, ab beginnendem 15. Jahr in den anderen Sparten im Todesfall 3, im Erlebensfall 4 1/2%. Es ergibt sich damit folgender Ausgleichsanspruch:

Kraftfahrtversicherung:	2 × 5 500 DM =	11 000 DM
Sachversicherung:	4 1/2 × 9 000 DM =	40 500 DM
Rechtsschutzversicherung:	4 1/2 × 1 000 DM =	4 500 DM
Industrie-Feuer- und FBU-Versicherung	4 1/2 × 1 470 DM =	6 615 DM
Ausgleichsanspruch insgesamt:		62 615 DM

C. Kommentierung der „Grundsätze-Leben"

I. Bedeutungsumfang

1985 Ebenso wie die erst später in Kraft getretenen „Grundsätze-Kranken" und „Grundsätze im Bausparbereich" beruhen auch die „Grundsätze-Leben" auf der mehrfach bestätigten *Ausnahmerechtsprechung des BGH*[136], wonach einem ausgeschiedenen Versicherungsvertreter ein Ausgleichsanspruch auch für solche nachvertraglichen Ergänzungs- oder Nachtragsverträge zustehen kann, die aus „Ursprungsverträgen hervorgegangen" sind, die vor der Vertragsbeendigung vom ausgeschiedenen Versicherungsvertreter vermittelt wurden. Voraussetzung für die ausgleichsrechtliche Berücksichtigung derartiger Nachtragsverträge ist aber nach

---
136 *BGH*, 23.2.1961, vgl. Rz. 923, 947, 984.

der insoweit *restriktiv auszulegenden Rechtsprechung*, dass diese sich „bei natürlicher Betrachtungsweise lediglich als Fortsetzung oder Erweiterung des Ursprungsvertrages" darstellen, dass sie zu diesem in einem „engen wirtschaftlichen Zusammenhang" stehen und „das gleiche also identische Versicherungs-(oder Bauspar-)bedürfnis betreffen, das dem Ursprungsvertrag zu Grunde lag"[137].

Handelt es sich aber um ein neues Risiko, fehlt insoweit auch hinsichtlich des Versicherungsbedürfnisses die notwendige Identität zwischen Erstvertrag und Folgevertrag. Der Umstand allein, den angebotenen Versicherungsschutz zu vervollkommnen, reicht nicht aus. **1986**

Als *Ausnahmerechtsprechung* ist diese Rechtsprechung zutreffend zu bezeichnen, weil die Vertragsbeendigung im Bereich der Lebensversicherung und der Bausparwirtschaft, wo der Vermittlungserfolg des Vertreters durch Einmalprovision vergütet wird, vom Grundsatz her nicht zur Entstehung von Provisionsverlusten führt[138]. Das beruht darauf, dass mit Rücksicht auf die Art der Verprovisionierung Verluste aus künftig, also nach der Vertragsbeendigung zu Stande kommenden Verträge atypisch sind – es sei denn, dass die oben erwähnten strengen Voraussetzungen des wirtschaftlichen Zusammenhangs und des gleichen Versicherungs- bzw. Bausparbedürfnisses vorliegen, die eine ausgleichsrechtliche Berücksichtigung solcher nachvertraglicher Geschäfte rechtfertigen[139]. **1987**

Diese beiden Begriffe, der enge wirtschaftliche Zusammenhang einerseits und das gleiche Versicherungs- bzw. Bausparbedürfnis andererseits sind nicht inhaltsgleich. Mit Recht hat das LG Hannover in seinem Urteil vom 28.5.2001[140] festgestellt, dass durch den engen wirtschaftlichen Zusammenhang die zeitliche Nähe des Folgevertrags einerseits und des Erstvertrags andererseits gekennzeichnet werde. **1988**

Demgegenüber bedeute der Begriff des gleichen Bauspar- bzw. Versicherungsbedürfnisses, dass im Hinblick auf das Bedürfnis Identität bestehen müsse, sodass dann, wenn eine dieser beiden Voraussetzungen fehle, ein Ausgleichsanspruch infolge der Vertragsbeendigung insoweit nicht entstehen kann. **1989**

Geht man von diesem Grundtatbestand aus, bei dessen Fehlen ein Ausgleichsanspruch nicht in Betracht kommen kann, sodass der ausgeschiedene Versicherungsvertreter im Hinblick auf derartige Nachtragsverträge leer ausgeht, fällt zunächst auf, dass in den „Grundsätzen-Leben" der Bedeutung jener Ausnahmerechtsprechung keineswegs in ausreichendem Umfange Rechnung getragen wurde. Denn die „Grundsätze-Leben" gewähren einen Ausgleich ausschließlich nur für Provisionsverluste aus vom Versicherungsvertreter vermittelten *dynamischen Lebensversicherungen*, während alle übrigen Lebensversicherungen gemäß Ziff. I.3 der „Grundsätze-Leben" nicht unter diese Grundsätze fallen[141]. **1990**

---

137 Zu Einzelheiten vgl. Rz. 862–883, 984.
138 Vgl. dazu Einzelheiten oben Rz. 862.
139 *Küstner*, VersR 2002, 513, 521 zu III.6.
140 *LG Hannover*, 28.5.2001, bestätigt durch *OLG Celle* vom 16.5.2002, Rz. 923 und 984.
141 Beispiel: Erbschaftsteuer-Vers. Vgl. *Küstner*, VersR 2002, 513, 523.

XVIII Bedeutung der „Grundsätze" in der Versicherungswirtschaft

1991 Bei Schaffung der „Grundsätze-Leben" ist also unberücksichtigt geblieben, dass auch im Bereich der Lebensversicherung – ebenso wie im Kranken- und Bausparbereich – außerhalb der dynamischen Lebensversicherung Tatbestände denkbar und in der Praxis nicht selten sind, die unter die Ausnahmerechtsprechung des BGH fallen. Das ergibt sich im Hinblick auf vermittelte Lebensversicherungen schon aus den Urteilsgründen des BGH-Urteils vom 23.2.1961[142]. So ist es beispielsweise keineswegs außergewöhnlich, dass sich nach Abschluss eines vom inzwischen ausgeschiedenen Versicherungsvertreter vermittelten Lebensversicherungsvertrages herausstellt, dass eine Erweiterung dieses Vertrages erforderlich wird, weil die Bedürfnisse des Versicherungsnehmers oder die Grundstücks- oder Baupreise inzwischen gestiegen sind, zu deren Abdeckung oder Baufinanzierung der Ursprungsvertrag dienen sollte; auch die zunehmende Geldentwertung könnte ursächlich dafür sein, dass sich eine Erweiterung des Ursprungsvertrages als notwendig erweist. Liegen in solchen oder vergleichbaren Tatbeständen die Voraussetzungen der Ausnahmerechtsprechung vor, kann – sofern eine einvernehmliche Regelung nicht zu erzielen ist – der insoweit in Betracht kommende Ausgleichsanspruch nur durch Klage vor den ordentlichen Gerichten durchgesetzt werden.

1992 Dass sich die „Grundsätze-Leben" nur auf dynamisierte Lebensversicherungsverträge beziehen, bedeutet aber nicht, dass andere Tatbestände, in denen die Voraussetzungen für eine ausnahmsweise gerechtfertigte andere Beurteilung vorliegen, nicht zur Entstehung eines Ausgleichsanspruchs führen. Ein Beispiel dafür ist etwa der Fall, dass ein Unternehmer eine **Erbschaftsteuerversicherung** abschließt und dass sich infolge einer Änderung der Erbfolge oder der maßgeblichen gesetzlichen Regelungen die Notwendigkeit ergibt, versicherungsmäßige Vorsorge bezügl. der zu erwartenden **Erbschaftsteuererhöhung** zu treffen. Auch in solch einem Falle dürfte ein enger wirtschaftlicher Zusammenhang und insbesondere ein gleiches Versicherungsbedürfnis bestehen[143].

1993 Die folgenden Erläuterungen können sich – ausgehend vom Wortlaut der „Grundsätze-Leben" – daher nur am **Tatbestand „dynamischer Lebensversicherungen"** orientieren, auf die allein die „Grundsätze-Leben" zugeschnitten sind.

II. Begriff der dynamischen Lebensversicherung

1994 Im Sinne der „Grundsätze-Leben" sind unter „dynamischen Lebensversicherungen" solche Lebensversicherungen zu verstehen, „deren Versicherungsbedingungen ein **Anwachsen von Beitrag und Leistung** in **regelmäßigen Zeitabständen** von Anbeginn oder aufgrund einer späteren, vom Vertreter bewirkten Vereinbarung, vorsehen", soweit „der Vertreter diese Versicherungen **selbst vermittelt** hat und diese Versicherungen bei der Beendigung des Vertretervertrages die

---

142 *BGH*, 23.2.1961 (Kap. VI/Rz. 984 Fn. 420).
143 *Küstner*, VersR 2002, 513, 523 zu III.6 Beispiel 1).

C. Kommentierung der „Grundsätze-Leben" XVIII

Voraussetzungen für künftige Erhöhungen erfüllen und zum letzten Erhöhungszeitpunkt *tatsächlich angepasst* worden sind".

Unter derartige Versicherungen fallen auch solche, bei denen der Versicherungsnehmer bedingungsgemäß von der Erhöhung des Beitrages und der Leistung unterrichtet wird, er jedoch das Recht hat, die *Erhöhung abzulehnen*[144]. Daraus folgt, dass ein Ausgleichsanspruch nach den „Grundsätzen-Leben" ausgeschlossen ist, wenn eine Erhöhung zwar mehrmals erfolgt ist, im letzten Erhöhungszeitpunkt *infolge Ablehnung durch den Versicherungsnehmer* aber ausbleibt. 1995

Naturgemäß – weil die Ausgleichsberechtigung die Vermittlung neuer Versicherungsverträge voraussetzt – muss der dynamische Lebensversicherungsvertrag vom Versicherungsvertreter vermittelt worden sein. Außerdem setzt nach dem Wortlaut der Ziff. I.1 der „Grundsätze-Leben" der Ausgleichsanspruch voraus, dass der jeweilige Erhöhungstatbestand für den Versicherungsvertreter zu einem auf vertraglicher Grundlage beruhenden „Anspruch auf eine zusätzliche Vermittlungsprovision" führt. Dabei wird als selbstverständliche Grundvoraussetzung für die Entstehung eines Ausgleichsanspruchs eine im Zeitpunkt der Vertragsbeendigung wirksam werdende *Provisionsverzichtsklausel* angesehen. Fehlt eine solche, sind Erhöhungstatbestände, die nach der Vertragsbeendigung entstehen, ohne Rücksicht auf die Vertragsbeendigung *weiterhin provisionspflichtig*, sodass mangels entstehender Provisionsverluste eine Ausgleichsberechtigung des ausgeschiedenen Versicherungsvertreters ausgeschlossen ist. 1996

Ein Ausgleichsanspruch entfällt nach Ziff. I Nr. 1 Abs. 3 S. 2 der „Grundsätze-Leben" auch dann, wenn der Versicherungsvertreter für die Vermittlung einer dynamischen Lebensversicherung als Vermittlungsvergütung *mit Rücksicht auf zu erwartende Erhöhungen* bereits – gewissermaßen als *Einmalprovision im Vorwege* – eine *erhöhte Erstprovision* erhalten hat, „durch die der in künftigen Erhöhungen fortwirkende Vermittlungserfolg vereinbarungsgemäß bereits voll abgegolten worden ist". Denn in einem solchen Fall führt die Vertragsbeendigung ebenfalls nicht zur Entstehung von Provisionsverlusten. 1997

Nach Ziff. I Nr. 2 und 3 der „Grundsätze-Leben" fallen *dynamische Gruppenversicherungen*, Gruppenversicherungen mit Andienungspflicht und dynamische *Risikoversicherungen* nicht unter die „Grundsätze-Leben". Entsprechendes gilt für alle übrigen Lebensversicherungen gemäß Ziff. I.3 der „Grundsätze-Leben". Allerdings heißt es in Nr. 2 Satz 2, dass dann, wenn für dynamische Gruppen- und Risikoversicherungen und für Gruppenversicherungen mit Andienungspflicht ein Ausgleichsanspruch erhoben wird, die *Gutachterstelle* gemäß Ziff. VI. der „Grundsätze-Leben" angerufen werden kann, um eine Regelung nach billigem Ermessen zu erreichen[145]. 1998

---

144 Vgl. die Anmerkung in Fn. 4 der „Grundsätze-Leben".
145 Vgl. die Erläuterungen in Rz. 2121.

III. Berechnungsgrundsätze

1999 Ausgangspunkt für die Ausgleichsberechnung nach den „Grundsätzen-Leben" ist nicht – wie in den „Grundsätzen-Sach" – ein durchschnittlicher jährlicher Provisionszufluss aus einem vor der Vertragsbeendigung liegenden Zeitraum[146]. Vielmehr ist die Versicherungssumme aller im Zeitpunkt der Vertragsbeendigung bestehenden dynamischen Lebensversicherungen maßgebend, um aus dem Gesamtbetrag dieser Versicherungssummen, sofern die zugrunde liegenden Verträge *im letzten Erhöhungspunkt tatsächlich angepasst* worden sind, den Ausgleichsanspruch zu errechnen, und zwar unter Berücksichtigung von drei Faktoren.

a) Faktor 1: Provisionssatz

2000 Der erste Faktor ist der mit dem Vertreter für Erhöhungen von dynamischen Lebensversicherungen vereinbarte **Provisionssatz**. Es handelt sich also hier nicht um den Provisionssatz für die Vermittlung von Lebensversicherungsverträgen in ihrer Gesamtheit, sondern nur um den *für die Erhöhungen maßgeblichen* Provisionssatz. War insoweit ein Provisionssatz von 25‰ vereinbart und belief sich die Gesamtversicherungssumme der dynamischen Versicherung auf 1 Mio €, so weit im Zeitpunkt der Vertragsbeendigung eine Erhöhung stattgefunden hat, so beträgt der erste Faktor 25 000,– €.

b) Faktor 2: Bewertungsfaktor

2001 Der zweite Faktor beträgt 0,08 seit 1980. Mit diesem Faktor wird die **verbleibende Laufzeit** der dynamischen Lebensversicherungsverträge nach der Beendigung des Vertretervertrages und der geschätzte Umfang der Erhöhungen berücksichtigt, der ja stets von Umständen abhängt, die außerhalb der Einflussnahme der Beteiligten, des Versicherungsnehmers und des Versicherungsunternehmens, liegen. Dieser Faktor betrug im Zeitpunkt des In-Kraft-Tretens der „Grundsätze-Leben" am 1.1.1976 0,11 und verminderte sich gemäß Ziff. II der „Grundsätze" kontinuierlich ab 1980 auf den genannten Faktor 0,08.

2002 Die Frage, warum der Faktor 2 vom Jahre 1980 an stets 0,08 beträgt, lässt sich dahin beantworten, dass dieser Faktor seine **Grundlage** in der **Ungewissheit** hat, ob die Anpassung in der Zukunft vom Versicherten auch vorgenommen wird. Bei dieser Frage sind die Lebensversicherer von einer durchschnittlichen Anpassungsquote von 90% ausgegangen, wobei Storno, Rückkauf und vorzeitiger Verfall mit je 1,5% des Bestandes berücksichtigt wurde. Je mehr die Prognose, ob eine Anpassung auch weiterhin erfolgt, in die Zukunft abzielt, desto ungewisser muss naturgemäß diese Anpassung bewertet werden. So beruht die Abnahme des Faktors 2 auf der mit dem *Anwachsen und Altern der dynamischen Bestände* geringer werdenden durchschnittlichen Restlaufzeit und den dadurch bedingten geringeren Anpassungsmöglichkeiten. Ein Beharrungszu-

---
146 Vgl. dazu Rz. 1906, 1955.

stand, der mit dem Faktor 0,08 für die Jahre ab 1980 bewertet wurde und auch heute noch maßgeblich ist, tritt nach eingehender Prüfung dann ein, wenn sich die Zahl der *Zu- und Abgänge* von dynamischen Versicherungen deckt.

Unter Zugrundelegung des für den Faktor 1 maßgeblichen Provisionssatzes (hier 25‰) ergibt sich also für einen 2002 entstehenden Ausgleichsanspruch als Faktor 2 ein Betrag von 25 000,– × 0,08, mithin 2000,– €.

c) Faktor 3: Vertragsdauer

Dieser Faktor soll der **Dauer des Vertretervertrages** Rechnung tragen, allerdings nur für solche Versicherungsvertreter, die in der Lebensversicherung *„ausschließlich für ein Unternehmen" hauptberuflich* tätig waren. Dabei – dies ergibt sich aus dem Rundschreiben des Gesamtverbandes vom 14.11. 1972[147] – soll bei der Berechnung der Tätigkeitsdauer stets geprüft werden, ob eine der hauptberuflichen Tätigkeit vorangegangene **ununterbrochene Tätigkeit als Angestellter** im Außendienst mitberücksichtigt werden kann; eine Tätigkeit als **nebenberuflicher** Versicherungsvermittler soll allerdings in jedem Falle unberücksichtigt bleiben.

Der Faktor 3, der für die Vertragsdauer maßgeblich ist, beträgt

bei mehr als 9 Jahren 1
ab dem beginnenden 10. Jahr 1,25,
ab dem beginnenden 20. Jahr 1,5.

Sind für die Ausgleichsberechnung insoweit die Voraussetzungen erfüllt, steht einem Versicherungsvertreter unter Zugrundelegung der zu a) und b) ermittelten Werte nach einer Vertragsdauer von 15 Jahren ein Ausgleichsanspruch in Höhe von 2000,– × 1,25 = 2500,– € und nach einer Vertragsdauer von 20 Jahren ein solcher in Höhe von 2000,– × 1,5 = 3000,– € zu.

IV. Berechnungsbeispiele für Ausgleichsansprüche im Lebensbereich

Beispiel 1: Ein Vertretervertrag endet am 31.12.2002. Der Bestand des Versicherungsvertreters an selbstvermittelten dynamischen Lebensversicherungen beläuft sich im Zeitpunkt der Vertragsbeendigung auf 8,0 Mio. €. Die Vermittlungsprovision belief sich während des Vertragsverhältnisses auf 25‰. Von der genannten Versicherungssumme von 8,0 Mio. € der dynamischen Lebensversicherungen entfielen 75% (=6,0 Mio. €) auf Versicherungen, die zum letzten Erhöhungszeitpunkt angepasst wurden.

Der Ausgleichsanspruch errechnet sich wie folgt:
a) **Faktor 1**: 25‰ × 6 000 000 € = 150 000 €
b) **Faktor 2**: 0,08 × 150 000 € (die Vertragsbeendigung erfolgte im Jahre 2002) = 12 000 €

---

[147] Vgl. Anhang Nr. 9.

XVIII Bedeutung der „Grundsätze" in der Versicherungswirtschaft

    c) *Faktor 3*: War der ausgeschiedene Versicherungsvertreter mehr als 10, aber weniger als 20 Jahre ausschließlich für das Versicherungsunternehmen tätig, erhöht sich der ermittelte Betrag von 12 000 € um 1,25 (= Faktor 3), sodass sich der Ausgleichsanspruch auf 15 000 € beläuft. Bei einer längeren als zwanzigjährigen Vertragsdauer ist der 3. Faktor mit 1,5 anzuwenden, sodass in diesem Falle der Ausgleichsanspruch 18 000 € beträgt.

2008 **Beispiel 2:** Erfolgte die Vertragsbeendigung aus Altersgründen im Alter 65 des Vertreters im Jahre 2002 nach mehr als zwanzigjähriger Dauer und beläuft sich die ausgleichspflichtige Versicherungssumme auf 8 Mio. € (Vermittlungsprovision: 25‰), errechnet sich der Ausgleichsanspruch folgendermaßen:

    a) *Faktor 1*: 25‰ × 8 000 000 € = 200 000 €
    b) *Faktor 2*: 0,08 × 200 000 € = 16 000 €
    c) *Faktor 3*: 16 000 € × 1,5 = 24 000 €.

In diesem Falle beläuft sich also der Ausgleichsanspruch auf 24 000 €. Stehen dem Versicherungsvertreter aus Mitteln des Versicherungsunternehmens finanzierte Versorgungsansprüche zu, deren Zahlung sogleich nach der Vertragsbeendigung beginnt, gelten die allgemeinen Grundsätze; die Entstehung des Ausgleichsanspruchs ist mithin unter Billigkeitsgesichtspunkten insoweit gehindert, als ihm der Kapitalwert der Altersversorgung gegenübersteht[148].

2009 Einen Überblick über die aus den „Grundsätzen-Leben" sich ergebende Ausgleichshöhe gibt die nachfolgende Tabelle, in der in den Spalten 2, 3 und 4 die Berechnungen auf der Grundlage einer Abschlussprovision von 20‰ und in den Spalten 5, 6 und 7 auf der Grundlage einer Abschlussprovision von 25‰ vorgenommen wurden. Außerdem wurden – je nach dem Jahr, in dem das Vertragsverhältnis endet – die unterschiedlich maßgeblichen Faktoren berücksichtigt, nämlich

    für das Jahr 1977 der Faktor 0,10,
    für die Jahre 1978/79 der Faktor 0,09 und
    für die Jahre 1980 ff. der Faktor 0,8.

2010 In der Tabelle auf der nächsten Seite wurde der für die Vertragsdauer bei Einfirmenvertretern maßgebliche 3. Faktor nicht berücksichtigt. Die angegebenen Werte beziehen sich also auf eine Vertragsdauer bis zum 9. Jahr einschließlich, sodass die angegebenen Werte bei einer Vertragsdauer vom 10. bis zum 19. Jahr mit 1,25 und bei einer Vertragsdauer ab dem 20. Jahr mit 1,5 zu multiplizieren sind.

---

148 Vgl. Ziff. V der „Grundsätze-Leben"; Näheres Rz. 1171 ff.

	Abschlussprovision: 20‰			Abschlussprovision: 25‰		
Vers.-Summe	1977	1978/79	1980 u. f.	1977	1978/79	1980 u. f.
	Faktor 0,10	Faktor 0,09	Faktor 0,08	Faktor 0,10	Faktor 0,09	Faktor 0,08
1	2	3	4	5	6	7
100 000,–	200,–	180,–	160,–	250,–	225,–	200,–
200 000,–	400,–	360,–	320,–	500,–	450,–	400,–
400 000,–	800,–	720,–	640,–	1 000,–	900,–	800,–
600 000,–	1 200,–	1 080,–	960,–	1 500,–	1 350,–	1 200,–
800 000,–	1 600,–	1 440,–	1 280,–	2 000,–	1 800,–	1 600,–
1 000 000,–	2 000,–	1 800,–	1 600,–	2 500,–	2 250,–	2 000,–
1 200 000,–	2 400,–	2 160,–	1 920,–	3 000,–	2 700,–	2 400,–
1 400 000,–	2 800,–	2 520,–	2 240,–	3 500,–	3 150,–	2 800,–
1 600 000,–	3 200,–	2 880,–	2 560,–	4 000,–	3 600,–	3 200,–
1 800 000,–	3 600,–	3 240,–	2 880,–	4 500,–	4 050,–	3 600,–
2 000 000,–	4 000,–	3 600,–	3 200,–	5 000,–	4 500,–	4 000,–
3 000 000,–	6 000,–	5 400,–	4 800,–	7 500,–	6 750,–	6 000,–
4 000 000,–	8 000,–	7 200,–	6 400,–	10 000,–	9 000,–	8 000,–
5 000 000,–	10 000,–	9 000,–	8 000,–	12 500,–	11 250,–	10 000,–

D. Kommentierung der „Grundsätze-Kranken"

I. Ausgangspunkt

Die Schaffung der für den Krankenversicherungsbereich maßgeblichen „Grundsätze" beruht auf den gleichen Notwendigkeiten, die auch für die Schaffung der „Grundsätze" im Lebensversicherungs- und im Bausparbereich ursächlich waren und die sich aus der Rechtsprechung des BGH ergaben. Hier wie dort erfolgt die Vermittlungsvergütung üblicherweise in Form von *Einmalprovisionen*, die vom Grundsatz her die Entstehung eines Ausgleichsanspruchs ausschließen; hier wie dort ergibt sich für den Versicherungsnehmer immer wieder die Notwendigkeit, den bestehenden Versicherungsschutz aufzustocken oder zu erweitern – wenn auch aus unterschiedlichem Anlass –, und dies geschieht häufig allein aufgrund der *intensiven*, vor der Beendigung des Vertretervertrages ausgeübten *Vermittlungstätigkeit* des dann ausgeschiedenen Vertreters, nicht selten aber – ebenso wie im Lebens- oder Bausparbereich – auch durch *zusätzliche Vermittlungsbemühungen* des *Vertreternachfolgers*. Die in derartigen Fällen auftretende Ausgleichsproblematik wurde bereits ausführlich oben[149] erläutert.

2011

Von den in der Krankenversicherung vorkommenden Möglichkeiten einer Vertragserweiterung werden von den „Grundsätzen" aber nur die sog. *Aufstockungsfälle* erfasst. Dabei handelt es sich gem. Ziff. I der „Grundsätze" um

2012

---

[149] Siehe Rz. 923, 984.

eine „*Erhöhung* des für *eine Person* und das *gleiche Risiko* bestehenden Versicherungsschutzes, die über die Wiederherstellung des bisherigen Verhältnisses zwischen den gestiegenen Heilbehandlungskosten und den Versicherungsleistungen bzw. zwischen dem durchschnittlichen Entgelt und dem Krankentagegeld hinausgeht"[150].

2013 Damit scheiden ausgleichsrechtlich *andere Tatbestände* der Vertragserweiterungen aus und werden von den „Grundsätzen" nicht erfasst. Dabei handelt es sich um die Folgenden:

1. Abdeckung zusätzlicher Risiken

2014 Nach der Beendigung des Vertretervertrages erfolgende *Erweiterungen eines Krankenversicherungsvertrages*, durch die *zusätzlich* zu dem bereits bestehenden Versicherungsschutz *weitere Risiken* abgedeckt werden sollen[151], *fallen nicht unter die Ausnahmerechtsprechung*[152] des BGH vom 23.2.1961 und vom 6.7.1972, weil es sich hier um Versicherungsverträge handelt, die *neue Risiken* betreffen[153] – ganz abgesehen davon, dass es hier schon an der Grundvoraussetzung für eine Anwendung der genannten Rechtsprechung fehlt, weil es sich bei einem solchen Vertrag nicht um das *„gleiche Versicherungsbedürfnis"* handelt und folglich darum, dass sich der neue Vertrag „bei *natürlicher Betrachtungsweise* nicht lediglich als *Fortsetzung oder als Erweiterung des Ursprungvertrages"* darstellt.

2. Beitragsanpassungsklauseln[154]

2015 Solche Klauseln, die nichts anderes darstellen als andere in der Versicherungswirtschaft gebräuchliche Indexklauseln, sollen einen *„wertstabilen Versicherungsschutz"* sicherstellen, und zwar in der Weise, dass das Versicherungsunternehmen trotz angestiegener Kosten seinen vertragsmäßigen Leistungsverpflichtungen entsprechen kann. Eine solche Klausel bewirkt also lediglich eine *Anpassung des vom Versicherungsnehmer zu erbringenden Entgelts* an *Veränderungen hinsichtlich der Heilbehandlungskosten*, die vom Versicherer jeweils in Höhe bestimmter Prozentsätze zu erstatten sind. Die Notwendigkeit einer Anpassung ergibt sich dann, wenn der *tatsächliche den kalkulierten Schadensaufwand* des Krankenversicherungsvertrages *um einen bestimmten Prozentsatz übersteigt*.

2016 Bei *Beitragsanpassungsklauseln* handelt es sich also nicht um eine echte *Erweiterung des eigentlichen Vertragsvolumens*, sondern lediglich darum, das

---
150 Einzelheiten bei *Küstner*, BB 1975, 493.
151 Beispiele: Zu einer schon bestehenden Krankenhauskostenversicherung werden zusätzlich die Kosten ambulanter Behandlung versichert; zusätzlich zu einer Krankheitskostenversicherung wird eine Tagegeld- oder Krankenhaustagegeldversicherung abgeschlossen. Vgl. dazu *Küstner*, BB 1975, 493 ff., zu Abschn. III 2.
152 Vgl. dazu Rz. 30, 632, 862, 919.
153 Schon deshalb kann es sich hier nicht um ein gleiches Versicherungsbedürfnis handeln.
154 *Küstner*, BB 1975, 493.

Leistungsaustauschverhältnis veränderten Verhältnissen anzupassen. Von Dynamisierungsklauseln unterscheiden sich Beitragsanpassungsklauseln dadurch, dass die ersteren den *Versicherungsschutz erhöhen*, während durch Beitragsanpassungsklauseln lediglich der vereinbarte *Versicherungsschutz sichergestellt* wird, ohne dass dadurch eine echte Vertragserweiterung eintritt. Derartige Beitragsanpassungsklauseln, wie sie in der Krankenversicherung üblich sind, unterscheiden sich von *Gleitklauselverträgen*, die in anderen Versicherungssparten abgeschlossen werden, dadurch, dass es sich bei Letzteren um *echte Vertragserweiterungen* handelt, sofern sie Umständen Rechnung tragen, die *in der Person des Versicherungsnehmers* liegen – etwa gestiegenem Lebensstandard, verbessertem Einkommen und demzufolge seiner größeren Leistungsfähigkeit.

Diese Unterscheidung hat auch zur Folge, dass Beitragsanpassungsklauseln in der Krankenversicherung *nicht zu provisionsrechtlichen Konsequenzen* führen, zumal sich bei derartigen Verträgen für das vertretene Unternehmen kein Vorteil ergibt, wie dies bei *Individualklauseln* ohne Bezugnahme auf vertragsfremde Umstände regelmäßig der Fall ist. **2017**

3. Leistungsanpassungsklauseln[155]

Bei derartigen Klauseln handelt es sich darum, die ursprüngliche Relation zwischen dem Bedarf des Versicherungsnehmers einerseits und der Bedarfsdeckung durch das Versicherungsunternehmen andererseits wieder herzustellen, wenn diese Relation durch steigende Heilbehandlungskosten verlorengegangen war. **2018**

Leistungsanpassungsklauseln geben in der Regel dem Versicherungsunternehmen *das Recht, gegen Erhebung der entsprechenden Mehrprämie* die für die vereinbarten Leistungen geltenden Höchstgrenzen bezüglich der zu erbringenden Leistungen anzuheben, um auf diese Weise die bei Abschluss des Versicherungsvertrages vorhanden gewesene *Relation zwischen entstehenden Kosten einerseits und zu erbringenden Leistungen andererseits wieder herzustellen*. Im Gegensatz zu Verträgen mit Beitragsanpassungsklauseln kann der Versicherungsnehmer, wenn das Versicherungsunternehmen von einer Leistungsanpassungsklausel Gebrauch macht, verlangen, die Leistungsanpassung *ganz oder teilweise rückgängig* zu machen; beim Wirksamwerden von Beitragsanpassungsklauseln besteht ein solches Einspruchsrecht des Versicherungsnehmers nicht. **2019**

Es bedarf keiner weiteren Erläuterung, dass es sich auch bei den Leistungsanpassungsklauseln um Tatbestände handelt, die nicht mit denen verglichen werden können, die zu der *Ausnahmerechtsprechung des BGH* geführt haben. Das zeigt sich auch hier wiederum in der *provisionsrechtlichen Behandlung*. Erhält ein Lebensversicherungs- oder Bausparkassenvertreter für die Erhöhung einer Lebensversicherungs- oder Bausparsumme grundsätzlich die aus dieser **2020**

---

[155] *Küstner*, a.a.O.

Erhöhung sich ergebende Provision, sofern dafür seine Vermittlungstätigkeit ursächlich war, verhält es sich beim Krankenversicherungsvertreter anders, wenn ein bestehender Krankenversicherungsvertrag aufgrund einer Leistungsanpassungsklausel *den veränderten Verhältnissen* angepasst wird. Anpassungen von Krankenversicherungsverträgen aufgrund wirksam werdender Leistungsanpassungsklauseln sind – ebenso wie dies für Beitragsanpassungsklauseln gilt – für den Versicherungsvertreter *nicht provisionspflichtig*. Da der Versicherungsvertreter beim Wirksamwerden von Leistungsanpassungsklauseln schon während eines bestehenden Vertragsverhältnisses keinen Provisionsanspruch erwirbt, ergibt sich beim nachvertraglichen Wirksamwerden vereinbarter Leistungsanpassungsklauseln auch *kein Provisionsverlust*.

4. Einbeziehung weiterer Personen [156]

2021 Wird ein bestehender Krankenversicherungsvertrag dadurch erweitert, dass er auf *weitere Familienangehörige* des Versicherungsnehmers ausgedehnt wird, gilt im Ergebnis nichts anderes. Zwar könnte man hier die Auffassung vertreten, zwischen dem ursprünglich vermittelten Vertrag und seiner späteren Ausdehnung bestehe ein *enger wirtschaftlicher Zusammenhang*. Darauf kommt es aber nach der Rechtsprechung des BGH nicht allein an. Vielmehr setzt die Anwendung der Ausnahmerechtsprechung des BGH auch voraus, dass die Vertragserweiterung auch das *gleiche Versicherungsbedürfnis* betrifft. Wird aber eine bisher nicht versicherte Person in einen bereits bestehenden Vertrag mitaufgenommen oder im Rahmen eines neuen Vertrages *zusätzlich versichert*, kann von einem gleichen Versicherungsbedürfnis nicht die Rede sein.

2022 Werden also nach der Beendigung des Vertretervertrages weitere Personen in einen bestehenden Krankenversicherungsvertrag aufgenommen, kann die Ausnahmerechtsprechung des BGH keine Anwendung finden; es besteht folglich keine Ausgleichsberechtigung des ausgeschiedenen Krankenversicherungsvertreters.

II. Maßgeblichkeit der Aufstockungsfälle

2023 Enthält ein Krankenversicherungsvertrag weder eine Beitrags- noch eine Leistungsanpassungsklausel, kann eine notwendig werdende Anpassung des bestehenden Versicherungsvertrages an eine eingetretene Kostensteigerung nur durch eine *Aufstockung* erfolgen, durch die entweder eine *Höherstufung* in dem schon bisher verwendeten Tarif vorgenommen wird, oder durch die *Umstufung* in Tarife, die *höhere Leistungen* vorsehen, sofern der schon bisher verwendete Tarif für eine Höherstufung keinen Spielraum bietet.

2024 Im Unterschied zu dem Wirksamwerden von Beitrags- oder Leistungsanpassungsklauseln sind derartige Aufstockungen eines bestehenden Versicherungs-

---

156 *Küstner*, a. a. O.

schutzes grundsätzlich *provisionspflichtig*. Kommen derartige Um- oder Höherstufungen in Betracht, sind regelmäßig die Voraussetzungen für die Ausnahmerechtsprechung des BGH erfüllt. Denn hier handelt es sich um *zusätzliche ergänzende Versicherungen des gleichen Risikos*, die in einem *engen wirtschaftlichen Zusammenhang mit dem Ursprungsvertrage* stehen, aus diesem Ursprungsvertrage *hervorgegangen* sind, das gleiche Versicherungsbedürfnis betreffen und sich bei natürlicher Betrachtungsweise lediglich als *Erweiterung des Ursprungsvertrages* darstellen.

Zu beachten ist hierbei aber, dass in der Regel für derartige Aufstockungen bzw. Erweiterungen bestehender Versicherungsverträge *neue Vermittlungsbemühungen* – hier also des Vertreternachfolgers – erforderlich sind, weil die Vermittlungsbemühungen des ausgeschiedenen Vertreters regelmäßig so weit reichende Auswirkungen nicht haben werden. Dies schließt indessen gleichwohl die Ausgleichsberechtigung des ausgeschiedenen Krankenversicherungsvertreters nicht aus. Denn der BGH hat, worauf bereits oben hingewiesen wurde, in seinem Urteil vom 6.7.1972[157] festgestellt, dass das *Verursacherprinzip* gilt, sodass auch bei bloßer *Mitursächlichkeit des ausgeschiedenen Vertreters* im Hinblick auf den Folgevertrag ein Ausgleichsanspruch gerechtfertigt werden könne[158]. Mit Recht hat in diesem Zusammenhang Höft[159] aus diesem Urteil vom 6.7.1972 die Folgerungen gezogen, dass beim Zustandekommen nachvertraglicher Folgeverträge für den ausgeschiedenen Vertreter ein Ausgleichsanspruch nur insoweit entstehen könne, als ihm – unter Mitberücksichtigung der künftigen Entwicklung – eine *erfolgreiche Vermittlerleistung unvergütet* bleibe. Daraus wiederum ergebe sich, dass die *obere Grenze der Gesamtvergütung* für eine zu Stande gekommene Vertragserweiterung durch die vom Versicherungsunternehmen für die Vermittlung einer solchen Aufstockung vertragsgemäß insgesamt geschuldete Vergütung gebildet werde, die aber in einen *Ausgleichsteil* für den ausgeschiedenen Vertreter und einen *Provisionsteil* für den Vertreternachfolger aufzuspalten sei, wenn die *Bemühungen beider Vertreter* für den zu Stande gekommenen Vermittlungserfolg ursächlich gewesen seien, der ausgeschiedene Vertreter diesen Vermittlungserfolg also vor, der nachfolgende Vertreter ihn nach der Vertragsbeendigung verursacht habe.

2025

Diesem Gesichtspunkt trägt auch der Wortlaut der „Grundsätze-Kranken" in Ziff. I Rechnung, wenn es dort heißt, dass „die Tätigkeit des ausgeschiedenen Vertreters, der den betreffenden Vertrag vermittelt hat, ... wegen der Bemühungen des neuen Vermittlers in der Regel *nur begrenzt mitursächlich* für eine spätere Aufstockung des Versicherungsschutzes" sei.

2026

---

157 *BGH*, 6.7.1972, BGHZ 59, 125 = BB 1972, 1073.
158 Vgl. zur Mitursächlichkeit i.H. auf die Vertrags- oder Geschäftsvermittlung Rz. 644 und Hdb. I Rz. 755.
159 *Höft*, VersR 1972, 933 f.

III. Ausgleichsberechnung

2027 Die Ausgleichsberechnung im Bereich der Krankenversicherung ist in Ziff. II. der „Grundsätze-Kranken" geregelt. Danach wird „von der durchschnittlichen selbstvermittelten *Gesamtjahresproduktion* in Monatsbeiträgen ausgegangen", wobei wiederum der erzielte *Jahresdurchschnitt der letzten 5 Vertragsjahre*, bei kürzerer Vertragsdauer der kürzere Zeitraum maßgeblich ist. Diese Regelung entspricht derjenigen in den „Grundsätzen-Sach" und dient dem Zweck, die Auswirkungen von Schwankungen zu vermeiden. Denn wenn gerade das letzte Jahr der Vertragslaufzeit weniger erfolgreich war als vorausgegangene Jahre, würde sich dies für den ausgleichsberechtigten Versicherungsvertreter nachteilig auswirken.

2028 Die in Ziff. II festgelegten vier Faktoren tragen – ausgehend vom vereinbarten Provisionssatz – den oben erläuterten Besonderheiten Rechnung, die für die *Bestandszusammensetzung*, den Umfang der darin enthaltenen *Aufstockungsfälle* und den Umfang der *Mitursächlichkeit* des ausgeschiedenen Versicherungsvertreters im Hinblick auf spätere Aufstockungsfälle maßgeblich sind. So betrifft

der Faktor 1 den *Provisionssatz* für Geschäfte aus dem Bestande;
der Faktor 2 die *Bestandszusammensetzung* im Hinblick auf die für einen Ausgleichsanspruch zu berücksichtigenden *Aufstockungsfälle*; er beträgt 0,2 aus dem durchschnittlichen Bestand;
der Faktor 3 den *Umfang der Mitursächlichkeit* des ausgeschiedenen Vertreters im Hinblick auf eine spätere Aufstockung; er beträgt 0,4.

2029 Der *Faktor 4* schließlich trägt der *Vertragsdauer* Rechnung. Er beläuft sich

vom 1.– 3. Jahr auf 0,7,
vom 4.– 6. Jahr auf 1,0,
vom 7.– 9. Jahr auf 1,6,
vom 10.–12. Jahr auf 2,5,
vom 13.–15. Jahr auf 3,5,
ab dem 16. Jahr auf 4,0.

2030 Dieser letzte Faktor 4 soll unter *Billigkeitsgesichtspunkten* die Dauer der vertraglichen Tätigkeit des Krankenversicherungsvertreters erfassen.

2031 Im Übrigen gelten für die *Begrenzung des Ausgleichsanspruchs*[160], die *Anspruchsberechtigung von Erben*[161], die *Berücksichtigung einer Alters- und Hinterbliebenenversorgung*[162], die *Gutachterstelle*[163] und die *Ausspannung von Versicherungsverträgen*[164], die in den entsprechenden Abschnitten enthaltenen Erläuterungen.

---

160 Vgl. dazu Rz. 1577.
161 Vgl. Rz. 91, 270, 1881.
162 Vgl. Rz. 1170.
163 Vgl. Rz. 2121.
164 Vgl. Rz. 2105 ff.

D. Kommentierung der „Grundsätze-Kranken" **XVIII**

Die „Grundsätze-Kranken" sind am 1.11.1976 in Kraft getreten und wurden mit Wirkung vom 1.11.1982 im Wortlaut geringfügig verbessert. Sie gelten für alle ab dem 1.11.1982 entstehenden Ausgleichsansprüche. **2032**

IV. Berechnungsbeispiele für Ausgleichsansprüche im Krankenversicherungsbereich

Beispiel 1: Nach zwanzigjähriger Vertragsdauer wird der Vertrag mit einem Krankenversicherungsvertreter beendet. Die durchschnittliche Jahresproduktion, berechnet aus den letzten fünf Vertragsjahren, belief sich auf 12 000 € in Monatsbeiträgen; die Monatsproduktion belief sich also auf durchschnittlich 1000,– €. Der Provisionssatz betrug fünf Monatsbeiträge. **2033**

Der Ausgleichsanspruch errechnet sich wie folgt:
 a) *Faktor 1:* 5 × 12 000 € = 60 000 €
 b) *Faktor 2:* 0,2 × 60 000 € = 12 000 €
 c) *Faktor 3:* 0,4 × 12 000 € = 4 800 €
 d) *Faktor 4:* Er beläuft sich bei einer mehr als 16-jährigen Vertragsdauer auf 4; also 4 × 4 800 € = 19 200 €.

Der Ausgleichsanspruch beläuft sich hier auf 19 200 € (= 160 % von 12 000 €).

Beispiel 2: Endet ein Vertretervertrag nach zehnjähriger Vertragsdauer durch den Tod des Vertreters, dessen durchschnittliche Jahresproduktion sich auf 40 000 € belief und dessen Provisionssatz ebenfalls fünf Monatsbeiträge betrug, errechnet sich der Ausgleichsanspruch wie folgt: **2034**

 a) *Faktor 1:* 5 × 40 000 € = 200 000 €
 b) *Faktor 2:* 0,2 × 200 000 € = 40 000 €
 c) *Faktor 3:* 0,4 × 40 000 € = 16 000 €
 d) *Faktor 4:* (Vertragsdauer 10 Jahre): 2,5 × 16 000 € = 40 000 € (= 100 % von 40 000 €).

Der Ausgleichsanspruch beläuft sich in diesem Falle auf 40 000 €. Steht der Witwe des verstorbenen Handelsvertreters ein aus Mitteln des Unternehmens finanziertes Versorgungskapital in Höhe von 10 000 € zur Verfügung, mindert sich der Ausgleichsanspruch entsprechend; in diesem Falle wird nur ein Ausgleichsanspruch in Höhe von 30 000 € geschuldet (vgl. Ziffer V der „Grundsätze-Kranken").

Die folgende Tabelle bietet einen Überblick über die nach den „Grundsätzen" sich ergebende Ausgleichshöhe bei unterschiedlicher Vertragsdauer und unterschiedlicher Provisionsvereinbarung (4 oder 5 oder 6 Monatsbeiträge). In der rechten Spalte des für den jeweiligen Provisionssatz maßgeblichen Kastens ist der Prozentsatz abzulesen, der sich für den Ausgleichsanspruch im Verhältnis zur vermittelten Jahresproduktion ergibt. **2035**

XVIII Bedeutung der „Grundsätze" in der Versicherungswirtschaft

Vertrags-dauer ...tes Jahr	4 Monatsbeiträge					5 Monatsbeiträge					6 Monatsbeiträge				
	Faktoren-Nr.				%-Satz	Faktoren-Nr.				%-Satz	Faktoren-Nr.				%-Satz
	1	2	3	4		1	2	3	4		1	2	3	4	
1.–3.	4	0,2	0,4	0,7	22,4	5	0,2	0,4	0,7	28,0	6	0,2	0,4	0,7	33,6
4.–6.	4	0,2	0,4	1,0	32,0	5	0,2	0,4	1,0	40,0	6	0,2	0,4	1,0	48,0
7.–9.	4	0,2	0,4	1,6	51,2	5	0,2	0,4	1,6	64,0	6	0,2	0,4	1,6	76,8
10.–12.	4	0,2	0,4	2,5	80,0	5	0,2	0,4	2,5	100,0	6	0,2	0,4	2,5	120,0
13.–15.	4	0,2	0,4	3,5	112,0	5	0,2	0,4	3,5	140,0	6	0,2	0,4	3,5	168,0
ab 16.	4	0,2	0,4	4,0	118,0	5	0,2	0,4	4,0	160,0	6	0,2	0,4	4,0	192,0

Erläuterung: Beläuft sich die Jahresprovision des Vertreters auf 12 000 €, endet das Vertragsverhältnis im neunten Vertragsjahr, und war eine Provision von 5 Monatsbeiträgen vereinbart, ergibt sich aus dieser Tabelle also

$\quad$ 5 × 12 000 = 60 000 (Faktor 1)
$\quad$ 0,2 × 60 000 = 12 000 (Faktor 2)
$\quad$ 0,4 × 12 000 = 4 800 (Faktor 3)
$\quad$ 1,6 × 4 800 = 7 680 (Faktor 4)
das entspricht 64% von 12 000.

Bei einer Vertragsdauer von 14 Jahren, einer vereinbarten Monatsprovision von fünf Monatsbeiträgen und einer Jahresproduktion von 27 000 € beläuft sich der Ausgleich auf 37 800 (140% von 27 000 €).

$\quad$ 5 × 27 000 = 135 000 (Faktor 1)
$\quad$ 0,2 × 135 000 = 27 000 (Faktor 2)
$\quad$ 0,4 × 27 000 = 10 800 (Faktor 3)
$\quad$ 3,5 × 10 800 = 37 800 (Faktor 4)
das entspricht 140% von 27 000.

E. Kommentierung der „Grundsätze im Bausparbereich"

I. Ausgleichswert

2036 Ausgangspunkt für die Ausgleichsberechnung ist nach den „Grundsätzen im Bausparbereich"[165] – ebenso wie nach den „Grundsätzen-Sach" – als Berechnungsbasis der *„Ausgleichswert"* gem. Ziff. I der „Grundsätze". Ausgangspunkt ist demgemäß nach Ziff. I 1 eine *durchschnittliche Jahresprovision der letzten 4 Vertragsjahre*, wobei bei der Ermittlung der durchschnittlichen Jahresprovision auf einen Zeitraum von 48 Monaten abzustellen ist, nicht etwa auf 4 volle Kalenderjahre. Bei der Durchschnittsermittlung sind vereinbarte *Verwaltungsprovisionen* und nicht verdiente *Einarbeitungs-* bzw. *Garantieprovisionen* unberücksichtigt zu lassen[166].

---

[165] Vgl. *Garbe*, VersVerm 1984, 479; *Braun*, VersVerm 1984, 318 und 525 sowie VersVerm 1985, 468.
[166] Vgl. nähere Einzelheiten Rz. 777 ff.; vgl. die Rechtsprechung Kap. VI/Fn. 172, 173.

E. Kommentierung der „Grundsätze im Bausparbereich"   XVIII

Unter „nicht verdienten *Einarbeitungsprovisionen*" sind Zahlungen zu verstehen, denen nicht in gleicher Höhe Provisionsansprüche aus vermittelten Verträgen gegenüberstehen.   2037

Als *Verwaltungsprovisionen* gelten – abweichend vom üblichen Sinngehalt – nach Ziff. I 1 Abs. 2 Vergütungen, die ein Bausparkassenvertreter für das Neugeschäft von solchen Vermittlern erhalten hat, die ihm organisatorisch nicht zugeordnet sind oder für deren Vermittlungserfolg der Bausparkassenvertreter „akquisitorisch nicht beiträgt", sodass der Vermittlungserfolg auch nicht mitursächlich auf Akquisitionsbemühungen des Bausparkassenvertreters zurückzuführen ist.   2038

Wenn das Vertragsverhältnis nur von kürzerer Dauer war, also die Dauer von 4 Jahren (= 48 Monate) nicht erreichte, ist der Provisionsdurchschnitt aus der gesamten Vertragszeit zu berechnen.   2039

II. Ausgleichspflichtige Folgegeschäfte

Das im Bausparbereich für den Ausgleichsanspruch allein maßgebliche ausgleichsfähige Folgegeschäft, das gemäß der Rechtsprechung, oben[167] ausführlich erläutert wurde, wird mit einem *Mittelsatz von 20,25%* bewertet. Die Festlegung dieses Mittelsatzes resultiert aus *umfangreichen Ermittlungen* bei allen öffentlichen und privaten Bausparkassen. Dabei ergab sich, dass das gesamte Folgegeschäft sich auf rd. 45% belief und darin wiederum das ausgleichsfähige Folgegeschäft mit 20,25% enthalten war. Der Mittelsatz von 20,25% stellt eine *feste Berechnungsgröße* dar. Sie kann also – etwa aus *Billigkeitsgesichtspunkten* – nicht herabgesetzt werden. Sind Billigkeitsgesichtspunkte zu berücksichtigen, so kann dies erst nach Abschluss des gesamten Berechnungsvorganges in Betracht kommen.   2040

In Ziff. I 2 Abs. 3 wird darauf hingewiesen, dass der Mittelsatz von 20,25% des Durchschnittsbetrages bei dienstjungen Bausparkassenvertretern in aller Regel den Satz des wirklich ausgleichspflichtigen Folgegeschäfts erheblich übersteige. Dieser Vorteil werde aber dadurch gemindert, dass die höheren Multiplikatoren gemäß Ziff. II erst bei längerer Dienstzeit einsetzen und erst nach Ablauf von 4 vollen Vertragsjahren (= 48 Monate) den Faktor 1 erreichen, vorher also niedriger liegen.   2041

Zur Klarstellung ist in Ziff. I.2 am Ende festgelegt, dass das Ermittlungsverfahren gemäß Ziff. 2 auch für wesentliche Teilgebietskündigungen – gemeint sind *Bezirks- oder Bestandsverkleinerungen* – gelte, wobei die „spätere Berücksichtigung der Alters- und Hinterbliebenenversorgung unberührt" bleibe[168].   2042

---

167 Vgl. die Ausnahme-Rechtsprechung oben Rz. 984.
168 Vgl. zu Einzelheiten oben Rz. 1170ff.

III. Multiplikatoren

2043 Mit der in Ziff. II der „Grundsätze" niedergelegten Multiplikatorenstaffel soll der Vertragsdauer einerseits und dem mit längerer Vertragsdauer allmählich *umfangreicher werdenden Folgegeschäfte* andererseits Rechnung getragen werden, wobei die bei einer Vertragsdauer unter 48 Monaten unter dem Multiplikator 1 liegenden Sätze von 0,2 bei einer Vertragsdauer von 12 Monaten, von 0,4 bei einer Vertragsdauer von 24 Monaten und 0,7 bei einer Vertragsdauer von 36 Monaten dem relativ hohen Bewertungsfaktor für ausgleichsfähiges Folgegeschäft Rechnung tragen, sodass erst bei einer Vertragsdauer von 48 Monaten der Faktor 1 erreicht wird.

IV. Treuebonus

2044 Zusätzlich zu dem nach Ziff. I und Ziff. II berechneten Ausgleich steht dem ausscheidenden Bausparkassenvertreter ein *Treuebonus* mit Rücksicht auf eine lange *Vertragsdauer* zu. Er beläuft sich, wenn das Vertragsverhältnis nach einer Vertragsdauer von 15 Jahren endet, auf 10,125% der aus Ziff. I.1 sich ergebenden maßgeblichen Durchschnittsprovision und verdoppelt sich auf 20,25%, wenn das Vertragsverhältnis nach einer Vertragsdauer von 19 Jahren endet, wobei lediglich vorausgesetzt wird, dass sich die Vertragsdauer auf die *gleiche Bausparkasse* bezieht. Im günstigsten Fall also kann der Bausparkassenvertreter als Ausgleich einen Betrag in Höhe von 101,25% des aus Ziff. I.1 der „Grundsätze" sich ergebenden Ausgleichswert erhalten.

2045 Eine *„lange Vertragsdauer"* setzt lediglich voraus, dass das hauptberufliche Vertragsverhältnis ununterbrochen bestand. Der Begriff einer langen Vertragsdauer wird also nicht dadurch beeinflusst oder beeinträchtigt, dass das Vertragsverhältnis während seiner Laufzeit *Veränderungen* hinsichtlich des zu bearbeitenden Bezirks oder der Zahl der zu betreuenden vorhandenen oder potentiellen Bausparer unterlag. Ist beispielsweise ein übertragener Bezirk während des laufenden Vertragsverhältnisses verkleinert worden und dem Bausparkassenvertreter diesbezüglich ein Ausgleich ausgezahlt worden, sodass sich im Zeitpunkt der Vertragsbeendigung nur noch auf die Hälfte des ursprünglichen Umfangs erstreckte, ist für den Treuebonus gleichwohl die gesamte Vertragsdauer zu Grunde zu legen.

V. Höchstsatz des Ausgleichsanspruchs

2046 Der *Höchstbetrag von 101,25%* des Ausgleichswerts ergibt sich bei Vorliegen günstigster Voraussetzungen, also dem höchsten Multiplikator 4 und doppeltem Treuebonus:

E. Kommentierung der „Grundsätze im Bausparbereich" **XVIII**

Beispiel:	Durchschnittsprovision der letzten 4 Jahre	250 000,– €
	./. Verwaltungsprovision	50 000,– €
	Bemessungsgrundlage (Ausgleichswert)	200 000,– €
	Ausgleichswert 20,25 %	40 500,– €
	Multiplikator 4 ergibt (4 × 40 500) =	162 000,– €
	Treuebonus 20,25 % (2 × 10,125) =	40 500,– €
	Summe	202 500,– €

Das sind vom Ausgleichswert (200 000,–): 101,25 %.

Um Bedenken aus steuerlichen Gründen auszuschließen, sei an dieser Stelle darauf hingewiesen, dass es sich aber bei beiden Zahlungskomponenten um einen einheitlichen Ausgleichsanspruch[169] handelt. Insofern ist der Wortlaut von Ziff. III der „Grundsätze" missverständlich, wo es heißt, dass der Bausparkassenvertreter bei seinem Ausscheiden *„neben dem Ausgleichsanspruch einen Treuebonus"* erhalten könne. Auch der Treuebonus ist *Teil des Gesamtausgleichs*, wie sich dies ja bereits aus der Überschrift ergibt, wonach die „Grundsätze" „der Errechnung der *Höhe des Ausgleichspruchs*" dienen.

2047

VI. Fälligkeit

In Ziff. 4 bzw. Ziff. 5 der „Grundsätze im Bauspar- und Finanzdienstleistungsbereich" ist festgelegt, dass der Ausgleichsanspruch und ein evtl. Treuebonus „innerhalb von zwei Monaten nach Vertragsbeendigung, frühestens zwei Monate nach Geltendmachung fällig wird". Diese Regelung entspricht nicht der in Rechtsprechung und Lehre vertretenen Auffassung, wonach der Ausgleichsanspruch bereits im Zeitpunkt der Vertragsbeendigung fällig wird. Gleichwohl wird man diese Regelung als wirksam ansehen müssen. Denn gem. § 271 Abs. 1 BGB tritt die Fälligkeit eines Ausgleichsanspruchs nur im Zweifel sofort nach dem Ende des Vertretervertrages ein, sodass abweichende Vereinbarungen zulässig sein dürften[170]. Wie verlautet, wird üblicherweise in der Bausparwirtschaft ein Ausgleichsanspruch aber bereits vom Zeitpunkt der Vertragsbeendigung an verzinst.

2048

VII. Berechnungsbeispiele für Ausgleichsansprüche im Bausparbereich

Beispiel 1: Ein Bezirksleiter einer Bausparkasse scheidet nach sechsjähriger Tätigkeit durch eine von der Bausparkasse ausgesprochene Kündigung (bzw. im gegenseitigen Einvernehmen) aus dem Vertragsverhältnis aus. Im Durchschnitt der letzten vier Vertragsjahre hat er Provisionen in Höhe von 78 000 € erhalten. Verwaltungsprovisionen und/oder Garantieprovisionen waren in den

2049

---

[169] Vgl. Rz. 1237.
[170] Zur Rechtsprechung und Literatur vgl. *BGH*, 23.10.1996 – VIII ZR 16/96, BB 1997, 59 = VersR 1996, 1143 sowie *Küstner*, VW 2003, 953 li. Sp.

XVIII Bedeutung der „Grundsätze" in der Versicherungswirtschaft

Provisionsbezügen nicht enthalten. Auf das ausgleichspflichtige Folgegeschäft entfallen nach Ziff. I.2 der „Grundsätze" 20,25%, mithin als 15 795 €. Für die Berechnung des Ausgleichsanspruchs ist nach Ziff. II der Multiplikator 1,6 maßgebend, sodass sich der geschuldete Ausgleich auf 25 272 € beläuft.

2050 Beispiel 2: Ein Bezirksleiter verstirbt nach zehnjähriger Tätigkeit. Die durchschnittliche Jahresprovision belief sich in den letzten vier Vertragsjahren auf 112 000 €. Darin waren 24 000 € an Provisionen aus Geschäften enthalten, die dem Bezirksleiter unterstellte Außendienstmitarbeiter vermittelt hatten. Dieser Provisionsanteil ist nach Ziff. I.1 der „Grundsätze" vom Ausgleichswert nicht abzuziehen. Der hier den Erben des Bezirksleiters zustehende Ausgleichsanspruch errechnet sich wie folgt:

Das ausgleichspflichtige Folgegeschäft beläuft sich auf 20,25% des Ausgangswerts, mithin also auf 22 680 €. Der Multiplikator beläuft sich hier auf 3,0, sodass den Erben des verstorbenen Bezirksleiters ein Ausgleichsanspruch von 68 040 € geschuldet wird.

Stand der Witwe des Bezirksleiters in diesem Beispielfalle eine vom Unternehmer finanzierte Witwenrente zu, deren Kapitalwert sich auf 30 000 € belief, mindert sich der geschuldete Ausgleich auf 38 040 €, der zwei Monate nach der Geltendmachung fällig wird und der unabhängig von der laufenden Witwenrente geschuldet wird.

2051 Beispiel 3: Ein Bezirksleiter scheidet wegen Vollendung des 65. Lebensjahres nach 25-jähriger Tätigkeit bei derselben Bausparkasse aus deren Diensten aus. Seine durchschnittliche Jahresprovision in den letzten vier Vertragsjahren belief sich auf 186 000 €. Darin waren Verwaltungsprovisionen in Höhe von 24 000 € enthalten. Der Kapitalwert der dem Bezirksleiter bzw. seiner Ehefrau zustehenden Alters- und Hinterbliebenenversorgung, die allein aus Mitteln der Bausparkasse finanziert worden war, beläuft sich auf 45 000 €.

Der Ausgleichsanspruch errechnet sich wie folgt: Der Ausgangswert in Höhe von 186 000 € ist um 24 000 € wegen der darin enthaltenen Verwaltungsprovisionen auf 162 000 € zu kürzen. Der Anteil des ausgleichspflichtigen Folgegeschäfts beläuft sich auf 20,25% von 162 000 €, mithin auf 32 805 €. Hier ist der höchste Multiplikator 4,0 anzuwenden, sodass sich der Ausgleichsanspruch auf 4 × 32 805 €, also auf 131 220 € beläuft. Da der Bezirksleiter länger als 19 Jahre für dieselbe Bausparkasse tätig war, wird ihm neben dem Ausgleich noch ein verdoppelter Treuebonus in Höhe von 20,25% des Ausgleichswerts, also von 162 000 € geschuldet, der sich demnach auf 32 805 € beläuft.

Ausgleichsanspruch und Treuebonus zusammen ergeben mithin 164 025 €. Gegenzurechnen ist hier der Kapitalwert der Alters- und Hinterbliebenenversorgung in Höhe von 45 000 €, sodass infolge der Vertragsbeendigung unabhängig von der einsetzenden Altersrente ein Ausgleich in Höhe von 119 025 € geschuldet wird.

2052 In allen drei Beispielsfällen wäre ein Ausgleich in der ermittelten Höhe auch dann geschuldet worden, wenn das Vertragsverhältnis durch Kündigung, einvernehmliche Regelung oder Tod des Bezirksleiters bereits vor dem 1. 10. 1984 beendet worden wäre, die zwischen den Parteien geführten Ausgleichsverhandlungen aber nicht zu einem Ergebnis geführt hätten, es sich insoweit also um einen

„schwebenden, noch nicht endgültig abgeschlossenen Fall" gehandelt hätte. Dies ergibt sich aus Ziff. IX der Grundsätze.

VIII. Sonderfälle

In der Praxis kann die Ausgleichsberechnung anhand der „Grundsätze" dann problematisch sein, wenn das Vertragsverhältnis zwischen der Bausparkasse und dem Bausparkassenvertreter intern Änderungen unterworfen wird. Das kommt nicht selten in folgenden Beispielsfällen vor, in denen mitunter Meinungsverschiedenheiten darüber entstehen, welcher Multiplikator anwendbar ist und wie sich der Treuebonus errechnet. 2053

Beispiel 1: Ein Gebietsleiter übernimmt nach 11-jähriger Tätigkeit für die Bausparkasse kommissarisch für unbestimmte Zeit – bis ein neuer Gebietsleiter für das verwaiste Gebiet gefunden wird – *zusätzlich* die Betreuung des Nachbargebietes. Die kommissarische Tätigkeit zieht sich hin und endet erst nach drei Jahren. Von da an beschränkt sich die Tätigkeit des Gebietsleiters wieder auf das ursprünglich übertragene Gebiet. 2054

Beispiel 2: Nach 8-jähriger Tätigkeit als Bezirksleiter (unechter Untervertreter) wird der Bezirksleiter zum Gebietsleiter (Hauptvertreter) ernannt („heraufgestuft"). Neben seinem ursprünglichen Bezirk werden ihm mehrere andere Bezirke unterstellt. Er erhält Provision für die von ihm vermittelten Bausparverträge und zusätzlich eine Superprovision für alle in seinem Gebiet abgeschlossenen, jedoch nicht von ihm vermittelten Bausparverträge. Der Gebietsleiter scheidet nach 23-jähriger Tätigkeit für das Bausparunternehmen aus dessen Diensten aus. 2055

Beispiel 3: Ein für mehrere Bezirke zuständiger Gebietsleiter (Hauptvertreter) wird zum Bezirksleiter (unechter Untervertreter) „herabgestuft", weil seine organisatorischen Fähigkeiten nicht ausreichen bzw. weil er aus gesundheitlichen Gründen den Anforderungen einer Gebietsleitung nicht gewachsen ist. Er ist nunmehr nur noch für einen Bezirk zuständig und erhält nur noch für die von ihm vermittelten Bausparverträge Provision. Eine Superprovision für andere in seinem Bezirk abgeschlossene Bausparverträge erhält er nicht mehr. 2056

Beispiel 4: Ein Gebietsleiter betreut, nachdem er das Gebiet A 10 Jahre lang erfolgreich betreut hat, vom 8. Tätigkeitsjahr an zusätzlich ein weiteres Gebiet B. Nach einer Gesamttätigkeit von 14 Jahren scheidet er aus den Diensten der Bausparkasse aus. 2057

Macht es einen Unterschied, ob mit dem Gebietsleiter zwei getrennte Verträge bestehen oder für das Gebiet A ein Hauptvertrag und für das Gebiet B nur ein Zusatzvertrag?

Beispiel 5: Der Bezirksleiter ist in dem Gebiet A sieben Jahre und einen Monat und anschließend im Gebiet B acht Jahre und fünf Monate tätig. Danach scheidet er aus den Diensten der Bausparkasse aus. 2058

Beispiel 6: Ein in einer Großstadt tätiger Bezirksleiter gibt einvernehmlich aus gesundheitlichen Gründen nach mehr als 10-jähriger Tätigkeit ein Drittel seines 2059

XVIII Bedeutung der „Grundsätze" in der Versicherungswirtschaft

bisherigen Bezirks auf. Die durchschnittliche Jahresprovision der letzten 4 Jahre aus dem eingelösten Geschäft betrug € 66 000,–. Davon entfielen 10 %, also € 6600,– auf sogen. Fremdgeschäfte des Bezirksleiters, d. h. auf Geschäfte mit Kunden außerhalb seines ihm vertraglich zugewiesenen Stammbezirks.

Die vorstehend geschilderten Beispiele sind – sofern nicht eine andere Regelung zwischen den Parteien getroffen wird – meiner Auffassung nach wie folgt zu beurteilen:

Erläuterung zum Fall 1:

2060 Übernimmt ein Gebietsleiter **kommissarisch** die Betreuung eines zweiten Gebietes, ist die Beendigung der **kommissarischen Betreuungstätigkeit ausgleichsrechtlich** gesondert, also getrennt und **unabhängig von der Betreuung des Hauptgebietes** zu betrachten. Endet beispielsweise die kommissarische Betreuung nach Ablauf von drei Jahren, ist die kommissarische Betreuung **ausgleichsrechtlich unter Anwendung des Multiplikators 0,7** zu vergüten. Dieser Anspruch auf Ausgleich entsteht mit der Beendigung der kommissarischen Tätigkeit.

2061 Ein Anspruch auf Zahlung eines **Treuebonus** besteht aus der kommissarischen Tätigkeit nicht, da die Dauer des hauptberuflichen Handelsvertreterverhältnisses des Gebietsleiters bei Aufgabe der kommissarischen Tätigkeit – auch unter Berücksichtigung seiner bisherigen Tätigkeit in seinem Hauptgebiet – 15 Jahre nicht erreicht.

2062 Scheidet der Gebietsleiter nach insgesamt mehr als 18 Jahren aus den Diensten des Bausparunternehmens aus, nachdem die kommissarische Betreuung bereits vor mehr als 4 Jahren endete, ist der Ausgleichswert gemäß Ziff. I.1 zu berechnen. Aber auch wenn die kommissarische Tätigkeit weniger als 4 Jahre vor dem Ausscheiden des Gebietsleiters endete, sind bei der Durchschnittsberechnung nach Ziff. I.1 die aus der kommissarischen Tätigkeit resultierenden Provisionszuflüsse **unberücksichtigt** zu lassen, weil dem Gebietsleiter für diese Tätigkeit ja bereits ein Ausgleich zugeflossen ist.

2063 Für den **Treuebonus** sind nach Ziff. III i.V.m. Ziff. I.1 die aus der kommissarischen Tätigkeit resultierenden Provisionen ebenfalls außer Betracht zu lassen. Für den Treuebonus kommt es nur auf die Gesamtdauer des hauptberuflichen Handelsvertreterverhältnisses an.

2064 Dies gilt auch bei einem **zeitlichen Ausscheiden** nach 18 Jahren als Gebietsleiter und „Gebietsleiter-Kommissar". Auch hier sind daher rechnerisch **zwei Ausgleichsbeträge** zu ermitteln: ein Ausgleichsbetrag für das **Stammgebiet** (Multiplikator für 18 Jahre 4,0) und ein Ausgleichsbetrag für das **kommissarisch betreute Gebiet** (Multiplikator für 3 Jahre 0,7). In diesem Fall fällt für beide Gebiete ein Treuebonus wegen langfristiger hauptberuflicher Tätigkeit für die Bausparkasse an, wobei die **Bemessungsgrundlage** des Treuebonus (Ziff. I.1 der „Grundsätze") jeweils **gebietsbezogen** zu ermitteln ist.

E. Kommentierung der „Grundsätze im Bausparbereich" **XVIII**

Erläuterung zum Fall 2:

Der Bausparkassenvertreter gibt mit seiner Ernennung zum Gebietsleiter (Hauptvertreter) seine Bezirksleitertätigkeit auf; der bisher von ihm als **unechter Untervertreter** bearbeitete Bezirk wird nunmehr einem neuen Bezirksleiter übertragen. Es ist daher ein Bezirksleiterausgleich auf der Grundlage des bei Beendigung der Bezirksleitertätigkeit maßgeblichen Ausgleichswertes zu berechnen und auszuzahlen. Bei einer späteren Beendigung des Gebietsleitervertrags sind die *„Vorzeiten"* aus der Bezirksleitertätigkeit bei der Bestimmung des Multiplikators nicht zu berücksichtigen, wohl aber für den Treuebonus, da für diesen allein die **Gesamttätigkeit als hauptberuflicher Handelsvertreter** maßgeblich ist. Der *Treuebonus* honoriert also die **Unternehmenstreue**, während die Dauer der Tätigkeit in einem bestimmten Gebiet oder Bezirk, die *„Marktdurchdringung"*, durch den Multiplikator berücksichtigt wird.

2065

Erläuterung zum Fall 3:

Auch in diesem Sachverhalt ist wiederum eine *getrennte Ausgleichsberechung* vorzunehmen. Endet die Gebietsleitertätigkeit, ist der Ausgleich auf der Grundlage des im Beendigungszeitpunkt maßgebenden Ausgleichswertes zu berechnen und auszuzahlen.

2066

Erläuterung zum Fall 4:

Bearbeitet der Gebietsleiter zwei getrennte Gebiete, stehen ihm für beide Gebiete *zwei getrennte Ausgleichsansprüche* zu. Bei entsprechend langfristiger Tätigkeit des Bausparkassenvertreters für die Bausparkasse kann in beiden Gebieten ein *Treuebonus* anfallen, wobei die Bemessungsgrundlage nach Ziff. I.1 der „Grundsätze" jeweils *gebietsbezogen* zu ermitteln ist. Da das Vertragsverhältnis bereits nach 14 Jahren endet, kommt die Zahlung eines *Treuebonus* hier jedoch nicht in Betracht.

2067

Erläuterung zum Fall 5:

Bearbeitet der Bezirksleiter *nacheinander zwei unterschiedliche Bezirke*, stehen ihm für *beide Bezirke Ausgleichsansprüche* zu. Der Multiplikator ist *bezirksbezogen* zu ermitteln. Da der Bausparkassenvertreter bei Beendigung seiner Bezirksleitertätigkeit insgesamt mehr als 15 Jahre für die Bausparkasse tätig war, steht ihm für seine Tätigkeit *zusätzlich ein Treuebonus* zu.

2068

Erläuterung zum Fall 6:

Ausgangswert für die Berechnung des Ausgleichsanspruchs ist nach Ziff. I.1 der „Grundsätze" die durchschnittliche Jahresprovision der letzten vier Jahre aus dem eingelösten Geschäft des Bezirksleiters. Zugrunde zu legen sind dabei die vom Bezirksleiter in dem aufgegebenen Bezirksteil getätigten Geschäfte. Die Möglichkeit außerhalb seines Bezirks Geschäfte zu vermitteln, verliert er durch die Bezirksverkleinerung nicht. Sie ist daher nicht „auszugleichen".

2069

XVIII Bedeutung der „Grundsätze" in der Versicherungswirtschaft

Der Ausgleichsanspruch errechnet sich danach im Beispiel wie folgt:

Durchschnittsprovision aus dem Stammbezirk	66 000,00 €	
./. Fremdgeschäft	6 600,00 €	
	59 400,00 €	59 400,00 €
davon 1/3		19 800,00 €
davon 20,25 %		4 009,50 €
× 3 (Multiplikator)		12 028,50 €
Ausgleichsanspruch		12 028,50 €

F. Kommentierung der „Grundsätze im Finanzdienstleistungsbereich"

I. Anlass

2070 Die Frage, ob auch Handelsvertreter, die Finanzdienstleistungen vermitteln, ausgleichsberechtigt sind, wurde bisher in der Praxis nicht einheitlich beantwortet, obwohl der Handelsvertreterstatus derartiger Vermittler eigentlich nicht zweifelhaft sein kann, sofern nur die gem. § 84 Abs. 1 S. 1 und 2 HGB für den Begriff des Handelsvertreters maßgeblichen Voraussetzungen erfüllt sind[171].

2071 Das sind: *Selbstständigkeit, ständige Betrauung* mit *Vermittlungs- bzw. Abschlussaufgaben* und deren *Durchführung im Namen und auf Rechnung* eines Finanzdienstleistungs-Unternehmens. Ist der Vermittler von Finanzdienstleistungen aber Handelsvertreter, steht ihm bei Vertragsbeendigung zumindest dem Grunde nach ein Ausgleichsanspruch zu, dessen Höhe davon abhängt, in welchem Umfange die in § 89b HGB niedergelegten Voraussetzungen erfüllt sind und ein Ausschlusstatbestand nicht vorliegt.

2072 Der *Begriff der Finanzdienstleistungen*[172] im hier interessierenden Zusammenhang ist weit zu fassen. Er umfasst – außer der Vermittlung von Bauspar- und Versicherungsverträgen – alle Dienstleistungen, die der Vertreter im Auftrage, im Namen und auf Rechnung des Bausparunternehmens aufgrund einer diesbezüglich vereinbarten Verpflichtung vermittelt.

2073 Das Bausparunternehmen ist insoweit also *Ausgleichsschuldner* i.S.d. „Grundsätze im Finanzdienstleistungsbereich". Ist es dem Bausparvertreter von der Bausparkasse erlaubt, *auf vertraglicher Grundlage auch für ein Versicherungsunternehmen tätig* zu werden und vermittelt der Bausparkassenvertreter aufgrund einer solchen Vereinbarung *Versicherungsverträge* für ein Versicherungsunternehmen, ist dieses Ausgleichsschuldner, und bei Vertragsbeendigung kommen insoweit die *„Grundsätze-Sach"* zur Anwendung.

---
171 Vgl. *Melcher*, BB 1981, 2101.
172 Vgl. *Martinek/Semler*, Hdb. VR § 42 Rz. 1–4.

F. Kommentierung der „Grundsätze" im Finanzdienstleistungsbereich **XVIII**

Gerade auf dem Gebiet der Finanzdienstleistungen gibt es so viele *unterschiedliche Ausgestaltungen*, dass der Anwendbarkeit des § 89 b HGB von jeher besondere Schwierigkeiten, aber auch ablehnende Auffassungen entgegenstanden, zumal dieser Begriff im Jahre 1953, als der Ausgleichsanspruch ins deutsche Handelsvertreterrecht eingeführt wurde, nahezu unbekannt war und die Vorschrift des § 89 b HGB folglich auch keine diesbezüglichen Regelungen enthalten konnte. 2074

Deshalb ist es zu begrüßen, dass nach langjährigen Vorgesprächen und Verhandlungen am 1.10.1996 nun auch „Grundsätze" zur Errechnung der Höhe des Ausgleichsanspruchs (§ 89 b HGB) im Finanzdienstleistungsbereich „verabschiedet" wurden[173]. Die Einzelheiten werden im Folgenden erläutert: 2075

Vertragspartner dieser „Grundsätze FDL" sind der *Verband der privaten Bausparkassen* einerseits und der Bundesverband Deutscher Versicherungs- und Bausparkaufleute andererseits. 2076

Allerdings sind die neuen „Grundsätze FDL" für solche Handelsvertreter nicht maßgeblich, die auf vertraglicher Grundlage für unabhängige und nicht unternehmensgebundene *eigenständige Finanzdienstleistungsunternehmen* tätig sind, sofern nicht zwischen den Parteien ausdrücklich die Anwendbarkeit der „Grundsätze FDL" vereinbart wurden. 2077

Wie verlautet, werden die neuen „Grundsätze FDL" von den *öffentlich-rechtlichen Bausparunternehmen toleriert*, während gegenwärtig die Versicherungsunternehmen noch abseits stehen. Welche Entwicklung sich insoweit ergibt, bleibt abzuwarten. 2078

II. Berechnungsgrundsätze

Das *Berechnungsschema* der neuen „Grundsätze FDL" lehnt sich eng an die für den Bausparbereich maßgeblichen Grundsätze an. 2079

Ausgangswert ist die durchschnittliche Jahresprovision, berechnet aus den letzten vier Vertragsjahren aus dem Finanzdienstleistungsgeschäft, wobei bei der Ermittlung des Durchschnittsbetrages *Verwaltungsprovisionen* ebenso unberücksichtigt zu lassen sind wie etwa *nichtverdiente Einarbeitungsprovisionen* bzw. *Garantieprovisionen*. Als Verwaltungsprovisionen gelten nach Ziff. I 1 Vergütungen, die der Vertreter für das Neugeschäft von Vermittlern erhalten hat, die ihm organisatorisch nicht zugeordnet sind oder zu deren Vermittlungen er *akquisitorisch nichts beigetragen hat*. Andererseits sind aber dem FDL-Vermittler zugeflossene Einmalprovisionen bei der Ermittlung des Ausgleichs mitzuberücksichtigen, also nicht auszuklammern. 2080

Ziff. I 2 der „Grundsätze FDL" trägt der bereits erläuterten *Ausnahmerechtsprechung* des BGH[174] Rechnung. In der genannten Regelung heißt es, dass, um überaus schwierige und zeitraubende Ermittlungen zu vermeiden, „der An- 2081

---
[173] Zum Zustandekommen dieser „Grundsätze FDL" vgl. *Hau,* VersVerm 1996, 527.
[174] Vgl. oben Rz. 923, 984.

XVIII   Bedeutung der „Grundsätze" in der Versicherungswirtschaft

teil des *ausgleichspflichtigen Folgegeschäfts* mit einem *Mittelsatz*[175] von *10% des Ausgleichswertes*, also des Durchschnittsbetrages, berechnet aus den letzten vier Vertragsjahren, pauschal festgelegt wird". In Ziff. I 2 Abs. 2 wird ausdrücklich festgestellt, dass die Ermittlung des Ausgleichswertes und der Mittelsatz von 10% auch dann für einen Ausgleichsanspruch maßgeblich sind, wenn nicht der gesamte Vertrag endet, sondern wenn es sich um eine *Teilvertragsbeendigung* (Bezirks- oder Bestandsverkleinerungen) handelt.

2082   Um dem *Gesichtspunkt der Billigkeit* Rechnung zu tragen, schreibt Ziff. II der „Grundsätze FDL" vor, dass der Ausgangswert entsprechend der Dauer der hauptberuflichen selbstständigen Tätigkeit des Vertreters unter Anwendung eines *steigenden Multiplikators* zu erhöhen ist, der sich nach einer Vertragsdauer von einem Jahr auf 0,2 beläuft und nach einer Vertragsdauer von 12 Jahren bis auf 4,0 ansteigt.

2083   Darüber hinaus hat ein ausgeschiedener Handelsvertreter nach einer hauptberuflichen Handelsvertretertätigkeit von 15 Jahren neben dem Ausgleich Anspruch auf einen *Treuebonus* von 10,125% des Ausgangswertes gem. Ziff. I 1, der sich nach einer hauptberuflichen Handelsvertretertätigkeit von 19 Jahren verdoppelt[176].

2084   Beläuft sich also der Ausgleichswert nach Ziff. I 1 der „Grundsätze FDL" beispielsweise auf 30 000,– €, kann sich maximal ein Ausgleichsanspruch in Höhe von 18 075,– € ergeben, was einem Prozentsatz von 60,25% von 30 000,– € entspricht, sofern der höchste Multiplikator und der Treuebonus von 20,25% des Ausgangswertes in Ansatz zu bringen sind. Das zeigt folgende *Berechnung*:

Ausgleichswert 30 000,– € davon 10% = 3 000,– €	
Multiplikator 4 ergibt	12 000,– €
Treuebonus 20,25% von 30 000,– €	6 075,– €
Gesamtbetrag	18 075,– €

18 075,– € von 30 000,– € = 60,25%[177].

2085   Zweifellos wird dieses Ergebnis wiederum gelegentlich mit dem Hinweis kritisiert werden, dass auch auf der Grundlage der neuen „Grundsätze FDL" die *Ausgleichshöchstgrenze* schon dann nicht erreicht werden kann, wenn diese sich auf lediglich eine einfache durchschnittliche Jahresprovision, berechnet aus den letzten 5 Vertragsjahren, beläuft. Aber auch hier – wie auch nach den „Grundsätzen im Bausparbereich" – darf nicht übersehen werden, dass für den Ausgleichsanspruch nur das *ausgleichspflichtige Folgegeschäft* in Betracht kommt, das nach Ziff. I 2 der „Grundsätze FDL" mit 10% des Ausgleichswer-

---

[175] Der Mittelsatz ist also halb so hoch wie der Mittelsatz gem. Ziff. I.2 Abs. 2 der „Grundsätze im Bausparbereich", weil ausgleichspflichtige Tatbestände in diesem Bereich seltener sind als im Bausparbereich.
[176] Der Treuebonus kann also mehr als doppelt so hoch sein wie der Mittelsatz gem. Ziff. I.2 Abs. 1.
[177] Vgl. *Hau*, VersVerm 1996, 528.

F. Kommentierung der „Grundsätze" im Finanzdienstleistungsbereich **XVIII**

tes anzusetzen ist, dass also nicht als Berechnungsbasis von den im Durchschnitt der letzten 4 Vertragsjahre *insgesamt zugeflossenen Vermittlungsprovisionen* auszugehen ist, sondern nur von denen, die sich auf das ausgleichspflichtige Folgegeschäft beziehen. Dieser Ansatz von 10 % des Ausgangswertes für das ausgleichspflichtige Folgegeschäft beruht – ebenso wie beim Ausgleichsanspruch im Bausparbereich – auf entsprechenden Erhebungen. Berücksichtigt man diese Gesichtspunkte, kann mithin keineswegs von einer *Benachteiligung des Handelsvertreters* gesprochen werden, der im Bereich der Finanzdienstleistungen Verträge vermittelt.

III. Geltungsbereich

Im Übrigen gelten diese „Grundsätze" nach ihrer Ziff. IX für alle ab 1.10.1996 entstehenden Ansprüche, aber auch für schwebende, noch nicht endgültig abgeschlossene Fälle, die also aus Verträgen resultieren, die vor dem 1.10.1996 bereits beendet wurden. Insoweit ist aber diese *„Rückwirkung"* nur auf solche Ausgleichsansprüche beschränkt, hinsichtlich deren vor dem 1.10.1996 noch keine abschließende Einigung zwischen den Parteien erfolgt ist. Es muss sich also nach dem Wortlaut der „Grundsätze" allein um solche Fälle handeln, hinsichtlich deren bisher eine Einigung nicht erzielt werden konnte. Sollte ein Handelsvertreter bereits vor dem 1.10.1996 eine Ausgleichsklage gegen das vertretene Unternehmen erhoben haben, müsste sorgfältig geprüft werden, ob eine Klagerücknahme in Betracht kommt und der Anspruch nunmehr auf der Grundlage der „Grundsätze" außergerichtlich geregelt wird. **2086**

Im Hinblick auf die *anspruchsberechtigten Erben* steht diesen nach Ziff. IV der „Grundsätze FDL" der Ausgleichsanspruch und auch ein evtl. Treuebonus zu. Hier ist also im Gegensatz zu den schon früher verabschiedeten „Grundsätzen" nicht auf den Ehegatten und weitere unterhaltsberechtigte Verwandte in gerader Linie abgestellt, sondern grundsätzlich auf *alle in Betracht kommenden Erben*[178]. **2087**

Bezüglich der *Fälligkeit* heißt es in Ziff. V der „Grundsätze FDL", dass Ausgleichsanspruch und Treuebonus innerhalb von zwei Monaten nach der Vertragsbeendigung, frühestens zwei Monate nach der Geltendmachung, fällig werden. Fraglich ist hierbei allerdings, wie diese Regelung auszulegen ist, wenn der Ausgleichsanspruch, was möglich ist, bereits während der Kündigungsfrist zwei Monate vor der Vertragsbeendigung geltend gemacht wird. In diesem Falle müsste nach Ziff. V der „Grundsätze" als frühester Fälligkeitszeitpunkt derjenige der Vertragsbeendigung maßgeblich sein. **2088**

Schließlich ist zu vermerken, dass die „Grundsätze FDL" unter Einhaltung einer zwölfmonatigen Kündigungsfrist frühestens zum 31.12.1999 hätte gekündigt werden können. Das ergibt sich daraus, dass eine Kündigung nicht vor dem 1.10.1998 ausgesprochen werden konnte, sodass also eine *Kündigung* **2089**

---

178 Einzelheiten in Rz. 91, 270.

XVIII Bedeutung der „Grundsätze" in der Versicherungswirtschaft

zum 31.12.1999 spätestens Ende 1998 hätte erklärt werden müssen. Eine Kündigung ist aber bisher nicht erfolgt.

G. Gemeinsame Vorschriften

I. Billigkeitsgrundsatz

2090 Auch ein nach den „Grundsätzen" ermittelter Ausgleichsanspruch unterliegt dem *Billigkeitsgrundsatz*, wie dieser in § 89b Abs. 1 Nr. 3 HGB als Anspruchsvoraussetzung niedergelegt ist. Das ergibt sich bereits unmittelbar aus dem *Wortlaut der „Grundsätze"*, aber auch aus der Rechtsprechung[179]. So weist die Präambel der „Grundsätze-Sach" in Abs. 3 Satz 3[180] ausdrücklich darauf hin, dass es bei Anwendung der „Grundsätze" zunächst keiner besonderen Prüfung der Billigkeit bedarf, weil „die Grundsätze für den Normalfall davon ausgehen, dass diese *Voraussetzungen (Unternehmervorteil und Billigkeitsgrundsatz) vorliegen*". In diesem Zusammenhang wird in der Präambel Abs. 3 Satz 4 darauf hingewiesen, dass ein Versicherungsunternehmen die *Gutachterstelle*[181] anrufen könne, wenn es „in dem einen oder anderen Fall der Überzeugung (sei), dass die Zahlung eines Ausgleiches" nicht dem Billigkeitsgrundsatz entspreche. Auch in Ziff. V der „Grundsätze-Sach" wird auf Billigkeitsgründe im Zusammenhang mit der Berücksichtigung einer *Altersversorgung* als *Entstehungshindernis*[182] für den Ausgleichsanspruch hingewiesen.

2091 In der *Rechtsprechung*[183] ist daher auch folgerichtig festgestellt worden, dass auch ein nach den „Grundsätzen" berechneter Ausgleich dem Billigkeitsgrundsatz unterliege *und durch Billigkeitsgesichtspunkte beeinflusst* werden könne. Dies geschieht nicht selten im Hinblick auf die Frage, ob die Zahlung eines Ausgleichs aus Billigkeitsgründen ganz oder teilweise entfallen könne, wenn ein *„auffälliges Missverhältnis"* zwischen der *rechnerischen Ausgleichsberechnung* einerseits und *erfolgsunabhängigen Festbezügen* andererseits bestehe, die der Versicherungsvertreter während einer relativ kurzen Vertragsdauer oder in den letzten Vertragsjahren erhalten hat.

---
179 *BGH*, 21.5.1975 – I ZR 141/75, VersR 1975, 807; *LG Düsseldorf*, 5.3.1981 – 34 O 73/79, VersR 1981, 979; *LG Bremen*, 1.7.1975, VersR 1975, 1099; *BGH*, 21.5.1975 – I ZR 141/74; *LG Düsseldorf*, 5.3.1981 – 34 O 73/79; *LG Bremen*, 1.7.1975 – 13 O 970/74.
180 Vgl. auch den entsprechenden Wortlaut in den „Grundsätzen-Leben und -Kranken" (vgl. aber auch den Wortlaut der Präambel in den „Grundsätzen-Leben und -Kranken").
181 Zur Gutachterstelle vgl. die Erläuterungen in Rz. 2112.
182 Vgl. dazu die Erläuterungen in Rz. 2126.
183 Vgl. dazu *LG Düsseldorf*, 5.3.1981, VersR 1981, 979; *LG Nürnberg-Fürth*, 30.9.1975, VW 1976, 467; *LG Bremen*, 1.7.1975, VersR 1975, 1099; *LG München I*, 10.3.1975, VersR 1975, 736 = VW 1976, 517; *LG München*, 4.7.1974, VersR 1975, 81 = VW 1976, 577. Nicht im Hinblick auf die „Grundsätze", sondern generell: *BGH*, 15.2.1965, BB 1965, 395; *OLG München*, 8.8.1957, BB 1957, 1053 = VersR 1958, 91 = HVR Nr. 180, dort nur Leitsatz Ziff. 3: *OLG München*, 13.10.1960, BB 1961, 651 = HVR Nr. 275; *OLG Celle*, 7.11.1961, BB 1962, 156 = HVR Nr. 308; *LG Berlin*, 22.9.1971, VersR 1972, 95 mit Anm. *Martin; LG Hamburg*, 31.7.1975, VW 1976, 518.

II. Alters- und Hinterbliebenenversorgung

Alle „Grundsätze" regeln in ihrer Ziff. V bzw. VI die Frage, wie eine vom Unternehmen aufgebaute und finanzierte Altersversorgung bei der Ausgleichsberechnung zu berücksichtigen sei. Dabei wird übereinstimmend noch davon ausgegangen, dass bei einer vom Unternehmen aufgebauten und finanzierten Altersversorgung „ein Ausgleichsanspruch insoweit nicht entsteht, wie der Vertreter Leistungen aus dieser Altersversorgung erhält oder zu erwarten hat und dass der Ausgleichsanspruch um den Bar- bzw. Kapitalwert der Altersversorgung zu kürzen sei. 2092

Es wird hierbei also nicht auf die *Verhältnisse im Einzelfall* abgestellt, sondern ohne Berücksichtigung von im Einzelfall entgegenstehenden Billigkeitsgesichtspunkten der Grundsatz der Ausgleichsminderung gewissermaßen festgeschrieben. Diese Regelung entspricht nicht der neuesten Rechtsprechung des OLG München vom 22.3.2001[184], die bisher vom BGH allerdings noch nicht bestätigt wurde. Nach der neuesten Rechtsprechung ist aus den geschilderten Gründen diese Regelung unwirksam[185]. 2093

Diese Regelung ist in den „Grundsätzen-Sach-, Leben- und Kranken" wortgleich enthalten, in den „Grundsätzen im Bausparbereich und FDL" aber ohne Erwähnung der Provisionsrente, während darauf hingewiesen wird, dass durch die Altersversorgung der Anspruch zzgl. eines evtl. nach Ziff. III errechneten Treuebonus der Kürzung unterliege. 2094

III. Ausgleichshöchstgrenze

In den „Grundsätzen Sach-, Leben- und Kranken" wird übereinstimmend in Ziff. III unter Bezugnahme auf § 89b Abs. 5 festgelegt, dass die Höhe des Ausgleichsanspruchs insgesamt drei Jahresprovisionen oder Jahresvergütungen nicht übersteigen darf[186]. Eine entsprechende Regelung fehlt in den „Grundsätzen im Bausparbereich und im Finanzdienstleistungsbereich", ergibt sich aber ohnehin zwingend aus § 89b Abs. 5 Satz 2 i.V.m. Abs. 2 Satz 1. 2095

IV. Ausspannung von Versicherungsverträgen

Die Verfasser der „Grundsätze" haben übereinstimmend in Ziff. VII der „Grundsätze Sach-, -Leben und -Kranken" und in Ziff. VIII der „Grundsätze im Bausparbereich" und der „Grundsätze-FDL" ihre Auffassung zum Ausdruck gebracht, dass bei der Befriedigung des Ausgleichsanspruchs davon ausgegangen werde, *„dass der wirtschaftliche Vorteil des ausgeglichenen Bestandes* 2096

---

[184] *OLG München*, 22.3.2001 – 29 U 4997/00, DB 2001, 1666 = OLG-Rep. 2001, 168 und VersVerm 2001, 268.
[185] Vgl. Einzelheiten dazu oben Rz. 1198 und unten Rz. 2127.
[186] Vgl. zur Ermittlung der Höchstgrenze oben Kap. X/1577.

XVIII Bedeutung der „Grundsätze" in der Versicherungswirtschaft

dem Versicherungsunternehmen verbleibe" und dass deshalb vorausgesetzt werde, „dass der Vertreter **keine Bemühungen anstellt oder unterstützt**, die zu einer **Schmälerung des Bestandes** führen, für den er einen Ausgleich erhalten hat".

2097 Deshalb berührt diese oft unzutreffend interpretierte Regelung in den Ziff. VII bzw. VIII einen sehr bedeutungsvollen **Grundtatbestand des Ausgleichsrechts**[187], wenn sich auch die Rechtsprechung mit der speziellen Problematik und den in der Versicherungswirtschaft maßgeblichen ausgleichsrechtlichen Besonderheiten nur selten zu befassen hatte. Es fragt sich also, ob die Verbotsklausel, die eine **nachvertragliche Ausspannung ausgeglichener Bestände** betrifft, ein **Wettbewerbsverbot**[188] i. S. d. § 90 a HGB darstellt und zu bewerten ist oder, wenn dies nicht der Fall ist, wie diese Verbotsklausel auszulegen ist.

2098 Die Erläuterung und Kommentierung der Ziff. VII bzw. VIII der „Grundsätze" muss deshalb in zweifacher Hinsicht erfolgen. Einmal ist die Frage zu behandeln, ob das Ausspannungsverbot bei Anwendung der „Grundsätze" bindende Wirkung entfaltet, dem Versicherungs- oder Bausparkassenvertreter also *wirksam verboten werden kann*, ausgeglichene Bestände auszuspannen. Darüber hinaus ist zu prüfen, ob und inwieweit eine entgegen Ziff. VII bzw. VIII erfolgende Ausspannung sich auf die Höhe des Ausgleichsanspruchs auswirkt und ob eine nach erfolgter Ausgleichszahlung erfolgende Ausspannung ggf. einen *Ausgleichs-Rückforderungsanspruch* des Versicherungs- oder Bausparunternehmens zu begründen vermag. Im Folgenden wird die Problematik nur für den Bereich des Versicherungsvertreterrechts behandelt; die folgenden Erläuterungen gelten aber entsprechend in gleicher Weise auch für den Bauspar- und den FDL-Bereich.

1. Wettbewerbsverbot

2099 Ein Wettbewerbsverbot stellt die Regelung in Ziff. VII bzw. VIII der „Grundsätze" nicht dar. Das ergibt sich einmal schon daraus, dass ein Wettbewerbsverbot für seine Wirksamkeit einer schriftlichen Vereinbarung[189] und der Aushändigung einer vom Unternehmer unterzeichneten, die vereinbarten Bestimmungen enthaltene Urkunde an den Handelsvertreter[190] bedarf, die zwischen den Parteien eines Agenturvertrages getroffen werden muss. Die „Grundsätze" haben aber **nur empfehlenden Charakter**[191], ohne den Versicherungsvertreter unmittelbar zu verpflichten. Auch wenn im Agenturvertrag vereinbart wird, dass für

---

187 Vgl. dazu *Schröder*, DB 1964, 323. Zur Ausspannungsproblematik vgl. auch *Martin*, VersR 1968, 117; *Strietholt*, VersVerm 1964, 33; *Sturn*, ZfV 1965, 600.
188 Zum Wettbewerbsverbot im Handelsvertreterrecht vgl. *Grüll/Janert*, Die Konkurrenzklausel, 5. Aufl.; *Gallus*, Wettbewerbsbeschränkungen im Recht des Handelsvertreters, 1971; *Hohn*, Wettbewerbsverbote für Arbeitnehmer und Handelsvertreter; *Röhsler/Borrmann*, Wettbewerbsbeschränkungen für Arbeitnehmer und Handelsvertreter, 1981; *Küstner*, Hdb. I, Rz. 2151 ff.
189 Zum Schriftformerfordernis vgl. *Palandt/Heinrichs*, 61. Aufl., Erl. zu § 126 BGB.
190 Näheres zur Aushändigung der Urkunde als Wirksamkeitsvoraussetzung in *Küstner*, Hdb. I, Rz. 2205.
191 Vgl. Rz. 1854 sowie Rundschreiben GDV vom 29.11.1974, abgedr. im Anhang Nr. 10.

die Berechnung eines bei Vertragsbeendigung entstehenden Ausgleichsanspruchs die „Grundsätze" maßgeblich sein sollen, gewinnt schon aus formellen Gründen das in Ziff. VII und VIII geregelte Ausspannungsverbot nicht den Charakter eines Wettbewerbsverbotes i. S. d. § 90 a HGB. Darüber hinaus kann eine Wettbewerbsabrede i. S. d. § 90 a HGB aber auch nur maximal auf die *Dauer von zwei Jahren* abgeschlossen werden, und es hat die Verpflichtung des Unternehmens zur Zahlung einer angemessenen *Wettbewerbsentschädigung* zur Folge. Die letztere Verpflichtung ergibt sich als unmittelbare Rechtsfolge aus dem Gesetz; einer gesonderten diesbezüglichen Vereinbarung bedarf es nicht.

2. Wettbewerbstätigkeit

Daraus folgt, dass ein ausgeschiedener Versicherungsvertreter grundsätzlich einem nachvertraglichen Wettbewerbsverbot nur dann unterliegt, wenn eine *diesbezügliche konkrete Vereinbarung* zwischen den Parteien getroffen wurde, die den Voraussetzungen des § 90 a HGB entspricht. Deshalb ist es dem ausgeschiedenen Versicherungsvertreter unbenommen, sich für ein konkurrierendes Versicherungsunternehmen vermittelnd zu betätigen, und zwar auch im Hinblick auf die Vermittlung von Verträgen mit Versicherungsnehmern, die er für das ausgleichsverpflichtete Unternehmen geworben hatte. Umstritten ist aber, ob es dem Vertreter wirksam untersagt werden kann, zu Gunsten konkurrierender Unternehmen auch solche Versicherungsverträge auszuspannen, die ihm vom bisher vertretenen Unternehmen nach den „Grundsätzen" ausgeglichen wurden. Denn in diesem Zusammenhang ergibt sich ja die Problematik, ob nicht die *Voraussetzungen nachträglich entfallen*, die für die Zahlung eines Ausgleichs gelten. **2100**

3. Eingriff in ausgeglichene Bestände

Begreiflicherweise ist ein Versicherungsunternehmen stets daran interessiert, dass der Bestand, den ein Generalagent aufgebaut oder verwaltet hat, dem Unternehmen auch nach der Beendigung des Agenturvertrages erhalten bleibt, also nicht – mit oder ohne Mitwirkung des ausgeschiedenen Versicherungsvertreters – zu Gunsten eines konkurrierenden Unternehmens *umgedeckt* wird oder sonst verloren geht. Versicherungsunternehmen vertreten hierbei – ohne Rücksicht darauf, ob dem ausgeschiedenen Versicherungsvertreter ein Ausgleich zu zahlen war oder nicht – weithin die Meinung, dass der ausgeschiedene Versicherungsvertreter sich *grundsätzlich jeden Eingriffs in den Bestand nach der Vertragsbeendigung zu enthalten habe*, und zwar auch dann, wenn mit dem ausgeschiedenen Vertreter kein Wettbewerbsverbot nach § 90 a HGB vereinbart worden war. Nicht selten nehmen dann – auch wenn eine Ausgleichszahlungspflicht etwa infolge außerordentlicher Kündigung des Agenturvertrages durch das Unternehmen nicht besteht – diese den ausgeschiedenen Versicherungsvertreter nach § 1 UWG oder unter Berufung auf Ziff. 56 der Wettbewerbs-Richtlinien auf Unterlassung derartiger bestandsgefährdender Eingriffe in Anspruch. **2101**

XVIII Bedeutung der „Grundsätze" in der Versicherungswirtschaft

2102 Die *Rechtsprechung* vertritt demgegenüber die Auffassung, dass solche *Unterlassungsansprüche* in der Regel nicht bestehen – es sei denn, der ausgeschiedene Generalagent verstieße bei seiner nachvertraglichen, zu Lasten des Versicherungsunternehmens gehenden Tätigkeit gegen § 1 UWG und bediene sich unlauterer Mittel.

2103 Zu dieser Problematik hat das OLG Karlsruhe in seinem Urteil vom 20.3.1986[192] festgestellt, dass in derartigen Fällen das Verhalten des ausgeschiedenen Versicherungsvertreters an den in der Rechtsprechung entwickelten Grundsätzen über das *Ausspannen von Kunden* zu messen sei. Danach habe *niemand im Wettbewerb Anspruch auf ungeschmälerte Erhaltung seines Kundenkreises*; das Abwerben von Kunden sei deshalb für sich allein *nicht sittenwidrig*. Denn Sinn und Zweck jedes Wettbewerbs sei es gerade, in *den Kundenkreis eines Wettbewerbers einzudringen*[193].

2104 Gleichgültig also, ob der Vermittler bis zur Vertragsbeendigung im Angestelltenverhältnis zum Versicherungsunternehmen stand oder als selbstständiger Versicherungsvertreter tätig war, stehe es dem Vermittler, soweit er nicht vertraglich gebunden sei, grundsätzlich frei, in den Kundenkreis des Versicherungsunternehmens einzudringen, sofern er nicht die während seiner Tätigkeit erworbenen Kenntnisse *in einer gegen das Gesetz oder die guten Sitten verstoßenden Weise* erlangt habe und die *Werbung im Kundenkreis* nicht durch besondere Umstände als *sittlich anstößig* gekennzeichnet werde. Eine nachvertragliche, zu Lasten des bisher vertretenen Unternehmens gehende Tätigkeit sei wettbewerbsrechtlich nur dann zu beanstanden, wenn der bisherige Vermittler sich bei *dem Kampf um die Kundschaft unlauterer Mittel bedient*. Dabei, so heißt es im Urteil des OLG Karlsruhe, *gewinne selbst das planmäßige, also zielbewusste und systematische Abwerben von Kunden* erst durch den *Einsatz verwerflicher Mittel* oder die *Verfolgung zu missbilligender Ziele den Charakter wettbewerbsrechtlicher Sittenwidrigkeit*[194].

2105 In dem Sachverhalt, der dem Urteil des OLG Karlsruhe vom 20.3.1986 zu Grunde lag, war das Vertragsverhältnis aufgrund einer vom Unternehmer ausgesprochenen Kündigung aus wichtigem Grunde wegen unerlaubter Konkurrenztätigkeit des Versicherungsvertreters beendet worden, sodass ein Ausgleichsanspruch ohnehin nach § 89b Abs. 3 Ziff. 2 HGB nicht hatte entstehen können. Aber dieser Tatbestand hat für die Entscheidung des Gerichts keine Rolle gespielt. Denn es kommt für die nachvertragliche Tätigkeit eines Handels- oder Versicherungsvertreters nicht darauf an, aus welchen Gründen das Vertragsverhältnis beendet wird. Generell muss auch beachtet werden, dass die Problematik nachvertraglicher Wettbewerbstätigkeit eines Versicherungsvertreters nicht allein

---
[192] *OLG Karlsruhe*, 20.3.1986, VersVerm 1986, 282, 284. Vgl. aber die abweichende Auffassung des *OLG Köln* im Urteil v. 3.4.1981, VW 1981, 1067.
[193] Zu Einzelheiten, insbesondere zu dem Sachverhalt, den das *OLG Karlsruhe* in seinem Urteil vom 20.3.1986 zu entscheiden hatte, vgl. oben Rz. 1695, 1705.
[194] Vgl. *BGH*, 19.11.1965, WRP 1966, 139, 142; 6.11.1963, NJW 1964, 351; vgl. auch *LG Freiburg*, 27.6.1991 unveröff. (Az. unbekannt).

unter ausgleichsrechtlichen Gesichtspunkten beurteilt werden kann. Würde man die ausgleichsrechtlichen Folgen in den Vordergrund schieben, könnte sich eine Ungleichbehandlung der unterschiedlichen Tatbestände ergeben, weil dann möglicherweise allein derjenige Versicherungsvertreter betroffen wäre, dem infolge der Vertragsbeendigung ein Ausgleichsanspruch zustand.

Eine andere Auffassung lässt sich aber auch nicht daraus herleiten, dass der Ausgleichsanspruch des Versicherungsvertreters – anders als beim Warenvertreter – diejenigen infolge der Vertragsbeendigung entfallenden Provisionsansprüche betrifft, die der Vertreter infolge der erfolgreichen Vermittlungstätigkeit bereits vor der Vertragsbeendigung dem Grunde nach verdient hatte, die aber infolge einer im Zeitpunkt der Vertragsbeendigung wirksam werdenden *Provisionsverzichtsklausel* [195] entfallen, sodass also der Ausgleichsanspruch eines Versicherungsvertreters über den zusätzlichen Vergütungscharakter hinaus in erster Linie ein *Provisionssurrogat* darstellt. Aus diesem Tatbestand könnte gefolgert werden, dass der Versicherungsvertreter nicht berechtigt sein könne, Verträge umzudecken, die ihm – durch bis zur Vertragsbeendigung zufließende Provisionen und ein Provisionssurrogat in Form des Ausgleichsanspruchs – in vollem Umfange vergütet wurden. 2106

Zu dieser Frage hat sich das OLG Hamm in seinem Urteil vom 12.1.1989[196] geäußert. Das Gericht hat die Auffassung vertreten, eine *Ausgleichszahlung könne nicht zu einer Wettbewerbsbeschränkung* führen. Denn dies widerspräche der gesetzlichen Wertung, wie sie durch die §§ 89b und 90a HGB andererseits getroffen worden sei. Dort würden die Ausgleichszahlung und die nachvertragliche Wettbewerbsabrede unabhängig voneinander geregelt. Die Wettbewerbsabrede i.S.d. § 90a HGB mit ihren eingeschränkten Möglichkeiten würde *unterlaufen* werden, wenn sämtliche Verträge, für die eine Ausgleichszahlung erfolgte, *automatisch auch einem Wettbewerbsverbot* unterlägen. Im Übrigen erscheine es auch widersprüchlich, wenn ein Handelsvertreter, der aus eigenem Verschulden seinen Ausgleichsanspruch verliere, *keinem Wettbewerbsverbot* unterläge, wohl aber derjenige, dem seinerseits zu Unrecht gekündigt worden ist, der sich aber dann gleichwohl unter Hinnahme der Kündigung mit einem Ausgleichsanspruch begnüge. Mit der Funktion des Ausgleichsanspruchs erscheine es unvereinbar, daran sogleich ein Wettbewerbsverbot zu knüpfen, *weil dadurch Regelungsgebiete miteinander verknüpft würden*, zwischen denen streng zu trennen sei. 2107

Der BGH hat sich mit dieser konkreten Frage noch nicht zu befassen gehabt. Zwar war von der Klägerin – dem Versicherungsunternehmen – gegen das Urteil des OLG Hamm vom 12.1.1989 Revision zum BGH eingelegt worden. Dieser hatte die Sache aus formellen Gründen an das Berufungsgericht zurückverwiesen, wo die Sache aber dann von der Klägerin nicht weiterverfolgt wurde. 2108

Aus alledem folgt, dass das Ausspannungsverbot, wie es in den „Grundsätzen" in den Ziff. VII bzw. VIII niedergelegt ist, in erster Linie *abschreckende Bedeutung* hat. Dieses Verbot kann nur durchgesetzt werden, wenn, wie erwähnt, 2109

---

195 Zur Provisionsverzichtsklausel vgl. Rz. 38, 814, 863.
196 *OLG Hamm*, 12.1.1989, BB 1989, 1221.

XVIII Bedeutung der „Grundsätze" in der Versicherungswirtschaft

in der nachvertraglichen Wettbewerbstätigkeit des Versicherungsvertreters ein Verstoß gegen § 1 UWG zu sehen ist, sich der Versicherungsvertreter also sittenwidriger bzw. unlauterer Mittel bedient.

2110 Schließlich sei noch auf die Feststellung des BGH in seinem Urteil vom 28.1. 1993[197] verwiesen, wo der BGH festgestellt hat, es entspreche den **Grundsätzen des Leistungswettbewerbs** und widerspreche nicht der Berufsauffassung eines ordentlichen Kaufmanns, wenn ein ausgeschiedener Handelsvertreter in Konkurrenz zu dem früher von ihm vertretenen Unternehmen auch hinsichtlich dessen Kunden trete. Es stehe dem Handelsvertreter nach Beendigung des Vertreterverhältnisses grundsätzlich frei, dem Unternehmer, für den er bis dahin tätig gewesen sei, auch in dem Bereich Konkurrenz zu machen, in dem er ihn vorher vertreten habe. **Einen generellen Anspruch auf Erhaltung seines Kundenkreises habe der Unternehmer** nicht. Wettbewerbsrechtlich könne er das Vorgehen seines früheren Handelsvertreters nur dann beanstanden, wenn sich dieser bei dem Wettbewerb um die Kundschaft unlauterer Mittel bediene.

2111 Im Übrigen ist es aber eine ganz andere Frage, ob nicht ein Versicherungsvertreter, der einen durch die „Grundsätze" gem. § 89b HGB ausgeglichenen Bestand zu Gunsten eines anderen Versicherungsunternehmens umdeckt, verpflichtet ist, den ihm zugeflossenen Ausgleich an das bisher vertretene Unternehmen ganz oder teilweise *zurückzuzahlen*. Ein solcher *Rückforderungsanspruch* ließe sich damit rechtfertigen, dass der Ausgleich dem ausgeschiedenen Versicherungsvertreter gerade deshalb gezahlt wurde, weil ihm anderenfalls die bereits verdiente Provision für diesen Bestand infolge der Vertragsbeendigung verloren gehen würde, während das Versicherungsunternehmen diesen Bestand weiterhin nutzen könnte. Wenn aber dieser Tatbestand durch den ausgeschiedenen Versicherungsvertreter geradezu „auf den Kopf gestellt" wird, wenn er den Bestand einem anderen Unternehmen zuführt, während das bisher vertretene Unternehmen den Bestand verliert, kann es *keineswegs als ungerechtfertigt* angesehen werden, dass er angesichts der auf diese Weise von ihm erzielten *doppelten Vergütung* dem bisher vertretenen Unternehmen den gezahlten Ausgleich – je nach den Umständen des Einzelfalles – ganz oder teilweise zurückzahlen muss.

V. Gutachterstelle

2112 Die in Ziff. VI der „Grundsätze-Sach, -Leben und -Kranken" und ebenso die in Ziff. VII der „Grundsätze im Bauspar- und im FDL-Bereich" niedergelegte Regelung einer Gutachterstelle dient der *Herbeiführung einer einvernehmlichen Lösung bzw. Regelung* einander widersprechender Auffassungen der Parteien eines Agenturvertrages bezüglich der Ausgleichshöhe. Die Gutachterstelle wird allerdings nur tätig, wenn *beide Parteien ihrer Inanspruchnahme zustimmen*. Das dient zwar dem Grundsatz, dass zwischen den Parteien eines Agenturvertrages Einigkeit über die Zuständigkeit eines solchen Gremiums herrschen

---
[197] *BGH*, 28.1.1993, NJW 1993, 1786, 1787.

muss: Andererseits gibt sie der jeweils anderen Partei auch die Möglichkeit, die Anrufung der Gutachterstelle zu blockieren. Das wird meist das vertretene Unternehmen sein, das eine als ungerechtfertigt empfundene Forderung des Versicherungsvertreters ablehnt und deshalb auch der Inanspruchnahme der Gutachterstelle widerspricht, um das Risiko einer Bestätigung der vom Versicherungsvertreter vertretenen Auffassung zu vermeiden.

Der Versicherungsvertreter oder seine Erben sind dann auf die *Anrufung der ordentlichen Gerichte* angewiesen, wenn sie auf ihrer höheren Forderung beharren und sie der gerichtlichen Nachprüfung unterwerfen wollen. Gleiches gilt auch dann, wenn eine der Parteien oder beide der von der Gutachterstelle vertretenen Auffassung nicht zustimmen, denn die Anrufung der Gutachterstelle führt nicht zur Unzulässigkeit des ordentlichen Rechtsweges. Ist im Agenturvertrag die Anwendung der „Grundsätze" zur Ermittlung der Ausgleichshöhe nicht ausdrücklich vereinbart worden, kann die Regelung der Gutachterstelle auch nicht allein durch die in den Ziff. VI bzw. VII der „Grundsätze" bindender Bestandteil eines Agenturvertrages werden, zumal die „Grundsätze" generell ohnehin nur empfehlenden Charakter haben[198]. 2113

Die Gutachterstelle ist *kein Schiedsgericht*[199], denn die Aufgabe der Schiedsgutachterstelle besteht nicht darin, über *Meinungsverschiedenheiten zu entscheiden*, die zwischen den Parteien über die Höhe eines Anspruchs entstanden sind[200]. Vielmehr besteht die Aufgabe der Gutachterstelle lediglich darin, die für eine Entscheidung *maßgeblichen Tatbestandselemente* festzustellen, ohne aber die *abschließenden Folgerungen* selbst ziehen zu dürfen, die sich aus den getroffenen Feststellungen für die endgültige Entscheidung ergeben[201]. Während in einem *Schiedsvertrag* also dem Schiedsgericht eine Aufgabenstellung übertragen wird, die im ordentlichen Rechtsweg der staatlich bestellte Richter durch Urteilsfindung vornimmt – und zwar unter Ausschluss der inhaltlichen Nachprüfung einer Rechtsfolge etwa durch ein ordentliches Gericht[202] – betrifft der Schiedsgutachtervertrag nur „einen die Parteien und das Gericht bindenden Anspruch über eine Frage, die im gerichtlichen Verfahren ggf. als Tatbestandselement auftauchen kann, ohne dass der Schiedsgutachter die abschließende Folgerung zieht, die sich aus der von ihm gegebenen Beantwortung für die endgültige Entscheidung ergibt"[203]. 2114

Ein *Schiedsgericht* kann die Gutachterstelle aber auch deshalb nicht sein, weil dies einer ausdrücklichen *schriftlichen Vereinbarung* unmittelbar zwischen den Parteien des Versicherungsvertretervertrages bedürfe (§ 1027 Abs. 1 ZPO). Die Formvorschrift ist nur dann nicht Wirksamkeitsvoraussetzung, wenn der Schiedsvertrag für beide Parteien ein *Handelsgeschäft* ist und beide Vertrags- 2115

---

198 Vgl. Rdschr. des GDV vom 17.7.1972, Anhang Nr. 8.
199 Vgl. *Stötter*, VersVerm 1985, 99, 105.
200 *Baumbach/Lauterbach*, ZPO 61. Aufl., Grundzüge vor § 1025 ZPO, Rz. 13, 17. Vgl. auch BGH, 4.6.1981, BB 1982, 1077.
201 BGH, 17.5.1967, BGHZ 48, 25, 27.
202 *Thomas/Putzo*, ZPO 23. Aufl., Vorbem. vor § 1025 ZPO.
203 BGH, 25.6.1952, BGHZ 6, 335, 338.

parteien *Vollkaufleute sind*[204]. Liegen diese Voraussetzungen vor, reicht die Wirksamkeit einer Schiedsabrede also auch eine nur mündlich getroffene Vereinbarung. Im Übrigen wird ein bestehender Formmangel nach § 1027 Abs. 1 Satz 2 ZPO dann geheilt, wenn der andere Vertragspartner sich auf die schiedsgerichtliche Verhandlung zur Hauptsache einlässt.

2116 An dieser Rechtslage ändert sich auch dann nichts, wenn die Vertragsparteien die Anwendbarkeit der „Grundsätze" ausdrücklich vereinbart haben. Denn eine solche Vereinbarung hat keinen Einfluss auf die Rechtsnatur der Gutachterstelle.

2117 Gleichwohl wird mitunter die Auffassung vertreten, aus dem Wortlaut der Ziff. VI bzw. Ziff. VII ergebe sich, dass der Gutachterstelle eine *schiedsgerichtliche Funktion beizumessen* sei. So folgert Stötter[205] aus dem Wortlaut der „Grundsätze", dass der Gutachterstelle auch eine schiedsgerichtliche Funktion zukommen könne, je nachdem, welche Funktion die Parteien der Gutachterstelle beigemessen haben. Aus dem Wortlaut der „Grundsätze" ergibt sich diese Funktion indessen nicht, wenn auch zu beachten ist, dass nicht selten die von der Gutachterstelle geäußerte Auffassung zu einer vergleichsweisen Regelung zwischen den Parteien führt. Von erheblicher Bedeutung ist diese Frage indessen insoweit, als die Feststellungen einer Gutachterstelle die Gerichte nicht binden, während ein auf Anregung der Gutachterstelle zu Stande kommender Vergleich zwischen den Parteien eine spätere Anrufung des Gerichts ausschließt. Etwas anderes gilt aber dann, wenn die Parteien einen wirksamen Schiedsvertrag abschließen und die Gutachterstelle als Schiedsgericht anrufen.

2118 Nach dem Wortlaut der Ziff. VI bzw. Ziff. VII soll die Gutachterstelle – bei entsprechender Anrufung – nur tätig werden, wenn bei einer der Vertragsparteien *„besondere Umstände"* gegeben sind, die nach Auffassung eines der Betroffenen eine andere Regelung zur Errechnung des Ausgleichsanspruchs gerechtfertigt erscheinen lassen".

2119 *„Besondere Umstände"* können naturgemäß *unterschiedliche Ursachen* haben. Sie können sich aus der praktischen Zusammenarbeit zwischen den Parteien, dem Vermittlungserfolg des Vertreters, der Einflussnahme des Versicherungsunternehmens auf die vertraglichen Grundlagen ergeben. Sie können aber auch Umstände betreffen, die außerhalb des eigentlichen Vertragsverhältnisses vorliegen, etwa in der Ausgleichsberechtigung von Erben, in möglicherweise vorliegenden Härtefällen oder getroffenen Versorgungsregelungen, die sich auch auf den Umfang des Ausgleichsanspruchs auswirken können.

2120 Folgende *Beispiele* mögen dies verdeutlichen:

a) Im Vertretervertrag ist die Anwendung der „Grundsätze" vereinbart. Der Vermittler fordert einen Ausgleich nach § 89b HGB auf der Basis der „Grundsätze". Das Versicherungsunternehmen vertritt die Auffassung, der Vermittler sei gar *nicht selbstständiger Versicherungsvertreter* i.S.d.

---

204 Zur Kaufmannseigenschaft eines Handelsvertreters vgl. *Küstner*, Hdb. I, Rz. 23, 26.
205 Vgl. *Stötter*, a.a.O., 101.

§§ 84 ff. HGB, sondern es habe zwischen den Parteien ein *Anstellungsverhältnis* bestanden[206].

b) Die Erben eines verstorbenen Versicherungsvertreters fordern einen Ausgleich; das Versicherungsunternehmen lehnt mit Rücksicht auf den *entfernten Verwandtschaftsgrad*[207] zwischen Erblasser und Anspruchsstellern die Forderung ab.

c) Die Parteien des beendeten Versicherungsvertrages streiten darüber, welcher *Multiplikator* gem. Ziff. II der „Grundsätze-Sach" Anwendung findet. Der Vertreter fordert eine Berücksichtigung auch der Zeit, in der er nicht unmittelbar, wohl aber als *Angestellter* allein und ausschließlich deren Aufgaben wahrgenommen hat[208].

d) Die Parteien streiten darüber, welche Zahlungen bei der Berechnung des Ausgleichswertes gem. Ziff. I 4[209] unberücksichtigt bleiben müssen bzw. in welchem Umfang *übertragene Bestände* bei der Ermittlung des Ausgleichswertes außer Betracht zu lassen sind[210].

e) Gegenüber der Forderung des ausgeschiedenen Versicherungsvertreters ist das Versicherungsunternehmen der Auffassung, es lägen aufgrund der Tätigkeit des Versicherungsvertreters *keine erheblichen Vorteile*[211] vor bzw. der geforderte Ausgleich sei unter *Billigkeitsgesichtspunkten* zu mindern.

f) Die Parteien streiten darüber, ob eine aus Mitteln des Versicherungsunternehmens finanzierte und infolge der Vertragsbeendigung *unverfallbar gewordene Altersversorgung*[212] mit Rücksicht auf die erhebliche zeitliche Differenz zwischen Fälligkeit des Ausgleichsanspruchs und der Altersversorgung zu einer Ausgleichsminderung führt.

g) Das Versicherungsunternehmen ist der Ansicht, dass *Überhangprovisionen* bei der Ermittlung der Ausgleichshöchstgrenze nicht mitzuberücksichtigen seien[213].

Wie bereits erwähnt, wird durch die Anrufung der Gutachterstelle der *ordentliche Rechtsweg* nicht ausgeschlossen[214], wenn man davon ausgeht, dass es sich bei der Gutachterstelle nicht um ein Schiedsgericht handelt. Ist aber aufgrund getroffener Parteivereinbarung Letzteres der Fall, führt eine wirksam getroffene Schiedsgerichtsabrede *zur Unzulässigkeit des Rechtsweges*, und zwar zumindest dann, wenn die Schiedsabrede nicht fakultativ, sondern obligatorisch ausgestaltet ist.

2121

---

206 Zur Abgrenzung des selbstständigen Versicherungsvertreters zum Angestellten im Außendienst *Küstner*, Hdb. I, Rz. 31 ff. und oben Rz. 64.
207 Zur Problematik der Anspruchsberechtigung der Erben vgl. Rz. 270 ff., 1881.
208 Vgl. dazu Ziffer 4.3 des GDV-Schreibens vom 14.11.1972, vgl. Anhang Nr. 9.
209 Vgl. oben Rz. 1900.
210 Vgl. dazu Rz. 1920 ff.
211 Zum Unternehmervorteil vgl. jeweils die einzelnen „Grundsätze" in der Präambel.
212 Zur Problematik Ausgleichsanspruch/Altersversorgung vgl. Rz. 1170 ff.
213 Vgl. dazu jetzt *BGH*, 23.10.1996, BB 1997, 59 und oben Rz. 1529.
214 Vgl. dazu *BGH*, 3.3.1982, NJW 1982, 1878.

XVIII Bedeutung der „Grundsätze" in der Versicherungswirtschaft

2122 Andererseits dürfte sich bereits aus der Anrufung der Gutachterstelle die *grundsätzliche Bereitschaft der Parteien* ergeben, die entstandenen Meinungsverschiedenheiten auf der Grundlage der von der Gutachterstelle getroffenen Feststellung beizulegen und vergleichsweise zu regeln[215]. Deshalb wird eine Anrufung des ordentlichen Gerichtes nur selten vorkommen. In diesem Zusammenhang muss auch darauf hingewiesen werden, dass den Feststellungen der Gutachterstelle – wenn auch nicht sachentscheidend, so doch in erheblichem Maße – *empfehlender Charakter* beizumessen ist. Das ergibt sich nicht nur aus ihrer Anrufung als solcher, sondern auch daraus, dass diese Anrufung eben der „Herbeiführung einer den Umständen des Einzelfalles gerecht werdenden Regelung" dienen soll.

2123 Eine *Anrufung des ordentlichen Gerichtes* kommt nach dem Tätigwerden der Gutachterstelle dann in Betracht, wenn die von ihr getroffenen Feststellungen *offenbar unbillig* sind und damit den in § 319 BGB niedergelegten Grundsatz des *„billigen Ermessens"* verletzen[216]. Dieser Grundsatz kommt bereits im Wortlaut der Ziff. VI bzw. VII zum Ausdruck, wonach die Anrufung der Gutachterstelle „der Herbeiführung einer den Umständen des Einzelfalles *gerecht werdenden Regelung"* dienen soll. Sind die von der Gutachterstelle getroffenen Feststellungen offenbar unbillig, sind sie für die Parteien *unverbindlich* und binden das Gericht nicht. Offenbare Unbilligkeit liegt beispielsweise dann vor, wenn die Gutachterstelle die vertraglich getroffenen Vereinbarungen unberücksichtigt lässt, die Interessen einer Partei bevorzugt und die *Grundsätze von Treu und Glauben* verletzt, wobei auf dem Zeitpunkt der gutachterlichen Feststellungen abzustellen ist[217].

H. Änderungsvorschläge

2124 Ich schlage vor, die „Grundsätze" in folgenden Passagen der neuesten Entwicklung anzupassen, zu ergänzen oder zu streichen:

2125 1. In Ziff. II.2 der „Grundsätze-Sach" kann die den Bereich der *Kfz-Versicherung* betreffende Regelung wegen der im Jahre 1994 erfolgten *Aufhebung der Tarifverordnung* vom 20.11.1967 entfallen, sodass für den Ausgleichsanspruch im Bereich der Kfz-Versicherung allein die allgemeine Ausgleichshöchstgrenze gem. § 89b Abs. 2 Satz 1 maßgeblich ist und die 2/8-, 3/8- und 4/8-Regelung entfällt[218].

2126 2. Ich halte die Regelung bezügl. der *Gutachterstelle*[219] in Ziff. VI. der „Grundsätze-Sach, -Leben und -Kranken" sowie in Ziff. VII. der „Grundsätze

---

215 *Baumbach/Lauterbach*, 61. Aufl., Grundzüge vor § 1025 ZPO, Rz. 17.
216 Vgl. § 319 Abs. 1 Satz 2 BGB.
217 *Ballhaus*, in: RGR-Komm., 12. Aufl., § 319, Rz. 5.
218 Vgl. Rz. 1976.
219 Näheres Rz. 2112.

im Bauspar- und im FDL-Bereich" für änderungsbedürftig. Denn die Anrufung der Gutachterstelle ist nach der genannten Regelung nur möglich, wenn *beide Parteien* ihrer Inanspruchnahme zustimmen. Da wegen vermeintlicher Benachteiligung eine Anrufung in erster Linie nur durch den ausgleichsberechtigten Versicherungs- oder Bausparkassenvertreter in Betracht kommen dürfte, könnte durch *Zustimmungsverweigerung* des Unternehmers die Anrufung ausgeschlossen werden, sodass die zitierten Bestimmungen letztlich eine Überprüfung der geltend gemachten Beanstandungen ausschließen[220].

3. Schließlich müsste entsprechend der Rechtsprechung des BGH im Urteil vom 20.11.2002[221] zur *Unwirksamkeit der Anrechnungsklausel*[222] im Bereich Ausgleichsanspruch/Altersversorgung gem. § 9 Abs. 2 Ziff. 1 AGBG die fragliche Regelung dahingehend geändert werden, dass aus Billigkeitsgründen auch auf die Verhältnisse des Einzelfalls abgestellt wird und dadurch die durch die bisherige Regelung eindeutige Benachteiligung vermieden wird, die darauf beruht, dass aufgrund der getroffenen Regelung die Anrechnung festgeschrieben und nicht auf mögliche Billigkeitsgesichtspunkte, die im Einzelfall vorliegen könnten, nicht in Betracht kommt. **2127**

4. In dem Abschnitt über die *Behandlung übertragener Bestände* und die diesbezügliche Handhabung in der Praxis[223] habe ich darauf hingewiesen, dass es nicht selten vorkommt, solche Bestände als noch vorhanden zu behandeln, obwohl sie im ursprünglichen Umfang tatsächlich gar nicht mehr vorhanden sind. Das führt dann dazu, dass meist dann, wenn die zeitlichen Schranken zu Gunsten des ausscheidenden Vertreters noch nicht erreicht sind, der ursprünglich übertragene Bestand in seinem *vollständigen ursprünglichen Umfang* zu Lasten des ausgleichsberechtigten Versicherungsvertreters in Ansatz gebracht wird, obwohl er im maßgeblichen Zeitpunkt in diesem Umfang gar nicht mehr vorhanden ist. Es wird der Versicherungsvertreter also höher belastet, als dies im Hinblick auf den geminderten Umfang gerechtfertigt werden kann. Andererseits wird nach Ablauf der Zeitspanne von 20 Jahren aber – schon mit Rücksicht auf die im niedrigeren Umfang zugeflossenen Provisionen – der übertragene Bestand nur noch im zuletzt vorhandenen Umfang und nicht im ursprünglichen Umfang ausgleichserhöhend bewertet. Es bedarf keiner weiteren Erläuterung, dass sowohl während als auch nach Ablauf des 20-Jahres-Zeitraums der Umfang des übertragenen Bestandes jeweils – entweder in zu hohem oder in zu niedrigem Umfang – in Ansatz gebracht wird, und zwar jeweils *zu Lasten des Vertreters* bzw. *zu Gunsten des ausgleichsverpflichteten Unternehmers*. **2128**

---

220 *Küstner*, VW 2002, 1976.
221 *BGH*, 20.11.2002 – VIII ZR 146/01, DB 2003, 142 = VersR 2003, 323; vgl. Anm. *Küstner* in EWiR 2003, 227 und *Müller-Stein*, VW 2003, 199. Vorinstanz: *OLG München*, 22.3.2001 – 29 U 4997/00, DB 2001, 1666 = OLG-Rep. 2001, 168 = VersVerm 2001, 268.
222 § 9 II Ziff. 1 AGBG ist identisch mit der durch die Schuldrechtsreform ins BGB aufgenommenen Vorschrift des § 307 II BGB n.F.
223 Vgl. dazu oben Rz. 1935.

XVIII Bedeutung der „Grundsätze" in der Versicherungswirtschaft

2129 5. Weil es bezügl. der Berücksichtigung übertragener Bestände nicht auf das übertragene Gesamtpaket, sondern auf die dem Versicherungsvertreter aus diesem Gesamtpaket zugeflossenen Provisionen ankommt – wie sich dies ja schon aus dem Wortlaut des Abschnitts II.2 ergibt – reicht die Regelung in Abschnitt II.2 der „Grundsätze-Sach", die lediglich auf den Zeitablauf abstellt, für eine **angemessene Behandlung übertragener Bestände nicht aus**. Denn eine angemessene Regelung erfordert, dass außerdem auf den Umfang des Provisionszuflusses abgestellt wird, aus dem sich der jeweils **noch vorhandene Umfang** des übertragenen Bestandes ablesen lässt.

2130 Ich schlage deshalb vor, um Missbräuche zu Lasten des Versicherungsvertreters auszuschließen, die Regelung des Abschnitts II.2 nach dem Wort „berücksichtigt" durch folgenden Konditionalsatz zu ergänzen:

„sofern diese Provisionen dem Vertreter im maßgeblichen Zeitpunkt aus dem übertragenen Bestande zuletzt noch zugeflossen sind oder hätten zufließen müssen".

2130a Unmittelbar vor der Beendigung der Umbruch-Korrekturen erschien aufgrund der sich aus vermittelten Riester-Renten ergebenden Ausgleichsproblematik ein Vorschlag zur Berechnung des Ausgleichsanspruchs für vermittelte Altersvorsorgeverträge im Sinne des § 1 I Ziff. 7a AltZertG aus der Feder von Bredebusch/Marzin in VW 2003, 1019–1021. Mit diesem Vorschlag wurde dem Umstand Rechnung getragen, dass – abweichend von den in den „Grundsätzen-Leben" geregelten Tatbeständen – Altersvorsorgeverträge („Riester-Renten") in anderer Weise dynamisch ausgestattet sind. Denn die Erhöhung der „Riester-Stufen" in den Jahren 2004, 2006 und 2008 werden von den „Grundsätzen-Leben" naturgemäß nicht erfasst; erst nach dem Jahre 2008 können dann die „Grundsätze-Leben" wieder angewendet werden.

Bredebusch/Marzin empfehlen für den Bereich der diskontierten Provisionszahlungen die in den „Grundsätzen-Leben" niedergelegten Faktoren 1, 2 und 3 unverändert zu lassen, aber zusätzlich einen vierten Faktor bis zum Jahre 2007 einzuführen, der dem Ausgleich der Provisionsverluste dienen soll, die durch die noch ausstehende Erhöhung der förderfähigen Altersvorsorgebeiträge entstehen, soweit diese nicht bereits durch eine erhöhte Abschlussprovision abgegolten sind. Dieser vierte Faktor soll sich vom Jahre 2002 – in Höhe von 4.7496 bis zum Jahre 2007 auf 1.6507 entwickeln und vom Jahre 2008 an entfallen.

Bei ratierlicher Provisionszahlung sollen dem Vermittler die noch ausstehenden Abschlussprovisionen aus dem verbleibenden Provisionsaufteilungszeitraum diskontiert ausgeglichen werden, und zwar unter Anwendung des Diskontierungsfaktors 0.847458.

Auf den in VW 2003, 1021 niedergelegten Textvorschlag aufgrund des Altersvorsorgezertifizierungsgesetzes wird verwiesen und vorsorglich vermerkt, dass die dortige Verweisung auf den Taschenkommentar von Küstner infolge der Einarbeitung jenes Taschenkommentars in Kap. XVIII durch eine Verweisung auf Kap. XVIII zu ersetzen ist.

Vorbemerkung
zu den Kapiteln XIX und XX

Der steuerlichen Behandlung des Ausgleichsanspruches wurde erstmals ein Kapitel über die handelsbilanzielle Behandlung des Ausgleichsanspruches sowohl beim Unternehmer als auch beim Handelsvertreter vorangestellt. Dies rechtfertigt sich schon allein aus dem sog. Maßgeblichkeitsgrundsatz des § 5 Abs. 1 S. 1 EStG, nach dem die steuerliche Gewinnermittlung an die handelsbilanzielle Behandlung anknüpft. – Hervorzuheben sind der Vergleich der Bilanzierung nach Handelsrecht mit der Bilanzierung nach IAS und US-GAAP sowie die Behandlung des Ausgleichsanspruchs als aktivierungspflichtige Anschaffungskosten für die provisionsfreie Nutzung des Kundenstammes.

2131

Der steuerrechtliche Teil erstreckt sich auf alle Steuerarten, die der Ausgleichsanspruch einerseits beim Unternehmer und andererseits beim Handelsvertreter berührt, also Einkommensteuer, Gewerbesteuer, Umsatzsteuer und Erbschaftsteuer. Untersucht werden auch die mit alternativen Rechtsformen verbundenen Ertragsteuerbelastungen.

2132

XIX. Kapitel
Handelsbilanzielle Behandlung des Ausgleichsanspruches

A. Beim Unternehmer

I. Passivierung der Handelsvertreterausgleichsverpflichtung nach HGB

1. Bilanzierungspflicht

2133 Ist der Unternehmer, für den der selbstständige Handelsvertreter (§ 84 HGB) tätig ist, ein Kaufmann i. S. von §§ 1, 6 HGB, besteht nach §§ 238 f. HGB die Verpflichtung, Bücher zu führen und Jahresabschlüsse aufzustellen. Der Jahresabschluss besteht dabei aus einer Bilanz zum Schluss des Geschäftsjahres und aus einer Gewinn- und Verlustrechnung (§ 242 Abs. 3 HGB). Bei Kapitalgesellschaften bzw. bei Kommanditgesellschaften in der Rechtsform einer typischen GmbH & Co. KG ist Bestandteil des Jahresabschlusses auch der Anhang (§ 264 Abs. 1 S. 1, § 284, § 264a HGB); er ist um den Lagebericht zu ergänzen (§ 289 HGB).

2134 Unternehmer, deren Unternehmen nach Art und Umfang keinen in kaufmännischer Weise eingerichteten Geschäftsbetrieb erfordert (§ 1 Abs. 2 HGB), sind nicht buchführungs- und bilanzierungspflichtig. Sie müssen lediglich für steuerliche Zwecke Aufzeichnungen führen (§§ 143 f. AO) und den Gewinn durch Einnahmen-Überschussrechnung nach § 4 Abs. 3 EStG ermitteln. Ob die Art und der Umfang des Geschäftsbetriebes die Bilanzierungspflicht erfordern, richtet sich nach dem Gesamtbild der Verhältnisse[1]. Eine Vielzahl laufender Verbindlichkeiten oder laufender Forderungen sowie hohes Anlagevermögen sprechen ebenso dafür wie der Umfang und die Schwierigkeit von Abrechnungen gegenüber Handelsvertretern.

2. Wann ist die Ausgleichsverpflichtung bei Beendigung des Handelsvertretungsverhältnisses zu passivieren?

a) Bei einer betragsmäßig anerkannten Ausgleichsverpflichtung nach Beendigung des Handelsvertretungs-Verhältnisses

aa) Auswirkung in der Bilanz

2135 Haben sich Handelsvertreter und Unternehmer *nach* Beendigung des Handelsvertretungsverhältnisses auf die Höhe des Ausgleichsanspruches nach § 89b HGB geeinigt, ist der Zahlbetrag – soweit noch nicht erfüllt – in dem Jahresab-

---

[1] *Baumbach/Hopt* § 1 HGB Rz. 23 mwN.

schluss für das Geschäftsjahr als *sonstige Verbindlichkeit* auszuweisen, in dem die Einigung erfolgte. Die sonstige Verbindlichkeit enthält auch die gesetzliche Umsatzsteuer, wenn der Handelsvertreter mit dem Ausgleichsanspruch umsatzsteuerpflichtig ist (hierzu Rz. 2358 folg.). Ob der ausgehandelte Ausgleichsbetrag die Umsatzsteuer enthält oder ob er als Nettobetrag ohne die gesetzliche Umsatzsteuer zu verstehen ist, hängt von den getroffenen – gegebenenfalls stillschweigenden – Vereinbarungen ab. Im Zweifel ist die Umsatzsteuer enthalten [1a].

Wenn das Geschäftsjahr, in dem die Einigung über die Höhe des Ausgleichs nach § 89b HGB erfolgte, nicht gleichzeitig das Geschäftsjahr ist, in dem das Handelsvertretungsverhältnis endete, tauchen zwei Fragen auf: **2136**

– Wirkt die Einigung auf das Geschäftsjahr, in dem das Handelsvertretungsverhältnis endete, zurück? Muss also bei Beendigung des Handelsvertretungsverhältnisses eine sonstige Verbindlichkeit in Höhe des Ausgleiches ausgewiesen werden?

Diese Frage ist zu verneinen. Die Einigung über eine strittige Verpflichtung ist eine neue Tatsache, ein *nachträglicher wertbegründender Umstand* (Rz. 2237), nicht ein wertaufhellender Umstand (Rz. 2231). Sie beeinflusst also nicht den Bilanzansatz des Vorjahres, selbst wenn der Umstand innerhalb der gesetzlichen Aufstellungsfrist für den Jahresabschluss des Vorjahres eingetreten ist (vgl. Rz. 2237 und die dort zitierte Rspr.).

– Muss bereits in früheren Jahresabschlüssen ab Beendigung des Handelsvertretungsverhältnisses eine *Rückstellung für ungewisse Verbindlichkeiten* ausgewiesen werden? Diese Frage wird unter Rz. 2148 folg. beantwortet.

bb) Auswirkung in der Gewinn- und Verlustrechnung

Die Gegenbuchung für die sonstige Verbindlichkeit erfolgt bei dem Posten „*außerordentliche Aufwendungen*" der Gewinn- und Verlustrechnung (§ 275 Abs. 2 Nr. 16 HGB). Zu den *sonstigen betrieblichen Aufwendungen* (§ 275 Abs. 2 Nr. 8 HGB) gehört die Ausgleichsverpflichtung nach § 89b HGB nur dann, wenn wegen der Vielzahl der Handelsvertreterverhältnisse die Zahlung eines Ausgleichs nach § 89b HGB kein unüblicher Geschäftsvorfall ist. – Die unterschiedliche Buchung wirkt sich bei der Bewertung des Unternehmens im Ertragswertverfahren aus, weil dabei stets auf das Ergebnis der gewöhnlichen Geschäftstätigkeit abgestellt wird. In diesem sind die sonstigen betrieblichen Aufwendungen enthalten, nicht aber die außerordentlichen Aufwendungen. **2137**

cc) Bedeutung der Umsatzsteuer

Ist der Handelsvertreter mit dem Ausgleichsanspruch umsatzsteuerpflichtig (hierzu Rz. 2358 folg.), ist der Betrag der Umsatzsteuer beim Unternehmer auf **2138**

[1a] Hierzu *BGH* v. 28.6.1973 – VII ZR 3/71 – BGHZ 61, 112; v. 19.12.1974 – VII ZR 2/74 – BB 1975, 197.

XIX Handelsbilanzielle Behandlung des Ausgleichsanspruches

dem Forderungskonto „noch nicht fällige Vorsteuern" zu buchen, solange eine Rechnung des Handelsvertreters oder eine Gutschrift mit den Angaben nach § 14 Abs. 1 und Abs. 1 a UStG *nicht* vorliegt. Die Buchung erfolgt auf dem Forderungskonto „Vorsteuern", wenn eine Rechnung des Handelsvertreters oder mit Einverständnis des Handelsvertreters eine Gutschrift des Unternehmers (§ 14 Abs. 5 UStG) vorliegt, welche die Angaben nach § 14 Abs. 1 und Abs. 1 a UStG, insbesondere den bezifferten Betrag der Umsatzsteuer enthält. Folgende Angaben müssen für den Vorsteuerabzug vorliegen:

- Name bzw. Firma und Anschrift des Handelsvertreters.
- Name bzw. Firma und Anschrift des Leistungsempfängers, hier des Unternehmers.
- Die Bezeichnung des Leistungsgegenstandes des Handelsvertreters, wobei der Sachverhalt mit dem Wort „Handelsvertreterausgleich" ausreichend umschrieben ist.
- Zeitpunkt der Beendigung des Handelsvertretungsverhältnisses (§ 14 Abs. 1 Nr. 4 UStG)
- Der Netto-Betrag des Handelsvertretungsausgleichsanspruchs.
- Der Betrag der Umsatzsteuer, der gesondert auszuweisen ist. Wenn und soweit der Ausgleichsanspruch umsatzsteuerbefreit ist, ist dies anzugeben.
- Die Steuernummer des Handelsvertreters (§ 14 Abs. 1 a UStG), wobei die Finanzverwaltung gegenwärtig an das Fehlen der Steuernummer noch keine Folgerungen für den Vorsteuerabzug knüpft[2].

2139 Die Buchung auf den bezeichneten Forderungskonten vermindert den Aufwand, der sich aus dem Bruttobetrag des Handelsvertreterausgleichsanspruches ergäbe. Diese Aufwandsminderung tritt aber nur insoweit ein, als der Unternehmer nach § 15 UStG vorsteuerabzugsberechtigt ist.

dd) Anspruch auf Erteilung einer Rechnung nach § 14 Abs. 1 UStG

2140 Kann eine Gutschrift mit offenem Umsatzsteuerausweis wegen des fehlenden Einverständnisses des Handelsvertreters nicht erteilt werden (§ 14 Abs. 5 Nr. 2 UStG) oder widerspricht der Handelsvertreter dem offenen Ausweis der Umsatzsteuer in der Gutschrift (§ 15 Abs. 5 S. 4 UStG), und stellt er auch selbst keine Rechnung über den Ausgleichsbetrag, liegt keine Rechnung i. S. von § 14 Abs. 1 UStG vor. Der Unternehmer kann die Vorsteuer nicht in Anspruch nehmen, weil hierfür eine Rechnung nach § 14 Abs. 1 UStG vorliegen muss (§ 15 Abs. 1 Nr. 1 UStG). Er muss die Vorsteuer auf dem Forderungskonto „noch nicht fällige Vorsteuern" buchen.

2141 Der Unternehmer hat aber einen zivilrechtlich durchsetzbaren Anspruch auf Erteilung einer Rechnung durch den Handelsvertreter mit den Angaben nach § 14 Abs. 1 und Abs. 1 a UStG. Anspruchsgrundlage ist § 14 Abs. 1 UStG. Ist allerdings zweifelhaft, ob bzw. in welchem Umfang der Ausgleichsanspruch nach § 89 b HGB der Umsatzsteuer unterliegt (hierzu Rz. 2358 folg.), kann eine Rech-

---
2 BMF v. 28.06.2002 DStR 2002, 1179.

nung mit gesondert ausgewiesener Steuer nur verlangt werden, wenn die zuständige Finanzbehörde des Handelsvertreters den Vorgang bestandskräftig der Umsatzsteuer unterworfen hat[3]. Der zivilrechtliche Anspruch unterliegt der regelmäßigen Verjährung[4], *mindestens aber der Verjährungsfrist des Zahlungsanspruches.* Dies bedeutet, dass Ansprüche auf Erteilung einer Rechnung nach § 14 Abs. 1 UStG, für die nach dem bis zum 31.12.2001 geltenden Verjährungsrecht die regelmäßige Verjährungsfrist 30 Jahre betrug, am 31.12.2005 verjähren (Art. 229 § 6 Abs. 4 EGBGB), weil die neue regelmäßige Verjährungsfrist 3 Jahre beträgt (§ 195 BGB), die längere Verjährungsfrist des Zahlungsanspruches gemäß § 88 HGB 4 Jahre beträgt. – Alle nach dem 31.12.2001 entstehenden Ansprüche auf Rechnungserteilung verjähren in 4 Jahren (§ 88 HGB), wobei die Verjährungsfrist mit dem Schluss des Kalenderjahres zu laufen beginnt, in dem der Handelsvertreterausgleichsanspruch fällig geworden ist. Die Fälligkeit setzt die Geltendmachung nach § 89b Abs. 4 S. 2 HGB voraus. Da dies bis ein Jahr nach Beendigung des Handelsvertretungsverhältnisses möglich ist, kann der Anspruch auf Rechnungserteilung einer Verjährungsfrist von 5 Jahren unterliegen.

Beispiel: Beendigung des Handelsvertretungsverhältnisses 31.12.2003
Geltendmachung des Ausgleichsanspruches Febr. 2004
Beginn der Verjährungsfrist von 4 Jahren 31.12.2004
Ende der Verjährungsfrist von 4 Jahren 31.12.2008

b) Bei einer betragsmäßig anerkannten Ausgleichsverpflichtung vor Beendigung des Handelsvertretungsverhältnisses

Der anerkannte Betrag ist in der Finanzbuchhaltung des Unternehmers so auszuweisen, wie dies unter Rz. 2135, 2137 beschrieben ist, und zwar erstmals in dem Geschäftsjahr, in dem der Ausgleichsbetrag festgelegt und anerkannt worden ist. Dies gilt auch dann, wenn das Ende des Handelsvertretungsverhältnisses noch nicht in Sicht ist. Eine Abzinsung des Verpflichtungsbetrages auf den Zeitpunkt der voraussichtlichen Beendigung des Handelsvertretungsverhältnisses darf nicht erfolgen (§ 253 Abs. 1 S. 2 HGB), anders als im Steuerrecht (§ 6 Abs. 1 Nr. 3 EStG). 2142

Wegen des in § 89b Abs. 4 S. 1 HGB enthaltenen Verbots, den Handelsvertreterausgleichsanspruch im Voraus auszuschließen oder zu beschränken (Rz. 1584 folg.), ist es möglich, dass nach Beendigung des Vertragsverhältnisses ergänzende Ansprüche geltend gemacht werden. Dies wäre nur dann ausgeschlossen, wenn die getroffene Vereinbarung nach Beendigung des Handelsvertretungsverhältnisses wiederholt wird. 2143

Besteht für den Unternehmer die Gefahr einer ergänzenden Inanspruchnahme, kommt die Bildung einer Rückstellung nach § 249 Abs. 1 S. 1 HGB für eine ungewisse Verbindlichkeit in dem Jahresabschluss in Betracht, in dem das Handelsvertretungsverhältnis endet. Die Gegenbuchung erfolgt wiederum bei den 2144

---

[3] *BGH*, 24.2.1988 VIII ZR 64/87 NJW 1988, 2042; v. 10.11.1988 VII ZR 137/87 NJW 1989, 302.
[4] *BGH*, 2.12.1992 VIII ZR 50/92 BGHZ 120, 315.

außerordentlichen Aufwendungen oder den sonstigen betrieblichen Aufwendungen (Rz. 2137).

2145 Eine Rückstellung für ungewisse Verbindlichkeiten *muss zwingend* gebildet werden, wenn

- objektiv eine Ausgleichsverpflichtung besteht, die über den anerkannten Betrag hinausgeht und
- die Inanspruchnahme des Unternehmers hinreichend wahrscheinlich ist.

2146 Die genannten Anforderungen sind unter Beachtung des *Vorsichtsprinzips* (§ 252 Abs. 1 Nr. 4 HGB) zu würdigen. Entscheidend ist, ob das Risiko der ergänzenden Inanspruchnahme von einem Erwerber des Unternehmens mit einem Abschlag vom Kaufpreis bedacht werden würde[5]. Auszuwerten sind alle Erkenntnisse, die bis zur Aufstellung des Jahresabschlusses bekannt werden, selbst wenn dies erst nach dem Bilanzstichtag erfolgt (§ 252 Abs. 1 Nr. 4 HGB). Der Gesetzgeber geht in § 252 Abs. 1 Nr. 4 HGB davon aus, dass der Jahresabschluss innerhalb der gesetzlichen Frist aufgestellt wird, sodass auch nur die Erkenntnisse verarbeitet werden müssen, die innerhalb der gesetzlichen Aufstellungsfrist (meist 6 Monate § 264 Abs. 1 HGB) eintreten.

2147 Eine Rückstellung für eine ungewisse Verbindlichkeit kann nicht gebildet werden, wenn der Ausgleich nach § 89b HGB zu Anschaffungskosten eines erworbenen Vermögensgegenstandes führt (Rz. 2166). Dies wird unter Rz. 2192 folg. für richtig gehalten.

c) Bei einer Beendigung des Handelsvertretungsverhältnisses im Geschäftsjahr

aa) Bildung einer Rückstellung dem Grunde nach

2148 Im Jahresabschluss für das abgelaufene Geschäftsjahr ist *zwingend* eine Rückstellung für ungewisse Verbindlichkeiten (§ 249 Abs. 1 S. 1 HGB) für die Ausgleichsverpflichtung zu bilden, wenn

- objektiv eine Ausgleichsverpflichtung entstanden ist, weil das Handelsvertretungsverhältnis im Geschäftsjahr endete, und
- die Inanspruchnahme des Unternehmers hinreichend wahrscheinlich ist.

2149 Beide Merkmale sind unter Beachtung des *Vorsichtsprinzips* (§ 252 Abs. 1 Nr. 4 HGB) zu würdigen (Rz. 2146). Bei der Prüfung, ob objektiv eine Ausgleichsverpflichtung besteht, sind auch die Ausschlusstatbestände nach § 89b Abs. 3 HGB zu betrachten, wegen des Vorsichtsprinzips im Zweifel aber zu verneinen.

2150 Die Pflicht zur Bildung einer Rückstellung gilt auch, wenn das Ende des Handelsvertreterverhältnisses mit dem Bilanzstichtag zusammenfällt. Unschädlich ist es, wenn der Ausgleichsanspruch noch nicht geltend gemacht worden ist (§ 89b Abs. 4 S. 2 HGB).

---

5 *Herzig*, DB 1990, 1347; *BeBiKo*, § 249 HGB Rz. 33.

Eine Rückstellung für eine ungewisse Verbindlichkeit kann nicht gebildet werden, wenn der Ausgleich nach § 89b HGB zu Anschaffungskosten eines erworbenen Vermögensgegenstandes führt (Rz. 2166). Dies wird unter Rz. 2192 folg. für richtig gehalten. 2151

bb) Höhe der Rückstellung

Die Rückstellung ist in der Höhe zu bilden, in der unter Beachtung des Vorsichtsprinzips die Inanspruchnahme des Unternehmers wahrscheinlich ist. 2152

Regelmäßig wird es nicht zu beanstanden sein, wenn eine Rückstellung in Höhe der Kappungsgrenze gebildet wird, also in Höhe des Durchschnitts der Jahresprovision netto (d.h. ohne Umsatzsteuer) der letzten 5 Jahre (§ 89b Abs. 2 HGB). 2153

Soweit der Handelsvertreterausgleichsanspruch durch eine Direktzusage auf betriebliche Altersversorgung verdrängt wird[6], ist der Rückstellungsbetrag um den Barwert der bis zum Bilanzstichtag erdienten Altersversorgungsanwartschaften zu kürzen. 2154

Soweit auf den Handelsvertreterausgleich Vorauszahlungen mit der laufenden Provision geleistet wurden, die auch als Vorauszahlungen auf den Ausgleich anzuerkennen sind (hierzu Rz. 1584 folg.), ist der Rückstellungsbetrag um die bereits als Aufwand erfassten Vorauszahlungen zu kürzen. 2155

Die Rückstellung ist auch dann zu bilden, wenn der Unternehmer den Kundenstamm einem neu unter Vertrag genommenen Handelsvertreter nach § 84 HGB überträgt und dieser dafür **an den Unternehmer** eine ertragswirksame Ausgleichszahlung in Höhe der Ausgleichsverpflichtung des Unternehmers leistet (zu diesem Sachverhalt s. auch Rz. 2199 folg.). Es handelt sich um zwei verschiedene Rechtsvorgänge, die nach § 246 Abs. 2 HGB nicht miteinander verrechnet werden dürfen (Saldierungsverbot). 2156

Überträgt der bisherige Handelsvertreter das Vertragsverhältnis und den Kundenstamm mit Zustimmung des Unternehmers an einen neuen Handelsvertreter und erhält der bisherige Handelsvertreter von dem neuen eine Ausgleichszahlung, steht damit fest, dass der Unternehmer keinen Handelsvertreterausgleich leisten muss (§ 89b Abs. 3 Nr. 3 HGB). Eine Rückstellung ist nicht zu bilden. 2157

cc) Kein Anerkenntnis durch Rückstellungsbildung

Die Bildung einer Rückstellung für eine Ausgleichsverpflichtung nach § 89b HGB im Jahresabschluss des Unternehmers bedeutet nicht, dass insoweit dem Grunde oder der Höhe nach eine Ausgleichsverpflichtung anerkannt worden ist und zwar weder i.S. eines Schuldanerkenntnisses nach § 781 BGB noch i.S. eines den Neubeginn der Verjährung auslösenden Anerkenntnisses nach § 212 Abs. 1 Nr. 1 BGB. Dies gilt selbst dann, wenn der Jahresabschluss nach § 325 2158

---

6 Rz. 2177 und *Blomeyer/Otto*, Kommentar zum Gesetz zur Verbesserung der betrieblichen Altersversorgung 3. Auflage StR E 52 folg.

HGB dem Registergericht eingereicht, also offen gelegt wird oder sogar dem Handelsvertreter zur Kenntnis gebracht wird. Das Gebot der vorsichtigen Bewertung des Vermögens eines Unternehmers ist eine *öffentlich-rechtliche Pflicht*, deren Erfüllung keine Auswirkung auf die von der Vertragsfreiheit beherrschten Rechtsgeschäfte, Schuldanerkenntnis oder Erfüllung von Leistungspflichten aus dem Handelsvertretungsverhältnis hat.

3. Rückstellung für Ausgleichsverpflichtung vor Beendigung des Handelsvertretungsverhältnisses

a) Rückstellung dem Grunde nach

2159 Für *künftige* Verpflichtungen auf Zahlung eines Handelsvertreterausgleichs nach § 89 b HGB kommen zweierlei Rückstellungen in Betracht:

- Die *Rückstellung für ungewisse Verbindlichkeiten* nach § 249 Abs. 1 S. 1 HGB. Diese ist zu bilden, wenn die unter Rz. 2161 folg. dargestellten Rückstellungsvoraussetzungen gegeben sind. Ein *Wahlrecht besteht nicht*.

- Die *Aufwandsrückstellung* nach § 249 Abs. 2 HGB. Sie kann *wahlweise* für ihrer Eigenart genau umschriebene, dem laufenden oder früheren Geschäftsjahren zuzuordnenden Aufwendungen gebildet werden, wenn eine Inanspruchnahme des Unternehmers wahrscheinlich ist. Ob die Aufwandsrückstellung gebildet wird, entscheidet derjenige, der den Jahresabschluss aufstellt (§ 242, § 245 HGB) bzw. die diesen feststellenden Gesellschafter.

2160 Die überwiegende Meinung zum Handelsbilanzrecht bejaht im Anschluss an eine einzige Entscheidung des BGH[7] die *Möglichkeit,* für künftige Ausgleichsverpflichtungen nach § 89 b HGB eine Rückstellung nach § 249 HGB schon vor Beendigung des Handelsvertretungsverhältnisses zu bilden, weswegen diese Rückstellung als *Aufwandsrückstellung* nach § 249 Abs. 2 HGB verstanden wird[8]. Der BGH hat im Urteil v. 11.7.1966 die Art der Rückstellung nicht kommentiert. Auch der BFH geht in seinem Urteil v. 24.6.1969 I R 15/68 BStBl 1969 II 581 und in den zeitlich nachfolgenden Urteilen (Rz. 2252) davon aus, dass der BGH nur eine Aufwandsrückstellung nach § 249 Abs. 2 HGB bejaht hat, als er über die Zulässigkeit der Bildung einer Rückstellung *vor* Beendigung des Handelsvertretungsverhältnisses entschied. Wäre nämlich eine Rückstellung für ungewisse Verbindlichkeiten (mit Passivierungszwang!) bejaht worden, hätte dies über den Maßgeblichkeitsgrundsatz nach § 5 Abs. 1 S. 1 EStG (Rz. 2252) auch das Steuerrecht gebunden. Der BFH hätte ebenfalls Rückstellungen für die Handelsvertreterausgleichsverpflichtung vor Beendigung des Handelsvertretungsverhältnisses für zulässig erachten müssen; bei einer abweichenden Meinung – wie sie bestand und auch entschieden worden ist (Rz. 2252) – hätte nach dem Gesetz zur Wahrung der Einheitlichkeit der

---
[7] Urteil v. 11.7.1966 II ZR 134/65 DB 1966, 1267.
[8] *BeBiKo*, § 249 HGB Rz. 100; *Adler/Düring/Schmaltz*, § 253 HGB Anm. 23; *Eibelshäuser*, BB 1987, 866.

Rechtsprechung der obersten Gerichtshöfe des Bundes v. 19.6.1968[9] der Gemeinsame Senat angerufen werden müssen.

Küting/Kessler (DStR 1989, 657), *Iwon* (DStZ 1990, 303), *Ankele* (DB 1989, 2211), *Lutz* (DB 1989, 2345), bejahen eine Rückstellung für ungewisse Verbindlichkeiten, unterstellen also eine Passivierungspflicht. Eine **Rückstellung für ungewisse Verbindlichkeiten** setzt kumulativ voraus

2161

– eine konkretisierte Verbindlichkeit gegenüber einem anderen, die nach Entstehung, Grund und/oder Höhe und/oder Fälligkeit ungewiss ist[10];

– es muss wahrscheinlich sein, dass die Verbindlichkeit besteht oder entstehen wird und der Unternehmer in Anspruch genommen wird, und

– die Verbindlichkeit muss am Bilanzstichtag wirtschaftlich verursacht sein. Dies bedeutet unter Beachtung des Realisationsprinzips, das auch den Zeitpunkt der Berücksichtigung von Ausgaben als Aufwand regelt[11], dass die Verbindlichkeit nicht künftigen Erträgen zugerechnet werden darf[12].

Schon das erste Merkmal der *konkretisierten Verbindlichkeit* kann bei einer Handelsvertreterausgleichsverpflichtung vor Beendigung des Vertragsverhältnisses fraglich sein. Das Ende des Handelsvertreterverhältnisses kann weit in der Zukunft liegen. Es kann dann kaum abschätzbar sein, welche Produkte dann noch hergestellt oder gehandelt und deswegen vermittelt werden, welche der neu vermittelten Kunden dann noch vorhanden sind und welche Provisionsumsätze der Handelsvertreter dann mit diesen Kunden noch macht und der Unternehmer dadurch Vorteile hat. Die Bejahung einer konkretisierten Verbindlichkeit hängt vom Einzelfall ab, insbesondere davon, wie nahe das Ende des Handelsvertretungsverhältnisses voraussichtlich sein wird.

2162

Wird eine konkretisierte Verbindlichkeit im Einzelfall bejaht, ist idR auch das zweite Merkmal erfüllt, dass nämlich die *Inanspruchnahme* des Unternehmers aus der Ausgleichsverpflichtung *wahrscheinlich* ist. Weil eine Kündigung des Vertragsverhältnisses durch den Handelsvertreter den Ausgleichsanspruch nicht ausschließt, wenn sein Alter oder eine Krankheit die Fortsetzung des Vertragsverhältnisses unzumutbar machen, spricht mehr dafür als dagegen, dass der Unternehmer bei Beendigung des Vertragsverhältnisses den Ausgleich zahlen muss.

2163

Das dritte Merkmal ist aber vor Beendigung des Handelsvertretungsverhältnisses nicht erfüllt, jedenfalls nicht beim Warenvertreter, dass nämlich die Ausgleichsverpflichtung schon an einem (früheren) Bilanzstichtag während des Bestehens des Handelsvertretungsverhältnisses *wirtschaftlich verursacht* worden

2164

---
9 BGBl 1968 I 661.
10 *BFH*, 1.8.1984 I R 88/80 BStBl 1985 II 44.
11 *BeBiKo*, § 249 HGB Rz. 36 mwN.
12 *BeBiKo*, § 249 HGB Rz. 37 mwN; *Moxter*, BB 1984, 1780; *Groh*, BB 1989, 1586; *Herzig*, DB 1990, 1347; *Hertzig-Hötzel*, BB 1991, 99; *Naumann*, WPg 1991, 531; *Schmidt/Weber-Grellet*, § 5 EStG Rz. 381 folg.; *BFH*, 29.11.2000 I R 31/00 DStR 2001, 523; *BGH*, 28.1.1991 II ZR 20/90 NJW 1991, 1890, *Adler/Düring/Schmaltz*, § 249 HGB Tz. 63 folg.

XIX Handelsbilanzielle Behandlung des Ausgleichsanspruches

ist. Die wirtschaftliche Verursachung muss in der Vergangenheit liegen[13]. Dies bedeutet, dass der Aufwand aus der Rückstellung wirtschaftlich auch der Vergangenheit zugeordnet werden kann. Daran scheitert die Handelsvertreterausgleichsverpflichtung, weil sie nur erfüllt werden muss, wenn der Unternehmer aus den vom Handelsvertreter neu geworbenen Kunden *nach der Beendigung* des Handelsvertretungsverhältnisses noch *Vorteile zieht*. Die Ausgleichsverpflichtung bewirkt nur eine Teilhabe des Handelsvertreters an den künftigen Vorteilen des Unternehmers.

2165 Eine Rückstellung für ungewisse Verbindlichkeiten kann damit vor Beendigung des Handelsvertretungsverhältnisses nicht gebildet werden[14].

2166 Eine Rückstellung nach § 249 HGB wäre ausgeschlossen, wenn man die Ausgleichszahlung nach § 89b HGB als Gegenleistung für die künftige provisionsfreie Nutzung des vom Handelsvertreter aufgebauten Kundenstammes zu begreifen hat (hierzu Rz. 2192 folg.). Die Ausgleichszahlungen nach § 89b HGB stellen dann Anschaffungskosten für dieses Nutzungsrecht dar (§ 253 Abs. 1 HGB). Rückstellungen für Anschaffungskosten können nicht aufwandswirksam gebildet werden (siehe auch § 5 Abs. 4b S. 1 EStG).

b) Aufwandsrückstellung der Höhe nach

2167 Soll wahlweise eine Aufwandsrückstellung nach § 249 Abs. 2 HGB für einen künftigen Ausgleichsanspruch nach § 89b HGB vor Beendigung des Handelsvertretungsverhältnisses gebildet werden, so sind zum Bilanzstichtag folgende Bewertungsgrundsätze zu beachten:

– Bei erstmaliger Bildung der Rückstellung ist der Ausgleich nach § 89b HGB so zu berechnen, wie er bei einer Beendigung des Handelsvertreterverhältnisses zum laufenden Bilanzstichtag anfiele.

– Bei späteren Steigerungen des Ausgleichsanspruches zu nachfolgenden Bilanzstichtagen kann die Rückstellung entsprechend erhöht werden, wenn die Steigerung auf gestiegenen Provisionsumsätzen beruht. Eine bisher unterlassene Erhöhung kann in nachfolgenden Jahresabschlüssen nur dann *nachgeholt* werden, wenn dies mit dem Grundsatz der Bewertungsstetigkeit (§ 252 Abs. 1 Nr. 6 HGB) vereinbar ist[15]. In begründeten Ausnahmefällen darf hiervon abgewichen werden (§ 252 Abs. 2 HGB), so z.B. bei wesentlich veränderter Einschätzung der Unternehmensentwicklung, bei Umstrukturierung des Vertriebs etc.

– Die Aufwandsrückstellung ist *nicht* auf den Zeitpunkt der wahrscheinlichen Inanspruchnahme *abzuzinsen*, weil sie keinen Zinsanteil enthält (§ 253 Abs. 1 S. 2 letzter Halbsatz HGB).

---

13 *BFH*, 1.8.1984 I R 88/80 BStBl 1985 II 44; v. 19.5.1987 VIII R 327/83 BStBl 1987 II 848; v. 29.11.2000 I R 31/00 DStR 2001, 523; *BGH*, 28.1.1991 II ZR 20/90 NJW 1991, 1890; *Adler/Düring/Schmaltz*, § 249 HGB Tz. 63 folg.
14 Ebenso *Beiser*, DB 2002, 2176.
15 *BeBiKo*, § 249 HGB Rz. 311.

A. Beim Unternehmer **XIX**

– Es ist auch *kein Abschlag* dafür zu machen, dass die Ausgleichsverpflichtung möglicherweise dann entfällt, wenn ein Ausschlusstatbestand nach § 89 b Abs. 3 HGB eintritt.

c) Sonderheiten beim Versicherungsvertreter

aa) Grundsätzliches

Der Versicherungsvertreter ist Handelsvertreter (§ 92 Abs. 1 HGB). Er erhält bei Beendigung des Vertragsverhältnisses ebenfalls einen Ausgleich nach § 89 b HGB (92 Abs. 2 HGB), der gemäß § 89 b Abs. 5 HGB verändert wurde. 2168

Um Streitigkeiten über die Höhe des Ausgleiches zu vermeiden, hat die Versicherungswirtschaft Grundsätze für die Bemessung des Ausgleichs herausgearbeitet, die wie ein Handelsbrauch in der Praxis angewendet werden, nämlich die 2169

Grundsätze – Sach (Rz. 1900 folg.)
Grundsätze – Leben (Rz. 1985 folg.)
Grundsätze – Kranken (Rz. 2011 folg.)

bb) Bedeutung der „Grundsätze" für die handelsbilanzielle Behandlung

Verträge mit Versicherungsvertretern können vorsehen, dass für die Vermittlung eines Versicherungsvertrages mit einer längeren unkündbaren Vertragslaufzeit nicht eine Einmalprovision bezahlt wird, die sich nach der unkündbaren Laufzeit des Versicherungsvertrages bemisst, sondern eine laufende Provision gemäß dem Fortbestand des vermittelten Vertrages. Bei derartig gestalteten Provisionsabreden ist es auch üblich zu vereinbaren, dass mit Beendigung des Vertretervertrages Provisionsansprüche enden. Der Versicherungsvertreter verzichtet also auf Provisionen für bereits vermittelte Verträge, soweit deren Vertragslaufzeit *nach* Beendigung des Vertretervertrages liegt (Rz. 21). 2170

Hat der Versicherungsvertreter einen Vertrag mit dynamisierter Prämie vermittelt, entgeht ihm ebenfalls die Provision für die aufgrund der Dynamisierung eintretende Prämienerhöhung. 2171

In beiden vorgenannten Fällen hat der Versicherungsvertreter seine provisionsauslösende Tätigkeit bereits bei Abschluss des Versicherungsvertrages erbracht. Gleichwohl entsteht für den Unternehmer der Ertrag aus dieser Tätigkeit erst abschnittsweise, weswegen festzustellen ist, dass der Ausgleich nach § 89 b HGB, der solche Provisionsverzichte abgilt, zu früheren Bilanzstichtagen noch nicht wirtschaftlich verursacht war (Rz. 2161, 2164). 2172

Die „Grundsätze" erfassen vorwiegend diese Sachverhalte. Auch beim Versicherungsvertreter kann deswegen der Unternehmer vor Beendigung des Handelsvertretungsverhältnisses keine Rückstellung für ungewisse Verbindlichkeiten bilden (§ 249 Abs. 1 S. 1 HGB), sondern nur eine Aufwandsrückstellung (§ 249 Abs. 2 HGB). 2173

Den „Grundsätzen" liegt auch die Vorstellung zu Grunde, dass der vom Versicherungsvertreter aufgebaute Kundenstamm auch nach Beendigung des Ver- 2174

XIX Handelsbilanzielle Behandlung des Ausgleichsanspruches

tragsverhältnisses noch neue Provisionsansprüche entstehen lässt, die bei Fortbestehen des Vertragsverhältnisses noch dem Versicherungsvertreter zustünden, nämlich für

- Verlängerungen des Versicherungsvertrages über die unkündbare Vertragslaufzeit hinaus (insbesondere bei Sach-, Unfall-, Risiko- und Krankenversicherungen)
- Aufstockungen

2175 In diesen Fällen verzichtet der Versicherungsvertreter mit Beendigung des Vertragsverhältnisses nicht auf schon verdiente Provisionen, er erleidet aber einen Verlust hinsichtlich künftiger Provisionen. Auch bei diesem Sachverhalt fehlt es an der wirtschaftlichen Verursachung in der Vergangenheit (Rz. 2161, 2164). Es ist nur eine Aufwandsrückstellung möglich.

d) Sonderheiten beim Bausparkassenvertreter

2176 Auch für den Ausgleichsanspruch von Bausparkassenvertretern (§ 92 Abs. 5 HGB) sind „Grundsätze" erarbeitet worden. Die Ausführungen unter Rz. 2168 folg. gelten sinngemäß.

4. Betriebliche Altersversorgung zum Zwecke der Minderung der Handelsvertreterausgleichsverpflichtung des Unternehmers

a) Direktzusage als Gestaltungsmodell

2177 In der Steuerbilanz können nach der ständigen Rechtsprechung des Bundesfinanzhofes *vor Beendigung des Handelsvertretungsverhältnisses* keine Rückstellungen gebildet werden (vgl. hierzu Rz. 2252). Dies bedeutet, dass der Aufwand, der mit der Rückstellungsbildung verbunden ist, erstmals das Ergebnis desjenigen Geschäftsjahres mindert, in dem das Handelsvertretungsverhältnis endet.

2178 Damit steuerlich der Aufwand vorverlagert werden kann, nämlich schon in die Jahre, in denen das Handelsvertretungsverhältnis läuft, wird vielfach folgende Gestaltung empfohlen:

- Der Unternehmer erteilt dem Handelsvertreter eine Zusage auf betriebliche Altersversorgung und zwar in Form einer Direktzusage (unmittelbare Versorgungszusage nach § 1 Abs. 1 BetrAVG). Diese verpflichtet den Unternehmer, dem Handelsvertreter im Versorgungsfall – regelmäßig mit Vollendung des 65. Lebensjahres – ein Einmalkapital oder eine lebenslänglich laufende Altersrente zu bezahlen.

- Der Handelsvertreter muss sich die betriebliche Altersversorgung erdienen und zwar mit dem Fortbestand des Handelsvertretungsverhältnisses. Endet dieses vor Erreichen des Versorgungsfalles, erhält der Handelsvertreter nur ratierliche Versorgungsansprüche, wenn seine Versorgungsanwartschaft entweder durch Vereinbarung oder nach § 1b Abs. 1 BetrAVG gesetzlich unverfallbar geworden ist.

Der ratierliche Teilanspruch errechnet sich vorbehaltlich einer vertraglichen Regelung nach § 2 BetrAVG. Zu vergleichen ist die Soll-Dienstzeit (Beginn des Handelsvertretungsverhältnisses bis Erreichen des Versorgungsalters) mit der tatsächlichen Dienstzeit (Beginn bis Ende des Handelsvertretungsverhältnisses).

– Eine betriebliche Altersversorgung lässt im Umfange des bereits erdienten Barwerts der Versorgungsverpflichtung eine Handelsvertreterausgleichsverpflichtung nicht entstehen[16]. Der Unternehmer wird also nicht doppelt belastet.

– Für die Direktzusage kann der Unternehmer auch mit steuerlicher Wirkung erstmals im Jahr der schriftlichen Erteilung der Direktzusage eine Pensionsrückstellung bilden (§ 6a EStG), die seinen Gewinn mindert. Die Pensionsrückstellung kann alljährlich um die Teilwerterhöhung der Versorgungslast erhöht werden.

– Der Handelsvertreter muss im Anwartschaftszeitraum die Ansprüche auf die betriebliche Altersversorgung nicht gewinnerhöhend erfassen[17].

Die dargestellte Gestaltung – Direktzusage statt Handelsvertreterausgleich – ist für den Unternehmer mit dem Nachteil verbunden, dass die Lasten aus der betrieblichen Altersversorgung nach Eintritt der vertraglichen oder der gesetzlichen Unverfallbarkeit (5 Jahre) auch dann bestehen bleiben, wenn ein Handelsvertreterausgleich nach § 89b Abs. 3 HGB entfällt. **2179**

b) *Direktzusage in der Handelsbilanz*

Wird eine Direktzusage nach dem 1.1.1987 erstmals erteilt, ist zwingend in der Handelsbilanz des Unternehmers eine Pensionsrückstellung zu bilden (***Passivierungspflicht*** nach Art. 28 Abs. 1 S. 1 EGHGB). Ein handelsrechtliches Passivierungswahlrecht gilt nur für frühere Versorgungszusagen, allerdings auch dann, wenn vor dem 1.1.1987 erteilte Versorgungszusagen nach dem 1.1.1987 aufgestockt werden[18]. **2180**

Die Pensionsrückstellung muss den Barwert der bereits erdienten Versorgungsanwartschaft zum Bilanzstichtag ausweisen. Zu ermitteln ist also der Teil der Altersrente oder der sonstigen Versorgungsleistungen, die der Handelsvertreter durch seine Tätigkeit bis zum Bilanzstichtag schon erdient hat. Der Kapitalwert dieser Teil-Altersrente auf dem Stichtag des Beginns der Versorgungsleistungen ist anhand von Sterbetafeln versicherungsmathematisch zu ermitteln und auf den Bilanzstichtag abzuzinsen. Der anzuwendende Zinssatz soll dem Zinssatz **2181**

---

16 *BGH*, 23.5.1966 VII ZR 268/64 BB 1966, 794; v. 19.11.1970 VIII ZR 47/69 BGHZ 55, 46; v. 18.2.1982 I ZR 20/80 DB 1982, 1269; v. 17.11.1983 I ZR 139/81 VersR 1984, 184; v. 23.2.1994 VIII ZR 94/93 NJW 1994, 1350; *Fuchs-Baumann*, DB 2001, 2131; *Evers*, DB 2002, 1309, *Thume*, BB 2002, 1325.
17 *BFH*, 14.12.1988 I R 44/83 BStBl 1989 II 323; *Blomeyer/Otto*, 3. Aufl. StR E Rz. 116f.; *Höfer/Abt*, BB 1980, 252; *Höfer*, 3. Aufl. Rz. 2204–2206; *Ahrend/Förster/Rössler*, 2. Teil Rz. 461 a.
18 *Blomeyer/Otto*, 3. Aufl. StR A Rz. 332.

langfristiger Kapitalanlagen entsprechen. Ein Zinssatz zwischen 3% und 6% wird nicht beanstandet, richtiger ist aber ein Zinssatz von 3% bis 4%, der auch von Lebensversicherungsunternehmen als Garantiezinssatz genannt wird. – Den steuerlichen Pensionsrückstellungen nach § 6a EStG liegt aus fiskalischen Erwägungen ein Zinssatz von 6% zu Grunde; ansonsten rechnet das Steuerrecht mit 5,5% (§ 12 Abs. 3 BewG). Höhere Zinssätze führen zu geringeren Pensionsrückstellungen, weil die Abzinsung vom Bilanzstichtag des Versorgungsfalles auf einen früheren Bilanzstichtag höher ausfällt.

c) *Versorgungszusage über den Versorgungsweg der rückgedeckten Unterstützungskasse*

2182 Eine Handelsvertreterausgleichsverpflichtung entsteht auch dann nicht im Umfang des Barwerts einer betrieblichen Versorgungsverpflichtung, wenn die betriebliche Altersversorgung nicht in Form einer Direktzusage erteilt worden ist sondern in Form einer Unterstützungskassenversorgung. Der BGH hat dies zwar noch nicht entschieden. Weil aber die Unterstützungskassenversorgung trotz des formalen Ausschlusses von Rechtsansprüchen gegenüber der Unterstützungskasse genauso sicher ist wie eine Direktzusage – der Unternehmer hat für die Erfüllung der Unterstützungskassenversorgung nach § 1 Abs. 1 S. 3 BetrAVG einzustehen –, ist mit keiner abweichenden Entscheidung des BGH zu rechnen.

2183 Die Unterstützungskassenversorgung bietet den Vorteil, dass in der Handelsbilanz keine Pensionsrückstellungen gebildet werden müssen, weil eine Unterstützungskassenversorgung für den Unternehmer nur eine *mittelbare Versorgungsverpflichtung* begründet. Für solche können, müssen aber keine Pensionsrückstellungen gebildet werden (Art. 28 Abs. 1 S. 2 EGHGB). Wird von dem Wahlrecht Gebrauch gemacht, keine Pensionsrückstellungen in der Handelsbilanz zu bilden, muss aber im Anhang (Teil des Jahresabschlusses) die Versorgungsverpflichtung des Unternehmers mit ihrem Barwert angegeben werden (Art. 28 Abs. 2 EGHGB, § 284 HGB). Der Barwert der Versorgungslast ist dabei um das einsetzbare Vermögen der Unterstützungskasse zu mindern.

2184 Wird eine Pensionsrückstellung nicht gebildet, entsteht dem Unternehmer auch kein ergebnismindernder Aufwand. Der Unternehmer kann aber der Unterstützungskasse *Zuwendungen* machen, die *erfolgswirksam* sind. Im Ergebnis wird durch solche Zuwendungen der Aufwand auch steuerlich vorverlagert, der aus der Handelsvertreterausgleichsverpflichtung erwächst.

2185 Im Anwartschaftszeitraum (Zeitraum zwischen Erteilung der Versorgungszusage und Versorgungsalter) können der Unterstützungskasse vom Unternehmer nur dann auch *mit steuerlicher Wirkung* Beiträge in der betriebswirtschaftlich erforderlichen Höhe aufwandswirksam zugewendet werden, wenn die Unterstützungskasse eine *Rückdeckungsversicherung* auf das Leben des Handelsvertreters abschließt, welche gleichbleibende oder steigende Prämien bis zum Erreichen des Versorgungsalters vorsieht. Der Unternehmer kann dann diese Prämien erfolgswirksam zuwenden (§ 4 d Abs. 1 Nr. 1 Buchst. c) S. 2 EStG). Ohne Abschluss einer Rückdeckungsversicherung könnte der Unternehmer der Unterstützungskasse nur das sog. Reservepolster für Anwartschaften zuwenden (§ 4 d Abs. 1 Nr. 1 Buchst. b) EStG), das den Barwert der Versorgungsanwartschaft bei weitem nicht erreicht. Das Ziel, den Aufwand aus der Handelsvertreterausgleichsverpflichtung wenigstens in etwa gleichmäßig in die Jahre des Bestehens des Handelsvertretungsverhältnisses vorzuverlagern, wäre nicht erreicht.

d) Versorgungszusage über die Versorgungswege Direktversicherung, Pensionskasse und Pensionsfonds

Versorgungszusagen über die Versorgungswege Direktversicherung, Pensionskasse und Pensionsfonds (§ 1 b Abs. 2 u. 3 BetrAVG) sind keine geeigneten Modelle, den Aufwand aus der Handelsvertreterausgleichsverpflichtung auch mit steuerlicher Wirkung in die Jahre des Bestehens des Handelsvertreterverhältnisses vorzuverlagern. Die genannten Versorgungszusagen führen nämlich dazu, dass der Handelsvertreter die Prämien in die Direktversicherung, die Zuwendungen zur Pensionskasse und die Beiträge in den Pensionsfonds als Betriebseinnahme erfassen muss, also seinen Gewinn entsprechend erhöhen muss. Außerdem unterliegen die Beiträge, Zuwendungen und Prämien auch der Umsatzsteuer, wenn die Provisionsansprüche des Handelsvertreters auch umsatzsteuerpflichtig sind (hierzu Rz. 2358 folg.). 2186

II. Passivierung der Handelsvertreterausgleichsverpflichtung nach IAS und nach US-GAAP

1. Verbot von Aufwandsrückstellungen

Vor Beendigung des Handelsvertretungsverhältnisses *kann* für die Ausgleichsverpflichtung in der Handelsbilanz eine Rückstellung gebildet werden, die nach § 249 Abs. 2 HGB als Aufwandsrückstellung zu verstehen ist (Rz. 2160). Zu ihrer Höhe s. Rz. 2167. 2187

Nach IAS und nach US-GAAP können in der Handelsbilanz keine Aufwandsrückstellungen gebildet werden[19]. Damit scheiden Rückstellungen in Geschäftsjahren vor Beendigung des Handelsvertretungsverhältnisses aus. 2188

2. Rückstellungen im Jahr der Beendigung des Handelsvertreterverhältnisses

Nach HGB ist eine Rückstellung in der Höhe zu bilden, in der unter Beachtung des Vorsichtsprinzips (§ 252 Abs. 1 Nr. 4 HGB) die Inanspruchnahme des Unternehmers wahrscheinlich ist (hierzu Rz. 2145 folg.). 2189

Nach IAS und US-GAAP ist die Rückstellung in Höhe desjenigen Betrages zu bilden, der *am wahrscheinlichsten* auf den Handelsvertreterausgleich *zu zahlen* 2190

---

[19] Vgl. *Baetge/Beermann*, BB 2000, 2088.

ist. Dieser Betrag wird deutlich unter dem handelsbilanziellen Ansatz nach HGB liegen, bei dem das Vorsichtsprinzip den Ansatz beherrscht.

2191 Wenn die Zahlung des Ausgleichs nach § 89 b HGB als Anschaffung eines immateriellen Vermögensgegenstandes zu verstehen ist, der auf 3 bis 5 Jahre abgeschrieben werden kann, wie es unter Rz. 2192 folg. vertreten wird, könnte diese Beurteilung auch bei Anwendung der Bilanzierungsregeln von IAS oder US-GAAP übernommen werden.

III. Handelsvertreterausgleich als Anschaffungskosten für die provisionsfreie Nutzung des Kundenstammes?

1. Grundsätzliches

2192 Ist der Handelsvertreterausgleich wirtschaftlich die Gegenleistung für die künftige provisionsfreie Nutzung des vom Handelsvertreter aufgebauten Kundenstammes, liegen handelsrechtlich Anschaffungskosten für ein Nutzungsrecht vor. Es ergäben sich folgende Rechtsfolgen:

a) Vor Entstehen der Ausgleichsverpflichtung liegen keine Anschaffungskosten vor. Zu aktivierende Anschaffungskosten fallen erstmals mit der Beendigung des Handelsvertretungsverhältnisses an, wenn keine Ausschlusstatbestände nach § 89 b Abs. 3 HGB gegeben sind.

b) Rückstellungen vor Beendigung des Handelsvertretungsverhältnisses können nicht gebildet werden, weil Rückstellungen für künftige Anschaffungskosten nicht möglich sind (s. auch § 5 Abs. 4 b S. 1 EStG).

c) Vorauszahlungen auf den Handelsvertreterausgleich vor Beendigung des Vertragsverhältnisses sind Anzahlungen und damit nicht erfolgswirksam.

d) Das Nutzungsrecht bezüglich des Kundenstammes ist ein immaterieller Einzelvermögensgegenstand nach § 266 Abs. 2 A I Nr. 1 HGB, auf den planmäßige Abschreibungen nach § 253 Abs. 2 S. 1 HGB vorzunehmen sind. Der planmäßige Abschreibungszeitraum wird in Anlehnung an die steuerliche Rechtsprechung zum Praxiswert idR bei 3 bis 5 Jahren liegen [20]. Für ein entgeltlich erworbenes „Vertreterrecht" hat der BFH einen Abschreibungszeitraum von 5 Jahren bestätigt [21].

2. Anschaffungsgegenstand

2193 Anschaffungsgegenstand ist nicht der Kundenstamm. Dieser ist dem Unternehmer bereits zugeordnet, weil er aufgrund der Vermittlungstätigkeit des Handelsvertreters bereits alle Kunden namentlich und mit Adresse kennt. Mit der Ausgleichszahlung erwirbt aber der Unternehmer das Recht, diesen Kundenstamm

---

[20] *BFH*, 24.2.1994 IV R 33/93 BStBl 1994 II 590; BMF 15.1.1995 BStBl 1995 I 14 u. DB 1995, 117.
[21] *BFH*, 18.1.1989 X R 10/86 BStBl 1989 II 549.

ohne die Verpflichtung zu laufenden Provisionszahlungen nutzen zu können. Anschaffungsgegenstand ist also *das provisionsfreie Nutzungsrecht* bezüglich des vom Handelsvertreter neu aufgebauten Kundenstammes.

Gegenstand einer Anschaffung kann nur ein Vermögensgegenstand im Rechts- 2194 sinne sein, steuerlich ein Wirtschaftsgut. Beide Begriffe setzen voraus, dass der einzelne Gegenstand selbstständig bewertbar ist. Der Vermögensgegenstand muss darüber hinaus selbstständig verkehrsfähig sein, während ein Wirtschaftsgut lediglich voraussetzt, dass es wenigstens zusammen mit einem Betrieb übertragbar ist[22]. Wird ein immaterieller Vermögensgegenstand erworben, darf dieser vom Erwerber nicht selbst geschaffen worden sein, weil für selbstgeschaffene immaterielle Vermögensgegenstände ein Aktivierungsverbot besteht (§ 248 Abs. 2 HGB).

Die *selbstständige Bewertbarkeit* des provisionsfreien Nutzungsrechtes für 2195 einen vom Handelsvertreter aufgebauten Kundenstamm ist gegeben, wie die Berechenbarkeit des Ausgleichsanspruches nach § 89b HGB zeigt.

Die *selbstständige Verkehrsfähigkeit* des provisionsfreien Nutzungsrechts ist zu 2196 verneinen, wenn der Unternehmer, der den dazugehörigen Kundenstamm hat, das Nutzungsrecht an diesem erwirbt. Das provisionsfreie Nutzungsrecht verschmilzt mit dem Kundenstamm, der bisher noch mit der Verpflichtung zu laufenden Provisionszahlungen an den Handelsvertreter belastet war; es kann nicht mehr isoliert weiterveräußert werden. Gleichwohl genügt für die selbstständige Verkehrsfähigkeit, wenn der Kundenstamm, mit dem das provisionsfreie Nutzungsrecht verschmilzt, verkehrsfähig ist. Dies ist der Fall (Rz. 2202).

Der Sachverhalt ist demjenigen ähnlich, bei dem der Grundstückseigentümer 2197 einen Bau des Mieters auf seinem Grundstück nach § 951 BGB, § 812 BGB ablöst. Vermögensgegenstand der Anschaffung ist ein Bau auf fremdem Grund und Boden. Dieser Vermögensgegenstand verschmilzt mit dem Grundstück, wenn er vom Grundstückseigentümer erworben wird. Gleichwohl ist ein Vermögensgegenstand unstreitig, was schon § 266 Abs. 2 A II Nr. 1 HGB beweist. Der Bau auf fremdem Grund und Boden ist ein Posten der Bilanz.

Das provisionsfreie Nutzungsrecht bezüglich des vom Handelsvertreter aufge- 2198 bauten Kundenstammes kann damit Gegenstand eines Anschaffungsgeschäftes sein, weil es Vermögensgegenstand ist (und damit steuerlich auch Wirtschaftsgut ist). Der erworbene Vermögensgegenstand ist ein *immaterieller* Vermögensgegenstand des Anlagevermögens; vor Erwerb ist es das provisionsfreie Nutzungsrecht, nach Erwerb der Kundenstamm, mit dem dieses verschmilzt.

Das Ergebnis, dass nämlich der Unternehmer mit der Ausgleichszahlung nach 2199 § 89b HGB einen immateriellen Vermögensgegenstand erwirbt, wird auch durch die Entscheidung des BFH v. 18.1.1989 X R 10/86 BStBl 1989 II 549 bestätigt, in der es um die Beurteilung eines Umweg-Sachverhaltes ging. Ein Handelsvertreter hat mit Zustimmung des Unternehmers den von ihm neu auf-

---

22 *BeBiKo*, § 247 HGB Rz. 15; *Adler/Düring/Schmaltz*, § 246 HGB Anm. 23.

XIX Handelsbilanzielle Behandlung des Ausgleichsanspruches

gebauten Kundenstamm gegen Entgelt an einen nachfolgenden Handelsvertreter veräußert (was nach § 89b Abs. 3 Nr. 3 HGB eine Ausgleichsverpflichtung des Unternehmers ausschließt). Der nachfolgende Handelsvertreter hat nach der Entscheidung des BFH mit der Ablösungszahlung das immaterielle Wirtschaftsgut „Vertreterrecht" erworben, für das der BFH eine Abschreibungszeit von 5 Jahren bestätigte.

2200 Dem entschiedenen Umweg-Sachverhalt entspräche es, wenn der Unternehmer den Ausgleich nach § 89b HGB zahlt und er sodann den nachfolgenden Handelsvertreter gegen Entgelt in das ursprüngliche Handelsvertreterverhältnis eintreten lässt. Der Unternehmer muss deswegen mit der Ausgleichszahlung einen immateriellen Vermögensgegenstand erworben haben, den er weiterveräußerte.

2201 Es taucht noch die Frage auf, ob die selbstständige Verkehrsfähigkeit des Kundenstammes zu verneinen ist, weil der Kundenstamm nur unselbstständiger Bestandteil des Geschäftswertes ist. Der BFH hat dies bei der Einheitsbewertung des Betriebsvermögens so gesehen und eine für den Steuerpflichtigen vorteilhafte Entscheidung getroffen, also die Pflicht zur Aktivierung des durch den Handelsvertreterausgleich erworbenen Kundenstammes verneint[23]. Der BFH hat aber den auf Seiten des Unternehmers entstehenden Vorteil, mit der Ausgleichszahlung den Kundenstamm provisionsfrei nutzen zu können, nicht erkannt, sondern einen Vorteil für den Unternehmer ausdrücklich verneint. Dem BFH ist deswegen nicht zu folgen.

2202 Der Kundenstamm, mit dem das provisionsfreie Nutzungsrecht verschmilzt, ist selbstständig verkehrsfähig. Deutlich wird dies, wenn der Unternehmer diesen veräußert, ohne seinen eigenen Betrieb aufzugeben. Er kann diesen Kundenstamm gegen ein Entgelt auch an einen anderen Handelsvertreter übertragen und mit diesem vereinbaren, dass der Kundenstamm so behandelt wird, als sei er von dem erwerbenden Handelsvertreter aufgebaut.

2203 Die bisher h.M. hält eine Aktivierung des Vermögensgegenstandes, der mit der Ausgleichszahlung erworben wird, für unzulässig, weil der Unternehmer einen von ihm selbst geschaffenen immateriellen Vermögensgegenstand erwerbe; § 248 Abs. 2 HGB stehe einer Aktivierung entgegen. Der zu erwerbende Vermögensgegenstand seien die „Gewinnchancen", die mit dem dem Unternehmer bereits zugewachsenen Kundenstamm verbunden seien[24].

2204 Bei richtiger Betrachtung ist aber der erworbene Vermögensgegenstand das „provisionsfreie Nutzungsrecht", also das Recht, den vom Handelsvertreter neu aufgebauten Kundenstamm provisionsfrei nutzen zu können. § 248 Abs. 2 HGB steht dann nicht entgegen.

---

23 *BFH*, 31.10.1974 III R 135/73 BStBl 1975 II 85.
24 *Herrmann/Heuer/Raupach*, § 5 EStG 1985 Rz. 1558, 1559 m.w.N.; *BFH*, 31.10.1974 III R 135/73 BStBl 1975 II 85; BdF v. 18.2.1974 DB 1974, 360.

3. Anschaffungsvorgang

Der Anschaffungsvorgang ist die Beendigung des Handelsvertretungsverhältnisses, ohne dass ein den Ausgleich ausschließender Tatbestand nach § 89b Abs. 3 HGB gegeben ist. Die Beendigung kann auf einer Willensentscheidung des Unternehmers beruhen – Kündigung durch ihn – oder auf einer Willensentscheidung des Handelsvertreters – Kündigung durch ihn bei Alter oder Krankheit. Die Tatsache, dass dem Unternehmer die Anschaffung aufgezwungen werden kann, spricht nicht gegen ein Anschaffungsgeschäft. Dies beweist gerade der Erwerb von Bauten auf fremden Grund und Boden durch den Grundstückseigentümer, der bei Beendigung des Mitverhältnisses durch Erfüllung des Bereicherungsanspruches nach § 951, § 812 BGB vollzogen wird und zwar auch dann, wenn der Mieter das Mietverhältnis gekündigt hat. 2205

Auch der Umstand, dass Anschaffungskosten nicht frei ausgehandelt werden, sondern gesetzlich vorgezeichnet sind – hier durch § 89b HGB –, spricht nicht gegen ein Anschaffungsgeschäft. Auch gesetzlich vorgezeichnete Bereicherungsansprüche nach § 812 BGB hindern ein Anschaffungsgeschäft nicht. 2206

4. Anschaffungskosten

Anschaffungskosten fallen nicht an, wenn der Handelsvertreter den Ausgleichsanspruch nicht innerhalb eines Jahres nach Beendigung des Handelsvertretungsverhältnisses geltend macht (§ 89b Abs. 4 S. 2 HGB). 2207

Anschaffungskosten liegen in der Ausgleichszahlung nur insoweit, als sie Gegenleistung für das provisionsfreie Nutzungsrecht über den vom Handelsvertreter aufgebauten Kundenstamm darstellen. 2208

Dies ist ersichtlich der Fall, soweit der Ausgleich dafür bezahlt wird, dass 2209

– der Unternehmer aus der Geschäftsverbindung mit neuen Kunden, die der Handelsvertreter geworben hat, auch nach der Beendigung des Vertragsverhältnisses erhebliche Vorteile hat (§ 89b Abs. 1 Nr. 1 HGB) und

– der Handelsvertreter infolge der Beendigung des Vertragsverhältnisses Ansprüche auf Provision verliert, die er bei Fortsetzung desselben aus bereits abgeschlossenen oder künftig zu Stande kommenden Geschäften mit den von ihm geworbenen Kunden hätte (§ 89b Abs. 1 Nr. 2 HGB).

Diese Fälle verdeutlichen, dass der Unternehmer den Kundenstamm *künftig nutzt*. Nur dann muss in diesen Fällen ein Ausgleich bezahlt werden. Die künftige Nutzung erfolgt provisionsfrei. 2210

Das Tatbestandsmerkmal der Billigkeit in § 89b Abs. 1 Nr. 3 HGB ist im Ergebnis kein eigenständiger Anspruchsgrund für einen Ausgleich, der also auch dann zu einem Ausgleich führen könnte, wenn Unternehmervorteile und Provisionsverluste zu verneinen wären (Rz. 1046). Es hat nur anspruchsbeeinflussende, meist anspruchsbegrenzende Bedeutung, setzt also ebenfalls eine künftige Nutzung des Kundenstammes des Handelsvertreters voraus. Der Handels- 2211 vertreterausgleich ist damit insgesamt Gegenleistung für die provisionsfreie Nutzung des vom Handelsvertreter aufgebauten Kundenstammes.

5. Planmäßige und außerplanmäßige Abschreibungen

2212 Das Nutzungsrecht bezüglich des Kundenstammes ist ein immaterieller Einzelvermögensgegenstand nach § 266 Abs. 2 A I Nr. 1 HGB, auf den planmäßige Abschreibungen nach § 253 Abs. 2 S. 1 HGB vorzunehmen sind. Der planmäßige Abschreibungszeitraum wird in Anlehnung an die steuerliche Rechtsprechung zum Praxiswert idR bei 3 bis 5 Jahren liegen[25]. Für ein entgeltlich erworbenes „Vertreterrecht" hat der BFH einen Abschreibungszeitraum von 5 Jahren bestätigt[26].

2213 Überträgt der Unternehmer den Kundenstamm einem anderen Handelsvertreter zur Bearbeitung und löst dies eine gleich hohe Provisionsbelastung wie in der Vergangenheit aus, kann der erworbene Vermögensgegenstand des „provisionsfreien Nutzungsrechts" sofort abgeschrieben werden (§ 253 Abs. 2 S. 3 HGB), weil für den Unternehmer mit dem Erwerb kein Vorteil verbunden ist. Im Ergebnis fällt damit ein Aufwand im gleichen Jahr und in gleicher Weise an, wie wenn bei Beendigung des Handelsvertretungsverhältnisses eine Rückstellung nach § 249 Abs. 1 S. 1 HGB gebildet worden wäre.

2214 Eine sofortige Abschreibung des erworbenen Vermögensgegenstandes „provisionsfreies Nutzungsrecht" auf einen beizulegenden Wert von Null ist auch dann gerechtfertigt, wenn der Unternehmer den Kundenstamm durch Angestellte bearbeiten lässt und dabei ein gleich hoher Aufwand wie bei der Bearbeitung durch freie Handelsvertreter entsteht.

6. Ergebnis

2215 Der Ausgleich nach § 89 b HGB stellt sich handelsbilanzrechtlich als Anschaffungskosten für den immateriellen Vermögensgegenstand „provisionsfreies Nutzungsrecht" an dem vom Handelsvertreter neu aufgebauten Kundenstamm dar.

2216 Es treten die in Rz. 2192 dargestellten Folgen ein. Entgegen der h. M. können für die Ausgleichsverpflichtung keine Rückstellungen nach § 249 HGB gebildet werden, erst recht nicht vor Beendigung des Handelsvertretungsverhältnisses. Das Handelsrecht und das Steuerrecht würden die Ausgleichszahlung nach § 89 b HGB einheitlich beurteilen (vgl. hierzu Rz. 2160 a. E.).

2217 Der Vermögensgegenstand „provisionsfreies Nutzungsrecht" ist auf 3 bis 5 Jahre planmäßig abzuschreiben. Eine Sofortabschreibung ist gerechtfertigt, wenn der Aufwand des Unternehmers aus der weiteren Bearbeitung des Kundenstammes nicht sinkt (Rz. 2213, 2214).

---

25 *BFH*, 24.2.1994 IV R 33/93 BStBl 1994 II 590; BMF v. 15.1.1995 BStBl 1995 I 14 u. DB 1995, 117.
26 *BFH*, 18.1.1989 X R 10/86 BStBl 1989 II 549.

B. Beim Handelsvertreter

I. Bei Einnahmen-Überschussrechung

1. Zahlungen auf den Handelsvertreterausgleich

Der Handelsvertreter nach § 84 HGB, dessen Unternehmen nach Art und Umfang keinen in kaufmännischer Weise eingerichteten Geschäftsbetrieb erfordert (§ 1 Abs. 2 HGB), muss handelsrechtlich weder Bücher führen noch Jahresabschlüsse erstellen. Für steuerliche Zwecke muss er *Aufzeichnungen* führen (§ 143 folg. AO), um seinen Gewinn aus Gewerbebetrieb erklären zu können. Den Gewinn darf er durch Einnahmen-Überschussrechnung gemäß § 4 Abs. 3 EStG ermitteln, solange er nicht nach § 141 Abs. 2 AO aufgefordert wurde, wegen Überschreitens der Umsätze oder des Umfanges des Betriebsvermögens oder der Gewinne nach § 141 Abs. 1 AO zur Gewinnermittlung durch Vermögensvergleich nach § 5 Abs. 1 EStG überzugehen. 2218

Bei der Gewinnermittlung durch Einnahmen-Überschussrechnung nach § 4 Abs. 3 EStG gilt das Zuflussprinzip des § 11 Abs. 1 EStG. Die Zahlungen auf den Handelsvertreterausgleich sind in denjenigen Kalenderjahren als Betriebseinnahmen zu erfassen, in denen sie zufließen. Dies gilt aber nur dann, wenn die Beendigung des Handelsvertretungsverhältnisses beim Handelsvertreter nicht mit einer Betriebsaufgabe verbunden ist. Liegt eine Betriebsaufgabe vor, ist zwingend zur Gewinnermittlung durch Vermögensvergleich nach § 5 Abs. 1 EStG überzugehen[26a]. 2219

Durch eine Verteilung des Zuflusses auf zwei oder mehrere Kalenderjahre kann erreicht werden, dass 2220

– auch das zu versteuernde Einkommen auf mehrere Jahre verteilt wird und dadurch die Nachteile der progressiven Gestaltung des Einkommensteuertarifs vermindert werden;
– der Gewerbesteuerfreibetrag nach § 11 Abs. 1 GewStG und die Tarifstaffelung in § 11 Abs. 2 GewStG mehrfach ausgenutzt werden.

Die Verteilung der Ausgleichszahlung auf mehrere Jahre ist aber bei Einnahmen-Überschussrechnung mit dem Nachteil verbunden, dass die Tarifbegünstigung nach § 24 Nr. 1 Buchst. c), § 34 Abs. 1 EStG in Form der sog. Fünftel-Regelung entfällt (Rz. 2276 folg.). 2221

Auch die mit dem Handelsvertreterausgleich verbundene Umsatzsteuer (vgl. Rz. 2358 folg.) ist bei Zufluss als Betriebseinnahme zu erfassen. Sie wird dann Betriebsausgabe, wenn sie an das Finanzamt abgeführt wird. 2222

26a *Schmidt/Heinicke*, § 4 EStG Rz. 409.

XIX Handelsbilanzielle Behandlung des Ausgleichsanspruches

2. Vorauszahlungen auf den Handelsvertreterausgleich

2223 Vorauszahlungen auf den Handelsvertreterausgleich, die über die vereinbarten Provisionen hinaus bezahlt werden, sind im Jahr des Zuflusses Betriebseinnahme. Dies gilt auch dann, wenn sie nicht geeignet sind, als Vorauszahlungen den Handelsvertreterausgleichsanspruch teilweise zu tilgen (hierzu Rz. 1584 folg.).

3. Betriebliche Altersversorgung

2224 Weil bei der Einnahmen-Überschussrechnung nach § 4 Abs. 3 EStG das Zuflussprinzip des § 11 Abs. 1 EStG gilt, wirken sich bei einer Direktzusage (Rz. 2177 folg.) und bei einer Unterstützungskassenversorgung (Rz. 2182 folg.) erst die Versorgungsleistungen im Zuflussjahr aus. Sie sind Betriebseinnahme, oder, wenn der Betrieb des Handelsvertreters schon aufgegeben worden ist, nachträgliche Betriebseinnahmen (§ 24 Nr. 2 EStG).

II. Bei Bilanzierung nach HGB

1. Handelsvertreterausgleichsanspruch

a) Aktivierung dem Grunde nach

2225 Ein Handelsvertreter, der seinen Gewinn durch Vermögensvergleich ermittelt, also bilanziert (hierzu Rz. 2133, 2218), muss den Handelsvertreterausgleichsanspruch in dem Geschäftsjahr als „sonstige Forderung" bei den sonstigen Vermögensgegenständen aktivieren, in dem das Handelsvertretungsverhältnis endet. Endet es zum 31.12. eines Geschäftsjahres und ist dies der Bilanzstichtag, muss der Anspruch auch noch zum Bilanzstichtag aktiviert werden[27].

2226 Die Gegenbuchung zur Aktivierung des Ausgleichsanspruches erfolgt bei den außerordentlichen Erträgen (Rz. 2137); der Gewinn erhöht sich entsprechend.

2227 Eine Aktivierung des Ausgleichsanspruches vor Beendigung des Handelsvertretungsverhältnisses scheidet wegen des Vorsichtsprinzips (§ 252 Abs. 1 Nr. 4 HGB) aus; es steht dann noch nicht fest, ob ein Ausgleichsanspruch überhaupt entsteht. Einer Aktivierung steht auch das Realisationsprinzip (§ 252 Abs. 1 Nr. 4 Halbsatz 2 HGB) entgegen, weil der Ausgleichsanspruch künftig erst entsteht, also mit Beendigung des Handelsvertretungsverhältnisses.

2228 Die Aktivierung hat auch dann zum Bilanzstichtag zu erfolgen, wenn der Anspruch bis zu diesem noch nicht geltend gemacht worden ist (§ 89b Abs. 4 S. 2 HGB), der Anspruch innerhalb der Jahresfrist aber noch geltend gemacht werden kann. Die in § 89b Abs. 4 S. 2 HGB genannte Geltendmachung ist kein anspruchsbegründendes Tatbestandsmerkmal, sondern die nicht fristgerechte Geltendmachung ist ein anspruchsvernichtender Tatbestand.

---

[27] *BFH*, 26.3.1969 I R 141/66 BStBl 1969 II 485; v. 29.10.1969 IV 175/65 DB 1970, 664.

Die Pflicht zur Aktivierung des Ausgleichsanspruches wird nicht dadurch beeinflusst, dass die Ausgleichszahlung des Unternehmers bei diesem als Anschaffung eines immateriellen Vermögensgegenstandes beurteilt wird (Rz. 2192 folg.). **2229**

b) Erstmalige Aktivierung der Höhe nach

Die Forderung auf den Handelsvertreterausgleich ist unter Beachtung des *Vorsichtsprinzips* (§ 252 Abs. 1 Nr. 4 HGB) zu bewerten. Dies bedeutet: **2230**

– Besteht zwischen Handelsvertreter und Unternehmer Streit darüber, ob die Ausschlussfrist nach § 89b Abs. 4 S. 2 HGB (Geltendmachung innerhalb eines Jahres) gewahrt ist, ist die Forderung nur mit dem Erinnerungsposten von € 1,00 zu bewerten.

– Gleiches gilt, wenn Streit darüber besteht, dass der Handelsvertreter überhaupt neue Kunden geworben hat (§ 89b Abs. 1 Nr. 1 HGB). Auch hier gebietet das Vorsichtsprinzip den Ansatz mit dem Erinnerungswert von € 1,00.

– Verweigert der Unternehmer bei einer Kündigung des Handelsvertreters aus wichtigem Grund die Ausgleichszahlung, weil er den vom Handelsvertreter behaupteten wichtigen Grund nicht für gegeben hält, ist der Anspruch ebenfalls nur mit dem Erinnerungswert von € 1,00 anzusetzen.

– Kündigt der Unternehmer das Handelsvertretungsverhältnis aus wichtigem Grund, wird er einen Ausgleich nach § 89b HGB ablehnen. Der Anspruch kann nur mit dem Erinnerungswert von € 1,00 bewertet werden.

– Verweigert der Unternehmer nur deswegen jegliche Zahlung, weil der Handelsvertreter noch nicht die von ihm darzulegenden Voraussetzungen des Handelsvertreterausgleichsanspruches dargelegt hat, nämlich welche Kunden neu geworben wurden und welche Provision mit ihnen erzielt wurde, rechtfertigt dies keinen Ansatz von € 1,00. Es liegt in der Hand des Handelsvertreters, diese Voraussetzungen darzulegen. Die Forderung ist in der Höhe anzusetzen, in der der Unternehmer *voraussichtlich Zahlungen anbietet*, wenn er die anspruchsbegründenden Tatschen kennt.

– Das kaufmännische Verhalten eines Unternehmers bringt es mit sich, dass er geringere Zahlungen anbietet, als sie nach § 89b HGB objektiv geschuldet werden. Das Vorsichtsprinzip gebietet, die Forderung nur mit dem **Betrag des Zahlungsangebotes** des Unternehmers zu bewerten. Dies gilt auch dann, wenn die Zahlung nur für den Fall einer Einigung über die Höhe des Handelsvertreterausgleichs angegeben wird.

– Fehlt es an einem Angebot des Unternehmers, obwohl der Handelsvertreter die Anspruchsvoraussetzungen dargelegt hat, ist die Forderung mit dem vorsichtig geschätzten realisierbaren Betrag anzusetzen. Eine Abzinsung ist vorzunehmen, wenn mit einem jahrelangen Rechtsstreit gerechnet wird. Auch ein Erwerber dieser Forderung würde dann weniger als den Nennwert bezahlen.

Verhandlungen bringen es häufig mit sich, dass Unternehmer ihr Angebot verbessern. Bei der erstmaligen Aktivierung der Forderung auf Handelsvertreter- **2231**

XIX Handelsbilanzielle Behandlung des Ausgleichsanspruches

ausgleich sind nur diejenigen Zahlungsangebote des Unternehmers zu berücksichtigen, die innerhalb der gesetzlichen Frist zur Aufstellung des Jahresabschlusses unterbreitet werden, also meist innerhalb von 6 Monaten nach dem Bilanzstichtag (§ 264 Abs. 1 HGB). Derartige Zahlungsangebote sind sog. *wertaufhellende Umstände*, die zu berücksichtigen sind[28].

2232   Weil aber derjenige Handelsvertreter, der seinen Jahresabschluss erst außerhalb der gesetzlichen Aufstellungsfristen aufstellt, keinen Vorteil oder Nachteil aus nachträglich bekannt gewordenen wertaufhellenden Umständen erleiden soll, sind nur solche Verhandlungsangebote des Unternehmers auszuwerten, die innerhalb der gesetzlichen Aufstellungsfristen abgegeben werden.

2233   Soweit Vorauszahlungen geleistet wurden, die den Ausgleichsanspruch mindern (Rz. 2155), sind diese kürzend zu berücksichtigen.

2234   Ist eine betriebliche Altersversorgung erteilt worden (hierzu Rz. 2177 und Rz. 2182), verdrängt der Barwert der erdienten Anwartschaftsrechte den Ausgleichsanspruch[29]. Dies ist ansatzmindernd zu berücksichtigen.

c) Aktivierung in nachfolgenden Jahresabschlüssen

2235   Zu jedem nachfolgenden Bilanzstichtag ist der Bilanzansatz für den Anspruch auf Handelsvertreterausgleich nach den vorstehenden Bewertungsgrundsätzen zu überprüfen. Ergibt sich ein Abwertungsbedarf auf den „beizulegenden Wert" bzw. auf den niedrigeren Teilwert (§ 253 Abs. 3 HGB), führt dies zu sonstigen betrieblichen Aufwendungen und damit zu einer Gewinnminderung.

2236   Würde ein neues Vergleichsangebot des Unternehmers die *Aufwertung* des Bilanzansatzes rechtfertigen, darf dies gleichwohl nicht geschehen, weil das *Realisationsprinzip* (§ 252 Abs. 1 Nr. 4 HGB) die Erfassung von Buchgewinnen erst dann gestattet, wenn sie realisiert worden sind. Der Buchwertansatz des Handelsvertreterausgleichsanspruches aus dem ersten Jahresabschluss darf erst dann auf einen höheren Wert angepasst werden, wenn sich Handelsvertreter und Unternehmer auf diesen Wert geeinigt haben oder der Unternehmer zur Zahlung rechtskräftig verurteilt worden ist.

2237   Der Vergleich bzw. das rechtskräftige Urteil sind keine wertaufhellenden Umstände, sondern *nachträgliche wertbegründende Umstände*. Die Rechtsfolge ist, dass sie erst in dem Jahresabschluss desjenigen Geschäftsjahres berücksichtigt werden dürfen, in das sie fallen. Sie können den Wertansatz des Ausgleichsanspruches im vorangegangenen Jahresabschluss nicht beeinflussen, selbst wenn Vergleich oder Urteil innerhalb der gesetzlichen Aufstellungsfrist eintreten[30].

---

28 *Moxler*, DB 2000, 2333; *Hommel/Berndt*, DStR 2000, 1745; BFH v. 15.12.1999 I R 91/98 BStBl 2000 II 381; *Hermanns*, GmbHR 1999, 905.
29 *Blomeyer/Otto*, 3. Aufl. StR E 52 folg. und Rz. 2177.
30 BFH, 27.5.1964 IV R 352/62 U BStBl 1964 III 478; v. 17.5.1978 I R 89/76 BStBl 1978 II 497; v. 20.4.1989 I R 147/84 BStBl 1991 II 213; v. 27.11.1997 IV R 95/96 BStBl 1998 II

Führt der aktivierte Ausgleichsanspruch zu Tarifvergünstigungen, können diese **2238** nicht für zwei Geschäftsjahre beansprucht werden. Der in einem späteren Geschäftsjahr nachaktivierte Betrag des Ausgleichs ist *für steuerliche Zwecke* dem Jahr zuzuordnen, in dem der erste Teil des Ausgleichs aktiviert war (Rz. 2296 folg.).

2. Ansprüche außerhalb des Ausgleichsanspruches

a) Entschädigung für entgangene Bezirksprovisionen

Ist einem Handelsvertreter ein bestimmter Bezirk oder ein bestimmter Kundenkreis zugewiesen, hat er nach § 87 Abs. 2 HGB auch Anspruch auf Provisionen für solche Geschäfte, die ohne seine Mitwirkung mit Personen seines Bezirkes oder seines Kundenkreises während des Handelsvertretungsverhältnisses abgeschlossen werden. Bei Beendigung des Handelsvertretungsverhältnisses kann für solche Bezirksprovisionen eine Entschädigung gewährt werden, z. B. wenn der Unternehmer Kündigungsfristen nicht eingehalten hat. **2239**

Solche Entschädigungen fallen insoweit nicht unter den Ausgleich nach § 89 b HGB, als sie sich auf Kunden beziehen, die der Handelsvertreter nicht neu geworben hat. Der Begriff der Entschädigung nach § 24 Nr. 1 Buchst. a) EStG ist aber regelmäßig erfüllt[31] mit der Folge, dass bei Vorliegen außerordentlicher Einkünfte (Rz. 2276 folg.) die sog. Fünftel-Regelung nach § 34 Abs. 1 EStG n. F. greift. **2240**

b) Entschädigung für entgangene Inkassoprovision

Inkassoprovisionen gemäß § 87 Abs. 4 HGB fallen für den auftragsgemäßen Einzug von Beträgen für den Unternehmer an. Auch solche können bei einer vorzeitigen Beendigung des Handelsvertretervertrages entschädigt werden. Diese Entschädigung fällt nicht unter § 89 b HGB. **2241**

Die Entschädigung kann ebenfalls den steuerlichen Begriff der Entschädigung nach § 24 Nr. 1 Buchst. a) EStG erfüllen. Auf die Ausführungen unter Rz. 2239 folg. wird verwiesen. **2242**

c) Schadenersatzanspruch nach § 89a Abs. 2 HGB

Der Handelsvertreter kann bei berechtigter Kündigung des Vertragsverhältnisses aus wichtigem Grund einen Schadenersatzanspruch nach § 89a Abs. 2 HGB haben, der über den Ausgleichsanspruch nach § 89b HGB hinausgeht. Der Begriff der Entschädigung nach § 24 Nr. 1 Buchst. b) EStG „für die Aufgabe einer Tätigkeit" kann erfüllt sein. Außerordentliche Einkünfte liegen dann vor, wenn die Entschädigung in einer Summe bezahlt wird. Die Fünftel-Regelung nach § 34 EStG greift ein (Einzelheiten Rz. 2276 folg. u. 2296 folg.). **2243**

375; v. 28.3.2000 VIII R 77/96 DStR 2000, 1176; konkret zu einem Vergleich über den Handelsvertreterausgleichsanspruch FG Nürnberg v. 12.12.2000 EFG 2001, 278 rkr.
31 *BFH*, 19.7.1966 I R 235/63 BStBl 1966 III 624; *Horn*, in Herrmann/Heuer/Raupach 1998 § 24 EStG Rz. 65.

d) Entschädigung für Wettbewerbsverbote

2244 Nach § 90a Abs. 1 S. 3 HGB kann gegen Entschädigung ein nachvertragliches Wettbewerbsverbot vereinbart werden. Die Entschädigung kann den steuerlichen Begriff der Entschädigung nach § 24 Nr. 1 Buchst. b) EStG erfüllen. Liegen außerordentliche Einkünfte vor, greift die Tarifbegünstigung der Fünftel-Regelung nach § 34 Abs. 1 EStG ein (Einzelheiten Rz. 2276 folg. und 2296 folg.).

e) Bewertung der Ansprüche

2245 Die vorgenannten Ansprüche sollten neben dem Ausgleichsanspruch gesondert ausgewiesen werden, obwohl sie sich gegen den gleichen Unternehmer richten. Sie sind steuerlich unterschiedlich zu behandeln. Sie unterliegen insbesondere als Schadenersatz nicht der Umsatzsteuer.

2246 Die Ansprüche sind vorsichtig zu bewerten. Es gelten die in Rz. 2230 dargestellten Anwendungsregelungen.

3. Ansprüche auf betriebliche Altersversorgung

2247 Der Handelsvertreter erwirbt Versorgungsanwartschaften, wenn ihm eine Zusage auf betriebliche Altersversorgung per Direktzusage oder per Unterstützungskassenversorgung erteilt wird. Derartige Zusagen mindern den Handelsvertreterausgleichsanspruch (Rz. 2177).

2248 Die Versorgungsanwartschaften müssen vor Eintritt des Versorgungsfalles nicht aktiviert werden, selbst wenn diese schon unverfallbar geworden sind (Rz. 2177).

III. Bei Bilanzierung nach IAS oder US-GAAP

2249 Die Forderungen des Handelsvertreters auf den Ausgleich sind zu jedem Bilanzstichtag mit *beizulegenden Zeitwerten* zu bewerten. Dies ist der Wert, den auch ein Erwerber des Anspruchs zum jeweiligen Bilanzstichtag bezahlen würde. Das nach HGB geltende Realisationsprinzip bleibt außer Ansatz, sodass ein Bilanzansatz auch im folgenden Jahresabschluss aufgewertet werden kann (entgegen den Darlegungen unter Rz. 2235 folg.).

2250 Der beizulegende Wert ist der Betrag, mit dessen Zahlung am wahrscheinlichsten gerechnet werden kann. Der Wert liegt über dem Ansatz nach den handelsrechtlichen Vorschriften, der vom Vorsichtsprinzip beherrscht wird.

XX. Kapitel
Steuerliche Behandlung des Ausgleichsanspruches

A. Beim Unternehmer

I. Zeitpunkt der Auswirkung auf die Ertragsteuern

1. Erstmalige Passivierung in der Steuerbilanz

Der Unternehmer hat als Kaufmann (§ 1 HGB) die öffentlich-rechtliche Pflicht, 2251 einen handelsrechtlichen Jahresabschluss aufzustellen. Für steuerliche Zwecke ist das Ergebnis des handelsrechtlichen Jahresabschlusses zu ändern, soweit dies Steuergesetze gebieten. Die Änderungen erfolgen in einer Ergänzungsrechnung außerhalb des handelsrechtlichen Jahresabschlusses[1]; es ist nicht notwendig, eigene steuerrechtliche Jahresabschlüsse aufzustellen.

Nach dem materiellen Grundsatz der Maßgeblichkeit der Handelsbilanz für die 2252 Steuerbilanz, der in § 5 Abs. 1 S. 1 EStG verankert ist und nach der ständigen hierzu ergangenen Rechtsprechung führen handelsrechtliche Passivierungswahlrechte zu einem steuerlichen Passivierungsverbot[2]. Dies bedeutet, dass die nach Handelsrecht wahlweise ansetzbaren Aufwandsrückstellungen nach § 249 Abs. 2 HGB für Handelsvertreterausgleichsverpflichtungen (Rz. 2160 folg.) steuerlich nicht gebildet werden können. Betroffen sind die Jahresabschlüsse für diejenigen Geschäftsjahre, in denen das Handelsvertretungsverhältnis schon besteht aber noch nicht beendet ist. Nach der ständigen Rechtsprechung des BFH können deswegen Rückstellungen für die Handelsvertreterausgleichsverpflichtung erstmals im Jahresabschluss desjenigen Geschäftsjahres eingestellt werden, in dem das Handelsvertretungsverhältnis endet[3].

Die Rückstellung ist eine Rückstellung für ungewisse Verbindlichkeiten nach 2253 § 249 Abs. 1 S. 1 HGB, für die ein Passivierungszwang besteht. Die Gegenbuchung erfolgt bei den außerordentlichen Aufwendungen oder den sonstigen betrieblichen Aufwendungen (Rz. 2137). Erst mit dieser Buchung tritt eine Belastung des Gewinns ein.

Bei Jahresabschlüssen für Geschäftsjahre, in die noch nicht das Ende des Handelsvertretungsverhältnisses fällt, verneint der BFH die Bildung einer *Rückstellung für ungewisse Verbindlichkeiten* aus den unter Rz. 2161–2164 dargelegten Gründen. 2254

---

1 *BFH*, 29.6.1994 I R 137/93 DStR 1994, 1802.
2 *BFH*, 3.2.1969 GrS 2/68 BStBl 1969 II 291; *BFH*, 13.11.1991 I R 102/88 BStBl 1992 II 336.
3 *BFH*, 4.2.1999 VIII B 31/98 BFH/NV 1999, 1076; *BFH*, 20.1.1983 IV R 168/81 BStBl 1983 II 375; v. 4.12.1980 IV B 35/80 BB 1981, 474; v. 26.5.1971 IV R 58/70 BStBl 1971 II 704; v. 28.4.1971 I R 39, 40/70 BStBl 1971 II 601; v. 24.6.1969 I R 15/68 BStBl 1969 II 581.

XX Steuerliche Behandlung des Ausgleichsanspruches

2255 Eine Rückstellung für eine Ausgleichsverpflichtung in dem Jahresabschluss des Geschäftsjahres, in das das Ende des Handelsvertretungsverhältnis fällt, darf dann nicht gebildet werden, wenn *unstreitig* ein Ausschlusstatbestand nach § 89 b Abs. 3 HGB greift.

2. Höhe der Rückstellung

2256 Für die Höhe der Rückstellung gelten die Ausführungen zum Handelsbilanzansatz bei Beendigung des Handelsvertretungsverhältnisses entsprechend (Rz. 2152 folg.).

2257 Fraglich ist, ob bei der Ermittlung des Rückstellungsbetrages die vorsichtig geschätzte Zahlungsschuld (§ 252 Abs. 1 Nr. 4 HGB) gemäß § 6 Abs. 1 Nr. 3 EStG mit 5,5% abzuzinsen ist auf den Zeitpunkt, zu dem voraussichtlich eine Zahlung erfolgt. Die Frage ist im Ergebnis zu verneinen. § 6 Abs. 1 Nr. 3 EStG schließt eine Abzinsung bei solchen Verbindlichkeiten aus, deren Laufzeit weniger als 12 Monate beträgt, die also vor Ablauf von 12 Monaten seit dem Bilanzstichtag fällig werden. Die Ausgleichsverpflichtung wird spätestens 1 Jahr nach dem Ende des Handelsvertretungsverhältnisses fällig, nachdem sie innerhalb dieses Jahres geltend gemacht werden muss (§ 89 b Abs. 4 S. 2 HGB).

3. Vorauszahlungen auf den Ausgleichsanspruch

2258 Werden vom Unternehmer an den Handelsvertreter neben den laufenden Provisionen auch Vorauszahlungen auf den Ausgleichsanspruch nach § 89 b HGB bezahlt (Rz. 1584 folg.), sind diese zunächst als Anzahlungen zu aktivieren. Dies rechtfertigt sich aus dem Umstand, dass bei Leistung der Vorauszahlungen noch ungewiss ist, ob ein Ausgleichsanspruch entsteht und dass steuerrechtlich für die Ausgleichsverpflichtung noch keine Rückstellung für ungewisse Verbindlichkeiten gebildet werden darf (Rz. 2252). Die steuerrechtliche Behandlung der Vorauszahlungen ist also anders als die handelsrechtliche, bei der Vorauszahlungen als Aufwand behandelt werden können.

2259 Dies gilt auch dann, wenn vereinbart ist, dass die Vorauszahlungen dem Handelsvertreter verbleiben, soweit sie den Ausgleichsanspruch nach § 89 b HGB übersteigen. Sie werden erst in dem Jahr Aufwand, in dem der Ausgleichsbetrag und damit überschießende Vorauszahlungen als Verlust feststehen.

4. Anschaffungskosten für das immaterielle Wirtschaftsgut „provisionsfreie Nutzung" des vom Handelsvertreter neu aufgebauten Kundenstammes

2260 Versteht man die Ausgleichszahlung nach § 89 b HGB als Anschaffungskosten für das immaterielle Wirtschaftsgut der „provisionsfreien Nutzung" des vom Handelsvertreter neu aufgebauten Kundenstammes, wie dies in Rz. 2192 folg. für richtig gehalten wird, tritt ein Aufwand erst dadurch ein, dass der Kundenstamm, mit dem das immaterielle Wirtschaftsgut verschmilzt (Rz. 2196 folg.), planmäßig oder sofort abgeschrieben wird (Rz. 2212 folg.).

Der mit den Absetzungen für Abnutzung nach § 7 Abs. 1 S. 1 u. 2 EStG verbundene Aufwand setzt also frühestens mit der Beendigung des Handelsvertretungsverhältnisses ein. Dabei ist zu berücksichtigen, dass bei immateriellen Wirtschaftsgütern nur gleichmäßige Absetzungen für Abnutzung gelten, nicht degressive (§ 7 Abs. 2 EStG) und dass im Jahr der Anschaffung nur die anteilige Jahres-AfA geltend gemacht werden kann. Die Vereinfachungsregelung in Abschn. 44 Abs. 2 S. 3 EStR gilt nicht, so dass bei Anschaffungen im 1. Halbjahr die Ganzjahres-AfA und bei Anschaffungen im 2. Halbjahr die halbe Jahres-AfA angesetzt werden kann. **2261**

Der Abschreibungszeitraum richtet sich nach dem voraussichtlichen Verbrauch des Kundenstammes. Mangels besserer Erkenntnisse wird man analog zur Abschreibungsdauer eines Praxiswertes eines Freiberuflers eine Dauer von 3 bis 5 Jahren zu Grunde legen[4]. Für ein entgeltlich erworbenes „Vertreterrecht" hat der BFH einen Abschreibungszeitraum von 5 Jahren bestätigt[5]. Eine Sofortabschreibung ist bei den unter Rz. 2213, 2214 dargestellten Sachverhalten gerechtfertigt. **2262**

5. Betriebliche Altersversorgung zum Zwecke der Minderung der Ausgleichsverpflichtung des Unternehmers

a) Direktzusage

Erteilt der Unternehmer dem Handelsvertreter eine Zusage auf betriebliche Altersversorgung in Form einer Direktzusage, um den Ausgleichsanspruch entsprechend zu mindern (Rz. 2177 folg.), kann der Unternehmer ab der ***schriftlichen*** Erteilung der Direktzusage eine Pensionsrückstellung nach § 6a EStG bilden. Die Beträge, die der Pensionsrückstellung zugeführt werden, führen beim Unternehmer zu einem entsprechenden Aufwand. **2263**

Folgende Voraussetzungen müssen erfüllt sein, damit der Unternehmer überhaupt eine Pensionsrückstellung bilden darf: **2264**

– Der Unternehmer muss seinen Gewinn durch Vermögensvergleich (Bilanzierung) ermitteln (§ 4 Abs. 1, § 5 Abs. 1 EStG).

– Die Pensionszusage muss spätestes am Bilanzstichtag schriftlich erteilt sein, also in einem Nachtrag zum Handelsvertretervertrag; die Pensionszusage muss eindeutige Angaben zu Art (Altersversorgung, Hinterbliebenenversorgung, Invaliditätsleistungen), Form (Rente oder Einmalkapital), Voraussetzungen (z.B. welches Versorgungsalter) und Höhe der in Aussicht gestellten künftigen Leistungen enthalten (§ 6a Abs. 1 Nr. 3 EStG).

---

[4] *BFH*, 24.2.1994 IV R 33/93 BStBl 1994 II 590; BMF v. 15.1.1995 BStBl 1995 I 14 und DB 1995, 117.
[5] *BFH*, 18.1.1989 X R 10/86 BStBl 1989 II 549.

- Die Pensionszusage darf keine sog. steuerschädlichen Vorbehalte enthalten (§ 6a Abs. 1 Nr. 2 EStG). Dies sind solche, die zivilrechtlich nicht vollzogen werden können[6]. Steuerschädlich wäre z. B. ein Vorbehalt, dass die Direktzusage entfällt, wenn der Handelsvertreter nach Eintritt der Unverfallbarkeit der Versorgungsanwartschaft das Handelsvertreterverhältnis kündigt oder er zur fristlosen Kündigung des Unternehmers Anlass gegeben hat. Zivilrechtlich könnten die bereits erdienten Versorgungsanwartschaften nicht entfallen.

2265 Der Unternehmer hat ein steuerliches Wahlrecht, Pensionsrückstellungen nach § 6a EStG zu bilden[7]. Unterlässt er allerdings die – alljährlich – gebotene Aufstockung, besteht insoweit ein Nachholverbot (§ 6a Abs. 4 S. 1 EStG). Das Nachholverbot gilt bis zur Beendigung des Handelsvertretungsverhältnisses.

2266 Die Höhe der Pensionsrückstellung ist in § 6a EStG im Einzelnen geregelt. Der Aufwand in Höhe des versicherungsmathematischen Kapitalwerts der Versorgungsleistungen wird in etwa gleichmäßig auf den Zeitraum „Beginn des Handelsvertretungsverhältnisses" bis „Eintritt des Versorgungsalters" verteilt. Für den alljährlichen Zuführungsbetrag zur Pensionsrückstellung ist eine versicherungsmathematische Berechnung notwendig.

b) Unterstützungskassenversorgung

2267 Die Unterstützungskassenversorgung führt beim Unternehmer nur zu einer sog. mittelbaren Versorgungsverpflichtung (Art. 28 Abs. 1 S. 2 EGHGB). Der Unternehmer ist nur einstandspflichtig, wenn die Unterstützungskasse die Versorgungsleistung lt. Leistungsplan nicht erbringt (§ 1 Abs. 1 S. 3 BetrAVG).

2268 Für mittelbare Versorgungsverpflichtungen müssen handelsrechtlich keine Pensionsrückstellungen gebildet werden. Der Kaufmann hat insoweit ein Wahlrecht. Die Folge ist, dass wegen des Maßgeblichkeitsgrundsatzes (Rz. 2252) steuerrechtlich ein Passivierungsverbot besteht; Pensionsrückstellungen nach § 6a EStG können nicht gebildet werden.

2269 Der Unternehmer kann aber der Unterstützungskasse Zuwendungen machen, um die Unterstützungskasse spätestens im Versorgungsfall in die Lage zu versetzen, die Versorgungsleistungen nach Leistungsplan zu erbringen. Diese Zuwendungen sind nach Maßgabe des § 4d EStG Betriebsausgaben und mindern den Gewinn des Unternehmers.

2270 Nur bei Unterstützungskassen, die für die Versorgungsleistungen an den einzelnen Berechtigten eine kongruente Rückdeckungsversicherung mit voller Abdeckung der Versorgungslast abschließen, die laufende Prämien bis zum Versorgungszeitpunkt vorsehen, ist es dem Unternehmer möglich, der Unterstützungskasse im Anwartschaftszeitraum diese Prämien erfolgswirksam zuzuwenden (Rz. 2185). Nur bei dieser Gestaltung kann der Unternehmer die vollständige Versorgungslast auch im Anwartschaftszeitraum als Betriebsausgabe geltend machen.

---

6 *Blomeyer/Otto*, 3. Aufl. StR A 380f.
7 *Blomeyer/Otto*, 3. Aufl. StR A 368f. mwN.

II. Betroffene Ertragsteuern

Die Betriebsausgaben bzw. die betrieblichen Aufwendungen, die sich für den Unternehmer ergeben, mindern seinen Gewinn und damit die Bemessungsgrundlage für die Einkommensteuer (Einkünfte aus Gewerbebetrieb § 15 Abs. 1 Nr. 1, § 2 Abs. 1 EStG), für die Körperschafteuer (§ 8 KStG), für die Gewerbeertragsteuer (§ 7 GewStG) und für die von diesen Steuern abhängigen Abgaben wie Solidaritätszuschlag und Kirchensteuer. 2271

Zusammengefasst können sich Betriebsausgaben oder betriebliche Aufwendungen für den Unternehmer ergeben aus 2272

– Rückstellungen für die Handelsvertreterausgleichsverpflichtung oder richtiger aus den Absetzungen für Abnutzung auf das aktivierte immaterielle Wirtschaftsgut „provisionsfreies Nutzungsrecht" bezüglich des vom Handelsvertreter neu aufgebauten Kundenstammes;

– verlorene Vorauszahlungen auf den Handelsvertreterausgleich, die den Handelsvertreterausgleich übersteigen;

– Pensionsrückstellungen für Direktzusagen (welche den Handelsvertreterausgleichsanspruch verdrängen);

– Zuwendungen an Unterstützungskassen für eine betriebliche Altersversorgung über den Versorgungsweg der Unterstützungskasse (wodurch ebenfalls der Handelsvertreterausgleichsanspruch verdrängt wird);

– Entschädigungsverpflichtungen für entgangene Bezirksprovisionen;

– Entschädigungsverpflichtungen für entgangene Inkassoprovisionen;

– Rückstellungen für Schadenersatzverpflichtungen nach § 89 a Abs. 2 HGB;

– Rückstellungen für Wettbewerbsentschädigungen nach § 90 a Abs. 1 HGB.

B. Beim Handelsvertreter bzw. seinen Erben

I. Bei Einnahmen-Überschussrechnung

1. Einkommensteuer – Einkünfte aus Gewerbebetrieb

Der Handelsvertreter ist Kaufmann, weil er nach § 84 Abs. 1 HGB selbstständiger Gewerbetreibender ist und damit nach § 1 Abs. 1 HGB ein Handelsgewerbe betreibt. Er erzielt Einkünfte aus Gewerbebetrieb nach § 15 Abs. 1 Nr. 1 EStG, die nach § 2 Abs. 1 Nr. 2 EStG zur Bemessungsgrundlage der Einkommensteuer gehören. 2273

Einkünfte aus Gewerbebetrieb werden durch Gewinnermittlung bestimmt (§ 2 Abs. 2 Nr. 1 EStG). Wird der Gewinn durch Einnahmen-Überschussrechnung nach § 4 Abs. 3 EStG ermittelt (Rz. 2218 folg.), ist der Handelsvertreterausgleich erst bei Zufluss (§ 11 Abs. 1 EStG) Betriebseinnahme und damit Gewinn. 2274

2. Ausgleichszahlung als Entschädigung

2275 Handelsvertreterausgleichszahlungen erfüllen den Begriff der Entschädigung (§ 24 Nr. 1 Buchst. c) EStG). Damit kommen die Ausgleichszahlungen als *außerordentliche Einkünfte in Betracht*, mit der Wirkung, dass für diese außerordentlichen Einkünfte

- bei Zufluss bis zum 31.12.1998 der halbe Durchschnittssteuersatz nach § 34 Abs. 1 EStG a.F. anwendbar sein kann;
- bei Zufluss ab dem 1.1.1999 die sog. Fünftel-Regelung nach § 34 Abs. 1 EStG n.F. anwendbar sein kann.
- Zur Anwendung des halben Durchschnittssteuersatzes nach § 34 Abs. 3 EStG n.F. s. Rz. 2306 folg.

Auch Ausgleichszahlungen an Eigenhändler, die in analoger Anwendung des § 89b HGB geleistet werden, sind eine Entschädigung nach § 24 Nr. 1 Buchst. c) EStG[7a].

3. Ausgleichszahlung als außerordentliche Einkünfte

2276 In Anwendung der Rechtsprechung des BFH zu Abfindungen für einen entlassenen Arbeitnehmer erfüllt eine Handelsvertreterausgleichszahlung nur dann den Begriff der *außerordentlichen Einkünfte*, wenn sie grundsätzlich *in einem Betrag* bezahlt wird[8].

2277 Die Tarifvergünstigungen des halben Durchschnittssteuersatzes nach § 34 Abs. 1 EStG a.F. und der sog. Fünftel-Regelung nach § 34 Abs. 1 EStG n.F. greifen also bei Gewinnermittlung durch Einnahmen-Überschussrechnung nach § 4 Abs. 3 EStG nicht ein, wenn der Ausgleich in mehreren Raten oder sogar in Rentenform gezahlt wird (a.A. die Vorauflage). Dies gilt auch dann, wenn durch Schuldumwandlung der Schuldgrund geändert wird, z.B. es wird ein Versorgungsvertrag mit gleichen Raten abgeschlossen.

2278 Unschädlich ist es aber, wenn der Ausgleich wegen eines Rechenfehlers zunächst zu niedrig ausbezahlt wurde und eine Nachzahlung im gleichen oder einem späteren Veranlagungszeitraum erfolgt oder wenn eine Nachzahlung gerichtlich erstritten werden muss[9]. Gleiches gilt, wenn die Notlage des Unternehmers die Auszahlung des Ausgleichsanspruches in mehreren Veranlagungszeiträumen erfordert[10]. Die nachgezahlten Beträge sind aber abweichend vom Zuflussprinzip in dem Jahr steuerlich zu erfassen, in dem die erste Ausgleichszahlung floss[11]. Dies

---

7a *FG Düsseldorf* v. 4.9.1996 EFG 1997, 1241; *BFH* v. 12.10.1999 VIII R 21/97 BStBl 2000 II 220.
8 *BFH*, 21.11.1980 VI R 179/78 BStBl 1981 II 214; v. 2.9.1992 XI R 63/89 BStBl 1993 II 831; v. 21.3.1996 XI R 51/95 BStBl 1996 II 416; v. 6.9.2000 XI R 19/00 BFH/NV 2001, 431.
9 *Strahl* in Kösdi 1999, 12016.
10 *BFH* v. 1.2.1957 VI 87/55 U BStBl 1957 III 104; v. 21.6.1990 X R 210/87 BFH/NV 1990, 772; v. 21.4.1993 XI R 67/92 BFH/NV 94, 224.
11 BMF, 18.12.1998 BStBl 1998 I 1512 Rz. 20.

lässt sich nach § 163 AO rechtfertigen, weil außerordentliche Einkünfte trotz der fehlenden Zusammenballung bejaht werden.

In diesem Zusammenhang ist zu beachten, dass die Fünftel-Regelung nach § 34 Abs. 1 EStG in den Jahren 1999 bis 2001 vom Steuerpflichtigen *beantragt* werden musste. Er konnte also die auf mehrere Veranlagungsjahre verteilte Ausgleichszahlung auch als laufende Einkünfte im jeweiligen Veranlagungsjahr versteuern. Ab 2002 wird die Fünftel-Regelung von Amts wegen angewendet. **2279**

Außerordentliche Einkünfte sind für den Handelsvertreterausgleich auch dann gegeben, wenn neben oder zeitlich nach der Ausgleichszahlung auch noch Provisionsnachzahlungen geleistet werden oder wenn der Handelsvertreter vom gleichen Unternehmer auch noch Leistungen der betrieblichen Altersversorgung erhält[12]. **2280**

Liegen außerordentliche Einkünfte vor, *die zu einer Tarifermäßigung führen*, müssen bei der Ermittlung dieser Einkünfte diejenigen Betriebsausgaben abgezogen werden, die mit der Erzielung des Ausgleiches in unmittelbarem Zusammenhang stehen, also z.B. Rechtsverfolgungskosten. Bei Einnahmen-Überschussrechnung sind auch die Umsatzsteuern von dem Bruttobetrag des Ausgleichs abzuziehen. – Die durch den Ausgleich verursachte Gewerbesteuer ist nicht abzuziehen, weil sie auf dem stehenden Gewerbebetrieb als Ganzem lastet[13]. Zur Wirkung der Gewerbesteuer s. Rz. 2337 folg. – Die mit dem Ausgleich verbundenen Betriebsausgaben sind auch dann abzuziehen, wenn sie in einem anderen Veranlagungsjahr angefallen sind. Dadurch wird erreicht, dass sich die Betriebsausgaben bei tarifbegünstigten Einnahmen nur zu dem niedrigeren Einkommensteuersatz auswirken. Der Grundsatz des sachlichen Zusammenhangs geht dem Grundsatz der periodengerechten Zuordnung vor[13a]. **2281**

Außerordentliche Einkünfte liegen bei einem Ausgleich nach § 89b HGB nur dann vor, wenn der Ausgleich *nicht zu den laufenden Einkünften* gerechnet werden muss, bei denen kein Bedürfnis für eine Tarifermäßigung besteht. Vorauszahlungen auf den Ausgleichsanspruch rechnen zu den laufenden Einkünften[14]. Auch kleinere Ausgleichsansprüche, die bei Fortbestehen des Unternehmens des Handelsvertreters bezahlt werden und im Vergleich zu den übrigen Umsätzen nicht ins Gewicht fallen, stellen einen normalen und üblichen Geschäftsvorfall dar und rechnen deswegen zu den laufenden Einkünften. **2282**

Nach BFH Urt. v. 12.3.1975 I R 180/73 BStBl 1975 II 485 ist bei Ausgleichszahlungen nach § 89b HGB die Außerordentlichkeit der Einkünfte nicht mehr zu prüfen. Dies steht aber im Gegensatz zum Gesetzeswortlaut, nachdem auch bei einer Entschädigung nach § 24 Nr. 1 Buchst. c) EStG außerordentliche Ein- **2283**

---

12 *BFH*, 4.2.1998 XI B 94/97 BFH/NV 1998, 1082; v. 24.1.2002 XI R 43/99 BFH/NV 2002, 717; BMF v. 18.12.1998 BStBl 1998 I 1512 Rz. 6.
13 *BFH*, 26.1.1984 IV R 236/80 BStBl 1984 II 327.
13a *FG Düsseldorf* v. 6.12.2002 DStR E 2003, 592; Revision zum BFH IV R 5/03; *BFH* v. 6.10.1993 I R 97/92 BStBl 1994 II 287.
14 *BFH*, 20.7.1988 I R 250/83 BStBl 1988 II 936.

künfte lediglich *in Betracht* kommen (§ 34 Abs. 2 EStG Einleitungssatz). Der BFH hat seine Rechtsansicht im Urteil v. 20.7.1988 I R 250/83 BStBl 1988 II 936 korrigiert.

4. Fünftel-Regelung

2284 Die Fünftel-Regelung nach § 34 Abs. 1 EStG n.F. setzte in den Kalenderjahren 1999 bis 2001 einen Antrag des Steuerpflichtigen voraus. Ab 2002 erfolgt eine entsprechende Veranlagung von Amts wegen.

2285 Es wird zunächst die Einkommensteuer ermittelt, die sich ergibt, wenn die übrigen Einkünfte zunächst ohne die außerordentlichen Einkünfte besteuert werden und sodann um 1/5 der außerordentlichen Einkünfte erhöht werden. Die durch das Fünftel der außerordentlichen Einkünfte veranlasste Einkommensteuer wird verfünffacht (§ 34 Abs. 1 S. 2 EStG).

2286 Ist das zu versteuernde Einkommen *ohne* die außerordentlichen Einkünfte negativ und *mit* den außerordentlichen Einkünften positiv, beträgt die Einkommensteuer das Fünffache der auf ein Fünftel des zu versteuernden Einkommens entfallenden Einkommensteuer (§ 34 Abs. 1 S. 3 EStG).

2287 Die Fünftel-Regelung führt bei geringen anderweitigen Einkommen zu einer deutlichen Entlastung, bei hohem Einkommen nahezu zu keiner Entlastung. Der Grenzsteuersatz von 48,5% ist nach der Grundtabelle bereits bei einem zu versteuernden Einkommen von € 55.008,00 erreicht, beim Splittingtarif bei einem zu versteuernden Einkommen von € 110.016,00. Die stark unterschiedliche Wirkung des § 34 Abs. 1 EStG bei niedrigerem und bei hohem Einkommen verletzt den Gleichheitssatz nach Art. 3 GG, weil Übergänge im Steuertarif im Verhältnis zueinander angemessen sein müssen. – Die Entlastungswirkung der Fünftel-Regelung nach § 34 Abs. 1 EStG kann u.U. durch getrennte Veranlagung von Ehegatten (§ 26 Abs. 3 S. 3 EStG) gesteigert werden[15], nämlich dann, wenn der Ehegatte, der den Ausgleich nach § 89b HGB erhält, keine oder wenige andere Einkünfte hat, der andere Ehegatte aber besonders hohe Einkünfte hat.

2288 Es bestehen aufgrund des Rechtsstaatsprinzips verfassungsrechtliche Bedenken, dass der halbe Durchschnittssteuersatz nach § 34 Abs. 1 EStG a.F. mit Wirkung zum 1.1.1999 durch die Fünftel-Regelung ersetzt wurde, ohne dass wegen des starken Steueranstiegs eine Übergangslösung geschaffen wurde[16], die in sich gerecht ist[17]. Verfassungsrechtlich bedenklich ist es insbesondere, wenn vor dem 24.3.1999 (Tag der Verkündung des Änderungsgesetzes) vereinbarte Ausgleichszahlungen deswegen der sog. Fünftel-Regelung unterliegen, weil sie nach dem 1.1.1999 einkommensteuerlich zu erfassen sind[17a].

---

15 Vgl. *Richter*, DStR 1998, 1950; *Kroschel/Wellisch*, BB 1998, 2550.
16 *Kirchhof*, StuW 2000, 221, 224; *Spindler*, DStR 2001, 725, 728; *Korezkij* DStR 2003, 319; *List* BB 2003, 761.
17 *BFH*, 10.10.1994 X B 9/94 BFH/NV 1995, 472.
17a *BFH* v. 6.11.2002 XI B 42/01 DStR 2003, 283.

5. Halber Durchschnittssteuersatz

Bis zum 31.12.1998 unterlagen Ausgleichszahlungen nach § 89b HGB, die den Begriff der außerordentlichen Einkünfte erfüllten, nur dem halben Durchschnittssteuersatz der Einkommensteuer nach § 34 Abs. 1 EStG a. F. **2289**

6. Ausgleichszahlung als Veräußerungsgewinn

Die Beendigung des Handelsvertretungsverhältnisses, die auch durch den Tod des Handelsvertreters eintreten kann, und die damit verbundene Ausgleichszahlung kann Anlass einer Betriebsaufgabe des Unternehmens des Handelsvertreters sein, sodass auch ein nach § 34 Abs. 3 EStG n. F. tarifbegünstigter Veräußerungsgewinn zu erörtern ist. Weil aber bei einer Betriebsaufgabe zur Gewinnermittlung durch Vermögensvergleich überzugehen ist, wird auf die Ausführungen unter Rz. 2306 folg. verwiesen. **2290**

II. Bei Bilanzierung

1. Einkommensteuer – Einkünfte aus Gewerbebetrieb

Der Handelsvertreter, der seinen Gewinn durch Vermögensvergleich ermittelt (Rz. 2225), hat den Ausgleichsanspruch dem Grunde nach bei Beendigung des Handelsvertretungsverhältnisses zu aktivieren. Der Ausgleichsanspruch fließt in die Einkünfte aus Gewerbebetrieb gemäß § 15 Abs. 1 Nr. 1 EStG ein (Rz. 2273). **2291**

Bei der erstmaligen Bewertung des Anspruchs führt das Vorsichtsprinzip (§ 252 Abs. 1 Nr. 4 HGB), das über den Grundsatz der Maßgeblichkeit der Handelsbilanz für die Steuerbilanz (§ 5 Abs. 1 S. 1 EStG) auch für das Steuerrecht gilt, dazu, dass der Bilanzansatz vielfach weit unter dem Betrag der späteren Ausgleichszahlung liegt (vgl. Rz. 2230). Erst bei Anerkenntnis, Verurteilung oder Zahlung kann wegen des Realisationsgrundsatzes der Fehlbetrag nachaktiviert werden, selbst wenn dies Jahre nach der Beendigung des Vertragsverhältnisses erfolgt (Rz. 2237). Eine sukzessive Aufstockung des erstmaligen Ansatzes für den Ausgleichsanspruch in mehreren Jahresabschlüssen gemäß den fortschreitenden Realisierungserwartungen ist wegen des Realisationsgrundsatzes (§ 252 Abs. 1 Nr. 4 2. Halbsatz HGB) nicht möglich. Der Ausgleichsanspruch wird deswegen in aller Regel in zwei Jahresabschlüsse eingehen, wenn nicht schon eine Einigung über seine Höhe bis zur Aufstellung des Jahresabschlusses für das Geschäftsjahr erfolgt, in das das Vertragsende fällt. **2292**

Ist zunächst nur ein Erinnerungswert von € 1,00 aktiviert, verwirklicht sich der Ertrag aus dem Ausgleichsanspruch erst im Geschäftsjahr der Anerkennung oder der Verurteilung. Die mit dem Ausgleich zusammenhängenden Betriebsausgaben sind erst in diesem Jahr steuerlich anzusetzen, wenn der Ausgleich einer Tarifermäßigung unterliegt (Rz. 2281). **2293**

XX Steuerliche Behandlung des Ausgleichsanspruches

2294 Auch ein anerkannter oder ausgeurteilter Betrag ist auf den niedrigeren Teilwert abzuschreiben, wenn nicht mit einer vollen Realisierung des Ausgleichsanspruches gerechnet werden kann.

2. Ausgleichsanspruch als außerordentliche Einkünfte

2295 Ausgleichsansprüche, die nicht zu den laufenden Einkünften zu rechnen sind (Rz. 2276 folg.), sind auch dann außerordentliche Einkünfte, wenn sie aus Bewertungsgründen in zwei verschiedenen Veranlagungsjahren in den Gewinn eingehen (Rz. 2292). Auch die Tatsache, dass die aktivierten Ansprüche möglicherweise erst in mehreren Jahren erfüllt werden, ist bei der Gewinnermittlung durch Vermögensvergleich im Gegensatz zur Gewinnermittlung durch Einnahmen-Überschussrechnung (§ 4 Abs. 3 EStG; Rz. 2219 folg.) ohne Bedeutung. Auch eine Verrentung des Ausgleichs ist damit bei bilanzierenden Handelsvertretern unschädlich.

3. Fünftel-Regelung

2296 Zum Inhalt der Fünftel-Regelung nach § 34 Abs. 1 EStG n. F. s. Rz. 2285 folg. Ist ein Ausgleichsanspruch als außerordentliche Einkünfte zu beurteilen, obwohl er in zwei Veranlagungsjahren in den Gewinn eingeht, ist zu fragen, ob § 34 Abs. 1 EStG in jedem der betroffenen Veranlagungsjahre anzuwenden ist, oder ob die Gewinnerhöhung im späteren Veranlagungsjahr dem erstbetroffenen Jahr hinzugerechnet werden muss. Das Letztere ist der Fall. Der Ausgleichsanspruch, der im Jahr der Beendigung des Vertragsverhältnisses aktiviert wurde, ist um den später realisierten Mehrbetrag zu erhöhen und der Fünftel-Regelung nach § 34 Abs. 1 EStG zu unterwerfen. Dies rechtfertigt sich daraus, dass § 34 Abs. 1 EStG eine Billigkeitsvorschrift ist; bei der aufgezeigten Behandlung wird auch ein Gleichklang mit der Rechtslage bei Einnahmen-Überschussrechnung erreicht (Rz. 2276 folg.). Auch die mit dem Ausgleich zusammenhängenden Betriebsausgaben sind in dem Jahr anzusetzen, in dem der tarifbegünstigte Ausgleichsanspruch zu versteuern ist (Rz. 2281).

2297 Verfahrensmäßig ist der Steuerbescheid des Erstjahres nach § 175 Abs. 1 Nr. 2 AO zu ändern, wenn der realisierbare bzw. realisierte Mehrbetrag über den aktivierten Ausgleichsanspruch feststeht.

2298 Eine Ausnahme ist dann zu machen, wenn im Jahr der Beendigung des Handelsvertretungsverhältnisses der Ausgleichsanspruch nur mit dem Erinnerungswert von € 1,00 erfasst wird. Die Fünftel-Regelung nach § 34 Abs. 1 EStG ist dann erst im Jahr der Realisation des Ausgleichsanspruchs anzuwenden.

4. Halber Durchschnittssteuersatz

2299 Bis zum 31.12.1998 unterlagen Ausgleichszahlungen dem halben Durchschnittssteuersatz nach § 34 Abs. 1 EStG a. F. Nach den Darlegungen zur Fünftel-Regelung (Rz. 2296 folg.) gilt dieser auch dann, wenn die Ausgleichszahlungen erst nach dem 1.1.1999 realisiert worden sind, jedenfalls soweit der Ausgleichsanspruch zum Ende des Vertragsverhältnisses (31.12.1998 oder früher) mit mehr als dem Erinnerungswert von DM 1,00 aktiviert worden ist oder hätte aktiviert werden müssen.

5. Ausgleichsanspruch gegenüber einem nachfolgenden Handelsvertreter

Ein Handelsvertreterausgleichsanspruch nach § 89 b HGB entsteht nicht, wenn ein Dritter mit Zustimmung des Unternehmers anstelle des Handelsvertreters in das Vertragsverhältnis eintritt (§ 89 Abs. 3 Nr. 3 HGB). Der ausscheidende Handelsvertreter wird dann von dem neuen Handelsvertreter eine Entschädigung erhalten, weil idR vereinbart wird, dass im Verhältnis zum Unternehmer die vom ausscheidenden Handelsvertreter neu geworbenen Kunden als solche des neuen Handelsvertreters gelten. 2300

Die Entschädigung, die der Ausscheidende vom nachrückenden Handelsvertreter erhält, ist keine Ausgleichszahlung nach § 89 b HGB. Diese müsste vom Unternehmer stammen. Der BFH hat deswegen im Urteil v. 31.5.1972 IV R 44/69 BStBl 1972 II 899 die Anwendung des § 24 Nr. 1 Buchst. c) EStG und damit der Tarifvergünstigung verneint. Der BFH verneinte dabei auch das Vorliegen einer Entschädigung nach § 24 Nr. 1 Buchst. a) EStG „als Ersatz für entgangene oder entgehende Einnahmen" und auch nach § 24 Nr. 1 Buchst. b) EStG „für die Aufgabe einer Tätigkeit" im Anschluss an die ältere Rechtsprechung[18]. Diese Rechtsprechung galt, bevor der Handelsvertreterausgleich nach § 89 b HGB durch Erweiterung des § 24 Nr. 1 EStG durch Buchstabe c) zur Entschädigung gemacht wurde (ab 1961). 2301

Die Entscheidung des BFH überzeugt nicht, soweit er eine Entschädigung nach § 24 Nr. 1 Buchst. a) EStG als Ersatz für entgehende Einnahmen verneint. Wirtschaftlich besteht für den ausscheidenden Handelsvertreter kein Unterschied, ob er den Ausgleich vom Unternehmer oder vom nachrückenden Handelsvertreter erhält. Schon deswegen wäre es nicht vertretbar, in einem Fall die Tarifvergünstigung zu gewähren, im anderen Fall nicht. Nachdem das gewünschte Ergebnis auch dadurch erreicht werden könnte, dass der nachfolgende Handelsvertreter den ausgehandelten Betrag an den Unternehmer zahlt und dieser ihn als Ausgleich nach § 89 b HGB an den ausscheidenden Handelsvertreter weiterleitet, sollte die steuerliche Würdigung der direkten Zahlung nicht so erfolgen, dass nicht beratene Steuerpflichtige bestraft werden. 2302

Auch rechtlich ist der Begriff der Entschädigung nach § 24 Nr. 1 Buchst. a) EStG im Sinne der Rechtsprechung des BFH erfüllt, weil die Zahlung nicht auf dem Handelsvertreterverhältnis beruht, sondern auf einer **neuen Rechts- oder Billigkeitsgrundlage**[19], nämlich dem Vertrag mit dem nachrückenden Handelsvertreter. 2303

---

18 *BFH*, 22.10.1959 IV 118/59 S BStBl 1960 III 21; v. 5.7.1962 IV 275/61 U BStBl 1962 III 416; v. 4.3.1965 I 418/62 StRK 1974 § 24 R 55.

19 *BFH*, 30.10.1970 VI R 273/67 BStBl 1971 II 138; v. 25.3.1975 VIII R 183/73 BStBl 1975 II 634; v. 17.3.1978 VI R 63/75 BStBl 1978 II 375; v. 10.7.1991 X R 79/90 BFH E 165, 75; v. 27.11.1991 X R 10/91 BFH/NV 1992, 455; v. 25.6.1993 XI R 8/93 BStBl 1994 II 156.

XX Steuerliche Behandlung des Ausgleichsanspruches

2304 Die Entschädigung, die der ausscheidende vom nachfolgenden Handelsvertreter erhält, kann also zur Anwendung der Fünftel-Regelung nach § 34 Abs. 1 EStG n. F. führen, wenn der Begriff der außerordentlichen Einkünfte erfüllt ist.

2305 Leistet der nachfolgende Handelsvertreter anstelle einer einmaligen Entschädigung nur laufende Zahlungen für die übertragene Handelsvertretung, liegen nach BFH Urteil v. 18.1.1989 X R 10/86 BStBl 1989 II 549 und v. 25.7.1990 X R 111/88 BStBl 1991 II 218 nur laufende Einkünfte vor. Dies ist im Ergebnis richtig, weil der Begriff der außerordentlichen Einkünfte nach § 24 EStG, der zu einer Tarifbegünstigung führt, voraussetzt, dass Entschädigungen nach § 24 Nr. 1 Buchst. a) und b) EStG *in einem Betrag* bezahlt werden (Rz. 2276).

6. Ausgleichsanspruch als Veräußerungsgewinn

a) Grundsätzliches

2306 Durch § 16 Abs. 1 Nr. 1 EStG wird klargestellt, dass zu den Einkünften aus Gewerbebetrieb auch Gewinne gehören, die bei der Veräußerung des ganzen Gewerbebetriebes oder eines Teilbetriebes erzielt werden. Der Veräußerung wird die Aufgabe des Gewerbebetriebes gleichgestellt (§ 16 Abs. 3 S. 1 EStG). Eine Aufgabe des Gewerbebetriebes liegt vor, wenn aufgrund eines Entschlusses des Steuerpflichtigen, den Betrieb aufzugeben, die bisher in diesem Betrieb entfaltete gewerbliche Tätigkeit endgültig eingestellt wird, alle wesentlichen Betriebsgrundlagen in einem einheitlichen Vorgang d. h. innerhalb kurzer Zeit entweder insgesamt äußerlich erkennbar in das Privatvermögen überführt oder insgesamt einzeln an verschiedene Erwerber veräußert werden oder teilweise veräußert und teilweise in das Privatvermögen übernommen werden.[20]

2307 Sowohl bei einer Veräußerung des Gewerbebetriebes im Ganzen oder eines Teilbetriebes als auch bei der Betriebsaufgabe muss zur Gewinnermittlung durch Vermögensvergleich übergegangen werden, wenn bisher der Gewinn durch Einnahmen-Überschussrechnung ermittelt wurde. Es muss nämlich der Buchwert des veräußerten oder aufgegebenen Betriebsvermögens ermittelt werden, um den Veräußerungsgewinn oder den Betriebsaufgabegewinn von dem vorherigen laufenden Gewinn abgrenzen zu können (Rz. 2219).

2308 Die Betriebsaufgabe beginnt nicht bereits mit dem Aufgabeentschluss, sondern erst mit Handlungen, die objektiv auf die Auflösung des Betriebs gerichtet sind.[21] Auch während einer Betriebsaufgabe können Gewinne anfallen, die **wirtschaftlich nicht im Rahmen der Aufgabe des Gewerbebetriebes** anfallen. Solche Gewinne sind Gewinne aus der Fortsetzung der bisherigen Geschäftstätigkeit zum Zwecke des Abverkaufs von Waren oder der Erledigung des restlichen Auftragsbestandes[22].

---

20 *Schmidt/Wacker*, § 16 EStG Rz. 173.
21 *Schmidt/Wacker*, § 16 EStG Rz. 194 m.w.N.
22 *Schmidt/Wacker*, § 16 EStG Rz. 342, 343 m.w.N.

B. Beim Handelsvertreter bzw. seinen Erben XX

Im Zusammenhang mit dem Ausgleich nach § 89 b HGB ist die Vorschrift des 2309
§ 16 Abs. 1, 3 EStG bei folgenden Sachverhalten zu prüfen:

– Ein Handelsvertreter veräußert sein Unternehmen an einen Nachfolger, wobei das oder die Handelsvertretungsverhältnisse mit Zustimmung des Unternehmers auf den nachfolgenden Handelsvertreter umgeschrieben werden.

– Ein Handelsvertreter gibt sein Unternehmen gänzlich auf, was auch durch seinen Tod veranlasst sein kann. Er bzw. seine Erben erhalten von den Unternehmern, zu denen Handelsvertretungsverhältnisse bestehen, den Ausgleich nach § 89 b HGB.

– Ein Handelsvertreter gibt eine von mehreren Vertretungen auf und erhält für die aufgegebene Vertretung den Ausgleich nach § 89 b HGB.

b) *Veräußerung der Handelsvertretung an einen nachfolgenden Handelsvertreter*

aa) *Veräußerung des Gewerbebetriebes im Ganzen*

Wird das Unternehmen des Handelsvertreters im Ganzen an einen nachfolgenden Handelsvertreter veräußert, wobei die Handelsvertretungsverhältnisse mit Zustimmung der betroffenen Unternehmer auf den nachfolgenden Handelsvertreter umgeschrieben werden, entsteht ein Veräußerungsgewinn nach § 16 Abs. 1 Nr. 1 EStG. 2310

Der Veräußerungsgewinn berechnet sich nach § 16 Abs. 2 EStG wie folgt

    Veräußerungspreis
./. Buchwert des veräußerten Unternehmens
./. Veräußerungskosten
    Veräußerungsgewinn

bb) *Veräußerung eines Teilbetriebes*

Wird eine einzelne Handelsvertretung an den nachfolgenden Handelsvertreter 2311
veräußert, kann die **Veräußerung eines Teilbetriebes** vorliegen. Ein Teilbetrieb, der durch eine einzelne Handelsvertretung gebildet wird, ist aber nur dann gegeben, wenn die einzelne Vertretung ein mit einer gewissen Selbstständigkeit ausgestatteter, organisch geschlossener Teil des Gesamtbetriebes ist, der für sich allein lebensfähig ist[23]. Der Handelsvertreter muss außerdem mindestens zwei Teilbetriebe haben, wenn eine Vertretung bereits ein Teilbetrieb sein soll.

Betreibt ein Handelsvertreter mehrere Vertretungen, kann eine einzelne Handelsvertretung ein Teilbetrieb sein, wenn das vertretene Produkt von den Produkten der übrigen Handelsvertretungen verschieden ist, wenn für diese Vertretung ein gesonderter Buchhaltungskreis geführt wird und auch gesondertes Personal eingesetzt wird. Wird ein derartiger Teilbetrieb mit allen Bestandteilen, 2312

---

23 *BFH*, 13.2.1996 VIII R 39/92 BStBl 1996 II 409 und *Schmidt/Wacker*, § 16 EStG Rz. 143 f.

die ihn ausmachen, an einen nachfolgenden Handelsvertreter veräußert, ist § 16 Abs. 1 Nr. 1 EStG ebenfalls erfüllt.

2313 Dass ein Teilbetrieb den Begriff des Veräußerungsgewinns nach § 16 Abs. 1 Nr. 1 EStG erfüllt, steht im Gesetz, ist aber nicht ganz folgerichtig, wenn man bedenkt, dass ab dem 1.1.2002 Gewinne aus der Veräußerung *von Teilen* eines Mitunternehmeranteils zum laufenden Gewinn gehören (§ 16 Abs. 1 S. 2 EStG).

cc) Rechtsfolgen

2314 Die Rechtsfolge des Vorliegens eines Veräußerungsgewinnes nach § 16 Abs. 1 Nr. 1 EStG ist, dass außerordentliche Einkünfte i.S. von § 34 Abs. 1, Abs. 3 EStG in Betracht kommen (§ 34 Abs. 2 EStG Einleitungssatz). Bei einem Gewinn aus der Veräußerung eines ganzen Gewerbebetriebes ist dies immer der Fall, bei dem Gewinn aus der Veräußerung eines Teilbetriebes dann, wenn er die übrigen laufenden Gewinne übersteigt und sich deswegen von diesen deutlich absetzt.

2315 Liegen außerordentliche Einkünfte vor, gilt folgende Tarifermäßigung bei der Einkommensteuer:

bis zum 31.12.1998

Halber Durchschnittssteuersatz nach § 34 Abs. 1 EStG a.F.

Kalenderjahre 1999 folgende

Fünftel-Regelung nach § 34 Abs. 1 EStG n.F.

Ab 2001

Hat der veräußernde Handelsvertreter das 55. Lebensjahr vollendet oder ist er im sozialversicherungsrechtlichen Sinn dauernd berufsunfähig, kann auf Antrag der halbe Durchschnittssteuersatz, mindestens jedoch ein Tarif von 19,9% angewendet werden, allerdings nur einmal im Leben des Handelsvertreters und auch begrenzt auf einen Veräußerungsgewinn von € 5 Mio. – Dass die Regelung in § 34 Abs. 3 EStG n.F. nicht schon ab dem 1.1.1999 gilt, wird als verfassungswidrig angesehen[24].

dd) Übertragung eines Handelsvertretungsverhältnisses

2316 Überträgt der Handelsvertreter *lediglich* den einzelnen Handelsvertretervertrag mit Zustimmung des Unternehmers auf einen nachfolgenden Handelsvertreter, ohne dass dies als Veräußerung eines Teilbetriebes zu beurteilen ist, greift § 16 Abs. 1 Nr. 1 EStG nicht ein[25].

---

24 *FG Düsseldorf*, 6.2.2002 2 V 4833/01 DStR E 2002, 683.
25 *BFH*, 31.5.1972 IV R 44/69 BFH E 106, 202; v. 25.7.1990 X R 111/88 BStBl 1991 II 218.

c) Veräußerung der Handelsvertretung an den Unternehmer

2317 Der Handelsvertreter kann sein Unternehmen im Ganzen statt an den nachfolgenden Handelsvertreter auch an den Unternehmer selbst veräußern, zu dem das Handelsvertretungsverhältnis besteht. Voraussetzung für die Veräußerung des ganzen Gewerbebetriebes ist, dass die wesentlichen Betriebsgrundlagen auf den Unternehmer übergehen. Hierzu gehören auch diejenigen Dauerschuldverhältnisse, die fortbestehen müssen, damit der Käufer selbst oder ein Dritter den Gewerbebetrieb fortsetzen kann.

2318 Unschädlich ist es, wenn der Käufer den Gewerbebetrieb nur deswegen aufkauft, um ihn still zu legen. Es ist deswegen ohne Bedeutung, wenn der Unternehmer die Handelsvertretung nicht einem Dritten überträgt, sondern die vertretenen Produkte künftig ohne einen Vermittler veräußert, also sein Vertriebssystem umstellt.

2319 Die Geschäftsveräußerung im Ganzen wird auch nicht dadurch beeinträchtigt, dass der Handelsvertreter vor der Veräußerung einzelne kleinere Handelsvertretungsverhältnisse beendete und dafür den Ausgleich nach § 89 b HGB erhielt. Die aufgegebenen Vertretungsverhältnisse dürfen aber nicht den Kern des Gewerbebetriebes des Handelsvertreters ausmachen.

2320 Der Kaufpreis, der vom Unternehmer an den Handelsvertreter für die Veräußerung des Handelsvertretungsunternehmens im Ganzen bezahlt wird, enthält auch einen Ausgleich nach § 89 b HGB, denn das Handelsvertretungsverhältnis wird durch Konfusion beendet; Forderungen und Schulden aus dem Handelsvertretungsverhältnisses vereinigen sich in einer Person, nämlich der des Unternehmers. Der Gesamtkaufpreis setzt sich deswegen aus folgenden Bausteinen zusammen:

Ausgleichsanspruch nach § 89 b HGB
Teilkaufpreis für das sonstige Anlagevermögen
Teilkaufpreis für das Umlaufvermögen des Handelsvertreters
./. Betrag der übernommenen Verbindlichkeiten des Handelsvertreters

Vom Unternehmer geschuldeter Gesamtkaufpreis

Sind die einzelnen Bausteine des Gesamtkaufpreises nicht bekannt und kommt es auf sie für steuerliche Zwecke an, sind die Werte zu schätzen (§ 162 AO).

2321 Der BFH behandelt den Gewinn, der mit dem Ausgleich nach § 89 b HGB verbunden ist, als Teil des laufenden Gewinnes und nicht als Teil eines Betriebsaufgabe- oder Veräußerungsgewinns, weil der Ausgleich eine Gegenleistung für die **bisherige Tätigkeit** des Handelsvertreters sei (vgl. die in Rz. 2324 zitierten Urteile). – Zur Kritik daran s. Rz. 2326 folg. – Der Veräußerungsgewinn nach § 16 Abs. 1 EStG, der sich aus dem Unterschied zwischen Gesamtkaufpreis und Buchwert der veräußerten Wirtschaftsgüter errechnet (Rz. 2310), ist deswegen nach Auffassung des BFH um den Ausgleich nach § 89 b HGB zu kürzen. Die Rechtsfolgen des Veräußerungsgewinnes sind unter Rz. 2314 und 2315 dargestellt.

d) Handelsvertreterausgleich und Betriebsaufgabe

aa) Betriebsaufgabe

2322 Stellt der Handelsvertreter seinen gewerblichen Betrieb bzw. seine gewerbliche Tätigkeit ein, werden auch das oder die Handelsvertretungsverhältnisse beendet; dies kann durch Kündigung des Unternehmers, durch Kündigung des Handelsvertreters oder durch Aufhebungsvertrag erfolgen. Der Begriff der Betriebsaufgabe nach § 16 Abs. 3 EStG ist erfüllt (Rz. 2306).

2323 Wird wegen Beendigung des oder der Handelsvertretungsverhältnisse ein Ausgleich nach § 89b HGB bezahlt, ist dieser durch die Betriebsaufgabe veranlasst. Die noch zu beantwortende Frage ist, ob er auch wirtschaftlich der Betriebsaufgabe zuzuordnen ist (Rz. 2308), und damit den Betriebsaufgabegewinn erhöht oder ob er als laufender Gewinn im äußeren Rahmen einer Betriebsaufgabe zu behandeln ist, weil der Ausgleich nach § 89b HGB eine Gegenleistung für die bisherige Tätigkeit des Handelsvertreters ist.

bb) Bisherige Rechtsprechung

2324 Der BFH hat es in ständiger Rechtsprechung abgelehnt, den Ausgleich nach § 89b HGB einem Betriebsaufgabegewinn oder einem Veräußerungsgewinn zuzuordnen[26]. Er stellt darauf ab, dass der Ausgleich nach § 89b HGB eine zusätzliche Gegenleistung für die **bisherige Tätigkeit** des Handelsvertreters ist, deren Höhe sich lediglich an den künftigen Vorteilen des Unternehmers nach Beendigung des Handelsvertretungsverhältnisses orientiert. Die Literatur hat diese Rspr. kritisiert, insbesondere *Felix*, BB 1987, 870; *Merschel*, DStR 1964, 643; *Gertner*, BB 1960, 314.

2325 Diese Rechtsprechung hat im Bereich der **Einkommensteuer** folgende Wirkung:

Bis zum 31.12.1960

Der halbe Durchschnittssteuersatz nach § 34 Abs. 1 EStG a. F. konnte nicht gewährt werden.

Ab 1.1.1961

Ab dem 1.1.1961 kam der halbe Durchschnittssteuersatz (bis zum 31.12.1998) deswegen zur Anwendung, weil der Ausgleich nach § 89b HGB als Fall der Entschädigung in § 24 Nr. 1 Buchst. c) EStG aufgenommen wurde.

---

[26] BFH, 22.10.1959 IV 118/59 S BStBl 1960 III 21; v. 5.7.1962 IV 275/61 U BStBl 1962 III 416; v. 20.7.1962 IV 366/60 StRK § 24 R 33; v. 2.8.1962 IV 177/62 StRK § 24 R 35; v. 4.3.1965 I 418/62 StRK § 24 R 55; v. 5.12.1968 IV R 270/66 BStBl 1969 II 196; BFH; v. 10.7.1973 VIII R 34/71 BStBl 1973 II 786; v. 14.10.1980 VIII R 184/78 StRK § 16 EStG R 236; v. 24.11.1982 I R 60/79 BStBl 1983 II 243; v. 9.2.1983 I R 94/79 BStBl 1983 II 271; v. 16.8.1989 III B 14/89 BFH/NV 1990, 188; v. 19.2.1987 IV R 72/83 BStBl 1987 II 570; v. 25.7.1990 X R 111/88 BStBl 1991 II 218; v. 17.8.1995 XI B 73/95 BFH/NV 1996, 169; v. 9.10.1996 XI R 73/95 BFH/NV 1997, 377; v. 4.3.1998 X R 56/95 BFH/NV 1998, 1354; v. 23.10.1998 VIII B 10/98 BFH/NV 1999, 516.

Ab 1.1.2001
Der halbe Durchschnittssteuersatz nach § 34 Abs. 3 EStG n. F. (Rz. 1949) greift auch für Handelsvertreter, die das 55. Lebensjahr vollendet haben oder im sozialversicherungsrechtlichen Sinn dauernd berufsunfähig sind, nicht ein, weil Voraussetzung das Vorliegen eines Veräußerungsgewinnes nach § 16 Abs. 1, Abs. 3 EStG ist.

cc) Eigene Beurteilung

Die Wertung des BFH, dass der Ausgleich nach § 89 b HGB auch bei Vorliegen einer Betriebsaufgabe nicht zum Betriebsaufgabegewinn gehört, ist schlüssig und mit der Behandlung des Rechtsinstituts der Betriebsaufgabe vereinbar. Grundlage der Wertung ist, dass auch bei einer Betriebsaufgabe laufender Gewinn anfallen kann, wie z. B. der Gewinn aus einem Räumungsverkauf[27] oder der Gewinn aus dem Abverkauf des Umlaufvermögens an den bisherigen Kundenkreis[28]. Deswegen kann auch eine nachträgliche Vergütung für einen bereits aufgebauten Kundenstamm als laufender Gewinn beurteilt werden. 2326

Es fragt sich nur, ob bei der bisherigen Auslegung der aus dem Gleichheitsgrundsatz (Art. 3 GG) ableitbare Grundsatz der Folgerichtigkeit des gesetzgeberischen Handelns ausreichend beachtet ist und Art. 3 GG eine andere Auslegung gebietet. Es sind folgende Argumente zu gewichten: 2327

– Ein Veräußerungsgewinn kann dadurch herbeigeführt werden, dass der Handelsvertreter seinen gesamten Gewerbebetrieb an einen nachfolgenden Handelsvertreter veräußert, was allerdings die Zustimmung des Unternehmers (§ 89b Abs. 3 Nr. 3 HGB) und die Aufrechterhaltung seines Vertriebssystems voraussetzt. Aus der Sicht des Handelsvertreters ist dieser Sachverhalt mit einer Betriebsaufgabe vergleichbar.

– Der Ausgleich nach § 89 b HGB muss nicht unbedingt als eine Vergütung für den Kundenstamm verstanden werden, den der Handelsvertreter aufgebaut hat, also als eine Vergütung für frühere Tätigkeit. Im Ausgleich nach § 89 b HGB kann auch die **Abgeltung künftiger Gewinne** gesehen werden, die der Handelsvertreter bei Fortbestehen des Handelsvertretungsverhältnisses gemacht hätte. Dafür spricht, dass der Ausgleich nach den künftigen Provisionen bemessen wird, die mit dem vom Handelsvertreter aufgebauten Kundenstamm zu erzielen gewesen wären (§ 89b Abs. 1 Nr. 1 und Nr. 2 HGB).

Bedeutet der Ausgleich nach § 89 b HGB eine Abgeltung künftiger Gewinne, ist er mit dem Kaufpreis aus dem Verkauf des Unternehmens des Handelsvertreters vergleichbar. Jeder Verkauf eines Unternehmens führt zu einer Kapitalisierung künftiger Erträge, denn ein Erwerber wird i. d. R. nur dann einen Kaufpreis bezahlen, wenn er diesen aus künftigen Gewinnen abdecken kann.

---

27 *BFH*, 29.11.1988 VIII R 316/82 BStBl 1989 II 602.
28 *BFH*, 7.4.1989 III R 9/87 BStBl 1989 II 874; v. 3.3.1988 IV R 212/85 BFH/NV 88, 558; v. 18.8.1992 VIII R 22/91 BFH/NV 1993, 225.

XX Steuerliche Behandlung des Ausgleichsanspruches

– Die bisherige Auslegung führt dazu, dass ab 2001 Handelsvertreter, die das 55. Lebensjahr vollendet haben bzw. dauernd berufsunfähig sind, faktisch von den Segnungen des halben Durchschnittssteuersatzes nach § 34 Abs. 3 EStG a. F. ausgeschlossen sind. Dies erscheint gleichheitswidrig, wenn man die Handelsvertreter mit anderen Berufsgruppen vergleicht, die im Alter ihren aus eigener Tätigkeit geschaffenen Betrieb veräußern, z. B. Freiberufler, Unternehmensberater, Makler, EDV-Berater.

2328 Es erscheint deswegen richtiger, ab dem In-Kraft-Treten von § 34 EStG n. F. zum 1.1.2001 den Ausgleich nach § 89b HGB dem Betriebsaufgabegewinn nach § 16 Abs. 3, Abs. 1 EStG zuzuordnen und damit die Tarifvorschrift des § 34 EStG zu eröffnen. Ist der Ausgleich Teil des Betriebsaufgabegewinnes, sind auch nachträgliche Aktivierungen des Ausgleichsanspruches (Rz. 2237, 2238) auf das Jahr der Betriebsaufgabe zurückzubeziehen (ähnlich die Rechtslage bei der Fünftel-Regelung Rz. 2296).

2329 Noch nicht entschieden ist damit, dass der dem Betriebsaufgabegewinn zuzurechnende Handelsvertreterausgleich gewerbesteuerfrei ist. Hierzu Rz. 2337 folg.

dd) Handelsvertreterausgleich bei Tod

2330 Führt der Tod des Handelsvertreters zur vollständigen Betriebseinstellung, wobei ein Abwicklungszeitraum von 6 Monaten unschädlich ist[29], liegt ebenfalls eine Betriebsaufgabe vor. Es gelten die unter Rz. 2322 folg. dargestellten Rechtsfolgen. Der BFH rechnet den Ausgleich nach § 89b HGB dem laufenden Gewinn zu[30].

2331 Der Ausgleich nach § 89b EStG soll nicht zum laufenden Gewinn gehören, wenn der Handelsvertreter seinen Gewinn durch Einnahmen-Überschussrechnung (§ 4 Abs. 3 EStG) ermittelte[30a]. Dies ist methodisch verfehlt. Der Tod des Handelsvertreters führt zur Betriebsaufgabe. Es ist zwingend zur Gewinnermittlung durch Vermögensvergleich überzugehen, um den laufenden Gewinn vom Betriebsaufgabegewinn abgrenzen zu können, der nach § 34 Abs. 1 und Abs. 3 EStG tarifbegünstigt sein kann[31]. Die Gewinnermittlungsart kann auch nicht darüber entscheiden, ob der Ausgleich nach § 89b HGB zum laufenden Gewinn rechnet oder zu nachträglichen gewerbesteuerfreien Einnahmen[32].

2332 Eine andere Frage ist, bei wem der Betriebsaufgabegewinn anfällt, noch beim Erblasser oder bei den Erben. Der Erbfall für sich gesehen ist keine Betriebsaufgabe. Der Betrieb des Handelsvertreters endet erst durch ein Verhalten des Erben, nämlich durch die Einstellung der Betriebstätigkeit z. B. infolge der Beendigung des Handelsvertretungsverhältnisses. Der Betriebsaufgabegewinn fällt

---

29 BMF v. 11.1.1993 BStBl 1993 I 62 Rz. 8, 9.
30 *BFH*, 20.7.1962 IV 195/61 StRK § 16 EStG R 45; v. 9.2.1983 I R 94/79 BStBl 1983 II 271.
30a *BFH*, 10.7.1973 VIII R 34/71 BStBl 1973 II 786.
31 *Schmidt/Wacker*, § 16 EStG Rz. 310.
32 Ebenso *BFH* v. 9.2.1983 I R 94/79 BStBl 1983 II 271.

deswegen erst beim Erben an[33]. Er ist nach seinen Verhältnissen zu versteuern. Die persönlichen Voraussetzungen nach § 34 Abs. 1 und 3 EStG müssen beim Erben vorliegen.

e) Handelsvertreterausgleich und Teilbetriebsaufgabe

Eine einzelne Handelsvertretung kann einen Teilbetrieb ausmachen, nämlich dann, wenn die einzelne Vertretung beim Handelsvertreter ein mit einer gewissen Selbstständigkeit ausgestatteter, organisch geschlossener Teil des Gesamtbetriebes ist, der für sich allein lebensfähig ist (Rz. 2311, 2312). 2333

Gibt der Handelsvertreter diesen Teilbetrieb auf und erhält er deswegen den Ausgleich nach § 89b HGB, ist der Begriff des Veräußerungsgewinnes nach § 16 Abs. 3, Abs. 1 Nr. 1 EStG erfüllt. 2334

Den halben Durchschnittssteuersatz nach § 34 Abs. 3 EStG n. F. kann der Handelsvertreter für diesen Gewinn aber nur dann geltend machen (und damit auch die Tarifvergünstigung, die nur einmal im Leben gewährt wird, verbrauchen), wenn *außerordentliche Einkünfte* vorliegen. Der Gewinn aus der Teilbetriebsaufgabe ist also zu vergleichen mit den Einkünften des restlichen Gewerbebetriebes. Nur wenn er diese übersteigt und sich deswegen von ihnen absetzt, sind außerordentliche Einkünfte gegeben. 2335

f) Schlichter Ausgleichsanspruch

Ein Ausgleichsanspruch nach § 89b HGB, der weder im Rahmen einer Betriebsaufgabe noch einer Veräußerung des Gewerbebetriebes anfällt, ist nicht nach § 34 Abs. 3 EStG tarifbegünstigt. Es kann nur die sog. Fünftel-Regelung nach § 34 Abs. 1 EStG greifen, weil der Begriff der Entschädigung erfüllt ist (§ 24 Nr. 1 Buchst. c), § 34 Abs. 2 Nr. 2, § 34 Abs. 1 EStG; Rz. 2296 folg.). 2336

III. Gewerbesteuer

1. Laufender Gewinn

Nach der ständigen Rechtsprechung des BFH rechnet der Ausgleich nach § 89b HGB zu den laufenden Einkünften aus Gewerbebetrieb (s. die in Rz. 2324 zitierten Urteile). Der Ausgleich ist nicht Teil eines Betriebsaufgabegewinnes oder eines Veräußerungsgewinnes, weil er eine Vergütung für die frühere Tätigkeit des Handelsvertreters ist. Der Ausgleich geht deswegen in den Gewerbeertrag nach § 7 GewStG ein. 2337

Auch die Zahlungen, die ein Handelsvertreter von seinem Nachfolger erhält (Rz. 2310 folg.) und die den Begriff der Entschädigung nach § 24 Nr. 1 2338

---

33 *Schmidt/Wacker*, § 16 EStG Rz. 590; BFH v. 17.10.1991 IV R 97/89 BStBl 1992 II 392; *Sauer* DStR 1971, 229.

XX Steuerliche Behandlung des Ausgleichsanspruches

Buchst. a) EStG erfüllen, rechnet der BFH zum laufenden Gewerbeertrag nach § 7 GewStG[34].

2339 Diese Ergebnisse werden gebilligt, nicht die Begründung (hierzu Rz. 2344, 2345).

2. Belastungswirkung

2340 Die Gewerbesteuer berechnet sich bei einem Ausgleich von € 100.000,00 wie nachfolgend dargestellt ist, wobei zum Zwecke der Veranschaulichung davon ausgegangen wird, dass im Wirtschaftsjahr kein weiterer Gewerbeertrag anfällt und somit der Freibetrag nach § 11 Abs. 1 Nr. 1 GewStG und die gestaffelte Steuermesszahl nach § 11 Abs. 2 GewStG voll beim Ausgleich nach § 89 b HGB zum Tragen kommen. Dies ist gestaltbar, wenn das Handelsvertretungsverhältnis einvernehmlich zum 1.1. eines Kalenderjahres beendet wird und nicht zum 31.12. des vorangegangenen Kalenderjahres. Zu dem gewählten Stichtag ist der Ausgleichsanspruch zu erfassen[35], wenn er nicht wegen des Vorsichtsprinzips nur mit € 1,00 zu bewerten ist (Rz. 2230).

Gewinn vor Steuern in Höhe des Ausgleichs	100 000,00 €
./. Rückstellung für Gewerbesteuer	−8 600,00 €
Gewerbeertrag	91 400,00 €
./. Freibetrag nach § 11 Abs. 1 Nr. 1 GewStG	−24 500,00 €
	66 900,00 €
Steuermessbetrag 2,5% aus € 48 000,00	1 200,00 €
Steuermessbetrag 5,0% aus dem Mehrbetrag	945,00
Gewerbesteuer-Messbetrag	2 145,00 €
Hebesatz 400%	8 580,00 €

2341 Bei Einkünften aus Gewerbebetrieb gemäß § 15 Abs. 1 Satz 1 Nr. 1 EStG, wie sie auch der Handelsvertreter bezieht, wird die Gewerbesteuer ab dem 1.1.2001 auf diejenige Einkommensteuer angerechnet, die auf die Einkünfte aus Gewerbebetrieb entfällt. Die Anrechnung erfolgt in Höhe des 1,8-fachen des Gewerbesteuer-Messbetrages (§ 35 Abs. 1 EStG). Im Beispielsfall sind dies 1,8 × € 2.145,00 also € 3.861,00. Die Anrechnung der Gewerbesteuer auf die Einkommensteuer wirkt sich auf den Solidaritätszuschlag (§ 3 Abs. 2 SolZG) und die Kirchensteuer nicht aus (§ 51 a Abs. 1, Abs. 2 S. 3 EStG).

2342 Berücksichtigt man, dass die Gewerbesteuer selbst Betriebsausgabe ist, tritt eine weitere Entlastung bei der Einkommensteuer, beim Solidaritätszuschlag und bei der Kirchensteuer ein. Im Beispielsfall kann bei Anwendung des Grenzsteuersatzes wie folgt gerechnet werden

---

[34] *BFH*, 25.7.1990 X R 111/88 BStBl 1991 II 218; v. 31.5.1972 IV R 44/69 DB 1972, 1807.
[35] *BFH*, 22.9.1992 VIII R 7/90 BStBl 1993 II 228; *BFH*, 10.3.1998 VIII R 76/96 BStBl 1999 II 269.

B. Beim Handelsvertreter bzw. seinen Erben **XX**

Einkommensteuer	48,50% aus € 8580,00 =	4161,30 €
Solidaritätszuschlag	5,50% aus € 4161,30 =	228,87 €
Kirchensteuer (mit Sonderausgabenabzug)	4,12% aus € 4161,30 =	171,45 €
		4561,62 €

Die Gewerbesteuerbelastung wird also im günstigsten Fall zu 98% ausgeglichen, nämlich wie folgt:

Verminderung der ESt durch Anrechnung	3861,00 €
Verminderung der ESt durch Betriebsausgabenabzug	4561,62 €
	8422,62 €

Der Ausgleich ist geringer, wenn die Grenzsteuerbelastung bei der Einkommensteuer mit 48,5% nicht eingreift.

Vor dem 1.1.2001 erfolgte keine Anrechnung der Gewerbesteuer auf die Einkommensteuer. Es wurde lediglich die Tarifbelastung der Einkünfte aus Gewerbebetrieb mit Einkommensteuer gemäß § 32c EStG a.F. auf 43% begrenzt. **2343**

3. Gewerbesteuer und Veräußerungsgewinn

Der Ausgleich nach § 89b HGB kann Teil eines Betriebsaufgabe- oder Veräußerungsgewinnes sein (Rz. 2321, 2326 folg.). Damit ist nicht entschieden, dass der Betriebsaufgabe- oder Veräußerungsgewinn gewerbesteuerfrei sind. **2344**

Die Gewerbesteuerfreiheit des Veräußerungsgewinnes nach § 16 Abs. 1 Nr. 1 EStG ist im Gewerbesteuergesetz nicht ausdrücklich geregelt. Sie wird von der einhelligen Meinung aus dem Objektsteuercharakter der Gewerbesteuer abgeleitet, also aus dem Umstand, dass Steuergegenstand gemäß § 2 Abs. 1 GewStG der „stehende Gewerbebetrieb" ist, soweit er im Inland betrieben wird. Der Gewerbeertrag nach § 7 GewStG umfasse deswegen nur Gewinne aus dem aktiv betriebenen Gewerbebetrieb, nicht Gewinne aus seiner Veräußerung. Auch der Gesetzgeber geht in § 7 S. 2 GewStG und auch außerhalb des Gewerbesteuergesetzes davon aus, dass Veräußerungsgewinne gewerbesteuerfrei sind, weil in § 18 Abs. 4 UmwStG für einen bestimmten Sachverhalt die Gewerbesteuerpflicht des Betriebsaufgabe- oder Veräußerungsgewinnes ausdrücklich angeordnet wird. **2345**

Der Steuerpflicht des Veräußerungsgewinnes steht der Objektsteuercharakter der Gewerbesteuer nicht zwingend entgegen, wofür folgende Gesichtspunkte herangezogen werden können: **2346**

– Der Käufer eines Unternehmens ist i.d.R. nur bereit einen Kaufpreis zu bezahlen, wenn er diesen aus künftigen Gewinnen des Unternehmens aufbringen kann, meist aus den Gewinnen für 3 bis 8 Jahre. Der Veräußerungsgewinn

Otto

XX Steuerliche Behandlung des Ausgleichsanspruches

stellt sich also als Zusammenballung der künftigen Gewinne des Steuergegenstandes dar. – Der Käufer des Unternehmens mindert seinen künftigen Gewinn um die Abschreibungen auf den Kaufpreis. Diese Abschreibungen mindern auch den künftigen Gewerbeertrag. – Wird der Veräußerungsgewinn von der Gewerbesteuer freigestellt, bedeutet dies im Ergebnis, dass bei einem Unternehmen mit einem ohne Veräußerung gleichbleibenden Gewerbeertrag dieser Gewerbeertrag für mehrere Jahre steuerfrei ist. Der Objektsteuercharakter der Gewerbesteuer macht dieses Ergebnis nicht einsichtig.

– Die Teilbetriebsaufgabe führt zu einem Veräußerungsgewinn; der Steuergegenstand, nämlich der stehende Gewerbebetrieb besteht in der Hand des Steuerpflichtigen fort. Der stehende Gewerbebetrieb kann deswegen kein taugliches Abgrenzungsmerkmal sein[36].

– Veräußert eine Kapitalgesellschaft ihr Unternehmen – sog. asset-dcal – , ist der Veräußerungsgewinn unstreitig gewerbesteuerpflichtig. Eine rechtsformabhängige unterschiedliche Besteuerung des Veräußerungsgewinnes ist mit dem Objektsteuercharakter der Gewerbesteuer nicht zu rechtfertigen.

– Der Betriebsaufgabe- und Veräußerungsgewinn einer Personengesellschaft ist nach § 7 S. 2 GewStG gewerbesteuerpflichtig, soweit er auf nicht natürliche Personen als Mitunternehmer entfällt. Bei natürlichen Personen soll der Betriebsaufgabe- und Veräußerungsgewinn weiterhin steuerfrei sein. Die Unterscheidung hat mit dem Objektsteuercharakter der Gewerbesteuer nichts zu tun.

– Die Wirkungen der Steuerpflicht des Veräußerungsgewinnes sind durch die Anrechnung der Gewerbesteuer auf die Einkommensteuer nicht mehr so schwerwiegend wie vor dem 1.1.2001.

2347 Der Betriebsaufgabe- und Veräußerungsgewinn eines Einzelunternehmers oder einer Personengesellschaft sollten deswegen entgegen der gegenwärtigen Rechtslage de lege ferenda ebenfalls zum Gewerbeertrag nach § 7 S. 1 GewStG rechnen.

IV. Ertragsteuerbelastung bei alternativen Rechtsformen

1. Handelsvertretungs-GmbH und Körperschaftsteuer

2348 Besteht das Handelsvertretungsverhältnis zu einer GmbH, erhält diese den Ausgleich nach § 89b HGB, wenn das Handelsvertretungsverhältnis endet. Wann der Anspruch in der Bilanz der GmbH zu erfassen ist, ergibt sich aus den Ausführungen unter Rz. 2225 folg.

2349 Für den Gewinn, der durch den Ausgleich nach § 89b HGB verursacht wird, gibt es im Körperschaftsteuerrecht keine Tarifvergünstigungen. Es gilt der allgemeine Tarif der Körperschaftsteuer von 25% (§ 23 Abs. 1 KStG).

---

36 Ebenso kritisch *Glanegger/Güroff*, 5. Aufl. § 7 GewStG Rz. 14.

B. Beim Handelsvertreter bzw. seinen Erben XX

Wird der Gewinn ausgeschüttet, fallen beim Gesellschafter Einkünfte aus Gewinnausschüttungen, meist Einkünfte aus Kapitalvermögen an, die beim Gesellschafter noch einmal versteuert werden müssen. Die ausgeschütteten Gewinne müssen aber wegen ihrer Vorbelastung mit Körperschaftsteuer nur zur Hälfte angesetzt und damit der Einkommensteuer unterworfen werden (§ 3 Nr. 40 Buchst. d) EStG). Folgende Belastungsrechnung kann aufgemacht werden: **2350**

Ausgleichsanspruch der GmbH	100,0
./. Gewerbesteuerbelastung der GmbH bei einem Hebesatz von 400 %	−16,7
	83,3
./. Körperschaftsteuerbelastung der GmbH 25 %	−20,8
./. Solidaritätszuschlag 5,5 %	−1,1
	61,4
Hälfteansatz 30,7	
./. Einkommensteuer des Gesellschafters 48,5 % aus 30,7	−14,9
./. Solidaritätszuschlag 5,5 % aus 14,9	−0,8
./. Kirchensteuer 8 %, nach Sonderausgaben 4,12 % aus 14,9	−0,6
Nettoergebnis	**45,1**

2. Veräußerung der Handelsvertretungs-GmbH

Veräußern der oder die Gesellschafter einer Handelsvertretungs-GmbH die Geschäftsanteile an dieser GmbH an einen anderen Handelsvertreter oder an den Unternehmer, werden dadurch das oder die Handelsvertretungsverhältnisse nicht beendet. Diese bestehen zur GmbH. Ein Ausgleich nach § 89b HGB fällt nicht an. **2351**

Der Kaufpreis für die Geschäftsanteile an der GmbH wird sich gleichwohl an dem Ausgleich nach § 89b HGB orientieren, der bei Beendigung der bestehenden Handelsvertretungsverhältnisse anfiele. Wirtschaftlich kommt die Veräußerung der Geschäftsanteile durch den oder die bisher tätigen Gesellschafter auch einer Beendigung der Handelsvertretungsverhältnisse gleich. **2352**

Der Veräußerer der Geschäftsanteile an der GmbH erzielt Einkünfte aus Gewerbebetrieb nach § 17 EStG. Es gilt ein Freibetrag von € 10 300,00, der sich allerdings um den Betrag ermäßigt, um den der Veräußerungsgewinn € 41 000,00 übersteigt (§ 17 Abs. 3 EStG). **2353**

XX Steuerliche Behandlung des Ausgleichsanspruches

2354 Es lässt sich folgende Belastungsrechnung aufmachen:

Kaufpreis der GmbH-Anteile

Buchmäßiges Stammkapital	50 000,00 €
Ausgleich nach § 89 b HGB	100 000,00 €
Kaufpreis	150 000,00 €
./. Anschaffungskosten der GmbH-Anteile	−50 000,00 €
./. Veräußerungskosten (wird vernachlässigt)	0,00 €
Veräußerungsgewinn nach § 17 Abs. 2 EStG	100 000,00 €
./. Freibetrag nach § 17 Abs. 3 EStG	0,00 €
Einkünfte aus Gewerbebetrieb	100 000,00 €
Zu versteuern nach § 3 Nr. 40 Buchst. a) EStG zu $^{1}/_{2}$	50 000,00 €
Einkommensteuer 48,5 % aus 50 000,00 €	24 250,00 €
Solidaritätszuschlag 5,5 % aus 24 250,00 €	1 334,00 €
Kirchensteuer 8 %, nach Sonderausgaben 4,12 % aus 24 250,00 €	999,00 €
Steuerbelastung	26 583,00 €
Nettoerlös	73 417,00 €

3. Umwandlung eines Einzelunternehmens in eine Handelsvertretungs-GmbH

2355 Die mit dem sog. Halbeinkünfteverfahren verbundene erheblich geringere Steuerbelastung (26,6 % bei einer GmbH (Rz. 2354) im Vergleich zu 53,16 % bei einem Einzelunternehmer) kann für einen Handelsvertreter als Einzelunternehmer nicht dadurch herbeigeführt werden, dass er sein Einzelunternehmen in eine GmbH umwandelt (Ausgliederung nach § 124, § 152 UmwG). Dies ist zwar zu steuerlichen Buchwerten ohne Aufdeckung der mit dem Handelsvertretungsverhältnis verbundenen stillen Reserven möglich, wenn das Einzelunternehmen gegen Gewährung von Geschäftsanteilen in die GmbH eingebracht wird (§ 20 UmwStG). Die neu erworbenen Geschäftsanteile sind aber sog. einbringungsgeborene Anteile i.S. von § 21 UmwStG, für die das sog. Halbeinkünfteverfahren nicht gilt (§ 3 Nr. 40 S. 3 EStG). Der Gewinn aus der Veräußerung der Geschäftsanteile an der Handelsvertretungs-GmbH unterliegt als Einkünfte aus Gewerbebetrieb dem vollen Steuersatz. Die Belastung steigt auf das Doppelte, also auf 53,16 % (Rz. 2354).

4. Handelsvertretung in der Rechtsform der GmbH & Co. KG

2356 Ein Handelsvertreter ist Kaufmann i.S. von § 1 Abs. 1 HGB. Er kann sein Unternehmen auch in der Rechtsform einer 1-Mann-GmbH & Co. KG führen. Aus Vereinfachungsgründen sollten dann die Geschäftsanteile an der Verwaltungs-GmbH von der KG gehalten werden (sog. Einheits-GmbH & Co. KG).

Die Gesellschaftsverträge von GmbH und KG brauchen dann nicht aufeinander abgestimmt zu werden.

Im Vergleich zu einem Einzelunternehmen ergeben sich bei der Besteuerung des Ausgleichs nach § 89b HGB keine nennenswerten Besteuerungs- und Belastungsunterschiede. **2357**

V. Umsatzsteuer

1. Entgelt für eine sonstige Leistung

Der selbstständige Handelsvertreter nach § 84 HGB ist gewerblich tätig (§ 1 Abs. 1 HGB). Er ist umsatzsteuerlich Unternehmer (§ 2 Abs. 1 UStG). **2358**

Der Ausgleich nach § 89b HGB ist aus der Sicht des Handelsvertreters eine Zahlung auf die Provisionen, die ihm nach Beendigung des Handelsvertretungsverhältnisses aus Geschäften mit den von ihm selbst aufgebauten Kundenbeziehungen entgehen. Insoweit liegt eine Vergütung für Vermittlungsgeschäfte vor, deren Grundlage in der vergangenen Aufbautätigkeit des Handelsvertreters liegt. Diese Aufbautätigkeit in Form der Vermittlung neuer Kunden ist eine sonstige Leistung i.S. von § 3 Abs. 9 S. 1 UStG. Diese wird dem Unternehmer, dem die Kunden vermittelt werden, erbracht. Der Ausgleich nach § 89b HGB ist Entgelt für diese sonstige Leistung[37]. **2359**

Die umsatzsteuerliche Beurteilung der Leistungen des Handelsvertreters wird nicht dadurch beeinflusst, dass der Leistungsempfänger – nämlich der Geschäftsherr bzw. der Unternehmer – aus seiner Sicht mit dem Ausgleich nach § 89b HGB das immaterielle Wirtschaftsgut „provisionsfreies Nutzungsrecht an dem vom Handelsvertreter neu aufgebauten Kundenstamm" erwirbt (Rz. 2192 folg.). Umsatzsteuerlich ist die sonstige Leistung aus der Sicht des Leistenden zu würdigen. **2360**

Der Ausgleich nach § 89b HGB kann nicht als nicht umsatzsteuerbarer Schadenersatz beurteilt werden[38], weil dem Ausgleich ein Leistungsaustausch, nämlich die vermittelten Kundenbeziehungen zu Grunde liegt. Schadenersatz liegt nur bei den Entschädigungen vor, die unter Rz. 2239–2244 behandelt sind. **2361**

2. Ort der Vermittlungsleistung

Der Ort der Vermittlungsleistung entscheidet über die Umsatzsteuerbarkeit des Ausgleichs nach § 89b HGB, weil nur Entgelte für sonstige Leistungen, die *im Inland* erbracht werden, umsatzsteuerbar sind (§ 1 Abs. 1 Nr. 1 UStG). Zum Zwecke der Bestimmung des Ortes der sonstigen Leistung muss hervorgehoben werden, dass der Ausgleich nach § 89b HGB keine nachträgliche Provision für **2362**

---

[37] Ebenso *BFH*, 25.6.1998 V R 57/97 DStR 1998, 1789; B. v. 28.7.1993 V B 29/93 BFH/NV 1994, 350; Urt. v. 26.9.1968 V 196/65 BStBl 1969 II 210; v. 6.10.1966 V 79/64 BStBl 1967 III 101; v. 27.6.1957 V 106/57 U BStBl 1957 III 282.
[38] Hierzu *Bunjes/Geist*, § 1 UStG Rz. 28.

XX Steuerliche Behandlung des Ausgleichsanspruches

die früheren Vermittlungsleistungen ist; es ist nicht so, dass die Provisionen gewissermaßen nachträglich erhöht werden. Der Ausgleich vergütet vielmehr die *entgehenden Provisionen* für solche Geschäfte, die entgehen und wie sie zuletzt mit den einzelnen vermittelten Kunden gemacht wurden. Bei den vermittelten Kunden ist also auf diejenigen Geschäftsbeziehungen abzustellen, wie sie zuletzt zwischen Kunden und Geschäftsherrn bestanden, um den Ort der Vermittlungsleistung des Handelsvertreters zu bestimmen.

2363 Die zuletzt bestehenden Geschäftsbeziehungen zu den vom Handelsvertreter neu vermittelten Kunden können unterschiedlich gestaltet sein, sodass der Ort der sonstigen Leistung einmal im Inland liegt, das andere Mal nicht im Inland. Der Ausgleich nach § 89b HGB muss dann im Wege der Schätzung (§ 162 AO) aufgeteilt werden. Schätzungsgrundlage ist, für welche der neu vermittelten namentlichen Kunden ein Ausgleich bezahlt wird und welcher Umsatz der Ausgleichsberechnung für den jeweiligen Kunden zugrunde gelegt wird. Der Ausgleich ist umsatzbezogen auf die einzelnen Kunden aufzuteilen.

2364 Nach § 3 Abs. 1, Abs. 2 Nr. 4 UStG ist der Ort einer Vermittlungsleistung dort, wo der vermittelte Umsatz ausgeführt wird. Abzustellen ist also auf den Ort der Lieferung der Waren des Geschäftsherrn an die vom Handelsvertreter vermittelten Kunden und zwar auf den Ort, der sich umsatzsteuerlich ergibt. Einschlägig sind § 3 Abs. 5a bis Abs. 8 UStG. Liegt der umsatzsteuerliche Ort der Warenlieferungen im Inland, ist das Inland auch der Ort der Vermittlungsleistung des Handelsvertreters.

2365 Bei der Vermittlung von Finanz- und Versicherungsumsätzen i.S. von § 4 Nr. 8 Buchst. a) bis g) und § 4 Nr. 10 UStG ist der Ort dieser Vermittlungsleistung am Sitz des Geschäftsherrn (§ 3a Abs. 3 mit Abs. 4 Nr. 10 UStG).

2366 Bei der Vermittlung anderer sonstiger Leistungen – also nicht die Vermittlung von Lieferungen – ist der Ort der Vermittlungsleistung der Betriebssitz des Handelsvertreters (§ 3a Abs. 1 UStG).

3. Steuerbefreiungen

2367 Liegt der Ort der vermittelten Lieferungen oder sonstigen Leistungen, die dem Handelsvertreter mit dem von ihm neu geworbenen Kunden entgehen, nach dem letzten Stand der Geschäftsbeziehungen zwischen Kunden und Geschäftsherrn im Inland, liegt dem Ausgleich nach § 89b HGB eine steuerbare Vermittlungsleistung zu Grunde. Es sind dann Steuerbefreiungen zu prüfen.

2368 Steuerfrei sind insbesondere die Vermittlung von Ausfuhrlieferungen in ein Drittland (§ 4 Nr. 5 Buchst. a) mit § 4 Nr. 1 Buchst. a) UStG) – nicht aber die Vermittlung innergemeinschaftlicher Lieferungen – und die Vermittlung anderer Umsätze in ein Drittland (§ 4 Nr. 5 Buchst. c) UStG).

2369 Steuerfrei ist auch die Vermittlung von Finanzen gemäß § 4 Nr. 8 Buchst. a), b), c), d), e) f), g) UStG sowie die Umsätze aus der Tätigkeit als Bausparkassenvertreter, Versicherungsvertreter oder Versicherungsmakler (§ 4 Nr. 11 UStG).

B. Beim Handelsvertreter bzw. seinen Erben **XX**

Die Befreiung aus der Tätigkeit als Bausparkassenvertreter, Versicherungsvertreter oder Versicherungsmakler erstreckt sich auf alle Tätigkeiten, die in Ausübung des begünstigten Berufs erbracht werden, unabhängig davon, ob die Tätigkeit vermittelnder oder verwaltender Art ist[38a]. Die Steuerfreiheit erstreckt sich auch auf den Ausgleichsanspruch[38b]. **2369a**

4. Entstehen der Umsatzsteuerpflicht

Soweit der Ausgleich nach § 89b HGB ein Entgelt für eine steuerbare (weil im Inland ausgeführte) und nicht steuerbefreite Vermittlungsleistung ist, entsteht die Frage, wann der Ausgleich der Umsatzsteuer zu unterwerfen ist. **2370**

Bei der sog. Sollversteuerung, also bei der Berechnung der Umsatzsteuer nach vereinbarten Entgelten (§ 16 Abs. 1 S. 1 UStG), entsteht die Steuer mit der Beendigung des Handelsvertretungsverhältnisses[39]. Anzusetzen ist der Teil des Ausgleichs, der zu diesem Zeitpunkt bereits vom Geschäftsherrn anerkannt ist und demzufolge von ihm für die sonstige Leistung des Handelsvertreters aufgewendet worden ist (§ 10 Abs. 1 S. 2 UStG)[39a]. **2371**

Ist der Ausgleichsanspruch zunächst dem Grunde nach streitig (Rz. 2230), ist vom Geschäftsherrn als Leistungsempfänger noch kein Entgelt aufgewendet; eine Umsatzsteuerpflicht ist mit der Beendigung des Handelsvertretungsverhältnisses noch nicht entstanden. **2372**

Wird der Ausgleichsanspruch schrittweise vom Geschäftsherrn anerkannt, hat sich jeweils bei Anerkenntnis die Bemessungsgrundlage, nämlich das aufgewendete Entgelt, geändert. Für den Zeitpunkt des Anerkenntnisses ist die sonstige Leistung des Handelsvertreters, also der anerkannte Ausgleichsanspruch nach § 89b HGB der Umsatzsteuer zu unterwerfen (§ 17 Abs. 1 Nr. 1 UStG)[39b]. Der anerkannte Teil des Ausgleichs ist in die Umsatzsteuervoranmeldung aufzunehmen, unabhängig von dem Zeitpunkt der Zahlung des Geschäftsherrn. Die Umsatzsteuerpflicht wird dann auch durch eine Ratenzahlungsvereinbarung oder eine Verrentung nicht berührt. **2373**

Erweist sich nachträglich, dass ein anerkannter Ausgleichsanspruch nicht realisiert werden kann, hat erneut eine Berichtigung der Bemessungsgrundlage nach § 17 Abs. 1 Nr. 1 UStG zu erfolgen. **2374**

Bei der sog. Ist-Versteuerung (§ 20 UStG) ist der Ausgleich nach § 89b HGB nach Maßgabe des Zuflusses beim Handelsvertreter der Umsatzsteuer zu unterwerfen. Die Ist-Versteuerung ist nur möglich, wenn der Handelsvertreter keine höheren Vorjahresumsätze als € 125.000,00 hatte (bei Steuerpflichtigen, die in den neuen Bundesländern zur Umsatzsteuer veranlagt werden € 500.000,00; § 20 Abs. 2 UStG). **2375**

38a *Rau/Dürrwächter/Flick/Geist* § 4 Nr. 11 UStG Rz. 10, 11.
38b BFH v. 28. 7. 1993 V B 29/93 BFH/NV 1994, 350 u. v. 25. 6. 1998 V R 57/97 BFH/NV 1999, 271.
39 § 13 Abs. 1 Nr. 1 Buchst. a) UStG; ebenso OFD Hamburg UR 1970, 75.
39a A. A. *Rau/Dürrwächter/Flick/Geist* § 13 UStG Rz. 82.
39b *Sölch/Ringleb* § 13 UStG Rz. 29; *Hartmann/Metzenmacher* § 13 UStG Rz. 33.

XX Steuerliche Behandlung des Ausgleichsanspruches

5. Geschäftsveräußerung

2376 Wird der Ausgleich nach § 89 b HGB im Zusammenhang mit einer Veräußerung des Einzelunternehmens des Handelsvertreters an den Geschäftsherrn bezahlt (Rz. 2317 folg.), liegt eine nicht umsatzbare Geschäftsveräußerung vor (§ 1 Abs. 1a UStG). Der vereinbarte Ausgleich enthält keine gesetzliche Umsatzsteuer.

6. Rechnung bzw. Gutschrift

2377 Soweit eine Umsatzsteuerpflicht entstanden ist, muss der Handelsvertreter eine Rechnung mit den Angaben des § 14 Abs. 1 und Abs. 1a UStG (eigene Steuernummer) erteilen oder der Geschäftsherr erstellt mit Zustimmung des Handelsvertreters eine Gutschrift (§ 14 Abs. 5 UStG). Diese sind Voraussetzung für den Vorsteuerabzug. Zu Einzelheiten Rz. 2140, 2141.

7. Betriebliche Altersversorgung

2378 Ist der Handelsvertreter nach den Ausführungen unter Rz. 2358–2376 umsatzsteuerpflichtig, gehören auch die Leistungen aus der betrieblichen Altersversorgung des Geschäftsherren zum Entgelt für die Vermittlungstätigkeit des Handelsvertreters. Fraglich ist aber, zu welchem Zeitpunkt die betriebliche Altersversorgung zum umsatzsteuerlichen Entgelt im Sinne des § 1 Abs. 1 Nr. 1, § 10 Abs. 1 UStG rechnet.

2379 Im Anwartschaftszeitraum ist der Tatbestand des § 1 Abs. 1 Nr. 1 UStG noch nicht voll verwirklicht. Der Anspruch auf Leistungen aus der erteilten Versorgungszusage steht unter der aufschiebenden Bedingung, dass der Handelsvertreter den Versorgungsfall erlebt. Diese aufschiebend bedingten Ansprüche können gem. § 4 BewG nicht bei der Bemessung des Entgelts berücksichtigt werden. Vor Eintritt des Versorgungsfalles sind auch bei dem Leistungsempfänger noch keine endgültigen Aufwendungen (§ 10 Abs. 1 Satz 2 UStG) aus der Versorgungszusage entstanden. Die Tatsache, dass für die künftigen Versorgungsleistungen möglicherweise Pensionsrückstellungen gebildet wurden oder Zuwendungen an eine rückgedeckte Unterstützungskasse erfolgten, führt zwar ertragsteuerlich zu einem Aufwand. Dieser Aufwand ist aber nicht endgültig, soweit Versorgungsleistungen nicht beansprucht werden.

2380 Mit Eintritt des Versorgungsfalles entsteht der unbedingte Anspruch des Handelsvertreters auf die Versorgungsleistungen. Die Versorgungsleistungen rechnen damit zum Entgelt i. S. v. § 1 Abs. 1 Nr. 1 UStG. Es stellt sich aber die Frage, ob der Handelsvertreter noch Unternehmer i. S. d. § 2 Abs. 1 UStG sein muss und ob bei Eintritt des Versorgungsfalles auch die künftig fälligen Versorgungsleistungen zum Entgelt rechnen.

2381 Die Unternehmereigenschaft muss im Zeitpunkt der Erbringung der Leistung gegeben sein, vorliegend also bei der Vermittlung der Handelsgeschäfte. Unschädlich ist es, wenn die Unternehmereigenschaft zu dem Zeitpunkt nicht mehr gegeben ist, zu dem sich das Entgelt verwirklicht. Umsatzsteuerlich ist es daher ohne Bedeutung, ob der Handelsvertreter dem Betrieb vor Eintritt des Versorgungsfalles aufgibt oder ob die Versorgungsleistungen an seine Hinterbliebenen fallen. In beiden Fällen ist mit Eintritt des Versorgungsfalles Umsatzsteuer aus den Versorgungsleistungen zu entrichten, bei Versteuerung nach § 20 UStG (Ist-Versteuerung) mit Zufluss der Versorgungsleistungen. Nach Auffassung der Finanzverwaltung endet die Unternehmereigenschaft zwar mit dem letzten Tätigwerden des Unternehmers, frühestens jedoch mit der letzten Entgeltsvereinnahmung[40].

Auch bei der Soll-Versteuerung rechnen zum Entgelt bei laufenden Leistungen zunächst immer nur die fälligen Leistungen. Es ist also nicht bei Eintritt des Versorgungsfalles der Kapitalwert der künftigen, lebenslang zu gewährenden Versorgungsleistungen der Umsatzsteuer zu unterwerfen. Dies ist aus der Erwägung gerechtfertigt, dass Gegenstand der Versorgungszusage keine Leibrente mit einem Rentenstammrecht ist sondern nur der Anspruch auf die einzelnen vom Erleben der Versorgungsstichtage abhängigen Versorgungsleistungen. Im Ergebnis wird also die Umsatzsteuer sowohl bei Soll-Versteuerung als auch bei Ist-Versteuerung vom gleichen Entgelt erhoben[40a]. **2382**

VI. Erbschaftsteuer

1. Beendigung des Handelsvertretungsverhältnisses vor Tod des Handelsvertreters

a) Gegenstand des Nachlasses

Endet das Handelsvertretungsverhältnis vor dem Tod des Handelsvertreters, ist der am Todestag noch nicht erfüllte Ausgleichsanspruch Bestandteil des Einzelunternehmens des Handelsvertreters; er entstand mit der Beendigung des Handelsvertretungsverhältnisses. War die Beendigung des Handelsvertretungsverhältnisses Anlass für die Aufgabe des Einzelunternehmens, ist der Ausgleich Teil des Betriebsaufgabegewinns (Rz. 2322 folg.). Dies gilt auch dann, wenn der Ausgleichsanspruch wegen eines Streites über Grund und Höhe noch nicht oder nicht voll aktiviert war (Rz. 2235 folg.). **2383**

Bei Tod des Handelsvertreters fällt das in Aufgabe befindliche Einzelunternehmen in dem Zustand in den Nachlass und damit an die Erben, in dem es sich im Todeszeitpunkt befand. Wurde das Einzelunternehmen vom Handelsvertreter weiterbetrieben, obwohl die bzw. eine Handelsvertretung endete, fällt das Einzelunternehmen in seinem jeweiligen Zustand in den Nachlass. **2384**

---

40 Vgl. A. *Bunjes/Geist*, § 2 UStG Anm. 20.
40a Vgl. *Blomeyer/Otto*, 3. Aufl. StR E Rz. 138 ff.

XX Steuerliche Behandlung des Ausgleichsanspruches

b) Steuerliche Bewertung des Nachlasses

2385 Das Einzelunternehmen des verstorbenen Handelsvertreters – in Betriebsaufgabe oder nicht –, ist bei den Erben ein Erwerb von Todes wegen nach § 3 Abs. 1 Nr. 1 ErbStG. Zu erfassen ist die Bereicherung des einzelnen Erben (gemäß seiner Quote) zu dem Wert nach § 12 BewG (§ 10 Abs. 1 S. 2 ErbStG).

2386 Gegenstände des Einzelunternehmens sind Betriebsvermögen. Gemäß § 12 Abs. 5 ErbStG § 95 Abs. 1, § 98a § 109 BewG sind die Aktivwerte des Einzelunternehmens mit ihren Steuerbilanzwerten (sog. Buchwerte) zu erfassen bzw. bei Gewinnermittlung durch Einnahmen-Überschussrechnung mit ihren steuerlichen Werten (§ 109 Abs. 2 BewG). Dies bedeutet, dass auch der Ausgleichsanspruch nach § 89 b HGB mit dem steuerlich zu aktivierenden Wert zu erfassen ist (Rz. 2230 folg.). Erhöht sich nach dem Todestag der Aktivwert des Ausgleichsanspruchs (Rz. 2236, 2237), ist dies für die erbschaftsteuerliche Erfassung auf den Todestag nicht zurück zu beziehen. In diesem Zusammenhang ist zu beachten, dass der Ertrag aus der Realisierung des Ausgleichsanspruches von den Erben zu versteuern ist (Rz. 2235 folg., 2292, 2332).

2387 Nach § 13a Abs. 1 Nr. 1 ErbStG ist bei einem vererbten Einzelunternehmen ein Freibetrag von € 256.000,00 von der steuerlichen Bemessungsgrundlage abzuziehen. Der verbleibende Restbetrag ist mit einem Abschlag von 40% zu versehen (§ 13a Abs. 2 ErbStG). Diese Vergünstigungen entfallen aber mit Wirkung für die Vergangenheit, wenn das ererbte Einzelunternehmen innerhalb von 5 Jahren seit dem Erwerb veräußert oder dessen Betrieb aufgegeben wird (§ 13a Abs. 5 Nr. 1 ErbStG). Dieser Sachverhalt ist auch gegeben, wenn die Erben eine bereits vom Handelsvertreter eingeleitete Betriebsaufgabe umsetzen.

2. Tod des Handelsvertreters

a) Zivilrechtliche Wirkung

2388 Wendet man § 675, § 673 BGB unmittelbar auf Handelsvertretungsverhältnisse an, endet mit dem Tod des Handelsvertreters *im Zweifel automatisch* das Handelsvertretungsverhältnis. Es treten folgende hier interessierende Rechtsfolgen ein:

– Der Ausgleichsanspruch entsteht *mit* der Beendigung des Handelsvertretungsverhältnisses, also mit dem Tod des Handelsvertreters[41]. Der Bundesgerichtshof scheint dies anders zu sehen, denn er lässt den Ausgleichsanspruch originär in der Person des Erben entstehen[41a].

– Der Ausgleichsanspruch fällt in den Nachlass des Handelsvertreters, ist also auch Teil der Bemessungsgrundlage für den Pflichtteil. Auch dies wird vielfach anders gesehen, weil der Ausgleichsanspruch noch nicht bei dem verstorbenen Handelsvertreter entsteht[41b].

---

41 *BFH*, 26.3.1969 I R 141/66 BStBl 1969 II 485; v. 29.10.1969 IV 175/65 DB 1970, 664.
41a *BGH* v. 13.5.1957 II ZR 318/56 BGHZ 24, 223 und Rz. 270 folg.
41b S. die in Rz. 281 beschriebene Rechtslage.

Gegen die unmittelbare Anwendung von § 673 BGB auf Handelsvertretungs- 2389
verhältnisse bestehen Bedenken aus folgenden Gründen:

– Der Tod des Auftragnehmers führt nur „im Zweifel" zur Beendigung des
 Auftrages. Es ist mit einem Dauerschuldverhältnis nicht vereinbar, da sein
 Ende ungewiss ist.

– § 673 BGB gilt nur für ein Auftragsverhältnis, bei dem eine an Fristen gebundene Kündigung nicht vorgesehen ist. Bei *Dauerschuldverhältnissen*, deren Ende generell durch ordentliche oder außerordentliche Kündigung vorgesehen ist, kann auf eine solche Kündigungserklärung im Interesse der
 Rechtsklarheit nicht verzichtet werden.

Es wird deswegen für richtiger gehalten, dass der Tod des Handelsvertreters in An- 2390
wendung des § 673 BGB einerseits für den Unternehmer und andererseits für die
Erben des Handelsvertreters nur die *Möglichkeit zur außerordentlichen Kündigung* des Handelsvertretungsverhältnisses eröffnet. Von dieser Möglichkeit muss
aber nicht oder nicht sofort Gebrauch gemacht werden. So kann z. B. der Unternehmer testen, wie die vom Handelsvertreter aufgebaute Organisation auch ohne
diesen weiterarbeitet, wenn die Erben dessen Unternehmen fortführen wollen.

Die Beendigung des Handelsvertretungsverhältnisses durch Kündigung fiele 2391
dann erst in der Betriebszeit der Erben an.

Der Ausgleich nach § 89b HGB gehört dann insoweit zum Nachlass, als er am 2392
Todestag schon in die Bewertung des Einzelunternehmens des Handelsvertreters zum Verkehrswert eingeht, was nicht eins zu eins der Fall sein muss. Bei
der Bewertung der stillen Reserven des Unternehmens würden wohl Risikoab-
schläge gemacht werden.

b) Steuerliche Bewertung des Nachlasses

Endet das Handelsvertretungsverhältnis mit dem Tod des Handelsvertreters, er- 2393
werben die Erben durch Erbfolge ein Einzelunternehmen, in dessen Bilanz auf
den Todestag der Ausgleichsanspruch bereits dem Grunde nach zu erfassen ist
(Rz. 2225 folg.)[41c]. Bei einem Streit über Grund oder Höhe des Ausgleichsanspruchs kann dieser in der Bilanz zunächst nur mit einem Erinnerungswert
von € 1,00 oder mit einem höheren am Vorsichtsprinzip orientierten Wert eingestellt sein. Diese Bilanz ist grundsätzlich auch der erbschaftsteuerlichen Bewertung des Nachlasses zu Grunde zu legen (§ 12 Abs. 5 ErbStG, § 95 Abs. 1
§ 98a BewG). Nachträgliche Konkretisierungen des Ausgleichsanspruchs wirken nicht auf den Todeszeitpunkt zurück (Rz. 2386).

Endet des Handelsvertretungsverhältnis erst zeitlich nach dem Tod des Han- 2394
delsvertreters durch Kündigung, ist der Ausgleich in der Bilanz des Einzelunternehmens auf den Todestag nicht erfasst (Rz. 2225). Der Ausgleich fällt nicht
in den durch Erbfolge übergegangenen Nachlass (§ 3 Abs. 1 Nr. 1 ErbStG). Er
ist kein Bestandteil der Bemessungsgrundlage des Einzelunternehmens.

[41c] *BFH* v. 27.4.1962 II 174/60 U BStBl 1962 III 335.

3. Bestimmung von Ausgleichsberechtigten

2395 Der Handelsvertretervertrag kann vorsehen, dass ein Ausgleichsanspruch nach § 89 b HGB bei Tod des Handelsvertreters nicht an seine Erben zu zahlen ist (die auch seine Schulden erben), sondern an ganz bestimmte Personen, z. B. an die Witwe und/oder an den/die Lebensgefährten oder an eines von mehreren Kindern oder an alle Kinder.

2396 Der Erwerb des Begünstigten gilt als Erwerb von Todes wegen (§ 3 Abs. 1 Nr. 4 ErbStG). Der Ausgleichsanspruch ist zum vereinbarten Nominalwert zu bewerten (§ 10 Abs. 1 S. 2 ErbStG).

4. Ansprüche auf betriebliche Altersversorgung

2397 Räumt der Unternehmer dem Handelsvertreter eine Zusage auf betriebliche Altersversorgung ein, erhält der Handelsvertreter vielfach nicht nur eine Altersversorgung sondern auch eine Hinterbliebenenversorgung. Ist die Unverfallbarkeit der Versorgungszusage bereits eingetreten (nach § 1 b Abs. 1 S. 1 BetrAVG nach 5 Jahren), erhalten die Hinterbliebenen mit dem Tod des Handelsvertreters die versprochenen Hinterbliebenenleistungen. Die Versorgungszusage vermittelt den Hinterbliebenen einen unmittelbaren Anspruch gegen den Unternehmer.

2398 Die Hinterbliebenenleistungen gelten als Erwerb von Todes wegen gem. § 3 Abs. 1 Nr. 4 ErbStG.

2399 Nach der neuesten Rechtsprechung des BFH setzt auch eine Steuerbarkeit nach § 3 Abs. 1 Nr. 4 ErbStG eine objektive Bereicherung des Hinterbliebenen voraus[42]. An dieser objektiven Bereicherung kann es fehlen, wenn ein gesetzlich Unterhaltsberechtigter deswegen als Bezugsberechtigter für Hinterbliebenenleistungen eingesetzt wurde, weil der Handelsvertreter dadurch eine Unterhaltsverpflichtung über seinen Tod hinaus erfüllen wollte[43].

2400 Bei Versorgungszusagen, die einem abhängigen Arbeitnehmer erteilt wurden, hat der BFH entschieden, dass Hinterbliebenenbezüge nur insoweit der Erbschaftsteuer unterliegen, als sie eine angemessene Höhe übersteigen[44]. Im Interesse einer gleichförmigen Behandlung behandelt die Finanzverwaltung Witwenrenten als nicht erbschaftsteuerbar, soweit diese 45 % der letzten Aktivbezüge brutto des Erblassers nicht übersteigen[45].

2401 Bei Nicht-Arbeitnehmern, also auch bei selbstständigen Handelsvertretern hält der BFH jegliche Hinterbliebenenleistung für erbschaftsteuerbar[46], auch soweit gesetzliche Unterhaltsansprüche erfüllt werden. Die Unterscheidung zwischen Arbeitnehmern in abhängiger Stellung und Nicht-Arbeitnehmern ist sachlich

---

42 *BFH*, 24.10.2001 II R 10/00 BStBl 2002 II 153.
43 *Blomeyer/Otto*, 3. Aufl. StR B Rz. 233 folg.
44 *BFH*, 13.12.1989 II R 23/85 BStBl 1990 II 322.
45 *Meincke*, 13. Aufl. § 3 ErbStG Rz. 89.
46 BFG v. 13.12.1989 II R 211/85 BStBl 1990 II 325 u. v. 13.12.1989 II R 23/85 BStBl 1990 II 322.

nicht gerechtfertigt, weil der Rechtsgrund für die erbschaftsteuerliche Beurteilung von Hinterbliebenenleistungen nicht im Verhältnis Unternehmer/Arbeitgeber zu den Hinterbliebenen liegt sondern im Verhältnis Erblasser zu den Hinterbliebenen. Dieser Rechtsgrund kann nicht dadurch beeinflusst werden, dass der Erblasser in einem Fall abhängiger Arbeitnehmer ist und im anderen Fall selbstständiger Handelsvertreter.

Es ist also auch bei der Einsetzung eines Hinterbliebenen in einer Versorgungszusage des Unternehmers gegenüber dem Handelsvertreter zu prüfen, in welchem Umfang der Hinterbliebene durch Versorgungsbezüge objektiv bereichert ist oder in welchem Umfang der Handelsvertreter nur seine Unterhaltsverpflichtung über den Tod hinaus erfüllen wollte. Soweit eine gesetzliche Unterhaltspflicht erfüllt wurde, fehlt es an einer objektiven Bereicherung. Die Steuerbarkeit nach § 3 Abs. 1 Nr. 4 ErbStG entfällt. **2402**

Es ist darauf hinzuweisen, dass das Bundesverfassungsgericht eine Verfassungsbeschwerde nicht zur Entscheidung angenommen hat, die sich dagegen richtete, dass Hinterbliebenenbezüge in vollem Umfang als erbschaftsteuerbar behandelt wurden, die auf der Zuwendung eines Selbstständigen beruhen[47]. **2403**

Die Steuerpflicht für einen Erwerbsvorgang nach § 3 Abs. 1 Nr. 4 ErbStG entsteht bereits mit dem Tod des Handelsvertreters (§ 9 Abs. 1 Nr. 1 ErbStG) und nicht erst mit der Erfüllung der Hinterbliebenenansprüche. **2404**

---

47 Beschluss v. 5.5.1994 BStBl 1994 II 547.

Anhang

1. a) Handelsgesetzbuch (Auszug) v. 10.5.1897 (RGBl. S. 219) in der Fassung v. 6.8.1953 und des Gesetzes v. 23.10.1999 (BGBl. I S. 1910) 7. Abschnitt 811
1. b) Richtlinie des Rates vom 18.12.1986 818
2. Wortlaut der Grundsätze zur Errechnung der Höhe des Ausgleichsanspruchs (§ 89b HGB) („Grundsätze-Sach") 825
3. Wortlaut der Grundsätze zur Errechnung der Höhe des Ausgleichsanspruchs (§ 89b HGB) für dynamische Lebensversicherungen („Grundsätze-Leben") 829
4. Wortlaut der Grundsätze zur Errechnung der Höhe des Ausgleichsanspruchs (§ 89b HGB) in der privaten Krankenversicherung („Grundsätze-Kranken") 833
5. Wortlaut der Grundsätze zur Errechnung der Höhe des Ausgleichsanspruchs (§ 89b HGB) im Bausparbereich 836
6. Grundsätze zur Errechnung der Höhe des Ausgleichsanspruchs (§ 89b HGB) im Finanzdienstleistungsbereich („Grundsätze FDL") .. 839
7. Schreiben des Gesamtverbandes der Versicherungswirtschaft v. 22.4.1968 (GAa Nr. 10/68) 842
8. Schreiben des Gesamtverbandes der Versicherungswirtschaft v. 17.7.1972 (GVa Nr. 12/72) 842
9. Schreiben des Gesamtverbandes der Versicherungswirtschaft v. 14.11.1972 an die Vorstände der Mitgliedsunternehmen und Mitgliedsverbände 843
10. Schreiben des Gesamtverbandes der Versicherungswirtschaft v. 29.11.1974 (GVa Nr. 15/74) 844
11. Schreiben des Gesamtverbandes der Versicherungswirtschaft v. 14.4.1975 (GVa Nr. 8/75) 845
12. Schreiben des Gesamtverbandes der Deutschen Versicherungswirtschaft v. 19.11.1985 (M-Tgb.-Nr. 86/85) 846
13. Schreiben des Gesamtverbandes der Deutschen Versicherungswirtschaft v. 6.4.1995 an die Vorstände der Mitgliedsunternehmen und Mitgliedsverbände (M-Tgb.-Nr. 34/95) 847

Anhang

14. Schreiben des Gesamtverbandes der Deutschen Versicherungswirtschaft e.V. an die Vorstände der Mitgliedsunternehmen und die Mitgliedsverbände v. 6. 4. 1995 (M-Tgb.-Nr. 35/95) 848

15. Besondere Vertragsklauseln 848

16. Küstner „Ausgleichsanspruch nach § 89 b HGB – Fehler im Detail" (BB 2000 Heft 20, Die erste Seite) 849

17. Thume „Achtung: Auslegungsmonopol des EuGH" (RIW 2001 Heft 4, Die erste Seite) 850

18. Schreiben des Gesamtverbandes der Deutschen Versicherungswirtschaft e.V. v. 14. 9. 1993 851

19. Schreiben des Gesamtverbandes der Deutschen Versicherungswirtschaft e.V. v. 5. 4. 1994 852

20. Einkommensteuergesetz (Auszug) 852

1. a) Handelsgesetzbuch (Auszug)

vom 10. 5. 1897 (RGBl. S. 219) in der Fassung des Gesetzes vom 6. 8. 1953 und des Gesetzes vom 23. 10. 1989 (BGBl. I S. 1910)

7. Abschnitt

§ 84 Begriff des Handelsvertreters

(1) Handelsvertreter ist, wer als selbständiger Gewerbetreibender ständig damit betraut ist, für einen anderen Unternehmer (Unternehmer) Geschäfte zu vermitteln oder in dessen Namen abzuschließen. Selbständig ist, wer im wesentlichen frei seine Tätigkeit gestalten und seine Arbeitszeit bestimmen kann.

(2) Wer, ohne selbständig im Sinne des Absatzes 1 zu sein, ständig damit betraut ist, für einen Unternehmer Geschäfte zu vermitteln oder in dessen Namen abzuschließen, gilt als Angestellter.

(3) Der Unternehmer kann auch ein Handelsvertreter sein.

(4) Die Vorschriften dieses Abschnitts finden auch Anwendung, wenn das Unternehmen des Handelsvertreters nach Art oder Umfang einen in kaufmännischer Weise eingerichteten Geschäftsbetrieb nicht erfordert.

§ 85 Vertragsurkunde

Jeder Teil kann verlangen, daß der Inhalt des Vertrages sowie spätere Vereinbarungen zu dem Vertrag in eine vom anderen Teil unterzeichnete Urkunde aufgenommen werden. Dieser Anspruch kann nicht ausgeschlossen werden.

§ 86 Pflichten des Handelsvertreters

(1) Der Handelsvertreter hat sich um die Vermittlung oder den Abschluß von Geschäften zu bemühen; er hat hierbei das Interesse des Unternehmers wahrzunehmen.

(2) Er hat dem Unternehmer die erforderlichen Nachrichten zu geben, namentlich ihm von jeder Geschäftsvermittlung und von jedem Geschäftsabschluß unverzüglich Mitteilung zu machen.

(3) Er hat seine Pflichten mit der Sorgfalt eines ordentlichen Kaufmanns wahrzunehmen.

(4) Von den Absätzen 1 und 2 abweichende Vereinbarungen sind unwirksam.

§ 86a Pflichten des Unternehmers

(1) Der Unternehmer hat dem Handelsvertreter die zur Ausübung seiner Tätigkeit erforderlichen Unterlagen, wie Muster, Zeichnungen, Preislisten, Werbedrucksachen, Geschäftsbedingungen, zur Verfügung zu stellen.

(2) Der Unternehmer hat dem Handelsvertreter die erforderlichen Nachrichten zu geben. Er hat ihm unverzüglich die Annahme oder Ablehnung eines vom Handelsvertreter vermittelten oder ohne Vertretungsmacht abgeschlossenen Geschäfts und die Nichtausführung eines von ihm vermittelten oder abgeschlossenen Geschäfts mitzuteilen. Er hat ihm unverzüglich zu unterrichten, wenn er Geschäfte voraussichtlich nur in erheblich geringerem Umfange abschließen kann oder will, als der Handelsvertreter unter gewöhnlichen Umständen erwarten konnte.

(3) Von den Absätzen 1 und 2 abweichende Vereinbarungen sind unwirksam.

Anhang

§ 86b Delkredereprovision

(1) Verpflichtet sich ein Handelsvertreter, für die Erfüllung der Verbindlichkeit aus einem Geschäft einzustehen, so kann er eine besondere Vergütung (Delkredereprovision) beanspruchen; der Anspruch kann im voraus nicht ausgeschlossen werden. Die Verpflichtung kann nur für ein bestimmtes Geschäft oder für solche Geschäfte mit bestimmten Dritten übernommen werden, die der Handelsvertreter vermittelt oder abschließt. Die Übernahme bedarf der Schriftform.

(2) Der Anspruch auf die Delkredereprovision entsteht mit dem Abschluß des Geschäfts.

(3) Absatz 1 gilt nicht, wenn der Unternehmer oder der Dritte seine Niederlassung oder beim Fehlen einer solchen seinen Wohnsitz im Ausland hat. Er gilt ferner nicht für Geschäfte, zu deren Abschluß und Ausführung der Handelsvertreter unbeschränkt bevollmächtigt ist.

§ 87 Provisionpflichtige Geschäfte

(1) Der Handelsvertreter hat Anspruch auf Provision für alle während des Vertragsverhältnisses abgeschlossenen Geschäfte, die auf seine Tätigkeit zurückzuführen sind oder mit Dritten abgeschlossen werden, die er als Kunden für Geschäfte der gleichen Art geworben hat. Ein Anspruch auf Provision besteht für ihn nicht, wenn die Provision nach Absatz 3 dem ausgeschiedenen Handelsvertreter zusteht.

(2) Ist dem Handelsvertreter ein bestimmter Bezirk oder ein bestimmter Kundenkreis zugewiesen, so hat er Anspruch auf Provision auch für die Geschäfte, die ohne seine Mitwirkung mit Personen seines Bezirkes oder seines Kundenkreises während des Vertragsverhältnisses abgeschlossen sind. Dies gilt nicht, wenn die Provision nach Absatz 3 dem ausgeschiedenen Handelsvertreter zusteht.

(3) Für ein Geschäft, das erst nach Beendigung des Vertragsverhältnisses abgeschlossen ist, hat der Handelsvertreter Anspruch auf Provision nur, wenn

1. er das Geschäft vermittelt hat oder es eingeleitet und so vorbereitet hat, daß der Abschluß überwiegend auf seine Tätigkeit zurückzuführen ist, und das Geschäft innerhalb einer angemessenen Frist nach Beendigung des Vertragsverhältnisses abgeschlossen worden ist oder
2. vor Beendigung des Vertragsverhältnisses das Angebot des Dritten zum Abschluß eines Geschäfts, für das der Handelsvertreter nach Absatz 1 Satz 1 oder Absatz 2 Satz 1 Anspruch auf Provision hat, dem Handelsvertreter oder dem Unternehmer zugegangen ist.

Der Anspruch auf Provision nach Satz 1 steht dem nachfolgenden Handelsvertreter anteilig zu, wenn wegen besonderer Umstände eine Teilung der Provision der Billigkeit entspricht.

(4) Neben dem Anspruch auf Provision für abgeschlossene Geschäfte hat der Handelsvertreter Anspruch auf Inkassoprovision für die von ihm auftragsgemäß eingezogenen Beträge.

§ 87a Entstehung des Provisionsanspruchs

(1) Der Handelsvertreter hat Anspruch auf Provision, sobald und soweit der Unternehmer das Geschäft ausgeführt hat. Eine abweichende Vereinbarung kann getroffen werden, jedoch hat der Handelsvertreter mit der Ausführung des Geschäfts durch den Unternehmer Anspruch auf einen angemessenen Vorschuß, der spätestens am letzten Tag des folgenden Monats fällig ist. Unabhängig von einer Vereinbarung hat jedoch der Handelsvertreter Anspruch auf Provision, sobald und soweit der Dritte das Geschäft ausgeführt hat.

(2) Steht fest, daß der Dritte nicht leistet, so entfällt der Anspruch auf Provision; bereits empfangene Beträge sind zurückzugewähren.

(3) Der Handelsvertreter hat auch dann einen Anspruch auf Provision, wenn feststeht, daß der Unternehmer das Geschäft ganz oder teilweise nicht oder nicht so ausführt, wie es abgeschlossen worden ist. Der Anspruch entfällt im Falle der Nichtausführung, wenn und soweit diese auf Umständen beruht, die vom Unternehmer nicht zu vertreten sind.

(4) Der Anspruch auf Provision wird am letzten Tag des Monats fällig, in dem nach § 87c Abs. 1 über den Anspruch abzurechnen ist.

(5) Von Absatz 2 erster Halbsatz, Absätzen 3 und 4 abweichende, für den Handelsvertreter nachteilige Vereinbarungen sind unwirksam.

§ 87b Höhe der Provision

(1) Ist die Höhe der Provision nicht bestimmt, so ist der übliche Satz als vereinbart anzusehen.

(2) Die Provision ist von dem Entgelt zu berechnen, das der Dritte oder der Unternehmer zu leisten hat. Nachlässe bei Barzahlung sind nicht abzuziehen; dasselbe gilt für Nebenkosten, namentlich für Fracht, Verpackung, Zoll, Steuern, es sei denn, daß die Nebenkosten dem Dritten besonders in Rechnung gestellt sind. Die Umsatzsteuer, die lediglich auf Grund der steuerrechtlichen Vorschriften in der Rechnung gesondert ausgewiesen ist, gilt nicht als besonders in Rechnung gestellt.

(3) Bei Gebrauchsüberlassungs- und Nutzungsverträgen von bestimmter Dauer ist die Provision vom Entgelt für die Vertragsdauer zu berechnen. Bei unbestimmter Dauer ist die Provision vom Entgelt bis zu dem Zeitpunkt zu berechnen, zu dem erstmals von dem Dritten gekündigt werden kann; der Handelsvertreter hat Anspruch auf weitere entsprechend berechnete Provisionen, wenn der Vertrag fortbesteht.

§ 87c Abrechnung über die Provision

(1) Der Unternehmer hat über die Provision, auf die der Handelsvertreter Anspruch hat, monatlich abzurechnen; der Abrechnungszeitraum kann auf höchstens drei Monate erstreckt werden. Die Abrechnung hat unverzüglich, spätestens bis zum Ende des nächsten Monats, zu erfolgen.

(2) Der Handelsvertreter kann bei der Abrechnung einen Buchauszug über alle Geschäfte verlangen, für die ihm nach § 87 Provision gebührt.

(3) Der Handelsvertreter kann außerdem Mitteilung über alle Umstände verlangen, die für den Provisionsanspruch, seine Fälligkeit und seine Berechnung wesentlich sind.

(4) Wird der Buchauszug verweigert oder bestehen begründete Zweifel an der Richtigkeit oder Vollständigkeit der Abrechnung oder des Buchauszuges, so kann der Handelsvertreter verlangen, daß nach Wahl des Unternehmers entweder ihm oder einem von ihm zu bestimmenden Wirtschaftsprüfer oder vereidigten Buchsachverständigen Einsicht in die Geschäftsbücher oder die sonstigen Urkunden so weit gewährt wird, wie dies zur Feststellung der Richtigkeit oder Vollständigkeit der Abrechnung oder des Buchauszuges erforderlich ist.

(5) Diese Rechte des Handelsvertreters können nicht ausgeschlossen oder beschränkt werden.

§ 87d Ersatz von Aufwendungen

Der Handelsvertreter kann den Ersatz seiner im regelmäßigen Geschäftsbetrieb entstandenen Aufwendungen nur verlangen, wenn dies handelsüblich ist.

Anhang

§ 88 Verjährung der Ansprüche

Die Ansprüche aus dem Vertragsverhältnis verjähren in vier Jahren, beginnend mit dem Schluß des Jahres, in dem sie fällig geworden sind.

§ 88a Zurückbehaltungsrecht

(1) Der Handelsvertreter kann nicht im voraus auf gesetzliche Zurückbehaltungsrechte verzichten.

(2) Nach Beendigung des Vertragsverhältnisses hat der Handelsvertreter ein nach allgemeinen Vorschriften bestehendes Zurückbehaltungsrecht an ihm zur Verfügung gestellten Unterlagen (§ 86a Abs. 1) nur wegen seiner fälligen Ansprüche auf Provision und Ersatz von Aufwendungen.

§ 89 Ordentliche Kündigung des Vertrages

(1) Ist das Vertragsverhältnis auf unbestimmte Zeit eingegangen, so kann es im ersten Jahr der Vertragsdauer mit einer Frist von einem Monat, im zweiten Jahr mit einer Frist von zwei Monaten und im dritten bis fünften Jahr mit einer Frist von drei Monaten gekündigt werden. Nach einer Vertragsdauer von fünf Jahren kann das Vertragsverhältnis mit einer Frist von sechs Monaten gekündigt werden. Die Kündigung ist nur für den Schluß eines Kalendermonats zulässig, sofern keine abweichende Vereinbarung getroffen ist.

(2) Die Kündigungsfristen nach Absatz 1 Satz 1 und 2 können durch Vereinbarung verlängert werden; die Frist darf für den Unternehmer nicht kürzer sein als für den Handelsvertreter. Bei Vereinbarung einer kürzeren Frist für den Unternehmer gilt die für den Handelsvertreter vereinbarte Frist.

(3) Ein für eine bestimmte Zeit eingegangenes Vertragsverhältnis, das nach Ablauf der vereinbarten Laufzeit von beiden Teilen fortgesetzt wird, gilt als auf unbestimmte Zeit verlängert. Für die Bestimmung der Kündigungsfristen nach Absatz 1 Satz 1 und 2 ist die Gesamtdauer des Vertragsverhältnisses maßgeblich.

§ 89a Außerordentliche Kündigung des Vertrages

(1) Das Vertragsverhältnis kann von jedem Teil aus wichtigem Grunde ohne Einhaltung einer Kündigungsfrist gekündigt werden. Dieses Recht kann nicht ausgeschlossen oder beschränkt werden.

(2) Wird die Kündigung durch ein Verhalten veranlaßt, das der andere Teil zu vertreten hat, so ist dieser zum Ersatz des durch die Aufhebung des Vertragsverhältnisses entstehenden Schadens verpflichtet.

§ 89b Ausgleichsanspruch

(1) Der Handelsvertreter kann von dem Unternehmer nach Beendigung des Vertragsverhältnisses einen angemessenen Ausgleich verlangen, wenn und soweit

1. der Unternehmer aus der Geschäftsverbindung mit neuen Kunden, die der Handelsvertreter geworben hat, auch nach Beendigung des Vertragsverhältnisses erhebliche Vorteile hat,
2. der Handelsvertreter infolge der Beendigung des Vertragsverhältnisses Ansprüche auf Provision verliert, die er bei Fortsetzung desselben aus bereits abgeschlossenen oder künftig zustande kommenden Geschäften mit den von ihm geworbenen Kunden hätte, und
3. die Zahlung eines Ausgleichs unter Berücksichtigung aller Umstände der Billigkeit entspricht.

Der Werbung eines neuen Kunden steht es gleich, wenn der Handelsvertreter die Geschäftsverbindung mit einem Kunden so wesentlich erweitert hat, daß dies wirtschaftlich der Werbung eines neuen Kunden entspricht.

(2) Der Ausgleich beträgt höchstens eine nach dem Durchschnitt der letzten fünf Jahre der Tätigkeit des Handelsvertreters berechnete Jahresprovision oder sonstige Jahresvergütung; bei kürzerer Dauer des Vertragsverhältnisses ist der Durchschnitt während der Dauer der Tätigkeit maßgebend.

(3) Der Anspruch besteht nicht, wenn

1. der Handelsvertreter das Vertragsverhältnis gekündigt hat, es sei denn, daß ein Verhalten des Unternehmers hierzu begründeten Anlaß gegeben hat oder dem Handelsvertreter eine Fortsetzung seiner Tätigkeit wegen seines Alters oder wegen Krankheit nicht zugemutet werden kann, oder
2. der Unternehmer das Vertragsverhältnis gekündigt hat und für die Kündigung ein wichtiger Grund wegen schuldhaften Verhaltens des Handelsvertreters vorlag oder
3. auf Grund einer Vereinbarung zwischen dem Unternehmer und dem Handelsvertreter ein Dritter anstelle des Handelsvertreters in das Vertragsverhältnis eintritt; die Vereinbarung kann nicht vor Beendigung des Vertragsverhältnisses getroffen werden.

(4) Der Anspruch kann im voraus nicht ausgeschlossen werden. Er ist innerhalb eines Jahres nach Beendigung des Vertragsverhältnisses geltend zu machen.

(5) Die Absätze 1, 3 und 4 gelten für Versicherungsvertreter mit der Maßgabe, daß an die Stelle der Geschäftsverbindung mit neuen Kunden, die der Handelsvertreter geworben hat, die Vermittlung neuer Versicherungsverträge durch den Versicherungsvertreter tritt und der Vermittlung eines Versicherungsvertrages es gleichsteht, wenn der Versicherungsvertreter einen bestehenden Versicherungsvertrag so wesentlich erweitert hat, daß dies wirtschaftlich der Vermittlung eines neuen Versicherungsvertrages entspricht. Der Ausgleich des Versicherungsvertreters beträgt abweichend von Absatz 2 höchstens drei Jahresprovisionen oder Jahresvergütungen. Die Vorschriften der Sätze 1 und 2 gelten sinngemäß für Bausparkassenvertreter.

§ 90 Geschäfts- und Betriebsgeheimnisse

Der Handelsvertreter darf Geschäfts- und Betriebsgeheimnisse, die ihm anvertraut oder als solche durch seine Tätigkeit für den Unternehmer bekanntgeworden sind, auch nach Beendigung des Vertragsverhältnisses nicht verwerten oder anderen mitteilen, soweit dies nach den gesamten Umständen der Berufsauffassung eines ordentlichen Kaufmanns widersprechen würde.

§ 90a Wettbewerbsabrede

(1) Eine Vereinbarung, die den Handelsvertreter nach Beendigung des Vertragsverhältnisses in seiner gewerblichen Tätigkeit beschränkt (Wettbewerbsabrede), bedarf der Schriftform und der Aushändigung einer vom Unternehmer unterzeichneten, die vereinbarten Bestimmungen enthaltenden Urkunde an den Handelsvertreter. Die Abrede kann nur für längstens zwei Jahre von der Beendigung des Vertragsverhältnisses an getroffen werden; sie darf sich nur auf den dem Handelsvertreter zugewiesenen Bezirk oder Kundenkreis und nur auf die Gegenstände erstrecken, hinsichtlich deren sich der Handelsvertreter um die Vermittlung oder den Abschluß von Geschäften für den Unternehmer zu bemühen hat. Der Unternehmer ist verpflichtet, dem Handelsvertreter für die Dauer der Wettbewerbsbeschränkung eine angemessene Entschädigung zu zahlen.

(2) Der Unternehmer kann bis zum Ende des Vertragsverhältnisses schriftlich auf die Wettbewerbsbeschränkung mit der Wirkung verzichten, daß er mit dem Ablauf von

sechs Monaten seit der Erklärung von der Verpflichtung zur Zahlung der Entschädigung frei wird.

(3) Kündigt ein Teil das Vertragsverhältnis aus wichtigem Grund wegen schuldhaften Verhaltens des anderen Teils, so kann er sich durch schriftliche Erklärung binnen einem Monat nach der Kündigung von der Wettbewerbsabrede lossagen.

(4) Abweichende für den Handelsvertreter nachteilige Vereinbarungen können nicht getroffen werden.

§ 91 Vollmachten

(1) § 55 gilt auch für einen Handelsvertreter, der zum Abschluß von Geschäften von einem Unternehmer bevollmächtigt ist, der nicht Kaufmann ist.

(2) Ein Handelsvertreter gilt, auch wenn ihm keine Vollmacht zum Abschluß von Geschäften erteilt ist, als ermächtigt, die Anzeige von Mängeln einer Ware, die Erklärung, daß eine Ware zur Verfügung gestellt werde, sowie ähnliche Erklärungen, durch die ein Dritter seine Rechte aus mangelhafter Leistung geltend macht oder sich vorbehält, entgegenzunehmen; er kann die dem Unternehmer zustehenden Rechte auf Sicherung des Beweises geltend machen. Eine Beschränkung dieser Rechte braucht ein Dritter gegen sich nur gelten zu lassen, wenn er sie kannte oder kennen mußte.

§ 91a Mangel der Vertretungsmacht

(1) Hat ein Handelsvertreter, der nur mit der Vermittlung von Geschäften betraut ist, ein Geschäft im Namen des Unternehmers abgeschlossen, und war dem Dritten der Mangel an Vertretungsmacht nicht bekannt, so gilt das Geschäft als von dem Unternehmer genehmigt, wenn dieser nicht unverzüglich, nachdem er von dem Handelsvertreter oder dem Dritten über Abschluß und wesentlichen Inhalt benachrichtigt worden ist, dem Dritten gegenüber das Geschäft ablehnt.

(2) Das gleiche gilt, wenn ein Handelsvertreter, der mit dem Abschluß von Geschäften betraut ist, ein Geschäft im Namen des Unternehmers abgeschlossen hat, zu dessen Abschluß er nicht bevollmächtigt ist.

§ 92 Versicherungs- und Bausparkassenvertreter

(1) Versicherungsvertreter ist, wer als Handelsvertreter damit betraut ist, Versicherungsverträge zu vermitteln oder abzuschließen.

(2) Für das Vertragsverhältnis zwischen dem Versicherungsvertreter und dem Versicherer gelten die Vorschriften für das Vertragsverhältnis zwischen dem Handelsvertreter und dem Unternehmer vorbehaltlich der Absätze 3 und 4.

(3) In Abweichung von § 87 Abs. 1 Satz 1 hat ein Versicherungsvertreter Anspruch auf Provision nur für Geschäfte, die auf seine Tätigkeit zurückzuführen sind. § 87 Abs. 2 gilt nicht für Versicherungsvertreter.

(4) Der Versicherungsvertreter hat Anspruch auf Provision (§ 87a Abs. 1), sobald der Versicherungsnehmer die Prämie gezahlt hat, aus der sich die Provision nach dem Vertragsverhältnis berechnet.

(5) Die Vorschriften der Absätze 1 bis 4 gelten sinngemäß für Bausparkassenvertreter.

§ 92a Mindestarbeitsbedingungen

(1) Für das Vertragsverhältnis eines Handelsvertreters, der vertraglich nicht für weitere Unternehmer tätig werden darf oder dem dies nach Art und Umfang der von ihm verlangten Tätigkeit nicht möglich ist, kann der Bundesminister der Justiz im Einverneh-

men mit den Bundesministern für Wirtschaft und für Arbeit nach Anhörung von Verbänden der Handelsvertreter und der Unternehmer durch Rechtsverordnung, die nicht der Zustimmung des Bundesrates bedarf, die untere Grenze der vertraglichen Leistungen des Unternehmers festsetzen, um die notwendigen sozialen und wirtschaftlichen Bedürfnisse dieser Handelsvertreter oder einer bestimmten Gruppe von ihnen sicherzustellen. Die festgesetzten Leistungen können vertraglich nicht ausgeschlossen oder beschränkt werden.

(2) Absatz 1 gilt auch für das Vertragsverhältnis eines Versicherungsvertreters, der auf Grund eines Vertrages oder mehrerer Verträge damit betraut ist, Geschäfte für mehrere Versicherer zu vermitteln oder abzuschließen, die zu einem Versicherungskonzern oder zu einer zwischen ihnen bestehenden Organisationsgemeinschaft gehören, sofern die Beendigung des Vertragsverhältnisses mit einem dieser Versicherer im Zweifel auch die Beendigung des Vertragsverhältnisses mit den anderen Versicherern zur Folge haben würde. In diesem Falle kann durch Rechtsverordnung, die nicht der Zustimmung des Bundesrates bedarf, außerdem bestimmt werden, ob die festgesetzten Leistungen von allen Versicherern als Gesamtschuldnern oder anteilig oder nur von einem der Versicherer geschuldet werden und wie der Ausgleich unter ihnen zu erfolgen hat.

§ 92b Handelsvertreter im Nebenberuf

(1) Auf einen Handelsvertreter im Nebenberuf sind §§ 89 und 89b nicht anzuwenden. Ist das Vertragsverhältnis auf unbestimmte Zeit eingegangen, so kann es mit einer Frist von einem Monat für den Schluß eines Kalendermonats gekündigt werden; wird eine andere Kündigungsfrist vereinbart, so muß sie für beide Teile gleich sein. Der Anspruch auf einen angemessenen Vorschuß nach § 87a Abs. 1 Satz 2 kann ausgeschlossen werden.

(2) Auf Absatz 1 kann sich nur der Unternehmer berufen, der den Handelsvertreter ausdrücklich als Handelsvertreter im Nebenberuf mit der Vermittlung oder dem Abschluß von Geschäften betraut hat.

(3) Ob ein Handelsvertreter nur als Handelsvertreter im Nebenberuf tätig ist, bestimmt sich nach der Verkehrsauffassung.

(4) Die Vorschriften der Absätze 1 bis 3 gelten sinngemäß für Versicherungsvertreter und für Bausparkassenvertreter.

§ 92c Ausländische Handelsvertreter, Schiffahrtsvertreter

(1) Hat der Handelsvertreter seine Tätigkeit für den Unternehmer nach dem Vertrag nicht innerhalb des Gebietes der Europäischen Gemeinschaft oder der anderen Vertragsstaaten des Abkommens über den Europäischen Wirtschaftsraum auszuüben, so kann hinsichtlich aller Vorschriften dieses Abschnitts etwas anderes vereinbart werden.

(2) Das gleiche gilt, wenn der Handelsvertreter mit der Vermittlung oder dem Abschluß von Geschäften betraut wird, die die Befrachtung, Abfertigung oder Ausrüstung von Schiffen oder die Buchung von Passagen auf Schiffen zum Gegenstand haben.

Anhang

1. b) Richtlinie des Rates

vom 18. Dezember 1986
zur Koordinierung der Rechtsvorschriften der Mitgliedstaaten betreffend
die selbständigen Handelsvertreter
(86/653/EWG)

Der Rat der Europäischen Gemeinschaften –

gestützt auf den Vertrag zur Gründung der Europäischen Wirtschaftsgemeinschaft, insbesondere auf Artikel 57 Absatz 2 und Artikel 100,

auf Vorschlag der Kommission[1],

nach Stellungnahme des Europäischen Parlaments[2],

nach Stellungnahme des Wirtschafts- und Sozialausschusses[3],

in Erwägung nachstehender Gründe:

Die Beschränkungen der Niederlassungsfreiheit und des freien Dienstleistungsverkehrs für die Vermittlertätigkeiten in Handel, Industrie und Handwerk sind durch die Richtlinie 64/224/EWG[4] aufgehoben worden.

Die Unterschiede zwischen den einzelstaatlichen Rechtsvorschriften auf dem Gebiet der Handelsvertretungen beeinflussen die Wettbewerbsbedingungen und die Berufsausübung innerhalb der Gemeinschaft spürbar und beeinträchtigen den Umfang des Schutzes der Handelsvertreter in ihren Beziehungen zu ihren Unternehmen sowie die Sicherheit im Handelsverkehr. Diese Unterschiede erschweren im übrigen auch erheblich den Abschluß und die Durchführung von Handelsvertreterverträgen zwischen einem Unternehmer und einem Handelsvertreter, die in verschiedenen Mitgliedstaaten niedergelassen sind.

Der Warenaustausch zwischen den Mitgliedstaaten muß unter Bedingungen erfolgen, die denen eines Binnenmarktes entsprechen, weswegen die Rechtsordnungen der Mitgliedstaaten in dem zum guten Funktionieren des Gemeinsamen Marktes erforderlichen Umfang angeglichen werden müssen. Selbst vereinheitlichte Kollisionsnormen auf dem Gebiet der Handelsvertretung können die erwähnten Nachteile nicht beseitigen und lassen daher einen Verzicht auf die vorgeschlagene Harmonisierung nicht zu.

Die Rechtsbeziehungen zwischen Handelsvertreter und Unternehmer sind in diesem Zusammenhang mit Vorrang zu behandeln.

Die in den Mitgliedstaaten für Handelsvertreter geltenden Vorschriften sind in Anlehnung an die Grundsätze von Artikel 117 des Vertrages auf dem Wege des Fortschritts zu harmonisieren.

Einigen Mitgliedstaaten müssen zusätzliche Übergangsfristen eingeräumt werden, da sie besondere Anstrengungen zu unternehmen haben, um ihre Regelungen den Anforderungen dieser Richtlinie anzupassen; es handelt sich insbesondere um den Ausgleich nach Beendigung des Vertragsverhältnisses zwischen dem Unternehmer und dem Handelsvertreter –

hat folgende Richtlinie erlassen:

---

1 ABlEG Nr. C 13 vom 18.1.1977, S. 2 und ABlEG Nr. C56 vom 2.3.1979, S. 5.
2 ABlEG Nr. C 239 vom 9.10.1978, S. 17.
3 ABlEG Nr. C 59 vom 8.3.1978, S. 31.
4 ABlEG Nr. C 56 vom 4.4.1964, S. 869/64.

Kapitel I. Anwendungsbereich

Artikel 1

(1) Die durch diese Richtlinie vorgeschriebenen Harmonisierungsmaßnahmen gelten für die Rechts- und Verwaltungsvorschriften der Mitgliedstaaten, die die Rechtsbeziehungen zwischen Handelsvertretern und ihren Unternehmern regeln.

(2) Handelsvertreter im Sinne dieser Richtlinie ist, wer als selbständiger Gewerbetreibender ständig damit betraut ist, für eine andere Person (im folgenden Unternehmer genannt) den Verkauf oder den Ankauf von Waren zu vermitteln oder diese Geschäfte im Namen und für Rechnung des Unternehmers abzuschließen.

(3) Handelsvertreter im Sinne dieser Richtlinie ist insbesondere nicht

– eine Person, die als Organ befugt ist, für eine Gesellschaft oder Vereinigung verbindlich zu handeln;
– ein Gesellschafter, der rechtlich befugt ist, für die anderen Gesellschafter verbindlich zu handeln;
– ein Zwangsverwalter (receiver), ein gerichtlich bestellter Vermögensverwalter (receiver and manager), ein Liquidator (liquidator) oder ein Konkursverwalter (trustee in bankruptcy).

Artikel 2

(1) Diese Richtlinie ist nicht anzuwenden

– auf Handelsvertreter, die für ihre Tätigkeit kein Entgelt erhalten;
– auf Handelsvertreter, soweit sie an Handelsbörsen oder auf Rohstoffmärkten tätig sind;
– auf die unter der Bezeichnung „Crown Agents for Overseas Governments and Administrations" bekannte Körperschaft, wie sie im Vereinigten Königreich nach dem Gesetz von 1979 über die „Crown Agents" eingeführt worden ist; oder deren Tochterunternehmen.

(2) Jeder Mitgliedstaat kann vorsehen, daß die Richtlinie nicht auf Personen anwendbar ist, die Handelsvertretertätigkeiten ausüben, welche nach dem Recht dieses Mitgliedstaates als nebenberufliche Tätigkeiten angesehen werden.

Kapitel II. Rechte und Pflichten

Artikel 3

(1) Bei der Ausübung seiner Tätigkeit hat der Handelsvertreter die Interessen des Unternehmers wahrzunehmen und sich nach den Geboten von Treu und Glauben zu verhalten.

(2) Im besonderen muß der Handelsvertreter

a) sich in angemessener Weise für die Vermittlung und gegebenenfalls den Abschluß der ihm anvertrauten Geschäfte einsetzen;
b) dem Unternehmer die erforderlichen ihm zur Verfügung stehenden Informationen übermitteln;
c) den vom Unternehmer erteilten angemessenen Weisungen nachkommen.

Artikel 4

(1) Der Unternehmer hat sich gegenüber dem Handelsvertreter nach den Geboten von Treu und Glauben zu verhalten.

(2) Insbesondere hat der Unternehmer dem Handelsvertreter

Anhang

a) die erforderlichen Unterlagen zur Verfügung zu stellen, die sich auf die betreffenden Waren beziehen;
b) die für die Ausführung des Handelsvertretervertrages erforderlichen Informationen zu geben und ihn insbesondere binnen angemessener Frist zu benachrichtigen, sobald er absieht, daß der Umfang der Geschäfte erheblich geringer sein wird, als der Handelsvertreter normalerweise hätte erwarten können.

(3) Im übrigen muß der Unternehmer dem Handelsvertreter binnen angemessener Frist von der Annahme oder Ablehnung und der Nichtausführung der vom Handelsvertreter vermittelten Geschäfte Kenntnis geben.

Artikel 5

Die Parteien dürfen keine Vereinbarungen treffen, die von den Artikeln 3 und 4 abweichen.

Kapitel III. Vergütung

Artikel 6

(1) Bei Fehlen einer diesbezüglichen Vereinbarung zwischen den Parteien und unbeschadet der Anwendung der verbindlichen Vorschriften der Mitgliedstaaten über die Höhe der Vergütungen hat der Handelsvertreter Anspruch auf eine Vergütung, die an dem Ort, an dem er seine Tätigkeit ausübt, für die Vertretung von Waren, die den Gegenstand des Handelsvertretervertrags bilden, üblich ist. Mangels einer solchen Üblichkeit hat der Handelsvertreter Anspruch auf eine angemessene Vergütung, bei der alle mit dem Geschäft zusammenhängenden Faktoren berücksichtigt sind.

(2) Jeder Teil der Vergütung, der je nach Zahl oder Wert der Geschäfte schwankt, gilt als Provision im Sinne dieser Richtlinie.

(3) Die Artikel 7 bis 12 gelten nicht, soweit der Handelsvertreter nicht ganz oder teilweise in Form einer Provision vergütet wird.

Artikel 7

(1) Für ein während des Vertragsverhältnisses abgeschlossenes Geschäft hat der Handelsvertreter Anspruch auf die Provision,
a) wenn der Geschäftsabschluß auf seine Tätigkeit zurückzuführen ist oder
b) wenn das Geschäft mit einem Dritten abgeschlossen wurde, den er bereits vorher für Geschäfte gleicher Art als Kunden geworben hatte.

(2) Für ein während des Vertragsverhältnisses abgeschlossenes Geschäft hat der Handelsvertreter ebenfalls Anspruch auf die Provision,
– wenn ihm ein bestimmter Bezirk oder Kundenkreis zugewiesen ist oder
– wenn er die Alleinvertretung für einen bestimmten Bezirk oder Kundenkreis hat

und sofern das Geschäft mit einem Kunden abgeschlossen worden ist, der diesem Bezirk oder dieser Gruppe angehört.

Die Mitgliedstaaten müssen in ihr Recht die eine oder die andere der unter den beiden obigen Gedankenstrichen enthaltenen Alternativen aufnehmen.

Artikel 8

Für ein erst nach Beendigung des Vertragsverhältnisses geschlossenes Geschäft hat der Handelsvertreter Anspruch auf Provision:

a) wenn der Geschäftsabschluß überwiegend auf die Tätigkeit zurückzuführen ist, die er während des Vertragsverhältnisses ausgeübt hat, und innerhalb einer angemessenen Frist nach dessen Beendigung erfolgt oder
b) wenn die Bestellung des Dritten gemäß Artikel 7 vor Beendigung des Handelsvertreterverhältnisses beim Unternehmer oder beim Handelsvertreter eingegangen ist.

Artikel 9
Der Handelsvertreter hat keinen Anspruch auf die Provision nach Artikel 7, wenn diese gemäß Artikel 8 dem Vorgänger zusteht, es sei denn, daß die Umstände eine Teilung der Provision zwischen den Handelsvertretern rechtfertigen.

Artikel 10
(1) Der Anspruch auf Provision besteht, sobald und soweit eines der folgenden Ereignisse eintritt:
a) der Unternehmer hat das Geschäft ausgeführt;
b) der Unternehmer hätte nach dem Vertrag mit dem Dritten das Geschäft ausführen sollen;
c) der Dritte hat das Geschäft ausgeführt.
(2) Der Anspruch auf Provisiion besteht spätestens, wenn der Dritte seinen Teil des Geschäfts ausgeführt hat oder ausgeführt haben müßte, falls der Unternehmer seinen Teil des Geschäfts ausgeführt hätte.
(3) Die Provision ist spätestens am letzten Tag des Monats zu zahlen, der auf das Quartal folgt, in welchem der Anspruch des Handelsvertreters auf Provision erworben worden ist.
(4) Von den Absätzen 2 und 3 darf nicht durch Vereinbarung zum Nachteil des Handelsvertreters abgewichen werden.

Artikel 11
(1) Der Anspruch auf Provision erlischt nur, wenn und soweit
– feststeht, daß der Vertrag zwischen dem Dritten und dem Unternehmer nicht ausgeführt wird, und
– die Nichtausführung nicht auf Umständen beruht, die vom Unternehmer zu vertreten sind.
(2) Vom Handelsvertreter bereits empfangene Provisionen sind zurückzuzahlen, falls der Anspruch darauf erloschen ist.
(3) Von Absatz 1 darf nicht durch Vereinbarung zum Nachteil des Handelsvertreters abgewichen werden.

Artikel 12
(1) Der Unternehmer hat dem Handelsvertreter eine Abrechnung über die geschuldeten Provisionen zu geben, und zwar spätestens am letzten Tag des Monats, der auf das Quartal folgt, in dem der Provisionsanspruch erworben worden ist. Diese Abrechnung muß alle für die Berechnung der Provision wesentlichen Angaben enthalten.
(2) Der Handelsvertreter kann verlangen, daß ihm alle Auskünfte, insbesondere ein Auszug aus den Büchern, gegeben werden, über die der Unternehmer verfügt und die der Handelsvertreter zur Nachprüfung des Betrags der ihm zustehenden Provisionen benötigt.

(3) Von den Absätzen 1 und 2 darf nicht durch Vereinbarung zum Nachteil des Handelsvertreters abgewichen werden.

(4) Diese Richtlinie berührt nicht die einzelstaatlichen Bestimmungen, nach denen der Handelsvertreter ein Recht auf Einsicht in die Bücher des Unternehmers hat.

Kapitel IV. Abschluß und Beendigung des Handelsvertretervertrags

Artikel 13

(1) Jede Partei kann von der anderen Partei eine von dieser unterzeichnete Urkunde verlangen, die den Inhalt des Vertrages einschließlich der Änderungen oder Ergänzungen wiedergibt. Dieser Anspruch kann nicht ausgeschlossen werden.

(2) Absatz 1 hindert einen Mitgliedstaat nicht daran vorzuschreiben, daß ein Vertretungsvertrag nur in schriftlicher Form gültig ist.

Artikel 14

Ein auf bestimmte Zeit geschlossener Vertrag, der nach Ende seiner Laufzeit von beiden Parteien fortgesetzt wird, gilt als in einen auf unbestimmte Zeit geschlossenen Vertrag umgewandelt.

Artikel 15

(1) Ist der Vertrag auf unbestimmte Zeit geschlossen, so kann er von jeder Partei unter Einhaltung einer Frist gekündigt werden.

(2) Die Kündigungsfrist beträgt für das erste Vertragsjahr einen Monat, für das angefangene zweite Vertragsjahr zwei Monate, für das angefangene dritte und die folgenden Vertragsjahre drei Monate. Kürzere Fristen dürfen die Parteien nicht vereinbaren.

(3) Die Mitgliedstaaten können die Kündigungsfrist für das vierte Vertragsjahr auf vier Monate, für das fünfte Vertragsjahr auf fünf Monate und für das sechste und die folgenden Vertragsjahre auf sechs Monate festsetzen. Sie können bestimmen, daß die Parteien kürzere Fristen nicht vereinbaren dürfen.

(4) Vereinbaren die Parteien längere Fristen als die der Absätze 2 und 3, so darf die vom Unternehmer einzuhaltende Frist nicht kürzer sein als die vom Handelsvertreter einzuhaltende Frist.

(5) Sofern die Parteien nicht etwas anderes vereinbart haben, ist die Kündigung nur zum Ende eines Kalendermonats zulässig.

(6) Dieser Artikel gilt auch für einen auf bestimmte Zeit geschlossenen Vertrag, der nach Artikel 14 in einen auf unbestimmte Zeit geschlossenen Vertrag umgewandelt wird, mit der Maßgabe, daß bei der Berechnung der Dauer der Kündigungsfrist die vorher geltende feste Laufzeit zu berücksichtigen ist.

Artikel 16

Diese Richtlinie berührt nicht die Anwendung der Rechtsvorschriften der Mitgliedstaaten, wenn diese Rechtsvorschriften die fristlose Beendigung des Vertragsverhältnisses für den Fall vorsehen, daß

a) eine der Parteien ihren Pflichten insgesamt oder teilweise nicht nachgekommen ist;
b) außergewöhnliche Umstände eintreten.

Artikel 17

(1) Die Mitgliedstaaten treffen die erforderlichen Maßnahmen dafür, daß der Handelsvertreter nach Beendigung des Vertragsverhältnisses Anspruch auf Ausgleich nach Absatz 2 oder Schadensersatz nach Absatz 3 hat.

(2) a) Der Handelsvertreter hat Anspruch auf einen Ausgleich, wenn und soweit
- er für den Unternehmer neue Kunden geworben oder die Geschäftsverbindungen mit vorhandenen Kunden wesentlich erweitert hat und der Unternehmer aus den Geschäften mit diesen Kunden noch erhebliche Vorteile zieht und
- die Zahlung eines solchen Ausgleichs unter Berücksichtigung aller Umstände, insbesondere der dem Handelsvertreter aus Geschäften mit diesen Kunden entgehenden Provisionen, der Billigkeit entspricht. Die Mitgliedstaaten können vorsehen, daß zu diesen Umständen auch die Anwendung oder Nichtanwendung einer Wettbewerbsabrede im Sinne des Artikels 20 gehört.

b) Der Ausgleich darf einen Betrag nicht überschreiten, der einem jährlichen Ausgleich entspricht, der aus dem Jahresdurchschnittsbetrag der Vergütungen, die der Handelsvertreter während der letzten fünf Jahre erhalten hat, errechnet wird; ist der Vertrag vor weniger als fünf Jahren geschlossen worden, wird der Ausgleich nach dem Durchschnittsbetrag des entsprechenden Zeitraums ermittelt.

c) Die Gewährung dieses Ausgleichs schließt nicht das Recht des Handelsvertreters aus, Schadensersatzansprüche geltend zu machen.

(3) Der Handelsvertreter hat Anspruch auf Ersatz des ihm durch die Beendigung des Vertragsverhältnisses mit dem Unternehmer entstandenen Schadens.

Dieser Schaden umfaßt insbesondere
- den Verlust von Ansprüchen auf Provision, die dem Handelsvertreter bei normaler Fortsetzung des Vertrages zugestanden hätten und deren Nichtzahlung dem Unternehmer einen wesentlichen Vorteil aus der Tätigkeit des Handelsvertreters verschaffen würde, und/oder
- Nachteile, die sich aus der nicht erfolgten Amortisation von Kosten und Aufwendungen ergeben, die der Handelsvertreter in Ausführung des Vertrages auf Empfehlung des Unternehmers gemacht hatte.

(4) Der Anspruch auf Ausgleich nach Absatz 2 oder Schadensersatz nach Absatz 3 entsteht auch dann, wenn das Vertragsverhältnis durch Tod des Handelsvertreters endet.

(5) Der Handelsvertreter verliert den Anspruch auf Ausgleich nach Absatz 2 oder Schadensersatz nach Absatz 3, wenn er dem Unternehmer nicht innerhalb eines Jahres nach Beendigung des Vertragsverhältnisses mitgeteilt hat, daß er seine Rechte geltend macht.

(6) Die Kommission legt dem Rat innerhalb von acht Jahren nach Bekanntgabe dieser Richtlinie einen Bericht über die Durchführung dieses Artikels vor und unterbreitet ihm gegebenenfalls Änderungsvorschläge.

Artikel 18

Der Anspruch auf Ausgleich oder Schadensersatz nach Artikel 17 besteht nicht,
a) wenn der Unternehmer den Vertrag wegen eines schuldhaften Verhaltens des Handelsvertreters beendet hat, das aufgrund der einzelstaatlichen Rechtsvorschriften eine fristlose Beendigung des Vertrages rechtfertigt;
b) wenn der Handelsvertreter das Vertragsverhältnis beendet hat, es sei denn, diese Beendigung ist aus Umständen, die dem Unternehmer zuzurechnen sind, oder durch Alter, Gebrechen oder Krankheit des Handelsvertreters, derentwegen ihm eine Fortsetzung seiner Tätigkeit billigerweise nicht zugemutet werden kann, gerechtfertigt;

Anhang

c) wenn der Handelsvertreter gemäß einer Vereinbarung mit dem Unternehmer die Rechte und Pflichten, die er nach dem Vertrag besitzt, an einen Dritten abtritt.

Artikel 19

Die Parteien können vor Ablauf des Vertrages keine Vereinbarungen treffen, die von Artikel 17 und 18 zum Nachteil des Handelsvertreters abweichen.

Artikel 20

(1) Eine Vereinbarung, die den Handelsvertreter nach Beendigung des Vertrages in seiner gewerblichen Tätigkeit einschränkt, wird in dieser Richtlinie als Wettbewerbsabrede bezeichnet.

(2) Eine Wettbewerbsabrede ist nur gültig, wenn und soweit sie

a) schriftlich getroffen worden ist und
b) sich auf den dem Handelsvertreter zugewiesenen Bezirk oder Kundenkreis sowie auf Warengattungen erstreckt, die gemäß dem Vertrag Gegenstand seiner Vertretung sind.

(3) Eine Wettbewerbsabrede ist längstens zwei Jahre nach Beendigung des Vertragsverhältnisses wirksam.

(4) Dieser Artikel berührt nicht die einzelstaatlichen Rechtsvorschriften, die weitere Beschränkungen der Wirksamkeit oder Anwendbarkeit der Wettbewerbsabreden vorhalten oder nach denen die Gerichte die Verpflichtungen der Parteien aus einer solchen Vereinbarung mindern können.

Kapitel V. Allgemeine und Schlußbestimmungen

Artikel 21

Diese Richtlinie verpflichtet keinen Mitgliedstaat, die Offenlegung von Informationen vorzuschreiben, wenn eine solche Offenlegung mit seiner öffentlichen Ordnung unvereinbar wäre.

Artikel 22

(1) Die Mitgliedstaaten erlassen die erforderlichen Vorschriften, um dieser Richtlinie vor dem 1. Januar 1990 nachzukommen. Sie setzen die Kommission unverzüglich davon in Kenntnis. Die genannten Bestimmungen finden zumindest auf die nach ihrem Inkrafttreten geschlossenen Verträge Anwendung. Sie finden auf laufende Verträge spätestens am 1. Januar 1994 Anwendung.

(2) Vom Zeitpunkt der Bekanntgabe dieser Richtlinie an teilen die Mitgliedstaaten der Kommission den Wortlaut der wesentlichen Rechts- oder Verwaltungsvorschriften mit, die sie auf dem unter diese Richtlinie fallenden Gebiet erlassen.

(3) Jedoch gilt bezüglich Irlands und des Vereinigten Königreichs anstelle des Datums 1. Januar 1990 in Artikel 1 der 1. Januar 1994.

Bezüglich Italiens gilt hinsichtlich der sich aus Artikel 17 ergebenden Verpflichtungen anstelle des genannten Datums der 1. Januar 1993.

Artikel 23

Diese Richtlinie ist an die Mitgliedstaaten gerichtet.

2. Wortlaut der Grundsätze zur Errechnung der Höhe des Ausgleichsanspruchs (§ 89 b HGB) („Grundsätze-Sach")

Nachdem das Handelsvertretergesetz keine konkrete Bestimmung über die Errechnung der Höhe des Ausgleichsanspruchs enthält, haben der Gesamtverband der Deutschen Versicherungswirtschaft e.V., Köln und Berlin, der Bundesverband der Geschäftsstellenleiter der Assekuranz e.V. (VGA), Köln, und der Bundesverband Deutscher Versicherungskaufleute e.V. (BVK), Bonn, in dem Bemühen um gegenseitige Verständigung und ausgehend von vorwiegend wirtschaftlichen Erwägungen Grundsätze erarbeitet, um die Höhe des nach Auffassung der beteiligten Kreise angemessenen Ausgleichs global zu errechnen.

Der Gesamtverband der Deutschen Versicherungswirtschaft, der Bundesverband der Geschäftsstellenleiter der Assekuranz und der Bundesverband Deutscher Versicherungskaufleute empfehlen ihren Mitgliedern, Ausgleichsansprüche auf der nachstehenden Grundlage abzuwickeln.

Vor Anwendung dieser Grundsätze ist zu prüfen, ob die rechtlichen Voraussetzungen für die Entstehung eines Ausgleichsanspruchs vorliegen. Der Ausgleichsanspruch kann von einem hauptberuflichen Vertreter oder von dessen Erben (Ziffer IV.) erhoben werden, und zwar im Falle der Kündigung des Vertragsverhältnisses (soweit § 89b Abs. 3 HGB nichts anderes bestimmt), der vertraglichen Beendigung oder einvernehmlichen Aufhebung des Vertragsverhältnisses aus Altersgründen[1] oder aus Gründen der dauernden Invalidität[2] oder beim Vorliegen einer unverschuldeten und auf andere, zumutbare Weise nicht behebbaren persönlichen Zwangslage des Vertreters[3] oder des Todes des Vertreters, sofern auf seiten des Vertreters Provisionsverluste entstanden sind (§ 89b Abs. 1 Ziff. 2 HGB). Dagegen bedarf es zunächst einer Prüfung der Frage nicht, ob das Versicherungsunternehmen auch nach Beendigung des Vertragsverhältnisses erhebliche Vorteile hat (§ 89b Abs. 1 Ziff. 1 HGB) oder ob die Zahlung eines Ausgleichs unter Berücksichtigung aller Umstände der Billigkeit entspricht (§ 89b Abs. 1 Ziff. 3 HGB), weil die Grundsätze für den Normalfall davon ausgehen, daß diese Voraussetzungen vorliegen. Sofern jedoch ein Versicherungsunternehmen in dem einen oder anderen Fall der Überzeugung ist, daß erhebliche Vorteile nicht vorhanden sind oder die Zahlung eines Ausgleichs unbillig ist, besteht die Möglichkeit, die Gutachterstelle anzurufen (Ziffer VI.).

I. Ausgleichswert

1. Zur Errechnung des Ausgleichsanspruchs wird von einem sog. Ausgleichswert ausgegangen. Dieser wird folgendermaßen ermittelt:

    a) Zunächst ist die nach dem Durchschnitt der letzten fünf Jahre der Tätigkeit des Vertreters oder — bei kürzerer Vertragsdauer — nach dem Durchschnitt der ge-

---

[1] Der Vertragsaufhebung sollte im allgemeinen bei Vollendung des 65. Lebensjahres des Vertreters beiderseits zugestimmt werden. Vgl. dazu Rundschreiben des Gesamtverbandes der Deutschen Versicherungswirtschaft GVa-Nr. 10/68 vom 22. April 1968, Ziffer II./2 und GVa-Nr. 8/75 vom 14.4.1975, Ziffer 2 (s. Anhang Nr. 7 und 11).

[2] Invalidität ist gegeben, wenn die Arbeitsfähigkeit als Versicherungsvertreter auf weniger als die Hälfte einer körperlich und geistig gesunden Person von ähnlicher Ausbildung und gleichartigen Kenntnissen und Fähigkeiten gesunken ist.

[3] Beispiel: Wohnsitzverlegung des Vertreters ins Ausland aus zwingenden gesundheitlichen Gründen. Zweifelsfälle können der Gutachterstelle (Ziffer VI.) vorgelegt werden.

Anhang

samten Dauer der Tätigkeit des Vertreters zu berechnende Brutto-Jahresprovision des vom Vertreter aufgebauten Versicherungsbestandes festzustellen.

b) Bei der Berechnung nach a) sind nicht zu berücksichtigen:

aa) Abschlußprovisionen (= erstjährige Provisionen abzüglich der Inkassoprovisionen), ausgenommen die Abschlußprovisionen für Versicherungen mit gleichbleibenden laufenden Provisionen; die Regelung des § 87 Abs. 3 HGB bleibt hiervon unberührt;

bb) Provisionen für Versicherungsverträge mit unterjähriger Laufzeit sowie für einjährige Versicherungsverträge ohne Verlängerungsklausel, es sei denn, daß letztere mindestens dreimal hintereinander verlängert worden sind;

cc) an Untervertreter abzugebende Provisionen, wenn und soweit die Untervertreter auf das ausgleichspflichtige Versicherungsunternehmen reversiert sind[4];

dd) Überweisungs- und Führungsprovisionen aus Beteiligungsgeschäften sowie Maklercourtagen.

2. Provisionen aus übertragenen Versicherungsbeständen werden, wenn die Bestandsübertragung

vor mehr als 10 Jahren erfolgt ist, mit 33 1/3 %,
vor mehr als 15 Jahren erfolgt ist, mit 66 2/3 %
vor mehr als 20 Jahren erfolgt ist, mit 100 %

berücksichtigt.

Bei Kraftverkehrsversicherungen findet eine volle Anrechnung schon nach 10 Jahren statt.

3. Von der nach 1. und 2. ermittelten Jahresprovision sind in der Sach-, Haftpflicht-, Unfall- und Rechtsschutzversicherung .... 50 %,
in der Industrie-Feuer-, Maschinen-, Groß-BU- und Fahrradverkehrs-Versicherung .... 35 %,
in der Kraftverkehrsversicherung .... 25 %,
in der Transportversicherung einschließlich Nebenzweigen
und in der Einheitsversicherung .... 25 %
in Ansatz zu bringen.

4. Zuschüsse und sonstige zusätzliche Vergütungen des Versicherungsunternehmens (wie z.B. Bürozuschüsse, Ersatz von Porti, Telefon- und Reklameaufwendungen) werden bei der Errechnung des Ausgleichswertes nicht berücksichtigt.

II. Multiplikatoren

Der nach I. errechnete Ausgleichswert ist je nach der Dauer der hauptberuflichen selbständigen Tätigkeit des Vertreters für das Versicherungsunternehmen nach folgender Staffel zu multiplizieren[5]:

1. In der Sach- (einschl. Industrie-Feuer-, Maschinen-, Groß-BU- und Fahrradverkehrs-Versicherung), Unfall-, Haftpflicht- und Rechtsschutzversicherung:

---

[4] Ist der Ausgleichsanspruch eines solchen Untervertreters durch das Versicherungsunternehmen befriedigt worden, so hat das Unternehmen das Recht, über diesen Bestand ohne Kürzung der bisherigen Provisionsspitze des Generalagenten anderweitig zu verfügen.

[5] Zur Berechnung bei kürzerer Vertragsdauer als 5 Jahre und der Anrechnung einer Tätigkeit als Angestellter im Versicherungsaußendienst vgl. Rundschreiben des Gesamtverbandes der Deutschen Versicherungswirtschaft GVa-Nr. 18/72 vom 14. November 1972 (vgl. Anh. Nr. 9).

Wortlaut der Grundsätze („Grundsätze-Sach")

a) im *Todesfall** des Vertreters bei einer Tätigkeit: 4 Jahren mit 1,
vom beginnenden   5. Jahr bis zu   9 Jahren mit 1 ½,
vom beginnenden 10. Jahr bis zu 14 Jahren mit 2,
vom beginnenden 15. Jahr bis zu 19 Jahren mit 3,
ab beginnendem   20. Jahr mit 4;

b) im *Erlebensfall* des Vertreters wird der für den Todesfall vorgesehene Multiplikator durch eine „Treueprämie" wie folgt erhöht bei einer Tätigkeit:
vom beginnenden   5. Jahr bis zu   9 Jahren um ½,
vom beginnenden 10. Jahr bis zu 14 Jahren um 1,
vom beginnenden 15. Jahr bis zu 19 Jahren um 1 ½,
ab beginnendem   20. Jahr um 2;
im *Erlebensfall* des Vertreters gilt hiernach folgende Staffel bei einer Tätigkeit:
bis zu einschl.   4 Jahren 1,
vom beginnenden   5. Jahr bis zu   9 Jahren 1 ½ + ½ = 2,
vom beginnenden 10. Jahr bis zu 14 Jahren 2   + 1   = 3,
vom beginnenden 15. Jahr bis zu 19 Jahren 3   + 1 ½ = 4 ½,
ab beginnendem   20. Jahr   4   + 2   = 6.

2. In der Kraftverkehrsversicherung bei einer Tätigkeit:

bis zu einschl.   5 Jahren mit 1,
vom beginnenden 6. Jahr bis zu 10 Jahren mit 1 ½,
ab beginnendem 11. Jahr mit 2.

In der Kraftverkehrsversicherung beträgt der Ausgleichsanspruch bei einer Tätigkeit bis zu 5 Jahren höchstens 2/8, bei einer Tätigkeit vom beginnenden 6. Jahr bis zu 10 Jahren höchstens 3/8 und bei einer Tätigkeit ab beginnendem 11. Jahr höchstens 4/8 der gesetzlich zulässigerweise tatsächlich gezahlten Provisionen aus den Versicherungsbeiträgen (im Sinne des § 30 Abs. 1, § 3 Abs. 3 Satz 1 und 2 der Tarifverordnung vom 20.11.1967) in der bei Vertragsbeendigung jeweils gültigen Fassung des letzten Jahres.

Hierbei bleiben zusätzliche Verwaltungsentgelte im Sinne des § 30 Abs. 4 der Tarifverordnung in jedem Falle unberücksichtigt; zusätzliche Verwaltungsentgelte im Sinne des § 30 Abs. 2 und 3 der Tarifverordnung werden nur bei bevollmächtigten Generalagenten[6] berücksichtigt[6a].

3. In der Transportversicherung einschl. Nebenzweigen und in der Einheitsversicherung bei einer Tätigkeit:

bis zu einschl.   5 Jahren mit 1,
vom beginnenden 6. Jahr bis zu 10 Jahren mit 1 ½,
ab beginnendem 11. Jahr mit 2.

---

* Auch im Todesfall gelten jetzt die für den Erlebensfall gem. Ziff. II 1b maßgeblichen Faktoren (vgl. Rundschreiben GDV v. 6.4.1995, abgedruckt im Anhang Nr. 13).
6 Als bevollmächtigter Generalagent wird angesehen, wer als selbständiger Versicherungsvertreter im Sinne von §§ 84ff. HGB mit Befugnissen gemäß § 45 VVG in einem unmittelbaren Vertragsverhältnis zu dem Versicherungsunternehmen steht, neben der ihm obliegenden Vermittlungstätigkeit eine Tätigkeit ausübt, die in Art und Umfang der einer vergleichbaren unternehmenseigenen Direktionsverwaltungsgeschäftsstelle entspricht, und außerdem auf ihn selbst oder das Versicherungsunternehmen verpflichteten Vertretern vorsteht. Ebenso wird behandelt, wer als selbständiger Versicherungsvertreter im Sinne von §§ 84ff. HGB mit Befugnissen gemäß § 45 VVG in einem unmittelbaren Vertragsverhältnis zu dem Versicherungsunternehmen steht und neben der ihm obliegenden Vermittlungstätigkeit eine Tätigkeit ausübt, die in Art und Umfang der einer vergleichbaren unternehmenseigenen Direktionsverwaltungsstelle entspricht.
6a Vgl. dazu oben Kap. XVIII Rz. 2125.

Anhang

III. Begrenzung des Ausgleichsanspruchs

Die Höhe des Ausgleichsanspruchs darf insgesamt drei Jahresprovisionen oder Jahresvergütungen nicht übersteigen (§ 89b Abs. 5 HGB).

IV. Anspruchsberechtigte Erben

Beim Tode des Vertreters steht der Ausgleichsanspruch grundsätzlich nur seiner Witwe und seinen Verwandten in gerader Linie, in Härtefällen auch seinen sonstigen Erben zu [7].

V. Berücksichtigung einer Alters- und Hinterbliebenenversorgung

1. Da nach Auffassung der Beteiligten ein Ausgleichsanspruch aus Billigkeitsgründen (§ 89b Abs. 1 Ziff. 3 HGB) insoweit nicht entsteht, wie der Vertreter Leistungen aus einer durch Beiträge des Versicherungsunternehmens aufgebauten Alters- und Hinterbliebenenversorgung erhalten oder zu erwarten hat, ist von der nach I. und II. errechneten Höhe des Ausgleichsanspruchs bei einer Rentenversicherung der kapitalisierte Barwert der Rente der Anspruchsberechtigten, bei einer Kapitalversorgung deren Kapitalwert und bei fixierten Provisionsrenten (früher auch als Nachinkassoprovisionen oder Nachprovisionen bezeichnet) der kapitalisierte Barwert der zugesagten Provisionsrenten abzuziehen [7a].

2. Ist die Dauer der Provisionsrente von dem Fortbestehen der vom Vertreter bei Beendigung des Vertretervertrages verwalteten Versicherungsverträge abhängig, so wird aus dem in Ziffer 1. genannten Grund bei Beendigung des Vertretervertrages der Ausgleichsanspruch vorläufig so errechnet, als ob dem Vertreter keine Provisionsrente zugesagt worden wäre. Der Vertreter stundet den derart errechneten fiktiven Ausgleichsanspruch bis zum völligen Auslaufen der Provisionsrente oder bis zu dem Zeitpunkt, in dem er auf die Weiterzahlung der Provisionsrente in rechtsgültiger Weise endgültig verzichtet. Alsdann wird die Gesamthöhe der bis zu diesem Zeitpunkt gezahlten Provisionsrente von dem errechneten fiktiven Ausgleichsanspruch abgezogen und auf diese Weise festgestellt, ob und inwieweit im Zeitpunkt der Beendigung des Vertretervertrages ein Ausgleichsanspruch trotz des Anspruchs auf Provisionsrente tatsächlich entstanden ist. Gegebenenfalls ist dieser Ausgleichsanspruch sofort fällig.

VI. Gutachterstelle

Sind in einem Einzelfall bei einem Versicherungsunternehmen oder einem Vertreter besondere Umstände gegeben, die nach Auffassung eines der Betroffenen eine andere Regelung zur Errechnung des Ausgleichsanspruchs gerechtfertigt erscheinen lassen, so kann jede der Parteien zur Herbeiführung einer den Umständen des Einzelfalles gerecht werdenden Regelung die bei dem Gesamtverband der Deutschen Versicherungswirtschaft bestehende, aus Vertretern des Gesamtverbandes der Deutschen Versicherungswirtschaft einerseits, des Bundesverbandes der Geschäftsstellenleiter der Assekuranz und des Bundesverbandes Deutscher Versicherungskaufleute andererseits paritätisch zusammengesetzte Gutachterstelle in Anspruch nehmen. Das gleiche gilt für Härtefälle gemäß Ziffer IV.

Die Gutachterstelle wird nur tätig, wenn beide Parteien ihrer Inanspruchnahme zustimmen [7b].

---

7 Zur Anwendung dieser Bestimmung vgl. Rundschreiben des Gesamtverbandes der Deutschen Versicherungswirtschaft GVa-Nr. 10/68 vom 22. April 1968 Ziffer II./3 (s. Anhang Nr. 7).
7a Vgl. dazu Rz. 2127.
7b Vgl. dazu Rz. 2126.

Die Gutachterstelle arbeitet unter Vorsitz eines von den Gutachtern einstimmig bestimmten Vorsitzers, der nicht dem Kreis der Gutachter angehört.

VII. Ausspannung von Versicherungsverträgen

Da bei der Befriedigung des Ausgleichsanspruchs davon ausgegangen wird, daß der wirtschaftliche Vorteil des ausgeglichenen Bestandes dem Versicherungsunternehmen verbleibt, wird vorausgesetzt, daß der Vertreter keine Bemühungen anstellt oder unterstützt, die zu einer Schmälerung des Bestandes führen, für den er einen Ausgleich erhalten hat [7c].

VIII. Lebens- und Krankenversicherung

Diese Grundsätze gelten nicht für die Lebens- und Krankenversicherung.

IX. Transportversicherung

In der Transportversicherung einschließlich Nebenzweigen und in der Einheitsversicherung sind die Grundsätze nur gegenüber ausschließlich auf ein Versicherungsunternehmen reversierten Vertretern anzuwenden [8].

Durch diese globale Regelung wird die von den beteiligten Verbänden vertretene Rechtsauffassung über die Natur und die Auswirkungen des Ausgleichsanspruchs nicht berührt [9].

Gesamtverband der Deutschen Versicherungswirtschaft e.V.
Bundesverband der Geschäftsstellenleiter der Assekuranz e.V. (VGA)
Bundesverband Deutscher Versicherungskaufleute e.V. (BVK)

3. Wortlaut der Grundsätze zur Errechnung der Höhe des Ausgleichsanspruchs (§ 89 b HGB) für dynamische Lebensversicherungen („Grundsätze-Leben")

Nachdem das Handelsvertretergesetz keine konkrete Bestimmung über die Errechnung der Höhe des Ausgleichsanspruchs enthält, haben der Gesamtverband der Deutschen Versicherungswirtschaft e.V., Köln und Berlin, der Bundesverband der Geschäftsstellenleiter der Assekuranz e.V. (VGA), Köln, und der Bundesverband Deutscher Versicherungskaufleute e.V. (BVK), Bonn, in dem Bemühen um gegenseitige Verständigung und ausgehend von vorwiegend wirtschaftlichen Erwägungen Grundsätze erarbeitet, um die Höhe des nach Auffassung der beteiligten Kreise angemessenen Ausgleichs global zu errechnen.

Der Gesamtverband der Deutschen Versicherungswirtschaft, der Bundesverband der Geschäftsstellenleiter der Assekuranz und der Bundesverband Deutscher Versicherungskaufleute empfehlen ihren Mitgliedern, Ausgleichsansprüche auf der nachstehenden Grundlage abzuwickeln.

7c Einzelheiten zur Problematik oben Rz. 2099 ff.
8 Vgl. Rundschreiben des Gesamtverbandes der Deutschen Versicherungswirtschaft GVa-Nr. 10/68 vom 22. April 1968 Ziffer II./1 (vgl. Anh. Nr. 7).
9 Zur Verwertbarkeit der „Grundsätze" in Rechtsstreitigkeiten vgl. Rundschreiben des Gesamtverbandes der Deutschen Versicherungswirtschaft GVa-Nr. 12/72 vom 17. Juli 1972 und GVa-Nr. 15/74 vom 29. November 1974 (vgl. Anh. Nr. 8 und 10).

Anhang

Vor Anwendung dieser Grundsätze ist zu prüfen, ob die rechtlichen Voraussetzungen für die Entstehung eines Ausgleichsanspruchs vorliegen. Der Ausgleichsanspruch kann von einem hauptberuflichen Vertreter oder von dessen Erben (Ziffer IV.) erhoben werden, und zwar im Falle der Kündigung des Vertragsverhältnisses (soweit § 89b Abs. 3 HGB nichts anderes bestimmt), der vertraglichen Beendigung oder einvernehmlichen Aufhebung des Vertragsverhältnisses aus Altersgründen[1] oder aus Gründen der dauernden Invalidität[2] oder beim Vorliegen einer unverschuldeten und auf andere, zumutbare Weise nicht behebbaren persönlichen Zwangslage des Vertreters[3] oder des Todes des Vertreters, sofern auf seiten des Vertreters Provisionsverluste entstanden sind (§ 89b Abs. 1 Ziff. 2 HGB). Dagegen bedarf es zunächst einer Prüfung der Frage nicht, ob das Versicherungsunternehmen auch nach Beendigung des Vertragsverhältnisses erhebliche Vorteile hat (§ 89b Abs. 1 Ziffer 1 HGB) oder ob die Zahlung eines Ausgleichs unter Berücksichtigung aller Umstände der Billigkeit entspricht (§ 89b Abs. 1 Ziffer 3 HGB), weil die Grundsätze für den Normalfall davon ausgehen, daß diese Voraussetzungen vorliegen. Sofern jedoch ein Versicherungsunternehmen in dem einen oder anderen Fall der Überzeugung ist, daß erhebliche Vorteile nicht vorhanden sind oder die Zahlung eines Ausgleichs unbillig ist, besteht die Möglichkeit, die Gutachterstelle anzurufen (Ziffer VI.).

I. Geltungsbereich

1. Diese Grundsätze gelten nur für *dynamische Lebensversicherungen.* Dynamische Lebensversicherungen im Sinne dieser Grundsätze sind Lebensversicherungen,

    deren Versicherungsbedingungen ein Anwachsen von Beitrag und Leistung in regelmäßigen Zeitabständen von Anbeginn oder auf Grund einer späteren, vom Vertreter bewirkten Vereinbarung vorsehen[4],
    soweit
    der Vertreter diese Versicherungen selbst vermittelt hat und diese Versicherungen bei der Beendigung des Vertretervertrages die Voraussetzungen für künftige Erhöhungen erfüllen und zum letzten Erhöhungszeitpunkt tatsächlich angepaßt worden sind.

    Eine Ausgleichszahlung setzt voraus, daß der Vertreter während der Dauer des Vertretervertrages bei Erhöhungen dynamischer Lebensversicherungen jeweils einen vertraglichen Anspruch auf eine zusätzliche Vermittlungsprovision hatte. Eine Ausgleichszahlung entfällt, wenn der Vertreter beim Abschluß der dynamischen Lebensversicherungen eine entsprechend erhöhte Erstprovision erhalten hat, durch die der in künftigen Erhöhungen fortwirkende Vermittlungserfolg vereinbarungsgemäß bereits voll abgegolten worden ist.

    Beim Bestehen einer von einem Versicherungskonzern oder einer Organisationsgemeinschaft im Sinne vom § 92a Abs. 2 HGB oder vom Lebensversicherungsunternehmen allein ganz oder teilweise finanzierten Alters- und Hinterbliebenenvorsorgung gilt Ziffer V.

---

[1] Der Vertragsaufhebung sollte im allgemeinen bei Vollendung des 65. Lebensjahres des Vertreters beiderseits zugestimmt werden. Vgl. dazu Rundschreiben des Gesamtverbandes der Deutschen Versicherungswirtschaft vom 14.4.1975 GVa-Nr. 8/75, Ziffer 2 (Anh. Nr. 11) (vgl. Anhang Nr. 7 und 11).

[2] Invalidität ist gegeben, wenn die Arbeitsfähigkeit als Versicherungsvertreter auf weniger als die Hälfte einer körperlich und geistig gesunden Person von ähnlicher Ausbildung und gleichartigen Kenntnissen und Fähigkeiten gesunken ist.

[3] Beispiel: Wohnsitzverlegung des Vertreters ins Ausland aus zwingenden gesundheitlichen Gründen. Zweifelsfälle können der Gutachterstelle (Ziffer VI.) vorgelegt werden.

[4] Dazu zählen auch Lebensversicherungen, bei denen der Versicherungsnehmer bedingungsgemäß von der Erhöhung des Beitrags und der Leistung unterrichtet wird, jedoch das Recht hat, die Erhöhung abzulehnen.

2. Für dynamische Gruppenversicherungen, Gruppenversicherungen mit Andienungspflicht und dynamische Risikoversicherungen gelten diese Grundsätze nicht. Falls für derartige Lebensversicherungen ein Ausgleichsanspruch erhoben wird, kann allerdings die Gutachterstelle gemäß Ziffer VI. angerufen werden, um eine Regelung nach billigem Ermessen zu treffen.

3. Alle übrigen Lebensversicherungen fallen nicht unter diese Grundsätze.

II. Errechnung der Ausgleichszahlung

Zur Errechnung der Ausgleichszahlung wird von den Versicherungssummen der dynamischen Lebensversicherungen gemäß Ziffer I. ausgegangen. Maßgebend ist die Versicherungssumme zur Zeit der Beendigung des Vertretervertrages.

Die Summe der so ermittelten Versicherungen wird mit folgenden Faktoren multipliziert:

Der 1. Faktor ist der mit dem Vertreter für Erhöhungen von dynamischen Lebensversicherungen vereinbarte Provisionssatz.

Der 2. Faktor beträgt:

1975	0,11
1976	0,10
1977	0,10
1978	0,09
1979	0,09
1980ff.	0,08

Unter dem Gesichtspunkt der Billigkeit, die nach § 89b Abs. 1 Ziffer 3 HGB zu berücksichtigen ist, ergibt sich für den Vertreter, der in der Lebensversicherung ausschließlich für ein Unternehmen tätig war, ein 3. Faktor aus der Dauer seiner hauptberuflichen Tätigkeit im Außendienst dieses Unternehmens. Bei einer Tätigkeit bis zum 9. Jahr einschließlich beträgt er 1, ab dem 10. Jahr 1,25 und ab dem 20. Jahr 1,5.

Bei Berechnung der Tätigkeitsdauer sollte geprüft werden, ob eine vorausgegangene ununterbrochene Tätigkeit als Angestellter im Außendienst mitberücksichtigt werden kann. Eine Tätigkeit als nebenberuflicher Versicherungsvermittler bleibt unberücksichtigt[5].

Das Ergebnis ist die Ausgleichszahlung in DM.

III. Begrenzung des Ausgleichsanspruchs

Die Höhe des Ausgleichsanspruchs darf insgesamt drei Jahresprovisionen oder Jahresvergütungen nicht übersteigen (§ 89b Abs. 5 HGB).

IV. Anspruchsberechtigte Erben

Beim Tod des Vertreters steht der Ausgleichsanspruch grundsätzlich nur seiner Witwe und seinen Verwandten in gerader Linie, in Härtefällen auch seinen sonstigen Erben zu[6].

V. Berücksichtigung einer Alters- und Hinterbliebenenversorgung

1. Da nach Auffassung der Beteiligten ein Ausgleichsanspruch aus Billigkeitsgründen (§ 89b Abs. 1 Ziffer 3 HGB) insoweit nicht entsteht, wie der Vertreter Leistungen aus

---
5 Vgl. hierzu Rundschreiben des Gesamtverbandes der Deutschen Versicherungswirtschaft GVa-Nr. 18/72 vom 14. November 1972, Ziffer 9.3 (Anhang Nr. 9).
6 Zur Anwendung dieser Bestimmungen vgl. Rundschreiben des Gesamtverbandes der Deutschen Versicherungswirtschaft GVa-Nr. 10/68 vom 22. April 1968, Ziffer II./3 (Anhang Nr. 7).

einer durch Beiträge des Versicherungsunternehmens aufgebauten Alters- und Hinterbliebenenversorgung erhalten oder zu erwarten hat, ist von der nach I. und II. errechneten Höhe des Ausgleichsanspruchs bei einer Rentenversicherung der kapitalisierte Barwert der Rente der Anspruchsberechtigten, bei einer Kapitalversorgung deren Kapitalwert und bei fixierten Provisionsrenten (früher auch als Nachinkassoprovisionen oder Nachprovisionen bezeichnet) der kapitalisierte Barwert der zugesagten Provisionsrenten abzuziehen[6a].

2. Ist die Dauer der Provisionsrente von dem Fortbestehen der vom Vertreter bei Beendigung des Vertretervertrages verwalteten Versicherungsverträge abhängig, so wird aus dem in Ziffer 1. genannten Grund bei Beendigung des Vertretervertrages der Ausgleichsanspruch vorläufig so errechnet, als ob dem Vertreter keine Provisionsrente zugesagt worden wäre. Der Vertreter stundet den derart errechneten fiktiven Ausgleichsanspruch bis zum völligen Auslaufen der Provisionsrente oder bis zu dem Zeitpunkt, in dem er auf die Weiterzahlung der Provisionsrente in rechtsgültiger Weise endgültig verzichtet. Alsdann wird die Gesamthöhe der bis zu diesem Zeitpunkt gezahlten Provisionsrenten von dem errechneten fiktiven Ausgleichsanspruch abgezogen und auf diese Weise festgestellt, ob und inwieweit im Zeitpunkt der Beendigung des Vertretervertrages ein Ausgleichsanspruch trotz des Anspruchs auf Provisionsrente tatsächlich entstanden ist. Gegebenenfalls ist dieser Ausgleichsanspruch sofort fällig.

VI. Gutachterstelle

Sind in einem Einzelfall bei einem Versicherungsunternehmen oder einem Vertreter besondere Umstände gegeben, die nach Auffassung eines der Betroffenen eine andere Regelung zur Errechnung des Ausgleichsanspruchs gerechtfertigt erscheinen lassen, so kann jede der Parteien zur Herbeiführung einer den Umständen des Einzelfalles gerecht werdenden Regelung die bei dem Gesamtverband der Deutschen Versicherungswirtschaft bestehende, aus Vertretern des Gesamtverbandes der Deutschen Versicherungswirtschaft einerseits, des Bundesverbandes der Geschäftsstellenleiter der Assekuranz und des Bundesverbandes Deutscher Versicherungskaufleute andererseits paritätisch zusammengesetzte Gutachterstelle in Anspruch nehmen. Das gleiche gilt für Härtefälle gemäß Ziffer IV.

Die Gutachterstelle wird nur tätig, wenn beide Parteien ihrer Inanspruchnahme zustimmen[6b].

Die Gutachterstelle arbeitet unter Vorsitz eines von den Gutachtern einstimmig bestimmten Vorsitzers, der nicht dem Kreis der Gutachter angehört.

VII. Ausspannung von Versicherungsverträgen

Da bei der Befriedigung des Ausgleichsanspruchs davon ausgegangen wird, daß der wirtschaftliche Vorteil des ausgeglichenen Bestandes dem Versicherungsunternehmen verbleibt, wird vorausgesetzt, daß der Vertreter keine Bemühungen anstellt oder unterstützt, die zu einer Schmälerung des Bestandes führen, für den er einen Ausgleich erhalten hat[6c].

6a Vgl. dazu Rz. 2127.
6b Vgl. Rz. 2126.
6c Vgl. Rz. 2099, 2101.

VIII. Geltungsdauer

Diese Grundsätze treten am 1. Januar 1976 in Kraft. Sie gelten für alle ab diesem Tage entstehenden Ausgleichsansprüche.

Die Grundsätze sollen im gegenseitigen Einvernehmen 3 Jahre nach ihrer Vereinbarung überprüft werden. Wird die Vereinbarung nicht ein Jahr vor Ablauf der vereinbarten 3 Jahre von einem der beteiligten Verbände gekündigt, so verlängert sich ihre Geltungsdauer jeweils um weitere 2 Jahre.

Fällt die Geschäftsgrundlage dieser Grundsätze weg oder ändert sie sich erheblich, soll der Inhalt nach Möglichkeit an die geänderten Umstände angepaßt werden. Wegfall oder erhebliche Änderung der Geschäftsgrundlage liegen insbesondere dann vor, wenn gesetzliche Bestimmungen, die die Grundlagen des Ausgleichsanspruchs berühren, aufgehoben, geändert oder neu erlassen werden, die wirtschaftliche Entwicklung zu unverhältnismäßig hohen Inflationsraten führt, durch die die Versicherungsnehmer veranlaßt werden, auf Anpassungen zu verzichten, oder keine Steigerung des Angestellten-Versicherungshöchstbetrages mehr eintritt.

Durch diese globale Regelung wird die von den beteiligten Verbänden vertretene Rechtsauffassung über die Natur und die Auswirkungen des Ausgleichsanspruchs nicht berührt[7].

Gesamtverband der Deutschen Versicherungswirtschaft e.V.
Bundesverband der Geschäftsstellenleiter der Assekuranz e.V. (VGA)
Bundesverband Deutscher Versicherungskaufleute e.V. (BVK)

4. Wortlaut der Grundsätze zur Errechnung der Höhe des Ausgleichsanspruchs (§ 89b HGB) in der privaten Krankenversicherung („Grundsätze-Kranken")

Nachdem das Handelsvertretergesetz keine konkrete Bestimmung über die Errechnung der Höhe des Ausgleichsanspruchs enthält, haben der Gesamtverband der Deutschen Versicherungswirtschaft e.V., Köln und Berlin, der Bundesverband der Geschäftsstellenleiter der Assekuranz e.V. (VGA), Köln, und der Bundesverband Deutscher Versicherungskaufleute e.V. (BVK), Bonn, in dem Bemühen um gegenseitige Verständigung und ausgehend von vorwiegend wirtschaftlichen Erwägungen Grundsätze erarbeitet, um die Höhe des nach Auffassung der beteiligten Kreise angemessenen Ausgleichs global zu errechnen.

Der Gesamtverband der Deutschen Versicherungswirtschaft, der Bundesverband der Geschäftsstellenleiter der Assekuranz und der Bundesverband Deutscher Versicherungskaufleute empfehlen ihren Mitgliedern, Ausgleichsansprüche auf der nachstehenden Grundlage abzuwickeln.

Vor Anwendung dieser Grundsätze ist zu prüfen, ob die rechtlichen Voraussetzungen für die Entstehung eines Ausgleichsanspruchs vorliegen. Der Ausgleichsanspruch kann von einem hauptberuflichen Vertreter oder von dessen Erben (Ziffer IV.) erhoben werden, und zwar im Falle der Kündigung des Vertragsverhältnisses (soweit § 89b Abs. 3 HGB nichts anderes bestimmt), der vertraglichen Beendigung oder einvernehmlichen Aufhebung des

---

[7] Zur Verwertbarkeit dieser „Grundsätze" in Rechtsstreiten vgl. Rundschreiben des Gesamtverbandes der Deutschen Versicherungswirtschaft GVa-Nr. 12/72 vom 17. Juli 1972 und GVa-Nr. 15/74 vom 29. November 1974 (Anhang Nr. 8 und Nr. 10).

Anhang

Vertragsverhältnisses aus Altersgründen[1] oder aus Gründen der dauernden Invalidität[2] oder beim Vorliegen einer unverschuldeten und auf andere, zumutbare Weise nicht behebbaren persönlichen Zwangslage des Vertreters[3] oder des Todes des Vertreters, sofern auf seiten des Vertreters Provisionsverluste entstanden sind (§ 89b Abs. 1 Ziffer 2 HGB). Dagegen bedarf es zunächst einer Prüfung der Frage nicht, ob das Versicherungsunternehmen auch nach Beendigung des Vertragsverhältnisses erhebliche Vorteile hat (§ 89b Abs. 1 Ziffer 1 HGB) oder ob die Zahlung eines Ausgleichs unter Berücksichtigung aller Umstände der Billigkeit entspricht (§ 89b Abs. 1 Ziffer 3 HGB), weil die Grundsätze für den Normalfall davon ausgehen, daß diese Voraussetzungen vorliegen. Sofern jedoch ein Versicherungsunternehmen in dem einen oder anderen Fall der Überzeugung ist, daß erhebliche Vorteile nicht vorhanden sind oder die Zahlung eines Ausgleichs unbillig ist, besteht die Möglichkeit, die Gutachterstelle anzurufen (Ziffer VI.).

I. Geltungsbereich

Diese Grundsätze gelten nur für Aufstockungsfälle in der privaten Krankenversicherung.

Ein Aufstockungsfall in der privaten Krankenversicherung im Sinne dieser Grundsätze ist die unter Einschaltung eines Vermittlers erfolgende Erhöhung des für eine Person und das gleiche Risiko bestehenden Versicherungsschutzes, die über die Wiederherstellung des bisherigen Verhältnisses zwischen den gestiegenen Heilbehandlungskosten und den Versicherungsleistungen bzw. zwischen dem durchschnittlichen Entgelt und dem Krankentagegeld hinausgeht. Die Tätigkeit des ausgeschiedenen Vertreters, der den betreffenden Vertrag vermittelt hat, ist wegen der Bemühungen des neuen Vermittlers in der Regel nur begrenzt mitursächlich für eine spätere Aufstockung des Versicherungsschutzes.

Beim Bestehen einer von einem Versicherungskonzern oder einer Organisationsgemeinschaft im Sinne von § 92a Abs. 2 HGB oder vom Krankenversicherungsunternehmen allein ganz oder teilweise finanzierten Alters- und Hinterbliebenenversorgung gilt Ziffer V.

II. Errechnung der Ausgleichszahlung

Zur Errechnung der Ausgleichszahlung wird von der durchschnittlichen selbst vermittelten Gesamtjahresproduktion in Monatsbeiträgen ausgegangen, wobei die letzten fünf Jahre, und bei kürzerer Vertretertätigkeit dieser kürzere Zeitraum, zugrunde gelegt werden.

Der Betrag der so ermittelten durchschnittlichen Gesamtjahresproduktion aus dem Bestand wird mit folgenden Faktoren multipliziert:

Der erste Faktor ist der mit dem Vertreter für Geschäft aus dem Bestand während seiner Tätigkeit vereinbarte Provisionssatz.

Der zweite Faktor berücksichtigt die Bestandszusammensetzung und damit die möglichen Aufstockungsfälle, die für einen Ausgleichsanspruch in Betracht kommen. Er beträgt 0,2.

---

[1] Der Vertragsaufhebung sollte im allgemeinen bei Vollendung des 65. Lebensjahres des Vertreters beiderseits zugestimmt werden. Vgl. dazu Rundschreiben des Gesamtverbandes der Deutschen Versicherungswirtschaft GVa-Nr. 10/68 vom 14.4.1975 GVa-Nr. 8/75 vom 14. April 1975, Ziffer 2 (vgl. Anh. Nr. 11).

[2] Invalidität ist gegeben, wenn die Arbeitsfähigkeit als Versicherungsvertreter auf weniger als die Hälfte einer körperlich und geistig gesunden Person von ähnlicher Ausbildung und gleichartigen Kenntnissen und Fähigkeiten gesunken ist (Anhang Nr. 7 und Nr. 11).

[3] Beispiel: Wohnsitzverlegung des Vertreters ins Ausland aus zwingenden gesundheitlichen Gründen. Zweifelsfälle können der Gutachterstelle (Ziffer VI.) vorgelegt werden.

Der dritte Faktor berücksichtigt die Mitursächlichkeit der Tätigkeit des ausgeschiedenen Vertreters für eine spätere Aufstockung. Er beträgt 0,4.

Unter dem Gesichtspunkt der Billigkeit, die nach § 89b Abs. 1 Ziffer 3 HGB zu berücksichtigen ist, ergibt sich für den Vertreter, der in der Krankenversicherung ausschließlich für ein Unternehmen tätig war, ein vierter Faktor aus der Dauer seiner hauptberuflichen Tätigkeit im Außendienst dieses Unternehmens.

Der Faktor 4 beträgt:

    1. bis   3. Jahr = 0,7
    4. bis   6. Jahr = 1
    7. bis   9. Jahr = 1,6
    10. bis 12. Jahr = 2,5
    13. bis 15. Jahr = 3,5
    ab 16. Jahr = 4

Das Ergebnis ist die Ausgleichszahlung in DM.

III. Begrenzung des Ausgleichsanspruchs

Die Höhe des Ausgleichsanspruchs darf insgesamt 3 Jahresprovisionen oder Jahresvergütungen nicht übersteigen (§ 89b Abs. 5 HGB).

IV. Anspruchsberechtigte Erben

Beim Tod des Vertreters steht der Ausgleichsanspruch grundsätzlich nur seiner Witwe und seinen Verwandten in gerader Linie, in Härtefällen auch seinen sonstigen Erben zu[4].

V. Berücksichtigung einer Alters- und Hinterbliebenenversorgung

1. Da nach Auffassung der Beteiligten ein Ausgleichsanspruch aus Billigkeitsgründen (§ 89b Abs. 1 Ziffer 3 HGB) insoweit nicht entsteht, wie der Vertreter Leistungen aus einer durch Beiträge des Versicherungsunternehmens aufgebauten Alters- und Hinterbliebenenversorgung erhalten oder zu erwarten hat, ist von der nach I. und II. errechneten Höhe des Ausgleichsanspruchs bei einer Rentenversicherung der kapitalisierte Barwert der Rente der Anspruchsberechtigten, bei einer Kapitalversorgung deren Kapitalwert und bei fixierten Provisionsrenten (früher auch als Nachinkassoprovisionen oder Nachprovisionen bezeichnet) der kapitalisierte Barwert der zugesagten Provisionsrenten abzuziehen[4a].

2. Ist die Dauer der Provisionsrente von dem Fortbestehen der vom Vertreter bei Beendigung des Vertretervertrages verwalteten Versicherungsverträge abhängig, so wird aus dem in Ziffer 1. genannten Grund bei Beendigung des Vertretervertrages der Ausgleichsanspruch vorläufig so errechnet, als ob dem Vertreter keine Provisionsrente zugesagt worden wäre. Der Vertreter stundet den derart errechneten fiktiven Ausgleichsanspruch bis zum völligen Auslaufen der Provisionsrente oder bis zu dem Zeitpunkt, in dem er auf die Weiterzahlung der Provisionsrente in rechtsgültiger Weise endgültig verzichtet. Alsdann wird die Gesamthöhe der bis zu diesem Zeitpunkt gezahlten Provisionsrenten von dem errechneten fiktiven Ausgleichsanspruch abgezogen und auf diese Weise festgestellt, ob und inwieweit im Zeitpunkt der Beendigung des Vertretervertrages ein Ausgleichsanspruch trotz des Anspruchs auf Provisionsrente tatsächlich entstanden ist. Gegebenenfalls ist dieser Ausgleichsanspruch sofort fällig.

---

[4] Zur Anwendung dieser Bestimmung vgl. Rundschreiben des Gesamtverbandes der Deutschen Versicherungswirtschaft GVa-Nr. 10/68 vom 22.4.1968, Ziffer II./3 (Anhang Nr. 7).
[4a] Vgl. Rz. 2127.

Anhang

VI. Gutachterstelle

Sind in einem Einzelfall bei einem Versicherungsunternehmen oder einem Vertreter besondere Umstände gegeben, die nach Auffassung eines der Betroffenen eine andere Regelung zur Errechnung des Ausgleichsanspruchs gerechtfertigt erscheinen lassen, so kann jede der Parteien zur Herbeiführung einer den Umständen des Einzelfalles gerecht werdenden Regelung die bei dem Gesamtverband der Deutschen Versicherungswirtschaft bestehende, aus Vertretern des Gesamtverbandes der Deutschen Versicherungswirtschaft einerseits, des Bundesverbandes der Geschäftsstellenleiter der Assekuranz und des Bundesverbandes Deutscher Versicherungskaufleute andererseits paritätisch zusammengesetzte Gutachterstelle in Anspruch nehmen. Das gleiche gilt für Härtefälle gemäß Ziffer IV.

Die Gutachterstelle wird nur tätig, wenn beide Parteien ihrer Inanspruchnahme zustimmen.

Die Gutachterstelle arbeitet unter Vorsitz eines von den Gutachtern einstimmig bestimmten Vorsitzers, der nicht dem Kreis der Gutachter angehört.

VII. Ausspannung von Versicherungsverträgen

Da bei der Befriedigung des Ausgleichsanspruchs davon ausgegangen wird, daß der wirtschaftliche Vorteil des ausgeglichenen Bestandes dem Versicherungsunternehmen verbleibt, wird vorausgesetzt, daß der Vertreter keine Bemühungen anstellt oder unterstützt, die zu einer Schmälerung des Bestandes führen, für den er einen Ausgleich erhalten hat.

VIII. Geltungsdauer

Diese Grundsätze sind am 1.11.1976 in Kraft getreten und haben mit Wirkung vom 1.11.1982 die vorliegende Fassung erhalten. Sie gelten in dieser Fassung für alle ab dem 1.11.1982 entstehenden Ausgleichsansprüche.

Fällt die Geschäftsgrundlage dieser Grundsätze weg oder ändert sie sich erheblich, soll der Inhalt nach Möglichkeit an die geänderten Umstände angepaßt werden. Wegfall oder erhebliche Änderung der Geschäftsgrundlage liegen insbesondere dann vor, wenn gesetzliche Bestimmungen, die die Grundlage des Ausgleichsanspruchs berühren, aufgehoben, geändert oder neu erlassen werden.

Durch diese globale Regelung wird die von den beteiligten Verbänden vertretene Rechtsauffassung über die Natur und die Auswirkungen des Ausgleichsanspruchs nicht berührt[5].

Gesamtverband der Deutschen Versicherungswirtschaft e.V.
Bundesverband der Geschäftsstellenleiter der Assekuranz e.V. (VGA)
Bundesverband Deutscher Versicherungskaufleute e.V. (BVK)

5. Wortlaut der Grundsätze zur Errechnung der Höhe des Ausgleichsanspruchs (§ 89 b HGB) im Bausparbereich

Da das HGB keine Bestimmung über die konkrete Berechnung der Höhe des Ausgleichsanspruchs enthält, haben der Verband der Privaten Bausparkassen e.V., Bonn, die Bundesgeschäftsstelle der Landesbausparkassen, Bonn, und der Bundesverband Deutscher Versicherungskaufleute e.V. (BVK), Bonn, in dem Bemühen um gegenseitige Verständigung und ausgehend von vorwiegend wirtschaftlichen Erwägungen die nachfol-

---

5 Zur Verwertbarkeit dieser „Grundsätze" in Rechtsstreiten vgl. Rundschreiben des Gesamtverbandes der Deutschen Versicherungswirtschaft GVa-Nr. 12/72 vom 17.7.1972 und GVa-Nr. 15/74 vom 29.11.1974 (Anhang Nr. 8 und Nr. 10).

genden Grundsätze erarbeitet, um die Höhe des nach Auffassung der beteiligten Kreise angemessenen Ausgleichs global zu errechnen.

Sie empfehlen ihren Mitgliedern, Ausgleichsansprüche auf dieser Grundlage abzuwickeln.

I. Ausgleichswert

1. Bemessungsgrundlage

Ausgangswert für die Berechnung des Ausgleichsanspruchs ist die durchschnittliche Jahresprovision der letzten vier Jahre aus dem eingelösten Geschäft abzüglich etwa vereinbarter Verwaltungsprovisionen und abzüglich etwa nicht verdienter Einarbeitungsprovisionen bzw. Garantieprovisionen — bei kürzerer Tätigkeit der Durchschnitt aus diesem Zeitraum.

Als Verwaltungsprovisionen gelten Vergütungen, die Vertreter für das Neugeschäft von Vermittlern erhalten, die dem Vertreter organisatorisch nicht zugeordnet sind oder zu deren Vermittlungen er akquisitorisch nicht beiträgt.

2. Ausgleichspflichtiges Folgegeschäft

Auszugleichen sind diejenigen Folgeverträge, bei denen derselbe Vermittler einen Erst(Vor-)Vertrag vermittelt hat und die mit dem Erst(Vor-)Vertrag in einem wirtschaftlichen Zusammenhang stehen und demselben Bausparbedürfnis dienen.

Um die überaus schwierigen und zeitraubenden Einzelermittlungen zu vermeiden, wird der Anteil des ausgleichspflichtigen Folgegeschäfts mit einem Mittelsatz von 20,25 % des Ausgangswertes nach Ziff. I.1 pauschal festgelegt.

Insbesondere bei dienstjungen Handelsvertretern übersteigt dieser Satz in aller Regel den Satz des wirklichen ausgleichspflichtigen Folgegeschäfts erheblich. Um gleichwohl einen einheitlichen Mittelsatz für alle Handelsvertreter anwenden zu können, setzen die höheren Multiplikatoren der Ziff. II erst bei längeren Dienstzeiten ein und bleiben in den ersten drei Jahren unter dem Faktor 1.

Das Verfahren gilt auch für wesentliche Teilgebietskündigungen (Bezirks- oder Bestandsverkleinerungen), wobei die spätere Berücksichtigung einer Alters- und Hinterbliebenenversorgung unberührt bleibt.

II. Multiplikatoren

Um dem Gesichtspunkt der Billigkeit (§ 89b Abs. 1 Ziff. 3 HGB) Rechnung zu tragen, ist der nach Ziff. I errechnete Ausgleichswert entsprechend der Dauer der hauptberuflichen selbständigen Tätigkeit des Vertreters für das Bausparunternehmen nach folgender Staffel zu multiplizieren:

Tätigkeitsdauer	*Multiplikator*
ab 1 Jahr	0,20
ab 2 Jahren	0,40
ab 3 Jahren	0,70
ab 4 Jahren	1,00
ab 5 Jahren	1,30
ab 6 Jahren	1,60
ab 7 Jahren	1,90

Anhang

Tätigkeitsdauer	Multiplikator
ab 8 Jahren	2,20
ab 9 Jahren	2,50
ab 10 Jahren	3,00
ab 12 Jahren	4,00

III. Treuebonus

Ab einer Dauer des hauptberuflichen Handelsvertreterverhältnisses von 15 Jahren erhält der Vertreter bei seinem Ausscheiden neben dem Ausgleichsanspruch einen Treuebonus. Dieser beträgt 10,125% der gemäß Ziff. I.1 ermittelten Bemessungsgrundlage und verdoppelt sich auf 20,25% ab einem hauptberuflichen Handelsvertreterverhältnis von 19 Jahren bei derselben Bausparkasse.

IV. Anspruchsberechtigte Erben

Beim Tod des Vertreters steht der Ausgleichsanspruch und ein eventueller Treuebonus seinem Ehegatten und danach seinen unterhaltsberechtigten Verwandten in gerader Linie zu.

V. Fälligkeit

Der sich aus diesen Grundsätzen ergebende Ausgleichsanspruch und ein eventueller Treuebonus wird innerhalb von zwei Monaten nach Vertragsbeendigung, frühestens zwei Monate nach Geltendmachung, fällig.

VI. Berücksichtigung einer Alters- und Hinterbliebenenversorgung

Da nach der bestehenden Rechtslage ein Ausgleichsanspruch aus Billigkeitsgründen (§ 89b Abs. 1 Ziff. 3 HGB) insoweit nicht entsteht, wie der Vertreter Leistungen aus einer durch Beiträge des Bausparunternehmens aufgebauten Alters- und Hinterbliebenenversorgung erhalten oder zu erwarten hat, ist vom Gesamtbetrag des nach Ziff. I und Ziff. II errechneten Ausgleichsanspruchs zuzüglich eines eventuell nach Ziff. III errechneten Treuebonus bei einer Rentenversicherung der kapitalisierte Barwert der Rente der Anspruchsberechtigten und bei einer Kapitalversorgung deren Kapitalwert abzuziehen[1].

VII. Gutachterstelle

Sind in einem Einzelfall bei einem Bausparunternehmen oder einem Vertreter besondere Umstände gegeben, die nach Auffassung eines der Betroffenen eine andere Regelung zur Errechnung des Ausgleichsanspruchs oder Treuebonus gerechtfertigt erscheinen lassen, so kann jede der Parteien zur Herbeiführung einer den Umständen des Einzelfalls gerecht werdenden Regelung die Gutachterstelle, die aus Vertretern des Verbandes der Privaten Bausparkassen, der Bundesgeschäftsstelle der Landesbausparkassen und des Bundesverbandes Deutscher Versicherungskaufleute paritätisch zusammengesetzt ist, in Anspruch nehmen.

---

[1] Vgl. Rz. 2127.

Die Gutachterstelle wird nur tätig, wenn beide Parteien ihrer Inanspruchnahme zustimmen. Ihr Votum muß einstimmig erfolgen[2].

Der BVK verpflichtet sich, während der Geltungsdauer dieser Grundsätze Forderungen seiner Mitglieder gegen eine private Bausparkasse oder öffentliche Bausparkasse, die über diese Grundsätze hinausgehen oder die sich gegen diese Grundsätze richten, nicht mit aktivem Rechtsschutz und Kostenbeteiligung zu unterstützen.

VIII. Ausspannung von Bausparverträgen

Da bei der Befriedigung des Ausgleichsanspruchs und eines evtl. Treuebonus davon ausgegangen wird, daß der wirtschaftliche Vorteil des ausgeglichenen Bestandes der Bausparkasse verbleibt, wird vorausgesetzt, daß der Vertreter keine Bemühungen anstellt oder unterstützt, die zu einer Schmälerung des Bestandes führen, für den er einen Ausgleich erhalten hat[3].

IX. Geltungsdauer

Die Grundsätze treten am 1.10.1984 in Kraft. Sie gelten für alle ab diesem Tage entstehenden Ansprüche sowie für schwebende, noch nicht endgültig abgeschlossene Fälle.

6. Grundsätze zur Errechnung der Höhe des Ausgleichsanspruchs (§ 89 b HGB) im Finanzdienstleistungsbereich („Grundsätze-FDL")

Da das HGB keine Bestimmung über die konkrete Berechnung der Höhe des Ausgleichsanspruchs enthält, haben

der Verband der Privaten Bausparkassen e.V., 53139 Bonn

und

der Bundesverband Deutscher Versicherungskaufleute e.V. (BVK), 53115 Bonn

in dem Bemühen um gegenseitige Verständigung und ausgehend von vorwiegend wirtschaftlichen Erwägungen die nachfolgenden Grundsätze erarbeitet, um die Höhe des nach Auffassung der beteiligten Kreise angemessenen Ausgleichs global zu errechnen.

Sie empfehlen ihren Mitgliedern, Ausgleichsansprüche auf dieser Grundlage abzuwickeln.

I. Ausgleichswert

1. Bemessungsgrundlage

Ausgangswert für die Berechnung des Ausgleichsanspruchs ist die durchschnittliche Jahresprovision der letzten vier Jahre aus dem Finanzdienstleistungsgeschäft abzüglich etwa vereinbarter Verwaltungsprovisionen und abzüglich etwa nicht verdienter Einarbeitungsprovisionen bzw. Garantieprovisionen – bei kürzerer Tätigkeit der Durchschnitt aus diesem Zeitraum.

Als Verwaltungsprovisionen gelten Vergütungen, die Vertreter für das Neugeschäft von Vermittlern erhalten, die dem Vertreter organisatorisch nicht zugeordnet sind oder zu deren Vermittlungen er akquisitorisch nicht beiträgt.

---

2 Vgl. Rz. 2126.
3 Vgl. Rz. 2099 und 2101.

Anhang

2. Ausgleichspflichtiges Folgegeschäft

Um überaus schwierige und zeitraubende Ermittlungen zu vermeiden, wird der Anteil des ausgleichspflichtigen Folgegeschäfts mit einem Mittelsatz von 10% des Ausgangswertes nach Ziffer I.1 pauschal festgelegt.

Das Verfahren gilt auch für Teilvertragsbeendigungen (Bezirks- oder Bestandsverkleinerungen), wobei die spätere Berücksichtigung einer Alters- und Hinterbliebenenversorgung unberührt bleibt.

II. Multiplikatoren

Um dem Gesichtspunkt der Billigkeit (§ 89b Abs. 1 Ziffer 3 HGB) Rechnung zu tragen, ist der nach Ziffer I errechnete Ausgleichswert entsprechend der Dauer der hauptberuflichen selbständigen Tätigkeit des Vertreters für das Bausparunternehmen nach folgender Staffel zu multiplizieren:

Tätigkeitsdauer	*Multiplikator*
ab 1 Jahr	0,20
ab 2 Jahren	0,40
ab 3 Jahren	0,70
ab 4 Jahren	1,00
ab 5 Jahren	1,30
ab 6 Jahren	1,60
ab 7 Jahren	1,90
ab 8 Jahren	2,20
ab 9 Jahren	2,50
ab 10 Jahren	3,00
ab 12 Jahren	4,00

III. Treuebonus

Ab einer Dauer des hauptberuflichen Handelsvertreterverhältnisses von 15 Jahren erhält der Vertreter bei seinem Ausscheiden neben dem Ausgleichsanspruch einen Treuebonus. Dieser beträgt 10,125% der gemäß Ziffer I.1 ermittelten Bemessungsgrundlage und verdoppelt sich auf 20,25% ab einem hauptberuflichen Handelsvertreterverhältnis von 19 Jahren bei derselben Bausparkasse.

IV. Anspruchsberechtigte Erben

Beim Tod des Vertreters steht der Ausgleichsanspruch und ein eventueller Treuebonus den berechtigten Erben zu.

V. Fälligkeit

Der sich aus diesen Grundsätzen ergebende Ausgleichsanspruch und ein eventueller Treuebonus wird innerhalb von zwei Monaten nach Vertragsbeendigung, frühestens zwei Monate nach Geltendmachung, fällig.

VI. Berücksichtigung einer Alters- und Hinterbliebenenversorgung

Da nach der bestehenden Rechtslage ein Ausgleichsanspruch aus Billigkeitsgründen (§ 89b Abs. 1 Ziffer 3 HGB) insoweit nicht entsteht, wie der Vertreter Leistungen aus einer durch Beiträge des Bausparunternehmens aufgebauten Alters- und Hinterbliebenenversorgung erhalten oder zu erwarten hat, ist vom Gesamtbetrag des nach Ziffer I und Ziffer II errechneten Ausgleichsanspruchs zuzüglich eines eventuell nach Ziffer III errechneten Treuebonus bei einer Rentenversicherung der kapitalisierte Barwert der Rente der Anspruchsberechtigten und bei einer Kapitalversorgung deren Kapitalwert abzuziehen[1].

VII. Gutachterstelle

Sind in einem Einzelfall bei einem Bausparunternehmen oder einem Vertreter besondere Umstände gegeben, die nach Auffassung eines der Betroffenen eine andere Regelung zur Errechnung des Ausgleichsanspruchs oder Treuebonus gerechtfertigt erscheinen lassen, so kann jede der Parteien zur Herbeiführung einer den Umständen des Einzelfalls gerecht werdenden Regelung die Gutachterstelle, die aus Vertretern des Verbandes der Privaten Bausparkassen und des Bundesverbandes Deutscher Versicherungskaufleute paritätisch zusammengesetzt ist, in Anspruch nehmen.

Die Gutachterstelle wird nur tätig, wenn beide Parteien ihrer Inanspruchnahme zustimmen. Ihr Votum muß einstimmig erfolgen.

Der BVK verpflichtet sich, während der Geltungsdauer dieser Grundsätze Forderungen seiner Mitglieder gegen eine private Bausparkasse oder öffentliche Bausparkasse, die über diese Grundsätze hinausgehen oder die sich gegen diese Grundsätze richten, nicht mit aktivem Rechtsschutz und Kostenbeteiligung zu unterstützen.

VIII. Ausspannung von Finanzdienstleistungsverträgen

Da bei der Befriedigung des Ausgleichsanspruchs und eines eventuellen Treuebonus davon ausgegangen wird, daß der wirtschaftliche Vorteil des ausgeglichenen Geschäftes der Bausparkasse verbleibt, wird vorausgesetzt, daß der Vertreter keine Bemühungen anstellt oder unterstützt, die zu einer Schmälerung dieses Geschäftes führen, für den er einen Ausgleich erhalten hat[2].

IX. Geltungsdauer

Diese Grundsätze treten am 1.10.1996 in Kraft. Sie gelten für alle ab diesem Tage entstehenden Ansprüche sowie für schwebende, noch nicht endgültig abgeschlossene Fälle.

Diese Grundsätze können durch jeden der beteiligten Verbände mit Einhaltung einer Kündigungsfrist von einem Jahr zum Schluß eines Kalenderjahres durch eingeschriebenen Brief an den anderen Verband gekündigt werden. Die erstmalige Kündigung ist jedoch nicht vor Ablauf von zwei Jahren seit Inkrafttreten der Grundsätze möglich.

Verband der Privaten Bausparkassen e.V.
Bundesverband Deutscher Versicherungskaufleute e.V. (BVK)

Frankfurt, den 23.10.1996

---

1 Vgl. Rz. 2127.
2 Vgl. Rz. 2099 und 2101.

Anhang

7. Schreiben des Gesamtverbandes der Versicherungswirtschaft vom 22. 4. 1968 (GVa Nr. 10/68)

(Auszug)

II. 1: Die in Ziffer IX der „Grundsätze" für die Transportversicherung getroffene Sonderregelung besagt nicht mehr, als daß die „Grundsätze" in der Transportversicherung nur auf die in diesem Versicherungszweig als Einfirmenvertreter tätigen Vertreter anwendbar sind. Damit ist klargestellt, daß Ausgleichsansprüche unter den gesetzlichen Voraussetzungen selbstverständlich auch bei den dort tätigen Mehrfachvertretern entstehen können. Gegebenenfalls werden solche Ansprüche von dem beteiligten Versicherungsunternehmen – außerhalb der „Grundsätze" – konkret behandelt werden.

2: Gegenstandslos

3: Die Bestimmung in Ziffer IV der „Grundsätze" über den Kreis der anspruchsberechtigten Erben wird dahin interpretiert, daß gegenüber „sonstigen Erben" der Ausgleichsanspruch in der Regel bei einer durch familiäre Bindungen begründeten wirtschaftlichen Abhängigkeit dieser Erben von dem verstorbenen Vertreter anerkannt werden soll.

8. Schreiben des Gesamtverbandes der Versicherungswirtschaft vom 17. 7. 1972 (GVa-Nr. 12/72)

(Auszug)

Vom Gesamtverband und den Außendienstsverbänden wird bekanntlich seit langem empfohlen, Ausgleichsansprüche der Versicherungsvertreter stets unter Anwendung der 1958 aufgestellten „Grundsätze zur Errechnung der Höhe des Ausgleichsanspruchs (§ 89 b HGB)" zu ermitteln und abzuwickeln. Diesen Empfehlungen ist in der Versicherungswirtschaft überall bereitwillig gefolgt worden, zumal die Berechnungsmethode – wie von allem Beteiligten immer wieder bestätigt worden ist – sich in der Praxis ausgezeichnet bewährt hat. Inzwischen sind schon viele Tausende von Ausgleichsansprüchen auf der Basis der „Grundsätze" einvernehmlich befriedigt worden.

Die Empfehlung zur Anwendung der „Grundsätze" ist auch durch das Urteil des OLG Frankfurt vom 17. 2. 1970 – 5 U 50/69 (VersR 1970, 271; NJW 1970, 814; BB 1970, 228; DB 1970, 482) unberührt geblieben, das bekanntlich festgestellt hat, die „Grundsätze" seien kein Handelsbrauch und würden die Gerichte nicht binden (vgl. dazu unsere Geschäftsberichte 1969/70, S. 79 f.; 1970/71, S. 82). Demgegenüber hat das LG Hamburg durch Urteil vom 1. 7. 1971 – 28 O 138/70, das inzwischen durch Rücknahme der hiergegen zunächst eingelegten Berufung rechtskräftig geworden ist und im „Versicherungsrecht" baldmöglichst veröffentlicht werden soll, das Bestehen eines entsprechenden Handelsbrauchs bejaht und festgestellt, daß die Höhe des Ausgleichsanspruchs eines Versicherungsvertreters nach den „Grundsätzen" zu errechnen sei.

Unabhängig davon besteht Veranlassung, zu der in den letzten Jahren wiederholt aktualisierten Frage, ob die „Grundsätze" auch im Prozessen verwertet werden können und sollten, allgemein nochmals auf folgendes hinzuweisen:

Ausgangspunkt bei der seinerzeitigen Aufstellung der „Grundsätze" war die für das Ausgleichsrecht des Versicherungsvertreters zentrale, vom Gesetzgeber jedoch ungelöste und auch bei der Gesetzesanwendung allgemein kaum, lösbare Frage, wie im Rahmen der gesetzlich geforderten und unter der Fiktion eines fortbestehenden Vertretungsverhältnisses anzustellendem Prognose über den Provisionsverlust gemäß § 89 b I 2 HGB die noch nach Beendigung des Vertretungsverhältnisses anfallenden Folgeprovision jeweils in ausgleichspflichtiges Vermittlungsentgelt und nicht ausgleichspflichtiges Verwaltungsentgelt aufzuteilen sind. Da die Vorstellungen der Parteien hierüber meist weit auseinandergehen und deshalb zahllose Streitfälle zwangsläufig die Folge wären, ohne daß auf dem Prozeßwege eine der Meinungsverschiedenheiten über den Einzelfall hinaus erwartet werden könnte, wurde es allseits für zweckmäßig gehalten, mit den „Grundsätzen" eine globale Regelung zu schaffen, mit der die angesprochene Problematik auf dem Kompromißwege überbrückt wird. Es handelt sich bei der Empfehlung zur Anwendung der „Grundsätze" demnach um einen Versuch, über die durch den Gesetzgeber und die Rechtsprechung gestellte Streitfrage der Höhe des ausgleichspflichtigen Provisionsverlustes zur Vermeidung von Rechtsstreiten in der vorgeschlagenen Weise außergerichtlich zu einer Einigung zu gelangen.

Grundlage einer solchen Einigung sind dabei – wie in der Präambel der „Grundsätze" ausdrücklich gesagt wird – „das Bemühen um gegenseitige Verständigung" und „vorwiegend wirtschaftliche Erwägungen". Sie führen folgerichtig zur Schlußbestimmung der „Grundsätze", nach der die Rechtsauffassungen der Beteiligten über den Ausgleichsanspruch durch die tatsächliche Praktizierung der Globalregelung unberührt bleiben sollen.

Diese Hinweise zeigen bereits, daß es zu negativen Feststellungen über die „Grundsätze" durch ein Gericht überhaupt nur kommen kann, wenn die Prozeßbeteiligten die Frage der allgemeinen Maßgeblichkeit und Rechtsverbindlichkeit dieser „Grundsätze" in Abweichung von den die Globalregelung tragenden Vereinbarungen der Verbände zum Gegenstand eines Rechtsstreits machen und damit eine gerichtliche Überprüfung einschlägiger Rechtsfragen erzwingen, die durch die außergerichtliche Vereinbarung gerade vermieden werden sollte.

9. Schreiben des Gesamtverbandes der Versicherungswirtschaft vom 14.11.1972 an die Vorstände der Mitgliedsunternehmen und Mitgliedsverbände

(Auszug)

„Wie Ihnen bekannt ist (vgl. unsere Geschäftsberichte 1970/71, S. 82, 1971/72, S. 73), sind mit dem VGA und dem BVK als den beiden Vermittlerverbänden, die mit uns gemeinsam die ‚Grundsätze' tragen und zur Anwendung empfehlen, vor einiger Zeit neue Gespräche darüber aufgenommen worden, ob die ‚Grundsätze' im Hinblick auf die bei ihrer Anwendung gesammelten Erfahrungen oder wegen veränderter Verhältnisse in dem einen oder anderen Punkt etwa verbesserungsbedürftig sind. Diese Gespräche haben inzwischen zwar zu der übereinstimmenden Feststellung geführt, daß jede Änderung des Wortlauts der ‚Grundsätze' unter den gegenwärtigen Umständen unzweckmäßig wäre und deshalb auch vermieden werden soll. Andererseits erscheint es den beteiligten Verbänden nach Prüfung von Einzelfragen doch ratsam, daß wir unseren Mitgliedsunternehmen in Ergänzung entsprechender Verlautbarungen zur Praktizierung der ‚Grundsätze' hiermit die folgenden Hinweise und Empfehlungen geben:

9.1. Anwendung der Multiplikatoren unter II. 1 bei einer kürzeren Tätigkeitsdauer des Vertreters

Da die Erfahrung gezeigt hat, daß die Anwendung der Multiplikatoren unter II. 1 (also in der Sach-, Unfall-, Haftpflicht- und Rechtsschutzversicherung) bei einer kürzeren Tätigkeitsdauer des Vertreters in außergewöhnlich gelagerten Einzelfällen mitunter zu

Anhang

unbefriedigenden Ergebnissen führt, wird empfohlen, hier ggfs. im Sinne, jedoch zur Vermeidung einer Festsetzung der Höhe des Ausgleichs durch die Gutachterstelle (Ziff. VI der „Grundsätze") stets zu prüfen, ob

a) in der ersten Stufe (also bei einer Tätigkeitsdauer bis zu einschließlich 4 Jahren) sowohl im Todes- als auch Erlebensfall nicht eine Erhöhung des Multiplikators bis auf 1 1/2

und

b) in der zweiten Stufe (also bei einer Tätigkeitsdauer vom beginnenden 5. Jahr bis zu neun Jahren) auch im Todesfall nicht eine Erhöhung des Multiplikators bis auf 2 zugestanden werden kann und zugestanden werden sollte.

9.2. Abweichende Berechnungsweise des Ausgleichswertes gem. I. 1. a)
bei einer Tätigkeitsdauer bis zu 5 Jahren

Bei einer kurzfristigen Tätigkeit des ausgleichsberechtigten Vertreters bis zu 5 Jahren kann es unter Berücksichtigung der konkreten Gesamtumstände von Fall zu Fall gerechtfertigt sein, bei der Berechnung des Ausgleichswertes nach der Vorschrift unter I. 1. a) das erste Tätigkeitsjahr unberücksichtigt zu lassen, um eine unangemessen negative Beeinflussung der durchschnittlichen Brutto-Jahresprovision durch eine erheblich niedrigere Provisionseinnahme des Vertreters in der Anlaufzeit zu vermeiden.

9.3. Mitberücksichtigung einer Tätigkeit als Angestellter im Versicherungs-
außendienst bei Anwendung der Multiplikatorenstaffeln (II. 1.–3.)

Bei der Errechnung der Höhe eines Ausgleichsanspruchs dürfte es in der Regel gerechtfertigt sein, eine Tätigkeit des Vertreters für das ausgleichsverpflichtete Unternehmen als Angestellter im Versicherungsaußendienst bei Anwendung der Multiplikatorenstaffel unter II. mit zuberücksichtigen, allerdings unbeschadet der – bei gegebener Veranlassung klarzustellenden – Rechtslage, nach der eine Tätigkeit als Angestellter einen Ausgleichsanspruch an sich weder begründen noch seiner Höhe nach beeinflussen kann.

Demgegenüber muß die Zeit der etwaigen nebenberuflichen Tätigkeit des Vertreters für das ausgleichsverpflichtete Unternehmen bei der Errechnung der Höhe des Ausgleichsanspruchs entsprechend der Rechtslage grundsätzlich unberücksichtigt bleiben, was in außergewöhnlichen Umständen begründete Einzelentscheidungen eines Unternehmens in einem anderen Sinne allerdings nicht völlig auszuschließen braucht.

10. Schreiben des Gesamtverbandes der Versicherungswirtschaft vom 29.11.1974 (GVa 15/74)

(Auszug)

I.: In unserem neuen Geschäftsbericht 1973/74 (S. 80 f.) haben wir bekanntlich erneut darauf hinweisen können, daß die von uns und den Verbänden des selbständigen Versicherungsaußendienstes gemeinsam aufgestellten und getragenen „Grundsätze" sich als Hilfsmittel zur einvernehmlichen Befriedigung von Ausgleichsansprüchen der Versicherungsvertreter unverändert gut bewähren. In den vergangenen 15 Jahren konnten inzwischen schon weit über 10 000 Einzelfälle auf dieser Basis unter bewußtem Beiseiteschieben kaum lösbarer Frage – fallweise richtige Aufteilung der Folgeprovisionen in ausgleichpflichtiges Vermittlungsentgelt und nicht ausgleichspflichtiges Verwaltungsentgelt sowie fallweise richtige Bemessung der Restlaufzeit

Schreiben des Gesamtverbandes der Versicherungswirtschaft vom 14.4.1975

der vermittelten Versicherungsverträge – regelmäßig ohne nennenswerte Schwierigkeiten abgewickelt werden.

Die offenkundigen Vorteile einer Anwendung der „Grundsätze" für beide Seiten sind nach aller Erfahrung so groß, daß wir in vollem Einvernehmen mit den Außendienstverbänden hiermit unsere Empfehlung nur wiederholen können und erneut unterstreichen möchten, die Höhe sämtlicher Ausgleichsansprüche von Versicherungsvertretern prinzipiell nur nach den „Grundsätzen" festzustellen. Dabei sollten jeweils auch die von uns zur Praktizierung der „Grundsätze" von Zeit zu Zeit – zuletzt in unserem Rundschreiben GVa-Nr. 18/72 – gegebenen Hinweise nicht unbeachtet bleiben.

II.: Diese Empfehlung bleibt nach Auffassung unserer zuständigen Gremien auch durch die neuere – unterschiedliche – Rechtsprechung zur Frage der allgemeinen Verbindlichkeit der „Grundsätze", speziell zur Frage ihrer Anerkennung als Handelsbrauch, völlig unberührt ... (Hinweise auf Veröffentlichung in VW 1974 S. 1280 f.)

11. Schreiben des Gesamtverbandes der Versicherungswirtschaft vom 14.4.1975 (GVa-Nr. 8/75)

(Auszug)

In den „Grundsätzen" wird im 3. Absatz der Präambel bekanntlich u. a. festgestellt, in welchen Fällen der Vertragsbeendigung der Ausgleichsanspruch geltend gemacht werden kann. Dabei sind bisher

die Kündigung des Vertragsverhältnisses (mit Ausnahme der Fälle des § 89 b Abs. 3 HGB),

die vertragliche Beendigung oder einvernehmliche Aufhebung des Vertragsverhältnisses aus Altersgründen oder aus Gründen der dauernden Invalidität, und

die Beendigung des Vertragsverhältnisses durch den Tod des Vertreters

genannt worden.

1. Der BVK hat dazu neuerdings im Gemeinschaftsausschuß Versicherungsaußendienst vorgetragen, diese Beendigungstatbestände sollten noch durch den Fall ergänzt werden, daß der Vertreter das Vertragsverhältnis aus einer persönlichen Zwangslage heraus beenden muß.

Nach eingehender Prüfung und Erörterung dieses Vorbringens, wobei sich nicht zuletzt zeigte, daß insoweit nur seltene Ausnahmefälle in Betracht kommen können, und nachdem außerdem sichergestellt war, daß dies sich auch durch die Anführung eines konkreten Beispiels deutlich machen ließ, haben unsere zuständigen Gremien schließlich der folgenden – durch Unterstreichung kenntlich gemachten – Ergänzung des zweiten Satzes im 3. Absatz der Präambel zugestimmt:

„... Der Ausgleichsanspruch kann von einem hauptberuflichen Vertreter oder von dessen Erben (Ziffer IV) erhoben werden, und zwar im Falle der Kündigung des Vertragsverhältnisses (mit Ausnahme der Fälle des § 89 b Abs. 3 HGB), der vertraglichen Beendigung oder einvernehmlichen Aufhebung des Vertragsverhältnisses aus Altersgründen oder aus Gründen der dauernden Invalidität <u>oder beim Vorliegen einer unverschuldeten und auf andere, zumutbare Weise nicht behebbaren persönlichen Zwangslage des Vertreters</u> oder des Todes des Vertreters, sofern auf Seiten des Vertreters Provisionsverluste entstanden sind (§ 89 b Abs. 1 Ziff. 2 HGB) ..."

Anhang

Die gleichzeitig eingefügte neue Fußnote 2a lautet:

„Beispiel: Wohnsitzverlegung des Vertreters ins Ausland aus zwingend gesundheitlichen Gründen. Zweifelsfälle können der Gutachterstelle (Ziffer VI.) vorgelegt werden."

2. Gleichzeitig haben der BVK und der VGA sich mit unserem Wunsch einverstanden erklärt, daß die Fußnote 1 der „Grundsätze", in der bisher etwas unpräzise gesagt wurde, daß eine vertragliche Beendigung bzw. Vertragsaufhebung aus Altersgründen „im allgemeinen bei Erreichen des 65. Lebensjahres anzuerkennen" ist, wie folgt umformuliert wird:

„Der Vertragsaufhebung sollte im allgemeinen bei Vollendung des 65. Lebensjahres des Vertreters beiderseits zugestimmt werden."

Damit wurde eindeutig klargestellt, daß auch der Vertreter sich im allgemeinen bei Vollendung des 65. Lebensjahres zur Aufhebung des Vertragsverhältnisses aus Altersgründen bereitfinden sollte. Andere Vereinbarungen im Einzelfall werden dadurch selbstverständlich nicht ausgeschlossen.

Bei dieser Gelegenheit bitten wir erneut zu prüfen, ob nicht schon im Vertretervertrag eine Beendigung des Vertragsverhältnisses bei Vollendung des 65. Lebensjahres des Vertreters vereinbart werden sollte.

12. Schreiben des Gesamtverbandes der Deutschen Versicherungswirtschaft vom 19.11.1985 (M-Tgb.-Nr. 86/85)

Betr.: Errechnung des Ausgleichsanspruchs nach 1/2 89b HGB in der Verkehrsservice-Versicherung

Sehr geehrte Damen und Herren!

In der Versicherungswirtschaft werden praktisch sämtliche Ausgleichsansprüche nach § 89b HGB unter Beachtung der bewährten „Grundsätze zur Errechnung der Höhe des Ausgleichsanspruchs (§ 89b HGB)" abgewickelt. Die Gesamtzahl der seit 1959 nach den „Grundsätzen" errechneten Ausgleichsansprüche liegt inzwischen bei ca. 25 000.

Die Sparte Verkehrsservice-Versicherung ist in den „Grundsätzen- Sach" nicht berücksichtigt. Auf Antrag des Bundesverbandes Deutscher Versicherungskaufleute (BVK) und des Verbandes der Geschäftsstellenleiter der Assekuranz (VGA) sind im Jahre 1985 Gespräche über eine Berechnung des Ausgleichsanspruchs nach § 89b HGB in der Verkehrsservice-Versicherung unter Berücksichtigung des Schemas der „Grundsätze-Sach" ausgenommen worden, in denen Übereinstimmung erzielt werden konnte.

Danach soll der Ausgleichsanspruch in der Verkehrsservice-Versicherung nach den für die Rechtsschutzversicherung geltenden Vorschriften in den „Grundsätzen-Sach" berechnet werden mit der Ausnahme, daß anstelle der in Ziff. I vorgesehenen 50% (Rechtsschutzversicherung) lediglich ein Ausgleichswert von 25% (Verkehrsservice-Versicherung) in Ansatz gebracht wird.

Die Geltung dieser Regelung soll, beginnend ab 1.11.1985, auf 5 Jahre befristet werden. Sie verlängert sich jeweils um weitere 2 Jahre, wenn sie nicht 1 Jahr vor Ablauf gekündigt wird.

Die Außendienstverbände und der GDV sowie der beteiligte HUK- Verband haben diesen Überlegungen zugestimmt. Wir möchten Sie daher bitten, ab 1.11.1985 entstehende Ausgleichsansprüche nach § 89b HGB in der Verkehrsservice-Versicherung anhand der oben dargestellten Berechnungsmethode abzuwickeln.

13. Schreiben des Gesamtverbandes der Deutschen Versicherungswirtschaft vom 6.4.1995 an die Vorstände der Mitgliedsunternehmen und Mitgliedsverbände (M-Tgb.-Nr. 34/95)

Betr.: Berechnung des Ausgleichsanspruchs im Todesfall der Vertreters/Erbfall
Aktz.: 48 i–1

Sehr geehrte Damen und Herren!

Die „Grundsätze-Sach" (vgl. Ziffer II. 1) sehen seit jeher für die Sach-, Unfall-, Haftpflicht- und Rechtsschutzversicherung für die Berechnung des Ausgleichsanspruchs eine Unterscheidung zwischen Erlebens- und Todesfall des Vertreters vor: Im Erlebensfall werden die Multiplikatoren durch eine sog. „Treueprämie" erhöht, d.h. der Ausgleichsanspruch ist höher als im Todesfall. Die Erben, insbesondere die Witwe bzw. der Witwer, erhalten also lediglich einen gekürzten Ausgleichsanspruch.

Durch diese Regelung, die sich im Grundsatz an den staatlichen Altersversorgungssystemen der Sozialversicherung orientiert, ist aus unserer Sicht zum Ausdruck gebracht, daß der Ausgleichsanspruch nach § 89b HGB nicht als reiner Vergütungsanspruch anzusehen ist, sondern vielmehr von den Charakter einer Altersversorgungsleistung besitzt. Es besteht mithin eine „funktionelle Verwandtschaft" zwischen Ausgleichsanspruch und Altersversorgung. Dieser Zusammenhang ist durch höchstrichterliche Rechtsprechung (z.B. BGH-Urteil vom 17.11.1983, VersR 1984, S. 184f.) festgestellt worden, nämlich daß die Altersversorgung dazu dient, den praktischen Zweck einer Ausgleichszahlung zu übernehmen. Dem entspricht Ziff. V der „Grundsätze-Sach".

Nach der früheren Rechtsprechung des BGH (BGH-Urteil vom 23.5.1966, VersR 1966, S. 754f.; 30.6.1966, VersR 1966, S. 773f.) konnte der ausgleichsberechtigte Erbenkreis unter Billigkeitsgesichtspunkten beschränkt werden. Nach einem neueren Urteil des BGH vom 17.11.1983 (VersR 1984, S. 184f.) soll allerdings der Ausgleichsanspruch „unbeschränkt vererblich" sein, während Versorgungsansprüche nach dem Tod des Handelsvertreters im allgemeinen nur der Witwe und den Kindern zustehen.

Aus dem letztgenannten Urteil des BGH ergibt sich nach Auffassung des Bundesverbandes Deutscher Versicherungslaufleute (BVK), daß der Ausgleichsanspruch in bezug sowohl auf den Kreis der Erben als auch auf seine Höhe unbeschränkt vererblich ist. Im übrigen verweist der BVK auf die jüngeren „Grundsätze-Leben" und „-Kranken", die ihrerseits bei der Berechnung des Ausgleichsanspruchs keine Differenzierung zwischen Erlebens- und Todesfall des Vertreters vorsehen.

Aus der Sicht des Gesamtverbandes stützen zwar die älteren – fundiert begründeten – Urteile des BGH die bisherige Regelung der „Grundsätze-Sach". Jedoch sind möglicherweise rechtliche Auseinandersetzungen über die nach den BGH-Urteilen nicht eindeutig geklärte Frage zu erwarten.

Aus diesen Gründen sowie im Interesse einer Abgleichung der Berechnungsmodalitäten aller „Grundsätze" in diesem Punkt sind der GDV und der BVK gemeinsam der Auffassung, daß es sachlich gerechtfertigt ist, wenn beim Tod des Vertreters bzw. im Erbfall bei der Berechnung des Ausgleichsanspruchs die Multiplikatoren für den Erlebensfall zugrunde gelegt werden.

Altersversorgungszusagen sind davon nicht betroffen.

Anhang

14. Schreiben des Gesamtverbandes der Deutschen Versicherungswirtschaft e.V. an die Vorstände der Mitgliedsunternehmen und die Mitgliedsverbände vom 6.4.1995 an die (M-Tgb.-Nr. 35/95)

Betr.: Anrechnung von Gewinnanteilen einer Altersversorgung auf den Ausgleichsanspruch nach § 89b HGB
Aktz.: 48 i–1

Sehr geehrte Damen und Herren,
aufgrund gefestigter Rechtsprechung (s. z.B. BGH-Urteile vom 23.5.1966, VersR 1966, 754 und 17.11.1983, VersR 1984, 184) entsteht ein Ausgleichsanspruch aus Billigkeitsgründen gemäß § 89b Abs. 1 Ziff. 3 HGB insoweit nicht, als der Vertreter Leistungen aus einer durch Beiträge des Versicherungsunternehmens aufgebauten Alters- und Hinterbliebenenversorgung erhalten oder zu erwarten hat. Diese Rechtsauffassung hat ihren Niederschlag in den „Grundsätzen zur Errechnung der Höhe des Ausgleichsanspruchs" und den „Vorschlägen für die Altersversorgung des selbständigen Versicherungsaußendienstes" gefunden.

Bei der „Anrechnung" einer Alters- und Hinterbliebenenversorgung auf den Ausgleichsanspruch werden in der Praxis zwei Berechnungsvarianten zugrunde gelegt. Während einige Versicherungsunternehmen den gesamten Kapitalwert der Altersversorgung einschließlich eventueller Gewinnanteile berücksichtigen, rechnen andere Unternehmen nur die von ihnen geleisteten reinen Beiträge an. Hierbei handelt es sich ausschließlich um unternehmensindividuelle Regelungen.

In diesem Zusammenhang möchten wir erwähnen, daß aus Sicht des GDV keine Bedenken gegen eine Nichtanrechnung der Gewinnanteile auf den Ausgleichsanspruch bestehen, aber aufgrund unternehmensspezifischer Gegebenheiten auch eine volle oder teilweise Anrechnung opportun erscheinen kann.

15. Besondere Vertragsklauseln

1. Wortlaut einer Provisionsverzichtsklausel in Versicherungsvertreterverträgen (vgl. Rz. 45, 51, 815, 822)

„Mit Beendigung des Vertragsverhältnisses erlischt jeder Anspruch des Vertreters gegenüber dem Versicherungsunternehmen auf irgendwelche Vergütungen oder Provisionen. Ausgenommen hiervon sind Ansprüche auf erstjährige Provisionen aus Versicherungen, die der Vertreter vor Beendigung des Vertragsverhältnisses vermittelt hat, auch wenn sie erst später beurkundet oder eingelöst werden, ferner etwaige Ansprüche aus § 87 Abs. 3 und § 89b HGB."

2. Anrechnungsklausel in einer Versorgungszusage bzw. einem Versorgungswerk (vgl. Rz. 1198)

„Diese Versorgungszusage ist Bestandteil des mit Ihnen abgeschlossenen Vertretervertrages. Bei gleichzeitiger Fälligkeit eines Ausgleichsanspruchs und der Leistungen aus dem Versorgungswerk kann sich mit Rücksicht auf diese Alters- und Hinterbliebenenversorgung ein möglicher Ausgleichsanspruch aus Billigkeitsgründen um den Kapitalwert des Versorgungsanspruchs mindern. Bei der Ermittlung des Kapitalwertes richtet sich die Wahl des Zinsfußes und der Sterbetafel nach den Grundsätzen, die bei der Bewertung der Pensionsverpflichtung in der letzten Ertragsteuerbilanz angewandt wurden. Entstehen Zweifel über die Anwendung der Rechnungsgrundlage, so entscheidet der mit der Betreuung des Versorgungswerkes beauftragte versicherungsmathematische Gutachter nach pflichtgemäßem Ermessen. Ergibt sich bei vorzeitiger Vertragsbeendigung eine erhebliche Fälligkeitsdifferenz zwischen Ausgleichsanspruch und Altersversorgung, hängt die Ausgleichsminderung in besonderem Maße von allen im Einzelfall vorliegenden Umständen ab. Zum Zeichen Ihres Einverständnisses bitten wir Sie, diese Versorgungszusage gegenzuzeichnen."

3. Vereinbarung einer Altersgrenze im Vertretervertrag (vgl. Rz. 358)

(1) Dieser Vertrag wird auf unbestimmte Zeit abgeschlossen. Er endet (abgesehen von der Beendigung gem. Abs. 3) durch Tod des Handelsvertreters oder durch Kündigung.

(2) Eine ordentliche Kündigung kann unter Einhaltung der in § 89 Abs. 1 und 2 HGB vorgesehenen Fristen nur zum Schluß eines Kalender-Vierteljahres erfolgen.

(3) Unabhängig von den Bestimmungen in Abs. 1 und 2 endet der Vertrag spätestens mit dem Ablauf des Kalender-Vierteljahres, in dem der Handelsvertreter das 65. Lebensjahr vollendet. Einer Kündigung bedarf es in diesem Falle nicht.

16. Ausgleichsberechnung nach § 89 b HGB – Fehler im Detail

In seinem Urteil vom 25.11.1998 hat der BGH – entsprechend der herrschenden Lehre – auch die Systematik der Ausgleichsberechnung angesprochen. Er hat festgestellt, dass anhand der drei Anspruchsvoraussetzungen zunächst – gewissermaßen als Rechenwert – der Rohausgleich zu ermitteln und dieser dann ins Verhältnis zur Ausgleichshöchstgrenze zu setzen sei. Übersteige er diese Höchstgrenze, sei der geschuldete Ausgleich auf den Betrag der Höchstgrenze zu reduzieren; unterschreite er sie, sei der geschuldete Ausgleich mit dem Rohausgleich identisch.

Nicht selten kommen mir hinsichtlich dieser Berechnungsmethode aber Bedenken, weil sie in Einzelfällen zu einer unangemessenen und deshalb unbilligen Ausgleichshöhe führen kann, auch wenn Billigkeitsgesichtspunkte bei der Ermittlung des Rohausgleichs berücksichtigt wurden. Überschreitet nämlich der Rohausgleich in solchen Fällen die Ausgleichshöchstgrenze, kann sich ergeben, dass der Unternehmer gleichwohl einen höchstmöglichen Ausgleich gemäß § 89 b Abs. 2 HGB schuldet, so dass sich letztlich die ausgleichsmindernden Billigkeitsgesichtspunkte auf die Höhe des geschuldeten Ausgleichs nicht auszuwirken vermögen.

Mit der Anspruchsvoraussetzung der Billigkeit soll verhindert werden, dass trotz besonderer (ausgleichsmindernder) Umstände dem Handelsvertreter ein unangemessen hoher Ausgleich zufließt. Sie soll lediglich sicherstellen, dass dem Handelsvertreter ein „angemessener" Ausgleich zufließt. In der Literatur wird zwar nicht selten (und ohne nähere Begründung) festgestellt, der unter Berücksichtigung der Billigkeit ermittelte Ausgleich sei mit dem angemessenen Ausgleich identisch, zumal der in § 89 b HGB enthaltene präzisierende Hinweis auf die Angemessenheit keine eigenständige Bedeutung habe und es sich deshalb um einen „überflüssigen Zusatz" handele. Es wird demgegenüber aber auch die Auffassung vertreten, dass es sich beim Begriff der Angemessenheit und der Billigkeit um „zwei sich nur scheinbar deckende Kriterien" handele. Denn die Angemessenheit beziehe sich auf alle drei Einzelelemente der Anspruchsvoraussetzungen, während der Billigkeitsgrundsatz nur eine der drei Voraussetzungen sei. Die Angemessenheit betreffe schwerpunktmäßig die Ausgleichshöhe und sei „stärker an allgemeingültigen Maßstäben orientiert", während der Billigkeitsgrundsatz „der Gerechtigkeit im Einzelfall" diene.

Anhang

Ich bin der Auffassung, dass dem Angemessenheitsbegriff übergeordnete Bedeutung zukommt, dass er dem Grundsatz der Billigkeit vorgeht und dass allein durch diese Interpretation des Gesetzes problematische Tatbestände zufrieden stellend gelöst werden können, die anderenfalls offensichtlich zu unangemessenen Ergebnissen führen würden.

Beispielsweise sei hier nur auf die Altersversorgungsfälle verwiesen. Beträgt die Höchstgrenze 100 000 DM, der Rohausgleich nach Abzug des Versorgungs-Barwerts 120 000 DM, beläuft sich der geschuldete Ausgleich gleichwohl auf eine durchschnittliche Jahresprovision und führt zur Doppelbelastung des Unternehmers, was vom BGH aber unter Berufung auf den Billigkeitsgrundsatz gerade vermieden werden soll (Urteil vom 23.5.1966). Auch bei einem sehr erfolgreichen Vertreter bleiben (bei gleicher Ausgangslage) von ihm zu vertretende Vertragsverletzungen ausgleichsrechtlich folgenlos, soweit sie für eine außerordentliche Kündigung nicht ausreichen.

Ich habe deshalb schon früher die Auffassung vertreten, dass derartige Tatbestände nur durch eine dem Gesetzeswortlaut entsprechende Berücksichtigung der Angemessenheit so gelöst werden können, dass im Ergebnis ein Ausgleich geschuldet wird, der billig und angemessen ist – also den Höchstbetrag unterschreiten kann. Allein dadurch könnte eine sich anderenfalls ergebende zwangsläufig eintretende Unangemessenheit vermieden werden.

Meiner Auffassung nach muss deshalb, weil eine Minderung der Ausgleichshöchstgrenze nach § 89b Abs. 2 HGB bei sehr hohem Rohausgleich nach der herkömmlichen Berechnungsmethode nicht in Betracht kommen kann, dem Billigkeitsgrundsatz gerade auch unter dem Gesichtspunkt der Angemessenheit größere Aufmerksamkeit gewidmet werden. Es kann nicht gerechtfertigt sein, dass durch eine großzügige Prognose und einen entsprechend hohen Rohausgleich Billigkeits- und Angemessenheitsgesichtspunkte nicht im notwendigen Umfang berücksichtigt werden, so dass der Gesetzeszweck anderenfalls in sein Gegenteil verkehrt werden würde.

Dr. Wolfram Küstner, Göttingen

17. Achtung: Auslegungsmonopol des EuGH

Der EuGH ist immer für eine Überraschung gut. Das hat er mit Urteil vom 9.11.2000 (RIW 2001, 133, vgl. dazu auch *Freitag/Leible,* RIW 2001, 287 – in diesem Heft, sowie *Kindler,* BB 2001, 11) erneut bewiesen.

Ausgangspunkt für jenes Verfahren war ein Vorlagebeschluss des Court of Appeal (England & Wales) vom 31.7.1998 (EWS 1999, 120). Es ging um die Frage der Gültigkeit der von den Parteien des Rechtsstreits im Handelsvertretervertrag getroffenen Wahl des kalifornischen Rechts, also um die Wirksamkeit eines Vertragsstatuts. Diese rein kollisionsrechtliche Frage hätte der Court of Appeal eigentlich nach den Regeln des eigenen internationalen Privatrechts, also der lex fori, selbst prüfen können und müssen. Damit hätte es des Vorlagebeschlusses an den EuGH nicht bedurft.

Die Anfrage des Court of Appeal betraf zudem richtigerweise nicht die Bestimmungen der Art. 17ff. der Handelsvertreter-Richtlinie 86/653/EWG des Rates vom 18.12.1986 selbst, sondern die Umsetzungsnormen des Vereinigten Königreichs über die nachvertraglichen Ausgleichs- bzw. Entschädigungsansprüche, welche in den Art. 17–19 der englischen Verordnung Nr. 3053 vom 8.12.1993 enthalten sind.

Das EVÜ war auf diesen Fall noch nicht anwendbar, weil dieses Abkommen nach seinem Art. 17 nur auf Verträge Anwendung finden kann, die nach seinem In-Kraft-Treten, – im Vereinigten Königreich wie in Deutschland der 1.4.1991 – geschlossen wurden, während der streitige Handelsvertretervertrag schon 1989 abgeschlossen war. Der Court of Appeal hätte daher die Kollisionsfrage nach den früheren englischen IPR-Vorschriften

Schreiben des Gesamtverbandes der Deutschen Versicherungswirtschaft e.V. vom 14.9.1993

lösen sollen. Bei heutigem international zwingendem Recht wäre Art. 7 Abs. 2 EVÜ und in Deutschland umgesetzt Art. 34 EGBGB anzuwenden.

Aus den genannten Gründen war der Vorlagebeschluss verfehlt, und der EuGH hätte eigentlich wohl keine Vorabentscheidungsbefugnis gehabt, so dass die Entscheidung nicht hätte ergehen dürfen.

Der EuGH hat sich mit dieser formalen Problematik nicht auseinandergesetzt. Er hat vielmehr – wie so oft – die an ihn gerichtete Anfrage in eine Auslegungsfrage uminterpretiert und -formuliert und konnte so seine Zuständigkeit nach Art. 177 EGV bejahen. Ferner wird in der Entscheidung nicht zwischen Sachrecht und internationalem Vertragsrecht unterschieden. Vielmehr hat der EuGH schlicht festgestellt, dass Art. 17 und 18 der Handelsvertreter-Richtlinie 86/653/EWG auch anzuwenden sind, wenn der Vertragspartner des in einem Mitgliedstaat tätigen Handelsvertreters seinen Sitz in einem nicht der EU angehörigen Drittland hat.

Damit wird der Richtlinie zwingender Charakter eingeräumt, ja mehr noch: Der EuGH hat hier bei der Frage der Rechtswahl das Prinzip seiner ständigen Rechtsprechung, dass eine Richtlinie nicht selbst Rechte und Verpflichtungen zwischen einzelnen privaten Personen begründen kann (vgl. EuGH, EWS 1996, 245), durchbrochen und damit zugleich im Rahmen dieses Vorabentscheidungsverfahrens von seinem Auslegungsmonopol in Bezug auf eine Richtlinie Gebrauch gemacht.

Die Entscheidung ist meines Erachtens eine kleine Sensation und von weitreichender Bedeutung: Sie mahnt zunächst alle in der Praxis mit Europarecht befassten Juristen an, die dort auftauchenden Probleme sehr vorsichtig in den bislang gültigen Denkkategorien anzugehen und namentlich nicht auf etwaige prozessuale Vorfragen zu setzen. In der Sache selbst wirft sie die bislang in der deutschen Literatur ziemlich einmütig geäußerte Meinung über den Haufen, dass der in den EU-Staaten für ein in einem Drittland ansässiges Unternehmen tätige Handelsvertreter wirksam das Recht des Staates des Unternehmens vereinbaren kann, auch wenn dieses keinen Ausgleichsanspruch und keine Entschädigung gemäß der umgesetzten Richtlinie enthält. Vielmehr haben jene Recht bekommen, die die Auffassung vertreten haben, die durch die EU-Richtlinie vereinheitlichten Vorschriften des Handelsvertreterrechts seien als zwingende Eingriffsnormen i.S. des Art. 34 EGBGB durchzusetzen.

In Zukunft wird also jedes Unternehmen eines Drittlandes damit rechnen und leben müssen, dass der in einem EU-Staat für sie tätige Handelsvertreter bei Beendigung des Vertrags einen Ausgleich/eine Entschädigung nach den in seinem Betätigungsland gemäß Art. 17 ff. der Richtlinie umgesetzten Ausführungsnormen beanspruchen kann. Die Entscheidung ist damit zugleich ein Lehrstück dafür, dass der EuGH darüber wacht, dass die Niederlassungsfreiheit und der unverfälschte Wettbewerb im Binnenmarkt geschützt werden.

Rechtsanwalt Dr. Karl-Heinz Thume, Nürnberg

18. Schreiben des Gesamtverbandes der Deutschen Versicherungswirtschaft e.V. vom 14.9.1993

Betr.: Bestandspflege- bzw. Betreuungsprovision
Aktz.: 48b – 1/153-3-51

Sehr geehrte Damen und Herren,

anläßlich der letzten Sitzung des Gemeinschaftsausschusses Versicherungsaußendienst am 7.7. d.J. sprachen Sie das im Betreff genannte Thema an.

Anhang

Sie wiesen darauf hin, daß in zunehmendem Maße Versicherungsunternehmen u.a. in ihren Agenturverträgen die Begriffe wie z.B. „Bestandspflegeprovision" oder „Bestandsbetreuungsprovision" verwenden würden. Da die „Folgeprovision" nach der herrschenden Vermittlungsfolgeprovisions-Theorie auch Abschlußprovision beinhalte, sei es aus Sicht des BVK sinnvoll, zukünftig wieder zu der Provisionsbezeichnung „Folgeprovision" bzw. „laufende Provision" zurückzukehren.

Hierzu möchten wir gern folgendes bemerken:

Die Verwendung der Begriffe wie z.B. „Bestandspflege- bzw. Betreuungsprovision" beruht auf einer bestehenden „Übung" bei vielen Unternehmen und sie hat sich allein aus dem Sprachgebrauch heraus entwickelt.

Richtig ist, daß die „Folgeprovision" in der Schadensversicherung grundsätzlich auch einen Teil Abschlußprovision beinhaltet. Die verwendeten Begriffe wie z.B. „Bestandspflege- bzw. Betreuungsprovision" sind mithin – auch aus unserer Sicht – grundsätzlich im Sinne von „Folgeprovision" zu verstehen. Die anderweitige Bezeichnung der Folgeprovision hat demnach auch keinerlei Auswirkungen auf die Feststellung des Ausgleichsanspruchs nach § 89b HGB i.V.m. den zur Berechnung heranzuziehenden „Grundsätzen zur Errechnung der Höhe des Ausgleichsanspruchs (§ 89b HGB)".

19. Schreiben des Gesamtverbandes der Deutschen Versicherungswirtschaft e.V. vom 5.4.1994

Betr.: Bestandspflege- bzw. Betreuungsprovision

Sehr geehrte Damen und Herren,

im Nachgang zu unserem Schreiben v. 14.9.1993 möchten wir Ihnen wunschgemäß folgendes mitteilen:

Zur Vermeidung von Mißverständnissen gilt aus Sicht des GDV, daß die vom 2. Jahr ab gezahlte Provision in der Schadenversicherung (nicht Krankenversicherung) ungeachtet ihre Bezeichnung und Definition in den Agenturverträgen – einen Teil Vermittlungsentgelt enthält.

20. Einkommensteuergesetz (Auszug)

§ 16 EStG [Veräußerung des Betriebs]

(1)[1] Zu den Einkünften aus Gewerbebetrieb gehören auch Gewinne, die erzielt werden bei der Veräußerung

1. des ganzen Gewerbebetriebs oder eines Teilbetriebs. [2]Als Teilbetrieb gilt auch die das gesamte Nennkapital umfassende Beteiligung an einer Kapitalgesellschaft; im Fall der Auflösung der Kapitalgesellschaft ist § 17 Abs. 4 Satz 3 sinngemäß anzuwenden;
2. des gesamten Anteils eines Gesellschafters, der als Unternehmer (Mitunternehmer) des Betriebs anzusehen ist (§ 15 Abs. 1 Satz 1 Nr. 2);
3. des gesamten Anteils eines persönlich haftenden Gesellschafters einer Kommanditgesellschaft auf Aktien (§ 15 Abs. 1 Satz 1 Nr. 3).

[2]Gewinne, die bei der Veräußerung eines Teils eines Anteils im Sinne von Satz 1 Nr. 2 oder 3 erzielt werden, sind laufende Gewinne.

---

1 Zur erstmaligen Anwendung von § 16 Abs. 1 siehe § 52 Abs. 34 Satz 1.

(2)² ¹Veräußerungsgewinn im Sinne des Absatzes 1 ist der Betrag, um den der Veräußerungspreis nach Abzug der Veräußerungskosten den Wert des Betriebsvermögens (Absatz 1 Satz 1 Nr. 1) oder den Wert des Anteils am Betriebsvermögen (Absatz 1 Satz 1 Nr. 2 und 3) übersteigt. ²Der Wert des Betriebsvermögens oder des Anteils ist für den Zeitpunkt der Veräußerung nach § 4 Abs. 1 oder nach § 5 zu ermitteln. ³Soweit auf der Seite des Veräußerers und auf der Seite des Erwerbers dieselben Personen Unternehmer oder Mitunternehmer sind, gilt der Gewinn insoweit jedoch als laufender Gewinn.

(3)²,³,⁴ ¹Als Veräußerung gilt auch die Aufgabe des Gewerbebetriebs sowie eines Anteils im Sinne des Absatzes 1 Satz 1 Nr. 2 oder 3. ²Werden im Zuge der Realteilung einer Mitunternehmerschaft Teilbetriebe, Mitunternehmeranteile oder einzelne Wirtschaftsgüter in das jeweilige Betriebsvermögen der einzelnen Mitunternehmer übertragen, so sind bei der Ermittlung des Gewinns der Mitunternehmerschaft die Wirtschaftsgüter mit den Werten anzusetzen, die sich nach den Vorschriften über die Gewinnermittlung ergeben, sofern die Besteuerung der stillen Reserven sichergestellt ist; der übernehmende Mitunternehmer ist an diese Wert gebunden. ³Dagegen ist für den jeweiligen Übertragungsvorgang rückwirkend der gemeine Wert anzusetzen, soweit bei einer Realteilung, bei der einzelne Wirtschaftsgüter übertragen worden sind, zum Buchwert übertragener Grund und Boden, übertragene Gebäude oder andere übertragene wesentliche Betriebsgrundlagen innerhalb einer Sperrfrist nach der Übertragung veräußert oder entnommen werden; diese Sperrfrist endet drei Jahre nach Abgabe der Steuererklärung der Mitunternehmerschaft für den Veranlagungszeitraum der Realteilung. ⁴Satz 2 ist bei einer Realteilung, bei der einzelne Wirtschaftsgüter übertragen werden, nicht anzuwenden, soweit die Wirtschaftsgüter unmittelbar oder mittelbar auf eine Körperschaft, Personenvereinigung oder Vermögensmasse übertragen werden; in diesem Fall ist bei der Übertragung der gemeine Wert anzusetzen. ⁵Soweit einzelne dem Betrieb gewidmete Wirtschaftsgüter im Rahmen der Aufgabe des Betriebs veräußert werden und soweit auf der Seite des Veräußerers und auf der Seite des Erwerbers dieselben Personen Unternehmer oder Mitunternehmer sind, gilt der Gewinn aus der Aufgabe des Gewerbebetriebs als laufender Gewinn. ⁶Werden die einzelnen dem Betrieb gewidmeten Wirtschaftsgüter im Rahmen der Aufgabe des Betriebs veräußert, so sind die Veräußerungspreise anzusetzen. ⁷Werden die Wirtschaftsgüter nicht veräußert, so ist der gemeine Wert im Zeitpunkt der Aufgabe anzusetzen. ⁸Bei Aufgabe eines Gewerbebetriebs, an dem mehrere Personen beteiligt waren, ist für jeden einzelnen Beteiligten der gemeine Wert der Wirtschaftsgüter anzusetzen, die er bei der Auseinandersetzung erhalten hat.

(4)⁵ ¹Hat der Steuerpflichtige das 55. Lebensjahr vollendet oder ist er im sozialversicherungsrechtlichen Sinne dauernd berufsunfähig, so wird der Veräußerungsgewinn auf Antrag zur Einkommensteuer nur herangezogen, soweit er 51 200 Euro übersteigt. ²Der Freibetrag ist dem Steuerpflichtigen nur einmal zu gewähren. ³Er ermäßigt sich um den Betrag, um den der Veräußerungsgewinn 154 000 Euro übersteigt.

§ 24 EStG [Entschädigungen, Nutzungsvergütungen u. ä.]

Zu den Einkünften im Sinne des § 2 Abs. 1 gehören auch

1. Entschädigungen, die gewährt worden sind
    a) als Ersatz für entgangene oder entgehende Einnahmen oder

---

2 Zur erstmaligen Anwendung von § 16 Abs. 2 Satz 3 und Abs. 3 Satz 5 (bish. Satz 2) siehe § 52 Abs. 34 Satz 2.
3 Zur erstmaligen Anwendung von § 16 Abs. 3 Satz 1 siehe § 52 Abs. 34 Satz 3.
4 Zur erstmaligen Anwendung von § 16 Abs. 3 Sätze 2 bis 4 siehe § 52 Abs. 34 Satz 4.
5 Zur erstmaligen Anwendung von § 16 Abs. 4 siehe § 52 Abs. 34 Satz 6.

b) für die Aufgabe oder Nichtausübung einer Tätigkeit, für die Aufgabe einer Gewinnbeteiligung oder einer Anwartschaft auf eine solche;
c) als Ausgleichszahlungen an Handelsvertreter nach § 89b des Handelsgesetzbuchs;
2. Einkünfte aus einer ehemaligen Tätigkeit im Sinne des § 2 Abs. 1 Nr. 1 bis 4 oder aus einem früheren Rechtsverhältnis im Sinne des § 2 Abs. 1 Nr. 5 bis 7, und zwar auch dann, wenn sie dem Steuerpflichtigen als Rechtsnachfolger zufließen;
3. Nutzungsvergütungen für die Inanspruchnahme von Grundstücken für öffentliche Zwecke sowie Zinsen auf solche Nutzungsvergütungen und auf Entschädigungen, die mit der Inanspruchnahme von Grundstücken für öffentliche Zwecke zusammenhängen.

§ 34 EStG a. F. [Außerordentliche Einkünfte]

(1) [Fassung bis VZ 1997][1] [1]Sind in dem zu versteuernden Einkommen außerordentliche Einkünfte enthalten, so ist die darauf entfallende Einkommensteuer nach einem ermäßigten Steuersatz zu bemessen. [2]Dieser beträgt für den Teil der außerordentlichen Einkünfte, der vor dem 1. August 1997 erzielt wurde und den Betrag von 30 Millionen Deutsche Mark übersteigt, und für den Teil der außerordentlichen Einkünfte, der nach dem 31. Juli 1997 erzielt wurde und den Betrag von 15 Millionen Deutsche Mark nicht übersteigt, die Häfte des durchschnittlichen Steuersatzes, der sich ergäbe, wenn die tarifliche Einkommensteuer nach dem gesamten zu versteuernden Einkommen zuzüglich der dem Progressionsvorbehalt unterliegenden Einkünfte zu bemessen wäre. [3]In den Fällen, in denen nach dem 31. Juli 1997 mit zulässiger steuerlicher Rückwirkung eine Vermögensübertragung nach dem Umwandlungssteuergesetz erfolgt oder ein Veräußerungsgewinn im Sinne des Absatzes 2 Nr. 1 erzielt wird, gelten die außerordentlichen Einkünfte als nach dem 31. Juli 1997 erzielt. [4]Haben die außerordentlichen Einkünfte, die vor dem 1. August 1997 erzielt wurden, den Betrag von 15 Millionen Deutsche Mark überschritten, kommt ein ermäßigter Steuersatz für nach dem 31. Juli 1997 erzielte außerordentliche Einkünfte nicht in Betracht. [5]Haben die außerordentlichen Einkünfte, die vor dem 1. August 1997 erzielt wurden, den Betrag von 15 Millionen Deutsche Mark nicht überschritten, wird der ermäßigte Steuersatz für nach dem 31. Juli 1997 erzielte außerordentliche Einkünfte auf den noch nicht ausgeschöpften Teil des Betrages von 15 Millionen Deutsche Mark angewendet. [6]Auf das verbleibende zu versteuernde Einkommen ist vorbehaltlich des Absatzes V3 die Einkommensteuertabelle anzuwenden. [7]Die Sätze 1 bis 6 gelten nicht, wenn der Steuerpflichtige auf die außerordentlichen Einkünfte ganz oder teilweise § 6b oder § 6c anwendet.

(1) [Fassung für VZ 1998 bis 2000][2] [1]Sind in dem zu versteuernden Einkommen außerordentliche Einkünfte enthalten, so ist die darauf entfallende Einkommensteuer nach einem ermäßigten Steuersatz zu bemessen. [2]Dieser beträgt für den Teil der außerordentlichen Einkünfte, der den Betrag von 15 Millionen Deutsche Mark nicht übersteigt, die Hälfte des durchschnittlichen Steuersatzes, der sich ergäbe, wenn die tarifliche Einkommensteuer nach dem gesamten zu versteuernden Einkommen zuzüglich der dem Progressionsvorbehalt unterliegenden Einkünfte zu bemessen wäre. [3]In den Fällen, in denen nach dem 31. Dezember 1997 mit zulässiger steuerlicher Rückwirkung eine Vermögensübertragung nach dem Umwandlungssteuergesetz erfolgt oder ein Veräußerungsgewinn im Sinne des Absatzes 3 Nr. 1 erzielt wird, gelten die außerordentlichen Einkünfte als nach dem 31. Juli 1997 erzielt. [4]Auf das verbleibende zu versteuernde Einkommen ist vorbehaltlich des Absatzes 3 die Einkommensteuertabelle anzuwenden. [5]Die Sätze 1 bis

---

1 § 34b Abs. 3 Nr. 1 geändert durch Gesetz v. 29.10.1997 (BGBl I, 2590).
2 § 34 Abs. 1 i.d.F. des § 52 Abs. 24a Nr. 1 (Gesetz v. 29.10.1997, BGBl I, 2590); zur Fassung ab VZ 2001 s. § 52 Abs. 24a Nr. 2.

Einkommensteuergesetz (Auszug)

4 gelten nicht, wenn der Steuerpflichtige auf die außerordentlichen Einkünfte ganz oder teilweise § 6b oder § 6c anwendet.

(2) Als außerordentliche Einkünfte im Sinne des Absatzes 1 kommen nur in Betracht
1. Veräußerungsgewinne im Sinne der §§ 14, 14a Abs. 1, §§ 16, 17 und 18 Abs. 3;
2. Entschädigungen im Sinne des § 24 Nr. 1;
3. Nutzungsvergütungen und Zinsen im Sinne des § 24 Nr. 3, soweit sie für einen Zeitraum von mehr als drei Jahren nachgezahlt werden.

(3) Die Einkommensteuer auf Einkünfte, die die Vergütung für eine mehrjährige Tätigkeit sind, beträgt das Dreifache des Unterschiedsbetrags zwischen der Einkommensteuer für das um diese Einkünfte verminderte zu versteuernde Einkommen (verbleibendes zu versteuerndes Einkommen) und der Einkommensteuer für das verbleibende zu versteuernde Einkommen zuzüglich eines Drittels dieser Einkünfte.

Einkommensteuer-Richtlinien: R 197-200/H 197-200
Lohnsteuer-Richtlinien: Abschnitt 102

§ 34 EStG [Außerordentliche Einkünfte]

(1)[1] ¹Sind in dem zu versteuernden Einkommen außerordentliche Einkünfte enthalten, so ist die auf alle im Veranlagungszeitraum bezogenen außerordentlichen Einkünfte entfallende Einkommensteuer nach den Sätzen 2 bis 4 zu berechnen. ²Die für die außerordentlichen Einkünfte anzusetzende Einkommensteuer beträgt das Fünffache des Unterschiedsbetrags zwischen der Einkommensteuer für das um diese Einkünfte verminderte zu versteuernde Einkommen (verbleibendes zu versteuerndes Einkommen) und der Einkommensteuer für das verbleibende zu versteuernde Einkommen zuzüglich eines Fünftels dieser Einkünfte. ³Ist das verbleibende zu versteuernde Einkommen negativ und das zu versteuernde Einkommen positiv, so beträgt die Einkommensteuer das Fünffache der auf ein Fünftel des zu versteuernden Einkommens entfallenden Einkommensteuer. ⁴Die Sätze 1 bis 3 gelten nicht für außerordentliche Einkünfte im Sinne des Absatzes 2 Nr. 1, wenn der Steuerpflichtige auf diese Einkünfte ganz oder teilweise § 6b ider § 6c anwendet.

(2) Als außerordentliche Einkünfte kommen nur in Betracht:
1. Veräußerungsgewinne im Sinne der §§ 14, 14a Abs. 1, *der §§ 16, 17 und 18 Abs. 3* [*neue Fassung:* der §§ 16 und 18 Abs. 3 mit Ausnahme des steuerpflichtigen Teils der Veräußerungsgewinne, die nach § 3 Nr. 40 Buchstabe b in Verbindung mit § 3c Abs. 2 teilweise steuerbefreit sind][2];
2. Entschädigungen im Sinne des § 24 Nr. 1;
3. Nutzungsvergütungen und Zinsen im Sinne des § 24 Nr. 3, soweit sie für einen Zeitraum von mehr als drei Jahren nachgezahlt werden;
4. Vergütungen für mehrjährige Tätigkeiten;
5. Einkünfte aus außerordentlichen Holznutzungen im Sinne des § 34b Abs. 1 Nr. 1.

(3)[3] ¹Sind in dem zu versteuernden Einkommen außerordentliche Einkünfte im Sinne des Absatzes 2 Nr. 1 enthalten, so kann auf Antrag abweichend von Absatz 1 die auf den Teil dieser außerordentlichen Einkünfte, der den Betrag von insgesamt 5 Millionen Euro nicht übersteigt, entfallende Einkommensteuer nach einem ermäßigten Steuersatz bemessen werden, wenn der Steuerpflichtige das 55. Lebensjahr vollendet hat oder wenn er im sozialversicherungsrechtlichen Sinne dauernd berufsunfähig ist. ²Der ermä-

---
1 Zur erstmaligen Anwendung von § 34 Abs. 1 Satz 1 siehe § 52 Abs. 47 Satz 1.
2 Zur Anwendung von § 34 Abs. 2 Nr. 1 siehe § 52 Abs. 47 Sätze 2 ff.
3 Zur Anwendung von § 34 Abs. 3 siehe § 52 Abs. 47 Sätze 3 ff.

Anhang

ßigte Steuersatz beträgt die Hälfte des durchschnittlichen Steuersatzes, der sich ergäbe, wenn die tarifliche Einkommensteuer nach dem gesamten zu versteuernden Einkommen zuzüglich der dem Progressionsvorbehalt unterliegenden Einkünfte zu bemessen wäre, mindestens jedoch 19,9 vom Hundert[4]. ³Auf das um die in Satz 1 genannten Einkünfte verminderte zu versteuernde Einkommen (verbleibendes zu versteuerndes Einkommen) sind vorbehaltlich des Absatzes 1 die allgemeinen Tarifvorschriften anzuwenden. ⁴Die Ermäßigung nach den Sätzen 1 bis 3 kann der Steuerpflichtige nur einmal im Leben in Anspruch nehmen. ⁵Erzielt der Steuerpflichtige in einem Veranlagungszeitraum mehr als einen Veräußerungs- oder Aufgabegewinn im Sinne des Satzes 1, kann er die Ermäßigung nach den Sätzen 1 bis 3 nur für einen Veräußerungs- oder Aufgabegewinn beantragen. ⁶Absatz 1 Satz 4 ist entsprechend anzuwenden.

---

[4] Zur Fassung ab VZ 2004 siehe § 52 Abs. 47 Satz 6.

Schrifttumsverzeichnis

Abrahamczik	Der Handelsvertretervertrag, 2. Aufl.
Adler/Düring/Schmaltz	Rechnungslegung und Prüfung der Unternehmen, 6. Aufl. 1995
Ahrend/Förster/Rössler	Steuerrecht der betrieblichen Altersversorgung, 4. Aufl. 1999
Ankele	Handelsvertreterrecht Frankfurt a. M., i. d. Fassung der 13. Erg.-Lief. Sept. 2000
Bangert	Der selbständige und der unselbständige Versicherungsvertreter, Karlsruhe 1983
Baumbach/Lauterbach/Albers/Hartmann	Zivilprozeßordnung, 61. Aufl., München 2002
Baumbach/Hopt	Handelsgesetzbuch, Kommentar, 30. Aufl., München/Berlin 2000
Beck'scher Bilanzkommentar	Handels- und Steuerrecht, Kommentar zu §§ 238–339 HGB, 5. Aufl. 2003
Blomeyer/Otto	Kommentar zum Gesetz zur Verbesserung der betrieblichen Altersversorgung, 3. Aufl. 2003
Bruck/Möller	Kommentar zum Versicherungsvertragsgesetz und zu den Allgemeinen Versicherungsbedingungen unter Einschluß des Versicherungsvermittlerrechts, 8. Aufl., Berlin von 1953 an (häufig zitiert: Möller)
Canaris	Handelsrecht, 23. Aufl., München 2000
Detzer-Zwernemann	Ausländisches Recht der Handelsvertreter und Vertragshändler, Heidelberg 1999
Detzer/Thamm	Verträge mit ausländischen Handelsvertretern, Heidelberger Musterverträge, Bd. 47
Döpfer/Paffhausen/Pfeil/Wolff	Nachfolge in Handelsvertretungen – Generationswechsel planen und gestalten, Arbeitspapiernummer 16 des CDH, Köln, 1998
Ebenroth/Boujong/Joost	Handelsgesetzbuch, 1. Aufl., München 2001
Eberstein	Der Handelsvertreter-Vertrag, 8. Aufl., Heidelberg 1999
Emde	Die Handelsvertreter-GmbH, Frankfurt/M. 1994
Ensthaler/Bandasch/Achilles	Gemeinschaftskommentar zum Handelsgesetzbuch, 5. Aufl., Neuwied 1997
Evans-von Krbek	Die analoge Anwendung des Handelsvertreterrechts auf den Eigenhändler, Bielefeld, o. J.
Flohr	Franchise-Vertrag, 2. Aufl., München 2001
Genzow	Vertragshändlervertrag, Köln 1996
Geßler	Der Ausgleichsanspruch der Handels- und Versicherungsvertreter, ungedruckte Dissertation, Hamburg 1953
Geßler/Hefermehl	s. Schlegelberger

Schrifttumsverzeichnis

Glanegger/Güroff	Kommentar zum Gewerbesteuergesetz, 5. Aufl. 2002
Glanegger/Güroff u. Kollegen	Heidelberger Kommentar zum HGB, 6. Aufl., Heidelberg 1996
Grüll/Janert	Die Konkurrenzklausel, 5. Aufl., Heidelberg 2002
Handelsvertreterrecht	Entscheidungen und Gutachten, herausgegeben vom Forschungsverband für den Handelsvertreter- und Handelsmaklerberuf, Köln, Loseblattausgabe, Braunschweig (zitiert: HVR)
Heidelberger Kommentar zum Handelsgesetzbuch	von Glanegger, Ruß und anderen, 4. Aufl., Heidelberg 1996
Heymann/Horn/ Sonnenschein/ Weitemeyer	Handelsgesetzbuch, 2. Aufl., Berlin 1995
Höfer	Gesetz zur Verbesserung der betrieblichen Altersversorgung, Kommentar, 3. Aufl., München 2001
Hoffmann	Der Ausgleichsanspruch der Handelsvertreter, Wiesbaden 1966
Hopt	Handelsvertreterrecht, 3. Aufl., München 2003
v. Hoyningen-Huene	Die kaufmännischen Hilfspersonen, 1996
Josten/Lohmüller/ Beuster	Handels- und Versicherungsvertreterrecht, Handkommentar, Loseblattausgabe, Düsseldorf, 2. Aufl. 1970
Koller/Roth/Morck	HGB Kommentar, 4. Aufl. 2003
Kühlmann (Hrsg.)	Handbuch des Versicherungsvermittlers, Loseblatt-Ausgabe, 39. Nachlief. April 2003
Küstner	Der Handelsvertreter, 2. Aufl., München-Stuttgart-Hannover 1977
Küstner	Das neue Recht des Handelsvertreters, 4. Aufl., 2003
Küstner/Thume	Handbuch des gesamten Außendienstrechts, Band III, Vertriebsrecht, 2. Aufl., Heidelberg 1999
Küstner/Thume	Handbuch des gesamten Außendienstrechts, Band I, Das Recht des Handelsvertreters (ohne Ausgleichsrecht), 3. Aufl., Heidelberg 2000
Leiss	Der Anspruch des Agenten auf Entschädigung für die Kundschaft in rechtsvergleichender Darstellung, Zürich 1965
Leuze	Das Recht des Versicherungsvertreters, Heft 6 der Schriftenreihe des Wirtschaftsverbandes Versicherungsvermittlung (WiVV), Bonn 1954
Martinek/Semler	Handbuch des Vertriebsrechts, München, 1996
Meeser	Handelsvertreterverträge, 2. Aufl., Planegg 1994
Meincke	Kommentar zum Erbschaftsteuergesetz, 13. Aufl. 2002
Meyer	Handelsvertreterrecht, Stuttgart-Wiesbaden 1978
Millanek	Rechtsgrundsätze der Gruppenversicherung, 2. Aufl. 1966
Miller	Eine Chronik des selbständigen Versicherungskaufmanns (Hrsg. zum 75jährigen BVK-Jubiläum 1976)
Möller	Recht und Wirklichkeit der Versicherungsvermittlung, Hamburg o. J. (zitiert: RuW)

Münchener Kommentar zum Handelsgesetzbuch	1. Buch, §§ 1–104, München 1996
Niebling	Das Recht des Automobilvertriebs, Heidelberg, 1996
Niebling	Musterverträge für Handelsvertreter, Händler und Franchise-Partner, Stuttgart 2000
Palandt	Bürgerliches Gesetzbuch mit Nebengesetzen, 62. Aufl. nebst Ergänzungsband, München 2003
Prölss/Schmidt/Frey	Versicherungsaufsichtsgesetz, Kommentar, 11. Aufl., München 1997
Reithmann/Martiny	Internationales Vertragsrecht, 5. Aufl. Köln, 1996
RGRK-BGB	Reichsgerichtsräte-Kommentar zum Bürgerlichen Gesetzbuch, 12. Aufl., Berlin 1975 ff./Bearbeit.
RGRK-HGB	Reichsgerichtsräte-Kommentar zum Handelsgesetzbuch, 3. Aufl., Berlin 1967, zitiert: Brüggemann
Rohrbeck/Durst/ Bronisch	Das Recht des Versicherungsagenten, 3. Aufl., Weißenburg (Bayern) 1950 (zitiert: RDBr)
Röhricht/ Graf v. Westphalen	HGB, 2. Aufl. 2001
Saenger/Schulze	Der Ausgleichsanspruch des Handelsvertreters Beispiel für die Fortentwicklung angeglichenen europäischen Rechts, Baden-Baden 1999
Saenger	Der Ausgleichsanspruch des Handelsvertreters bei Eigenkündigung, in: Jenaer Schriften zum Recht, Stuttgart 1997
Schiefelbein	Der Ausgleichsanspruch des Versicherungsvertreters, Diss., Köln 1965
Schlegelberger	Handelsgesetzbuch, 5. Aufl., München 1973
Schmidt	Kommentar zum Einkommensteuergesetz, 22. Aufl. 2003
Schmidt, Karsten	Handelsrecht, 5. Aufl. Köln 1999
Schnitzler/ Lewalder/Gettler	Leistungspflichten und Wettbewerbsfragen im deutschen und internationalen Handelsvertreterrecht, herausgegeben vom Landesverband der Handelsvertreter und Handelsmakler in Nordrhein-Westfalen (CDH), 1963
Schröder	Recht der Handelsvertreter, 5. Aufl., Berlin-Frankfurt a.M. 1973 (zitiert: Schröder)
Schweikl	Kundschafts- und Bestandsrechte bei Handels- und Versicherungsvertretern, Diss. Erlangen, Nürnberg 1964
Semmler	Die Rechtsstellung des Tankstellenhalters zwischen Handelsvertreter und Vertragshändler unter besonderer Berücksichtigung der Rechtsfragen des Ausgleichsanspruchs, Diss. Tübingen 1994
Specks	Der Ausgleichsanspruch des Versicherungsvertreters gem. § 89 b HGB, Diss. Münster 2001/2002, erschienen in der Münsteraner Reihe, Heft 76, Karlsruhe 2002 (Zit.: Specks, Diss.)
Stolterfoth	Die Selbständigkeit des Handelsvertreters
Stötter	Das Recht der Handelsvertreter, 5. Aufl., München 2000

Schrifttumsverzeichnis

Stumpf/Detzer/ Immesberger	Internationales Handelsvertreterrecht, Teil 1: Verträge mit ausländischen Handelsvertretern 6. Aufl., Heidelberg 1987, Teil 2: Ausländisches Handelsvertreterrecht, 3. Aufl., Heidelberg 1977
Thomas, Wolfgang u. Kollegen	LBS-Bausparkassen-Fachbuch 2002/2003
Trinkhaus	Handbuch der Versicherungsvermittlung, Band I, Berlin 1955
Tschuk	Der Ausgleichsanspruch bei Beendigung des Handelsvertreterverhältnisses, Wien 1994
Ulmer	Der Vertragshändler, München 1969
Westphal	Handelsvertreterrecht in Deutschland, in Graf v. Westphalen, Handbuch des Handelsvertreterrechts in EU-Staaten und der Schweiz (abgek.: Westphal, EU), Köln 1995 S. 145ff., Rz 583–736
Westphal	Vertriebsrecht, Band I, BD Handelsvertreter, Düsseldorf 1998
Westphalen, Graf v.	Handbuch des Handelsvertreterrechts in den EU-Staaten und der Schweiz, Köln 1995
Westphalen, Graf v.	Vertragsrecht und AGB-Klauselwerke, 12. Aufl. 2003
Zöller	ZPO, 23. Aufl. 2002

Aufsatzverzeichnis zum Ausgleichsanspruch des Handelsvertreters

Ahle	Ausgleichsanspruch des Handelsvertreters bei Rücknahme einer zeitweilig übertragenen Zusatzvertretung, DB 1962, S. 1069
Ahle	Vorwegerfüllung des Ausgleichsanspruchs der Handelsvertreter; DB 1962, S. 1329
Ahle	Probleme beim Ausgleichsanspruch nach § 89b HGB bei Handelsvertretungen durch juristische Personen oder Personen-Gesamtheiten, DB 1963, S. 227
Ahle	Der Ausgleichsanspruch nach § 89b HGB bei Vertretungen von Anlagegütern, DB 1963, S. 1703
Ahle	Provision und Ausgleichsanspruch des Handelsvertreters bei Einsatz eines Nachfolgers, DB 1964, S. 611
anonym	Handelsvertreter und Wehrdienst, HVuHM 1975, S. 654
anonym	Zum Begriff des „geworbenen Kunden" beim Ausgleichsanspruch des Handelsvertreters, HVuHM 1965, S. 42
Arndt	Alters- oder krankheitsbedingte Kündigung bei Handelsvertretungsgesellschaften: Erhaltung des Ausgleichsanspruchs durch Formwechsel? WM 1999, 1789
Baetge/ Beermann	Vergleichende Bilanzanalyse von Abschlüssen nach JAS/US-GAAP und HGB, BB 2000, 2088
Bamberger	Zur Frage des Ausgleichsanspruchs, insbesondere der Provisionsverlust des Handelsvertreters bei einer Vertriebsumstellung des Unternehmers, NJW 1984, S. 2670
Baudenbacher	Anspruch auf Kundschaftsentschädigung bei gesetzlich nicht geregelten Absatzmittlungsverträgen, FS für Schluep, Zürich 1988
Baumann	Keine Anrechnung von Versorgungsansprüchen auf den Ausgleichsanspruch, WVK 2000, Nr. 10, 5
Baums	Handelsvertreter im Nebenberuf, BB 1986, S. 891
Baur	Handelsvertretersysteme und § 15 GWB, BB 1985, 1821
Bechtold	Ausgleichsansprüche für Eigenhändler, dargestellt am Beispiel des Automobilvertriebs, NJW 1983, S. 393
Beiser	Der Ausgleichsanpruch des Handelsvertreters in der Handels- und Steuerbilanz, DB 2002, 2176
Birkhahn	Wettbewerbsverbot für Handelsvertreter auch ohne vertragliche Vereinbarung, BB 1961, S. 1351
Bodewig	Der Ausgleichsanspruch des Franchisenehmers nach Beendigung des Vertragsverhältnisses, BB 1997, 637
Bogs	Zur Beurteilung der Selbständigkeit des Handelsvertreters, VersR 1977, 197
Braun	Der Ausgleichsanspruch des Bausparkaufmanns nach Inkrafttreten der „Grundsätze", VersVerm 1984, S. 527

Aufsatzverzeichnis

Braun	Der Ausgleichsanpruch des Bausparkassenvertreters, VersVerm 1985, S. 568
Braun	Abzug der Versorgung vom Ausgleich. Zum Urteil des LG München v. 10.8.2000 VersVerm 2000, 500
Bredebusch/ Marzin	Riester-Verträge und Ausgleichsanspruch, VW 2003, 1019
Brych	Ausgleichsanspruch bei jedweder Art von Eigenkündigung? BB 1992, S. 8
Buchner	Von Scheinselbständigen und Scheinlösungen, DB 1999, 2514
BVK, Präsidium	Nochmals: Vom Unrecht des Abzugs der Versorgung vom Ausgleichsanspruch, VersVerm 1998, 120
Döpfer	Zur Wirksamkeit von Einstandszahlungen in der neuen Rechtsprechung, Bull-DV 2003, Heft 1, S. 13
Döpfer	Kauf von Vertretungen, HV – Journal 2003, Heft 3, S. 16
Eberl	Ausländische Handelsvertreter: Vertraglicher Ausschluss des Ausgleichsanspruchs nach § 92 c HGB, RIW 2002, 305
Eberstein	Zehn Jahre Rechtsprechung zum neuen Handelsvertreterrecht, BB 1964, S. 271
Eberstein	Vorauserfüllung oder Überwälzung des Handelsvertreter-Ausgleichsanspruchs durch vertragliche Regelung, BB 1971, S. 200
Eckert	Die analoge Anwendung des Ausgleichsanspruchs nach § 89 b HGB auf Vertragshändler und Franchisenehmer, WM 1991, S. 1237
Eckert	Das neue Recht der Handelsvertreter – Die Umsetzung der EG-Richtlinie in Deutsches Recht, NZA 1990, S. 384
Ehler	Gerichtsstand bei Außendiensttätigkeit, BB 1995, 1849
Ekkenga	Ausgleichsanspruch analog § 89 b HGB und Ertragswertmethode, AG 1992, S. 345
Emde	Die Dispositionsfreiheit des Unternehmers (Herstellers) im Rahmen vertikaler Vertriebssysteme, NJW 1999, 326
Emde	Die GmbH als Handelsvertreter, GmbHR 1999, 2005
Emde	Zum Ausgleichsanspruch des Handelsvertreters bei Einsatz in wechselnden Bezirken, EWiR 1999, 653
Emde	Zum Ausgleichsausschluss gem. HGB § 89 b Abs. 3, EWiR 1999, 891
Emde	Die Entwicklung des Vertriebsrechts im Zeitraum von August 1998 bis August 1999, VersR 1999, 1464
Emde	Außendienstmitarbeiter der Versicherung – selbständige Handelsvertreter oder Arbeitnehmer?, EWiR 2000, 969
Emde	Versicherungsvermittler – Ein Handelsvertreter nach HGB § 84?, EWiR 2000, 533
Emde	Zur Berechnung des Ausgleichsanspruchs des Handelsvertreters, EWiR 2000, 237
Emde	Die Entwicklung des Vertriebsrechts im Zeitraum von September 1999 bis September 2000, VersR 2001, 148

Emde	OLG Köln bestätigt Unzulässigkeit der Anrechnung der Altersversorgung auf den Ausgleich mittels Allgemeiner Geschäftsbedingungen, VersVerm 2001, 440
Emde	Außerordentliche Kündigung des Handelsvertretervertrages, EWiR 2001, 483
Emde	Zur Berücksichtigung der Altersversorgung bei der Frage, ob ein Ausgleichsanspruch nach HGB § 89b besteht, EWiR 2001, 765
Emde	Das Handelsvertreter-Kartellrecht nach den Leitlinien zur GVO 2790/99, BB 2001, 949
Emde	Die Entwicklung des Vertriebsrechts im Zeitraum vom Oktober 2000 bis September 2001, Versicherungsrecht 2002, 151
Emde	Handelsvertreterrecht – relevante Vorschriften bei nationalen und internationalen Verträgen, MDR 2002, 190
Emde	Heimatgerichtsstand für Handelsvertreter und andere Vertriebsmittler?, RIW 2003, 505
Emde	Die Entwicklung des Vertriebsrechts im Zeitraum Oktober 2001 bis September 2002, Teil I, Versicherungsrecht 2003, 419 und Teil II, Versicherungsrecht 2003, 549
Emde	Ausgleichsanspruch analog § 89b HGB für Markenlizenznehmer? WRP 2003, 468
Emde	Heimatgerichtsstand für Handelsvertreter und andere Vertriebsmittler? RIW 2003, 505
Ensthaler/ Gesmann-Nuiss/ Stopper	Ausgleichsansprüche des Kfz-Vertragshändlers für drittbestimmte Investitionen und den Kundenstamm bei ordentlicher Kündigung oder Herabstufung, DB 2003, 25
Evers	Die Nichtigkeit von Handelsvertreterverträgen wegen zu geringer Verdienstmöglichkeiten und ihre Rückabwicklung, BB 1992, S. 1365
Evers	Der Ausgleichsanspruch des Handelsvertreters: Anrechnung von Versorgungsleistungen nur bei Einstufung als „besonders günstige Vertragsbedingung", DB 2002, 1309
Finke	Die Rechtsprechung des Bundesgerichtshofs zum Handelsvertreterrecht, WM 1969, S. 1122 und 1972, S. 1110
Finke	Der Ausgleichsanspruch des Handelsvertreterrechts, in: Zwanzig Jahre Handelsvertreterrecht, HVuHM 1973, S. 1379, 1389
Foth	Neue Kehrtwende der Rechtsprechung zum Ausgleichsanspruch des Vertragshändlers in der Kraftfahrzeugbranche?, BB 1987, S. 1686
Freitag	Zur Unwirksamkeit einer Rechtswahl im Bereich der unabdingbaren Bestimmungen der EWGRL, 653/86, EWiR 2000, 1061
Freitag/Leible	Internationaler Anwendungsbereich der Handelsvertreterrichtlinie – europäisches Handelsvertreterrecht weltweit?, RIW 2001, 287
Fritz	Die Geltendmachung des Ausgleichsanspruchs des Handelsvertreters nach § 89b HGB, NJW 1960, S. 1653
Fuchs-Baumann	Ausgleichsanspruch des Versicherungsvertreters: Anrechnung des Barwerts einer vom Versicherungsunternehmen finanzierten Versorgung, DB 2001, 2131

Gamm, von	Die neuere Rechtsprechung des BGH zum Handelsvertreterrecht, NJW 1979, S. 2489
Garbe	Minderung des Ausgleichsanspruchs bei überdurchschnittlicher Konkurrenzanfälligkeit des Bestandes, VersVerm 1968, S. 56
Garbe	Der Ausgleichsanspruch nach § 89b HGB und die „Grundsätze zur Errechnung der Höhe des Ausgleichsanspruchs", VersVerm 1973 (Sonderdruck März)
Garbe	Regelung des Ausgleichsanspruchs in der Lebensversicherung, VersVerm 1976 (Sonderdruck Mai)
Garbe	Nunmehr auch Ausgleichsregelung (§ 89b HGB) in der Krankenversicherung, VersVerm 1977 (Sonderdruck Januar)
Garbe	Vereinbarung über den Ausgleichsanspruch im Bausparbereich, VersVerm 1984, S. 479
Gaul/Wisskirchen	Das letzte Gesetz zur „Förderung der Selbständigkeit"? DB 1999, 2466
Gertner	Ausgleichszahlungen an Handels- und Versicherungsvertreter – Einkommensteuerliche Beurteilung, BB 1960, 314
Gessler	Zum Ausgleichsanspruch des Handelsvertreters. Brutto- oder Nettoprovision als Bemessungsgrundlage?, BB 1957, S. 1164
Gri	Ausgleichsanspruch von Vertretergesellschaften, KV, Heft 4/1989, S. 136
Groh	Vor der dynamischen Wende im Bilanzsteuerrecht, BB 1989, 1586
Haas	Verfassungswidrigkeit bei Eigenkündigung und berechtigter Unternehmerkündigung? HVuHM 1991, Heft 1/2, S. 14
Haas	Wegfall des Handelsvertreter-Ausgleichsanspruchs gem. § 89b Abs. 3 Nr. 1 HGB bei Eigenkündigung ohne besonderen Anlass verfassungswidrig? BB 1991, S. 1441
Haas	Noch einmal: Ausgleichsanspruch des Handelsvertreters auch bei Eigenkündigung? BB 1992, S. 941 und DB 1994, S. 1275
Habscheid	Das Ausgleichsrecht des Handelsvertreters, Festschrift für Schmidt-Rimpler, Karlsruhe 1957, S. 335
Hepting/Detzer	Die Abdingbarkeit des Ausgleichsanspruchs ausländischer Handelsvertreter und Vertragshändler, insbesondere durch Allgemeine Geschäftsbedingungen, RIW 1989, S. 337
Hermanns	Wertaufhellung und die zeitlichen Grenzen ihrer Berücksichtigung, GmbR 1999, 905
Hermes	Beendigung des Vertragshändlervertrages in deutschem und niederländischem Recht, RIW 1999, 81
Herschel	Die arbeitnehmerähnliche Person, DB 1977, 1185
Herzig	Rückstellungen wegen öffentlich-rechtlicher Verpflichtungen, insbes. Umweltschutz, DB 1990, 1347
Herzig/Hötzel	Rückstellungen wegen Produkthaftung, BB 1991, 99
Hielscher	Franchising im Versicherungsvertrieb, VW 1994, 772; ZAP, F. 6, S. 8392
Hirsch	Der gesetzlich fixierte Typ als Gefahrenquelle der Rechtsanwendung (erläutert am Beispiel des Handelsvertreters) F. für Tiburtius 1964, 383.

Hoffstadt	Rechtsstellung des Handelsvertreters im Konkurs des vertretenen Unternehmens, DB 1983, 645
Höft	Beschränkung des ausgleichsberechtigten Erbenkreises für den Fall des Todes des Versicherungsvertreters? VersR 1965, S. 552
Höft	Ausgleichspflichtiger Provisionsverlust der Versicherungs-(Bausparkassen-)Vertreter (§ 89 b I 2 HGB), VersR 1966, S. 104
Höft	Anmerkung zum Urteil des BGH vom 23. 5. 1966, VersR 1966, S. 842
Höft	Neue Missverständnisse um die Zulässigkeit einer Pensionsrückstellung bei Zusammentreffen von Versorgungsanspruch und Ausgleichsanspruch, VW 1966, S. 211
Höft	Ausgleichsanspruch (§ 89 b HGB) der Versicherung- und Bausparkassen-Vertreter für künftig zu Stande kommende Verträge? VersR 1967, S. 524
Höft	Ausgleichsanspruch – Altersversorgung. Möglichkeit und Rechtsfolgen eines Verzichts des Handelsvertreters auf eine sog. Provisionsrente, RVR 1968, S. 179
Höft	Nochmals: Kein Ausgleichsanspruch (§ 89 b HGB) des Versicherungsvertreters für Inkasso- und sonstige Verwaltungsprovisionen, VersR 1970, S. 97
Höft	Anmerkung zum Urteil des LG Berlin vom 26. 1. 1973, VersR 1973, S. 739
Höft	Die provisionsrechtlichen Sonderregelungen für die Versicherungswirtschaft und Unverzichtbarkeit, VersR 1976, S. 205
Höft	Bemerkungen zu aktuellen Fragen um den Ausgleichsanspruch (§ 89 b HGB) des Versicherungsvertreters, ZVersWiss 1976, S. 439
Hönsch	Zum Ausgleichsanspruch des Bausparkassenvertreters, RVR 1971, S. 99
Hohn	Wirtschaftliche Anspruchsfaktoren beim Ausscheiden des Handelsvertreters, BB 1972, 521
Holling	Die Ermittlung des Ausgleichsbetrages – § 89 b HGB – nach der dazu bisher ergangenen Rechtsprechung, HVuHM 1969, S. 1429
Hommel/Berndt	Wertaufhellung und funktionales Abschlußstichtagsprinzip, DStR 2000, 1745
Honsel	Anmerkung zum BGH-Urteil v. 25. 10. 1984, BB 1984, 365
Hopt	Die Selbständigkeit von Handelsvertretern und anderen Vertriebspersonen – Handels- und arbeitsrechtliche Dogmatik und Vertragsgestaltung, DB 1998, 863
Horn	Zum Ausgleichsanspruch des Eigenhändlers; Kundenstamm und werbende Tätigkeit, ZIP 1988, 137
Hromadka	Gutachterliche Stellungnahme zur sozialrechtlichen Abgrenzung von Selbständigen und Beschäftigten im Versicherungsaußendienst, DB 1998, Beilage Nr. 14
Intween	Praxisprobleme bei der Berechnung des Ausgleichsanspruchs eines Kfz-Vertragshändlers, BB 1999, 1881
Iwon	DStZ 1990, 303
Jacobs	Der arbeitnehmerähnliche Selbständige, ZIP 1999, 1549

Aufsatzverzeichnis

Jonas	Verbesserung der Rechtstellung des Versicherungs- und Bausparkassenvertreters, VersVerm 1989, S. 621
Kämpf	Vom Unrecht des Abzugs der Versorgung vom Ausgleichsanspruch, VersVerm 1999, 126
Kämpf	Abzug der Versorgung vom Ausgleich, VersVerm 2000, 170
Kämpf	Abzug der Versorgung vom Ausgleich, VersVerm 2001, 359 und VersVerm 2002, 6
Kämpf	AGB-Verfahren gegen den Abzug der Versorgung vom Ausgleichsanspruch, VersVerm 2002, 128
Kainz/Lieber/ Puszkajler	Die „Münchener Formel" – oder: Berechnung des Vertragshändlerausgleichs in der Autobranche, BB 1999, 434
Kapp	Gehört der Ausgleichsanspruch des Handelsvertreters zum erbschaftssteuerpflichtigen Erwerb?, DB 1959, S. 242
Kasten	Das Provisionssystem in der Lebensversicherung und der Europäische Binnenmarkt, VW 1994, 1127
Kindler	Zur Anknüpfung von Handelsvertreter- und Vertragshändlerverträgen im neuen bundesdeutschen IPR, RIW 1987, 660
Kindler	Neues Deutsches Handelsvertreterrecht aufgrund der EG-Richtlinie, RiW 1990, S. 358
Kindler	Rechtswahlfestigkeit des Handelsvertreterausgleichs bei Tätigkeitsausübung im Mitgliedsstaat, aber Sitz des Unternehmens im Drittstaat, BB 2001, 11
Kirchhof	Rückwirkung von Steuergesetzen, StuW 2000, 221
Kirsch	Ist der Ausgleichsanspruch des Vertragshändlers analog § 89b HGB am Ende? VW 1999, 2779
Kögel	Der nach Art und Umfang in kaufmännischer Weise eingerichtete Geschäftsbetrieb, DB 1998, 1802
Köhler	Ausgleichsanspruch des Franchisenehmers: Bestehen, Bemessung, Abwälzung, NJW 1990, S. 1689
Konow	Steht den Erben eines Handelsvertreters, der nach der Kündigung, aber vor der Beendigung des Vertragsverhältnisses gestorben ist, ein Ausgleichsanspruch zu? NJW 1960, S. 1655
Korezkij	Überblick über die aktuelle Rechtsprechung zur Besteuerung außerordentlicher Einkünfte nach § 34 Abs. 1 EStG, DStR 2003, 319
Kraatz	Zur Berechnung des Ausgleichsanspruchs des Handelsvertreters nach Vertragsbeendigung, WM 1982, S. 498
Kreifels/Lang	Der Ausgleichsanspruch des Vertragshändlers, NJW 1970, S. 1769
Kroitzsch	Der Ausgleichsanspruch des Vertragshändlers und seine kartellrechtlichen Grenzen, BB 1977, S. 1631
Kroschel/ Wellisch	Besteuerung außerordentlicher Einkünfte nach dem Steuerentlastungsgesetz 1999/2000/2002, BB 1998, 2550
Krüger	Der Anspruch mehrerer Handelsvertreter auf Provision, DB 1964, S. 1399

Krusche	Die Berechnung des handelsvertreterrechtlichen Ausgleichsanspruchs in Europa im Blickpunkt – Rechtsetzung, Umsetzung, Anwendung, EWS 2001/523
Kümmel	Der Ausgleichsanspruch des Vertragshändlers, DB 1997, 27
Kümmel	Der Ausgleichsanspruch des Kfz-Vertragshändlers – Berechnung nach der „Münchener Formel", DB 1998, 2407
Kurz	OLG Düsseldorf: Berücksichtigung von Altersrente beim Ausgleichsanspruch des Handelsvertreters, WiB 1996, 177
Küstner	Berücksichtigung ersparter Unkosten beim Ausgleichsanspruch des Handelsvertreters, BB 1962, S. 432
Küstner	Altersversorgung und Ausgleichsanspruch des Handelsvertreters, BB 1963, S. 1147
Küstner	Nebenberufliche Vertretertätigkeit und Ausgleichsanspruch, BB 1966, S. 1212
Küstner	Der Ausgleichsanspruch des Bausparkassenvertreters, BB 1966, S. 269
Küstner	Die Verzinsung des Ausgleichsanspruchs des Handelsvertreters, HVuHM 1966, S. 980
Küstner	Die Berechnung des Ausgleichsanspruchs nach § 89b HGB, NJW 1969, S. 769
Küstner	Der Ausgleichsanspruch des Verlagsvertreters, Bbl. 1970, S. 625
Küstner	Ausgleichsmindernde Auswirkungen von Werbemaßnahmen des vertretenen Unternehmens? RVR 1972, S. 145
Küstner	Neue Rechtsprechung zum Ausgleichsanspruch des Handelsvertreters (§ 89b HGB), BB 1972, S. 1300
Küstner	Handelsvertreterverträge mit Verlängerungsklausel, BB 1975, 195
Küstner	Zum Begriff der Kundenwerbung durch den Handelsvertreter, Die Weinwirtschaft 1975, S. 798
Küstner	Der Ausgleichsanspruch des Krankenversicherungsvertreters, BB 1975, S. 493
Küstner	Zum Einfluss des Betriebsrentengesetzes auf die Ausgleichsberechtigung des Handelsvertreters (§ 89b HGB), BB 1976, S. 1485
Küstner	Neufassung des § 89b Abs. 3 HGB bei alters- oder krankheitsbedingter Eigenkündigung des Handelsvertreters, BB 1976, S. 630
Küstner	Wichtiges Urteil des Kammergerichts zum Ausgleichsanspruch des Handelsvertreters, Büro-Wirtschaft Heft 9/1978, S. 42–44
Küstner	Die neuere Rechtsprechung zum Außendienstrecht, BB, Beilage 12 zu Heft 27/1985
Küstner	Berechnung des Ausgleichsanspruchs des Vertragshändlers, BB 1988, S. 1972
Küstner	Probleme des Handelsvertreterrechts, ZIP 1988, S. 63
Küstner	Rechtsgutachten zur Problematik der Bestandsübertragung aufgrund erteilter Maklerauftträge im Versicherungsvertreterrecht, VersVerm 1989, S. 168 u. S. 244

Aufsatzverzeichnis

Küstner	Gedanken zu dem neuen Ausgleichs-Ausschlusstatbestand gem. § 89 b Abs. 3 Nr. 3 HGB, BB 1990, S. 1713
Küstner	Die Änderungen des Handelsvertreterrechts aufgrund der EG-Harmonisierungsrichtlinie vom 18.12.1986, BB 1990, S. 291
Küstner	Nochmals: Zur Problematik der Ausgleichsberechtigung § 89 b HGB bei Bestandsübertragungen, VersVerm 1991, S. 162
Küstner	Geltendmachung des Ausgleichsanspruchs gem. § 89 b HGB, DSWR 1993, S. 279
Küstner	Neueste Rechtsprechung zur Anrechnung einer vom Unternehmer finanzierten Altersversorgung auf den Ausgleichsanspruch des Handelsvertreters, Bull-DV 1994, Heft 3/4, S. 28
Küstner	Anmerkung zum BGH-Urteil vom 23.2.1994, BGH EWiR § 89 b HGB, 3/94, 581
Küstner	Kein Ausgleichsanspruch bei Bestandswegnahme, VersVerm 1994, S. 144
Küstner	Zur Höhe des Ausgleichsanspruchs im Todesfall, VersVerm 1994, S. 444
Küstner	Bestandsverluste durch Maklereinbruch: Ausgleichsanspruch oder Schadensersatz – welche Ansprüche hat der Versicherungskaufmann?, WVK 1994, Heft 11, S. 12
Küstner	Zur Höhe des Ausgleichsanspruchs im Todesfall, VersVerm 1994, S. 444
Küstner	Neues Handelsvertreterrecht in Österreich, öRdW 1994, S. 390
Küstner	Ausgleichsanspruch des Handelsvertreters und Altersversorgungsleistungen (Anm. zum BGH-Urteil vom 23.2.1994), BB 1994, S. 1590
Küstner	Ausgleichsanspruch weiter eingegrenzt (zum Ausschlusstatbestand des § 89 b Abs. 3 Nr. 3) VersVerm 1995, S. 109
Küstner	Vereinbarungstatbestände, die die Entstehung eines Ausgleichsanspruchs hindern sollen, Festschrift für Reinhold Trinkner 1995, S. 193
Küstner	Unklare Terminologie führt nicht selten zu Missverständnissen, VersVerm, 1996, 247
Küstner	Kann vor Gericht ein höherer Ausgleich als nach den „Grundsätzen" erzielt werden? VW 1996, 1661
Küstner	Zur Statusproblematik im Handels- und Versicherungsvertreterrecht, ZVersWiss 1997, S. 659
Küstner	Wiederum Anerkennung der „Grundsätze" in einem neuen Urteil, VW 1997, 1166
Küstner	Der Ausgleichsanspruch des Handelsvertreters, Vertragshändlers und Franchisenehmers im Warenverkehr, 2. Aufl., ZAP 1999, 237
Küstner	„Ein unglaublicher Reibach"? VW 1999, 185
Küstner	Die Statusproblematik im Handelsvertreterrecht, Bull-DV 1999, Heft 1, S. 5
Küstner	Fehlentwicklungen beim Ausgleichsanspruch, VW 2000, 478
Küstner	Nach wie vor: Unter Billigkeitsgesichtspunkten kann eine Altersversorgung zur Ausgleichsminderung führen, Bull-DV 2000, Nr. 4, 30

Küstner	Nach wie vor: Unter Billigkeitsgesichtspunkten kann eine Altersversorgung zur Ausgleichsminderung führen, Bull-DV 2000, Nr. 4, S. 30
Küstner	Immer wieder: Ausgleichsanspruch und Altersversorgung, VW 2001, 1973
Küstner	Abwegige Ausgleichsberechnung erneut zurückgewiesen (Anm. zu LG Osnabrück v. 10.8.2001), VW 2001, 1409
Küstner	Zu den Schwierigkeiten der Berechnung des Ausgleichsanspruchs im Versicherungs- und Bausparbereich außerhalb der „Grundsätze", VW 2001, 754
Küstner	Versorgungszusage und Kapitalwertanrechnung, VW 2001, 416
Küstner	Anmerkung zum Urteil des OLG Celle v. 16.5.2002, VW 2002, 1102 und VersR 2002, 980
Küstner	Nach wie vor: Unter Billigkeitsgesichtspunkten kann eine Altersversorgung zur Ausgleichsminderung führen, Hdb. des Versicherungsvermittlers, 33. Nachlieferung Gruppe 16.13
Küstner	Im Versicherungsvertreterrecht kehrt keine Ruhe ein, VersR 2002, 513
Küstner	Ein wichtiges neues Urteil (BGH 21.5.2003), VW 2003 Heft 18
Kurz	Anmerkung zu OLG Düsseldorf, B. v. 24.2.1995, WiB 1996, 177
Küting/Kessler	Handels- und steuerbilanzielle Rückstellungsbildung: Ansatzprobleme, DStR 1989, 657
Kuther	Die neuen Handelsvertretervorschriften im HGB, NJW 1990, S. 304
Laber	Eigenkündigung des Handelsvertreters: Verfassungsmäßigkeit des Ausschlusses des Ausgleichsanspruchs, DB 1994, S. 1275
Laum	Der Ausgleichsanspruch des Handelsvertreters in der Rechtsprechung des Bundesgerichtshofes, BB 1967, S. 1359
Leo	Das Wettbewerbsverbot für Handelsvertreter, BB 1962, S. 1106
List	Entspricht die Besteuerung außerordentlicher Einkünfte (§ 34 EStG) dem Grundgesetz, BB 2003, 761
Lutz	Ausgleichsanspruch des Handelsvertreters und Pensionszusage, DB 1989, S. 2345
Maier	Der Ausgleichsanspruch des Handelsvertreters und Eigenhändlers und der ordre public, NJW 1958, S. 1327
Maier	Kündigung des Handelsvertreters wegen Alters oder Krankheit, BB 1978, S. 940
Martin	Gesetzlicher Ausgleichsanspruch des Handelsvertreters und vertragliche Versorgungszusagen, DB 1966, S. 1837
Martin	Offene Handelsgesellschaften und Kommandit-Gesellschaften als Versicherungsvertreter, VersR 1967, S. 824
Martin	Ausgleichsanspruch (§ 89b HGB) des Versicherungsvertreters und Wettbewerb zum Nachteil des Unternehmers, VersR 1968, S. 117
Martin	Zum Ausgleichsanspruch des Versicherungsvertreters, VersR 1970, S. 796
Martin	Ausgleichsanspruch des Versicherungsvertreters: Grenzen des Handelsbrauches zu § 89b HGB, VW 1974, S. 462

Martinek	Der handelsvertreterrechtliche Ausgleichsprozess – Ein Ärgernis und seine europaweite Ausdehnung in FS für Lüke, 1977, S. 409
Martinek	Franchising im Handelsvertreterrecht, ZIP 1988, S. 1362
Martinek	Vom Handelsvertreterrecht zum Recht der Vertriebssysteme, ZHR Bd. 161 (1997), 67 ff.
Matthies	Der Ausgleichsanspruch des Handelsvertreters bei kurzer Vertragsdauer, DB 1986, S. 2063
Matthießen	Arbeits- und handelsvertreterrechtliche Ansätze eines Franchisenehmerschutzes, ZIP 1988, S. 1089
Matusche-Beckmann	Probleme bei der Abgrenzung des Versicherungsagenten vom Versicherungsmakler, VersR 1995, 1391
Mayer	Zur Öffnung des persönlichen Geltungsbereichs von Tarifverträgen für Heimarbeiter und Handelsvertreter, BB 1993, S. 1513
Mees	30 Jahre neues Handelsvertreter-Recht, HVuHM 1985, S. 8, 17 ff.
Meeser	Einheitliches Handelsvertreterrecht in der EG, HVuHM 1988, S. 880
Meeser	Der Vertragshändler: Rechte und Pflichten, LSW Sonderheft, Gr. 8 Seite 11 ff.
Melcher	Die Anwendung des Handelsvertreterrechts auf Kapitalanlageberater, BB 1981, S. 2101
Meyer	Ausgleichsansprüche nach § 89 b HGB beim Vertrieb langlebiger Wirtschaftsgüter, BB 1970, S. 780
Meyer	Ausgleichszahlungen nach § 89 b HGB zu Gunsten des Rechtsnachfolgers eines Handelsvertreters, DB 1981, S. 165
Miller	Ausgleichsanspruch und Grundsätze, in: Eine Chronik des selbstständigen Versicherungskaufmanns, Festschrift zum 75-jährigen Jubiläum des BVK, Bonn 1976, S. 36
Möller	Personenvereinigungen als Versicherungsvermittler, ZfV 1955, S. 2
Moritz	Zum Wegfall des Ausgleichsanspruchs bei Kündigung durch den Handelsvertreter, DB 1987, S. 875
Moxter	Das Realisationsprinzip – 1884 und heute, BB 1984, 1780
Moxter	Phasengleiche Dividendenaktivierung: Der Große Senat des BFH im Widerstreit zu den handelsrechtlichen GoB, DB 2000, 2333
Müller, Klaus-J.	Ausschluß des Ausgleichsanspruchs des Handelsvertreters nach § 92 c I HGB, NJW 1998, 17
Müller/Stein	Ausgleichsanspruch gem. § 89 b HGB nach Bestandsübertragungen aufgrund erteilter Maklerauftträge?, VersR 1990, S. 561
Müller/Stein	Ausgleichsanspruch und Vorteilsausgleich, VW 2000, 1618
Müller/Stein	BGH schafft wünschenswerte Klarheit, VW 2003, 199
Naderhirn	Probleme im Zusammenhang mit der Höchstgrenze des Ausgleichsanspruchs des Handelsvertreters, öRdW 2002, 226
Naumann	Rechtliches Entstehen und wirtschaftliche Verursachung als Voraussetzung der Rückstellungsbilanzierung, WPg 1991, 531
Nipperdey	Handelsvertreter und Eigen-(vertrags-)Händler — Der Ausgleichsanspruch des § 89 b HGB, Festschrift für Hedemann, Berlin 1958, S. 207

Nocker	Zur Höchstgrenze des Ausgleichsanspruchs nach § 24 HVertrG, ecolex 2002, 656
Noetzel	Der Billigkeitsgedanke beim Ausgleichsanspruch des Handelsvertreters, NJW 1958, S. 1325
Noetzel	Die eigene Kündigung eines Handelsvertreters und sein gesetzlicher Ausgleichsanspruch, DB 1993, S. 1557
Noetzel	Keine Franchise-Handelsvertreter, HVuHM 1981, S. 338
Odendahl	Der Courtageanspruch des Versicherungsmaklers, ZfV 1993, 390
Olzen	Offene Fragen um den Ausgleichsanspruch des Handelsvertreters, JR 2002, 45
Ordemann	Zur Abgrenzung zwischen Handelsvertreter und Angestellten, BB 1963, S. 498
Ordemann	Der „Generalvertreter" und sein Ausgleichsanspruch, BB 1964, S. 1323
Peterek	Zur Bedeutung und zum Umfang allgemeiner Kundenschutzvereinbarungen, BB 1966, S. 351
Pollkläsener/ Meinolf	Der handelsvertreterähnliche Ausgleichsanspruch nach § 89b HGB analog in der Mobilfunk-Telekommunikationsbranche, DB 2003, 927
Popp	Arbeitnehmer und Freie Mitarbeiter, MDR 1998, 18
Puszkajler	Die „Münchener Formel": Ein Hilfs-, kein Wundermittel, BB 2000 (Heft 37), IV
Rau	Verbindung von Ausgleichsanspruch und Pensionszusage bei Handelsvertretern, BB 1967, S. 403
Recken	Die Rechtsprechung des Bundesgerichtshofs zum Handelsvertreterrecht, WM 1975, S. 262
Reichert	Zum Ausgleichsanspruch des Handelsvertreters im Buchhandel, Bbl. 1961, S. 385 und Seite 1937
Reiserer	„Scheinselbständigkeit" – Arbeitnehmer oder Selbständiger, BB 1998, 1258
Reiserer	Endlich Schluss mit der „Scheinselbständigkeit"! Das neue Gesetz zur Förderung der Selbständigkeit, BB 2000, 94
Retzer	Verfassungsmäßigkeit des § 89b Abs. 3 Nr. 1 HGB? BB 1993, S. 668
Reufels/Lorenz	„Pauschalierung" des Ausgleichsanspruchs für Kfz-Vertragshändler, MDR 1998, 1489
Reufels/Lorenz	„Pauschalierung" des Ausgleichsanspruchs für Kfz-Vertragshändler – ein Plädoyer gegen die „Münchener Formel", BB 2000, 1586
Richardi	„Scheinselbständigkeit" und arbeitsrechtlicher Arbeitnehmerbegriff, DB 1999, 858
Richter	Vorteile bei Anwendung der geplanten Neuregelung des § 34 EStG für betriebliche Veräußerungsgewinne und Abfindungen, DStR 1998, 1950
Rittner	Der Ausgleichsanspruch des Handelsvertreters und die jüngste BGH-Rechtsprechung, DB 1998, 457
Römhild	Die neue Sozialgesetzgebung in der Praxis, VersVerm 1999, 112, 168

Aufsatzverzeichnis

Saenger	Das Recht des Handelsvertreters zur ausgleichswahrenden Eigenkündigung, DB 2000, 129
Sauer	Zahlung des Ausgleichsanpruchs gem. § 89 b HGB an die Erben eines verstorbenen Handelsvertreters, DStR 1971, S. 229 f.
Schäfer	Was sind die „Grundsätze zur Errechnung der Höhe des Ausgleichsanspruchs" wert? VersVerm 1983, S. 86
Schäfer	Grundsätze zur Errechnung der Höhe des Ausgleichsanspruchs „unwirksam?" VersVerm 1986, S. 280
Schäfer	Die Altersversorgung der Vermittler, VersVerm 2001, 64
Schaefer	Das rotierende Vertriebssystem auf der Grenze zwischen Arbeits- und Handelsvertreterrecht, NJW 2000, 320
Schiefelbein	Beschränkung des ausgleichsberechtigten Erbenkreises für den Fall des Todes des Versicherungsvertreters, VersR 1965, S. 552
Schiefer	Gesetz zu Korrekturen in der Sozialversicherung und Versicherung der Arbeitnehmerrechte, DB 1999, 48
Schlechtriem	Ausgleichsansprüche des Hauptvertreters, BB 1971, S. 1540
Schmidt	Frist zur Geltendmachung des Ausgleichsanspruchs des Handelsvertreters, BB 1965, S. 732
Schmidt	Kundenstammüberlassung und „Sogwirkung der Marke": taugliche Kriterien für den Ausgleichsanspruch des Vertragshändlers? DB 1989, S. 2357
Schneider	Der Verzinsungsbeginn beim Ausgleichsanspruch des Handelsvertreters, DB 1968, S. 1613
Schneider	Die Bemessungsumstände für den Ausgleichsanspruch des Handelsvertreters gemäß § 89 b HGB, JurBüro 1968, Sp. 569
Schneider	Die Billigkeit beim Ausgleichsanspruch des Handelsvertreters (§ 89 b Abs. 1 Nr. 3 HGB), MDR 1970, S. 976
Schneider	Der Streitwert für Klagen des Handelsvertreters, BB 1976, S. 1298
Schnitzler	Zur Vorausregelung des Ausgleichsanspruchs nach § 89 b HGB, MDR 1958, S. 556
Schnitzler	Der Ausgleichsanspruch arbeitsunfähiger Handelsvertreter, DB Beilage Nr. 15 zu Heft 37/1965
Schnitzler	Gerichtsstandsvereinbarung und Zurückbehaltungsrecht des Handelsvertreters, DB 1966, S. 569
Schnug	Der Ausgleichsanspruch des Versicherungsvertreters in: Der Syndikus, 1999, 54
Schönberg	Die Rechtsprechung des Bundesgerichtshofs zum Handelsvertreterrecht, WM 1978, S. 102
Schreiber	Der Ausgleichsanspruch des Handelsvertreters aus prozessualer Sicht, NJW 1998, 3737
Schröder	Handelsvertreterverträge mit Vertretern im Ausland, RiW 1957, S. 175
Schröder	Änderung der Vertragsbedingungen und Ausgleichsanspruch im Handelsvertreterverhältnis, DB 1958, S. 975

Schröder	Zur Berechnung des Ausgleichsanspruchs der Handelsvertreter, DB 1958, S. 43
Schröder	Typische Fehler in Handelsvertreterverträgen, DB 1959, S. 817
Schröder	Ausgleichsansprüche im Konkurs eines Handelsvertreters, der Selbstmord begangen hat, KTS 1960, S. 148
Schröder	Zweifelsfragen im Ausgleichsrecht der Handelsvertreter, DB 1962, S. 895
Schröder	Kundenschutz und Ausgleichsanspruch des Handelsvertreters, BB 1962, S. 738
Schröder	Außerbezirkliche Geschäfte des Handelsvertreters, DB 1963, S. 541
Schröder	Wettbewerbsbeschränkende Wirkung der Ausgleichsleistung? DB 1964, S. 323
Schröder	Zur Berechnung des Ausgleichsanspruchs der Versicherungs-(Bausparkassen-)Vertreter; kritische Bemerkungen zu der Rechtsprechung des Bundesgerichtshofs, Festschrift für Hans Carl Nipperdey, München 1965, S. 715 ff.
Schröder	Zum Ausgleichsanspruch des Eigenhändlers, DB 1966, S. 449
Schröder	Ausgleichsanspruch nach § 89 b HGB bei Veräußerung und Stilllegung des vertretenen Unternehmens, DB 1967, S. 2015
Schröder	Rechtsgeschäftliche Abwendung des Ausgleichsanspruchs nach § 89 b HGB, DB 1967, S. 1303
Schröder	Möglichkeiten und Grenzen der Vertragsgestaltung im Handelsvertreterrecht, RVR 1968, S. 67, 99
Schröder	Zum Ausgleichsanspruch des Bezirksvertreters, RVR 1969, S. 328
Schröder	Handelsvertreterrecht in Gegenwart und Zukunft, HVuHM 1969, S. 607
Schröder	Rechtsfragen bei Zusammenschluss oder Zusammenarbeit von vertretenen Firmen, Handelsvertreter-Handbuch, 3. Aufl., Abschnitt V 5
Schröder	Die Auswirkung der Dienstunfähigkeit eines Handelsvertreters auf den Ausgleichsanspruch (Erwiderung auf die Besprechung des Urteils des Landgerichts Berlin vom 16.9.1968 von Sieg), RVR 1969, S. 105
Schröder	Abwälzung des Ausgleichsanspruchs auf den Nachfolger des ausgeschiedenen Handelsvertreters, DB 1969, S. 291
Schröder	Zum Recht des Anzeigenvertreters, DB 1970, S. 1625
Schröder	Nutzung fremder Absatzorganisationen, RVR 1970, S. 259
Schröder	Zum Begriff der Unternehmervorteile beim Ausgleichsanspruch des Handelsvertreters nach § 89 b HGB, DB 1973, S. 217
Schröder	Zum Begriff „Unternehmervorteile" im Ausgleichsrecht nach § 89 b Abs. 1 Nr. 1 HGB; Bemerkungen zum Urteil des OLG Braunschweig vom 3. April 1975, DB 1976, S. 1897
Schröder	Wichtige Gesetzesänderung im Ausgleichsrecht der Handelsvertreter (§ 89 b HGB), DB 1976, S. 1269
Seifert	Vermittlung von Versicherungen durch Angestellte und selbständige Vertreter, NZA 1999, 6

Aufsatzverzeichnis

Seelhorst	Überhangprovisionen bei der Berechnung des Ausgleichsanspruchs (Anm. zu BGH 23.10.1996), BB 1997, 2019
Seelhorst	Die Umsetzung der Handelsvertreterrichtlinie – Probleme bei der Harmonisierung europäischen Rechts, EWS 2001, 481
Sieg	Die Kündigung des Handelsvertretervertrages im Blickpunkt des Ausgleichsanspruchs, AktG 1964, S. 293
Sieg	Rechtsnatur des Ausgleichsanspruchs des Versicherungsvertreters und Folgerungen hieraus, VersR 1964, S. 789
Sieg	Einfluss des Wegfalls der Altersversorgung auf den festgestellten Ausgleichsanspruch, VersR 1968, S. 105
Sieg	Die Auswirkungen der Dienstunfähigkeit eines Handelsvertreters auf den Ausgleichsanspruch, RVR 1969, S. 99 und 139
Spindler	Vertrauensschutz im Steuerrecht, DStR 200, 725
Skaupy	Zu den Begriffen „Franchise", „Frachisevereinbarung" und „Franchising", NJW 1992, S. 1785
Staudinger	Die ungeschriebenen kollisionsrechtlichen Regelungsgebote der Handelsvertreter-, Haustürwiderrufs- und Produkthaftungsrichtlinie, NJW 2001, 1974
Steindorff	Vereitelte Ansprüche und Wettbewerbsverbot des Handelsvertreters, ZHR 1967, S. 82
Stötter	Das Verbot des rechtsgeschäftlichen Ausschlusses des Ausgleichsanspruchs nach § 89b IV HGB, DB 1971, S. 709
Stötter	Vorwegerfüllung des Ausgleichsanspruchs des Handelsvertreters, BB 1972, S. 1036
Stötter	Abgrenzung zwischen Handelsvertretern und Reisenden, DB 1978 S. 429
Stötter	Zweifelsfragen bei der Auslegung der „Grundsätze zur Errechnung der Höhe des Ausgleichsanspruchs (§ 89b HGB)", VersVerm 1985, S. 99
Stötter	Eingriffe des Versicherers in den Versicherungsbestand des Versicherungsvertreters, VersVerm 1986, S. 576
Strietholt	Ausgleichsanspruch bei Kündigung des Vertretervertrages durch den Versicherungsvertreter, VersVerm. 1964, S. 137
Stumpf/Hesse	Der Ausgleichsanspruch des Vertragshändlers, DB 1987, S. 1474
Stumpf/ Zimmermann	Zu den Voraussetzungen des Anspruches des Vertragshändlers auf Zahlung eines Ausgleiches, BB 1978, S. 429
Thume	Der Ausgleichsanspruch des Handelsvertreters, BB 1990, S. 1645
Thume	Der neue Ausgleichs-Ausschlusstatbestand nach § 89b Abs. 3 Nr. 3 HGB, BB 1991, S. 490
Thume	Neues zum Ausgleichsanspruch des Handelsvertreters und des Vertragshändlers, BB 1994, S. 2358
Thume	Die Musterkollektion des Handelsvertreters, BB 1995, 1913
Thume	Anmerkung zum Urteil des OLG Saarbrücken vom 04.12.1996, BB 1997, 1004

Thume	Neue Rechtsprechung zum Ausgleichsanspruch des Handelsvertreters und Vertragshändlers, BB 1998, 1425
Thume	Einige Gedanken zum Ausgleichsanspruch nach § 89b HGB, BB 1999, 2309
Thume	Das Wettbewerbsverbot des Handelsvertreters während der Vertragszeit, WRP 2000, 1033
Thume	Achtung: Auslegungsmonopol des EuGH, RIW Heft 4/2001 – Die erste Seite
Thume	Anrechnung einer Alters- und Hinterbliebenenversorgungszusage auf den Ausgleichsanspruch des Versicherungsvertreters – ein Handelsbrauch, BB 2002, 1325
Thume	Anmerkung zum Urteil des OLG Celle v. 16.5.2002, VersR 2002, 981
Triebenstein	Über die Handelsvertretereigenschaft der Inhaber von Lotto-Annahmestellen, FfH-Mitteilungen 1968 VIII/6, S. 7
Trinkhaus	Zur Verjährung nach neuem Recht der Handelsvertreter, BB 1955, S. 1062
Veith	Zum Ausgleichsanspruch eines Tankstelleninhabers nach § 89b HGB, DB 1965, S. 65
Veltins	Zur analogen Anwendung von § 89b HGB auf den Ausgleichsanspruch des Eigenhändlers, NJW 1984, S. 2063
Viehböck	Der Ausgleichsanspruch nach dem neuen Handelsvertretergesetz, ecolex 1993, S. 221
Waßer	Arbeitnehmerstellung von Versicherungsvertretern, AuR 2001, 168
Wauschkuhn/ Meese	Die standardvertragliche Abdingbarkeit zwingender Vorschriften des Handelsvertreterrechts, RIW 2002, 301
Weber	Das Verhältnis von Ausgleichs- und Entschädigungsanspruch im Handelsvertreterrecht, BB 1961, S. 1220
Wegen	Fallstudie zur Abdingbarkeit des Ausgleichsanspruchs eines deutschen Handelsvertreters durch Vereinbarung eines Drittstaatsrechts mit Unternehmenssitz, WiB 1994, 255
Werber	Rechtliche Fragen zur Anpassung von Agenturverträgen bei Änderung des Provisionssystems, VersVerm 1994, 487
Westphal	Anmerkung zum Urteil des OLG Köln v. 26.9.1995, MDR 1996, 130
Westphal	Die Handelsvertreter-GmbH; Renaissance mit Unterstützung des BFH? BB 1999, 2517
Westphalen, Graf von	Die analoge Anwendbarkeit des § 89b HGB auf Vertragshändler-Verträge der Kfz.-Branche, DB-Beilage Nr. 12 zu Heft 22/1981 und zu Heft 24/1984
Westphalen, Graf von	Der Ausgleichsanspruch des Vertragshändlers in der Kfz-Branche gem. § 89b HGB analog unter Berücksichtigung der neuesten BGH-Judikatur, DB Beilage Nr. 8/1988
Westphalen, Graf von	Scheinselbständigkeiten nach § 2 Nr. 9 SGB VI und der Ausgleichsanspruch des Handelsvertreters, ZIP 1999, 1083
Westphalen, Graf von	Ausgleichsanspruch des Versicherungsvertreters und Nichtanrechnung einer Alters- und Hinterbliebenenversorgungszusage, DB 2000, 255

Aufsatzverzeichnis

Westphalen, Graf von	„Funktionelle Verwandtschaft" zwischen Altersversorgung und Ausgleichsanspruch des Versicherungsvertreters? – BGH-Rechtsprechung auf dem Prüfstand, BB 2001, 1593
Wiegand	Ausgleichsanspruch des Handelsvertreters bei nicht vom Unternehmer veranlasster Eigenkündigung, BB 1964, S. 375
Wittmann	Zum Ausgleichsanspruch von Handelsvertretern im EG-Ausland nach dem 31.12.1993, BB 1994, S. 2295
Wolff	Auskunftsrecht des Handelsvertreters zur Berechnung des Ausgleichsanspruchs, BB 1978, S. 1246
Wussow	Der Schadensersatzanspruch aus § 842 BGB und der Ausgleichsanspruch aus § 89b HGB, RVR 1970, S. 291
Zander/ Pulverich	BGH bestätigt BVK: Zwingender Abzug der Versorgung vom Ausgleich ist rechtswidrig, VersVerm 2003, 6
Zander/ Pulverich	Abzug der Versorgung vom Ausgleich auch bei großen Fälligkeitsdifferenzen im Einzelfall zulässig, VersVerm 2003, 12
Ziemann	Der arbeitsgerichtliche Statusprozess, MDR 1999, 513
Zeidler	Der Ausgleichsanspruch nach § 89b HGB des Bezirksstellenleiters der Lotto- und Toto-Gesellschaft, HVuHM 1970, S. 778
Zopfs	Zur Rechtsstellung des Versicherungsmaklers, VersR 1986, 747

Sachregister

Die Zahlen beziehen sich auf die Randziffern des Buches, die hochgestellten Zahlen bezeichnen die Fußnoten.

Abkürzungen: AA = Ausgleichsanspruch; ao = außerordentlich; AR = Ausgleichsrecht; AV = Altersversorgung; Bgrds = Billigkeitsgrundsatz; GA = Geschäftsabschluss; GV = Geschäftsverbindung; HV = Handelsvertreter; HVV = Handelsvertretervertrag; HöGr = Höchstgrenze; LV = Lebensversicherung; MÖG = Mineralölgesellschaft; Nb = Nebenberuf; PA = Provisionsanspruch; Rspr = Rechtsprechung; Rili = Richtlinie; SLV = Sukzessivlieferungsvertrag; SP = Superprovision; TStH = Tankstellenhalter; Unt. = Unternehmer; UV = Untervertreter; TVN = Vertreternachfolger; VE = Vertragsende bzw. -beendigung; VH = Vertragshändler; VN = Versicherungsnehmer; VU = Versicherungsunternehmer; VV = Versicherungsvertreter; VW = Versicherungswirtschaft; WA = Wettbewerbsabrede; WHV = Warenhandelsvertreter.

Abdingbare Bestimmungen 683
Abfindung der AV 1284
Abgrenzung bei Ausnahme-Rspr. 924
Abgrenzung der nb. HV 168
Abgrenzung Handelsvertreter/Reisender 64 ff.
– Abhängigkeit, wirtschaftliche 71
– Gesamtbild 70
– – der Tätigkeit 70, 75
– Merkmale, maßgebliche 71
– Scheinselbständigkeit 64^{22}
– Schwerpunkttheorie 71
– Statusproblematik 64^{22}
– Unternehmerrisiko 71
– Weisungsfreiheit 71
Abgrenzung Vermittlungs-/Verwaltungsvergütung 789
Abgrenzung, preisrechtliche 170
Abgrenzungsprobleme 168
Abonnenten-Neuwerbung 704
Abreden, abweichende 682
Abrufaufträge 714
Abrundung des Lieferprogramms 146
Absatzorganisation 93, 378, 380
– Eingliederung 93
– Großunternehmen 380
Absatzrisiko 1008
Abschluss- und Verwaltungsprov. 852
Abschlussfolgeprovision 861, 898, 964
Abschlussort maßgebend 666
Abschlusspflicht des HV 638
Abschlussprovisionen
– erstjährige 1911
– Fälligkeit 825
Absehbarkeit der künft. Entwicklung 697
Absicherung, soziale 1185

Abspringen von Kunden 466, 735
– nachvertragliches 512
Abtretung des AA 53, 1664
Abwälzungsvereinbarungen 190 ff., 289, 1554
– Alt- und Neukunden, Gleichstellung 206
– Altkunden als Neukunden 193 ff.
– Alt-Kundenstamm 226
– Billigkeitserwägungen 203
– Darlehensvertrag 217, 221
– Einbehalt eines Festbetrages 192
– Einstandszahlungen 220 ff.
– ergänzende Vertragsauslegung 204, 205
– Kündigungserschwernis 222
– niedrigerer Provisionssatz 192
– Schuldbeitritt 229 ff.
– Schuldübernahme 230
– – befreiende 232
– Sogwirkung der Marke 226
– steuerrechtliche Folgen 243
– Übertragung einer Alleinvertretungsberechtigung 226
– Vertreternachfolger 230
– vorzeitige Vertragsbeendigung 211 ff., 227
– Zahlungsvereinbarung zwischen dem Handelsvertreter und seinem Nachfolger 236 ff.
Abwanderung
– nach Kopfzahl 748
– von Kunden 747
Abwanderungs-Prozentsatz 751
Abwanderungsquote 745, 806, 1004, 1035 f.
Abweichende Regelungen 681

877

Sachregister

Abzinsung 1004, 1038
- Abschlag 771
- des Rohausgleichs 769, 1822
- Zeitpunkt 772
Abzinsungs-Ansatz 770
Abzinsungserfordernis 769
Adressen-Aushändigung an HV 644
AGB-Gesetz 818
Aktivierungspflicht des HV-Ausgleichsanspruchs 2225
- Entschädigung für entgangene Bezirksprovisionen 2239
- Entschädigung für entgangene Inkassoprovisionen 2241
- Entschädigung für Wettbewerbsverbote 2244
- Höhe des Aktivpostens 2230, 2294
- Schadenersatzanspruch nach § 89a Abs. 2 HGB 2243
- zu nachfolgenden Bilanzstichtagen 2235, 2292
- zum Ende des HV-Verhältnisses 2225, 2291
Alleinauftrag des Maklers 160
Alleinvertriebsrecht 110
Altbestand, übertragener 1926
Alter des HV 269
- vorgeschrittenes 398
Altersbedingte Vertragsbeendigung 398
Altersgrenze 358, 1177, 1226, 1448, 1465 ff.
Altersgründe 313, 1448
Altersversorgung des HV 1170
- Abfindung der AV 1284
- Absicherung, soziale 1185
- Altersgrenze 1177, 1226
- Angemessenheitsbegriffen, Angemessenheit 1225, 1231
- Anpassungsprüfungspflicht 1289
- Anrechnungsbegriff 1253, 1218
- Anrechnungsvereinbarungen 1176, 1198, 1277
- Anrechnungsvereinbarung, unwirksame 1200
- Anwartschaftsbarwert 1266
- Ausgleichsminderung 1191, 1207
- Ausgleichsspitze 1294
- automatische Vertragsbeendigung 1246
- Benachteiligung des HV 1245
- Berücksichtigung der AV dem Grunde nach 1171

- Bestandsabhängigkeit 1295
- Bestandsfestigkeitsdauer 1295
- Betriebstreue 1187
- Bewertung der AV 1221
- Bewertungszeitpunkt, maßgeblicher 1215
- Billigkeitsgrundsatz als Entstehungshindernis 1230
- Bindung des HV 1193, 1237
- - des Unternehmers 1234
- Bundesverfassungsgericht, Rspr. 1277
- Direktversicherung 1284
- Direktvertrag 1195
- Doppelbelastung des Unternehmers 1178, 1191, 1209, 1225 ff., 1278
- Ehefrau, vorverstorbene 1255
- Einzelfallberücksichtigung 1198
- Entstehungshindernis 1213
- Erben des HV 1216, 1250
- Ersatzfunktion des AV 1273
- Ersparnis eigener AV 1278
- Existenzgrundlage des HV
- Fälligkeit der AV 1215, 1246
- Fälligkeitsdifferenz 1198, 1214, 1260, 1264
- Festbezüge 1192
- Freiwilligkeit 1178, 1184, 1191
- Gesetzessystematik 1233a
- Gewinnanteile 1240
- Grundrente 1194
- Hinterbliebenenversorgung 1248
- Höchstgrenzenminderungsmethode 1218, 1225
- Invalidenversorgung 1248
- Kapitalwert der AV 1216
- Kontinuität der Rspr. 1205
- Leistungszuschlag 1194
- Mitarbeiterbindung 1193
- Mitfinanzierung durch HV 1186
- Nachlasszugehörigkeit 1254
- Nachprovisionsansprüche 1175
- Pensionskasse 1195
- Provisionsrenten 1290
- Provisionsverzichtsklausel 1180
- Regelfall-Charakter 1275
- Rentenanpassung 1286
- Rentenversicherung, gesetzliche 1196
- Rohausgleich, Ermittlung 1233a
- Rohausgleichsmethode 1218, 1224, 1231
- Situation des HV, wirtschaftliche 1185
- Sozialversicherung 1196

- Steuer Vor- und Nachteile 1234
- Tod des Handelsvertreters 1255
- Toto- und Lotto-Unternehmen 1196
- Unabdingbarkeitsgrundsatz 1203
- Unbeschränkte Vererblichkeit 1252
- Unternehmeraufwendungen 1223
- Unterstützungskasse 1195
- Unverfallbarkeitsprobleme 1259
- Unverfallbarkeitsvoraussetzungen 1174, 1245
- Vergütungscharakter 1187 ff.
- Versorgungscharakter des AA 1185
- Versorgungsfall, vorzeitiger 1248
- Versorgungsschuldner 1195
- Versorgungsvorbehalt 1245
- Versorgungswirkungen, mittelbare 1195
- Vertragsbeendigung, automatische 1246
- Vertragsbezogenheit der AV 1174
- Verwandtschaft, funktionelle 1178, 1226, 1273
- Vorteilsausgleichung 1175
- - vorverstorbene Ehefrau 1255
- Wahlrecht des HV 1296
- Wegfall der AV 1242
- Widerruf der AV 1243
- Zinsfuß 1222
Altersversorgung des HV 1170
- Abfindung der AV 1284
- Absicherung, soziale 1185
- Altersgrenze 1177, 1226
Altkunden
- intensivierte 456, 471 ff., 803
- reaktivierte 643
Altkundenstamm 1036
Amtliche Begründung für § 89b 832
Analoge Anwendung 93
- des AR 148
Analogie-Voraussetzungen VH-Rt 1008
Anbahnungstätigkeit 922
Anbau-Finanzierung 998
Änderungskündigung 285, 329, 354, 807
Änderungsvorschläge 2124
- Anrechnungsklausel AA/AV 2127
- Bestände, übertragene 2128
- Gutachterstelle 2126
- Tarifverordnung v. 20.11.1967 2125
Anerkennung des Ausgleichs 1651
Anfechtung des HVV 418
Angemessenheit 1716
- des AA 1225

Angemessenheitsbegriff, Angemessenheit 1231
Angestelltenverhältnis, früheres 635
Anlageberater 62[16]
Anlass, begründeter 345, 400, 1364 ff., 1392 ff., 1721
Anpassungsklausel 253, 2127
Anpassungsprüfungspflicht 1289
Anrechnung der AV 1218
Anrechnungsbegriff 1218, 1253
Anrechnungsvereinbarung 823, 1176, 1198
- unwirksame 1200
Anschaffungskosten
- Abschreibungen 2212, 2261
- für die provisionsfreie Nutzung des Kundenstammes 2192
Anschriften potentieller Kunden 653
Ansparphase 995
Anspruchsberechtigung 58 ff., 1871
- Anlageberater 62[16]
- Ärztepropagandisten 61[13]
- Bankgewerbe 62[16]
- Bauauftrags-Vermittler 62[16]
- Betriebsratswahl 65, 66
- Brauerei-Kooperation 61[14]
- Brauereikooperative 61[14]
- Einkaufsvertreter 61[14]
- Franchisenehmer 58
- Gelegenheitsvermittler 59[9]
- hauptberufliche Tätigkeit 58
- Investmentberater 62[16]
- Kommissionsagenten 58
- Konzertkarten-Vorverkauf 62[16]
- Kreditgewerbe 62[16]
- Kreditvermittler 62[16]
- Lotto-Annahmestellenleiter 62[16]
- Lotto-Toto-Bezirksstellenleiter 62[16]
- Markenlizenznehmer 58[6a]
- Möbelversandhandel 62[16]
- Nebenberufliche HV 58[1]
- Pharmaberater 61[13]
- Propagandisten 61[13]
- Reisebüros 62[16]
- Selbständigkeit 59
- Selbstbedienungs-TStH 62[16]
- Tankstellenpächter 62[16]
- Textilvertriebsagentur 62[16]
- Untervertreter 77
- Verkaufsstand-Verkäuferin 61[13]
- Verlagsvertreter 61[13]
- Vertragshändler 58

Sachregister

Anspruchskonkurrenzen 1715
- Angemessenheit 1716
- Anlass, begründeter 1721
- Ausgleichschancen, entgehende 1723
- Ausgleichsminderung 1721
- Benachteiligung des HV 1245, 1730
- Doppelvergütung, keine 1729
- Kündigung aus wicht. Grund 1720
- Provisionsanspruch = Erfüllungsanspruch 1728
- Provisionssurrogat 1717
- Provisionsverlust 1724
- Schadensersatz 1715, 1720
- - Minderung 1733
- Unfall des HV 1734
- Unternehmerverhalten, schuldhaftes 1720
- Vertragskündigung 1730
- Vertragsverletzung, positive 1720
- Vorteilsausgleichung 1733
- Wegfall des AA 1721
- Wettbewerbsenthaltung 1717
- Wettbewerbsentschädigung 1715, 1716
- Zeitraum für Schadensersatz 1724
- Zukunftsprognose 1729
Anspruchsvoraussetzung, Einschränkung bei VV 949
Anspruchsvoraussetzungen 244, 255, 806, 974
- materielle 12, 244, 249, 255
Anspruchsvoraussetzungen, formelle
- Ausschlussfrist 247
- Beendigung des Vertrages 246
- Geltendmachung 246
- Versäumung der Ausschlussfrist 247
- Vertragsbeendigung 246
Anspruchsvoraussetzungen, materielle 249
- Bedeutung 249
- Billigkeitsgrundsatz 249
- Provisionsverlust des HV 249, 1724
- Unternehmervorteile 249
Anstellungsverhältnis, früheres 636
Anwartschaftsbarwert 1266 f.
Anzahlungen des Unternehmers 2258
Anzeigenvertreter 588 ff., 704
- Kundenwerbung für neue Objekte 589
- Monopolstellung 588
- Rotationssystem 593 ff.
- Sukzessivlieferungsverträge 592
Arbeitnehmerähnliche HV 89, 367

Arbeitsunfähigkeit 398
Arbeitsverhältnis, faktisches 419
Architekt 469, 998
Arglisteinwand 429
Ärztepropagandisten 61[13]
Aufbau einer UV-Orga. 677
Aufgaben des HV, zusätzliche 839
Aufgabenstellung des HV, geänderte 790
Auflösung der Gesellschaft 299
Aufrechnung 1659
Aufschiebend bedingte PAe. 681
Aufschiebende Bedingung 53
Aufstockungsfälle 935, 2012, 2023
Auftragsintervall 805
Auftragsschwankungen 805
Auseinandersetzungsguthaben 301
Ausfuhrgenehmigung 358
Ausführung des Geschäfts 681
Ausgangspunkt für AA-Berechnung 990
Ausgleichsanspruch
- Abtretung 53, 1664 ff.
- als Anschaffungskosten 2192
- als außerordentliche Einkünfte 2276
- als Entschädigung 2275, 2301, 2336
- als Veräußerungsgewinn 2306, 2310
- - s. a. Veräußerungsgewinn
- als zusätzlicher Anspruch 44
- aufschiebend bedingter AA 53
- bei Eigenhändlern 2275
- bei Tod des HV 2330
- Entstehen 1625 ff.
- Fälligkeit 1625 ff.
- gegenüber einem nachfolgenden HV 2300
- Höchstgrenze 40
- Pfändung 1668 ff.
- Prognose 1672 ff.
- Provision, surrogat 44
- Unterbrechung 1631
- Vereinbarung über die Höhe 1676
- Vergütungscharakter 2
- Verjährung 1626 ff.
- Verpfändung 1664 ff.
- wettbewerbsbeschränkende Wirkung 696
- Zwingendes Recht 65
Ausgleichsanspruch des nb. HV 173
Ausgleichsberechnung 988, 1808 ff., 2027
- Altersversorgung 1831
- Ausschlussfrist 1808
- Billigkeitsgrundsatz 1825

880

Sachregister

- Höchstgrenze 1833 ff.
- Provisionsverluste 1812 ff.
- Reihenfolge 1810
- schematische 1573
- Vorteile des Unternehmers 1823
Ausgleichsberechtigung 64 ff.
- arbeitnehmerähnliche HV 89
- der Gesellschaft 299
- des Erben 271
- Franchise-Nehmer 147
- irrtümliche 449
- Kommissionsagent 151
Ausgleichschancen, entgehende 1723
Ausgleichserstattung 1152
- durch den Vertreternachfolger 1152
Ausgleichsfähigkeit
- fehlende 969
- von Superprovisionen 957
Ausgleichshöchstgrenze 250, 255, 725, 928, 2095
- dreifache 817
Ausgleichskorrektur, nachträgliche 1677 ff.
Ausgleichsminderung 278, 1721, 1191
- nach österr. Recht 1233a^{101e}
Ausgleichsrückzahlung 2111
Ausgleichsspitze 60, 1294
Ausgleichsverzicht 346
Ausgleichsvolumen 258
Ausgleichswert 1900, 2036
- Aufstockung 1920
Ausgleichszahlung 1677
- Rechtslage nach ~ 1677
Auslegung des Gesetzes 688
Auslegungsprobleme 632 ff.
- VH-Recht 143
Auslieferung des Kraftstoffs 1030
Auslieferungstätigkeit 781
Ausnahmerechtsprechung 7, 56, 632, 923, 947, 971, 976, 988, 1985, 2014
- Bedürfnisidentität 923
- BGH 984
- enger wirtschaftlicher Zusammenhang 88
- restriktive Auslegung 1001
- Voraussetzungen 923
Ausnahmetatbestände 268
Ausschlagung der Erbschaft nach Geltendmachung 448
Ausschluss des Ausgleichsanspruches 1305 ff.
- Kündigung des Handelsvertreters

- - aus alters- oder krankheitsbedingten Gründen 1307
- - wegen Verhaltens des Unternehmers 1364 ff.
- Kündigung des Unternehmers 1309, 1321
Ausschlussfrist 361, 393, 421, 1649, 1808
- Hemmung 700
Ausschreibung, öffentliche 659
Ausschreibungsproblematik 661
Ausspannung
- von Kunden 2103
- von Versicherungsverträgen 2096
Autoindustrie-Zulieferer 716
Automatische Vertragsbeendigung 358, 1246
Automobilhersteller 716

Bankgewerbe 62^{16}
Basisbetrag 753, 810, 1004
Basisjahr 741, 802, 1026
Bauauftrags-Vermittler 62^{16}
Bausparbedürfnis 993
- Identität 984
Bausparkassenvertreter 253, 927, 974, 1577
- Abwanderungsquote 745, 806, 1004, 1035
- Abzinsung 1004
- Anbau-Finanzierung 998
- Ansparphase 995
- Anspruchsvoraussetzungen 974
- Ausgangspunkt für AA-Berechnung 990
- Ausgleichsberechnung 988
- Ausnahmerechtsprechung 7, 632, 923, 976, 984, 1985, 2014
- restriktive Auslegung 1001
- Basisbetrag 1004
- Bausparbedürfnis 984, 993
- Bauvorhaben, weiteres 999
- Dachausbau 998
- Einmalprovision 980
- Erweiterungsbau, Finanzierung 998
- Folgeverträge 991
- - Beweggründe des Bsp. 993
- Geschäfte, nachvertragliche 982
- Gründe, steuerliche 1000
- Herabsetzung der Vertragssumme 996
- Hypothek-Aufnahme 985
- Identität des Bausparbedürfnisses 984

881

Sachregister

(Bausparkassenvertreter)
- Konjunkturzuschlag 1004
- Lebenshaltungskosten, Anstieg 985
- Modernisierung 998
- Nachtragsverträge (Anteil) 1003
- Nichtzulassungsbeschwerde 984[420]
- Prognosezeitraum 1004 f.
- Provisionen, gleichbleibende 981
- Provisionschance 983
- Provisionsregelung, vereinbarte 979
- Provisionsverluste 979
- Provisionsverzichtsklausel 980
- Steuerliche Gründe 1000
- Summenerhöhung 984
- Vertragserweiterung 984
- Vertragsfortsetzung 984
- Vertragsübertragung (Bausparvertrag) 1002
- Vertragsverlängerung 984
- Verwandtenvertrag 1002
- Vorfinanzierungskredit 995
- Wohnungsbauprämie 1000
- Zeitabschlüsse 988
- Zusammenhang, enger wirtschaftl. 984
- Zweitabschlüsse 985, 989
- Zwischenfinanzierungskredit 995
Bausparvermittlung 253
Bauvorhaben
- öffentliche 662
- weiteres 999
BAV, Gutachten v. 31. 7. 1952 871
Bedarfsdeckung 716
Bedeutung der A'Vorauss. 255
Bedeutungsumfang 1985
Bedingung, auflösende 267, 358
Beendigung des Vertrages 246
Befristete Verträge 347
Begrenzung des AA 260
Begriff des Kommissionsagenten 151
Begriffe, eindeutig verwendete 856
Begründeter Anlass 345, 355, 400
- HV-Kündigung 136 ff., 1392 ff.
Beitragsanpassungsklauseln 2015
Beitragsbemessung 846
Beitragsinkasso 828
Belange des HV, schutzwürdige 376
Bemessungsgrundlage 255, 802
- keine 1525
Bemühungen, zusätzliche des Unt. 648
Benachteiligung des HV 1245, 1730
- durch Grds. 1892

Berechnung, getrennte bei Bezirkswechsel 1543
Berechnungsbeispiele 1984, 2049
- Grds. Kr. 2033
- Grds. Leben 2007
- Warenvertreter 1789 ff.
Berechnungsgrundsätze 1982, 1999
Berechnungsmethode 1014
Berechnungsschemata 263, 754
Berechnungssystematik 261, 262
Bereits abgeschlossene Geschäfte 252, 631, 665, 680
Berichtspflicht 125, 1399 ff.
Beriebsveräußerung 641
Berlin-Förderungsgesetz 667
Berücksichtigung der AV dem Grunde nach 1171
Berücksichtigung übertragener Bestände 1921
Berücksichtigung von Amts wegen 439
Bestände
- überalterte 1943
- übernommene 830
- übertragene 1920, 2128
Beständigkeit der Kundenbeziehungen 765
Bestandsabhängigkeit 1295
Bestandsbetreuungsprovision 854, 965
Bestandseinbußen 1943
Bestandseingriff, nachvertragl. 2101
Bestandsentziehung 406
Bestandserhaltung 828
Bestandsfestigkeit 846
Bestandsfestigkeitsdauer 1295
Bestandspflege 839
Bestandspflegeprovision 854, 965
- Rechtscharakter 905
Bestandspflege-Qualität 967
Bestandspflegetätigkeit (LV) 888
Bestandsübertragung 340, 404, 1931
Bestandsvergütung 28
Bestandsverkleinerungen 2042
Bestandszusammensetzung 2028
Bestandszuwachs 1951
Bestimmungen, abdingbare 683
Betreuung
- ausbleibende 734
- kommissarische 347
- mangelhafte 734
Betreuungstätigkeit, kommissarische 2060

Betriebliche Altersversorgung 939, 2177, 2234, 2247
- Direktversicherung, Pensionskasse, Pensionsfonds 2186
- Direktzusage 2180, 2263
- Erbschaftssteuer 2397
- Pensionsrückstellung 2281, 2264
- - Nachholverbot 2265
- Rückdeckungsversicherung 2185
- rückgedeckte Unterstützungskasse 2182, 2267
- Umsatzsteuer 2378
Betriebsaufgabe 499, 2306, 2322
- Besteuerungsfolgen bei Tod des HV 2332
Betriebsbezogenheit des AN 380
Betriebseinstellung 269, 369
Betriebserwerber 378
Betriebsratswahl 65
Betriebstreue 1187
Betriebsumstellung 373
Betriebs-Unterbrechungs-Versicherung 884
Betriebsveräußerung 365, 378, 527 ff.
Beweislast 782
Beweislastfragen 1944
Beweislastverteilung 1753 ff.
- Billigkeit 1776
- Grundurteil 1784
- Inkasso 1771
- Provisionsverluste 1763 ff.
- richterliche Würdigung 1777 ff.
- Rotationssystem 1766
- Tankstelle, offenhalten 1771
- Teilurteil 1787
- Unternehmervorteile 1753 ff.
- Vorabentscheidung über den Grund 1783 ff.
Beweiswürdigung, freie 781
Bewertung
- der AV 1221
- der Folgegeschäfte 2040
- der Geschäftsentwicklung 761
Bewertungsfaktor 2001
Bewertungszeitpunkt, maßgeblicher 1215
Bezirksänderung 326, 1414, 1539
Bezirkskunde 664
Bezirkskunden als Neukunden 664
Bezirksschutz 336
Bezirkstausch 330
Bezirksverkleinerung 269, 327, 1414

Bezirksvertreter 13, 81
Bezirkswechsel 329, 1543
Bezugsvertrag 719
Bilanzierungspflicht des Kaufmanns 2133
- Ergänzungsrechnung für steuerliche Zwecke 2251
- nach JAS oder US-GAAP 2249
Billigkeitserwägungen 409
Billigkeitsgrundsatz 128, 633, 1044 ff., 2090
- Ablehnung von Vertragsangeboten 1150 ff.
- Abspringen alter Kunden 735, 1143 ff.
- allgemeine wirtschaftliche Lage der Parteien 1068
- Altersversorgung 1059, 1062
- Angemessenheit 1048
- Ausgleichserhöhung 1060
- außerhalb des Vertragsverhältnisses liegende Umstände 1067
- Bedeutung der Vertragsdauer 1091 ff.
- berücksichtigungsfähige Umstände 1064
- Billigkeitsprüfung 1058, 1063
- Doppelbelastung 1059, 1178, 1189, 1209
- durchlaufende Posten 1106
- Fixum 800, 1096
- geringe Umsatzsteigerung 1166
- Hintergründe der Vertragsbeendigung 1086
- Höhe der Provisionseinnahmen 1088
- konjunkturelle Situation 1133 ff.
- Konkurrenztätigkeit 1082, 1123
- Kostenersparnisse des Vertreters 1110 ff.
- mangelhafte Vermittlungserfolge 1139 ff.
- Markenerzeugnis 1130
- Mehrfachvertretung 1080
- mehrstufige Vertreterverhältnisse 1105
- persönliche Verhältnisse des Vertreters 1080
- Provisionszahlungen an Vertreternachfolger 1141 ff.
- Rohausgleich 1059
- Schmiergeldzahlungen 1167
- schuldhaftes Verhalten von Angestellten des Vertreters 1160
- Selbstmord des Handelsvertreters 1163

Sachregister

(Billigkeitsgrundsatz)
- Sogwirkung der Marke 1154
- Tod des Vertreters 1053
- Überhangprovisionen 1104
- Umsatzrückgang 1145 ff.
- Vereinbarung 1062
- Vergütungen für Direktgeschäfte 1121
- Vergütungscharakter 1074
- - des Ausgleichs 1077
- Verhalten der Angestellten 1066
- Verhalten des Handelsvertreters 1086
- Versicherungsvertreter 1051
- vertragswidriges Verhalten des Vertreters 1123
- Werbetätigkeit des Unternehmers 1128
Billigkeitsgrundsatz als Entstehungshindernis 1230
Billigkunden 334
Bindung des HV 1193
Blankettbestellung 715
Blockierung von Folgegeschäft 694
Brauereikooperative 61[14]
Bruttoprovision 813, 1554
Bündelung vorhandener Bestände 294
Bundesverfassungsgericht 64, 72, 1277
Busunternehmen 969

Dachdecker 469, 998
Darlehen 217, 221
Datenschutz 113
Dauer der Prognose 267, 742
Delkredere-Provisionen 1549
Direktgeschäfte 467, 664
Direktionskunden 343
Direktversicherung 1284
Direktvertrag 1195
Doppelbelastung des Unternehmers 303, 1219, 1178
Doppelvergütung, keine 1729
3-facher Jahresdurchschnitt (HöGr./VV.) 1577 ff.
Drittunternehmen-Einschaltung 116
Durchführung der Prognose 741
Dynamik-Begriff 1994
Dynamische LV 1990, 1994
Dynamisierungsklauseln 862, 2016

Eckdaten 1034
EG-Harmonisierungsrichtlinie 1, 633
Ehefrau, vorverstorbene 1255
Eigengeschäft von HV 140
Eigenhandelsumsätze 810

Eigenhändler, HV als 808
Eigenkündigung des HV 400
Einarbeitungsprovisionen 2036
Einberufung zum Wehrdienst 420
Einbruch-Diebstahl-Versicherung 884
Einfirmenvertreter 89
Einführungsvertreter 1565
Eingliederung 107
- in die Absatzorganisation 150
- Franchise-Nehmer 150
Einjährige Versicherungsverträge 866
Einkaufspreis 145
Einkaufsverband 655, 658
Einkaufsvertreter 61[14]
Einkommensteuer
- beim Handelsvertreter 2273
- beim Unternehmer 2271
Einmalgeschäfte 485, 687 f.
- bereits abgeschl. 688
Einmalprovision 56, 840, 959, 971, 980, 1997, 2011
- Nachbestellungen 672
Einmalvergütung, vorweggenommene 88
Einmanngesellschaft 315, 1470
Einnahmen-Überschuss-Rechnung 2218, 2134, 2273
- bei Betriebsaufgabe 2307
- bei Betriebsveräußerung 2307
- und Tarifvergünstigung 2221
Einrede der Nichtigkeit 419
Einsatz des Nachfolgers 1037
Einschränkung des Bezirks 328, 1414
Einschreibebrief, Zugang 443
Einstandspreise 224
- unangemessen hoher Übernahmepreis 224
Einstandszahlungen 220 ff.
Einstellung der Tätigkeit 352
Eintritt eines Dritten 267, 291
Einvernehmen
- gegenseitiges 357
- gegenseitiges zur VE 384
Einvernehmliche VE 267, 316
- Initiative
Einzelabrufe von Kunden 709
Einzelfallberücksichtigung 1198
Elektrogeräte-Vertrieb 704
Eliminierung nicht ausgleichsf. Vergütungen 781
Empfehlende Tätigkeit des HV 659
Empfehlung durch Dritte 679
Empfehlungscharakter 2099

884

Sachregister

Endverkaufspreis 1010
Entschließungsfreiheit, kaufmännische 372
Entstehung des AA 244, 1625
Entwicklung der GF 745
Erbberechtigter Personenkreis 272
Erben des HV 91, 271, 1216, 1881, 1216
Erbschaftsteuer 2283
– bei betrieblicher Altersversorgung 2397
– bei Tod des HV 2388
Erbschaftsteuerversicherung 1992
Erbverhältnisse, Unklarheiten 437
Erfahrungswerte 782, 1033, 1857
Erfolgsvergütung 649, 699
Erfüllungsgehilfen des HV 676
Erlöschen von Provisionsverzichtsklausel 685
Ermessen, billiges 342
Ersatzfunktion der AV 1273
Ersatzteilgeschäft 1019
Ersatzteillieferungen 760
Ersatzteilverkauf 1022
Ersparnis eigener AV 1278
Erstprovision
– erhöhte 845, 884, 916
– Folgeprovision 875
Erwägungen, wirtschaftliche 408
Erweiterung
– des nb. Vertrages 640
– des Vertragsvolumens 2016
– vermittelter Verträge 947
Erweiterungsbau, Finanzierung 998
Erwerb des AA
– derivativer 281
– originärer 281
Existenzgrundlage des HV 1207

Factoring-Vertrag 882[312], 1666
Faktor 1–4 (Grd. Kr.) 2028
Fälligkeit 1625, 2048
– der Abschlussprovision 825
– der Altersversorgung 1215, 1246
– der AV 1246
– des AA 774, 1625 ff.
Fälligkeitsdifferenz 1198, 1214, 1260, 1263 ff.
Familienangehörige, weitere 2021
Fehlbestände, Auffüllung 652
Festbezüge 1192, 2091
– des HV 1192

Feststellungsklage 1744
Festvergütung 800
Feuerversicherung 884
Fiktion der Vertragsfortsetzung 728
Filialbetriebe 669
Firmenwagen 1571
Fiskus als Erbe 276
Fixum 800
Folgeaufträge 759
Folgebeiträge des VN 843
Folgegeschäfte, ausgleichspflichtige 672, 2040
Folgemarktgeschäft 1039 ff.
Folgeverträge, Beweggründe des Bsp. 993
Fondpolice (LV) 864
Formelle Anspruchsvoraussetzungen 246 ff.
– Altersbedingte VE 398
– Änderungskündigung 285
– Ausgleichsverzicht 346
– Automatische VE 358
– Bestandsübertragung 404
– Betriebseinstellung 369
– Betriebsumstellung 373
– Betriebsveräußerung 378
– Bezirksänderung 326
– Bezirksschutz/Kundenschutz 336
– Einmann-GmbH 318
– Einvernehmliche VE 246, 267, 316, 384
– Erben des HV 271
– Fusion 415
– Handelsvertreter GmbH 309
– Insolvenz 360
– Kettenverträge 347
– Krankheitsbedingte VE 398
– Kundenkreis-Einschränkung 333
– Nichtigkeit 418
– Provisionsherabsetzung 341
– Sitzverlegung des Kunden 337
– Sohn als VN des Vaters 287
– Teilbeendigung 323
– Tod des Unternehmers 284
– Tod des Vertreters 270
– Vertragsbeendigung 266
– Vertragsumwandlung 391
– Vertretergesellschaften 294
– Warensortiment, Verkleinerung 339
– Wehrdienst-Einberufung 420
– Witwe des HV 273
Fortbestand des Vertrages 728

885

Fortsetzung des Vertrages 282
Fortsetzungsfiktion 23
Franchise-Nehmer 147
Franchise-Paket 147
Franchise-Vertrieb, Entwicklung 147[169]
Franchising-Begriff 147, 1042
Freiwilligkeit 1178, 1191, 1184
Fristbeginn, Verschiebung 433
Führungsprovisionen 1919
5-Jahresdurchschnitt (HöGr.) 1517
Funktion, soziale 2
Fusion 415

Garantieprovisionen 2036
Gebietsbetreuung 1340a
Gelegenheitsvermittler 59[9]
Gelistete Interessenten 657
Geltendmachung des AA 265, 395, 421, 1671
– Ausschlussfrist 421
– Fehlende 428
– formale Voraussetzungen 442
– Nachforderung 429
– Rechtslage nach ~ 1672
– Schuldlose Versäumung 435
– Versäumung, schuldlose 435
– Zeitpunkt 427
Geltendmachung
– durch Dritte 447
– Eindeutigkeit 445
– Form 442
– gerichtliche 442
Gemeinsame Vorschriften (Grds.) 2090
Generalagent 81
Generalvertreter 81
Genossenschaft 655
– ausländisches Recht 185
– außerhalb des Gebietes der EU 184
– deutsches Recht 184
Gerichtsstand 1736 ff.
Gesamtjahresproduktion, durchschnittliche 2027
Gesamtprovision 332
Gesamtvergleich 478
Gesamtvergütung
– Aufspaltung 788
– des HV 726, 951
Geschäft, einfaches 850
Geschäfte
– auf eigene Rechnung 804
– bereits abgeschlossene 631, 680
– der gleichen Art 26, 693

– künftig zustande kommende 631, 680
– nachvertragliche 929, 982
Geschäftsabschluss nach VE 919
Geschäftsausführung 681, 685
– verspätete 685
Geschäftsentwicklung, mutmaßliche 371
Geschäftsverbindung 13, 23, 635
– Betriebsstilllegung 499
– Dispositionsfreiheit des Unternehmers 502
– Lauf- und Stammkundschaft 503
– langlebige Wirtschaftsgüter 485 ff.
– Nutzung 498, 734
Geschäftsverteilung 304
Gesellschafter-Geschäftsführer 310
Gesellschaftsstatus 308
Gesellschaftsvermögen 297
Gesetzessystematik 1233a
Gesundheitszustand des HV 739, 1452 ff.
Gewerbesteuer
– beim Handelsvertreter 2337
– beim Unternehmer 2271
– und Veräußerungsgewinn 2344
Gewinnanteile 1240
Gewinnspanne 810
Gillardon 775
Gleichzeitige Alt- und Neukundeneigenschaft 464
Gleitklauselverträge 945
GmbH als Rechtsform der Handelsvertretung 2348
GmbH als Untervertreter 309
GmbH & Co. KG als Rechtsform der Handelsvertretung 2356
Grenzüberschreitende Vertreterverträge 176 ff.
– abweichende Vereinbarung 177
– Ausgleichsregelung 180
– ausländisches Recht 185
– außerhalb des Gebiets der Europäischen Union 184
– deutsches Recht 177, 184
– Europäische Union 176
– Gerichtsstand für Vertragsklagen 183
– Recht eines anderen Mitgliedstaates 179
– Tätigkeit zum Teil in einem EU-Mitgliedstaat 187
Großhändler 642
Gründe, steuerliche 1000
Grundgedanke 13, 832

Sachregister

- Härtemilderung 16
- kapitalisierte Restvergütung 16
- Kundschaftsvergütung 16
- - bei WHV 13
- Restvergütung, kapitalisierte 16
- Versicherungsvertreter 24
- Warenhandelsvertreter 13 ff.

Grundprinzip, provisionsrechtliches 14
Grundrente 1194
Grundsätze 829, 915
- für VV 263

Grundsätze im Bausparbereich 2036
- Ausgleichswert 2036
- Berechnungsbeispiele 2049
- Bestandsverkleinerungen 2042
- Betreuungstätigkeit, kommissarische 2060
- Bewertung der Folgegeschäfte 2040
- Einarbeitungsprovisionen 2036
- Fälligkeit 2048
- Folgegeschäfte, ausgleichspflichtige 2040
- Garantieprovisionen 2036
- Höchstbetrag 2046
- Multiplikatoren 2043
- Sonderfälle 2053 ff.
- Treuebonus 2044
- Verwaltungsprovisionen 2036

Grundsätze im FDL-Bereich 2070
- Anwendungsbereich 2086
- Begriff 2072
- Berechnungsgrundsätze 2079
- Einarbeitungsprovisionen 2080
- Fälligkeit 2088
- Folgegeschäft, ausgleichspflichtiges 2081
- Garantieprovisionen 2080
- Multiplikator, steigender 2082
- Nebeneinander mehrerer Grds. 2073
- Treuebonus 2083
- Vertragspartner der FDL 2076

Grundsätze VW – Sach 963, 1814
- Abschlussprovisionen, erstjährige 1911
- Altbestand, übertragener 1926
- Anspruchsberechtigung 1871
- Ausgleichswert 1900
- - Aufstockung 1920
- Benachteiligung des HV durch Grds. 1892
- Berechnungsbeispiele 1984
- Berechnungsgrundsätze 1982
- Berücksichtigung übertragener Bestände 1921
- Bestände, überalterte 1943
- - übertragene 1920
- Bestandseinbußen 1943
- Bestandsübertragung 1931
- Bestandszuwachs 1951
- Beweislastfragen 1944
- Erben des HV 1881
- Erfahrungswerte 1857
- Führungsprovisionen 1919
- Handelsbrauch 1892, 1854
- Kautionsversicherung 1848
- Kommentierung 1900
- Kompromisscharakter der Grds. 1850
- Maklereinbruch 1943
- Multiplikatorenstaffel 1975
- Rechtsfragen und Grundsätze 1861
- Rechtsnatur der Grundsätze 1854
- Spartenansatz 1956
- Transportversicherung 1977
- Überweisungsprovisionen 1919
- Untervertreterprovision 1916
- Vererblichkeit, unbeschränkte des AA 1867
- Verkehrsserviceversicherung 1847
- Vertrauensschadenversicherung 1848
- Zuschüsse 1963
- Zwischenvergleich 1948

Grundsätze-Kranken
- Aufstockungsfälle 2012, 2023
- Ausgleichsberechnung 2027
- Ausnahmerechtsprechung 2014, 2020
- Beitragsanpassungsklauseln 2015
- Berechnungsbeispiele (Grds. Kr.) 2033
- Bestandszusammensetzung 2028
- Dynamisierungsklauseln 2016
- Einmalprovision 2011
- Erweiterung des Vertragsvolumens 2016
- Faktor 1–4 (Grd. Kr.) 2028
- Familienangehörige, weitere 2021
- Gesamtjahresproduktion, durchschnittliche 2027
- Heilbehandlungskosten 2015
- Höherstufung 2023
- Individualklauseln 2017
- Leistungsanpassungsklauseln 2018
- Relation Kosten/Leistungen 2019
- Risiken, zusätzliche 2014
- Schadensaufwand, erhöhter 2015

Grundsätze-Leben
- Ausnahmerechtsprechung 1985
- Bedeutungsumfang 1985
- Berechnungsbeispiele 2007
- Berechnungsgrundsätze 1999
- Bewertungsfaktor 2001
- Dynamik-Begriff 1994
- Dynamische LV 1990, 1994
- Einmalprovision 1997
- Erbschaftssteuerversicherung 1992
- Gruppenversicherungen, dynamische 1998
- Risikoversicherung 1998

Gruppensterbegeldvertrag 930
Gruppenversicherungen, dynamische 1998
Gruppenversicherungsvertrag 862, 931
Gutachterstelle 2090, 2112
- Beispielsfälle 2120
- Inanspruchnahme 2112
- Rechtsweg 2121
- Schiedsgerichtsfunktion 2117

Haftpflicht-Versicherung 884
Halbierung des Vertreterbezirks 327, 1414
Handelsbrauch 1892, 1854
Handelsmakler 157
Handelsspanne 144
Handelsvertreter
- als Eigenhändler 808
- als Händler 804
- Anlageberater 62^{16}
- Bank- und Kreditgewerbe 62^{16}
- Finanzdienstleistungsbereich 62^{16}
- Grundstücksmakler 62^{16}
- im Nebenberuf 167
- Investmentberater 62^{16}
- Konzertkartenverkauf 62^{16}
- Kreditvermittler 62^{16}
- Lotto-Annahmestelle 62^{16}
- Lotto-Bezirksstellenleiter 62^{16}
- Möbelversandhandel 62^{16}
- Öffentliche Hand, Bauvorhaben 62^{16}
- Pächter einer Tankstelle 61^{16}
- Reisebüro 62^{16}
- Selbstbedienungstankstelle 62^{16}
- Textilvertriebsagentur 62^{16}
- Toto-Bezirksstellenleiter 62^{16}

Handelsvertreter-GmbH 309
Harmonisierungsrichtlinie 1
Hauptberuflichkeit 640

Hauptvertreter 81
Hauptwert des Geschäftsbetriebs 17
Hausratversicherung 884
Heilbehandlungskosten 2015
Hemmungstatbestände bei Ausschlussfrist 432, 436
Herabsetzung
- der Vertragssumme 996
- des Provisionssatzes 807
Hinterbliebenenversorgung 1248
Höchstgrenze 725, 765, 802, 806, 928, 1014, 1218, 1517 ff., 2046
- Abwälzungsvereinbarungen 1554
- Ausgleichsberechnung, schematische 1573
- Bausparkassenvertreter 1577
- Bemessungsgrundlage, keine 1525
- Berechnung 1519
- - getrennte bei Bezirkswechsel 1543
- Bezirksgrenzen, Änderung 1539
- Bezirkswechsel 1543
- Bruttoprovision in maßgebend 1554
- Delkredere-Provisionen 1549
- 3-facher Jahresdurchschnitt 1577 ff.
- Einführungsvertreter 1565
- Firmenwagen 1571
- 5-Jahresdurchschnitt 1517
- Inkassoprovisionen 1549
- Jahresdurchschnitt, Errechnung 1520
- Kappungsgrenze 1517
- keine Bemessungsgrundlage 802
- Kosten, durchlaufende 1568
- Kostenberücksichtigung 1555
- Kostenerstattungspauschale 1570
- Kürzung 1564
- Lagerkostenersatz 1570
- Minderungsmethode 1218, 1225
- PKW-Nutzung 1571
- Provisionssätze, Änderung 1539
- Regaldienst-Vergütung 1549
- Spesenzuschuss 1570
- Tätigkeitsbedingte Provisionen 1534
- Tätigkeitsvergütung 40
- Überhänge des Vorgängers 1535
- Überhangprovisionen 1529
- Untervertreter, echte 1569
- Verhältnis zum Rohausgleich 765
- Verlustberechnung, Unterschiede 1546
- Versicherungsvertreter 1577
- Vertragsbeendigung, rechtliche 1521
- Verwaltungsprovisionen 1549
- Zahlungen, auszuklammernde 1566

Höhere Gewalt 433
Höherstufung in der KV 935, 2023
HV-Insolvenz 368
Hypothek-Aufnahme 985

Identität des Bausparbedürfnisses 984
Indexangleichungsklausel 937
Individualklauseln 2017
Industrie-Feuer-Versicherung 884
Initiative
– des HV 388
– zur Vertragsaufhebung 384
Inkassoprovision 831, 852, 1549
Inkassovergütung 1029
Insolvenz
– als Beendigungsgrund 360
– des HV 368
– des Unternehmers 269, 460
Insolvenz-Verwalter 361
Intensivierung übernommener Altkunden 289, 640, 803
Interessen der Parteien 342
Interessenten-Anfragen 653
Interessenwahrnehmungspflicht 107
Invalidenversorgung 1248
Investmentberater 62[16]
Ist-Zustand, erreichter 744

Jahresdurchschnitt (HöGr.) 1520

Kapitalisierungseffekt 769
Kapitalwert 1200
– der AV 1216
Kappungsgrenze (siehe Höchstgrenze) 250, 1517
Kartellrecht 93[88]
Kauf auf Abruf 718
Kaufentscheidung des Interessenten 663
Käufer/Verkäufer-Beziehungen 808
Kaufhauskonzerne 669
Kaufmännische Leistungen 868
Kaufpreis-Inkasso 1030
Kautionsversicherung 1848
Kettenverträge 347, 1361
Kfz-Reparatur 1020
Klageerhebung 443
Kommanditist, Tod des 300
Kommentierung 1900
Kommissarische Betreuung 347
Kommissionär 699
Kommissionsagenten 151

– analoge Anwendung 156
– Begriff 151
– ständige Betrauung
Kompromisscharakter der Grds. 1850
Konjunkturzuschlag 753, 806, 1004
Konkurrenz PA/AA 721
Konkurrenzprodukte, Bewerbung 754
Konkurrenzsituation 1034
Konkurrenztätigkeit des HV 1082, 1123, 1341 ff.
Kontinuität der Rechtsprechung 1205
Konzernrechtliche Verflechtung 518
Konzernzentrale, bezirkszugehörige 669
Konzertkarten-Vorverkauf 62[16]
Körperschaftsteuer
– bei Handelsvertretungs-GmbH 2348
– beim Unternehmer 2271
Kosten
– durchlaufende 1568
– ersparte 798
Kostenberücksichtigung 1555
Kostenerstattungspauschale 1570
Krankenversicherung 841, 892
– Anpassung an Kostensteigerung 935
– Aufstockung 935
– Beitragsanpassungsklausel 935
– Höherstufung 935
– Leistungsanpassungsklausel 935
– private 934
– Umstufung in höhere Tarife 935
– Vertragserweiterung 934 f.
Krankheit des HV 737
Krankheitsbedingte Vertragsbeendigung 398, 1452 ff.
Krankheitsgründe 313
Kreditgewerbe 62[16]
Kreditvermittler 62[16]
Kundenabwanderung 747
Kundenabwerbung, systematische 2104
Kundenbesuchsberichte 1401
– Tagesberichte 1402
– tägliche Berichte 1400
Kunden
– bezirksfremde 666
– eingebrachte 642
Kundenfluktuation 735
Kundenkartei 114
Kundenkontaktprogramm 114
Kundenkreis
– Beständigkeit 746
– Einschränkung 323, 333
– Erhaltung 2103

889

Sachregister

Kundenneuwerbung, nachvertragliche 950
Kundenschutz 336, 646
Kundenstamm
- erarbeiteter 17, 23, 397, 726
- Franchise-Nehmer 150
- Überlassungspflicht 96, 150
- Umstrukturierung 1035
Kundentreue 1034
Kundenwerbung
- durch Unternehmer 644
- erleichterte 656
- für neuen Unternehmer 636
- mittelbare 675
- Ursächlichkeit 644
Kündigung aus wicht. Grund 1720
Kündigung durch den Handelsvertreter 1357 ff.
- alters- oder krankheitsbedingte Eigenkündigung 1446 ff.
- Altersgrenze, vertraglich vereinbarte 1465
- begründeter Anlass für Kündigung 1364 ff., 1443
- begründeter Anlass und wichtiger Grund 1372
- Bezirksverkleinerung 1414
- Direktinkasso in der Versicherungswirtschaft 1440
- Ein-Mann-GmbH 1470
- Einschränkung der Unabhängigkeit 1398
- einseitige Provisionsherabsetzungen 1420
- Eintritt eines Dritten in das Vertragsverhältnis 1495 ff.
- Familienunternehmen 1468
- grundlose fristlose Kündigung durch den Unternehmer 1418
- Kettenverträge 1361
- Konkurrenzkonflikt 1393 ff.
- Kündigung aus Altersgründen 1448 ff.
- - aus Krankheitsgründen 1452 ff.
- - einer Vertretungsgesellschaft 1467
- Nachschieben von Gründen 1379 ff.
- Provisionsvorenthaltung 1410 ff.
- Schaffung einer Zwangslage zu Lasten des Handelsvertreters 1426
- Schlechterfüllung des Unternehmers 1405 ff.
- schleppende Zahlung 1409
- Selbstmord 1475 ff.

- Tankstellenhalter 1461
- Tod während der Kündigungsfrist 1487 ff.
- Unzumutbarkeit weiterer Vertretertätigkeit 1458
- Verfassungsmäßigkeit des § 89 b Abs. 3 Nr. 1, 1. Alternative 1385 ff.
- Verhalten des Unternehmers 1365 ff.
- Verschlechterung der wirtschaftlichen Lage des Unternehmers 1419
- Vertragsübernahme 1502
- Vertragsverhältnisse, mehrstufige 1509
- Vertreter-GmbH 1471
- Vollmachtswiderruf 1417
- wegen Krankheit 1357
- wegen seines Alters 1357
Kündigung durch den Unternehmer 1309, 1321 ff.
- Kausalzusammenhang mit schuldhaftem Verhalten 1326
- kurze Überlegungsfrist 327, 1335
- schuldhaftes Verhalten 1321
- - von Erfüllungsgehilfen des Vertreters 676, 1350
- Übernahme von Zusatzvertretungen ohne Genehmigung 1355
- Umsatzrückgang 1337
- unzureichende Gebietsbetreuung 1340 a
- verbotswidrige Konkurrenztätigkeit 1342
- wegen schuldhaften Verhaltens des Handelsvertreters 1325
- Wettbewerbsverstoß des Vertreters 1341
Kündigung
- einer Vertretungsgesellschaft 1467
- fristlose durch Unternehmer 321
Kündigungsanlass, begründeter 389, 1364 ff., 1443
Kündigungsfristen 352, 713
Kundschaftsvergütung 16, 254, 954
Künftig zustande kommende Geschäfte 252, 631, 680
Künftige Geschäfte 252
- typisch für VV 691
- untypisch für VV 691
Kurzfristige Tätigkeit 349

Ladenketten 669
Lagerhaltung 781

Lagerkostenersatz 1570
Lagerrisiko 1008
Langlebige Wirtschaftsgüter 485 ff., 759
Laufkunden 1025
Laufzeit des vermittelten Vers.Vertrages 816
Lebenshaltungskosten, Anstieg 985
Lebensversicherung 841, 888
Leistung des Unternehmers, nicht fristgerechte 773
Leistungsanpassungsklauseln 935, 2018
Leistungszuschlag 1194
Lieferprogramm 146
Liquidation, freiwillige 369
Liquidationsgesellschaft 284
Liquidationsverfahren 364
Listung 657
Lotto-Annahmestellenleiter 62[16]
Lotto-Toto-Bezirksstellenleiter 62[16]

Makleragent 164
Maklereinbrüche 406, 1943
Maklertätigkeit des HV 159
– Weisungsabhängigkeit des Maklers 160
Mann der 1. Stunde 455
Markenlizenznehmer 58[6a]
Marketing-Abteilung des Herstellers 115
Marktüberblick 663
Martinek
– Fehlentwicklung
– Justizübel
– Misere, viel beklagte 10
Maßgeblichkeit
– der Grundsätze 829
– der Handelsbilanz für die Steuerbilanz 2252
Materielle Anspruchsvoraussetzungen 244, 249, 255
Maximierungsfunktion 250
– Bemessungsgrundlage, keine 250
Mehrstufiges Vertragsverhältnis 638
Mehrwertsteuer 813
Messekunden 674
Minderung von UV und PV 696
Missverhältnis der Vergütungsbestandteile 1032
Missverständnisse aus Abs. 5 4, 30, 254, 632, 826, 949
Mitarbeiterbindung 1193
Mitarbeiter, freier 65
– Betriebsratswahl 65

– Handelsmakler 65
– Kommissionär 65
Mitfinanzierung durch den Handelsvertreter AV 1186
Mitglieder von Genossenschaften 655
Mitursächliche Vermittlungstätigkeit 645, 649, 922, 955
Mitverursachende Tätigkeit 651
Mitwirkung, erwartete 652
Möbelversandhandel 62[16]
Modernisierung 998
Multiplikatoren 2043
Multiplikatorenstaffel 1975
Münchener Formel 130, 263, 1009

Nachbestellungen 13
Nachfolgevertreter 927
Nachlass des HV 281
Nachlasszugehörigkeit 1254
Nachprovisionsanspruch 857, 1175
Nachtragsverträge 943
– Anteil 1003
Nachvertragliche Geschäfte 22, 929
Nachvertragliche Vermittlungsauswirkungen 919
Nebenberufliche HV 58[1], 640, 699
Nebenberufsvertreter 167, 972
– Verkehrsauffassung 167
Nettoprovision 813
Neuform-Genossenschaft 655
Neukunden 311, 451 ff., 631, 634
– vorvertraglich geworbene 635
Neukundenstamm 1025
Neukundenwerbung 451 ff.
– Abspringen von Altkunden 466, 735
– Architekten 469
– Dachdecker 469
– Direktgeschäfte 467
– Gesamtvergleich 478, 480
– Gleichzeitige Alt- und Neukundeneigenschaft 464
– Insolvenz des vertretenen Unternehmens 460
– Insolvenz eines Altkunden 463
– intensivierte Altkunden 471 ff.
– keine Fiktion 740
– Mann der 1. Stunde 455
– Monopolstellung 470
– nachvertragliche 740
– Reaktivierung einer Geschäftsverbindung 457, 463
– Stammkunden 486

891

Sachregister

(Neukundenwerbung)
- Umsatzausweitung 476
- Umsatzsteigerungen 482
- Werbung von Dritten 468
Nichtigkeit des HVV 418
Nichtigkeitseinrede 419
Nichtzulassungsbeschwerde 7, 923, 926[352], 984, 1853
Nutzung
- der Geschäftsverbindungen 377, 734
- des Kundenstamms 123
- von Nachbestellungen 41, 705

Obligationenrecht CH 1
Orderbefugnis 669
- Änderung 338
Österreich 1

Partnerwechsel 292
Passivierungspflicht 2135, 2145, 2148, 2253
- nach JAS und US-GAAP 2187
Passivierungsverbot 2252
Pauschalregelungen 263
Pensionskasse 1195
Personenkreis, erbberechtigter 272
Pfändung von PA 698
- des AA 1668
Pharmaberater 61[13]
PKW-Nutzung 1571
Positive Vertragsverletzung 410
Präambel 2090
Prämienangleichungsklausel 937
Preisschwankungsrisiko 1008
Probeverträge 347
Prognose 730
- Art der Tätigkeit 730
- Branchenbesonderheiten 730
- Kundenfluktuation 730
- Marktgegebenheiten 730
- Wettbewerbsbedingungen 730
Prognosedauer 756
- abwegige 763
- langjährige 759
- übermäßig lange 883
Prognosedurchführung 741
Prognosezeitraum 712, 1004 f., 1034
Propagandisten 61[13], 660
Propagandistentätigkeit 61[13]
- Ärztepropagandist 61[13]
- Kaufhaus-Verkaufsstand 61[13]
- Klebefolien-Hersteller 61[13]

- Verkaufsstand im Kaufhaus 61[13]
- Verlagsvertreter 61[13]
Provision
- als Erfolgsvergütung 649
- folgt der Ware 666
- niedrig angesetzte 656
- Rechtscharakter 857
- überzahlte 851
- Zahlungsweise 869
Provisionen, gleichbleibende 817, 981
Provisionsanspruch
- Ausgleichsspitze 60
- Bevorschussung 60
- Fälligkeit 20, 35
- Wegfall 18
Provisionsanspruch = Erfüllungsanspruch 1728
Provisionsansprüche, nachvertragliche 947
Provisionsanwartschaft, Entstehung 648
Provisionsaufteilung 889, 1033
Provisionsausschlussklausel 665
Provisionsberechnung LV 841
Provisionschance 983
Provisionseinnahmen, besonders hohe 802, 1088
Provisionserstattung 851
Provisions-Factoring 60
Provisionsfortzahlung 15
Provisionsherabsetzung 341, 807
Provisionsminderung 290
Provisionsnachzahlungen 866
Provisionsrechtliche Unterschiede 25
Provisionsregelung, vereinbarte 979
Provisionsrente 1290
Provisionsrückbuchungen 866
Provisionssatz
- Änderung 1539
- Herabsetzung 807
- letzter 807
- maßgeblicher 807
Provisionsschwankungen 802
Provisionsspitze 85
Provisionssurrogat 174, 822, 1717, 2106, 44
Provisionssysteme 839
- unterschiedliche 814
Provisionsteilung 929
Provisionstief 802
Provisionsverluste 252, 979, 1724 ff.
- Abwanderungsquote 745, 747
- Abzinsung 769

892

- Altkunden 643
- Ausschreibungsproblematik 661
- Basisjahr 741
- Bezirkskunden als Neukunden 664
- Empfehlende Tätigkeit 659
- Enststehung 18
- Fälligkeit 35
- Festvergütung 800
- Filialbetriebe 669
- Fortsetzungsfiktion 728
- Kaufhauskonzerne 669
- Kosten, ersparte 798
- Krankheit des HV 737
- Kundenlistung 657
- Kundenwerbung, mittelbare 675
- Künftig zustande kommende Geschäfte 691
- Ladenketten 669
- Messekunden 674
- Nutzung der GV 734
- Prognosedauer 756
- Reaktivierte Altkunden 643
- Rotationsvertrieb 704
- Sogwirkung der Marke 655
- Sukzessivlieferungsverträge 708
- Superprovision 793
- Tankstellenbereich 785
- Tod des HV 737
- Untervertreter-Provision 792
- Ursächlichkeit der Kundenwerbung 644
- Verlustberechnung 801
- Verlustprognose 741
- Verwaltungsprovision 777
- Vorvertraglich geworbene Kunden 635
- Warenvertreter 631
Provisionsverluste, keine 731
- infolge der Vertragsgestaltung 731
- Ausgleichsberechtigung 173
- Bezeichnung, unrichtige 172
Provisionsverzichtsklausel 45, 51, 815, 905, 1709
Prozessrisiko 764
Prozessuale Fragen 1736
Prozesszinsen 773

Rabatt 145
Rabattkern 1011
Rabatt/Provision 1008
Rahmenvertrag 930[361]
Reaktivierung von Altkunden 643

Rechtliche Vertragsbeendigung 430
Rechtschutzversicherung 884, 912
Rechtsfragen und Grundsätze 1861
Rechtslage 1671
- nach Ausgleichszahlung 1677
- vor Ausgleichszahlung 1672
Rechtsnatur der Grundsätze 1854
Rechtsnatur des AA 47 ff.
- Absicherung, sozialed 48
- Billigkeitsgrundsatz 48
- Versicherungsvertreter 51 ff.
- Vorteilsausgleichung 48
- Warenvertreter 47
Rechtsunsicherheit 6
Reformhäuser 655
Regaldienst 652, 790
Regaldienst-Vergütung 1549
Regelfall, Ausgleichsminderung als 1275
Regelfall-Charakter 1275
Reisebüros 62[16]
Reisende
- nicht ausgleichsberechtigt 62
Reiseveranstalter 969
Relation Kosten/Leistungen 2019
Rentenanpassung 1286
Rentenversicherung, gesetzliche 1196
Reparaturaufträge 760
Restbezirk, Provisionszuflüsse 328
Restlaufzeit der vermittelten Vers.Verträge 819
Restvergütung, kapitalisierte 16, 259, 776
Risiken
- händlertypische 1008
- neue 26
- schwere 867
- zusätzliche 2014
Risiko des Zahlungseingangs 145
Risikobereich der MÖG 1037
Risiko-Lebensversicherung 932
Risiko, neues 26
Risikoumfang 846
Risikoversicherung 1998
Risikoverteilung 93[88], 409
Rohausgleich 258, 1218
- als Zwischenwert 258
- Ermittlung 749, 1233, 1812 ff.
- Reduzierung 768
Rohausgleichsmethode 1218, 1224, 1231
Rotationsvertrieb 593 ff., 704
- Ausgleichsberechnung 594, 707

893

Sachregister

Rspr. zur Abgrenzung 925
Rückdeckungsversicherung 939
Rückführung auf das Niveau eines HV 1008
Rückführungsproblematik 1012
Rückführungsschritt
– erster 1015
– zweiter 1018
Rücksichtspflicht des Unternehmers 410
Rückstellung
– Aufwandsrückstellung 2159
– bedeutet kein Anerkenntnis 2158
– für Ausgleichsverpflichtung
– – gegenüber Bausparkassenvertretern 2176
– – gegenüber Versicherungsvertretern 2168
– – in der Handelsbilanz 2144, 2148
– – in der Steuerbilanz 2252
– Höhe 2152, 2167, 2256
– keine R. bei Vorliegen von Anschaffungskosten 2192
– Kürzung bei Anwartschaften aus betrieblicher Altersversorgung 2154
– vor Beendigung des HV-Verhältnisses 2159
Ruhend-Stellung eines TSt-Vertrages 359

Sachversicherung 850
Sachversicherungsverträge 20
Sammelversicherungsvertrag 930
Schadenregulierungsvergütung 828
Schadensanfälligkeit 846, 877
Schadensaufwand, erhöhter 2015
Schadensbearbeitung 839
Schadensersatz 1715, 1720
– Minderung 1733
Schadensersatzansprüche 410, 727
Schadensversicherung 888
Schaffung eines Kundenstamms 23
Scheckeinlösung 1676
Scheinselbständigkeit 64^{22}
Schema für AA-Berechnung 754
Schiedsgericht 1742
Schiedsgerichts-Charakter 2114
Schuldbeitritt 229
Schuldhaftes Verhalten von Erfüllungsgehilfen des Vertreters 1350
Schuldübernahme, befreiende 292
Schutzbedürftigkeit 99
Schutzwürdige Belange des HV 376

Schweizerisches Obligationenrecht 1
Schwerpunkt, wirtschaftlicher 668
Schwerpunkttheorie 71, 396
Selbständigkeit der A'Vorauss. 257
Selbstbedienungs-TStH 62^{16}
Service durch HVN 735
Situation des HV, wirtschaftliche 1185
Sitzverlegung des Kunden 337
Sogwirkung der Marke 226, 655, 1154
Sohn als HVN 287
Sonderaufgaben des HV 783
Sonderfälle 2053 ff.
Soziale Funktion 2
Sozialversicherung 1196
Spartenansatz 1956
Spesenzuschuss 1570
Spezialanfertigungen 335
Stammkunden 486 ff., 578, 735, 1025
– Ackerwagen für Bauern 490
– Autokauf 494
– Fertighäuser 487
– Gabelstapler 494
– Geschäftsverbindungen 492
– Strickapparat 491
Statusreport 124
Stellung, beherrschende 307
Sterbetafeln, Anwendung 848
Steuerliche Gründe 1000
Steuerliche Vorteile 1234
– des Handelsvertreters 1237
– des Unternehmers 1234
Stornoabwehr 828
Stornoanfälligkeit 877
Streckengeschäft 93^{88}
Sukzessiv-Lieferungsverträge 592, 690, 708, 766, 19
– Blockierung künftiger Gesch. 592, 694
Summenerhöhung 862, 923, 984
Superprovisionen 85, 677, 793, 956
– Abschlussfolgeprovision 964
– Ausgleichsfähigkeit von Superprovisionen 957
– Ausgleichsfähigkeit, fehlende 969
– Bestandsbetreuungsprovision 965
– Bestandspflegeprovision 965
– Bestandspflege-Qualität 967
– Einmalprovision 959
– Grundsätze-Sach 963
– Posten, durchlaufender 86
– Tankstellenhalter 961
– Untervertreter 956

894

Sachregister

- Vermittlungsprovision 957
- Versicherungsmakler 964
- Vertragsbestimmungen, unklare 960
- Verwaltungsprovision 960
- Verwaltungstätigkeit 957
- Zahlungsweise SP. 958
- Zeit-Analyse 962

Suspendierung des HV 267
Systematik des Gesetzes 255

Tankstellenbereich 782, 785
Tankstellengeschäfte 359
Tankstellenhalter 293, 961
Tankstellen-Handelsvertreter 569 ff., 1025
- Abgrenzungsproblematik 1030
- Abwanderungsquote 1035 f.
- Abzinsung 1038
- Altkundenstamm 1036
- Auslieferung des Kraftstoffs 1030
- Basisjahr 1026
- Darlegungs- und Beweislast 578
- Eckdaten 1034
- Einsatz des Nachfolgers 1037
- Erfahrungswerte 1033
- Folgemarktgeschäft 1039 ff.
- Franchising 1042
- Inkassovergütung 1029
- Kaufpreis-Inkasso 1030
- Konkurrenzsituation 1034
- Kundenstamm, Umstrukturierung 1035
- Kundentreue 1034
- Laufkundschaft 572, 1025
- MAFO-Studie 578
- Missverhältnis der Vergütungsbestandteile 1032
- neue Kunden 570
- Neukundenstamm 1025
- Neukundenwerbung 583
- Prognosezeitraum 1034
- Provisionsaufteilung 1033
- Risikobereich der MÖG 1037
- Selbstbedienungsstation 478, 1032[478]
- Stammkundschaft 572, 1025
- Vermittlungsprovisionen 1026
- werbende Tätigkeiten 216, 587
- Zugkraft der Marke 1035

Tarifvergünstigungen 2238
- Fünftelregelung 2275, 2284, 2296, 2336

- halber Durchschnittssteuersatz 2275, 2289, 2299
- nur bei außerordentlichen Einkünften 2275, 2276, 2295

Tarifverordnung 2125
Tätigkeit
- für den Unternehmer, nach VE 432
- hauptberufliche 58
- kurzfristige 349
- nach VE, Einfluss auf AA 695

Tätigkeitsbedingte Provisionen 1534
Tätigkeitserfolg, unterschiedlicher 25, 29
Tätigkeitsvergütung 40, 839
Teamarbeit 674
Teilausführung eines Geschäfts 710
Teilbeendigung 87
- des HVV 323
Teilbetrieb 2311, 2333
Teilerfüllung des Vertrages 19
Teilkündigung 323
Telefunken-Partner-Verträge 93[88]
Terminologie
- und Meinungsstreit 852
- unklare 915
- unsorgfältige 852
Textilvertriebsagentur 62
Tierversicherung 870
Tod
- des Handelsvertreters 269, 737, 1255
- des Unternehmers 284
- eines Gesellschafters 300
Tödlicher Unfall 393
Toto- und Lotto-Unternehmen 1196
Transportversicherung 884, 1977
Treu und Glauben 330, 361, 425
Treuebonus 2044
Typenänderungen (Kfz.) 716

Übergewichtstheorie bei nb. HV 167
Überhänge des Vorgängers 1535
Überhangprovisionen 19, 665, 682, 694, 712, 1529
Überlegungsfrist 1335
Übersehbarkeit der Entwicklung von GF 743
Überweisungsprovisionen 1919
Überwiegende Verursachung durch HV 920
Umdeckung
- eines Bestandes 406
- nachvertragl. 2101

895

Sachregister

Umsatzausbreitung 476
Umsatzeinbuße 748
Umsatzminderung 697, 748
Umsatzrückgang 1145
Umsatzsteigerung 797
Umsatzsteuer 2358
- als Bestandteil des Ausgleichsanspruches 2135
- Anspruch auf Rechnungserteilung 2141
- bei betrieblicher Altersversorgung 2378
- bei Geschäftsveräußerung 2376
- Entgelt für sonstige Leistung 2358
- Ort der Vermittlungsleistung 2362
- Steuerbefreiungen 2367
- Vorsteuern des Unternehmers 2138
- Zeitpunkt der Umsatzsteuerpflicht 2370
Umsatz, vermittelter 3
Umschreibung des HVV 302
Umstände, berücksichtigungsfähige bei Bgrds. 252
Umstellung des HVV 637
Umstufung in der KV 935
Umwandlung
- des HVV 302
- - in Anstellungsvertrag 639
- des Vertretervertrages 391
- in Reisendenvertrag 391
Umwandlungsgesetz 320
Unabdingbarkeit 1584 ff.
- Abkürzung der Verjährungsfrist 1602
- Abreden 1587
- Anrechnungsvereinbarungen 223, 1622
- erlaubte Vertragsgestaltung 1590
- nach Beendigung des Handelsvertretervertrages 1587
- Rotationsvertriebssystem 594, 1595 ff.
- Tätigkeit außerhalb des Gebiets der Europäischen Union 1613
- Vereinbarung einer Mindesthöhe 1609
- Versicherungsvertreter 1597
- Verzicht 1605
- Vorauserfüllung 1614 ff.
Unabdingbarkeitsgrundsatz 126, 673, 706, 1203
Unbeschränkte Vererblichkeit 272, 1252
Unechte Untervertreter 677
Unfall des HV 1734
Unfallversicherung 884

Unlauterer Wettbewerb 2104
Unmöglichkeit
- der Erfüllung 402
- weiterer Tätigkeit des HV 737
Unterhaltspflicht des HV 277
Unternehmensziele, Förderung
Unternehmer 190
- Abwälzung
- - der Ausgleichslast 192 ff.
- - durch Provisionseinbehalt 192
- Anstalt 190
- Betriebserwerber 191
- kein Kaufmann 190
- Körperschaft 190
Unternehmeraufwendungen 1223
Unternehmer-Insolvenz 360
Unternehmerrisiko 363
Unternehmerverhalten, schuldhaftes 1720
Unternehmervorteile 450 ff.
- Änderung des Vertriebssystems 509
- Aufwendungen des Unternehmers 566
- Bedarfsdeckung beim Großhandel 506
- Betriebserwerber 535, 539
- Betriebsveräußerer 535
- Betriebsveräußerung 527 ff.
- Doppelbelastung 542
- Erheblichkeit 557, 562
- Firmenwert 547
- Geschäftsverbindung 497
- Großhandel 506
- keine Abzinsung 558
- konzernrechtliche Verflechtung 518, 523
- Kundenstammüberlassung 521
- mehrstufige Vertragsverhältnisse 550
- Mitnahme von Kunden 512
- neue Kunden 451 ff.
- Schätzungsprognose 557
- Übertragung
- - des Kundenstamms 544
- - eines Alleinvertriebsrechts 544
- Umorganisation des Vertriebs 516
- Untervertretervertrag 550 ff.
- Veräußerung des Kundenstamms 546
- Vertriebs-GmbH 523
- Vertriebssyndikat 513
Unterschiede WHV/VV 5
Unterstützung des HV durch Hauptvertreter 677
Unterstützungskasse 1195

Sachregister

Untervertreter 77, 553, 638, 956, 1443
- Altersversorgung 554
- begründeter Anlass für Kündigung 1443
- echte 77, 676, 1569
- unechte 77, 676
Untervertreter-GmbH 32[298], 309
Untervertreter-Organisation 677
- Aufbau 81
Untervertreterprovision 82, 792, 1916
Unverfallbarkeit 1174, 1245
Unverfallbarkeitsprobleme 1259
Unverfallbarkeitsvoraussetzungen 1174
Unzumutbarkeit der Vertragsfortsetzung 321
Ursächlichkeit der Kundenwerbung 644

Veräußerungsgewinn 2306
- bei Betriebsaufgabe 2322
- bei Teilbetriebsveräußerung 2311, 2333
- bei Veräußerung des Handelsvertretungsunternehmens im Ganzen 2310
- bei Verkauf
- - an den Unternehmer 2317
- - einer einzelnen Vertretung 2316
Verbotswidrige Konkurrenztätigkeit 1342
Verdienstchance, Wegfall 42
Vereinbarungen, abweichende 666
Vererblichkeit, unbeschränkte des AA 1867
Verflechtungsrechtsprechung 160[190]
Vergleich
- Anfechtung 1690
- Unwirksamkeit 1684
Vergleichsabschluss 1684
Vergleichsverfahren 363
Vergütung
- sonstige 800
- umsatzabhängige 677
Vergütungscharakter 1187
- der AV 2, 1187
- des AA 2
- des Ausgleichs 1077
Verhalten des Unternehmers 400
Verjährung des AA 129, 1631 ff.
- des Anspruchs auf Rechnungserteilung 2141
- des AA 129, 1626
- Gleichbehandlung beider Vertragspartner 1646

- Hemmung 1631
- Unterbrechung 1631
- Verjährungsfrist, Abkürzung 1637 ff.
- Verwirkung 1656
- Verzinsung 1654
- Zurückbehaltungsrecht 1662 ff.
Verkäufer/Käufer-Beziehungen 808
Verkaufsgespräche 657
Verkaufsorga., Aufbau 797
Verkaufspreis 145
Verkaufsstand-Verkäuferin 61[13]
Verkehrsauffassung bei nb. HV 167
Verkehrsserviceversicherung 1847
Verkennung der Unterschiede WV/VV 30, 254, 632, 826, 949, 30
Verkleinerung des Bezirks, wesentlicher 327
Verlagsvertreter 61[13], 596
- Volkslexika 599
Verlängerungsklausel 866, 911
Verlustberechnung
- Hinweise 801
- Unterschiede 1546
Verluste, berücksichtigungsfähige 777
Verlustprognose 728
Vermittelte Verträge, Erweiterung 947
Vermittlungsbemühungen
- anteilige 947
- neue 26
Vermittlungspflicht des HV 638
Vermittlungsprovisionen 957, 1026
Vermittlungstätigkeit
- bei Ausschreibung 661
- von VV nach VE 833
- überwiegende 947
Vermittlungsumsatz 3
Vermittlungsvergütung 412
Vermittlungsvollmacht des HV 340
Verpfändung 1664
Versäumung der Ausschlussfrist 439
- schuldlose 435
Versicherungsbestand 26
Versicherungsmakler 157, 964
- Berater des VN 163
- Betrauung von Fall zu Fall 157
- Interessenwahrnehmung 159
- Sachwalter, treuhänderischer 162
Versicherungssparten, verschiedene 814
Versicherungsverträge, Laufzeit 882
Versicherungsvertreter 253, 605, 7, 814, 1577
- Abschlussfolgeprovision 861

897

Sachregister

(Versicherungsvertreter)
- Ausnahmerechtsprechung 923
- Bestände, übertragene 611
- Bestandspflegeprovision 966
- Einmalprovision 56, 862
- Erstprovision, erhöhte 884
- Gesamtbestand, Entwicklung 618
- Gleichbleibende Provision 866
- Gruppenverträge 931
- künftig zust. komm. Verträge 7, 30
- Neubestand 615
- Problematik 814
- Provisionssysteme 839
- Provisionsverluste 814
- Provisionsverzichtsklausel 822
- Schadenverlauf 622
- Sondertatbestände 969
- Summenerhöhung 923
- Superprovision 956
- Terminologie, unterschiedliche 852
- Übertragene Bestände 611
- Unternehmergewinnchance 627
- Verlängerungsklausel 608
- Vermittlungsauswirkungen, nach VE 919
- Versicherungsverträge, neue 607
- Vertragserweiterung 613, 923
- - automatische 630
- Verwaltungsprovision 960
- Wettbewerbsbeschränkung 1701 ff.
Versicherungsvertreterrecht
- Sachversicherungen 20
Versorgungsauswirkungen, mittelbare 1195
Versorgungscharakter des AA 1185
Versorgungsfälle, vorzeitige 1248
Versorgungspflicht 1184
Versorgungsschuldner 1195
Versorgungsvorbehalt 1245
Versorgungswirkungen, mittelbare 1195
Versorgungszusagen 823
Vertragsänderungsvorbehalte 342
Vertragsaufhebung 343, 357
Vertragsbeendigung 17, 266
- automatische 358, 1246
- einvernehmliche 316
- Nachvertragliche Geschäfte 22
- rechtliche 1521
Vertragsbestimmungen, unklare 960
Vertragsbezogenheit 1174
Vertragserweiterung 862, 923, 984
- in der privaten KV 934

Vertragserzeugnisse 1023
Vertragsfortsetzung 984
Vertragsgestaltung, Bedeutung 731
Vertragshändler 93, 699, 1008
- Absatzorganisation (Eingliederung) 93
- Absatzrisiko 1008
- Alleinvertriebsrecht 110
- analoge Anwendung des § 89 b 93, 1008
- Analogie-Voraussetzungen 1008
- Berechnungsmethode 1014
- Berichtspflicht 125
- Billigkeitsgrundsatz 128
- Datenschutz 113
- Drittunternehmen-Einschaltung 116
- Eingliederung 107
- Endverkaufspreis 1010
- Ersatzteilgeschäft 1019
- Ersatzteilverkauf 1022
- Höchstgrenze des AA 1014
- Interessenwahrnehmungspflicht 107
- Kartellrecht 93[88]
- Kfz.-Reparatur 1020
- Kundenkartei 114
- Kundenkontaktprogramm 114
- Kundenstamm-Überlassungspflicht 96
- Lagerrisiko 1008
- Marketing-Abteilung des Herstellers 115
- Münchener Formel 130, 1009
- Nutzung des Kundenstamms 123
- Preisschwankungsrisiko 1008
- Rabattkern 1011
- Rabatt/Provision 1008
- Risiken, händlertypische 1008
- Risikoverteilung 93[88]
- Rückführung auf das Niveau eines HV 1008
- Rückführungsproblematik 1012
- Rückführungsschritt
- - erster 1015
- - zweiter 1018
- Schutzbedürftigkeit 99
- Statusreport 124
- Streckengeschäft 93[88]
- Telefunken-Partner-Verträge 93[88]
- Unabdingbarkeitsgrundsatz 126
- Unternehmensziele, Förderung
- Verjährung des AA 129
- Vertragserzeugnisse 1023
- Verwaltungsvergütung 1018

898

Sachregister

- Weisungsrecht des Herstellers 93[88]
- Werkstattbetrieb 1019
Vertragsjahr, letztes (Basisjahr) 744, 802
Vertragskündigung 268, 1730
Vertragsübertragung (Bausparvertrag) 1002
Vertragsumwandlung 269, 393, 432, 699
Vertragsverhältnis, mehrstufiges 638
Vertragsverlängerung 984
Vertragsverletzung, positive 410, 1720
Vertragsvermittlung 253
Vertragsverstoß des HV 714
Vertrauensschadenversicherung 1848
Vertrauensverhältnis 322
Vertreterbezirk, Halbierung 327
Vertretergesellschaften 294
Vertreternachfolger 230
Vertriebssystem, Änderung 376
Vertriebsvertrag, Fortbestand 358
Verwaltungsprovision 777, 826, 960, 1026, 1549, 2036
- nicht ausgleichsfähig 830
Verwaltungstätigkeit 40, 839, 957
Verwaltungsvergütung 1018
Verwandtenvertrag 1002
Verwandtschaft, funktionelle 1273, 1178, 1178
Verweisungsvorschrift 4
Verwirkung 429
Verzugszinsen 773
Vorauswahl 663
Vorauszahlungen s. Auszahlungen
Vorbehaltsrecht des Unt. 324
Vorfinanzierungskredit 995
Vorgabe des Zinssatzes 782
Vorkaufsrecht des TStH 359
Vorsichtsprinzip 2146, 2149, 2227, 2230
Vorteile, erhebliche 252
Vorteilsausgleichung 1175, 1733
Vorverstorbene Ehefrau 1255
VVaG-Mitglieder als VN 877

Wahlrecht des HV 1296
Warensortiment, Verkleinerung 339
Wasserenthärtungsmittel 720[91]
Wegfall
- der AV 1242
- des AA 695, 1721
- von Provisionsansprüchen 18
Wehrdienst, Einberufung 420
Weisungsrecht des Herstellers 93[88]
Werbeaktionen 644

Werbetätigkeit des Unternehmers 1128
Werkstattbetrieb 1019
Wettbewerb, unlauterer 2104
Wettbewerbsabrede 1700 ff.
Wettbewerbsbeschränkung 1695 ff.
- und Ausgleich 1710
Wettbewerbsenthaltung 1717
Wettbewerbsentschädigung 727, 1715
Wettbewerbstätigkeit 2100
Wettbewerbsverbot, nachvertragl. 696, 2099
Wettbewerbsverstoß des HV 1341 ff.
Wichtiger Grund 322
Widerruf der AV 1243
Widerspruchslose Hinnahme des AA 428
Wirtschaftliche Gründe für VE 372
Wirtschaftsgüter, langlebige 759
Witwe des HV 275
Wohnungsbauprämie 1000

Zahlungen, auszuklammernde (HöGr.) 1566
Zahlungsweise der Provisionen 869
- Superprovision 958
Zeit-Analyse 962
Zeitraum für Schadensersatz 1724
Zeitspanne, abschätzbare bei Prognose 743
Zentralagentur 294
Zentral-Order 669
Zinsfuß 1222
Zubehörlieferungen 760
Zugang der schriftlichen Geltendmachung 443
Zugkraft der Marke 1035
Zukunftsprognose 1729
Zulieferer der Autoindustrie 716
Zusammenhang, enger wirtschaftlicher 924, 984
Zuschüsse 1963
Zuständigkeit
- der Gerichte 64[26]
- des HVV, Einschränkung 323
Zweitabschlüsse 985, 989
Zwingendes Recht 65
Zwischenfinanzierungskredit 995
Zwischenvergleich 1948
Zwischenwert 258
Zwischenzins-Abzug 769
Zwitterstellung des HV 140
- als Händler und Vermittler 140

899

Unentbehrlich für die Praxis

Betriebs Berater

Zeitschrift für Recht und Wirtschaft

50 Hefte (2 Doppelhefte) jährlich mit ca. 3000 Seiten.
ISSN 0340-7918

Der Betriebs-Berater (BB) gehört zu den führenden Fachzeitschriften im Bereich Recht, Steuern, Wirtschaft. Redaktion und externe Experten filtern und kommentieren zuverlässig das Wichtigste aus der Vielfalt aktueller Informationen zu Wirtschaftsrecht, Steuerrecht, Bilanzrecht und Betriebswirtschaft, Arbeits- und Sozialrecht.

Im Vordergrund steht die Vermittlung von anwendbarem Wissen für den Praktiker. Namhafte Fachleute informieren über Urteile, Erlasse und Verfügungen (BB-Kommentar). Die neueste Rechtsprechung von BFH und BAG wird vorab in Leitsätzen veröffentlicht. Die Zeitschrift bietet fundierte Kommentierungen und Aufsätze zu neuen Gesetzen und Grundsatzentscheidungen. Geplante Rechtsvorhaben und Gesetzesänderungen werden frühzeitig und exklusiv thematisiert (BB-Gesetzgebungsreport).

Fazit: Up to date mit dem BB – über die nationalen Grenzen hinaus!

www.betriebs-berater.de

Verlag Recht und Wirtschaft